Lexikon des Rechnungswesens

Handbuch der Bilanzierung und Prüfung, der Erlös-, Finanz-, Investitions- und Kostenrechnung

Herausgegeben
von
Professor Dr. Dr. h.c. Walther Busse von Colbe
und
Professor Dr. Bernhard Pellens
Ruhr-Universität Bochum

4., überarbeitete und erweiterte Auflage

R. Oldenbourg Verlag München Wien

Die Deutsche Bibliothek - CIP-Einheitsaufnahme

Lexikon des Rechnungswesens : Handbuch der Bilanzierung und Prüfung, der Erlös-, Finanz-, Investitions- und Kostenrechnung / hrsg. von Walther Busse von Colbe und Bernhard Pellens. – 4., überarb. und erw. Aufl. – München ; Wien : Oldenbourg, 1998
ISBN 3-486-24555-4

Rosenheimer Straße 145, D-81671 München
Telefon: (089) 45051-0, Internet: http://www.oldenbourg.de

Gedruckt auf säure- und chlorfreiem Papier
Druck: Tutte, Passau
Bindung: R. Oldenbourg Graphische Betriebe GmbH, München

ISBN 3-486-24555-4

Inhalt

Vorwort

Das Lexikon des Rechnungswesens unterrichtet

- knapp,
- präzise und
- aktuell

über wichtige Teilgebiete der Unternehmungsrechnung. Es wendet sich vor allem an in der Praxis Tätige und an Studierende der Betriebswirtschaftslehre, die sich einen Überblick verschaffen oder über Einzelfragen des **externen** und **internen** Rechnungswesens schnell informieren wollen.

Die **Aufstellung**, **Prüfung** und **Analyse** des **Jahres-** und **Konzernabschlusses** sowie ihre **Nebenrechnungen**, die **Finanzrechnung**, die Systeme der kurzfristigen **Kosten-** oder **Erlösrechnung sowie die Formen der langfristigen Investitionsrechnung** werden in ca. 200 Stichwortaufsätzen im Umfang von jeweils zwei bis vier Seiten von namhaften Fachleuten aus Hochschulen und aus der Wirtschaftspraxis abgehandelt. In einigen Stichwortartikeln wird ein Überblick über größere Bereiche des Rechnungswesens geboten, wie z.B. unter „Jahresabschluß" oder „Kostenrechnungssysteme", sowie über Besonderheiten einzelner Wirtschaftszweige und Rechtsformen. Unter anderen Stichworten, wie z.B. „Anhang" oder „Anlagenspiegel" bzw. „Grenzkostenrechnung" oder „Kalkulationsverfahren", werden Einzelheiten vertieft erörtert. Mit dieser Konzeption sind manche Überschneidungen in Kauf genommen worden, um unterschiedlichen Informationsinteressen gerecht zu werden. Die Stichwortaufsätze werden durch über tausend Kurzstichworte und Verweisstichworte ergänzt und für den Benutzer aufgeschlossen. Zahlreiche mit → gekennzeichnete Verweise innerhalb der Stichworte erleichtern es dem Benutzer, Anschlußinformationen zu finden.

Den Hauptstichworten und vielen Kurzstichworten sind **Hinweise** angefügt, die aktuelle **Fundstellen** in Lehrbüchern, Kommentaren, Aufsätzen in Fachzeitschriften, Handwörterbüchern und anderen Sammelwerken angeben. Bei Überblicksartikeln geben Quellenhinweise eine weitergehende Literaturübersicht.

Das Lexikon des Rechnungswesens erhält mit dem Gewicht der Stichwortaufsätze weitgehend den Charakter eines **Handbuches**. Es soll jedoch nicht mit den großen wissenschaftlichen Handwörterbüchern der Betriebswirtschaftslehre konkurrieren, sondern das weitgehend gesicherte Wissen des Rechnungswesens und Teile angrenzender Gebiete, z.B. durch die Stichwortaufsätze „Controlling" oder „Steuern", schnell zugänglich präsentieren. Darüber hinaus wurde besonderer Wert auf die Berücksichtigung **neuerer Entwicklungen** in der Theorie, Gesetzgebung und Praxis des Rechnungswesens gelegt.

Vorwort

Wie jedes Lexikon ist auch dieses in erster Linie als Nachschlagewerk gedacht. Eine **Sachgliederung** der Stichwortaufsätze zu Beginn des Textteiles soll es jedoch dem Benutzer erleichtern, das Lexikon als Handbuch zur **systematischen Einarbeitung** in das Rechnungswesen insgesamt oder in eines seiner Teilgebiete sowie z. B. als Examensvorbereitung zur Wiederholung oder **Aktualisierung des Wissens** zu benutzen; die Abbildung im Stichwort „Rechnungswesen" soll das unterstützen. Der Reiz einer solchen Nutzung des Buches liegt darin, das Rechnungswesen nicht aus der Sicht eines einzigen Autors, sondern aus zum Teil unterschiedlichen Blickwinkeln verschiedener führender Vertreter des Faches aus Hochschule und Praxis kennenzulernen oder sich ins Gedächtnis zu rufen.

Auch für die **vierte Auflage** wurden, soweit erforderlich, Stichworte und Literaturhinweise aktualisiert und zum Teil inhaltlich überarbeitet. Darüber hinaus wurden weitere Kurzstichworte und rund 20 von den Verfassern gezeichnete Beiträge, insbesondere zu aktuellen Fragen, wie z. B. über Bewertungseinheit, Cash-Flow-Return on Investment, Financial Accounting Standards Board (FASB), Finanzderivate, International Accounting Standards Board (IASC), Internationalisierung der Konzernrechnungslegung, aufgenommen. Wegen der zunehmenden Internationalisierung der Rechnungslegung wurden in den Beiträgen zum externen Rechnungswesen die Standards des IASC und des amerikanischen FASB berücksichtigt sowie verstärkt anglo-amerikanische Begriffe des Accounting erläutert.

Am Lexikon des Rechnungswesens haben, wie die **Autorenliste** zeigt, u.a. rund 110 Professoren der Betriebswirtschaftslehre von Universitäten der Bundesrepublik Deutschland und des Auslandes sowie 20 Wirtschaftsprüfer und Unternehmensberater, 20 Finanzchefs oder Leiter des Rechnungswesens großer Industrie-, Handels-, Bank- und Versicherungsunternehmen als **Autoren** mitgewirkt. Die nichtgezeichneten Kurzstichworte und Verweisstichworte haben wir zusammen mit den Herren Dr. Jürgen Brüggerhoff und Dipl.-Ök. Arndt Kempen verfaßt. Allen Autoren von Stichwortaufsätzen, den Herren Dr. Brüggerhoff, Dipl.-Ök. Arndt Kempen und Dipl.-Kfm. Nils Crasselt sowie unseren Sekretärinnen, Frau Christina Semptner und Frau Rosemarie Müller, und den uns zuarbeitenden studentischen Hilfskräften, insbesondere Frau Schumacher und Herrn Stienemann, sei auch an dieser Stelle für ihre Mitarbeit herzlich gedankt.

Walther Busse von Colbe und Bernhard Pellens

Verzeichnis der Autoren

Professor Dr. Dietrich **Adam**,
Westfälische Wilhelms-Universität,
Münster.

Professor Dr. Otto L. **Adelberger**,
München.

Dr. H. **Ammann**,
Universität Oldenburg.

Professor Dr. Eero W. **Artto**,
Helsinki School of Economics,
Finnland.

Professor Dr. Dr. h.c. Jörg **Baetge**,
Westfälische Wilhelms-Universität,
Münster.

Professor Dr. Wolfgang **Ballwieser**,
Ludwig-Maximilian-Universität,
München.

Dr. Peter **Bartels**,
C & L Deutsche Revision AG,
Frankfurt.

Professor Dr. Franz Xaver **Bea**,
Eberhard-Karls-Universität,
Tübingen.

Professor Dr. Wolfgang **Berens,**
Heinrich-Heine-Universität,
Düsseldorf.

Professor Dr. Hartmut **Bieg**,
Universität des Saarlandes,
Saarbrücken.

Ministerialrat a.D. Dr. h.c. Herbert **Biener**,
Bonn.

Dipl.-Ök. Klaus **Biermann**,
Mitglied des Vorstandes der Signal-Krankenversicherung a.G.,
Dortmund.

Professor Dr. Jörg **Biethahn**,
Universität Göttingen.

Dipl.-Kfm. Andreas **Bonse**,
Ruhr-Universität,Bochum.

WP/StB Dipl.-Kfm. Gerhard **Brackert**,
Mitglied des Vorstandes der KPMG Deutsche Treuhand-Gesellschaft,
Frankfurt/Main.

Professor Dr. Hans-Josef **Brink** (†),
Albert-Ludwigs-Universität,
Freiburg im Breisgau.

Dr. Jörg **Brotte**,
C&L Deutsche Revision AG,
Düsseldorf.

Dr. Jürgen **Brüggerhoff**,
Baden-Württembergische Bank AG,
Stuttgart.

Dr. Hans-Georg **Bruns**,
Daimler-Benz AG, Stuttgart.

Professor Dr. Robert **Buchner**,
Universität Mannheim.

WP/RA/StB Dr. Wolfgang Dieter **Budde**,
Mitglied des Aufsichtsrates der C&L Deutsche Revision AG, Frankfurt.

Professor Dr. Rolf **Bühner**,
Universität Passau.

Professor Dr. Dr. h.c. mult. Walther **Busse von Colbe**,
Ruhr-Universität, Bochum.

Drs. Kees **Camfferman**,
Vrije Universiteit, Amsterdam, Niederlande.

Professor Dr. Edgar **Castan**,
Hochschule für Wirtschaft und Politik, Hamburg.

Professor Dr. Klaus **Chmielewicz** (†),
Ruhr-Universität, Bochum.

WP/RA Dr. Hermann **Clemm**,
München.

Professor Dr. Adolf G. **Coenenberg**,
Universität Augsburg.

Marc **Coenenberg** (MBA),
Universität zu Köln.

WP Professor Dr. Rudolf **Curtius-Hartung**,
Düsseldorf.

Professor Dr. Klaus **Dellmann**,
Universität Bern, Schweiz.

Professor Dr. Hans **Dirrigl**,
Ruhr-Universität, Bochum.

Professor Dr. Wolfgang **Domschke**,
Technische Hochschule Darmstadt.

Professor Dr. Jochen **Drukarczyk**,
Universität Regensburg.

Professor Dr. Ralf M. **Ebeling**,
Martin-Luther-Universität, Halle/Saale.

Professor Dr. Anton **Egger**,
Wirtschaftsuniversität Wien.

Professor Dr. Wolfgang **Eisele**,
Universität Stuttgart-Hohenheim.

Professor Dr. Franz **Eisenführ**,
Universität zu Köln.

Professor Dr. Rainer **Elschen**,
Universität – Gesamthochschule Essen.

Professor Dr. Ralf **Ewert**,
Johann Wolfgang Goethe-Universität, Frankfurt.

Professor Dr. Thomas M. **Fischer**,
Handelshochschule Leipzig.

WP/StB Dr. Gerhart **Förschle**,
C&L Deutsche Revision AG, Frankfurt.

WP/StB Professor Dr. Dr. h.c. Karl-Heinz **Forster**,
Frankfurt.

Professor Dr. Rosella F. **Franceschi**,
Universita' degli Studi die Pisa, Italien.

Professor Dr. Klaus-Peter **Franz**,
Universität Kaiserslautern.

Dipl.-Kfm. Rolf Uwe **Fülbier**, Westfälische Wilhelms-Universität, Münster.

Professor Dr. Eduard **Gabele** (†), Universität Bamberg.

Professor Dr. Günther **Gebhardt**, Johann Wolfgang Goethe-Universität, Frankfurt.

WP Dr. Hans Jörg **Gmelin**, Essen.

Professor Dr. Jürgen **Graßhoff**, Universität Rostock.

Dr. Gerhard **Gross**, Geschäftsführer des Instituts der Wirtschaftsprüfer, Düsseldorf.

Professor Dr. Klaus Dittmar **Haase**, Universität Passau.

Professor Dr. Lothar **Haberstock** (†), Universität Hamburg.

Professor Dr. Dr. h.c. Dietger **Hahn**, Justus-Liebig-Universität, Gießen/Technische Universität Berlin.

Dr. Dr. habil. Axel **Haller**, Universität Augsburg.

Professor Dr. Klaus **Hansen**, Universität Hamburg.

Dr. Jens E. **Harms**, Klöckner-Humboldt-Deutz AG, Köln.

Professor Dr. Thomas **Hartmann-Wendels**, Rheinisch-Westfälische Technische Hochschule, Aachen.

Professor Dr. Dr. h.c. Jürgen **Hauschildt**, Christian-Albrechts-Universität, Kiel.

Professor Dr. Dr. h.c. Herbert **Hax**, Universität zu Köln.

Professor Dr. Anton **Heigl**, Friedrich-Alexander-Universität, Erlangen-Nürnberg.

Professor Dr. Michael **Heinhold**, Phillipps-Universität, Marburg.

Professor Dr. Norbert **Herzig**, Universität zu Köln.

WP Dr. Paul J. **Heuser**, Geschäftsführer der Dipl.-Kfm. Karl Berg GmbH, Wirtschaftsprüfungs- und Steuerberatungsgesellschaft, Düsseldorf.

Dipl.-Kfm. Andreas **Hoffjan**, Heinrich-Heine-Universität, Düsseldorf.

Professor Dr. Reinhold **Hömberg**, Rheinisch-Westfälische Technische Hochschule, Aachen.

Christoph **Hoppenheit**, Wissenschaftliche Hochschule für Unternehmensführung, Koblenz

Dr. Werner **Horchler** (†), Bayer AG, Leverkusen.

Professor Dr. Péter **Horváth**, Universität Stuttgart.

Professor Dr. Siegfried **Hummel**, Universität Dortmund.

Professor Dr. Heinz **Isermann**, Johann Wolfgang Goethe-Universität, Frankfurt.

Professor Dr. Otto H. **Jacobs**,
Universität Mannheim.

Dr. Klaus **Kaiser**,
RWE Energie AG, Essen.

Peter **Kajüter** (MBA),
Universitätsseminar der Wirtschaft, Erftstadt.

Dipl.-Ök. Arndt **Kempen**,
Deutsche Bahn AG,
Frankfurt/Main.

Dipl.-Wirtsch.-Ing. Axel **Kihm**,
Universität des Saarlandes,
Saarbrücken.

Dr. Heinz **Kleekämper**,
Partner der Schitag Ernst & Young Deutsche Allgemeine Treuhand AG, München.

Dipl.-Kfm. Volker **Klockhaus**,
Universität zu Köln.

Professor Dr. Josef **Kloock**,
Universität zu Köln.

Dr. Harald **Köster**,
RWE AG, Essen.

Professor Dr. Norbert **Krawitz**,
Universität – Gesamthochschule Siegen.

Dr. Jürgen **Krumnow**,
Mitglied des Vorstandes der Deutschen Bank AG,
Frankfurt/Main.

Professor Dr. Lutz **Kruschwitz**,
Freie Universität Berlin.

Professor Dr. Hans-Ulrich **Küpper**,
Ludwig-Maximilian-Universität,
München.

WP/StB Professor Dr. Peter **Kupsch**,
Universität Bamberg.

Professor Dr. Masatoshi **Kuroda**,
Kobe University, Japan.

Professor Dr. Heinz **Kußmaul**,
Universität des Saarlandes,
Saarbrücken.

Professor Dr. Karlheinz **Küting**,
Universität des Saarlandes,
Saarbrücken.

Professor Dr. Laurenz **Lachnit**,
Universität Oldenburg.

WP Dipl.-Kfm. Josef **Lanfermann**,
Düsseldorf.

WP Dr. Günther **Langenbucher**,
Geschäftsführer der Arthur Andersen & Co. GmbH, Stuttgart.

Professor Dr. Gert **Laßmann**,
Ruhr-Universität, Bochum.

Professor Dr. Gerald H. **Lawson**,
Richardson, Texas (USA).

Dr. Herbert **Lederle**,
Volkswagen AG, Wolfsburg.

Professor Dr. Dr. h.c. Ulrich **Leffson** (†),
Westfälische Wilhelms-Universität,
Münster.

Professor Dr. Jarmo **Leppiniemi**,
Helsinki School of Economics,
Finnland.

Dipl.-Ök. Ulrich **Linnhoff**,
Universitätsseminar der Wirtschaft, Erftstadt.

Professor Dr. Helge **Löbler**,
Universität Leipzig.

Professor Dr. Otto **Loistl**,
Wirtschaftsuniversität Wien.

WP Professor Dr. Wolfgang **Lück**,
Technische Universität,
München.

Professor Dr. Klaus **Macharzina**,
Universität Stuttgart-Hohenheim.

Professor Dr. Gerwald **Mandl**,
Karl-Franzens-Universität, Graz.

Professor Dr. Wolfgang **Männel**,
Friedrich-Alexander-Universität,
Erlangen-Nürnberg.

Professor Dr. Manfred J. **Matschke**,
Ernst-Moritz-Arndt-Universität,
Greifswald.

Professor Dr. Winfried **Mellwig**,
Johann Wolfgang Goethe-Universität, Frankfurt.

Professor Dr. Hans Peter **Möller**,
Rheinisch-Westfälische Technische Hochschule, Aachen.

Dr. Eberhard **Müller**,
Barcelona, Spanien.

Professor Dr. Heiner **Müller-Merbach**,
Universität Kaiserslautern.

WP Dr. Rudolf J. **Niehus**,
Düsseldorf.

Professor Dr. Andreas **Nordmeyer**,
Mitglied des Vorstandes der Thyssen Krupp Stahl AG, Duisburg.

Professor Dr. Dieter **Ordelheide**,
Johann Wolfgang Goethe-Universität, Frankfurt.

Professor Dr. Bernhard **Pellens**,
Ruhr-Universität, Bochum.

Professor Dr. Manfred **Perlitz**,
Universität Mannheim.

Professor Dr. Dieter **Pfaff**,
Universität Zürich, Schweiz.

Professor Dr. Andreas **Pfingsten**,
Westfälische Wilhelms-Universität,
Münster.

Professor Dr. Klaus **Pohle**,
Vorstandsmitglied der Schering AG, Berlin.

Dr. Peter **Pohlmann**,
VIAG AG, München.

Professor Dr. Heinz **Rehkugler**,
Albert-Ludwigs-Universität,
Freiburg im Breisgau.

WP/StB Dr. Josef **Reiners**,
Steinfurt-Borghorst.

Herbert **Reinhard**,
Essen.

Professor Dr. Jacques **Richard**,
Directeur de la MSTCF de l'Universitè Paris, Frankreich.

Dipl.-Kfm. Gerold **Rieder**,
Universitätsseminar der Wirtschaft, Erftstadt.

Professor Dr. Dieter **Rückle**,
Universität Trier.

Dr. Klaus **Ruhnke**,
Universität-Gesamthochschule,
Duisburg.

WP/StB Dr. Friedhelm **Sahner**,
Düsseldorf.

WP Professor Dr. Hans **Schedlbauer**,
Augsburg.

Professor Dr. Wolfram **Scheffler**,
Universität Osnabrück.

Professor Dr. Gerhard **Scherrer**,
Universität Regensburg.

Professor Dr. Thomas **Schildbach**,
Universität Passau.

Professor Dr. Dieter **Schneeloch**,
Fernuniversität – Gesamthochschule Hagen.

Professor Dr. Hanns-Martin **Schoenfeld**,
University of Illinois at Urbana-Champaign, Illinois (USA).

Professor Dr. Klaus **Schredelseker**,
Leopold-Franzens-Universität, Innsbruck, Österreich.

Dr. Jörn **Schulte**,
C & L Deutsche Revision AG, Düsseldorf.

WP Dr. Dietrich **Schulze zur Wiesch**,
Mönchengladbach.

Dr. Joachim **Schweim**,
Unternehmensberater, Hamburg.

Professor Dr. Gerhard **Seicht**,
Wirtschaftsuniversität Wien, Österreich.

Professor Dr. Friedrich W. **Selchert**,
Justus-Liebig-Universität, Gießen.

Professor Dr. Günter **Sieben**,
Universität zu Köln.

Professor Dr. Theodor **Siegel**,
Humboldt-Universität Berlin.

WP Dipl.-Kfm. Günter **Siepe**,
Vorstandsmitglied der C & L Deutsche Revision AG, Düsseldorf.

Dipl.-Kfm. Hermann **Sigle**,
Mitglied des Vorstandes der Fichtel & Sachs AG, Schweinfurt.

Professor Dr. Jochen **Sigloch**,
Universität Bayreuth.

Dipl.-Ing. Dr. h.c. Dietrich **Solaro**,
Mitglied des Vorstandes der Standard Elektrik Lorenz AG, Stuttgart.

Professor Dr. Dirk **Standop**,
Universität Osnabrück.

Professor Dr. Ulrich **Steger**,
European Business School, Oestrich-Winkel.

Professor Dr. Manfred **Steiner**,
Universität Augsburg.

Professor Dr. Hannes **Streim**,
Ruhr-Universität, Bochum.

Professor Dr. Peter **Swoboda**,
Karl-Franzens-Universität, Graz, Österreich.

Professor Dr. Carsten **Theile**,
Fachhochschule Hof.

Dipl.-Kfm. Claude **Tomaszewski**,
Ruhr-Universität, Bochum.

Professor Dr. Klaus-Rüdiger **Veit**,
Christian-Albrechts-Universität, Kiel.

Professor Dr. Dr. h.c. Herbert **Vormbaum**,
Rheinisch-Westfälische Technische Hochschule, Aachen.

Professor Dr. Alfred **Wagenhofer**,
Karl-Franzens-Universität, Graz, Österreich.

Professor Dr. Franz W. **Wagner**,
Eberhard-Karls-Universität, Tübingen.

Dr. Hans **Weber**,
Quelle Schickedanz AG & Co., Fürth.

Professor Dr. Helmut Kurt **Weber**,
Universität Göttingen.

Professor Dr. Jürgen **Weber**,
Wissenschaftliche Hochschule für Unternehmensführung, Koblenz.

Professor Dr. Martin **Weber**,
Universität Mannheim.

Professor Dr. Paul **Weilenmann**,
Universität Zürich, Schweiz.

WP/RA/StB Professor Dr. Harald **Wiedmann**,
Mitglied des Vorstandes der KPMG Deutsche Treuhand-Gesellschaft, Berlin.

Professor Dr. Michael **Wohlgemuth**,
Universität – Gesamthochschule Duisburg.

WP Professor Dr. Klaus **von Wysocki**,
Ludwig-Maximilian-Universität, München.

Dipl.-Kfm. Ulrich **Ziolkowski**,
Mitglied des Vorstandes der Blohm & Voss AG, Hamburg.

Professor Dr. André **Zünd**,
Hochschule St. Gallen, Schweiz.

Sachgliederung der Stichwortaufsätze

Immaterielle Vermögensgegenstände
Geschäftswert
Forschung und Entwicklung
Software
Finanzderivate
Optionen
Beteiligung
Leasing
Umlaufvermögen
Langfristfertigung
Lifo-Verfahren
Latente Steuern

E. Eigenkapital, Rückstellungen, Verbindlichkeiten

Eigenkapital
Genußrechte
Rücklagen
Stille Rücklagen
Sonderposten mit Rücklageanteil
Rückstellungen
Pensionsrückstellungen
Pensionsrückstellungen (internationale Bewertungsverfahren)
Altlasten
Umweltschutz
Produkthaftung
Aufwandsrückstellungen
Verbindlichkeiten
Optionsschuldverschreibung

F. Aufstellung des Konzernabschlusses

Konzernbuchführung
Konzernabschluß
Konzernabschluß (international)
Kapitalkonsolidierung
Anteile in Fremdbesitz
Equity-Bewertung
Quotenkonsolidierung
Entkonsolidierung
Umrechnung von Jahresabschlüssen
Konzernkapitalflußrechnung
Abhängigkeitsbericht

G. Prüfung

Prüfung des Jahresabschlusses
Prüfung des Konzernabschlusses
Prüfungsnormen (international)
Wirtschaftsprüfer
Prüfungsbericht
Prüfungstechnik
Bestätigungsvermerk
Sonderprüfungen
Revision, interne

H. Auswertung

Bilanzpolitik
Bilanzanalyse
Konzernabschlußanalyse
Bilanzvergleich, internationaler
Cash-Flow
Cash-Flow je Aktie
Gewinn je Aktie
Kapital- und Finanzflußrechnung
Empirische Jahresabschlußforschung
Diskriminanzanalyse
Investor Relations

I. Sonderbilanzen, Nebenrechnungen und Sonderprüfungen

Sonderbilanzen
Segment-Rechnungen
Sozialbilanz
Ökobilanzen
Bewegungs- und Veränderungsbilanz
Finanzplanung
Sonderprüfungen
Immaterielle Investition

K. Besonderheiten einzelner Rechtsformen und Wirtschaftszweige

Personenunternehmen
Genossenschaften
Kreditinstitute
Versicherungsunternehmen
Krankenhäuser

L. Rechnungslegungspflichten im Ausland

Finnland
Frankreich
Großbritannien
Italien
Japan
Niederlande
Schweiz
Spanien
Österreich
USA

M. Institutionen

Financial Accounting Standards Board (USA)
International Accounting Standards Committee
Institut der Wirtschaftsprüfer
Securities and Exchange Commission

N. Publizität

Ad hoc-Publizität
Publizität
Zwischenbericht
Börsenzulassungsprospekt

III. Steuern

Ertragsteuern
Steuerbilanz
Teilwert
Betriebsvermögensermittlung

IV. Internes Rechnungswesen

A. Grundbegriffe der Kosten- und Erlösrechnung

Kosten und Leistung
Einzel- und Gemeinkosten
Fixe und variable Kosten
Kalkulatorische Kosten
Kostenbewertung
Verrechnungspreise
Verrechnungspreise (international)
Vertriebskosten
Anlagenplanung und Anlagenrechnung
Betriebsabrechnungsbogen
Break-Even-Analyse

B. Systeme der Kosten- und Erlösrechnung

Kostenrechnungssysteme
Plankostenrechnung
Grenzkostenrechnung
Einflußgrößenrechnung
Prozeßkostenrechnung
Kalkulationsverfahren
Zuschlagskalkulation
Deckungsbeitragsrechnung
Erlösrechnung
Erfolgsrechnung
Target Costing
Betriebsplanerfolgsrechnung

C. Investitionsrechnung

Kosten/Nutzen-Analyse
Statische Investitionsrechnung
Dynamische Investitionsrechnung bei Sicherheit
Kapitalwert
Kalkulationszinsfuß
Kapitalkosten
Interner Zinsfuß
Marktzinsmethode
Nutzungsdauer
Ersatzzeitpunkt
MAPI-Verfahren
Dynamische Investitionsrechnung bei Unsicherheit
Sensibilitätsanalyse
Mehrfachziele in der Investitionsrechnung
Capital Asset Pricing Model
Optionspreistheorie
Share-Holder-Value-Konzept

D. Bewertung von Unternehmen

Gesamtwert der Unternehmung
Ertragswert
Discounted Cash Flow-Ansatz in der Unternehmensbewertung

E. Controlling

Controlling
Konzern-Controlling
Kostenmanagement
Gemeinkostenmanagement
Prozeßcontrolling
Cash Flow Return on Investment
Economic Value Added
Projektstandsrechnung

Abkürzungsverzeichnis

a.o.	außerordentlich
aA	anderer Ansicht
Abb.	Abbildungen(en)
ABl	Amtsblatt
Abs.	Absatz
Acc.	Accountancy
ADS	Adler/Düring/Schmaltz: Rechnungslegung und Prüfung der Unternehmen. Kommentar
ADV	Automatisierte Datenverarbeitung
aF	alte Fassung
AfA	Absetzung für Abnutzung
AG	Aktiengesellschaft, Die Aktiengesellschaft (Zeitschrift)
AGB	Allgemeine Geschäftsbedingungen
AktG	Aktiengesetz
Anh.	Anhang
Anm.	Anmerkung,-en
AO	Abgabenordnung
APB	Accounting Principles Board
AR	Aufsichtsrat
ASC	Accounting Standards Committee (Großbritannien)
ASR	Accounting Series Releases
Aufl.	Auflage
BAB	Betriebsabrechnungsbogen
BaBiRiG	Bankbilanzrichtlinien-Gesetz
BAKred	Bundesaufsichtsamt für das Kreditwesen
BAnz.	Bundesanzeiger
BAV	Bundesaufsichtsamt für das Versicherungs- und Bausparwesen
BAW	Bundesaufsichtsamt für den Wertpapierhandel
BBankG	Bundesbankgesetz
BB	Betriebs-Berater
BBRL	EG-Bankbilanzrichtlinie
Bd.	Band
bearb.	bearbeitet
Beck Bil.-Komm.	Beck'scher Bilanz-Kommentar
BFHE	Sammlung der Entscheidungen des Bundesfinanzhofs
Beck HdR	Beck'sches Handbuch der Rechnungslegung
Beil.	Beilage(n)
BetrAVG	Gesetz zur Verbesserung der betrieblichen Altersversorgung
BewG	Bewertungsgesetz
BFA	Bankenfachausschuß
BFH	Bundesfinanzhof
BFuP	Betriebswirtschaftliche Forschung und Praxis
BG	Börsengesetz
BGB	Bürgerliches Gesetzbuch
BGBl	Bundesgesetzblatt
BGH	Bundesgerichtshof
BGHZ	Amtliche Sammlung der Entscheidungen des Bundesgerichtshofes in Zivilsachen
BiRiLiG	Bilanzrichtliniengesetz
Bl.	Blatt, Blätter
BMF	Bundesminister(ium) der Finanzen
BonnerHR	Bonner Handbuch Rechnungslegung
BörsZulV	Börsenzulassungsverordnung
Bsp.	Beispiel
BStBl	Bundessteuerblatt
BTDrs.	Bundestagsdrucksache
BVerfG	Bundesverfassungsgericht
bwl.	betriebswirtschaftlich, -e, -es
BWL	Betriebswirtschaftslehre
bzgl.	bezüglich

bzw.	beziehungsweise
c.p.	ceteris paribus
ca.	circa
d.h.	das heißt
DBA	Doppelbesteuerungsabkommen
DB	Der Betrieb
DBW	Die Betriebswirtschaft
ders.	derselbe
Diss.	Dissertation
DStR	Deutsches Steuerrecht
DSWR	Datenverarbeitung in Steuer, Wirtschaft und Recht
dt.	deutsch
DU	Die Unternehmung
DV	Durchführungsverordnung
e.V.	eingetragener Verein
ebd.	ebenda
ed.	edition, edited
Ed.	Edition
EDV	Elektronische Datenverarbeitung
EG	Europäische Gemeinschaft
EGHGB	Einführungsgesetz zum HGB
EigVO	Eigenbetriebsverordnung
Ergh.	Ergänzungsheft
EStG	Einkommensteuergesetz
EStR	Einkommensteuerrichtlinien
etc.	et cetera
evtl.	eventuell
EWR	Europäischer Wirtschaftsraum
f.(ff.)	folgende Seite(n)
FAS	Financial Accounting Standard (USA)
FASB	Financial Accounting Standards Board (USA)
FG	Fachgutachten des IdW
Fin. Ex.	Financial Executive
FN	Fachnachrichten des IdW
FR	Finanz-Rundschau
FRA	Forward Rate Agreement
FRR	Financial Reporting Releases
FRS	Financial Reporting Standard (Großbritannien)
FS	Festschrift
GAAP	Generally Accepted Accounting Principles
GB	Großbritannien
GBM	Handbook of German Business Management
GenG	Genossenschaftsgesetz
GewESt	Gewerbeertragsteuer
GewO	Gewerbeordnung
GewStG	Gewerbesteuergesetz
gez.	gezeichnet
ggf.	gegebenenfalls
GG	Grundgesetz
GmbHG	GmbH-Gesetz
GmbHR	GmbH-Rundschau
GoB	Grundsätze ordnungsmäßiger Buchführung (und Bilanzierung)
GuV	Gewinn- und Verlustrechnung
GWB	Gesetz gegen Wettbewerbsbeschränkungen
h.M.	herrschende(r) Meinung
Halbbd.	Halbband
Harv. Bus. R.	Harvard Business Review
HBG	Hypothekenbankgesetz
HdJ	Handbuch des Jahresabschlusses in Einzeldarstellungen
HdK	Handbuch der Konzernrechnungslegung
HdR	Handbuch der Rechnungslegung
HdV	Handwörterbuch der Versicherung
HdWW	Handwörterbuch der Wirtschaftswissenschaft
HFA	Hauptfachausschuß des IdW
HGB	Handelsgesetzbuch
HGrG	Haushaltsgrundsätzegesetz
Hrsg.	Herausgeber
hrsg.	herausgegeben
HuRB	Handwörterbuch unbestimmter Rechtsbegriffe im Bilanzrecht des HGB
HV	Hauptversammlung
HWA	Handwörterbuch der Absatzwirtschaft
HWB	Handwörterbuch der Betriebswirtschaft
HWF	Handwörterbuch des Bank- und Finanzwesens
HWInt	Handwörterbuch Export und Internationale Unternehmung

HWO	Handwörterbuch der Organisation
HWÖ	Handwörterbuch der öffentlichen Betriebswirtschaft
HWP	Handwörterbuch der Personalwirtschaft
HWPlan.	Handwörterbuch der Planung
HWProd.	Handwörterbuch der Produktionswirtschaft
HWR	Handwörterbuch des Rechnungswesens
HWRev.	Handwörterbuch der Revision
i.a., i.allg.	im allgemeinen
i.d.Fass.	in der Fassung
i.d.R.	in der Regel
i.e.S.	im eigentlichen Sinn, im engeren Sinn
i.S.	im Sinne
i.V.m.	in Verbindung mit
i.w.S.	im weiteren Sinn
IAPC	International Accounting Practices Committee
IAS	International Accounting Standard
IASC	International Accounting Standards Committee
ICAEW	Institute of Chartered Accountants in England and Wales
ICA	Institute of Chartered Accountants (Großbritannien)
IdW	Institut der Wirtschaftsprüfer
IFAC	International Federation of Accountants
insb.	insbesondere
intern.	international
IOSCO	International Organization of Securities Commissions
ISA	International Standards on Auditing
IWB	Internationale Wirtschafts-Briefe
J.	Journal
JAcc.	Journal of Accountancy
JAcc.Res.	Journal of Accounting Research
Jb.	Jahrbuch
JfB	Journal für Betriebswirtschaft

JFin.	The Journal of Finance
Jg.	Jahrgang
JoFE	Journal of Financial Economics
KAGG	Gesetz über Kapitalanlagegesellschaften
KapErhG	Gesetz über die Kapitalerhöhung aus Gesellschaftsmitteln und über die Verschmelzung von GmbH
KGaA	Kommanditgesellschaft auf Aktien
KHG	Krankenhausfinanzierungsgesetz
KO	Konkursordnung
Komm.	Kommentar
krp	Kostenrechnungspraxis
KStG	Körperschaftsteuergesetz
KWG	Kreditwesengesetz
Losebls.	Loseblattsammlung
LSP	Leitsätze für die Preisermittlung auf Grund von Selbstkosten (1953)
LStDV	Lohnsteuer-Durchführungsverordnung
m.a.W.	mit anderen Worten
Mio.	Millionen
MitbestG	Mitbestimmungsgesetz
NB	Neue Betriebswirtschaft
NJW	Neue Juristische Wochenschrift
Nr., No.	Nummer, Number
NWB	Neue Wirtschaftsbriefe
NYSE	New York Stock Exchange
o.g.	oben genannt
o.J.	ohne Jahr
o.V.	ohne Verfasser
OR	Operations Research
OTC	Over the Counter
öHGB	österreichisches Handelsgesetzbuch
p.a.	per annum
PublG	Publizitätsgesetz
rd.	rund
RechKredV	Verordnung über die Rechnungslegung der Kreditinstitute
rev.	revidiert
RIW	Recht der Internationalen Wirtschaft
Rn, Rz	Randnummer, Randziffer
s.a.	siehe auch

s.d.	siehe dort
s.o.	siehe oben
S.	Seite, Satz
s.u.	siehe unten, siehe weiter unten
SA	Securities Act
SABI	Sonderausschuß Bilanzrichtliniengesetz des IdW
SAV	Sachanlagevermögen
SEA	Securities Exchange Act
SEC	Securities and Exchange Commission
SFAS	Statement of Financial Accounting Standards (USA)
sog.	sogenannter, -e, -es
Sonderh.	Sonderheft
Sp.	Spalte(n)
SSAP	Statement of Standard Accounting Practice (Großbritannien)
StAnpG	Steueranpassungsgesetz
StÄndG	Steueränderungsgesetz
StB	Steuerberater, Der Steuerberater (Zeitschrift)
StEK	Steuererlaßkartei
StGB	Strafgesetzbuch
StuW	Steuer und Wirtschaft
t.	Tonne, -n
Tab.	Tabelle(n)
TDM	Tausend DM
Tz.	Textziffer
u.a.m.	und andere(-s) mehr und ähnliche, -es
u.s.w.	und so weiter
u.U.	unter Umständen
UmwG	Umwandlungsgesetz
UmwStG	Umwandlungs-Steuergesetz
Univ.	Universität
USt	Umsatzsteuer
UStG	Umsatzsteuergesetz
UWG	Gesetz gegen den unlauteren Wettbewerb
v.H.	vom(n) Hundert
v.T.	vom Tausend
VAG	Versicherungsaufsichtsgesetz
Verf.	Verfasser
VO	Verordnung
Vol., vol.	volume
VORev	Verordnung über die Rechnungslegung von Versicherungsunternehmen
vs.	versus
VStG	Vermögensteuergesetz
VStR	Vermögensteuerrichtlinien
VVaG	Versicherungsverein auf Gegenseitigkeit
WIST	Wirtschaftswissenschaftliches Studium
WISU	Das Wirtschaftsstudium
WM	Wertpapier-Mitteilungen
WP-Handb.	Wirtschaftsprüfer-Handbuch
Wpg	Die Wirtschaftsprüfung
WPO	Wirtschaftsprüferordnung
WP	Wirtschaftsprüfer
z.B.	zum Beispiel
z.T.	zum Teil
z.Z.	zur Zeit
Z.	Zeitschrift
ZBB	Zeitschrift für Bankrecht und Bankwirtschaft
ZfB	Zeitschrift für Betriebswirtschaft
ZfbF	Zeitschrift für betriebswirtschaftliche Forschung
ZfgK	Zeitschrift für das gesamte Kreditwesen
ZfhF	Zeitschrift für handelswissenschaftliche Forschung
ZfO	Zeitschrift für Organisation
ZfSt.	Zeitschrift für die gesamte Staatswissenschaft
ZGR	Zeitschrift für Unternehmens- und Gesellschaftsrecht
Ziff.	Ziffer
ZIR	Zeitschrift für Interne Revision
Zit., zit.	Zitat, zitieren
ZOR	Zeitschrift für Operations Research
ZRFG	Zonenrandförderungsgesetz

Symbolverzeichnis

Symbol	*Begriff*
a^*	Auszahlungsannuität
a'	Grenzauszahlung
a_t	Auszahlung im Zeitpunkt t
b_t	Einzahlung im Zeitpunkt t
c'	Grenzeinzahlungsüberschuß
c^*	Kapitalwertannuität
$\hat{c}$	Kapitalwertrate
c_t	Einzahlungs- bzw. Auszahlungsüberschuß im Zeitpunkt t
cov	Kovarianz
d_t	Abschreibungsbetrag in der Periode t
i	kalkulatorischer Zinsfuß; Zinssatz; Kalkulationszinsfuß
i_m	Marktzinsfuß
i_n	nomineller Zinsfuß
i_r	risikoloser Zinsfuß
i_s	Kalkulationszinsfuß unter Berücksichtigung von Gewinnsteuern
$\bar{i}_s$	Durchschnittskapitalkostensatz nach Steuern
i_F	Zinssatz für Fremdkapital
k	Korrelationskoeffizient, Kosten je Produkteinheit
k_{EK}	Einzelkosten je Leistungseinheit
k_v	variable Kosten je Leistungseinheit
max	Index für Maximalwert
min	Index für Minimalwert
n	Verzinsungsdauer; Nutzungsdauer eines Investitionsobjektes
$\bar{n}$	Restnutzungszeit
$\hat{n}$	Amortisationsperiode
opt	Index für Optimalwert
p	Inflationsrate, Absatzpreis
p_a	Preisänderungsrate der Auszahlungen
p_b	Preisänderungsrate der Einzahlungen
q	Zinsfaktor $(1 + i)$
r	einfacher interner Zinsfuß
r'	Grenzrendite
$\hat{r}$	modifizierter interner Zinsfuß
$\bar{r}$	Kapitalrentabilität
s	Gewinnsteuersatz
$t_0, t_1, \ldots$	Zeitpunkte
t_A	Amortisationszeit
$u(C_{0j})$	Risikonutzenfunktion
w_i	Wahrscheinlichkeit
$w(C_0)$	Wahrscheinlichkeitsfunktion des Kapitalwertes
x	Absatzmenge, Produktmenge je Periode
B	Investitionsbudget
B_0	Barwert
B_n	Endwert
BW_t	Buchwert im Zeitpunkt t
$\overline{BW}$	durchschnittlicher Buchwert
C_0	Kapitalwert im Zeitpunkt $t = 0$
C_0^r	realer Kapitalwert im Zeitpunkt $t = 0$
C_{0s}	Kapitalwert bei Beachtung von Gewinnsteuern im Zeitpunkt $t = 0$
C_{0w}	Kapitalwert einer Wiederanlageinvestition im Zeitpunkt $t = 0$
C_{0P}	Kapitalwert eines Investitionsprogramms im Zeitpunkt $t = 0$
D_j	Daten- oder Umweltkonstellation j
DB	Deckungsbeitrag
E_n	Endwert in Periode $t = $ n
EK	Eigenkapital

EW	Erwartungswert
F	Index zur Kennzeichnung von Finanzierungsmaßnahmen
$F(C_0)$	Verteilungsfunktion des Kapitalwertes
FK	Fremdkapital
G	Gewinn (Periodengewinn)
GE	Geldeinheit
$I_1, I_2, \ldots,$ $I_A, I_B, \ldots$	Investitionsobjekte
I_G	Gesamtinvestition
I_w, I_x	Wiederanlageinvestition
K	Kosten je Periode
K_f	Fixe Kosten je Periode
K_{GK}	Gemeinkosten je Periode
KR	kalkulatorischer Restwert
LW	Landeswährung
M	Marktportefeuille
ME	Mengeneinheit
m	Unternehmenszugehörigkeitsdauer in Jahren
n	maximale Dienstzeit bis zum Pensionierungsalter
R_t	Restwerterlös im Zeitpunkt t
$R(C_0)$	Risikoprofil des Kapitalwertes
RBF	Rentenbarwertfaktor
$S_1, S_2, S_3, \ldots$	Strategien
T	Planungsperiode
U^0	Nutzenniveau
V_t	Vermögenswert im Zeitpunkt t
V_{EK}	Marktwert des Eigenkapitals
V_{FK}	Marktwert des Fremdkapitals
V_G	Marktwert einer Unternehmung
WK	Wechselkurs
Y_0	im Zeitpunkt t_0 zur Verfügung stehender Geldbetrag
Z	Zufallszahl, Zielfunktion
β	Beta-Faktor, Ausdruck für das systematische Risiko
μ	Erwartungswert
σ	Standardabweichung
τ^2	Varianz
φ	Präferenzwert

A

AAA
American Accounting Association, Sarasota, Florida, USA, 1916 gegründeter Zusammenschluß amerikanischer Hochschullehrer des Rechnungswesens mit ca. 12000 Mitgliedern, gibt die auf dem Gebiet des Rechnungswesens international führende Zeitschrift „Accounting Review" heraus.

ABC-Analyse
Instrument des *Beschaffungs-Controllings*; Verfahren zur Differenzierung von Maßnahmen in der Materialbeschaffung und -bereitstellung, um das materialwirtschaftliche Optimum zu erreichen. Danach werden die Materialien aufgrund ihrer Verbrauchswerte in die drei Klassen A, B und C gegliedert. A-Artikel sind Beschaffungsgüter, die prozentual zur Menge den höchsten Beschaffungswert aufweisen, B-Artikel liegen in der Mitte und C-Artikel weisen den relativ geringsten Beschaffungswert auf. Nur für Güter der A-Klasse sind dann aufwendige Materialbereitstellungsverfahren, wie eine einsatzsynchrone Anlieferung, gerechtfertigt. Deren Lagerbestand ist somit niedrig zu halten.

Lit.: Grochla, E.: Grundlagen der Materialwirtschaft, 3. Aufl., 1978 (Nachdruck 1992), S. 29–32; *Haupt, R.*: ABC-Analyse, in: HWProd, 1979, Sp. 1–5.

Abfallentsorgung
Berücksichtigung von ungewissen Verbindlichkeiten wegen A. wird durch Bildung von → *Rückstellungen* vorgenommen (→ *Umweltschutz*).

Lit.: Fey, G.: Rückstellungen für ungewisse Verbindlichkeiten aufgrund der Verordnung zur Abfallbewältigung, in: DB 1992, S. 2353–2360.

Abgrenzungsposten
= → *Rechnungsabgrenzungsposten.*

Abhängiges Unternehmen
Bezeichnung aus dem Konzernrecht für ein Unternehmen, auf das ein anderes Unternehmen einen beherrschenden Einfluß ausüben kann. Nach § 17 Abs. 2 AktG wird die Abhängigkeit bei einer → *Mehrheitsbeteiligung* vermutet. Von A. wird gem. § 18 Abs. 1 AktG angenommen, daß sie → *Konzernunternehmen* und damit in den → *Konzernabschluß* einzubeziehen sind.

Abhängigkeitsbericht
1. Begriff. Zum Schutz von Minderheitsaktionären und Gläubigern der abhängigen Gesellschaften darf ein herrschendes Unternehmen ohne → *Beherrschungsvertrag* bzw. ohne → *Eingliederung* eine abhängige AG oder KGaA nicht ohne Ausgleich zu nachteiligen Rechtsgeschäften oder Maßnahmen veranlassen (Ausgleichsanspruch §§ 311, 317 AktG). Zum Nachweis und als Prüfungsunterlage hat der Vorstand der abhängigen AG (nach h. M. auch KGaA) in den ersten drei Monaten des Geschäftsjahres alle relevanten Rechtsgeschäfte und Maßnahmen und deren Angemessenheit in einem Bericht über Beziehungen zu verbundenen Unternehmen aufzuführen (A., § 312 AktG). Der Bericht hat den Grundsätzen einer gewissenhaften und getreuen Rechenschaft zu entsprechen. Der Zwang zur Aufstellung dieses A. hat in der Praxis erhebliche präventive Wirkung gezeigt.

2. Einbezogene Unternehmen. Voraussetzung der Aufstellungspflicht ist ein *Abhängigkeitsverhältnis*, d. h. daß ein herrschendes Unternehmen (Rechtsform und Sitz ohne Bedeutung) unmittelbar oder mittelbar einen beherrschenden Einfluß auf die abhängige AG (bzw. KGaA) mit Sitz im Inland ausüben kann (§ 17 AktG). Mehrfache Abhängigkeit ist nach h. M. möglich. Auch abhängige Konzernunternehmen unterliegen der Berichtspflicht, ebenso Gesellschaften, die zu 100 % im Besitz der herrschenden Unternehmen sind. Im Falle mehrstufiger Abhängigkeit (Mutter M – Tochter T – Enkel E) besteht sowohl für T als auch für E bei Vorliegen der sonstigen Voraussetzungen die Pflicht zur Aufstellung eines A., wobei in dem A. von E die Unternehmen M und T als herrschende Unternehmen aufzuführen sind.

Keine Verpflichtung zur Aufstellung eines A. besteht bei Vorliegen eines Beherrschungsvertrages oder Gewinnabführungsvertrages (§ 291 AktG) zwischen dem herrschenden Unternehmen und der abhängigen AG oder bei Eingliederung der abhängigen AG in die herrschende AG (§§ 319 ff. AktG).

Für die Frage der Aufstellungspflicht sind die Verhältnisse am Abschlußstichtag der abhängigen Gesellschaft maßgebend, d. h., wird innerhalb eines Geschäftsjahres die Abhängigkeit begründet, ist ab diesem Zeitpunkt bis zum Bilanzstichtag ein A. zu erstellen. Bei Wegfall des Abhängigkeitsverhältnisses während des Geschäftsjahres entfällt der A. (strittig), nicht aber ein eventuell bestehender Ausgleichsanspruch.

Berichtspflichtig sind die relevanten Beziehungen (s. 3.) mit dem (bei mehrfacher bzw. mehrstufiger Abhängigkeit: den) herrschenden Unternehmen sowie mit denjenigen Unternehmen, die mit dem herrschenden Unternehmen verbunden sind (zur Begriffsbestimmung der verbundenen Unternehmen s. § 15 AktG). Dazu gehören im wesentlichen alle von dem herrschenden Unternehmen abhängigen Unternehmen einschließlich der Tochterunternehmen der abhängigen Gesellschaft.

3. Berichtspflichtige Tatbestände. Nach § 312 AktG sind im A. aufzuführen (1) alle Rechtsgeschäfte, welche die Gesellschaft im vergangenen Geschäftsjahr mit dem herrschenden Unternehmen oder mit einem ihm verbundenen Unternehmen vorgenommen hat, (2) alle Rechtsgeschäfte der Gesellschaft mit Dritten auf Veranlassung oder im Interesse des herrschenden Unternehmens oder eines mit ihm verbundenen Unternehmens, (3) alle Maßnahmen, die die Gesellschaft auf Veranlassung oder im Interesse des herrschenden Unternehmens oder eines mit ihm verbundenen Unternehmens im vergangenen Geschäftsjahr getroffen oder unterlassen hat.

Im Rahmen des A. ist als *Rechtsgeschäft* jede Willenserklärung anzusehen, durch die sich die abhängige Gesellschaft zu einer Leistung (Tun oder Unterlassen) verpflichtet oder durch die sie eine solche Leistung bewirkt. Als Leistung ist dabei jede sich unmittelbar auf das Vermögen der Gesellschaft auswirkende Zuwendung zu verstehen.

Der Begriff der *Maßnahme* (weit auszulegen) umfaßt alles Tun oder Unterlassen, das sich auf Vermögen oder Ertrag der Gesellschaft auswirken kann und zu dem die Gesellschaft weder dem herrschenden Unternehmen noch einem mit ihm verbundenen Unternehmen durch Rechtsgeschäft verpflichtet ist. Beispiele: Änderungen in der Produktion, Investitionen, Finanzierungsmaßnahmen, Stillegung von Betriebsteilen, Abstimmung im Ein- und Verkauf, Aufgabe eines Marktes, Konzentration auf eine bestimmte Forschung, Kündigung eines Vertrages, Maßnahmen auf dem Personalsektor. Die Unterscheidung zwischen Rechtsgeschäften und Maßnahmen ist für den Umfang der Berichtspflicht und die Prüfung von Bedeutung.

Auf Veranlassung des herrschenden oder eines mit diesem verbundenen Unternehmens bedingt, daß von diesen der Anstoß (gleich in welcher Form) dazu gegeben wurde. Dazu gehören nicht nur Weisungen, sondern auch nachdrückliche Empfehlungen, Ratschläge, sonstige Anregungen.

Im Interesse des herrschenden oder eines mit diesem verbundenen Unternehmens ist das Rechtsgeschäft vorgenommen, wenn es überwiegend zu dessen (deren) Nutzen oder mit Rücksicht auf dessen (deren) Belange vorgenommen wurde und diesen Unternehmen Vorteile bringt oder Nachteile abwendet. Hierbei geht die Initiative von der abhängigen Gesellschaft aus.

Berichtspflichtig sind bei den Rechtsgeschäften die jeweilige *Leistung und Gegenleistung* des Geschäftes. Die Berichtspflicht bezieht sich nach h. M. nur auf die Verpflichtungsgeschäfte, nicht auch auf die Erfüllungsgeschäfte. Fallen beide Geschäfte zeitlich auseinander (z.B. Sukzessiv-Lieferverträge; Bestellobligo; Auftragsbestand), so ist für einen evtl. Nachteilsausgleich entscheidend, ob Leistung und Gegenleistung im Zeitpunkt des Abschlusses des Verpflichtungsgeschäftes ausgeglichen waren. Eine Berichtspflicht (über eine unterlassene Maßnahme) kann bei längerfristigen Verträgen dann entstehen, wenn es der Vorstand unterläßt, bei einer für die Gesellschaft ungünstigen Entwicklung den Vertrag zu beenden.

Bei der Angabe von Leistung und Gegenleistung sind neben der Erläuterung des Geschäftsgegenstandes auch Zahlenangaben über Menge und Preise ggfs. Kosten insoweit notwendig, als dies zur Beurteilung der Angemessenheit von Leistung und Gegenleistung und des Ausgleichs von Vor- und Nachteilen erforderlich ist. Eine gruppenweise Zusammenfassung der Rechtsgeschäfte ist möglich, wenn eine weitere Aufteilung keinen zusätzlichen Informationswert hat (gleichartige Geschäfte, Bagatellgeschäfte).

Zur Beurteilung der in der Praxis bedeutendsten Frage der Angemessenheit von Leistung und Gegenleistung sind in der BWL und im Steuerrecht verschiedene Verfahren entwickelt worden (Preisvergleichsmethode, Absatzpreismethode, Kostenaufschlagsmethode).

Bei den Maßnahmen sind die Gründe der Maßnahme und deren Vor- und Nachteile für die Gesellschaft anzugeben. In der Praxis ist die vollständige Erfassung aller berichtspflichtigen Maßnahmen schwierig, hierzu sind besondere organisatorische Maßnahmen erforderlich.

Zur Ermittlung des *Ausgleichs* ist es notwendig, bei jedem Geschäft und jeder Maßnahme den Vor- und Nachteil vermögensmäßig zu beziffern und sodann die gesamten Vor- und Nachteile gegenüberzustellen. Der sich ergebende Saldo unterliegt der Ausgleichspflicht. Bei einem Ausgleich von Nachteilen ist im einzelnen im A. anzugeben, wie der Ausgleich während des Geschäftsjahres tatsächlich erfolgt ist, oder auf welche Vorteile der Gesellschaft ein Rechtsanspruch gewährt worden ist.

Der A. ist aber auch dann aufzustellen, wenn keine berichtspflichtigen Rechtsgeschäfte und Maßnahmen vorliegen (Negativbericht).

4. Erklärung des Vorstandes. Am Schluß des Berichts hat der Vorstand der abhängigen Gesellschaft zu erklären, ob die Gesellschaft nach den Umständen, die ihm bei der Vornahme des Rechtsgeschäfts oder der Maßnahme bekannt waren, bei jedem Rechtsgeschäft eine angemessene Gegenleistung erhielt und dadurch, daß die Maßnahme getroffen oder unterlassen wurde, nicht benachteiligt wurde. Wurde die Gesellschaft benachteiligt, so hat er außerdem zu erklären, ob die Nachteile ausgeglichen worden sind.

5. Prüfung des Abhängigkeitsberichts. Sofern der Jahresabschluß durch einen → *Abschlußprüfer* zu prüfen ist, hat der Vorstand den A. dem Abschlußprüfer vorzulegen. Der Abschlußprüfer prüft, ob (1) die tatsächlichen Angaben des Berichts richtig sind, (2) bei den im Bericht aufgeführten Rechtsgeschäften nach den Umständen, die im Zeitpunkt ihrer Vornahme bekannt waren, die Leistung der Gesellschaft nicht unangemessen hoch war; soweit sie dies war, ob die Nachteile ausgeglichen worden sind, (3) bei den im Bericht aufgeführten Maßnahmen keine Umstände für eine wesentlich andere Beurteilung als die durch den Vorstand sprechen (§ 313 AktG). Die Vollständigkeit des A. ist nicht Gegenstand der Prüfung durch den Abschlußprüfer, ggf. trifft ihn eine Berichtspflicht. Sofern keine Einwendungen zu erheben sind, erteilt der Abschlußprüfer dem A. einen → *Bestätigungsvermerk.*

Nach Prüfung durch den Abschlußprüfer hat der Vorstand den A. zusammen mit dem → *Prüfungsbericht* dem AR der Gesellschaft vorzulegen. Der AR hat den A. selbständig zu prüfen und in seinem Bericht an die HV über das Ergebnis seiner Prüfung sowie der Prüfung des Abschlußprüfers zu berichten (§ 314 AktG).

Im Falle von Beanstandungen seitens des Abschlußprüfers und/oder des AR bzw.

wenn der Vorstand selbst erklärt, daß für zugefügte Nachteile der Gesellschaft kein Ausgleich gewährt wurde, kann jeder Aktionär eine → *Sonderprüfung* beantragen (§ 315 AktG).

6. Publizität des Abhängigkeitsberichts. Der A. selbst wird nicht veröffentlicht, lediglich die Schlußerklärung des Vorstandes ist in den Lagebericht mit aufzunehmen (§ 312 AktG), die Prüfungsergebnisse der Abschlußprüfer (§ 313 AktG) und des AR (§ 314 AktG) sind in dem Bericht des AR an die HV einzubeziehen.

7. Verstoß gegen Berichtspflicht. Erstellt der Vorstand gar keinen A., so ist er vom Registergericht durch Festsetzung von Zwangsgeld zur Berichterstattung anzuhalten (§ 407 AktG). Er haftet für Schäden, die der Gesellschaft oder den Außenstehenden durch Unterlassen des Berichts entstehen (§§ 93, 318 AktG). Für eine unrichtige Berichterstattung haftet der Vorstand nach § 318 AktG, Möglichkeit der Bestrafung gem. § 400 AktG. In diesem Fall hat der Abschlußprüfer seine Bestätigung einzuschränken oder zu versagen (§ 313 Abs. 4 AktG).

Lit.: Richard, H.: Der aktienrechtliche Abhängigkeitsbericht unter ökonomischen Aspekten, 1974; *Kropff, B.*, in: Geßler/Hefermehl/Eckardt/Kropff, Aktiengesetz Komm., 1976, § 312; *Koppensteiner, H.-G.*, in: Kölner Komm. zum AktG, 2. Aufl., 1987, §§ 311, 312; *WP-Handb.* 1996, Bd. 1, 11. Aufl., 1996, F 691 – F 788; *ADS*, §§ 311–312 AktG, 6. Aufl., Bd. 4, 1997, S. 687–779.

Professor Dr. Andreas Nordmeyer, Duisburg.

Abhängigkeitsverhältnis

→ *Abhängigkeitsbericht.*

Abnormal Performance Index

Maßgröße zur Beurteilung von Erwartungsrevisionen (z. B. am Kapitalmarkt) in einem vorgegebenen Zeitraum. Über

$$API_T = \frac{1}{n} \sum_{i=1}^{n} \prod_{t=1}^{T} (1 + U_{it}),$$

mit: U_{it} = um allgemeine Markteinflüsse bereinigte Aktienrendite der Unternehmung i im Zeitraum t = 1 bis T

n = Anzahl der Unternehmungen,

kann der Wert zur Messung der Entscheidungsrelevanz von Unternehmensinformationen (z. B. Jahresabschlußinformationen, Ausschüttungsänderungen) und folglich z. B. zur Beurteilung der Nützlichkeit von Rechnungslegungsinformationen herangezogen werden.

Lit.: Ball, R./Brown, P.: An Empirical Evaluation of Accounting Income Numbers, in: JAcc. Res., 1968, S. 159–172; *Kleine-Doepke, R.*: Informationsökonomische Analyse der externen Rechnungslegung, 1981, S. 133–166; *Bühner, R.*: Reaktionen des Aktienmarktes auf Unternehmenszusammenschlüsse, in: ZfbF 1990, S. 295–316; *Coenenberg, A. G.*: Jahresabschluß und Jahresabschlußanalyse, 16. Aufl., 1997, S. 789–818.

Absatzerfolgsrechnung

Kurzfristige → *Erfolgsrechnung* durch Gegenüberstellung von → *Erlösen* und → *Kosten* der abgesetzten Produkte.

Absatzerlösmodell

Strukturgleiche (-ähnliche) Abbildung der Entstehung und Verwertung der Leistungen einer Unternehmung.

Absatzcontrolling

→ *Controlling.*

Absatzkosten

→ *Vertriebskosten.*

Abschlußprüfer

Prüfer als Einzelperson oder Prüfungsgesellschaft, die die → *Prüfung des Jahresabschlusses* oder → *Konzernabschlusses* vornimmt (→ *Bestellung und Abberufung des Abschlußprüfers*).

Abschlußprüfung

→ *Prüfung des Jahresabschlusses.*
→ *Prüfung des Konzernabschlusses.*

Abschreibungen

1. Begriff und Systematik

A. erfassen Wertminderungen des Vermögens. Je nach Zweck der Vermögensrechnung und davon abhängigem Vermögens- und Gewinnbegriff (→ *Gewinn* ist Vermögensänderung) werden verschiedene A. unterschieden. Bekannteste Formen sind die *bilanztheoretischen*, die *handels- und steuerrechtlichen* und die *kostenrechnerischen* (= *kalkulatorischen*) A.

2. Bilanztheoretische Abschreibungen
Aufgabe von → *Bilanztheorien* kann die Erklärung empirisch beobachtbarer Sachverhalte (empirische oder positive Bilanztheorie), die Ableitung zweckgerechter Bilanzierungsregeln (deduktive Bilanztheorie) oder die Durchdringung und widerspruchsfreie Auslegung gesetzlich verankerter Bilanzierungsregeln (Bilanzrechtstheorie) sein. Die Erörterung bilanztheoretischer A. erfolgt im Zusammenhang mit der deduktiven Bilanztheorie. Gesucht werden die einem vorgegebenen Bilanzierungszweck entsprechenden A. Folgt man der Grobeinteilung der Bilanztheorien in statische und dynamische, so dienen A. im Rahmen der *Zerschlagungsstatik* der Erfassung der Veränderung des Zerschlagungswertes einzelner → *Vermögensgegenstände*. Im Rahmen der *Fortführungsstatik* erfassen sie die Veränderung des → *Ertragswertes* der ganzen Unternehmung. Im Rahmen der *dynamischen Bilanztheorie* dienen A. der Berechnung eines in die Zukunft extrapolierbaren Einkommens. Die daraus folgenden A.-Methoden und -Beträge sind nur zufällig gleich.

3. Abschreibungen im Handelsrecht
a) Planmäßige und außerplanmäßige A. Handelsrechtlich werden planmäßige und außerplanmäßige A. unterschieden. Planmäßige A. sind auf das Anlagevermögen mit zeitlich begrenzter Nutzungsdauer (= abnutzbares Anlagevermögen) vorzunehmen (→ *Anlagevermögen*). Der A.-Plan muß die (historischen) → *Anschaffungs-* oder → *Herstellungskosten* entsprechend der Zeit oder Nutzung auf die Jahre der voraussichtlichen Verwendung verteilen (§ 253 Abs. 2 Satz 2 HGB). Die außerplanmäßigen A. sorgen beim (abnutzbaren und nicht abnutzbaren) Anlagevermögen dafür, daß die Vermögensgegenstände mit dem niedrigeren Wert angesetzt werden können, der ihnen am Abschlußstichtag beizulegen ist (§ 253 Abs. 2 Satz 3 HGB). Ein Abwertungszwang auf diesen Wert besteht (nur) bei voraussichtlich dauernder Wertminderung.

Beim → *Umlaufvermögen* sind A. zur Abwertung auf den Wert nötig, der sich aus einem gegenüber den Anschaffungs- oder Herstellungskosten niedrigeren Börsen- oder Marktpreis am Abschlußstichtag ergibt. Sind diese Preise nicht feststellbar, muß auf den niedrigeren beizulegenden Wert abgeschrieben werden. Der Abwertungszwang besteht beim Umlaufvermögen unabhängig von der erwarteten Dauer der Wertminderung. Ferner dürfen beim Umlaufvermögen A. vorgenommen werden, soweit sie nach vernünftiger kaufmännischer Beurteilung notwendig sind, um zu verhindern, daß in der nächsten Zukunft der Wertansatz auf Grund von Wertschwankungen geändert werden muß (§ 253 Abs. 3 Satz 3 HGB). Nichtkapitalgesellschaften dürfen weiterhin alle Vermögensgegenstände im Rahmen vernünftiger kaufmännischer Beurteilung abschreiben (§§ 253 Abs. 4, 279 Abs. 1 HGB). Die handelsrechtlich zulässigen A. werden ergänzt durch A., die auf (ursprünglich) nur steuerrechtlich zulässigen A. beruhen (§§ 254, 279 Abs. 2 HGB). Dies beruht auf einer Umkehrung des → *Maßgeblichkeitsprinzipes*. Abzuschreiben sind über die Vermögensgegenstände (und Rechnungsabgrenzungsposten) hinaus auch → *Bilanzierungshilfen* (§ 282 HGB und – bei entsprechender Klassifikation des derivativen → *Geschäfts-* oder Firmen*wertes* – § 255 Abs. 4 HGB). Die handelsrechtlichen A. sind mit Ausnahme der nur steuerrechtlich zulässigen A. (§ 281 Abs. 1 HGB) aktivisch vorzunehmen.

b) Methoden planmäßiger A. Als A.-Methoden kommen für die planmäßige A. zeit- und nutzungsabhängige A. in Betracht. Der bei Erstellung des Plans vorgesehene Methodenwechsel im Zeitablauf ist zulässig; ein im vorhinein nicht eingeplanter Methodenwechsel hat das Gebot der → *Bewertungsstetigkeit* (§ 252 Abs. 1 Nr. 6 HGB) und die Möglichkeiten, davon aus besonderen Gründen abzuweichen, zu beachten (§ 252 Abs. 2 HGB). Zu den zeitabhängigen A.-Methoden zählen die *lineare*, die (arithmetisch-, geometrisch- oder in Form von Staffelsätzen) *degressive* und die *progressive* A. Bei der linearen A. werden die Anschaffungs- oder Herstellungskosten im Zeitablauf um einen konstanten A.-Betrag auf den erwarteten Resterlös vermindert. Bei der arithmetisch-degressiven A. (= digitalen A.) sinkt die A. jährlich um einen konstanten Betrag. Bei der geometrisch-degressiven A. wird ein konstanter Prozentsatz von den (fortgeschriebenen) Anschaffungs- oder Herstellungskosten (= Restbuchwert) abgeschrieben. Die A. sinken, weil der Restbuchwert im Zeitablauf sinkt. Bei der degressiven A. mit Staffelsätzen sinkt der auf die Anschaffungs- oder Herstellungskosten anzuwendende A.-Prozentsatz im Zeitablauf. Progressive A. entsprechen den degressiven A. mit umgekehrter zeitlicher Reihenfolge. Bei der *nutzungsabhängigen* A. (= leistungsabhängige A.) ist eine Maßgröße für die Nutzungseinheiten (z. B. gefahrene Kilometer) vorzugeben und ein Nutzungspotential zu schätzen. Die jährlichen A. entsprechen der Verringerung des Nutzungspotentials.

c) Weitgehende Freiheit der Methodenwahl. Das Handelsrecht folgt keiner der oben skizzierten Bilanztheorien vollständig, sondern enthält A.-Regeln, die sich nur als Mischung aus den – teilweise widersprüchlichen – Bilanztheorien deuten lassen. Es erscheint strittig, ob man handelsrechtlich mit Verweis auf die → *Grundsätze ordnungsmäßiger Buchführung* (§ 243 Abs. 1 HGB) eine A. nach der „tatsächlichen Abnutzung" eines Vermögensgegenstandes fordern kann. Eine solche Forderung erscheint im Hinblick auf eine objektivierte Rechnungslegung zweckmäßig. Da die Maßeinheit für die Nutzung eines einzelnen Vermögensgegenstandes aber nur mit mehr oder weniger Willkür festzulegen ist, kann man diese Objektivierung kaum erreichen. Auch im Hinblick auf ein den tatsächlichen Verhältnissen entsprechendes → *Bild der Vermögens-, Finanz- und Ertragslage* (§ 264 Abs. 2 HGB) gelangt man kaum weiter, denn für Bilanzadressaten ist in erster Linie nicht die technische, sondern die *ökonomische Abnutzung* eines Vermögensgegenstandes interessant. Dies legt eine *Ertragswert-A.* nahe, die handelsrechtlich *unzulässig* ist. Im übrigen wird die Vermittlung des den tatsächlichen Verhältnissen entsprechenden Bildes für Nichtkapitalgesellschaften nicht gefordert. Der Versuch, A. am *Vorsichtsprinzip* (§ 252 Abs. 1 Nr. 4 HGB; → *Bewertungsprinzipien*) auszurichten, hat zu berücksichtigen, daß das Vorsichtsprinzip bei planmäßigen A. eingeschränkt wird. Eine starke Betonung des Vorsichtsprinzipes müßte zur A. von abnutzbarem Anlagevermögen auf die Einzelzerschlagungswerte führen, die man bei Festlegung des A.-Planes im Zeitablauf erwartet. Dafür gibt es keine gesetzlichen Hinweise; die Betonung des *Fortführungsprinzipes* in § 252 Abs. 1 Nr. 2 HGB steht dem sogar explizit entgegen. Zwar können Nichtkapitalgesellschaften durch Ausnutzung der zusätzlichen A.-Möglichkeiten gemäß § 253 Abs. 4 HGB mit ihrer Bewertung in die Nähe von Zerschlagungswerten (→ *Liquidationswert*) gelangen; diese A.-Möglichkeiten sind aber Kapitalgesellschaften nicht gegeben. Für ein unterschiedliches A.-Prinzip für Kapital- und Nichtkapitalgesellschaften gibt es keinen Grund. Konsequenz dieser Überlegungen kann nur sein, daß der Gesetzgeber handelsrechtlich für die planmäßigen A. einen Spielraum gelassen hat. Im allgemeinen wird deshalb auch nur gefordert, daß der A.-Verlauf und der Nutzungsverlauf nicht in offenkundigem Widerspruch zueinander stehen sollen.

d) Beibehaltungswahlrecht. Sind die Gründe für eine außerplanmäßige A. entfallen, besteht für Nichtkapitalgesellschaften kein Zwang zur → *Wertaufholung* (§ 253 Abs. 5 HGB). Kapitalgesellschaften müssen nur dann aufwerten, wenn ihnen dadurch keine steuerlichen Nachteile entstehen (§ 280 Abs. 2 HGB).

4. Abschreibungen im Steuerrecht

a) Handelsrechtliche Entsprechungen. Den planmäßigen A. beim abnutzbaren Anlagevermögen entsprechen steuerrechtlich die *Absetzungen für Abnutzung (AfA)* oder Substanzverringerung (AfS) gemäß § 7 EStG. Den außerplanmäßigen

A. entsprechen die *Absetzungen für außergewöhnliche technische oder wirtschaftliche Abnutzung* (AfaA; §7 Abs. 1 Satz 5 EStG) und die Teilwert-A. (§6 Abs. 1 EStG).

b) Planmäßige A. Das Steuerrecht geht bei planmäßigen A. vom Normalfall der *linearen* AfA aus (§7 Abs. 1 Satz 1 und 2 EStG), erlaubt aber auch *degressive* und *leistungsabhängige* A. Anders als für das Handelsrecht gibt es für die → *Steuerbilanz* vom BMF herausgegebene AfA-Tabellen zur Schätzung der erwarteten *betriebsgewöhnlichen Nutzungsdauer*. Obwohl ihnen keine gesetzliche Verbindlichkeit zukommt, prägen sie die Nutzungsdauerschätzung in praxi. Bei Gebäuden und selbständigen Gebäudeteilen sind die Sätze für eine lineare AfA genormt. Sie betragen für Wirtschaftsgebäude, für die der Bauantrag nach dem 31.3.1985 gestellt worden ist, jährlich 4% der Anschaffungs- oder Herstellungskosten (§7 Abs. 4 Nr. 1 EStG), für übrige Gebäude, die nach dem 31.12.1924 fertiggestellt worden sind, jährlich 2%, bei denen mit älterer Fertigstellung 2,5% (§7 Abs. 4 Nr. 2 EStG). Bei geringerer als 40- bzw. 50-jähriger Nutzung erfolgt die lineare AfA entsprechend der tatsächlichen Nutzungsdauer (§7 Abs. 4 Satz 2 EStG). Degressive AfA sind nur in geometrisch-degressiver Form oder durch Anwendung von Staffelsätzen erlaubt. Die geometrisch-degressive AfA ist allein für bewegliche Wirtschaftsgüter des Anlagevermögens zulässig. Der A.-Satz darf höchstens das Dreifache des Hundertsatzes bei linearer AfA betragen und 30% des jeweiligen Buchrestwertes nicht übersteigen. Für Gebäude und selbständige Gebäudeteile darf degressiv mit gesetzlich festgelegten Staffelsätzen abgeschrieben werden (§7 Abs. 5 EStG). Die leistungsabhängige AfA ist wie die geometrisch-degressive auf bewegliche Wirtschaftsgüter des Anlagevermögens beschränkt. Sie muß „wirtschaftlich begründet" sein (§7 Abs. 1 Satz 4 EStG). Die Absetzung für Substanzverringerung (AfS) nach §7 Abs. 6 EStG ist ebenfalls eine leistungsabhängige A.

Ein *Wechsel der A.-Methode* ist bei Gebäuden grundsätzlich unzulässig und bei sonstigem abnutzbarem Anlagevermögen nur als Übergang von der degressiven zur linearen A. erlaubt. Um einen *Sonderfall* der planmäßigen A. handelt es sich bei den auch handelsrechtlich zulässigen Sofort-A. von abnutzbaren beweglichen Wirtschaftsgütern des Anlagevermögens, die einer selbständigen Nutzung fähig sind und deren Anschaffungs- oder Herstellungskosten DM 800,– ohne Vorsteuer (= *geringwertige* Wirtschaftsgüter) nicht übersteigen (§6 Abs. 2 EStG).

c) Außerplanmäßige A. Neben der AfaA (s. o. a)) zählt hierzu die Teilwert-A. Der → *Teilwert* ist der Betrag, den ein Erwerber des ganzen Betriebs im Rahmen des Gesamtkaufpreises für das einzelne → *Wirtschaftsgut* ansetzen würde; dabei ist von einer Unternehmensfortführung auszugehen (§6 Abs. 1 Nr. 1 EStG, §10 BewG). Er ist ein anteiliger Unternehmensgesamtwert (→ *Gesamtwert der Unternehmung*; → *Ertragswert*), der aber nicht begründet bestimmt werden kann. Für die Bilanzierung gelten deshalb Teilwertvermutungen, die in bestimmten Fällen entkräftet werden können (→ *Teilwert*).

d) A. ohne handelsrechtliche Entsprechung. Ohne handelsrechtliche Entsprechung sind die Sonder-A. Zu ihnen zählen hier die neben oder anstatt der normalen AfA in Anspruch zu nehmenden A. Sie haben (besondere) politische Motive und sollen z. B. die Anschaffung oder Herstellung bestimmter Wirtschaftsgüter fördern (z. B. Wohngebäude, Flugzeuge, Schiffe, Anlagen, die dem Umweltschutz oder der Forschung und Entwicklung dienen) oder die Unterhaltung von schon vorhandenen Wirtschaftsgütern erleichtern (Baudenkmäler). Sie sollen weiterhin bestimmte Betriebe (z. B. kleine und mittlere Betriebe, private Krankenhäuser) oder Personenkreise (z. B. Land- und Forstwirte, Vertriebene und Verfolgte) unterstützen und die Standortwahl beeinflussen (neue Bundesländer, Berlin). Kommen für einzelne Wirtschaftsgüter mehrere Sonder-A. in Betracht, so darf nur eine der Vorschriften angewendet werden (sog. Kumulierungsverbot). Zu den Einzelheiten vgl. insb. §§7b–7k EStG, §§81, 82a, 82f, EStDV, §4 FördergebietsG, §§14, 14a–14d, 15 BerlinFG. Diese originär steuerrechtlichen A. dürfen in *Umkehrung des Maßgeblichkeitsprinzipes* in die Handelsbilanz übernommen werden, wobei Kapitalgesellschaften nur diejenigen steuerrechtlichen A. übernehmen dürfen, für die das Steuerrecht ihre Anerkennung vom Ausweis in der Handelsbilanz abhängig macht (§279 Abs. 2 HGB).

e) Zuschreibungsmöglichkeiten. Sind die Gründe für eine außerplanmäßige A. entfallen, so sind Zuschreibungen in der Steuerbilanz für Wirtschaftsgüter möglich (§6 Abs. 1 Nr. 1 Satz 4 und Nr. 2 Satz 3 und 4 EStG). Zuschreibungen beim abnutzbaren Anlagevermögen setzen eine vorhergehende außerplanmäßige A. voraus. Voraussetzung der steuerbilanziellen Zuschreibung ist eine entsprechende Zuschreibung in der Handelsbilanz (formelle Aufrechterhaltung des Maßgeblichkeitsprinzipes).

5. Abschreibungen nach US-GAAP und IAS

a) US-GAAP. A. heißen in den → *USA* „depreciation" (bei materiellen Vermögensgegenständen), „depletion" (bei nicht erneuerbaren Rohstoffen) oder „amortization" (bei immateriellen Vermögensgegenständen).

Planmäßige A. gelten aufgrund des „matching principle" als Verfahren der Kostenverteilung, nicht der Bewertung. US-GAAP-konform sind die lineare, die degressive und die nutzungsabhängige A., wobei die Praxis die lineare A. zu bevorzugen scheint und die Nutzungsdauer meist länger als nach den AfA-Tabellen geschätzt wird.

Bei immateriellem Anlagevermögen sind nach dem 31.10.1970 angeschaffte Gegenstände (inklusive derivativem Geschäfts- oder Firmenwert) grundsätzlich linear über die erwartete Nutzungsdauer, bei einem Maximum von 40 Jahren, abzuschreiben. Degressive A. sind besonders zu begründen. Die Gründe werden für den Geschäftswert aus dem Erwerb von Banken konkretisiert. Außerplanmäßige A. können nicht allein mit dem Vorliegen eines Verlustjahres oder einiger Verlustjahre begründet werden. Für vor dem 01.11.1970 angeschaffte immaterielle Anlagewerte gelten die beschriebenen Regeln nicht. Sie können z.B. mit ihren historischen Anschaffungskosten ausgewiesen werden.

Methodenwechsel sind zu begründen, ihr Effekt ist zu quantifizieren und offenzulegen.

Für Lagerbestände des Umlaufvermögens gilt ein strenges Niederstwertprinzip: A. sind nötig auf gegenüber den Anschaffungs- oder Herstellungskosten niedrigere Wiederbeschaffungskosten, den niedrigeren realisierbaren Veräußerungswert oder diesen unter Abzug der üblichen Gewinnmarge, wobei der letztgenannte Wert die absolute Wertuntergrenze ist. Bei Wegfall der A.-gründe besteht – entgegen §280 Abs. 2 HGB – eine Zuschreibungspflicht.

b) IAS. Objektbezogen gelten für die A. mehrere → *IAS*: Sachanlagevermögen regelt IAS 16 über „Property, Plant and Equipment". Es erlaubt planmäßige A. auf Anschaffungs- oder Herstellungskosten sowie auf Wiederbeschaffungskosten, ohne die Verfahren einzuschränken. Bei Wegfall der Gründe für eine außerordentliche A. sind Zuschreibungen nötig.

IAS 4 über „Depreciation Accounting" gilt für fremd erworbene immaterielle Anlagewerte mit Ausnahme des derivativen Geschäfts- oder Firmenwertes und spezifiziert ebenfalls nicht die Abschreibungsmethode, verlangt aber – wie die US-GAAP – bei einem Methodenwechsel neben der Angabe von Gründen die Quantifizierung des Effekts und dessen Offenlegung (Ziff. 12).

IAS 22 über „Business Combinations" verlangt, den derivativen Geschäfts- oder Firmenwert linear abzuschreiben, solange nicht eine andere Methode angemessener ist. Die Abschreibungsdauer soll grundsätzlich 5 Jahre nicht überschreiten. Jedoch kann ein längerer Zeitraum, der über 20 Jahre nicht hinausgehen darf, gerechtfertigt werden (Ziff. 42). Außerplanmäßige A. dürfen in Folgeperioden nicht zu Zuschreibungen führen (Ziff. 47).

IAS 9 über „Research and Development Costs" regelt die A. von Entwicklungskosten, soweit mit ihnen ein „asset" verbunden ist, ohne Vorgabe eines A.-verfahrens.

6. Abschreibungen in der Kostenrechnung
Für kostenrechnerische (= kalkulatorische) A. gibt es, anders als für bilanzielle A., keine gesetzlichen Vorschriften. Handels- und steuerrechtliche Vorschriften dienen dem Schutz der Interessen Dritter und erlauben deshalb nur A. bis zur Höhe der (historischen) Anschaffungs- oder Herstellungskosten. Kalkulatorische A. dienen der Unternehmenssteuerung durch zweckmäßige Ermittlung und Kontrolle von Produkt- und Betriebserfolgen, Absatzpreis- und Sortimentsgestaltungen u. a. m. Sie beziehen sich deshalb i. d. R. aus Gründen der besseren Kalkulation und der besseren Extrapolierbarkeit vergangener Erfolge auf *Wiederbeschaffungs-* statt (historische) Anschaffungs- oder Herstellungskosten und legen Methoden oder A.-Zeiträume zugrunde, die von den handels- oder steuerrechtlich zulässigen abweichen können. Z. B. will man im Rahmen der Vollkostenkalkulation (→ *Kalkulationsverfahren*) die anteiligen Wiederbeschaffungskosten von Anlagen, die zur Produktion eines Produktes notwendig sind, als Erlöskomponente wiedergewinnen, um den Ersatz der Produktionsanlage finanzieren zu können (→ *Kosten, kalkulatorische*). Die Verbindung von Kostenrechnung und Finanzierungsrechnung muß freilich sowohl die Reaktion der Kunden auf die Preisgestaltung als auch die Tatsache berücksichtigen, daß die A.-Gegenwerte i. d. R. nicht in der Wiedergewinnungsperiode bis zur Ersatzbeschaffung angelegt, sondern unmittelbar verbraucht werden und daß die identische Ersatzbeschaffung nicht sinnvoll sein muß. Legt man einer Betriebserfolgsrechnung die A. auf Wiederbeschaffungskosten zugrunde, so läßt sich, unter der Annahme, die Bedingungen für Produktion und Absatz würden einige Zeit konstant bleiben, der zukünftige Betriebserfolg besser prognostizieren als wenn A. auf die historischen Anschaffungs- oder Herstellungskosten zugrunde gelegt würden. Wie weit dies zutreffende Unterstellungen sind, läßt sich nur im Einzelfall prüfen.

Kalkulatorische A. können unter bestimmten Umständen der Ermittlung von Selbstkostenpreisen für die Vergabe und Abrechnung von öffentlichen Aufträgen (gemäß LSP und LSP-Bau) oder der Begründung von Preiserhöhungen in Genehmigungsverfahren (wie bei Energieversorgungsunternehmen, die unter der Preisaufsicht nach § 12a der Bundestarifordnung Elektrizität stehen) zugrunde gelegt werden.

Lit.: Hüchtebrock, M.: Begründungen von Abschreibungsverfahren und ihre kapitaltheoretischen Unterstellungen, 1983; *Moxter, A.*: Bilanzlehre, Bd. 1: Einführung in die Bilanztheorie, 3. Aufl., 1984 (Nachdruck 1991), S. 5–56, S. 159–165; *Küpper, H.-U.*: Abschreibungen, in: HWR, 3. Aufl., 1993, Sp. 15–29; *Schnicke, C./Schramm, M./Bail, U., Schnicke, C./Gutike, H.-J., Ellrott, H./Schulz, F./Bail, U., Ellrott, H./Schramm, M./Bail, U., Clemm, H./Bail, U.*, in: Beck Bil.-Komm., 3. Aufl., 1995, § 253 Anm. 201–661, § 254; *Schmidt, L.*: Einkommensteuergesetz (Komm.), 14. Aufl., 1995, §§ 7–7k; *FASB*: Current Text, Accounting Standards as of June 1, 1996, Vol. 1, 1997, Sec. D 40, Sec. I 60; *IASC*: International Accounting Standards 1997, 1997.

Prof. Dr. Wolfgang Ballwieser, München.

Abschreibungsgesellschaft
Meist in Form einer → *GmbH & CoKG* geführtes Unternehmen, das durch Ausgabe von Kommandit-Anteilen an private Kapitalanleger vor allem Wohnungs- und Gewerbebauten, oder z. B. Schiffe und Öl- und Erdgasbohrungen finanziert. Der Anreiz der Finanzierungsform ergibt sich daraus, daß Anlaufverluste, die oft die Höhe der Kapitaleinlage übersteigen, den Kapitalanlegern zugerechnet werden und ihr steuerpflichtiges Einkommen aus anderen Einkünften so stark mindern, daß die Kapitaleinlage weitgehend aus Steuer-

ersparnissen finanziert werden kann. Die A. wird z. T. als Mißbrauch angesehen, so daß ihre steuerlichen Vorteile zunehmend eingeschränkt werden.

Absetzung für Abnutzung
= AfA.

Steuerrechtliche Bezeichnung (§7 EStG) für die planmäßige Verringerung der → *Anschaffungs-* oder → *Herstellungskosten* eines Wirtschaftsgutes, dessen Verwendung oder Nutzung sich gewöhnlich auf mehr als ein Jahr erstreckt (→ *Anlagevermögen*), während seiner Nutzungszeit. Die A. entspricht weitgehend dem Begriff der planmäßigen → *Abschreibungen* gem. §253 Abs. 2 Satz 1 u. 2 HGB. Die A. kann nach Maßgabe des §7 EStG in gleichen oder fallenden Jahresbeträgen oder nach der Leistung vorgenommen werden.

Absetzung für außergewöhnliche Abnutzung
= AfaA.

→ *Absetzung für Abnutzung* aus außergewöhnlichen technischen oder wirtschaftlichen Gründen (§7 Abs. 1 Satz 5 EStG); entspricht handelsrechtlich einer außerplanmäßigen → *Abschreibung*.

Absetzung für Substanzverringerung
→ *Abschreibungen*.

Abstimmungsprüfung
→ *Prüfungshandlungen*.
→ *Prüfungstechnik*.

Abweichung zweiten Grades
Multiplikation von Preis- und Mengendifferenz, die sich nicht verursachungsgemäß in eine → *Preis-* und eine → *Mengenabweichung* aufteilen läßt.

Abweichungsanalyse
Ermittlung und Analyse von Abweichungen zwischen Plan- und Istwerten (insbesondere → *Kosten* und *Leistungen*). Die A. kann auf unterschiedliche Bezugsobjekte ausgerichtet sein. Die Abweichungen setzen sich aus drei Komponenten zusammen:

(1) *Mengenabweichung*:
Planpreis × (Planmenge − Istmenge), z. B. für die *Verbrauchsabweichung* in der → *Plankostenrechnung*.

(2) *Preisabweichung*:
Planmenge × (Planpreis − Istpreis).

Mengen- und Preisabweichung bilden die *Primärabweichung*.

(3) *Sekundärabweichung*:
(Planmenge − Istmenge) × (Planpreis − Istpreis).

Die Sekundärabweichung kann nicht in eine Mengen- und eine Preisabweichung aufgeteilt werden.

Lit.: Aghte, K.: Die Abweichungen in der Plankostenrechnung. Ihre Ermittlung, Analyse und Verrechnung, 1958; *Kosiol, E.*: Kostenabweichungen, Analyse der, in: HWR, 2. Aufl. 1981, Sp. 983–998; *Scherrer, G.*: Kostenabweichungen, in: HWR, 3. Aufl., 1993. Sp. 1168–1179.

Abzinsung
Ermittlung des → *Barwertes* (B) auf den Bezugszeitpunkt t = 0 einer im zukünftigen Zeitpunkt t anfallenden einzelnen Zahlung c durch Multiplikation der Zahlung mit dem *Abzinsungs-* oder *Diskontierungsfaktor* $(1 + i)^{-t}$ beim Zinsfuß i [in von Hundert].
Barwert = Wert in t = 0: $B_0 = c_t (1 + i)^{-t}$.

Abzugskapital
Jene Teile des → *Fremdkapitals*, die der Unternehmung ohne Berechnung von Zinsen zur Verfügung gestellt werden, wie erhaltene Anzahlungen oder Vorauszahlungen von Kunden, Lieferantenkredite, zinslose Darlehen, Stundungen von Abgaben. Bei der Ermittlung der *kalkulatorischen Zinsen* wird das *betriebsnotwendige Vermögen* um das A. vermindert. Das A. verursacht z. T. jedoch Kosten, wie z. B. nicht wahrgenommene Skontoabzüge.

Accounting
= → *Rechnungswesen*.

Accounting Advisory Forum
Von der EU-Kommission 1990 gegründeter Ausschuß mit der Aufgabe, sie in Rechnungslegungsfragen zu beraten bzw. gemeinsame Standpunkte der EU für Verhandlungen mit dem → *International Accounting Standards Committee* vorzubereiten. Das A. setzt sich aus Vertretern nationaler Rechnungslegungsorganisationen der EU-Mitgliedstaaten und europä-

ischer Rechnungslegungsorganisationen (z.B. → *EAA*) zusammen. Für Deutschland ist ein Vertreter des → *Instituts der Wirtschaftsprüfer in Deutschland e. V.* und ein Vertreter eines nationalen Arbeitskreises zur Rechnunglegung Mitglied des A. Stellungnahmen des A. zur Bilanzierung von Fremdwährungsgeschäften, Leasingverträgen, staatlichen Zuschüssen liegen vor, die allerdings keine bindende Wirkung für die EU-Kommission und die EU-Mitgliedstaaten haben. Zur Zeit werden Stellungnahmen zur Cash-Flow-Rechnung und zur Berücksichtigung von Umweltfragen im Jahresabschluß vorbereitet.

Lit.: Ordelheide, D.: Entwicklung und Arbeit des Accounting Advisory Forums der EU-Kommission, in: Förschle, G./Kaiser, K./Moxter, A. (Hrsg.): Rechenschaftslegung im Wandel, FS Budde, 1995, S. 483–504.

Accounting Principles Board (APB)

1959 vom American Institute of Certified Public Accountants (AICPA) gegründet zur Festlegung von *Rechnungslegungsgrundsätzen* für Unternehmen, deren Anteilspapiere am amerikanischen Wertpapiermarkt gehandelt werden. Das A. gab „Opinions" zu einzelnen Rechnungslegungsproblemen heraus, die z. T. noch gelten. Die Aufgaben des A. hat ab 1973 der → *Financial Accounting Standards Board* übernommen.

Accounting Standards

1. Begriff und Bedeutung

Im anglo-amerikanischen Raum sind detaillierte, gesetzliche Regelungen zur Rechnungslegungpflicht weitgehend unbekannt. An deren Stelle treten die vom Berufsstand der → *Wirtschaftsprüfer* oder unter dessen Beteiligung erarbeiteten A. Diese erlangen quasi-gesetzlichen Status dadurch, daß für die geforderte → *Fair presentation* (→ *USA*) bzw. den → *True and fair view* (→ *Großbritannien*) des → *Bildes der Vermögens-, Finanz- und Ertragslage* der Unternehmung i.d.R. die *Befolgung der A. erforderlich ist.* Neben Rechnungslegungsgrundsätzen werden von den Wirtschaftsprüfer-Instituten auch Prüfungsgrundsätze, die *auditing standards*, erlassen.

2. Zielsetzung

Dem britischen und US-amerikanischen Rechtssystem (case law) entsprechend wird auch im Wirtschaftsrecht von staatlicher Seite nur durch wenige Generalnormen in die allgemeine Handlungsfreiheit, insbesondere die Vertragsfreiheit eingegriffen. Angesichts der Bedeutung des Kapitalmarktes in beiden Ländern und der Bedeutung von Jahresabschlußinformationen für die effiziente Allokation des Kapitals (→ *Jahresabschluß (Funktionen)*) erscheint jedoch die Sicherung eines einheitlichen Niveaus von → *Financial statements* erforderlich, damit eine Irreführung der Investoren durch unterschiedliche Behandlung gleicher Sachverhalte vermieden wird. Erklärtes Ziel der Veröffentlichung von A. ist daher die Reduzierung der Bandbreite angewandter Bilanzierungsmethoden. Dies geschieht nicht nur im Interesse der Rechnungslegungsadressaten, sondern auch der Wirtschaftsprüfer, die mit ihrem Gesamturteil über das vermittelte Bild der Vermögens-, Finanz- und Ertragslage unbegrenzt für eventuelle Schäden Gutgläubiger haften. Als Vorteil der Regelung ohne Beteiligung der Legislative wird neben der Fachkompetenz der WP-Organisationen insbesondere die schnelle Anpassungsfähigkeit der A. an die wirtschaftliche Entwicklung gesehen.

3. Entstehung und Durchsetzung

a) USA. Der Börsensturz von 1929 hatte die Glaubwürdigkeit der financial statements nachhaltig erschüttert. Zu deren Wiederherstellung wurde u. a. der Securities Exchange Act (SEA, 1934) erlassen, wonach börsennotierte Unternehmen einer regelmäßigen Rechnungslegungspflicht unterworfen wurden, wobei lediglich der Umfang der Offenlegungspflicht („full and fair disclosure"), nicht aber bestimmte Bilanzierungs- und Bewertungsmethoden vorgeschrieben wurden. Die zur Überwachung des SEA geschaffene → *Securities and Exchange Commission* (SEC) machte in der Folgezeit kaum von ihrem Recht Gebrauch, materielle Bilanzierungsregeln per Verordnung mit Gesetzeskraft zu regeln. Stattdessen erklärte sie, daß sie Bilanzierungsgrundsätze anerkennen werde, die von maßgeblicher Seite nachhaltig unterstützt würden (Accounting Series Release No. 4, 1938). Diesen „substantial authoritative support" besitzen ausdrücklich die A. des → *Financial Accounting Standards Board* (FASB), der 1973 als neutrale Nachfolgeorganisation des → *Committee on Accounting Procedure* (CAP, 1936) und des → *Accounting Principles Board* (APB, 1959), beide Ausschüsse des → *American Institute of Certified Public Accountants (AICPA)*, eingesetzt wurde. Bis September 1995 hat der FASB 121 „Statements of Financial Accounting Standards" (FAS) erlassen, die schrittweise die „Accounting Research Bulletins" und „APB-Opinions" der Vorgängerorganisationen ersetzen und weitere Sachverhalte regeln. Da die A. als wesentlicher Teil der → *Generally Accepted Accounting Principles* betrachtet werden (sog. „promulgated GAAP"; Haller, S. 67–70), können vom FASB nur solche Bilanzierungsmethoden zum Gegenstand eines A. gemacht werden, die in der Praxis breite Anerkennung und Anwendung finden. Vor dem Erlaß eines A. wird der Grundsatz daher als „Discussion Memorandum" und anschließend als „Exposure Draft" zur öffentlichen Diskussion gestellt, so daß Interessenverbände, SEC und AICPA die Aufstellung der A. beeinflussen können.

Um die von der SEC geforderte schnelle Harmonisierung der verwendeten Methoden zu erreichen und damit ein aktives Eingreifen der SEC zu vermeiden, wurden A. regelmäßig als pragmatische Lösung drängender Einzelprobleme entwickelt. Sie haben nicht selten auch die bundesdeutsche Rechnungslegung beeinflußt (z. B. → *Umrechnung von Jahresabschlüssen*, SFAS No. 52; → *latente Steuern*, SFAS No. 96; → *Leasing*, SFAS No. 98).

Zwischen 1978 und 1985 wurden vom FASB sechs „Statements of Financial Accounting Concepts" (SFAC) entwickelt, die in Zukunft den theoretischen Rahmen („*Conceptual Framework*") für eine konsistente und zielorientierte Aufstellung von A. bilden sollen. Festgelegt wurden Ziele (SFAC No. 1) und qualitative Anforderungen an Rechnungslegungsinformationen (SFAC No. 2) sowie die Einzelelemente des Jahresabschlusses (Vermögen, Verbindlichkeiten, Eigenkapital, Aufwand, Ertrag; SFAC No. 3, 6), aber auch Grundregeln des Ansatzes und der Bewertung in den Jahresabschlußbestandteilen (SFAC No. 5).

Die Durchsetzung der A. ist direkt nur bei den Unternehmen gesichert, die der Börsenaufsicht der SEC unterliegen (Accounting Series Release No. 150). Ein uneingeschränktes Testat des Wirtschaftsprüfers darf darüber hinaus laut Regel 203 des „Code of Professional Ethics" des AICPA i. d. R. nur vergeben werden, wenn die A. eingehalten werden. Nur in explizit begründeten Ausnahmefällen ist ein Abweichen zulässig, wenn die Einhaltung eines A. nicht zur fair presentation führte. Gegenüber der SEC kann eine alternative Bilanzierungsmethode nur dann durchgesetzt werden, wenn eine andere Form des „substantial authoritative support" nachgewiesen wird.

b) Großbritannien. In GB ist der Umfang der offenzulegenden Jahresabschlußinformationen durch die Companies Acts von 1948, 1967, 1981, 1985 und 1989 schrittweise ausgedehnt worden. Zwar wurde durch die Umsetzung der 4. und 7. → *EG-Richtlinie* die Kodifizierung einer für britische Verhältnisse ungewohnten Fülle an Bilanzierungs- und Bewertungsvorschriften erzwungen. Dennoch bleibt aufgrund der Weitergabe aller nationalen Bilanzierungswahlrechte der Richtlinien an die Unternehmen und die gleichzeitige Kodifizierung des True and fair view-Prinzips als beherrschender Rechnungslegungsgrundsatz, der auch ein Abweichen von den Detailvorschriften rechtfertigt, der Bilanzierungsspielraum britischer Unternehmen beträchtlich. Diese Methodenvielfalt wurde in GB im Gegensatz zu den USA lange Zeit nicht als nachteilig empfunden. Zwischen 1942 und 1969 hat das Institute of Chartered

Accountants in England and Wales (ICAEW) lediglich unverbindliche Empfehlungen über Bilanzierungsgrundsätze veröffentlicht. Erst 1970 wurde vom ICAEW das Accounting Standards Steering Committee (ASSC; ab 1976 → *Accounting Standards Committee*, ASC) gegründet. Es hat bis zu seiner Ablösung durch den → *Accounting Standards Board* (ASB) am 1.8.1990 25 „Statements of Standard Accounting Practice" (SSAP) erarbeitet, die der Vereinheitlichung der Rechnungslegung dienen sollen und deren Beachtung durch die Wirtschaftsprüfer sowohl vom ICAEW als auch von der Börsenaufsicht verlangt wird. Andererseits sollen die A. nicht die Ermessensentscheidung darüber ersetzen, welche Bilanzierungsmethode im Einzelfall für die Vermittlung eines True and fair view erforderlich ist. Der Rechnungslegungspflichtige ist daher aufgefordert, gegebenenfalls von den A. abzuweichen und dies unter Angabe der Gründe offenzulegen. Die A. haben somit im Vergleich mit den USA nur sekundär dem Ziel einer größeren Vergleichbarkeit der Jahresabschlüsse zu dienen. Die Einhaltung der GAAP hat in GB einen deutlich geringeren Stellenwert als in den USA. Bis heute findet sich daher im Testat britischer Wirtschaftsprüfer keine Bindung des True and fair view an anerkannte Bilanzierungsgrundsätze.

Die Bedeutung der A. ergibt sich jedoch daraus, daß deren Beachtung grundsätzlich die Vermutung auslöst, dem True and fair view-Prinzip entsprochen zu haben, während ein Abweichen besondere Erläuterungspflichten auslöst.

Die britische Skepsis gegenüber GAAP resultiert möglicherweise aus dem Wissen um die mangelnde theoretische Fundierung der SSAP. Auf ein „Conceptual Framework" ist in GB bisher bewußt zugunsten der schnellen, pragmatischen Lösung akuter Einzelprobleme verzichtet worden. Der ASB begann jedoch im September 1991 mit der schrittweisen Veröffentlichung von Entwürfen für ein grundlegendes „statement of principles", dessen Inhalt sich so weit wie möglich am „Framework for the Preparation and Presentation of Financial Statements" des IASC orientieren soll (Acc., 1991, S. 99–103). Die breite Unterstützung der Praxis für die Arbeit des ASB wird außerdem wie in den USA durch die öffentliche Diskussion der geplanten A. als „Discussion Paper" und „Exposure Draft" gesichert. Bis September 1995 hat der ASB 7 *Financial Reporting Standards* (FRS) veröffentlicht.

c) International Accounting Standards Committee (IASC). Das IASC erläßt mit dem Ziel der weltweiten → *Harmonisierung der Rechnungslegung* internationale A., die aber nicht die gleiche Verbindlichkeit haben wie die nationalen A. Da sich das IASC bei der Entwicklung von internationalen A. stark an bereits bestehenden US-amerikanischen und britischen A. orientiert, die Zielsetzungen der Bilanzierung im anglo-amerikanischen und kontinentaleuropäischen Raum aber differieren (→ *Bilanzvergleich, internationaler*), war das Interesse der Praxis in Deutschland an den internationalen A. bisher begrenzt. Ab dem Jahr 2000 soll aber die Einhaltung der bis dahin überarbeiteten A. des IASC nach dem Willen der → *IOSCO* für weltweite Emissionen und Börsennotierungen auch an der New York Stock Exchange ausreichen. In einigen Geschäftsberichten deutscher AG des Jahres 1994 wurden erstmals auf freiwilliger Basis die A. des IASC beachtet, soweit die handelsrechtlichen Rechnungslegungsvorschriften dies zulassen (→ *IASC*).

4. Einfluß auf die deutsche Rechnungslegung

Nationale und internationale A. stellen zwar keine zusätzlich zum HGB bestehenden bindenden Regelungen dar, werden aber beim Prozeß der europäischen Harmonisierung der Rechnungslegung berücksichtigt, wie am Beispiel der 7. EG-Richtlinie deutlich wurde. Darüber hinaus erfüllen sie immer dann eine Beispielsfunktion, wenn wirtschaftliche Neuerungen und Entwicklungen – nicht selten in den USA ausgelöst – die Entwicklung geeigneter Bilanzierungsgrundsätze erzwingen, die in den USA bzw. GB bereits abgeschlossen ist (z. B. → *Leasing*, → *Um-*

rechnung von Valutaposten und Jahresabschlüssen im Zuge der Globalisierung des Wirtschaftsprozesses, → *Equity-Bewertung* im Konzernabschluß).

Lit.: Nobes, C. W./Parker, R. H.: Chronology. The Development of Company Financial Reporting in Great Britain 1844–1977, in: Lee, T. A. u. a. (Hrsg.): The Evolution of Corporate Financial Reporting, 1979, S. 197–207; *Zeff, S. A.*: Chronology. Significant Developments in the Establishment of Accounting Principles in the United States 1926–1978, in: Lee, T. A. u. a. (Hrsg.), The Evolution of Corporate Financial Reporting, 1979, S. 208–221; *Bromwich, M./Hopwood, A. G. (Hrsg.)*: Accounting Standards Setting. An International Perspective, 1983; *Bird, P.*: The Development of Standard Accounting Practice, in: Carsberg, B. u. a. (Hrsg.): Current Issues in Accounting, 1984, S. 39–52; *Bromwich, M.*: The Economics of Accounting Standards Setting, 1985; *Davidson, S./Anderson, G. D.*: The Development of Accounting and Auditing Standards, in: JAcc., May 1987, S. 110–127; *Haller, A.*: Die Grundlagen der externen Rechnungslegung in den USA, 4. Aufl., 1994, S. 19–76, 197–230; *Ernst & Young (Hrsg.)*: UK GAAP, 4. Aufl., 1994, S. 1–20; *Pereira, V. u. a.*: UK/US GAAP Comparison, 3. Aufl., 1994, S. 7–11, 19–30; FASB (Hrsg.): Original Pronouncements: Accounting Standards as of June 1, 1996, Vol. I, II, 1997; *IASC*: International Accounting Standards 1997, 1997.

Dr. Jörg Brotte, Düsseldorf.

Accounting Standards Board (ASB)

Seit 1. 8. 1990 Nachfolgeorganisation des britischen → *Accounting Standards Committee (ASC)* zur Entwicklung von → *Accounting Standards* mit dem Ziel, die Vielfalt der angewandten Bilanzierungsmethoden energischer als das ASC zu reduzieren. Zu diesem Zweck wurden die Zahl der Mitglieder reduziert, ein hauptamtlicher Vorsitzender und ein technischer Direktor bestellt sowie ein „Urgent Issues Task Force“ für drängende Einzelprobleme eingerichtet. Dem ASB wurde ein „Review Panel“ zur Seite gestellt, das Verstöße gegen bestehende accounting standards verfolgen und zunächst durch Überzeugungsarbeit mit dem betreffenden Unternehmen, u. U. aber auch durch Klageerhebung reduzieren soll. Erstmals müssen Großunternehmen ausdrücklich die Befolgung der einschlägigen accounting standards bzw. jede materielle Abweichung dokumentieren.

Accounting standards werden in Großbritannien nicht mehr vom → *ICAEW*, sondern vom ASB selbst unter der Bezeichnung „ Financial Reporting Standard“ (FRS) herausgegeben.

Lit.: Dearing, R.: Accounting Standards: The New Approach, in: Acc., 6/1990, S. 86 f.; Ernst & Young (Hrsg.): UK GAAP, 2. Aufl., 1990, S. 3–7.

Accounting Standards Committee (ASC)

Vormals Accounting Standards Steering Committee. Vom Institute of Chartered Accountants in England and Wales (ICAEW) 1970 gegründetes Organ zur Entwicklung von → *Accounting Standards* der externen Rechnungslegung und unverbindlichen Empfehlungen (Statement of Recommended Practice). Die 21 Mitglieder des ASC wurden von einem gemeinsamen Komitee der britischen Wirtschaftsprüferinstitute (Consultative Committee of Accountancy Bodies, CCAB) für drei Jahre ernannt und vertraten Wirtschaftsprüfung, Industrie und Handel, Banken, Verwaltung und akademische Meinung. Das ASC wurde am 1. 8. 1990 vom → *Accounting Standards Board* (ASB) abgelöst.

Lit.: ICAEW: Accounting Standards 1986/87, 1986, S. 11–15; Ernst & Young (Hrsg.): UK GAAP, 4. Aufl., 1994, S. 12–13.

Accrual Accounting

Anglo-amerikanische Bezeichnung für den Grundsatz der periodengerechten Erfolgsabgrenzung (→ *Periodisierung*, → *Grundsätze ordnungsmäßiger Buchführung*). Demnach wird der Unternehmenserfolg nicht unmittelbar anhand von Ein- und Auszahlungen, sondern auf der Basis periodisierter Ein- und Auszahlungen (Erträge und Aufwendungen) ermittelt

(→ *Grundgrößen des Rechnungswesens*). Ausprägungen des A. sind das realization principle (→ *Realisationsprinzip*), welches die periodengerechte Abgrenzung von Einzahlungen regelt, sowie das → *matching principle*, wodurch die Auszahlungen derjenigen Periode zuzuordnen sind, in der die hiermit korrespondierenden Erträge anfallen, für die sie erbracht wurden.

Lit.: *ASC*: SSAP No. 2: Disclosure of accounting policies, 1971, Ziff. 14; *FASB*: SFAC No. 6: Elements of Financial Statements, 1985, Ziff. 134–152; *IASC*: IAS No. 18: Revenue, 1993; *IASC*: Framework for the Preparation and Presentation of Financial Statements, 1997, Ziff. 92–98; *Pellens, B.*: Internationale Rechnungslegung, 1997, S. 159–162.

Activity Accounting
= → *Prozeßkostenrechnung*.

Activity-Based-Costing
A. wird häufig i. w. S. synonym für den Begriff → *Prozeßkostenrechnung* oder i. e. S. zur Charakterisierung der angelsächsischen Prozeßkostenrechnungsvariante verwandt.

Ad-hoc-Publizität
1. Einführung
Zusätzlich zum → *Jahresabschluß* und → *Zwischenbericht* müssen börsennotierte Unternehmen gem. § 15 Abs. 1 Satz 1 WpHG ab dem 1. Januar 1995 unverzüglich jede neue Tatsache veröffentlichen (→ *Publizität*), die in ihrem Tätigkeitsbereich eingetreten und nicht öffentlich bekannt ist, wenn sie wegen der Auswirkungen auf die Vermögens- und Finanzlage oder auf den allgemeinen Geschäftsverlauf des Unternehmens geeignet ist, den Börsenpreis der zum Handel an einer inländischen Börse zugelassenen Wertpapiere erheblich zu beeinflussen. Die Veröffentlichung hat in mindestens einem überregionalen Börsenpflichtblatt oder über ein elektronisches Informationsverbreitungssystem zu erfolgen. Vorab ist die Geschäftsführung der betroffenen Börsen und das *Bundesaufsichtsamt für den Wertpapierhandel* (BAW) zu informieren. Der Gesetzgeber hat in § 15 Abs. 1 Satz 2 WpHG versucht, mögliche wettbewerbspolitische Schutzinteressen der Unternehmen zu berücksichtigen. Führt die Veröffentlichung zu einer Beeinträchtigung der berechtigten Interessen des Emittenten, so ist eine Befreiung von der unverzüglichen Offenlegungspflicht möglich.

Die A. ist ein Produkt der Harmonisierungsbestrebungen des Kapitalmarktrechts innerhalb der EU, das bereits 1987 in § 44a BörsG transformiert wurde (*Pellens*, 1991). Diese inhaltlich nahezu identische Regulierung war bis 1994 in der BRD nahezu ohne praktische Relevanz geblieben und daher auch als „schlafende Norm" bezeichnet worden. Künftig soll die A. durch eine permanente Überwachung durch das BAW und durch drastische Bußgelder (bis zu 3 Mio. DM) von den Unternehmen erzwungen werden.

Mit der A. soll der Aktienmarkt auch innerperiodisch mit wichtigen Unternehmensinformationen versorgt werden. Über die zeitnahe Transformation dieser Nachrichten in Aktienkursänderungen soll die Lenkungsfunktion des Aktienmarktes (Funktionenschutz) und damit der → *Anlegerschutz* verbessert werden. Obwohl die Notwendigkeit und Effizienz derartiger gesetzlicher Publizitätspflichten noch offen sind, wird die A. auch mit möglichen negativen Wirkungen eines Insiderhandelsverbotes auf die Informationsversorgung des Aktienmarktes begründet.

2. Ausgestaltung der A.
Die in § 15 WpHG kodifizierte Regulierung der A. beinhaltet eine Fülle unbestimmter Rechtsbegriffe, die es dem Management börsennotierter Unternehmen bisher erschwert, publizitätspflichtige Sachverhalte zu erkennen. Die Auslegungsbedürftigkeit beginnt bei dem *Tatsachenbegriff*, der ebenso interpretationsbedürftig ist, wie die Spannweite des *Tätigkeitsbereiches* einer meist sehr komplex aufgebauten und international organisierten Unternehmens- und Konzernstruktur. Darüber hinaus kann der *Zeitpunkt*,

Ad-hoc-Publizität

an dem eine Tatsache eingetreten ist, vor dem Hintergrund mehrstufiger Entscheidungsprozesse und möglicherweise komplizierter Ursache-Wirkung-Beziehungen ebenso schwer bestimmt werden, wie der *Streukreis* einer Information, um sie als öffentlich bekannt charakterisieren zu können. Die schwierigste Frage, die das Management zu beantworten hat, liegt jedoch in der Identifikation *erheblich kursbeeinflussender* Tatsachen.

Als Hilfestellung hat die *Deutsche Börse AG* Ende 1994 einen Leitfaden „*Insiderhandelsverbote und Ad-hoc-Publizität nach dem WpHG*" herausgegeben. Hier werden u.a. die unbestimmten Rechtsbegriffe des §15 WpHG partiell konkretisiert. Die Auslegung der „Eignung zur erheblichen Kursbeeinflussung" wird durch eine kurze Beispielliste „Beispiele prüfungsrelevanter Tatsachen im Rahmen der Publizitätspflicht" vorgenommen. Es werden zur Kursbeeinflussung geeignete Ereignisse präsentiert, die nach Veränderungen der Vermögens- und Finanzlage bzw. nach Veränderungen im allgemeinen Geschäftsverlauf differenziert werden. Der ersten Gruppe sind z.B. Beteiligungserwerb, Verschmelzungen, Kapitalmaßnahmen, Änderung des Dividendensatzes, Veräußerungen satzungsmäßiger Kernbereiche oder erhebliche außerordentliche Aufwendungen und Erträge zugeordnet. In der zweiten Gruppe, den Veränderungen im allgemeinen Geschäftsverlauf, finden sich z.B. bedeutende Erfindungen, Patente, Lizenzen, maßgebliche Produkthaftungs- und Schadensfälle, Rechtsstreitigkeiten oder personelle Veränderungen in den Schlüsselpositionen.

Der Beispielkatalog ist jedoch nicht abschließend. Da es stets auf die konkreten Umstände des Einzelfalls ankommt, können auch weitere, nicht genannte Sachverhalte veröffentlichungspflichtig sein. Aus gleichem Grund sind die aufgeführten Beispiele auch nicht zwingend publizitätspflichtig, so daß der Katalog lediglich empfehlenden Charakter hat. Innerhalb des Unternehmens muß sich eine wie auch immer organisatorisch eingebundene Institution mit der Identifikation publizitätspflichtiger Tatsachen auseinandersetzen. Jedes möglicherweise in Frage kommende Ereignis ist unabhängig davon, ob es Bestandteil des Beispielkatalogs ist, auf seine Publizitätseignung hin zu prüfen.

Alternativ zum Leitfaden ist vorgeschlagen worden, die Kurserheblichkeitsprüfung an der meßbaren Veränderung des → *Gewinns je Aktie* nach DVFA/SG vorzunehmen (*Loistl*, 1994). Das DVFA/SG-Ergebnis sei eine anlegerorientierte Kennziffer und drücke – aufgrund der Ergebnisse empirischer Kapitalmarktstudien – als geeigneter Indikator am ehesten Kursrelevanz aus. Nach diesem Vorschlag wären alle Tatsachen zu veröffentlichen, die zu einer prozentualen Veränderung des DVFA/SG-Ergebnisses in einer vorher festgelegten Höhe führen.

Nach einem weiteren Vorschlag zur Ausgestaltung der A. (*Pellens*, 1991; *Pellens/Fülbier*, 1994) soll auf Ereignisse zurückgegriffen werden, die im folgenden (oder bei einem gedanklich im Entscheidungszeitpunkt aufzustellenden) Einzel- und/oder Konzernabschluß einen Buchungsvorfall auslösen oder für die Aufnahme in den Lagebericht vorzumerken sind, und die hier zu einer erheblichen Veränderung der Vermögens-, Finanz- und Ertragslage bzw. der im Lagebericht zum Ausdruck kommenden allgemeinen Geschäftslage führen. Die Erheblichkeit könne über quantitative Lösungen, wie z.B. über → *Bilanzkennzahlen(änderungen)*, (→ *Deckungsstockfähigkeit*), geprüft werden.

3. USA

Die A. ist seit Jahrzehnten ein wesentlicher Bestandteil im weitreichenden System US-amerikanischer Publizitätspflichten (→ *USA*). Sie ist Ausdruck einer stark vom Anlegerschutzgedanken geprägten Regelungsphilosophie, nach der dem Kapitalmarkt alle zur Bewertung der einzelnen Wertpapiere notwendigen Informationen zur Verfügung zu stellen sind. Regelungen zur A. finden sich in den USA auf unterschiedlichen Ebenen. Neben den Vorschriften in den Kapitalmarktgesetzen des Bundes und den hierzu erlassenen Verordnungen ergibt sich die

A.-pflicht insb. aus den Bestimmungen der einzelnen Börsen.

a) Bundesgesetzliche Vorschriften. Der Securities Exchange Act 1934 (SEA) enthält in Sec. 13 (a) (1) die Rechtsgrundlage für die A. auf bundesgesetzlicher Ebene. Alle Unternehmen, deren Wertpapiere gem. Sec. 12 SEA registriert sind, müssen die Marktteilnehmer auch zwischen den Jahres- und Quartalsstichtagen mit wichtigen Unternehmensinformationen versorgen. Die A. ist damit eine Ergänzung der periodischen Publizitätsanforderungen. Die im SEA sehr allgemein formulierte Klausel ist von der → *Securities and Exchange Commission* (SEC) im Rahmen ihrer legislativen Ausgestaltungskompetenz konkretisiert worden. Den börsennotierten Unternehmen wird mit Form 8-K, dem sog. „current report", eine Reihe von 8 Sachverhalten vorgegeben, die innerhalb bestimmter Fristen zu veröffentlichen sind:

(1) *Veränderung in der Unternehmenskontrolle,*
(2) *Erwerb oder Veräußerung bedeutender Vermögensgegenstände,*
(3) *Konkurs- oder Vergleichsantrag,*
(4) *Wechsel des Wirtschaftsprüfers,*
(5) *Sonstige Ereignisse,*
(6) *Rücktritt von Mitgliedern des Board,*
(7) *Jahresabschlüsse erworbener und veräußerter Unternehmen,*
(8) *Änderung des Geschäftsjahres.*

Die geforderten Informationen sind über Pressemeldungen umgehend bekanntzugeben und der SEC mit einer eingehenden Darstellung einschließlich der zu erwartenden Konsequenzen zu übermitteln. Die einzuhaltenden Fristen reichen von 5 Tagen (Item 4 und 6) bis 15 Tagen. Lediglich für die als Auffangbecken konstruierten und auf Empfehlungsbasis beruhenden *sonstigen Ereignisse* hat die SEC keine Veröffentlichungsfrist festgeschrieben. Die A. wird von börsennotierten Unternehmen i.d.R. mehrmals jährlich auf Form 8-K vorgenommen.

b) Bestimmungen der einzelnen Börsen. Neben den gesetzlichen Regelungen sind die Richtlinien der jeweiligen Börsen zu beachten. Hierbei handelt es sich um zwingende, von der SEC genehmigte Vorschriften. Innerhalb dieser Börsenbestimmungen exisitiert die A. in Form allgemein gehaltener Generalklauseln, die einige Ähnlichkeiten zur deutschen A. aufweisen. Zumindest die großen US-amerikanischen Börsen, die New York Stock Exchange (NYSE), die American Stock Exchange (AMEX) und die National Association of Securities Dealers Automated Quotation System (NASDAQ) gehen diesbezüglich miteinander konform.

Die Bestimmungen der NYSE schreiben z. B. vor, solche Informationen durch unverzügliche Pressemeldungen bekanntzugeben, die sich unmittelbar auf den Wert der registrierten Wertpapiere auswirken oder die Investitionsentscheidungen der Marktteilnehmer beeinflussen können und an deren Veröffentlichung die Anleger, aber auch die Öffentlichkeit und die Börse ein berechtigtes Interesse haben [*wesentliche (material) Informationen*, wie z. B. bedeutende Unternehmenszusammenschlüsse, Akquisitionen, Gewinnfeststellung oder Festlegung der Dividende]. Im Gegensatz zu § 15 WpHG können auch Pläne oder Verhandlungen als wesentlich eingestuft und damit publizitätspflichtig werden.

In den USA wird im Rückgriff auf das *average-prudent-investor-Konzept* ein Ereignis dann als *wesentlich* eingestuft, wenn ein vernünftiger, durchschnittlicher Investor sie im Rahmen seiner Investitionsentscheidung für erheblich erachtet hätte und seine Entscheidung ansonsten anders ausgefallen wäre. Die Rechtsprechung hat sich um eine weitergehende Konkretisierung bemüht.

Die US-amerikanischen Börsen verlangen neben der Veröffentlichung wesentlicher Informationen auch die unverzügliche Richtigstellung oder Bestätigung von Berichten und Gerüchten, die sich auf den Marktwert der Wertpapiere auswirken können. Die Sanktionen bei Verstößen gegen die Börsenrichtlinien reichen von der Kursaussetzung bis zur Rücknahme der Notierung.

Lit.: Pellens, B.: Ad-hoc-Publizitätspflicht des Managements börsennotierter

Unternehmen nach § 44a BörsG, in: AG 1991, S. 62–69; *Deutsche Börse AG (Hrsg.)*: Insiderhandelsverbote und Ad-hoc-Publizität nach dem WpHG, 1994; *Pellens, B./Fülbier, R. U.*: Publizitätspflichten nach dem Wertpapierhandelsgesetz, in: DB 1994, S. 1381–1388; *Schwark, E.*: Börsengesetz, 2. Aufl., 1994, § 44a; *Pellens, B./Fülbier, R. U.*: Gestaltung der Ad-hoc-Publizität unter Einbeziehung internationaler Vorgehensweisen, in: Baetge, J. (Hrsg.): Insiderrecht und Ad-hoc-Publizität, 1995, S. 23–64; *Gruson, M./Wiegmann, W. J.*: Die Ad-hoc-Publizitätspflicht nach amerikanischem Recht und die Auslegung von § 15 WpHG, in: AG 1995, S. 173–181; *Loistl, O.*: Empirisch fundierte Messung kursrelevanter Tatsachen, in: Die Bank 1995, S. 232–237; *Hopt, K. J.*: Grundsatz und Praxisprobleme nach dem Wertpapierhandelsgesetz – insbesondere Insidergeschäfte und Ad-hoc-Publizität, in: ZHR 1995, S. 135–163.

Dipl.-Kfm. Rolf Uwe Fülbier, Münster.

Added Value-Konzepte
→ *Economic Value Added.*

Adjusted Present Value Approach
Ansatz zur Bestimmung des → *Kapitalwertes* einer → *Investition* unter Berücksichtigung der Kapitalstruktur. Danach wird der Kapitalwert berechnet aus der Summe des Kapitalwertes einer voll eigenfinanzierten Investition unter Verwendung eines dem Risiko dieser Investition angemessenen → *Kalkulationszinsfusses* (C_{OEK}) und des Kapitalwertes der Finanzierungseffekte (C_{OFK}):

$$C_O = C_{OEK} + C_{OFK}.$$

Für C_{OFK} wird als Kalkulationszinsfuß der effektive Fremdkapitalzinssatz nach Steuern benutzt (→ *Fremdkapitalfinanzierung*).

Lit.: *Mrotzek, R.*: Bewertung direkter Auslandsinvestitionen mit Hilfe betrieblicher Investitionskalküle, 1989, S. 199–278; *Busse von Colbe, W./Laßmann, G.*: Betriebswirtschaftstheorie, Bd. 3, 3. Aufl., 1990, S. 244–250.

ADR
= → *American Depositary Receipt.*

Äquivalenzprinzip
Ein aus der → *Fiktion der rechtlichen Einheit* abgeleiteter → *Konsolidierungsgrundsatz*, nach dem bei der Erstellung des → *Konzernabschlusses* in Zweifelsfragen so zu verfahren ist, wie bei der Aufstellung des Einzelabschlusses, → *Fiktion der rechtlichen Einheit*, → *Grundsätze ordnungsmäßiger Konsolidierung.*

Lit.: *Busse von Colbe, W./Ordelheide, D.*: Konzernabschlüsse, 6. Aufl., 1993, S. 41 f.

Äquivalenzziffernrechnung
→ *Kalkulationsverfahren.*

AfA
= → *Absetzung für Abnutzung.*

→ *Abschreibungen.*

AfaA
= → *Absetzung für außergewöhnliche Abnutzung.*

→ *Abschreibungen.*

AfA-Tabelle
→ *Abschreibungen.*

AG
= → *Aktiengesellschaft.*

Agency-Theory
→ *Principal Agent.*

Agio
Überschuß des Ausgabe- oder Rückzahlungsbetrages über den Nennwert eines Wertpapiers oder Darlehens. Bei der Emission von Aktien und anderen Kapitalanteilen sowie von → *Wandel-* und → *Optionsschuldverschreibungen* als Entgelt für Wandlungs- und Optionsrechte ist das A. gem. § 272 Abs. 2 HGB der → *Kapitalrücklage* zuzuführen. Das A. von reinen Schuldtiteln dient der Feinregulierung des Zinses. Es ist daher über die Laufzeit beim Emittenten als Ertrag, beim Schuldner als Aufwand zu verteilen (→ *Disagio*).

AICPA
= → *American Institute of Certified Public Accountants.*

Akquisition
= Erwerb einer Unternehmung, Gewinnung von Aufträgen.

Akkordlohn
→ *Arbeitskosten.*

Aktie
Auf einen Nennbetrag von wenigstens 50,- DM lautender Anteil des Gesellschafters (Aktionärs) einer → *Aktiengesellschaft.* Die Summe der Nennbeträge der ausgegebenen A. einer AG bilden das in ihrer Satzung festgelegte Grundkapital, das als → *gezeichnetes Kapital* auf der Passivseite der → *Bilanz* auszuweisen ist.

Aktienbuch
Ein gem §§ 67 f. AktG von einer AG zu führendes Buch, in das die auf Namen lautenden Aktien (Namensaktien) mit Angabe des Inhabers einzutragen sind. Die Übertragung von Namensaktien ist im A. zu vermerken.

Aktiengesellschaft
Unternehmensform einer → *Kapitalgesellschaft* mit eigener Rechtspersönlichkeit, deren Haftungsmasse auf das Gesellschaftsvermögen beschränkt ist; geregelt durch das AktG vom 6.9.1965. Organe der A. sind die → *Hauptversammlung*, der → *Aufsichtsrat* und der → *Vorstand.* A. müssen für jedes → *Wirtschaftsjahr* einen → *Jahresabschluß* nach §§ 242-289 HGB und gegebenenfalls einen → *Konzernabschluß* nach §§ 290-330 HGB aufstellen, die in Abhängigkeit von der Größe des Unternehmens vom → *Wirtschaftsprüfer* zu prüfen und im *Bundesanzeiger* zu publizieren sind. 1988 waren 2.262 Unternehmen in der Rechtsform einer A. organisiert.

Lit.: Zöllner, W. (Hrsg.): Kölner Komm. zum Aktiengesetz, 2. Aufl., ab 1986; *Geßler, E./Hefermehl, W./Eckhardt, U./Kropff, B.:* Aktiengesetz, Komm., ab 1973.

Aktiengesetz (AktG)
Gesetz für → *Aktiengesellschaften* und → *Kommanditgesellschaften auf Aktien* vom 6.9.1965 (BGBl I 1089), das durch das Einführungsgesetz zum Aktiengesetz (EG AktG) ergänzt wird und später teilweise geändert wurde. Das A. besteht aus fünf Büchern:

Erstes Buch: Aktiengesellschaft (§§ 1-277)
Zweites Buch: Kommanditgesellschaft auf Aktien (§§ 278-290)
Drittes Buch: Verbundene Unternehmen (§§ 291-338)
Viertes Buch: Verschmelzung, Vermögensübertragung, Umwandlung (§§ 339-393)
Fünftes Buch: Sonder-, Straf- und Schlußvorschriften (§§ 394-410).

Neben den allgemeinen Rechnungslegungsvorschriften im HGB, sind im A. ergänzende Regelungen für AG und KGaA (§§ 150-174, 286) über den → *Jahresabschluß*, → *Konzernabschluß* und → *Lagebericht*, sowie der Vorlage an und Prüfung durch den Aufsichtsrat, Feststellung und → *Gewinnverwendung* enthalten.

Lit.: Zöllner, W. (Hrsg.): Kölner Komm. zum Aktiengesetz, 2. Aufl., ab 1986; *Geßler, E./Hefermehl, W./Eckhardt, U./Kropff, B.:* Aktiengesetz, Komm., ab 1973.

Aktiva
Die auf der Soll-Seite der → *Bilanz* ausgewiesenen, dem Unternehmen wirtschaftlich zugehörigen → *Vermögensgegenstände*, → *Rechnungsabgrenzungsposten* und → *Bilanzierungshilfen.* Die als A. ausgewiesenen Positionen werden nach der voraussichtlichen Dauer der Unternehmenszugehörigkeit in → *Anlagevermögen* und → *Umlaufvermögen* untergliedert.

Aktivierte Eigenleistungen
Ertragsposition in der → *Gewinn- und Verlustrechnung* nach dem → *Gesamtkostenverfahren.* A. dienen zur Erfolgsneutralisierung der in den Aufwendungen enthaltenen Beträge, die zur Erstellung oder Werterhöhung aktivierter Anlagegegenstände angefallen sind. Unter den A. sind auch die → *Aufwendungen für die Ingangsetzung und Erweiterung des Geschäftsbetriebes* auszuweisen.

Aktivierung
In bilanziellem Sinne Ansatz von → *Vermögensgegenständen*, → *Rechnungsab-*

grenzungsposten und → *Bilanzierungshilfen* auf der Soll-Seite der → *Bilanz*, gemäß § 253 HGB mit ihren → *Anschaffungs-* oder → *Herstellungskosten*, ggfs. abzüglich → *Abschreibungen* (→ *Aktiva*).

Aktivitätskostenrechnung
= → *Prozeßkostenrechnung.*

AKU
= Arbeitskreis Unternehmensbewertung des Instituts der Wirtschaftsprüfer (→ *Institut der Wirtschaftsprüfer*).

Allgemeine Kostenstellen
→ *Hilfskostenstellen*, deren Leistungen der gesamten Unternehmung zur Verfügung stehen (→ *Betriebsabrechnungsbogen*).

Allgemeines Deutsches Handelsgesetzbuch (ADHGB)
Vorgänger des → *HGB* von 1897, auf Empfehlung der Bundesversammlung des Deutschen Bundes vom 31.5.1861 von den meisten deutschen Staaten (jeder für sich) erlassen, durch Gesetz 1869 zum Gesetz des Norddeutschen Bundes und 1871 zum Reichsgesetz geworden. Das HGB enthielt vor Kodifizierung des → *Aktiengesetzes* 1937 die Vorschriften über die Rechnungslegung.

Allgemeines Preußisches Landrecht
1794 erlassen, gibt als erstes deutsches Gesetz der Bilanz von Handelsgesellschaften den Zweck, den Gewinn als Einkommensteil zu ermitteln. Es verlangt die Aufstellung der Bilanz als Voraussetzung für die Ausschüttung des Gewinns. In §§ 644–646 werden das Niederstwertprinzip als Bewertungsgrundsatz und → *Abschreibungen* für abnutzbare Anlagegegenstände vorgeschrieben.

Lit.: *Schneider, D.*: Allgemeine Betriebswirtschaftslehre, 3. Aufl., 1987, S. 443 f.

Allokationseffekt
→ *Prozeßkostenrechnung.*

Allowable Costs
A. ergeben sich im Rahmen des → *Target Costing* als Differenz zwischen dem am Absatzmarkt akzeptierten Zielpreis und dem von Unternehmensseite angestrebten Plangewinn (→ *Kosten-Minus-System*).

Alternativkosten
= → *Opportunitätskosten.*

Altlasten
1. Begriff und gesetzliche Regelungen. Eine bundeseinheitliche Definition des Begriffs A. existiert bisher nicht. In den Abfallgesetzen einiger Länder (z. B. § 18 Abs. 1 Nds. AbfG; § 28 Abs. 1 LAbfG Nordrhein-Westfalen) finden sich jedoch unterschiedliche Definitionen, die sich im wesentlichen auf folgende Begriffsbestimmung zurückführen lassen: A. sind Flächen mit Altablagerungen oder ehemalige Betriebsstandorte, von denen nach den Erkenntnissen einer vorausgegangenen Gefährdungsabschätzung eine Gefahr für die öffentliche Sicherheit oder Ordnung ausgeht.

Da die Mehrzahl der Kontaminationen von Boden und Grundwasser, die sich heute als A. darstellen, vor Inkrafttreten der abfall- und wasserrechtlichen Spezialgesetze verursacht wurde, verbleibt für die Anordnung von Sanierungsmaßnahmen i. d. R. nur ein Rückgriff auf die jeweilige landesrechtliche polizei- bzw. ordnungsrechtliche Generalklausel zur Gefahrenabwehr. Danach sind die Behörden zwar nicht zum Tätigwerden verpflichtet, sondern die Entscheidung über ein Einschreiten ist in ihr pflichtgemäßes Ermessen gestellt. Wegen des mittlerweile hohen Stellenwerts des → *Umweltschutzes* wird der Erlaß einer Sanierungsverfügung jedoch regelmäßig die einzig rechtmäßige Entscheidung sein (sog. Ermessensreduzierung auf Null).

2. Bilanzrechtliche Bedeutung. A. kommt insofern eine besondere bilanzrechtliche Bedeutung zu, als sich die betroffenen Unternehmen mit einem doppelten Umweltrisiko konfrontiert sehen: Einerseits muß mit einer Umwelthaftung in Form einer privatrechtlichen (z. B. Verpflichtung in einem Pachtvertrag, das Grundstück nach Ablauf der Nutzungszeit altlastenfrei zurückzugeben) oder öffentlich-rechtlichen Verpflichtung zur A.-Sanierung gerechnet werden, andererseits erleiden die Unternehmen Eigenschäden durch die Kontamination des Betriebsgrundstücks. Als Instrumente zur bilanziellen Berücksichtigung einer A. kommen somit die Bildung einer Verbindlichkeitsrückstellung (→ *Rückstellungen*) und die Vornahme einer außerplanmäßigen bzw. Teilwert-Abeschreibung (→ *Abschreibungen*) in Betracht. Eine Berücksichtigung von A. durch den kumulativen Einsatz von Rückstellungsbildung und Abwertung ist jedoch nicht zulässig, da sonst ein erfolgs- bzw. vermögensmindernder Faktor bilanziell zweifach berücksichtigt würde.

3. Rückstellungen für A.-Sanierungsverpflichtungen. Die allgemeinen Rückstellungskriterien „Bestehen einer ungewissen Verbindlichkeit" und „wirtschaftliche Verursachung in der Vergangenheit" sind beim Vorliegen von A. regelmäßig erfüllt. Im Mittelpunkt der Diskussion steht deshalb die Frage nach der hinreichenden Konkretisierung der Sanierungsverpflichtung und nach der wahrscheinlichen Inanspruchnahme des Unternehmens. Beide Voraussetzungen sind erfüllt, wenn bereits eine Sanierungsverfügung der zuständigen Behörde vorliegt oder sich die Sanierungsverpflichtung aus einem privatrechtlichen Vertrag oder aus einem öffentlich-rechtlichen Spezialgesetz ergibt. Beruht die Sanierungsverpflichtung dagegen auf dem allgemeinen Polizei- und Ordnungsrecht, so verwehren Finanzrechtsprechung und -verwaltung in Anlehnung an die vom BFH entwickelten besonderen Konkretisierungsvoraussetzungen für öffentlich-rechtliche Verpflichtungen die Passivierung einer Rückstellung. Sie verlangen, daß die zuständige Behörde – evtl. aufgrund eigener Ermittlungen – Kenntnis vom Vorhandensein der A. und in gleichgelagerten Fällen schon andere Unternehmen in Anspruch genommen hat.

Nach überwiegender Auffassung im Schrifttum ist eine Rückstellung jedoch auch dann zu bilden, wenn die A. zwar dem Unternehmen, nicht aber der Ordnungsbehörde bekannt ist. Denn ob der Berechtigte (die Behörde) bereits Kenntnis vom Bestehen eines Anspruchs hat, ist für die Rückstellungsbildung grundsätzlich unerheblich. Mit einer Inanspruchnahme muß lediglich ernsthaft gerechnet werden. Angesichts der verstärkten Tätigkeiten der Umweltbehörden, vor allem im Rahmen der Erstellung von Altlastenkatastern, müssen Unternehmen aber gerade damit rechnen, daß vorhandene Altlasten in absehbarer Zeit von den Behörden ermittelt werden. Im Zeitpunkt der Erlangung abgesicherter Erkenntnisse auf seiten eines Unternehmens ist deshalb eine Rückstellung zu bilden.

4. Außerplanmäßige Abschreibung des kontaminierten Grundstücks. Tendenziell kann davon ausgegangen werden, daß kontaminierte Grundstücke mindestens in Höhe der voraussichtlichen Sanierungskosten an Wert verlieren. Ist der Buchwert des Grundstücks (z. B. 100 GE) zuzüglich der Sanierungskosten (z. B. 50 GE) höher als der Einzelveräußerungswert ohne Schadensberücksichtigung (z. B. 120 GE), so ergibt sich die Höhe der außerplanmäßigen Abschreibung aus dieser Differenz (30 GE). Selbst beim Vorliegen einer Sanierungsabsicht führen A. zu einer voraussichtlich dauernden Wertminderung i. S. von § 253 Abs. 2 HGB, da subjektive Merkmale, wie die Sanierungsabsicht, als Abgrenzungskriterien im Rahmen einer möglichst objektiven Rechnungslegung, wie sie der Jahresabschluß liefern soll, nicht zweckmäßig sind (a. A. Herzig, 1991). Es besteht deshalb eine Abschreibungspflicht.

5. Konkurrenz von Rückstellungsbildung und Abschreibung. Für die Rückstellung spricht die Verpflichtung zum vollständigen Ausweis der – auch ungewissen – Verbindlichkeiten, für die Abschreibungslösung die Vermeidung eines zu hohen Wertansatzes für das Grundstück. Bei der Frage, ob der Rückstellung (so Herzig, Rautenberg) oder der Abschreibung (so Siegel) der Vorrang einzuräumen ist, handelt es sich insoweit um ein Ausweisproblem, als beide Instrumente in der *Periode der Feststellung der A.* die gleichen Ergebniswirkungen entfalten: Die *voraussichtlichen Sanierungsausgaben* werden jeweils in voller Höhe aufwandswirksam erfaßt.

Liegt der Zeitwert des Grundstücks über dem Buchwert, so müßte im Fall der Abschreibungslösung für den Teil der nicht erfaßten Sanierungsausgaben (im Beispiel 20 GE) eine Rückstellung gebildet werden, eine Verrechnung mit den stillen Reserven verstieße gegen das → *Realisationsprinzip*. Übersteigen die vorrausichtlichen Sanierungsausgaben den Buchwert, so wäre für die Differenz gleichfalls eine Rückstellung zu bilden. Allerdings ist sonst für aktivierungspflichtige Ausgaben eine Bildung von Rückstellungen nicht zulässig.

In der *Sanierungsperiode* werden die Sanierungsausgaben – jeweils erfolgsneutral – entweder mit der gebildeten Rückstellung verrechnet, oder sie sind, falls eine Abschreibung vorgenommen wurde, als nachträgliche Anschaffungs- oder Herstellungskosten zu aktivieren. Eine eventuell zusätzlich zur Abschreibung gebildete Rückstellung ist erfolgserhöhend aufzulösen. Liegt der beizulegende Wert nach der Sanierung unterhalb des Buchwertes, ist eine entsprechende Abschreibung vorzunehmen.

Die *tatsächliche Sanierungsausgabe* kann von der Rückstellung bzw. Abschreibung abweichen. Dann ist ein *Rückstellungsüberschuß* erfolgserhöhend aufzulösen und ein *Fehlbetrag* nachträglich als Aufwand zu erfassen. Sind die *Sanierungsausgaben niedriger als die Abschreibungen*, führt deren Aktivierung nicht zum früheren Buchwert und eine ergänzende *Zuschreibung* ist nicht zwingend. Sind die *Sanierungausgaben höher*, so sind sie bis zum beizulegenden Wert zu aktivieren. In solchen Fällen können Rückstellungs- und Abschreibungslösung zu *unterschiedlichen Ergebnissen führen*. Ergebnisdifferenzen in der Sanierungsperiode treten jedoch nicht auf, wenn die Sanierungsausgaben maximal bis zum Buchwert vor Feststellung der A. (im Beispiel: 100 GE) als nachträgliche Anschaffungs- oder Herstellungskosten aktiviert werden. Eine herrschende Meinung zugunsten der Rückstellungs- oder Abschreibungslösung der A.-Problematik hat sich bisher nicht herausgebildet.

Lit.: *Herzig, N.*: Rückstellungen wegen öffentlich-rechtlicher Verpflichtungen, insbesondere Umweltschutz, in: DB 1990, S. 1341–1354; *Herzig, N.*: Konkurrenz von Rückstellungsbildung und Teilwertabschreibung bei Altlastenfällen, in: Wpg 1991, S. 610–619; *Bartels, P.*: Umweltrisiken und Jahresabschluß, 1992, S. 48–61, 120–180; *Nieland, M.*: Bilanzielle Behandlung von Aufwendungen zur Sanierung von Altlasten, in: Die steuerliche Betriebsprüfung 1992, S. 269–277; *Kühnberger, M./Faatz, U.*: Zur Bilanzierung von Altlasten, in: BB 1993, S. 92–107; *Siegel, T.*: Umweltschutz im Jahresabschluß, in: BB 1993, S. 326–336; *Rautenberg, H.G.*: Die bilanzielle Behandlung von Altlasten – Rückstellungen oder Teilwertabschreibung? –, in: Wpg 1993, S. 265–277.

Dr. Peter Bartels, Frankfurt.

American Accounting Association
= → *AAA*.

American Depositary Receipt (ADR)
In US-$ ausgestellte, handelbare Hinterlegungsscheine, die z. B. an Stelle der Aktien eines ausländischen Unternehmens an einer US-amerikanischen Börse notiert werden. Die Aktien werden bei einer als Treuhänderin agierenden Hüterbank (Custodian Bank) im Land der ausländischen Gesellschaft eingeliefert. Im Gegenzug stellt eine US-Bank (Depositary Bank) A. als „registered shares" aus, die sich mit den deutschen Namensaktien vergleichen lassen. So können z. B. deutsche Inhaberpapiere in die in den USA üblichen Namenspapiere umgewandelt werden. Darüber hinaus können durch die Ausgabe in einem festgelegten Verhältnis von Aktien zu A. die im Vergleich zu den US-Aktien relativ hohen Nennwerte bzw. Aktienpreise deutscher Unternehmen auf US-amerikanische Verhältnisse heruntergebrochen werden. Bei der Auflegung von ADR-Programmen wird zwischen Unsponsored, d.h. von Banken oder Brokern finanzierten, und drei verschiedenen Sponsored Programs (Level I, II und III) unterschieden, die für den Emittenten jeweils unterschiedliche Rechnungslegungs- und Offenlegungspflichten nach sich ziehen.

Lit.: *Securities and Exchange Commission (SEC)*: American Depositary Receipts,

International Series Release No. 274, 1991, File No. S 7-14-91; *Bröckenhoff, Johannes von/Ross, Malcom I.*: American Depositary Receipts (ADR), in: WM 1993, S. 1781–1787, 1825–1829; *Pellens, B.*: Internationale Rechnungslegung, 1997, S. 94–98.

American Institute of Certified Public Accountants (AICPA)
Dachorganisation des Berufsstandes der Wirtschaftsprüfer in den USA. Das A. (bis 1957 „American Institute of Accountants" (AIA)) hat erheblichen Einfluß auf die US-amerikanische Rechnungslegung genommen. Von 1938 bis 1973 waren vom A. eingesetzte Gremien (→ *Committee on Accounting Procedure*, → *Accounting Principles Board*) für die Herausgabe von Rechnungslegungsnormen (→ *GAAP*) verantwortlich. Nachdem 1973 die → *Securities and Exchange Commission* die Erstellung von Rechnungslegungsnormen an das → *Financial Accounting Standards Board* (FASB) delegiert hat, bestehen dahingehend nur noch indirekte Einflußmöglichkeiten über die Mitwirkung im FASB. Dem A. obliegt weiterhin die Entwicklung von Richtlinien für Jahresabschlußprüfungen („Auditing Standards"), die Erarbeitung von Berufsgrundsätzen für Wirtschaftsprüfer und die Abwicklung der Berufsexamina.

Lit.: *Edwards, J.D./Miranti, P.J.*: The AICPA: A Professional Institution in a Dynamic Society, in: JAcc. 1987, AICPA Centennial Issue, S. 22–43; *Schoenfeld, H.M.*: Wirtschaftsprüfung, USA, in: HWRev., 2. Aufl., 1992, Sp. 2330–2342; *Rodda, A.K.*: The AICPA Role in Standard Setting, in: JAcc. 1993, S. 67–70.

Amortisationsdauer
Diejenige Zeitspanne, innerhalb der die Einzahlungsüberschüsse einer → *Investition* den Anschaffungsbetrag (statische A.) bzw. den Anschaffungsbetrag zzgl. einer Verzinsung in Höhe des → *Kalkulationszinsfußes* (dynamische A.) decken (= Kapitalrückflußzeit, Pay-off-Periode). Für ein Investitionsprojekt muß die A. kleiner als die geschätzte Nutzungszeit sein und nach dem Amortisationszeitpunkt dürfen keine Auszahlungsüberschüsse auftreten. Die A. ist ein Beurteilungskriterium für das Risiko einer Investition (→ *Statische Investitionsrechnung*).

Lit.: *Blohm, H./Lüder, K.*: Investition, 8. Aufl., 1995, S. 77–82, 172–175.

Amortisationsperiode
Periode, in der die Summe der Einzahlungsüberschüsse erstmals die Anschaffungsauszahlungen decken (→ *Amortisationsdauer*).

Amortisationsrechnung
Verfahren der → *Investitionsrechnung*, Berechnung der → *Amortisationsdauer* (→ *Statische Investitionsrechnung*).

Amortisationszeit
= → *Amortisationsdauer*.

Anbauverfahren
= Blockverfahren.
Verfahren zur innerbetrieblichen Kostenumlage. Dabei wird unterstellt, daß *Vorkostenstellen* lediglich *Endkostenstellen* mit innerbetrieblichen Leistungen beliefern. Deshalb werden die Kosten der Vorkostenstelle ohne Rückverrechnung im Block auf die Endkostenstelle verteilt (→ *Betriebsabrechnungsbogen*).

Andere aktivierte Eigenleistungen
→ *Aktivierte Eigenleistungen*.

Anderskosten
→ *Kosten, kalkulatorische*.

Andersleistung
Analog zu *Anderskosten*, Leistungen, denen ein Ertrag in anderer Höhe gegenübersteht, z. B. Erzeugnisse, die in der → *Kostenrechnung* einschließlich von Gemeinkosten, im → *Jahresabschluß* aber nur zu → *Einzelkosten* bewertet werden. A. bildet die kalkulatorische *Leistung* zusammen mit der → *Zusatzleistung* (→ *Kosten und Leistung*).

Anfangsinvestition
Summe der Investitionsausgaben, die dem Aufbau eines Betriebes oder einer Produktionsanlage bis zur Bereitstellung der ersten absatzreifen Leistungseinheiten dienen.

Anhaltewert

→ *Betriebsvermögensermittlung, steuerliche.*

Anhang

1. Der Anhang als Bestandteil des handelsrechtlichen Jahresabschlusses nach HGB. Kapitalgesellschaften (AG, KGaA, GmbH) haben nach § 264 Abs. 1 Satz 1 HGB den → *Jahresabschluß* nach § 242 HGB um einen A. zu erweitern. Diese Anforderung gilt auch für den → *Konzern* (§ 297 Abs. 1 HGB) und für eingetragene Genossenschaften (§ 336 Abs. 1 HGB i. V. m. § 33 Abs. 1 GenG), ferner für Wirtschaftseinheiten anderer Rechtsformen, soweit sie publizitätspflichtig sind (§§ 1 Abs. 1, 3 PublG), mit Ausnahme von Personengesellschaften und Einzelkaufleuten (§ 5 Abs. 2 Satz 1 PublG). Unternehmen, die nicht von der gesetzlichen Aufstellungspflicht betroffen sind, können freiwillig einen A. erstellen.

Der A., der von den gesetzlichen Vertretern der Kapitalgesellschaft aufzustellen ist (§ 264 Abs. 1 Satz 1 HGB), ist nach § 316 HGB der → *Abschlußprüfung* zu unterwerfen (Ausnahme: kleine Kapitalgesellschaften (§ 316 Abs. 1 HGB)) und *offenzulegen* (§ 325 HGB) mit größenabhängigen Erleichterungen nach §§ 326, 327 HGB. Der A. steht im erweiterten gesetzlichen Jahresabschluß gleichwertig und untrennbar neben der Bilanz und der GuV; er bildet mit diesen eine Einheit. Mit diesem Ansatz werden die 4. EG-Richtlinie sowie Grundkonzepte und -prinzipien der anglo-amerikanischen Rechnungslegung in das deutsche Recht übernommen.

Das HGB kodifiziert, wenn auch nicht abschließend und vollständig, die formalen und inhaltlichen Anforderungen an den A. Sie werden zum einen durch das Richterrecht weiterentwickelt, zum anderen durch die Facharbeit auf internationaler (z. B. → *International Accounting Standards Committee (IASC)*) und nationaler (z. B. → *Institut der Wirtschaftsprüfer in Deutschland* e. V. (IdW)) Ebene normativ beeinflußt.

2. Aufgaben. Der handelsrechtliche Jahresabschluß hat die durch den Gesetzgeber standardisierten (Mindest-)Zwecksetzungen (Dokumentation, Zahlungsbemessung, Ausschüttungsregelung, Rechenschaft und Bereitstellung von entscheidungsrelevanten Informationen) zu erfüllen und den → *GoB* zu entsprechen. Diese Zwecke, die sich aus den Interessen der externen und internen Betriebsträger ableiten, bestimmen wie bei der Bilanz und der GuV die formalen und inhaltlichen Anforderungen an den A. sowie die Wechselbeziehungen zwischen diesen drei Elementen des Jahresabschlusses. Der A. erhält im Rahmen der *Informationsfunktion* des Jahresabschlusses einen besonderen Stellenwert. Er soll dazu beitragen, daß der Jahresabschluß der Kapitalgesellschaft unter Beachtung der GoB „ein den tatsächlichen Verhältnissen entsprechendes → *Bild der Vermögens-, Finanz- und Ertragslage* der Kapitalgesellschaft" vermittelt (§ 264 Abs. 2 Satz 1 HGB). Mit dieser Generalnorm wird das in der angloamerikanischen Bilanzierungs- und Prüfungspraxis wichtige → *„true-and-fair-view"*-Prinzip vom deutschen Gesetzgeber teilweise übernommen. Der A. soll die Informationsdefizite bestimmter Jahresabschlußadressaten, wie z. B. Mitarbeiter, Kapitalgeber, Lieferanten, Kunden, Gesellschafter ohne Geschäftsführungsbefugnis und Staat, gegenüber der Geschäftsleitung vermindern, und zwar im Rahmen der vom Gesetzgeber und den Fachgremien als legitim angesehenen (standardisierten) (Mindest-)Informationsinteressen, eine Idee, die in den deutschen Rechnungslegungsvorschriften früher zwar nicht unbekannt war (vgl. Erläuterungsbericht nach § 160 Abs. 2 und 3 AktG aF als Teil des Geschäftsberichts), aber mit dem BiRiLiG vom 19. 12. 1985 eine neue Dimension und Qualität erhielt.

Die durch den A. zu deckenden Informationsinteressen der externen und internen Informationsadressaten lassen sich in folgende vier Kategorien zusammenfassen: (1) Der *Erläuterungsfunktion* dienen alle Informationen, die zur Verbesserung des Verständnisses und der richtigen Interpretation des Jahresabschlusses erforderlich sind. Hierzu zählen u. a. die Angaben der Bilanzierungs- und Bewertungsmethoden sowie die Begründungen von Abweichungen. (2) Die *Entlastungsfunktion* setzt unmittelbar an den GoB-Prinzipien der Klarheit und Übersichtlichkeit an, denen auch der A. unterworfen ist. Der Gesetzgeber räumt dem Bilanzierenden an einzelnen Positionen ein Ausweiswahlrecht zwischen Bilanz und GuV einerseits und dem A. andererseits ein, um ohne Informationsverluste eine Erhöhung der Übersichtlichkeit zu ermöglichen. (3) Unter der Korrekturfunktion wird der Informationsbedarf subsumiert, der bei der Wahrnehmung unterschiedlicher Bilanzzwecke notwendig ist, um den zeitlichen und zwischenbetrieblichen Vergleich der Jahresabschlüsse zu gewährleisten. Solche Informationen sind etwa die quantitativen Angaben über die Folgen von bestimmten bilanzpolitischen Maßnahmen, wie z. B. der Übergang von der degressiven zur linearen → *Abschreibung* oder von der Teilkostenbewertung zur Vollkostenbewertung. (4) Da der Gesetzgeber einen weitergehenden Informationsbedarf der realen und potentiellen Betriebsträger anerkannt hat, der nicht durch Bilanz und GuV gedeckt werden kann, wurde dem A. auch eine → *Ergänzungsfunktion* zugewiesen. Der Bilanzierende hat Informationen über nichtbilanzierungsfähige Sachverhalte zu geben, für die eine Relevanz im Hinblick auf die weitere Entwicklung des Unternehmens zu vermuten ist. Hierzu zählen z. B. die Angaben über zukünftige finanzielle Verpflichtungen des Unternehmens, die noch nicht in der Bilanz erfaßt und ausgewiesen wurden. Ferner sind Angaben über die weiteren Entwicklungen der Vermögens-, Finanz- und Ertragslage des Unternehmens zu machen, soweit „besondere Umstände" (§ 264 Abs. 2 Satz 2 HGB) eingetreten sind, die in dem Jahresabschluß aber nicht oder nur unvollständig berücksichtigt werden konnten.

3. Formale Anforderungen. Der A. unterliegt, wie die Bilanz und die GuV, nach § 264 Abs. 1 Satz 1 HGB grundsätzlich den GoB. Da weitere formale Anforderungen im HGB nicht kodifiziert sind, bestehen formale Gestaltungsmöglichkeiten für den Anhang, soweit die Grundsätze der Berichterstattung eingehalten werden. Die Ausführungen im A. müssen wahr, klar und übersichtlich sowie vollständig und verständlich sein, da sie dazu beitragen sollen, das in § 264 Abs. 2 Satz 1 HGB geforderte Bild des Unternehmens zu vermitteln. Dieser Aufgabe werden sie aber nur dann gerecht, wenn ihre Struktur grundsätzlich beibehalten wird (Stetigkeitsgrundsatz der formellen Kontinuität). Wird von dem Gebot der *Darstellungsstetigkeit* abgewichen, so entsteht eine entsprechende Berichtspflicht. Erläuterungen im A. sind jährlich zu machen; Rückverweise auf frühere Jahresabschlüsse sind nicht zulässig.

Da das Gesetz keine expliziten Gliederungsvorschriften für den A. enthält, liegen mehrere Vorschläge zur Struktur und Gestaltung auf der Basis unterschiedlicher Prinzipien vor. Die Berichterstattungspflichten lassen sich in sechs Kategorien zusammenfassen: (1) Angaben (i. e. S.) (= verbaler oder zahlenmäßiger Hinweis auf Tatsachen, Daten, Namen usw.), (2) Darstellungen und Angaben (= verbale und/oder zahlenmäßige Angaben, verbunden mit einer Aufgliederung, Erläuterung oder Begründung), (3) Erläuterungen (= verbale und/oder zahlenmäßige Kommentierung über Inhalt, Zustandekommen, Verursachung oder Charakter von Beträgen und Posten), (4) Begründungen (= verbale Offenlegung der Motive oder Ursachen), (5) Aufgliederungen (= zahlenmäßige Segmentierung einer Größe), (6) Ausweise (= zahlenmäßige Nennung von Beträgen). Die einzelnen Informationen sind in der Realität nicht immer überschneidungsfrei den genannten Kategorien zuzuordnen.

Die Berichtspflichten im A. gelten nicht uneingeschränkt. Das Gesetz enthält sowohl explizite als auch implizite Schutzklauseln und damit Berichtsverbote bzw. -wahlrechte. Zu den expliziten Schutzklauseln zählen (1) das Berichterstattungsverbot nach § 286 Abs. 1 HGB (Schutz des Staates und der Länder), (2) Schutzklausel in Form eines bedingten Verzichtes auf die Umsatzaufgliederung, auf die Aufstellung des Anteilbesitzes und der Bezüge nach §286 Abs. 2, Abs. 3 und Abs. 4 HGB. Ferner bestehen größenabhängige Erleichterungen für kleine und mittelgroße Kapitalgesellschaften nach §§274a, 276, 288, 326, 327 HGB. Da der Gesetzgeber den Adressaten des Jahresabschlusses keinen umfassend detaillierten und expliziten Einblick in die Vermögens-, Finanz- und Ertragslage der Kapitalgesellschaft bedingungslos sichern, sondern nur eine (allerdings verläßliche) Information über eindeutige Veränderungen der rechenschaftspflichtigen Teilbereiche einräumen wollte, ergeben sich für den A. implizite Berichtsgrenzen. Neben den Schutzklauseln gilt für den A. der Grundsatz der Wesentlichkeit (materiality) i.S. eines generellen Vorbehalts im Hinblick auf den Grundsatz der Vollständigkeit.

Die Rechnungslegungspflichten werden nach §§331, 334, 335 HGB dann verletzt, wenn die Angaben im A. unklar (Bilanzverschleierung) oder bewußt falsch (Bilanzfälschung) sind, und wenn der A. nicht rechtzeitig offengelegt wird. In diesen Fällen greifen die Strafvorschriften des HGB oder des StGB.

4. Inhaltliche Anforderungen. Neben der Generalnorm in §264 Abs. 2 Satz 1 HGB und den expliziten Regelungen in §§284, 285 HGB enthält das HGB noch zahlreiche, über viele Paragraphen verstreute Einzelvorschriften über den Inhalt des A. Zu diesen allgemeingültigen, rechtsformunabhängigen Regelungen kommen noch rechtsform- und wirtschaftszweigabhängige inhaltliche Berichtspflichten. Die gesetzlichen Regelungen legen nur den Mindestumfang fest. Leitend ist §264 Abs. 2 Satz 1 HGB mit dem Gebot der Vermittlung eines den tatsächlichen Verhältnissen entsprechenden Bildes der Vermögens-, Finanz- und Ertragslage der Kapitalgesellschaft. Dabei hat der A. nicht nur den im Regelfall für erforderlich gehaltenen Informationsbedarf in Form von Pflichtangaben/Wahlpflichtangaben zu decken, sondern es müssen auch zusätzliche Informationen dann bereitgestellt werden, wenn die Einzelvorschriften zur Bilanz, GuV und A. nicht dazu ausreichen sollten, die relative Vermögens-, Finanz- und Ertragslage hinreichend deutlich zu machen. Dieser zusätzliche Informationsbedarf kann nur situativ konkretisiert werden.

Die im HGB festgelegten Angaben für den Einzelabschluß sind vielfältig und zahlreich. §§284, 285 HGB enthalten 27 Pflichteinzelangaben; weitere 27 werden an anderen Stellen des HGB gefordert. Dazu kommen noch andere Vorgaben, wie z.B. im AktG und GmbHG. Es ist zwischen Pflichtangaben und Wahlpflichtangaben zu unterscheiden. Pflichtangaben sind Angaben, die zwingend im A. gemacht werden müssen; bei den Wahlpflichtangaben besteht ein Ausweiswahlrecht zwischen Bilanz und GuV einerseits und dem A. andererseits (Beispiel: → *Anlagespiegel* nach §268 Abs. 2 Satz 1 HGB). Für den Konzern gelten analoge Vorschriften (§§313, 314 HGB). Was die Pflicht- und Wahlpflichtangaben betrifft, so bestehen für kleine und mittelgroße Kapitalgesellschaften Erleichterungen hinsichtlich der Angaben und der Offenlegung.

Wichtige Bestimmungen über den Inhalt des A. treffen die *Bilanzierungs- und Bewertungsmethoden* in der Bilanz und der GuV. Diese Methoden sind vollständig, klar und eindeutig anzugeben (§284 Abs. 2 Nr. 1 HGB). Die Vorschrift soll gewährleisten, daß die Informationsadressaten ein fundiertes Bild über das Unternehmen im Hinblick auf die Vermögens-, Finanz- und Ertragslage gewinnen können. Zur Sicherstellung dieses Zieles müssen Angaben gemacht werden, wie die handelsrechtlichen Bilanzierungs- und Bewertungswahlrechte bei den einzelnen ausgewiesenen Positionen konkret ausgeübt bzw. die entsprechenden Spielräume ausgenutzt wurden. Diese Angaben betreffen u.a.: (a) Bemessungsgrundlagen für Abschreibungen, (b) steuerliche Vereinfachungsregeln, (c) außerplanmäßige Abschreibungen, (d) Zuschüsse, (e) Einzel- und Pauschalabwertungen, (f) Ansatz und Bewertung von → *Rückstellungen.* Dem vertieften Einblick in die Lage des Unternehmens dient auch die Forderung nach der Darstellungs- und Bewertungsstetigkeit. Wird von der formellen und der materiellen Stetigkeit abgewichen, so entstehen Angabe- und Begründungspflichten (§ 284 Abs. 2 Nr. 3 HGB). Mit dieser Vorschrift wird auch gefordert, daß das wahre Ausmaß der durch die Methodenänderung hervorgerufenen Auswirkungen auf die ausgewiesene Vermögens-, Finanz- und Ertragslage gesondert verdeutlicht wird.

Weitere wichtige Pflichtangaben beziehen sich auf die → *Verbindlichkeiten*. Sie bedürfen einer tieferen und erklärenden Darstellung (vgl. z. B. § 285 Nr. 1 HGB). Wahlrechte zur Erläuterung bestehen zwischen Bilanz und A. Dies gilt beispielsweise für die Angabe der Rückstellungen für latente Steuern (§ 274 Abs. 1 Satz 1 HGB).

Zahlreiche Pflichtangaben beziehen sich auf die GuV. So müssen insb. außerordentliche Erträge und außerordentliche Aufwendungen sowie periodenfremde Erträge und periodenfremde Aufwendungen hinsichtlich ihrer jeweiligen Beträge in ihrer Art dann im A. angegeben werden, wenn sie für die Beurteilung der Ertragslage nicht von untergeordneter Bedeutung sind (§ 277 Abs. 4 Satz 2 und 3 HGB). Die in § 285 Nr. 4 HGB geforderte Aufgliederung der Umsatzerlöse nach Tätigkeitsbereichen sowie nach geographisch bestimmten Märkten dient der Aufdeckung von marktorientierten Erfolgspotentialen (→ *Segmentrechnungen*).

Der Pflichtenkatalog in § 285 HGB enthält weitere Positionen, die die Unternehmung als Ganzes betreffen und die dem Gesetzgeber für die Beurteilung der zukünftigen Unternehmensentwicklung bedeutsam erscheinen. Hierzu zählen (1) die Struktur des Personalpotentials (§ 285 Nr. 7 HGB), (2) die Zusammensetzung der Geschäftsführungsorgane und die damit verbundenen finanziellen Verpflichtungen (§ 285 Nr. 9 HGB) und (3) die Zusammensetzung des Aufsichtsrates (§ 285 Nr. 10 HGB).

Weitere Angaben betreffen die Besitzverhältnisse der Gesellschaft.

Der A. kann um freiwillige Angaben erweitert werden. Dies sind insb.: (1) Erläuterungen von nicht in § 285 HGB genannten Posten von Bilanz bzw. GuV, (2) Angabe von Nebenrechnungen (→ *Kapitalflußrechnung*, Bewegungsbilanz, Sozialbilanz, Wertschöpfungsrechnung, Kapital- und Substanzerhaltungsrechnung), (3) Angabe des → *Ergebnisses je Aktie*, (4) Angaben zur internationalen Vergleichbarkeit der Jahresabschlüsse deutscher Kapitalgesellschaften (Wiederbeschaffungskosten von Vermögensgegenständen, unrealisierte Gewinne, Jahresergebnis nach ausländischen Rechnungslegungsvorschriften). Die freiwilligen Angaben unterliegen wie die Pflichtangaben bei mittelgroßen und großen Kapitalgesellschaften der Prüfungs- und der Offenlegungspflicht. Der Umfang der freiwilligen Angaben wird begrenzt durch die Tatsache, daß der A. sowohl klar und übersichtlich sein, als auch ein Zusammenhang zwischen den Angaben und dem Jahresabschluß bestehen muß. Freiwillige Angaben können in den Lagebericht oder in Sonderabschnitte des Geschäftsberichts mit entsprechenden Konsequenzen für die Prüfungspflicht verlagert werden.

5. Notes als Element des US-amerikanischen Jahresabschlusses. Konstitutives Element des annual report sind die → *notes* als erläuternde Angaben zu den → *financial statements*. Eine Analogie zum A. nach deutschem Recht ist unmittelbar gegeben. Während in Deutschland gesetzliche Regelungen für die Gestaltung des A. bestehen, sind die notes nach Form und Inhalt nicht kodifiziert. Sie haben sich an den → *Generally Accepted Accounting Principles (GAAP)* und den SEC-Vorschriften sowie an den übergeordneten Rechnungslegungsprinzipien (1) Prinzip der *fair presentation*, (2) Prinzip der *materiality* zu orientieren und tragen somit dazu bei, daß der entscheidungsrelevante Informationsstand der Aktionäre und der potentiellen Anleger im Hinblick auf die (kurzfristige) Lage der Unternehmung verbessert wird (Leitmaxime: decisional usefulness). Der A. enthält danach all die Informationen, die aus den financial sta-

Anhang

tements nicht zu entnehmen sind, aber für die Investoren Entscheidungsrelevanz besitzen können. Damit besteht ein Bezug zu der events theory, nach der die Rechnungslegung Informationen den Jahresabschlußinteressenten zukommen lassen soll, und zwar losgelöst von spezifischen subjektiven Präferenzen und Gewinn- und damit Bewertungskonzeptionen. Dieser Forderung entsprechen auch die häufig in den notes vorzufindenden Beschreibungen betrieblicher Vorgänge.

Die in den notes enthaltenen Angaben lassen sich in mehrere Teilbereiche aufspalten, wie z. B. (1) Erläuterung der grundsätzlich angewandten Bilanzierungsverfahren (summary of significant accounting policies) (z.B. Konsolidierungsmethoden und Abschreibungsmethoden), (2) Erklärung des sachlichen bzw. wirtschaftlichen Hintergrundes einzelner Positionen innerhalb der basic financial statements (explanatory notes) (z.B. Gewinne und Verluste aus Währungsumrechnungen, außerordentliche Erträge), (3) Zusatzinformationen, die neben den financial statements von den Unternehmen gefordert bzw. freiwillig gegeben werden (supplementary information notes). Die ersten beiden Teilbereiche sollen zum einen die Verständlichkeit der financial statements verbessern, zum anderen den externen Bilanzadressaten Informationen für eine bessere Abschätzung des zukünftigen Cash-Flows geben.

Die zusätzlichen Informationspflichten sind nur in Ausnahmefällen durch „promulgated" GAAP erfaßt und betreffen unterschiedlichste Sachverhalte. Diese Informationspflichten ergeben sich unmittelbar oder mittelbar aus der Forderung nach der fair presentation der Unternehmenslage, die eine Gewährung von verbalen Zusatzinformationen unabdingbar machen kann. Alle Informationspflichten stehen jedoch unter dem Grundsatz der materiality, der den Jahresabschlußersteller und -nutzer vor Informationsüberlastungen schützen soll.

Jedes nach US-GAAP rechnungslegende Unternehmen hat als Zusatzangaben in den notes u. a. über Verträge bzw. Vertragsverhandlungen, Finanzierungsformen, Transaktionen mit verbundenen Unternehmen bzw. nahestehenden Personen und über Eventualverbindlichkeiten zu berichten. Sehr wesentlich ist die vom Financial Accounting Standards Board (FASB) geregelte Segmentberichterstattung und die Angabe der Wirkungen der Inflation auf die in den financial statements veröffentlichten Rechnungslegungsdaten. Im Rahmen des segmental reporting, das eine gewisse Analogie auch im deutschen A. findet, müssen die nach amerikanischem Recht berichtenden Unternehmen pro Geschäftsfeld wesentlich differenziertere Einblicke in die Ertrags-, Vermögens- und Finanzlage der einzelnen Geschäftsfelder vermitteln, als dies das deutsche Recht fordert.

6. Gesamtbeurteilung unter Berücksichtigung der Harmonisierung der Rechnungslegung. Die Informationsinteressen der Jahresabschlußadressaten erhalten im deutschen Handelsrecht einen hohen Rang. Dennoch dürfen die Erwartungen an die Ausagekraft des Jahresabschlusses und damit auch an den A. im Hinblick auf die Fähigkeiten und Möglichkeiten der Beteiligten nicht überzogen werden. Der deutsche Gesetzgeber hat hinsichtlich des A. erhebliche Bereiche der weiteren Auslegung und Klärung überlassen, wie (1) der Zielkonflikt zwischen der Informationsversorgung externer Adressaten und der informationellen Selbstbestimmung des Unternehmens, (2) die Interessenabwägungen durch den Abschlußprüfer im Rahmen der Rechnungslegungs- und Berichterstattungsvorschriften, (3) die Verwendung unbestimmter Rechtsbegriffe, (4) die Konkretisierung der Voraussetzungen für zusätzliche Angaben entsprechend der Generalnorm nach §264 Abs. 2 Satz 2 HGB, (5) die Darstellung der steuerrechtlichen Einflüsse entsprechend §285 Nr. 5 und Nr. 6 HGB unter Abschätzung des Ausmaßes erheblicher zukünftiger Belastungen, (6) die Sicherung der Darstellungs- und Bewertungsstetigkeit (§284 Abs. 2 HGB), (7) die Darstellung nach §284 Abs. 2 Nr. 3 HGB in verbaler und/oder quantitativer Form.

Die internationale → *Harmonisierung der Rechnungslegung*, bedingt durch die zunehmende Globalisierung der Wirtschaft, wird heute wesentlich bestimmt durch die Aktivitäten des → *International Accounting Standards Committee*, Herausgeber der International Accounting Standards (IAS), der International Organization of Securities Commissions (IOSCO) und der Europäischen Kommission. Diese Institutionen entwickeln Normensysteme für die Rechnungslegung mit einem primär faktischen Durchsetzungsanspruch, dem sich international tätige Unternehmen mehr und mehr unterwerfen (müssen). Diese normentwickelnden und -gebenden Institutionen orientieren sich sehr stark an den Anforderungen der internationalen Kapitalmärkte, was zwangsläufig bedeutet, daß die anglo-amerikanischen Rechnungslegungsgrundsätze und -prinzipien auch für deutsche Unternehmen faktisch relevant sind bzw. werden. Aus dieser Sicht wird der A. im Rahmen des Jahresabschlusses weiter an Bedeutung gewinnen.

Lit.: Selchert, F. W.: Der Anhang als Instrument der Informationspolitik, 1987; *Niehaus, R.*: Der Anhang in nationaler und internationaler Betrachtung, in: Mellwig, W. (Hrsg.): Handelsbilanz und Steuerbilanz, 1989, S. 181–216; *Fischer, T. R./Paskert, D.*: Inhalt und Struktur des Anhangs von Kapitalgesellschaften, in: Betrieb und Wirtschaft 1991, S. 293–299; *Hayn, S.*: Die International Accounting Standards, in: Wpg 1994, S. 713–721 (Teil 1) und S. 749–755 (Teil 2); *Küting, K./Weber, C.-P.*: Internationale Bilanzierung, 1994; *Baetge, J.:* Konzernbilanzen, 2. Aufl., 1995; *ADS*, 6. Aufl., Teilbd. 2, 1995, §§ 284–289 HGB; *Busse von Colbe, W.*: Zur Anpassung der Rechnungslegung von Kapitalgesellschaften an internationale Normen, in: BFuP 1995, S. 373–391; *Farr, W.-M.*: Checkliste für den Anhang im Jahresabschluß der kleinen AG unter Berücksichtigung der neuen größenabhängigen Erleichterungen des HGB, in: AG 1995, S. 76–80; *Baetge, J.*: Bilanzen, 4. Aufl., 1996; *WP-Handb.* 1996, Bd. 1, 11. Aufl., 1996, F 418–F 656; *Schildbach, T.*: Der handelsrechtliche Jahresabschluß, 5. Aufl., 1997, S. 351–377.

Prof. Dr. Hans-Josef Brink.

Anlage

= → *Investition* in Gegenstände des Sach-, Finanz- oder immateriellen Vermögens, die dazu bestimmt sind, dem Investor auf Dauer zu dienen (→ *Anlagevermögen*).

Anlage zur Bilanz

Im Sinne des PublG eine Ergänzung zur → *Bilanz*, die zur Offenlegung des → *Jahresabschlusses* verpflichtete → *Personenunternehmen* gem. § 9 Abs. 2 PublG anstelle der → *Gewinn- und Verlustrechnung* publizieren dürfen. Die A. muß gem. § 5 Abs. 5 PublG folgende Angaben enthalten: (1) → *Umsatz*-Erlöse i. S. v. § 277 Abs. 1 HGB, (2) Erträge aus → *Beteiligungen*, (3) Löhne, Gehälter, soziale Abgaben, Aufwendungen für Altersversorgung und Unterstützung, (4) Bewertungs- und Abschreibungsmethoden, (5) Zahl der Beschäftigten.

Anlagegitter

= → *Anlagespiegel.*

Anlagenbuchhaltung

→ *Anlagenplanung und Anlagenrechnung.*

Anlagenkartei

Kartei, bei der für jeden Gegenstand des → *Anlagevermögens* eine Karte geführt wird, auf der u. a. Angaben über den Anlagengegenstand, die Kontonummer, den Standort, technische Daten, Anschaffungs- bzw. Herstelldatum- und -kosten sowie die → *Abschreibungen* verzeichnet sind (→ *Anlagenplanung und Anlagenrechnung*).

Anlagenkostenrechnung

→ *Anlagenplanung und Anlagenrechnung.*

Anlagenplanung und Anlagenrechnung

1. Begriffe

Anlagen (Produktionsanlagen) sind Gebrauchsgüter, die ein Nutzungspotential darstellen und im Laufe ihrer produktiven Verwendung eine Vielzahl von Arbeitsgängen durchführen können bzw. die technischen und arbeitsmäßigen Voraussetzungen für die Durchführung von Pro-

Anlagenplanung und Anlagenrechnung

duktionsprozessen für einen befristeten Zeitraum gewährleisten. In Abhängigkeit von der Art der Beteiligung am Produktionsprozeß kann man Anlagen mit *aktiver Beteiligung am Produktionsprozeß* (Maschinen, Produktionsgefäße, Informationsverarbeitungsanlagen, ...) und Anlagen mit *passiver Beteiligung am Produktionsprozeß* (Gebäude, Grundstücke, Infrastrukturanlagen) unterscheiden.

Die *Anlagenplanung* beinhaltet die systematische technisch-wirtschaftliche Entscheidungsvorbereitung und -fällung über *Art, Menge und Anordnung von Produktionsanlagen* sowie über deren Beschaffung, Installation, *Instandhaltung*, Modernisierung, Veräußerung und Entsorgung in Industrieunternehmungen. Sie gehört damit zur Anlagenwirtschaft, die darüber hinaus die an die Planung anschließenden Steuerungs-, Dokumentations- und Kontrollprozesse beinhaltet.

Die *Anlagenrechnung* als spezifisches Informationssystem der Anlagenwirtschaft umfaßt neben der *Investitions- bzw. Wirtschaftlichkeitsrechnung* und der *Nutzwertanalyse* die *Anlagenbuchhaltung, Anlagenkostenrechnung* und die *Anlagenstatistik*. In Verbindung mit der Anlagenverwaltung dient die Anlagenrechnung primär der Anlagenplanung, -dokumentation und -kontrolle sowie der Aufgabendurchführung des internen und externen Rechnungswesens.

2. *Aufgaben der Anlagenplanung*

a) Layoutplanung. *Layoutplanung i. w. S.* beinhaltet die Entscheidungsvorbereitung und -fällung über *Art, Menge und räumliche Anordnung* von Potentialen bzw. Arbeitssystemen. *Layoutplanung i. e. S.* umfaßt die Entscheidungsvorbereitung und -fällung über die *räumliche Anordnung* von Potentialen bzw. Arbeitssystemen.

Ziele der Layoutplanung sind aus dem Zielsystem der Unternehmung abzuleiten und können in *Sachziele* (z. B. Transportflußziele), *Wertziele* (z. B. Transportkostenziele) und *Sozialziele* (z. B. Arbeitsplatzgestaltungsziele) eingeteilt werden.

Die Layoutplanung im Rahmen der Anlagenplanung läßt sich durch folgendes Stufenkonzept darstellen:

Aufbauend auf einer *Vorplanung*, als Produktprogramm- und ggf. auch externe Standortplanung, erfolgt die *Planung von Art und Menge* der (maschinellen) *Potentiale* zur Be- und Verarbeitung sowie ggf. Handhabung. Hierunter fällt die Ermittlung der Produktionstechnologie und der Art der Produktionspotentiale sowie die Ermittlung der Anzahl der Produktionspotentiale (Ermittlung der qualitativen und quantitativen Kapazität). Hieran schließt sich die Planung der *räumlichen Anordnung* der Potentiale an. In dieser Layoutplanung i. e. S. erfolgt idealtypisch zunächst die richtungsbezogene Materialflußgestaltung der einzelnen Teilprozesse sowie des gesamten Produktionsprozesses (Groblayoutplanung, Groblageplanung). Die hieran anknüpfende Anordnung der maschinellen Potentiale in einzelnen Abteilungen und Bereichen in Abhängigkeit vom vorherrschenden Produktionstyp legt das *Maschinen-Layout* fest. Im Zusammenhang mit diesem erfolgt auch die Anordnung der Lager und Fördermaschinen bzw. -mittel. Durch Anordnung der einzelnen etriebsbereiche und ggf. Festlegung von Um- und/oder Neubauten erhält man das *Gebäude-Layout*. In der Praxis muß dieser Idealplan an die realen Verhältnisse angepaßt werden (Realplanung).

Bei den Verfahren zur Layoutplanung unterscheidet man *analytische Verfahren* zur Bestimmung optimaler Layouts im Hinblick auf ein Ziel oder mehrere Ziele unter Berücksichtigung von Nebenbedingungen und *heuristische Verfahren*. Hierzu zählen als *klassische Verfahren* insbesondere: *Eröffnungs- bzw. Konstruktionsverfahren* zur sukzessiven Erstellung einer Ausgangslösung mit möglichst gutem Zielwert, Bsp. CORELAP (COmputerized RElationship LAyout Planning) oder ALDEP (Automated Layout DEsign Programm); *Verbesserungsverfahren* zur Verbesserung des Zielwertes durch sukzessives Vertauschen der Potentiale einer Ausgangslösung, Bsp. CRAFT (Compu-

Anlagenplanung und Anlagenrechnung

terized Relative Allocation of Facilities Technique); *kombinierte Verfahren* zur Ermittlung einer günstigen Ausgangslösung mit anschließender Zielverbesserung durch Vertauschen der Potentiale, Bsp. MODULAP (MODUlarprogramm für die LAyout-Planung). Darüber hinaus wurden *Verfahren zur interaktiven Layoutplanung* entwickelt, die es dem Planer erlauben, via Bildschirm im Dialog mit dem EDV-System Restriktionen während des Planungsprozesses einzugeben und/oder zu ändern, Bsp. BELINDA (BEstimmung von Layout im INteraktiven DiAlog), PLADIS (Programm zur LAyoutplanung über DISplay). Auch existieren für spezifische Produktionstypen Simulationssysteme, die entweder im Online- oder im Batch-Betrieb angewendet werden können, Bsp. TOSYS (Tool Simulation System). Insbesondere im Online-Betrieb besteht die Möglichkeit, Simulationen von z. B. Material-, Werkstück- und/oder Werkzeugflüssen gleichzeitig dreidimensional graphisch darzustellen (Animation). Die Mehrzahl der computergestützten Layout-Planungsverfahren besitzen ausschließlich eine *monistische Zielfunktion* (Minimierung der Transportkosten).

b) Instandhaltungsplanung. Die Instandhaltungsplanung beinhaltet die systematische technisch-wirtschaftliche Vorbereitung und Festlegung aller Aktionen, die erforderlich sind, um die *Funktionsfähigkeit* der Produktionsanlagen einer Industrieunternehmung bis zum Ende der wirtschaftlichen Nutzungsdauer vor Beeinträchtigungen *zu schützen* bzw. bei Verschleiß und Störungen *wiederherzustellen.* Die Instandhaltungsplanung beinhaltet somit die zielorientierte Suche alternativer Instandhaltungsmaßnahmen, deren Beurteilung und Auswahl. Monetäre Hauptziele der Instandhaltungsplanung sind *Minimierung der Instandhaltungskosten* und *Minimierung der Stillstandskosten.* Die Instandhaltungsmaßnahmen lassen sich in zwei grundsätzliche Vorgehensweisen unterscheiden: Maßnahmen *vorbeugender Instandhaltung* und Maßnahmen *ausfallbedingter Instandhaltung.* Die Beurteilung der alternativen Vorgehensweisen im Hinblick auf die Erreichung der Sach-, Wert- und Sozialziele kann vornehmlich mit Hilfe der *Simulation* vorgenommen werden.

3. Aufgaben der Anlagenrechnung

a) Investitionsrechnung und Nutzwertanalyse. Die → *Investitionsrechnung* dient der ausschließlich *ergebnisorientierten Beurteilung* von alternativen Anlagen im Rahmen der Anlagenplanung. Mit Hilfe von → *statischen und* → *dynamischen Investitionsrechnungen* werden die Wirkungen der einzelnen Anlagen im Hinblick auf die Ziele Gewinn oder Kosten, Rentabilität oder Kapitalwert (diskontierte Zahlungsüberschüsse) untersucht. Kapitalwerte können auch für alternative Investitionsprogramme berechnet werden, die jeweils aus zeitlich aufeinanderfolgenden und ggf. sachlich interdependenten Anlagen bestehen. Im Rahmen von Investitionsrechnungen zur technisch-betrieblichen Beurteilung von Produktionsanlagen sind auch Langfristkalkulationen durchzuführen. Zudem sollten die Wirkungen der alternativen Anlagen oder Investitionsprogramme auf die mehrperiodige gesamtunternehmungsbezogene Ergebnis- und Finanzplanung aufgezeigt werden.

Zur Berücksichtigung nicht nur des Ergebnisziels, sondern auch weiterer Ziele kann die Entscheidungsmatrix bzw. *Nutzwertanalyse* angewendet werden. Hierbei lassen sich unabdingbare Ziele bzw. Anforderungen und auch nicht monetär ausdrückbare Ziele für den Prozeß der Alternativenbeurteilung und -auswahl zugrunde legen.

b) Anlagenbuchhaltung. Die Anlagenbuchhaltung dient der art-, mengen- und wertmäßigen Erfassung, Dokumentation und Überwachung des *Anlagenbestandes* sowie der *Anlagenbewegungen* auf speziellen Anlagenkonten. Es erfolgt die Erfassung bzw. Ermittlung der handels- und steuerrechtlichen → *Anschaffungs-* und → *Herstellungskosten,* → *Abschreibungen* und Restwerte der Anlagen sowie des handelsrechtlichen → *Anlagenspiegels.* Klassisches Hilfsmittel stellt die *Anlagen-*

kartei dar. Sie enthält Anlagenkarten für jede Anlage bzw. Anlagenart, in denen die jeweils maßgeblichen technischen und wirtschaftlichen Merkmale der Anlage bzw. Anlagenart festgehalten werden. Heute wird die Anlagenkartei in großen Unternehmungen weitgehend maschinell als Teilkomplex der *computergestützten Anlagenrechnung* geführt.

c) Anlagenkostenrechnung. Die Anlagenkostenrechnung dient insbesondere der Planung und Kontrolle der Anlagenkosten. Darunter fallen alle Kosten, die im Zusammenhang mit der Auswahl, Beschaffung, Installation, Instandhaltung, Modernisierung und Entsorgung von Anlagen anfallen. Wesentliche zu ermittelnde Kosten sind die *Anschaffungs- und Herstellungskosten*, die als *kalkulatorische Abschreibungen* berücksichtigt werden, die *kalkulatorischen Zinsen* auf das Anlagevermögen, die *Instandhaltungskosten* sowie die *Anlagenwagniskosten.*

d) Anlagenstatistik. Die Anlagenstatistik dient insbesondere der Information über die *Anlagenstruktur* (Anlagenarten, -zahl, -altersstruktur u.ä.), die zeitliche Ausnutzung der Anlagen, d.h. die *Kapazitätsauslastung*, sowie über das *Verschleiß-* und *Ausfallverhalten* der Anlagen.

4. Organisation der Anlagenplanung und Anlagenrechnung

Die Aufbauorganisation der Anlagenplanung und Anlagenrechnung beinhaltet die generelle und institutionalisierte Zuordnung von Personen und Betriebsmitteln auf die Aufgabenbereiche der Anlagenplanung und Anlagenrechnung sowie die Regelung der Kompetenzen und Verantwortungen der Träger dieser Aufgabenbereiche. Hier interessieren insbesondere die *organisatorische Stellung* der Anlagenplanung und Anlagenrechnung innerhalb der Gesamtorganisation der Unternehmung (Zentralisation vs. Dezentralisation) und die *organisatorische Gliederung* innerhalb des Bereiches der Anlagenplanung und Anlagenrechnung (Stellenbildung).

Die *Ablauforganisation der Anlagenplanung und Anlagenrechnung* regelt die *Arbeitsbeziehungen* zwischen den organisatorischen Einheiten dieses Aufgabenbereiches und auch zwischen diesen und anderen organisatorischen Einheiten der Unternehmung.

Lit.: Männel, W.: Die Stellung der Instandhaltung im Rahmen der Anlagenwirtschaft, in: Arbeitskreis Anlagenwirtschaft der Schmalenbach-Gesellschaft (Hrsg.): Instandhaltung, 1978, S. 17–61; *Dolezalek, C.M./Warnecke, H.J.:* Planung von Fabrikanlagen, 2. Aufl., 1981; *Mellerowicz, K.:* Betriebswirtschaftslehre der Industrie, Bd. 1, 7. Aufl., 1981; *Spur, G./Viehweger, B./Wieneke-Toutaoui, B.:* Simulationssystem für flexible Fertigungssysteme mit automatisiertem Werkzeugfluß, in: Zeitschrift für wirtschaftliche Fertigung und Automatisierung 1988, S. 269–274; *Busse von Colbe, W./Laßmann, G.:* Betriebswirtschaftstheorie, Bd. 1, 5. Aufl., 1991; *Hackstein, R./Orban, B.:* Anlagenwirtschaft, Organisation der, in: HWO, 3. Aufl., 1992, Sp. 98–111; *Hahn, D./Laßmann, G.:* Produktionswirtschaft-Controlling industrieller Produktion, Bd. 3.1, 1993; *Steffen, R.:* Anlagenwirtschaft, in: HWB, 5. Aufl., 1993, Sp. 84–96.

Professor Dr. Dr. h.c. Dietger Hahn, Gießen/Berlin.

Anlagenrechnung

→ *Anlagenplanung und Anlagenrechnung.*

Anlagenstatistik

→ *Anlagenplanung und Anlagenrechnung.*

Anlagespiegel

1. Rechtliche Grundlagen und Grundkonzeption. Nach § 268 Abs. 2 Satz 1 HGB (§ 226 Abs. 1 öHGB) ist bei Kapitalgesellschaften – nach § 5 Abs. 1 PublG analog bei publizitätspflichtigen Nichtkapitalgesellschaften – in der Bilanz oder im → *Anhang* „die Entwicklung der einzelnen Posten des → *Anlagevermögens* und des Postens ‚Aufwendungen für die Ingangsetzung und Erweiterung des Geschäftsbetriebs' darzustellen". Unterschiede zum früheren Aktienrecht zeigen sich einerseits in der Möglichkeit zur Darstellung des A. (= Anlagenspiegel, Anlagengitter) im Anhang und nicht nur – wie früher vorgeschrieben – in der Bilanz, andererseits in der geänderten Grundkonzeption. Während nach dem früheren Aktienrecht die *direkte Nettomethode*, bei der der Ausweis der Wertkorrekturen auf der Grundlage des Restbuchwerts des Vorjahres erfolgt und zum neuen Restbuchwert führt, und die *indirekte Bruttomethode*, bei der die Anlagegegenstände bis zu ihrem Ausscheiden mit den ursprünglichen Anschaffungs- oder Herstellungskosten ausgewiesen und die → *Abschreibungen* als Korrekturposten in Form von passivisch ausgewiesenen *Wertberichtigungen* berücksichtigt werden, zulässig waren, sieht das jetzige Recht als allein zulässige Methode die *direkte Bruttomethode* vor, die im angelsächsischen Rechtsbereich ihren Ursprung hat.

Bei der direkten Bruttomethode bleiben die ursprünglichen Anschaffungs- oder Herstellungskosten ungemindert ausgewiesen, solange ein Vermögensgegenstand im Unternehmen verbleibt. Allerdings geht in die Bilanz der – um die bis zum Abschlußstichtag vorgenommenen Wertkorrekturen – berichtigte Wert ein, so daß in der Bilanz Nettobuchwerte zum Ausdruck kommen. Da im A. nach §268 Abs. 2 Satz 2 HGB, ausgehend von den gesamten → *Anschaffungs- und* → *Herstellungskosten*, die Zugänge, Abgänge, Umbuchungen und Zuschreibungen des Geschäftsjahrs sowie die Abschreibungen in ihrer gesamten Höhe gesondert aufzuführen sind, werden auch die Veränderungen für jeden Posten dargestellt. Die Abschreibungen des Geschäftsjahrs sind nach §268 Abs. 2 Satz 3 HGB „entweder in der Bilanz bei dem betreffenden Posten zu vermerken oder im Anhang in einer der Gliederung des Anlagevermögens entsprechenden Aufgliederung anzugeben". Diese Angabe kann auch in einer gesonderten Spalte des A. erfolgen. Ausgehend von dieser Darstellungsform der Jahresabschreibung im A. und unter Berücksichtigung der Regelung des §265 Abs. 2 HGB, wonach zu jedem Posten der Bilanz „der entsprechende Betrag des vorhergehenden Geschäftsjahrs anzugeben" ist, hat der A. für jeden Posten des Anlagevermögens und die Aufwendungen für die Ingangsetzung und Erweiterung des Geschäftsbetriebs folgende Angaben zu enthalten:

(1) *Ursprüngliche (historische) Anschaffungs- und Herstellungskosten* der am Anfang des jeweiligen Geschäftsjahrs vorhandenen Anlagegegenstände,
(2) *Zugänge* im Geschäftsjahr, bewertet mit den gesamten Anschaffungs- und Herstellungskosten,
(3) *Abgänge* im Geschäftsjahr, bewertet mit den ursprünglichen Anschaffungs- und Herstellungskosten,
(4) *Umbuchungen* (Umgruppierungen) im Geschäftsjahr, bewertet zu den ursprünglichen Anschaffungs- und Herstellungskosten,
(5) *Zuschreibungen* im Geschäftsjahr i. S. von Wertaufholungen des betrachteten Geschäftsjahrs,
(6) *kumulierte* Abschreibungen seit Zugang des Gegenstandes mit den Abschreibungen des laufenden Geschäftsjahrs und der vergangenen Jahre,
(7) *Abschreibungen des Geschäftsjahres*, nachrichtlich, da in (6) enthalten,
(8) *Restbuchwert* am Bilanzstichtag,
(9) *Restbuchwert* am Ende des *vorangegangenen* Geschäftsjahrs.

2. Struktur und Inhalt des A. Auf der Grundlage der obigen Überlegungen ergibt sich – ohne daß die Reihenfolge gesetzlich vorgeschrieben wäre – die in der Abbildung 1 dargestellte Struktur des A. (aufbauend auf obiger Numerierung).

Zu den einzelnen Spalten des A. sind folgende Erläuterungen anzubringen:

(1) Ursprüngliche Anschaffungs- und Herstellungskosten: Die ursprünglichen und damit gesamten Anschaffungs- und/oder Herstellungskosten aller noch im Unternehmen aktivierten, d. h. der in den vorangegangenen Perioden angeschafften oder hergestellten und zu Beginn des Jahres noch vorhandenen Anlagegegenstände sind hier genauso aufzuführen wie die gesamten „Aufwendungen für die Ingangsetzung und Erweiterung des Geschäftsbetriebs", sofern das Aktivierungswahlrecht des §269 HGB wahrgenommen wurde. Die Ermittlung der ur-

Anlagespiegel

Horizontale Gliederung des Anlagevermögens / Vertikale Gliederung des Anlagevermögens	(1) Ursprüngliche Anschaffungs-/ Herstellungskosten	(2) (+) Zugänge (zu AK/HK)	(3) (−) Abgänge (zu AK/HK)	(4) (+/−) Umbuchungen (zu AK/HK)	(5) (+) Zuschreibungen (des Geschäftsjahrs)	(6) (−) Abschreibungen (kumuliert)	(7) Abschreibungen (des Geschäftsjahrs)	(8) (=) Restbuchwert am 31.12.	(9) Restbuchwert am Ende des Vorjahrs
Aufwendungen für die Ingangsetzung und Erweiterung des Geschäftsbetriebs									
	Gesonderte Angabe für jeden Posten								
Einzelne Posten des Anlagevermögens (entsprechend der Bilanzgliederung)									
⋮									

Abb. 1

sprünglichen Anschaffungs- und Herstellungskosten zu Beginn des betrachteten Geschäftsjahrs erfolgt durch Addition der Zugänge des vorangegangenen Geschäftsjahres (zu AK/HK) und nach vorherrschender Meinung auch des Teils der auf sog. „Nachaktivierungen" entfallenden vorjährigen Zuschreibungen, durch Subtraktion der Abgänge des vorangegangenen Geschäftsjahrs (zu AK/HK) sowie durch Addition oder Subtraktion des Saldos der Umbuchungen (zu AK/HK) zu oder von den Anschaffungs- und Herstellungskosten zu Beginn des vorangegangenen Geschäftsjahrs.

Anstatt der tatsächlichen Anschaffungs- und Herstellungskosten sind dann, wenn der Zeitpunkt der Anschaffung oder Herstellung vor der DM-Eröffnungsbilanz liegt, die entsprechenden DM-Eröffnungsbilanzwerte heranzuziehen; außerdem sieht Art. 24 Abs. 6 EGHGB bei der *erstmaligen Anwendung* des § 268 Abs. 2 HGB die Möglichkeit vor, die Buchwerte aus dem → *Jahresabschluß* des vorangegangenen Geschäftsjahrs als ursprüngliche Anschaffungs- oder Herstellungskosten zu übernehmen und fortzuführen, sofern für einzelne Anlagegegenstände die Anschaffungs- oder Herstellungskosten „nicht ohne unverhältnismäßige Kosten oder Verzögerungen feststellbar" sind. Die unbestimmten Rechtsbegriffe (unverhältnismäßige Kosten oder Verzögerungen) eröffnen dem Unternehmen einen beträchtlichen Ermessensspielraum, der nur unwesentlich dadurch beeinträchtigt wird, daß die Anwendung der zuletzt genannten Vereinfachungsregel im Anhang anzugeben ist.

(2) Zugänge: Darunter sind sämtliche im Geschäftsjahr erfolgten mengenmäßigen Erhöhungen des Bestands des Anlagevermögens zu ihren Anschaffungs- und Herstellungskosten zu fassen. Neben den mengenmäßigen Zugängen im eigentlichen Sinn sind dabei auch als Zugang der Erwerb immaterieller Vermögensgegenstände des Anlagevermögens, die Aktivierung der Ingangsetzungs- und Erweiterungsaufwendungen (als Aktivierungshilfe) und die Vornahme derartiger Erhöhungen – im Sinne des steuerlichen Herstellungsaufwands – zu erfassen, bei denen durch nachträgliche Maßnahmen das Gut substanziell wesentlich vermehrt

wurde (z.B. Ausbau), funktionell verändert wurde (z.B. Umbau einer Produktionshalle zu einem Verwaltungsgebäude) oder zeitlich – bezüglich seiner Nutzungsfähigkeit – nicht unerheblich verbessert wurde (z.B. Generalüberholung). Für die Umgliederung vom Umlaufvermögen in das Anlagevermögen steht neben einer Umbuchung auch die Erfassung als Zugang zur Verfügung.

(3) Abgänge: Hierbei werden sämtliche im Geschäftsjahr erfolgten mengenmäßigen Verminderungen des Bestandes des Anlagevermögens zu ihren historischen und damit gesamten Anschaffungs- und Herstellungskosten berücksichtigt. Neben den mengenmäßigen Abgängen im eigentlichen Sinne (wie durch Veräußerung, Tausch, Verschrottung, Entnahme oder aus sonstigen Anlässen – z. B. Untergang infolge einer Katastrophe –) kommen – körperlich fiktive – Abgänge durch Zeitablauf immaterieller Anlagegegenstände (z.B. bei Patenten), durch Beendigung der Abschreibung (bei der Aktivierungshilfe der Ingangsetzungs- und Erweiterungsaufwendungen; analog auch beim → *Geschäfts-* oder Firmenwert und durch den fingierten Abgang *geringwertiger Anlagegüter* zustande.

Das Bewertungswahlrecht für *geringwertige Wirtschaftsgüter* nach §6 Abs.2 EStG, das indirekt über §§254 und 279 Abs.2 HGB – evtl. auch direkt als eine den → *Grundsätzen ordnungsmäßiger Buchführung und Bilanzierung* entsprechende Vereinfachungsregel – unter Beachtung des → *Maßgeblichkeitsprinzips* in die Handelsbilanz übernommen werden kann, ermöglicht die vollständige Abschreibung von Gegenständen des Anlagevermögens mit Anschaffungs- oder Herstellungskosten bis zu 800 DM im Jahr der Anschaffung oder Herstellung. Da ein Bewertungs- und kein Bilanzierungswahlrecht gegeben ist, muß – abgesehen von den „geringstwertigen" Anlagegütern mit Anschaffungs- oder Herstellungskosten bis 100 DM, die unter Berufung auf die kaufmännische Praxis gar nicht aktiviert und somit auch nicht in den A. aufgenommen werden müssen – ein Zugang im A. ausgewiesen werden, wobei korrekterweise bei Wahrnehmung des Wahlrechts zur Sofortabschreibung eine betragsgleiche Berücksichtigung in den kumulierten Abschreibungen und im Jahr des tatsächlichen Abgangs in den Abgängen erfolgen müßte. Angesichts des Erfordernisses der Überwachung jedes geringwertigen Anlagegutes auf sein tatsächliches Vorhandensein wird darin vielfach ein Widerspruch zur Vereinfachungsfunktion dieser Regelung gesehen, so daß als Alternativen vor allem verschiedene Zeitpunkte des *fingierten Abgangs* diskutiert werden:

- fingierter Abgang *nach einer planmäßigen oder durchschnittlichen Nutzungsdauer* (mit der Folge einer Eliminierung aus den kumulierten Abschreibungen und einer Einbeziehung in die Abgänge);
- fingierter Abgang *im Jahr nach dem Zugang*, womit im Zugangsjahr die Abschreibungen im A. genauso wie die in der GuV die Abschreibungen auf geringwertige Anlagegüter beinhalten;
- fingierter Abgang *im Jahr des Zugangs* und damit Berücksichtigung der geringwertigen Anlagegüter im A. unter Zu- und Abgängen; dann können allerdings im Zugangsjahr die Abschreibungen nur nachrichtlich (in der Abb. 1 Spalte (7)) im A. zum Ausdruck kommen.

Da alle Regelungsarten nach herrschender Auffassung als zulässig angesehen werden, dürfte sich in der Praxis die zuletzt genannte Art als einfachste Handhabungsform durchsetzen.

Wegen des Prinzips des direkten Bruttoausweises müssen beim Abgang von Anlagegegenständen neben den Restbuchwerten auch die kumulierten Abschreibungen – bei ihrem gesonderten Ausweis auch die kumulierten Zuschreibungen – und die gesamten – also einschließlich der nachträglichen Aktivierungen – Anschaffungs- und Herstellungskosten, die auf den betreffenden Gegenstand entfallen, aus dem A. „eliminiert" werden. Indirekt kann der Abgangswert durch Addition der kumulier-

Anlagespiegel

ten Ab- und Zuschreibungen zum Restbuchwert des ausgewiesenen Anlagegegenstandes ermittelt werden.

(4) Umbuchungen: Hierbei werden weder Mengen- noch Wertänderungen, sondern nur Umschreibungen von einem Posten auf einen anderen Posten erfaßt, wobei neben dem Wechsel innerhalb des Anlagevermögens (und damit des A.) auch der Wechsel vom Umlaufvermögen in das Anlagevermögen in Betracht kommt. Die Umbuchung ist zu den historischen Anschaffungs- und Herstellungskosten vorzunehmen, so daß bei den (dem) betreffenden Posten neben dem Restbuchwert wiederum die darauf entfallenden kumulierten Abschreibungen – bei ihrem gesonderten Ausweis auch die kumulierten Zuschreibungen – und die gesamten Anschaffungs- und Herstellungskosten zu korrigieren sind, wobei der Umbuchungswert indirekt durch Addition der kumulierten Ab- und Zuschreibungen zum Restbuchwert des ausgewiesenen Anlagegegenstandes ermittelt werden kann.

(5) Zuschreibungen: Als Zuschreibungen werden werterhöhende Korrekturen bereits bilanzierter Anlagegegenstände erfaßt, die das jeweilige Geschäftsjahr betreffen, d. h., der Ausweis kumulierter Zuschreibungen ist nicht vorgeschrieben. Als Ursachen für Zuschreibungen kommen sog. „*Nachaktivierungen*“ in Betracht. Sie sind i.d.R. von einer steuerlichen Betriebsprüfung veranlaßt, bei der eine Aufwandsverrechnung in der Steuerbilanz nicht anerkannt und statt dessen eine Aktivierung verlangt wird, die in der Handelsbilanz mit- bzw. nachvollzogen wird. Obwohl die Nachaktivierung eigentlich einen Zugang darstellt, wird allgemein eine Erfassung unter den Zuschreibungen anerkannt, wobei in den Folgejahren eine Zurechnung zu den ursprünglichen Anschaffungs- und Herstellungskosten erfolgt. Dagegen werden die Zuschreibungen auf Grund von → *Wertaufholungen* im jeweiligen Folgejahr von den kumulierten Abschreibungen gekürzt, so daß insofern eine – in der Gesetzesbegründung ausdrücklich vorgesehene (vgl. BT-Drucksache 10/4268, S. 105) – Saldierung durchgeführt wird. Trotz des Verzichts auf den obligatorischen Ausweis der kumulierten Zuschreibungen wird bei den hier dargestellten Verrechnungen – nicht aber dann, wenn z. B. die Zuschreibungen in den Folgejahren nicht mit den kumulierten Abschreibungen verrechnet oder den historischen Anschaffungs- und Herstellungskosten zugerechnet werden und gleichzeitig nicht kumuliert dargestellt werden – eine rechnerische Ableitung des Restbuchwerts des Geschäftsjahrs genauso ermöglicht, wie wenn ein freiwilliger, zusätzlicher Ausweis der kumulierten Zuschreibungen im A. (oder anhand eines Zuschreibungsspiegels) vorgenommen würde.

(6) Kumulierte Abschreibungen: Dieser Bestandteil des A. beinhaltet die insgesamt in den vorangegangenen Geschäftsjahren und im laufenden Geschäftsjahr angefallenen Abschreibungen auf am Ende des betrachteten Geschäftsjahrs noch im Unternehmen befindliche Anlagegegenstände, so daß Abschreibungen auf Abgänge im Geschäftsjahr nicht in den kumulierten Abschreibungen enthalten sind. In den kumulierten Abschreibungen sind planmäßige und außerplanmäßige Abschreibungen berücksichtigt, die vermindert sind um die Zuschreibungen – außer bezüglich sog. „Nachaktivierungen“ – aus vorangegangenen Geschäftsjahren; sie können folgendermaßen ermittelt werden:

Kumulierte Abschreibungen laut A. des Vorjahrs
– Zuschreibungen (außer bezüglich sog. „Nachaktivierungen“) des vorjährigen A.
+ Abschreibungen des Geschäftsjahrs
– Kumulierte Abschreibungen, die auf die Abgänge des Geschäftsjahrs entfallen
= Kumulierte Abschreibungen des diesjährigen A.

In den kumulierten Abschreibungen nicht erfaßt sind die außerplanmäßigen Abschreibungen, die ihren Rechtsgrund allein in steuerrechtlichen Vorschriften haben, und bei denen vom Wahlrecht des §281 Abs. 1 HGB Gebrauch gemacht wurde. Der Unterschiedsbetrag, der sich zwischen der Bewertung nach rein handelsrechtlichen Grundsätzen und der nach steuerrechtlichen Grundsätzen (unter Ausnutzung von Sonderabschreibungen) ergibt – und der laufend fortentwickelt und angepaßt werden muß – ist als Wertberichtigung in den → *Sonderposten mit Rücklageanteil* einzustellen.

(7) Abschreibungen des Geschäftsjahrs: Wird dieser Posten – auch wenn dies, wie oben erwähnt, nicht zwingend ist – in den A. eingefügt, dann sind darin alle Abschreibungen, die das laufende Geschäftsjahr betreffen, enthalten, wobei die Abschreibungen, die zur Bildung eines Sonderpostens mit Rücklageanteil (im Sinne von § 281 Abs. 1 HGB) führen, nicht berücksichtigt werden. Der Posten Abschreibungen des Geschäftsjahrs kann einerseits in der Weise ausgelegt werden, daß eine Übereinstimmung mit den in der GuV ausgewiesenen Abschreibungen besteht – mit der Folge, daß nur in den Abschreibungen des Geschäftsjahrs, nicht aber in den kumulierten Abschreibungen die auf die im laufenden Geschäftsjahr abgehenden Anlagegegenstände entfallenden Abschreibungsbeträge und die Abschreibungen auf geringwertige Anlagegüter (für den Fall ihres unterstellten fiktiven Abgangs im Jahr des Zugangs) enthalten sind –, und andererseits in der Weise, daß eine Orientierung an den in den kumulierten Abschreibungen enthaltenen Beträgen erfolgt. Bei Heranziehung der ersten Auslegung wäre es wünschenswert, eine Verbindung zwischen den kumulierten und jährlichen Abschreibungen durch eine entsprechende zusätzliche Untergliederung des A. oder durch eine gesonderte Darstellung eines „Abschreibungsspiegels" herzustellen.

(8) Restbuchwert am Bilanzstichtag: Auf der Grundlage der vorangegangenen Ausführungen ergibt sich der Restbuchwert am Ende des Geschäftsjahrs als Summe der Spaltenbeträge der ursprünglichen Anschaffungs-/Herstellungskosten (1) zuzüglich der Zugänge (2) und Zuschreibungen (5), abzüglich der Abgänge (3) und kumulierten Abschreibungen (6) sowie zu- oder abzüglich der Umbuchungen (4).

						Abschreibungen				
Horizontale Gliederung des Anlagevermögens / Vertikale Gliederung des Anlagevermögens	(1) Ursprüngliche Anschaffungs-/Herstellungskosten	(2) (+) Zugänge (zu AK/HK)	(3) (−) Abgänge (zu AK/HK)	(4) (+/−) Umbuchungen (zu AK/HK)	(5) (+) Zuschreibungen des Geschäftsjahrs)	(6) Abschreibungen aus Vorjahren	(7) Abschreibungen (des Geschäftsjahrs (Klammerzusatz: auf Abgänge und GWG)	(8) (−) Abschreibungen insgesamt	(9) (=) Restbuchwert am 31.12.	(10) Restbuchwert am Ende des Vorjahrs
Aufwendungen für die Ingangsetzung und Erweiterung des Geschäftsbetriebs										
	Gesonderte Angabe für jeden Posten									
Einzelne Posten des Anlagevermögens (entsprechend der Bilanzgliederung)										
⋮										

Abb. 2

Anlagespiegel

Die Angabe des Restbuchwerts am Ende des Vorjahres in Spalte (9) hat genauso lediglich eine informative Funktion wie die der Abschreibungen des Geschäftsjahrs in Spalte (7).

3. Alternative Formen. Von *anderen Darstellungsformen* seien einige wichtige skizziert:

- *Gesonderte Darstellung der Abschreibungen aus Vorjahren und der Abschreibungen des laufenden Geschäftsjahrs* und anschließend Angabe der Abschreibungen in ihrer Summe; dabei werden bei den Abschreibungen des laufenden Geschäftsjahrs (Spalte (7)) die Abschreibungen ohne diejenigen auf die Abgänge und die geringwertigen Wirtschaftsgüter dargestellt und in Form eines Klammerzusatzes die Abschreibungen des laufenden Geschäftsjahrs auf die Abgänge und die geringwertigen Wirtschaftsgüter ausgewiesen (Abb. 2).
- *Darstellung lediglich der kumulierten Abschreibungen und gesonderte Aufführung der Entwicklung der kumulierten Abschreibungen* vom Beginn bis zum Ende des Geschäftsjahrs *in einem gesonderten Abschreibungsspiegel* (Abb. 3); dabei

Anlagespiegel

Horizontale Gliederung des Anlagevermögens / Vertikale Gliederung des Anlagevermögens	(1) Ursprüngliche Anschaffungs-/ Herstellungskosten	(2) (+) Zugänge (zu AK/HK)	(3) (−) Abgänge (zu AK/HK)	(4) (+/−) Umbuchungen (zu AK/HK)	(5) (+) Zuschreibungen (des Geschäftsjahrs)	(6) (−) Abschreibungen (kumuliert)	(7) (=) Restbuchwert am 31.12.	(8) Restbuchwert am Ende des Vorjahrs
Aufwendungen für die Ingangsetzung und Erweiterung des Geschäftsbetriebs								
	Gesonderte Angabe für jeden Posten							
Einzelne Posten des Anlagevermögens (entsprechend der Bilanzgliederung) ⋮								

Abschreibungsspiegel

Entwicklung der Abschreibungen / Vertikale Gliederung des Anlagevermögens	(1) Abschreibungen (kumuliert) 1.1.	(2) (+) Zugänge (Abschreibungen des Geschäftsjahrs)	(3) (−) Abgänge (Abschreibungen auf Abgänge)	(4) (+/−) Umbuchungen	(5) (=) Abschreibungen (kumuliert) 31.12.
Aufwendungen für die Ingangsetzung und Erweiterung des Geschäftsbetriebs					
	Gesonderte Angabe für jeden Posten				
Einzelne Posten des Anlagevermögens (entsprechend der Bilanzgliederung) ⋮					

Abb. 3

Anlagespiegel

Horizontale Gliederung des Anlagevermögens / Vertikale Gliederung des Anlagevermögens	Anschaffungs- und Herstellungskosten					kumulierte Abschreibungen						Buchwerte	
	(1) Ursprüngliche Anschaffungs-/Herstellungskosten 1.1.	(2) (+) Zugänge (zu AK/HK)	(3) (−) Abgänge (zu AK/HK)	(4) (+/−) Umbuchungen (zu AK/HK)	(5) (=) Ursprüngliche Anschaffungs-/Herstellungskosten 31.12.	(6) Abschreibungen (kumuliert) 1.1.	(7) (+) Zugänge (Abschreibungen des Geschäftsjahrs)	(8) (−) Abgänge (Abschreibungen auf Abgänge)	(9) (−) Zuschreibungen (des Geschäftsjahrs)	(10) (+/−) Umbuchungen (zu kumulierten Abschreibungen)	(11) (=) Abschreibungen (kumuliert) 31.12.	(12) [(5)−(11)] Restbuchwert am 31.12.	(13) Restbuchwert am Ende des Vorjahrs
Aufwendungen für die Ingangsetzung und Erweiterung des Geschäftsbetriebs	Gesonderte Angabe für jeden Posten												
Einzelne Posten des Anlagevermögens (entsprechend der Bilanzgliederung) ⋮													

Abb. 4

werden in Spalte (1) des Abschreibungsspiegels die bis zum Jahresbeginn aufgelaufenen Abschreibungen einschließlich derjenigen auf Abgänge des laufenden Geschäftsjahrs dargestellt, während in Spalte (2) die gesamten Jahresabschreibungen und in Spalte (3) die Abschreibungen auf Abgänge (Jahresabschreibungen und Abschreibungen auf Vorjahre) wiedergegeben werden.

- *Gesonderte Darstellung der Bruttoanlagewerte und derjenigen der kumulierten Abschreibungen* (Abb. 4); dabei werden die Bruttoanschaffungs- und -herstellungskosten im linken Teil des A. (Spalten (1) bis (5)) und die kumulierten Abschreibungen – mit gesonderter Wiedergabe der Zugänge als Abschreibungen des Geschäftsjahrs, der Abgänge als Abschreibungen auf Abgänge (Jahresabschreibungen und Abschreibungen auf Vorjahre), der Zuschreibungen und der Umbuchungen – sowie die jeweiligen Restbuchwerte am 31.12. und am Ende des Vorjahrs im rechten Teil des A. (Spalten (6) bis (13)) dargestellt.

Da auf den → *Konzernabschluß* nach § 298 Abs. 1 HGB grundsätzlich auch die Vorschrift des § 268 Abs. 2 HGB anzuwenden ist, haben die bisherigen Ausführungen prinzipiell ebenfalls Gültigkeit für die Konzernbilanz. Besonderheiten entstehen insbesondere

- bei der Zuordnung von Vermögensgegenständen zum Anlage- bzw. Umlaufvermögen, wenn aus Konzernsicht eine andere Bearbeitung als aus Sicht des Konzernunternehmens geboten ist,
- bei Abweichungen nationaler Abschreibungsverfahren und Nutzungsdauerschätzungen von denjenigen, die vom inländischen Mutterunternehmen bei Anwendung der einheitlichen Bewertungsgrundsätze des § 308 HGB für den Konzernabschluß zugrunde gelegt werden,
- bei der Entstehung aktivischer Unterschiedsbeträge im Rahmen der → *Kapitalkonsolidierung* oder der → *Equity-Bewertung* assoziierter Unternehmen und der dabei erforderlichen Zurechnung aktivischer Unterschiedsbeträge zu Vermögensgegenständen des Anlagevermögens bzw. zum Geschäfts- oder Firmenwert,
- bei der Eliminierung von Zwischenergebnissen im Anlagevermögen, die durch Vermögensübertragungen zwischen Konzernunternehmen zustande kommen,
- bei der Einbeziehung ausländischer Unternehmen in den Konzernabschluß hinsichtlich des Verfahrens für die → *Umrechnung von Jahresabschlüssen* und
- bei der Veränderung des Kreises der in den Konzernabschluß einbezogenen Unternehmen, die in der Bilanzierungspraxis häufig durch den Ausweis zusätzlicher Spalten berücksichtigt wird.

Lit.: Küting, K./Haeger, B./Zündorf, H.: Die Erstellung des Anlagengitters nach künftigem Bilanzrecht, in: BB 1985, S. 1948–1957; *Berndt, H.*, in: Küting/Weber HdK, 1989, S. 926–929; *Zündorf, H.*: Der Anlagespiegel im Konzernabschluß, 1990; *Zündorf, H.*: Offene Probleme bei der Erstellung des Anlagespiegels in der Praxis, in: Küting, K./Weber, C.-P. (Hrsg.), Das Konzernrechnungswesen des Jahres 2000 , 1991, S. 41–86; *Wöhe, G.*: Bilanzierung und Bilanzpolitik, 8. Aufl., 1992, S. 208f.; *Federmann, R.*: Bilanzierung nach Handels- und Steuerrecht, 10. Aufl., 1994, S. 394–396; Lorson, P. C., in: Küting/Weber: HdR, 4. Aufl., Bd. I a, 1995, S. 1362–1403; *Coenenberg, A. G.*: Jahresabschluß und Jahresabschlußanalyse, 16. Aufl., 1997, S. 144–147; *Schildbach, T.*: Der handelsrechtliche Jahresabschluß, 5. Aufl., 1997, S. 217–221.

Prof. Dr. Heinz Kußmaul, Saarbrücken.

Anlagestruktur

→ *Anlagenplanung und Anlagenrechnung.*

Anlagevermögen

1. Grundlagen

a) Begriff. Zum A. (fixed assets) gehören die Gegenstände (→ *Vermögensgegenstand/Wirtschaftsgut*), die bestimmt sind, dauernd dem Geschäftsbetrieb zu dienen (§ 247 Abs. 2 HGB; § 198 Abs. 2 ÖHGB). Die Dauer der Nutzung ergibt sich weniger aus der Art eines Gegenstandes als vielmehr aus seiner betriebsindividuellen Zweckbestimmung. Bei Gegenständen des A. muß der Bilanzierende die Absicht verfolgen, sie durch Gebrauch zu nutzen, d.h. die bestimmungsgemäße Nutzung darf nicht mit einem Ausscheiden der Gegenstände aus der Unternehmung verbunden sein. Über welche Zeitdauer der Gebrauch wirtschaftlich sinnvoll ist (→ *Investitionsrechnung*), ist für die Zuordnung zum A. unbeachtlich.

b) Gliederung. Das A. wird in der Bilanz in vertikaler und in horizontaler Hinsicht gegliedert. Die vertikale → *Gliederung* ergibt sich aus § 266 Abs. 2 A. HGB und muß mindestens die Gruppen „Immaterielle Vermögensgegenstände", „Sachanlagen" und „Finanzanlagen" unterscheiden. Die horizontale Gliederung wird in Form des → *Anlagespiegels* vollzogen und zeigt die Entwicklung eines Bilanzpostens während des Geschäftsjahres.

c) Bilanzierung. Grundsätzlich besteht für das A. eine Aktivierungspflicht. Sonderregelungen gelten nur für das immaterielle A. Während derivative, d.h. erworbene Gegenstände der normalen Aktivierungspflicht unterliegen (Ausnahme: Aktivierungswahlrecht für einen käuflich erworbenen Geschäfts- oder Firmenwert (§ 255 Abs. 4 HGB)), gilt für das originäre, d.h. selbstgeschaffene → *immaterielle A.* (z.B. selbstentwickelte Patente) ein Aktivierungsverbot (§ 248 Abs. 2 HGB).

d) Ursprüngliche Bewertungsmaßstäbe. Die Zugänge zu einer Position des A. werden mit Anschaffungs- oder Herstellungskosten bewertet. Die → *Anschaffungskosten* gelten für alle von außerhalb des Unternehmens erworbenen Gegenstände, während für alle selbst hergestellten Gegenstände die → *Herstellungskosten* zu verwenden sind.

2. Planmäßige Abschreibungen

a) Aufgabe. Entscheidend für die Bewertung von Anlagegegenständen ist das Kriterium ihrer Abnutzbarkeit. *Nicht abnutzbare Gegenstände* unterliegen keiner zeitlichen Nutzungsbegrenzung (z.B. Grundstücke), während bei *abnutzbaren Gegenständen* die bestimmungsgemäße Nutzung, u.U. aber auch der reine Zeitablauf (z.B. bei befristeten Rechten), zu einer Aufzehrung ihres Nutzungspotentials führt. Das beschränkte Nutzungspotential verlangt eine Aufteilung der Anschaffungs- oder Herstellungskosten auf die Nutzungsdauer. Dies erfolgt durch die *planmäßige → Abschreibung.* Dazu müssen das *Abschreibungsverfahren* gewählt sowie die *voraussichtliche Nutzungsdauer* und ein ggfs. zu erwartender *Restwert* geschätzt werden. Die planmäßige Abschreibung führt zu den sog. *fortgeführten* Anschaffungs- oder Herstellungskosten. Das Ziel der planmäßigen Abschreibung ist nicht in einer möglichst guten Annäherung der Restbuchwerte an die erwartete Wertentwicklung des abzuschreibenden Gegenstandes, sondern lediglich in einer planmäßigen Aufteilung der Anschaffungs- oder Herstellungskosten zu sehen („Verteilungsabschreibung").

b) Verfahren. Handelsrechtlich sind grundsätzlich alle bekannten *zeit- und leistungsbezogenen* Abschreibungsverfahren wählbar, falls sie nicht in einem offensichtlich krassen Widerspruch zur tatsächlich zu erwartenden Wertminderung stehen. Dies ist allenfalls bei *progressiven* Abschreibungsverfahren denkbar; diese Verfahren sind in der Praxis jedoch ungebräuchlich. Auch Kombinationen von Abschreibungsverfahren sind zulässig. In der Praxis ist vor allem die *Kombination von geometrisch degressiver und linearer* Abschreibung in der Form weit verbreitet, daß mit der degressiven Abschreibung begonnen und in dem Jahr, in welchem ihre Fortführung zu geringeren jährlichen Abschreibungsbeträgen als die gleichmäßige Aufteilung des Restbuchwertes auf die Restnutzungsdauer führen würde, auf die lineare Methode übergegangen wird. Ist diese Verfahrensweise von Anfang an geplant, dann ist sie als eigenständiges Abschreibungsverfahren anzusehen; der Übergang von dem degressiven auf den linearen Teil bedeutet mithin keinen Methodenwechsel, er verstößt nicht gegen das Prinzip der → *Bewertungsstetigkeit* und ist daher auch nicht berichterstattungspflichtig. Auch Kombinationen zwischen zeit- und leistungsbezogener Abschreibung sind sinnvoll. Bei der Wahl des Abschreibungsverfahrens muß der Grundsatz der → *Einheitlichkeit der Bewertung* beachtet werden.

Für *steuerliche Zwecke* werden in § 7 Abs. 1–3 EStG nur die lineare, die geometrisch degressive und die leistungsbezogene Abschreibung sowie die obengenannte Kombination aus degressiver und linearer Abschreibung genannt. Für die degressive Abschreibung gilt eine Obergrenze in Höhe des Dreifachen des höchstzulässigen linearen Satzes, maximal 30% (§ 7 Abs. 2 EStG). Für Gebäude finden sich spezielle Regelungen der planmäßigen Abschreibung in § 7 Abs. 4 und 5 EStG.

c) Nutzungsdauer und Restbuchwert. Die voraussichtliche Nutzungsdauer ist *handelsrechtlich* aufgrund der bisherigen Erfahrungen zu schätzen, wobei *technische und wirtschaftliche Entwertungsursachen* unter Beachtung des *Grundsatzes der Vorsicht* zu berücksichtigen sind. Für *steuerliche* Zwecke geben die sog. *AfA-Tabellen* die unter normalen Verhältnissen zu erwartende Nutzungsdauer wieder. Von diesen Vorgaben darf nur bei Nachweis einer überdurchschnittlichen Beanspruchung (z. B. Mehrschichtenbetrieb) abgewichen werden. Ohne daß der Bilanzierende dazu verpflichtet ist, werden in der Praxis häufig auch für handelsrechtliche Zwecke die steuerlichen Vorgaben verwendet. Soll der Gegenstand vor Ablauf des technisch oder wirtschaftlich möglichen Gebrauchszeitraums veräußert werden, so bestimmt sich die Abschreibungsdauer nicht nach der betriebsindividuell vorgesehenen, sondern nach der tatsächlich möglichen Nutzungsdauer (vgl. § 253 Abs. 2 S. 2 HGB, für steuerliche Zwecke ausdrücklich § 7 Abs. 1 S. 2 EStG).

Hat der abzuschreibende Gegenstand nach dem Ende seiner Nutzung voraussichtlich noch einen beachtlichen Zeitwert (z. B. Schiffe), darf nicht der volle Betrag der Anschaffungs- oder Herstellungskosten, sondern nur bis zu dem vorsichtig zu schätzenden Zeitwert, der beim Ausscheiden des Gegenstandes zu erwarten ist, abgeschrieben werden.

3. Außerplanmäßige Abschreibungen

a) Niederstwertprinzip. Sowohl abnutzbare als auch nicht abnutzbare Gegenstände unterliegen dem *Niederstwertprinzip*, das für das A. in sog. „gemilderter" Form gilt (§ 253 Abs. 2 S. 3 HGB). Dabei werden die (fortgeführten) Anschaffungs- oder Herstellungskosten mit dem beizulegenden Wert (Zeitwert) verglichen. Ist dieser voraussichtlich auf Dauer niedriger als der bisherige Buchwert, dann muß eine außerplanmäßige Abschreibung auf den *beizulegenden Wert* durchgeführt werden. Falls der beizulegende Wert voraussichtlich nur vorübergehend unter dem Buchwert liegt, ist die Vornahme einer außerplanmäßigen Abschreibung zwar grundsätzlich freigestellt, für Kapitalgesellschaften aber nur bei Gegenständen des Finanz-A. zulässig (§ 279 Abs. 1 S. 2 HGB). Es handelt sich um eine dauerhafte Wertminderung, wenn bei *abnutzbaren* Anlagegegenständen der beizulegende Wert voraussichtlich während des größten Teils der Restnutzungszeit unter den fortgeführten Anschaffungs- oder Herstellungskosten liegt. Der beizulegende Wert darf bei Gegenständen des A. grundsätzlich nicht mit einem möglichen Verkaufserlös gleichgesetzt werden, sondern muß wegen der Gültigkeit des *going-concern-Prinzips* (§ 252 Abs. 1 Nr. 1 HGB) unter Berücksichtigung der beabsichtigten Nutzung des Gegenstandes ermittelt werden. Erst bei einem beabsichtigten Verkauf (Verschrottung) erhält ein möglicher Verkaufserlös Bedeutung für die Festlegung des beizulegenden Wertes. Eine außerplanmäßige Abschreibung führt regelmäßig zu einer Änderung des Abschreibungsplans. Der verbleibende Restwert ist auf die Restnutzungsdauer aufzuteilen, die ggfs. aufgrund der Umstände, die die außerplanmäßige Abschreibung hervorgerufen haben, ebenfalls angepaßt werden muß.

Bei *nicht abnutzbaren* Gegenständen des A. kann ein über dem beizulegenden Wert liegender Buchwert nicht im Laufe der Zeit durch planmäßige Abschreibungen korrigiert werden. Hier muß unter besonderer Berücksichtigung des Vorsichtsgedankens geprüft werden, ob eine vorliegende Wertminderung als voraussichtlich dauerhaft anzusehen ist. Auch im Zweifelsfall ist eine Abschreibung angezeigt. Wenn die Verweildauer im Unternehmen beschränkt ist, muß – ähnlich wie bei den abnutzbaren Anlagegegenständen – geprüft werden, ob die Wertminderung voraussichtlich über den größten Teil der Restnutzungsdauer anhalten wird (z. B. Abschreibungen auf unverzinsliche Ausleihungen).

b) Ermessensabschreibungen. Nichtkapitalgesellschaften dürfen in der Handelsbilanz zusätzlich Abschreibungen „im Rahmen vernünftiger kaufmännischer Beurteilung" vornehmen (§ 253 Abs. 4 HGB). Das Ausmaß der aufgrund dieser Vorschrift zulässigen → *stillen Rücklagen* ist umstritten. Es wird die Meinung vertreten, daß sich der Grund für die zusätzlichen Abschreibungen nur aus dem abzuschreibenden Gegenstand selbst ableiten lassen dürfe; dies würde eine erhebliche Einschränkung der Bedeutung der Ermessensabschreibungen im Vergleich zur Gegenmeinung bedeuten, die als denkbare Abschreibungsursachen auch Faktoren, die im Begriff des allgemeinen Unternehmerrisikos zusammenzufassen sind, aber auch andere erwartete Anlässe anerkennt, die einen erhöhten Liquiditätsentzug erwarten lassen und für die der Bilanzierende durch Bildung stiller Rücklagen Mittel zurückhalten möchte. Für diese Abschreibungen eignen sich vor allem Anlagegegenstände, die dem Unternehmen besonders langfristig zur Verfügung stehen (Immobilien, Beteiligungen). Die Abschreibung darf in keinem Fall willkürlich erfolgen, sondern muß sich auf Argumente stützen, die intersubjektiv nachvollziehbar sind.

c) Steuerrechtliche Abschreibungen. In der Handelsbilanz dürfen auch Abschreibungen vorgenommen werden, die nur steuerrechtlich begründet sind (§ 254 HGB). Bei Kapitalgesellschaften ist die Zulässigkeit dieser Abschreibungen aber auf solche Fälle beschränkt, bei denen die steuerliche Anerkennung von der entsprechenden Vorgehensweise in der Handelsbilanz abhängt (§ 279 Abs. 2 HGB – sog. „umgekehrte Maßgeblichkeit").

d) Wertaufholung. Wenn in einem späteren Geschäftsjahr die Gründe für eine außerplanmäßige Abschreibung weggefallen sind, dürfen grundsätzlich die niedrigeren Werte beibehalten werden (§ 253 Abs. 5 HGB). Lediglich Kapitalgesellschaften sind zu einer → *Wertaufholung* verpflichtet; dies allerdings auch nur dann, wenn ihnen dadurch keine steuerlichen Nachteile entstehen, d. h. die handelsrechtliche Zuschreibung nicht auch steuerlich nachvollzogen werden muß (§ 280 HGB). Die Obergrenze der Zuschreibung bilden die ggfs. um planmäßige Abschreibungen verminderten, ursprünglichen Anschaffungs- oder Herstellungskosten.

4. Bewertungserleichterungen

a) Durchschnittsbewertung. Der Grundsatz der Einzelbewertung darf für Anlagegegenstände zur Erleichterung der Bewertung in einigen Sonderfällen durchbrochen werden. So ist bei *gleichartigen und annähernd gleichwertigen beweglichen Gegenständen* der Ansatz des gewogenen *Durchschnittswerts* zulässig (§ 240 Abs. 4 HGB). Im Gegensatz zum Gesetzeswortlaut verlangen die → *GoB*, daß bei den zu einer Gruppe zusammenzufassenden Gegenständen die Kriterien der Gleichartigkeit und der annähernden Gleichwertigkeit zumindest in einem gewissen Maße gleichzeitig und nicht nur alternativ erfüllt sind. Völlig ungleichartige Gegenstände, die im Augenblick der Entscheidung über eine Gruppenbildung zufällig annähernd gleichwertig sind, dürfen nicht zusammengefaßt werden, da nicht gewährleistet ist, daß die annähernde Gleichwertigkeit über den gesamten Nutzungszeitraum vorliegen wird.

b) Festbewertung. Eine Bewertungserleichterung bedeutet auch die Möglichkeit der Festbewertung (§ 240 Abs. 3 HGB). Danach können Gegenstände des Sach-A., deren mengenmäßiger Bestand aufgrund eines regelmäßigen Ersatzes der Abgänge etwa gleichbleibt, mit einem

Festwert angesetzt werden, sofern auch der Wert und die Zusammensetzung des Bestands nur wenig variiert und der Gesamtwert von untergeordneter Bedeutung ist. Bei der Bildung des Festwertes ist von den Anschaffungs- oder Herstellungskosten der Gegenstände auszugehen und ihre durchschnittliche Abnutzung durch einen prozentualen Abschlag zu berücksichtigen. Im allgemeinen liegt der Festwert bei 40–50 % der Anschaffungs- oder Herstellungskosten. Der Festwert ist an Wertänderungen der betroffenen Gegenstände anzupassen. Bei Wertminderungen muß die Anpassung immer, bei Werterhöhungen nach Überschreiten eines Spielraums von 10 % (R 31 Abs. 4 EStR) erfolgen.

c) Geringwertige Anlagegegenstände. Gem. §6 Abs. 2 EStG können geringwertige, abnutzbare Gegenstände des A. sofort in voller Höhe abgeschrieben werden, sofern sie beweglich und selbständig nutzungsfähig sind und ihre Anschaffungs- oder Herstellungskosten 800 DM (ohne Vorsteuer) nicht übersteigen. Gegenstände mit Anschaffungs- oder Herstellungskosten bis 100 DM (ohne Vorsteuer) können bei Zugang sofort als Aufwand verbucht werden (R 31 Abs. 3 EStR). Die steuerlich vorgegebenen Grenzen werden auch handelsrechtlich übernommen.

5. Besonderheiten der bilanziellen Behandlung nach IAS und FAS

Nach den IAS des → *International Accounting Standards Committee* ist Grundvoraussetzung für die Aktivierung eines „asset", daß daraus künftig für das Unternehmen ein zuverlässig meßbarer wirtschaftlicher Nutzen erwartet werden kann. Unter diesen Umständen sind auch immaterielle Gegenstände des A. (intangible assets) – selbst wenn sie selbsterstellt sind – zu aktivieren, sofern die Anschaffungs- bzw. die Herstellungskosten zuverlässig festzustellen sind. Da dies bei dem originären Geschäfts- oder Firmenwert (internally generated goodwill) nicht möglich ist, scheidet dieser für eine Aktivierung aus (Exposure Draft 50 Ziff. 36). Forschungskosten (research costs) sind nicht aktivierungsfähig, während Entwicklungskosten (development costs) eines Erzeugnisses oder Verfahrens bei hinreichender Konkretisierung und zu erwartender künftiger Nutzung (IAS 9 Ziff. 16f.) als asset aktiviert werden müssen. Der Zeitraum der planmäßigen Abschreibung sollte fünf Jahre nicht übersteigen.

Bei Sachanlagen können sich vor allem Besonderheiten ergeben, wenn von dem benchmark treatment (Bewertung zu fortgeführten Anschaffungs- oder Herstellungskosten) abgewichen und die alternativ zulässige Neubewertung zum „fair value" (IAS 16 Ziff. 7) erfolgt. Eine ggf. vorzunehmende Neubewertung muß stets die gesamte Gruppe gleichartiger Gegenstände erfassen.

Im Rahmen des Finanzanlagevermögens können sich vor allem bei der Bewertung von Anteilen an zu konsolidierenden Tochterunternehmen Unterschiede zeigen; hier kann die Bewertung nicht nur zu den Anschaffungskosten, sondern auch „at equity" oder zum Neubewertungsbetrag (revalued amounts) erfolgen (IAS 27 Ziff. 29). Diese Alternativen kommen auch für Anteile an assoziierten Unternehmen in Betracht (IAS 28 Ziff. 12).

Die IAS ähneln in vielen Fällen den US-amerikanischen FAS-Regelungen. Einige Unterschiede zeigen sich im Bereich des immateriellen A. So unterliegen nach FAS selbsterstellte Patente, Lizenzen etc. einem Ansatzwahlrecht; die Aktivierbarkeit von Entwicklungskosten ist i. d. R. nicht gegeben. Im Gegensatz zur IAS-Regelung besteht beim Sach-A. keine Möglichkeit einer Neubewertung.

Gläubigerpapiere des Finanz-A. müssen nach FAS zu ihrem Barwert angesetzt werden. Die Bewertung von Anteilsrechten (< 20 %) erfolgt nach dem Prinzip „lower of cost or market" (Niederstwertprinzip), wobei allerdings keine Einzelbewertung, sondern eine Gesamtportfoliobetrachtung vorzunehmen ist. Für Beteiligungen (> 20 %) gilt die → *Equity-Bewertung.*

Lit.: Kupsch, P.: Das Finanzanlagevermögen, 1987, in: HdJ, Abt. II/3; *Richter, M.:*

Das Sachanlagevermögen, 2. Aufl., 1990, in: HdJ, Abt. II/1; *Richter, M.*: Die immateriellen Anlagewerte, 2. Aufl., 1990, in: HdJ, Abt. II/2; *ADS*, 6. Aufl., Bd. 1, 1995, §§253, 254 HGB, S. 75–324; *Döring, U.*, in: Küting/Weber: HdR, 4. Aufl., Bd. Ia, 1995, §253, S. 923–949; *Heni, B.*, in: Bonner HR, 1995, §254 HGB; *IDW (Hrsg.)*: Rechnungslegung nach International Accounting Standards, 1995; *Wohlgemuth, M.*, in: Bonner HR, 1995, §253 Abs. 2 HGB, Rz. 131–154.140; *Wohlgemuth, M.*, in: Beck'sches Steuerberater-Handbuch, 6. Aufl., 1996, Teil B, Rz. 150–512.

Prof. Dr. Michael Wohlgemuth, Duisburg.

Anlagezinssatz
= Habenzinssatz.
→ *Zins.*

Anlegerschutz

I. Funktionen und Ausprägungen des Anlegerschutzes

a) Grundlagen. Erwerben Investoren die Finanzierungstitel einer Unternehmung, so geben sie heutiges Geld hin im Tausch gegen eine Anwartschaft auf *künftige* Zahlungen. Die Charakteristika dieser Anwartschaft hängen von der Struktur der mit dem Finanzierungstitel verbundenen Zahlungsüberschüsse ab. Diese Zahlungsstruktur wird einerseits durch exogene Risikofaktoren determiniert; andererseits hängt sie aber vornehmlich von den *Entscheidungen* ab, die *nach dem Empfang der Geldmittel* von den Dispositionsberechtigten im Unternehmen im eigenen Interesse getroffen werden.

Über all diese Komponenten besitzen die Kapitalgeber zum Zeitpunkt der Geldhingabe bestimmte Informationen und daraus resultierende Erwartungen, die mit denen der Kapitalnehmer nicht übereinstimmen müssen und regelmäßig auseinanderfallen werden. Insofern besteht also eine *asymmetrische Informationsverteilung* zwischen Kapitalnehmer und Kapitalgeber, wobei der Kapitalnehmer i.a. über die qualitätsmäßig besseren Informationen verfügt. Diese Problematik ist selbst dann gegeben, wenn der obige Aspekt der künftigen Folgeentscheidungen unbeachtlich sein sollte; in diesem Fall bezieht sie sich einzig auf die Erfolgsaussichten der (heutigen) Maßnahmen, die mit den bereitgestellten Mitteln finanziert werden sollen.

Die genannten Aspekte der Folgeentscheidungen und der asymmetrischen Informationsverteilung induzieren die nachfolgend beschriebenen Probleme, die letztlich zum Erfordernis eines A. führen.

b) Informationsprobleme. Bei asymmetrisch verteilten Informationen differieren die Erfolgserwartungen von Kapitalnehmern und Kapitalgebern. Schätzen letztere die Erfolgsaussichten von Investitionsprojekten z. B. zu günstig (relativ zu den besseren Informationen des Kapitalnehmers) ein, werden sie zu günstige Finanzierungskonditionen setzen. Dadurch können für die Kapitalnehmer Projekte vorteilhaft werden, die eigentlich unvorteilhaft sind. Die Vorteilhaftigkeit wird in diesen Fällen letztlich durch eine *Reichtumsverlagerung* von den schlechter informierten Outsidern (Kapitalgeber, Anleger) zu den besser informierten Insidern (Kapitalnehmer) hergestellt. Das so entstehende, informationsinduzierte Distributionsproblem hat demnach Konsequenzen für die Allokation, weil ggfs. Projekte durchgeführt werden, die an sich unterlassen werden sollten.

Rationale Kapitalgeber werden sich indes dieser Risiken bewußt sein und entsprechend reagieren. Im Extremfall verzichten sie ganz auf die Kapitalüberlassung; realistischer ist aber die Annahme, daß sie dem Kapitalgeber mit Skepsis und Mißtrauen begegnen, was umgekehrt mit einer zu ungünstigen Erfolgserwartung einhergehen kann. Dann sind die Finanzierungskonditionen ebenfalls relativ ungünstig, woraus Probleme der Unterinvestition resultieren können: Projekte, die eigentlich vorteilhaft sind, werden nicht realisiert, weil die Kapitalgeber dies nicht zu erkennen imstande sind. Dieser Prozeß kann im Grenzfall in einer Situation der *adversen Selektion* enden, dann nämlich, wenn sich die Kapitalgeber mit vorteilhaften Projekten wegen der Informationsproblematik vom Markt gänzlich zurückziehen, so daß nur noch diejenigen mit den ungünstigen Projekten als Kapitalnachfrager verbleiben.

Asymmetrische Informationsverteilungen können also eine effiziente Kapitalallokation behindern. Es ist nicht mehr sichergestellt, daß der Kapitalmarkt die Mittel nur denjenigen Unternehmen zuleitet, die über die besten Verwendungsmöglichkeiten verfügen. Diese Problematik kann durch eine Informationsübermittlung und mithin eine → *Publizität* entschärft werden. Sie bietet einen Schutz der Anleger vor informationsinduzierten Reichtumsverlagerungen und demnach vor Übervorteilung der Outsider durch die Insider. Weil dies zugleich Skepsis und Mißtrauen gegenüber den Kapitalgebern entschärft, wird auch das Problem der informationsinduzierten Unterinvestition gemildert.

c) Probleme der Folgeentscheidungen. Die mit einem Finanzierungstitel verbundenen Zahlungen hängen auch von solchen Entscheidungen ab, die erst *nach* der Mittelbereitstellung getroffen werden. Dabei sind zumeist *Interessenkonflikte* zwischen verschiedenen Interessengruppen zu beachten. So ist es bei risikobehaftetem Fremdkapital z.B. nicht sichergestellt, daß es die Eigner vorteilhaft finden, etwa durch Gewinnthesaurierungen neue Projekte zu realisieren, wenn deren Überschüsse zu einem nicht unerheblichen Teil den bisherigen Gläubigern zufallen. Gleichermaßen kann es sich für die Eigner lohnen, durch ggfs. sogar marktwertmindernde Vermögenssubstitutionen das Risiko des Unternehmens zu vergrößern, weil sie hauptsächlich an den Vorteilen, die Gläubiger jedoch an den Nachteilen dieser Maßnahme partizipieren. Erneut sind es also spezifische Reichtumsverlagerungen, welche die Unterlassung an sich vorteilhafter oder die Vornahme eigentlich unvorteilhafter Aktionen nahelegen können.

Umgekehrt können die Eigner z.B. von Aktiengesellschaften ihrerseits nicht sicher sein, daß das Management stets in ihrem Interesse handelt. Anreize der Manager zum Konsum von „fringe benefits" und/oder Präferenzen für den Umfang der ihnen verfügbaren Ressourcen können dazu führen, daß vorhandene Überschüsse nicht ausgeschüttet werden, selbst wenn im Unternehmen keine vorteilhaften Investitionsmöglichkeiten mehr gegeben sind.

Erneut kann man aber argumentieren, daß sich rationale Kapitalgeber dieser Anreize grundsätzlich bewußt sind. Sie werden daher ihre diesbezüglichen Erwartungen in entsprechende Finanzierungskonditionen transformieren, was wiederum zu Nachteilen für den Kapitalnehmer führt. Dieser Transformationsprozeß kann dabei durch die obigen Informationsprobleme überlagert werden, wenn die Kapitalgeber nicht in der Lage sind, die Intensität der durch künftige Folgeentscheidungen ausgelösten Reichtumsverlagerungen verläßlich zu antizipieren. Doch selbst eine im Durchschnitt unverzerrte Antizipation (die ggf. durch eine weitreichende *Publizität* möglich wurde) besagt zunächst nur, daß sich die Kapitalgeber durch Anpassung der Konditionen *ex ante* absichern können; soweit nicht mehr geschieht, finden die antizipierten Reichtumsverlagerungen *ex post* statt, was regelmäßig mit bedeutenden Allokationsverzerrungen einhergeht.

Unabhängig von der *Publizität* sind somit weitere Schutzmechanismen bedenkenswert. Sie sollen dafür sorgen, daß sich spätere Reichtumsverlagerungsmaßnahmen für die Dispositionsbefugten nicht mehr lohnen werden oder nicht mehr möglich sind. Ersteres wird vor allem durch Anreizsysteme gewährleistet, letzteres dagegen durch *Restriktionen* der Handlungsfreiheit und durch Einräumung spezifischer Mitentscheidungsrechte der betroffenen Gruppen. Ein derart verstandener Anlegerschutz hat mithin nicht nur rein distributive Wirkungen; gerade weil er spezifische Maßnahmen verhindert, wirkt er letztlich allokationsfördernd, denn die verhinderten Maßnahmen sind regelmäßig mit einer Abweichung von der eigentlich optimalen Unternehmenspolitik verbunden.

d) Initiierung der Schutzmaßnahmen. Die bisherigen Ausführungen bezogen sich auf grundlegende Zusammenhänge des A. Daraus folgt aber nicht unbedingt, daß A. zwingend nur durch den Gesetzgeber hergestellt werden kann. Dies kann grundsätzlich auch durch private Verträge geschehen, denn gemäß den obigen Erläuterungen haben die an einer Kapitalüberlassung beteiligten Parteien selbst ein originäres Interesse an entsprechenden Schutzmaßnahmen. Kapitalgeber mit vorteilhaften Projekten werden es aus Eigeninteresse heraus vorteilhaft finden, verläßliche Informationen abzugeben, um die Anleger von der Vorteilhaftigkeit ihres Projekts zu überzeugen und derart günstige Finanzierungskonditionen zu erhalten. Analoges gilt für den Abbau von Skepsis und Mißtrauen hinsichtlich der künftigen Folgeentscheidungen. Es ist daher nicht überraschend, daß z. B. Kreditverträge vielfältige Klauseln enthalten, die als privat vereinbarter Gläubigerschutz interpretiert werden können.

Üblicherweise wird aber dem Gesetzgeber die Aufgabe zugewiesen, anlegerschützende Regelungen aufzustellen. Solche Regelungen finden sich in zahlreichen Gesetzen, die für den Kapitalmarkt relevant sind, etwa dem HGB, AktG, GmbHG, BG, BörsZulV, PublG etc. Inhaltlich beziehen sich die anlegerschützenden Regelungen auf Aspekte der *Publizität* einerseits und der Abgrenzung von Rechten und Pflichten andererseits. Die Konsequenzen für die Rechnungslegung werden nachfolgend anhand einiger ausgewählter Aspekte verdeutlicht.

2. Anlegerschutz und Rechnungslegung

Hinsichtlich der Rechnungslegung korrespondieren die oben genannten Bereiche des Anlegerschutzes mit der *Informationsfunktion* und der *Kompetenzabgrenzungsfunktion* (bzw. *Ausschüttungsbemessungsfunktion*) des Jahresabschlusses (→ *Jahresabschluß (Funktionen)*).

So kann z. B. die Generalklausel des § 264 Abs. 2 HGB – ungeachtet der Möglichkeiten ihrer Realisierung durch einen „traditionellen" Jahresabschluß – als umfassende Willenserklärung zum Abbau asymmetrischer Informationsverteilungen verstanden werden. Diese Klausel findet sich in ähnlicher Form auch für den Lagebericht in § 289 Abs. 1 HGB wieder; darüber hinaus verlangt § 289 Abs. 2 Nr. 2 und 3 HGB im Lagebericht eine Prognosepublizität einerseits sowie eine Berichterstattung über Forschung und Entwicklung andererseits, um Kapitalgebern verläßliche Einschätzungen der Erfolgsaussichten zu ermöglichen. Der → *Konzernabschluß* hat nach geltendem Recht ausschließlich eine Informationsfunktion. All diese Regelungen wären freilich ohne eine daran anknüpfende → *Prüfung des Jahresabschlusses* bzw. → *Prüfung des Konzernabschlusses* bloße Makulatur, weil ansonsten die bestehenden Interessenkonflikte dazu führen könnten, daß bestimmte Informationen von den Bilanzaufstellern gar nicht oder in verzerrter Form übermittelt würden. Damit aber wird die Erfüllung der Informationsfunktion essentiell an die Wirksamkeit der Wirtschaftsprüfung geknüpft. Die Sicherung diesbezüglicher Qualitätsstandards ist demnach unerläßlich für einen A. via *Publizität.*

Die Kompetenzabgrenzungs- bzw. Ausschüttungsbemessungsfunktion wird nicht selten als die Kernaufgabe des handelsrechtlichen Jahresabschlusses (für Kapitalgesellschaften) angesehen. Sie ist ausdrücklich auf den A. bezogen, was etwa im Leitbild des *Gläubigerschutzes* zum Ausdruck kommt. Dieser Gedanke manifestiert sich z. B. in „vorsichtigen" Bilanzansatz- und Bewertungsregeln, der Ausschüttungsrestriktion des § 58 Abs. 5 AktG, den Regelungen zur Bildung und Auflösung gesetzlicher Rücklagen in § 150 AktG sowie den in § 225 AktG gegebenen Schutzvorkehrungen bei ordentlichen Kapitalherabsetzungen. In allen genannten Vorschriften werden Rechte und Pflichten auf der Basis von Größen des Jahresabschlusses bestimmt. Damit sollen potentielle Reichtumsverlagerungsentscheidungen zu Lasten der Gläubiger verhindert werden.

Derartige Restriktionen finden sich aber nicht nur im Hinblick auf den Gläubigerschutz, sondern auch bezüglich der Kompetenzabgrenzung bei der Gewinnverwendung. Hier bestimmt z. B. § 58 Abs. 2

AktG, daß Vorstand und Aufsichtsrat höchstens 50% des Jahresüberschusses thesaurieren können; der Rest verbleibt in der Kompetenz der Hauptversammlung als Organ der Anteilseigner. Damit diese Kompetenz der Eigner nicht beliebig ausgehöhlt werden kann, müssen allerdings die Bilanzierungs- und Bewertungsspielräume des Vorstands eingeschränkt werden; ansonsten könnte dieser nämlich durch einen entsprechend niedrigen Gewinnausweis dafür sorgen, daß sich die Kompetenz der Eigner auf einen verschwindend geringen Jahresüberschuß bezieht, so daß faktisch eine zu große Mitteleinbehaltung für den Vorstand möglich wird. Auch hier ist erneut die Funktion der Wirtschaftsprüfung hervorzuheben, denn der Prüfer hat dafür zu sorgen, daß unzulässige Unterbewertungen korrigiert oder gar nicht erst vorgenommen werden.

Lit.: Smith, C./Warner, J.: On Financial Contracting - An Analysis of Bond Covenants, in: JoFE 1979, S. 117-161; *Moxter, A.*: Anlegerschutz durch Rechnungslegung bei Kapitalgesellschaften, in: *Gebauer, E.* (Hrsg.): Öffentliche Finanzen und monetäre Ökonomie, 1985, S. 257-272; *Ewert, R.*: Rechnungslegung, Gläubigerschutz und Agency-Probleme, 1986; *Hax, H.*: Rechnungslegungsvorschriften - Notwendige Rahmenbedingungen für den Kapitalmarkt?, in: *Domsch, M. u.a.* (Hrsg.): Unternehmenserfolg, FS für W. Busse von Colbe, 1988, S. 187-201; *Meier-Schatz, C.*: Wirtschaftsrecht und Unternehmenspublizität, 1989; *Hartmann-Wendels, T.*: Rechnungslegung der Unternehmen und Kapitalmarkt aus informationsökonomischer Sicht, 1991.

Professor Dr. Ralf Ewert, Frankfurt.

Annual Accounts (engl.)
= → *Jahresabschluß.*

Annuität
Eine in gleichen Zeitabständen (gewöhnlich ein Jahr) regelmäßig wiederkehrende, gleichhohe Zahlung, bestehend aus Zinsen und Tilgung (auch Rente genannt) (→ *Kapitalwiedergewinnungsfaktor*).

Annuitätenmethode
→ *Kapitalwertannuität.*
→ *Dynamische Investitionsrechnung unter Sicherheit.*

Anpassungsform
= Variationsform.
Möglichkeiten des Unternehmens, sich auf Änderungen der Auftragslage durch Variation einer (oder mehrerer) → *Kosteneinflußgröße(n)* einzustellen. Als A. unterscheidet man *zeitliche, intensitätsmäßige* und *quantitative* Anpassung.

Anrechnungsverfahren
→ *Ertragsteuern.*

Ansatzwahlrechte
→ *Bilanzierungswahlrechte.*

Anschaffungsausgabe
Ausgabe für ein Investitionsobjekt zum Anschaffungszeitpunkt; bei gleich hohem Liquiditätsabfluß entspricht diese der Anschaffungsauszahlung (→ *Investitionsausgabe*).

Anschaffungsauszahlung
→ *Anschaffungsausgabe.*
→ *Investitionsausgabe.*

Anschaffungskosten
1. Begriff der Anschaffungskosten und Grundsätze für deren Ermittlung

Die A. sind als Bewertungsmaßstab für → *Vermögensgegenstände* zugrunde zu legen, wenn diese von Dritten erworben werden. Die A. bilden die Wertobergrenze für alle fremdbezogenen Vermögensgegenstände des → *Anlage-* und → *Umlaufvermögens* in der Handelsbilanz. Sie sind der Ausgangswert, der anzusetzen ist, sofern nicht andere → *Bewertungsprinzipien* und -vorschriften einen niedrigeren Wert vorschreiben oder zulassen. Auch in der → *Steuerbilanz* sind fremdbezogene Vermögensgegenstände (→ *Wirtschaftsgüter*) im Regelfall mit den A. anzusetzen.

Der Begriff der A. ist im § 255 Abs. 1 HGB erstmals mit Inkrafttreten des → *Bilanzrichtlinien-Gesetzes* im Handelsrecht definiert. Eine Änderung zur bisherigen Begriffsbestimmung im Rahmen der → *Grundsätze ordnungsmäßiger Buchführung und Bilanzierung* erfolgte jedoch nicht. Nach § 255 Abs. 1 Satz 1 HGB (§ 203 Abs. 2 Satz 1 öHGB) umfassen die A. alle

Aufwendungen (→ *Grundgrößen des Rechnungswesens*), die geleistet werden, um einen Vermögensgegenstand *zu erwerben* und ihn in einen *betriebsbereiten Zustand zu versetzen*. Voraussetzung hierbei ist, daß diese Aufwendungen dem Vermögensgegenstand *einzeln zugeordnet* werden können.

Für die Ermittlung der A. eines Vermögensgegenstandes ist die Gegenleistung des Erwerbers bestimmend (*Prinzip der Maßgeblichkeit der Gegenleistung*). Der Anschaffungsvorgang soll erfolgsneutral behandelt werden und bilanziell eine bloße Vermögensumschichtung darstellen (*Prinzip der Erfolgsneutralität*). Da die grundsätzlich auf Auszahlungen (→ *Grundgrößen des Rechnungswesens*) beruhenden A. pagatorische Werte (→ *Bilanztheorien*) sind und ihnen keine kalkulatorischen Werte der innerbetrieblichen Kostenrechnung zugrunde liegen, kann der im HGB verwendete Begriff A. mit dem Begriff *Anschaffungsausgabe* gleichgesetzt werden.

2. Bestandteile der Anschaffungskosten

Die aktivierungspflichtigen Komponenten der A. eines Vermögensgegenstandes sind:

	Anschaffungspreis
+	Anschaffungsnebenkosten
+	nachträgliche Anschaffungskosten
./.	Anschaffungspreisminderungen
=	Anschaffungskosten

a) Anschaffungspreis. Der Anschaffungspreis stellt die *Ausgangsgröße* zur Ermittlung der A. und i.d.R. den Hauptbestandteil der A. dar. Er ist im allgemeinen einfach zu ermitteln, da er sich aus der Eingangsrechnung, der Bankabrechnung (Wertpapiere, Devisen) oder aus schriftlichen Kaufverträgen (Grundstücke, Beteiligungen) ergibt.

Auf die *Angemessenheit* des Kaufpreises kommt es hierbei *nicht* an, denn im Sinne der Erfolgsneutralität und der Maßgeblichkeit der Gegenleistung bestimmt vielmehr auch ein überhöhter oder zu niedriger Kaufpreis den Anschaffungspreis. Im Falle überhöhter A. ist erst in einem zweiten nachgelagerten Schritt zu überlegen, ob außerplanmäßige → *Abschreibungen* vorzunehmen sind.

Werden von dem Erwerber eines Vermögensgegenstandes gleichzeitig Schulden, Lasten oder sonstige *Verpflichtungen* mit übernommen, sind diese neben dem zu zahlenden Entgelt in den Anschaffungspreis mit einzubeziehen.

Die in Rechnung gestellte *Umsatzsteuer* ist nicht in den Anschaffungspreis einzubeziehen, soweit sie als Vorsteuer abgezogen werden kann. Ist dies nicht gegeben, gehört auch die Umsatzsteuer grundsätzlich zum Anschaffungspreis.

Beim Erwerb eines Vermögensgegenstandes in *Fremdwährung* sind die Fremdwährungsrechnungen grundsätzlich mit dem Währungskurs zum Zeitpunkt des Gefahrenübergangs auf den Erwerber bzw. zum Sicherungskurs umzurechnen. Aus Vereinfachungsgründen kann die Währungsumrechnung mit dem Kurs am Tag des Rechnungseingangs erfolgen. Spätere Kursveränderungen betreffen die Bewertung evtl. noch bestehender → *Verbindlichkeiten* aus dem Kauf, haben aber keinen Einfluß auf den Anschaffungspreis.

Werden mehrere Vermögensgegenstände zu einem *einheitlichen Gesamtanschaffungspreis* erworben, ist es nach dem Grundsatz der Einzelbewertung erforderlich, den Kaufpreis nach einem angemessenen Verfahren aufzuteilen. Dies ist insbesondere beim Erwerb ganzer Betriebe, beim Kauf von Betriebsteilen oder bebauten Grundstücken von Bedeutung. Grundlage für die Aufteilung bilden die Zeitwerte der erworbenen Vermögensgegenstände. Ist die Summe der Zeitwerte der einzelnen Vermögensgegenstände höher als der Gesamtanschaffungspreis, muß der übersteigende Betrag nach einer sinnvollen Methode auf die Vermögensgegenstände aufgeteilt und von den Zeitwerten abgezogen werden. Liegt beim *Erwerb eines Unternehmens* durch *Fusion* die Summe der Zeitwerte der einzelnen Vermögensgegenstände abzüglich der Schulden unter dem Gesamtkaufpreis darf der Unterschiedsbetrag nach §255 Abs. 4 HGB als → *Geschäfts- oder Firmenwert* aktiviert werden. Wertansätze über dem jeweiligen Zeitwert der einzelnen Vermögensgegenstände sind in diesem Zusammenhang unzulässig.

b) Anschaffungsnebenkosten. Als Anschaffungsnebenkosten sind alle weiteren Ausgaben und Aufwendungen zu aktivieren, die zusätzlich zum Anschaffungspreis und außer den nachträglichen Anschaffungskosten im Zusammenhang mit der Anschaffung anfallen, soweit sie dem Vermögensgegenstand einzeln zugeordnet werden können.

Ob einzelne Ausgaben oder Aufwendungen im Zusammenhang mit dem Erwerb und der Schaffung der Betriebsbereitschaft stehen und sie damit zu den Anschaffungsnebenkosten zählen, hängt von der zeitlichen Begrenzung des Beschaffungsvorgangs ab. So können Planungskosten sowohl vor Beginn des Beschaffungsvorgangs liegen, wenn sie z. B. allgemeinen Untersuchungen über Beschaffungsmöglichkeiten dienen, als auch zum Beschaffungsvorgang gehören, wenn sie nach der Entscheidung für eine konkrete Beschaffungsalternative anfallen. Im zweiten Fall gehören sie zu den Anschaffungsnebenkosten, im ersten nicht. Der Beschaffungsvorgang beginnt somit mit der *ersten Handlung* zum Erwerb eines *bestimmten* Vermögensgegenstandes und ist beendet, wenn der Vermögensgegenstand *betriebsbereit* (Anlagevermögen) oder in der *wirtschaftlichen Verfügungsgewalt* des Erwerbers (Umlaufvermögen) ist.

Für einzeln zurechenbare Anschaffungsnebenkosten besteht grundsätzlich eine Aktivierungspflicht. Die Aktivierung kann jedoch unterbleiben, wenn die Anschaffungsnebenkosten im Verhältnis zum Anschaffungspreis unbedeutend sind und/oder ihre Ermittlung mit unverhältnismäßig hohem Aufwand verbunden ist (→ *Wirtschaftlichkeit der Rechnungslegung*).

Anschaffungsnebenkosten können unternehmensextern oder unternehmensintern aufgrund innerbetrieblicher Leistungen anfallen. Zu den *extern anfallenden* Anschaffungsnebenkosten gehören z. B. Notariats-, Gerichts-, Registerkosten; Steuern und öffentliche Abgaben, wie Grunderwerbsteuer, Börsenumsatzsteuer, Zölle; Kosten des Einkaufs, wie Maklergebühren, Provisionen, Kommissionskosten; Kosten der Anlieferung, wie Frachten, Transport- und Speditionskosten; Anfuhr- und Abladekosten, Transportversicherung, Roll-, Wiege- und Zwischenlagergelder; Kosten der Inbetriebnahme, wie Montage- und Fundamentierungskosten, Prüfungs- und Abnahmekosten.

Werden im Zusammenhang mit der Anschaffung *innerbetriebliche Leistungen* erstellt, dürfen nach herrschender Meinung Gemeinkosten (→ *Kosten, Einzel- und Gemein-*), die nicht einzeln (direkt), sondern nur anteilig oder pauschal aufgrund eines Verteilungsschlüssels zugerechnet werden können und somit die Voraussetzung des §255 Abs. 1 Satz 1 HGB nicht erfüllen, nicht als A. aktiviert werden. Für diese Gemeinkosten besteht somit anders als bei den → *Herstellungskosten* ein Aktivierungsverbot. Durch die Nichteinbeziehung dieser Gemeinkosten können sich deshalb erhebliche Unterschiede zwischen den aktivierten Eigenleistungen des Erwerbers (z. B. bei Montage- und Fundamentierungsarbeiten) und einem vergleichbaren Fremdbezug dieser Leistungen ergeben. Aus betriebswirtschaftlicher Sicht wäre eine Einbeziehung der Gemeinkosten entsprechend der Ermittlung der Herstellungskosten naheliegend.

Nach herrschender Meinung bestehen keine Bedenken dagegen, die *Pauschalierung* von extern anfallenden Anschaffungsnebenkosten als Vereinfachungsverfahren zur Erfassung der tatsächlichen Aufwendungen (z. B. für Eingangsfrachten und Transportversicherungen) zuzulassen. Es erscheint deshalb nicht sachgerecht, den Umfang der Aufwendungen, die als intern anfallende Anschaffungsnebenkosten aktiviert werden, davon abhängig zu machen, inwieweit sie im jeweiligen Unternehmen als Einzelkosten erfaßt werden. Auch hier sollte eine Pauschalierung, die jedoch nicht willkürlich sein darf, zulässig sein.

Finanzierungskosten sind grundsätzlich nicht in die A. einzubeziehen. Eigenkapitalzinsen dürfen nicht aktiviert werden, da sie nur kalkulatorisch ermittelt werden und ihnen keine Ausgaben gegenüberstehen. Fremdkapitalzinsen für Kredite, die zur Finanzierung von Anschaffungen aufgenommen worden sind, stellen ebenfalls keine aktivierbaren A., sondern Kosten der Beschaffung der Finanzmittel dar. Der Wert eines angeschafften Vermögensgegenstandes wird durch die Fremdfinanzierung nicht beeinflußt.

Handelsrechtlich können in Ausnahmefällen Fremdkapitalzinsen jedoch aktiviert werden, wenn Kredite dazu dienen, die Anschaffung von Neuanlagen mit längerer Bauzeit durch Anzahlungen oder Vorauszahlungen zu finanzieren. Die Kredite ersetzen in diesen Fällen zu verzinsendes Kapital des Lieferanten und führen damit indirekt zu einer Verminderung des Anschaffungspreises. Die Aktivierbarkeit dieser Fremdkapitalzinsen endet spätestens im Zeitpunkt der Erreichung der Betriebsbereitschaft der Neuanlage. Steuerrechtlich wird die Erfassung von Fremdkapitalzinsen als A. i.d.R. abgelehnt.

c) Nachträgliche Anschaffungskosten. Auch nach Beendigung des Anschaffungsvorgangs können sich die ursprünglich aktivierten A. noch erhöhen. §255 Abs. 1 Satz 2 HGB bestimmt, daß zu den A. auch die nachträglichen Anschaffungskosten gehören.

Dabei ist zu unterscheiden zwischen nachträglichen Aufwendungen für bereits beschaffte Vermögensgegenstände und rückwirkenden Erhöhungen des ursprünglichen Anschaffungspreises oder der ursprünglichen Anschaffungsnebenkosten. *Nachträgliche Aufwendungen* können entstehen durch Erweiterungen, Verbesserungen und Umbauten (zum Teil wird in der Literatur auch die Meinung vertreten, daß Aufwendungen dieser Art die Voraussetzungen für eine Aktivierbarkeit als Herstellungskosten erfüllen müssen), später zu zahlende Straßenanliegerbeiträge, Erschließungsbeiträge und Kanalanschlußgebühren. Nachträgliche Aufwendungen zählen nur dann zu den A., solange noch ein gewisser zeitlicher Zusammenhang mit der Anschaffung besteht und sie bei der Bemessung des ursprünglichen Anschaffungspreises berücksichtigt worden sind. *Rückwirkende Erhöhungen* liegen beispielsweise vor, wenn der Kaufpreis nachträglich z. B. aufgrund eines Vergleichs heraufgesetzt wird. Nachträgliche Anschaffungskosten bei Gegenständen des Anlagevermögens sind im → *Anlagenspiegel* als *Zugang* und nicht als Zuschreibung auszuweisen.

d) Anschaffungspreisminderungen. Entsprechend der geforderten Erfolgsneutralität des Anschaffungsvorgangs und der Maßgeblichkeit der Gegenleistung sind Nachlässe aller Art, Preisminderungen, aber auch Minderungen der Anschaffungsnebenkosten, von den A. abzusetzen.

Zu den Anschaffungspreisminderungen zählen Rabatte, Skonti und Boni. Daß *Rabatte* die A. regelmäßig mindern, ist unumstritten. *Skonti* verringern die A., soweit sie in Anspruch genommen werden. Umstritten ist, ob auch nicht in Anspruch genommene Skonti die A. mindern. Weitgehend wird dies abgelehnt. Das Steuerrecht stellt ebenfalls auf die tatsächliche Inanspruchnahme ab. Auch die Behandlung von *Boni* ist umstritten. Ein Bonus ist eine vom Lieferanten gewährte Vergütung, mit der gute Geschäftsbeziehungen – häufig gemessen am Umsatz – honoriert werden. Boni werden im nachhinein für einen abgelaufenen Zeitraum gewährt, nicht für einzelne Lieferungen. Einige Autoren leiten hieraus ab, daß Boni deshalb nicht von den A. abgesetzt werden dürfen. Dagegen steht die Meinung, daß Boni als Anschaffungskostenminderungen zu behandeln sind, allerdings nur, soweit die gekauften Vermögensgegenstände noch vorhanden sind.

Keine Anschaffungspreisminderungen stellen Schadensersatzleistungen, wie z. B. Vertragsstrafen bei verspäteter Lieferung des Auftragnehmers, dar. Diese Vertragsstrafen sollen grundsätzlich entgangene Erträge oder zusätzliche Aufwendungen des Auftraggebers abgelten.

3. Ausgewählte Sonderfälle bei der Festlegung der Anschaffungskosten

a) Anschaffungskosten bei anschaffungsähnlichen Vorgängen. Wird ein Vermögensgegenstand durch *Tausch* gegen einen anderen Vermögensgegenstand erworben, bestimmt sich die Gegenleistung des Erwerbers (Anschaffungskosten) nach dem Wert des hingegebenen Vermögensgegenstandes. Nach älterer Auffassung soll der Tauschvorgang nicht zu einer Ergebnisrealisierung führen, weil hierbei unterstellt wird (insbes. bei einem Tausch von Anlagegegenständen), daß die Absicht, Umsatz zu erzielen, fehlt. Demnach bestimmt der Buchwert des hingegebenen Vermögensgegenstandes die A. des erworbenen Vermögensgegenstandes. Unter dem Einfluß des Steuerrechts, das beim Tausch i. d. R. eine Gewinnrealisierung annimmt, ist man in der neueren Literatur jedoch dazu übergegangen, den Tauschvorgang gedanklich zu trennen in einen Veräußerungsvorgang (mit der Möglichkeit zur Ergebnisrealisierung) und einen Erwerbsvorgang. In diesem Fall bemessen sich die A. des erworbenen Vermögensgegenstandes nach dem gemeinen Wert (Einzelveräußerungspreis) des hingegebenen Vermögensgegenstandes (evtl. einschließlich eines geldlichen Ausgleichs) abzüglich der Umsatzsteuer. Beim *unentgeltlichen Erwerb* von Vermögensgegenständen gibt es im Gegensatz zum Tausch keine Gegenleistung des Erwerbers. Die Frage des Ansatzes in der Handelsbilanz wird deshalb kontrovers diskutiert. Nach herrschender Meinung ist die Aktivierung eines unentgeltlich erworbenen Vermögensgegenstandes zulässig, es besteht aber keine Aktivierungspflicht. Der Wertansatz richtet sich nach dem Zweck und der Bestimmung der Zuwendung, er darf jedoch nicht höher sein, als der vorsichtig zu schätzende Zeitwert des Vermögensgegenstandes. Liegt es z. B. in der Absicht desjenigen, der den Vermögensgegenstand unentgeltlich zuwendet, dem bilanzierenden Unternehmen einen Vermögensvorteil zu verschaffen, erfordert der Zweck der Zuwendung den Ansatz fiktiver A. in Form des Zeitwertes. Steuerlich gelten bei unentgeltlichem Erwerb einzelner Vermögensgegenstände die Beträge als A., die für den Vermögensgegenstand im Zeitpunkt des Erwerbs hätten aufgewendet werden müssen.

b) Anschaffungskosten bei Zuschüssen/Zulagen/Sonstigen Subventionen. Bei der Ermittlung der A. ist auch die Frage der bilanziellen Behandlung von Investitionen betreffende *Zuschüsse, Zulagen und sonstige Subventionen* relevant. Zu bestimmen ist, ob diese Zahlungen eines Dritten als Anschaffungskostenminderung zu berücksichtigen oder ertragswirksam zu vereinnahmen sind. Handelsrechtlich gibt es hierzu keine Vorschriften. In der Stellungnahme 1/1984 des *HFA* behandelt das *IdW* Bilanzierungsfragen bei Zuwendungen, dargestellt am Beispiel finanzieller Zuwendungen der öffentlichen Hand. Nach Ansicht des HFA sollten Investitionszulagen und -zuschüsse nach sachgerechten Verfahren verteilt über die Nutzungsdauer des begünstigten Vermögensgegenstandes erfolgswirksam vereinnahmt werden. Dem wird durch Absetzung von den A. oder durch Bildung eines Passivpostens, der ratierlich aufzulösen ist, entsprochen.

Die Meinung des HFA konnte sich bisher nicht als *GoB* durchsetzen. Es wird vielmehr überwiegend die Auffassung vertreten, daß die Bilanzierung vom Zweck der Zuwendung abhängen soll und nur Zulagen/Zuschüsse, die als spezielle Förderung einer bestimmten Investition gedacht sind, ratierlich abzugrenzen bzw. als Anschaffungskostenminderung zu erfassen sind. Zulagen oder Zuschüsse, die der allgemeinen Förderung und Unterstützung eines Unternehmens dienen und die ohne unmittelbaren wirtschaftlichen Zusammenhang mit einer konkreten Gegenleistung des Empfängers gewährt werden, sind dagegen erfolgswirksam zu vereinnahmen.

Steuerrechtlich besteht grundsätzlich ein Wahlrecht, Zuschüsse als Betriebseinnahmen anzusetzen oder von den A. zu kürzen. Zulagen sind stets Betriebseinnahmen.

c) Anschaffungskosten in DM-Eröffnungsbilanzen. In den → *DM-Eröffnungsbilanzen* zum 1.7.1990 konnten die Vermögensgegenstände nicht mit den vorhandenen Buchwerten angesetzt werden, weil diese nicht unter marktwirtschaftlichen Bedingungen zustandegekommen waren. § 7 DMBilG schrieb einen Ansatz zu Wiederbeschaffungskosten oder mit dem niedrigen Zeitwert vor (Grundsatz der Neubewertung). Die Wiederbeschaffungskosten waren nach § 7 DMBilG in entsprechender Anwendung der Anschaffungskostendefinition des § 255 Abs. 1 HGB zu ermitteln, d. h. die Vermögensgegenstände waren mit den fiktiven Anschaffungskosten zu bewerten, die sich bei einem angenommenen Erwerb von einem Dritten zum 1.7.1990 ergeben hätten. Die so ermittelten Wiederbeschaffungskosten oder die alternativ anzusetzenden niedrigeren Zeitwerte gelten für die Folgezeit als Anschaffungskosten, soweit nicht Berichtigungen gem. § 36 DMBilG vorzunehmen sind.

4. Verfahren zur Ermittlung der Anschaffungskosten

Die A. sind gemäß § 252 Abs. 1 Nr. 3 und Abs. 2 HGB grundsätzlich einzeln zu ermitteln, ggf. unter Pauschalierung von Anschaffungsnebenkosten oder Anschaffungspreisminderungen. Die *Einzelbewertung* ist bei Gegenständen des Anlagevermögens die alleinige angemessene Methode. Handelt es sich um Vermögensgegenstände des Sachanlagevermögens und Roh-, Hilfs- und Betriebsstoffe, die regelmäßig ersetzt werden und deren Gesamtwert für das Unternehmen von nachrangiger Bedeutung ist, so dürfen sie nach § 240 Abs. 3 HGB mit einem *Festwert* angesetzt werden, sofern ihr Bestand in seiner Größe, seinem Wert und seiner Zusammensetzung nur geringen Veränderungen unterliegt.

Neben der Einzelbewertung gibt es insbesondere für gleichartige Vermögensgegenstände des Vorratsvermögens die Möglichkeit, die A. über durchschnittliche Anschaffungspreise zu ermitteln (§ 240 Abs. 4 HGB).

Für gleichartige Vermögensgegenstände des Vorratsvermögens können nach § 256 Satz 1 HGB die A. unter der Fiktion ermittelt werden, daß die zuerst oder zuletzt angeschafften oder hergestellten Vermögensgegenstände zuerst oder in einer sonstigen bestimmten Folge verbraucht oder veräußert worden sind (*Verbrauchsfolgeverfahren* wie Fifo, Lifo, usw.).

Diese Verfahren sind grundsätzlich auch steuerlich zulässig, allerdings muß bei den Verbrauchsfolgeverfahren glaubhaft gemacht werden, daß sie mit den tatsächlichen betrieblichen Bedingungen übereinstimmen.

Lit.: Husemann, K.-H.: Grundsätze ordnungsmäßiger Bilanzierung für Anlagegegenstände, 1970, S. 88–112; *HFA* des *IdW*: 1/1984, in: WPg 1984, S. 612–615; *Wohlgemuth, M.:* Die Anschaffungskosten in der Handels- und Steuerbilanz, in: HdJ, Abt. 1/9, 2. Aufl., 1988, S. 11–46; *Glade, A.:* Rechnungslegung und Prüfung nach dem Bilanzrichtlinien-Gesetz, 1986, S. 124–148 und 957–968; *ADS*, 6. Aufl., Bd. 1, 1995, § 255 HGB, S. 325–428; *Ellrott, H./Schmidt-Wendt, D.*, in: Beck Bil.-Komm., 3. Aufl., 1995, § 255, Anm. 10–325; *Knop, W./Küting, K.*, in: Küting/Weber: HdR, 4. Aufl., Bd. Ia, 1995, S. 1016–1051.

Dipl.-Kfm. Ulrich Ziolkowski, Hamburg.

Anschaffungsnebenkosten
→ *Anschaffungskosten.*

Anschaffungspreisminderung
→ *Anschaffungskosten.*

Anschaffungswert
→ *Anschaffungskosten.*

Anschaffungswertprinzip
Grundsatz für → *Jahresabschluß* und → *Steuerbilanz*, nach dem die → *Vermögensgegenstände* und die → *Verbindlichkeiten* mit den Zahlungen anzusetzen sind, die das Unternehmen für ihre Beschaffung oder Herstellung geleistet bzw. erhalten hat (historischer Wert); dabei sind bei abnutzbaren Gegenständen planmäßige Abschreibungen zu berücksichtigen. Das A. wird gem. § 253 HGB für Vermögensgegenstände durch das → *Niederstwertprinzip*, wonach der niedrigere Marktpreis oder → *beizulegende Wert* angesetzt werden muß oder darf, und für Verbindlichkeiten durch das Höchstwertprinzip, wonach der höhere Rückzahlungsbetrag anzusetzen ist, modifiziert. Das A. gilt als Grundsatz in den Industrieländern. Ein Gegensatz zum A. ist der prinzipielle Ansatz zum → *Tageswert*, der z. T. für die →

Kostenbewertung angewendet und von manchen → *Bilanztheorien* gefordert wird (→ *Bewertungsprinzipien*).

Anteile anderer Gesellschafter
Position aus dem → *Konzernabschluß*, die gem. § 307 HGB innerhalb des Eigenkapitals auszuweisen ist und den Betrag des → *Eigenkapitals* der Tochtergesellschaften, der auf Anteile entfällt, die nicht im Konzernbesitz liegen, angibt. Im Rahmen der → *Konzernabschlußanalyse* werden die A. je nach Konzerntheorie (→ *Einheits-* bzw. → *Interessentheorie*) als Eigenkapital bzw. Fremdkapital des Konzerns angesehen.

Anteile in Fremdbesitz
1. Grundlagen

A. sind in einem nach den Grundsätzen der → *Vollkonsolidierung* aufgestellten → *Konzernabschluß* zu berücksichtigen, wenn an den → *Tochterunternehmen* auch konzernfremde Gesellschafter beteiligt sind. Gemäß § 307 Abs. 1 HGB ist in der Konzernbilanz innerhalb des Eigenkapitals ein Ausgleichsposten für A. gesondert auszuweisen.

Gemäß § 307 Abs. 2 HGB sind die Ergebnisanteile der Fremdgesellschafter in der Konzern-GuV nach dem → *Konzernergebnis* gesondert auszuweisen. In der nächsten Konzernbilanz sind die Ergebnisanteile im Ausgleichspostens für A. enthalten, soweit sie nicht ausgeschüttet wurden. Wird die Konzernbilanz für das Abschlußjahr gemäß § 298 Abs. 3 i. V. m. § 268 Abs. 1 HGB nach vollständiger oder teilweiser Gewinnverwendung aufgestellt, so sind die Ergebnisanteile bereits in dieser Konzernbilanz in den Ausgleichsposten einzubeziehen, soweit sie nicht als auf konzernfremde Gesellschafter entfallender Bilanzgewinn ausgewiesen werden.

Aufgrund des gesonderten Ausweises der Kapital- und Ergebnisanteile der Fremdgesellschafter kann der Konzernabschluß nicht nur als Abschluß des Konzerns, sondern auch als besonderer Abschluß des Mutterunternehmens interpretiert werden (*Ebeling*, 1995). Dann ist das Eigenkapital ohne die A. zu betrachten. Das Konzernergebnis wäre um die Gewinn- bzw. Verlustanteile der Fremdgesellschafter zu vermindern bzw. zu erhöhen. Diese Sichtweise ist in der angelsächsischen Rechnungslegung vorherrschend (→ *USA*).

2. Bewertung

Die in der Konzernbilanz auszuweisenden A. sollten den Saldo der den Fremdgesellschaftern zuzurechnenden Anteile an den Aktiva und Passiva (ohne Eigenkapital) widerspiegeln. Deshalb sollten die Kapital- und Ergebnisanteile nicht auf der Grundlage der Einzelabschlüsse der Tochterunternehmen ermittelt werden. Vielmehr sind folgende Umbewertungen zu berücksichtigen (*Ebeling*, 1995):

- Ist vor der Konsolidierung eines Tochterunternehmens eine → *Handelsbilanz II* aufzustellen, so sind die dadurch bedingten Ergebnis- und Beständedifferenzen bei der Bewertung der Kapital- und Ergebnisanteile zu berücksichtigen. Das gilt auch für die Differenzen aus der → *Währungsumrechnung*.
- Wird die → *Kapitalkonsolidierung* nach der → *Neubewertungsmethode* durchgeführt, so entfallen die aufgedeckten stillen Reserven und ggf. stillen Lasten anteilmäßig auf die Fremdgesellschafter. Die dadurch erhöhten oder verminderten Aufwendungen sind anteilmäßig den Ergebnisanteilen der Fremdgesellschafter zuzurechnen. Außerdem ist der Ausgleichposten für A. anteilmäßig um die kumulierten erhöhten bzw. verminderten Aufwendungen aus Vorjahren zu vermindern bzw. zu erhöhen.

Ob, und wenn ja, wie Änderungen des Konzernergebnisses aufgrund weiterer Konsolidierungsmaßnahmen den Erfolgs- und Kapitalanteilen der Fremdgesellschafter zuzurechnen sind, wird in der Literatur kaum diskutiert. Wenn die Anteile der Fremdgesellschafter deren Anteile am Reinvermögen der Tochterunternehmen widerspiegeln sollen (*Ebeling*, 1995), ist wie folgt zu verfahren:

- Veränderungen des Konzernergebnisses durch die → *Zwischenergebniseliminierung* sind anteilmäßig zu Lasten bzw. zu Gunsten der Ergebnisanteile der Fremdgesellschafter zu berücksichtigen, wenn sich die ab- bzw. aufzuwertenden Vermögensgegenstände im Besitz von Tochterunternehmen befinden, an denen Fremdgesellschafter beteiligt sind. Dem Ausgleichsposten für A. ist anteilmäßig der Bestand der eliminierten Zwischenergebnisse zuzuordnen.

- Stimmt eine konzerninterne Forderung nicht mit der Verbindlichkeit überein, so ist die Abweichung durch Umbewertung der Forderung bzw. der Verbindlichkeit zu eliminieren, bevor im nächsten Schritt die Verrechnung erfolgen kann (→ *Schuldenkonsolidierung*). Wird eine Forderung oder Verbindlichkeit umbewertet, die in der Bilanz eines Tochterunternehmens ausgewiesen ist, an dem Fremdgesellschafter beteiligt sind, so beeinflußt die dadurch bedingte Veränderung des Konzernergebnisses anteilig die Ergebnisanteile der Fremdgesellschafter. Im Ausgleichsposten für A. ist anteilmäßig der Bestand der eliminierten Abweichungen aus Vorjahren enthalten.
- Wird von einem Tochterunternehmen, an dem Fremdgesellschafter beteiligt sind, eine at equity bewertete Beteiligung an einem → *assoziierten Unternehmen* (→ *Equity-Bewertung*) gehalten, so ist das Periodenergebnis aus dieser Beteiligung anteilmäßig zu Gunsten bzw. zu Lasten der Ergebnisanteile der Fremdgesellschafter zu berücksichtigen. Der Ausgleichsposten für A. enthält anteilig die Vorjahresdifferenz zwischen dem Equity-Wert der Beteiligung und dem in der Handelsbilanz II ausgewiesenen Wert.
- Gemäß § 306 HGB sind die im Konzernabschluß auszuweisenden → *latenten Steuern* an die Abweichungen des Konzernergebnisses vom Summenergebnis (→ *Summenabschluß*) anzupassen, wenn diese zeitlich begrenzt sind und sich dadurch der zu hohe oder zu niedrige Ertragsteueraufwand in späteren Geschäftsjahren ausgleicht. Das trifft auf die Ergebnisdifferenzen aus der Zwischenergebniseliminierung und aus der Schuldenkonsolidierung zu. Die Veränderung des Konzernergebnisses durch diese sog. sekundäre Steuerabgrenzung ist mit denselben Anteilen zu Gunsten bzw. zu Lasten der Ergebnisanteile der Fremdgesellschafter zu berücksichtigen wie die zugrundeliegenden Ergebnisdifferenzen. Im Ausgleichsposten für A. ist der Bestand der sekundär abgegrenzten latenten Steuern entsprechend den zugrundeliegenden Beständedifferenzen aus der Zwischenergebniseliminierung und der Schuldenkonsolidierung zu verrechnen.

Werden die Umbewertungen in dieser Form vorgenommen und den Fremdgesellschaftern zugerechnet, so führt die Vollkonsolidierung zum gleichen Konzernergebnis und Konzerneigenkapital – jeweils ohne A. – wie die Einbeziehung von Tochterunternehmnen in den Konzernabschluß im Wege der Equity-Bewertung der Beteiligung, die aufgrund des Konsolidierungsverbots gemäß § 295 Abs. 1 HGB oder der Konsolidierungswahlrechte gemäß § 296 HGB möglich ist.

3. Ermittlung

Werden die Kapital- und Ergebnisanteile der Fremdgesellschafter auf der Grundlage der (ggf. neubewerteten) Handelsbilanzen II der Tochterunternehmen ermittelt, so werden die Differenzen aus der Aufstellung der Handelsbilanzen II und aus der Aufdeckung der stillen Reserven und stillen Lasten automatisch berücksichtigt. Dagegen sind die konsolidierungsbedingten Differenzen besonders zu berücksichtigen.

a) Ermittlung in einem einstufigen Konzern. Zur Ermittlung der Kapital- wie der Ergebnisanteile der Fremdgesellschafter ist für jedes Tochterunternehmen eine Bemessungsgrundlage zu bilden, die mit der unternehmensspezifischen Beteiligungsquote der Fremdgesellschafter zu multiplizieren ist. In einem → *einstufigen Konzern* sind dabei nur direkte Anteile zu berücksichtigen.

In die Bemessungsgrundlage für die → *Ergebnisanteile* sind neben dem Periodenergebnis des Tochterunternehmens (gemäß Handelsbilanz II) die konsolidierungsbedingten Veränderungen des Konzernergebnisses einzubeziehen, die anteilmäßig den Fremdgesellschaftern des betreffenden Tochterunternehmens zuzurechnen sind. Wenn die Fremdgesellschafter nicht entsprechend ihrer Beteiligungsquote am Periodenergebnis eines Tochterunternehmens partizipieren, z.B. weil sie gemäß §304 Abs. 1 und 2 AktG Anspruch auf eine besonders zu ermittelnde jährliche Geldleistung haben, so geht das Periodenergebnis des Tochterunternehmens nur in dem Umfang in die Bemessungsgrundlage der Ergebnisanteile ein, wie es einbehalten wird. Neben dem auf der Basis der Bemessungsgrundlage ermittelten Ergebnisanteil ist der Anspruch auf die besondere Geldleistung in den Ergebnisanteil der Fremdgesellschafter einzubeziehen. Die Bemessungsgrundlage zur Ermittlung der Kapitalanteile entspricht der Summe des in der Handelsbilanz II des Tochterunternehmens ausgewiesenen Eigenkapitals und der konsolidierungsbedingten Beständedifferenzen, die den betreffenden Fremdgesellschaftern anteilmäßig zuzurechnen sind.

b) Ermittlung in einem mehrstufigen Konzern. In einem → *mehrstufigen Konzern* können Fremdgesellschafter auch indirekt an einem Tochterunternehmen beteiligt sein. Hält das Mutterunternehmen z.B. 80% der Anteile an einem Tochterunternehmen und dieses 60% der Anteile an einem weiteren Tochterunternehmen, so sind Fremdgesellschafter mit einem Anteil von 40% direkt und mit einem Anteil von 12% indirekt an dem zweiten Tochterunternehmen beteiligt. Als Fremdanteile am bilanziellen Eigenkapital des zweiten Tochterunternehmens sind jedoch nur die direkten Anteile von 40% zu berücksichtigen, da die indirekten Fremdanteile über den Buchwert der Beteiligung schon in den direkten Fremdanteilen am Kapital des ersten Tochterunternehmens enthalten sind.

Darüber hinaus ist zu klären, ob bei der Konsolidierung des nachgeordneten Tochterunternehmens bei Anwendung der Buchwertmethode (→ *Kapitalkonsolidierung*) stille Reserven und ein Firmenwert, bei der Anwendung der Neubewertungsmethode (→ *Kapitalkonsolidierung*) ein Firmenwert, die auf die Fremdgesellschafter des zwischengeschalteten Tochterunternehmens entfallen, aufzudecken und im Ausgleichposten für Anteile anderer Gesellschafter zu erfassen sind. Nach der hier vertretenen Auffassung (anderer Ansicht u.a. *Küting/Weber/Dusemond*, 1991; *Ewert/Schenk*, 1993) sind die Fremdgesellschafter des zwischengeschalteten Tochterunternehmens auch an stillen Reserven und Lasten des nachgeordneten Tochterunternehmens beteiligt. Daher sind auch bei der Buchwertmethode die auf die Fremdgesellschafter des zwischengeschalteten Tochterunternehmens entfallenden stillen Reserven (und Lasten) in den A. zu berücksichtigen. Die auf die aufgedeckten stillen Reserven entfallenden Abschreibungen mindern in den Folgejahren anteilig die Ergebnisanteile der Fremdgesellschafter.

Weiterhin sind die Fremdgesellschafter des zwischengeschalteten Tochterunternehmens auch an einem → *Geschäftswert*, der bei Konsolidierung des nachgeordneten Tochterunternehmens entstehen kann, beteiligt. Daher sind bei der Buchwert- und bei der Neubewertungsmethode die auf die Fremdgesellschafter des zwischengeschalteten Tochterunternehmens entfallenden Firmenwerte in den A. zu berücksichtigen. Die auf den Firmenwert entfallenden Abschreibungen mindern in den Folgejahren anteilig die Ergebnisanteile der Fremdgesellschafter.

Diese Überlegungen gelten unabhängig davon, ob der Konzernabschluß ohne Erstellung von Teilkonzernabschlüssen (→ *Simultankonsolidierung*) oder mit Erstellung von Teilkonzernabschlüssen (→ *Kettenkonsolidierung*) erstellt wird, da die Konsolidierungstechnik keinen Einfluß auf die Höhe der Kapital- und Ergebnisanteile der Fremdgesellschafter haben darf.

Lit.: Ordelheide, D.: Anwendungsbereich und Erstkonsolidierung, in: Beck HdR, 1987ff., C401, S. 10–16; *Ordelheide, D.*: Folgekonsolidierung nach der Erwerbsmethode, in: Beck HdR, 1987ff., C402, S. 11–15; *Küting, K./Weber, C.-P./Duse-*

mond, M.: Kapitalkonsolidierung im mehrstufigen Konzern, in: BB 1991, S. 1082–1090; *Ewert, R./Schenk, G.*: Offene Probleme bei der Kapitalkonsolidierung im mehrstufigen Konzern, in: BB 1993, Beilage 14; *Busse von Colbe, W./Ordelheide, D.*: Konzernabschlüsse, 6. Aufl., 1993, S. 227–230, S. 280–283, S. 449–452; *Ebeling, R. M.*: Die Einheitsfiktion als Grundlage der Konzernrechnungslegung, 1995, S. 312–321, S. 354–372; *Ebeling, R. M.*: Die zweckmäßige Abbildung der Anteile fremder Gesellschafter im Konzernabschluß nach deutschem HGB, in: DBW 1995, S. 323–346; *ADS*, 6. Aufl., Bd. 3, 1996, § 307 HGB, S. 641–668; *Küting, K./Göth, P.*: Minderheitenanteile im Konzernabschluß eines mehrstufigen Konzerns, in: Wpg 1997, S. 305–320.

Professor Dr. Ralf M. Ebeling, Halle/Saale.

Anteilsbesitz

→ *Kapitalgesellschaften* haben gemäß § 285 Nr. 11 HGB im → *Anhang* oder in einer gesonderten *Aufstellung* (§ 287 HGB) Name und Sitz von Unternehmen, an denen sie mindestens 20 % der Anteile besitzen, sowie die Höhe des Kapitalanteils, das Eigenkapital und das Ergebnis des letzten Geschäftsjahres dieser Unternehmen anzugeben. Die Aufstellung des A. braucht gem. § 325 HGB nicht im Bundesanzeiger bekannt gemacht, sondern kann beim Handelsregister hinterlegt werden. Entsprechende Angaben haben Kapitalgesellschaften als → *Mutterunternehmen* gem. § 313 Abs. 2 HGB im *Konzernanhang* für in den → *Konzernabschluß* einbezogene und für nicht einbezogene → *Tochterunternehmen*, für → *assoziierte* und für → *Gemeinschaftsunternehmen* sowie für andere Unternehmen zu machen, an denen ein Konzernunternehmen zu mindestens 20 % beteiligt ist. Für Tochter-, Gemeinschafts- und assoziierte Unternehmen brauchen Eigenkapital und letztes Jahresergebnis nicht angegeben zu werden.

Anteilskonsolidierung

= → *Quotenkonsolidierung*.

Antizipative Rechnungsabgrenzungsposten

= → *Rechnungsabgrenzungsposten*.

Aperiodische Aufwendungen und Erträge

Einer *früheren*, bereits abgeschlossenen Abrechnungsperiode zuzurechnende → *Aufwendungen* und → *Erträge*, die insbesondere wegen mangelnder Voraussicht der Periode, in der sie verursacht wurden, nicht zugerechnet wurden. A. sind Bestandteile des → *neutralen* Ergebnisses, z. B. nachgezahlte Abgaben, Löhne oder Provisionen und Gewährleistungen, für die entsprechende → *Rückstellungen* nicht gebildet wurden, Erträge aus aufgelösten Rückstellungen oder dem Abgang abnutzbarer Anlagen. *Zukünftigen* Perioden zuzurechnende A., z. B. nicht aktivierte Ausgaben für Forschung und Entwicklung, werden gewöhnlich nicht darunter verstanden.

API

= → *Abnormal Performance Index*.

APV

= → *Adjusted Present Value Approach*.

Arbeitskosten

A. entstehen auf Grund der Bereitstellung von Arbeitskraft durch die Arbeitnehmer eines Unternehmens für die Realisation des unternehmerischen Sachzieles. Zu den A. zählen die Löhne für Arbeiter und die Gehälter für Angestellte einschl. gezahlter Urlaubs- und Feiertagslöhne sowie die zu leistenden gesetzlichen und freiwilligen Sozialabgaben (*Sozialkosten*). Für die Erfassung der A. sind zwei Entstehungsarten zu unterscheiden:

(1) *Zeitlöhne und Gehälter* (proportionale Entlohnung des Arbeitnehmers zur Arbeitszeit),
(2) *Akkordlöhne* (proportionale Entlohnung des Arbeitnehmers zur erbrachten Arbeitsmenge), ggfs. ergänzt durch Zusatzlöhne für unverschuldete Wartezeiten oder gesetzliche Mindestlöhne.

Daneben ist der *Unternehmerlohn* zu berücksichtigen. Bei Einzelunternehmen und Personengesellschaften führt dieser zu *kalkulatorischen* → *Kosten*, die im Rahmen der → *Kostenrechnung* zu berücksichtigen sind.

Arbeitspapiere (des Abschlußprüfers)

Unter den A. des → *Abschlußprüfers* sind

sämtliche Unterlagen zu verstehen, die der Abschlußprüfer in Zusammenhang mit der Planung und Durchführung der Prüfung und zur Herleitung des → *Prüfungsergebnisses* selbst erstellt bzw. vom geprüften Unternehmen oder Dritten zur Ergänzung seiner Unterlagen erhält. Die A. haben im einzelnen eine *Nachweisfunktion* über die durchgeführten Prüfungshandlungen, eine *Kontrollfunktion* gegenüber dem Prüfungsleiter, dem Prüfungsorgan bzw. Dritten und eine *Informationsfunktion* gegenüber den am Prüfungsauftrag bzw. an der Ausführung von Folgeprüfungen beteiligten Personen.

Arbitriumwert
= Einigungswert.
= Schiedswert.
→ *Gesamtwert der Unternehmung.*

Argumentationsfunktion (der Unternehmensbewertung)
→ *Gesamtwert der Unternehmung.*

Argumentationswert
→ *Gesamtwert der Unternehmung.*

Arithmetisch-degressive Abschreibung
Abschreibungsverfahren, nach dem der Abschreibungsbetrag (A_t) jährlich um den gleichen absoluten Betrag sinkt. Bei der Digitalen Abschreibung ist der Differenzbetrag (d) jeweils so hoch wie die Abschreibung im letzten der n Nutzungsjahre:

$$d = \frac{AHK}{\frac{n}{2} \cdot (n+1)}$$

mit AHK = Anschaffungs- oder Herstellungskosten des abzuschreibenden Gegenstandes.

Daraus folgt

$$A_t = (n + 1 - t) \cdot d.$$

Für die → *Steuerbilanz* ist dieses Abschreibungsverfahren unzulässig (→ *Abschreibungen*).

Lit.: Busse von Colbe, W.: Bilanzen, 5. Aufl., 1988 (Nachdruck 1989), S. 41-42.

Asset (engl.)
→ *Vermögensgegenstand.*

Asset deal
Erwerb von Unternehmen oder Unternehmensteilen durch Übernahme der einzelnen Vermögensgegenstände und von Schulden.

Assoziiertes Unternehmen
Eine aus dem anglo-amerikanischen Gesellschaftsrecht stammende Bezeichnung für ein Unternehmen, auf das ein anderes Unternehmen einen *maßgeblichen Einfluß* ausübt. Die Einflußmöglichkeit ist geringer als auf ein → *abhängiges Unternehmen*, auf das das andere gem. § 17 AktG einen *beherrschenden Einfluß* ausüben kann. Die Klassifizierung als A. wird nach § 311 HGB vermutet, wenn die Kapital- bzw. Stimmrechtsanteile 20 % oder mehr betragen. Im → *Konzernabschluß* ist die Beteiligung an einem A. gem. § 312 HGB nach der → *Equity-Methode* zu bewerten.

Audit Committee
Vornehmlich in den USA und Kanada bei Börsengesellschaften auf freiwilliger Basis gebildeter ständiger Ausschuß des *board of directors*. A. wurden im Wege der Selbstregulierung als Folge von Unternehmenszusammenbrüchen, Betrugs- und Bestechungsfällen mit dem Hauptziel gebildet, eine vom Management unabhängige Instanz als Gesprächspartner für den externen → *Abschlußprüfer* und für die → *Interne Revision* zu schaffen.

Lit.: Haasen, U.: Die Bedeutung der Audit Committees, in: ZfbF 1988, S. 370-379; *Lück, W.:* Audit Committee, in: ZfbF 1990, S. 995-1013.

Auflagendegression
→ *Kosten, fixe und variable.*

Aufsichtsrat
Für → *Aktiengesellschaften*, → *Kommanditgesellschaften auf Aktien* und → *Genossenschaften* gesetzlich stets, für → *Gesellschaften mit beschränkter Haftung* mit mehr als 500 Beschäftigten, für andere Gesellschaften teilweise freiwillig eingerichtetes Organ mit der Aufgabe der Überwachung der Geschäftsführung (§§ 95-115 AktG, 52 GmbHG, 36-39 GenG). Der A. hat gemäß § 171 AktG →

Jahresabschluß und → *Lagebericht* der AG zu prüfen und gem. § 172 AktG in der Regel durch Billigung festzustellen.

Auftragsbeitrag
Überschuß der Erlöse über die Auftrags-Einzelkosten (→ *Deckungsbeitragsrechnung*).

Aufwand
= *periodisierte Ausgaben.*
→ *Grundgrößen des Rechnungswesens.*

Aufwandsrückstellungen
1. Abgrenzung gegenüber anderen Rückstellungen

Die (ungenaue, aber übliche) Bezeichnung Aufwandsrückstellungen kennzeichnet zu *Aufwand* der Abrechnungsperiode transformierte → *Aufwendungen* (→ *Ausgaben*), die ohne rechtliche oder faktische Verpflichtung erst in späteren Abrechnungszeiträumen anfallen. A. dienen der Zuordnung betriebsintern verursachten Wertverzehrs zur Periode der damit korrespondierenden → *Erträge* und sind somit Ausfluß des aus der dynamischen → *Bilanztheorie* stammenden Periodisierungsgedankens. Die Bildung von langfristigen A. ermöglicht bilanzielle Vorsorge für andernfalls geballt auftretende künftige Aufwandsbelastungen und führt insoweit zu einer Ergebnisnivellierung über mehrere Abrechnungsperioden.

2. Gesetzlich geregelte Arten

Grundsätzlich lassen sich die gesetzlich geregelten A. nach den Kriterien Rechtsfolge und Tatbestandsumfang einteilen. Hinsichtlich der *Rechtsfolge* kann zwischen den passivierungspflichtigen A. des § 249 Abs. 1 Satz 2 Nr. 1 HGB und den einem *Passivierungswahlrecht* unterliegenden A. des § 249 Abs. 1 Satz 3 und Abs. 2 HGB differenziert werden. Das Kriterium des *Tatbestandsumfangs* erlaubt eine Trennung in gesetzlich näher umschriebene A. nach § 249 Abs. 1 Satz 2 Nr. 1 und Satz 3 HGB und in allgemeine A. nach § 249 Abs. 2 HGB.

3. Aufwandsrückstellungen für bestimmte unterlassene Aufwendungen

Gesetzlich näher umschriebene A. werden durch die Tatbestandsformulierung in zeit- und artmäßiger Hinsicht konkretisiert. Zeitliche Passivierungsvoraussetzung ist, daß es sich um Aufwendungen handelt, die im Geschäftsjahr unterlassen worden sind, und die zu Aufwendungen führende Maßnahme spätestens zwölf Monate nach dem Bilanzstichtag tatsächlich nachgeholt und abgeschlossen ist. Passivierungsvoraussetzung in artmäßiger Hinsicht ist, daß es sich um Aufwendungen für *Instandhaltung* oder *Abraumbeseitigung* handelt.

a) Unterlassene Aufwendungen für Instandhaltung. Instandhaltungsmaßnahmen kommen grundsätzlich nur bei abnutzbarem Sachanlagevermögen, ggfs. auch bei (originärem oder derivativem) immateriellem → *Anlagevermögen* in Betracht. Die Instandhaltung als Oberbegriff der Beseitigung (Reparatur), Hemmung (Wartung) und Beobachtung (Inspektion) von technischem und/oder wirtschaftlichem Verschleiß darf nicht zu aktivierungspflichtigen → *Herstellungskosten* führen, da insoweit die Unterlassung der Instandhaltung durch außerplanmäßige → *Abschreibung* zu berücksichtigen ist. Die Instandhaltungsmaßnahme muß bis zum Bilanzstichtag notwendig sein und nicht erst durch weiteren Gebrauch (bzw. Zeitablauf) objektiv erforderlich werden. Sind die art- und sonstigen zeitmäßigen Voraussetzungen erfüllt, besteht bei Nachholung der Instandhaltungsmaßnahme innerhalb der ersten drei Monate des folgenden Geschäftsjahrs Passivierungspflicht nach § 249 Abs. 1 Satz 2 Nr. 1 HGB. Bei Nachholung innerhalb der letzten neun Monate des folgenden Geschäftsjahrs kann eine A. nach § 249 Abs. 1 Satz 3 HGB gebildet werden (Passivierungswahlrecht).

b) Unterlassene Aufwendungen für Abraumbeseitigung. Abraumrückstände treten bei Unternehmen auf, die Bodenschätze in der Weise fördern, daß die darüberliegenden Erd- und Gesteinsmassen (Deckgebirge) aufgrund angespannter Förderkapazitäten nicht in normaler Relation zur Fördermenge beseitigt werden und dadurch ein ungehinderter Zugang zum Vorkommen erschwert und die Sicherheit beeinträchtigt wird. Soweit eine (öffentlich-)rechtliche Verpflichtung zur Abraumbeseitigung vorliegt, besteht die Pflicht zur Bildung einer Rückstellung für ungewisse Verbindlichkeiten nach § 249 Abs. 1 Satz 1 HGB, unabhängig von der Nachholfrist. Ist die Abraumbeseitigung innerbetrieblich begründet, muß eine A. nach § 249 Abs. 1 Satz 2 Nr. 1 HGB gebildet werden, sofern die Nachholung innerhalb des folgenden Geschäftsjahrs stattfindet (Passivierungspflicht).

4. *Aufwandsrückstellungen für ihrer Eigenart nach genau umschriebene Aufwendungen*

a) Passivierungsvoraussetzungen. Die Zulässigkeit von allgemeinen A. wird durch § 249 Abs. 2 HGB an die Voraussetzungen geknüpft, daß die künftigen Aufwendungen

- ihrer Eigenart nach genau umschrieben werden können (Aufwendungsumschreibung),
- dem abgelaufenen oder einem früheren Geschäftsjahr zuzuordnen sind (Aufwendungszuordnung),
- wahrscheinlich oder sicher später anfallen (Aufwendungserwartung),
- hinsichtlich der Höhe oder des Zeitpunkts ihres Eintritts unbestimmt sind (Aufwendungsunbestimmtheit).

Eine hinreichend genaue Aufwendungsumschreibung soll sicherstellen, daß A. für das allgemeine Unternehmensrisiko nicht gebildet werden. Die Umschreibung muß eine zuverlässige Schätzung des Rückstellungsbetrags ermöglichen, weshalb der Zweck der → *Rückstellung* und eine Kennzeichnung der zu seiner Erreichung für erforderlich gehaltenen Aufwendungen nach Art und Höhe einzubeziehen ist. Nur eine exakte Aufwendungsumschreibung verhindert im Sinne des → *Grundsatzes der Einzelbewertung*, daß spätere Auflösungsbeträge bei einzelnen Rückstellungssachverhalten nicht für andere Rückstellungszwecke verrechnet werden. Die Aufwendungszuordnung hat sich am → *Realisationsprinzip* zu orientieren, wonach im Sinne eines Umsatzgewinns Aufwendungen den sie verursachenden Erträgen zuzuordnen sind. Eine weite Auslegung des Zuordnungskriteriums im Sinne „wirtschaftlicher Zugehörigkeit" ist abzulehnen, da es den Objektivierungsaspekt bei der Rechnungslegung vernachlässigt und erhebliche Ermessensspielräume eröffnet. Die Bildung von A. für (unterlassene) → *Forschungs-, Entwicklungs-* oder Werbeaufwendungen ist wegen des eindeutigen Zukunftsbezugs daher nach h. M. grundsätzlich unzulässig. Die Bedingung der Aufwendungserwartung entspricht den üblichen Voraussetzungen bei Rückstellungen mit Schuldcharakter, so daß für den späteren Anfall der Aufwendungen am Bilanzstichtag mehr Gründe dafür als dagegen sprechen müssen. Das Kriterium der Aufwendungsunbestimmtheit hat für allgemeine A. nur klarstellende Bedeutung insofern, als Gewißheit über Zeitpunkt und Höhe der künftigen Aufwendungen nicht erforderlich ist. Andernfalls würden bessere Erkenntnisse über künftige Aufwendungen, anders als bei Außenverpflichtungen, bei denen in diesem Fall eine Verbindlichkeit an Stelle einer Rückstellung zu bilanzieren ist, eine Passivierung verhindern.

b) Nachholung. Aus dem Wortlaut von § 249 Abs. 2 HGB könnte geschlossen werden, daß die Ausübung des Passivierungswahlrechts in späteren Perioden nachgeholt werden kann. Dies widerspricht aber dem Realisationsprinzip, da bei der Nachholung früher bewußt unterlassener Rückstellungsbildung Aufwendungen und die hiermit korrespondierenden Erträge in verschiedenen Perioden erfolgswirksam verrechnet würden. Die Formulierung „oder einem früheren Geschäftsjahr zuzuordnen" stellt jedoch eine gesetzestechnische Notwendigkeit dar, um das ratierliche Ansammeln von Aufwendungsäquivalenzen bei langfristigen A. zu ermöglichen. Andernfalls wären A. insoweit wieder aufzulösen, als sich vorgezogene Aufwendungsteile nicht auf das Geschäftsjahr, sondern auf vorangegangene Perioden beziehen. Das auch für allgemeine A. geltende Nachholverbot (a. A. Streim; Clemm/Nonnenmacher, Anm. 421) erfaßt allerdings nicht solche Aufwendungen, die mangels besserer Kenntnis über ihre Rückstellungsrelevanz früher nicht passiviert wurden (unbewußte Unterlassung). Soweit die Passivierungsvoraussetzungen sich im Zeitablauf konkretisieren (insbes. Aufwendungserwartung) ist eine Rückstellungsnachholung gemäß dem Grundsatz der Abgrenzung der Zeit nach zulässig.

c) Abgrenzungsfragen. Abgrenzungsprobleme zwischen den gesetzlich näher umschriebenen A. (§ 249 Abs. 1 HGB) und den allgemeinen A. (§ 249 Abs. 2 HGB) ergeben sich bezüglich der Einordnung unterlassener Ausgaben für Instandhaltung und Abraumbeseitigung, die erst nach Ablauf eines Jahres anfallen. Wird § 249 Abs. 1 HGB als abschließende Regelung für die Bilanzierung dieser Ausgaben angesehen, entfällt die Möglichkeit der Bildung einer A. In artmäßiger Hinsicht umfaßt der Tatbestand des § 249 Abs. 2 HGB jedoch die Aufwendungen für unterlassene Instandhaltung und Abraumbeseitigung. Grundsätzlich erfüllt das Kriterium der Unterlassung von Aufwendungen auch – soweit das Realisationsprinzip dem nicht entgegensteht – die Voraussetzung der Aufwandszuordnung. Bei Überschreiten der in § 249 Abs. 1 HGB bestimmten Nachholfristen kann deshalb eine allgemeine A. gebildet werden, obwohl dadurch das explizite Bilanzierungswahlrecht in § 249 Abs. 1 Satz 3 HGB für Rückstellungen für unterlassene Instandhaltung bei Nachholung im folgenden Geschäftsjahr überflüssig wird.

d) Beispiele. Als Anwendungsfälle allgemeiner A. sind denkbar Rückstellungen für:

- Großreparaturen und Anlagenabbruch
- Generalüberholungen und Sicherheitsinspektionen
- freiwillige Entsorgungsmaßnahmen
- Aufwendungen aus noch nicht erfüllten Nebenpflichten bei schwebenden Verträgen (z. B. nicht gedeckte Verwaltungskosten bei schwebenden Kreditverträgen, Aufwendungen für Datenspeicherung und -sicherung bei EDV-Dienstleistungsverträgen)
- geplante Umstrukturierungsmaßnahmen (Geschäftsverlegung, Stillegung von Betriebsstätten)
- geplante oder beschlossene freiwillige Sozialleistungen (Gratifikationen, Jubiläumszahlungen, Erfolgsbeteiligungen)
- Aufwendungen anläßlich der Beendigung von schwebenden Dauerrechtsverhältnissen
- Aufwendungen für freiwillige Abschlußprüfungen
- überjährig unterlassene oder zur gleichmäßigen Kostenbelastung der Förderung erforderliche Abraumbeseitigung
- Beteiligung an in mehrjährigem Abstand stattfindenden Veranstaltungen (Messen, Ausstellungen u. ä.).

5. Bewertung von Aufwandsrückstellungen

Rückstellungen sind nach § 253 Abs. 1 HGB in Höhe des Betrages anzusetzen, der nach vernünftiger kaufmännischer Beurteilung notwendig ist. Die Bewertung von A. erfolgt mit dem Erfüllungsbetrag der am Bilanzstichtag bestehenden innerbetrieblichen Verpflichtung. Werden mit der Durchführung der ausgabenverursachenden Maßnahmen Dritte beauftragt (Fremdreparatur), umfaßt der Erfüllungsbetrag die zukünftig entstehende Verbindlichkeit. Soweit die innerbetrieblichen Verpflichtungen vom Unternehmen selbst erfüllt werden (Eigenreparatur), ist der Geldwert der erforderlichen Aufwendungen anzusetzen. Hierbei besteht ein Wahlrecht, die Aufwandsrückstellung mit Voll- oder Teilkosten zu bewerten. Bei mehrperiodigen A. können künftige Preissteigerungen, die nach den Verhältnissen am Bilanzstichtag vorhersehbar sind, berücksichtigt werden. Eine Abzinsung des Erfüllungsbetrages ist bei langfristigen A. im Hinblick auf das Passivierungswahlrecht zulässig.

6. Steuerrechtliche Anerkennung von Aufwandsrückstellungen

Die steuerrechtliche Zulässigkeit setzt bei A. im Hinblick auf das → *Maßgeblichkeitsprinzip* (§ 5 Abs. 1 EStG) die handelsrechtliche Passivierungspflicht voraus. Für im Geschäftsjahr unterlassene Aufwendungen für Instandhaltung, die im folgenden Geschäftsjahr innerhalb von drei Monaten sowie für Abraumbeseitigung, die im folgenden Geschäftsjahr nachgeholt wird, schreibt § 249 Abs. 1 Satz 2 Nr. 1 HGB die Passivierung zwingend vor. Diese im Rahmen des → *Bilanzrichtliniengesetzes* eingetretene Änderung der Rechtsfolge (bisher Wahlrecht) stellt die steuerrechtliche Anerkennung dieser A. sicher. Allerdings werden Erhaltungsarbeiten, die in ungefähr gleichem Umfang und in gleichen Zeitabständen anfallen und turnusmäßig durchgeführt werden, von der Finanzverwaltung in der Regel nicht als unterlassene Instandhaltung anerkannt (R 31 c Abs. 12 Satz 4 EStR). Da für A. nach § 249 Abs. 1 Satz 3 und Abs. 2 HGB handelsrechtlich ein Passivierungswahlrecht besteht, ist ihr Ansatz in der Steuerbilanz nicht zulässig.

7. Aufwandsrückstellungen im amerikanischen Jahresabschluß und nach IASC-Rechnungslegungsgrundsätzen

a) Aufwandsrückstellungen im amerikanischen Jahresabschluß. Rückstellungen bilden im amerikanischen Jahresabschluß keine eigenständige Bilanzposition, sondern stellen eine spezielle Verbindlichkeitskategorie dar, da das den Rückstellungen anhaftende Element der Unsicherheit in die Definition der Verbindlichkeiten einbezogen wird (FASB, SFAC No. 6). In → *USA* dürfen nur Verpflichtungen bilanziert werden, die auf einen zukünftigen Vermögenstransfer an andere Wirtschaftseinheiten gerichtet sind. Rückstellungen als spezielle Verbindlichkeitskategorie sind somit passivierungsfähig, wenn sie Verpflichtungscharakter gegenüber Dritten besitzen. Aufwandsrückstellungen als Eigenverpflichtungen unterliegen deshalb trotz der Betonung des matching-principles in der amerikanischen Rechnungslegung, das eine gemeinsame Verrechnung von Erträgen und sachlich zugehörigen Aufwendungen in der gleichen Abrechnungsperiode vorsieht, einem Passivierungsverbot.

b) Aufwandsrückstellungen nach IASC-Rechnungslegungsgrundsätzen. Nach den Rechnungslegungsgrundsätzen des → *International Accounting Standards Committee* (IASC) werden Verbindlichkeiten in Anlehnung an die angelsächsische Rechnungslegungskonzeption abgegrenzt (IASC, Framework No. 60–64), so daß keine Differenzierung zwischen Rückstellungen und Verbindlichkeiten vorgenommen wird. Obwohl IAS 10, der die Berücksichtigung von Risiken und nach dem Bilanzstichtag entstehenden Ereignissen regelt, kein ausdrückliches Verbot zur Bildung von Aufwandsrückstellungen enthält, ist ihre Passivierung nicht zulässig, da Aufwandsrückstellungen nicht mit der nur Außenverpflichtungen einschließenden Liability-Definition in Einklang stehen. Es besteht somit auch nach den Rechnungslegungsgrundsätzen des IASC ein Ansatzverbot für Aufwandsrückstellungen.

Die bilanzielle Behandlung von Aufwandsrückstellungen nach amerikanischen bzw. IASC-Rechnungslegungsgrundsätzen unterscheidet sich folglich wegen des Passivierungsverbotes grundlegend von den Regelungen im HGB, die einen obligatorischen oder fakultativen Ansatz von Aufwandsrückstellungen vorsehen.

Lit.: Eifler, G.: Die Aufwands- und Kulanzrückstellungen, in: HdJ, Abt. III/6, 1987; *Siegel, Th.:* Rückstellungen für ihrer Eigenart nach genau umschriebene Aufwendungen, in: BFuP 1987, S. 301–321; *Kupsch, P.:* Bilanzierung und Bewertung von Aufwandsrückstellungen nach § 249 Abs. 2 HGB, in: Bilanzrichtlinien-Gesetz, ZfB-Ergh. 1/1987, S. 67–81; *Eder, D.:* Aufwandsrückstellungen nach § 249 Abs. 2 HGB, Diss. 1988; *Dörner, D.:* Aufwandsrückstellungen – Möglichkeiten und Grenzen der Bilanzpolitik, in: Wpg 1991, S. 225–229, 264–271; *Clemm, H./Nonnenmacher, R.,* in: Beck Bil.-Komm., 3. Aufl., 1995, § 249, Tz. 101–110, 300–324; *Kupsch, P.:* Ansatz und Bewertung von Rückstellungen im amerikanischen Jahresabschluß – eine vergleichende Betrachtung aus deutscher Sicht, in: Ballwieser, W. (Hrsg.): US-amerikanische Rechnungslegung, 2. Aufl., 1996, S. 107–131.

WP/StB Prof. Dr. Peter Kupsch, Bamberg.

Aufwands- und Ertragskonsolidierung
Aufrechnung des Wertes der konzerninternen Lieferungs- und Leistungsgeschäfte (z.B. Verkauf von Produkten, Mieten usw.) zur Erstellung des → *Konzernabschlusses.* Auf die A. kann gem. § 305 Abs. 2 HGB verzichtet werden, wenn sie für die Vermittlung eines den tatsächlichen Verhältnissen entsprechenden → *Bildes der Vermögens-, Finanz- und Ertragslage* des Konzerns von untergeordneter Bedeutung ist. Erfolgen die konzerninternen Lieferungs- und Leistungsgeschäfte mit einem → *Zwischengewinn* oder → *Zwischenverlust*, so ist zusätzlich eine → *Zwischenergebniskonsolidierung* nach § 304 HGB vorzunehmen (→ *Konzernabschluß*).

Lit.: Reinhard, H., in: Küting/Weber HdK, 1989, S. 1319–1354; *Busse von Colbe, W./Ordelheide, D.:* Konzernabschlüsse, 6. Aufl., 1993, S. 401–416.

Aufwendungen
= Aufwand.
= periodisierte Ausgaben.
→ *Grundgrößen des Rechnungswesens.*

Aufwendungen für Ingangsetzung und Erweiterung des Geschäftsbetriebes
1. Begriff. Grundsätzlich dürfen Ausgaben in der Bilanz nur aktiviert werden, wenn dadurch entweder → *Anschaffungs-* bzw. *Herstellungskosten* von aktivierungsfähigen → *Vermögensgegenständen* bzw. *Wirtschaftsgütern* oder *Rechnungsabgrenzungsposten* entstehen. Nach § 269 HGB dürfen bei Kapitalgesellschaften „die Aufwendungen für die Ingangsetzung des Geschäftsbetriebs und dessen Erweiterung ... als → *Bilanzierungshilfe* aktiviert werden". Der Ansatz eines Aktivpostens bei Kapitalgesellschaften ist zulässig, obwohl kein Vermögensgegenstand vorliegt.

Eine entsprechende, allerdings nicht auf Kapitalgesellschaften beschränkte Vorschrift findet sich in § 198 Abs. 3 öHGB.

Ein Zwang zur Aktivierung von A. besteht jedoch nicht (*Aktivierungswahlrecht*). Die Entscheidung über eine Aktivierung kann für jede Ausgabe einzeln erfolgen, d.h. es ist zulässig, nur einen Teil zu aktivieren. Eine Nachholung der Aktivierung in den Folgejahren ist nicht zulässig.

Zu den A. zählen die Ausgaben für den erstmaligen Aufbau der Innen- und Außenorganisation (z.B. Ausgaben für Organisationsberatung, Marktstudien, Einführungswerbung, Beschaffung von Arbeitskräften, Probeläufe von Produktionsanlagen). Nicht zu den Ingangsetzungskosten gehören die Aufwendungen für die Gründung des Unternehmens und für die Beschaffung von Eigenkapital (§ 248 Abs. 1 HGB).

Inhaltlich und zeitlich sind die A. *eng abzugrenzen*, um eine mißbräuchliche Inanspruchnahme und damit Manipulationsmöglichkeiten zu verhindern. Es muß sich um Maßnahmen handeln, die zeitlich ab-

Beispiel:

Aktiva		*Bilanz*	*Passiva*
Aufwendungen für die Ingangsetzung	200	Gezeichnetes Kapital	1200
Übrige Aktiva	4200	Kapitalrücklagen	200
		Gewinnrücklagen	80
		Gewinnvortrag	60
		Jahresüberschuß	120
		Eigenkapital	1660
		Übrige Passiva	2740
	4400		4400

grenzbar und von außerordentlichem, nicht regelmäßig wiederkehrendem Charakter sind (z. B. Einführung eines neuen Produktes oder Geschäftszweiges, Inbetriebnahme einer neuen Produktionsstätte, Erschließung eines neuen Absatzmarktes, die zu einer *Erweiterung des Unternehmens* führen).

Die Ingangsetzungskosten fallen somit *während* und die Erweiterungskosten *nach* der Gründungsphase einer Unternehmung an.

2. Bilanzausweis. A. sind nach § 269 Satz 1 HGB in der Bilanz unter dieser Bezeichnung *vor dem* → *Anlagevermögen* auszuweisen. Hierdurch soll ihr Ansatz besonders hervorgehoben werden. Im Anhang ist vor allem zu erläutern, durch welche Maßnahmen die aktivierten Ausgaben hervorgerufen worden sind. Der Posten ist in den → *Anlagespiegel* aufzunehmen und in seiner Entwicklung darzustellen (§ 268 Abs. 2 HGB). Er ist in jedem folgenden Geschäftsjahr zu mindestens einem Viertel durch Abschreibungen zu tilgen (§ 282 HGB). Diese Regelungen für die Mindestabschreibung entspricht der für die Abschreibung eines aktivierten → *Geschäfts- oder Firmenwerts.* Bei Fehlmaßnahmen ist eine außerplanmäßige Abschreibung erforderlich.

3. Ausschüttungssperre. Im Falle der Aktivierung von A. hat der Gesetzgeber in § 269 Satz 2 HGB eine → *Ausschüttungssperre* vorgesehen. Danach dürfen Gewinne „nur ausgeschüttet werden, wenn die nach der Ausschüttung verbleibenden jederzeit auflösbaren Gewinnrücklagen zuzüglich eines Gewinnvortrags abzüglich eines Verlustvortrags dem angesetzten Betrag mindestens entsprechen".

Aufgrund der obigen Bilanz beträgt die mögliche Ausschüttung 60 (Gewinnrücklagen 80 + Gewinnvortrag 60 + Jahresüberschuß 120 abzüglich Ingangsetzungsaufwendungen 200 = 60). Die Ausschüttungssperre dient vor allem dem *Gläubigerschutz.* Ziel ist es, keine höheren Gewinnausschüttungen zuzulassen, als ohne eine Aktivierung von A. möglich gewesen wären.

4. Steuerrecht. Steuerrechtlich sind A. als *Betriebsausgaben* des laufenden Jahres zu behandeln (Aktivierungsverbot). Die Aktivierungsfähigkeit wird im Hinblick auf die fehlende Wirtschaftsguteigenschaft von A. – steuerrechtlich „Anlaufkosten" – abgelehnt. Somit stellen die Abschreibungen der A. in der Handelsbilanz keine → *Betriebsausgaben* dar.

5. Latente Steuern. Die Aktivierung von A. führt zwangsläufig zu unterschiedlichen Jahresergebnissen in der Handels- und Steuerbilanz. Die Ergebnisdifferenzen gleichen sich jedoch in den Folgejahren aufgrund der Vornahme von Abschreibungen aus. Daher sind nach § 274 Abs. 1 HGB → *Latente Steuern* zu passivieren, wenn in der Zukunft mit entsprechenden Steuerbelastungen zu rechnen ist. Dadurch wird der ergebnisverbessernde Effekt der Aktivierung von A. eingeschränkt.

Soweit steuerrechtlich vortragsfähige Verluste vorhanden sind, erübrigt sich der Ansatz latenter Steuern. In diesem Fall wirkt die Bilanzierungshilfe voll auf das Ergebnis.

6. Bilanzpolitische Bedeutung. Die *bilanzpolitische Bedeutung* von A. besteht darin, daß sie über die Aktivierung und anschließende Abschreibung eine mehrperiodische Verrechnung von einmaligen Ausgaben und damit eine Beeinflussung des ausgewiesenen Ergebnisses ermöglichen. Die Aktivierung von A. führt im Jahr der Bildung zu einer relativen Verbesserung des Jahresergebnisses. Mit der Aktivierung ist aber auch die Notwendigkeit verbunden, in jedem folgenden Jahr den aktivierten Betrag zu mindestens einem Viertel durch Abschreibungen zu tilgen. Da eine derartige Belastung bilanzpolitisch unerwünscht sein kann, ist die Aktivierung von A. stets mehrperiodisch zu betrachten.

Mit dem Ansatz von A. lassen sich ein sonst erforderlicher Ausweis des Aktivpostens „Nicht durch Eigenkapital gedeckter Fehlbetrag" (§ 268 Abs. 3) und die damit verbundene negative Publizitätswirkung vermeiden. Somit ist der Ansatz von

A. nur geeignet, die formelle Überschuldung in der Handelsbilanz zu verhindern.

Da der Tatbestand der konkursrechtlichen *Überschuldung* nicht auf Basis des Jahresabschlusses, sondern anhand einer besonderen Bilanz zu überprüfen ist, und die A. kein Vermögen darstellen, wird er durch die Aktivierung von A. nicht vermieden.

Aufgrund der Ausschüttungssperre wird die bilanzpolitische Attraktivität der Aktivierung von A. eingeschränkt.

Lit.: Harms, J.E./Küting, K.: Bilanzpolitische Bedeutung von Bilanzierungshilfen nach altem und neuem Recht, in: BB 1984, S. 648-653; *Siegel, Th.:* Probleme latenter Steuern im Entwurf des Bilanzrichtlinien-Gesetzes, in: BB 1984, S. 1909-1915; *Freericks, W.:* Ingangsetzung des Geschäftsbetriebs, in: HuRB, 1986, S. 250-263; *Commandeur, D.:* Die Bilanzierung der Aufwendungen für die Ingangsetzung und Erweiterung des Geschäftsbetriebs, 1986; *Ettinger, G.H.:* Die Bilanzierungshilfe für Ingangsetzung und Erweiterung des Geschäftsbetriebes, 1988; *Budde, W.D./Karig, K.P.*, in: Beck Bil.-Komm., 3. Aufl., 1995, § 269 HGB; *Commandeur, D.*, in: Küting/Weber: HdR, 4. Aufl., Bd. Ia, 1995, S. 1425-1447.

Dr. Jens E. Harms, Köln.

Aufzeichnungspflichten

1. Außersteuerliche sonstige A. Neben den → *Buchführungspflichten* haben Betriebe und Angehörige mancher Berufsgruppen sonstige A. zu erfüllen. Die A. nach „Nichtsteuergesetzen" sind auch für die Besteuerung verbindlich (§ 140 AO). Die A. ergeben sich aus spezifischen Aufgaben einzelner Betriebs- und Berufsgruppen. So müssen z. B. → *Kreditinstitute* Depotbücher führen, Beherbergungsstätten Fremdenverzeichnisse, Schlachtbetriebe Schlachtkarten. Ein Teil wird direkt durch die Buchführung erfüllt. Die Praxis erweitert vielfach die handelsrechtlichen Erfordernisse, um gleichzeitig weitergehenden A. zu genügen.

2. Steuerliche sonstige A. Die steuerlichen A. erfüllen die zur Buchführung verpflichteten gewerblichen Betriebe in der Regel bereits im Rahmen der Buchführung. Deshalb erlangen sie im allgemeinen nur bei nicht buchführenden Steuerpflichtigen Bedeutung.

Beispiele steuerlicher sonstiger A. sind: Die Führung eines *Wareneingangs-* und eines *Warenausgangsbuches* durch gewerbliche Unternehmer (§§ 143 und 144 AO), Führung eines *Lohnkontos* durch den Arbeitgeber (§ 7 LStDV), die Aufzeichnung von Aufwendungen für Geschenke, für die *Bewirtung von Personen*, für die Jagd, Fischerei, Segeljachten oder Motorjachten, für *Fahrten zwischen Wohnung und Arbeitsstätte*, Aufwendungen zur *Förderung politischer Zwecke* (§§ 4 Abs. 7 i. V. m. 4 Abs. 5 und 4 Abs. 6 EstG, Abschnitt 20 Abs. 23-28 EstR), die Aufzeichnung von *vereinbarten Entgelten für vom Unternehmer ausgeführte Lieferungen und sonstige Leistungen* (§ 22 Abs. 2 Nr. 1 UStG), *vereinnahmte Entgelte* und Teilentgelte für *noch nicht ausgeführte Lieferungen und sonstige Leistungen* (§ 22 Abs. 2 Nr. 2 UStG), Bemessungsgrundlagen für Lieferungen und sonstige *Leistungen an Arbeitnehmer des Unternehmens* einschließlich ihrer Angehörigen und an bestimmte Körperschaften (§ 22 Abs. 2 Nr. 3 UStG), Bemessungsgrundlage für den *Eigenverbrauch* (§ 22 Abs. 2 Nr. 4 UStG), Entgelte für steuerpflichtige Lieferungen und sonstige Leistungen, die an den Unternehmer für sein Unternehmen ausgeführt werden und die darauf entfallende Vorsteuer (§ 22 Abs. 2 Nr. 5 UStG), Bemessungsgrundlage für die Einfuhr von Gegenständen und die dafür entrichtete Einfuhrumsatzsteuer (§ 22 Abs. 2 Nr. 6 UStG).

Professor Dr. Eduard Gabele.

Aufzinsung

Ermittlung des → *(End-)Wertes* (B) einer heutigen Zahlung c auf den Zeitpunkt n durch Multiplikation der Zahlung mit dem *Aufzinsungsfaktor* $(1 + i)^n$.
Endwert $= B_n = c \cdot (1 + i)^n$.

Ausbringungserfolgsrechnung

Kurzfristige → *Erfolgsrechnung* durch Gegenüberstellung von → *Erlösen* und → *Kosten* der hergestellten Produkte.

Auseinandersetzungsbilanz
Vermögensbilanz zur Feststellung des Zeitwertes der vorhandenen materiellen und immateriellen Vermögensgegenstände und Schulden; dient der Ermittlung des Auseinandersetzungsguthabens eines aus der Personengesellschaft ausscheidenden Gesellschafters. Sie ist eine für diesen Zweck erstellte Sonderrechnung oder wird aus dem auf den letzten Anschlußstichtag erstellten → *Jahresabschluß* bzw. der → *Steuerbilanz* unter zusätzlichen Ansatz der → *stillen Rücklagen* abgeleitet. Die A. ist eine interne Bilanz der Gesellschafter. Da keine gesetzlichen Aufstellungs-, Ansatz- und Bewertungsregeln existieren, werden Grundsätze für ihre Erstellung meist im Gesellschaftsvertrag festgelegt. Besonders schwierig ist die Wertermittlung für das → *immaterielle Vermögen* und den → *Geschäftswert.*

Ausgaben
= monetäres Äquivalent von Gütereingängen, insbesondere infolge von Beschaffungsvorgängen; in der Umgangssprache = → *Auszahlungen* (→ *Grundgrößen des Rechnungswesens*).

Ausgleichskalkulation
= Mischkalkulation.
= Kompensationskalkulation.

Verfahren der → *Preiskalkulation.* Danach werden den → *Einzelkosten* von Produktgruppen, Produkten oder Artikeln nach dem → *Tragfähigkeitsprinzip* statt nach Maßgabe der Verursachung mit unterschiedlich hohen Auf- bzw. Abschlägen → *Gemeinkosten* zugeordnet. Insgesamt sollte dabei ein kalkulatorischer Ausgleich zustandekommen, der die Gewinnziele der Unternehmung befriedigt. Der Ausgleich kann artikelintern (z.B. zwischen Verkaufs- und Kreditierungspreis), zwischen den Produktarten des Sortiments oder sukzessiv über Perioden erfolgen.

Ausgliederungsstelle
= Projektspezifische Kostenstelle.

Rechnungsmäßige Stelle im → *Betriebsabrechnungsbogen* zur Erfassung von Kosten für (größere) innerbetriebliche Leistungen, die über einen längeren Zeitraum anfallen, wie Forschungs- und Entwicklungsvorhaben, Großreparaturen, Eigenbau von Anlagen.

Auslandsinvestitionen
→ *Investitionen* Gebietsansässiger in fremden Wirtschaftsgebieten. Bei A. sind die Verfahren der → *Investitionsrechnung* insbesondere dahingehend zu modifizieren, daß

- Zahlungen in unterschiedlichen Währungen,
- die unterschiedlichen Steuersysteme im In- und Ausland (unterschiedliche Besteuerung von Investitionsobjekt und Alternativanlage),
- die unterschiedlichen Geldentwertungsraten im In- und Ausland und
- die Segmentierung der Kapitalmärkte (unterschiedlicher Kalkulationszinsfuß)

berücksichtigt werden.

Lit.: Mrotzek, R.: Bewertung direkter Auslandsinvestitionen mit Hilfe betrieblicher Investitionskalküle, 1989; *Blohm, H./Lüder, K.*: Investition, 8. Aufl., 1995, S. 224–231.

Ausschüttungsbelastung
→ *Ertragsteuern.*

Ausschüttungssperre
Obere Begrenzung der an die Anteilseigner einer → *Kapitalgesellschaft* ausschüttbaren Beträge. Wegen der Haftungsbegrenzung bei Kapitalgesellschaften sind im HGB und AktG verschiedene A.-Vorschriften (z. B. Höchstgrenzen bei der Bewertung von Vermögensgegenständen gem. § 253 Abs. 1 HGB, A. für → *Bilanzierungshilfen* gem. § 274 Abs. 2 HGB, Ausschüttungsbegrenzung auf den Bilanzgewinn gem. § 58 Abs. 5 AktG) enthalten (→ *Jahresabschluß*).

Ausschußkosten
→ *Kosten*, die für den Ersatz oder die Nacharbeit mangelhafter Zwischen- oder Endprodukte anfallen.

Außenprüfung
Regelmäßige durch Mitarbeiter von Finanzbehörden im Außendienst durchzuführende Prüfung der Angaben der Steu-

ererklärung. Der enge Begriff „*Betriebsprüfung (Steuer)*" umfaßt die Durchführung allgemeiner A. gegenüber besonderen A. (z. B. der Lohnsteuer A.).

Außenumsatzerlöse
Summe der Umsatzerlöse, die alle in den → *Konzernabschluß* einbezogenen Gesellschaften mit nicht konsolidierten Unternehmen getätigt haben. In der Konzern-Gewinn- und Verlustrechnung werden nur die A. ausgewiesen, die sich aus dem → *Summenabschluß* nach der → *Aufwands- und Ertragskonsolidierung* ergeben.

Außerordentliche Aufwendungen und Erträge
Im Sinne der Rechnungslegungsvorschriften des HGB für Kapitalgesellschaften in der → *Gewinn- und Verlustrechnung* gesondert auszuweisende Beträge, die *außerhalb der gewöhnlichen Geschäftstätigkeit* angefallen und im Anhang nach Höhe und Art zu erläutern sind (§ 277 Abs. 4 HGB). Unter diesen Positionen werden nur solche A. und E. gezeigt, die *selten* und in *ungewöhnlicher Höhe* auftreten, z. B. hohe Aufwendungen für die Stillegung oder Umstrukturierung bedeutender Betriebsteile oder erhebliche Erträge aus der Veräußerung wesentlicher Beteiligungen.

Außerordentliches Ergebnis
Eine in der → *Gewinn- und Verlustrechnung* nach dem → *Umsatz-* und → *Gesamtkostenverfahren* neben dem → *Ergebnis der gewöhnlichen Geschäftstätigkeit* gesondert auszuweisende Zwischengröße. Das A. enthält als Differenz der außerordentlichen Erträge und Aufwendungen gem. § 277 Abs. 4 HGB nur die Vermögensmehrungen und -minderungen, die außerhalb der gewöhnlichen Geschäftstätigkeit z. B. durch Veräußerung oder Sanierung von Betriebsteilen oder durch Entlassungen von Arbeitskräften entstanden sind.

Außerplanmäßige Abschreibungen
→ *Abschreibungen.*
→ *Anlagevermögen.*

Auswahl der Abschlußprüfer
Abschlußprüfer (A.) können → *Wirtschaftsprüfer* (WP) oder → *Wirtschaftsprüfungsgesellschaften* (WP-Gesellschaften) sein, für mittelgroße GmbH (§ 267 Abs. 2 HGB) auch → *vereidigte Buchprüfer* oder Buchprüfungsgesellschaften.

§ 319 Abs. 2 und 3 HGB nennen folgende Gründe, aus denen ein WP (WP-Gesellschaft) bzw. vereidigter Buchprüfer (Buchprüfungsgesellschaft) nicht A. sein kann.

(1) Der A. darf *finanziell* weder direkt noch indirekt an der Unternehmung beteiligt sein, analoges gilt für alle Mitgesellschafter und Gehilfen des A.

(2) Der A. (oder Mitgesellschafter, Gehilfen) darf in den letzten drei Jahren *keine Organstellung* (gesetzlicher Vertreter, AR, Arbeitnehmer) im zu prüfenden oder einem verbundenen Unternehmen gehabt haben.

(3) Der A. darf bei der Erstellung der zu prüfenden Buchführung bzw. des Jahresabschlusses *nicht mitgewirkt* haben.

(4) Der Honoraranteil (einschl. sämtlicher Nebeneinnahmen) des zu prüfenden Unternehmens einschl. verbundener Unternehmen darf in den letzten fünf Jahren und im laufenden Jahr nicht über 50 % der Gesamteinnahmen des A. aus Prüfung und Beratung liegen.

Auswahlprüfung
Bei einer A. prüft der → *Prüfungsträger* nicht alle Elemente des Prüfungsfeldes, sondern trifft nach bestimmten Kriterien eine Auswahl (Gegensatz zu → *Vollprüfung*).

Auszahlungen
= Abgang an Bar- und Buchgeld, in der Fachsprache nicht identisch mit Ausgaben.
→ *Grundgrößen des Rechnungswesens.*

Automatisierte Prüfung
→ *Prüfungsmethoden.*

Badwill

Bezeichnung für den Betrag, um den der Kaufpreis einer Unternehmung unter dem Reinvermögen liegt und diese Differenz durch künftige negative Ertragsentwicklungen zu erklären ist. Im → *Konzernabschluß* ist der B. auf der Passivseite auszuweisen und darf nach § 309 Abs. 2 HGB nur in dem Maße ergebniswirksam aufgelöst werden, wie die ungünstige Ertragsentwicklung auch tatsächlich eintritt.

Baldwin-Zins

= → *Modifizierter interner Zinsfuß.*
= Kapitalwertzins.

Basiskostenplan

Ausgangsplan für die Erstellung von Kostenplänen bei Unterstellung eines geplanten Betriebsbereitschaftsgrades von 100%. Im Rahmen der Engpaßplanung ist der B. auf die betrieblichen Teilpläne im Gesamtplanungssystem abgestimmt.

Barwert

Den B. einer Zahlungsreihe mit n Zahlungen in den Zeitpunkten t = 1,2,...,n erhält man durch → *Abzinsung* der Zahlungsreihe zum Zinsfuß i auf den Betrachtungszeitpunkt t = o.

$$B_o = \sum_{t=1}^{n} c_t \cdot (1+i)^{-t}$$

Dabei kann man unterscheiden
- nach dem Zahlungszeitpunkt zwischen einer vorschüssigen (zum Beginn der Periode anfallende Zahlungen) oder einer nachschüssigen (zum Ende der Periode anfallende Zahlungen) Zahlungsreihe,
- zwischen einer endlichen und einer unendlichen Zahlungsreihe und
- zwischen uniformen (→ *Rente*) und nicht uniformen Zahlungsüberschüssen.

Als B. der Zahlungsreihe ergibt sich dann:

	vorschüssige Zahlungsreihe	nachschüssige Zahlungsreihe
nicht uniformer, endlicher Zahlungsstrom	$B_0 = (1+i) \sum_{t=1}^{n} c_t \cdot (1+i)^{-t}$	$B_0 = \sum_{t=1}^{n} c_t \cdot (1+i)^{-t}$
uniformer, endlicher Zahlungsstrom	$B_0 = (1+i) \cdot b \cdot \frac{(1+i)^n - 1}{i \cdot (1+i)^n}$	$B_0 = b \cdot \frac{(1+i)^n - 1}{i \cdot (1+i)^n}$
uniformer, unendlicher Zahlungsstrom	$B_0 = (1+i) \cdot \frac{b}{i}$	$B_0 = \frac{b}{i}$

b: uniformer Einzahlungsüberschuß

$\frac{(1+i)^n - 1}{i \cdot (1+i)^n}$: → *Rentenbarwert- bzw. Diskontierungssummenfaktor*

Der B. der aus einem Investitionsobjekt erwarteten Einzahlungsüberschüsse i. S. des → *Kapitalwertes* dient in der → *dynamischen Investitionsrechnung* als Beurteilungskriterium für die Vorteilhaftigkeit des Objektes im Vergleich zu einer alternativen Geldanlage. Dem entspricht die Bestimmung des → *Gesamtwertes der Unternehmung* auf Basis des → *Ertragswertes.*

Nach dem Konzept der *kapitaltheoretischen Bilanz* wird der B. von Ein- und Auszahlungen durchgehend als Bewertungsgrundsatz für die Bilanz gefordert. Als Periodenergebnis wird der → *ökonomische Gewinn* im Sinne der Verzinsung des *Ertragswertes des Eigenkapitals* mit dem Ziel der *Erfolgskapitalerhaltung* definiert (→ *Bilanztheorien*).

Im handelsrechtlichen → *Jahresabschluß* ist der Ansatz des B. dagegen nur ausnahmsweise zulässig. Er ist für *Rentenverpflichtungen* anzusetzen, für die eine Gegenleistung nicht mehr zu erwarten ist (§ 253 Abs. 2 HGB), wie insbesondere für Pensionsverpflichtungen gegenüber Betriebsrentnern. Darüber hinaus werden auch Pensionsverpflichtungen gegenüber noch tätigen Berechtigten (→ *Pensionsrückstellungen*) sowie zur Wahrung des → *Niederstwertprinzips* langfristige → *Forderungen*, die unterhalb des Marktzinses verzinst werden, und → *Beteiligungen* zum *Ertragswert* unterhalb des → *Anschaffungswertes* zum B. bewertet.

Lit.: Böcking, H.-J.: Bilanzrechtstheorie und Verzinslichkeit, 1988; *Groh, M.:* Abzinsung von Verbindlichkeitsrückstellungen, in: BB 1988, S. 1919–1921; *Strobl, E.:* Zur Abzinsung von Verbindlichkeiten und Rückstellungen für ungewisse Verbindlichkeiten, in: Handelsrecht und Steuerrecht, FS Döllerer, 1988, S. 615–634.

BAV-Regeln

→ *Deckungsstockfähigkeit.*

Bayes-Regel

Das nach dem Mathematiker Thomas Bayes (1702–1761) benannte Prinzip, wonach die Auswahl bei Entscheidungen unter Risiko nach dem → *Erwartungswert* der Zielgröße getroffen wird.

Mit Hilfe des *Bayesschen-Theorems* läßt sich die (bedingte) Wahrscheinlichkeit dafür ermitteln, daß bei Eintritt eines Ereignisses E gleichzeitig das Ereignis A_i ($i = 1,2,\ldots,n$) eintritt. Danach ergibt sich die bedingte Wahrscheinlichkeit $w(A_i/E)$ als

$$w(A_i/E) = \frac{w(A_i) \cdot w(E/A_i)}{\sum_{i=1}^{n} w(A_i) \cdot w(E/A_i)}$$

Dabei gibt $w(E/A_i)$ die Wahrscheinlichkeit für E an, falls A_i gegeben ist. Nach Krelle (S. 203) läßt sich das Bayessche-Theorem dahingehend verbal interpretieren, daß $w(A_i/E)$ die Wahrscheinlichkeit dafür angibt, daß das Ereignis A_i im Anschluß an E eintritt. Dies ist gleich der vor Feststellung von E angesetzten Wahrscheinlichkeit von A_i, multipliziert mit der Wahrscheinlichkeit von E, falls A_i gegeben ist, und dividiert durch die Wahrscheinlichkeit, daß E überhaupt eintritt. E ist die Zusatzinformation, die über die bedingte Wahrscheinlichkeit $w(E/A_i)$ ermöglicht, daß aus der gegebenen a priori-Wahrscheinlichkeit $w(A_i)$ eine (bessere) a posteriori-Wahrscheinlichkeit $w(A_i/E)$ errechnet werden kann.

Anwendungsgebiete des Bayesschen-Theorems sind Schätz- und Testverfahren mit Vorinformationen und die präskriptive Entscheidungstheorie, im Rechnungswesen z. B. die Entscheidung über den Einsatz der → *Bilanzanalyse* zur Beurteilung der Kreditwürdigkeit.

Lit.: Krelle, W.: Präferenz- und Entscheidungstheorie, 1968, S. 196–206; *Gebhardt, G.:* Insolvenzprognosen aus aktienrechtlichen Jahresabschlüssen, 1980, S. 29–38; *Busse von Colbe, W.:* Bilanzen, 5. Aufl., 1988 (Nachdruck 1989), S. 155–158; *Bamberg, G./Coenenberg, A. G.:* Betriebswirtschaftliche Entscheidungslehre, 7. Aufl., 1992, S. 131–135.

Befreiender Konzernabschluß

Ein → *Konzernabschluß*, der gem. §§ 291, 292 HGB eine → *Zwischenholding* von der Pflicht zur Aufstellung eines → *Teilkonzernabschlusses* bzw. nach dem Regierungsentwurf eines Kapitalaufnahmeerleichterungsgesetzes von 1996 ein Mutterunternehmen von einem Konzernabschluß nach HGB befreit.

Befundrechnung
→ *Werkstoffkosten.*

Beglaubigungsfunktion der Jahresabschlußprüfung
→ *Prüfung des Jahresabschlusses.*

Behavioral Accounting
Richtung in der Lehre des betrieblichen Rechnungswesens, in der die Auswirkungen von Regelungen des Rechnungswesens auf das Verhalten der Betroffenen (z. B. Führungskräfte des Unternehmens, Aktionäre) in den Mittelpunkt der Betrachtungen gestellt wird.

Lit.: Haller, A.: Behavioral Accounting, in: DBW 1989, S. 383–385.

Beherrschungsvertrag
Bezeichnung aus dem Konzernrecht für eine Form des → *Unternehmensvertrages*, durch den eine AG bzw. KGaA die Unternehmensleitung auf eine andere Gesellschaft überträgt (§ 291 AktG). Der B. begründet einen → *Vertragskonzern* und bedarf nach §§ 293–294 AktG der Zustimmung einer 3/4 Mehrheit der → *Hauptversammlung* sowie der Eintragung in das → *Handelsregister*. Die Interessensicherung der Minderheitsaktionäre sowie die Leitungsmacht und Verantwortlichkeit ist in §§ 304–310 AktG geregelt.

Lit.: Zöllner, W. (Hrsg.): Kölner Komm. zum Aktiengesetz, 2. Aufl., ab 1986, § 291.

Beizulegender Wert
Der Geldbetrag, der Gegenständen des → *Anlage-* und → *Umlaufvermögens* gem. § 253 Abs. 2 und 3 HGB zuzuordnen ist, wenn ihr Wert für das bilanzierende Unternehmen unter die – ggfs. fortgeschriebenen – Anschaffungskosten gesunken ist und ein Börsen- oder Marktpreis für die Gegenstände nicht feststellbar ist.

Belegbuchhaltung
→ *Buchhaltung, kaufmännische.*

Belegprüfung
→ *Prüfungshandlungen.*

Belegschafts-Buy-Out
→ *Management Buy-Out.*

Bellman'sches Optimalitätsprinzip
→ *Planungsrechnung.*

Benchmarking
Kontinuierlicher Prozeß, bei dem Produkte, Dienstleistungen, Prozesse und Methoden betrieblicher Funktionen über mehrere Geschäftsbereiche (unternehmensintern) und/oder zwischen Unternehmen mit gleicher oder auch abweichender Branchenzugehörigkeit verglichen werden. Ziel der Gegenüberstellung (→ *GAP-Analyse*) ist es, im Anschluß an die Ermittlung von Leistungslücken zu einer Verbesserung der eigenen Produkte, Dienstleistungen, Prozesse und Methoden zu gelangen und damit die Wettbewerbsposition zu verbessern (→ *Unternehmensvergleich*).

Beratungsfunktion (der Unternehmensbewertung)
→ *Gesamtwert der Unternehmung.*

Bereichs-Fixkosten
Fixkosten für eine Gruppe von → *Kostenstellen* bzw. einen Bereich, z. B. Gehälter der technischen Bereichsleitung (→ *Kosten, fixe und variable*).

Bereitschaftskosten
→ *Kosten* (bzw. → *Ausgaben*), die im Gegensatz zu den → *Leistungskosten* unabhängig von der Ausbringung sind. Sie ändern sich nur mit Auf- oder Abbau der Betriebsbereitschaft oder der Kapazität und sind kurzfristig fix (→ *Kosten, fixe und variable*).

Berichtspflicht (des Abschlußprüfers)
→ *Prüfungsbericht.*

Berliner Verfahren
Bis 1952 von der Finanzverwaltung angewendetes Verfahren zur Ermittlung des → *Gemeinen Wertes* nicht notierter Aktien und Anteile an Kapitalgesellschaften nach dem → *Mittelwertverfahren*, abgelöst durch das → *Stuttgarter Verfahren.*

Bernoulli-Prinzip
Nach dem Schweizer Mathematiker Daniel Bernoulli (1700–1782) benanntes Entscheidungsprinzip, bei dem jedem

möglichen Ergebniswert ein (vom Entscheider individuell zu bestimmender) → *Risikonutzen* zugeordnet wird und die Aktion gewählt wird, bei der der → *Erwartungswert* des Risikonutzens am größten ist.

Lit.: Schneider, D.: Investition, Finanzierung und Besteuerung, 7. Aufl., 1992, S. 455–462.

Beschäftigung
Ausnutzung (oder Ausnutzungsgrad) der Kapazität von Anlagen, → *Kostenstellen*, Unternehmensbereichen oder des gesamten Unternehmens.

Beschäftigungsabweichung
= Capacity Variance.
Spezielle Form von Kostenabweichungen, die im Rahmen der → *Abweichungsanalyse* innerhalb des Systems der *flexiblen* → *Plankostenrechnung* ermittelt wird. Die B. ist ein Maß für die Nutzung der → *fixen Kosten* des Betriebs und zeigt auf, in welchem Umfang die Änderung der Beschäftigung ursächlich ist für die Abweichung der → *Istkosten* von den → *Plankosten*. Rechnerisch ergibt sich die B. als → *Leerkosten* der Istbeschäftung aus der Differenz von Plankosten und → *verrechneten Plankosten* bei Istbeschäftigung.

Beschäftigungsdegression
→ *Kosten, fixe und variable.*

Beschäftigungsgrad
Relation zwischen *Istbeschäftigung* und Vollbeschäftigung eines Betriebes.

Beschaffungskalkulation
Kalkulation zur (wertmäßigen) Analyse von Lieferantenangeboten zum Zwecke des Vergleichs und der Auslotung von Verhandlungsspielräumen (→ *Kostenträgerstückrechnung*).

Beschränkter Kapitalmarkt
→ *Kapitalmarkt.*

Beschreibungsmodell
Im Gegensatz zu Entscheidungs- oder Optimierungsmodellen die Abbildung von Zuständen oder Abläufen z. B. in einem Unternehmen, etwa durch die → *Buchhaltung* (→ *Planungsrechnung*).

Beständedifferenzbilanz
→ *Bewegungs- und Veränderungsbilanz.*

Beständedifferenzenrechnung
→ *Bewegungs- und Veränderungsbilanz.*

Bestätigungsvermerk
1. Inhalt und Bedeutung. Der B. (= Testat) ist das zur externen Bekanntgabe bestimmte formelhaft zusammengefaßte Prüfungsergebnis. Es gehört zu den Aufgaben des → *Wirtschaftsprüfers*, B. über pflichtgemäß nach den geltenden Berufsgrundsätzen durchgeführte Prüfungen zu erteilen, insbesondere über Abschlußprüfungen. Daneben werden aber auch B. über Prüfungen erteilt, die nicht die Rechnungslegung zum Gegenstand haben (z. B. Prüfung des Abhängigkeitsberichts nach § 313 AktG).

Bei der Abschlußprüfung ist die Übereinstimmung der → *Buchführung*, des → *Jahresabschlusses* (→ *Konzernabschlusses*) und ggf. des → *Lageberichts* (Konzernlageberichts) mit den in der BRD für die Rechnungslegung des geprüften Unternehmens geltenden Normen, d. h. den gesetzlichen Vorschriften, den → *Grundsätzen ordnungsmäßiger Buchführung* und dem Gesellschaftsvertrag oder der Satzung verantwortlich zu beurteilen.

Der B. ist ein abschließendes Gesamturteil über die Rechnungslegung, das sich nicht lediglich als Summe der Einzelurteile zu den Teilgebieten der Rechnungslegung ergibt, sondern eine Gewichtung der Einzelfeststellungen erfordert. Der B. ist ein Positivbefund über die Rechnungslegung und daher zu versagen, wenn ein – ggfs. auch ein eingeschränktes – positives Gesamturteil nicht möglich ist.

Das Prüfungsergebnis ist im einzelnen im → *Prüfungsbericht* zu erläutern und darzustellen. Während der Prüfungsbericht das unternehmensinterne Informationsmittel für Vorstand und Aufsichtsrat einer AG bzw. Geschäftsführer und Gesellschafter einer GmbH darstellt, ist der B. zur Unterrichtung von Aktionären, Arbeitnehmern, Gläubigern und der interessierten Öffentlichkeit bestimmt.

Der B. ist vom Abschlußprüfer unter Angabe von Ort und Tag zu unterzeichnen; er ist in den Prüfungsbericht aufzunehmen und bei seiner Verwendung außerhalb des Prüfungsberichts auf dem geprüften Jahresabschluß anzubringen oder fest mit ihm zu verbinden.

Der B. ist kein Urteil über die wirtschaftliche Lage oder die Geschäftsführung. Die Jahresabschlußprüfung ist nicht darauf ausgerichtet, festzustellen, wie ein Unternehmen geführt wird, ob seine Investitionen sinnvoll sind oder ob die Marktchancen genutzt werden. Sofern im Jahresabschluß die gesetzlichen Vorschriften und die sie ergänzenden Bestimmungen des Gesellschaftsvertrages oder der Satzung beachtet sind und der Lagebericht mit dem Jahresabschluß in Einklang steht, ist der Abschlußprüfer zur Erteilung eines uneingeschränkten B. verpflichtet, selbst wenn sich das Unternehmen in wirtschaftlichen Schwierigkeiten befindet. Der B. ist *kein „Gütesiegel"*.

Stellt der Abschlußprüfer bei Wahrnehmung seiner eigentlichen Aufgabe Tatsachen fest, die den Bestand des geprüften Unternehmens gefährden oder seine Entwicklung wesentlich beeinträchtigen können oder die schwerwiegende Verstöße der gesetzlichen Vertreter gegen Gesetz, Gesellschaftsvertrag oder Satzung erkennen lassen, besteht nur eine → *Redepflicht* im Prüfungsbericht.

2. Der uneingeschränkte Bestätigungsvermerk. Der Wortlaut des uneingeschränkten B. (*Kernfassung*) ist für Prüfungen von Kapitalgesellschaften in § 322 Abs. 1 HGB zwingend vorgeschrieben und lautet:

„Die Buchführung und der Jahresabschluß entsprechen/Der Konzernabschluß entspricht nach meiner/unserer pflichtgemäßen Prüfung den gesetzlichen Vorschriften. Der Jahresabschluß/Konzernabschluß vermittelt unter Beachtung der Grundsätze ordnungsmäßiger Buchführung ein den tatsächlichen Verhältnissen entsprechendes Bild der Vermögens-, Finanz- und Ertragslage der Kapitalgesellschaft/des Konzerns. Der Lagebericht/Konzernlagebericht steht im Einklang mit dem Jahresabschluß/Konzernabschluß."

Abweichungen von dieser Kernfassung sind grundsätzlich nur in Form von *Ergänzungen* und *Einschränkungen* zulässig. Den Adressaten wird durch den uneingeschränkten B. eine stets gleichbleibende Interpretation in dem Sinne ermöglicht, daß nach dem abschließenden Ergebnis der Prüfung keine Einwendungen zu erheben sind. Einwendungen sind wesentliche Beanstandungen, die zu erheben sind, wenn festgestellte Mängel so schwerwiegend sind, daß ein positives Gesamturteil nicht mehr möglich ist. Während einzelne unwesentliche Beanstandungen die Erteilung eines uneingeschränkten B. nicht ausschließen, kann die Gewichtung der Einzelfeststellungen des Abschlußprüfers dazu führen, daß mehrere, für sich gesehen unwesentliche Beanstandungen in ihrer Gesamtheit wesentlich sind.

Die Kernfassung des B. ist entsprechend zu verwenden für → *Genossenschaften* (§ 58 Abs. 2 GenG), → *Kreditinstitute* (§ 340 k HGB) und → *Versicherungsunternehmen* (§ 341 k HGB). Bei vorgeschriebener sinngemäßer Anwendung für dem Publizitätsgesetz unterliegende Unternehmen (§§ 6 Abs. 1, 14 Abs. 1 PublG) und bei freiwilligen Abschlußprüfungen darf Satz 2 der Kernfassung nur verwandt werden, wenn der Jahres- oder Konzernabschluß bezüglich Gliederung, Ansatz, Bewertung und Anhangsangaben unter Beachtung der Grundsätze ordnungsmäßiger Buchführung ein den tatsächlichen Verhältnissen entsprechendes → *Bild der Vermögens-, Finanz- und Ertragslage* (Generalnorm des § 264 Abs. 2 HGB) des Unternehmens vermittelt.

Satz 3 der Kernfassung entfällt, wenn ein Lagebericht/Konzernlagebericht zulässigerweise nicht erstellt wurde. Kürzungen des B. um Satz 2 und/oder Satz 3 der Kernfassung stellen in den genannten Fällen keine Einschränkung des B. dar und berühren somit nicht seinen Charakter als uneingeschränkter B.

3. Ergänzungen. Der B. ist zu ergänzen, wenn zusätzliche Bemerkungen erforderlich erscheinen, um einen falschen Eindruck über den Inhalt der Prüfung und die Tragweite des B. zu vermeiden. Ergänzungen sind keine Einschränkungen; sie berühren nicht das positive Gesamturteil in Form eines uneingeschränkten B. Als spezielle Ergänzung nennt das Gesetz Hinweise auf die Übereinstimmung mit dem Gesellschaftsvertrag oder der Satzung, wenn diese zulässigerweise ergänzende Vorschriften über den Jahresabschluß oder den Konzernabschluß enthalten. Durch Ergänzungen sollen darüber hinaus bei den Adressaten Mißverständnisse über den Inhalt der Prüfung (z. B. bezüglich Gegenstand und Umfang einer Abschlußprüfung oder Art und Weise der Prüfungsdurchführung) und die Tragweite (Grenzen der Erkenntnismöglichkeiten aus einem ordnungsgemäß aufgestellten Abschluß) des B. vermieden werden.

Ergänzende Hinweise über den Inhalt der Prüfung können dann angezeigt sein, wenn der Vorjahresabschluß nicht geprüft bzw. der B. versagt oder eingeschränkt wurde oder auch bei fehlender Inventurbeobachtung durch den Abschlußprüfer infolge späterer Auftragserteilung. Ergänzungen des Inhalts, daß der Abschlußprüfer bestimmte Risiken nicht abschließend beurteilen kann, sind nur dann zulässig, wenn keine Einwendungen gegen die Ordnungsmäßigkeit der Rechnungslegung zu erheben sind. Ist die Fortführung der Unternehmenstätigkeit bedroht, darf ein uneingeschränkter B. ohne Ergänzung nur bei entsprechenden Angaben im Anhang und Lagebericht erteilt werden. Ergänzende Hinweise zur Vermeidung eines falschen Eindrucks über die Tragweite des B. sind z. B. erforderlich, wenn im geprüften Jahresabschluß Sachverhalte bereits berücksichtigt wurden, die zu ihrer Wirksamkeit noch weiterer, von der Feststellung dieses Jahresabschlusses unabhängiger Beschlüsse des Aufsichtsrates, der Haupt- bzw. Gesellschafterversammlung oder der Eintragung ins Handelsregister bedürfen. Die Erteilung eines B. kann ggfs. auch unter dem Vorbehalt einer Feststellung des Vorjahresabschlusses in Betracht kommen.

4. Einschränkung. Der B. ist einzuschränken, wenn zwar nach dem abschließenden Ergebnis der Prüfung Einwendungen zu erheben sind, aber zu den wesentlichen Teilen der Rechnungslegung noch ein Positivbefund möglich ist. Solche Einwendungen können sich ergeben aus:

- Verstößen gegen Gesetz, Satzung bzw. Gesellschaftsvertrag oder Beschlüsse der Haupt- bzw. Gesellschafterversammlung;
- Verstößen gegen die Ordnungsmäßigkeit der Buchführung oder gegen Ansatz-, Bewertungs- und Ausweisvorschriften;
- Verletzungen von Gewinn- und Rücklagenverwendungsregelungen:
- Mängeln im Anhang oder Lagebericht;
- Verletzungen von Auskunfts- und Nachweispflichten.

Einwendungen sind insbesondere dann zu erheben, wenn der Verstoß oder Mangel so bedeutend ist, daß eine unzutreffende Beurteilung der Rechnungslegung sowie der Vermögens-, Finanz- und Ertragslage möglich sein kann oder eine für die Rechnungslegung nach ihrem Sinn und Zweck wesentliche Einzelbestimmung verletzt worden ist.

Einschränkungen sind so darzustellen, daß deren Tragweite deutlich erkennbar wird; ihr Grund ist entsprechend dem formelhaften Charakter des B. eindeutig und klar zu bezeichnen („... mit der Einschränkung, daß...").

5. Versagung. Die Versagung des B. ist geboten, wenn die nach dem abschließenden Ergebnis der Prüfung zu erhebenden Einwendungen so schwerwiegend sind, daß ein positives Gesamturteil zu wesentlichen Teilen der Rechnungslegung nicht mehr möglich ist. Die eindeutige Nichtigkeit des Jahresabschlusses wegen wesentlicher Beeinträchtigungen der Rechnungslegung infolge schwerwiegender Verstöße gegen Gliederungs- und Bewertungsvorschriften sowie schwerwiegende Mängel in der Buchführung, die eine sichere Beurteilung des Jahresabschlusses nicht mehr möglich machen, führen ebenso wie die Verletzung wesentlicher Vorlage- und Auskunftspflichten in der Regel zu einer Versagung des B. Der Abschlußprüfer hat stets sorgfältig abzuwägen, ob anstelle einer Versagung nicht eher eine Einschränkung des B. sachgerecht ist.

Die Versagung ist in einem Vermerk zum Jahresabschluß zu erklären und zu begründen.

6. Widerruf. Der B. ist zu widerrufen, wenn der Abschlußprüfer erkennt, daß die Voraussetzungen für die Erteilung des B. nicht vorgelegen haben. Die Entscheidung über einen Widerruf ist unter Würdigung aller Umstände, insbesondere unter Berücksichtigung des in den B. gesetzten Vertrauens, zu treffen.

7. Internationale Rechnungslegung. Entspricht die Rechnungslegung (vornehmlich der Konzernabschluß) nicht nur deutschen Rechnungslegungsnormen, sondern auch internationalen Rechnungslegungsstandards, kann der Abschlußprüfer beauftragt werden, neben dem B. eine Bestätigung über die Prüfung der Einhaltung internationaler Standards (z.B. nach IAS bzw. nach US-GAAP) zu erteilen. Hierbei handelt es sich um eine eigenständige Bestätigung, die gesondert zu unterzeichnen ist, und nicht um eine Ergänzung des B. nach §322 Abs. 2 HGB. Um deutlich zu machen, daß diese Bestätigung aufgrund einer Prüfung nach §316 HGB erteilt wurde, darf die Bestätigung nur zusammen mit dem B. verwendet werden. Soweit deutsche Normen der Anwendung internationaler Standards entgegenstehen, ist in der Bestätigung auf die Abweichungen zu verweisen. Eine Bestätigung dieser Art könnte, sofern das Unternehmen bestehende Abweichungen im Konzernanhang angibt, begründet und beziffert, etwa lauten: „Der Konzernabschluß entspricht (mit den im Konzernanhang in Abschnitt ... zusammengestellten und erläuterten Ausnahmen) den Standards des International Accounting Standards Committee (IASC) bzw. des Financial Accounting Standards Board (FASB) der USA“. Die Bestätigung kann auch in Form eines Bestätigungsberichts erteilt werden.

Lit.: ADS, 5. Aufl., Losebls., ab 1987, §322 HGB; *v. Wysocki, K.*: Grundlagen des betriebswirtschaftlichen Prüfungswesens, 3. Aufl., 1988, S. 299–305; *HFA des IDW*: Fachgutachten 3/1988: Grundsätze für die Erteilung von Bestätigungsvermerken bei Abschlußprüfungen, in: Wpg 1989, S. 27–36; *Bolsenkölter, H.*: Bestätigungsvermerk, in: HWRev., 2. Aufl., 1992, Sp. 210–224; *Goerdeler, R.*: Bestätigungsvermerk, in: HWR, 3. Aufl., 1993, Sp. 130–137; *Budde, W.D./Kunz, K.*, in: Beck Bil.-Komm., 3. Aufl., 1995, §323 HGB; *HFA des IDW*: Verlautbarung „Zur Bestätigung der Übereinstimmung eines handelsrechtlichen Konzernabschlusses mit den Standards des IASC“, in: Wpg 1995, S. 705–706; WP-Handb. 1996, Bd. 1, 11. Aufl., 1996, S. 1144–1210.

WP Günter Siepe, Düsseldorf.

Bestandskonten

Im Gegensatz zu den → *Erfolgskonten*, die in die Bilanz einbezogenen Aktiv- und Passivposten des → *Anlagevermögens*, der Vorräte, flüssigen Mittel, Forderungen sowie der Verbindlichkeiten.

Bestandsteuer

= → *Substanzsteuer.*

Bestandsveränderung

→ *Gewinn- und Verlustrechnung.*
→ *Herstellungskosten.*

Beste, Theodor

1894–1973; 1920–1925 Assistent bei → *Schmalenbach*, Professor in Bonn, Dresden, Berlin und Köln; arbeitete auf den Gebieten des industriellen Rechnungswesens, der industriellen Organisation und der Produktionsplanung. *Hauptwerke:* Die Verrechnungspreise in der Selbstkostenrechnung industrieller Betriebe, 1924; Die kurzfristige Erfolgsrechnung, 1930; Die Entflechtung der Eisenschaffenden Industrie, 1949; Die Mehrkosten bei der Herstellung ungängiger Erzeugnisse im Vergleich zur Herstellung vereinheitlichter Erzeugnisse, 1957.

Lit.: von Kortzfleisch, G. (Hrsg.): Die Betriebswirtschaftslehre in der zweiten industriellen Evolution, FS für Th. Beste, 1969.

Bestellfixe Kosten

Von der Bestellmenge unabhängige, aber mit der Zahl der Bestellungen variierende Kosten (→ *Kosten, fixe und variable*).

Bestellung und Abberufung des Abschlußprüfers
Der A. des → *Jahresabschlusses* wird von den Gesellschaftern gewählt. Für den → *Konzernabschluß* wird der A. von den Gesellschaftern des Mutterunternehmens gewählt. Die Wahl sollte vor Ablauf des Geschäftsjahres erfolgen, auf das sich die Prüfungstätigkeit erstreckt (§318 Abs. 1 HGB). Der Gesellschaftsvertrag einer GmbH kann bzgl. der Wahl des A. etwas anderes bestimmen.
Auf Antrag der gesetzlichen Vertreter, des AR oder von Gesellschaftern, bei AG und KGaA jedoch nur, wenn die Anteile dieser Gesellschafter zusammen 10% des Grundkapitals oder 2 Mio. DM Nennbetrag erreichen, hat das Gericht einen anderen A. zu bestellen. Dabei müssen die Beteiligten und der gewählte Prüfer gehört werden. Die Gründe für die Abberufung müssen in der Person des gewählten A. liegen. §318 Abs. 3 HGB nennt dabei insbesondere die Besorgnis der Befangenheit. Bei fehlender Bestellung des A. vor Ende des Geschäftsjahres hat das Gericht auf Antrag der gesetzlichen Vertreter, des AR oder eines Gesellschafters einen A. zu bestellen (§318 Abs. 4 HGB).

Beta-Koeffizient
→ *Capital Asset Pricing Model.*
→ *Kapitalmarkttheorie.*

Beteiligung
1. Begriff
Die gesetzliche B.-Definition nach §271 Abs. 1 HGB enthält drei Begriffselemente: Es werden *Anteile* an anderen *Unternehmen* mit einer bestimmten *Zweckbestimmung* (dem eigenen Geschäftsbetrieb durch Herstellung einer dauerhaften Verbindung zu dienen) gehalten.

Anteile sind – nicht notwendig in Wertpapieren verbriefte – mitgliedschaftliche Vermögens- und Verwaltungsrechte. Eine Kapitaleinlage kann noch ausstehen bzw. gar nicht gefordert sein (bei vollhaftenden Gesellschaftern einer → *Personengesellschaft*). Bei stiller Gesellschaft ist von einer Mitgliedschaft nicht schon dann auszugehen, wenn (Gewinn- und) Verlustteilhabe vorliegt; erforderlich sind weitere, über das gesetzliche Leitbild des §233 HGB hinausreichende Kontroll- und Mitspracherechte (Orientierung: steuerrechtliche Mitunternehmerschaft). Das zweite Begriffselement, Anteil an einem anderen *Unternehmen*, ist bei buchführungspflichtigen Kaufleuten erfüllt und darüber hinaus dann, wenn eigenständige ökonomische Interessen dauerhaft in einer nach außen in Erscheinung tretenden Organisationsform verfolgt werden (land- und forstwirtschaftliche Betriebe, als BGB-Gesellschaften auftretende Arbeitsgemeinschaften und freiberufliche Praxen).

Anteile an anderen Unternehmen werden zu B. nur unter einer bestimmten *Zweckbestimmung*. Es muß eine Daueranlage, eine *dauerhafte* Verbindung zur Förderung des eigenen Geschäftsbetriebs beabsichtigt sein. Eine nur auf Anrechte am anteiligen Gewinn und Liquidationserlös gerichtete Kapitalanlage ist keine Verbindung zur Förderung des eigenen Geschäftsbetriebs. Es müssen weitere eigene Vorteile angestrebt werden, die etwa liegen können in

- Lieferungs- und Leistungsverflechtungen,
- Kooperationen in Forschung, Produktion, Finanzierung und Markterschließung,
- Personalentwicklung und Personalaustausch.

Die Einflußnahme auf die Geschäftsführung spricht i.d.R. für die B., doch ist sie keine notwendige Voraussetzung.

2. Beteiligungs-Vermutung
Als B. gelten gemäß §271 Abs. 1 HGB im Zweifel Anteile an einer → *Kapitalgesellschaft*, deren Nennbeträge 20% des Nennkapitals der Gesellschaft überschreiten (Österreich 25% gem. §228 Abs. 1 öHGB). §16 Abs. 2 und 4 AktG ist entsprechend anzuwenden: Bei Berechnung der Anteilsquote sind eigene Anteile der Kapitalgesellschaft abzusetzen; zu den Anteilen des beteiligten Unternehmens sind insbesondere auch die Anteile hinzuzurechnen, die einem von ihm abhängigen Unternehmen gehören. Für Anteile an Personengesellschaften gibt es eine entsprechende Quotenregelung nicht. Hier

wird vermutet, daß ohnehin eine langfristig ausgelegte, enge Verflechtung besteht und unabhängig von der Anteilsquote grundsätzlich eine B. vorliegt.

Rechtliche Vermutungen sind widerlegbar. Man wird jedoch klare Anhaltspunkte aufzuzeigen haben, die trotz Vorliegens der gesetzlich genannten Quote gegen die spezielle Zweckbestimmung von B. sprechen (z. B. bei völliger Branchenfremdheit der Tätigkeit). Die Widerlegung der B.-Vermutung bei Anteilen an Personengesellschaften käme etwa bei Kommanditanteilen an einer Publikums-KG in Betracht, da hier besondere Vorteile der bloßen Kapitalanlage als Motiv dominieren können.

3. Bilanzausweis und ergänzende Anhangsangaben

B. sind ex definitione → *Anlagevermögen* (§§ 271 Abs. 1, 247 Abs. 2 HGB); sie sind als *Finanzanlagen* nach § 266 Abs. 2 HGB unter Position A. III. 3. auszuweisen.

Neben B. fallen unter Finanzanlagen auch Anteile an → *verbundenen Unternehmen*. Ist der Unternehmensverbund (§ 271 Abs. 2 HGB) durch eine B. begründet (nicht etwa über eine gemeinsame Mutter), so ist die Ausweiskonkurrenz zugunsten der Anteile an verbundenen Unternehmen zu entscheiden; Abs. 2 des § 271 HGB ist lex specialis zu Abs. 1. Besteht eine unbeschränkte Haftung, so ist diese unter den Voraussetzungen des § 285 Nr. 3 HGB im → *Anhang* anzugeben. Nach § 285 Nr. 11 HGB müssen zu allen Unternehmen, an denen die Kapitalgesellschaft oder eine für ihre Rechnung handelnde Person mindestens 20 % der Anteile innehat, im Anhang oder in einer gesonderten Aufstellung (§ 287 HGB) ergänzende Angaben gemacht werden: Name und Sitz, Höhe des Kapitalanteils, das Eigenkapital und das Ergebnis des letzten Geschäftsjahres, für das ein Abschluß vorliegt. Die Angaben zum → *Anteilsbesitz* werden generell durch die Anteilsquote ausgelöst, sind also nicht notwendig an die B.-Voraussetzungen gekoppelt: Ist die 20 %-Quote erreicht, so sind die Angaben auch bei Widerlegung der B.-Vermutung erforderlich; unterhalb der Quote besteht auch bei Vorliegen einer B. (etwa an einer Personengesellschaft) keine Angabeverpflichtung. Bei stiller Gesellschaft kann eine Angabe nicht gefordert sein, da ansonsten der Grundcharakter der Gesellschaft verloren ginge. Im Anhang der AG sind darüber hinaus weitere Angaben zu B. erforderlich (§ 160 Abs. 1 Nr. 7 und 8 AktG).

4. Bewertung

a) Anschaffungskosten. Bei derivativem Erwerb (vorhandener Anteile von einem Dritten) sind die → *Anschaffungskosten* durch den gezahlten Nettopreis zuzüglich Anschaffungsnebenkosten, wie etwa, Notargebühren, Provisionen, GrESt (§ 1 Abs. 3 GrEStG), bestimmt. Die Zahlung für einen Gewinnanspruch ist gesondert zu aktivieren, falls dieser bereits entstanden ist; die Abspaltung einer Sonderzahlung für einen Anteil am Jahresgewinn ist nach aktueller BFH-Rechtsprechung nicht möglich. Bei originärem Erwerb (neuer Anteile) wird neuerlich bestritten, daß Anschaffungskosten vorliegen können; da kein bereits existierender Gegenstand in den eigenen Verfügungsbereich überführt werde, seien → *Herstellungskosten* anzunehmen. Danach könnten (vor allem in Form von verdeckten Einlagen) bestimmte „werterhaltende Aufwendungen" geleistet werden, die als Erhaltungsaufwand zu Lasten des Jahresgewinnes gehen, die also nicht, wie die h. M. annimmt, nachträgliche Anschaffungskosten sind. Die neuere Auffassung übersieht, daß für die Differenzierung zwischen Anschaffungs- und Herstellungskosten entscheidend ist, ob ein Objekt im Markt übernommen oder intern erzeugt wird, ob also ein Kaufpreis des gesamten Objektes dominierendes Element der Wertfindung ist oder nicht. Dazu aber ist es unerheblich, ob ein Recht vor Erwerb von einem Dritten bereits vorhanden war oder durch Vertrag erst geschaffen wird. Bei nicht voll erbrachter Einlage sollte der Zeichnungsbetrag bzw. die bedungene Einlage aktiviert und die noch offene Resteinlage passiviert werden (Bruttobilanzierung), da nur so dem Vollständigkeitsgebot/Saldierungsverbot des § 246 HGB entsprochen werden kann. *Sacheinlagen* gegen Gewährung von Gesellschaftsrechten ähneln einem Tausch; die h.M. will deshalb die Bewertung nach den Grundsätzen des Tausches vornehmen: *Handelsrechtlich* besteht für den Anteil ein Bewertungswahlrecht zum Buchwert oder zum Zeitwert des eingebrachten Gegenstandes; *steuerrechtlich* ist grundsätzlich der → *gemeine Wert* der hingegebenen Sache relevant. Werden jedoch (Teil-)Betriebe und Mitunternehmeranteile eingebracht, so erlauben §§ 20, 24 UmwStG die Anteilsbewertung zum Buchwert oder Zeitwert (→ *Teilwert*) des hergegebenen Gegenstandes sowie zum beliebigen Zwischenwert. Die Rechtsprechung hat das Wahlrecht ausgeweitet auf die Einbringung einzelner Wirtschaftsgüter in eine *Personengesellschaft*; bei einer *Kapitalgesellschaft* dagegen soll es unverständlicherweise beim Zwang zur Gewinnrealisierung bleiben.

b) Gewinne und Verluste der B.-Gesellschaft. Bei B. an einer *Kapitalgesellschaft* haben Gewinne und Verluste der Gesellschaft keinen direkten Einfluß auf den B.-Wert beim Gesellschafter. Gewinne führen erst nach einem Ausschüttungsbeschluß zur Aktivierung des Anspruches auf den Gewinnanteil und ggf. zur Wertaufstokkung der B., falls auf den Ausschüttungsanspruch verzichtet wird. Gemäß BGH-Rechtsprechung kommt jedoch eine Gewinnvereinnahmung bei Mehrheits-B. schon in Betracht, wenn der Abschluß der Tochter vor Beendigung der Prüfung bei der Mutter festgestellt ist und ein → *Gewinnverwendungs*-Vorschlag vorliegt. Verluste können nur einen mittelbaren Einfluß auf den B.-Wert haben, wenn sie eine apl. → *Abschreibung* auf den beizulegenden Wert oder Teilwert erforderlich machen.

Bei B. an einer *Personengesellschaft* erfolgt die *steuerliche* Bewertung nach der sog. *Spiegelbildmethode*: Da nur auf Gesellschafterebene besteuert werden soll (§ 15 Abs. 1 Nr. 2 EStG), muß das Ergebnis der Personengesellschaft anteilig voll auf den Gesellschafter übertragen werden; die B. in der Steuerbilanz des Gesellschafters ist das Spiegelbild seines Kapitalkontos in der Steuerbilanz der Gesellschaft, hat insofern keine selbständige Bedeutung. Die Spiegelbildmethode ist kein Bewertungsverfahren, sondern die Übernahme des Ergebnisses der Gesellschaft. Die *handelsrechtliche* Bewertung von B. an Personengesellschaften ist strittig. Doch scheint sich die Erkenntnis durchzusetzen, daß für die Spiegelbildmethode im Handelsrecht mangels einer § 15 Abs. 1 Nr. 2 EStG entsprechenden Vorschrift kein Raum ist; die B. an einer (gesamthänderischen) Personengesellschaft ist Vermögensgegenstand und unterliegt den Bewertungsgrundsätzen des Gesellschafters. Verluste der Gesellschaft können somit nicht direkt (ggf. aber über eine apl. Abschreibung) auf den B.-Wert beim Gesellschafter durchschlagen. Ob dies freilich die Forderung rechtfertigt, die B. an einer Personengesellschaft sei generell wie die an einer Kapitalgesellschaft zu bewerten, ist fraglich. Diskutiert wird, ob bzw. unter welchen Voraussetzungen Gewinnanteile, über die der Gesellschafter nicht frei verfügen kann, als Einlagen auf die Beteiligung qualifiziert werden können und somit zur Erhöhung des B.-Wertes führen. Gemäß HFA-Stellungnahme 1/1991 können auch Gewinnanteile, über die der Gesellschafter kein individuelles Verfügungsrecht hat, zur Erfüllung einer Einlageverpflichtung oder zur Einlagenerhöhung verwendet werden.

c) Außerplanmäßige Abschreibung. Verluste der Kapital- und der Personengesellschaft können in der Handelsbilanz des Gesellschafters eine Abwertung der B. bewirken, wenn eine Abschreibung auf den beizulegenden Wert erforderlich wird (§ 253 Abs. 2 Satz 3, § 279 Abs. 1 Satz 2 HGB). Doch kann auf diesem Wege ein einzelner Jahresverlust nicht direkt, sondern nur als Indikator künftiger Verluste auf die B.-Bewertung durchschlagen. Der beizulegende Wert ist durch den „inneren Wert“, den Barwert künftiger Einnahmenüberschüsse aus der B. bestimmt. Es ist stets zu prüfen, ob der Wert aller künftigen Erträge (→ *Ertragswert*) soweit gesunken ist, daß eine Abschreibung in Betracht kommt. Nach gleichen Grundsätzen ist eine *Teilwertabschreibung* (§ 6

Abs. 1 Nr. 2 EStG) auf eine B. an einer Kapitalgesellschaft zu prüfen. Eine Teilwertabschreibung auf die B. an einer Personengesellschaft kommt dagegen nicht in Betracht: Die Gewinnermittlung der Gesellschaft schlägt voll auf den Gesellschafter durch (Spiegelbildmethode); die B. hat in der Steuerbilanz des Gesellschafters keine selbständige Bedeutung.

d) Wertaufholung. Wurde in einem Vorjahr apl. abgeschrieben, besteht jedoch die Minderung des ertragsorientierten Gesamtwertes nicht fort, so hat der Gesellschafter allgemein ein Wahlrecht zur → *Wertaufholung* (§253 Abs. 5 HGB). Für eine *Kapitalgesellschaft* besteht grundsätzlich ein Wertaufholungsgebot (§280 Abs. 1 HGB). Durch gesetzliche Regelungen (§280 Abs. 2 HGB, §5 Abs. 1 Satz 2 EStG) existiert faktisch ein Wertaufholungswahlrecht. Bei B. an einer *Personengesellschaft* gilt wegen der Spiegelbildmethode keine Maßgeblichkeit; §280 Abs. 2 HGB kommt nicht zum Zuge.

Lit.: Weber, E.: Grundsätze ordnungsmäßiger Bilanzierung für Beteiligungen, 1980; *Mellwig, W.:* Beteiligungen an Personengesellschaften in der Handelsbilanz, in: BB 1990, S. 1162–1172; *Gschrei, M.:* Beteiligungen im Jahresabschluß und Konzernabschluß, 1990; *HFA des IdW:* Stellungnahme 1/1991: Zur Bilanzierung von Anteilen an Personenhandelsgesellschaften im Jahresabschluß der Kapitalgesellschaft, in: Wpg 1991, S. 334f.; *Knobbe-Keuk*, B.: Bilanz- und Unternehmenssteuerrecht, 9. Aufl., 1993, S. 210–226; *Ellrott, H./Gutike, H.-J.* und *Schnicke, C./Gutike, H.-J.*, in: Beck Bil.-Komm., 3. Aufl., 1995, §255, Anm. 141–170 und §271, Anm. 1–37.

Professor Dr. Winfried Mellwig, Frankfurt.

Beteiligungs-Controlling
→ *Konzern-Controlling*

Betriebsabrechnung
→ *Betriebsbuchhaltung.*

Betriebsabrechnungsbogen

1. Begriff und Aufgaben. Der B. ist eine tabellarische Übersicht zur Durchführung der Kostenstellenrechnung. Sie kann manuell oder mit Hilfe der EDV erstellt werden. Eine Alternative zur Kostenverrechnung anhand des B. ist die kontenmäßige Betriebsabrechnung, die sich aber wegen des großen Buchungsaufwands und der weniger guten Übersichtlichkeit in der Praxis nicht durchgesetzt hat.

Dem B. werden *vier Aufgaben* zugeschrieben. Es sind dies:

- Die *Erfassung und Verteilung der den Kostenträgern* (Produkten) *nicht direkt zurechenbaren* → *Kosten* (→ *Einzel- und Gemeinkosten*) als *primäre Kostenstellenkosten;*
- die *Verteilung* der *Kostenstellenkosten der Hilfskostenstellen* auf die *Hauptkostenstellen* als *sekundäre Kostenstellenkosten* im Rahmen der *innerbetrieblichen Leistungsverrechnung;*
- *die Bildung von Kalkulationszuschlagssätzen* zum Zwecke der Verrechnung der primären und sekundären Kostenstellenkosten der Hauptkostenstellen auf die Kostenträger (Produkte) im Rahmen der → *Zuschlagskalkulation;*
- die Kostenkontrolle in Form der Ermittlung von *Kostenüberdeckungen und Kostenunterdeckungen* bei Durchführung der *Normalkostenrechnung* sowie der → *Plankostenrechnung.*

2. Aufbau des Betriebsabrechnungsbogens. Der B. ist zeilenweise nach Kostenarten, spaltenweise nach Kostenstellen gegliedert. Im Einzelfall erfolgt die Kostenarten- und die Kostenstellengliederung des B. nach der in dem Unternehmen vorgenommenen Differenzierung der Kostenarten sowie nach der den speziellen Gegebenheiten des Unternehmens entsprechenden Kostenstelleneinteilung.

Die *Kostenartengliederung* kann nach unterschiedlichen Kriterien vorgenommen werden. Gliederungskriterien können insbesondere sein:

- die *Art der eingesetzten Produktionsfaktoren*, wie Werkstoffe, Arbeitsleistungen und Betriebsmittel; ihnen entsprechen die Kostenartenbezeichnungen Material-, Personal- und Abschreibungskosten;
- der *Verzehrcharakter* der eingesetzten Produktionsfaktoren; er erlaubt eine

Betriebsabrechnungsbogen

Gliederung in Gebrauchskosten der Potentialfaktoren (Gebäude, Maschinen) und Verbrauchskosten der Repetierfaktoren (Material);

- die *Entstehung der Kosten* als *primäre* (externer Bezug der Produktionsfaktoren) oder als *sekundäre* Kosten (Bezug innerbetrieblicher Leistungen);
- der *Bereich der Kostenentstehung*; danach wird unterschieden zwischen Beschaffungs-, Lagerhaltungs-, Fertigungs-, Vertriebs-, Verwaltungs-, Forschungs- und Entwicklungskosten;
- der *Zahlungscharakter der Kosten*; er erlaubt eine Gliederung in pagatorische und kalkulatorische Kosten.

In der *Praxis* erfolgt die Kostenartengliederung nach mehreren Kriterien, wobei in der Regel der Art der eingesetzten Produktionsfaktoren als Gliederungskriterium der Vorrang eingeräumt wird.

Die erforderliche Tiefe der Kostenartengliederung im B. ist weitgehend von der Größe des Unternehmens und dem Wirtschaftszweig abhängig. Es gibt *allgemeine Kostenartengliederungen* (→ *Kontenrahmen*), die auf Vorschläge unterschiedlicher Institutionen zurückgehen (z. B. Kontenklasse 4 des Gemeinschaftskontenrahmens der Industrie (GKR) oder Kontenklasse 6 des Industrie-Kontenrahmens (IKR)). Ihnen kommt in der Praxis große Bedeutung zu. Die Zweckmäßigkeit einer Kostenartengliederung ist jedoch nur im Einzelfall feststellbar.

Die *Kostenstellengliederung* des B. ist weitgehend unternehmensbezogen. Bei der Bildung der Kostenstellen sind die folgenden *Grundsätze* zu beachten, die Voraussetzung für die eindeutige Zuordnung der Kosten auf die Kostenstellen und für die Festlegung von Verantwortungsbereichen sind:

- Möglichkeit der Zuordnung der Kosten als *Kostenstelleneinzelkosten*. Danach sind die Kostenstellen so zu bilden, daß die Kosten über Kostenbelege den Kostenstellen eindeutig zugeordnet werden können.
- Abgrenzung selbständiger *Verantwortungsbereiche* für die Kostenstellenleiter. Danach sind die Kostenstellen so zu bilden, daß zum einen in der Kostenstelle die Möglichkeit der unmittelbaren Beeinflussung des mengenmäßigen Verzehrs der Produktionsfaktoren besteht, zum anderen entstehende Kostenabweichungen der Kostenstelle zugerechnet werden können.

Die *Kostenstellengliederung* erfolgt nach *funktionellen* und *abrechnungstechnischen* Merkmalen. Nach funktionellen Merkmalen unterscheidet man Beschaffungs-, Fertigungs-, Verwaltungs- und Vertriebskostenstellen sowie Forschungs- und Entwicklungskostenstellen. Abrechnungstechnisch wird zwischen Hilfskostenstellen und Hauptkostenstellen differenziert. Hilfskostenstellen verrechnen ihre Kosten auf andere Kostenstellen, Hauptkostenstellen verrechnen die Kosten direkt auf die Kostenträger (Produkte).

Üblicherweise unterscheidet man die Kostenstellengruppen Allgemeines, Material, Fertigung, Verwaltung und Vertrieb, wobei die Kostenstellengruppe Fertigung vielfach eine weitgehende Differenzierung erfährt. Die Gliederung entspricht weder rein abrechnungstechnischen noch rein funktionellen Gesichtspunkten. Sie ist mit der praktischen Anwendung der Vollkostenrechnung entstanden.

Allgemeine Kostenstellen werden u. a. gebildet für die Bereiche Konstruktion und Entwicklung, betriebliche Räume, Energie, Transport, Reparatur und Instandhaltung, Soziales. Die allgemeinen Kostenstellen sind Hilfskostenstellen.

Die *Materialkostenstellen* gliedern sich u. a. in die Kostenstellen für die Bereiche Leitung des Einkaufsbereichs, Rohstoff-, Hilfsstoff-, Betriebsstoffläger, Läger für fremdbezogene Teile, Ersatzteilläger, Warenprüflabors. Die Materialkostenstellen erbringen ihre Leistung in der Regel gegenüber den Kostenstellen des Fertigungsbereichs, verrechnen jedoch vielfach ihre Kosten direkt auf die Kostenträger.

Die *Fertigungskostenstellen* werden nach den produktionsspezifischen Gegebenheiten des Unternehmens gebildet. Sie lassen sich nach Fertigungsbereichen und weiter nach Meisterbereichen gliedern. Entsprechend dem unmittelbaren bzw. mittelbaren Beitrag der Kostenstellen zur Herstellung der Produkte wird zwischen Fertigungshauptkostenstellen und Fertigungshilfskostenstellen unterschieden.

Die *Verwaltungskostenstellen* werden u. a. für die Bereiche kaufmännische Leitung, Organisation, Planung und Kontrolle, Finanzbuchhaltung, Betriebsbuchhaltung, Rechtsabteilung, Personalabteilung gebildet. Traditionell verrechnen die Verwaltungskostenstellen ihre Kosten auf die Kostenträger.

Die *Vertriebskostenstellen* gliedert man u.a. in die Bereiche Verkaufsleitung, Marktforschung, Absatzplanung, Werbung, Fertigwarenläger, Verkaufsabteilung, Verpackungs- und Versandabteilung. Sie verrechnen ihre Kosten in der Regel direkt auf die verkauften Kostenträger.

3. Kostenverrechnung und Bildung von Kalkulationszuschlagssätzen. Die nicht den Kostenträgern direkt zurechenbaren Kosten (Einzelkosten) werden den Kostenstellen als primäre Kostenstellenkosten sowie als sekundäre Kostenstellenkosten belastet.

Die *primären Kostenstellenkosten* werden nach dem Kostenverursachungsprinzip den verursachenden Kostenstellen belastet. Abrechnungstechnisch erfolgt dies in der Weise, daß die Kostenbelege mit Kostenstellennummern kontiert werden, so daß die Kosten unmittelbar auf die Kostenstellen verteilt werden können.

Die *sekundären Kostenstellenkosten* werden zunächst kostenverursachenden Kostenstellen belastet, die innerbetriebliche Leistungen an andere Kostenstellen erbringen (Hilfskostenstellen). Für sie werden Bezugsgrößen festgelegt, die als Maßgrößen für die Weiterverrechnung auf Kostenstellen dienen, die von der Hilfskostenstelle innerbetriebliche Leistungen empfangen. Für die Verrechnung sind mehrere Verfahren entwickelt worden. Man unterscheidet u.a. das Anbau-, das Stufen-, das Sprung- und das Simultanverfahren.

Nach Vornahme der *innerbetrieblichen Leistungsverrechnung* sind alle Kosten, die den Kostenträgern nicht direkt zugerechnet werden können (Gemeinkosten), den Hauptkostenstellen belastet. Von dort aus werden sie unter Verwendung von Kalkulationszuschlagssätzen, die auf der Basis der Materialeinzelkosten, der Fertigungslöhne oder Maschinenlaufzeiten und der Herstellkosten gebildet werden, den Kostenträgern zugerechnet.

4. Beispiel eines Betriebsabrechnungsbogens. Das im folgenden angeführte vereinfachte Beispiel eines B. geht von einer Kostenartenrechnung aus, die neben den Materialeinzelkosten und Fertigungslöhnen weitere elf Kostenarten enthält. Die Kostenstellen gliedern sich in zwei allgemeine und eine Fertigungshilfskostenstelle sowie in sechs Hauptkostenstellen mit den Bereichen Material, Fertigung, Verwaltung und Vertrieb. Die Angabe der Kosten erfolgt in DM.

Die Kostenverrechnung im B. einschließlich der Bildung von Kalkulationszuschlagssätzen gliedert sich in drei Schritte:

Zunächst werden die *primären Kostenstellenkosten* erfaßt. Es handelt sich um solche Kosten, die in bezug auf die hergestellten Produkte Gemeinkosten, in bezug auf die Kostenstellen jedoch Einzelkosten sind und ihnen somit direkt zugerechnet werden können. Bei der Erfassung wird zeilenweise der jeweilige Betrag einer Kostenart den Kostenstellen, die die Kosten verursacht haben, belastet. Nach Durchführung der Belastung für alle Kostenarten sind die gesamten primären Kostenstellen bei den verursachenden Kostenstellen erfaßt. Im angeführten Beispiel weist die Zeile 12 des B. die Summe der primären Kostenstellenkosten aus und zeigt die Erfassung bei den einzelnen Hilfs- und Hauptkostenstellen.

In einem weiteren Schritt erfolgt die *Umlage der sekundären Kostenstellenkosten.* Dies sind Kosten, die den Kostenstellen nicht direkt als primäre Kostenstellenkosten (Kostenstellen-Einzelkosten) zugerechnet werden können. Die Umlage erfolgt im Rahmen der innerbetrieblichen Leistungsverrechnung. Dabei belasten die leistenden Hilfskostenstellen ihre Kosten

Kostenarten				Kostenstellen								
Zeile	Kto. Nr.	Bezeichnung	Beträge	Hilfskostenstellen			Hauptkostenstellen					
				Allgemein		Fertigung	Material	Fertigung			Verwaltung	Vertrieb
				1 Wasserversorgung	2 Kraftzentrale	Lohnbüro		I	II	III		
		1. Erfassung der primären Kostenstellenkosten (Kostenstellen-Einzelkosten)										
1	402	Hilfs- und Betriebsstoffe	34.600	4.000	9.400	1.100	800	7.500	6.400	4.700	300	400
2	403	Werkzeuge und Geräte	29.300	1.500	1.700	800	700	8.700	7.600	5.800	900	1.600
3	411	Hilfslöhne	149.700	9.400	7.800	14.700	12.500	44.300	31.200	29.800	-	-
4	412	Gehälter	226.400	5.300	10.700	5.200	6.400	13.700	14.400	13.400	102.200	55.100
5	415	Gesetzliche Sozialleistungen	52.100	2.000	1.900	2.700	2.700	7.800	6.200	5.900	14.800	8.100
6	420	Heiz-, Brennstoffe, Energie	48.900	6.600	29.100	-	1.000	-	-	-	4.400	7.800
7	421	Instandhaltung	10.800	1.000	1.300	1.800	400	1.800	500	2.600	600	800
8	430	Steuern, Gebühren Versicherungen	17.200	700	1.200	-	600	1.500	1.400	1.300	6.200	4.300
9	480	Sonstige Kosten	39.900	1.800	2.500	2.300	1.900	6.800	7.600	5.700	7.700	3.600
10	491	Kalkulatorische Abschreibungen	131.600	5.800	8.500	3.200	3.900	34.000	28.300	23.200	13.500	11.200
11	493	Kalkulatorische Zinsen	46.600	1.800	3.300	900	1.200	10.900	9.500	6.800	6.900	5.300
12		Summe der primären Kostenstellenkosten	787.100	39.900	77.400	32.700	32.100	137.000	113.100	99.200	157.500	98.200
		2. Umlage der sekundären Kostenstellenkosten (Kostenstellen-Gemeinkosten)										
13		Umlage Allgemeine		./. 100%	7%	2%	3%	33%	30%	20%	3%	2%
		Hilfskostenstelle 1		./. 39.900	2.800	800	1.200	13.100	12.000	8.000	1.200	800
14		Umlage Allgemeine			./. 100%	2%	4%	36%	32%	18%	5%	3%
		Hilfskostenstelle 2			./. 80.200	1.600	3.200	28.900	25.700	14.400	4.000	2.400
15		Umlage Fertigungs-				./. 100%		45%	30%	25%		
		hilfskostenstelle				./. 35.100	-	15.800	10.500	8.800	-	-
16		Summe der primären und sekundären Kostenstellenkosten der Hauptkostenstellen	787.100				36.500	194.800	161.300	130.400	162.700	101.400
		3. Bildung von Kalkulationszuschlagsätzen										
17		Zurechnungsbasis Materialeinzelkosten	310.600				310.600					
18		Zurechnungsbasis Fertigungslöhne	576.000					227.600	157.200	191.200		
19		Zurechnungsbasis Herstellkosten	1.409.600								1.409.600	1.409.600
20		Kalkulationszuschlagssätze					11,75%	85,59%	102,61%	68,20%	11,54%	7,19%

den empfangenden Hauptkostenstellen. Im obigen Beispiel erfolgt die Umlage nach dem *Stufenverfahren.* Es werden zunächst die Kosten derjenigen Hilfskostenstelle auf die anderen Kostenstellen umgelegt, die an andere Kostenstellen leistet, von diesen aber keine oder nur vernachlässigbare Leistungen erhält. Nach Umlage der Kosten dieser Kostenstelle wird in bezug auf die verbleibenden Hilfskostenstellen in gleicher Weise verfahren. Im obigen Beispiel wird unterstellt, daß bekannt sei, in Höhe welcher Anteile die empfangenden Kostenstellen Leistungen der leistenden Kostenstelle bezogen haben. Die Angabe erfolgt mit Prozentsätzen. Nach der Umlage der sekundären Kostenstellenkosten sind alle Produktgemeinkosten den Hauptkostenstellen belastet. Zeile 16 im obigen B. zeigt die Summe der Gemeinkosten und die Belastung der Hauptkostenstellen.

Schließlich werden für die Hauptkostenstellen *Kalkulationszuschlagssätze* gebildet. Dabei wird in der Regel für jede einzelne Hauptkostenstelle von einer unterschiedlichen Zuschlagsbasis ausgegangen. Vereinfachend wird für das obige Beispiel angenommen, daß Basis für die Ermittlung des Kalkulationszuschlagssatzes der Materialkostenstelle die Einzelmaterialkosten sind; für die Ermittlung der Kalkulationszuschlagssätze der Fertigungskostenstellen werden als Basis die Fertigungslöhne und für die Ermittlung

Materialeinzelkosten	500,— DM	
Materialgemeinkosten 11,75 %	58,75 DM	
Materialkosten		558,75 DM
Fertigungslohn Fertigungskostenstelle I	350,— DM	
Fertigungsgemeinkosten 85,59 %	299,57 DM	
Fertigungslohn Fertigungskostenstelle II	50,— DM	
Fertigungsgemeinkosten 102,61 %	256,53 DM	
Fertigungslohn Fertigungskostenstelle III	300,— DM	
Fertigungsgemeinkosten 68,2 %	204,60 DM	
Fertigungskosten		1.660,79 DM
Herstellkosten		2.219.45 DM
Verwaltungsgemeinkosten 11,54 %		256,12 DM
Vertriebsgemeinkosten 7,19 %		159,58 DM
Selbstkosten		2.635,15 DM

der Kalkulationszuschlagssätze der Verwaltungs- und Vertriebskostenstelle die Herstellkosten verwendet. Im obigen B. zeigen die Zeilen 17–19 die Zuschlagsbasis für die Ermittlung der Kalkulationszuschlagssätze. Den Kalkulationszuschlagssatz einer Kostenstelle errechnet man aus dem Quotienten von Kostenstellenkosten und Zuschlagsbasis; z. B. ergibt sich für die Materialkostenstelle der Kalkulationszuschlagssatz durch den Quotienten 36.500/310.600 = 0,1175.

Unter Verwendung der Produkteinzelkosten und der Kalkulationszuschlagssätze können die Produktkosten ermittelt werden. Es seien pro Einheit eines Produktes die folgenden Einzelkosten gegeben: Materialeinzelkosten 500 DM, Fertigungslöhne der Kostenstelle I 350 DM, Kostenstelle II 250 DM, Kostenstelle III 300 DM.

Es ergeben sich unter Verwendung des Kalkulationsschemas die folgenden Produktkosten:

Lit.: Kilger, W.: Einführung in die Kostenrechung, 3. Aufl., 1987 (Nachdruck 1992), S. 170–192; *Scherrer, G.*: Kostenrechnung, 2. Aufl., 1991, S. 345–375; *Schirmeister, R.*: Betriebsbuchhaltung, in: HWR, 3. Aufl., 1993, Sp. 153–163.

Prof. Dr. Gerhard Scherrer, Regensburg.

Betriebsausgaben

B. i. S. des § 4 EStG sind Ausgaben in Geld oder Geldeswert. § 4 Abs. 4 EStG stellt nicht auf Zahlungsvorgänge ab, sondern definiert B. als „Aufwendungen, die durch den Betrieb veranlaßt sind". Bei der Gewinnermittlung durch Betriebsvermögensvergleich sind darunter auch solche Aufwendungen zu verstehen, die nicht gleichzeitig zu Ausgaben führen, z. B. die Bildung einer → *Rückstellung*. Für die Gewinnermittlung nach § 4 Abs. 3 EStG sind dagegen nur tatsächlich geleistete Ausgaben B.

Lit.: Wöhe, G.: Betriebswirtschaftliche Steuerlehre I/2, 7. Aufl., 1992, S. 44 ff.

Betriebs-Berater (BB)

1946 gegründete dreimal monatlich erscheinende Zeitschrift zum Wirtschafts-, Bilanz-, Steuer-, Arbeits- und Sozialrecht, Auflage 20000.

Betriebsbuchhaltung

1. Begriff und Stellung der Betriebsbuchhaltung im betrieblichen Rechnungswesen

In der Praxis unterscheidet man sehr oft unter abrechnungstechnisch-organisatorischen Aspekten zwischen Finanz- bzw. Geschäftsbuchhaltung (→ *Buchhaltung, kaufmännische)* einerseits und Betriebsbuchhaltung (Betriebsabrechnung) andererseits. Die Finanzbuchhaltung erfaßt anhand von Belegen die Geschäftsvorfälle, die sich zwischen der Unternehmung und ihrer Umwelt abspielen und verrechnet sie im Kontensystem der doppelten Buchhaltung weiter. Sie findet ihren Abschluß in der Bilanz und der Gewinn- und Verlustrechnung. Die Aufgabe der B. besteht demgegenüber darin, den *Produktionsprozeß (Faktorverbrauch und Leistungsentstehung) zahlenmäßig abzubilden.* Der Begriff B. impliziert dabei, daß zur Bewältigung der gestellten Aufgaben in Anlehnung und Abstimmung zur Finanzbuchhaltung die klassischen buchhalterischen Instrumente herangezogen werden. Verbucht werden firmeninterne Geschäftsvorfälle, Kontierungsobjekte sind hierbei Kostenarten, Kostenstellen und Kostenträger, Rechnungsstoff sind nicht Aufwendungen und Erträge (→ *Grundgrößen des Rechnungswesens*) sondern → *Kosten und Leistungen* bzw. Erlöse.

Da die B. der *Erfassung, Überwachung und Steuerung des internen Unternehmensablaufs* dient, ist sie dem Bereich des internen Rechnungswesens zuzuordnen. Das *interne Rechnungswesen* umfaßt daneben jedoch noch andere Gebiete, wie etwa die Betriebsstatistik oder die → *Investitionsrechnung*, darüber hinaus Unfallstatistiken, Lagerumschlagsberichte und vielfältige andere Informationen, die der Unternehmensführung als Planungs-, Kontroll- und Steuerungsunterlagen dienen. Gleichwohl macht die als geschlossenes Gesamtsystem zu verstehende B. einen wesentlichen Bestandteil des internen Rechnungswesens aus.

2. Ablösung der konventionellen Betriebsbuchhaltung durch umfassende Konzepte der Kosten-, Leistungs-, Erlös- und Ergebnisrechnung

Der früher häufig benutzte Terminus B. hat neuerdings stark *an Bedeutung verloren.* Während die Finanzbuchhaltung als extern orientiertes Dokumentationssystem verstanden wurde, das die Vorgänge finanzieller Art abbildet, die sich zwischen der Unternehmung und seiner Umwelt abspielen, wurde die B. als grundsätzlich von der Finanzbuchhaltung getrennter Rechenkreis angesehen. Heute ist man sich zwar weitgehend einig, daß die Unterscheidung nach den Informationsempfängern in externes und internes Rechnungswesen ein bedeutsames Gliederungskriterium des betrieblichen Rechnungswesen darstellt. Diese Unterscheidung muß jedoch nicht dazu führen, daß die zugrunde liegenden Informationssysteme (Finanzbuchhaltung einerseits, B. bzw. Kostenrechnung andererseits) strikt voneinander getrennt zugeordnet werden können. Dies wird insbesondere bei *modernen Standard-Softwarelösungen* deutlich, mit denen *integrierte Gesamtlösungen für das betriebliche Rechnungswesen* angestrebt werden. Eine Zuordnung von Aufwands- bzw. Kostenbeträgen zu Kostenstellen bzw. Kostenträgern erfolgt in solchen Systemen nicht etwa in den Modulen der Kostenrechnung, sondern bereits bei der Primärerfassung der einzelnen Werte im System der Finanzbuchhaltung. Eine andere Gestaltung würde *unnötige Doppelerfassungen* veranlassen. Hieran erkennt man, daß die B. kein vollständig von der Finanzbuchhaltung getrenntes System ist.

Mit dem Begriff B. wurde weiterhin eine Unterteilung innerhalb des Systems der Kosten und Leistungsrechnung vorgenommen. Mit B. wurde auf die *periodenbezogene Erfassung und Verrechnung von Kosten und Leistungen* abgestellt, während die Kalkulation (→ *Kalkulationsverfahren*) als weiterer Bestandteil der Kosten- und Leistungsrechnung wegen ihrer Eigenschaft als Stückrechnung von ihr getrennt wurde. Auch diese Unterscheidung ist heute nicht mehr üblich, da Kalkulation und Kostenträgerergebnisrechnung als *integrierte Teilmodule eines geschlossenen Systems der Kosten-, Leistungs-, Erlös- und Ergebnisrechnung* zu betrachten sind (Vgl. Abbildung 1).

3. Aufgaben und Zwecke der Kosten-, Leistungs-, Erlös- und Ergebnisrechnung

Orientiert man sich an dem in einem Unternehmen ablaufenden Führungsprozeß, so kann man der Kosten- und Leistungsrechnung *Prognose-, Vorgabe- und Kontrollfunktionen* zuordnen (→ *Kostenrechnungssysteme*). Sie muß erwartete Kosten und Leistungen prognostizieren, Soll-Kosten und Soll-Leistungen (→ *Plankostenrechnung*) als anzustrebende Zielgrößen vorgeben, deren Einhaltung kontrollieren und die Ursachen auftretender Abweichungen analysieren. Neben diesen Aufgaben, die alle aus dem Einsatz der Kosten- und Leistungsrechnung für die *Planung und Steuerung des Betriebsgeschehens* resultieren, sind – wie bereits einleitend erwähnt – auch *abrechnungstechnische Funktionen* wahrzunehmen. Der Produktionsprozeß muß fortlaufend und möglichst wirklichkeitsgetreu abgebildet werden, der Erfolg der betrieblichen Tätigkeit ist insgesamt und nach Artikeln differenziert zu dokumentieren. Insofern erfüllt die Kosten- und Leistungsrechnung auch eine *Ermittlungsfunktion*. Da die Kosten- und Leistungsrechnung heute mehr und mehr als Dienstleistungsabtei-

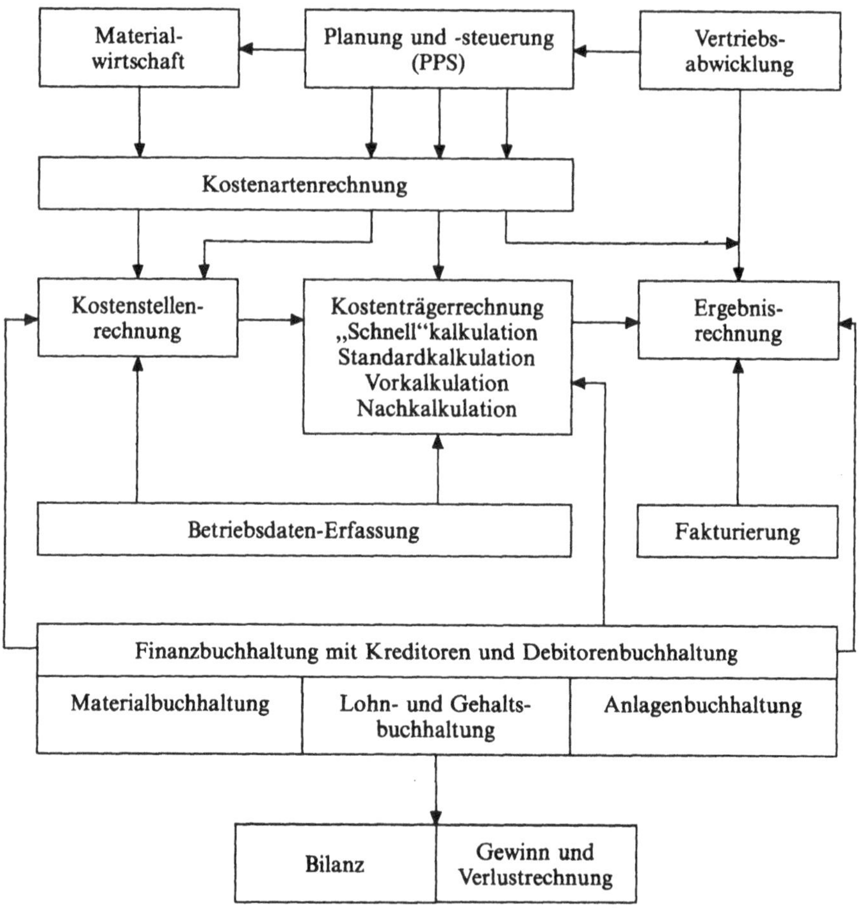

Abb. 1: Integrationskonzept einer geschlossenen Kosten-, Leistungs-, Erlös- und Ergebnisrechnung

Betriebsbuchhaltung

lung des Management aufgefaßt wird, ist jedoch in erster Linie zu fordern, daß *relevante und adäquate Informationen* bereitgestellt werden können. Solche relevanten Informationen müssen für einen bestimmten Verwendungszweck maßgeschneidert werden. Die Hauptzwecke der Kosten- und Leistungsrechnung werden nachfolgend kurz skizziert.

a) Preiskalkulation und Preisbeurteilung. Ein Hauptzweck der Kosten- und Leistungsrechnung besteht auch heute noch darin, Informationen für die unternehmerische Preispolitik sowohl auf der Absatz- als auch auf der Beschaffungsseite bereitzustellen (→ *Erlösrechnung*). Im einzelnen handelt es sich hierbei um die Beurteilung von

- Verkaufspreisen für erzeugte Produkte,
- Einkaufspreisen für zu beschaffende Einsatzstoffe und Absatz-Verrechnungspreise für interne Leistungen.

b) Kontrolle der Wirtschaftlichkeit. Je größer Unternehmungen werden und je schwerer sie sich überschauen lassen, desto notwendiger ist es, durch Aufzeichnungen über den Produktionsfaktorverzehr und die Leistungsentstehung die → *Wirtschaftlichkeit* sämtlicher Produktionsprozesse zahlenmäßig zu überwachen, um rechtzeitig auf Mängel und Störungen aufmerksam zu werden. Um Unwirtschaftlichkeiten lokalisieren zu können, bedient man sich insbesondere einer ausgebauten, d.h. sehr differenzierten Kostenstellenrechnung.

c) Gewinnung von Unterlagen für Entscheidungsrechnungen. Die Kosten- und Leistungsrechnung muß insbesondere für die folgenden Entscheidungssituationen bzw. Sachprobleme Informationen liefern:

- Wahl zwischen *Eigenfertigung und Fremdbezug,*
- Wahl zwischen *unterschiedlichen Absatzmethoden,*
- Planung des *Produktions- und Absatzprogrammes.*

d) Erfolgsermittlung und Bestandbewertung. Die Informationen, welche die nur einmal jährlich erstellte → *Gewinn- und Verlustrechnung* liefert, reichen für Zwecke der Unternehmenssteuerung nicht aus. Einerseits ist das Jahr als Berichtsperiode zu lang, andererseits wird der Erfolg in der Gewinn- und Verlustrechnung nicht nach Artikeln oder anderen Bezugsobjekten differenziert. Für die Zwecke der Unternehmensführung muß die Kosten- und Leistungsrechnung deshalb kurzfristige (in der Regel monatliche) → *Erfolgsrechnungen* ausweisen und einzelne Bezugsobjekte (Produkte, Kunden, Absatzgebiete und Absatzwege) differenzieren.

Dem Zweck der Erfolgsermittlung kann auch der Rechnungszweck der Ermittlung der → *Herstellungskosten* zur Bewertung von Erzeugnisbeständen untergeordnet werden, da dieser Schritt eine wesentliche Voraussetzung der Erfolgsermittlung darstellt. Ebenso ist die Bewertung anderer zu aktivierender Eigenleistungen vorzunehmen.

4. Kostenartenrechnung

Die Kostenartenrechnung hat die Aufgabe, sämtliche für die Erstellung und Verwertung betrieblicher Leistungen innerhalb einer Periode *anfallenden Kosten vollständig, eindeutig und überschneidungsfrei nach einzelnen Kostenarten gegliedert zu erfassen* und auszuweisen.

Die meisten der von ihr aufgezeichneten Daten übernimmt die Kostenartenrechnung aus *vorgelagerten Rechenkreisen.* Die Finanzbuchhaltung liefert im Zusammenwirken mit der *Lohn- und Gehaltsbuchhaltung* und der *Materialbuchhaltung,* die sich unmittelbar von Aufwendungen ableitenden Grundkosten. Von der *Anlagenbuchhaltung* können die für das Bereithalten und Nutzen von Betriebsmitteln zu verrechnenden Anders- und Zusatzkosten übernommen werden, so vor allem die kalkulatorischen → *Abschreibungen* und jene kalkulatorischen Zinsen, die für das im → *Anlagevermögen* gebundene Kapital anzusetzen sind. Kalkulatorische Unternehmerlöhne und andere *kalkulatorische Kostenarten* (→ *Kosten, kalkulatorische*), die sich nicht von unmittelbar buchhalterisch erfaßbaren Geschäftsvorfällen ableiten, lassen sich

Betriebsbuchhaltung

nur aus speziell für die Kostenartenrechnung zu erstellenden Sonderrechnungen entnehmen.

Die Kostenartenrechnung ist nicht nur Datenlieferant für die Kostenstellen- und die Kostenträgerrechnung, sondern erfüllt in mehrfacher Hinsicht auch *eigenständige Rechnungszwecke*. Unabhängig von der Ausgestaltung der anderen Teilgebiete des innerbetrieblichen Rechnungswesens ist die Kostenartenrechnung Ausgangspunkt für unmittelbar kostenartenbezogene Planungen, Kontrollen und Analysen im Sinne des → *Controlling*.

Der *Hauptzweck* der Kostenartenrechnung besteht jedoch darin, *Kostendaten an die Kostenstellen- und Kostenträgerrechnung zu transferieren*. Bereits in der Finanzbuchhaltung bzw. Kostenartenrechnung werden die den Kostenträgern nicht direkt zurechenbaren Kosten als Kostenstelleneinzelkosten erfaßt.

Die wichtigste Funktion erfüllte die Kostenartenrechnung durch die *Gliederung des Gesamtkostenstoffes in einzelne Kostenarten*. Hierbei wird vornehmlich nach der Art der Kostengüter (im Sinne von Produktionsfaktoren) unterschieden. Dies führt beispielsweise zur Differenzierung von Material-, Personal-, Anlagen- und Dienstleistungskosten sowie einer Anzahl weiterer Kostenarten. Die von einem Unternehmen für am zweckmäßigsten erachtete Gliederung der Kostenarten ist in einem *Kostenartenplan* festzuhalten. Die Struktur solcher Kostenartenpläne ist stets auf die oft sehr speziellen Informationsbedürfnisse der einzelnen Unternehmen auszurichten. Dies macht die prinzipiell anzustrebende durchgängige Systematisierung der Kostenarten nach einem einzigen Kriterium – so vor allem nach der Art eingesetzten Kostengüter – häufig unmöglich.

Da die Kostenrechnung – anders als die auf das Geschäftsjahr abstellende Finanzbuchhaltung – regelmäßig auf *kürzere Perioden ausgerichtet* ist, sind im Zuge der Überführung von Aufwands- in Kostenarten teilweise auch *zeitliche Abgrenzungen* vorzunehmen. So nimmt man in der Kostenartenrechnung insbesondere für jene Aufwandsarten, die sich zwar monatlich erfassen lassen, aber in ihrer Höhe von Monat zu Monat sehr stark schwanken, durch Verrechnung monatlicher Planwerte eine Normalisierung vor. Da bei diesem Verfahren Abweichungen zwischen verrechneten Planwerten und im Ist angefallenen Aufwandsgrößen entstehen, muß im Rahmen der Abgrenzungsrechnung eine Kontrolle dieser Abweichungen sichergestellt werden.

5. Kostenstellenrechnung

Die Kostenstellenrechnung zeichnet auf, *welche Kosten für die einzelnen Teilbereiche eines Unternehmens innerhalb einer Abrechnungsperiode anfallen*. Sie erfaßt die den Produkten bzw. Leistungen eines Unternehmens nicht direkt zurechenbaren Kostenträgergemeinkosten und bereitet diese für ihre Weiterverrechnung auf. Auf diese Weise *verbindet sie die Kostenartenrechnung mit der Kostenträgerrechnung* und steht somit im Mittelpunkt der Betriebsabrechnung (→ *Betriebsabrechnungsbogen*).

Die Kostenstellenrechnung hat mehrere Aufgaben zu erfüllen. Sie muß vor allem eine *kostenstellenbezogene Kontrolle der Wirtschaftlichkeit* durchführen, die für das Kalkulieren von Kostenträgern benötigten *Zuschlags- und/oder Verrechnungssätze ermitteln* und die Einhaltung der Kostenbudgets überwachen, die den einzelnen Kostenstellen vorgegeben werden.

Eine besonders wichtige Aufgabe der Kostenstellenrechnung ist die nach Kostenentstehungsbereichen differenzierende *Kontrolle der Wirtschaftlichkeit*. Sie stützt sich vor allem auf Zeitvergleiche und *Soll-Ist-Vergleiche*, mitunter aber auch auf den unternehmensinternen Vergleich von Kostenstellen, die gleichartige Leistungen erbringen. Um eine effiziente Wirtschaftlichkeitskontrolle zu ermöglichen, ist bei der Gliederung der einzelnen Kostenstellen vor allen Dingen nach dem Kriterium der Verantwortlichkeit vorzugehen.

In Verfolgung des Zieles, sämtliche Kosten einer Abrechnungsperiode auf die Kostenträger weiter zu verrechnen, verlangt die Vollkostenrechnung von der Kostenstellenrechnung vor allem die *Ermittlung von Zuschlags- oder Verrechnungssätzen*, die eine *direkte Weiterwälzung der Kostenträgergemeinkosten von der Kostenartenrechnung auf die Kostenträger* ermöglichen sollen. Da nicht alle Kostenentstehungsbereiche direkt von den Kostenträgern beansprucht werden, ist im Vorfeld der Ermittlung von Zuschlagssätzen bzw. Verrechnungssätzen eine *innerbetriebliche Leistungsverrechnung* erforderlich, im Rahmen derer mit unterschiedlichen Methoden die Kosten der Vorkostenstellen auf die Hauptkostenstellen weitergewälzt werden. Da vollkostenrechnungsorientierte Zuschlags- oder Verrechnungssätze keine verursachungsgemäße Kostenzurechnung ermöglichen, wird insbesondere in *modernen Systemen der Plankostenrechnung (Grenzplankostenrechnung)* eine Spaltung der Kostenstellenkosten in fixe und proportionale Bestandteile (→ *Kosten, fixe und variable*) vorgenommen. Mit den auf dieser Basis gebildeten Verrechnungssätzen werden lediglich die variablen Kostenträgergemeinkosten auf die einzelnen Produkte weiterverrechnet. Voraussetzung dieses Verfahrens ist eine sorgfältige *analytische Kostenspaltung*, die auf die Veränderung der Kostenstellenkosten infolge von Veränderungen des spezifischen Leistungsvolumens der Kostenstellen abstellen.

6. Kostenträgerrechnung

Als letzte Stufe der Kostenrechnung verrechnet die Kostenträgerrechnung die auf Endkostenstellen weitergewälzten Kosten auf die verschiedenen Kostenträger (betriebliche Leistungen) des Betriebs.

Die Kostenträgerrechnung wird als *stückbezogene* und als *zeitbezogene* Rechnung durchgeführt. Die *Kostenträgerstückrechnung (Kalkulation)* ermittelt die Kosten für einzelne Leistungseinheiten. Die *Kostenträgerzeitrechnung* dagegen erfaßt als Periodenrechnung die Kosten eines Abrechnungszeitraums differenziert nach einzelnen Kostenträgerarten. Durch Gegenüberstellung der Kosten mit den jeweils erzielten Erlösen (→ *Erlösrechnung*) wird die Kostenträgerzeitrechnung regelmäßig zu einer kurzfristigen Erfolgsrechnung bzw. Kostenträgerergebnisrechnung erweitert.

Periodenbezogene Kostenträgerergebnisrechnungen stellen meist auf einzelne Monate ab. Neben der dadurch sichergestellten hohen Aktualität liefern diese Rechnungen einen sehr detaillierten Einblick in die *Erfolgsstruktur des Produktions- und Absatzprogramms*, da der Erfolg getrennt nach Produktsparten, Produktgruppen, Produktarten und Produktvarianten und innerhalb dieser Leistungshierarchien ggf. nach Kunden, Vertriebsgebieten und/oder Vertriebswegen (→ *Segmentrechnungen*) ausgewiesen wird. Zu diesem Zweck baut man häufig systematisch strukturierte *Kostenträgerhierarchien* auf. Da die Beurteilung des Leistungsprogramms an Hand vollkostenrechnungsorientierter Netto-Ergebnisrechnungen zu schwerwiegenden Fehlinterpretationen führen kann, setzen sich im Rahmen der Ergebnisrechnung immer mehr Systeme der → *Grenzkostenrechnung* bzw. → *Deckungsbeitragsrechnung* durch. Diese Brutto-Ergebnisrechnungen stellen in retrograden Kostenträgerrechnungen zunächst den Netto-Erlös dar und ziehen von diesem anschließend in weiteren Rechenschritten zunächst nur die variablen Kostenbestandteile ab. Die fixen Kosten werden von dem auf diese Weise entstehenden Deckungsbeitrag nur dann abgezogen, wenn sie den einzelnen Produkten als Einzelkosten (→ *Einzel- und Gemeinkosten*) zurechenbar sind. Ist dies nicht der Fall, versucht man, die Fixkosten auf höheren Ebenen der Produkthierarchie (Produktsparten, Produktgruppen) zuzurechnen. Im ungünstigsten Falle können die Fixkosten nur dem Gesamtunternehmen zugerechnet werden.

Lit.: Kosiol, E.: Kosten- und Leistungsrechnung, 1979; *Hummel, S./Männel, W.*: Kostenrechnung, Bd. 1, 4. Aufl., 1986 (Nachdruck 1990); *Kilger, W.*: Einführung in die Kostenrechnung, 3. Aufl., 1987 (Nachdruck 1992); *Schweitzer, M./Küpper, H.-U.*: Systeme der Kosten- und Erlösrechnung, 6. Aufl., 1995; *Seicht, G.*: Moderne Kosten- und Leistungsrechnung, 8. Aufl., 1995; *Kloock, J./Sieben,*

G./Schildbach, T.: Kosten- und Leistungsrechnung, 8. Aufl., 1997.

Professor Dr. Wolfgang Männel, Nürnberg.

Betriebseinnahmen

Der Begriff der B. wird vor allem im EStG gebraucht, dort jedoch nicht umschrieben und deshalb nach dem Einnahmebegriff des § 8 EStG ausgelegt. Nach Auffassung des BFH sind B. demnach alle betrieblich veranlaßten Wertzugänge zum Betriebsvermögen, die keine Einlagen sind.

Betriebserfolg

= → *Betriebsergebnis.*

→ *Gewinn.*

Betriebserfolgsstatistik

Teil der Betriebsstatistik, die der laufenden Überwachung des Betriebserfolges dient. Dabei erfolgt eine periodische (i. d. R. monatliche) *Auswertung des erzielten Betriebsergebnisses* durch die Erfassung von Umsatz und Kosten an Hand von Kennzahlen. Daraus lassen sich durch Gegenüberstellung mit Vergleichszahlen (z. B. Vorjahreszahlen) Entwicklungen im Zeitablauf erkennen und Schlüsse für die künftige Unternehmenspolitik ziehen.

Betriebsergebnis

= Betriebserfolg.

(1) Im Sinne des *internen* → *Rechnungswesens* Differenz zwischen → *Kosten und Leistungen* einer Periode (kalkulatorisches Ergebnis).

(2) Im *handelsrechtlichen Sinne* die Differenz zwischen den durch die ordentliche betriebliche Tätigkeit verursachten Aufwendungen und Erträgen ohne → *aperiodische*, → *betriebsfremde* und → *außerordentliche* (→ *neutrale*) Elemente (→ *Gewinn*).

(3) Bei → *Kreditinstituten* Summe aus Teilbetriebsergebnis (Zins- und Provisionsüberschuß abzüglich Verwaltungsaufwand) und dem Ergebnis des Eigenhandels mit Wertpapieren, Devisen und Edelmetallen.

Betriebsfremde Aufwendungen und Erträge

Außerhalb des engeren Betriebszweckes anfallende Aufwendungen und Erträge, z. B. Spenden für gemeinnützige Zwecke oder politische Parteien und Mieterträge aus Wohnungen für nicht dem Betrieb angehörige Personen. In der Gewinn- und Verlustrechnung nach der Mindestgliederung des § 275 HGB werden sie unter sonstigen betrieblichen Aufwendungen und Erträgen erfaßt.

Betriebsmittelkosten

B. entstehen durch den Verzehr des Wertes und dem Betrieb von Maschinen, technische Anlagen, Grundstücken und Gebäuden. Die B. erstrecken sich i. d. R. über mehrere Perioden. Die B. einer Periode werden als → *Abschreibungen* und *kalkulatorische Zinsen* (→ *Kosten, kalkulatorische*) der Betriebsmittel bestimmt (zu den unterschiedlichen *Abschreibungsverfahren* → *Abschreibungen*, → *Anlagenrechnung*) und als Kosten der *Instandhaltung* erfaßt. Im w. S. gehören auch den Betriebsmitteln zuordbare Abgaben zu den B.

Betriebsmodell

Abbildung der → *Kosten* und deren Einflußgrößen (→ *Betriebsplanerfolgsrechnung*).

Betriebsnotwendiges Kapital

= Sachzielnotwendiges Kapital.

Zur Erfüllung des Betriebszweckes der Unternehmung notwendiges Kapital; die *kalkulatorischen Zinsen* (→ *Kosten, kalkulatorische*) werden aus dem *betriebsnotwendigen Vermögen* abzüglich dem → *Abzugskapital* bestimmt.

Betriebsplanerfolgsrechnung

1. Abgrenzung zur flexiblen Grenzplankostenrechnung

Die flexible B. stellt eine *Weiterentwicklung der flexiblen Grenzplankostenrechnung* (→ *Grenzkostenrechnung*, → *Plankostenrechnung*) dar. Sie berücksichtigt weitergehende *kurzfristige Wahlmöglichkeiten des Produktionsvollzugs und der Absatzpolitik*, insbesondere Variationen der Materialzusammensetzung, Losgrößen, Produktreihenfolgen, Produktionsverfahren, Produktqualitäten und -abmessungen, Preishöhe, Rabatt- und Bonusgewährung, Absatzfinanzierung, Vertriebswege und anderer Erlöskomponenten.

Die flexible Grenzplankostenrechnung geht dagegen von (alternativ) vorfixierten Produktions- und Marktbedingungen aus; sie ist der Planung der Absatz- und Produktionsmengen *vorgelagert, nicht aber integrierter Bestandteil* dieses Planungsprozeses. In der *Grenzplankostenrechnung* wird grundsätzlich unterstellt, daß sich die variablen Kosten und Erlöse einer Bezugsperiode allein zu Produktmengenvariationen (Beschäftigungsveränderungen) unter jeweils vorfixierten Produktionsbedingungen proportional verhalten. Dies setzt voraus, daß entweder alle anderen Kosten- und Erlöseinflußgrößen *im Zuge vorgelagerter Planungsprozesse* festgelegt werden oder mittelbar durch den Ansatz *alternativ-konstanter Grenzplankosten* für bestimmte Produktions- oder Absatzalternativen berücksichtigt werden, was jedoch nur bei einer sehr begrenzten Zahl derartiger Wahlmöglichkeiten praktikabel ist.

2. Integration mit der Produktions- und Absatzplanung

Für die Integration des betrieblichen Rechnungswesens mit den Planungs- und Überwachungsprozessen in Absatz und Produktion ist eine wesentliche Voraussetzung, daß alle wichtigen quantitativen Einflußgrößen auf den Periodenerfolg im Produktions- und Absatzbereich erforscht (→ *Einflußgrößenrechnung*) und die für den Verbrauchs- und Potentialfaktoreinsatz sowie die Absatzleistungen maßgebenden Einflußgrößenbeziehungen in Form mathematischer Funktionen in *Betriebsmodellen* und *Absatzmodellen* abgebildet werden. Dabei ist darauf zu achten, daß nur solche Einflußgrößenbeziehungen berücksichtigt werden, die für Zwecke der am Wirtschaftlichkeitsprinzip orientierten strukturellen Planung und Überwachung von Produktion und Absatz (integrierte Programm-, Verfahrens-, Faktoreinsatz- und Absatzleistungsplanung) sowie für die Produktkalkulation und Preisbeurteilung signifikant sind.

Betriebsmodelle basieren auf Prozeßmodellen, die zur Steuerung der technologischen Produktionsabläufe in Industriebetrieben eingesetzt werden, z.B. Hochofenprozeßmodell, Stahlwerksprozeßmodell, verfahrenstechnisches Prozeßmodell in der Chemieindustrie. *Absatzmodelle* werden aus der Analyse vergangener Absatzprozesse und aus Projektionen für zukünftige Absatzaktivitäten abgeleitet. Insbesondere durch eine differenzierte Auftragsverfolgung – z.B. aufgegliedert nach Vertriebswegen, Regionen, Kundengruppen und Produktgruppen – kann Transparenz in die Entstehung einzelner mengenmäßiger Absatzleistungsarten sowie ihre Bewertung mit positiven und negativen Erlösarten gewonnen werden (→ *Erlösrechnung*).

3. Periodenerfolg als Zielgröße

Wirtschaftliches Oberziel von Unternehmungen im Rahmen der operativen Führung ist die Erreichung *möglichst hoher Periodenerfolge*. Daher stellt die auf Betriebs- und Absatzmodellen aufbauende B. die Ermittlung der *Auswirkungen von Handlungsalternativen auf den Periodenerfolg* in den Mittelpunkt optimaler Produktions- und Absatzplanung. Auf Basis von Einflußgrößenfunktionen können zunächst für alternative Vorgaben des Produktions- und Absatzprogramms, der disponiblen Produktions- und Absatzbedingungen und/oder der Faktoreinsatzzusammensetzung bei zweckgerechter Bewertung die jeweils zu erwartenden Periodenkosten und -erlöse ermittelt werden. Die *Bestimmung der Plankosten für eine konkrete Anpassungs- oder Programmalternative* spielt für Planungszwecke vor allem auch dann eine Rolle, wenn man die *Kostendifferenz* eines bestimmten in Aussicht genommenen Maßnahmenbündels gegenüber dem bestehenden Kostenniveau kennenlernen will, z.B. die Kostenwirkung einer Öl-Heizgas-Substitution bei gleichzeitiger Umstellung des Fertigungsverfahrens. Ebenso lassen sich *Preisveränderungen* einer Faktoreinsatzart unmittelbar in eine Periodenkostendifferenz umrechnen (z.B. bei tarifvertraglichen Lohnsatzänderungen). Analog können auch die *Erlösdifferenzen* für alternative Absatzprogramme und bei Zusammenfassung mit den zugehörigen Produktionsprogrammen die *Periodener-*

folgsdifferenzen aufgezeigt werden. Für derartige Planungsoperationen ist bei IBM-Japan ein umfassendes Software-Paket entwickelt worden, das auf Matrizenoperationen zur Verknüpfung von linearen Absatz- und Betriebsmodellen beruht (MATPLAN). Soweit in der Praxis die Informationsbasis für *Optimierungskalküle* vorhanden ist, kann durch Einsatz der linearen Programmierung der Produktions- und Absatzplan mit dem maximalen Periodenerfolg oder – für ein vorgegebenes Produktions- und Absatzprogramm – mit den minimalen Plankosten bestimmt werden. Im Optimierungsansatz enthält die Zielfunktion die *gesamten* Planerlöse und *primären* Kosten (Vollkosten) der betrachteten Bezugsperiode. Hier wird ein wesentlicher *konzeptioneller Unterschied* zu der auf *Stückbruttoerfolgen* (Teilkosten und Deckungsbeiträgen) basierenden Zielfunktion in der Programmoptimierung bei flexibler Grenzplankostenrechnung erkennbar (→ *Deckungsbeitragsrechnung*).

Aus der Gegenüberstellung von Plan- und Istkosten sowie Plan- und Isterlösen können auf Basis von multivariablen Einflußgrößenfunktionen die *Ursachen für Plan-Ist-Abweichungen* genauer und detaillierter als in der flexiblen Plankostenrechnung festgestellt werden. Durch Einsetzen der Istwerte der Einflußgrößen am Ende einer Bezugsperiode in die Betriebsmodelle lassen sich z. B. im Hinblick auf jede interessierende Einflußgröße *entscheidungsbedingte Abweichungen* (Sollkosten ./. Plankosten) und *ausführungsbedingte Abweichungen* (Istkosten ./. Sollkosten) unterscheiden.

Neben Periodenkosten, -erlösen und -erfolgen können mit der B. auch *Stückkosten und -erlöse* für *Zwecke der Preisbildung* und *-beurteilung* sowie *Bestandsbewertung* ermittelt werden.

4. Anwendungsbereiche

Übersicht über die wichtigsten Anwendungen der B.:

- *Planung der Auswirkungen kurzfristiger Maßnahmen* der Produktions- und Absatzprogrammgestaltung (einschließlich Entscheidungen über Eigenherstellung/Fremdbezug sowie über Zusatzaufträge), der Produktionsvollzugsplanung und der Absatzpolitik *auf den Periodenerfolg* durch *Ermittlungsrechnungen* mit simultaner Anpassung an Restriktionen und *Optimierungsrechnungen*;
- *differenzierte Abweichungsanalysen für Dokumentations- und Kontrollzwecke* im systematischen Beziehungsgefüge von Erfolgs-, Erlös- und Kostenabweichungen, unterteilt nach Preis-, Entscheidungs- und Ausführungseinflüssen;
- *fallbezogene Kalkulationen* zur Preisbeurteilung und -kalkulation, Bestandsbewertung, Bestimmung von Produkt- und Auftragsnettoerfolgen sowie -bruttoerfolgen (Deckungsbeiträgen).

Mit Hilfe von Betriebsmodellen kann der Primärbedarf an Kostengütern für jedes Produktionsprogramm unter bestimmten Fertigungsbedingungen und für jede konkrete betriebliche Durchführungsmaßnahme festgestellt werden (*Ermittlungsrechnung*). Dazu wird in *zwei* getrennten *Rechenschritten* vorgegangen. *Zunächst* werden in der *Mengenrechnung* aus der Vorgabe eines Produktionsprogramms und den sonstigen disponiblen primären Einflußgrößen die erforderlichen Erzeugniseinsatzstoffmengen sowie darauf aufbauend die zugehörigen Planzeiten der Arbeitssysteme (Fertigungszeiten, Rüstzeiten usw.) und die übrigen Planbedarfsmengen (Betriebsstoffe, Instandhaltungsleistungen usw.) ermittelt. Durch einen *simultanen Abgleich mit den Nebenbedingungen* ist unmittelbar erkennbar, ob die Grenzen der Fertigungskapazitäten, der Beschaffungsmöglichkeiten und weiterer Restriktionen eingehalten werden oder nicht. Durch *alternative Vorgaben* der primären Einflußgrößen können Anpassungen an aufgetretene Engpässe *simuliert* werden, so daß ein realisierbarer Produktionsplan entsteht. Um die Periodenkosten zu ermitteln, werden *im zweiten Schritt* die Kostengüterbedarfsmengen in einer *Bewertungsrechnung* zweckorientiert mit spezifischen Preiskategorien (z. B. Tages-, Anschaffungs-, Verrechnungspreise) bewertet. Im *Gegensatz* dazu arbeitet die *flexible Plankostenrechnung* mit bewerteten Faktoreinsatzgrößen (Kostensätzen), die grundsätzlich auf jahresbezogen durchschnittlich erwarteten Planeinstandspreisen je Faktoreinsatzart beruhen.

Da in einem Betriebsmodell alle wesentlichen Kostengüter-Einflußgrößenbeziehungen erfaßt sind und eine tagesnahe Faktoreinsatzbewertung über die Preisvektoren sichergestellt werden kann, ist durch eine *Zusatzauswertung* die perioden- und stückbezogene *Kostenträger-* und *Erfolgsrechnung in jeder gewünschten Abgrenzung* nach *Voll-* und *Teilkosten* vollziehbar, auch aufgegliedert nach den wichtigsten *Primärkostenarten*. Unter *Risiko*gesichtspunkten besteht weiterhin die Möglichkeit, *Alternativkalkulationen* durchzuführen, z. B. je eine Kostenträgerrechnung unter ungünstiger, durchschnittlicher und besonders günstiger Bedingungskonstellation. In der Praxis hat sich gezeigt, daß auf diese Weise zum Teil beträchtlich breite „*Erzeugniskostenbänder*" entstehen. Neben der Kostenkalkulation läßt sich in analoger Form eine *Erlöskalkulation* zur Bestimmung spezifischer, nach primären Erlösarten differenzierter Brutto- und Nettoerlöse je Einheit des Absatzprogramms (Erlösträger) aufstellen. Sie umfaßt die Zurechnung (ausgewählter) primärer Erlösarten auf die Absatzleistungen und dient vor allem der *Markterlösbeurteilung* und dem *Erlösvergleich* verschiedener Marktsegmente, Vertriebswege und dergl. (→ *Erlösrechnung*).

Erweiterungen des Grundmodells der Betriebsplanerfolgsrechnung beziehen sich vor allem auf die Integration betrieblicher Teilbereiche in ein *Unternehmungsmodell* und die Verknüpfung von Einperiodenmodellen zu *Mehrperiodenmodellen*. In Ergänzung zur monatsbezogenen Betriebsplanerfolgsrechnung kann auf Basis differenzierter Einflußgrößenfunktionen ein prozeßbegleitendes Produktionscontrolling (→ *Prozeßcontrolling, Online-*) durchgeführt werden, das neben Kosten- und Leistungsgrößen spezifische Verbrauchs-, Bestands- und Betriebszeitkennziffern verwendet.

Lit.: *Franke, R.*: Betriebsmodelle, 1972; *Wittenbrink, H.*: Kurzfristige Erfolgsplanung und Erfolgskontrolle mit Betriebsmodellen, 1975; *Walter, K.-D.*: Gestaltung und Verwirklichung linearer Modelle zur Unternehmensplanung, 1977; *Sugiura, H./Monden, Y.*: Using a Structured Matrix as a Decision Support System in Materials Flow and Cost Planning, in: Monden, Y./Sakurai, M. (Hrsg.), Japanese Management Accounting, 1989, S. 115–139; *Hahn, D./Laßmann, G.*: Produktionswirtschaft. Controlling industrieller Produktion, Bd. 1, 2. Aufl., 1990, S. 236–259 und Bd. 3.2, 1993, Kap. 2.2.5; *Laßmann, G.*: Betriebsplankostenrechnung, in: HWR, 3. Aufl., 1993, Sp. 168–183.

Professor Dr. Gert Laßmann, Bochum.

Betriebsprüfung
→ *Außenprüfung*.

Betriebsvergleich
→ *Unternehmensvergleich*.

Betriebsvermögen
Alle betrieblich genutzten Vermögensgegenstände, die zum wirtschaftlichen Eigentum des Betriebsinhabers oder einer Gesellschaft zählen. Das B. ist in die Handels- und Steuerbilanz zu übernmehmen und wird dort in → *Anlage-* und → *Umlaufvermögen* untergliedert (→ *Betriebsvermögensermittlung, steuerliche*).

Betriebsvermögensermittlung
1. Überblick. Das Betriebsvermögen ist neben dem land- und forstwirtschaftlichen Vermögen, dem Grundvermögen und dem sonstigen Vermögen eine der vier in § 18 BewG genannten Vermögensarten. Zweck der Vermögensermittlung ist im wesentlichen die Ermittlung von *Steuerbemessungsgrundlagen* für → *Substanzsteuern*. Die B. findet über die Feststellung des *Einheitswertes* in einem dreijährigen Turnus statt.

2. Begriff und Umfang des Betriebsvermögens. Als Betriebsvermögen wird im BewG dasjenige Vermögen eines Gewerbebetriebes verstanden, das bei der steuerlichen Gewinnermittlung nach dem EStG zum Betriebsvermögen gehört (§ 95 Abs. 1 BewG). Dabei ist gemäß § 19 BewG für jeden inländischen gewerblichen Betrieb ein Einheitswert festzustellen. Für die Abgrenzung des Begriffs des gewerblichen Betriebes muß auf die Regelungen des Einkommen- und Gewerbesteuerrechts zurückgegriffen werden. Jedoch wendet das BewG den Begriff des Betriebsvermögens umfassender an: Nach § 96 BewG steht die Ausübung eines freien Berufes i. S. d. § 18 Abs. 1 Nr. 1 EStG und die Tätigkeit als Einnehmer einer staatlichen Lotterie dem Betrieb eines Gewerbes gleich. Zudem gelten gemäß § 97 BewG bestimmte Vermögensmassenkraft Rechtsform bzw. wirtschaftlichen Geschäftsbetriebs als gewerblicher Betrieb.

Der Umfang des Betriebsvermögens wird durch die sachlichen Befreiungen des § 101 BewG eingeschränkt, der Wirtschaftsgüter abgrenzt, die nie zum Betriebsvermögen gehören; darunter fallen z. B. die von der Vermögensteuer befreiten Wirtschaftsgüter und eigene Erfindungen. Ebenfalls nicht zum Betriebsvermögen gehören Schachtelbeteiligungen (= bewertungsrechtliches Schachtelprivileg). Die Anwendung des Schachtelprivilegs setzt voraus, daß eine inländische Kapitalgesellschaft ununterbrochen seit mindestens einem Jahr vor dem maßgebenden Abschlußzeitpunkt am Grund- oder Stammkapital (→ *Eigenkapital*) einer anderen inländischen Kapitalgesellschaft zu mindestens 10% beteiligt ist (§ 102 BewG).

3. Die Bewertung des Betriebsvermögens. Die Wirtschaftsgüter des Betriebsvermögens sind i. d. R. mit den Steuerbilanzwerten zu bewerten (§ 109 Abs. 1 BewG).

Ausgenommen vom Ansatz mit dem ertragsteuerlichen Wert sind nach § 109 Abs. 3–4 BewG Wirtschaftsgüter, für die ein Einheitswert festgestellt wird, Wertpapiere und Anteile an Kapitalgesellschaften, die Rechte auf Erbbauzinsen sowie die Verpflichtungen zur Zahlung von Erbbauzinsen. So sind anzusetzen:

- Betriebsgrundstücke mit ihrem Einheitswert (§ 99 Abs. 3 BewG). Betriebsgrundstücke, die losgelöst vom gewerblichen Betrieb zum Grundvermögen gehören würden, sind gemäß § 121 a BewG mit 140% des Einheitswertes anzusetzen. Dieser ermittelt sich bei unbebauten Grundstücken aus den zum Hauptfeststellungszeitpunkt geltenden Preisverhältnissen. Der Wert bebauter Grundstücke wird dagegen grundsätzlich über das *Ertragswertverfahren* (§§ 78–82 BewG) bestimmt; unter dem → *Ertragswert* versteht man dabei das Produkt aus Jahresrohmiete und einem gesetzlich fixierten Vervielfältiger. Läßt sich das Ertragswertverfahren nicht durchführen, so ist das Grundstück über das sog. *Sachwertverfahren* (§§ 83–90 BewG) zu bewerten. der Sachwert ergibt sich dabei aus der Summe von Bodenwert, Gebäudewert und dem Wert der Außenanlagen. Würde das Grundstück losgelöst vom gewerblichen Betrieb dagegen einen Betrieb der Land- und Forstwirtschaft bilden, so ist sein Wert über eine stark vereinfachte *Unternehmensbewertung* aus den Daten von Vergleichsbetrieben zu ermitteln (§§ 36ff. BewG);
- *notierte Wertpapiere* mit dem amtlichen Kurswert oder Rücknahmepreis (§ 11 Abs. 1 und 4 BewG);
- *nicht notierte Anteile an Kapitalgesellschaften* mit dem gemeinen Wert (§ 11 Abs. 2 BewG); ist dieser nicht aus Verkäufen ableitbar, so ist er über das *Stuttgarter Verfahren* zu schätzen;
- *Anteile an Personengesellschaften* mit dem Anteil am Einheitswert;
- *wiederkehrende Nutzungen und Leistungen* mit dem Kapitalwert nach §§ 13–16 BewG.

4. Die Bewertung nicht notierter Anteile an Kapitalgesellschaften – das Stuttgarter Verfahren. Mit dem in den Abschn. 76–90 VStR geregelten Stuttgarter Verfahren wird der gemeine Wert von Anteilen an Kapitalgesellschaften geschätzt, die weder an der Börse noch im geregelten Freiverkehr gehandelt werden. Die Gesamtbewertung (→ *Gesamtwert der Unternehmung*) der Kapitalgesellschaft beruht primär auf deren → *Substanzwert*, die Ertragsverhältnisse werden nur korrigierend berücksichtigt. Der gemeine Wert errechnet sich dabei in drei Schritten. Zuerst wird aus dem Einheitswert des Betriebsvermögens der Kapitalgesellschaft nach Hinzurechnungen und Kürzungen (Abschn. 77 VStR) der Vermögenswert (V) als Prozentsatz des Nennkapitals ermittelt, anschließend der Ertragshundertsatz (E) aus dem um Hinzurechnungen und Kürzungen nach Abschn. 78 VStR korrigierten Durchschnittsgewinn der letzten 3 Jahre, der ebenfalls auf das Nennkapital bezogen wird. Der gemeine Wert eines Anteils (X) bestimmt sich dann gemäß Abschn. 79 VStR aus V und E. Die VStR gehen dabei von der Annahme aus, daß ein potentieller Käufer der Anteile die Wahl hat, die Anteile zum gemeinen Wert zu kaufen oder den gleichen Betrag in einer sich mit 10 % verzinsenden Alternative anzulegen. Der gemeine Wert entspricht damit dem Vermögenswert zuzüglich der Differenz zwischen E und der Alternativverzinsung für einen überschaubaren Zeitraum von 5 Jahren:

$$X = V + 5(E - 0{,}1\,X)$$

Nach Umformung und Abrundung ergibt sich als Formel zur Berechnung des gemeinen Wertes:

$$X = 0{,}66(V + 5E)$$

5. Die Ermittlung des Betriebsvermögens. Für jeden inländischen gewerblichen Betrieb ist mithilfe der Vermögensaufstellung das Betriebsreinvermögen zu ermitteln (§ 98 a BewG): Die Vermögensaufstellung faßt die einzelnen Wirtschaftsgüter zum Rohbetriebsvermögen zusammen und subtrahiert davon die Summe der betrieblichen Schulden, Lasten und sonstigen Abzüge.

Lit.: Gürsching, L./Stenger, A.: Kommentar zum Bewertungsgesetz und Vermögensteuergesetz, 9. Aufl., Losebls., ab 1992; *Rose, G.:* Betrieb und Steuer, Bd. 3: Die Substanzsteuern, 9. Aufl., 1993; *Falterbaum, H./Barthel, K.:* Bewertungsrecht, Vermögensteuer, 11. Aufl., 1995; *Horschitz, H./Groß, W.:* Bewertung und Vermögensteuer, 13. Aufl., 1995; *Rössler, R./Troll, M.:* Bewertungsgesetz und Vermögensteuergesetz, 17. Aufl., 1995.

Professor Dr. Franz W. Wagner, Tübingen.

Betriebswirtschaftliche Forschung und Praxis (BFuP)

1949 von → *Wilhelm Hasenack* gegründete Zeitschrift zur Betriebswirtschaft. Die heute von Günter Sieben, Manfred J. Matschke und Thomas Schildbach herausgegebene, sechsmal jährlich erscheinende Zeitschrift befaßt sich jeweils mit einem Spezialthema; Auflage 1300.

Bewegungsdifferenzenrechnung

→ *Bewegungs- und Veränderungsbilanz.*

Bewegungs- und Veränderungsbilanz

1. Grundkonzept. Die Bewegungsbilanz ist eine periodenbezogene wertmäßige Differenzenrechnung, die als Ist- oder Planungsrechnung aufgestellt werden kann. Hinsichtlich der Art der Differenzen kann sie dualinterpretiert und ermittelt werden, nämlich als

- *Beständedifferenzenrechnung*, welche die Aktiva- und Passivaänderungen zwischen zwei zeitlich aufeinanderfolgenden Bilanzen ausweist (Differenz zwischen Anfangs- und Schlußbilanz einer Periode als senkrechte Achse in Abb. 1), oder als
- *Bewegungs- bzw. Stromgrößendifferenzenrechnung*, welche die Differenzposten zwischen Liquidität und Gewinn zeigt (Differenz zwischen Finanzrechnung (Einnahmen/Ausgaben-Rechnung) und → *GuV* einer Periode als waagerechte Achse in Abb. 1).

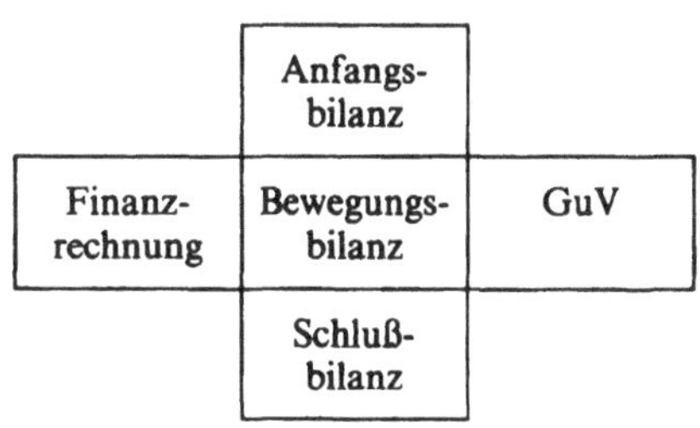

Abb. 1: Zusammenhang der Bewegungsbilanz

Bewegungs- und Veränderungsbilanz

Saldierung / Darstellung	1. Saldiert	2. Teilsaldiert	3. Unsaldiert
1. Kontoform	11. Veränderungsbilanz in Kontoform	12. Teilsaldierte Bewegungsbilanz in Kontoform	13. Bewegungsbilanz in Kontoform
2. Staffelform	21. Veränderungsbilanz in Staffelform	22. Teilsaldierte Bewegungsbilanz in Staffelform	23. Bewegungsbilanz in Staffelform

Abb. 2: Darstellungsformen der Veränderungs- und Bewegungsbilanz

Wird z. B. ein Maschinenanfangsbestand von 1000 DM durch bar bezahlte Investitionen um 300 erhöht und um 200 abgeschrieben, so entsteht ein wertmäßiger Maschinen-Endbestand 1100. Die wertmäßige Beständedifferenz beträgt dann 1100 – 1000 = 100, die wertmäßige Bewegungsdifferenz 300 – 200 = 100.

2. Darstellungsformen. Führt man die Beispielsrechnung für alle Bilanzposten durch, so entsteht eine unsaldierte Bewegungsbilanz (B.) oder saldierte Veränderungsbilanz (V.). Die B. gemäß Spalte 3 von Abb. 2 weist im Zahlenbeispiel die Brutto-Investitionsausgaben 300 und → *Abschreibungen* 200 getrennt aus, die V. gemäß Spalte 1 nur die saldierte Netto-Investition 100.

In der Praxis treten fast nur Mischformen zwischen B. und V. gemäß Spalte 2 von Abb. 2 auf. Die Bilanz muß nach HGB Vorjahreszahlen ausweisen; daraus lassen sich vom Externen nur saldierte V.-Zahlen ermitteln. Aus → *Anlagenspiegel*, → *Eigenkapitalspiegel* und → *GuV* lassen sich aber darüber hinaus einige unsaldierte B.-Zahlen erkennen.

Die B. oder V. kann nach dem Vorbild der Bilanz in Kontoform oder nach GuV-Vorbild in Staffelform aufgestellt werden (Abb. 2). Die Staffelform verdient Interesse, wenn dabei aussagekräftige Zwischensummen ausgewiesen werden.

Abb. 3 zeigt die V. in Kontoform (Fall 11 von Abb. 2) in Verbindung mit der Beständebilanz. Für jeden Bilanzposten und für die Bilanzsumme im ganzen gilt die Wertegleichung Anfangsbestand + V. = End- oder Schlußbestand. Die V. enthält links wertmäßige Aktivaänderungen, rechts gleich hohe Passivaänderungen, untergliedert wie in der Bilanz. Dabei lassen sich in der V. alternative Zwischensummen bilden:

Anfangsbilanz	Anfangsbestände der Aktiva	Anfangsbestände der Passiva	Schlußbilanz
Veränderungsbilanz	Aktivaänderungen	Passivaänderungen	

Abb. 3: Bestände- und Veränderungsbilanz

Bewegungs- und Veränderungsbilanz

- *Anlage- und Umlaufvermögen* bzw. Eigen- und Fremdkapital (Gliederung analog zur Bilanz),
- *Anlage- und Umlaufvermögen* bzw. Anlage- und Umlaufschulden (Gliederung nach Fristigkeit der Bilanzposten),
- Vermögens- und Schuldenposten aus *Innen- bzw. Außenfinanzierung* (Gliederung nach Innen- und Außenfinanzierung).

Abb. 4 zeigt die B. statt V. in Kontoform (Fall 13 von Abb. 2). In der Grundform erscheinen links Aktivazunahmen (z. B. Brutto-Investitionen) und Passivaabnahmen (z. B. Schuldentilgung), zusammengefaßt als Mittelverwendung. Rechts werden Aktivaabnahmen (z. B. Abschreibungen) und Passivazunahmen (z. B. Schuldenaufnahme) ausgewiesen, zusammengefaßt als Mittelherkunft; dabei gilt wertmäßig Mittelherkunft = Mittelverwendung. Gemeint ist die Verwendung bzw. Herkunft von Geldmitteln. Die Wertsumme der B. ist größer als die Wertsumme der V. Die Gliederung der B. gemäß Abb. 4 kann ergänzt oder ersetzt werden durch die genannten Zwischensummen der V.

3. Zahlenbeispiel. Abb. 5 zeigt ein Zahlenbeispiel in Staffelform, und zwar eine teilsaldierte Bewegungsbilanz (Fall 22 aus Abb. 2), wie sie aus einem üblichen Jahresabschluß ermittelt werden kann.

Die Rechnung beginnt mit dem Jahresüberschuß der GuV und leitet ihn durch Differenzposten zwischen Liquidität und → *Gewinn* zum Liquiditätssaldo der Finanzrechnung bzw. Bilanz über. Als Zwischensumme wird der übliche → *Cash Flow* ausgewiesen (Ziffer 4), ein Innenfinanzierungsüberschuß vor Investitionen und Desinvestitionen (Ziffer 12), ein Fi-

Mittelverwendung	Bewegungsbilanz	Mittelherkunft

Aktivazunahmen	Aktivaabnahmen
Passivaabnahmen	Passivazunahmen

Abb. 4: Bewegungsbilanz

Nr.	Posten	Betrag
1	Jahresüberschuß	49
2 +	Abschreibungen	+ 92
3 +	Zunahme der Rückstellungen	+ 16
4 =	*Cash Flow* (aus Nr. 1 bis 3)	+ 157
5 +	Zunahme der erhaltenen Anzahlungen	+ 6
6 +	Zunahme der Verbindlichkeiten*	+ 4
7 –	Zunahme der Forderungen	– 20
8 –	Zunahme der geleisteten Anzahlungen*	+ 10
9 –	Dividendenzahlung	– 20
10 –	Aufstockung der Material- und Erzeugnisbestände	– 63
11 –	Gewinne aus Anlagenabgängen	0
12 =	*Finanzierungsüberschuß vor Investitionen* (Zwischensumme IV, aus Nr. 4 bis 11)	+ 74
13 –	Investitionen in immaterielle und Sachanlagen und in Finanzanlagen	– 64
14 +	Erlöse aus Desinvestitionen	0
15 ±	Veränderung der Verbindlichkeiten und geleisteten Anzahlungen (soweit auf Nr. 13 oder 14 zurechenbar)	0
16 =	*Finanzierungsüberschuß nach Investitionen* (Zwischensumme V, aus Nr. 12 – 13 – 14 ± 15)	+ 10
17 +	Erhöhung des eingezahlten Eigenkapitals	+ 15
18 +	Erhöhung des Fremdkapitals (Finanzschulden)	– 35
19 =	*Netto-Außenfinanzierung* (Zwischensumme VII, aus Nr. 17 + 18)	– 20
20 +	Liquiditäts-Anfangsbestand	+ 20
21 =	*Stand der Liquidität* (Liquiditätssaldo VIII = Nr. 16 + 19 + 20)	+ 10

* Wenn der auf Investitionen entfallende Anteil ermittelbar ist, wird er unter Ziffer 15 statt hier ausgewiesen.

Abb. 5: Bewegungsbilanz in Staffelform

nanzierungsüberschuß nach Investitionen (Ziffer 16) und die Netto-Außenfinanzierung (Aufnahme minus Tilgung von Eigen- und Fremdkapitalkrediten, Ziffer 19).

4. Aussagewert. Die V. erfaßt nicht alle Zahlungen, z.B. keine unperiodisierten Zahlungen (z.B. Barverkäufe, Löhne); sie weist weder Umsätze noch Umsatzeinnahmen aus. Die V. zeigt aber die marginalen Vermögensänderungen im Zeitablauf und darüber hinaus die Differenzgrößen zwischen Liquidität und Gewinn. Die V. ist insofern eher eine Liquiditäts/Gewinn-Differenzrechnung als eine liquiditätsorientierte Rechnung. Eine V. kann der Bilanzleser selbst erstellen; sie informiert nicht mehr als die Bilanz selbst.

In der B. werden die Posten der saldierten V. in unsaldierte Größen aufgespalten, nämlich in GuV-Posten (z.B. Abschreibungen) und Posten der Finanzrechnung (z.B. Investitionsausgaben) oder nur in Posten der Finanzrechnung (z.B. Kreditaufnahme und -tilgung). Der Aussagewert steigt dadurch gegenüber der V.

Aus der B. kann eine liquiditätsorientierte Rechnung abgeleitet werden, die Kapitalflußrechnung genannt wird (→ *Kapital- und Finanzflußrechnung*) und annähernd einer Finanzrechnung entspricht. Der externe Leser des → *Jahresabschlusses* ermittelt dazu gemäß Abb. 1 aus Anfangs- und Schlußbilanz eine B. und daraus zusammen mit der GuV eine Kapitalflußrechnung. Dadurch erhält er – anders als nur aus der B. – tatsächlich Liquiditätsinformationen.

Lit.: Bauer, W.: Die Bewegungsbilanz und ihre Anwendbarkeit, insbesondere als Konzernbilanz, in: ZfhF 1926, S. 485–544; *Flohr, G.:* Die Zeitraumbilanz, 1963; *Kosiol, E.:* Pagatorische Bilanz, 1976; *Käfer, K.:* Kapitalflußrechnungen, 2. Aufl., 1984; *Lachnit,* L.: Bewegungsbilanz, in: HWR, 3. Aufl., 1993, Sp. 183–191; *Mansch, H. et al. (Hrsg.):* Finanzierungsrechnung im Konzern, ZfbF-Sonderh. 37, 1996.

Professor Dr. Klaus Chmielewicz.

Bewertungseinheit

1. Begriff der Bewertungseinheit

Der Begriff B. wird als Etikett für zwei völlig verschiedene Problemkreise verwendet, die zwar beide vom Grundsatz der → *Einzelbewertung* (§ 252 Abs. 1 Nr. 3 HGB) ausgehen, aber ganz unterschiedliche Probleme umfassen.

Zum einen regelt der Begriff B., was als einzelner → *Vermögensgegenstand* oder einzelne Schuld anzusehen ist und folglich einheitlichen Bewertungsmaßstäben unterliegt. Die Bestimmung einer einheitlichen Schuld bereitet i. d. R. keine Schwierigkeiten. Dagegen ist es bei Aktiva, insbesondere denen des → *Anlagevermögens,* häufig zweifelhaft, ob ein einheitlicher Vermögensgegenstand oder eine Mehrzahl von Vermögensgegenständen gegeben ist. In diesen Problemkreis fällt die Frage, wann ein Teil eines Gebäudes diesem bilanzrechtlich zugehört und wann es sich um einen gesondert zu bewertenden, eigenständigen Vermögensgegenstand handelt. Auch bei Sachgesamtheiten, wie z.B. komplexen Fertigungsanlagen, ist zu bestimmen, ob ein einheitlicher Vermögensgegenstand oder verschiedene einzelne Vermögensgegenstände anzunehmen sind. Hier besteht ein Konflikt zwischen einer möglichst genauen Periodenabgrenzung einerseits, die eine Desaggregation zur Bestimmung der unterschiedlichen Nutzungsverläufe voraussetzt und damit die individuelle Wertminderung und Wertsteigerung zeigt, und dem Vereinfachungsprinzip andererseits. In diesem Konflikt hat die steuerliche Rechtsprechung zur Abgrenzung das Kriterium des „einheitlichen Nutzungs- und Funktionszusammenhangs" entwickelt. Sofern also Gebäudebestandteile wie Heizungsanlagen der Nutzung des Gebäudes selbst dienen, gehören sie wegen des Nutzungs- und Funktionszusammenhangs zur B. Gebäude. Sofern solche Gebäudebestandteile, wie z.B. Transportanlagen oder Arbeitsbühnen, einem von der Nutzung des Gebäudes verschiedenen Zweck dienen, werden sie als Betriebsvorrichtungen bezeichnet und gesondert bewertet.

Zum anderen wird der Begriff B. bei Sachverhalten verwendet, in denen trotz zweifelfreien Vorliegens verschiedener selbständiger Vermögensgegenstände (in aller Regel handelt es sich dabei um Forderungen) und Schulden bestimmte Komplexe nicht in ihren einzelnen Bestandteilen, sondern als Einheit zu bilanzieren oder zu bewerten sind. Beispiele für solche Sachverhalte finden sich in der Berücksichtigung von Regreßansprüchen im Rahmen der Bildung von → *Drohverlustrückstellungen*, in der Berücksichtigung von Sicherheiten und Rückgriffsmöglichkeiten bei der Abschreibung von Forderungen sowie im Bereich der Bilanzierung von Fremdwährungsgeschäften und von Finanzinnovationen. Für diese mit dem Begriff B. verbundene Problematik wird zwischenzeitlich auch die Bezeichnung *kompensatorische Bewertung* vorgeschlagen. Im Rahmen der Bildung von B. werden in zunehmendem Maße, ausgelöst durch die Entwicklung und den Einsatz sog. → *Finanzderivate*, sowohl Geschäfte betrachtet, die sich in der Bilanz niederschlagen, als auch solche Geschäfte, die nicht in die Bilanz eingehen (sog. „off-balance"-Geschäfte). Wenn zwischen diesen Geschäften Verlusterwartungen durch Gewinnerwartungen kompensiert werden, kann unter bestimmten, noch zu erläuternden Voraussetzungen ein Verlustausweis unterbleiben. Grundlegend für eine Problemlösung ist in diesem Zusammenhang weniger der Grundsatz der Einzelbewertung, da die Geschäfte nach wie vor getrennt bewertet werden, sondern vielmehr das → *Realisations-* und das → *Imparitätsprinzip*, so daß der Begriff der kompensatorischen Bewertung die Bilanzierungsprobleme zutreffender kennzeichnet.

2. Kompensatorische Bewertung und Realisationsprinzip

Das in §252 Abs. 1 Nr. 4 HGB normierte → *Vorsichtsprinzip* bestimmt, daß alle vorhersehbaren Risiken und Verluste, die bis zum Abschlußstichtag entstanden und bis zur Aufstellung bekannt geworden sind, auszuweisen, aber Gewinne nur zu berücksichtigen sind, wenn sie am Abschlußstichtag realisiert sind. Das so normierte Vorsichtsprinzip postuliert also eine imparitätische Bewertung bis zum Realisationszeitpunkt und verbietet bis dahin die Berücksichtigung von Wertsteigerungen. Das Realisationsprinzip als Ausdruck des Vorsichtsprinzips bindet den Gewinn an den Umsatz und ist so grundlegendes Aktivierungs- und Passivierungsprinzip. Das Prinzip periodengerechter Gewinnermittlung erfordert *Ausgabenübertragungen = Aktivierungen* und *Ausgabenantizipationen = Passivierungen*. Das Realisationsprinzip wirkt also *passivierungsbegründend*, aber auch gegenüber dem Imparitätsprinzip *rückstellungsbegrenzend*.

Bei der Bewertung der im Jahresabschluß ausgewiesenen Vermögensgegenstände und Schulden müssen grundsätzlich die allgemeinen → *Bewertungsgrundsätze* des § 252 Abs. 1 HGB beachtet werden. Im Zusammenhang mit der kompensatorischen Bewertung sind neben dem Grundsatz der Einzelbewertung insbesondere das Realisationsprinzip und das Imparitätsprinzip (§252 Abs. 1 Nr. 4 HGB) von Bedeutung. Da das Gesetz ein Abweichen von diesen Grundsätzen nur in begründeten Ausnahmefällen zuläßt (§252 Abs. 2 HGB), sind die Voraussetzungen für eine kompensatorische Bewertung so zu formulieren, daß die Bewertung mit den Grundsätzen des §252 Abs. 1 HGB und den übrigen GoB vereinbar ist. Die Risikoabsicherung einzelner Bilanzposten durch den Abschluß von gegenläufigen, risikokompensierenden Geschäften stellt nämlich in der Unternehmenspraxis – insbesondere im Bankenbereich – eher die Regel als die Ausnahme dar, so daß eine Anwendung von §252 Abs. 2 HGB zumindest fraglich erscheint.

3. Zulässigkeit der kompensatorischen Bewertung

a) Grundsatz. Versuche zur Festlegung von allgemeingültigen Kriterien für die Zulässigkeit einer kompensatorischen Bewertung gehen zumeist davon aus, daß ein risikobelasteter Bilanzposten und eine konkretisierte, also unzweifelhafte Gewinnchance vorliegen müssen, die wirtschaftlich eng miteinander verknüpft sind. Diese Verknüpfung äußert sich darin, daß beide Geschäfte von vornherein zum Zwecke des Zusammenwirkens abgeschlossen werden.

Zur zutreffenden Bestimmung der Voraussetzungen für eine kompensatorische Bewertung ist zu bedenken, daß dabei zumeist noch nicht realisierte Erträge nutzbar gemacht werden, um ihrerseits noch nicht realisierte Verluste entgegen dem Imparitätsprinzip nicht antizipieren zu müssen, indem man sie mit diesen Erträgen saldiert. Dies darf jedoch nicht als Einschränkung des Imparitätsprinzips, sondern muß als die einzig und allein den wirtschaftlichen Normzweck des Imparitätsprinzips treffende Interpretation desselben angesehen werden, da das Realisationsprinzip in wertender Gewichtung gegenüber dem Imparitätsprinzip für künftige Schulden passivierungsbegrenzend wirkt und da dann die Bilanz aufgrund der kompensatorischen Bewertung die Vermögens-, Finanz- und Ertragslage zutreffender abbildet als ohne sie. Im Ergebnis kann Teil der kompensatorischen Bewertung nur ein Ertrag sein, der ebenso sicher ist wie der unrealisierte Verlust, nicht aber ein rein spekulativer Ertrag. Insofern ist der Forderung nach einer konkretisierten oder unzweifelhaften Gewinnchance für die kompensatorische Bewertung zuzustimmen. Die Identität der Vertragsparteien bei verschiedenen Geschäften ist nicht erforderlich.

Aus diesen Vorgaben ergeben sich folgende *Zulässigkeitsvoraussetzungen* für die kompensatorische Bewertung:

Nach dem Willen des Bilanzierenden, der sich in der entsprechenden Behandlung der Vorfälle in der Bilanz ausdrücken muß, müssen die zusammengefaßten Bilanzposten einander in der Weise bedingen, daß der ertragversprechende Teil nur dazu dient, den drohenden Verlust aus dem risikobehafteten Teil zu verhindern. In diesem Fall würde nämlich ein getrennter Ausweis der Geschäfte die wirtschaftlich wenig einsichtige Konsequenz nach sich ziehen, als solche gewollte und eingegangene Deckungsgeschäfte zu negieren und damit einen Bilanzierenden, der Risikovorsorge mit Hilfe von Deckungsgeschäften trifft, ebenso zu behandeln wie einen Bilanzierenden, der Risiken eingeht, ohne derartige Vorsorgemaßnahmen zu treffen. Der rein zufällige Ausgleich von Risiken reicht hingegen grundsätzlich nicht aus.

Der Wille des Bilanzierenden zur Risikokompensation ist allerdings dann widerlegt, wenn das Kompensationsgeschäft gar nicht geeignet ist, den drohenden Verlust aufzufangen. Das ist etwa der Fall, wenn ein Fremdwährungsgeschäft in einer bestimmten Währung durch ein Gegengeschäft in einer anderen Währung gedeckt werden soll. Da hier ein automatischer Ausgleich des Verlustes nicht stattfindet, ist eine kompensatorische Bewertung ausgeschlossen. Die Eignung eines Geschäfts als Sicherungsgeschäft ist aber nicht zu eng zu fassen. Entsprechend der h.M. zu Fremdwährungs- und Zinstermingeschäften sind weder Betrags- noch Fälligkeitsidentität zu fordern. Hinsichtlich unterschiedlicher Fristigkeiten reicht es aus, daß der Bilanzierende die Möglichkeit hat und beabsichtigt, die zur Sicherung notwendigen Überbrückungsgeschäfte zu tätigen.

Nicht geeignet als Deckungsgeschäft im Rahmen einer kompensatorischen Bewertung sind auch solche Positionen, deren Ertragswirksamkeit allzu ungewiß ist. Ein Sicherungsgeschäft muß so beschaffen sein, daß der Bilanzierende mit dem Ertrag rechnen kann, sofern keine außergewöhnlichen Umstände eintreten. Geeignete Deckungsgeschäfte sind deshalb nur solche, die nicht mit einem Bonitätsrisiko behaftet sind.

Nicht erforderlich für die Zulässigkeit der kompensatorischen Bewertung ist die Unmöglichkeit der Auflösung des Sicherungszusammenhangs zwischen Grundgeschäft und Deckungsgeschäft bis zum Eintritt des zu sichernden Umstands. Eine Aufhebung hat lediglich zur Folge, daß zum nächsten Bilanzstichtag die beiden Geschäfte nicht mehr Gegenstand einer kompensatorischen Bewertung sind. Sofern also am Bilanzstichtag die Voraussetzungen für eine kompensatorische Bewertung vorliegen, reicht dies aus. Ebensowenig ist die Identität der Vertragsparteien von zu sichernder Position und Deckungsgeschäft erforderlich. Die Sicherung eines Bilanzpostens ist häufig überhaupt nur durch den Abschluß eines Deckungsgeschäfts mit einem Dritten zu erreichen; damit wird aber die Sicherungsfähigkeit des Deckungsgeschäfts nicht geringer.

b) Besonderheiten bei Fremdwährungsgeschäften und Finanzinnovationen. Die mit *Fremdwährungsgeschäften* verbundenen Risiken werden häufig durch das Eingehen genau gegenläufiger Verträge abgesichert, so daß bei Verlusten aus dem einen Geschäft zwangsläufig ein Gewinn aus dem anderen eintritt und umgekehrt. Ähnliche Effekte lassen sich durch Devisenoptionen, durch Finanz-Hedging oder durch den Abschluß einer Wechselkursversicherung erreichen. Insbesondere bei Banken ist außerdem das sog. Swap-Geschäft, eine Kombination von Kassa- und Termingeschäft, verbreitet.

In allen diesen Fällen wäre bei isolierter Betrachtung eines jeden Vertrages für die jeweils risikobehaftete Position eine Verlustrückstellung zu bilden bzw. eine Abschreibung vorzunehmen, während das zur Absicherung eingegangene Geschäft wegen des Realisationsprinzips noch nicht zu berücksichtigen wäre. Dies muß als unbefriedigend angesehen werden, weil angesichts der Häufigkeit solcher Vorgänge – insbesondere bei Banken – das Rückstellungsvolumen dadurch immens vergrößert werden würde. Eine Rückstellungsbildung in dem dann erforderlichen Ausmaß führt jedoch dazu, daß die Bilanz nicht mehr einen zutreffenden Einblick in die Vermögens-, Finanz- und Ertragslage der Gesellschaft gemäß § 264 Abs. 2 HGB gibt, sondern die eingegangenen Risiken zu stark betont, indem nicht berücksichtigt wird, daß eine Reihe der angeblich drohenden Verluste wegen zur Absicherung eingegangener gegenläufiger Verträge gar nicht eintreten kann. Darüber hinaus müßte der Bilanzierende, der Sicherungsgeschäfte abschließt, stets ein schlechteres Ergebnis ausweisen als derjenige, der dies nicht tut, denn bei Bestehen eines Sicherungsgeschäfts führt jede Kursänderung zu einem drohenden Verlust, während bei Fehlen eines Sicherungsgeschäfts der Ausweis eines drohenden Verlustes unterbleiben kann, solange sich der Kurs nicht in der für den Bilanzierenden ungünstigen Weise geändert hat. Dies entspricht jedoch nicht den tatsächlichen Verhältnissen.

Für den Bereich des Kreditwesens hat das IDW aus diesem Grund die Stellungnahme BFA 1/1975 veröffentlicht, nach der die aktiven und passiven Bilanzposten jeder Währung mit dem Kassamittelkurs des Bilanzstichtages bewertet werden. Eine Verrechnung der Gewinne und Verluste wird im Falle einer geschlossenen Position für zulässig erachtet. Auf Kassapositionen je Währung und Terminpositionen je Währung und Jahr kann eine kompensatorische Bewertung angewendet werden; innerhalb dieser Abschnitte können Verrechnungen von unrealisierten Gewinnen mit unrealisierten Verlusten vorgenommen werden und sind → *Rückstellungen* nur insoweit zu bilden, als die unrealisierten Verluste je Währung und Jahr die unrealisierten Gewinne übersteigen. Eine besondere Beziehung zwischen den in die kompensatorische Bewertung einbezogenen Bilanzposten wird nicht vorausgesetzt. Für andere Geschäftszweige als Kreditinsitute hat das IDW 1984 den Entwurf einer Verlautbarung des HFA zur → *Währungsumrechnung* im Jahres- und Konzernabschluß sowie in 1986 den geänderten Entwurf einer Verlautbarung zur Währungsumrechnung im Jahres- und Konzernabschluß veröffentlicht. Darin wird die weitgehende Bildung geschlossener Positionen, bestehend aus Aktiv- und Passivposten in identischer Währung, für möglich gehalten; es muß aber jeweils geprüft werden, ob das als Teil der kompensatorischen Bewertung in Aussicht genommene Aktivum als Deckungsgeschäft für einen bestimmten Posten geeignet ist.

Mit § 340 h HGB ist in diesem Bereich zumindest für Kreditinstitute inzwischen auch eine gesetzliche Regelung in Kraft getreten; die Stellungnahme BFA 1/1975 wurde durch die Stellungnahme BFA 3/ 1995 zur Währungsumrechnung bei Kreditinstituten ersetzt. Nach § 340 h HGB sind Vermögensgegenstände und Schulden, die nicht Anlagegegenstände sind und auf ausländische Währung lauten, nicht mit dem Anschaffungskurs, sondern mit dem Kassakurs am Bilanzstichtag in Deutsche Mark umzurechnen; nicht abgewickelte Termingeschäfte sind mit dem Terminkurs zum Bilanzstichtag umzurechnen. Weiterhin müssen Erträge, die sich insoweit aus der Währungsumrechnung ergeben, in der Gewinn- und Verlustrechnung berücksichtigt werden, sofern für die Vermögensgegenstände, Schulden oder Termingeschäfte eine besondere Deckung besteht. Da eine derartige Berücksichtigung unrealisierter Gewinne nur im Rahmen einer kompensatorischen Bewertung möglich ist, wird diese somit in den genannten Fällen zur Pflicht gemacht. Für Vermögensgegenstände, Schulden oder Termingeschäfte, für die keine „besondere", sondern offenbar eine eher „zufällige" Deckung besteht, enthält § 340 h HGB ein Wahlrecht, entweder nach den allgemeinen Regeln zu bilanzieren oder die sich aus der Währungsumrechnung ergebenden Beträge zu berücksichtigen, also eine kompensatorische Bewertung durchzuführen. Unter einer besonderen Deckung wird dabei ein Dekkungsgeschäft verstanden, das im Hinblick auf die zu sichernde Transaktion abgeschlossen wurde oder sonst in einer besonderen Beziehung zu dieser Transaktion steht.

Neben den Fremdwährungsgeschäften haben sich mit der Zunahme der *Finanzinnovationen*, Bewertungsprobleme gestellt, die wiederum eng mit dem Einzelbewertungsprinzip und dem Realisationsprinzip zusammenhängen. Zu diesen Finanzinnovationen zählen vor allem Forward-Geschäfte, Futures, Optionen und Swaps (sog. Finanzderivate). Alle diese Instrumente werden zu Sicherungszwecken gebraucht.

Das Volumen der Geschäfte mit Finanzinnovationen hat sich rasant entwickelt. Ende 1992 beliefen sich die offenstehenden Beträge der Finanzderivate auf $ 12,1 Billionen. Betroffen sind nicht nur Kreditinstitute; Banken treten zwar auf diesen Märkten als Händler und als „end-user" auf, aber auch fast alle bekannten Industrieadressen sind hier Nachfrager und teilweise auch wieder Händler. Wegen der Internationalisierung der Märkte wird ein internationalen Usancen entsprechender Erfolgsausweis angestrebt; mit Hilfe der kompensatorischen Bewertung sollen die Ergebnisse des international üblichen *Hedge Accounting* mit den Regeln des HGB, insbesondere dem Realisationsprinzip, vereinbar gemacht werden. Verbindliche Regeln bestehen bisher aber noch nicht. In den USA existieren zwar entsprechende Accounting Standards, das General Accounting Office (GAO) weist aber in seinem Bericht an den Kongreß vom 18. Mai 1994 darauf hin, daß die Standards für Derivate, insbesondere diejenigen für Sicherungsgeschäfte der „end-user", unvollständig und in sich widersprüchlich sind und nicht mit der Entwicklung der Handelsbräuche Schritt gehalten haben. Das GAO empfiehlt nachhaltig eine Bewertung zu Marktwerten, die → *Mark-to-Market-Methode.* Auch das → *IASC* hat zum Thema Finanzinstrumente bisher nur einen Standard zu Ausweisfragen und Offenlegungspflichten (IAS 32) verabschiedet und ist hinsichtlich der Bilanzierung und Bewertung solcher Instrumente (bis Mitte 1996) über zwei Entwürfe eines Standards noch nicht hinausgelangt. Bei der Bilanzierung von Finanzinnovationen kann international somit bisher weniger von „Accounting Principles", als vielmehr von „Industry Practices" gesprochen werden.

Bei den Derivaten besteht eine der Problematik bei Fremdwährungsgeschäften vergleichbare Tendenz, Marktpreis- oder Zinsänderungsrisiken durch den Abschluß von Sicherungsgeschäften zu begegnen. Nach wohl unbestrittener Auffassung ist die Zusammenfassung mehrerer Geschäfte im Rahmen des sog. *Mikro-Hedging* grundsätzlich möglich. Dabei wird vorausgesetzt, daß die kompensatorische Bewertung wie bei Fremdwährungsgeschäften eine Zuordnung der einzelnen Geschäfte zueinander bedingt, die vom Bilanzierenden auch dokumentiert werden muß. Außerdem müssen Grund- und Sicherungsgeschäft aufgrund der Kurskorrelation tatsächlich zu einer Risikokompensation führen. Auch hier muß schließlich geprüft werden, ob die jeweiligen Geschäfte zur Absicherung des entsprechenden Bilanzpostens geeignet sind. Darüber hinaus dürfen keine Bonitätsrisiken vorliegen, die eine Kompensation unmöglich machen könnten. Eine betragsmäßige Übereinstimmung der Geschäfte wird nicht als erforderlich angesehen; ebensowenig die übereinstimmende Fälligkeit. Das IDW geht dementsprechend in seiner Stellungnahme BFA 2/1993 für Kreditinstitute davon aus, daß bei Futures oder Forward Rate Agreements, die bestimmte Bilanzposten absichern sollen, dann eine kompensatorische Bewertung durchgeführt wird, wenn die Zusammengehörigkeit von Grund- und Deckungsgeschäft bestimmbar und dokumentiert ist und wenn das Sicherungsgeschäft einem dem Grundgeschäft entsprechenden (also entgegengesetzten) Risiko unterliegt.

Berücksichtigt man jedoch das Volumen der Handelsaktivitäten bei Kreditinstituten, ist angesichts der Vielfalt der zur Sicherung anstehenden Geschäfte die im Rahmen des *Mikro-Hedging* vorgenommene einzelproduktbezogene Sicherung regelmäßig nicht ausreichend. In der Praxis besteht daher ein Bedürfnis nach mehr Flexibilität in der Zuordnung von Sicherungsinstrumenten. Im Falle des *Makro-Hedging* wird die Risikokompensation eines bestimmten Geschäftes durch eine Wertkompensation, die die erfolgsmäßigen Auswirkungen aller Positionen eines Portfolios umfaßt, ersetzt. Nicht mehr das Paar gegenläufiger Geschäfte, sondern der Gesamtbestand einer Produktgattung, die dem gleichen Risiko unterliegt, gilt als eine Bewertungseinheit. Die wertmäßige Kompensation erfolgt durch Ermittlung der Marktwerte, d. h. der Barwerte der einzelnen Geschäfte, und deren Kompensation.

In den Bereichen Fremdwährungsgeschäfte und Finanzinnovationen wird man daher Ausnahmen von den allgemeinen Zulässigkeitsvoraussetzungen für die kompensatorische Bewertung zulassen müssen. Die Vielzahl der Handlungsformen und die Häufigkeit des Abschlusses solcher Geschäfte machen die eindeutige Zuordnung einzelner Geschäfte zueinander nahezu unmöglich, ebenso folglich deren Dokumentation. Gerade der Umfang der Tätigkeit von Kreditinstituten in diesem Bereich erfordert aber eine kompensatorische Bewertung, da andernfalls ein den wirtschaftlichen Verhältnissen nicht angepaßter immenser Rückstellungsbedarf entstünde. Man wird die Zusammenfassung verschiedener Geschäfte im Rahmen einer kompensatorischen Bewertung daher nicht nur für das *Mikro-Hedging*, sondern auch im Falle des *Makro-Hedging* für zulässig erachten müssen und sogar den sog. *Portfolio-Ansatz*, d.h. den Ansatz einer gesamten Makro-Einheit als alleinigen Bewertungsgegenstand, akzeptieren müssen. Werden Handelsbestände durch ein institutionalisiertes Risikomanagement und eine enge Limitierung offener Positionen fortwährend gesichert, dann substituieren diese neueren Ansätze die individuellen Zuordnungsentscheidungen durch organisatorische Regelungen, was letztendlich dazu führt, daß die Bewertungseinheit nicht aufgelöst, sondern immer nur in sich umgeschichtet wird. Damit wird im Ergebnis eine *Mark-to-Market-Bewertung* mit ggf. hinausgeschobener Realisation von netto verbleibenden Bewertungsgewinnen aus risikomäßig abgesicherten Beständen erreicht.

Lit.: *Moxter, A.*: Das Realisationsprinzip – 1884 und heute, in: BB 1984, S. 1780–1786; *Burkhardt, D.*: Grundsätze ordnungsmäßiger Bilanzierung für Fremdwährungsgeschäfte, 1988; *Prahl, R./Naumann, T.K.*: Moderne Finanzinstrumente im Spannungsfeld zu traditionellen Rechnungslegungsvorschriften: Barwertansatz, Hedge-Accounting und Portfolio-Approach, in: Wpg 1992, S. 709–719; *Breker, N.*: Optionsrechte und Stillhalterverpflichtungen im handelsrechtlichen Jahresabschluß, 1993; *Glanegger, P.*: Bewertungseinheit und einheitliches Wirtschaftsgut, in: Raupach, A./Uelner, A. (Hrsg.): Ertragsbesteuerung, FS für L. Schmidt, 1993, S. 145–160; *Herzig, N.*: Die rückstellungsbegrenzende Wirkung des Realisationsprinzips, in: Raupach, A./Uelner, A. (Hrsg.): Etragsbesteuerung, FS für L. Schmidt, 1993, S. 209–226; *Krumnow, J.*: Derivative Instrumente als Herausforderung für Bankcontrolling und Bankorganisation, in: ZBB 1993, S. 133–137; *Moxter, A.*: Bilanzrechtsprechung, 3. Aufl., 1993; *Wiedmann, H.*: Die Bewertungseinheit im Handelsrecht, in: Ballwieser, W. et al. (Hrsg.): Bilanzrecht und Kapitalmarkt, FS für A. Moxter, 1994, S. 453–482; *Naumann, T. K.*: Bewertungseinheiten im Gewinnermittlungsrecht der Banken, 1995; *Wiedmann, H.*: Bewertungseinheit und Realisationsprinzip, in: Neuorientierung der Rechenschaftslegung, Bericht über die Fachtagung des IDW 1994, 1995, S. 101–122.

WP/RA/StB Professor Dr. Harald Wiedmann, Berlin.

Bewertungsprinzipien

1. Grundlagen

Das betriebliche Rechnungswesen kennt wenige bloße Mengenrechnungen; meist werden Werte ausgewiesen. Zur Ermittlung von Werten bedarf es Bewertungsregeln oder B. (valuation methods).

In den Wirtschaftswissenschaften stellen Werte Bezüge zwischen dem Entscheidungsträger und seinen Zielen her. Als *Nutzwerte* drücken sie die Vorteilhaftigkeit der zu bewertenden Objekte im Vergleich zu anderen aus. Wenn alle n wünschenswerten Objekte um einen knappen Mittelvorrat – beispielsweise um ein Geldbudget – konkurrieren, von allen n Objekten hinreichend präzise Nutzwerte und von n – 1 Objekten auch die Preise bekannt sind, kann errechnet werden, wieviele der knappen Mittel für das n-te Objekt höchstens hingegeben werden dürfen, ohne die Zielerreichung zu beeinträchtigen (*Entscheidungswert* → *Gesamtwert der Unternehmung*). Die größte praktische Bedeutung haben allerdings *konventionsgebundene Werte*. Zunächst kann man einen Bezug zu einer tatsächlichen oder fiktiven Entscheidung herstellen – etwa den Gegenstand gekauft zu haben oder ihn fiktiv erneut zu beschaffen. Außerdem soll der der Konvention entsprechende Wert dazu beitragen, daß die betriebliche Rechnung – insbesondere der → *Jahresabschluß* und die → *Kostenrechnung* – ihre Ziele möglichst weitgehend erreicht. Bewertungsprinzipien bringen die Konventionen zum Ausdruck und geben an, wie ein Wert zu ermitteln oder wann welcher Wert anzusetzen ist.

2. Bewertungsprinzipien für den Jahresabschluß

a) Allgemeine B. Für den handelsrechtlichen Jahresabschluß gelten verschiedene allgemeine B., die in § 252 Abs. 1 HGB ausdrücklich kodifiziert wurden (→ *Grundsätze ordnungsmäßiger Buchführung u. Bilanzierung*). Nach dem Prinzip der *formellen Kontinuität* oder *Bilanzidentität* müssen die Wertansätze in der Eröffnungsbilanz eines Geschäftsjahres denen in der Schlußbilanz des vorangegangenen Geschäftsjahres gleichen. Das *Going-concern-Prinzip* gebietet, bei der Bewertung grundsätzlich von der Fortführung der Unternehmenstätigkeit auszugehen, es sei denn, tatsächliche oder rechtliche Gegebenheiten stehen dem entgegen. Auch wenn das Gesetz etwa in §§ 240, 256 HGB Ausnahmen kennt, sind nach dem *Prinzip der Einzelbewertung* Vermögensgegenstände und Schulden grundsätzlich einzeln zu bewerten. Wie weit das *Vorsichtsprinzip* in dem Sinne noch gilt, daß sich der Kaufmann im Zweifel eher ärmer rechnen soll als er ist, wird kontrovers diskutiert. Sicher aber bedeutet es, daß alle am Abschlußstichtag vorhersehbaren Risiken und entstandenen Verluste berücksichtigt werden müssen und Gewinne nur angesetzt werden dürfen, wenn sie realisiert sind. Das Prinzip, wonach Aufwendungen und Erträge eines Geschäftsjahrs unabhängig von den Zeitpunkten der entsprechenden Zahlungen im Jahresabschluß zu berücksichtigen sind, scheint in Deutschland so selbstverständlich zu sein, daß es keinen besonderen Namen besitzt. Das Prinzip der materiellen Kontinuität oder → *Bewertungsstetigkeit* verlangt die Beibehaltung der angewandten Bewertungsmethoden im Zeitablauf, muß allerdings nach neuem Recht nicht so streng befolgt werden, daß es keine Ausnahmen gibt.

b) B. für Ausgangswerte. Wie speziell entgeltlich erworbene Vermögensgegenstände in der Bilanz zu bewerten sind, bestimmt das in §255 Abs. 1 HGB konkretisierte → *Anschaffungswertprinzip.* Es legt den Anschaffungswert (→ *Anschaffungskosten*) als Summe von Anschaffungspreis, Anschaffungsnebenkosten und nachträglichen Anschaffungskosten abzüglich von Anschaffungspreisminderungen fest. Durch die Bewertung zum Anschaffungspreis soll die Beschaffung von Vermögensgegenständen im Regelfall als erfolgsneutraler Vorgang erfaßt werden. Da ein höherer Wert ausgeschlossen ist (*Höchstwertprinzip*), kann zumindest vor dem Verkauf des Gegenstands oder der aus seiner Nutzung gewonnenen Produkte kein Gewinn erzielt werden. Im Falle des Verkaufs des Gegenstands markiert der Anschaffungswert den Nullpunkt des Erfolgs - bei einem höheren Verkaufspreis wird ein Gewinn, bei einem niedrigeren ein Verlust erzielt.

Für selbsterstellte Vermögensgegenstände treten die Herstellungskosten (→ *Herstellungskosten, Ermittlung der*) an die Stelle des Anschaffungswerts.

Verbindlichkeiten sind mit dem Betrag anzusetzen, den der Schuldner bei Fälligkeit der Verbindlichkeit aufbringen muß, um seine Verpflichtung zu erfüllen (Prinzip der *Bewertung zum Rückzahlungsbetrag* → *Verbindlichkeiten*).

Das *Barwertprinzip* dagegen gilt für Rentenverpflichtungen, bei denen über eine fest vereinbarte oder eine etwa an die Lebenszeit eines Menschen gebundene Frist regelmäßig wiederkehrende Leistungen in Geld oder anderen Werten zu erbringen sind, ohne daß dafür noch eine Gegenleistung erwartet werden darf. Die voraussichtlichen Leistungen sind danach auf den Bewertungsstichtag abzuzinsen und zusammenzufassen.

c) Ergänzende B. Die entsprechend den zuvor beschriebenen Prinzipien angesetzten Ausgangswerte sind nicht in jedem Falle beizubehalten. Nach dem Prinzip der planmäßigen Abschreibung, das sich auf das Going-concern-Prinzip gründet, sind die Werte von Gegenständen des abnutzbaren → *Anlagevermögens* um planmäßige → *Abschreibungen* zu vermindern (§253 Abs. 2 Satz 1 HGB).

Das auf das Vorsichtsprinzip gegründete → *Niederstwertprinzip* verlangt darüber hinaus, Vermögensgegenstände zu einem niedrigen und Verbindlichkeiten zu einem höheren Stichtagswert zu bewerten. Dabei wird allerdings nach vielen Kriterien differenziert. Beim → *Umlaufvermögen* gilt das Niederstwertprinzip streng auch bei vorübergehenden Wertminderungen, während es beim Anlagevermögen derart gemildert wird, daß nur bei voraussichtlich dauernden Wertminderungen abgewertet werden muß. Das Wahlrecht, Anlagevermögen bei nicht voraussichtlich dauernder Wertminderung abzuschreiben, steht zudem nur Personengesellschaften und Einzelkaufleuten unabhängig von der Art des Anlagevermögens offen. Kapitalgesellschaften besitzen es allein für Finanzanlagen. Hinsichtlich des relevanten Marktes, aus dem sich der niedrigere Wert als Wiederbeschaffungs- oder potentieller Veräußerungserlös ergibt, wird nach der Art des Vermögens differenziert. Liegt eher eine erneute Beschaffung nahe, wie im Regelfall bei Anlagevermögen sowie bei Roh-, Hilfs- und Betriebsstoffen, so ist der Beschaffungsmarkt relevant. Der Absatzmarkt bildet die Grundlage zur Bestimmung niedrigerer Werte von absatzbestimmten Anlagen, Überbeständen an Roh-, Hilfs- und Betriebsstoffen sowie von unfertigen und fertigen Erzeugnissen. Das Minimum aus den Werten beider Märkte liefert den niedrigeren Vergleichswert bei Wertpapieren und Handelswaren.

Wenn Vermögensgegenstände höchstens zu ihren Anschaffungskosten bewertet werden dürfen, gleichwohl aber in der Regel zu höheren Preisen veräußert werden, muß bestimmt werden, wann statt des Gegenstands selbst der höhere Erlös und damit auch der Gewinn angesetzt werden darf. Dies regelt das → *Realisationsprinzip*, das den Gewinn als realisiert erklärt, wenn der Verkäufer bei dem ihm auferlegten dinglichen Geschäft der Übereignung der Kaufsache alles in seiner Macht stehende getan hat.

d) Bewertung und Erhaltung. Handels- und Steuerrecht orientieren sich in Deutschland wie in den meisten Ländern der Welt am *Nominalwertprinzip.* Das von den Eignern eingelegte und thesaurierte Kapital wird nominal erhalten; Gewinne sind dementsprechend Überschüsse der Erlöse über die historischen Anschaffungskosten. Bei steigenden Preisen kann der Gewinn auch anders definiert und das Vermögen anders bewertet werden. Nachfolgend werden zwei typische Kombinationen betrachtet (→ *Substanz- und Kapitalerhaltung*). Im Rahmen des Prinzips der *Substanzerhaltung* wird das Vermögen jeweils zugunsten einer Substanzerhaltungsrücklage erfolgsneutral auf den Wiederbeschaffungspreis am Umsatz- bzw. Bilanzstichtag aufgewertet (*Tageswertprinzip*). Nur die Differenz zwischen Erlös und Wiederbeschaffungskosten am Umsatztag bildet dann den Gewinn. Beim Prinzip der *realen Kapitalerhaltung* erscheint das Eigenkapital erhalten, wenn es proportional zur Steigerung eines allgemeinen Kaufkraftindex zugenommen hat. Das Vermögen wird dementsprechend erfolgsneutral gemäß der allgemeinen Preissteigerung aufgewertet. Gewinne entstehen, wenn beim Verkauf höhere Erlöse erzielt werden; Verluste aber entstehen gemäß dem Niederstwertprinzip auch schon dann, wenn die konkrete Preissteigerung bei einem Gegenstand hinter der allgemeinen Preissteigerung zurückbleibt.

e) International anerkannten Rechnungslegungsregeln zugrundeliegende Bewertungsprinzipien. Die beschriebenen B. gelten grundsätzlich auch im Rahmen der derzeit aktuellen, angelsächsischen Traditionen verbundenen, international anerkannten Rechnungslegungsregeln, wie GAAP und IAS. Da der Jahresabschluß aber als reines Informationsinstrument angesehen wird, verteilen sich die Gewichte anders. Das in Deutschland aus Gründen des Gläubigerschutzes zentrale Vorsichtsprinzip spielt international eine weit geringere Rolle, weil es im Verdacht steht, in „guten Zeiten" stille Reserven zu ermöglichen, die in „schlechten Zeiten" unmerklich aufgelöst werden und den Einblick in die Erfolgslage behindern. Auch das Realisationsprinzip wird nur soweit befolgt, wie es etwa bei langfristiger Fertigung oder der Bewertung von Fremdwährungspositionen nicht einem als angemessen angesehenen Gewinnausweis im Wege steht. Teilweise darf im Sinne des Vermögensausweises ein aktueller Wert oberhalb der Anschaffungskosten angesetzt, aber noch kein Gewinn ausgewiesen werden (SFAS No. 115 Ziff. 12f.). Stetigkeit besitzt im Blick auf eine bessere Vergleichbarkeit eine weit größere Bedeutung als in Deutschland. Nach IAS 8 Ziff. 34 ist es sogar möglich, gegen die Bilanzidentität zu verstoßen, um Fehleinschätzungen früherer Jahre unter Veränderung der Gewinnrücklagen so zu korrigieren, daß sich alte Fehler nicht mehr störend auf aktuelle Jahresabschlüsse auswirken.

Anders als in Deutschland beziehen die B. international ihre Legitimation nicht aus einem gesellschaftsrechtlichen Kontext, sondern aus dem Ziel, einen funktionsfähigen Kapitalmarkt vor allem für Eigenkapital durch breite Information des Publikums sicherzustellen. International zielen B. damit auf die börsennotierten Kapitalgesellschaften. Über diesen Kreis von Unternehmen hinaus sind sie nur eingeschränkt relevant – auch in den → *USA* beispielsweise.

2. Bewertungsprinzipien der Kostenrechnung

Soweit nicht im Rahmen der Selbstkostenermittlung → *LSP* zu beachten sind, wird die → *Kostenbewertung* anders als die Bewertung im Jahresabschluß nicht durch gesetzliche Normen reglementiert. Dementsprechend finden sich in der Kostenrechnung auch sehr unterschiedliche Werte. Zunächst können diese

Werte wie in der Bilanz auf effektive oder fiktive Marktpreise gestützt werden (*pagatorisches Prinzip*). Insoweit werden in der Kostenrechnung teilweise historische Anschaffungskosten, meist aber – weil die Kostenrechnung regelmäßig auf Substanzerhaltung ausgerichtet ist – Wiederbeschaffungskosten am Umsatztag und gelegentlich sogar geschätzte Wiederbeschaffungskosten im Zeitpunkt der künftig geplanten effektiven Wiederbeschaffung angesetzt. Daneben kann versucht werden, im Wertansatz der Kosten nicht nur den Beschaffungspreis, sondern auch die Nützlichkeit, die Erfolgsträchtigkeit der zu bewertenden Güterverbräuche zum Ausdruck zu bringen. Ist beispielsweise ein Faktor knapp und lassen sich mit seiner Hilfe verschiedene gewinnbringende Produkte herstellen, so kann als Wert dieses Faktors die Summe aus seinem Preis und dem Gewinn je Faktoreinheit angesetzt werden, der bei optimaler Nutzung des knappen Faktors mit dem letzten gerade noch produzierten und abgesetzten Produkt erzielt wird (*Prinzip wertmäßiger Kosten*). Dieser Wert entspricht einem Entscheidungswert. Im Fall der Optimierung durch lineare Programmierung ergäbe sich dieser Wert des Faktors aus seinem Preis zuzüglich seines Zielfunktionskoeffizienten (Schattenpreis). Pagatorische und wertmäßige Wertansätze müssen nicht exakt ermittelt, sie können auch geschätzt werden. Die Kostenrechnung verwendet sogar relativ häufig solche → *Verrechnungspreise* mit im Detail höchst unterschiedlichem Gehalt (geschätzte Anschaffungs- oder Wiederbeschaffungskosten, geschätzte wertmäßige Kosten).

Der Kostenrechnung fremd sind viele der unter 2. behandelten Bewertungsprinzipien, wie Vorsichts- oder Niederstwertprinzip und speziell das Prinzip der formellen Kontinuität. Letzteres bedeutet nämlich beispielsweise im Falle einer Fehleinschätzung der Nutzungsdauer einer Anlage, daß nach Revision der Nutzungsdauer entweder zu viel abgeschrieben werden muß, weil zuvor zu wenig abgeschrieben wurde (alte Nutzungsdauer war zu lang) oder zu wenig abgeschrieben werden muß, weil zuvor zu viel abgeschrieben wurde (alte Nutzungsdauer war zu kurz). In der Kostenrechnung wird unabhängig von früheren Abschreibungen bei Erwartungsänderungen stets so abgeschrieben, als wäre von Anfang an auf Basis der aktuellen Erwartungen abgeschrieben worden. → *Stetigkeits-* und Realisationsprinzip dagegen kennt die Kostenrechnung in der Regel auch.

Lit.: *Schildbach, T.*: Inflation Accounting-Verfahren, Beurteilung und aktuelle Situation, in: WISU 1984, S. 122–125 und S. 215–220; *Küpper, H.-U.*: Kostenbewertung, in: HWR, 3. Aufl., 1993, Sp. 1179–1188; *Schildbach, T.*: Der handelsrechtliche Jahresabschluß, 5. Aufl., 1997, S. 224–305.

Professor Dr. Thomas Schildbach, Passau.

Bewertungsstetigkeit

1. Grundsatz. Nach § 252 Abs. 1 Nr. 6 HGB (§ 201, Abs. 1, Nr. 1 öHGB) sollen die auf den vorhergehenden → *Jahresabschluß* angewandten *Bewertungsmethoden* beibehalten werden (→ *Bewertungsprinzipien*). Dieser Grundsatz der B. (= *Stetigkeitsgebot, Stetigkeitsgrundsatz*) ist mit dem in 1985 verabschiedeten Bilanzrichtlinien-Gesetz in das HGB aufgenommen worden.

Der Stetigkeitsgrundsatz betrifft nach § 252 Abs. 1 Nr. 6 HGB lediglich die angewandten Bewertungsmethoden. Bestehen Bilanzierungswahlrechte (= *Ansatzwahlrecht*), so können diese ohne Bindung an das Stetigkeitsgebot ausgeübt werden.

2. Bewertungsmethode und Bewertungswahlrechte. Der Grundsatz der B. bezieht sich nach dem Wortlaut des § 252 Abs. 1 Nr. 6 HGB auf die angewendete Bewertungsmethode. Es herrscht also Methodenstetigkeit. Dem Begriff der Bewertungsmethode ist somit eine zentrale Bedeutung beizumessen. Nach einer weit verbreiteten Definition ist eine Bewertungsmethode ein bestimmtes in seinem Ablauf definiertes Verfahren der Wertfindung. Zu den Bewertungsmethoden gehören auch die Abschreibungsmethoden (→ *Abschreibungen*).

Die Frage nach der Anwendung des Grundsatzes der B. kann sich nur dann stellen, wenn ohne Beachtung dieses Grundsatzes unterschiedliche Bewertungsmethoden anwendbar wären, d.h., wenn Bewertungswahlrechte bestünden. In diesem Zusammenhang kann unterschieden werden zwischen gesetzlich vorgesehenen Wahlrechten einerseits und Wahlrechten, die auf Schätzungen oder Ermessensentscheidungen beruhen andererseits. Gesetzlich vorgesehen ist z. B. nach §255 Abs. 2 Satz 3 HGB das Wahlrecht, bestimmte Material- und Fertigungsgemeinkosten in die Herstellungskosten einzubeziehen oder nicht. Auf einer Schätzung hingegen beruht z. B. die Bestimmung der Höhe einer Rückstellung für Gewährleistungen oder für Aufwendungen für unterlassene Instandhaltung. Das Stetigkeitsgebot bezieht sich auf alle *gesetzlich vorgesehenen Wahlrechte* und auf *Wahlrechte, die auf Schätzungen oder Ermessensentscheidungen* beruhen, sofern bei ihnen die Schätzungen oder Ermessensentscheidungen nach einem bestimmten Verfahren ausgeübt werden.

3. Zwingende Abweichungen von der Stetigkeit. Das Stetigkeitsgebot greift nicht, wenn seiner Anwendung zwingende gesetzliche Bewertungsregeln entgegenstehen. Derartige zwingende Vorschriften gehen als Spezialregelungen dem allgemeinen Stetigkeitsgebot vor. So kann im Einzelfall bei Vermögensgegenständen des Anlagevermögens eine außerplanmäßige Abschreibung nach §253 Abs. 2 Satz 3 HGB deshalb geboten sein, weil diese Vermögensgegenstände von einer voraussichtlich dauernden Wertminderung betroffen sind. In diesem Fall geht die außerplanmäßige Abschreibung dem Gebot der B. vor.

4. Vergleichbarkeit. Hat ein Kaufmann im letzten Jahresabschluß eine bestimmte Bewertungsmethode festgelegt, so hat er diese bei der Bewertung vergleichbarer Vermögensgegenstände (bzw. Schulden) grundsätzlich beizubehalten. Entscheidend ist, daß die zu bewertenden Vermögensgegenstände den im letzten Jahresabschluß bewerteten Vermögensgegenständen vergleichbar sind. Sind die Vermögensgegenstände nicht miteinander vergleichbar, so greift der Stetigkeitsgrundsatz nicht. Dem Abstellen auf vergleichbare Vermögensgegenstände liegt der Gedanke zugrunde, daß es Zweck des §252 Abs. 1 Nr. 6 HGB ist, → *Bilanzen* eines Unternehmens im Zeitablauf miteinander vergleichbar zu machen.

Von zentraler Bedeutung für die Anwendbarkeit des Stetigkeitsgebotes ist somit die Vergleichbarkeit von Vermögensgegenständen. Vergleichbarkeit ist dann gegeben, wenn die zu bewertenden Vermögensgegenstände vergleichbaren Nutzungs- und Risikobedingungen unterworfen sind. Dies setzt *art- und funktionsgleiche Bewertungsobjekte* voraus. Weitere Voraussetzung ist, daß die vergleichbaren Vermögensgegenstände unter *vergleichbaren Umständen* im vorhergehenden Jahresabschluß zu bewerten waren. Diese Voraussetzung ist z. B. dann nicht erfüllt, wenn ein Vermögensgegenstand im letzten Abschluß dem → *Anlagevermögen* zuzurechnen war, in diesem Abschluß aber zum → *Umlaufvermögen* zu rechnen ist.

Die Verpflichtung zur Beibehaltung einer einmal festgelegten Bewertungsmethode besteht nicht nur hinsichtlich solcher Vermögensgegenstände, die bereits im Vorjahresabschluß zu bilanzieren waren, vielmehr auch hinsichtlich derjenigen, die in diesem Wirtschaftsjahr zugegangen oder entstanden sind. Diese Rechtsansicht, die u.a. auch von dem IdW vertreten wird, steht im Gegensatz zu der Ansicht einiger Autoren (z. B. *Sahner/Schultzke*), der Stetigkeitsgrundsatz gelte nur für die Bewertung jeweils eines Vermögensgegenstandes im Zeitablauf. Für die praktische Arbeit ist die Rechtsansicht des IdW ausschlaggebend, da sie die berufsständische Meinung der Abschlußprüfer wiedergibt und damit für die Testierfähigkeit der Jahresabschlüsse von entscheidender Bedeutung ist.

5. Stetigkeit und Rechtsform. Der Grundsatz der B. ist von den Unternehmen aller Rechtsformen zu beachten. Von allen Nicht-Kapitalgesellschaften, insbesondere also von allen Personenunternehmen (Einzelunternehmen, Personenhandelsgesellschaften), kann er aber faktisch in vielen Fällen unter Hinweis auf § 253 Abs. 4 HGB unterlaufen werden. Nach dieser Vorschrift dürfen alle Nicht-Kapitalgesellschaften „*Abschreibungen im Rahmen vernünftiger kaufmännischer Beurteilung*" vornehmen. Die Entscheidung zur Vornahme einer derartigen Abschreibung kann nur im Einzelfall getroffen werden; der Grundsatz der B. kommt also insoweit nicht zur Anwendung.

6. *Begründete Ausnahmen von der Stetigkeit.* Von dem Stetigkeitsgrundsatz darf nach § 252 Abs. 2 HGB in *begründeten Ausnahmefällen* abgewichen werden. Zu dieser Vorschrift hat das IdW einen umfangreichen, beispielhaften Ausnahmekatalog formuliert:

- Änderung von Gesetzen und der Rechtsprechung,
- Ergebnisse einer steuerlichen Betriebsprüfung,
- Nutzung ansonsten vom Verfall bedrohter steuerlicher Verlustvorträge,
- Einleitung von Sanierungsmaßnahmen,
- wesentliche Veränderungen in der Gesellschafterstruktur,
- Änderung in der unternehmerischen Konzeption, etwa bei Wechsel des Managements,
- technische Umwälzungen,
- wesentliche Veränderungen des Beschäftigungsgrades.

7. *Berichtspflichten.* Wird von der B. aufgrund einer begründeten Ausnahme i.S.d. § 252 Abs. 2 HGB abgewichen, so ist darüber nach § 284 Abs. 2 Nr. 3 HGB im → *Anhang* zu berichten. Hierbei ist der Einfluß der Abweichung auf die *Vermögens-, Finanz- und Ertragslage* der Gesellschaft darzustellen. Die Berichtspflicht bezieht sich auf den jeweiligen Bilanzposten und umfaßt die Beschreibung der Abweichung gegenüber dem Vorjahr. Eine Berichtspflicht besteht aber nur für Kapitalgesellschaften, da nur sie einen Anhang erstellen müssen

Die Angabe- und Begründungspflichten im Anhang beziehen sich auch auf einen Wechsel der *Bilanzierungsmethoden.* Wird etwa von einem Aktivierungswahlrecht in der Weise Gebrauch gemacht, daß ein Vermögensgegenstand aktiviert, ein anderer vergleichbarer im darauffolgenden Jahresabschluß aber nicht aktiviert wird, so liegt kein Verstoß gegen das Gebot der B. des § 252 Abs. 1 Nr. 6 HGB vor. Doch muß über diese unterschiedliche Ausübung der Bilanzierungswahlrechte nach § 284 Abs. 2 Nr. 3 HGB im Anhang berichtet werden.

8. *Stetigkeit in der Steuerbilanz und Rückwirkungen auf die Handelsbilanz.* Im Gegensatz zum HGB enthalten die Steuergesetze kein allgemeingültiges Stetigkeitsgebot. Doch gibt es eine Reihe von Entscheidungen des Reichs- und des Bundesfinanzhofes (z. B. RFH v. 16.12.1936, VI A 924/36, StuW 1937, Nr. 87; BFH-Urteil v. 12.3.1954, I 135/53 S, BStBl. III 1954, S. 149), die zu Einzelproblemen Stellung beziehen. Ihnen läßt sich der Grundgedanke entnehmen, daß eine sachlich begründete Änderung einer bisher angewendeten Bilanzierungs- und Bewertungsmethode zulässig, eine willkürliche Änderung hingegen unzulässig ist. Steuerlich läßt sich also der *Grundsatz einer willkürfreien Bilanzierung und Bewertung* ableiten. Damit besteht für die Steuerbilanz – wenn auch unter einer anderen Bezeichnung – bereits seit Jahrzehnten ein Grundsatz der Bilanzierungs- und Bewertungsstetigkeit. Von dem steuerlichen *Willkürverbot* werden aber alle in Steuergesetzen ausdrücklich verankerten *Wahlrechte* nicht erfaßt. Derartige Wahlrechte bestehen insbesondere im Bereich der steuerlichen Abschreibungen. Der Anwendungsbereich des steuerlichen Willkürverbotes ist hierdurch stark eingeengt. Die größte Bedeutung kommt dem Willkürverbot bei Ermittlung der Herstellungskosten und damit bei der Bewertung der Vorräte zu.

Über den Grundsatz der Maßgeblichkeit der Handels- für die Steuerbilanz (→ *Maßgeblichkeitsprinzip*) gilt der Grundsatz der B. des § 252 Abs. 1 Nr. 6 HGB auch für die Steuerbilanz. Damit hat der Stetigkeitsgrundsatz in allen Fällen, in denen er steuerlich bereits früher in der

Form des Willkürverbots praktiziert worden ist, nunmehr eine gesetzliche Grundlage. In allen derartigen Fällen ändert sich also faktisch nichts.

Anders verhält es sich hingegen in den Fällen, in denen das von der steuerlichen Rechtsprechung entwickelte Willkürverbot nicht greift, insbesondere also im Bereich der *steuerlichen Abschreibungen*. Hier kommt nunmehr grundsätzlich das Stetigkeitsgebot des §252 Abs.1 Nr.6 HGB zur Anwendung. Doch wird dieser Grundsatz durch Ausnahmen erheblich eingeschränkt. So wird es nach wie vor für zulässig erachtet, daß erhöhte Absetzungen und Sonderabschreibungen je nach Lage des Einzelfalls in Anspruch genommen werden können oder auch nicht. Dies hat über den Grundsatz der umgekehrten Maßgeblichkeit Rückwirkungen auf die Handelsbilanz: Erhöhte Absetzungen und Sonderabschreibungen können nach §6 Abs.3 EStG in der Steuerbilanz nur dann vorgenommen werden, wenn sie auch in der Handelsbilanz angesetzt werden. Damit greift hinsichtlich der erhöhten Absetzungen und Sonderabschreibungen der Stetigkeitsgrundsatz auch nicht in der Handelsbilanz.

Umstritten ist, ob der Stetigkeitsgrundsatz des §252 Abs.1 Nr.6 HGB bei der *steuerlichen Normal-AfA* zur Anwendung kommt, ob also gleichartige Wirtschaftsgüter nicht mehr nach unterschiedlichen AfA-Methoden und AfA-Sätzen abgeschrieben werden können. Dies war vor Inkrafttreten des §252 Abs.1 Nr.6 HGB steuerlich zulässig. Im steuerrechtlich orientierten Schrifttum (z.B. *Söffing*) ist die Tendenz unverkennbar, derartige unterschiedliche AfA-Methoden und AfA-Sätze trotz des §252 Abs.1 Nr.6 HGB und des Maßgeblichkeitsprinzips weiterhin für zulässig anzusehen. Sollte sich diese Tendenz durchsetzen, so hätte dies zur Folge, daß die Vorschrift des §252 Abs.1 Nr.6 HGB kaum eine weitergehende Wirkung erhalten würde, als das von der steuerlichen Rechtsprechung entwickelte Gebot einer willkürfreien Bilanzierung und Bewertung. Steuerlich bliebe dann die frühere Rechtslage weitgehend unverändert.

Bei einer derartigen Entwicklung wären über den Grundsatz der umgekehrten Maßgeblichkeit auch Rückwirkungen auf die Handelsbilanz nicht auszuschließen, mit der möglichen Folge, daß auch handelsbilanziell der Stetigkeitsgrundsatz erheblich ausgehöhlt würde.

9. Bedeutung der Stetigkeit für die unterschiedlichen Bilanzposten. B. gilt nicht nur bei der Bewertung von Vermögensgegenständen, sondern auch bei der von Passivposten, insbesondere von → *Rückstellungen*. Jedoch spielt das Stetigkeitsgebot in Handels- und Steuerbilanz für die Bewertung der Aktiva eine wesentlich größere Rolle als für die der Passiva. Innerhalb der Aktiva kommt ihm die größte Bedeutung bei den Vorräten zu. Für Passiva ist die B. zu beachten, insbesondere für Verbindlichkeiten in Fremdwährungen und → *Pensionsrückstellungen*. Die Höhe der Pensionsrückstellungen hängt erheblich von der Höhe des Rechnungszinsfußes ab. Dieser kann innerhalb einer Bandbreite angemessener Zinssätze frei gewählt werden. An die einmal getroffene Wahl ist der Kaufmann dann allerdings nach dem Grundsatz der B. gebunden. Nur bei begründeten Ausnahmen kann er hiervon abweichen. Steuerlich ist der Rechnungszinsfuß durch §6a EStG mit 6% p.a. fest vorgegeben. Insoweit spielt steuerlich die B. keine Rolle.

Lit.: Schneeloch, D.: Bewertungsstetigkeit in Handels- und Steuerbilanz, in: WPg 1986, S.405–417; *Kupsch, P.:* Einheitlichkeit und Stetigkeit der Bewertung gem. §252 Abs.1 Nr.6 HGB, in: DB 1987, S.1101–1105 u. 1157–1161; *Söffing, G.:* Der Stetigkeitsgrundsatz in steuerrechtlicher Sicht, in: DB 1987, S.2598–2603; *Kammers, H.:* Der Grundsatz der Bewertungsstetigkeit, 1988; *Schneeloch, D.:* Maßgeblichkeitsgrundsätze und Bewertungsstetigkeit, in: Wpg 1990, S.221–232; *Schneeloch D.:* Besteuerung und betriebliche Steuerpolitik, Bd.I: Besteuerung, 2.Aufl., 1993.

Professor Dr. Dieter Schneeloch, Hagen.

Bewertungsvereinfachungsverfahren
Gem. §256 HGB kann im Rahmen der

→ *Grundsätze ordnungsmäßiger Buchführung* zur Vereinfachung für die Bilanzierung von gleichartigen Gegenständen des *Vorratsvermögens* das → *Fifo-*, das → *Lifo-* oder ein sonstiges Verfahren der → *Verbrauchsfolgefiktion* angewendet werden.

Bewertungsvorbehalt
→ *Steuerbilanz*.

Bewertungswahlrechte
→ *Bilanzierungswahlrechte*.

Bezugsgröße
Bezeichnung für eine qualitativ, quantitativ, räumlich und/oder zeitlich abgegrenzte Größe, der bestimmte Kosten, Erlöse, Mengenverbräuche und andere Geld- und Mengengrößen gegenübergestellt und zugeordnet werden. Sie werden in der Kurzform häufig als Maßgrößen der Kostenverursachung bezeichnet. In der → *Prozeßkostenrechnung* werden die B. als → *Kostentreiber*, in anderen → *Kalkulationsverfahren* auch als Bezugs- oder *Zuschlagsgrundlage* bezeichnet.

Bezugsgrößenhierarchie
Für die Erfassung und den Ausweis der → *Kosten* notwendige Rangordnung von Kalkulationsobjekten, innerhalb derer sämtliche Kosten als → *Einzelkosten* erfaßt werden.

Bezugsgrößenkalkulation
→ *Zuschlagskalkulation*.

Bezugsschuldverschreibung
= → *Optionsschuldverschreibung*.

Bilanz
Die zum Ende eines jeden → *Geschäftsjahres* in Kontoform vorzunehmende Gegenüberstellung von Vermögen (→ *Aktiva*) und Kapital (→ *Passiva*). Die B. bildet gem. § 242 Abs. 3 HGB zusammen mit der → *Gewinn- und Verlustrechnung* (und für → *Kapitalgesellschaften* gem. § 264 Abs. 1 HGB zusätzlich mit dem → *Anhang*) den → *Jahresabschluß* bzw. → *Konzernabschluß*. Die → *Gliederung der B.* ist für Kapitalgesellschaften in § 266 HGB vorgeschrieben. Für die steuerliche Gewinnermittlung ist eine → *Steuerbilanz* aufzustellen (→ *Jahresabschluß*, → *Konzernabschluß*, → *Steuerbilanz*).

Bilanzänderung
§ 4 Abs. 2 EStG bestimmt:
„Der Steuerpflichtige darf die Vermögensübersicht (Bilanz) auch nach ihrer Einreichung beim Finanzamt ändern, soweit sie den Grundsätzen ordnungsmäßiger Buchführung unter Befolgung der Vorschriften dieses Gesetzes nicht entspricht. Darüber hinaus ist eine Änderung der Vermögensübersicht (Bilanz) nur mit Zustimmung des Finanzamts zulässig."
Absch. 15 Abs. 1 EStR 1984 bezeichnet den ersten Fall als *Bilanzberichtigung*. Unter B. i.e.S. versteht man eine Änderung der Bilanz, deren bisherige Wertansätze nicht gegen gesetzliche Vorschriften verstoßen.

Bilanzanalyse
1. Begriff

Der → *Jahresabschluß* wird aussagefähiger, wenn die darin enthaltenen Daten methodisch aufbereitet, in Beziehung gesetzt und mit anderen Daten verglichen werden. Die Untersuchung von Jahresabschlüssen mit dem Ziel, ein Urteil über die wirtschaftliche Lage und Entwicklung eines Unternehmens zu fällen, wird üblicherweise als B. (financial statements analysis) bezeichnet. Der Begriff „Jahresabschlußanalyse" wäre zutreffender, da sich die Untersuchung auf den gesamten Jahresabschluß (und den → *Lagebericht*) erstreckt. Die *interne B.* unter Auswertung unternehmensinterner Unterlagen – etwa der → *Betriebsbuchhaltung* und → *Planungsrechnung* – führt zu aufschlußreicheren und genaueren Ergebnissen als die *externe B.*, die sich nur auf das veröffentlichte Material von Jahresabschluß und ggfs. Lagebericht stützt. Hier wird von *externer B.* ausgegangen (s. auch → *Konzernabschlußanalyse*).

2. Methodik

a) Ablauf. Der externe Analyst kann sich einen Überblick über das Unternehmen verschaffen, wenn er sich unter Hinzuziehung des Geschäftsberichts und darin besonders des Lageberichts über die Größenordnung des Unternehmens, seine Rechtsform, seine Beziehungen zu verbundenen Unternehmen, sein Produktionsprogramm, die Branchen- und Marktentwicklung usw. informiert, um spätere bilanzanalytische Detailergebnisse vor diesem Hintergrund würdigen zu können.

Die detaillierte B. basiert auf der Berechnung von *Kennzahlen*. Diese sind entweder *absolute Zahlen*, z. B. Umsatz oder Bilanzsumme, oder relative Zahlen (*Verhältniszahlen*), z. B. die Eigenkapitalrentabilität (s. u.). Zumeist werden Verhältniszahlen verwendet, um relevante betriebswirtschaftliche Sachverhalte auch zwischen sehr verschieden großen Unternehmen vergleichen zu können. Verhältniszahlen sind konzipiert als *Gliederungszahlen* (Relation einer Teilgröße zur zugehörigen Gesamtgröße, z. B. Eigenkapital zu Gesamtkapital), *Beziehungszahlen* (Relation zweier verschiedenartiger Größen, z. B. Erfolg zu Eigenkapital) oder *Indexzahlen* (Relation einer Größe zur gleichen Größe zu einer anderen Zeit, z. B. Umsatz 1993 zu Umsatz 1990). Bei der Bildung von Verhältniszahlen ist darauf zu achten, daß sich Zähler und Nenner zeitlich, sachlich und wertmäßig entsprechen, um eine aussagefähige Relation zu erhalten. Vor der Kennzahlenberechnung sind die Positionen der veröffentlichten Bilanz, der → *Gewinn- und Verlustrechnung* und des → *Anhangs* häufig noch aufzubereiten. Z. B. ist die für die B. wichtige Größe „Liquide Mittel" aus den Aktivpositionen B III 1, B III 3 und B IV im Bilanzschema nach § 266 Abs. 2 HGB zu ermitteln, bevor sich Liquiditätskennzahlen damit berechnen lassen.

Nach der Aufbereitung des Zahlenmaterials werden Kennzahlen problemadäquat ausgewählt und berechnet, von denen angenommen wird, daß sie die wirtschaftliche Lage des Unternehmens ausreichend indizieren. Voraussetzung einer B. ist, daß für jede Kennzahl eine Arbeitshypothese gebildet wird, die angibt, ob deren hoher/niedriger Wert positiv oder negativ zu beurteilen ist. Wenn der Analyst z. B. anhand der Kennzahl „Eigenkapitalrentabilität" die Erfüllung des Unternehmensziels „Verdienen" und anhand der Kennzahl „Eigenkapitalquote" (s. u.) die Erfüllung des anderen Ziels „Sicherung der Verdienstquelle" beurteilt, unterstellt er, daß bestandsfeste Unternehmen jeweils höhere Werte aufweisen als bestandsgefährdete.

Eine Kennzahl wird erst aussagefähig, wenn einer der drei folgenden Kennzahlen*vergleiche* vorgenommen wird, bei dem die aktuell berechnete Kennzahl jeweils einem Soll- oder Istwert dieser Kennzahl gegenübergestellt wird. Bei einem *Periodenvergleich* wird die Kennzahl dem Istwert einer früheren Periode, bei einem *Betriebsvergleich* dem Istwert eines Unternehmens der gleichen Branche oder dem Istwert des Branchendurchschnitts gegenübergestellt. Ein *Soll-Ist-Vergleich* erfordert die Vorgabe eines normativen Sollwertes der Kennzahl. Zur Bildung eines Urteils hat der Analyst die durch den Vergleich erhaltenen Abweichungen zu interpretieren. Die B. schließt ab mit der Bildung von Teilurteilen über die Vermögens-, Finanz- und Ertragslage, die zu einem Gesamturteil über die wirtschaftliche Lage des Unternehmens zusammenzufassen sind.

Neben der Analyse mittels Kennzahlen können die Anhangangaben einer *qualitativen Analyse* unterzogen werden, wenn aus dieser auch allenfalls Tendenzaussagen ableitbar sind. Informationen im → *Anhang* über Art und Umfang des im Jahresabschluß verwendeten bilanzpolitischen Instrumentariums (Wahlrechte, Ermessensspielräume) erhöhen die Aussagekraft der übrigen Analysedaten. Der externe Analyst erhält Hinweise auf Maßnahmen mittels derer die Aussage des Jahresabschlusses beeinflußt wurde. Unterstützend können zudem die Intensität der freiwilligen Berichterstattung sowie der Grad der Bestimmtheit der Aussagen (subjektiv wertende Aussagen, ordinale Aussagen, Angaben in Form von Bandbreiten, Punktangaben) herangezogen werden.

b) Inhalt. § 264 Abs. 2 HGB fordert für den Jahresabschluß von Kapitalgesellschaften, daß dieser ein den tatsächlichen Verhältnissen entsprechendes → *Bild der Vermögens-, Finanz- und Ertragslage* zu vermitteln hat. Obgleich zwischen diesen drei „Teillagen" wechselseitige Abhängigkeiten (Interdependenzen) bestehen, wird die B. der Vermögens- und Finanzlage durch Analyse primär der Bilanz (*finanzwirtschaftliche Analyse*) und der Ertragslage durch Analyse primär der GuV (*erfolgswirtschaftliche Analyse*) unterschieden.

3. Finanzwirtschaftliche Analyse

a) Vermögensstrukturanalyse. Die *vertikalen Bilanzstrukturkennzahlen* geben die Anteile einzelner Gruppen von Aktiva am Gesamtvermögen (Intensitäten) an. Vielfach wird ein relativ hoher Anteil von kurzfristig veräußerbarem Umlaufvermögen wegen der größeren Flexibilität bei Beschäftigungsschwankungen und bei der Liquidität als positiv angesehen. Technischer Fortschritt, branchen- und betriebsindividuelle Gegebenheiten, die Abschreibungspolitik sowie die Tatsache, daß eine vertikale Bilanzstruktur im Zeitablauf selten starr ist, sondern durch Unternehmens- und Marktentwicklungen variiert, lassen allgemeine Strukturregeln indes nicht als begründbar erscheinen. *Umschlagkoeffizienten* ergänzen die vertikale Bilanzstrukturanalyse und verknüpfen Bestandsgrößen mit Stromgrößen der GuV. Ihre Ermittlung dient der Information, wie rasch das eingesetzte Kapital durch den Güterabsatz wieder monetisiert wird oder wie hoch die Lagerdauer der Roh-, Hilfs- und Betriebsstoffe ist.

Die *Altersstrukturkennzahlen* geben dem Analysten einen Einblick in die Innovationskraft des Unternehmens, z. B. durch die Altersstruktur des Sach-Anlagevermögens. Eine solche Analyse wird durch die Verpflichtung nach § 268 Abs. 2 HGB, einen → *Anlagenspiegel* aufzustellen, der die kumulierten → *Abschreibungen* enthält, möglich. Nur der interne Analytiker könnte zusätzlich die Altersstruktur der Vorräte untersuchen, um festzustellen, in welchem Umfang Erzeugnisse oder Handelsware als „Ladenhüter" anzusehen sind. Ferner sind Analysen zur Investitions- und Wachstumspolitik des Unternehmens denkbar, bei denen die Höhe der (abgeleiteten) Nettoinvestitionen dem Sachanlagevermögen oder den darauf entfallenden Abschreibungen des Geschäftsjahrs gegenübergestellt wird.

b) Kapitalstrukturanalyse. Bei der Kapitalstrukturanalyse wird nach Herkunft und Zusammensetzung der Finanzierungsmittel gefragt. Die Analyse umfaßt neben der *Außen-* auch die *Innenfinanzierung* aufgrund von erwirtschafteten Abschreibungs- und Rückstellungsgegenwerten sowie der Thesaurierung von Gewinnen. Im Mittelpunkt der Kapitalstrukturanalyse stehen die Anteile von → *Eigenkapital* und Fremdkapital am Gesamtkapital, die sich in der Kennzahl „*Eigenkapitalquote*" oder im *Statischen Verschuldungsgrad* (= Fremdkapital zu Eigenkapital) niederschlagen. Grundsätzlich wird eine relativ hohe Eigenkapitalquote positiv bewertet, da Eigenkapital langfristig zur Verfügung steht für Unabhängigkeit des Unternehmensgegenüber Kreditgebern sorgt, da es keine *festen* (Rück-)Zahlungsverpflichtungen auferlegt und da es als Verlustpuffer und Haftungspotential fungiert. Eine Eigenkapitalquote von knapp 18 % – wie im Durchschnitt der Bundesrepublik Deutschland – wird als gerade noch befriedigend für die Sicherheit des Unternehmens angesehen. Eine hohe Eigenkapitalquote kann u. U. das Ziel Sicherung des Unternehmens gegenüber dem Ziel „Verdienen" – gemessen an der Eigenkapitalrentabilität – zu stark betonen. Dies kann der Analyst als Hinweis dafür auffassen, daß Wachstumschancen nicht genutzt oder notwendige Anpassungen nicht vollzogen worden sind. Die Höhe der Eigenkapitalquote sollte daher in unmittelbarem Zusammenhang mit der Eigenkapitalrentabilität und auch der Investitionspolitik gewürdigt werden. Die statische Analyse kann durch die Ermittlung des *Dynamischen Verschuldungsgrades* ergänzt werden, bei dem der → *Cash-Flow* in Beziehung zum (kurzfristigen) Fremdkapital gesetzt wird. Diese Kennzahl kann als Kapitalrückflußquote und als Maß für die Schuldentilgungsfähigkeit des Unternehmens interpretiert werden.

Die *Eigenkapitalstruktur* wird vor allem durch den Anteil der → *Rücklagen* am

Eigenkapital gekennzeichnet. Ist der Anteil sehr hoch, kann künftig eine Kapitalerhöhung aus Gesellschaftsmitteln oder eine Ausgabe von Gratisanteilen in Betracht kommen. Die *Fremdkapitalstruktur* ist vor allem unter zeitlichem Aspekt zu analysieren. Die Fristigkeit der → *Verbindlichkeiten* kann bei Kapitalgesellschaften den Angaben nach §§ 268 Abs. 5 Satz 1, 285 Nr. 1, 2 HGB entnommen werden, die auch in Form eines *Verbindlichkeitenspiegels* gemacht werden können. Ist der Anteil des langfristigen Fremdkapitals an den Verbindlichkeiten hoch, wird auch die Finanzierung als sicher angesehen. Ergänzt wird die Fremdkapitalanalyse durch eine Betrachtung der → *Rückstellungen*, die Schlüsse auf die von dem Unternehmen betriebene → *Bilanzpolitik* zulassen.

c) Analyse der horizontalen Bilanzstruktur. Hier werden Beziehungen zwischen der Aktiv- und Passivseite hergestellt, also zwischen Mittelverwendung und Mittelherkunft. Das → *Anlagevermögen* sollte durch Kapital entsprechender Fristigkeit finanziert sein, da das Risiko der Illiquidität um so geringer ist, je besser die Tilgung des Fremdkapitals aus den Vermögensgegenwerten möglich ist. Kennzahlen zur *langfristigen Anlagendekkung* drücken das Verhältnis von Eigenkapital (ggf. zusätzlich langfristiges Fremdkapital) zu Anlagevermögen aus. Die „Goldene Bilanzregel" fordert, daß die Finanzierung des Anlagevermögens und der Eisernen Vorratsbestände durch Eigenkapital und langfristiges Fremdkapital abgedeckt sein soll, um nicht dieses Vermögen wegen der Tilgung kurzfristiger Kredite liquidieren zu müssen.

Die verschiedenen Ausprägungen der *kurzfristigen Liquiditätskennzahlen* (Liquidität 1., 2. oder 3. Grades sowie working capital) setzen Teile des → *Umlaufvermögens* in Beziehung zum kurzfristigen Fremdkapital. Gefordert wird, daß das Umlaufvermögen dem kurzfristigen Fremdkapital mindestens entspricht, um kurzfristige Zahlungsverpflichtungen durch liquiditätsnahe Vermögensgegenstände abdecken zu können. Die Liquiditätsprognose mit Hilfe dieser statischen Kennzahlen bleibt indes aus folgenden Gründen unzulänglich:

- Die horizontale B. beruht auf dem *Grundsatz der Fristenkongruenz* und unterstellt einen Verursachungszusammenhang zwischen Vermögens- und Kapitalbestandteilen. Tatsächlich entsprechen Zähler und Nenner dieser Kennzahlen einander oft zeitlich, sachlich und wertmäßig *nicht.*
- *Bilanzielle Abbildung der Liquidität* und tatsächlicher Kapitalfluß im Unternehmen stimmen höchstens annähernd und in der Nähe des Abschlußstichtags überein.
- Die *Fälligkeitsstruktur der Bilanzpositionen* wird nur grob, und Tilgungsmodalitäten für langfristige Schulden oder (möglicherweise) zahlungswirksame Vorgänge z. B. aufgrund von → *Leasing*verträgen oder offenen Kreditlinien werden nicht (vollständig) offenbart.

4. Erfolgswirtschaftliche Analyse

a) Ermittlung des tatsächlichen Periodenerfolgs. Der in der GuV ausgewiesene Erfolg ist zumeist durch bilanzpolitische Maßnahmen beeinflußt. Zur Ermittlung des *tatsächlichen Erfolgs* läßt sich ein Erfolgsindikator, z. B. ein → *Cash-Flow*, bilden, der sich aus dem Betriebsergebnis, den Abschreibungen und den Zuführungen zu den Rückstellungen abzüglich der Zuschreibungen und der Auflösung um Rückstellungen zusammensetzt. Für die Erfolgsindikation muß der Analyst versuchen, die Angaben im Anhang über die Bilanzierungs- und Bewertungsmethoden und deren Unstetigkeiten sowie den Umfang der handelsrechtlich und steuerrechtlich bedingten Wertkorrekturen herauszufiltern, um das Ausmaß der Legung und Auflösung → *Stiller Rücklagen* einschätzen zu können.

b) Rentabilitätskennzahlen. Sie drükken als globale Kennzahlen die Verzinsung des eingesetzten Kapitals aus. Bei der *Eigenkapitalrentabilität* wird eine Erfolgsgröße, z. B. der Jahresüberschuß oder -fehlbetrag, ein um *a. o. Elemente bereinigtes Ergebnis* (z. B. gem. DVFA) oder ein Cash-Flow in Beziehung zum durchschnittlichen *bilanziellen* Eigenkapital gesetzt. Bei der *Gesamtkapitalrentabilität* wird der Zähler unter Einbeziehung des Zinsaufwands zum jahresdurchschnittlichen Gesamtkapital relativiert. Für die Eigenkapitalrentabilität kommt beim Soll-Ist-Vergleich als Sollgröße die Verzinsung auf dem Kapitalmarkt in Frage, wobei das unternehmerische Risiko durch Risikozuschläge zu berücksichtigen ist. Die Gesamtkapitalrentabilität sollte den durchschnittlichen Fremdkapitalzins übersteigen. Ist dies der Fall, könnte die Eigenkapitalrentabilität durch eine höhere Verschuldung gesteigert werden (*Leverage-Effekt*), wobei allerdings die Sicherung des Unternehmens durch die schlechtere Kapitalstruktur abnähme.

Eine für den Betriebs- oder Branchenvergleich häufig herangezogene Kennzahl ist die *Umsatzrentabilität* als Quotient aus ordentlichem Betriebsergebnis und Umsatzerlösen.

c) Ergebnisquellenanalyse. Zur Einschätzung der *künftigen Erfolgssituation* ist für den Bilanzanalytiker von Interesse, welche Erfolgsteile nachhaltig erzielbar sind, wie die aus der eigentlichen Betriebstätigkeit, und welche Erfolgsteile den sonstigen finanziellen Beziehungen, den einmaligen oder unregelmäßigen Ereignissen sowie Bewertungsmaßnahmen zuzurechnen sind. Die Höhe des *ordentlichen Betriebsergebnisses* im Verhältnis zum Jahresüberschuß oder -fehlbetrag ist eine wichtige Grundlage für die Einschätzung der künftigen Ertragslage, da durch diese Relation die auf dem Betriebszweck beruhende Fähigkeit des Unternehmens, einen nachhaltigen Erfolg zu erzielen, repräsentiert wird. Das ordentliche Betriebsergebnis resultiert aus der gewöhnlichen Geschäftstätigkeit, d. h. aus den betrieblichen Umsätzen und den (meisten) sonstigen betrieblichen Erfolgskomponenten.

Das *Finanz- und Verbundergebnis* ergibt sich aus den (mehr oder weniger regelmäßig anfallenden) Aufwendungen und Erträgen aufgrund von Beteiligungen, dem Halten von Wertpapieren oder aus Unternehmensverbindungen. Das *a. o. Ergebnis* bilden jene nicht zur gewöhnlichen Geschäftstätigkeit gehörenden Erfolgsbestandteile, die unregelmäßig anfallen.

Die Ergebnisquellenanalyse wird durch Berechnung und Vergleich von Intensitätskennzahlen zur Analyse des (ordentlichen) Betriebsergebnisses abgerundet. Sie erhellen die Aufwandsstruktur, indem sie beim *Gesamtkostenverfahren* z. B. die Anteile der Material- und der Personalaufwendungen an der Gesamtleistung oder am Gesamtaufwand angeben oder beim *Umsatzkostenverfahren* die Anteile der Herstellungs-, der Vertriebs- und der Verwaltungskosten am Umsatz beschreiben. Ziel der Aufwandsanalyse ist, im Zeit- und Betriebsvergleich die → *Wirtschaftlichkeit* des Leistungsprozesses zu beurteilen.

5. Grenzen, Probleme und Möglichkeiten der Bilanzanalyse

Die Informationsmängel des Jahresabschlusses resultieren zunächst aus der *stichtagsbezogenen* und überwiegend *retrospektiven* Abbildung des Unternehmensgeschehens, da ihm Daten einer vergangenen Periode zugrundeliegen und er zudem mit mehrmonatiger „Verspätung" veröffentlicht wird. Die Kennzahlen stellen lediglich eine Momentaufnahme dar, die sich in der Zeit zwischen Stichtag des Jahresabschlusses und dem Analysezeitpunkt verändert haben kann. Ferner fehlen Angaben über die Qualität des Managements und der Mitarbeiter, über das Image des Unternehmens, über technisches und organisatorisches Know-how, Produktqualität oder bestimmte rechtliche Bindungen. Einschätzungen der künftigen Situation, z. B. der Auftragslage, der konjunkturellen und der Marktentwicklung sind allenfalls dem Lagebericht zu entnehmen. Die enge Definition der außerordentlichen Aufwendungen und Erträge nach neuem Recht und die daraus resultierende Kumulation von Erfolgsgrößen in den sonstigen betrieblichen Aufwendungen und Erträgen erschweren die Erfolgsspaltung. Nicht zuletzt kann der Jahresabschluß nicht „objektiv" sein: Bewertung und Erfolgsverrechnung beruhen auf bestenfalls intersubjektiv nachprüfbaren Annahmen, denn die Lebensdauer des Unternehmens (Totalperiode) wird (künstlich) in Teilperioden (Geschäftsjahre) aufgeteilt, wodurch Periodisierungen erforderlich werden. Die Möglichkeit des bilanzierenden Unternehmens, *bilanzpolitische Wahlrechte* und *Spielräume* sowie bilanzpolitisch motivierte *Sachverhaltsgestaltungen* – wie sale-and-lease-back – zu nutzen, verstärkt die Subjektivität eines Jahresabschlusses. Auch führt die Analyse des Einzelabschlusses zu verzerrten Aussagen über die wirtschaftliche Lage, wenn das Unternehmen aufgrund seiner Konzernzugehörigkeit konzerninterne Transaktionen zu marktunüblichen Konditionen ausführt (→ *Konzernabschlußanalyse*).

Neben der Datenbasis ist auch die Methodik der herkömmlichen B. problematisch, weil bei ihr Kennzahlenvergleiche vorgenommen werden, die nur unter – selten erfüllbaren – Voraussetzungen zulässig sind. So ist für einen sinnvollen *Periodenvergleich* vorauszusetzen, daß Ansatz und Bewertung im Jahresabschluß unter gleichen Bedingungen vorgenommen bzw. die Grundsätze der Stetigkeit und der Erläuterung von Unstetigkeiten (→ *Bewertungsstetigkeit*, → *Grundsätze ordnungsmäßiger Buchführung und Bilanzierung*) eingehalten werden. Ein *Betriebsvergleich* ist nur zulässig, wenn die verglichenen Unternehmen weitgehend gleiche Strukturen aufweisen. Diese Notwendigkeit ist ebenfalls selten erfüllt. Die Höhe der beim *Soll-Ist-Vergleich* vorgegebenen Sollwerte ist theoretisch selten begründbar. Gleichwohl wird die Einhaltung bestimmter Normen, z. B. von Finanzierungsregeln, von Kreditgebern mangels anderer besserer Kriterien immer wieder gefordert.

Die herkömmliche B. leidet darunter, daß mit ihr und für sie keine tauglichen Normen und häufig auch keine tauglichen Hypothesen erarbeitet werden können. Eine *empirisch gestützte B.*, bei der die Jahresabschlüsse sehr vieler gescheiterter und gesunder Unternehmen ausgewertet werden, ermöglicht die Ermittlung eines Sollwertes für jeweils die Kennzahl, die eine „Teillage" am besten widerspiegelt. Ein solcher empirisch fundierter Vergleich ermöglicht dem Analytiker, das Unternehmen jeweils als „gut" oder „schlecht" in Bezug auf die Vermögens-, die Finanz- *oder* die Ertragslage zu klassifizieren. Somit kann er ein objektiviertes Urteil über jede der „Teillagen" formulieren.

Für die Beurteilung der *Bestandsfestigkeit* eines Unternehmens haben sich bereits um 1930 bei empirischen Untersuchungen von *Fitz Patrick* (The Certified Public Accountant, 1932, S. 598–605, 656–662, 727–731) die *Eigenkapitalrentabilität* und die *Eigenkapitalquote* als aussagefähig und trennfähig erwiesen. Der Anteil der Fehlurteile – bestandsfeste Unternehmen werden als „bestandsgefährdet" eingestuft und umgekehrt – ist aber auf der Basis nur einer Kennzahl zu einer einzigen „Teillage" relativ hoch. Eine sicherere Klassifizierung erlaubt das statistische Verfahren der *Multivariaten* → *Diskriminanzanalyse*, bei der mehrere Kennzahlen zu einer Gesamtkennzahl zusammengefaßt werden. Dabei erweist sich die *Zusammenfassung von Kennzahlen zur Rentabilität, zum Zahlungsverhalten und zur Kapitalstruktur zu einer einzigen Kennzahl* D als so trennfähig und stabil, daß sie im Rahmen eines kombinierten Soll-Ist-/Zeitvergleichs ein Gesamturteil über die wirtschaftliche Lage und eine Früherkennung negativer Unternehmensentwicklungen mit hoher Zuverlässigkeit ermöglicht. Der Diskriminanzwert D (= *Gesamtrisikoindex*) repräsentiert zusammengefaßt die wirtschaftliche Lage. Unterschreitet er einen statistisch fundierten Soll- bzw. Trennwert (D = 0) und entwickelt er sich im Zeitvergleich fortwährend negativ, wird eine krisenhafte Unternehmensentwicklung angezeigt. Werden zusätzlich die Werte der univariat am besten trennenden Einzelbereichs-Indizes betrachtet, läßt sich zeigen, wie einzelne Teilbereiche zur Entwicklung von D beitragen.

Die empirisch-statistische B. vermag die Entwicklungstendenz der wirtschaftlichen Lage eines Unternehmens besser zu signalisieren als die herkömmliche B. Grundsätzlich kann der Bilanzanalytiker umfassendere, sicherere und genauere Urteile fällen, je differenzierter er bei der Kennzahlenanalyse vorgeht, je besser er den Aussagewert von Kennzahlen würdigen kann und je stärker er die Zusammenhänge zwischen Vermögens-, Finanz- und Ertragslage beachtet.

Lit.: Gebhardt, G.: Insolvenzprognosen aus aktienrechtlichen Jahresabschlüssen, 1980; *Leffson, U.:* Bilanzanalyse, 3. Aufl., 1984, S. 1–210; *Baetge, J./Huß, M./Niehaus, H.J.:* Die statistische Auswertung von Jahresabschlüssen zur Informationsgewinnung bei der Abschlußprüfung, in: Wpg 1986, S. 605–613; *dies.:* Betriebswirtschaftliche Möglichkeiten zur Erkennung einer drohenden Insolvenz, in: IDW (Hrsg.), Beiträge zur Reform des Insolvenzrechts, 1987, S. 61–81; *Niehaus, H.-J.:* Früherkennung von Unternehmenskrisen, 1987, S. 48–54, 160–171; *Baetge, J,* (Hrsg.): Bilanzanalyse und Bilanzpolitik, 1989; *Pellens, B./Linnhoff, U.:* Auswirkungen der neuen Rechnungslegungsvorschriften auf die Unternehmensbeurteilung, in: Wpg 1989, S. 128–138; *Sigloch, J.:* Auswirkungen des BiRiLiG auf die Jahresabschlußanalyse, in: Böhler, H. u.a. (Hrsg.): Mittelstand und Betriebswirtschaft, 1989, S. 125–188; *Coenenberg, A.G.* (Hrsg.): Bilanzanalyse nach neuem Recht, 2. Aufl., 1990; *Baetge, J./Beuter, H.B./Feidicker, M.:* Kreditwürdigkeitsprüfung mit Diskriminanzanalyse, in: Wpg 1992, S. 749–761; *Baetge, J./Feidikker, M.:* Vermögens- und Finanzlage, Prüfung der, in: HWRev., 2. Aufl., 1992, Sp. 2096–2107; *Feidicker, M.:* Kreditwürdigkeitsprüfung, Entwicklung eines Bonitätsindikators, 1992; *Küting, K.:* Grundlagen der qualitativen Bilanzanalyse, in: DStR 1992, S. 691–695, 728–733; *Krause, C.:* Kreditwürdigkeitsprüfung mit Neuronalen Netzen, 1993; *Rehkugler, H./Poddig, T.:* Bilanzanalyse, 3. Aufl., 1993; *Gräfer, H.:* Bilanzanalyse, 6. Aufl., 1994, S. 15–208; *Busse von Colbe, W. et al.* (Hrsg.): Ergebnis nach DVFA/SG, 2. Aufl., 1996; *Hauschildt, J.:* Erfolgs-, Finanz- und Bilanzanalyse, 3. Aufl., 1996; *Coenenberg, A.G.:* Jahresabschluß und Jahresabschlußanalyse, 16. Aufl., 1997, S. 561–721.

Professor Dr. Dr. h.c. Jörg Baetge, Münster/Dr. Harald Köster, Essen.

Bilanzansatz

→ *Aktivierung* oder → *Passivierung* von Sachverhalten dem *Grunde*, nicht der Höhe nach. Er hat gem. § 246 HGB dem Grundsatz der Vollständigkeit und dem Bruttoprinzip zu entsprechen.

Bilanzberichtigung

→ *Bilanzänderung.*

Bilanzfälschung

Vorsätzlicher Verstoß gegen den → *Grundsatz ordnungsmäßiger Buchführung* der → *Bilanzwahrheit* durch Darstellungsfälschungen (unzulässiges Abweichen vom Gliederungsschema, Falschbenennungen, Verstoß gegen das → *Bruttoprinzip*) und Ergebnisfälschungen (Über- und Unterbewertungen von Aktiva und Passiva, Unterschlagung von Bilanzposten, Ausweis fiktiver Bestände). Der Begriff B. wird gesetzlich zwar nicht verwendet. In § 331 Nr. 1 HGB wird jedoch die unrichtige Wiedergabe der Verhältnisse einer Kapitalgesellschaft, sei es im Rahmen der Bilanz, der Gewinn- und Verlustrechnung, des Anhangs oder des Lageberichts, mit Freiheitsstrafe bis zu drei Jahren oder Geldstrafe bedroht. Entsprechendes gilt gem. § 331 Nr. 2 HGB für den Konzern. B. kann gemäß § 256 Abs. 4 und 5 AktG Nichtigkeit des Jahresabschlusses bewirken. B. liegt nur dann vor, wenn die Verstöße gegen explizite Bilanzierungsvorschriften und (kodifizierte und nichtkodifizierte) GoB wesentlicher Art sind (→ *Wesentlichkeit*), d.h. zu einem insgesamt irreführenden → *Bild der Vermögens-, Finanz- und Ertragslage* führen können.

Die Abgrenzung zur → *Bilanzverschleierung* kann im Einzelfall schwierig sein, ist jedoch wegen gleicher strafrechtlicher Sanktionierung wenig relevant.

Lit.: Budde, W.D./Hense, B.: in: Beck Bil.-Komm., 3. Aufl., 1995, § 331 HGB.

Bilanzgewinn

Der Betrag, der nach teilweiser Verwendung des Jahresergebnisses durch die Unternehmensleitung den Anteilseignern zur Ausschüttung zur Verfügung gestellt wird. Die Herleitung des B. aus den Posten Jahresüberschuß bzw. Jahresfehlbetrag ist für → *Aktiengesellschaften* und → *Kommanditgesellschaften auf Aktien* im § 158 Abs. 1 AktG geregelt (→ *Gewinnverwendung*).

Bilanzidentität
Übereinstimmung von Schlußbilanz und Eröffnungsbilanz des Folgejahres gem. § 252 Abs. 1 Nr. 1 HGB (→ *Kongruenzprinzip*).

Bilanzierungsfähigkeit
Zulässigkeit, einen → *Vermögensgegenstand*, eine → *Rückstellung*, eine → *Verbindlichkeit* oder eine → *Bilanzierungshilfe* in die Bilanz einzustellen.

Bilanzierungshilfen
Aktivposten im handelsrechtlichen → *Jahresabschluß* bzw. → *Konzernabschluß*, der weder → *Vermögensgegenstand* noch → *Rechnungsabgrenzungsposten* oder Korrekturposten zu den Passiva darstellt. Als B. werden im HGB explizit → *Aufwendungen für die Ingangsetzung und Erweiterung des Geschäftsbetriebes* (§ 269 HGB) und aktivierte → *Latente Steuern* (§ 274 Abs. 2 HGB) genannt. Da das HGB keine Definition der B. enthält, werden teilweise auch der → *Geschäftswert*, → *Verschmelzungsmehrwert* und das → *Disagio* als B. angesehen. Für B. nach §§ 269, 274 HGB ist in Höhe des Aktivpostens eine nicht ausschüttungsfähige → *Rücklage* (→ *Ausschüttungssperre*) zu bilden. Das öHGB vermeidet den Begriff B.

Lit.: Busse von Colbe, W.: Bilanzierungshilfen, in: HuRB, 1986, S. 86–94; *Ströhlein, P.:* Bedeutung betriebswirtschaftlicher Bilanztheorien für die Systematisierung und Auslegung handelsrechtlicher Bilanzierungshilfen, 1988; *Kudert, St.:* Bilanzierungshilfen und sonstige Bilanzhilfsposten im Handelsrecht, 1990; *WP-Handb.* 1996, Bd. 1, 11. Aufl., S. 317–319, 337–341.

Bilanzierungsstetigkeit
→ *Bewertungsstetigkeit.*

Bilanzierungswahlrechte
Dem bilanzierenden Unternehmen vom Gesetzgeber zugebilligte Alternativen für die → *Gliederung des Jahresabschlusses*, den *Ansatz* von → *Aktiva* und → *Passiva*, die *Bewertung* (→ *Bewertungsprinzipien*) und die → *Konsolidierung*. Die wichtigsten B. des HGB sind:

1. Gliederungswahlrechte. Die Gliederung des → *Jahresabschlusses* ist für → *Personenunternehmen* mit Ausnahme der Grobstruktur der Bilanz (§ 247 HGB) nicht geregelt; es sei denn, die Unternehmen fielen in eine Größenklasse, die dem PublG unterliegt, womit für sie grundsätzlich die Gliederungsvorschriften für → *Kapitalgesellschaften* (zumindest für die Bilanz) sinngemäß gelten (§ 5 PublG).

Die Gliederungsvorschriften für Kapitalgesellschaften sind *Mindestregelungen*. Zusätzliche Posten in Bilanz, Gewinn- und Verlustrechnung und Anhang dürfen ausgewiesen werden, soweit dadurch nicht die Klarheit des Jahresabschlusses beeinträchtigt wird. Zudem dürfen Untergliederungen der Hauptpositionen und des → *Anlagespiegels* statt in der Bilanz bzw. GuV im Anhang ausgewiesen werden (§§ 265 Abs. 6, 268 Abs. 2 HGB).

Ein wichtiges Wahlrecht besteht darin, die → *Gewinn- und Verlustrechnung* nach dem → *Gesamtkosten-* oder dem → *Umsatzkostenverfahren* aufzustellen.

2. Ansatzwahlrechte. Für *alle Kaufleute* gelten folgende B.:

- Ansatz von → *Aufwandsrückstellungen* gem. § 249 Abs. 2 HGB,
- Aktivierung eines → *Disagios* mit nachfolgender Abschreibung während der Laufzeit des Darlehens als Aufwand gem. § 250 Abs. 3 HGB,
- Aktivierung eines derivativen → *Geschäftswertes* mit Abschreibung innerhalb der Folgezeit zu mindestens einem Viertel pro Jahr oder während der Nutzungszeit gem. § 255 Abs. 4 HGB.

Kapitalgesellschaften können folgende → *Bilanzierungshilfen* ansetzen:

- Aktivierung von → *Aufwendungen für Ingangsetzung und Erweiterung des Geschäftsbetriebes* (§ 269 HGB),
- Aktivierung von Abgrenzungsposten für → *Latente Steuern* (§ 274 Abs. 2 HGB).

Von diesen Bilanzierungshilfen wird bisher kaum Gebrauch gemacht.

3. Bewertungswahlrechte. Für alle Kaufleute, jedoch mit einigen Einschränkungen für Kapitalgesellschaften, gelten folgende B.:

- *Außerplanmäßige Abschreibung* bei voraussichtlich vorübergehender Wertminderung im → *Anlagevermögen* (§ 253 Abs. 2 Satz 3 HGB) für Kapitalgesellschaften ist jedoch § 279 Abs. 1 HGB zu beachten,
- *Abschreibung* von Gegenständen des → *Umlaufvermögens* auf den nahen *Zukunftswert* (§ 253 Abs. 3 Satz 3 HGB),
- *Abschreibung* im Rahmen *vernünftiger kaufmännischer Beurteilung* für *Nichtkapitalgesellschaften* (§ 253 Abs. 4 HGB),
- *Beibehaltung des niedrigen Wertansatzes* bei Fortfall des Grundes (§ 253 Abs. 5 HGB) mit Einschränkung für Kapitalgesellschaften durch das → *Wertaufholungs*-Gebot gem. § 280 HGB,
- Wahrnehmung steuerlicher Sonderabschreibungen (§ 254 HGB),
- Sofortabschreibung geringwertiger Wirtschaftsgüter des Anlagevermögens (§ 6 Abs. 2 EStG i. V. m. § 254 HGB),
- Wahlrechte zur Einbeziehung von Gemeinkosten bei der Ermittlung der *Herstellungskosten* (§ 255 Abs. 2 HGB).

Wenn die Bilanzaufsteller diese Wahlrechte und außerdem Ermessensspielräume als Mittel der → *Bilanzpolitik* ausnutzen, ist der Jahresabschluß bezüglich seiner Informationsfunktion, insbesondere die zwischenbetriebliche Vergleichbarkeit (→ *Bilanzanalyse*) erheblich beeinträchtigt (→ *Jahresabschluß*).

4. Konsolidierungswahlrechte. Zusätzlich zu den B. für den Jahresabschluß gibt es zahlreiche → *Konsolidierungswahlrechte* für die Gestaltung des → *Konzernabschlusses.* Sie betreffen insbesondere die Abgrenzung des → *Konsolidierungskreises* (§ 296 HGB), die Art der → *Kapitalkonsolidierung* (§§ 301, 302 HGB), die Behandlung der *Zwischenergebnisse* (§ 304 HGB) und des *Unterschiedsbetrages* aus der Kapitalkonsolidierung (§ 309 HGB), die einheitliche Bewertung (§ 308 HGB), die → *Quotenkonsolidierung* (§ 310 HGB) und die → *Equity-Bewertung.*

Professor Dr. Dr. h. c. mult. Walther Busse von Colbe, Bochum.

Bilanzkennzahlen

→ *Bilanzanalyse.*
→ *Konzernabschlußanalyse.*
→ *Gewinn je Aktie.*

Bilanzklarheit

Ein in § 243 HGB genannter → *Grundsatz ordnungsmäßiger Buchführung*, nach dem die in der → *Buchhaltung* und im → *Jahresabschluß* bzw. → *Konzernabschluß* aufgezeichneten Bestandteile (z. B. Vermögensgegenstände, Schulden, Erfolgsbeiträge) der Art nach eindeutig bezeichnet sowie verständlich und übersichtlich gegliedert werden müssen (→ *Grundsätze ordnungsmäßiger Buchführung*).

Bilanzkongruenz

→ *Kongruenzprinzip.*

Bilanzkurs

Relation aus bilanziellem → *Eigenkapital* zu gezeichnetem Kapital. Der B. zeigt im Vergleich zum Börsenkurs, in welchem Umfang → *stille Rücklagen*, → *Geschäftswert* und sonstige Wertfaktoren der Unternehmung im Kurs an der Börse berücksichtigt wurden (→ *Bilanzanalyse*).

Bilanzpolitik

1. Begriff. B. (Rechnungslegungspolitik) ist die zweckorientierte („politische") Steuerung der handels- und steuerrechtlich relevanten Jahresergebnisse und Vermögensdarstellungen in → *Jahresabschlüssen* und → *Steuerbilanzen*, sowie die u. U. darüber hinausgehende Beeinflussung → *des Bildes der Vermögens-, Finanz- und Ertragslage* („Bilanzoptik"). B. baut auf der Tatsache auf, daß Jahresabschlüsse trotz aller Rechnungslegungsvorschriften im Regelfalle relativ ungenau und in einem gewissen Umfange gestaltbar sind, weil es – handels- und steuerrechtlich – ausdrücklich eingeräumte *Bilanzierungs- und Bewertungswahlrechte* gibt, weil häufig gewichtige Bilanzpositionen auf *Schätzungen und Prognosen* beruhen, für die es wenig sichere Anhaltspunkte gibt, und weil durch tatsächliche und rechtliche Gestaltungen (*Sachverhaltsgestaltung*) die üblichen Bilanzierungsregeln und -grundsätze (→ *GoB*) zu bilanzoptischen Zwecken benutzt werden können.

2. Zwecke. B. zielt zunächst auf eine Beeinflussung der *Steuerlasten* des Unternehmens und/oder der *Ergebnisse*, die den *Gesellschaftern* zur Verwendung (Entnahme bzw. Ausschüttung oder offene Thesaurierung) zustehen oder von denen *Ansprüche Dritter* abhängen (z.B. Tantiemen). Darüber hinaus bezweckt B. – als ein Akt der „public relations" – die Beeinflussung verschiedener *anderer Adressaten* der Rechnungslegung, denen die Jahresabschlüsse freiwillig oder kraft vertraglicher Verpflichtung vorgelegt werden, wie z. B. kreditgebende Banken. Bei *publizitätspflichtigen Unternehmen* (→ *Publizität*) sind dies darüber hinaus alle Gläubiger, Arbeitnehmer und deren Vertreter sowie die Öffentlichkeit. Nutznießer öffentlicher Rechnungslegung sind Geschäftspartner, aber auch die Konkurrenten und „Gegner" der publizitätspflichtigen Unternehmen und ihrer Geschäftsleiter. Wichtige *interne Rechnungslegungsadressaten* sind insbesondere die Überwachungsorgane. B. wird mit Blickrichtung auf alle diese – meist unterschiedlich interessierten und unterschiedlich sachkundigen – Rechnungslegungsadressaten betrieben. Den Interessen der Adressaten stehen teilweise auch die (Geheimhaltungs-) Interessen des Unternehmens und/oder seiner Geschäftsführer entgegen: Besonders hohe Gewinn- und Vermögensausweise liegen z. B. im Interesse der an hohen Gewinnausschüttungen bzw. Entnahmen interessierten Gesellschafter und aller derjenigen Personen, die am bilanziellen Erfolg partizipieren. Sie führen andererseits meist zu entsprechend hohen Ertragsteuerbelastungen und zu Forderungen der Arbeitnehmer, evtl. auch zu schwierigen Preisverhandlungen mit Kunden und Lieferanten. Ausgewiesene Verluste und die Offenbarung ungünstiger Entwicklungen führen regelmäßig zu negativen Reaktionen von Gläubigern, Geschäftspartnern, Arbeitnehmern und von Aufsichtsräten gegenüber den Geschäftsführern. B. versucht, den Erfolgs-, Vermögens- und Finanzausweis im Rahmen *legaler Möglichkeiten* so zu gestalten und sonstige Informationsverpflichtungen so zu erfüllen, wie dies nach Auffassung der Unternehmensleitung am günstigsten für das Unternehmen (und sie selbst) ist und die geringsten nachteiligen Reaktionen hervorruft. Häufig bilanzieren daher Unternehmen in günstiger Ertrags- und Vermögenslage eher besonders vorsichtig und verlagern damit bilanzielle → *Gewinne* in die Zukunft, während Unternehmen in ungünstigerer oder gar krisenhafter Situation eher zu einer weniger vorsichtigen (u. U. „geschönten") Vermögens- und Erfolgsdarstellung und zu Maßnahmen neigen, die zur Realisation von Umsatzgewinnen und von → *stillen Rücklagen* führen (*Ergebnisglättung*).

3. Durchschaubarkeit. Soweit durch bilanzoptische Maßnahmen steuerpflichtige bzw. ausschüttungs- oder entnahmefähige Ergebnisse zulässigerweise gesteuert werden sollen, sind Zielrichtung und Vorgehensweise meist klar. Wenn aber durch B. weitere Adressatenmeinungen und -reaktionen beeinflußt werden sollen, wird vorausgesetzt, daß die bilanzpolitischen Maßnahmen nicht oder nicht ganz durchschaut werden. Denn B. verändert im Regelfalle weniger die Realität als vielmehr deren Darstellung im Rahmen der Rechnungslegung. Würde die B. durchschaut, wäre sie weitgehend wirkungslos. Die Erfahrung zeigt allerdings, daß Rechnungslegungsadressaten häufig solche Maßnahmen und ihre Wirkungen auf die Jahresabschlüsse nicht durchschauen, sei es, daß ihnen die Informationen über die Sachverhalte fehlen, vor allem aber, weil sie die Spielregeln der Rechnungslegung zu wenig kennen. Nur so ist z. B. erklärlich, warum manche Transaktionen von → *Vermögensgegenständen* innerhalb von Konzernen oder „Sale-and-lease-back"-Konstruktionen zur Realisation stiller Reserven offenbar die Kreditwürdigkeit von (Krisen-)Unternehmen eher erhalten oder verbessern als der bloße Hinweis auf das Vorhandensein solcher – unrealisierter – stiller Reserven. Manche empirische Untersuchungen besonders in USA deuten allerdings darauf hin, daß sich der Kapitalmarkt insgesamt durch B. nicht oder nur wenig täuschen läßt. Wie viel (oder wenig) ein Jahresabschluß über die Unternehmens-Gesamtsituation aussagt – schon alleine, weil sich zahlreiche wesentliche Faktoren in den Jahresabschlüssen nicht zeitgerecht spiegeln – ist ebenfalls vielen Adressaten von Jahresabschlüssen wenig klar. Demgemäß tragen manche bilanzpolitischen Maßnahmen auch eher dazu bei, die Unternehmenslage „richtiger" darzustellen.

4. Ausnutzung von Bilanzierungs- und Bewertungswahlrechten. Das Bilanzrecht läßt dem Bilanzersteller das Wahlrecht zur *Aktivierung* von → *Aufwendungen für die Ingangsetzung und Erweiterung des Geschäftsbetriebs* (§ 269 HGB), eines derivativen → *Geschäftswerts (Firmenwerts)* (§ 255 Abs. 4 HGB), von *geringwertigen Anlagegütern* (§ 6 Abs. 2 EStG), von → *latenten Steuern* (§ 274 Abs. 2 HGB) und zur Bildung eines Rechnungsabgrenzungspostens für abzuführende *Zölle, Verbrauch- und Umsatzsteuern* (§ 250 Abs. 1 S. 2 Nr. 1 und 2 HGB), eines Rechnungsabgrenzungspostens für → *Disagio* (§ 250 Abs. 3 HGB).

Es ergeben sich weitere Spielräume aufgrund der Wahlrechte zur *Passivierung* eines → *Sonderpostens mit Rücklageanteil* (§ 247 Abs. 3 HGB), von *Rückstellungen für unterlassene Reparaturen* (§ 249 Abs. 1 S. 3 HGB), von → *Aufwandsrückstellungen* (§ 249 Abs. 2 HGB) und von *Pensionszusagen* bis zum 31.12.1986 (Art. 28 Abs. 1 (EGHGB).

Für die *Bewertung* der Vermögensgegenstände bestehen im wesentlichen Wahlrechte für die *Abschreibungsmethode* (→ *Abschreibungen*), für *außerplanmäßige Abschreibungen* bei nichtdauernder Wertminderung (§ 253 Abs. 2 S. 3 HGB), bei den steuerlichen *Sonderabschreibungen* (§ 254 HGB), bezüglich der Vereinfachung des Abschreibungsverfahrens bei beweglichen Anlagegegenständen im Zugangsjahr, bei der Ermittlung der → *Herstellungskosten* (§ 255 Abs. 2 HGB), bei der Anwendung von *Verbrauchsfolgeverfahren* (§ 256 HGB) und andere *Bewertungsvereinfachungsverfahren im Vorratsvermögen* (§ 240 HGB) und bei *Wertaufholung* (§ 280 HGB).

5. Bewertungs- (Schätzungs-) Spielräume. Die Bewertung mancher, teils gewichtiger Bilanzpositionen beruht zwangsläufig auf Schätzungen. Dies ist insbesondere der Fall, wenn der Zeitwert (steuerlich: → *Teilwert*; handelsrechtlich: beizulegender Wert) unter die → *Anschaffungskosten* oder die → *Herstellungskosten* minus Normal-Abschreibungen gesunken ist (Beispiele: Stillgelegte oder unwirtschaftlich arbeitende Anlagen; Beteiligungen an Unternehmen in schlechter Ertragslage; Vorratsüberbestände; finanzielle Engagements bzw. Forderungen gegenüber notleidenden Schuldnern); → *Rückstellungen* für ungewisse Verbindlichkeiten (incl. Gewährleistungs- und Schadensersatzverpflichtungen) sowie für drohende Verluste aus schwebenden Geschäften sind typische Schätz-Positionen, für deren Bewertung (Bemessung) es nicht selten wenig konkrete Anhaltspunkte und demgemäß weite Spielräume gibt.

6. Sachverhaltsgestaltungen. Bilanz- und Jahres-Ergebnisse lassen sich u.a. durch Beschleunigung oder Verzögerung von Umsatzakten (= Realisationszeitpunkt) einschließlich der Vornahme oder Unterlassung von Teilabrechnungen im Rahmen langfristiger Fertigung steuern (→ *Sachverhaltsgestaltung*). Gewinn- und Vermögensausweise können z.B. durch die Realisation stiller Reserven in Anlagegegenständen verbessert werden. Generell lassen sich durch „außergewöhnliche Gestaltungen", zu denen auch Pensionsgeschäfte und Leasing-Verträge gehören können, die Erfolgs-, Vermögens- und Finanzausweise erheblich beeinflussen und damit die für → *Bilanzanalysen* relevanten „Kennziffern".

7. Ausnutzung von Wahlrechten für den → Konzernabschluß. Als Spielräume für die Konzern-B. sind die Neuausübung der nach dem Recht des Mutterunternehmens bestehenden Ansatzwahlrechte (§ 300 Abs. 2 HGB) und der Bewertungswahlrechte (§ 308 Abs. 1 HGB), die Aufstellung eines Teilkonzernabschlusses bei Vorliegen eines befreienden Konzernabschlusses (§ 291 HGB), die Festlegung der Abschreibungsdauer beim Geschäfts- oder Firmenwert (§ 309 HGB), die Wahl des Verfahrens für die → *Umrechnung von Jahresabschlüssen* und die Festlegung „üblicher Marktbedingungen" bei der Zwischenergebniseliminierung" (§ 304 HGB) gesetzlich vorgesehen.

Zudem bestehen als *Konsolidierungswahlrechte* die Einbeziehungswahlrechte bei der Abgrenzung des Konsolidierungskreises (§ 296 HGB), das Wahlrecht zwischen der Buchwert- und der Neubewertungsmethode bei der → *Kapitalkonsolidierung* (§ 301 HGB), das Wahlrecht zwischen der Buchwert- und der Kapitalanteilsmethode bei der → *Equity-Bewertung* (§ 323 HGB), das Wahlrecht zur pooling-of-interest-Methode (§ 302 HGB) und das Wahlrecht zur → *Quotenkonsolidierung* (§ 310 HGB).

8. Ergänzungen. Zur B. gehören zumindest im weiteren Sinne auch alle mündlichen, schriftlichen und bildmäßigen Darstellungen seitens der Geschäftsleitung über das Unternehmen in Hauptversammlungen, Pressekonferenzen und Veröffentlichungen aller Art, soweit hierbei – ähnlich wie in der Werbung – ein bestimmtes (meist „image-förderndes") Bild des Unternehmens, seiner Situation und Aktivitäten erzeugt wird.

9. Grenzen. Bilanzierungs- und Bewertungsvorschriften einschließlich des Gebotes der Stetigkeit sowie Berichtspflichten im → *Anhang* – auch über manche „bilanzoptische Maßnahme" – begrenzen die B. Noch wenig geklärt ist die Frage, inwieweit das Gebot zur getreuen Rechenschaftslegung und die Generalklausel des § 264 Abs. 2 HGB, wonach der Jahresabschluß ein den tatsächlichen Verhältnissen entsprechendes → *Bild der Vermögens-, Finanz- und Ertragslage* zu vermitteln hat, bilanzpolitische Maßnahmen erlaubt, einschränkt oder verbietet. Legt man diese Vorschriften streng aus, so würde sie B. nur insoweit erlauben (oder sogar fordern), als hierdurch die tatsächliche Situation „richtiger" dargestellt würde als bei „normaler", unreflektierter Anwendung der Bilanzierungs- und Bewertungsregeln. Es ist jedoch noch umstritten, wie streng und eng die Generalklausel auszulegen ist. Deshalb ist davon auszugehen, daß B. auch künftig nicht nur in erheblichem Umfange betrieben, sondern auch für zulässig gehalten wird. Wo die Grenzen zu ziehen sind, ist einstweilen noch nicht klar erkennbar. Feststehen dürfte allerdings, daß grobe Fehlinformationen der Bilanzadressaten über die Unternehmenslage und -entwicklung durch – nicht verbal offengelegte – bilanzpolitische Maßnahmen unzulässig sind; eine tatsächliche Verlust-Situation darf sicher nicht in eine – betriebliche – Gewinn-Situation bilanzpolitisch umgestaltet werden und umgekehrt.

Lit.: Harder, U.: Bilanzpolitik, 1962; *Baetge, J./Ballwieser, W.*: Probleme einer rationalen Bilanzpolitik, in BFuP 1978, S. 511–530; *Bauer, J.*: Grundlagen einer handels- und steuerrechtlichen Rechnungslegungspolitik der Unternehmung, 1981; *Küting, K./Weber, C. P.*: Bilanzanalyse und Bilanzpolitik nach neuem Bilanzrecht, 1987; *Clemm, H.*: Bilanzpolitik und Ehrlichkeits- („true and fair view") Gebot, in: Wpg 1989, S. 357–366; *Klein, H. D.*: Konzernbilanzpolitik, 1989; *Pfleger, G.*: Die neue Praxis der Bilanzpolitik, 4. Aufl., 1991; *Wöhe, G.*: Bilanzierung und Bilanzpolitik, 8. Aufl., 1992; *Heinhold, M.*: Bilanzpolitik, in: HWB, 5. Aufl., 1993, Sp. 525–542; *Bitz, M./Schneeloch, D./Wittstock, W.*: Der Jahresabschluß, 2. Aufl., 1995.

WP Dr. Hermann Clemm, München.

Bilanzregel, goldene

Eine Finanzierungsregel und damit eine im Rahmen der → *Bilanzanalyse* zu prüfende Deckungskennzahl, die besagt, daß in Höhe des → *Anlagevermögens* → *Eigenkapital* (goldene B. i. e. S.) bzw. langfristiges Kapital, bestehend aus Eigenkapital und langfristigem → *Fremdkapital* (goldene B. i. w. S.), vorhanden sein sollte. Die Einhaltung der B. wird bei der Kreditaufnahme teilweise als Bedingung gesetzt.

Bilanzrichtlinien-Gesetz

1. Übersicht

Das Gesetz zur Durchführung der Vierten, Siebenten und Achten Richtlinie des Rates der Europäischen Gemeinschaften zur Koordinierung des Gesellschaftsrechts (Bilanzrichtlinien-Gesetz - BiRiLiG) vom 19.12.1988 (BGBl, I 1985, S. 2355-2433) dient ausschließlich der Anpassung des deutschen Rechts an die Richtlinien der EG 78/660/EWG über den Jahresabschluß (ABl. EG Nr. L 222 vom 14.8.1978, S. 11-31), 83/349/EWG über den Konzernabschluß (ABl. EG Nr. L 193 vom 18.7.1983, S. 1-17), 84/253/EWG über die Prüferqualifikation (ABl. EG Nr. L 126 vom 12.5.1984, S. 20-26) und 84/569/EWG betreffend die ECU (ABl. EG Nr. L 314 S. 8). Als Artikelgesetz hat es sich mit der Änderung oder Aufhebung von 40 Gesetzen und 5 Verordnungen erledigt. Die Anpassung erfolgte schwerpunktmäßig in dem neu in das *Handelsgesetzbuch* eingefügten *Dritten Buch* (§§ 238 bis 339), das in drei Abschnitten die für *alle Kaufleute* geltenden Rechnungslegungsvorschriften (Erster Abschnitt), die ergänzend nur für *Kapitalgesellschaften* geltenden (Zweiter Abschnitt) und die für *Genossenschaften* geltenden (Dritter Abschnitt) enthält. Mit dieser vom Rechtsausschuß des Deutschen Bundestags vorgenommenen Aufteilung soll erreicht werden, daß für Kapitalgesellschaften geltende Regelungen auf andere Rechtsformen nur übertragen werden, wenn sie deren besonderen Verhältnissen gerecht werden. Das Dritte Buch ist nur auf Kaufleute i.S. der §§ 1, 2, 6 HGB, soweit sie nicht Minderkaufleute sind (§ 4 HGB), Sollkaufleute (§ 262 HGB) und auf Genossenschaften (§ 17 Abs. 2 GenG) anzuwenden; Kaufleute haben die Buchführungs- und Aufzeichnungspflichten auch für die Besteuerung zu erfüllen (§ 140 AO). Die Vorschriften des Ersten Abschnitts sind mit geringen Ausnahmen auch von gewerblichen Unternehmern und Land- und Forstwirten unter bestimmten Voraussetzungen für steuerliche Zwecke zu beachten (§ 141 AO).

2. Inkrafttreten. Erstmalige Anwendung

Das B. ist am 1.1.1986 in Kraft getreten. Die Vorschriften über den → *Jahresabschluß*, den → *Lagebericht* und über die Pflicht zur Offenlegung (→ *Publizität*) waren erstmals auf das nach dem 31.12.1986 beginnende Geschäftsjahr anzuwenden, sofern sie nicht freiwillig auf ein früheres Geschäftsjahr angewandt wurden. Die Vorschriften über den → *Konzernabschluß*, den Konzernlagebericht sowie über die Pflicht zur Offenlegung sind erstmals auf das nach dem 31.12.1989 beginnende Geschäftsjahr anzuwenden; sie dürfen auf ein früheres Geschäftsjahr angewandt werden, jedoch mit bestimmten Ausnahmen nur insgesamt. Die Vorschriften über die → *Prüfung* müssen von neu Prüfungspflichtigen erstmals auf nach neuem Recht aufgestellte Abschlüsse angewandt werden.

3. Der Jahresabschluß des Kaufmanns

a) Inhalt. Der Jahresabschluß, der nach den → *Grundsätzen ordnungsmäßiger Buchführung* (GoB) klar und übersichtlich aufzustellen ist, besteht aus der → *Bilanz* und der → *Gewinn- und Verlustrechnung* (§§ 242, 243 (HGB). Kapitalgesellschaften, Genossenschaften und die Unternehmen des Publizitätsgesetzes, sofern sie nicht Einzelkaufmann oder Personenhandelsgesellschaft sind, müssen ihn um einen → *Anhang* ergänzen (§§ 264, 336 HGB, § 5 PublG). An den Jahresabschluß von → *Kapitalgesellschaften* und → *Genossenschaften* werden qualitativ höhere Anforderungen gestellt; er hat unter Beachtung der GoB ein den *tatsächlichen Verhältnissen entsprechendes* → *Bild der Vermögens-, Finanz- und Ertragslage* zu vermitteln. Dieses Bild ergibt sich im allgemeinen, wenn die gesetzlichen Vorschriften beachtet werden. Wird es wegen besonderer Umstände des Unternehmens nicht vermittelt, so sind ergänzende Angaben im Anhang zu machen; die Bilanz und die GuV werden nicht verändert. Die *Gliederungen* für die Bilanz und die GuV sind nur Kapitalgesellschaften, Genossenschaften und den Unternehmen des Publizitätsgesetzes vorgeschrieben.

b) Größenabgrenzung. Für Kapitalgesellschaften und Genossenschaften gilt (§§267, 336 HGB): *Kleine Unternehmen* sind solche, die an zwei aufeinanderfolgenden Bilanzstichtagen zwei von drei Merkmalen (3,9 Mio. DM Bilanzsumme, 8 Mio DM Umsatzerlöse, 50 Arbeitnehmer) nicht überschreiten. Für *große Unternehmen* gelten folgende Größenmerkmale: 15,5 Mio Bilanzsumme, 32 Mio DM Umsatzerlöse, 250 Arbeitnehmer. *Mittelgroße Unternehmen* sind solche, die die Größenmerkmale für kleine, nicht aber die für große überschreiten.

c) Bilanz. Für die → *Gliederung* ist nur die *Kontoform* vorgesehen, die von kleinen Unternehmen auf die Hauptposten verkürzt werden darf; weitere Untergliederungen und Posten sind zulässig (§266 HGB). Der Grundsatz der *Stetigkeit* ist zu beachten. Das → *Anlage-* und das → *Umlaufvermögen*, das → *Eigenkapital*, die Schulden sowie die Rechnungsabgrenzungsposten bilden die Hauptgruppen der Gliederung. Die *Entwicklung des Anlagevermögens* (→ *Anlagespiegel*) ist darzustellen (§268 HGB); die Haftungsverhältnisse sind unter der Bilanz anzugeben (§§251, 268 HGB).

d) GuV. Die → *Gliederung* ist in *Staffelform* wahlweise nach dem Gesamtkosten- oder dem Umsatzkostenverfahren vorgeschrieben (§275 HGB). Beim Gesamtkostenverfahren werden den Umsatzerlösen die Bestandsveränderungen hinzugerechnet bzw. von diesen abgezogen. Der Gesamtleistung (einschließlich aktivierte Eigenleistungen und sonstige betriebliche Erträge) werden die gesamten in der Rechnungsperiode angefallenen Aufwendungen, nach Arten gegliedert, gegenübergestellt. Beim Umsatzkostenverfahren werden den Umsatzerlösen nur die für die verkauften Leistungen entstandenen Aufwendungen, gegliedert nach Funktionsbereichen (Herstellungs-, Vertriebs- und Verwaltungskosten), gegenübergestellt. Beide Gliederungen stellen das Betriebs- und das Finanzergebnis sowie das außerordentliche Ergebnis dar. Kleine und mittelgroße Unternehmen dürfen die Umsatzerlöse bereits bei der Aufstellung saldieren.

e) Bilanzansatz. Bewertung. Die §§246 bis 256 HGB gelten für alle Kaufleute; Kapitalgesellschaften haben außerdem die ergänzenden und teilweise einschränkenden §§269 bis 274, 279 bis 283 HGB zu beachten. Die Bilanzansatzvorschriften des AktG 1965 konnten übernommen werden. Den Unternehmen ist die Bildung von zusätzlichen → *Aufwandrückstellungen* gestattet (§249 Abs. 2 HGB). Den Unternehmen wird damit die Möglichkeit eröffnet, freiwillig für betrieblich bedingte Aufwendungen, wie z.B. Großreparaturen, Vorsorge zu treffen, soweit diese dem Geschäftsjahr jeweils zuzurechnen sind. Erstmals wird auch die *Steuerabgrenzung* (→ *latente Steuern*) gesetzlich geregelt und aktivisch zugelassen. Für die Bewertung wurde am *Anschaffungswertprinzip* unter besonderer Beachtung des *Vorsichtsprinzips*, auch des *Imparitätsprinzips* festgehalten. Vorschriften des Steuerrechts dürfen weiterhin auch von Kapitalgesellschaften auf die Handelsbilanz angewandt werden, sofern die steuerliche Anerkennung der Wertansätze davon abhängt (umgekehrtes → *Maßgeblichkeitsprinzip*). Für Kapitalgesellschaften mußte ein → *Wertaufholungs*-Gebot für nicht planmäßige Abschreibungen eingeführt werden.

f) Anhang. Als Teil des Jahresabschlusses von Kapitalgesellschaften enthält der Anhang die zu den anderen Teilen vorgeschriebenen *Erläuterungen sowie bestimmte zusätzliche Angaben* (§§284, 285 HGB). Auch dürfen eine Reihe von Angaben statt in der Bilanz oder der GuV im Anhang gemacht werden, so daß diese Teile klarer und übersichtlicher gestaltet werden können. Bei drohenden Nachteilen können bestimmte Angaben unter bestimmten Voraussetzungen unterbleiben (§286 HGB); kleine Kapitalgesellschaften dürfen einen verkürzten Anhang aufstellen (§288 HGB).

g) Lagebericht. Der für Kapitalgesellschaften ausnahmslos vorgeschriebene Lagebericht hat den Zweck, das abgelaufene Geschäftsjahr und die künftige Entwicklung darzustellen (§ 289 HGB).

4. Konzernabschluß. Konzernlagebericht

a) Pflicht. Kapitalgesellschaften sind nach § 290 HGB verpflichtet, einen Konzernabschluß und einen Konzernlagebericht aufzustellen, wenn sie als Mutterunternehmen eines Konzerns ein oder mehrere Beteiligungsunternehmen einheitlich leiten oder wenn ihnen ungeachtet einer einheitlichen Leitung an einem oder mehreren Unternehmen bestimmte Rechte zustehen (Mehrheit der Stimmrechte, Bestellungsrecht für Mehrheit von Organmitgliedern oder vereinbarte Beherrschung). Die Anteile und Rechte von Tochterunternehmen werden hinzugerechnet; treuhänderisch oder zur Sicherheit gehaltene Anteile werden abgezogen. Die Pflicht entfällt, wenn der Konzern an zwei aufeinanderfolgenden Bilanzstichtagen zwei von drei Größenmerkmalen nicht überschreitet (Nettomethode: 39 Mio DM Konzernbilanzsumme, 80 Mio DM Konzernumsatzerlöse, 500 Arbeitnehmer). Die Aufstellung von Stufenabschlüssen kann entfallen, wenn der Subkonzern in den Konzernabschluß eines höheren Mutterunternehmens einbezogen wird und dieser bestimmten Anforderungen genügt (§§ 291, 282 HGB).

b) Konsolidierungskreis. Die Tochterunternehmen, auch mittelbare, sind unabhängig von ihrer Rechtsform und ihrem Sitz in den Konzernabschluß einzubeziehen, sofern sie nicht derart unterschiedliche Tätigkeiten ausüben, daß ihre Einbeziehung mit der Verpflichtung unvereinbar wäre, ein den tatsächlichen Verhältnissen entsprechendes Bild der Vermögens-, Finanz- und Ertragslage des Konzerns zu vermitteln (§§ 294, 295 HGB). Sie brauchen unter bestimmten Voraussetzungen nicht einbezogen zu werden, insbesondere wenn erhebliche und andauernde Beschränkungen die Ausübung der Rechte des Mutterunternehmens in bezug auf das Vermögen oder die Geschäftsführung nachhaltig beeinträchtigen oder bei untergeordneter Bedeutung (§ 296 HGB).

c) Inhalt. Der Konzernabschluß hat denselben Inhalt wie der Jahresabschluß, so daß die dafür geltenden Gliederungs-, Bilanzansatz- und Bewertungsvorschriften grundsätzlich anzuwenden sind (§§ 297, 298 HGB). Der Grundsatz der Maßgeblichkeit der Einzelabschlüsse wurde jedoch aufgegeben, so daß die für das *Mutterunternehmen geltenden Ansatz- und Bewertungsvorschriften einheitlich* anzuwenden sind (§§ 300, 308 HGB). Bestehen Wahlrechte, so ist über sie vom Mutterunternehmen zu entscheiden.

d) Konsolidierungsmethoden. Die *Vollkonsolidierung* ist uneingeschränkt verwirklicht worden; der *Grundsatz der Wesentlichkeit* wird jedoch stärker als bisher berücksichtigt. Bei der → *Kapitalkonsolidierung* wird nach *angelsächsischem* Vorbild der Beteiligungsbuchwert mit dem anteiligen Eigenkapital verrechnet; stille Reserven und Lasten werden den betreffenden Vermögensgegenständen und Verbindlichkeiten jeweils zugeordnet, so daß als → *Geschäfts- oder Firmenwert* nur der Restbetrag verbleibt, der abzuschreiben ist (§ 301 HGB). In der Konzernbilanz sind die Forderungen und Verbindlichkeiten zwischen Konzernunternehmen wegzulassen (Schuldenkonsolidierung, § 303 HGB), Gewinne und Verluste aus konzerninternen Lieferungen und Leistungen sind grundsätzlich zu eliminieren (§ 304 HGB). In der Konzern-Gewinn- und Verlustrechnung sind konzerninterne Aufwendungen und Erträge zu verrechnen oder umzugliedern (§ 305 HGB). Auf Gemeinschaftsunternehmen darf die → *Quotenkonsolidierung* angewandt werden (§ 310 HGB). Beteiligungsunternehmen, bei denen ein Konzernunternehmen einen maßgeblichen Einfluß ausübt, werden nach der sog. → *Equity-Methode* bewertet (§§ 311, 312 HGB).

5. Prüfung

Der Jahresabschluß und der Konzernabschluß sind unter Einbeziehung der Buchführung und der Lageberichte von einem → *Wirtschaftsprüfer* oder einer Wirtschaftprüfungsgesellschaft zu prüfen (→ *Prüfung*); mittelgroße Kapitalgesellschaften dürfen auch von einem vereidigten

Buchprüfer oder einer Buchprüfungsgesellschaft geprüft werden; kleine Kapitalgesellschaften sind von der Pflichtprüfung ausgenommen (§§ 316ff. HGB).

6. Offenlegung

Der Jahresabschluß und der Konzernabschluß sowie bestimmte dazu gehörende Unterlagen sind zum Handelsregister bzw. zum Genossenschaftsregister einzureichen; große Unternehmen haben die Unterlagen im Bundesanzeiger bekanntzumachen (§§ 325ff. HGB).

7. Sanktionen

Mit dem B. wurden für alle Kapitalgesellschaften Straf- und erstmals Bußgeldvorschriften eingeführt; die *Strafvorschriften* betreffen die unrichtige Darstellung, die Verletzung der Berichts- und Geheimhaltungspflicht; die *Bußgeldvorschriften* das unrichtige Bilanzieren (§§ 336ff. HGB). Die Aufstellung der Abschlüsse und dazu gehörender Unterlagen kann im *Zwangsgeldverfahren* erzwungen werden, das jedoch nur auf Antrag bestimmter Personen eingeleitet wird. Unterbleibt die Offenlegung in drei aufeinanderfolgenden Jahren, ist von Amts wegen ein Verfahren mit dem Ziel der Löschung der Kapitalgesellschaft im Handelsregister einzuleiten (§ 2 Löschungsgesetz).

8. Andere Gesetze

a) Publizitätsgesetz. Die Vorschriften über den Jahres- und den Konzernabschluß wurden an das neue Recht angepaßt, soweit bisher das Aktiengesetz anzuwenden war; eingeräumte Erleichterungen wurden grundsätzlich beibehalten.

b) Wirtschaftsprüferordnung. Außer Übergangsvorschriften in den Wirtschaftsprüferberuf wurden Vorschriften über den Beruf des vereidigten Buchprüfers und die Kapitalbindung bei Prüfungsgesellschaften eingeführt.

c) Kreditwesengesetz. Versicherungsaufsichtsgesetz. Die branchenspezifischen Vorschriften wurden an das neue Recht angepaßt, soweit bisher auf das Aktiengesetz verwiesen wurde; Erleichterungen wurden grundsätzlich beibehalten.

9. Novellierung

Die mit dem B. eingeführten Vorschriften sind im Rahmen der Anpassung des deutschen Rechts an die → *EG-Richtlinien* 86/635/EWG und 89/117/EWG durch das Bankbilanzrichtlinie-Gesetz vom 30. 11. 1990 (BGBl. I S. 2570) und die Verordnung über die Rechnungslegung der Kreditinstitute vom 10. 2. 1992 (BGBl. I S. 203) ergänzt und teilweise geändert worden; insbesondere wurden in das Dritte Buch des HGB ergänzende Vorschriften für → *Kreditinstitute* aufgenommen (§§ 340 bis 340o).

Der von der Bundesregierung am 28. Mai 1993 zum Zwecke der Anpassung des deutschen Rechts an die Versicherungsbilanzrichtlinie (91/674/EWG) vorgelegte Entwurf eines Versicherungsbilanzrichtlinie-Gesetzes (BR Drs. 359/93) sieht weitere Ergänzungen und Änderungen für → *Versicherungsunternehmen* vor. Bei der Anpassung des deutschen Rechts an die Richtlinien 604/90/EWG und 605/90/EWG, die im Jahre 1993 von der Bundesregierung beschlossen werden soll, wird es zu weiteren Änderungen kommen, insbesondere sollen die Größenmerkmale angehoben (→ *Größenklassen*) und kleinen Unternehmen zusätzliche Erleichterungen eingeräumt werden. Schließlich muß damit gerechnet werden, daß im Rahmen dieses Gesetzes die Sanktionen wegen Verletzung der Offenlegungspflichten nach § 325 HGB verschärft werden.

Lit.: *Biener, H./Berneke, W.*: Bilanzrichtlinien-Gesetz, 1986; *Helmrich, H.*: Bilanzrichtlinien-Gesetz, 1986; *Beck HdR*, Losebls., ab 1986; *Baetge, J./Commandeur, D.*, in: Küting/Weber: HdR, 4. Aufl., Bd. Ia, 1995, S. 1217–1241; Busse von Colbe, W./Ordelheide, D.: Konzernabschlüsse, 6. Aufl., 1993; *ADS*, 6. Aufl., ab 1995; *Beck Bil.-Komm.*, 3. Aufl., 1995.

MR Dr. h.c. Herbert Biener, Bonn.

Bilanzstrukturanalyse

Bestandteil der → *Bilanzanalyse* mit dem Ziel, die Zusammensetzung, Intensität und Fristigkeit der Vermögens- und Kapitalpositionen eines Unternehmens transparent zu machen. Die B. wird nach der → *Kapitalstruktur-*, der → *Vermögensstrukturanalyse* und → den *Horizontalen Deckungsrelationen* differenziert (→ *Bilanzanalyse*).

Lit.: Schult, E.: Bilanzanalyse, 8. Aufl., 1991, S. 123–137; *Coenenberg, A. G.*: Jahresabschluß und Jahresabschlußanalyse, 16. Aufl., 1997, S. 587–664.

Bilanztheorien

1. Entwicklung und Aufgaben betriebswirtschaftlicher Bilanztheorien

Unter der Bezeichnung „Bilanztheorien" faßt man alle nicht auf bloße Gesetzesauslegung gerichteten Diskussionen über Inhalt und Ausgestaltung des Jahresabschlusses als Instrument der finanziellen Rechnungslegung zusammen. Etwas vergröbernd lassen sich drei Entwicklungsstufen unterscheiden: Die erste Phase mit Höhepunkt in den zwanziger Jahren ist durch die Erörterung von Grundsatzfragen der Bilanzierung gekennzeichnet. Statische, dynamische und organische B. sind in dieser ersten Entwicklungsstufe entstanden. Die zweite Phase, die Mitte der dreißiger Jahre beginnt, ist durch das Bemühen um Anwendung der bilanztheoretischen Erkenntnisse für die Bilanzierungspraxis, also um die Diskussion von Einzelfragen der Bilanzierung gekennzeichnet. Die dritte Phase kann als eine Renaissance der Beschäftigung mit bilanztheoretischen Fragen gewertet werden. Sie verdankt ihre Entstehung dem Bemühen, die B. mit anderen betrieblichen Theorien wie der Finanzierungs- und Investitionstheorie zu verbinden. Ferner hat sie wichtige Impulse aus der empirischen Kapitalmarktforschung sowie der Theorie der Informationsökonomie erhalten.

Nach ihrer überwiegenden Zielsetzung kann man die B. in zwei Kategorien einteilen: Theorien des Formalinhalts der Bilanz bemühen sich, den Inhalt von Bilanz- und Erfolgsrechnung aus einem theoretischen Konzept zu erklären. Materielle B. zielen darauf ab, den Inhalt der finanziellen Rechnungslegung aus einem Bilanzzweck zu begründen, d.h. Regeln für die zielentsprechende Bilanzgestaltung zu formulieren.

2. Theorien des Formalinhalts der Bilanz

Zur formalen Bilanzinterpretation haben die statische B., die dynamische B. sowie die sog. zukunftorientierte Bilanzinterpretation beigetragen. Bei der statischen Bilanzauffassung handelt es sich keineswegs um eine einheitliche in allen Einzelheiten festgefügte Bilanztheorie. Nach der sog. älteren statischen Bilanzauffassung besteht die Aufgabe der Bilanz in der Vermögensdarstellung zu einem bestimmten Zeitpunkt, sie ist also ein nach bestimmten Gesichtspunkten aufgestelltes Inventar und trägt den Charakter einer Vermögensbilanz. Die Bilanz steht hier dementsprechend im Vordergrund, die Erfolgrechnung hat nur untergeordnete Bedeutung, der Periodenerfolg wird aus dem Vermögensvergleich ermittelt. Als neuere statische Bilanzinterpretation gilt insbesondere die sog. totale Bilanzauffassung von *Le Coutre*. Nach ihr gilt die Bilanz als eine Kapitaldispositionsrechnung, die der Überwachung der Sicherheit und der Erhaltung des der Unternehmung zugeführten Kapitals dient. Dementsprechend werden die Aktiva als Sachkapital, die Passiva als Finanzkapital, Aufwendungen als Kapitalabfluß und Erträge als Kapitalzufluß interpretiert.

Demgegenüber betrachtet die dynamische B. Schmalenbachs die Bilanz- und Erfolgsrechnung als Instrumente der periodengerechten Erfolgsermittlung. Die Bilanz entsteht aus der Notwendigkeit der Periodenabgrenzung. Entsprechend werden Aktiva als schwebende Vorleistungen, Passiva als schwebende Nachleistungen interpretiert. Diese dynamische Interpretation des Bilanzinhalts findet ihre Erweiterung in den Arbeiten von *Walb, Münstermann* und *Kosiol*.

Käfer hat eine Formaltheorie des Bilanzinhalts vorgelegt, in der die Bilanzpositionen allein aus ihren zukünftigen ökonomischen Konsequenzen erklärt werden. Diese Bilanzinterpretation geht von der ökonomischen Erkenntnis aus, daß Vermögensgegenstände nur im Hinblick auf ihre künftigen Nutzungen einen Wert be-

Bilanztheorien

sitzen können. Dementsprechend werden das Vermögen einheitlich als Erwartungen künftigen Güter- und Leistungszugangs, Eigen- und Fremdkapital als Erwartungen künftigen Güter- und Leistungsabgangs gedeutet.

3. Theorien der zieloptimalen Bilanzgestaltung

Wie ausgeführt gehen die materiellen B. der Frage nach, wie Form und Inhalt der Rechnungslegung sowie die Bewertung der Bilanzposition zu gestalten sind, damit die Rechnungslegungsziele möglichst vollkommen erreicht werden. Sie setzen somit eine Präzisierung der Rechnungslegungsziele voraus.

a) Grundlagen für die Ableitung von Jahresabschlußzielen. Als Jahresabschlußziele werden gelegentlich Erfolgsermittlung, Vermögensermittlung, Information über die wirtschaftliche Lage und ähnliches genannt. Tatsächlich handelt es sich bei derartigen Formulierungen nicht um gehaltvolle Zwecksetzungen, aus denen sich zielentsprechende Bilanzierungsregeln herleiten lassen. Es handelt sich vielmehr um Derivate übergeordneter Ziele. Somit ergibt sich die Frage nach dem Bereich, dem diese übergeordneten Ziele entstammen. Die B. hat hier drei Ansätze verfolgt, den juristischen, den gesamtwirtschaftlichen und den einzelwirtschaftlichen Ansatz.

Nach dem juristischen Ansatz erscheint der Jahresabschluß als ein Instrument zur Lösung privatrechtlicher und gesellschaftsrechtlicher Gestaltungsaufgaben. Dementsprechend definieren die Zwecke der betreffenden Rechtsvorschriften die Jahresabschlußziele. Beispiele dafür sind Dokumentation, Gläubigersicherung, Ausschüttungssperre, Konsensbildung, Kompetenzverteilung (*Moxter*, 1986). Unter dem gesamtwirtschaftlichen Ansatz wird der Jahresabschluß als Instrument für Förderung der gesamtwirtschaftlichen und gesellschaftlichen Wohlfahrt betrachtet. Durch Regelung des Informationsmarktes sollen die Effizienz und die Verteilungsgerechtigkeit des volkswirtschaftlichen Systems gefördert werden. Effizienzförderung setzt eine schnelle und möglichst perfekte Information an die Faktormärkte voraus. Die Verteilungsgerechtigkeit soll auch über die öffentliche Kontrolle, die durch die Rechenschaftslegungspflicht ausgelöst wird, verstärkt werden. Gerade mit diesem letzteren Aspekt hat sich die umfangreiche Literatur zur gesellschaftsorientierten Rechnungslegung auseinandergesetzt (vgl. *v. Wysocki*).

Unter dem einzelwirtschaftlichen Aspekt sind die Ziele des Jahresabschlusses aus den Zielvorstellungen der am Jahresabschluß interessierten Personen und Institutionen abzuleiten. Damit wird die Frage aufgeworfen: Wer sind die Anspruchsberechtigten der finanziellen Rechnungslegung der Unternehmung und welche finanziellen Ziele verfolgen sie im Hinblick auf ihre Beziehung zu dem Unternehmen? Dies ist die Frage nach dem Zielträger des Jahresabschlusses.

b) Zielträger des Jahresabschlusses. Diese Frage ist insbesondere von der amerikanischen B. aufgegriffen worden. Nach der Eigner-Theorie (Proprietary Theory) gilt die Unternehmung ausschließlich als Einkommensquelle des Unternehmenseigners. Der Jahresabschluß hat dementsprechend die Aufgabe, dem Eigner periodisch Informationen über den Stand seines in der Unternehmung gebundenen Vermögens und der Schulden sowie über die Höhe des mittels der Unternehmung erzielten Einkommens zu liefern. Er ist mithin eine Vermögens- und Einkommensrechnung des Unternehmenseigners. Entsprechend der *Einheitstheorie* (Entity Theory) wird die Unternehmung als eigenständige Wirtschaftseinheit, als Institution aufgefaßt. Jahresabschlußaufgabe ist die Feststellung der Ergiebigkeit der Entscheidungen und Handlungen der als selbständige Wirtschaftseinheit begriffenen Unternehmung (Institutionenthese). Eine vollkommene Lösung von einer natürlichen (Eignertheorie) bzw. fiktiven juristischen (Einheitstheorie) Person versucht die sog. *Fondstheorie* (Fund Theory). Damit soll der Jahresabschluß auf eine objektive „Grundlage" bezogen werden. Der Jahresabschluß gilt nach dieser

Auffassung als Abrechnung über Stand und Entwicklung bestimmter Fonds, nicht aber als System zur Ermittlung von Gewinn oder Verlust, der jeweils nur auf eine Person bezogen sein könne. Eine weitere Auffassung, die sog. Management-Theorie (Commander Theory) sieht den Jahresabschluß in erster Linie als Dispositionshilfe der Unternehmensleitung.

Neuerdings wird im Hinblick auf den Zielträger im allgemeinen auf die Interpretation des Unternehmens als Koalition zurückgegriffen. Danach können die Jahresabschlußziele aus einem Minimalkonsens der unterschiedlichen Interessen und Ziele aller am Unternehmen beteiligten Personengruppen und Institutionen (Eigner, Kreditgeber, Lieferanten, Abnehmer, Arbeitnehmer usw.) abgeleitet werden. Danach gelten zwei Zielausprägungen:

(1) Alle Adressaten sind an der Bestandserhaltung des Unternehmens interessiert. Zur Kontrolle, inwieweit die Unternehmenserhaltung in der vorgegebenen Form gelungen ist, bedarf es der Gewinnrechnung.

(2) Zur Kalkulation von Ausmaß und Sicherheitsgrad der zu erwartenden Zielrealisation ihrer Beteiligung am Unternehmen bedürfen alle Beteiligten möglichst verläßlicher und aussagefähiger Beurteilungsmaßstäbe über die finanzielle und wirtschaftliche Situation des Unternehmens.

Entsprechend diesen beiden Jahresabschlußzielen ergeben sich zwei weitere Aufgabenstellungen materieller B.: Einerseits sind der Gewinnbegriff inhaltlich festzulegen sowie die diesem entsprechenden Regeln für die Vermögensbewertung abzuleiten. Damit ist zugleich die zu verwirklichende Unternehmenserhaltungskonzeption festgelegt. Unter dieser Aufgabenstellung ist die materielle B. Theorie der Gewinnermittlung. Andererseits stellt sich der materiellen B. die Aufgabe, durch empirische und logische Analysen zu ergründen, wie sich ein möglichst großer Informationsgehalt der Rechnungslegung unter Berücksichtigung der Vielfalt der Informationswünsche der Rechnungslegungsadressaten erreichen läßt. In bezug auf diese Aufgabenstellung ist die materielle Bilanztheorie also Theorie der Rechnungslegung gegenüber der Öffentlichkeit.

c) Theorien der Gewinnermittlung. In der gesamten bilanztheoretischen Diskussion über den Gewinnbegriff besteht weitgehend Einigkeit darüber, daß jede inhaltliche Festlegung des Gewinnbegriffs sich zwangsläufig mit einer bestimmten Vorstellung über eine Unternehmenserhaltungskonzeption verbindet. Die theoretischen Ansätze unterscheiden sich in der Form der Erhaltungskonzeption. Die vielfältigen im Schrifttum vorgeschlagenen Erhaltungskonzeptionen lassen sich auf drei Grundformen der Kapitalerhaltung zurückführen (→ Substanz- und Kapitalerhaltung):

Geldkapitalerhaltung:

Ziel dieser Konzeption ist die Erhaltung des von den Unternehmenseignern im Unternehmen investierten Geldes. Als Gewinn gilt dementsprechend der Betrag, der über die für die Erhaltung des ursprünglichen Einlagekapitals notwendigen Erträge hinaus erwirtschaftet wurde. Kriterium der Gewinnerzielung ist also der Ersatz der historischen Ausgaben für die in der Produktion verbrauchten Aufwandsgüter. Der Geldkapitalerhaltung entspricht mithin ein geldmäßiger Gewinn.

Gewinnermittlung und Vermögensbewertung der statischen B. beruhen auf dem geldmäßigen Gewinnbegriff, d. h. auf der Geldkapitalerhaltung. Das entspricht auch der Zwecksetzung der statischen B., nämlich der Vermögens- und Schulddarstellung zum Zwecke der Schuldendeckungskontrolle. Dabei muß zwischen der älteren Zerschlagungsstatik und jüngeren Fortführungsstatik unterscheiden werden. Die *Zerschlagungsstatik* geht bei der Vermögensermittlung von einer fiktiven Unternehmungszerschlagung am Bilanzstichtag aus und ermittelt somit ein „Gläubigerzugriffsvermögen". Aus dieser Blickrichtung leiten sich Bilanzierungs- und Bewertungsnormen ab: Aktiviert werden können nur Objekte, die als solche einzeln veräußerbar (verkehrsfähig) sind, also bei Zerschlagung als Vermögensgegenstände zur Schuldendeckung herangezogen werden können. Dem Einzelveräußerer an Aktiva sind nur solche Schulden gegenüberzustellen, die bei einer Unternehmenszerschlagung auch zu Auszahlungen führen, also auf einer Rechtsverpflichtung gegenüber Dritten beruhen (Schulden im Rechtssinne). Bewertungsmaßstab der Zerschlagungsstatik ist in erster Linie der Einzelveräußerungspreis, der aus Objektivierungsgründen als allgemeiner Verkehrswert zu bestimmen wäre.

Nach der *Fortführungsstatik* ist dagegen von der Going-concern-Prämisse auszugehen, solange diese realistisch anzunehmen ist. Die Bestandteile des Fortführungsvermögens werden prinzipiell als Ertragswertkomponenten interpretiert. Für die Bilanzierung bedarf es allerdings der Objektivierung in Form von Vermutungen über die Ertragswirksamkeit von Bilanzpositionen. Aktiviert werden können danach nur Objekte, die als solche „Gegenstand des Rechtsverkehrs" sein können. Bei immateriellen Werten werden zusätzliche Aktivierungsvoraussetzungen gestellt. Rechte sind nur zu aktivieren, wenn dem Unternehmen dafür Aufwendungen entstanden sind. Darüber hinaus können auch rein wirtschaftliche Werte bilanziert werden, sofern sie von Dritten entgeltlich erworben wurden. Auf der Passivseite sind nur Schulden zu passivieren, die auf einer rechtlichen Leistungsverpflichtung des Unternehmens gegenüber Dritten beruhen. Dazu zählen neben den Verbindlichkeiten auch Rückstellungen für drohende Verluste aus schwebenden Geschäften, da diesen ebenfalls eine Leistungsverpflichtung des Unternehmens zugrundeliegt. Aufwandsrückstellungen sind dagegen nur als Teil des Eigenkapitals bilanzierungsfähig. Von der Zerschlagungsstatik unterscheidet sich die Fortführungsstatik vor allem durch unterschiedliche Wertansätze. Veräußerungsgegenstände sind zum Veräußerungspreis zu bewerten. Dauernd dem Unternehmen dienende Betriebsgegenstände hingegen mit dem individuellen Betriebswert, der auf der Grundlage der Anschaffungskosten zu bestimmen ist.

Auch die dynamische *B. Schmalenbachs* beruht grundsätzlich auf der nominellen Geldkapitalerhaltungskonzeption. Das richtige Vermögen werde ausschließlich durch den Unternehmensgesamtwert repräsentiert; die Bilanz könne deshalb niemals primär der Vermögensermittlung dienen. Aufgabe sei vielmehr die Ermittlung eines periodengerechten relativ richtigen Erfolges. Dieser habe Indikatorfunktion für den Unternehmer; damit diene er zugleich dem Gläubigerschutz und der Konkursvorsorge. Entsprechend der Geldkapitalerhaltung beruht die Bewertungskonzeption der dynamischen B. auch grundsätzlich auf dem Anschaffungswertprinzip. In Zeiten starker Inflation kann das reine Anschaffungswertprinzip allerdings zu Störungen der Indikationsfunktion des ermittelten Ergebnisses führen, weil die Inflationswirkungen der Erträge und Aufwendungen die tatsächlichen wirtschaftlichen Prozesse überlagern. Unter dem Eindruck der Inflation nach dem Ersten Weltkrieg hatte Schmalenbach in der vierten Auflage seiner „dynamischen Bilanz" deshalb ein Verfahren der indexmäßigen Bereinigung der Bilanzdaten vorgesehen. Das Verfahren der *realen Kapitalerhaltung* wird deshalb häufig mit der dynamischen B. in Zusammenhang gebracht, obwohl Schmalenbach es in den späteren Auflagen seiner „dynamischen Bilanz" nicht wieder aufgegriffen hatte.

Sachkapitalerhaltung (Substanzerhaltung):

Bei dieser Konzeption geht es um die Sicherung des mengenmäßigen Reinvermögensbestandes der Unternehmung, das als Indikator für die wirtschaftliche Leistungsfähigkeit angesehen wird. Als Gewinn gilt dementsprechend der Betrag, der über die für die Erhaltung des mengenmäßigen Vermögensbestandes notwendigen Erträge hinaus erwirtschaftet wird. Kriterium der Gewinnerzielung ist hier der Ersatz der erforderlichen Reinvestitionsausgaben für die Ersatzbeschaffung der bei der Produktion verbrauchten

Bilanztheorien

Gütermengen. Der Sachkapitalerhaltung entspricht mithin ein gütermäßiger Gewinnbegriff.

Die Konzeption der Substanzerhaltung ist der zentrale Gegenstand der organischen B., die nach der Inflation der zwanziger Jahre von *Fritz Schmidt* konzipiert wurde. Zielsetzung der „organischen Tageswertbilanz" ist es, eine der Entwicklung des Leistungspotentials der Volkswirtschaft proportionale Erhaltung der Vermögenserhaltung zu gewährleisten. Dementsprechend gilt es in der Erfolgsrechnung, die allein auf Preisänderungen beruhenden Scheinerfolge von den echten Leistungserfolgen zu trennen. Zu diesem Zweck müssen die Aufwendungen mit den am Umsatztage gültigen Wiederbeschaffungskosten bzw. Reproduktionskosten angesetzt werden. Auf diese Weise wird mittels einer entsprechenden Aufwandsverrechnung der Teil des Erlöses einbehalten, der zur Wiederholung des Produktionsprozesses in mengenmäßig gleichem Umfang erforderlich ist. Die Differenz zwischen anschaffungswertorientierter und tageswertorientierter Aufwandsverrechnung wird in der Bilanz auf einem Wertänderungskonto (Neubewertungsrücklage, Substanzerhaltungsrücklage) erfaßt, das je nach Richtung der Wertänderung einen passiven oder aktiven Korrekturposten zum Eigenkapital darstellt. Gleichzeitig werden die Vermögensgegenstände in der Bilanz zum Tagesbeschaffungspreis bzw. zum Wiederherstellungskostenwert am Bilanzstichtag angesetzt. Die erfolgsrechnerische Neutralisierung dieser erfaßten Wertänderungen des Vermögens wird durch die Gegenbuchung auf dem schon erwähnten Wertänderungskonto erreicht. Dieses Wertänderungskonto enthält somit alle Vermögensneubewertungen sowie alle Scheingewinne aus realisierten Umsätzen.

In der neueren B. ist die Substanzerhaltungskonzeption der organischen B. mehrfach aufgegriffen, weiterentwickelt und ergänzt worden. In der Form der Nettosubstanzerhaltungskonzeption ist sie als Ergänzungsrechnung zur Überprüfung der Substanzerhaltung auch in die Jahresabschlußpraxis eingeflossen.

Erfolgskapitalerhaltung:

Nach dieser Konzeption wird das Unternehmen als Erfolgspotential gedeutet, dessen Gegenwartswert – gemessen an Höhe, Sicherheitsgrad und zeitlicher Verteilung der erzielbaren künftigen Finanzüberschüsse – zu erhalten ist. Nur was über die für die Sicherung des Unternehmensgesamtwertes nötigen Beträge hinaus erwirtschaftet wird, gilt als Gewinn. Kriterium der Gewinnerzielung ist also der Ersatz der für die Wiederbeschaffung notwendiger Erfolgsträger erforderlichen Ausgaben, wobei der Umfang dieser Ausgaben allerdings nur über eine Gesamtbewertung bestimmt werden kann. Der Erfolgskapitalerhaltung entspricht ein wertmäßiger Gewinnbegriff. Eine Reihe von bilanztheoretischen Beiträgen haben sich bemüht, diesen sog. ökonomischen Gewinnbegriff für die Bilanzgestaltung nutzbar zu machen (*Schneider, Seicht*).

d) Theorien der öffentlichen (externen) Rechnungslegung. Der Gewinn als Maßgröße der ergebnisabhängigen Einkommenszahlungen ist zugleich Indikator der wirtschaftlichen Entwicklung des Unternehmens. Insoweit dient die bilanzielle Erfolgsermittlung gleichzeitig der öffentlichen Rechnungslegung und insofern ist jede Theorie der bilanziellen Erfolgsermittlung zugleich Theorie der öffentlichen Rechnungslegung. Über die Fragen der Gewinnermittlung hinaus stellen sich der Theorie der öffentlichen Rechnungslegung allerdings weitergehende Aufgaben, die sich auf zwei Fragestellungen reduzieren lassen.

Welchen Informationsgehalt besitzt der derzeitige Jahresabschluß als Instrument der öffentlichen Rechnungslegung? (Empirische Theorie der öffentlichen Rechnungslegung).

Wie läßt sich gegebenenfalls der Informationsgehalt des Jahresabschlusses als Instrument der öffentlichen Rechnungslegung steigern? (Normative Theorie der öffentlichen Rechnungslegung).

Im Rahmen der normativen Ansätze lassen sich unterschiedliche, gegenseitig nicht ausschließende, sondern eher ergänzende Richtungen unterscheiden: Zum einen wird vorgeschlagen, den Jahresabschluß durch ein stärker an Zahlungsströmen orientiertes Rechensystem zu ersetzen oder wenigstens zu ergänzen (*Moxter*, 1966). Eine andere Richtung betont die Notwendigkeit der Prognosepublizität, insbesondere von Daten der Investitions- und Finanzplanung (*Busse von Colbe*). Eine weitere Richtung schließlich ist durch die Forderung nach verstärkter Publizität über die Manipulationsspielräume gekennzeichnet. Diese Forderung äußert sich einerseits in dem Verlangen nach detaillierter Angabe der Bewertungsgrundlagen sowie nach strikter Trennung schätzungsabhängiger und schätzungsunabhängiger Daten. Andererseits sind dieser Richtung alle diejenigen Vorschläge zu subsumieren, die eine Objektivierung der im Jahresabschluß dargestellten Einzelinformationen erreichen wollen, indem die Vermögensgüter im Jahresabschluß multidimensional erfaßt werden (*Jjiri*), oder indem die im Jahresabschluß bisher implizit enthaltenen Schätzungen durch Angabe ihrer Glaubwürdigkeit und ihrer Fehlerwahrscheinlichkeit explizit dargestellt werden (*Baetge*). Eine all diese Erweiterungen umfassende „ergänzte Mehrzweckbilanz" ist von *Heinen* vorgeschlagen worden.

Die empirische Theorie der öffentlichen Rechnungslegung widmet sich der Frage nach dem tatsächlichen Informationsgehalt veröffentlichter Jahresberichte bzw. alternativer Formen der Rechnungslegung (*Beaver*). Letztlich geht es bei diesem Ansatz um den gesellschaftlichen Nutzen der externen Rechnungslegung. Dies ergibt sich daraus, daß für die Erreichung eines privaten Nutzens für den individuellen Investor eine öffentliche Regulierung von Rechnungslegung und Publizität nicht notwendig wäre. Dies könnte auch durch einen Informationsmarkt erreicht werden, auf dem die relevanten Informationen gekauft werden können. Wegen der Schwierigkeit solcher gesellschaftlicher Nutzenüberprüfungen reduzieren die verschiedenen empirischen Ansätze allerdings ihre Fragestellung auf die Untersuchung der Nützlichkeit bei privaten ökonomischen Entscheidungen.

Nach der Methodik zur Ermessung der Entscheidungsrelevanz der Rechnungslegungsinformationen für den externen Adressaten lassen sich im wesentlichen vier Richtungen unterscheiden (Überblick bei *Coenenberg/Berndsen*):

Befragungen und Experimente zur Entscheidungsrelevanz:

Die Hauptkritik an diesen Ansätzen beruht auf der nur eingeschränkten Übertragbarkeit dieser potentiellen „Entscheidungsrelevanz" in kontrollierten Situationen auf reale Entscheidungssituationen.

Prognoseeignung als Ersatzkriterium für die Entscheidungsrelevanz:

Der Nachweis der Prognostizierbarkeit zukünftiger Ereignisse (z.B. von Fusionen, Konkursen, Ertragsverbesserungen, Ertragsverschlechterungen) mittels vergangenheitsbezogener Rechnungslegungsdaten gilt bei diesem Ansatz als Indiz für die Entscheidungsrelevanz. Diese fiktive Entscheidungsrelevanz wird dann zur tatsächlichen, wenn die Informationsbenutzer sich rational verhalten.

Soll-Ist-Vergleiche als Ersatzkriterien für die Entscheidungsrelevanz:

Der Vergleich von in der Literatur oder durch das Gesetz geforderten Sollnormen mit dem tatsächlich vorhandenen Informationsangebot läßt ebenfalls Schlüsse auf den Informationsgehalt der Rechnungslegung zu. Diese sind aber allenfalls indirekt zu ziehen, da unterstellt ist, daß die Sollnormen im Sinne der Informationsbenutzer aussagefähige Informationen beinhalten.

Kapitalmarktuntersuchungen als tatsächliche Entscheidungsrelevanz:

Die Untersuchungen der Reaktion des Kapitalmarktes auf die Veröffentlichung von Unternehmensdaten ist eine Methode, die die Entscheidungsrelevanz direkt in realen Entscheidungssituationen testet (Überblick bei *Möller*). Diese Realitätsnähe und die Verbindung zur Finanzierungstheorie und ökonomischen Gleichgewichtstheorie macht das Gewicht des Ansatzes aus und begründet die Vielzahl der Untersuchungen, die auf der Basis dieses Ansatzes durchgeführt wurden (→ *Empirisches Jahresabschlußforschung*).

Lit.: Schmidt, F.: Die organische Tageswertbilanz, 3. Aufl., 1929; *Münstermann, H.:* Einführung in die dynamische Bilanz, 1941; *Le Coutre, W.:* Totale Bilanz, in: Bott, K.: Lexikon des Kaufmännischen Rechnungswesens, Bd. 4, 2. Aufl., 1957 (Nachdruck 1995), Sp. 2555-2604; *Schmalenbach, E.:* Dynamische Bilanz, 13. Aufl., 1962 (Nachdruck 1995); *Beaver, W.H.:* Financial Ratios as Predictors of Failure, in: Empirical Research in Accounting Selected Studies, 1966; *Ijiri, Y.:* The Foundation of Accounting Measurement, 1966; *Moxter, A.:* Grundsätze ordnungsmäßiger Bilanzierung und der Stand der Bilanztheorie, in: ZfbF 1966, S. 28ff.; *Walb, E.:* Finanzwirtschaftliche Bilanz, 3. Aufl., 1966; *Busse von Colbe, W.:* Prognosepublizität von Aktiengesellschaften, in: Angehrn, O./Künzi, P. (Hrsg.): Beiträge zur Lehre der Unternehmung, 1969; *Baetge, J.:* Möglichkeiten der Objektivierung des Jahreserfolges, 1970; *Seicht, G.:* Die kapitaltheoretische Bilanz und die Entwicklung der Bilanztheorie, 1970; *Schneider, D.:* Aktienrechtlicher Gewinn und Ausschüttungsfähiger Betrag in: Wpg 1971, S. 60ff.; *Kosiol, E.:* Pagatorische Bilanz, 1976; *Wysokki, K.v.:* Sozialbilanzen. Inhalt und Formen gesellschaftsbezogener Berichterstattung, 1981; *Möller, H.P.:* Bilanzkennzahlen, 1986; *Moxter, A.:* Bilanzlehre, Bd. 2, 1986 (Nachdruck 1991); *Heinen, E.:* Handelsbilanzen, 12. Aufl., 1986; *Coenenberg, A.G.:* Ziele, Wirkungen und Gestaltung der Unternehmenspublizität: Was lehrt die empirische Forschung?, in: Baetge, J. (Hrsg.): Rechnungslegung und Prüfung – Perspektiven für die neunziger Jahre, 1993, S. 73-100; *Coenenberg, A.G./Haller, A.:* Externe Rechnungslegung, in: Hauschildt, J./Grün, O. (Hrsg.): Ergebnisse empirischer betriebswirtschaftlicher Forschung. Zu einer Realtheorie der Unternehmung, 1993, S. 557-599; *Coenenberg, A.G./Haller, A.:* Empirische Forschung, in: HWR, 3. Aufl., 1993, Sp. 506-517; *Baetge, J.:* Bilanzen, 4. Aufl., 1996, S. 13-26; *Coenenberg, A.G.:* Jahresabschluß und Jahresabschlußanalyse, 16. Aufl., 1997, S. 725-821.

Professor Dr. Adolf Gerhard Coenenberg, Augsburg.

Bilanzvergleich, Internationaler

1. Problemstellung

Aussagen zur Unterschiedlichkeit in der Kapitalausstattung, in den Rentabilitäten und in den horizontalen bzw. vertikalen Bilanzstrukturen von Unternehmen aus unterschiedlichen Ländern werden häufig dazu verwandt, Forderungen an die Wirtschaftspolitik zu stellen, oder es werden daraus Rückschlüsse über die Effizienz von Unternehmen oder des Managements im internationalen Vergleich abgeleitet. Dabei wird jedoch die Frage vernachlässigt, inwieweit die Aussagefähigkeit solcher Analysen durch eine mangelnde Vergleichbarkeit der Daten aus den unterschiedlichen Jahresabschlüssen beeinträchtigt ist. Insbesondere drei Problemkreise können diese Vergleichbarkeit stören: Unterschiede in der Zielsetzung der Bilanzierung, Unterschiede in den Bewertungswahlrechten und Unterschiede in den Ansatzwahlrechten.

2. Internationale Unterschiede in der Zielsetzung der Bilanzierung

In Deutschland gilt das *Gläubigerschutzprinzip* als ein Hauptgrundsatz der Bilanzierung. Erst in neuerer Zeit wurde dem Aktionärsschutz eine größere Aufmerksamkeit in der Bilanzierung gewidmet, wenn auch das Gläubigerschutzprinzip weiterhin dominiert (→ *Jahresabschluß, Funktionen*). Aus dem Gläubigerschutzprinzip wurden spezielle Bewertungs- und Ansatzwahlrechte abgeleitet, die eine „vorsichtige" Bewertung im Jahresabschluß ermöglichen sollen (→ *Bewertungsprinzipien*). Ein zu „hoher" Gewinnausweis könnte dazu führen, daß diese Gewinne ausgeschüttet werden und damit dem Zugriff des Gläubigers entzogen werden. Daraus entwickelte sich in Deutschland eine allgemein feststellbare Tendenz zur „konservativen“ bzw. „vorsichtigen“ Bewertung. Eine andere Zielausrichtung der Bilanzierung läßt sich z. B. in den *USA* und in *Großbritannien* feststellen. In beiden Ländern spielen Aktionäre eine große Rolle, so daß das Hauptaugenmerk der Bilanzierung auf diese Gruppe gerichtet ist.

Aus diesem Grunde kann man in diesen beiden Ländern in der Bilanzierung von einem *Aktionärsschutzprinzip* sprechen. Nun können die Zielsetzungen der Aktionäre und Gläubiger im Hinblick auf die Bilanzierung sehr unterschiedlich sein. Abgesehen von dem gemeinsamen Interesse beider Gruppen, die Überlebensfähigkeit des Unternehmens zu erhalten, kann es zu Interessenkonflikten kommen. Während für Gläubiger eine vorsichtige Bewertung von Interesse ist, sind Aktionäre mehr an einem hohen Gewinnausweis und einer daraus resultierenden hohen Ausschüttung interessiert. Da in den *USA* z. B. viele Vergütungen des obersten Managements an den Aktienkursen und der Gewinnsituation des Unternehmens gekoppelt sind, kommt es dabei oft zu einer Interessengleichheit zwischen Management- und Aktionärszielen. So läßt sich verallgemeinernd in den USA feststellen, daß in der Bilanzierung der Unternehmen eine optimistische Sicht vermittelt werden soll, was mit dem Schlagwort „window dressing“ beschrieben wird.

Daneben führen auch Unterschiede in den *sozio-ökonomischen* Einflußfaktoren des Umfeldes zu unterschiedlichen Bilanzierungsgepflogenheiten in den verschiedenen Ländern. Abb. 1 zeigt, daß die Unterschiede in der Dynamik der Volkswirtschaften, in den Kapitalmarktstrukturen und in den Steuergesetzen weitere Gründe sein können, daß die Zielsetzung in der Bilanzierung länderspezifisch sehr unterschiedlich sein können. Diese Unterschiede beeinträchtigen als externe Faktoren den Bilanzvergleich. Auch der Abbildungsprozeß der Unternehmen in den Jahresabschlüssen selbst wird durch unterschiedliche Rechnungslegungsvorschriften in den verschiedenen Ländern verzerrt. Unterschiede im Bilanzrecht, in den Bilanzierungsgewohnheiten, in den Gepflogenheiten der Wirtschaftsprüferverbänden und im Steuerrecht (wie z. B. das → *Maßgeblichkeitsprinzip* in Deutschland) erschweren den internationalen Bilanzvergleich (vgl. Abb. 1).

Diese Unterschiede im Abbildungsprozeß des Unternehmens durch den Jahresabschluß drücken sich in den unterschiedlichen Bewertungs- und Ansatzwahlrechten aus, die im folgenden untersucht werden sollen.

3. Internationale Unterschiede in den Bewertungswahlrechten

a) Anschaffungswert- versus Wiederbeschaffungswertprinzip. Während in Deutschland das historische Anschaffungswertprinzip uneingeschränkt gilt, ist es in anderen Ländern z. B. möglich, zwischen dem historischen Anschaffungswert- und dem Wiederbeschaffungswertprinzip zu wählen (z. B. in den *Niederlanden*), oder es wird das Wiederbeschaffungswertprinzip zwingend vorgeschrieben (in den *Lateinamerikanischen Ländern* herrscht dieser Grundsatz vor). In *Großbritannien* und in den *USA* wurden zeitweise Abschlüsse nach beiden Prinzipien getrennt erstellt. Mitunter wird aber auch in Bilanzen auf der Basis des historischen Anschaffungswertprinzips gegen diese Bewertung verstoßen. So ist es in *Großbritannien* seit 1960 üblich geworden, daß in bestimmten Abständen die nicht abnutzbaren und besonders langlebigen Wirtschaftsgüter des Sachanlagevermögens zu Wiederbeschaffungspreisen neu bewertet werden. Damit wird das Prinzip der historischen Anschaffungskosten durch die Bildung von Neubewertungsrücklagen durchbrochen. Da damit bilanziell eine Eigenkapitalbildung einhergeht, wird z. B. ein Vergleich der Eigenkapitalausstattung zwischen britischen und deutschen Unternehmen verzerrt.

b) Abschreibungen. Während in Deutschland das Maßgeblichkeitsprinzip der Handels- für die Steuerbilanz gilt, ist diese Verbindung z. B. in *Großbritannien* und den *USA* nicht gegeben. Da es in Deutschland zunehmend zu einer Umkehrung des Maßgeblichkeitsprinzips bei bestimmten steuerlichen Sonderabschrei-

 Bilanzvergleich, Internationaler

bungen kommt, sind steuerliche und handelsrechtliche → *Abschreibungen* meist miteinander gekoppelt. In den USA, aber auch in Großbritannien, sind die Abschreibungen für den veröffentlichten Jahresabschluß und für steuerliche Zwecke vollkommen voneinander getrennt. Diese Unterschiede führen zu unterschiedlichen Abschreibungsmethoden in den verschiedenen Ländern. In den USA und Großbritannien wird hauptsächlich die lineare Abschreibungsmethode in der Handelsbilanz und die degressive Abschreibungsmethode in der Steuerbilanz verwendet. In Deutschland wird jedoch aus steuerrechtlichen Überlegungen die degressive Abschreibungsmethode präferiert. Damit wird die unmittelbare Vergleichbarkeit der Jahresabschlüsse außerordentlich erschwert. In einer detaillierten → *Bilanzanalyse* müssen deshalb diese Unterschiede herausgerechnet werden, was in Großbritannien mit Hilfe der Position „deferred taxes" (= → *latente Steuern*) möglich ist.

Darüber hinaus müssen im internationalen Bilanzvergleich die Unterschiede in den Abschreibungsdauern berücksichtigt werden. Hier läßt sich z. B. eine Tendenz feststellen, daß die Abschreibungsdauern in Deutschland im Durchschnitt etwas kürzer sind als in Großbritannien und den USA.

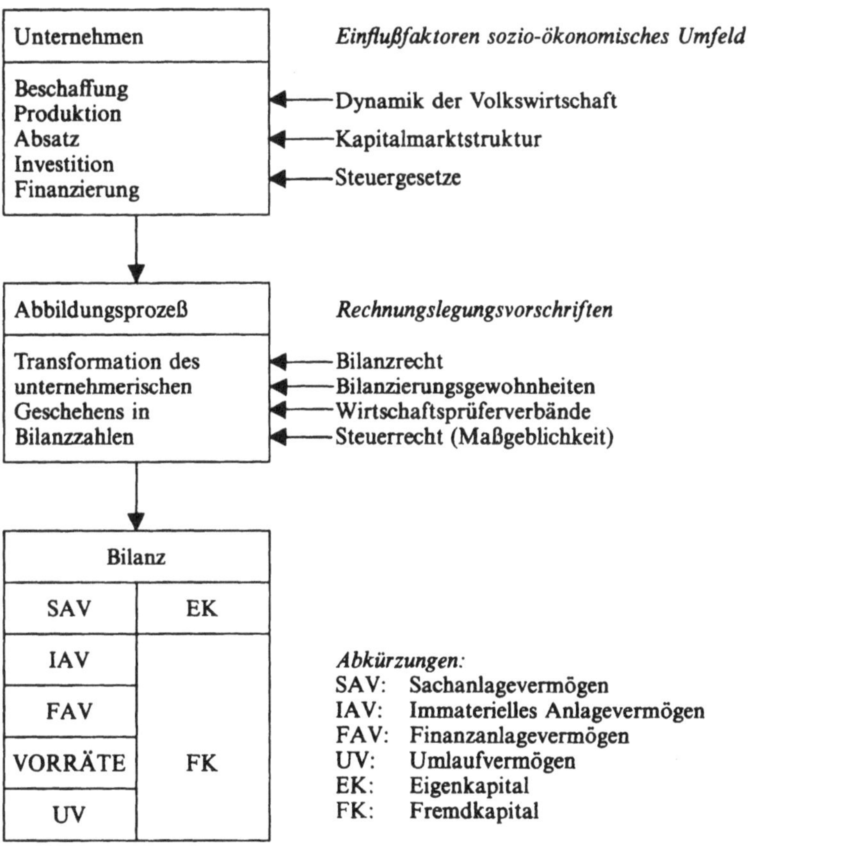

Abb. 1

c) Vorratsbewertung. Im Rahmen der *Sammelbewertung* bestehen die unterschiedlichsten Möglichkeiten, zwischen durchschnittlichen Anschaffungskosten, der LIFO-, der HIFO-, der FIFO u. ä. m. zu wählen. Auch hier läßt sich weltweit eine unterschiedlichen Präferenz für die verschiedenen Methoden feststellen (z. B. Deutschland: durchschnittliche Anschaffungskosten, USA: LIFO- oder FIFO, Großbritannien: FIFO). Eine Vergleichbarkeit des Jahresabschlusses zwischen den verschiedenen Ländern ist damit nur schwer herzustellen. Im Rahmen der Bewertung der fertigen und unfertigen Erzeugnisse zu → *Herstellungskosten* besteht in Deutschland ein Spielraum zwischen Einzelkosten und Herstellkosten auf Vollkostenbasis. Hier zeigt der Ländervergleich, daß dieser Spielraum nicht für alle Länder gleich ist. Nur eine detaillierte Analyse ermöglicht dann eine Vergleichbarkeit. Die Anwendung des *Niederstwertprinzips* im → *Umlaufvermögen* kann zu Unterschieden führen. Während es in Deutschland ein *Beibehaltungswahlrecht* für den einmal gewählten niedrigeren Wert gibt, muß er in den USA beibehalten werden.

4. Internationale Unterschiede in den Ansatzwahlrechten

a) Aktivseite. In Deutschland ist eine Saldierung von kurzfristigen Vermögensgegenständen und kurzfristigen Verbindlichkeiten nur sehr begrenzt möglich. Im *angel-sächsischen* Raum sind jedoch viele Saldierungsmöglichkeiten gegeben. Damit kommt es zu einer Bilanzverkürzung für diese Länder.

b) Passivseite. In Deutschland müssen nach neuem Recht die neugewährten *Pensionsverpflichtungen* des Unternehmens in einer Pensionsrückstellung ausgewiesen werden. Diese Verpflichtungen machen in deutschen Unternehmen bereits heute einen beträchtlichen Anteil an der Bilanzsumme aus. In den *USA* und *Großbritannien* erfolgt ein solcher Ausweis in der Regel nicht, da der Pensionsaufwand meist unmittelbar an unabhängige Pensionsfonds überwiesen wird. Auch hier wird in diesen Ländern eine Bilanzverkürzung im Vergleich zu Deutschland möglich. Daneben bestehen in Deutschland beträchtlich größere Wahlrechte, *Rückstellungen* auszuweisen als dies in den USA oder Großbritannien der Fall ist.

5. Zusammenfassung

Der internationale Bilanzvergleich ist nur sehr begrenzt möglich. Dieser Bilanzvergleich wird für den → *Konzernabschluß* noch dadurch erschwert, daß es weltweit unterschiedliche Methoden der Konsolidierung, der → *Währungsumrechnung* und der Bestimmung des Konsolidierungskreises der Unternehmen gibt. Aussagen, die sich auf einen Vergleich von Unternehmen aus unterschiedlichen Ländern beziehen, ohne die vorgenannten Unterschiede analysiert zu haben, entbehren wissenschaftliche Seriosität.

Insofern sind die meisten Veröffentlichungen von internationalen Vergleichszahlen über Eigenkapitalausstattung, Rentabilitäten oder horizontalen und vertikalen Strukturregeln fragwürdig. Wirtschaftspolitische Forderungen daraus abzuleiten, wird damit zu einem problematischen Unterfangen.

Lit.: Perlitz, M.: Internationale Zusammenarbeit auf dem Gebiet der Bilanztheorie, in: Internationale Betriebswirtschaftslehre, ZfB-Ergh. 1/1981, S. 147–154; *Perlitz, M./Küpper, H./Löbler, H.:* Vergleich der Eigenkapitalausstattung deutscher, US-amerikanischer und britischer Unternehmen, in: ZGR 1985, S. 16–49; *Goerdeler, R.:* Vergleich der Rechnungslegung, in: HWInt, 1989, Sp. 1808–1817; *Frankenberg, P.:* Jahresabschlüsse im internationalen Vergleich, 1993; *Nobes, C. W. u. a.* (Hrsg.): Comparative International Accounting, 4. Aufl., 1995.

Professor Dr. Manfred Perlitz, Mannheim.

Bilanzverschleierung

Verstoß gegen den → *Grundsatz ordnungsmäßiger Buchführung* der → *Bilanzklarheit* mit der Absicht, die Vermögens-, Finanz- und Ertragslage des Unternehmens durch irreführende Gliederung des Jahresabschlusses oder Bewertung des Vermögens unklar, insbesondere zu günstig darzustellen. Für Mitglieder des Leitungsorgans und Aufsichtsrates einer Kapitalgesellschaft und eines Konzerns ist die B. gem. §331 Nr. 1 und 2 HGB strafbar und hat gem. §256 AktG im Falle der Überbewertung von Vermögensgegenständen die Nichtigkeit des Jahresabschlusses zur Folge (→ *Bilanzfälschung*).

Bilanzwahrheit

Ein → *Grundsatz ordnungsmäßiger Buchführung*, nach dem die Aufzeichnung in der Buchhaltung und im → *Jahresabschluß* bzw. → *Konzernabschluß* eine Abbildung der tatsächlichen realen Verhältnisse sein sollen. Die Forderung nach B. wird dann als erfüllt angesehen, wenn die Rechnungslegungsvorschriften der §§242ff. HGB eingehalten werden.

Bild der Vermögens-, Finanz- und Ertragslage

1. Begriff

Alle Vollkaufleute sind nach §238 Abs. 1 HGB (s. auch §189 Abs. 1 öHGB) verpflichtet, Bücher zu führen, die es einem sachverständigen Dritten ermöglichen müssen, sich innerhalb einer angemessenen Zeit einen Überblick über die Lage des Unternehmens zu verschaffen (→ *Buchhaltung, kaufmännische*). Für Kapitalgesellschaften wird diese Pflicht dahingehend konkretisiert, daß der → *Jahresabschluß* unter Beachtung der → *Grundsätze ordnungsmäßiger Buchführung* „ein den tatsächlichen Verhältnissen entsprechendes B. der Kapitalgesellschaft zu vermitteln“ (true and fair view) habe (§264 Abs. 2 Satz 1 HGB). Für Österreich gilt die Forderung, daß der Jahresabschluß „ein möglichst getreues Bild der Vermögens- und Ertragslage des Unternehmens zu vermitteln“ habe, gem. §195 öHG für jeden Kaufmann im Sinne des öHGB. Wird aufgrund besonderer Umstände ein solches Bild durch die Befolgung der gesetzlichen Detailvorschriften nicht vermittelt, so sind von Kapitalgesellschaften im → *Anhang* zusätzliche Angaben zu machen (§264 Abs. 2 Satz 2 HGB; §222 Abs. 2 öHGB). Dies gilt außer für den Einzelabschluß nach §297 Abs. 2 HGB ebenso für den → *Konzernabschluß* von Kapitalgesellschaften. Der Abschlußprüfer hat im → *Bestätigungsvermerk* nach §322 Abs. 1 HGB (§274 Abs. 1 öHGB) neben der Befolgung gesetzlicher Vorschriften ausdrücklich die Vermittlung eines den tatsächlichen Verhältnissen entsprechenden B. zu bestätigen.

Aufgrund der auf die Zukunft gerichteten Informationsinteressen der Rechnungslegungsadressaten kann sich die Darstellung der Lage eines Unternehmens nicht darauf beschränken, die vergangene Entwicklung abzubilden. Unter „Lage“ ist vielmehr die Fähigkeit zu verstehen, die selbstgesteckten Unternehmensziele, d. h. die Erhaltung der im Unternehmen gebundenen Substanz i. S. d. Reinvermögens (Vermögenslage), die Einhaltung eines Mindestgewinns und Erhaltung der Erfolgspotentiale (Erfolgslage) sowie die Liquiditätssicherung und Realisierung einer günstigen Kapitalstruktur (Finanzlage) auch in kommenden Perioden zu erreichen.

Demgegenüber ist die Rechnungslegung geprägt durch konzeptionelle Grenzen des Informationsgehalts von Jahresabschlüssen. Sie ergeben sich durch das Bedürfnis nach *Objektivierung der Rechnungslegung*. Diese wird erreicht durch einen weitgehenden Rückgriff auf Vergangenheitszahlen, die als repräsentativ oder zumindest aussagekräftig für die erwartete Entwicklung betrachtet werden, auch wenn der Jahresabschluß zukunftsgerichtete Elemente enthält (z. B. Ansatz von → *Rückstellungen*). Dem Zweck der Objektivierung dienen das → *Realisationsprinzip*, das Imparitätsprinzip sowie das → *Anschaffungswertprinzip*. Diese am → *Vorsichtsprinzip* orientierte Bilanzierung führt zu einem eher pessimistischen B.

Trotz beschränkter Aussagefähigkeit des Jahresabschlusses suggeriert die Generalnorm des §264 Abs. 2 HGB hohe Anforderungen an seinen Informationsgehalt, da das vermittelte B. „den tatsächlichen Verhältnissen“, u. U. durch Zusatzangaben im Anhang, zu entsprechen hat. Die 4. EG-Richtlinie enthält in Art. 2 Abs. 5 und die 7. EG-Richtlinie in Art. 16 Abs. 5 darüber hinaus sogar die Verpflichtung, in Ausnahmefällen von Einzelvorschriften abzuweichen, wenn die Vermittlung eines den tatsächlichen Verhältnissen entsprechenden B. es erfordert, dies dann aber im Anhang zu begründen und den Einfluß auf die Vermögens-, Finanz- und Ertragslage darzulegen. Diese Vorschrift wurde vom deutschen Gesetzgeber jedoch nicht transformiert. Dagegen fügte er in den Gesetzestext den Verweis ein, daß die Vermittlung des geforderten B. „unter Beachtung der GoB" zu erfolgen habe. Die Frage nach dem Stellenwert der Generalnorm ist daher einerseits vor dem Hintergrund der europarechtlichen Herkunft, letztlich aber nach dem gesetzgeberischen Willen zu beantworten, der bei der Transformation der Norm zum Ausdruck gebracht wurde.

2. Entwicklung aus der anglo-amerikanischen Rechnungslegungstradition

Im englischen Wortlaut der EG-Richtlinien enthalten die Generalnormen den Grundsatz des → *true and fair view*. Dieser wurde von Großbritannien aufgrund seiner traditionellen Bedeutung als „overriding principle" in den britischen Companies Acts auch als Leitlinie für die europaweite → *Harmonisierung der Rechnungslegung* durchgesetzt. In England verdankt der Grundsatz seinen hohen Rang der bislang fehlenden gesetzlichen Verankerung detaillierter Bilanzierungs-, Bewertungs- und Gliederungsvorschriften. Den Rechnungslegungspflichtigen und Wirtschaftsprüfern wird die Verantwortung auferlegt, je nach Lage des Einzelfalles diejenigen Bilanzierungsmethoden auszuwählen, die für die Vermittlung eines „true and fair view" am besten geeignet sind. Nach britischem und US-amerikanischem Verständnis wird so vermieden, daß aufgrund der Beachtung aller Detailvorschriften zwar nicht gegen das förmliche Regelwerk verstoßen wird, jedoch das entstehende Gesamtbild irreführend ist. Insbesondere soll das B. nicht dadurch verzerrt werden, daß durch → *Bilanzpolitik* im Rahmen der Bilanzierungs- und Bewertungsspielräume in Einzelfragen jeweils gerade noch vertretbare Ansätze gewählt werden, die sich im Zusammenwirken zu einer allzu positiven oder negativen Darstellung der Lage des Unternehmens kumulieren würden. Die Beachtung der in → *Großbritanien* vom Berufsstand der Wirtschaftsprüfer (ICA) und in den → *USA* vom FASB erarbeiteten Rechnungslegungsstandards (SSAP/FRS bzw. FAS) wird dort zwar als prima-facie-Beweis dafür betrachtet, daß der geforderte ehrliche, unparteiliche Einblick gewährt wird; im Interesse des höchstmöglichen Informationsgehalts in jedem Einzelfall genießt aber der „true and fair view"-Grundsatz zumindest theoretisch absoluten Vorrang vor dem Ziel der Vereinheitlichung der Rechnungslegung durch obligatorische Befolgung gesetzlicher oder berufsständischer Regelungen. Der unreflektierten Übertragbarkeit der anglo-amerikanischen Generalnorm auf bundesdeutsche Verhältnisse stehen die z. T. unterschiedlichen Zielsetzungen des Jahresabschlusses sowie verschiedene *sozioökonomische Rahmenbedingungen*, insbesondere der Unternehmensverfassung entgegen:

(1) Der Jahresabschluß nach britischem und US-amerikanischem Recht erfüllt vorwiegend eine *Informationsfunktion* (→ *Jahresabschluß, Funktionen*). Ihr kommt wegen des hoch entwickelten Kapitalmarktes in beiden Ländern große Bedeutung zu. Dagegen spielt die *Zahlungsbemessungsfunktion* eine untergeordnete Rolle, da es keine rechtliche Bindung der Ausschüttungsansprüche an den ausgewiesenen Gewinn und keine strenge, insbesondere rückwirkende Maßgeblichkeit für die Steuerbilanz gibt. Folglich wird die Bereitschaft zur Offenlegung auch hoher Gewinne kaum reduziert.

(2) Was im Einzelfall zur Vermittlung eines „true and fair view" erforderlich ist, muß im anglo-amerikanischen Recht wegen der fehlenden gesetzlichen Verankerung von Einzelregelungen vor Gericht geklärt werden. Auf Rechtssicherheit der Bilanzierenden und Bilanzadressaten wird zugunsten der Flexibilität der Rechnungslegungsanforderungen im Einzelfall sowie im Zeitablauf bewußt verzichtet.

Bild der Vermögens-, Finanz- und Ertragslage

3. Bedeutung gemäß HGB

Dem Gebot der Normenklarheit entsprechend hat der Gesetzgeber nach deutschem Recht die Anforderungen, die er an das B. knüpft, zu konkretisieren. Aus Gründen der Rechtssicherheit können die zu diesem Zweck erlassenen Einzelnormen folglich nicht unter dem ständigen Vorbehalt ihrer Vereinbarkeit mit der Generalnorm stehen. Diese erfüllt insofern nur eine Hilfsfunktion bei der Auslegung der Detailvorschriften sowie der Ausfüllung von Gesetzeslücken.

Die Einzelnormen des HGB dienen nicht vorwiegend dem Ziel der bestmöglichen Information. Vielmehr wird der handelsrechtliche Einzelabschluß durch die *Ausschüttungsbemessungs- und Gläubigerschutzfunktion* geprägt und zusätzlich mit steuerlichen Aufgaben befrachtet (→ *Maßgeblichkeitsprinzip*). Da die hieraus resultierende vorsichtige Bilanzierung und Tendenz zur Bildung → *stiller Rücklagen* einhergeht mit einem pessimistischen B. und einem geringeren Informationswert des Jahresabschlusses, stellt sich über die Interpretation der Generalnorm als Auslegungshilfe hinaus die Frage, wie der z.T. bestehende Zielkonflikt zwischen Generalnorm einerseits und Einzelnormen bzw. GoB andererseits zu lösen ist.

a) Verweis auf die Beachtung der GoB. Durch die Klarstellung, daß das geforderte Bild nur unter Beachtung der GoB zu vermitteln sei, hat der Gesetzgeber dem Mißverständnis vorgebeugt, die Generalnorm des § 264 Abs. 2 HGB für den Einzel- und des § 297 Abs. 2 HGB für den Konzernabschluß trete an die Stelle des § 243 Abs. 1 HGB und verlange ggfs. völlig neue Bilanzierungsmethoden, die über den „traditionellen" Einzel- und Konzernabschluß hinausgingen. Das geforderte B. darf nicht durch Bilanzansätze vermittelt werden, die nicht durch die GoB gedeckt sind, auch wenn sie möglicherweise einen höheren Informationswert versprechen (z.B. Ansatz von Wiederbeschaffungskosten zur Kontrolle der → *Substanz- und Kapitalerhaltung*). Der Verweis auf die GoB dämpft übertriebene Erwartungen und deutet an, daß die Realität durch einen Jahresabschluß nach wie vor nur vereinfacht wiedergegeben werden kann.

b) Bindung der Wahlrechte an die Generalnorm. Die Frage, ob das Einblicksgebot die Wahlrechte und Ermessensspielräume derart dominiert, daß diese jeweils im Interesse der höchstmöglichen Information über das B. auszuüben wären, wird von der h. M. verneint. Insbesondere solche Wahlrechte, die offensichtlich nicht zum Zweck der Ermöglichung eines optimalen Einblicks in die Unternehmenslage eingeräumt wurden (§§ 254, 256, 269 HGB), wären vom Gesetzgeber nicht geschaffen worden, hätte er die damit verbundene Trübung des B. für nicht vereinbar mit der Generalnorm gehalten. Aber auch für Bilanzierungsspielräume, die ein Ermessen i. S. d. Vermittlung eines den tatsächlichen Verhältnissen entsprechenden B. zulassen, weil sie nicht aus einem anderslautenden Motiv gesetzt wurden (z.B. Abgrenzung der → *Herstellungskosten*, Bemessung der → *Abschreibungen* nach Nutzungsdauer und -verlauf), kann keine Bindung an das Einblicksgebot der Generalnorm abgeleitet werden. Der Anhang als dritter Bestandteil des Jahresabschlusses von Kapitalgesellschaften kann die durch die Ausübung von Wahlrechten entstehenden Informationsdefizite z.T. wieder ausgleichen. Soweit die Inanspruchnahme von Wahlrechten nicht explizit an eine Erläuterungspflicht im Anhang geknüpft ist (vgl. §§ 269 Satz 1, 274 Abs. 2 Satz 2, 280 Abs. 3, 281 Abs. 2 Satz 1, 284 Abs. 2 HGB), greift § 264 Abs. 2 Satz 2 HGB.

c) Bedeutung des Anhangs für den Stellenwert der Generalnorm. Da der Anhang mit Bilanz und GuV eine Einheit bildet (§ 264 Abs. 1 Satz 1 HGB), muß das geforderte B. nicht bereits durch Bilanz und GuV vermittelt werden.

Dem Nebeneinander von Zahlungsbemessungsfunktion und Informationsfunktion des Jahresabschlusses kann durch eine weitgehende Aufgabenteilung entsprochen werden. Die Aufgabe der Gewinnermittlung, von deren Ergebnis nach deutschem Gesellschaftsrecht direkt

Bild der Vermögens-, Finanz- und Ertragslage

finanzielle Interessen abhängen (§ 58 Abs. 2 AktG, § 29 Abs. 1 GmbHG; Ausschüttungsansprüche einerseits, Interesse der Fremdkapitalgeber an möglichst hohem Haftungskapital andererseits), erfordert eine Orientierung von Bilanz und GuV an objektivierten, vorsichtsbetonten Zahlen. Auch die dadurch entstehenden Informationsdefizite sind durch erläuternde Angaben im Anhang zu korrigieren. Für dieses Ergebnis, das als „*Abkopplungsthese*" (Moxter, 1978; Beisse, 1988) diskutiert wird, spricht auch die unterbliebene Transformation der Verpflichtung, in Ausnahmefällen von Detailvorschriften abweichen zu müssen, wenn diese mit dem angestrebten B. nicht vereinbar seien. Es ist kaum ein Fall denkbar, in dem einer Verletzung des Einblicksgebotes durch eine Detailvorschrift nicht durch ergänzende Informationen im Anhang abgeholfen werden könnte, so daß diese Detailnorm der Generalnorm weichen müßte.

4. Bedeutung für eingetragene Genossenschaften, Kreditinstitute und Bilanzierung nach PublG

Grundsätzlich ist die Bildung stiller Rücklagen und deren stille Auflösung nicht mit der Generalnorm vereinbar. Dieser Grundsatz wird an zwei Stellen durchbrochen, was als symptomatisch für eine im Vergleich zum „true and fair view"-Grundsatz relativierte Bedeutung der Generalnorm gelten kann. § 336 Abs. 2 HGB verpflichtet eingetragene → *Genossenschaften* einerseits zur „entsprechenden" Anwendung der Generalnorm, gestattet jedoch gleichzeitig die Nichtbeachtung der §§ 279, 280 HGB, in denen prinzipiell die Bildung und Beibehaltung stiller Rücklagen untersagt werden.

→ *Kreditinstitute* haben, unabhängig von ihrer Größe und Rechtsform, die Generalnorm zu beachten (§ 340a HGB). Nach § 340k HGB sind die Vorschriften des HGB zur Prüfung anzuwenden, zu denen auch der Wortlaut des Bestätigungsvermerks (§ 322 Abs. 1 HGB) gehört (vgl. auch § 58 Abs. 2 GenG). § 340f Abs. 1 HGB gestattet ihnen jedoch eine Unterbewertung von Forderungen und Wertpapieren des Umlaufvermögens, die nicht Teil des Handelsbestands sind, „soweit dies nach vernünftiger kaufmännischer Beurteilung zur Sicherung gegen die besonderen Risiken des Geschäftszweigs der Kreditinstitute notwendig ist"; sie darf jedoch 4 % des Wertes dieser Vermögensgegenstände nicht überschreiten. In diesem Falle kann nicht einmal eine Erläuterung im Anhang erfolgen, soll der Zweck des § 340f HGB nicht ausgehöhlt werden (§ 340f Abs. 4 HGB).

Auf → *Personenunternehmen*, die unter die Vorschriften des PublG fallen, ist zwar nach § 6 Abs. 1 die Regelung über den Bestätigungsvermerk gem. § 322 Abs. 1 HGB „sinngemäß" anzuwenden. Da jedoch das PublG an keiner Stelle (insb. nicht in § 5 Abs. 1) die Generalnorm für gültig erklärt, dagegen die Bildung stiller Rücklagen zuläßt (§ 5 Abs. 1 PublG) und auch ein Anhang nicht vorgeschrieben ist, sollte § 264 Abs. 2 HGB nicht indirekt über die Kernfassung des Bestätigungsvermerks für beachtlich angesehen werden.

Lit.: Moxter, A.: Der Einfluß der EG-Bilanzrichtlinie auf das Bilanzsteuerrecht, in: BB 1978, S. 1629–1632; *ders.*: Die Jahresabschlußaufgaben nach der EG-Bilanzrichtlinie: Zur Auslegung von Art. 2 EG-Bilanzrichtlinie, in: AG 1979, S. 144–146; *Budde, W. D.*: Überlegungen zur Umsetzung des „true and fair view" in das deutsche Recht, in: Wirtschaftsprüfung und Wirtschaftsrecht, FS für Treuhand-Vereinigung, 1980, S. 109–135; *Luik, H.*: Einblick in die tatsächlichen Verhältnisse – Ein neues Ziel der Rechnungslegung? in: 50 Jahre Wirtschaftsprüferberuf, 1981, S. 53–59; *Flint, D.*: A True and Fair View in Company Accounts, 1982; *Busse von Colbe, W.*: A True and Fair View: A German Perspective, in: EEC-Accounting Harmonization, 1984, S. 121–128; *Großfeld, B.*: Generalnorm, in: HuRB, 1986, S. 192–204; *Claussen, C. P.*: Zum Stellenwert des § 264 Abs. 2 HGB, in: Bilanz- und Konzernrecht, FS für Goerdeler, 1987, S. 79–92; *Leffson, U.*: Die beiden Generalnormen, in: Bilanz- und Konzernrecht, FS für Goerdeler, 1987, S. 315–325;

Schildbach, T.: Die neue Generalklausel für den Jahresabschluß von Kapitalgesellschaften, in: BFuP 1987, S. 1–15; *Beisse, H.*: Die Generalnorm des neuen Bilanzrechts, in: Handelsrecht und Steuerrecht, FS für Döllerer, 1988, S. 25–44; *Budde, W. D./Förschle, G.*: Das Verhältnis des „True and Fair View" zu den GoB und zu den Einzelrechnungslegungsvorschriften, in: Mellwig, W. u. a. (Hrsg.): Einzelabschluß und Konzernabschluß, 1988, S. 27–45; *Baetge, J./Commandeur, D.*, in: Küting/Weber HdR, 3. Aufl., 1990, S. 1101–1123; *Kupfernagel, S.*: Die Generalnorm für den Jahresabschluß von Kapitalgesellschaften, 1991; *Lange, C.*: Zur Publizitätspflicht „zusätzlicher Angaben" im Anhang, in: Wpg 1991, S. 369–376; *Wölk, A.*: Die Generalnorm für den Einzelabschluß von Kapitalgesellschaften, 1992; *Lachnit, L.*: „True and fair view" und Rechnungslegung über stille Rücklagen im Jahresabschluß von Kapitalgesellschaften, in: Wpg 1993, S. 193–201; *Selchert, F. W.*: Zur Generalnorm für offenlegungspflichtige Unternehmen, in: BB 1993, S. 753–760; *Beine, F.*: Scheinkonflikte mit dem True and Fair View, in: Wpg 1995, S. 467–475; *Budde, W. D./Karig, P.*, in: Beck Bil.-Komm., 3. Aufl., 1995, § 264, Tz. 32–66; *ADS*, 6. Aufl., Bd. 5, 1997, § 264 HGB, S. 1–45.

Professor Dr. Dr. h. c. mult. Walther Busse von Colbe/Dr. Jörg Brotte, Bochum/Düsseldorf.

Blockverfahren

= → *Anbauverfahren.*

Börsenzulassungspropekt

1. Begriff und rechtliche Grundlagen. Wertpapiere, die in den *amtlichen Börsenhandel* eingeführt werden sollen, bedürfen nach § 36 Abs. 1 BG grundsätzlich der Zulassung. Dem Zulassungsantrag ist ein B. beizufügen, der die Kapitalanleger über das emittierende Unternehmen und die Chancen und Risiken der zuzulassenden Wertpapiere informiert (§ 36 Abs. 3 BG). Für Schuldverschreibungen des Bundes, seiner Sondervermögen oder eines Bundeslandes sowie für Anleihen, die ein anderer Mitgliedstaat der EG emittiert, muß kein B. erstellt werden, da diese Wertpapiere kraft Gesetzes an jeder inländischen Börse zum amtlichen Handel zugelassen sind (§ 41 BG). Weitere Befreiungen von der Aufstellungspflicht für den B. sind im Rahmen der §§ 45–47 BörsZulV i. V. m. § 38 Abs. 2 BG in das pflichtgemäße Ermessen der Zulassungsstelle der jeweiligen Börse gestellt.

Der von der Zulassungsstelle gebilligte B. ist spätestens drei Werktage vor der Einführung der Wertpapiere in den amtlichen Handel durch Abdruck in dem Börsenpflichtblatt, in dem auch der Zulassungsantrag bekanntgemacht wurde, zu veröffentlichen. Zusätzlich muß der vollständige Prospekt oder alternativ ein Hinweis auf dessen Veröffentlichung und auf die Stellen, an denen er für das Publikum erhältlich ist, in den Bundesanzeiger aufgenommen werden (§ 43 BörsZulV, § 36 Abs. 4 BG).

Sollen Wertpapiere im Börsensegment des *geregelten Marktes* gehandelt werden, ist der Emittent zur Aufstellung eines *Unternehmensberichts* verpflichtet, an den im Vergleich zum B. weniger detaillierte Informationsanforderungen gestellt werden. Vom B. zu unterscheiden ist außerdem der *Verkaufsprospekt*, der der Information der Ersterwerber öffentlich angebotener Wertpapiere dient. Sofern zum Zeitpunkt des öffentlichen Angebots ein Antrag auf Zulassung der Wertpapiere zum amtlichen Handel gestellt ist, gelten für den Inhalt des Verkaufsprospekts die gleichen Vorschriften wie für den B. In diesem Fall kann ein einheitlicher Verkaufsprospekt und B. erstellt werden.

2. Zweck. Gemäß der als Generalnorm zu bezeichnenden Vorschrift des § 13 Abs. 1 BörsZulV muß der B. „über die tatsächlichen und rechtlichen Verhältnisse, die für die Beurteilung der zuzulassenden Wertpapiere wesentlich sind, Auskunft geben". Er soll sich aus der Sicht potentieller Wertpapieranleger als Informationsgrundlage für eine fundierte Anlageentscheidung eignen und erlangt somit besondere Bedeutung unter dem Aspekt des Anlegerschutzes. Die umfangreichen Informationsanforderungen des B. sind Ausdruck des hohen Stellenwerts, der dem Anlegerschutz im Marktsegment amtlicher Handel beigemessen wird.

3. Prospektinhalt. B. müssen den allgemeinen Grundsätzen einer ordnungsmäßigen Informationsvermittlung (→ *Grundsätze ordnungsmäßiger Buchführung*) entsprechen; sie müssen also *richtig* und *vollständig* sein und alle *wesentlichen* Informationen *klar* und *übersichtlich* darstellen (§ 13 Abs. 1 BörsZulV). Im Zuge der Transformation der EG-Richtlinie 80/390/EWG über B. vom 17.3.1980 in deutsches Recht wurden die Anforderungen an die Prospektangaben in § 38 Abs. 1 Nr. 2 BG i. V. m. §§ 13–42 BörsZulV neu geregelt und gegenüber der bis dahin geltenden Rechtslage erheblich ausgeweitet.

Die gesetzlich geforderten Einzelangaben lassen sich in

- allgemeine Angaben des Prospekts,
- Angaben über die zuzulassenden Wertpapiere und
- Angaben über die wirtschaftliche Lage und die Geschäftsentwicklung des Emittenten

einteilen.

Zu den allgemeinen Prospektangaben zählen Angaben über die für den Inhalt verantwortlichen Personen oder Gesellschaften, über die Prüfung der Prospektbestandteile sowie allgemeine Informationen über das emittierende Unternehmen, die u. a. folgende Berichtselemente umfassen: Firma, Sitz und Rechtsform, Mitglieder der Geschäftsführungs- und Aufsichtsorgane, Gegenstand des Unternehmens und wichtige Tätigkeitsbereiche, ggf. Einordnung des Emittenten in bestehenden Konzernverbund. Die Informationspflichten über die zuzulassenden Wertpapiere erstrecken sich auf die Ausgabemodalitäten, die Art der Wertpapiere und ihre Ausstattungsmerkmale.

Wesentlicher Bestandteil des B. ist die Berichterstattung über die Vermögens-, Finanz- und Ertragslage des Emittenten (→ *Bild der Vermögens-, Finanz- und Ertragslage*). So sind die → *Bilanzen* und → *Gewinn- und Verlustrechnungen* aus → *Einzel-* und → *Konzernabschluß* für die letzten drei bzw. bei Schuldverschreibungen für die letzten zwei Geschäftsjahre sowie der Anhang des letzten Geschäftsjahres aufzunehmen. Der Prospekt muß darüber hinaus eine Aufstellung über die Herkunft und Verwendung der Mittel für die letzten drei Jahre in Form einer Bewegungsbilanz (→ *Bewegungs- und Veränderungsbilanz*) oder einer Finanzflußrechnung (→ *Kapital- und Finanzflußrechnung*) enthalten. Für die Zulassung von Schuldverschreibungen sind zusätzlich Einzelangaben über die Höhe der Verbindlichkeiten erforderlich; für die Zulassung von Aktien sind das Ergebnis je Aktie (→ *Gewinn je Aktie*) und der Betrag der Dividende je Aktie, ebenfalls für die letzten drei Geschäftsjahre, anzugeben. Weitere Pflichtangaben betreffen das Kapital, die Investitionen und den Anteilsbesitz des Emittenten. Schließlich muß der B. über die jüngste Geschäftsentwicklung informieren und auf die Geschäftsaussichten mindestens für das laufende Geschäftsjahr eingehen. Für bestimmte Emittenten und Wertpapiere gelten abweichend von diesen im Regelfall vorgeschriebenen Angaben die in den §§ 33–42 BörsZulV kodifizierten Sonderregelungen zum Prospektinhalt.

Falls die im Gesetz aufgeführten Einzelinformationen dem Anleger ein fundiertes Urteil über den Emittenten und die Wertpapiere gemäß § 38 Abs.2 Nr. 2 BG nicht gestatten, sind weitergehende Erläuterungen erforderlich. Freiwillige Prospektangaben sind zulässig, sofern sie dem Zweck des Kapitalanlegerschutzes nicht zuwiderlaufen.

Die Strukturierung des B. ist nicht gesetzlich vorgeschrieben, unterliegt aber dem Gebot der Klarheit und Übersichtlichkeit.

4. Prüfung durch die Zulassungsstelle. Über die Zulassung von Wertpapieren zum amtlichen Handel entscheidet die Zulassungsstelle (§ 37 Abs. 1 BG) auf der Grundlage des eingereichten B. Der Umfang der Prüfungspflicht der Zulassungsstelle ist, soweit sie den B. betrifft, gesetzlich nicht geregelt und in der juristischen Literatur umstritten. Auf der einen Seite wird lediglich die Prüfung der Vollständigkeit der Prospektangaben gefordert, andererseits wird die Meinung vertreten, daß sich die Prüfungspflicht auch auf die Richtigkeit der Angaben und die Bonität des Emittenten erstreckt. Für die Auffassung, daß die Prüfungspflicht neben der formalen auch eine materielle Komponente beinhaltet, spricht der Wortlaut des § 36 Abs. 3 Nr. 3 BG, wonach Voraussetzung für die Zulassung ist, daß keine Umstände bekannt sind, die bei Zulassung der Wertpapiere zu einer Übervorteilung der Anleger führen.

5. *Prospekthaftung.* Die Antragsteller der Börsenzulassung sowie diejenigen, die als eigentliche Urheber des B. anzusehen sind, im Prospekt aber nicht erwähnt werden, unterliegen nach § 45 Abs. 1 BG der Prospekthaftung. Antragsteller sind der Emittent und mindestens ein Kreditinstitut (§ 36 Abs. 2 BG), die den B. gemäß § 13 Abs. 1 BörsZulV unterzeichnen. Die Prospekthaftung ist an die Voraussetzung geknüpft, daß der B. entweder unrichtige Angaben enthält, die für die Beurteilung der Wertpapiere wesentlich sind, oder dadurch unvollständig ist, daß wesentliche Tatsachen verschwiegen werden. Die Unrichtigkeit oder Unvollständigkeit muß auf grob fahrlässiges Verhalten der Haftungsverpflichteten zurückzuführen sein. Im Schadensfalle ist die Ersatzpflicht gemäß § 46 Abs. 1 BG auf diejenigen Stücke der Wertpapiere begrenzt, die aufgrund des B. zum Börsenhandel zugelassen wurden.

Lit.: Paskert, D.: Informations- und Prüfungspflichten bei Wertpapieremissionen, 1991; *Gericke, H.:* Handbuch für die Börsenzulassung von Wertpapieren, 1992; *Schwark, E.:* Börsengesetz, 2. Aufl., 1994.

Professor Dr. Manfred Steiner, Augsburg.

Branch-and-Bound Algorithmen
→ *Planungsrechnung.*

Break-Even-Analyse

1. *Allgemeine Charakterisierung.* In einer B. (= Nutzschwellenanalyse, Gewinnschwellenanalyse) wird grundsätzlich untersucht, unter welchen Voraussetzungen (z. B. bei welcher Produktionsmenge, in welcher Periode, bei welchem Produktpreis) die positiven Auswirkungen einer unternehmerischen Maßnahme die negativen Wirkungen gerade kompensieren. Damit ist die B. nicht so sehr ein Instrument, das der Erreichung eines Gewinn- oder Kapitalwertmaximums dient, sondern eher ein Mittel der Risikobeurteilung: Unter welchen Bedingungen wird ein zielneutrales Ergebnis erreicht?

2. *Das Grundmodell.* Im Grundmodell der B. sind die positiven Wirkungen Erlöse und die negativen Wirkungen Kosten, und es wird ermittelt, bei welcher Absatzmenge die Erlöse die Kosten einer Periode gerade decken, somit der → *Gewinn* Null ist. In der Terminologie der → *Grenzkostenrechnung* (Teilkostenrechnung) läßt sich der Gewinn wie folgt schreiben:

$$G = px - k_v x - K_f,$$

G = Gewinn; p = Produktpreis; x = Absatzmenge; k_v = variable Kosten je Produkteinheit; K_f = fixe Kosten. Ein Gewinn von Null und damit *Break-Even-Punkt* (= Gewinnschwelle; = kritischer Punkt; = Nutzschwelle; = toter Punkt) ist damit bei folgender Absatzmenge gegeben:

$$x = K_f/(p - k_v);$$

der Break-Even-Punkt ist erreicht, wenn die Fixkosten durch die aus den verkauften Produkten erzielten Deckungsbeiträge gedeckt werden. Der Break-Even-Punkt läßt sich auch graphisch, in einer *Break-Even-Chart,* ermitteln. In einer Break-Even-Chart werden auf der Abszisse die Produktionsmenge und auf der Ordinate Kosten und Erlöse aufgetragen.

Das Grundmodell hat sehr *einschränkende Voraussetzungen.* Es setzt erstens Einproduktfertigung voraus – die fixen Kosten (→ *Kosten, fixe und variable*) müssen einem Produkt eindeutig zugerechnet werden können. Zweitens dürfen die fixen Kosten nicht von der Produktionsmenge abhängen; d. h. es gibt keine sprungfixen (stufenfixen) Kosten; drittens müssen sich fixe und variable Kosten eindeutig trennen lassen. Viertens müssen die variablen Kosten proportional sein; dies impliziert, daß im wesentlichen nur zeitliche Anpassung an Beschäftigungsschwankungen zugelassen ist. Fünftens darf der Produktpreis nicht von der Absatzmenge abhängen. Sechstens wird Sicherheit hinsichtlich der Kosten- und Preisdaten unterstellt. Siebentens werden Preis- und Kostenänderungen ausgeschlossen. Achtens wird implizite angenommen, daß während der Nutzungsdauer der benötigten Produktionsanlagen gleiche Absatzmengen je Periode erreichbar sind: Denn nur wenn die fixen Kosten jeder Periode abgedeckt werden, werden langfristig die Kosten eines Produktionsprozesses von den Erlösen refundiert.

3. Variationen des Grundmodells. Die Variationen des Grundmodells der B. leiten sich aus einer Lockerung seiner Voraussetzungen ab. Bei Mehrproduktfertigung werden wichtige Fixkosten zumeist eine Produktgruppe bzw. das gesamte Produktionsprogramm betreffen. Eine auf ein Produkt bezogene B. hat dann den Nachteil, solche Fixkosten schlüsseln oder außer Betracht lassen zu müssen. Eine sich auf mehrere Produktarten beziehende B. kann auch gemeinsame Fixkosten adäquat einbeziehen und liefert jene Menge an Produktionsprogrammen, deren Erlös die Gesamtkosten gerade deckt. Zur Ermittlung des Bereichs der Break-Even-Produktionsprogramme kann die Lineare Programmierung herangezogen werden. Bei mehrstufiger Produktion wird die Fixkostenzurechnung noch dadurch erschwert, daß die Anlagen auf unterschiedlichen Produktionsstufen ein unterschiedliches Spektrum von Produkten betreffen können. Sprungfixe Kosten sowie nichtlineare Kostenverläufe komplizieren die Berechnung des Break-Even-Punktes, lassen sich jedoch im Einproduktfall in einer Break-Even-Chart gut berücksichtigen. Analoges gilt für von der Absatzmenge abhängende Produktpreise. Im Mehrproduktfall wird die Berechnung der Break-Even-Produktionsprogramme bei sprungfixen bzw. nicht-linearen Kosten oder mengenabhängigen Preisen sehr komplex. In Hinblick auf unsichere Preis- und Kostendaten wurden *stochastische B.* entwickelt. Sie liefern Wahrscheinlichkeitsaussagen für das Erreichen bzw. die Lage von Break-Even-Punkten und sind unter → *Sensibilitätsanalysen* einzuordnen. Auch wurden in Hinblick auf Datenänderungen bzw. bestimmte Absatzmengenverläufe *dynamische B.* entwickelt. Es sind dies mehrperiodige Berechnungen, die jene Absatzverläufe aufzeigen, die in langer Sicht Kostendeckung ermöglichen. Bei Annahme eines bestimmten Verlaufs des Produktzyklus kann z. B. ermittelt werden, bei welchem *Anfangsniveau* des Absatzes in langer Sicht Kostendeckung erreicht werden kann. Dynamische B. werden genauer, wenn an die Stelle von Kosten- und Erlösdaten Auszahlungs- und Einzahlungsdaten treten, die dann abgezinst werden (→ *Kalkulationszinsfuß*). Das Grundmodell der B. kann auch so variiert werden, daß nicht nach der Absatzmenge gefragt wird, bei der der Break-Even-Punkt erreicht wird, sondern nach dem Produktpreis oder nach den (variablen) Kosten. Wenn der kritische Produktpreis ermittelt werden soll, müssen die Absatzmenge sowie die Kosten gegeben sein.

4. Erweiterungen. B. wurden in der Literatur nach drei Richtungen erweitert. Eine erste Gruppe von Erweiterungen ist dadurch charakterisiert, daß sich die B. nicht mehr auf Produktmengen beziehen, sondern auf andere Entscheidungsprobleme, wie Rationalisierungsinvestitionen, die Wahl zwischen Fremd- und Eigenfertigung, die Auftragsgröße, die Kapitalstruktur etc. So kann Gegenstand einer B. die Untersuchung sein, ab welcher Absatzmenge es vorteilhaft wird, von einem kapitalextensiven auf ein kapitalintensiveres Produktionsverfahren bzw. Investitionsprojekt umzusteigen. Eine solche B. ist eine Sonderform einer → *statischen Investitionsrechnung* (Wirtschaftlichkeitsvergleich). Analog können B. angestellt werden um zu ermitteln, ab welcher Größe Aufträge kostendeckend sind, oder ab welchem Bedarf an Einzelteilen von Fremd- auf Eigenfertigung umgestellt werden sollte. Die Finanzierungsliteratur kennt einen *finanziellen Break-Even-Punkt*, der dadurch charakterisiert ist, daß die Bruttogewinne gerade die Kreditzinsen decken. In einer finanziellen B. wird untersucht, in welcher Weise der finanzielle Break-Even-Punkt von der Kapitalstruktur abhängt.

Zweitens wurde B. in Richtung auf andere, zum Teil *mehrdimensionale Zielsetzungen* weiterentwickelt. Etwa: Bei welcher Produktmenge wird ein bestimmter Mindestgewinn und/oder ein gewünschter Mindestumsatz oder eine bestimmte Mindestliquidität erreicht.

In einer dritten Gruppe von Erweiterungen wird von der Kosten-Erlös-Betrachtung auf eine *Einzahlungs-Auszahlungs-Analyse* übergegangen. Da sich insbesondere die Auszahlungen auf unterschiedliche Zeitperioden beziehen (z.B. Auszahlungen für Anlagen auf mehrere Jahre, Auszahlungen für Materialien auf einige Wochen), wird in solchen B. die *Zeit* zum Bezugspunkt. So ist die → *Amortisationsrechnung* eine B., in der ermittelt wird, in welchem Zeitraum die Einzahlungsüberschüsse aus einem Investitionsprojekt die Anschaffungsauszahlung decken. Sie rückt damit in die Nähe der oben besprochenen dynamischen B., mit dem Unterschied, daß sich die dynamische B. auf die Produktmenge (bei gegebenem Produktzyklus) bezieht, während bei der Berechnung der → *Amortisationsdauer* von gegebenen Absatzmengen ausgegangen wird und die Zeit als Variable dient. Auch mehrjährige Erlös- und Kostenrechnungen im System der Einzelkostenrechnung Riebels (→ *Deckungsbeitragsrechnung*), die ebenfalls wesentlich auf Ein- und Auszahlungen abstellen, kommen in die Nähe einer solchen B.

Lit.: Buchner, R.: Grundzüge der Finanzanalyse, 1981; *Levy, H./Brooks, R.:* Financial Break-Even Analysis and the Value of the Firm, in: Financial Management 1986, Heft 3, S. 22–26; *Schweitzer, M./Troßmann, E.:* Break-Even-Analysen-Grundmodell, Varianten, Erweiterungen, 1986; *Becker, W.:* Fallstudie zur wirtschaftlichen Dimensionierung von Technologiepotentialen mit Hilfe von Break-Even-Analysen, in: krp 1987, S. 204–209, 257–260; *Welzer, O.:* Möglichkeiten und Grenzen der stochastischen Break-Even-Analyse als Grundlage von Entscheidungsverfahren, 1987; *Kern, W.:* Break-even-Analyse, in: HWR, 3. Aufl., 1993, Sp. 261–275.

Professor Dr. Peter Swoboda, Graz.

Bruttoerlös
→ *Erlösrechnung.*

Bruttoprinzip
Ein → *Grundsatz ordnungsmäßiger Buchführung*, nach dem alle Geschäftsvorfälle einzeln zu verbuchen sind und damit Aktiv- und Passivpositionen in der Bilanz sowie Aufwands- und Ertragspositionen in der → *Gewinn- und Verlustrechnung* unsaldiert auszuweisen sind (§ 246 Abs. 2 HGB).

Bruttosubstanzerhaltung
→ *Substanz- und Kapitalerhaltung.*

Bruttosubstanzwert
→ *Substanzwert.*

Bruttoüberschuß
= → *Cash-Flow.*

Buchführungspflichten

1. Grundsätze ordnungsmäßiger Buchführung (GoB)

Die Pflichten, Bücher zu führen, ergeben sich aus den → *Grundsätzen ordnungsmäßiger Buchführung* (GoB) sowie den einschlägigen handels- und steuerrechtlichen Regelungen.

Die GoB sind ein System von Regeln, das von jedem Buchführungspflichtigen zu beachten ist. *Formelle* Grundsätze legen Mindestanforderungen an die äußere Form und Systematik der Buchführung fest; *materielle* betreffen den *Inhalt* der Buchführung. Handels- und Steuerrecht verschaffen den GoB Rechtsgeltung: Jeder Kaufmann hat sie zu beachten (§ 238 Abs. 1 Satz 1 HGB), ferner jeder nach den Vorschriften der §§ 140 und 141 AO zur Buchführung Verpflichtete.

2. Handelsrechtliche B.

Das HGB enthält im dritten Buch Vorschriften zur Führung von Handelsbüchern. § 238 Abs. 1 Satz 1 HGB liefert die allgemeine Rechtsgrundlage der Buchführung (→ *Buchhaltung, kaufmännische*) und lautet: „Jeder Kaufmann ist verpflichtet, Bücher zu führen". Weiß man, wer als Kaufmann im Sinne des Handelsgesetzes gilt, dann bedeutet dies gleichzeitig die Verpflichtung des Betreffenden zur Buchführung. Tatsächlich müssen verschiedene Gruppen von Kaufleuten und die aus dieser Eigenschaft erwachsende B. oder Befreiung von dieser Pflicht unterschieden werden.

a) Handelsgewerbe als Voraussetzung der B. Generell bestimmt § 1 Abs. 1 HGB: „Kaufmann im Sinne dieses Gesetzbuchs ist, wer ein Handelsgewerbe betreibt". Es legt weiterhin fest, was „Handelsgewerbe" bedeutet. (§ 1 Abs. 2 HGB), beispielsweise die Anschaffung und Weiterveräußerung von beweglichen Sachen (Waren) oder Wertpapieren, die Übernahme der Bearbeitung oder Verarbeitung von Waren für andere, die Übernahme von Versicherungen gegen Prämie, die Bankier- und Geldwechslergeschäfte, die Übernahme der Beförderung von Gütern oder Personen, die Geschäfte der Kommissionäre, der Spediteure oder der Lagerhalter, die Geschäfte der Handelsvertreter oder der Handelsmakler, die Verlagsgeschäfte, die Geschäfte der Druckereien. Man nennt solche Arten von Geschäften das *Grundhandelsgewerbe*. Nach herrschender Meinung ist ein *Handelsgewerbe* jede selbständige, nachhaltige Betätigung, die mit Gewinnerzielungsabsicht unternommen wird und sich als Beteiligung am allgemeinen wirtschaftlichen Verkehr darstellt, soweit sie nicht als Ausübung eines freien Berufes oder als Ausübung von Land- und Forstwirtschaft anzusehen ist (BGH v. 7.7.1960, BGHZ 33 S. 325).

b) B. des Mußkaufmanns. Gewerbebetriebe üben durchweg ein Handelsgewerbe im Sinne des § 1 Abs. 2 HGB (*Grundhandelsgewerbe*) aus. Bereits mit Beginn eines solchen Gewerbes (... wer ein Handelsgewerbe „betreibt") ist B. gegeben, denn auch ohne Eintragung im Handelsregister liegt Kaufmannseigenschaft vor. Der Beginn des Handelsgewerbes macht seinen Betreiber zwangsläufig zum Kaufmann; deshalb heißt er *Mußkaufmann*.

c) B. des Sollkaufmanns. Sollkaufleute sind gem. § 2 Abs. 1 HGB handwerkliche oder sonstige gewerbliche Unternehmen, die nicht bereits nach § 1 Abs. 2 HGB als Handelsgewerbe gelten, jedoch nach Art und Umfang einen in kaufmännischer Weise eingerichteten Geschäftsbetrieb erfordern. Zur Buchführung sind Sollkaufleute gem. der Sonderregelung in § 262 HGB verpflichtet. Die Kaufmannseigenschaft beginnt erst mit der Eintragung ins Handelsregister, wozu bei Vorliegen der Erfordernisse eines nach Art und Umfang in kaufmännischer Weise eingerichteten Geschäftsbetriebes eine Verpflichtung besteht. Die B. bestehen für den Sollkaufmann allerdings nicht erst von der Eintragung an, sondern schon ab dem Zeitpunkt, zu dem die Verpflichtung zur Herbeiführung der Eintragung in das Handelsregister entsteht.

Zu den Sollkaufleuten gehören insbesondere Handwerksbetriebe, wie Bauunternehmen, Bauhandwerker, Hotels, Fischereibetriebe, Kinos, Ziegeleien, Autoreparaturwerkstätten ohne Handel, Bergbauunternehmen, Ölförderer. Solche Betriebe gehören nach § 1 Abs. 2 HGB nicht zum Grundhandelsgewerbe. Ihre Tätigkeit *gilt* als Handelsgewerbe, sobald diese nach Art und Umfang einen in kaufmännischer Weise eingerichteten Geschäftsbetrieb erfordert, z. B. bei Vorliegen umfangreichen Kontokorrentverkehrs, mehrerer Betriebsstätten, kaufmännischen Führungsstils. „Soll" bedeutet: Er wird mit Eintreten der Bedingung zur Eintragung in das Handelsregister und damit zum Dasein als Kaufmann verpflichtet, unbeschadet seines handwerklichen oder sonstigen gewerblichen Tätigkeitsfeldes.

d) B. des Kannkaufmanns. Kannkaufleute sind land- und forstwirtschaftliche Unternehmer (§ 3 Abs. 2 HGB) oder Betreiber eines Nebengewerbes eines Betriebes der Land- und Forstwirtschaft (§ 3 Abs. 3 HGB). Solche Unternehmer sind berechtigt, aber nicht verpflichtet, die Eintragung in das Handelsregister herbeizuführen (§ 3 Abs. 2 S. 1 HGB). Sie „können" sich eintragen und damit Vollkaufmann werden (*Kaufmann durch Eintragung*), wenn das Unternehmen einen in kaufmännischer Weise eingerichteten Geschäftsbetrieb erfordert und sie es wünschen; daher die Bezeichnung *Kannkaufmann*. Mit der Eintragung in das Handelsregister beginnt die B. Sie bleibt bestehen, bis der Land- und Forstwirt seine Tätigkeit aufgibt oder das Unternehmen einen in kaufmännischer Weise eingerichteten Geschäftsbetrieb nicht mehr benötigt.

e) B. der Handelsgesellschaften. § 6 HGB bestimmt in Abs. 1: „Die in betreff der Kaufleute gegebenen Vorschriften finden auch auf die Handelsgesellschaften Anwendung". Das Gesetz selbst spricht auch von *Formkaufleuten*, da sie kraft Rechtsform die Kaufmannseigenschaft erhalten. Formkaufleute sind stets buchführungspflichtig. Zu den *Handelsgesellschaften*, die das Gesetz als Formkaufleute bezeichnet, gehören: OHG und KG (→ *Personengesellschaften*), sofern sie ein Handelsgewerbe betreiben (§§ 105 Abs. 1 und 161 Abs. 1 HGB) sowie AG (§ 1 AktG), KGaA (§ 278 AktG) und GmbH (§ 1 GmbHG) (= → *Kapitalgesellschaften*). Die Kapitalgesellschaften gelten kraft Gesetzes als Handelsgesellschaften, auch wenn sie kein Handelsgewerbe betreiben. Sie entstehen erst mit Eintragung in das Handelsregister (§ 41 Abs. 1 AktG; § 11 Abs. 1 GmbHG).

Die Erfüllung der B. ist Teil der Geschäftsführung. Bei der OHG trifft deshalb diese Verantwortlichkeit jeden Gesellschafter (§ 114 HGB), bei der KG lediglich den Komplementär; der Kommanditist ist von der Geschäftsführung ausgeschlossen (§ 164 HGB). Bei Aktiengesellschaften obliegt die B. dem Vorstand (§ 76 AktG), bei der GmbH bei einem oder mehreren Geschäftsführern (§ 6 GmbHG). Mit der Eröffnung des *Konkurses* gehen die B. auf den *Konkursverwalter* über.

f) B. der Nicht-Handelsgesellschaften. Keine Handelsgesellschaft sind: die *stille Gesellschaft*, die *Gesellschaft bürgerlichen Rechts* (GbR), die *eingetragene Genossenschaft* (eG), der *Versicherungsverein auf Gegenseitigkeit* (VVaG) und andere private oder privatrechtliche Rechtspersonen, Institutionen oder Körperschaften, selbst wenn sie eines oder mehrere der in § 1 Abs. 2 HGB genannten Arten von Grundhandelsgewerbe betreiben. Das enthebt sie nicht der B., sofern die einschlägigen Vorschriften des HGB zutreffen.

g) Strittige B. des Fiktivkaufmanns. Eine Firma, die im Handelsregister eingetragen ist, unterliegt der B. Das Gesetz unterstellt bei vorliegender Eintragung, daß das eingetragene Gewerbe als Handelsgewerbe gilt (§ 5 HGB). Ob ein in kaufmännischer Weise eingerichteter Geschäftsbetrieb realiter existiert, bleibt für Dritte belanglos; ein Streit über das Erfordernis eines kaufmännischen Geschäftsbetriebes soll grundsätzlich verhindert werden. Der absolute Verkehrsschutz spräche dafür, daß die eingetragene Firma Kaufmann ist, demgemäß Bücher im Sinne des Gesetzes (§ 238 Abs. 1 HGB) führen müßte (strittig). Andererseits darf im Strafverfahren geltend gemacht werden, der Eintrag sei zu Unrecht erfolgt, und es bestehe deshalb *keine* B. Die Firma wäre vom Registergericht im Wege der Berichtigung ohne weiteres zu löschen; undenkbar bei einem „wirklichen" Kaufmann. Insofern stellt § 5 HGB auf eine Fiktion ab; von daher die Bezeichnung „Fiktivkaufmann".

h) Befreiung des Minderkaufmanns von den B. Minderkaufleute sind von der Führung von Handelsbüchern befreit (§ 4 Abs. 1 HGB). Es bleibt ihnen allerdings unbenommen, freiwillig Bücher zu führen und regelmäßig Abschlüsse zu machen. Minderkaufleute betreiben unbeschadet ihrer Kaufmannseigenschaft ein Gewerbe. Sie sind somit Kaufleute, wobei Art und Umfang ihres Geschäftes keinen in kaufmännischer Weise eingerichteten Geschäftsbetrieb erfordert, z. B. kleine Einzelhändler, Gastwirte, Handelsvertreter und -makler, Verlagsunternehmer.

i) Keine B. des Scheinkaufmanns. Die *Lehre vom Scheinkaufmann* geht von dem schon bald nach Inkrafttreten des HGB von *Staub* aufgestellten Satz aus: „Wer im Rechtsverkehr als Kaufmann auftritt, gilt als Kaufmann". Diese Lehre ist jedoch inakzeptabel; denn wäre die Kaufmannseigenschaft allein durch entsprechendes Auftreten erreichbar, hätte es eines so differenzierten Systems der §§ 1 ff. HGB nicht bedurft. Deshalb greift die Lehre heute nicht mehr. Ein Kernelement daraus blieb jedoch bestehen; denn auch nach heutiger Rechtsanschauung muß sich jedermann, der den Eindruck erweckt hat, er sei Kaufmann, zugunsten *gutgläubiger Dritter* als solcher behandeln lassen (*Vertrauenshaftung*). Daraus können – nach vereinzelt strittiger Meinung – allerdings keine *handelsrechtlichen B.* hergeleitet werden; denn § 5 HGB hebt allein auf die Rechtssicherheit im Privatrechtsverkehr ab, und entfaltet *keine* Wirkung im Verhältnis zur Finanzbehörde. Zudem besteht der Vertrauensschutz ausschließlich während der Dauer des Vertrauenstatbestandes. Dies würde eine Art „kurzzeitige Buchführungspflicht" begründen, was weder mit den GoB noch mit den allgemeinen Rechtsprinzipien vereinbar wäre.

3. Steuerrechtliche B.
Die steuerrechtlichen B. regeln die §§ 140 und 141 AO. § 140 AO leitet die Pflicht zur Buchführung aus Vorschriften anderer Gesetze ab, während § 141 AO besondere B. bei ganz bestimmten Steuerpflichtigen auferlegt.

a) Abgeleitete B. § 140 AO bestimmt: „Wer nach anderen Gesetzen als den Steuergesetzen Bücher und Aufzeichnungen zu führen hat, die für die Besteuerung von Bedeutung sind, hat die Verpflichtungen, die ihm nach den anderen Gesetzen obliegen, auch für die Besteuerung zu erfüllen". Nach dieser Vorschrift gelten die handelsrechtlichen B. gleichermaßen als steuerliche Verpflichtung. Die steuerliche Verpflichtung wird also aus dem Handelsrecht *abgeleitet*. Sie besteht allerdings nur insoweit, als die Bücher und Aufzeichnungen für die *Besteuerung von Bedeutung* sind.

b) Originäre steuerrechtliche B. Bei der direkten Übernahme der handelsrechtlichen B. bleibt das Steuerrecht nicht stehen. Wegen der beabsichtigten, möglichst zutreffenden und gerechten Besteuerung erhebt es eigenständige (= originäre) Anforderungen. Es sollen danach auch Personenkreise in die B. einbezogen werden, die von der Regelung des § 140 AO erfaßt werden: *Minderkaufleute* und bestimmte *Land- und Forstwirte*. Gewerbliche Unternehmer sind nach § 141 Abs. 1 AO unter bestimmten Voraussetzungen verpflichtet, für steuerliche Zwecke Bücher zu führen, sofern nach den Feststellungen der Finanzbehörde für den *einzelnen* Betrieb *eine* der folgenden Wertgrenzen überschritten ist: Umsätze einschließlich der steuerfreien Umsätze, ausgenommen die Umsätze nach § 4 Nr. 8–10 UStG, im Kalenderjahr 500000 DM, Betriebsvermögen 125000 DM, Gewinn aus Gewerbebetrieb im Wirtschaftsjahr 36000 DM.

Selbständig Tätige mit Einkünften nach § 18 EStG fallen nicht unter § 141 Abs. 1 AO. Sie sind handelsrechtlich nicht zur Buchführung verpflichtet.

Steuerbare *Umsätze* sind u. a. Lieferungen und Leistungen, die ein Unternehmer gegen Entgelt im Rahmen seines Unternehmens ausführt, und der Eigenverbrauch, den ein Unternehmer aus seinem Unternehmen für private Zwecke entnimmt (§ 1 UStG).

Mit → *Betriebsvermögen* ist der → *Einheitswert* des betreffenden gewerblichen Betriebes gemeint; bei Land- und Forstwirten gilt der *Wirtschaftswert* aller von ihnen selbstbewirtschafteten Flächen, unabhängig davon, ob sie in deren Eigentum stehen oder nicht. → *Gewinn* ist die Differenz zwischen Ertrag und Aufwand eines Geschäftsjahres. Er wird bei Personenunternehmen in Form eines erhöhten Eigenkapitals ausgewiesen. In der → *Gewinn- und Verlustrechnung* der Kapitalgesellschaften trägt er die Bezeichnung *Jahresüberschuß* oder bei einem *Verlust* analog *Jahresfehlbetrag*.

Ferner können Steuerpflichtige, die *nicht* aufgrund gesetzlicher Vorschriften verpflichtet sind, Bücher zu führen und regelmäßig Abschlüsse zu machen, und die auch *keine* Bücher führen und *keine* Abschlüsse machen, nach § 4 Abs. 3 EStG als „Gewinn den Überschuß der Betriebseinnahmen über die Betriebsausgaben ansetzen". Neben B. sind → *Aufzeichnungspflichten* und *Aufbewahrungspflichten* zu beachten.

Lit.: Leffson, U.: Die Grundsätze ordnungsmäßiger Buchführung, 7. Aufl.,

1987; *Bähr, G./Fischer-Winkelmann, W.F.:* Buchführung und Jahresabschluß, 3. Aufl., 1990, S. 3–10; *Gabele, E.:* Buchführung für Anfänger: Interaktives Lernprogramm zur Buchführung, 1990; *Eisele, W.:* Technik des betrieblichen Rechnungswesens, 5. Aufl., 1993, S. 15–35; *Gabele, E.:* Buchführung, Übungsaufgaben und Lösungen, 2. Aufl., 1993; *Gabele, E.:* Buchführung – Einführung in die manuelle und PC-gestützte Buchhaltung und Jahresabschlußerstellung, 5. Aufl., 1993.

Professor Dr. Eduard Gabele.

Buchführungstechnik

Unter der Bezeichnung B. sind die bei der Durchführung der Buchführung verwendeten technischen Hilfsmittel zu fassen. Diese lassen sich zum einen in manuelle und EDV-gestützte B. und zum anderen nach den Einsatzgebieten Einzel- und Konzernabschlußerstellung unterscheiden.

Der → *Einzelabschluß* kann *manuell* entweder mit Hilfe der *Übertragungs-* oder der *Durchschreibebuchführung* erstellt werden. Die große Anzahl der in ähnlicher Weise zu verarbeitenden Daten hat jedoch dazu geführt, daß in der Praxis die *EDV-Buchführung* vorherrscht. Merkmale dieser B. sind die Einmalerfassung, die Einmalspeicherung und die Mehrfachauswertung nach verschiedenen Gesichtspunkten (z. B. Saldenlisten, offene-Posten-Listen, Bilanz, GuV, betriebswirtschaftliche Auswertungen). Während bei einer konventionellen EDV-Buchführung die aufgezeichneten Buchungen im Anschluß an die Verarbeitung über ihren Ausdruck dauerhaft vollständig lesbar sind, wird bei einer Speicherbuchführung die Beleg-, Journal- und Kontenfunktion über die Ausdruckbereitschaft erfüllt. Bei einer Verarbeitung des gesamten Buchungsstoffes im Unternehmen (Im-Haus-Verarbeitung) kommt neben auf die individuellen Verhältnisse zugeschnittenen Programme (*Individualsoftware*) vor allem *Standardsoftware* zum Einsatz. Für kleinere Unternehmen bietet sich als Organisationsform auch die EDV-Buchführung-außer-Haus an (z. B. die DATEV-Buchführung-außer-Haus).

Der → *Konzernabschluß* läßt sich *manuell* entweder auf einem *Arbeitsbogen* (Horizontal- oder Vertikalmethode) oder durch die *Formularabwicklung über Konten* erstellen. Dieses Vorgehen kommt jedoch nur dann in Betracht, wenn wenige Unternehmen in den Konzernabschluß einzubeziehen und die erforderlichen Buchungsvorgänge überschaubar sind. Für die *EDV-Buchführung auf Konzernebene* (→ *Konzernbuchführung*) sind Tabellenkalkulationsprogramme und Konsolidierungssoftware einsetzbar. Da *Tabellenkalkulationsprogramme* die manuelle Eingabe von Buchungen erfordern und zudem eine Dauerbuchungsfunktion nicht realisiert werden kann, unterstützen diese die Abschlußerstellung lediglich in begrenztem Umfang. Aus diesen Gründen wird als Konsolidierungssoftware neben *Individual-Konsolidierungssoftware* vorzugsweise auf Standardsoftware zurückgegriffen. Obwohl *Standard-Konsolidierungssoftware* als integriertes System einsetzbar ist (z. B. die Standardsoftwarefamilie von SAP), wird diese in der Praxis überwiegend isoliert eingesetzt. Dabei herrscht die dezentrale PC-Erfassung der zu konsolidierenden Einzelabschlüsse (→ *Handelsbilanz I/II*) mit anschließender Plausibilitätsprüfung vor (z. B. AA-Welt, KONS). Die Nutzeffekte des Einsatzes einer Standardsoftware umfassen insbesondere die folgenden Bereiche: Automatisierung von Rechenvorgängen, Verwendung von Dauerbuchungsfunktionen, automatische Plausibilitätskontrollen, automatische Erstellung einer aussagefähigen und prüfbaren Dokumentation sowie frei definierbare Auswertungen des Konsolidierungsdatenbestandes (z. B. Kennzahlen, Sparten- bzw. Segmentabschlüsse).

Lit.: Eisele, W.: Technik des betrieblichen Rechnungswesens, 5. Aufl., 1993; *Ruhnke, K.:* Konzernbuchführung, 1994.

Dr. Klaus Ruhnke, Duisburg.

Buchhaltung, Kameralistische

1. Begriff und Anwendung

Unter dem Oberbegriff k. B. = *Kameralistik* sollen im folgenden diejenigen Systeme der Buchhaltung zusammengefaßt werden, bei denen ein bestimmter Rechenstil, der *Kameralstil*, angewendet wird. Der Rechenstil, d.h. der jeweilige Kontenformalismus innerhalb der systematischen Buchhaltung mit seinen spezifischen Buchungsverfahren, wird hier als charakterisierendes und unterscheidendes Merkmal für die k. B. im Gegensatz zu anderen Buchhaltungssystemen, wie z. B. der doppelten Buchhaltung = Doppik (→ *Buchhaltung, kaufmännische*), herangezogen. Die k. B. wird in der Bundesrepublik vorwiegend bei der öffentlichen Verwaltung (z. B. bei Gebietskörperschaften) und z. T. bei öffentlichen Betrieben angewendet.

2. Kontenformalismus und Buchungsverfahren

Im Vergleich zur gebräuchlichen Darstellung des doppischen Rechenstils mit stets gleich aufgebauten, zweiseitigen (Soll u. Haben) und auf jeder Kontenseite eingliedrigen T-Konten ähnelt das Rechengerüst des Kameralstils einer Matrix. Es existieren unterschiedliche, horizontal oder vertikal verlaufende Konten. Der Aufbau horizontaler *Sachbuchkonten* – d.h. Bestandskonten (außer Kassenbestandsveränderungen), Erfolgskonten oder gemischte Konten – ist i. d. R. einseitig (Einnahmen o. Ausgaben) und auf jeder Kontenseite mehrgliedrig (s. Abb. 1). Dabei werden bei den *Einnahmen* aktivische Bestände und positive Erfolgskomponenten und bei den *Ausgaben* passivische Bestände und negative Erfolgskomponenten geführt. Betrachtet man die Einnahmen- und Ausgabenseiten aller horizontal verlaufenden Konten, dann bestehen die vertikal verlaufenden Konten aus den – bzw. Teilen der – gleich bezeichneten Spalten aller sich auf Einnahmen bzw. Ausgaben beziehenden horizontalen Konten (Eröffnungskonto = RS-Spalten, buchhalterische Ergebnis- bzw. Erfolgsrechnung = S-Spalten oder bestimmte Teile der S-Spalten, Kassen- bzw. Zahlungsmittelkonto außer Eröffnungs- u. Abschlußbuchungen = I-Spalten, Abschlußkonto = R-Spalten). Bei horizontal verlaufenden Konten wird von links nach rechts gerechnet und vertikal nur aufsummiert. Die entsprechende Kontengleichung lautet $RS + S - I = R$. Die Spalteninhalte von vertikal verlaufenden Konten werden aufsummiert und das Konto ggfs. durch Saldierung der Einnahmen und Ausgaben abgeschlossen. Entweder über die gesamte Rechnung oder für bestimmte Teile der Rechnung gelten die Kontengleichungen

$$\sum RS_E = \sum RS_A,$$
$$\sum S_E = \sum S_A,$$
$$\sum I_E = \sum I_A,$$
$$\sum R_E = \sum R_A.$$

Das Buchungsverfahren beim Kameralstil hat im Gegensatz zum doppischen Rechenstil keine einheitliche Buchungstechnik. Zur Verbuchung eines Rechnungsvorfalls im Kameralstil werden, im Gegensatz zu den jeweils zwei Buchungen im doppischen Rechenstil, je nach Rechnungsvorfall bis zu fünf Buchungen benötigt. Aus der grundsätzlichen Trennung von Anordnung und Ausfüh-

	Einnahmen (E) oder Ausgaben (A)			
Text	Reste-Soll vom Vorjahr (RS)	Laufendes Soll des Jahres (S)	Ist (I)	Reste am Ende des Jahres (R)

Abb. 1: Grundstruktur eines horizontal verlaufenden Sachkontos

rung von Zahlungen ergibt sich jedoch die allgemeine Buchungsregel, daß auf keinem Sachkonto eine Ist-Buchung der ausführenden Stelle ohne eine vorhergehende oder gleichzeitige Soll-Buchung nach Anweisung der anordnenden Stelle erfolgen darf; ausgenommen hiervon ist lediglich das „Verfahren der nachgeholten Sollstellung" (I + R = S). Als Beispiel für die kameralistische Behandlung einer Forderung aus einem Zielverkauf von Waren, falls kein gesondertes reines Erfolgskonto geführt wird, gilt: Die Entstehung der Forderung wird in der S_E-Spalte des Forderungskontos erfaßt. Erfolgt die Bezahlung erst in einer späteren Abrechnungsperiode, so wird der Endbestand in der R_E-Spalte verbucht und in der nächsten Periode in die RS_E-Spalte des neu eröffneten Kontos übertragen. Die Bezahlung der Forderung wird schließlich durch eine Buchung in der I_E-Spalte des Forderungskontos registriert. Neben die sachliche Gliederung von Vorgängen im Sach- bzw. Titelbuch tritt deren chronologische Aufzeichnung im Zeit- bzw. Hauptbuch.

3. Systeme

Als Elemente eines Systems der Buchhaltung werden im folgenden die jeweiligen *Rechnungsziele, Rechnungsinhalte* und die *Organisation der Buchhaltung*, welche u. a. den Rechenstil beinhaltet, gekennzeichnet.

a) Verwaltungskameralistik. Die hierzu gehörenden Buchhaltungssysteme sind konzipiert für öffentliche Haushaltswirtschaften, mit vornehmlich keinen oder nur geringen Einnahmen aus spezifischen Leistungsentgelten. Die Grundlage für die wirtschaftliche Betätigung der öffentlichen Haushaltswirtschaften ist der jährliche Haushaltsplan (*Etat*), der nach organisatorischen Gesichtspunkten und nach Einnahmen- bzw. Ausgabenarten schrittweise bis hin zur einzelnen *Haushaltsstelle* gegliedert und dadurch operationalisiert wird. Mit der Verwaltungskameralistik als einer finanzwirtschaftlichen Rechnung können folgende *Rechnungsziele* verfolgt werden: *Erstens* der rechnungsmäßige Nachweis, ob und inwieweit der Haushaltsplan im einzelnen und insgesamt vollzogen und eingehalten wurde, *zweitens* der Nachweis der ordnungsmäßigen Kassenführung durch die Erfassung der Übereinstimmungen bzw. der Abweichungen zwischen Zahlungsanordnungen und Zahlungsausführungen und der Erfassung von Zahlungsmittelbeständen sowie ihrer Veränderungen, einschließlich einer Liquiditätskontrolle, *drittens* der Nachweis der Mittelherkunft und der Mittelverwendung einer Haushaltswirtschaft, *viertens* der Nachweis über ergebniswirksame Vorgänge bzw. finanzwirtschaftliche Erfolgsvorgänge und die Ermittlung eines finanzwirtschaftlichen Ergebnisses bzw. Erfolges (z. B. des Deckungserfolges) und *fünftens* die Aufstellung einer Vermögensrechnung z. B. in der Form einer mit der Haushaltsrechnung verbundenen Deckungsbilanz (*finanzwirtschaftliche Bilanz*). Die rein finanzwirtschaftlich orientierte Verwaltungskameralistik bezieht sich nur auf die finanziellen Stromgrößen → *Einzahlungen/Auszahlungen* und → *Einnahmen/Ausgaben* sowie auf Bestandsgrößen. Die Reinform der Verwaltungskameralistik dient im Gegensatz zu anderen Systemen der k. B. nur zur externen finanzwirtschaftlichen Rechnungslegung.

b) Betriebskameralistik. Die hierzu gehörenden Buchhaltungssysteme wurden für die Anwendung bei öffentlichen Betrieben konzipiert. Mit der Betriebskameralistik werden hauptsächlich die nachstehenden *Zwecke* verfolgt: *Erstens* und primär die mittels Doppik und → *Inventur* bewerkstelligten Rechnungsziele der kaufmännischen Finanzbuchführung, incl. der Erstellung von Bilanz und → *Gewinn- und Verlustrechnung* (→ *Buchhaltung, kaufmännische*), und *zweitens* zusätzliche Rechnungsziele der Verwaltungskameralistik, wie z. B. die Haushalts- und Anordnungskontrolle, zumindest für die in Haushaltsplänen bruttoveranschlagten, d. h. mit allen ihren Einnahmen und Ausgaben erfaßten Betriebe. Die Rechnung bezieht sich auf die Stromgrößen Einzahlungen/Auszahlungen, Einnahmen/Ausgaben und → *Erträge/Aufwendungen* sowie auf Bestandsgrößen. Es werden allerdings, ähnlich der Theorie der pagatorischen Bilanz (→ *Bilanztheorien*), in der Betriebskameralistik alle Rechnungsvorfälle mit den Begriffen Einnahmen und Ausgaben dargestellt. Mit am auffälligsten ist der Unterschied zwischen der Verwaltungs- und der Betriebskameralistik im Bereich des Sachbuchs. Es erfolgt eine Ausweitung des Restebegriffs, um sämtliche Bestände einer kaufmännischen Bilanz erfassen zu können, eine Abgrenzung der Erfolgskomponenten i. S. v. Erträgen u. Aufwendungen anstatt der rein finanzwirtschaftlichen Größen i. S. v. Ertragseinnahmen u. Aufwandsausgaben und eine vermehrte Einbeziehung von Nichtgeldvorgängen (z. B. → *Abschreibungen* anstatt finanzieller Abschreibungssurrogate) in die Rechnung. Durch den Kontenformalismus und das zugehörige, z. T. sehr komplizierte Buchungsverfahren kann zumindest für die Finanzbuchführung ein geschlossenes Rechnungssystem, mit der Möglichkeit einer doppelten Erfolgsermittlung, erstellt werden. Die *Hauptkritikpunkte* an der Betriebskameralistik sind das komplizierte Buchungsverfahren, die wegen der zahlreichen fiktiven u. wechselbezüglichen Buchungen nur beschränkte Eignung zur Haushalts- u. Anordnungskontrolle und schließlich eine bis dato fehlende systematische Einbindung einer Kosten- und Leistungsrechnung, so daß die Betriebskameralistik bei erwerbswirtschaftlichen Unternehmen ohne praktische Bedeutung ist und selbst bei kostenrechnenden Verwaltungsbetrieben (Gebührenhaushalten) durch die im folgenden beschriebene Erweiterte Kameralistik verdrängt wurde.

c) Erweiterte Kameralistik. Diese Systeme der Buchhaltung wurden zur Anwendung bei Teilhaushalten einer öffentlichen Haushaltswirtschaft, insbesondere für bruttoveranschlagte öffentliche Betriebe entwickelt. Unter dem Oberbegriff „Erweiterte Kameralistik“ werden hier diejenigen Systeme der Buchhaltung zusammengefaßt, bei denen einerseits die Verwaltungskameralistik beibehalten wird und andererseits zusätzlich Erweiterungen vorgenommen werden, damit die Zwecke vor allem der Kosten- u. evtl. Leistungsrechnung (als → *Betriebsbuchhaltung* oder Verwaltungskostenrechnung) und ggfs. die Rechnungsziele der kaufmännischen Finanzbuchführung verfolgt werden können. Die Rechnungen beziehen sich auf die Stromgrößen Einzahlungen/Auszahlungen, Einnahmen/Ausgaben, → *Kosten/Leistungen* und evtl. Erträge/Aufwendungen sowie auf Bestandsgrößen. Für diese Ergänzungen bzw. Erweiterungen haben sich unterschiedliche Verfahren herausgebildet, von denen zwei Verfahrenstypen gebräuchlich sind. Bei dem einen Verfahrenstyp werden die Sachbücher der Verwaltungskameralistik zur Verfolgung betriebswirtschaftlicher Rechnungsziele durch unverbundene Nebenrechnungen ergänzt. Bei dem anderen Verfahrenstyp stehen die zusätzlichen Rechnungen mit der Verwaltungskameralistik in einem gewissen Zusammenhang, der jedoch nicht die Geschlossenheit des Kontenformalismus u. Buchungsverfahrens der doppelten Buchführung erreicht. Das in der Praxis wichtigste Verfahren basiert auf erweiterten *Haushaltsüberwachungslisten.* Haushaltsüberwachungslisten dienen in der einfachen Verwaltungskameralistik dem Vergleich zwischen den im Etat veranschlagten Mitteln und den bereits durch Soll-Buchungen angeordneten. Diese Listen werden nun um Spalten für die Betriebserfolgs-, Neutrale- und Vermögensänderungsrechnung ergänzt, in die die kameralistischen Soll-Buchungen zusätzlich unter kosten- und leistungsrechnerischen Kriterien oder solchen der kaufmännischen Finanzbuchführung gebucht werden. In Verbindung mit weiteren Karteien, wie z. B. den Anlagen- und Lagerkarteien (überprüft mittels Bestandsaufnahmen), und durch die Berücksichtigung von *nicht* ausgabe- oder einnahmewirksamen Posten sowie durch weitere Verrechnungsvorgänge gelangt man zu den jeweils zusätzlich erwünschten Rechnungsergebnissen.

4. Rechtliche Vorschriften

Die wesentlichen Vorschriften zur k. B. befinden sich im *Haushaltsgrundsätzegesetz* (HGrG), in der *Bundeshaushaltsord-*

nung (BHO), den *Wirtschaftsbestimmungen für die Reichsbehörden* (RWB), der *Reichskassenordnung* (RKO), der *Reichsrechnungslegungsordnung* (RRO), der *Buchführungs- und Rechnungslegungsverordnung für das Vermögen des Bundes* (VBRO), den *Gemeindeordnungen* (GO), den *Gemeindehaushaltsverordnungen* (GemHVO) und den *Kassen- und Rechnungslegungsverordnungen* (KuRVO).

Lit.: *Mülhaupt, L.*: Ziele und Aussagewert eines modernen öffentlichen Rechnungswesens, in: Eichhorn, P. (Hrsg.): Betriebswirtschaftliche Erkenntnisse für Regierung, Verwaltung und öffentliche Unternehmen, 1985, S. 75–95; *Mülhaupt, L.*: Theorie und Praxis des öffentlichen Rechnungswesens in der Bundesrepublik Deutschland, 1987, S. 79–408; *Reichard, C.*: Betriebswirtschaftslehre der öffentlichen Verwaltung, 2. Aufl., 1987, S. 292–305; *Schuster, F./Steffen, D.*: Das Rechnungswesen des kommunalen Verwaltungsbetriebs, Bd. 1, 1987, S. 42–115, 154; *Gornas, J.*: Grundzüge einer Verwaltungskostenrechnung, 2. Aufl., 1992, S. 108–180.

Professor Dr. Wolfgang Eisele, Stuttgart-Hohenheim.

Buchhaltung, kaufmännische

1. Zwecke der kaufmännischen Buchhaltung. Wer regelmäßig Geschäfte betreibt, ist i. d. R. aus vielen Gründen bestrebt, die finanziellen Auswirkungen seiner Geschäfte zu dokumentieren. Kaufleute und Personen, welchen Geld und anderes Vermögen zur Führung von Geschäften anvertraut wurde, sind dazu sogar gesetzlich verpflichtet (z. B. §§ 259, 666 BGB, § 238 HGB). Die Dokumentation finanzieller Konsequenzen der Geschäfte von Kaufleuten erfolgte früher in gebundenen Büchern; man bezeichnet sie deswegen als k. *Buchführung* oder weitgehend synonym als k. B. (financial accounting).

K. B. lassen sich zur Erreichung vieler Zwecke verwenden. Neben dem Zweck der *Dokumentation* werden üblicherweise diejenigen der *Erfolgsermittlung*, der *Bemessung erfolgsabhängiger Auszahlungen* und der *Unterstützung unternehmerischer Entscheidungen* genannt. I. a. dürfte jeder Zweck eine eigene Ausgestaltung der k. B. verlangen. Häufig wird auch als ein Zweck der k. B. angesehen, daß die gesetzlichen Vorschriften zur B. (§§ 238, 239 HGB) erfüllt und damit die von diesen angestrebten Zwecke erreicht werden. Besondere Bedeutung haben k. B. erlangt, die den aus der gesamten Geschäftstätigkeit einer Periode resultierenden Erfolg aus Eigentümersicht, den sog. → *Gewinn* oder Verlust, abzubilden versuchen; denn dieser bildet die Grundlage vieler Auszahlungen des Unternehmens, z. B. etlicher Steuern und der Ausschüttungen an die Eigentümer.

2. Begriffliche Abgrenzungen. Der Begriff der k. B. läßt sich inhaltlich und formell i. w. S. und i. e. S. verwenden.

I. w. S. kann man unter B. die Tätigkeit verstehen, die Auswirkungen von (Geschäfts-)Vorfällen auf den Wert der Bestände an Vermögen, der Bestände an Kapital oder der Bestände an Vermögen und Kapital zu erfassen. Als Vermögen kann man sich einzelne oder sämtliche → *Vermögensgegenstände* und Rechte vorstellen, über die eine Unternehmung verfügen kann, als Kapital eine Zusammenstellung der Herkunft der Beträge, mit denen das Vermögen finanziert wurde. Je nach dem Umfang dessen, was man als Vermögen bezeichnet, und je nachdem, ob man nur Vermögens- oder Kapitalveränderungen erfaßt oder ob man gleichzeitig Vermögens- und Kapitalveränderungen abbildet, unterscheiden sich B. inhaltlich voneinander.

Je nach Art der betrachteten Bestandsgrößen werden in B. verschiedene Rechengrößen verwendet, um die Bestandsveränderung anzuzeigen. In Bezug auf die *Zahlungsmittelveränderung* werden sämtliche → *Einzahlungen* und → *Auszahlungen* gegenüber gestellt. In eine Rechnung über die Veränderung des Bestandes an Gütern fließen sog. → *Einnahmen* und → *Ausgaben* ein. Unter Berücksichtigung von Kapitalveränderungen setzen sich die Einnahmen und Ausgaben zusammen aus den beim Ein- und Verkauf der Güter geflossenen Zahlungen, korrigiert um einge-

Buchhaltung, kaufmännische

räumte oder gewährte Kredite. In einer Rechnung über Veränderungen des Bestandes an → *Eigenkapital* während einer Periode werden die mit den Geschäftsvorfällen verbundenen finanziellen Vor- und Nachteile für die Eigentümer durch → *Erträge* und → *Aufwendungen* erfaßt. Diese Rechengrößen ergeben sich, wenn man die der Periode zurechenbaren Einnahmen und Ausgaben ermittelt, die nicht zugleich *Kapitaleinlagen oder -entnahmen* der Eigentümer darstellen. Anderen Personen oder Institutionen als Kaufleuten bleibt es unbenommen, die Technik der B. für ihre Belange einzusetzen. Öffentliche Haushalte verwenden eine auf den Zahlungsmittelbestand ausgerichtete B., die sog. → *kameralistische Buchhaltung*. I.w.S. ist jede B., die der Kaufmann durchführt, eine k.B., unabhängig von der Art der Bestände, deren Veränderungen sie abbildet.

I.e.S. versteht man unter einer k.B. eine solche, die den gesetzlichen Vorschriften entspricht. Die Vorschriften des HGB verlangen für Kaufleute eine jährlich abzuschließende B. (→ *Jahresabschluß*), welche zumindest Veränderungen des Bestandes an Vermögensgütern und Kapital aus der Sicht der Eigentümer (§§ 240, 242 HGB) nach bestimmten Grundsätzen, den → *Grundsätzen ordnungsmäßiger Buchführung* (§ 238 HGB), sowie nach bestimmten gesetzlichen Vorschriften abzubilden hat. Zur Abgrenzung des Vermögens und Kapitals einer k. B. i.e.S. sei auf Handels- und Steuerrecht, die Rechtsprechung, die Fachliteratur sowie die Fachkommentare verwiesen. Eine inhaltlich enge und weit verbreitete Verwendung des Begriffes der k.B. orientiert sich in Deutschland an der Form der sog. *doppelten B.*, welche die gesetzlichen Vorschriften verlangen; materielle Probleme der Bestimmung des Inhaltes der Bestände, deren Veränderungen die k.B. abbildet, können dem Gebiet der k.B. oder dem Gebiet des Steuer- und Bilanzrechts zugerechnet werden. Eine B. kommt ohne inhaltliche Festlegung nicht aus.

Der Dokumentationszweck und die Erfüllung der rechtlichen Verpflichtung dürfte i.d.R. nur erreicht werden, wenn die B. für Außenstehende nachvollziehbar ist und gewisse Grundsätze über *Wahrheit, Klarheit, Richtigkeit* etc. einhält. Die Überprüfung der sachlichen Richtigkeit einer B. läßt sich mit einer Liste der tatsächlichen Bestände der Vermögensgegenstände und Schulden, mit einem sog. → *Inventar*, vornehmen und ist rechtsverbindlich (§ 240 HGB).

Für die Abbildung der Realität aus Sicht der *Mittelverwendung* und der *Mittelherkunft* bietet sich die Verwendung einer sog. doppelten B. an. Diese zeichnet sich durch eine besondere Form und die doppelte Erfassung der Konsequenzen jedes Geschäftsvorfalles aus. Der Begriff wird verwendet, weil jedem Geschäftsvorfall zwei Konsequenzen zugeschrieben werden, und zwar die Mehrung eines Bestandes oder einer Gruppe von Beständen und in betragsmäßig gleicher Höhe die Minderung eines anderen Bestandes oder einer anderen Gruppe von Beständen. Jeder Geschäftsvorfall wirkt sich somit doppelt aus. Eine den handelsrechtlichen Vorschriften entsprechende k.B. hat in formeller Hinsicht eine doppelte B. zu sein, um als ordnungsmäßig zu gelten.

3. Der Formalismus der doppelten kaufmännischen Buchhaltung. Der Formalismus der doppelten k.B. sei im folgenden am Beispiel einer doppelten B. auf Basis der Vermögens- und Kapitalbestände erläutert. Den Ausgangspunkt einer solchen doppelten k.B. bildet eine Bilanz mit den Anfangswerten der nach Arten untergliederten Vermögens- und Kapitalbestände. Die notwendige Mindesttiefe der Untergliederungen ergibt sich aus den handelsrechtlichen Regelungen (§§ 240, 242–250, 264–274 HGB) und aus den Informationswünschen der Buchführenden. Die linke Seite jeder Bilanz enthält im Prinzip eine Zusammenstellung der einzelnen bewerteten Vermögensgegenstände, der sog. *Aktiva* und ihrer Werte, der Mittelverwendungen; die rechte Seite gibt im wesentlichen mit den *Passiva* in Form des Kapitals an, von wem welche Mittel in welcher Höhe für die Beschaffung der Vermögensgegenstände stammen; die

Hauptkategorien sind *Eigenkapital* und Fremdkapital. Die Summe der Posten der Aktivseite einer Bilanz ist mit der Summe der Posten der Passivseite identisch.

Grundlage des Formalismus der doppelten k. B. ist die Tatsache, daß jeder Geschäftsvorfall sich auf eine Bilanz so auswirkt, daß die Gleichheit der Summe der Aktiva und der Summe der Passiva erhalten bleibt. Sämtliche Geschäftsvorfälle lassen sich nämlich auf einen oder mehrere der folgenden vier Grundtypen von Konsequenzen für eine Bilanz zurückführen: (1) einen *Aktivtausch*, bei dem einzelne Aktivbestände sich in ihren Werten ändern, ohne daß die Summe aller Aktiva davon berührt würde, (2) einen *Passivtausch*, bei dem einzelne Passivbestände sich in ihren Werten ändern, ohne daß die Summe aller Passiva sich änderte, (3) eine *Bilanzverlängerung*, bei der einzelne oder mehrere Aktiv- und Passivbestände in der Summe um den gleichen Betrag zunehmen, und (4) eine *Bilanzverkürzung*, bei der einzelne oder mehrere Aktiv- und Passivbestände in der Summe um den gleichen Betrag abnehmen.

Die Fortschreibung der Bilanzbestände könnte ohne Formalismus sofort nach jedem Geschäftsvorfall dadurch erfolgen, daß man eine neue, korrigierte Bilanz aufstellte. Eine sinnvollere Art der Fortschreibung der Bilanzbestände besteht darin, zunächst nur die in Folge eines Geschäftsvorfalles notwendigen Änderungen von Bilanzbeständen festzuhalten und eine neue Bilanz nur in periodischen Abständen zu erstellen. Das „Festhalten" der notwendigen Bilanzänderungen kann auf verschiedene Arten geschehen, z. B. dadurch, daß man sich alle Vorfälle in ihrer zeitlichen Reihenfolge aufschreibt und i. S. einer Arbeitsanweisung dabei vermerkt, welche Bilanzbestände in welcher Höhe zu ändern wären. Wenn man bereits zum Zeitpunkt des Geschäftsvorfalls getrennt für jeden Bilanzbestand vermerkt, in welcher Höhe Änderungen notwendig sind, läßt sich die Erstellung einer neuen Bilanz relativ schnell bewerkstelligen. Vermerkt man die notwendigen Erhöhungen und Verminderungen eines Bilanzbestandes getrennt voneinander, und zwar in getrennten Spalten, so läßt sich der Saldo dieser Änderungen durch nur zwei Additionen (Addition aller Posten jeder der beiden Spalten) und eine Subtraktion (der Spaltensummen voneinander) ermitteln. Eine solche nach Bestandserhöhungen und Bestandsverminderungen trennende Übersicht der notwendigen Korrekturen eines Bestandes wird als *Konto* bezeichnet. Die Errechnung des Wertes eines Bestandes für die neue Bilanz bereitet dann keine Schwierigkeiten mehr.

In der doppelten k. B. erfolgt die Fortschreibung der Bilanzbestände in periodischen Abständen, i. d. R. einmal jährlich. Die Konsequenzen von Geschäftsvorfällen werden laufend erfaßt, und zwar erstens als Arbeitsanweisung in einem *Tagebuch*, dem *Journal*, und zweitens als Vermerke zu den einzelnen Bilanzbeständen auf *gesonderten Konten*. Üblicherweise werden die Konten in der Spalte mit den Erhöhungen ergänzt um die Anfangswerte der Bilanzbestände. Der Saldo der beiden Kontenspalten weist dann nicht mehr nur die rechnerische Veränderung des Bilanzbestandes aus, also eine Zeitraumgröße, sondern bereits dessen neuen Wert, also eine Zeitpunktgröße. Jeder Endbestand ermittelt sich aus der Summe von Anfangsbestand und Erhöhungen abzüglich Verminderungen. Es handelt sich dann nicht mehr um Bestandsveränderungskonten, sondern um *Bestandskonten*.

Der tradierte Formalismus der doppelten k. B. beinhaltet eine Übereinkunft bezüglich der Form der Arbeitsanweisungen und des Inhaltes der jeweils linken und rechten Spalten der einzelnen Konten. Die linke Spalte eines Kontos wird als *Soll-Spalte* bezeichnet, die rechte als *Haben-Spalte*. Nach der tradierten Übereinkunft enthält die Soll-Spalte eines Aktiv-Kontos (eines Bilanzbestandes der Aktivseite) dessen Anfangsbestand und Erhöhungen, die Haben-Spalte die Verminderungen und den Endbestand. Dagegen weist ein Passiv-Konto (eines Bilanzbestandes der Passivseite) den Anfangsbestand und die Erhöhungen in der Haben-Spalte aus und die Verminderungen und den Endbestand in der Soll-Spalte. Die Arbeitsanweisung, die ja neben dem Betrag besagen muß, welche Konten in welchen Spalten zu verändern sind, wird als *Buchungssatz* bezeichnet, wenn sie das Konto, dessen Soll-Spalte zu ergänzen ist, als erstes nennt, das Konto, dessen Haben-Spalte zu ergänzen ist, als zweites und den Betrag als drittes. Beispielsweise würde der mit der Begleichung einer Forderung über 100 DM in bar verbundene Buchungssatz, eingekleidet in die Sprache der Buchhalter, lauten: per Kassenbestand an Forderungsbestand 100 DM. Dieser Betrag wäre der Soll-Spalte des Kassenbestandskontos und der Haben-Spalte des Forderungsbestandskontos hinzuzufügen, was man als *Buchung* bezeichnet.

Wegen der möglichen Fülle und Vielfalt von Geschäftsvorfällen, aber auch wegen spezieller aus einer Bilanz nicht ersichtlicher Informationsbedürfnisse kann es sich oft als zweckmäßig erweisen, verschiedene Arten der Veränderung von Bilanzbeständen voneinander zu unterscheiden und auf getrennten Konten zu verbuchen. Vor der Erstellung der neuen Bilanz sind die verschiedenen einem bestimmten Bilanzbestand zuzurechnenden Konten wieder zusammen zu fassen. Es kann sich auch manchmal als sinnvoll erweisen, bestimmte Arten von Geschäftsvorfällen, z. B. Forderungen und Verbindlichkeiten gegenüber dem gleichen Geschäftspartner, auf einen gesonderten Konto zu verbuchen und die Zuordnung zu einem bestimmten Bilanzbestand erst vorzunehmen, wenn feststeht, ob sich ein Soll-Saldo oder Haben-Saldo ergibt. Solche Konten heißen *Kontokorrent-Konten*. Es ist nicht nur aus der Sicht der Eigentümer interessant, sondern auch gesetzlich vorgeschrieben (§§ 242, 275 HGB), die Veränderungen des Eigenkapitalbestandes nach verschiedenen Arten zu unterscheiden. Die eine Art stellen die sog. Einlagen und Entnahmen dar: Eigenkapitalveränderungen aus Bestandsbewegungen zwischen der Unternehmung und den Eigentümern. Die andere Art sind Erträge und Aufwendungen: Eigenkapitalveränderungen durch die Geschäftstätigkeit des Unternehmens. Das Konto der Eigenkapitalveränderungen aus der Geschäftstätigkeit wird als Konto der → *Gewinn- und Verlustrechnung* bezeichnet. Hinsichtlich der Gliederung der Gewinn- und Verlustrechnung bestehen auch gesetzliche Anforderungen (§§ 246, 266, 275 HGB). Die doppelte k. B. bietet die Möglichkeit einer beliebig tiefen Aufgliederung der bilanziellen Bestandskonten und der GuV-Konten. In der Praxis findet man unter den Bezeichnungen → *Kontenrahmen und Kontenplan* eine Vielzahl von Empfehlungen zur Bildung und Bezeichnung von Konten.

Der Formalismus der doppelten k. B. erleichtert die Kontrolle der rechnerischen Richtigkeit der Additionen und Subtraktionen in mehrfacher Hinsicht: Es müssen nicht nur die Summen der Aktiva und Passiva der Bilanz identisch sein, sondern auch die Summen sämtlicher Soll-Spalten und sämtlicher Haben-Spalten aller Konten. Soll- wie Haben-Spalten wiederum müssen der Summe der absoluten Beträge der Buchungssätze entsprechen. Wenn diese Bedingungen in einer B. erfüllt sind, ist die Wahrscheinlichkeit äußerst gering, daß noch Rechenfehler vorliegen; Fehler können noch darin bestehen, daß auf falschen Konten gebucht wurde oder daß sich der gleiche Fehler auf der Soll- und auf der Haben-Seite eingeschlichen hat.

Der Formalismus der doppelten k. B. vereinfacht auch die Delegation einzelner Teile der Buchhaltungstätigkeit. Das Aufstellen der Buchungssätze, die Verbuchung auf den Konten und die Ermittlung der Endbestände, kann wegen der im Formalismus enthaltenen Normung ohne große Probleme auf mehrere Personen übertragen werden. In der Praxis finden sich oft vielfältige Untergliederungen der B., beispielsweise die → *Betriebsbuchhaltung*, die B. der Anlagen oder die der Debitoren und Kreditoren.

4. Ausgestaltung der kaufmännischen Buchhaltung. Die Durchführung einer k. B. wirft inhaltliche und organisatorische Fragen auf. Bei enger Begriffsabgrenzung werden diese Fragen nicht mehr der k. B., sonder bereits der Jahresabschlußerstellung oder der Organisation zugerechnet. Der Vollständigkeit halber seien sie kurz erwähnt.

Jede k. B setzt Klarheit voraus über die → *Bewertungsprinzipien*, über die Prinzipien der Zuordnung von Geschäftsvorfällen zu einer bestimmten Periode sowie über die Art der Herstellungskostenermittlung. Die organisatorische Ausgestaltung (→ *Organisation des Rechnungswesens*) kann nicht unabhängig von der Zahl der zu verarbeitenden Buchungen und der technischen sowie personellen Bewältigung der anfallenden Arbeiten erfolgen. Sowohl für die manuelle als auch für die maschinelle mechanische wie elektronische Durchführung existiert eine Vielzahl von Lösungsvorschlägen.

Lit.: Peter, K./von Bornhaupt, K. J./Körner, W.: Ordnungsmäßigkeit der Buchführung nach dem Bilanzrichtlinien-Gesetz, 8. Aufl., 1987; *Eisele, W.:* Technik des betrieblichen Rechnungswesens, 5. Aufl., 1993; *Engelhardt, W./Raffée, H./Wischermann, B.:* Grundzüge der doppelten Buchhaltung, 3. Aufl., 1996; *Wöhe, G./Kußmaul, H.:* Grundzüge der Buchführung und Bilanztechnik, 2. Aufl., 1996; *Buchner, R.:* Buchführung und Jahresabschluß, 5. Aufl., 1997.

Prof. Dr. Hans Peter Möller, Aachen.

Buchinventar
→ *Inventur und Inventar.*

Buchwertabschreibung
→ *Geometrisch-degressive Abschreibung.*

Buchwertmethode
→ *Kapitalkonsolidierung.*

Budget
Ein Plan, der die Allokation von Ressourcen steuert. Durch ein *Ausgabenbudget* wird einer Organisationseinheit für einen genau spezifizierten Zeitraum ein Geldbetrag zur Verfügung gestellt, mit dem diese bei der Erfüllung ihrer Aufgaben auskommen muß.

Budgetierung
Zusammenstellung der aufgrund der Unternehmensplanung vorgesehenen mittel- und kurzfristigen (operativen und taktischen) Maßnahmen (*Maßnahmen- und Aktionsbudget*) und/oder der daraus resultierenden Mengen und Geldwerte (*Vollzugsziffernbudget*) für die nächste Planungsperiode (*Budgetperiode*) oder für ein *Projekt*. Zweck des Budgets ist die Steuerung nachgeordneter Instanzen eines Unternehmens im Hinblick auf ein vorgegebenes Ziel. Budgetierung ist entsprechend die Aufstellung solcher Pläne (→ *Controlling*, → *Gemeinkostenmanagement*).

Lit.: Busse von Colbe, W.: Budgetierung und Planung, in: HWPlan., 1989, Sp. 176–182; *Radke, M.:* Handbuch der Budgetierung, 2. Aufl., 1991.

Budgetkosten
Einzelnen Unternehmensbereichen oder → *Kostenstellen* (-bereichen) vorgegebene oder mit ihnen vereinbarte Kosten zum Zwecke der Dezentralisierung und Delegation von Entscheidungsbefugnissen.

Bürgschaft
Ein grundsätzlich schriftlich abzuschließender Vertrag, durch den sich der Bürge verpflichtet, gegenüber dem Gläubiger des Hauptschuldners für die Rückzahlung einer Verbindlichkeit einzustehen. B. sind vom bürgenden Unternehmen im → *Jahresabschluß* unter den → *Eventualverbindlichkeiten* auszuweisen. B. werden häufig im → *Konzern* von dem Mutterunternehmen gegenüber den Gläubigern von Tochterunternehmen abgegeben.

Bundesanzeigerpublizität
→ *Publizität.*

Bundesaufsichtsamt für den Wertpapierhandel
Selbständige Bundesoberbehörde im Geschäftsbereich des Bundesministers der Finanzen, die 1994 mit dem Zweiten Finanzmarktförderungsgesetz gem. §§ 3, 4 WpHG geschaffen wurde. Das B. hat die Aufgabe, den Mißbrauch von Insiderinformationen zu verhindern bzw. aufzudecken, die → *Ad-hoc-Publizität* und die weiteren im WpHG kodifizierten Melde- und Informationspflichten börsennotierter Unternehmen zu überwachen und die internationale Zusammenarbeit auf dem

Gebiet der Börsenaufsicht, insbesondere durch Mitgliedschaft in der → *International Organisation of Securities Commissions (IOSCO)*, wahrzunehmen.

Lit.: Claussen, C. P.: Das neue Börsenaufsichtsrecht, in: DB 1994, S. 969–974; *Riepe, S.:* Die neue Wertpapieraufsicht in Deutschland, in: ZfgK 1994, S. 1156–1160; *Becker, J.:* Das neue Wertpapierhandelsgesetz, 1995, S. 21–33.

Bundesverband der Bilanzbuchhalter e. V. (BVBB)
Vertritt die wirtschaftlichen und berufspolitischen Interessen der Mitglieder und fördert die berufsspezifische Aus- und Fortbildung; Publikation einer eigenen Verbandszeitschrift (Sitz in Bonn).

Bundesverband der vereidigten Buchprüfer e. V. (BvB)
1986 wieder gegründete Fachorganisation und berufsständische Vertretung der → *vereidigten Buchprüfer* und → *Buchprüfungsgesellschaften* (Sitz in Düsseldorf); vertritt die beruflichen und fachlichen Interessen seiner Mitglieder sowie deren fachliche Förderung und des beruflichen Nachwuchses; arbeitet eng mit dem → *Institut der Wirtschaftsprüfer in Deutschland e. V. (IdW)* zusammen.

Business (Process) Reengineering
Ein Verfahren des fundamentalen Überdenkens und radikalen Neuentwurfs von Geschäftsprozessen. Ziel ist die Effizienzsteigerung der Geschäftsabläufe hinsichtlich der kritischen Erfolgsfaktoren, wie z. B. → *Kosten*, Qualität und Zeit. Grundlegende Elemente des B. sind Prozeßorientierung, selbstverantwortliches Handeln aller Mitarbeiter in dezentralen Organisationsstrukturen sowie Kunden- bzw. Empfängerorientierung. Zu den Instrumenten des B. zählt u. a. das → *Benchmarking*.

BvB
= → *Bundesverband der vereidigten Buchprüfer e. V.*

Capacity variance (engl.)
= → *Beschäftigungsabweichung.*

Capital Asset Pricing Model (CAPM)

1. Grundgedanke. C. ist ein auf der *Portefeuille-Theorie* basierendes Modell der → *Kapitalmarkttheorie.* Repräsentiert der Mittelwert μ die erwartete Rendite und dessen Streuung σ das Risiko einer Aktie bzw. eines Portefeuilles, so läßt sich das C. in einer μ-σ-Graphik (Abb. 1) darstellen:

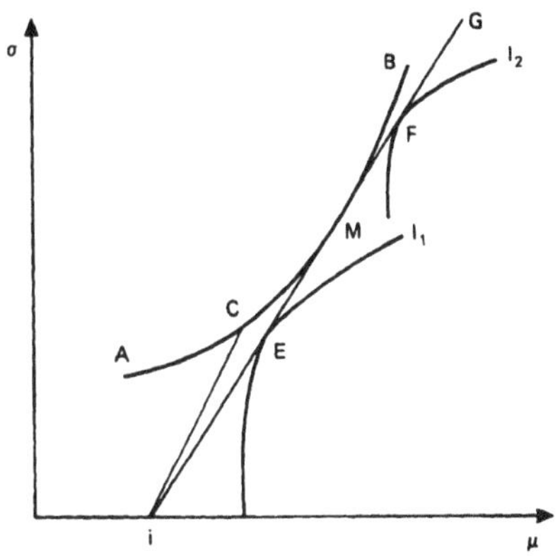

Abb. 1: Capital Asset Pricing Model

Die *effiziente Linie AB* in Abb. 1 entspricht dabei den μ-σ-Kombinationen, die ein Investor durch Mischung und Einbeziehung *aller* Aktien in sein Portefeuille erreichen kann. Die Handlungsmöglichkeiten erweitern sich durch Kombination jedes effizienten Portefeuilles mit der Anlage zum sicheren Zinssatz i. Dies entspricht in der Graphik der Verbindungslinie zwischen i und jedem effizienten Portefeuille, z. B. iM, iC. Dabei ist jedoch nur die Strecke von i bis zum *Marktportefeuille* M effizient, da alle anderen Kombinationen (z. B. iC) dominiert werden hinsichtlich μ oder σ. Bei der Möglichkeit, Mittel zum Satz i aufzunehmen, können auch Portefeuilles realisiert werden, die durch Punkte auf der Linie zwischen M und der Verschuldungsgrenze G dargestellt werden. *Kapitalmarktlinie* (KML) ist die Strecke $\overline{iMG}$. Sie gibt alle effizienten μ-σ-Kombinationen wieder.

Die *Risikoneigung*, die sich durch individuelle (Nutzen) → *Indifferenzkurven* (I) darstellen läßt, bestimmt den Anteil des Marktportefeuilles am individuellen Gesamtportefeuille (→ *Tobin-Separationstheorem*). Bei Vorliegen einer individuellen Präferenzkurve I_1 in Abb. 1 wählt der Investor den Punkt E auf der Kapitalmarktlinie. Sein Gesamtportefeuille besteht dann aus p[%] der Anlage zum risikolosen Zins (dargestellt durch $\overline{EM}$) und (1-p) [%] der Anlage in das Marktportefeuille (dargestellt durch $\overline{iE}$). Bei einer Indifferenzkurve I_2 wählt der (risikofreudigere) Investor den Punkt F auf der Kapitalmarktlinie. Im Umfang von der Strecke $\overline{MF}$ ist der Investor gezwungen, Fremdkapital zum risikolosen Zins i aufzunehmen. Zusammen mit seinem vorhandenen Kapital $\overline{iM}$ investiert er das zusätzliche Kapital in das Marktportefeuille M. Die erwartete bzw. geforderte Rendite μ_j einer effizienten Position j ist (linear) abhängig vom übernommenen Risiko:

$$\mu_j = i + \lambda \cdot \sigma_j \text{ mit } \lambda = \frac{\mu_M - i}{\sigma_M}$$

Die Gleichgewichtsrendite einzelner Aktien ist abhängig vom Risikobeitrag dieser Aktie zum Marktportefeuille M. Dieser wird gemessen durch die → *Kovarianz* der Renditen des Wertpapiers J und des Marktportefeuille M. Für die erwartete Rendite μ_j gilt:

$$\mu_j = i + (\mu_M - i) \cdot \beta_j$$

$$\text{mit } \beta_j = \frac{\text{cov }(J, M)}{\sigma^2{}_M}.$$

Dieser in Abb. 2 als *Security Market Line* bezeichneter Zusammenhang besagt, daß die erwartete Rendite eines Wertpapiers j nur von dem *systematischen* Risiko von j, ausgedrückt durch den Faktor β_j, abhängig ist und dieser Zusammenhang linear ist. Das systematische Risiko stellt den Teil des Gesamtrisikos dar, der auf

Capital Asset Pricing Model (CAPM)

den Gesamtmarkt zurückzuführen ist. Nicht relevant für die Bewertung von Aktien ist der Teil des Risikos σ_j einer Aktie j, der sich durch Diversifikation vernichten läßt (*unsystematisches Risiko*).

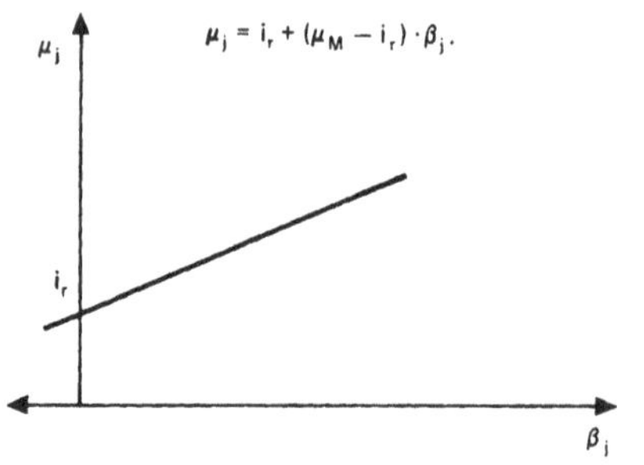

Abb. 2: Security Market Line

Im C. wird die isolierte Bewertung einer Aktie aufgegeben. Realitätsfern ist jedoch die Annahme homogener Erwartungen aller Anleger bzgl. der erwarteten Renditen und Varianzen; denn nur so kann die gleiche KML und das gleiche Marktportefeuille entstehen. Homogene Erwartungen setzen gleichen Zugang aller Investoren zu bewertungsrelevanten Informationen und die gleiche Auswertung voraus. Zudem ist die Voraussetzung wirklichkeitsfremd, daß jeder Investor Stücke von allen auf einem Markt zugleich gehandelten Wertpapieren besitzt. Das C. kann daher nicht das tatsächliche Verhalten an Kapitalmärkten erklären. Es geht hierbei nur um logische Untersuchungen, wenn die Börsenkursbildung unabhängig von persönlichen Präferenzen wäre.

2. Anwendung in der Investitionsrechnung. Ein Anwendungsbeispiel des C. ist die Bestimmung des → *Kalkulationszinsfusses* i für die Entscheidung über die Vorteilhaftigkeit von (Real-) Investitionen bei unsicheren Erwartungen. Mit Hilfe des C. läßt sich unter der Prämisse des *vollkommenen Kapitalmarktes* das Risiko im Kalkulationszinsfuß adäquat erfassen und damit eine Mindestrenditeanforderung für die Bewertung von Sachinvestitionen ermitteln. Grundlage dafür ist die mit Hilfe der Security Market Line (SML) dargestellte Beziehung:

$$\mu_j = i_r + (\mu_M - i_r) \cdot \beta_j.$$

Der Kalkulationszinsfuß wird aus der SML eines Wertpapiers gewonnen, das ein analoges systematisches Risiko wie die Sachinvestition aufweist. Liegt die Renditeerwartung der Sachinvestition über dem des Wertpapiers als Alternativinvestition, sollte das Projekt akzeptiert werden; ein Projekt, dessen μ-β-Wert unterhalb der SML liegt, sollte abgelehnt werden.

Problematisch ist die Schätzung des β-Faktors. Empirisch läßt sich der β-Faktor als Regressionskoeffizient zwischen Aktien- und Marktrenditeausprägung ermitteln. Wenn man unterstellt, daß zur Finanzierung der Anschaffungsauszahlung einer Sachinvestition eine AG gegründet würde, läßt sich der β-Faktor des Projektes schätzen aufgrund der erwarteten Reaktion des Aktienwertes auf Marktentwicklungen. Daraus ergibt sich durch die SML die Renditeforderung der Eigenkapitalgeber. Diese entsprechen den Kapitalkosten des Projektes aus Sicht der Unternehmensleitung für eingesetztes Eigenkapital. Bei zusätzlicher Fremdfinanzierung ist ein gewogener Zinssatz aus Eigen- und Fremdkapitalkostensatz anzusetzen. Das C. ist in seiner Grundkonzeption ein einperiodiges Modell. Daher ist die Übertragung auf mehrere Perioden umfassende Investitionsobjekte problematisch, wenn das Risiko im Zeitablauf nicht ansteigt, wie es ein einheitlicher risikoadjustierter Zinssatz pauschalierend annimmt, oder bei Änderung der Gesamtmarktdaten, z. B. des risikolosen Zinses.

3. Anwendung bei der Unternehmensakquisition. Das C. läßt sich für die Planung von Unternehmensakquisitionen anwenden (*Coenenberg/Sautter*), um zu zeigen, wann eine Unternehmensakquisition für die Gesamtunternehmung vorteilhaft ist.

Beispiel: Das Unternehmen A erwartet für die kommenden Jahre jährlich einen → *Cash-Flow* von 1 Mrd. DM. A möchte Unternehmen B kaufen, für das ein jährlicher Erfolg von 600 Mio. DM geschätzt wird. Der β-Faktor für A (β_A) wird auf 1,0 geschätzt, für B (β_B) auf 2,0. Damit ergeben sich mit Hilfe der Security Market Line bei $\mu_M = 20\%$ und $i = 10\%$ erwartete Kapitalkostensätze für A von 20% und für B von 30%. Der → *Ertragswert* beträgt bei unendlicher Dauer für A 5 Mrd. DM und für B 2 Mrd. DM. Der Zusammenschluß von A und B ist dann vorteilhaft, wenn der Wert des zusammengeschlossenen Unternehmens größer ist als 7 Mrd. DM. Dies ist der Fall, wenn eine der folgenden Bedingungen (1) oder (2) gegeben ist: (1) Der β-Faktor für das zusammengeschlossene Unternehmen (β_{AB}) muß kleiner sein als der Wert, der sich aus den mit den ursprünglichen Ertragswerten E_A und E_B gewichteten β-Faktoren für die Unternehmen A und B ergibt:

$$\beta_{AB} = \frac{E_A}{E_A + E_B}\beta_A + \frac{E_B}{E_A + E_B}\beta_B = 1{,}286.$$

Daraus folgen ein Kapitalkostensatz $r_{AB} = 10\% + (20\% - 10\%) \times 1{,}286 = 22{,}86\%$ und ein Ertragswert $E_{AB} = 1{,}6$ Mrd. DM : 0,2286 = 7 Mrd. DM. Eine Erhöhung des Ertragswertes E_{AB} über 7 Mrd. DM ergibt sich erst, wenn bei gleichbleibendem Zukunftserfolg von 1,6 Mrd. DM das systematische Risiko, ausgedrückt durch den β-Faktor, unter 1,286 sinkt. (2) Der Zukunftserfolg der beiden zusammengeschlossenen Unternehmen muß größer sein als 1,6 Mrd. DM, ohne daß das systematische Risiko steigt. Dies kann z. B. aus → *Synergieeffekten*, die sich beim Unternehmenszusammenschluß ergeben, oder durch Restrukturierungsmaßnahmen resultieren.

Lit.: Coenenberg, A. G./Sautter, M. T.: Strategische und finanzielle Bewertung von Unternehmensakquisitionen, in: DBW 1988, S. 691–710; *Copeland, Th. E./Weston, J. E.:* Financial Theory and Corporate Policy, 3. Aufl., 1988, S. 193–239; *Busse von Colbe, W./Laßmann, G.:* Betriebswirtschaftstheorie, Bd. 3, 3. Aufl., 1990, S. 212–242; *Schneider, D.:* Investition, Finanzierung und Besteuerung, 7. Aufl., 1992, S. 504–515; *Schmidt, R. H./Terberger, E.:* Grundzüge der Investitions- und Finanzierungstheorie, 3. Aufl., 1996, S. 309–338.

Dr. Jürgen Brüggerhoff, Frankfurt.

Capital Budgeting.
= → *Investitionsrechnung.*

Capital Market Line
= Kapitalmarktlinie.
→ *Capital Asset Pricing Model (CAPM).*

Cash-Flow
1. Begriff

Der Begriff „Cash-Flow" ist seit den 50er Jahren Gegenstand wissenschaftlicher Kontroversen. Er wird mit unterschiedlichem Inhalt im Bereich der Wertpapier- und der Jahresabschlußanalyse (→ *Bilanzanlyse*, → *Cash-Flow je Aktie*), in der → *Investitions*- und Wirtschaftlichkeitsrechnung und im Rahmen der → *Unternehmensbewertung* verwendet.

Der C. – in wörtlicher Übersetzung „Zahlungsstrom" – ist eine Saldogröße aus → *Einzahlungen* (cash inflow) und → *Auszahlungen* (cash outflow) von Bar- und Buchgeld (cash) einer Abrechnungsperiode und dient als absolute Kennzahl der Ermittlung, Steuerung, Überwachung und Analyse der Finanz- und Liquiditätslage einer Unternehmung.

Die Zahlungsströme einer Unternehmung umfassen einerseits *Finanzzahlungen* aus selbständigen Darlehens- oder Beteiligungskrediten und andererseits *Erfolgszahlungen*, die nicht nur die Liquidität beeinflussen, sondern außerdem erfolgswirksam sind.

Je nachdem, ob man alle Zahlungsbewegungen (Finanz- und Erfolgszahlungen) einer Periode in einer C.-Rechnung erfaßt oder nur die Erfolgszahlungen oder – noch enger – nur die Erfolgszahlungen aus betrieblicher Tätigkeit, unterscheidet man weitere oder engere C.-Begriffe.

Bei eingehender Verwendungsanalyse des Begriffs C. zeigen sich zwei Schwerpunkte:

a) C. als → *Discounted Cash-Flow (DCF)* in *mehrperiodigen Investitions- und Finanzierungsrechnungen:* Bar- oder Kapitalwert einer Reihe von im allgemeinen jahresbezogenen C., die sowohl Finanz- als auch Erfolgszahlungen umfassen können (→ *Dynamische Investitionsrechnung*);

b) C. als *Zwischen- oder Endsaldo einer einperiodigen Ermittlungsrechnung* als Maßgröße der Liquidität. Diese beiden Verwendungsschwerpunkte resultieren aus den Zwecken der C.-Ermittlung.

2. Zwecke

a) Beurteilung der Vorteilhaftigkeit von Investitions- und Finanzierungsprojekten. Die Beurteilung der Vorteilhaftigkeit von Investitions- und Finanzierungsprojekten erfolgt im Rahmen von → *Investitionsrechnungen* unter Verwendung dynamischer Verfahren auf der Basis der für den Planungszeitraum erwarteten projektbezogenen Ein- und Auszahlungen. Saldiert man alle einer Periode bzw. einem Zahlungszeitpunkt zuzurechnenden Zahlungen, so erhält man den C. (= Nettozahlung, Einzahlungsüberschuß bzw. Auszahlungsüberschuß) der Periode bzw. des Zahlungszeitpunktes.

Häufig spaltet man den C. in Investitionsrechnungen (Finanzierungsrechnungen) in seine wesentlichen Bestandteile – *Investitionsauszahlungen, laufende Rückflüsse* und *Liquidationserlöse* aus der Veräußerung von Vermögensgegenständen – auf. Die Beurteilung der Vorteilhaftigkeit erfolgt auf der Grundlage der prognostizierten C. durch die Verfahren der *Kapitalwertmethode* (englisch: net present value), der *Internen-Zinssatz-Methode* (englisch: internal rate of return), der *Annuitätenmethode* oder der *Amortisationsrechnung* (englisch: pay back period). Diese Methoden, die mit diskontierten Zahlungsströmen arbeiten, werden auch als *discounted cash flow-methods* bezeichnet.

b) Beurteilung der Finanzlage eines Unternehmens. Nach § 264 Abs. 2 HGB hat der → *Jahresabschluß* von Kapitalgesellschaften auch ein den tatsächlichen Verhältnissen entsprechendes → *Bild der Finanzlage dieser Unternehmen* zu vermitteln. Ein eigenständiges Rechenwerk – in Analogie zur → *Gewinn- und Verlustrechnung* zur Ertragslage – hat der Gesetzgeber – etwa in Form einer → *Kapitalflußrechnung* – jedoch nicht vorgesehen. Eine Rechnungslegung zur Finanzlage wird jedoch in den USA (und ähnlich in Großbritannien) durch das *Statement of Financial Accounting Standards* (SFAS) *No. 95 „Statement of Cash Flows" des FASB* praktiziert.

Die Hauptzwecke der Ermittlung des C. in einer periodenbezogenen Zahlungsstromrechnung werden in folgenden Punkten gesehen:

(1) Abschätzung der Fähigkeit des Unternehmens, *zukünftig Zahlungsüberschüsse* zu erwirtschaften;

(2) Abschätzung der Fähigkeit des Unternehmens, seinen *Verpflichtungen* nachzukommen und damit auch kreditwürdig zu bleiben und Dividenden zu zahlen bzw. Ausschüttungen vorzunehmen;

(3) Einschätzung der Gründe für ein *Abweichen zwischen Jahresergebnis und Liquiditätssaldo* (Zahlungsmittelsaldo);

(4) Einschätzung der Auswirkung finanzwirksamer (und – in Ergänzung – nicht finanzwirksamer) *Investitions- und Finanzierungstransaktionen auf die Finanzlage* des Unternehmens.

Zur Erfüllung dieser Zwecke wird vielfach vorgeschlagen, den C. in seine Quellen aufzuspalten; man unterscheidet dann

- den C. aus dem Bereich betrieblicher Tätigkeit (Leistungs-C.) (= C. from operating, C. from operations);
- den C. aus Finanztätigkeit;
- den C. aus dem außerordentlichen Bereich.

Vorstehende Aufspaltung orientiert sich an den *Erfolgsquellen* der *Gewinn- und Verlustrechnung*. Das SFAS No. 95 unterscheidet neben dem C. aus betrieblicher Tätigkeit den C. aus dem Investitionsbereich (C. from investing activities/-transactions) und den C. aus dem Finanzierungsbereich (C. from financing activities/-transactions).

Das → *International Standards Accounting Committee (IASC)* hat mit International Accounting Standard No. 7 (IAS 7): Cash-Flow Statements ebenfalls eine Empfehlung zur Rechnungslegung der Finanzlage gegeben. Auch nach dieser Empfehlung sind die C. in drei separate Gruppen aufzuteilen: C. aus dem Bereich betriebliche Tätigkeit, C. aus dem Investitionsbereich und C. aus dem Finanzierungsbereich.

Außerordentliche C. sollen unter diese Gruppen eingeordnet aber separat ausgewiesen werden. Zinsen und Dividenden können wahlweise dem betrieblichen Bereich oder dem Investitionsbereich zugeordnet werden. C. in Fremdwährung sind in Heimatwährung umzurechnen. Flüssige Mittel (cash and cash equivalents) werden in gleicher Weise wie in SFAS No. 95 definiert: „short-term, highly liquid investments that are readily convertible to known amounts of cash and which are subject to an insignificant risk of changes in value". Es besteht ein Wahlrecht zwischen direkter und indirekter Ermittlungsmethode (s. u.).

3. Ermittlung

Die Ermittlung des C. erfolgt entweder

- originär mittels einer Zahlungsstromrechnung (= Finanz- oder Finanzierungsrechnung) oder
- derivativ aus einer Rechnung, die auf den Bestandsgrößen und erfolgsorientierten Stromgrößen des Jahresabschlusses basiert.

Innerhalb der zweiten – jahresabschlußorientierten – Vorgehensweise unterscheidet man als Varianten

- die (*direkte = progressive*) von den *Umsatzerlösen* ausgehende Methode
- die (*indirekte = retrograde*) vom *Jahresüberschuß/-fehlbetrag* ausgehende Methode.

Die (originäre) Zahlungsstromrechnung basiert auf *Ein- und Auszahlungen* von Bar- und Buchgeld und ist schematisch nach folgender Beziehung aufgebaut:

Schema 1:

(1)	Anfangsbestand von Bar- und Buchgeld	
(2)	+ Einzahlungen der Periode	= Cash-Flow i. w. S.
(3)	– Auszahlungen der Periode	
(4)	Endbestand von Bar- und Buchgeld	

Der Saldo von (2) und (3) bildet den Einzahlungs- bzw. Auszahlungsüberschuß (= Cash Flow i. w. S.) der Periode, der in gleicher Weise durch Differenzbildung der Bestandsgrößen (4) und (1) ermittelt werden kann.

Eine von *Zahlungsströmen ausgehende* C.-Rechnung in *Staffelform* kann so gegliedert werden, daß finanzwirtschaftlich aussagekräftige Zwischensummen – z. B. C. aus dem Bereich betrieblicher Tätigkeit, C. aus Finanztätigkeit, außerordentlicher C., Innenfinanzierungsüberschuß, Finanzbedarf für Investitionen, Außenfinanzierungsüberschuß u. ä. – gebildet werden.

Obwohl die originäre Ermittlung des C. den höchsten Aussagewert für die Liquiditätsüberwachung hat, ist sie in der Praxis (noch) nicht weit verbreitet. Das *SFAS No. 95* und IAS 7 zeigen jedoch den Trend in diese Richtung.

Die *derivative Ermittlungsmethode* wird durch die (erfolgs- und bilanzorientierte) Datenbasis der Buchhaltung begünstigt. Dies mag der Grund für die weite Verbreitung dieser Methode in der Praxis sein. Innerhalb der beiden Varianten *dominiert* die vom *Jahresüberschuß/-fehlbetrag ausgehenden retrograde* Variante, die schematisch wie folgt vorgeht:

Schema 2:

(1)	Anfangsbestand von Bar- und Buchgeld		
(5)	+ Jahresüberschuß/-fehlbetrag		= Cash-Flow i. w. S.
(6)	+ Passivzunahmen	+ – Passivaänderungen	
(7)	– Passivabnahmen		
(8)	+ Aktivaabnahmen	+ – Aktivaveränderungen	
(9)	– Aktivazunahmen		
(4)	= Endbestand von Bar- und Buchgeld		

Der C. i. w. S. ergibt sich damit als Saldo der *Gewinn- und Verlustrechnung* unter Hinzufügung solcher Aktiva- und Passivaänderungen, die weder die Geldbestände noch die Verwendung des Jahresergebnisses (Gewinnrücklagen, Bilanzgewinn) betreffen. Diese Änderungen stellen Differenzposten zwischen Erfolg und Liquidität dar. In ganzheitlicher Betrachtung ergibt sich das Bild einer → *Bewegungsbilanz* oder einer *Kapitalflußrechnung*. Auch hier können bei geeigneter *Zusammenfassung* ähnlich wie bei direkter Ermittlung in Form einer Staffelrechnung finanzwirtschaftlich aussagefähige Zwischensummen gebildet werden.

In der Praxis findet man zuweilen eine *faustformelhafte Ermittlung* des C., die auf Schema 2 basiert. Statt der Berücksichtigung aller Aktiva- und Passivaänderungen, werden bei den Aktivaänderungen lediglich die → *Abschreibungen* als Minderungen und bei den Passivaänderungen die Erhöhung von → *Rückstellungen* berücksichtigt.

Ein so ermittelter C. kann nur ein grober Näherungswert sein und im Einzelfall zu Fehlentscheidungen führen.

Ersetzt man in Schema 2 den Posten (5) „Jahresüberschuß/-fehlbetrag" durch seine ihn bildenden Komponenten → *Ertrag* und → *Aufwand*, so gelangt man zur progressiven von den Umsatzerlösen ausgehenden C.-Ermittlung.

Schema 3:

(1)	Anfangsbestand von Bar- und Buchgeld	
(10)	+ Erträge	
(11)	– Aufwendungen	
(6)	+ Passivazunahmen	Cash Flow
(7)	– Passivaabnahmen	i. w. S.
(8)	+ Aktivaabnahmen	
(9)	– Aktivazunahmen	
(4)	= Endbestand von Bar- und Buchgeld	

Die C.-Ermittlung gem. Schema 3 basiert also auf den periodisierten Stromgrößen der *Gewinn- und Verlustrechnung*, die durch zugehörige Bilanzpostenveränderungen korrigiert werden. Dabei saldieren sich einige Posten aus Bilanz und Erfolgsrechnung zu Null, z. B. Abschreibungen. Dabei wird vorausgesetzt, daß sich alle Bilanzpostenveränderungen den zugehörigen Ertrags- und Aufwandsposten genau zurechnen lassen. In praxi ergeben sich hierbei jedoch – falls man nicht auf weitere Informationen der Buchhaltung zurückgreifen kann – Zuordnungsprobleme, die man aber durch Bildung von Sammelposten hinreichend genau lösen kann.

In den C. i. w. S. *einer Kapitalflußrechnung* gehen alle Zahlungsmittel zu- und -abflüsse ein, also auch Finanzzahlungen, die aus dem Bereich der Außenfinanzierung stammen.

Läßt man im Rahmen der C.-Ermittlung alle Zu- und Abflüsse aus der Außenfinanzierung und für Investitionen heraus, so gelangt man zu einem C. i. e. S., der als *Maßgröße der Innenfinanzierung* gilt (Schema 4).

Der C. i. e. S. stellt den Bar- und Buchgeldzufluß aus dem Innenfinanzierungsbereich dar, der zur Vornahme von Investitionen, Gewinnausschüttungen und Steuerzahlungen verfügbar ist (Brutto-Innenfinanzierungsbeitrag).

Schema 4:

Cash-Flow i. e. S. (Brutto-Innenfinanzierungsbeitrag vor Steuern)
– Steuern vom Einkommen u. Ertrag
= Cash-Flow i. e. S. (nach Steuern)
– Investitionsausgaben
= Frei verfügbarer Cash-Flow (free cash flow)
– Gewinnausschüttungen
= Cash-Flow (vor Außenfinanzierung)
+ Einzahlungen aus der Außenfinanzierung
– Auszahlungen für die Außenfinanzierung
= Änderung der Bar- und Buchgeldbestände

Der Brutto-Innenfinanzierungsbeitrag ist das finanzwirtschaftliche Ergebnis aus der Geschäftstätigkeit des Unternehmens vor

Investitionen, Gewinnausschüttungen, Steuerzahlungen und Außenfinanzierung. Der den (Netto-)Innenfinanzierungsbeitrag abbildende C. i. e. S. entstammt – gemäß der Gliederung der Erfolgsquellen – dem Leistungsbereich (Betriebliche Tätigkeit), dem Finanzinvestitionsbereich und dem Außerordentlichen und Sonstigen Bereich. Er entspricht der Differenz der liquiditätswirksamen Erträge und der liquiditätswirksamen Aufwendungen,

also

Cash-Flow i. e. S.
= liquiditätswirksame *Erträge*
– liquiditätswirksame *Aufwendungen*.

Somit gilt aber auch

Cash-Flow i. e. S.
= Jahresüberschuß/-fehlbetrag
+ nicht-liquiditätswirksame *Aufwendungen*
– nicht-liquiditätswirksame *Erträge*.

Jede der vorgenannten Formen der Ermittlung des C. kann grundsätzlich als *normative oder prospektive* → *Planungsrechnung* (*zukunftsbezogen*) oder als *dokumentierende Istrechnung* (*vergangenheitsbezogen*) aufgestellt werden. Für externe Analytiker ist nur eine Istrechnung nach Schema 2, 3 oder 4 möglich.

Lit.: Mason, P.: „Cash Flow" Analysis and the Funds Statement, Accounting Research Study No. 2, 1961; *Käfer, K.*: Kapitalflußrechnungen, 2. Aufl., 1984, S. 344 ff.; *Leffson, U.*: Bilanzanalyse, 3. Aufl., 1984, S. 151–166; *FASB*: SFAS No. 95 – Statement of Cash Flows, 1987 (abgedr. in JAcc. 2/1988, S. 139–169); *Dellmann, K.*: Renaissance des Cash Flow, in: BB 1988, S. 1630–1634; *IASC*: IAS 7: Cash Flow Statements, 1992; *Coenenberg, A. G./Günther, E.*: Cash-Flow, in: HWR, 3. Aufl., 1993, Sp. 301–311; *Coenenberg, A. G./Cantner, J./Günther, E.*: Cash-Flow, in: HWF, 2. Aufl., 1995, Sp. 373–386.

Professor Dr. Klaus Dellmann, Bern.

Cash-Flow je Aktie

1. Grundlagen

Der C. hat in der Unternehmens- und Aktienkursbeurteilung in den letzten Jahren neben dem → *Gewinn je Aktie* zunehmend an Bedeutung gewonnen und ergibt sich als

$$\text{C.} = \frac{\text{Cash-Flow}}{\text{Anzahl der ausgegebenen Aktien}}.$$

→ *Cash-Flow* und C. werden in der Praxis als Maßstab für die Finanzkraft eines Unternehmens, als Hilfe gegen Fehlinterpretationen der Gewinn*entwicklung* und, insbesondere bei internationalen Unternehmensvergleichen, aufgrund der Eliminierung des Einflusses unterschiedlicher Abschreibungsverfahren als Maßstab für die Ertragskraft verwendet. Wird der Preis einer Aktie (z. B. der aktuelle Börsenkurs) zum C. ins Verhältnis gesetzt, erhält man das Kurs/Cash-Flow-Verhältnis (KCV) bzw. die Price/Cash-Flow-Ratio (PCR)

$$\text{KCV} = \text{PCR} = \frac{\text{Preis je Aktie}}{\text{Cash-Flow je Aktie}}.$$

Diese Kennzahl wird in der Aktienanalyse neben dem → *Kurs/Gewinn-Verhältnis* (KGV) zur Stützung von Anlageempfehlungen sowie zur Untermauerung von Börseneinführungs- und Emissionskursen bei (Bar-) → *Kapitalerhöhungen* herangezogen. Cash-Flow bzw. C. und damit auch das Kurs/Cash-Flow-Verhältnis sind aufgrund ihrer starken Abhängigkeit von der Höhe des Anlagevermögens bei Unternehmen verschiedener Branchen und/oder mit unterschiedlicher Produktionstiefe nur bedingt miteinander vergleichbar.

Da die Bestimmung der einzelnen Cash-Flow-Komponenten problematisch und in der Literatur und Praxis umstritten ist, haben selbst international ausgerichete deutsche Unternehmen in ihren → *Geschäftsberichten* nur schwer miteinander vergleichbare Cash-Flows oder → *Kapital- und Finanzflußrechnungen* mit unterschiedlichem Informationsgehalt veröffentlicht. Die Methodenkommission der Deutschen Vereinigung für Finanzanalyse e.V. (DVFA) und der Arbeitskreis Externe Unternehmensrechnung der Schmalenbach-Gesellschaft – Deutsche Gesellschaft für Betriebswirtschaft e.V. (SG) entwickelten daher eine gemeinsame Empfehlung zur Ermittlung des „Cash-Flow nach DVFA/SG".

2. Ermittlung nach DVFA/SG

a) Zielsetzung. Der Cash-Flow nach DVFA/SG ist definiert als *finanzieller Überschuß aus laufenden erfolgswirksamen geschäftlichen Aktivitäten,* der dem Unternehmen für Investitionen, Schuldentilgung und Gewinnausschüttungen sowie zur Speisung des Finanzmittelfonds zur Verfügung steht, und soll

1. die bei den Finanzanalysten bestehenden Meinungsverschiedenheiten hinsichtlich der Ermittlung und der Bestandteile des Cash-Flow beseitigen sowie
2. zu einer einheitlicheren Ermittlung von Cash-Flow durch die Unternehmen führen.

Der Cash-Flow nach DVFA/SG sollte als *Finanzgröße* in erster Linie für finanzwirtschaftliche Analysen verwendet werden und ist kein Ersatz für das Ergebnis nach DFVA/SG (→ *Gewinn je Aktie*).

b) Ermittlungskonzept. Die Ermittlung des Cash-Flow nach DVFA/SG erfolgt aus den Daten des → *Jahresabschlusses* bzw. bei Mutterunternehmen an der Spitze eines (Teil-)Konzerns aus den Daten des (Teil-)→ *Konzernabschlusses* unabhängig von der Ermittlung des Ergebnisses nach DVFA/SG und läßt sich überblicksartig wie folgt darstellen:

1.	**Jahresüberschuß/Jahresfehlbetrag** [im Konzern einschließlich der Ergebnisanteile Dritter]
2. +	Abschreibungen auf Gegenstände des Anlagevermögens
3. –	Zuschreibungen zu Gegenständen des Anlagevermögens
4. +/–	Zunahme/Abnahme der Rückstellungen für Pensionen bzw. anderer langfristiger Rückstellungen
5. +/–	Zunahme/Abnahme der Sonderposten mit Rücklageanteil
6. +/–	andere nicht zahlungswirksame Aufwendungen/Erträge von wesentlicher Bedeutung [, die sich den Korrekturposten 2. bis 5. nicht eindeutig zuordnen lassen, wie etwa Erträge aus der Auflösung passivierter Investitionszuschüsse]
7. =	**Jahres-Cash-Flow**
8. +/–	Bereinigung um ungewöhnliche zahlungswirksame Aufwendungen/Erträge von wesentlicher Bedeutung
9. =	**Cash-Flow nach DVFA/SG**
10.	Umrechnung des [um Cash-Flow-Anteile Dritter modifizierten] Cash-Flow nach DVFA/SG auf die Anzahl der Aktien des Mutterunternehmens
11. =	**Cash-Flow je Aktie nach DVFA/SG**
	Zu jedem Posten sollte der Vorjahresbetrag angegeben und, falls dieser nicht vergleichbar oder angepaßt ist, erläutert werden.

Abb. 1: Arbeitsschema zur Ermittlung des Cash-Flow nach DVFA/SG und Überleitung zum Cash-Flow je Aktie nach DVFA/SG

Der *Jahres-Cash-Flow* ergibt sich aus dem um *gewöhnliche, nicht zahlungswirksame* Erträge und Aufwendungen von wesentlicher Bedeutung korrigierten Jahresergebnis. Er ist weiter gefaßt als der *Cash-Flow nach der Praktikerformel,* enthält aber weder die Veränderungen der kurzfristigen Rückstellungen noch die Finanzmittelbewegungen im Bereich des Nettoumlaufvermögens und ist somit enger abgegrenzt als der *Cash-Flow aus laufenden Operationen,* der im Rahmen einer vollständigen Kapital- und Finanzflußrechnung ermittelt wird (vgl. Abb. 2).

1.		**Jahresüberschuß/Jahresfehlbetrag**
2.	+/–	Abschreibungen/Zuschreibungen auf Gegenstände des Anlagevermögens
3.	+/–	Zunahme/Abnahme der langfristigen Rückstellungen
3a	=	**Zwischensumme: Cash-Flow nach Praktikerformel**
4.	+/–	Sonstige zahlungsunwirksame Aufwendungen/Erträge
4a	=	**Zwischensumme: Jahres-Cash-Flow nach DVFA/SG**
4b	+/–	Zunahme/Abnahme der kurzfristigen Rückstellungen
5.	–/+	Gewinn/Verlust aus dem Abgang von Gegenständen des Anlagevermögens
6.	–/+	Zunahme/Abnahme der Vorräte, der Forderungen aus Lieferungen und Leistungen sowie anderer Aktiva (z. B. geleistete Anzahlungen für Vorräte)
7.	+/–	Zunahme/Abnahme der Verbindlichkeiten aus Lieferungen und Leistungen sowie anderer Passiva (z. B. erhaltene Anzahlungen für Warenlieferungen)
8.	=	**Mittelzufluß/-abfluß aus laufender Geschäftstätigkeit (Cash-Flow aus laufenden Operationen)**
9.		Einzahlungen aus Abgängen (z. B. Verkaufserlöse, Tilgungsbeträge) von Gegenständen des Anlagevermögens (Restbuchwerte der Abgänge erhöht um Gewinne und vermindert um Verluste aus dem Anlagenabgang)
10.	–	Auszahlungen für Investitionen in das Anlagevermögen
11.	=	**Mittelzufluß/-abfluß aus der Investitionstätigkeit**
12.		Einzahlungen aus Kapitalerhöhungen und Zuschüssen der Gesellschafter
13.	–	Auszahlungen an Gesellschafter (Dividenden, Kapitalrückzahlungen, andere Ausschüttungen)
14.	+	Einzahlungen aus der Begebung von Anleihen und aus der Aufnahme von (Finanz-) Krediten
15.	–	Auszahlungen für die Tilgung von Anleihen und (Finanz-) Krediten
16.	=	**Mittelzufluß/-abfluß aus der Finanzierungstätigkeit**
17.		Zahlungswirksame Veränderungen des Finanzmittelbestandes (Summe der Zeilen 8, 11 und 16)
18.	+/–	Wechselkursbedingte und sonstige Wertänderungen des Finanzmittelbestands
19.	+	Finanzmittelbestand am Anfang der Periode
20.	=	**Finanzmittelbestand am Ende der Periode**

Abb. 2: Einordnung des Cash-Flow nach der Praktikerformel und des Jahres-Cash-Flow nach DVFA/SG in eine an internationale Empfehlungen (IAS 7, SFAS No. 95) angelehnte und vom Hauptfachausschuß des IdW und vom Arbeitskreis Finanzierungsrechnung der Schmalenbach-Gesellschaft – Deutsche Gesellschaft für Betriebswirtschaft e. V. gemeinsam vorgeschlagene Finanzierungsrechnung (Stellungnahme HFA 1/1995)

Cash-Flow je Aktie

Wird der Jahres-Cash-Flow um *ungewöhnliche zahlungswirksame* Erträge und Aufwendungen (→ *Gewinn je Aktie*) – nach Abzug effektiver Gewinnsteuerzahlungen oder -entlastungen (→ *Ertragsteuern*) – von betragsmäßiger Wesentlichkeit bereinigt, kann der so ermittelte *Cash-Flow nach DVFA/SG* als Indikator für die *nachhaltige* Innenfinanzierungskraft herangezogen werden. Dabei gelten Beträge, die 5% des durchschnittlichen Jahres-Cash-Flow der letzten drei Geschäftsjahre übersteigen, als *wesentlich*.

c) Überleitung zum Cash-Flow je Aktie. Der Cash-Flow je Aktie nach DVFA/SG ergibt sich durch die Division des Cash-Flow nach DFVA/SG durch die Anzahl der ausgegebenen Aktien. Handelt es sich bei der zu beurteilenden wirtschaftlichen Einheit um einen → *Konzern*, ist die Zahl der vom Mutterunternehmen ausgegebenen Aktien maßgeblich. Um eine einheitliche Wertbasis in Zähler und Nenner zu schaffen, muß der Cash-Flow nach DVFA/SG um die auf andere Gesellschafter (→ *Anteile in Fremdbesitz*) entfallenden Cash-Flow-Anteile bereinigt werden. Dies ist extern nicht möglich; intern könnten die in den Cash-Flow nach DVFA/SG eingehenden Größen dem Kapitalanteil des Mutterunternehmens entsprechend aus den Handelsbilanzen I oder II der Tochterunternehmen entnommen werden. Werden aus Vereinfachungsgründen lediglich die im Konzernabschluß ausgewiesenen Ergebnisanteile anderer Gesellschafter zur Bereinigung herangezogen, wird der C. aus Sicht der Aktionäre des Mutterunternehmens im Normalfall zu hoch ausgewiesen und systematisch verzerrt. Diese Schwierigkeiten und vor allem die Gefahr, daß der C. nicht als Maßstab für die nachhaltige Innenfinanzierungskraft, sondern vorrangig als Ersatzmaßstab für die Beurteilung der Ertragskraft herangezogen wird, haben den *FASB* dazu bewogen, US-amerikanischen Unternehmen keine Veröffentlichung von C. vorzuschreiben.

Im Fall von → *Kapitalerhöhungen* und -herabsetzungen sind analog zur Anpassung des → *Gewinns je Aktie* zur Gewährleistung der zeitlichen Vergleichbarkeit der C. Adjustierungen vorzunehmen.

d) Zukünftige Entwicklung. Inwieweit die Empfehlung zu einer einheitlicheren Ermittlung und Veröffentlichung und damit zu einer besseren *zwischenbetrieblichen* Vergleichbarkeit von Cash-Flow-Größen und C. führt, hängt insbesondere davon ab, inwieweit Finanzanalysten auf der Ermittlung dieser Größen bestehen. Für die *zeitliche* Vergleicharkeit ist insbesondere die Beachtung des Stetigkeitsgebotes bei der Ermittlung des C. von Bedeutung. Da ohne unternehmensinterne Informationen die Ermittlung des *Cash-Flow nach DVFA/SG* nicht möglich ist, wäre es wünschenswert, wenn die Unternehmen nicht nur den Cash-Flow nach DVFA/SG, sondern auch dessen Ableitung in ihren Geschäftsberichten publizierten. Insbesondere international ausgerichteten Unternehmen ist daran gelegen, nicht nur den Cash-Flow nach DVFA/SG zu publizieren, sondern sich auch durch die Veröffentlichung einer umfassenden Finanzierungsrechnung (siehe Abb. 2) den internationalen Gepflogenheiten anzupassen. Gleiches bietet sich für Börsenneulinge an, da das Börsenzulassungsgesetz bei der Börseneinführung die Abbildung einer Finanzierungsrechnung im → *Börsenzulassungsprospekt* verlangt, jedoch keine konkrete Ausgestaltung vorschreibt.

Lit.: *Chmielewicz, K.*: Betriebliche Finanzwirtschaft, Bd. 1, 1976; *DVFA*: Der Cash-flow in der Finanzanalyse, 1982; *FASB*: SFAS 95: Statement of Cash Flows, 1987; *Chmielewicz, K./Buchmann, R. (Hrsg.)*: Finanzierungsrechnung, ZfbF-Sonderh. 26/90, 1990; *ASB*: FRS 1: Cash Flow Statements, 1992; *Fingerhut, A.*: Der Cash Flow als Leistungsindikator, 1991; *Siener, F.*: Der Cash-Flow als Instrument der Bilanzanalyse, 1991; *IASC*: IAS 7: Cash Flow Statements, 1992; *Schwarzecker, J.*: Cash-Flow, Gewinn und Eigenkapital, 1992; *DVFA/SG*: Cash Flow nach DVFA/SG, in: Wpg 1993, S. 599–602; *ÖVFA*: ÖVFA-Ergebnis- und Cash-flow-Formeln für den Einzel- und Konzernabschluß nach RLG,

1993; *HFA des IdW:* Stellungnahme 1/1995: Die Kapitalflußrechnung als Ergänzung des Jahres- und Konzernabschlusses, in: FN 1995; S. 72–76; *Mansch, H./Stolberg, K./von Wysocki, K.:* Die Kapitalflußrechnung als Ergänzung des Jahres- und Konzernabschlusses, in: Wpg 1995, S. 185–203; *Amen, M.:* Die Kapitalflußrechnung als Rechnung zur Finanzlage, in: Wpg 1995, S. 498–509.

Dr. Jörn Schulte, Düsseldorf.

Cash-Flow-Return on Investment

1. Zweck und Begriff. Der C. (CFROI) ist eine aus dem → *Jahresabschluß* abgeleitete → *Kennzahl*, die der Beurteilung, Steuerung und Kontrolle von Unternehmen, Tochterunternehmen eines Konzerns, strategischen Geschäftsfeldern und Unternehmensbereichen, vor allem ihrer → *Kapitalrentabilität* anstelle oder zusammen mit dem → *Return on Investment* dient. Der C. soll durch einen Vergleich mit den durchschnittlichen → *Kapitalkosten* für Eigen- und Fremdkapital im Sinne des → *Share Holder Value-Ansatzes* einen Hinweis geben, ob in einem Unternehmen bzw. in welchen Unternehmensteilen Werte geschaffen oder vernichtet werden.

Die beiden Elemente des C., der → *Cash-Flow* und die *Brutto-Investition*, werden in der Praxis unterschiedlich definiert. Als Cash-Flow eines Jahres (c_t) wird z. B. eine aus dem Periodenergebnis zuzüglich Abschreibungen entwickelte Größe vor Zins- und Investitionsauszahlungen sowie vor oder nach Steuern, nur für den operativen Bereich oder einschließlich des Finanzbereichs verwendet. Als Brutto-Investition (I) gilt der historische nominale oder der auf die Preisbasis des Betrachtungszeitraums (t) indizierte (reale) Anschaffungswert des Vermögens abzüglich nicht offen verzinster Verbindlichkeiten (z. B. Lieferantenschulden und Rückstellungen).

2. Ermittlungsmethoden. Damit lautet der Ausdruck für den C:

$$(1)\quad \text{CFROI} = \frac{c_t}{I_t}.$$

Mitunter wird der C. als → *interner Zinsfuß* (r^*) ermittelt. Dann wird die Brutto-Investition als fiktive Investitionsauszahlung im Zeitpunkt t unterstellt. Für die aus dem Verhältnis von nominellen Anschaffungswert des abnutzbaren Sachanlagevermögens und linearen Abschreibungen ermittelte durchschnittliche Nutzungsdauer (n) werden eine Abfolge konstanter Cash-Flows sowie am Ende der Nutzungsdauer eine Einzahlung (R_n) in Höhe des nichtabnutzbaren Anlage- und des Umlaufvermögens (abzüglich der nicht offen verzinslichen Verbindlichkeiten) nach Maßgabe ihres Nominal- oder Realwertes im Betrachtungszeitraum fingiert. Daraus folgt folgender Ausdruck:

$$(2)\quad -I_t + c_t\frac{(1+r^*)-1}{r^*(1+r^*)^n} + R_n(1+r^*)^{-n} = 0.$$

Aufgelöst nach r^* ergibt der Ausdruck den Wert für C. als interner Zinsfuß. Für unbegrenztes n geht Ausdruck (2) in Ausdruck (1) über.

3. Kritik. Der C. ist in beiden Ausprägungen eine auf nur eine abgelaufene Periode bezogene Größe vergangenheitsorientiert. Mit ihm werden Zukunftserwartungen insoweit außer acht gelassen, als sie nicht in das Jahresergebnis eingehen. Er ist insofern – wie andere aus dem Jahresabschluß abgeleitete Kennzahlen – für eine externe Beurteilung und ein internes Controlling nur begrenzt geeignet. Die gegen die Methode des internen Zinsfußes geltend gemachte Kritik gilt auch für den C.

Da Veränderungen der Rückstellungen in den C. nicht eingehen, wird der Cash-Flow nur unvollständig erfaßt. Als Rentabilitätsmaß und zum Vergleich mit den Kapitalkosten ist der C. insofern fragwürdig, als Auszahlungen für Ersatzinvestitionen im Cash-Flow nicht erfaßt werden, es sei denn, man würde den „Free Cash-Flow" im Sinne des → *Discounted Cash-Flow-Ansatzes in der Unternehmensbewertung* verwenden. Die als Barwert künftiger Zahlungen berechneten → *Pensionsrückstellungen* als nicht verzinsliche Verbindlichkeiten zum Abzugskapital zu

rechnen, ist bei ihrem hohen Anteil an der Gesamtfinanzierung deutscher Unternehmen eine starke Vereinfachung, die sich aber korrigieren ließe.
Anstelle des C. erscheint eine auf mehrere Perioden bezogene Rechnung, die auch Verluste und unzureichende Cash-Flows in der Vergangenheit und geplante künftige Cash-Flows etwa als prospektive → *Kapitalflußrechnung* oder daraus abgeleitete Barwerte berücksichtigt (→ *Projektstandsrechnung*), für das → *Controlling* besser geeignet. Der C. ist eher eine Kennzahl für die Innenfinanzierungskraft als ein Maß für die Rentabilität und Performance eines Unternehmens oder Unternehmensteils.

Lit.: Lewis, T./Lehmann, S.: Überlegene Investitionsentscheidungen durch CFROI, in: BFuP 1992, S. 1–13; *Freygang, W.:* Kapitalallokation in diversifizierten Unternehmen, 1993; *Gebhardt, G.:* Marktwertorientiertes Beteiligungscontrolling im internationalen Konzern, in: DB 1995, S. 2225–2231; *Lewis, T.:* Steigerung des Unternehmenswertes, 2. Aufl., 1995; *Hachmeister, D.:* Der Discounted Cash-Flow als Maß der Unternehmenswertsteigerung, 1995; *Hardtmann, G.:* Die Wertsteigerungsanalyse im Managementprozeß, 1996; *Lauk, K.:* Steuerung des Unternehmens nach Kapitalrentabilität und Cash-Flows, in: *Schmalenbach-Gesellschaft (Hrsg.):* Globale Finanzmärkte, 1996, S. 163–179; *Hachmeister, D.:* Der Cash-Flow Return on Investment als Erfolgsgröße einer wertorientierten Unternehmensführung, in: ZfbF 1997, S. 556–579.

Professor Dr. Dr. h. c. mult. Walther Busse von Colbe, Bochum.

Center-Konzept
Organisationsstrukturen, mit denen die Autonomie und Selbstverantwortung von Unternehmensbereichen festgelegt werden. In Abhängigkeit vom angestrebten Autonomiegrad für den Unternehmensbereich und von der Existenz/Zulässigkeit eines externen Marktes werden z. B. → *Cost-Center*, → *Service-Center*, → *Profit-Center* und → *Investment-Center* realisiert.

Certified Public Accountant (CPA)
US-amerikanische Bezeichnung für den Jahresabschlußprüfer, der seine Zugehörigkeit zum Berufsstand ähnlich dem deutschen → *Wirtschaftsprüfer* über ein an bestimmte Voraussetzungen geknüpftes staatliches Zulassungsverfahren erwirbt. Die C. üben über die nationale Berufsorganisation, dem → *American Institute of Certified Public Accountants*, ihre Aktivitäten in den Regelungsinstitutionen der Rechnungslegung (→ *Financial Accounting Standards Board*, → *Securities and Exchange Commission*) und über die von ihnen in den zu testierenden Jahresabschlüssen akzeptierten Bilanzierungs- und Bewertungsverfahren großen Einfluß auf die → *Generally Accepted Accounting Principles* aus.

Lit.: Mallison, V.: Die Prüfung als Certified Public Accountant (CPA) in den USA, in: Wpg 1980, S. 189–192; *Hofmann, R.:* Berufsorganisation und Qualifikation externer und interner Prüforgane sowie verwandter Berufe in Europa und in den USA, in: DB 1989, S. 637–642.

CFROI
= → *Cash-Flow-Return on Investment.*

Challenger
→ *MAPI-Methode.*

Charakteristische Wertpapierlinie
= → *Security Characteristic Line.*

Chmielewicz, Klaus
1935–1994; Professor in Bochum; *Hauptarbeitsgebiete:* Wissenschaftstheorie, Unternehmungsverfassung, Rechnungswesen, Betriebswirtschaftslehre der öffentlichen Verwaltung, Mitherausgeber der Zeitschrift „Die Betriebswirtschaft“, des Handwörterbuches des Rechnungswesens und anderer Handwörterbücher; sein besonderes Anliegen war die Integration von Finanzrechnung, Bilanz und Erfolgsrechnung mit dem Buch Integrierte Finanz- und Erfolgsplanung, 1972. Weitere *Hauptwerke:* Betriebliches Rechnungswesen, Bd. 1: Finanzrechnung und Bilanz, Bd. 2: Erfolgsrechnung, 1973; Forschungskonzeptionen der Wirtschaftswissenschaft, 3. Aufl., 1994.

Lit.: *Köhler, R./Szyperski, N.:* Klaus Chmielewicz zum Gedenken, in: DBW 1995, S. 1–5.

Committee on Accounting Procedure (CAP)
1938 von der Berufsvereinigung der US-amerikanischen Wirtschaftsprüfer (→ *American Institute of Certified Public Accountants (AICPA)*) zur Festlegung von Rechnungslegungsnormen für börsennotierte Unternehmen gegründetes Gremium, nachdem die → *Securities and Exchange Commission* die Erstellung von Rechnungslegungsnormen für börsennotierte Gesellschaften an das AICPA delegiert hat. Das C. gab „Accounting Research Bulletins" zu einzelnen Rechnungslegungsproblemen heraus, die heute noch in Teilbereichen Gültigkeit besitzen. 1959 wurde das C. vom → *Accounting Principles Board* abgelöst, welches wiederum seine Aufgaben 1973 an das → *Financial Accounting Standards Board* abgegeben hat.

Completed-contract-Methode
→ *Langfristfertigung.*

Conceptual Framework
Vom amerikanischen → *Financial Accounting Standards Board* entwickelter theoretischer Rahmen für → *Accounting Standards.* Das C. hat in den Statements of Financial Accounting Concepts seinen Ausdruck gefunden (→ *Framework (USA)*).

Consolidated statements (amerik.)
= →*Konzernabschluß.*

Controller
Betrieblicher Funktionsträger, der als Mitglied der Unternehmungsführung auf die Unternehmensziele, insbes. auf die Gewinnerzielung hin die Unternehmenspläne zu entwickeln und zu koordinieren, das Betriebsgeschehen zu kontrollieren sowie das betriebliche Rechnungswesen zu organisieren und auszuwerten hat. Der C. ist meist Leiter des Rechnungswesen, der Planung und Organisation sowie des Informationswesens; ihm können C. für Bereiche, Abteilungen oder Funktionen zugeordnet werden; → *Controlling.*

Controlling
1. Begriff
Aufgabe des C. (to control = steuern; älter auch „Comptrolling") ist die *ergebnisorientierte Steuerung* eines Unternehmens oder eines → *Konzerns* (→ *Konzern-Controlling*) durch Planung, Kontrolle und Information. Auf der Grundlage des kaufmännischen und betrieblichen Rechnungswesens aufbauend ist das C. stark *zukunftsgerichtet.* Künftig wird das C. vorrangig ein Schnittstellen- (Überwindungs-) C. (Interface C.) sein. Insbesondere wirkt der → *Controller* wesentlich bei der Koordination von Planungen der Einzelbereiche (Sparten und Funktionsbereiche) zum Unternehmensplan, von lang- und kurzfristiger Planung sowie bei der Rückkopplung zwischen Planung und Kontrolle mit. Darüber hinaus obliegen ihm die *Berichterstattung* und aktionsgerichtete Interpretation der Resultate des Geschäftsverlaufs sowohl an das Management als auch an die Kapitaleigner. Um seiner weitreichenden Mitverantwortung für die Führung und langfristige Entwicklung des Unternehmens gerecht werden zu können, muß der Controller voll in das Management eingebunden sein und sich wirkungsvoller Planungs- und Kontrollmethoden sowie der modernen Informationstechniken bedienen. Aufbauend auf der früher eher verwaltenden Tätigkeit des Rechnungswesens hat der Controller in erheblichem Umfang gestaltende Aufgaben. Seine Tätigkeit ist auf Aktionen und Wirkung gerichtet. Die wesentlichen Elemente dieser Tätigkeit sind Planung, Kontrolle und Information. *Planung* ist dabei als aktive Gestaltung der Zukunft, nicht nur als passive Prognose zu verstehen. Dabei ist es nicht Aufgabe des Planungssystems, Entscheidungen möglichst früh zu treffen (wohl aber Alternativen zu entwickeln), sondern möglichst erst so spät, daß bei neuester Informationsbasis noch möglichst optimale Wirkung eintritt. *Kontrolle* ist vor, während und nach einem Ereignis notwendig. Obwohl die Kontrolle vor dem Ereignis (auf der Basis

der Planung) am wirksamsten (und billigsten) ist – es besteht noch ein großer Spielraum für die Einflußnahme –, ist die Kontrolle nach dem Ereignis (durch Vergleich von Ergebnis und Ziel) am meisten verbreitet, aber am wenigsten wirksam. *Information* dient in diesem Zusammenhang dazu, Planung und Kontrolle zu ermöglichen. Ihre Rolle wird mit zunehmender Unternehmensgröße und mit steigender Umweltkomplexität immer wichtiger; *Informationsmanagement* ist integraler Bestandteil des C. Mit der Erfüllung dieser Aufgaben ist der Controller als Co-Pilot im Management anzusehen.

2. Aufgaben

a) Controlling des Gesamtunternehmens. Die Aufgabe des Controllers im Unternehmen ist *interdisziplinär*. Der *Aufgabenbereich* des Controllers ist entsprechend seiner Verantwortung breit gefächert. Er ist zuständig für die Planungskoordination des Unternehmens (Unternehmensplanung) und verantwortlich für ein modernes, aussagefähiges kaufmännisches und betriebliches sowie Personalrechnungswesen (→ *Kostenrechnungssysteme*, → *Betriebsbuchhaltung*). Im Rahmen des *Berichtswesens* ist der Controller innerbetrieblich für die wirkungsgerichtete Information der Verantwortlichen mit den für die Planung und Kontrolle relevanten Fakten und Kennzahlen zuständig (→ *Wirtschaftlichkeit*, → *Deckungsbeitragsrechnung*) und liefert damit wichtige Grundlagen für die Entscheidungsfindung. Die Berichterstattung erfolgt sowohl regelmäßig – zeitbezogen – als auch fallbezogen, z. B. bei Projektabschnitten, bei besonderen Abweichungen oder auf individuelle Anforderung des Managements (→ *Erfolgsrechnung, kurzfristige*, → *Gewinnvorgabe*).

Die Berichte beinhalten in zusammengefaßter Form Soll-/Istvergleiche sowie die wesentlichen Ergebnisse der → *Abweichungsanalyse* einschließlich Vorschlägen für Maßnahmen. Kein Bericht über Istzustände ohne zukunftsgerichtete Vorschau! Außerbetrieblich ist der Controller für die Darstellung der Ergebnis- und Vermögenslage sowie ihrer Entwicklung verantwortlich (→ *Jahresabschluß*, → *Konzernabschluß*, → *Bild der Vermögens-, Finanz- und Ertragslage*, → *Lagebericht*, → *Publizität*). Diese Aufgabe beinhaltet auch die Festlegung der Bilanzierungs- und Bewertungsmethoden des Unternehmens (→ *Bewertungsprinzipien*, → *Bilanzpolitik*).

Zur Erfüllung dieser Aufgaben muß der Controller ein geeignetes *betriebswirtschaftliches Informationssystem* aufbauen, das es ermöglicht, über die jeweils relevanten Informationen zur richtigen Zeit und an der richtigen Stelle zu verfügen. Über die Automatisierung bestehender Abläufe hinaus werden die Informationen zusätzlich aufbereitet und zur Unterstützung von Managemententscheidungen eingesetzt. Durch zunehmende Effizienzsteigerungen der Informationssysteme muß vor allem *Erfolgspotential* geschaffen werden. In Zukunft ist zu erwarten, daß die „Ressource" Information zu einem zentralen Erfolgsfaktor wird. Zu den wichtigsten Werkzeugen beim Aufbau solcher moderner Informationssysteme sind mehrstufige Datenbanksysteme und Informationsnetze zu zählen (Value added networks). Als eine der wesentlichen Aufgaben des Controllers ist die umfassende Integration des Informationsmanagements („Informationsmanagement" statt „Datenverarbeitung"!) anzusehen. Dazu sind die Abläufe so zu gestalten, daß die Informationen tatsächlich im Sinne der Unternehmensziele genutzt werden können. Das bedeutet auch eine Abkehr von der häufig noch sehr stark ausgeprägten Arbeitsteilung auf diesem Gebiet.

Bei der Festlegung der *Geschäftspolitik* und insbesondere bei der Aufstellung der *strategischen und operativen Planung* wirkt der Controller mit, unter anderem indem er die Auswirkungen der Zielsetzungen und der Einzelplanungen auf das Unternehmen aufzeigt (→ *Planungsrechnung*). Grundlage der strategischen Planung ist die Einigung über die Entwicklung von Schlüsselindikatoren sowie über die Einschätzung von Umweltbedingungen, Markt- und Produkttrends und der Wettbewerbssituation. Darauf aufbauend sind die wesentlichen langfristigen Ziele festzulegen, anschließend konkrete Maßnahmen zur Erreichung dieser Ziele sowie die benötigten Ressourcen zu planen. Als wesentliche *operative Einzelplanungen* sind die Vertriebs-, Kapazitäts-, Werks-, Investitions-, Entwicklungs-, Personal- und Finanzplanung zu nennen. Der Controller muß die Einzelplanungen zu einem konsistenten *Gesamtplan* zusammenfügen. Dazu hat er zunächst dafür zu sorgen, daß die benötigten Informationen rechtzeitig bereitgestellt werden und daß die verschiedenen Unternehmensbereichsziele auf das Gesamtunternehmen abgestimmt werden. Die Einhaltung der geplanten Ergebnisse muß der Controller laufend und auch im begründeten Einzelfall überwachen. Auf der Grundlage von Abweichungsanalysen hat er ggfs. geeignete Maßnahmen zum Gegensteuern zur Wirkung zu bringen. *Produktpläne*, die den gesamten Produktentstehungsprozeß zumindest der wichtigsten Produkte begleiten, werden für die Rentabilität der Unternehmen immer wichtiger.

Dem Controller untersteht auch die Abteilung, in der betriebswirtschaftliche Unternehmensaufgaben gelöst und neue betriebswirtschaftliche Methoden entwikkelt werden. Ebenso ist die *Ablauforganisation* im C. angesiedelt. Dem Controller kann auch die *interne → Revision* unterstellt sein, da sich der Gesamtüberblick über das Unternehmen, den das C. zur Verfügung stellt, für diese Aufgaben als nützlich erweist. Dabei ist jedoch auf die nötige Unabhängigkeit der internen Revision zu achten.

b) Funktionales Controlling. Neuerdings tritt mehr und mehr *funktionales* C. ergänzend neben das ursprünglich von der Gesamt(Ergebnis-)verantwortung ausgehende C.

Im *Einkauf* hat der Controller zwischen den Forderungen der Produktion nach schneller und flexibler Beschaffung und der Wirtschaftlichkeit und Sicherheit des Einkaufs durch langfristige Verträge und hohes Bestellvolumen zu vermitteln. Dabei geht es immer mehr darum, die Gesamtkosten statt nur die Materialkosten zu optimieren, da Fragen der Qualität und der Lieferzeit („just-in-time") eine zunehmend höhere Priorität im Einkauf gewinnen. Große Bedeutung kommt angesichts beträchtlich schwankender Wechselkurse auch der Reduzierung von Währungsrisiken bei Importen zu.

Im *Forschungs- und Entwicklungs-C.* ist der Controller für die ergebnisorientierte Planung, Steuerung und Kontrolle aller Vorhaben zur Schaffung neuer Verfahren, Produkte oder Anwendungen verantwortlich. Dazu gehören insbesondere die Beurteilung von F&E-Anträgen und Produktplänen, die Mitarbeit bei der Termin- und Kapazitätsplanung, die Planung und Kontrolle von Kosten und Leistung in laufenden Vorhaben sowie die fallweise Mitarbeit an Kostensenkungsprogrammen. Wesentliche Bedeutung für die erfolgreiche Durchführung von F&E-Vorhaben haben der Einsatz eines Frühwarnsystems, um Abweichungen rechtzeitig erkennen und ggfs. Gegenmaßnahmen ergreifen zu können, sowie Cost-to-Complete-Rechnungen auf der Grundlage einer tätigkeitsbegleitenden Dokumentation der wirtschaftlichen Größen. Eine der aktuellen Fragestellungen für den F&E-Controller ist die Kalkulation bei der Entwicklung von Software, die häufig die Hardware in ihrer Bedeutung immer mehr ablöst.

Der *Produktionscontroller* ist für die Sicherstellung der Wirtschaftlichkeit des gesamten Produktionsprozesses zuständig. Zu seinen Aufgaben gehören die Mitarbeit bei der kurz- und mittelfristigen Produktionsplanung, die Budgetplanung und -kontrolle, die Mitwirkung bei der Entscheidung über → *Eigenfertigung oder Fremdbezug*, sowie die laufende Information der Unternehmensleitung. Eine wichtige Aufgabe für das Produktions-C. ist derzeit die Entwicklung von Verfahren zur Kosten- und Leistungsrechnung, die den modernen Produktionstechnologien mit ihren stark geänderten Kostenstrukturen (sinkender Lohnanteil, steigende Material- und Gemeinkosten) und dem immer wichtigeren Anteil an logistischen

Leistungen zur Vernetzung der Teilsysteme der Produktion angemessen sind. Die neuesten Entwicklungen gehen insbesondere bei just-in-time-Produktion/Losgröße 1-Produktion in Richtung einer prozeßbegleitenden Kostenrechnung mit zeitgerechter Rückkopplung (feedback). Besondere Bedeutung hat auch die Mitarbeit des Produktionscontrollers bei *Investitionsentscheidungen*. Die Wirtschaftlichkeit von komplexen *DV-gestützten Produktionssystemen* kann mit den bisher üblichen Verfahren der → *Investitions- und Wirtschaftlichkeitsrechnung* kaum noch beurteilt werden, da zunehmend strategische (d. h. schwer oder nicht quantifizierbare) Aspekte zu berücksichtigen sind. Hier besteht eine Aufgabe des Controllers darin, Verfahren bereitzustellen, mit deren Hilfe eine transparente, möglichst objektive Entscheidung vorbereitet werden kann.

Eine weitere wichtige Aufgabe des Controllers ist das *Vermögens-C.* (Assetmanagement/-C.). Während in den 60er und 70er Jahren die Unternehmensstrategie in erster Linie auf wachsende Umsätze bei hoher Umsatzrentabilität abzielte, ist seit den 80er Jahren angesichts rückläufiger Wachstumsraten die Kapitalumschlagshäufigkeit als wesentliches Element einer hohen Gesamtkapitalrentabilität auch in der Praxis erkannt worden. Der Vermögenscontroller hat hier dafür Sorge zu tragen, daß das Vermögen des Unternehmens auf das zur Aufrechterhaltung des Geschäftsbetriebs nötige Optimum reduziert wird, um so den Kapitalumschlag und damit die Gesamtkapitalrentabilität des Unternehmens zu verbessern. Die wesentlichen Ansatzpunkte des Vermögens-C. sind das Anlagevermögen (→ *Anlagenplanung*), die Vorräte und die Forderungen. Voraussetzung für ein wirksames Vermögens-C. ist ein verbesserter Informationsfluß zwischen den beteiligten Bereichen Einkauf, Fertigung, Vertrieb und C. Maßnahmen zur Senkung der Bestände z. B. umfassen die Reduzierung von Warte- und Lagerzeiten durch genauere Vertriebsprognosen und durch verbesserte Fertigungsorganisation und Auftragssteuerung sowie die Verwendung genormter Teile in der Entwicklung.

Das *Vertriebs-C.* dient als Bindeglied zwischen markt- und ergebnisorientierter Unternehmensführung. Der Vertriebscontroller hat durch das Aufzeigen der Auswirkungen z. B. von Preispolitik, Produktpolitik und der Auswahl von Vertriebswegen auf das Unternehmensergebnis einen wesentlichen Beitrag zur Entscheidungsfindung zu leisten. Neben der Kostenplanung und -kontrolle muß er aussagekräftige Kennzahlen über die Deckungsbeiträge bei einzelnen Produkten, nach Vertriebskanälen, nach Kundengruppen sowie nach Vertriebsregionen als Grundlage für eine zielgerichtete Vertriebssteuerung liefern. Darüber hinaus hat der Vertriebscontroller auf die Auswirkungen von Abweichungen hinsichtlich Preisen oder Mengen Einfluß zu nehmen (→ *Erlösrechnung*). Dabei sind vor allem die Risiken der Preispolitik herauszustellen. Das Vertriebs-C. liefert mit den Kennzahlen gleichzeitig die Grundlage für das Provisionssystem der Vertriebsmitarbeiter.

Mit dem Trend zur Entwicklung kompletter Anlagen bzw. Systeme in vielen Industriezweigen hat das *Projekt-C.* eine große Bedeutung erlangt. Die planmäßige Abwicklung von Projekten – gleich welcher Größe – muß unter ständiger steuernder Überwachung bleiben. Hierbei ist es wesentlich, daß bereits bei der Projektorganisation die Controller-Belange entsprechend berücksichtigt werden, um das Projektziel, eine definierte Leistung innerhalb eines festgelegten Anfangs- und Endtermins zu geplanten Kosten zu erbringen, sicherstellen zu können. Der Controller muß dafür Sorge tragen, daß das Projekt von der Angebotserstellung über die Ablauf-, Zeit- und Terminplanung sowie den Personal- bzw. Kapazitätsplan bis hin zur Kosten- und Finanzierungsplanung zahlenmäßig exakt vorbereitet und in seinem Ablauf systematisch verfolgt wird. Es hat sich als zweckmäßig erwiesen, für große Projekte einen eigenen Controller einzusetzen, der mit dem Projektleiter zusammen für die Abwicklung zuständig ist. Neben den mit dem Projekt anfallenden Aufwendungen müssen insbesondere die eingegangenen Verpflichtungen (Commitments) erfaßt und unter Kontrolle gehalten werden.

3. Organisation

Wenn der Controller seine umfassenden, interdisziplinären Aufgaben erfüllen soll, muß er in der Unternehmenshierarchie entsprechend eingegliedert sein. Nach immer stärker vertretener Auffassung sollte er Mitglied des Vorstands bzw. der Geschäftsleitung sein. Es ist wichtig festzuhalten, daß das C. nicht als Stabstätigkeit konzipiert ist. Es ist vielmehr im Sinne einer Linienfunktion aufzufassen. Der Controller ist für die Durchführung seiner Aufgaben verantwortlich und muß die Möglichkeit haben, an allen wesentlichen Entscheidungen, die seine Aufgaben im Unternehmen betreffen, mitzuwirken. Das ist aber nur möglich, wenn er auch rechtlich und organisatorisch so eingegliedert ist, daß er seine Argumente zur Wirkung bringen, ggf. durchsetzen kann. Zur Wahrnehmung der vielfältigen Aufgaben ist es sinnvoll, das C. entsprechend der Organisation des Gesamtunternehmens aufzubauen (z. B. Sparten- oder Matrixorganisation), um eine ausreichende Mitwirkung des C. in allen wichtigen Unternehmensbereichen sicherzustellen (→ *Konzern-Controlling*).

Lit.: Coenenberg, A. G./Baum, H. G.: Strategisches Controlling, 1987; *Reichmann, T.* (Hrsg.): Controlling-Praxis, 1988; *Horváth, P./Gassert, H./Solaro, D. (Hrsg.):* Controlling-Konzeption für die Zukunft, Trends und Visionen, 1991; *Spremann, K./Zur, E.* (Hrsg.): Controlling, 1992; *Horváth, P.:* Controlling, in: HWR, 3. Aufl., 1993, Sp. 322–334; *Solaro, D.:* Vermögenscontrolling, in: Horváth, P./Reichmann, T. (Hrsg.): Vahlens Großes Controllinglexikon, 1993, S. 649 ff.; *Horváth, P.:* Controlling, 5. Aufl., 1994; *Reichmann, T.:* Controlling mit Kennzahlen und Managementberichten, 4. Aufl., 1995; *Hahn, D.:* PuK – Planung und Kontrolle, Planungs- und Kontrollsysteme, Planungs- und Kontrollrechnung, 5. Aufl., 1996; *Schulte, C.* (Hrsg.): Lexikon des Controlling, 1996.

Dr. Dietrich Solaro, Stuttgart.

Corporation
US-amerikanische Unternehmensform, vergleichbar der deutschen → *Kapitalgesellschaft*, geregelt durch Rechte der Einzelstaaten. Organe der C. sind die Generalversammlung und der von ihr gewählte Board of Directors, dem in der Regel Personen des Management, vergleichbar mit dem Vorstand deutscher → *Aktiengesellschaften* und Externe, vergleichbar mit deutschen Aufsichtsratsmitgliedern, angehören. Die C. ist in den USA vorherrschende Unternehmensform.

Cost accounting
= → *Kostenrechnung*

Cost-Benefit-Analysis
= → *Kosten/Nutzen-Analyse.*
= Nutzen/Kosten-Analyse.

Cost-Center
Unternehmensbereich, bei dem sich die Verantwortlichkeit des Leiters auf die verursachten → *Kosten* erstreckt. Ziel ist die Erzielung eines gegebenen Outputs bei minimalen Kosten. Eine Spezialform von C. sind *Service-Center*, die bestimmte innerbetriebliche Leistungen erbringen (z. B. Forschung und Entwicklung).

Cost driver
= → *Kostentreiber.*
Gemeinkosten verursachender Prozeß (→ *Prozeßkostenrechnung*).

Cost-volume-profit analysis
= CVP-Analyse.
= → *Break-even-Analyse.*

CPA
= → *Certified Public Accountant.*

Cut-off-Rate
Zinssatz, der sich z. B. bei Anwendung des → *Deanschen Konzeptes* als Schnittpunkt aus → *Kapitalnachfrage-* und → *Kapitalangebotskurve* ergibt. → *Investitionen*, die eine niedrigere Rendite erbringen als die C., werden als nicht mehr lohnend angesehen und im → *Investitionsprogramm* nicht verwirklicht.

Cut-off-Verfahren
Prüfungsverfahren, bei dem der Prüfer nur solche Elemente auswählt, die eine bestimmte Wert- oder Mengengrenze überschreiten.

CVP-Analyse
= Cost-volume-profit analysis.
= → *Break-even-Analyse.*

Datenbank

→ *EDV-gestütztes Rechnungswesen.*

DCF-Methoden

= → Discounted Cash Flow-Methoden. Methoden der → *dynamischen Investitionsrechnung*, insbesonders *Kapitalwert-* und *Interne Zinsfuß-Methoden.*

Deansches Konzept

Nach dem amerikanischen Ökonomen Joel Dean benannter Ansatz zur Bestimmung des optimalen → *Investitions- und Finanzierungsprogramms* bei unvollkommenem Kapitalmarkt mit Hilfe des → *internen Zinsfußes* r_j. Die isolierten Investitionsobjekte I_j werden hierbei in die Reihenfolge sinkender r_j gebracht. Durch Kumulation der Anfangsauszahlungen läßt sich der Finanzmittelbedarf graphisch ermitteln (vgl. Abb.). Die Fremdmittel $I_{F,k}$ lassen sich analog nach steigenden Sollzinsen $i_{F,k}$ anordnen. Solange die marginale interne Verzinsung über den marginalen → *Kapitalkosten* liegt, ist das Investitionsobjekt vorteilhaft. Das Optimum ist bei *unbeschränkter Teilbarkeit* der Investitionsobjekte und der Finanzmittel im Schnittpunkt beider Kurven erreicht. Bei beschränkter Teilbarkeit ist ein Flächenvergleich durchzuführen bzgl. der Realisierung des marginalen Investitionsobjektes (vgl. Abb., für das dort zugrundeliegende Beispiel ist die Investition I_2

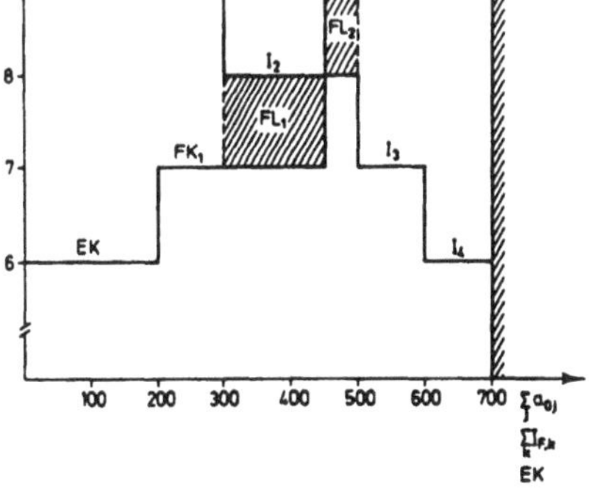

durchzuführen). Es kann jedoch eine Investition existieren, die eine geringere Verzinsung als die Marginalinvestition aufweist, aber dennoch bei ihrer Aufnahme in das Investitionsprogramm zu einem höheren Gewinn führt, weil sie weniger höher verzinsliche Kredite beansprucht.

Kritisch ist einzuwenden, daß nicht notwendigerweise zwischen Kapitalkosten und Kapitalverwendung Unabhängigkeit besteht. Die → *Wiederanlageprämisse* der internen Zinsfußmethode ist hierbei problematisch, weil unterstellt werden muß, daß sich die Einzahlungsüberschüsse gleichzeitig realisierter Objekte zu unterschiedlichen Sätzen verzinsen. Die Optimierung des Investitionsprogrammes richtet sich nur auf den Investitionszeitpunkt Null.

Lit.: Dean, J.: Capital Budgeting, 7. Aufl., 1964, S. 14–139; *Franke, G./Hax, H.:* Finanzwirtschaft des Unternehmens und Kapitalmarkt, 3. Aufl., 1994, S. 222–226.

Debitor

= *Schuldner.*

Deckungsbeitrag

→ *Deckungsbeitragsrechnung.*

Deckungsbeitragsrechnung

1. Ziele und Ausprägungen der Deckungsbeitragsrechnung. Der Deckungsbeitrag (DB) eines Bezugsobjektes ist die Differenz zwischen jenen Erlösen und → *Kosten*, die ausschließlich durch das Objekt selbst ausgelöst werden.

In diesem Zusammenhang können z.B. die einzelne Produkteinheit, die in einer Periode geplante oder realisierte Absatzmenge einer oder mehrerer Produktarten oder die Absatzmengen, die in einer Periode an einen Kunden, an eine Kundengruppe oder in einer Region abgesetzt werden, Bezugsobjekte sein. Ziel der D. ist es, „über den Ausweis verschiedener Deckungsbeiträge jene Änderungen des Erfolgs und seiner Komponenten offenzulegen, die sich als Folge bestimmter Entscheidungen bzw. infolge der Variation maßgeblicher Kosten- oder Erlös-Einflußgrößen ergeben haben oder ergeben werden" (*Hummel/Männel*, 1983, S. 49). Die unterschiedlichen Ausprägungen der D. sind auf die parallele Entwicklung verschiedener konzeptioneller Ausrichtungen der Teilkostenrechung zurückzuführen.

Die von *Riebel* konzipierte „Einzelkosten- und Deckungsbeitragsrechnung" orientiert sich am Prinzip der relevanten Konsequenzen: Zur Ermittlung des DBs eines Bezugsobjektes sind nur die relativen (d.h. vom gewählten Bezugsobjekt abhängigen) Einzelerlöse sowie die relativen Einzelkosten relevant, da nur sie „durch dieselbe Entscheidung wie das betrachtete Objekt" (*Riebel*, 1974, Sp. 1142) ausgelöst werden und damit „auf einen identischen dispositiven Ursprung zurückgeführt werden können" (*Riebel*, 1992, S. 734). Erlöse und Kosten, die auf Entscheidungen zurückgehen, die mindestens noch ein zweites Bezugsobjekt betreffen, stellen auf der Ebene des Bezugsobjektes echte Gemeinerlöse bzw. echte Gemeinkosten dar. Sie werden auf jener Ebene der Bezugsobjekthierarchie ausgewiesen, auf der sie erstmals als Einzelerlöse bzw. Einzelkosten erfaßbar sind.

Aus dem Direct Costing, der flexiblen → *Plankostenrechnung* sowie der → *Grenzkostenrechnung* haben sich parallel weitere Ausprägungen der D. auf der Grundlage einer Differenzierung der Kosten in beschäftigungsvariable (i. a. proportionale) und beschäftigungsfixe Kosten entwickelt. In diesen → *Kostenrechnungssystemen* gibt der DB eines Bezugsobjektes den Überschuß der dem Bezugsobjekt zugeordneten Absatzleistungen über die variablen Kosten der Absatzmengen und die auf das Bezugsobjekt verrechneten Fixkostenanteile an. Der Informationswert dieser Erfolgsrechnung ist insofern begrenzt, als sie über die Disponierbarkeit der verrechneten Fixkostenanteile keine Auskunft gibt.

Durch eine zweckneutrale Erfassung aller Erlös- und Kosten-Urdaten in einer relationalen Datenbank werden die Voraussetzungen für eine flexible Datenverknüpfung geschaffen, die zur Darstellung der Erfolgswirkungen der vielfältigen Entscheidungen und Entscheidungsalternativen notwendig ist.

2. Mehrstufige Deckungsbeitragsrechnung als Auswertungs- und Budgetrechnung. Die mehrstufige D. vermittelt eine Informationsbasis zur Beurteilung des Absatzerfolges einer Periode. Die erfaßten Istkosten lassen sich in Abhängigkeit vom implementierten Kosteninformationssystem als relative Einzelkosten der ausgewiesenen Bezugsgrößen oder in Form von variablen Kosten in Verbindung mit einer Stufung der fixen Kosten darstellen. Aus diesem Grunde werden im

Beispiel 1

Bereiche	A			B	
Produktgruppen	I		II	III	
Produkte	1	2	3	4	5
Absatzmengen (1.000 Stück)	130	380	110	240	170
Stück-Nettoerlös (DM)	1,85	2,00	6,36	1,31	2,59
Einzelkosten/ variable Kosten je Stück (DM)	0,54	1,47	2,36	0,73	1,41
= Stück-Deckungsbeitrag (DM)	1,31	0,53	4,00	0,58	1,18
Summe der Stück-Deckungsbeiträge (TDM)	170	200	440	140	200
- Produkt-Einzelkosten/Fixkosten (TDM)	40	90	60	30	50
= Produkt-Deckungsbeitrag (TDM)	130	110	380	110	150
Summe der Produkt-Deckungsbeiträge einer Produktgruppe (TDM)	240		380	260	
- Produktgruppen-Einzelkosten/Fixkosten(TDM)	100		0	90	
= Produktgruppen-Deckungsbeitrag (TDM)	140		380	170	
Summe der Produktgruppen-Deckungsbeiträge eines Bereichs (TDM)	520			170	
- Bereichs-Einzelkosten/Fixkosten(TDM)	320			110	
= Bereichs-Deckungsbeitrag (TDM)	200			60	
Summe der Bereichs-Deckungsbeiträge (TDM)	260				
- Unternehmens- Einzelkosten/Fixkosten(TDM)	140				
= Unternehmens-Deckungsbeitrag (TDM) (=Periodenergebnis)	120				

Mehrstufige Deckungsbeitragsrechnung für das Quartal I/90

folgenden *Beispiel 1* beide Ausprägungen einer mehrstufigen D. parallel dargestellt. Es sei hier jedoch ausdrücklich betont, daß die auf einer Stufe der Bezugsgrößenhierarchie ausgewiesenen Fixkostenanteile nicht notwendig mit den dieser Bezugsgröße zuzuordnenden Einzelkosten übereinstimmen.
Auch auf der Basis von Plangrößen vermittelt eine mehrstufige Soll-D. als Instrument der Erfolgsbudgetierung einen Bezugsrahmen für die Ausrichtung der Einzelentscheidungen auf das vereinbarte Erfolgsziel des Unternehmens. Durch einen kontinuierlichen Soll-Ist-Vergleich läßt sich die mehrstufige D. zu einem Frühwarnsystem zur Erfolgssicherung ausbauen.

3. Ausbau der Deckungsbeitragsrechnung zu einem Instrument des Erfolgscontrollings. Die mehrstufige D. läßt sich für ein erfolgsorientiert geführtes Unternehmen zu einem wichtigen Controlling-Instrument ausbauen, in dem die Ursachen einer Veränderung des DBs gegenüber dem Budgetwert bzw. dem Wert der Vorperiode analysiert werden. Mögliche Ursachen für eine Veränderung des DBs sind Veränderungen bei den folgenden Parametern: Absatzmengen, Sortimentsstruktur, Nettopreise und Kosten. Die Deckungsbeitrags-Flußrechnung (DBFR) informiert darüber, in welchem Ausmaß eine Veränderung dieser Parameter eine Veränderung des DBs induziert hat.

Beispiel 2: Die im Bereich A eingetretene Verminderung des Bereichs-DBs gegenüber dem letzten Quartal wird mit Hilfe der DBFR analysiert. Im Bereich A wurden in den Quartalen IV/93 und I/94 folgende Ergebnisse erzielt:
Die Verminderung des Bereichs-DBs im Quartal I/94 um 100 TDM gegenüber IV/93 läßt sich unter Einsatz der DBFR auf die im nachstehenden Diagramm angeführten Einflußfaktoren Menge, Nettopreis und Kosten zurückführen. Eine weitere Differenzierung, z. B. nach Kostenarten, ist möglich. Die in dem folgenden Diagramm ausgewiesene Aufteilung kombinierter Abweichungseffekte wurde auf der Basis der symmetrischen Abweichungsanalyse (*Link*, 1987) ermittelt.

4. Deckungsbeitragsrechnung zur Lösung von Planungsaufgaben. Bei der Lösung von Planungsaufgaben liefert die D. die entscheidungsrelevanten Erfolgsbeiträge der Entscheidungsobjekte und Handlungsalternativen und schafft damit die Voraussetzung für eine effektive Planung im Produktions- und Absatzbereich bei kurz-, mittel- und langfristigem Planungshorizont. Aus dem vielfältigen Einsatzpotential der D. sei hier die Planung des kurzfristigen Produktionsprogramms herausgegriffen. Werden im Rahmen der kurzfristigen Produktionsprogrammpla-

Beispiel 2

Bereich	A					
Produktgruppen	I				II	
Produkte	1		2		3	
	IV/93	I/94	IV/93	I/94	IV/93	I/94
Absatzmenge (1000 Stück)	130	130	270	380	200	110
Bruttoumsatz (TDM)	200	240	540	760	1020	700
– Rabatte (TDM)	0	0	40	100	220	150
– variable Kosten (TDM)	30	70	270	460	340	110
– Produkt-Fixkosten (TDM)	30	40	70	90	60	60
= Produkt-DB (TDM)	140	130	160	110	400	380
	IV/93		I/94			
Summe der Produkt-DBe einer Produktgruppe (TDM)	300		240		400	380
– Produktgruppen-Fixkosten (TDM)	100		100		0	0
= Produktgruppen-DB (TDM)	200		140		400	380
	IV/93				I/94	
Summe Produktgruppen-DB	600				520	
– Bereichs-Fixkosten (TDM)	300				320	
= Bereichs-DB (TDM)	300				200	

Mehrstufige Deckungsbeitragsrechnung für den Bereich A und die Quartale IV/93 und I/94

 Deckungsbeitragsrechnung

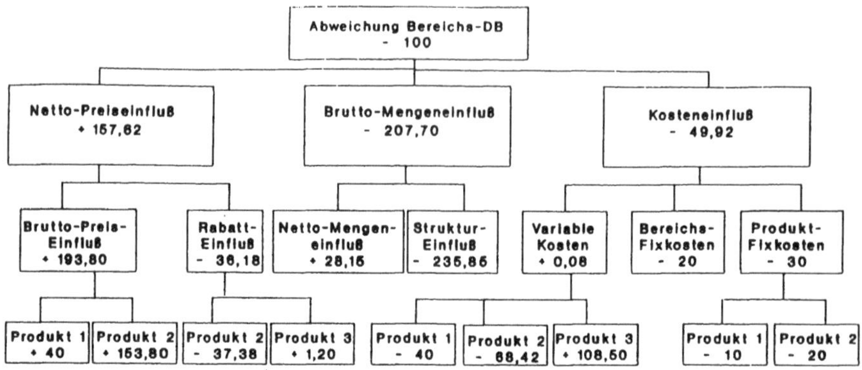

Ergebnis der Abweichungsanalyse als hierarchisches Diagramm

nung die von den einzelnen Produkten herzustellenden Mengen ausschließlich durch die spezifischen Produktions- oder Absatzmöglichkeiten der einzelnen Produkte beschränkt, dann umfaßt das DB-maximale Produktionsprogramm die maximal herstellbaren und absetzbaren Mengen aller Produkte mit positivem Stück-DB.

Konkurrieren jedoch mehrere Produkte um die Inanspruchnahme von Engpaßressourcen, so läßt sich ein DB-maximales Produktionsprogramm nur auf Basis engpaßbezogener DBe ermitteln.

Beispiel 3: Ein Unternehmen kann drei verschiedene Produkte in das Produktionsprogramm aufnehmen. Alle drei Produkte müssen zunächst auf einer NC-Drehmaschine bearbeitet werden, um dann unabhängig voneinander fertiggestellt zu werden. Die disponierbare Kapazität der NC-Drehmaschine beträgt in der Planungsperiode 2100 Minuten. Die Rüstzeiten auf der NC-Drehmaschine sind vernachlässigbar gering. Die Stück-DBe, die aufgrund von Absatzbeschränkungen in der Planungsperiode maximal produzierbaren Mengen sowie die Inanspruchnahme der von den Produkten gemeinsam genutzten Engpaßkapazität der NC-Drehmaschine sind in der folgenden Tabelle zusammengefaßt:

Die in der Planungsperiode disponierbare Kapazität der NC-Drehmaschine reicht nicht aus, um bei allen drei Produktarten die maximal absetzbare Menge zu produzieren. Orientiert sich die Planung des Produktionsprogramms in dieser Situation ausschließlich am Stück-DB der Produkte, so wird über die Produktion von 500 Stück von Produkt 2 und 300 Stück von Produkt 1 nur ein suboptimaler DB von 13200 DM erzielt. Um das Produktionsprogramm mit maximalem DB zu erhalten, ist es dagegen sinnvoll, die Prioritäten hinsichtlich der Inanspruchnahme der NC-Drehmaschine nach dem engpaßbezogenen DB der Produkte festzulegen. Zu einem maximalen DB in Höhe von

Beispiel 3

Produktarten	A	B	C
Stückdeckungsbeitrag (DM/Stück)	14	18	12
In der Planungsperiode maximal absetzbare Menge (Stück)	600	500	400
Bearbeitungszeit auf der NC-Drehmaschine (Min/Stück)	2	3	1,5
Engpaßbezogener Deckungsbeitrag (DM/Min)	7 (14:2)	6 (18:3)	8 (12 : 1,5)

15000 DM führt somit das folgende Produktionsprogramm: Produkt 3: 400 Stück, Produkt 1: 600 Stück und Produkt 2: 100 Stück. Bei mehreren Engpaßressourcen bietet sich eine PC-gestützte Ermittlung des DB-maximalen Produktionsprogramms unter Einsatz von Verfahren der linearen oder ganzzahligen Optimierung an.

5. Zusammenfassung. Aufgrund der wachsenden Wettbewerbsintensität bei gleichzeitiger Veränderung des wettbewerblichen Umfeldes ist eine schnelle Reaktion auf Marktveränderungen unerläßlich. Eine EDV-gestützte D. informiert schnell und zuverlässig über die Erfolgswirkungen von Entscheidungen und Entscheidungsalternativen im Rahmen einer Planung, Steuerung und Kontrolle des Unternehmensgeschehens. Die D. stellt damit den Unternehmen ein wichtiges methodisches Instrumentarium zur Verfügung, um auch in Zukunft erfolgreich zu sein.

Lit.: Hummel, S./Männel, W.: Kostenrechnung 2, 3. Aufl., 1983 (Nachdruck 1993); *Link, J.*: Schwachpunkte der kumulativen Abweichungsanalyse in der Erfolgskontrolle, in: ZfB 1987, S. 780–792; *Sinzig, W.*: Datenbankorientiertes Rechnungswesen, 3. Aufl., 1990; *Kilger, W./Vikas, K.*: Flexible Plankostenrechnung und Deckungsbeitragsrechnung, 10. Aufl., 1993; *Männel, W.*: Deckungsbeitragsrechnungen, in: HWB, 5. Aufl., 1993, Sp. 727–743; *Riebel, P.*: Deckungsbeitragsrechnung, in: HWR, 3. Aufl., 1993, Sp. 364–379; *Riebel, P.*: Einzelkosten- und Dekkungsbeitragsrechnung, 7. Aufl., 1994; *Kloock, J./Sieben, G./Schildbach, T.*: Kosten- und Leistungsrechnung, 8. Aufl., 1997.

Professor Dr. Heinz Isermann, Frankfurt.

Deckungskriterium

Das D. liegt vor, wenn die Summe der Einzahlungen größer ist als die Summe der Auszahlungen, die aus einer → *Investition* resultieren.

Deckungsstockfähigkeit

1. Deckungsstock. → *Versicherungsunternehmen* haben in Höhe der Deckungsrückstellungen für Lebens- und Krankenversicherungen sowie Unfallversicherungen mit Beitragsrückgewähr (§ 65, § 79 VAG) einen *Deckungsstock* zu bilden (§ 66 VAG). Deckungsrückstellungen ergeben sich als Saldo aus dem Barwert der künftigen Versicherungsleistungen und dem Barwert der künftigen Beitragseinnahmen. Sie verkörpern Rechtsansprüche der Versicherungsnehmer auf künftige Versicherungsleistungen. Zur Sicherstellung dieser Ansprüche dient der Deckungsstock, ein vom übrigen Vermögen getrenntes Sondervermögen, das dem Zugriff anderer Gläubiger entzogen ist. Die Anlage des *Deckungsvermögens* unterliegt gesetzlichen Vorschriften (§ 54a VAG). Das gilt gleichermaßen für das übrige gebundene Vermögen, das sich rechnerisch aus der Höhe der versicherungstechnischen Rückstellungen sowie der aus Versicherungsverhältnissen entstehenden Verbindlichkeiten und Rechnungsabgrenzungsposten ergibt. Zu den Anlagen des gebundenen Vermögens zählen gemäß § 54a VAG neben *festverzinslichen Wertpapieren, Aktien* und *Immobilien* auch *Schuldscheindarlehen* an inländische Unternehmen (ohne Kreditinstitute), wenn sie bestimmte Bonitätsanforderungen erfüllen.

2. Bonitätsanforderungen für Schuldscheindarlehen. Als Sicherheit verlangt das VAG erststellige Grundpfandrechte oder ersatzweise mit Genehmigung des Bundesaufsichtsamtes für das Versicherungswesen (BAV) eine Verpflichtungserklärung des Darlehensnehmers (§ 54a Abs. 2 Nr. 8d) VAG), keinen anderen Gläubigern bessere Rechte oder Sicherheiten einzuräumen (*Negativerklärung*). Deckungsstockfähige Darlehen dürfen nur an Unternehmen vergeben werden, die aufgrund der Entwicklung ihrer *Ertrags-* und *Vermögenslage* Rückzahlung und Verzinsung gewährleisten können. Zur Beurteilung der Ertrags- und Vermögenslage werden → *Kennzahlen* herangezogen, für die das BAV 1975 mit dem Rundschreiben 2/75 und dem Exposé für die Vergabe von Schuldscheindarlehen erstmals Eckwerte vorgegeben hat. Mit den *Leitlinien zur Vergabe von Unternehmenskrediten von 1992* wurden diese Eckwerte geändert. Damit sollte dem strukturellen Wandel der Bilanzrelationen, den Änderungen durch das → *Bilanzrichtliniengesetz* und der rückläufigen Bedeutung dinglicher Sicherheiten Rechnung getragen werden. Durch Anpassung der Anforderungen an die heutigen wirtschaftlichen Verhältnisse soll den Schuldscheindarlehen wieder ihre ursprüngliche Bedeutung verschafft werden.

3. Finanzrelationen. Notwendige Bedingung für die Bonitätseinstufung eines Darlehensnehmers ist die Einhaltung von drei *Kernkennzahlen*, die aus den Ergebnissen empirischer → *Bilanzanalysen* zur Früherkennung von Unternehmenskrisen abgeleitet sind:

(1) Mit der *Gesamtkapitalrendite vor Steuern* (GKR) wurde folgende Kennzahl der → *Rentabilität* in den Katalog aufgenommen:

$$\text{GKR} = \frac{\text{Betriebsergebnis} + \text{Zinsaufwand}}{\text{durchschnittliches Gesamtkapital}}$$

Sie wird als Indikator für die Ertragskraft des Unternehmens angesehen und muß einen Wert von $\geq 6\,\%$ aufweisen. Das Betriebsergebnis wird aus dem → *Ergebnis der gewöhnlichen Geschäftstätigkeit* unter Eliminierung → *neutraler Aufwendungen und Erträge* abgeleitet.

(2) Eine Kennzahl zur Finanzkraft ist die *Entschuldungsdauer* (ED):

$$\text{ED} = \frac{\text{Bereinigtes Fremdkapital}}{\text{Cash Flow nach Steuern}}$$

Die ED soll einen Wert von ≤ 7 haben.

Der → *Cash Flow* wird als bereinigtes Ergebnis der gewöhnlichen Geschäftstätigkeit abzüglich Steuern und zuzüglich Abschreibungen definiert; Veränderungen von langfristigen Rückstellungen dürfen zusätzlich berücksichtigt werden. Das Fremdkapital wird insbesondere um Pensionsrückstellungen vermindert. Im Gegensatz zum vergleichbaren Verschuldungsfaktor der alten Regelung wird das bereinigte Fremdkapital nicht mehr um das kurzfristig realisierbare Umlaufvermögen gekürzt. Das erklärt die Erhöhung des Grenzwertes von 3,5 auf 7 Jahre.

(3) An die Stelle der → *Eigenkapitalquote* ist der *Finanzierungskoeffizient (FiKo)* getreten.

$$\text{FiKo} = \frac{\text{Bereinigtes Fremdkapital}}{\text{Bereinigtes Eigenkapital} + \text{Pensionsrückstellungen}}$$

Der Wert soll ≤ 2 sein. → Die *Pensionsrückstellungen* wurden auf Wunsch von Unternehmen als langfristige, eigenkapitalähnliche Position dem Eigenkapital zugerechnet.

(4) Die Einhaltung einer → *Eigenkapitalquote* ist als Nebenbedingung in Höhe von 20 % der Bilanzsumme bei Stellung von Sicherheiten und von 30 % bei Vereinbarung einer Negativklausel beibehalten worden. Insbesondere im Fall der Darlehensvergabe gegen Sicherheiten sind gegenüber der vormals geforderten Eigenkapitalquote von 33 % die Anforderungen verringert worden.

Die Einhaltung *horizontaler Bilanzrelationen*, die bis zur Gültigkeit des neuen Leitfadens gefordert wurde, wird nun nicht mehr verlangt.

Diese Bonitätskriterien gelten grundsätzlich einheitlich für alle Branchen. Branchenspezifische Besonderheiten können durch entsprechende Aufbereitung der Jahresabschlüsse berücksichtigt werden. So kann z. B. im Anlagenbau durch Saldierung der erhaltenen Anzahlungen das Gesamtkapital deutlich gesenkt werden, mit dem Effekt, daß sich gegenüber dem unsaldierten Ausweis alle Kennzahlen verbessern.

Im Falle der Darlehenssicherung durch erststellige Grundpfandrechte ist eine Kompensation zwischen den drei Kernkennzahlen in engen Grenzen möglich. Dies gilt nicht im Fall der Sicherung durch Negativerklärung.

Das Einhalten der Negativvereinbarung und der Finanzrelationen ist jährlich durch den *Wirtschaftsprüfer* zu bestätigen. Wird auch nur eine Bedingung verletzt, steht dem Darlehensgeber vertraglich ein außerordentliches fristloses Kündigungsrecht zu.

4. Besonderheiten bei Konzernunternehmen. Der Kreditleitfaden fordert bei Darlehen an *Tochterunternehmen* die Analyse des *Einzel-* und → *Konzernabschlusses*. Für Darlehen an *Mutterunternehmen* ist für die Berechnung der Kernkennzahlen grundsätzlich der → *Einzelabschluß* maßgeblich, offenbar nicht zwangsläufig der Konzernabschluß.

Die gesetzlich vorgeschriebene Beurteilung der Ertrags- und Vermögenslage eines Konzernunternehmens (§ 54a Abs. 2 Nr. 8d) VAG) ist aber ohne Berücksichtigung des Konzernabschlusses nicht möglich (→ *Konzernabschlußanalyse*). Deshalb sollte bei der deckungsstockfähigen Darlehensvergabe an Konzerngesellschaften zur Berechnung der Kernkennzahlen grundsätzlich auf den Konzernabschluß nach § 290 ff. HGB zurückgegriffen werden. Dies gilt umso mehr, als die Darlehensvergabe an nicht konzerngebundene Unternehmen eher die Ausnahme sein dürfte.

Die Vorgabe von *Soll- oder Normwerten* bei der Unternehmensanalyse ist theoretisch kaum begründbar und wird daher von der Literatur kritisch gesehen. Sie kommt aber den Interessen institutioneller Kreditgeber nach einer vereinfachten bzw. standardisierten Kreditwürdigkeitsbeurteilung entgegen. Insofern ist zu vermuten, daß die im Kreditleitfaden formulierten Bonitätskriterien auch über die Vergabe von Schuldscheindarlehen der Versicherungsunternehmen hinaus Bedeutung erlangen werden.

Lit.: Kalbaum, G./Mees, J.: Kapitalanlagen, in: Farny, D. et al. (Hrsg.): HdV, 1988, S. 331–343; *Reutter, K.:* Schuldscheindarlehen, in: Farny, D. et al. (Hrsg.): HdV, 1988, S. 759–761; *Baetge, J./Niehaus, H.-J.:* Prognosefähigkeit von Vermögens-, Finanz- und Ertragskennzahlen im empirischen Test, in: Coenenberg, A.G. (Hrsg.): Bilanzanalyse nach neuem Recht, 2. Aufl., 1990, S. 70–89; *Bald, E.-J. u. a.:* Leitfaden für die Vergabe von Unternehmenskrediten – Schuldscheindarlehen –, 1992; *Linnhoff, U./Pellens, B.:* Kreditwürdigkeitsprüfung mit den neuen Jahresabschlußkennzahlen des Bundesaufsichtsamtes für das Versicherungswesen (BAV), in: DB 1994, S. 589–594; *Coenenberg, A.G.:* Jahresabschluß und Jahresabschlußanalyse, 16. Aufl., 1997, S. 561–709.

Dipl.-Ök. Ulrich Linnhoff/Dipl.-Kfm. Gerold Rieder, Erftstadt.

Deckungsumlage

Verteilung der Differenzen zwischen → *Plan-* und → *Istkosten* der → *Kostenstellen* im → *Betriebsabrechnungsbogen* auf die *Endkostenstellen* (→ *Hauptkostenstellen*).

Defender

→ *MAPI-Methode.*

Deferred method

→ *Latente Steuern.*

Deferred taxes

= → *Latente Steuern.*

Degressionseffekt

Form des Verhaltens von Kosten bei Beschäftigungsschwankungen (→ *Kosten, fixe und variable*), der durch die Aussagemöglichkeiten der → *Prozeßkostenrechnung* in der → *Kostenträgerstückrechnung* verdeutlicht werden kann.

Degressive Kosten

→ *Kosten, fixe und variable.*

Delkredere

(1) Übernahme des Ausfallrisikos von Forderungen.

(2) Im Rechnungswesen (Sammel-) *Wertberichtigung* für voraussichtliche Forderungsausfälle (= indirekte → *Abschreibung*).

Delphi-Methode

Prognosemethode, z. B. zur Vorbereitung von → *Investitionsentscheidungen*, bei der mit Hilfe einer strukturierten Befragung ein von dominierenden Persönlichkeiten unabhängiges Gruppenurteil ermittelt werden soll. Vorgehensweise:

(1) Verwendung eines formalen Fragebogens zur Gruppenbefragung,
(2) anonyme Einzelantworten,
(3) Ermittlung einer statistischen Gruppenantwort,
(4) Information der Teilnehmer über die Gruppenantwort,
(5) Wiederholung der Befragung.

Die Befragung wird so lange durchgeführt, bis eine starke Verdichtung des Gruppenurteils erreicht ist und keine nennenswerte Korrektur der Einzelergebnisse erfolgt.

Der Betrieb (DB)
1948 gegründete wöchentlich erscheinende Fachzeitschrift zur Betriebswirtschaft und zum Steuer-, Wirtschafts- und Arbeitsrecht, Auflage 26700.

Derivativer Firmenwert
→ *Geschäftswert.*

Desinvestition
I.e.S. Beendigung oder Aufhebung (Liquidation) einer → *Investition.* I.w.S. Geplante, dauerhafte Herauslösung eines Unternehmensteils aus dem Gesamtgefüge einer Unternehmung durch Verkauf oder Stillegung des Objektes. die Beurteilung von D. erfolgt mit den Methoden der → *statischen* und → *dynamischen Investitionsrechnung.*

Lit.: Wöhler, H.: Betriebliche Desinvestitionsplanung, 1981; *Mensching, H.:* Desinvestition von Unternehmensteilen, 1986; *Brüggerhoff. J.:* Management von Desinvestitionen, 1992.

Deutsche Methode der Kapitalkonsolidierung
→ *Kapitalkonsolidierung.*

Deutsche Vereinigung für Finanzanalyse und Anlageberatung e.V. (DVFA)
1960 gegründete Vereinigung von Finanzanalysten deutscher Bankinstitute, Versicherungs- und Investmentgesellschaften zur Verbesserung von Finanzanalysen, Förderung des Verständnisses für Wertpapieranalysen und Anlageberatung und Zusammenarbeit mit ausländischen Vereinigungen gleicher Zielsetzung mit Sitz in Darmstadt. Von der D. werden unregelmäßig Fachbeiträge in den Beiträgen zur Wertpapieranalyse herausgegeben.

Die Betriebswirtschaft (DBW)
1908 von Heinrich Nicklisch unter dem Titel „Zeitschrift für Handelswissenschaft und Handelspraxis“ gegründetes betriebswirtschaftliches Fachorgan. Die DBW wird heute von K. Chmielewicz, A. G. Coenenberg, R. Köhler, H. Meffert, G. Reber und N. Szyperski in zweimonatigem Abstand herausgegeben, Auflage 1300.

Dienstleistungskosten
D. fallen als *Primärkosten* für die Nutzung von Dienstleistungen anderer Unternehmen, z. B. Werbemaßnahmen, Versicherungen, Beratung, Postdienst etc., sowie als *Sekundärkosten* für Dienstleistungen von Kostenstellen des eigenen Unternehmens wie z. B. von Reparaturbetrieben oder des Rechnungswesens, an. Fraglich ist, ob die Lieferung von Sachgütern wie Strom, Gas, Wasser, gemieteten Anlagen, Gebäuden oder Grundstücken mit in die D. oder in die → *Betriebsmittelkosten* einzubeziehen sind.

Die Wirtschaftsprüfung (Wpg)
1948 von → *Eugen Schmalenbach* gegründete Fachzeitschrift zum Prüfungs- und Treuhandwesen. Die heute vom → *Institut der Wirtschaftsprüfer* herausgegebene, zweimal monatlich erscheinende Zeitschrift behandelt vor allem Fragen der → Wirtschaftsprüfung und druckt für die Wirtschaftsprüfung und Steuerberatung relevante Urteile und Gutachten ab, Auflage 12000.

Differentialkalkulation
Verfahren der → *Preiskalkulation* und Preisdifferenzierung. Danach wird ein Hauptteil der Produkte zu → *proportionalen Kosten* und anteiligen Fixkosten kalkuliert, wobei durch Absatz dieser Produkte der Fixkostenblock ganz oder weitestgehend gedeckt werden soll. Bei den restlichen Produkten verrechnet man nur die proportionalen Kosten oder zusätzlich weniger als die anteiligen Fixkosten.

Differenzgewinne
→ *Grenzkostenrechnung.*

Differenzinvestition
Als D. wird eine fiktive → *Investition* bezeichnet, deren Zahlungsreihe sich als Differenz der Zahlungsreihen zweier alternativ durchführbarer Investitionen ergibt.

Differenzkosten
→ *Grenzkostenrechnung.*

Differenzmethode
→ *Teilwert.*

Digitale Abschreibung
→ *Arithmetisch-degressive Abschreibung.*
→ *Abschreibungen.*

Direct Costing
= Variable Costing.
→ *Kostenrechnungssysteme.*
→ *Grenzkostenrechnung.*

System der → *Teilkostenrechnung* auf der Basis *variabler* → Kosten. Beim einfach gestuften D. werden die gesamten Fixkosten nicht differenziert, beim mehrfach gestuften D. werden sie nach rechnungszielabhängigen Merkmalen in verschiedene Anteile gegliedert und Gruppen von → *Kostenträgern* zugerechnet.

Direkte Prüfung
→ *Prüfungsmethoden.*

Direktinvestition
Erwerb von Eigentumsrechten an Unternehmen, Beteiligungen und Sachanlagen (im Gegensatz zu Forderungstiteln) in einem Wirtschaftsgebiet durch natürliche oder juristische Personen anderer Wirtschaftsgebiete.

Disagio
Ein D. liegt vor, wenn der Ausgabebetrag eines Wertpapiers oder Darlehens niedriger ist als der Nennwert. Während bei der Emission festverzinslicher Wertpapiere und der Vergabe von Darlehen ein D. häufig vorkommt, ist es gem. §9 AktG bei der Emission von Aktien unzulässig. Das D. darf beim Darlehensnehmer gem. §250 Abs. 3 HGB als → *Rechnungsabgrenzungsposten* im → *Jahresabschluß* aktiviert und planmäßig über die gesamte Laufzeit abgeschrieben werden. Für die → *steuerrechtliche Einkommens- und Gewinnermittlung* muß das D. auf die Laufzeit erfolgswirksam verteilt werden. Beim Darlehnsgeber ist das D. zu passivieren und über die Laufzeit aufzulösen, wenn der Nennbetrag aktiviert wird. Statt dessen kann der Ausgabebetrag aktiviert werden (→ *Agio*).

Discounted Cash-Flow
Der D. ist der Barwert der mit einem Kalkulationszinsfuß diskontierten, zukünftigen → *Cash-Flows.* Anwendung findet der D. in → *Dynamischen Investitionsrechenverfahren* und insbesondere bei der → *Unternehmensbewertung.*

Discounted-Cash-Flow-Ansatz in der Unternehmensbewertung
Das aus den USA stammende D.-Verfahren im Sinne des → *WACC*-Ansatzes ermittelt in einem ersten Schritt den Unternehmenswert als Barwert der mit einem gewogenen Kapitalkostensatz diskontierten, zukünftigen Free Cash-Flows. In einem zweiten Schritt wird von diesem Barwert des Gesamtkapitals (GK_M) der Marktwert des Fremdkapitals (FK_M) abgezogen, um zum Marktwert des Eigenkapitals (EK_M), der eine der Grundlagen der Kaufpreisbestimmung ist, zu gelangen. Damit unterscheidet sich das D.-Verfahren vom → *Ertragswertverfahren* insofern, daß die zu diskontierende Periodenzielgröße nicht nur Ansprüche der Eigenkapitalgeber (= Nettorechnung), sondern auch solche der Fremdkapitalgeber (= Bruttorechnung) beinhaltet.

Der Free Cash-Flow wird grob nach folgendem Schema ermittelt:
Free Cash-Flow =
operatives Ergebnis vor Zinsen und Steuern
– (fiktive) Ertragsteuern auf das operative Ergebnis vor Zinsen und Steuern
± Abschreibungen (Zuschreibungen)
± Erhöhung (Auflösung) von Rückstellungen
– Ersatz- und Erweiterungsinvestitionen in das Anlagevermögen
± Abnahme (Zunahme) des → *Working Capital*

Der Kapitalkostensatz (k) gibt das gewogene Mittel der Renditeforderungen der

Eigen- (r_{EK}) und Fremdkapitalgeber (r_{FK}) unter Berücksichtigung der steuerlichen Abzugsfähigkeit der Fremdkapitalzinsen an:

$$k = r_{EK} \cdot \frac{EK_M}{GK_M} + r_{FK} \cdot (1 - s) \cdot \frac{FK_M}{GK_M}$$

Die Rendite der Eigenkapitalgeber wird dabei über das → *Capital Asset Pricing Model (CAPM)* bestimmt. Der durchschnittliche Steuersatz (s) wird auf Unternehmensebene ermittelt.

Die Prognose der zeitlich nahen, zukünftigen Überschüsse erfolgt auf Basis einer detaillierten Planung. Nach einem bestimmten Zeitraum (ca. 5–7 Jahre) wird wie beim *Ertragswertverfahren* von einem konstant nachhaltigen Ergebnis ausgegangen.

Lit.: Copeland, T./Koller, T./Murrin, J.: Unternehmenswert, 1993; *Ballwieser, W.:* Aktuelle Aspekte der Unternehmensbewertung, in: Wpg 1995, S. 119–129; *Drukarczyk, J.:* DCF-Methoden und Ertragswertmethode – einige klärende Anmerkungen, in: Wpg 1995, S. 329–334; *Rappaport, A.:* Wertsteigerung als Maßstab für die Unternehmensführung, 1995; *Schmidt, J.:* Die Discounted-Cash-Flow-Methode – nur eine kleine Abwandlung der Ertragswertmethode?, in: ZfbF 1995, S. 1087–1116; *Hachmeister, D.:* Der Discounted-Cash-Flow als Maß der Unternehmenswertsteigerung, 1995.

Dipl.-Kfm. Claude Tomaszewski, Bochum.

Discretionary cost
→ *Erfolgsrechnung, kurzfristige.*

Diskontierungsfaktor
= Abzinsungsfaktor.
→ *Abzinsung.*

Diskontierungssummenfaktor
= → *Rentenbarwertfaktor.*

Diskriminanzanalyse

1. Konzeption. Die *multivariate D.* ist ein allgemeines Verfahren, das unterschiedliche Elemente, die sich durch ein oder mehrere Merkmale beschreiben lassen, in verschiedene Gruppen trennt. Im Rahmen der empirischen → *Bilanzanalyse* erfolgt eine Beurteilung von Unternehmen an Hand gewichteter Jahresabschlußkennzahlen. Die Gewichtungsfaktoren werden in der *Diskriminanzfunktion* festgelegt. Ein bevorzugtes Anwendungsgebiet ist die Unterscheidung zwischen illiquide werdenden (*falliten*) Unternehmen und zahlungsfähig bleibenden (*liquiden*) Unternehmen aufgrund von Vergangenheitsdaten.

Den Ausgangspunkt für die Festlegung der Diskriminanzfunktion bilden die Abschlüsse einer Gruppe falliter Unternehmen in den letzten Jahren vor Konkurs. Hierzu passend werden die Abschlüsse von liquiden Unternehmen dergestalt ausgewählt, daß jeweils ein liquides und ein fallites Unternehmen hinsichtlich Unternehmensform, Betriebsgröße und Branche vergleichbar sind. Die Gewinnung der Daten falliter Unternehmen hat Priorität, da es leichter ist, eine Stichprobe liquider Unternehmen passend zur Stichprobe falliter Unternehmen zu finden als umgekehrt. Aus Vereinfachungsgründen wird hier von der weitergehenden Differenzierung nach Jahren abgesehen. Aus den Jahresabschlußdaten werden für die Bilanzanalyse als wichtig angesehene Kennzahlenwerte X_i (= Wert der Kennzahl *i*) mit dem Gewicht g_i multipliziert und über alle Kennzahlen summiert. Für die lineare multivariate Diskriminanzanalyse gilt daher:

$$Y = g_1 X_1 + g_2 X_2 + \ldots + g_N X_N$$

N = Anzahl der Kennziffern

Die verschiedenartigen Kennziffernausprägungen X_i eines Unternehmens werden zu einem einzigen Wert, dem sogenannten Scorewert *Y* verdichtet. Die Variablengewichte sind so einzustellen, daß eine maximale Trennung von liquiden und illiquiden Unternehmen erfolgt. Dies geschieht dann, wenn die Distanz zwischen den Kennzahlenmittelwerten der beiden Unternehmensgruppen möglichst groß und die Streuung der Kennzahlenwerte innerhalb einer Gruppe möglichst klein wird. Bei nur zwei verwendeten Kennzahlen läßt sich die Trenngerade, die diese Kriterien erfüllt, in eine Graphik einzeichnen. Im rechten Winkel zur Trenngeraden

Diskriminanzanalyse

steht die Diskriminanzachse, deren Schnittpunkt mit der Trenngeraden den kritischen Wert ergibt. Projiziert man jede Kennzahlenkombination senkrecht auf die Diskriminanzachse, so erhält man individuelle Diskriminanzwerte, anhand derer die Klassifikation erfolgt: Liegt ein individueller Diskriminanzwert oberhalb eines kritischen Wertes, so schließt man auf die Zugehörigkeit zur oberen Gruppe, liegt er darunter, so wird die Unternehmung der unteren Gruppe zugerechnet.

Analytisch läßt sich der Vektor der Gewichtungsfaktoren **G** mit den Elementen $g_1, g_2, \ldots, g_N$ durch die Optimierung des Diskriminantenkriteriums Λ gemäß der nachstehenden Formel bestimmen:

$$\Lambda = \frac{\mathbf{G}' \cdot \mathbf{Z} \cdot \mathbf{G}}{\mathbf{G}' \cdot \mathbf{I} \cdot \mathbf{G}} \rightarrow \max$$

mit **Z** = Matrix der Varianzen und Kovarianzen der Kennziffernausprägungen zwischen den Gruppen

I = Matrix der Varianzen und Kovarianzen der Kennziffernausprägungen innerhalb der Gruppen

G = Vektor der Gewichtungsfaktoren $(g_1, g_2, \ldots, g_N)$

G′ = transponierter Vektor der Gewichtungsfaktoren

Der Quotient Λ wird groß, wenn tendenziell der Wert im Nenner immer kleiner, der Wert im Zähler größer wird. Letzteres wird erreicht, wenn Kennziffern mit hoher Zwischengruppenvarianz, d.h. mit großen Unterschieden zwischen den Werten der beiden Gruppen, hoch, Kennziffern mit niedriger Zwischengruppenvarianz, d.h. geringen Unterschieden zwischen den Werten der Gruppen, hingegen gering gewichtet werden. Analog wird der Nenner tendenziell klein, wenn Kennziffern mit hoher Innergruppenvarianz, d.h. großen Schwankungsbreiten der Kennziffernwerte innerhalb einer Gruppe, gering

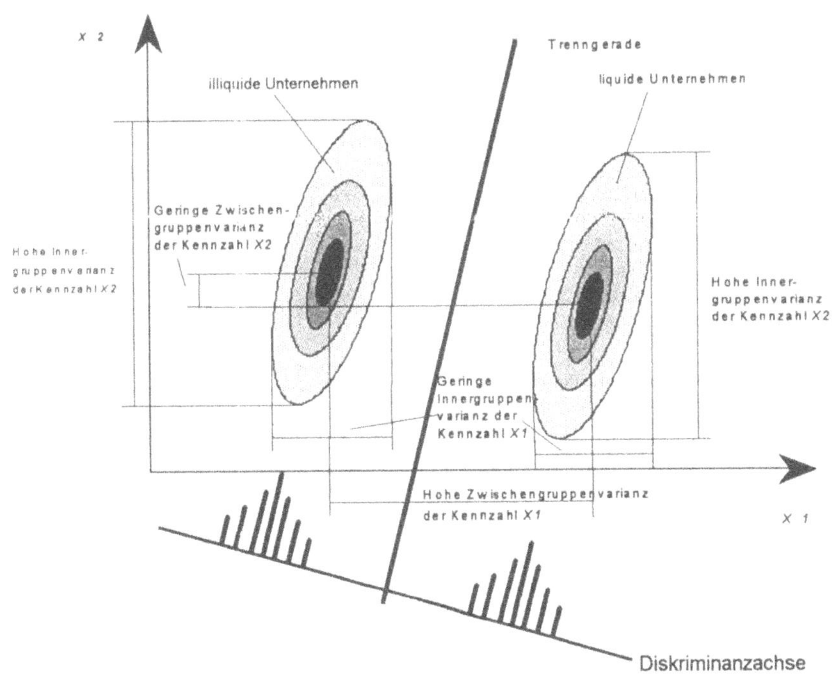

und allenfalls Kennziffern mit kleiner Innergruppenvarianz, d.h. geringen Schwankungen der Kennziffernwerte innerhalb einer Gruppe, stark gewichtet werden.

Die Plausibilität dieser Bewertungsphilosophie sei an folgendem hypothetischen Fall erläutert: Wenn fallite Unternehmen immer sehr geringe Eigenkapitalanteile ohne größere Ausreißer, liquide Unternehmen sehr hohe Eigenkapitalanteile ebenfalls ohne Ausreißer hätten, so könnte man bereits aus der Angabe des Eigenkapitalanteils den jeweiligen Unternehmen verläßlich die Eigenschaft „liquide" bzw. „fallit" zuordnen. Die Kennziffer „Eigenkapitalanteil" müßte daher besonders hoch gewichtet werden. Streuten hingegen z.B. die Anteile des Anlagevermögens sowohl bei der Gruppe liquider als auch der falliter Unternehmen beliebig, dann könnte aus dem Wert der Kennziffer „Anteil des Anlagevermögens" nicht auf die wahre Eigenschaft des Unternehmens geschlossen werden. Eine solche Kennziffer würde, wenn sie denn überhaupt zur Beurteilung herangezogen würde, geringes Gewicht erhalten. In der Realität der Bilanzanalyse gibt es keine Kennziffern, die die starke Trennschärfe des Eigenkapitalanteils im Beispielsfalle besitzen. Man muß daher mehr als eine Kennziffer verwenden, dabei gilt aber tendenziell die Regel: Nach einer Normierung erhalten die Gewichtungsfaktoren von Kennziffern mit hohem Trennpotential hohe Werte, die Gewichtungsfaktoren von Kennziffern mit niedrigem Trennpotential erhalten niedrige Werte.

2. Anwendungsmöglichkeiten. Aus der Klassifikationsregel an Hand des Diskriminantenscores Y folgt: Unternehmen mit einem hohen Diskriminantenscore stammen wahrscheinlich aus der liquiden Gruppe, Unternehmen mit einem niedrigen Diskriminantenscore wahrscheinlich aus der falliten Gruppe. Unternehmen mit einem mittleren Scorewert sind in einer Grauzone angesiedelt und können aus der einen oder der anderen Gruppe stammen.

Durch die Festlegung des Scorewertes und der Grauzone werden die beiden Möglichkeiten der Fehlklassifikation, Einordnung liquider Unternehmen als fallit (Fehler 1. Art) und Einordnung falliter Unternehmen als liquide (Fehler 2. Art) beeinflußt.

Die Zuordnungsmöglichkeit gilt eigentlich nur für die Unternehmen aus den beiden Ausgangsstichproben. Berechnet man für ein anderes Unternehmen an Hand der aus den beiden Ausgangsgruppen bestimmten Gewichtungsfaktoren einen Scorewert und versucht man dieses Unternehmen damit zu klassifizieren, dann liegt ein typisches *Inferenzproblem* vor: Es soll von den Stichprobenwerten auf die Verteilung der Grundgesamtheit geschlossen werden. In dem hier gegebenen Fall mehrerer Kennziffern und damit mehrerer Zufallsvariablen kann dies bei Annahme der *Normalverteilung* analytisch gelöst werden. Da in den empirischen Untersuchungen bislang diese multivariate Normalverteilungsannahme nicht verläßlich bestätigt werden konnte, ist man bei der multivariaten D. im praktischen Einsatz auf Ersatzmaßnahmen angewiesen. Bei genügend großen Gruppenzahlen z.B. unterscheidet man jeweils ein Test- und ein Trainingssample: Das Testsample wird zur Bestimmung der Diskriminanzfunktion eingesetzt. Die Trennschärfe der solcherart bestimmten Diskriminanzfunktion wird dann an den Daten des Trainingssamples geprüft.

In der praktischen Anwendung der Diskriminanzfunktion erwiesen sich die theoretischen Schwierigkeiten des Inferenzproblemes nicht als unüberwindlich. Die Verwendung der D. hat sich in der empirischen Bilanzanalyse weitgehend eingebürgert. Immer mehr Kreditinstitute bzw. Institutsgruppen verwenden dieses Instrument, halten die Einzelheiten der jeweils benutzten Kennziffern und Gewichtungsfaktoren jedoch geheim, damit die Nutzung handelsrechtlicher Spielräume bei Aufstellen der Bilanz nicht durch die Gewichtung der Kennzahlen in der Diskriminanzfunktion beeinflußt wird. Die detailliert publizierten Diskriminanzfunktionen stammen aus den den praktischen Einsatz vorbereitenden wissenschaftlichen Untersuchungen. Dennoch wurde bekannt, daß in der Praxis nur wenige Kennzahlen verwendet werden. Sie betreffen übereinstimmend folgende Kategorien:

Kapitalstrukturrelationen
Liquiditätsrelationen
Erfolgsrelationen

Diese Kategorien haben seit langem in der Bilanzanalyse wesentliche Bedeutung; selbst das HGB stellt in der Generalnorm des Jahresabschlusses auf Vermögens-, Finanz- und Ertragslage ab. Die D. bringt insoweit keine fundamentalen neuen Erkenntnisse. Die Fundierung in der altbewährten Praxis bestätigt jedoch die D. als wichtiges Hilfsmittel zur rationellen Auswertung der immer größer werdenden Flut von Unternehmensdaten. Die D. kann nur die in den Jahresabschlußdaten tatsächlich enthaltenen Informationen, z. B. hinsichtlich der Finanzlage, auswerten. In Zweifelsfällen müssen dann weitere, eher qualitative Untersuchungen z. B. von weichen Informationen hinzukommen. Die D. ist mithin ein notwendiges, aber noch kein hinreichendes Instrument der Unternehmensanalyse. Sie erlaubt eine Vorselektion der eindeutig entscheidbaren Fälle. Der nach wie vor unersetzliche Experte kann sich dann auf die gründliche Analyse von Zweifelsfällen konzentrieren.

Üblicherweise wird die D. als lineare multivariate D. (MDA) eingesetzt: Multivariate: Weil man mehr als eine Kennziffer verwendet. Linear: Weil der Scorewert als lineare Funktion der einzelnen Kennziffern berechnet wird.

Die MDA ist der *univariaten* D. überlegen. Die Ansätze der *nichtlinearen* D. haben sich bislang nicht durchgesetzt. Sie sind unter den Annahmen der Theorie zwar leistungsfähiger als die MDA, unter den Gegebenheiten des praktischen Einsatzes impliziert der nichtlineare Ansatz hingegen größerer Fehleranfälligkeit.

Die Anzahl der in der Diskriminanzfunktion berücksichtigten Kennziffern kann auf zwei Wegen festgelegt werden:

(1) Die Anzahl der Kennziffern wird fest vorgegeben; sie werden z. B. aufgrund theoretischer Überlegungen an Hand der Literatur a priori ausgewählt. Eine obere Schranke bildet der Stichprobenumfang: Die Anzahl der Fälle muß größer sein als die Anzahl der einbezogenen Kennziffern. Einer sinnvollen kausalen Analyse sind diese quantitativ beeindruckenden Funktionen kaum noch zugänglich. Der Forderung nach effizienter Modellstrukturierung mit wenigen Variablen wird damit ebenfalls kaum entsprochen.

(2) Die Menge betrachtbarer Kennziffern wird zwar vorgegeben, das Modell berechnet in sukzessiver Erweiterung der Kennziffernauswahl immer neue Diskriminanzfunktionen. Die zusätzlich zu berücksichtigenden Variablen werden nach der Verbesserung des Trennpotentials ausgewählt: Es wird diejenige Kennziffer zusätzlich berücksichtigt, die unter den noch nicht berücksichtigten Kennziffern die Trennfähigkeit der erweiterten Funktion am stärksten verbessert. Hier zeigt sich ein bemerkenswerter Rationalisierungseffekt der stufenweisen D.: Regelmäßig ist die Trennfähigkeit der Diskriminanzfunktion aufgrund von 2–4 Kennziffern der Trennfähigkeit einer Diskriminanzfunktion mit allen Kennziffern (bis zu 30 Kennziffern) fast ebenbürtig.

Lit.: Tatsuoka, M. M.: Multivariate Analysis Techniques for Educational and Psychological Research, 1971; *Gebhardt, G.*: Insolvenzprognosen aus aktienrechtlichen Jahresabschlüssen, 1980; *Bleier, E.*: Insolvenzfrüherkennung mittels praktischer Anwendung der Diskriminanzanalyse, 2. Aufl., 1985; *Niehaus, H.-J.*: Früherkennung von Unternehmenskrisen – Die statistische Jahresabschlußanalyse als Instrument der Abschlußprüfung, 1987; *Hauschildt, J.* (Hrsg.): Krisendiagnose durch Bilanzanalyse, 1988; *Baetge, J.*: Möglichkeiten der Früherkennung negativer Unternehmensentwicklungen, in: ZfbF 1989, S. 792–811; *Loistl, O.*: Externes Rechnungswesen, 1990, S. 113–132.

Professor Dr. Otto Loistl, Wien.

Diversifikationseffekt
Ein D. liegt vor, wenn durch gleichzeitige Investition in mehrere Investitionsobjekte die Kombination von erwarteten Einzahlungsüberschüssen und Risiko verbessert wird.

Diversifikationsinvestition
Expansion eines Unternehmens durch Investition in neue Produktsparten oder mit vorhandenen Produkten in neue Märkte mit der Zielsetzung, die Kombination künftiger Einzahlungsüberschüsse und Risiken zu verbessern.

Dividende
Der im Rahmen der → *Gewinnverwendung* festgelegte Betrag, der an die Aktionäre pro → *Aktie* verteilt wird. Die D. wird in DM je Aktie oder in Prozent vom Nennwert der Aktie angegeben. Zu der *Bardividende*, die nach Abzug der Kapitalertragsteuer an die Anteilseigner ausgezahlt wird, tritt eine Körperschaftsteuergutschrift, die sich der Aktionär neben der Kapitalertragsteuer bei der eigenen Einkommensteuer anrechnen lassen kann (→ *Ertragsteuer*).

Divisionskalkulation
→ *Kalkulationsverfahren.*

Divisionsrechnung
= Divisionskalkulation.
→ *Kalkulationsverfahren.*

DM-Eröffnungsbilanz
Eröffnungsbilanz aufgrund einer *Umstellung der Währung auf Deutsche Mark* (DM) unter Durchbrechung der → *Bilanzidentität.* Infolge der Umstellung von Reichsmark auf DM mußten die Unternehmen der drei westlichen Besatzungszonen zum 21.6.1948 (Gesetz über die Eröffnungsbilanz in Deutscher Mark und Kapitalneufestsetzung v. 21.8.1949, WiGBl. S. 279) und infolge der *Eingliederung des Saarlandes* in die Bundesrepublik Deutschland die im Saarland ansässigen Unternehmen zum 1.1.1957 (D-Markbilanzgesetz für das Saarland v. 30.6.1959, BGBl. I, S. 372) ein D. zur Umstellung von Franc auf DM aufstellen.

Eine D. war auch infolge der *Vereinigung der Bundesrepublik mit der Deutschen Demokratischen Republik (DDR)* am 3.10.1990, der bereits zum 1.7.1990 eine Währungsunion beider deutscher Staaten vorausging, aufzustelllen. Nach dem Gesetz über die Eröffnungsbilanz in Deutscher Mark und die Kapitalneufestsetzung (DMBilG), dessen von der Bundesregierung genehmigter Entwurf eine Anlage zum Einigungsvertrag ist, haben die bereits von Kombinaten und volkseigenen Betrieben umgewandelten AG oder GmbH, Genossenschaften und sonstige Wirtschaftsbetriebe mit Sitz in der DDR zum 1.7.1990 eine D. bzw. Konzern-D. zur Umstellung von Mark der DDR auf DM nach den Grundsätzen des HGB aufzustellen und prüfen zu lassen. Vermögensgegenstände sind neu und zwar grundsätzlich zu den Wiederbeschaffungskosten, aber nicht höher als zu ihrem Zeitwert zu bewerten (§ 7 DMBilG).

Probleme bestehen vor allem in der Bewertung der häufig veralteten Anlagen, für deren Produkte kaum noch oder zumindest nur schwer abschätzbare Absatzmöglichkeiten bestehen und deren Kosten über den Marktpreisen liegen, sowie von Vorräten an nicht marktgängigen Fabrikaten sowie des Grund und Bodens. Außerdem ist die Abschätzung von → *Rückstellungen* für → *Altlasten*, Sozialpläne und drohende Verluste aus schwebenden Absatz- oder Beschaffungsgeschäften (§ 17 DM BilG) schwierig. Betriebe, deren neu bewertetes Vermögen die im Verhältnis 2 : 1 umgestellten Schulden und die Rückstellungen nicht deckt, können verzinsliche *Ausgleichsforderungen* gegenüber dem Eigentümer (Treuhandanstalt) erhalten, sofern ihr Fortbestehen hinreichend wahrscheinlich erscheint.

Lit.: KPMG Deutsche Treuhand Gruppe (Hrsg.): D-Mark-Bilanzgesetz, 1990; *Budde, W. D./Forster, K.-H.* (Hrsg.): D-Mark-Bilanzgesetz, 1990; *Scherrer, G.:* D-Markeröffnungsbilanz, 1991; *v. Wysocki, K.:* Die D-Markeröffnungsbilanz 1990, 2. Aufl., 1991.

Dokumentationsfunktion
→ *Jahresabschluß* (Funktionen).

Dominanzprinzip
Regel zum Ausscheiden eindeutig suboptimaler Handlungsalternativen (*Vorauswahlregel*); man unterscheidet zwischen → *Zustands-*, → *Wahrscheinlichkeits-*, und → *stochastischer Dominanz*.

Doppelte Buchhaltung
System der monetären Erfassung und Verarbeitung von Geschäftsvorfällen jeweils auf einem Konto und einem Gegenkonto, einmal im Soll und einmal im Haben. Die D. ermöglicht die Ermittlung des Periodenerfolges (Gewinn oder Verlust) durch Vergleich der Bestände der Bilanz zum Ende mit denen zum Beginn der Periode und durch Gegenüberstellung von Aufwendungen und Erträgen der Periode (→ *Buchhaltung, kaufmännische*).

Doppelte Diskontierung
Pauschales Verfahren zur Berücksichtigung der → *Unsicherheit* bei Investitionsentscheidungen. Danach werden künftige Zahlungen 1. zur Berücksichtigung der zeitlichen Unterschiede und 2. zur Berücksichtigung der Unsicherheit diskontiert.

Doppik
Grundprinzip der kaufmännischen doppelten → *Buchhaltung*, wonach jeder Geschäftsvorfall je eine Buchung von gleicher Höhe im Soll eines Kontos und im Haben eines anderen Kontos auslöst.

Drifting Costs
Unter D. wird im Rahmen des → *Target Costing* der Kostenbetrag eines noch in der Entwicklungsphase befindlichen Produkts verstanden, der bei Weiterverwendung der bereits genutzten Produktionstechnologie – unter Ausnutzung der vermuteten Kostensenkungspotentiale (→ *Erfahrungskurve*) – entsteht. D. stellen den technologisch bestenfalls erreichbaren Kostenbetrag dar.

Dringlichkeitsmaßstab
→ *MAPI-Methode*.

Drohverlustrückstellung
Aus dem → *Vorsichtsprinzip* abgeleitete, gem. §249 Abs. 1 HGB im → *Jahresabschluß* zu bildende → *Rückstellung* für wahrscheinlich eintretende Verluste aus zweiseitig verpflichtenden Verträgen, die noch von keinem der Vertragspartner erfüllt sind. D. sind auch bei der steuerlichen Gewinnermittlung zu berücksichtigen (→ *Rückstellungen*).

Lit.: Herzig, N.: Drohverlustrückstellungen für wirtschaftlich ausgewogene Geschäfte?, in: DB 1994, S. 1429–1432.

Due Diligence
Wörtlich übersetzt ist die D. die im Rahmen einer → *Unternehmensakquisition*, → *Kreditfähigkeitsprüfung*, Börseneinführung etc. *erforderliche bzw. angemessene oder gebührende Sorgfalt* bei der Analyse des Untersuchungsobjektes. Im übertragenen Sinne ist die D. damit die umfassende, formalisierte aber auch kreative, alle für die Zielsetzung relevanten Aspekte berücksichtigende Analyse und Bewertung des Untersuchungsobjektes. Alle wesentlichen Einflußfaktoren, Chancen und Risiken sollen durch die D. aufgezeigt werden. Die D. dient als Entscheidungsgrundlage und ggf. Verhandlungsbasis für den D.-Initiator. Mögliche Teilbereiche einer D.-Prüfung sind der Financial-, Legal-, Marketing-, Management-, Strategy-, Insurance-, Pension- oder Environmental-Audit. Durchgeführt wird die D. entweder von Dritten, z. B. Wirtschaftsprüfern, Steuerberatern, Rechtsanwälten, Versicherungssachverständigen, Mergers & Akquisitions- bzw. Unternehmensberatern oder von Internen, wie z. B. Controllern oder M & A-Spezialisten, die i. d. R. einem interdisziplinär besetzten Team des D.-Initiators – v. a. Großinvestoren – als D.-Leiter vorstehen.

Lit.: Harrer, H.: Die Bedeutung der Due Diligence bei der Vorbereitung eines Unternehmenskaufs, in: DStR 1993, S. 1673–1675; *Binder, P./Lanz, R.:* Due Diligence, in: Index 4–5/1993, S. 15–20; *Merkt, H.:* Due Diligence und Gewährleistung beim Unternehmenskauf, in: BB 1995, S. 1041–1048; *Ganzert, S./Kramer, L.:* Due Diligence Review – eine Inhaltsbestimmung, in: Wpg 1995, S. 576–581.

Du Pont-Schema
Von Du Pont Inc. (USA) entwickeltes *Kennzahlensystem* mit dem die → *Renta-*

bilität des Vermögens (ROI) aus einer Hierarchie von → *Kennzahlen* des → *Jahresabschlusses* abgeleitet wird (→ *Rentabilität*).

Durchschnittlich gebundenes Kapital
Das während der Nutzungsdauer n eines Investitionsobjektes durchschnittlich in der → *Investition* eingesetzte Kapital. Gewöhnlich wird dafür in der Praxis der Abschreibungsplan der → *Finanz- oder Betriebsbuchhaltung* oder einfach der halbe Anschaffungsbetrag zugrunde gelegt. Die so geplanten Buchrestwerte entsprechen dann nicht dem D., wenn die → *Abschreibungen* in den einzelnen Perioden von den geplanten Nettoeinzahlungen abweichen, weil z. B. in den ersten Jahren Verluste eingeplant sind oder auf Grund von Gewinnen ein früherer Kapitalrückfluß bei Verwendung für weitere Investitionsvorhaben zu verzeichnen ist.

Durchschnittsausgabenkalkül
→ *Ersatzzeitpunkt*.

Durchschnittsbewertung
→ *Anlagevermögen*.

Durchschnittskosten
→ *Kosten* je produzierte Outputeinheit.

Durchschnittsprinzip
Spezielles → *Kostenzurechnungsprinzip*, bei dem die → *Gemeinkosten* durchschnittlich (nicht verursachungsgemäß) auf die Bezugsgrößen aufgeteilt werden.

Dynamische Bilanztheorie
→ *Bilanztheorien*.

Dynamische Investitionsrechnung bei Sicherheit
1. Grundlagen. Verfahren der Vorteilhaftigkeitsbeurteilung die sich von der → *statischen Investitionsrechnung* vor allem durch die plausible Annahme unterscheiden, daß rationale Investoren *Zeitpräferenzen* besitzen (→ *Zins*). Zeitpräferenz heißt hier, daß frühere Einnahmen (spätere Ausgaben) höher geschätzt werden als spätere Einnahmen (frühere Ausgaben). Das Ausmaß dieser Höherschätzung ist individuell verschieden.

Wie alle Entscheidungs- oder Optimierungsrechnungen beruhen auch die hier dargestellten dynamischen Investitionsrechnungen auf einer Reihe vereinfachender Prämissen: (1) Entscheidungen werden unter subjektiv vollkommener Zukunftsvoraussicht (= *Investitionsrechnung bei Sicherheit*) getroffen. (2) Jede Investitionsmaßnahme läßt sich durch eine Zahlungsreihe eindeutig beschreiben, wobei im folgenden die Symbole a_0 für die Anschaffungsausgabe im Zeitpunkt t_0 und c_t für die Rückflüsse in späteren Zeitpunkten verwendet werden. (3) Der Entscheidungsträger oder Investor strebt nach finanzieller Nutzenmaximierung. (4) Er hat die Möglichkeit, entweder Investitionen durchzuführen oder Geld am Kapitalmarkt anzulegen. An diesem Markt kann auch Geld geborgt werden. (5) Der *Zinssatz* für Geldanlagen i_l (lending rate) ist entweder kleiner als der Zinssatz für Kreditaufnahmen i_b (borrowing rate), oder beide Zinssätze sind gleich. Im ersten Fall spricht man von *unvollkommenem*, im zweiten von *vollkommenem Kapitalmarkt* (→ *Kalkulationszinsfuß*).

Die einzelnen Formen D. unterscheiden sich vor allem dadurch, daß sie entweder an unterschiedliche Nutzengrößen anknüpfen oder mit etwas unterschiedlichen Prämissen arbeiten. Die älteren und in der Praxis wesentlich stärker verbreiteten Verfahren gehen von der (unrealistischen) Bedingung eines vollkommenen Kapitalmarkts aus ($i_l = i_b = i$). In neuerer Zeit sind Methoden dazugekommen, die mit unterschiedlichen Marktzinssätzen für Geldanlagen und Kreditaufnahmen arbeiten ($i_l < i_b$).

Zu den *älteren oder traditionellen* D. gehören die Kapitalwertmethode, die Annuitätenmethode und die Methode der internen Zinsfüße. Hinzu kommt noch die dynamische Amortisationsrechnung.

2. Kapitalwertmethode. Betrachtet man, ob und in welcher Weise die Zinssätze an einem Kapitalmarkt von der Fristigkeit der finanziellen Engagements abhängen (term structure of interest rates), so beobachtet man normalerweise, daß die Zinssätze um so höher sind, je länger die Laufzeiten sind (steigende oder normale Zinskurve). Gelegentlich, wenn auch nur selten, tritt der entgegengesetzte Fall auf (fallende oder inverse Zinskurve). Der theoretische Grenzfall einer flachen Zinskurve, d.h. Unabhängigkeit der Zinssätze von den Laufzeiten, besitzt dagegen nur geringe empirische Relevanz.

Geht man dennoch von diesem bequemen Sonderfall aus, so läßt sich der *Kapitalwert* einer Investition (= net present value) mit

$$C_0 = -a_0 + \sum_{t=1}^{n} c_t (1+i)^{-t}$$

berechnen, indem man den Barwert der Rückflüsse berechnet und hiervon die Anschaffungsausgabe abzieht.

Der Barwert der Rückflüsse ergibt sich, indem man die Rückflüsse mit den Abzinsungs- oder → *Diskontierungsfaktoren* $(1+i)^{-t}$ multipliziert und aufsummiert. Ökonomisch lassen sich die Diskontierungsfaktoren als Marktpreise deuten, die man bei einem Zinssatz in Höhe von i (*Kalkulationszinssatz*) für eine Währungseinheit zu zahlen hat, die im Zeitpunkt t verfügbar ist. Bei einem Zinssatz von 10% kostet „eine Mark in einem Jahr" beispielsweise heute $1.1^{-1} = 0.9091$ Mark. Dieser Interpretation folgend kann man den Barwert der Rückflüsse $\sum c_t (1+i)^{-t}$ als jenen Betrag ansehen, den jemand zahlen müßte, der Ansprüche auf die Rückflüsse $c_1, \ldots, c_n$ durch bloße Geldanlagen am Kapitalmarkt erwerben wollte. Wenn die Investitionsausgaben a_0 kleiner sind als dieser Barwert, ist es günstig, die Investition durchzuführen. Sonst ist es besser, auf die Investition zu verzichten und stattdessen Geld am Kapitalmarkt anzulegen. Aufgrund dieser Überlegungen lautet die Entscheidungsregel: Investitionen mit positivem Kapitalwert sind zu realisieren, andere sind zu verwerfen.

Die *Annuität* c* einer Investition berechnet man, indem man den Kapitalwert mit dem *Wiedergewinnungsfaktor* (auch: Annuitätenfaktor) multipliziert,

$$c^* = C_0 \cdot \frac{i\,(1+i)^n}{(1+i)^n - 1}$$

Der (→ *Kapital-*)Wiedergewinnungsfaktor ist nichts anderes als der Kehrwert des nachschüssigen Rentenbarwertfaktors. Infolgedessen läßt sich die Annuität auch als (zusätzliche) Rente deuten, die der Investor bei Durchführung der Investition dem Betrieb entnehmen könnte. Ist diese Rente positiv, so lohnt sich die Investition. Andernfalls ist von ihr abzuraten.

Wenn n in obigen Formeln das Ende des Planungszeitraums repräsentiert, so ist der Wiedergewinnungsfaktor für alle miteinander in Konkurrenz stehenden Investitionsprojekte gleich groß und darüber hinaus unabhängig von deren Nutzungsdauer. Dann aber ist es auch gleichgültig, ob über die Rangfolge von Investitionen mit Hilfe von Kapitalwerten oder mit Hilfe von Annuitäten entschieden wird. Dies macht zugleich plausibel, daß es bei der Entscheidung über Sachinvestitionen unter der Bedingung vollkommener Kapitalmärkte gleichgültig ist, welche Zeitpräferenzen ein Investor hat (*Fishers* → *Separationstheorem*).

3. Methode des internen Zinsfußes. Zu den umstrittenen Verfahren gehört der *interne Zinsfuß* (= *internal rate of return*). Dieser ist definiert als jener Zinsfuß r, der den Kapitalwert einer Investition gerade Null werden läßt,

$$-a_0 + \sum_{t=1}^{n} c_t (1+r)^{-t} \stackrel{!}{=} 0.$$

Formal handelt es sich bei vorstehender Gleichung um eine Polynomgleichung n-ten Grades, die sich nicht allgemein nach r auflösen läßt. Aus diesem Grunde sind die internen Zinsfüße in der Regel mit Hilfe geeigneter Näherungsverfahren zu berechnen (→ *Interner Zinsfuß*). Die Standard-Anwendersoftware, welche heute für Personal Computer zur Verfügung steht, unterstützt die Lösung solcher Aufgaben mittlerweile so gut, daß man sich mit den dahinter stehenen mathematischen Problemen kaum noch zu befassen braucht. Die dem Verfahren entsprechende Entscheidungsregel besagt, daß alle Investitionen durchzuführen sind, deren interne Rendite größer ist als der Marktzinssatz $(r > i)$.

Als problematisch gilt die Methode der internen Zinsfüße deswegen, weil es (allerdings nur selten eintretende) Bedingungen gibt, unter denen eine Investition mehrere interne Renditen gleichzeitig besitzt, ein Resultat, das sich einer ökonomischen Interpretation nur schwer erschließt. Ferner wird kritisiert, daß die dem Verfahren innewohnende *Wiederanlageprämisse* der Einzahlungsüberschüsse zum internen Zinsfuß der Investition logisch widersprüchlich sei. Ungeachtet dieser Kritik erfreut sich das Verfahren in der Praxis großer Beliebtheit.

4. Amortisationsdauer. Unter der *Amortisationsdauer* einer Investition versteht man jene Zeitspanne, die vergehen muß, bis das eingesetzte Kapital aus den Rückflüssen des Projektes wiedergewonnen ist. Gewöhnlich wird diese Rechnung in statischer Form durchgeführt. Jedoch gibt es auch eine dynamische Variante, bei der man die Amortisationsdauer D aus der Gleichung

$$-a_0 + \sum_{t=1}^{D} c_t (1+i)^{-t} \stackrel{!}{=} 0$$

zu berechnen sucht. Gesucht ist also jener kritische Zeitpunkt, bei dem der Kapitalwert der Investition erstmals Null wird (→ *Break Even-Analyse*). In der Regel kann man nicht davon ausgehen, daß sich für D eine natürliche Zahl finden läßt, für die vorstehende Gleichung erfüllt ist. In all diesen Fällen muß versucht werden, mit Hilfe einer Annahme über die Verteilung der Rückflüsse innerhalb eines Jahres eine präzisere Vorstellung über die *payback-Periode* zu gewinnen. Wegen weiterer Einzelheiten sei auf die entsprechende Darstellung bei den statischen Investitionsrechnungen verwiesen.

5. Vermögenswert. Bei den *neueren dynamischen Investitionsrechnungen* wird grundsätzlich von der Voraussetzung eines unvollkommenen Kapitalmarktes ausgegangen. Fishers Separationstheorem gilt unter diesen Bedingungen nicht. Es kommt dann bei Investitionsentscheidungen auf individuelle Zeitpräferenzen an. Angesichts der praktisch unlösbar erscheinenden Probleme, Zeitpräferenzen verläßlich zu messen, behilft man sich in der Investitionsrechnung mit Ersatzzielgrößen wie dem Vermögensendwert V_n, dem Entnahmeniveau Y und dem kritischen Soll-Zinsfuß i_b^*.

Unter der realistischen Annahme, daß kein Investor sich zum Satz i_b verschuldet und gleichzeitig Geld zum Satz i_l anlegt, falls der Sollzins größer als der Anlagezinssatz ist ($i_b > i_l$), berechnet man den *Vermögensendwert* V_n einer Investition aus der Rekursionsbeziehung

$$V_t = c_t + V_{t-1}(1+i) \qquad \text{für alle } t$$

$$\text{mit } i = \begin{cases} i_l, & \text{wenn } V_{t-1} \geq 0 \\ i_b, & \text{wenn } V_{t-1} < 0 \end{cases} \text{ und}$$

$$V_0 = -a_0$$

Die Entscheidungsregel schreibt vor, daß eine Investition dann besser ist als die Unterlassensalternative, wenn der Vermögensendwert positiv ist. Von mehreren miteinander konkurrierenden Projekten ist die Investition mit dem höchsten Endwert optimal.

Der Vermögensendwert ist mit dem Kapitalwertkriterium kompatibel, da für den Fall $i_l = i_b = i$ die angegebene Rekursionsbeziehung auf die Endwertformel

$$V_n = \sum_{t=1}^{n} c_t (1+i)^{n-t} - a_0 (1+i)^n$$
$$= (1+i)^n \cdot C_0$$

führt. Das bedeutet: unter den Bedingungen eines vollkommenen Marktes entspricht der Vermögensendwert dem auf das Ende des Planungszeitraums aufgezinsten *Kapitalwert*.

6. Entnahmewert. Analog zum Annuitätenverfahren kann man auch unter der Voraussetzung eines unvollkommenen Kapitalmarktes die (zusätzliche) *Entnahme* oder Rente Y bestimmen, die eine Investition verspricht. Sie ist als diejenige Zahlung Y definiert, für die

$$V_t = c_t - Y + V_{t-1}(1+i) \qquad \text{für alle } t$$

$$\text{mit } i = \begin{cases} i_l & \text{wenn } V_{t-1} \geq 0 \\ i_b & \text{wenn } V_{t-1} < 0 \end{cases}$$

$$V_0 = -a_0$$

$$V_n \stackrel{!}{=} 0$$

Dynamische Investitionsrechnung

eingehalten ist. Ganz entsprechend zur *Annuitätenmethode* ist die Investition optimal, deren Entnahmeniveau am höchsten ist. Damit ein Projekt besser als seine Unterlassensalternative ist, wird verlangt, daß die erreichbare Zusatzentnahme Y positiv ist.

7. Kritischer Sollzinsfuß. Bleibt man in dem dargestellten Modellrahmen, so läßt sich unter unvollkommenen Marktbedingungen auch eine Kennzahl angeben, die dem internen Zinsfuß verwandt ist. Dieser *kritische Sollzinsfuß* i_b^* ist dann derjenige Zinssatz i_b, für den der Vermögensendwert gerade Null wird,

$$V_t = c_t + V_{t-1}\,(1+i) \qquad \text{für alle } t$$

$$\text{mit} \quad i = \begin{cases} i_l & \text{wenn } V_{t-1} \geq 0 \\ i_b^* & \text{wenn } V_{t-1} < 0 \end{cases}$$

$$V_0 = -a_0$$

$$V_n \overset{!}{=} 0.$$

Ökonomisch handelt es sich um den maximalen Kreditzinssatz, den das Projekt vor dem Hintergrund der Vermögensendwertmaximierung gerade noch verträgt. Die Investition mit dem höchsten kritischen Zinssatz i_b^* ist die beste. Jedoch sollte auf Investitionen verzichtet werden, wenn der kritische Satz kleiner ist als der Zins, den man am Markt für Kredite zahlen muß.

Lit.: Hax, H.: Investitionstheorie, 5. Aufl., 1985 (korrigierter Nachdruck 1993), S. 9–32; *Blohm, H./Lüder, K.:* Investition, 8. Aufl., 1995, S. 54–156; *Kruschwitz, L.:* Investitionsrechnung, 6. Aufl., 1995, S. 43–98 und S. 129–141.

Professor Dr. Lutz Kruschwitz, Berlin.

Dynamische Investitionsrechnung bei Unsicherheit

1. Investitionsrechnung bei Quasi-Sicherheit. Die Beurteilung von Investitionsprojekten erfolgt bei Anwendung dynamischer Verfahren auf der Grundlage der damit verbundenen → *Ein- und Auszahlungen.* Im Mittelpunkt steht die Frage, ob die erforderliche *Mindestverzinsung* für das eingesetzte Kapital erreicht wird. Dies kann mit Hilfe von Kennzahlen wie dem → *Kapitalwert* oder dem → *internen Zinsfuß* beurteilt werden. Voraussetzung für die Berechnung dieser Größen ist, daß die mit dem Projekt verbundenen Zahlungen gegeben sind. Bei Unsicherheit (capital budgeting under uncertainty) über die Zukunft besteht die einfachste Lösung darin, der Rechnung eine bestimmte Prognose für die Zahlungen zugrunde zu legen und mit dieser zu rechnen, als ob sie sicher wäre. Die Problematik der Investitionsrechnung mit quasi-sicheren Ausgangsdaten liegt darin, daß die in Wirklichkeit bestehende Unsicherheit schon im Anfangsstadium der Rechnung vernachlässigt wird und deswegen in den weiteren Stadien des Entscheidungsprozesses nicht mehr berücksichtigt werden kann.

2. Sensitivitätsanalyse und Risikoanalyse. Ein erster Ansatz zur Berücksichtigung der Unsicherheit besteht darin, die auf quasi-sicheren Daten beruhende Rechnung durch eine Sensitivitäts- (= → *Sensibilitäts*)analyse zu ergänzen. Hierbei wird geprüft, innnerhalb welcher Grenzen die Ausgangsdaten von den als quasi-sicher angenommenen Werten abweichen können, ohne daß sich die aufgrund der Rechnung als optimal festgestellte Entscheidung verändert. Eine gebräuchliche Methode der Sensitivitätsanalyse ist die Berechnung *kritischer Werte* für unsichere Ausgangsgrößen, d. h. von Grenzwerten, bei deren Über- und Unterschreitung das Ergebnis der Rechnung sich verändert. Beispiele hierfür sind interner Zinsfuß, → *Amortisationsdauer* und Break-Even-Point (→ *Break-Even-Analyse*).

Umfassendere Informationen liefert eine *Risikoanalyse*, die von *Wahrscheinlichkeitsverteilungen* der unsicheren Daten ausgeht und hieraus Wahrscheinlichkeitsverteilungen der Ergebnisgrößen ableitet, aufgrund deren ein Investitionsprojekt oder -programm beurteilt werden soll. Voraussetzung ist, daß die subjektiven Vorstellungen des Entscheidungsträgers über die möglichen Ausprägungen der unsicheren Ausgangsgrößen durch Wahrscheinlichkeitsverteilungen wiedergegeben werden können. Die Risikoanalyse kann in einfachen Fällen mit analytischen Verfahren durchgeführt werden. Lei-

Dynamische Investitionsrechnung

stungsfähiger und breiter anwendbar sind jedoch *Simulationsverfahren* (→ *Risikosimulation*).

3. Entscheidungskriterien bei Risiko. Hat man aufgrund der Risikoanalyse für alternative Investitionsprogramme je eine Wahrscheinlichkeitsverteilung für die Ergebnisgröße (z. B. Kapitalwert, Endvermögen), so liegt das nächste Problem in der Auswahl einer dieser Alternativen. In der Theorie der Entscheidung bei Risiko sind Regeln für eine rationale Wahl in dieser Situation entwickelt worden, die auch die Einstellung des Entscheidungsträgers zum Risiko berücksichtigen, insbesondere unterschiedliche Grade von *Risikoscheu*.

Zur Vereinfachung kann man die einer Alternative zugeordnete Wahrscheinlichkeitsverteilung durch einen *Mittelwert* (in der Regel den → *Erwartungswert*) und ein Risikomaß (evtl. auch mehrere) charakterisieren. Ein gebräuchliches *Risikomaß* ist die → *Standardabweichung der Wahrscheinlichkeitsverteilung*. Für Mittelwert und Risikomaß lassen sich einfachere Entscheidungsregeln formulieren. Insbesondere gilt für risikoscheue Entscheidungsträger, daß eine Alternative einer anderen vorzuziehen ist, wenn ihr Risikomaß bei mindestens gleichem Mittelwert niedriger oder ihr Mittelwert bei höchstens gleichem Risikomaß höher ist. Offen bleibt allerdings, wie die Wahl ausfällt, wenn eine Alternative sowohl einen höheren Mittelwert als auch ein höheres Risikomaß aufweist als die andere; dies richtet sich nach dem Grad der subjektiven Risikoscheu des Entscheidungsträgers.

Aus entscheidungstheoretischer Sicht ist die Reduzierung der Wahrscheinlichkeitsverteilung auf Mittelwert und Risikomaß problematisch. Die Verwendung des Erwartungswerts und der Standardabweichung als Mittelwert und Risikomaß läßt sich entscheidungstheoretisch begründen, allerdings nur unter sehr speziellen Voraussetzungen.

Die Wahl zwischen alternativen Investitionsprogrammen bei Risiko kann ohne direkte Bezugnahme auf subjektive → *Risikopräferenzen* erfolgen, wenn es einen Markt gibt, auf dem Risiken gegen Entgelt übernommen werden. Der für Risikoübernahme geltende Marktpreis kann dann für die Beurteilung von risikobehafteten Investitionen herangezogen werden. Auf dem *Kapitalmarkt* werden Anwartschaften auf risikobehaftete zukünftige Zahlungen gehandelt. Der Preis des Risikos kommt hierbei darin zum Ausdruck, daß die Rendite von Anlagen mit Risiko höher ist als die von sicheren Anlagen; die Differenz ist die *Risikoprämie*. Für die Investitionsrechnung ergibt sich daraus, daß im → *Kalkulationszinsfuß* zusätzlich zum Zinssatz für sichere Anlagen eine Risikoprämie einzubeziehen ist, die den Marktverhältnissen entspricht. Die → *Kapitalmarkttheorie* liefert wichtige Erkenntnisse über die Bestimmungsgrößen von Risikoprämien im Marktgleichgewicht. Sie macht damit auch Aussagen über die im Marktgleichgewicht geltenden → *Kapitalkosten*, d.h. die Verzinsung (einschl. Risikoprämie), die bei Finanzierung über den Markt erwirtschaftet werden muß, die also den Kalkulationszinsfuß für Investitionsrechnungen bei Unsicherheit bestimmt. Diese theoretischen Erkenntnisse eröffnen zugleich Ansatzpunkte zur empirischen Schätzung der Kapitalkosten aufgrund von beobachtbaren Renditen und Risikoprämien.

4. Diversifikation. Ein wichtiger Effekt bei der Zusammenstellung eines Investitionsprogramms ist, daß es zu einem mehr oder weniger starken Ausgleich zwischen den Risiken der einzelnen im Programm enthaltenen Projekte kommt. Der risikomindernde Effekt dieser Diversifikation kann rechnerisch erfaßt werden, indem man sich der Wahrscheinlichkeitsrechnung bedient. Die theoretischen Grundlagen dafür wurden zunächst für den Bereich der *Portefeuille-Auswahl* entwickelt, d.h. für Investitionsentscheidungen, die sich auf die Geldanlage in einem Wertpapierportefeuille beziehen. Ansatz und Ergebnisse lassen sich aber mit gewissen Abwandlungen auf Entscheidungen über *Sachinvestitionsprogramme* übertragen.

Wenn *Diversifikationseffekte* erfaßt werden sollen, genügt es nicht, jedes Investitionsprojekt allein durch Erwartungswert

Dynamische Investitionsrechnung

und Standardabweichung der Zielgröße (etwa des Endvermögens) zu charakterisieren. Vielmehr ist auch von Bedeutung, welche stochastischen Abhängigkeiten zwischen den einzelnen Projekten bestehen. Die stochastische Abhängigkeit zwischen den Ergebnissen zweier Projekte kann durch den → *Korrelationskoeffizienten* oder durch die → *Kovarianz* charakterisiert werden. Wenn der Korrelationskoeffizient in der Nähe von +1 (dem höchstmöglichen Wert) liegt, tritt durch Kombination beider Projekte kein nennenswerter risikomindernder Diversifikationseffekt ein. Je niedriger der Korrelationskoeffizient ist, desto stärker wird dieser Effekt. Das Entscheidungsproblem besteht nun darin, Projekte auszuwählen und miteinander zu kombinieren, derart, daß das Gesamtprogramm hinsichtlich Erwartungswert und Standardabweichung optimiert wird.

Eine wesentliche Erkenntnis aus der Theorie der Diversifikation ist, daß Risikoausgleichseffekte nur mit Hilfe von Wahrscheinlichkeitsurteilen rechnerisch erfaßt werden können. Die *Risikobeurteilung* darf sich nicht auf das Einzelprojekt, sondern nur auf das diversifizierte *Gesamtprogramm* beziehen. Die Risikobeurteilung eines Projekts kann sehr unterschiedlich ausfallen, je nachdem ob man es als isolierte Einzelmaßnahme beurteilt oder im Zusammenhang mit einem Gesamtprogramm. Für die Beurteilung von Einzelprojekten läßt sich zeigen, daß ihr Beitrag zum Risiko des Gesamtprogramms in erster Linie von dem durch Korrelationskoeffizient oder Kovarianz charakterisierten stochastischen Zusammenhang zwischen dem Ergebnisbeitrag des Projekts und dem Gesamtergebnis abhängt. Zu einem ähnlichen Ergebnis kommen kapitalmarkttheoretisch begründete Überlegungen zur Höhe der Kapitalkosten; die in den Kapitalkosten enthaltene Risikoprämie hängt nicht von der Standardabweichung des Ergebnisbeitrags eines Projekts ab, sondern von der Kovarianz dieses Ergebnisbeitrags mit dem Gesamtergebnis des Portefeuilles eines repräsentativen Kapitalanlegers.

5. *Sequentielle Investitionsentscheidungen.* Im Zusammenhang mit Investitionen sind oft sequentielle Entscheidungen zu treffen, d.h. miteinander zusammenhängende Entscheidungen über Maßnahmen in verschiedenen Zeitpunkten; insbesondere hängt der Entscheidungsspielraum für spätere Entscheidungen von früher bereits getroffenen Maßnahmen ab. Bei Sicherheit findet man die Lösung dieses Entscheidungsproblems mit Hilfe einer Rechnung, die sämtliche Entscheidungen im Zeitablauf erfaßt und eine optimale Abfolge der zu treffenden Maßnahmen festlegt. Bei Unsicherheit wird die Lösung dadurch erschwert, daß im Zeitablauf Änderungen des *Informationsstandes* eintreten. Es ist deswegen nicht sinnvoll, bereits im ersten Entscheidungszeitpunkt alle zukünftigen Maßnahmen festzulegen; dies kann dazu führen, daß man für die Zukunft Entscheidungen trifft, die sich später bei verändertem Informationsstand als unzweckmäßig erweisen. Andererseits hängt von den Entscheidungen über spätere Maßnahmen ab, welche Maßnahme im Ausgangszeitpunkt optimal ist.

Der Ausweg aus diesem Dilemma liegt darin, die zukünftigen Maßnahmen nicht eindeutig festzulegen, sondern nur bedingt, d.h. in Abhängigkeit von den zwischenzeitlich eintretenden Änderungen des Informationsstandes. Dies führt zu einer Planungstechnik, die als *flexible Planung* bezeichnet wird. Ihre Eigenart besteht darin, daß für zukünftige Zeitpunkte bedingte Entscheidungen getroffen werden, im Unterschied zur starren Planung, bei der man zukünftige Maßnahmen im voraus eindeutig festlegt. Für die Investitionsrechnung gemäß den Regeln der flexiblen Planung gibt es verhältnismäßig einfache Ansätze, die sich der Darstellungstechniken des *Zustandsbaums* oder des → *Entscheidungsbaums* bedienen.

Investitionsrechnungen nach den Regeln der flexiblen Planung sind zweckmäßig, wenn die Alternativen, zwischen denen zu wählen ist, sich wesentlich hinsichtlich des in Zukunft verbleibenden Anpassungsspielraums voneinander unterscheiden. Bei starrer Planung bleiben Möglichkeiten zukünftiger Anpassung an den jeweiligen Informationsstand zwangsläufig unberücksichtigt. Insbesondere erfaßt eine auf Quasi-Sicherheit beruhende starre Planung stets nur eine mögliche Zukunftsentwicklung, legt für diese alle zukünftige Maßnahmen fest und führt auf dieser Grundlage die Investitionsrechnung zur vergleichenden Beurteilung der zur Wahl stehenden Alternativen durch. Der aus größerer Anpassungsfähigkeit resultierende Vorzug einer Alternative kann bei dieser Form der Rechnung nicht zur Geltung kommen, weil Notwendigkeit und Möglichkeit von Anpassungen im Kalkül unter Quasi-Sicherheit gar nicht vorgesehen sind. Bei flexibler Planung, etwa auf der Grundlage eines Zustands- oder eines Entscheidungsbaums, werden von vornherein verschiedene mögliche Zukunftsentwicklungen berücksichtigt. Damit werden auch die Vorteile erfaßt, die in bestimmten Fällen aus den besseren Anpassungsmöglichkeiten einer Alternative erwachsen.

Lit.: Rudolph, B.: Kapitalkosten bei unsicheren Erwartungen, 1979; *Rudolph, B.:* Neuere Kapitalkostenkonzepte auf der Grundlage der Kapitalmarkttheorie, in: ZfbF 1986, S. 892–898; *Busse von Colbe, W./Laßmann, G.:* Betriebswirtschaftstheorie, Bd. 3: Investitionstheorie, 3. Aufl., 1990, §§ 5, 7, 8; *Hax, H.:* Investitionstheorie, 5. Aufl., 1985 (korrigierter Nachdruck 1993), Abschnitt 4; *Franke, G./Hax, H.:* Finanzwirtschaft des Unternehmens- und Kapitalmarkt, 3. Aufl., 1994, V. u. VI. Kapitel.

Professor Dr. Dr. h.c. Herbert Hax, Köln.

Dynamische Optimierung
→ *Planungsrechnung.*

Dynamischer Verschuldungsgrad
= *Tilgungsdauer.*

Bei der → *Bilanzanalyse* zu prüfende Kennzahl der Finanzlage eines Unternehmens, die die Anzahl der Jahre angibt, die das Unternehmen c. p. benötigen würde, um aus der Innenfinanzierung durch den Umsatzprozeß die → *Verbindlichkeiten* zu tilgen. Der D. wird als Quotient aus Verbindlichkeiten und → *Cash-Flow* gebildet. Das Bundesaufsichtsamt für das Versicherungs- und Bausparwesen benutzt für die Anerkennung der → *Deckungsstockfähigkeit* von Industrieanleihen einen differenzierten D., bei dem u. a. die Verbindlichkeiten um die → *Pensionsrückstellungen* gekürzt.

Lit.: Coenenberg, A. G.: Jahresabschluß und Jahresabschlußanalyse, 16. Aufl., 1997, S. 622.

E

EAA
European Accounting Association, Brüssel, 1976 gegründeter Zusammenschluß überwiegend europäischer Hochschullehrer des Rechnungswesens mit ca. 500 Mitgliedern.

Economic Value Added (EVA)
1. Konzeptionelle Basis. Die Added Value-Konzepte versuchen, die Differenz zwischen dem Output eines Unternehmens und allen dafür benötigten Inputs wertmäßig zu erfassen. Dabei wird sowohl beim *E.* als auch beim *Added Value-Ansatz der London Business School* die Differenz aus buchhalterischer Rendite und kapitalmarktbezogenen Kapitalkosten gebildet. Nur solche Unternehmen steigern den → *Share Holder Value*, die eine positive Differenz zwischen realisierter Rendite und den geforderten Kapitalkosten erwirtschaften. Damit wird auf ein marktwertorientiertes *Residualeinkommen* als Vorteilhaftigkeitskriterium abgestellt. Unterschiede zwischen den beiden Maßstäben liegen in der Definition des Gewinns und des Kapitaleinsatzes als Hauptbestandteil der Kennzahl.

2. E. entspricht dem Überschuß eines operativen Gewinns vor Zinsen und nach Steuern (Net Operating Profit After Taxes) über die Kosten des eingesetzten (Eigen- und Fremd-) Kapitals. Es setzt an den „Stellgrößen" an, mit denen das Management zur Unternehmenswertsteigerung beitragen kann. Die drei Bereiche der Managemententscheidungen sind operative Entscheidungen, Investitions- und Finanzierungsentscheidungen. Es wird jedem der drei Entscheidungskategorien eine quantitative Größe zugeordnet und durch deren Verknüpfung der E. ermittelt. Die Kennzahl kann über absolute Werte (E. = Operativer Gewinn nach Steuern – Kapitaleinsatz · Kapitalkostensatz) oder über Zinsdifferenzen (E. = (realisierte Kapitalrendite – Kapitalkostensatz) · Kapitaleinsatz) ermittelt werden. Die realisierte Kapitalrendite ist als Relation von operativem Ergebnis (*nach* zurechenbaren Steuern und *vor* Zinsen) zum eingesetzten Kapital definiert.

Zur Ermittlung der geforderten *Kapitalkosten* wird auf das Konzept der gewichteten durchschnittlichen Gesamtkapitalkosten (→ *WACC*) zurückgegriffen, wobei die Schätzung der Eigenkapitalkosten bspw. mit dem → *CAPM* erfolgt. Im Rahmen der Berechnung der Eigenkapitalkosten wird bei der Messung des Beta-Wertes alternativ zur sonst oft durchgeführten Regressionsschätzung eine quantitative Schätzung des Risikos aus der operativen Geschäftstätigkeit des Unternehmens (*Business Risk Index*) vorgenommen. In diesem werden Risikogrößen aus vier Bereichen aggregiert. Die vier separaten Risikomaße sind das operative Risikomaß, das strategische Risikomaß, das Risiko des Aktiva-Managements und das durch die Unternehmensgröße und die Art der Diversifikation verursachte Risiko. Aufbauend auf dem Ansatz werden Wertetreiber identifiziert, durch die das Management Einfluß auf einen positiven E. und damit auf eine Unternehmenswertsteigerung nehmen kann.

3. Added Value-Konzept der London Business School. Der Added Value ergibt sich als Differenz von operativem Gewinn und Kapitalkosten. Wichtig ist, daß die Komponenten *operativer Gewinn* und *eingesetztes Kapital* aufeinander abgestimmt sind. In einem ursprünglichen Konzept enthält die Kapitalgröße nur die operativen Vermögensgegenstände in Form der Sachanlagen und der Vorräte. Dementsprechend wurde die Gewinngröße als Ergebnis *vor* Steuern und Zinsaufwendungen und -erträgen definiert. Demgegenüber wurden bei einer späteren empirischen Erhebung die gesamten Aktiva als Kapitalgröße herangezogen und aus diesem Grund enthält das operative Ergebnis auch alle Zins- und Beteiligungserträge.

Die *Kapitalkosten* werden in der ursprünglichen Konzeption aus Vereinfachungsgründen auf die bilanziellen Buchwerte des eingesetzten Kapitals berechnet.

Im modifizierten Verfahren wird dagegen eine Neubewertung der Sachanlagen vorgenommen, um eine inflationsbedingt zu niedrige Bewertung des eingesetzten Kapitals mit den bilanziellen Buchwerten zu vermeiden. Die Zugänge zu den Sachanlagen werden in Höhe der Inflationsrate gewinnsteigernd höher bewertet, die Abschreibungen auf die höher bewerteten Sachanlagen neu berechnet. Die Kapitalkosten errechnen sich dann durch Multiplikation des eingesetzten Kapitals mit einem geeigneten Kapitalkostensatz. Im ursprünglichen Ansatz wird der *Kapitalkostensatz* mit Hilfe der Rendite erstklassiger langfristiger Industrieanleihen approximiert, obwohl die Berechnung risikoangepaßter Kapitalkostensätze als theoretisch zu bevorzugende Alternative gesehen wird. Im empirischen Ansatz wird die *Rendite* öffentlicher Anleihen zur Kapitalkostenschätzung herangezogen. Anschließend wird die Kennzahl Added Value noch um Einflüsse der Unternehmensgröße bereinigt. Dabei wird als Kriterium für die Unternehmensgröße die Wertschöpfung bzw. der Umsatz vorgeschlagen.

Lit.: Stewart, G. B.: The Quest for Value, 1991, S. 118–178; *Hostettler, S.:* Economic Value Added als neues Führungsinstrument, in: Der Schweizer Treuhänder 1995, S. 307–315.

Dipl.-Ök. Arndt Kempen, Frankfurt.

Economies of scale
= Kostenvorteile der Massenproduktion.

Economies of scope
= → *Synergieeffekte.*
= Verbundeffekte.

EDV-gestütztes Rechnungswesen

1. Begriffe und Aufgaben des betrieblichen Rechnungswesens

Das → *Rechnungswesen* ist ein System, das in zweckdienlicher Form Informationen für Entscheidungsträger liefert. Es ist ein zentraler Bestandteil des betrieblichen Informationssystems.

2. Traditionelle Systeme des EDV-gestützten Rechnungswesens

Die Aufgaben des traditionellen EDV-gestützten Rechnungswesens ergeben sich in Anlehnung an Eisele aus der nachstehenden Abbildung. Danach ist das Rechnungswesen zu unterteilen in die Finanzbuchhaltung und in die Kosten- und Leistungsrechnung.

a) Finanzbuchhaltung. Ein EDV-System zur Finanzbuchhaltung (= → *Buchhaltung, kaufmännische*) läßt sich in die Funktionsbereiche Debitoren-, Kreditoren- und Sachbuchhaltung aufgliedern. Aufgaben im Rahmen der Debitorenbuchhaltung sind: Übernahme von Last- und Gutschriften aus der Fakturierung, Überwachung der Zahlungseingänge bzw. des offenen Posten-Bestandes, Bereitstellen der Daten für die Sachbuchhaltung, Erstellung von Mahnungen, Informationen für den Verkauf. Zu den Aufgaben der Kreditorenbuchhaltung gehören: Übernahme von geprüften Eingangsrechnungen sowie Gutschriften in den Bereich der offenen Posten, Überwachung des Zahlungsverkehrs und des Ausgleichs der offenen Posten. In der Sachbuchhaltung werden folgende Aufgaben bewältigt: Übernahme bereitgestellter Daten, Erstellung von Journalen, Erstellen von Periodenabschlüssen (→ *Periodenrechnung*, → *Bilanz* und → *GuV*), Bereitstellen von Informationen für die Unternehmensplanung. Gemeinsam ist für alle drei Bereiche die Pflege der Stammdaten durchzuführen. Ein Hauptarbeitsgebiet der EDV-Unterstützung im Bereich der Buchhaltung liegt in der kostengünstigen und schnelleren Verarbeitung von Massendaten. In der Vergangenheit beschränkte sich die EDV-Unterstützung auf die Ermittlungsfunktion, während die Auswertungsfunktion überwiegend manuell oder mit Hilfe nichtintegrierter Systeme durchgeführt wurde. Auch die EDV-gestützte Finanzbuchhaltung unterliegt den → *Grundsätzen ordnungsgemäßer Buchhaltung.*

b) Kosten- und Leistungsrechnung. Die EDV-Unterstützung im Bereich der → *Kostenrechnung* umfaßt die Teilgebiete → *Kostenarten-*, → Kostenstellen-, → Kostenträger- und die → *Erfolgsrechnung, kurzfristige* sowie die → *Deckungsbeitragsrechnung.* Die Kosten- und Lei-

EDV-gestütztes Rechnungswesen

stungsrechnung dient der Bereitstellung von Informationen für das Management. Ihre Aufgaben sind z.B. Ermittlung der Kosten für die Leistungseinheit, Kontrolle der Wirtschaftlichkeit der betrieblichen Leistungserstellung, Ermittlung entscheidungsrelevanter Daten. Sie bedient sich dabei der aus anderen Unternehmensbereichen (Finanzbuchhaltung, Personal, Produktion usw.) gelieferten Informationen. Im Gegensatz zur Finanzbuchhaltung überwiegt daher bei der EDV-Unterstützung der Kosten- und Leistungsrechnung die Analyse der Daten des Prozesses der betrieblichen Leistungserstellung.

3. Zukünftige Gestaltung der EDV-Unterstützung des Rechnungswesens

a) Notwendigkeit der Integration der EDV-Systeme. Aufgrund der steigenden Bedeutung des Rechnungswesens für die Unternehmensführung wird die permanente Verfügbarkeit der benötigten Information verlangt. Das zunehmende Angebot an leistungsstarker Hardware ermöglicht den Einsatz der *Dialogverarbeitung*, wobei Anfragen des Benutzers sofort vom Rechner beantwortet werden. Die Anforderungen an das Rechnungswesen liegen daher in der schnellen, flexiblen und kostengünstigen Bereitstellung von Informationen. Zudem muß in besonderer Weise die Integrität (Korrektheit und Vollständigkeit) der Daten gewährleistet sein. Diese Anforderung ist letztlich nur zu erfüllen, wenn alle Funktionen des Rechnungswesens in ein Gesamtsystem integriert werden (Funktionsintegration) und die internen (aus den verschiedenen Betriebsbereichen) und externen (Kunden, Lieferanten usw.) Daten integriert zur Verfügung stehen (Datenintegration).

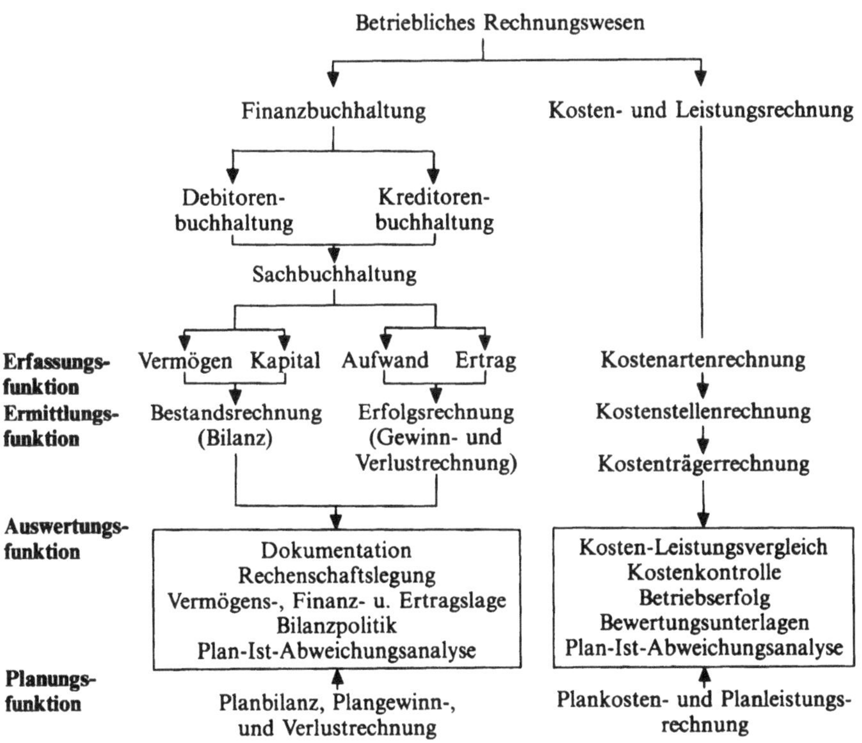

Abb. 1: Gliederung des traditionellen EDV-gestützten Rechnungswesens

EDV-gestütztes Rechnungswesen

Unter der *Funktionsintegration* ist die Abstimmung der Ergebnisse der Funktionen der verschiedenen Bereiche des Informationssystems zu verstehen. So sollten z. B. die zu einer Rechnung gehörenden Debitoren- und Sachkonten-Buchungen aufgrund der Erfassung der Rechnung in der Verkaufsabteilung automatisch erfolgen. Die Funktionsintegration läßt sich nur über die ganzheitliche Konzeption des Informationssystems erreichen. Die einzelnen Programmsysteme müssen miteinander kommunizieren können.

Die *Datenintegration* setzt die gemeinsame Nutzung der gesamten Datenbestände der Unternehmung durch die unterschiedlichen Funktionen voraus. Das Ziel ist es, eine redundanzarme, zugriffsfreundliche und wirtschaftliche Speicherung der Daten zu erreichen. Voraussetzung für die Datenintegration ist die Entwicklung eines Datenmodells, das folgende Anforderungen erfüllt: vielfache Verwendbarkeit der Daten, Unabhängigkeit von Daten und Programmen, redundanzarme Speicherung, flexibles Design.

b) Interne und externe Schnittstellen des Rechnungswesens. Interne Schnittstellen dienen zum Austausch von Informationen zwischen betrieblichen Teilbereichen. Externe Schnittstellen umfassen die Übergabe und Übernahme von Informationen an und von betriebsfremden Adressaten.

Die Erfassung *interner Daten* (*Betriebsdatenerfassung* BDE) muß dezentral an dem Ort ihrer Entstehung erfolgen (z. B. Erfassung der Arbeitsdaten über ein Zeiterfassungssystem vor Ort). Die Daten müssen gemäß des Prinzips der Datenintegration in einer gemeinsamen *Datenbank* für alle Funktionen verfügbar sein.

Eine weitere interne Schnittstelle ist die Schnittstelle zu einem Management-Entscheidungsunterstützungs-System, durch das fallweise Anfragen bewältigt werden können.

Die Erfassung *externer Daten* kann einerseits durch die wirtschaftlichere und schnellere maschinelle Erfassung der Belege durchgeführt werden. Andererseits besteht die Möglichkeit der Nutzung der bei Geschäftspartnern elektronisch gespeicherten Informationen durch elektronischen Datenaustausch (Electronic Date Interchange EDI), wodurch zum einen die wiederholte Erfassung derselben Daten vermieden werden und zum anderen die Kommunikation zwischen den Geschäftspartnern beschleunigt und verbessert werden kann (z. B. die elektronische Übernahme der Überweisungsdaten von den Banken).

c) Einsatz von Methodenbanken und Expertensystemen im Rechnungswesen. Methodenbanken enthalten Methoden zur Lösung von gleichgearteten Problemen mit Hilfe eines EDV-Systems in Form einzelner Programmoduln. Die Ergebnisse der einzelnen Programmoduln können von anderen Programmoduln weiterverwendet werden. Auf diese Art entsteht ein sehr flexibles Auswertungsinstrumentarium, das auch zur fallweisen Unterstützung des Managements bereitsteht. Methodenbanksysteme sind für Anwender mit fachspezifischen Kenntnissen konzipiert, die keine detaillierten EDV-Kenntnisse benötigen. Im Bereich des Rechnungswesens kann ein Einsatz von Methodenbanksystemen bei Analysetätigkeiten z. B. im Bereich der kurzfristigen Erfolgsrechnung erfolgen.

Expertensysteme (XPS) sind wissensbasierte Programme, die in einem eng begrenzten Anwendungsbereich die Problemlösungsfähigkeit menschlicher Experten besitzen sollen. In Bereichen hoher Komplexität versagen oftmals konventionelle EDV-Lösungen. XPS unterscheiden sich von konventionellen EDV-Lösungen dadurch, daß der Lösungsweg nicht explizit beschrieben, sondern vom System aufgrund des gespeicherten Wissens gefunden werden muß. Beispiele für hohe Komplexität im Bereich des Rechnungswesens liegen in der Analyse der Bilanz- und der Kostenrechnungsdaten. Mögliche Einsatzgebiete der XPS sind z. B. die → *Investitionsrechnung* und → *Investitionsplanung* sowie die → *Bilanzanalyse* und → *Konzernabschlußanalyse*, wobei die XPS auf die Daten der Unternehmensdatenbank zugreifen sollten.

Lit.: Horváth, P./Petsch, M./Weihe, M.: Standard-Anwendungssoftware für das Rechnungswesen, 2. Aufl., 1986; *Eisele, W.:* Rechnungswesen, in: Bea, F.X., Dichtl, E., Schweitzer, M.: Allgemeine Betriebswirtschaftslehre, Bd. 2: Führung, 4. Aufl., 1989, S. 189–337; *Stahlknecht, P.:* Einführung in die Wirtschaftsinformatik, 4. Aufl., 1989; *Biethahn, J./Mucksch, H./Ruf, W.:* Ganzheitliches Informationsmanagement, Band 1, 1990; *Mertens, P./Borkowski, V., Geis, W.:* Betriebliche Expertensystem-Anwendungen, 2. Aufl., 1990, S. 189–195; *Reblin, E.:* Anwendungen in der Finanzbuchhaltung (Überblick), in: Mertens, P. u. a. (Hrsg.): Lexikon der Wirtschaftsinformatik, 2. Aufl., 1990, S. 23–26; *Sinzig, W.:* Anwendungen in der Kosten- und Leistungsrechnung (Überblick), in: Mertens, P. u. a. (Hrsg.): Lexikon der Wirtschaftsinformatik, 2. Aufl., 1990, S. 26–28.

Professor Dr. Jörg Biethahn, Göttingen.

Effektivverschuldung

Eine Bilanzkennzahl zur → *Liquiditätsanalyse*, die als Summe aus den kurz-, mittel- und langfristigen Verbindlichkeiten abzüglich des monetären Umlaufvermögens gebildet wird und Anhaltspunkte über die künftige Liquiditätsbelastung der Unternehmung geben soll.

Effektivzinssatz

Tatsächlich, d. h. unter Berücksichtigung sämtlicher Erfolgskomponenten ermittelte Periodenverzinsung einer → *Finanzinvestition.*

Bei der Ermittlung des E. $\bar{r}$ werden neben dem periodischen Ausschüttungssatz i (bei festverzinslichen Finanzinvestitionen der → *Nominalzinssatz*) der Anschaffungsbetrag a_0 (zzgl. sämtlicher anfallender Kosten), der Rückzahlungsbetrag b_n und die Laufzeit n berücksichtigt:

$$\bar{r} = i + \frac{b_n - a_0}{n} \cdot 100\,\%.$$

Für die genaue Berechnung müßte die Zahlungsreihe mit den Zahlungszeitpunkten zugrunde gelegt werden. Der E. entspricht dann dem → *internen Zinssatz* bzw. der → *Rentabilität* bei → *Sachinvestitionen.*

Effiziente Linie

→ *Capital Asset Pricing Model.*

Effizienter Kapitalmarkt

→ *Kapitalmarkt.*

Effizienzlinie

→ *Capital Asset Pricing Model.*

EG-Richtlinien

Zur → *Harmonisierung* der Rechnungslegung von → *Kapitalgesellschaften* in der EG wurden aufgrund von Art. 54 Abs. 3g des EWG-Vertrages von 1958 vom Ministerrat der EG nach Vorschlag der EG-Kommission 1978 die *Vierte Richtlinie* über den → *Jahresabschluß* (78/660) und 1983 die *Siebente Richtlinie* über den → *Konzernabschluß (83/349)* erlassen. Durch das → *Bilanzrichtliniengesetz* v. 19.12.1985 (BGBl I, S. 2355) wurden sie in deutsches Recht transformiert. Diese E. werden für → *Kreditinstitute* durch die *Bankbilanz-Richtlinie* von 1986 (86/635), die durch das Bankbilanzrichtliniengesetz v. 7.12.1990 (BGBl I, S. 2570) in deutsches Recht übernommen wurde, und für → *Versicherungsunternehmen* durch die *Versicherungsbilanz-Richtlinie* von 1991 (91/674) ergänzt, die mit dem VAG in der Fassung v. 21.7.1994 in deutsches Recht umgesetzt wurde. Für AG, deren Aktien zum amtlichen Handel an einer Börse in der EG zugelassen sind, wurde mit der E. (82/121) von 1982 die Publikation eines → *Zwischenberichtes* für die erste Hälfte des Geschäftsjahres vorgeschrieben. Diese E. ist 1987 durch § 44b BG und die BörsZulV in deutsches Recht überführt worden. Mit der *Elften Richtlinie* von 1989 (89/666) wird die *Offenlegung von Informationen über Zweigniederlassungen* geregelt, die in den §§ 13–13h HGB ihren Niederschlag gefunden hat. Die 4. und 7. E. sind mit den E. v. 8.11.1990 hinsichtlich ihres *Anwendungsbereichs* (90/605) bezüglich der Ausdehnung auf die → *GmbH & Co. KG* und der Ausnahmen für kleinere und mittlere Gesellschaften (→ *Größenklassen*) sowie der Offenlegung von Abschlüssen in *ECU* (*Mittelstandsrichtlinie*; 90/604) geändert worden; diese

E. waren vor dem 1.1.1993 in nationales Recht umzusetzen und auf ab 1995 beginnende Geschäftsjahre anzuwenden. Die Mittelstandsrichtlinie wurde durch „Gesetz zur Änderung des D-Markbilanzgesetzes und anderer handelsrechtlicher Bestimmungen“ v. 25.7.1994 in deutsches Recht umgesetzt. Die GmbH & Co. KG-Richtlinie ist bis zum 31.7.1997 nicht umgesetzt worden. Weitere E. sollen andere Teile des Gesellschafts-, Börsen- und Steuerrechts harmonisieren, was z.T. Rückwirkung auf die Rechnungslegung haben wird.

Eigene Anteile

Aktien oder Gesellschafteranteile, die eine AG (KGaA) bzw. GmbH an sich selbst hält. Der Erwerb von E.A. unterliegt strengen gesetzlichen Voraussetzungen (§§71 ff. AktG und §33 GmbHG). Im → *Jahresabschluß* sind E.A. auf der Aktivseite gesondert auszuweisen und in Höhe ihres Wertansatzes sind auf der Passivseite → *Rücklagen* zu bilden.

Lit.: Lanfermann, J.: Eigene Anteile, in: HWR, 3. Aufl., 1993, Sp. 473-481.

Eigenfertigung oder Fremdbezug

= *Make or buy.*

Prinzipielle Entscheidungsalternative zur Deckung des Faktorbedarfes. Die Entscheidungsfindung hat dabei insbesondere folgende Aspekte zu berücksichtigen:

(1) die Kosten;
(2) die Liquiditätsbelastung bei evtl. erforderlicher Kapazitätsausweitung;
(3) die Qualitätsanforderungen seitens der Abnehmer oder bei der Weiterverarbeitung im eigenen Unternehmen;
(4) den Zeitfaktor sowie
(5) die Erwartungen hinsichtlich der künftigen Nachfrage.

Eine wesentliche Determinante für die Vorteilhaftigkeit von Eigenfertigung gegenüber Fremdbezug ist die benötigte Menge.

Lit.: Männel, W.: Die Wahl zwischen Eigenfertigung und Fremdbezug, 2. Aufl., 1981.

Eigeninvestitionen

Verwendung finanzieller Mittel für Realinvestitionen im eigenen Unternehmen.

Eigenkapital

1. Juristischer Begriff

E. (equity) bezeichnet die Mittel, die von den rechtlichen Eigentümern der Unternehmung zur Verfügung gestellt wurden. In idealtypischer Abgrenzung zum Fremdkapital, das durch ergebnisunabhängige Zahlungsansprüche der Gläubiger (Rückzahlung eines Nominalbetrages und Verzinsung des überlassenen Kapitals) gekennzeichnet ist, verbürgt das E. lediglich *ergebnisabhängige Zahlungsansprüche.* Daneben treten in der Praxis jedoch auch *Mischformen* zwischen Eigen- und Fremdfinanzierung (z.B. Optionsanleihe, Gewinnobligation) auf. E. kann auf verschiedene Arten in die Unternehmung eingebracht werden. Die Finanzierung durch *Einbehaltung von Gewinnen* (→ *Gewinn*) bezeichnet man als *Selbstfinanzierung. Eigenfinanzierung* liegt vor, wenn Kapital von den bisherigen Gesellschaftern beschafft wird. Bringen dagegen neue Anteilseigner Kapital in die Gesellschaft ein, spricht man von *Beteiligungsfinanzierung* i.e.S. Schließlich können auch *Sacheinlagen* von den Eigentümern vorgenommen werden.

2. Messung

Zur Messung des E. einer Unternehmung dient das *bilanzielle E.*, das sich als Saldo aus Vermögen und Schulden ergibt. Es ist eine Residualgröße, die nicht unabhängig von der Bewertung der übrigen Bilanzpositionen ermittelt werden kann. Bilanzielles E. und wirklicher Vermögenswert der Anteilseigner stimmen i.d.R. nicht überein, da bspw. die in den Vermögensgegenständen enthaltenen → *stillen Rücklagen* nicht aus der Bilanz ersichtlich sind. Addiert man die stillen Reserven zum bilanziellen E., spricht man auch vom effektiven oder tatsächlichen E.

a) Einzelunternehmung und Personengesellschaften. Für persönlich haftende E.-Geber (Einzelunternehmer, Gesellschafter einer OHG, Komplementäre einer KG) sind *variable Kapitalkonten* charakteristisch. Gewinn und Verlust, Einlagen und Entnahmen werden über diese Konten verbucht. Da somit u. U. erhebliche Schwankungen auftreten können, vereinbaren die Gesellschafter häufig *Festkonten*, die das einzulegende Kapital ausweisen, während Gewinn- und Verlustanteile sowie Entnahmen über variable Kapitalkonten verbucht werden. Der Kapitalanteil der Kommanditisten einer KG wird als Kommanditanteil auf einem konstanten Kapitalkonto ausgewiesen. Gewinne werden diesem Konto nur so lange zugeschrieben, bis die Pflichteinlage erbracht ist. Darüber hinausgehende Gewinnanteile werden über ein Darlehenskonto verbucht.

b) Kapitalgesellschaften. Der Ausweis des E. von Kapitalgesellschaften ist in §266 Abs. 3 HGB geregelt.

I. Gezeichnetes Kapital
II. Kapitalrücklage
III. Gewinnrücklagen
  1. Gesetzliche Rücklage
  2. Rücklage für eigene Anteile
  3. Satzungsmäßige Rücklagen
  4. Andere Gewinnrücklagen
IV. Gewinnvortrag/Verlustvortrag
V. Jahresüberschuß/Jahresfehlbetrag

Das *gezeichnete Kapital* ist eine konstante E.-Position (Grundkapital der AG, Stammkapital der GmbH). *Ausstehende Einlagen* auf das gezeichnete Kapital sind auf der Aktivseite gesondert auszuweisen (unter Vermerk der davon eingeforderten Einlagen). Möglich ist auch die offene Absetzung der noch nicht eingeforderten Einlagen vom gezeichneten Kapital. Die eingeforderten Einlagen sind dann als Forderungen auszuweisen (§272 Abs. 1 HGB). In die *Kapitalrücklagen* (§272 Abs. 2 HGB) sind die Zahlungen einzustellen, die die Eigentümer über den Betrag des gezeichneten Kapitals hinaus leisten (*Agio, Zuzahlungen*). *Gewinnrücklagen* werden aus dem Jahresüberschuß gebildet (→ *Rücklagen*). Wird ein Teil des Bilanzgewinns weder ausgeschüttet noch den Rücklagen zugeführt, entsteht ein *Gewinnvortrag*. Verluste des Vorjahres, die nicht durch Rücklagenauflösungen oder Gesellschafterzuzahlungen abgedeckt wurden, kommen in einem *Verlustvortrag* zum Ausdruck. Der Betrag, über den die Gesellschafter nach der Verwendung von Teilen des Jahresüberschusses (→ *Gewinnverwendung*) durch die die Bilanz aufstellenden Organe verfügen können, wird als *Bilanzgewinn* bezeichnet.

3. Funktionen

a) Haftungsfunktion. Jede Finanzierungsform stellt eine spezifische Regelung von Rechten (Geschäftsführungs-, Informations-, Kündigungsrechte, Zahlungsansprüche) und Pflichten (Einzahlungsverpflichtung) in Abhängigkeit vom Eintreten möglicher Umweltzustände dar. Im Falle von Verlusten besteht ein Regelungsbedarf hinsichtlich der Reihenfolge, in der die Zahlungsansprüche der Kapitalgeber befriedigt werden. Das E. soll dabei eine *Voraushaftungsfunktion* übernehmen: Treten Verluste auf, mindern diese zunächst das E., bevor die Position der Gläubiger berührt wird. So sind Kreditinstitute verpflichtet, zur Absicherung der ihnen zur Verfügung gestellten Vermögenswerte eine angemessene Eigenkapitalbasis sicherzustellen (§ 10 KWG).

Auch für den Fall der *Insolvenz* bedarf es Vorschriften, die die Aufteilung der zur Verfügung stehenden Vermögenswerte auf die einzelnen Investoren regeln. In üblicher Abgrenzung werden E.- und Fremdkapitalpositionen als feststehende, eindeutig abgrenzbare Gruppen von Ansprüchen betrachtet, wobei die Forderungen der E.-Geber hinter denen die Fremdkapitalgeber zurückstehen müssen, d.h., das E. übernimmt eine *Insolvenzpufferfunktion*. Wählt man jedoch die Sichtweise jedes einzelnen Investors und bezeichnet als Risikokapital all jene Ansprüche, die den seinen gleich- oder nachgeordnet sind (Schneider), verschwimmt die Unterscheidung zwischen E. und Fremdkapital. In der ökonomischen Betrachtung kann die Insolvenzpufferfunktion dann auch von typischerweise zum Fremdkapital zählenden Ansprüchen erfüllt werden (z. B. stellt eine ungesicherte Gläubigerposition für einen Investor, dessen Anspruch durch eine Übertragung von Eigentum

(Sicherungsübereignung) geschützt ist, Risikokapital im Falle der Insolvenz dar).

b) Regelung von Verfügungsrechten. Im Gegensatz zum Fremdkapital ist E. i. d. R. mit *Herrschaftsrechten* (Geschäftsführungs-, Informations-, Kontrollrechte) ausgestattet, die in Abhängigkeit von der *Rechtsform* unterschiedlich ausgestaltet sind. Durch *vertragliche Regelungen* und faktische Gegebenheiten ergeben sich jedoch häufig erhebliche Machtverschiebungen zugunsten der Fremdkapitalgeber. So haben etwa Großgläubiger weitergehende Einwirkungsmöglichkeiten auf die Geschäftspolitik der Unternehmung als einflußlose Kleingesellschafter.

Daneben werden durch die Zuordnung des E. zu verschiedenen Bilanzpositionen *Verfügungskompetenzen* abgegrenzt, die die Dispositionsbefugnis der Gesellschaftsorgane betreffen. Die – aufgrund gesetzlicher Vorschriften oder von Individualvereinbarungen – auf festen Kapitalkonten ausgewiesenen Beträge sind grundsätzlich von der Ausschüttung gesperrt, während die Verwendung der den variablen Kapitalkonten zugeordneten Beträge in das Ermessen der Geschäftsführung oder der Gesellschafter gestellt ist. Ziel ist die Sicherstellung eines *Mindesthaftungskapitals* im Unternehmen.

Lit.: Schneider, D.: Messung des Eigenkapitals als Risikokapital, in: DB 1987, S. 185–191; Siegel, T.: Eigenkapital, in: HWR, 3. Aufl., 1993, Sp. 481–490; *Küting, K./Kessler, H./Hayn, B.*, in: Küting/Weber: HdR, 4. Aufl., Bd. Ia, 1995, S. 1505–1594.

Professor Dr. Hannes Streim, Bochum.

Eigenkapitalkostensatz

→ *Kapitalkosten.*

Eigenkapitalquote

Kennzahl der Kapitalstrukturanalyse (→ *Bilanzanalyse*), die den Anteil des → *Eigenkapitals* am → *Gesamtkapital* angibt.

Eigenkapitalrentabilität

Eine im Rahmen der → *Bilanzanalyse* ermittelte Relation aus Jahresüberschuß (meist vor Steuern vom Einkommen und Gewerbeertrag) und dem eingesetzten → *Eigenkapital*, um über den Zeit- bzw. Unternehmensvergleich zur Beurteilung der Ertragskraft bzw. Ertragslage einer Unternehmung zu gelangen (return on equity) → *Bilanzanalyse*, → *Rentabilität.*

Eigenkapitalspiegel

Eine von einigen Unternehmen im → *Anhang* freiwillig publizierte, detaillierte Übersicht über die Entwicklung der einzelnen Positionen des → *Eigenkapitals* im abgelaufenen Geschäftsjahr.

Eigenmittel

Erweiterter Begriff für → *Eigenkapital* von Kreditinstituten nach der EG-Richtlinie vom 17. 4. 1989 über E. von Kreditinstituten. Danach gehören zu den E. neben dem bilanziellen Eigenkapital im üblichen Sinne (Basiseigenmittel) ergänzende E. wie u. a. Fonds für allgemeine Bankrisiken und Haftsummen bei Kreditgenossenschaften bis zu 100 % der Basiseigenmittel.

Einflußgrößenrechnung

1. Grundlagen und Ziele. Einflußgrößen sind qualitativ und/oder quantitativ erfaßbare Ursachen für empirisch erkennbare oder modelltheoretisch begründete Wirkungen. Im mathematischen Sinne handelt es sich um *unabhängige Variablen*, die mit anderen (abhängigen) Variablen in einem stochastischen oder deterministischen Beziehungszusammenhang stehen. Derartige Ursache-Wirkungsbeziehungen werden aus übergreifenden Beziehungsketten unter einer problembestimmten Perspektive herausgelöst. Im internen Rechnungswesen geht es z. B. um die Aufdeckung der Einflußgrößen, die den Unternehmenserfolg bzw. die zugrundeliegenden → *Kosten* und → *Erlöse* unmittelbar bestimmen.

Es ist zwischen entscheidungsfeldextern bestimmten Einflußgrößen (*Daten*) und entscheidungsfeldintern bestimmten Einflußgrößen (*Dispositionsgrößen*) zu unterscheiden. Die Grenzen des Entscheidungsfeldes folgen insbesondere aus der Einbindung der Gesamtunternehmung in die Umwelt, der personellen Aufteilung der Entscheidungskompetenzen innerhalb der Unternehmung und aus der zeit-

Einflußgrößenrechnung

lichen Ausdehnung des Betrachtungsgegenstandes. Als *unternehmensexterne* Einflußgrößen wirken z. B. Marktpreise, steuergesetzliche Vorschriften und Klimaeinflüsse auf den Unternehmenserfolg ein. Die Aufteilung der Entscheidungskompetenz im Unternehmen führt z. B. dazu, daß in einer Betriebsabteilung das aus den Verkaufsabschlüssen abgeleitete Produktionsprogramm einer Planungsperiode grundsätzlich nicht mehr verändert werden kann; damit ist der Unternehmenserfolg nur noch durch kostenoptimale Gestaltung der die Produktion und die Beschaffung *intern bestimmenden Einflußgrößen* zu verändern. Nach dem *Zeithorizont* sind lang-, mittel- und kurzfristig wirkende Einflußgrößen zu unterscheiden, wobei die Festlegung langfristig disponibler Einflußgrößen zu Daten (Rahmenbedingungen) für Dispositionen über mittel- und kurzfristige Einflußgrößen führt.

2. Anwendung im internen Rechnungswesen. Im internen Rechnungswesen wird die E. sowohl in der → *Plankosten-* als auch in der → *Erlösrechnung* angewendet, insbesondere in der → *Betriebsplanerfolgsrechnung.* Die Erforschung der qualitativ und quantitativ auf die Kosten- und Erlöshöhe bzw. Erfolgshöhe eines Unternehmens(bereichs), einer Produkteinheit (Produktgruppe, Auftragsspezifikation u. dergl.), eines Prozesses oder Vorgangs in einer Unternehmung wirkenden Haupteinflußgrößen bildet die Grundlage für Planungsansätze zur Vorbereitung von Entscheidungen und für die Analyse von Planabweichungen nach dem Vollzug. Ohne Kenntnis der maßgeblichen Ursache-Wirkungsbeziehungen sind weder tragfähige Erfolgsprognosen noch Sollvorgaben für die verantwortlichen Handlungsträger in einem Unternehmen ableitbar. Die Erklärung von Abweichungen zwischen Planvorgaben und Istgrößen beruht ebenfalls auf den Ergebnissen der E. Außerdem ermöglicht sie verursachungsgerechte Kosten- und Erlöszurechnungen im Rahmen der Kosten- und Erlösträgerrechnung.

Im *langfristigen Entscheidungshorizont* einer Industrieunternehmung sind insbesondere folgende *Haupteinflußgrößen* auf die Kosten zu berücksichtigen:

- Qualifikation und Kopfzahl des Personals, Lohnsätze, Entlohnungsform und Sozialleistungen;
- qualitatives Leistungsspektrum, Technologie, Automatisierungsgrad, Anzahl, Beschaffungspreise und -bedingungen der Produktionsanlagen;
- Lieferbindungen und Relationen von Eigen- und Fremdherstellung von Roh-, Hilfs- und Betriebsstoffen sowie Dienstleistungen;
- Produktionsprozeßorganisation mit Gütertransport- und Informationsversorgungs-Infrastruktur;
- Produktarten.

Die Produktarten und vorherrschenden Marktbedingungen sowie vertraglich auf Dauer abgesicherten Abnehmerbeziehungen sind als die wichtigsten langfristig wirkenden Erlöseinflußgrößen zu betrachten.

Dem *kurz- und mittelfristigen Entscheidungshorizont* sind insbesondere folgende *Haupteinflußgrößen* zuzurechnen:

- Lage und Dauer der Arbeitszeit, Leistungsintensität des Personals;
- Betriebszeit, Einsatz- und Stillstandszeit, quantitative und qualitative Leistung, An- und Auslauf von Produktionsanlagen;
- Qualität, Bestände/Fehlmengen, Beschaffungspreise und -bedingungen von Roh-, Hilfs- und Betriebsstoffen sowie Dienstleistungen;
- Produktionsprozeßgestaltung, Auftrags-/Produktdurchlaufzeiten und -reihenfolgen, Zwischenlagermengen, Arbeitssystembildung und daraus folgende Nutz- und Leerzeiten der Potentialfaktoren;
- Produktprogramm nach Produktqualitätsniveau, -mengen, -losaufteilungen, -entstehungszeiten, -beständen und -fehlmengen.

Die Komponenten des Produktprogramms und die Lieferbedingungen – insbesondere die verschiedenen Preisbestandteile – sind zugleich die wichtigsten kurz- und mittelfristig wirkenden Erlöseinflußgrößen.

Alle aufgeführten Kosten- und Erlöseinflußgrößen sind zugleich Einflußgrößen auf den Unternehmenserfolg. Von grundsätzlicher Bedeutung für ökonomische Analysen ist die Unterscheidung in *Mengen- und Wert(Preis)einflußgrößen*, da sie unterschiedlichen Abhängigkeiten und Disponierbarkeiten durch die Unternehmung unterliegen. Die E. findet auch bei der produktionsbegleitenden Kosten- und Leistungskennziffernbildung (→ *Prozeßcontrolling*) und bei der Personalkostenplanung und -überwachung Anwendung.

3. Methoden. Die Bestimmung der quantitativen Beziehungszusammenhänge zwischen Einfluß- und Zielgrößen bzw. unabhängigen und abhängigen Variablen kann nach analytischen und nach statistischen Methoden erfolgen. Die *analytischen* Methoden gehen von theoretischen Verbrauchsstudien aus, die auf naturwissenschaftlich oder ingenieurwissenschaftlich abgesicherten Erkenntnissen beruhen. So kann der Stromverbrauch einer Maschine in Abhängigkeit von deren installierter Leistung, Einsatzzeit und Wirkungsgrad (Intensität) funktional dargestellt werden. Die am häufigsten angewendete *statistische* Methode ist die Regressionsrechnung. Man unterscheidet nach der Anzahl berücksichtigter Einflußgrößen zwischen einfacher und mehrfacher Regression. Wird z. B. ein linearer Zusammenhang zwischen einer Zielgröße Y und einer unabhängigen Einflußgröße X vermutet, so setzt man die Einfachregression ein. Die Regressionsgerade $Y = a + bX$ bildet dann den „geometrischen Ort der wahrscheinlichsten Zielgrößenwerte je frei gewähltem Einflußgrößenwert" (*Haller-Wedel* 1973, S. 25). Es handelt sich um stochastische Beziehungszusammenhänge, deren Qualität durch statistische Kennwerte bestimmt werden kann. Für Zwecke der Erlös- und Kostenplanung werden im Fall unbekannter analytischer Beziehungszusammenhänge überwiegend lineare Regressionsrechnungen mit einer oder mehreren Einflußgrößen zugrunde gelegt. Mit Hilfe statistischer Verfahren werden dabei aus der Vielzahl einwirkender Einflußgrößen die wichtigsten ausgesondert, so daß nur angenäherte Plangrößen ermittelt und Soll-Ist-Vergleiche zum Zweck der Überwachung der Wirtschaftlichkeit von Betriebsabläufen nur mit entsprechenden Einschränkungen herangezogen werden können.

In neuerer Zeit werden Kosteneinflußgrößenrechnungen zunehmend für die konstruktionsbegleitende Kalkulation verwendet. Bei computergestützter Konstruktion (CAD) sind Informationen über die Kostendifferenzen zwischen alternativen Produktauslegungen wichtige Leitgrößen für die Verwirklichung kostenoptimaler Produktionsprozesse. Die zugrundeliegenden Einflußgrößenfunktionen sind in Datenbanken zugriffsbereit für den Konstrukteur zu speichern.

Lit.: Haller-Wedel, E.: Die Einflußgrößenrechnung in Theorie und Praxis, 1973; *Heinen, E.:* Betriebswirtschaftliche Kostenlehre, 6. Aufl., 1983, S. 555–592; *Vogt, A.:* Dispositionsgrundlagen von Personalkosten in Industriebetrieben, 1983; *Busse von Colbe, W./Laßmann, G.:* Betriebswirtschaftstheorie, Bd. 1, 5. Aufl., 1991, S. 182– 192 und 209–218; *Gröner, L.:* Entwicklungsbegleitende Vorkalkulation, 1991, S. 162–237; *Kaiser, K.:* Kosten- und Leistungsrechnung bei automatisierter Produktion, 2. Aufl., 1993; *Laßmann, G.:* Betriebsplankostenrechnung, in: HWR, 3. Aufl., 1993, Sp. 168–183; *Hahn, D./Laßmann, G.:* Produktionswirtschaft, Bd. 3.2 Informationssystem, 1993; *Kilger, W./Vikas, K.:* Flexible Plankostenrechnung und Deckungsbeitragsrechnung, 10. Aufl., 1993, S. 231–676.

Professor Dr. Gert Laßmann, Bochum.

Eingeschränkter Bestätigungsvermerk
→ *Bestätigungsvermerk.*

Eingliederung
Unternehmensvertrag aus dem AktG, durch den die Leitungsmacht der eingegliederten AG auf eine andere AG mit Sitz im Inland (Hauptgesellschaft) übergeht. Gem. §§ 319–327 AktG müssen die Hauptversammlungen beider Gesellschaften der E. zustimmen; mindestens 95% der Kapitalanteile müssen in der

Hand des künftigen Alleingesellschafters (Hauptgesellschaft) liegen. Mit der Eintragung ins Handelsregister haftet die Hauptgesellschaft gesamtschuldnerisch für die Verbindlichkeiten der eingegliederten AG und ist verpflichtet, einen die Kapital- und Gewinnrücklagen übersteigenden Bilanzverlust auszugleichen. Sie hat den ausscheidenden Minderheitsgesellschaftern eine angemessene Abfindung zu gewähren. Die E. beinhaltet gem. § 18 Abs. 2 AktG ein Konzernverhältnis.

Einheitliche Leitung
Begriff aus dem Konzernrecht; die E. gilt gem. § 18 AktG als konstituierendes Konzernmerkmal und damit auch für die Einbeziehung von Tochtergesellschaften in den → *Konzernabschluß*. Ein Unternehmen steht dann unter E. des Konzerns, wenn 1. ein → *Beherrschungsvertrag* (§ 291 AktG) oder eine → *Eingliederung* (§§ 319 AktG, 16 PublG) besteht (→ *Vertragskonzern*) oder 2. die Konzernleitung aufgrund einer → *Mehrheitsbeteiligung* kontinuierlich oberste Führungsaufgaben (z. B. Investitions- und Finanzplanung, Besetzung oberster Führungskräfte) in der Beteiligungsgesellschaft wahrnimmt (→ *faktischer Konzern*).

Lit.: Busse von Colbe, W./Ordelheide, D.: Konzernabschlüsse, 6. Aufl., 1993, S. 79–81.

Einheitlichkeit der Bewertung
1. Grundlagen

Wahlrechte in einem Bewertungssystem setzen die Aussagefähigkeit eines darauf aufbauenden → *Jahresabschlusses* herab, sofern die Bilanzleser nicht über die Art und Weise der Wahlrechtsausübung und vor allem über evtl. gegenüber dem Vorjahr vollzogene Änderungen informiert werden. Diese Probleme bestehen bei einem Bewertungssystem ohne Spielräume, bei dem sowohl der Inhalt der Bewertungsmaßstäbe als auch deren Zuordnung zu den einzelnen Bilanzposten eindeutig festliegen, nicht.

Im HGB gibt es zahlreiche Bewertungswahlrechte. Ihrem negativen Einfluß auf die Aussagefähigkeit des Jahresabschlusses wird auf zweierlei Weise entgegengewirkt:

1) Die grundsätzlich vorhandenen Bewertungsspielräume werden durch das Prinzip der Einheitlichkeit der Bewertung eingeschränkt. Dieses Prinzip wurde erstmals im HGB 1985 kodifiziert.

2) Über die Art der Inanspruchnahme der verbliebenen Spielräume muß berichtet werden.

Den Informationspflichten ist durch Angaben im → *Anhang* nachzukommen. So müssen gem. § 284 Abs. 2 Nr. 1 HGB „die auf die Posten der Bilanz und der Gewinn- und Verlustrechnung angewandten Bilanzierungs- und Bewertungsmethoden angegeben" und gem. Nr. 3 „Abweichungen von Bilanzierungs- und Bewertungsmethoden angegeben und begründet werden; deren Einfluß auf die Vermögens-, Finanz- und Ertragslage ist gesondert darzustellen". Für Unternehmen, die keinen Anhang zu erstellen haben, besteht eine solche Angabepflicht nicht. In diesen Fällen werden die negativen Auswirkungen der Wahlrechte nur durch das Prinzip der Einheitlichkeit der Bewertung gemildert. Bei der Einheitlichkeit der Bewertung können die *zeitliche* und die *sachliche* Dimension unterschieden werden.

2. Zeitliche Einheitlichkeit der Bewertung

Die *zeitliche* (= zeitraumbezogene) Einheitlichkeit der Bewertung nennt man → *Bewertungsstetigkeit*. Sie verlangt, daß Vermögensgegenstände (für Schulden gilt entsprechendes), die bereits im Vorjahr vorhanden waren, im Folgejahr grundsätzlich nach den gleichen → *Bewertungsprinzipien* bewertet werden. Außerdem müssen gleiche und gleichartige Vermögensgegenstände, die ausgeschiedene Vermögensgegenstände ersetzen, nach den bisher praktizierten Methoden angesetzt werden (→ *Bewertungsstetigkeit*).

Die bilanzierende Unternehmung ist somit an eine einmal getroffene Entscheidung über die Art der Ausübung eines Bewertungswahlrechts grundsätzlich gebunden (§ 252 Abs. 1 Nr. 6 HGB). Lediglich in begründeten Ausnahmefällen darf davon abgewichen werden (§ 252 Abs. 2

HGB). Begründete Ausnahmefälle liegen vor, wenn sich die Ausgangssituation, die Grundlage für die frühere Entscheidung war, erheblich verändert hat.

3. Die sachliche Einheitlichkeit der Bewertung

a) Die Bedeutung für den Einzelabschluß. Um das Ziel der zeitlichen Einheitlichkeit der Bewertung zu erreichen, muß zusätzlich auch eine sachliche (= zeitpunktbezogene) Einheitlichkeit der Bewertung eingehalten werden. Dies bedeutet, daß eine einmal getroffene Bewertungsentscheidung nicht nur für den ursprünglich betroffenen Vermögensgegenstand und ggfs. für dessen Nachfolger verbindlich ist, sondern darüber hinaus Konsequenzen für die Bewertung anderer Vermögensgegenstände nach sich zieht. Ohne Gültigkeit eines Prinzips der sachlichen Einheitlichkeit der Bewertung könnte die Bewertungsstetigkeit bereits dadurch unterlaufen werden, daß ein Vermögensgegenstand, der zum Ersatz eines später ausscheidenden Vermögensgegenstandes vorgesehen ist, vor dessen Ausscheiden beschafft wird und somit beide eine gewisse Zeit parallel im Unternehmen vorhanden sind. Ohne die Bindung der auf den neuen Vermögensgegenstand angewandten Bewertungsmethode an diejenige des alten wäre nach dem Ausscheiden des alten Vermögensgegenstandes die Bewertungsstetigkeit durchbrochen.

Diese Überlegung kann eine Verpflichtung zur Bewertungseinheitlichkeit nur für solche Vermögensgegenstände begründen, die in der Lage sind, andere bereits vorhandene Vermögensgegenstände zu ersetzen. Sie müssen also *funktionsgleich* sein. Aus der Funktionsgleichheit allein kann aber dann keine derartige Verpflichtung abgeleitet werden, wenn ein Unterlaufen des Prinzips der Bewertungsstetigkeit ausgeschlossen ist und eindeutige Abgrenzungskriterien eine spezifische Behandlung zulassen.

Für Unternehmen, die zur Erstellung eines Anhangs verpflichtet sind und dort über die angewandten Bewertungsmethoden zu berichten haben, ergibt sich die Notwendigkeit einer gewissen sachlichen Einheitlichkeit bei der Bewertung auch dadurch, daß bei sehr differenzierter Wahlrechtsausübung die zur exakten Erfüllung von § 284 Abs. 2 Nr. 1 HGB notwendige Berichterstattung so umfangreich und unübersichtlich werden könnte, daß der Jahresabschluß nicht mehr in der Lage wäre, ein den tatsächlichen Verhältnissen entsprechendes Bild zu liefern. Daher sind grundsätzlich gleiche und gleichartige Vermögensgegenstände, zumindest wenn sie sachlich und/oder räumlich abgrenzbaren Einheiten angehören, auch nach den gleichen Bewertungsmethoden zu bewerten. Danach könnte z. B. eine Gruppe von Spezialmaschinen durchaus abweichend von anderen Maschinen bewertet werden; auch gleiche Vermögensgegenstände, z. B. Schreibmaschinen, könnten, sofern sie verschiedenen, klar voneinander abgrenzbaren Betriebseinheiten zuzuordnen sind, unterschiedlich behandelt werden.

Die durch den Grundsatz der Einheitlichkeit der Bewertung gezogenen Grenzen widersprechen nicht dem *Grundsatz der Einzelbewertung*, denn nach wie vor muß grundsätzlich der Wertansatz jedes einzelnen Vermögensgegenstandes isoliert geprüft werden, und Wertverluste eines Vermögensgegenstandes können nicht gegen Gewinne bei einem anderen aufgerechnet werden.

b) Die Bedeutung für den Konzernabschluß. In § 308 HGB wird eine einheitliche Bewertung aller in den → *Konzernabschluß* aufgenommenen Vermögensgegenstände und Schulden nach den für das Mutterunternehmen zulässigen Bewertungsmethoden verlangt. Diese Festlegung ist eine unmittelbare Konsequenz der *Einheitstheorie*. Bei der konzerneinheitlichen Bewertung sind alle in den Konzernabschluß einbezogenen Unternehmen wie ein rechtlich einheitliches Unternehmen zu behandeln. Dies bedeutet, daß auch im Konzernabschluß sämtliche Bewertungsspielräume zugelassen sind, die einem einzelnen Unternehmen offenstehen. Soweit in einem Einzelabschluß Bewertungswahlrechte z. B. wegen der Verschiedenartigkeit der Vermögensgegenstände oder ihres räumlich abgrenzbaren Einsatzortes unterschiedlich bewertet werden dürfen, ist dies auch im Konzernabschluß zulässig. Auch hier gilt jedoch, daß die Berichterstattungspflichten mit der Heterogenität der Wertansätze zunehmen (§ 313 Abs. 1 Nr. 1 HGB).

Lit.: Selchert, F. W.: Zur Diskussion gestellt: Grundsatz der Einheitlichkeit der Bewertung, in: Wpg 1983, S. 447–453; *Wohlgemuth, M.:* Der Grundsatz der Einheitlichkeit der Bewertung, in: Gross, G. (Hrsg.): Der Wirtschaftsprüfer im Schnittpunkt nationaler und internationaler Entwicklung, 1985, S. 45–60; *Wohlgemuth, M.*, in: Bonner HR, 1986/87, § 252 HGB, Rz. 59–75; *Kupsch, P.:* Einheitlichkeit und Stetigkeit der Bewertung gem. § 252 Abs. 1 Nr. 6 HGB, in: DB 1987, S. 1101–1105, 1157–1161; *Müller, J.:* Das Stetigkeitsprinzip im neuen Bilanzrecht, in: BB 1987, S. 1629–1637; *Reintges, H.:* Die einheitliche Bewertung im Konzernabschluß, in: ZfbF 1987, S. 282–291; *Leffson, U.:* Das Gebot der Stetigkeit im europäischen Bilanzrecht, in: Wpg 1988, S. 441–446; *Dümpel, U.:* Grundsatz der einheitlichen Bewertung im Konzern, 1991; *Selchert, F. W.*, in: Küting/Weber, HdR, 4. Aufl., Bd. Ia, 1995, § 252 HGB, Rn. 99–132; *ADS*, 6. Aufl., Bd. 3, 1996, § 308 HGB, S. 669–691, Tz. 5–30.

Professor Dr. Michael Wohlgemuth, Duisburg.

Einheitsbilanz
= Identität von handelsrechtlicher Bilanz und → *Steuerbilanz.*

Lit.: Kosiol, E.: Bilanzreform und Einheitsbilanz, 1949; *Streim, H.:* Ein Plädoyer für die Einheitsbilanz, in: BFuP 1990, S. 527–545.

Einheitskontenrahmen
→ *Kontenrahmen.*

Einheitskosten
= → *Stückkosten.*
→ *Kalkulationsverfahren.*

Einheitstheorie
Im Konzernrechnungswesen ein Grundsatz, nach dem der → *Konzernabschluß* aus dem Blickwinkel der Konzernleitung so aufzustellen ist, daß die Vermögens-, Finanz- und Ertragslage der gesamten wirtschaftlichen Einheit Konzern dargestellt wird. Im Gegensatz zur → *Interessentheorie* ist der Konzernabschluß so aufzustellen, daß er mit dem gedachten Einzelabschluß eines Unternehmens weitestgehend übereinstimmt, dem alle Konzernunternehmen als rechtlich unselbständige Teilbetriebe angehören. Die handelsrechtlichen Regelungen zum Konzernabschluß (§§ 297–314 HGB) bauen prinzipiell auf der E. auf.

Lit.: Busse von Colbe, W./Ordelheide, D.: Konzernabschlüsse, 6. Aufl., 1993, S. 123.

Einheitswert
Einheitliche Bemessungsgrundlage für die Steuerarten → *Vermögensteuer*, → *Gewerbekapitalsteuer* und Grundsteuer sowie Erbschafts- und Schenkungssteuer. Der E. wird ermittelt für Betriebe der Land- und Forstwirtschaft, private Grundstükke, Gewerbebetriebe und als wirtschaftliche Untereinheit für Betriebsgrundstücke (§ 19 BewG i. V. m. § 180 AO). Ein gesonderter E. wird für Vermögensteile im Ausland festgestellt (→ *Betriebsvermögensermittlung*).

Der E. wird beim → *Betriebsvermögen* für drei Jahre festgesetzt. Die letzte Hauptfeststellung für die übrigen Vermögensteile hat zum 1. 1. 1964 stattgefunden. Daraus resultieren erhebliche Unterschiede zwischen dem E. und tatsächlichen Werten (Verkehrswerten). Zwischen Hauptfeststellungen können Fortschreibungen oder Nachfeststellungen vorgenommen werden (vgl. §§ 21–23 BewG).

Einigungswert
= Arbitriumwert.
= Schiedswert.
→ *Gesamtwert der Unternehmung.*

Einkommensteuer
→ *Ertragsteuer*, die das Welteinkommen in der Bundesrepublik ansässiger natürlicher Personen erfaßt. Der E. unterliegen die Einkünfte aus sieben Einkunftsarten:

(1) Einkünfte aus Land- und Forstwirtschaft (§§ 13–14a EStG)
(2) Einkünfte aus Gewerbebetrieb (§§ 15–17 EStG)

(3) Einkünfte aus selbständiger Tätigkeit (§ 18 EStG)
(4) Einkünfte aus nicht selbständiger Tätigkeit (§ 19 EStG)
(5) Einkünfte aus Kapitalvermögen (§ 20 EStG)
(6) Einkünfte aus Vermietung und Verpachtung (§§ 21, 21 a EStG)
(7) Sonstige Einkünfte (§§ 22, 23 EStG)

Die Berechnung des „zu versteuernden Einkommens" erfolgt nach folgendem Schema:

Sieben Einkunftsarten = Summe der Einkünfte
\+ Nachzuversteuernder Betrag (§ 10a Abs. 2 EStG)
\+ Hinzurechnungsbetrag (§ 2a Abs. 3 EStG, § 2 Abs. 1 Satz 3 AuslinvG)
./. Verlustabzugsbetrag (§ 2a Abs. 3 EStG)
= *Summe der Einkünfte*
./. Altersentlastungsbetrag (§ 24a EStG)
./. Freibetrag für Land- und Forstwirte (§ 13 Abs. 3 EStG)
= *Gesamtbetrag der Einkünfte* (§ 2 Abs. 3 EStG)
./. Sonderausgaben (§§ 10, 10b, 10c EStG)
./. Steuerbegünstigter nichtentnommener Gewinn (§ 10a EStG)
./. Steuerbegünstigung der zu eigenen Wohnzwecken genutzten Wohnung (§§ 10c–10h EStG bis 1995)
./. Außergewöhnliche Belastungen (§§ 33–33c EStG)
./. Verlustabzug (§ 10d EStG, § 2 Abs. 1 Satz 2 AuslinvG)
= Einkommen (§ 2 Abs. 4 EStG)
./. Kinder- und Haushaltsfreibeträge (§ 32 Abs. 6 und 7 EStG)
./. freibleibender Betrag (§ 46 Abs. 3 EStG, § 70 EStDV)
= *Zu versteuerndes Einkommen (§ § 2 Abs. 5, 32 Abs. 1 EStG)*

Das zu „versteuernde Einkommen" wird zur Ermittlung der E. dem E. tarif unterworfen. Der E. tarif 1990 verläuft nach einem *Grundfreibetrag* (ab 1996) von 12.095 DM (Splittingtabelle 24.190 DM) und einer kurzen *Proportionalzone* (19 % bis 8150 DM) progressiv und erreicht unter linearer Steigung bei 120000 DM den *maximalen Grenzsteuersatz* von 53 % (bei Zusammenveranlagung von Verheirateten verdoppeln sich die Beträge). Ab 1994 ist der Steuersatz für gewerbliche Einkünfte auf max. 47 % begrenzt (§ 32c EStG).

Erhebungsformen der E. sind neben der E.-Veranlagung die Lohnsteuer für Einkünfte aus nichtselbständiger Tätigkeit gem. §§ 38–42 EStG, die Kapitalertragsteuer bei Einkünften aus Kapitalvermögen gem. § 43 EStG (insb. bei Gewinnanteilen von → *Kapitalgesellschaften*) und die sog. Zinsabschlagsteuer (§ 43 Abs. 1 Nr. 7 EStG) bei allen anderen Einkünften am Kapitalvermögen.

Lit.: *Rose, G.*: Betrieb und Steuer, Bd. 1: Die Ertragsteuern, 14. Aufl., 1995.

Einkreissystem
Eingliederung der → *Kostenrechnung* in die → *Buchhaltung* (→ *Kontenrahmen und Kontenplan*).

Einnahmen
= monetäres Äquivalent von Güterausgängen, insbesonders infolge von Umsatzvorgängen; in der Umgangssprache = → *Einzahlungen*.
→ *Grundgrößen des Rechnungswesens*.

Einnahmen-Ausgaben-Rechnung
→ *Gewinnermittlungsverfahren* gem. § 4 Abs. 3 EStG.

Einprodukt(art)-Restriktionen
Beschränkungen, die sich nur auf eine Absatzprodukt(art) auswirken (z. B. die Absatzgrenze einer Produktart, Beschränkung der Kapazität einer Anlage zur Fertigung nur einer Produktart).

Einstufiger Konzern
Form des Konzernaufbaus, bei der im Gegensatz zum → *mehrstufigen Konzern* das → *Mutterunternehmen* unmittelbar an allen Tochterunternehmen beteiligt ist.

Eintrittswahrscheinlichkeit
Wahrscheinlichkeit (w) für das Eintreten eines bestimmten Umweltzustandes (= Ereignisses), numerisch auf Größen $0 \leq w \leq 1$ normiert mit $\sum_{i=1}^{m} w_i = 1$ für m sich gegenseitig ausschließende Zustän-

de. E. können auf statistischen Untersuchungen (*objektive Wahrscheinlichkeiten*) oder auf subjektiven Glaubwürdigkeitsvorstellungen (*subjektive Wahrscheinlichkeiten*) beruhen. *Gemeinsame Wahrscheinlichkeiten* geben die Wahrscheinlichkeit für den gleichzeitigen Eintritt zweier oder mehrerer Datenkonstellationen an. Sie ergeben sich als Produkt aus den einzelnen E.

Einwirkungsprinzip
= Kosteneinwirkungsprinzip.
→ *Kostenzurechnungsprinzip*, nach dem die → *Kosten* als Wirkungsursachen der Produkte gelten, die ohne sie nicht zustande kämen. Das E. bildet eine schwächere Rechtfertigung für die Kostenzurechnung als das → *Verursachungsprinzip*.

Einzahlungen
= Zugang an Bar- und Buchgeld, in der Fachsprache nicht identisch mit Einnahmen.
→ *Grundgrößen des Rechnungswesens*.

Einzelabschluß
→ *Jahresabschluß* eines rechtlich einheitlichen Unternehmens im Gegensatz zum → *Konzernabschluß*.

Einzelbewertung
Ein → *Grundsatz ordnungsmäßiger Buchführung*, nach dem Vermögensgegenstände und Schulden im Jahresabschluß bzw. Konzernabschluß grundsätzlich unter Vernachlässigung von Verbundeffekten zu anderen Bewertungsobjekten zu erfassen und bewerten sind. Die E. ist in § 252 Abs. 1 HGB gesetzlich geregelt und soll die Verrechnung von Wertsteigerungen und -minderungen verschiedener Vermögensgegenstände und Schulden verhindern; → *Grundsätze ordnungsmäßiger Buchführung*.

Einzelerlöse
→ *Erlösrechnung*.

Einzelfallprüfung
→ *Prüfungsmethoden*.

Einzelfertigung
= Individuelle Fertigung eines Produktes.

Einzelkosten- und Deckungsbeitragsrechnung
→ *Kostenrechnungssysteme*.

Einzel- und Gemeinkosten
1. Begriffe. Einzelkosten (E.; = direkte Kosten, *direct costs*) lassen sich *direkt* den einzelnen betrieblichen Leistungen zurechnen; d. h., sie werden unmittelbar aus der Kostenartenrechnung ohne Verrechnung über die Kostenstellen auf die Kostenträger kalkuliert. Sie müssen also dem Verursachungsprinzip in hohem Maße genügen. Beispiele sind das Holz in der (Holz-)Möbelindustrie (*Einzelmaterialkosten*) oder die meisten Akkordlöhne (*Einzellohnkosten*).

Sonder-E. sind zwar nicht pro Stück, aber pro *Auftrag* erfaßbar. Zu den Sonder-E. *der Fertigung* zählt man z. B. die Kosten für Modelle, Spezialwerkzeuge oder Lizenzgebühren. Sonder-E. *des Vertriebs* sind Kosten für Verpackungsmaterial, Frachten, auftragsbezogene Werbekosten usw.

Gemeinkosten (G.; = indirekte Kosten, *overhead costs*) dagegen sind nicht unmittelbar, sondern nur *indirekt* den einzelnen Kostenträgern zurechenbar. Bei ihnen ist das Verursachungsprinzip schwerer (oder gar nicht) einzuhalten, weil sie nicht von einer Produkteinheit allein verursacht worden sind; sie werden deshalb abrechnungstechnisch über die einzelnen Kostenstellen geleitet (→ *Betriebsabrechnungsbogen*) und mit Hilfe besonderer Bezugsgrößen (Schlüsselgrößen) verteilt. Beispiele sind die Gehälter der Unternehmensleitung, die Feuerversicherungsprämien für die Produktionsgebäude oder die Treibstoffkosten des Fuhrparks.

Von *unechten G.* spricht man bei Kosten, die den Leistungen zwar direkt zurechenbar sind, also E. sind, die aber aus Gründen der abrechnungstechnischen Vereinfachung wie G. behandelt werden. Beispiele können die Kosten für Hilfs- und Betriebsstoffe sein, wie Schrauben, Lacke, Leim in der Möbelindustrie.

2. Behandlung in der Kostenrechnung. Der obigen Einteilung der Kosten in E. und G. liegt die Art der *Verrechnung auf die Kostenträger* zugrunde; gelegentlich spricht man auch von Kostenstelleneinzel- und Kostenstellengemeinkosten und meint damit die direkte oder indirekte Art der *Zurechnung* der Kosten *auf die Ko-*

stenstellen. Diese Begriffe sind entbehrlich und im übrigen von der Art und Größe der jeweiligen Kostenstelleneinteilung abhängig.

Die Begriffe E. und G. werden von Riebel (→ *Kostenrechnungssysteme*) noch weiter *relativiert*: Sie beziehen sich nicht mehr wie bisher nur auf die direkte bzw. indirekte Zurechnung auf die Kostenträgereinheiten, sondern auf die Zurechnung auf die verschiedensten Bezugsbasen. Es gelingt auf diese Weise, *jede Kostenart* in Hinblick auf irgendeine Bezugsbasis als E. zu erfassen. Diese E. sind dann im Hinblick auf eine untergeordnete (kleinere) Bezugsgröße als G. zu behandeln. Beispiel: Die Beleuchtungskosten einer Fertigungskostenstelle sind in der Regel Kostenstellen-E., weil sie der Stelle (ohne Schlüsselung) direkt zugerechnet werden können. Sie sind aber Produktart-G., weil sie den einzelnen in dieser Stelle gefertigten Erzeugnisarten nicht mehr direkt, sondern nur indirekt – d. h. mit Hilfe von Verteilungsschlüsseln – zugerechnet werden können. Ein Rest von Kosten, der weder einzelnen Produkteinheiten noch Produktarten, -gruppen oder Betriebsbereichen direkt zuzurechnen ist, wird als Unternehmens-E. bezeichnet.

Subtrahiert man von den Umsatzerlösen schrittweise (stufenweise) die relativen Einzelkosten, so erhält man ein differenziertes System von *relativen* Deckungsbeiträgen (→ *Deckungsbeitragsrechnung und* → *Erfolgsrechnung).*

Lit.: Kilger, W.: Einführung in die Kostenrechnung, 3. Aufl., 1987 (Nachdruck 1992), S. 13–17; *Haberstock, L.:* Kostenrechnung, Bd. 1, 8. Aufl., 1987 (Nachdruck 1995), S. 75–77; *Riebel, P.:* Einzelkosten- und Deckungsbeitragsrechnung, 7. Aufl., 1994, S. 36–39.

Professor Dr. Lothar Haberstock.

Eisfeld, Curt

1886–1969; Professor an den Universitäten in Tübingen und Hamburg. Hauptarbeitsgebiete: Bankbetriebslehre, Handelsbetriebslehre, Genossenschafts- und Revisionswesen sowie Rechnungswesen; zahlreiche Aufsätze in Zeitschriften, Sammelwerken und Handwörterbüchern.

Lit.: Eisfeld, C.: Aus fünfzig Jahren – Erinnerungen eines Betriebswirtes 1902–1951, 1973.

Elektronische Datenverarbeitung

→ *EDV-gestütztes Rechnungswesen.*

Empirische Jahresabschlußforschung

Die empirische Jahresabschlußforschung sieht den → *Jahresabschluß* (JA) bzw. → *Konzernabschluß* (KA) zum einen als Informations-Input für Entscheidungsträger und fragt, ob die bereitgestellten Daten einen Informationsnutzen haben. Zum zweiten kann der JA als Informations-Output des Unternehmensgeschehens gesehen werden, wobei die Frage im Vordergrund steht, ob bestimmte Unternehmensaktivitäten das Ergebnis der Unternehmung und damit den JA beeinflussen. Während die zweite Fragestellung, die sich vielfältiger empirischer Methoden einschließlich der empirischen Bilanzanalyse bedient, eher dem Bereich der Erfolgsfaktorenforschung zuzuordnen ist und deshalb hier nicht behandelt wird, fragt die empirische Jahresabschlußforschung nach dem Informationsnutzen des JA bzw. KA.

1. Forschungsansätze

Bei der Messung des Informationsnutzens aus entscheidungsorientierter Sicht besitzen Jahresabschlußinformationen dann einen Informationswert, wenn der Nutzen einer Entscheidung mit ihnen größer ist als ohne; die Information bewirkt eine Verbesserung des Zielerreichungsgrades (Zielrelevanz). Da eine solche Messung entscheidend von der subjektiven Zielvorstellung des Entscheidungsträgers abhängt, wird der Informationsnutzen an der Frage gemessen, ob eine Information für eine Entscheidung relevant ist oder nicht (Entscheidungsrelevanz). Dabei wird einer Information im allgemeinen nur dann ein positiver Wert zuerkannt, wenn sie die Alternativenwahl des Entscheidungsträgers beeinflussen kann. Informationen, die „nur“ die Sicherheit des Entscheidungsresultates erhöhen, haben danach keinen Nutzen. Mit diesem Vorgehen wird die Messung des Informationsnutzens abhängig vom betrachteten Entscheidungsträger und seinem Informationsstand, und es lassen sich nach Art und Umfang der berücksichtigten Informationsnutzer verschiedene Untersuchungen zur Erfassung des Nutzens von Jahresabschlußinformationen unterscheiden (Abb. 1).

2. Nutzenerfassung anhand der Reaktionen von Entscheidungsträgern

Entsprechend dem entscheidungslogischen Konzept der Informationsbewertung setzen die Untersuchungen dieser Gruppe an der Reaktion, also am Entscheidungsresultat der Entscheidungsträger auf Jahresabschlußinformationen an. Hier lassen sich zwei Ansätze unterscheiden, je nachdem ob die Reaktion über Marktgrößen und damit aggregiert für eine Gruppe von Nutzern gemessen wird, oder ob sie direkt bei einer Individualreaktion ansetzen.

a) Nutzenerfassung anhand von Marktreaktionen. In diese Gruppe der Nutzenerfassung fallen alle Untersuchungen, die die (reale oder simulierte) Reaktion des Kapitalmarktes auf Jahresabschlußinformationen analysieren. Dabei haben Informationen dann einen positiven Informationswert, wenn die Gruppe der Aktieninvestoren durch Umsatz- oder Kursveränderungen am Kapitalmarkt auf Jahresabschlüsse reagieren. Gemeinsam ist allen Untersuchungen, daß sie die Gültigkeit des → „*Capital Asset Pricing*“-Modells unterstellen. Danach ergibt sich die Rendite eines Wertpapiers aus dem systematischen statistischen Zusammenhang zur Marktrendite. Weichen nun die tatsächlich gemessenen Renditen eines Wertpapiers von der so ermittelten Rendite ab, so läßt sich die Über- bzw. Unterrendite unter anderem auf Jahresabschlußinformationen zurückführen (*schwache Effizienz*). Unterstellt man zudem, daß die Jahresabschlußinformation systematisch vom Kapitalmarkt verarbeitet werden (*mittlere Effizienz*), so kommt ihr zwar unmittelbar ein Informationswert zu, dessen Messung aber entscheidend von der Reaktions- und Anpassungsgeschwindigkeit des Marktes abhängt. Gehen schließlich alle denkbaren Informationen in die Kapitalmarktreaktion ein (*strenge Effizienz*), so läßt sich die Wirkung von Jahresabschlußinformationen nicht mehr isolieren. Damit ist die Frage nach Kapitalmarktreaktionen auf veröffentlichte Jahresabschlüsse mit der Frage der Effizienz des Kapitalmarktes verbunden.

Die Vielzahl der Untersuchungen in diesem Bereich analysieren die Wirkung von Jahresabschlußdaten sowie die Wirkung zusätzlicher Informationen und den Einfluß von bilanzpolitischen Maßnahmen.

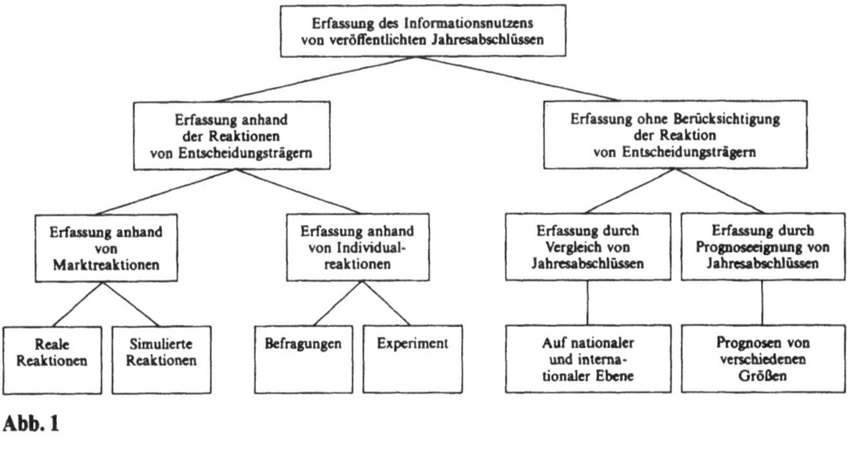

Abb. 1

Empirische Jahresabschlußforschung

Schließlich werden auch unterschiedliche Rechnungslegungsvorschriften im Vergleich auf ihre Wirkung hin analysiert. So z. B. die Untersuchungen, die die Wirkung der Aktienrechtsreform von 1965 betrachteten (Coenenberg/Möller, 1979).

Als Analysemethoden stehen Korrelations-, Varianz- und Regressionsanalysen im Vordergrund. Das Hauptproblem der Erfassung des Nutzens von Jahresabschlußinformationen anhand von Kapitalmarktreaktionen ergibt sich aus der angenommenen Gültigkeit des „Capital Asset Pricing"-Modells, zu dessen empirischer Überprüfung bereits Versuche unternommen worden sind. Der Nutzen anderer am Unternehmen interessierter Gruppen als Aktieninvestoren (z. B. Banker oder Gewerkschafter) kann allerdings nicht durch Marktreaktionen überprüft werden, da diese nicht homogen am Markt auftreten, wenngleich auch hier Reaktionen auf Jahresabschlußinformationen, z. B. in Form höherer Lohnforderungen, denkbar wären.

Stehen keine Marktreaktionen zur Verfügung, so lassen sich mit Hilfe von Simulationsstudien, die ein bestimmtes Entscheidungsverhalten unterstellen, Informationswirkungen von Jahresabschlußinformationen überprüfen. Allerdings ist hierbei eine starke Abhängigkeit vom gewählten Simulationsmodell gegeben.

b) Nutzenerfassung anhand von Individualreaktionen. In diese Kategorie fallen im Kern zwei Arten von Untersuchungen, die Befragung und das Experiment. Bei Befragungen wird die Nützlichkeit von Jahresabschlußinformationen unmittelbar beim Adressaten erfragt (*Hub*, 1972). Schätzt der Befragte die Informationen als nützlich ein, so wird unterstellt, daß sie auch entscheidungsrelevant seien. Der Vorteil solcher Befragungen liegt darin, daß zum einen das Entscheidungsmodell des Befragten nicht bekannt zu sein braucht, und zum anderen die Nützlichkeit für verschiedene Interessengruppen analysiert werden kann. Problematisch hingegen ist die Annahme, das die nützlich eingestuften Jahresabschlußinformationen die Entscheidungsalternative beeinflussen.

Bei experimentellen Untersuchungen wird überprüft, ob bestimmte Probanden in bezug auf eine bestimmte Entscheidungssituation mit entsprechenden Jahresabschlußinformationen zu anderen Entscheidungsresultaten gelangen als ohne. Vorteil solcher Experimente ist die mögliche Anwendung bei unterschiedlichen Interessengruppen. Problematisch ist, wie bei allen Experimenten im nichtnaturwissenschaftlichen Bereich, die Generalisierbarkeit der Ergebnisse.

3. Nutzenerfassung ohne Berücksichtigung der Reaktion des Entscheidungsträgers

Sofern sich die Analyse der Nützlichkeit von Jahresabschlußinformationen nicht am Entscheidungsresultat orientiert, lassen sich keine Aussagen über die Höhe ihres Informationswertes machen. Vielmehr läßt sich nur vermuten, daß ein besserer Informationsstand auch das Entscheidungsresultat beeinflußt. Untersuchungen ohne die Berücksichtigung der Reaktionen oder des Entscheidungsresultates setzen demnach bei der Frage an, ob sich durch Jahresabschlußinformationen der Informationsstand eines Entscheidungsträgers verändert oder verbessert.

a) Nutzenerfassung durch Vergleich von Jahresabschlußinformationen. Analysen, die verschiedene Formen von Jahresabschlüssen (z. B. Einzel- versus Konzernabschluß oder Jahresabschlüsse nach US-amerikanischen oder bundesdeutschen Rechnungslegungsvorschriften) einander (oder der Situation ohne Jahresabschluß) gegenüberstellen (Vergleichsanalysen), haben im allgemeinen zum Ergebnis, daß verschiedene Formen von Jahresabschlüssen die Informationsbasis des Entscheidungsträgers verändern (*Pellens*, 1989, *Pellens/Linnhoff*, 1989). Sie können nicht feststellen, ob die eine oder andere Form die Informationssituation des Entscheidungsträgers verbessert. Zudem kann bei internationalen Vergleichen nur schwer abgeschätzt werden, ob nicht auch andere Faktoren als die Rechnungslegungsvorschriften unterschiedliche Vergleichsergebnisse bedingen.

b) Nutzenerfassung durch Prüfung der Prognoseeignung von Jahresabschlußinformationen. Basieren die Entscheidungen eines Mitgliedes einer Interessensgruppe am Unternehmen auf zukünftigen Werten, so stellt sich hier die Frage, ob die Entscheidungsträger ihre Entscheidungssituation durch eine Prognose aus Jahresabschlußinformationen verbessern können. In diesem Fall kann der Information ein positiver Informationswert zuerkannt werden. Dieser Fragestellung widmen sich eine Reihe von Untersuchungen, die mit unterschiedlichen → *Kennzahlen* aus Jahresabschlüssen Ereignisse zu prognostizieren versuchen (*Perlitz*, 1973; *Gebhardt*, 1980; *Löbler/Perlitz*, 1983). So werden Aktienkurse, Dividenden, Wachstumskennzahlen, Ertragsrisiken, Fusionsvorgänge sowie Insolvenz- und Sanierungsgefahren prognostiziert.
Alle Prognosen, die mit Hilfe von Jahresabschlußinformationen zu besseren Prognosen kommen als ohne, weisen deshalb diesen Informationen einen positiven Informationswert zu. Bei den verwendeten Prognosemethoden stehen die Regressions- und die Diskriminanzanalyse im Vordergrund.

Lit.: Beaver, W.H.: Financial Ratios as Predictors of Failure, in: Empirical Research in Accounting, 1966; *Altmann, E.I.:* Financial Ratios, Discriminant Analysis and the Prediction of Corporate Bankrupcy, in: JoF 1968, S. 589–609; *Albach, H.:* Aktienrechtliche Publizität und Börsenkursentwicklung, in: Ballerstedt, K./Hefermehl, W. (Hrsg.): Festschrift für Ernst Geßler, 1971, S. 61–68; *Hub, H.F.:* Unternehmensberichterstattung für Anlageentscheidungen, 1972; *Perlitz, M.:* Die Prognose des Unternehmenswachstums aus Jahresabschlüssen deutscher Aktiengesellschaften, 1973; *Coenenberg, A.G./Möller, P.:* Entscheidungswirkungen von Jahresabschlußinformationen vor und nach der Aktienrechtsreform 1965, in: BFuP 1979, S. 438–454; *Schmidt, F.:* Bilanzpolitik deutscher Aktiengesellschaften, 1979; *Gebhardt, G.:* Insovenzprognosen aus aktienrechtlichen Jahresabschlüssen, 1980; *Coenenberg, A.G./Schönbrodt, B.:* Erfolgsprognosen mit Bilanzkennzahlen, 1981; *Beaver, W.H.:* Zur Effizienz des Kapitalmarktes: Gegenwärtiger Stand der Forschung, in: BFuP 1983, S. 344–358; *Löbler, H./Perlitz, M.:* Die Prognose der Personalbestandsveränderungen von Unternehmen mit Hilfe der empirischen Bilanzanalyse, in: ZfbF 1983, S. 113–134; *Möller, H.P.:* Bilanzkennzahlen und Ertragsrisiken des Kapitalmarktes, 1986; *Baetge, J./Huß, M./Niehaus, H.-J.:* Die statistische Auswertung von Jahresabschlüssen zur Informationsgewinnung bei der Abschlußprüfung, in: WPg 1986, S. 605–613; *Rösler, J.:* Bilanzanalyse durch Vergleich von projizierten mit realisierten Jahresabschlüssen, 1986; *Pellens, B.:* Der Informa-

	vorschüssige Zahlungsreihe	nachschüssige Zahlungsreihe
nicht uniformer, endlicher Zahlungsstrom	$B_n = (1+i) \cdot \sum_{t=1}^{n} \cdot c_t (1+i)^{n-t}$	$B_n = \sum_{t=1}^{n} \cdot c_t (1+i)^{n-t}$
uniformer, endlicher Zahlungsstrom	$B_n = (1+i) \cdot b \cdot \frac{(1+i)^n - 1}{i}$	$B_n = b \cdot \frac{(1+i)^n - 1}{i}$

b: uniformer Einzahlungsüberschuß

$\frac{(1+i)^n - 1}{i}$: → *Rentenendwertfaktor.*

tionswert von Konzernabschlüssen, 1989; *Pellens, B./Linnhoff, U.*: Auswirkungen der neuen Rechnungslegungsvorschriften auf die Unternehmensbeurteilung, in: Wpg 1989, S. 128–138; *Coenenberg, A.G./Haller, A.*: Empirische Forschung, in: HWR, 3. Aufl., 1993, Sp. 506–517; *Coenenberg, A.G.*: Jahresabschluß und Jahresabschlußanalyse, 16. Aufl., 1997.

Prof. Dr. Helge Löbler, Leipzig.

Endkostenstellen

= *Hauptkostenstellen.*

→ *Betriebsabrechnungsbogen.*

Endwert

→ *Aufzinsung* der Zahlungsströme auf den jeweiligen Betrachtungszeitpunkt n.

$$B_n = \sum_{t=1}^{n} c_t \, (1+i)^{n-t}$$

Analog zum → *Barwert* einer Zahlungsreihe kann man unterscheiden

- nach den Zahlungszeitpunkten einer Zahlungsreihe zwischen vorschüssigen (jeweils zum Beginn der Periode anfallenden) und nachschüssigen (jeweils zum Ende der Periode anfallenden) Zahlungen,
- zwischen einer endlichen und einer unendlichen Zahlungsreihe und
- zwischen uniformen (→ *Rente*) und nicht uniformen Einzahlungsüberschüssen.

Als E. einer Zahlungsreihe ergibt sich dann:

Entgeltzahlungen

→ *Grundgrößen des Rechnungswesens.*

Entity Theory

→ *Einheitstheorie.*

→ *Bilanztheorien.*

Entkonsolidierung

1. Grundlagen

Wenn ein Unternehmen, das bisher konsolidiert wurde (voll, quotal oder equity), veräußert wird, den → *Konsolidierungskreis* wechselt oder in Zukunft zu Anschaffungskosten bewertet wird, muß für die Aufstellung des → *Konzernabschlusses* der summierte Abschluß korrigiert werden. Die Korrekturen, mit denen die Beendigung einer vorherigen Konsolidierung berücksichtigt wird, werden als Entkonsolidierung (auch: Endkonsolidierung) bezeichnet (vgl. Ordelheide 1986). Wenn auf eine andere Konsolidierungsform gewechselt wird, werden die E. der alten Form und die Erstkonsolidierung der neuen Form zusammen als *Übergangskonsolidierung* bezeichnet.

Die Regeln für die Ent- bzw. die Übergangskonsolidierung sind nicht gesetzlich niedergelegt, folgen aber weitgehend aus der Anwendung des Einheitsgrundsatzes (§ 297 Abs. 3 HGB) auf diese Vorgänge.

2. Entkonsolidierung bei Veräußerung des Tochterunternehmens

Wird ein zuvor vollkonsolidiertes Tochterunternehmen veräußert, dann stellt sich dieser Vorgang im → *Einzelabschluß* des Mutterunternehmens und damit auch im summierten Abschluß als Abgang der Beteiligung dar; Veräußerungserfolg = Veräußerungserlös – Restbuchwert der Beteiligung. Aus dem → *Konzernabschluß* gehen dagegen die einzelnen Vermögensgegenstände, Schulden, Rechnungsabgrenzungsposten, Bilanzierungshilfen und Sonderposten ab. Ihnen steht der Veräußerungserlös gegenüber (Fiktion des Einzelabgangs, vgl. Ordelheide 1987). Bei einem Tochterunternehmen ohne Anteile anderer Gesellschafter, das nach der *Erwerbsmethode* (→ *Kapitalkonsolidierung*) konsolidiert wurde (zur E. nach der Interessenzusammenführungsmethode vgl. Pfaff 1989; Ordelheide/Pfaff 1991) gilt (zur Berechnung ausgehend vom Veräußerungserfolg des Einzelabschlusses vgl. Schindler 1986; Weber/Zündorf 1989):

	Veräußerungserlös für die Beteiligung
–	Vermögenswerte des Tochterunternehmens*)
+	Schulden des Tochterunternehmens*)
–	noch nicht ergebniswirksam verrechneter Geschäftswert aus der Erstkonsolidierung
+	noch nicht verrechneter passivischer Unterschiedsbetrag aus der Erstkonsolidierung
=	Entkonsolidierungserfolg für das Tochterunternehmen

*) Jeweils zu Buchwerten im Konzernabschluß unmittelbar vor Ausscheiden des

Tochterunternehmens (einschl. noch nicht verrechneter → *stiller Rücklagen* oder Lasten aus der Erstkonsolidierung)

Ein noch nicht ergebniswirksam verrechneter → *Geschäftswert* muß im Rahmen der E. aufwandswirksam werden. Andernfalls würden elementare Grundsätze des handelsrechtlichen Rechnungswesens verletzt (→ *Grundsätze ordnungsmäßiger Buchführung*). Das Konzerneigenkapital ist jedoch um den E.-Erfolg zuzüglich des Geschäftswertes zu berichtigen, soweit dieser im Rahmen der Folgekonsolidierung bereits erfolgsneutral mit den → *Rücklagen* verrechnet wurde (a. A. wohl Weber/Zündorf); andernfalls würde der Geschäftswert zweimal vom Eigenkapital abgesetzt.

Bei Beteiligungen von unter 100 % hängt die Ermittlung des E.-Erfolgs davon ab, ob nach der *Buchwert-* oder der *Neubewertungsmethode* (→ *Kapitalkonsolidierung*) konsolidiert wurde (vgl. im einzelnen Ordelheide/Pfaff 1991).

Für die Darstellung des → *Anlagevermögens* kann zur Erfüllung der Berichtspflichten nach §294 Abs. 2 HGB in den → *Anlagespiegel* eine weitere zusätzliche Spalte „Abgänge wegen Veränderungen des Konsolidierungskreises" aufgenommen werden. Die Abgänge können auch zusammen mit den Abgängen aus den Einzelabschlüssen ausgewiesen werden (zum Problem der Saldierung Ordelheide 1987).

In der Konzern-GuV sollten die Abgänge der einzelnen Vermögensgegenstände, der Abgang der Schulden des Tochterunternehmens und der Veräußerungserlös zusammengefaßt oder getrennt als Teil des → *Betriebsergebnisses* ausgewiesen werden. Ein Ausweis im Rahmen des → *Finanzergebnisses* ist im Unterschied zum Einzelabschluß aus Konzernsicht in der Regel unbefriedigend. Ein Ausweis im → *außerordentlichen Ergebnis* kommt nur dann in Frage, wenn bei angenommener rechtlicher Einheit die Vorgänge nach den Regeln des Einzelabschlusses als außerordentlich einzustufen wären.

Auch bei vorheriger → *Quotenkonsolidierung* ist eine E. durchzuführen, wenn Anteile an dem Gemeinschaftsunternehmen veräußert werden. Wie bei der Vollkonsolidierung werden bei der Ermittlung des E.-Erfolges die (anteiligen) Buchwerte der Aktiva zu Lasten und die der Passiva zu Gunsten des Konzernergebnisses eliminiert. Diesen Abgängen steht der Erlös für die Beteiligung als Gesamterlös gegenüber. Die Differenz ergibt den E.-Erfolg.

Die E. nach der → *Equity-Bewertung* ist mit der bei quotaler Konsolidierung vergleichbar. Es entfällt allerdings die Ausbuchung der Vermögensgegenstände, Schulden, Rechnungsabgrenzungsposten, Bilanzierungshilfen und Sonderposten des veräußerten Konzernunternehmens. Dem Verkaufserlös der Beteiligung ist also lediglich ihr *Equity-Wert* sowie bei Anwendung der *Kapitalanteilsmethode* zusätzlich ein noch nicht ergebniswirksam verrechneter Geschäftswert oder passivischer Unterschiedsbetrag aus der Erstkonsolidierung gegenüberzustellen (vgl. Küting/Zündorf 1989; Ordelheide/Pfaff 1991).

Die Entkonsolidierung erstreckt sich nicht nur auf die Kapitalkonsolidierung, sondern insbesondere auch auf Umrechnungsdifferenzen aus der Währungsumrechnung (*Busse von Colbe, 1992*).

3. Übergangskonsolidierung

Die Übergangskonsolidierung läßt sich prinzipiell in zwei Teile zerlegen:

- die Ermittlung des Abgangswertes des Tochterunternehmens aus Konzernsicht nach der bisherigen Konsolidierungsmethode, wobei der Abgangswert, wie für den Fall der Veräußerung im einzelnen dargestellt, ermittelt wird,
- die Bestimmung des Zugangswertes des Unternehmens nach der neuen Konsolidierungs- bzw. Bewertungsmethode. Er ergibt sich aus den für diese Methode geltenden Regeln für die Erstkonsolidierung bzw. die at equity Bewertung der Beteiligung.

Ein Erfolg aus der Übergangskonsolidierung entsteht ggf. in Höhe der Differenz der beiden Werte. Der Übergangskonsolidierungserfolg entspricht dem Entkonsolidierungserfolg mit dem Unterschied, daß an die Stelle des Veräußerungserlöses der Zugangswert des Unternehmens tritt.

a) Übergang von der Vollkonsolidierung auf die Quotenkonsolidierung. Ist der Übergang auf die gemeinsame Führung mit der Veräußerung von Anteilen verbunden, so ist für die veräußerten Anteile eine E. erforderlich. Die restlichen anteiligen Vermögenswerte und Schulden verbleiben im Konzernabschluß. Eine begonnene Vollkonsolidierung, z.B. die planmäßige Abschreibung eines Geschäftswertes im Konzernabschluß, wird in den Folgeperioden quotal fortgesetzt. Da bei der Quotenkonsolidierung – anders als bei der Equity-Bewertung – im Prinzip die gleichen Konsolidierungsverfahren angewendet werden müssen und da auch der Bilanzausweis und der GuV-Ausweis unverändert bleiben, erübrigt sich für diese verbleibenden Anteile eine Übergangskonsolidierung.

b) Übergang von der Vollkonsolidierung auf die Equity-Bewertung. In diesem Fall sind hingegen die Gegenstände des Anlagevermögens des Equity-Unternehmens zunächst im *Anlagenspiegel des Konzerns* als Abgänge zu behandeln. In Höhe des Equity-Wertes ist unter den Beteiligungen ein Zugang auszuweisen. In der Konzern-GuV muß man den Abgangswert (aus alten Vermögensgegenständen und Schulden) als Aufwand und den Zugangswert als Ertrag aus dem Übergang von der Vollkonsolidierung auf die Equity-Bewertung gesondert oder unter den sonstigen betrieblichen oder in Ausnahmefällen auch unter den außerordentlichen Positionen ausweisen. Wenn jedoch beide Beträge gleich hoch sind, erscheint es vertretbar, die Konzern-GuV nicht anzusprechen. Dies ist der Fall, wenn für die Equity-Bewertung die gleichen Konsolidierungsverfahren angewendet werden wie bei der Vollkonsolidierung. Häufig werden jedoch nicht alle Konsolidierungsverfahren auch für die Ermittlung des Equity-Wertes benutzt. In diesen Fällen kann, im Unterschied zu den obigen Ausführungen, die Übergangskonsolidierung auf die Equity-Bewertung erfolgs- und eigenkapitalwirksam sein. Das Erfordernis der Erfolgswirksamkeit der Equity-Bewertung im Übergang resultiert daraus,

- daß ein konsolidierungspflichtiger Vorgang vor dem Übergangszeitpunkt entsteht und erst danach abgewickelt wird und
- daß die Erfolgswirkung bei der Entstehung im Rahmen der Vollkonsolidierung eliminiert wird, während dies bei der späteren Equity-Bewertung ohne die Übergangsregelung unterbleiben würde.

c) Übergang von der Vollkonsolidierung auf die Anschaffungskostenbewertung der Beteiligung. Die Übergangskonsolidierung ist erfolgswirksam, wenn der einzubuchende Bilanzwert der Beteiligung vom Abgangswert des Tochterunternehmens aus Konzernsicht abweicht. Als einzubuchenden Bilanzwert für den Konzernabschluß wird man dabei wohl den Betrag zugrundelegen müssen, mit dem die Anteile bei dem Mutterunternehmen zu Buche stehen. Allerdings leben gem. § 308 Abs. 3 HGB bei der Aufstellung des Konzernabschlusses Bewertungswahlrechte wieder auf. Wegen des Verbots der Equity-Bewertung für solche Beteiligungen ist es nicht zulässig, den entsprechenden Equity-Wert dieser Anteile als Anschaffungskosten, bezogen auf den aktuellen Bilanzstichtag, in den Konzernabschluß aufzunehmen.

Stehen die Anteile im Einzelabschluß des Mutterunternehmens mit niedrigeren Tageswerten zu Buche, wird man sie auch mit diesen Werten in den Konzernabschluß einbuchen.

Lit.: Ordelheide, D.: Endkonsolidierung bei Ausscheiden eines Unternehmens aus dem Konsolidierungskreis, in: BB 1986, S. 766–772; *Schindler, J.:* Die Methoden der Kapitalkonsolidierung nach dem Bilanzrichtlinien-Gesetz, 1986; *Busse von Colbe, W./Müller, E./Reinhard, H.* (Hrsg.): Aufstellung von Konzernabschlüssen, Sonderh. 21 der ZfbF, 2. Aufl. 1989; *Ordelheide, D.:* Endkonsolidierung nach der Erwerbsmethode, in: Beck HdR 1987/88, C 403, S. 1–15; *Weber, C.-P./*

Zündorf, H. in: Küting/Weber HdK 1989, § 301 HGB, S. 973–1216; *Pfaff, D.*: Kapitalkonsolidierung nach der Interessenzusammenführungsmethode, in: Beck HdR 1987/90, C 410, S. 1–28; *Ordelheide, D./Pfaff, D.*: Entkonsolidierung, Prüfung der, in: Coenenberg/v. Wysocki: Handbuch der Revision, 2. Aufl., 1991; *Busse von Colbe, W.*: Gefährdung des Kongruenzprinzips durch erfolgsneutrale Verrechnung von Aufwendungen im Konzernabschluß, in: Moxter, A. u. a. (Hrsg.): Rechnungslegung, FS für K.-H. Forster, 1992, S. 125ff.; *Busse von Colbe, W./Ordelheide, D.*: Konzernabschlüsse, 6. Aufl., 1993, S. 251–267; *Oser, P.*: Erfolgsneutral verrechnete Geschäfts- oder Firmenwerte aus der Kapitalkonsolidierung im Lichte der Entkonsolidierung, in: Wpg 1995, S. 266–275; *Baetge, J./Herrmann, D.*: Probleme der Endkonsolidierung im Konzernabschluß, in: Wpg 1995, S. 225–232; *Dusemond, M.*: Endkonsolidierung und erfolgsneutrale Verrechnung des Geschäfts- oder Firmenwerts, in: DB 1997, S. 53–57.

Professor Dr. Dieter Ordelheide, Frankfurt.

Entnahmeniveau
→ *Dynamische Investitionsrechnung unter Sicherheit.*

Entscheidungsbaum
Graphische Darstellung eines (mehrstufigen) Entscheidungsproblems unter Berücksichtigung von exogenen Einflußfaktoren und → *Umweltzuständen.* Dabei werden allen denkbaren Entscheidungen und Umweltzuständen die daraus resultierenden Ergebnisse zugeordnet.

Lit.: *Bitz, M.*: Entscheidungstheorie, 1981, S. 324–344.

Entscheidungsmodell
→ *Planungsrechnung.*

Entscheidungsorientierte Kosten
→ *Kosten und Leistung.*

Entscheidungswert
→ *Gesamtwert der Unternehmung.*

Entschuldungsdauer
Für die Beurteilung der → *Deckungsstockfähigkeit* benutzte Kennzahl. Sie ergibt sich aus dem Verhältnis von dem um → *Pensionsrückstellungen* verminderten → *Fremdkapital* und dem aus der GuV abgeleiteten → *Cash-Flow.*

Entwicklungsinvestitionen
→ *Investitionen* zur Verbesserung bekannter bzw. zur Einführung neuer Verfahren und/oder Produkte bis zur möglichen Einsatzreife, i. w. S. auch Investitionen im Bereich der betrieblichen Aus- und Fortbildung (→ *Forschung und Entwicklung*).

Equity (engl.)
= → *Eigenkapital.*

Equity-Bewertung
1. Grundlagen. Beteiligungen an Kapitalgesellschaften werden in deutschen Einzelabschlüssen gem. § 253 Abs. 1 HGB mit ihren → *Anschaffungskosten* ausgewiesen, die ggf. um außerplanmäßige → *Abschreibungen* nach § 253 Abs. 2 HGB vermindert werden. Nicht ausgeschüttete Gewinne bei den Beteiligungsgesellschaften dürfen nach herrschender Meinung sowie nach dem BGH-Urteil vom 3.11.1975 nicht zu einer Zuschreibung führen. Diese Beschränkung auf den *Anschaffungswert* führt dazu, daß eine Gewinnakkumulation bei den Beteiligungsunternehmen nicht in den Beteiligungsbuchwert eingeht, so daß hier vielfach → *stille Rücklagen* in Form von Zwangsreserven auftreten. Darüber hinaus wird keine zeitliche Kongruenz zwischen der Ergebniserzielung und der Ergebnisvereinnahmung erreicht.

Diesen Nachteilen der Anschaffungswertkonzeption will die insbesondere im *anglo-amerikanischen* Raum übliche E. begegnen. Diese Methode ist dadurch gekennzeichnet, daß in der Bilanz des Mutterunternehmens die Anschaffungskosten einer Beteiligung um die anteilig auf das Mutterunternehmen entfallenden vom Beteiligungsunternehmen erwirtschafteten Jahresüberschüsse erhöht und um anteilige Jahresfehlbeträge vermindert werden. Von Beteiligungsunternehmen ausgeschüttete und von dem Mutterunternehmen vereinnahmte Gewinne mindern den Beteiligungsbuchwert.

2. Equity-Bewertung im Konzernabschluß. Gemäß §§311, 312 HGB (§§263, 264 öHGB) sind im → *Konzernabschluß* Beteiligungen an *assoziierten Unternehmen* nach der E. anzusetzen. Der Tatbestand eines Assoziierungsverhältnisses ist dann gegeben, wenn ein Unternehmen einen maßgeblichen (nicht wie beim Konzerntatbestand einen beherrschenden) Einfluß auf die Geschäfts- und Finanzpolitik eines Unternehmens (= assoziiertes Unternehmen) tatsächlich ausübt. Der deutsche Gesetzgeber spricht die widerlegbare Vermutung aus, daß ein Unternehmen einen maßgeblichen Einfluß auf ein anderes Unternehmen ausübt, wenn es 20% oder mehr der Stimmrechte besitzt. Die E. wird als „partielle Konsolidierung", „kapitalkonsolidierungsähnliches Verfahren" oder „one-line-consolidation" bezeichnet.

Die E. ist außer auf Beteiligungen an assoziierten Unternehmen auch auf Gemeinschaftsunternehmen anzuwenden, die nicht auf der Grundlage der → *Quotenkonsolidierung* einbezogen worden sind (§310 HGB). Gemeinschaftsunternehmen erfüllen den Tatbestand eines assoziierten Unternehmens insofern, als der maßgebliche Einfluß i.d.R. eine schwächere Form der Einflußnahme als die gemeinsam ausgeübte Führung bei Gemeinschaftsunternehmen ist.

Darüber hinaus kommt die Anwendung der E. auf solche *Konzernunternehmen* in Betracht, die aufgrund eines Konsolidierungsverbots (§295 HGB) oder in Ausübung eines der Konsolidierungswahlrechte (§296 HGB) nicht nach der Vollkonsolidierung einbezogen werden.

Die E. braucht auf eine Beteiligung an einem assoziierten Unternehmen nicht angewendet zu werden, wenn die Beteiligung für die Vermittlung eines den tatsächlichen Verhältnissen entsprechenden → *Bildes der Vermögens-, Finanz- und Ertragslage* des Konzerns von untergeordneter Bedeutung ist. Dies gilt entsprechend auch für nicht konsolidierte Konzernunternehmen und für nicht auf der Grundlage der Quotenkonsolidierung einbezogene Gemeinschaftsunternehmen. Anders als bei der Vollkonsolidierung werden bei der E. die Vermögenswerte und Schulden sowie die Aufwendungen und Erträge des Unternehmens nicht in den Konzernabschluß übernommen. Wie bei der → *Kapitalkonsolidierung* nach §301 HGB wird aber bei der E. der Unterschiedsbetrag zwischen den Anschaffungskosten der Beteiligung und den hierauf (anteilig) entfallenden Eigenkapitalposten des assoziierten Unternehmens ermittelt.

Das deutsche Konzernbilanzrecht sieht mit der *Buchwert-* und der *Kapitalanteilsmethode* zwei als formal gleichrangig angesehene Methoden der E. vor, die von der deutschen Konsolidierungspraxis teilweise in einem einzigen Konzernabschluß gleichzeitig angewendet werden.

3. Buchwertmethode. Die Buchwertmethode zeichnet sich durch folgende Konsolidierungsregeln aus:

(1) Der Ansatz der Beteiligung erfolgt in der Konzernbilanz gem. §312 Abs. 1 Satz 1 Nr. 1 HGB mit dem Buchwert, der i.d.R. den Anschaffungskosten entspricht.

(2) Es wird ein Unterschiedsbetrag zwischen dem Buchwert und dem anteiligen Eigenkapital des assoziierten Unternehmens ermittelt.

(3) Nach §312 Abs. 3 HGB werden der „Wertansatz der Beteiligung und die Unterschiedsbeträge auf der Grundlage der Wertansätze zum Zeitpunkt des Erwerbs der Anteile oder der erstmaligen Einbeziehung des assoziierten Unternehmens in den Konzernabschluß oder beim Erwerb der Anteile zu verschiedenen Zeitpunkten zu dem Zeitpunkt, zu dem das Unternehmen assoziiertes Unternehmen geworden ist, ermittelt. Der gewählte Zeitpunkt ist im Konzernanhang anzugeben."

(4) Im Gegensatz zur Voll- und Quotenkonsolidierung besteht für die Vereinheitlichung der Bewertungsmethoden gem. §308 HGB bei der E. lediglich ein Wahlrecht.

(5) Ein Unterschiedsbetrag ist auf evtl. darin enthaltene stille Reserven zu analysieren und gem. § 312 Abs. 2 Satz 1 HGB den Wertansätzen von Vermögensgegenständen und Schulden des assoziierten Unternehmens – in einer statistischen Nebenrechnung – insoweit zuzuordnen, als deren Wert höher oder niedriger ist als der bisherige Wertansatz.

(6) Verbleibt nach dieser Zuordnung ein aktivischer oder passivischer Unterschiedsbetrag, so ist auf diesen gem. § 312 Abs. 2 Satz 3 HGB die Vorschrift des § 309 HGB entsprechend anzuwenden. Ein verbleibender → *Geschäfts- oder Firmenwert* ist entsprechend abzuschreiben. Ein passivischer Unterschiedsbetrag darf unter bestimmten Voraussetzungen mit dem in den Konzernabschluß zu übernehmenden anteiligen Jahresergebnis verrechnet werden.

(7) Im Rahmen der Buchwertmethode sind die aufzudeckenden stillen Reserven und der Firmenwert Bestandteil des Buchwerts. Der Unterschiedsbetrag zwischen dem Buchwert und dem anteiligen Eigenkapital ist daher gem. § 312 Abs. 1 Satz 2 HGB bei erstmaliger Anwendung entweder als Vorspaltenvermerk in der Konzernbilanz zu zeigen oder im Konzernanhang anzugeben.

(8) Der Wertansatz der Beteiligung ist gem. § 312 Abs. 4 HGB „in den Folgejahren um den Betrag der Eigenkapitalveränderungen, die den dem Mutterunternehmen gehörenden Anteilen am Kapital des assoziierten Unternehmens entsprechen, zu erhöhen oder zu vermindern; auf die Beteiligung entfallende Gewinnausschüttungen sind abzusetzen".

(9) Stellt das assoziierte Unternehmen seinerseits einen Konzernabschluß auf, so ist die oben beschriebene Vorgehensweise auf der Grundlage des Konzernabschlusses vorzunehmen (vgl. § 312 Abs. 6 Satz 2 HGB).

4. Kapitalanteilsmethode. Im Gegensatz zur Buchwertmethode finden bei der Kapitalanteilsmethode folgende abweichende Regeln Anwendung:

(1) Der Wertansatz der Beteiligung erfolgt in der Konzernbilanz gem. § 312 Abs. 1 Satz 1 Nr. 2 HGB „mit dem Betrag, der dem anteiligen Eigenkapital des assoziierten Unternehmens entspricht".

(2) Dabei ist das Eigenkapital gem. § 312 Abs. 1 Satz 3 HGB „mit dem Betrag anzusetzen, der sich ergibt, wenn die Vermögensgegenstände, Schulden, Rechnungsabgrenzungsposten, Bilanzierungshilfen und Sonderposten des assoziierten Unternehmens mit dem Wert angesetzt werden, der ihnen beizulegen ist, jedoch darf dieser Betrag die Anschaffungskosten für die Anteile an dem assoziierten Unternehmen nicht überschreiten". Der Wortlaut dieser Vorschrift entspricht dem der Neubewertungsmethode der Kapitalkonsolidierung. Dementsprechend müssen auch bei der E. die stillen Rücklagen in einer Handelsbilanz II des assoziierten Unternehmens aufgedeckt werden, die anschließend die weitere Grundlage für die Anwendung der E. bildet.

(3) Ein sich bei der Aufrechnung von Anschaffungskosten und Eigenkapital ergebender Unterschiedsbetrag hat demnach immer den Charakter eines Geschäftswerts. Dieser Geschäftswert ist gem. § 312 Abs. 1 Satz 3 HGB „in der Konzernbilanz gesondert auszuweisen oder im Konzernanhang anzugeben".

(4) Ein passivischer Unterschiedsbetrag kann bei strenger Auslegung des Gesetzestextes bei dieser Methode nicht entstehen, da das Eigenkapital höchstens mit dem Buchwert der Beteiligung angesetzt werden darf.

5. E. nach IAS und US-GAAP. Die E. wird oft als Indiz dynamischer Bilanzierung und als typisches Charakteristikum anglo-amerikanischer Rechnungslegung angeführt. Jedoch wenden die dem angelsächsischen Bilanzierungsraum zuzurechnenden Länder die E. durchaus unterschiedlich an. So ist in Großbritannien – analog zu Deutschland – die E. nur im Konzernabschluß zulässig, während IAS 28 diesbzgl. ein Wahlrecht im Einzelabschluß vorsieht und in den → *USA* nach APB-Opinion No. 18 die Bewertung im Einzel- wie auch im Konzernabschluß at equity zu erfolgen hat. Des weiteren fungiert die E. nach IAS 31 auch als Alternativverfahren zur → *Quotenkonsolidierung* für Gemeinschaftsunternehmen. Mit Ausnahme restriktiver branchenspezifischer Einzelregelungen ist die Quotenkonsolidierung in den → *USA* nicht zulässig und mithin ausschließlich die E. einschlägig. Seit Dezember 1994 verzichtet die SEC allerdings bei ausländischen Unternehmen auf eine Überleitungsrechnung, sofern diese Gemeinschaftsunternehmen quotal in den Konzernabschluß einbeziehen.

Bei der Interpretation des maßgeblichen Einflusses hat sich insb. die deutsche Kommentarliteratur vielfach an den in APB-Opinion No. 18 sowie der FASB Interpretation No. 35 aufgeführten Kriterien orientiert. Die Regelungen in IAS 28 stimmen mit den US-Kriterien überein.

Der Ergebnisanteil am assoziierten Unternehmen nach Steuern wird in einer gesonderten Zeile ausgewiesen; zu Abweichungen kommt es lediglich im Fall des Vorliegens außerordentlicher Erfolgsbestandteile beim assoziierten Unternehmen. Bei einer positiven oder negativen Differenz zwischen den Anschaffungskosten der Anteile und den Zeitwerten bzw. den Buchwerten ist sowohl nach APB-Opinion No. 18 als auch nach IAS 28 jeweils auf die einschlägigen Vorschriften zur Vollkonsolidierung zurückzugreifen. Danach wird in den USA der Unterschiedsbetrag erfolgswirksam über die wirtschaftliche Nutzungsdauer, längstens jedoch 40 Jahre (APB-Opinion No. 17), aufgelöst. IAS 22 fingiert hingegen eine Nutzungsdauer von fünf Jahren, die bei entsprechender Begründung auf maximal 20 Jahre ausgedehnt werden kann. Unterschiede, die sich allein aus den abweichenden Nutzungsdauern ergeben, stellen für ausländische Unternehmen seit Dezember 1994 ebenfalls keinen Überleitungstatbestand auf US-GAAP mehr dar, sofern IAS 22 angewendet wird.

Beim Ausweis der Beteiligung am assoziierten Unternehmen ist im Konzernabschluß nach US-GAAP sowie nach IAS analog zur oben beschriebenen Buchwertmethode nach HGB vorzugehen. Allerdings ist der dem Beteiligungsansatz inhärente → *Geschäftswert* in jedem Geschäftsjahr im Anhang bzgl. seiner Zusammensetzung sowie Auflösung quantitativ zu erläutern. Im Fall des Absackens des at equity bewerteten Beteiligungsansatzes unter den Wert von Null wird der Bilanzausweis ausgesetzt. Die Fortführung der E. erfolgt in einer Nebenrechnung bis positive Beiträge aus der E. die kumulierten Negativwerte kompensiert haben.

6. Beurteilung. Die im europäischen Bilanzrecht verankerte E. bricht mit dem bisherigen deutschen Bilanzierungsgrundsatz, wonach Beteiligungen an Kapitalgesellschaften auf Basis der Anschaffungskostenmethode zu bewerten waren. Dieser Bruch wurde allerdings nicht konsequent vollzogen. Während im *Konzernabschluß* für Beteiligungen an assoziierten Unternehmen eine Pflicht zur E. besteht, darf sie im Rahmen der einzelgesellschaftlichen Rechnungslegung nach wie vor nicht angewendet werden, obwohl Artikel 59 der 4. EG-Richtlinie ein Mitgliedstaatenwahlrecht für die E. vorsieht. Diese Konstellation eines Gebots im Konzernabschluß sowie eines Verbots im Einzelabschluß führt zu erheblichen Mehraufwendungen. Darüber hinaus wird auch dieser Sachverhalt mit dazu beitragen, daß sich der Konzernabschluß und der Einzelabschluß des Mutterunternehmens stärker als bisher auseinander entwickeln werden.

Die beiden Varianten der E. führen dann zu einem unterschiedlichen Bilanzausweis, wenn ein Geschäfts- oder Firmenwert auftritt und dieser nicht gem. § 309 Abs. 1 Satz 3 HGB sofort voll gegen die Konzernrücklagen verrechnet wird. Denn während der Beteiligungsbuchwert bei der Buchwertmethode auch den anteiligen Geschäftswert enthält, ist dieser Geschäftswert bei der Kapitalanteilsmethode als eigenständiger Bilanzposten auszuweisen. Bei der Buchwertmethode enthält der Unterschiedsbetrag, der nur bei der erstmaligen Anwendung in der Konzernbilanz zu vermerken oder alternativ im Konzernanhang anzugeben ist, auch die anteiligen stillen Reserven. Bei der Kapitalanteilsmethode hingegen werden diese in den Beteiligungsbuchwert eingestellt.

Lit.: AICPA: APB Opinion 18: The Equity Method for Accounting for Investments in Common Stock, 1971; *Schäfer, H.:* Bilanzierung von Beteiligungen an assoziierten Unternehmen nach der Equity-Methode, 1982; *Fricke, G.:* Rechnungslegung für Beteiligungen nach der Anschaffungskostenmethode und nach der Equity-Methode, 1983; *Busse von Colbe, W.:* Die Equitymethode zur Bewertung von Beteiligungen im Konzernabschluß, in: FS Grochla, 1986, S. 249–266; *Zündorf, H.:* Quotenkonsolidierung versus Equity-Methode, 1987; *IASC:* IAS 28: Accounting for Investments in Associates, 1989; *Küting, K./Zündorf, H.*, in: Küting/ Weber: HdK, 1989, S. 1475–1617; *Busse von Colbe, W./Müller, E./Reinhard, H. (Hrsg.):* Aufstellung von Konzernabschlüssen, Sonderh. 21 der ZfbF, 2. Aufl., 1989, S. 131–146; *Busse von Colbe, W./ Ordelheide, D.:* Konzernabschlüsse, 6. Aufl., 1993, S. 469–523; *Pellens, B.:* Equity-Methode, in: HWR, 3. Aufl., 1993, Sp. 537–544.

Professor Dr. Karlheinz Küting, Saarbrücken.

Erfahrungskurve

Empirisch gefundene Regel, derzufolge *inflationsbereinigte* → *Stückkosten* eines Produktes mit jeder Verdopplung der kumulierten Produktionsmenge seit Aufnahme der Produktion um einen bestimmten, *Lernrate* genannten Prozentsatz sinken (auch als *Lernkurve* bezeichnet). Besonders bedeutsam für neue Produkte und für die Wettbewerbsposition eines Unternehmens; Instrument der *Kostenplanung.*

Lit.: Wacker, P.-A.: Die Erfahrungskurve in der Unternehmensplanung, 1980; *Henderson, B.:* Erfahrungskurve in der Unternehmensstrategie, 2. Aufl., 1984; *Coenenberg, A. G.:* Kostenrechnung und Kostenanalyse, 2. Aufl., 1993, S. 172–192.

Erfolg

Oberbegriff für → *Gewinn* und → *Verlust*, die nach den Regeln der kaufmännischen → *Buchhaltung* oder der → *Kostenrechnung* ermittelt werden.

Erfolgsausgaben

= erfolgswirksame Ausgaben (i. S. v. Auszahlungen), z. B. für Personal, Material, Steuern, Zinsen, Sachanlagen.

Erfolgseinnahmen

= erfolgswirksame Einnahmen (i. S. v. Einzahlungen), z. B. aus Umsätzen, Zinsen, Verkauf von Sachanlagen.

Erfolgskapitalerhaltung

→ *Bilanztheorien.*

Erfolgskonten

Im Gegensatz zu den → *Bestandskonten*, die in die GuV einbezogenen Konten.

Erfolgsrechnung, kurzfristige

1. Begriff und Bedeutung

Die E. hat die Aufgabe, den Unternehmens- oder Betriebserfolg für kürzere Zeitabschnitte als das übliche Geschäftsjahr (12 Monate) zu erfassen (unterjährige Erfolgsrechnung oder Teilperiodenrechnung). Als Erfolg wird für diese Zwecke üblicherweise der → *Gewinn* bzw. → *Verlust* angesehen, d. h. es wird auf die im → *Rechnungswesen* verwendeten Zahlen aufgebaut. Andere nicht monetäre Erfolgskomponenten wie z. B. der Ruf der Unternehmung oder ihrer Erzeugnisse, Arbeitsmoral etc. entziehen sich der direkten Messung durch → *Buchhaltung* und → *Kostenrechnung*, sind nicht mit traditionellen Methoden erfaßbar und bleiben deshalb auch in der E. außer Ansatz. Zweck der E. ist nicht nur die Erfassung des Gesamterfolges für die Teilperiode, sondern gleichzeitig die Analyse der Erfolgsursachen (wie z. B. Veränderungen im Kosten/-Leistungsgefüge, Wachstum, Planabweichungen, Geldwertschwankungen, Einfluß von Markt- und Technologieänderungen etc.); deshalb müssen parallel Methoden der Finanz- und Kostenrechnung angewendet werden. Als *Führungsinstrument* ist die E. nach Ansicht → *Schmalenbachs* wichtiger als jede Jahresrechnung, denn nur eine kurzfristige Überwachung erlaubt das rechtzeitige Erkennen von Veränderungen im Betriebsablauf und damit ein zeitlich richtiges Eingreifen der Unternehmensleitung. Um diese Aufgabe zu erfüllen, muß die E. als Vergleichsrechnung aufgestellt werden, die eine Gegenüberstellung sowohl mit Vorperioden als auch mit Planwerten (→ *Planungsrechnung*) erlaubt. Außerdem darf die E. sich nicht allein auf Ermittlung und Untersuchung des Gesamterfolges beschränken, sondern muß alle Teilbereiche (oder Funktionen) des Betriebes, die einzeln und gemeinsam einen Beitrag zum Erfolg leisten, in den für deren typische Änderungsgeschwindigkeit angemessenen Zeitabschnitten untersuchen.

2. Abrechnungstechnische Besonderheiten

Wie bereits von der Jahresrechnung bekannt, spielt die periodenechte Zuordnung von → *Aufwendungen* und → *Erträgen* bzw. → *Kosten und Leistungen* für die Ermittlung des exakten Periodenerfolges eine entscheidende Rolle. Periodenabgrenzungen in der Jahresrechnung sind häufig nur mittels → *Inventur* und anderer außerhalb des Rechnungswesens liegender relativ kostspieliger Methoden durchführbar. Jede auf kürzere Zeitabschnitte bezogene Rechnung führt zu einer Erschwerung des Problems, weil entsprechende Daten oft nicht genau erfaßt werden. Die E. bedient sich deshalb häufig der Schätzung von Wertansätzen. Die häufigsten – meist zeitlich bedingten Anpassungen fallen auf der Aufwands/Kostenseite an; das gilt besonders für Aufwendungen, die in festgelegten Perioden gezahlt/abgerechnet werden wie z.B. → *Abschreibungen*, Verrechnung von Werkzeugen und geringwertigen Anlagegütern, betriebliche Steuern, Mieten, Versicherungen, Urlaubslöhne etc.; diese sind entweder an die Periode (Kalendertage) oder die geleisteten Arbeitstage anzupassen. Weiterhin bedürfen saisonale Einflüsse der Korrektur; das spielt besonders hinsichtlich der Kapazitätsausnutzung in typischen Saisonbetrieben eine Rolle. Darüber hinaus unterliegen einzelne Kosten (Wagnisse, Garantiekosten, Instandhaltung, Ausbildung, Werbung etc.) entweder vom Zufall abhängigen Störeinflüssen oder können von der Unternehmensleitung durch einseitige Entscheidung verschoben werden (*discretionary cost*). Sie sind deshalb einzeln zu untersuchen und zu korrigieren; andernfalls wird ein Vergleich zwischen Plan- und Isterfolge erschwert. – Ein analoges Vorgehen ist auch für die Leistungsseite erforderlich. Je kürzer die Abrechnungsperiode für die E. gewählt wird, desto mehr Periodenanpassungen werden erforderlich, und zwar insbesondere bei Einzelfertigung mit größeren Aufträgen oder Auftragsfertigung gewinnunterschiedlicher Losgrößen. In diesen Fällen wird die Gewinnermittlung für noch nicht abgesetzte Halb- und Fertigerzeugnisse erschwert (besonders deutlich bei Anwendung der Vollkostenrechnung, wenn noch nicht feststeht, ob der Markt sämtliche Kosten ersetzt); dadurch kann eine echte Erfolgsmessung äußerst fragwürdig werden. In einem solchen Fall sind entweder fiktive Gewinne zu verrechnen, oder es müssen vom Absatzrhythmus bestimmte erhebliche Gewinnschwankungen in Kauf genommen und erklärt werden. Ebenso ist – besondere in Perioden mit starken Preisänderungen – auf Einflüsse von Bewertungsverfahren für das → *Umlaufvermögen* (z.B. Fifo, Lifo, Durchschnittskosten) hinzuweisen, weil sie Erfolgsänderungen z.T. erklären.

3. Arten

a) E. mit finanzwirtschaftlichen Daten. Die E. mit finanzwirtschaftlichen Daten baut auf der Buchhaltung auf und erstellt Bilanzen und GuV für die zu untersuchenden Kurzperioden. Sie ist infolgedessen auf den Unternehmensgesamterfolg gerichtet und erlaubt keine Durchleuchtung einzelner Produkte, Aufträge oder Marktsegmente als strategische Komponenten. Bei dieser Art der E. kann der Erfolg sowohl durch Bilanzvergleich (statische Rechnung) oder auf Grund einer kurzfristigen GuV (Bewegungsrechnung) ermittelt werden. Ferner läßt sich eine kurzfristige → *Cash-Flow*-Rechnung aufstellen.

Der finanzwirtschaftlichen E. kommt heute wachsende Bedeutung zu, weil im Rahmen der Internationalisierung des Aktienhandels die US-Praxis der vierteljährlichen → *Zwischenberichte* (in anderen Ländern halbjährig) verbunden mit Dividendenzahlungen weltweit an Bedeutung gewinnt. Für derartige E. müssen sowohl die Bilanzen wie auch Teile der GuV auf Grund von Schätzwerten ermittelt werden. Für die Aufstellung solcher E. gibt es grundsätzlich zwei Möglichkeiten; einmal können die Perioden bis zu einem Zwischenabschluß als völlig selbständig betrachtet und wie ganze Geschäftsjahre behandelt oder als integraler Teil des Jahresabschlusses angesehen werden. Jede dieser Betrachtungsweisen führt zu andersartigen Schätzungen von Abgrenzungsposten; das wird besonders im Falle starker Beschäftigungsschwankungen deutlich. Die Behandlung als integraler Teil des Jahresabschlusses hat sich durchgesetzt. Sie findet ihren Niederschlag in der *Accounting Principle Board Opinion (APB) No. 28* und in den *Statements of Accounting Standards (SFAS) No. 3 (1974) und No. 18 (1977)*. Grundsätzlich gilt, daß eine periodenechte Zuordnung von Aufwendungen und Erträgen (auch im Hinblick auf den Prozentsatz der Fertigstellung langfristiger Großaufträge) vorzunehmen ist. Ebenso sind tatsächliche Saisoneinflüsse zu zeigen (falls erforderlich mit erklärenden Hinweisen und Vergleichsdaten anderer Perioden). Auch das Niederstwertprinzip gilt uneingeschränkt und beeinflußt damit den Periodenerfolg. Bei Verwendung von Plankostenansätzen für Bestände und Leistungen sind alle Abweichungen vollständig zu zeigen und ein zu erwartender Ausgleich von saisonbedingten Kapazitätsabweichungen zu vermerken. Als Vergleichsdaten werden in der Regel Jahreswerte und Vierteljahreswerte aus vergleichbaren Vorperioden veröffentlicht. Gemäß SFAS No. 18 brauchen selbst bei konsolidierten Zwischenabschlüssen jedoch keine → *Segmentrechnungen* publiziert zu werden. Aus Kosten- und Haftungsgründen gelten in den USA erleichterte Prüfungsbedingungen für Zwischenabschlüsse (siehe *Statement of Auditing Standards [SAS] No. 24: Review of Interim Financial Information*).

Derartige E. stellen den finanzwirtschaftlich ausgerichteten Erfolg der Gesamtunternehmung oder einer selbständig bilanzierenden Tochtergesellschaft dar. Außerordentliche Einflüsse werden im Rahmen der gültigen Bestimmungen sichtbar, jedoch fehlt es – ebenso wie im Jahresabschluß – an einer ursachenorientierten Zuordnung von Änderungen zu den Erfolgskomponenten. Aus diesen Gründen wird die bilanzbezogene E. lediglich zur Information der Investoren und Gläubiger sowie aus bilanzpolitischen Gründen aufgestellt, dient jedoch kaum der Entscheidungsvorbereitung und der Betriebsüberwachung.

b) E. mit Kostenrechnungsdaten. Für Zwecke der Überwachung und Steuerung (→ *Controlling*) benötigt die Unternehmensleitung eine E. auf Basis der Kosten- und Leistungsrechnung (→ *Kostenrechnungssysteme*), denn nur diese ermöglicht eine Ursachen-Analyse der Erfolgsveränderungen. Diese kann sowohl auf einer Kostenarten-, Kostenstellen- oder Kostenträgergliederung (oder Kostenträgergruppen/Produktgruppen) aufbauen. Meistens werden mehrere dieser Gliederungsprinzipien nebeneinander (z. B. Kostenträger mit Arten- oder Stellenuntergliederung) verwendet. In modernen CIM oder CAM Systemen kommen für die E. außerdem noch Aktivitäts- oder projektbezogene Zuordnungen zur Anwendung, weil Fertigungsvorgänge nach dem Bausteinprinzip aufgebaut sind und einzelne Bausteine für unterschiedliche Produkte oder Leistungen eingesetzt werden können. Die nach Kostenarten gegliederte E. erweist sich dabei als besonders geeignet zur Überwachung des Verhaltens der natürlichen Kostenarten (Inflationstrend, technisch und marktbedingte Kostenveränderungen). Eine Abart dieser Gliederungsform verwendet eine zusätzliche Kostenartenuntergliederung nach *Ausgabe- und Nichtausgabekosten*, um so einen Übergang zur „cash-flow“ Analyse zu ermöglichen. – Die nach Kostenstellen gegliederte E. dient insbesondere der Erfassung der → *Wirtschaftlichkeit* der Leistungserstellung und stellt das häufigste

Erfolgsrechnung, kurzfristige

Instrument des Controlling dar. Dabei sind im Rahmen der Vollkostenrechnung jedoch erhebliche Bedenken gegen die Verwendung von Umlagen zu erheben, weil diese das Kostenbild verzerren. Viele Betriebe beschränken sich deshalb auf die Darstellung von direkt beeinflußbaren Stellenkosten für Zwecke der Verantwortungszuordnung (*responsibility accounting*). Sowohl die nach Kostenarten wie auch die nach Kostenstellen gegliederte E. leidet jedoch an dem Umstand, daß zwar eine Kostenzuordnung ohne größere Schwierigkeiten möglich ist, während die Erfolgskomponente Leistung sich jedoch häufig einer zuverlässigen Erfassung entzieht und oft durch reine Mengenangaben ersetzt werden muß, die eine Messung des echten monetären ‚Erfolgs' nicht zulassen. Als Ersatzgrößen wird deshalb meist auf Planwerte für Kosten und Durchsatzmengen zurückgegriffen.

Die nach Kostenträgern gegliederte E. erlaubt als einzige die Ermittlung des geldmäßigen Produkt-(Artikel- und/oder Auftrags-) oder Produktgruppenerfolges sowie des betrieblichen Periodenerfolges. Sie tritt in zwei Formen auf. Das → *Gesamtkostenverfahren* geht von den für die Periode angefallenen Kosten aus, muß diesen aber z.T. Leistungen gegenüberstellen, die im Zeitpunkt der Abrechnung noch nicht abgesetzt sind. Damit ist die Ermittlung eines im Markt realisierten Erfolges ausgeschlossen, und es müssen fiktive Gewinngrößen zum Ansatz gebracht werden, um eine Aussage über den von der Periodenleistung erzielten hypothetischen Markterfolg treffen zu können. Das ist besonders im Falle unterschiedlicher Auftragsgrößen und Durchlaufszeiten und beim → *Langfristfertigung* von Großaufträgen (Annahme der stufenweisen Gewinnrealisierung oder Anfall des Gesamtgewinnes bei Fertigstellung) sowie in Saisonbetrieben von fragwürdigem Aussagewert. Das → *Umsatzkostenverfahren* geht von abgesetzten Erzeugnissen aus. Damit ist der in der Abrechnung enthaltene Umsatz immer vollständig realisiert. Die Kosten müssen aber jeweils den abgesetzten Leistungen angepaßt werden. Dem Vorteil des echten vom Markt bestätigten Gewinnes steht der Nachteil gegenüber, daß in Perioden mit geringerem Absatz und hoher Lagerfertigung kein oder nur ein geringer Erfolg ausgewiesen wird. Damit läßt sich wiederum kein echter Gewinn für die betriebliche Leistungserstellung ermitteln, weil seine Realisierung noch nicht eingetreten ist. Auch in diesem Falle wäre also eine fiktive Erfolgsgröße im Hinblick auf zukünftige Gewinne erforderlich. Bei der Wahl des Verfahrens ist zu entscheiden, welche Erfolgsdarstellung grundsätzlich für die Messung des Gesamt- und Produkterfolges besser geeignet ist. Da es sich in beiden Fällen um eine interne Rechnung handelt, stehen der Unternehmensleitung immer zusätzliche Informationen zur Verfügung. Sollen externe Informationen dieser Art gegeben werden, so ist es zweckmäßig, diese auf das bei der GuV angewendete Verfahren (Umsatz- oder Gesamtkosten) abzustimmen.

Die E. mit Kostendaten kann allein mit Ist- oder auch mit Soll(Plan)kosten arbeiten. Werden letztere verwendet, so sind alle Abweichungen unter Hinweis auf deren Ursachen (Preis, Mengen, Kapazitätsabweichungen, etc.) zu zeigen, weil sonst eine Verwendung dieser Ergebnisse zur Abschätzung der weiteren Erfolgsentwicklung nicht ausreicht.

Abb. 1 zeigt ein Zahlenbeispiel für eine E. aufgrund finanzwirtschaftlicher Daten für ein Quartal nach dem *Gesamtkostenverfahren* mit *Planansätzen* und *Istwerten*. Die Spalten (1)–(3) geben die jeweiligen Planwerte, Spalte (4) und (5) die tatsächlich eingetretenen Werte wieder. Die Spalten (6) und (7) stellen die absoluten bzw. relativen Abweichungen von Plan- und Istwerten dar. Die Abweichungen werden in Spalte (8) verbal erläutert. Man sieht, daß der tatsächlich aufgetretene Gewinn um 93 % unter dem geplanten Gewinn geblieben ist. Dies ist insbesondere auf gestiegene Kosten als Folge von Preissteigerungen bei unveränderter Gesamtleistung zurückzuführen.

Neben mit Vollkosten arbeitenden Formen ist noch die E. mit Teilkosten, d.h. direkten (= *variablen* → *Kosten*), Grenz-

Erfolgsrechnung, kurzfristige

	Plansätze			Istwerte		Abweichungen		
	Jahr 1989 DM (1)	in % der Gu.-Lstg. (2)	Quartal (1)/4 DM (3)	I/89 (4)	in % der G-Lst. (5)	absolut (3–4) DM (6)	in % vom Plan (7)	Erklärung (8)
Gesamterlöse	11 000	98.21	2 750	2 500	89.29	−250	−9.09	vorübergeh. Absatzrückgang
+/− Bestdsänderungen (geschätzt)	200	1.79	50	300	10.71	250	500.00	Lageranbau f. nächstes Quartal
Gesamtleistung	11 200	100.00	2 800	2 800	100.00	0	0.00	unverändert
Herstellkosten:					0.00			
Material	2 000	17.86	500	570	20.36	70	14.00	Lageranbau u. Preissteigerung
Lohn- und Sozialk.	4 800	42.86	1 200	1 250	44.64	50	4.17	Urlaubslöhne
Abschreibungen	800	7.14	200	200	7.14	0	0.00	
Fremdleistg.	80	0.71	20	23	0.82	3	15.00	wegen Reparaturen
Sonstige Kosten	1 600	14.29	400	430	15.36	30	7.50	Preissteigerung
Forschung + Entwickl.	200	1.79	50	50	1.79	0	0.00	
	9 480	84.64	2 370	2 523	90.11	153	6.46	
Verwaltungskosten	400	3.57	100	110	3.93	10	10.00	fixe Kosten
Vertriebskosten	480	4.29	120	105	3.75	−15	−12.50	Absatzrückgang
Leistungsergebnis	840	7.50	210	62	2.21	−148	−70.48	
Finanzierungskosten	120	1.07	30	50	1.79	20	66.67	Bestandszwischenfinanzierung
Gewinnsteuern (50 %)	360	3.21	90	6	0.21	−84	−93.33	
Periodengewinn	360	3.21	90	6	0.21	−84	−93.33	
Zusatz: erwartete Gewinne aus Bestandsver. (3.5 %)	7	0.06	2	11	0.39	9	450.00	Gewinnerwartung bei festem Preis
Vergl. mit Plangewinn	367	3.28	90	17	0.61	−73	−81.11	

Abb. 1: Kurzfristige Erfolgsrechnung mit Plan- und Istwerten nach dem Gesamtkostenverfahren

oder Optimalkosten anzutreffen. Von Bedeutung ist besonders die Rechnung mit direkten Kosten, weil diese bei der Erfolgsermittlung der Umsatzentwicklung folgt und damit für kürzere Perioden Markteinflüsse deutlicher zeigt; anstelle des Erfolges i. S. v. Gewinn stellt dieses Verfahren auf die Ermittlung von → *Deckungsbeiträgen* ab.

Fixe Kosten werden in diesem Fall angehängt, um deren Deckungsgrad erkennen zu lassen. Bei der Auswertung von E.-Ergebnissen wird häufig die → *Break-even-Analyse* eingesetzt, weil Zwischenergebnisse sich damit graphisch besser darstellen lassen. Schließlich werden Abweichungen von (revidierten) Planwerten gezeigt, um sowohl Erfolgschancen wie erforderliche Anpassungen für den Rest der Planperiode aufzuzeigen.

Lit.: *Kilger, W.*: Kurzfristige Erfolgsrechnung, 1962; *Everling W.*: Kurzfristige Erfolgsrechnung, 1965; *Hunziker, A./Märki, A.*: Die kurzfristige Erfolgsrechnung, 6. Aufl., 1979; *Kilger, W.*: Einführung in die Kostenrechnung, 3. Aufl., 1987 (Nachdruck 1992), S. 392–451; *Lücke, W.*: Kurzfristige Erfolgsrechnung, in: HWR, 3. Aufl., 1993, Sp. 1315–1326.

Professor Dr. Hans Martin Schoenfeld, Champaign, Ill. (USA).

Erfolgsstrukturanalyse
→ *Bilanzanalyse.*

Erfolgszahlungssaldo
Differenz zwischen *Erfolgseinnahmen* und *Erfolgsausgaben*, also von Posten, die sowohl die → *Liquidität* als auch den → *Gewinn* beeinflussen. Ein positiver E. bedeutet, daß Innenfinanzierung vorliegt.

Lit.: *Chmielewicz, K.*: Integrierte Finanz- und Erfolgsplanung, 1972, S. 51–58.

Ergänzter Bestätigungsvermerk
→ *Bestätigungsvermerk.*

Ergänzungsinvestition
Als E. wird eine → *Investition* bezeichnet, die in Ergänzung zu einer originären Investition durchzuführen ist, um diese mit einer zweiten, alternativen Investition hinsichtlich Höhe und zeitlicher Verteilung der Einzahlungsüberschüsse, Höhe der Anschaffungsauszahlung und Länge der Nutzungsdauer vergleichbar zu machen. Bei der → *Kapitalwertmethode* wird eine fiktive E. zum → *Kalkulationszinsfuß* unterstellt. Der Kapitalwert der E. ist dann null und beeinflußt den Kapitalwertvergleich nicht.

Ergänzungsrechnung
Bilanz und GuV-Rechnung, die in Abweichung vom Jahresabschluß zur Einbeziehung in den → *Konzernabschluß* aufgestellt werden (= → *Handelsbilanz II*).

Ergebnis
Oberbegriff für
→ *Jahresüberschuß.*
→ *Jahresfehlbetrag.*
→ *Gewinn.*
→ *Verlust.*

Ergebnis der gewöhnlichen Geschäftstätigkeit
Eine in der → *Gewinn- und Verlustrechnung* nach dem → *Umsatz-* und → *Gesamtkostenverfahren* neben dem → *außerordentlichen Ergebnis* gesondert auszuweisende Zwischengröße. Das E. ist der Saldo aller Erträge und Aufwendungen vor Steuern der abgelaufenen Periode ohne die außerordentlichen Aufwendungen und Erträge.

Ergebnis je Aktie
→ *Gewinn je Aktie.*

Ergebnis nach DVFA/SG
Von der Methodenkommission der Deutschen Vereinigung für Finanzanalyse und Anlageberatung e. V. (DVFA) und dem Arbeitskreis Externe Unternehmensrechnung der Schmalenbach-Gesellschaft-Deutsche Gesellschaft für Betriebswirtschaft e. V. (SG) gemeinsam entwickelte Empfehlung zur Bereinigung des ausgewiesenen Jahresüberschusses bzw. -fehlbetrages um → *außerordentliche, ungewöhnliche* und *dispositionsbedingte* Aufwendungen und Erträge, soweit wesentlich, mit dem Ziel, ein Ergebnis zu ermitteln, das für Zeit- und Unternehmensvergleiche und zur Bewertung von Aktien, etwa über das → *Kurs-Gewinn-Verhältnis*, geeignet ist (→ *Gewinn je Aktie*).

Lit.: Busse von Colbe, W. et al. (Hrsg.): Ergebnis nach DVFA/SG, 2. Aufl., 1996.

Ergebnisprüfung
= *Kontenprüfung.*

Überprüfung der korrekten Dokumentierung der buchungspflichtigen Sachverhalte auf den richtigen Konten.

Ergebniszahlungen
→ *Grundgrößen des Rechnungswesens.*

Erhaltene Anzahlungen
→ *Verbindlichkeiten.*

Erhaltungsaufwand
Unter dem Begriff E. versteht man die Verwendungen auf ein Wirtschaftsgut, die nicht Herstellungsaufwand sind. Er ist i. d. R. dann anzunehmen, wenn das Wirtschaftsgut weder erweitert (Substanzmehrung) noch über seinen ursprünglichen Zustand hinaus wesentlich verbessert wird. Die Abgrenzung zwischen E. und Herstellungsaufwand ist auch nach der Rechtsprechung des BFH fließend. In der neueren BFH-Rechtsprechung ist jedoch die Tendenz zu erkennen, Aufwendungen für bestimmte Wirtschaftsgüter i. d. R. als E. anzunehmen, selbst wenn diese Aufwendungen zu Wertsteigerungen führen (BFH vom 9.11.1976, BStBl 1977 II, S. 279 und vom 7.12.1976, BStBl 1977 II, S. 281). Besonderheiten des Erhaltungsaufwands gelten für Gebäude (R. 157 EStR 1993).

Lit.: Reiter, G., in: Handbuch der Unternehmensbesteuerung, 2. Aufl., 1994, Kapitel B, 3.–8. Abschnitt, S. 146–313.

Erhaltungsinvestitionen
→ *Investitionen* zur Erhaltung der betrieblichen Substanz.

Erklärungsmodell
→ *Planungsrechnung.*

Erlös
Wert der abgesetzten Sachgüter und Dienstleistungen (= *Umsatzerlöse*), i. w. S. zusätzlich *kalkulatorischer Erlöse*, i. d. R. bezogen auf eine Periode (→ *Erlösrechnung*).

Erlösberichtigungen
→ *Erlösrechnung.*

Erlösrechnung
1. Begriffliche Grundlagen

Die E. gehört im Rahmen des internen Rechnungswesens zur kurzfristigen → *Erfolgsrechnung* und bildet den Gegenpol zur Kostenrechnung. *Erlöse* als eine der → *Grundgrößen des Rechnungswesens* sind die bewerteten Absatzleistungen einer Bezugsperiode; i. w. S können *kalkulatorische Erlöse* für Eigenleistungen (selbsterstellte Anlagegegenstände, Bestandserhöhungen von Halb- und Fertigfabrikaten sowie von Handelswaren) hinzukommen. Zu den Absatzleistungen zählen materielle und immaterielle Güter (Sachgüter und Dienstleistungen einschließlich Informationen und Rechte), die aus Eigenproduktion und/oder Fremdbezügen stammen und auf einem Absatzmarkt verkauft worden sind oder im Zuge eines Planungsansatzes (→ *Planungsrechnung*) zum Verkauf vorgesehen sind. Nicht dazu gehören einmalige Verkäufe außerhalb des laufenden Geschäftsbetriebes z. B. von nicht mehr benötigten Produktionsanlagen, Grundstücken, Ersatzteilen, Betriebsstoffen und dergl.

Die *Bewertung der Absatzleistungen* richtet sich nach dem Rechnungszweck. Bei *pagatorischer Erfolgsermittlung* werden realisierte oder erwartete Zahlungsgrößen in Ansatz gebracht (Umsatzerlöse im Sinne des Handelsrechts). Bei *kalkulatorischer Erfolgsermittlung* wird die Bewertung von den in der Bezugsperiode geltenden Absatzmarktpreisen abgeleitet (Tagespreisprinzip).

In einer Betrachtungsperiode können Produkte, Produktgruppen, Aufträge, Marktsegmente, Regionen, Kunden, Vertriebswege u. a. m. in verschiedenen Aggregationsstufen Bezugsobjekte von Erlösen sein. Man bezeichnet diese als *Perioden-, Stück-, Auftrags- und Bereichserlöse*. Sie bilden die positive Erfolgskomponente, die den Kosten der jeweils betrachteten Bezugsobjekte gegenüberzustellen ist. Bei allen Mengen- und Bewertungskomponenten der Erlöse kann es sich um *Ist-, Soll- oder Plangrößen* handeln.

Nach der Abhängigkeit zwischen verschiedenen Absatzleistungen und ihren

Bewertungskomponenten unterscheidet man zwischen *Einzel- und Gemeinerlösen.* Isolierte Absatzvorgänge für einzelne Bezugsobjekte führen zu eindeutig zurechenbaren Einzelerlösen. Verbundene Absatzleistungen in Form von komplementären Sachgütern und/oder Dienstleistungen schließen eine verursachungsgerechte Aufteilung einzelner Erlöskomponenten oder auch des Gesamterlöses auf die verschiedenen Leistungsbestandteile aus. In diesem Fall entstehen Gemeinerlöse.

In stück-/auftragsbezogener Betrachtung bildet der dem Kunden in Rechnung gestellte Endverkaufspreis den *Bruttoerlös.* Von diesem werden zur Ermittlung des *Nettoerlöses Erlösschmälerungen* und *Erlösberichtigungen* abgezogen. Der Nettoerlös einer Unternehmung aus einer Absatzleistung ergibt sich nach folgendem Rechenschema:

Preisansatz für die Hauptleistung
\+ Preiszuschläge für Sonder- und Zusatzleistungen

Bruttopreis/Bruttoerlös
./. direkte Erlösschmälerungen (z.B. Mengen-, Funktions-, Saisonrabatte, Skonti, Gutschriften)
./. direkte Erlösberichtigungen (z.B. Preisansatzfehler, Wechselkursverluste, Gewichts- oder Mengendifferenzen, Falschlieferungen)

= Nettoerlös der einzelnen Absatzleistung (= Einnahme, effektives Entgelt)

Gegenstand der E. bilden alle Einzelpositionen der Bruttoerlöse bis hin zu den Nettoerlösen; in der Praxis werden dabei vielfach *Sondereinzelkosten des Vertriebs* mit einbezogen, soweit diese auf gleichen Ursachen wie Erlösschmälerungen beruhen (z.B. Provisionen und Funktionsrabatte für Vermittlertätigkeiten).

2. Ziele der Erlösrechnung

Neben der *Dokumentation* der erzielten Isterlöse dient die E. der *Planung* und *Überwachung des Vertriebs.* Aus der Erlösdokumentation werden primär Perioden- und Objekt(netto/brutto)erfolge abgeleitet, indem den Istnettoerlösen in bestimmter Weise abgegrenzte Istvoll- oder Istteilkosten gegenübergestellt (→ *Dekkungsbeitragsrechnung, Grenzkostenrechnung*) werden. Die Erlösdokumentation bietet daneben die Ausgangsgrößen für *Erlös-Soll-Istvergleiche, -Zeitvergleiche* und *-Marktsegmentvergleiche* (*Erlösanalysen*). Soll-Istvergleiche dienen der Überwachung und *Steuerung des Vertriebs.* Dabei sind die Abweichungen zwischen Plan- und Istabsatzleistungen sowie Plan- und Istbewertungsgrößen auf ihre Ursachen zurückzuführen, damit die Verantwortlichkeiten ermittelt und Konsequenzen für zukünftige Vertriebsaktivitäten gezogen werden können. In gezielten Erlösanalysen werden außerdem zum einen Zeitreihen über die Entwicklung der Bruttoerlöse, Erlösschmälerungen und Erlösberichtigungen bzw. der Nettoerlöse je Bezugsobjekt im Hinblick auf intern disponierbare und extern vorgegebene Einflußgrößen (→ *Einflußgrößenrechnung*) untersucht. Zum anderen werden Vergleiche zwischen den korrespondierenden Erlöskomponenten aus Absatzgeschäften auf ähnlichen Marktsegmenten durchgeführt, um die Gründe für unterschiedliche Nettoerlöse bei gleichen/ähnlichen Geschäften aufzudecken. Hierzu können auch wertvolle Erkenntnisse durch die Analyse von Konkurrenzgeschäften gewonnen werden, insbesondere durch Vergleiche der Erlösbeeinflussung durch unterschiedliche Absatzpreise, Absatzmengen, Sortimentsstrukturen, Produktqualitäten, Verkaufskonditionen und sonstige Vertriebsmaßnahmen. Von besonderem Interesse ist auch der Vergleich der Erlösentwicklung des betroffenen Produktes/Unternehmens mit der des Gesamtmarktes. Im Mittelpunkt steht somit die Ergründung der *Zusammenhänge zwischen der Höhe der Erlöskomponenten und dem Einsatz des absatzpolitischen Instrumentariums* in den gegenübergestellten Marktsegmenten (Preis-, Mengen-, Qualitäts-, Distributions-, Konditionen- und Kommunikationspolitik). Derartige Untersuchungen sind allerdings nur im Rahmen der begrenzt verfügbaren Informationen durchführbar. Erlösanalysen bieten auch eine wichtige Grundlage für *Prognosen* über die Entwicklung nicht beeinflußbarer Marktbedingungen und für die Ableitung von Sollerlösvorgaben für Vertriebsaktivitäten.

Im Zusammenwirken von → *Controlling* und Vertrieb sind sowohl für die Absatzleistungen als auch für die Preisansätze/Preisgrenzen Vorgabegrößen je Bezugsobjekt zu bilden. Soweit ein Unternehmen auf Grund seiner Marktstellung Einfluß auf Preishöhe und Absatzkonditionen nehmen kann, sind im Zuge dieses Planungsprozesses alternative Erlösvorgabegrößen auf ihren Erfolgsbeitrag und ihre Realisierbarkeit hin zu überprüfen (*Entscheidungskalküle*). Aus theoretischer Sicht kann für Planungszwecke ein multivariables Funktionensystem, das alle wesentlichen Erlöseinflußgrößen einbezieht und die Erlösplanung mit der Absatzplanung simultan vollziehbar macht, dieser betriebswirtschaftlich komplexen Aufgabenstellung gerecht werden. Einen methodischen Ansatz bieten hierfür Absatzmodelle im Rahmen der → *Betriebsplanerfolgsrechnung*. Die für eine Planperiode geltenden Sollerlöse, die auf innerbetrieblich vereinbarten Vorgaben für Absatzmengen, Absatzpreise, Konditionen, Werbemaßnahmen u.a.m. beruhen, bilden die Meßlatte, mit der der Vertrieb aus betriebswirtschaftlicher Sicht zu beurteilen ist. Abweichungen zwischen Soll- und Isterlösen bilden den positiven oder negativen Beitrag des Vertriebs zum Unternehmensergebnis. In der Praxis wird fehlerhafterweise vielfach der Deckungsbeitrag als Vertriebsergebnis herausgestellt, obwohl bei den Produktionsbetrieben zutreffenderweise auch nur die Abweichungen zwischen den Soll- und Istkosten als deren Beitrag zum Unternehmensergebnis betrachtet werden.

3. Aufbau der Erlösrechnung

a) Mengen- und Preisbestandteile des Erlöses. Die Mengenleistung kann aus einem homogenen Gut bestehen oder aus verschiedenen Gütern zusammengesetzt sein; ebenso setzt sich vielfach der Absatzpreis (Angebotspreis, Marktpreis) aus unterschiedlichen positiven und negativen Elementen zusammen. Die E. ist daher nach entsprechenden Erlöselementen, die in der Literatur in Analogie zur Kostenrechnung auch als *Erlösarten* bezeichnet werden, aufzugliedern. Dies sei an einem Beispiel aus der Stahlindustrie erläutert:

Erlösarten auf Grund der Produkt- und Preisgestaltung sowie Vertriebswegewahl:

Grundpreis für Basisqualität und -abmessung
Aufpreis für Sonderqualität
Aufpreis für Oberflächenbehandlung
Aufpreis für eine bestimmte Abmessung
Aufpreis für sonstige Zusatzleistungen
Mindermengenaufpreis bzw. Mengenrabatt
Angleichungsrabatt an Konkurrenzangebot
Sonderbonus/Treuerabatt
Gesamtumsatzrabatt
Nachlässe für Mängelrügen
Händlerrabatt
Skonto
Aufpreis für LKW-Versand
Aufpreis für frachtfreie Anlieferung
Aufpreis für Kundenberatung
Aufpreis für Installation und Ingangsetzung
Verzugszinsen für verspätete Zahlung
Gutschriften bzw. Lastschriften für Preis-, Mengen- und/oder Qualitätsdifferenzen
Gutschriften für Rückware

Die nach Erlösarten gegliederte Ermittlung von *Nettoerlösen je Absatzleistung* orientiert sich in der Praxis an *Kostenträgerabgrenzungen*, um auf diese Weise eine *Produkt- oder Auftragserfolgsrechnung* – neben den gewonnenen Ansätzen für eine Erlösanalyse zur Unterstützung von Vertriebsaktivitäten – zu ermöglichen. In der Literatur wird hierfür auch der Begriff der *Erlösträgerrechnung* verwendet. Dabei muß die E. grundsätzlich an hinreichend isolierbaren Absatzeinzelleistungen ansetzen, wobei es sich um den Verkauf eines Einzelgutes oder auch einer komplexen Güterkombination z.B. in Form einer industriellen Großanlage handeln kann. Eine Einzelleistung kann z.B. in der Stahlindustrie nach folgenden Kriterien abgegrenzt sein:

- Produktart (z.B. Feinblech in Tafeln)
- Gütegruppe (z.B. Tiefziehgüte mit bester Oberfläche)
- Abmessungsgruppe (z.B. 0,8–1,0 mm Dicke, 500–800 mm Breite, 1000–4000 mm Länge)
- Verpackungsart (z.B. Verpackung in Holzkisten)
- Versandart (z.B. Bahnversand mit Frachtbasis Oberhausen)
- Zahlungskonditionen (z.B. 60 Tage Ziel, bei Zahlung nach 30 Tagen 1%, nach 45 Tagen 0,5% Skonto).

b) Objektbezogene E. als Bestandteil periodenbezogener (Unternehmens-)Ergebnisrechnungen. Die Zusammenführung der Nettoerlösrechnungen für alle Absatzleistungen einer Bezugsperiode (Jahr, Quartal, Monat) führt zur periodenbezogenen kurzfristigen Erfolgsrechnung einer Unternehmung. Dabei sind je nach dem Produktprogramm und den Absatzstrukturen mehr oder weniger viele Zwischenstufen zu bilden. Man kann z. B. die Nettoerlöse der Absatzleistungen einer Bezugsperiode in einem Marktsegment nach *Kunden(gruppen)* und *Vertriebswegen* zusammenfassen, um die „erlösmäßige Ergiebigkeit" dieses Marktsegments mit einem in einer anderen Region angesiedelten Marktsegment zu vergleichen. Bei der periodenbezogenen Zusammenfassung der Erlöse je *Marktsegment* können Erlösbestandteile, die alle Absatzleistungen an eine Kundengruppe betreffen (Gemeinerlöse), sachgerecht berücksichtigt werden (z.B. Rabatte oder Frachtrückvergütungen für Jahresgesamtlieferungen). Je nach Rechenzweck kann die stufenweise Zusammenführung der Einzelerlöse über Produktgruppen, Kundengruppen, Marktsegmente, Unternehmensbereiche und dergl. mit einer entsprechenden Zuordnung der Kosten verbunden werden (*stufenweise Deckungsbeitrags- und Fixkostendeckungsrechnung*). Ein derartiges *Vertriebsinformationssystem* kann allerdings in Vielproduktunternehmen für Analysen und Prognoserechnungen zu komplex werden. Man kann in diesen Fällen repräsentative Absatzleistungen je Marktbereich als „*Leitprodukte*" (Laßmann 1979, S.159–162) auswählen und aus entsprechenden Partialanalysen Indikatoraussagen gewinnen. Die Bedeutung der E. für ergebnisorientierte Entscheidungskalküle und Überwachungsmaßnahmen ist in der Unternehmenspraxis bei automatisierter Fertigung mit weitgehend vorbestimmten Werkstoff- und Verarbeitungskosten vielfach größer als die der Kostenrechnung, soweit auf Grund der Marktstellung Einfluß auf die erläuterten Erlöselemente genommen werden kann.

Lit.: Kolb, J.: Industrielle Erlösrechnung, Grundlagen und Anwendungen, 1978, S.37–73; *Laßmann, G.:* Erlösrechnung und Erlösanalyse bei Großserien- und Sortenfertigung, in: ZfbF 1979, S.135–142 u. 153–162; *Nießen, W.:* Erlösrechnungssysteme und deren Eignung als Planungs- und Kontrollinstrumente, 1982; *Laßmann, G.:* Aktuelle Probleme der Kosten- und Erlösrechnung sowie des Jahresabschlusses bei weitgehend automatisierter Serienfertigung, in: ZfbF 1984, S.959–978; *Plinke, W.:* Erlösplanung im industriellen Anlagengeschäft, 1985; *Albers, S.:* Ein System zur IST-SOLL-Abweichungs-Ursachenanalyse von Erlösen, in: ZfB 1989, S.637–654; *Engelhardt, W.H.:* Erlösplanung und Erlöskontrolle, in: Männel, W. (Hrsg.), Handbuch Kostenrechnung, 1992, S.656–670; *Männel, W.:* Erlösrechnung, in: HWR, 3.Aufl., 1993, Sp.562–579; *Hahn, D./Laßmann, G.:* Produktionswirtschaft, Bd. 3.2 Informationssystem, 1993, Kap.2.

Professor Dr. Gert Laßmann, Bochum.

Erlösschmälerungen
Abzugsbeträge vom *Bruttoerlös* (Rechnungspreis), die dem Verkäufer nicht zufließen, wie *Rabatte, Skonti*, und Beträge, die dem Kunden nachträglich vergütet werden, wie *Boni* oder *Preisnachlässe*. In der→ *Gewinn- und Verlustrechnung* sind die Umsatzerlöse nach Abzug der E. auszuweisen (§277 Abs.1 HGB). Die E. gehören auch nicht zu den → *Anschaffungskosten* (→ *Erlösrechnung*).

Erlösträgerrechnung
→ *Erlösrechnung.*

Ermessensabschreibung
→ *Anlagevermögen.*

Ermessensrücklagen
Form der → *stillen Rücklagen* und damit aus dem → *Jahresabschluß* nicht zu ersehende Teile des → *Eigenkapitals*, die bei der Bilanzierung durch Ausnutzung von Bilanzierungs- und Bewertungswahlrechten gebildet werden. E. können insbes. durch Bewertung der Aktiva an der gesetzlichen Untergrenze bzw. der Passiva an der gesetzlichen Obergrenze entstehen. Durch Bildung von E. erscheinen der Gewinn und das Eigenkapital geringer als es der Wirklichkeit entspricht. E. lösen sich spätestens beim Abgang der Vermögensgegenstände auf, unterliegen dann aber z.T. der Einkommens- und Gewerbeertragbesteuerung. Bildung und Auflösung von E. werden als Instrument der → *Bilanzpolitik* insb. zur zeitlichen Glättung des ausgewiesenen Jahresüberschusses benutzt (→ *stille Rücklagen*).

Eröffnungsbilanz
Gegenüberstellung von → *Aktiva* und → *Passiva* zu Beginn einer Rechnungsperiode. Gem. §242 HGB hat der Kaufmann „zu Beginn seines Handelsgewerbes ... einen das Verhältnis seines Vermögens und seiner Schulden darstellenden Abschluß (Eröffnungsbilanz,...) aufzustellen". Für die Folgejahre dient die E. der Übertragung der Aktiva und Passiva auf die neue Rechnungsperiode. Für sie gilt dann das Prinzip der → *Bilanzidentität*, wonach die Wertansätze in der E. mit denen der → *Schlußbilanz* des vorhergehenden Geschäftsjahres übereinstimmen müssen (§252 Abs. 1 Nr. 1 HGB). Die Bilanzidentität sichert das → *Kongruenzprinzip*.

E. ohne Bilanzidentität und damit unter Durchbrechung des Kongruenzprinzips werden bei außerordentlichen Anlässen, z.B. bei Eröffnung eines Konkursverfahrens (→ *Konkursbilanz*), und bei *Währungsumstellungen*, z.B. 1923 von Mark auf Goldmark oder 1948 von Reichsmark auf DM (→ *DM-Eröffnungsbilanz*) aufgestellt. Ansatz und Bewertung von Vermögensgegenständen, Schulden und Rückstellungen werden dann wenigstens z.T. unabhängig von der Vorperiode vorgenommen.

Eröffnungsverfahren
= Konstruktionsverfahren im Rahmen der *Layoutplanung*.
→ *Anlagenplanung und Anlagenrechnung*.

Errichtungsinvestition
= → *Anfangsinvestition*.
= Erstinvestition.

Ersatzinvestitionen
E. dienen der Wiederauffüllung des während einer Periode durch Ge- und Verbrauch oder durch sonstige Umstände verminderten Bestandes an Produktionsfaktoren.

Ersatzzeitpunkt
Der optimale E. einer vorhandenen, noch gebrauchsfähigen Anlage läßt sich mit Methoden der → *dynamischen Investitionsrechnung* bestimmen.

(1) *Kapitalwertmethode*

Dabei werden die → *Kapitalwerte* der Zahlungsströme verglichen, die sich bei Ersatz der Anlage in t_0, t_1, t_2, usw. ergeben. Das Kapitalwertmaximum bestimmt den optimalen E. Der Kapitalwert in *Abhängigkeit von der Nutzungsdauer* n ergibt sich nach der Formel

$$C_0(n) = \sum_{t=1}^{n} c'_{alt,t} \cdot (1+i)^{-t} + \frac{c^*_{neu}(n_{opt})}{i} (1+i)^{-n}.$$

Dabei gibt $\frac{c^*_{neu}(n_{opt})}{i} \cdot (1+i)^{-n}$ den → *Barwert* der Ersatzkette an bei Ersatz der alten Anlage im Zeitpunkt n. c^*_{neu} ist die → *Annuität* der neuen Anlage, wenn diese über ihre optimale → *Nutzungsdauer* genutzt wird und $c'_{alt,t}$ der *Grenzeinzahlungsüberschuß* der alten Anlage in der Periode t. Dieser ergibt sich nach der Berechnung

$$c'_{alt,t} = b_t - a_t + (R_t - R_{t-1}) - i \cdot R_{t-1}.$$

b_t : Einzahlungen in der Periode t
a_t : Auszahlungen in der Periode t
R_t: Restwert
i : Kalkulationszinsfuß

Wenn die Grenzeinzahlungsüberschüsse $c'_{alt,t}$ der alten Anlage monoton während der möglichen Restnutzungsdauer sinken, vereinfacht sich der Kalkül dahingehend, daß nur ein Vergleich zwischen $c'_{alt,t}$ und der Annuität der neuen Anlage $c^*_{neu}(n_{opt})$ vorgenommen werden muß. Ein sofortiger Ersatz lohnt sich, wenn gilt

$c^*_{neu} > c'_{alt,t}$.

(2) *Durchschnittsausgabenkalkül*

In der Praxis wird der optimale E. häufig unter sehr vereinfachten Annahmen bestimmt. Wenn die Betriebseinnahmen b_t für die alte und die neue Anlage gleich sind, braucht man nur die Betriebsausgaben a_t zu betrachten. Diese werden für die alte Anlage während ihrer technisch möglichen Restnutzungszeit n in Höhe des Durchschnitts als konstant unterstellt ($\bar{a}$); weiterhin nimmt man an, daß der Restwerterlös R_0 der alten Anlage im Kalkulationszeitpunkt t_0 bis zum Ende der Restnutzungszeit $\bar{n}$ auf Null absinkt. Als Kriterium für die Vorteilhaftigkeit des Ersatzes gilt dann

$$a^*(n) = \bar{a} + R_0 \frac{i \cdot (1+i)^{\bar{n}}}{(1+i)^{\bar{n}} - 1} > a^*_{neu}$$

a^*: Annuität der Auszahlungen

Diese Rechnung kann zu einem zu zeitigen Ersatz führen, wenn die Grenzausgaben a'_t der alten Anlage stetig steigen.

Lit.: Swoboda, P.: Entscheidungen über Ersatzinvestitionen, in: WIST 1973, S. 55–60, 106–112; abgedruckt in: *Lüder, K.* (Hrsg.): Investitionsplanung, 1977, S. 106–118; *Busse von Colbe, W./ Laßmann, G.:* Betriebswirtschaftstheorie, Bd. 3, 3. Aufl., 1990, S. 143–150.

Erstinvestition
= → *Anfangsinvestition.*

Erstkonsolidierung
→ *Kapitalkonsolidierung.*

Erträge
= periodisierte Einnahmen.
→ *Grundgrößen des Rechnungswesens.*

Ertragsmehrwert
= → *Geschäftswert.*

Ertragsprognose
→ *Ertragswert.*

Ertragsteuern

1. Grundlagen

E. sind die Steuern, die an den betrieblichen Gewinn (Reinertrag) anknüpfen (= *Gewinnsteuern*). Die in der Bundesrepublik Deutschland z. Z. generell auftretenden E. sind: Einkommensteuer, Körperschaftsteuer, Gewerbeertragsteuer und Kirchensteuer. Hinzukommen können zeitweise oder dauerhaft Ergänzungsabgaben, etwa unter der Bezeichnung Solidaritätszuschlag. Die Bemessungsgrundlage der E. ist i. d. R. nicht mit dem betrieblichen → *Gewinn* identisch, auch folgt dessen Ermittlung nicht einer betriebswirtschaftlichen Konzeption, sondern speziellen Regelungen, insbesd. den §§ 4–7 g EStG. Je nach Steuerart wird die Bemessungsgrundlage erweitert bzw. modifiziert; dabei sind Interdependenzen zu berücksichtigen.

2. Strukturen

a) Einkommensteuer. Die *Einkommensteuer* (ESt) erfaßt (1) *Einkünfte aus Gewerbebetrieb* sowie weitere betriebliche und nichtbetriebliche Einkunftsarten. Zu ersteren zählen (2) *Einkünfte aus selbständiger Arbeit* (insbesd. bei Freiberuflern) sowie (3) *Einkünfte aus Land- und Forstwirtschaft*; ferner sind (4) *Einkünfte* aus *Kapitalvermögen* insoweit betriebsbezogen, wie sie sich aus ausgeschütteten Gewinnen von Kapitalgesellschaften ergeben. Als nichtbetrieblich kommen ggfs. andere Einkünfte aus Kapitalvermögen, (5) *Einkünfte aus nichtselbständiger Arbeit*, (6) *Einkünfte aus Vermietung und Verpachtung* und (7) *sonstige Einkünfte* nach § 22 EStG hinzu. Die Summe der Einkünfte führt nach Subtraktion personenbezogener Abzugsbeträge (*Sonderausgaben, außergewöhnliche Belastungen*) und *Freibeträge* (z. B. Kinderfreibetrag) zur Steuerbemessungsgrundlage „*zu versteuerndes Einkommen*", welches – nach einem Grundfreibetrag, den die Finanzverwaltung im Vorgriff auf eine vom Bundesverfassungsgericht verlangte Erhöhung auf ein „Existenzminimum" von 12042 DM angehoben hat,– einem progressiven Tarif unterliegt, der unter linearer Steigung bei 120000 DM den maximalen *Grenzsteuersatz* von z. Z. 53 % erreicht.

Für Einkünfte aus Gewerbebetrieb soll der Grenzsteuersatz jedoch nach dem z. Z. diskutierten Standortsicherungsgesetz auf 44 % begrenzt werden. Bei Zusammenveranlagung von Verheirateten berechnet sich die ESt grundsätzlich als das Doppelte der sich bei anderen Steuerpflichtigen für die Hälfte der Steuerbemessungsgrundlage ergebenden ESt (*Splitting*). Erhebungsformen der ESt sind neben der ESt-Veranlagung die *Lohnsteuer* (LSt; für Einkünfte aus nichtselbständiger Arbeit) und die *Kapitalertragsteuer* (KapSt; bei Einkünften aus Kapitalvermögen: 30 % bei Zinsen aus festverzinslichen Wertpapieren (*Zinsabschlagsteuer*), 25 % insbes. bei ausgeschütteten Gewinnen aus Kapitalgesellschaften) als *Quellensteuern.*

b) Körperschaftsteuer. Während bei Einzelkaufleuten und Personengesellschaften sowohl einbehaltene als auch ausgeschüttete (entnommene) Gewinne der ESt undifferenziert unterliegen, erfaßt die *Körperschaftsteuer* (KSt) bei *Kapitalgesellschaften* konzeptionell nur die *einbehaltenen Gewinne*, während ausgeschüttete Gewinne zwar auch – niedriger – in der Kapitalgesellschaft belastet werden, diese Steuer jedoch beim Ausschüttungsempfänger anrechenbar ist. Einbehaltene Gewinne werden mit einem konstanten Steuersatz von i. d. R. 50 % (ab 1990) belastet. Die verbleibenden Rücklagen werden als EK_{50} bezeichnet. Vorübergehend tritt zusätzlich EK_{56} bezüglich der 1977–89 mit 56 % tarifbelasteten Gewinne auf. Bei Ausschüttung bewirkt ein bestimmtes *Anrechnungsverfahren* (§§ 27–43 KStG), daß die Steuerbelastung in der Kapitalgesellschaft auf 36 % verringert wird und daß diese Ausschüttungs-KSt dem Anteilseigner als Anrechnungsguthaben (ähnlich wie die KapSt) im Rahmen seiner ESt-Veranlagung zugutekommt, wobei Netto-Ausschüttung, Anrechnungsguthaben und KapSt in die Bemessungsgrundlage eingehen. Nach dem z. Z. diskutierten Standortsicherungsgesetz sollen einbehaltene Gewinne mit 44 % und ausgeschüttete Gewinne mit 30 % besteuert werden. Steuerbegünstigungen und -befreiungen erfordern im derzeitigen Anrechnungsverfahren eine Eigenkapital- (d. h. Rücklagen-) Gliederung, die zusätzlich EK_{36} sowie EK_{01} und EK_{02}, d. h. mit 36 % belastete sowie ausländische bzw. inländische steuerfreie Gewinne, aufweisen kann. Ausschüttungen werden zunächst dem am höchsten belasteten Eigenkapital zugeordnet. Wenn EK_{01} oder EK_{02} (sowie EK_{03} = Rücklagen aus Jahren vor 1977) als ausgeschüttet gilt, wird die Steuerfreiheit beseitigt (anders als in vergleichbaren Fällen bei Einzelkaufmann und Personengesellschaft), indem in der Kapitalgesellschaft 36 % Ausschüttungs-KSt zu zahlen sind und die Netto-Ausschüttung nebst Anrechnungsguthaben und KapSt vom Anteilseigner zu versteuern sind. Im übrigen kann mit EK_{04} Eigenkapital in Verbindung mit Einlagen (Kapitalrücklagen) auftreten, dessen Ausschüttung nicht zur ESt-Pflicht führt. (Derzeit werden Überlegungen zur Vereinfachung des Anrechnungsverfahren angestellt).

c) Gewerbeertragsteuer. Die Gewerbeertragsteuer (GewESt) ist der auf die Bemessungsgrundlage Gewerbeertrag entfallende Teil der rechtsformunabhängigen Gewerbesteuer (GewSt). Sie knüpft bei den *Einkünften aus Gewerbebetrieb* i. S. des EStG an und modifiziert diese Größe um Hinzurechnungen und Kürzungen (§§ 8, 9 GewStG). Damit soll der Konzeption der GewSt als *Objektsteuer* (d. h. den Gewerbebetrieb zu besteuern) entsprochen werden. Bedeutsam ist insbesondere die Hinzurechnung von 50 % der Zinsen für Dauerschulden (§ 8 Nr. 1 GewStG), wodurch nur die andere Hälfte gewerbeertragsteuerlich entlastet wird. Miet- und Pachtzins-Aufwendungen, die nicht in Grundbesitz bestehende Anlagegüter betreffen, führen unter bestimmten Umständen zur Hinzurechnung beim nutzenden Gewerbebetrieb in Höhe von 50 % sowie zur korrespondierenden Kürzung beim Vermieter-/Verpächter-Betrieb. Da die *Grundsteuer* als eine Soll-E. verstanden wird, erfolgt bei der Ermittlung des Gewerbeertrags eine Kürzung um 1,2 % der Einheitswerte (z. Z. um 40 % erhöht angesetzt) der Betriebsgrundstücke. Über wei-

Ertragsteuern

tere Hinzurechnungen und Kürzungen werden u. a. Beteiligungserträge bzw. Verlustanteile von in- und ausländischen Gesellschaften sowie der Gewerbeertrag ausländischer Betriebsstätten eliminiert. Die Kürzung um Gewinne an Kapitalgesellschaften setzt jedoch eine Beteiligung von mindestens 10 % voraus (Schachtelbeteiligung). Der sich nach Hinzurechnungen und Kürzungen ergebende Gewerbeertrag wird bei Einzelkaufleuten und Personengesellschaften (nicht aber bei Kapitalgesellschaften) um einen Freibetrag von 36000 DM vermindert. Über eine *Steuermeßzahl* von 5 % und einen von der Betriebsstättengemeinde festgelegten *Hebesatz* folgt ein linearer Steuersatz, bei dem zu berücksichtigen ist, daß die Steuer ihre eigene Bemessungsgrundlage mindert. Im Ergebnis liegt der Steuersatz z. Z. – bei steigender Tendenz – bei 15 bis 20 %.

d) Kirchensteuer. Die Kirchensteuer (KiSt) wird von bestimmten Glaubensgemeinschaften von ihren Mitgliedern erhoben und bemißt sich i. d. R. mit einem konstanten Prozentsatz (8 oder 9 %) auf die ESt (bzw. LSt). Für die Quantifizierung ist jedoch zu berücksichtigen, daß die KiSt die Bemessungsgrundlage der ESt mindert.

e) Ergänzungsabgabe. Eine Ergänzungsabgabe kommt insbesondere als Zuschlag zur festgesetzten ESt (bzw. LSt) und KSt in Betracht. Zahlungen sind bei der Einkommensermittlung nicht abzugsfähig. Für 1991 und 1992 wurde ein Solidaritätszuschlag von grundsätzlich 3,75 % erhoben. Ein neuer Solidaritätszuschlag ab 1995 wird z. Z. diskutiert.

f) Zusammenfassender Steuersatz. Für die betriebswirtschaftliche Anwendung ist es i. d. R. sinnvoll, die in bezug auf Gewinnänderungen anfallenden E. simultan unter Berücksichtigung von Interdependenzen mit einem zusammenfassenden Steuersatz (*Multifaktor* i. S. der Teilsteuerrechnung nach Rose) zu erfassen. Zunächst ist der nominelle GewESt-Satz $s_{GE,nom}$ (= 5 % mal Hebesatz) in den effektiven GewESt-Satz s_{GE} umzurechnen: $s_{GE} = s_{GE,nom} / (1 + s_{GE,nom})$. Die GewESt mindert die Bemessungsgrundlage der ESt bzw. KSt. Für einbehaltene Gewinne von Kapitalgesellschaften erfolgt daher bei einem KSt-Satz s_K als Multifaktor: $s_{GE} \cdot (1 - s_K) + s_K$. Entsprechend ergibt sich bei Relevanz der ESt bei einem konstanten ESt-Grenzsteuersatz s_E als Multifaktor: $s_{GE} \cdot (1 - s_E) + s_E$. Im Falle einer Ergänzungsabgabe mit dem Zuschlagsatz e ist s_K bzw. s_E durch Multiplikation mit (1 + e) zu modifizieren. Sofern KiSt mit dem Steuersatz s_{Ki} relevant ist, ist s_E i. d. R. durch $s_{EKi} = s_E \cdot (1 + s_{Ki}) / (1 + s_E \cdot s_{Ki})$ zu ersetzen. Da im Bereich der ESt-Progression der für eine bestimmte Gewinndifferenz relevante (Differenz-) Steuersatz s_E nicht ohne weiteres bestimmbar ist, kann er nur als Schätzung herangezogen werden, sofern die ESt nicht exakt nach § 32a EStG bzw. mit Hilfe der entsprechenden Tabelle ermittelt werden soll.

3. Internes Rechnungswesen

Da E.-Zahlungen die Zielgröße Gewinn mindern, sind sie grundsätzlich bei allen Entscheidungs- und Kontrollrechnungen im Rahmen des internen Rechnungswesens zu berücksichtigen. Weil sie Dispositionen beeinflussen, gilt dies auch für Planungsrechnungen. Bei Entscheidungsrechnungen kann jedoch dann auf ihre Einbeziehung verzichtet werden, wenn Zielgrößenbesteuerung vorliegt: dann ist die beste Alternative mit und ohne Einbezug identisch. Da die E. jedoch keinen – wie auch immer definierten – betriebswirtschaftlichen Gewinn besteuern, kann die Voraussetzung nicht generell erfüllt sein. Bei bestimmten Investitions- und Finanzierungsentscheidungen ist die Bedeutung der E. evident, weil das Steuersystem weder rechtsform- noch finanzierungsneutral gestaltet ist. Bei → *Investitionsrechnungen* im Sachanlagenbereich kann es Konstellationen von Alternativen geben, bei denen erkennbar ist, daß E. ohne Einfluß auf das Optimum sind. Doch ist eine Abgrenzung solcher Fälle problematisch, so daß i. d. R. die Einbeziehung der E. erforderlich erscheint: Bei der *Kapitalwertmethode* sind hierzu zum einen die Einzahlungsüberschüsse um die je Alternative zusätzlich erwarteten E. zu kürzen, und zum anderen ist der Kalkulationszinsfuß um den E.-Multifaktor zu verringern, weil die im Zinsfuß repräsentierten Reinvestitionen ebenfalls den E. unterliegen.

Bei den Entscheidungsrechnungen im Rahmen der Kostenrechnung ist eher der Fall der Zielgrößenbesteuerng gegeben, so daß die Optimumbestimmung ohne E.-Berücksichtigung erfolgen kann (was am Kostencharakter aller E. nichts ändert). Wenn Preise auf der Basis eines kalkulierten Deckungsbeitrages bestimmt werden, ist stets ein Zuschlag für die E. vorzunehmen. Im Falle der Zielgrößenbesteuerung wird die Beziehung zwischen dem Ergebnis vor und nach E. über den „Bruttoertragsbedarfssatz“ $1:(1-t_R)$ ausgedrückt, wenn die Zusatzbelastung durch alle E. über den Multifaktor t_R wiedergegeben wird. Die Voraussetzung der Zielgrößenbesteuerung liegt z.B. nicht vor, wenn z.T. steuerfreie Erträge, nichtabzugsfähige Aufwendungen oder GewESt-Modifikationen von der Entscheidung berührt werden. Ggf. sind E. ohne Rücksicht auf ihre formelle Behandlung einzubeziehen, also auch die im Privatbereich zu zahlende ESt und KiSt in ihrer zusätzlichen Höhe. Wegen des Charakters der E. empfiehlt es sich, sowohl die KSt als auch die GewESt im Kontenrahmen bei den das Gesamtergebnis betreffenden Aufwendungen und nicht bei den Betriebssteuern zu erfassen.

4. Externes Rechnungswesen

a) Handelsbilanz. Im Jahresabschluß wird stets die GewESt sowie bei Kapitalgesellschaften die KSt erfaßt; diese E. werden in der → *Gewinn- und Verlustrechnung* als „Steuern vom Einkommen und vom Ertrag“ (§ 275 Abs. 2 Nr. 18 bzw. Abs. 3 Nr. 17 HGB für Kapitalgesellschaften) ausgewiesen. Aperiodische Komponenten werden dort nach h.M. nicht gesondert ausgewiesen; bei erheblicher Höhe kommen jedoch Angaben im → *Anhang* in Betracht (§ 277 Abs. 4 HGB). Einzubeziehen sind nicht nur die effektiven, sondern auch die nach § 274 HGB erfaßten → *latenten Steuern.* Die KSt ist auf der Basis des Gewinnverwendungsbeschlusses bzw. (i.d.R.) -vorschlags zu berechnen (§ 278 HGB). Weicht der Beschluß vom Vorschlag ab, ist eine Änderung des Jahresabschlusses nicht erforderlich bzw. (bei AG) nicht möglich (§ 278 Satz 2 HGB; § 174 Abs. 3 AktG). Dann tritt die Steueränderung in keiner Gewinn- und Verlustrechnung in Erscheinung; sie schlägt sich in der Steuerrückstellung bzw. (nach h.M.) im Gewinnvortrag der folgenden Anfangsbilanz nieder. Bei Einzelkaufleuten und Personengesellschaften werden ESt und KiSt (außer im Falle von § 5 Abs. 5 PublG) als Steuern des Privatbereichs im Jahresabschluß nicht erfaßt.

b) Steuerbilanz. Für die → *Steuerbilanz* sind nur die effektiven, nicht die latenten Steuern zu berücksichtigen. Von den E. ist im Rahmen der steuerlichen Gewinnermittlung nur die GewESt abzugsfähig.

Lit.: Geese, W.: Steuern im entscheidungsorientierten Rechnungswesen, 1972; *Wagner, F. W./Heyd, R.:* Ertrag- und Substanzsteuern in der entscheidungsbezogenen Kostenrechnung, in: ZfbF 1981, S. 922–935; *Siegel, T.:* Strukturen der Besteuerung: Arbeitsbuch Steuerrecht, 2. Aufl., 1988; *Wöhe, G.:* Betriebswirtschaftliche Steuerlehre, Bd. I, 2. Halbbd.: Der Einfluß der Besteuerung auf das Rechnungswesen des Betriebes, 7. Aufl., 1992; *Rose, G.:* Betrieb und Steuer, Bd. 1: Die Ertragsteuern, 14. Aufl., 1995.

Professor Dr. Theodor Siegel, Berlin.

Ertragswert

1. Begriff. Der E. ist der → *Barwert* der an die Eigentümer eines Investitionsobjektes fließenden Ausschüttungen (= Zukunftserfolge). Er wird i.d.R. für ein ganzes Unternehmen, aber auch für Unternehmensanteile oder Beteiligungen berechnet. Unter Berücksichtigung von nur finanziellen Zielen ist der E. für einen potentiellen Unternehmenskäufer der maximal zu entrichtende, für einen potentiellen Unternehmensverkäufer der mindestens zu erzielende Kaufpreis. Er stellt eine Preisgrenze dar, deren Über- bzw. Unterschreiten aus finanziellen Gründen nachteilig wäre, und heißt deshalb auch Grenzpreis. Unternehmensbewertungen zum Zwecke der Beratung und Vermittlung basieren heutzutage auf dem E. (→ *Gesamtwert der Unternehmung*, → *Discounted-Cash-Flow-Ansatz in der Unternehmensbewertung*).

2. Komponenten des Ertragswertes und Ermittlungsprobleme. Für die Berechnung des E. ist es notwendig, die in Zukunft zu erwartenden Ausschüttungen (= Entnahmen, Zukunftserfolge, Erträge i.S. der E.-Methode) zu schätzen und mit einem Zinsfuß (→ *Kalkulationszinsfuß*, Kapitalisierungssatz) zu diskontieren. Die zukünftigen Ausschüttungen sind abhängig von der Geschäftspolitik des zu bewertenden Unternehmens und von den Umweltentwicklungen, die das Unternehmen nicht beeinflussen kann (Gesetzgebung, Bevölkerungsentwicklung, Nachfrager- und Mitanbieterverhalten etc.). Die Umweltentwicklungen und der Erfolg der eigenen Geschäftspolitik sind nicht einwertig zu prognostizieren, und die zu erwartenden Ausschüttungen sind demgemäß unsicher. Ein Problem der E.-Berechnung besteht deshalb in der Prognose der zu erwartenden Ausschüttungen und der Verdichtung von Wahrscheinlichkeitsverteilungen oder Bandbreiten auf stellvertretende Werte, die zu diskontieren sind.

Die Diskontierung sorgt, ökonomisch betrachtet, für einen Vergleich der Mittelbindung in dem Unternehmen mit alternativen Geldverwendungen. Der potentielle Unternehmenskäufer prüft, welche Geldverwendungsmöglichkeiten er alternativ zum Unternehmenserwerb hat. Sie bestehen neben dem Konsum in der Tilgung von Schulden bzw. der Anlage des Geldes in anderen Investitionsobjekten. Der potentielle Verkäufer prüft, wie er den durch Unternehmensverkauf erzielten Betrag verwenden kann. Auch er kann konsumieren, Schulden tilgen oder sein Geld in einem neuen Investitionsobjekt anlegen. Zumeist verengen beide die Geldverwendungsalternativen auf Investitionsobjekte. Zur Diskontierung wäre deshalb der → *interne Zinsfuß* der besten Anlagealternative heranzuziehen (→ *Dynamische Investitionsrechnung bei Sicherheit*). Häufig wird aber der landesübliche Zins gewählt. Er entspricht der Effektivverzinsung von Anleihen mit äußerst geringem Ausfallrisiko. Er ist wegen unterschiedlicher Laufzeit, unterschiedlichem Risiko, unterschiedlicher Steuerbelastung u.a.m. mit den erwarteten Ausschüttungen im Rahmen einer Modifikation erst vergleichbar zu machen (s.u. 4.). Wird die Verengung der Geldverwendungsmöglichkeiten auf Investitionsobjekte nicht vorgenommen, sind u.U. auch die Effektivzinssätze aus Finanzierungen oder Konsumpräferenzraten für die Bestimmung des Zinsfußes von Bedeutung.

3. Prognose der Ausschüttungen (Ertragsprognose). Die Prognose der Ausschüttungen basiert auf einer Vergangenheitsanalyse. Die Posten der → *Gewinn- und Verlustrechnungen* der letzten Jahre werden, soweit möglich, in Mengen- und Preiskomponenten zerlegt und um die bilanzrechtlich erzwungenen oder bilanzpolitisch zulässigen, aber für eine Prognose zukünftiger Ausschüttungen störenden Posten bereinigt. Die Analyse erfolgt in Hinblick auf die Extrapolierbarkeit von vergangenen Zahlungen und insbesondere die Erkenntnis von solchen Zahlungseinflußfaktoren der Vergangenheit, die in die Zukunft fortwirken können. Von besonderer Bedeutung ist die Analyse der Ausschüttungsmöglichkeiten im letzten Jahr vor dem Bewertungsstichtag. Unter der Annahme, die Umwelt und die Geschäftspolitik bleibe in Zukunft unverändert, lassen sich die letztjährigen Ausschüttungsmöglichkeiten als durchschnittliche Ausschüttungen in die Zukunft übertragen. Dies ist in den seltensten Fällen eine realistische Annahme. Man erhält durch diese Übertragung aber einen Referenzwert, an dem man Ausschüttungsschätzungen überprüfen kann, die aufgrund veränderter Umweltentwicklungen und neuer Geschäftspolitiken (incl. Ausschüttungspolitiken) erwartet werden. Zu untersuchen sind sodann die erwarteten Umweltentwicklungen in der Zukunft. Es kann sich hierzu anbieten, die Zukunft in unterschiedlich gut überschaubare Zeiträume zu zerlegen (sog. → *Phasenmethode der Wirtschaftsprüfer*). Von Interesse sind angesichts der Komplexität des Prognoseproblems nur wesentliche Umweltfaktoren und deren Entwicklung. Zu fragen ist, wie sich die Ausschüttungen entwickeln werden, wenn die Geschäftspolitik gegenüber der Vergangenheit unverändert bleibt (= Trägheitsprojektion). Wiederum ist die Annahme einer unveränderten Geschäftspolitik häufig irreal; wiederum dient die Trägheitsprojektion als (wertvoller) Referenzwert. Schließlich sind die bei realistisch erscheinender (zumeist neuer) Geschäftspolitik in Abhängigkeit der verschiedenen erwarteten Umweltentwicklungen denkbaren Ausschüttungen zu schätzen. Das Schätzergebnis ist mehrwertig (und bei Anwendung der Phasenmethode auch zeitabhängig) zu belassen, bevor es für den Bewertungsvorgang verdichtet wird. Anderenfalls werden die Risiken und Chancen der aus dem Unternehmen zu erwartenden Ausschüttungen nicht deutlich. Es lassen sich keine begründeten Aussagen mehr über den Risikozuschlag zum landesüblichen Zinsfuß machen (s. u. 4.).

Für die Prognose zukünftiger Ausschüttungen unabdingbar ist die Kenntnis der Substanz (der einzelbewertbaren Vermögensgegenstände und Schulden) am Bewertungsstichtag. Das verlangt aber keineswegs – wie häufig behauptet – die Kenntnis des → *Substanzwerts.* Wohl benötigt man am Bewertungsstichtag die Kenntnis des → *Liquidationswertes.* Liegt er über dem E., so ist unter finanziellen Gesichtspunkten die Unternehmensfortführung nachteilig.

4. Bewertung der prognostizierten Ausschüttungen. Bei Rückgriff auf den landesüblichen Zinsfuß sind Äquivalenzgrundsätze zu beachten. Die Ausschüttungserwartungen aus dem Unternehmen und aus der Kapitalmarktanlage müssen bezüglich des Zeitraums, des Arbeitseinsatzes, der Steuerbelastung, der Kaufkraft und der Unsicherheit gleichwertig gemacht werden. Bei der Kapitalmarktanlage müssen i. d. R. wegen der begrenzten Laufzeit Annahmen über Anschlußinvestitionen und deren Konditionen getroffen werden. Setzt man im Unternehmen seine Arbeitskraft ein, so sind die Ausschüttungen um die Vergütung zu mindern, die man bei alternativem Arbeitseinsatz erhalten würde. Alternativ läßt sich dem landesüblichen Zinsfuß ein Zuschlag zufügen, der die aus dem Arbeitseinsatz fließenden Zahlungen berücksichtigt. Zu bewerten sind Nettoausschüttungen, d. h. die auch um Steuerabzüge geminderten Bruttobeträge. Dabei sind neben den im Unternehmen anfallenden Steuern auch persönliche Steuern zu erfassen. Die Hoffnung, durch eine Bruttorechnung vor Steuern denselben E. zu berechnen wie in einer Nettorechnung, ist i. d. R. trügerisch. Das Unternehmen diskriminierende Steuern, wie die Gewerbesteuer, und der nichtlineare Einkommensteuertarif bei unterschiedlich hohen Einkünften aus den Investitionsalternativen in verschiedenen Perioden führen zumeist zu einer ungleichmäßigen Belastung der Ausschüttungen aus dem Unternehmen und aus der Kapitalmarktanlage. Die in der Praxis üblichen Geldentwertungsabschläge vom landesüblichen Zinsfuß sind auf ihre Berechtigung in jedem Einzelfall zu überprüfen. Mit ihnen wird implizit das unendlich lange Wachstum der Ausschüttungen von Periode zu Periode mit dem Abschlagssatz unterstellt. Das impliziert Kostenentwicklungen und Preissteigerungsüberwälzungsmöglichkeiten, die nicht zutreffend sein müssen. Zur Herstellung der Unsicherheitsäquivalenz der Ausschüttungen aus dem Unternehmen und aus der Kapitalmarktanlage sind zwei verschiedene Verfahren denkbar. Bei der Sicherheitsäquivalenzmethode wird vom Erwartungswert der Ausschüttungen ein Risikoabschlag auf das → *Sicherheitsäquivalent* gemacht, das sodann mit dem landesüblichen Zinsfuß diskontiert wird. Das Sicherheitsäquivalent ist der sichere Betrag, der vom Bewerter einer unsicheren Wahrscheinlichkeitsverteilung nutzenmäßig gleichgeschätzt wird. Da von den Unternehmenseignern i. a. angenommen wird, daß sie für das Eingehen von Risiko eine Risikoprämie verlangen, d. h. *risikoscheu* sind (→ *Risikoaversion*), liegt das Sicherheitsäquivalent unter dem → *Erwartungswert* einer Wahrscheinlichkeitsverteilung. Alternativ zur Sicherheitsäquivalenzmethode bedient sich die

Praxis zumeist eines Risikozuschlages zum landesüblichen Zinsfuß. Geht man so vor, dann sind die Erwartungswerte der Ausschüttungen zu diskontieren. Die konkrete Zuschlagshöhe impliziert eine bestimmte Verdichtung der mehrwertigen Ausschüttungen aus dem Unternehmen auf das Sicherheitsäquivalent. Es liegt stets unter dem Erwartungswert einer Wahrscheinlichkeitsverteilung, aber über dem kleinsten Wert dieser Verteilung. Konkrete Risikozuschläge sind deshalb daraufhin zu prüfen, ob sie nicht ein Sicherheitsäquivalent implizieren, das unterhalb des kleinsten Wertes liegt. Solche Zuschläge sind zu hoch. Eine besondere Form eines Risikozuschlages stellt der sog. Immobilitätszuschlag dar, der berücksichtigen soll, daß eine Unternehmensveräußerung nicht zu einem genau vorhersagbaren Termin und damit zu im vorhinein nicht genau bekannten Kapitalmarktkonditionen möglich ist, die den im Veräußerungszeitpunkt geltenden E. und den darauf aufbauenden Preis beeinflussen.

5. Fehlermöglichkeiten bei der Berechnung des E. Die E.-Berechnung basiert auf vielen nicht leicht nachprüfbaren Annahmen. Wenn die Bewertung von dem potentiellen Käufer oder Verkäufer eines Unternehmens nicht selbst angestellt wird, der die Konsequenzen denkbarer Fahrlässigkeit (mit)trägt, muß der Gutachter um besondere Nachprüfbarkeit seiner Wertermittlung bemüht sein. Dies verlangt, die Berechnungsgrundlagen möglichst offenkundig werden zu lassen. Der Nachprüfbarkeit dient es auch, die mehrwertigen Ausschüttungserwartungen nicht schon vor dem Bewertungsvorgang auf einwertige Werte zu verdichten. U.U. sind Typisierungen geboten, wie im Falle der Abfindung vieler Kleinaktionäre, deren individuelle Steuerverhältnisse beispielsweise unbekannt sein werden. Nicht mit solchen Typisierungen vereinbar sind offenkundige Unrichtigkeiten wie der Ansatz von Risikozuschlägen, die Sicherheitsäquivalente implizieren, welche mit den Ausschüttungserwartungen nicht vereinbar sind, die Diskontierung von Sicherheitsäquivalenten mit risikoangepaßten Kalkulationszinsfüßen oder die durch nichts zu rechtfertigende schematische Extrapolation vergangener einwertiger Ausschüttungen in die Zukunft (eventuell mit einer Gewichtung der Ausschüttungen nach dem zeitlichen Abstand vom Bewertungsstichtag). Bedenklich ist es auch, im Rahmen der Beratungs- und der Vermittlungsfunktion von einem E. auszugehen, der auf der Annahme unveränderter Geschäftspolitik basiert. Daraus droht die Gefahr der Verkäuferbenachteiligung.

Lit.: Matschke, M.J.: Der Entscheidungswert der Unternehmung, 1975; *Sieben, G./Schildbach, T.:* Zum Stand der Entwicklung der Lehre von der Bewertung ganzer Unternehmungen, in: DStR 1979, S. 455–461; *HFA des IdW:* Stellungnahme HFA 2/1983: Grundsätze zur Durchführung von Unternehmensbewertungen, in: Wpg 1983, S. 468 - 480; *Moxter, A.:* Grundsätze ordnungsmäßiger Unternehmensbewertung, 2. Aufl., 1983 (Nachdruck 1994); *Dörner, W.:* Die Unternehmensbewertung, in: WP-Handb. 1992, 10. Aufl., Bd. II, S. 1– 136; *Ballwieser, W./Leuthier, R.:* Grundprinzipien, Verfahren und Probleme der Unternehmensbewertung, in: DStR 1986, S. 545–551, 604–610; *Hackmann, A.:* Unternehmensbewertung und Rechtsprechung, 1987; *Leuthier, R.:* Das Interdependenzproblem bei der Unternehmensbewertung, 1988; *Ballwieser, W.:* Unternehmensbewertung und Komplexitätsreduktion, 3. Aufl., 1990; *Busse von Colbe, W./Coenenberg, A.G.* (Hrsg.): Unternehmensakquisition und Unternehmensbewertung, 1992; *Jacobs, O.H./Scheffler, W.:* Unternehmensbewertung, in: HWR, 3. Aufl., 1993, Sp. 1977–1988; *Piltz, D.J.:* Die Unternehmensbewertung in der Rechtsprechung, 3. Aufl., 1994.

Prof. Dr. Wolfgang Ballwieser, München.

Ertragswertabschreibung

→ *Abschreibungen.*

Ertragswertverfahren

→ *Betriebsvermögensermittlung, steuerliche.*

Erwartungswert
Summe aller mit ihrer jeweiligen → *Eintrittswahrscheinlichkeit* w_i multiplizierten Ergebniswerte (b_i); allgemein durch μ symbolisiert:

$$E. = \mu = \sum_{i=1}^{m} b_i \cdot w_i$$

Erweiterungsinvestition
Eine E. liegt vor, wenn mit der Investition eine Kapazitätsvergrößerung entsteht. Die E. kann mit einer → *Ersatzinvestition* kombiniert sein, wenn die ausscheidende Anlage durch eine kapazitativ leistungsfähigere ersetzt wird.

Erzeugnis-Fixkosten
Fixkosten, die für eine bestimmte Produktart anfallen und deshalb direkt dieser Produktart zugeordnet werden können, z. B. Kosten für Spezialwerkzeuge oder Patent- und Entwicklungskosten (→ *Kosten, fixe und variable*).

Erzeugnisgruppen-Fixkosten
Fixkosten, die durch eine Produktgruppe hervorgerufen werden, z. B. → *Abschreibungen* für Betriebsmittel, die für die Erzeugung dieser Produktgruppe benötigt werden (→ *Kosten, fixe und variable*).

EVA
= → *Economic Value Added (EVA).*

Eventualverbindlichkeiten
→ *Verbindlichkeiten.*

Ewige Rente
→ *Rente*, die über eine unendliche Zeitdauer gezahlt wird.

Ex-ante-Prüfung
→ *Prüfungsmethode*, bei der die Prüfung bereits während oder vor Beginn eines betrieblichen Prozesses stattfindet; Alternative zur → *ex-post-Prüfung.*

Ex-post-Prüfung
→ *Prüfungsmethode*, bei der die Prüfung erst nach Beendigung des betrieblichen Prozesses stattfindet; Alternative zur → *ex-ante-Prüfung.*

F

Fair presentation

Generalnorm der amerikanischen Rechnungslegung, wonach der Jahresabschluß entscheidungsrelevante und zuverlässige Informationen über die Vermögens-, Finanz- und Ertragslage zur Verfügung stellen soll. Nach dem vom → *Financial Accounting Standards Board* im Rahmen des Conceptual Framework (→ *Framework (FASB)*) veröffentlichten SFAC No. 2 sind Rechnungslegungsdaten in den Jahresabschluß aufzunehmen, wenn sie dazu geeignet sind, die Entscheidung eines Jahresabschlußadressaten zu verändern. Zusätzlich müssen die Prinzipien der Objektivität und Nachprüfbarkeit sowie der Vergleichbarkeit und Stetigkeit erfüllt sein. Im Rahmen der Prüfung des Jahresabschlusses wird der Grundsatz der F. als oberste Leitlinie angesehen (→ *Overriding Principle*), an der die Übereinstimmung des Jahresabschlusses mit den → *Generally Accepted Accounting Principles (GAAP)* überprüft wird (→ *USA*).

Lit.: FASB: SFAC No. 2: Qualitative Characteristics of Accounting Information, 1980; *AICPA, Auditing Standards Board:* Statement on Auditing Standards No. 69: The meaning of „present fairly in conformity with generally accepted accounting principles" in the independent auditor's report, in: JAcc. 1992, S. 108–111; *Baetge, J./Roß, H.-P.*: Was bedeutet „fair presentation", in: Ballwieser, W. (Hrsg.): US-amerikanische Rechnungslegung, 2. Aufl., 1996, S. 29–45; *Pellens, B.*: Internationale Rechnungslegung, 1997, S. 157–159.

Faktischer Konzern

Anders als im → *Vertragskonzern* der Zusammenschluß von Unternehmen unter → *einheitlicher Leitung* (§ 18 AktG) ohne einen Unternehmensvertrag allein aufgrund einer direkten oder indirekten → *Mehrheitsbeteiligung* (§ 16 AktG) des herrschenden Unternehmens (§ 17 AktG). Der Schutz der Minderheitsaktionäre wird dadurch angestrebt, daß es dem herrschenden Unternehmen grundsätzlich untersagt ist, seinen Einfluß zum Nachteil der abhängigen Gesellschaft geltend zu machen (§ 311 AktG) und daß ein → *Abhängigkeitsbericht* (§ 312 AktG) aufgestellt und geprüft werden muß.

Fakultative Prüfungen

Freiwillige → *Prüfungen des Jahresabschlusses* und aus besonderen Anlässen (→ *Sonderprüfungen*).

Familiengesellschaften

→ *Familienunternehmen*.

Familienunternehmen

Meist als → *Personengesellschaften* betriebene erwerbswirtschaftliche Unternehmen, bei denen unter den Gesellschaftern verwandtschaftliche Beziehungen bestehen. Für die steuerliche Anerkennung eines F. müssen die Familienangehörigen die gesetzlichen Mitunternehmereigenschaften (z. B. keine Beschränkung bei der Ausübung der Gesellschafterrechte, angemessene Gewinnbeteiligung etc.) erfüllen. Vereinzelt werden F. aufgrund der Haftungsbeschränkung auch in der Rechtsform der → *GmbH* bzw. → *AG* geführt.

FASB

= → *Financial Accounting Standards Board*.

Fédération des Experts Comptables Européenes (FEE)

Europäischer Zusammenschluß von 28 Organisationen wirtschaftsprüfender Berufe, 1986 durch Zusammenschluß der Union Européene des Experts Comptables Economiques et Financiers (UEC) und der Groupe d'Études des Experts Comptables de la C. E. E., die aufgelöst wurden, entstanden (→ *Wirtschaftsprüfer*).

FEE

→ *Fédération des Experts Comptables Européenes*.

Fehlinvestition

F. sind unwirtschaftliche und/oder unrentable → *Investitionen*. Ursachen sind insbesondere Planungsfehler infolge falscher

Beurteilung der technischen und wirtschaftlichen Entwicklung und ungenaue → *Investitionsrechnungen.*

Lit.: Honko, J.: Eine Anatomie der Fehlinvestitionen, in: ZfbF 1983, S. 357–374.

Fernbuchführung
Form der → *Buchhaltung,* bei der ein Großteil der Buchführungsaufgaben von einer selbständigen Institution durchgeführt wird. F. wird insbes. von Kleingewerbetreibenden, Landwirten und Freiberuflern benutzt.

Fertigungskosten
Kosten, die durch die Verarbeitung des Fertigungsmaterials zu Erzeugnissen verursacht werden. F. setzen sich aus den Kostenträgern direkt zugerechneten *Fertigungseinzelkosten* (Fertigungslöhne, -material und Sondereinzelkosten) und geschlüsselten *Fertigungsgemeinkosten* (z. B. Energiekosten, Betriebsstoffkosten, Gehälter und Löhne von Führungskräften) zusammen und sind Bestandteil der → *Herstellungskosten (→ Zuschlagkalkulation).*

Fertigungskostenstellen
→ *Betriebsabrechnungsbogen.*

Festwert
Zur Vereinfachung der Bewertungsarbeiten bei der → *Inventur* und dem → *Jahresabschluß* dürfen Roh-, Hilfs- und Betriebsstoffe sowie Güter des beweglichen Anlagevermögens, sofern der Bestand „in seiner Größe, seinem Wert und seiner Zusammensetzung nur geringen Veränderungen unterliegt“ und der Gesamtwert derartiger Güter „für das Unternehmen von nachrangiger Bedeutung ist“, „mit einer gleichbleibenden Menge und einem gleichbleibenden Wert“ angesetzt werden (§ 240 Abs. 3 HGB). Der F. geht von der Vorstellung aus, daß Zugänge und Abgänge (Verbrauch) sich ungefähr entsprechen. Zur Kontrolle des F.-ansatzes ist an jedem dritten Bilanzstichtag eine Inventur vorzunehmen. Der F. darf nicht um den Verbrauch der Periode vermindert werden, Zugänge sind sofort als Aufwand zu verrechnen. Eine Fortschreibung des F. hat bei einer wesentlichen Änderung des Wertes des Bestandes (Abschn. 31 Abs. 5 EStR 1984: 10 %) zu erfolgen (→ *Umlaufvermögen*).

Fifo
= First in – first out.
Sammelbewertungsverfahren für gleichartige Gegenstände des Vorratsvermögens gem. § 256 HGB, wobei zur Vereinfachung davon ausgegangen wird, daß die *zuerst* erworbenen Vorräte im Produktionsprozeß auch *zuerst* verbraucht werden. Der Endbestand besteht aus den *zuletzt* eingegangenen Lieferungen und wird zu deren Einstandspreisen bewertet. Für die steuerliche Gewinnermittlung wird das F.-Verfahren nur anerkannt, wenn es der tatsächlichen Verbrauchsfolge entspricht (→ *Umlaufvermögen*).

Fiktion der rechtlichen Einheit
Ein elementarer → *Konsolidierungsgrundsatz,* nach dem im → *Konzernabschluß* alle einbezogenen Tochterunternehmen so zu behandeln sind, als wären sie rechtlich unselbständige Betriebsstätten des Mutterunternehmens (§ 297 Abs. 3 HGB). Die F. liegt der → *Kapitalkonsolidierung,* → *Schuldenkonsolidierung,* → *Aufwands- und Ertragskonsolidierung,* → *Zwischenergebniskonsolidierung* und der einheitlichen Bewertung im Konzernabschluß zugrunde (→ *Konzernabschluß*).

Lit.: Baetge, J./Kirsch, H. J., in: Küting/Weber HdK, 1989, S. 902–903; *Busse von Colbe, W./Ordelheide, D.:* Konzernabschlüsse, 6. Aufl., 1993, S. 28–33.

Finance-Leasing
Über eine i. d. R. unkündbare Grundmietzeit abgeschlossene Nutzungsüberlassungsverträge über bewegliche (Mobilienleasing) oder unbewegliche Gegenstände (Immobilienleasing), bei denen der Leasingnehmer das volle Investitionsrisiko (= Amortisationsrisiko) trägt; kündbare Verträge mit Abschlußzahlung des Leasingnehmers zählen auch zum F. Nach der Höhe der Amortisation während der Grundmietzeit können sich Voll- und Teilamortisationsverträge unterscheiden. F.-Verträge folgen i. d. R. in ihrer Vertragsgestaltung den steuerrechtlichen Leasingerlassen. Dies führt in Steuer- und Handels-

bilanz zur Zurechnung des Leasingobjektes zum Leasinggeber und Bilanzierung nach den Grundsätzen der Behandlung schwebender Geschäfte. In den *USA* und in *Großbritannien* dagegen führen F.-Verträge gemäß SFAS 13 bzw. SSAP 21 grundsätzlich zur Bilanzierung des Leasingobjektes beim Leasingnehmer und zur Bilanzierung nach den für Ratenkäufe geltenden Grundsätzen (→ *Leasing*).

Lit.: FASB: SFAS 13, Accounting for Leases, 1976; *IASC:* IAS 17: Accounting for Leases, 1982; *ASC:* SSAP 21: Accounting for Leases and Hire Purchase Contracts, 1984; *Köhlertz, K.:* Die Bilanzierung von Leasing, 1989.

Financial Accounting
= *Externes* → *Rechnungswesen.*

Financial Accounting Standards Board (FASB)

1. Entstehung und Aufgaben

Im Gegensatz zu Deutschland werden Rechnungslegungsvorschriften in den → *USA* nicht direkt vom Gesetzgeber (Congress) erlassen. Durch den Securities Act von 1933 und den Securities Exchange Act von 1934 wurde diese legislative Aufgabe für börsennotierte Unternehmen auf eine oberste Bundesbehörde → *Securities and Exchange Commission* (SEC) übertragen. Die SEC hat als Börsenaufsichtsbehörde vor allem die Aufgabe, den Wertpapierhandel zu überwachen. Im Rahmen dieser Überwachungsaufgabe ist sie ermächtigt, Regelungen und Verordnungen mit quasi Gesetzeskraft zu erlassen, worunter auch die Rechnungslegungsvorschriften zu subsumieren sind. Die SEC hat bisher von der Gesetzgebungskompetenz im wesentlichen nur für Publizitätsvorschriften und die formelle Ausgestaltung (Form, Gliederung, Ausweis, Aufstellungsfristen) der Rechnungslegung Gebrauch gemacht. Bei materiellen Rechnungslegungsfragen verweist sie auf die → *Generally Accepted Accounting Principles* (GAAP), deren inhaltliche Konkretisierung sie privaten Organisationen überlassen hat. Bis 1973 wurde dem Berufsstand der Wirtschaftsprüfer (→ *American Institute of Certified Public Accountants* (AICPA)) die Erstellung von Rechnungslegungsnormen übertragen. Die einseitige Besetzung durch Wirtschaftsprüfer und die nebenberufliche Tätigkeit führte dazu, daß die öffentliche Kritik zunahm und das F. als vom AICPA unabhängige private Organisation gegründet wurde.

Das F. nahm 1973 seine Arbeit auf. Die Aufgabe des F. besteht in der Herausgabe von Rechnungslegungsnormen für private Unternehmen. Dabei sind die divergierenden Interessen aller durch die Rechnungslegung berührter Personengruppen zu berücksichtigen. Neben dem rechnungslegenden Unternehmen und den Wirtschaftsprüfern gehören hierzu sämtliche Rechnungslegungsadressaten (insbesondere Anteilseigner). Die Vor- und Nachteile zu erlassender Rechnungslegungsverfahren sind vor diesem Hintergrund abzuwägen.

2. Aufbau

Einen Überblick der organisatorischen Einbindung des F. gibt Abb. 1.

Das F. selbst besteht aus sieben hauptberuflich tätigen Mitgliedern. Für die Mitglieder des F. besteht die Verpflichtung, während ihrer Tätigkeit alle sonstigen beruflichen und geschäftlichen Bindungen aufzugeben. Damit soll ihre Unabhängigkeit gewährleistet werden. Das F. stellt im Rahmen der gesamten Organisation das exekutive Organ dar und ist für die Veröffentlichung von Rechnungslegungsnormen verantwortlich.

Die „Financial Accounting Foundation“ (FAF), eine unabhängige Stiftung, ernennt die Mitglieder des F. auf 5 Jahre mit Möglichkeit der Wiederbestellung. Die Stiftung wird von den wichtigsten Berufsorganisationen aus dem Bereich des Rechnungswesens getragen und finanziert. Z. B. sind neben der Berufsorganisation der Wirtschaftsprüfer (AICPA) Vertreter der Hochschullehrer (→ *American Accounting Association* (AAA)) und der Finanzanalysten (Association for Investment Management and Research (AIMR)) Mitglied der FAF. Obwohl die FAF an der Herausgabe von Rechnungs-

 Financial Accounting Standards Board (FASB)

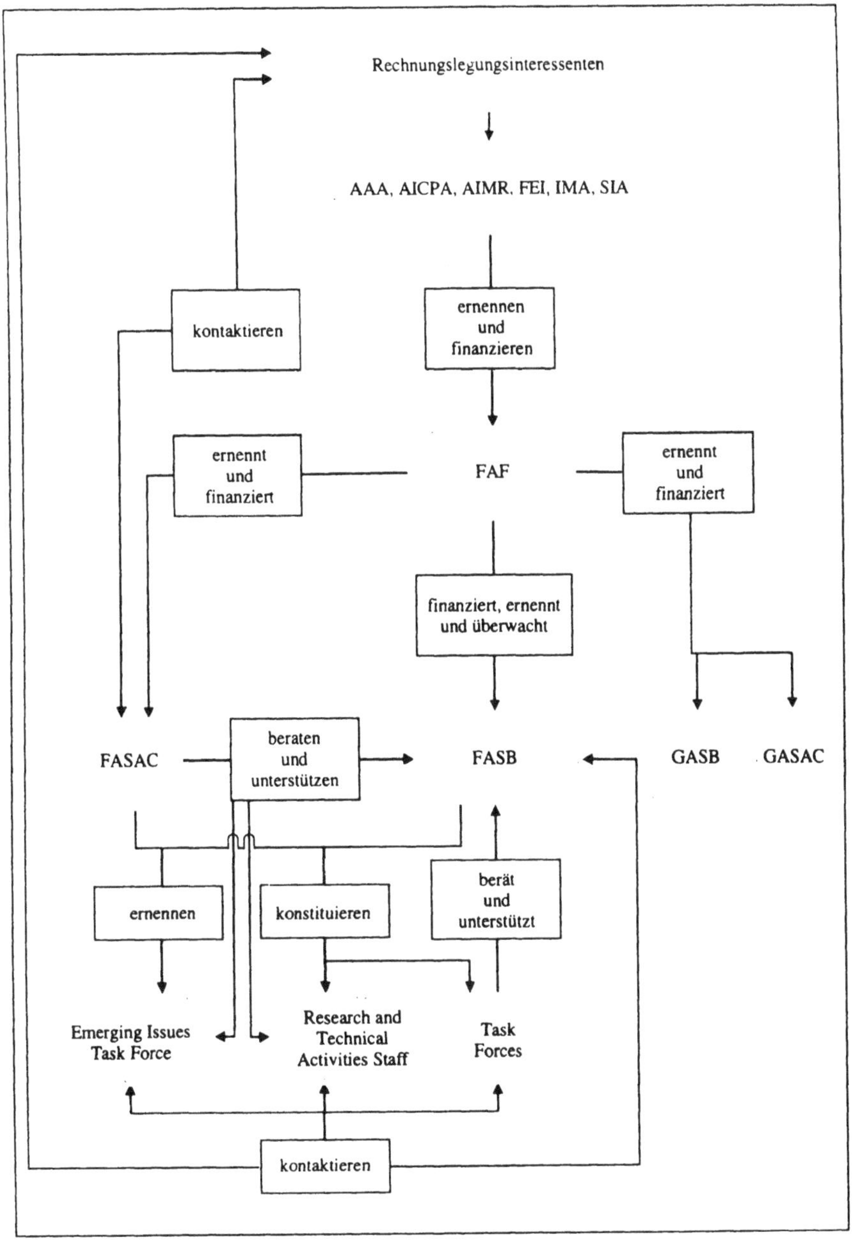

Abb. 1 Aufbau des FASB

Quelle: In Anlehnung an Haller, A.: Die Grundlagen der externen Rechnungslegung in den USA, 4. Aufl., 1994, S. 43.

 Financial Accounting Standards Board (FASB)

legungsnormen nicht beteiligt ist, bestehen durch die Mitgliederernennung und Überwachungsaufgabe indirekte Einflußmöglichkeiten.

Der FAF obliegt ferner die Ernennung der Mitglieder sowie die Finanzierung des „Financial Accounting Standards Advisory Council" (FASAC), des „Governmental Accounting Standards Board" (GASB) und des „Governmental Accounting Standards Advisory Council" (GASAC). Während GASB und GASAC sich mit Rechnungslegungsproblemen öffentlicher Institutionen beschäftigen, unterstützt das FASAC das F. Es handelt sich hierbei um einen mindestens 20köpfigen Ausschuß, der für jeweils ein Jahr ernannt wird und das F. in Rechnungslegungsfragen berät. Die ehrenamtlich tätigen FASAC-Mitglieder, die sich unter anderem aus Rechnungslegungsfachleuten der Unternehmen, Wirtschaftsprüfern und Finanzanalysten zusammensetzen, treffen sich i. d. R. vierteljährlich, um die Beratungsaufgabe wahrzunehmen.

Das F. wird außerdem von weiteren Ausschüssen bzw. Stäben unterstützt. So unterhält das F. einen „Research and Technical Activities Staff" (RTA) mit 40–50 festangestellten Mitgliedern, die die im F. behandelten Projekte vorbereiten und wissenschaftlich betreuen sowie verwaltungstechnische Aufgaben wahrnehmen. Außerdem werden bei Aufnahme neuer Projekte „Task Forces" gebildet, die jeweils ca. 15 Mitglieder aus der Rechnungslegungspraxis umfassen und dem F. beratend bei der definitorischen Abgrenzung des Projektes sowie der Vorbereitung von schriftlichen Diskussionsgrundlagen zur Seite stehen. Das F. hat aufgrund der finanziellen Ausstattung auch die Möglichkeit, Forschungsprojekte und empirische Untersuchungen an externe Wissenschaftler und Fachleute zu vergeben.

Im organisatorischen Umfeld des F. gewinnt der seit 1984 bestehende „Emerging Issues Task Force" (EITF) zunehmende Bedeutung. Diese 15 stimmberechtigte Mitglieder umfassende Arbeitsgruppe, die in etwa sechswöchigem Abstand zu öffentlichen Sitzungen zusammenkommt, setzt sich aus Wirtschaftsprüfern (11) und Rechnungslegungsfachleuten großer Unternehmen (4) zusammen. Außerdem nehmen an den Sitzungen je ein Vertreter der SEC und des AICPA als Beobachter teil. Aufgabe des EITF ist es, das F. frühzeitig auf Rechnungslegungsprobleme der Praxis aufmerksam zu machen. Außerdem obliegt diesem Ausschuß die Bearbeitung und Lösung von Rechnungslegungsproblemen mit geringem Stellenwert, um somit das F. zu entlasten. Die Stellungnahmen des EITF stellen zwar keine offiziellen Verlautbarungen des F. dar. Sie werden aber unter dem Titel „EITF Abstracts" jährlich veröffentlicht und können von den Rechnungslegern bei der Lösung von Problemfällen mit herangezogen werden.

3. Verlautbarungen

a) Standard-Setting Process. Die Herausgabe von Rechnungslegungsnormen des F. ist durch ein standardisiertes Vorgehen gekennzeichnet. Das folgende Prozedere wird als „Standard-Setting Process" bzw. „Due Process" bezeichnet:

1. Übernahme eines Rechnungslegungsproblems in die „Agenda":
   Aus den vielfältigen an das F. herangetragenen Rechnungslegungsproblemen werden die vom RTA bzw. EITF als signifikant beurteilten auf die „Agenda" der nächsten Board-Sitzung gesetzt. Das F. entscheidet dann, ob zu dem entsprechenden Problem weitere Untersuchungen erforderlich sind und eine spätere Verlautbarung erfolgen soll.
2. Einsatz eines „Task Force":
   Aus Rechnungslegungsexperten verschiedenster Interessengruppen wird eine Arbeitsgruppe zusammengestellt, die das Problem näher zu analysieren und mögliche Lösungsansätze zu erarbeiten hat.
3. Erstellung eines „Discussion Memorandum" oder „Invitation to Comment":
   Ergebnisse der Arbeit des „Task Force" werden unter Einbeziehung des

RTA schriftlich festgehalten, um sie dem F. und der Öffentlichkeit zur Diskussion zu stellen.

4. Öffentliche Anhörung:
Nach Abgabe von schriftlichen Stellungnahmen zum „Discussion Memorandum“ von Rechnungslegungsinteressierten werden die verschiedenen Standpunkte im Rahmen einer öffentlichen Anhörung diskutiert.
5. Herausgabe eines „Exposure Draft“:
Nach Abwägung der geäußerten Meinungen und evtl. zusätzlicher Studien wird vom F. ein Verlautbarungsentwurf („Exposure Draft“) herausgegeben.
6. Öffentliche Anhörung:
Nach Abgabe von schriftlichen Stellungnahmen zum „Exposure Draft“ von Rechnungslegungsinteressierten erfolgt eine zweite öffentliche Diskussion.
7. Herausgabe des endgültigen Standards:
Vom F. wird der endgültige Rechnungslegungstandard verabschiedet, der ab dem angegebenen Zeitpunkt verbindlich wird.

Die Öffentlichkeit, insb. interessierte Personen und Interessenverbände, können bis zur endgültigen Verabschiedung einer Verlautbarung zu verschiedenen Zeitpunkten Einfluß nehmen. Das F. kommt damit seiner Aufgabe nach, Rechnunglegungsnormen unter Berücksichtigung der divergierenden Interessen aller berührter Personengruppen zu erstellen. Daher dauert es häufig mehrere Jahre bis zu einer endgültigen Verlautbarung.

b) Arten von Verlautbarungen. Das F. hat im Zeitraum von 1978 bis 1985 sukzessiv 6 „Statements of Financial Accounting Concepts“ (SFAC) erlassen, die zusammen das Conceptual Framework (→ *Framework (FASB)*) bilden. Sie beinhalten übergeordnete Rechnungslegungsgrundsätze und sollen den theoretischen Rahmen für bestehende und zukünftige SFAS darstellen. Sie enthalten die Zielsetzung und qualitativen Merkmale der Rechnungslegung, Begriffsabgrenzungen wesentlicher Jahresabschlußpositionen, sowie Ansatz- und Bewertungskriterien für den Jahresabschluß. Die SFAC sind Ergebnis des Standard-Setting Process.

Die wichtigste Verlautbarungsart sind die „Statements of Financial Accounting Standards“ (SFAS), in denen das F. detaillierte Rechnungslegungsprobleme behandelt. Bis Ende 1995 sind 124 SFAS zu verschiedensten Rechnungslegungsfragen herausgegeben worden.

Zu einzelnen SFAS werden vom F. außerdem „Interpretations“ veröffentlicht, in welchen auslegungsbedürftige Einzelprobleme behandelt bzw. Erläuterungen gegeben werden. Im Gegensatz zu den SFAS durchlaufen diese Verlautbarungen nicht den Standard-Setting Process.

Die „Technical Bulletins“ des RTA sind lediglich für eine kleinere Gruppe von Rechnungslegern relevant. Sie beziehen sich auf Rechnungslegungsprobleme einzelner Unternehmen oder Branchen, stellen aber keine SFAS dar und dürfen den bestehenden fundamentalen Rechnungslegungsprinzipien nicht widersprechen. Die „Technical Bulletins“ durchlaufen nicht den Standard-Setting Process.

c) Verbindlichkeitsgrad der Verlautbarungen. Die Verlautbarungen des F., insb. die SFAS und die Interpretations, haben börsennotierte Unternehmen bei ihrer Rechnungslegung zu beachten. Zusätzlich besitzen die vom Committee on Accounting Procedure und vom Accounting Principles Board von 1938–1973 herausgegebenen „Accounting Research Bulletins“ bzw. „APB-Opinions“ noch Gültigkeit, sofern sie vom F. nicht aufgehoben bzw. ersetzt wurden. Die SEC hat durch Accounting Series Release No. 150 bzw. Financial Reporting Release No. 1 die Erstellung von Rechnungslegungsnormen an das F. delegiert und klar zum Ausdruck gebracht, daß die SFAS und Interpretations den „substantial authoritative support“ genießen. Dadurch zählen die Verlautbarungen des F. zu den GAAP und sind von Unternehmen, die einen GAAP-konformen Jahresabschluß bei der SEC einreichen müssen, einzuhalten.

Außerdem sind gemäß der vom AICPA herausgegebenen Rule 203 des „Code of Professional Ethics“ die Wirtschaftsprüfer verpflichtet, ein uneingeschränktes Jahresabschlußtestat nur bei Einhaltung der F.-Vorschriften zu erteilen. Da aber der SEC-Berichtspflicht unterliegende Unternehmen einen uneingeschränkt testierten Jahresabschluß einzureichen haben, sind die Rechnungslegungsnormen des F. somit verbindlich. Auch nicht-börsennotierte Unternehmen müssen die F.-Verlautbarungen beachten, wenn sie auf freiwilliger Basis den Jahresabschluß durch Wirtschaftsprüfer testieren lassen wollen.

Lit.: Upton, W.S./Scott, D.K.: What you should know about the EITF, in: JAcc. 1988, S. 56–62; *Sonnemann, E.:* Institutionelle und konzeptionelle Grundlagen der externen Rechnungslegung in den USA, in: Sonnemann, E. (Hrsg.): Rechnungslegung, Prüfung, Wirtschaftsrecht und Steuern in den USA, 1989, S. 17–39; *FASB:* Facts about FASB, 1990; *Haller, A.:* Financial Accounting Standards Board, in: DBW 1990, S. 265–268; *Beresford, D.R.:* What's right with the FASB, in: JAcc. 1990, S. 81–85; *Beresford, D.R./Riper, R. van:* The not-so-mysterious ways of the FASB, in: JAcc. 1992, S. 79–83; *Haller, A.:* Die Grundlagen der externen Rechnungslegung in den USA, 4. Aufl., 1994, S. 29–54; *Miller, P.B.W./Redding, R.J./Bahnson, P.R.:* The FASB: The People, the Process, and the Politics, 3. Aufl., 1994; *Pellens, B.:* Internationale Rechnungslegung, 1997, S. 104–114.

Dipl.-Kfm. Andreas Bonse, Bochum.

Financial Auditing
→ *Revision, interne.*

Financial Leasing
→ *Finance-Leasing.*
→ *Leasing.*

Financial Statements
Formalisierte Abschlußrechnungen, in → *USA*, bestehend aus „Bilance Sheet" (= → *Bilanz*), „Profit- and Loss Statement" oder „Income Statement" (= → *Gewinn- und Verlustrechnung*), „Notes" (= → *Anhang*), „Statement of Changes in Financial Positions" oder „Sources and Application of Funds" (= → *Kapitalflußrechnung*), „Statement of Stockholders Equity" (= → *Eigenkapitalspiegel*), „Segment Information" (= → *Segmentrechnung*). Dem amerikanischen Begriff F. entspricht in etwa der englische Begriff *Annual Accounts*. Die Bezeichnungen der Elemente der F. sind nicht festgelegt. Für die Aufstellung der F. gelten die → *Accounting Standards.*

Finanzanalyse
Teil der → *Bilanzanalyse*, der sich mit der finanziellen Situation eines Unternehmens beschäftigt. Im Rahmen der auf Bestandsgrößen aufbauenden F. werden horizontale Deckungsrelationen (→ *Fristenkongruenz*), die einen Überblick über die Finanzierung des Vermögens (z.B. Eigenkapital/Anlagevermögen, langfristiges Kapital/langfristiges Vermögen) geben und → *Liquiditätskennziffern* (z.B. liquide Mittel/kurzfristiges Fremdkapital), die die Liquiditätslage einer Gesellschaft widerspiegeln, ermittelt. Die F. wird durch Stromgrößen ergänzt, die aus einer → *Cash-Flow*-Rechnung bzw. → *Kapital- und Finanzflußrechnung* entnommen werden (z.B. Cash flow/Fremdkapital) und die eine zeitraumbezogene Analyse der Finanzlage eines Unternehmens ermöglichen (→ *Bilanzanalyse*).

Lit.: Busse von Colbe, W.: Bilanzen, 5. Aufl., 1988 (Nachdruck 1989), S. 139–154; *Busse von Colbe, W.:* Finanzanalyse, in: HWF, 2. Aufl., 1995, Sp. 587–599; *Coenenberg, A.G.:* Jahresabschluß und Jahresabschlußanalyse, 16. Aufl., 1997, S. 665–721.

Finanzangebot
= → *Kapitalangebot.*
= Finanzmittelangebot.
= Finanzdecke.

Finanzanlageinvestition
= → *Finanzinvestition.*

Finanzanlagen
Bestandteil des → *Anlagevermögens* im → *Jahresabschluß* bzw. → *Konzernabschluß*. Zu den F. zählen Beteiligungen, Wertpapiere und Ausleihungen, sofern die dazu bestimmt sind, dauerhaft dem Geschäftsbetrieb des Unternehmens zu dienen. Be-

teiligungen und Ausleihungen gegenüber → *verbundenen Unternehmen* sind gesondert im F. auszuweisen. F. dürfen im Gegensatz zum sonstigen Anlagevermögen, auch wenn die Wertminderung am Bilanzstichtag voraussichtlich nicht dauerhaft ist, gem. § 279 Abs. 1 HGB auf den niedrigeren beizulegenden Wert abgeschrieben werden (→ *Anlagevermögen*).

Finanzanlagevermögen
→ *Anlagevermögen*.

Finanzbericht
Ergänzung des Jahresabschlusses durch quantitative und qualitative Aussagen zur Finanzlage einer Unternehmung, z. B. durch Veröffentlichung einer Ist-Finanzrechnung, → *Kapital- und Finanzflußrechnung* oder ähnlichem.

Finanzbuchführung
→ *Buchhaltung, kaufmännische*.

Finanzdecke
= → *Kapitalangebot*.
= Finanzmittelangebot.
= Finanzangebot.

Finanzderivate

1. Gesetzliche Grundlagen der handelsrechtlichen Rechnungslegung von Finanzderivaten

Forwards und *Options* als Ausprägungsgrundformen von F. zählen bilanzrechtlich zu den schwebenden Geschäften, so daß sie in Übereinstimmung mit dem → *Realisationsprinzip* nicht als → *Vermögensgegenstände* und Schulden in der Jahresabschlußrechnung dokumentiert werden. Das HGB regelt die Bilanzierung und Bewertung von F. mit Ausnahme von § 340h Abs. 1 Satz 3 HGB, welcher die Umrechnung von schwebenden Devisentermingeschäften bei Kreditinstituten betrifft, nicht explizit. Für die Bilanzierung und Bewertung von F. gelten daher die allgemeinen handelsrechtlichen → *Grundsätze ordnungsmäßiger Buchführung* im Sinne von § 243 Abs. 1 HGB. Insbesondere sind die allgemeinen → *Bewertungsprinzipien* des § 252 Abs. 1 HGB einschlägig, namentlich das Einzelbewertungsprinzip, das Realisationsprinzip und das Imparitätsprinzip. Für Kapitalgesellschaften ist darüber hinaus die Generalnorm des § 264 Abs. 1 Satz 1 HGB zu berücksichtigen.

Auch die Offenlegung des Engagements in bilanzunwirksamen F. ist im Rechnungslegungsrecht nur allgemein geregelt. Im → *Anhang* muß gemäß § 284 Abs. 2 Nr. 1 HGB über die auf die Posten der Bilanz sowie der GuV angewandten Bilanzierungs- und Bewertungsmethoden berichtet werden. Führen F. in der Zukunft zu Auszahlungen, sind sie in die Berechnung und Angabe der sonstigen finanziellen Verpflichtungen nach § 285 Nr. 3 HGB einzubeziehen. Für → *Kreditinstitute* schreibt § 36 RechKredV darüber hinaus vor, im Anhang eine Aufstellung über die am Bilanzstichtag noch nicht abgewickelten Termingeschäfte zu zeigen. Die Aufstellung ist nach dem Underlying in die drei Gruppen Fremdwährungs-, Zins- und sonstige Marktpreisrisiken zu untergliedern. Dabei ist auch anzugeben, ob ein wesentlicher Teil zur Deckung von makroökonomischen Risiken abgeschlossen wurde und ob ein wesentlicher Teil auf Handelsgeschäfte entfällt.

2. Bilanzierung und Bewertung von ausgewählten Finanzderivaten

a) Börsengehandelte Financial Futures. Die bei Abschluß von Geschäften mit *Financial Futures* gezahlte *Initial Margin* ist ihrem Charakter als geleistete Sicherheit entsprechend zu aktivieren. Während des Schwebezustandes anfallende Variation Margins sind ebenfalls als Sicherheitsgewährungen zu qualifizieren und daher durch Aktivierung von geleisteten Zahlungen bzw. Passivierung von empfangenen Zahlungen erfolgsneutral zu halten. Zum Bilanzstichtag ist zu prüfen, ob aus Financial Futures nach dem Imparitätsprinzip zu antizipierende Verluste vorliegen. Dies ist bei gekauften (verkauften) Financial Futures dann der Fall, wenn der Börsenkurs unter (über) dem Kontraktkurs notiert. Der vorwegzunehmende Verlust ist durch die Bildung einer → *Drohverlustrückstellung* aufwandswirksam zu berücksichtigen. Statt dessen kann auch die (regelmäßig in gleicher Höhe) aktivierte *Variation Margin* abgeschrie-

Finanzderivate

ben werden. Bei der üblichen Glattstellung sowie dem Cash Settlement von physisch nicht erfüllbaren Financial Futures sind die aufgelaufenen und in Form der Variation Margins zahlungswirksamen Erfolgsbeiträge in der GuV zu vereinnahmen; etwa gebildete Rückstellungen sind aufzulösen. Werden Financial Futures ausnahmsweise tatsächlich erfüllt, sind beim Käufer die Variation Margins in die Anschaffungskosten des erworbenen Underlyings einzubeziehen. Beim Verkäufer gehen die Variation Margins in die Bestimmung des Abgangserfolges für das gelieferte Underlying ein.

b) OTC gehandelte Forward Rate Agreements (FRA). Bei Forward Rate Agreements ist am Bilanzstichtag festzustellen, ob ein antizipationspflichter Verlust droht. Sind die Referenzzinsen gegenüber dem Abschlußzeitpunkt gesunken (gestiegen), ist der Marktwert gekaufter (verkaufter) Forward Rate Agreements negativ. Für die mit negativen Marktwerten am Bilanzstichtag gehaltenen Forward Rate Agreements ist nach herrschender Auffassung eine Drohverlustrückstellung zu bilden. Die am Ende der Vorlaufzeit fließende Ausgleichszahlung ist zum Zahlungszeitpunkt in voller Höhe erfolgswirksam zu erfassen. Eine Verteilung über die Zinsperiode des Forward Rate Agreements kommt demgegenüber nicht in Betracht. Allenfalls kann die Ausgleichszahlung unter bestimmten, in der Stellungnahme 2/1993 des Bankenfachausschusses einzeln aufgeführten Voraussetzungen in die Anschaffungskosten der Anschlußgeldanlage/Anschlußrefinanzierung zu den gegenüber dem Abschlußzeitpunkt des Forward Rate Agreements veränderten Zinsen einbezogen werden.

c) OTC gehandelte Interest Rate Swaps. Bei Interest Rate Swaps erfolgt zum Bilanzstichtag zunächst eine antizipative Abgrenzung der für das abgelaufene Geschäftsjahr zu erhaltenden und zu leistenden („Zins-") Zahlungsströme. Eine Saldierung dieser Ansprüche und Verpflichtungen kann in der Bilanz mangels einer bürgerlich-rechtlichen Aufrechnungslage selbst dann nicht vorgenommen werden, wenn für den Konkursfall eine durchsetzbare Netting-Vereinbarung getroffen wurde. Eine darüber hinausgehende zinsmäßige Bewertung von Interest Rate Swaps hat sich außerhalb der Handelsaktivitäten von Kreditinstituten bisher nicht als herrschende Auffassung herausbilden können. Die Überverzinslichkeit (Unterverzinslichkeit) von Payer-Zinsswaps (Receiver-Zinsswaps) zählt bilanzrechtlich zu den entgehenden Opportunitätsgewinnen, für welche keine aufwandswirksame Vorsorge obligatorisch zu treffen ist. Gleichwohl können die positiven oder negativen Marktwerte von Interest Rate Swaps durch einzelvertragliche Swapauflösungen realisiert werden. In diesem Fall sind die Zahlungen sofort und in voller Höhe erfolgswirksam zu erfassen; eine Verteilung auf die Restlaufzeit des aufgelösten Interest Rate Swaps durch Bildung von aktiven oder passiven Verrechnungsposten kommt demgegenüber handelsrechtlich nach herrschender Meinung nicht in Betracht.

d) Börsen- und OTC gehandelte Options. Der *Käufer von Optionen* hat die dafür aufgewendete Prämie im Zugangszeitpunkt zu aktivieren. Liegt der aus dem Börsen- oder Marktpreis abgeleitete oder beizulegende Wert unter dem Buchwert des Optionsrechts, ist bei Vermögensgegenständen des Umlaufvermögens eine Abschreibung vorzunehmen; bei Vermögensgegenständen des Anlagevermögens besteht die Abschreibungspflicht nur bei einer voraussichtlich nicht vorübergehenden Wertminderung. Übt der Käufer einer *Kaufoption* sein Wahlrecht aus, ergeben sich die Anschaffungskosten des Underlyings aus der Summe von Basispreis und ursprünglich gezahlter Prämie; der Buchwert des Optionsrechts ist nicht einschlägig. Der Käufer einer *Verkaufsoption* hat bei Ausübung seines Optionsrechts die gezahlte Prämie in die Bestimmung des Abgangserfolges einzubeziehen. Nicht ausgeübte Optionsrechte sind mit Ablauf der Optionsfrist aufwandswirksam auszubuchen.

Der *Verkäufer von Optionen* hat die eingegangene Verpflichtung in Höhe der erhaltenen Optionsprämie im Zugangszeitpunkt zu passivieren. Zu jedem folgenden Bilanzstichtag ist zu prüfen, ob aus der geschriebenen Option Verluste drohen. Bei physisch erfüllbaren Optionsverpflichtungen können zur Quantifizierung des Vorsorgebedarfs zwei Methoden herangezogen werden: Nach der *Ausübungsmethode* wird nur der innere Wert, welcher sich aus einem Vergleich von Kassakurs des Underlyings und Basispreis der Optionsverpflichtung ergibt, zurückgestellt. Nach der *Glattstellungsmethode* wird demgegenüber der potentielle Prämienaufwand für den Kauf einer kongruent gegenläufigen Option zurückgestellt. Bei physisch nicht erfüllbaren Optionsverpflichtungen kommt nur die Glattstellungsmethode in Betracht. Der Wert der passivierten Optionsverpflichtung mindert in jedem Falle den Rückstellungsbetrag. Die Vereinnahmung der erhaltenen und passivierten Optionsprämie als Ertrag in der GuV kann erst bei Verfall oder Glattstellung erfolgen.

Bei *Caps* und *Floors* handelt es sich um eine Serie von Zinsoptionen. Vereinfachungsbedingt kann von einer Aufspaltung in die einzelnen Teiloptionen abgesehen und neben der Bewertung (Niederstwerttest beim Käufer bzw. Prüfung auf Rückstellungsbedarf beim Verkäufer) zu jedem Bilanzstichtag eine lineare Verteilung der Optionsprämie über die Laufzeit akzeptiert werden. Gleiches gilt für *Collars*, die aus Sicht des Käufers (Verkäufers) eine Kombination aus einem gekauften (verkauften) Cap und einem geschriebenen (erworbenen) Floor darstellen.

3. Bilanzierung und Bewertung von Sicherungsgeschäften mit Finanzderivaten

a) Grundlagen der Bildung von Bewertungseinheiten. Oftmals werden Finanzderivate zur bewußten Sicherung gegen makroökonomische Risiken (Zinsen, Wechselkurse, Indexstände) eingesetzt. Es entspricht dem wirtschaftlichen Normzweck des Handelsbilanzrechts und einer sachgerechten Auslegung des Imparitätsprinzips, innerhalb einer Bewertungseinheit aus Grund- und Sicherungsgeschäften *unrealisierte Verluste mit unrealisierten Gewinnen zu verrechnen* und nur bei einem Aufwandsüberschuß einen drohenden Verlust zu antizipieren. Voraussetzungen für die Bildung einer → *Bewertungseinheit* sind die Dokumentation der Zusammengehörigkeit von Grund- und Sicherungsgeschäften, die objektive Eignung der miteinander verknüpften Transaktionen zur Reduzierung eines makroökonomischen Risikos, die getrennte Bestandsführung und die über den Bilanzstichtag absehbar hinausreichende Stabilität der gebildeten Bewertungseinheit. Umstritten sind insbesondere die an Bewertungseinheiten im Einzelfall zu stellenden objektiven Anforderungen. Zumindest müssen Grund- und Sicherungsgeschäft derselben Preisrisikokategorie (Zinsen, Wechselkurse, Indexstände) angehören. Darüber hinaus gilt, daß zwischen Grund- und Sicherungsinstrument innerhalb einer Preisrisikokategorie Basisrisiken um so eher akzeptiert werden können, je besser das organisatorische Umfeld des Unternehmens in bezug auf imperfekte Sicherungen ausgestaltet ist.

b) Ausprägungsformen von Bewertungseinheiten in der Praxis. Die kleinste Bewertungseinheit (*Mikro-Bewertungseinheit*) kann man durch Verknüpfung von zwei gegenläufigen Geschäften konstruieren. So kann beispielsweise eine Fremdwährungsforderung durch einen Devisenterminverkauf oder den Kauf einer Währungsverkaufsoption, ein festverzinsliches Wertpapier durch einen Payer-Zinsswap oder eine einzelne Aktie durch einen Terminverkauf abgesichert werden. Die Zusammenführung mehrerer Instrumente, die der gleichen Preisrisikokategorie unterliegen, zu einer Makro-Bewertungseinheit repräsentiert die Fortentwicklung der Mikro-Bewertungseinheit. Handelsrechtlich ist die Zusammenführung von sämtlichen Ansprüchen und Verpflichtungen innerhalb einer Fremdwährung zu einer *Makro-Bewertungseinheit* gängige Praxis. Analog dürften die Absicherung eines Portefeuilles festverzinslicher Wertpapiere durch Zinsinstrumente und eines Portefeuilles von Aktien durch den Verkauf von Aktienindexkontrakten handelsrechtlich nicht mehr zu beanstanden sein (→ *Bewertungseinheit*).

4. Berichterstattung über Finanzderivate

Ohne ausführliche gesetzliche Einblicksvorschriften hat sich in der Praxis eine Berichterstattung über das Ausmaß und die Risiken von bilanzunwirksamen Geschäften mit F. entwickelt. Auf Basis einer Empfehlung des Bundesverbandes deutscher Banken, welcher sich auch der Bundesverband der Deutschen Industrie angeschlossen hat, sollen ohne rechtliche Verpflichtung die Nominalvolumina (Kontraktvolumina) sowie die Summe der positiven Wiederbeschaffungskosten (positiven Marktwerte) aus F. getrennt nach Instrumenten und Restlaufzeiten offengelegt werden. Durch diese Angaben wird ein Einblick in die Struktur und die Adressenausfallrisiken des Geschäfts mit F. ermöglicht. Für Kreditinstitute bietet sich neben der Offenlegung der Wiederbeschaffungskosten zusätzlich die Angabe des Kreditäquivalents gemäß der *EU-Solvabilitätsrichtlinie* an. Ferner kann eine Klassifikation nach externen oder internen Kontrahentenratings erfolgen, welche Einblicke in den Kreis der Geschäftspartner vermittelt. Neben den quantitativen Angaben über Nominalvolumina und Wiederbeschaffungskosten hat sich in der Praxis die qualitative Berichterstattung über das Risikomanagement als fester Bestandteil des Geschäftsberichts herausgebildet.

Weitere Angaben, die das Marktrisiko aus Positionen in F. betreffen, haben sich demgegenüber mangels bestehender Standardisierungen bislang nicht auf breiter Front durchsetzen können. So werden stichtagsbezogene Verlustpotentiale nach dem *Money-at-Risk-Ansatz* häufig ebensowenig offengelegt wie eine Gegenüberstellung von unternehmensinternen Risikokennziffern und tatsächlichen Marktwertänderungen (*Backtesting*).

5. Internationale Aspekte der Rechnungslegung für Finanzderivate

Sowohl das → *Financial Accounting Standards Board* (FASB) als auch das → *International Accounting Standards Committee* (IASC) haben sich intensiv mit der Rechnungslegung von F. beschäftigt. Während mit den SFAS No. 105, 107 und 119 sowie dem IAS 32 die Offenlegung von F. detailliert hinsichtlich Nominalwerten, Marktwerten, Kreditrisiken und Cash-Flow-Profilen geregelt wurde, sind Ansatz und Bewertung auch international umstritten. Die SFAS No. 52 und 80 regeln nur die Bilanzierung und Bewertung von Fremdwährungstransaktionen und von Futures Contracts; der darüber hinausgehende grundlegende Vorschlag des IASC-ED 48 wurde bislang von keiner internationalen Organisation adaptiert. In den verschiedenen Gremien wird neben einem generellen → *Mark-to-Market* für sämtliche (bilanzwirksame und bilanzunwirksame) Financial Instruments auch eine Verteilung realisierter Ergebnisbeiträge aus F. (*Deferral Accounting*) diskutiert.

Auf Dauer wird sich Deutschland diesen globalen Tendenzen nicht entziehen können. Insofern ist bei der Rechnungslegung von F. noch vieles im Fluß. Dies gilt insb. für die Bilanzierung von F. im Rahmen der Eigenhandelsaktivitäten von Kreditinstituten, für die auch hierzulande ein Mark-to-Market immer mehr Anhänger findet.

Lit.: FASB: SFAS No. 52: Foreign Currency Translation, 1981; *FASB:* SFAS No. 80: Accounting for Futures Contracts, 1991; *Breker, N.:* Optionsrechtliche und Stillhalterverpflichtungen im handelsrechtlichen Jahresabschluß, 1993; *BFA des IdW:* Stellungnahme 2/1993: Bilanzierung und Prüfung von Financial Futures und Forward Rate Agreements, in: Wpg 1993, S. 517–518; *Brackert, G./Prahl, R.:* Vorteile durch Mark-to-Market-Bewertung, in: Börsen-Zeitung vom 25. 10. 1994, S. 6; *Krumnow, J. u. a.:* Rechnungslegung der Kreditinstitute, 1994; *Prahl, R./Naumann, T.:* Die Bewertungseinheit am Bilanzstichtag – und was dann?, in: ZBB 1994, S. 1–9; *Wiedmann, H.:* Die Bewertungseinheit im Handelsrecht, in: Bilanzrecht und Kapitalmarkt, FS für A. Moxter, 1994, S. 453–482; *Ziel-*

ke, W.: Internationale Aspekte der Bilanzierung derivativer Geschäfte im Jahresabschluß von Industrieunternehmen, in: Bilanzrecht und Kapitalmarkt, FS für Moxter, 1994, S. 507–528; *Ausschuß für Bilanzierung des Bundesverbandes deutscher Banken:* Bilanzpublizität von Finanzderivaten, in: Wpg 1995, S. 1–7; *Brackert, G./Prahl, R./Naumann, T.:* Neue Verfahren der Risikosteuerung und ihre Auswirkungen auf die handelsrechtliche Gewinnermittlung, in: Wpg 1995, S. 544–555; *IASC:* IAS 32: Presentation and Disclosure of Financial Instruments, 1995; *BFA des IdW:* Stellungnahme 2/1995: Bilanzierung von Optionsgeschäften, in: Wpg 1995, S. 421–422; *Naumann, T.:* Bewertungseinheiten im Gewinnermittlungsrecht der Banken, 1995; *Scharpf, P.:* Finanzinnovationen im Jahresabschluß unter Prüfungsgesichtspunkten, in: BFuP 1995, S. 166–208; *Wiedmann, H.:* Bewertungseinheit und Realisationsprinzip, in: IdW (Hrsg.): Neuorientierung der Rechenschaftslegung, 1995, S. 101–122.

WP/StB Dipl.-Kfm. Gerhard Brackert, Frankfurt/M.

Finanzeinnahmen/-ausgaben
Zahlungen, die die Liquiditätsebene, aber nicht (direkt) die Erfolgsebene beeinflussen.

Finanzergebnis
Saldo der Erträge und Aufwendungen, die sich aus Anlagen am Geld- und Kapitalmarkt und aus der Inanspruchnahme von Fremdkapital ergeben; dazu gehören Erträge aus → *Beteiligungen*, anderen Wertpapieren, Ausleihungen und Abschreibungen auf sie sowie Zinsen und ähnliche Aufwendungen. In § 275 HGB ist die → *Gliederung der Gewinn- und Verlustrechnung* vorgeschrieben, die für die Bestandteile des F. mindestens eingehalten werden muß. Das F. ist Teil des → *Ergebnisses der gewöhnlichen Geschäftsfähigkeit.*

Finanzflußrechnung
→ *Kapital- und Finanzflußrechnung.*

Finanzhilfen
→ *Investitionshilfen.*

Finanzierungsarten
= → *Finanzierungsformen.*

Finanzierungsformen
Unterschiedliche Erscheinungsformen der Kapitalbeschaffung. Die F. können u. a. unterschieden werden

1. nach der *Rechtsstellung der Kapitalgeber* und der Kapitalhaftung:
   a) Eigenfinanzierung durch Eigentümer des Unternehmens,
   b) Fremdfinanzierung durch Gläubiger oder Bildung von Rückstellungen;
2. nach der *Fristigkeit*, z. B.: gegliedert nach §§ 268 Abs. 5 und 285 Nr. 1 a) HGB:
   a) kurzfristig (Laufzeit $\leq$ 1 Jahr),
   b) mittelfristig (1 Jahr < Laufzeit $\leq$ 5 Jahre),
   c) langfristig (Laufzeit > 5 Jahre);
3. nach der *Mittelherkunft:*
   a) Außenfinanzierung (z. B. durch Ausgaben von Aktien oder Anleihen),
   b) Innenfinanzierung (z. B. durch Bildung von → *Rücklagen* aus Gewinnen, durch → *Abschreibungen* und Bildung von → *Rückstellungen*).

Lit.: Perridon, L./Steiner, M.: Finanzwirtschaft der Unternehmung, 9. Aufl., 1997, S. 341–475.

Finanzierungskoeffizient
Kennzahl der → *Kapitalstruktur*. Für die Beurteilung der → *Deckungsstockfähigkeit* wird der F. aus dem Verhältnis des um → *Pensionsrückstellungen* gekürzten → *Fremdkapitals* zum um Pensionsrückstellungen erhöhten → *Eigenkapital* gebildet.

Finanzierungsprogramm
Zusammenstellung nach Art und Höhe aller in Anspruch zu nehmenden → *Finanzierungsformen*, die zur Finanzierung einer → *Investition* bzw. eines → *Investitionsprogrammes* herangezogen werden sollen (→ *Finanzplan*).

Finanzierungsregeln
Faustregeln für die Gestaltung der Kapitalstruktur im Unternehmen. F. liegen für vertikale Kapitalstrukturen (z. B. Eigenkapital/Fremdkapital) und für horizonta-

le Deckungsrelationen (z. B. → *Fristenkongruenz*, → *Liquiditätskennziffern*) vor. Die F. werden meist aus den Bestandsgrößen → *Jahresabschlusses* bzw. → *Konzernabschlusses* abgeleitet und ermöglichen daher nur grobe Schätzungen über die künftige Liquiditätslage eines Unternehmens. Die Einhaltung der F. wird im Rahmen der → *Bilanzanalyse* und → *Konzernabschlußanalyse* überprüft.

Lit.: *Schult, E.*: Bilanzanalyse, 8. Aufl., 1991, S. 131–135; *Coenenberg, A. G.*: Jahresabschluß und Jahresabschlußanalyse, 16. Aufl., 1997, S. 593–605.

Finanzinvestition
Anlage von Mitteln in Form von Darlehen, Wertpapieren oder Beteiligung an Unternehmen.

Finanzkontrolle
→ *Finanzplanung*.

Finanzmittelangebot
= → *Kapitalangebot*.
= Finanzangebot.
= Finanzdecke.

Finanzangebotskurve
= → *Kapitalangebotskurve*.

Finanzmittelbedarf
= → *Kapitalbedarf*.
= Finanzbedarf.

Finanzmittelbedarfskurve
= → *Kapitalnachfragekurve*.

Finanzplan
→ *Finanzplanung*.

Finanzplanung
1. Charakterisierung und Zielsetzungen. Die wachsende Bedeutung der Finanzwirtschaft der Unternehmung begründet sich in der Tatsache, daß geordnete Finanzen eine wichtige Voraussetzung für die dauerhafte Existenzsicherung und prospektive Unternehmensentwicklung darstellen. In Perioden steigender Umweltdynamik und -komplexität kommt der Planung, d. h. der zukunftsorientierten Gestaltung und der hierdurch erreichbaren Unsicherheitsreduktion ein entscheidender Einfluß auf diese Handlungsleitlinien zu.

Als Teilgebiet der Unternehmensplanung sollte die F. den Informationsbedarf der finanziellen Führung befriedigen und finanzwirtschaftliche Entscheidungen ermöglichen. Die F. ist ein Prozeß, der sich an traditionellen finanzwirtschaftlichen Entscheidungskriterien wie Liquidität, → *Rentabilität*, Sicherheit und Unabhängigkeit orientiert. Im Mittelpunkt stehen Erfassung und Gestaltung der zukünftigen Finanzbewegungen und der finanziellen Situation eines Unternehmens, wobei der Koordinationsfunktion zwischen *Finanzmittelbedarf, Finanzmittelbeschaffung (Finanzierung)* und *Finanzmittelbestand* eine wichtige Rolle zukommt. Hierbei sind Interdependenzen zu den übrigen betrieblichen Teilplanungen zu berücksichtigen.

Aus der uneinheitlichen Begriffsverwendung in der Literatur ergeben sich Unterschiede hinsichtlich der inhaltlichen Reichweite der F. Zu den wichtigsten Planungsaktivitäten einer Finanzabteilung können die Prognose des kurz-, mittel- und langfristigen Bedarfs an Finanzmitteln (*Kapitalbedarf*), die Ermittlung des Bedarfs an Haftungskapital, die Auswahl optimaler Finanzierungsalternativen für Investitionsvorhaben und die *Sicherung der jederzeitigen Zahlungsfähigkeit des Unternehmens (Liquidität)* gerechnet werden. Während einige Autoren die Aufgabe der F. lediglich in der Sicherung der Liquidität sehen (*Finanzplanung i. e. S.*), wird in weitergehenden Auffassungen auch die Ermittlung des kurz-, mittel- und langfristigen Kapitalbedarfs zu den Aufgaben der F. gezählt (*Finanzplanung i. w. S.*).

Die Sicherung der *Liquidität* erfordert, daß die Zahlungsmittelbestände und zu erwartenden → *Einzahlungen* jederzeit zur Deckung der prognostizierten → *Auszahlungen* ausreichen. Zur *Liquidität i. w. S.* sind dabei auch veräußerungsfähige → *Vermögensgegenstände* (güterwirtschaftliche Liquidität) und die Beleihung von Vermögensgegenständen (verliehene Liquidität) zu rechnen. Die F. sollte Informationen über die Zahlungsfähigkeit des Unternehmens liefern und ein Urteil darüber erlauben, ob das Unternehmen während des gesamten Planungszeitraums seinen fälligen Zahlungsverpflichtungen termingerecht und betragsgenau nachkommen kann. Nur unter Einhaltung der Liquiditätsbedingung ist das Unternehmen in der Lage, Erfolgsziele zu erreichen. Beim Auftreten von Kapitalbedarfen oder Mittelüberschüssen wird eine für das Unternehmen optimale und gleichzeitig realisierbare Alternative der Deckung oder Finanzmittelanlage ausgewählt, die dem Sicherheitskalkül des Unternehmens entspricht.

Zur Erfüllung ihrer Aufgaben hat die F. bei der Erstellung von Finanzplänen mehreren Budgetierungsgrundsätzen zu entsprechen. Hierzu zählen *Systematik* (Berücksichtigung der wechselseitigen Abhängigkeit der Teilpläne), *Vollständigkeit* (lückenlose Erfassung aller Zahlungsströme während des Planungszeitraums), *Zeitpunktgenauigkeit* (fehlerfreie und zeitpunktgetreue Erfassung der Zahlungsströme), *Betragsgenauigkeit* (Ansatz realistischer Beträge für die Zahlungsströme), *Bruttoausweis* (keine Saldierung von Zahlungsströmen), *Klarheit* (übersichtliche Gliederung der Finanzpläne), *materielle Bedeutung und Wirtschaftlichkeit* (Abwägung von Kosten und Nutzen gegenüber Vollständigkeit und Genauigkeit).

Der *Finanzplan* gibt in tabellarischer Form Auskunft über die finanziellen Folgen unternehmerischer Handlungen und dient als Ansatzpunkt für neu zu treffende Entscheidungen. In Anlehnung an die Definition der F. können der überwiegend langfristig orientierte Kapitalbedarfs- und Kapitaldeckungsplan und der meist kurzfristige Liquiditätsplan unterschieden werden.

2. Arten der Finanzplanung. Die Kriterien für die Differenzierung der F. bestehen in der Häufigkeit der Planerstellung (laufend – einmalig), der Zielgruppenorientierung (offizielle – inoffizielle), der Planungsebene (operativ – strategisch) und der Zeitdimension der Planung (kurzfristig – langfristig).

Am häufigsten findet sich die Unterscheidung in kurzfristige und langfristige F. Die *langfristige F.*, auch Kapitalbindungs- oder Bilanzstrukturplanung genannt, umfaßt einen Planungshorizont von mehreren Jahren. Die tägliche Zahlungsfähigkeit steht bei der langfristigen F. nicht im Vordergrund des Interesses. Vielmehr sollen der zukünftige Kapitalbedarf ermittelt und die finanziellen Konsequenzen für die Bilanzstruktur und die Kapitalbindung aufgezeigt werden. Im Gegensatz zur kurzfristigen F. sind die Bestimmungsgrößen der langfristigen F. durch das Unternehmen weitgehend beeinflußbar. Als Planungsinstrument findet der Kapitalbedarfs- und Kapitaldeckungsplan Anwendung. Im *Kapitalbedarfsplan* werden kapitalbindende (z.B. Investitionen in Sachanlagen) und kapitalentziehende (z.B. Kreditrückzahlungen) Entscheidungen in den betrieblichen Funktionsbereichen hinsichtlich Höhe und Zeitpunkt erfaßt. Der *Kapitaldeckungsplan* stellt die für den Ausgleich des ermittelten Kapitalbedarfs getroffenen Finanzdispositionen differenziert nach Finanzierungsquelle und Zeitpunkt der Inanspruchnahme dar.

Im Mittelpunkt der *kurzfristigen F.* (Liquiditätsplanung) steht die Vorwegnahme von zukünftigen Zahlungsbewegungen für einen Planungshorizont bis zu einem Jahr. Dabei wird zwischen einer *tagesgenauen* (täglicher Liquiditätsstatus, tagesgenaue Liquiditätsvorschaurechnung) und einer *F. auf mittlere Sicht* unterschieden, die mehrere Wochen, Monate oder Quartale umfaßt. Die kurzfristige Einzahlungs- und Auszahlungsplanung wird weitgehend durch Dispositionen der langfristigen F. determiniert; sie ist somit oftmals nur in begrenztem Umfang beeinflußbar. Den Rahmen des *Liquiditätsplans* bilden i.d.R. der Zahlungsmittel-Anfangsbestand, die Auszahlungen und Einzahlungen der Periode, Ausgleichsmaßnahmen bei Unter- oder Überdekkung sowie der hieraus resultierende Zahlungsmittel-Endbestand. Ebenso wie der Kapitaldeckungsplan enthält der Liquiditätsplan die Darstellung des Finanzierungsüberschusses (-defizits) der Periode sowie die für den Ausgleich des Finanzsaldos getroffenen Dispositionen.

3. Ablauf. Der Prozeß der F. läßt sich in die Schritte (1) der Finanzprognose, (2) der Alternativenplanung, (3) des Planausgleichs und der Planfeststellung, (4) der Plankontrolle und der (5) Planrevision aufteilen. Finanzprognose und Planerstellung bilden die schwierigsten Bereiche der F. Diese werden einerseits durch die geistige Auseinandersetzung mit der Zukunft und andererseits durch die wechselseitige Abhängigkeit der Teilpläne des Unternehmens (Planungsinterdependenz) bedingt.

Für die *Finanzprognose* gilt es zunächst, jene Informationen aus den Plänen der einzelnen Funktionsbereiche (vor allem Absatz- und Produktionsplan) zu sammeln, die auf die finanzielle Zukunft des Unternehmens schließen lassen. Diese Informationen werden anhand von Prognoseverfahren verarbeitet und zu einem Finanzvorplan zusammengefaßt, der die entscheidungsunabhängigen Zahlungen enthält. Hierbei sind die Auswirkungen des Finanzplans auf andere Teilpläne zu ermitteln. Als Techniken der Finanzprognose dienen subjektive Verfahren (Heuristiken), extrapolierende Verfahren (z.B. Trendextrapolation) sowie kausale Verfahren (z.B. Netzplantechnik). Nach der Ermittlung von Möglichkeiten der Finanzmittelbeschaffung oder Finanzmittelanlage im Rahmen der *Alternativenplanung* erfolgt der *Planausgleich* sowie die Erstellung und Verabschiedung des Finanzplans (*Planfeststellung*). Dieser dokumentiert neben den entscheidungsunabhängigen Zahlungsströmen auch die optimierten entscheidungsabhängigen Zahlungsströme mit den zugehörigen Maßnahmen. *Plankontrolle* und *Planrevision* schließen den Planungsprozeß ab. Die Ermittlung von Planabweichungen und die Analyse von Abweichungsursachen münden in eine kontinuierliche Anpassung an modifizierte Bedingungen.

4. Finanzkontrolle. Die Finanzkontrolle stellt die notwendige Ergänzung der F. dar. Da der Finanzplan als Grundlage für Unternehmensentscheidungen dient, müssen seine Werte ständig und kritisch durch die Finanzkontrolle überwacht werden. Die Aufgaben der Finanzkontrolle liegen in der Ermittlung der tatsächlichen Zahlungsströme (Ist-Werte), im Vergleich zwischen geplanten und tatsächlich realisierten Zahlungsbewegungen (Soll/Ist-Vergleich) sowie in der Analyse der Abweichungen. Bei der Abweichungsanalyse sind diejenigen Faktoren zu bestimmen, die zur Differenz zwischen tatsächlichen und geplanten Zahlungsbewegungen geführt haben. Finanzabweichungen treten als Mengen-, Preis- oder Zeitabweichungen auf und können in absoluter oder prozentualer Form dargestellt werden. Über die Abweichungsanalyse lassen sich zudem Impulse zur Verbesserung des Planungssystems aufzeigen.

Der F. entsprechend reicht die Finanzkontrolle von der täglichen Finanzdisposition mit Überprüfung der Liquidität über die laufende kurzfristige F. bis hin zur langfristigen Investitionskontrolle. Eine funktionierende Finanzkontrolle setzt die laufende Erfassung der tatsächlichen liquiditätswirksamen Geschäftsvorfälle voraus. Um die tatsächlichen mit den geplanten Ein- und Auszahlungen zu vergleichen, müssen die Daten der Art und Zeit nach kompatibel sein. Informationen der Finanzkontrolle über negative Planabweichungen bewirken Maßnahmen zur Liquiditätssicherung.

5. Integrierte Finanzplanung und EDV-Stützung. Aus der gegenseitigen Abhängigkeit des Zahlungs- und Leistungsbereichs und der hierdurch bedingten Interdependenz der F. mit anderen Teilplanungen ergibt sich die Notwendigkeit zur Integration, die über die Einbeziehung von Informationen aus diesen Teilplanungen in die F. oder die Berücksichtigung von Restriktionen der F. in den Teilplanungen durchgeführt wird. Dieses kann durch eine Verknüpfung der F. mit den betrieblichen Rechenwerken oder den relevanten Vorplänen (z.B. Beschaffungs-, Produktions- und Absatzplan) erfolgen. Eine Integration mit vorhandenen Rechnungssystemen ist bspw. durch eine rechentechnische Verbindung mit der → *Bilanz*, der → *Erfolgsrechnung (Integrierte Finanz- und Erfolgsplanung)* oder der → *Plankostenrechnung* zu erreichen. Die Koppelung mit anderen betrieblichen Teilplänen vollzieht sich in der *Unternehmensgesamtplanung*, welche aufgrund der Datenfülle und der Beziehungsvielfalt insbesondere bei Abstimmung mehrperiodiger Planungen erhebliche Anforderungen an die Informationsverarbeitungskapazität stellt.

Dem *Einsatz der EDV* in Planungssystemen und speziell zur Erfassung und Steuerung der Zahlungsströme innerhalb der F. kommt deshalb wachsende Bedeutung zu. Dies basiert einerseits auf dem Bedarf an aktuellen Informationen, die es aus der Datenfülle auszuwählen gilt, und andererseits auf der Notwendigkeit, diese Informationen unter Wirtschaftlichkeitsaspekten in ihrer Beziehungsvielfalt zu verarbeiten. Über → *Sensitivitätsanalysen* lassen sich zudem die Wirkungen von Datenvariationen ermitteln. Einer manuellen Liquiditätssteuerung wären hierbei enge Grenzen gesetzt. Von der Angebotsseite werden den Benutzern zudem vermehrt umfassende Hard-/Software-Konfigurationen zur Verfügung gestellt, die unternehmensindividuelle Problemlösungen ermöglichen.

Wichtige Anwendungsfelder für den EDV-Einsatz bilden die Finanzprognose, bei der eine Vielzahl von Informationen mittels computergestützter Prognoseverfahren zu einem Finanzplan aggregiert werden kann, und die umfassende Finanzkontrolle, welche durch eine Informationssystemstützung eine bessere Erfassung und Gestaltung der tatsächlichen Zahlungsströme zuläßt.

Lit.: Chmielewicz, K.: Integrierte Finanz- und Erfolgsplanung, 1972; *Witte, E.:* Finanzplanung der Unternehmung: Prognose und Disposition, 3. Aufl., 1983; *Günther, Th.:* Computergestützte Finanzplanung, in: DBW 1988, S. 109–129; *Olfert, K.:* Finanzierung, 8. Aufl., 1994, S. 59–124; *Mansch, H. et al. (Hrsg.):* Finanzierungsrechnung im Konzern, ZfbF-Sonderh. 37, 1996; *Perridon, L./Steiner, M.:* Finanzwirtschaft der Unternehmung, 9. Aufl., 1997, S. 599–644.

Professor Dr. Klaus Macharzina, Stuttgart-Hohenheim.

Finanzprognose
→ *Finanzplanung.*

Finanzrechnung
Gegenüberstellung von Einzahlungen und Auszahlungen sowie dem Kassenanfangsbestand zur Ermittlung des Liquiditätssaldos. Die F. dient als Lenkungsinstrument der Kontrolle der → *Liquidität.* Sie kann als Ist-F. oder als Plan-F. aufgestellt werden (→ *Finanzplanung*).

Lit.: Mansch, H. et al. (Hrsg.): Finanzierungsrechnung im Konzern, ZfbF-Sonderh. 37, 1996.

Finanzstatus
→ *Kreditstatus.*

Finanzsystem
Summe aller Geld- oder Zahlungsmittelvorgänge eines Betriebes.

Finanzüberschuß
= → *Cash-Flow.*

Finanzzahlungssaldo
Saldo von Finanzeinnahmen und Finanzausgaben, also Zahlungen, die nicht direkt den Erfolg, sondern die Liquidität einer Unternehmung beeinflussen.

Finnland
1. Rechtsgrundlagen

Die Vorschriften für die Buchführung gelten nach dem Buchführungsgesetz (BFG = kirjanpitolaki) und der Buchführungsverordnung (BFV = kirjanpitoasetus) vom 01.01.1993 für alle Kaufleute. Sie basieren auf den Regelungen der 4. und 7. EG-RL. Die Vorschriften werden durch Regelungen im Aktiengesetz (fAktG = Osakeyhtiölaki) ergänzt. Die Regelungen zur Ermittlung des handelsrechtlichen Ergebnisses und des steuerlichen Einkommens sind voneinander abhängig.

Der Jahresabschluß besteht nach § 9 BFG aus der Bilanz, der Gewinn- und Verlustrechnung und dem Anhang. Er ist innerhalb von drei Monaten aufzustellen. Für AG regelt § 14 im 11. Buch fAktG Aufstellung und Publizität des Jahresabschlusses. Die Vorschriften für den → *Konzernabschluß* finden sich in § 22 a–d BFG. Der von der finnischen Regierung auf jeweils drei Jahre berufene und aus acht Personen bestehende Buchführungsausschuß (§ 34 BFG) kann bei stichhaltigen Gründen im Einzelfall oder für Branchen befristete Ausnahmen von den Publizitätsvorschriften machen.

2. *Einzelabschluß*

a) Ansatzregelungen. Sach- und Finanzanlagen sowie Vorräte und Finanzumlaufvermögen sind zu aktivieren. Außer den Verbindlichkeiten samt ihren Änderungen (§ 14 BFG) sind Rückstellungen für ungewisse Verbindlichkeiten und für drohende Verluste aus schwebenden Geschäften (§ 16 BFG) passivierungspflichtig. Soweit steuerlich zulässig, dürfen für Investitionen, Kreditverluste, Beschäftigungsschwankungen und Vorräte Rückstellungen gem. § 17 BFG gebildet werden.

b) Gliederungssystematik. Die Bilanzposten sind nach steigender Fristigkeit gegliedert. In der GuV werden Aufwendungen und Erträge nach drei Hauptgruppen in betriebliche, finanzielle sowie außerordentliche gegliedert. Die GuV darf nach dem → *Gesamtkostenverfahren* mit dem Ausweis der primären Aufwandsarten oder nach dem → *Umsatzkostenverfahren*, bei dem den Umsatzerlösen die Aufwendungen nach den Bereichen Produktion, Vertrieb und Verwaltung gegenübergestellt werden, aufgestellt werden. Die Gliederung der Erträge und Aufwendung kann auch im Anhang ausgewiesen werden (§ 1 und 2 BFV).

c) Bewertungsgrundsätze. Als allgemeine Bewertungsprinzipien gelten die Grundsätze der Unternehmensfortführung (going concern) und der Bewertungsstetigkeit (consistency) sowie das Realisationsprinzip (accrual basis). Der Jahresabschluß beruht auf dem Anschaffungswertprinzip. Die Herstellungskosten enthalten die variablen Kosten sowie die wesentlichen fixen Kosten (§ 13 BFG). Gegenstände des Umlaufvermögens werden nach dem Niederwertprinzip, ggfs. mit den ihnen am Bilanzstichtag beizulegenden niedrigeren Werten, bilanziert. Gegenstände des Anlagevermögens werden zu Anschaffungs- bzw. Herstellungskosten, vermindert um planmäßige Abschreibungen, bewertet. In bestimmten Fällen können für Gegenstände des Anlagevermögens auch Wertaufholungen angesetzt werden. Wenn sich die Wertaufholung als unberechtigt erweist, muß sie rückgängig gemacht werden.

Wenn immaterielle Vermögensgegenstände (z. B. Patente, → *Geschäftswert*) bilanziert worden sind, müssen sie planmäßig abgeschrieben werden. Bei Vorliegen stichhaltiger Gründe können außerplanmäßige Abschreibungen auch auf Finanzanlagen vorgenommen werden. Forderungen und Verbindlichkeiten werden zu dem Nennwert sowie Wertpapiere des Finanzumlaufvermögens zu den Anschaffungskosten oder den ihnen am Bilanzstichtag beizulegenden niedrigeren Werten angesetzt. Falls Nominalwerte in fremder Währung bestehen, werden sie zu dem von der Bank von Finnland (Suomen Pankki) am Bilanzstichtag festgestellten Kurs umgerechnet. Langfristige Forderungen und Verbindlichkeiten (mit einer Restlaufzeit von mehr als einem Jahr) können jedoch mit dem jeweiligen Kurs am Entstehungstag bewertet werden.

3. *Vergleich mit internationalen Grundsätzen*

Das finnische Buchführungsgesetz und die finnische Buchführungsverordnung wurden Anfang 1993 novelliert. Eine Absicht der Reform war es, internationale Vergleiche der Jahresabschlüsse zu erleichtern, so daß sich z. B. für international tätige Unternehmen die verbreitete Erstellung eines separaten IAS-Abschlusses neben dem finnischen Abschluß künftig erübrigt. Seit dem Beitritt Finnlands zur EU Anfang 1995 besteht immer dringenderer Bedarf an einer völligen Harmonisierung mit der 4. und 7. EG-Richtlinie. Die entsprechenden Anpassungen sollen Anfang 1997 in Kraft treten.

Die entscheidenden Unterschiede zwischen den finnischen Regelungen und den EG-Richtlinien liegen im großen Ermessensspielraum der finnischen Vorschriften: Der Jahresabschluß kann weitgehend im Einklang mit internationalen Grundsätzen erfolgen, die Regelungen gestatten aber zahlreiche Ausnahmen. Neben einer Durchforstung der Wahlrechte muß die Aufgliederung der Bilanz- und GuV-Schemata verändert werden. Der Inhalt zahlreicher Pflichtposten der GuV und Bilanz sowie die Bilanzausweis- und Bewertungsgrundsätze lehnen sich an die in Finnland kodifizierten „Grundsätze ordnungsmäßiger Buchführung“ an. Zwecks Harmonisierung mit den EG-Richtlinien müssen bestimmte Posten sowie die Einhaltung verbindlicher Bilanzausweis- und Bewertungsgrundsätze gesetzlich geregelt werden. Auch einige Anforderungen, die den Anhang betreffen, müssen ins Gesetz aufgenommen werden.

Seit der Reform von Buchführungsgesetz und -verordnung 1993 steht es finnischen Gesellschaften frei, ihre Rechnungslegung im Sinne der erwähnten Flexibilität weitgehend der IASC-Praxis anzugleichen. Die wichtigsten Unterschiede liegen in der Behandlung des *Finanzierungs-Leasing* ausschließlich in Form von Mietausgaben und in der Behandlung der *Wertaufholungen* des Anlagevermögens. Wertaufholungen können unter der Voraussetzung einer wesentlichen und dauerhaften Werterhöhung von Immobilien und Wertpapieren des Anlagevermögens im Vergleich zu den ursprünglichen Anschaffungs- oder Herstellungskosten willkürlich vorgenommen werden. Die Wertaufholung kann in beliebiger Höhe angesetzt werden, wenn sie den wahrscheinlichen Veräußerungspreis des Vermögensgegenstands nicht überschreitet. Auf Wertaufholungen brauchen keine planmäßigen Abschreibungen vorgenommen zu werden, nicht mehr begründete Wertaufholungen müssen aufgelöst werden.

Die wichtigsten Unterschiede im *Konzernabschluß* betreffen die Behandlung der aktivischen bzw. passivischen Unterschiedsbeträge aus der *Kapitalkonsolidierung* und den Konsolidierungskreis.

Außerdem führt die enge Verknüpfung der finnischen Steuergesetze mit der auf ihnen basierenden Interdependenz zwischen Buchführung und Besteuerung dazu, daß es sich häufig für das Unternehmen aus Gründen der Steuerplanung empfiehlt, von den verschiedenen zulässigen Rechnungslegungsalternativen die finnische Vorgehensweise zu wählen, die sich nicht an die IAS anlehnt. Wegen dieser Unterschiede erstellen finnische Unternehmen neben dem finnischen Jahresabschluß immer noch den internationalen Abschluß, meist gemäß IAS.

Die Informationsanforderungen an börsennotierte Unternehmen, die für vorläufige Jahresabschlüsse, Zwischenberichte und Jahresabschlüsse gelten, wurden 1995 geändert und mit den Informationsrichtlinien für Wertpapiermärkte der Europäischen Gemeinschaften harmonisiert.

Die finnische Rechnungslegung weist gegenüber den in den USA gültigen GAAP größere Unterschiede auf als gegenüber den IAS. Diese Unterschiede betreffen zum einen den oben genannten Ermessensspielraum sowie die zahlreichen Wahlrechte, zum anderen treten zu den genannten Unterschieden gegenüber den Richtlinien viele Unterschiede bei der Vorgehensweise im einzelnen hinzu. Dazu zählen z. B. die steuerliche Behandlung und die sehr restriktiven Möglichkeiten bei der Behandlung latenter Steuerverbindlichkeiten.

4. Konzernabschluß

a) Aufstellungspflicht und Einbeziehungskreis. Die Pflicht zur Aufstellung eines → *Konzernabschlusses* betrifft Mutterunternehmen in allen Rechtsformen (ausgenommen private Handeltreibende), wenn zwei der drei Größenkriterien,
- Umsatzerlöse 20 Millionen FIM,
- Bilanzsumme 10 Millionen FIM,
- Arbeitnehmerzahl 50

erreicht werden.

In den Konzernabschluß sind Art. 1 der 7. EG-Richtlinie folgend alle Unternehmen einzubeziehen, deren Anteile zu mehr als 50 % von Konzernunternehmen gehalten werden oder deren Stimmrechtsmehrheit dem Mutterunternehmen zusteht oder deren Mutterunternehmen das Recht zusteht, die Mehrheit der Mitglieder des Verwaltungs-, Leitungs- oder Aufsichtsorgans zu bestellen, wobei die Muttergesellschaft gleichzeitig Gesellschafterin ist. Unternehmen, an denen Anteile von 20 bis 50 % gehalten werden, müssen in den Konzernabschluß nach der → *Equity-Methode* einbezogen werden.

Der Konzernabschluß besteht aus Bilanz, Gewinn- und Verlustrechnung und Anhang. Das Mutterunternehmen muß in seinem Bericht weitere Informationen über den Konzern (operating statement) erteilen. Die Konzernunternehmen müssen eine einheitliche Rechnungsperiode haben. Vor der Konsolidierung müssen die Jahresabschlüsse der ausländischen Tochterunternehmen mit den Bilanzierungsgrundsätzen des Mutterunternehmens in Einklang gebracht werden. Die in den Konzernabschluß übernommenen Vermögensgegenstände und Schulden werden einheitlich nach den für das Mutterunternehmen anwendbaren Grundsätzen bewertet. Die im Berichtsjahr gebildeten wahlfreien unversteuerten Rückstellungen können in der Konzernbilanz aufgelöst und auf das Jahresergebnis und die Veränderungen der Steuerrückstellungen aufgeteilt werden. Der Anteil der Veränderung der Steuerrückstellungen an den wahlfreien Rückstellungen entspricht dem aktuellen Steuersatz. Eine aus der Auflösung der unversteuerten Rücklagen folgenden Eigenkapitalerhöhung kann aber nicht als Dividende ausgeschüttet werden.

b) Konsolidierungsmaßnahmen. Der aus der Addition der Jahresabschlüsse gewonnene Summenabschluß ist durch folgende Konsolidierungsmaßnahmen zum Konzernabschluß umzuformen: Beteiligungen an einbezogenen Unternehmen sind mit dem auf sie entfallenden Eigenkapital zu verrechnen und Minderheitsanteile anderer Gesellschafter am Eigenkapital von Tochterunternehmen in der Konzernbilanz in einem Ausgleichsposten zu erfassen (→ *Kapitalkonsolidierung*); Forderungen und Verbindlichkeiten zwischen den einbezogenen Unternehmen sind aufzurechnen.

Lit.: Leppiniemi, J.: Liikekirjanpito (Buchführung), Losebls., ab 1985; *Heino, V.:* Vergleich der finnischen externen Rechnungslegung mit der 4. und 7. EU-Richtlinie und den deutschen Vorschriften, Arbeitsbericht Nr. 60 des Instituts für Unternehmungsführung und Unternehmensforschung der Universität Bochum, 1995; *Leppiniemi, J.:* Hyvä kirjanpitotapa, mikä on kiellettyä, sallittua, mahdollista? (Ordnungsmäßige Buchführung, Verbote, Gebote, Wahlrechte), 1995; *Leppiniemi, J./Leppiniemi, R.:* Hyvä tilinpäätöskäytäntö (Ordnungsmäßige Rechnungslegung), 1995; *Salmi, H./Vahtera, P.:* ECS, EDI, EFT in Accounting, 1995; *Osakeyhtiön tilinpäätösmalli* (Jahresabschlußmuster für Aktiengesellschaften), KHT-yhdistyksen palvelu Oy, 1995.

Professor Dr. Eero W. Artto, Professor Dr. Jarmo Leppiniemi, Helsinki.

Firmenwert
→ *Geschäftswert.*

Fisher-Effekt
Nach dem amerikanischen Ökonomen Irving Fisher (1867–1947) benannte Annahme, nach der im Marktzins die Inflationsrate voll überwälzt wird. Der *Abzinsungsfaktor* (1 + i) lautet dann

$$1 + i = (1 + i_0) \cdot (1 + p).$$

(→ *Preisänderungen.*)

Lit.: Franke, G./Hax, H.: Finanzwirtschaft des Unternehmens und Kapitalmarkt, 3. Aufl., 1994, S. 215–221.

Fisher-Separationstheorem
→ *Separationstheorem.*

Fixe Kosten
→ *Kosten, fixe und variable.*

Fixkostenblock
Gesamtheit der → *fixen Kosten* eines Betriebs, die im System des → *Direct Costing* undifferenziert den Deckungsbeiträgen einer Produktart gegenübergestellt werden.

Fixkostendeckungsrechnung
= mehrstufiges Direct Costing.
→ *Kostenrechnungssysteme.*

Weiterentwicklung und Ergänzung des → *Direct Costing*. Dabei wird eine (mehrfach) gestufte → *Deckungsbeitragsrechnung* durchgeführt und der → *Fixkostenblock* in mehrere → *Fixkostenschichten* aufgespalten.

Fixkostenproportionalisierung
Aufteilung der → *Fixkosten* einer Periode auf die innerhalb dieser Periode erzeugten Leistungeseinheiten durch Division der Fixkosten durch die hergestellte (bzw. abgesetzte) Menge oder durch die für sie erforderlichen Faktormengen, Produktionszeiten oder durch Beziehung der Fixkosten auf die für sie angewandten variablen Kosten (→ *Kalkulationsverfahren*, → *Zuschlagskalkulation*).

Fixkostenschichten
= *Fixkostenstufung*.

Im Rahmen der → *Fixkostendeckungsrechnung* durchgeführte Untergliederung des → *Fixkostenblockes* nach der Zurechenbarkeit der → *fixen Kosten* auf einzelne, für die unternehmerische Disposition besonders bedeutsame, leistungswirtschaftliche oder institutionelle Kalkulationsobjekte.

Fixkostenstufung
= → *Fixkostenschichten*.

Fixwertprinzip
Bewertungsgrundsatz, nach dem zu einem bestimmten Bilanzstichtag für die einzelnen Vermögensgegenstände, Verbindlichkeiten und das Eigenkapital jeweils nur ein bestimmter Wertansatz im → *Jahresabschluß* in Betracht kommt. Das F. ist im HGB – mit wenigen Ausnahmen – für → *Kapitalgesellschaften* zwingend vorgeschrieben. Ausnahmen werden insbesondere für das → *Umlaufvermögen* in § 253 Abs. 3 S. 3 HGB (Abschreibungswahlrecht auf den künftigen niedrigeren Wert) und in § 254 HGB (Ausübung steuerlicher Sonderabschreibungen) zugelassen. Für → *Personengesellschaften* und Einzelkaufleute gilt das F. insofern nur eingeschränkt, als zusätzlich gem. § 253 Abs. 4 HGB → *Abschreibungen* von Vermögensgegenständen im Rahmen vernünftiger kaufmännischer Beurteilung über das → *Niederstwertprinzip* hinaus zulässig sind (→ *Bewertungsprinzipien*).

Flexible Plankostenrechnung
→ *Plankostenrechnung*.

Folgeinvestitionen
→ *Investitionen*, die im Anschluß an Investitionen der Unternehmensgründung (*Gründungsinvestitionen*) getätigt werden.

Folgekonsolidierung
→ *Kapitalkonsolidierung*.

Fonds
→ *Kapital- und Finanzflußrechnung*.

Fondsrechnung
→ *Kapital- und Finanzflußrechnung*.

Forderungen
= *Debitoren*.
Gesamtheit aller Rechte auf Leistung bestimmter Zahlungen oder Gütertransaktionen. Nach Art der Geschäftsvorfälle lassen sich folgende F.arten unterscheiden:

(1) Geldf. aufgrund der Lieferung von Gütern und Erbringung von Leistungen;
(2) Geldf. aufgrund von Darlehensverträgen;
(3) Geldf. aufgrund von Wertpapiererwerb;
(4) Güterf. aufgrund von Anzahlungen;
(5) Güterf. aufgrund von Tauschgeschäften.

Im → *Jahresabschluß* werden F. gem. §§ 266 Abs. 2 und 268 Abs. 4 HGB außerdem nach der Art des Verpflichteten, gegen den sich die F. richtet (z. B. gegen verbundene Unternehmen), und nach Fristigkeit gegliedert (→ *Gliederung der Bilanz*).

Formblätter
Aufgrund der Ermächtigung in § 330 HGB kann der Bundesjustizminister durch *Rechtsverordnungen* für → *Kapitalgesellschaften* F. für die → *Gliederung* des → *Jahres-* und → *Konzernabschlusses* vorschreiben sowie für den Inhalt des → *Anhangs* und → *Lageberichtes* Vorschriften erlassen, wenn es die Besonderheiten eines *Geschäftszweiges* erfordern. Von der Ermächtigung hat der Minister insbesondere für → *Kreditinstitute*, → *Versicherungsunternehmen*, *Wohnungsgsunternehmen*, → *Genossenschaften*, und → *Krankenhäuser* Gebrauch gemacht.

Formelle Prüfung
→ *Prüfungsmethoden*.

Forschung und Entwicklung

1. Begriff und Arten

FuE läßt sich als Summe aller Tätigkeiten bezeichnen, die auf ökonomisch verwertbare produkt- oder produktionsverfahrensbezogene Neuerungen zielen. Kennzeichnend ist, daß FuE begrifflich eingebunden wird in Innovationen, die – aus der Perspektive des → *Rechnungswesens* – durch folgende Eigenschaften geprägt werden: Innovationen sind mit erheblichen → *Ausgaben* verbunden; sie unterliegen bezüglich korrespondierender → *Einnahmen* einem Risiko; ihr Zeithorizont geht über ein → *Geschäftsjahr* hinaus, so daß eine Periodenbetrachtung nicht ausreicht.

Unter *Forschung* versteht man die Analyse naturwissenschaftlich-technischer Erscheinungen zum Erwerb neuer Erkenntnisse. Von *Grundlagen*forschung wird gesprochen, wenn es um Erkenntnisse allgemeiner Art geht, von *angewandter* Forschung, wenn sich die Erkenntnisse auf neue Produkte oder Verfahren beziehen. Als *Entwicklung* bezeichnet man die Auswertung und Nutzung von Erkenntnissen und Erfahrungen zur Herstellung neuer oder wenigstens wesentlich verbesserter Produkte sowie zur Installation entsprechender Verfahren. *Neu*entwicklung richtet sich dabei auf die Herstellung neuer Produkte und die Einrichtung neuer Verfahren, *Weiter*entwicklung auf wesentliche Änderungen.

Für die Behandlung des FuE-Bereichs im – vor allem externen – deutschen Rechnungswesen ist eine Gliederung relevant, die auf das Steuerrecht (§ 51 Abs. 1 Ziffer 2 Buchstabe u EStG) zurückgeht: Grundlagenforschung einschließlich angewandter Forschung, Neuentwicklung und Weiterentwicklung.

2. Behandlung im externen Rechnungswesen

a) FuE-Ausgaben. Ausgaben zum Erwerb oder zur Herstellung eines *materiellen* → *Vermögensgegenstandes* sind entsprechend den allgemeinen Vorschriften in → *Handels-* und → *Steuerbilanz* zu → *Anschaffungs-* oder → *Herstellungskosten* zu aktivieren und im Rahmen zulässiger Methoden abzuschreiben.

Werden Ausgaben zum *Erwerb* → *immaterieller Vermögensgegenstände* getätigt, besteht in Handels- und Steuerbilanz Aktivierungspflicht. Die → *Abschreibung* immaterieller Anlagewerte ist handelsrechtlich weitgehend nach den allgemeinen Regeln vorzunehmen, allenfalls der Charakter des Immateriellen kann für die Schätzung der Dauer und die Wahl der Methode spezielle Konsequenzen haben. Steuerrechtlich bemessen sich die → *Abschreibungen* nach der betriebsgewöhnlichen → *Nutzungsdauer*, als Verfahren ist nach herrschender Auffassung die *lineare Abschreibung* anzuwenden.

FuE-Ausgaben zur *Herstellung immaterieller Wirtschaftsgüter* des → *Anlagevermögens* dürfen weder in der Handels- (§ 248 Abs. 2 HGB) noch in der Steuerbilanz (§ 5 Abs. 2 EStG) aktiviert werden, sondern sind als Aufwand bzw. → *Betriebsausgabe* zu verrechnen. Demgegenüber besteht für beide Bilanzen bei immateriellen Werten des → *Umlaufvermögens* ein Ansatzgebot.

Eine *Einbeziehung* von FuE-Ausgaben in die → *Herstellungskosten* von Produkten setzt einen Bezug zur Fertigung der Rechnungsperiode voraus. Für eine Aktivierung kommen deshalb nur Ausgaben in Betracht, die Produkte absatzfähig machen und die Periode betreffen. Richten sich solche FuE-Ausgaben auf *Neu*entwicklungen, werden darin → *Sondereinzelkosten* der Fertigung gesehen. In der Handels- und auch in der Steuerbilanz müssen sie in die Herstellungskosten einbezogen werden. Ausgaben für *Weiter*entwicklungen von ständig angebotenen Produkten faßt man als Fertigungsgemeinkosten auf. In der Handelsbilanz sind sie fakultativer Teil der Herstellungskosten; für die Steuerbilanz ist eine Einbeziehung obligatorisch.

FuE-Ausgaben für neue *Produktionsverfahren* können mangels sachlichen und zeitlichen Bezugs zur laufenden Fertigung nicht im Rahmen der Herstellungskosten aktiviert werden. Solche Ausgaben sind Aufwand bzw. Betriebsausgabe der entsprechenden Rechnungsperiode. Auch Ausgaben für *Grundlagenforschung* – einschließlich angewandter Forschung – lassen sich nicht aktivieren. Derartige Ausgaben stellen keine Bestandteile von Herstellungskosten dar, weil sie sich auf die Produktion späterer Perioden beziehen.

FuE-Ausgaben sind in den → *USA* nach den Standards des → *FASB* grundsätzlich in der Periode ihres Entstehens erfolgswirksam zu verrechnen (SFAS No. 2); das betrifft etwa Ausgaben für Grundlagenforschung, für angewandte Forschung, für die Erstellung von Modellen und Prototypen sowie für das Errichten einer Pilotanlage. Eine – indirekte – Aktivierung im Rahmen von Herstellungskosten kommt deshalb nicht in Betracht. Das Verbot einer – direkten – Aktivierung besteht im Gegensatz zur deutschen Bilanzierung selbst beim Erwerb materieller oder immaterieller Vermögensgegenstände, wenn diese außerhalb des FuE-Projekts nicht zu verwenden sind. Für *Computersoftware* existieren besondere Regelungen (FASB No. 86).

Das *IASC* differenziert bei der Behandlung von FuE-Ausgaben nach *Forschungs-* und *Entwicklungs*ausgaben. Gemäß IAS 9, der nicht für Auftragsforschung gilt, sind *Forschungs*ausgaben ebenso wie in Deutschland als Periodenaufwand zu behandeln, also nicht aktivierbar. Grundsätzlich gilt Gleiches für *Entwicklungs*ausgaben. Eine Aktivierung als immaterielles Vermögen ist im Unterschied zur deutschen Bilanzierung jedoch unter folgenden Voraussetzungen obligatorisch: Ein Projekt läßt sich als Produkt oder Prozeß klar abgrenzen, seine Ausgaben sind spezifizierbar und verläßlich meßbar; die technische Realisierung des Projekts ist möglich; es besteht die Absicht, die Ergebnisse des Projekts selbst zu nutzen oder zu vermarkten; eine sinnvolle Verwendung im eigenen Betrieb oder eine Vermarktungsmöglichkeit kann nachgewiesen werden; Ressourcen zur Vollendung des Projekts existieren in ausreichendem Maße. Der Aktivierungs*betrag* von Entwicklungsausgaben bemißt sich nach den direkt zurechenbaren Ausgaben sowie den Ausgaben, die auf der Basis zuverlässiger Schlüssel zugeordnet werden können. Ausgaben für den Vertrieb lassen sich nicht ansetzen, Fremdkapitalzinsen nur in Übereinstimmung mit IAS 23. Die Obergrenze des Aktivierungsbetrages wird in den erwarteten Einnahmenüberschüssen des Projekts gesehen. Aktivierte Ausgaben müssen zeitorientiert *abgeschrieben* werden, aus Gründen der Vorsicht längstens über fünf Jahre. Eine außerordentliche Abschreibung ist geboten, wenn die Voraussetzungen einer Aktivierung nicht mehr zutreffen oder dem Betrag aktivierter Ausgaben keine ausreichenden künftigen Einnahmen aus dem Projekt gegenüberstehen.

b) Rückstellungen für unterlassene FuE. Für nachzuholende FuE-Ausgaben lassen sich keine → *Rückstellungen* bilden: Verbindlichkeitsrückstellungen und spezielle → *Aufwandsrückstellungen* sind irrelevant; der Ansatz von generellen Aufwandsrückstellungen nach § 249 Abs. 2 HGB scheitert daran, daß nicht alle Voraussetzungen solcher Rückstellungen erfüllt werden.

c) Ausweis von FuE-Aufwendungen. Nicht direkt als Vermögensgegenstand aktivierte FuE-Ausgaben verrechnet man in der → *GuV*, ein gesonderter Ausweis ist nach dem gesetzlichen Gliederungsschema (§ 275 Abs. 2 bzw. Abs. 3 HGB) nicht vorgesehen. Allerdings erlaubt § 265 Abs. 5 HGB zur Verbeserung des Einblicks in die wirtschaftliche Lage eine *Untergliederung* und auch ein *Hinzufügen* von Posten, wie es im Hinblick auf FuE-Aufwendungen vor allem in der Chemischen Industrie von großen Unternehmen praktiziert wird. Von der Konzeption der Rechnung her kommt eine – funktionsorientierte – Erweiterung des Gliederungsschemas bei Anwendung des → *Umsatzkostenverfahrens* in Betracht. In Zusammenhang mit der Position Nr. 2 (Herstellungskosten der zur Erzielung der Umsatzerlöse erbrachten Leistungen) lassen sich → *Aufwendungen* gesondert ausweisen, die einen Bezug zu absatzreifen

Forschung und Entwicklung

Produkten haben. Bei Aufwendungen für neue Produktionsverfahren, angewandte Forschung und Grundlagenforschung ist ein separater Ausweis in Verbindung mit der Position Nr. 7 (Sonstige betriebliche Aufwendungen) zu wählen.

d) Berichterstattung. Im → *Lagebericht* von → *Kapitalgesellschaften* sind nach § 289 Abs. 1 HGB der Geschäftsverlauf und die Lage so darzustellen, daß ein zutreffendes Bild entsteht. Sofern tatsächlich FuE betrieben worden ist, muß dabei im Regelfall auf diesen Bereich eingegangen werden (Abs. 2 Nr. 3).

Über folgendes wird zu berichten sein: Anzahl neuer Produkte oder Patente, Installation neuer Fertigungsverfahren, Umfang von FuE-Investitionen, Höhe der FuE-Aufwendungen, Zahl des FuE-Personals sowie laufende und geplante Programme. In bezug auf eine differenzierte Darstellung sind wegen der legitimen Geheimhaltungsinteressen die Erwartungen allerdings nicht hoch. Für ausreichend sieht man an, über die Gesamtsituation Bericht zu erstatten.

e) Prüfung. Bei der → *Prüfung des Jahresabschlusses* muß der FuE-Bereich kein eigenes Prüffeld bilden, wird aber mittelbar berührt. Das gilt für die Prüfung der immateriellen Vermögensgegenstände, der → *Vorräte* und der Rückstellungen im Zusammenhang mit der → *Bilanz* sowie für die Prüfung einzelner Aufwandspositionen der GuV.

Eine direkte Prüfung findet hinsichtlich des sog. Forschungsberichts als Teil des Lageberichts statt. Im Vergleich zur Prüfung des → *Jahresabschlusses* ist die Berichtsprüfung jedoch insofern beschränkt, als sie sich nur darauf richtet, ob zwischen Berichterstattung und Jahresabschluß Übereinstimmung besteht.

Die Abschlußprüfung ist eine → *Ordnungsmäßigkeitsprüfung.* Das Problem der Erfolgsbeurteilung von FuE versucht man im Rahmen des internen Rechnungswesens, auf der Basis von → *Kosten und Leistungen,* zu lösen.

3. Behandlung im internen Rechnungswesen

a) Verrechnung von FuE-Kosten. Soweit FuE-Kosten Trägern direkt zurechenbar sind, werden sie kalkulatorisch als Sondereinzelkosten der Fertigung behandelt. Können Kosten nicht direkt zugerechnet werden, erfaßt man sie auf → *Hilfs-* und → *Hauptkostenstellen* des Fertigungsbereichs. In vielen Industriebetrieben ordnet man den FuE-Bereich noch als mittelbaren Bereich ein, so daß insoweit zunächst eine Umlage von Kosten der Hilfskostenstellen auf Fertigungshauptbereiche nötig ist.

b) FuE-Aktivitäten als Projekte. Eine Ausrichtung von FuE-Aktivitäten auf Geschäftsjahre oder gar Monate ist wegen des Bezugs auf die Zukunft nicht möglich. Vor allem, wenn die → *Erlöse* einbezogen werden, muß eine Orientierung an dem gesamten → *Produktlebenszyklus* erfolgen. Deshalb wird gefordert und auch zunehmend praktiziert, Maßnahmen der FuE als Projekte zu definieren und sie dementsprechend zu planen, abzurechnen und zu überwachen. Allerdings bereitet eine zeitliche Abgrenzung von Projekten, insb. bezüglich des Anfangs, häufig große Probleme, weil der Beginn nicht immer klar zutage tritt. Zudem ist die Zuordnung von Kosten und Leistungen zu einzelnen Projekten mit Schwierigkeiten verbunden.

c) FuE-Controlling. Unter FuE-Controlling wird die → *Planung,* Steuerung und Kontrolle von Maßnahmen der FuE auf der Basis vorgegebener Ziele und Probleme verstanden; dabei kann → *Controlling* Beratung einschließen, ausgeschlossen sind Entscheidungsrechte. Aufgabe des FuE-Controlling ist, bezüglich Kosten, Leistungen sowie Zielerreichung für Transparenz zu sorgen und Abweichungen zu analysieren, so daß daraus Konsequenzen für die Planung gezogen werden können.

Eine Beurteilung einzelner FuE-Aktivitäten sowie des zuständigen Managements versucht man durch eine Nutzung der Instrumente projektbezogenen Controllings zu erreichen. Das wesentliche Problem besteht darin, den Erfolg bezüglich Dimension und Zeitpunkt zu bestimmen sowie geeignete Beurteilungsmaßstäbe zu gewinnen. Kritisch wird zum FuE-Controlling auf die Gefahr hingewiesen, daß es inhaltlich zu sehr in den FuE-Prozeß eingreifen und sich als Hemmnis für betriebliche Kreativität und damit für Innovationen herausstellen könnte.

Lit.: Brockhoff, K.: Forschung und Entwicklung, 3. Aufl., 1992, S. 22–51 und S. 320–347; *Coenenberg, A. G./Fischer, T./Raffel, A.:* Abweichungsanalyse bei Projekten im F&E-Bereich, in: Handbuch Kostenrechnung, 1992, S. 767–781; *Veit, K.-R.:* Die bilanzielle Behandlung von Forschungs- und Entwicklungsausgaben, in: WiSt 1992, S. 453–457; *Hauschildt, J.:* Innovationsmanagement, 1993, S. 315–335.

Professor Dr. Klaus-Rüdiger Veit, Kiel.

Fortführungsstatik
→ *Bilanztheorien.*

Framework (FASB)
Das vom → *Financial Accounting Standards Board* (FASB) entwickelte Conceptual Framework besteht aus 6 Statements (SFAC), die im Zeitraum von 1978 bis 1985 sukzessiv aufeinander aufbauend entstanden sind. Sie bilden den theoretischen Rahmen der US-amerikanischen Rechnungslegung. Das F. beschäftigt sich mit der Zielsetzung der Rechnungslegung von Unternehmen, die vorwiegend in der *Informationsvermittlung* (→ *Jahresabschluß (Funktionen)*) an die Eigentümer gesehen wird. Den Rechnungslegungsadressaten sollen *entscheidungsrelevante Informationen* zur Verfügung gestellt werden (*decision usefulness*). Aufbauend auf dieser Zielsetzung werden die qualitativen Merkmale der Rechnungslegung konkretisiert. Demnach sollen Rechnungslegungsdaten unter Berücksichtigung von Kosten-Nutzen-Abwägungen die Kriterien der *Relevanz, Verläßlichkeit, Verständlichkeit* und *Vergleichbarkeit* erfüllen (→ *Fair Presentation*). Zusätzlich werden im F. Begriffe der wesentlichen Jahresabschlußpositionen (z. B. assets, liabilities, equity) abgegrenzt sowie die Ansatz- und Bewertungskriterien für den Jahresabschluß festgelegt. Außerdem beschäftigt sich das F. mit den Rechnungslegungszielen und Elementen des Jahresabschlusses von nicht-erwerbswirtschaftlichen Betrieben.

Lit.: FASB: Original Pronouncements, Vol. 2, 1993/1994, S. 1002–1161; *Haller, A.:* Die Grundlagen der externen Rechnungslegung in den USA, 4. Aufl., 1994, S. 197–230; *Miller, P. B. W./Redding, R. J./Bahnson, P. R.:* The FASB: The People, the Process, and the Politics, 3. Aufl., 1994, S. 87–113; *Kieso, D. E./Weygandt, J. J.:* Intermediate Accounting, 8. Aufl., 1995, S. 33–53; *Pellens, B.:* Internationale Rechnungslegung, 1997, S. 128–157.

Framework (IASC)
Vom → *International Accounting Standards Committee* (IASC) 1989 entwickeltes theoretisches Konzept der Rechnungslegung. Das IASC verfolgte mit dem F. das Ziel, einen Rechnungslegungsrahmen zu schaffen, der bei der Entwicklung zukünftiger → *International Accounting Standards* (IAS) bzw. der Überarbeitung bestehender IAS als Grundlage dienen soll. Inhaltlich orientiert sich das F. weitestgehend am Conceptual Framework des → *Financial Accounting Standards Board* (→ *Framework (FASB)*). So wird in der Vermittlung *entscheidungsrelevanter Informationen* die Zielsetzung der IAS-Rechnungslegung gesehen, die erreicht wird, wenn die Merkmale der *Verständlichkeit, Relevanz, Zuverlässigkeit* und *Vergleichbarkeit* der Jahresabschlußinformationen erfüllt sind. Zusätzlich enthält das F. Definitionen, Ansatz- und Bewertungskriterien für wesentliche Jahresabschlußpositionen.

Lit.: IASC: Framework for the Preparation and Presentation of Financial Statements, 1997; *Pellens, B.:* Internationale Rechnungslegung, 1997, S. 405–418.

Frankreich
1. Grundlagen
Die gesetzlichen Grundlagen der gegenwärtigen Rechnungslegung erschienen in

Frankreich

F. Anfang der achtziger Jahre anläßlich der Umsetzung der 4. und 7. EG-RL. Sie bedeuten einen Kompromiß zwischen den vorher geltenden Rechnungslegungsnormen, die durch steuerliche Regelungen und eine starke Standardisierung geprägt waren, und der aktuellen internationalen Entwicklung, die durch eine wirtschaftliche Betrachtungsweise und Flexibilität gekennzeichnet ist. Das französische Rechnungswesen ist noch mitten im Umbruch. Das Gesetz vom 30. April 1983, das die Paragraphen 8–17 des Code de Commerce (CCom, Handelsgesetzbuch) integriert und durch Ausführungsbestimmungen vom 29. November 1983 ergänzt wurde, enthält die Rahmenbestimmungen für die für alle Kaufleute geltenden Rechnungslegungsnormen zum → *Einzelabschluß*. Das Gesetz vom 3. Januar 1985 und die Verordnung vom 17. Februar 1986 kodifizieren für bestimmte Handelsgesellschaften und öffentliche Unternehmen die Normen für den → *Konzernabschluß*.

Der Ministererlaß vom 27. April 1982 konkretisiert die dritte Fassung – die erste datiert von 1947 – des französischen Kontenrahmens („*Plan Comptable Général – PCG*“) und beinhaltet drei Teile:

- Der erste Teil bezieht sich auf die → *Finanzbuchführung* und die damit verbundene Handhabung der Rechnungslegung; er ist z. T. vergleichbar mit dem deutschen → *Industriekontenrahmen*, dessen Gebrauch in Frankreich, im Unterschied zur deutschen Praxis, obligatorisch ist.
- Der zweite Teil enthält bindende Regelungen für den Konzernabschluß.
- Der letzte, von den beiden vorherigen unabhängige Teil bezieht sich auf die → *Kostenstellenrechnung* nach dem → *Zweikreissystem*; er ist im Gegensatz zum ersten und zweiten Teil nicht verpflichtend.

Formal ist für die gesetzlichen Regelungen der Rechnungslegung das Parlament zuständig, materiell jedoch hat dieses nur einen sehr geringen Einfluß auf den Inhalt der Regelungen. Der „*Conseil National de la Comptabilité* – CNC“, ein an das Finanzministerium angeschlossenes Gremium, beschäftigt sich mit der Entwicklung der Rechnungslegungsnormen. Der CNC ist jedoch keine rein staatliche Organisation, da seine ca. 80 Mitglieder zum größten Teil aus der privaten Wirtschaft kommen. Er versucht durch Kompromisse die divergierenden Interessen zu berücksichtigen. Die Heterogenität der Gesetzgebung spiegelt dies wider.

Nach dem Code de Commerce müssen, Art. 2 der 4. EG-RL entsprechend, → *Bilanz*, → *Gewinn- und Verlustrechnung* und → *Anhang* ein den tatsächlichen Verhältnissen entsprechendes → *Bild der Vermögens-, Finanz- und Ertragslage* des Unternehmens wiedergeben. Das Prinzip → *Substance over form* wird in F. nicht angewendet, um den juristischen Charakter der Bilanz zu wahren. Daher definieren Art. 9–14 CCom die zentralen Prinzipien der Rechnungslegung wie folgt:

- Prinzip der Fortführung der Unternehmenstätigkeit (Art. 14 CCom),
- Prinzip der periodengerechten Erfolgsermittlung (Art. 9 CCom),
- das Anschaffungswert- und Herstellungskostenprinzip (Art. 12 CCom),
- das Vorsichtsprinzip (Art. 14 CCom),
- Prinzip der Bewertungsstetigkeit (Art. 11 CCom),
- das Realisationsprinzip (Art. 15 CCom),
- das Bilanzidentitätsprinzip (Art. 13 CCom),
- Saldierungsverbot (Art. 13 CCom).

Prinzipiell müssen diese Grundsätze beachtet werden, selbst dann, wenn sie von den steuerlichen Normen abweichen. Ausnahmen bestehen für Unternehmen, die steuerliche Vergünstigungen nutzen. Dies gilt insbesondere für steuerliche Sonderabschreibungen und -rückstellungen. Bei Inanspruchnahme steuerlicher Vergünstigungen müssen die Beträge gesondert ausgewiesen werden. Somit ist diese Handhabung wesentlich strenger als in Deutschland. Die Anschaffungswerte von Vermögensgegenständen dürfen zwar überschritten werden, doch verhindern steuerliche Folgen eine solche Neubewertung in der Praxis.

2. *Einzelabschluß*

a) Ansatzregelungen. Die Bilanzierung der *Aktiva* ist durch zwei sich widersprechende Elemente charakterisiert: Nach traditioneller juristischer Auffassung soll die Bilanz über die in vollem Eigentum des Unternehmens stehenden Güter (geliehene Güter können nicht aktiviert werden) und über die Verpflichtungen der Eigentümer (u.a. durch die Aktivierung der ausstehenden, noch nicht eingeforderten Einlagen auf das Gezeichnete Kapital) informieren. Seit 1982 besteht aber unter gewissen Voraussetzungen die Möglichkeit, Bilanzierungshilfen für *Forschungsausgaben* und für → *Aufwendungen für die Ingangsetzung und Erweiterung des Geschäftsbetriebes* zu aktivieren. Sie sind in F. von größerer Bedeutung als in Deutschland. Der → *Firmenwert* ist zu aktivieren; er sollte nicht abgeschrieben werden, soweit er juristisch geschützt ist.

Die Ansatzregelungen für *Passiva* (Décret du 29 Novembre 1983, Art. 8, Abs. 4) folgen keinem geschlossenen wirtschaftlichen Konzept. → *Pensionsverpflichtungen* sollten nicht passiviert werden, auch für → *latente Steuern* besteht keine allgemeine Passivierungspflicht.

b) Gliederungssystematik. Die Grundlagen der Gliederung des Jahresabschlusses sind durch das Dekret von 1983 festgelegt. Für kleine Unternehmen ist eine vereinfachte Darstellung zulässig. Der PCG sieht diesbezüglich detaillierte Schemata vor.

Die *Bilanz* muß in Kontenform vor Verwendung des Jahresergebnisses aufgestellt werden. Die *Aktiva* sind zweckbestimmt klassifiziert. Das Liquiditätsgliederungsprinzip gilt nicht. Es wird zwischen Anlage- und Umlaufvermögen unterschieden. → *Rechnungsabgrenzungsposten* („charges constatées d'avance, charges à répartir sur plusieurs exercices") sind gesondert im unteren Teil der Aktivseite aufzuführen, wohingegen die „produits à recevoir" (bestimmte Rechnungsabgrenzungsposten) den Forderungen zugewiesen werden.

Die *Passiva* sind nach juristischen Kriterien gegliedert, um Eigenkapital von Verbindlichkeiten zu trennen. „Provisions pour risques et charges" (Rückstellungen für Risiken und Belastungen) werden gesondert ausgewiesen; im Unterschied zu Deutschland sind die Verbindlichkeiten, die bezüglich Höhe oder Zeitpunkt der Fälligkeit ungewiß sind (charges à payer) nicht in den Rückstellungen enthalten, sondern werden den Verbindlichkeiten zugewiesen. Die Rechnungsabgrenzungsposten (produits constatés d'avance) werden im unteren Teil der Passivseite aufgeführt. Angaben bezüglich der Restlaufzeiten der Passiva und der Umwandlung von Aktiva in liquide Mittel erscheinen im Anhang.

Die *GuV* kann in Konto- und Staffelform aufgestellt werden, wobei die Anwendung des → *Gesamtkostenverfahrens* obligatorisch ist. Aufwendungen und Erträge sind nach ihrer Art zu gliedern. Trotz Ähnlichkeiten in der Terminologie weicht die GuV in F. stark von der in Deutschland ab. In F. hat sich seit 1982 eine makroökonomische Auffassung durchgesetzt, nach der es möglich ist, Aggregate, wie den „valeur ajoutée" (→ *Wertschöpfung*) und den „excédent brut d'exploitation" (Jahresüberschuß + Zinsen) auf einfache Art zu berechnen.

Auch der → *Anhang* ist durch das Dekret von 1983 geregelt. Zweck des Anhanges ist es, Informationen über die angewandten Bewertungsmethoden, über Einzelheiten der Bilanzposten, über die GuV und über andere Elemente, die in keiner Verbindung mit der Bilanz oder GuV stehen, zu geben. Der PCG sieht für einzelne Angaben, wie z.B. Abschreibungen, Rückstellungen, bestimmte Formen vor.

c) Bewertungsgrundsätze. Zum Zugangszeitpunkt sind erworbene Güter zu → *Anschaffungskosten*, produzierte Güter zu → *Herstellungskosten* zu bewerten. Von den Anschaffungskosten dürfen erhaltene Skonti nicht abgezogen werden; „droits de mutation" (z.B. Grunderwerbsteuer) werden ebenfalls nicht als Anschaffungskosten bilanziert. Die Herstellungskosten werden auf Vollkostenbasis ermittelt, ein Bewertungswahlrecht, wie in Deutschland nach § 255 Abs. 2 HGB, gibt es in F. nicht. Bei Abschluß der Konten werden dauerhafte Wertminderungen bzw. Verluste in Form von → *Abschreibungen*, voraussichtlich nicht dauerhafte Wertminderungen in Form von passivischen → *Wertberichtigungen* ausgewiesen. Eine dem deutschen Recht entsprechende Regelung des § 253 Abs. 4 HGB, die einen Anreiz zur Bildung von stillen Rücklagen für Personenunternehmen enthält, findet sich im französischen Recht nicht. Rückstellungen sind aufzulösen, sobald der Grund für ihre Bildung entfallen ist.

3. Konzernabschluß

a) Aufstellungspflicht und Einbeziehungskreis. Konzernrechnungslegungspflicht besteht für Handelsgesellschaften und öffentliche Unternehmen, wenn diese ausschließlich oder gemeinsam ein oder mehrere Unternehmen kontrollieren oder über sie einen beherrschenden Einfluß ausüben. Eine ausschließliche Kontrolle resultiert in Umsetzung der 7. EG-RL entweder

- aus dem direkten oder indirekten Besitz der Mehrheit der Stimmrechte oder
- aus dem Besetzungsrecht für die Mehrheit der Mitglieder im Direktorium, Verwaltungs- oder Aufsichtsrat über einen Zeitraum von zwei aufeinanderfolgenden Jahren (dieser Einfluß wird allerdings nur unter gewissen Voraussetzungen relevant), oder
- aus Satzung oder Vertrag, die das Recht, einen dominanten Einfluß auszuüben, zum Inhalt haben , unter der Bedingung, daß das dominante Unternehmen Gesellschafter der kontrollierten Unternehmen ist.

Kleine Unternehmensgruppen sind von der Konsolidierungspflicht befreit, wenn zwei der drei folgenden Kriterien über zwei aufeinanderfolgende Geschäftsjahre eingehalten werden (→ *Größenklassen*):

- Bilanzsumme < 100 Millionen FFR
- Umsatz < 200 Millionen FFR
- Belegschaft < 500 Personen.

b) Konsolidierungsmaßnahmen. Für vollständig kontrollierte Unternehmen ist die Vollkonsolidierung anzuwenden. Eine anteilsmäßige Konsolidierung gilt für Unternehmen, die gemeinsam kontrolliert werden. Wird von Unternehmen ein maßgeblicher Einfluß auf das Beteiligungsunternehmen ausgeübt, so ist die Beteiligung an dem assoziierten Unternehmen nach „mise en equivalence" (→ *Equity-Bewertung*) zu bewerten. Wenn die Voll- oder anteilsmäßige Konsolidierung des Jahresabschlusses von Banken, Versicherungen kein den tatsächlichen Verhältnissen entsprechendes Bild der Vermögens-, Finanz- und Ertragslage zu geben vermag, muß auf die Equity-Bewertung zurückgegriffen werden.

Der aus der → *Kapitalkonsolidierung* resultierende positive Unterschiedsbetrag zwischen Anschaffungswert der Beteiligung und anteiligem Eigenkapital (→ *Geschäftswert*) muß prinzipiell abgeschrieben werden. Eine Verrechnung mit Rücklagen ist nur in Ausnahmefällen zulässig und muß im Anhang begründet werden. Der Konzernabschluß sollte unabhängig von steuerlichen Einflüssen sein. Daher dürfen im Konzernabschluß Ansatz- und Bewertungsmethoden angewandt werden, wie u. a. die Aktivierung von geleasten Gegenständen (→ *Leasing*) und Bewertung von Vorräten nach dem → *Lifo*-Verfahren, die für den Einzelabschluß nicht gelten. Für Pensionsverpflichtungen besteht im Rahmen des Konzernabschlusses eine Passivierungspflicht. Umsatz- und Gesamtkostenverfahren sind gleichermaßen zulässig. Diese Beispiele verdeutlichen den einsetzenden Dualismus zwischen dem Einzelabschluß, der noch stark durch vermögens- und steuerrechtliche Einflüsse geprägt ist, und dem Konzernabschluß. Letzterer ist weniger standardisiert und mehr durch ökonomische Bewertungsgrundlagen gekennzeichnet.

Lit.: de Kerviler, Isabelle: Zur Transformation der 4. EG-Richtlinie in Frankreich, in: Wpg 1984, S. 261–267; *Forszpaniak, J.-M./Scholtissek, W.:* Rechnungslegung in Frankreich, in: RIW 1985, Beilage 1; *Grabowski, D.:* Darstellung, Analyse und Vergleich zukünftiger Bilanzierungs- und Bewertungsvorschriften in Deutschland und Frankreich, 1985; *Scholtissek, W.:* Der konsolidierte Abschluß in Frankreich, in: RIW 1985, S. 467–472; *Tillmanns, W.:* Der konsolidierte Jahresabschluß in Frankreich, in: IWB, Fach 5, Frankreich, Gruppe 3, 1985, S. 375–380; *Scholtissek, W.:* Ergänzung der Vorschriften über den Konzernabschluß in Frankreich, in: RIW 1987, S. 283–289, 763–774; *Colasse, B.:* Comptabilité Générale, 1992; *Collette, C./Richard, J.:* Comptabilité Générale, 1992; La Comptabilité des Sociétés dans la CEE, 1993; Code annoté de la Consolidation, 1992; *Raffegeau, J./Dufis, P./Lopater, C./Corre, J. (Hrsg.):* Mémento Pratique Francis Lefebvre, Comptable 1993, Paris 1992; *Keun, F./Scherler, A./Strothotte, H.-W.:* Rechnungslegungsvorschriften für den Einzelabschluß in Frankreich, in: IWB, Fach 5, Frankreich, Gruppe 3, 1993, S. 435–450.

Professor Dr. Jacques Richard, Paris.

Freibetrag

Teil des steuerpflichtigen Betrages, der von der Besteuerung aus wirtschaftlichen oder sozialen Gründen freibleibt.

Freigrenze

Die bis zu einem bestimmten Betrag ausbleibende Besteuerung aus wirtschaftlichen oder sozialen Gründen. Bei Überschreitung der F. erfaßt die Besteuerung die gesamte Bemessungsgrundlage.

Freiwillige Prüfungen

Nicht auf Vorschriften eines Gesetzes oder der Satzung beruhende → *Prüfung des Jahresabschlusses* oder einzelner Arten von Sachverhalten (→ *Sonderprüfungen*).

Fremdinvestition

Gegensatz zur → *Eigeninvestition.* Dabei werden finanzielle Mittel einem fremden Unternehmen zur Verfügung gestellt (Ausleihungen, Beteiligungen usw.). Die F. ist eine → *Finanzinvestition.*

Fremdkapital

Zusammenfassende Bezeichnung für die auf der Passivseite der Bilanz auszuweisenden → *Rückstellungen*, → *Verbindlichkeiten* und passivischen → *Rechnungsabgrenzungsposten.* Der → *Sonderposten mit Rücklageanteil* wird in Höhe des in ihm enthaltenen Steueranteils (meist 50%) zum F. gerechnet. Im → *Jahresabschluß* ist das F. nach Rechtsbeziehungen zu gliedern (→ *Gliederung der Bilanz*; § 266 Abs. 3 HGB); für Verbindlichkeiten ist im → *Anhang* zusätzlich die Restlaufzeit anzugeben. Anders als das Eigenkapital steht das F. i. d. R. nur für einen begrenzten Zeitraum zur Verfügung. Für die → *Bilanzanalyse* werden verschiedene Bilanzkennzahlen (z. B. → *Verschuldungsgrad*) verwendet.

Fremdkapitalfinanzierung, Berücksichtigung in der Investitionsrechnung

Die explizite Berücksichtigung der Kreditfinanzierung von Investitionsobjekten läßt sich mit Hilfe der → *Kapitalwertmethode* in den → *Investitionskalkül* einbeziehen. Dazu wird eine isolierte Zahlungsreihe, bestehend aus Kreditaufnahme, Zinszahlungen und Tilgungsbeträgen für die Fremdfinanzierungsmaßnahme aufgestellt (→ *Dynamische Investitionsrechnung unter Sicherheit*).

Je nach der Relation zwischen → *Kalkulationszinsfuß* i und dem Zinssatz für Fremdkapital i_F ergibt sich ein unterschiedlicher Einfluß auf den Kapitalwert (und → *internen Zinsfuß*) der betrachteten → *Investition.*

Liegt i_F über i, so verringert sich der Gesamtkapitalwert, bestehend aus dem Kapitalwert der Investition und dem Kapitalwert der Fremdkapitalfinanzierung (→ *Adjusted Present Value Approach*). Es lohnt sich dann, so früh wie möglich das Fremdkapital zu tilgen. Bei umgekehrter Relation zwischen i_F und i ist dagegen eine möglichst späte Tilgung anzustreben, da sich durch die Fremdfinanzierung der Gesamtkapitalwert erhöht (*Leverage Effekt*). Wenn i_F und i übereinstimmen, hat die Fremdkapitalfinanzierung keinen Einfluß auf den Kapitalwert der Investition.

Fremdkapitalkosten

→ *Kapitalkosten.*

Fremdleistungskosten

→ *Kosten* (oder → *Aufwendungen*), die

durch Dienstleistungen anderer Unternehmen entstanden sind (= *Dienstleistungskosten*).

Fristenkongruenz
Eine → *Finanzierungsregel*, nach der die Kapitalbindungsdauer von Vermögensgegenständen nicht länger sein sollte als der Kapitalüberlassungszeitraum. Entsprechend sollte der Quotient aus:

$$\frac{\text{langfristigem Vermögen}}{\text{langfristigem Kapital}} < 1$$

und

$$\frac{\text{kurzfristigem Vermögen}}{\text{kurzfristigem Kapital}} > 1$$

sein. Die aus Bestandsgrößen abgeleitete F. kann nur näherungsweise Informationen darüber geben, ob künftig die Liquidität gewahrt bleibt, da zum einen die genauen Fälligkeitstermine des Kapitals und die Monetarisierungstermine des Vermögens unbekannt sind und zum anderen die laufenden Ausgaben (z. B. Löhne und Gehälter) nicht berücksichtigt werden (→ *Bilanzanalyse*).

Die Einhaltung der F. wird z. T. bei der Kreditaufnahme als Bedingung gesetzt. Bei Kreditinstituten wird die F. auf die Laufzeiten der gewährten Kredite und der aufgenommenen Gelder bezogen.

Fristigkeitsmethode
→ *Umrechnung von Jahresabschlüssen.*

Fonds Theory (= Fundtheorie)
→ *Bilanztheorien.*

Fundamentalanalyse
→ *Bilanzanalyse.*

Funktionale Kontorechnung
Prinzip der Buchführung nach Thoms, wobei die Geschäftsvorfälle auf den fünf Hauptkonten Kapital, Vermögen, Geld, Kosten und Erträgnisse gebucht werden.

Lit.: Thoms, W.: Inhalt und Form der funktionalen Kontorechnung, 1951; *ders.:* Grundzüge der funktionalen Kontorechnung, 2. Aufl., 1962.

Funktionenlehre (der Unternehmensbewertung)
→ *Gesamtwert der Unternehmung.*

Fusion
Ein → *Unternehmenszusammenschluß* durch wirtschaftliche und rechtliche Vereinigung von zwei rechtlich selbständigen Unternehmen, der bei AG gem. § 340 c AktG eine 3/4 Mehrheit der Hauptversammlungen der betroffenen Gesellschaften erfordert. Abhängig von der Rechtsform der zusammengeschlossenen Unternehmen ist für die Fälle der Gesamtrechtsnachfolge zu differenzieren nach:

- *Verschmelzung* (§§ 339 ff. AktG), worunter der Zusammenschluß zweier oder mehrerer → *Kapitalgesellschaften* durch *Aufnahme* oder durch *Neubildung* verstanden wird;
- *verschmelzende Umwandlung* (§§ 1, 3–15, 20–29 UmwG), bei der die Übertragung des Vermögens auf eine bereits existierende → *Personengesellschaft* oder Einzelperson erfolgt.

Lit.: Kraft, A., in: Zöllner, W. (Hrsg.): Kölner Kommentar zum AktG, 2. Aufl., 1990, §§ 339–361.

G

GAAP
= → *Generally Accepted Accounting Principles.*

Ganzzahlige Optimierung
→ *Planungsrechnung.*

GAP-Analyse
= Lücken-Analyse.

Instrument des Absatz-Controllings; von *Ansoff* entwickeltes Verfahren zur Früherkennung von strategischen Problemen bzw. Schwächen. Dabei werden die geplante Entwicklung einer Zielgröße (z. B. Gewinn, Umsatz) und die voraussichtliche Entwicklung aufgrund der gegenwärtigen Aktivitäten miteinander verglichen. Weichen die beiden Kurven voneinander ab, entsteht eine strategische Lücke (GAP, Ziellücke). Je größer die Lücke ist, desto weniger wurde das vorhandene strategische Potential genutzt. Ziel ist es, den langfristigen GAP zu schließen, um den Bestand des Unternehmens zu sichern.

Lit.: Ansoff, J.H.: Corporate Strategy, 1965.

Garantierückstellung
Im → *Jahresabschluß* und in der → *Steuerbilanz* aufzunehmende → *Rückstellung* für zu erwartende, vertraglich zugesicherte oder aus Kulanz gewährte am Abschlußstichtag noch nicht vorgenommene Gewährleistungen. Nach § 249 Abs. 1 HGB gehören die G. zu den → *Rückstellungen für ungewisse Verbindlichkeiten* und können sowohl einzeln als auch pauschal (z. B. in Höhe der durchschnittlichen Garantieleistungen vergangener Jahre) ermittelt werden (→ *Rückstellungen*).

Gebäude-Layout
→ *Anlagenplanung und Anlagenrechnung.*

Gebrauchswert
= → *Ertragswert.*

Gegenwartswert
Als G. einer → *Zahlungsreihe* wird die Summe aller auf einen einheitlichen Bezugszeitpunkt auf- bzw. abgezinsten Zahlungen bezeichnet (→ *Barwert,* → *Endwert*).

Geldkapitalerhaltung
= *Reale Eigenkapitalerhaltung.*
→ *Substanz- und Kapitalerhaltung.*

Gemeiner Wert
Der G. ist allen steuerlichen Bewertungen zugrunde zu legen „soweit nichts anderes vorgeschrieben ist" (§ 9 Abs. 1 BewG). Er wird „durch den Preis bestimmt, der im gewöhnlichen Geschäftsverkehr nach der Beschaffenheit des Wirtschaftsgutes bei einer Veräußerung zu erzielen wäre. Dabei sind alle Umstände, die den Preis beeinflussen, zu berücksichtigen. Ungewöhnliche oder persönliche Verhältnisse sind nicht zu berücksichtigen" (§ 9 Abs. 2 BewG). Der G. entspricht dem Absatzpreis am Absatzmarkt, d. h. dem Einzelveräußerungspreis. Als Hauptmangel des G. wird angesehen, daß sämtliche G. aller → *Wirtschaftsgüter* eines Betriebes nicht den Gesamtwert des Betriebes darstellen. Der G. ist daher für die Bewertung in der → *Steuerbilanz* durch den → *Teilwert* abgelöst worden.

Gemeinerlöse
Für verschiedene Produkte, Produktarten oder Kunden gemeinsam entstandene Bestandteile der Umsatzerlöse (→ *Erlösrechnung*).

Gemeinkosten
→ *Einzel- und Gemeinkosten.*

Gemeinkostenmanagement
1. Zielsetzung und Bedeutung

Gesamtwirtschaftliche Veränderungen der Beschäftigungsstruktur vom sekundären zum tertiären Sektor spiegeln sich auch in den Unternehmen wider. Die Folge ist eine starke relative Zunahme der → *Gemeinkosten*, also von Kosten, die nicht *direkt* für die Erzeugung oder den Vertrieb von Verkaufserzeugnissen und -dienstleistungen anfallen (wie insbsd. die Verwaltungskosten), und die demzufolge i. d. R. keiner laufenden *Produktivitätskontrolle* unterzogen werden. Ein Großteil der Gemeinkosten sind Personalkosten, insbsd. Gehälter und Gehaltsnebenkosten für Angestellte.

Die zunehmende Bedeutung der Gemeinkosten hat viele Unternehmensleitungen veranlaßt, diesen Kosten mehr Aufmerksamkeit zu schenken. Die Gemeinkosten zu kontrollieren und letztlich zu senken, ist das Ziel des G. In Theorie und Praxis werden vor allem folgende Methoden (oder Varianten davon) diskutiert bzw. angewandt:

- die → *Gemeinkosten-Wertanalyse*,
- das → *Zero-Base-Budgeting* und
- die Planung und Kontrolle von Gemeinkosten im Rahmen der Kostenrechnung.

2. Gemeinkosten-Wertanalyse (GWA)

GWA ist eine zeitlich begrenzte, systematische Überprüfung der *Kosten-/Nutzenverhältnisse* jeder Leistung der Gemeinkostenbereiche, von Statistiken über Berichte bis hin zu Reparaturleistungen, mit dem Ziel, unnötige Leistungen abzuschaffen sowie erhaltenswerte Leistungen kostengünstiger zu erstellen und damit die Gemeinkosten nachhaltig zu senken. Die eigentliche *Analysephase* (daneben gibt es noch eine Vorbereitungs- und Realisationsphase) ist im wesentlichen durch vier Schritte gekennzeichnet:

a) Strukturierung von Kosten und Leistungen. Leiter von Untersuchungseinheiten (i. d. R. sind dies die Kostenstellenleiter der Gemeinkostenbereiche) geben die von ihrer Abteilung erstellten „Leistungen" an und schätzen, wie sich die größten Kostenblöcke der Abteilung auf diese Leistungen verteilen. Darüber hinaus ist anzugeben, für wen diese Leistungen erstellt werden.

b) Entwicklung von Einsparungsmöglichkeiten. In einem zweiten Schritt werden Kostenstellenleiter und Leistungsempfänger zusammengebracht mit dem Ziel, Kosten und Nutzen der einzelnen Leistungen einander gegenüberzustellen. Für Leistungen mit schlechtem Kosten-/Nutzenverhältnis sollen Einsparungsideen gefunden werden, die die Kosten um einen bestimmten Prozentsatz senken können. Um dabei die Kreativität zu fördern und als unantastbar angesehene Leistungen in Frage zu stellen, werden in der Praxis zunächst utopische Prozentsätze von ca. 40% vorgegeben. Die Einsparungsideen können sich sowohl auf die teilweise oder vollständige Aufgabe von Leistungen als auch auf ihre rationellere Abwicklung beziehen.

c) Bewertung der Einsparungsideen. Alle Vorschläge werden von qualifizierten Stellen im Unternehmen (von Fachabteilungen, Vorgesetzten und sämtlichen Stellen, die durch eventuelle Leistungseinschränkungen betroffen sind) hinsichtlich ihrer Realisierbarkeit bewertet.

d) Konkretisierung realisierbarer Ideen. Als realisierbar eingestufte Ideen werden zu Handlungsprogrammen ausformuliert und an das (oberste) Entscheidungsgremium (sog. Lenkungs- oder Entscheidungsausschuß), das i. d. R. aus der Unternehmensleitung und dem Projektleiter zusammengesetzt ist, zur Verabschiedung vorgelegt. Ggfs. ist auch der Betriebsrat in diese Entscheidung einzubeziehen.

3. Zero-Base-Budgeting (ZBB)

Ziel des ZBB ist es, das eingefahrene Denken in *Budgets* vergangener Jahre aufzubrechen und sämtliche Leistungen des Verwaltungsbereichs von Grund auf in Frage zu stellen. Man beginnt damit im Rahmen der Budgetplanung und -verteilung bei Null (Zero). Der wesentliche Unterschied zur GWA liegt darin, daß es bei dem ZBB nicht nur um Kostensenkungen, sondern auch um eine Reallokation von Verwaltungsaufgaben und -kosten geht. Ergebnis eines ZBB-Prozesses kann damit (zumindest theoretisch) auch ein Zuwachs an erstellten Verwaltungsleistungen sein. Die wichtigsten Verfahrensschritte sind:

a) Bilden von Entscheidungseinheiten. Ausgehend von den lang- und mittelfristigen Unternehmensplänen wird erarbeitet, welche Funktionen (Entscheidungseinheiten) zur Erfüllung der Pläne erforderlich sind. Die Entscheidungseinheiten lassen sich als abgrenzbare Aktivitäten (Aufgabenbereiche) der Verwaltung oder des Gemeinkostensektors interpretieren.

b) Vorgabe alternativer Leistungsniveaus. Die Arbeitsergebnisse der Entscheidungseinheiten sind bestimmt durch Quantität und Qualität der einzelnen Leistungen (= Leistungsniveaus). Normalerweise werden drei alternative Niveaus erarbeitet, wobei das niedrigste Niveau eine Mindestanstrengung im Hinblick auf die Unternehmenszielsetzung darstellt. Danach werden für jedes Leistungsniveau die jeweils wirtschaftlichsten Verfahren ermittelt.

c) Erarbeiten von Entscheidungspaketen. Da über das zu realisierende Leistungsniveau auf Management-Ebene entschieden werden muß, werden sämtliche entscheidungsrelevanten Merkmale (z. B. Vorteile eines Leistungsniveaus gegenüber dem jeweils niedrigeren, Konsequenzen für andere Bereiche, zusätzliche Kosten) in Form von „Entscheidungspaketen" stichwortartig beschrieben.

d) Erstellen einer Rangordnung und Budgetschnitt. Die Beurteilung der Entscheidungspakete erfolgt durch die Führungskräfte des Unternehmens in Gruppengesprächen. Einem *Bottom-up-Ansatz* folgend werden die Entscheidungspakete in eine Rangordnung gebracht, bis zuletzt die Unternehmensleitung über die endgültige Rangordnung und die verfügbaren Mittel (Budgetschnitt) entscheidet.

4. Planung und Kontrolle von Gemein- (insb. Verwaltungs-) Kosten in der Kostenrechnung

Trotz der herausragenden Bedeutung der Verwaltungskosten in vielen Unternehmen sind die Aussagen der Kostenrechnungstheorie zur Planung und Kontrolle dieser Kosten eher spärlich. Es ist hier das Verdienst der → *Prozeßkostenrechnung*, auf die zunehmende Bedeutung der Verwaltungsbereiche (indirekten Bereiche) eines Unternehmens als Kostenfaktor hingewiesen und die bereits in der traditionellen Vollkolstenrechnung und in der flexiblen → *Plankostenrechnung* bekannte *Bezugsgrößenkalkulation* konsequent auch auf Verwaltungstätigkeiten ausgeweitet zu haben. Die Verfahrensweise, durch eine nach Kostenarten und Kostenstellen (Prozesse) differenzierte analytische Kostenplanung sowie durch laufende → *Abweichungsanalysen*, Kostenberichte und Kostendurchsprachen Unwirtschaftlichkeiten der Gemeinkostenverursachung zu erkennen und abzustellen, ist hier grundsätzlich dieselbe wie im Produktionsbereich. Besondere Probleme ergeben sich allerdings bei der Festlegung geeigneter Bezugsgrößen und aufgrund der Flexibilität der Strukturen im Verwaltungsbereich.

5. Beurteilung

Die Vorteile eines Gemeinkostenmanagements im Rahmen der Kostenrechnung liegen in der permanenten Überwachung und Steuerung der Gemeinkosten. GWA und ZBB sind demgegenüber zeitlich begrenzte Verfahren, die aufgrund ihres hohen Aufwands nur in Abständen mehrerer Jahre durchgeführt werden können. Es ist fraglich, ob sich damit ein dynamisches Problem wie die Gemeinkostenentwicklung, das darüber hinaus auch wesentlich ein Anreizproblem darstellt, dauerhaft lösen läßt. Erfolgversprechender scheint es, auch im Verwaltungsbereich Kostentreiber zu identifizieren und Kosten „verursachungsgerecht" zuzurechnen. Neuere, auf der → *Principal-Agent-Theorie* basierende Beiträge zeigen dabei, daß es vorteilhaft sein kann, Verantwortungsbereichen auch fixe Gemeinkosten zuzurechnen, wenn diese durch ihren Einfluß auf Unternehmensentscheidungen verursacht (zusätzlich ausgelöst) wurden.

Lit.: Roever, M.: Gemeinkosten-Wertanalyse – Erfolgreiche Antwort auf die Gemeinkosten-Problematik, in: ZfB 1980, S. 686–690; *Meyer-Piening, A.:* Gemeinkosten senken – aber wie? in: ZfB 1980, S. 691–698; *Picot, A./Rischmüller, G.:* Planung und Kontrolle der Verwaltungskosten in Unternehmungen, in: ZfB 1981, S. 331–346; *Meyer-Piening, A.:* Zero Base Planning: Zukunftssicherndes Instrument der Gemeinkostenplanung, 1990; *Müller, A.:* Gemeinkosten-Management: Vorteile der Prozeßkostenrechnung, 1992; *Pfaff, D.:* Kostenrechnung, Unsicherheit und Organisation, 1993.

Professor Dr. Dieter Pfaff, Zürich.

Gemeinkostenwertanalyse (GWA)
→ *Gemeinkostenmanagement.*

Gemeinschaftskontenrahmen
→ *Kontenrahmen und Kontenplan.*

Gemeinschaftsunternehmen
Bezeichnung für ein Unternehmen, das von zwei oder mehreren → *Gesellschaftsunternehmen* gemeinschaftlich geführt wird. G. dürfen im → *Konzernabschluß* quotal gem. §310 HGB konsolidiert werden (→ *Quotenkonsolidierung*).

Gemischtes Verfahren
Verfahren der Verbindung von → *Vor-* und → *Nachrechnung* in der → *Plankostenrechnung*, bei dem Vor- und Nachrechnung eng verzahnt sind; wird vor allem bei der *Standardkostenrechnung* angewandt (→ *Kostenrechnungssysteme*).

Generally Accepted Accounting Principles (GAAP)
Unbestimmter Rechtsbegriff, der das komplexe US-amerikanische Regelsystem für den Bereich der Rechnungslegung beschreibt, das nach der Rechtstradition der → *USA* nicht von der Legislative erlassen, sondern von autorisierten privaten Institutionen (→ *Financial Accounting Standards Board*, → *Accounting Principles Board*, → *Committee on Accounting Procedure*, → *American Institute of Certified Public Accountants*) vor dem Hintergrund praktizierter Rechnungslegungsverfahren aufgestellt wurde und fortlaufend weiterentwickelt wird. Die Börsenaufsichtsbehörde → *SEC* überwacht die Einhaltung der G. durch die börsennotierten Unternehmen. Als Pflichtbestandteil des ungeingeschränkten Bestätigungsvermerks des → *Certified Public Accountant* erlangen die G. darüber hinaus für alle prüfungspflichtigen und freiwillig geprüften Unternehmen ihre rechtliche Verbindlichkeit.

Lit.: Rubin, S.: The house of GAAP, in: JAcc. June 1984, S. 122–129; *McEnroe, J. E.:* Attitudes Towards the Term „Generally Accepted Accounting Principles", in: Accounting and Business Research 1985, S. 157–162; *Haller, A.:* Die „Generally Accepted Accounting Principles", in: ZfbF 1990, S. 751–777; *Haller, A.:* Die Grundlagen der externen Rechnungslegung in den USA, 4. Aufl., 1994, S. 55–76; *Pellens, B.:* Internationale Rechnungslegung, 1997, S. 117–127.

Genossenschaften
1. Rechnungslegung. G. gelten gem. § 17 Abs. 2 GenG als Kaufleute i. S. des HGB (kraft Rechtsform). Daher sind für ihre Rechnungslegung die Vorschriften des HGB anzuwenden, soweit das GenG keine abweichenden Vorschriften enthält. Für G. sind somit zunächst die für alle Kaufleute geltenden allg. Vorschriften der §§ 238 bis 263 HGB maßgeblich. Daneben haben G. die für sie geschaffenen ergänzenden Vorschriften der §§ 336 bis 339 HGB zu beachten, die die für G. geltenden Besonderheiten der Rechnungslegung und Publizität regeln. Durch die Verweisung in § 336 Abs. 2 HGB finden auf G. jedoch auch die für Kapitalgesellschaften geltenden Vorschriften zum → *Jahresabschluß* und zum → *Lagebericht* (§§ 264 Abs. 2, 265 bis 289 HGB mit bestimmten Ausnahmen) Anwendung.

Die handelsrechtliche *Buchführungspflicht* ergibt sich aus § 238 Abs. 1 HGB. Gem. § 33 Abs. 1 Satz 1 GenG obliegt es dem Vorstand als geschäftsführendem Organ, dafür zu sorgen, daß die erforderlichen Bücher ordnungsgemäß geführt werden. Der → *Jahresabschluß* der G. besteht nach der für alle Kaufleute geltenden Vorschrift des § 242 Abs. 3 HGB aus Bilanz und GuV; er ist gem. § 336 Abs. 1 Satz 1 HGB um einen → *Anhang* zu erweitern, der mit Bilanz und GuV eine Einheit bildet. Darüber hinaus hat der Vorstand einen Lagebericht aufzustellen.

Die *Aufstellung von Jahresabschluß* und Lagebericht hat gem. § 336 Abs. 1 Satz 2 HGB innerhalb der ersten fünf Monate nach Ablauf des Geschäftsjahres zu erfolgen. Für Kredit-G. gilt gem. § 26 Abs. 1 KWG eine Aufstellungsfrist von drei Monaten. Jahresabschluß und Lagebericht sind gem. § 33 Abs. 1 Satz 2 GenG unverzüglich nach ihrer Aufstellung dem Aufsichtsrat und mit dessen Bemerkungen der Generalversammlung vorzulegen. Diese stellt gem. §48 Abs. 1 GenG den Jahresabschluß fest und beschließt über die Verwendung des Jahresüberschusses bzw. die Deckung eines Jahresfehlbetrages; sie hat in den ersten sechs Monaten des Geschäftsjahres stattzufinden.

Die *Bilanz* ist gem. §266 Abs. 1 i. V. m. §336 Abs. 2 HGB zwingend in Kontoform aufzustellen und grundsätzlich nach dem in §266 Abs. 2 und Abs. 3 HGB vorgegebenen Schema zu gliedern. Eine Modifikation ergibt sich durch §337 HGB lediglich hinsichtlich der Untergliederung des → *Eigenkapitals* (Ausweis der Geschäftsguthaben an Stelle des gezeichneten Kapitals; Ausweis der Ergebnisrücklagen, die in gesetzliche Rücklagen und andere Ergebnisrücklagen aufzugliedern sind, an Stelle der Gewinnrücklagen; Darstellung der Rücklagenentwicklung). Kleine G. (i.S. des §267 Abs. 1 HGB) brauchen nur eine verkürzte Bilanz analog den für kleine Kapitalgesellschaften geltenden Bestimmungen aufzustellen.

Die *GuV* ist gem. §275 Abs. 1 i. V. m. §336 Abs. 2 HGB zwingend in Staffelform aufzustellen, wobei das Gesamtkosten- (§275 Abs. 2 HGB) oder das Umsatzkostenverfahren (§275 Abs. 3 HGB) angewandt werden kann. Kleine und mittelgroße G. können die Erleichterungen gem. §276 HGB in Anspruch nehmen.

Für die Gliederung des Jahresabschlusses von *Wohnungs-G.* gilt die Formblatt-VO v. 6.3. 1987, für den Jahresabschluß von *Kredit-G.* die VO über die Rechnungslegung der Kreditinstitute v. 10.2. 1992. Beide VO wurden vom Bundesminister der Justiz aufgrund der Ermächtigung gem. §330 i. V. m. §336 Abs. 3 HGB erlassen. Kredit-G. können – wie alle → *Kreditinstitute* – gem. §§340c, 340f Abs. 3 HGB bei der Aufstellung der GuV unter Abweichung vom sog. Bruttoprinzip bestimmte Erträge und Aufwendungen im Kredit- und Wertpapiergeschäft verrechnen (sog. *Überkreuzkompensation*).

Bei der Aufstellung des Jahresabschlusses sind im übrigen die für alle Kaufleute geltenden *Ansatzvorschriften* gem. §§246 bis 251 HGB und *Bewertungsvorschriften* gem. §§252 bis 256 HGB zu beachten. Die für Kapitalgesellschaften geltenden Bewertungsvorschriften gem. §§279 bis 283 HGB, insbesondere das Wertaufholungsgebot gem. §280 HGB, brauchen gem. §336 Abs. 2 HGB von G. nicht angewendet zu werden. G. können danach in dem durch §253 Abs. 4 HGB gezogenen Rahmen → *stille Rücklagen* bilden und sind insoweit Einzelkaufleuten und Personengesellschaften gleichgestellt.

Für den Inhalt von *Anhang und Lagebericht* gelten §§284 bis 289 HGB mit den sich aus §338 HGB ergebenden Änderungen und Ergänzungen. Kredit-G. haben, bei der Aufstellung des Anhangs, die sich aus §§340a Abs. 2, 340f Abs. 2 u. 4 HGB sowie §§34 bis 36 RechKred-VO ergebenden Modifikationen zu beachten.

G. haben ggf. einen → *Konzernabschluß* und Konzernlagebericht aufzustellen. Die Aufstellungspflicht ergibt sich – mangels entsprechenden Verweises in §§336 bis 339 HGB – nicht aus §§290 bis 293 HGB, sondern bei Vorliegen entsprechender Größenmerkmale aus §§11 ff. PublG; §§294–315 HGB sind gem. §13 Abs. 2 PublG sinngemäß anzuwenden. Für Kredit-G. ergibt sich die Aufstellungspflicht aus §340i HGB.

2. *Prüfung*. Gem. §54 GenG müssen G. einem Verband angehören, dem das Prüfungsrecht verliehen ist. Der Verband hat gem. §53 GenG jede G. mindestens in jedem zweiten Geschäftsjahr zu prüfen; G. mit einer Bilanzsumme von mehr als 2 Mio DM sind jährlich zu prüfen. Als Zweck der gesetzlichen Prüfung wird in §53 Abs. 1 GenG die *Feststellung der wirtschaftlichen Verhältnisse und der Ordnungsmäßigkeit der Geschäftsführung* bestimmt und festgelegt, daß zu diesem Zweck die *Einrichtungen*, die *Vermögenslage* sowie die *Geschäftsführung* der G. zu prüfen sind; außerdem ist gem. §53 Abs. 2 GenG im Rahmen der gesetzlichen → *Prüfung der Jahresabschluß* unter Einbeziehung der → *Buchführung* und des Lageberichtes zu prüfen. Die genossenschaftliche Verbandsprüfung ist danach

umfangreicher als die aktienrechtliche Jahresabschlußprüfung, die sich lediglich auf die Ordnungsmäßigkeit der Rechnungslegung erstreckt.

Für den vom Verband über die Prüfung zu erstellenden schriftlichen Bericht gilt, soweit er den Jahresabschluß und den Lagebericht betrifft, § 321 Abs. 1 HGB. Der aufgrund der Jahresabschlußprüfung zu erteilende → *Bestätigungsvermerk* wird gem. § 58 Abs. 2 GenG nur für große G. i.S.v. § 267 Abs. 3 HGB verlangt. Der Wortlaut ergibt sich aus § 322 HGB.

Gem. § 58 Abs. 4 GenG haben Vorstand und Aufsichtsrat über das Ergebnis der Prüfung in gemeinsamer Sitzung unverzüglich nach Eingang des → *Prüfungsberichts* zu beraten. Der Aufsichtsrat hat sich gem. § 59 Abs. 2 GenG in der Generalversammlung über wesentliche Feststellungen oder Beanstandungen der Prüfung zu erklären.

Der Verband stellt der G. eine Bescheinigung über die stattgefundene Prüfung aus, die vom Vorstand gem. § 59 Abs. 1 GenG zum Genossenschaftsregister einzureichen ist.

3. Offenlegung. Gem. § 339 Abs. 1 GenG sind alle G. zur Offenlegung verpflichtet. Der festgestellte Jahresabschluß, der Lagebericht und der Bericht des Aufsichtsrates sind unverzüglich nach der Generalversammlung dem zuständigen Genossenschaftsregister einzureichen. Große G. haben mit dem Jahresabschluß auch den Bestätigungsvermerk einzureichen; ist die Prüfung im Zeitpunkt der Einreichung vorg. Unterlagen noch nicht abgeschlossen, muß der Bestätigungsvermerk unverzüglich nach Abschluß der Prüfung nachgereicht werden.

Große G. haben ferner gem. § 339 Abs. 2 GenG unverzüglich nach der Generalversammlung den festgestellten Jahresabschluß mit dem Bestätigungsvermerk in ihrem Satzungsblatt (§ 6 Nr. 5 GenG) bekanntzumachen und das Belegexemplar der Bekanntmachung dem zuständigen Genossenschaftsregister einzureichen. Ist die Prüfung des Jahresabschlusses im Zeitpunkt der Generalversammlung noch nicht beendet, so hat die Bekanntmachung unverzüglich nach Abschluß der Prüfung zu erfolgen.

Kleine G. brauchen gem. § 326 i. V. m. § 339 Abs. 2 HGB nur die Bilanz und den Anhang einzureichen, und zwar in der gem. §§ 266 Abs. 1 Satz 3, 288 HGB verkürzten Form. Die GuV braucht nicht offengelegt zu werden.

Mittelgroße G. i.S.v. § 267 Abs. 2 GenG müssen zwar den gesamten Jahresabschluß und den Lagebericht zum Genossenschaftsregister einreichen, können aber gem. § 327 HGB die Bilanz in der den kleinen G. erlaubten Form (unter Ergänzung um verschiedene Zusatzangaben) und auch den Anhang in verkürzter Form offenlegen.

Kredit-G. dürfen gem. § 3401 HGB von den den kleinen und mittelgroßen G. gewährten Erleichterungen keinen Gebrauch machen.

Lit.: Metz, E./Schaffland, H.-J., in: Lang, J./Weidmüller, L., Genossenschaftsgesetz, Kommentar, 32. Aufl., 1988, §§ 17, 33, 53ff.; *Ohlmeyer, D./Bergmann, J.:* Das neue genossenschaftliche Bilanzrecht, 1986, S. 15–101; *Hunger, G.:* in: Bonner HR, 1986, §§ 336ff.

WP Dr. Josef Reiners, Steinfurt-Borghorst.

Genußrecht

1. Begriff. G. können von AG, GmbH, KG, öffentlichen Sparkassen und anderen Rechtsträgern mit sehr verschiedenen Inhalten begründet und in *Genußscheinen* verbrieft werden. Gesetzlich sind sie nicht geregelt. Gleichwohl werden G. in manchen Gesetzen erwähnt, z. B. in §§ 160 Abs. 1 Nr. 6 und 221 Abs. 3 und 4 AktG, worin eine Angabepflicht im → *Anhang*, Beschluß der HV für ihre Gewährung und ein Bezugsrecht der Aktionäre vorgeschrieben werden, in § 10 Abs. 5 KWG, nach dem Einzahlungen auf G. unter bestimmten Bedingungen als → *Eigenkapital* gelten, und in § 8 Abs. 3 KStG, der bestimmt, daß Ausschüttungen auf G., die Beteiligung am Gewinn und Liquidationserlös gewähren, das steuerpflichtige Einkommen nicht mindern. G. gewähren keine gesellschaftergleiche Mitgliedschaftsrechte, sondern verkörpern schuldrechtliche Ansprüche. G. können gegen Einzahlungen gewährt werden. Je nach Laufzeit, fester oder gewinnabhängiger Verzinsung, Teilnahme am Verlust und am Liquidationserlös sind G. bilanzanalytisch eher dem → *Eigenkapital* oder den → *Verbindlichkeiten* zuzurechnen. Die Beteiligung am Liquidationserlös wird gewöhnlich ausgeschlossen, um gem. § 8 KStG die Abzugsfähigkeit als Betriebsausgabe zu sichern. G. können auch ohne Einzahlung begeben werden und z. B. den Anspruch auf Gewinn aus genau definierten Transaktionen des Emittenten (z. B. Lizenzeinnahmen) verkörpern.

2. Bilanzierung. Auf G. geleistete Einzahlungen sind von Emittenten zu passivieren und unter entsprechender Bezeichnung auszuweisen (*Genußscheinkapital*). Werden G. ohne Einzahlungen z. B. an Gesellschafter oder an Gläubiger im Rahmen einer Sanierung gewährt und verkörpern sie z. B. Ansprüche auf Teile des Jahresüberschusses, so werden sie nicht passiviert.

Ausschüttungen auf G. werden im ersten Fall in der → *Gewinn- und Verlustrechnung* gewöhnlich unter sonstigen betrieblichen Aufwendungen oder, falls die G. Verbindlichkeitscharakter haben, unter Zinsen und ähnlichen Aufwendungen ausgewiesen. Werden Ausschüttungen aufgrund von G. an Aktionäre in ihrer Eigenschaft als Gesellschafter vorgenommen, so liegt eine Verpflichtung zu einer teilweisen Verwendung des Jahresüberschusses vor, die als solche aus der Gewinn- und Verlustrechnung bzw. ihrer Fortführung oder aus dem Anhang gem. § 158 Abs. 1 AktG erkennbar sein sollte und den Regelungen des § 58 AktG unterliegt.

Lit.: Pougin, E.: Genußrechte, 1987; *Lutter, M.:* Ausgabe von Genußrechten und Jahresabschluß, in: Handelsrecht und Steuerrecht, FS Döllerer, 1988, S. 383–395; *Emde, A.:* Die handels- und steuerrechtliche Behandlung einer Emission von Genußrechten, in: BB 1988, S. 1214–1217; *Fischer, Th.:* Der Genußschein als kapitalmarktpolitisches Instrument der Unternehmensfinanzierung, 1989; *Frantzen, Ch.:* Genußscheine, 1993; *Lutter, M.:* Zur Bilanzierung von Genußrechten, in: DB 1993, S. 2441–2446; *Küting, K./Kessler, H.*, in: Küting/Weber: HdR, 4. Aufl., Bd. I a, 1995, § 272 HGB, Tz. 201–218.

Professor Dr. Dr. h. c. mult. Walther Busse von Colbe, Bochum.

Geometrisch-degressive Abschreibung

Buchwertabschreibung, mit im Zeitablauf sinkenden Abschreibungsbeträgen. Der auf den jeweiligen Buchwert anzuwendende Abschreibungssatz ermittelt sich nach:

Abschreibungssatz (%) =

$$\left(1-\sqrt[n]{\frac{\text{Restwert n}}{\text{Anschaffungskosten}}}\right) \times 100$$

mit: n = Nutzungsdauer.

Weil die G. nicht zu einer vollständigen Abschreibung des Vermögensgegenstandes führt, geht man meist schon während der Nutzungsdauer zur → *linearen Abschreibung* über, wenn sich hierdurch höhere Abschreibungsbeträge ergeben. In der → *Steuerbilanz* ist die G. gem. § 7 Abs. 2 EStG für bewegliche Anlagegegenstände zugelassen, wobei der Abschreibungssatz max. 30 % und der Abschreibungsbetrag das Dreifache der linearen Abschreibung nicht übersteigen darf; der Übergang auf die lineare Abschreibung des Restwertes ist zulässig (→ *Abschreibungen*).

Lit.: Busse von Colbe, W.: Bilanzen, 5. Aufl., 1988 (Nachdruck 1989), S. 38–43; *Baetge, J.:* Bilanzen, 4. Aufl., 1996, S. 238–248.

Geringwertige Wirtschaftsgüter

Abnutzbare bewegliche Wirtschaftsgüter des Anlagevermögens, die einer selbständigen Nutzung fähig sind und deren → *Anschaffungskosten* oder → *Herstellungskosten*, vermindert um den darin enthaltenen Vorsteuerbetrag, für das einzelne Wirtschaftsgut 800,– DM nicht übersteigen (§ 6 Abs. 2 EStG). G. können im Jahr der Anschaffung oder Herstellung steuer- und handelsrechtlich voll abgeschrieben werden (→ *Anlagevermögen*).

Gesamtkapital

Das gesamte in der Unternehmung gebundene bilanzielle → *Eigen- und Fremdkapital.* Das G. wird bei der → *Bilanzanalyse* durch Saldierung aller aktiven (z. B. ausstehende Einlagen, eigene Anteile) und passiven (z. B. Wertberichtigungen) Korrekturposten aus der Bilanzsumme ermittelt und entspricht dem bilanzierten Gesamtvermögen der Unternehmen. Soweit für den externen Betrachter aus dem → *Anhang* oder Bilanzvermerken ersichtlich, ist das bilanzierte G. durch saldierte Posten (z. B. aktivisch abgesetzte erhaltene Anzahlungen, im → *Konzernabschluß*, tpassivisch abgesetzte → *Firmenwerte*) und nicht bilanzierte Posten (z. B. Firmenwerte im Einzelabschluß) zu ergänzen, insbesondere um bei unterschiedlicher Bilanzierungsweise zwischenbetriebliche Vergleiche zu ermöglichen.

Gesamtkapitalrentabilität
→ *Rentabilität.*

Gesamtkosten
Gesamte angefallene → *Kosten* einer Periode.

Gesamtkostenverfahren
Verfahren zur Ermittlung des → *Jahresüberschusses* einer Unternehmung. Sämtliche im betrachteten Zeitraum angefallenen → *Erträge* werden sämtlichen → *Aufwendungen* gegenübergestellt. Wenn Produktion und Absatz der Periode nicht gleich groß sind, müssen auf der Ertragsseite der → *Gewinn- und Verlustrechnung* der Wert der Bestandserhöhungen oder auf der Aufwandseite der Bestandsminderungen an Halb- und Fertigprodukten hinzugerechnet werden. Die GuV-Rechnung nach § 275 HGB kann entweder nach dem G. oder nach dem → *Umsatzkostenverfahren* gegliedert werden (→ *Gewinn- und Verlustrechnung*).

Gesamtreproduktionswert
→ *Substanzwert.*

Gesamtwert der Unternehmung
1. Begriff und Anlässe der Ermittlung. Der G. ist das Resultat der Bewertung einer Unternehmung als Ganzes. Er wird ermittelt im Zusammenhang mit Anlässen, die die Eigentumsverhältnisse der Unternehmung als Ganzes oder von wesentlichen Unternehmungs(an)teilen betreffen. Es handelt sich dabei stets um Situationen, in denen es um die Lösung von interpersonalen Konflikten über die Bedingungen der Änderung solcher Eigentumsverhältnisse geht, wobei diese Änderung sich gesellschaftsrechtlich oder vermögensrechtlich vollziehen kann.

Bei einer *Konfliktsituation vom Typ des Kaufs/Verkaufs* werden die Eigentumsverhältnisse der zu bewertenden Unternehmung in der Weise geändert, daß die eine Konfliktpartei (Verkäufer) ihr Eigentum an der Unternehmung zugunsten der anderen Konfliktpartei (Käufer) aufgibt und dafür vom Käufer eine Gegenleistung (Preis i. w. S.) erhält. Damit gehen Risiken und Chancen hinsichtlich der künftigen Erfolge vom Verkäufer auf den Käufer über. Im Mittelpunkt dieses Konflikts steht in aller Regel die Höhe der vom Käufer zu erbringenden geldgleichen Gegenleistung. Beispiele für solche Konfliktsituationen sind der Erwerb und die Veräußerung einer ganzen Unternehmung, einer nicht börsennotierten Beteiligung, eines Gliedbetriebes, ferner Erbauseinandersetzungen zwischen den die Unternehmung fortführenden Erben und auszuzahlenden Erben oder zwischen Mitgesellschaftern des Erblassers und dessen nicht in die Unternehmung eintretenden Erben, der Ausschluß eines sog. lästigen Gesellschafters oder das zwangsweise Ausscheiden von Minderheitskapitalgesellschaftern gegen Barabfindung.

Bei einer *Konfliktsituation vom Typ der Fusion* werden mehrere zu bewertende Unternehmungen vereinigt. Die Eigentümer dieser zu vereinigenden Unternehmungen erhalten direkt oder indirekt Eigentum an der sich aus der Vereinigung ergebenden neuen wirtschaftlichen Einheit. Chancen und Risiken hinsichtlich der Zukunftserfolge der zu bewertenden Unternehmung verbleiben grundsätzlich bei den bisherigen Eigentümern, wenngleich sie sich aufgrund der Vereinigung anders gestalten und anders verteilen können. Beispiele für solche Konfliktsituationen sind *Verschmelzungen* von Unternehmungen mit unterschiedlichen Gesellschafterzusammensetzungen, *Unternehmungsgründungen*, bei denen eine Unternehmung oder wesentliche Unternehmungsteile (z.B. Gliedbetrieb) als *Sacheinlage* eingebracht werden. Hierunter läßt sich ferner der *Eintritt von neuen Gesellschaftern* in eine bestehende Unternehmung subsumieren, wenn die bisherigen Eigentümer ihr Engagement in der zu bewertenden Unternehmung nicht zugunsten der eintretenden neuen Gesellschafter verringern oder ganz aufgeben, sondern neue Eigentumsanteile im Wege einer Kapitalerhöhung zugunsten der eintretenden Gesellschafter geschaffen werden sollen. Auch der praktisch bedeutsame Fall, daß zwar das Eigentum an der zu bewertenden Unternehmung im rechtlichen Sinne aufgegeben wird, dafür aber Eigentum an der übernehmenden Unternehmung erworben wird, weil die Gegenleistung aus Anteilen an der übernehmenden Unternehmung besteht, gehört hierhin; denn die bisherigen Eigentümer der übernommenen Unternehmung sind weiterhin – wenn auch indirekt und abgeschwächt – an den Risiken und Chancen hinsichtlich ihrer ehemaligen Unternehmung beteiligt. In all diesen Fällen einer Konfliktsituation vom Typ der Fusion steht die Verteilung der Einflußrechte (Eigentumsanteile) und damit letztlich die Verteilung der Zukunftserfolge der zu vereinigenden Unternehmungen auf die Konfliktparteien im Mittelpunkt des zu lösenden interpersonalen Konflikts.

2. Konzeptionen der Ermittlung. Bis 1960 war die *objektive Unternehmungsbewertung* in der Literatur dominierend. Obwohl die Aufgabenstellung der objektiven Unternehmungsbewertung von ihren Vertretern weder einheitlich noch eindeutig umschrieben wird, ist doch den Vertretern dieser Konzeption die Vorstellung gemeinsam, den Wert der Unternehmung möglichst losgelöst von konkreten Bezugspersonen als Bewertungsinteressenten und auf der Basis von Faktoren zu ermitteln, die von „jedermann“ realisiert werden könnten. Was in der Unternehmung an Erfolgspotential für jedermann enthalten sei, nicht was einzelne Bewertungsinteressenten aus der Unternehmung machen könnten, soll erfaßt werden, weil auf diese Weise der Gegensatz zwischen verschiedenen Bewertungsinteressenten am besten überwunden werden könnte. Diese Objektbezogenheit und Entpersonifizierung der Ermittlung des G. hatte eine starke Gegenwarts- und Vergangenheitsorientierung, ferner eine Vielzahl von widersprüchlichen Meinungen hinsichtlich der Lösung von Einzelproblemen zur Folge und erwies sich allgemein als Hemmschuh für die Entwicklung einer in sich geschlossenen Unternehmungsbewertungstheorie und speziell einer Unternehmungsbewertung für die Aufgabenstellung eines unparteiischen, vermittelnden Gutachters.

Der Durchbruch und Siegeszug der *subjektiven Unternehmungsbewertung* begann Mitte der sechziger Jahre. Die subjektive Unternehmungsbewertung wurde in Frontstellung zur objektiven Unternehmungsbewertung entwickelt. Sie wollte erfassen, was die Unternehmung unter Berücksichtigung der subjektiven Planungen und Vorstellungen eines konkreten Bewertungsinteressenten für diesen wert ist. Sie beruht daher auf den Prinzipien der *Zukunftsbezogenheit*, der *Gesamtbewertung* und der *Subjektbezogenheit* (Subjektivität). Der ihr adäquate Wertansatz ist der *Zukunftserfolgswert* (→ *Ertragswert*) als Ausdruck der gesamten künftigen Unternehmungserfolge für ein bestimmtes Bewertungssubjekt, wobei ein spezieller, aus der besten erfolgsgleichen anderweitigen Kapitalanlage des Bewertungsinteressenten abgeleiteter Kapitalisierungszinsfuß (interner Zinsfuß der Alternativinvestition) als Beurteilungsmaßstab für die Zukunftserfolge der zu bewertenden Unternehmung dient. Der subjektive G. spiegelt daher den Grenzpreis der Unternehmung aus der Sicht des jeweiligen Bewertungsinteressenten wieder. Die Unternehmung hat nicht einen einzigen Wert, wie es der Idee der objektiven Unternehmungsbewertung entspricht, sondern nach der subjektiven Unternehmungsbewertung für jeden Bewertungsinteressenten einen spezifischen und grundsätzlich verschiedenen Wert.

Gesamtwert der Unternehmung

Die *funktionale Unternehmungsbewertung* überwindet den Meinungsstreit zwischen objektiver und subjektiver Unternehmungsbewertung und stellt seit Mitte der siebziger Jahre die herrschende Lehre dar. Sie betont die Notwendigkeit einer Aufgabenanalyse und die Abhängigkeit des G. von der jeweiligen Aufgabenstellung. Die Unternehmung hat nicht bloß für jeden Bewertungsinteressenten einen spezifischen Wert, sondern kann auch je nach Aufgabenstellung einen durchaus unterschiedlichen Wert haben. Dabei stehen drei Aufgabenstellungen (Funktionen) im Vordergrund der Betrachtung: 1. die Beratungsfunktion, 2. die Vermittlungsfunktion und 3. die Argumentationsfunktion. Diese differenzierte Betrachtungsweise ergibt sich aus der Notwendigkeit, Rechnungen entsprechend ihrem Zweck aufzubauen.

3. Die Beratungsfunktion. Der G. als *Entscheidungswert* ist das Ergebnis einer Unternehmungsbewertung im Sinne der Beratungsfunktion. Der Begriff stellt auf den Zweck des Unternehmungsbewertungskalküls ab, ein ganz bestimmtes Entscheidungssubjekt (Bewertungsinteressent, z. B. Käufer, Verkäufer) in einer ganz speziellen Entscheidungs- und Konfliktsituation (z. B. Erwerb, Veräußerung) zu beraten und ihm Unterlagen für rationale Entscheidungen in dieser Situation und in bezug auf dieses Vorhaben zu liefern. Der Entscheidungswert zeigt dem Entscheidungssubjekt bei gegebenem Zielsystem und bei gegebenem Entscheidungsfeld an, unter welchen Bedingungen die Durchführung einer bestimmten vorgesehenen Handlung das ohne diese Handlung alternativ erreichbare Niveau der Zielerfüllung gerade noch nicht mindert, d. h., unter welchen Bedingungen die vorgesehene Handlung gerade noch mit rationalem Handeln vereinbar ist. Den Entscheidungswert charakterisieren vier Merkmale: 1. Er ist eine kritische Größe (*Merkmal des Grenzwertes oder der Konzessionsgrenze*). 2. Er wird im Hinblick auf eine bestimmte vorgesehene Handlung ermittelt (*Merkmal der Handlungsbezogenheit*). 3. Er ist auf ein bestimmtes Entscheidungssubjekt und dessen Zielsystem bezogen (*Merkmal der Subjekt- und Zielsystembezogenheit*). 4. Er ist nur im Hinblick auf die zur betrachteten Handlung als Alternativen anzusehenden Entscheidungsmöglichkeiten (Entscheidungsfeld) gültig (*Merkmal der Entscheidungsfeldbezogenheit*).

Der G. als Entscheidungswert wird für Handlungen ermittelt, deren Durchführung die Lösung eines interpersonalen Konflikts voraussetzen. Der Entscheidungswert muß daher sich auf solche Sachverhalte beziehen, die für eine Konfliktlösung zwischen diesen Parteien (z. B. Käufer, Verkäufer) bedeutsam sind. Er gibt dementsprechend an, welche Ausprägungen dieser konfliktlösungsrelevanten Sachverhalte das betreffende Entscheidungssubjekt äußerstenfalls gerade noch akzeptieren könnte. Der G. als Entscheidungswert gibt die Grenzeinigungsbedingungen dieses Entscheidungssubjekts an. Als solche Grenze der Konzessionsbereitschaft sollte er, um die Verhandlungsposition nicht zu schwächen, daher der anderen Konfliktpartei nicht bekannt werden.

In Konfliktsituationen des Kaufs/Verkaufs einer Unternehmung spielt die Höhe des möglichen Preises einer Unternehmung eine (meist) dominierende Rolle, so daß bei der Ermittlung des G. als Entscheidungswert oftmals ausschließlich auf die Bestimmung einer mit rationalem Handeln vereinbarten Preisgrenze abgestellt wird. Aufgrund dieser modellhaften Vereinfachung der tatsächlichen Konfliktsituation wird dann der G. als Entscheidungswert zur *Preisobergrenze* (Grenzpreis) aus der Sicht eines potentiellen Käufers und zur *Preisuntergrenze* (Grenzpreis) aus der Sicht des assumptiven Verkäufers.

Unter Zugrundelegung des Gewinnziels ergibt sich die Preisobergrenze des Verkäufers, wenn die von ihm erwarteten künftigen Gewinne der zu bewertenden Unternehmung mit dem → *internen Zinsfuß* der besten von ihm nach einem Verkauf realisierbaren Kapitalanlagemöglichkeit kapitalisiert werden. Die Preisobergrenze des

Käufers erhält man bei unterstelltem Gewinnziel, wenn die vom Käufer erwarteten künftigen Unternehmungsgewinne mit dem internen Zinsfuß der besten ihm alternativ zum Unternehmungserwerb offenstehenden Kapitalanlagemöglichkeit kapitalisiert werden. Dies bedeutet, daß der G. als Entscheidungswert aus der Sicht des Käufers und aus der Sicht des Verkäufers auch bei übereinstimmenden Zielen grundsätzlich verschieden sein kann. Denn sowohl die aufgrund der künftigen Unternehmungspolitik erwarteten künftigen Unternehmungsgewinne (*Zukunftserfolge*) als auch die zum Vergleich herangezogenen alternativen Kapitalanlagemöglichkeiten (→ *Kalkulationszinsfüße*) stimmen in der Regel nicht bei Käufer und Verkäufer überein.

4. Die Vermittlungsfunktion. Der G. als *Arbitriumwert* (Schiedswert) ist das Ergebnis einer Unternehmungsbewertung im Sinne der Vermittlungsfunktion durch einen unparteiischen Dritten (unparteiischer Gutachter, Vermittler, Schiedsgutachter), der zwischen mehreren Parteien (Bewertungsinteressenten), deren Interessen hinsichtlich der zu bewertenden Unternehmung divergieren, einen Interessenausgleich herbeiführen soll. Der G. als Arbitriumwert kann daher als ein von einem unparteiischen Dritten vorgeschlagener potentieller *Einigungswert* definiert werden. Der Arbitriumwert kann für diese Parteien unterschiedlich verbindlich sein, je nachdem, ob er eine für die Parteien unverbindliche Konfliktlösungsmöglichkeit ist, ob er als Vorschlag für ein angerufenes Gericht eine wichtige Urteilsbasis darstellt oder ob er aufgrund eines zwischen den Parteien vereinbarten schiedsgerichtlichen Verfahrens einem rechtskräftigen Gerichtsurteil gleichkommt. Als potentieller Einigungswert nennt der G. als Arbitriumwert die Bedingungen, auf deren Basis der Gutachter eine Konfliktlösung zwischen den Parteien für möglich erachtet. Dabei ist der Arbitriumwert grundsätzlich als ein Kompromiß aufzufassen, der für die Parteien zumutbar ist und ihre Interessen angemessen wahrt.

Im Zusammenhang mit einer vermittlungsorientierten Unternehmungsbewertung ist die Unterscheidung zwischen *dominierten* und *nicht dominierten Konfliktsituationen* von Bedeutung. Eine Konfliktsituation wird als nicht dominiert bezeichnet, wenn keine der konfligierenden Parteien eine Veränderung der Eigentumsverhältnisse der zu bewertenden Unternehmung allein, d. h. ohne Mitwirkung und möglicherweise sogar gegen den erklärten Willen der anderen Parteien durchsetzen kann. Die meisten Unternehmungsbewertungssituationen dürften als nicht dominierte Konfliktsituationen zu charakterisieren sein. Eine Konfliktsituation, in der eine der konfligierenden Parteien eine Änderung der Eigentumsverhältnisse der zu bewertenden Unternehmung auch gegen den erklärten Willen der anderen Parteien erzwingen kann, wird als dominierte Konfliktsituation bezeichnet. Eine solche einseitig erzwingbare Änderung der Eigentumsverhältnisse der zu bewertenden Unternehmung ist in einem Rechtsstaat nur aufgrund gesetzlicher Legitimation möglich. Beispiele hierfür sind etwa der Ausschluß eines sog. „lästigen Gesellschafters" oder das zwangsweise Ausscheiden von Minderheitsgesellschaftern einer Kapitalgesellschaft im Zusammenhang von *Eingliederungen, Umwandlungen* oder bestimmten *Unternehmungsverträgen*. Die Ausgangslage für den unparteiischen Dritten ist hier insofern anders als in einer nicht dominierten Konfliktsituation, weil von der Änderung der Eigentumsverhältnisse der zu bewertenden Unternehmung als einer vollzogenen oder gegen den Willen der anderen Konfliktparteien vollziehbaren Tatsache auszugehen ist. In diesem Zusammenhang stellt sich das Problem der Interessenabwägung für den unparteiischen Gutachter im besonderen Maße, wobei dieses Problem vor dem Hintergrund der jeweiligen rechtlichen Bedingungen und der darin vom Gesetzgeber zum Ausdruck gebrachten Interessenabwägung zu lösen ist.

Der Arbitriumwert soll zumutbar und angemessen sein. Zumutbar heißt hierbei, daß der Arbitriumwert grundsätzlich mit rationalem Verhalten der beteiligten Parteien vereinbar sein soll. Für den Fall einer nicht dominierten Konfliktsituation vom Typ des Kaufs/Verkaufs, in der nur die Höhe des Preises für eine Lösung zwischen Käufer und Verkäufer relevant ist, muß der G. als Arbitriumwert zwischen dem (niedrigeren) mindestens zu fordernden Preis aus der Sicht des Verkäufers (Preisuntergenze als Entscheidungswert des Verkäufers) und dem (höheren) maximal zahlbaren Preis aus der Sicht des Käufers (Preisobergrenze als Entscheidungswert des Käufers) liegen. Die Anwendung dieses Grundsatzes der Rationalität des Handelns erlaubt es, den Bereich der für den Arbitriumwert in Frage kommenden Konfliktlösungen (Einigungswerte) einzugrenzen. Wenn es mehrere zumutbare Einigungswerte gibt, weil der Entscheidungswert des Käufers denjenigen des Verkäufers übersteigt, so ist es erforderlich, mit Hilfe des Grundsatzes der parteienbezogenen Angemessenheit diejenige Konfliktlösung als Arbitriumwert auszuwählen, die den Vorstellungen der Parteien hinsichtlich einer fairen Übereinkunft am besten entspricht. Hierbei kann man sich unter bestimmten Voraussetzungen auch der traditionellen Verfahren der Unternehmungsbewertung bedienen, die → *Substanzwert* und → *Ertragswert* kombinieren, oder unmittelbar Verfahren der gerechten Teilung (z.B. Mittelung von Preisobergrenze und Preisuntergrenze) anwenden, um den G. als Arbitriumwert zu bestimmen.

5. *Die Argumentationsfunktion.* Der G. als *Argumentationswert* ist das Ergebnis einer Unternehmungsbewertung im Sinne der Argumentationsfunktion. Er ist ein Mittel zur Kommunikation in einer Verhandlung. Als parteiischer Wert dient der Argumentationswert der Beeinflussung des Verhandlungspartners. Der Zweck dieser Beeinflussung besteht darin, ein für die ihn verwendende Partei günstiges Verhandlungsresultat zu erreichen. Daher kann ein Argumentationswert ohne Kenntnis des Entscheidungswertes der ihn verwendenden Partei nicht sinnvoll abgeleitet werden. Während der Entscheidungswert aus Gründen der Verhandlungstaktik dem Verhandlungspartner grundsätzlich verborgen bleiben soll, werden Argumentationswerte dem Verhandlungspartner unterbreitet, um auf diese Weise den weiteren Verhandlungsverlauf und das Verhandlungsergebnis zu beeinflussen. Meist werden im Verhandlungsprozeß mehrere Argumentationswerte eingeführt. Argumentationswerte können dabei als vermeintliche Entscheidungswerte, aber auch in Form von Arbitriumwerten präsentiert werden. Die Ableitung „optimaler" Argumentationswerte setzt nicht bloß die Kenntnis des eigenen Entscheidungswertes sowie eine Vermutung über den gegnerischen Entscheidungswert, sondern auch eine Vorstellung über das anzustrebende Verhandlungsresultat voraus.

Lit.: Matschke, M.J.: Der Entscheidungswert der Unternehmung, 1975; *Matschke, M.J.:* Funktionale Unternehmungsbewertung, Bd. II: Der Arbitriumwert der Unternehmung, 1979; *Sieben, G./ Schildbach, T.:* Zum Stand der Entwicklung der Lehre von der Bewertung ganzer Unternehmungen, in: DStR 1979, S. 455–461; *Moxter, A.:* Grundsätze ordungsmäßiger Unternehmensbewertung, 2. Aufl., 1983 (Nachdruck 1994); *Sieben, G.:* Der Unternehmenserfolg als Determinante des Unternehmenswertes, in: Domsch, M., u.a. (Hrsg.): Unternehmenserfolg, FS Busse von Colbe, 1988, S. 361–375; *Ballwieser, W.:* Unternehmensbewertung und Komplexitätsreduktion, 3. Aufl., 1990; *Bellinger, B./Vahl, G.:* Unternehmensbewertung in Theorie und Praxis, 2. Aufl., 1992; *Busse von Colbe, W./Coenenberg, A.G.* (Hrsg.): Unternehmensakquisition und Unternehmensbewertung, 1992, *Dörner, W.:* Die Unternehmensbewertung, in: WP-Handb. 1992, Bd. II, 10. Aufl., 1992, S. 1–136; *Jacobs, O./Scheffler, W.:* Unternehmensbewertung, in: HWR, 3. Aufl., 1993, Sp. 1977–1987.

Prof. Dr. Manfred J. Matschke, Greifswald.

Gesamtwirtschaftliche Kosten
= → *Volkswirtschaftliche Kosten.*
= Soziale Kosten.

Geschäftsbericht
Darstellung der Entwicklung in der abgelaufenen Berichtsperiode und der wirtschaftlichen Lage zu deren Ende für eine Organisation (Unternehmen, Verein, Verband). Im AktG 1965 war gem. § 160 vom Vorstand im G. i. e. S. zusammen mit dem → *Jahresabschluß* der Geschäftsverlauf und die Lage der AG darzulegen. Durch das → *Bilanzrichtliniengesetz* ist der G. für → *Kapitalgesellschaften* durch den → *Anhang* und den → *Lagebericht* ersetzt worden. Gewöhnlich veröffentlichen große Unternehmen unter der Bezeichnung G. eine ausführliche Darstellung ihrer Tätigkeit. Dieser G. i. w. S. enthält neben dem Jahresabschluß gegebenenfalls den → *Konzernabschluß* mit dem → *Bestätigungsvermerk* des Abschlußprüfers und dem Lagebericht den *Bericht des Aufsichtsrates* (§ 175 AktG) und den Vorschlag für die → *Gewinnverwendung* (§ 174 AktG).

Häufig wird eine Fülle freiwilliger zusätzlicher Informationen geboten über die finanzielle Situation des Unternehmens, z. B. eine → *Kapitalflußrechnung*, → *Segmentrechnungen* und → *Bilanzanalysen*, über die Produkte, Produktionstechnik und Märkte des Unternehmens, über geplante Investitionen, die Forschung, über die Mitarbeiter und Situation der Branche und des wirtschaftlichen Umfeldes, in das das Unternehmen eingebettet ist. Die freiwilligen Informationen bilden einen wichtigen Teil der → *Investor Relations*-Politik.

Geschäftsführungsprüfung
→ *Sonderprüfungen.*

Prüfung der Einrichtungen, der Vermögenslage sowie der Geschäftsführung einer Gesellschaft zur Feststellung der wirtschaftlichen Verhältnisse und der Ordnungsmäßigkeit der Geschäftsführung. Eine G. ist bei Genossenschaften (§ 33 GenG), bei gemeinnützigen Wohnungsunternehmen (§ 26 GWW) sowie auf Antrag der bei einem privatwirtschaftlich organisierten Unternehmen mehrheitlich beteiligten Gebietskörperschaft (§ 33 Haushaltungsgrundsätzegesetz vom 19. 8. 1969) durchzuführen.

Gegenstand der G. sind alle von der Unternehmensleitung geplanten, verwirklichten und unterlassenen Maßnahmen. Dabei wird eine → *formelle Prüfung* hinsichtlich der Einhaltung von Gesetzen, Satzungen und Dienstanweisungen und eine *materielle Prüfung* bezüglich der Zweckmäßigkeit der von der Unternehmensleitung durchgeführten oder unterlassenen Maßnahmen durchgeführt (→ *Prüfungsmethoden*).

Lit.: Potthoff, E.: Prüfung der Ordnungsmäßigkeit der Geschäftsführung, 1982; *IdW*: Fachausschuß für kommunales Prüfungswesen: Fragenkatalog zur Prüfung der Ordnungsmäßigkeit der Geschäftsführung und wirtschaftlich bedeutsamer Sachverhalte im Rahmen der Jahresabschlußprüfung bei kommunalen Wirtschaftsbetrieben, in: Wpg 1978, S. 173–176.

Geschäftsjahr
→ *Wirtschaftsjahr.*

Geschäftsvorfall
Jeder durch unternehmerisches Handeln ausgelöste Vorgang, der buchhalterisch erfaßt wird (→ *Buchhaltung, kaufmännische*). Die Abbildung der G. erfolgt in → *Bilanz* und → *Gewinn- und Verlustrechnung.*

Geschäftswert
I. Begriff

Der G. ist die Differenz aus → *Ertragswert* und → *Substanzwert* eines Unternehmens. Andere Bezeichnungen sind *Firmenwert* oder *Goodwill*. Der Substanzwert entsteht durch Einzelbewertung. Betriebsnotwendige Vermögensgegenstände des Unternehmens (aus der Sicht eines Käufers) werden mit Wiederbeschaffungs- bzw. Wiederherstellungskosten, nicht betriebsnotwendige mit Liquidationserlösen bewertet. Von der Summe dieser Werte werden die Schulden abgezogen. Der Ertragswert ergibt sich hingegen durch Gesamtbewertung, indem die für die Zukunft erwarteten Ausschüttungen an die Eigentümer (= Zukunftserfolge) mit einem → *Kalkulationszinsfuß* diskontiert werden (→ *Gesamtwert der Unternehmung*). Der G. geht deshalb auf nicht einzeln bewertbare Vermögensgegenstände zurück. Gründe für einen positiven G. können *Standortvorteile, Belegschaftsqualität, Kundentreue, günstige Zugänge zu Einkaufsmärkten* oder *Mehrwerte aus der Kombination von Produktionsfaktoren* sein. Ist die Differenz aus Ertragswert und Substanzwert negativ, so ergibt sich ein *Badwill.*

Für Zwecke der Bilanzierung unterscheidet man zwischen dem gerade beschriebenen, sog. *originären* (= selbstgeschaffenen) G. und dem *derivativen* (= abgeleiteten) G. Nur der derivative G. ist aktivierungsfähig. Ein derivativer G. kann im *Jahres*-(= Einzel)- oder → *Konzernabschluß* enthalten sein.

Als derivativer G. gilt im *Einzelabschluß* der Unterschiedsbetrag, um den die für die Übernahme eines Unternehmens bewirkte Gegenleistung (i.d.R. der Kaufpreis) den Wert der einzelnen Vermögensgegenstände abzüglich der Schulden im Übernahmezeitpunkt gemäß *Bilanzansatz* des Erwerbers übersteigt (§ 255 Abs. 4 HGB). Ihm entspricht bei der *Verschmelzung* (→ *Fusion*) statt der Übernahme der *Verschmelzungsmehrwert* (§ 348 Abs. 2 AktG). Als Unternehmen gelten dabei neben Firmen in der Rechtsform von Einzelunternehmen, Personen- oder Kapitalgesellschaften auch einzelne Betriebe oder Teilbetriebe solcher Firmen, wenn sie im Zeitpunkt der Übernahme die Fähigkeit besitzen, als selbständige Einheit am Wirtschaftsverkehr teilzunehmen. Liegt die Gegenleistung unter dem Substanzwert, gibt es weder einen G. noch einen Badwill, der angesetzt werden könnte. Ein derivativer G. entsteht auch nicht, wenn das Unternehmen bereits in Form einer hundertprozentigen Beteiligung (eines Aktienpaketes) aktiviert worden ist.

Im *Konzernabschluß* gilt als derivativer G. der aktivische Unterschiedsbetrag, der sich bei der → *Kapitalkonsolidierung* nach der Aufrechnung von Beteiligungsbuchwert und Eigenkapital der Unternehmung, an der die Beteiligung gehalten wird, ergibt (§ 301 Abs. 3 HGB).

Der derivative G. ist gegenüber dem originären G. insofern objektiviert, als der gezahlte Kaufpreis für ein Unternehmen den Ertragswert ersetzt, der nur im Rahmen subjektiver Schätzungen zukünftiger Ausschüttungen und alternativer Verwendungsmöglichkeiten des eingesetzten Kapitals ermittelt werden kann. Liegt der Ertragswert über dem gezahlten Kaufpreis, so darf wegen teilweise fehlender Objektivierung nicht der ganze originäre, sondern nur der im Kaufpreis abgegoltene G. angesetzt werden. Die Objektivierung darf aber insofern nicht überschätzt werden, als für die Substanzwertermittlung ebenfalls Schätzungen benötigt werden. Sie betreffen die Abgrenzung des betriebsnotwendigen vom nicht betriebsnotwendigen Vermögen und die Ermittlung von Wiederbeschaffungskosten für solche Güter, die keine Marktpreise haben.

2. Geschäftswert im Handelsrecht

a) Einzelabschluß. Für den Ansatz des derivativen G. besteht im Einzelabschluß ein *Aktivierungswahlrecht* gemäß § 255 Abs. 4 HGB. In der Literatur ist strittig, ob er als → *Vermögensgegenstand* i.S. des HGB zählt. Er ist bei Kapitalgesellschaften zwar unter den immateriellen Vermögensgegenständen des Anlagevermögens auszuweisen (§ 266 Abs. 2 HGB), wird nach h.M. aber als *Aktivierungshilfe* (→ *Bilanzierungshilfe*) angesehen. Aktivierungshilfen sind keine → *Vermögensgegenstände* oder → Rechnungsabgrenzungsposten i.S. des Gesetzes. Begründet wird dies mit der fehlenden Einzelbewertbarkeit des derivativen G. und dem Aktivierungswahlrecht. Da er steuerrechtlich als → *Wirtschaftsgut* zählt (§ 7 Abs. 1 Satz 3 EStG), resultiert aus der h.M. eine Divergenz der Begriffe Vermögensgegenstand und Wirtschaftsgut. Gegen die h.M. spricht, daß im HGB ausdrücklich als Bilanzierungshilfe bezeichnete Posten (vgl. §§ 269, 274 Abs. 2 HGB) mit einer Ausschüttungssperrvorschrift versehen sind, die dem derivativen G. fehlt.

Ein aktivierter G. ist in den Folgeperioden entweder planmäßig über die Jahre der voraussichtlichen Nutzung oder in jedem der Anschaffung folgenden Geschäftsjahr zu mindestens einem Viertel abzuschreiben. Die planmäßige → *Abschreibung* muß nicht über die steuerlich normierte Zeit von fünfzehn Jahren erfolgen (§ 7 Abs. 1 Satz 3 EStG). Mit dem Grundsatz der Vorsicht (§ 252 Abs. 1 Nr. 4 HGB) ist eine Abschreibung über diesen Zeitraum bei tatsächlich erwarteter kürzerer Abschreibung nicht vereinbar. Auch spricht nichts dafür, in den 15 Jahren eine Höchstnutzungsdauer zu sehen. Bei planmäßiger Abschreibung sind die Gründe im Anhang zu erläutern (§ 285 Nr. 13 HGB). Die Erläuterungsnotwendigkeit und das Wort „Gründe" wären unverständlich, wenn der Verweis auf eine Einheitsbilanz (eine übereinstimmende Handels- und Steuerbilanz) bereits ausreichend wäre. Probleme der planmäßigen Abschreibung sind die Schätzung der erwarteten Nutzungsdauer und die Wahl der Abschreibungsmethode. Hier ist dem Bilanzierenden ein Spielraum gegeben.

Nach US-GAAP ist ein nach dem 31.10.1970 erworbener derivativer Geschäfts- oder Firmenwert grundsätzlich linear über die erwartete Nutzungsdauer, bei einem Maximum von 40 Jahren, abzuschreiben. Degressive A. sind besonders zu begründen.

IAS 22 über „Business Combinations" verlangt ebenfalls die lineare Abschreibung, solange nicht eine andere Methode angemessener ist. Die Abschreibungsdauer soll grundsätzlich 5 Jahre nicht überschreiten. Jedoch kann ein längerer Zeitraum, der über 20 Jahre nicht hinausgehen darf, gerechtfertigt sein (Ziff. 42). Außerplanmäßige A. dürfen in Folgeperioden nicht rückgängig gemacht werden (Ziff. 47).

b) Konzernabschluß. Der derivative G. im → *Konzernabschluß* resultiert aus der → *Kapitalkonsolidierung*, d. h. der Verrechnung des Beteiligungsbuchwertes der Mutter mit dem Eigenkapital der Unternehmung, an der die Beteiligung gehalten wird (= Tochter). Für die Verrechnung kommen die Buchwert- und die Neubewertungsmethode in Betracht, die nur bei einer 100 %-Beteiligung zu identischen Ergebnissen im Konzernabschluß führen. Nach der *Buchwertmethode* wird der ursprüngliche Unterschiedsbetrag aus Beteiligungsbuchwert und Buchwert des Eigenkapitals durch Neubewertung der Vermögensgegenstände und Schulden der Tochter verändert. Ein auf der Aktivseite verbleibender neuer Unterschiedsbetrag darf als G. ausgewiesen werden; ein auf der Passivseite verbleibender Saldo ist als Unterschiedsbetrag aus der Kapitalkonsolidierung anzusetzen. Nach der *Neubewertungsmethode* erfolgt zuerst eine Neubewertung der Vermögensgegenstände und Schulden der Tochter. Daraus resultiert ein neubewertetes Eigenkapital, das mit dem Beteiligungsbuchwert saldiert wird. Ein auf der Aktivseite stehender Saldo ist der aktivierungsfähige G.

Bei mehreren Beteiligungen dürfen – anders als nach US-GAAP und IAS 22 – die Unterschiedsbeträge auf der Aktiv- und Passivseite verrechnet werden. Der aktivierte G. ist im Konzernabschluß nach denselben Regeln wie im Einzelabschluß abzuschreiben (§ 309 Abs. 1 HGB). Darüber hinaus ist statt einer Aktivierung die offene Verrechnung mit den Rücklagen möglich. Diese Möglichkeit widerspricht erneut den US-GAAP und IAS 22.

3. Geschäftswert im Steuerrecht

Steuerrechtlich gilt der derivative G. (im Einzelabschluß) nach ständiger Rechtsprechung seit den frühen dreißiger Jahren, später gestützt durch das EStG 1934 und dessen Nachfolger, als aktivierungspflichtiges Wirtschaftsgut. Das EStG kennt keine Aktivierungshilfen. Der Verweis auf die Abschreibung des G. in § 7 Abs. 1 Satz 3 EStG geht deshalb bereits von der Existenz eines Wirtschaftsgutes aus.

Anders als im Handelsrecht ist es steuerrechtlich aufgrund der Rechtsprechung grundsätzlich möglich, bei Abfindung eines lästigen Gesellschafters aus dem Kaufpreis einen „Lästigenzuschlag" herauszurechnen (BFH vom 11.10.1960), der als Betriebsausgabe abzuziehen ist und den derivativen G. mindert. Diese Vorgehensweise ist nicht überzeugend. Nach moderner Unternehmensbewertungstheorie zahlt man unter Zugrundelegung nur finanzieller Ziele (zukünftiger Ausschüttungen) als verbleibender Gesellschafter maximal den Barwert der durch das Ausscheiden des lästigen Gesellschafters bewirkten zusätzlichen Ausschüttungen. Hält man die Zugrundelegung von nur finanziellen Zielen für zu eng, so ergibt sich das Problem nachzuweisen, inwieweit nichtfinanzielle Zielkomponenten wie Unabhängigkeit, Macht, Prestige usf. den Kaufpreis bestimmt haben. Selbst wenn der im allgemeinen kaum zu erbringende Nachweis gelingt, liegt aus steuersystematischen Gründen für die entsprechende Kaufpreiskomponente keine Betriebsausgabe, sondern eine Privatentnahme vor.

Vor Inkrafttreten des Bilanzrichtlinien-Gesetzes und der damit verbundenen Steuerrechtsänderung galt der G. als nicht abnutzbares Anlagevermögen. Mit Hilfe der sog. *Einheitstheorie* wurde unterstellt, daß in dem Maße, in dem der derivative G. abzuschreiben war, ein originärer G. zuwuchs, so daß die Summe beider konstant war. Die Einheitstheorie ist durch das neue Recht aufgegeben worden: Als betriebsgewöhnliche Nutzungsdauer des G. gilt seit dem Wirtschaftsjahr 1987 ein Zeitraum von 15 Jahren.

Eine Abschreibung des (um planmäßige AfA) verminderten G. auf den → *Teilwert* ist möglich (§ 6 Abs. 1 Nr. 1 Satz 2 EStG). Eine Teilwertabschreibung hat zu berücksichtigen, daß am Bilanzstichtag der im Kaufpreis vergütete Ertragswert des erworbenen Unternehmens gegenüber dem Zeitpunkt des Kaufs gesunken ist. Eine Veränderung des Substanzwertes im Zeitablauf ist hingegen ohne Bedeutung, da der derivative G. sich von der Differenz von Ertragswert und Substanzwert zum Zeitpunkt der Übernahme des Unternehmens herleitet. Die Teilwertabschreibung erfaßt diejenige Verringerung des derivativen G., die nicht durch planmäßige AfA berücksichtigt wurde. Diese Verringerung kann nur auf einer Ertragswertverminderung basieren. Problem ist der Nachweis des späteren Sinkens des beim Unternehmenskauf vergüteten Ertragswertes.

4. Negativer Geschäftswert

Als negativer G. läßt sich der passivische Unterschiedsbetrag aus Kapitalkonsolidierung ansehen (s. o. 2. b)). Seine Behandlung ist im HGB geregelt (§ 309 Abs. 2). Strittig ist hingegen die Behandlung eines negativen G. im Einzelabschluß. Er wird scheinbar nötig, wenn der Kaufpreis die Zeitwerte der erworbenen Vermögensgegenstände nach Abzug der Schulden unterschreitet und es zugleich nicht geboten oder unmöglich ist, die Zeitwerte (weiter) abzustocken oder neue Passiva aufzunehmen. Ein negativer G. würde die Erfolgsneutralität des Anschaffungsvorgangs sichern. Da der negative G. aber keine explizite Gesetzesgrundlage hat, wäre alternativ eine Rückstellung zu erwägen. Beide Lösungen sind umstritten.

Lit.: Heinze, G. B./Roolf, W.: Die Behandlung des derivativen negativen Geschäftswerts in der Handels- und Steuerbilanz sowie bei der Einheitsbewertung, in: DB 1976, S. 214–218; *Wagner, F. W./Schlecht, M.:* Zur steuerlichen Behandlung der Abfindung lästiger Gesellschafter, in: StuW 1985, S. 108–114; *Wagner, F. W./Schomaker, H.:* Die Abschreibung des Firmenwertes in Handels- und Steuerbilanz nach der Reform des Bilanzrechts, in: DB 1987, S. 1365–1372; *Söffing, G.:* Der Geschäfts- oder Firmenwert, in: Handelsrecht und Steuerrecht, FS für Döllerer, 1988, S. 593–614; *Bachem, R. G.:* Berücksichtigung negativer Geschäftswerte in Handels-, Steuer- und Ergänzungsbilanz, in: BB 1993, S. 967–973; *Moxter, A.:* Bilanzrechtliche Probleme beim Geschäfts- oder Firmenwert, in: FS für Semler, 1993, S. 853–861; *Siegel, T./Bareis, P.:* Der „negative Geschäftswert“ – eine Schimäre als Steuersparmodell?, in: BB 1993, S. 1477–1483; *Groh, M.:* Negative Geschäftswerte in der Bilanz, in: Steuerrecht, Verfassungsrecht, Finanzpolitik, FS für Klein, 1994, S. 815–826.

Professor Dr. Wolfgang Ballwieser, München.

Gesellschaft mit beschränkter Haftung (GmbH)
Eine → *Kapitalgesellschaft*, die als juristische Person eine eigene Rechtspersönlichkeit besitzt. Die G. muß ein Stammkapital von mindestens 50000 DM aufweisen, die Stammeinlage eines jeden Gesellschafters muß mindestens 500 DM betragen (§ 5 Abs. 1 GmbHG). Organe der G. sind die Geschäftsführung (§ 6 GmbHG) und – falls die Belegschaft eine Zahl von 500 Arbeitnehmern übersteigt oder falls im Gesellschaftsvertrag bestimmt – der Aufsichtsrat (§ 52 GmbHG). Für die Rechnungslegung der G. gelten außer den allgemeinen Vorschriften der §§ 264–335 HGB die ergänzenden Vorschriften der §§ 41–42a GmbHG. G. unterliegen grundsätzlich auch der Prüfungs- und Publizitätspflicht. 1988 waren in der BRD ca. 380000 Gesellschaften in der Rechtsform der G. organisiert.

Lit.: Heuser, P.: Die neue Bilanz der GmbH, ihre Prüfung und Publizität, 3. Aufl., 1986; *Meyer-Landrut, J. et al.:* GmbH-Gesetz, Kommentar, 1987; *Baumbach, A./Hueck, A:* GmbH-Gesetz, 16. Aufl., 1996.

Gesellschafterunternehmen
Bezeichnung für ein Unternehmen, das gemeinsam mit einem oder mehreren anderen G. ein → *Gemeinschaftsunternehmen* leitet. Im → *Konzernabschluß* von G. sind die Gemeinschaftsunternehmen entweder nach der → *Quotenkonsolidierung* gem. § 310 HGB oder nach der → *Equity-Bewertung* gem. § 312 HGB einzubeziehen.

Gesetz betreffend die Gesellschaften mit beschränkter Haftung (GmbHG)
Gesetz für → *Gesellschaften mit beschränkter Haftung* vom 20.4.1892 mit späteren Änderungen. Im G. werden die Gründung (§§ 1–12), Rechtsverhältnisse der Gesellschaft und der Gesellschafter (§§ 13–34), Vertretung (§§ 35–52), Änderung des Gesellschaftsvertrages (§§ 53–59), Auflösung und Nichtigkeit der Gesellschaft (§§ 60–77) und die Schlußbestimmungen (§§ 78–85) geregelt. Die Besonderheiten bei der Aufstellung und Prüfung des → *Jahresabschlusses* bzw. → *Konzernabschlusses* einer GmbH sind in den §§ 41–42a geregelt; im übrigen gelten die Rechnungslegungsvorschriften der §§ 264ff. HGB.

Lit.: Goutier, K./Seydel, H.: Handkommentar zum GmbH-Gesetz und zur GmbH-Novelle, 1981; *Lutter, M./Hommelhoff, P.:* GmbH-Gesetz, Kommentar, 14. Aufl., 1995; *Baumbach, A./Hueck, A.:* GmbH-Gesetz, 16. Aufl., 1996.

Gesetzliche Rücklagen
→ *Rücklagen.*

Gesetzmäßigkeitsprüfung
→ *Prüfung des Jahresabschlusses.*

Gewerbeertragsteuer
→ *Ertragsteuer*, die sich aufgrund der Bemessungsgrundlage Gewerbeertrag als Teil der Gewerbesteuer ergibt. Der Gewerbeertrag ist der *steuerpflichtige Gewinn* aus Gewerbebetrieb i.S. des EStG (§ 7 GewStG) unter Berücksichtigung von *Hinzurechnungen* und *Kürzungen* (§§ 8, 9 GewStG) und eines evtl. bestehenden Gewerbeverlustes aus dem Vorjahr (§ 10a GewStG). Auf den Gewerbeertrag wird dann die bundeseinheitliche *Steuermaßzahl* von 5% (§ 11 Abs. 2 GewStG) und bei Personengesellschaften und Einzelunternehmen nach Abzug eines Freibetrages (48000 DM) eine gestaffelte Steuermeßzahl (1% bis 5%) angewandt, um den *Steuermeßbetrag* nach dem Gewerbeertrag zu ermitteln. Dieser ergibt zusammen mit dem Steuermeßbetrag nach dem *Gewerbekapital* den einheitlichen Steuermeßbetrag. Auf diesen wird dann der individuelle *Hebesatz* der Gemeinden (z.Z. zwischen 250% und 500%) angewandt, um die Gewerbesteuerschuld zu ermitteln. Die zu zahlende Gewerbesteuer ist bei der Berechnung ihrer Bemessungsgrundlage abzuziehen. Die G. ergibt sich demnach bei einer Kapitalgesellschaft aus der Berechnung:

$$G = \frac{5 \times \text{Hebesatz}}{100 + 5 \times \text{Hebesatz}} \times \text{Gewerbeertrag}$$

vor Abzug der G.

Lit.: Rose, G.: Betrieb und Steuer, Bd. 1: Die Ertragsteuern, 14. Aufl., 1995, S. 191–221.

Gewerbekapitalsteuer
Die G. bildet zusammen mit der → *Gewerbeertragsteuer* die Gewerbesteuer. Ausgangsgröße für die Bemessungsgrundlage der G. ist der → *Einheitswert* des gewerblichen Betriebes (ohne Gewerbekapital ausländischer Betriebsstätten), der gem. § 12 Abs. 2 und 3 GewStG modifiziert wird.

Gewichteter Kapitalkosten-Ansatz
= → *Weighted Average Cost of Capital Approach.*

Gewichtsrechnung
Verfahren zur → *Kalkulation* von → *Kuppelprodukten*, wonach die → *Kosten* nach dem jeweiligen Gewicht anteilig auf die Produkte verteilt werden.

Gewillkürtes Betriebsvermögen
→ *Steuerbilanz.*
→ *Betriebsvermögensermittlung.*

Gewinn
1. Definitionsmerkmale und Abgrenzungen

G. (profit) ist wesentlicher Bestandteil der unternehmerischen *Zielsetzung.* Er ist stets auf eine abgrenzbare *Wirtschaftseinheit* (= *Geltungsbereich,* wie Unternehmen, Betrieb, Teilbetrieb, Projekt) bezogen. Er wird in einer zu bestimmenden Währungseinheit gemessen. Er ist die *positive Saldogröße* (Differenz) von spezifisch zu definierenden Minuenden und Subtrahenden. Die korrespondierende, negative Saldogröße ist der Verlust.

Der G. wird für einen *Zeitraum* ermittelt und auf einen *Zeitpunkt* bezogen. *Geplante G.* werden für einen bestimmten Planungszeitraum geschätzt und in der Regel auf den Anfangszeitpunkt abgezinst. *Realisierte G.* werden für einen bestimmten Rechnungszeitraum festgestellt und auf den Schlußtermin bezogen.

Als Bestandteil einer Zielsetzung ist G. Gegenstand von Planung und Kontrolle. Die gewinnbezogene *Planung* fragt nach Ausmaß, Zeitpunkt der Realisierung, zeitlicher Verteilung und Sicherheit der G.-Erwartung (→ *Planungsrechnung*). Die gewinnbezogene *Kontrolle* stellt nach Ablauf der Planperiode den tatsächlich erzielten G. fest und erlaubt damit ein Urteil über die Planung.

Der festgestellte G. ist Ausgangspunkt für eine Entscheidung über die → *G-Verwendung,* d.h. über die Ausschüttung finanzieller Mittel in voller oder anteiliger Höhe des erzielten G. Die unternehmerische Zielsetzung kann sich auf die Ausschüttung beschränken. Sie kann überdies eine bestimmte Nichtausschüttung (= Thesaurierung, = Rücklagenbildung) anstreben (→ Rücklagen, offene).

Als *ökonomischer* G. wird in der Literatur der G. bezeichnet, der pro Periode maximal ausgeschüttet werden kann, ohne daß der → *Ertragswert* der Unternehmung (verstanden als Barwert aller zukünftigen Entnahmemöglichkeiten) sich vermindert. Der ökonomische G. wird nicht durch die gesetzlichen G.-Ermittlungsvorschriften abgebildet (→ *Bilanztheorien*).

2. Varianten des Gewinnbegriffs

Die Minuenden und Subtrahenden, durch die der Differenzbetrag G. ermittelt wird, sind vom *Zweck der Rechnung* bestimmt, z.B. Gläubigerschutz, Wahrung der Rechte der Eigenkapitalgeber, Ermöglichung einer nachhaltigen und gerechten Besteuerung, Bestimmung einer wirksamen Basis für Prämien, Tantiemen und andere Anreize. Sie unterscheiden sich zudem nach dem Zeitraum und dem Geltungsbereich für den G. ermittelt wird (s. Abb. 1).

a) Einzahlungsüberschuß. In der *Totalperiode* ist der Minuend die Summe der Einzahlungen, der Subtrahend die Summe der Auszahlungen. Der G. ist bei dieser Betrachtung der *„Einzahlungsüberschuß"*.

b) Pagatorischer Gewinn. Bei periodisierter (auf Teilperioden der Totalperiode ausgerichteter) Rechnung ist das Problem der *Zurechnung* einzelner, periodenübergreifender Einzahlungen und Auszahlungen auf die Teilperioden zu lösen. Durch die sogenannte zeitliche Abgrenzung werden aus den Auszahlungen die Aufwendungen, aus den Einzahlungen die Erträge abgeleitet (→ *Grundgrößen des Rech-*

nungswesens). Die Differenzgröße wird als „*pagatorischer*" G. bezeichnet (*Kosiol*). Er gilt als *realisiert*, wenn der Umsatz erfolgt ist und die Gefahr des zufälligen Unterganges der verkauften Güter nicht mehr bei der betrachteten Unternehmung liegt. Die zeitliche Abgrenzung muß subjektgebundene Annahmen über die Zukunft treffen, z. B. bei der Schätzung von Nutzungsdauern, von Wertverläufen, über das Auftreten von Risiken. Gleichwohl bleibt die Aufwands-/Ertragsrechnung (= → *Gewinn- und Verlustrechnung*), wie sie auch der handels- und steuerrechtlichen G.-Ermittlung zugrundeliegt, prinzipiell *zahlungsbezogen*. Bei jährlicher G.-Ermittlung nach diesem Ansatz wird die Saldogröße entsprechend dem Handelsrecht als „*Jahresüberschuß*" bezeichnet. Der zur Ausschüttung vorgesehene Anteil des Jahresüberschusses heißt im AktG „*Bilanzgewinn*".

c) Betriebsergebnis. Um ein Urteil über den *nachhaltigen wirtschaftlichen Erfolg der Leistungserstellung und -verwertung des Betriebes* zu bilden, werden aus der Summe aller Erträge bzw. Aufwendungen diejenigen Posten ausgesondert,

- die *nicht betrieblich verursacht* sind (= *außerordentliche* Erträge/Aufwendungen/Ergebnis im Sinne des Handelsrechts),
- die *nicht regelmäßig*, nicht nachhaltig auftreten (*aperiodische* Erträge/Aufwendungen),
- die nicht mit dem eigentlichen Betriebszweck zusammenhängen (= *betriebsfremde*, z. B. Finanz- und Verbunderträge und -aufwendungen einschließlich der Zinsen).

Nach Aussonderung dieser Komponenten aus dem Jahresüberschuß verbleibt eine Saldogröße, die in der Wirtschaftspraxis als „*Betriebsergebnis*" bezeichnet wird.

d) Kalkulatorischer Gewinn. Der Bezug auf Einzahlungen und Auszahlungen wird bei der Bestimmung des „*kalkulatorischen*" G. aufgegeben. Basis der Minuenden (→ *Leistungen*) und Subtrahenden (→ *Kosten*) sind vielmehr die geplanten oder realisierten Ausbringungsmengen der betrieblichen Leistungen oder die Einsatzmengen der Produktionsfaktoren, die mit *zweckspezifisch gewählten Wertansätzen* multipliziert werden. Wenn der Zweck darin besteht, Unternehmen unterschiedlicher Rechtsformen zu vergleichen, sind als → *kalkulatorische Kosten* kalkulatorische Unternehmerlöhne, Eigenkapitalzinsen und Mieten anzusetzen. Wenn Substanzerhaltung bei Inflation angestrebt wird, ist mit kalkulatorischen Wiederbeschaffungskosten zu rechnen (→ *Kosten-*

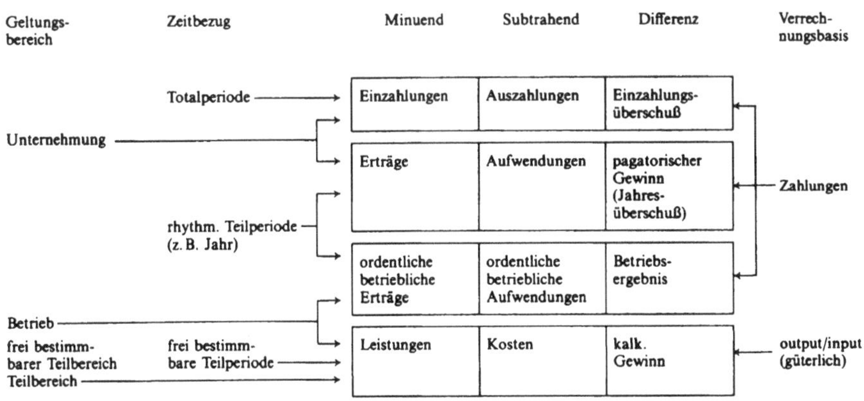

Abb. 1: Gewinndefinitionen

bewertung). Wenn einzelne profit-center beurteilt werden sollen, die im Leistungsaustausch untereinander oder mit einer Zentrale stehen, sind kalkulatorische → *Verrechnungspreise* für die ausgetauschten innerbetrieblichen Leistungen zu berücksichtigen. Wenn international tätige Unternehmen ihre laufenden Erfolgsrechnungen vornehmen, so ist mit kalkulatorischen Währungssätzen zu arbeiten. Kalkulatorische Rechnungen sind demnach im Kern güterliche Rechnungen, die durch die Bewertung mit Geldgrößen lediglich verrechenbar gemacht werden. Ein so definierter G. ist letztlich eine *güterliche Input-/Output-Größe.*

Lit.: Schmalenbach, E.: Dynamische Bilanz, 13. Aufl., 1962 (Nachdruck 1995), S. 66–97; *Schneider, D.:* Ausschüttungsfähiger Gewinn und Minimum an Selbstfinanzierung, in: ZfbF 1968, S. 1–29 u. S. 155; *Kosiol, E.:* Kostenrechnung und Kalkulation, 2. Aufl., 1972; *Kosiol, E.:* Pagatorische Bilanz, 1976, S. 68, 113–116; *Moxter, A.:* Betriebswirtschaftliche Gewinnermittlung, 1982; *Rieger, W.:* Einführung in die Privatwirtschaftslehre, 3. Aufl., 1984, S. 203–243; *Fischer, A./ Haller, A.:* Bilanzpolitik zum Zwecke der Gewinnglättung – Empirische Erkenntnisse, in: ZfB 1993, S. 35–59; *Scherrer, G.:* Gewinn und Verlust, in: HWR, 3. Aufl., 1993, Sp. 738–747.

Professor Dr. Dr. h.c. Jürgen Hauschildt, Kiel.

Gewinnabführungsvertrag

Unternehmensvertrag, durch den eine AG bzw. KGaA sich verpflichtet, ihren gesamten Gewinn oder einen Teil des Gewinnes (*Teilgewinnabführungsvertrag*) an das sie beherrschende Unternehmen abzuführen. Der G. ist handelsrechtlich in den §§ 291 ff. AktG und steuerrechtlich in § 14 EStG geregelt; er bedarf der Zustimmung von mindestens 3/4-Mehrheit der → *Hauptversammlung*, er ist schriftlich abzuschließen und zur Eintragung im → *Handelsregister* anzumelden. Den Minderheitsgesellschaftern der beherrschten Unternehmung ist eine angemessene Ausgleichszahlung bzw. Abfindung zuzusichern. Die herrschende Gesellschaft muß einen während der Vertragsdauer entstehenden Jahresfehlbetrag ausgleichen.

Gewinnausschüttung

→ *Jahresabschluß.*
→ *Gewinnverwendung.*

Gewinnermittlungsverfahren des EStG

Der steuerpflichtige Gewinn kann auf folgende Weise ermittelt werden:

(1) *Einnahmen-Ausgabenrechnung* (Überschuß der → *Betriebseinnahmen* über die → *Betriebsausgaben*) nach § 4 Abs. 3 EStG. Anwendungsbereich: Gewerbetreibende, die nicht buchführungspflichtig sind und freiwillig keine Bücher führen.
(2) *Unvollständiger → Betriebsvermögensvergleich* nach § 4 Abs. 1 EStG für Land- und Forstwirte, die nach § 141 Abs. 1 AO verpflichtet sind, Bücher zu führen, oder dies freiwillig tun, und Angehörige freier Berufe, die freiwillig Bücher führen.
(3) *Vollständiger Betriebsvermögensvergleich* gem. § 5 EStG für alle Gewerbetreibende, die buchführungspflichtig sind oder freiwillig Bücher führen.
(4) Anwendung von *Durchschnittssätzen* gem. § 13a EStG für die Gewinnermittlung in der Land- und Forstwirtschaft.
(5) *Schätzung* nach § 162 AO, wenn die Buchführung formelle oder materielle Mängel aufweist oder keine für die Gewinnermittlung nach § 4 Abs. 3 EStG ausreichenden Aufzeichnungen vorliegen.

Gewinnglättung

Empirisch weitgehend bestätigtes bilanzpolitisches Verhalten von Unternehmen, durch Ausnutzung von Ansatz- und Bewertungswahlrechten im → *Jahresabschluß* bzw. → *Konzernabschluß* starke Schwankungen der Jahresergebnisse zu vermeiden und somit einen im Zeitablauf annähernd gleichen oder gleichmäßig wachsenden Jahresüberschuß auszuweisen. Der angestrebte Gewinnausweis orientiert sich oftmals am unternehmensbezogenen oder branchendurchschnittlichen Vorjahresergebnis. Die G. wird damit begründet, daß stark schwankende

Jahresergebnisse z.B. zu einem Risikoabschlag bei der Kursnotierung an der Börse führen und andere von der Unternehmensleitung unerwünschte Reaktionen von Kapitalgebern, Arbeitnehmern u.a. auslösen können. Die G.-maßnahmen führen zu einer Verschiebung von Periodenergebnissen, ohne daß sich der Totalgewinn der Unternehmung verändert (→ *Bilanzpolitik*).

Lit.: *Schmidt, F.*: Bilanzpolitik deutscher Aktiengesellschaften, 1979, S. 66–171.

Gewinn je Aktie

= Ergebnis je Aktie

1. Grundlagen

Der G. gilt national und international (Earnings Per Share, EPS) als wichtige Kennzahl für die Unternehmens- und Aktienkursbeurteilung und ergibt sich als

$$G. = \frac{\text{(Bereinigter) Jahresüberschuß}}{\text{Zahl der } \varnothing \text{ dividendenberechtigten Aktien}}$$

$$= \frac{\text{(Bereinigter) Jahresüberschuß} \times \text{Nennbetrag der } \varnothing \text{ dividendenberechtigten Aktien}}{\varnothing \text{ Dividendenberechtigtes gezeichnetes Kapital}}$$

In Verlustjahren tritt an die Stelle des Jahresüberschusses der Jahresfehlbetrag.

Der G. eignet sich als Grundlage für Ergebnisprognosen und aufgrund der Relation des Jahresüberschusses zur Zahl der dividendenberechtigten Aktien als Ausgangspunkt für vergleichende Börsenkursbeurteilungen. Wird der Preis einer Aktie (Börsenkurs z.B. zum Bilanzstichtag bzw. Höchst-/Tiefstkurs des Jahres) zum G. ins Verhältnis gesetzt, erhält man das Kurs/Gewinn-Verhältnis (KGV) bzw. die Price/Earnings-Ratio (PER)

$$KGV = PER = \frac{\text{Preis je Aktie}}{\text{Gewinn je Aktie}}.$$

Durch den *Vergleich* des unternehmensspezifischen mit einem branchendurchschnittlichen KGV kann dann zumindest näherungsweise abgeschätzt werden, ob eine Aktie eher unterbewertet (unterdurchschnittliches KGV) und damit kaufenswert oder aber eher überbewertet (überdurchschnittliches KGV) und damit verkaufenswert ist. Bei der *Emissionspreisfindung* im Rahmen von Börseneinführungen kann durch die Multiplikation des G. des einzuführenden Unternehmens mit einem branchendurchschnittlichen KGV zumindest ein erster Anhaltspunkt für die Höhe des Emissionspreises gewonnen werden.

Da eine einzelne Kennzahl für die Beurteilung der Ertragskraft eines Unternehmens und als Ausgangspunkt für die Prognose künftiger Ergebnisse nur eine begrenzte Aussagekraft hat, sind zusätzliche Kennzahlen wie der → *Cash-Flow je Aktie* oder die Eigen- und Gesamtkapitalrendite (→ *Rentabilität*) heranzuziehen. Daneben müssen im Rahmen einer weitergehenden Unternehmensanalyse insbesondere zukunftsbezogene und im → *Geschäftsbericht* enthaltene oder im Rahmen von → *Investor Relations*-Maßnahmen weitergegebene Informationen ausgewertet sowie branchenspezifische und gesamtwirtschaftliche Einflüsse beachtet werden.

Insbesondere die großen börsennotierten Unternehmen ermitteln den G. in Zusammenarbeit mit Finanzanalysten. Problematisch ist dabei die Definition des zu verwendenden → *Gewinns*. Obwohl der Jahresüberschuß oder -fehlbetrag der handelsrechtlichen → *Gewinn- und Verlustrechnung* einer Kapitalgesellschaft gemäß § 264 Abs. 2 HGB (→ *Jahresabschluß (Funktionen)*) bzw. § 297 Abs. 2 HGB (→ *Konzernabschluß*) – zumindest bei Erteilung eines uneingeschränkten Bestätigungsvermerkes – ein den tatsächlichen Verhältnissen entsprechendes Bild der Ertragslage (→ *Bild der Vermögens-, Finanz- und Ertragslage*) eines einzelnen Unternehmens bzw. eines Konzerns vermittelt und eine erste Einschätzung der Ertragskraft erlaubt, erfüllt er u.a. aufgrund unterschiedlicher Ausübung von Ansatz-, Bewertungs- und Konsolidierungswahlrechten sowie außerordentlicher Elemente nicht die weitergehenden Anforderungen, die von Jahresabschlußadressaten und insbesondere Kapitalanlegern an die zeitliche und zwischenbetriebliche Vergleichbarkeit der Gewinne gestellt werden. Das Ergebnis der handelsrechtlichen Gewinn- und Verlustrechnung ist daher für Zwecke der Unternehmens- und Aktienkursbeurteilung um Sondereinflüsse zu bereinigen.

Die Methodenkommission der Deutschen Vereinigung für Finanzanalyse e.V. (DVFA) veröffentlichte in den Beiträgen zur Wertpapieranalyse bis 1988 fünf entsprechende Fassungen eines Arbeitsschemas zur Ermittlung des *„Ergebnisses nach DVFA"*. Auch der Arbeitskreis Externe Unternehmensrechnung der Schmalenbach-Gesellschaft – Deutsche Gesellschaft für Betriebswirtschaft e.V. (SG) publizierte 1988 eine Empfehlung zur Ermittlung des *„Ergebnisses nach SG"*. Diese Empfehlungen führten im Regelfall aufgrund der stärkeren Betonung der unternehmensübergreifenden Vergleichbarkeit (DVFA-Ergebnis) oder aber der Unternehmensindividualität (SG-Ergebnis) bei der Eliminierung von Sondereinflüssen zu unterschiedlichen Ergebnissen. Da das Nebeneinander zweier Empfehlungen und unterschiedlicher Ergebnisse bei nationalen und v.a. bei internationalen Kapitalanlegern auf Unverständnis stieß und der Entwicklung vergleichbarer Ergebnisse für die Anlageberatung entgegenstand, erarbeiteten DVFA und SG unter Berücksichtigung der ersten Erfahrungen aus der Anwendung des neuen Bilanzrechts und stärkerer Beachtung der Konzernrechnungslegungsvorschriften eine gemeinsame Empfehlung *„Ergebnis nach DVFA/SG"*.

2. Ermittlung nach DVFA/SG

a) Zielsetzung. Mit der Ermittlung des Ergebnisses nach DVFA/SG werden drei Ziele verfolgt:

1. Aufzeigen des Ergebnistrends eines Unternehmens im Zeitablauf und damit Schaffung einer zuverlässigen Basis für die Prognose der künftigen Ergebnisentwicklung des betrachteten Unternehmens;
2. Ermöglichung des Vergleichs des wirtschaftlichen Erfolges zwischen verschiedenen Unternehmen und
3. Gewinnung einer auch internationalen Ansprüchen genügenden Ausgangsgröße für die Aktienkursbeurteilung.

Jedoch kann weder eine völlige zeitliche und zwischenbetriebliche Vergleichbarkeit erreicht noch soll ein betriebswirtschaftlich „wahrer" Gewinn ermittelt werden.

b) Grundkonzept. Ausgangspunkt der Ermittlung des Ergebnisses nach DVFA/SG ist bei Nicht-Mutterunternehmen der handelsrechtliche Jahresüberschuß, bei Mutterunternehmen an der Spitze eines (Teil-) Konzerns dagegen der (Teil-) Konzernjahresüberschuß einschließlich der Ergebnisanteile anderer Gesellschafter (→ *Anteile in Fremdbesitz*). Dieser wird um außerordentliche, ungewöhnliche und dispositionsbedingte Aufwendungen und Erträge von betragsmäßiger Wesentlichkeit bereinigt, wobei die Zuordnung von Ergebniskomponenten zu den einzelnen Gruppen sowie die Abgrenzung von wesentlichen und damit zu bereinigenden und unwesentlichen Sachverhalten schwierig ist und nur unter Beachtung der jeweiligen wirtschaftlichen Hintergründe und der Unternehmensindividualität und deshalb zutreffend meist nur unter Angabe zusätzlicher Informationen durch das Unternehmen erfolgen kann. Die zu bereinigenden *außerordentlichen Aufwendungen und Erträge* sind Ergebniskomponenten, die außerhalb der gewöhnlichen Unternehmenstätigkeit anfallen und in der handelsrechtlichen Gewinn- und Verlustrechnung zumindest als Saldo unter der Position „Außerordentliches Ergebnis" auszuweisen sind. Bei den *ungewöhnlichen Aufwendungen und Erträgen* handelt es sich dagegen um Ergebniskomponenten, die in der handelsrechtlichen Gewinn- und Verlustrechnung im „Ergebnis der gewöhnlichen Geschäftstätigkeit" enthalten und zu bereinigen sind, sofern sie – unter Beachtung branchenspezifischer Besonderheiten – als ungewöhnlich und selten einzustufen sind. Hierzu gehören auch periodenfremde Aufwendungen und Erträge, nicht zwangsläufig jedoch Ergebnisbestandteile wie Anlaufkosten oder Aufwendungen für Werbekampagnen, die auf unternehmenspolitischen Entscheidungen im Rahmen der üblichen Geschäftstätigkeit beruhen. *Dispositionsbedingte Aufwendungen und Erträge* entstehen durch die – unternehmenspolitisch oder durch wirtschaftliche Begebenheiten bedingte – unterschiedliche Ausübung von Ansatz- und Bewertungswahlrechten sowie Ermessensspielräumen und sind ebenfalls im „Ergebnis der gewöhnlichen Geschäftstätigkeit" enthalten.

Haben die zu bereinigenden Sondereinflüsse in der handelsrechtlichen Gewinn- und Verlustrechnung zum Ansatz effektiver oder latenter *Gewinnsteuern* (→ *Ertragsteuern*, → *Latente Steuern*) geführt, sind die entsprechenden Bereinigungen nur mit dem um steuerliche Wirkungen geminderten Nettobetrag, anderenfalls brutto = netto, d.h. in voller Höhe, durchzuführen. Zudem sind in den nächsten Jahren die entsprechenden *Folgewirkungen* (z.B. verminderte planmäßige Abschreibungen in der handelsrechtlichen Gewinn- und Verlustrechnung bei Vornahme einer steuerrechtlichen Sonderabschreibung) bei der Ermittlung des bereinigten Ergebnisses zu beachten. Die einzelnen Schritte zur Ermittlung des Ergebnisses je Aktie nach DVFA/SG lassen sich überblicksartig wie folgt darstellen (s. Abb. 1).

Besonders problematisch ist die gleichzeitige Verfolgung der Ziele „Unternehmensindividualität" und „Unternehmensübergreifende Vergleichbarkeit" bei der Festlegung des *Wesentlichkeitskriteriums*. Der von der DVFA/SG vorgeschlagene Kompromiß geht davon aus, daß ungefähr 5% des durchschnittlichen bereinigten Ergebnisses oder hilfsweise des Jahresüberschusses der letzten drei Geschäftsjahre als wesentlich gelten, und beruht auf einem zweistufigen Vorgehen:

1. Auf der ersten Stufe erfolgt innerhalb der Bereinigungsgruppen 2–6 die Erfassung der Sondereinflüsse unabhängig von der 5%-Grenze nach unternehmensindividuellen Kriterien.
2. Auf der zweiten Stufe sind die Sondereinflüsse zu eliminieren, sofern sie je Positionsgruppe über der 5%-Grenze liegen.

Das auf beiden Stufen gewählte Vorgehen kann unternehmensindividuell verfeinert werden und sollte nur in begründeten Ausnahmefällen im Zeitablauf geändert werden (Stetigkeitsgebot).

1. Jahresüberschuß.
2. Ingangsetzungsaufwendungen.
3. Bereinigungspositionen im Anlagevermögen.
4. Bereinigungspositionen im Umlaufvermögen.
5. Bereinigungspositionen in den Passiva.
6. Erfassung von Fremdwährungs- und sonstigen Einflüssen.
7. Zusammenfassung der zu berücksichtigenden Bereinigungen, wobei auf die Positionsgruppen 2. bis 6. das Wesentlichkeitskriterium angewendet werden kann.
8. Ermittlung des Ergebnisses nach DVFA/SG durch Zusammenfassung der Positionen 1. und 7.
9. Ermittlung des Ergebnisses nach DVFA/SG je Aktie durch Umrechnung des [um Ergebnisanteile Dritter modifizierten] Ergebnisses nach DVFA/SG auf die Anzahl der durchschnittlich dividendenberechtigten Aktien (Earnings Per Share).
10. Ermittlung des Adjustierungsfaktors im Falle von Grundkapitalveränderungen.
11. Ergebnis nach DVFA/SG je Aktie „adjustiert" (Earnings Per Share „adjusted").
12. Ergebnis nach DVFA/SG je Aktie „voll verwässert" (Earnings Per Share „fully diluted").

Abb. 1: Arbeitsschema zur Ermittlung des Ergebnisses nach DVFA/SG und Überleitung zum Ergebnis je Aktie nach DVFA/SG

c) Einzelfragen. Aktivierte *Aufwendungen für die Ingangsetzung und Erweiterung des Geschäftsbetriebs* sind im Jahr ihrer Aktivierung ergebnismindernd vom (Konzern-) Jahresüberschuß und aktivierte → *Geschäftswerte*, insbesondere aus der → *Kapitalkonsolidierung*, sind zum Zweck der besseren Vergleichbarkeit der vorherrschenden Praxis folgend erfolgsneutral von den Rücklagen abzusetzen; in den Folgejahren sollen die entsprechenden Abschreibungen ergebniserhöhend berücksichtigt werden. *Planmäßige Abschreibungen auf Sachanlagen* werden trotz unterschiedlicher Methoden nicht bereinigt. *Außerplanmäßige Abschreibungen bei Sach- und Finanzanlagen* aus ungewöhnlichen oder außerordentlichen Vorgängen sowie *steuerrechtliche Sonderabschreibungen bei Sachanlagen* werden im Jahr ihrer Vornahme ergebniserhöhend, in den Folgejahren ergebnismindernd berücksichtigt. Ergebniseinflüsse aus der *Bewertung des Vorratsvermögens* sind nur ausnahmsweise, z. B. bei Unternehmen des Anlagenbaus mit hohen, noch nicht abgerechneten Leistungen (→ *Langfristfertigung*), zu eliminieren.

Veränderungen des → *Sonderpostens mit Rücklageanteil* und von → *Aufwandsrückstellungen* nach § 249 Abs. 2 HGB sind als dispositionsbedingte Aufwendungen bzw. Erträge herauszurechnen.

Insbesondere die → *Umrechnung von Valutaposten* im Rahmen der Erstellung des Jahresabschlusses und die → *Umrechnung von Jahresabschlüssen* im Rahmen der Erstellung des Konzernabschlusses können in Abhängigkeit von der gewählten Umrechnungsmethode und der Behandlung der Umrechnungsdifferenzen zu erheblichen Unterschieden im handelsrechtlichen Jahresergebnis führen. Bei der Umrechnung von Valutaposten werden Währungserfolge als Bestandteile des normalen Jahresergebnisses angesehen. Bei der Umrechnung von Jahresabschlüssen gilt die erfolgsneutrale Verrechnung bilanzieller Umrechnungsdifferenzen mit dem Eigenkapital als nicht zu bereinigender Normalfall.

Für die *Berücksichtigung steuerlicher Auswirkungen* sollen für inländische Abschlüsse aus Gewerbeertrag- und Körperschaftsteuer zusammengesetzte Grenzsteuersätze für die Thesaurierung, für ausländische Abschlüsse landesspezifische Steuersätze angewandt werden, wobei die Verwendung von Konzerndurchschnittssteuersätzen aus Vereinfachungsgründen zulässig ist.

Weitere Vorgänge wie etwa Änderungen der Bewertungsmethoden sollten bereinigt werden, sofern die Einflüsse selten und wie z. B. im Fall Daimler-Benz 1987 und 1989 wesentlich sind.

d) Überleitung zum Ergebnis je Aktie. Das Ergebnis je Aktie nach DVFA/SG ergibt sich durch Division des Ergebnisses nach DVFA/SG – bei Vorliegen von Konzernen nach Verminderung (Erhöhung) um anderen Gesellschaftern zustehende Gewinnanteile (Verlustanteile) (→ *Anteile in Fremdbesitz*) – durch die Anzahl der durchschnittlich dividendenberechtigten Aktien. Dabei sollten auch die Ergebnisanteile der anderen Gesellschafter um Sondereinflüsse bereinigt werden.

Um bei → *Kapitalerhöhungen und -herabsetzungen* die Vergleichbarkeit von G. im Zeitablauf sicherzustellen, ist eine retrograde Anpassung des Ergebnisses je Aktie nach DVFA/SG durch Anwendung eines Adjustierungsfaktors notwendig (Ergebnis je Aktie nach DVFA/SG „voll adjustiert", Earnings Per Share „adjusted"). Im Fall *bedingt ausstehender Aktien aufgrund von* → *Wandelschuldverschreibungen oder* → *Optionsschuldverschreibungen* wird dagegen ein Ergebnis je Aktie nach DVFA/SG „voll verwässert" (Earnings Per Share „fully diluted") nur dann ermittelt, wenn aufgrund der Marktbedingungen mit dem Umtausch oder der Wandlung der Anleihen in Aktien zu rechnen ist und es sich um wesentliche Effekte handelt.

e) Offene Fragen und zukünftige Entwicklung. Insbesondere bei Ermittlung des Ergebnisses (je Aktie) nach DVFA/SG auf Konzernebene erscheinen einige Problemkreise noch nicht zufriedenstellend gelöst. Angesichts der enormen

Gewinn je Aktie

konzernabschlußpolitischen Gestaltungsspielräume stellt sich die Frage, inwieweit überhaupt – ungeachtet aller Anpassungsversuche – eine *zwischenbetriebliche* Vergleichbarkeit hergestellt werden kann. Um bei Änderungen des Konsolidierungskreises die *zeitliche* Vergleichbarkeit nicht zu sehr zu beeinträchtigen, sind zumindest verbale Erläuterungen wünschenswert. Verzerrungen ergeben sich bei der Ermittlung des Ergebnisses je Aktie, wenn die *Anteile anderer Gesellschafter* erheblich sind und die auf sie entfallenden Gewinn- bzw. Verlustanteile (→ *Anteile in Fremdbesitz*) aus dem Konzernabschluß entnommen, d.h. nicht um Sondereinflüsse bereinigt werden. Daneben haben insbesondere die unter Vergleichbarkeits- und Praktikabilitätsaspekten sinnvoll erscheinende erfolgsneutrale Verrechnung bilanzieller Umrechnungsdifferenzen und von Firmenwerten nicht zuletzt aufgrund der Entwicklungen in der internationalen Bilanzierungspraxis nur *vorläufigen Charakter*. Angesichts des insbesondere von internationalen Kapitalanlegern oft geäußerten Vorwurfs des „Zurechtrechnens von Ergebnissen im stillen Kämmerlein" publizieren manche Unternehmen die Ableitung des Ergebnisses nach DVFA/SG in ihren Geschäftsberichten. Auch eine Ermittlung des Ergebnisses nach DVFA/SG auf Basis des → *Zwischenberichts* würde den Wünschen der Kapitalanleger nach zeitnahen Informationen entgegenkommen.

3. Ermittlung nach APB/FASB

In den USA müssen börsennotierte Unternehmen G.-Informationen sowohl im Rahmen der jährlichen als auch im Rahmen der Quartalsberichterstattung auf Basis folgender *Zählergrößen* veröffentlichen:

- income from continuing operations,
- income before extraordinary items,
- cumulative effect of a change in accounting principles,
- net income.

Diese Größen können aus der zu veröffentlichenden (unterjährigen) → *Gewinn- und Verlustrechnung* übernommen werden. Daher konzentrieren sich die Überlegungen des APB bzw. des FASB – anders als die der DVFA/SG – auf die Ermittlung der *Nennergröße*:

- Hat das Unternehmen lediglich Stammaktien ausgegeben („simple capital structure"), sind lediglich „basic EPS" mit den oben genannten Zählergrößen zu veröffentlichen; relevante Nennergröße ist der gewichtete Jahresdurchschnitt außenstehender Stammaktien.
- Hat das Unternehmen neben Stammaktien in Aktien umwandelbare Wertpapiere oder sonstige Rechte, die einen Aktienbezug ermöglichen, ausgegeben („complex capital structure"), sind sowohl „primary EPS" als auch „fully diluted EPS" zu veröffentlichen. In den Nenner sind bei den „primary EPS" Wertpapiere und Rechte, die dem Charakter nach Stammaktien ähnlich sind („common stock equivalents"), bei den „fully diluted EPS" zusätzlich alle weiteren in Aktien umwandelbaren Wertpapiere und Rechte einzubeziehen.

Im internationalen Bereich sind 1997 im Rahmen einer Kooperation von → *FASB* und → *IASC* neue Regelungen zur Ermittlung des G. geschaffen worden (*SFAS No. 128* und *IAS 33*). Im Vordergrund der Regelungen steht weiterhin die Ermittlung der zu berücksichtigenden Aktienanzahl. Dabei sind alle Finanzinstrumente, die unter bestimmten Bedingungen in Aktien umgewandelt werden können, auf ihre Einbeziehung hin zu überprüfen.

Lit.: AICPA: APB Opinion 15: Earnings per Share, 1969; *AICPA:* APB Opinion 28: Interim Financial Reporting, 1973; *FASB:* SFAS No. 21: Suspension of the Reporting of Earnings per Share and Segment Information by Nonpublic Enterprises, 1978; *DVFA:* Arbeitsschema und Erläuterungen zur Ermittlung des Ergebnisses nach DVFA, 1988; *Busse von Colbe, W.:* Ergebnis je Aktie – Zu den Empfehlungen eines Arbeitskreises der Schmalenbach-Gesellschaft – DGfB, sowie *Geiger, K.M.:* Ergebnis je Aktie nach der DVFA-Formel, in: Coenenberg, A.G. (Hrsg.): Bilanzanalyse nach neuem Recht, 2. Aufl., 1990, S. 209–221 und 223–236;

ASC: SSAP 3: Earnings per Share, 1992, in: ICAEW, Accounting Standards 1994/95, 1994, S. 53–68; *Küting, K./Bender, J.:* Das Ergebnis je Aktie nach DVFA/SG, in: BB 1992, Beilage 16; *Scheld, G.A./Demming, C.:* Fundamentale Aktienanalyse, in: WISU 1993, S. 298–306; *Bender, J.:* Große Unterschiede im internationalen Vergleich, in: bilanz & buchhaltung 1994, S. 417–422; *Busse von Colbe, W. u.a. (Hrsg.):* Ergebnis und Cash-Flow nach DVFA/SG, 2. Aufl., 1996; *IASC:* IAS 33: Earnings Per Share, 1997; *Pellens, B./Gassen, J.:* IAS 33, in: Baetge, J. u.a. (Hrsg.): Rechnungslegung nach International Accounting Standards (IAS), Komm., 1997 (in Vorbereitung).

Dr. Jörn Schulte, Düsseldorf.

Gewinnrücklagen
→ *Rücklagen.*

Gewinnschwelle
= Breaken-Even-Punkt.
→ *Break-Even-Analyse.*

Gewinnschwellenanalyse
= → *Break-Even-Analyse.*
= Nutzschwellenanalyse.

Gewinnsteuern
= → *Ertragsteuern.*

Gewinn- und Verlustrechnung

1. Die G. als Teil des handelsrechtlichen Jahresabschlusses

a) Aufstellungspflicht. Die G. (GuV; Profit und Loss Account = Income Statement) ist eine periodische Erfolgsrechnung, die die → *Erträge* und → *Aufwendungen* des abgelaufenen Wirtschaftsjahres ausweist. Die G. ist Teil des → *Rechnungswesens* des Unternehmens. Gesetzlich kodifiziert wurde sie erstmals für bestimmte Rechtsformen mit der Aktienrechtsnovelle von 1931. Von diesem Zeitpunkt an sind die sie betreffenden Rechtsvorschriften stetig ausgebaut worden, mit dem Ziel, die Aussagefähigkeit der Rechnung zu steigern. Einen vorläufigen Schlußpunkt in dieser Entwicklung bilden die vom → *Bilanzrichtlinien-Gesetz* (BiRiLiG) 1985 ausgelösten Änderungen. In § 242 Abs. 2 HGB verpflichtet der Gesetzgeber alle Kaufleute, zum Schluß eines jeden Geschäftsjahres neben der Bilanz auch eine G. aufzustellen. Beide Rechnungen zusammen bilden – bei den Kapitalgesellschaften um den → *Anhang* ergänzt – den → *Jahresabschluß* (§ 242 Abs. 3 HGB; § 264 Abs. 1 HGB).

b) Rechnungstechnischer Zusammenhang zwischen Bilanz und G. Während es sich bei der Bilanz um eine *zeitpunktbezogene Bestandsgrößenrechnung* handelt, die den Periodenerfolg durch Vergleich des Reinvermögens am Ende der Rechnungsperiode mit dem Reinvermögen zu Beginn ermittelt, wobei Entnahmen und Einlagen korrigierend berücksichtigt werden, ist die G. eine *zeitraumbezogene Stromgrößenrechnung.* Der Periodenerfolg ergibt sich hier als Saldo der Erträge und Aufwendungen der Rechnungsperiode (→ *Scheingewinn*).

Bilanz und G. sind aufs engste miteinander verbunden, denn beide Rechenwerke werden aus der Finanzbuchhaltung abgeleitet. Da bei Anwendung des Systems der doppelten → *Buchhaltung* auf Grund des Zwanges zu einer wertmäßig gleichen Gegenbuchung jede den Periodenerfolg ändernde Ertrags- oder Aufwandsbuchung ihre Entsprechung auf einem Bestandskonto hat, weisen Bilanz und G. den Periodenerfolg, d.h. den Jahresüberschuß/-fehlbetrag bzw. den Bilanzgewinn/-verlust in gleicher Höhe aus. Aus der rechnungstechnischen Verknüpfung folgt, daß es im System der → *Doppik* keine eigenständige, von der Bilanz losgelöste Bewertungsproblematik der G. geben kann. Aufwand und Ertrag sind abhängig von Ansatz und Bewertung der Aktiva und Passiva in der Bilanz.

c) Zweck der G. Die G. dient als Teil des Jahresabschlusses der Erfüllung der handelsrechtlichen Rechnungsziele. Die Hauptfunktionen des Jahresabschlusses sind die interne und externe Informationsfunktion sowie die Ausschüttungsbemessungsfunktion.

Im Rahmen ihrer *Informationsfunktion* ist die G. für externe Jahresabschlußadressaten das zentrale Instrument zur Vermittlung eines Einblickes in die Ertragslage der Unternehmung. Durch eine entsprechende Strukturierung soll sie nicht nur die Höhe, sondern auch die *Quellen des Periodenerfolges* aufzeigen, um so zumindest ansatzweise Rückschlüsse auf die Nachhaltigkeit der Erträge und Aufwendungen zuzulassen. Im Rahmen der *Ausschüttungsbemessungsfunktion* hat die G. keine über die Bilanz hinausgehende eigenständige Bedeutung.

d) Aufstellungsgrundsätze. Damit die G. ihrem Zweck gerecht wird, insb. um das notwendige Mindestmaß an zwischenbetrieblicher und intertemporaler Vergleichbarkeit zu gewährleisten, hat der Gesetzgeber im HGB grundlegende Aufstellungsprinzipien normiert.

Das HGB schreibt für *alle Kaufleute* verbindlich vor, daß die Gestaltung der G. nach den → *Grundsätzen ordnungsmäßiger Buchführung* zu erfolgen hat und insb. klar und übersichtlich sein muß (§ 243 Abs. 1 u. 2 HGB). Grundsätzlich sind sämtliche Aufwendungen und Erträge in der G. auszuweisen (*Vollständig-keitsgebot*), eine Saldierung ist unzulässig (*Saldierungsverbot* oder *Bruttoprinzip*) (§ 246 HGB); von diesen Grundsätzen gibt es jedoch Ausnahmen.

Kapitalgesellschaften haben detaillierte Formvorschriften zu beachten, die für andere Rechtsformen – sieht man von den Spezialregelungen des Publizitätsgesetzes (§ 5 Abs. 1 PublG) ab – keine Gültigkeit haben. Sie sind verpflichtet, die G. in Staffelform aufzustellen (§ 275 Abs. 1 HGB). Es gilt das Prinzip der *Gliederungsstetigkeit*, d.h. die einmal gewählte Form der Darstellung ist beizubehalten (§ 265 Abs. 1 HGB). Ferner haben Kapitalgesellschaften je Posten der G. die Vorjahresbeträge anzugeben. Durch diese Vorschriften soll die Vergleichbarkeit der Rechnungen erhöht werden.

Es ist den Unternehmen gleich welcher Rechtsform freigestellt, ob sie ihre G. nach dem *Gesamtkostenverfahren* (GKV) oder nach dem *Umsatzkostenverfahren* (UKV) aufstellen. Beide Verfahren unterscheiden sich sowohl in der Abgrenzung der in die G. einzubeziehenden Erträge und Aufwendungen als auch in deren Untergliederung. In Deutschland ist das Gesamtkostenverfahren (noch) das vorherrschende Verfahren.

2. G. nach dem Gesamtkostenverfahren

a) Charakterisierung des Verfahrens. Typisch für das Gesamtkostenverfahren ist, daß die gesamten in der Rechnungsperiode verursachten Aufwendungen in die G. einzubeziehen sind. Die Aufwendungen sind daher ausschließlich *zeitlich* abgegrenzt. Voraussetzung für die Ermittlung des richtigen Periodenerfolges ist nun, daß diesen Aufwendungen Erträge gegenübergestellt werden, die sich auf die gleiche Leistungsmenge beziehen. Mengenmäßig beziehen sich die Aufwendungen auf die in der Periode *produzierten*, nicht auf die abgesetzten Leistungen. Daher wäre es falsch, diesen Aufwendungen lediglich die Umsatzerlöse als Betriebsleistung gegenüberzustellen. Die notwendige mengenmäßige Angleichung der Erträge erfolgt dadurch, daß den Umsatzerlösen die *Mehrungen des Bestandes an fertigen und unfertigen Erzeugnissen* sowie die *anderen aktivierten Eigenleistungen* (selbsterstellte Sachanlagen) hinzuaddiert und entsprechende *Minderungen* der Erzeugnisse subtrahiert werden. Hierdurch wird erreicht, daß sich auch die ausgewiesenen Erträge auf die Menge produzierter Leistungen beziehen.

b) Strukturierung der Aufwendungen und Erträge. Während die Strukturierung der Erträge und Aufwendungen bei Einzelunternehmungen und Personenhandelsgesellschaften lediglich den allgemeinen Aufstellungsgrundsätzen genügen muß, schreibt das HGB für Kapitalgesellschaften in § 275 Abs. 2 HGB verbindlich eine → *Gliederung der G.* vor. Um einen besseren Einblick in die Quellen des Unternehmenserfolges zu vermitteln, wird zwischen dem *Ergebnis der gewöhnlichen Geschäftstätigkeit* (Pos. 14) und dem *außerordentlichen Ergebnis* (Pos. 17) differenziert. Der *Steueraufwand* wird in den Pos. 18 und 19 gesondert ausgewiesen. Darüber hinaus wird das Ergebnis der gewöhnlichen Geschäftstätigkeit in das *Betriebsergebnis* (Zwischensumme nach

Pos. 8) und das *Finanzergebnis* (Summe aus Pos. 9–13) gegliedert, wobei der gesonderte Ausweis dieser beiden Zwischensummen aber nicht vorgeschrieben ist. Zur Ermittlung der einzelnen Teilergebnisse sind sämtliche Erträge und anschließend sämtliche Aufwendungen aufzuführen. Im Rahmen der Ermittlung des Finanzergebnisses ist gesondert zu vermerken, inwieweit die Erträge und Aufwendungen aus der *Beziehung zu verbundenen Unternehmen* resultieren. Als größenabhängige Erleichterung ist zu beachten, daß kleine und mittelgroße Kapitalgesellschaften im Rahmen der Ermittlung des Betriebsergebnisses die Posten 1 bis 5 zu einem Posten „Rohergebnis" zusammenfassen dürfen (§ 276 HGB).

Zuordnungsschwierigkeiten bestehen in der Anwendung des Gesamtkostenverfahrens in der Regel nicht, da die Aufwendungen *primär nach Aufwandsarten* (Material, Personal, Abschreibungen) zu untergliedern sind. Mangels Legaldefinition umstritten ist jedoch die Abgrenzung der *außerordentlichen* von den übrigen Erträgen und Aufwendungen. Die überwiegende Auffassung im Schrifttum tendiert zu einer eher engen Auslegung des Begriffs „außerordentlich". Nach dieser Interpretation sollen Erträge und Aufwendungen nur dann als außerordentlich klassifiziert werden, wenn sie nicht nur außerhalb der gewöhnlichen Geschäftstätigkeit im Sinne von nicht unmittelbar dem Sachziel dienend, sondern zudem unregelmäßig bzw. selten anfallen und bedeutend sind. *Periodenfremde* Erträge und Aufwendungen gelten grundsätzlich nicht als außerordentlich. Sie sind jedoch – wie auch die außerordentlichen Erträge und Aufwendungen – im Anhang zu erläutern (§ 277 Abs. 4 HGB), soweit dies für die Beurteilung der Ertragslage von Bedeutung ist.

3. G. nach dem Umsatzkostenverfahren

a) Charakterisierung des Verfahrens. Anders als beim Gesamtkostenverfahren wird beim Umsatzkostenverfahren die Betriebsleistung der Periode nur in der Menge der *abgesetzten* Leistungen gesehen. Veränderungen des Bestandes fertiger und unfertiger Erzeugnisse sowie anderer aktivierter Eigenleistungen gehen nicht in die G. ein. Auch bei Anwendung dieses Verfahrens müssen sich aber Aufwendungen und Erträge auf die gleiche Leistungsmenge beziehen. Daher werden den Erlösen zunächst nur die → *Herstellungskosten* der zur Erzielung der Umsatzerlöse erbrachten Leistungen bzw. die Anschaffungskosten verkaufter fremdbezogener Leistungen (Pos. 2) gegenübergestellt. Für die Einbeziehung in Position 2 ist es unerheblich, in welcher Periode die Aufwendungen verursacht wurden, ausschlaggebend ist lediglich die *sachliche* Zuordnung der Aufwendungen zu den abgesetzten Leistungen. Die Aufwendungen, die den in der Rechnungsperiode zwar produzierten, aber nicht abgesetzten, sondern aktivierten Leistungen zugerechnet wurden, gehen nicht in die G. ein. In Pos. 3 wird als Saldo der Umsatzerlöse und der Herstellungskosten das *Bruttoergebnis vom Umsatz* ausgewiesen. Es folgen die *Vertriebskosten* (Pos. 4) und die *allgemeinen Verwaltungskosten* (Pos. 5). Manche Unternehmen erweitern das gesetzliche Schema insb. um Kosten der → *Forschung und Entwicklung*. Alle Aufwendungen, die nicht als bilanzielle Herstellungskosten aktiviert werden, sind wie im Gesamtkostenverfahren in der Rechnungsperiode zu erfassen, in der sie verursacht wurden. Dieses Nebeneinander von zeitlich und sachlich abgegrenzten Aufwendungen ist typisch für das Umsatzkostenverfahren.

b) Strukturierung der Aufwendungen und Erträge. Wie auch bei Anwendung des Gesamtkostenverfahrens sind Kapitalgesellschaften bei der Strukturierung der Aufwendungen und Erträge an ein vom HGB (§ 275 Abs. 3) vorgeschriebenes Gliederungsschema gebunden. Es differenziert ebenfalls zwischen dem Ergebnis der *gewöhnlichen Geschäftstätigkeit*, das auch hier in Betriebs- und Finanzergebnis unterteilt werden kann, und dem *außerordentlichen* Ergebnis. Anders als beim Gesamtkostenverfahren sind jedoch im Rahmen der Ermittlung des Betriebsergebnisses die betrieblichen Aufwendungen nicht getrennt nach Aufwandsarten, sondern getrennt nach *Funktionen* (Herstellung, Vertrieb, Verwaltung) auszuweisen. Erst die Untergliederung der restlichen Aufwendungen erfolgt auch beim Umsatzkostenverfahren wieder artenorientiert. Kleine und mittelgroße Kapitalgesellschaften können durch Zusammenfassung der Positionen 1 bis 3 und 6 zu einem „Rohergebnis" eine größenabhängige Erleichterung in Anspruch nehmen (§ 276 HGB).

Das Nebeneinander von sachlich und zeitlich abgegrenzten sowie nach Funktionen und Arten strukturierten Aufwendungen führt zu Zuordnungsproblemen, deren mögliche Lösungen im Schrifttum kontrovers diskutiert werden. Im Kern geht es um die Frage, ob nicht als bilanzielle Herstellungskosten akitivierte Aufwendungen in der G. als Herstellungskosten unter Pos. 2 ausgewiesen werden oder anderen Positionen der G. zuzurechnen sind (insb. Pos. 7). Bisher hat sich zur Lösung dieser Probleme weder im Schrifttum eine herrschende Meinung noch in der Praxis eine einheitliche Handhabung herausgebildet. Eine Verbindlichkeit des Begriffsinhalts der bestandsbezogenen Herstellungskosten des § 255 Abs. 2 u. 3 HGB für die als Herstellungskosten in der G. anzusehenden Bestandteile wird i.d.R. jedoch nicht gesehen. Eine zwischenbetriebliche Vergleichbarkeit von nach dem Umsatzkostenverfahren erstellten G. ist daher selbst bei erläuternden Informationen im Anhang nur begrenzt gegeben.

c) Vor- und Nachteile des Umsatzkostenverfahrens gegenüber dem Gesamtkostenverfahren. Das Umsatzkostenverfahren ist – verglichen mit dem Gesamtkostenverfahren – vor allem für *international* tätige Unternehmen interessanter, da es das im *anglo-amerikanischen* Raum vorherrschende Verfahren ist. Eine Vergleichbarkeit auf internationaler Ebene ist durch die Anwendung des Umsatzkostenverfahrens eher gewährleistet. Auch erlaubt es nur das Umsatzkostenverfahren, eine unmittelbare Beziehung zwischen Umsatzerlösen und Aufwendungen herzustellen und z. B. Teilerfolge einzelner Produktgruppen zu berechnen. Zu einer derartigen Differenzierung der G. sind die Unternehmen jedoch nicht verpflichtet; § 285 Nr. 4 HGB verlangt eine entsprechende Aufgliederung lediglich der Umsatzerlöse und auch dies nur bei großen Kapitalgesellschaften (→ *Segmentberichterstattung*). Aus Sicht der rechnungslegenden Unternehmung ist das Umsatzkostenverfahren nicht zuletzt aufgrund der bilanzpolitisch nutzbaren Zuordnungsspielräume hinsichtlich der umsatzbezogenen Herstellungskosten attraktiver.

Aus Sicht der Jahresabschlußadressaten sind gerade diese noch bestehenden Gestaltungsspielräume wohl der gravierendste Nachteil des Umsatzkostenverfahrens. Insbesondere der *Betriebsvergleich*, aber auch der *Zeitvergleich* werden hierdurch erheblich beeinträchtigt (→ *Jahresabschlußanalyse*). Auch ist aufgrund des funktionsorientierten Ausweises der betrieblichen Aufwendungen kein Rückschluß mehr auf die Art des den Aufwendungen zugrundeliegenden Werteverzehrs möglich. Informationen über die Liquiditätswirksamkeit der Aufwendungen können der G. nicht mehr entnommen werden. Dieser Informationsverlust wird auch durch die Erläuterungspflichten im Anhang (§ 285 Nr. 8 HGB) nur begrenzt ausgeglichen.

Die Unternehmung, die das Umsatzkostenverfahren wählt, muß berücksichtigen, daß die zeitliche und sachliche Abgrenzung der Aufwendungen sowie ihre funktionsorientiere Differenzierung – verglichen mit dem Gesamtkostenverfahren – zusätzliche Anforderungen an die Leistungsfähigkeit des innerbetrieblichen Rechnungswesens stellen. Zudem führt bei Unternehmen mit langfristiger Auftragsfertigung (→ *Langfristfertigung*) das Umsatzkostenverfahren anders als das Gesamtkostenverfahren zu erheblichen Schwankungen im Ausweis der betrieblichen Erträge und Aufwendungen. In diesen Fällen ist eine Anwendung wenig sinnvoll.

4. Prüfungs- und Publizitätspflichten

Als Teil des Jahresabschlusses ist auch die G. uneingeschränkt Gegenstand der handelsrechtlichen → *Prüfung des Jahresabschlusses* (§ 317 Abs. 1 HGB), der mittelgroße und große Kapitalgesellschaften unterliegen.

Hinsichtlich der → *Publizität* der G. sind einige Sonderregelungen zu beachten. Kleine Kapitalgesellschaften müssen zwar die Bilanz und den Anhang, nicht aber die G. zum Handelsregister einreichen. Zudem braucht der Anhang die die G. betreffenden Angaben nicht zu enthalten. Mittelgroße Kapitalgesellschaften sind zwar verpflichtet, auch die G. zum Handelsregister einzureichen, auf sie findet indes bereits erwähnte Erleichterungsvorschrift des § 276 HGB Anwendung. Erst bei großen Kapitalgesellschaften unterliegt die G. in vollem Umfang den Publizitätsvorschriften des § 325 HGB.

5. G. aus internationaler Perspektive

a) Internationale Bedeutung der G. Für ein vergleichende Betrachtung der G. auf internationaler Ebene sind insb. die Vorschriften in den → *USA* und die → *International Accounting Standards* relevant. Beide Regelungen sind geprägt vom *„anglo-amerikanischen" Verständnis* der externen Rechnungslegung. Hiernach hat der Jahresabschluß in erster Linie eine *Informationsfunktion.* Er soll vorhandene und potentielle Investoren bei ihren Anlageentscheidungen unterstützen (*decision usefulness*). Die Darstellung des Periodenerfolgs und seiner Zusammensetzung sowie die Schaffung einer Informationsgrundlage zur *Abschätzung zukünftiger → Cash-Flows* sind daher vorrangige Ziele des Jahresabschlusses. Basis solcher Prognosen ist dabei die Beurteilung der *Bedeutung*, des *zeitlichen Anfalls* und der *Wahrscheinlichkeit* des Auftretens einzelner Erfolgskomponenten. Diese Überlegungen führen z. B. zu der Diskussion, inwieweit geschäfts-untypische Erfolgsgrößen (z. B. außergewöhnliche Erträge und Aufwendungen, Neubewertungen oder Korrekturen früherer Abschlüsse) überhaupt in die G. einbezogen oder eher erfolgsneutral erfaßt werden sollen. Auch das Interesse an dem Ausweis von Kennzahlen zum →*Gewinn je Aktie* (*Earnings Per Share*) in der G. ist Ausdruck der investororientierten Philosophie. Vereinfacht ausgedrückt wird dabei das Ergebnis abzüglich der Dividendenzahlungen für Vorzugsaktionäre durch die Zahl der Stammaktien dividiert. Die G. wird bei einer solchen Zielsetzung der Rechnungslegung zum wichtigsten Instrument des Jahresabschlusses. Ihr Stellenwert ist dementsprechend in den USA und im Rahmen der IAS höher als in Deutschland, wo aufgrund der Dominanz des Gläubigerschutzes die Bilanz im Vordergrund steht. Die grundsätzlichen Konzeptionen und Inhalte der G. unterscheiden sich jedoch nicht.

b) G. in den USA. Für die G. gibt es nur wenige Formvorschriften (Staffelform, Mindestgliederung von der SEC). In den USA ist nur das Umsatzkostenverfahren zulässig. Dies wird begründet mit einer besseren Möglichkeit zur Identifikation von Erfolgsquellen sowie einer größeren Kompatibilität mit dem Gedanken des → *matching principle.* Wichtig für das Verständnis der G. in den USA ist eine klare Differenzierung der Ertrags- und Aufwandsgrößen hinsichtlich der Kriterien *Betriebsbezogenheit, Gewöhnlichkeit und Regelmäßigkeit.* Diese Abgrenzung wird durch begriffliche Unterscheidung und durch eine entsprechende Gliederung der G. einschließlich der Bildung von Zwischensummen hervorgehoben. Daneben sind zu der G. zahlreiche Angaben in den notes vorgesehen. Zu der US-amerikanischen G. gehören eine ganze Reihe von unterschiedlich abgegrenzten Kennzahlen zum Ergebnis je Aktie, die eine wichtige Rolle für die Bilanzanalysten spielen. Manchmal wird in die G. auch die *Gewinnverwendungsrechnung* einbezogen (*Statement of Retained Earnings).*

c) G. laut IASC. Ein festes Gliederungsschema ist auch nach den IAS nicht vorgeschrieben, Form und Gliederung müssen den allgemeinen Zielen und Grundsätzen der Rechnungslegung förderlich sein. Die IAS nennen bestimmte *Mindestangaben*, die eine G. enthalten soll. Gesamtkosten- und Umsatzkostenverfahren sind ohne Empfehlung eines benchmark treatments wahlweise zulässig. Auch nach IASC ist zu trennen in ein Ergebnis der gewöhnlichen Geschäftstätigkeit und ein Ergebnis aus außerordentlichen Vorgängen. Daneben sehen auch die IAS je nach Detaillierungsgrad der G. weitergehende Anhangangaben sowie Angaben zur Gewinnverwendung vor. Inhalt und Umfang von Kennzahlen zum Ergebnis je Aktie werden derzeit noch diskutiert, sie sind aber grundsätzlich in Zukunft vorgesehen.

Lit.: *Sieben, G./Gatzen, M.*: Die Gewinn- und Verlustrechnung nach neuem Recht, in: WISU 1986, S. 205–211; *Baetge, J./Fischer, T. R.*: Zur Aussagefähigkeit der Gewinn- und Verlustrechnung nach neuem Recht, in: Bilanzrichtliniengesetz, ZfB-Ergh. 1/1987, S. 175–201; *Chmielewicz, K.*: Anmerkungen zum Umsatzkostenverfahren, in: DBW 1987, S. 165–176; *Gatzen, M.*: Die Gewinn- und Verlustrechnung nach dem Umsatzkostenverfahren – eine beliebig gestaltbare Rechnung?, in: Wpg 1987, S. 461–470; *IdW/SABI*: Stellungnahme 1/1987: Probleme des Umsatzkostenverfahrens, in: Wpg 1987, S. 141–143; *Chmielewicz, K.*: Gesamt- und Umsatzkostenverfahren der Gewinn- und Verlustrechnung im Vergleich, in: DBW 1990, S. 27–45; *Kieso, D./Weygandt, J.*: Intermediate Accounting, 7. Aufl., 1992, S. 131–185; *Rogler, S.*: Herstellungskosten beim Umsatzkostenverfahren, in: BB 1992, S. 1459–1463; *Pohlentz, H.*: Gewinn- und Verlustrechnung, in: HWB, 5. Aufl., 1993, Sp. 1459–1468; *Sieben, G./Barion, H.-J./Maltry, H.*: Gewinn- und Verlustrechnung, in: HWR, 3. Aufl., 1993, Sp. 747–757; *Wimmer, K.*: Theoretische Konzeption und praktische Umsetzungsprobleme des Umsatzkostenverfahrens nach HGB, in: Wpg 1993, S. 161–169; *IdW (Hrsg.)*: Rechnungslegung nach International Accounting Standards, 1995, S. 222–228; *Kuhlewind, A.-M.*: Die amerikanische Gewinn- und Verlustrechnung: Ermittlung und Darstellung des Unternehmenserfolges im amerikanischen Jahresabschluß, in: Ballwieser, W. (Hrsg.): US-amerikanische Rechnungslegung: Grundlagen und Vergleiche mit dem deutschen Recht, 2. Aufl., 1996, S. 183–214.

Professor Dr. Günter Sieben/
Marc Coenenberg MBA/
Dipl.-Kfm. Volker Klockhaus, Köln.

Gewinnvergleichsrechnung

Gegenüberstellung der durchschnittlichen Gewinne je Periode

- vor oder nach → *Gewinnsteuern*,
- vor oder nach → *kalkulatorischen Zinsen*,
- absolut oder bezogen auf das eingesetzte Kapital oder die Leistungseinheit

alternativer Investitionsvorhaben (→ *statische Investitionsrechnung*).

Gewinnverwendung

1. Gewinn als Verwendungsobjekt

a) Einkommensverteilung. Die G. ist ein Unterfall der Einkommensverteilung. Im Rahmen der Einkommensverteilung werden Umsatzerlöse auf Vorleistungen und → *Wertschöpfung* verteilt (Abb. 1); die Wertschöpfung wird auf → *Steuern*, → *Zinsen*, Löhne und → *Gewinne* aufgegliedert. Bei der G. werden die Gewinne auf Personen und nach G.-Arten verteilt. Diese Verteilungsmaßnahmen können durch Gesetz (z. B. Steuern), überbetriebliche Verträge (z. B. Lohntarifverträge), einzelbetriebliche Verträge (z. B. Zinsen) vorgeprägt sein oder situationsbedingt entschieden werden (z. B. Dividenden).

b) Gewinnverwendung im Rahmen der Gewinnermittlung. Handelsrechtlich ist der Jahresüberschuß (Ziffer 11 der Abb. 1) Ende der Gewinnermittlung und der → *GuV* (§ 275 Abs. 2 HGB) sowie Ausgangspunkt der G. G.-Maßnahmen können aber auch schon vor dem Jahresüberschuß und damit als → *Aufwand* im Rahmen der Gewinnermittlung erfolgen. Zahlungen an Nicht-Anteilseigner erfolgen z. T. gewinnabhängig (Gewinnsteuern (→ *Ertragsteuern*), gewinnabhängige Zinsen, Gewinnbeteiligung der Arbeitnehmer; betr. Ziffer 4, 7, 5 der Abb. 1). Gewinnsteuern stellen also eine gesetzliche Verwendung des Gewinns vor Steuern dar, Zinsen eine vertragsbedingte Verwendung des Kapitalgewinns. Trotzdem erscheinen sie handelsrechtlich als Aufwand

Gewinnverwendung

1.	Umsatzerlöse
2. –	Vorleistung (Material, Abschreibung usw.)
3. =	Wertschöpfung
4. –	Steueraufwand
5. –	Personalaufwand
6. =	Kapitalgewinn
7. –	Fremdkapitalzinsen
8. =	Jahresgewinn
9. –	Komplementärgewinn (KGaA)
10. –	Gewinnabführung
11. =	Jahresüberschuß
12. ±	Gewinn-/Verlustvortrag aus dem Vorjahr
13. –	Einstellung in Gewinnrücklagen (bei der AG durch den Vorstand)
14. +	Eigenkapital-Auflösung
15. =	Bilanzgewinn
16. –	Einstellung in Gewinnrücklagen (bei der AG durch die Hauptversammlung)
17. –	Gewinnvortrag auf das Folgejahr
18. –	Zusätzliche Gewinnsteuer
19. =	Dividendensumme

Abb. 1: Gewinnermittlung und -verwendung

und werden üblicherweise nicht zur G. gerechnet.

Soweit Zahlungen direkt oder indirekt den Anteilseignern zugute kommen, können sie als vorgezogene oder versteckte G. interpretiert werden, auch wenn sie handelsrechtlich Aufwand darstellen. Das gilt z. B. für überhöhte Konzernverrechnungspreise und für Zinsen auf Gesellschafterdarlehen (Ziffer 2 bzw. 7 der Abb. 1).

Gewinnabführungen kraft *Gewinnabführungsvertrag* (§277 Abs. 3 Satz 2 HGB) oder Komplementärsanteile am Gewinn einer KGaA stellen aus wirtschaftlicher Sicht einen Gewinnbestandteil bzw. eine G. dar, werden aber handelsrechtlich ebenfalls als Aufwand behandelt (Ziffer 10 bzw. 9 der Abb. 1). Sie verzerren den handelsrechtlichen Jahresüberschuß. Der wirtschaftliche Jahresgewinn müßte eigentlich um diese Posten höher als der handelsrechtliche Jahresüberschuß angesetzt werden (Ziffer 8 statt 11 der Abb. 1). Eine ähnliche Verzerrung des Jahresüberschusses tritt durch die Umkehrung des → *Maßgeblichkeitsprinzips* des Steuerrechts ein.

c) Jahresüberschußverwendung (Bilanzgewinnermittlung). Handelsrechtlich stellt die G. eine Verwendung des Jahresüberschusses dar, anknüpfend an den Einzelabschluß (nicht: → *Konzernabschluß*). Die Ziffern 11 bis 15 von Abb. 1 werden in diesem Sinne als G.-Staffel gemäß § 158 Abs. 1 AktG bezeichnet. Verwendet wird also ein erzielter Nominalgewinn, bei dem die Aufwendungen gemäß Ziffer 2, 4, 5, 7, 9, 10 der Abb. 1 schon abgezogen sind.

d) Bilanzgewinnverwendung (Gewinnausschüttungsermittlung). An die Jahresüberschußverwendung (§ 158 Abs. 1 AktG bzw. Ziffer 11 bis 15 der Abb. 1) schließt sich aktienrechtlich noch eine Bilanzgewinnverwendung an (§ 174 Abs. 2 AktG bzw. Ziffer 15 bis 19 der Abb. 1). Sie ist rechtlich aber von der G.-Staffel abgekoppelt. Der Bilanzgewinn kann dabei ausgeschüttet (Ziffer 19) oder einbehalten werden (Ziffer 16 oder 17); im letzteren Fall entsteht bei gespaltenem KSt-Tarif eine zusätzliche Gewinnsteuerbelastung (Ziffer 18 der Abb. 1).

2. Darstellung der Gewinnverwendung

Die G. wird üblicherweise in Staffelform dargestellt. Die Ziffern 11 bis 15 von Abb. 1 zeigen eine auf das Prinzipielle verkürzte G.-Staffel, während Abb. 2 die komplette gesetzliche Form der G.-Staffel für die AG und KGaA nach §158 Abs. 1 AktG darstellt. Auf freiwilliger Basis bietet sich diese G.-Staffel auch für die GmbH an, während für die→ *Personenunternehmen* die Untergliederung von Abb. 2 nicht sachgerecht ist.

Die G.-Staffel kann an die GuV angehängt oder – in der Praxis häufiger – in den → *Anhang* verwiesen werden.

Die gesetzliche G.-Staffel gemäß Abb. 2 beginnt mit dem erzielten Gewinn (Jahresüberschuß) und endet mit dem Höchstwert der Gewinnausschüttung (Bilanzgewinn). Dazwischen erscheint ein Gewinn- oder Verlustvortrag aus dem Vorjahr (Ziffer 1), eine Eigenkapitalauflösung (Ziffer 2, 3) bzw. die Gewinneinbehaltung (Ziffer 4). Die Änderungen der Gewinnrücklagen (Ziffer 3, 4) sind symmetrisch aufgebaut und entsprechend den Gewinnrücklagen in der Bilanz untergliedert (vgl. §266 Abs. 3 HGB, → *Rücklagen*).

Die Ziffern 2 bis 4 von Abb. 2 stellen einerseits Komponenten der G. dar, andererseits erfolgswirksame Änderungen des → *Eigenkapitals*. Will man erfolgswirksame Eigenkapitaländerungen der G. und erfolgsunwirksame Eigenkapitaländerungen (z. B. Kapitalerhöhungen oder -herabsetzungen) zusammenfassen, bietet sich die Darstellungsweise eines *Eigenkapitalspiegels* an. Er enthält zeilenweise die Unterposten des Eigenkapitals (§266 Abs. 3 HGB); jeder Unterposten wird aufgegliedert in folgende Spalten: (1) Anfangsbestand, (2) Einstellungen, (3) Umbuchungen, (4) Entnahmen und (5) Endbestand. Die Einstellungen (2) in das Eigenkapital können ggf. weiter untergliedert werden in (2a) Einstellungen aus dem Jahresüberschuß der Berichtsperiode, (2b) Einstellungen aus dem Vorjahresgewinn und (2c) erfolgsunwirksame Einstellungen außerhalb der G.-Staffel. Diese Form zeigt alle Eigenkapitaländerungen auf einen Blick.

3. Materielle Höhe der Gewinnverwendung

Die gesetzliche Regelung bezieht sich nicht nur auf die Darstellungsform, sondern auch auf die Höhe der G.

Für *Personenunternehmen* gibt es im Prinzip keine zwingenden G.-Vorschriften; die Regelungen gemäß §§120f, 167 bis 169 HGB können durch Gesellschaftsvertrag abgewandelt werden (§§109, 163 HGB). G.-Vorschriften wären hier funktionslos, da sie durch zulässige Eigenkapitalrückzahlungen und durch die nachgiebigen Gewinnermittlungsvorschriften der Personengesellschaft umgangen werden könnten. Die interpersonale G. kann nach Köpfen und/oder Kapitalanteilen der Gesellschafter erfolgen.

Bei Kapitalgesellschaften gilt dagegen im Prinzip eine Verteilung nach Kapitalanteilen (vgl. §§14, 29 Abs. 3 GmbHG, §60 Abs. 1 AktG). Die G.-Vorschriften, die in Abb. 2 ergänzt sind, sind mit erschwerten Eigenkapitalrückzahlungen und strengen Gewinnermittlungsregeln gekoppelt:

(1) Beim Erwerb eigener Anteile (soweit überhaupt zulässig) ist eine Rücklage für

(1) Die Gewinn- und Verlustrechnung ist nach dem Posten „Jahresüberschuß/Jahresfehlbetrag“ in Fortführung der Numerierung um die folgenden Posten zu ergänzen:

1. Gewinnvortrag/Verlustvortrag aus dem Vorjahr
2. Entnahmen aus der Kapitalrücklage (§150 Abs. 3, 4 AktG)
3. Entnahmen aus Gewinnrücklagen
   a) aus der gesetzlichen Rücklage (§150 Abs. 3, 4 AktG)
   b) aus der Rücklage für eigene Aktien (§272 Abs. 4 Satz 2 HGB)
   c) aus satzungsmäßigen Rücklagen (§29 Abs. 1 Satz 2 GmbHG)
   d) aus anderen Gewinnrücklagen (–)
4. Einstellungen in Gewinnrücklagen
   a) in die gesetzliche Rücklage (§150 Abs. 2 AktG)
   b) in die Rücklage für eigene Aktien (§272 Abs. 4 Satz 1, 3 HGB)
   c) in satzungsmäßige Rücklagen (§29 Abs. 1, 2 GmbHG)
   d) in andere Gewinnrücklagen (§58 Abs. 1, 2, 2a AktG, §29 Abs. 1, 2, 4 GmbHG)
5. Bilanzgewinn/Bilanzverlust (§§269 Satz 2, 274 Abs. 2 Satz 3 HGB).

Die Angaben nach Satz 1 können auch im Anhang gemacht werden.

Abb. 2: Gewinnverwendungsstaffel nach §158 Abs. 1 AktG ergänzt um materielle G.-Vorschriften

eigene Anteile in Höhe des bilanzierten Vermögenswertes zu bilden (Ziffer 4b der Abb. 2), gespeist aus Jahresüberschuß, Gewinnvortrag oder Auflösung anderer Gewinnrücklagen (Ziffer 1, 3d). Ist das nicht möglich, entsteht unter Ziffer 5 ein Bilanzverlust.

(2) Bei aktivierten Ingangsetzungs- oder Erweiterungsausgaben oder aktivierten → *latenten Steuern* tritt eine gleich hohe Gewinnausschüttungssperre ein (→ *Bilanzierungshilfe*); eine Gewinnausschüttung gemäß Ziffer 5 ist nur erlaubt, soweit der Bestand jederzeit auflösbarer Gewinnrücklagen plus Gewinnvortrag minus Verlustvortrag nicht kleiner als die genannten Aktivposten ist.

(3) Zuschreibungsgewinne nach §280 Abs.2 HGB können einbehalten werden (Ziffer 4d der Abb. 2).

Speziell für die GmbH können zusätzlich „satzungsmäßige" Rücklagen kraft Gesellschaftsvertrag gebildet und aufgelöst werden (Ziffer 3c, 4c der Abb. 2).

Speziell für die *AG* sind die Ziffern 2, 3a, 4a und 4d von Abb. 2 gesetzlich reglementiert. Einstellungen in die gesetzliche Gewinnrücklage (4a) werden im Prinzip auf 5% des Jahresüberschusses fixiert, bis der Rücklagenbestand des Typs 2, 3a zusammen 10% des gezeichneten Kapitals ausmacht. Einstellungen in andere Gewinnrücklagen (4d) dürfen grundsätzlich maximal 50% des Jahresüberschusses ausmachen. Auflösungen von Kapitalrücklagen (2) und gesetzlichen Gewinnrücklagen (3a) sind im Prinzip nur zum rechnerischen Verlustausgleich und evtl. zur Kapitalerhöhung aus Gesellschaftsmitteln zulässig, nicht aber für Zwecke der Gewinnausschüttung. Andere Gewinnrücklagen (Ziffer 3d) können dagegen auch für Gewinnausschüttungszwecke aufgelöst werden; sie erhöhen den Bilanzgewinn und führen dann zu Dividenden aus Vorjahresgewinnen und insofern aus der Substanz.

Die Befolgung dieser G.-Vorschriften ist im Rahmen der → *Prüfung des Jahresabschlusses* vom WP zu prüfen; eine Verletzung dıer G.-Vorschriften gemäß Ziffer 2 bis 4 von Abb. 2 führt zur Nichtigkeit des → *Jahresabschlusses* (§256 Abs.1 Nr.4 AktG).

4. Kompetenzregelung

Die Entscheidungskompetenz über die G. liegt grundsätzlich bei der Gesellschafterversammlung (vgl. z.B. §42a Abs.2 GmbHG). Bei der deutschen AG dagegen ist die HV nur für die Bilanzgewinnverwendung zuständig (Ziffer 15 bis 19 von Abb. 1), während die G. i.S.v. Abb. 2 im Regelfall von Vorstand und AR beschlossen wird (§§172 bis 174 AktG). Zusammen mit den gesetzlichen Reglementierungen der G.-Höhe wird damit ein Kompromiß zwischen Aktionärs-, Gläubiger- und Unternehmungsschutz bezweckt.

Lit.: Schmidt, R.-B.: Wirtschaftslehre der Unternehmung, Bd. 3: Erfolgsverwendung, 1978; *Wagner, F. W.:* Allokative und distributive Wirkungen der Ausschüttungskompetenzen von Hauptversammlungen und Verwaltungen einer Aktiengesellschaft, in: ZGR 1988, S.210–239; *Ballwieser, W.:* Gewinnverteilung, Prüfung der, in: HWRev., 2. Aufl., 1992, Sp. 706–713; *Franz, K.-P.:* Gewinnausschüttung, in: HWR, 3. Aufl., 1993, Sp. 763–772; *Möller, H.-P.:* Gewinneinbehaltung, in: HWR, 3. Aufl., 1993, Sp.782–789; *Weilenmann, K.:* Gewinnermittlung und Gewinnverwendung, in: HWB, 5. Aufl., 1993, Sp. 1468–1481; *Wagner, F. W./Wangler, C.:* Gewinnverteilung und Gewinnverwendungspolitik, in: HWF, 2. Aufl., 1995, Sp. 886–897; *ADS*, 6. Aufl., Bd. 4, 1997, §§58, 150 AktG, S. 151–194 und S. 227–247.

Professor Dr. Klaus Chmielewicz.

Gewinnvorgabe

1. Gewinnziel

Das erwirtschaftete Ergebnis spiegelt die Geschäftstätigkeit in einer abgelaufenen Periode wieder. Es dokumentiert die Verzinsung des eingesetzten Kapitals und ist Indikator für die → *Substanzerhaltung*. Die G. ist seine Meßlatte.

Die Kapitalverzinsungspflicht liegt bei einem internationalen → *Konzern* grundsätzlich zwar bei dem → *Mutterunternehmen*, sie ist jedoch in angemessenem Um-

Gewinnvorgabe

fang auf die übrigen rechtlichen Einheiten (Tochtergesellschaften) zu delegieren.

Das Gewinnziel kann die maximale, optimale oder eine angemessene Verzinsung sein.

2. Gewinndefinition
Langfristig ist die Optimierung der monetären und nichtmonetären Ziele für das Gesamtunternehmen anzustreben. Dies kann für einzelne Organisationseinheiten (Tochterunternehmen, Sparten, Bereiche) zu Nachteilen führen. Übergeordnete Entscheidungen und Entscheidungen zur Nutzung des Verbundeffektes können sich zu Lasten der einen und zu Gunsten der anderen Organisationseinheit auswirken. Vorrangig kommt es darauf an, im Gesamtverbund die gesteckten Ziele – insbsd. das Gewinnziel bzw. Renditeziel – langfristig zu verwirklichen. Hierfür ist die Berücksichtigung nicht-monetärer Ziele strenge Nebenbedingung. Unter → *Gewinn* ist der Überschuß der Erträge über die Aufwendungen zu verstehen. Die G. (Gewinn-Soll) für einen Konzern sollte aus dem Sollgewinn des Mutterunternehmens abgeleitet werden. Sie kann als Verzinsung des → *Eigenkapitals* bzw. des → *betriebsnotwendigen Vermögens* (bnV) definiert werden. Die Praktikabilität und die Effizienz der Ergebnisverantwortung der Organisationseinheiten sind davon abhängig, inwieweit sich die Verantwortlichen mit der festgesetzten G. identifizieren und inwieweit die Struktur des Unternehmens bzw. Konzerns eine klare Abgrenzung der Verantwortungsbereiche ermöglicht. Ein internationaler Konzern verfügt nicht selten über eine große Anzahl von rechtlichen Einheiten im In- und Ausland. Jede einzelne muß ihren Gewinnbeitrag zum Gewinnsoll beisteuern. Je vielfältiger das Produktionsprogramm und je heterogener und tiefgegliederter die Produktionsstruktur, um so weniger dürfte die bloße Ergebnisverantwortung der rechtlichen Einheiten ausreichen. Je nach Marktbearbeitung und -betreuung sind Organisationseinheiten zu bilden, die klar abgrenzbar sind (Produktverantwortung, Regionenverantwortung) und die entsprechende Gewinnverantwortung übernehmen.

Die Verzinsung des Eigenkapitals kann für die rechtlich selbständige Einheit zwar praktikabel sein; für andere organisatorische Einheiten (Sparten, Geschäftsbereiche) bietet sich jedoch als Berechnungsbasis eher das *produktiv verwendete Vermögen* (produktives bnV) an.

3. Gewinnvorgabe im Konzern
Die G. im Konzern läßt sich aus dem Gewinnsoll des Mutterunternehmens wie folgt ableiten:

  Dividendensumme
+ Rücklagenzuführung

= Gewinnsoll des Mutterunternehmens
= y% vom bnV des Mutterunternehmens

Da das Gewinnsoll jedoch vom Gesamtkonzern aufgebracht werden soll, ist die G. auf die Organisationseinheiten aufzuteilen. Die G. für den Gesamtkonzern setzt sich somit aus drei Komponenten zusammen:

– Gewinnbeitrag des Mutterunternehmens – Gewinnbeitrag der Tochterunternehmen zum Sollgewinn des Mutterunternehmens	} G. (Sollgewinn) des Mutterunternehmens	} G. (Sollgewinn) der Tochterunternehmen
– Thesaurierter Gewinnanteil der Tochterunternehmen		

a) G. des Mutterunternehmens. Die G. des Mutterunternehmens kann – auch wenn sie als Eigenkapitalverzinsung errechnet wurde – als *Sollverzinsung des produktiven bnV* der Konzernmutter definiert werden (y% v. bnV). Ihre Verteilung auf die organisatorischen Einheiten (Sparten, Geschäftsbereiche) ist deren bnV entsprechend vorzunehmen. Zum bnV des Mutterunternehmens gehören zwar auch die Anschaffungswerte der Beteiligungen. Sie sind jedoch nur Maßstab für die gesamte G., nicht jedoch für seine Aufteilung auf die rechtlichen Einheiten. Nur das *produktive* bnV jeder Stufe ist die Verteilungsbasis. Zu ihr gehören mithin nicht die Buchwerte der Beteiligung an konsolidierten Finanzierungs-, Holding-, Produktions- und Handelsgesellschaften (Erfassung durch das produktive bnV der Gesellschaften).

b) G. der Beteiligungsgesellschaften. Die G. für die Beteiligungsgesellschaften setzt sich aus dem Gewinnbeitrag zum Sollgewinn des Mutterunternehmens und dem nicht transferierten Gewinnanteil zusammen. Sie läßt sich aus dem Sollgewinn des Mutterunternehmens nach der Maxime: „Gleiche Rendite für das bnV der Tochter- und des Mutterunternehmens" ableiten und ist ebenfalls definiert als Verzinsung des produktiven bnV (y % v. bnV der Beteiligungsgesellschaften).

Der Gewinnbeitrag der Beteiligungsgesellschaften zum Sollgewinn des Mutterunternehmens ist der transferierbare bzw. zum Transfer vorgesehene Gewinnanteil der einzelnen Beteiligungsgesellschaften. Thesaurierte Gewinne können nicht zum Gewinnbeitrag gehören, da sie der Konzernmutter weder zur Ausschüttung noch zur Rücklagendotierung zur Verfügung stehen.

c) Korrektur der Sollvorgabe. Für realistische G. für Tochterunternehmen kommen Korrekturen, die sich aber insgesamt untereinander ausgleichen müssen, in Betracht: Sind die *ertragsabhängigen Steuern* bei einzelnen Tochterunternehmen nicht im Preis einkalkulierbar, so kann die unterschiedliche Steuerbelastung in Form von Korrekturen der G.komponenten berücksichtigt werden. Zum Ausgleich des Steuergefälles kann vom Durchschnittssteuersatz des gesamten Beteiligungsbereichs ausgegangen werden.

Ist die *unterschiedliche Zinsbelastung* der Gesellschaften auf unterschiedliche Kapitalausstattung bzw. Fristigkeit des aufgenommenen Fremdkapitals zurückzuführen, so sind unter Zugrundelegen eines Normalzinses zwischen den einzelnen Gesellschaften Ausgleichskorrekturen vorzunehmen. Inflatorische Zinsen und Kursverluste müßten im Rahmen des Verteuerungsprozesses im Preis ausgeglichen werden.

Eine *unterschiedliche Besteuerung* ausgeschütteter und thesaurierter Gewinne wirkt sich sowohl auf den Beitrag zum Sollgewinn des Mutterunternehmens (Anrechenbarkeit von Steuern im Rahmen der DBA) als auch auf das Verhältnis von transferiertem zu thesauriertem Gewinnanteil aus. Die Anrechenbarkeit von Steuern läßt eine Reduzierung des versteuerten Gewinnbeitrages der Beteiligungsgesellschaften zum Sollgewinn des Mutterunternehmens zu. Sie bedeutet eine Verschiebung zu Lasten des thesaurierten Gewinnanteils.

Strategische Entscheidungen können Korrekturen der G. sowohl insgesamt als auch für Teilbereiche erforderlich werden lassen. Z.B. kann es wirtschaftlich sinnvoll sein, schwach rentierende oder verlustbringende Geschäftsbereiche oder Tochterunternehmen vorübergehend bzw. bis zum Abschluß von Umstrukturierungsmaßnahmen zu halten, da das Gewinnziel *langfristig* definiert sein sollte. Die Herausnahme verlustbringender Gesellschaften aus der Gesamt-G. senkt entweder die Gesamt-G. des Konzerns oder muß durch Erhöhung der G. der anderen Gesellschaften zum Sollgewinn des Mutterunternehmens ausgeglichen werden. Sollte der Gewinnbeitrag der Beteiligungsgesellschaften nicht entsprechend nach unten korrigiert werden, so wirkt sich der fehlende Gewinnbeitrag zu Lasten der Transfergewinne der übrigen Beteiligungsgesellschaften aus.

d) Währungsumrechnung. Die Gesamt-G. eines Konzerns ist in DM festzusetzen. Die Gewinnbeiträge der Beteiligungsgesellschaften in Fremdwährungsgebieten sind daher in die jeweilige Landeswährung umzurechnen. Der Umrechnungskurs ist auf den Endzeitpunkt des Planungszeitraumes zu prognostizieren und sollte während des Planungszeitraumes nicht verändert werden.

Lit.: Robbins, S./Stobaugh, R.: The bent measuring stick for foreign subsidiaries, in: Harv. Bus. R., Sept./Okt. 1973, S. 80–88; *Anders, H.:* Die finanzielle Zielsetzung internationaler Unternehmen, 1980; *Busse von Colbe, W.:* Zur finanziellen Steuerung und Kontrolle mit Hilfe von Bilanzen, in:

Hahn, D. (Hrsg.): FS für Friedrich Thomée, 1980, S. 257–278; *Horchler, W.*: Gewinnvorgabe und Gewinnkontrolle, in: Busse von Colbe, W./Müller, W. (Hrsg.): Planungs- und Kontrollrechnung im internationalen Konzern, ZfbF-Sonderh. 17, 1984, S. 7–30; *Müller, E.*: Konzeption eines ROE-Systems, in: Ebenda, S. 31–47; *Shapiro, A.*: Multinational Financial Management, 1986, S. 632–654; *Klofat, B.*: Ergebnisorientierte Steuerung ausländischer Tochterunternehmen, 1989.

Dr. Werner Horchler.

Gezeichnetes Kapital

Gem. § 272 Abs. 1 HGB der Teil des → *Eigenkapitals*, auf den die „Haftung der Gesellschafter für die Verbindlichkeiten der Kapitalgesellschaft gegenüber den Gläubigern beschränkt ist". Das G. einer → *Aktiengesellschaft* wird durch die Nennbeträge aller ausgegebenen → *Aktien* bestimmt, bei einer → *Kommanditgesellschaft auf Aktien* entspricht das G. den Einlagen der Kommanditaktionäre, bei einer → *Gesellschaft mit beschränkter Haftung* bezeichnet das G. die Stammeinlagen der Gesellschafter.

Gläubigerschutz

Leitgedanke, der sich im gesamten Handelsrecht und damit auch in den deutschen Rechnungslegungsvorschriften niedergeschlagen hat. Der G. soll den Schuldner an der Verletzung der Interessen der Gläubiger hindern. Der G.-Gedanke ist in den Funktionen des → *Jahresabschlusses* und → *Konzernabschlusses* berücksichtigt worden und hat sich folglich auch auf sämtliche Bilanzierungs-, Bewertungs- und Konsolidierungsvorschriften ausgewirkt (→ *Anlegerschutz*).

Gleichordnungskonzern

Im Gegensatz zum → *Unterordnungskonzern* die Zusammenfassung rechtlich selbständiger Unternehmen unter → *einheitlicher Leitung*, i.d.R. durch personelle Verflechtung, ohne daß die Unternehmen gem. § 18 Abs. 2 AktG voneinander abhängig sind. Der deutsche Gesetzgeber hat von dem Gesetzgebungswahlrecht des Art. 12 der 7. EG-Richtlinie keinen Gebrauch gemacht und G. nicht explizit in die Konzernrechnungslegungspflicht einbezogen.

Lit.: Siebourg, P., in: Küting/Weber HdK, 1989, S. 803.

Gleichungsverfahren

Methode zur Verrechnung der → *Kosten* → *innerbetrieblicher Leistungen*, wenn zwischen zwei oder mehreren → *Kostenstellen* ein wechselseitiger Leistungsaustausch stattfindet. Die innerbetrieblichen Leistungsverflechtungen werden dabei in Form linearer Gleichungen aufgefaßt, in die die effektiven Mengen als bekannte Daten und die → *Verrechnungspreise* als zu ermittelnde Größen eingehen.

Gliederung der Bilanz

Die nach § 266 HGB in Kontoform aufzustellende → *Bilanz* von Kapitalgesellschaften ist wie folgt zu gliedern:

Aktivseite

A. Anlagevermögen:
- I. Immaterielle Vermögensgegenstände:
  1. Konzessionen, gewerbliche Schutzrechte und ähnliche Rechte und Werte sowie Lizenzen an solchen Rechten und Werten;
  2. Geschäfts- oder Firmenwert;
  3. geleistete Anzahlungen;
- II. Sachanlagen:
  1. Grundstücke, grundstücksgleiche Rechte und Bauten einschließlich der Bauten auf fremden Grundstücken;
  2. technische Anlagen und Maschinen;
  3. andere Anlagen, Betriebs- und Geschäftsausstattung;
  4. geleistete Anzahlungen und Anlagen im Bau;
- III. Finanzanlagen:
  1. Anteile an verbundenen Unternehmen;
  2. Ausleihungen an verbundene Unternehmen;
  3. Beteiligungen;
  4. Ausleihungen an Unternehmen, mit denen ein Beteiligungsverhältnis besteht;

5. Wertpapiere des Anlagevermögens;
6. sonstige Ausleihungen.

B. Umlaufvermögen:
I. Vorräte:
1. Roh-, Hilfs- und Betriebsstoffe;
2. unfertige Erzeugnisse, unfertige Leistungen;
3. fertige Erzeugnisse und Waren;
4. geleistete Anzahlungen;
II. Forderungen und sonstige Vermögensgegenstände;
1. Forderungen aus Lieferungen und Leistungen;
2. Forderungen gegen verbundene Unternehmen;
3. Forderungen gegen Unternehmen, mit denen ein Beteiligungsverhältnis besteht;
4. sonstige Vermögensgegenstände;
III. Wertpapiere:
1. Anteile an verbundenen Unternehmen;
2. eigene Anteile;
3. sonstige Wertpapiere;
IV. Schecks, Kassenbestand, Bundesbank- und Postgiroguthaben, Guthaben bei Kreditinstituten.

C. Rechnungsabgrenzungsposten.

Passivseite

A. Eigenkapital:
I. Gezeichnetes Kapital;
II. Kapitalrücklage;
III. Gewinnrücklagen:
1. gesetzliche Rücklage;
2. Rücklage für eigene Anteile;
3. satzungsmäßige Rücklagen;
4. andere Gewinnrücklagen;
IV. Gewinnvortrag/Verlustvortrag;
V. Jahresüberschuß/Jahresfehlbetrag.

B. Rückstellungen:
1. Rückstellungen für Pensionen und ähnliche Verpflichtungen;
2. Steuerrückstellungen;
3. sonstige Rückstellungen.

C. Verbindlichkeiten:
1. Anleihen, davon konvertibel;
2. Verbindlichkeiten gegenüber Kreditinstituten;
3. erhaltene Anzahlungen auf Bestellungen;
4. Verbindlichkeiten aus Lieferungen und Leistungen;
5. Verbindlichkeiten aus der Annahme gezogener Wechsel und der Ausstellung eigener Wechsel;
6. Verbindlichkeiten gegenüber verbundenen Unternehmen;
7. Verbindlichkeiten gegenüber Unternehmen, mit denen ein Beteiligungsverhältnis besteht;
8. sonstige Verbindlichkeiten,
davon aus Steuern,
davon im Rahmen der sozialen Sicherheit.

D. Rechnungsabgrenzungsposten.

Kleine und mittelgroße Kapitalgesellschaften i. S. v. §267 HGB dürfen bei der Aufstellung gem. §266 Abs. 1 HGB bzw. bei der Offenlegung gem. §327 HGB die mit arabischen Zahlen bezeichneten Posten z. T. zusammenfassen (→ *Jahresabschluß*, → *Konzernabschluß*).

Gliederung der Gewinn- und Verlustrechnung
Die in Staffelform aufzustellende → *Gewinn- und Verlustrechnung* von Kapitalgesellschaften ist bei Anwendung des → *Gesamtkostenverfahrens* gem. §275 Abs. 2 HGB wie folgt zu gliedern:

1. Umsatzerlöse
2. Erhöhung oder Verminderung des Bestands an fertigen und unfertigen Erzeugnissen
3. andere aktivierte Eigenleistungen
4. sonstige betriebliche Erträge
5. Materialaufwand:
a) Aufwendungen für Roh-, Hilfs- und Betriebsstoffe und für bezogene Waren
b) Aufwendungen für bezogene Leistungen
6. Personalaufwand:
a) Löhne und Gehälter
b) soziale Abgaben und Aufwendungen für Altersversorgung und für Unterstützung,
davon für Altersversorgung
7. Abschreibungen:
a) auf immaterielle Vermögensgegenstände des Anlagevermögens und Sachanlagen sowie auf aktivierte

Aufwendungen für die Ingangsetzung und Erweiterung des Geschäftsbetriebs
b) auf Vermögensgegenstände des Umlaufvermögens, soweit diese die in der Kapitalgesellschaft üblichen Abschreibungen überschreiten
8. sonstige betriebliche Aufwendungen
9. Erträge aus Beteiligungen, davon aus verbundenen Unternehmen
10. Erträge aus anderen Wertpapieren und Ausleihungen des Finanzanlagevermögens, davon aus verbundenen Unternehmen
11. sonstige Zinsen und ähnliche Erträge, davon aus verbundenen Unternehmen
12. Abschreibungen auf Finanzanlagen und auf Wertpapiere des Umlaufvermögens
13. Zinsen und ähnliche Aufwendungen, davon an verbundene Unternehmen
14. Ergebnis der gewöhnlichen Geschäftstätigkeit
15. außerordentliche Erträge
16. außerordentliche Aufwendungen
17. außerordentliches Ergebnis
18. Steuern vom Einkommen und vom Ertrag
19. sonstige Steuern
20. Jahresüberschuß/Jahresfehlbetrag.

Bei Anwendung des → *Umsatzkostenverfahrens* sind gem. §275 Abs. 3 HGB folgernde Positionen auszuweisen:

1. Umsatzerlöse
2. Herstellungskosten der zur Erzielung der Umsatzerlöse erbrachten Leistungen
3. Bruttoergebnis vom Umsatz
4. Vertriebskosten
5. allgemeine Verwaltungskosten
6. sonstige betriebliche Erträge
7. sonstige betriebliche Aufwendungen
8. Erträge aus Beteiligungen, davon aus verbundenen Unternehmen
9. Erträge aus anderen Wertpapieren und Ausleihungen des Finanzanlagevermögens, davon aus verbundenen Unternehmen
10. sonstige Zinsen und ähnliche Erträge, davon aus verbundenen Unternehmen
11. Abschreibungen auf Finanzanlagen und auf Wertpapiere des Umlaufvermögens
12. Zinsen und ähnliche Aufwendungen, davon an verbundene Unternehmen
13. Ergebnis der gewöhnlichen Geschäftstätigkeit
14. außerordentliche Erträge
15. außerordentliche Aufwendungen
16. außerordentliches Ergebnis
17. Steuern vom Einkommen und vom Ertrag
18. sonstige Steuern
19. Jahresüberschuß/Jahresfehlbetrag.

Kleine und mittelgroße Kapitalgesellschaften i.S.v. §267 HGB dürfen gem. §276 HGB bei Anwendung des Gesamtkostenverfahrens die Posten Nr. 1 bis 5 und bei Anwendung des Umsatzkostenverfahrens die Posten 1, 2, 3 und 6 zur Position *Rohergebnis* zusammenfassen.

GmbH
= → *Gesellschaft mit beschränkter Haftung.*

GmbH & Co.
Gesetzlich zulässige Rechtsform, bei der eine → *GmbH* Gesellschafter einer offenen Handelsgesellschaft bzw. persönlich haftender Gesellschafter einer → *GmbH & Co. KG* ist. Diese Rechtsform wird häufig aus haftungsbeschränkenden bzw. steuerlichen Gründen gewählt. Für die Rechnungslegung und steuerrechtlich wird die GmbH & Co. als → *Personengesellschaft* behandelt, konkursrechtlich dagegen als Kapitalgesellschaft. Strittig ist, ob die G. als Konzern angesehen werden kann und daher bei Erreichen der → *Größenklasse* des §293 HGB zur Publikation eines → *Konzernabschlusses* verpflichtet ist. Nach der → *EG-Richtlinie* 90/605 v. 8.11.1990 unterliegt die G. den Rechnungslegungsvorschriften der 4. und 7. EG-Richtlinie und wird damit nach der Umsetzung in deutsches Recht ab 1995

wie eine → *Kapitalgesellschaft* rechnungslegungs- und publizitätspflichtig.

Lit.: Schreiber, A.: Konzernrechnungslegungspflichten bei Betriebsaufspaltung und GmbH & Co. KG, 1989; *Brönner, H./Rux, H.J./Wagner, H.:* Die GmbH & Co. KG in Recht und Praxis, 5. Aufl., 1990; *Klatte, V.:* Die Rechnungslegung der GmbH & Co. KG, 1991; *ADS*, 6. Aufl., Bd. 3, 1996, § 290 HGB, S. 53–105, Tz. 112–125.

GmbH & Co. KG
→ *GmbH & Co.*

GoA
= → *Grundsätze ordnungsmäßiger Abschlußprüfung.*

GoB
= → *Grundsätze ordnungsmäßiger Buchführung.*

GoI
= Grundsätze ordnungsmäßiger Inventur.
→ *Inventur und Inventar.*

Going concern Prinzip
Anglo-amerikanische Bezeichnung für den Grundsatz der *Fortführung der Unternehmenstätigkeit.* Das G. ist ein → *Grundsatz ordnungsmäßiger Buchführung*, nach dem die Bewertung der Aktiva und Passiva unter der Prämisse vorzunehmen ist, daß das Unternehmen über den Abschlußstichtag hinaus fortgeführt wird (§ 252 Abs. 1 Nr. 2 HGB).

Lit.: Siegel, T.: Allgemeine Bewertungsgrundsätze, in: Beck HdR, B 161, ab 1987, S. 13.

Goldene Bilanzregel
→ *Finanzierungsregel*, nach der das → *Eigenkapital* mindestens so hoch sein soll wie das → *Anlagevermögen* (ältere Fassung) bzw. nach der das Anlagevermögen durch Eigenkapital und langfristiges Fremdkapital gedeckt sein soll (neuere Fassung). Zu den theoretischen Einwänden, die für alle horizontalen Deckungsrelationen bestehen, kommt hinzu, daß die goldene Bilanzregel auch mit der vertikalen 1 : 1-Regel unvereinbar sein kann (→ *Bilanzanalyse*).

Goodwill
= → *Geschäftswert.*

Graphentheorie
→ *Planungsrechnung.*

Grenzeinzahlungskalkül
→ *Ersatzzeitpunkt.*

Grenzistkostenrechnung.
→ *Grenzkostenrechnung.*

Grenzkapitalkosten
Veränderungsrate der → *Kapitalkosten*, die sich aus einer infinitesimalen Veränderung ihrer Bezugsgröße, z. B. der Laufzeit oder Höhe des in Anspruch genommenen Kapitals, ergibt.

Grenzkosten
→ *Grenzkostenrechnung.*

Grenzkostenrechnung
1. Grenzkosten und Grenzkostenprinzip. Die → *Kosten* stellen bewertete, sachzielbezogene (hierzu zählen alle durch Beschaffung, Produktion und Absatz hervorgerufenen) *Güterverbräuche* (Mengenkomponente) dar, deren *Wertansatz* (Wertkomponente) auf den Preisen des Beschaffungsmarktes basiert. Diese Basiskomponenten der Kosten hängen selbst von weiteren Kosteneinflußgrößen ab, die durch ein Unternehmen gesteuert werden (→ *Einflußgrößenrechnung*). So kann z. B. die Nachfragemenge den Beschaffungspreis und damit die Wertkomponente beeinflussen. Die Mengenkomponente kann abhängen von der Qualität der eingesetzten Güter, der Beschäftigung in den Kostenstellen (Produktionsabteilungen), die durch die Zahl der bearbeiteten oder erstellten Produkte, die Losgröße oder die Fertigungszeit gemessen wird, und vom Produktions- oder Absatzprogramm, gemessen durch die gefertigten oder abgesetzten Mengeneinheiten aller Absatzproduktarten. Diese und weitere beschaffungs-, produktions- und absatzspezifischen Kosteneinflußgrößen determinieren die Höhe der Kosten. Unter der Annahme, daß bis auf die *Absatzmengen* x einer betrachteten Produktart alle anderen Kosteneinflußgrößen als konstant unterstellt werden, kann die Abhängigkeit der Kosten K von der variablen Kosten-

einflußgröße x durch eine *Kostenfunktion* K(x) abgebildet werden. Für eine (differenzierbare) Kostenfunktion K(x) bezeichnet man die Veränderung von K bei einer infinitesimalen (gegen Null tendierenden) Änderung von x als *Grenzkosten*; sie geben daher die durch Änderung von x hervorgerufenen zusätzlichen Kosten wieder. Diese Grenzkosten lassen sich durch die Ableitung von K nach x, also durch $K'(x) = \frac{dK(x)}{dx}$ ermitteln. Für eine *lineare Kostenfunktion* $K(x) = k_v \cdot x + K_f$ (mit k_v als variable Stückkosten = konstant und $K_f = K(x = 0)$ = fixe Kosten = konstant) ergibt sich dann: $K'(x) = k_v$. Offensichtlich gilt im Falle linearer Kostenfunktionen, daß die Differenzkosten als relative Kostendifferenzen bei Änderung einer Ausbringungsmenge von x_1 auf x_2 wegen

$$\frac{K(x_2) - K(x_1)}{x_2 - x_1} = \frac{k_v \cdot x_2 + K_f - (k_v \cdot x_1 + K_f)}{x_2 - x_1} = \frac{k_v \cdot (x_2 - x_1)}{x_2 - x_1} = k_v$$

genau den Grenzkosten entsprechen. Grenz- und Differenzkosten stimmen also überein und sind mit den variablen Stückkosten k_v identisch. Diese Identität liegt im Falle *nichtlinearer* Kostenfunktionen nicht mehr vor. So ergeben sich z.B. für $K(x) = k_v \cdot x^2 + K_f$ die Grenzkosten $K' = 2 \cdot k_v \cdot x$ und die Differenzkosten

$$\frac{K(x_2) - K(x_1)}{x_2 - x_1} = \frac{k_v \cdot (x_2{}^2 - x_1{}^2)}{x_2 - x_1} = k_v \cdot (x_2 + x_1).$$

Da infinitesimal kleine Änderungen variabler Kosteneinflußgrößen für praktische Anwendungsfragen wenig relevant sind und das Konzept der Differenzkosten im Falle nichtlinearer Kostenfunktionen meist einen nicht mehr wirtschaftlichen Rechenaufwand erfordert, werden in der Regel G. (*marginal costing*) auf der Basis linearer Kostenfunktionen in Abhängigkeit von einer oder auch mehreren variablen Kosteneinflußgrößen mit Grenzkosten = Differenzkosten je Einheit jeder variablen Kostengröße verwendet. Um möglichst Fehlschlüsse beim Einsatz einer solchen G. zu vermeiden, werden vorliegende nichtlineare Kostenfunktionen und auftretende *Kostensprünge* (sprunghaft eintretende Kostenänderungen) durch lineare Kostenfunktionen stückweise approximiert.

Zu den grundlegenden Aufgaben der *operativen Planung* betrieblicher Beschaffungs-, Produktions- und Absatzprozesse gehört die zieloptimale Gestaltung der kurzfristig variablen Kosteneinflußgrößen, insbesondere der Stellenbeschäftigung und der Produktions- oder Absatzmengen. Ihre am Erfolgsziel (mit *Erfolg* = Erlöse − Kosten) oder am Kostenziel ausgerichtete Gestaltung erfordert die Ermittlung aller aus den Änderungen variabler Kosteneinflußgrößen resultierenden Kostenkonsequenzen, also der *planungs- oder entscheidungsrelevanten* (*disponiblen*) Kosten. Im Falle linearer Kostenfunktionen stellen die Grenzkosten diese entscheidungsrelevanten Kosten je Einheit jeder variablen Kosteneinflußgröße dar. Die Forderung, alle Grenzkosten als entscheidungsrelevante Kosten der zu lösenden (operativen) Planungsaufgaben eines Unternehmens anzusetzen, bildet somit die Basisthese des Grenzkostenprinzips.

Dieses Grenzkostenprinzip ist jedoch wie folgt zu erweitern. In den Unternehmen liegen im Beschaffungs- oder Produktionsbereich einerseits oder im Absatzbereich andererseits *Restriktionen* vor, die die Produktion (Fall der Überbeschäftigung) oder den Absatz (Fall der Unterbeschäftigung) beschränken. Diese Knappheit betrieblicher Ressourcen führt zu Engpässen, deren Inanspruchnahme durch das erfolgsoptimale Produktions- und Absatzprogramm andere Produktarten verdrängt oder die Erhöhung der Mengeneinheiten erfolgsoptimaler Produktarten ausschließt. Soweit Produkte mit positiven Erfolgen verdrängt werden, verursacht eine Entscheidung für ein bestimmtes Produktions- und Absatzprogramm außer den Grenzkosten (ggf.

Grenzerlösen) noch den Verzicht auf Gewinnbeiträge (sog. Differenzgewinn), die als *Opportunitätskosten* je Mengeneinheit eines Absatzproduktes ebenfalls Entscheidungsrelevanz besitzen. Gemäß dem erweiterten Grenzkostenprinzip sind daher für die Lösung operativer Planungsaufgaben alle durch bestimmte Entscheidungen über kurzfristig variable Kosteneinflußgrößen ausgelösten Kostenänderungen und Gewinneinbußen (Opportunitätskosten) als entscheidungsrelevante (sog. wertmäßige) Kosten anzusetzen. Bei expliziter Einbeziehung der möglichen Restriktionen betrieblicher Beschaffungs-, Produktions- und Absatzbereiche in ein operatives Planungs- oder Entscheidungsmodell (s. a. z. B. → *Deckungsbeitragsrechnung*) ist der Ansatz von Opportunitätskosten nicht erforderlich. Darüber hinaus muß das Grenzkostenprinzip nicht auf Erfolgs- oder Kostenziele beschränkt bleiben, sondern gilt als sog. Grenzzielgrößenprinzip allgemein für jede unternehmerische Zielsetzung (s. a. → *Kosten-/Nutzen-Analyse*).

2. Grundlagen. G. dienen zur systematischen Erfassung der Grenzkosten operativer, insbesondere regelmäßig durchzuführender Planungsaufgaben. Sie stellen *Teilkostenrechnungen* (Marginal-, Proportionalkostenrechnungen, *direct costing*, variable costing) dar, die eine exakte Analyse der mit den einzelnen Planungssituationen verbundenen variablen Kosteneinflußgrößen und der daraus resultierenden variablen Kosten (= Grenzkosten multipliziert mit den Mengeneinheiten der jeweiligen Kosteneinflußgrößen) erfordern. Es sind somit die (linearen) Kostenfunktionen für die einzelnen *primären* und *sekundären Kostenarten* aufzustellen sowie zu einer (linearen) Selbstkostenfunktion zusammenzufassen. Die Aufstellung dieser Kostenfunktionen setzt voraus, daß sich die Kosten in ihre variablen (proportionalen) und fixen Bestandteile aufspalten lassen (sog. *Kostenauflösung*). Als mögliche Methoden zur Kostenauflösung bieten sich an den Istkosten oder den Plankosten ausgerichtete Verfahren an, wie die mathematische Kostenauflösung, heuristische Ansätze und statistische Verfahren, insbesondere die Methode der kleinsten Quadrate. Die Grenzkosten primärer Kostenarten, die direkt proportional von den variablen Kosteneinflußgrößen absatzbestimmter Kostenträger abhängen, (wie z. B. variable Rohstoffkosten von den Produktions- oder Absatzmengen), führen zu entscheidungsrelevanten → *Einzelkosten*. Grenzkosten primärer Kostenarten, die zunächst proportional von den variablen (nicht absatzprodukt-spezifischen) Kosteneinflußgrößen einzelner Kostenstellen abhängen, stellen (entscheidungsrelevante) → *Gemeinkosten* dar. Bei proportionalen Beziehungen zwischen den Kosteneinflußgrößen der Stellen und der absatzbestimmten Kostenträger lassen sich solche Gemeinkosten auch als entscheidungsrelevante Kosten der absatzbestimmten Kostenträger kalkulieren. Fixe Einzelkosten je Absatzproduktart (wie z. B. Pauschal-Lizenzgebühren) und fixe Gemeinkosten (wie z. B. Zeitlohnkosten der Arbeitsvorbereitung) führen zu den nicht entscheidungsrelevanten Kosten der operativen Planung, die höchstens in Sonderfällen durch eine G. abgebildet werden.

3. Grenzistkostenrechnung. Obwohl G. aus konzeptioneller Sicht zur Erfassung von Plankostengrößen dienen, erfordert die Lösung von Kontroll- und Publikationsaufgaben (Kalkulationsaufgaben) auch eine G. auf Istbasis zur Ermittlung und Abbildung der realisierten Grenzkosten einer Periode. Eine G. auf Istbasis (direct costing) oder Istkostenrechnung auf Grenzkostenbasis kann analog zur Istkostenrechnung auf Vollkostenbasis (→ *Kostenrechnungssysteme*) konzipiert und aufgebaut oder unmittelbar aus einer solchen Rechnung durch Eliminierung aller Fixkosten und Fixkostenverrechnungen abgeleitet werden. Sie stellt insbesondere die zur Lösung von Kontrollaufgaben erforderlichen Ist-Grenzkosten bereit und erweist sich somit als ein unverzichtbares operatives Controlling-Informationssystem. Ebenfalls ist sie zur Kalkulation der → *Herstellungskosten* (Publikationsaufgabe) gelagerter unfertiger und fertiger Erzeugnisse geeignet, muß jedoch um nichtentscheidungsrelevante, handelsrechtlich zulässige Kostenansätze ergänzt werden.

4. Grenzplankostenrechnungen. Dem Standardansatz der G. auf Planbasis liegen lineare multivariable Kostenfunktionen in der Regel mit den Produktions- oder Absatzmengen aller Absatzproduktarten als Kosteneinflußgrößen zugrunde. Für die sonstigen variablen Kosteneinflußgrößen der Kostenstellen wird eine proportionale Abhängigkeit zu den Produktions- oder Absatzmengen unterstellt. Infolgedessen lassen sich alle variablen Kosten durch eine lineare, von den Produktions- oder Absatzmengen abhängige Kostenfunktion erfassen. Die G. auf Planbasis wird analog zur Istkostenrechnung über eine *Kostenarten-*, *Kostenstellen-* und *Kostenträgerrechnung* unter getrennter Planung der Einzel- und Gemeinkosten aufgebaut sowie periodisch aufgestellt. Mögliche Varianten dieses Standardansatzes stellen die relative (Plan-) Einzelkostenrechnung, die Standardgrenzpreisrechnung (Grenzplankostenrechnung unter Anwendung des erweiterten Grenzkostenprinzips), die erweiterte Grenzplankostenrechnung (wobei auf einzelne Prämissen des Standardansatzes verzichtet wird) und die sog. dynamische Grenzplankostenrechnung dar. Die Vorteile einer realitätsnäheren Erfassung von Grenzplankosten in diesen Rechnungen sind mit den Nachteilen eines rechnungsaufwendigeren und komplizierteren Kosten-Informationssystems verknüpft. Eine weitere Variante resultiert aus einer ergänzenden Fixkostenrechnung und führt zur mehrstufigen Grenzplankostenrechnung (= *stufenweise G.*). In dieser Rechnung werden die nichtentscheidungsrelevanten Kosten zusätzlich ausgewiesen, indem diese Kosten gemäß dem Kosteneinwirkungsprinzip einzelnen aggregierten Kostenbezugsgrößen, wie Produktarten, Kostenstellen, Produktbereichen, oder dem gesamten Unternehmen stufenweise zugerechnet werden. Hierdurch erhält man einen hierarchisch gestuften Aufbau der G., der einen besseren Einblick in die Kostenstruktur und in die Erfolgsquellen des Unternehmens (s.a. → *Deckungsbeitragsrechnung*) ermöglicht.

Die *Einsatzbereiche* einer G. auf Planbasis ergeben sich aus den operativen Planungsaufgaben einer Unternehmensführung. Die Ermittlung von *Beschaffungspreisobergrenzen*, die erfolgsoptimale *Beschaffungslagerpolitik*, die *Losgrößenplanung*, die erfolgs*optimale Planung von Produktionsverfahren*, die erfolgsoptimale *Programmplanung*, die Ermittlung von *Absatzpreisuntergrenzen* und die erfolgsoptimale *Absatzlagerpolitik* sind vielfach regelmäßig zu lösende operative Planungsaufgaben, die eine periodische G. auf Planbasis als Informationssystem erfordern.

Lit.: Dörner, E.: Plankostenrechnung aus produktionstheoretischer Sicht, 1984, S. 217–319; *Kilger, W./Vikas, K.:* Flexible Plankostenrechnung und Deckungsbeitragsrechnung, 10. Aufl., 1993, S. 57–113; *Adam, D.:* Grenzkostenrechnung, in: HWR, 3. Aufl., 1993, Sp. 824–832; *Riebel, P.:* Systemimmanente und anwendungsbedingte Gefahren von Differenzkosten- und Deckungsbeitragsrechnungen, in: Riebel, P.: Einzelkosten- und Deckungsbeitragsrechnung, 7. Aufl., 1994, S. 356–385.

Professor Dr. Josef Kloock, Köln.

Grenznutzen

→ *Kosten/Nutzen-Analyse.*

Grenzplankostenrechnung

→ *Grenzkostenrechnung.*

Grenzrendite

→ *Interner Zinsfuß* des zuletzt realisierten Investitionsobjektes.

Grenzwertkalkül

→ *Nutzungsdauer.*

Größenklassen

Die Pflicht der → *Kapitalgesellschaften* und → *Genossenschaften* für die Aufstellung von → *Jahres-* und → *Konzernabschlüssen*, für ihre → *Prüfung* und → *Publizität* werden vom HGB nach G. differenziert. *Größenmerkmale* sind für die einzelne Unternehmung gem. § 267 HGB *Bilanzsumme, Umsatzerlöse* und Durchschnitt der *Arbeitnehmerzahl* an den Quartalsenden. Entsprechendes gilt gem. § 293 HGB für → *Konzerne* mit einer Kapitalgesellschaft als Mutterunternehmen sowie gem. §§ 1 und 11 PublG für Unternehmen anderer Rechtsformen und Konzerne, deren Mutterunternehmen nicht eine Kapitalgesellschaft ist. Die Einteilung der G. zeigt die Abb. 1 nach dem Stand von 1997. Werden die Grenzen der G. bei zwei Größenmerkmalen in zwei aufeinanderfolgenden Geschäftsjahren über- bzw. unterschritten, so gelten gem. §§ 267 Abs. 4 und 293 Abs. 1 HGB die Vorschriften für diese G.; nach PublG beträgt die Frist drei Jahre. Für → *Kreditinstitute* und → *Versicherungsunternehmen* gelten z. T. andere Größenmerkmale (z. B. § 1 Abs. 3 u. 4 PublG) und Spezialvorschriften z. B. des KWG und VAG. In → *Österreich* gelten für Kapitalgesellschaften gem. §§ 221 und 246 öHGB ähnliche G.

Die Einteilung von Kapitalgesellschaften und Genossenschaften nach G. gem. HGB bezweckt abgestufte Erleichterun-gen für kleine und mittelgroße Unterneh-men bei der → *Gliederung der Bilanz* (§ 266 Abs. 1 HGB), der → *Gliederung der Gewinn- und Verlustrechnung* (§ 276 HGB), dem Inhalt des → *Anhangs* (§ 288 HGB). Die *Konzernrechnungslegungspflicht* beginnt erst bei Überschreitung der Werte von zwei der in § 293 genannten Größenmerkmale. Dabei dürfen addierte oder konsolidierte Zahlen zugrunde gelegt werden. Eine Pflicht zur → *Prüfung des Jahresabschlusses* besteht für kleine Kapitalgesellschaften nicht (jedoch gem. § 53 GenG für Genossenschaften). Die → *Publizitäts*pflichten sind nach G. abgestuft (§§ 326, 327 HGB), gelten für Mutterunternehmen, die zur Aufstellung eines Konzernabschlusses verpflichtet sind, jedoch voll.

Großunternehmen anderer Rechtsform und Konzerne, die wegen Überschreiten von zwei der in der Abb. 1 genannten Größenmerkmalsgrenzen dem PublG unterliegen, haben – mit Ausnahme der Bewertungsvorschriften in §§ 279, 280 HGB – grundsätzlich die Rechnungslegungs-, Prüfungs- und Offenlegungsvorschriften für große Kapitalgesellschaften und Konzerne des HGB zu beachten. Für → *Personenunternehmen* gelten einige Erleichterungen insb. für die GuV (→ *Anlage zur Bilanz*); einen Anhang brauchen sie nicht aufzustellen.

Lit.: Busse von Colbe, W./Chmielewicz, K.: Das neue Bilanzrichtlinien-Gesetz, in: DBW 1986, S. 289–347; *Knop, W.*, in: Küting/Weber, HdR, 4. Aufl., Bd. Ia, 1995, S. 1333–1344.

Professor Dr. Dr. h.c. mult. Walther Busse von Colbe, Bochum.

	Bilanzsumme Mio. DM	Umsatzerlöse Mio. DM	Arbeitnehmer Zahl
Kleine Kap.-Ges. u. Gen.	≤ 5,31	≤ 10,62	≤ 50
Mittelgroße Kap.-Ges. u. Gen.	≤ 21,24	≤ 42,48	≤ 250
Große Kap.-Ges. u. Gen. Kap.-Ges. mit Börsenzulassung	> 21,24	> 42,48	> 250
Konzerne addiert	> 63,72	> 127,44	> 500
Konzerne konsol.	> 53,10	> 106,20	> 500
Personenunternehmen, Wirtschaftsvereine, Gen., Stiftung, Konzerne	> 125	> 250	> 5000

Abb. 1: Größenklassen nach HGB und PublG

Großbritannien

1. Grundlagen

Mit dem *Companies Act* (CA) 1985, der das zuvor bestehende Kapitalgesellschaftsrecht „konsolidiert“, wurde die 4. EG-RL in G. umgesetzt. Die Transformation der 7. und 8. EG-RL in britisches Recht erfolgte durch den CA 1989, der zahlreiche Änderungen des CA 1985 enthält. Das derzeit gültige Recht ist gekennzeichnet durch die Verpflichtung der gesetzlichen Vertreter von Kapitalgesellschaften zur Erstellung von Jahresabschlüssen, umfangreiche Publizitätsnormen, Bilanzierungs- und Bewertungsgrundsätze sowie ergänzende Vorschriften zur Konzernrechnungslegung. Unterhalb des CA bilden die Regulations made by statutory instrument, in denen der Secretary of State bestimmte Vorschriften des CA 1985 modifizieren kann (CA 1985, section 257), die 2. Ebene von Rechnungslegungsvorschriften. Die 3. Ebene umfaßt die berufsständischen Empfehlungen: *Statements of Standard Accounting Practice (SSAP), Statements of Recommended Practice (SORP)* und (ab 1990) *Financial Reporting Standards (FRS)* des → *Accounting Standards Board*; (→ Accounting Standards). Die Rechnungslegung von Nicht-Kapitalgesellschaften ist gesetzlich nicht geregelt.

Das britische Recht verlangt von allen Kapitalgesellschaften (companies) die strikte Einhaltung des *True and fair view-Grundsatzes* im Einzel- und Konzernabschluß (CA 1985, sections 226, 227). Diese Generalklausel (→ *Bild der Vermögens-, Finanz- und Ertragslage*) hat danach als *overriding principle* Vorrang vor den Vorschriften des CA 1985 (schedule 4 bzw. 4A) und allen sonstigen Vorschriften, die sich auf den Inhalt des Jahresabschlusses beziehen. Um einen true and fair view zu gewährleisten, müssen alle dazu notwendigen Informationen, ggf. über die gesetzlich geforderten Mindestangaben hinaus, im Jahresabschluß publiziert werden. Dadurch erlangt z. B. FRS 1 über das Cash-Flow-Statement quasi Gesetzeskraft, so daß im Einzel- und Konzernabschluß → *Kapitalflußrechnungen* zu publizieren sind. Wenn als Folge besonderer Umstände die Vermittlung eines true and fair view bei Anwendung der einzelnen Bilanzierungsvorschriften nicht gewährleistet ist, ist eine geeignete Abweichung davon zulässig. In diesem Fall sind die Gründe und Auswirkungen im Anhang offenzulegen.

2. Einzelabschluß

Der Einzelabschluß besteht aus Bilanz, GuV und Anhang (notes), ergänzt um Kapitalflußrechnung, Lagebericht (directors report) und den Bericht des Wirtschaftprüfers (CA 1985, sections 226, 234, 235) sowie einer Eigenkapitalveränderungsrechnung. In Bilanz und GuV sind die Vorjahreszahlen anzugeben.

a) Ansatzregelungen. Ein ausdrückliches Bilanzierungsverbot besteht für Gründungsaufwendungen, Aufwendungen zur Beschaffung von Eigen- und Fremdkapital und Forschungsaufwendungen (CA 1985, schedule 4, paragraph 3). Immaterielle Vermögensgegenstände (intangible assets) können unter bestimmten Voraussetzungen auch aktivierungsfähige und abzuschreibende Entwicklungskosten sowie selbsterstellte Patente u. ä. umfassen (SSAP 13). Die Aktivierung eines → *Geschäftswertes* (Goodwill) ist nur zulässig, wenn er entgeltlich erworben wurde. Soweit ein Goodwill aktiviert wurde, ist er gegen Rücklagen zu verrechnen oder planmäßig abzuschreiben.

b) Gliederungssystematik. Bei der Erstellung von Bilanz und GuV ist neben der Staffelform auch die Kontoform zulässig. Für die GuV besteht ein Wahlrecht zwischen → *Umsatz-* und → *Gesamtkostenverfahren* (CA 1985, schedule 4, paragraph 8); üblich ist jedoch das Umsatzkostenverfahren in Staffelform. Die gewählte Gliederungsform ist stetig beizubehalten; es sei denn, besondere Gründe rechtfertigen ein Abweichen. Einzelheiten, die über die gesetzlichen Mindestvorschriften hinausgehen, dürfen in Bilanz und GuV ausgewiesen werden. Soweit es notwendig ist, dürfen zusätzliche Positionen eingeführt werden. In der GuV sind gesondert anzugeben: Gewinn oder Verlust der gewöhnlichen Geschäftstätigkeit vor Körperschaftsteuer, außerordentliche Aufwendungen

Großbritannien

und Erträge (gem. FRS 3), Bildung oder Auflösung von Rücklagen sowie gezahlte oder beabsichtigte Dividenden (CA 1985, schedule 4, paragraph 3).

c) Bewertungsgrundsätze. Folgende grundlegenden Bewertungsprinzipien sind im CA 1985, schedule 4, paragraphs 10–14 kodifiziert: *Unternehmensfortführung* (going concern), *Stetigkeit* (consistency), *Einzelbewertung* von Aktiva und Passiva, *vorsichtige Bewertung, Periodisierung* (matching principle) sowie das *Realisationsprinzip*. Eine Abweichung von diesen Bewertungsprinzipien ist nur zulässig, wenn besondere Gründe dafür vorliegen. In diesem Fall müssen die Gründe und Auswirkungen im Anhang offengelegt werden.

→ *Anlagevermögen* ist zu Anschaffungs- oder Herstellungskosten abzüglich kumulierter Abschreibungen zu bewerten (CA 1985, schedule 4, paragraphs 17–21). → *Umlaufvermögen* muß mit dem niedrigeren von Anschaffungs- oder Herstellkosten und Marktwert bewertet werden (CA 1985, schedule 4, paragraphs 22–23). Mit Ausnahme des Goodwill können Anlagevermögen, Wertpapiere des Umlaufvermögens und Vorräte zu höheren Wiederbeschaffungskosten angesetzt werden; die Neubewertungsdifferenz wird erfolgsneutral den Rücklagen zugeführt. Die entsprechenden anschaffungs- oder herstellungskostenbasierenden Wertansätze sind in der Bilanz oder im Anhang auszuweisen (CA 1985, schedule 4, paragraphs 31–34). Bei Grundstücken und Gebäuen ist dies weitgehend üblich. Börsennotierte Rohstoffe werden gewöhnlich zu Tagespreisen bewertet (*mark to market valuation*).

d) Anhang und Lagebericht. Im → *Anhang* (CA 1985, schedule 4, paragraphs 35–58, schedule 6) sind die zugrundegelegten Bilanzierungs- und Bewertungsmethoden anzugeben. Die Entwicklung des Anlagevermögens sowie Gewährleistungen und Verpflichtungen sind offenzulegen. Die Umsatzerlöse sind nach Tätigkeitsbereichen und Regionen aufzuspalten, zu den außerordentlichen Aufwendungen und Erträgen sind erläuternde Angaben zu machen. Die Gesamtbezüge der gesetzlichen Vertreter der Kapitalgesellschaft einschließlich Honorare, Provisionen, Pensionsbeiträge, Antrittshonorare, Gesamtentschädigungen bei Ausscheiden usw. sowie die durchschnittliche Anzahl der Arbeitnehmer und die Gesamthöhe des Personalaufwands sind offenzulegen. Aufgrund des CA 1989 haben große Kapitalgesellschaften zusätzlich offenzulegen, inwieweit Bilanz und GuV mit den berufsständischen Empfehlungen SSAP und FRS in Einklang stehen. Wesentliche Abweichungen und deren Gründe sind anzugeben.

Im → *Lagebericht* müssen dargestellt werden (CA 1985, schedule 7): Wesentliche Änderungen des Anlagevermögens, Marktwerte von Grundstücken, soweit diese wesentlich von denen, die im Jahresabschluß angesetzt werden, abweichen; nach Ende des Geschäftsjahres eingetretene Vorgänge von besonderer Bedeutung, die voraussichtliche Entwicklung des Unternehmens, Forschungs- und Entwicklungstätigkeiten, Angaben über von der Gesellschaft gehaltene eigene Anteile, politische und gemeinnützige Spenden sowie Erläuterungen zur Unternehmensplitik bezüglich behinderter Mitarbeiter und sonstiger Arbeitnehmerangelegenheiten, soweit die Anzahl der Arbeitnehmer 250 übersteigt.

3. Konzernabschluß

a) Aufstellungspflicht und Einbeziehungskreis. Kapitalgesellschaften, die an der Spitze eines Konzerns stehen, haben einen → *Konzernabschluß* zu erstellen (CA 1985, section 227). Dieser besteht aus Bilanz, GuV, Anhang und Kapitalflußrechnung und hat den Vorschriften des CA 1985, schedule 4A (Form und Content of Group Accounts) und SSAP 14 (Group Accounts) zu genügen. Die Pflicht eines Mutterunternehmens, einen Konzernabschluß aufzustellen, wird neben dem bisher allein gültigen control-Konzept zusätzlich durch das im CA 1989 verankerte Konzept der einheitlichen Leitung begründet (CA 1985, section 258). Kleine und mittelgroße Konzerne sowie Mutterunternehmen, die zugleich Tochterunternehmen sind und mit ihren Tochterunternehmen in den übergeordneten Konzernabschluß einbezogen werden, brauchen keinen Konzernabschluß zu erstellen. Eine solche Befreiung von der Pflicht zur Erstellung eines Teilkonzernabschlusses durch ein Mutterunternehmen mit Sitz außerhalb der EG ist jedoch nicht möglich (CA 1985, sections 228, 248, 249).

Gemäß CA 1989 sind nach dem Grundsatz der Vollständigkeit des Konzernabschlusses nicht nur Kapitalgesellschaften, sondern alle Tochterunternehmen einzubeziehen. Ein Tochterunternehmen braucht jedoch u. a. nicht in den Konzernabschluß einbezogen zu werden, wenn es für die Vermittlung eines true and fair view von untergeordneter Bedeutung ist (CA 1985, section 229). Ein Mutterunternehmen hat alle Tochterunternehmen zu nennen und darauf hinzuweisen, ob diese komplett einbezogen wurden. Die Gründe für eine fehlende Einbeziehung und für vom Bilanzstichtag des Mutterunternehmens abweichende Bilanzstichtage von Tochterunternehmen sind anzugeben. Ein Tochterunternehmen muß den Namen der Konzernobergesellschaft publizieren. Bei der → *Umrechnung der Jahresabschlüsse* ausländischer Tochterunternehmen ist nach SSAP 20 das Konzept der funktionalen Währung anzuwenden, das inhaltlich an SFAS No. 52 angelehnt ist.

b) Konsolidierungsmaßnahmen. Der Konzernabschluß entsteht durch die Konsolidierung der Bilanzen und GuV der Konzernunternehmen. Bei der → *Kapitalkonsolidierung* nach der im Rahmen der Erwerbsmethode allein zulässigen Neubewertungsmethode ist das konsolidierungspflichtige Eigenkapital zum Erwerbszeitpunkt zu ermitteln. Die Höhe der Auflösung stiller Rücklagen ist nicht durch den Anschaffungspreis der Beteiligung nach oben begrenzt (CA 1985, schedule 4A, paragraphs 8, 9). Der *Goodwill* wird gewöhnlich erfolgsneutral gegen Rücklagen verrechnet. Der auf die Minderheiten entfallende Anteil am Eigenkapital und an den Gewinnen der Tochterunternehmen ist in Bilanz und GuV gesondert auszuweisen (CA 1985, schedule 4A, paragraph 17). Unter bestimmten Umständen ist auch die Anwendung der Methode der Interessenzusammenführung zulässig (CA 1985, schedule 4A, paragraphs 10, 11). Bei der Übernahme eines Unternehmens müssen die entsprechenden Einzelheiten im Anhang offengelegt werden. Die kumulierten Abschreibungen des auf Übernahmen zurückzuführenden aktivierten Goodwill der vergangenen Jahre sind im Anhang auszuweisen (SSAP 22, Accounting for Goodwill).

Konzerninterne Forderungen und Verbindlichkeiten sowie Aufwendungen und Erträge aus Geschäftsvorfällen zwischen den einbezogenen Unternehmen sind gegeneinander aufzurechnen. Die Zwischenerfolgseliminierung kann dabei wahlweise vollständig oder anteilig entsprechend der Beteiligungsquote der Mutter erfolgen (CA 1985, schedule 4A, paragraph 6).

Neu für das britische Konzernrecht ist die im CA 1989 enthaltene → *Quotenkonsolidierung*, die aber nicht auf Kapitalgesellschaften angewendet werden darf (CA 1985, schedule 4A, paragraph 19). Die Beteiligungsbewertung nach der → *Equity-Bewertung* ist allein in From der Kapitalanteilsmethode zulässig, wobei eine pagatorische Verankerung fehlt (CA 1985, schedule 4A, paragraph 20).

Lit.: Scholtissek, W.: Überblick über den Jahresabschluß im Vereinigten Königreich, in: RIW 1986, S. 697–704; *Mumford, M.H.:* United Kingdom, in: HBJ Miller Comprehensive European Accounting Guide, 1989, S. 617–700; *Scholtissek, W.:* Überblick über die Konzernrechnungslegung in Großbritannien, in: RIW 1990, S. 32–41; *Ernst & Young:* The Companies Handbook, 1990; *Fliess, O.:* Konzernabschluß in Großbritannien, 1991; *Financial Reporting Council:* A Framework for Statory Financial Reporting, 1991; Financial statements, in: Certified Accountants' Members' Handbook, Section 9, 1992, S. 1404–1441; *ICAEW:* Financial Reporting 1992–93: Survey of U.K. Reporting Practice, 1993.

Professor Dr. Gerald H. Lawson, Richardson, Texas (USA).

Group accounts (engl.)
= → *Konzernabschluß*

Gründungsinvestition
= Anfangsinvestition.
Summe der → *Investitionen*, die dem Aufbau eines Betriebes und der Bereitstellung der ersten absatzreifen Leistungseinheiten dienen.

Gründungsprüfung
→ *Sonderprüfungen.*

Grundgrößen des Rechnungswesens
1. Einführung. Als Grundgrößen des Betriebswirtschaftlichen Rechnungswesens lassen sich die vier Begriffspaare der Einzahlungen und Auszahlungen, der Einnahmen und Ausgaben, der Erträge und Aufwendungen sowie der Leistungen und Kosten bezeichnen. Vom ersten Begriffspaar leitet sich das zweite, vom zweiten Begriffspaar das dritte und vom dritten Begriffspaar das vierte ab. Die ersten drei Begriffspaare, die in diesem Beitrag behandelt werden, bilden die Rechnungselemente für die → *Buchhaltung* und den → *Jahresabschluß*. Die → *Kosten und Leistungen* bilden die Rechnungselemente der → *Kostenrechnungssysteme.*

2. Einzahlungen und Auszahlungen. Einzahlungen sind Übertragungen von Geld von anderen Wirtschaftssubjekten auf den betrachteten Betrieb oder kurz *Geldeingänge*. Auszahlungen sind Übertragungen von Geld vom betrachteten Betrieb auf andere Wirtschaftssubjekte oder kurz *Geldausgänge*.

Geld ist definiert als das gesetzlich vorgeschriebene bzw. als das allgemein anerkannte Mittel zum Erwerb von Gütern oder zum Begleichen von Schulden.

Gesetzlich vorgeschriebene Mittel zur Begleichung von Schulden sind in der Bundesrepublik Deutschland die von der Bundesregierung geprägten Münzen (im eingeschränkten Umfang, denn Annahmepflicht besteht nur bis zu einer bestimmten Höhe) sowie die Noten der Bundesbank. Darüber hinaus werden Überweisungen von täglich fälligen Guthaben bei Banken als Mittel zur Tilgung von Schulden allgemein anerkannt.

Der *Geldbestand* eines Betriebs verändert sich hauptsächlich durch Einzahlungen und Auszahlungen, daneben u. U. wegen Diebstahls, Vernichtung (sofern es sich um Bargeld handelt), wegen Veruntreuung, Konkurses der Bank (sofern es sich um Buchgeld handelt), wegen Devisenkursänderungen (sofern es sich um ausländisches Geld handelt).

Folgende *Arten von Zahlungen* lassen sich unterscheiden:

(1) Zahlungen, durch die Geld zur Nutzung übertragen wird (*Nutzungszahlungen* oder *Kapitalzahlungen*);
   a) Einzahlungen, durch die der Betrieb Geld von anderen zur Nutzung erhält (wie Erhalt von Bareinlagen von Eigentümern, Erhalt von Darlehn von Gläubigern);
   b) Auszahlungen, durch die der Betrieb zur Nutzung erhaltenes Geld zurücküberträgt (wie Rückgewähr von Bareinlagen, Rückgewähr von Darlehn);
   c) Auszahlungen, durch die der Betrieb Geld anderen zur Nutzung überträgt (wie Bareinlagen bei anderen Unternehmen, Darlehnsgewährung an Schuldner);
   d) Einzahlungen, durch die der Betrieb anderen zur Nutzung überlassenes Geld zurückerhält (wie Rückerhalt von Bareinlagen, Rückerhalt von Darlehn).

(2) Zahlungen, durch die Geld als Gegenleistung für Güter übertragen wird (*Entgeltzahlungen, Güterzahlungen*);
   a) Auszahlungen zum Erwerb von Gütern (wie für den Kauf von Grundstücken, Gebäuden, Maschinen, Roh-, Hilfs- und Betriebsstoffen, für die Inanspruchnahme von Arbeitsleistungen und Dienstleistungen);
   b) Einzahlungen bei Veräußerung von Gütern (wie für den Verkauf von Produkten und Handelswaren);

(3) Zahlungen, die der Gewinnverwendung bzw. der Verlustdeckung dienen (*Ergebniszahlungen*).

Grundgrößen des Rechnungswesens

Damit erhält man eine Systematik von Einzahlungen und Auszahlungen, die auch einer *Einzahlungs- und Auszahlungsrechnung* zugrundegelegt werden sollte.

Durch eine solche Rechnung wird der *Geldkapitalverkehr* des Betriebs treffend abgebildet. Der *Güterverkehr* wird im Zeitpunkt der Bezahlung von bezogenen Gütern bzw. des Zahlungserhalts für gelieferte Güter erfaßt. Bareinkäufe und Barverkäufe von Gütern werden damit zutreffend, d.h. im Zeitpunkt des Einkaufs bzw. des Verkaufs, wiedergegeben. Die anderen Einkäufe von Gütern (d.h. die Krediteinkäufe und die Anzahlungseinkäufe) sowie die anderen Verkäufe von Gütern (d.h. die Kreditverkäufe und die Anzahlungsverkäufe) werden aber entweder erst nach dem Einkauf bzw. Verkauf oder bereits vor dem Einkauf bzw. Verkauf abgebildet.

Eine laufende Einzahlungs- und Auszahlungsrechnung ist die am besten geeignete Grundlage für *finanzwirtschaftliche Entscheidungen* der Unternehmen. Aus einer zukunftsbezogenen Einzahlungs- und Auszahlungsrechnung (→ *Finanzplanung*) ist insbesondere zu erkennen, ob und inwieweit die *Nebenbedingung der Liquidität*, die Unternehmen bei der Verfolgung ihres Gewinn- bzw. Rentabilitätsziels zu beachten haben, eingehalten ist.

Daneben empfiehlt es sich, fallweise bei bestimmten Anlässen mit Einzahlungen und Auszahlungen zu rechnen, z.B. für → *Investitionsrechnungen*, für die Bewertung ganzer Unternehmen (→ *Ertragswert*).

Im Rahmen der laufenden → *Buchhaltung* werden Einzahlungen und Auszahlungen als Zugänge bzw. Abgänge von den Geldkonten erfaßt. Nach der vorzunehmenden Gegenbuchung lassen sich folgende *Arten von Einzahlungen* unterscheiden: ertragsgleiche Einzahlungen (z.B. Barverkauf von Produkten), dem Ertrag folgende Einzahlungen (z.B. Erhalt von Forderungen aus Lieferungen und Leistungen), dem Ertrag vorausgehende Einzahlungen (z.B. erhaltene Anzahlungen für Produkte), stets ertragsunwirksame Einzahlungen (einerseits aktivtauschende Einzahlungen, z.B. Rückerhalt von Darlehn, andererseits bilanzverlängernde Einzahlungen, z.B. Darlehnsaufnahme bei Dritten).

Ihnen entsprechen folgende *Arten von Auszahlungen*: aufwandsgleiche Auszahlungen (z.B. Bezahlung von Löhnen und Gehältern für in der gleichen Periode erbrachte Arbeitsleistungen), dem Aufwand folgende Auszahlungen (z.B. Begleichung von Verbindlichkeiten aus Lieferungen und Leistungen), dem Aufwand vorausgehende Auszahlungen (z.B. Bareinkauf von Rohstoffen, die noch auf Lager liegen), stets aufwandsunwirksame Auszahlungen (einerseits aktivtauschende Auszahlungen, z.B. Darlehnsgewährung an Dritte, andererseits bilanzverkürzende Auszahlungen, z.B. Tilgung eines Darlehns).

3. Einnahmen und Ausgaben. Die Begriffe der Einnahmen und Ausgaben wurden in den Wirtschaftswissenschaften und in der Wirtschaftspraxis ursprünglich im Sinne von Einzahlungen und Auszahlungen verwendet, d.h. auf Geldbewegungen bezogen. Im Laufe der Zeit ist jedoch deren Inhalt in den Wirtschaftswissenschaften verändert und auf *Kreditbewegungen infolge von Güterübertragungen* ausgedehnt worden. Heute werden die Begriffe der Einnahmen und Ausgaben auf bestimmte Geld- und Kreditbewegungen bezogen. Der Sprachgebrauch der Praxis ist dieser Entwicklung allerdings noch nicht gefolgt.

In diesem erweiterten Sinne sind

Einnahmen = Einzahlungen, Forderungszunahmen sowie Schuldenabnahmen;

Ausgaben = Auszahlungen, Schuldenzunahmen sowie Forderungsabnahmen.

Diese Definitionen schließen allerdings Mehrfachzählungen nicht aus. Wird z.B. vom Betrieb ein Produkt auf Kredit verkauft, entsteht eine Forderung und damit eine Einnahme. Geht später der Geldbetrag für das verkaufte Produkt ein, fällt eine Einzahlung an und damit bei Anwendung der obigen Definition nochmals eine Einnahme. Diese Einnahme wird zwar auf der Gegenseite dadurch kompensiert, daß im Zeitpunkt des Eingangs des Geldbetrags auch eine Ausgabe anfällt (weil die Forderungen abnehmen), so daß der Saldo aus Einnahmen und Ausgaben gleich bleibt. Aber die Einnahmen und die Ausgaben für sich genommen werden jeweils zu hoch angesetzt. Entsprechendes gilt, wenn der Betrieb ein Produkt gegen Vorauszahlung verkauft.

Um solche Mehrfachzählungen auszuschließen, muß man daher die Einnahmen und Ausgaben enger wie folgt definieren:

Einnahmen = Einzahlungen (die nicht von Forderungsabnahmen oder Schuldenzunahmen begleitet werden), Zunahmen von Forderungen aus Lieferungen und Leistungen sowie Abnahmen von erhaltenen Anzahlungen und Vorauszahlungen;

Ausgaben = Auszahlungen (die nicht von Schuldenabnahmen oder Forderungszunahmen begleitet werden), Zunahmen von Verbindlichkeiten aus Lieferungen und Leistungen sowie Abnahmen von geleisteten Anzahlungen und Vorauszahlungen.

Mit Hilfe der so abgegrenzten Einnahmen und Ausgaben läßt sich der gesamte Güterverkehr des Betriebs mit anderen Wirtschaftssubjekten, also alle Gütereinkäufe und Güterverkäufe, zutreffend, d.h. im Zeitpunkt des Zugangs bzw. des Abgangs, abbilden. Unerfaßt bleiben allerdings die güterwirtschaftlichen Vorgänge innerhalb des Betriebs, also der Verbrauch von Gütern und die Entstehung von Gütern.

In eine Einnahmen- und Ausgabenrechnung braucht nicht der *Geldkapitalverkehr* einbezogen zu werden, da dieser durch die Einzahlungs- und Auszahlungsrechnung hinreichend erfaßt wird. Wünschenswert wäre allerdings, der *Güterkapitalverkehr* könnte einbezogen werden, der durch das Rechnungswesen üblicherweise nur mangelhaft abgebildet wird. Dabei handelt es sich um folgende Vorgänge:

(1) Güterzugänge, mit welchen der Betrieb Güter von anderen zur Nutzung erhält (wie Erhalt von Sacheinlagen von Eigentümern, wie Erhalt von Gütern von Dritten im Rahmen eines Miet-, Pacht- oder Leasingvertrags);
(2) Güterabgänge, mit welchen der Betrieb Güter nach Nutzung zurückgewährt (wie Rückgewähr von Sacheinlagen, wie Rückgabe von Gütern nach Ablauf eines Miet-, Pacht- oder Leasingvertrags);
(3) Güterabgänge, mit welchen der Betrieb Güter anderen zur Nutzung überläßt (wie Sacheinlagen bei anderen Unternehmen, wie Übergabe von Gütern an Dritte im Rahmen eines Miet-, Pacht- oder Leasingvertrags);
(4) Güterzugänge, mit welchen der Betrieb Güter von anderen nach Nutzung zurückerhält (wie Rückerhalt von Sacheinlagen bei anderen Unternehmen, wie Rückerhalt von Gütern nach Ablauf eines Miet-, Pacht- oder Leasingvertrags).

4. Erträge und Aufwendungen. Die Rechnungsgrößen der Erträge und Aufwendungen wurden im Laufe der Zeit vor allem deswegen entwickelt, weil man für die Ermittlung des Periodenerfolgs (→ *Gewinn* bzw. Verlust) die Zeitpunkte des Verbrauchs von Gütern bzw. der Entstehung von Gütern für maßgeblicher erachtete als die Zeitpunkte der Bezahlung von bezogenen Gütern bzw. des Zahlungserhalts für gelieferte Güter (auf welche die Einzahlungs- und Auszahlungsrechnung abstellt) und für maßgeblicher als die Zeitpunkte des Bezugs von Gütern bzw. der Lieferung von Gütern (auf welche die Einnahmen- und Ausgabenrechnung abstellt).

Aufwendungen werden als *Wertverbrauch* innerhalb einer Periode und Erträge als *Wertzuwachs* innerhalb einer Periode definiert. Aber der Begriff des Wertes, auf welchen hier jeweils Bezug genommen wird, ist recht unbestimmt.

Aufwendungen werden daher auch definiert als *periodisierte Ausgaben* oder als *Verminderung des (Netto-) Vermögens* und Erträge als *periodisierte Einnahmen* oder als *Mehrungen des (Netto)-Vermögens.* Aber auch bei diesen Definitionen entstehen Schwierigkeiten. Geht man vom *Bruttovermögen* aus, so sind Abnahmen des Bruttovermögens in einer Reihe von Fällen *Aufwendungen* gleichzusetzen (z.B. Verbrauch von Roh-, Hilfs- und Betriebsstoffen), allerdings nicht in allen Fällen (z.B. Verkauf von Fertigerzeugnissen). Zunahmen von Schulden entsprechen in einer Reihe von Fällen Aufwendungen (z.B. Bildung von Pensionsrückstellungen), aber wiederum nicht in allen Fällen (z.B. Darlehnsaufnahme). Daher könnte man folgende Definition geben:

Aufwendungen = Vermögensabnahmen, die nicht begleitet werden von Zunahmen anderer Vermögensgegenstände, von Schuldenabnahmen, von Eigenkapitalabnahmen oder von Gewinnausschüttungen, sowie Schuldenzunahmen, die nicht begleitet werden von Abnahmen anderer Schulden, von Eigenkapitalabnahmen oder von Vermögenszunahmen.

Entsprechendes gilt für *Erträge*. Zunahmen des Bruttovermögens sind in einer Reihe von Fällen Erträgen gleichzusetzen (z.B. Zugänge zu fertigen Erzeugnissen), allerdings nicht in allen Fällen (z.B. Einkauf von Rohstoffen). Abnahmen von Schulden entsprechen in einer Reihe von Fällen Erträgen (z.B. Herabsetzung einer Rückstellung), aber wiederum nicht in allen Fällen (z.B. Rückgewähr eines Darlehns). Daher könnte man folgende Definition geben:

Erträge = Vermögenszunahmen, die nicht begleitet werden von Abnahmen anderer Vermögensgegenstände, von Schuldenzunahmen, von Eigenkapitalzunahmen oder von Verlustdeckungen, sowie Schuldenabnahmen, die nicht begleitet werden von Zunahmen anderer Schulden, von Eigenkapitalzunahmen oder von Vermögensabnahmen.

Will man die Rechnungslegungsvorschriften des HGB berücksichtigen, muß man die Vermögensänderungen interpretieren als Wertänderungen von Gegenständen des Anlage- und Umlaufvermögens, von aktiven Rechnungsabgrenzungsposten sowie von → *Bilanzierungshilfen*. Und die Schuldenänderungen muß man auffassen als Änderungen von Verbindlichkeiten, von Rückstellungen, von passiven Rechnungsabgrenzungsposten sowie von → *Sonderposten mit Rücklageanteil*.

Grundgrößen des Rechnungswesens

Die gegebenen Definitionen muten freilich recht bilanztechnisch, recht formal an. Daher seien noch Definitionen anderer Art versucht, die auf güterwirtschaftliche und kapitalwirtschaftliche Vorgänge Bezug nehmen, die allerdings stark aufzählend sind.

Aufwendungen im betriebswirtschaftlichen Sinne =

a) bewertete planmäßige Abnutzung von knappen materiellen Gebrauchsgütern;
b) bewerteter bestimmungsgemäßer Verbrauch von knappen materiellen Verbrauchsgütern;
c) bewertete planmäßige Nutzung von Immaterialgüterrechten;
d) außerplanmäßige Mengen- und Wertminderungen der genannten Einsatzgüter sowie negative Differenzen bei Verkauf der genannten Einsatzgüter zwischen Verkaufserlös und Buchwert sowie Zahlungsausfälle nach Verkauf;
e) bewertete Inanspruchnahme von Dienstleistungen (einschließlich Kreditleistungen) und Arbeitsleistungen;
f) Mengen- und Wertminderungen von hergestellten Gütern bei Lagerung sowie negative Differenzen bei Verkauf der hergestellten Güter zwischen Verkaufserlös und Herstellungskosten sowie Zahlungsausfälle nach Verkauf;
g) Wertminderungen von Beteiligungen an anderen Unternehmen sowie von Ausleihungen an andere Wirtschaftssubjekte bzw. negative Differenzen zwischen Einlage und Rückerhalt der Einlage sowie zwischen Ausleihung und zurückerhaltenem Betrag;
h) außerplanmäßige Mengen- und Wertminderungen von Geldbeständen;
i) Wert zu ersetzender Schäden, zu erfüllender Garantien, zu deckende Verluste anderer Unternehmen;
k) anfallende Steuern nicht-gewinnabhängiger Art.

Will man die Rechnungslegungsvorschriften des HGB berücksichtigen, muß man die genannten Wertbewegungen um folgende erweitern:

l) beschleunigte Abschreibungen der aktivierten Aufwendungen für die In-

gangsetzung und Erweiterung des Geschäftsbetriebs;
m) Abschreibungen eines derivativen Geschäfts- oder Firmenwerts sowie eines Verschmelzungsmehrwerts;
n) Bildung von Aufwands- und Verlustrückstellungen;
o) Einstellungen in Sonderposten mit Rücklageanteil;
p) fällige gewinnabhängige Steuern.

Erträge im betriebswirtschaftlichen Sinne =

a) Wert der erstellten fertigen und unfertigen Erzeugnisse in Höhe der Herstellungskosten;
b) positive Differenzen beim Verkauf von fertigen und unfertigen Erzeugnissen zwischen Verkaufserlös und Herstellungskosten;
c) Wert der erbrachten Dienstleistungen in Höhe des Verkaufserlöses;
d) Wert der selbsterstellten Sachanlagen in Höhe der Herstellungskosten;
e) Wertsteigerungen von fremdbezogenen Gütern sowie positive Differenzen beim Verkauf von fremdbezogenen Gütern zwischen Verkaufserlös und Buchwert;
f) Herabsetzung von Schulden;
g) Wertsteigerungen von Beteiligungen an anderen Unternehmen sowie positive Differenzen zwischen Einlage und Rückerhalt der Einlage;
h) erhaltene Dividenden für die Gewährung von Eigenkapital sowie aufgrund von Gewinnverträgen;
i) Wertsteigerungen von Beständen ausländischen Geldes;
k) Wert von Schadensersatz- und Garantieleistungen Dritter;
l) erhaltene Subventionen.

Will man die Rechnungslegungsvorschriften des HGB berücksichtigen, muß man die genannten Wertbewegungen wie folgt erweitern:

m) Aktivierung von Aufwendungen für Ingangsetzung und Erweiterung des Geschäftsbetriebs;
n) Herabsetzung von Aufwands- und Verlustrückstellungen;
o) Auflösung von Sonderposten mit Rücklageanteil.

Daraus ergibt sich eine Systematik von Aufwendungen und Erträgen, wie sie auch einer Aufwands- und Ertragsrechnung zugrundegelegt werden kann. Die durch das HGB vorgegebenen Gliederungsschemata für eine Aufwands- und Ertragsrechnung (→ *Gewinn- und Verlustrechnung* nach dem Gesamtkostenverfahren und nach dem Umsatzkostenverfahren) weichen davon jedoch stark ab.

Ein Überschuß der Erträge über die Aufwendungen wird als *Gewinn*, ein Überschuß der Aufwendungen über die Erträge als *Verlust* bezeichnet, die Aufwands- und Ertragsrechnung daher auch als *Gewinn- und Verlustrechnung*. Zu einer solchen Rechnung, die sich auf das jeweils abgelaufene Geschäftsjahr bezieht, sind alle Kaufleute nach Handels- und Steuerrecht verpflichtet. Sie zeigt an, ob und inwieweit das Hauptziel privater Unternehmen, nämlich das Gewinnziel, erreicht wurde. Sie ist deswegen auch die maßgebende Grundlage für Entscheidungen über die Verwendung eines erzielten Gewinns bzw. über die Deckung eines entstandenen Verlusts.

Die Aufwendungen und Erträge lassen sich nach ihrer Auszahlungswirksamkeit bzw. Einzahlungswirksamkeit analysieren. Dies geschieht im Rahmen einer sog. *cash flow-Analyse* der Gewinn- und Verlustrechnung. Ein positiver → *cash flow* ist der Überschuß der einzahlungswirksamen Erträge über die auszahlungswirksamen Aufwendungen, ein negativer cash flow der Überschuß der auszahlungswirksamen Aufwendungen über die einzahlungswirksamen Erträge.

Typische *einzahlungswirksame Erträge* sind Erlöse aus dem Verkauf von im abgelaufenen Jahr hergestellten Erzeugnissen, Zinserträge; *nicht einzahlungswirksame Erträge* sind Erhöhungen des Bestands an fertigen und unfertigen Erzeugnissen, Zuschreibungen. Typische *auszahlungswirksame Aufwendungen* sind Lohn- und Gehaltsaufwendungen, Zinsaufwendungen; *nicht auszahlungswirksame Aufwendungen* sind Abschreibungen, Aufwendungen für Rückstellungen für Altersversorgung.

Die Erträge werden häufig unterteilt in *betriebsbezogene* (gemeint sind damit solche, die sich auf den Haupttätigkeitsbereich des jeweiligen Wirtschaftsbetriebs beziehen, z.B. Erlöse aus dem Verkauf von im abgelaufenen Jahr hergestellten Erzeugnissen) und in *betriebsfremde* (z.B. Erträge aus Handelsgeschäften, aus Finanzgeschäften); ferner in *regelmäßig wiederkehrende* und *unregelmäßig anfallende*. Entsprechendes gilt für die Aufwendungen. Diese Unterscheidungen bilden auch die Grundlage für die Ableitung der Kosten und Leistungen aus den Aufwendungen und Erträgen.

5. *Korrespondierende Bestandsgrößen*. Bei den Rechnungsgrößen der Einzahlungen und Auszahlungen, der Einnahmen und Ausgaben sowie der Erträge und Aufwendungen handelt es sich um *Wertbewegungsgrößen*. Zu ihnen gehören bestimmte *Wertbestandsgrößen*: zu den Einzahlungen und Auszahlungen der *Geldbestand*, zu den Einnahmen und Ausgaben der *Bestand an eingekauften Gütern*, zu den Erträgen und Aufwendungen der *Vermögens- und Kapitalbestand*.

Lit.: Weber, H.K.: Betriebswirtschaftliches Rechnungswesen, 3. Aufl., Bd. 1: Bilanz und Erfolgsrechnung, 1988, S. 4–5, S. 25–42, S. 231–239; *Weber, H.K.*: Betriebswirtschaftliches Rechnungswesen, 3. Aufl., Bd. 2: Kosten- und Leistungsrechnung, 1991, S. 1–11, S. 26–48; *Hörschgen, H.*: Grundbegriffe der Betriebswirtschaftslehre, 3. Aufl., 1992, S. 52–54; *Egger, A.*: Aufwand und Ertrag, in: HWR, 3. Aufl., 1993, Sp. 88–92; *Eisele, W.*: Technik des betrieblichen Rechnungswesens, 5. Aufl., 1993, S. 567–573; *Lück, W.*: Ausgaben und Einnahmen, in: HWR, 3. Aufl., 1993, Sp. 101–108; *Weber, H. K.*: Kosten und Erlöse, in: HWR, 3. Aufl., 1993, Sp. 1264–1272; *Wöhe, G.*: Einführung in die Allgemeine Betriebswirtschaftslehre, 19. Aufl., 1996, S. 972–990.

Professor Dr. Helmut Kurt Weber, Göttingen.

Grundinvestition
Nach → *Erich Schneider* die → *Investition*, die das erste Element einer → *Investitionskette* darstellt.

Grundkosten
Jener Teil der Gesamtkosten, der zugleich → *Aufwand* ist; die G. entsprechen dem → *Zweckaufwand*.

Grundleistung
Jener Teil der Gesamtleistung, der zugleich → *Ertrag* ist; die G. entspricht dem → *Zweckertrag*.

Grundrechnung der Erlöse
Mehrdimensionale Erlösstatistik im System der Einzelkosten- und Deckungsbeitragsrechnung, bei der für eine Abrechnungsperiode nur die zweifelsfrei zurechenbaren Brutto-, Nettoerlöse und Erlösschmälerungen nach Erlöskategorien untergliedert und auf die jeweils relevanten Kalkulationsobjekte aufgeteilt werden (→ *Grundrechnung der Kosten* → *Betriebsplanungserfolgsrechnung*).

Grundrechnung der Kosten
Systematische Sammlung der innerhalb eines Abrechnungszeitraumes angefallenen → *Kostenarten*, differenziert nach → *Kostenkategorien*. Dabei werden nur die eindeutig zurechenbaren Kosten auf die Kalkulationsobjekte bzw. einzelnen Perioden aufgeteilt; die nicht direkt zurechenbaren Kosten werden in einer Zeitablaufrechnung aufgeführt. Zweck der G. ist die Informationsaufbereitung für individuelle Sonderrechnungen (→ *Grundrechnung der Erlöse;*).

Lit.: Riebel, P.: Einzelkosten- und Deckungsbeitragsrechnung, 7. Aufl., 1994, S. 430–443.

Grundrechnung der Potentiale
Aufstellung über die verfügbaren Bestände an personellem und sachlichem Nutzungspotential einer Unternehmung und dessen geplante Beanspruchung durch Kostenstellen.

Grundsätze ordnungsmäßiger Abschlußprüfung
= GoA.
= Grundsätze ordnungsmäßiger Prüfung.
= Grundsätze ordnungsmäßiger Wirtschaftsprüfung.
= Prüfungsgrundsätze.

Vom → *Institut der Wirtschaftsprüfer* (IdW) entwickelte Grundsätze für die ordnungsgemäße Durchführung von *Prüfungen des Jahresabschlusses* analog den → *Grundsätzen ordnungsmäßiger Buchführung (GoB)*. Im Gegensatz zu den GoB sind die G. nicht gesetzlich kodifiziert. Zu den G. zählen:

- Prüfung der Einhaltung von Gesetz und Satzung;
- Prüfung der Einhaltung der Grundsätze ordnungsmäßiger Buchführung;
- Beachtung fachlicher Verlautbarungen;
- Planung und Beaufsichtigung der Abschlußprüfung;
- Prüfung des Internen Kontrollsystems;
- Prüfung von Bestandsnachweisen;
- Verwertung von Prüfungsergebnissen Dritter;
- Einhaltung der Vollständigkeitserklärung;
- Nachweis der Prüfungsdurchführung.

Lit.: *IdW*: Die Fachtgutachten und Stellungnahmen, Losebl., 1988.

Grundsätze ordnungsmäßiger Buchführung

1. Grundlagen

Grundsätze ordnungsmäßiger Buchführung (*GoB*; → *generally accepted accounting principles*)dürfte es überall gegeben haben, wo Aufzeichnungen über Bestände angefertigt wurden, wie bereits im Alten Ägypten. Größere Bedeutung bekommen die GoB mit der Entstehung des Liefer- und Tauschverkehrs auf Kreditbasis und dem Übergang von einer Mengenrechnung zu einer Geldrechnung. Je komplexer die Wirtschaftsbeziehungen werden, je genauer muß ex ante festgelegt werden, wie die Vorfälle zu erfassen sind, bis schließlich zur programmierten Erfassung durch die EDV nach programmierten Dokumentationsregeln, die nur gelegentlich durch Eingaben zu ergänzen ist. Als Teil des *Managementinformationssystems* verfolgt ein modernes Rechnungswesen eine Vielzahl von Zwecken. Zu den traditionellen Aufgaben der Erfassung der Geschäftsvorfälle kommen hinzu die Bereitstellung von → *Planungs-, Budget-, Finanzierungs-*, → *Investitions-* und → *Segmentrechnungen*.

Die GoB i.S. der §§238 und 243 HGB (§§189 und 195 öHGB) betreffen die Erfassung der Geschäftsvorfälle in der → *Buchhaltung* und ihre Zusammenstellung und Darstellung im → *Jahresabschluß*. GoB werden gewonnen, indem durch „Nachdenken" eine Verbindung zwischen den Zielen und einem dem jeweiligen Problem adäquaten Mittel (= GoB) hergestellt wird, auch als „Deduktion" (wenn auch nicht im mathematischen strengen Sinne) bezeichnet.

Dementsprechend finden wir zwei Gruppen von Grundsätzen:

a) Grundsätze der Dokumentation. Sie sind auf eine *vollständige, sachlich richtige, willkürfreie, klare, übersichtliche* und *nachprüfbare Erfassung der Geschäftsvorfälle* gerichtet. Zu diesen Grundsätzen gehören auch das *Belegprinzip*, die Erfüllung der *Grundbuchfunktion*, ein ausreichendes *Internes Kontrollsystem* und die Regel der *unverzüglichen Verbuchung* im Zeitpunkt der Buchungsbedürftigkeit. Diese entsteht mit dem Zugang und Abgang von Gütern, Geld, Forderungen und Verbindlichkeiten sowie Verrechnungsvorgängen, unter Beachtung des Realisationsprinzips. Hierzu gehören auch die Grundsätze ordnungsmäßiger Datenverarbeitung. Die Grundsätze der Dokumentation sind, wenn auch nicht näher ausgeführt, in den §§238 und 239 HGB erwähnt.

b) Grundsätze der Rechenschaft. Sie bestimmen, in welche *Rechnungsperiode* externe Vorfälle und interne Verrechnungsbuchungen einzustellen sind, und die *Bepreisung, Bewertung* und *Darstellung* der eingehenden, vorhandenen, verbrauchten und abgehenden Güter und anderer erfassungsbedürftiger Sachverhalte wie → *Abschreibungen*, → *Rückstellungen*, → *Rücklagen*, → *Wertberichtigungen*. Mit Hilfe dieser Grundsätze ist die (vor allem die gesetzliche jährliche) Rechnungslegung in allgemein verständlicher Form möglich.

Die erörterten Grundsätze ergeben sich aus ökonomischen Notwendigkeiten: Zum einen muß eine Buchführung die Ge-

Grundsätze ordnungsmäßiger Buchführung

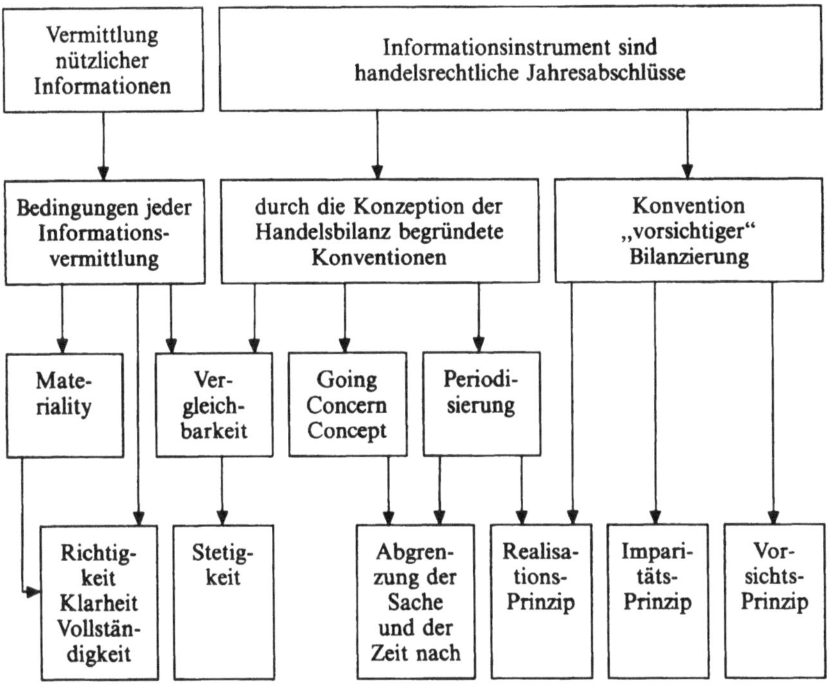

schäftsvorfälle systematisch geordnet und zusammengefaßt im ersten Schritt auf den Konten, im zweiten Schritt im Jahresabschluß darstellen; zum anderen wollen diejenigen, die einer Unternehmung Mittel längerfristig zur Verfügung gestellt haben, von Zeit zu Zeit wissen, wie diese Mittel angelegt wurden und welche Erträge sie abwerfen.

Im Wirtschaftsleben sind Verluste nicht zu vermeiden. Das bewog die Gesetzgeber, den Kaufmann zur Rechenschaft vor sich und den Gesellschaftern, später auch vor anderen outsiders zu zwingen und hierzu die Beachtung der GoB vorzuschreiben, auch einige wichtige GoB gesetzlich festzulegen. Die erste Regelung dieser Art war die *Ordonnance de Commerce* von 1673, deren Bestimmungen in das Handelsrecht vieler europäischer Staaten übernommen wurden. Dem folgten Überarbeitungen und Ergänzungen, so in Deutschland im AktG 1931, 1937, 1965 sowie in jüngster Zeit europarechtlich durch die 4. und 7. EG-Richtlinie und ihre Transformation in die nationalen Rechte der EG-Länder in Deutschland im HGB 1985 (§§ 242–256).

Die Beziehung zwischen den Zielen der Rechenschaft und den GoB als den dazu notwendigen Mitteln zeigt die nachstehende Übersicht:

Die GoB *Richtigkeit, Klarheit, Vollständigkeit, Stetigkeit* und das *Realisationsprinzip* gelten auch für die Dokumentation.

Im Schema sind zwischen der Zielebene und der Ebene der GoB vier Postulate eingefügt, die beachtet werden müssen, damit informative, d.h. analysierbare und den Zielen entsprechende Jahresabschlüsse aufgestellt werden. Dies sind die Postulate der *Materiality*, der *Vergleichbarkeit*, des *Going-Concern* und der *Periodisierung*. Sie wirken als allgemeine Bilanzierungsprämissen und wirken damit auch auf die Inhalte der GoB. Das Going-Concern-Prinzip bestimmt, daß von der Fort-

Grundsätze ordnungsmäßiger Buchführung

führung der Unternehmung auszugehen und dementsprechend zu bewerten ist. Wegen seiner wenigen und klaren Wirkungen dürfte es angebracht sein, das Prinzip nicht als GoB auszuweisen, doch gibt es in derartigen Fragen keine zwingenden Ordnungsgesichtspunkte. Als *obere GoB* bezeichnet man:

(1) Rahmengrundsätze
Richtigkeit und Willkürfreiheit
Klarheit
Vollständigkeit
(2) Abgrenzungsgrundsätze
Realisationsprinzip
Grundsätze der Abgrenzung der Sache und der Zeit nach
Imparitätsprinzip
(3) Ergänzende Grundsätze
Stetigkeit
Vorsichtskomponente der Bilanzierung unsicherer Erwartungen (Vorsichtsprinzip)

Die 4. Richtlinie und das HGB 1985 führen die folgenden GoB explizit auf:

In §243 Abs. 2 Klarheit und Übersichtlichkeit,
in §252 Abs. 1

- Going-Concern-Prinzip (Abs. 1, Ziff. 2)
- Realisationsprinzip (in Abs. 1, Ziff. 4, Satz 2)
- Imparitätsprinzip (in Abs. 1, Ziff. 4, Satz 1 in Verbindung mit §253 Abs. 3)
- Vorsichtsprinzip (in Ziff. 4)
- Abgrenzung der Sache und der Zeit nach (Ziff. 5)

Das HGB nennt in §252 weiterhin den *Grundsatz der Einzelbewertung*. Da es von diesem Grundsatz mancherlei Ausnahmen gibt und er zur Vermittlung eines angemessenen Bildes der Unternehmung und ihrer Vermögens- und Ertragslage nicht notwendig, teilweise sogar hinderlich ist, wird er i. d. R. nicht als GoB angesehen.

Rechtsnormen und GoB sind streng auseinander zu halten. Kodifizierte GoB sind als Rechtsvorschriften zu beachten, (weitere) GoB rechtlich aufgrund des gesetzlichen Verweises auf sie.

2. Die einzelnen Grundsätze der Rechenschaft

a) Rahmengrundsätze. Jahresabschlüsse müssen *richtig* i. S. von Gesetz und GoB sein, *klar* gegliedert und *vollständig*. Der antiquierte Begriff der „*Bilanzwahrheit*" ist einerseits als „normentsprechend", andererseits als „willkürfrei" zu interpretieren. Auf den im juristischen Schrifttum fest verankerten Begriff „*willkürfrei*" verweist auch der Bericht des Rechtsausschusses zum → *Bilanzrichtliniengesetz* 1985 (S. 100).

b) Grundsätze der Periodenabgrenzung der Sache und Zeit nach. Diesen Grundsätzen liegt die Idee einer leistungsbezogenen Gegenüberstellung von Aufwendungen und Erträgen und der Antizipation erwarteter Verluste aus eingeleiteten Geschäften zugrunde. Jedem Ertrag wird der Aufwand zugerechnet, der ihm, sei es direkt erfaßbar, sei es nach dem Durchschnittskostenprinzip, anrechenbar ist (= *matching principle*). Daraus folgt auch, daß die unfertigen und fertigen Güterbestände zu Durchschnittskosten zu bewerten sind, wobei über das Ausmaß der Einrechnung von Gemeinkosten der Fertigung keine Einigkeit besteht (→ *Umlaufvermögen*). Damit sich die Beschaffung und Umwandlung von Stoffen und Arbeit in Erzeugnisse und die Beschaffung von Handelswaren möglichst erfolgsneutral auswirkt, spricht das Ziel periodengerechten Ausweises der Erträge und Aufwendungen dafür, bei der Bepreisung der Bestände den Vollkosten möglichst nahe zu kommen. Aus dem Rechenschaftsziel folgt auch die Notwendigkeit einer informativen Trennung der Ergebnisse ordentlicher und außerordentlicher Geschäftstätigkeit. Hier gehen die GoB über die Regelung im HGB (für Kapitalgesellschaften) hinaus.

c) Realisationsprinzip. Das → *Realisationsprinzip* regelt die Erfassung von Fremd- und Eigenleistungen zu den dafür gezahlten Beträgen (*Anschaffungspreisprinzip*), daher als „Bepreisung" zu bezeichnen. Bis zum Erreichen des Absatzmarktes sind sie grundsätzlich zu den Anschaffungspreisen oder bei Verarbeitung zu den anteiligen Anschaffungskosten anzusetzen. Erst mit der Übergabe an den Absatzmarkt gilt eine Leistung als realisiert, unabhängig vom Zeitpunkt des Geldeinganges. Damit werden automatisch, aber unausgewiesen, die mit der Leistungsbewirkung verbundenen positiven oder negativen Erfolge als realisiert betrachtet. Die nähere Bestimmung des Realisationszeitpunktes erfolgt durch dem Prinzip gemäße untere Grundsätze.

d) Imparitätsprinzip. Während die Güter bei ihrem Zugang durch die Erfassung der Anschaffungsausgabe bepreist werden, werden bei der Aufstellung der Jahresabschlüsse ergänzend andere Wertfaktoren als die Anschaffungskosten herangezogen. Werden aus den lagernden Gütern oder aus abgeschlossenen Verträgen sogenannte „*Verluste*" (Verlustbeiträge zum Periodenerfolg) erwartet, so werden diese bereits vor der Realisation soweit „antizipiert", daß aus diesen durch Beschaffung oder Vertrag eingeleiteten Geschäften keine negativen Erfolgsbeiträge von der(n) Folgeperiode(n) zu tragen sind. Da damit erwartete negative Erfolgsbeiträge anders als erwartete positive (Realisationsprinzip!) behandelt werden, wird das Prinzip als *Imparitätsprinzip* oder *Prinzip der Verlustantizipation* bezeichnet. Die Problematik des Prinzips liegt in der „Zurechnung" künftiger Erträge auf Produktionsfaktoren; hier kann man sich nur auf plausible Annahmen stützen. Gesunkene Wiederbeschaffungspreise führen nicht zu „Abwertungen", sondern ausschließlich negative Erfolgsbeiträge, gleichgültig, ob diese aus Preisentwicklungen am Beschaffungs- oder Absatzmarkt resultieren.

e) Stetigkeit. Werden die Abschlußpositionen nicht von Jahr zu Jahr nach den gleichen Methoden erfaßt, bewertet und ausgewiesen, so sind die Abschlüsse aufeinanderfolgender Perioden nicht miteinander vergleichbar und vermitteln den Informationsempfängern keine substantiierte Vorstellung von der Entwicklung der Unternehmung und kein hinreichendes → *Bild der Vermögens, Finanz- und Ertragslage.* Als eine der Sicherungen zureichender Information gebietet das HGB, der 4. Richtlinie folgend, in den §§ 252, Abs. 1 Ziff. 6 und 265 Abs. 1 *Stetigkeit der Bewertungsmethoden für alle Unternehmen (→ Bewertungsstetigkeit, → Einheitlichkeit der Bewertung)* und der *Gliederung der Jahresabschlüsse für Kapitalgesellschaften.* Damit wurde ein alter GoB durch Kodifikation festgeschrieben. Von Bilanzgestaltungskünstlern und Interessentenvertretern ist der GoB bis zur HGB-Reform von 1985 bestritten worden und wird seit ihr bekämpft. Das wirft (hier wie bei anderen Anlässen) die Frage auf, ob Gesetzesbefolgung und Rechenschaftspflichten durch Konstruktion von Ausnahmefällen vom Stetigkeitsgebot aufgehoben werden können. *Ansatzstetigkeit* wird zum Teil durch Einbeziehung von Ansatzfragen in die Bewertungsbestimmungen, zum Teil durch die Generalnorm des § 264 Abs. 2 HGB und das Willkürverbot erreicht. Auch *Wahlrechte* können nur stetig genutzt werden, d. h. die erstmalige Ausübung eines Wahlrechts bindet den Bilanzierenden für die Zukunft, soweit nicht Sachgründe für eine neue Entscheidung sprechen, die dann aber auch wieder beibehalten werden muß. Bei gesetzlichen Bilanzierungswahlrechten für Fälle, die völlig unregelmäßig anfallen, kann es kein Gebot der Stetigkeit geben. Tritt aber das gleiche Problem immer wieder auf, so kann auch ein Wahlrecht nicht beliebig genutzt werden.

Das Stetigkeitsgebot kann grundsätzlich nicht greifen:

- wenn die Vergleichbarkeit oder das in § 264 Abs. 2 geforderte Bild dadurch beeinträchtigt wird,
- wenn die Gründe für die bisher angewandte Methode nicht mehr bestehen,
- bei seltenen Vorfällen.

Das Stetigkeitsgebot dient der *Vergleichbarkeit* der Jahresabschlüsse nicht nur *intertemporal*, sondern auch *international.* Nach der Präambel zur 4. EG-Richtlinie ist Vergleichbarkeit und Gleichwertigkeit der in den Jahresabschlüssen gemachten Angaben das Ziel des *Europäischen Bilanzrechts.* Dieses Ziel ist damit oberstes Auslegungsziel der transformierten europäischen Bilanzvorschriften. Deshalb greift das Vergleichbarkeitsziel, wenn der Gesetzgeber es im Einzelfall nicht gesetzlich gesichert hat, als GoB. Wie bei allen Vorschriften des Bilanzrechts ist die inhaltliche Ausfüllung des Stetigkeitsgebots den GoB überlassen.

f) Vorsicht. GoB und Gesetz gebieten Vorsicht, damit der Kaufmann seine Lage auf keinen Fall zu optimistisch beurteilt und durch zu hohe Gewinnentnahmen das Geschäfts- und Haftungskapital unbemerkt verringert. Diesem Zweck dient der Vorsichtsgedanke in dreierlei Ausprägung:

- im Realisationsprinzip,
- im Imparitätsprinzip,
- durch Bewertungs- bzw. Schätzregeln, welche ungünstige Chancen stärker als günstige gewichten, doch ohne die Risiken zu übertreiben.

Auch Regeln, wie die *Nichtaktivierung → immaterieller Vermögensgegenstände*, die nicht entgeltlich erworben wurden (nach Gesetz und GoB), folgen daraus, daß weder der Nutzen noch die Kosten hinreichend schätzbar sind. *Unterbewertung von Aktiven* oder *Überbewertung von Passiven* hat mit Vorsicht nichts zu tun, sondern ist Kapitalstärkung und allzuoft Manipulationsmasse zur Verschleierung einer ungünstigen Geschäftsentwicklung. Bei der Kodifikation des Vorsichtsgedankens in §252 Abs. 1 Ziff. 4 HGB umschreibt das Gesetz in Satz 1 das Imparitäts-, in Satz 2 das Realisationsprinzip. Die dritte Ausprägung ist ausschließlich durch die Worte „Es ist vorsichtig zu bewerten, namentlich ..." zu erkennen.

Bei Annahmen und Schätzungen ist die „Wahrscheinlichkeit" des Eintritts einer günstigen und ungünstigen späteren Lage abzuwägen. Dabei ist der *Risikoausgleich* bei einer Vielzahl von Einzelfällen zu beachten, z. B. ist die Pensionsrückstellung für drei Pensionsberechtigte eines bestimmten Alters nicht dreimal so hoch, wie die für einen Pensionär. Diese Regel ist auf statistisch fundierte Schätzungen leicht anzuwenden. Bei *subjektiven Wahrscheinlichkeiten* sind grundsätzlich die gleichen Überlegungen anzustellen und können durch eine sorgfältige Beurteilung der Situation, durch Erfahrungen und Hilfsberechnungen begründet werden. Sie sind aber nicht intersubjektiv restlos nachprüfbar. Bei allen Schätzungen besteht eine Bandbreite von Werten, innerhalb der mit großer (für Bilanzzwecke hinreichender) Wahrscheinlichkeit der künftige tatsächliche Wert liegt. Wollte man den gewünschten Sicherheitsgrad höher ansetzen, als die Informationsempfänger von Jahresabschlüssen erwarten, so würde das die Jahresabschlüsse deformieren.

Lit.: Baetge, J.: Grundsätze ordnungsmäßiger Buchführung, in: DB 1986, Beilage 26, S. 1–15; *Lang, J.:* Grundsätze ordnungsmäßiger Buchführung, in: HuRB, 1986, S. 221–246; *Leffson, U.:* Die Grundsätze ordnungsmäßiger Buchführung, 7. Aufl., 1987; *Ballwieser, W.:* Grundsätze ordnungsmäßiger Buchführung und neues Bilanzrecht, in: Bilanzrichtlinien-Gesetz, ZfB-Ergh. 1/1987, S. 3–24; *Leffson, U.:* Das Gebot der Stetigkeit im europäischen Bilanzrecht, in: Wpg 1988, S. 441–446; *Beisse, H.:* Rechtsfragen der Gewinnung von GoB, in: BFuP 1990, S. 499–514.

Prof. Dr. Dr. h.c. Ulrich Leffson.

Grundsätze ordnungsmäßiger Inventur
= GoI.
→ *Inventur und Inventar.*

Grundsätze ordnungsmäßiger Konsolidierung (GoK)
Aufstellungsregeln für den → *Konzernabschluß*, die zusätzlich zu den → *GoB* zu beachten sind. Die G. sind teilweise in den §§ 290–312 HGB kodifiziert oder werden deduktiv aus den Funktionen des Konzernabschlusses (→ *Jahresabschluß, Funktionen*) abgeleitet. Zu den G. gehören u. a. die:

- *Vollständigkeit des Konzernabschlusses*, wonach grundsätzlich alle Tochterunternehmen in den → *Konsolidierungskreis* einzubeziehen sind (§ 300 Abs. 2 HGB);
- *Fiktion der rechtlichen Einheit*, wonach alle konsolidierten Gesellschaften im Konzernabschluß so abzubilden sind, als wären sie rechtlich ein einziges Unternehmen (§ 297 Abs. 3 HGB);

- *Stetigkeit der Konsolidierungsmethoden*, wonach die auf den vorhergehenden Konzernabschluß angewandten Methoden beibehalten werden sollen. Abweichungen sind in Ausnahmefällen zwar zulässig, die dann aber im Konzernanhang unter Angabe ihres Einflusses auf die Lage des Konzerns zu nennen und zu begründen sind (§ 297 Abs. 3 HGB);
- *Äquivalenz von Bilanzierungsmethoden*, wonach in Zweifelsfragen bei der Aufstellung des Konzernabschlusses so zu entscheiden ist, daß eine möglichst weitgehende Äquivalenz zwischen Einzel- und Konzernabschluß erreicht wird;
- *Wirtschaftlichkeit der Rechnungslegung*, nach der zwischen den Kosten einer Informationsrechnung und den durch sie vermittelten Informationen ein angemessenes Verhältnis bestehen soll. Der Wirtschaftlichkeitsgrundsatz schlägt sich im HGB in den verschiedenen Konsolidierungswahlrechten nieder.

Auf die G. ist bei der Auslegung von Einzelvorschriften bzw. der Ausgestaltung von fehlenden gesetzlichen Regelungen (z. B. Währungsumrechnung) zurückzugreifen (→ *Konzernabschluß*).

Lit.: Busse von Colbe, W./Chmielewicz, K.: Das neue Bilanzrichtlinien-Gesetz, in: DBW 1986, S. 331–335; *Busse von Colbe, W./Ordelheide, D.*: Konzernabschlüsse, 6. Aufl., 1993, S. 25–43.

Grundsätze ordnungsmäßiger Prüfung

= → *Grundsätze ordnungsmäßiger Abschlußprüfung*.

Grundsätze ordnungsmäßiger Wirtschaftsprüfung

= → *Grundsätze ordnungsmäßiger Abschlußprüfung*.

Gruppenbewertung

Bewertungsvereinfachung gem. § 240 Abs. 4 HGB, nach der gleichartige Vermögensgegenstände des Vorratsvermögens und andere gleichartige oder annähernd gleichwertige bewegliche Vermögensgegenstände mit dem *gewogenen Durchschnittspreis* im → *Jahresabschluß* bewertet werden dürfen (→ *Bewertungsprinzipien*).

Güterzahlungen

→ *Grundgrößen des Rechnungswesens*.

Gutenberg, Erich

1897–1984; Professor in Clausthal-Zellerfeld, Jena, Breslau, Frankfurt und Köln; arbeitete insbesondere auf dem Gebiet der Unternehmenstheorie. Hauptwerke *Grundlagen der Betriebswirtschaftslehre* (Bd. 1: Die Produktion, 1951; Bd. 2: Der Absatz, 1955; Bd. 3: Die Finanzen, 1965), wobei er den Betrieb als die Gesamtheit der betrieblichen Teilfunktionen Produktion, Absatz und Finanzen versteht; Die Unternehmung als Gegenstand betriebswirtschaftlicher Theorie, 1929; Einführung in die Betriebswirtschaftslehre, 1958.

Lit.: Koch, H. (Hrsg.): Zur Theorie der Unternehmung, FS für Erich Gutenberg, 1962; *ders.* (Hrsg.): Zur Theorie des Absatzes, FS für Erich Gutenberg, 1972; *ders.* (Hrsg.): Neuere Entwicklungen in der Unternehmenstheorie, FS für Erich Gutenberg, 1982; *Hax, H.*: Zum Gedenken an Erich Gutenberg, in: ZfbF 1984, S. 767–769; *Albach, H.* (Hrsg.): Zur Theorie der Unternehmung, 1989.

H

Habenzinssatz
= Anlagezinssatz.
→ *Zins*.

Haftungsverhältnisse
Oberbegriff für verschiedene eventuelle finanzielle Verpflichtungen eines Unternehmens, die wegen der Ungewißheit des tatsächlichen Eintretens noch nicht als → *Rückstellung* bzw. → *Verbindlichkeit* in der → *Buchhaltung* und im → *Jahresabschluß* erfaßt werden. Zu den H. gehören die → *Eventualverbindlichkeiten*, wie z. B. → *Bürgschaften* und → *Patronatserklärungen*, sowie die vom Unternehmen zur Kreditsicherung für fremde Verbindlichkeiten zur Verfügung gestellten dinglichen Sicherheiten.

Handelsbilanz
(1) Kurzbezeichnung für die handelsrechtliche → *Bilanz* bzw. den → *Jahresabschluß*.

(2) Im *volkswirtschaftlichen* Sinne *Gegenüberstellung des Wertes der Güterimporte und -exporte* eines Landes innerhalb einer Periode als Teil der Zahlungsbilanz.

Handelsbilanz II
Bezeichnung für eine Bilanz und GuV, die von einem → *Tochterunternehmen* zusätzlich neben dem → *Jahresabschluß* aufgestellt werden und die Grundlagen für die Einbeziehung in den → *Konzernabschluß* des Mutterunternehmens sind. Die Aufstellung einer H. ist gem. § 308 Abs. 2 HGB dann erforderlich, wenn die Bilanzierungs- und Bewertungsregeln im Jahresabschluß des Tochterunternehmens mit den konzerneinheitlichen Bilanzierungsregeln nicht übereinstimmen oder wenn der Jahresabschluß in fremder Währung aufgestellt ist und vor der Konsolidierung in DM umgerechnet werden muß. Bei inländischen Konzernunternehmen reicht häufig aber eine *Ergänzungsrechnung* bzw. Nebenbuchhaltung für einzelne Aktiva und Passiva aus (→ *Konzernabschluß*).

Lit.: Busse von Colbe, W./Müller, E./Reinhard, H. (Hrsg.): Aufstellung von Konzernabschlüssen, Sonderh. 21 der ZfbF, 2. Aufl., 1989, S. 40–43, 185–195; *Busse von Colbe, W./Ordelheide, D.*: Konzernabschlüsse, 6. Aufl., 1993, S. 33.

Handelsgesetzbuch (HGB)
Gesetz vom 10. 5. 1897 mit späteren Änderungen, das auf dem Bürgerlichen Gesetzbuch (BGB) aufbaut und einen wesentlichen Teil des abweichenden Rechts für Kaufleute regelt. Das H. besteht aus fünf Büchern:

Erstes Buch: Handelsstand (§§ 1–104)
Zweites Buch: Handelsgesellschaften und stille Gesellschaft (§§ 105–237)
Drittes Buch: Handelsbücher (§§ 238–340 o)
Viertes Buch: Handelsgeschäfte (§§ 343–460)
Fünftes Buch: Seehandel (§§ 474–905).

Im Dritten Buch des H. sind Teile des am 19. 12. 1985 verabschiedeten und mit dem 1. 1. 1986 in Kraft getretenen → *Bilanzrichtliniengesetzes* (BiRiLiG) und des Bankbilanzrichtliniengesetzes v. 7.12.1990 enthalten, in dem die Rechnungslegungsvorschriften z. T. rechtsform- und größenspezifisch kodifiziert sind und mit dem die 4., 7. und 8. EG-Richtlinien sowie die Bankbilanz-Richtlinie der EG von 1986 in deutsches Recht transformiert wurden.

Handelsregister
Ein bei den Amtsgerichten geführtes öffentliches Register, in dem Handelsgesellschaften und Vollkaufleute unter ihrer Firma registriert und in dem bestimmte Rechtsvorgänge publiziert werden müssen. Was dem H. einzureichen ist, wird im HGB und den speziellen Nebengesetzen geregelt (z. B. Einreichung des → *Jahresabschlusses* einer → *Kapitalgesellschaft* gem. § 325 HGB). Das H. ist für die Öffentlichkeit bestimmt; Einsicht ist jedermann gebührenfrei gestattet.

Harmonisierung der Rechnungslegung
1. Zweck. Ziel einer jeden H. der Jahresabschlüsse in verschiedenen Ländern ist es, materielle *Gleichwertigkeit* zu schaffen, so daß die mit dem → *Jahresabschluß*

verbundenen und die mit ihm beabsichtigten Aussagen vergleichbar werden. Hierbei ist häufig nicht – oder nicht eindeutig – erkennbar, welchen Zwecken der derart harmonisierte Jahresabschluß primär dienen soll.

2. Die Harmonisierung in der EG. Art. 54 Abs. 3g des *Vertrages über die Europäische Wirtschaftsgemeinschaft* von 1958 (EWG) verpflichtet zur H. in den EG-Mitgliedstaaten. Rat und Kommission sollen „soweit erforderlich, die Schutzbestimmungen koordinieren, die in den Mitgliedstaaten den Gesellschaften im Sinne des Art. 58 Abs. 2 EWGV im Interesse der Gesellschaft(er) sowie Dritter vorgeschrieben sind, um diese Bestimmungen gleichwertig zu gestalten". Es sind also die „Gesellschaften" betroffen. Für die Bundesrepublik heißt das: AG, KGaA, GmbH und innerhalb bestimmter Grenzen auch die GmbH & Co. KG.

In Vollzug dieser Bestimmung hat der Ministerrat der EG als Basis die *Bilanz-Richtlinie* (*Vierte EG-Richtlinie*; 78/660) am 25. 7. 1978 und die *Konzernrechnungslegungs-Richtlinie* (*Siebte EG-Richtlinie*; 83/349) am 13. 7. 1983 erlassen, die durch Richtlinien für → *Kreditinstitute* und → *Versicherungen* sowie zur Aktualisierung und zur Regelung einzelner Tatbestände (→ *EG-Richtlinien*) ergänzt werden.

Zu Ende 1992 waren die Bilanz-Richtlinien in das jeweilige nationale Recht umgesetzt worden (abgesehen von den beiden neuen Mitgliedstaaten → *Spanien* und Portugal).

Problem einer H. in der EG war, wie immer bei einem solchen Bemühen, der unterschiedliche Stand des Rechnungswesens und der Rechnungslegung einerseits und deren Beeinflussung durch andere Rechtsbereiche in den Mitgliedstaaten andererseits. Die Palette der nationalen Vorschriften und Konventionen reichte von einer flexiblen, weitestgehend von Berufsvereinigungen der Abschlußprüfer geregelten Rechnungslegung, geprägt von *angelsächsischer* Tradition (z. B. in → *Großbritannien*, Irland und → *Niederlande*), über das Richterrecht in den *romanischen* Ländern bis hin zu eingehenden gesetzlichen Regelungen, verbunden mit dem → *Maßgeblichkeitsprinzip* der Handels- für die Steuerbilanz, wie sie z. B. in der *Bundesrepublik* gelten.

Die H. hat ihren Niederschlag gefunden in einer Definition vor allem der folgenden *Bilanzierungs-Prinzipien*: Going concern, Stetigkeit, Aufwands- und Ertragsabgrenzung, Vorsichtsprinzip, wirtschaftliche Betrachtungsweise. Auch sind die Grundsätze für Aufstellung, Ausweis und Gliederung, Bewertung, Bewertungsstetigkeit, Offenlegung, Konzernkreis, Bewertung im Konzern, Prüfung harmonisiert. Leider ist ein Grundsatz der materiellen Bedeutung („materiality concept") ebensowenig entwickelt worden wie Regeln für die → *Umrechnung von Valutaposten* und die → *Umrechnung von Jahresabschlüssen* oder für das → *Leasing*, was als Schwäche des Systems anzusehen ist.

Die EG-Richtlinien gewähren zwar eine Reihe von *Wahlrechten*, die bei entsprechender Ausübung durch die *Einzelstaaten* oder die betroffenen *Gesellschaften* (sog. Unternehmenswahlrechte) zu abweichenden Rechnungslegungsvorschriften und damit zu einer unterschiedlichen Praxis führen. Hier muß vor allem auf die Bilanzierung zu *Wiederbeschaffungswerten* gem. Art. 33 der 4. EG-Richtlinie, ein Mitgliedstaaten-Wahlrecht, wie es z. B. von den Niederlanden in Anspruch genommen wird, verwiesen werden. Die Unternehmens-Wahlrechte sind nicht gedacht als Hindernis für eine H., sondern als eine Art Umstrukturierungshilfe der Rechnungslegung. Sie sollen es den einzelnen Unternehmen ermöglichen, eine Praxis zu übernehmen, die bisher bei ihnen nicht üblich war. Man denke etwa an das Umsatzkostenverfahren für die → *Gewinn- und Verlustrechnung* in der Bundesrepublik.

Da grundsätzlich über die Ausübung derartiger Wahlrechte zu berichten ist, vorzugsweise im → *Anhang*, soll in jedem Fall die Vergleichbarkeit gewährleistet sein.

Zentraler Punkt der harmonisierten Rechnungslegung in der EG soll jedoch das *True-and-fair-View-Prinzip* sein. Er wurde aus der angelsächsischen Tradition übernommen. Sein Inhalt im HGB lautet:

Der Jahresabschluß hat unter Beachtung der Grundsätze ordnungsmäßiger Bilanzierung ein den tatsächlichen Verhältnissen entsprechendes → *Bild der Vermögens-, Finanz- und Ertragslage* zu vermitteln (§ 264 Abs. 2 HGB).

Die Umsetzung in das deutsche Recht (→ *Bilanzrichtlinien-Gesetz*) ist im Jahre 1985 erfolgt und findet sich neben Anpassungen einer Reihe von Spezial-Gesetzen (GmbHG, AktG, PublG, KWG etc.) vor allem im HGB (§§ 263 ff.). Umzusetzen sind noch die GmbH & Co. KG- und Mittelstands Richtlinien von 1990. Sie sollen einerseits eine Lücke schließen und andererseits die mittelständischen Unternehmen vor allem zur Beachtung der Offenlegungsvorschriften anhalten.

Ob die H. voll gelungen ist, wird man wegen der zahlreichen Mitgliedstaaten- und Unternehmungswahlrechte bezweifeln dürfen, wenn auch ein endgültiges Urteil sich erst nach mehreren Jahren der Anwendung fällen läßt. Abzuwarten bleibt auch, ob sich nicht EG-weit bestimmte Konventionen herausbilden, was die Vergleichbarkeit erhöhen würde. Das soll vor allem durch eine neue Beratungs-Institution der EG, das Accounting-Forum, erfolgen. Unbestritten ist, daß insgesamt die H. für die Rechnungslegung im Sinne der Vergleichbarkeit einen erheblichen Schritt nach vorn bedeutet.

3. Empfehlungen des IASC. Das 1973 von Vertreten der abschlußprüfenden Berufe gegründete → *„International Accounting Standards Committee" (IASC)* veröffentlicht Rechnungslegungsgrundsätze (Standards, IAS) zum Bilanzansatz und -ausweis sowie zu Bewertungs- und Offenlegungsfragen (33 bis 1996). Nach IAS 32 vom Jan. 1989 wurden die in den bisherigen IAS enthaltenen Wahlrechte eingeschränkt.

Anders als den Vorschriften der EG kommt den IASC-Standards keine Gesetzeskraft zu. Ihre Anwendung ist grundsätzlich freiwillig. Nach der Präambel der Gründungsurkunde sind die Mitglieder jedoch verpflichtet, um die Anwendung durch die Praxis nach besten Kräften bemüht zu sein („... use their best endeavours").

Internationale Organisationen, wie die United Nations, die OECD, die International Federation of Accountants (IFAC), die → *International Organisation of Securities Commissions (IOSCO)*, die „Confederation of Asian and Pacific Accountants", die „Fédération Européenne des Experts Comptables", die „Interamerican Accounting Association" unterstützen das IASC. Auch die EG-Kommission hat bei ihren Arbeiten zur H. die IASC-Verlautbarungen regelmäßig herangezogen.

4. Leitsätze der OECD. Die OECD hat am 21. Juni 1976 eine „Erklärung über die Investitionen multinationaler Unternehmen" verabschiedet. Der Erklärung waren sog. „Leitsätze für die Rechnungslegung multinationaler Unternehmen" beigefügt. Sie sind 1979 und 1984 überarbeitet worden.

Die Leitsätze bringen z. B. gegenüber der EG-weiten H. nichts grundsätzlich Neues. Ihre Besonderheit dürfte darin liegen, daß sie eine Reihe von Begriffen der Rechnungslegung definieren: Ergebnis der Geschäftstätigkeit/ Erträge und Aufwendungen des Finanzergebnisses/Frühere Geschäftsjahre betreffende Beträge/Außerordentliche Posten/Berücksichtigung der Steuern vom Einkommen und Ertrag/Abschreibungen / Währungsumrechnungen / Umsatzerlöse / Neue Kapitalinvestitionen/ Kapitalflußrechnung / Forschungs- und Entwicklungskosten / Bilanzierungsmetho-den / Segmentinformationen / Konsolidierungsmethoden / Konzernverrechnungspreise. Eine Arbeitsgruppe, bestehend aus Regierungssachverständigen der Mitgliedstaaten, tritt zweimal jährlich zusammen, um die Arbeiten an den Leitsätzen fortzuführen. Die Beschlüsse dieser Gruppe erfordern Einstimmigkeit; sie werden nach Konsultationen mit der BIAC (Business and Industry Advisory Committee to OECD), TUAC (Trade Union Advisory Committee), dem IASC und der Arbeitsgruppe der Wirtschaftsprüfer der EG (Groupe d'Etudes) gefaßt.

Erklärtes Ziel ist es, über die Vergleichbarkeit der Rechnungslegung eine H. durch weitestgehende Offenlegung zu erreichen und so den Zugang zu den Kapitalmärkten zu erleichtern. Die OECD macht geltend, daß die Unternehmen entlastet werden, wenn einheitliche Grundsätze in allen Mitgliedstaaten der OECD gelten oder zumindest ihre Jahres-/Konzernabschlüsse in den anderen Mitgliedsstaaten anerkannt würden.

Große Fortschritte sind bisher jedoch nicht erzielt worden. Die Ergebnisse haben anders, als es vor allem von der Wirtschaft befürchtet worden war, nicht zu neuen gesetzgeberischen Maßnahmen geführt mit der Folge, daß die Rechnungslegung noch komplizierter und damit aufwendiger geworden wäre. Die Arbeitsgruppe der OECD „setzt vielmehr auf eine freiwillige Fortentwicklung und Harmonisierung der Rechnungslegungsgrundsätze im Interesse der zu Rechnungslegung und Publizität verpflichteten Unternehmen und der Benutzer solcher Unterlagen".

5. *Empfehlungen der UN.* Auch die UN hat sich im Sinne einer H. dem Rechnungswesen zugewandt. Zu Ende der 70er Jahre hat eine Gruppe von „eminent persons" einen „ernst zu nehmenden Mangel an nützlichen Informationen" zur Rechnungslegung der „multinational corporations" („MNCs") festgestellt. „Nützlich" soll wohl soviel heißen wie „nützlich für die jeweiligen Regierungen". Eine Expertengruppe hat daraufhin die wesentlichen Unterschiede in der Rechnungslegung der MNCs zusammengestellt, jedoch von jedem Versuch einer H. bisher abgesehen und sich vielmehr auf die Empfehlung zur Offenlegung bestimmter Merkmale des Jahresabschlusses beschränkt. Bedeutung für die deutsche Rechnungslegung ist diesen Arbeiten bisher nicht beizumessen.

Lit.: United Nations' Series of Publications, Internal Auditing and Reporting Issues, 1984 bis 1987, S. 1–322; *Niehus, R.J.:* Zur Harmonisierung der Rechnungslegung in der EG, in: ZfbF 1987, S. 266–273; Harmonisierung der Rechnungslegung in Europa, ZfB-Ergh. 1/1988, S. 1–264; *Biener, H.:* Der Beitrag der OECD zur Entwicklung und Harmonisierung der Rechnungslegung, in: *Domsch, M.* u. a. (Hrsg.): FS Busse von Colbe, 1988, S. 19–42; *Havermann H.:* Vereinheitlichung der Rechnungslegung, in: HWInt, 1989, Sp. 1797–1808; *Rost, P.:* Der internationale Harmonisierungsprozeß der Rechnungslegung, 1991; *Lanfermann, J. et al.:* Meinungen zum Thema „Neue Entwicklungen in der Harmonisierung der Rechnungslegung", in: BFuP 1992, S. 441–455; *Koch, G.:* Die Richtlinienkonformität der handelsrechtlichen Bilanzierungs- und Bewertungsvorschriften, 1992; *Gray, S.J./Coenenberg, A.G./Gordon, P.D.* (Hrsg.): International Group Accounting, 2. Aufl., 1993; *van Hulle, K.:* Das Europäische Bilanzrecht, in: WPK-Mitteilungen 1994, S. 9–17; *Küting, K./Hayn, S.:* Internationale Entwicklung der Rechnungslegung, in: Küting/Weber: HdR, Bd. Ia, 4. Aufl., 1995, S. 31–99; *Pellens, B.:* Internationale Rechnungslegung, 1997, S. 349–470.

WP Dr. Rudolf J. Niehus, Düsseldorf.

Hasenack, Wilhelm

1901–1984; Professor in Berlin, Freiburg, Leipzig und Göttingen; arbeitete hauptsächlich auf dem Gebiet der Finanzwirtschaft, des Rechnungswesens, der Industrie- und Bankbetriebslehre sowie der Steuerlehre. *Hauptwerke:* Betriebskalkulation im Bankgewerbe, 1925; Unternehmertum und Wirtschaftslähmung, 1932; Das Rechnungswesen der Unternehmung, 1934; Wirtschaftslage und Bilanzgestaltung, 1938; Wirtschaftsgefahren an der Ruhr durch Demontage, 1948; Begründer der Zeitschrift Betriebswirtschaftliche Forschung und Praxis.

Hauptbuchkonten

→ *Sachkonten.*

Hauptkostenstellen

→ *Betriebsabrechnungsbogen.*

Hauspublizität

→ *Publizität.*

Hauptversammlung

Organ der → *Aktiengesellschaft* und → *Kommanditgesellschaft auf Aktien* (§§ 118–128, 173, 285 AktG), in der die

Aktionäre ihre Rechte in Gesellschaftsangelegenheiten ausüben. Die H. beschließt über:

- Bestellung der Aufsichtsratsmitglieder
- Verwendung des Bilanzgewinns
- Entlastung der Vorstands- und Aufsichtsratsmitglieder
- Bestellung des Abschlußprüfers
- Maßnahmen der Kapitalbeschaffung und -herabsetzung

sowie über andere im AktG oder in der Satzung geregelte Fälle. Sofern die Satzung das vorsieht, wird auch der → *Jahresabschluß* von der H. festgestellt.

Hax, Karl

1901–1978; Professor in Köln, Darmstadt und Frankfurt/M.; *Hauptwerke:* Gewinnbegriff in der Betriebswirtschaftslehre, 1926; Die Betriebsunterbrechungsversicherung, 1949; Die Substanzerhaltung der Betriebe, 1957; Japan. Wirtschaftsmacht des Fernen Ostens, 1961; Grundlagen des Versicherungswesens, 1964; Mitherausgeber des „Handbuch der Wirtschaftswissenschaften" (1958) und der „Zeitschrift für betriebswirtschaftliche Forschung" (1949–1963).

Lit.: Moxter, A./Schneider, D./Wittmann, W. (Hrsg.): Produktionstheorie und Produktionsplanung, FS für Karl Hax, 1966; *Schäfer, E.:* Zum Gedenken an Karl Hax, in: ZfbF 1978, S. 855–868.

Herstellkosten

Summe aus Material- und Fertigungskosten in der → *Zuschlagskalkulation*, Basis für die Verrechnung von Verwaltungs- und Vertriebsgemeinkosten.

Herstellungsaufwand

→ *Erhaltungsaufwand.*

Herstellungskosten

1. Handelsrechtliche Herstellungskosten

Bei der Herstellung von Vermögensgegenständen werden einerseits Güter verbraucht und Dienste in Anspruch genommen. Dadurch werden das Bilanzvermögen und der Erfolg entsprechend gemindert. Andererseits werden Vermögensgegenstände geschaffen. Durch deren Aktivierung zu H. werden die Vermögens- und Erfolgsminderungen neutralisiert. Im Unterschied zum Anschaffungsvorgang (→ *Anschaffungskosten*) ist der Herstellungsvorgang allerdings nicht zwingend erfolgsneutral, da nicht alle Aufwendungen des Herstellungsvorganges in die aktivierten H. einbezogen werden müssen (*Grundsatz der eingeschränkten Erfolgsneutralität*).

Die H. sind in § 255 Abs. 2 HGB (§ 203 Abs. 3 öHGB) definiert: „Herstellungskosten sind die Aufwendungen, die durch den Verbrauch von Gütern und die Inanspruchnahme von Diensten für die Herstellung eines Vermögensgegenstandes, seine Erweiterung oder für eine über seinen ursprünglichen Zustand hinausgehende wesentliche Verbesserung entstehen." Dazu gehören die in Abb. 1 Sp. 1 aufgelisteten Bestandteile. Die Zwischensummen sind nicht Teile der gesetzlichen Definition. Die Wahlbestandteile (Sp. 1) dürfen nur insoweit berücksichtigt werden, als sie auf den Zeitraum der Herstellung entfallen.

„*Vertriebskosten* dürfen nicht in die Herstellungskosten einbezogen werden." „*Zinsen für Fremdkapital* gehören nicht zu den Herstellungskosten. Zinsen für Fremdkapital, das zur Finanzierung der Herstellung eines Vermögensgegenstands verwendet wird, dürfen angesetzt werden, soweit sie auf den Zeitraum der Herstellung entfallen; in diesem Falle gelten sie als Herstellungskosten des Vermögensgegenstands" (§ 255 Abs. 3 HGB).

2. Steuerliche Herstellungskosten

Auch in der → *Steuerbilanz* sind hergestellte Wirtschaftsgüter zu ihren H. anzusetzen (§ 6 Abs. 1 EStG). Im Unterschied zum HGB werden die steuerlichen H. jedoch nicht im Gesetz, sondern nur in den Verwaltungsanweisungen definiert. Mit dem Urteil des BFH vom 21.10.1993 IVR 87/92 (BStBl II 1994, S. 176–179) wurde, allerdings nach jahrelanger kontroverser Fachdiskussion, klargestellt, daß mit der Formulierung „die Herstellungskosten" in § 6 EStG „die vollen Herstellungskosten" gemeint sind. Der Inhalt dieses Begriffs ist nach der Entscheidung des BFH vom 04.07.1990, GrS 1/89 (BStBl II 1990, S. 830–837) aus § 255 Abs. 2 HGB abzu-

Herstellungskosten

Spalte: 1	HGB 2	EStR 3
Materialkosten + Fertigungskosten + Sonderkosten der Fertigung	Pflichtbestandteile	Pflichtbestandteile
= **Aktivierungspflichtige Herstellungskosten**	**nach HGB**	
+ angemessene Teile der notwendigen Materialgemeinkosten + angemessene Teile der notwendigen Fertigungsgemeinkosten + durch die Fertigung veranlaßter Wertverzehr des Anlagevermögens	Wahl-bestand-teile	Pflicht-bestand-teile
= **Aktivierungspflichtige Herstellungskosten**		**nach EStR**
+ Kosten der allgemeinen Verwaltung + Aufwendungen für soziale Einrichtungen des Betriebes + Aufwendungen für freiwillige soziale Leistungen des Betriebes + Aufwendungen für betriebliche Altersversorgung	Wahlbestandteile	Wahlbestandteile
= **Aktivierungsfähige Herstellungskosten**	**nach HGB**	**nach EStR**

Abb. 1: Bestandteile der Herstellungskosten

leiten. Danach gehören zu den Herstellungskosten auch die in §255 Abs. 2 Satz 3 HGB umschriebenen Gemeinkosten („angemessene Teile der notwendigen Materialgemeinkosten, der notwendigen Fertigungsgemeinkosten und des Wertverzehrs des Anlagevermögens, soweit er durch die Fertigung veranlaßt ist"). Die Frage, ob auch die Kosten „der allgemeinen Verwaltung sowie für soziale Einrichtungen des Betriebs, für freiwillige soziale Leistungen und für betriebliche Altersversorgung" zu den Herstellungskosten i. S. des §6 Abs. 1 EStG i. V. m. §255 Abs. 2 HGB gehören, ist auch nach diesem Urteil noch umstritten (dazu *Moxter*, 1995). In der Verwaltungspraxis wird jedoch von einem Wahlrecht ausgegangen.

3. Inhaltliche Abgrenzung der Herstellung

a) Anschaffung und Herstellung. An Vermögensgegenständen, so vor allem an Gebäuden und Sachanlagen, werden häufig vor oder in geringem zeitlichen Abstand nach der erstmaligen Nutzung erhebliche Veränderungen durchgeführt. Herstellung liegt dabei dann vor, wenn durch die Maßnahmen ein anderer Vermögensgegenstand entsteht. Die Frage ob Herstellungs- oder Anschaffungskosten ist deshalb bedeutsam, weil bei der Einstufung als Anschaffungskosten anders als bei den H. keine Gemeinkosten dieser Maßnahmen berücksichtigt werden dürfen.

Bei der Beurteilung, ob ein neuer Vermögensgegenstand vorliegt, ist auf den üblichen Geschäftsverkehr abzustellen. Da aber insbesondere die Grenze zwischen der Herstellung eines neuen Vermögensgegenstandes und der Versetzung eines erworbenen Gegenstandes in den Zustand der *Betriebsbereitschaft* schwierig zu ziehen ist, enthält §255 Abs. 2 Satz 1 HGB den Hinweis, daß auch die Aufwendungen für eine Erweiterung oder eine über den ursprünglichen Zustand des Vermögensgegenstandes hinausgehende wesentliche Verbesserung zu den H. gehören (im einzelnen *Ordelheide* 1988).

b) Herstellung und Vertrieb. Aus der Formulierung des §255 Abs. 2 HGB und den Gesetzesmaterialien ergibt sich, daß alle → *Vertriebskosten* und somit auch jene Sondereinzelkosten, die Vertriebskosten sind, nicht aktiviert werden dürfen. Dies ist für die Vertriebsgemeinkosten (z. B. Personal- und Büroaufwendungen der Vertriebsabteilungen) nicht umstritten. Für die *Sondereinzelkosten* hat die neue Regelung hingegen, insbesondere bei der Auftragsfertigung, zu einer Kontroverse über die Abgrenzung zwischen Vertrieb und Herstellung geführt.

- Einige Autoren vertreten einen engen Vertriebsbegriff. Sie zählen die *Aufwendungen der Auftragsvorbereitung* und *der Auftragserlangung* zur Herstellung. Nur die Auftragsabwicklung sei Vertrieb (so oder ähnlich *Selchert*, BB 1986, S. 2303ff.; *Weber*, DB 1987, S. 396ff.; *Förschle*, 1987, S. 100ff.). Folgt man dieser Auffassung, dann werden jene Kosten, die bisher als *Sondereinzelkosten des Vertriebes* nur *aktivierungsfähig* waren, damit nach neuem Recht als Herstellungskosten, sofern sie Einzelkosten sind, *aktivierungspflichtig*.
- Zählt man hingegen nicht nur die technische Abwicklung des Absatzes, sondern – wie bisher üblich – alle Maßnahmen, die den Absatz bewirken, zum Vertrieb, dann sind die Aufwendungen zur Auftragserlangung von wenigen Ausnahmen abgesehen (dem Auftrag zuordenbare Planungs-, Modell- und Reiseaufwendungen) Vertriebskosten und damit nicht aktivierungsfähig (so z. B. ADS, §255 Tz. 249). Dies gilt insbesondere für die sog. werbenden oder nützlichen Abgaben.

c) Herstellung und Erhaltung. Bei Vermögensgegenständen des Sachanlagevermögens, so insbesondere bei Gebäuden, werden mehr oder weniger regelmäßig Erhaltungs- und Reparaturmaßnahmen vorgenommen. Dabei kommt es immer wieder vor, daß die Vermögensgegenstände über die Wiederherstellung und den Ersatz artgleicher Teile hinaus erweitert oder wesentlich verbessert werden. Solche Erweiterungs- und Verbesserungsaufwendungen sind gem. der obigen Definition Bestandteile der H. des Vermögensgegenstandes und je nach ihrer Art (s. Abb. 1, Sp. 1) aktivierungspflichtig oder nur aktivierungsfähig, während *Erhaltungs- und Reparaturaufwendungen* in der Periode ihres Anfalls ergebnismindernd verrechnet werden müssen.

Diese Regelung gilt auch für die Steuerbilanz. Da einerseits die Abgrenzung zwischen Erhaltung und Herstellung schwierig ist, und da andererseits diese Aufwendungen aufgrund ihres großen Volumens gern dazu benutzt werden den Vermögens- und Erfolgsausweis zu gestalten, hat sich zu diesem Problemkomplex eine umfangreiche Steuerrechtsprechung entwikkelt (vgl. Abschnitt 157 EStR, die Kommentare zum EStG z. B. *Herrmann/ Heuer/Raupach* §6 EStG Anm. 481 ff.).

4. Abgrenzung zwischen Pflicht- und Wahlbestandteilen der handelsrechtlichen Herstellungskosten

Weil in §255 Abs. 2 Satz 3 HGB „...gemeinkosten" als Wahlbestandteile genannt sind, ziehen einige Autoren die handelsrechtliche Pflichtgrenze bei den *Einzelkosten* (z. B. *Pankow/Schmidt-Wendt*, in: Beck Bil.-Komm. 1986, §255 Anm. 523; *Moxter*, BB 1988, S. 937ff.). Andere beziehen auch sog. *unechte Gemeinkosten* ein (z. B. *Ordelheide/Hartle*, GmbHR 1986, S. 40; *Selchert*, BB 1986, S. 2301; *Mellwig*, S. 407). Unechte Gemeinkosten werden aus praktischen Erwägungen nicht für den einzelnen Vermögensgegenstand gesondert erfaßt, obwohl dies prinzipiell möglich wäre. Diese Auslegung beruft sich darauf, daß bei den Pflichtbestandteilen der bekannte Begriff der Einzelkosten bewußt nicht verwendet wurde und daß mit der Formulierung „...gemeinkosten" in den Wahlbestandteilen nur echte Gemeinkosten gemeint sein können, da sonst die Untergrenze von der Entscheidung des Bilanzierenden darüber abhinge, welche Aufwendungen er einzeln erfaßt. Die Kontroverse beruht wesentlich auf unterschiedlichen Einzelkostenbegriffen. Sie verliert an Bedeutung, wenn man den Begriff der Einzelkosten nicht streng betriebswirtschaftlich-kostenrechnerisch auslegt, sondern so, wie es nach altem Recht schon der BFH tat (vgl. BFH vom 31.7.1967, BStBl II 1968, S. 22ff.). Einzelkosten sind danach Aufwendungen, deren Faktoreinsatz*mengen* einzeln zugerechnet werden *können* und deren Faktoreinsatzmenge für eine bestimmte Zahl von Vermögensgegenständen auch tatsächlich einheitlich erfaßt werden. Sie enthalten damit auch unechte Gemeinkosten.

5. Internationale Situation

Die handelsrechtliche Möglichkeit, die Erzeugnisse nur zu Einzelkosten zuzüglich der unechten Gemeinkosten bewerten zu können, nimmt Deutschland international eine Sonderstellung ein (s. Abb. 2). Die Wahlrechte des §255 Abs. 2 HGB ermöglichen es jedoch deutschen Unternehmen, nach US-GAAP oder IAS zu bewerten, ohne deutsches Recht zu verletzen.

Lit.: Mathiak, W.: Anschaffungs- und Herstellungskosten, in: *Raupach, A.* (Hrsg.): Werte und Wertermittlung im Steuerrecht, 1984; *Selchert, F. W.:* Probleme der Unter- und Obergrenze von Herstellungskosten, in: BB 1986, S. 2298–2306; *Förschle, G.:* Bilanzierung sogenannter Sondereinzelkosten des Vertriebs aus handelsrechtlicher Sicht, in: Bilanzrichtlinien-Gesetz, ZfB-Ergh. 1/1987,

	D	USA	IAS	GB	Frankreich	Japan
Production costs						
• direct material costs	R	R	R	R	R	R
• manufacturing costs	R	R	R	R	R	R
• special manufacturing costs	R	R	R	R	R	R
• appropriate proportion of necessary material overheads	A	R	R	A	A if relating to material or manufactoring cost	R
• appropriate proportion of necessary manufacturing overheads	A	R	R	A	A if relating to material or manufactoring cost	R
• appropriate proportion of depreciation of fixed assets	A	R	R	A	A if relating to material or manufactoring cost	R, F if relating to general and administration matters
• appropriate costs of general administration	A	R	F unless they can be directly attributed to the acquisition of the asset and bringing it to its working condition	A	F	F
• expenditures on social amenities provided by the company, on voluntary benefits for personnel and on pensions	A	F	R if other personnel cost are included in production cost	F	R if relating to employees that are involved in the production activity	R if relating to the expenditures for production department
• interest on loan capital	A	R	A under certain conditions	A	A under certain conditions	F
• distribution costs	F	F	F	F	F	F

R = required/recommended, F = forbidden, A = allowed

Abb. 2: Bestandteile der Herstellungskosten im Vergleich

S. 95–117; *Ordelheide, D.*: Anschaffungskosten, in: Beck HdR, 1987, B 162; *Weber, E.*: Die Einordnung von Sondereinzelkosten des Vertriebs bei langfristiger Auftragsfertigung nach neuem Recht, in: DB 1987, S. 393– 398; *Ordelheide, D.*: Herstellungskosten, in: Beck HdR, 1992, C 163; *Weber-Grellet, H.*: Handelsrechtliche Bewertungswahlrechte in der Steuerbilanz, in: DB 1994, S. 2405–2410; *Mellwig, W.*: Herstellungskosten und Realisationsprinzip, in: *Förschle, G.* u. a. (Hrsg.): Rechenschaftslegung im Wandel, 1995, S. 397–417; *Moxter, A.*: Kosten der allgemeinen Verwaltung als Bestandteil der steuerrechtlich einrechnungspflichtigen Herstellungskosten?, in: Elschen, R. u. a. (Hrsg.): Unternehmenstheorie und Besteuerung, 1995, S. 447–453; *Ordelheide, D./Semler, A.*: Transnational Accounting – a Reference Matrix, in: Ordelheide, D./ KPMG (Hrsg.): Transnational Accounting, 1995, Bd. I, S. 1–7; *Siegel, T.*: Herstellungskosten und Grundsätze ordnungsmäßiger Buchführung, in: Elschen, R. u. a. (Hrsg.): Unternehmenstheorie und Besteuerung, 1995, S. 635–672 d.

Professor Dr. Dieter Ordelheide, Frankfurt.

HGB
= → *Handelsgesetzbuch.*

Hifo
= Highest in – first out.

Sammelbewertungsverfahren für gleichartige Gegenstände des Vorratsvermögens gem. § 256 HGB, wobei davon ausgegangen wird, daß die zu den höchsten Preisen erworbenen Vorräte im Produktionsprozeß zuerst verbraucht werden. H. dient zumindest partiell der Eliminierung von Scheingewinnen und damit der → *Substanz- und Kapitalerhaltung* bei steigenden Beschaffungspreisen. Im Gegensatz zum Perioden-H., wo der Verbrauch zu den höchsten, der Endbestand mit den niedrigsten Beschaffungspreisen bewertet wird, wird beim permanenten H. der Zugang laufend erfaßt und jeder Abgang nach der Verbrauchsfolgeannahme gesondert bewertet. Anders als im → *Jahresabschluß* wird das H.-Verfahren für die → *Steuerbilanz* nicht anerkannt (→ *Umlaufvermögen*).

Hilfskostenstelle
→ *Betriebsabrechnungsbogen.*
→ *Kostenstelle.*

Hilfslöhne
Sämtliche Lohnkosten (→ *Arbeitskosten*), die sich nicht direkt kostenträgerbezogen erfassen lassen, z. B. für Transport-, Reinigungs- oder Instandhaltungsmaßnahmen oder für das Umrüsten und Einstellen von Maschinen.

Höchstausschüttung
Gilt für → *Kapitalgesellschaften* und begrenzt den Betrag, der jährlich max. als → *Gewinnverwendung* an die Anteilseigner ausgezahlt werden darf. Die H. ist in § 58 AktG und in § 29 Abs. 1 GmbHG auf den Bilanzgewinn bzw. Jahresüberschuß festgelegt und dient gemeinsam mit den → *Bewertungsprinzipien* des HGB dem Gläubigerschutz bei Kapitalgesellschaften (→ *Gewinnverwendung;* → *Jahresabschluß*).

Höchstwertprinzip
Bewertungsgrundsatz für den → *Jahresabschluß*. Nach dem H. dürfen Vermögensgegenstände im *Jahresabschluß* bzw. → *Konzernabschluß* höchstens zu den → *Anschaffungskosten* oder → *Herstellungskosten* bewertet werden (§ 253 Abs. 1–3 HGB). Die Höchstgrenze kann jedoch bei → *Personengesellschaften* und Einzelkaufleuten durch Abschreibungen im Rahmen vernünftiger kaufmännischer Beurteilung unterschritten werden (§ 253 Abs. 4 HGB). Für Kapitalgesellschaften gilt weitgehend das → *Fixwertprinzip* (→ *Bewertungsprinzipien*).

Holding
1. Formen

Die H. stellt eine dezentrale *Organisationsstruktur* eines → *Konzerns* dar. Aufgrund der Bandbreite der ausgeübten Konzernleitungsfunktionen der H. als Mutterunternehmen (H. i. e. S.) lassen sich folgende H.-Typen unterscheiden: In einer *Finanzholding* beschränkt sich die Tätigkeit der H. auf das Halten und Verwalten von → *Beteiligungen*. Die *Management-H.* übt Führungsfunktionen aus.

Je nach Einflußnahme auf die rechtlich selbständigen, operativ tätigen Geschäftsbereiche wird sie auch als *Führungsholding* oder geschäftsführende H. bezeichnet. Die Organisationsstruktur der Management-H. fand in den letzten Jahren eine weite Verbreitung (Daimler Benz, Siemens, Veba).

2. Management-Holding

Der Organisationsstruktur einer Management-H. entspricht die rechtliche Selbständigkeit der operativen Geschäftsbereiche und die Ansiedlung evtl. weniger Zentralbereiche in der H. Die H. erarbeitet die Strategie für den Unternehmensverbund (corporate strategy). Sie bestimmt Leistungsfelder und Leistungsinhalte und unterstützt die Geschäftsbereiche durch zentrale Dienstleistungen (z.B. Finanzen, Personal, Public Relations). Ihre Aufgabe ist es, Geschäftstätigkeiten entlang von Kernkompetenzen und Kernfeldern zu organisieren. Die Geschäftsbereiche sind verantwortlich für das operative Geschäft.

Ziel der *Management-Holding-Struktur* ist es, den Wert der Einzelgesellschaften und Unternehmensteile zu erhöhen. Die operativ tätigen Geschäftsbereiche eröffnen die nötige Flexibilität, um schnell auf veränderte Marktanforderungen und -bedingungen zu reagieren. Die rechtliche Selbständigkeit der Tochterunternehmen unterstützt innovative Netzwerk-Strukturen (strategische Allianzen) und verstärkt die Motivation der Mitarbeiter (Unternehmer im Unternehmen). Die Ausgestaltung der Management-Holding wird durch rechtliche und betriebswirtschaftliche Gestaltungsinstrumente bestimmt. Aufgabe ist es, das Spannungsfeld zwischen Autonomie und Integration ausgleichend zu gestalten. In der Praxis werden die einzelnen Elemente unternehmensindividuell eingesetzt.

3. Rechtliche Gestaltungsinstrumente

Der gesellschaftsrechtliche Rahmen einer Management-H. wird durch das Konzernrecht bestimmt. Gesetzliche Grundlagen bilden §§15–22 AktG, §§291–337 AktG sowie §§290–329 HGB bezüglich der Konzernrechnungslegung. Die H. bestimmt über die Ausgestaltung der Konzernvorschriften den Autonomiegrad der Tochtergesellschaften und das Haftungsrisiko der H.

a) Einheitliche Leitung. Die einheitliche Leitung als zentrales Konzernmerkmal kann auf vertraglicher oder faktischer Grundlage beruhen. In einem *Vertragskonzern* ist die H. aufgrund von Beherrschungs- bzw. Gewinnabführungsverträgen zu Weisungen an die Tochtergesellschaften legitimiert (§308 Abs. 1 AktG). Dieses Recht geht einher mit der Verpflichtung, Verluste der Tochtergesellschaften zu übernehmen. Im *faktischen Konzern* können → *Mehrheitsbeteiligungen* und Personalverflechtung eine (qualifizierte) einheitliche Leitung begründen. Personalverflechtungen können folgendermaßen ausgestaltet sein: Mitglieder der Organe (Vorstand, Aufsichtsrat) der H. übernehmen Funktionen in einem Leitungs- oder Aufsichtsorgan der Tochtergesellschaften (Delegationsprinzip) oder Mitglieder der Leitungsorgane der Tochtergesellschaften sind im Aufsichtsrat bzw. Vorstand der H. vertreten (Kooptation). In Literatur und Praxis sind Doppelmandate umstritten. Im *qualifiziert faktischen Konzern* bedingt die umfassende Leitungsdichte dem Vertragskonzern entsprechende Haftungsverhältnisse und somit eine Zunahme des Haftungsrisikos der H.

b) Rechtsform der Tochterunternehmen. Der Autonomiegrad der Tochterunternehmen ist abhängig von ihrer Rechtsform. Die Verfassung der AG sichert den Tochtergesellschaften einen hohen Freiraum. Der Vorstand einer AG hat die Gesellschaft eigenverantwortlich zu leiten (§75 AktG). Eine Ausnahme bilden zustimmungspflichtige Geschäfte (§111 Abs. 4 AktG), die vom Aufsichtsrat bestätigt werden müssen. Der Vorstand ist im faktischen Konzern nicht verpflichtet, Weisungen der Obergesellschaft zu befolgen.

Die Autonomie der Tochterunternehmen ist in der Rechtsform der GmbH beschränkt. Der Geschäftsführer leitet das Unternehmen im Rahmen der normalen Geschäftstätigkeit. Die H. kann als

Eigentümer in der Gesellschafterversammlung die Geschäftsführer bestellen oder abberufen und den Geschäftsführern Weisungen erteilen (§§ 37, 45 GmbHG).

In der → *Personengesellschaft* ist der persönlich haftende Gesellschafter zur Geschäftsführung verpflichtet (§§ 114, 164 HGB). Die H. kann Geschäftsführern, die mit der Leitung der Tochtergesellschaft betraut sind, unbeschränkt Weisung erteilen.

c) Satzung/Geschäftsordnung/Gesellschaftsvertrag. Satzung, Geschäftsordnung (Kapitalgesellschaften) und Gesellschaftsverträge (Personengesellschaften) beschreiben den Tätigkeitsbereich der Tochter und den Zweck des Unternehmens (§ 23 AktG, § 3 GmbHG). In Kapitalgesellschaften wird die Satzung bzw. Geschäftsordnung von der Hauptversammlung (§ 23 AktG) bzw. Gesellschafterversammlung (§ 2 GmbHG) festgeschrieben. Die H. kann über diese Gremien den Unternehmensgegenstand bestimmen und somit die Kompetenz des Tochterunternehmens definieren.

4. Betriebswirtschaftliche Gestaltungselemente

Zur Steuerung der rechtlich selbständigen Geschäftsbereiche stehen der H. Planungs- und Finanzierungssysteme zur Verfügung.

a) Planungssystem. Ziel des Planungssystems ist die Abgleichung und Koordinierung der von der H. formulierten *strategischen Planungsinhalte* mit der von den Geschäftsbereichen entwickelten *operativen Planung*. Das Planungssystem kann nach dem Gegenstromverfahren oder dem *Top-Down-Prinzip* organisiert sein. Im *Gegenstromverfahren* werden die Tochtergesellschaften im Sinne der Dezentralisation mittels eines wechselseitigen Prozesses in die Planung einbezogen. Das Top-Down-Prinzip stellt im Gegenzug ein zentrales Planungssystem dar, die H. formuliert die konzernumfassende strategische Planung ohne die beratende Mitwirkung der Tochtergesellschaften.

b) Finanzierungssystem. Über die Nutzung eines *internen Kapitalmarktes* strebt die H. die Realisation finanzieller Verbundvorteile an. Zahlungen der Geschäftsbereiche werden über ein zentrales Cash-Management-System an die H. abgeführt (Pooling) und neu verteilt (Allokation der Ressourcen). Ausschlaggebend für eine Mittelzuweisung ist die → *Rentabilität* oder der Marktwertzuwachs der einzelnen Geschäftsbereiche.

5. Management-Holding und Rechnungswesen

Die Organisationsstruktur der Management-H. beeinflußt die Aussagefähigkeit des → *Rechnungswesens*. Die Trennung zwischen Strategie und Operation hat zur Folge, daß der Einzelabschluß der H. von Beteiligungserträgen geprägt ist. Bilanzpositionen, die die operative Tätigkeit eines Unternehmens widerspiegeln (wie Vorräte, Umsatzerlöse), fehlen. Der Einzelabschluß der H. läßt keine Rückschlüsse auf Vermögens- und Kapitalsituation sowie Erfolgsentstehung des Unternehmensverbundes zu, da die Ergebniskomponenten in den Tochtergesellschaften erwirtschaftet und ausgewiesen werden. Zur Bewertung einer Management-Holding ist deshalb der → *Konzernabschluß* als Informations- und Entscheidungsinstrument notwendig. Die Aufgabe der Gewinnermittlung und Steuerbemessung liegt jedoch weiterhin bei den Einzelabschlüssen.

Lit.: Bühner, R.: Management-Holding: Unternehmensstruktur der Zukunft, 1992; *Küting, K.:* Rechnungslegung im Umbruch – Ein Plädoyer für ein Rechnungswesen des Konzerns, in: Küting, K./Weber, C.P. (Hrsg.): Das Konzernrechnungswesen des Jahres 2000, 1991, S. 3–39; *Keller, T.:* Unternehmungsführung mit Holdingkonzepten, 2. Aufl., 1993.

Professor Dr. Rolf Bühner, Passau.

Horizontale Deckungsrelation

→ *Bilanzanalyse.*

→ *Finanzanalyse.*

Hostile Takeover

Übernahmeversuch eines Unternehmens von Seiten Dritter gegen den Willen der Geschäftsführung (der Eigentümer) (→ *Take over*).

Humanvermögensrechnung

= Human Resource Accounting.

Für das Rechnungswesen geforderte Aufgabe, den ökonomischen Wert der Mitarbeiter für das Unternehmen in Geld zu erfassen. Die H., die nicht mit der → *Sozialbilanz* gleichzusetzen ist, umfaßt

1. die Bilanzierung von Ausgaben für Personalschulung, ggfs. auch Abfindungsausgaben für Personalentlassungen oder Ablösezahlungen z. B. für Berufsfußballer;
2. Bilanzierung des Wertes des Personalbestandes im ganzen.

Lit.: Chmielewicz, K.: Rechnungswesen, Bd. 1, 4. Aufl., 1993, S. 176f.

I

IAS
→ *International Accounting Standard.*

IASC
→ *International Accounting Standards Committee.*

Identitätsprinzip
(1) → *Wirtschaftlichkeit.*
(2) → *Kostenzurechnungsprinzip*, wonach → *Kosten* bestimmten → *Leistungen* nur dann zugerechnet werden können, wenn Kosten und Leistungen durch dieselbe Entscheidung ausgelöst werden, von *Riebel* als das für das Rechnen mit Einzelkosten und Deckungsbeiträgen relevante Zurechnungsprinzip herausgestellt; deckt sich weitgehend mit dem → *Marginalprinzip.*
Lit.: Riebel, P.: Einzelkosten- und Dekkungsbeitragsrechnung, 7. Aufl., 1994, S. 75–78.

ICAEW
= → *Institute of Chartered Accountants in England and Wales.*

IdW
→ *Institut der Wirtschaftsprüfer in Deutschland e. V.*

IdW-Fachnachrichten (FN)
Fachorgan des → *Instituts der Wirtschaftsprüfer*, das monatlich über berufsständische Fragen der → *Wirtschaftsprüfer* unterrichtet, Auflage 13000.

IFAC
→ *International Federation of Accountants.*

IKR
→ *Industriekontenrahmen.*

IKS-Prüfung
= Prüfung des → *Internen Kontrollsystems.*
→ *Prüfung des Jahresabschlusses.*

Immaterielle Investition
Autonome Auszahlungen für die Anschaffung oder Herstellung eines körperlich nicht faßbaren Gutes oder Güterverbundes (→ *Investition*). Soweit es sich dabei vom Unternehmen für die eigene dauerhafte Nutzung selbst geschaffene Güter handelt, sind sie zwar handels- und steuerrechtlich gem. § 248 Abs. 2 HGB nicht bilanzierungsfähig (→ *immaterielle Vermögensgegenstände*). Gleichwohl sind sie aber von ökonomischem Wert, wenn ein Dritter bei Erwerb des Unternehmens oder einzelner Teile bereit ist, dafür einen Preis zu zahlen. Eine selbständige Verwertbarkeit ist nicht erforderlich.

Für *Kalkulationen* müßten I. – unabhängig von Rechtsvorschriften – wie abnutzbares → *Sachanlagevermögen* aktiviert und planmäßig über ihre voraussichtliche Nutzungszeit bzw. außerplanmäßig bei Erkennen ihrer darüber hinausgehenden Entwertung abgeschrieben werden. Noch werthaltige I. bilden einen Teil des → *Geschäftswertes.*

Zu den I. zählen Investitionen in
- Entwicklung von Produkten und Produktionsverfahren (einschließlich → *Software*),
- Aus- und Weiterbildung von Personal,
- Erschließung und Verbesserung von Absatzmöglichkeiten bei Produkten (Kundenstamm) sowie von Beschaffungsmöglichkeiten für Produktionsfaktoren (einschließlich behördlicher Genehmigungen) und Kapital (Investitionen in Märkte),
- Auf- und Ausbau der Organisation von Beschaffung, Produktion und Vertrieb.

Soweit Auszahlungen für I. als Aufwand behandelt werden und daher ihre Entwertung in der → *Buchhaltung* nicht erfaßt wird, erscheint der handelsrechtliche Jahresüberschuß in Perioden ihrer Herstellung zu gering und in Perioden ihres Verzehrs zu hoch. Insofern ist der → *Jahresabschluß* unvollständig und kann zu Fehlschlüssen verleiten. Nur dann, wenn sich Auszahlungen für neue I. und kalkulatorische Abschreibungen alter I. pro Periode zufällig ausgleichen, wird das Jahresergebnis nicht verzerrt. Jedoch ist dies allein keine Rechtfertigung dafür, I. nicht zu bilanzieren; denn ein solcher Ausgleich könnte auch bei Sachanlagen eintreten. In *Nebenrechnungen* sollte die Wertentwicklung von I. verfolgt werden.

Lit.: Laßmann, G.: Besonderheiten der Ermittlung des Periodenerfolges beim Einsatz von automatisierten Produktionssystemen im Industrieunternehmen, in: Domsch, M. u.a. (Hrsg.): Unternehmenserfolg. FS für Busse von Colbe, 1988, S. 223–234; *Zimmerer, C.:* Die von der Unternehmensbewertung abgeleitete Bilanz, in: DBW, 1989, S. 796–799.

Professor Dr. Dr. h.c. mult. Walther von Colbe, Bochum.

Immaterielle Vermögensgegenstände

1. Begriff und Abgrenzung

Als I. (*intangible assets*) werden in der Betrachtungsweise der → *Bilanz* im allgemeinen nicht körperlich faßbare, jedoch selbständig bewertbare *vermögenswerte Vorteile* bezeichnet. Es handelt sich hierbei vor allem um *Rechte* sowie um *konkrete Möglichkeiten und Zustände.*

Der hauptsächliche Unterschied zu einer Bilanzierungshilfe ist darin zu sehen, daß das Aktivierungswahlrecht einer → *Bilanzierungshilfe* nicht den Ansatz selbständig verwertbarer Vermögensgegenstände zum Inhalt hat. Die Abgrenzungsprobleme zu dem *materiellen Vermögen* sind vielfältig. So werden vermögenswerte Vorteile, die in einem unmittelbaren Zusammenhang mit bestimmten materiellen Vermögensgegenständen stehen, bilanziell oft als Anschaffungsnebenkosten (→ *Anschaffungskosten*) behandelt. Beispiele sind u.a. die Kosten der Baugenehmigung eines Gebäudes oder die nach öffentlichem Recht geschuldeten und gezahlten Abgaben, durch die die Benutzbarkeit angeschaffter Grundstücke erhöht wird, so: Erschließungsbeiträge für die Erstanlage einer Straße und den Erstanschluß an eine gemeindliche Kanalisation. Andererseits werden körperliche Gegenstände, die mit vermögenswerten Vorteilen verknüpft sind (z.B. Bild- und Tonträger, EDV-Träger), dann unter den I. subsumiert, wenn die → *Herstellungskosten* für den körperlichen Gegenstand im Verhältnis zum immateriellen Wert von untergeordneter Bedeutung sind.

2. Die bilanzielle Behandlung im Einzelabschluß

a) Aktivierungsfähigkeit und Aktivierungspflicht. Die Aktivierungsfähigkeit I. ist eng mit der Art des Erwerbs der I. verknüpft. Nach der Entstehung lassen sich unterscheiden:

1. Von Dritten entgeltlich erworbene I.
2. Von Dritten unentgeltlich erworbene I.
3. Originär, im eigenen Unternehmen durch direkt zurechenbare → *Ausgaben* entstandene I.
4. Originär, im eigenen Unternehmen durch nicht direkt zurechenbare Ausgaben entstandene I.

Die von Dritten *entgeltlich erworbenen* I. sind aktivierungsfähig und – da kein Bilanzierungsverbot dem entgegensteht – auch *aktivierungspflichtig.* Diese Aktivierungspflicht resultiert aus dem *Vollständigkeitsgebot* des § 246 Abs. 1 HGB.

Für die *unentgeltlich erworbenen* sowie die *im eigenen Unternehmen durch direkt zurechenbare Ausgaben erstellten* I. – also die Ausgaben für langfristige Nutzungen – besteht nach herrschender Meinung eine *abstrakte Aktivierungsfähigkeit,* soweit die Merkmale der *selbständigen Bewertungsfähigkeit* und des wirtschaftlichen Wertes erfüllt sind. Lassen sich den selbsterstellten I. keine Ausgaben direkt zuordnen, fehlt es am Merkmal der selbständigen Bewertbarkeit; dann ist die abstrakte Aktivierungsfähigkeit nicht gegeben.

Die abstrakte Aktivierungsfähigkeit für I. gilt jedoch uneingeschränkt nur dann, wenn dem nicht gesetzliche Ansatzverbote gegenüberstehen. Nach § 248 Abs. 2 HGB (§ 197 Abs. 2 öHGB) besteht ein *Aktivierungsverbot* für unentgeltlich erworbene I. des → *Anlagevermögens.* Das Aktivierungsverbot rührt daher, daß es oft zweifelhaft ist, ob I. einen längerfristigen Nutzen erwarten lassen. Die Bindung der konkreten Aktivierungsmöglichkeit an den entgeltlichen Erwerb soll der willkürfreien Rechnungslegung dienen.

Die *konkrete Aktivierungsfähigkeit* und *Aktivierungspflicht* für I. ist auf Grund dieser gesetzlichen Bestimmung auf die entgeltlich erworbenen I. des Anlagevermögens und auf die entgeltlich und unentgeltlich erworbenen sowie die selbsterstellten durch direkt zurechenbare Ausgaben entstandenen I. des → *Umlaufvermögens* beschränkt.

Der vom Gesetzgeber in § 248 Abs. 2 HGB verwendete Begriff unentgeltlicher Erwerb ist auslegungsbedürftig. Ein *Erwerb* liegt dann vor, wenn das wirtschaftliche Eigentum an dem betreffenden Vermögensgegenstand aus dem Vermögen anderer in das Vermögen des Erwerbers gelangt.

Dies ist typischerweise im Falle eines Kaufs, eines Tauschs, einer Einlage oder einer Schenkung gegeben. Dagegen liegt bei den selbsterstellten I. der Tatbestand des Erwerbs nicht vor, da interne Aufwendungen, auch wenn sie direkt zurechenbar sind, keinen Erwerb begründen. Deshalb fallen unter das *gesetzliche Aktivierungsverbot* insbesondere selbsterstellte Patente, Warenzeichen, Gebrauchsmuster und ähnliche gewerbliche Schutzrechte (wie Marken-, Urheber- und Verlagsrechte) sowie sonstige selbstgeschaffene immaterielle Werte des Anlagevermögens (wie Know-how, Geheimverfahren, Rezepte, Software).

Entgeltlich ist ein *Erwerb* dann, wenn und soweit eine Gegenleistung des Erwerbers erfolgt. Das ist typischerweise im Falle eines Kaufs und eines Tauschs gegeben. Auch bei einer Einlage besteht ein Entgelt, und zwar in Form der gewährten Gesellschaftsrechte. Dagegen *fehlt die Entgeltlichkeit* bei geschenkten oder geerbten I. Sie fallen daher unter das *gesetzliche Aktivierungsverbot* des § 248 Abs. 2 HGB.

b) Ausweis und Bewertung. I. sind nach ihrer Zweckbestimmung im Anlage- wie im Umlaufvermögen auszuweisen. Zu den immateriellen Vermögensgegenständen des Anlagevermögens zählen nach dem Gliederungsschema des § 266 HGB „Konzessionen, gewerbliche Schutzrechte und ähnliche Rechte und Werte sowie Lizenzen an solchen Rechten und Werten", der → *Geschäftswert* (*Firmenwert*) sowie die auf I. geleisteten Anzahlungen. Die Subsumierung des derivativen Firmenwertes unter die Position I. des Anlagevermögens bedeutet eine begriffliche Erweiterung. Da dem derivativen Firmenwert das den bilanziellen Vermögensbegriff charakterisierende Merkmal der Einzelveräußerbarkeit fehlt, ist das Bilanzansatzwahlrecht für den derivativen Firmenwert von der Natur der Sache her als eine *Bilanzierungshilfe* anzusehen.

Für I. des *Anlagevermögens* bilden die in § 255 Abs. 1 und 4 HGB definierten *Anschaffungskosten* die Wertobergrenze für ihren Bilanzausweis. Bei der Bewertung ist zwischen nicht abnutzbaren und abnutzbaren I. zu unterscheiden. Letztere sind innerhalb eines vorsichtig bemessenen Zeitraumes planmäßig abzuschreiben. Eine besondere Vorschrift, wie I. planmäßig abzuschreiben sind, enthält das HGB lediglich in § 255 Abs. 4 Satz 2 für den derivativen Firmenwert, der mindestens zu einem Viertel durch → *Abschreibungen* zu tilgen ist. Neben den planmäßigen Abschreibungen kommen für die Wertermittlung auch außerplanmäßige Abschreibungen nach § 253 Abs. 2 Satz 3 und steuerrechtliche Abschreibungen nach § 254 HGB in Betracht.

Sind die I. dazu bestimmt, auf dem Markt abgesetzt zu werden (z. B. Erfindungen aus Auftragsforschung, EDV-→ *Software*) müssen sie im *Umlaufvermögen* ausgewiesen werden. An den Ausweis sind jedoch strenge Anforderungen zu stellen, da der Ansatz im Umlaufvermögen nicht dazu dienen darf, das Aktivierungsverbot des § 248 Abs. 2 HGB zu umgehen. Bei einem zulässigen Ausweis im Umlaufvermögen sind die I. nach den für fertige und unfertige Erzeugnisse bzw. Handelswaren geltenden Grundsätzen zu bewerten.

3. Die bilanzielle Behandlung im konsolidierten Abschluß

Der Ausweis der I. im konsolidierten Abschluß richtet sich nach dem Ursprung und der Art des Erwerbs. Bezüglich des Ursprungs ist zwischen konzernfremderstellten bzw. -bezogenen und im Konzern selbsterstellten I. zu unterscheiden. Fremdbezogene I. sind nach § 298 Abs. 1 HGB analog den fremdbezogenen I. im Einzelabschluß zu behandeln.

Im Konzern selbsterstellte I. können in einem zu konsolidierenden Einzelabschluß entweder im Anlagevermögen oder im Umlaufvermögen ausgewiesen sein. Sind sie im *Anlagevermögen* ausgewiesen, so dürfen sie nicht im → *Konzernabschluß* aktiviert werden, da diese I. aus Konzernsicht, entsprechend der *Einheitstheorie*, unentgeltlich erworben wurden und somit das Aktivierungsverbot des § 248 Abs. 2 i. V. m. § 298 Abs. 1 HGB zur Geltung kommt.

Werden sie im *Umlaufvermögen* ausgewiesen, dann sind die Wertansätze der I. gemäß § 304 HGB auf evtl. *Zwischenergebnisse* hin zu untersuchen und stellen somit einen Fall der Konzernherstellungskosten dar.

Unter *Geschäfts- oder Firmenwert* sind im Konzernabschluß außer den von einzelnen Konzerngesellschaften erworbenen Werten auch die *restlichen aktivischen Unterschiedsbeträge* gem. § 309 Abs. 1 HGB aus der → *Kapitalkonsolidierung* sowie aus der → *Equity-Bewertung* gem. § 312 Abs. 2 HGB auszuweisen.

4. *Die bilanzielle Behandlung aus internationaler Sicht*

a) In der EG. Im Vergleich zu den deutschen Rechnungslegungsvorschriften für I. gibt es in einigen Mitgliedstaaten der EG abweichende Regelungen hinsichtlich Ansatz, Ausweis und Bewertung. Während in allen Mitgliedstaaten das Aktivierungsgebot für *entgeltlich erworbene* I. des *Anlagevermögens* einheitlich geregelt ist, bestehen unterschiedliche Regelungen bezüglich der Aktivierung selbsterstellter I. So gewähren beispielsweise *Großbritannien, Belgien und Luxemburg* ein Ansatzwahlrecht, wohingegen in *Deutschland, Dänemark und Frankreich* ein Aktivierungsverbot kodifiziert ist. Des weiteren dürfen in weitgehend allen anderen Mitgliedsländern die *Forschungs- und Entwicklungskosten* als I. des Anlagevermögens ausgewiesen werden. Dagegen existiert nach *deutschem* Recht lediglich die Möglichkeit, die Forschungs- und Entwicklungskosten in die Herstellungskosten für Fertigerzeugnisse einzurechnen, wenn diese objektbezogen sind. Aufwendungen der *Grundlagenforschung* dürfen jedoch nicht in die Herstellungskosten einbezogen werden.

In bezug auf die *Gliederungsvorschriften* ist die Regelung Belgiens zu erwähnen, nach der die Aufgliederung der I. nur im Anhang erfolgt.

Die Bewertung der I. erfolgt i. d. R. nach dem Anschaffungs- bzw. Herstellungswertprinzip, von dem in Deutschland nicht abgewichen werden darf. Abweichende Bewertungsalternativen sind jedoch in einigen Mitgliedstaaten erlaubt. Z. B. kann in *Dänemark* und *Frankreich* die Methode der *Neubewertung* angewandt werden, und in *Großbritannien* ist die Bewertung zu *Wiederbeschaffungskosten* möglich.

b) In den USA. Für entgeltlich erworbene I. (intangible assets) gilt wie in Deutschland ein Aktivierungsgebot. Bei der Aktivierung selbsterstellter I. muß man zwischen „specifically identifiable“ (z. B. Patente) und „not specifically identifiable“ (z. B. Firmenwert) Werten differenzieren. Hierbei gilt für „nicht spezifisch identifizierbare“ I. ein Aktivierungsverbot. Dagegen besteht für die „spezifisch identifizierbaren“ grundsätzlich ein Aktivierungsgebot, das jedoch nach der Auffassung des FASB nicht für Forschungs- und Entwicklungskosten zutrifft. Allerdings ist die Ermittlung von Wertansätzen für solche originären I. mit Schwierigkeiten verbunden, so daß Erläuterungen zu den Wertansätzen gegeben werden sollten.

Hinsichtlich der *Abschreibungsdauer* sind in den USA tendenziell längere Abschreibungsperioden als in Deutschland festzustellen. Der „Goodwill“ und sonstige I. mit angenommener unbegrenzter Lebensdauer sind über einen angemessenen Zeitraum (der gemäß APB Opinion No. 17 vierzig Jahre nicht überschreiten darf) abzuschreiben. Warenzeichen und Markennamen, die eine relativ lange gesetzliche Lebensdauer haben, sollten ebenfalls über einen angemessenen Zeitraum abgeschrieben werden.

c) Nach den Stellungnahmen des IASC. Selbstgenutzte Forschungs- und Entwicklungsergebnisse werden in IAS 9 „Research and Development Costs“ behandelt. Danach sind Forschungsaufwendungen und Entwicklungskosten grundsätzlich Aufwand der Periode. Sind jedoch Entwicklungsaufwendungen einem bestimmten Forschungsobjekt verläßlich zurechenbar und sind zusätzlich die weiteren nachstehenden Voraussetzungen gleichzeitig erfüllt, können und sollen die dazugehörigen Aufwände aktiviert werden. Diese Kriterien betreffen die Nachweisbarkeit der technischen Realisierbarkeit des entwickelten Produktes oder Verfahrens; die Absicht, das Produkt selbst zu nutzen oder am Markt abzusetzen; die Existenz eines Marktes oder zumindest einer unternehmensinternen Verwendung; das Vorhandensein ausreichender Ressourcen, die es ermöglichen, das Projekt/Verfahren zu vollenden. Die Bewertung erfolgt grundsätzlich mit den zurechenbaren Einzelkosten und plausibel zurechenbaren Gemeinkosten. Vertriebskosten sind nicht aktivierungsfähig. Die Prüfung der Werthaltigkeit in den Folgeperioden orientiert sich an den geschätzten zukünftigen Erträgen. Die vorsichtig zu schätzende Nutzungs- und Abschreibungsdauer sollte fünf Jahre nicht überschreiten.

Im Diskussionsentwurf E 50 „Intangible Assets“ nimmt das *IASC* Stellung zu Fragen, die nicht bereits durch IAS 9 geklärt wurden. Unter „intangible assets“ versteht das *IASC* in diesem Zusammenhang die immateriellen Ressourcen des Unternehmens, sofern sie identifizierbar (d. h. einer selbständigen Verwertung zugänglich und somit kein unselbständiger Teil eines Firmenwertes) sind und es sich nicht um Geld oder Forderungen handelt. Weiterhin müssen sie vom Unternehmen z. B. zur Leistungserstellung genutzt werden, unter dessen Kontrolle stehen und mindestens eine Nutzungsdauer von einem Jahr besitzen. Als Beispiele werden u. a. angeführt: Patente, Lizenzen, Urheberrechte, Markenrechte, Software, Kundenlisten, Einfuhrquoten, Kosten der Unternehmensgründung sowie Know-how. Kein intangible asset stellt i. d. R. der Erfolg aus einer Werbekampagne dar. Eine Aktivierungspflicht ist gegeben, wenn wirtschaftliche Vorteile erwartet werden und der Aufwand verläßlich schätzbar ist. Während die Bewertung beim Zugang mit den Anschaffungs- oder Herstellungskosten erfolgen soll, ist eine Neubewertung zu einem späteren Zeitpunkt nicht ausgeschlossen. Die damit verbundenen Gefahren und Schwierigkeiten sollen durch zusätzliche Vorschriften eingegrenzt werden. So sind z. B. Verfahren der Wertfindung, die auf einer Abzinsung zukünftiger Erfolgserwartungen beruhen, unzulässig. Ferner ist die grundsätzliche Begrenzung der Nutzungs- und Abschreibungsdauer auf 20 Jahre hervorzuheben.

5. *Die Vereinbarkeit alternativer Bilanzierungsmöglichkeiten mit dem deutschen Recht*

Eindeutig läßt sich feststellen, daß alternative Bilanzierungsweisen insoweit nicht mit dem zur Zeit geltenden deutschen Recht vereinbar sind, als sie die Aktivierung von Entwicklungsaufwendungen (IAS 9), von Nicht-Vermögensgegenständen oder selbsterstellten bestimmten Vermögensgegenständen des Anlagevermögens (APB Opinion No. 17) zulassen. Eine solche Vorgehensweise im Einzel- oder Konzernabschluß wäre nicht mit den §§ 246 und 248 Abs. 2 HGB vereinbar und ist daher verboten.

Die oben angeführten alternativen Bilanzierungsweisen sind insb. unter dem Aspekt zu sehen, daß *FASB* und *IASC* andere Rahmenbedingungen der Bilanzierung voraussetzen. Das Primat der periodengerechten Zuordnung von Aufwendungen zu (erwarteten) Erträgen (→ *matching principle*) beinhaltet eine Aktivierung von Aufwendungsgegenwerten, die dem deutschen Vermögensgegenstandsbegriff nicht immer gerecht werden kann. Dies führt dazu, daß selbstgeschaffene wirtschaftliche Vorteile, wie die Bekanntheit des Unternehmens oder seiner Produkte (Branding), die nach britischem Recht angesetzt werden können, nach deutschem Recht nicht aktivierungsfähig sind. Auch die Bewertung der I. kann nach deutschem Recht grundsätzlich nur mit den Anschaffungs- bzw. Herstellungskosten erfolgen. Die Bewertung mit dem Gegenstandswert eines geschätzten zukünftigen Zahlungsstromes, wie dies z.T. in Großbritannien erfolgt, ist gleichfalls nicht möglich. Gerade bei den I. zeigt sich immer wieder, daß die Werthaltigkeit und die Bewertung solcher Positionen äußerst problematisch ist (vgl. z.B. den Zusammenbruch der Firma Rolls-Royce im Jahre 1970, die erhebliche Forschungs- und Entwicklungsaufwendungen in der Bilanz angesetzt hat). Es gibt daher gute Gründe, daß sich der deutsche Gesetzgeber dazu entschlossen hat, die Aktivierungsmöglichkeiten, die durch Art. 9 und 10 der 4. EG-Richtlinie gewährt worden sind, nicht zu nutzen. Ein Spielraum für eine Auslegung verbleibt somit lediglich hinsichtlich der Begriffe „Erwerb" und „Entgeltlichkeit" in § 248 Abs. 2 HGB. Unabhängig davon ist darauf hinzuweisen, daß der deutsche Bilanzleser Hinweise auf aktivierte und nicht aktivierte wirtschaftliche Vorteile dem → *Anhang* und dem → *Lagebericht* entnehmen kann.

Lit.: AICPA: APB Opinion No. 17: Intangible Assets, 1970; *FASB:* SFAS No. 2: Accounting for Research and Development Costs, 1974; *FASB:* SFAS No. 86: Accounting for the Costs of Computer Software to be Sold, Leased or otherwise Marketed, 1985; *Reuleaux, S.:* Immaterielle Wirtschaftsgüter – Begriff, Arten und Darstellung im Jahresabschluß, 1987; *Richter, M.:* Die immateriellen Anlagewerte, in: HdJ, Abt. II/2, 2. Aufl., 1990; *Buchner, R.:* Rechnungslegung und Prüfung der Kapitalgesellschaft, 2. Aufl., 1992; *IASC:* IAS 9: Research and Development Costs, 1995; *IASC:* IAS E 50: Intangible Assets, 1995; *Buchner, R.:* Buchführung und Jahresabschluß, 5. Aufl., 1997; *von Keitz, J.:* Inmaterielle Güter in der internationalen Rechnungslegung, 1997.

Professor Dr. Robert Buchner, Mannheim.

Imparitätsprinzip

Ein → *GoB* der „Ungleichheit", nach dem drohende, aber noch nicht eingetretene (unrealisierte) Verluste bereits im → *Jahresabschluß* berücksichtigt werden; Gewinne dürfen hingegen erst dann ausgewiesen werden, wenn sie durch den Umsatzprozeß realisiert worden sind. Das → *Realisationsprinzip* wird durch den Grundsatz der Vorsicht zum I. verändert. Das I. kommt im Jahresabschluß durch das → *Niederstwertprinzip* gem. § 253 Abs. 2 u. 3 HGB und durch die → *Rückstellungen* für drohende Verluste aus schwebenden Geschäften gem. § 249 Abs. 1 HGB zum Ausdruck (→ *Bewertungsprinzipien*).

Imponderabilien

Nicht oder nur schwer quantifizierbare Faktoren, die bei → *Mehrfachzielen in die Investitionsrechnung* mit einbezogen werden sollen, z.B. mit Hilfe von → *Kosten-/Nutzen-Analysen.*

Indifferenzkurve

Kurve aller Kombinationen verschiedener Nutzeneinflußgrößen, z.B. in der → *Portfolio Selection* von → *Erwartungswert* und → *Streuungsmaß* einer Kapitalanlage, mit gleicher Wertschätzung (Nutzen) für das Wirtschaftssubjekt (Entscheidungsträger, Aktor, Investor).

Indirekte Investition

Begriff der Außenhandelspolitik. Gegensatz zur → *Direktinvestition.* I. sind Kapitalanlagen natürlicher oder juristischer Personen im Ausland, mit denen Forderungen erworben werden.

Indirekte Kosten

= → *Opportunitätskosten.*
= Alternativkosten.
→ *Einzel- und Gemeinkosten.*

Indirekte Prüfung

→ *Prüfungsmethoden.*

Industriekontenrahmen (IKR)

Schema zur systematischen Zusammenfassung der Kontengruppen von Industrieunternehmen in 10 Kontenklassen. Der I. wurde 1971 vom Bundesverband der Deutschen Industrie erarbeitet und wurde allen Industrieunternehmen, gleich welcher Größe, Rechtsform und Branche, zur Anwendung empfohlen. Der I. wurde aufgrund des → *Bilanzrichtliniengesetzes* 1986 neu gefaßt (→ *Kontenrahmen und Kontenplan*).

Industrielles Rechnungswesen
Bezeichnung für das Rechnungswesen der Industriebetriebe. Das I. besteht aus der → *Buchführung*, → *Kostenrechnung*, Statistik und Planung und ist ein bedeutender Bestandteil des Informationssystems eines Industrieunternehmens sowie der Industriebetriebslehre.

Inflation Accounting
Berücksichtigung von Preisniveauänderungen im → *Rechnungswesen*, vor allem in Hochinflationsländern, zum Zweck der → *Substanz- und Kapitalerhaltung* der Unternehmen.

Inflatorische Finanzierungslücke
→ *Substanz- und Kapitalerhaltung.*

Informatik
→ *EDV-gestütztes Rechnungswesen.*

Informationsfunktion
→ *Jahresabschluß.*

Informationsfunktion der Jahresabschlußprüfung
→ *Prüfung des Jahresabschlusses.*

Informationskosten
→ *Kosten* für die Gewinnung, Speicherung und Verarbeitung von zweckorientiertem Wissen (Informationen).

Ingangsetzungs- und Erweiterungsaufwendungen
→ *Aufwendungen für Ingangsetzung und Erweiterung des Geschäftsbetriebes.*

Innenumsatzerlöse
Umsatzerlöse der in den → *Konzernabschluß* einbezogenen Unternehmen. I. sind bei Aufstellung der Konzerngewinn- und Verlustrechnung zu konsolidieren oder umzugliedern.

Innerbetriebliche Leistungsverrechnung
Verrechnung von Kosten für Unternehmensleistungen, die nicht über den Absatzmarkt verkauft, sondern im Betrieb wieder verwendet werden. Die I. ist zur Bestimmung der → *Selbstkosten* der abgesetzten Produkte sowie zur Kontrolle der Wirtschaftlichkeit der einzelnen Verantwortungsbereiche notwendig. Die I. wird wegen der Interdependenzen des betrieblichen Leistungsaustausches mit Hilfe linearer Gleichungen oder als Stufenleiterverfahren im → *Betriebsabrechnungsbogen* vorgenommen (→ *Kostenrechnung*, → *Verrechnungspreise*).

Insolvenzprüfung
→ *Sonderprüfungen.*

Instandhaltungskosten
Kosten, um die Gegenstände vor allem des → *Anlagevermögens* einer Unternehmung in betriebsbereitem Zustand zu halten. I. vermindern als Aufwand den handelsrechtlichen Jahresüberschuß bzw. als Betriebsausgaben den steuerlichen Gewinn (→ *Anlagenplanung*).

Instandhaltungsplanung
→ *Anlagenplanung und Anlagenrechnung.*

Instandsetzungskosten
Kosten der Überholung bzw. Renovierung von Gegenständen des Anlagevermögens, die einen Mangel aufweisen. I. sind im Gegensatz zu den → *Instandhaltungskosten* in der Handels- und Steuerbilanz dann zu aktivieren und über die Dauer der Restnutzungszeit abzuschreiben, wenn die Instandsetzung eine Werterhöhung des Gegenstandes zur Folge hat.

Institute of Chartered Accountants in England and Wales
Berufsständische Einrichtung der Fachleute des Rechnungswesens aus Wirtschaft, Verwaltung und Prüfungswesen in Großbritannien.

Institut der Wirtschaftsprüfer in Deutschland e. V. (IdW)
1932 gegr. Dachorganisation, der nahezu alle → *Wirtschaftsprüfer* (Juli 1993: 6344) und -gesellschaften (Juli 1993: 690) der Bundesrepublik angehören. Die Tätigkeitsschwerpunkte liegen in der Interessenvertretung der Wirtschaftsprüfer sowie in der wissenschaftlichen und praktischen Förderung des wirtschaftlichen Prüfungs- und Treuhandwesens. Zur Erstellung von Verlautbarungen (Fachgutachten und Stellungnahmen) über Fragen des Wirtschaftsprüferwesens und des Rechnungswesens allg. sind der Hauptfachausschuß (HFA) und spezielle Fachausschüsse eingerichtet. Verlautbarungen, Nachrichten, Forschungs- und Tä-

tigkeitsberichte werden in der Fachzeitschrift „Die Wirtschaftsprüfung" sowie in den IdW-Fachnachrichten, in einer eigenen Schriftenreihe und in Fachbüchern publiziert. Das IdW ist Mitglied der → *International Federation of Accountants (IFAC)*, des → *International Accounting Standards Committee (IASC)* und der → *Federation des Experts Comptables Europeens (FEE)* (→ *Wirtschaftsprüfer*).

Institutional Buy-Out
→ *Management Buy-Out.*

Integrierte Finanz- und Erfolgsplanung
→ *Finanzplanung.*

Intensitätsabweichung
→ *Kostenabweichung*, die auf die Differenz von Plan- und Istintensität der Produktion einzelner Kostenstellen zurückzuführen ist (→ *Plankostenrechnung*).

Interessentheorie
Grundsatz aus dem Konzernrechnungswesen, wonach der → *Konzernabschluß* aus der Sicht der Anteilseigner des Mutterunternehmens aufgestellt wird. Im Gegensatz zur → *Einheitstheorie* werden z. B. → *Anteile anderer Gesellschafter* dem Fremdkapital zugerechnet. In den USA wird der Konzernabschluß meist auf Grundlage der I. erstellt.

Interessenzusammenführungsmethode
→ *Kapitalkonsolidierung* gem. § 302 HGB.

Internal rate of return
= → *Interner Zinsfuß.*

International Accounting Standards (IAS)
Verlautbarungen des → *International Accounting Standards Committee* (IASC), die zu einzelnen Rechnungslegungsproblemen herausgegeben werden. Der Veröffentlichung eines IAS geht ein Standard Setting Prozeß voraus, der sogenannte „due process". Insgesamt veröffentlichte das IASC bisher 33 IAS, die mit Ausnahme des IAS 33, der erst ab dem 01.01.1998 anzuwenden ist, zu unterschiedlichen Terminen, spätestens aber für Geschäftsjahre ab dem 01.01.1996 in Kraft getreten sind. Die 10 ab dem 01.01.1995 geltenden Standards wurden im Rahmen des von der Internationalen Organisation der Börsenaufsichtsbehörden (IOSCO) unterstützte „Comparability Projects" überarbeitet. Von der IOSCO war dem IASC in Aussicht gestellt worden, die IAS als Zulassungsstandards an allen nationalen Börsen einzuführen, wenn das Comparability Project erfolgreich abgeschlossen werden würde. Bisher wurden 15 IAS von der IOSCO akzeptiert. Die IAS gelten sowohl für den Einzel- als auch Konzernabschluß von Unternehmen unabhängig von Rechtsform, Größe und Branche. Eine Ausnahme bilden lediglich die konzern- oder branchenspezifischen Standards (IAS 22, 27, 30). Als privatwirtschaftliche Vereinigung hat das IASC keine gesetzgeberische Kompetenz, sondern die IAS haben lediglich Empfehlungscharakter. Trotzdem hat die Bedeutung der IAS weltweit stark zu genommen. In Deutschland stellen 1994 erstmals Unternehmen Abschlüsse auf, die – soweit dies im Rahmen des HGB möglich ist – mit den IAS übereinstimmen.

Lit.: IdW (Hrsg.): Rechnungslegung nach International Acounting Standards, 1995; *Kleekämper, H.:* Aktuelle Entwicklungen beim IASC, in: BFuP 1995, S. 414–431; *IASC:* International Accounting Standards 1997, 1997; *Pellens, B.:* Internationale Rechnungslegung, 1997, S. 384, 390–405; *Baetge, J. et al. (Hrsg.):* Rechnungslegung nach International Accounting Standards (IAS), Komm., 1997.

International Accounting Standards Committee (IASC)

1. Organisation

a) Gründung des IASC. Das I. wurde am 29. Juni 1973 in London gegründet. Statuarisch erklärtes Ziel ist die Erarbeitung und Veröffentlichung von Rechnungslegungsnormen (International Accounting Standards) sowie die Förderung ihrer weltweiten Anerkennung. Die Initiative ging auf Vertreter anglo-amerikanischer Organisationen von Accountants, das sind Abschlußprüfer und andere Fachleute des Rechnungswesens, zurück. Zu den Gründungsmitgliedern aus neun

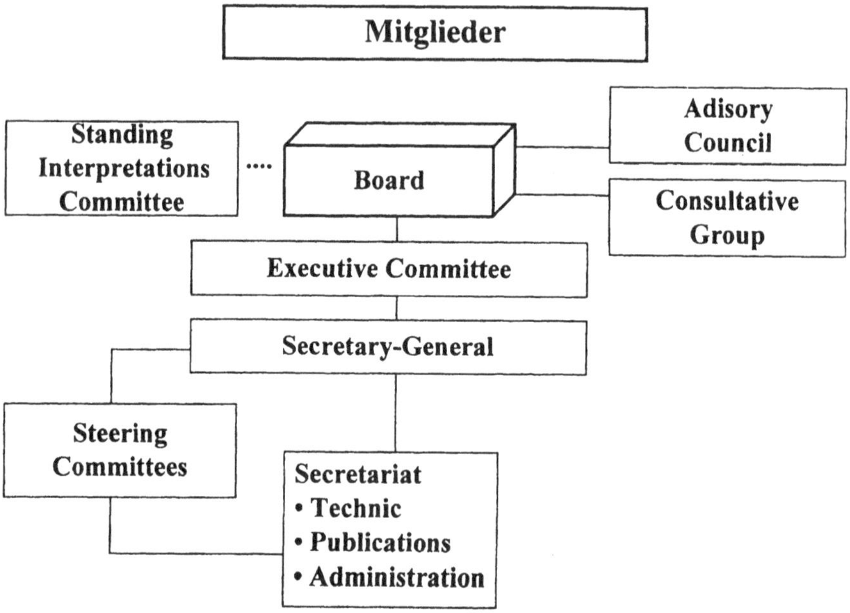

Abb.: Organisationsstruktur des I.

Ländern zählten auch das → *Institut der Wirtschaftsprüfer* und die Wirtschaftsprüferkammer in Deutschland → *Wirtschaftsprüfer*.

b) Struktur. Derzeit gehören dem I. 120 Organisationen von Accountants aus 89 Ländern an. Oberstes Entscheidungsgremium ist der Board, dem derzeitig 16 stimmberechtigte Mitgliedsländer bzw. -organisationen angehören.

Der Board setzt sich aus den Delegationen von 13 Mitgliedsländern und maximal 4 Organisationen zusammen. Jedes Land und jede Organisation benennt höchstens 2 Delegierte, deren Amtszeit im Regelfall 2 1/2 Jahre beträgt. Ihre Wiederwahl ist möglich. Daneben kann jeder Delegation ein Fachberater (Technical Advisor) angehören, der meist Mitglied des nationalen Rechnungslegungsgremiums (Standard Setting Body) ist.

Das Council des → *IFAC* bestimmt die Mitgliedsländer im Board, zu denen mindestens 3 Entwicklungsländer gehören sollen. Derzeit sind im Board folgende Länder vertreten: Australien, Deutschland, England, Frankreich, Indien (inkl. Sri Lanka), Japan, Kanada, Malaysia, Mexiko, Niederlande, Nordische Föderation, Südafrika (inkl. Zimbabwe), USA. Der Board entscheidet selbst über die Aufnahme der Mitgliedsorganisationen, die sich mit Fragen zur Rechnungslegung beschäftigen. Zur Zeit sind lediglich drei nominiert.

- International Coordinating Committee of Financial Analysts,
- Federation of Swiss Industrial Holding Companies,
- International Association of Financial Executives Institute.

Jährlich finden drei, in den letzten Jahren vier, Board-Sitzungen statt.

Standing Interpretations Committee (SIC): Das SIC wurde Anfang 1997 eingerichtet, um zeitnah zu Interpretations- und Anwendungsfragen von IAS Stellung zu nehmen. Das 12-köpfige Gremium verabschiedet seine Stellungnahmen mit Dreiviertelmehrheit. Letztlich entscheidet jedoch das Board über ihre Annahme.

Advisory Council: Aufgabe dieses 1995 etablierten 10-köpfigen Gremiums ist die Förderung der Bakanntheit und Reputation von IAS sowie die Beschaffung der erforderlichen finanziellen Mittel. Entsprechend dieser Aufgabe gehören ihm einflußreiche Personen der internationalen Finanz- und Wirtschaftswelt an.

Consultative Group: Zur Unterstützung des Board wurde 1981 eine Beratungsgruppe eingerichtet, der Vertreter von 17 internationalen Organisationen angehören, die sich mit der Entwicklung der IAS auseinandersetzen. Board und Consultative Group beraten zweimal jährlich gemeinsam über in Arbeit befindliche Standards.

Executive Committee: Dem geschäftsführenden Gremium gehören *Chairman* und Vize-Chairman, drei weitere Board-Mitglieder sowie der Secretary-General an, der dem Secretariat vorsteht.

Secretariat: Board und Exekutive werden von einem vergleichsweise kleinen Stab hauptberuflicher Mitarbeiter unterstützt. Neben dem Secretary General, der überwiegend Repräsentationsaufgaben übernimmt, werden die Aktivitäten der Arbeitskreise von einem Technical Director koordiniert, unterstützt und überwacht.

Steering Committee: Die einzelnen Standards werden nicht vom gesamten Board, sondern von Arbeitskreisen, den sogenannten Steering Committees, erarbeitet. Chairman ist in der Regel ein Board-Delegierter. Projekt-Manager leisten nötige Vorarbeiten, wie z.B. Grundlagenforschung und Textierung.

Finanzierung. Bei einem Budget von rund DM 5 Mio. für 1997 finanziert sich das I. durch Mitgliedsbeiträge, Spenden und Publikationen.

2. International Accounting Standards (IAS)

a) Entwicklungsphasen. Fast alle IAS in ihrer ursprünglichen Form sind in der Zeit von 1973 bis 1988 entstanden. In dieser ersten Phase der Harmonisierung der Rechnungslegung war man darauf bedacht, ähnlich wie bei der Entwicklung der → *4. und 7. EG-Richtlinie*, wenig verbreitete Ansatz- und Bewertungsmethoden in der Rechnungslegung zu eliminieren und dort Wahlrechte zuzulassen, wo die Regelungen der Beteiligten unvereinbar waren. Im wesentlichen handelte es sich hier um den Dualismus der sogenannten angelsächsischen und kontinentaleuropäischen Konzeption der Rechnungslegung.

In die zweite Phase, die sich schon 1987 mit der Aufnahme der → *IOSCO* (International Organisation of Securities Commission) in die Consultative Group des I. abzeichnete, fielen die Ausarbeitung der konzeptionellen Rahmenbedingungen (Framework) des I. und das Comparability Projekt. Im „Framework for the Preparation and Presentation of Financial Statements", das in seiner Konzeption weitgehend seinem amerikanischen Vorbild, dem Conceptual Framework des FASB, entspricht, wurden 1989 die Ziele, Prämissen, Grundsätze und Bestandteile der Rechnungslegung definiert.

Infolge des 1989 als Exposure Draft (E 32) vorgelegten Projekts „Comparability of Financial Statements" wurde 1993 die Reduzierung von Wahlrechten in zehn IAS beschlossen. Diese sogenannten Revised Standards sind am 1.1.1995 in Kraft getreten.

b) Standards. Von der Einigung im Board über die Thematik bis hin zu ihrer Verabschiedung durchlaufen die IAS einen mehrjährigen komplexen Prozeß als:

- Point Outline
- Draft Statement of Principles
- Statement of Principles
- Exposure Draft
- Proposed International Accounting Standard
- International Accounting Standard

Neben dem Board, der Consultative Group und den Mitgliedsorganisationen des I. hat auch die interessierte Öffentlichkeit die Möglichkeit zur Einflußnahme durch Stellungnahmen zu den Draft Statements of Principles und den Exposure Drafts. Nach einer Bearbeitungszeit von

IASC

drei bis fünf Jahren bedarf es zur Annahme eines Standards 75%, das sind 12 der 16 Boardstimmen. Die IAS beinhalten Regelungen zu nahezu allen Sachverhalten, die für einen Jahresabschluß von Wirtschaftsunternehmen von Bedeutung sind.

Von den bis Juli 1997 33 offiziell verabschiedeten IAS sind inzwischen vier (IAS 3, 5, 6 und 13) aus der Listung gestrichen. Einer wurde aufgrund mangelnder internationaler Durchsetzbarkeit ausgesetzt (IAS 15). Die Anwendung von IAS 15 (Information Reflecting the Effects of Changing Prices) wird vom I. lediglich empfohlen. Nach diesem Hinweis könnte man die aktuellen Standards wie folgt klassifizieren und untergliedern:

Allgemeine Grundlagen
IAS 8 Net Profit or Loss for the Period, Fundamental Errors and Changes in Accounting Policies
IAS 15 Information Reflecting the Effects of Changing Prices
IAS 29 Financial Reporting in Hyperinflationary Economies

Postenbezogene Vorschriften
IAS 16 Property, Plant and Equipment
IAS 4 Depreciation Accounting
IAS 17 Accounting for Leases
IAS 25 Accounting for Investments
IAS 28 Accounting for Investments in Associates
IAS 18 Revenue
IAS 9 Research and Development Costs
IAS 23 Borrowing Costs
IAS 11 Construction Contracts
IAS 2 Inventories
IAS 20 Accounting for Government Grants and Disclosure of Government Assistance
IAS 19 Retirement Benefit Costs
IAS 26 Accounting and Reporting by Retirement Benefit Plans
IAS 12 Income Taxes

Konzernabschluß
IAS 27 Consolidated Financial Statements and Accounting for Investments in Subsidiaries
IAS 22 Business Combinations
IAS 21 The Effects of Changes in Foreign Exchange Rates

Branchenspezifische Vorschriften
IAS 30 Disclosures in the Financial Statements of Banks and Similar Financial Institutions

Information und Präsentation
IAS 1 Presentation of Financial Statements
IAS 7 Cash Flow Statements
IAS 10 Contingencies and Events Occurring after the Balance Sheet Date
IAS 14 Segment Reporting
IAS 24 Related Party Disclosures
IAS 32 Financial Instruments: Disclosure and Presentation
IAS 33 Earnings per Share

Das ehrgeizige Work Programme sieht vor, bis April 1998 alle in Be- oder Überarbeitung befindlichen Standards abgeschlossen zu haben. Im wesentlichen handelt es sich hierbei um:

- Financial Instruments: Recognition and Measurement
- Intangible Assets, Research and Development, Goodwill
- Employee Benefits
- Interim Reporting
- Discontinued Operations
- Provisions and Contingencies
- Leases
- Impairment of Assets

Weiterhin auf dem Programm:

- Agriculture,
- Insurance.

3. Allianzen

Als privatrechtliche Organisation hat das I. keine Möglichkeit, seine Standards rechtsverbindlich durchzusetzen. Es ist im wesentlichen auf die Unterstützung seiner Mitgliedsorganisationen angewiesen. Den entscheidenden Durchbruch erreichte das I. durch die Allianz mit IOSCO, deren einflußreiches Mitglied die → *SEC* ist.

Die IOSCO ist Mitglied der *Consultative Group* hat Beobachterstatus im Board und ist in allen aktuellen Steering Committees vertreten. Sie will sich bei ihren

Mitgliedsorganisatonen für eine Anerkennung der IAS einsetzen, was allerdings von der Vervollständigung einer Liste sogenannter „Core Standards" abhängig gemacht wird. Die IOSCO verfolgt damit die Ergänzung fehlender Regelungen und den Abbau weiterer Wahlrechte. Bis 1995 wurden seitens der IOSCO 15 Standards akzeptiert. Die Fertigstellung der „Core Standards" ist für 1998 geplant.

Ein weiterer Meilenstein auf dem Wege zur Internationalisierung der Rechnungslegung war Ende 1995 die strategische Entscheidung der *Kommission der Europäischen Union*, auf neue Bilanzierungsrichtlinien und die Entwicklung eigener europäischer Standards zu verzichten und die Harmonisierungsbestrebungen des I. zu unterstützen. Möglichst ohne größere Änderung der Richtlinien soll es europäischen Großunternehmen gestattet werden, ihre Konzernabschlüsse auf der Grundlage internationaler Rechnungslegungsgrundsätze und in Übereinstimmung mit der 4. und 7. EG-Richtlinie zu erstellen, ohne einen zweiten nationalen Konzernabschluß vorlegen zu müssen.

4. Akzeptanz

Auch in Deutschland bestehen im Bundesjustizministerium derzeit konkrete Vorstellungen, durch Änderung des Handelsrechts einen „befreienden" Konzernabschluß nach internationalen Grundsätzen, IAS oder → US-*GAAP*, unter Verzicht auf einen nach dem → *HGB* aufgestellten Konzernabschluß, zu tolerieren.

Die nach langer Zurückhaltung der deutschen Wirtschaft 1993 von Daimler Benz durch eine auf US-GAAP überleitende Rechnungslegung begonnene Öffnung wurde durch „duale" Konzernabschlüsse nach HGB und IAS 1994 von einigen deutschen Unternehmen fortgesetzt. Die Deutsche Bank veröffentlichte für 1995 neben dem deutschen Konzernabschluß einen zweiten nach den Regeln des I. Es werden weitere Unternehmen folgen.

Auch weltweit finden die IAS zunehmend Anerkennung als Basis oder Vorlage für nationale Rechnungen. Dies gilt, neben Ländern mit traditionell anglo-amerikanischer Ausrichtung, insb. für Länder Osteuropas, der ehemaligen Sowjetunion und China.

Lit.: Biener, H.: Rezeption der US-GAAP über IOSCO und IASC, in: Förschle, G./ Kaiser, K./Moxter, A. (Hrsg.): Rechenschaftslegung im Wandel, FS Budde, 1995, S. 87–163; *IDW (Hrsg.)*: Rechnungslegung nach International Accounting Standards, 1995; *Kleekämper, H./ Kuhlewind, A.*: Organisation, Entwicklung und Bedeutung des IASC, in: Baetge, J. et al. (Hrsg.): Rechnungslegung nach International Accounting Standards (IAS), Komm., 1997, S. 3–26; IASC-Rechnungslegung, 1995; *IASC*: International Accounting Standards 1997, 1997; *Pellens, B.*: Internationale Rechnungslegung, 1997, S. 383–470.

WP Dr. Heinz Kleekämper, München.

International Federation of Accountants (IFAC)

108 Organisationen aus 78 Ländern umfassende internationale Vereinigung von Angehörigen wirschaftsprüfender Berufe sowie von Fachleuten des Rechnungswesens mit dem Ziel, durch harmonisierte Grundsätze eine internationale Koordinierung des → *Wirtschaftsprüfer*-Berufes zu fördern. Bis Juli 1993 wurden insgesamt 32 der seit 1991 in International Standards on Auditing (ISA) umbenannten Standards verabschiedet, deren Diskussionsentwürfe regelmäßig in den Fachnachrichten des → *Instituts der Wirtschaftsprüfer* veröffentlicht werden.

International Organisation of Securities Commissions (IOSCO)

Internationale Organisation der Börsenaufsichtsbehörden, die 1974 mit dem Ziel gegründet wurde, die Kooperation zwischen den Aufsichtsbehörden der Mitgliedstaaten zu fördern, die Entwicklung einheitlicher Standards für Börsenzulassung, Wertpapiertransaktionen sowie Marktaufsicht voranzutreiben und die gegenseitige Unterstützung bei der Verfolgung von Regelverstößen sicherzustellen. Unter den mehr als 100 Mitgliedern der I. wird die Bundesrepublik Deutschland von dem Bundesministerium der Finanzen bzw. dem 1994 im Rahmen des Zweiten Finanzmarktförderungsgesetzes neu gegründeten → *Bundesaufsichtsamt für den Wertpapierhandel* vertreten.

Für die weltweite Harmonisierung der Rechnungslegung ist die Zusammenarbeit von I. und → *International Accounting Standards Committee* bedeutsam. Nach einer 1987 zwischen den beiden Organisationen getroffenen Vereinbarung empfiehlt die I. ihren Mitgliedern weltweit, im Rahmen der Börsenzulassungsvoraussetzungen für ausländische Emittenten die Bilanzierung nach → *IAS* zu verlangen, sofern die Wahlrechte im Rahmen dieser Standards deutlich reduziert und die Anforderungen an Inhalt und Umfang der Publizität erheblich gesteigert werden.

Lit.: Radtke, M.: Internationale Wertpapieraufsicht, in: ZfgK 1992, S. 10–12; *Biener, H.:* Bedeutung und Chancen der IASC-Vorschriften als internationale Rechnungslegungsnormen, in: Dörner, D./Wollmert, P. (Hrsg.): IASC-Rechnungslegung, Beiträge zu aktuellen Problemen, 1995, S. 9–25.

Interne Revision

→ *Revision, interne.*

Interner Zinsfuß

1. Definition

Zinsfuß (r), bei dessen Anwendung als → *Kalkulationszinsfuß* der → *Kapitalwert* (C_o) der → *Investition* gleich null ist (→ *Dynamische Investitionsrechnung bei Sicherheit*):

$$C_o = -a_o + \sum_{t=1}^{n} c_t \cdot (1+r)^{-t} = 0$$

Der I. (*internal rate of return*) gibt die Effektivverzinsung der Investitionsobjekte an unter der Annahme, daß alle Einzahlungen (c_t mit t = 1,2,...n) zum I. wieder angelegt werden können (→ *Wiederanlagehypothese*). Bei graphischer Darstellung des Kapitalwertes einer Investition als Funktion des Kapitalisierungszinsfußes (→ *Kapitalwertfunktion*), ist der I. derjenige, bei dem die Kurve die i-Achse schneidet (i* in Abb. 1).

2. Ermittlung

a) Eindeutige Lösung. Zur Ermittlung des I. läßt sich eine Gleichung n-ten Grades näherungsweise graphisch oder algebraisch lösen. Es bestehen zudem spezielle Tafeln zur Ermittlung des I. Bei Polynomen höheren Grades kann dabei die Bestimmung von Näherungslösungen mit Hilfe der regula falsi vorgenommen werden. Dazu müssen je ein Funktionswert ober- und unterhalb eines zu bestimmenden Lösungswertes r bekannt sein, z. B. die Werte i_1 und i_2 (vgl. Abb. 1).

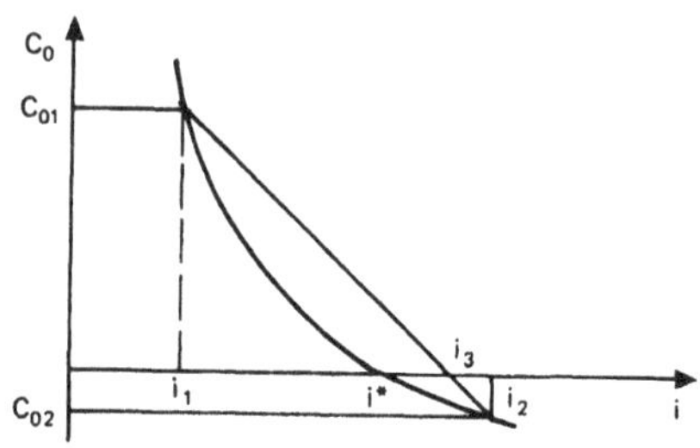

Abb. 1

Unter Anwendung der regula falsi erfolgt die Annäherung an den I. r durch Bestimmung von i_3:

$$r \approx i_3 = i_1 - C_{o1} \frac{i_2 - i_1}{C_{o2} - C_{o1}}$$

Durch systematisches Verändern der Werte von i_1 und i_2 kann der exakte Wert r näherungsweise bestimmt werden.

In einigen Spezialfällen ist die Ermittlung einfach:

(1) Die Investition ist durch eine Auszahlung (a_o) und einen Einzahlungsüberschuß (c_n) gekennzeichnet, z. B. bei Spekulationsgeschäften.

$$r = \frac{c_1 - a_o}{a_o} \quad \text{(für n = 1)}$$

$$r = \pm \sqrt[n]{\frac{c_n}{a_o}} - 1 \text{ (für gerade n)}$$

$$r = + \sqrt[n]{\frac{c_n}{a_o}} - 1 \text{ (für ungerade n)}$$

(2) Die Investition hat eine Anschaffungsauszahlung (a_o) und endlich viele uniforme Einzahlungsüberschüsse (c), z. B. → *Finanzanlageinvestitionen.*

Interner Zinsfuß

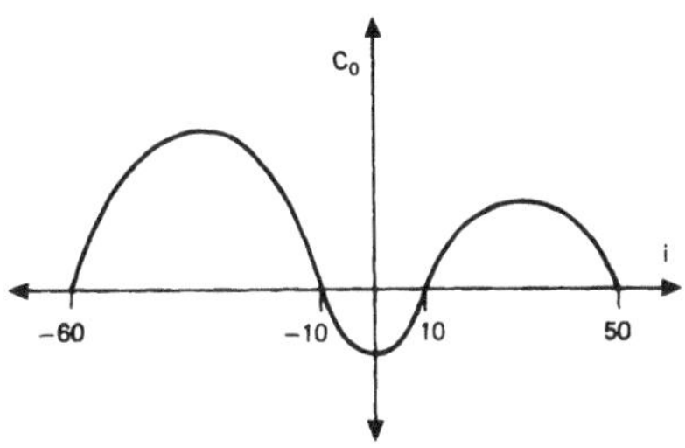

Abb. 2

$$\frac{c}{a_o} = \frac{r\,(1+r)^n}{(1+r)^n - 1} = \textit{Kapitalwiedergewinnungsfaktor}$$

Der I. läßt sich aus den Tafeln zum → *Kapitalwiedergewinnungsfaktor* ermitteln.

(3) Zusätzlich zu (2) fällt am Ende der Nutzungszeit ein Verkauf der Anlage zu R_n in Höhe von a_o an.

$$r = \frac{c}{a_o}$$

(4) Im Gegensatz zu (2) fallen die Einzahlungsüberschüsse c unendlich als nachschüssige Rente an.

$$r = \frac{c}{a_o}$$

(5) Eine Investition hat eine Anschaffungsauszahlung (a_o) und zwei Einzahlungsüberschüsse c_1 und c_2.

$$r = -1 + \frac{c_1}{2a_o} \pm \frac{1}{2a_o}\sqrt[2]{4a_o \cdot c_2 + c_1^{\,2}}$$

Sofern $-a_o < 0$ und $c_1, c_2 > 0$ sind, existieren ein positiver und ein negativer I., wobei letzterer keine ökonomische Bedeutung besitzt, wenn die Summe der Einzahlungen die der Auszahlungen übertrifft.

b) Mehrdeutige Lösungen. Handelt es sich bei einer Investition nicht um eine → *Normalinvestition*, kann die Investition, insbesondere wenn das Vorzeichen innerhalb der Zahlungsreihe mehrfach wechselt, mehrere I. haben.

Bsp.: (Heister, M.: Rentabilitätsanalyse von Investitionen, 1962, S. 95)

{−5000, +19500, −26950, +15405, −2970} hat folgende I.:

$r_1 = -60\,\%$ $\quad r_2 = -10\,\%$

$r_3 = +10\,\%$ $\quad r_4 = +50\,\%$

Die Kapitalwertfunktion hat folgendes Aussehen:

Ökonomisch läßt sich die Mehrdeutigkeit des I. dadurch erklären, daß man die Zinssätze alternativ als Verzinsung der Anfangsauszahlung interpretiert, indem man die Verzinsung der fortgeschriebenen Einnahmeüberschüsse und -defizite zum jeweiligen Satz unterstellt. Für die Entscheidungsfindung relevant ist der I., der dem voraussichtlichen Zinssatz für Anlage und Aufnahme von Geld entspricht.

3. Vorteilhaftigkeitskriterium

a) Akzeptanz einer Investition. Eine Investition ist akzeptabel, wenn bei gleichem Grad an → *Ungewißheit* der I. nicht

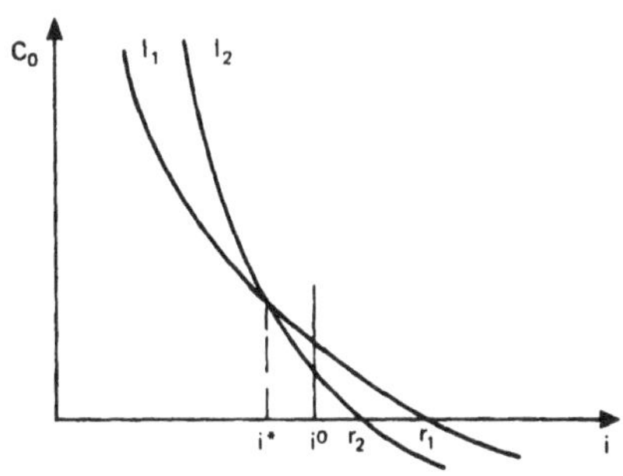

Abb. 3

kleiner ist als der Vergleichszinsfuß i. Damit lautet das Akzeptanzkriterium

$$r \geq i.$$

Der Vergleichszinsfuß entspricht dem Kalkulationszinsfuß der Kapitalwertmethode. Die Vorteilhaftigkeit einer Investition hängt also von der Wahl des Vergleichszinsfußes ab. Weisen r und i einen unterschiedlichen Grad an Ungewißheit auf, ist zu prüfen, ob die Differenz zwischen r und i den unterschiedlichen Grad an Ungewißheit ausgleicht. Kapitalwertmethode und I.-Methode führen bei Normalinvestitionen hinsichtlich der Akzeptanz stets zum gleichen Ergebnis.

b) Auswahl von alternativen Investitionen. Wenn bei mehreren akzeptablen alternativen Investitionen die Investition mit dem größten I. r ausgewählt wird, lautet das Entscheidungskriterium

$$\max_j\{r_j/r_j \geq i\}.$$

Dies kann zu Entscheidungen führen, die dem Gewinnstreben in Form der Kapitalwertmaximierung widersprechen, da die relative Größe r statt der absoluten Größe C_0 maximiert wird. Zudem ist die implizite Annahme der Wiederanlage zum I. anders als bei der Kapitalwertmethode (Wiederanlage zum Kalkulationszinsfuß). Ein Widerspruch in der Rangfolge zweier akzeptabler Investitionen zwischen Kapitalwert- und I.-Methode ergibt sich, wenn die Kapitalwertfunktionen sich im positiven Quadranten des C_0/i-Diagramms schneiden und der kritische Zinsfuß i* kleiner als der Kalkulationszinsfuß i (vgl. Abb. 3) ist.

Für $i < i^*$ ergibt sich $C_{02} > C_{01}$ und damit $I_2 > I_1$, aber $r_1 > r_2$ und somit $I_1 > I_2$. Für $i > i^*$ führen beide Methoden zum gleichen Ergebnis. Der Grund liegt in den unterschiedlichen Annahmen über die Wiederanlage der Einzahlungsüberschüsse.

Aus Abb. 3 läßt sich erkennen, daß für $i \leq i^*$ stets gilt $C_{02} \geq C_{01}$. Daraus kann gefolgert werden, daß, wenn der I. der → *Differenzinvestition* größer ist als der Kalkulationszinssatz i, auch der Kapitalwert der Investition 2 größer ist als der Kapitalwert der Investition 1. Demnach kann der Vergleich zweier Alternativen im Rahmen der I.-Methode als impliziter Vergleich zwischen I. der Differenzinvestition und dem Kalkulationszinssatz aufgefaßt werden. Das Vorteilhaftigkeitskriterium lautet dann:

$$r^D > i.$$

Die Differenzinvestition ist so zu bilden, daß die Zahlungen der Investition mit der zunächst geringeren Kapitalbindung von den Zahlungen mit der zunächst höheren Kapitalbindung abgezogen werden.

4. Kritik

Die Kritik am I. äußert sich vor allem in der impliziten Wiederanlageprämisse zum I. Dies führt bei der Rangfolgenbildung zwischen mehreren Investitionen und bei der Zusammenstellung von → *Investitionsprogrammen* nach der Höhe des I. zu nicht sinnvollen Ergebnissen. Es ist nicht ersichtlich, warum Investoren die Einzahlungsüberschüsse aus Investitionen zu unterschiedlichen Zinssätzen wieder anlegen können. Daher ist die I.-Methode der Kapitalwertmethode unterlegen.

Bei der Betrachtung von Differenzinvestitionen im oben beschriebenen Sinne wird dieser Kritikpunkt ausgeschaltet. Jedoch ergibt sich bei der Anwendung häufig die Schwierigkeit, daß entweder Alternativinvestitionen dem jeweiligen Entscheider nicht explizit bekannt sind und daher Differenzinvestitionen nicht gebildet werden können, oder der Arbeitsaufwand wird unverhältnismäßig groß, weil bei mehreren Alternativinvestitionen jeweils paarweise Differenzinvestitionen gebildet werden müssen.

Ferner ist die Rangordnung zweier sich ausschließender Investitionen nicht neutral gegenüber Datenänderungen, die in gleicher Höhe beide Investitionen betreffen. Zur Auswahl stehen z. B. folgende zwei Investitionen (Schneider, 1992, S. 90):

A: $\{-180;140;100;40\}$ führt zu $r_A = 32\%$

B: $\{-180;100;100;100\}$ führt zu $r_B = 30\%$

Erhöhen sich die Auszahlungen in t_0 für beide Investitionen um 40, ergeben sich I. für r_A von 16% und r_B von 17%. Die Vorteilhaftigkeit nach der I.-Methode kehrt sich um.

Die Nachteile der I.-Methode lassen sich jedoch durch Modifikationen der Wiederanlageprämisse vermeiden. Dies hat zur Entwicklung der → *modifizierten internen Zinsfußmethode* geführt. In der Praxis ist die I.-Methode stärker verbreitet als die Kapitalwertmethode. Ein Grund liegt darin, daß ein (relativer) Prozentsatz „griffiger" ist als eine absolute Größe.

Lit.: Busse von Colbe, W./Laßmann, G.: Betriebswirtschaftstheorie, Bd. 3, 3. Aufl., 1990, S. 105–127; *Schneider, D.:* Investition, Finanzierung und Besteuerung, 7. Aufl., 1992, S. 81–95; *Blohm, H./Lüder, K.:* Investition, 8. Aufl., 1995, S. 90–101;

Hering, T.: Investitionstheorie aus der Sicht des Zinses, 1995.

Dr. Jürgen Brüggerhoff, Frankfurt.

Internes Kontrollsystem

Hilfsmittel der *Internen → Revision*; soll eine permanente interne Überwachung aller Geschäftsvorfälle gewährleisten, z.B. korrekte Erfassung von Zahlungseingängen. Das I. ist Gegenstand der externen → *Prüfung des Jahresabschlusses.*

Inventur und Inventar

1. Begriffe

Unter Inventur versteht man die Tätigkeit oder das Verfahren der Aufnahme von Vermögensgegenständen und Schulden und unter Inventar das Verzeichnis der Vermögensgegenstände und Schulden. Im kaufmännischen Sprachgebrauch werden die Begriffe nicht immer streng unterschieden. Je nach Art des Vermögensgegenstands oder Schuldpostens und je nach Organisation des Rechnungswesens kann es sich um eine „Buchinventur" = Ableitung aus Konten, Karteien, Dateien o.ä. oder um eine „Ist-Inventur" = körperliche Aufnahme durch Zählen, Messen, Wiegen usw. handeln.

2. Rechtliche Vorschriften

Nach §240 Abs.1 und 2HGB hat jeder Kaufmann zu Beginn seines Handelsgewerbes und dann für den Schluß eines jeden Geschäftsjahres ein Inventar aufzustellen. In diesem Inventar hat der Kaufmann seine Grundstücke, seine Forderungen und Schulden, den Betrag seines baren Geldes sowie seiner sonstigen Vermögensgegenstände genau zu verzeichnen und dabei den Wert der einzelnen Vermögensgegenstände und Schulden anzugeben. Die Aufstellung des Inventars ist innerhalb der einem ordnungsmäßigen Geschäftsgang entsprechenden Zeit zu bewirken. Zwar ist in §§240, 241 HGB nicht ausdrücklich vorgeschrieben, daß der Aufstellung des Inventars eine körperliche Bestandsaufnahme vorangehen müsse, jedoch ergibt sich aus dem Zusammenhang der Regelungen über Vereinfachungen, daß der Gesetzgeber vom Regelfall der körperlichen Bestandsaufnahme zum Stichtag ausgegangen ist.

Der Kaufmann hat die Pflichten, die ihm hinsichtlich Inventur und Inventar nach dem HGB obliegen, auch für steuerliche Zwecke zu erfüllen (§140 AO). In §141 AO wird für einen weiteren bezeichneten Kreis von Steuerpflichtigen durch Verweisung auf handelsrechtliche Vorschriften, darunter auch §§240, 241 HGB, eine entsprechende Verpflichtung begründet. Weitere ins einzelne gehende Regelungen hinsichtlich Inventur und Inventar enthalten die Abschnitte 30 und 31 EStR.

3. Ordnungsmäßigkeitsgrundsätze

In Ausformung der übergreifenden → *Grundsätze ordnungsmäßiger Buchführung* (§243 Abs.1 HGB) sind im Fachschrifttum für den Teilbereich Inventur und Inventar „Grundsätze ordnungsmäßiger Inventur" (GoI) herausgearbeitet worden. Dazu gehören die Grundsätze der *wirtschaftlichen Zuordnung*, der *Vollständigkeit*, der *Richtigkeit*, der *Klarheit*, der *Nachprüfbarkeit*, der *Einzelerfassung* und *Einzelbewertung*. Die im Inventar anzugebenden Werte müssen nicht mit den endgültig bilanzierten Werten übereinstimmen (also noch keine Niederstwertabwertung, keine Ausübung von Bewertungswahlrechten); zur Identifikation der Einzelposten genügen → *Anschaffungskosten* oder innerbetriebliche → *Verrechnungspreise*. Durch Einhaltung der GoI sollen Inventur und Inventar möglichst weitgehend den Anforderungen entsprechen, die zur Erfüllung der *Dokumentationsfunktion* des Inventars (Klarheit für den Kaufmann, Sicherung gegen nachträgliche Manipulationen, Schutz für Gläubiger und für Gesellschafter) notwendig sind.

4. Inventurverfahren und -vereinfachungen

a) Stichtagsinventur. Die früher vorherrschende körperliche Bestandsaufnahme unmittelbar am Bilanzstichtag wird zunehmend nur noch unter überschaubaren Verhältnissen oder für Teile der Vorräte durchgeführt, wenn die Aufnahmearbeiten innerhalb eines Tages bewältigt werden können. Der Ausweitung der Aufnahmearbeiten auf mehrere Tage stehen

Inventur und Inventar

praktische Grenzen entgegen, da entweder Zu- oder Abgänge während der Inventur vollständig unterbunden oder Belege über Zu- oder Abgänge während der Inventur zu den Unterlagen genommen und in das Inventar übergeleitet werden müssen.

b) Permanente Inventur. Das Inventar zum Bilanzstichtag kann aus einer Buchinventur abgeleitet werden, wenn der Bestand der Vermögensgegenstände nach Art, Menge und Wert aus anderen Unterlagen festgestellt werden kann, wenn Erfassung und Aufzeichnung der Zu- und Abgänge zu den buchmäßig nachgewiesenen Vermögensgegenständen den Grundsätzen ordnungsmäßiger Buchführung entsprechen, wenn innerhalb des Jahres nach planmäßiger Rotation jeder einzelne Bestand einmal körperlich aufgenommen wird, über das Ergebnis der Aufnahmen Niederschriften angefertigt sind, Abweichungen zwischen Ist- und Sollbestand untersucht und festgestellte Differenzen in den Fortschreibungsunterlagen berichtigt werden.

c) Vor- oder nachverlegte Stichtagsinventur. Zulässig ist auch, eine körperliche Bestandsaufnahme an einem Tag innerhalb der letzten drei Monate vor oder der ersten beiden Monate nach dem Schluß des Geschäftsjahres durchzuführen (§ 241 Abs. 3 HGB). Dann verzeichnet das Inventar die aufgenommenen und bewerteten Vermögensgegenstände für den abweichenden Aufnahmestichtag; auf den späteren oder den vorangehenden Bilanzstichtag werden die Bestandszu- und -abgänge nur wertmäßig (gruppenmäßig, global) fortgerechnet, so daß das Inventar zum Bilanzstichtag für die so aufgenommenen und fort- und rückgerechneten Bestände nur einen zusammengefaßten Wert enthält. Voraussetzung für die Zulässigkeit ist, daß die Wertfortschreibung bzw. -rückrechnung den Anforderungen ordnungsmäßiger Buchführung entspricht und daß die Gruppenbildung wertmäßig fortzurechnender gleichartiger Vermögensgegenstände den betriebsindividuellen Verhältnissen entspricht und nur Gegenstände mit homogener Preisentwicklung umfaßt. Nicht anwendbar ist das Verfahren für Vorratsposten, die erfahrungsgemäß einem Schwund, Verdunsten, Verderb oder anderen unkontrollierbaren Abgängen unterliegen oder besonders starken Preisschwankungen ausgesetzt sind.

d) Stichprobeninventur. Nach § 241 Abs. 1 HGB darf bei der Aufstellung des Inventars der Bestand der Vermögensgegenstände nach Art, Menge und Wert auch mit Hilfe anerkannter *mathematisch-statistischer Methoden aufgrund von Stichproben* ermittelt werden. Das Verfahren muß den Grundsätzen ordnungsmäßiger Buchführung entsprechen. Der Aussagewert eines so aufgestellten Inventars muß dem eines aufgrund einer körperlichen Bestandsaufnahme aufgestellten Inventars gleichkommen. Zu den Ordnungsmäßigkeitsanforderungen, zu den Problemen und zur Durchführung ist auf die ausführliche Stellungnahme des Hauptfachausschusses des Instituts der Wirtschaftsprüfer 1/1981 i.d.F. 1990, Wpg 1990, S. 649 zu verweisen.

e) Festwertverfahren. Vereinfachend können Vermögensgegenstände mit einer gleichbleibenden Menge und einem gleichbleibenden Wert (Festwert) unter bestimmten Voraussetzungen (§ 240 Abs. 3 HGB) angesetzt werden. Die Voraussetzungen erstrecken sich auf regelmäßigen Ersatz der zusammengefaßten Gegenstände, nachrangige Bedeutung im Verhältnis zur Bilanzsumme, nur geringe Veränderungen hinsichtlich Größe, Wert und Zusammensetzung des zusammengefaßten Bestands und regelmäßige Aufnahme (im allgemeinen zu jedem dritten Bilanzstichtag). Anwendbar nur für bewegliche Gegenstände des *Sachanlagevermögens* (z. B. Werkzeuge, Modelle, Formen, Hotelgeschirr, Laboratoriumseinrichtungen, Gerüst- und Schalungsteile) und für *Roh-, Hilfs- und Betriebsstoffe* (hauptsächlich Verbrauchsstoffe, Reparaturmaterial).

f) Gruppenbewertung. Gleichartige Vermögensgegenstände des Vorratsvermögens sowie andere gleichartige oder annähernd gleichwertige bewegliche Vermögensgegenstände (z. B. Forderungen, Wechsel, Wertpapiere) können jeweils zu einer Gruppe zusammengefaßt und mit dem gewogenen Durchschnittswert angesetzt werden (§ 240 Abs. 4 HGB). Dies dient der Vereinfachung der Bewertungsarbeiten unabhängig davon, ob der Bestand mengenmäßig durch Zählen, Wiegen, Messen oder ein geeignetes Schätzverfahren aufgenommen ist. Gleichartigkeit und Gleichwertigkeit ist nach den betrieblichen Verhältnissen (gleiches Sortiment) zu beurteilen. Unterschied zum Festwertverfahren ist, daß Mengen und Bewertung zu jedem Stichtag neu zu ermitteln sind.

5. Besonderheiten für einzelne Positionen

a) Sachanlagen. Unbewegliche Sachanlagegegenstände werden durch Grundbuchauszüge nachgewiesen. Von der grundsätzlich notwendigen jährlichen körperlichen Aufnahme der beweglichen Sachanlagegegenstände kann abgesehen werden, wenn ein Bestandsverzeichnis laufend fortgeführt wird (→ *Anlagenkartei*) oder soweit es sich um geringwertige Anlagegüter i. S. v. § 6 Abs. 2 EStG handelt, die im Zugangsjahr voll abgeschrieben werden. In der Anlagenkartei müssen für jeden Gegenstand verzeichnet werden Tag der Anschaffung oder Herstellung, Höhe der Anschaffungs- oder Herstellungskosten, Abschreibungsmethode, Tag des Abgangs; fakultativ zusätzlich Restbuchwerte zum jeweiligen Bilanzstichtag, Standort, Inventarnummern. Voraussetzung für den Verzicht auf Inventarisierung geringwertiger Wirtschaftsgüter sind entweder Anschaffungs- oder Herstellungskosten (ohne Vorsteuer) nicht mehr als DM 100,– oder Verbuchung auf einem besonderen Konto oder Erfassung jedes Zugangs in einem besonderen Verzeichnis. Weitere Vereinfachungen bei Festwertbewertung (s. o.).

b) Vorräte. Die oben beschriebenen Inventurverfahren und -vereinfachungen können für einzelne Vorrätegruppen unterschiedlich angewendet oder kombiniert werden, je nach Art des Materials, nach Art der Lagerung, der Organisation und der Qualität der laufenden buchmäßigen Fortschreibungen und der Erfüllung der Voraussetzungen für die Vereinfachungen.

c) Forderungen und Verbindlichkeiten. Das Inventar für Forderungen und Verbindlichkeiten wird in aller Regel durch Buchinventur (Saldenlisten, gegebenenfalls Auflistung oder Ausdruck der offenen Posten zum Stichtag) erstellt. Gruppenbildung und Summenangaben sind zulässig, soweit die Einzelposten aus anderen Unterlagen (Kontokorrent, Nebenbuchführung, Dateien) nachgewiesen werden können.

d) Sonstige Vermögensposten. Bargeld wird zum Stichtag durch Kassenaufnahme und von zwei Personen unterzeichnetes Kassenprotokoll erfaßt. Für Bankguthaben werden die Saldenbestätigungen der kontoführenden Institute aufgelistet. Wertpapiere in Fremdverwahrung werden durch Depotauszug, in Eigenverwahrung durch körperliche Bestandsaufnahme erfaßt. Erworbene immaterielle Vermögensgegenstände werden anhand der Unterlagen in Listen zusammengestellt.

Lit.: Fülling, F.: Grundsätze ordnungsmäßiger Bilanzierung für Vorräte, 1976, S. 32–79; *Husemann, K.-H.:* Grundsätze ordnungsmäßiger Bilanzierung für Anlagegegenstände, 2. Aufl., 1976; *HFA des IDW:* Stellungnahme 1/1990, Zur körperlichen Bestandsaufnahme im Rahmen von Inventurverfahren, in: Wpg 1990, S. 143; *Quick, R.:* Grundsätze ordnungsmäßiger Inventurprüfung, 1991; *Budde, W. D./Kunz, K.:* Beck Bil.-Komm., 3. Aufl., 1995, §§ 240, 241 HGB; *WP-Handb.* 1996, 11. Aufl., 1996, Bd. 1, S. 154–157.

WP Professor Dr. Rudolf Curtius-Hartung, Düsseldorf.

Investition

Autonome Auszahlungen für die Anschaffung oder Herstellung eines Gutes oder Güterverbundes (Investitionsobjekte), durch dessen eigene Nutzung, Vermietung oder Verkauf Einzahlungen oder Minderung von Auszahlungsverpflichtungen für vorhandene Investitionsobjekte erzielt werden. Betriebliche I. können z. B. nach Funktionsbereichen, Güterarten oder bilanzieller Einordnung klassifiziert werden. Nach dem betrieblichen *Funktionsbereich* spricht man beispielsweise von Forschungs-, Fertigungs-, Absatz- und Verwaltungsinvestitionen. Nach der *Güterart* unterscheidet man → *Sachanlage-*, → *Finanzanlage-* und immaterielle Investitionen und bezüglich der *Bilanzierung* zwischen handels- oder steuerrechtlich aktivierungspflichtigen oder -fähigen und nicht aktivierbaren Investitionen (z. B. selbsterstellte I. des → *Anlagevermögens* und des → *Geschäftswertes*). Weiterhin werden nach der Auswirkung auf das betriebliche Leistungspotential → *Gründungs-*, → *Ersatz-*, → *Rationalisierungs-*, → *Diversifikations-* und → *Erweiterungsinvestitionen* unterschieden (→ *Dynamische Investitionsrechnung*).

Lit.: Rückle, D.: Investition, in: HWB, 5. Aufl., 1993, Sp. 1924–1936; *Kruschwitz, L.:* Investitionsrechnung, 6. Aufl., 1995, S. 3ff.

Investitionsausgabe

= Anschaffungsauszahlung.

Mit der Durchführung einer Investition verbundene Ausgaben, wie Ausgaben für die Beschaffung und Herstellung von Gegenständen des → *Anlage-* und → *Umlaufvermögens*, Forschungs- und Entwicklungsausgaben, künftige Ersatzinvestitionen.

Investitionsbilanz

→ *Bewegungsbilanz.*

Investitionsentscheidung

Entscheidung über einzelne Investitionsprojekte und -programme. Der Entscheidungsprozeß läßt sich dabei in 4 Phasen unterteilen:

1. Problemerkennungsphase
2. Suchphase
3. Bewertungsphase
4. Entscheidungsphase

Eine Unterteilung von I. ist

(1) Entscheidung über Durchführung oder Unterlassung einer Investition ohne Rücksicht auf spezifizierte alternative Investitionen.

(2) Auswahl eines einzigen optimalen Investitionsobjektes aus einer genau definierten Menge isolierter, sich gegenseitig ausschließender Alternativen.

(3) Ermittlung der optimalen Nutzungsdauer bzw. des optimalen Ersatzzeitpunktes eines Objektes.

(4) Bestimmung von Umfang und Zusammensetzung des optimalen Investitionsprogrammes, welches aus mehreren sich nicht gegenseitig ausschließenden Investitionsobjekten besteht.

Lit.: Busse von Colbe, W./Laßmann, G.: Betriebswirtschaftstheorie, Bd. 3, 3. Aufl., 1990, S. 10–18; *Hax, H.:* Investitionstheorie, 5. Aufl., 1985 (korrigierter Nachdruck 1993), S. 11ff.

Investitionsfinanzierung

Planung, Bereitstellung sowie Disposition der für die Durchführung eines *Investitionsobjektes* (→ *Investitionsprogramm*) erforderlichen finanziellen Mittel.

Investitions-Finanzierungs-Modelle

→ *Simultane Investitions- und Finanzierungsplanung.*

Investitionshilfen

1. Begriffe. I. sind finanzielle Förderungen privater Investitionen durch die öffentliche Hand. Man unterscheidet direkte und indirekte I. Zu den *direkten* I. gehören *Investitionszulagen* (steuerfreie, nicht rückzahlbare staatliche Geldmittel) und *Investitionszuschüsse* (zu versteuernde, nicht rückzahlbare staatliche Geldmittel). *Indirekte* I. sind *Sonderabschreibungen* und *erhöhte degressive Afa.*

2. Berücksichtigung in der Investitionsrechnung. I. modifizieren die → *Zahlungsreihe* einer Investition.

(1) *Steuerliche Sonderabschreibungen* und erhöhte degressive Afa verändern die Steuerzahlungen (→ *Steuern*).

(2) *Investitionszulagen* erhöhen die mit der Investition verbundenen Einzahlungen.

(3) *Investitionszuschüsse* erhöhen bei *erfolgswirksamer* Verrechnung die Einzahlungsüberschüsse zum Zeitpunkt der Zahlung um (1 – s)x Investitionszuschuß; bei *erfolgsneutraler* Verrechnung ist der Investitionszuschuß als steuerneutrale Einzahlung zu berücksichtigen und gleichzeitig zu beachten, daß die jährlichen Abschreibungen als Folge der Minderung der Anschaffungs- oder Herstellungskosten anteilig um den Investitionszuschuß sinken und damit die Steuern steigen. Un-

ter der Voraussetzung konstanter Steuersätze führt die erfolgsneutrale Verrechnung des Investitionszuschusses zu einem höheren → *Kapitalwert* als Folge des Steuerstundungseffektes und des daraus resultierenden Zinsvorteils.

3. Berücksichtigung im Jahresabschluß.

(1) Die Anwendung von steuerrechtlichen Vorschriften über *Sonderabschreibungen* und erhöhte degressive Afa ist i.d.R. abhängig von der gleichzeitigen Anwendung in der Handelsbilanz (→ *Maßgeblichkeit*).

(2) *Investitionszulagen* werden steuer- und handelsrechtlich sofort erfolgsneutral vereinnahmt (Abschn. 34 Abs. 4 EStR 1990).

(3) Für *Investitionszuschüsse* besteht steuerrechtlich ein Wahlrecht zwischen sofortiger erfolgswirksamer Vereinnahmung und Absetzung von den → *Anschaffungs-* oder → *Herstellungskosten* (Abschn. 34 EStR 1990). Der HFA des IdW sieht jedoch die sofortige erfolgswirksame Vereinnahmung als nicht zulässig an.

Lit.: IASC: IAS 20: Accounting for Government Grants, in: FN 1983, S. 349–352; *HFA des IdW:* Bilanzierungsfragen bei Zuwendungen, dargestellt am Beispiel finanzieller Zuwendungen, in: Wpg 1984, S. 612–615; *Kupsch, P.:* Subventionen, in: HWR, 3. Aufl., 1993, Sp. 1902–1911.

Investitionskalkül

→ *Statische Investitionsrechnung.*

→ *Dynamische Investitionsrechnung unter Sicherheit.*

→ *Dynamische Investitionsrechnung unter Unsicherheit.*

Verfahren zur optimalen Auswahl von einzelnen Investitionsobjekten und ganzen Investitionsprogrammen, z. B. durch *Kostenvergleichsrechnung* (→ *Statische Investitionsrechnung*) oder nach dem → *Kapitalwert.*

Investitionskette

= Investitionsreihe.

→ *Investitionskalkül*, in das außer einem Investitionsobjekt auch seine Nachfolger einbezogen werden. Man unterscheidet in Abhängigkeit vom Planungszeitraum bzw. der Anzahl der Glieder zwischen endlichen und unendlichen I. Eine identische I. liegt vor, wenn für alle Glieder der I. gleiche Größen (Einzahlungen, Auszahlungen) zu berücksichtigen sind.

Investitionskontrolle

Interne Kontrolle der Investitionstätigkeit einer Unternehmung während oder nach der Realisation von Investitionen (→ *Controlling*). Überprüft werden die als Entscheidungskriterium herangezogenen Zielgrößen. I. haben insbesondere Abweichungen zwischen prognostizierten und tatsächlich realisierten Größen festzustellen und Anpassungs- und Korrekturmaßnahmen einzuleiten.

In volkswirtschaftlicher Betrachtung werden als I. Verfahren der staatlichen Investitionslenkung bezeichnet.

Lit.: Lüder, K.: Investitionskontrolle, 1969.

Investitionsplanung

Bestandteil der (langfristigen) Unternehmensplanung (→ *Controlling*). Dabei besteht ein enger Verbund zur Finanz-, Absatz- und Produktionsplanung. Gegenstand der I. sind insbesondere Überlegungen zur Durchführung von → *Ersatz-*, → *Erweiterungs-* und → *Rationalisierungsinvestitionen.*

Lit.: Kloock, J.: Investitionsplanung, in: HWPlan., 1989, Sp. 789–800.

Investitionspolitik

Sämtliche Maßnahmen der Investitionstätigkeit eines Unternehmens bzw. der öffentlichen Hand. Als Bestandteil der Unternehmenspolitik umfaßt sie im wesentlichen die Umsetzung langfristiger Unternehmensziele in investive Maßnahmen sowie die Beseitigung von Problemsituationen durch Investitionen (→ *Controlling*).

Investitions-Produktions-Modelle

→ *Simultane Investitions- und Produktionsplanung.*

Investitionsprogramm

Kombination verschiedener Investitionsprojekte. Zur Optimierung des I. wurden → *Investitionskalküle* entwickelt, z. B. das

→ *Deansche Konzept*, verschiedene → *Simultane Investitionsplanungs-Modelle* für Sachanlagen sowie → *Portfolio-Selection*-Modelle für Wertpapiere.

Investitionsrechnung
→ *Statische I.*
→ *Dynamische I. unter Sicherheit.*
→ *Dynamische I. unter Unsicherheit.*
→ *Mehrfachziele in der I.*
Rechnungsverfahren zur Prüfung der Vorteilhaftigkeit von alternativen → *Investitionen* (Vergleichsrechnung) als statische (kalkulatorische), auf Durchschnittsgrößen basierende (→ *Gewinnvergleichsrechnung*, → *Kostenvergleichsrechnung*) oder dynamische (finanzmathematische), auf den einzelnen Zahlungszeitpunkten basierende I. (→ *interner Zinsfuß*, → *Kapitalwert*).

Investitionsrechnung für öffentliche Investitionen
Bei öffentlichen Investitionen sind neben trägerbezogenen (betriebswirtschaftlichen) Wirkungen auch *trägerexterne* (gesamtwirtschaftliche) *Effekte* einzubeziehen. Daher ist die einzelwirtschaftliche I. durch eine gesamtwirtschaftliche I. zu ergänzen oder zu ersetzen. Verfahren dazu sind bzgl. der monetären Effekte die → *Kosten-/Nutzen-Analyse*, bzgl. der nichtmonetären Wirkungen die gesamtwirtschaftliche → *Nutzwertanalyse*.

Investitionsrechnung in der Praxis
Folgende Aussagen lassen sich aufgrund empirischer Untersuchungen für I. treffen:

(1) Industrielle Großunternehmen verwenden i. d. R. Verfahren der → *statischen* und → *dynamischen Investitionsrechnung*.
(2) Die dynamischen Verfahren der Investitionsrechnung wurden in den letzten Jahren verstärkt eingeführt, ohne die statischen Verfahren voll abzulösen. Dadurch entsteht eine Verfahrensvielfalt innerhalb der Unternehmen. Der → *Internen Zinsfuß-Methode* wird der Vorrang gegenüber der → *Kapitalwertmethode* gegeben.
(3) Das Risiko einer Investition wird am häufigsten durch die → *Amortisationsrechnung* abgeschätzt, daneben auch durch die → *Sensibilitäts-* und die → *Risikoanalyse*.
(4) Die praktische Bedeutung der → *Investitionsprogramm-Planung* für Sachanlagen ist gering, während → *Portfolio-Selection*-Modelle insbesondere von Investmentgesellschaften verwendet werden.

Lit.: *Wehrle-Streif, U.*: Empirische Untersuchungen zur Investitionsrechnung, 1989; *Blohm, H./Lüder, K.*: Investition, 8. Aufl., 1995, S. 50–54 und die dort aufgeführten empirischen Untersuchungen.

Investitionsreihe
= → *Investitionskette*.

Investitionstheoretischer Kostenbegriff
→ *Kosten und Leistung*.

Investitionstheorie
Gesamtheit aller erklärenden (explikative I.) und Gestaltungsaussagen (normative oder präskriptive I.) der Wirtschaftswissenschaft zu unternehmerischen → *Investitionsentscheidungen*. Die betriebswirtschaftliche I. beinhaltet insbesondere → *Investitionskalküle* zur Beurteilung der Vorteilhaftigkeit von Investitionen.

Investitionszulagen
→ *Investitionshilfen*.

Investitionszuschüsse
→ *Investitionshilfen*.

Investment-Center
Organisatorische Einheit, bei der sich die Kompetenz (und Kontrolle) auf → *Kosten*, → *Erlöse* und → *Investitionen* erstreckt.

Investor
I. ist die natürliche bzw. juristische Person (bzw. Personengruppe) oder die öffentliche Körperschaft, die die → *Investitionsentscheidung* trifft und im Zusammenhang mit dem Investitionsobjekt stehende Auszahlungen an die Umwelt leistet sowie entsprechende Einzahlungen von der Umwelt empfängt.

Investor Relations
1. Definition und Zielsetzung. Mit I. wird der zielgerichtete Einsatz von Kommunikationsinstrumenten bezeichnet, der

sich an den Bedürfnissen der Kapitalgeber orientiert und der die Marktwiderstände zwischen Kapitalangebot und Kapitalnachfrage überwinden soll. I. ist insbesondere die Ausgestaltung der Kommunikationspolitik zu dem Anleger oder dem potentiellen Anleger über das Geschehen im Unternehmen, das möglichst transparent für die Investitionsentscheidung gemacht werden soll. Dabei werden drei wesentliche Ziele verfolgt:

- Positive Auswirkung auf den Aktienkurs; große Bedeutung bei Eigenkapitalbeschaffung durch Kapitalerhöhung
- Breite Streuung des Aktienbesitzes; wesentlich für die Stabilität des Börsenkurses
- Geringere Risikoprämie; Anleger verlangen bei zu geringen Informationen über das Unternehmen eine höhere Risikoprämie, die sich auch im Aktienkurs ausdrückt.

2. Kommunikationspolitik und Finanzmärkte. Die Kommunikationspolitik mit den (potentiellen) Aktionären muß auf die Finanzmärkte ausgerichtet sein, die sich das Unternehmen für die Kapitalbeschaffungsmaßnahmen ausgesucht hat. Das können nur die nationalen oder die weltweiten Finanzmärkte sein. Dementsprechend müssen die einzelnen Kommunikationsmittel gestaltet werden. Der Geschäftsbericht muß z. B. bei einer Teilnahme an den internationalen Finanzmärkten in verschiedenen Sprachen veröffentlicht werden und Konferenzen mit den Finanzanalysten müssen sowohl im Inland wie im Ausland an den wichtigsten Börsenplätzen abgehalten werden.

3. Kommunikationsinstrumente. Ein herausragendes Medium ist der → *Geschäftsbericht*, zu dessen Erstellung Publikumsgesellschaften allerdings auch gesetzlich verpflichtet sind. Ihn qualitativ zu verbessern, muß eine wichtige Aufgabe des gesamten Managements des Unternehmens sein. Von ähnlicher Bedeutung sind die → *Zwischenberichte*, die börsennotierte Unternehmen vorlegen müssen. Bilanz- und Imageanzeigen haben hauptsächlich bei einer Börseneinführung große Bedeutung.

Die wichtigste Kommunikationsform ist jedoch die *Diskussion mit den Analysten* sowohl in der Form einer allgemeinen Präsentation als auch eines Einzelgesprächs. Dabei werden die Unternehmensdaten erläutert, z. B. der *Umsatz* nach Produkten und Märkten aufgegliedert, die *Marktstellung* des Unternehmens dargestellt oder *Kapazitätsauslastungen* dargelegt. Außerdem werden die *Finanzdaten* z. B. die → *außerordentlichen Aufwendungen und Erträge* oder die → *Rückstellungen* erläutert. Finanzanalysen können die Bilanzpolitik des Unternehmens mit diesen Informationen besser beurteilen.

Aber ebenso wichtig wie die Erläuterungen der gegenwärtigen Unternehmensdaten ist die *freiwillige* → *Publizität* über die zukünftigen *Unternehmensentwicklungen*, insbesondere über die zukünftigen Wachstumsmöglichkeiten des Unternehmens durch das Angebot neuer Produkte oder Erschließung neuer regionaler Märkte. Wesentlich ist hierbei, daß in die Forschung und Entwicklung des Unternehmens ein Einblick gegeben wird. Die freiwillige Publizität hat ihre Grenzen dort, wo vitale wirtschaftliche Interessen des Unternehmens berührt werden. Meistens ziehen die Unternehmen derartige Grenzen zu eng; es gibt eine Vielzahl von Informationswegen, wie z. B. Verbandsstatistiken oder Forschungsberichte von Kongressen, die einen Zugang zu derartigen Informationen ohnehin ermöglichen.

4. Kontinuität und Vertrauen. Neben der Offenheit ist die Kontinuität wichtig für eine gelungene I.-Politik. Nur durch einen beständigen Einsatz dieses Instrumentes läßt sich unter Wahrung der gegenseitigen Interessenlagen Vertrauen aufbauen. Durch die I.-Aktivitäten erhält der Geschäftsbericht eine neue Bedeutung, denn über den Geschäftsbericht können die Analysten feststellen, ob das Unternehmen in finanzwirtschaftlichen Maßkategorien das geleistet hat, was man in den vorherigen Analystengesprächen als wahrscheinliche Entwicklung dargestellt hat. Vertrauen bei den Teilnehmern am Finanzmarkt kann in Krisensituationen eine negative Entwicklung der Kurse abfedern und die Zugangsmöglichkeit zum Kapitalmarkt erleichtern. Daher ist es erforderlich, daß auf derartigen I.-Veranstaltungen der Vorstand persönlich den Analysten für Gespräche zur Verfügung steht.

Da viele Unternehmen wegen ihrer zunehmenden Größe und ihrer Internationalisierung für den externen Beobachter zu komplexen und nur schwer überschaubaren Gebilden geworden sind, können sie sich nur über eine wirksame I.-Politik eine adäquate Beurteilung durch die Kapitalmarktteilnehmer sichern.

Lit.: Hartmann, H.: Die große Publikumsgesellschaft und ihre Investor Relations, 1968; *Ryder, N./Regester, M.:* Investor Relations, 1988; *Nichols, D.R.:* The Handbook of Investor Relations, 1989; *Link, R.:* Aktienmarketing in deutschen Publikumsgesellschaften, 1991; *Günther, T./Otterbein, S.:* Die Gestaltung der Investor Relations am Beispiel führender deutscher Aktiengesellschaften, in: ZfB 1996, S. 389–417.

Professor Dr. Klaus Pohle, Berlin.

IOSCO

= → *International Organisation of Securities Commissions.*

Irrelevante Kosten

Kosten, die für eine einzelne Entscheidung ohne Bedeutung sind (→ *Kosten, fixe und variable*).

Ist-Inventur

→ *Inventur und Inventar.*

Istkosten

Tatsächlich bei der Herstellung oder dem Vertrieb angefallene → *Kosten* (Begriff der → *Kostenrechnung*).

Istkostenrechnung

→ *Kostenrechnungssysteme.*

Italien

1. Rechtsgrundlagen

Mit dem Gesetz Nr. 69 vom 26.03.1990 wurde die Regierung ermächtigt, die zur Umsetzung der 4. und 7. EG-Richtlinie notwendigen Vorschriften zu erlassen. Aufgrund des §1 Abs. 1 des Gesetzes Nr. 69 wurde das D. L. (Gesetzesdekret) vom 9.4.91 Nr. 127 erlassen, durch das die Rechnungslegungsvorschriften des Codice Civile (Cod. Civ.) Sektion 9 in den §§ 2217 und 2423 bis 2435 neu gefaßt wurden. Die Bewertungsbestimmungen des §2217 gelten für alle Unternehmen, die zur Aufstellung eines Inventars verpflichtet sind, die übrigen Vorschriften nur für Kapitalgesellschaften. Die neuen Vorschriften treten z.T. 1993, für den Konzernabschluß 1994 in Kraft.

Außerdem sind die steuerlichen Vorschriften zu beachten, da die ergebnisabhängigen Steuern nach dem Jahresabschluß bemessen werden. Für die Aufstellung des Jahresabschlusses hat der Consiglio Nationale dei Dottori Commercialisti e dei Ragionieri (Nationaler Rat für Steuerberater und Buchhalter) Grundsätze publiziert. Sie haben jedoch nicht die gleiche Bedeutung wie die → *generally accepted accounting principles* des angelsächsischen Raums, da es in I. an einer entsprechenden Tradition fehlt und es kein „common law“ gibt. Von den an der Börse notierten Gesellschaften kann die CONSOB (Commissione Nationale per le Società e la Borsa) Prospekte und Dokumente fordern. Spezifische Bestimmungen gelten für Kreditinstitute und Versicherungsgesellschaften.

2. Einzelabschluß

a) Bestandteile und Grundsätze. Nach §2423 Cod. Civ. besteht der → *Jahresabschluß* aus der Bilanz (stato patrimoniale), der Gewinn- und Verlustrechnung (conto economico), dem Anhang (nota integrativa) sowie den Anlagen (allegati). Der Jahresabschluß ist klar aufzustellen. Er hat ein „wahrheitsgetreues und korrektes Bild“ der Vermögens-, Finanz- und Ertragslage des Unternehmens zu zeichnen (→ *True and fair view-Prinzip*). Im §2423 werden als Prinzipien für die Aufstellung des Jahresabschlusses die vorsichtige Bewertung, die Unternehmensfortführung (going concern), das Realisationsprinzip, das Stichtagsprinzip, die Einzelbewertung der Bilanzposten und die Bewertungsstetigkeit bestimmt.

Italien

b) Gliederungssystematik. Von den beiden nach der 4. EG-RL zulässigen Formen für die Bilanz entschied sich I. der Rechnungslegungstradition des Landes gemäß für die Kontoform gem. Art. 9 der RL (§ 2424 Cod. Civ.). § 2435 Cod. Civ. ermöglicht den „società minori" (Kleinbetrieben), die Bilanz in vereinfachter Form zu veröffentlichen.

Die Gewinn- und Verlustrechnung ist nach dem → *Gesamtkostenverfahren* mit einer Klassifizierung nach primären Aufwandsarten und dem Ausweis der Gesamtleistung aufzustellen. Diese Gliederung wurde wegen der besseren Verwendung der Daten bezüglich der Wertschöpfung der Unternehmung im nationalen Rechnungssystem vorgezogen. Für die Wahl der Form der GuV war auch das Vorherrschen von Klein- und Mittelbetrieben in I. von Bedeutung.

c) Bewertungsgrundsätze. Neben den in § 2423 Cod. Civ. aufgeführten allgemeinen Bilanzierungs- und Bewertungsgrundsätzen enthält § 2426 Cod. Civ. unter anderem folgende Bewertungsregeln für bestimmte Bilanzpositionen:

Die Vermögensgegenstände sind grundsätzlich zu ihren → *Anschaffungs-* oder → *Herstellungskosten* zu bewerten. Gegenstände des abnutzbaren → *Anlagevermögens* werden planmäßig abgeschrieben. Für das → *Umlaufvermögen* gilt das strenge → *Niederstwertprinzip*.

Aus Art. 33 der 4. EG-RL, der die Rechnungslegung bei Inflation regelt, wurde zwar nicht die Bewertung zu Wiederbeschaffungspreisen oder andere Formen der Berücksichtigung der Inflation übernommen, doch behält sich gem. Art. 33 Abs. 1 c der 4. EG-RL der italienische Gesetzgeber vor, durch periodisches Eingreifen eine Neubewertung des Anlagevermögens gesetzlich zu regeln. Art. 34 der 4. EG-RL, der die Aktivierung der → *Aufwendungen für die Ingangsetzung und Erweiterung* gestattet, wurde transformiert. In Ausnutzung des Wahlrechtes nach Art. 59 der 4. EG-RL ist für die Bewertung von Beteiligungen an assoziierten Unternehmen neben dem Ansatz der → *Anschaffungskosten* die → *Equity-Bewertung* zulässig.

Wenn in Ausnahmefällen die Anwendung einer Rechtsnorm mit der Vermittlung eines „wahrheitsgetreuen und korrekten Bildes" der Lage der Gesellschaft unvereinbar ist, darf gem. § 2423 Cod. Civ. in Übereinstimmung mit Art. 2 Abs. 5 der 4. EG-RL die Norm nicht angewandt werden.

3. Konzernabschluß

a) Aufstellungspflicht und Einbeziehungskreis. Der konsolidierte Jahresabschluß wird mit D. L. 127 geregelt. Die Rechtsnorm ist ab 1994 in verschiedenen Zeitabschnitten je nach Unternehmensgröße anzuwenden. Der → *Konzernabschluß* besteht aus der Konzernbilanz, der Konzerngewinn- und Verlustrechnung und dem Konzernanhang. Die Pflicht, einen Konzernabschluß aufzustellen, besteht für Kapitalgesellschaften, die ein Unternehmen kontrollieren. Sie gilt auch für öffentliche Wirtschaftsgebietskörperschaften (enti pubblici economici), die ausschließlich Handelsaktivitäten ausüben, für Genossenschaften und für Versicherungsanstalten, die eine Kapitalgesellschaft kontrollieren. Die Aufstellungspflicht rechtfertigt sich aus der Bedeutung und der Verbreitung von enti pubblici economici als Konzernleitungen in I. Die Kontrolle kann sowohl durch den Besitz von Beteiligungen, als auch durch den dominierenden Einfluß gewährleistet werden, den die Gesellschaft aufgrund eines Vertrages oder Satzungsbestimmungen („patti di sindacati") auf das kontrollierte Unternehmen ausüben kann. Von der Pflicht zur Konzernrechnungslegung sind Konzerne geringeren Umfangs gem. Art. 6 und 7 der 7. EG-RL mit einer Bilanzsumme bis 10 Mrd. Lire, Außenumsatzerlösen bis zu 20 Mrd. Lire und weniger als 250 Arbeitnehmern (→ *Größenklassen*) und Muttergesellschaften, die ihrerseits von anderen Unternehmen kontrolliert werden (Art. 27 des Gesetzes Nr. 127), ausgenommen. Die Aufstellung des Konzernabschlusses ist jedoch verpflichtend, wenn Anteile oder andere Wertpapiere einer der zum Konzern gehörigen Gesellschaften an der Börse notiert sind.

Grundsätzlich sind alle Tochterunternehmen in den Konzernabschluß einzubeziehen. Ein → *Einbeziehungsverbot* besteht für kontrollierte Gesellschaften, deren Aktivität solche Merkmale aufweist, daß bei ihrer Einbeziehung der Konzernabschluß kein wahrheitsgetreues und korrektes Bild der Vermögens-, Finanz- und Ertragslage des Konzerns ergäbe. Diese Beteiligungen können nach der Equity-Methode bewertet werden. → *Konsolidierungswahlrechte* bestehen in den Fällen, in denen die Einbeziehung der kontrollierten Unternehmen irrelevant oder zu kostspielig wäre, der dominierende Einfluß der Muttergesellschaft erheblichen Einschränkungen unterliegt oder die Beteiligung an dem kontrollierten Unternehmen zur Veräußerung bestimmt ist. Die vom Konzernabschluß ausgeschlossenen Beteiligungen müssen in diesen Fällen im Konzernabschluß zu → *Anschaffungskosten* bewertet werden.

Der Konzernabschluß ist auf den Stichtag des Abschlusses der Muttergesellschaft aufzustellen. Wenn Abschlüsse einbezogener Unternehmen davon abweichen, sieht das Gesetz Zwischenabschlüsse für sie vor.

b) Konsolidierungsmaßnahmen. Nach Art. 31 des D. L. 127 sind Aktiva und Passiva sowie Aufwendungen und Erträge der in den Konzernabschluß einbezogenen Unternehmen vollständig in den Konzernabschluß aufzunehmen. Der Gesetzgeber hat sich für die Vollkonsolidierungsmethode entschieden. Die Quotenkonsoldierung wird für die Beteiligungen an Unternehmen angewandt, die gemeinsam mit konzernfremden Gesellschaftern kontrolliert werden (→ *Quotenkonsolidierung*).

Die Vollkonsolidierungsmethode sieht die Aufrechnung von Beteiligungsbuchwerten gegen das anteilige Eigenkapital, die Eliminierung konzerninterner Kredite und Schulden sowie der Aufwendungen und Erträge, die aus konzerninternen Lieferungen und Leistungen resultieren, vor. Die → *Kapitalkonsolidierung* wird in Art. 33 geregelt. Ein Unterschiedsbetrag ist soweit möglich den Aktiva oder Passiva der in den Konzernabschluß einbezogenen Unternehmen zuzuordnen. Eine positive Differenz wird als Firmenwert aktiviert und in der Folgezeit in der konsolidierten Gewinn- und Verlustrechnung abgeschrieben oder von den Konzernrücklagen erfolgsneutral abgezogen. Ein negativer Restbetrag wird, wenn eine ungünstige ökonomische Entwicklung zu erwarten ist, in einen „Konsolidierungsfonds für Risiken und zukünftige Aufwendungen" eingestellt; andernfalls wird er als Rücklage ausgewiesen. Die → *Schuldenkonsolidierung*, die Eliminierungvon Zwischenerfolgen sowie die → *Aufwands- und Ertragskonsolidierung* sind in Art. 31 des Gesetzes Nr. 127 nach den Vorschriften der 7. EG-RL in italienisches Recht umgesetzt worden.

Lit.: Ferrero, G.: Il calcolo economico del reddito di esercizio e del capitale di bilancio, 1968; *Amaduzzi, A.:* I bilanci di esercizio delle imprese, 3. Aufl., 1981; *Passaponti, B.:* Il bilancio dell'azienda elettrica nel quadro dei bilanci a contenuto obbligatorio, 1990; *Superti-Furga*, F.: Il bilancio di esercizio italiano secondo la normativa europea, 1991; *Dezzani, F./Pisoni, P./Puddu, L.:* Il bilancio di esercizio e la IV. Direttiva, 1991; *Paolone*, G.: Il bilancio di esercizio delle imprese in funzionamento e dei gruppi societari, 1992; *Terzani, S.:* Il bilancio consolidato, 4. Aufl., 1992; *Abate, M.* (Editor): Codice Civile e leggi complementari, 1992; *Latini, R./Alexander, D.:* Italy, in: Alexander, D./Archer, S.: The European Accounting Guide, 1992, S. 317–364; *Galassi, G.:* Italien, in: HWR, 3. Aufl., 1993, Sp. 978–988; *Riccaboni, A./Ghirri*, R.: Italy, in: Institute of Chartered Accountants in England and Wales (Hrsg.): European Financial Reporting, 1993; *Zambon, S./Saccon, C.:* Accounting change in Italy, in: European Accounting Review, 1993, S. 245–284.

Professor Dr. Rosella Ferraris Franceschi, Pisa.

Jahresabschluß (Funktionen)

1. Einführung

Der formale Aufbau und die sachliche Ausgestaltung des J. und des → *Konzernabschlusses* werden durch die → *Grundsätze ordnungsmäßiger Buchführung* (GoB) bestimmt. Diese werden meist deduktiv aus den Funktionen des J. abgeleitet. Die Jahresabschlußziele und die aus ihnen hergeleiteten formalen und sachlichen Ausgestaltungsregeln bilden gemeinsam den Inhalt einer → *Bilanztheorie*.

Dem handelsrechtlichen Einzelabschluß liegen verschiedene Bilanzauffassungen zugrunde; ein weitgehender Konsens besteht aber hinsichtlich drei primärer Funktionen des J.

2. Funktionen des Einzelabschlusses

a) Dokumentationsfunktion. Der J. entsteht durch die Bündelung von Buchhaltungszahlen (→ *Buchhaltung, kaufmännische*) und führt durch die Formvorschriften der §§243–245, 257–261 HGB zur Sicherung von Urkundenbeständen gegen nachträgliche Inhaltsänderungen (*Stützel*, 1967). Hierdurch soll in aktuellen und potentiellen Rechtsstreitigkeiten jederzeit nachprüfbar sein, inwiefern tatsächliche oder vermeintliche Pflichtverletzungen des Kaufmanns oder vertretungsberechtigter Personen vorliegen; im Insolvenzfall kann aus ihm abgeleitet werden, welche Vermögensgegenstände und Schulden dem insolventen Unternehmen zuzurechnen sind. Die Dokumentationsfunktion liegt im Interesse aller am Rechtsverkehr teilnehmenden Personen und ist für die mit der Schlichtung beauftragten Personen von großer Bedeutung.

b) Ausschüttungsbemessungsfunktion. Klassische Aufgabe des J. von → *Personengesellschaften* und → *Kapitalgesellschaften* ist die *Gewinnermittlung* als Grundlage der → *Gewinnverwendung* für die Anteilseigner. Die Ausschüttungsbemessungsfunktion ist für Personengesellschaften in §120 Abs. 1 HGB (OHG) bzw. §167 Abs. 1 HGB (KG) und für Kapitalgesellschaften in §58 AktG (AG und KGaA) bzw. §29 Abs. 1 GmbHG (GmbH) kodifiziert. Da für Kapitalgesellschaften die Haftung auf das Gesellschaftsvermögen beschränkt ist, soll die Gewinnermittlung sowohl die Interessen der Gläubiger durch Bilanzansatzverbote und Bewertungsobergrenzen bei den → *Vermögensgegenständen* bzw. -untergrenzen bei den → *Rückstellungen* und → *Verbindlichkeiten* (→ *Höchstausschüttung*) als auch die der Anteilseigner durch Bilanzansatzpflichten und Bewertungsuntergrenzen der Aktiva bzw. -obergrenzen der Passiva (→ *Mindestausschüttung*) berücksichtigen (→ *Anlegerschutz*). Die von den Management- eventuell abweichenden Anteilseignerinteressen hinsichtlich der Ausschüttung des ermittelten Gewinns werden durch Regulierungen zur Kompetenzverteilung bei der → *Gewinnverwendung* bedacht (§119 i. V. m. §58 AktG, §29 GmbHG).

Da den handelsrechtlichen Rechnungslegungsvorschriften die → *Substanz- und Kapitalerhaltungskonzeption* der Nominalkapitalerhaltung zugrundeliegt, entsteht ein zur Ausschüttung verwendbarer Gewinn in Höhe des Betrages, der über den Geldbetrag des Eigenkapitals des vorangegangenen Bilanzierungszeitpunktes erwirtschaftet wurde.

Auch für die Ermittlung der *steuerlichen Leistungsfähigkeit* und den daraus abgeleiteten *ergebnisabhängigen Steuerzahlungen* (z. B. Einkommen- und Körperschaftsteuer) wird über die → *Maßgeblichkeit der Handelsbilanz für die Steuerbilanz* (§5 Abs. 1 EStG) der handelsrechtliche J. zugrunde gelegt.

c) Informationsfunktion. Die Informationsfunktion des J. ist hinsichtlich des Umfanges und des Adressatenkreises zu differenzieren. Durch die Pflicht zur Aufstellung eines J. gem. §242 HGB wird dem Kaufmann auferlegt, sich jährlich einen Überblick über seine Vermögenslage und die damit verbundene Möglichkeit zur

Jahresabschluß (Funktionen)

Schuldenbegleichung zu verschaffen. Dieser Zwang zur *Selbstinformation* dient auch den Gläubigern und allen am Fortbestand des Unternehmens interessierten Personen.

Für Kapitalgesellschaften soll durch die zusätzliche Pflicht zur → *Publizität* des J. gem. § 325 HGB gewährleistet werden, daß sich alle am Unternehmen interessierten Personen (*Anteilseigner, Arbeitnehmer, Gläubiger, Kunden, Lieferanten* und wegen der volkswirtschaftlichen Bedeutung der Unternehmen auch die *allgemeine Öffentlichkeit*) ein eigenständiges Urteil über die wirtschaftliche Lage der Gesellschaft bilden können. Weil die Rechnungslegungsadressaten teilweise gegeneinander gerichtete Informationsinteressen besitzen, ist keine umfassende und sichere Information aller Jahresabschlußadressaten beabsichtigt, sondern es wird als *Kompromiß* eine Informationsverteilung zwischen den verschiedenen Bilanzadressaten angestrebt. Dies wird auch aus der Generalklausel des § 264 Abs. 2 HGB deutlich, wonach der J. einer Kapitalgesellschaft ein den tatsächlichen Verhältnissen entsprechendes → *Bild der Vermögens-, Finanz- und Ertragslage* zu vermitteln hat.

Wird eine Kapitalgesellschaft in der Rechtsform der AG geführt und liegt eine *personelle Trennung* von Unternehmensführung und -eigentümern vor, so dient der J. wegen der durch § 131 AktG eingeschränkten Auskunftsrechte der Anteilseigner insbesondere ihnen als *Rechenschaftsinstrument*, mit dem sie die wirtschaftlichen Konsequenzen der Handlungen der Leitungsorgane überwachen können (→ *Principal-Agent*).

Für die Rechenschaftslegung müssen die Jahresabschlüsse vorwiegend vergangenheitsorientiert ausgerichtet werden. Durch spezielle → *Bilanzanalyse*techniken wird dennoch versucht, aus ihnen auch die für Entscheidungen der Unternehmensbeteiligten relevanten Informationen, wie z. B. über die künftige Gewinnentwicklung oder die Insolvenzgefährdung eines Unternehmens, herauszufiltern. Aus den Ergebnissen vorliegender empirischer Untersuchungen zur Nützlichkeit der Jahresabschlußdaten ist zu schließen, daß derartige entscheidungsrelevante Prognoseinformationen aus den Jahresabschlußdaten abgeleitet werden können (→ *Empirische Jahresabschlußforschung*).

2. Funktionen des Konzernabschlusses

Der Konzernabschluß als J. der wirtschaftlichen Einheit Konzern unterscheidet sich vom Einzelabschluß durch die ihm zugrundeliegende Abgrenzung zwischen Unternehmen und Umwelt. Da er nach der → *Fiktion der rechtlichen Einheit* erstellt wird, ist er mit ihm aber im wesentlichen vergleichbar hinsichtlich des Rechnungslegungsmodells, mit dem die Transaktionen zwischen Konzern und Umwelt abgebildet werden. Folglich könnte er die Funktionen des J. übernehmen, deren Erfüllung im Einzelabschluß durch die Konzernbildung besonders beeinträchtigt wird.

a) Dokumentationsfunktion. Im Gegensatz zum Einzelabschluß kommt dem Konzernabschluß eine Dokumentationsfunktion *nicht* zu. Dies wird bereits daran deutlich, daß eine formelle Feststellung des Konzernabschlusses nicht erforderlich ist. Da alle rechtlich selbständigen Unternehmen – unabhängig davon, ob sie einem Konzernverbund angehören – gem. § 238 HGB verpflichtet sind, Handelsbücher zu führen, die alle Geschäftsvorfälle mit Konzernunternehmen und mit konzernfremden Gesellschaften aufgezeichnet werden, und weil in einem Rechtsstreit vorwiegend die rechtliche Unternehmensabgrenzung herangezogen wird, ist die Dokumentationsfunktion des Einzelabschlusses durch die Konzernbildung grundsätzlich nicht berührt. Für Unternehmen, die in einem faktischen Konzernverhältnis stehen, hat der Vorstand der Tochtergesellschaft gem. §§ 312f. AktG einen → *Abhängigkeitsbericht* zu erstellen und vom → *Wirtschaftsprüfer* prüfen zu lassen. Hierdurch wird die Beweisführung hinsichtlich der internen Konzernbeziehungen zusätzlich erleichtert. Insofern erscheint eine Dokumentationsfunktion des Konzernabschlusses auch nicht notwendig.

b) Ausschüttungsbemessungsfunktion. Dem Konzernabschluß wird de lege lata auch eine Ausschüttungsbemessungsfunktion *unmittelbar nicht* übertragen. Im Unternehmensverbund können jedoch einerseits aus Sicht des Konzerns als Einheit gegenüber Dritten realisierte Gewinne zwischen Konzernunternehmen verlagert und andererseits für den Konzern noch nicht realisierte Gewinne bei den Konzernunternehmen als realisiert ausgewiesen werden. Hierdurch kann die Konzernleitung auf die Gewinnermittlung und damit auch auf die *Kompetenzverteilung* hinsichtlich der Gewinnverwendung innerhalb des Konzerns gestaltend einwirken. Die damit verbundene mögliche Einschränkung der *Ausschüttungsbemessungsfunktion des Einzelabschlusses* wird in der betriebswirtschaftlichen und juristischen Literatur diskutiert. Auch die Bindung der Ausschüttung an das Konzernergebnis wird trotz der fehlenden Rechtspersönlichkeit des Konzerns vereinzelt vorgeschlagen (*Busse von Colbe*, 1987).

Obwohl der Konzernabschluß auch für die *steuerliche Gewinnermittlung* nicht unmittelbar herangezogen wird, bestehen im Steuerrecht über die körperschaft-, gewerbe- und umsatzsteuerliche *Organschaft* bzw. über das *Schachtelprivileg* bei der Vermögensteuer erste Ansätze zu einer *Konzernbesteuerung*. Diese werden jedoch durch die steuerlichen Berechnungsformeln für konzerninterne Verrechnungspreise, bei deren Über- bzw. Unterschreitung eine verdeckte Gewinnausschüttung bzw. eine Kapitaleinlage angenommen wird, teilweise wieder aufgehoben. Eine am Konzernabschluß bemessene Einheitsbesteuerung gibt es im Gegensatz zu einigen anderen Staaten bisher in Deutschland nicht.

c) Informationsfunktion. Primäre Aufgabe des Konzernabschlusses ist die *Informationsvermittlung* für den *Aufsichtsrat* und die *Anteilseigner der Muttergesellschaft* (§337 AktG, §42a Abs.4 GmbHG). Gem. §297 Abs.2 HGB hat der Konzernabschluß ein den tatsächlichen Verhältnissen entsprechendes Bild der *Vermögens-*, *Finanz-* und *Ertragslage* des Konzerns zu vermitteln.

Durch die Möglichkeit zu Sachverhaltsgestaltungen im Konzern kann die Unternehmensleitung Einfluß auf den Ausweis der Vermögens-, Finanz- und Ertragslage der einzelnen Konzerngesellschaften ausüben. Die Anteilseigner der Muttergesellschaft erhalten dann aus dem Einzelabschluß lediglich Teilinformationen über die wirtschaftliche Entwicklung der Unternehmensgruppe, die zudem noch durch konzerninterne Geschäftsbeziehungen verzerrt sein können. Daher soll der Konzernabschluß als *Zusatzinformationsinstrument* die Angaben des Einzelabschlusses ergänzen und mit diesem zusammen für einen vergleichbaren Informationsstand der Konzernbeteiligten sorgen, wie ihn z.B. auch die Anteilseigner einer rechtlich und wirtschaftlich selbständigen Einzelgesellschaft erhalten. Daß die Anteilseigner des Mutterunternehmens aus den konsolidierten Daten nützliche Informationen ziehen können, kann aus den Ergebnissen empirischer Untersuchungen geschlossen werden (*Pellens*, 1989). Wegen der Publizitätspflicht gem. §325 Abs.3 HGB ist der Kreis der Konzernabschlußadressaten nicht auf den Aufsichtsrat und die Gesellschafter des Mutterunternehmens beschränkt. Auch andere Konzernbeteiligte, wie z.B. mit dem Konzern verbundene *Minderheitsgesellschafter*, *Arbeitnehmer*, *Gläubiger*, *Kunden*, *Lieferanten* und die *allgemeine Öffentlichkeit* können sich aus den publizierten Konzerndaten ein Urteil über die wirtschaftliche Entwicklung des Konzerns bilden. Wie mit dem Einzelabschluß wird damit eine Informationsverteilung zwischen den verschiedenen Rechnungslegungsadressaten angestrebt. Außer von diesen externen Adressatengruppen kann der Konzernabschluß auch von den Leitungsorganen des Konzerns als Instrument zur konzerninternen Steuerung und Kontrolle verwendet werden.

3. Jahresabschlußaufgaben nach US-GAAP und IAS

Anders als im handelsrechtlichen Rechnungslegungssystem steht bei der Rechnungslegung nach → *US-GAAP* und → *IAS* die *Informationsfunktion* als zentrale Aufgabe im Vordergrund. Jahresabschlüsse sollen insbesondere den Eigen- und Fremdkapitalgebern relevante Informationen für wirtschaftliche Entscheidungen, die das Unternehmen betreffen, vermitteln. Jahresabschlußdaten sollen hierbei zum einen zur

- Prognose künftiger Zielgrößen, wie z.B. → *Gewinn je Aktie* bzw. → *Cash-Flow je Aktie*, und zum anderen zur
- Überprüfung der Erwartungen im Rahmen einer Soll-Ist-Analyse der Zielgrößen *Gewinn je Aktie* bzw. *Cash-Flow je Aktie* dienen.

Als potentielle Nutzer der Jahresabschlußinformationen werden neben den Kapitalgebern u.a. auch Lieferanten, Kunden und Arbeitnehmer genannt. Aufgrund der Dominanz der Informationsfunktion erscheint es naheliegend, daß der Konzernabschluß als vorrangiges Informationsinstrument gegenüber dem Einzelabschluß angesehen wird.

Lit.: Stützel, W.: Bemerkungen zur Bilanztheorie, in: ZfB 1967, S. 314–340; *Moxter, A.:* Bilanzlehre, Bd. 1, 3. Aufl., 1984 (Nachdruck 1991); *Schildbach, T.:* Jahresabschluß und Markt, 1986; *Busse von Colbe, W.:* Der Konzernabschluß als Bemessungsgrundlage für die Gewinnverwendung, in: Havermann, H. (Hrsg.): Bilanz- und Konzernrecht, FS für Goerdeler, 1987, S. 61–77; *Wilsdorf, F.:* Rechnungslegungszwecke der Handelsbilanz und Steuerbilanz nach Bilanzrichtlinien-Gesetz, 1988; *Pellens, B.:* Der Informationswert von Konzernabschlüssen, 1989; *Busse von Colbe, W./Ordelheide, D.:* Konzernabschlüsse, 6. Aufl., 1993, S. 13–25; *Streim, H.:* Grundzüge der handels- und steuerrechtlichen Bilanzierung, 2. Aufl., 1993; *Baetge, J.:* Konzernbilanzen, 2. Aufl., 1995, S. 20–40; *Beatge, J.:* Bilanzen, 4. Aufl., 1996, S. 50–64; *Coenenberg, A.G.:* Jahresabschluß und Jahresabschlußanalyse, 16. Aufl., 1997, S. 8–34; *Pellens, B.:* Internationale Rechnungslegung, 1997, S. 128–157, 405–418; *Schneider, D.:* Betriebswirtschaftslehre, Band 2: Rechnungswesen, 2. Aufl., 1997.

Prof. Dr. Bernhard Pellens, Bochum.

Jahresabschluß (Regelung)

1. Rechtsgrundlagen

a) Das Bilanzrichtlinien-Gesetz. Durch das → *Bilanzrichtlinien-Gesetz* vom 19.12.1985 ist für die externe Rechnungslegung der Kaufleute eine einheitliche Rechtsgrundlage geschaffen worden. Im Dritten Buch des HGB finden sich in den §§ 238–263 die Vorschriften für die Buchführung und für den J. (*annual accounts; financial statements*), die für *alle Kaufleute* i.S.d. HGB gelten, in den §§ 264–288 die ergänzenden Vorschriften für den Einzelabschluß und in den §§ 290–314 für den → *Konzernabschluß* von Kapitalgesellschaften (AG, KGaA und GmbH). Die ergänzenden Vorschriften für den J. von → *Kapitalgesellschaften* entsprechen den Regelungen der vierten EG-Richtlinie, durch die die nationalen Gesetzgeber verpflichtet wurden, die Regeln für den J. der Kapitalgesellschaften an die Normen der EG anzupassen. Die Vorschriften über den J. im HGB werden durch rechtsformabhängige Regelungen im AktG, GmbHG und im GenG sowie durch wirtschaftszweigabhängige Vorschriften im VAG und im KWG ergänzt. Das PublG enthält schließlich Sonderregelungen für Nicht-Kapitalgesellschaften, die bestimmte Größenmerkmale (regelm.: Bilanzsumme, Umsatzerlöse und Zahl der Mitarbeiter) überschreiten.

b) Rechnungslegungsgesetz für die Republik → Österreich. Mit dem Rechnungslegungsgesetz vom 28.6.1990 hat *Österreich* die Vorschriften der 4. und 7. EG-Richtlinien weitgehend übernommen und die externe Rechnungslegung für alle Kaufleute und ergänzend für Kapitalgesellschaften in enger Anlehnung an die deutschen Vorschriften im Dritten Buch des österreichischen HGB (öHGB) in den §§ 189–283 neu geregelt. Die Neuregelungen enthalten auch Vorschriften über den Konzernabschluß von Kapitalgesellschaften sowie über die Prüfung und Veröffentlichung des Jahres-

und Konzernabschlusses von Kapitalgesellschaften.

c) Die Generalnormen. Der Begriffsinhalt des J. ist für alle Kaufleute durch die §§243ff. HGB festgelegt; er besteht aus der Bilanz und aus der → *Gewinn- und Verlustrechnung.* Als Generalnorm (Aufstellungsgrundsatz) stellt das Gesetz lediglich fest, daß der J. den → *Grundsätzen ordnungsmäßiger Buchführung* zu entsprechen habe, daß er *klar und übersichtlich* sein müsse und in deutscher Sprache sowie in DM innerhalb der einem ordnungsmäßigen Geschäftsgang entsprechenden Zeit aufzustellen sei. Für Kapitalgesellschaften gilt nach §264 HGB entsprechend den EG-Vorschriften eine erweiterte Generalnorm: Der J. ist durch einen → *Anhang* zu ergänzen, der mit der Bilanz und der GuV eine Einheit bildet; der J. ist grundsätzlich innerhalb von drei Monaten aufzustellen und er hat unter Beachtung der GoB „ein den tatsächlichen Verhältnissen entsprechendes → *Bild der Vermögens-, Finanz- und Ertragslage* zu vermitteln"; im Anhang sind darüber hinaus zusätzliche Angaben zu machen, wenn besondere Umstände dazu führen, daß Bilanz und GuV ein den tatsächlichen Verhältnissen entsprechendes Bild nicht vermitteln. Die Bedeutung dieser erweiterten Generalnorm für die Aufstellung des J. ist z.Zt. noch umstritten. Die herrschende Meinung geht dahin, daß diese Generalnorm nicht als „overriding principle" i.S. des angelsächsischen Rechts, sondern als Generalnorm im kontinentalen Sinn zu verstehen ist. Danach besteht eine Rangordnung der anzuwendenden Vorschriften: Es sind in erster Linie die auf den konkreten Fall anwendbaren Einzelvorschriften zu beachten und erst dann, wenn Regelungslücken verbleiben, ist auf die Generalnorm zurückzugreifen.

d) Die Grundsätze ordnungsmäßiger Buchführung. Die Generalnormen verlangen die Beachtung der → *Grundsätze ordnungsmäßiger Buchführung* (GoB). Bei den GoB handelt es sich um Rechtsnormen, deren Inhalt unbestimmt ist; sie müssen deshalb grundsätzlich im Einzelfall aus den Zwecken der Rechnungslegung und des J. (→ *Jahresabschluß (Funktionen))* abgeleitet werden.

2. Bilanzierungsvorschriften und -grundsätze

Der Grundsatz der Vollständigkeit verlangt die Aufnahme sämtlicher Vermögensgegenstände (→ *Vermögensgegenstand/Wirtschaftsgut*), Rechnungsabgrenzungsposten und Schulden in die Bilanz (§242 Abs.1 HGB; → *Eröffnungsbilanz* und J.). Der Nachweis erfolgt im Inventar (→ *Inventur und Inventar*) nach §§240, 241 HGB.

a) Vermögensgegenstände. Für alle Vermögensgegenstände besteht eine Bilanzierungspflicht. Eine Ausnahme besteht nur für → *immaterielle Vermögensgegenstände* des Anlagevermögens, die nicht entgeltlich erworben worden sind. Ein ausdrückliches Bilanzierungsverbot besteht für *Gründungsaufwendungen* und für Aufwendungen zur Beschaffung des Eigenkapitals (§248 HGB).

b) Bilanzierungshilfen und Firmenwert. Ausnahmeregelungen bestehen auch für sog. → *Bilanzierungshilfen.* Kapitalgesellschaften dürfen → *Aufwendungen für die Ingangsetzung und Erweiterung des Geschäftsbetriebs* (§269 HGB) sowie aktive → *Latente Steuern* (§274 Abs.2 HGB) in die Bilanz einstellen. Da die Bilanzierungshilfen keine Vermögensgegenstände sind, besteht eine Abschreibungspflicht (→ *Abschreibungen*); Gewinnausschüttungen (→ *Gewinnverwendung*) sind nur zulässig, wenn die nach der Ausschüttung verbleibenden frei verwendbaren Gewinnrücklagen einschl. der Vorträge den aktivierten Bilanzierungshilfen mindestens entsprechen. Kompromißcharakter trägt auch der → *Geschäftswert (Firmenwert).* Für ihn besteht ein Aktivierungswahlrecht nach §255 Abs.4 HGB; er ist entweder mit mindestens 25% jährlich oder aber planmäßig über die Nutzungsdauer abzuschreiben.

c) Schulden und Rückstellungen. Passivierungspflichtig sind sämtliche unbedingten Verbindlichkeiten und passive Latente Steuern (§274 Abs.1 HGB). Eine Passivierungspflicht besteht ferner für die folgenden → *Rückstellungen:* Rückstellungen für ungewisse Verbindlichkeiten und für drohende Verluste aus schwebenden Geschäften (§ 249 Abs. 1 Satz 1 HGB), Rückstellungen für Gewährleistungen, die ohne rechtliche Verpflichtung erbracht werden, Rückstellungen für unterlassene Reparaturen, wenn diese innerhalb von drei Monaten nachgeholt werden, und Rückstellungen für Abraumbeseitigung bei Nachholung im folgenden Geschäftsjahr (§ 249 Abs. 1 Satz 2 HGB). Für andere → *Aufwandsrückstellungen* nach § 249 Abs. 1 Satz 3 und Abs. 2 HGB besteht ein Ansatzwahlrecht.

d) Rechnungsabgrenzungsposten. Als Rechnungsabgrenzungsposten sind nach § 250 HGB auf der Aktivseite Ausgaben vor dem Abschlußstichtag, die Aufwand für eine bestimmte Zeit nach dem Abschlußstichtag darstellen, auf der Passivseite die entsprechenden Einnahmen, die Erträge für eine bestimmte Zeit nach dem Abschlußstichtag darstellen, auszuweisen. In den aktiven Rechnungsabgrenzungsposten dürfen unter bestimmten Bedingungen auch Zölle und Verbrauchsteuern (§ 250 Abs. 1 Nrn. 1 u. 2 HGB) sowie das Disagio (§ 250 Abs. 3 HGB) ausgewiesen werden.

e) Eigenkapital. Das → *Eigenkapital* stellt den Differenzposten zwischen den Aktiva und den Verbindlichkeiten, Rückstellungen und passiven Rechnungsabgrenzungsposten dar. Im J. von Kapitalgesellschaften sind nach § 272 i. V. m. § 266 Abs. 3 HGB gesondert zu erfassen: Das „gezeichnete Kapital“, die „Kapitalrücklagen“, die „Gewinnrücklagen“ (ggf. aufgegliedert), der „Gewinnvortrag/Verlustvortrag“, der „Jahresüberschuß/Jahresfehlbetrag“ und ggf. der „Bilanzgewinn/Bilanzverlust“ (§ 268 Abs. 1 HGB).

f) Sonderposten mit Rücklageanteil. Einen Mischposten stellen schließlich die → *Sonderposten mit Rücklageanteil* (§§ 247 Abs. 3, 273 HGB) dar. Es handelt sich in erster Linie um (steuerfreie) Rücklagen, die nach ihrer Auflösung zu versteuern sind. Sie enthalten damit sowohl einen Eigenkapitalanteil als auch einen Fremdkapital- (Rückstellungs-) Anteil.

Zum Ausweis der Unterschiedsbeträge zwischen „richtigen“ handelsrechtlichen und steuerlich induzierten niedrigeren Wertansätzen in der Bilanz vgl. § 281 HGB.

3. Bewertungsvorschriften und -prinzipien

Das Bewertungsrecht für alle Kaufleute stimmt nur teilweise mit dem Bewertungsrecht für Kapitalgesellschaften überein. Es bestehen aber für alle Gruppen gemeinsame → *Bewertungsprinzipien.*

a) Allgemeine Bewertungsprinzipien. Ein Teil der Bewertungsprinzipien ist in § 252 Abs. 1 HGB kodifiziert: Es handelt sich um die Grundsätze der *Bilanzidentität*, der *Unternehmensfortführung (going-concern)*, der *Einzelbewertung*, der *vorsichtigen Bewertung*, um das *Stichtagsprinzip*, um das → *Realisationsprinzip* bei dem Gewinnausweis, um das Prinzip der *Abgrenzung von Aufwendungen und Erträgen* sowie um den (im kodifizierten Handelsrecht neuen) Grundsatz der → *Bewertungsstetigkeit.* Abweichungen von diesen Grundsätzen sind nur in begründeten Ausnahmefällen zulässig; für Kapitalgesellschaften besteht in Fällen der Abweichung eine Begründungs- und Angabepflicht im Anhang.

b) Bewertungs-Einzelvorschriften für alle Kaufleute. Obergrenze der Bewertung auf der Aktivseite sind in allen Fällen die → *Anschaffungs-* oder → *Herstellungskosten* der Vermögensgegenstände des → *Anlagevermögens*, deren Nutzung zeitlich begrenzt ist; sie müssen nach § 253 Abs. 2 HGB planmäßig abgeschrieben werden (→ *Abschreibungen*). Die um diese Abschreibungen verminderten (fortgeführten) Anschaffungs- oder Herstellungskosten bilden in den Folgejahren die Bewertungsobergrenze. In drei Fällen können/müssen für Gegenstände des Anlagevermögens (noch) niedrigere Werte angesetzt werden: (1) Bei voraussichtlich *dauernden Wertminderungen* ist der niedrigere beizulegende Wert anzusetzen; bei vorübergehender Wertminderung darf dieser Wert angesetzt werden (§ 253 Abs. 3 HGB). Darunterliegende Wertansätze sind (2) *„nach vernünftiger kaufmännischer Beurteilung“* möglich (§ 253 Abs. 4 HGB). Es können (3) niedrigere *Werte aus der* → *Steuerbilanz* übernommen werden (§ 254 HGB).

Auch Gegenstände des → *Umlaufvermögens* können höchstens mit ihren Anschaffungs- oder Herstellungskosten bewertet werden. Nach dem sog. *strengen Niederstwertprinzip* müssen sie auf den niedrigeren, sich aus einem Börsen- oder Marktpreis ergebenden Wert bzw. auf den niedrigeren beizulegenden Wert außerplanmäßig abgeschrieben werden, und zwar unabhängig von der voraussichtlichen Dauer der Wertminderung (§ 253 Abs. 1 Satz 1 und 2 HGB). Eine *Durchbrechung des Stichtagsprinzips* stellt die Möglichkeit dar, (noch) niedrigere Wertansätze zu wählen, „um zu verhindern, daß in der nächsten Zukunft der Wertansatz... auf Grund von Wertschwankungen geändert werden muß" (= *Zukunftswert* nach § 253 Abs. 2 Satz 3 HGB). *Niedrigere Werte* nach „vernünftiger kaufmännischer Beurteilung" und/oder aus der *Steuerbilanz* können auch bei dem Umlaufvermögen angesetzt werden.

Die angesetzten niedrigeren Werte von Gegenständen des Anlage- und des Umlaufvermögens können in späteren Jahren auch dann beibehalten werden, wenn die Gründe für die Wertminderungen fortgefallen sind (= Beibehaltungswahlrecht nach § 253 Abs. 5 HGB). Die Passiva sind nach § 253 Abs. 1 Satz 2 HGB zu bewerten: → *Verbindlichkeiten* sind mit dem *Rückzahlungsbetrag*, Rentenverpflichtungen, für die eine Gegenleistung nicht mehr zu erwarten ist, sind mit dem → *Barwert* und Rückstellungen nur in Höhe des Betrags anzusetzen, der „nach vernünftiger kaufmännischer Beurteilung notwendig" ist.

c) Bewertungs-Sondervorschriften für Kapitalgesellschaften. Die weitgehenden Möglichkeiten zur Bildung → *stiller Rücklagen* werden für die Kapitalgesellschaften – entsprechend den Vorschriften der vierten EG-Richtlinie durch die §§ 279 u. 280 HGB eingeschränkt. Nach § 279 Abs. 1 HGB sind Abschreibungen bei Gegenständen des *Anlagevermögens* auf den niedrigeren beizulegenden Wert nur bei voraussichtlich dauernder Wertminderung vorzunehmen; bei vorübergehender Wertmindung sind außerplanmäßige Abschreibungen nur bei dem *Finanzanlagevermögen* zulässig (§ 279 Abs. 1 HGB). Steuerlich zulässige niedrigere Wertansätze dürfen nur bei Vorliegen der sog. *umgekehrten Maßgeblichkeit*, d.h. dann, wenn die Inanspruchnahme steuerlicher Bewertungsfreiheiten an die entsprechende Handhabung in der Handelsbilanz gebunden ist, angesetzt werden (→ *Maßgeblichkeitsprinzip*). Die Vornahme von Abschreibungen nach „vernünftigem kaufmännischen Ermessen" ist ausdrücklich untersagt (§ 279 Abs. 1 HGB). § 280 HGB enthält schließlich ein Gebot zur → *Wertaufholung*, d.h., es ist eine *Zuschreibung* vorzunehmen, wenn in Vorperioden *außerplanmäßige Abschreibungen* vorgenommen worden sind und die Gründe für diese Abschreibung zwischenzeitlich fortgefallen sind (§ 280 Abs. 1 HGB). Von dieser Zuschreibung kann allerdings abgesehen werden, wenn steuerlich ein Beibehaltungswahlrecht und umgekehrte Maßgeblichkeit dieses Wahlrechts besteht (§ 280 Abs. 2 HGB).

4. Gliederungsvorschriften und -grundsätze

Das HGB enthält nur sehr knappe Gliederungsvorschriften für alle Kaufleute (§§ 246 und 247 HGB). Bei *Kapitalgesellschaften* gelten dagegen (Mindest-) → *Gliederungs-*Vorschriften sowohl für die → *Bilanz* als auch für die → *Gewinn- und Verlustrechnung* (GuV). Abgesehen davon enthält § 265 HGB eine Reihe allgemeiner Gliederungsgrundsätze, wie *Darstellungsstetigkeit*, Verpflichtung zur Angabe von *Vorjahresbeträgen* (ggfs. Anpassung), Verpflichtung zu sog. *Mitzugehörigkeits-Vermerken*, Verpflichtung zur Anpassung an *Geschäftszweig-Besonderheiten*, Zulässigkeit von *weitergehenden Untergliederungen, Anpassung von Postenbezeichnungen*, Aufgliederung von Hauptposten im Anhang und Verzicht auf den Ausweis von Leerpositionen.

a) Gliederung der Bilanz. § 266 HGB enthält das Mindestgliederungsschema für die Bilanz der nach § 267 HGB „großen" Kapitalgesellschaften; „kleine" Kapitalgesellschaften brauchen nur eine verkürzte, auf die mit Großbuchstaben und römischen Ziffern bezeichneten Posten beschränkte Bilanz aufzustellen; „mittelgroße" Kapitalgesellschaften können Erleichterungen zwar nicht bei der Aufstellung der Bilanz, wohl aber bei der Offenlegung in Anspruch nehmen (§ 327 Abs. 1 HGB).

b) Gliederung der GuV. Von den vier Gestaltungsformen der GuV, die die vierte Richtlinie zuläßt, hat der Gesetzgeber des HGB nur zwei Grundformen als Unternehmenswahlrecht für die Kapitalgesellschaften zugelassen: Die Anwendung des *Gesamtkostenverfahrens* (§ 275 Abs. 2 HGB), bei dem der Gesamtleistung (Umsatzerlöse zuzüglich Bestandsmehrungen und anderer aktivierter Eigenleistungen, abzüglich Bestandsminderungen) die nach primären Aufwandsarten gegliederten (Produktions-)Aufwendungen gegenübergestellt werden, und das *Umsatzkostenverfahren* (§ 275 Abs. 3 HGB), bei dem den Umsatzerlösen die nach Aufwandsbereichen (Produktion, Vertrieb, Verwaltung) gegliederten, für die Herstellung der umgesetzten Leistungen angefallenen Aufwendungen gegenübergestellt werden. Beide Typen der GuV können durch einen externen Empfänger des J. nicht ohne weiteres miteinander verglichen werden. Um eine *Vergleichbarkeit* wenigstens hinsichtlich einiger Aufwandsposten herzustellen, verlangt das HGB (§ 285 Nr. 8) dann, wenn das Umsatzkostenverfahren angewandt wird, im Anhang die Angabe des Materialaufwands und des Personalaufwands der Periode in der Untergliederung, die bei Anwendung des Gesamtkostenverfahrens nach § 275 Abs. 2 HGB vorgesehen ist. Auch bei den Gliederungsvorschriften für die GuV sind größenabhängige Erleichterungen vorgesehen: „kleine" und „mittelgroße" Kapitalgesellschaften können Umsatzerlöse, sonstige betriebliche Erträge, ggfs. Bestandsänderungen sowie einige wesentliche Aufwandsposten zu einem Saldoposten unter der Bezeichnung „Rohergebnis" zusammenfassen (§ 276 HGB).

5. Anhang

Zweck des → *Anhangs* ist es, Informationen aufzunehmen, die aus der Bilanz und der GuV nicht ersichtlich sind, weil entweder nach dem HGB bestimmten Ausweispflichten in der Bilanz oder in der GuV auch durch entsprechende Anhangsangaben genügt werden kann oder weil die Bilanz bzw. die GuV bestimmte Informationen, die zur *Vermittlung eines den tatsächlichen Verhältnissen entsprechenden Bildes* von Bedeutung sein könnten, wegen ihres Formalcharakters gar nicht enthalten können. Schließlich hat der Anhang – entsprechend der Generalnorm nach § 264 Abs. 2 Satz 2 HGB – ergänzende Angaben dann aufzunehmen, wenn besondere Umstände dazu führen, daß der J. (bei Beachtung der gesetzlichen Vorschriften) ein den tatsächlichen Verhältnissen entsprechendes Bild nicht vermittelt. Der notwendige Inhalt des Anhangs wird teilweise durch die §§ 284 (*Erläuterung der Bilanz und der GuV*) und 285 HGB (*sonstige Pflichtangaben*) festgelegt. Darüber hinaus enthält das HGB – im Zusammenhang mit Einzelregelungen – eine Vielzahl von *einzelnen Angabevorschriften*, die durch rechtsformabhängige und wirtschaftszweigabhängige Angabepflichten ergänzt werden (AktG, GmbHG, GenG, VAG, KWG). Anhangsangaben können unterbleiben, wenn dies für das Wohl des Bundes und der Länder erforderlich ist; andere Ausnahmen betreffen nach § 286 HGB die Aufgliederung von Umsatzerlösen und die Angaben über Unternehmen, von denen die Kapitalgesellschaft mindestens 20 % der Anteile besitzt (vgl. auch § 287 HGB, *Aufstellung des Anteilsbesitzes*). Schließlich sieht das HGB in § 288 auch bei der Berichterstattung im Anhang größenabhängige Erleichterungen vor: „Kleine" Gesellschaften können wesentliche Angaben unterlassen. Hierzu gehören insb. Angaben über die Organbezüge. „Mittelgroße" Gesellschaften können auf die Aufgliederung der Umsatzerlöse nach Tätigkeitsbereichen und Märkten verzichten. – Abgrenzungsprobleme können sich zwischen den notwendigen Anhangsangaben und den notwendigen Angaben im → *Lagebericht* ergeben. Wegen der Zugehörigkeit des Anhangs zum J. der Kapitalgesellschaften und wegen der für beide Berichtsinstrumente unterschiedlichen Prüfungsvorschriften (→ *Prüfung des J.*) sollte auch formell eine klare Trennung zwischen Anhang und Lagebericht vorgenommen werden.

6. Offenlegung

Wegen der Informationsfunktion des J. gegenüber den J.-Adressaten richtet das HGB in den §§325–329 besonderes Augenmerk auf die Offenlegung (→ *Publizität*) der J. von Kapitalgesellschaften. Auch hier bestimmt die Größe der Kapitalgesellschaften die *Form* (*Registerpublizität, Bundesanzeigerpublizität* nach §325 HGB) und den *Umfang* (Gliederungstiefe der Bilanz, Zusammenfassung von GuV-Posten, Verzicht auf die Offenlegung der GuV nach §§326 u. 327 HGB) der Offenlegung.

Lit.: (1) *Kommentare: Biener, H./Berneke, W.:* Bilanzrichtlinien-Gesetz, 1986; *Glade, A.:* Rechnungslegung und Prüfung nach dem Bilanzrichtlinien-Gesetz, 1986; *Niehus, R. J./Scholz, W.*, in: Meyer-Landrut, J. et al.: GmbH-Gesetz, 1987, §§41–42a; *ADS*, 6. Aufl., ab 1995; *Beck Bil.-Komm.*, 3. Aufl., 1995; *Schulze-Osterloh, J.*, in: Baumbach, A./Hueck, A.: GmbH-Gesetz, 16. Aufl., 1996, §§41–42a.

(2) *Handbücher:* HdJ, Losebls., ab 1984; BonnerHR, Losebls., ab 1986; HuRB, 1986; Beck HdR, Losebls., ab 1987; WP-Handb., Bd. 2, 10. Aufl., 1992; *Küting/Weber:* HdR, 4. Aufl., Bd. Ia, 1995; Beck'sches Steuerberater-Handbuch 1996/97, 1996; *Deutsches Steuerberaterinstitut e. V. (Hrsg.):* Steuerberater Handb., 7. Aufl., 1996.

(3) *Lehrbücher: Heinen, E.:* Handelsbilanzen, 12. Aufl., 1986; *Heuser, P.:* Die neue Bilanz der GmbH, ihre Prüfung und Publizität, 3. Aufl., 1986; *Leffson, U.:* Die Grundsätze ordnungsmäßiger Buchführung, 7. Aufl., 1987; *Busse von Colbe, W.:* Bilanzen, 5. Aufl., 1988 (Nachdruck 1989); *Castan, E.:* Rechnungslegung der Unternehmung, 3. Aufl., 1990; *Wöhe, G.:* Bilanzierung und Bilanzpolitik, 8. Aufl., 1992; *Streim, H.:* Grundzüge der handels- und steuerrechtlichen Bilanzierung, 2. Aufl., 1993; *Baetge, J.:* Bilanzen, 4. Aufl, 1996; *Heinhold, M.:* Der Jahresabschluß, 4. Aufl., 1996; *Coenenberg, A.G.:* Jahresabschluß und Jahresabschlußanalyse, 16. Aufl., 1997; *Schildbach, T.:* Der handelsrechtliche Jahresabschluß, 5. Aufl., 1997.

(4) *Aufsatzsammlungen: Bierich, M./Busse von Colbe, W./Laßmann, G./Lutter, M.* (Hrsg.): Rechnungslegung nach neuem Recht, ZfbF-Sonderh. 10, 1980; *GEFIU:* Ausgewählte Probleme bei der Anwendung des Bilanzrichtliniengesetzes, Bd. 1, 1986, Bd. 2, 1987; *Albach, H./Forster, K.-H.* (Schriftl.): Bilanzrichtlinien-Gesetz, ZfB-Ergh. 1/1987; *Schmalenbach-Gesellschaft-Deutsche Gesellschaft für Betriebswirtschaft* (Hrsg.): Die neuen Rechnungslegungsvorschriften, ZfbF, Heft 3/4, 1987; *Mellwig, W./Moxter, A./Ordelheide, D.* (Hrsg.): Beiträge zum neuen Bilanzrecht, Bd. 1, 1988, Bd. 2, 1989; *Moxter, A./ Windmöller, R./Wysocki, K. v.* (Hrsg.): Entwicklungen bei der Bilanzierung und Prüfung von Kapitalgesellschaften: FS für K.-H. Forster, 1992; *Baetge, J.* (Hrsg.): Rechnungslegung und Prüfung – Perspektiven für die neunziger Jahre, 1993.

Professor Dr. Klaus v. Wysocki, München.

Jahresabschlußadressaten
→ *Jahresabschluß.*

Jahresabschlußanalyse
→ *Bilanzanalyse.*

Jahresabschlußkennzahlen
→ *Bilanzanalyse.*

Jahresabschlußprüfung
→ *Prüfung des Jahresabschlusses.*
→ *Prüfung des Konzernabschlusses.*

Jahresergebnis
Oberbegriff für
→ *Jahresüberschuß.*
→ *Jahresfehlbetrag.*
→ *Gewinn.*
→ *Verlust.*

Jahresfehlbetrag
Überschuß der Aufwendungen über die Erträge gem. → *Gewinn- und Verlustrechnung.*

Jahresüberschuß
Mehrbetrag der Erträge gegenüber den Aufwendungen gem. → *Gewinn- und Verlustrechnung.* Der J. kann als → *Bilanzgewinn* zur Ausschüttung oder zur Einstellung in die *Gewinnrücklagen* verwendet werden (→ *Gewinnverwendung*).

Jahrkaufmethode
= year's purchase.
→ *Übergewinnverrentung.*

Japan

1. Rechtsgrundlagen

Die Rechnungslegung der weit mehr als 1 Mio. AG wird vom *japanischen HGB* von 1899 (jHGB zuletzt geändert 1994) geregelt. Der Vorstand der AG hat für jedes Geschäftsjahr die Bilanz, die GuV, den Geschäftsbericht und den Gewinnverwendungsvorschlag sowie den Anhang aufzustellen. Diese sind von einem oder mehreren von der HV gewählten gesellschaftsinternen Prüfern zu prüfen und der binnen 3 Monaten nach dem Bilanzstichtag stattzufindenden ordentlichen HV vorzulegen. Die Bilanz und GuV sind vollständig oder vereinfacht im Staatsanzeiger oder in einer Tageszeitung zu publizieren. Die Art und Weise der Prüfung und Veröffentlichung sind nach der Höhe des Grundkapitals der AG abgestuft. Das jHGB normiert nur die Aufstellung und Publizität des Einzelabschlusses der AG. Die GmbH und die Personengesellschaften sind nicht publizitätspflichtig.

Die Rechnungslegung der börsennotierten AG (ca. 3000) unterliegt darüber hinaus dem *japanischen Wertpapierhandels- und Börsengesetz* von 1948 (jBörsG, zuletzt geändert 1994) mit wesentlich weitergehenden Offenlegungspflichten. Diese AG müssen zum Schutz der Investoren jährlich binnen 3 Monaten nach dem Abschlußstichtag dem Finanzminister einen *Wertpapierbericht* einreichen, dem u.a. der handelsrechtlich festgestellte, von einem Wirtschaftsprüfer testierte Einzelabschluß sowie gegebenfalls ein Konzernabschluß beizufügen sind. Fürs erste Halbjahr müssen sie gemäß dem jBörsG vor Ablauf von 3 Monaten auch einen geprüften *Zwischenabschluß*, bestehend aus Bilanz und GuV einreichen.

2. Einzelabschluß

a) Ansatzregelungen. Das jHGB enthält Bestimmungen über den Ansatz nur von einigen wenigen Posten des Anlage- und Umlaufvermögens, von Rückstellungen sowie Eigenkapitalposten, meistens gemeinsam mit den Bewertungsregeln. Nach den „*Unternehmensrechnungslegungsgrundsätzen*" vom *Unternehmensrechnungsbeirat des Finanzministeriums*, die beim Fehlen der gesetzlichen Vorschriften befolgt werden sollen, sind alle Positionen des Vermögens, Fremd- und Eigenkapitals in der Bilanz anzusetzen.

Ein Wahlrecht besteht jedoch für die Aktivierung des *Goodwill* und einer Reihe von Aufwendungen/Ausgaben (z.B. Gründungs-, Kapitalbeschaffungs- oder Forschungs- und Entwicklungsaufwendungen). Die letzteren Aktivposten sind in der Praxis weitgehend nicht aktivierte → *Bilanzierungshilfen* und z.T. mit Ausschüttungssperren verbunden. Auch für → *Aufwandsrückstellungen* sieht das jHGB ein Passivierungswahlrecht vor.

b) Gliederungssystematik. Die Positionen der handelsrechtlichen Bilanz sind gemäß der *Rechtsverordnung des Justizminsteriums* über die Rechnungslegung der AG nach abnehmender Liquidität zu gliedern. So folgen auf der Aktivseite dem Umlaufvermögen das Anlagevermögen und die Bilanzierungshilfen, mit jeweils weiteren Aufgliederungen in Einzelposten, auf der Passivseite den kurzfristigen Verbindlichkeiten die langfristigen Verbindlichkeiten und das Eigenkapital, ebenfalls mit Aufgliederungen. Die Einordnung ins Umlauf- oder Anlagevermögen oder auch in die kurz- oder langfristigen Verbindlichkeiten richtet sich danach, ob ein Posten durch die Hauptgeschäftstätigkeit entstanden ist oder ob die sonstigen Forderungen/Verbindlichkeiten innerhalb eines Jahres fällig werden. Die Posten der handelsrechtlichen GuV

Japan

sind nach dem → *Umsatzkostenverfahren* zu gliedern.

Auch die börsenrechtliche Bilanz und GuV sind wie die handelsrechtliche zu strukturieren, nur daß börsenrechtlich die Positionen wesentlich weiter aufzugliedern sind. Außerdem muß ein Cash Flow Statement (→ *Kapitalflußrechnung*) veröffentlicht werden.

c) Bewertungsgrundsätze. Das Anschaffungswertprinzip bildet die Grundlage für das Bewertungskonzept nach dem jHGB. Bei den *Vorräten* ist ein niedrigerer Tageswert nur anzusetzen, soweit nicht davon auszugehen ist, daß er wieder auf die Höhe der Anschaffungskosten steigen wird; sonst dürfen die höheren Anschaffungskosten beibehalten werden. Die Gegenstände des *Anlagevermögens* sind jährlich und auch bei einer nicht vorhersehbaren Wertminderung in angemessener Weise abzuschreiben. Ein aktivierter → *Geschäftswert* ist in fünf Jahren abzuschreiben. Auf die *Beteiligungen* an Tochtergesellschaften darf das Niederstwertprinzip nicht angewandt werden. *Bilanzierungshilfen* sind in 3 bis 5 Jahren abzuschreiben. *Aufwandsrückstellungen* dürfen nur insofern gebildet werden, als die Einstellungen als Aufwand oder Verlust dem Geschäftsjahr zugeordnet werden können. Der Bemessung der Erträge und Aufwendungen liegt das Prinzip der *umsatzbezogenen Realisierung* zugrunde.

Nicht zu unterschätzen sind wegen des → *Maßgeblichkeitsprinzips* die großen Einflüsse des Steuerrechts auf die handelsrechtliche Bewertunspraxis. Für die Bewertung nach dem jBörsG gelten die gleichen Grundsätze, so daß der ausgewiesene Gewinn handels- wie börsenrechtlich gleich groß ist.

Inflationsbedingte Einflüsse dürfen bei der Bewertung nicht berücksichtigt werden. Börsenrechtlich muß der *Tageswert der Wertpapiere* zusätzlich offengelegt werden.

3. Konzernabschluß

a) Aufstellungspflicht und Einbeziehungskreis. Das jHGB enthält keine Vorschriften über den → *Konzernabschluß*. Zur Aufstellung und Veröffentlichung eines Konzernabschlusses sind nur die dem jBörsG unterliegenden AG verpflichtet; ca. 43 % der AG publizieren ihn als Bestandteil des jährlichen *Wertpapierberichts* gemäß der *Rechtsverordnung des Finanzministeriums* über den konsolidierten Abschluß von 1976 (zuletzt geändert 1994) in Einklang mit den *Grundsätzen der konsolidierten Abschlüsse* des *Unternehmensrechnungsbeirats*. Der Konzernabschluß bildet jedoch keine Grundlage der Besteuerung und Ausschüttung.

Eine AG ist zur Aufstellung eines Konzernabschlusses verpflichtet, wenn sie die Mehrheit der Stimmrechte einer anderen Gesellschaft besitzt, die dann als eine Tochtergesellschaft gilt. In den Konzernabschluß sind grundsätzlich alle Tochtergesellschaften einzubeziehen. Ein Konsolidierungsverbot gilt jedoch für eine Tochter, der keine organisatorische Einheit mit der Mutter zuerkannt wird oder von der keine Fortführung der Unternehmenstätigkeit unterstellt werden kann, eine Tochter, deren Stimmrechte mehrheitlich nur vorübergehend der Mutter gehören, und eine Tochter, deren Einbeziehung den Aussagewert des Konzernabschlusses beeinträchtigen kann. Für Töchter, deren Bilanzsumme, Umsatzerlöse und Jahresüberschuß insgesamt nicht wesentlich sind, besteht ein Konsolidierungswahlrecht.

b) Konsolidierungsmaßnahmen. Die vorgeschriebenen Konsolidierungsmaßnahmen, einschließlich der → *Equity-Bewertung*, entsprechen weitgehend der *7. EG-Richtlinie*. Allerdings sind die → *Quotenkonsolidierung* und Kapitalkonsolidierung bei Interessenzusammenführung nicht anzuwenden. → *Latente Steuerabgrenzungen* brauchen nicht durchgeführt zu werden.

Die → *Umrechnung von Jahresabschlüssen* der Tochterunternehmen ist nach *Grundsätzen des Unternehmensrechnungsbeirates* vorzunehmen. Danach sind grundsätzlich alle Bilanzpositionen mit dem Stichtagskurs umzurechnen; ausgenommen sind die Eigenkapitalposten, die zu den historischen Kursen umzurechnen sind. Die GuV-Positionen sind mit dem Stichtags- oder Durchschnittskurs umzurechnen. Eine etwaige Umrechnungsdifferenz ist erfolgsneutral in der Bilanz unter dem Vermögen oder den Verbindlichkeiten auszuweisen. Im Rahmen des Konzernabschlusses sind Segmentinformationen und Informationen über die Geschäfte mit den Related Parties zusätzlich zu liefern.

c) Vereinbarkeiten mit den FASB- bzw. IASC-Regelungen. Die Konzernabschlüsse, die nach den SEC-Regeln, also nach den FASB-Statements, aufgestellt und früher als gleichwertig mit der japanischen börsenrechtlichen Verordnung anerkannt worden sind, gelten ab dem 1. April 1995 beginnenden Konzerngeschäftsjahr nicht mehr als Konzernabschlüsse nach japanischem Recht. Konzernabschlüsse der japanischen AG, die ausdrücklich unter teilweisen Anwendungen der IASC-Regelungen erstellt werden, sind in der Praxis nur vereinzelt anzutreffen. Als wesentlichste Abweichungen sind auf die Einflüsse des Steuerrechts hinzuweisen, die bei der Konsolidierung beibehalten werden. Ein bei der Kapitalkonsolidierung verbleibender aktiver Unterschiedsbetrag ist innerhalb von 5 Jahren abzuschreiben.

Lit.: Kuroda, M.: Der konsolidierte Abschluß in Japan, in: ZfbF 1985, S. 924–935; *Coenenberg, A. G./Kuroda, M.:* Der Jahresabschluß deutscher und japanischer Kapitalgesellschaften und *Honda, J.:* Die Handelsbilanzen der japanischen Aktiengesellschaft aufgrund des Börsengesetzes und des HGB, in: Busse von Colbe, W. u. a. (Hrsg.): Betriebswirtschaftslehre in Japan und Deutschland, 1988, S. 57–100; *Japanese Institute of Certified Public Accountants:* Corporate Disclosure in Japan, Reporting, 1991; *Kuroda, M.:* Japan, in: HWR, 3. Aufl., 1993, Sp. 1013–1020; *Kuroda, M.:* Überblick über die externe Rechnungslegung der japanischen Unternehmen, in: Annals of the School of Business Administration, Kobe University, 1995, S. 103–129.

Professor Dr. Masatoshi Kuroda, Kobe.

Käfer, Karl

Geb. 1898, Professor in Zürich; *Hauptarbeitsgebiete*: Betriebliches Rechnungswesen, Betriebliche Kapitalwirtschaft. *Hauptwerke:* Standardkostenrechnung, 1955; Die Bilanz als Zukunftsrechnung, 1962; Kapitalflußrechnungen, 1967; Die kaufmännische Buchführung, Kommentar zum schweizerischen Privatrecht, Art. 958–960 OR, 1980.

Lit.: Angehren, O./Künzi, H. (Hrsg.): Beiträge zur Lehre von der Unternehmung, FS für Karl Käfer, 1968.

Kalkulation

= → *Kostenträgerstückrechnung.*

Kalkulationsverfahren

1. Aufgaben der Kalkulation

Die Kalkulation ist der Kostenträgerrechnung (KT-Rechnung) zuzuordnen. KT-Rechnungen lassen sich zum einen als KT-Zeitrechnung durchführen: KT sind hier die in einer Periode erstellten bzw. abgesetzten Einheiten einer Produktart, -gruppe oder des gesamten Sortiments. Wird die KT-Rechnung als KT-Stückrechnung durchgeführt, ist die einzelne (Leistungs-)Einheit einer Produktart der KT. Die Kalkulation umfaßt sowohl die Ermittlung der *Herstell- und Selbstkosten* eines KT auf der Basis von Ist-, Normal- oder Plankosten als auch die Analyse der in Verbindung mit einer Nachkalkulation ermittelten Abweichungen der Istkosten eines KTs von den in der Vor- oder Plankalkulation ermittelten geplanten Kosten.

Der Kalkulation werden zwei Hauptaufgaben übertragen: Im Rahmen der traditionellen Abrechnungs- und Dokumentationsfunktion stellt sie Kosteninformationen über die KT zur Verfügung, um insbesondere gesetzlichen Vorschriften zu genügen, z. B. für die Bestandsbewertung der Zwischen- und Endprodukte in → *Jahresabschluß* und → *Steuerbilanz* oder die Ermittlung von Kostenpreisen für öffentliche Auftraggeber auf der Basis der *Leitsätze für die Preisermittlung auf Grund von Selbstkosten* (→ *LSP*). Als Instrument der Unternehmensführung stellt die Kalkulation, insbesondere zur Planung und Steuerung des Produkterfolges (→ *Controlling*), produktbezogene Kostendaten zur Verfügung. Entscheidungen zur Produkt- und Verkaufspolitik, die Preisfindung, insbesondere bei Zusatzgeschäften und Großaufträgen, die Verfahrenswahl, die Wahl zwischen → *Eigenfertigung und Fremdbezug* sind Problemstellungen, die sich nur auf der Basis zuverlässiger entscheidungsrelevanter Kostendaten zielorientiert analysieren lassen. Der durch die konkrete Aufgabenstellung ausgelöste Informationsbedarf determiniert, welche Kostenarten in die KT-Rechnung eingehen. Hierzu ein Beispiel: Zur Bewertung der Fertigwarenvorräte in der Steuerbilanz sind die Herstellungskosten eines Produktes gemäß Abschnitt 33 EStR zu ermitteln. Für die Preisfindung bei Zusatzgeschäften erweist sich hingegen eine Kalkulation der Herstellkosten gemäß Abschnitt 33 EStR als wenig sinnvoll, da z. B. der hierbei erfaßte anteilige Wertverzehr des der Fertigung dienenden Anlagevermögens für die Ermittlung einer Preisuntergrenze des Zusatzgeschäftes nicht relevant ist.

Die in der Praxis eingesetzten K. sind Varianten zweier Grundformen: der Divisions- und der Zuschlagskalkulation. Im folgenden wird bei der Darstellung der einzelnen Kalkulationsverfahren primär auf die KT-Stückrechnung Bezug genommen.

2. Zuschlagskalkulation

Charakteristisch für die → *Zuschlagskalkulation* (ZK) ist die Differenzierung der Kosten in → *Einzelkosten* (EK) und → *Gemeinkosten* (GK). Die als EK identifizierbaren Kostenelemente werden den KT direkt zugerechnet, soweit der damit verbundene Erfassungsaufwand wirtschaftlich vertretbar ist. Die restlichen Kosten werden als unechte GK erfaßt, wenn der Erfassungsaufwand als zu hoch bewertet wird, und als echte, wenn die Kosten nicht eindeutig einem KT zurechenbar sind.

Wird die ZK nach dem Vollkostenprinzip durchgeführt, so werden alle erfaßten GK den einzelnen Produktarten über (mehrere) weitgehend am → *Verursachungsprinzip* orientierte Zuschlagsgrundlagen auf der Basis von Zuschlagssätzen mittelbar angelastet. Im Rahmen einer ZK nach dem Teilkosten- bzw. Grenzkostenprinzip werden nur die erfaßten beschäftigungs- bzw. leistungsabhängigen und damit variablen GK den einzelnen Produktarten zugerechnet; die fixen GK werden in der Periodenerfolgsrechnung ausgewiesen und den Deckungsbeiträgen gegenübergestellt (→ *Deckungsbeitragsrechnung*). Die verschiedenen Verfahren der ZK unterscheiden sich durch Art und Anzahl der verwendeten Schlüsselgrößen und Zuschlagsgrundlagen.

a) Summarische Zuschlagskalkulation. Bei Anwendung der summarischen ZK ist der Ausbau einer Kostenstellenrechnung (KST-Rechnung) nicht notwendig: Die primären GK des Abrechnungsbereichs bilden die Ausgangsbasis. Auf eine Differenzierung in fixe und variable GK wird in der Regel verzichtet. Die *summarisch-kumulative* ZK rechnet die Summe der primären GK auf der Basis einer einzigen wertmäßigen Zuschlagsgrundlage (einstufiges K.) den einzelnen Produktarten zu. Als mögliche Zuschlagsgrundlagen lassen sich die Summe oder bestimmte Arten oder Gruppen der KT-Einzelkosten heranziehen. Werden die zu verteilenden Gemeinkosten durch die gesamten in der Zuschlagsgrundlage erfaßten Einzelkosten dividiert, so erhält man den GK-Zuschlagssatz.

Die *summarisch-elektive* ZK differenziert bei den EK zwischen den Material- und Fertigungs-EK und bei den GK zwischen verschiedenen Gruppen von primären GK. Jeder Gruppe wird eine eigenständige Zuschlagsgrundlage (*mehrstufiges* K.) zugeordnet. Die Verteilung der GK auf die KT erfolgt über mehrere Zuschlagssätze. Die Material-EK einer Produktart lassen sich z. B. aus der Stückliste oder Rezeptur und den relevanten Materialpreisen ermitteln. Die Fertigungs-EK eines KT werden z. B. auf der Basis von Stückakkordsätzen oder als Produkt aus Fertigungszeit und Kosten einer Lohnstunde ermittelt. Die folgende Darstellung illustriert die Vorgehensweise der summarisch-elektiven ZK.

Die Verfahren der summarischen ZK werden überwiegend aufgrund ihrer einfachen Handhabung eingesetzt. Tolerierbar ist die Anwendung dieser Verfahren in Abrechnungsbereichen, in denen verhältnismäßig geringe GK anfallen.

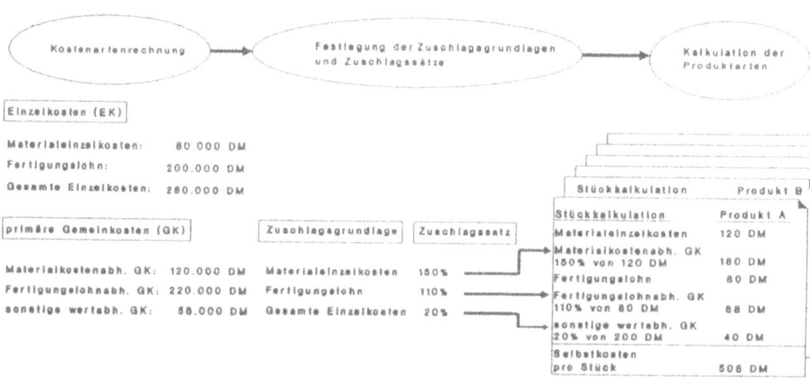

Abb. 1: Beispiel einer summarisch-elektiven Zuschlagskalkulation

b) Differenzierende Zuschlagskalkulation. Die differenzierende ZK übernimmt die GK-Aufteilung aus der KST-Rechnung und ermittelt für jede Haupt-KST, (eine Haupt-KST ist unmittelbar an der Erstellung oder Verwertung absatzbestimmter Produkte beteiligt) separate wertmäßige Zuschlagsgrundlagen und Zuschlagssätze. Insbesondere für Mehrproduktunternehmen, die KT mit heterogenen Durchlauffolgen zu kalkulieren haben, ermittelt eine nach KST differenzierende ZK genauere Kosteninformationen: Nicht nur die Inanspruchnahme der Leistungsbereiche durch die einzelnen KT läßt sich präzise erfassen, auch der differenzierte KST-bezogene Ausweis der GK vermittelt mehr Transparenz, so daß im Vergleich zur summarischen ZK eine genauere GK-Zurechnung möglich ist. Der Aufbau der differenzierenden ZK wird insbesondere durch die getrennte Behandlung der GK der Bereiche Materialwirtschaft, Produktion, Vertrieb und Verwaltung sowie durch die Untergliederung des Produktionsbereichs in einzelne Fertigungsstellen geprägt.

Durch eine zweckmäßige Abgrenzung der KST sollen angemessene Voraussetzungen sowohl für eine Steuerung der Wirtschaftlichkeit von Kostenverantwortungsbereichen als auch für eine möglichst verursachungsgerechte Zuordnung von GK auf die einzelnen KT geschaffen werden. In vielen Unternehmen werden deshalb, insbesondere im Fertigungsbereich, die KST so verfeinert, daß jeder einzelne Arbeits- bzw. Maschinenplatz als eigenständiger Kostenplatz abgegrenzt und abgerechnet wird.

Bei einer differenzierenden ZK nach dem Vollkostenprinzip werden die in den Haupt-KST insgesamt ausgewiesenen GK auf der Basis KST-bezogener Zuschlagsgrundlagen den KT zugerechnet. Für die Planung und Steuerung des Produkterfolges vermitteln überwiegend die variablen Herstell- und Selbstkosten entscheidungsrelevante Kosteninformationen. Sie setzen eine differenzierende ZK nach dem Teil- oder Grenzkostenprinzip voraus, bei der nur die variablen GK der Haupt-KST den KT angelastet werden (→ *Grenzkostenrechnung*). Das folgende Beispiel in Abb. 2 illustriert die Einbindung dieses Kalkulationsverfahrens in die Kosten- und Leistungsrechnung.

Bei den in der KT-Stückrechnung dieses Beispiels angegebenen EK werden neben den bereits charakterisierten Material-EK und Fertigungs-EK weitere EK ausgewiesen: Vertriebs-EK, soweit sie (wie z. B. eine für alle Produktarten in gleicher Höhe anfallende Verkaufsprovision) für alle KT (absolut oder relativ) in gleicher Höhe anfallen, Sonder-EK der Fertigung (z. B. Kosten der Produktverpackung, Kosten für spezielle Fertigungshilfsstoffe oder Kosten der Nutzung speziell für eine Produktart angefertigter Werkzeuge, Vorrichtungen, Modelle) sowie Sonder-EK des Vertriebs (z. B. besondere Kosten für Verpackung, Fracht, Versicherung von abgesetzten Produkten). Die Vertriebs-EK sowie die Sonder-EK werden in der Regel nicht als Zuschlagsgrundlage herangezogen.

Die differenzierende ZK unterstellt eine proportionale Beziehung zwischen den GK eine Haupt-KST und der festgelegten wertmäßigen Zuschlagsgrundlage. In der Realität besteht jedoch oft kein Zusammenhang zwischen den GK einer Haupt-KST und der herangezogenen Zuschlagsgrundlage: Auf die Kosten der Warendistribution haben z. B. die Standorte und das Bestellverhalten der Kunden einen größeren Einfluß als die Herstellkosten, die in der Regel als Zuschlagsgrundlage herangezogen werden. Ähnliche Konstellationen bestehen auch im Material-, Fertigungs- und Verwaltungsbereich. Aus diesem Grunde werden in der Praxis in zunehmendem Maße die Zuschlagsgrundlagen nicht mehr auf Wertgrößen, sondern auf die konkreten KST-Leistung ausgerichtet. Diese Vorgehensweise ist charakteristisch für die Verrechnungssatzkalkulation.

c) Verrechnungssatzkalkulation. Die Verrechnungssatzkalkulation (= *Bezugsgrößenkalkulation*) eignet sich zur differenzierenden Kalkulation heterogener Produktarten. Zum Zwecke der KT-

Kostenstellenrechnung

Hauptkostenstellen	Materialwirtschaft		Fertigungsstelle I		Fertigungsstelle II		Verwaltung		Vertrieb	
Verteilung der primären Gemeinkosten (komprimiert)	fix DM	variabel DM	fix DM	variabel DM	fix DM	variabel DM	fix DM	variabel DM	fix DM	variabel DM
Arbeitskosten	16.000	12.000	10.000	70.000	8.000	120.000	11.000	100.000	13.000	160.000
Sachkosten	16.000	1.000	12.000	1.000	10.000	1.000	14.000	2.000	15.000	3.000
Dienstleistungskosten	4.000	2.000	4.000	3.000	3.000	12.000	5.000	9.000	6.000	15.000
Kapitalkosten	16.000	8.000	12.000	2.000	11.000	5.000	13.000	2.000	14.000	4.000
sonstige Kosten	8.000	4.000	20.000	4.000	16.000	8.000	24.000	3.000	26.000	5.000
Summe der primären Gemeinkosten	60.000	27.000	58.000	78.000	48.000	146.000	67.000	116.000	74.000	177.000
Innerbetriebliche Leistungsverrechnung nach dem Teil-/Grenzkostenprinzip										
Summe der Umlagen	1.000	3.000	2.000	2.000	2.000	4.000	3.000	4.000	6.000	3.000
Fixkosten der Vorkostenstellen										
Endkosten	60.000	30.000	60.000	80.000	50.000	150.000	70.000	120.000	80.000	180.000
Zuschlagsgrundlage	Materialeinzelkosten		Fertigungslohn Fertigungsstelle I		Fertigungslohn Fertigungsstelle II		variable Herstellkosten		variable Herstellkosten	
DM	200.000		80.000		60.000		600.000		600.000	
Zuschlagssatz %	15		100		250		20		30	

Abb. 2: Beispiel einer Kostenträgerrechnung auf der Basis einer differenzierenden Zuschlagskalkulation nach dem Grenz-/Teilkostenprinzip

Kalkulationsverfahren

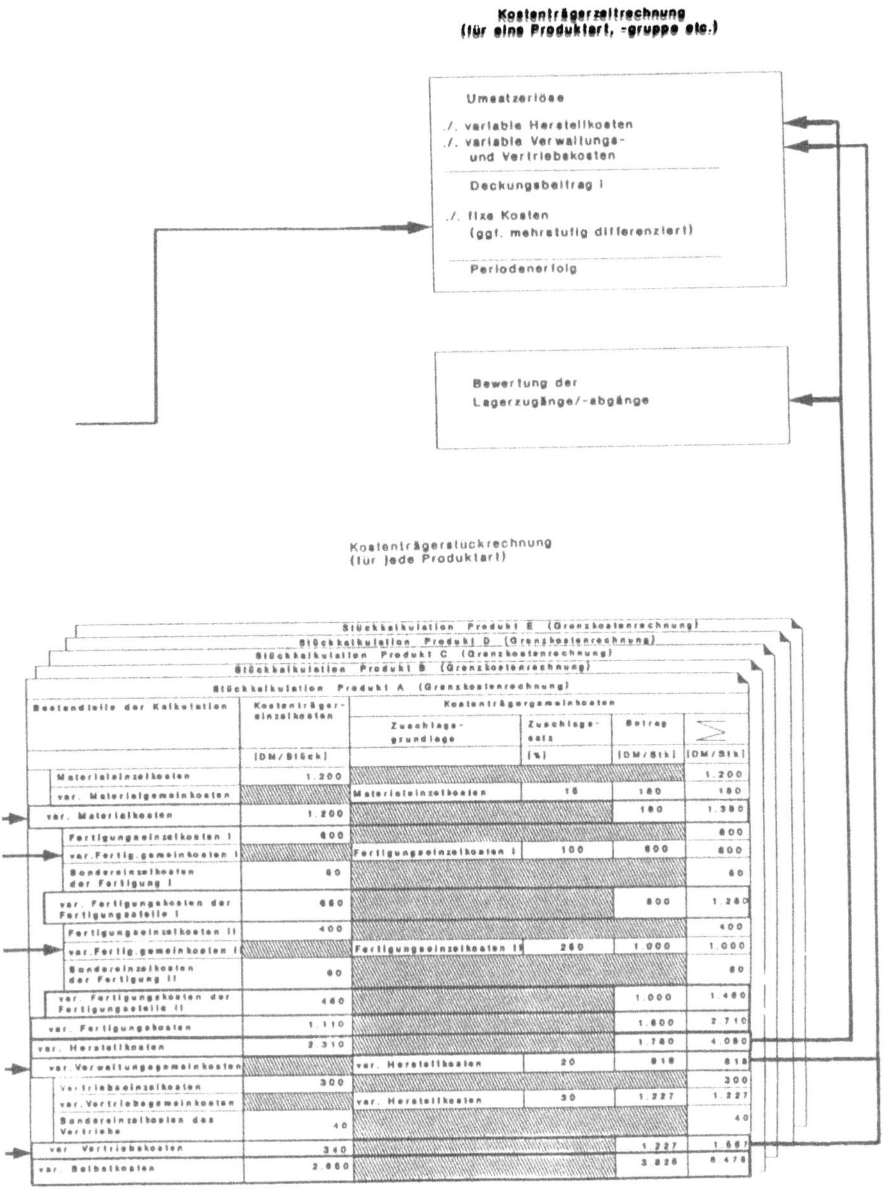

Bestandteile der Kalkulation	Kostenträgereinzelkosten	Kostenträgergemeinkosten			
		Zuschlagsgrundlage	Zuschlagssatz	Betrag	∑
	[DM/Stück]		[%]	[DM/Stk]	[DM/Stk]
Materialeinzelkosten	1.200				1.200
var. Materialgemeinkosten		Materialeinzelkosten	15	180	180
var. Materialkosten	1.200			180	1.380
Fertigungseinzelkosten I	600				600
var. Fertig.gemeinkosten I		Fertigungseinzelkosten I	100	600	600
Sondereinzelkosten der Fertigung I	60				60
var. Fertigungskosten der Fertigungsstelle I	660			600	1.260
Fertigungseinzelkosten II	400				400
var. Fertig.gemeinkosten II		Fertigungseinzelkosten II	250	1.000	1.000
Sondereinzelkosten der Fertigung II	60				60
var. Fertigungskosten der Fertigungsstelle II	460			1.000	1.460
var. Fertigungskosten	1.110			1.600	2.710
var. Herstellkosten	2.310			1.780	4.090
var. Verwaltungsgemeinkosten		var. Herstellkosten	20	818	818
Vertriebseinzelkosten	300				300
var. Vertriebsgemeinkosten		var. Herstellkosten	30	1.227	1.227
Sondereinzelkosten des Vertriebs	40				40
var. Vertriebskosten	340			1.227	1.567
var. Selbstkosten	2.650			3.825	6.475

Kalkulation ist über Stücklisten, Rezepturen, Arbeitsgangpläne etc. zu dokumentieren, in welchem Ausmaß die Leistungen der einzelnen KST (Kostenplatz gleich KST) von den verschiedenen Produktarten in Anspruch genommen werden. Um die KST-Leistungen in der Produktkalkulation ausweisen zu können, werden sie mit (Kosten-)Verrechnungssätzen bewertet. Zur Ermittlung eines Verrechnungssatzes pro Leistungseinheit werden die gesamten (bei einer Vollkostenkalkulation) oder nur die leistungsabhängigen (bei einer Teil- bzw. Grenzkostenkalkulation) GK einer KST durch die innerhalb der Abrechnungsperiode erbrachten bzw. zu erbringenden Leistungseinheiten (auf der Basis der Plan-, Normal- oder Istbeschäftigung) dividiert. Die Leistung einer KST läßt sich in Mengengrößen (Anzahl, Gewicht) messen, sofern nur eine Produktart be- oder verarbeitet wird. Beteiligt sich eine KST im Wechsel an der Erstellung mehrerer verschiedenartiger Produktarten, ist eine Messung der Leistung in Zeitgrößen zweckmäßig; z. B. die vom Fertigungspersonal geleistete Arbeitszeit bei arbeitsintensiven KST, die Maschinenlaufzeit bei kapitalintensiven KST (*Maschinenstundensatzkalkulation*). Oft erweist es sich als sinnvoll, in einer KST zwischen mehreren Leistungsarten zu differenzieren, für die separate Verrechnungssätze gebildet werden: z. B. getrennte Verrechnungssätze für die in einer KST erbrachten Arbeits- und Maschinenleistungen oder für Rüstvorgänge und Fertigungsvorgänge.

Die Abbildung 3 illustriert exemplarisch eine auf die Verrechnungssatzkalkulation abstellende Vor- und Nachkalkulation der Fertigungskosten eines Produktes. Die im Rahmen der Vorkalkulation vorgegebenen Fertigungskosten wurden – wie Nachkalkulation und Abweichungsanalyse dokumentieren – um DM 563,70 überschritten.

Soweit zwischen den potentiellen wertabhängigen Zuschlagsgrundlagen und der KST-Leistung keine proportionalen Beziehungen bestehen, gelingt mit einer Verrechnungssatzkalkulation eine verursachungsgerechtere Zuordnung der GK auf die KT. Allerdings setzt der Einsatz einer Verrechnungssatzkalkulation voraus, daß detaillierte Informationen über die Inanspruchnahme der KST-Leistungen durch die einzelnen KT vorliegen. In der betrieblichen Praxis ist eine Ablösung der differenzierenden ZK durch die Verrechnungssatzkalkulation zu beobachten (→ *Prozeßkostenrechnung*).

3. Formen der Divisionskalkulation

Bei den Verfahren der Divisionskalkulation (DK) werden die in der Abrechnungsperiode zum Zwecke der Kalkulation erfaßten gesamten oder va-

Arbeitsvorgang	Vorkalkulation				Nachkalkulation				Abweichungsanalyse		
	Kostenstelle	Std.	Masch.-Std.-Satz DM/Std.	Fertigungskosten (DM)	Kostenstelle	Std.	Masch.-Std.-Satz DM/Std.	Fertigungskosten (DM)	Abweichung +	Abweichung –	Abweichung kumulativ + oder –
Drehen/Gewindeschneiden	310	7,0	66,00	462,00	310	9,5	66,00	627,00	165,00		+ 165,00
Hobeln	320	5,0	54,00	270,00	320	4,5	54,00	243,00		27,00	+ 138,00
Fräsen	330	7,0	54,00	378,00	330	12,0	54,00	648,00	270,00		+ 408,00
Schleifen	340	8,0	57,00	456,00	340	9,5	57,00	541,50	85,50		+ 493,50
Bohren/Gewindeschneiden	350	4,0	42,00	168,00	350	5,0	42,00	210,00	42,00		+ 535,50
Montage	360	11,0	31,50	346,50	360	9,8	31,50	308,70		37,80	+ 497,70
Kontrolle	370	3,0	33,00	99,00	370	5,0	33,00	165,00	66,00		+ 563,70
Summe Fertigungsstunden/kosten		45,0		2179,50		55,3		2743,20			+ 563,70

Abb. 3: Beispiel zur Verrechnungssatzkalkulation im Fertigungsbereich einschließlich Abweichungsanalyse

riablen Kosten eines Abrechnungsbereichs durch eine Schlüssel- oder Bezugsgröße dividiert.

a) Einstufige und mehrstufige reine Divisionskalkulation (*DK*). Ein sinnvoller Einsatz der reinen DK setzt voraus, daß im Abrechnungsbereich nur eine Produktart hergestellt wird. Sofern sich Lagerbestände bei Rohstoffen, Halb- und Fertigfabrikaten nicht verändern, bietet sich die *einstufige* DK an: Die aus der Kostenartenrechnung übernommenen Primärkosten der Abrechnungsperiode werden zusammengefaßt und durch die Menge der erstellten Produkteinheiten dividiert.

Eine *mehrstufige* DK setzt voraus, daß sich die Kosten der einzelnen Unternehmensbereiche (KST), soweit sie in die Kalkulation eingehen sollen, separat erfassen lassen. Für jeden Unternehmensbereich wird eine getrennte DK durchgeführt. Der Einsatz einer mehrstufigen DK wird insbesondere dann notwendig, wenn der Produktionsprozeß mehrere aufeinanderfolgende Fertigungsstufen mit jeweils einer Produktart umfaßt und die *Bestände der Zwischenläger im Zeitablauf schwanken*. Für eine mehrstufige DK bieten sich zwei Varianten an: die addierende und die durchwälzende DK. Bei der addierenden DK werden zunächst ausschließlich die Kosten einer Fertigungsstufe (Abrechnungsbereich) erfaßt und so stufenbezogene Stückkosten ermittelt. Über sämtliche Fertigungsstufen und Unternehmensbereiche hinweg lassen sich die gesamten Stückkosten der hergestellten Zwischen- und Endprodukte sowie der abgesetzten Fertigprodukte durch Addition der relevanten stufen- und bereichsbezogenen Stückkosten ermitteln.

Die durchwälzende DK erfaßt bei der Kalkulation der Herstellung einer Fertigungsstufe zusätzlich zu den in dieser Stufe angefallenen Kosten die Herstellkosten der eingesetzten Vorstufenprodukte. Beide Varianten der mehrstufigen DK liefern letztlich die gleichen Kosteninformationen.

Mengenangaben und Bestandteile der Kalkulation	Unternehmensbereiche			
	Beschaffung	Fertg.Stufe I	Fertig.Stufe II	Verwaltung und Vertrieb
Beschaffte/Eingesetzte Menge (Stück)	800	800	600	
Ausgebrachte/Abgesetzte Menge (Stück)		800	600	500
Beschaffungskosten (DM)	800			
Rohstoffkosten (DM)		4.800	720	
Fertigungskosten (DM)		9.600	2.280	
Verwaltungs- und Vertriebskosten (DM)				1.500
Gesamtkosten der Unternehmensbereiche (DM)	800	14.400	3.000	1.500
Bezugsbasis (Stück)	800	800	600	500
Stückkosten der Unternehmensbereiche (DM/Stück)	1	18	5	3
Herstell-/Selbstkosten pro Stück (DM/Stück)		19	24	27

Abb. 4: Beispiel einer mehrstufigen addierenden Divisionskalkulation

Bestehen in einem Unternehmen mehrere voneinander unabhängige Abrechnungsbereiche (Produktionslinien) und wird in jedem Abrechnungsbereich nur eine absatzbestimmte Produktart gefertigt, sind die Stückkosten der verschiedenen Produktarten durch separate DK zu ermitteln. Dieses Vorgehen wird als *mehrfache* DK bezeichnet. Oft induzieren die parallel eingerichteten Produktionslinien gemeinsame Verwaltungs-, Vertriebs- und andere Kosten, deren Verteilung auf die KT unter Einsatz eines Verfahrens der ZK vorgenommen werden kann.

b) Divisionskalkulation mit Äquivalenzziffern. Lassen sich bei einer Sortenfertigung die durch die unterschiedliche Bearbeitung und/oder durch den unterschiedlichen Werkstoffeinsatz zwischen den einzelnen Produktarten bestehenden Kostenverhältnisse durch Verhältniszahlen repräsentieren, bietet sich eine DK mit Äquivalenzziffern an. Aufgrund einer ähnlichen Kostenstruktur der einzelnen Sorten bei einigen oder allen Kostenarten läßt sich eine Produktsorte als Bezugssorte festlegen und ihr pro Mengeneinheit die Äquivalenzziffer 1,0 zuordnen. Den übrigen Produktvarianten werden Äquivalenzziffern entsprechend der erfaßten bzw. geschätzten Mehr- oder Minderkosten gegenüber der Bezugssorte zugeordnet: Die Äquivalenzziffer 0,7 bringt zum Ausdruck, daß der Produktvariante im Vergleich zur Bezugssorte 30% weniger an Kosten pro Mengeneinheit angelastet werden soll. Eine Aktualisierung der Äquivalenzziffern wird notwendig, wenn sich beispielsweise die Betriebsstruktur, das Produktionsverfahren oder die Faktorpreise ändern. Das Beispiel der Abb. 5 illustriert die einzelnen Schritte einer einstufigen Äquivalenzziffernrechnung.

Für jede Sorte wird die relevante Menge mit der Äquivalenzziffer multipliziert: Die ermittelten Rechnungseinheiten repräsentieren die fiktive Menge der Bezugssorte, die annahmegemäß die gleichen Kosten auslöst wie die aktuelle Menge der betrachteten Sorte. Durch Addition der Rechnungseinheiten über alle Sorten erhält man jene Schlüsselgröße, durch die die für die Kalkulation relevanten Kosten des Abrechnungsbereichs (Fertigungsstufe) dividiert werden müssen, um die relevanten Stückkosten der Bezugssorte zu

Mengenangaben und Bestandteile der Kalkulation		Produktsorten		
		P_1	P_2	P_3
eingesetzte Menge (Stück)		500	600	800
ausgebrachte Menge (Stück)		500	600	800
Gesamte Herstellkosten (DM)	300.000			
Äquivalenzziffern (Rechnungseinheiten/Stück)		0,8	1	1,25
Rechnungseinheiten (Gesamt)	2.000	400	600	1.000
Herstellkosten pro Rechnungseinheit	150			
Herstellkosten pro Stück (DM/Stück)		120	150	187,5
Herstellkosten der ausgebrachten Menge (DM)	300.000	60.000	90.000	150.000

Abb. 5: Einsatz der einstufigen Äquivalenzziffernrechnung zur Kalkulation der Herstellkosten bei Sortenfertigung

Mengenangaben und Bestandteile der Kalkulation	$\sum$	Nutzdampf 120 bar	Nutzdampf 20 bar
Brennstoffkosten Öl (DM)	1.200.000		
Brennstoffkosten Gas (DM)	300.000		
Kesselspeisewasser (DM)	30.000		
Personalkosten (DM)	102.000		
Anlagenkosten (DM)	190.000		
Herstellkosten der Kuppelproduktion (DM)	1.822.000		
erzeugte und abgegebene Menge (t)		50.000	30.000
Schlüsselgröße: KWh (RE/t)		947	851
Rechnungseinheiten (RE)	72.880.000	47.350.000	25.530.000
Herstellkosten pro Rechnungseinheit (DM/RE)	0,25		
Herstellkosten der Kuppelproduktarten pro t (DM/t)		236,75	212,75
Herstellkosten der erzeugten Kuppelproduktarten (DM)		1.183.750	638.250

Abb. 6: Beispiel zur Kalkulation von Kuppelprodukten auf der Grundlage eines Schlüsselungsverfahrens

ermitteln. Durch Multiplikation der Stückkosten der Bezugssorte mit der festgelegten Äquivalenzziffer lassen sich die Stückkosten der übrigen Produktsorten berechnen.

Oft gelingt eine angemessene Abbildung der zwischen den einzelnen Produktsorten bestehenden Kostenbeziehungen nur durch den parallelen Einsatz mehrerer (jeweils auf einzelne Kostenartengruppen ausgerichteter) Äquivalenzziffern (Äquivalenzziffernkalkulation mit mehreren Äquivalenzziffernreihen). Darüber hinaus lassen sich analog zur reinen DK entsprechend den jeweiligen fertigungswirtschaftlichen Gegebenheiten weitere Varianten der DK mit Äquivalenzziffern einsetzen: z. B. Verfahren der *mehrfachen und mehrstufigen Äquivalenzziffernrechnung.*

c) Kalkulation von Kuppelprodukten. Bei der Kuppelproduktion entstehen aus einem Produktionsprozeß gleichzeitig und zwangsläufig verschiedene Produktarten in einem fest vorgegebenen oder in Grenzen variierbaren Mengenverhältnis. Da sich die Kosten eines Kuppelproduktionsprozesses eindeutig nur dem Kuppelproduktbündel, d. h. der Gesamtheit der aus ihm hervorgehenden Produkte, zurechnen lassen, ist eine Zurechnung auf die einzelnen Produktarten nach Maßgabe des Verursachungs- oder Einwirkungsprinzips grundsätzlich nicht möglich. Für die Zurechnung der Kosten eines Kuppelproduktionsprozesses auf die einzelnen Produktarten haben sich zwei Grundformen entwickelt: *Schlüsselungsverfahren* und *Restwertmethode.*

Setzt sich das Kuppelproduktbündel aus gleich bedeutsamen Produktarten zusammen, bietet sich eine Verteilung der Kosten des Kuppelproduktionsprozesses auf die einzelnen Erzeugnisse analog dem Grundprinzip der Äquivalenzziffernrechnung proportional zu bestimmten Schlüsselgrößen an. Die Festlegung der Äquivalenzziffern kann sich beispielsweise an quantifizierbaren produktspezifischen Merkmalen (Zurechnung nach dem Durchschnittsprinzip), wie z. B. Heizwer-

Rohstoffkosten (DM)	50.000
Personalkosten (DM)	80.000
Anlagenkosten (DM)	140.000
Energiekosten (DM)	20.000
sonstige Kosten (DM)	10.000
Herstellkosten der Kuppelproduktion (DM)	300.000
./. Verwertungsüberschuß der Neben- und Abfallprodukte (DM)	25.000
= vom Hauptprodukt noch zu tragende Kosten der Kuppelproduktion (DM)	275.000
Erzeugte Menge des Hauptprodukts (kg)	1.000
Herstellkosten des Hauptprodukts (DM/kg)	275

	Neben- und Abfallprodukte		
	Produkt A	Produkt B	Produkt C
erzeugte Menge (kg)	500	300	100
abgesetzte Menge (kg)	500	100	0
vernichtete Menge (kg)	0	200	100
Bruttoerlöse der abgesetzten Menge (DM)	80.000	40.000	0
./. Vertriebskosten (DM)	10.000	3.000	0
./. Weiterverarbeitungskosten (DM)	30.000	17.000	0
./. Vernichtungskosten (DM)	0	15.000	20.000
Verwertungsüberschuss (DM)	40.000	5.000	./. 20.000

Abb. 7: Beispiel zur Kalkulation von Kuppelprodukten nach der Restwertmethode

te unter unterschiedlichen Energieformen, Molekulargewichte unterschiedlicher stofflicher Substanzen, oder an den Marktpreisen der Kuppelprodukte (Zurechnung nach dem Kostentragfähigkeitsprinzip) orientieren. Das Beispiel der Abb. 6 illustriert den Einsatz eines *Schlüsselungsverfahrens* bei der Kalkulation der Herstellkosten von Nutzdampf.

Richtet sich das Kalkulationsinteresse vornehmlich auf die Hauptproduktart des Kuppelproduktbündels, so bietet sich die *Restwertrechnung* an. Das Beispiel in Abb. 7 illustriert diese Vorgehensweise. Die Gesamtkosten des Kuppelproduktionsprozesses vermindern sich um die Erlöse bzw. Überschüsse und erhöhen sich um die Vernichtungskosten der nicht verwertbaren Neben- und Abfallproduktarten. Der verbleibende Restwert wird dem Hauptprodukt als noch zu deckende Kosten der Kuppelproduktion zugerechnet. Die Stückkosten des Hauptprodukts lassen sich mit Hilfe der einstufigen DK ermitteln.

Lit.: Hummel, S./Männel, W.: Kostenrechnung, Bd. 1, 4. Aufl., 1986 (Nachdruck 1990), S. 189–252; *Kilger, W.:* Flexible Plankostenrechnung und Deckungsbeitragsrechnung, 10. Aufl., 1993, S. 677–821; *Haberstock, L.:* Kostenrechnung, Bd. 1, 8. Aufl., 1987 (Nachdruck 1995); *Schweitzer, M./Küpper, H.-U.:* Systeme der Kosten- und Erlösrechnung, 6. Aufl., 1995, S. 93–209.

Professor Dr. Heinz Isermann, Frankfurt.

Kalkulationszinsfuß

1. Bedeutung

Der K. wird zur Beurteilung von Investitionsprojekten verwendet. Er drückt die jährlichen Kosten pro Geldeinheit des in das Projekt zu investierenden Kapitals aus. Bei den Verfahren der → *dynamischen Investitionsrechnung* werden die erwarteten Einnahmen und Ausgaben des Projekts mit dem K. abgezinst, um den → *Kapitalwert* zu ermitteln, bzw. aufgezinst, um den → *Endwert* zu errechnen. Zur Ermittlung der → *Annuität* des Projekts ist in der Regel sowohl Ab- wie Aufzinsung erforderlich.

Die → *Abzinsung* einer zukünftig erwarteten *Einnahme* liefert den Betrag, den der Investor „heute" entnehmen könnte (z. B. zum privaten Konsum), indem er Kredit aufnimmt oder Geld aus anderen Anlagen abzieht und es später aus der Einnahme zurückerstattet. Die Abzinsung einer zukünftig erwarteten Ausgabe ergibt den Betrag, den der Investor heute anlegen müßte, um die Ausgabe später decken zu können. Zinst man alle Einnahmen und Ausgaben des Projekts auf einen gemeinsamen Zeitpunkt ab (Kapitalwert) oder auf (Endwert), so erhält man die Summe, die der Investor in diesem Zeitpunkt (falls

Kalkulationszinsfuß

positiv) entnehmen könnte bzw. (falls negativ) zuschießen müßte. Die Annuität ist als die jährlich mögliche Entnahme bzw. der jährlich erforderliche Zuschuß während der Laufzeit des Projekts zu interpretieren.

2. Einheitlicher Kalkulationszinsfuß

Die übliche Verwendung eines einheitlichen K. setzt voraus, daß die das Projekt ergänzenden Finanzierungs- und ggfs. Wiederanlagemaßnahmen zum gleichen Zinsfuß erfolgen. Diese Annahme wird als die „Prämisse des vollkommenen Kapitalmarktes" bezeichnet und gelegentlich kritisiert, weil es keinen vollkommenen Kapitalmarkt gibt. Doch setzt die Verwendbarkeit eines einheitlichen Zinsfußes gar keinen vollkommenen Kapitalmarkt voraus: Finanziert der Investor ein Projekt z. B. durch Erhöhung eines ohnehin ständig beanspruchten Bankkredits und verwendet er alle Rückflüsse des Projekts, soweit sie nicht entnommen werden, zur Kredittilgung, so ist der → *Sollzins* des Kredits zugleich der → *Habenzins* für wiederangelegte Projektüberschüsse und stellt damit den relevanten einheitlichen K. für die Projektbeurteilung dar. Hält der Investor kurzfristige Finanzanlagen und finanziert er das Projekt durch Auflösung eines Teils dieser Mittelreserven, um die Rückflüsse des Projekts (nach Abzug der Entnahmen) später in die gleichen Finanzanlagen zu investieren, so stellt der Zinssatz der Finanzanlagen die Kosten für das investierte Kapital dar und ist der maßgebliche einheitliche K. für das Projekt.

Bei Gültigkeit eines einheitlichen K. spielt die *Zeitpräferenz* des Investors keine Rolle, d. h. unabhängig davon, zu welchen Zeitpunkten der Investor Entnahmen aus dem Projekt realisieren möchte, zeigen der Kapitalwert und die ihm äquivalenten Kriterien die optimale Investitionsentscheidung an.

3. Mehrfache Zinsfüße

Nicht immer sind die Bedingungen für die Anwendung eines einheitlichen K. erfüllt. Zum Beispiel prüft der Investor ein Projekt, das er zum Teil mit Kredit finanzieren müßte. Aus den Rückflüssen des Projekts würde er den Kredt tilgen, die überschießenden Beträge aber könnte er nur zu einem geringeren Zinssatz anlegen als dem Kreditzins. In diesem Fall ist es nicht gleichgültig, wann der Investor Entnahmen tätigen will: von den zeitlichen *Entnahmepräferenzen* hängt es ab, wie stark der Einfluß des Soll- und des Habenzinses auf das einzelne Projekt ist. Soll beispielsweise die Entnahme im Zeitpunkt null maximiert werden und besteht die Zahlungsreihe eines Projekts nach einer Anfangsausgabe nur noch aus Einnahmeüberschüssen, so ist für dieses Projekt nur der Sollzins relevant; durch das Projekt wird keine Geldanlage ausgelöst, sondern es werden lediglich zukünftige Einnahmen durch Ergänzungsfinanzierungen in heutige Entnahmen transferiert. Wird dagegen die Investitionsentscheidung an der maximalen Entnahme am *Planungshorizont* orientiert, so ist für die Wiederanlage von Einnahmen nach Tilgung des eingesetzten Kapitals der Habenzinssatz maßgeblich.

4. Bestimmung des Kalkulationszinsfußes

a) Durchschnittliche Unternehmensrendite. Dieser Vorschlag orientiert sich an der im Unternehmen bisher erzielten Rendite (= *Effektivverzinsung*) des Kapitals. Er impliziert, daß das zu beurteilende Projekt keine zusätzlichen Kredite beansprucht, sondern aus Mitteln bezahlt wird, die bei anderweitiger Anlage die durchschnittliche Unternehmensrendite bringen würden; Rückflüsse aus dem Projekt können ebenfalls mit dieser Rendite reinvestiert werden. Benötigte Mittel sollten aber sinnvollerweise nicht aus den durchschnittlichen, sondern aus den schlechtesten Anlagealternativen genommen werden. Relevant als K. ist daher nicht die durchschnittliche Rendite, sondern die Rendite der marginalen Verwendung, aus der die Mittel abgezogen (und nach Rückfluß wieder investiert) werden.

Durch die Benutzung der durchschnittlichen Unternehmensrendite als K. werden Projekte eliminiert, die weit mehr als die marginalen Kapitalkosten einbringen würden. Hochrentable Unternehmen finden dann u. U. nicht mehr genügend Investitionsmöglichkeiten. Da das Halten von Liquidität erst recht zu unrentabel ist, bleibt nur die Ausschüttung der überschüssigen Mittel. Im Interesse der Eigentümer ist das nur, wenn diese rentablere Anlagen finden können als die vom Unternehmen verworfenen.

b) Subjektive Mindestverzinsung. Manche Unternehmen verwenden willkürlich festgesetzte Mindestzinssätze, die 25 bis 40% erreichen, gelegentlich auch noch höher liegen. Eine willkürlich gewählte, überhöhte Mindestverzinsung führt zur Ablehnung von Projekten, die gemessen an den tatsächlichen Kapitalkosten rentabel wären. Ein denkbarer Grund wäre der, daß ein Unternehmen viel mehr hochprofitable Projekte zur Wahl hat, als es realisieren kann, und deshalb schon auf unterer organisatorischer Ebene die weniger profitablen eliminieren will. Dabei ist jedoch Vorsicht geboten. Das optimale Investitionsprogramm kann nicht dadurch gefunden werden, daß man die Projekte in absteigender Reihenfolge ihrer Rendite ordnet. So wäre es u. U. falsch, wenn ein hochprofitables Projekt mit nur kurzer Laufzeit ein etwas weniger profitables, aber dafür langlaufendes Projekt verdrängen würde.

In ähnlichem Sinn könnte die Mindestverzinsung auch aus der Überlegung begründet sein, daß durch eine heutige Investition Mittel festgelegt werden, die in absehbarer Zeit für heute noch nicht bekannte, lohnendere Projekte eingesetzt werden könnten. Auch hier gilt der Vorbehalt, daß die höhere Rendite eines Alternativprojekts nicht zwingend seine Vorziehenswürdigkeit anzeigt. Außerdem muß berücksichtigt werden, daß das Warten auf eine eventuelle bessere Anlage Kosten verursacht – denn die vorhandenen Mittel könnten sofort in ein rentables Projekt gesteckt werden – und ungewiß ist, welche Chancen sich bieten werden.

c) Risikozuschläge. Schon in der älteren Literatur wird empfohlen, den K. dem jeweiligen Risiko des Projekts anzupassen. Danach soll sich der K. aus dem landesüblichen Kreditzins und einem Risikozuschlag zusammensetzen. Dieser Gedanke ist in der neueren Finanzierungstheorie wieder aufgegriffen worden. Allerdings ist er nur dann praktisch von Nutzen, wenn es eine Möglichkeit gibt, die richtige Höhe des Risikozuschlags zum risikofreien K. zu bestimmen. Da Risiken (und Chancen) einer Investition von der Wahrscheinlichkeitsverteilung ihrer zukünftigen Einnahmenüberschüsse abhängen, wäre folgender Ansatz möglich: Der Investor macht sich eine Vorstellung von dieser Wahrscheinlichkeitsverteilung in jeder zukünftigen Periode t und bestimmt die dazugehörigen → *Sicherheitsäquivalente.* Das Sicherheitsäquivalent einer Verteilung ist der sichere Betrag, dem der Investor den gleichen Nutzen wie der ungewissen Einnahme zumißt. Durch Abzinsen dieses sicheren Betrags mit dem K. für risikofreie Einnahmen erhält man einen Barwert B. Nun bestimmt man denjenigen Zinsfuß, mit dem der Erwartungswert der Zahlungen in t diskontiert werden müßte, um ebenfalls B zu erhalten. Beispiel: Eine technische Verbesserung verspricht Einsparungen nach einem Jahr von 100 (→ *Erwartungswert*). Der Investor würde angesichts des Risikos eine sichere Einsparung von 90 genau so gerne akzeptieren. Diskontierung des Sicherheitsäquivalents 90 mit dem Zinssatz für sichere Anlagen (er sei 5%) um ein Jahr ergibt den Barwert 85,714. Den gleichen Barwert erhält man durch Diskontierung des Erwartungswertes 100 mit dem Zinssatz 16,67%. Auf diese Weise hat man eine Risikoprämie von 11,67% p.a. bestimmt.

Dieser Ansatz führt jedoch zu erheblichen Problemen. In der Regel gibt es für den Zahlungssaldo jedes Jahres und jedes Projekts einen eigenen Risikozuschlag und daher keinen einheitlichen K. Für Ausgabenüberschüsse wären *Risikoabschläge* anzusetzen (die sogar zu negativen Zinsfüßen führen könnten). Somit würde das Ergebnis der Rechnung auch davon abhängen, ob Ausgaben mit Einnahmen verrechnet werden oder nicht. Werden z. B. Projekte mit gleichen Einnahmereihen nur aufgrund ihrer Ausgabenreihen beurteilt, sind Risikoabschläge vom sicheren K. vorzunehmen; saldiert man die Ausgaben gegen die (höheren) Einnahmen, sind Risikozuschläge angebracht. Risikoabschläge gelten im übrigen auch für *Aufzinsungen* von Einnahmen. All dies macht die Berücksichtigung des Risikos im K. unhandlich. Vor allem aber ist sie überflüssig, da das Ab- bzw. Aufzinsen der Sicherheitsäquivalente mit dem risikofreien Zinsfuß vorweggehen muß und damit die Bewertung der Projekte schon erfolgt ist.

d) Kapitalmarkttheoretische Ansätze. In der Kapitalmarkttheorie wird unterstellt, daß der Investor den Wert von Investitionsprojekten nicht direkt aus dem Nutzen ihrer Entnahmen ableitet, sondern aus der Wertveränderung der Beteiligungstitel. Die Bewertung der Projekte wird also der Börse überlassen. Die Auswirkung eines bestimmten Investitionsprojekts auf den Gesamtwert der Aktien einer Gesellschaft muß vorausgesehen werden: steigt der Gesamtwert der Aktien, so ist das Projekt zu akzeptieren. Den Schlüssel zur Prognose des Marktverhaltens liefert die Unterstellung, daß der Marktwert einer Aktie gleich dem Barwert des Erwartungswertes der zukünftigen Dividenden sei, diskontiert mit einem Zinsfuß, der aus einem risikofreien Bestandteil und einer unternehmensspezifischen Risikoprämie besteht (→ *Kapitalkosten*). Akzeptiert man diese Erklärung für die Börsenkursbildung und kennt man die (von allen Marktteilnehmern geteilte) Schätzung der zukünftigen Dividenden-Erwartungswerte, so läßt sich daraus auf den vom Markt verwendeten Diskontierungszinsfuß, die Aktienrendite, schließen. Sei z. B. eine konstante ewige Dividende von 20 DM je Aktie angenommen und beträgt der Kurswert 100 DM, so ergibt sich eine Aktienrendite von 20%. Wird diese Aktienrendite nun als K. für neue Projekte verwendet, so werden genau die Projekte akzeptiert, die bei 20% einen positiven Kapitalwert haben. Dadurch muß der Börsenwert der Aktien steigen, vorausgesetzt, daß der Markt die Rückflüsse der Projekte genau so einschätzt wie das Management und diese Projekte dieselbe „Risikocharakteristik" aufweisen wie das Unternehmen insgesamt. Das → *Capital Asset Pricing Model* gibt darüber hinaus einen theoretischen Weg an, projektspezifische Risiken zu quantifizieren und daraus Risikozuschläge zum risikofreien Zinsfuß zu ermitteln. Die sehr speziellen Prämissen dieses Ansatzes sowie Definitions- und Meßprobleme dürften seine praktische Brauchbarkeit jedoch stark beeinträchtigen.

Lit.: Hax, H.: Finanzierungs- und Investitionstheorie, in: Koch, H. (Hrsg.): Neuere Entwicklungen in der Unternehmenstheorie, 1982, S. 49–69; *Rudolph, B.*: Klassische Kapitalkostenkonzepte zur Bestimmung des Kalkulationszinsfußes für die Investitionsrechnung, in: ZfbF 1986, S. 608–617; *Rudolph, B.*: Neuere Kapitalkostenkonzepte auf der Grundlage der Kapitalmarkttheorie, in: ZfbF 1986, S. 892–898; *Schmidt, R. H./Terberger, E.*: Grundzüge der Investitions- und Finanzierungstheorie, 3. Aufl., 1996, S. 95–97 und 167–182.

Professor Dr. Franz Eisenführ, Köln.

Kalkulatorische Abschreibungen
→ *Kosten, kalkulatorische.*

Kalkulatorische Kosten
= → *Kosten, kalkulatorische.*

Kalkulatorische Miete
→ *Kosten, kalkulatorische.*

Kalkulatorische Rechnung
Gegensatz zur pagatorischen Rechnung (→ *Finanzbuchhaltung*); baut auf → *Kosten* und → *Leistungen* auf (→ *Kalkulationsverfahren*).

Kalkulatorische Zinsen
→ *Kosten, kalkulatorische.*

Kalkulatorischer Gewinn
→ *Gewinn.*

Kalkulatorischer Unternehmerlohn
→ *Kosten, kalkulatorische.*

Kalkulatorischer Wert

→ *Barwert* der ersparten Auszahlungen infolge der Verwendung vorhandener Vermögensgegenstände im Vergleich zur Beschaffung von Ersatz. Bei gleichen Einzahlungen bildet der k. W. die → *Preisuntergrenze*.

Lit.: Schneider, E.: Wirtschaftlichkeitsrechnung, 8. Aufl., 1973, S. 99–110; *Busse von Colbe, W./Laßmann, G.:* Betriebswirtschaftstheorie, 3. Bd., 3. Aufl., 1990, S. 146f.

Kalveram, Wilhelm

1882–1951; Professor in Frankfurt und Köln; *Hauptarbeitsgebiete*: Bank- und Industriebetriebslehre, Rechnungswesen. *Hauptwerke:* Bankbilanzen, 1922; Die kaufmännische Rechnungsführung unter dem Einfluß der Geldentwertung, 1923; Bankbuchhaltung, 1926; Industrielles Rechnungswesen, 3 Bd. 1948, 1949, 1951.

Lit.: Henzler, R.: In memoriam Wilhelm Kalveram, in: ZfB 1991, S. 65–73.

Kapazitätserweiterungseffekt

= → *Lohmann-Ruchti-Effekt*.

Kapazitätskosten

= → *Bereitschaftskosten*.

Kapital

Im *volkswirtschaftlichem* Sinne *einer der drei Produktionsfaktoren* neben Arbeit und Boden. *Betriebswirtschaftlich* als *Sach-* oder *Real-*K. Gesamtheit aller Güter, mit denen die Unternehmung arbeitet (Aktivseite der Bilanz). Im *finanzwirtschaftlichem* Sinne *Geld für Investitionszwecke*. Im → *Rechnungswesen* werden unter K. die auf der Passivseite der Bilanz ausgewiesenen Finanzierungsquellen, aufgeteilt nach dem → *Eigen-K.* und → *Fremd-K.*, verstanden.

Kapitalangebot

= Finanzangebot.
= Finanzmittelangebot.
= Finanzdecke.

Angebot an finanziellen Mitteln, das einer Unternehmung für einen gegebenen Zeitraum zur Deckung ihres → *Kapitalbedarfs* zur Verfügung steht. Das K. ergibt sich aus der Kumulation sämtlicher verfügbarer → *Einzahlungen* der → *Finanzierungsformen*.

Kapitalangebotskurve

= Finanzmittelangebotskurve.

Die K. ordnet die für die → *Investitionsfinanzierung* verfügbaren Finanzmittel nach steigenden Zinssätzen (z. B. → *Deansches Konzept*). Dabei wird für → *Eigenkapital* ein Opportunitätskostensatz (→ *Opportunitätskosten*) angesetzt, der bei alternativer Anlage der Eigenmittel außerhalb der Unternehmung erzielbar wäre; für das → *Fremdkapital* wird der jeweilige Aufnahme- bzw. → *Sollzinssatz* zugrunde gelegt.

Kapitalbedarf

= Finanzmittelbedarf.
= Finanzbedarf.

Summe der für die Durchführung der unternehmerischen Teilpläne erforderlichen finanziellen Mittel, bei mehrperiodischer Betrachtung kumuliert über die Perioden.

Lit.: Franke, G./Hax, H.: Finanzwirtschaft des Unternehmens und Kapitalmarkt, 3. Aufl., 1994, S. 103–113.

Kapitalbedarfsplan

→ *Finanzplanung*.

Kapitaldeckungsplan

→ *Finanzplanung*.

Kapitaldienst

Finanzmathematisch ermittelte Verteilung eines Geldbetrages über mehrere Zeiträume (Jahre) zur Tilgung oder Abschreibung und Verzinsung eines Darlehens oder Investitionsbetrages analog zu einer → *Annuität* mit Hilfe des → *Kapitalwiedergewinnungsfaktors*.

Kapitalerhaltung

→ *Substanz- und Kapitalerhaltung*.

Kapitalerhöhung

Maßnahmen zur Erhöhung des → *Gezeichneten Kapitals* einer → *Kapitalgesellschaft*. Das → *Aktiengesetz* kennt vier Arten der K.:

1. K. *gegen Einlagen* (*ordentliche* K.) (§§ 182–191 AktG): Zuführung neuer Mittel in Form von Geld- oder Sacheinlagen, der Aktiennennbetrag wird dem gezeichneten Kapital zugeführt, das → *Agio* den Kapitalrücklagen (→ *Rücklagen*).

2. *Bedingte* K. (§§ 192–201 AktG): K., deren Durchführung von dem Eintreten einer Bedingung abhängig gemacht wird, insbesondere bei der Emission von → *Options-* und → *Wandelschuldverschreibungen*. Die Zahl und die Gattung der Aktien sind im → *Anhang* anzugeben (§ 160 Abs. 1 Nr. 3 AktG).

3. *Genehmigtes Kapital* (§§ 202–206 AktG): Satzungsmäßige Ermächtigung des Vorstandes durch die Hauptversammlung zur Durchführung einer K. Das genehmigte Kapital ist im Anhang zu vermerken (§ 160 Abs. 1 Nr. 4 AktG).

4. K. *aus Gesellschaftsmitteln* (§§ 207–220 AktG): Umwandlung von offenen Rücklagen in gezeichnetes Kapital ohne Zuführung neuer Finanzmittel. Bilanziell erfolgt ein Passivtausch.

Lit.: Lutter, M., in: Zöllner, W. (Hrsg.) Kölner Komm. zum AktG, 2. Aufl., ab 1986, §§ 182–220.

Kapitalerhöhungsprüfung
→ *Sonderprüfungen*.

Kapitalertragsteuer
Eine besondere Erhebungsform der → *Einkommensteuer*. Ihr unterliegen die in § 43 Abs. 1 EStG abschließend aufgezählten Gruppen von Kapitalerträgen. Der Steuersatz beträgt 25 %. Zum 1.1.1993 ist der Zinsabschlag als besondere Erhebungsform der K. für Zinsen auf sonstige Kapitalforderungen i. S. d. § 20 Abs. 1 Nr. 7 EStG eingeführt worden (§ 43 Abs. 1 Nr. 7). Hierbei wird die K. in Form eines Vorwegabzuges von der zinsauszahlenden Stelle (i. d. R. den Kreditinstituten) einbehalten und abgeführt.

Kapital- und Finanzflußrechnung
1. Grundzüge. K. (funds statements) sind Abschlußrechnungen, wie → *Bilanzen* und → *Erfolgsrechnungen*. Gleich wie diese dienen sie sowohl außenstehenden Analytikern als auch der Unternehmungsführung. Sie sind *Bewegungsrechnungen* wie die Erfolgsrechnungen, unterscheiden sich von diesen aber dadurch, daß sie nicht den Erfolg feststellen, sondern den Umfang der Veränderung einer zu definierenden ‚*Mittelgesamtheit*' sowie die Ursachen für diese Veränderung. Sie können als dokumentierende und kontrollierende *Vergangenheitsrechnungen* und, insbesondere für die Zwecke der finanziellen Unternehmungsführung, als → *Planungsrechnungen* erstellt werden.

Für die Praxis als relevant haben sich insbesondere folgende ‚Mittelgesamtheiten' (= *Fonds*) erwiesen:

- Geld (sofort verfügbare Mittel)
- Netto-Geld (sofort verfügbare Mittel abzüglich Kontokorrentschulden bei Banken)
- monetäres Umlaufvermögen (Geld + kurzfristig erwartete Geldzugänge)
- netto-monetäres Umlaufvermögen (monetäres UV abzüglich kurzfristig erwartete Geldabgänge)
- Umlaufvermögen
- Nettoumlaufvermögen
- Aktiven

Welche dieser Formen gewählt werden soll, hängt ab von den Informationsbedürfnissen und diese wiederum vom Zielsystem. Eine besondere Bedeutung haben K. erlangt im Zusammenhang mit Liquiditätsuntersuchungen und -planungen. Dafür eignen sich die 6 erstgenannten Fonds (je nach Fristigkeit der Lqiuidität), während der Fonds Aktiven der Darstellung der Finanzierungs- und Definanzierungsaktivitäten dienen kann.

Der Verzicht auf die Ausscheidung eines Fonds führt zu → *Bewegungs- und Veränderungsbilanzen* oder zu sehr anspruchsvollen und bisher wenig gebräuchlichen vollständigen Kapitalbeschaffungs- und -verwendungsbilanzen.

In den K. werden in übersichtlicher und informativer Form die Ursachen für die Herkunft und für die Verwendung der im Fonds eingeschlossenen Mittel für eine bestimmte Zeitperiode dargestellt. Erarbeitet werden K. entweder aus den Bilanzen zu Anfang und Ende der betrachteten Periode und der → *Gewinn- und Verlustrechnung* dieser Periode (sowie eventuell aus zusätzlichen, direkt aus den Konten der Buchhaltung stammenden Informationen) oder direkt aus den Umsätzen (mit Hilfe der EDV).

Kapital- und Finanzflußrechnung

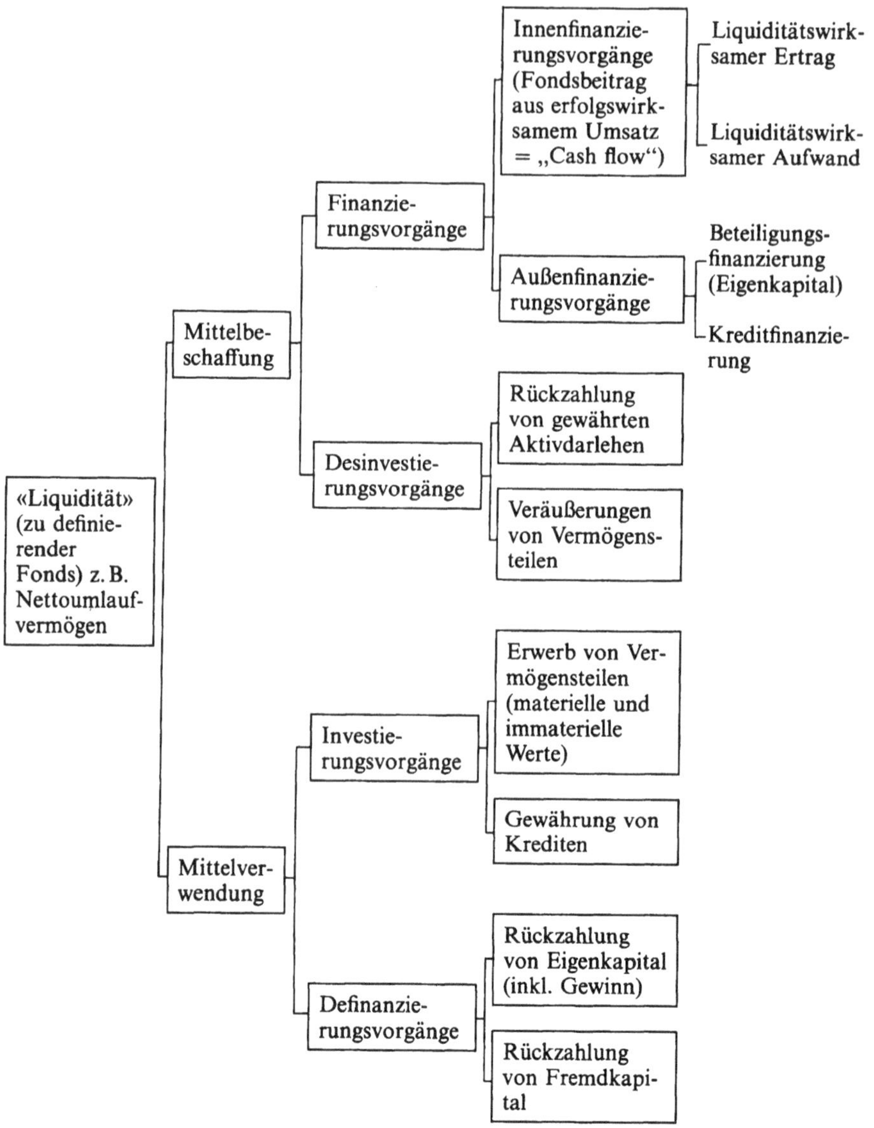

Abb. 1: Gliederung nach Mittelbeschaffung und Mittelverwendung

2. Gliederungsmöglichkeiten. In einer K. werden grundsätzlich all jene Vorgänge dargestellt, die den gewählten Fonds in seinem Umfang verändern, die buchungstechnisch also je in einem Konto innerhalb des Fonds und außerhalb des Fonds verbucht werden. Vorgänge, die sich völlig innerhalb oder völlig außerhalb des Fonds abwickeln, werden nur dargestellt, wenn dafür ein besonderes Informationsbedürfnis besteht (in ihrer Gesamtheit heben sich diese in bezug auf den Fonds gegenseitig auf).

Damit K. ihre Aufgabe der Information über *Mittelbeschaffung* und *Mittelverwendung* erfüllen können, ist auf eine zweckmäßige Darstellung zu achten. Dafür stehen die beiden Grundformen, gegliedert nach *Mittelbeschaffung und -verwendung* (Abb. 1) oder nach *Bereichen* (Abb. 2) zur Verfügung.

Die darzustellenden Vorgänge sind abhängig vom gewählten Fonds. Gezeigt werden somit nicht die vollständigen Finanzierungs- bzw. Investitionstätigkeiten einer Unternehmung, sondern nur jene Aktivitäten, die den Fonds verändern.

Umstritten ist der Begriff des aus dem Jahresüberschuß abgeleiteten → *Cash-Flow*. Wie in den USA vorgeschrieben, sollte dieser Ausdruck nur verwendet werden, wenn der Geldfonds gewählt wird, der ‚Fondsbeitrag aus erfolgswirksamem Umsatz' also tatsächlich einen Geldzufluß (-abfluß) bedeutet. In der Regel bietet die *direkte Berechnung* (fondsverändernde Erträge abzüglich fondsverändernde Aufwendungen) einen wesentlich höheren Informationsgehalt und wird deshalb in internen Rechnungen häufig vorgezogen (vgl. Beispiel 1).

Eine Gliederung nach dem Bereichsaspekt zeigt Abb. 2.

In publizierten Jahresrechnungen wird gegenwärtig meist die *indirekte Berechnungsweise* (allerdings oft sehr fehlerhaft) gezeigt, ausgehend vom Jahresüberschuß (-fehlbetrag), ergänzt um die nicht fondsverändernden Aufwendungen und Erträge (vgl. das Beispiel 2). Bei der indirekten Darstellung werden besonders im Umsatzbereich ein Teil der Investitionen und Desinvestitionen bzw. Finanzierungen und Definanzierungen gegeneinander aufgerechnet. Bei gleichem Endergebnis werden jedoch wesentlich andere Informationen vermittelt als bei der direkten Darstellung. Entscheidend für die Wahl der Darstellungsform sind die Informationsbedürfnisse primär der Unternehmungsführung und sekundär außenstehender Interessenten.

3. Kapital- und Finanzflußrechnung in publizierten Jahresrechnungen. Ausgehend von den → *USA*, wo durch die ‚Regulation S-X, Rules 11A-02' und mit ‚Accounting Series Release No. 142' (1973) der SEC (Securities and Exchange Commission) für die ihrer Aufsicht unterstellten Unternehmungen die Publikation einer K. im Jahresbericht unabdingbar wurde, haben eine größere Anzahl von Staaten den Einbezug der K. in die finanzielle Berichterstattung für obligatorisch erklärt. Die SEC schreibt keine bestimmte Form der K. vor, maßgeblich dafür war vielmehr die *Opinion No. 19* (1971) des *Accounting Principles Board* (APB), die jedoch für das ‚statement of changes in financial position' verschiedene Möglichkeiten der Fondsbildung offen ließ. Empfohlen wurden die Fondstypen Kasse, monetäre Netto-Aktiven oder Netto-Umlaufvermögen. Gesondert ausgewiesen werden sollte jedoch immer der Fondsbetrag aus der Umsatztätigkeit (funds provided by operations). Diese APB-Opinion No. 19 wurde insofern kritisiert, als für das Überleben einer Unternehmung vor allem die Kassen-Liquidität maßgeblich sei; aus einem die Ursachen der Veränderung dieser Liquiditätsform darstellenden ‚statement of cash flows' ließe sich die Fähigkeit zur Generierung künftiger ‚cash flows' am besten prognostizieren. Diese Feststellung mag als kurzfristige Betrachtung ihre Berechtigung haben (allerdings kommen Geldbeschaffungs-‚Potentiale' oder deren Fehlen nicht zur Darstellung), und sie ist wohl auch die häufigste Betrachtungsweise der Investoren (bei amerikanischen Kapitalmarktverhältnissen), aber für längerfristige Planungsüberlegungen trifft sie nicht unbedingt zu.

Die Kritik veranlaßte den → *Financial Accounting Standards Board* (FASB), 1987 das ‚Statement of Cash-Flows' (SFAS No. 95) herauszugeben. Verlangt wird nun einheitlich eine K. mit dem Fondstypus Geld (cash oder cash equivalents, d. h. Investitionen, die in weniger als drei Monaten fällig werden). Auch dieses Statement verlangt den gesonderten Ausweis des Fondsbeitrages aus der Umsatz-

Mittelherkunft					
Aus Finanzierungsvorgängen:					
Innenfinanzierung					
liquiditätswirksamer betrieblicher Ertrag					
Verkaufserlös		195			
+ Debitorenabnahme		10	205		
liquiditätswirksamer betrieblicher Aufwand					
Warenaufwand	120				
./. Vorratsabnahme	20				
./. Kreditorenzunahme	4	96			
betrieblicher Gemeinaufwand	76				
./. Abschreibung	7				
./. Bildung von Rückstellungen	1	68	164		
Fondsbeitrag aus Umsatz (Betrieb) (betrieblicher Cash flow)			41		
liquiditätswirksamer neutraler Erfolg					
Beteiligungserfolg (Verlust)		−3			
Kursverluste		+5	2		
Fondsbeitrag aus Umsatz (Unternehmung) (Unternehmungs-Cash flow) **= total Innenfinanzierung**			43		
Außenfinanzierung					
Kapitaleinlage			30	73	
Aus Desinvestierungsvorgängen					
Verkauf von Beteiligungspapieren				9	
Total Mittelherkunft					82
Mittelverwendung					
Für Investierungsvorgänge					
Erwerb Mobiliar und Einrichtungen				67	
Für Definanzierungsvorgänge					
Rückzahlung von Darlehen				14	
Total Mittelverwendung					81
Zunahme flüssige Mittel					1

Beispiel 1: Kapitalflußrechnung für die Planperiode in Mio. sfr. (Fonds: flüssige Mittel)

tätigkeit (operating activities). Zusätzlich werden die Geldzu- und -abgänge aus den investing activities und den financing activities dargestellt.

In → *Großbritannien* lehnt sich der → *Accounting Standards Board* mit dem FRS No. 1, Cash Flow Statements' von 1991 eng an den SFAS No. 95 in Aufbau und Inhalt der K. an. Auch das → *International Accounting Standards Committee* (*IASC*) paßte sich durch eine Revision seines *International Accounting Standard 7* ‚Cash Flow Statements' 1992 dem amerikanischen Vorbild an (→ *Cash-Flow je Aktie*).

In der 4. und 7. *EG-Richtlinie* ist die obligatorische Publikation einer K. nicht vorgesehen; gemäß Protokollerklärung des EG-Rates zu Art. 2 der 4. EG-Richtlinie wird dies zunächst der nationalen

 Kapital- und Finanzflußrechnung

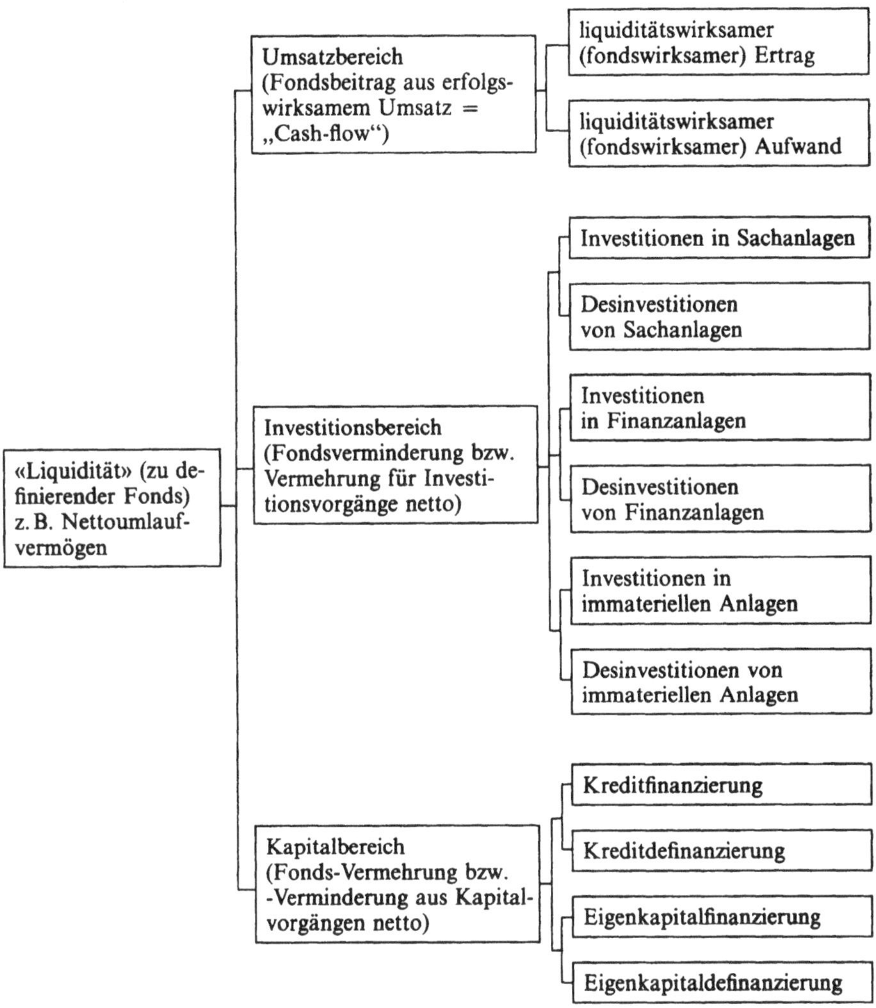

Abb. 2: Gliederung nach Bereichen

Gesetzgebung überlassen, wovon aber bisher kein Gebrauch gemacht wurde. Dies widerspricht den Empfehlungen des Hauptfachausschusses des IdW von 1978 und der ‚Kommission Rechnungswesen im Verband der Hochschullehrer für Betriebswirtschaft e. V.‘, die in der Praxis nur geringe Resonanz fanden. So gibt es bisher in Deutschland keine gesetzliche Regelung für eine periodische → *Publizität*.

Auch in den andern deutschsprachigen Ländern, → *Österreich* und → *Schweiz*, fehlt eine Publikationspflicht. Trotzdem nimmt die Zahl der Unternehmungen, die in ihrem Geschäftsbericht eine K. publizieren, ständig zu. Es sind insbesondere die international tätigen Gesellschaften, die sich auch in dieser Hinsicht den internationalen Gepflogenheiten anpassen. Allerdings ist die Zahl jener Unterneh-

Kapitalflußrechnung des Volkswagen-Konzerns	**1996**	
Jahresüberschuß	+ 678	
Abschreibungen und Zuschreibungen auf Gegenstände des Anlagevermögens	+ 4.780	
Abschreibungen und Zuschreibungen auf Gegenstände des Vermietvermögens	+ 4.042	
Veränderung der mittel- und langfristigen Rückstellungen	+ 2.294	
Sonstige zahlungsunwirksame Aufwendungen und Erträge	– 706	
Cash-Flow		**+ 11.088**
Veränderung der kurzfristigen Rückstellungen	+ 2.070	
Veränderung der Vorräte und Forderungen	– 4.973	
Veränderung der Verbindlichkeiten (ohne Bankverbindlichkeiten und Kundeneinlagen)	+ 4.146	
Veränderung sonstiger Posten	– 263	
Mittelzufluß aus laufender Geschäftstätigkeit		**+ 12.068**
Einzahlungen aus Abgängen von Gegenständen des Anlagevermögens	+ 2.433	
Auszahlungen für Investitionen in das Anlagevermögen	– 15.279	
Mittelabfluß aus der Investitionstätigkeit		**– 12.846**
Einzahlungen aus Kapitalerhöhungen	+ 500	
Auszahlungen an Gesellschafter (Dividenden)	– 220	
Veränderung der mittel- und langfristigen Bankverbindlichkeiten	– 1.135	
Mittelabfluß aus der Finanzierungstätigkeit		**– 855**
Veränderung des Finanzmittelstandes		**– 1.633**
Finanzmittelbestand am Anfang der Periode		**+ 2.392**
Finanzmittelbestand am Ende der Periode		**+ 759**

	Automobilbereich 31.12.96	Finanzdienstleistungen 31.12.96	Volkswagen-Konzern 31.12.96
Liquide Mittel	12.944	184	13.080
Wertpapiere	3.311	188	3.499
Wertpapiere des Anlagevermögens	1.903	–	1.353
Brutto-Liquidität	**18.158**	**372**	**17.932**
Kurzfristige Bankverbindlichkeiten und Kundeneinlagen	– 7.442	– 9.778	– 17.173
Finanzmittelbestand	**+ 10.716**	**– 9.406**	**+ 759**

Beispiel 2: Kapitalflußrechnung des Volkswagen-Konzerns 1996 (in Mio. DM)

men, die K. mit sehr geringem Informationsgehalt (z. B. als bloße Differenzbildung zwischen Anfangs- und Schlußbeständen der einzelnen Bilanzpositionen) publizieren, noch groß. Für → *Börsenzulassungsprospekte* ist nach einer EG-Richtlinie eine K. vorgeschrieben (§ 38 Abs. 1 BG).

Neuere Publikationen geben kleinen Fonds gegenüber dem lange Zeit in den Jahresberichten vorherrschenden Nettoumlaufvermögen-Fonds den Vorzug, weil, besonders für den Geld-Fonds, kaum Abgrenzungsschwierigkeiten (etwa lang- und kurzfristige Forderungen und Schulden) bestehen und die geringen Bewertungsprobleme eine weitgehende Bewertungsneutralität gewährleisten.

4. Kapital- und Finanzflußrechnung als Instrument der finanziellen Führung. K. betreffen in den meisten Fällen die Gesamttätigkeit evtl. eines organisatorisch abgegrenzten Teilbereiches einer Unternehmung. Sie sind daher als *Führungsinstrument* eine Hilfe für die oberen hierarchischen Stufen der Führung. Sie dienen der Planung und Kontrolle, insbesondere einer genau definierten Form der Liquidität. Untersuchungen in der Praxis zeigen, daß überall dort, wo die K. als Instrument der finanziellen Führung verwendet wurde, die K. sowohl als Planungs- wie als Vergangenheits-(Kontroll-)rechnung erstellt wurde. Mitunter wird sie als ‚das wichtigste Instrument der finanziellen Führung' bezeichnet.

Der Unsicherheit der Erwartungen wird kaum mit komplizierten mathematischen Modellen zu begegnen versucht. Hingegen trifft man Variantenrechnungen für erwartete gute, schlechte und ‚normale' Entwicklungen an. Zunehmend werden auch → *Sensibilitätsanalysen* eingesetzt (Variation besonders kritischer Größen).

Die Wahl des Fonds richtet sich für interne K. nach der Zielsetzung dieser Rechnung. Für die ganz *kurzfristige Steuerung* der Geldmittel (‚cash management') steht der Geldfluß im Vordergrund. Für eine *langfristige Planung* ist dagegen ein größerer Fonds (z. B. Nettoumlaufvermögen) geeigneter, denn es scheint wenig sinnvoll, den vielen Zufälligkeiten ausgesetzten Zu- und Abfluß von Geldmitteln auf längere Frist zu planen. Vielmehr darf meist davon ausgegangen werden, daß ein hinreichend großes Nettoumlaufvermögen, das sich aufgrund der längerfristigen normalen Geschäftstätigkeit ergibt, genügend Spielraum für eine kurzfristige Optimierung der Geldmittel verschafft.

Da für die Unternehmungsführung die Planungs- und Buchhaltungsdaten frei zugänglich sind, ist es somit empfehlenswert, mehrere K. mit unterschiedlicher Zielsetzung (etwa bezüglich der Fristigkeit) zu erstellen. Abgrenzungs- und Bewertungsprobleme spielen für die Unternehmungsführung eine viel geringere Rolle als für den außenstehenden Leser einer publizierten Jahresrechnung, weil die Regeln für diese Probleme bekannt sind.

5. Kapital- und Finanzflußrechnung als Instrument der Finanzanalyse. Zur Durchleuchtung der Finanzlage von Unternehmen werden von *Wirtschaftsprüfern* für den Prüfungsbericht und vom *Finanzanalysten* K. aus dem Jahresabschluß abgeleitet. Die Vereinigungen der Finanzanalysten haben dafür in manchen Ländern Empfehlungen publiziert (z. B. für → *Österreich*).

Lit.: Busse von Colbe, W.: Aufbau und Informationsgehalt von Kapitalflußrechnungen, in: ZfB-Ergh. 1966, S. 82–114; *v. Wysocki, K.:* Die Kapitalflußrechnung als Ergänzung des Jahresabschlusses, in: Wpg 1976, S. 14–28; *HFA des IdW:* Stellungnahme 1/1978: Die Kapitalflußrechnung als Ergänzung des Jahresabschlusses, in: Wpg 1978, S. 207–208; *Kloock, J.:* Kapitalflußrechnungen als den Jahresabschluß ergänzende Dokumentationsrechnung, in: BFuP 1979, S. 469–484; *Käfer, K.* (ergänzt von *Weilenmann, P.*): Kapitalflußrechnungen, 2. Aufl., 1984; *FASB:* SFAS No. 95: Statement of Cash-Flows, 1987; *Buchmann, R./Chmielewicz, K.* (Hrsg.): Finanzierungsrechnung, ZfbF-Sonderh. 26, 1990; *Ingendahl, J.:* Die Kapitalflußrechnung, im Rechnungslegungsrecht der USA und der Bundesrepublik Deutschland, 1990; *Weilenmann, P.:* Kapitalflußrechnung in der Praxis, 2. Aufl., 1992; *IASC:* IAS 7 (rev.): Cash Flow Statements, 1992; *Busse von Colbe W.:* Kapitalflußrechnung, in: HWR, 3. Aufl., 1993, Sp. 1074–1085; *Busse von Colbe, W.:* Finanzflußrechnungen als Grundlage für Finanzierungsentscheidungen, in: Gebhardt, G. u.a. (Hrsg.): Handbuch des Finanzmanagements, 1993, S. 25–42; *Schwarzecker, J.:* Das neue Cash-Flow-Berechnungsschema, in: Österreichische Vereinigung für Finanzanalyse (Hrsg.): ÖFA – Ergebnis- und Cash-Flow-Formeln Nr. 3, 1993; *Coenenberg, A.G.:* Jahresabschluß und Jahresabschlußanalyse, 16. Aufl., 1997, S. 623–659; *Perridon, L./Steiner, M.:* Finanzwirtschaft der Unternehmung, 9. Aufl., 1997, S. 580–597.

Professor Dr. Paul Weilenmann, Zürich.

Kapitalgesellschaft

Oberbegriff für Unternehmen, die in der Rechtsform der → *Aktiengesellschaft*, → *Kommanditgesellschaft auf Aktien* und → *Gesellschaft mit beschränkter Haftung* geführt werden. Im Gegensatz zu Einzelunternehmen, → *Personengesellschaften* und → *Genossenschaften* sind K. juristische Personen des Privatrechts mit der Konsequenz, daß die Haftung meist aller Gesellschafter auf die Höhe ihrer Vermögenseinlage beschränkt ist. Für K. gelten die erweiterten Rechnungslegungs-, Prüfungs- und Offenlegungsvorschriften der §§ 264–335 HGB.

Kapitalherabsetzungsprüfung

→ *Sonderprüfungen.*

Kapitalkonsolidierung

1. Grundlagen

Im Rahmen der Entwicklung des → *Konzernabschlusses* aus den aufsummierten Einzelabschlüssen sind verschiedene Konsolidierungsvorgänge durchzuführen, um aus der Addition entstandene Doppelerfassungen zu eliminieren. Einen der wichtigsten Konsolidierungsvorgänge stellt die K. dar.

a) Aufgabe der K. Im Konzernabschluß treten die Vermögensgegenstände und Schulden des einzelnen Tochterunternehmens an die Stelle der entsprechenden Anteile des Mutterunternehmens. Da in der *Summenbilanz* sowohl die Bilanzpositionen des *Tochterunternehmens* als auch die Anteile des *Mutterunternehmens* an diesem Tochterunternehmen enthalten sind, hat als Eliminierungs- bzw. Konsolidierungsvorgang die K. zu erfolgen. Die K. wird durch eine Verrechnung der Anteile des Mutterunternehmens mit Eigenkapitalpositionen des Tochterunternehmens durchgeführt.

b) Ursachen von Kapitalaufrechnungsdifferenzen. Da in der Regel zwischen dem Buchwert der Anteile und den konsolidierungspflichtigen Eigenkapitalpositionen keine betragsmäßige Übereinstimmung existiert, ergibt sich bei der Verrechnung ein *Unterschiedsbetrag* (= *Kapitalaufrechnungsdifferenz*). Die Entstehung von Unterschiedsbeträgen resultiert aus der Tatsache, daß im Abschluß des Tochterunternehmens nicht alle Faktoren Berücksichtigung finden, die den Wert bzw. Kaufpreis des Unternehmens bestimmen. Übersteigt der Buchwert der Anteile die Eigenkapitalpositionen, so verbleibt eine aktive bzw. positive Kapitalaufrechnungsdifferenz. Mögliche Ursachen für einen *aktiven Unterschiedsbetrag* sind Unterbewertung von Vermögensgegenständen des Tochterunternehmens, Überbewertung der Anteile (Kauf zu einem ungünstigen Preis), nicht bilanzierte Vermögensgegenstände (z. B. selbst erstellte immaterielle Werte) sowie Abgeltung künftiger guter Ertragsaussichten im Kaufpreis. Ist der Buchwert der Anteile kleiner als die aufzurechnenden Eigenkapitalpositionen, so verbleibt eine passive bzw. negative Kapitalaufrechnungsdifferenz. Mögliche Ursachen für einen *passiven Unterschiedsbetrag* sind Unterbewertung der Anteile (Kauf zu einem vorteilhaften Preis), Abschreibung der Anteile sowie Berücksichtigung zukünftiger schlechter Ertragsaussichten im Kaufpreis. Ermittlung und Behandlung des Unterschiedsbetrages dienen als Unterscheidungskriterium für die Methoden der K.

2. Deutsche Methode (erfolgsunwirksame Stichtagskonsolidierung)

Diese Methode der K. ist gekennzeichnet durch einen im Zeitablauf variablen Unterschiedsbetrag und durch Erfolgsunwirksamkeit. Die deutsche Methode war mit den Vorschriften des AktG 1965 vereinbar; nach dem HGB 1985 ist sie unzulässig. Die K. wird durch Verrechnung des Buchwerts der Anteile mit den Positionen „Kapital" und „Offene Rücklagen" vorgenommen, und zwar an jedem Bilanzstichtag erneut (Stichtagskonsolidierung); der hierbei ermittelte Unterschiedsbetrag ist gesondert auszuweisen. Durch diese Vorgehensweise werden Veränderungen in den Positionen „Kapital" und „Offene Rücklagen" des Tochterunternehmens in den Folgeperioden als Veränderungen des Unterschiedsbetrages gezeigt. Sind Minderheiten an dem zu konsolidierenden Unternehmen beteiligt, so werden die Vermögensgegenstände und Schulden des Tochterunternehmens nicht anteilig (Netto- oder → *Quotenkonsolidierung*), sondern voll in den Konzernabschluß übernommen; für die Minderheiten ist deshalb ein Ausgleichsposten in entsprechender Höhe gesondert auszuweisen (Brutto- oder Vollkonsolidierung mit Minderheitenausweis). Die Berechnung des Ausgleichspostens erfolgt durch Multiplikation des Minderheitenanteils mit den Eigenkapitalpositionen.

3. Modifizierte angelsächsische Methode (erfolgsunwirksame Erstkonsolidierung)

Diese Methode der K. ist geprägt durch einen im Zeitablauf konstanten Unterschiedsbetrag und durch Erfolgsunwirksamkeit. Die modifizierte angelsächsische Methode war mit den Vorschriften des AktG 1965 vereinbar; nach dem HGB 1985 ist sie unzulässig. Die K. wird durch Verrechnung des Buchwerts der Anteile mit den Eigenkapitalpositionen beim Erwerb bzw. beim erstmaligen Einbezug des Tochterunternehmens in den Konzernabschluß vorgenommen (Erstkonsolidierung); der ermittelte Unterschiedsbetrag wird gesondert ausgewiesen. In den Folgejahren wird die Erstkonsolidierung unverändert fortgeführt, d.h. Eigenkapitaländerungen des Tochterunternehmens verändern ceteris paribus direkt das Eigenkapital des Konzerns und nicht wie bei der deutschen Methode den Unterschiedsbetrag. Die modifizierte angelsächsische Methode trennt somit streng zwischen Eigenkapital im Erstkonsolidierungszeitpunkt und Eigenkapitaländerungen des Tochterunternehmens in den Folgejahren. Die Behandlung von Minderheitenanteilen erfolgt analog zur deutschen Methode, d.h. die Ermittlung des Ausgleichspostens erfolgt zu jedem Konsolidierungsstichtag auf der Basis des dann vorhandenen Kapitals.

4. (Echte) Angelsächsische Methode (erfolgswirksame Erstkonsolidierung)

Diese Methode der K. ist gekennzeichnet durch einen einmalig zu ermittelnden, im Zeitablauf jedoch fortzuschreibenden Unterschiedsbetrag und durch Erfolgswirksamkeit, d.h. der Konzernerfolg der Folgeperioden wird durch die Konsolidierungsmaßnahmen berührt. Die (echte) angelsächsische Methode war mit den Vorschriften des AktG 1965 unvereinbar; nach dem HGB 1985 stellt sie den Normalfall der K. dar. Dieser Methode liegt die Fiktion zugrunde, daß nicht die Anteile des Tochterunternehmens, sondern einzelne Vermögensgegenstände und Schulden durch den Anteilserwerb angeschafft werden (deshalb auch *Purchase – oder Erwerbs-Methode*). Im Rahmen der K. ist dementsprechend nicht auf die Buchwerte in der Bilanz des Tochterunternehmens abzustellen. Maßgebend sind vielmehr die Werte der einzelnen Vermögensgegenstände und Schulden, die den Kaufpreis der Anteile bestimmten; durch die Fiktion, daß durch den Beteiligungserwerb die Vermögensgegenstände und Schulden des Tochterunternehmens erworben wurden, stellen die Tageswerte (fair value) dieser Posten aus der Sicht des Mutterunternehmens die historischen Anschaffungskosten dar. § 301 Abs. 1 HGB sieht für die K. nach der (echten) angelsächsischen Methode zwei Varianten vor; hierbei werden gem. § 301 Abs. 2 HGB grundsätzlich die Wertverhältnisse im Zeitpunkt des Anteilserwerbs oder der erstmaligen Einbeziehung herangezogen.

a) Buchwertmethode. Nach dieser Variante ist das Eigenkapital des Tochterunternehmens, mit dem die Anteile verrechnet werden, mit dem Betrag anzusetzen, der sich aus den Buchwerten ergibt. Dabei ist die Bilanz des Tochterunternehmens nicht unverändert zugrundezulegen; vielmehr ist die *Handelsbilanz II* maßgebend, d.h. die Bilanz nach Vereinheitlichung der Bewertung (→ *Einheitlichkeit der Bewertung*) und des Bilanzansatzes sowie ggf. nach Durchführung der → *Umrechnung der Jahresabschlüsse* einbezogener Tochterunternehmen. Da der K. die Buchwerte der einzelnen Bilanzpositionen in der Handelsbilanz II zugrundegelegt werden, ist ein sich ergebender Unterschiedsbetrag auf Abweichungen zwischen den Buchwerten und den den Kaufpreis bestimmenden Werten der Vermögensgegenstände und Schulden zu analysieren. Der Unterschiedsbetrag ist den entsprechenden Posten der Konzernbilanz zuzuordnen (aktiver Unterschiedsbetrag) oder mit diesen zu verrechnen (passiver Unterschiedsbetrag), entsprechend der Existenz → *stiller Rücklagen* und/oder *stiller Lasten.* Die zugeordneten Beträge sind in den Folgejahren (*Folgekonsolidierungen*) analog zu den betreffenden Positionen zu behandeln (Bsp.: Dem abnutzbaren Anlagevermögen zugeordnete stille Rücklagen sind über die Restnutzungsdauer der jeweiligen Vermögensgegenstände abzuschreiben); hieraus ergibt sich die Erfolgswirksamkeit der Konsolidierungsmethode.

b) Neubewertungsmethode. Bei Anwendung dieser Methode ist das Eigenkapital des Tochterunternehmens mit dem Betrag anzusetzen, der sich aus den im Verrechnungszeitpunkt beizulegenden Werten der in den Konzernabschluß aufzunehmenden Positionen ergibt. Die Verrechnung mit dem Buchwert der Anteile erfolgt auf der Grundlage der sog. Handelsbilanz III (Handelsbilanz II zuzüglich Änderungen durch Ansatz der beizulegenden Werte). Dabei darf gem. § 301 Abs. 1 Satz 4 HGB das Eigenkapital die Anschaffungskosten der Anteile nicht überschreiten. Die Anschaffungskostenobergrenze verhindert unter Umständen den Ansatz der „fair values" sowie die volle Aufdeckung der stillen Reserven, die Minderheiten anteilig zuzurechnen sind; diese Behandlung weicht von der Einheitstheorie ab, die die Minderheiten als Eigenkapitalgeber des Konzerns genauso heranzieht wie die Gesellschafter des Mutterunternehmens. Die Behandlung der stillen Rücklagen und/oder stillen Lasten in den Folgejahren ist analog zur Buchwertmethode erfolgswirksam durchzuführen.

c) Auszuweisender Unterschiedsbetrag. Ein bei Anwendung der Buchwertmethode nach Zuschreibung und/oder Verrechnung verbleibender bzw. ein bei Anwendung der Neubewertungsmethode entstehender Unterschiedsbetrag ist nach § 301 Abs. 3 HGB im Konzernabschluß auf der Aktivseite als „Geschäfts- oder Firmenwert" und auf der Passivseite als „Unterschiedsbetrag aus der K." auszuweisen. Eine Verrechnung von aktiven und passiven Posten ist zulässig; eine entsprechende Anhanginformation ist obligatorisch. Die Behandlung des ausgewiesenen Postens in den Folgeperioden ist in § 309 HGB 1985 geregelt. Ein Geschäfts- oder Firmenwert ist jährlich abzuschreiben (mind. 25 % oder planmäßig über die voraussichtliche Nutzungsdauer) oder offen mit den Rücklagen zu verrechnen. Für die erfolgswirksame Auflösung passiver Beträge gelten besondere Bestimmungen (§ 309 Abs. 2 HGB 1985).

d) Behandlung von Minderheitenanteilen. Für nicht dem Mutterunternehmen gehörende Anteile an den zu konsolidierenden Unternehmen ist gem. § 307 HGB 1985 ein Ausgleichsposten im Konzernabschluß gesondert auszuweisen. Die in der Praxis übliche Bezeichnung ist „Anteile anderer Gesellschafter"; der Ausweis ist innerhalb der Eigenkapitalpositionen vorgeschrieben. Die Höhe des Ausgleichspostens wird bestimmt durch den Anteil der anderen Gesellschafter an jeder Eigenkapitalposition. Bei 100 %-igem Anteilsbesitz sind Buchwert- und Neubewertungsmethode ergebniskongruent; der Unterschied liegt im Ort der Aufdeckung von stillen Rücklagen/stillen Lasten (Neubewertungsmethode: in der Handelsbilanz III des Tochterunternehmens; Buchwertmethode: im Rahmen der K. durch Verteilung der Kapitalaufrechnungsdifferenz). Bei einem Anteilsbesitz von unter 100 % beeinflußt nach h. M. die Wahl der Konsolidierungsvariante die Höhe des für die K. heranzuziehenden Eigenkapitals des Tochterunternehmens. Da bei der Buchwertmethode das Eigenkapital der Handelsbilanz II der K. zugrunde zu legen sei und stille Rücklagen/ stille Lasten erst im Rahmen der Konsolidierungsbuchungen zugerechnet bzw. verrechnet würden, sei bei der Berechnung des Ausgleichspostens eine Partizipation der anderen Gesellschafter an den vorhandenen stillen Rücklagen/stillen Lasten nicht vorgesehen. Anders ist dies bei der Neubewertungsmethode: Die stillen Rücklagen/stillen Lasten werden bereits in der Handelsbilanz III aufgedeckt; entsprechend erhöht sich das der K. zugrundezulegende Eigenkapital des Tochterunternehmens. Somit wird der Ausgleichsposten bei dieser Variante um die auf den Anteil der anderen Gesellschafter entfallenden stillen Rücklagen/stillen Lasten höher/niedriger ausgewiesen als bei Anwendung der Buchwertmethode. In den Folgejahren sind bei der Neubewertungsmethode deshalb höhere Abschreibungen auf die zugerechneten Beträge zu berücksichtigen, jedoch anteilig zu Lasten der Anteile anderer Gesellschafter.

5. Interessenzusammenführungsmethode (Pooling-of-interests-Methode, Merger accounting)

Diese Methode ist unter bestimmten Voraussetzungen nach § 302 HGB 1985 zulässig. Sie soll den Fällen Rechnung tragen, bei denen im Anteilserwerb kein Unternehmenskauf, sondern eine Vereinigung von Vermögensinteressen zu sehen ist (z. B. Fusionen). Die Verrechnung der Anteile wird allein mit dem gezeichneten Kapital vorgenommen; somit erfolgt keine Konsolidierung der Rücklagen des Tochterunternehmens, vielmehr gehen diese auf Basis der Handelsbilanz II in die Konzernrücklagen ein. Ein sich ergebender Unterschiedsbetrag ist mit den Rücklagen zu verrechnen oder diesen hinzuzurechnen. Eine Analyse des Unterschiedsbetrages und eine Zuordnung stiller Rücklagen bzw. stiller Lasten entfällt also; insoweit ist diese Methode erfolgsneutral.

6. Kapitalkonsolidierung im mehrstufigen Konzern

In der Praxis sind große Konzerne meist tief gestaffelt und/oder stark verschachtelt. In solchen Fällen ist die K. nach verschiedenen Verfahren durchführbar.

a) Kettenkonsolidierung. Dieses Verfahren wird auch als stufen- oder schrittweise Konsolidierung bezeichnet. Meist wird mit dem kapitalmäßig am weitesten von der Obergesellschaft entfernten Unternehmen begonnen. Jedes einzelne Unternehmen wird mit dem über ihm stehenden Unternehmen konsolidiert. Es erfolgen also mehrere Konsolidierungen nacheinander.

b) Simultankonsolidierung. Bei diesem Verfahren wird die K. in einem Schritt durchgeführt. Die direkten und indirekten Anteile des Konzerns und der Minderheiten am gesamten Kapital werden durch eine Nebenrechnung ermittelt.

7. Kapitalkonsolidierung nach IAS 22

Nach IAS 22 in der ab 1995 gültigen Fassung (IAS 22 revised 1993) ist die Kapitalkonsolidierung nach der erfolgswirksamen angelsächsischen Methode durchzuführen. Bezüglich der beiden Varianten ist der Buchwertmethode der Vorrang vor der Neubewertungsmethode einzuräumen. Ein verbleibender aktiver Unterschiedsbetrag ist als „goodwill" (= asset) zu aktivieren und unter Berücksichtigung der Dauer der voraussichtlichen Nutzung grundsätzlich linear abzuschreiben; die Abschreibungsdauer soll fünf Jahre grundsätzlich nicht überschreiten. Eine sofortige erfolgsneutrale Verrechnung mit den Konzernrücklagen ist nach IAS 22 nicht zugelassen. Hier besteht ein Unterschied zum Wahlrecht des § 309 Abs. 1 Satz 3 HGB. Durch eine entsprechende Ausübung des Wahlrechts ist gleichwohl eine Anpassung an IAS 22 möglich. Bei einem verbleibenden passiven Unterschiedsbetrag sieht IAS 22 vorrangig eine Verrechnung mit den „fair-values" nichtmonetärer Vermögensgegenstände vor und im übrigen eine planmäßige erfolgswirksame Auflösung; bezüglich der Abschreibungsdauer gelten die gleichen Grundsätze wie beim aktiven Unterschiedsbetrag. Die Regelung in § 309 Abs. 2 HGB weicht hiervon ab, da sie eine Auflösung nur unter bestimmten Voraussetzungen zuläßt. Als maßgebenden Zeitpunkt für die Ermittlung der Wertverhältnisse im Rahmen der K. schreibt IAS 22 allein den Zeitpunkt des Anteilserwerbs vor. Bei einem Unternehmenszusammenschluß in Form der Interessenzusammenführung gilt die „Pooling-of-Interest-Methode" als einschlägiges K.-verfahren.

Lit.: IASC: IAS 22: Accounting for Business Combinations, 1984; *Schindler, J.:* Kapitalkonsolidierung nach dem Bilanzrichtlinien-Gesetz, 1986, S. 114–262; *Ordelheide, D.:* Kapitalkonsolidierung nach der Erwerbsmethode, in: Beck HdR, 1987, C 401, S. 1–28, C 402, S. 1–18, C 403, S. 1–15; *Rentschler, R.:* Kapitalkonsolidierung nach § 301 HGB, 1988, S. 102–125; *Weber, C.:* Praxis der Kapitalkonsolidierung im internationalen Vergleich, 1991; *Busse von Colbe, W./Ordelheide, D.:* Konzernabschlüsse, 6. Aufl., 1993, S. 191–329; *v. Wysocki, K.:* Kapitalkonsolidierung, in: HWR, 3. Aufl., 1993, Sp. 1085–1095; *Goebel, A.:* Konzernrechnungslegung nach den International Accounting Standards, in: DB 1994, S. 2457–2464; *Küting, K./Göth, P.:* Negatives Eigenkapital von Tochterunternehmen in der Kapitalkonsolidierung und die Auswirkungen auf den Konzernabschluß, in: BB 1994, S. 2446–2456; *Zwingmann, L.:* Der Geschäfts- und Firmenwert sowie der Unterschiedsbetrag aus der Kapitalkonsolidierung im Konzernabschluß, in: BB 1994, S. 2314–2318; *GEFIU:* Möglichkeiten und Grenzen der Anpassung deutscher Konzernabschlüsse an die Rechnungslegungsgrundsätze des International Accounting Standards Committee (IASC), in: DB 1995, S. 1137–1143 und S. 1185–1191; *Goebel, A./Fuchs, M.:* Die Anwendung des International Accounting Standards in den Konzernabschlüssen deutscher Kapitalgesellschaften, in: DB 1995, S. 1521–1527; *Küting, K.:* Aktuelle Fragen der Kapitalkonsolidierung, in: DStR 1995, S. 192–196 und S. 229–235; *Wysocki, K. von/Wohlgemuth, M.:* Konzernrechnungslegung, 4. Aufl., 1995, S. 78–154.

WP/StB Dr. Friedhelm Sahner, Düsseldorf.

Kapitalkosten

1. Begriff und Funktion. K. haben eine wichtige Funktion im Rahmen der neueren Überlegungen und Modelle zur *Investitions- und Finanzierungspolitik* von Unternehmen. Am leichtesten nähert man sich dem Problem, wenn man sich im Unternehmen über Investitionsprogramme und Finanzierungsstrategien Entscheidende (Unternehmensleitung, Manager) und die finanzielle Mittel bereitstellenden Investoren (Aktionäre, voll haftende Gesellschafter, beschränkt haftende Gesellschafter, gesicherte bzw. ungesicherte Gläubiger, Halter von Gewinn- oder Wandelschuldverschreibungen, etc.) als getrennte Parteien vorstellt. Aus der Sicht der Unternehmensleitung besteht die Aufgabe dann darin, für eine geplante Investitionsstrategie Kapitalgeber zu finden, die für ein in bestimmter Weise definiertes Paket von Rechten und Pflichten finanzielle Mittel zur Finanzierung der Investitionsvorhaben bereitstellen. Je nach Art der definierten Rechte und Pflichten stellen diese „Pakete", die man auch als *Finanzierungstitel* bezeichnet, Eigenkapitaltitel (→ *Eigenkapital*), Fremdkapitaltitel oder Zwischenformen dar. Es hängt nun von den Eigenschaften der Finanzierungstitel und von den Risiken der geplanten Investitionsprogramme ab, welche Renditen die Kapitalgeber für die Bereitstellung von Kapital fordern. Es sind insbesondere diese *Renditeforderungen* der Kapitalgeber, die mit dem Begriff K. belegt werden. In diesem Sinn wird von den Kosten des Fremdkapitals, den Kosten des Eigenkapitals, den Kosten der Selbstfinanzierung oder den Kosten einer Gewinnobligation gesprochen. In diesen Kostenbegriff können auch *Transaktionskosten*, die mit der Beschaffung, Bedienung und Tilgung der Mittel verbunden sind, einbezogen werden. Erfolgt z. B. eine Kapitalerhöhung durch Ausgabe von neuen Aktien oder durch Aufnahme eines neuen Gesellschafters, entstehen Transaktionskosten in Form von Emissionskosten, Vertragsabschlußkosten, Gesellschaftsteuer etc. Diese bewirken, daß die Kapitaleinlage der neuen Aktionäre (des neuen Gesellschafters) nicht unvermindert im Unternehmen ankommt. Transaktionskosten reduzieren den Kapitalzufluß des Unternehmens und führen dazu, daß die K. des Unternehmens die Renditeforderungen der Kapitalgeber übersteigen.

Eine wichtige Funktion von K. ist, daß sie einen *Beurteilungsmaßstab für die Messung der Vorteilhaftigkeit von Investitionsvorhaben* liefern. Nur Investitionsvorhaben, deren Rendite die K. übersteigt, sind im Interesse der Kapitalgeber lohnend (→ *Dynamische Investitionsrechnung* bei Unsicherheit, → *Kalkulationszinsfuß*). K. sind deshalb ein geeigneter Diskontierungssatz zur Berechnung des → *Kapitalwertes* von Investitionsvorhaben. Bei gegebenem *Investitionsrisiko* könnten die K. über die Eigenschaften der Finanzierungsstitel, die das Unternehmern potentiellen Kapitalgebern anbietet, beeinflußbar sein. Wenn dies zutrifft, sollten Manager sich bemühen, die K. zu senken.

2. Kapitalkosten und Risiko. Kapitalanleger werden als *risikoscheu* angesehen. Das heißt nicht, daß sie riskante Anlagen scheuen, wohl aber, daß sie einen Renditeanreiz benötigen, um Geld in risikotragenden Finanzierungstiteln anzulegen: Die erwartete Rendite eines risikotragenden Titels muß bei gleicher Laufzeit die Rendite eines „sicheren" Finanzierungstitels i.d.R. übersteigen. Anders ausgedrückt: Kapitalanleger, die Finanzierungstitel halten, die Festbetragsansprüche verkörpern (z.B. voll gesicherte Kredite oder ungesicherte Kredite mit vernachlässigbarem Bonitätsrisiko), begnügen sich ceteris paribus mit einer niedrigeren Rendite als Kapitalanleger, die Restbetragsansprüche (= Residualansprüche) wie z.B. ein OHG-Gesellschafter oder ein Aktionär halten. Die geforderte *Risikoprämie* ist eine Funktion des Risikos der Zahlungen, zu denen der jeweilige Finanzierungstitel berechtigt. In diesem Sinne sind die K. von Fremdkapital i.d.R. kleiner als die K. von Eigenkapital. Denn die Zahlungsansprüche der Fremdkapitalgeber gehen denen der Eigenkapitalgeber, die die Restbetragsansprüche halten, vor und Fremdkapitalgebern steht eine beeindruckende Liste von gesetzlichen und vertraglichen Möglichkeiten zur Verfügung, um ihre Zahlungsansprüche zu verfestigen und ggfs. durchzusetzen. Die Tatsache, daß diese Strategien nicht allen Fremdkapitalgebern in gleichem Maße zur Verfügung stehen, führt dazu, daß unterschiedliche Formen der Fremdfinanzierung mit verschiedenen K. verbunden sind. Diese Überlegung kann auf unterschiedliche Formen der Eigenkapitalfinanzierung (voll haftende Einlage, beschränkt haftende Einlage, Stammaktie, Vorzugsaktie, Genußrechte) übertragen werden. Es sind die Rechte und ggfs. Pflichten (z.B. Nachschüsse), die mit einem Finanzierungstitel verbunden sind, die die Renditeforderung und damit die K. (mit)bestimmen.

3. Kapitalkosten und Kapitalstruktur. Unternehmen setzen zur Finanzierung der Investitionsvorhaben i.d.R. mehrere Formen von Finanzierungstiteln ein: Das Ergebnis der Nutzung verschiedener Finanzierungsquellen ist die Kapitalstruktur des Unternehmens. Wenn K. ein geeigneter Maßstab zur Messung der Vorteilhaftigkeit von Investitionsvorhaben sein sollen, entsteht die Frage, ob und ggfs. wie unterschiedliche Kapitalstrukturen die K. eines Unternehmens beeinflussen. Bei der Suche nach einer Antwort empfiehlt es sich, das Investitionsrisiko des Unternehmens, das eine wichtige Bestimmungsgröße der K. ist, konstant zu halten. Unter bestimmten *Annahmen*, die insbesondere ein reibungsloses Funktionieren des → *Kapitalmarktes* sichern (keine Transaktionskosten, keine Steuern, keine Informationsasymmetrien, keine Kosten der Insolvenz) läßt sich zeigen, daß Verschiebungen der Kapitalstruktur die *durchschnittlichen* K. des Unternehmens nicht tangieren. Eine Erhöhung des Anteils des Fremdkapitals, der durch eine Reduktion des Eigenkapitalanteils kompensiert wird, erhöht zwar die geforderte Rendite der Eigentümer (= K. des Eigenkapitals); der durchschnittliche K.satz bleibt jedoch konstant. Diese Aussage gilt nicht mehr für die Mehrzahl der in der *realen Welt* praktizierten Steuersysteme. Diese privilegieren i.d.R., wenn auch in unterschiedlichem Ausmaß, die Fremdfinanzierung mit der Folge, daß – soweit Insolvenzrisiken ausgeschlossen werden können oder vernachlässigbar klein sind – die durchschnittlichen K. sinken, wenn die Kapitalstruktur in Richtung eines verstärkten Fremdkapitaleinsatzes verschoben wird. Es wird deutlich, daß K. gestaltbar sind *und* daß Rückwirkungen auf die Vorteilhaftigkeit von Investitionsvorhaben bestehen. Das Konzept der durchschnittlichen K. ist wegen der engen Anwendungsbedingungen für praktische Entscheidungen nur von geringem Nutzen.

4. Kapitalkosten und → Capital Asset Pricing-Model (CAPM). Als sehr wichtiges Teilproblem des Konzeptes der K. wird die Definition und Messung der K. des *Eigenkapitals* angesehen. Ein Ansatz, mit dessen Hilfe Kostensätze für Eigenkapital abgeleitet werden könnten, ist das CAPM. Es ist ein Gleichgewichtsmodell zur Erklärung der Preisbildung auf einem Kapitalmarkt, auf dem Finanzierungstitel, verstanden als Anwartschaften auf *einperiodige, unsichere Zahlungsverteilungen*, gehandelt werden. Andere Eigenschaften dieser Finanzierungstitel (etwa Kontrollrechte, Mitspracherechte, Vetorechte) werden nicht beachtet. Das CAPM geht davon aus, daß rationale, risikoscheue Investoren *Portefeuilles* bilden, weil dadurch ein Teil des Risikos, das Finanzierungstiteln dann eigen ist, wenn sie alleine, d. h. nicht im Verbund mit anderen Finanzierungstiteln gehalten werden, vernichtet werden kann. Wieviel Risiko vernichtet werden kann, hängt von den → *Kovarianzen* der möglichen Renditen oder der Korrelation der möglichen Renditen der verschiedenen Finanzierungstitel ab. Kombiniert man Portefeuille-Bildung mit der Anlagemöglichkeit von Mitteln zu einem risikolosen Zinssatz i und mit der Verschuldungsmöglichkeit zu eben diesem Satz, reduziert sich das für alle Anleger optimale Portefeuille auf *einen Punkt* (M) der Menge der *effizienten Portefeuilles.* Aus diesem Ergebnis läßt sich die Aussage ableiten, daß die erwartete Rendite eines Wertpapiers im Marktgleichgewicht sich zusammensetzt aus der sicheren Rendite i und einer Risikoprämie, die dem Produkt aus dem „*Marktpreis des Risikos*" und dem Kovarianzrisiko dieses Wertpapiers mit dem Marktportefeuille M entspricht. Die Risikoprämie ist somit eine lineare Funktion des Kovarianzrisikos. Dieser auch *Wertpapiermarktlinie* genannte Zusammenhang liefert eine quantifizierbare Erklärung für die geforderte Risikoprämie eines Finanzierungstitels und damit – unter Berücksichtigung der sicheren Rendite i – für die Kosten des Eigenkapitals. Die Risikoprämie – und damit die K. – hängt mithin nicht vom Gesamtrisiko des Finanzierungstitels – etwa der Varianz – sondern nur von dem Kovarianzrisiko des Finanzierungstitels ab.

Im Prinzip kann man dieses Ergebnis übertragen auf *Investitionsentscheidungen.* Vor dem Hintergrund voll diversifizierter Marktteilnehmer kommt es nicht auf das Gesamtrisiko des Investitionsvorhabens, sondern nur auf dessen Kovarianzrisiko (= *systematisches Risiko*) an. Bei der Übertragung auf Investitionsentscheidungen sind einige wichtige Details zu beachten. Weichen Investitionsrisiko und/oder Finanzierungsstruktur von Unternehmen einerseits und Investitionsprojekt andererseits deutlich voneinander ab, ist der durchschnittliche Kapitalkostensatz des Unternehmens nicht mehr sinnvoll einsetzbar. Bestehen die Unterschiede nur in der Finanzierungsstruktur, empfiehlt es sich, die relevanten Wirkungen der Fremdfinanzierung separat zu erfassen und den Einfluß der Finanzierungsstruktur auf den ß-Wert der Aktie des Unternehmens zu eliminieren. Diese Eliminierung muß den Ausprägungen des Steuersystems, in dem das Unternehmen operiert, entsprechen. Die üblicherweise aus der amerikanischen Literatur übernommenen Formeln passen auf deutsche Verhältnisse nicht. Der bereinigte ß-Wert kann im Prinzip zur Bewertung von Investitionsvorhaben herangezogen werden, die ein dem Unternehmen vergleichbares Investitionsrisiko aufweisen *und* eigenfinanziert sind. Wird das Projekt, was der Regelfall ist, nicht ausschließlich eigenfinanziert, sind die steuerlichen Vorteile der anteiligen Fremdfinanzierung separat zu erfassen, zu diskontieren und dem Wert des Projektes hinzuzufügen.

Divergieren die Investitionsrisiken von neuen Projekten und schon realisierten

Projekten oder operiert das Unternehmen in Geschäftsbereichen mit unterschiedlichem Investitionsrisiko, ist der durchschnittliche Kapitalkostensatz der Aktiengesellschaft erneut nicht brauchbar. Es stellt sich das komplizierte Problem, das Kovarianzrisiko („asset-ß") der Investitionsprojekte oder (wenigstens) des Geschäftsbereiches zu messen. Hier bietet sich bislang nur die sog. pure-play-technique an: Die Suche nach Unternehmen mit vergleichbarem Investitiosnrisiko, deren Aktien im erforderlichen Umfang gehandelt werden. Eine Alternative, nämlich ß-Werte über fundamentale, Jahresabschluß-gestützte Daten herzuleiten, steckt noch in den Kinderschuhen. Ob sie je zu tragfähigen Ergebnissen führt, ist offen.

Lit.: *Sharpe, W.F.*: Portfolio Theory and Capital Markets, 1970; *Rudolph, B.*: Kapitalkosten bei unsicheren Erwartungen, 1979; *Rudolph, B.*: Zur Theorie des Kapitalmarktes - Grundlagen, Erweiterungen und Anwendungsbereiche des Capital Asset Pricing Model (CAPM), in: ZfB 1979, S. 1034-1067; *Copeland, Th.E./Weston, F.J.*: Financial Theory and Corporate Policy, 3. Aufl., 1988, Kapitel 7, 11, 12, 13, 14; *Schneider, D.*: Investition, Finanzierung und Besteuerung, 7. Aufl., 1992, Teil C.II; *Drukarczyk, J.*: Theorie und Politik der Finanzierung, 2. Aufl., 1993, Kapitel 5, 6, 8, 9; *Franke, G./Hax, H.*: Finanzwirtschaft des Unternehmens und Kapitalmarkt, 3. Aufl., 1994, Kapitel VI; *Brealey, R./Myers, S.*: Principles of Corporate Finance, 5. Aufl., 1996, Kapitel 7, 8, 9, 19.

Professor Dr. Jochen Drukarczyk, Regensburg.

Kapitalmarkt

(1) In der Volkswirtschaft Markt für die Aufnahme und Anlage von *mittelfristigen* und *langfristigen* Finanzmitteln. Demgegenüber steht der *Geldmarkt* als Markt für *kurzfristiges* Kapital.

(2) Im Rahmen der betriebswirtschaftlichen → *Investitionstheorie* der Markt für Aufnahme und Anlage von Kapital unabhängig von der Fristigkeit. Man unterscheidet dabei:

a) *Vollkommener K.*: Es existiert nur ein einheitlicher Zinssatz für die Aufnahme und Anlage von finanziellen Mitteln.

b) *Unvollkommener K.*: → *Soll-* und → *Habenzinssatz* unterscheiden sich.

c) *Unbeschränkter K.*: Für die Aufnahme und Anlage von Kapital besteht keine Beschränkung.

d) *Beschränkter K.*: Es bestehen quantitative Beschränkungen insbesondere hinsichtlich der Aufnahme von Kapital.

e) *Effizienter K.*: Es bestehen keinerlei Informationsvorsprünge einzelner Anleger, durch die Kursgewinne erzielt werden können.

Den klassischen Methoden der → *dynamischen Investitionsrechnung* (→ *Kapitalwert*, → *Annuität*, → *Interner Zinsfuß*) liegt i.d.R. die Prämisse eines vollkommenen, unbeschränkten K. zugrunde. Daher brauchen Finanzierungsaspekte nicht berücksichtigt zu werden. Realitätsnäher ist jedoch die Unterstellung eines unvollkommenen, beschränkten K.

(3) In der → *Kapitalmarkttheorie* unterscheidet man drei Versionen der These von effizienten K.:

a) *Schwache Formen* (weak form): Kein Anleger kann sich Kursvorteile durch die Kenntnis historischer Kursverlaufsbilder (z. B. durch die sog. Chart-Analyse) schaffen.

b) *Mittlere Form* (semi-strong form): Kein Anleger kann durch die Kenntnis von veröffentlichten Informationen, insbesondere von → *Jahresabschlüssen*, „gegen den Markt" verdienen, da der Kurs im Zeitpunkt der Veröffentlichung solche Informationen bereits reflektiert.

c) *Strenge Form* (strong form): Insiderinformationen bewirken keine Kursgewinne zu Lasten der übrigen Marktteilnehmer.

Empirische Versuche, die These vom effizienten K. zu testen oder zu widerlegen, haben zu keinem abschließenden Ergebnis geführt.

(4) Nach dem → *Share Holder Value-Konzept* ist das interne und externe → *Rechnungswesen* durch Integration von

Informationen aus dem K. (z.B. Marktzinssätze, Beta-Faktoren, Marktwerte des Eigen- und Fremdkapitals) auf die Informationsbedürfnisse der K.-Teilnehmer auszurichten. Die Unternehmensbereiche sollen mit Hilfe des k.-orientierten Rechnungswesens auf das Ziel der *Marktwertsteigerung des Eigenkapitals* hin gesteuert werden.

Lit.: Schmidt, R.: Aktienkursprognose, 1976; *Busse von Colbe, W.:* Das Rechnungswesen im Dienste einer kapitalmarkt-orientierten Unternehmensführung, in: Wpg 1995, S. 713–720; *Gebhardt, G.:* Marktwertorientiertes Beteiligungscontrolling im internationalen Konzern, in: DB 1995, S. 2225–2231; *Siegert, T.:* Shareholder-Value als Lenkungsinstrument, in: ZfbF 1995, S. 580–607; *Süchting, J.:* Finanzmanagement, 6. Aufl., 1995, S. 295–452.

Kapitalmarktlinie
= Capital Market Line.
→ *Capital Asset Pricing Model.*

Kapitalmarkttheorie
Untersuchung des Zusammenhanges zwischen Risiko und Ertrag der Geldanlage in risikobehafteten Vermögensgütern, z.B. Aktien, auf einem → *Kapitalmarkt.* Die K. ist aus der → *Portfolio Selection Theorie* entwickelt worden. Es wird gefragt, welche Aktienkurse bzw. Aktienrenditen sich im Gleichgewicht einstellen, wenn sich die einzelnen Anleger am Kapitalmarkt rational verhalten und sich Angebot und Nachfrage am Markt ausgleichen.

Rationale Anleger halten gemäß der K. Portefeuilles, die im Hinblick auf den Ertrag (gemessen an der Rendite E(r)) und auf das Risiko (gemessen durch die → *Varianz* der Rendite $\sigma^2(r)$) effizient sind, d.h. es gibt kein anderes Portefeuille, das bei gleichem Ertrag ein geringeres Risiko oder bei gleichem Risiko einen höheren Ertrag aufweist. Besteht die Möglichkeit, Geld risikolos zum Zinssatz i anzulegen oder zu leihen, gilt das → *Separationstheorem* von *Tobin.* Danach ist die Zusammensetzung des risikobehafteten Portefeuilles (des „Aktienportefeuilles") eines Anlegers unabhängig von seiner Risikoneigung. Diese bestimmt nur, welchen Teil seines anzulegenden Vermögens ein Anleger riskant (in „Aktien") und welchen er risikolos (in „Staatspapiere") investiert. Unter der Voraussetzung, daß alle Anleger gleiche Erwartungen über Ertrag und Risiko der einzelnen Aktien haben und für alle das Separationstheorem gilt, ist die Zusammensetzung des risikobehafteten Portefeuilles für alle Anleger gleich. Im K.-Gleichgewicht entsprechen sich das wertmäßige Verhältnis der von jedem Anleger in die einzelnen Aktien investierten Geldbeträge und das Verhältnis der Marktwerte der Aktien. Das Portefeuille, das alle Aktien zu ihren Marktwerten (bzw. zu einem Bruchteil davon) enthält, heißt *Marktportefeuille.* Dieses ist (definitionsgemäß) effizient.

Der verbleibende Beitrag des Risikos einer Aktie, der sich trotz Diversifikation ergibt, zum Gesamtrisiko des Marktportefeuilles M läßt sich messen als → *Kovarianz* der Rendite einer Aktie r_i mit der Rendite des Marktportefeuilles r_M bzw. als Empfindlichkeit der erwarteten Rendite der Aktie i ($E(r_i)$) gegenüber unerwarteten Abweichungen der Rendite der Marktportefeuilles von ihrem erwarteten Wert $E(r_M)$. Als riskant (bzw. risikoarm) gelten solche Aktien, deren Empfindlichkeitsmaß, der sog. *Beta-Koeffizient,* größer (bzw. kleiner) als 1 ist, d.h. die auf unerwartete Änderungen der Marktrendite überproportional (bzw. unterproportional) reagieren. Aufgrund der unterschiedlichen Beta-Koeffizienten ergeben sich die Renditeunterschiede zwischen den Aktien. Dieses individuelle Maß des systematischen Risikos β_i einer Aktie i fließt, gewichtet mit der für alle Aktien gleichen Risikoprämie pro Risikoeinheit des Marktes $[E(r_M) - i]/\sigma(r_M)$, als Risikoprämie neben einem risikolosen Basiszinssatz i in die erwartete Gleichgewichtsrendite $R(r_i)$ einer Aktie i ein.

$$R(r_i) = i + \frac{E(r_M - i)}{\sigma(r_M)} \cdot \beta_i$$

Die K. ist der Kern der gesamten modernen Investitions- und Finanzierungstheorie (→ *Capital Asset Pricing Model*).

Lit.: Sharpe, W.F.: Portfolio Theory and Capital Markets, 1970; *Rudolph, B.:* Zur Theorie des Kapitalmarktes, in: ZfB 1979, S. 1034–1067; *Franke, G./Hax, H.:* Finanzwirtschaft des Unternehmens und Kapitalmarkt, 3. Aufl., 1994, S. 377–408.

Kapitalnachfragefunktion
Die K. ordnet die von einer Unternehmung geplanten, voneinander unabhängigen Investitionsobjekte nach abnehmenden → *internen Zinsfüßen* in Abhängigkeit vom → *Kapitalbedarf* dieser Objekte (→ *Deansches Konzept*).

Kapitalnachfragekurve
Graphische Darstellung der → *Kapitalnachfragefunktion.*

Kapitalrationierung
Beschränkung der verfügbaren Mittel für Investitionszwecke aus *externen* Gründen z.B. dann, wenn der Fremdkapitalzins über dem Kalkulationszinsfuß liegt oder Kreditgeber weitere Mittel nicht gewähren, und aus *internen* Gründen z. B. dann, wenn die Summe der Anschaffungsauszahlungen für die Investitionsprojekte das Budget überschreiten.

Kapitalrentabilität
Verhältnis zwischen Kapitalerfolg und eingesetztem Kapital (→ *Rentabilität*).

Kapitalrückflußdauer
= → *Amortisationsdauer.*
= Kapitalrückflußzeit.

Kapitalrückflußzeit
= → *Amortisationsdauer.*
= Kapitalrückflußdauer.

Kapitalrücklage
→ *Rücklagen.*

Kapitalstrukturanalyse
Bestandteil der → *Bilanzanalyse*, der sich mit der auf der Passivseite der Bilanz ausgewiesenen Kapitalstruktur beschäftigt. Im Rahmen der K. werden → *Bilanzkennzahlen* gebildet (z.B. Eigenkapitalquote = Eigenkapital/Gesamtkapital, Bilanzkurs = Eigenkapital/gezeichnetes Kapital), die Anhaltspunkte über den Zusammensetzung des Kapitals nach Art, Sicherheit und Fristigkeit zum Zweck der Abschätzung der Finanzierungsrisiken geben soll (→ *Bilanzanalyse*).

Lit.: Busse von Colbe, W: Bilanzen, 5. Aufl., 1988 (Nachdruck 1989), S. 132–139; *Coenenberg, A.G:* Jahresabschluß und Jahresabschlußanalyse, 16. Aufl., 1997, S. 593–597.

Kapitalumschlag
Kennzahl für das Verhältnis von Umsatz zu durchschnittlichem → *Eigenkapital* bzw. durchschnittlichem → *Gesamtkapital*, die im Rahmen der → *Bilanzanalyse* ermittelt wird. Bei einem hohen K. genügt eine kleinere Gewinnspanne, um eine gegebene Rentabilität zu erreichen (→ *Bilanzanalyse*).

Kapitalwert
Differenz (C_{0j}) zwischen dem zum → *Kalkulationszinssatz* (i) ermittelten Barwert der geschätzten künftigen Einzahlungsüberschüsse (c_t) während der Nutzungszeit (n) und der Investitionsausgabe (a_0), gewöhnlich auf den Zeitpunkt (0) unmittelbar vor Beginn der → *Investition* (t_0) bezogen:

$$C_{0j} = -a_0 + \sum_{t=1}^{n} c_t \cdot (1+i)^{-t}$$

Der K. dient innerhalb der Verfahren der *Dynamischen Investitionsrechnung* der Auswahl der zulässigen Investitionsobjekte nach dem *Akzeptanzkriterium* $C_{0j} \geq 0$ und im Falle der Entscheidung zwischen mehreren sich gegenseitig ausschließenden Investitionsobjekten der Bestimmung des Optimums nach der *Entscheidungsregel* $\max_j \{C_{0j} | C_{0j} \geq 0\}$.

Lit.: Busse von Colbe, W./Laßmann, G.: Betriebswirtschaftstheorie, Bd. 3, 3. Aufl., 1990, S. 43–104; *Kruschwitz, L.:* Investitionsrechnung, 6. Aufl., 1995, S. 64–75.

Kapitalwertannuität
= Annuitätenmethode.

Durch Multiplikation des → *Kapitalwertes* einer → *Investition* mit dem → *Kapitalwiedergewinnungsfaktor* erhält man die K. (c^*):

$$c^* = C_0 \cdot \frac{i \cdot (1+i)^n}{(1+i)^n - 1}.$$

Liegt ein konstanter Einzahlungsüberschuß $c_t = c$ (für t = 1, 2, ..., n) vor, gibt die K. den konstanten jährlichen Einnahmeüberschuß c, vermindert um die durchschnittliche kalkulatorische Verzinsung und Tilgung der Investitionsausgabe a_0 (Kapitalwiedergewinnung) an:

$$c^* = c - a_0 \cdot \frac{i \cdot (1+i)^n}{(1+i)^n - 1}.$$

Dieser Term erweitert sich um den Summanden $R_n \cdot \frac{i}{(1+i)^n - 1}$, wenn zusätzlich ein Restverkaufserlös R_n berücksichtigt wird:

$$c^* = c - a_0 \cdot \frac{i \cdot (1+i)^n}{(1+i)^n - 1} + R_n \cdot \frac{i}{(1+i)^n - 1}.$$

Demnach wird die periodenindividuelle → *Zahlungsreihe einer Investition* durch eine äquivalente uniforme Zahlungsreihe ersetzt. Die K. dient innerhalb der Verfahren der → *Dynamischen Investitionsrechnung* der Auswahl der zulässigen Investitionsobjekte nach dem *Akzeptanzkriterium* $c^*_j \geq 0$ und im Falle der Entscheidung zwischen mehreren sich gegenseitig ausschließenden Investitionsobjekten der Bestimmung des Optimums nach der Entscheidungsregel $\max_j \{c^*_j | c^*_j \geq 0\}$.

Die K. ist *kein selbständiges Vorteilhaftigkeitskriterium*. Die Reihenfolge in der Vorteilhaftigkeit mehrerer Investitionsobjekte ändert sich gegenüber der nach dem Kapitalwertkriterium ermittelten Reihenfolge nicht, wenn für den Vergleich eine *einheitliche Investitionsdauer* zugrunde gelegt wird.

Lit.: Blohm, H./Lüder, K.: Investition, 8. Aufl., 1995, S. 75–77.

Kapitalwertfunktion

Funktionale Abhängigkeit des → *Kapitalwertes* C_0 *eines* Investitionsobjektes vom → *Kalkulationszinsfuß* i. Die K. hat für → *Normalinvestitionen* folgendes Aussehen:

Die K. nähert sich mit steigendem i asymptotisch der → *Anschaffungsauszahlung* a_0 und mit fallendem i bis i = – 100% dem Wert ∞. Der Punkt i_0^* (Schnittpunkt der K. mit der i-Achse) gibt den → *internen Zinsfuß* einer Investition an.

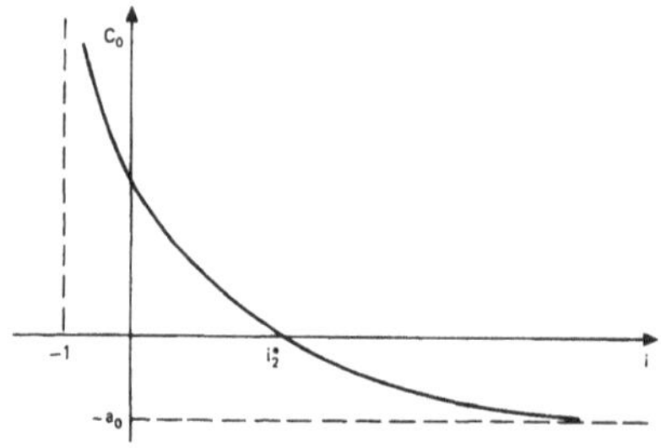

Die Bedeutung der K. liegt darin, daß ein Entscheider erkennen kann, für welchen Kalkulationszinsfuß i eine Investition nach der Kapitalwertmethode ($C_0 \geq 0$) oder der internen Zinsfußmethode ($i^* \geq 0$) akzeptabel ist. Der Einfluß der Wahl des Kalkulationszinsfußes auf die Vorteilhaftigkeit einer Investition kann so verdeutlicht werden.

Kapitalwertrate

Verhältnis von → *Kapitalwert* und Anschaffungsausgabe eines Investitionsobjektes:

$$\hat{c}_j = \frac{C_{0j}}{a_{0j}}.$$

Die K. dient zur Bestimmung des optimalen → *Investitionsprogrammes* bei → *Kapitalrationierung*. Danach werden die Investitionsprojekte in Reihenfolge der fallenden → *Kapitalwertraten* in das Programm aufgenommen, bis das Budget ausgeschöpft ist. Das Maximum des Gesamtkapitalwertes wird nur dann erreicht, wenn das Budget vollständig ausgenutzt wird, ansonsten muß „probiert" werden. Kritisch ist dagegen einzuwenden, daß das Budget in der Praxis (zumindest geringfügig) erhöht werden kann und eine Verschiebung von Projekten in die Zukunft und damit Finanzierung durch künftige Einzahlungsüberschüsse nicht vorgesehen ist. Offen bleibt die Frage des Anlageersatzes bei unterschiedlichen Nutzungsdauern.

Lit.: Busse von Colbe, W./Laßmann, G.: Betriebswirtschaftstheorie, Bd. 3, 3. Aufl., 1990, S. 200f.

Kapitalwertzins
= → *Modifizierter Interner Zinsfuß.*
= Baldwin-Zins.

Kapitalwiedergewinnungsfaktor
Als Kehrwert des → *Rentenbarwertfaktors* ergibt sich der K.

$$\frac{i \cdot (1+i)^n}{(1+i)^n - 1}.$$

Mit diesem Faktor wird ein Betrag B_0 unter Berücksichtigung eines gegebenen Zinssatzes i auf eine bestimmte Zahl n von Jahren *gleichmäßig* auf einen konstanten Betrag b pro Jahr verteilt:

$$b = B_0 \cdot \frac{i \cdot (1+i)^n}{(1+i)^n - 1}$$

Ein praktischer Anwendungsfall ist die Tilgung eines Kredites einschl. Zinsen in gleichen Jahresbeträgen (→ *Kapitalwertannuität*).

Kapitalzahlungen
→ *Grundgrößen des Rechnungswesens.*

Kennzahlen
Absolute Größen und i.d.R. *Verhältniszahlen* aus Rechnungswesendaten (z.B. Eigenkapital in Prozent des Gesamtkapitals), die Aussagen zu betriebswirtschaftlichen Sachverhalten ermöglichen. Im Rahmen der externen → *Bilanzanalyse* und → *Konzernabschlußanalyse* werden K. gebildet, um die wirtschaftliche Situation der Unternehmung im *Zeitvergleich* und/oder im *Vergleich zu anderen Unternehmen* zu analysieren.

Im → *Controlling* werden *Kennzahlensysteme*, wie das Du Pont-Schema (→ *Rentabilität*), für die interne Steuerung und Kontrolle benutzt, um die Wirkung getroffener oder zu treffender Maßnahmen z.B. auf den → *Gewinn* oder den → *Return on Investment* zu analysieren. K.systeme dienen auch der Steuerung von Geschäftsbereichen oder Tochtergesellschaften im Rahmen des → *Konzern-Controlling* (→ *Gewinnvorgabe*).

Lit.: Reichmann, Th.: Controlling mit Kennzahlen und Managementberichten, 4. Aufl., 1995; *Coenenberg, A.G.:* Jahresabschluß und Jahresabschlußanalyse, 16. Aufl., 1997, S. 577–585.

Kettenkonsolidierung
= Stufenkonsolidierung.

Vorgehensweise bei der → *Kapitalkonsolidierung* im → *mehrstufigen Konzern.* Bei der K. wird zunächst das beteiligungsmäßig von dem Mutterunternehmen am weitesten entfernte Tochterunternehmen mit der ihr unmittelbar übergeordneten → *Zwischenholding* konsolidiert. Der so entstehende → *Teilkonzernabschluß* wird anschließend mit der nächst höheren Zwischenholding zusammengefaßt. Dieses Verfahren wird so lange fortgesetzt, bis die Konzernmutter erreicht ist. Anders als bei der → *Simultankonsolidierung* entsteht bei der K. auf jeder Stufe ein Teilkonzernabschluß, der u.a. für interne Steuerungsaufgaben herangezogen werden kann.

Lit.: Busse von Colbe, W./Ordelheide, D.: Konzernabschlüsse, 6. Aufl., 1993, S. 277–284.

KHBV
= *Krankenhausbuchführungsverordnung* i.d.F. v. 24.3.1987.
→ *Krankenhaus.*

Kifo
= Konzern in – first out.

Sammelbewertungsverfahren gem. § 256 HGB für gleichartige Gegenstände des Vorratsvermögens, bei dem angenommen wird, daß die konzernintern gefertigten oder konzernintern bezogenen Vermögensgegenstände zuerst im weiteren Produktionsprozeß verbraucht werden. Im Endbestand sind dann vorwiegend von Dritten erworbene Vorratsgegenstände enthalten, die zu den → *Anschaffungskosten* oder dem niedrigeren Tagespreis zu bewerten sind; insoweit wird im → *Konzernabschluß* die → *Zwischenergebniseliminierung* vermieden. In der → *Steuerbilanz* ist die Bewertung nach dem K.-verfahren unzulässig (→ *Anschaffungskosten*).

Kirchensteuer
→ *Ertragsteuern.*

Kilger, Wolfgang
1927–1986; Professor in Saarbrücken, arbeitete insb. auf dem Gebiet der industriellen Kostenrechnung. *Hauptwerke*: Plan-

kostenrechnung und Deckungsbeitragsrechnung, 1961, 9. Aufl. 1988, Einführung in die Kostenrechnung, 1976.

Lit.: Dellmann, K.: Wolfgang Kilger zum Gedenken, in: ZfbF 1987, S. 405–407.

Kombinatorische Optimierung
→ *Planungsrechnung.*

Kommanditgesellschaft (KG)
Auf den Betrieb eines Handelsgewerbe gerichtete Personengesellschaft, bei der die Haftung zumindest eines Gesellschafters (Kommanditist) auf seine Vermögenseinlage beschränkt ist, während die restlichen Gesellschafter (Komplementäre) unbeschränkt haften. Rechtsgrundlage für die K. bilden die §§ 161–177 a HGB. Die Geschäftsführung obliegt grundsätzlich den Komplementären; die Kommanditisten besitzen lediglich ein Kontrollrecht und sind nicht zur Vertretung der K. ermächtigt. Als Personengesellschaft gelten für die K. die erleichterten Rechnungslegungsvorschriften der §§ 238–263 HGB. Der → *Jahresabschluß* besteht lediglich aus der Bilanz und → *Gewinn- und Verlustrechnung*; Publizitätspflicht besteht nur, wenn die Größenkriterien des § 1 PublG erreicht werden.

Kommanditgesellschaft auf Aktien (KGaA)
Eine → *Kapitalgesellschaft*, bei der neben den Kommanditaktionären, die lediglich mit ihrer Vermögenseinlage haften, mindestens ein Gesellschafter (Komplementär) unbeschränkt haftet. Rechtsgrundlage für die K. bilden die §§ 278–290 AktG. Die Geschäftsführung und Vertretungsmacht obliegen den Komplementären. Die Kommanditaktionäre wählen in der → *Hauptversammlung* den → *Aufsichtsrat.* Als Kapitalgesellschaft gelten für die K. auch die ergänzenden Rechnungslegungsvorschriften der §§ 264–335 HGB.

Kompensationskalkulation.
= → *Ausgleichskalkulation.*
= Mischkalkulation.

Komplementär
= unbeschränkt haftender Gesellschafter einer → *Kommanditgesellschaft.*

Komplementärproduktion
= → *Kuppelproduktion.*

Komplexitätseffekt
→ *Prozeßkostenrechnung.*

Komplexitätskosten
Mehrkosten, die aufgrund der Vielfalt an Teilen und Komponenten eines Produktes oder dem Variantenreichtum eines Produktprogrammes in den verschiedenen Wertschöpfungsbereichen durch einen höheren Anteil an gemeinkostentreibenden Aktivitäten entstehen. Die Erfassung von K. kann über die → *Prozeßkostenrechnung* erfolgen.

Lit.: Becker, W.: Komplexitätskosten, in: krp 1992, S. 171–173.

Konfliktsituationen (bei der Unternehmensbewertung)
→ *Gesamtwert der Unternehmung.*

Kongruenzprinzip
= Bilanzkongruenz.
Ein allgemein gültiger, gesetzlich nicht explizit kodifizierter → *Grundsatz ordnungsmäßiger Buchführung*, nach dem die Summe der Periodengewinne gleich dem Totalgewinn während der gesamten Existenz des Unternehmens ist, der sich aus dem Überschuß der Gewinn- und Kapitalentnahmen über die Kapitaleinlagen ergibt. Das K. erfordert die Identität der → *Schlußbilanz* mit der → *Eröffnungsbilanz* des Folgejahres. *Die erfolgsneutrale Verrechnung* eines bei der → *Kapitalkonsolidierung* entstehenden Geschäftswertes (§ 309 Abs. 1 HGB) und einer bilanziellen Differenz aus der → *Umrechnung von Jahresabschlüssen* ausländischer Tochterunternehmen für die Aufstellung des → *Konzernabschlusses* verletzt das K., sofern diese Beiträge nicht bei der → *Entkonsolidierung* erfolgswirksam behandelt werden.

Lit.: Busse von Colbe, W.: Gefährdung des Konkruenzprinzips durch erfogsneutrale Verrechnung von Aufwendungen, in: Moxter, A. u.a. (Hrsg.): FS für Forster, 1992, S. 125–138.

Konkursbilanz
Eine → *Sonderbilanz*, die bei der Eröffnung des Konkursverfahrens über ein Unternehmen gem. § 124 KO vom Konkurs-

verwalter zu erstellen ist. In der aus einer gleichfalls vorzunehmenden → *Inventur* abgeleitete K. werden alle → *Vermögensgegenstände* und Schulden zu den erwarteten Einzelveräußerungspreisen bewertet; bei Einzelunternehmen und → *Personengesellschaften* ist auch das haftende Privatvermögen der Gesellschafter in die K. aufzunehmen. Die Gliederung der K. orientiert sich auf der Aktivseite an der Verwertbarkeit der einzelnen Vermögensgegenstände und auf der Passivseite nach der Rangfolge der gesetzlich geregelten Gläubigerbefriedigung (§§ 43-70 KO).

Lit.: Arians, G.: Sonderbilanzen, 2. Aufl., 1985; *Heinen, E.:* Handelsbilanzen, 12. Aufl., 1986, S. 511-518.

Konsolidierung

Die additive Zusammenfassung der einzelnen Jahresabschlußpositionen mehrerer Unternehmen (→ *Summenabschluß*) mit anschließender Aufrechnung der aus Rechtsbeziehungen zwischen diesen Gesellschaften entstandenen Jahresabschlußpositionen zur Erstellung eines zusammengefaßten Jahresabschlusses (→ *Konzernabschluß*).

In finanzwirtschaftlichem Sinne Umwandlung schwebender Schulden (insbes. des Staates) in langfristige, z. B. durch Ausgabe wie Anleihen.

Konsolidierungsgrundsätze

→ *Grundsätze ordnungsmäßiger Konsolidierung (GoK).*

Konsolidierungskreis

Bezeichnung für die in den → *Konzernabschluß* einzubeziehenden Unternehmen. Nach § 294 HGB umfaßt der K. neben dem → *Mutterunternehmen* grundsätzlich alle → *Tochterunternehmen*. Nicht in den K. einzubeziehen sind Unternehmen mit abweichender Tätigkeit (§ 295 HGB). Ein Konsolidierungswahlrecht gem. § 296 HGB besteht für Tochterunternehmen, wenn:

- erhebliche und dauernde Beschränkungen in der Ausübung der Rechte des Mutterunternehmens vorliegen,
- die erforderlichen Angaben nicht ohne unverhältnismäßig hohe Kosten oder Verzögerungen zu erhalten sind,
- die Anteile ausschließlich zum Zwecke ihrer Weiterveräußerung gehalten werden oder
- es für die Vermittlung eines den tatsächlichen Verhältnissen entsprechenden → *Bildes der Vermögens-, Finanz- und Ertragslage* von untergeordneter Bedeutung ist.

Zum K. gehören auch → *Gemeinschaftsunternehmen*, die gem. § 310 HGB nach der → *Quotenkonsolidierung* einbezogen werden (→ *Konzernabschluß*).

Lit.: Odenwald, O.: Aufstellungspflichten und Konsolidierungskreis, in: Beck HdR, ab 1987, C 200, C 210.

Konsolidierungsstetigkeit

Ausprägung des → *Stetigkeitsprinzips*. Zusätzlich zur Bilanzierungs- und → *Bewertungsstetigkeit* im Einzelabschluß gilt für den → *Konzernabschluß* die K. als → *Grundsatz ordnungsmäßiger Konsolidierung*, nach dem die → *Konsolidierungswahlrechte* im Zeitablauf einheitlich auszuüben sind. Die K. soll dazu beitragen, daß auch die → *Konzernabschlüsse* eines Unternehmens im Zeitablauf miteinander vergleichbar werden (→ *Grundsätze ordnungsmäßiger Buchführung*).

Lit.: Busse von Colbe, W./Ordelheide, D.: Konzernabschlüsse, 6. Aufl., 1993, S. 39f.

Konsolidierungsverbot

→ *Konsolidierungskreis.*

Konsolidierungswahlrechte

Oberbegriff für die Wahlrechte, die ein Unternehmen zusätzlich zu den → *Bilanzierungswahlrechten* im → *Jahresabschluß* bei der Aufstellung des → *Konzernabschlusses* hat. K. existieren u. a. für die Einbeziehung von Tochterunternehmen in den Konzernabschluß (→ *Konsolidierungskreis*), für die → *Kapitalkonsolidierung* und für die → *Zwischenergebniseliminierung*. Bei der Ausübung der K. ist der Grundsatz der → *Konsolidierungsstetigkeit* zu beachten. Die K. können die → *Vergleichbarkeit* von Konzernabschlüssen verschiedener Unternehmen jedoch beeinträchtigen (→ *Konzernabschluß*).

Lit.: Busse von Colbe, W./Ordelheide, D.: Konzernabschlüsse, 6. Aufl., 1993, S. 89–94.

Konstruktionsverfahren
= Eröffnungsverfahren.
→ *Anlagenplanung und Anlagenrechnung.*

Kontengruppen
Die je nach Bedürfnissen des einzelnen Unternehmens vorzunehmende Untergliederung der → *Kontenklassen.* K. werden im Zehnersystem (010–019) gebildet. Entsprechen die K. noch nicht den Anforderungen des Unternehmens, so besteht die Möglichkeit zur weiteren Staffelung in Kontenuntergruppen (0100–0199) (→ *Kontenrahmen und Kontenplan*).

Kontenklassen
Nach Sachgebieten erfolgende Untergliederung eines → *Kontenrahmens.* Die verschiedenen → *Bestandskonten* und → *Erfolgskonten* sowie die Abschlußkonten werden in 10 K. untergliedert (→ *Kontenrahmen und Kontenplan*).

Kontenprüfung
= → *Ergebnisprüfung.*

Kontenrahmen und Kontenplan

1. Notwendigkeit

Mit wachsendem Geschäftsumfang steigt i.d.R. die Anzahl der benötigten *Konten* zur Erfassung des Buchungsstoffes, so daß eine systematische Ordnung der Konten unumgänglich wird. Da Unternehmen gleicher Branche zudem bestimmte Ähnlichkeiten aufweisen, ist die Entwicklung überbetrieblich gültiger Kontensystematiken sinnvoll, um den Betrieben Anhaltspunkte zur Gestaltung ihres Rechnungswesens zu bieten und Betriebsvergleiche zu erleichtern.

In den handels- und steuerrechtlichen Vorschriften zur kaufmännischen → *Buchhaltung* werden lediglich Rahmenanforderungen an die organisatorische und formale Ausgestaltung des betrieblichen Rechnungswesens festgelegt, z.B. als Gliederungsschemata für den → *Jahresabschluß.* Die konkrete → *Organisation des Rechnungswesens* auf der Kontenebene ist dagegen der betrieblichen Entscheidung überlassen. Sie wird vor allem geprägt durch die spezifischen Gegebenheiten des jeweiligen Unternehmens, wie z.B. Wirtschaftszweig, Rechtsform, Betriebsgröße, Produktionsprogramm und -verfahren, und die vom Rechnungswesen zu erfüllenden Aufgaben, wie etwa Dokumentation, Rechnungslegung und Hilfe bei Planung und Kontrolle des Betriebsgeschehens. Wegen dieser vielfältigen Zielsetzungen ist das betriebliche Rechnungswesen hinsichtlich Erfassung und Auswertung durch einen Organisationsplan zu strukturieren, dessen Grundlage Kontenrahmen als Systeme zur Kontenordnung darstellen.

2. Begriffe

Kontenrahmen (KR.) können als überbetrieblich verallgemeinerte Beschreibungs- und Erfassungsmodelle definiert werden, die ein nach bestimmten Prinzipien strukturiertes Ordnungsgerüst zur Kontenunterteilung und -gruppierung für Unternehmen eines bestimmten Wirtschaftszweiges liefern. Ihr Zweck liegt insbesondere in der einheitlichen Ausrichtung der Buchführung aller Unternehmen einer Branche. KR. sind wesentliche Bedingung für eine ordnungsmäßige Buchführung und zudem Voraussetzung für aussagefähige Betriebsvergleiche. Als *Kontenplan* (KP.) wird das betriebsindividuelle Kontenverzeichnis eines Unternehmens bezeichnet, welches alle Konten enthält, die im Rechnungswesen des betreffenden Unternehmens notwendig sind. Der KP. wird durch betriebsindividuelle Ergänzungen und Kürzungen aus dem branchenorientierten KR. abgeleitet, um Struktur und Gliederungstiefe der Buchführung den betriebsindividuellen Erfordernissen anzupassen. Organisatorisch ermöglichen KP. eine an Kontennummern orientierte Buchführung, was sowohl unter den Gesichtspunkten der Übersichtlichkeit und Buchungsrationalisierung wie auch im Hinblick auf den Einsatz der EDV erhebliche Vorteile mit sich bringt.

Kontenrahmen und Kontenplan

3. Historische Entwicklung

Die Entwicklung von KR. wurde wesentlich von *E. Schmalenbach* beeinflußt, der vor allem in den Jahren 1927–1930 am Aufbau von sogenannten *Einheitsbuchführungen* mitwirkte. Das Ziel dieser Bemühungen bestand darin, eine einheitliche und allgemeingültige Kontengliederung zu schaffen, von der ausgehend betriebsindividuelle KP. abgeleitet werden können. Die Einheitsbuchführungen dienten dem Zweck, eine Darstellung des gesamten Rechnungswesens einzelner Geschäftszweige zu erreichen und hatten als Kernstück branchenspezifische KR. zum Inhalt. Während in der Folgezeit bei Pflicht-KR. und Reichs-KR. die Reglementierung der Wirtschaft im Vordergrund stand, hatte der im Jahr 1949 vom Arbeitsausschuß Betriebswirtschaft industrieller Verbände vorgelegte *Gemeinschaftskontenrahmen (GKR)* das Ziel, auf freiwilliger Basis als Rahmenempfehlung einer allzusehr auseinanderstrebenden Entwicklung durch Vereinheitlichung des Rechnungswesens entgegenzuwirken. Kennzeichen des GKR sind die Anlehnung an den Prozeß der betrieblichen Leistungserstellung und die enge Verzahnung von Finanz- und Betriebsbuchführung. In der Praxis hat der GKR nicht die erhoffte Verbreitung mit entsprechender Vereinheitlichung des Rechnungswesens gefunden, vielmehr entwickelten sich über die Arbeit der verschiedenen Wirtschaftsfachverbände eine Vielzahl branchenbezogener KR.

Bei Benutzung des GKR hat sich zudem die Tendenz gezeigt, daß die Unternehmen im Kontengefüge vorwiegend die Finanzbuchhaltung abwickeln, während die → *Betriebsbuchhaltung* ausgegliedert und in statistisch-tabellarischer Form durchgeführt wird. Dieser Entwicklung wollte der Bundesverband der Deutschen Industrie (BDI) mit dem *Industriekontenrahmen* (IKR) Rechnung tragen. An die Stelle der bis dahin dominierenden Ausrichtung der Kontensystematik am *Prozeßgliederungsprinzip* traten das *Abschlußgliederungsprinzip* und die Trennung der Finanz- und Betriebsbuchhaltung, wobei sich die Finanzbuchhaltung an den aktienrechtlichen Gliederungsvorschriften für die → *Bilanz* und die → *GuV* orientierte. Durch das am 1.1.1986 in Kraft getretene → *Bilanzrichtlinien-Gesetz (BiRiLiG)* ergab sich die Konsequenz, den IKR an die veränderten Rechnungslegungsvorschriften anzupassen, was durch Vorlage eines überarbeiteten IKR im Jahr 1986 geschehen ist.

4. Formaler Aufbau

Grundsätzlich kann eine Gliederung der Konten in formaler Hinsicht nach alphabetischen, alphanumerischen oder numerischen Kriterien erfolgen. Generell hat sich in Kontenrahmen und Kontenplänen eine numerische *Gliederung nach dem dekadischen System* durchgesetzt, was auf die größere Klarheit und Flexibilität sowie auf den verstärkten Einsatz der EDV im betrieblichen Rechnungswesen zurückzuführen ist. Ein dekadisch gegliederter KR. umfaßt 10 Kontenklassen (einstellige Kontonummern), die wiederum in 10 Kontengruppen (zweistellige Kontonummern) untergliedert sind. In jeder Kontengruppe werden 10 Konten (dreistellige Kontonummern) ermöglicht, die in einem weiteren Schritt in 10 Unterkonten (vierstellige Kontonummern) eingeteilt werden können. Insgesamt stehen so 9999 Konten zur Verfügung, die sich spätestens unterhalb der Kontengruppen entsprechend betriebsindividueller Notwendigkeit aufgliedern lassen. In einer vierstelligen Kontonummer sind als Ordnungsinformation enthalten Kontenklasse (erste Ziffer), Kontengruppe (zweite Ziffer), Kontenart (dritte Ziffer) und Kontenunterart (vierte Ziffer). So ist z. B. aus der Kontonummer 4291 des IKR folgendes zu erkennen:

4 Kontenklasse:
Verbindlichkeiten und passive Rechnungsabgrenzung

42 Kontengruppe:
Verbindlichkeiten gegenüber Kreditinstituten

429 Kontoart:
sonstige Bankverbindlichkeiten

4291 Unterkonto:
sonstige Bankverbindlichkeiten mit einer Restlaufzeit kleiner als 1 Jahr

Durch die dekadische Numerierung werden alle Konten des betrieblichen Rechnungswesens überschneidungsfrei bezeichnet und ihre Sachzugehörigkeit aufgezeigt. Darüber hinaus wird die Buchungsarbeit vereinfacht, weil im jeweiligen Buchungstext neben dem Beleghinweis lediglich die betreffenden Kontennummern anzugeben sind. So läßt sich z. B. der *Buchungssatz*

Rohstoffe und
Fertigungsmaterial 10000 DM
anrechenbare Vorsteuer 1500 DM
an Verbindlichkeiten aus Lieferungen und Leistungen 11500 DM

z. B. gemäß IKR verkürzen auf:

200 10000 DM/ 440 11500 DM.
260 1500 DM/

Durch die Verwendung von Kontennummern können vor allem in der Durchschreibe- und EDV-gestützten Buchführung erhebliche Vereinfachungen und Rationalisierungseffekte erzielt werden, ohne daß Klarheit und Übersichtlichkeit der Buchführung leiden.

5. Inhaltlicher Aufbau

Im Gegensatz zu den formalen Gliederungskriterien, die sich primär auf die Kodierung der Buchungen beziehen, wird der inhaltliche Aufbau von KR. durch Gliederungskriterien bestimmt, die Ausdruck der theoretischen Konzeption sind, nach welcher der jeweilige KR. gestaltet worden ist.

a) Kontenrahmen nach dem Prozeßgliederungsprinzip. Bei KR., deren Aufbau dem Prozeßgliederungsprinzip folgt, ist die Konteneinteilung am Ablauf des betrieblichen Leistungsprozesses ausgerichtet, d.h. es wird eine *Entsprechung zwischen Güterdurchlauf durch das Unternehmen und wertmäßiger Abbildung im betrieblichen Rechnungswesen* angestrebt. Ein so gegliederter KR. enthält in den ersten Klassen lang- und kurzfristige Einsatzgüterbestände. Es schließt sich die Erfassung der Güterverbräuche und der erstellten Leistungen an, die in Ertragskonten einmünden. Es folgen die Abschlußkonten, in denen Erfolgsrechnung und Bilanz als komprimierte Abbildungen der wirtschaftlichen Lage den Schlußpunkt setzen. Finanz- und Betriebsbuchhaltung sind demzufolge in einem formal geschlossenen Abrechnungskreis verbunden, in welchem sämtliche buchhalterisch erfassungsrelevanten inner- und außerbetrieblichen Vorgänge zusammen abgerechnet werden (*Einkreissystem*). Für die *kurzfristige → Erfolgsrechnung* ist deshalb der Abschluß der gesamten Buchführung notwendig, was dieses System relativ schwerfällig macht.

Als Beispiel für einen nach dem Prozeßgliederungsprinzip aufgebauten Kontenrahmen ist der *GKR* zu nennen, der wie folgt in Kontenklassen unterteilt wird:

Kontenklasse	Bezeichnung
0	Anlagevermögen, langfristige Verbindichkeiten, Eigenkapital, Rückstellungen, Rechnungsabgrenzung
1	Finanz- und Privatkonten
2	Abgrenzungskonten
3	Einkäufe und Bestände an Waren und Stoffen
4	Kostenarten
5	Kostenstellen
6	Kostenstellen
7	Kostenträgerbestände an Erzeugnissen und Leistungen
8	Erlöse und andere betriebliche Erträge
9	Abschluß

Abb. 1: Kontenklasseneinteilung im GKR

In der Reihenfolge der Kontenklassen wird der Prozeß der betrieblichen Leistungserstellung und -verwertung wiedergegeben. Während die tendenziell der Finanzbuchführung zuzurechnenden Konten die Bestände der für die Leistungserbringung notwendigen Produktionsfaktoren abbilden (Klassen 0, 1 und 3) bzw. dem Abschluß der Erfolgs- und Bestandskonten dienen (Klasse 9), erfolgt die Betriebsbuchhaltung als Abbildung des eigentlichen Leistungsprozesses in den Klassen 4 bis 8. Eine Besonderheit des GKR stellt die Klasse 2 dar, die der sachlichen und zeitlichen Abgrenzung zwischen Finanz- und Betriebsbuchhaltung dient.

Für die Erstellung einer GuV nach neuem Bilanzrecht gemäß §275 Abs. 2 und 3 HGB erweist sich die Kontenklasse 2 des GKR mit ihrem Abgrenzungsinhalt als besonders problematisch, weil die dort erfaßten Bestandteile des neutralen Ergebnisses in bezug auf außerordentliche und periodenfremde Komponenten nicht mehr den Vorschriften zur GuV nach *BiRiLiG* entsprechen. Es bleibt abzuwarten, inwieweit diese abgrenzungstechnischen Probleme die Tendenz in der Entwicklung hin zu abschlußorientierten KR. verstärken.

b) Kontenrahmen nach dem Abschlußgliederungsprinzip. Bereits in der Vergangenheit hatte insbesondere das Bedürfnis der Praxis nach einer leichter und schneller abschlußfähigen Buchführung zur Entwicklung des abschlußorientierten *IKR* geführt. Grundprinzip einer abschlußorientierten Kontengliederung ist, die *Klassen- und Gruppenbildung entsprechend dem Aufbau von Bilanz und GuV* vorzunehmen, um die Ableitung des Jahresabschlusses aus den Konten zu erleichtern. Dieses Konzept verlangt allerdings eine Trennung von Finanz- und Betriebsbuchhaltung in zwei Kontenkreise (*Zweikreissystem*). Dadurch wird eine sehr weitgehende überbetriebliche Vereinheitlichung der Finanzbuchhaltung möglich, was im Hinblick auf eine internationale Harmonisierung des externen Rechnungswesens von Wichtigkeit ist. Zudem wird durch diese Trennung eine unternehmensindividuelle Gestaltung der → *Betriebsbuchführung* ermöglicht, wobei die Einheitlichkeit des betrieblichen Rechnungswesens über Abstimmkonten oder Spiegelbildkonten gewährleistet wird und dennoch jeder Rechnungskreis getrennt abgeschlossen werden kann.

Während bei der stark von individuellen betrieblichen Gegebenheiten abhängigen Einteilung der Konten für die Betriebsbuchführung (Rechnungskreis II) das Prozeßgliederungsprinzip weiterhin vorherrschen dürfte, wird sich die Systematik der Kontenklassen für die Finanzbuchführung (Rechnungskreis I) zunehmend von der ablauforientierten industriellen

Kontenklasse	Bezeichnung	Kontenart
0	Immaterielle Vermögensgegenstände und Sachanlagen	Aktive Bestandskonten
1	Finanzanlagen	
2	Umlaufvermögen und aktive Rechnungsabgrenzung	
3	Eigenkapital und Rückstellungen	Passive Bestandskonten
4	Verbindlichkeiten und passive Rechnungsabgrenzung	
5	Erträge	Erfolgskonten
6	Betriebliche Aufwendungen	
7	Weitere Aufwendungen	
8	Ergebnisrechnungen	
9	Kosten- und Leistungsrechnung	

Abb. 2: Kontenklasseneinteilung im IKR

Sichtweise lösen und sich im Aufbau an den branchenübergreifenden handelsrechtlichen Gliederungsvorschriften für Bilanz und GuV großer Kapitalgesellschaften gemäß § 266 und § 275 HGB orientieren. Angesichts der größenabhängigen Abstufung der Rechnungslegungspflichten durch das HGB (→ *Größenklassen*) ist abzuwarten, ob nach dem Abschlußprinzip gegliederte Kontenrahmen für die jeweilige Größenklasse getrennt entwickelt werden oder sich die Unternehmen aus einem für die große Kapitalgesellschaft geltenden Strukturbild durch firmenindividuelle Reduktion ihre Kontenordnung ableiten.

Im IKR von 1986 wird für jede Position der Bilanz und GuV gemäß §§ 266 und 275 HGB unter Verwendung der entsprechenden Postenbezeichnungen eine Kontengruppe eingerichtet, so daß sich folgende Gliederung der Kontenklassen ergibt:

Im IKR sind die Kontenklassen 0 bis 8 ausschließlich für die Finanzbuchführung vorgesehen, so daß für die gesetzlich vorgeschriebenen Rechnungslegungspflichten ein breiter Raum zur Verfügung steht. Durch die Ausrichtung der Konten an den gesetzlichen Gliederungsvorschriften wird die Abschlußarbeit erheblich erleichtert, weil sich Bilanz und GuV unmittelbar aus den Salden der entsprechenden Konten ableiten lassen. Dies schließt Modifikationen aufgrund größen-, branchen- oder rechtsformspezifischer Besonderheiten nicht aus. Die Betriebsbuchhaltung findet ausschließlich in der Klasse 9 statt, auf deren konkrete überbetriebliche Ausgestaltung bewußt verzichtet wurde, um den Unternehmen bei der Organisation der Betriebsbuchhaltung genügend Spielraum für einen betriebsindividuellen Aufbau zu lassen.

In der Neufassung des IKR sind wesentliche Erweiterungen und Änderungen in der formalen und inhaltlichen Ausgestaltung der Kontenklassen verwirklicht. Sie beziehen sich z. B. darauf, daß

- für gesondert im Jahresabschluß auszuweisende Positionen, die zugleich Bestandteil eines anderen Gliederungspostens sind, sogenannte „Davon-Vermerke" eingeführt werden;
- die Kontenklasse 1 ausschließlich Finanzanlagen enthält;
- die Wertpapiere des Umlaufvermögens und die flüssigen Mittel der Kontenklasse 2 zugewiesen werden;
- aufgrund der veränderten Aufbaustruktur der GuV in den Kontenklassen 5, 6 und 7 eine deutliche Trennung der Erträge und Aufwendungen nach Betriebs- und Finanzbereich vorgenommen wird;
- für die neuerdings zulässige GuV nach dem Umsatzkostenverfahren ein zusätzliches Kontenangebot in die Klasse 8 eingefügt wird.

Lit.: *Bundesverband der Deutschen Industrie e. V.* (Hrsg.): Industrie-Kontenrahmen: IKR, Neufassung 1986 in Anpassung an das Bilanzrichtlinien-Gesetz (BiRiLiG), 1986; *Wöhe, G.*: Bilanzierung und Bilanzpolitik, 8. Aufl., 1992, S. 80–89; *Eisele, W.*: Technik des betrieblichen Rechnungswesens, 5. Aufl., 1993, S. 492–502; *Matthes, W.*: Kontenrahmen, in: HWR, 3. Aufl., 1993, Sp. 1123–1134.

Professor Dr. Laurenz Lachnit/
Dr. H. Ammann, Oldenburg.

Kontenuntergruppen
→ *Kontengruppen.*

Konto
Ein Hilfsmittel in der → *Buchhaltung* zur Erfassung sämtlicher Geschäftsvorfälle. Die K. sind meist in T-Form mit einer Soll- (linken) und Haben- (rechten) Seite aufgebaut. Weil jeder Geschäftsvorfall unsaldiert auf dem K. zu verbuchen ist, ergibt sich der Kontostand erst aus der Gegenüberstellung der zum Abschluß einer Rechnungsperiode (z. B. Tag, Monat, Quartal, Jahr) aufgelaufenen Summe. Die K. lassen sich nach → *Bestandskonten,* → *Erfolgskonten* und gemischten Bestands- und Erfolgskonten systematisieren (→ *Kontenrahmen und Kontenplan*).

Kontoauszug
Rechnungsauszug aus einem → *Konto* zur Unterrichtung des Kontoinhabers über die Umsätze und den Kontostand. Der K.

wird meist täglich erstellt und dem Kontoinhaber zur Verfügung gestellt.

Kontrollfunktion der Jahresabschlußprüfung
→ *Prüfung des Jahresabschlusses.*

Konzern
Ein → *Unternehmenszusammenschluß* rechtlich selbständiger Unternehmen unter wirtschaftlich → *einheitlicher Leitung*. Die einheitliche Leitung ist gem. § 18 AktG das konstituierende Merkmal für ein Konzernverhältnis. Sofern ein → *Beherrschungsvertrag* (§ 291 AktG) oder eine → *Eingliederung* (§§ 319 f. AktG) vorliegt, wird unwiderlegbar von einem Konzernverhältnis ausgegangen (→ *Vertragskonzern*).

Beim Vorliegen einer → *Mehrheitsbeteiligung* (§ 16 AktG) wird vermutet, daß zwischen den Unternehmen ein Abhängigkeitsverhältnis gem. § 17 AktG besteht. Kann die Abhängigkeit nicht widerlegt werden, so führt das zur Vermutung einer einheitlichen Leitung (§ 18 Abs. 1 AktG). Diese Vermutung ist kaum zu widerlegen, wenn die herrschende Gesellschaft kontinuierlich oberste Führungsaufgaben in dem abhängigen Unternehmen wahrnimmt. In solchen Fällen liegt ein → *faktisches Konzernverhältnis* vor. Die Mehrheitsbeteiligung ist dann keine notwendige Voraussetzung, weil das Abhängigkeitsverhältnis auch dann entstehen kann, wenn z. B. ein Anteilspaket von weniger als 50 % gehalten wird, die verbleibenden Anteilseigner überwiegend jedoch von ihrem Stimmrecht regelmäßig keinen Gebrauch machen.

Neben diesen Formen des → *Unterordnungskonzerns* (Vertragskonzern, faktischer Konzern) gilt auch für den → *Gleichordnungskonzern* (§ 18 Abs. 2 AktG) die einheitliche Leitung als konstituierendes Merkmal. Sie folgt hier nicht mehr aus dem beherrschenden Einfluß, sondern z. B. aufgrund eines vertraglich vereinbarten Gemeinschaftsorgans.

Innerhalb eines Konzerns können mehrere alternative Konzernverhältnisse auftreten.

Für Unternehmen, die in einem Unterordnungskonzern zusammengeschlossen sind, gelten die Konzernrechnungslegungsvorschriften der §§ 290 ff. HGB, die das → *Mutterunternehmen* zur Aufstellung eines → *Konzernabschlusses* verpflichten. Die Konzernbildung ist die von den Unternehmen eindeutig präferierte Form des Unternehmenzusammenschlusses.

Beschränkt sich das Mutterunternehmen auf die Leitungsfunktion, so bezeichnet man es als → *Holding*, produziert es selbst auch für Dritte, so nennt man eine solche Aufbauorganisation *Stammhauskonzern*.

Lit.: *Kropff, B.*: Aktiengesetz 1965, S. 32–34; *Joost, D.*, in: Küting/Weber: HdK, 1989, S. 245–326; *Busse von Colbe, W./Ordelheide, D.*: Konzernabschlüsse, 6. Aufl., 1993, S. 45–47; *Emmerich, V./Sonnenschein, J.*: Konzernrecht, 5. Aufl., 1993; *Schruff, W.*: Konzern, in: HWB, 5. Aufl., 1993, Sp. 2274–2287; *Kußmaul, H.*: Konzern und Konzernorganisation, in: StB 1994, S. 99–102, 143–149, 187–191.

Konzernabschluß
1. Aufgabe und Bestandteile

Aufgabe des K. (*group accounts, consolidated statements*) ist es vornehmlich, ein den tatsächlichen Verhältnissen entsprechendes → *Bild der Vermögens-, Finanz- und Ertragslage* des Konzerns zu vermitteln. Diese Informationsfunktion entspricht der des → Jahresabschlusses, während andere → *Funktionen des Jahresabschlusses* (Grundlage der → *Gewinnverwendung* und der → *steuerrechtlichen Einkommens- und Gewinnermittlung*) vom K. nicht zu erfüllen sind. Der K. kann deshalb die Jahresabschlüsse der einbezogenen Unternehmen nicht ersetzen; er tritt vielmehr als besonderer Abschluß der größeren wirtschaftlichen Einheit des Konzerns neben diese, weil sie auch in ihrer Gesamtheit wegen der durch konzerninterne Verflechtungen bedingten Verzerrungen i. d. R. keinen hinreichend sicheren Einblick in die Vermögens-, Finanz- und Ertragslage des Konzerns gewähren. Die Informationsfunktion hat der K. mit seinen gleichwertigen Bestandteilen Kon-

Konzernabschluß

zernbilanz, Konzern-GuV und Konzernanhang insgesamt zu erfüllen. Ergänzend informiert über den Geschäftsverlauf und die Lage des Konzerns der Konzernlagebericht (→ *Lagebericht*), der nicht Bestandteil des K. ist.

2. Grundlagen der Konsolidierung

Entsprechend der Aufgabenstellung, die Vermögens-, Finanz- und Ertragslage des Konzerns als wirtschaftliche Einheit zu zeigen, wird der K. aus den an konzerneinheitliche Ansatz- und Bewertungsvorschriften angepaßten Jahresabschlüssen (*Handelsbilanzen II*) der einbezogenen Unternehmen unter Verzicht auf Doppelerfassungen und unter Ausschaltung aller Ergebnisse, die durch Lieferungen und Leistungen zwischen den einbezogenen Unternehmen entstanden sind, entwikkelt. Der aus der Addition der Jahresabschlüsse gewonnene Summenabschluß ist somit durch folgende *Konsolidierungsmaßnahmen* zum K. umzuformen:

- Beteiligungen an einbezogenen Unternehmen sind mit dem darauf entfallenden Eigenkapital zu verrechnen (→ *Kapitalkonsolidierung*)
- Minderheitsanteile anderer Gesellschafter am Eigenkapital von Tochterunternehmen sind in der Konzernbilanz in einem Ausgleichsposten zu erfassen (*Vollkonsolidierung mit Minderheitenausweis*)
- Forderungen und Verbindlichkeiten zwischen den einbezogenen Unternehmen sind aufzurechnen (*Schuldenkonsolidierung*)
- Aufwendungen und Erträge aus Geschäftsvorfällen zwischen einbezogenen Unternehmen sind aufzurechnen oder sachgerecht umzugliedern (*Aufwands- und Ertragskonsolidierung*)
- Gewinne und Verluste aus Lieferungen und Leistungen zwischen einbezogenen Unternehmen sind zu eliminieren (*Zwischenergebniseliminierung*).

Bei Ausscheiden eines Konzernunternehmens aus dem Konsolidierungskreis ist der Summenabschluß zu korrigieren und eine → *Entkonsolidierung* vorzunehmen.

3. Rechtliche Grundlagen

Die Vorschriften über den K. finden sich im wesentlichen in den §§ 290–314 HGB (für Österreich in §§ 244–267 öHGB in enger Anlehnung an die deutschen Vorschriften) und §§ 11–13 PublG. Mit den HGB-Vorschriften wurde die 7. EG-Richtlinie durch das → *Bilanzrichtliniengesetz* vom 19. 12. 1985 in deutsches Recht umgesetzt, wobei auch die PublG-Vorschriften geändert wurden, die inhaltlich den HGB-Vorschriften weitgehend nachgebildet sind.

4. Aufstellungspflicht

Die Pflicht zur Aufstellung eines K. betrifft nach HGB Mutterunternehmen in der Rechtsform einer Kapitalgesellschaft. Unternehmen anderer Rechtsform, insbesondere → *Personenunternehmen*, sind ggfs. nach §§ 11, 12 PublG verpflichtet. Die Verpflichtung nach HGB (§ 290) besteht bei Vorliegen einer Mutter-/Tochterbeziehung nach dem *Konzept der einheitlichen Leitung* oder nach dem *„Control"-Konzept*. Das PublG (§ 11) stellt allein auf das Konzept der einheitlichen Leitung ab. Nach dem Konzept der einheitlichen Leitung ist ein K. aufzustellen, wenn in einem Konzern Unternehmen (Tochterunternehmen) unter der einheitlichen Leitung eines anderen Unternehmens (Mutterunternehmen) mit Sitz im Inland stehen. Eine Aufstellung nach dem „Control"-Konzept muß erfolgen, wenn eine der drei folgenden Mutter-/Tochterbeziehungen gegeben ist:

- Dem Mutterunternehmen steht die *Mehrheit der Stimmrechte* zu.
- Dem Mutterunternehmen steht das Recht zu, die *Mehrheit der Mitglieder des Verwaltungs-, Leitungs- oder Aufsichtsorgans* zu bestellen oder abzuberufen, wenn es gleichzeitig Gesellschafter ist.
- Dem Mutterunternehmen steht das Recht zu, einen *beherrschenden Einfluß* aufgrund eines mit dem Tochterunternehmen geschlossenen Beherrschungsvertrags oder aufgrund einer Satzungsbestimmung auszuüben.

Ein Mutterunternehmen, das zugleich Tochterunternehmen ist, braucht einen K.

nicht aufzustellen, wenn ein *befreiender K.* auf höherer Ebene aufgestellt wird. Die Anforderungen an den befreienden K. sind in den §§ 291, 292 HGB je nach Sitz des den befreienden K. aufstellenden Mutterunternehmens (innerhalb oder außerhalb EU/EWR) gesondert geregelt. Ein Mutterunternehmen ist nach HGB von der Pflicht zur Aufstellung eines K. befreit, wenn bestimmte *Größenkriterien* nicht überschritten werden. Voraussetzung ist, daß an zwei aufeinanderfolgenden Abschlußstichtagen zwei der drei in § 293 HGB genannten → *Größenklassen* für Bilanzsumme, Umsatzerlöse und Arbeitnehmerzahl nicht überschritten werden. Die Befreiung tritt nicht ein, wenn eines der ein bezogenen Unternehmen an der Börse notiert wird. Für Kreditinstitute und Versicherungsunternehmen besteht unabhängig von Größe und Rechtsform Aufstellungspflicht (§§ 340 i, 341 i HGB).

5. Konsolidierungskreis

In den K. sind neben dem Mutterunternehmen grundsätzlich alle Tochterunternehmen einschließlich der ausländischen Töchter einzubeziehen (§ 294 HGB). Ausnahmen von diesem Grundsatz sind in Form von *Konsolidierungswahlrechten* (§ 296 HGB) und *Konsolidierungsverboten* (§ 295 HGB) geregelt. Hiervon ist in erster Linie das Konsolidierungswahlrecht bei untergeordneter Bedeutung des Tochterunternehmens praktisch relevant (→ *Konsolidierungskreis*).

6. Stichtag

Der K. ist auf den Stichtag des Jahresabschlusses des Mutterunternehmens oder auf den hiervon abweichenden Stichtag der Jahresabschlüsse der bedeutendsten oder der Mehrzahl der in den K. einbezogenen Unternehmen aufzustellen (§ 299 HGB). Weicht der Abschlußstichtag eines einbezogenen Unternehmens vom Stichtag des K. ab, so hat die Konsolidierung auf der Grundlage eines *Zwischenabschlusses* zu erfolgen, wenn der Abschlußstichtag des betreffenden Unternehmens um mehr als drei Monate vor dem Stichtag des K. liegt. Beträgt die Abweichung weniger als drei Monate und wird nicht freiwillig ein Zwischenabschluß erstellt, so sind ggfs. zwischen dem Abschlußstichtag des einbezogenen Unternehmens und dem Konzernabschlußstichtag eingetretene Vorgänge von besonderer Bedeutung für die Vermögens-, Finanz- oder Ertragslage eines einbezogenen Unternehmens entweder in der Konzernbilanz und Konzern-GuV zu berücksichtigen oder im Konzernanhang anzugeben.

7. Konzernbilanz

a) Grundsatz. In die Konzernbilanz sind die Vermögensgegenstände, Schulden, Rechnungsabgrenzungsposten, Sonderposten und Bilanzierungshilfen aus den an die konzerneinheitliche Bilanzierung und Bewertung angepaßten Jahresabschlüssen (HB II) der einbezogenen Unternehmen unabhängig von der Beteiligungshöhe mit ihrem vollen Betrag aufzunehmen (*Vollkonsolidierung* gem. § 300 Abs. 1 HGB). Hiervon ausgenommen sind solche Posten, die der Konsolidierung oder Zwischenergebniseliminierung unterliegen. Für Anteile an einbezogenen Unternehmen, die nicht dem Mutterunternehmen oder anderen konsolidierten Tochterunternehmen gehören, ist gem. § 307 HGB in Höhe ihres Anteils am Eigenkapital ein Ausgleichsposten unter entsprechender Bezeichnung innerhalb des Eigenkapitals auszuweisen (Vollkonsolidierung mit *Minderheitenausweis*).

Abweichend von der Vollkonsolidierung ist für → *Gemeinschaftsunternehmen* die → *Quotenkonsolidierung* zugelassen (§ 310 HGB). Beteiligungen an *assoziierten Unternehmen* sind nach der sog. Equity-Methode (→ *Equity-Bewertung*) in den K. einzubeziehen (§§ 311, 312 HGB).

b) Gliederung. Für den K. sind die Gliederungsvorschriften, wie sie für den Jahresabschluß der großen Kapitalgesellschaften gelten, entsprechend anzuwenden. Die Bestimmungen über den K. enthalten darüber hinaus Vereinfachungen gegenüber der Einzelbilanz (z. B. Zusammenfassung der Vorräte in einem Posten) sowie Erweiterungen der Gliederung um gesondert auszuweisende konsolidierungstechnische Posten. Umgliederungen von Posten der Einzelbilanzen können in der Konzernbilanz erforderlich sein, um die Sachverhalte im K. so auszuweisen, als ob der Konzern ein einheitliches Unternehmen wäre.

c) Bilanzansatz. Soweit nach den für Kapitalgesellschaften geltenden Ansatzvorschriften Bilanzierungspflicht besteht, sind die Vermögensgegenstände, Schulden und Rechnungsabgrenzungsposten der einbezogenen Unternehmen unabhängig von ihrer Berücksichtigung in den Einzelabschlüssen *vollständig* aufzunehmen. Ansatzwahlrechte, die nach den Vorschriften für das Mutterunternehmen gelten, sind auch im K. anwendbar. Die Ausübung von Wahlrechten im Einzelabschluß ist dabei nicht maßgeblich für den K., Bilanzansatzwahlrechte dürfen vielmehr unabhängig vom Einzelabschluß neu ausgeübt werden (§ 300 Abs. 2 HGB).

d) Bewertung und Währungsumrechnung. Wie bei der Frage des Bilanzansatzes tritt auch bei der Bewertung der Maßgeblichkeitsgrundsatz des Einzelabschlusses für den K., der unter dem AktG 1965 galt, hinter den Grundatz der → *Einheitlichkeit der Bewertung* zurück. Von ihm darf nur in den gesetzlich geregelten Fällen (§ 308 HGB) abgewichen werden. Die Bewertungswahlrechte dürfen grundsätzlich unabhängig von den Einzelabschlüssen im K. neu ausgeübt werden.

Die Konsolidierung ausländischer Einzelabschlüsse setzt die vorherige Umrechnung der Fremdwährungsbeträge in DM voraus (→ *Umrechnung von Jahresabschlüssen*). Das Gesetz enthält keine Vorschriften darüber, nach welchen Grundsätzen Währungen umzurechnen sind. Es verlangt lediglich die Angabe der gewählten Methode im Konzernanhang.

Mit der Einführung der einheitlichen Bewertung und des Weltabschlußprinzips gewinnt die sog. *Handelsbilanz II* eine immer größere Bedeutung. In ihr wird die Handelsbilanz I als Bestandteil des Jahresabschlusses so umgeformt, daß sie als Grundlage der Konsolidierung dienen kann. Dabei kommen Änderungen in den Bereichen Gliederung, Bilanzansatz, Bewertung und Währungsumrechnung in Betracht. Änderungen der Wertansätze schlagen sich im Konzernergebnis oder in den → *Rücklagen* des Konzerns nieder.

e) Eliminierung von Zwischenergebnissen. Aus der Sicht der wirtschaftlichen Einheit sind Gewinne, die aus Lieferungen und Leistungen zwischen den Unternehmen des Konsolidierungskreises entstehen (Zwischengewinne), solange unrealisiert, bis die Lieferung oder Leistung den Kreis der in die Konsolidierung einbezogenen Unternehmen verlassen hat. Dasselbe gilt sinngemäß für Zwischenverluste. Das Gesetz (§ 304 HGB) schreibt die Eliminierung von Zwischengewinnen und -verlusten vor und läßt Ausnahmen nur unter bestimmten Voraussetzungen zu. In der Regel wird die Eliminierung der Zwischenergebnisse durch die Bewertung zu *Konzernanschaffungs-/Konzernherstellungskosten* erreicht. Im einzelnen nennt das Gesetz folgende Voraussetzungen für die Verpflichtung zur Eliminierung von Zwischenergebnissen:

- Es muß sich um Gegenstände (Sachen, Rechte) handeln.
- Die Gegenstände müssen am Stichtag des K. bei einem in den K. einzubeziehenden Unternehmen bilanziert sein.
- Die Gegenstände müssen ganz oder teilweise Lieferungen oder Leistungen anderer in den K. einbezogener Unternehmen darstellen.

Auf die Eliminierung von Zwischenergebnissen kann verzichtet werden, wenn die Lieferung oder Leistung zu üblichen Marktbedingungen vorgenommen worden ist und die Ermittlung der Konzernanschaffungs-/Konzernherstellungskosten einen unverhältnismäßigen Aufwand erfordern würde oder wenn die Zwischenergebnisse von geringer Bedeutung sind.

f) Kapitalkonsolidierung. An die Stelle der im Einzelabschluß ausgewiesenen Anteile an den einbezogenen Tochterunternehmen treten im K. die Vermögensgegenstände, Schulden etc. der Tochterunternehmen. Der Buchwert der Anteile ist mit dem auf sie entfallenden Betrag des Eigenkapitals des Tochterunternehmens zu verrechnen. Unterschiedsbeträge sind ihren Ursachen entsprechend zu behandeln (→ *Kapitalkonsolidierung* gem.

§ 301). Anteile sind hierbei alle kapitalmäßigen Beteiligungen mit Einlagen bei Tochterunternehmen.

g) Equity-Methode. Die Equity-Methode ist für die Bewertung der Beteiligungen an sog. assoziierten Unternehmen im K. vorgesehen (§ 311 HGB). Nach dieser Methode wird der Wertansatz der Beteiligung entsprechend der Entwicklung des anteiligen bilanziellen Eigenkapitals des assoziierten Unternehmens fortgeschrieben (→ *Equity-Bewertung* gem. § 312 HGB).

h) Schuldenkonsolidierung. Unter Schuldenkonsolidierung wird die Aufrechnung der Forderungen und Verbindlichkeiten zwischen den in die Konsolidierung einbezogenen Unternehmen verstanden (§ 303 HGB). Die Begriffe „Forderungen und Verbindlichkeiten" sind dabei nicht im engen bilanztechnischen Sinne, sondern im Sinne eines Schuldverhältnisses zwischen einbezogenen Unternehmen zu verstehen, so daß hierunter auch ausstehende Einlagen, Anzahlungen, Guthaben bei Kreditinstituten, sonstige Vermögensgegenstände und Eventualverbindlichkeiten fallen. Voraussetzung für die Aufrechnung ist nicht, daß sich die zu verrechnenden Posten in gleicher Höhe gegenüberstehen. Sie sind auch dann wegzulassen, wenn bei der Aufrechnung ein Restbetrag entsteht. In einem solchen Fall (z. B. abgezinste Forderung; Verbindlichkeit zum Rückzahlungsbetrag) ist die Schuldenkonsolidierung *erfolgswirksam.* Entsprechend dem *Grundsatz der Wesentlichkeit* darf auf die Schuldenkonsolidierung insoweit verzichtet werden, als dies keine Auswirkungen auf die geforderte Vermittlung eines den tatsächlichen Verhältnissen entsprechenden Bildes der Vermögens-, Finanz- und Ertragslage des Konzerns hat.

i) Latente Steuern. Eine Abgrenzung latenter Steuern ist vorzunehmen, wenn erfolgswirksame Konsolidierungsmaßnahmen zu einer Abweichung zwischen dem Konzernjahresergebnis und der Summe der Einzelergebnisse (lt. Handelsbilanz II) aller einbezogenen Unternehmen führen und diese Abweichung sich voraussichtlich in späteren Jahren ausgleicht (§ 306 HGB). Ist der Steueraufwand im Verhältnis zum Konzernergebnis zu niedrig, so ist eine Rückstellung zu bilden. Ist der Steueraufwand im Verhältnis zum Konzernergebnis zu hoch, so ist – anders als im Einzelabschluß – der Abgrenzungsbetrag zu aktivieren (→ *Latente Steuern*). Steuerabgrenzungen aufgrund temporärer Ergebnisdifferenzen, die durch die Anpassung der Bilanzansätze sowie durch die konzerneinheitliche Bewertung bedingt sind, werden in den Handelsbilanzen II vorgenommen.

8. Konzern-GuV

Auch für die Konsolidierung der GuV ist die wirtschaftliche Einheit des Konzernunternehmens als Leitlinie heranzuziehen. Danach dürfen in der Konzern-GuV grundsätzlich nur Aufwendungen und Erträge aus dem Geschäftsverkehr mit Dritten ausgewiesen werden. Aufwendungen und Erträge, die aus Geschäften zwischen den einbezogenen Unternehmen entstanden sind, müssen gegeneinander aufgerechnet oder so umgegliedert werden, wie sie aus der Sicht eines einheitlichen Unternehmens auszuweisen sind. Die wesentlichen Eliminierungen in der GuV betreffen die Innenumsatzerlöse, die sonstigen betrieblichen Erträge und Aufwendungen (einschl. Konzernumlagen), die Zinserträge und -aufwendungen (Konzernkontokorrente) und die Ergebnisübernahmen. Die *Eliminierung der Innenumsatzerlöse* kann je nach Sachverhalt unterschiedlich erfolgen:

- Verrechnung mit den Aufwendungen des Empfängers, wenn z. B. ein gelieferter Gegenstand weiterveräußert wurde,
- Umgliederung in Bestandsveränderungen, wenn z. B. ein von einem Konzernunternehmen hergestelltes Produkt bei einem anderen Konzernunternehmen noch im Bestand ist,
- Umgliederung in andere aktivierte Eigenleistungen, wenn es sich um die Lieferung eines hergestellten Gegenstands in das Anlagevermögen handelt.

Erfolgswirksame Konsolidierungsmaßnahmen werden bei den einzelnen Posten der GuV berücksichtigt.

Konzernabschluß

9. Konzernanhang

Der Konzernanhang ist Bestandteil des K. Konzernbilanz und Konzern-GuV bilden mit dem Konzernanhang eine Einheit. Der Konzernanhang ist von Funktion und Inhalt her weitgehend dem → *Anhang* des Einzelabschlusses vergleichbar. Darüber hinaus werden konzernspezifische Angaben verlangt, wie Angaben zur Änderung des Konsolidierungskreises, zu Abweichungen von auf den vorhergehenden K. angewandten Konsolidierungsmethoden, Abweichungen des Konzernabschlußstichtages vom Bilanzstichtag des Mutterunternehmens usw.

10. Prüfung und Offenlegung

Der nach §290 HGB aufzustellende K. und der Konzernlagebericht sind durch einen Abschlußprüfer nach Maßgabe der §§317 bis 324 HGB zu prüfen (§316 Abs. 2 HGB). Die Vorschriften über die → *Prüfung des K.* sind dabei weitgehend in die Vorschriften zur → *Prüfung des Jahresabschlusses* integriert.

Der K. und der Konzernlagebericht sind mit dem → *Bestätigungsvermerk* oder dem Vermerk über dessen Versagung im Bundesanzeiger bekanntzumachen (§325 Abs. 3 HGB). Die Bekanntmachung ist unter Beifügung der bezeichneten Unterlagen zum Handelsregister des Sitzes des Mutterunternehmens einzureichen (→ *Publizität*).

11. Einfluß internationaler Entwicklungen auf den Konzernabschluß

Die zunehmende Internationalisierung der Wirtschaft, vor allem die Inanspruchnahme der internationalen Kapitalmärkte, konfrontiert die deutschen Konzerne in jüngster Zeit verstärkt mit den Informationsbedürfnissen ausländischer Kapitalgeber. Der Zugang zur New York Stock Exchange setzt heute (noch) die Aufstellung eines K. nach den Vorschriften der → *SEC* voraus. Parallel dazu gewinnen die Standards des → *International Accounting Standards Committee (IASC)*, die in Zusammenarbeit mit der → *IOSCO* weiter ausgebaut wurden, an Bedeutung auch für deutsche Konzerne. Zur Zeit wird die Frage, ob ein solcher internationaler K. von der Pflicht zur Aufstellung eines K. nach HGB befreien kann, erörtert. K. nach HGB auf der einen und nach IASC oder SEC auf der anderen Seite weisen teilweise erhebliche Unterschiede auf.

Die Unterschiede resultieren vor allem aus den der Bilanzierung jeweils zugrundeliegenden *Rechnungslegungsphilosophien*. Aus der unterschiedlichen Gewichtung von *Gläubigerschutz* und *Information der Adressaten* – primär der Kapitalanleger – ergeben sich z.B. folgende materielle Unterschiede des K. nach den Standards von SEC und IASC im Vergleich zum K. nach HGB:

- Die Passivierung von → *Aufwandsrückstellungen* (§249 Abs. 2 HGB) ist unzulässig.
- Bei Vorliegen bestimmter Voraussetzungen dürfen bzw. müssen → *latente Steuern* auf Verlustvorträge aktiviert werden (mit §274 Abs. 2 HGB unvereinbar).
- Bei Vorliegen bestimmter Voraussetzungen sind Entwicklungskosten als immaterieller Vermögensgegenstand zu aktivieren (gem. §248 Abs. 2 HGB unzulässig).
- Bei → *Langfristfertigung* werden Erträge und Aufwendungen i.d.R. nach der percentage of completion-Methode periodisiert (mit dem Realisationsprinzip nach §252 Abs. 1 Nr. 4 HGB nicht vereinbar, bei Vorliegen strenger Voraussetzungen u.U. aber als Ausnahme nach §252 Abs. 2 HGB zulässig).
- Bei Ermittlung der → *Herstellungskosten* sind sowohl Einzel- als auch Vollkosten einzubeziehen (nach §255 Abs. 2 HGB Wahlrecht).
- Die Verknüpfung von handelsrechtlicher und steuerrechtlicher Gewinnermittlung (Maßgeblichkeit/umgekehrte Maßgeblichkeit) ist unbekannt, so daß keine steuerlich motivierten Werte angesetzt werden können (nach HGB z.B. gem. §254 oder §280 Abs. 2 zulässig).

Darüber hinaus bestehen die folgenden *konzernspezifischen* Unterschiede zu einem K. nach HGB:

- Eine → *Kapitalflußrechnung* sowie eine umfangreiche → *Segment-Rechnung* sind zwingend.
- Die Vorschriften zum Konsolidierungskreis sind im Vergleich zu §§295, 296 HGB deutlich strenger.
- Die Verrechnung des → *Geschäftswertes* aus der Kapitalkonsolidierung mit den Rücklagen ist unzulässig (gem. §309 Abs. 1 Satz 3 HGB zulässig).
- Für die → *Umrechnung von Jahresabschlüssen* bestehen detaillierte Regelungen, wobei nach dem Konzept der funktionalen Währung entweder die Stichtags- oder die Zeitbezugsmethode anzuwenden ist.
- Die Angabe- und Erläuterungspflichten im → *Anhang* gehen weit über das nach HGB erforderliche Maß hinaus.

Hinsichtlich der grundsätzlichen Vorgehensweise bei der Erstellung des K., also vor allem der Konsolidierung konzerninterner Verflechtungen, bestehen keine wesentlichen Unterschiede.

Ein Teil der genannten Unterschiede kann durch eine den internationalen Standards entsprechende Ausübung von Wahlrechten des HGB bzw. durch freiwillige Zusatzinformationen (z. B. bei der Segmentberichterstattung) beseitigt werden. Auch nach solchen Anpassungen verbleiben indes Differenzen.

Von der Aufstellung (befreiender) K. nach den internationalen Standards unberührt bleiben die jeweiligen Jahresabschlüsse von Mutter- und Tochterunternehmen, die als Grundlage der Gewinnverwendung und Besteuerung weiterhin ausschließlich deutschen Vorschriften folgen.

Lit.: (1) Kommentare: Biener, H./Berneke, W.: Bilanzrichtlinien-Gesetz, 1986; *Hofbauer, M. A./Kupsch, P.* (Hrsg.): Bonner HR, Losebls., ab 1986; ADS, 6. Aufl., ab 1995; *Budde, W. et al.* (*Hrsg.*): Beck Bil.-Komm., 3. Aufl., 1995; *FASB (Hrsg.):* Current Text, Accounting Standards as of June 1, 1996, Vol. 1, 1997; *IASC:* International Accounting Standards 1997, 1997.

(2) *Handbücher: Wysocki, K. v./Schulze-Osterloh, J.* (Hrsg.): HdJ, Bd. 3, Abt. V, Losebls., ab 1984; *Castan, E. et al.* (Hrsg.): Beck HdR, Abschnitt C, Losebls., ab 1987; *Küting, K./Weber, C.* (Hrsg.): HdK, 1989; *IdW* (Hrsg.): WP-Handb. 1992, 10. Aufl.

(3) *Lehrbücher: Busse von Colbe, W./Ordelheide, D.:* Konzernabschlüsse, 6. Aufl., 1993; *Baetge, J.:* Konzernbilanzen, 2. Aufl., 1995; *Schildbach, Th.:* Der handelsrechtliche Konzernabschluß, 4. Aufl., 1996; *Coenenberg, A. G.:* Jahresabschluß und Jahresabschlußanalyse, 16. Aufl., 1997.

(4) *Aufsatzsammlungen:* Bilanzrichtlinien-Gesetz, ZfB-Ergh.1/1987; *Havermann, H.* (Hrsg.): Bilanz- und Konzernrecht, FS für Goerdeler, 1987; *Mellwig, W./Moxter, A./Ordelheide, D.* (Hrsg.): Einzelabschluß und Konzernabschluß: Beiträge zum neuen Bilanzrecht, Bd. 1, 1988; *Lanfermann, J. (Hrsg.):* Internationale Wirtschaftsprüfung, FS f. H. Havermann, 1995.

WP Josef Lanfermann, Düsseldorf.

Konzernabschluß, Internationaler

1. Anlässe

Die Globalisierung der Kapitalmärkte veranlaßt seit Beginn der neunziger Jahre auch deutsche Unternehmen, die ausländische Kapitalmärkte durch Emission von Aktien oder Anleihen in Anspruch nehmen oder deren Wertpapiere an ausländischen Börsen gehandelt werden, ihre → *Rechnungslegung* international herrschenden → *Accounting Standards* anzupassen. Das gilt zumindest zunächst nur für deren → *Konzernabschluß* und die ihn ergänzenden Angaben im → *Anhang* und Rechenwerke, wie insbesondere → *Kapital- und Finanzflußrechnungen* und → *Segment-Rechnungen*. Deutsche → *Aktiengesellschaften*, die an der New York Stock Exchange (NYSE) gelistet werden wollen, müssen ihre Konzernrechnungslegung den in den → *USA* geltenden → *Generally Accepted Accounting Principles* anpassen oder zumindest eine Überleitung für Ergebnis und Eigenkapital nach HGB und US-GAAP vorlegen. Die → *International*

Konzernabschluß, Internationaler

Organisation of Securities Commissions (IOSCO) empfiehlt ihren Mitgliedern, ab 1999 ausländische Emittenten zur Listung an den Börsen nur zuzulassen, wenn sie die Standards des → *International Accounting Standards Committee (IASC)* einhalten.

Aber nicht nur die Inanspruchnahme amerikanischer oder anderer ausländischer Kapitalmärkte, sondern auch die Absicht, sich ausländischen Kunden und Führungskräften ausländischer Tochtergesellschaften zu präsentieren und besser verständlich zu machen, veranlaßt eine wachsende Zahl deutscher Unternehmen zur Aufstellung von K.

2. Formen

a) Vorstufen. Die erste Vorstufe zur K. besteht in der Übersetzung der → *Geschäftsberichte* in die englische und eine andere Weltsprache, eine zweite darin, zusätzlich zum herkömmlichen Konzernabschluß eine → *Kapitalflußrechnung* und eine Segmentberichterstattung zumindest in Anlehnung an die Standards des IASC (IAS 7 bzw. IAS 14) oder des amerikanischen → *Financial Accounting Standards Board* (FASB; SFAS No. 95 bzw. SFAS No. 14) und weitere Angaben, z. B. über den → *Gewinn je Aktie* und die Anwendung von → *Finanzderivaten*, zu veröffentlichen.

b) Duale Abschlüsse. Einige Konzerne passen ihre Konzernrechnungslegung *im Rahmen des HGB* soweit wie möglich an die IAS des IASC (ab 1994 z. B. Bayer AG, Schering AG), andere an die → *US-GAAP* (z. B. Veba AG für 1995), an. Sie üben die → *Bilanzierungswahlrechte* entsprechend aus, erweitern den Anhang um die über vom HGB geforderten Angaben hinaus und machen für die Werte, die aufgrund der mit dem HGB nicht kompatiblen Bewertungsmethoden nicht im Abschluß erscheinen dürfen, zusätzliche Angaben.

c) Parallele Abschlüsse. Manche Konzerne stellen neben dem Konzernabschluß nach HGB einen zweiten Abschluß nach den US-GAAP (z. B. Daimler Benz AG für 1996) oder nach den IAS (z. B. Deutsche Bank AG ab 1995) auf (*parallele Konzernabschlüsse*). Ein US-GAAP-Abschluß oder auch eine *Überleitung* (reconciliation) der Ermittlung von Ergebnis und Eigenkapital nach HGB zu denen nach US-GAAP (z. B. Daimler Benz AG 1993–1995) ermöglichen eine Listung an der NYSE.

Die dualen und die parallelen Konzernabschlüsse werden durch Kapitalflußrechnungen und Segmentberichterstattungen nach den entsprechenden Statements ergänzt.

d) Änderung des HGB. Die Bundesregierung hat auf die Entwicklung mit dem Entwurf eines *Kapitalaufnahmeerleichterungsgesetzes (KapAEG)* vom 11.12.1996 reagiert. Der Entwurf sieht vor, daß ein Unternehmen, das mit von ihm oder einem Tochterunternehmen emittierten Wertpapieren an einer ausländischen Börse vertreten ist, gemäß einem neuen § 292 a HGB von der Pflicht zur Publikation eines dem HGB entsprechenden Konzernabschlusses befreit wird, wenn es einen Konzernabschluß nach anerkannten Grundsätzen des betreffenden Staates vorlegt, in dem die Papiere gelistet sind. Dabei wird vor allem an die USA und an andere Länder gedacht, die die Regeln des IASC übernommen haben, auch wenn der Entwurf nicht auf diese beiden Regelwerke beschränkt ist.

Eine Alternative besteht darin, die Konzernrechungslegungsvorschriften zumindest für börsennotierte AGs im HGB selbst so zu ändern, daß sie mit den IAS kompatibel sind. Außerdem müßte eine Öffnungsklausel eine leichtere Anpassung an Änderungen der IAS ermöglichen als das langwierige Gesetzgebungsverfahren.

3. Anpassungserfordernisse

Die wichtigsten Abweichungen von der bisherigen Konzernrechnungslegung nach HGB können – wie aus Überleitungsrechnungen und Anhangsangaben zu entnehmen ist – hinsichtlich der → *Bewertungsprinzipien* je nach Branche in folgendem bestehen:

- Aktivierung und Abschreibung des → *Geschäftswertes* aus der → *Kapitalkonsolidierung* statt der erfolgsneutralen Verrechnung mit Rücklagen (§ 309 Abs. 1 Satz 3 HGB);
- Ansatz eines größeren Teils der → *Gemeinkosten* bei der Bewertung von Erzeugnissen;
- Verlängerung der *Abschreibungsdauer* und Übergang von der degressiven zur linearen → *Abschreibung*;
- Ansatz *sämtlicher aktivischer* → *latenter Steuern* nach der Methode der temporary differences gem. IAS 12 bzw. SFAS No. 96 – statt des Verzichts auf eine Aktivierung (§ 274 Abs. 2 HGB);
- Bewertung der → *Pensionsrückstellungen* gemäß IAS 19 (projected unit credit method) bzw. SFAS No. 87 unter Berücksichtigung voraussichtlicher Einkommens- und Gehaltsentwicklung und der aktuellen Kapitalmarktsätze – statt nach den Vorschriften des EStG;
- Verzicht auf nach IAS und SFAS nicht zulässigen → *Aufwandsrückstellungen* (gem. § 249 Abs. 2 HGB);
- Bilanzierung von → *Leasing-Gegenständen* gem. IAS 17 bzw. SFAS No. 13 – statt nach steuerrechtlichen Erlassen;
- Bewertung von Valutabeständen und *Wertpapieren des Umlaufvermögens* auch oberhalb des Anschaffungswertes zu Tageswerten;
- anteilige Gewinnvereinnahmung durch Anwendung der *Percentage of Completion-Methode* gem. IAS 11 bzw. ARB 45 – statt der Completed Contract-Methode vor allem auf Bestände aus → *Langfristfertigung*;
- → *Umrechnung* der Abschlüsse ausländischer Tochterunternehmen nach der *funktionalen Methode* gem. IAS 21 bzw. SFAS No. 52, auch wenn diese Methode nach HGB bereits zulässig, aber nicht vorgeschrieben ist (→ *Konzernabschluß*, 11. Abschn.).

Eine Konzernrechnungslegung nach den Standards des *IASC* oder nach den *US-GAAP* ist im *Vergleich zu der im HGB* geregelten zum einen stärker auf ein *zutreffendes Periodenergebnis* und nach dem → *matching principle* auf einen *realistischeren Ausweis von Vermögen und Verbindlichkeiten und damit auch des Eigenkapitals* infolge des weitgehenden Verzichts auf → *stille Rücklagen* ausgerichtet. Das schließt Möglichkeiten der → *Bilanzpolitik* nicht aus, schränkt sie aber im Vergleich zur deutschen Rechnungslegung ein. Zum anderen wird die Finanzberichterstattung mit einer stärkeren Betonung der *Zahlungsströme* durch eine obligatorische Kapitalflußrechnung und mit einer Offenlegung von Ergebnissen, Investitionen und Vermögensbindung nach einzelnen *Segmenten* erweitert. Damit ist der finanzwirtschaftliche Informationsgehalt der international vorherrschenden Konzernrechnungslegung vermutlich höher als der der herkömmlichen deutschen Rechnungslegung.

Lit.: Goebel, A./Fuchs, M.: Die Anwendung der International Accounting Standards in den Konzernabschlüssen deutscher Kapitalgesellschaften, in: DB 1995, S. 1521–1527; *Busse von Colbe, W.:* Zur Internationalisierung der Konzernrechnungslegung deutscher Unternehmen, in: Wirtschaftsprüferkammer-Mitteilungen 1996, S. 137–143; *Baukmann, D./Mandler, U.:* International Accounting Standards, IAS und HGB im Konzernabschluß, 1997; *Coenenberg, A. G.:* Jahresabschluß und Jahresabschlußanalyse, 16. Aufl., 1997, 8. Kap.; *Busse von Colbe, W.:* Internationalisierung der deutschen Konzernrechnungslegung als Kür oder Pflicht?, in: Grunewald, B. et al. (Hrsg.): Konzern und Rechnungslegung, FS f. B. Kropff, 1997; *Pellens, B.:* Internationale Rechnungslegung, 2. Aufl., 1998.

Prof. Dr. Dr. h. c. mult. Walther Busse von Colbe, Bochum.

Konzernabschlußanalyse

1. Einführung. Innerhalb eines → *Konzerns* können durch interne Geschäftsbeziehungen einerseits aus der Sicht des Konzerns als Einheit gegenüber Dritten realisierte Gewinne zwischen den Konzernunternehmen verlagert und andererseits für den Konzern noch nicht realisierte Gewinne bei den Konzernunternehmen als realisiert ausgewiesen werden. Durch solche Maßnahmen kann die Konzernleitung Einfluß auf die Vermögens-, Finanz- und Ertragslage der einzelnen Konzerngesellschaften ausüben. Wird im Rahmen der → *Bilanzanalyse* nur der Einzelabschluß ausgewertet, so kann dies zu Fehlinterpretationen bei der Beurteilung der wirtschaftlichen Entwicklung von Konzernunternehmen führen. Diese Verzerrungen können vermieden werden, wenn zusätzlich zum Einzel- auch der → *Konzernabschluß* analysiert wird. In angloamerikanischen Ländern beschränken sich die Analysten i.d.R. auf eine K.

Der Konzernabschluß nach §§ 290-314 HGB als Jahresabschluß der wirtschaftlichen Einheit Konzern ist gem. § 297 Abs. 3 HGB nach der → *Fiktion der rechtlichen Einheit* aufzustellen. Damit gelten die in den §§ 246 ff. HGB für den Einzelabschluß kodifizierten → *Grundsätze ordnungsmäßiger Buchführung* grundsätzlich auch für den Konzernabschluß. Der Konzernabschluß ist folglich mit dem Einzelabschluß vergleichbar bezüglich des Rechnungslegungsmodells und des Umfanges der zu publizierenden Daten. Für das Entscheidungsproblem bei der Bilanzanalyse hinsichtlich der Festlegung geeigneter Auswertungsmethoden gilt daher, daß auch die K. über einen → *Zeitvergleich*, → *Unternehmensvergleich* und → *Soll-Ist-Vergleich* vorgenommen werden kann (→ *Bilanzanalyse*). Die Besonderheiten der K. resultieren somit vorwiegend aus den konsolidierungstechnischen Vorgängen, die bei der Datenaufbereitung und Kennzahlenbildung zu beachten sind und aus der rechtlichen Selbständigkeit der Konzerngesellschaften, die bei der Aufstellung des Konzernabschlusses ignoriert wird.

2. Besonderheiten bei der Datenaufbereitung. Um eine Jahresabschlußanalyse mit Hilfe von Konzerndaten durchzuführen, sind die Konzernabschlüsse zu standardisieren. Dabei sollten die Konzernabschlüsse äquivalent zu den Einzelabschlußdaten aufbereitet werden, um zu gewährleisten, daß Konzerne auch mit wirtschaftlich und rechtlich selbständigen Gesellschaften verglichen werden können. Folglich ist bei der Datenaufbereitung der sich aus den Konsolidierungsmaßnahmen ergebenden konzerntypischen Positionen derart zu verfahren, daß die für die weitere Auswertung zu standardisierenden Konzerndaten formell mit den Einzelabschlußdaten vergleichbar sind.

Wird die Jahresabschlußanalyse auf der Grundlage von Einzelabschlüssen bereits durch die unterschiedliche Ausübung von Gliederungs-, Bilanzierungs- und Bewertungswahlrechten (z.B. Aufstellung der → *Gewinn- und Verlustrechnung* nach dem → *Gesamtkostenverfahren* oder → *Umsatzkostenverfahren* gem. § 275 Abs. 1 HGB) erschwert, so gilt dies für Konzerndaten durch die zusätzlichen Konsolidierungswahlrechte noch verstärkt. Insbesondere das Wahlrecht zur erfolgsneutralen Verrechnung des → *Geschäftswertes* mit den Rücklagen gem. § 309 Abs. 1 HGB und die Verfahrenswahl bei der → *Währungsumrechnung* mit der Möglichkeit einer erfolgsneutralen oder erfolgswirksamen Behandlung der Umrechnungsdifferenzen können den Konzernvergleich beinträchtigen. Obwohl der externe Bilanzanalytiker die Ausübung der Wahlrechte anhand der Angaben im → *Anhang* teilweise nachvollziehen kann, ist er nur vereinzelt in der Lage, die Auswirkungen der Konsolidierungswahlrechte quantitativ voll zu erfassen und durch entsprechende Korrekturen zu neutralisieren.

Im Fall der erfolgsneutralen Verrechnung des Geschäftswertes wäre z.B. zu prüfen, ob für die K. grundsätzlich eine Saldierung der aktivisch ausgewiesenen Geschäftswerte mit den Gewinnrücklagen vorgenommen werden sollte. Für Unternehmen, die bisher von einer erfolgswirksamen Behandlung ausgehen, wäre in der Gewinn- und Verlustrechnung das Jahresergebnis um die – aus dem → *Anlagespiegel* ersichtlichen – Abschreibungen auf Geschäftswerte zu erhöhen.

Weil die Geschäftswerte als im Kaufpreis bereits abgegoltene künftige Gewinne der Tochtergesellschaften anzusehen sind, ist deren erfolgswirksame Verrechnung mit der späteren Gewinnrealisierung bei den

Konzernabschlußanalyse

Tochtergesellschaften geboten. Es wäre daher sinnvoller, im Rahmen einer extern durchgeführten Nebenrechnung die erfolgsneutral verbuchten Geschäftswerte wieder aktivisch auszuweisen und über eine einheitliche Laufzeit (z. B. 10 Jahre) erfolgswirksam aufzulösen. Diese Vorgehensweise verlangt allerdings, daß aus den Angaben im Anhang eine Art Anlagenbuchhaltung über die von den Unternehmen erfolgsneutral verrechneten Geschäftswerte vorgenommen wird. Sie erscheint jedoch gerechtfertigt, weil auf diese Weise → *Bilanzpolitik* z. T. neutralisiert werden kann, die ansonsten eine Vergleichbarkeit von wichtigen Kapital- und Erfolgsstrukturkennzahlen erschwert.

Sind an den konsolidierten Tochtergesellschaften auch nicht dem Konzernverbund angehörende Minderheitsgesellschafter beteiligt, so sind gem. § 307 HGB deren Eigenkapitalanteile in der Konzernbilanz auf einen Sonderposten, z. B. → *Anteile anderer Gesellschafter*, umzugliedern und deren Ergebnisanteil in der Konzern-Gewinn- und Verlustrechnung nach dem Jahresüberschuß gesondert auszuweisen. Wird der Konzernabschluß entsprechend der → *Einheitstheorie* interpretiert, so werden den Kapitalanteilen der Minderheitsgesellschafter mehr Eigen- als Fremdkapitaleigenschaften zugesprochen, so daß sie im Rahmen der Bilanzanalyse dem Eigenkapital des Konzerns zuzurechnen sind. Eine differenziertere Zuordnung der Minderheitenanteile auf einzelne Eigenkapitalpositionen (Gezeichnetes Kapital, Kapitalrücklage und Gewinnrücklagen) kann nicht vorgenommen werden, da die hierzu erforderlichen Angaben den Konzernabschlüssen regelmäßig nicht zu entnehmen sind.

Die → *Schuldenkonsolidierung* nach § 303 HGB und → *Zwischenerfolgseliminierung* gem. § 304 HGB kann in der Konzernbilanz den Ausweis zusätzlicher Ausgleichsposten erforderlich machen, die über die Datenaufbereitung zu standardisieren sind.

Entsprechen die aufgerechneten konzerninternen Forderungen nicht den äquivalenten Verbindlichkeiten, weil z. B. im Einzelabschluß einer Konzerngesellschaft eine Abschreibung auf Forderungen an verbundene Unternehmen vorgenommen wird, ist die Veränderung des Unterschiedsbetrages gegenüber dem Vorjahr im Rahmen der Schuldenkonsolidierung – im genannten Beispiel somit ergebniserhöhend – zurückzunehmen.

Erfolgt der Eigenkapitalausweis in der Konzernbilanz nach dem Verfahren der *Einzelkorrektur*, wird die Erfolgsveränderung nach Abzug eventuell zu berücksichtigender → *latenter Steuern* gem. § 306 HGB in der Gewinnverwendungsrechnung entweder in die Gewinnrücklagen oder in den Konzernbilanzgewinn eingestellt. Für die K. entstehen dann im Vergleich zur Einzelabschlußauswertung keine zusätzlichen Zuordnungs- bzw. Aufbereitungsprobleme.

Wird für die Darstellung des Konzerneigenkapitals die Methode der *Globalkorrektur* zugrundegelegt, werden Ergebnisveränderungen nach Berücksichtigung eventuell anfallender latenter Steuern in einen *Unterschiedsbetrag aus der Schuldenkonsolidierung* umgebucht und offen in der Konzernbilanz ausgewiesen. Mit der Datenaufbereitung ist dieser Posten einer vergleichbaren Vermögens- bzw. Kapitalgröße zuzuordnen. Da diese Position als versteuertes Eigenkapital (passivischer Unterschiedsbetrag) bzw. Korrekturposten zum Eigenkapital (aktivischer Unterschiedsbetrag) anzusehen ist, sollte er im Rahmen der Datenaufbereitung mit den Gewinnrücklagen des Konzerns verrechnet werden.

Werden Vermögensgegenstände konzernintern mit Gewinn bzw. Verlust geliefert und wird dieser mit der Zwischenerfolgseliminierung wieder rückgängig gemacht, so vermindert bzw. erhöht sich entsprechend der Konzernjahresüberschuß. Bilanziell wird die Ergebnisveränderung nach Berücksichtigung der latenten Steuern je nach Anwendung der *Einzel- oder Globalkorrektur* entweder direkt durch eine entsprechende Eigenkapitalveränderung (Bilanzergebnis, Gewinnrücklagen) oder indirekt durch den Ausweis eines aktivischen (Zwischengewinn) bzw. passivischen (Zwischenverlust) Unterschiedsbetrages aus der Zwischenerfolgseliminierung ausgeglichen. Im letzteren Fall wird erneut die Saldierung dieser Position mit den Gewinnrücklagen des Konzerns notwendig.

Auch aus den Daten des Konzernabschlusses kann der externe Analytiker eine standardisierte → *Kapital- und Finanzflußrechnung* erstellen (→ *Konzernkapitalflußrechnung*). Hierbei treten gegenüber der Aufstellung einer Kapitalflußrechnung aus den Daten des Einzelabschlusses zusätzlich immer dann Probleme auf, wenn im Konzernabschluß Beträge erfolgsneutral mit dem Eigenkapital verrechnet werden (z. B. Unterschiedsbeträge aus der Währungsumrechnung, Geschäftswert). So führt z. B. die erfolgsneutrale Verrechnung eines aktivischen Geschäftswertes in der Kapitalflußrechnung zum Ausweis eines Mittelzuflusses aus dem Abgang von Gegenständen des Anlagevermögens und gleichzeitig zu einem Mittelabfluß durch die angenommene Ausschüttung von Gewinnrücklagen. Obwohl hieraus per Saldo keine finanzwirksamen Veränderungen resultieren, kann diese Vorgehensweise zu Fehlinterpretationen führen, wenn die Kapitalflußrechnung in einzelne Bereiche (z. B. Laufende Operationen, Investitions- und Kapitalbereich) untergliedert wird. Sofern aus dem Anhang quantitative Angaben über diese erfolgsneutralen Verrechnungen vorhanden sind, könnten sie in einen gesonderten „Verrechnungsbereich aus der Konsolidierung" umgegliedert werden. Die Interpretation der Positionen dieses Verrechnungsbereiches als finanzielle Stromgrößen erscheint jedoch schwer möglich.

Durch die → *Internationalisierung der Konzernrechnungslegung* einiger deutscher Unternehmen wird die Vergleichbarkeit mit handelsrechtlichen Konzernabschlüssen erschwert.

3. Besonderheiten bei der Kennzahlenbildung. Unterschiede in der Kennzahlenbildung im Vergleich zur Einzelabschlußanalyse ergeben sich bei einzelnen aus Erfolgs- und Bestandsgrößen gebildeten kombinierten Kennzahlen, bei denen im Nenner das Gezeichnete Kapital steht (z. B. Jahresergebnis/Gezeichnetes Kapital), und bei der Kapitalstrukturkennzahl Eigenkapital/Gezeichnetes Kapital (Bilanzkurs).

Da im Konzernergebnis der Erfolgsanteil der Minderheiten noch enthalten ist, das Gezeichnete Kapital aber lediglich den Kapitalanteil der Anteilseigner der Obergesellschaft repräsentiert, sind diese kombinierten Verhältniszahlen kaum sinnvoll zu interpretieren. Um eine gemeinsame Wertbasis zu erhalten, sollten alle mit dem Gezeichneten Kapital ins Verhältnis gesetzten Erfolgsgrößen um den Ergebnisanteil der Minderheiten bereinigt werden. Diese Korrektur wird dann ungenau, wenn z. B. für die Ermittlung des Ord. Betrieblichen Ergebnis/Gezeichnetes Kapital bzw. Ord. Ergebnis/Gezeichnetes Kapital davon auszugehen ist, daß die Ergebnisanteile der Minderheiten auch betriebsfremde bzw. außerordentliche Bestandteile enthalten. Auch für die Ermittlung des → *Gewinns je Aktie* eines Mutterunternehmens, für die ausschließlich die Konzernabschlußdaten verwendet werden, sind die Gewinn- bzw. Verlustanteile der Minderheiten aus dem Konzernjahresüberschuß zu eliminieren (z. B. → *Ergebnis nach DVFA/SG*). Besondere Probleme ergeben sich bei der in der Analysepraxis häufig verwendeten Kennzahl → *Cash-Flow je Aktie*. Hier ist zusätzlich der Minderheitenanteil an den nicht zahlungswirksamen → *Abschreibungen* und Rückstellungen zu bestimmen (→ *Cash-Flow*).

Für die Berechnung der Kennzahl Eigenkapital/Gezeichnetes Kapital, die über einen Vergleich mit dem Börsenkurs Aussagen über die Bewertung des Unternehmens durch den Markt erlaubt, sollten die Minderheitenanteile ebenfalls aus dem Konzerneigenkapital herausgerechnet werden, da sich sowohl das Gezeichnete Kapital als auch der Börsenkurs auf den Kapitalanteil der Anteilseigner der Obergesellschaft beziehen.

Durch die Bildung zusätzlicher Kennzahlen können aus den Konzernabschlußzahlen auch Aussagen über die Minderheiten im Konzern gewonnen werden. So zeigt die Verhältniszahl Minderheitenanteil/Konzerneigenkapital die relative Bedeutung der Minderheitengesellschafter und die Relation aus Ergebnisanteil anderer Gesellschafter/Minderheitenanteile die Verzinsung des von den ihnen bereitgestellten Kapitals.

Die gemeinsame Auswertung des Einzel- und Konzernabschlusses erlaubt auch die Bildung von kombinierten Kennzahlen. Mit ihnen können differenziertere Aussagen über die Konzernstruktur getroffen werden. So verdeutlicht z. B. näherungsweise die Kennzahl Konzernumsatz/Umsatz des Mutterunternehmens, in welchem Umfang die Tochtergesellschaften an den Konzernaktivitäten beteiligt sind. Auch andere kombinierte Verhältniszahlen wie z. B. Cash-Flow des Konzerns/Cash-Flow des Mutterunternehmens bzw. Konzernergebnis/Jahresergebnis des Mutterunternehmens liefern zusätzliche Informationen über die Zusammensetzung der Finanz- und Ertragslage im Konzerns und können daher für die Konzernbeteiligten von Nutzen sein.

Lit.: Krumnow, J.: Bilanzanalyse auf der Basis der neuen Rechnungslegungsvorschriften, in: ZfbF 1985, S. 803–810; *Müller, H.:* Konzernabschluß nach neuem Bilanzrecht aus der Sicht des Analysten, in: Die Bank 1988, S. 35–39; *Reuter, E.:* Analyse von Weltabschlüssen nach Bilanzrichtlinien-Gesetz, in: ZfB 1988, S. 285–303; *Pellens, B.:* Der Informationswert von Konzernabschlüssen, 1989; *Küting, K./Weber, C. P./Zündorf, H.:* Praxis der Konzernbilanzanalyse, 1990; *Pellens, B.:* Die Spaltung von Konzernabschlüssen als Anlegerschutzinstrument im Konzern, in: ZfbF 1991, S. 490–509; *Busse von Colbe, W./Ordelheide, D.:* Konzernabschlüsse, 6. Aufl., 1993, S. 563–574; *Küting, K./Weber, C. P.:* Die Bilanzanalyse, 2. Aufl., 1994, S. 463–489; *Busse von Colbe, W. et al. (Hrsg.):* Ergebnis nach DVFA/SG, 2. Aufl., 1996.

Prof. Dr. Bernhard Pellens, Bochum.

Konzernabschlußprüfung

→ *Prüfung des Konzernabschlusses.*

Konzernabschlußstichtag

Der → *Konzernabschluß* ist gem. § 299 HGB grundsätzlich auf den Abschlußstichtag des Mutterunternehmens aufzustellen. Alternativ kann aber auch der Abschlußstichtag der bedeutendsten oder der Mehrzahl der einbezogenen Unternehmen gewählt werden, was dann im Anhang anzugeben und zu begründen ist. Grundsätzlich sollen die Abschlußstichtage der konsolidierten Unternehmen mit dem K. übereinstimmen. Ein → *Zwischenabschluß* bei einem vom K. abweichenden Geschäftsjahr ist gem. § 299 Abs. 2 HGB nur dann erforderlich, wenn der Abschlußstichtag des einbezogenen Unternehmens mehr als *drei Monate* vom K. abweicht.

Konzernanhang

→ *Konzernabschluß.*

Konzernanschaffungskosten

Bewertungsobergrenze für fremdbezogene Vermögensgegenstände im → *Konzernabschluß.* Die K. werden wie die → *Anschaffungskosten* im Einzelabschluß unter der → *Fiktion der rechtlichen Einheit* aller Konzernunternehmen ermittelt (→ *Anschaffungskosten*).

Lit.: Busse von Colbe, W./Ordelheide, D.: Konzernabschlüsse, 6. Aufl., 1993, S. 351 f.

Konzernbilanz

→ *Konzernabschluß.*

Konzernbuchführung

1. Begriff. Eine K. kann *definiert* werden als die Summe der organisatorischen Maßnahmen in den betrieblichen Teilgebieten des Rechnungswesens, die notwendig sind, damit der Abschluß der wirtschaftlichen Einheit Konzern seine Informations- und Entscheidungsfunktionen erfüllen kann. Die Notwendigkeit einer K. resultiert vor allem daraus, daß nach der Umsetzung der 7. EG-Richtlinie in nationales Recht regelmäßig eine Pflicht zur Erstellung eines Konzernabschlusses besteht und erheblich höhere quantitative und qualitative Anforderungen an eine K. zu stellen sind als auf der Grundlage des AktG 1965.

2. Konzernbuchführung als Derivat. Obwohl eine *originäre K.*, die den Konzernabschluß ausgehend von einer Konzerneröffnungsbilanz auf der Basis originärer Konzerngeschäftsvorfälle und -abschlußbuchungen direkt entwickelt, (einheits-)theoretisch konsequent ist, wird in der Praxis die K. ausschließlich als *derivative K.* geführt. Eine derivative K. leitet die HB I durch derivative Konzerngeschäftsvorfälle in den Konzernabschluß über. Derivative Konzerngeschäftsvorfälle stellen durch den Wechsel im rechtlichen Bezugsrahmen bedingte Modifikationen der Geschäftsvorfälle auf Ebene des Einzelunternehmens dar und besitzen demzufolge vorwiegend *Korrekturcharakter.* Die Modifikationen setzen sowohl an den laufenden (Einzel-)Geschäftsvorfällen (z.B. Eliminierung einer konzerninternen Kreditvergabe) als auch an den (Einzel-) Abschlußbuchungen (z.B. Umbewertungen in der HB II) der einbezogenen Unternehmen an. Da eine derivative K. alle Vorgänge und Rechenwerke umfaßt, die dazu dienen, aus den Einzelabschlüssen den Konzernabschluß herzuleiten, sind einer K. sowohl die *konsolidierungsvorbereitenden Maßnahmen* zur HB II-Erstellung als auch die auf die Aufrechnung der Größen aus innerkonzernlichen Verbindungen zu beziehende *Konsolidierung i.e.S.* zuzurechnen.

Insbesondere die Differenzen, die aus der Anpassung an die konzerneinheitlichen Bilanzierungs- und Bewertungsmethoden, der erfolgswirksamen Kapitalkonsolidierung, der Schuldenkonsolidierung und der Eliminierung von Zwischenergebnissen resultieren, erfordern umfangreiche Nebenrechnungen. Daher ist eine Vielzahl von Unterlagen und Aufzeichnungen zu erstellen, in denen die Wertansätze über die Rechnungslegungsperioden hinweg fortzuschreiben sind.

Der Gesetzgeber bezieht den Begriff Buchführung auf den Jahresabschluß eines Einzelunternehmens. Dies folgt mittelbar aus §317 Abs. 1 Satz 1 HGB, der bestimmt, daß in die Prüfung des Jahresabschlusses die (Einzel-)Buchführung einzubeziehen ist. Eine Prüfungspflicht für die K. kann daraus nicht abgeleitet werden, da erst in Satz 2 der Gegenstand der Prüfung um den → *Konzernabschluß* erweitert wird. Gleichwohl besteht eine Verpflichtung zur K., da ohne einen entsprechenden Nachweis des Zusammenhangs von Einzel- und Konzernabschluß einer sachgerechten Konzernabschlußprüfung jede Grundlage entzogen wird.

3. Organisation. Zentrale Bestandteile einer K. sind vor allem die organisatorischen Regelungen zu ihrer Durchführung und die technische Durchführung selbst. Der Rahmen für die praktische Ausgestaltung einer K. wird durch die → *Grundsätze ordnungsmäßiger K.* bestimmt. Aufgabe der Konsolidierungsstelle ist es, die *organisatorischen Regelungen*, die der Erstellung des Konzernabschlusses dienen, vorzubereiten, zumindest die Konsolidierung i.e.S. durchzuführen und zu kontrollieren. Insbesondere dann, wenn eine Vielzahl von Unternehmen zu konsolidieren ist, bietet es sich an, möglichst viele Vorarbeiten auf Ebene der Tochterunternehmen zu verlagern, um die zentrale Konsolidierungsstelle zu entlasten. Der Kommunikationsprozeß im Konzern ist durch klare Anweisungen und Berichterstattungssysteme zu regeln. Grundsätzlich ist es notwendig, den Informationsfluß zwischen der Konzernzentrale und den zu konsolidierenden Unternehmen über Grund- und Einzelanweisungen zu koordinieren. Dabei beziehen sich Grundanweisungen auf die regelmäßige Berichterstattung mit Dauercharakter und Einzelanweisungen auf spezielle fallweise Anweisungen. Informationsmedium aller schriftlich fixierten Anweisungen ist die *interne Konzernrichtlinie.* Diese dient der zentralen Konsolidierungsstelle und vor allem den ausgelagerten Bereichen einer K. als Richtschnur und konkrete Arbeitsanleitung für die Abschlußerstellung und beinhaltet im wesentlichen die folgenden Bestandteile: Beteiligungsverzeichnis, Terminplan, personelle Zuständigkeiten und Verantwortlichkeiten, Richtlinie zur Durchführung der konsolidierungsvorbereitenden Maßnahmen, Konsolidierungsrichtlinie, Inventurrichtlinie, Besonderheiten bei der Erstellung von Zwischenberichten sowie ein Formularwesen. Für die *technische Durchführung* einer K. kommt als → *Buchführungstechnik* neben Individual-Konsolidierungssoftware vor allem sog. Standard-Konsolidierungssoftware zum Einsatz.

Lit.: KPMG Treuverkehr AG (Hrsg.): Handbuch zum Konzernabschluß der GmbH, 1990; *Kapl, H.* (Hrsg.): Konsolidierungsleitfaden, 1992; *Ruhnke, K.*: Konzernbuchführung, 1995.

Dr. Klaus Ruhnke, Duisburg.

Konzern-Controlling

1. Begriff, Aufgaben und Funktionen des Konzern-Controlling

Dem allgemeinen ökonomischen Verständnis eines → *Konzerns* folgend, umfaßt Konzern-Controlling die Summe aller Controllingaufgaben, die in einem meist diversifizierten und international tätigen Großunternehmen zur Führungsunterstützung zu leisten sind. In Anknüpfung an die gesellschaftsrechtliche Definition des Konzerns (§ 18 AktG) als Zusammenfassung rechtlich selbständiger Unternehmen unter einheitlicher Leitung bezeichnet Konzern-Controlling die zentral oder dezentral wahrgenommenen Aufgaben des → *Controlling* in einem Unternehmensverbund, in dem die Entscheidungsautonomie einzelner Konzernunternehmen zugunsten der einheitlichen Konzernleitung faktisch oder vertraglich eingeschränkt ist. Grundlage der Einflußnahme ist das Bestehen von Beteiligungsverhältnissen der Konzernobergesellschaft an den Tochterunternehmen.

Gegenstand des *Beteiligungs-Controlling* als Teilbereich des Konzern-Controlling sind → *Beteiligungen* an rechtlich selbständigen Kapitalgesellschaften. Unter Beteiligungs-Controlling kann zum einen das auf die einzelne Beteiligung bezogene operative Controlling verstanden werden, wie es auch innerhalb des rechtlich ungegliederten Einheitsunternehmens in Form des Sparten- oder Divisions-Controlling besteht. Demgegenüber ist es die Aufgabe des Beteiligungs-Controlling im strategischen und koordinativen Sinne, die Gesamtheit der zu einem Konzern gehörenden Beteiligungen in ihren Leistungsprogrammen und den leistungswirtschaftlichen Verflechtungen so aufeinander abzustimmen, daß positive Verbundeffekte erreicht werden. Wird das Konzern-Controlling bereits im Vorfeld einer Unternehmensakquisition mit der strategischen sowie finanziellen Analyse einer Beteiligung beauftragt, so lassen sich solche Aufgaben eines (Vor-)*Akquisitions-Controlling* ebenfalls dem – weit gefaßten – Begriff des Beteiligungs-Controlling zurechnen. Das in der Vor-Akquisitions-Phase erlangte Wissen prädestiniert das Controlling im Anschluß an einen Beteiligungserwerb auch dafür, die Entwicklung des Beteiligungsobjektes mit seinen ergebniswirksamen Konsequenzen zu verfolgen, diese mit den beim Erwerb geplanten Zielsetzungen zu vergleichen, bei Abweichungen Gegensteuerungsmaßnahmen einzuleiten und bei mißlungener Integration auch die Möglichkeit einer → *Desinvestition* zu analysieren.

Die Gesamtaufgabe des Konzern- und Beteiligungs-Controlling kann durch die Teil-Funktionen des Controlling mit *Informationsversorgung, Planung und Kontrolle* näher gekennzeichnet werden. Als Grundlage des Informationssystems dient dabei das → *Konzernrechnungswesen*, das um ein konzernweites Berichtssystem und u. U. ein computergestütztes Führungs-Informationssystem in Hinblick auf die Bereitstellung von Informationen für das Management (i. S. eines Management Accounting) zu ergänzen bzw. zu modifizieren ist. Planungsaufgaben des Controlling werden im operativen und strategischen Konzern-Controlling mit unterschiedlichem Zeithorizont und Detaillierungsgrad erfüllt. Das Konzern-Controlling hat aufgrund der Eigentümerstellung der Konzernobergesellschaft gegenüber den einzelnen Konzernunternehmen auch Überwachungsfunktionen wahrzunehmen, deren Gegenstand vor allem die Erfolgsentwicklung und Rentabilität des jeweils in den Konzernunternehmen eingesetzten Kapitals ist.

2. Strategisches und operatives Konzern-Controlling

Die Unterscheidung der Controlling-Aufgaben in solche mit vorwiegend operativem bzw. strategischem Charakter kann auch auf das Konzern-Controlling übertragen werden.

a) Strategisches Konzern-Controlling. Das hier für zweckmäßig gehaltene Aufgabenverständnis eines strategischen *Konzern-Controlling* umfaßt die Mitwirkung bei der strategischen Konzernplanung, die notwendige Operationalisierung der strategischen Planung, die Koordination der strategischen Ziele für den Gesamtkonzern mit den davon abgeleiteten (Teil-)Zielen der einzelnen Konzernunternehmen und schließlich das Zusammenführen der strategischen und der operativen Gesamtkonzern- und Konzernunternehmensplanung.

Für das Konzern-Controlling ergeben sich periodisch wiederkehrende Aufgaben im Zusammenhang mit der Zuteilung finanzieller Mittel. Im Rahmen des *Investitions*-Controlling geht es darum, das Investitionsbudget des Gesamtkonzerns so auf die einzelnen Konzernunternehmen aufzuteilen, daß die Konzernziele in strategischer und finanzieller Hinsicht bestmöglich erreicht werden.

Als Instrumente des strategischen Konzern-Controlling sind in der Vergangenheit vor allem verschiedene Varianten von Portfolio-Matrizen vorgeschlagen worden. Durch den verstärkt in den Vordergrund getretenen Gedanken des → *Share Holder Value-Konzepts* wurde der Blick stärker auf wertorientierte Planungsinstrumente gelenkt. Bei diesen handelt es sich um Konzepte und Methoden, die auf → *Cash-Flow*-Basis periodenübergreifend eine Wertbestimmung von Unternehmen, strategischen Geschäftseinheiten usw. beabsichtigen, wie sie bereits seit langem in der Unternehmensbewertung (→ *Ertragswert*) verwendet werden. Der Einsatz von unternehmenswert-basierten Instrumenten für Zwecke der strategischen Planung bzw. des Controlling ist Kennzeichen des *wert-orientierten* Controlling, das in enger Verbindung zum Shareholder Value-Ansatz und der dafür als instrumentelle Unterstützung angebotenen Wertsteigerungsanalyse steht (→ *Cash-Flow Return on Investment*, → *Economic Value Added*, → *Projektstandsrechnung*).

b) Operatives Konzern-Controlling. Operatives Konzern-Controlling hat sowohl auf die einzelnen Konzernunternehmen bezogene (partikulare) als auch koordinierende Funktionen im Bereich der Informationsversorgung, Planung und Kontrolle zu erfüllen. Bei dem heute üblichen Vorgehen im Wege des *Gegenstromverfahrens* stellen die einzelnen Konzernunternehmen Unternehmenspläne auf, die vom zentralen Konzern-Controlling einer Analyse und Plausibilitätsprüfung unterzogen werden.

Die nach Monaten oder Quartalen untergliederten Planungsgrößen (Budgets) bilden den Referenzmaßstab für die tatsächliche Entwicklung in den einzelnen Konzernunternehmen. Der vom zentralen Konzern-Controlling vorgenommene *Soll-Ist-Vergleich* dient vor allem dem Erkennen der Ursachen für Abweichungen (→ *Abweichungs-Analyse*). Die weitere Verwertung der erkannten Abweichungen und ihrer Ursachen wird einmal in entsprechenden Korrekturen der prognostizierten Zielgrößen (forecast) erfolgen. Das zentrale Konzern-Controlling wird im Sinne einer internen Unternehmensberatung der einzelnen Konzern-Unternehmung gegebenenfalls auch Hilfestellungen dafür anbieten, daß mit der Einleitung von Korrekturmaßnahmen die ursprünglichen Ziele weiter verfolgt werden können.

Als Steuerungsgrößen für das operative Konzern-Controlling sind in der Vergangenheit vor allem → *Kennzahlen* (ROI) verwendet worden. Hierzu lassen sich in einem weiten Begriffsverständnis auch Zielgrößen rechnen, in denen Mindestverzinsungen auf das jeweils eingesetzte (betriebsnotwendige) Kapital in Form des sog. Residual Income (RI) berücksichtigt werden (→ *Rentabilität*). Im Zuge der fortschreitenden Verbreitung des wertorientierten Controlling erhalten Steuerungsgrößen mit Cash-flow-orientierten und periodenübergreifenden Komponenten zunehmende Bedeutung, die substitutiv oder zumindest ergänzend zu der herkömmlichen gewinnorientierten und statischen Kennzahlenanalyse für eine zielorientierte Steuerung herangezogen werden sollten.

3. Konzern-Controlling in Abhängigkeit von der Konzernstruktur

Die Verteilung von Controllingaufgaben im Konzern, deren inhaltliche Schwerpunkte und organisatorische Zuständigkeiten werden in starkem Maße von der Konzernstruktur geprägt. Diese zeigt sich in der gesellschaftsrechtlichen Struktur des Konzerns als (qualifiziert) faktischer Konzern, Vertragskonzern oder Einheitsunternehmung und in der Führungsorganisation. Von wesentlichem Einfluß sind auch Art und Intensität der leistungswirtschaftlichen Beziehungen (Verflechtungen) zwischen den Konzerneinheiten, wobei als die beiden Extremformen der (vertikale) Integrationskonzern und der breit diversifizierte (Misch-)Konzern unterschieden werden können. Im Sinne eines „structure follows strategy" führt mit zunehmendem Diversifizierungsgrad der organisatorische Weg vom *Stammhauskonzern* zu → *Holding*-Strukturen, insbesondere in Form der *Management-Holding*.

Die engen Liefer- und Leistungsverflechtungen mit der selbst operativ tätigen Konzernobergesellschaft, wie sie in einem Intergrationskonzern mit Stammhausorganisation auftreten können, haben Konsequenzen für die Funktionen des Konzern-Controlling, die sich wesentlich von den Controlling-Funktionen in einem Mischkonzern mit Holding-Organisation unterscheiden. Für die strategische und operative Konzernsteuerung bedeutet dies, daß neben der konzerneinheitlichen bilanziellen Konzernrechnung (→ *Konzernabschluß*) ein gesondertes, inhaltlich und methodisch auf Management Accounting ausgerichtetes Planungs-, Abrechnungs- und Berichterstattungssystem geschaffen werden muß, das auf den Methoden und Verfahren des internen Rechnungswesens (Konzern-Kostenrechnung) aufbaut. Dieses könnte zur Lösung der spezifisch im Integrationskonzern auftretenden Probleme der Bestimmung von (kostenorientierten) → *Verrechnungspreisen* und der Umlage von Kosten der Zentralbereiche auf die einzelnen Konzerneinheiten herangezogen werden.

In der typischen *Management-Holding* konzentriert sich die Konzernleitung auf die strategischen Aspekte, während nur in Ausnahmefällen ein Eingriff in die operative Führung der weitgehend autonomen Konzernunternehmen stattfindet. Ein zentrales Konzern-Controlling mit überwiegend strategischem Aufgabenprofil erweist sich deshalb als unverzichtbares Führungsinstrument der Management-Holding. Die Berichterstattung der Tochtergesellschaften konzentriert sich auf ergenbnisbeeinflussende Wertgrößen, so daß dem Konzernrechnungswesen als Basisinformationssystem eine größere Bedeutung zukommt.

Zusammenfassend läßt sich feststellen, daß angesichts der vielfältigen Formen und Typen, in denen Konzerne heute die wirtschaftliche Realität prägen, sich für das Konzern-Controlling ein breites, aber nicht homogenes Aufgabenspektrum ergibt.

Lit.: Müller, E.: Entscheidungsorientiertes Konzernrechnungswesen, 1980; *Vellmann, U.:* ROI-Kennzahlensysteme im Konzern, in: *Küting/Weber:* HdK, 1989, S. 327–390; *Schröder, E.F.:* Modernes Unternehmens-Controlling, 5. Aufl., 1992; *Scheffler, E.:* Konzernmanagement, 1992; *Gebhardt, G.:* Marktwertorientiertes Beteiligungscontrolling im internationalen Konzern, in: DB 1995, S. 2225–2231; *Hahn, D.:* PuK – Planung und Kontrolle, Planungs- und Kontrollsysteme, Planungs- und Kontrollrechnung, 5. Aufl., 1996.

Professor Dr. Hans Dirrigl, Bochum.

Konzernerfolgsrechnung
→ *Konzernabschluß.*

Konzernergebnis
Das von den im → *Konzernabschluß* einbezogenen Unternehmen insgesamt in einer Abrechnungsperiode erwirtschafte Ergebnis. Das K. wird in der → *Konzern-*

Gewinn- und Verlustrechnung ermittelt und enthält auch die den Minderheitsgesellschaftern zustehenden Ergebnisanteile (→ *Konzernabschluß*).

Konzern- Gewinn- und Verlustrechnung
→ *Konzernabschluß*.

Konzernherstellungskosten
Bewertungsobergrenze für konzernintern hergestellte Vermögensgegenstände im → *Konzernabschluß*. Die K. werden äquivalent den → *Herstellungskosten* im Einzelabschluß unter der → *Fiktion der rechtlichen Einheit* aller Konzernunternehmen ermittelt (→ *Herstellungskosten*).

Lit.: Busse von Colbe, W./Ordelheide, D.: Konzernabschlüsse, 6. Aufl., 1993, S. 351 f.

Konzernkapitalflußrechnung
1. Aufgaben und Bestandteile. In Deutschland gehört eine K. (noch) nicht zum Pflichtbestandteil des → *Konzernabschlusses*, obgleich er – analog zum → *Jahresabschluß* – gemäß § 297 Abs. 2 HGB ein den tatsächlichen Verhältnissen entsprechendes Bild nicht nur der Vermögens- und Ertrags-, sondern auch der *Finanzlage* des Konzerns vermitteln soll. Demgegenüber verlangt z. B. das → *IASC* im „Framework" (Tz. 12), daß die „financial statements" auch über „changes in financial position" informieren sollen. Es hat dafür mit dem 1992 revidierten IAS 7 „*Cash-Flow Statements*" ein Schema geschaffen, an das sich das → *IdW* mit der Stellungnahme HFA 1/1995 „Die Kapitalflußrechnung als Ergänzung des Jahres- und Konzernabschlusses" weitgehend angelehnt hat. Seitdem veröffentlicht eine wachsende Zahl vor allem größerer börsennotierter Muttergesellschaften deutscher Konzerne eine entsprechende K. freiwillig als Teil des Konzernabschlusses im Konzernanhang.

Die auf einen *Fonds liquider Mittel* basierende K. stellt Zahlungsströme zwischen den konsolidierten Unternehmen und Dritten dar. Sie gibt damit darüber Auskunft, wie der Konzern finanzielle Mittel erwirtschaftet hat und welche Investitions- und externen Finanzierungsmaßnahmen vorgenommen wurden. Die K. beruht wie der Konzernabschluß auf der *Fiktion der rechtlichen Einheit des Konzerns*. Zahlungsströme zwischen konsolidierten Unternehmen werden in ihr nicht ausgewiesen. Die K. soll in nachprüfbarer Weise aus dem Rechnungswesen abgeleitet werden.

Die K. soll dem internen und externen Adressaten eine Beurteilung erlauben, in welchem Maße der Konzern als wirtschaftliche Einheit die Fähigkeit besitzt,
- aus laufenden Operationen Einzahlungsüberschüsse zu erzielen,
- Auszahlungen für Investitionen unter Berücksichtigung von Einzahlungen aus Desinvestitionen zu leisten,
- Dividenden zu zahlen sowie
- Fremdkapital zu tilgen und einen restlichen Finanzierungsbedarf von außen durch Aufnahme von Eigen- und Fremdkapital zu decken.

Die Darstellung dieser Zahlungsströme für eine vergangene Berichtsperiode soll als Hilfsmittel für die Abschätzung der Zahlungsströme in künftigen Perioden dienen.

Eine K. nach IAS 7 bzw. HFA 1/1995 weist einen aus der Bilanz übernommenen Fonds liquider Mittel sowie in einen dreiteiligen ausführlichen *Investitions- und Finanzierungsnachweis* die Geldzu- und -abflüsse aus
- laufender Geschäftstätigkeit,
- Investitionstätigkeit und
- externer Finanzierungstätigkeit

nach (Abb. 2 in → *Cash-Flow je Aktie*).

2. Besonderheiten. Eine K. ist zwar grundsätzlich so aufgebaut wie für eine einzelne Gesellschaft; es treten jedoch bei ihrer Entwicklung einige spezifische Probleme auf:

- Für Konzerne mit *Tochtergesellschaften im Ausland* ergeben sich infolge von Wechselkursänderungen bei der Umrechnung von Beständen zum Kurs am Bilanzstichtag Wertänderungen nicht nur an deren Fondsbeständen, sondern je nach Aufstellungsmethode für die K. auch Umrechnungsdifferenzen bei der Darstellung der Zahlungsströme, die keine Zahlungen sind und daher eliminiert werden müssen.

- Falls *Verfügungsbeschränkungen* über die liquiden Mittel insbesondere ausländischer konsolidierter Tochtergesellschaften bestehen, ergibt sich die Frage, ob die Zahlungsströme überhaupt in die K. aufgenommen oder gesondert ausgewiesen werden sollten.
- Bei *Änderungen des Konsolidierungskreises* sind in der K. nur die Zahlungen für die Akquisition bzw. für die Abgabe von Konzernunternehmen, nicht aber der Zu- und Abgang von deren Vermögen und Schulden auszuweisen. Damit weicht der Investitionsbegriff der K. von dem des → *Anlagespiegels* des Konzerns ab.
- Bei quotal konsolidierten → *Gemeinschaftsunternehmen* ist deren Einbeziehung in die K. problematisch, wenn sie Art und Umfang der Erwirtschaftung liquider Mittel durch den Konzern und deren disponiblen Bestand erkennen lassen soll, die Konzernleitung aber über die liquiden Mittel von Gemeinschaftsunternehmen nicht verfügen kann.
- Die Anwendung der → *Equity-Bewertung* auf Beteiligungen an assoziierten Unternehmen führt dazu, daß Ertrags- und Zahlungswirksamkeit anteiliger Ergebnisse in verschiedene Perioden fallen, was für die K. berücksichtigt werden muß.
- *Finanzierungs- und Investitionsmaßnahmen* ohne Zahlungen, wie z.B. bei Sacheinlagen in Form von zu konsolidierenden Beteiligungen gegen Ausgabe neuer Anteile oder der Umwandlung von Fremd- in Eigenkapital z.B. durch Ausübung des Wandlungsrechts von Inhabern von Wandelobligationen, dürfen sich in einer reinen Zahlungsstromrechnung nicht niederschlagen; man kann sie aber durch Zusatzangaben zur K. kenntlich machen.

Lit.: Bieg, H.: Prüfung der Kapitalfluß rechnung, Konzernabschluß, in: HWRev., 2. Aufl., 1992, Sp. 955–969; *Pfuhl, J.:* Die Konzernkapitalflußrechnung, in: DStR 1992, S. 46–54; *Bieg, H./Regnery, P.:* Bemerkungen zur Grundkonzeption einer aussagefähigen Konzern-Kapitalflußrechnung, in: BB 1993, Beilage 6; *Gebhardt, G.:* Probleme der Aufstellung von Cash-Flow Statements für internationale Konzerne, in: Ballwieser, W. (Hrsg.): Bilanzrecht und Kapitalmarkt, FS Moxter, 1994, S. 551–572; *Mansch, H./v. Wysocki, K. (Hrsg.):* Finanzierungsrechnung im Konzern, ZfbF-Sonderheft 37, 1996; Stahn, F.: Zum praktischen Entwicklungsstand der Konzern-Kapitalflußrechnung in Deutschland, in: Wpg 1996, S. 649–657.

Prof. Dr. Dr. h. c. mult. Walther Busse von Colbe, Bochum.

Konzernlagebericht

Gem. § 315 HGB von → *Mutterunternehmen* in Analogie zum → *Lagebericht* (§ 289 HGB) aufzustellender Bericht, in dem zumindest der Geschäftsverlauf und die Lage des Konzerns darzustellen sind.

Lit.: Busse von Colbe, W./Ordelheide, D.: Konzernabschlüsse, 6. Aufl., 1993, S. 535–540.

Konzernprüfungsbericht

→ *Prüfungsbericht.*
→ *Prüfung des Konzernabschlusses.*

Konzernrevision

→ *Revision, interne.*

Konzernunternehmen

Bezeichnung aus dem Konzernrecht für ein rechtlich selbständiges Unternehmen, das unter → *einheitlicher Leitung* einer anderen Gesellschaft steht (§ 18 Abs. 1 AktG). K. sind auch Tochterunternehmen i.S.v. § 290 HGB und daher grundsätzlich in den → *Konzernabschluß* einzubeziehen.

Konzernvermutung

→ *Konzern.*

Körperschaftsteuer

Steuer auf den Ertrag von juristischen Personen. Als Bemessungsgrundlage ist das zu versteuernde Einkommen der K. zu unterwerfen, wobei hier insbesondere die einkommensteuerrechtlichen Vorschriften (§ 8 Abs. 1 KStG) und die speziellen Regelungen des KStG zu beachten sind (so z. B. die §§ 8 Abs. 3, 9, 10 KStG). Die K. wird auf der Grundlage eines proportionalen Tarifs erhoben. Hierbei wird zunächst die Tarifbelastung i. H. v. 45 % ermittelt (vgl. § 23 Abs. 1 KStG). Für ausgeschüttete Gewinne ist die Ausschüttungsbelastung von 30 % (§ 27 Abs. 1 KStG) herzustellen. Im Rahmen des körperschaftsteuerlichen Anrechnungsverfahrens wird – zur Vermeidung der steuerlichen Doppelbelastung – dem Gesellschafter ein vollständiger Anrechnungs- bzw. Erstattungsanspruch der bereits von der ausschüttenden Gesellschaft gezahlten K. gewährleistet.

Korrekturverfahren
Pauschale Verfahren zur Berücksichtigung der → *Ungewißheit* bei (Investitions-) Entscheidungen, wobei die erwarteten Inputgrößen (Kalkulationszinsfuß, Zahlungen oder Nutzungsdauer) durch Risikozu- und/oder Risikoabschläge korrigiert werden; aus den korrigierten Größen (→ *Sicherheitsäquivalenten)* wird dann eine einwertige Zielgröße (z. B. → *Kapitalwert*) ermittelt.

Korrelation
→ *Korrelationskoeffizient.*

Korrelationskoeffizient
Maßgröße zur Bestimmung der Stärke des Zusammenhanges zweier Meßreihen X und Y, die in einem sachlogischen Zusammenhang stehen. Im allgemeinen wird der *Pearsonsche K.* berechnet als:

$$r_{xy} = \frac{\sum_{i=1}^{n} (x_i - \bar{x})\ (y_i - \bar{y})}{\sqrt{\sum_{i=1}^{n} (x_i - \bar{x})^2\ \sum_{i=1}^{n} (y_i - \bar{y})^2}}$$

Bei $r_{xy} = +1$ spricht man von *vollständig positiver Korrelation*, was einem vollständigen und gleichsinnigen Zusammenhang beider Meßreihen gleichkommt. Bei $r_{xy} = -1$ liegt eine *vollständige negative Korrelation* vor, bei einem Wert von 0 sind die Variablen *unkorreliert*. Der K. wird z. B. in der → *Portfolio-Selection* Theorie als Meßgröße für den Renditezusammenhang zweier Wertpapiere verwendet.

Lit.: Hartung, J./Elpelt, B./Klösener, K. H.: Statistik, 10. Aufl., 1995, S. 72–83.

Kosiol, Erich
1899–1990; Professor in Nürnberg und Berlin; arbeitete hauptsächlich auf den Gebieten der Organisation und des Rechnungswesens. K. entwickelte die → *pagatorische Bilanzauffassung. Hauptwerke:* Theorie der Lohnstruktur, 1928; Betriebsbuchhaltung und Kontenrahmen, 1940; Anlagenrechnung und Abschreibungen, 1942; Bilanzreform und Einheitsbilanz, 1944; Mitherausgeber des Handwörterbuch des Rechnungswesen.

Lit.: Grochla, E. (Hrsg.): Organisation und Rechnungswesen, FS für Erich Kosiol, 1964; *Wild, J.* (Hrsg.): Unternehmungsführung, FS für Erich Kosiol, 1974; *Schmidt, R. B.:* Erich Kosiol zum 85. Geburtstag, in: ZfbF 1984, S. 111–113.

Kosten
→ *Kosten und Leistung.*

Kosten, fixe und variable
1. Grundlagen. Die Unterscheidung in *f. und v. K.* (fixed and variable costs) ist *eine* Möglichkeit, Kosten zu unterteilen. Die Einteilung in f. und v. K. richtet sich nach der Abhängigkeit der Kosten von bestimmten *Kosteneinflußgrößen* (→ *Einflußgrößenrechnung*) bzw. Entscheidungen. Hierbei wird die Entwicklung der Kosten bei Veränderungen des Niveaus der Einflußgröße bzw. als Folge von Entscheidungen untersucht. Die Unterscheidung zwischen → *Einzel- und Gemeinkosten* untersucht demgegenüber die Möglichkeiten der Kostenverrechnung auf bestimmte → *Kostenträger*. F. K. sind in ihrer Höhe unabhängig, v. K. abhängig vom Niveau der *Kosteneinflußgröße* (Entscheidung). Um Mißverständnisse zu vermeiden, ist es wichtig anzugeben, welche Kosteneinflußgröße gemeint ist, wenn von f. bzw. v. K. gesprochen wird. Ohne nähere Kennzeichnung ist im allgemeinen die Kosteneinflußgröße *Beschäftigung* gemeint. Unter Beschäftigung ist die Ausnutzung bzw. der Ausnutzungsgrad der *Kapazität* eines Unternehmens zu verstehen. Ein Rückgang der Beschäftigung führt mithin zu einer sinkenden Lei-

Kosten, fixe und variable

stungsmenge, eine steigende Beschäftigung ist einer vermehrten Leistungsmenge äquivalent. Als Beispiel für weitere Kosteneinflußgrößen kann die Auftragsgröße, die *Bestellmenge*, die Intensität oder die Einsatzzeit von Anlagen angeführt werden. Im Rahmen der Bestellmengen- sowie *Losgrößen*planung ist im allgemeinen die Gesamtbedarfsmenge im Planungszeitraum vorgegeben. Das Entscheidungsproblem besteht darin, diese Menge so auf innerbetriebliche Lose (Bestellmengen) aufzuteilen, daß die Summe der *Lagerkosten* und der *Umrüstungskosten* minimiert wird. *Umrüstungskosten* (Bestellfixe Kosten) fallen dabei mit jeder Umrüstung (Bestellung) unabhängig von der Auftragsgröße an, sie sind also in bezug auf die Losgröße (Bestellmenge) fix. In bezug auf die Auflagenhäufigkeit sind sie jedoch variabel, d.h., die Umrüstungskosten im Planungszeitraum wachsen mit der Anzahl der Lose. Intensitätsmäßige und zeitliche Anpassung bezeichnen die genaue Abhängigkeit beschäftigungsabhängiger Kosten – variabler Kosten – von der Art der Entscheidung, mit der das Beschäftigungsniveau verändert wird (Anpassungsprozesse). Für die weitere Darstellung wird von der Kosteneinflußgröße Beschäftigung ausgegangen.

2. *Variable Kosten*. Die Änderung der Beschäftigung führt zu unterschiedlich hohen v.K. im Betrachtungszeitraum. Da ein direkter Zusammenhang zwischen der Leistungsmenge und den v.K. besteht, werden diese auch als *Leistungskosten* bezeichnet. Beispiele für v.K. können Material- und Energieverbrauch sein. Allerdings hängt es von der jeweiligen Entscheidungssituation ab, ob bestimmte Kostenarten fix oder variabel sind. Besteht das Entscheidungsproblem z.B. darin, eine gegebene Gesamtproduktionsmenge auf funktionsgleiche Maschinen aufzuteilen, deren Materialverbrauch pro Leistungseinheit gleich ist, sind die *Materialkosten* fix. Ist die Produktionsmenge hingegen variabel oder der Verbrauch pro Leistungseinheit an den Aggregaten unterschiedlich, ist diese *Kostenart* zu den v.K. zu rechnen. Je nach dem Verhältnis zwischen Beschäftigungsänderung und Kosten lassen sich die v.K. in *proportionale, progressive, degressive und regressive* Kosten untergliedern. *Proportionale Kosten* variieren im gleichen Verhältnis wie die Beschäftigung, d.h., ein Anstieg (Rückgang) der Leistung um 15% führt zu einer Erhöhung (Verringerung) der v.K. um 15%. Da dies in der Praxis häufig der Regelfall ist, werden proportionale Kosten oftmals mit den v.K. gleichgesetzt. Exakter ist allerdings die Bezeichnung *linear-variable Kosten*. *Degressive Kosten* steigen unterproportional, progressive überproportional zur Beschäftigung. *Regressive* Kosten verlaufen entgegengesetzt zur Beschäftigung. Letztere treten in der Praxis aber kaum auf.

3. *Fixe Kosten*. F.K. sind in ihrer Höhe unabhängig von Änderungen der Beschäftigung, bzw. sie können durch die jeweilige Entscheidung nicht verändert werden. Sie entstehen z.B. durch den Aufbau einer Kapazität oder Betriebsbereitschaft und ändern sich selbst dann nicht, wenn die Beschäftigung auf null absinkt, die Betriebsbereitschaft aber aufrecht erhalten wird. Aus diesem Grunde werden sie auch *Bereitschaftskosten* genannt. F.K. sind in ihrer Höhe nicht absolut unveränderlich, fix bedeutet lediglich, daß sie sich nicht mit der Beschäftigung ändern. Der Begriff f.K. bezieht sich immer auf einen Zeitraum. Unter Beachtung bestimmter Fristen (Kündigungsfristen für Personal, Bindungsdauer von Mietverträgen) lassen sich auch f.K. abbauen. Durch Entscheidungen über Auf-, Aus- und Abbau (*quantitative Anpassung*) der Kapazität lassen sich f.K. mithin beeinflussen. In diesem Zusammenhang wird dann von *sprungfixen Kosten* gesprochen, da ein Kostensprung bei gegebenem Beschäftigungsniveau auftritt, wenn eine Anpassungsmaßnahme erfolgt. Bei der Unterteilung in f.K./v.K. muß daher neben der Kosteneinflußgröße immer der zeitliche Bezugsrahmen angegeben werden. Z.B. gehört der Meisterlohn bei der quartalsweisen Produktionsprogrammplanung zu den f.K., dies ist bei der langfristigen Fünfjahresplanung nicht zwingend der

Kosten, fixe und variable

Fall, da die Kosten über eine Anpassungsmaßnahme (Entlassung) beeinflußt werden können. Derartige Veränderungen der f. K. sind aber nicht mit der automatischen Veränderung der v. K. in Abhängigkeit von der Beschäftigung zu verwechseln, da jeweils spezifische Entscheidungen – Anpassungsmaßnahmen – erforderlich sind, um die Kosten zu beeinflussen.

4. Relevante Kosten. Oftmals werden die Unterscheidung f./v. K. und die Unterteilung in relevante und irrelevante Kosten gleichgesetzt. Das Unterscheidungsmerkmal zwischen relevanten und irrelevanten Kosten ist rein zielorientiert. Relevant sind Kosten dann, wenn sie die optimale Entscheidung beeinflussen. Dementsprechend zählen alle Kosten, die auf die optimale Entscheidung keinen Einfluß ausüben, zu den irrelevanten Kosten. Bei *Gewinnmaximierung* – entsprechendes gilt für *Kostenminimierung* – üben die f. K. generell keinen Einfluß auf die optimale Entscheidung aus. Für diesen Fall ist die *Gewinnfunktion*

$$G(x) = (a - b \cdot x) \cdot x - k_v \cdot x - K_f$$

mit $(a - b \cdot x)$ als Preis (aus der Preis-Absatz-Funktion eines Monopolisten), x als Ausbringung, v. K. von k_v pro ME und f. K. von K_f zu maximieren. Dies führt über die Ableitung der Gewinnfunktion nach x zur Bestimmungsgleichung $x_{opt} = (a - k_v)/2b$ für die optimale Politik. Die f. K. haben also keinen Einfluß auf die gewinnmaximale Ausbringungsmenge. Bei Gewinnmaximierung stimmen die Begriffe v. und relevante sowie f. und irrelevante K. damit inhaltlich überein. Betrachtet man aber die *Rentabilitätsfunktion*

$$R(x) = \frac{(a - b \cdot x) \cdot x - k_v \cdot x - K_f}{C_f + C_v \cdot x}$$

mit dem fixen Kapitaleinsatz C_f und dem variablen Kapitaleinsatz C_v pro Leistungseinheit x, so treten in der Bestimmungsgleichung für die rentabilitätsmaximale Ausbringungsmenge

$$x_{opt} = -\frac{C_f}{C_v} + \sqrt{\left(\frac{C_f}{C_v}\right)^2 + \frac{C_f \cdot a - C_f \cdot K_v + K_f \cdot C_v}{b \cdot C_v}}$$

die f. K. als entscheidungsrelevante Größe auf (relevant für die Lage des Optimums ist hier neben dem variablen auch der fixe Kapitaleinsatz). Im Gegensatz zur Gewinnmaximierung ist dann die optimale Ausbringungsmenge von den f. K. abhängig. Letztlich bestimmt damit die Art der Zielsetzung, ob Kosten oder auch andere Größen, wie z. B. der Kapitaleinsatz, zu den relevanten oder den nicht relevanten Größen zu zählen sind. Eine generelle Gleichsetzung der beiden Begriffe – variabel und relevant – ist also unzulässig.

Eine besondere Kategorie der für Entscheidungen irrelevanten Kosten stellen die sogenannten „*sunk costs*" (= versunkene, nicht mehr rückgängig zu machende Kosten) dar. Bei ihnen handelt es sich um Kosten, die durch Entscheidungen in der Vergangenheit festgelegt wurden und die durch künftige Entscheidungen nicht mehr zu verändern sind. Beispiele für sunk costs sind *Entwicklungskosten* für Erzeugnisse, sofern die Entwicklung abgeschlossen ist.

5. Proportionalisierung von Fixkosten. In der *Kostenrechnung* wird der Veränderung der Kosten als Folge von Entscheidungen häufig nicht korrekt Rechnung getragen. Kostenrechnungsverfahren, wie z. B. die *Vollkostenrechnung*, proportionalisieren f. bzw. irrelevante K. auf ein vorgegebenes Niveau einer Bezugsgröße (z. B. Planbeschäftigung) und rechnen demzufolge mit *Fixkostenanteilen* pro Erzeugniseinheit. Die Höhe dieser Fixkostenanteile hängt dabei vom Niveau der Bezugsgröße ab, z. B. sinken die Fixkosten je Erzeugniseinheit mit steigendem Niveau der Bezugsgröße (*Beschäftigungsdegression*). Ein entsprechender Effekt tritt auf, wenn Rüstkosten oder bestellfixe Kosten durch steigende Auftragsgrößen dividiert werden (*Auflagendegression*). Derartige Proportionalisierungen von f. K. führen zu einer Fehlprognose der Gesamtkosten, wenn z. B. die Beschäftigung nicht das Niveau erreicht, das für die Proportionalisierung zugrunde gelegt wurde. Als Folge dieser Fehlprognose der Kosten kann es dann zu Fehlentscheidungen kommen. Es ist daher grundsätzlich unzulässig, f. K. über den Umweg einer Proportionalisierung in pseudo-variable Kosten umzudefinieren.

Lit.: Haberstock, L.: Kostenrechnung, Bd. 1, 8. Aufl., 1987 (Nachdruck 1995), S. 38–56; *Hummel, S./ Männel, W.:* Kostenrechnung 1, 4. Aufl., 1986 (Nachdruck 1990), S. 101–123; *Kilger, W.:* Einführung in die Kostenrechnung, 3. Aufl., 1987 (Nachdruck 1992), S. 34–53; *Pfaff, D.:* Kostenrechnung, Unsicherheit und Organisation, 1993.

Professor Dr. Dietrich Adam, Münster.

Kosten, kalkulatorische

1. Begriff und Zwecke

K. ergeben sich aus der Durchführung zweier Erfolgsrechnungen innerhalb des Rechnungswesens, der kalkulatorischen *kurzfristigen → Erfolgsrechnung* und der *→ Gewinn- und Verlustrechnung*. Deren Rechnungsgrößen → *Kosten* und → *Aufwand* stimmen nur in bezug auf den sachzielbezogenen, d. h. für die Erstellung des Produktionsprogramms anfallenden Güterverbrauch überein. Wie aus nachfolgender Abbildung ersichtlich ist, nennt man die Kosten kalkulatorisch, die vom Aufwand derselben Periode abweichen. Mit ihnen werden Güterverbräuche erfaßt, die auf Grund handelsrechtlicher Vorschriften oder bilanzpolitischer Erwägungen in der betrachteten Periode nicht bzw. nicht in der kostenrechnerisch erwünschten Höhe als Aufwand angesetzt werden können. Sie sind darauf gerichtet, die spezifischen Zwecksetzungen der Kostenrechung zu erfüllen.

2. Arten

Die K. lassen sich in Anders- und Zusatzkosten einteilen. *Anderskosten* betreffen Güterverbräuche, die in anderer Weise als der Aufwand auf die Perioden verteilt und/oder in anderer Höhe bewertet werden. Zu ihnen gehören insbesondere *kalkulatorische Abschreibungen, kalkulatorische Wagnisse* und *kalkulatorische Fremdkapitalzinsen. Zusatzkosten* ergeben sich für Güterverbräuche, die überhaupt nicht als Aufwand behandelt werden können. Hierzu zählen vor allem *kalkulatorische Eigenkapitalzinsen, kalkulatorische Mieten* für betrieblich genutzte private Räume und *kalkulatorische (Unternehmer-) Löhne*. Weitere K.-Arten erhält man in allen Fällen, in denen man in der Kostenrechnung andere Beträge für Güterverbräuche als in der Gewinn- und Verlustrechnung ansetzt. Beispielsweise können aus kalkulatorischer Sicht sämtliche Steuern als Kosten behandelt werden, wenn man in der Kostenrechnung den Gewinn nach Steuern als Zielgröße ermitteln will. Dann rechnen hierzu auch die gewinnabhängigen Steuern.

3. Erfassung

a) Abschreibungen. Die kalkulatorischen Abschreibungen können sich in der *Abschreibungssumme*, der angesetzten *Nutzungsdauer* und dem *Abschreibungsverfahren* von den handelsrechtlichen unterscheiden. In der Kostenrechnung verwendet man häufig den *Wiederbeschaffungswert* als Ausgangsbetrag zur Abschreibungsberechnung. Dahinter steht die Zwecksetzung, über die verrechneten Kosten eine laufende Wiederbeschaffung der eingesetzten Güter zu ermöglichen (→ *Substanz- und Kapitalerhaltung*). In diesem Fall übersteigt die Abschreibungssumme in der Regel die Anschaffungskosten. Die *Nutzungsdauer* orientiert man im allgemeinen am tatsächlichen Einsatzzeitraum, ohne steuerrechtliche Normen zu berücksichtigen. Insbesondere verrechnet man kalkulatorische Abschreibungen unabhängig von der bisher erreichten Abschreibungssumme und ggfs. auch dann, wenn diese die Anschaffungskosten erreicht haben. Das *Abschreibungsverfahren* richtet sich allein nach kostenrechnerischen Zwecken. Da keine steuerlichen Grenzwerte zu beachten sind, kann z. B. eine geometrisch-degressive Abschreibung mit relativ hohen Sätzen vorgenommen werden.

b) Wagniskosten. Mit ihnen wird im Unterschied zum Aufwand, der nur aufgrund von Ausgaben für eingetretene Schäden ansetzbar ist, eine gleichmäßige Kostenverteilung auf die Perioden erreicht. Man verrechnet sie für die speziellen Wagnisse, die nicht durch Fremdversicherungen (z. B. für Brand, Betriebsun-

Kosten, kalkulatorische

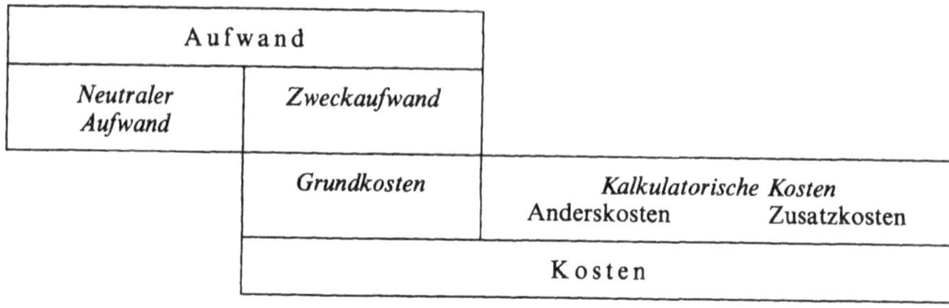

terbrechnung usw.) abgedeckt sind. Hierzu gehören vor allem *Bestandswagnisse* für die Gefahr einer Minderung der Materialvorräte, *Anlagenwagnisse* für eine falsche Abschätzung der Nutzungsdauern, *Mehrkostenwagnisse* für unerwartete zusätzliche Produktionskosten, *Gewährleistungswagnisse* für Garantieleistungen und *Debitorenwagnisse* für Forderungsausfälle.

c) Kalkulatorische Zinsen. Üblicherweise erfaßt man in der Kostenrechnung Zinsen für das gesamte *betriebsnotwendige Kapital*, unabhängig vom Verhältnis zwischen Eigen- und Fremdkapital sowie von der Höhe der Fremdkapitalzinsen. Dahinter steht die Überlegung, daß eingesetztes Eigenkapital bei anderweitiger Verwendung auch eine Verzinsung erbringen müßte und der Kapitaleinsatz im Produktionsprozeß nicht nach Eigen- und Fremdkapital differenziert werden kann. Von dem zur Erfüllung des Sachziels notwendigen Vermögen zieht man das zinslos zur Verfügung stehende Kapital ab. Dieses *Abzugskapital* umfaßt insb. Kundenanzahlungen, Lieferantenkredite und langfristige Rückstellungen. Als Zinssatz (→ *Kalkulationszinsfuß*) verwendet man häufig den landes- oder branchenüblichen Zins bzw. eine gewünschte Mindestverzinsung.

d) Kalkulatorische Mieten. Ihre Höhe richtet sich nach den für vergleichbare Räume zu zahlenden Fremdmieten.

e) Kalkulatorischer Unternehmerlohn. Er orientiert sich an dem Entgelt, das der Gesellschafter für eine gleichartige Tätigkeit außerhalb der Unternehmung erzielen würde.

4. Problematik

Beim Ansatz K. besteht ein großer Freiraum. Dies erscheint günstig im Hinblick auf die Erfüllung der eigenen Kostenrechnungszwecke. Da vielfach keine eindeutigen Kriterien für die Herleitung der jeweiligen Kostenwerte vorliegen, ist die Wahl geeigneter Ansätze oft schwierig. Dies gilt speziell für die Bestimmung der Abschreibungen, des Abzugskapitals und des kalkulatorischen Zinssatzes. In der Praxis übliche Ansätze sind häufig konzeptionell wenig begründet. Genauere Kriterien lassen sich mit *entscheidungstheoretischen Modellen* herleiten, wie sie in modernen → *Kostenrechnungssystemen* entwickelt werden. Dabei wird deutlich, daß die Kostenhöhe von dem betrachteten (Entscheidungs-)Problem, dem zugrunde gelegten Erfolgsziel und den jeweiligen Situationsbedingungen abhängt.

Lit.: Hummel, S./Männel, W.: Kostenrechnung, Bd. 1, 4. Aufl., 1986 (Nachdruck 1990), S. 63–76 und S. 162–185; *Coenenberg, A.G.:* Kostenrechnung und Kostenanalyse, 2. Aufl., 1993, S. 61–67; *Kilger, W./Vikas, K.:* Flexible Plankostenrechnung und Deckungsbeitragsrechnung, 10. Aufl., 1993, S. 410ff.; *Schweitzer, M./Küpper, H.-U.:* Systeme der Kosten- und Erlösrechnung, 6. Aufl., 1995, S. 16–29 und 629–634.

Professor Dr. Hans-Ulrich Küpper, München.

Kostenabweichung
Differenz zwischen → *Plankosten* und → *Istkosten*. Im Rahmen einer → *Abweichungsanalyse* wird untersucht, inwieweit → *Preis-* oder → *Mengenabweichungen* ursächlich sind für die K.

Kostenallokation.
= Kostenzurechnung.
= Kostenaufbereitung.
= → *Kostenverteilung*.

Kostenanalyse
Analyse der Beziehungen zwischen Kostenhöhe und der für sie bestimmenden Ausprägungen der → *Kosteneinflußgrößen*; benötigt zur Durchführung der → *Kostenplanung*.

Kostenarten
Gliederung der → *Kosten* nach *Art der Geschäftsvorfälle* (z.B. für Personal, Materialverbrauch, Abschreibungen, Steuern: primäre K.) oder nach *Funktionsbereichen* (z.B. nach Herstellung, Verwaltung, Vertrieb: sekundäre K.).

Kostenartengliederung
→ *Betriebsabrechnungsbogen*.

Kostenartenrechnung
Teil der → *Kostenrechnung*, der der Erfassung und Gliederung der pro Periode angefallenen Kosten dient.

Lit.: Coenenberg, A.G.: Kostenrechnung und Kostenanalyse, 2. Aufl., 1993, S. 48–74.

Kostenartenverfahren
Methode der internen Leistungsverrechnung. Das K. wälzt für innerbetriebliche Leistungen nur die für diese Wiedereinsatzleistungen direkt erfaßbaren primären Kostenarten weiter, nicht die Gemeinkosten.

Kostenaufbereitung
= Kostenzurechnung.
= Kostenallokation.
= → *Kostenverteilung*.

Kostenauflösung
= Kostenspaltung.
= Kostenzerlegung.
→ *Grenzkostenrechnung*.
→ *Kostenrechnungssysteme*.

Kostenauswertung
Durchführung zielgerichteter Analysen von → *Kosten* zur Planung, Steuerung und Kontrolle.

Kostenbestimmungsgröße
= → *Kosteneinflußgröße*.

Kostenbewertung
1. Notwendigkeit

Kosten sind – unabhängig vom zugrundeliegenden Kostenbegriff – immer monetäre Ausdrücke für den Einsatz von Gütern und Geld zum Zweck der Erstellung betrieblicher Leistungen (→ *Kosten und Leistung*); im folgenden soll wie üblich statt von Güter- und Geldeinsatz von *Produktionsfaktoreinsatz* gesprochen werden, ohne auf die Problematik einzugehen, jeder Kostenart einen Produktionsfaktor zuzuordnen. Obwohl es in vielen Fällen möglich wäre, den Faktoreinsatz auch in Mengengrößen darzustellen (Beispiel: Materialverbrauch), werden dennoch Geldgrößen zugrundegelegt, um unterschiedliche Faktoreinsätze addierbar zu machen und um den gesamten Faktoreinsatz eines Zeitraums den im gleichen Zeitraum erstellten, ebenfalls in Geldgrößen ausgedrückten Leistungen zum Zweck der *Betriebsergebnisermittlung* gegenüberstellen zu können. Sind Mengen- und Wertkomponente nicht trennbar, wie bei einer großen Anzahl fremder Dienstleistungen, ist die Kostenbestimmung ohnehin direkt am Kostenwert zu orientieren.

2. Methoden

Im einfachsten Fall sind die Wert- und die Mengenkomponente trennbar und der Wert je Faktoreinheit konstant. Die Folge sind konstante Kosten je Faktoreinheit; ihre Multiplikation mit einer Faktoreinsatzmenge ergibt die Gesamtkosten einer Kostenart. In den anderen Fällen der K. liegen die obigen Voraussetzungen nicht vor. Zunächst kann zwar eine separate Mengenerfassung möglich sein, ohne daß jedoch konstante Werte je Mengeneinheit gegeben sind. Beispiele dafür sind Arbeitskräfteeinsatz in Normal- und Überstunden, Materialbeschaffungen mit gestaffelten Mengenrabatten oder Mindestentgelte und sonstige vertragliche Besonderheiten beim Bezug elektrischer Energie. Die → *Grenz-* und die → *Durchschnittskosten* je Faktoreinheit sind nun nicht mehr konstant, sondern hängen von den Dispositionen über Faktorbeschaffung und -einsatz ab. Dies ist für zukunftsorientierte steuerungsunterstützende → *Kostenrechnungssysteme* insofern von Bedeutung, als nur die Zuordnung unterschiedlicher Werte je Faktoreinheit in der Kostenrechnung methodisch exakt wäre.

Letztlich kann der oben bereits angesprochene Fall vorliegen, daß die Mengennicht von der Wertkomponente trennbar ist. Die Kosten werden dann unmittelbar durch den Ansatz eines Geldbetrages bestimmt (Methode der undifferenzierten Wertzuordnung). Dies erfolgt besonders häufig bei *Kostenarten*, die durch vertragliche Bindungen entstehen, welche dem Betrieb einen Nutzen über abgegrenzte Zeiträume gewähren (Bsp.: Versicherungsverträge). Auch im Fall der undifferenzierten Wertzuordnung liegt ein Problem der K. vor, da ein Maßstab für die Bestimmung des die Kosten bildenden Geldbetrages gefunden werden muß. So können die Versicherungskosten durch Ermittlung der *Anschaffungsausgaben* oder einer anderen Wertgröße, wie beispielsweise der *Wiederbeschaffungsausgaben*, berechnet werden.

K. ist somit aufgrund der vorstehenden Ausführungen in einem doppelten Sinn zu verstehen: (1) Wahl eines Wertmaßstabes pro Faktoreinheit. (2) Wahl eines Wertmaßstabes für die Bestimmung des die Kosten unmittelbar bildenden Geldbetrages.

3. Wertmaßstäbe

Grundsätzlich ist für die K. kein Wertmaßstab von vornherein vorgegeben. Die Werte werden in Abhängigkeit von den zugrundeliegenden *Rechnungszielen* bestimmt.

Als Wertansätze kommen *Marktpreise* oder (innerbetrieblich gebildete) → *Verrechnungspreise* in Frage. Marktpreise können solche der Vergangenheit (*Anschaffungspreise*, → *Anschaffungskosten*), der Gegenwart (*Tagespreise*) oder der Zukunft (*Wiederbeschaffungspreise*) sein. Sofern nicht der Einsatz von Produktionsfaktoren vorgesehen ist, sondern ihre vorherige Veräußerung, können auch gegenwärtige oder zukünftige *Veräußerungspreise* relevant sein. Verrechnungspreise gehen im Unterschied zu Marktpreisen nicht aus Zahlungsvorgängen an Märkten hervor. Sie können als *Schätz-*, *Fest-* oder *Lenkungspreise* auftreten. Werden Schätzpreise verwendet, so stellen diese einen Ersatz für nicht existierende Marktpreise dar; ein typisches Beispiel bildet der Wertansatz für *kalkulatorische Unternehmerlöhne* (→ *Kosten, kalkulatorische*). Festpreise haben den Zweck, trotz Umwertung einer Faktoreinsatzmenge in eine Geldgröße, den Werteinfluß letztlich auszuschalten. Auf diese Weise sollen Faktorverbräuche mengenmäßig durch zwischenzeitliche, zwischenbetriebliche oder Soll-Ist-Vergleiche einer Kontrolle unterzogen werden, ohne die Gelddimension aufzugeben. Die Anwendung von Lenkungspreisen erfolgt bei dezentraler Planung mit dem Ziel, bei konkurrierenden Einsatzalternativen Faktoreinsätze an die Stelle ihrer optimalen Verwendung zu lenken, ohne unmittelbare Dispositionen über die Einsatzmengen zu treffen.

4. Die zweckadäquate Bestimmung der Kostenwerte

Die Wahl des Wertansatzes hängt vom jeweiligen Zweck ab, für den die Kosten Verwendung finden sollen. Grundsätzlich soll die Kostenrechnung Informationen für *extern* bedingte Präsentationen und für die Steuerung der *intern* ablaufenden Leistungsprozesse bereitstellen. Extern durch gesetzliche Regelungen bedingt sind die Präsentation von → *Herstellungskosten* für die Bewertung selbsterstellter Bestände in Handels- und Steuerbilanzen sowie von Selbstkosten für die Kalkulation öffentlicher Aufträge.

Die zielgerichtete Steuerung der betrieblichen Abläufe in den Phasen Planung, Entscheidung und Kontrolle wird von der Kostenrechnung durch die Bereitstellung von Informationen über die durch vorhandene Kapazitäten und ihre Nutzung entstehenden Kosten unterstützt.

Der folgende knappe Abriß zeigt die für die einzelnen Rechnungszwecke relevanten Kostenwerte:

a) Bilanzielle Bestandsbewertung. Aufgrund des Verbotes, nichtrealisierte Gewinne auszuweisen und zur Förderung der intersubjektiven Nachprüfbarkeit der Wertansätze, sind die in ihrer Summe die Herstellungskosten bildenden Faktoreinsätze mit Anschaffungswerten anzusetzen.

b) Kalkulation öffentlicher Aufträge. Im Rahmen der Ermittlung von Selbstkostenpreisen sind alle Faktormengen, die für einen Auftrag gesondert beschafft werden, mit Anschaffungspreisen zu bewerten; bei der Verwendung gelagerter Produktionsfaktoren gelten die Tagespreise bei der Lagerentnahme; für abzuschreibende Anlagen bilden grundsätzlich die Anschaffungspreise den Wertansatz, unter speziellen Voraussetzungen, die 1989 stark eingeschränkt wurden, auch die Wiederbeschaffungspreise (→ *LSP*).

c) Planung. Die Kostenrechnung übernimmt die für das erste Jahr der mittelfristigen (operativen) Planung (→ *Planungsrechnung*) vom Management der verschiedenen Unternehmungsfunktionen (Einkauf, Fertigung, Vertrieb ...) prognostizierten und budgetierten Kostendaten, um im Vergleich mit der Planleistung eine Abschätzung des Planergebnisses zu ermöglichen und um die Grundlage für monatliche Soll-Ist-Vergleiche der Kosten im folgenden Jahr zu fixieren. Die zu speichernden Prognosekosten des Planjahrs werden unter Zugrundelegung der zu erwartenden durchschnittlichen Anschaffungspreise abgeschätzt. Die betrieblichen Anlagen (→ *Anlagenrechnung*) werden in Abhängigkeit von der Vorentscheidung, ob eine Nominal- oder Substanzgewinnrechnung durchgeführt wird (→ *Substanz- und Kapitalerhaltung*), zur Berechnung der → *Abschreibungen* mit Anschaffungs- oder Wiederbeschaffungswerten angesetzt.

d) Entscheidung. Für die K. ist es von wesentlicher Bedeutung, welches Entscheidungsfeld zugrundegelegt wird. Einzusetzende Produktionsfaktoren können bereits vorhanden (z.B. gelagerte Rohstoffe) oder erst noch zu beschaffen sein, sie können verderblich und damit nur innerhalb des Entscheidungszeitraums nutzbar sein oder auch darüber hinaus zur Verwendung stehen, vor allem aber sind sie entweder knapp oder frei verfügbar.

Sind Produktionsfaktoren *noch nicht vorhanden*, aber in dem benötigten Umfang beschaffbar, so daß alle Verwendungsalternativen befriedigt werden können, werden sie in Entscheidungsrechnungen mit zukünftigen Anschaffungswerten angesetzt. In einem für alle Verwendungsalternativen ausreichenden Umfang *vorhandene* Produktionsfaktoren werden zu Wiederbeschaffungswerten bewertet. Besondere Bewertungsprobleme treten auf, wenn Produktionsfaktoren *knapp* sind. Liegt ein *Engpaß* vor, so erfolgt die Bewertung mit dem entgehenden Deckungsbeitrag (→ *Deckungsbeitragsrechnung*) der besten nicht realisierbaren Verwendungsalternative (bei vorhandenem Faktorbestand) bzw. mit der Grenzausgabe zuzüglich dem entgehenden Deckungsbeitrag. Bestehen in Abhängigkeit von der Wahl zwischen den zur Verfügung stehenden Handlungsalternativen mehrere Engpaßmöglichkeiten, erlaubt nur ein *simultanes Entscheidungsmodell* auf der Grundlage der mathematischen *Programmierung* eine optimale Lösung. Gleichzeitig ermöglicht ein solches Modell durch die Berechnung der Dualwerte die Bestimmung der zum Optimum führenden Kostenwerte, die dann jedoch für die Entscheidungsfindung nicht mehr benötigt werden (Dilemma der → *Opportunitätskosten*). Für eine praktische Lösung ohne Aufstellung eines Simultanmodells verbleibt zur Gewinnung von Kostenwerten nur die Schätzung durch den Entscheidungsträger.

e) Kontrolle. Soll die Kostenentstehung einer Kontrolle in Form von Soll-Ist-Vergleichen unterzogen werden, werden im Soll wie im Ist die gleichen festen

Verrechnungspreise angesetzt, wenn die Kontrolle des mengenmäßigen Faktoreinsatzes im Vordergrund steht und der Werteinfluß ausgeschaltet werden soll. Die Beschaffungspreise können einer gesonderten vergleichenden Betrachtung unterzogen werden, um das Einkaufsgebaren zu untersuchen.

5. Organisatorische Probleme

Ein wesentliches Fazit der vorstehenden Ausführungen ist die zweckbedingte Vielfalt der in der Kostenrechnung zu berücksichtigenden Kostenwertansätze. Diese Problematik kann man auf dreierlei Weise einer Lösung zuführen:

(1) Die laufende Kostenrechnung wird auf einen (Haupt-) Zweck ausgerichtet, an dem wiederum die K. orientiert ist. Um auch andere Zwecke zu erfüllen, muß im konkreten Einzelfall eine Umwertung erfolgen. Ein solches Vorgehen findet sich beispielsweise in der Grenzplankostenrechnung (→ *Grenzkostenrechnung*).

(2) Das Mengen- und das Wertgerüst der Kosten werden innerhalb der aufeinanderfolgenden Abrechnungsschritte der Kostenrechnung so lange wie möglich getrennt. In einer auf einen bestimmten Zweck ausgerichteten Auswertungsrechnung werden zweckentsprechende Werte angesetzt. Dieser Weg wird beispielsweise in der *Betriebsplankostenrechnung* eingeschlagen, um die Wirkungen unterschiedlicher Wertansätze auf den Periodenerfolg ohne umständliche Sonderrechnungen aufzeigen zu können.

(3) In einer *Grundrechnung* werden verschiedene für anwendungsrelevant erachtete Wertansätze vorrätig gehalten, um bei Bedarf für Auswertungsrechnungen bereitzustehen. Eine solche Konzeption ist in der *Einzelkosten- und Deckungsbeitragsrechnung* mit ihrer Trennung der Grundrechnungen der ‚Entgelte' und der Mengen verwirklicht und liegt neueren Entwürfen datenbankgestützter Kostenrechnungssysteme zugrunde.

Lit.: Adam, D.: Entscheidungsorientierte Kostenbewertung, 1970; *Laßmann, G.:* Plankostenrechnung auf der Basis von Betriebsmodellen, in: Kilger, W./Scheer, A. (Hrsg.): Plankosten- und Deckungsbeitragsrechnung in der Praxis, 1980, S. 117–135; *Kilger, W./Vikas, K.:* Flexible Plankostenrechnung und Deckungsbeitragsrechnung, 10. Aufl., 1993, S. 203–228; *Küpper, H.-U.:* Kostenbewertung, in: HWR, 3. Aufl., 1993, Sp. 1179–1188; *Riebel, P.:* Einzelkosten- und Deckungsbeitragsrechnung, 7. Aufl., 1994, S. 409–429.

Professor Dr. Klaus-Peter Franz, Kaiserslautern.

Kosteneinflußgrößen

Qualitativ und/oder quantitativ erfaßbare Ursachen für die Höhe von → *Kosten* (→ *Kosten, fixe und variable,* → *Einflußgrößenrechnung*).

Kosteneinwirkungsprinzip

= → *Einwirkungsprinzip.*

Kostenerfahrungskurve

= → *Erfahrungskurve.*

Kostenerfassung

In der → *Kostenartenrechnung* Ermittlung der *Verbrauchsmengen* der eingesetzten Produktionsfaktoren, deren *Preise* und daraus resultierenden *Werte* sowie des *sonstigen leistungsbezogenen Werteverzehrs* (z. B. Abgaben, Abschreibungen) (→ *Kosten*).

Kostenfunktion

= Kostenhypothese.

Gesetzmäßige (z. T. formelmäßige) Beziehung zwischen der Kostenhöhe und den → *Kosteneinflußgrößen.*

Kostenhypothese

= → *Kostenfunktion.*

Kostenkategorie

Nach der Zurechenbarkeit oder nach dem Ausgabencharakter gebildete Gattungen von → *Kostenarten.*

Kostenkontrolle

Überwachung des (absoluten und relativen) Kostenanfalls. Als Instrument der → *Wirtschaftlichkeitskontrolle* umfaßt die K. vor allem Kostenvergleiche (Soll-Ist-Vergleiche, Zeitvergleiche, Betriebsvergleiche); K. bilden den Ausgangspunkt für die Analyse von Abweichungsursachen.

Kostenkontrollfunktion
Neben der → *Kostenvermittlungsfunktion* eine Aufgabe der → *Kostenstellenrechnung*, nach der die Kostenstellenrechnung eine Kontrolle der Wirtschaftlichkeit der Gütererstellung durch einen Vergleich der in den verschiedenen → *Kostenstellen* angefallenen → *Istkosten* mit den → *Sollkosten* ermöglichen soll.

Kostenmanagement
1. Begriff

K. bedeutet die bewußte Beeinflussung der Kosten mit dem Ziel, den Unternehmenserfolg zu erhöhen und die Wettbewerbsfähigkeit des Unternehmens zu verbessern. Beeinflußt werden Kosten durch Maßnahmen im realwirtschaftlichen Bereich (z. B. Personalabbau, Fremdbezug statt Eigenfertigung, etc.).

Maßnahmen des K. werden auf der Grundlage von Daten der → *Kostenrechnung*, die Informationen über die in einer Periode angefallenen Kosten und deren Verrechnung auf Kostenträger bereitstellt, ergriffen. Darüber hinaus wird beim K. aber auch auf nicht monetäre Kriterien wie beispielsweise die Durchlaufzeit eines Auftrages, die Fehlerquote in der Produktion oder unternehmensexterne Daten wie z. B. Benchmarks über die Kostenposition der Konkurrenz (→ *Benchmarking*) zurückgegriffen. Zur wirkungsvollen Kostenbeeinflussung sind auch Informationen über die → *Kosteneinflußgrößen* (→ *Einflußgrößenrechnung*) erforderlich, da Kosten nur Symptome dieser sie ursächlich determinierenden Faktoren darstellen. Problematisch ist dabei, daß diese → *Kostentreiber* (→ *Cost driver*) meistens nur unzulänglich bekannt sind.

K. kann in Krisensituationen kurzfristig notwendig sein, um die Existenz des Unternehmens zu sichern. Um jedoch in einem zunehmend wettbewerbsintensiveren Umfeld dauerhaft unternehmerische Handlungsspielräume (z. B. für die Preispolitik) zu gewinnen und Kostenvorteile gegenüber der Konkurrenz zu erzielen, ist eine kontinuierliche, frühzeitig einsetzende und langfristig andauernde Kostensteuerung erforderlich.

2. Problemfelder

Die Reaktionen der Unternehmen auf Veränderungen im Wettbewerbsumfeld haben oftmals zu Verschiebungen in den Kostenstrukturen, vor allem zu einem höheren Anteil an Fix- und Gemeinkosten (→ *Kosten, fixe und variable*, → *Einzel- und Gemeinkosten*), geführt. Aus diesen Kostenstrukturveränderungen resultieren insbesondere folgende Trends:

- *Verminderung der Kostenelastizität:* steigende Fixkosten reduzieren die in einem dynamischeren Umfeld notwendige Flexibilität für Anpassungen an Nachfrageschwankungen;
- *Verschärfung der Kostenintensität:* die Erhöhung des Kostenniveaus durch steigende Faktorkosten verschlechtert die Wettbewerbsfähigkeit; progressive Kostenverläufe, verursacht durch zunehmende Komplexität als Folge leistungswirtschaftlicher Vielfalt, sorgen für zusätzlichen Kostendruck (→ *Komplexitätskosten*);
- *Verlagerung der Kostenentstehung:* die Bedeutung der Vorlauf- und Nachlaufkosten (z. B. Entwicklungs- und Entsorgungskosten) hat im Vergleich zu den → *Herstellkosten* in vielen Bereichen stark zugenommen;
- *Verschlechterung der Kostentransparenz:* steigende Gemeinkosten und die Unkenntnis der sie verursachenden Kostentreiber behindern oft eine effektive Kostenbeeinflussung.

Diese Entwicklungen haben einerseits zu einer zunehmenden Kritik an der Aussagefähigkeit traditioneller → *Kostenrechnungssysteme* geführt, andererseits den Blick stärker auf die gezielte Beeinflussung von Kosten gelenkt.

3. Gestaltungsbereiche

Kosten können in ihrem Niveau, ihrer Struktur und ihrem Verlauf beeinflußt werden. Es handelt sich dabei um interdependente Gestaltungsbereiche, denn die Kostenstruktur beeinflußt auch den Kostenverlauf, beide zusammen wirken auf das Kostenniveau.

a) Beeinflussung des Kostenniveaus. Das Kostenniveaumanagement strebt eine Senkung des allgemeinen Kostenniveaus an und kann an der Preis- und der Mengenkomponente der Kosten ansetzen. Beispiele für erstere sind die weltweite Suche nach günstigeren Bezugsquellen (Global Sourcing) oder die durch engere Zusammenarbeit mit einigen wenigen Lieferanten erzielten Kostenvorteile (Single Sourcing). Die Mengenkomponente kann z.B. durch ein konsequentes Qualitätsmanagement, das zu geringeren Ausschußquoten führt, Rationalisierungsmaßnahmen oder den Abbau nicht wertschöpfender Aktivitäten gestaltet werden.

b) Beeinflussung der Kostenstruktur. Das Management der Kostenstruktur zielt auf die Gestaltung der relativen Zusammensetzung der Kosten in unterschiedlichen Kostenkategorien ab. Aufgrund der vielfach beobachteten Zunahme der Fixkostenintensität kommt der Kategorie fixe/variable Kosten besondere Bedeutung zu. Zur Reduzierung der Break-even-Schwelle (→ *Break-Even-Analyse*) und zur Vermeidung von → *Leerkosten* ist ein höherer Anteil variabler Kosten vorteilhaft. Dies kann beispielsweise durch vermehrten Fremdbezug anstatt Eigenfertigung erreicht werden.

c) Beeinflussung des Kostenverlaufs. Bei der Gestaltung des Kostenverlaufs handelt es sich um eine Beeinflussung des Kostenverhaltens in Abhängigkeit von der Beschäftigung oder anderen Kosteneinflußgrößen. Generell sollen degressive Kostenverläufe gefördert, progressive vermieden werden. Kostendegressionen lassen sich durch das Ausnutzen von → *Economies of scale* und im Zeitablauf durch Effekte der → *Erfahrungskurve* realisieren. Die Vermeidung progressiver Kostenverläufe zielt auf eine Reduzierung der Komplexität von Produkten, Produktionsprogrammen oder betrieblichen Vorgängen ab.

4. Objekte und Instrumente

a) Bereichsorientiertes K. Historisch gesehen wurde K. zunächst in Kostenstellen oder Abteilungen, d.h. bereichsweise betrieben. Ein typisches Beispiel sind → *Soll-Ist-Kostenvergleiche* in Fertigungskostenstellen von Industriebetrieben, die als Auslöser dienen sollen, bei zu hohem Faktorverbrauch (→ *Verbrauchsabweichung*) Maßnahmen zu ergreifen, um dem entgegenzusteuern. Für Verwaltungsbereiche fanden in den 70er und 80er Jahren mit dem → *Zero-Base-Budgeting* und der → *Gemeinkostenwertanalyse* verstärkt Methoden für das → *Gemeinkostenmanagement* Verbreitung. Obwohl diese anfangs als erfolgreiche Antwort auf die Gemeinkostenproblematik gefeiert wurden, ist seit Anfang der 90er Jahre zunehmend deutlich geworden, daß die mit ihnen erzielten Kostensenkungen häufig nicht von nachhaltiger Dauer waren und oftmals negative Auswirkungen auf das Betriebsklima zur Folge hatten.

b) Prozeßorientiertes K. Aus der Einsicht, daß die Aktivitäten in den indirekten Bereichen für die gestiegenen Gemeinkosten verantwortlich sind, sind in jüngster Zeit vor allem die kostenstellenübergreifenden Geschäftsprozesse Gegenstand des K. Traditionell sind Unternehmen funktional und hierarchisch nach dem Prinzip der Arbeitsteilung organisiert. Eine Vielzahl von Schnittstellen zwischen Abteilungen und Funktionen machen Abläufe oftmals ineffizient und stellen potentielle Schwachpunkte dar, da Verantwortung mehrfach auf verschiedene Mitarbeiter übertragen wird (sog. Organisationsbrüche) oder einzelne Arbeitsschritte abwechselnd manuell und EDV-gestützt durchgeführt werden (sog. Medienbrüche). Die dadurch erforderlichen Abstimmungs- und Koordinationsprozeduren sind eine Quelle von Fehlern, Zeitverlust und damit vermeidbaren Kosten.

Aus Sicht des Kunden stellt sich ein Prozeß als eine Folge von wertschöpfenden und nicht wertschöpfenden Aktivitäten dar. Wertschöpfend sind nur solche Tätigkeiten, die entweder unmittelbar oder mittelbar den Wert eines Produktes in den Augen des Kunden erhöhen. Alle nicht wertschöpfenden Tätigkeiten und oben erwähnte Schwachstellen sollten im Rahmen des Prozeßmanagements eliminiert werden. Dieses kann durch ein einmaliges radikales Redesign (Business Process Reengineering) oder durch eine kontinuierliche Verbesserung einzelner Geschäftsprozesse verfolgt werden. Die → *Prozeßkostenrechnung* ermöglicht hierbei eine Zurechnung von Kosten zu Prozessen und zeigt Kostenschwerpunkte auf.

c) Produktorientiertes K. In der Konstruktions- und Entwicklungsphase eines Produktes werden bereits ca. 80% der Herstellkosten festgelegt. Dabei besteht das Dilemma, daß die Möglichkeiten zur Kostenerfassung und Kostenbeurteilung am Anfang des Konstruktionsprozesses am geringsten sind, das Kostenbeeinflussungspotential aber am größten. Notwendig sind deshalb Kosteninformationssysteme, die eine konstruktionsbegleitende Kalkulation auf der Basis von Ähnlichkeitsbeziehungen, → *Kurzkalkulationen* oder → *Relativkostenkatalogen* ermöglichen und frühzeitig die kostenmäßigen Konsequenzen von verschiedenen Alternativen in Konstruktion und Fertigung aufzeigen. Da Kostennachteile vor allem im Design begründet liegen, ist der fertigungsgerechten Produktgestaltung besondere Aufmerksamkeit zu widmen. Ferner enthalten Produkte häufig überflüssige Leistungsmerkmale, die aus einer dominierenden Technik- und mangelnden Kundenorientierung resultieren („Overengineering"). Die dadurch entstehenden Kosten werden vom Kunden meistens nicht entsprechend honoriert und führen zu Ergebniseinbußen. Eine kunden- und kostenorientierte Produktentwicklung wird durch die Anwendung des → *Target Costing* unterstützt. An die Stelle des traditionellen Kosten-Plus-Denkens tritt eine marktorientierte Vorgehensweise: Ausgehend von dem Preis, den der Kunde bereit ist für ein bestimmtes Produkt zu zahlen, abzüglich einer geplanten Gewinnspanne, werden Zielkosten als Vorgabe für die Produktentwicklung festgelegt (retrograde Kalkulation, → *Preiskalkulation*).

K. kann aber auch an bereits exisitierenden Produkten oder Produktprogrammen ansetzen. Bei ersteren wird z.B. durch die → *Wertanalyse* eine Verbesserung der Kosten-Nutzen-Relation angestrebt; bei letzteren wird versucht, → *Komplexitätskosten* als negative Auswirkungen der Variantenvielfalt durch eine verstärkte Verwendung von Gleichteilen, durch Modulbauweise oder andere Maßnahmen zu vermeiden.

Die zunehmende Bedeutung von Entwicklungs- und Entsorgungskosten bei gleichzeitig kürzer werdenden Vermarktungszyklen macht eine integrierte Betrachtung des gesamten Produktlebenszyklus notwendig (→ *Life-Cycle-Costing*).

d) Potentialorientiertes K. Aufgrund der vielfach gesunkenen Kostenelastizität stellen Fixkosten verursachende Potentiale (Gebäude, Maschinen, Personal, etc.) ein weiteres bedeutsames Gestaltungsobjekt des K. dar. Eine Optimierung der Geschäftsprozesse ohne einen gleichzeitigen Abbau der dahinter stehenden (Personal-)Fixkosten bewirkt keine Kostensenkung. Fixkostenpotentiale werden u.a. durch Verträge (z.B. Miet- und Leasingverträge, Wartungsverträge, Arbeitsverträge, etc.) mit unterschiedlicher Bindungsdauer aufgebaut. Durch die Einrichtung von Vertragsdatenbanken kann zunächst die Transparenz über die unterschiedliche Abbaubarkeit fixer Kosten verbessert werden. Die Umwandlung von fixen in variable Kosten führt zwar ceteris paribus erst bei einem Beschäftigungsrückgang zu einer Kostensenkung, erhöht jedoch unmittelbar die Kostenelastizität. Eine typische Maßnahme für die Fixkostenumwandlung ist, wie oben bereits erwähnt, der Übergang von der Eigenfertigung zum Fremdbezug (Outsourcing), der in den letzten Jahren mit der Idee der Konzentration auf Kernkompetenzen eine Renaissance erlebt hat.

5. Organisation

K. muß die gesamte Wertschöpfungskette von den Lieferanten bis zu den Kunden umfassen. Es handelt sich insofern um eine unternehmensübergreifende Querschnittsfunktion. Innerhalb der Unternehmung hat prinzipiell jeder Mitarbeiter abhängig von seiner Funktion und seiner hierarchischen Stellung einen dispositiven Spielraum zur Kostenbeeinflussung. Insbesondere Techniker und Ingenieure haben in den frühen Phasen der Produktentwicklung ein erhebliches Kostenbeeinflussungspotential. Um dieses auszuschöpfen, ist eine enge, vom → *Controlling* organisierte, interdisziplinäre Zusammenarbeit von Entwicklung, Beschaffung, Fertigung, Vertrieb sowie Lieferanten und Kunden notwendig. Hierzu sind teamorientierte Strukturen am besten geeignet.

Lit.: Reiß, M./Corsten, H.: Grundlagen des betriebswirtschaftlichen Kostenmanagements, in: WIST 1990, S. 390–396; *Franz, K.-P.*: Moderne Methoden der Kostenbeeinflussung, in: krp 1992, S. 127–134; *Streitferdt, L.*: Kostenmanagement, in: HWR, 3. Aufl., 1993, Sp. 1216–1227; *Dellmann, K./Franz, K.-P. (Hrsg.)*: Neuere Entwicklungen im Kostenmanagement, 1994; *Männel, W.*: Ziele und Aufgabenfelder des Kostenmanagements, in: Reichmann, T. (Hrsg.): Handbuch Kosten- und Erfolgscontrolling, 1995, S. 25–45; *Becker, W.*: Aufgaben und Instrumente der frühzeitigen kostenpolitischen Steuerung, in: Männel, W. (Hrsg.): Frühzeitiges Kostenmanagement, krp-Sonderh. 1/1996, S. 20–28; *Franz, K.-P./Kajüter, P. (Hrsg.)*: Kostenmanagement, 1997.

Peter Kajüter (MBA), Erftstadt.

Kosten-Minus-System

Kalkulationsprinzip im Rahmen des → *Target Costing*. Beim K. wird der Marktpreis als Datum betrachtet, an das die Produktionskosten angepaßt werden müssen.

Kosten-/Nutzen-Analyse

1. Begriff. Unter „Kosten-/Nutzen-Analyse" (KNA) oder „Nutzen-/Kosten-Analyse (NKA) oder „Cost-Benefit-Analysis" versteht man eine Technik, die eine Bewertung von Vorteilen und Nachteilen eines Projektes zum Ziele hat. Der Unterschied zu → *Investitionsrechnungen* unter allein monetären Zielen besteht darin, daß man bei K. nicht nur die in monetären Einheiten quantifizierbaren Vorteile und Nachteile eines Objektes in Ansatz bringt, sondern auch und vor allem seine *nicht in monetären Einheiten quantifizierbaren Qualitäten* (Vorteile, Nachteile) einer Bewertung (Punktesystem) zugänglich zu machen versucht, um so umfassender als es Investitionsrechnungen vermögen, die absolute und/oder relative Vorzüglichkeit eines Objektes zu ermitteln (→ *Mehrfachziele in der Investitionsrechnung*).

2. Anwendung. K. dienen sowohl der Entscheidungsvorbereitung als auch der nachträglichen Überprüfung von getroffenen und schon realisierten Entscheidungen.

K. ist im engeren Sinne die Bezeichnung einer Technik, die von öffentlichen Haushalten angewandt wurde, um durch Bewertung von vielen Zielen gleichzeitig dienenden Objekten (Zielbündel) die Dringlichkeit (Nützlichkeit) ihrer Anschaffung erkennen zu können, um so die knappen Mittel (Budget) möglichst optimal einzusetzen (optimale Allokation der verfügbaren Ressourcen). Dies war und ist vor allem bei solchen (staatlichen) Objekten der Fall, die „öffentliche Güter" produzieren, für die es keine Marktpreise gibt und für die von den Konsumenten kein oder nur ein geringes Entgelt geleistet wird (z. B. Bildung, soziale Sicherheit, öffentliche Sicherheit, Erholungs- und Sportanlagen etc.).

In *weiterer* Bedeutung steht die Bezeichnung K. als *Überbegriff* für alle Techniken, die die Bewertung von Vorteilen und Nachteilen von erst anzuschaffenden Objekten, aber auch von vorhandenen und eventuell besser abzuschaffenden Objekten (Dienstleistungen) zum Ziele haben. Anwender der diversen Techniken der K. können nicht nur öffentliche Haushalte, sondern auch private Haushalte, Unternehmungen, Vereine, Interessenvertretungen, Kammern etc., aber auch einzelne Personen sein.

3. Elemente. „Kosten", zumindest die durch das Objekt direkt anfallenden (Investitionsausgaben und Folgekosten), sind noch relativ leicht zu prognostizieren. *„Nutzen"* hingegen ist stets etwas Subjektives, weil ein Gut bei verschiede-

Kosten-/Nutzen-Analyse

nen Personen unterschiedlich geeignet ist, Bedürfnisse zu befriedigen. Dies hängt von der unterschiedlichen Höhe des Einkommens der einzelnen Menschen, von ihren unterschiedlichen Präferenzen, ihrem Lebensalter etc. aber insbesondere auch von der Menge der verfügbaren Güter oder Dienstleistungen ab: Je mehr Güter oder Dienstleistungen zur Verfügung stehen und schon konsumiert worden sind, umso kleiner wird der „Nutzen" einer weiteren Einheit dieses Gutes bzw. dieser Dienstleistung (sinkender „Grenznutzen") sein. Die einem Objekt zuordbaren Nutzen können von unterschiedlichen Kategorien sein. Dies sei an Hand des Beispiels „Nutzen des Baues eines Donaukraftwerkes" erläutert:

1. Interner Nutzen des Projektträgers (z.B. Stromerlöse der Elektrizitätsgesellschaft);
2. Externer Nutzen der vorgesehenen Begünstigten (z.B. günstigerer Strompreis für die Abnehmer, Versorgungssicherheit);
3. Externer Nutzen bei anderen Begünstigten (z.B. Hochwasserschutz für die Unterlieger; Erleichterungen für die Schiffahrt, Stabilisierung des Grundwasserspiegels);
4. Externer, nicht in Geld meßbarer Nutzen (z.B. Verschönerung der Landschaft).

4. Bedeutung. Das Besondere an K. ist, daß sie auch *externe Effekte* (externe Nutzen, externe Kosten) und darin auch die nur qualitativ beschreibbaren (oder in Punkten, Tabellenwerten ausdrückbaren) Vorteile (Nutzen) und Nachteile (Lasten, „Kosten") in die Analyse und in die Entscheidungsgrundlagen einbeziehen können. Das Informationsziel solcher K. i.e.S. liegt in der Ermittlung des *sozialen* (i.S. gesellschaftlichen) *Netto-Nutzens* eines Projektes.

Im *privatwirtschaftlichen* Bereich spricht man statt von „K." auch von der Ermittlung des „Preis-Leistungs-Verhältnisses", z.B. bei der Anschaffung einer EDV-Anlage, einer Fotoausrüstung, eines Videorecorders, eines Personenkraftwagens, einer Wohnung etc.

Nicht in monetären Einheiten quantifizierbare Eigenschaften (intangibles) eines Objektes sind z.B. Kompatibilität, Flexibilität, Elastizität, Kostenstruktur (Kostenremanenzen), Bedienungskomfort, Umweltverträglichkeit, Prestigeträchtigkeit etc.

Je mehr man in einer Volkswirtschaft bzw. in einer Betriebswirtschaft („pretiale Lenkung", Konkurrenzierung durch Zukauf eines Teiles von Verwaltungsleistungen, etc.) den Kräften des Marktes (Wettbewerb, Preisbildung) überläßt, und je mehr man öffentliche Dienste und Unternehmungen privatisiert (re-privatisiert), umso geringer wird das Anwendungsfeld der ob ihrer Wertungen und Zuschätzungen doch stets recht subjektiven K. sein.

5. Grobstruktur. Eine K. kann man mit folgenden sieben Schritten (Phasen) skizzieren: (1) Problemdefinition, Festlegung des Hauptzieles; (2) Entwicklung (Konkretisierung) des Zielsystems und Gewichtung der einzelnen Teilziele nach der ihnen beigelegten relativen Bedeutung; (3) Entwicklung von Alternativen; (4) Ausscheiden von Alternativen, die gegen Restriktionen verstoßen oder Mindestzielerreichungsvorgaben (Pflichtenheft) nicht gerecht werden; (5) Abschätzen des Grades der wahrscheinlichen Erreichung der einzelnen Teilziele; (6) Durchführung formaler Kalküle wie Multiplikationen (der prognostizierten Zielerreichungsgrade mit dem Gewichtungsfaktor der relativen Bedeutung des jeweiligen Teilzieles; = Nutzenbeitrag), Additionen (der errechneten Nutzenbeiträge), Subtraktionen, Divisionen; evtl. Vornahme von → *Sensitivitätsanalysen* und *Risikoanalysen* (→ *Dynamische Investitionsrechnung unter Unsicherheit*); (7) Auswahl (Reihung).

6. Nutzwertanalysen. Variationen der K. stellen die → „*Nutzwertanalyse*" (NWA) und die „*Kosten-Wirksamkeits-Analyse*" (KWA) dar. Die Besonderheiten der NWA bestehen darin, daß nur Nutzwerte und keine Kosten einbezogen werden. Die Nutzwerte werden nicht in monetären Größen, sondern nur in Punkten angegeben. Dabei stellen sie den Grad der Tauglichkeit eines Projektes hinsichtlich der Verwirklichung der vorgegebenen und nach ihrer Bedeutung gewichteten Ziele dar. Als Summe dieser Punkte ergibt sich ein dimensionsloser Ordnungsindex, der zumindest eine Reihung von sich gegenseitig ausschließenden Alternativen erlaubt. Der *Vorteil* der NWA liegt in der Offenlegung der Wertentscheidungen (Ziele, ihre Gewichtung, Schätzung des erwarteten Ausmaßes der Zielerreichung); ihr *Nachteil* ist im Fehlen der monetären Dimension zu sehen, was bei den üblichen budgetären Restriktionen schwer wiegt, weil eine Reihung von Objekten, die um knappe Ressourcen konkurrieren, nach ihrer *relativen* Vorzüglichkeit (Rentabilität im Sinne erzielbare Nutzenpunkteanzahl pro z.B. 1 Mio. DM) nicht möglich ist (→ *Mehrfachziele in der Investitionsrechnung*).

7. Kosten-Wirksamkeits-Analyse. Diesen Nachteil der NWA beseitigt die KWA, die die NWA durch eine Kostenanalyse ergänzt und dann den in einer Punktesumme ermittelten Nutzwert eines Objektes durch die ermittelte Kostensumme (Kostenbarwertsumme) des Objektes dividiert. Ausdruck des relativen Vorzuges eines Objektes ist somit der *Quotient*

$$\frac{\text{Nutzwert des Objektes (als Summe der erreichten Punkte)}}{\text{Kosten des Objektes (Kostenbarwertsumme des Objektes)}}$$

Die schwer oder nicht quantifizierbaren (externen) Kosten des zu analysierenden Objektes werden dabei als Verringerung des Nutzwertes berücksichtigt.

8. Erweiterungen. Bemerkenswert ist, daß die *betriebswirtschaftlichen* Techniken der „*Wertanalyse*" mit dem Ziel Werkstoffersparnis, später auch Fertigungskostenersparnis („Value Analysis"), weiterhin des „*Value Engineering*" (Ziel: Fertigungskostensenkung *und* Steigerung der funktionalen Nützlichkeit) und insbesondere die Technik der „Overhead Value Analysis" (OVA) bzw. der „Gemeinkosten-Wert-Analyse" (GWA) und vor allem das „Zero Base Budgeting" (ZBB) eine starke Affinität zur Technik der K. haben. Sie sind zur Gruppe der K.-Techniken i.w.S. zu zählen.

Das Besondere an diesen betriebswirtschaftlichen Techniken ist, daß nur betriebswirtschaftliche (interne) Kosten (Kostenersparnisse) und nur betriebswirtschaftliche Nutzen (Nutzenminderungen) in Ansatz gebracht werden und es sich in aller Regel nicht um zu analysierende Anschaffungen (Investitionsobjekte, oder neue Dienste), sondern um Abschaffungen im Sinne von Reduzierung oder gar Eliminierung von Dienstleistungen (Verrichtungen), insb. von Verwaltungsleistungen, somit um Einsparungen von Arbeitsplätzen (Arbeitskosten) und Sachmittelkosten, handelt. Das Ermitteln oder „Zuschätzen" von einsparbaren Kosten wird bei diesen betriebswirtschaftlichen Techniken leichter fallen als das Quantifizieren des wegfallenden Nutzens.

Lit.: Zangenmeister, C.: Nutzwertanalyse in der Systemtechnik, 4. Aufl., 1976; *Voigt, F./Witte, H.:* Kosten-Nutzen-, Kostenwirksamkeits- und Nutzwertanalysen in der Wirtschaftspolitik, in: Wirtschaftsdienst VIII, 1978, S. 419–424; *Jehle, E.:* Gemeinkosten-Management. Effizienz-Steigerungen im Gemeinkostenbereich von Unternehmen durch Overhead-Value-Analysis (OVA), Zero-Base-Budgeting (ZBB) und Administrative Wertanalyse (AWA), in: Die Unternehmung 1982, S. 59–76; *Neumann, J.L.:* OVA: Avoid Slash-And-Burn Management Reduction, in: Management Review, Heft 1, 1987, S. 34–39; *Arnold, V.:* Die Bewertung öffentlicher Zwischenprodukte in Nutzen-Kosten-Untersuchungen, eine theoretische Analyse, in: Finanzarchiv, Heft 3, 1988, S. 417–432; *Overdiek, H.:* Die Rechnung geht auf: Kosten-Nutzen-Analyse einer CAD/CAM-Einführung, in: Industrie-Anzeiger, Heft 97, 1988, S. 16–23; *Informationszentrum Raum und Bau der Fraunhofer-Gesellschaft* (Hrsg.): Kosten-Nutzen-Analyse, Grundlagen, Theorie, Modell, 1989; *Informationszentrum Raum und Bau der Fraunhofer Gesellschaft* (Hrsg.): Kosten-Nutzen-Analyse im Verkehrswesen, 2. Aufl., 1989; *Liebstückel, K.:* Kosten-Nutzen-Analysen von Standard-Software zur Instandhaltung, in: krp 1990, S. 60–66; *Gattinger, M.:* Kosten-Nutzen-Überlegungen zur internen Revision: Die Revisionsabteilung als Objekt von Wirtschaftlichkeitsanalysen und effizienzsteigernden Maßnahmen, 1991; *Rinza, P./Schmitz, H.*: Nutzwert-Kosten-Analyse, 2. Aufl., 1992; *Hanusch, H.*: Nutzen-Kosten-Analyse, 2. Aufl., 1995.

Professor Dr. Gerhard Seicht, Wien.

Kostenplanung
Planung der (erwarteten oder analytisch ermittelten) → *Kosten* einer zukünftigen Abrechnungsperiode (→ *Plankosten- und Planleistungsrechnung*).

Kosten-Plus-System
Traditionelles Kalkulationsprinzip zur Bestimmung des Absatzpreises von Produktinnovationen. Der Absatzpreis ergibt sich beim K. aus der Summe von realisierten (vollen) Produktselbstkosten und einem (prozentualen) Gewinnzuschlag.

Kostenpreisregeln
Vorschriften, die für die Bestimmung administrierter Preise für Leistungen öffentlicher Unternehmen, Versorgungsbetriebe und Verwaltungsbetriebe sowie für nicht marktgängige Leistungen an die öffentliche Hand bestehen (→ *LSP*, Bundestarifordnung Elektrizität (BTOElt) u. a.). Man unterscheidet Durchschnitts-K., die sich an den durchschnittlichen → *Stückkosten* orientieren, und Grenz-K., die sich an den → *Kosten* einer zusätzlichen Produktionseinheit ausrichten.

Lit.: *Pribilla, M. E.*: Kostenrechnung und Preisbildung. Das Recht der Preisbildung bei öffentlichen Aufträgen, Komm., 2. Aufl., Losebls., ab 1967; *Michaelis, H.* (Hrsg.): Preisbildung bei öffentlichen Aufträgen einschließlich Beschaffungswesen, Komm., Losebls., ab 1968, Stand 1994.

Kostenprognose
Voraussage der zu erwartenden tatsächlichen Höhe der → *Istkosten*.

Kostenrechnung
Teilgebiet des → *betrieblichen Rechnungswesens*. Die K. baut auf → *Kosten* und → *Leistungen* auf. Sie besteht aus den Bereichen:

→ *Kostenartenrechnung*
→ *Kostenstellenrechnung*
→ *Kostenträgerrechnung* (Kalkulation)
→ Kurzfristige *Erfolgs-* und *Deckungsbeitragsrechnung*.

Die → *Kostenrechnungssysteme* und → *Kalkulationsverfahren* unterscheiden sich u. a. nach Detaillierungsgrad, der Verwendung von Plankosten neben den Istkosten und der Behandlung der → *Gemeinkosten*.

Kostenrechnungsgrundsätze
Regeln (Richtlinien) zur Gestaltung der betrieblichen → *Kostenrechnung*, die von überbetrieblichen oder öffentlichen Institutionen erlassen werden; besondere Bedeutung besitzen die → *Kostenpreisregeln* nach den Leitsätzen *für die Preisermittlung aufgrund von Selbstkosten* (→ *LSP*).

Kostenrechnungssysteme
I. Grundlagen. Unter K. versteht man spezifische Ausgestaltungsformen von Kostenrechnungen. K. bringen bestimmte modellhafte Vorstellungen über Aufbau und Verfahrensweise der betrieblichen Kostenrechnung zum Ausdruck. Man könnte K. auch als Typen bzw. Gestaltungsalternativen oder – bei Betonung des entstehungsgeschichtlichen Aspekts – als Entwicklungsformen der Kostenrechnung bezeichnen. K. verkörpern ein bestimmtes Leitbild, eine bestimmte Kostenrechnungskonzeption. K. sind jeweils durch eine Reihe charakteristischer Merkmale gekennzeichnet, die in ihrer Gesamtheit einen bestimmten Kostenrechnungstyp repräsentieren. K. können deshalb als Muster oder Maßstab dienen, um zu prüfen, ob eine in einem Betrieb konkret existierende Kostenrechnung der Modellvorstellung entspricht.

Bei der Konzipierung von K. muß darüber entschieden werden, welcher Kostenbegriff (→ *Kosten und Leistung*) zugrundegelegt, welche Rechnungszwecke erfüllt und welche sonstigen Anforderungen etwa bezüglich Genauigkeit, Aktualität und Wirtschaftlichkeit der Kosteninformationen beachtet werden sollen. Außerdem sind die den Rechengang bestimmenden Strukturelemente → *Kostenarten*, → *Kostenstellen* und → *Kostenträ-*

ger sowie die zwischen ihnen bestehenden abrechnungstechnischen Beziehungen festzulegen, so vor allem die Prinzipien, die für die Erfassung und Verrechnung der Kosten sowie den Ausweis der Kosten für bestimmte Kalkulationsobjekte gelten sollen.

Je nach den verfolgten Rechnungszwekken, den zu befriedigenden Informationsansprüchen, den eventuell zu beachtenden rechtlichen Rahmenbedingungen und je nach den getroffenen begrifflichen und abrechnungstechnischen Festlegungen kommt es zu unterschiedlichen K.

Nach dem *Zeitbezug* der Kostengrößen kann man zwischen Ist-, Normal- und Plankosten sowie darauf aufbauend zwischen *Istkostenrechnungssystemen, Normalkostenrechnungssystemen* und *Plankostenrechnungssystemen* differenzieren. Nach *Art* bzw. *Ausmaß der Kostenverrechnung* lassen sich Systeme der *Vollkostenrechnung* und der *Teilkostenrechnung* auseinanderhalten. In Systemen der Vollkostenrechnung werden sämtliche angefallenen Kostenarten vollständig auf die Endprodukteinheiten verrechnet, und zwar zum Teil direkt (als Einzelkosten), zum Teil indirekt (als zugeschlüsselte Gemeinkosten). In Systemen der Teilkostenrechnung werden von den erfaßten Gesamtkosten nur die Teile den Endprodukteinheiten zugerechnet, deren Entstehung direkt durch die einzelne Produkteinheit verursacht ist.

Kombiniert man die nach dem Zeitbezug gebildeten drei Kostenrechnungsformen mit den nach dem Verrechnungsumfang gebildeten zwei Kostenrechnungsformen, so erhält man sechs theoretisch mögliche Varianten von K.

Allerdings kommen nicht alle sechs denkbaren Fälle in der betrieblichen Praxis gleich häufig vor. In der Realität dominiert immer noch (insbesondere bei Klein- und Mittelbetrieben) die *Vollkostenrechnung auf Istkostenbasis*, die sog. *traditionelle Vollkostenrechnung*, die im Sinne einer vergangenheitsbezogenen Dokumentation alle in der Rechnungsperiode tatsächlich angefallenen Kosten erfaßt und in einem geschlossenen Abrechnungsgang (→ *Betriebsbuchhaltung*) auf die Endprodukteinheiten als Kostenträger verrechnet. Teilkostenrechnungen auf Normalkostenbasis sind ungebräuchlich, weil die Betriebe entweder ihre bisher praktizierte Ist-Vollkostenrechnung durch eine Ist-Teilkostenrechnung ersetzt oder ergänzt haben oder die Prinzipien der *Teilkostenrechnung im Rahmen einer Plankostenrechnung* verwirklichen. Die in Betrieben tatsächlich vorfindbaren Kostenrechnungen sind oft Misch- oder Übergangsformen der reinen Typen. Die Existenz von Mischformen kann mit dem Streben nach betriebsindividuell maßgeschneiderten Rechensystemen begründet werden. Ein zeitweiliges Nebeneinander verschiedener K. ist charakteristisch für Umstellungssituationen, da man das gewohnte System nicht zu plötzlich aufgeben und das neue System nicht zu schlagartig einführen will. Gelegentlich findet man in der betrieblichen Praxis auch Kombinationen derart, daß für die laufende Kostenrechnung ein bestimmter Systemtyp (z. B. Vollkostenrechnung), für ergänzende Sonder- bzw. Auswertungsrechnungen, insbesondere entscheidungsvorbereitende Kalküle, ein anderer Systemtyp (z. B. Teilkostenrechnung) gewählt wird.

K. als Bestandteile des innerbetrieblichen Rechnungswesens erfassen und verrechnen – anders als es ihre Bezeichnung vermuten läßt – nicht nur Kosten, sondern auch *Leistungen*. Dem Wertverzehr (Kosten) wird zum Zwecke der Erfolgsermittlung das Hervorgebrachte (Leistung) gegenübergestellt. In dieser erweiterten Sicht ist jedes K. ein System der Kosten-, Leistungs- und Erfolgsrechnung (→ *Erfolgsrechnung, kurzfristige*).

2. Istkostenrechnung, Normalkostenrechnung, Plankostenrechnung. In einer *Istkostenrechnung* werden vergangenheitsorientiert nur die innerhalb einer Periode für ein bestimmtes Kalkulationsobjekt tatsächlich angefallenen Kosten erfaßt. Allerdings gibt es bei Anlegung strenger Maßstäbe keine Kostenrechnung, die ausschließlich Istkosten, verstanden als Ist-Verbrauchsmenge x Ist-

Kostenrechnungssysteme

Preis, festhält. So läßt sich etwa die Verbrauchskomponente der → *Abschreibungen* nicht durch Messung objektiv feststellen, sondern nur durch Planung bzw. aufgrund von Annahmen festlegen. Der grundlegende Nachteil jeder Istkostenrechnung besteht darin, daß sämtliche Einmaligkeiten und Zufälligkeiten der jeweiligen Leistungserstellung, also beispielsweise Schwankungen der Kapazitätsauslastung, der Lohnsätze, der Rohstoff- oder Energiepreise, störend in die Kostenermittlung eingehen.

Durch die Weiterentwicklung der Istkostenrechnung zur *Normalkostenrechnung* sollen die genannten Störeinflüsse ausgeschaltet werden. Es wird mit der Annahme einer normalen Kapazitätsauslastung und festen → *Verrechnungspreisen* gearbeitet, wodurch eine Stabilisierung der Kostenermittlung eintritt, die zur Beschleunigung und Vereinfachung des Abrechnungsgangs genutzt werden kann. Die Normalkostenrechnung operiert mit vergangenheitsorientierten Durchschnittsgrößen und kann deshalb den Kontrollzweck der Kostenrechnung nur ebenso unzureichend erfüllen wie die Istkostenrechnung. Denn auch sie ermöglicht nur Zeitvergleiche oder zwischenbetriebliche Vergleiche, aber keine Soll-Ist-Vergleiche.

Eine aussagefähige Kostenkontrolle läßt sich erst durch eine → *Plankostenrechnung* verwirklichen. Da in diesem System den im voraus methodisch sorgfältig bestimmten Plankosten die Istkosten gegenübergestellt werden, kommt ein aussagekräftiger Soll-Ist-Vergleich zustande, der in eine Abweichungsanalyse einmündet. Es gibt verschiedene Arten von Plankostenrechnungen. Drücken die Plankosten zukünftige Kosten aus, wie sie als Folge unternehmerischer Einzelmaßnahmen und unter den herrschenden Betriebsverhältnissen zu erwarten sind, so spricht man von einer *Prognosekostenrechnung*. Haben sie hingegen Budget-, Norm- oder Vorgabecharakter, markieren sie also ein möglichst nicht zu überschreitendes Kostenlimit, so bezeichnet man diese Ausprägungsform als *Standardkostenrechnung*.

Außerdem differenziert man zwischen starren und flexiblen Plankostenrechnungen. Die *starre Plankostenrechnung* gibt die Kosten nur für ein einziges Niveau der relevanten Kosteneinflußgröße, also z. B. nur für ein ganz bestimmtes Beschäftigungsniveau vor, während eine *flexible Plankostenrechnung* sog. Sollkosten für mehrere als möglich erachtete zukünftige Beschäftigungsgrade ermittelt. Jede Erscheinungsform der Plankostenrechnung schließt wegen des vorzunehmenden Soll-Ist-Vergleichs zwingend eine Istkostenrechnung ein, umgekehrt kann eine Istkostenrechnung sehr wohl für sich allein – also als nur vergangenheitsbezogene Rechnung – bestehen.

Historisch gesehen sind K., die einen Soll-Ist-Vergleich ermöglichen, erst später erdacht und eingeführt worden als Istkostenrechnungssysteme.

3. Vollkostenrechnung, Teilkostenrechnung. Unterscheidungskriterien sind Art, Umfang oder Differenzierungsgrad der Kostenverrechnung. In beiden K. werden sämtliche Kosten erfaßt, doch nur in der *Vollkostenrechnung* erfolgt eine Weiterverrechnung dieser gesamten Kostenmasse auf die Endprodukteinheiten als Kostenträger. Hierbei entsteht das *Gemeinkostenschlüsselungsproblem* bzw. die Kostenrechnung wird zur Gemeinkostenschlüsselungsrechnung, da viele Kosten sich nicht unmittelbar als Einzelkosten der Endprodukteinheiten erfassen lassen. Die Gemeinkostenschlüsselung führt unter anderem dazu, daß in der Kostenträgerrechnung Stückkosten ermittelt werden, die neben den den einzelnen Leistungseinheiten tatsächlich zurechenbaren Kosten auch (nur aufgrund von Fiktionen) zugeschlüsselte Kosten enthalten, ohne daß diese Vermengung von Zahlen unterschiedlicher Qualität dem Endergebnis anzusehen ist. Daraus erwachsen insbesondere für den unerfahrenen Benutzer dieses Zahlenmaterials gravierende *Fehlinterpretationsmöglichkeiten* (→ *Prozeßkostenrechnung*).

Kostenrechnungssysteme

Teilkostenrechnungen stellen das Gegenstück zu Vollkostenrechnungen dar. Sie wurden entwickelt, um die Mängel von Vollkostenrechnungen zu überwinden. Alle Varianten der Teilkostenrechnung stimmen darin überein, daß nur bestimmte Kategorien der Kosten auf die Kostenträger verrechnet werden. Die nicht auf die Kostenträger verrechneten Kosten werden anderen Kalkulationsobjekten zugerechnet bzw. an anderer Stelle im Rechenwerk der Kostenrechnung ausgewiesen.

Damit ist eine Zerlegung der Gesamtkosten in mindestens zwei Kostenkategorien erforderlich, die anschließend getrennt weiterverrechnet werden. Die *Kostenzerlegung* (= *Kostenauflösung*) geschieht in der Absicht, der *Kostenverursachung* gerecht zu werden und den Endprodukteinheiten nur solche Kostenelemente zuzurechnen, die ausschließlich zur Hervorbringung dieser Endprodukteinheiten angefallen sind bzw. vermieden werden könnten, wenn ihre Herstellung unterbliebe. Mit diesem Kostenverursachungsdenken korrespondiert das für alle Teilkostenrechnungen charakteristische Denken in *Bruttoerfolgen*. Da dem jeweiligen Kalkulationsobjekt immer nur bestimmte Teilkosten zugerechnet, m.a.W. von den objektspezifischen Erlösen immer nur die zurechenbaren Kostenelemente – also nicht die Vollkosten – subtrahiert werden, muß die sich ergebende Differenzgröße ein Bruttoerfolg sein. Solche Bruttoerfolge nennt man Deckungsbeiträge, weil sie jenen Geldbetrag angeben, mit dem ein bestimmtes Kalkulationsobjekt zur Deckung der noch nicht subtrahierten (= nicht objektspezifischen) Kosten und gegebenenfalls zur Erzielung eines Periodengewinns beiträgt. Dieser Sprachgebrauch hat dazu geführt, daß heute die Bezeichnung → *Deckungsbeitragsrechnung* weithin als Synonym für Teilkostenrechnung verwendet wird.

Trennt man bei der für Teilkostenrechnungen typischen Kostenzerlegung zwischen beschäftigungsfixen und beschäftigungsproportionalen Kosten (→ *Kosten, fixe und variable*) und rechnet den Endprodukteinheiten lediglich die als beschäftigungsproportional angesehenen Kosten zu, so spricht man von einer → *Grenzkostenrechnung* (= *Proportionalkostenrechnung* = *Direct Costing*). Soll die mögliche Zukunftsorientierung des Teilkostenrechnungssystems betont werden, empfiehlt sich die Bezeichnung *Grenzplankostenrechnung*. Innerhalb des auf die Beschäftigungsabhängigkeit abstellenden Systemtyps läßt sich weiter danach differenzieren, ob die nicht auf die Endprodukteinheiten verrechneten beschäftigungsfixen Kosten als ungeteilter Block belastend in die Periodenerfolgsrechnung eingehen (= *einstufiges Direct Costing*) oder auf differenziertere Art – in mehreren Teilblöcken bzw. Schichten – abgedeckt werden (= *mehrstufiges Direct Costing* = *Fixkostendeckungsrechnung*). Das einstufige Direct Costing kann wegen der fehlenden Aufgliederungsmöglichkeit der fixen Kosten nur ein vergröbertes Bild der Kostenrealität zeichnen und allenfalls bei gut überschaubaren Betriebsstrukturen aussagefähige Kosteninformationen liefern.

Ein zweiter Typ von Teilkostenrechnungen beruht auf der Trennung von → *Einzel- und Gemeinkosten*. Kriterium der Kostenzerlegung ist bei diesem Typ die Zurechenbarkeit von Kosten auf frei wählbare, aber in sich genau abgegrenzte *Kalkulationsobjekte*. Den verschiedenen Kalkulationsobjekten, z.B. den *Endprodukteinheiten*, den *Produktarten*, den *Geschäftsbereichen*, *Absatzgebieten* oder *Kundengruppen*, werden nur ihre jeweiligen Einzelkosten zugerechnet. Die einem bestimmten Kalkulationsobjekt nicht zurechenbaren Kosten, also dessen Gemeinkosten, werden in einer geeignet aufgebauten Bezugsgrößenhierarchie jeweils bei jenen umfassenderen Kalkulationsobjekten abgedeckt, bei denen sie ohne Schlüsselung zugerechnet werden können. Die Grundidee dieses Rechensystems ist also, daß sich – falls man nur genügend umfassende Kalkulationsobjekte definiert – für jeden Kostenbetrag ein Bezugsobjekt finden läßt, für welches dieser den Charakter von Einzelkosten annimmt

(*Einzelkosten- und Deckungsbeitragsrechnung* nach *Riebel*).

Lit.: Hummel, S./Männel, W.: Kostenrechnung, Bd. 1, 4. Aufl., 1986 (Nachdruck 1990), S. 42–52, Bd. 2, 3. Aufl., 1983 (Nachdruck 1993), S. 19–146; *Männel, W. (Hrsg.):* Handbuch Kostenrechnung, 1992, S. 183–394; *Coenenberg, A. G.:* Kostenrechnung und Kostenanalyse, 2. Aufl., 1993; *Heinen, E./Dietel, B.:* Kostenrechnung, in: HWR, 3. Aufl., 1993, Sp. 1234–1242; *Kloock, J.:* Kostenrechnungssysteme, in: HWB, 5. Aufl., 2. Bd., 1993, Sp. 2352–2367; *Schweitzer, M./Küpper, H.-U.:* Systeme der Kosten- und Erlösrechnung, 6. Aufl., 1995, S. 78 ff.

Professor Dr. Siegfried Hummel, Dortmund.

Kostenremanenz
Zeitlich verzögerte Reaktion der Kosten auf die Verminderung oder Erhöhung der Beschäftigung. Die Analyse dieses Effekts bei rückläufiger Ausbingungsmenge ist im Rahmen des → *Kostenmanagements* von zentraler Bedeutung, weil für die niedrigere Outputmenge die Kosten zunächst über dem erforderlichen Niveau liegen. Ursachen für einen schwierig bzw. verzögert realisierbaren Kostenabbau sind z. B. Kündigungsfristen.

Lit.: Coenenberg, A. G.: Kostenrechnung und Kostenanalyse, 2. Aufl., 1993, S. 55 f.; *Burger, A.:* Kostenmanagement, 2. Aufl., 1995, S. 5 f.

Kostensammelbogen
Entspricht dem → *Betriebsabrechnungsbogen*; tabellarische Übersicht zur Durchführung der kombinierten → *Kostenarten-*, → *Kostenstellen-* und → *Kostenträgerrechnung* in der → *Grundrechnung der Kosten* innerhalb des Systems der relativen Einzelkostenrechnung.

Kostenschlüssel
Größe zur Verteilung der → *Gemeinkosten* auf → *Vor-* bzw. → *Endkostenstellen* (z. B. Maschinenlaufzeiten, Einzelkosten, Herstellkosten, Aktivitäten; → *Prozeßkostenrechnung*, → *Zuschlagskalkulation*).

Kostenspaltung
= Kostenauflösung.
= Kostenzerlegung.
→ *Grenzkostenrechnung*.
→ *Kostenrechnungssysteme*.

Kostenstelle
Betrieblicher Teilbereich, dem in der Kostenrechnung zum Zwecke der Budgetierung, Steuerung und Kontrolle Kosten zugerechnet werden.

Kostenstellenausgleichsverfahren
Methode zur Verrechnung der Kosten innerbetrieblicher Leistungen. Es werden die gesamten Kosten der innerbetrieblichen Leistungen den empfangenden Kostenstellen belastet. Die Verrechnung erfolgt entsprechend einem → *Kalkulationsverfahren*.

Kostenstellenblatt
= → *Kostenstellenplan*.

Kostenstellengliederung
→ *Betriebsabrechnungsbogen*.

Kostenstellenplan
= Kostenstellenblatt.

Unternehmensspezifische Übersicht über sämtliche Kostenstellenbereiche, → *Kostenstellen* und Kostenplätze. Der K. enthält für jeden Bereich die → *Gemeinkosten*, die Bezugsgrößen zur Messung der → *Beschäftigung*, den Plankostenverrechnungssatz und ggf. die Kostenabweichungen.

Kostenstellenrechnung
Verteilung der → *Gemeinkosten* auf die → *Kostenstellen* zum Zweck der Budgetierung, Steuerung und Kontrolle sowie zur Ermittlung der Verrechnungssätze für innerbetriebliche Leistungen (→ *innerbetriebliche Leistungsrechnung*) und der Kalkulationssätze für die → *Kostenträgerrechnung* (→ *Betriebsabrechnungsbogen*, → *Betriebsbuchhaltung*, → *Kostenrechnungssysteme*).

Lit.: Coenenberg, A. G.: Kostenrechnung und Kostenanalyse, 2. Aufl., 1993, S. 75–91.

Kostenstellenumlageverfahren
Methode zur Verrechnung der Kosten innerbetrieblicher Leistungen durch Verteilung der → *Gemeinkosten* zwischen → *Kostenstellen* nach Art und Umfang der gegenseitigen Belieferung.

Kostenstellenzuschlagskalkulation
→ *Zuschlagskalkulation.*

Kostenträger
Einzelne Produkte (oder Produktgruppen), die die von ihnen verursachten Kosten zuzüglich eines → *Deckungsbeitrages* durch die von ihnen erzielten Erlöse erwirtschaften („tragen“) sollen.

Kostenträgerstückrechnung
→ *Kalkulationsverfahren* zur Ermittlung der → *Herstellungs-* und → *Selbstkosten* der betrieblichen Produkte insb. zur Bestandsbewertung, Kostenkontrolle und Feststellung der Preisuntergrenze.

Verfahren:
- Divisionskalkulation;
- Äquivalenzziffernkalkulation;
- → *Zuschlagskalkulation*;
- Bezugsgrößenkalkulation;
- Kuppelkalkulation.

Lit.: Coenenberg, A. G.: Kostenrechnung und Kostenanalyse, 2. Aufl., 1993, S. 92–113.

Kostenträgerverfahren
Methode zur Verrechnung innerbetrieblicher Leistungen. Die innerbetrieblichen Leistungen werden dabei wie für den Absatz bestimmte Endprodukte abgerechnet.

Kostenträgerzeitrechnung
Ermittlung der in einer Abrechnungs*periode* anfallenden → *Kosten*, gegliedert nach betrieblichen Leistungen (→ *Kostenträgern*).

Kostentragfähigkeitsprinzip
= → *Tragfähigkeitsprinzip.*

Kostentreiber
→ *Bezugsgrößen* zur Verrechnung von Gemeinkosten im Rahmen der → *Prozeßkostenrechnung*. Die K. verursachen Aktivitäten in unterschiedlichen → *Kostenstellen* und sind Größen zur Quantifizierung des Outputs von Prozessen. Sie sollten dabei leicht aus den verfügbaren Informationsquellen ableitbar, durchschaubar und verständlich sein und sich proportional zur Beanspruchung der Ressourcen verhalten.

Kosten und Leistung
1. Begriffsmerkmale. K. und L. (costs and income) sind die grundlegenden Rechengrößen von → *Kostenrechnungssystemen*. Sie erfassen den bewerteten Input bzw. Output des Produktionsprozesses einer Unternehmung. Deshalb entsprechen sich ihre Begriffsmerkmale weitgehend. K. geben den bewerteten sachzielbezogenen Güterverbrauch, L. die bewertete sachzielbezogene Gütererstellung an. Für ihre Kennzeichnung und Abgrenzung sind demnach drei Merkmale bestimmend: (1) Gütermengenbewegung, (2) Sachzielbezogenheit und (3) Bewertung. Das erste Merkmal betrifft bei K. den Gütereinsatz, d.h. den mengenmäßigen *Verbrauch* an Gütern im Produktionsprozeß. Dem steht die mengenmäßige *Güterentstehung* bei der Leistung gegenüber. Die Messung dieses Merkmals bereitet bei einer Reihe von Gütern Probleme. Während sich z.B. der Verbrauch an Material sehr genau ermitteln läßt, ist die Abnutzung von Anlagen schwer meßbar. Auch die Erfassung der Mengenkomponente bei der Nutzung sonstiger Gebrauchsgüter (Gebäude, Grundstücke, Werkzeuge u.ä.) sowie von menschlicher Arbeitskraft, Rechten, Informationen und Kapital verursacht Schwierigkeiten.

Mit der *Sachziel-* (bzw. *Leistungs-)bezogenheit* werden K. und L. gegenüber Güterverbräuchen und -entstehungen abgegrenzt, die nicht zum *Produktionsprogramm* als dem Sachziel der Unternehmung gehören. In einer Industrieunternehmung ist beispielsweise die Aktivität auf dem Kapitalmarkt nicht Teil ihres Produktionsprozesses. Die dort angefallenen und erhaltenen Zinsen sind deshalb keine K. und L., sondern nur *Aufwendungen* und *Erträge* (→ *Grundgrößen des Rechnungswesens*).

Für die *Bewertung* der Mengenkomponente können unterschiedliche Ansätze gewählt werden. So kann man als *Markt-*

preise Anschaffungspreise sowie gegenwärtige oder zukünftige Tagesbeschaffungspreise verwenden. Daneben ist der Ansatz von → *Verrechnungspreisen* in Form von Fest-, Durchschnitts-, Schätz-, Grenz- und Lenkungspreisen möglich. Die → *Kosten-* und die *Leistungsbewertung* richtet sich nach dem jeweils verfolgten Rechnungszweck.

2. Unterschiedliche betriebswirtschaftliche Kostenbegriffe. In der Betriebswirtschaftslehre sind verschiedenartige K.-Begriffe vorgeschlagen worden, für die sich analoge Leistungsbegriffe bilden lassen. Sie unterscheiden sich insbesondere im Bewertungsansatz. Beim *pagatorischen* K.-Begriff wird der Mengenverbrauch mit gegenwärtigen oder zukünftigen *Anschaffungspreisen* bewertet. Die K. geben also realisierte oder prognostizierte Ausgaben wieder. Man will empirische Gegebenheiten abbilden. In einer Modifikation wird vorgeschlagen, unter Einführung von Annahmen auch andere als faktisch bezahlte Beträge zuzuordnen. Eine Weiterführung besteht in dem *entscheidungsorientierten* K.-Begriff, nach dem K. die durch eine Entscheidung über das betrachtete Objekt ausgelösten *zusätzlichen Ausgaben* sind. An die Stelle von Annahmen tritt hier die Ausrichtung auf Entscheidungen. Ein anderes Konzept liegt dem *wertmäßigen* K.-Begriff zugrunde. Mit ihm will man K. so festlegen, daß sie die günstigste Verwendung des betreffenden Einsatzgutes anzeigen. Sie sollen eine *Lenkungsfunktion* erfüllen. Der Wert ergibt sich aus den zusätzlichen Ausgaben (Grenzausgaben) für dieses Gut und dem zusätzlichen Nutzen (Grenznutzen), den sein Einsatz in der Produktion erbringt. Der Grenznutzen entpricht bei Gewinnmaximierung den *Opportunitätskosten* oder *Grenzdeckungsbeiträgen*. Seine Höhe ist bei nicht ausgelasteten Kapazitäten gleich Null, bei Vollauslastung entspricht er der Gewinnänderung, die sich durch den Einsatz einer weiteren Einheit des knappen Gutes erreichen ließe. Eine Verbindung zwischen diesen verschiedenen Ansätzen liefert der *investitionstheoretische* K.-Begriff. Er wird als die durch eine Entscheidung hervorgerufene *Kapitalwertänderung* definiert. Da der Kapitalwert aus Zahlungsgrößen hergeleitet wird, beruht er wie der pagatorische Kostenbegriff auf Ausgaben. Zugleich ist er auf Entscheidungen ausgerichtet. Die abgeleitete Kapitalwertänderung gibt die mit ihr verbundene Zieländerung an und liefert damit die wertmäßigen K.

K. und L. lassen sich nach mehreren Merkmalen unterteilen. Die sich ergebenden speziellen K.- und L.-Begriffe kennzeichnen einzelne K.- und L.-*Arten*. Geht man von den verbrauchten Güterarten und dem Verbrauchscharakter aus, so gelangt man zu den *natürlichen* K.-Arten. Hierzu zählen vor allem Material-, Personal-, Informations- und Wagniskosten sowie Abschreibungen, Abgaben und Zinsen. Bedeutsam sind insbesondere die Trennung zwischen → *Einzel-* und *Gemein*-K. sowie zwischen *fixen* und *variablen* K (→ *Kosten, fixe und variable*).

3. Abgrenzung gegenüber anderen Grundbegriffen des Rechnungswesens. K. und L. stehen in enger Beziehung zu den anderen → *Grundgrößen des Rechnungswesens*, → *Aufwand, Ausgaben, Auszahlung* einerseits sowie → *Ertrag, Einnahme, Einzahlung* andererseits. Sie werden als eigene Rechnungsgrößen geführt, weil sie im Unterschied zu Aus- und Einzahlungen sowie Ausgaben und Einnahmen nicht die zahlungswirksamen Vorgänge am Markt, sondern die *gütermäßigen Bewegungen* in der Unternehmung wiedergeben und eine *periodische Gewinnermittlung* ermöglichen sollen. Auf diese Zwecke sind Aufwand und Ertrag ebenfalls ausgerichtet. Daher besteht zwischen ihnen und den K. und L. der engste Zusammenhang. Jedoch erstrecken sich Aufwand und Ertrag nicht nur auf die sachzielbezogenen Güterbewegungen. Ferner unterliegt ihre Abgrenzung handelsrechtlichen Vorschriften. Jede Unternehmung kann die K.- und L.-Rechnung im Unterschied zu der aus Aufwand und Ertrag gebildeten → *Gewinn- und Verlustrechnung* nach eigenen Zwecksetzungen gestalten. Dementsprechend kann sie K. und L. nach freiem Ermessen ansetzen. Dies wird an den *kalkulatorischen* K. besonders deutlich (→ *Kosten, kalkulatorische*).

Lit.: Menrad, S.: Der Kostenbegriff, 1965; *Hummel, S./Männel, W.:* Kostenrechnung, Bd. 1, 4. Aufl., 1986 (Nachdruck 1990), S. 73–92; *Kloock, J./Sieben, G./Schildbach, Th.:* Kosten- und Leistungsrechnung, 7. Aufl., 1993, S. 28–44; *Riebel, P.:* Einzelkosten- und Deckungsbeitragsrechnung, 7. Aufl., 1994, S. 409 ff.; *Schweitzer, M./Küpper, H.-U.:* Systeme der Kosten- und Erlösrechnung, 6. Aufl., 1995, S. 16 ff.

Professor Dr. Hans-Ulrich Küpper, München.

Kostenvergleichsrechnung
→ *Statische Investitionsrechnung.*

Kostenvermittlungsfunktion
Neben der → *Kostenkontrollfunktion* eine Aufgabe der → *Kostenstellenrechnung*, nach der die Kostenstellenrechnung eine differenzierte Zurechnung der angefallenen *Gemeinkosten* auf die → *Kostenträger* ermöglichen soll (Vermittlung zwischen → *Kostenträger* und → *Kostenstelle*) (→ *Einzel- und Gemeinkosten*).

Kostenverteilung
= Kostenzurechnung.
= Kostenallokation.
= Kostenaufbereitung.

Zuordnung der erfaßten bzw. geplanten Kostenbeiträge auf Bezugsgrößen nach bestimmten Prinzipien (→ *Kostenzurechnungsprinzipien*).

Kostenverursachungsprinzip
= → *Verursachungsprinzip.*

Kostenvorgabe
Ansatz von → *Plankosten* für → *Kostenstellen* als zu erreichende oder zu erwartende Werte für eine künftige Abrechnungsperiode.

Kosten-Wirksamkeitsanalyse
→ *Kosten/Nutzen-Analyse.*

Kostenzerlegung
= Kostenauflösung.
→ *Grenzkostenrechnung.*
→ *Kostenrechnungssysteme.*

Kostenzurechnung
= → *Kostenverteilung.*
= Kostenallokation.
= Kostenaufbereitung.

Kostenzurechnungsprinzip
K. begründen und legen fest, wie → *Kosten* einzelnen Kalkulationsobjekten zuzuordnen sind. Sie stellen auf nachweisbare, sachlich erklärbare Zusammenhänge ab und streben eine möglichst wirklichkeitsgetreue Abbildung des Kostenanfalls an. Ausprägungen des K. sind → *Verursachungsprinzip*, → *Einwirkungsprinzip*, → *Durchschnittsprinzip*, → *Tragfähigkeitsprinzip.*

Kovarianz
Grundbegriff der Wahrscheinlichkeitstheorie, gibt wie der → *Korrelationskoeffizient* den Zusammenhang von zwei Zufallsvariablen wieder. Sind x_i (i = 1, ..., r) und y_j (j = 1, ..., q) die Ausprägungen von zwei diskreten Zufallsvariablen X und Y und ist w (x_i, y_j) deren gemeinsame Wahrscheinlichkeitsfunktion, so ist

$$\text{Cov}(X, Y) = \mu\,[(X - \mu_X)(Y - \mu_Y)]$$

$$= \sum_{i=1}^{r} \sum_{j=1}^{q} (x_i - \mu_x)(y_j - \mu_y) \cdot w(x_i, y_j)$$

die K. der Zufallsvariablen X und Y.

Lit.: Bortz, J.: Lehrbuch der Statistik, 2. Aufl., 1985, S. 225–227, 248–259.

Krankenhäuser, Rechnungswesen der
1. Rechtliche Grundlagen
Mit dem Gesetz zur wirtschaftlichen Sicherung der Krankenhäuser und zur Regelung der Krankenhauspflegesätze von 1972 (KHG) wurde die Bundesregierung in § 16 ermächtigt, durch Rechtsverordnung Vorschriften über Rechnungs- und Buchführungspflichten für Krankenhäuser zu erlassen. Nach den Zielvorstellungen des Verordnungsgebers soll das → *Rechnungswesen* der Krankenhäuser der innerbetrieblichen Betriebssteuerung dienen sowie eine externe Kontrolle der Wirtschaftsführung des Krankenhauses ermöglichen. Regelungen für die → *Buchhaltung*, den → *Jahresabschluß* sowie die Kosten- und Leistungsrechnung (→ *Kostenrechnungssysteme*) sind in der Verordnung über die Rechnungs- und Buchhal-

tungspflichten von Krankenhäusern (*Krankenhaus-Buchführungs*verordnung i.d.F. v. 24.3.1987 - KHBV -) vorgegeben. Der Geltungsbereich der KHBV umfaßt alle Krankenhäuser, unabhängig davon, ob das Krankenhaus von einem öffentlichen, freigemeinnützigen oder privaten Träger betrieben wird, die in die Bedarfspläne der Länder aufgenommen sind und öffentlich gefördert werden.

Die formelle und inhaltliche Gestaltung des Rechnungswesens von Krankenhäusern wird wesentlich durch die Konzeption der Krankenhausfinanzierung bestimmt. Die Ziele der Finanzierungsvorschriften werden in §1 KHG umschrieben. Abgeleitet aus der historischen Entwicklung wird vorrangig die wirtschaftliche Sicherung der Krankenhäuser genannt, um eine bedarfsgerechte Versorgung durch leistungsfähige Krankenhäuser bei sozial tragbaren Pflegesätzen zu gewährleisten. Damit wird die Vorhaltung von Krankenhäusern zur öffentlichen Aufgabe erklärt; §4 Abs. 1 KHG legt fest, daß Investitionen öffentlich gefördert werden. Sie sollen zusammen mit den Erlösen aus Benutzerentgelten die Selbstkosten decken. Daraus ergibt sich als Konzeption des KHG die sogenannte duale Finanzierung, wonach die Finanzierung der Krankenhäuser von zwei unabhängigen Entscheidungsträgern geregelt wird. Das hat jedoch zur Folge, daß betriebswirtschaftlich zusammengehörende Kostenbestandteile getrennt werden. Dieser Mangel verhindert die simultane Berücksichtigung von Anschaffungs- und Folgekosten bei → *Investitionsrechnungen*, was optimale betriebliche Entscheidungen unmöglich macht.

Die Benutzerentgelte sind nach §4 Bundespflegesatzverordnung 1985 ein zwischen Krankenhausträgern und Sozialleistungsträgern für einen zukünftigen Zeitraum (Pflegesatzzeitraum) vereinbarter Gesamtbetrag (Budget), mit dem sämtliche Behandlungskosten einschließlich der durch die Vorhaltung bedingten Betriebskosten vergütet werden. Nur bestimmte teure diagnostische und therapeutische Verfahren werden gesondert vergütet. Die Vereinbarung des prospektiven Budgets erfolgt auf der Grundlage vorauskalkulierter → *Selbstkosten* des Krankenhauses und unter Berücksichtigung der erwarteten Belegung.

2. Buchführung und Jahresabschluß

Die KHBV schreibt die → *kaufmännische Buchführung* nach den → *Grundsätzen ordnungsgemäßer Buchführung* (GoB) zwingend vor. Der zu verwendende → *Kontenrahmen* ist vorgegeben. Die Verpflichtung zur Erstellung eines Jahresabschlusses ergibt sich aus §3 Abs. 1 Satz 1 und 3 KHBV. Er setzt sich zusammen aus der → *Bilanz* sowie einer → *Gewinn- und Verlustrechnung*. Für den Inhalt des Jahresabschlusses, die *Bewertung der Aktiva* (→ *Bewertungsprinzipien*), die → *Abschreibungen* und die Ansätze von → *Passiva* sind die Vorschriften des HGB entsprechend anzuwenden. Dabei ist eine Mindestgliederung gemäß Anlage 2 KHBV zu berücksichtigen. Der Jahresabschluß wird ergänzt durch einen *Anlagennachweis* und einen *Nachweis der Fördermittel*. Der Anlagennachweis ist in drei Abschnitte unterteilt. In Abschnitt I sind die Anlagen zu erfassen, die der stationären Krankenversorgung dienen. In Abschnitt II sind die Anlagen auszuweisen, die nicht zum Kernbereich der stationären Krankenversorgung gehören. Abschnitt III enthält insbsd. Personalwohnheime und -wohnungen. Die formelle Gliederung des Nachweises der Fördermittel ist durch die Anlage 5 der KHBV vorgegeben. Sie erfolgt nach Art der Mittel gemäß KHG. Angestrebt wird damit ein Aufschluß über die Verwendung der Mittel und ihre bilanzielle Behandlung.

3. Leistungs- und Kostenrechnung

Nach §8 KHBV hat das Krankenhaus eine auf seine Aufgaben und Struktur abgestellte Leistungs- und Kostenrechnung zu führen, die die Beurteilung der Wirtschaftsführung unter Berücksichtigung der Leistungsfähigkeit des Krankenhauses erlaubt. Die Mindestanforderungen sind: Die Kosten sind nachprüfbar aus der Finanzbuchhaltung abzuleiten, die Kosten und Leistungen sollen den *Kostenstellen* verursachungsgerecht zugeordnet werden, für die nicht direkt zurechenbaren Kosten ist eine sachgerechte Umlage vorzunehmen, das System der Leistungs- und Kostenrechnung muß die Erstellung des Selbstkostenblattes ermöglichen. Das Rechenwerk soll eine *Kostenarten- und Kostenstellenrechnung* umfassen.

Eine zielbezogene *Kostenträgerrechnung* sieht der Gesetzgeber nicht vor. Nun fordert aber eine kostenorientierte Entscheidungsvorbereitung eine hohe Abbildungstreue der Kostenrealität. Das bedeutet, daß alle Rechengrößen bei den jeweils speziellsten Klassifikationsobjekten (Beobachtungs-, Entscheidungs- und Planungsobjekt) zu erfassen und auszuweisen sind. Im Krankenhausbetrieb sind die untersten Planungsobjekte die Prozeßleistungen in Diagnostik und Therapie (z. B. eine radiologische Untersuchung oder ein chirurgischer Eingriff). Durch die Erfassung dieser Leistungen können Strukturen, Vorgänge und auch Wirkungen diagnostischer und therapeutischer Maßnahmen offengelegt und einer Planung zugänglich gemacht werden. Zu beachten ist jedoch, daß diese lediglich den Faktoreinsatz eines Krankenhauses bei der Behandlung von Fällen (Krankheitsarten) darstellen, so daß als leistungsbezogener Kostenträger nur die Krankheitsarten (oder davon abgeleitete Größen) in Frage kommen. Jedoch beschränken sich entscheidungsorientierte Kosten (→ *Einzelkosten*) nicht nur auf Fälle bestimmter Krankheitsarten. So lassen sich Kosten eines Therapiegerätes oder Kosten eines Materials, das nicht in beliebig teilbaren Portionen beschaffbar ist, i. d. R. nicht mehr einzelnen Krankheitsarten, sondern nur noch Krankheitsartengruppen zuordnen. Da Kosten nur dort kontrolliert werden können, wo sie unmittelbar entstehen, beeinflußt und gemessen werden, ist ein System von Krankheitsartengruppen zu bilden, welches sicherstellt, daß die gesamten Kostenträgereinzelkosten eines Krankenhauses genau den sie jeweils verursachenden Krankheitsartengruppen zugeordnet werden.

4. Aufsicht und Prüfung

Da in bedarfswirtschaftlichen Krankenhäusern ökonomische Kenngrößen, die sich im erwerbswirtschaftlichen Bereich aus Konkurrenz und Marktmechanismus ergeben, weitgehend fehlen oder nur eingeschränkt funktionsfähig sind und deshalb nur bedingt wirksam werden, soll die Prüfung durch externe Prüfer im Krankenhauswesen als Hilfsmittel zur Preisfindung und als Regelfunktion zur Verbesserung der → *Wirtschaftlichkeit* dienen.

In der KHBV sind Vorschriften zur → *Prüfung des Jahresabschlusses* nicht enthalten, so daß er nach den jeweils landesrechtlichen Vorschriften, z. B. in Nordrhein-Westfalen nach dem Landeskrankenhausgesetze (KHG NW), in Hessen nach der Verordnung über die Wirtschaftsführung und das Rechnungswesen kommunaler Krankenhäuser, durchzuführen ist. Als Grundsätze für die Jahresabschlußprüfung können die handelsrechtlichen Bestimmungen (§ 317 Abs. 1 HGB) zugrunde gelegt werden. Danach hat sich die Prüfung darauf zu erstrecken, ob die Bestimmungen des Gesetzes und der Satzung über den Jahresabschluß beachtet sind. Für Krankenhäuser gelten als Bestimmungen die kaufmännischen Grundsätze ordnungsgemäßer Buchführung (GoB), die KHBV, §§ 238–283 HGB.

Die Effizienz des Behandlungsprozesses wird nicht untersucht. Solange sich jedoch die Wirtschaftlichkeitsprüfung fast nur auf formale Daten des Rechnungswesens stützt und die Ergebnisleistung eines Krankenhauses nicht berücksichtigt, erfüllt sie nur ein Teilziel ihrer Aufsichts- und Prüfungsfunktion.

Lit.: Bossert, R.: Externes Rechnungswesen von Krankenhäusern, in: von Eiff, W. (Hrsg.): Kompendium des Krankenhauswesens, Band 2, 1982, S. 135–178; *Morlock, A.:* Prüfung der Jahresabschlüsse der Krankenhäuser, in: von Eiff, W. (Hrsg.): Kompendium des Krankenhauswesens, Band 3, 1985, S. 179–191; *Hansen, K.:* Outcome Based Hospital Financing and Decision Oriented Hospital Management, in: Fandel, G. (Hrsg.): Management Problems in Health Care, 1988,

S. 141–157; *Hansen, K.*: Krankenhäuser, in: HWÖ, 1989, S. 838–847; *Krankenhausfachausschuß des IDW*: KAFA 1/1990: Einzelfragen zur Krankenhaus-Buchführungsverordnung (KHBV), in: FN 1990, S. 1–8; *Munk, V. u.a.*: Der Jahresabschluß des Krankenhauses, Losebls., 1996.

Professor Dr. Klaus Hansen, Hamburg.

Kreditfähigkeitsprüfung
→ *Sonderprüfungen.*

Kreditinstitute, Rechnungswesen der

1. Adressaten des Rechnungswesens von Kreditinstituten

K. nehmen in der Volkswirtschaft eine Sonderstellung ein, da sie Teil im Prozeß der Kredit- und Geldversorgungspolitik der Notenbank sind. Hieraus leiten sich als besondere Interessen des Staates die Erhaltung der Funktionsfähigkeit des Kreditgewerbes und die Wahrung des Gläubigerschutzes ab, die zu einer kreditinstitutsspezifischen Gesetzgebung (insbesondere im Gesetz über die Deutsche Bundesbank 1957 und im KWG 1961) und Überwachung durch das Bundesaufsichtsamt für das Kreditwesen (BAKred) geführt haben. Das BAKred und die Bundesbank sind daher neben den Anteilseignern und Gläubigern eines K. mit die wichtigsten externen Adressaten von Informationen aus dem Rechnungswesen (s. u.). Nach Inhalt und Aufgaben lassen sich bei K. internes (→ *Controlling*; → *Kosten- und* → *Erlösrechnung* als management-accounting) und externes (→ *Jahresabschluß*) Rechnungswesen unterscheiden.

2. Externes Rechnungswesen

a) Jahresabschluß. Eine → *Harmonisierung* und grundsätzliche Änderung des Jahresabschlusses der K. vollzieht sich mit der am 8.12.1986 verabschiedeten EG-Bankbilanz-Richtlinie (BBRL). Sie ergänzt die 4., 7. und 8. → *EG-Richtlinie* um bankspezifische Besonderheiten. Die Umsetzung der BBRL in deutsches Recht erfolgte durch das *Bankbilanzrichtlinie-Gesetz* (BaBiRiLiG) v. 30.11.1990 einschließlich der Verordnung über die Rechnungslegung der K. (RechKredV) v. 10.2.1992; erstmalige Anwendung ab dem Geschäftsjahr 1993.

Auch das → *International Accounting Standards Committee* bemüht sich mit dem IAS 30 v. 31.5.1990 um eine internationale Harmonisierung der Jahresabschlüsse von K.

K. unterliegen den allgemeinen und ergänzenden für Kapitalgesellschaften geltenden handelsrechtlichen Rechnungslegungsvorschriften des HGB (→ *Bilanzrichtlinien-Gesetz*; Ausnahmen: → § 340 a Abs. 2 HGB). Bankspezifische Rechnungslegungsvorschriften: §§ 340–340 o HGB und §§ 1–40 RechKredV (Regelungsinhalt: Formblätter, Ausweis- und Gliederungsvorschriften). Darüber hinaus gelten rechtsformspezifische Vorschriften (z. B. des AktG, GmbHG) und wenige zusätzliche Vorschriften für bestimmte K. (HBG, SchiffsBG, KAGG) sowie besondere Vorschriften für die *Jahresabschlußpublizität von Zweigniederlassungen* ausländischer Banken (§§ 340 Abs. 1, 340 l HGB). Daneben sind die in unmittelbarem Zusammenhang mit der Bankenaufsicht stehenden Vorschriften zur Vorlage von Rechnungslegungsunterlagen an das BAKred und die Deutsche Bundesbank (§§ 26–30 KWG) zu beachten.

K. haben rechtsform- und größenunabhängig innerhalb des Jahresabschlusses außer Bilanz, → *GuV* auch einen → *Anhang* und daneben einen → *Lagebericht* aufzustellen (→ *Bild der Vermögens- und Ertragslage*, → *Grundsätze ordnungsmäßiger Buchführung*).

K. sind stets prüfungspflichtig (§ 340 k HGB, Prüfungsrichtlinien des BAKred → *Prüfung des Jahresabschlusses*). Die Offenlegungspflichten sind rechtsform- und größenunabhängig ausgestaltet (§ 340 l HGB). Für K. mit Bilanzsumme bis 300 Mio. DM besteht die Möglichkeit der sog. Registerpublizität (statt Bundesanzeiger).

Die *Gliederung* der Bilanz und GuV von K. richtet sich nicht nach §§ 266, 275 HGB, sondern nach einem für alle K. einheitlichen Grundschema für Bilanz und GuV, institutsartspezifische Abweichungen werden über vorgeschriebene Ergänzungen (in Fußnoten zum Grund-Formblatt) berücksichtigt. Das Bilanzformblatt unterscheidet nicht zwischen → *Anlage-* und → *Umlaufvermögen.* Diese Differenzierung besitzt allerdings hinsichtlich der Bewertung, des GuV-Ausweises, vor allem bei Wertpapieren, sowie des Anlagespiegels (§ 34 Abs. 3 RechKredV) auch für K. Bedeutung.

Die *Gliederung der Bilanz* erfolgt auf der Aktivseite unter Liquiditätsgesichtspunkten (abnehmender Liquiditätsgrad), auf der Passivseite nach dem Risiko des Abrufes der Mittel. Verstärkt zum Ausdruck kommen Liquiditätsaspekte durch die Gliederung nach Restlaufzeiten, einer Hauptänderung des BaBiRiLiG (Restlaufzeitengliederung ist ab dem Geschäftsjahr 1998 vorzunehmen, § 340 d HGB, § 9 RechKredV, Übergangsregelung: § 39 RechKredV). Ursprungslaufzeiten geben demgegenüber bessere Einblicke in die Geschäftsstruktur (wie Tätigkeitsschwerpunkte, Rentabilitätseinflüsse). Für bankstatistische Zwecke wird weiterhin nach Ursprungslaufzeiten zu gliedern sein. Die Trennung der Kunden- von den Bankenforderungen sowie der → *Verbindlichkeiten* gegenüber K. von den bankgeschäftlichen Verbindlichkeiten gegenüber Kunden ermöglicht einen Einblick in die Interbankenbeziehungen.
In der Bilanz oder als Anhangangabe sind besonders herauszustellen: Geldmarktpapiere, nachrangige Vermögensgegenstände/Verbindlichkeiten (§ 4 RechKredV), Beteiligungen/Anteile an verbundenen Unternehmen, Beziehungen zu verbundenen Unternehmen/Unternehmen, mit denen ein Beteiligungsverhältnis besteht (§ 3 RechKredV), börsennotierte Wertpapiere nach Bilanzposten (§ 35 Abs. 1 Nr. 1 RechKredV), Pensionsgeschäfte (§ 340 b HGB), Treuhandgeschäfte (§ 6 RechKredV), Off-Balance-Bereich: Eventualverbindlichkeiten, Plazierungs- und Übernahmeverpflichtungen sowie unwiderrufliche Kreditzusagen – Ausweis unter dem Bilanzstrich (zusätzliche Anhangangaben §§ 27 Abs. 1, 35 Abs. 4–6 RechKredV), Termingeschäfte – Aufstellung über Arten nicht abgewickelter Geschäfte im Anhang (§ 36 RechKredV).
Die *Gliederung der GuV* kann bei K. entweder nach der Staffelform oder – bei K. üblich – in Kontoform erfolgen. Das GuV-Formblatt ist primär nach Erfolgsarten und in Teilbereichen nach Geschäftssparten strukturiert.

Das → *Bruttoprinzip* (§ 246 Abs. 2 HGB) wird in der GuV für K. durch drei spezifische Ausnahmen durchbrochen:

(1) Ertrag/Aufwand aus Finanzgeschäften gem. § 340 c Abs. 1 HGB,
(2) Ertrag/Aufwand aus Finanzanlagen gem. § 340 c Abs. 2 HGB (Wahlrecht), § 33 RechKredV,
(3) Nettorisikovorsorgesaldo gem. § 340 f Abs. 3 HGB, § 32 RechKredV (Wahlrecht der Überkreuzkompensation Bewertungsergebnis des Kreditgeschäfts/Ergebnis aus Wertpapieren der Liquiditätsreserve).

Neben dem Jahresüberschuß sind bei K. zwei Kennziffern für die Beurteilung der Ertragslage von zentraler Bedeutung: das *Teilbetriebsergebnis* und das *Betriebsergebnis* als Kennziffern für das gesamte operative Geschäft. Das Teilbetriebsergebnis setzt sich aus den Ergebniskomponenten Zins- und Provisionsüberschuß sowie Verwaltungsaufwand zusammen. Das Betriebsergebnis der K. ist inhaltlich erweitert worden: Es umfaßt nach neuer Definition neben dem Teilbetriebsergebnis und dem Ergebnis aus dem Eigenhandel (§ 340 c Abs. 1 HGB) auch den Nettorisikovorsorgesaldo gem. § 340 f Abs. 3 HGB sowie den Saldo der sonstigen betrieblichen Erträge/Aufwendungen.

Die Darstellung der Ergebnisverwendung ist durch die RechKredV für alle K. vorgeschrieben.

Bankspezifische Begriffsbestimmungen (z. B. Wertpapierbegriff, Treuhand- und Gemeinschaftsgeschäfte) sowie Ausweis- und Inhaltsvorschriften zu einzelnen Bilanz- und GuV-Posten sind in der RechKredV normiert.

Die *Bewertung* in der Bankbilanz richtet sich nach den grundlegenden Bewertungsvorschriften der §§ 252–256 HGB (→ *Be-*

wertungsprinzipien, → *Bewertungsstetigkeit)* und §§ 279–283 HGB. Spezielle Bewertungsvorschriften für K. enthalten die §§ 340 e-h HGB. K. müssen Wertpapierbestände im Hinblick auf die Bewertung in drei Kategorien aufteilen: (1) Handelsbestand, (2) wie Anlagevermögen behandelte Wertpapiere, (3) Wertpapiere der Liquiditätsreserve (Wertpapiere, die der Vorsorge dienen). Diese Zuordnung löst auch unterschiedliche GuV-Ausweise und Berichtspflichten im Anhang aus. Maßgebend für die Zuordnung ist die subjektive Zweckbestimmung des K., die begrenzt wird durch das Willkürverbot. Zum Anlagevermögen deklarierte Bestände setzen den Beschluß der Geschäftsleitung voraus. Bankspezifische Bewertungsvorschriften: Forderungen und Wertpapiere der Liquiditätsreserve dürfen abweichend von den §§ 253 Abs. 1 und 3, 279 Abs. 1 HGB bewertet und mit einem niedrigeren Wert angesetzt werden, soweit dies nach vernünftiger kaufmännischer Beurteilung zur Sicherung gegen die besonderen Risiken des Geschäftszweigs notwendig ist; der Betrag, der auf diese Weise gebildeten Vorsorgereserven darf 4 % des Buchwertes (vor Absetzung der Reserven) nicht überschreiten (§ 340 f Abs. 1 HGB). Diese § 340 f HGB-Reserven dürfen still gebildet und aufgelöst werden (im Wege der Überkreuzkompensation); sie sind wie thesaurierte Gewinne zu versteuern. Die Bildung dieser → *stillen Rücklagen* wird durch die Ertragskraft sowie die Notwendigkeit begrenzt, das offen ausgewiesene → *Eigenkapital* für die Einhaltung bankaufsichtlicher Relationen (z. B. §§10, 12, 13 KWG, Grundsätze I, Ia) stärken zu müssen. Eine offene Form der Reservebildung gewährt § 340 g HGB. Akuten Risiken aus Forderungen ist durch *Einzelwertberichtigungen* Rechnung zu tragen, während für latente Risiken nach BAKred *Pauschalwertberichtigungen* zu bilden sind.

Wertpapiere wie Anlagevermögen behandelt – wie Anlagevermögen bewertet: Wertpapiere, die wie Anlagevermögen behandelt werden, beinhalten jene Wertpapiere, die dazu bestimmt werden, dauernd dem Geschäftsbetrieb zu dienen (§ 340 e Abs. 1 HGB). Wertpapiere „wie Anlagevermögen bewertet" kennzeichnen jene Teilmenge der Anlagewertpapiere, die nicht zum strengen Niederstwertprinzip bewertet sind; sie sind im Anhang anzugeben (§ 35 Abs. 1 Nr. 2 RechKredV).

Bewertung von Fremdwährungsgeschäften erfolgt bei K. gem. gesetzlicher Norm des § 340 h HGB. Befreiungen von Erläuterungen zur Bewertung: §§ 340 a Abs. 2, 340 f Abs. 4 HGB; Bewertungsverstöße: § 256 Abs. 5 AktG; Auskunftsverweigerungsrecht des Vorstandes: §§ 131, 176 Abs. 1 AktG.

Für die Erstellung des Anhangs sind die §§ 284–288 HGB grundlegend. Die RechKredV (insb. §§ 34–36) enthält die bankspezifisch zu beachtenden Vorschriften, Ausnahmen: §§ 340a Abs. 2, 340f Abs. 2, 4 HGB.

b) Konzernabschluß. K. haben rechtsform- und größenunabhängig einen → *Konzernabschluß* (Konzern-Bilanz, -GuV, -Anhang) und einen Konzernlagebericht nach §§ 290–314 HGB aufzustellen. Die zusätzlich bestehenden bankspezifischen Konzernvorschriften ergeben sich aus §§ 340 i–j HGB, § 37 RechKredV.

c) Zwischenbericht. K., deren Aktien zum amtlichen Handel an einer Börse zugelassen sind, haben gem. §44 b BG, §§ 53–56 BörsZulV einen → *Zwischenbericht* zu veröffentlichen, jedoch gelten bankspezifische Regelungen (§ 57 Abs. 2 BörsZulV).

d) Rechenschaftslegung gegenüber staatlichen Behörden. K. haben der Bundesbank und dem BAKred nicht nur den Jahresabschluß und den Lagebericht einzureichen, sondern müssen auch im Rahmen statistischer Erhebungen nach § 18 BBankG bzw. dem KWG berichten. Diese Berichtspflicht umfaßt regelmäßige Meldungen (z. B. Monatliche Bilanzstatistik, vierteljährliche Kreditnehmerstatistik, jährliche Depotstatistik) ebenso wie Erhebungen aus besonderen Anlässen und die Aufbereitung von Zahlenmaterial mit gesamtwirtschaftlicher Zielsetzung. Die Monatliche Bilanzstatistik an die Bundesbank gilt zugleich als Monatsausweis nach § 25 KWG gegenüber dem BAKred.

Instrumente der Rechenschaftslegung gegenüber dem BAKred sind vor allem auch die Meldungen zu den *Grundsätzen* I, I a, II, III über eine *ausreichende Eigenkapital-* und *Liquiditätsausstattung* (§§ 10, 11 KWG), Grundsatz I zugleich für *K.-Gruppen* aufgrund einer *quotalen Zusammenfassung* (§ 10a KWG; → *Quotenkonsolidierung*), die *Anzeigen über Großkredite* (§§ 13, 13a KWG), die über die Bundesbank einzureichen sind, sowie *Organkreditanzeigen* nach § 16 KWG. *Millionenkredite* (ab 1.7.93: 3 Mio) sind an die Bundesbank zu übermitteln, die ihrerseits als Evidenzzentrale für die Verschuldung der Kreditnehmer fungiert (§ 14 KWG). Darüber hinaus haben K. die Meldepflichten nach § 24 KWG und über den Außenwirtschaftsverkehr (z. B. Auslandsstatus, Meldungen nach AWV) sowie zur Mindestreserve zu erfüllen. Die Abschlußprüfer haben bei K. auch die *wirtschaftlichen* Verhältnisse zu prüfen und die Einhaltung bestimmter Anzeigepflichten sowie der Verpflichtungen nach den §§ 12 und 18 KWG festzustellen (§ 29 KWG). Das Ergebnis hierüber ist in den → *Prüfungsbericht* aufzunehmen, der vom Abschlußprüfer unverzüglich nach Beendigung der Prüfung dem BAKred und der Bundesbank einzureichen ist (Ausnahme: § 26 Abs. 1 KWG). → *Sonderprüfungen* (§§ 26 Abs. 2, 30, 44 KWG). International tätige K. unterliegen zudem der Basler Eigenkapital-Empfehlung.

3. Internes Rechnungswesen

Wesentliche Funktion des internen Rechnungswesen ist es, die Entscheidungsträger auf den verschiedenen Ebenen des Unternehmens mit den notwendigen Informationen zur optimalen Geschäftssteuerung zu versorgen. Als eine der wesentlichen Steuerungsgrößen gilt in K. das Betriebsergebnis (einschl. der Risikovorsorgen für das Kreditgeschäft). Vor allem sind die Einflußgrößen und Quellen des Betriebsergebnisses transparenter zu machen, als dies in der veröffentlichten GuV möglich ist.

Quellen des Ergebnisses sind insbesondere

- Organisationseinheiten (z. B. Filialen, Zweigstellen),
- Geschäfts- und Unternehmensbereiche (z. B. Privatkunden, Firmenkunden),
- Produkte (Sparten), Produktgruppen,
- Kunden, Kundengruppen

und Kombinationen daraus. Für die Ergebnisanalyse kommen beispielhaft folgende Instrumente in Frage:

- Profit-Center-Rechnung,
- Unternehmensbereichsrechnung,
- Stückkostenrechnung, Spartenrechnung,
- Kundenkalkulation,
- Kennziffernsysteme.

Dabei stehen K. vor besonderen Problemen bei der Kosten- und Ertragsdarstellung, da die Bankleistungen i. d. R. aus der Verknüpfung von Wertleistung und Dienstleistung (z. B. Überweisungsauftrag) entstehen und nicht lagerfähig sind. Darüber hinaus sehen sich die K. einem sehr hohen Fixkostenblock gegenüber, d. h. der Anteil variabler Kosten tendiert in der kurzfristigen Betrachtung gegen Null (→ *Kosten, fixe und variable*). Die Zurechnung des Zinsnutzens (Darstellung der Wertleistung) auf die einzelnen Entstehungsbereiche (→ *Verrechnungspreise*) ist ebenfalls zu bewältigen (z. B. mit Hilfe von Marktzinsmethode, Teilzinsspannenrechnung oder Pool-Methode). Zusätzliche Schwierigkeiten ergeben sich für K. mit Filialnetz.

Informationen im Bereich der Entscheidungsvorbereitung können auch in K. je nach Problemstellung entweder auf der Basis von Vollkosten- oder Teilkostenrechnungen (→ *Kostenrechnungssysteme*; → *Deckungsbeitragsrechnung*) gewonnen werden.

Das interne Rechnungswesen steht heute zunehmend im Dienst des Controlling bei der Planung, Steuerung und Kontrolle der Erfolgskomponenten und des Gesamterfolges. Dazu gehört auch die Entwicklung von Instrumenten zum Risiko-Controlling in Form von *Frühwarnsystemen* für

- Bonitätsrisiken
- Marktrisiken
  - Währungsbestände
  - Zinsänderungen
  - Wertpapierbestände
- Liquiditätsrisiken

sowie die Vor- und Nachkalkulation der neuen Finanzierungsinstrumente.

Lit.: Dreher, E.: Das interne Rechnungswesen als Planungs- und Steuerungselement, in: Kolbeck, R. (Hrsg.): Risikovorsorge, Das Rechnungswesen als Informationsinstrument zur Steuerung und Kontrolle bankbetrieblicher Risiken, 1985, S. 87–108; *Krumnow, J.:* Die Analyse von Bankbilanzen mit Blick auf die EG-Bankbilanzrichtlinie, in: DBW 1987, S. 554–573; *Hagenmüller, K. F./Jakob, A.-F.:* Der Bankbetrieb, Bd. 3, Rechnungswesen, Bankpolitik, 5. Aufl., 1988; *IASC:* IAS 30: Disclosures in the Financial Statements of Banks and Similar Financial Institutions, 1990; *Prahl, R.:* Die neuen Vorschriften des Handelsgesetzbuches für Kreditinstitute, in: Wpg 1991, S. 401–409 und 438–445; *Naumann, T. K.:* Fremdwährungsumrechnung in Bankbilanzen nach neuem Recht, 1992; *Süchting, J.:* Bankmanagement, 3. Aufl., 1992, S. 80–184; *Ausschuß für Bilanzierung des Bundesverbandes deutscher Banken (Hrsg.):* Bankbilanzrichtlinie-Gesetz, 1993; *Köllhofer, D./Sprißler, W.:* Informationswesen und Kontrolle im Bankbetrieb, in: Obst, G./Hintner, O.: Geld-, Bank- und Börsenwesen, hrsg. von N. Kloten und J. H. v. Stein, 39. Aufl., 1993, S. 782–910; *Krumnow, J.:* Das Betriebsergebnis der Banken – ein aussagefähiger Erfolgsindikator?, in: ZfgK 1993, S. 64–68; *Krumnow, J.:* Europäische Bankenrechnungslegung in Deutschland, in: ZfgK 1993, S. 506–515; *Prahl, R./Naumann, T. K.:* Bankkonzernrechnungslegung nach neuem Recht, in: Wpg 1993, S. 234–246.

Dr. Jürgen Krumnow, Frankfurt.

Kreditor
= *Gläubiger.*

Kreditsicherungsprüfung
→ *Sonderprüfungen.*

Kreditstatus
= Kreditbilanz.

Bilanzähnliche Aufstellung über Höhe und Zusammensetzung (sowie Liquidierbarkeit) des Vermögens und der Schulden mit dem Zweck, die Möglichkeiten zur Schuldendeckung darzustellen. Daneben werden Informationen über als Sicherheit gegebene Vermögensteile, Bürgschaften, usw. und frei verfügbare Teile des Vermögens gegeben. Der K. wird zum einen gegliedert nach Kapitalherkunft und -verwendung und innerhalb dessen nach Fristigkeit und Fälligkeit des Eigenkapitals bzw. der Schulden (*Kapitalherkunft*) sowie der Vermögensgegenstände (*Kapitalverwendung*). Die Bewertung erfolgt nach dem → *Tageswert*, dabei erfolgt eine dem K. entsprechende vorsichtige Bewertung.

Die Kreditbilanz wird um eine → *Gewinn- und Verlustrechnung* ergänzt, die eine Aussage über die Fähigkeit des Kreditnehmers zur Zins- und Tilgungszahlung aus den Überschüssen (→ *Cash-Flow*) nach Abzug von Steuern machen soll.

Der K. wird häufig ergänzt um einen *Finanzstatus*, der vom K. in der Weise abweicht, daß nur bestimmte Posten erfaßt werden, die mit der Finanzgebarung der Unternehmen zusammenhängen. Beim Finanzstatus wird ein Liquiditätssaldo ermittelt durch Gegenüberstellung der vorhandenen Geldmittel zu den kurzfristig fälligen Verpflichtungen.

Lit.: Arians, G.: Sonderbilanzen, 2. Aufl., 1985, S. 124–130.

Kreditwürdigkeit
Fähigkeit eines Kreditnehmers, z. B. eines Unternehmens, zur fristgerechten Zins- und Tilgungszahlung von Krediten. Die K. wird im Rahmen einer *Kreditwürdigkeitsprüfung* durch den Kreditgeber festgestellt. Häufig benutzen die Kreditgeber Bonitätsskalen zur Einordnung der K. von Kreditnehmern. Der Kreditgeber nimmt dabei außer der Beurteilung der konjunkturellen und branchenmäßigen Entwicklung auch eine betriebsindividuelle Einschätzung des Unternehmens auf der Basis von veröffentlichten (→ *Jahresabschluß*, → *Lagebericht*, → *Kapital- und*

Finanzflußrechnung, → *Zwischenberichte*) und dem Kreditgeber zur Verfügung zu stellenden internen Daten (z.B. → *Finanzplanung*) vor. Dabei werden die Methoden der → *Bilanzanalyse*, insbesondere der → *Finanzanalyse* angewandt.

Lit.: Hauschildt, J./Leker, J.: Kreditwürdigkeitsprüfung, inkl. automatisierte, in: HWF, 2. Aufl., 1995, Sp. 1323–1335.

Kritischer Punkt
= Breaken-Even-Punkt.
→ *Break-Even-Analyse.*

Kündigung des Abschlußprüfers
Ein A. kann einen angenommenen Prüfungsauftrag nur aus wichtigem Grund kündigen. § 318 Abs. 6 HGB schließt dabei als wichtigen Grund ausdrücklich Meinungsverschiedenheiten über Inhalt, Einschränkung oder Versagung des → *Bestätigungsvermerkes* aus. Der A. hat über seine bisherigen Prüfungen zu berichten, die gesetzlichen Vertreter haben diesen Bericht dem AR vorzulegen (§ 318 Abs. 6 bzw. 7 HGB).

Kulanzrückstellung
Rückstellung für übernommene Gewährleistungen ohne rechtliche Verpflichtung. Gemäß § 249 Abs. 1 Nr. 2 HGB besteht für K. im → *Jahresabschluß* eine Passivierungspflicht; in der → *Steuerbilanz* sind K. zu bilden, wenn am Bilanzstichtag damit zu rechnen ist, daß diese Leistungen in der Zukunft bewilligt werden müssen. K. müssen grundsätzlich mit einem früheren Rechtsgeschäft in Verbindung stehen. Künftige Aufwendungen, die auf einer reinen Gefälligkeit beruhen und nicht mit einem früheren Rechtsgeschäft in Verbindung gebracht werden können, dürfen nicht als K. erfaßt werden (→ *Rückstellungen*).

Kuppelproduktion
= Komplementärproduktion.

Produktionsverfahren, bei dem zwangsläufig gleichzeitig unterschiedliche Produktarten, z. B. Gas und Koks oder Benzin und Heizöl in der Raffinerie, hergestellt werden. Für die Kostenermittlung bei K. gibt es spezielle → *Kalkulationsverfahren.*

Kurs-Gewinn-Verhältnis
= Price-Earnings-Ratio.

Kennzahl aus der Aktienanalyse, bei der der Preis je Aktie (Kurswert) zum → *Gewinn je Aktie* ins Verhältnis gesetzt wird. Aus dem Vergleich z.B. mit dem branchendurchschnittlichen K. läßt sich dann näherungsweise abschätzen, ob eine Aktie eher überbewertet (überdurchschnittliches K.) oder eher unterbewertet (unterdurchschnittliches K.) ist. Die Kennzahl K. ergänzt die Aussagen aus der → *Bilanzanalyse.*

Kurzkalkulation
Vereinfachte, schnell handhabbare Kalkulationsverfahren zur frühzeitigen Abschätzung der Produktkosten in der Phase der Entwicklung und Konstruktion eines Produktes. Hierzu gehört z. B. die Kilokostenmethode, bei der vereinfachend das Gewicht als (einzige) Einflußgröße der Kosten unterstellt wird.

Lit.: Horváth, P./Gleich, R./Scholl, K.: Vergleichende Betrachtung der bekanntesten Kalkulationsmethoden für das kostengünstige Konstruieren, in: Männel, W.: Frühzeitiges Kostenmanagement, krp-Sonderh. 1/1996, S. 53–62.

L

Lagebericht

1. Begriff und Abgrenzung zum Anhang. Der L. ist eine schriftliche Darstellung des Geschäftsverlaufs und der wirtschaftlichen Situation, die von bestimmten Unternehmen in Ergänzung des Jahresabschlusses aufzustellen und zu veröffentlichen ist. Anders als der Anhang, der vor allem Bilanz und GuV erläutert, dient der L. in erster Linie einer Gesamtbeurteilung des Unternehmens aus der Sicht der Geschäftsführung. Überschneidungen zwischen beiden Berichten sind allerdings nicht auszuschließen, da der Gesetzgeber den jeweiligen Inhalt nicht abschließend geregelt hat. Es gibt freiwillige Angaben (z. B. eine Kapitalflußrechnung) und Pflichtangaben (z. B. die Entwicklung der Zahl der Beschäftigten), die sowohl dem L. als auch dem Anhang zugeordnet werden können.

2. Zur Aufstellung verpflichtete Unternehmen. Einen L. müssen aufstellen

- große und mittelgroße AG, KGaA und GmbH (§ 264 Abs. 1 HGB),
- eingetragene Genossenschaften (§ 336 Abs. 1 HGB),
- die dem PublG unterliegenden Unternehmen – mit Ausnahme der Personenhandelsgesellschaften und des Einzelkaufmanns – (§ 5 Abs. 2 PublG),
- Versicherungsunternehmen (§ 341 a Abs. 1 HGB),
- Kreditinstitute (§ 340 a Abs. 1 HGB),
- Mutterunternehmen von Konzernen, sofern sie zur Aufstellung eines Konzernabschlusses verpflichtet sind (§§ 315, 340 i Abs. 1, 341 i Abs. 1 HGB, § 11 PublG).

L. werden darüber hinaus auch von Eigenbetrieben, Landesbetrieben, der Bundesbank, bestimmten öffentlich-rechtlichen Körperschaften und Anstalten sowie privatrechtlichen Unternehmen, an denen die öffentliche Hand beteiligt ist, aufgestellt. In den von diesen Unternehmen anzuwendenden Vorschriften (z. B. den Errichtungsgesetzen) wird anstelle des Begriffs L. häufig noch der (weitergehende) Begriff „Geschäftsbericht" verwandt.

3. Inhalt. Gemäß § 289 HGB sind im L. „zumindest der Geschäftsverlauf und die Lage der Kapitalgesellschaft so darzustellen, daß ein den tatsächlichen Verhältnissen entsprechendes Bild vermittelt wird". Darüber hinaus soll der Bericht auch eingehen auf

- Vorgänge von besonderer Bedeutung, die nach dem Schluß des Geschäftsjahrs eingetreten sind,
- die voraussichtliche Entwicklung der Kapitalgesellschaft,
- den Bereich Forschung und Entwicklung,
- bestehende Zweigniederlassungen.

Da eine bestimmte Gliederung des L. nicht vorgeschrieben ist, braucht sein Aufbau der im Gesetz genannten Reihenfolge der Berichtsgegenstände nicht zu entsprechen.

Der Umfang des L. differiert in der Praxis sehr stark (von wenigen Zeilen bis zu mehreren Seiten im Bundesanzeiger). Neben Branche, Größe und wirtschaftlicher Situation hängen Umfang und Inhalt des L. wesentlich von der Einstellung der Geschäftsleitung zu diesem Publizitätsmittel ab (Möglichkeit zur Selbstdarstellung gegenüber Kapitalgebern, Arbeitnehmern, Geschäftspartnern und der Öffentlichkeit oder lästige Pflicht). Die im folgenden genannten Berichtsgegenstände werden (mit Ausnahme der Forschung, der voraussichtlichen Entwicklung und der Zweigniederlassungen) im Gesetz nicht erwähnt; sie sind Interpretationen des § 289 HGB. In anderen Ländern der EU wird der Inhalt des L. z. T. detaillierter vorgeschrieben als in Deutschland.

Wichtigste Berichtsgegenstände:

- *Organisation und Rechtsbeziehungen* des Unternehmens (z. B. Änderungen der Organisationsstruktur, rechtliche Verselbständigung oder Ausgliederung von Betriebsteilen, Wechsel der Rechtsform oder der Hauptbeteiligten, Abschluß von Unternehmensverträgen, wesentliche Rechtsstreitigkeiten);

- *Produktion und Absatz* (z.B. Produktionsmengen, Umsatz und Auftragseingänge nach Sparten, Exportanteil, Kapazitätsauslastung, Qualitätssicherung, Änderungen in den Absatzwegen, Kooperationen, Marktanteile, Preisentwicklung);
- *Beschaffung* (z.B. Versorgungslage bei Roh-, Hilfs- und Betriebsstoffen, Preisentwicklung im Einkauf, Änderungen der Vorratspolitik);
- *Investition und Finanzierung* (z.B. Investitionsschwerpunkte und -volumen, Anteil der Innen- und Außenfinanzierung, Zinsbelastung, Bestehen bedeutender Leasingverträge, Ausgabe von Wertpapieren, Bestellung wesentlicher Sicherheiten, Liquiditätssituation);
- *Forschung und Entwicklung* (z.B. Einsätze und Ausbringungen, Eigen- und Fremdbezug, Schwerpunkte, Zuwendungen der öffentlichen Hand);
- *Umweltschutz* (z.B. entsprechende Investitionen, Maßnahmen zur Verminderung oder Beseitigung von Abfall, Umweltverträglichkeit der Produkte, Altlastensanierung, Teilnahme an Umweltprüfung/Öko-Audit);
- *Beteiligungen* (z.B. Produktion, Umsätze, Ergebnisse, Eigenkapitalveränderungen);
- *bestehende Zweigniederlassungen* (z.B. Zahl, geographische Verbreitung, abweichende Firmierung, Geschäftsfelder, wirtschaftliche Entwicklung);
- *Jahresergebnis* (z.B. Gewinn/Verlust im Vergleich zum Vorjahr, vorgeschlagene Dividende oder Gewinnabführung, Ursachen von Minderungen des Jahresüberschusses, Entwicklung typischer Kostenarten, Einfluß außerordentlicher und periodenfremder Aufwendungen und Erträge auf das Jahresergebnis);
- *Ausblick auf das nächste, evtl. übernächste Geschäftsjahr* (d.h. erwartete Entwicklungen in den vorgenannten Bereichen; in der Praxis überwiegend unstrukturiert und global).

Über *Vorgänge von besonderer Bedeutung, die nach Schluß des Geschäftsjahrs* (bis zum Tag der Feststellung des Jahresabschlusses) eingetreten sind (z.B. Abschluß eines Unternehmensvertrags, Eingang bedeutender Aufträge, Anstieg der Rohstoffpreise, unerwarteter Eintritt von Verlusten, Sanierungsmaßnahmen, Marktentwicklung, neue gesetzliche Regelungen) wird entweder bei den genannten Berichtsgegenständen oder gesondert informiert (sog. Nachtragsbericht). Im L. ist auch auf *soziale Fragen* einzugehen, sofern man es nicht vorzieht, diesen Teil in den Anhang zu übernehmen (z.B. Lohnveränderungen, Arbeitszeitentwicklung, Aus- und Fortbildung, Soziale Leistungen, Mitarbeiterbeteiligungen, Unfälle, Fluktuation). Nicht selten werden auch Angaben zu gesamtwirtschaftlichen und branchenbezogenen *Rahmenbedingungen* (z.B. Konjunkturdaten, Kaufkraftentwicklung, Strukturprobleme des Wirtschaftszweiges) in den L. aufgenommen.

Große und mittelgroße AG und KGaA, die abhängig sind, müssen in den L. auch die Schlußerklärung zum *Abhängigkeitsbericht* aufnehmen (§ 312 Abs. 3 AktG). Bei den kleinen Gesellschaften gehört diese Erklärung in den Anhang.

4. Prüfung. Der L. unterliegt der Pflichtprüfung durch den *Abschlußprüfer*; ohne Prüfung des L. kann der Jahresabschluß nicht festgestellt werden. Für Kapitalgesellschaften (analog anzuwenden auf die übrigen zur Aufstellung verpflichteten Unternehmen) bestimmt § 317 Abs. 1 HGB, daß der L. daraufhin zu prüfen ist,

- ob er mit dem Jahresabschluß in Einklang steht und
- ob die sonstigen Angaben im L. nicht eine falsche Vorstellung von der Lage des Unternehmens erwecken.

Zu prüfen ist, ob die Zahlen und Erläuterungen des Jahresabschlusses zur Vermögens-, Finanz- und Ertragslage im L. zutreffend beurteilt worden sind und ob die Angaben des L., die dem Jahresabschluß nicht unmittelbar entnommen werden können (z.B. Auftragslage, Forschungstätigkeit, Prognosen, Ereignisse

Lageberícht

nach dem Bilanzstichtag) geeignet sind, einen falschen Gesamteindruck der wirtschaftlichen Situation der Unternehmung zu vermitteln. Die beiden Aufgaben unterscheiden sich in den Gegenständen und den Prüfungsmethoden, nicht in der Intensität der Prüfung (die insgesamt allerdings gegenüber der Prüfung des Jahresabschlusses geringer ist).

Der L. der AG, KGaA und eG ist auch von dem jeweiligen Aufsichtsrat zu prüfen. Die Darstellung darf insb. nicht im Gegensatz zur Tendenz der Quartalsberichte des Vorstands an den Aufsichtsrat stehen. Billigt der Aufsichtsrat der AG zwar den Jahresabschluß, nicht aber den L., so ist der Jahresabschluß zwar regelmäßig festgestellt, die abweichende Meinung hinsichtlich des L. muß jedoch im Bericht des Aufsichtsrates erwähnt werden.

5. Publizität. Mittelgroße und große Kapitalgesellschaften, alle Genossenschaften, Kreditinstitute und Versicherungsunternehmen sowie die dem PublG unterliegenden Unternehmen (soweit sie einen L. aufstellen müssen) haben den L. zum Handels- bzw. Genossenschaftsregister einzureichen. Die großen Kapitalgesellschaften, die dem PublG unterliegenden Unternehmen (mit vorgenannter Einschränkung) sowie die großen Kreditinstitute und Versicherungsunternehmen müssen den L. darüber hinaus im Bundesanzeiger veröffentlichen. Der L. der AG, KGaA und eG ist in den Geschäftsräumen zur Einsichtnahme der Gesellschafter auszulegen; bei der GmbH ist er den Gesellschaftern vorzulegen.

6. Internationale Rechnungslegung. Einen IAS zum Inhalt des L. gibt es nicht. In verschiedenen IAS wird allerdings auf einzelne Bestandteile eines *directors' report* eingegangen. Hingewiesen sei auf IAS 5 (u.a. Geschäftstätigkeit und Rechtsform), IAS 9 (u.a. die in der Periode als Aufwand behandelten Forschungs- und Entwicklungskosten sowie Angaben zu aktivierten Entwicklungskosten), IAS 10 (u.a. Angaben zu nach dem Bilanzstichtag eingetretenen Ereignissen mit einer Schätzung der finanziellen Auswirkungen bzw. eines Hinweises auf die Unmöglichkeit einer derartigen Schätzung), IAS 14 (Segmentberichterstattung) und IAS 20 (u.a. Hinweise auf Regierungsbeihilfen, die das Unternehmen erhalten hat).

In den USA gehört der vergleichbare Bericht zu den grundsätzlich ungeprüften Teilen des Geschäftsberichts (annual report). Unternehmen, die der Börsenaufsicht unterliegen, haben bei der Veröffentlichung die Regulation S-K (hier § 229.303/Item 303) der SEC zu beachten. In diesem Teil des annual report (zumeist – wie in der Verordnung – überschrieben mit „management's discussion and analysis of financial condition and results of operations") ist einzugehen auf:

- *Liquidität/liquidity* (Geldbestände und finanzielle Verpflichtungen auf kurze und lange Sicht, vorgesehene Maßnahmen zur Schließung von Deckungslükken);
- *Kapitalquellen/capital resources* (eingetretene und beabsichtigte Änderungen in der Zusammensetzung des Kapitals, Kapitalkosten, nicht bilanzierte Finanzkontrakte);
- *Betriebsergebnisse/results of operations* (unübliche Ereignisse, wesentliche Änderungen der wirtschaftlichen Rahmenbedingungen, Entwicklung der Erträge, Aufwendungen und Gewinne einschl. Erwartungen, Auswirkungen von eigenen und fremden Preiserhöhungen, Änderungen in der Mengenausbringung und Einführung neuer Produkte/Dienstleistungen auf den Gewinn).

In der Berichtspraxis werden i.d.R. auch erwähnt:

- *Änderungen in den Bilanzierungs- und Bewertungsmethoden* (insb. Hinweise auf neue FASB-Standards);
- *Umweltschutz* (insb. Ausgaben und Ziele).

Der Bericht soll mindestens die letzten 3 Jahre umfassen. Er darf nicht nur Zahlen des Jahresabschlusses wiederholen, sondern muß Begründungen für Abweichungen liefern. Soweit dies zur Beurteilung

des Unternehmens im ganzen notwendig ist, sind segmentierte Angaben zu machen. Falls der Emittent ein ausländisches Unternehmen ist, muß der Bericht auch einen Hinweis auf die Übereinstimmung des Jahresabschlusses mit den US-GAAP bzw. Erklärungen der Unterschiede zum nationalen Recht des Bilanzierenden enthalten.
Einzelne Gegenstände der management's discussion werden auch in den SFAS angesprochen (z. B. SFAS No. 89: Financial Reporting and Changing Prices).

Lit.: Sieben, G.: Offene Fragen bei der Erstellung und Prüfung des Lageberichts, in: Bilanz- und Konzernrecht, FS für Goerdeler, 1987, S. 581–600; *Müller, E.:* Der Lagebericht, in: Beck HdR, ab 1987, B 50; *Baetge, J./Fischer, R./Paskert, D.:* Der Lagericht, 1989; *Castan, E.:* Rechnungslegung der Unternehmung, 3. Aufl., 1990, S. 395–417; *Olbricht, Th.:* Die wirtschaftliche Lage der Kapitalgesellschaft, 1992; *Krumbholz, M.:* Die Qualität publizierter Lageberichte, 1994; *Wenzler, Ch.:* Die Komponenten des Geschäftsberichts, 1994; *Reittinger, W.:* Der Lagebericht, in: HdJ, Abt. IV/3, 2. Neubearb., 1994; *ADS*, 6. Aufl., Bd. 2, 1995, § 289 HGB,Tz. 1–129; *Krawitz, N.*, in: BonnerHR, 2. Aufl., 1995, § 289 HGB, Rz. 1–120; *Lück, W.*, in: Küting/Weber: HdR, 4. Aufl., Bd. I a, 1995, S. 2005–2027; *Ellrott, H.*, in: Beck Bil.-Komm., 3. Aufl., 1995, § 289 HGB, S. 1311–1324; *WP-Handb. 1996*, Bd. 1, 11. Aufl., 1996, S. 485–495; *IASC:* International Accounting Standards 1997, 1997; *SEC:* Guidelines. Rules and Regulations, 1997.

Professor Dr. Edgar Castan, Hamburg.

Lagerbuchhaltung
Eine der regelmäßigen mengen- und wertmäßigen Erfassung des → *Vorratsvermögens* dienende Buchhaltung vor allem zur Ermittlung der *kurzfristigen* → *Erfolgsrechnung*. Neben der laufenden Erfassung von Zu- und Abgängen im Vorratsvermögen kann die Ermittlung der Abgänge auch über die kontinuierliche Erfassung der Zugänge und der Bestandsermittlung aus der → *Inventur* erfolgen. Durch die Möglichkeit des EDV-Einsatzes gewinnt die erste Form in der betrieblichen Praxis zunehmend an Bedeutung.

Lagerinvestition
Sach- oder Realinvestition in den Aufbau von Lagerbeständen.

Langfristfertigung
1. Begriff und Problem

Als L. wird die Herstellung und Lieferung von Anlagegütern dann bezeichnet, wenn sie sich über einen Abschlußstichtag oder über mehrere hinaus erstreckt. Die Anlagen bestehen gewöhnlich aus mehreren in sich komplexen Aggregaten oder Bestandteilen (z. B. ganze Fertigungsstätten, Staudämme). Der Lieferungsvertrag sieht in der Regel auch die Erbringung umfangreicher, sich auch über längere Zeit erstreckender Dienstleistungen und die Übernahme von Funktionsgarantien vor. Der Vertrag hat gewöhnlich die Form eines Werklieferungs- oder eines normalen Werkvertrages (§§ 631–651 BGB).

Das Hauptproblem der Rechnungslegung bei L. besteht in der Zurechnung von Ausgaben und Einnahmen auf die einzelnen Perioden der Herstellung und Lieferung von Anlagegütern (Bearbeitungszeitraum). Dies ist gesetzlich kaum geregelt. Vor allem stellt sich das Problem, welcher Periode die Akquisitionsausgaben sowie die → *Gemeinkosten* und Gewinne aus dem Auftrag zugerechnet werden. Je später der Zeitpunkt der Abrechnung und damit der Entstehung des Erlöses und der Gewinnvereinnahmung innerhalb des Bearbeitungszeitraumes liegt, um so vorsichtiger ist einerseits die Bewertung im Sinne des Gläubigerschutzes; denn es besteht die Gefahr, daß Gewinne ermittelt und ausgeschüttet werden, die durch später unerwartet auftretende Kosten des Auftrages aufgezehrt werden. Andererseits wird aber bei späterer Gewinnvereinnahmung wegen der unterschiedlich langen Bearbeitungszeiträume möglicherweise die Vergleichbarkeit der Periodenergebnisse und damit der Informationswert der Abschlüsse beeinträchtigt.

Langfristfertigung

2. Sondereinzelkosten des Vertriebs

Eine L. wird in aller Regel erst nach Erteilung eines Auftrages durch einen Abnehmer aufgenommen. Der Auftragserteilung gehen häufig Vorverhandlungen und die Ausarbeitung von gewöhnlich umfangreichen Angebotsunterlagen voraus. Mit der Auftragserteilung werden mitunter Gebühren für die Versicherung, insbesondere politischer Risiken bei Lieferungen in das Ausland (z. B. Ausfuhrbürgschaften der Hermes-Kreditversicherungs AG) und Provisionen fällig. Ausgaben für die Auftragsakquisition, die vor der technischen Fertigung auftreten, gelten nach h. M. als Vertriebskosten; ihre Abgrenzung von den Fertigungskosten ist insoweit problematisch, als Kosten z. B. für Konstruktionsunterlagen zwar im Angebotsstadium anfallen, aber für erhaltene Aufträge nutzbar sind. Gem. § 255 Abs. 2 Satz 6 HGB dürfen Vertriebskosten nicht in die aktivierbaren → *Herstellungskosten* einbezogen werden. Nach h. M. gilt das Verbot auch für Sondereinzelkosten des Vertriebs, die nach § 153 Abs. 2 AktG 1965 als aktivierbar galten. Insofern ist eine bedeutsame Änderung der Bewertungsvorschrift eingetreten. Soweit → *Einzelkosten* im Angebotsstadium als Herstellungskosten angesehen werden, besteht eine Aktivierungspflicht.

3. Anteilige Zinsen

Bei L. ist in den unfertigen Erzeugnissen Kapital über einen im Vergleich zur kurzfristigen Fertigung langen Zeitraum gebunden. Der Einbeziehung effektiver Zinsen einzelner Fremdkapitalpositionen steht die grundsätzliche Unmöglichkeit entgegen, diese Finanzierungsquellen einzelnen Aktivpositionen verursachungsgemäß exakt zuzuordnen. Wenn das Unternehmen allerdings vom Auftraggeber Anzahlungen, von Zulieferern Zahlungsziele für Material oder von Dritten Kredite für genau bestimmte Aufträge erhalten hat, können dafür gezahlte Zinsen den Aufträgen ausnahmsweise eindeutig zugeordnet werden. In diesen Fällen dürfen gem. § 255 Abs. 3 Satz 2 HGB Zinsen für Fremdkapital, das zur Finanzierung der Herstellung eines Vermögensgegenstandes verwendet wird, angesetzt werden, soweit sie auf den Zeitraum der Herstellung entfallen; in diesem Falle gelten sie als Herstellungskosten des Vermögensgegenstands.

4. Gewinnrealisierung

a) Anteilige Gewinnvereinnahmung. Eine Gewinnvereinnahmung entsprechend dem Grade der Fertigstellung der Anlage (*Percentage-of-completion-Methode*), wie sie zum Teil im Ausland üblich ist, entspricht nicht den Vorschriften des HGB. Erzeugnisse sind höchstens mit den Herstellungskosten anzusetzen, ein Gewinn ist gem. § 252 Abs. 1 Nr. 4 HGB erst mit seiner Realisierung auszuweisen. Eine anteilige Gewinnvereinahmung ist ein Verstoß gegen die das deutsche Bilanzrecht beherrschenden Anschaffungswert- und Realisationsprinzipien. Auch Ausnahmen von diesen Prinzipien sind zumindest mit dem Wortsinn des HGB nicht vereinbar. Dies gilt auch z. B. dann, wenn die Endabrechnung erst nach längerer Zeit möglich ist, der Auftrag erhebliche Bedeutung hat und daher die spätere Vereinnahmung des Gewinns ein falsches Bild von der Ertragslage der Gesellschaft vermitteln würde oder wenn ohne anteilige Gewinnvereinnahmung eine erhebliche Schädigung des Unternehmens infolge verminderter Kreditwürdigkeit einträte oder es sich um einen Auftrag auf Basis einer Selbstkostenerstattung mit Gewinnzuschlag handelte. Die Durchbrechung einer gesetzlichen Vorschrift und beherrschender Prinzipien der → *Grundsätze ordnungsmäßiger Buchführung* bedürften überzeugender Begründungen. Diese sind jedoch für die anteilige Gewinnvereinnahmung unrealisierter Gewinne bei langfristiger Fertigung auch in diesen Fällen nicht gegeben. Die Nachteile können durch entsprechende Erläuterungen des Jahresabschlusses weitgehend vermieden werden. Für Kapitalgesellschaften kann sogar eine zusätzliche Angabe im → *Anhang* erforderlich sein, um der Verpflichtung des § 264 Abs. 2 HGB zu genügen, ein den tatsächlichen Verhältnissen entsprechendes → *Bild der Vermögens-, Finanz- und Ertragslage* zu vermitteln.

b) Teilgewinnrealisierung. Wird für Produkte aus L. vereinbart, daß technisch in sich abgeschlossene Teile des Gesamtauftrages getrennt geliefert, gegebenenfalls montiert, vom Auftraggeber abgenommen und vom Lieferanten abgerechnet werden, bevor der Gesamtauftrag abgewickelt ist (z. B. einzelne Blöcke eines Kraftwerkes) und nimmt der Lieferant eine Teilabrechnung vor, so tritt bilanziell für die Teillieferung an die Stelle des Vorratsbestandes eine Forderung aus Lieferung und Leistung, gegebenenfalls abzüglich einer erhaltenen Anzahlung für die Teillieferung. Der Vorgang ist insoweit erfolgswirksam, als die Forderung den Wertansatz für den entsprechenden Erzeugnisbestand überschreitet. Bei der Abnahme wird gewöhnlich eine Mängelliste aufgestellt. Die für die Beseitigung der Mängel erforderlichen Ausgaben sind zurückzustellen. Zugleich sind weitere → *Rückstellungen* zu bilden, wenn mit der Teillieferung Gewährleistungsrisiken verbunden sind, und Wertberichtigungen, wenn ein Kreditausfallrisiko besteht; außerdem ist eine Rückstellung für drohende Verluste aus schwebenden Geschäften zu bilden, wenn sich dieses Risiko für die restlichen Teile des Gesamtauftrages ergibt. Strittig ist, unter welchen Voraussetzungen eine Teilgewinnrealisierung durch Teilabrechnungen zulässig ist (*Backhaus*, 1980). Besonders bedeutsam ist, ob der Lieferer ein Gesamtfunktionsrisiko für den Gesamtauftrag übernommen hat. Ist dies der Fall, so können auch für die bereits abgenommene und abgerechnete Teillieferung noch Kosten anfallen, die sich daraus ergeben, daß die Gesamtanlage funktionsfähig gemacht werden muß. Weitere Risiken ergeben sich dann, wenn die Teilabnahme hinfällig wird, falls die Fertigstellung oder die Gesamtabnahme durch Dritte, z. B. staatliche Stellen, verhindert wird und wenn an Arbeitsgemeinschaften geliefert wird, die zwischen dem Bilanzierenden und dem Endauftraggeber geschaltet sind. Falls eine Teilgewinnrealisierung durch Teilabrechnung vorgenommen wird, erscheint für Kapitalgesellschaften eine Angabe im Anhang über diese Bewertungsmethode gem. § 284 Abs. 2 Nr. 1 HGB erforderlich.

c) Gesamtgewinnrealisierung. Die vorsichtigste Art der Gewinnrealisierung ist es, die Abrechnung eines Auftrages erst dann vorzunehmen, wenn die vertraglichen Lieferungen und Leistungen vollständig erbracht und die Gesamtanlage vom letzten Auftraggeber endgültig abgenommen ist (*Completed-contract-Methode*). Sie entspricht ohne Zweifel den GoB. Falls infolge der daraus resultierenden Ergebnisschwankungen das → *Bild der Vermögens-, Finanz- und Ertragslage des Unternehmens* beeinträchtigt wird, kann dies durch entsprechende Angaben im Anhang weitgehend gemildert werden. Wegen der mit der L. häufig verbundenen schwer überschaubaren Risiken bis zur endgültigen Abnahme sollte aber dem Gläubigerschutz durch strenge Beachtung des → *Realisationsprinzips* Vorrang eingeräumt werden.

Lit.: Backhaus, K.: Die Gewinnrealisierung bei mehrperiodigen Lieferungen und Leistungen in der Aktienbilanz, in: ZfbF 1980, S. 347–360; *Döll, B.:* Bilanzierung langfristiger Fertigung, 1984; *Leffson, U.:* Grundsätze ordnungsmäßiger Buchführung, 7. Aufl., 1987, S. 278–288; *Zieger, M.:* Gewinnrealisierung bei langfristiger Fertigung, 1990; *Busse von Colbe, W:* Langfristige Fertigung, Prüfung der Rechnungslegung, in: HWRev., 2. Aufl., 1992, Sp. 1197–1207; *IASC:* IAS 11: Construction Contracts, 1993; *Ellrott, H./Fitzner, G.*, in: Beck Bil.-Komm., 3. Aufl., 1995, § 255 HGB, Anm. 457–466; *Selchert, F. W.*, in: Küting/Weber: HdR, 4. Aufl., Bd. I a, 1995, S. 854–859.

Professor Dr. Dr. h. c. mult. Walther Busse von Colbe, Bochum.

Latente Steuern

1. Überblick

Die Steuern vom Einkommen und vom Ertrag werden ausgehend von der Steuerbilanz ermittelt und in die handelsrechtliche GuV als Aufwand übernommen. Weicht die steuerliche Bemessungsgrundlage vom Ergebnis der Handelsbilanz ab,

Latente Steuern

steht der im Jahresabschluß ausgewiesene Steueraufwand in keiner erklärbaren Beziehung zum Jahresüberschuß. Diese Diskrepanz soll durch den Ansatz L. (*Steuerabgrenzung*) überwunden werden. L. lassen sich GuV-orientiert definieren als die Differenz zwischen dem tatsächlichen Steueraufwand einer Abrechnungsperiode und jenem Steueraufwand, der sich ergeben würde, wenn das handelsbilanzielle Ergebnis Grundlage der Steuerberechnung wäre. Die Höhe L. läßt sich nach folgender Formel bestimmen:

Latente Steuern = $s^* (G_{HB} - G_{StB})$

mit s = Ertragsteuersatz

G_{HB} = Handelsbilanzgewinn

G_{StB} = Steuerbilanzgewinn

Ist G_{HB} größer als G_{StB} (Fall 1), entsteht ein latenter Steueraufwand und ein korrespondierender Passivposten, umgekehrt (Fall 2) ein latenter Steuerertrag und ein korrespondierender Aktivposten. Fall 1 ergibt sich, wenn ein Ertrag in der Handelsbilanz früher als in der Steuerbilanz erscheint (1.1) und/oder ein Aufwand in der Handelsbilanz später als in der Steuerbilanz abgebildet wird (1.2). Umgekehrt ergibt sich Fall 2, wenn ein Ertrag in der Handelsbilanz später als in der Steuerbilanz erscheint (2.1) und/oder ein Aufwand in der Handelsbilanz früher als in der Steuerbilanz abgebildet wird (2.2). L. können aber auch bilanzorientiert erklärt werden. Werden bestehende Unterschiede in den Wertansätzen von Vermögensgegenständen und Schulden zwischen Handels- und Steuerbilanz mit dem Steuersatz multipliziert, so entsteht daraus in der Handelsbilanz grundsätzlich eine latente Steuerverbindlichkeit oder -forderung. Ist hiernach ein Vermögensgegenstand (Verbindlichkeit) in der Handelsbilanz höher (niedriger) bewertet als in der Steuerbilanz, so ergibt sich eine passive Steuerlatenz, andernfalls eine aktive.

2. Gegenstand der Steuerabgrenzung

a) Timing-Konzept. Die Differenzen zwischen steuer- und handelsbilanziellem Ergebnis lassen sich nach dem GuV-orientierten *Timing-Konzept* hinsichtlich des Zeitbezugs ihres Ausgleiches in den beiden Rechnungswerken unterteilen in zeitliche, permanente und quasi-permanente Unterschiede.

Zeitliche Unterschiede (timing differences) sind solche, die sich im Zeitablauf ohne besondere Disposition des Bilanzierenden wieder ausgleichen. Aufwendungen und Erträge hinsichtlich eines Geschäftsvorfalls fallen in gleicher Summe in Handels- und Steuerbilanz an, allerdings in unterschiedlichen Perioden.

Permanente Unterschiede entstehen dadurch, daß bestimmte Geschäftsvorfälle entweder nur im Jahresabschluß oder nur in der steuerlichen Gewinnermittlung berücksichtigt werden. Dies gilt vor allem für steuerlich nicht abzugsfähige Aufwendungen (z. B. die Hälfte der Aufsichtsratsvergütung gem. § 10 Nr. 4 KStG) und steuerfreie Erträge (z. B. Investitionszulagen). Hieraus resultierende Unterschiede gleichen sich im Zeitablauf nicht mehr aus.

Quasi-permanente Unterschiede gleichen sich erst am Ende der Lebensdauer des Unternehmens aus, können aber nach einer besonderen Disposition des Bilanzierenden auch schon vorher ausgeglichen werden. Eine steuerlich nicht anerkannte außerplanmäßige Abschreibung auf nicht abnutzbares Anlagevermögen (z. B. Grund und Boden, Beteiligungen) führt erst dann zu einem Ausgleich, wenn entweder das Ende der Lebensdauer des Unternehmens erreicht ist oder der Vermögensgegenstand vorher veräußert wird.

Insgesamt werden nach dem *Timing-Konzept* nur zeitliche Unterschiede für die Steuerabgrenzung berücksichtigt.

b) Temporary-Konzept. Nach diesem bilanzorientierten Konzept sollen nur *temporary differences* berücksichtigt werden, die sich in *timing differences* (s. o.) und *andere temporary differences* aufspalten. Letztere beruhen auf Abweichungen, die sich unabhängig von ihrer Erfolgswirksamkeit allein aufgrund unterschiedlicher Ansätze der Vermögensgegenstände und Schulden in Steuer- und Handelsbilanz ergeben. Dem Grunde nach sind hierunter auch die quasi-permanenten Differenzen zu subsumieren. Daher ist das

Temporary-Konzept grundsätzlich weiter gefaßt als das Timing-Konzept.

3. Methoden der Steuerabgrenzung

Im amerikanischen Schrifttum sind zur Durchführung der Steuerabgrenzung drei Methoden entwickelt und diskutiert worden: die Deferred-, die Liability- und die Net-of-Tax-Methode. Auf eine Erläuterung letzterer wird wegen ihrer praktischen Irrelevanz verzichtet.

a) Deferred-Methode. Im Vordergrund steht hier gem. dem *Matching-Principle* der Ausweis eines dem handelsrechtlichen Ergebnis folgenden Steueraufwands. Die tatsächliche Steuerzahlung ist um L. in der Weise zu korrigieren, daß der in der handelsrechtlichen GuV ausgewiesene Steueraufwand einer fiktiven Anwendung des Steuersatzes auf das handelsrechtliche Ergebnis entspricht. Dabei kommt der am Bilanzstichtag gültige Steuersatz zur Anwendung. Die erforderlichen Abgrenzungsposten werden in der Bilanz angesetzt. Die Deferred-Methode ist einzig mit dem *Timing-Konzept* kompatibel.

b) Liability-Methode. L. werden bei dieser Methode als Verbindlichkeit für künftige Steuerzahlungen bzw. als Forderung aufgrund geleisteter Steuervorauszahlungen interpretiert. Damit steht der zutreffende Vermögensausweis im Vordergrund. Bei der Berechnung ist der Steuersatz heranzuziehen, der bei Umkehrung der zeitlichen Unterschiede voraussichtlich gelten wird. Die Liability-Methode ist sowohl zum *Timing-Konzept* als auch zum *Temporary-Konzept* kompatibel.

Beide Methoden führen genau dann zum selben Ergebnis, wenn die Steuersätze im Zeitablauf konstant bleiben und zusätzlich Übereinstimmung in der Behandlung von quasi-permanenten Differenzen bzw. erfolgsunwirksamen Bewertungen besteht.

4. Latente Steuern nach HGB

a) Gesetzliche Regelung. Die Steuerabgrenzung ist für den Einzelabschluß von Kapitalgesellschaften in § 274 HGB geregelt. Als abzugrenzende Steuern vom Einkommen und vom Ertrag kommen somit die Körperschaft- und Gewerbeertragsteuer in Betracht. Die Vorschrift ist auch auf publizitätspflichtige Einzelkaufleute und Personenhandelsgesellschaften anzuwenden, hier allerdings beschränkt auf die Gewerbeertragsteuer.

Übertrifft das handelsrechtliche das steuerliche Ergebnis (Fall 1) und ist somit der dem Geschäftsjahr (und früheren Geschäftsjahren) zuzurechnende Steueraufwand zu niedrig, so besteht Rückstellungspflicht, falls sich der zu niedrige Steueraufwand in späteren Geschäftsjahren voraussichtlich ausgleichen wird (§ 274 Abs. 1 HGB). Eine passive Steuerabgrenzung ist selten; zu denken ist an die Aktivierung von Ingangsetzungs- und Erweiterungsaufwendungen in der Handelsbilanz als Bilanzierungshilfe (steuerliches Aktivierungsverbot) oder an die handelsrechtliche Bewertung der Vorräte bei steigenden Preisen nach dem Fifo-Verfahren. Im umgekehrten Fall 2 darf eine Bilanzierungshilfe, verbunden mit einer Ausschüttungssperre, aktiviert werden. Zugrunde liegende Sachverhalte wären hier die sofortige handelsrechtliche Aufwandsverrechnung von Disagio und derivativem Firmenwert oder die Bildung von steuerlich nicht anerkannten Rückstellungen. Rückstellung und Bilanzierungshilfe sind aufzulösen, sobald die Steuerbe- bzw. -entlastung eintritt oder mit ihr nicht mehr zu rechnen ist.

Die Bestimmung des § 274 HGB ist gem. § 298 Abs. 1 HGB auch auf den Konzernabschluß anzuwenden, wobei das Wahlrecht zur Aktivierung einer Bilanzierungshilfe wieder auflebt. Der Ansatz L. nach dieser Norm – neben der Übernahme der in den Einzelbilanzen ausgewiesenen Beträge – kommt infolge ergebniswirksamer Ansatz- und Bewertungsunterschiede (HB I/HB II-Unterschiede) sowie aufgrund von Ergebnisdifferenzen aus Währungsumrechnung in Betracht.

Hinsichtlich der Steuerabgrenzung auf *ergebniswirksame Konsolidierungsmaßnahmen* ist zusätzlich § 306 HGB zu beachten. Hiernach besteht nicht nur für passivische, sondern auch für aktivische L. eine Ansatzpflicht. Über den Gesetzeswortlaut hinaus wird die Bildung passiver L. aufgrund den einzelnen Vermögensgegenständen zugeordneten stillen Reserven bei der Kapitalkonsolidierung nach der Erwerbsmethode befürwortet.

b) Ermittlungsmethode. Nach h.M. liegt der gesetzlichen Regelung implizit die *Liability-Methode* zugrunde, weil §274 HGB auf die künftigen Steuerwirkungen abstellt, beschränkt allerdings ausschließlich auf *timing differences.* Der Ausweis L. ist saldiert vorzunehmen, wobei für zulässig gehalten wird, daß eine Saldierung auch bei unterschiedlicher Fälligkeit von Steuerbe- und -entlastung vorgenommen werden darf, obwohl ggf. gegen das Vorsichtsprinzip verstoßen werden kann.

c) Steuersatz. Abweichend von der Berücksichtigung künftiger Steuersätze gem. der Liability-Methode sind aufgrund des *Stichtagsprinzips* die Verhältnisse am Bilanzstichtag zugrunde zu legen; künftige Steuersätze sollen aber bei bereits bekannten und beschlossenen Tarifänderungen angewendet werden. Aufgrund des gespaltenen Körperschaftsteuersatzes ist es zulässig, entweder den Thesaurierungssatz oder einen durchschnittlichen Steuersatz anzuwenden, der sich aus Beachtung der bisherigen und voraussichtlichen Gewinnverwendungspolitik ermitteln läßt.

Für den Konzernabschluß sind L. auf Bilanzierungs- und Bewertungsanpassungen (HB I/HB II-Anpassungen) gem. §274 HGB mit den für die einzelnen Konzernunternehmen geltenden *landesspezifischen Steuersätzen* zu bemessen. Für die Steuerabgrenzung auf Konsolidierungsmaßnahmen gem. §306 HGB sollte der Steuersatz angewendet werden, der für das die Transaktion auslösende Unternehmen gilt, das folglich die eliminierte Ergebniskomponente in seinem Einzelabschluß ausgewiesen hat. Aus Vereinfachungsgründen kann auch ein *Durchschnittssteuersatz* des Konzerns angewendet werden.

d) Verlustvortrag als Steuerabgrenzung. Die Bilanzierung eines Aktivpostens aus einem steuerlichen Verlustvortrag ist umstritten. Am Abschlußstichtag liegt zwar eine wirtschaftlich entstandene Steuerminderung vor, die sich aber erst dann realisiert, wenn in künftigen Perioden wieder steuerliche Gewinne erzielt werden. Eine Verrechnung mit passiven L. wird als zulässig angesehen; gegen eine darüber hinausgehende Aktivierung spricht, daß handelsrechtlich kein Vermögensgegenstand vorliegt. Andererseits läßt sich ein solcher Aktivposten auch nicht als ein Fall L. gem. §274 HGB (und damit als Bilanzierungshilfe) qualifizieren, da er nicht auf Ergebnisunterschiede zwischen Handels- und Steuerbilanz beruht.

e) Ausweis. Passivposten für L. sind im Einzel- wie im Konzernabschluß innerhalb des Postens Rückstellungen gesondert auszuweisen oder im Anhang anzugeben. Im Falle einer Aktivierung gem. §274 Abs. 2 HGB muß dagegen ein gesonderter Ausweis in der Bilanz erfolgen, der im Anhang zu erläutern ist. Weil es sich um eine Bilanzierungshilfe handelt, wäre ein Ausweis unter Rechnungsabgrenzungsposten in Betracht zu ziehen. Im Konzernabschluß sind L. aufgrund von Konsolidierungsmaßnahmen gem. §306 HGB entweder gesondert in der Bilanz auszuweisen oder im Anhang – ohne Erläuterungspflicht – anzugeben. Eine Zusammenfassung mit L. nach §274 HGB ist zulässig, was m.E. mindestens im Falle eines Aktivpostens mit einer Erläuterung im Anhang verbunden werden muß. In der GuV darf der latente Steueraufwand oder -ertrag zusammen mit dem effektiven Steueraufwand ausgewiesen werden.

5. Latente Steuern nach US-GAAP

In der anglo-amerikanischen Rechnungslegung hat die Bilanzierung L. eine lange Tradition, weil die steuerliche Gewinnermittlung von der handelsrechtlichen getrennt erfolgt. Bereits im Dezember 1967 ist mit APB Opinion No. 11 ein erstes Statement zur Bilanzierung L. für zeitliche Differenzen nach der Deferred-Methode herausgegeben worden. Seit 1988 ist hingegen das *Temporary-Konzept* anzuwenden (aufgrund von SFAS No. 96);

Latente Steuern

derzeitige Grundlage zur Bilanzierung L. ist das 1992 erlassene SFAS No. 109.

Hiernach sind sämtliche *timing differences* und solche *andere temporary differences* zu berücksichtigen, die sich im Zeitablauf ausgleichen werden. Quasi-permanente Differenzen werden demnach nur insoweit erfaßt, als eine unternehmerische Disposition über den entsprechenden Vermögensgegenstand oder die Schuld beabsichtigt ist, die die Annahme eines zeitlich befristeten Unterschieds (vor Ablauf der Totalperiode) rechtfertigt.

L. sind auf der Basis der Steuersätze zu berechnen, die bei Umkehrung der zeitlichen Differenzen voraussichtlich gelten werden. Da L. nach US-GAAP nicht nur als Schuld, sondern im Falle eines Aktivpostens als Vermögensgegenstand angesehen werden, sind sie entsprechend ihrer Fristigkeit als kurzfristige/langfristige Verbindlichkeit bzw. Anlage-/Umlaufvermögen auszuweisen. Der Ansatz aktiver L. ist allerdings an die Bedingung geknüpft, daß mit einer Wahrscheinlichkeit von mehr als 50% mit einer künftig geringeren Steuerzahlung zu rechnen ist. Die jeweilige Veränderung der Bilanzpositionen für die Steuerabgrenzung ist als Aufwand/Ertrag in der Rechnungsperiode zu erfassen.

6. Latente Steuern nach IAS

Für Geschäftsjahre, die vor dem 1.1.1998 beginnen, sieht IAS 12 aus dem Jahr 1979 die Ansatzpflicht L. nach dem Timing-Konzept vor.

Mit der im September 1996 erlassenen Neufassung von IAS 12, der Gültigkeit für Geschäftsjahre erlangt, die nach dem 31.12.1997 beginnen, erfolgt eine grundsätzliche Orientierung an SFAS No. 109. Künftig sind ausschließlich die *Liability-Methode* anzuwenden und L. grundsätzlich für alle Differenzen zu bilden, die aus unterschiedlichen Wertansätzen in Handels- und Steuerbilanz resultieren und in Folgeperioden zu einer Steuerbe- oder -entlastung führen werden. Diese werden analog SFAS als *temporary differences* bezeichnet und umfassen auch erfolgsneutrale Bewertungsdifferenzen. So ist im Konzernabschluß eine Steuerabgrenzung bei der Kapitalkonsolidierung nach der Erwerbsmethode vorzunehmen, wenn ein Unterschiedsbetrag Vermögensgegenständen und Verbindlichkeiten zugeordnet werden kann. Allerdings dürfen L. hinsichtlich eines ggf. verbleibenden Good- oder Badwills nicht angesetzt werden. Weitere Ausnahmetatbestände, nach denen keine aktivischen und passivischen L. zu bilden sind, obwohl temporary differences vorliegen, betreffen die erfolgsneutrale Erstbuchung von Vermögensgegenständen oder Verbindlichkeiten (sofern die Bewertungsdifferenzen nicht aus einer Unternehmensakquisition stammen) sowie Differenzen hinsichtlich Beteiligungen, solange die Auflösung der zeitlichen Unterschiede vor Ende der Totalperiode nicht zu erwarten ist.

In allen übrigen Fällen von temporary differences besteht Ansatzpflicht aktivischer und passivischer L.; der Ansatz aktiver L. ist zusätzlich an die Bedingung geknüpft, daß künftig steuerliche Gewinne realisiert werden, ohne daß – abweichend von SFAS No. 109 – eine Wahrscheinlichkeitsangabe erforderlich wäre.

Die Bewertung L. erfolgt entsprechend der Liability-Methode mit künftigen Steuersätzen. Bei gespaltenen Steuersätzen – nach IAS nicht geregelt – spricht viel für die Wahl eines Steuersatzes, der sich aus dem künftig zu erwartenden Ausschütttungsverhalten ergibt.

Aktivische und passivische L. sind nur unter sehr engen Voraussetzungen zu saldieren; über den gesonderten Ausweis in Bilanz und GuV hinaus bestehen umfangreiche Erläuterungspflichten im Anhang.

7. Kompatibilität von HGB mit US-GAAP und IAS

Der Steuerabgrenzung nach HGB liegt das Timing-Konzept, der nach US-GAAP und IAS das Temporary-Konzept zugrunde. Fraglich ist, ob HGB-Abschlüsse hinsichtlich der Steuerabgrenzung zugleich mit US-GAAP und IAS kompatibel sein können.

In allen Fällen kann bzw. muß die Liability-Methode angewendet werden mit der Konsequenz der Berücksichtigung künftiger Steuersätze, sofern am Bilanzstichtag bekannt. Ebenfalls sind timing differences zu berücksichtigen und permanente nicht. Hinsichtlich der *anderen temporary differences* gehen US-GAAP und IAS zwar konzeptionell über HGB hinaus, definieren aber regelmäßig dann die Nichtanwendung, wenn eine künftige Umkehrung nicht zu erwarten ist. Eine mögliche Kompatibilität hängt infolgedessen von der Art der vorliegenden anderen temporary differences im Einzelfall ab. Keine Probleme ergeben sich insoweit bei einem den einzelnen Vermögensgegenständen zuordenbaren aktivischen Unterschiedsbetrag aus der Kapitalkonsolidierung nach der Erwerbsmethode, wofür schon bislang der h. M. entsprechend eine passive Steuerabgrenzung im Konzernabschluß vorzunehmen ist.

Nach US-GAAP und IAS ist grundsätzlich ein unsaldierter Ausweis L. erforderlich, der, da ein besserer Einblick in die Vermögens-, Finanz- und Ertragslage erreicht wird, auch nach HGB zulässig sein sollte. Dasselbe gilt für die nach US- und internationalen Vorschriften umfangreichen Erläuterungen im Anhang.

Konfliktpotential ergibt sich an einer Stelle, an der es sich im strengen Sinne nicht mehr um eine Steuerabgrenzung handelt: bei der Berücksichtigung von künftigen Steuerforderungen aufgrund eines Verlustvortrags. Hierbei handelt es sich im Gegensatz zu US-GAAP und IAS nach deutschem Recht nicht um einen aktivierungsfähigen Vermögensgegenstand.

Lit.: Karrenbrock, H.: Latente Steuern in Bilanz und Anhang, 1991; *FASB:* SFAS No. 109: Accounting for Income Taxes, 1992; *Busse von Colbe, W./Ordelheide, D.:* Konzernabschlüsse, 1993; *Coenenberg, A.G./Hille, K.:* Latente Steuern, in: HdJ, Abt. I/13, 2. Neubearb., 1994; *Kieso, D.E./Weygandt, J.J.:* Intermediate Accounting, 8. Aufl., 1995; *Ordelheide, D.:* Aktivische latente Steuern bei Verlustvorträgen im Einzel- und Konzernabschluß, in: Lanfermann, J. (Hrsg.): Internationale Wirtschaftsprüfung, FS f. H. Havermann, 1995; *IASC:* IAS 12 (revised): Income Taxes, 1996; *Coenenberg, A.G./Hille, K.:* Latente Steuern, in: Baetge, J. u. a. (Hrsg.): Rechnungslegung nach International Accounting Standards (IAS), 1997 (in Vorbereitung); *Lührmann, V.:* Latente Steuern im Konzernabschluß, 1997; *Pellens, B.:* Internationale Rechnungslegung, 1997.

Professor Dr. Carsten Theile, Hof.

Layoutplanung

→ *Anlagenplanung und Anlagenrechnung.*

Leasing

1. Rechtsnatur und Entstehung

L. ist ein Vertrag, durch den der L.-Geber dem L.-Nehmer gegen eine wiederkehrende Zahlung das Recht einräumt, einen Vermögensgegenstand für eine vereinbarte Zeitdauer zu nutzen (IAS 17). L. wird in erster Linie als atypischer Mietvertrag verstanden, kann indes wegen seiner Gestaltungsbreite auch als Vertrag sui generis angesehen werden.

Als Geburtsjahr des L. gilt das Jahr 1877, als die Bell-Telephone-Company dazu überging, ihre Telefone zu vermieten. Als absatzpolitisches Instrument fand L. bald Nachahmer, war es doch geeignet, durch die lediglich leasingweise Überlassung die Kunden längerfristig zu binden und die eigene Marktstellung zu stärken. Erst ein Anti-Trust-Verfahren zwang die Unternehmen, ihre Produkte wahlweise auch zum Kauf anzubieten. Mit der Gründung der ersten unabhängigen Leasing-Gesellschaft, der United States L. Corporation in San Francisco im Jahr 1952, war L. als Finanzierungsinstrument geboren und verbreitete sich rasch. In Europa erfolgte die Einführung des L. im Jahr 1961 unter US-amerikanischer Beteiligung als Gemeinschaftsgründung von Banken und Unternehmen in Gestalt der „Equipment Leasing Co" in London. Bereits 1962 wurde auf ähnliche Weise in Düsseldorf die „Deutsche Leasing GmbH", errichtet, die später mit anderen Gesellschaften zur Deutschen Leasing AG, Frankfurt, fusionierte.

Auch in Deutschland verzeichnete das neuartige Finanzierungsinstrument einen bemerkenswerten Aufschwung, wohl nicht zuletzt deshalb, weil es damit zunächst möglich schien, die starren steuerlichen Abschreibungsfristen abzukürzen und über die tradierten Kreditvergabeusancen hinauszugehen. Steuerrechtliche Beschränkungen zu Beginn der 70er Jahre und negative Erfahrungen mit allzu großzügigen L.-Engagements wirkten sich auf die innovative L.-Branche kaum aus. Mit der Wiederentdeckung des L. als Vertriebshilfe verzeichnete die Branche 1987 ein Investitionswachstum von 13% auf 27,5 Mrd. DM. Das Gesamtvolumen von ca. 110 Mrd. DM teilten sich Ende 1987 ca. 900 Gesellschaften, Mitte des Jahres 1988 überstieg die Gesamtzahl der registrierten L.-Gesellschaften die Marke von 1000.

2. Erscheinungsformen

a) Systematisierungsansätze. Die Erscheinungsformen des L. lassen sich nach vielfältigen Kriterien systematisieren:

- Nach der Stellung des L.-Gebers:
  - *Direktes L.:* Als L.-Geber tritt der Hersteller selbst auf (Produzenten- oder Hersteller-L.)
  - *Indirektes L.:* Zwischen Hersteller und Nutzer schaltet sich eine L.-Gesellschaft ein, wobei diese – etwa als eigene Tochtergesellschaft – dem Produzenten nahestehen oder als selbständiges Institut herstellerunabhängig sein kann.
- Nach der Stellung des L.-Nehmers:
  - *Betriebliches („gewerbliches") L.:* Der L.-Gegenstand wird zu gewerblichen oder anderen betrieblichen Zwecken eingesetzt. Im weiteren Sinne wird man hierzu auch die L.-Vereinbarungen der öffentlichen Hand rechnen können.
  - *Privates L.:* Als L.-Nehmer treten Privatpersonen auf (insbesondere L. von Privat-PKW).
- Nach der Art des L.-Objekts:
  - *Mobilien-L.:* Überlassung von beweglichen Gegenständen.
  - *Immobilien-L.:* Überlassung von unbeweglichen Gütern, d. h. Grundstükken.
- Nach der Verwendung des L.-Objekts:
  - *Investitionsgüter-L.:* Überlassung von Investitionsgütern zum Zwecke der Einkommenserzielung.
  - *Konsumgüter-L.:* Überlassung von langlebigen Gegenständen zum privaten Gebrauch (insbesondere Privat-PKW).
- Nach dem Verpflichtungscharakter:
  - → *Operate-L.:* Hierunter versteht man regelmäßig Mietverträge, die beidseitig relativ kurzfristig unter Einhaltung der vereinbarten Fristen gekündigt werden können. Das Investitionsrisiko trägt der L.-Geber, der ggf. für eine weitere Verwertung des L.-Gegenstands (Second-hand-L. oder Verkauf) Sorge tragen muß.
  - → *Finance-L.:* Kennzeichen des Finanzierungs-L. ist die Vereinbarung einer unkündbaren Grundmietzeit. Bei Vollamortisationsverträgen (= Full-pay-out-Verträgen) wird der L.-Gegenstand in dieser Zeit durch die L.-Raten voll amortisiert. Erfolgt die Amortisation über die L.-Raten in der Grundmietzeit nur zum Teil (Teilamortisationsverträge = Non-pay-out-Verträge), stellen Schlußzahlungen regelmäßig die volle Amortisation sicher. Das Investitionsrisiko liegt bei Finanzierungs-L. somit stets beim L.-Nehmer.

Als weitere wichtige Variante des L. lassen sich das Second-hand-L. (= Überlassung gebrauchter Gegenstände), das Full-service-L. (= Übernahme von Unterhalt und notwendigen Reparaturen – auch Maintenance-L.) und das Personal-L. (= Überlassung von Arbeitnehmern) anführen.

b) Sonderformen des Finanzierungs-L. Als Sonderformen sind vor allem von Bedeutung:

- *Spezial-L.:* Der L.-Gegenstand ist speziell auf die Belange des L.-Nehmers zugeschnitten und somit auch nur von diesem wirtschaftlich nutzbar. Spezial-L. bezieht sich in der Regel nur auf Mobilien und aufstehende Gebäude, nicht auf den Grund und Boden. Dies ist für die Beurteilung des wirtschaftlichen Eigentums von Bedeutung.

Leasing

- *Sale-and-lease-back-Verfahren:* Der Inhalt solcher Vertragsgestaltungen liegt darin, daß Unternehmen Anlagegegenstände an L.-Gesellschaften veräußern und sofort wieder zurückleasen. Zweck dieser Gestaltung ist die Schaffung von Liquidität und die Verbesserung der Bilanzstruktur. Bei Veräußerung von Anlagegütern mit hohen stillen Reserven läßt sich damit auch eine Verbesserung der Ertragslage (Erhöhung des Gewinnausweises, Verminderung eines Verlusts) und damit eine analysetechnische Verbesserung der Vermögens-, Finanz- und Ertragslage erreichen. Herausragende Bedeutung kam in diesem Zusammenhang dem Nutzen eines wegen der 5-Jahres-Begrenzung vom Wegfall bedrohten steuerlichen Verlustvortrags zu; nach der durch das Steuerreformgesetz 1990 neu eingeführten unbegrenzten Vortragsfähigkeit für Verluste ab dem Entstehungsjahr 1985 entfällt dieses steuerliche Motiv.
- *Cross-border-L.:* In seiner grenzüberschreitenden Form kann das Finanzierungs-L. aus speziellen vorteilhaften Regelungen einzelner Staaten Nutzen ziehen. Nicht zuletzt geht es darum, die unterschiedlichen Steuersysteme der betreffenden Staaten steuersparend zu nutzen. Aufgrund unterschiedlicher Bilanzierungsbestimmungen ist denkbar, daß ein und derselbe L.-Gegenstand im Staat des L.-Nehmers und des L.-Gebers bilanziert werden muß mit der Folge, daß eine doppelte Abschreibungsmöglichkeit eröffnet wird (= Double-dip-L.).

3. Bilanzielle Behandlung

a) Operate-L. Operate-L.-Verträge sind als normale Mietverträge i.S. des BGB für die Bilanzierung ohne besondere Probleme. Die L.-Objekte werden beim L.-Geber aktiviert und abgeschrieben, beim L.-Nehmer treten sie – abgesehen vom Fall der Rückstellungen für drohende Verluste aus schwebenden Geschäften – bilanziell nicht in Erscheinung.

b) Finance-L. Finanzierungs-L.-Verträge lassen sich je nach konkreter vertraglicher Vereinbarung als befristete Überlassungsverträge oder als verdeckte Ratenkauf-Verträge charakterisieren. Im letzteren Fall stellt sich die Frage, ob eine dem Kauf im wirtschaftlichen Ergebnis vergleichbare Gestaltung auch bilanziell entsprechend zu behandeln und beim Nutzer zu bilanzieren ist.

Bilanzsteuerrechtlich wurde diese Frage im Gefolge der stürmischen L.-Entwicklung Ende der 60er Jahre relevant, als deutlich wurde, daß es mittels L.-Verträgen durchaus möglich war, durch eine Finanzierung „außerhalb der Bilanz" (= „off-balance") über hohe L.-Raten und äußerst günstige Kauf- oder Mietverlängerungsoptionen die steuerlich normierten Abschreibungsfristen faktisch zu unterlaufen. Diese Entwicklung führte zu Beginn der 70er Jahre zu richtungsweisenden höchstrichterlichen Entscheidungen (BFH v. 26.1.1970 BStBl. 1970 II S. 264; BFH v. 12.8.1982 BStBl. 1982 II S. 696) und nachfolgenden Erlassen der Finanzverwaltung (BMF v. 19.4.1971 BStBl. 1971 I S. 264 (Mobilien-L.-Erlaß); BMF v. 21.3.1972 BStBl. 1972 I S. 188 (Immobilien-L.-Erlaß); BMF v. 22.12.1975 StEK EStG §6 Abs. 1 Ziff. 1 Nr. 45 (L.-Erlaß zu Non-pay-out-Verträgen)), in denen steuerrechtlich die bilanzielle Zuordnung des L.-Gegenstands nach dem Rechtsinstitut des „wirtschaftlichen Eigentums" geregelt wurde. Wirtschaftliches Eigentum wird allgemein angenommen, wenn nach der vertraglichen Gestaltung oder den tatsächlichen Gegebenheiten die „Eigentumsrechte" wirtschaftlich übergegangen sind. Übertragen auf L.-Gestaltungen ist dies der Fall, wenn

(1) die unkündbare Grundmietzeit die betriebsgewöhnliche Nutzungsdauer weitgehend (> 90%) ausschöpft und damit bei Vertragsende nur eine leere Eigentumshülle zurückgegeben werden kann,

(2) während einer sehr kurzen Grundmietzeit (< 40%) die volle Amortisation erfolgt und nach der Lebenserfahrung Nebenabsprachen zu vermuten sind,

(3) bei einer Grundmietzeit von 40% bis

90% der betriebsgewöhnlichen Nutzungsdauer zusätzlich günstige Optionen (Kaufoptionspreis liegt unter dem um lineare AfA fortgeführten Buchwert oder dem niedrigeren Tageswert, Anschlußmiete liegt unter der linearen AfA auf den Buchwert oder niedrigeren Tageswert) eingeräumt werden, die unter wirtschaftlichen Gesichtspunkten die Ausübung der Option erwarten lassen,

(4) Spezial-L. von Mobilien und aufstehenden Gebäuden vorliegt oder

(5) bei den verschiedenen Varianten der Teilamortisationsverträge der L.-Geber neben der Verlustgefahr auch die Gewinnchance voll oder doch weitgehend auf den L.-Nehmer überträgt; wirtschaftliches Eigentum beim L.-Geber etwa wird so lange noch angenommen, wie er zu mindestens 25% am Veräußerungsgewinn beteiligt bleibt.
Wird das wirtschaftliche Eigentum dem L.-Nehmer zugeordnet, hat der L.-Geber eine Forderung in Höhe der Anschaffungs- oder Herstellungskosten des L.-Objekts zu bilanzieren, die entsprechend der Tilgungsanteile der L.-Raten aufgelöst wird. Der L.-Nehmer aktiviert den L.-Gegenstand zu Anschaffungskosten und passiviert in gleicher Höhe eine Zahlungsverpflichtung. Das L.-Objekt wird abgeschrieben, die L.-Verpflichtung nach Maßgabe des Tilgungsanteils der L.-Raten, die in einen Zins- und Kostenanteil sowie einen Tilgungsanteil zu trennen sind, aufgelöst. Für die Aufteilung der L.-Rate kann die *Zinsstaffelmethode*, die den Zins- und Kostenanteil gleichsam als digitale Abschreibung des Gesamtkostenblocks ermittelt, oder die *Barwertvergleichsmethode*, die den jeweiligen Tilgungsanteil der L.-Rate aus der Barwertdifferenz errechnet, angewandt werden (BMF v. 13.12.1973 StEK EStG § 5 Akt. Nr. 63).

Die *handelsbilanzielle* Behandlung von L.-Gegenständen ist nicht abschließend geklärt. Der Auffassung, aus Gläubigerschutzgründen eine generelle Bilanzierung des L.-Objekts beim L.-Nehmer zu befürworten, steht die Position gegenüber, solche Verträge im Normalfall wie Mietverträge nicht zu bilanzieren und nur im Ausnahmefall des offenkundig verdeckten Ratenkaufs hiervon abzuweichen. Nach der HFA-Stellungnahme 1/1973, die nach heftiger Kritik bereits 1974 partiell wieder ausgesetzt wurde, ergibt sich aus dem wirtschaftlichen Eigentum unmittelbar die Bilanzierungspflicht. Aufgrund der unbestimmten Abgrenzung des wirtschaftlichen Eigentums allerdings folgt die Bilanzierungspraxis in der Handelsbilanz weitgehend den steuerrechtlichen Regelungen. Auch in der Bewertungsfrage ergeben sich Unterschiede insofern, als handelsbilanziell statt des internen Zinses ein angemessener Zins anzusetzen ist; ein sich eventuell ergebender wesentlich höherer Anschaffungsbetrag kann allerdings durch eine außerplanmäßige Abschreibung gemindert werden. Die im neuen Bilanzrecht für mittelgroße und große Kapitalgesellschaften verankerte Regelung, die finanziellen Verpflichtungen, die nicht in der Bilanz ausgewiesen sind, im Anhang in einem Gesamtbetrag anzugeben, sofern dies für die Beurteilung der Finanzlage von Bedeutung ist (§ 285 Nr. 3 HGB), schließt mehrjährige Verpflichtungen aus Miet- oder L.-Verträgen mit ein.

4. Betriebswirtschaftliche Überlegungen

Finanzierungs-L. und Kauf stellen sich aus der Sicht des L.-Nehmers als alternative Formen der Beschaffung von Gegenständen des → *Anlagevermögens* dar. Überlegungen zur Vorteilhaftigkeit und Vorziehenswürdigkeit von L. orientieren sich daher an der Vergleichsalternative Kauf, insbesondere am Kreditkauf. Im Rahmen eines solchen Vergleichs lassen sich eher *qualitative* Argumente und *quantitative* Wirtschaftlichkeitsüberlegungen unterscheiden: Qualitative Argumente beziehen sich auf Liquiditäts-, Risiko- und Flexibilitätsüberlegungen sowie auf Kompetenzverteilungs- und Rechnungslegungsfragen, die quantitativen Überlegungen konkretisieren sich im Wirtschaftlichkeitskalkül.

Als besonderer Vorteil des L. wird der liquiditätspolitisch bedeutsame „Pay-as-you-earn-Effekt" hervorgehoben, der darin bestehe, daß die Mietzahlungen unmittelbar aus dem laufenden Ertrag geleistet werden könnten. Sieht man davon ab, daß Erträge unsicher und nicht zwangsläufig sofort zahlungswirksam sind, die Tilgungsanteile der L.-Raten die (kalkulatorischen) Abschreibungen meist übersteigen und damit das Argument der gleichsam „durchlaufenden Zahlungen" an Zugkraft verliert, könnte dieser Effekt in gleicher Weise über einen Kreditkauf erreicht werden.

Kritische Überlegungen sind auch angesichts der werblich hervorgehobenen Vorteile in bezug auf das Eigentums-, Investitions- und Zinsrisiko angebracht. Die vertraglichen Gestaltungen machen deutlich, daß das Eigentumsrisiko als Gefahr der Wertminderung oder des Untergangs des L.-Objekts durch die Pflicht zum Abschluß einer Versicherung regelmäßig auf den L.-Nehmer abgewälzt wird. Auch das Risiko einer Fehlinvestition verbleibt beim L.-Nehmer, muß er doch unabhängig vom Ertrag der Investition seine L.-Ratenverpflichtung erfüllen. Kann er diesen nicht nachkommen, ergeben sich Risiken aus der längerfristigen Vertragsbindung, aus der notwendigen Zustimmung für eine geplante vorzeitige Veräußerung oder der Zwangsliquidation durch den L.-Geber. Das Zinsänderungsrisiko schließlich kann, sofern dies aus Gründen der sicheren Kalkulationsgrundlage oder bei erwarteten Zinssteigerungen eliminiert werden soll, durch entsprechende Festzinsvereinbarungen bei Kreditkauf ebenfalls ausgeschlossen werden.

Gewichtiger erscheint der Aspekt neuer Bewegungsspielräume: über L.-Tochtergesellschaften eröffnet sich dem Kreditgewerbe ohne die Fesseln des KWG der Zugang zu neuen Geschäftsfeldern und gewinnen Produzenten neue Beweglichkeit in der (verdeckten) Absatzpreispolitik. Auch auf Seiten der L.-Nehmer kann sich L. als bilanzneutrale Finanzierung („Off-balance-Finanzierung") positiv auf Bilanzoptik und Kreditspielraum auswirken, wenn kreditgebende Institutionen die L.-Verpflichtungen nicht mit berücksichtigen. Dieser Aspekt dürfte zunächst eine Rolle gespielt haben, hat indes heute kaum mehr Bedeutung, da die üblicherweise (gedanklich) vorgenommene Verlängerung der Bilanz um die bestehenden L.-Verträge die Bilanzstrukturkennzahlen entsprechend beeinflußt. Gewisse Erweiterungen des Kreditspielraums können sich aus der Erfahrungstatsache ergeben, daß L.-Gesellschaften gegenüber Kreditinstituten geringere Sicherungsanforderungen stellen; dies erscheint insoweit begründbar, als der L.-Geber als Eigentümer im Konkursfall einen Aussonderungsanspruch (§§ 19, 43 KO) hat, während ein Kreditgeber lediglich ein Absonderungsrecht mit eingeschränkter Verwertungsfrist (§§ 48, 127 KO) besitzt.

Bedeutung erlangt L. in den Fällen, in denen sich durch L.-Vereinbarungen gesellschaftsvertraglich oder satzungsmäßig zustimmungsbedürftige größere Investitionen in zustimmungsfreie Jahresinvestitionen „splitten" lassen. Die Bilanzneutralität der Finanzierung kann schließlich dazu beitragen, eine mittels Bilanzsumme gemessene Größengrenze zu vermeiden, ab der – durch HGB oder PublG – unerwünschte Rechnungslegungs- oder Publizitätspflichten angeordnet werden.

Die Frage, ob eine L.-Entscheidung günstig und gegebenenfalls besser als eine mögliche Kreditkauf-Entscheidung ist, läßt sich mit Hilfe der Modelle der → *Investitionsrechnung* beantworten. Ist von der Vorteilhaftigkeit der Investition auszugehen, kann die Vergleichsrechnung „Leasing versus Kreditkauf" auf eine Betrachtung der Auszahlungsgrößen reduziert werden. Die Vergleichsrechnung kann dabei mittels eines vollständigen Finanzplans mit erwünschter Zielzahlungsstruktur (vereinfacht: Endwert, Annuität oder Barwert) durchgeführt werden. Statt des genauen, aber recht aufwendigen Finanzplans kann der Vorteilsvergleich vereinfachend mittels dynamischer Verfahren als Vermögenswert-Vergleich (Endwert, Annuität oder Barwert) oder – noch weiter vereinfacht – mittels statischer Modelle als Gewinn- oder Kostenvergleich vorgenommen werden.

Im Rahmen der quantitativen Vergleichsrechnung können sich die verschiedenartigen Wettbewerbsvorteile der L.-Gesellschaften positiv auswirken:

- Finanzierungstechnische Vorteile; sie konkretisieren sich darin, daß L.-Transaktionen als Nicht-Bankgeschäfte nicht den strengen Sicherungs-Regulierungen des KWG (z.B. Grundsatz der Mindesteigenkapitalausstattung – §10 KWG – oder Begrenzung für Großkredite – §13 KWG –) unterliegen.
- Gewerbesteuerliche Vorzüge; sie sind allerdings zur Herstellung der Wettbewerbsgleichheit durch das Steuerreformgesetz 1990 mit Wirkung ab 1990 stark eingeschränkt worden (§19 Abs. 1 GewStDV) und im Prinzip nur noch über das Instrument der Forfaitierung erreichbar.
- Markttechnische Vorteile; als spezialisierte Unternehmen können L.-Gesellschaften über Marktmacht und Marktkenntnisse erhebliche Wettbewerbsvorteile bei der Beschaffung und Verwertung von Investitions- und Konsumgütern erlangen.

Als absatz- und finanzierungspolitisches Instrument hat L. damit Vorzüge aufzuweisen; über deren Verteilung entscheiden die Vertragskonditionen.

Lit.: FASB: SFAS No. 13: Accounting for Leases 1976; *HFA des IdW:* 1/1973: Zur Berücksichtigung von Finanzierungs-Leasing-Verträgen im Jahresabschluß des Leasing-Nehmers (ergänzt 1981), in: IdW: Die Fachgutachten und Stellungnahmen, HFA, S. 63–67; *Büschgen, H. E.:* Finanzleasing als Finanzierungsalternative. Eine kritische Würdigung unter betriebswirtschaftlichen Aspekten, in: ZfB 1980, S. 1028–1041; *Haberstock, L.:* Kredit-Kauf oder Leasing? in: Steuerberater-Jahrbuch 1982/83, S. 443–509; *Gabele, E./Weber, F.:* Kauf oder Leasing, 1985; *Mellwig, W.:* Investition und Besteuerung, 1985, S. 211–288; *Egger, A./Kreyci, H.* (Hrsg.): Das Leasinggeschäft, 1987; *Rädler, A. J./Harlass-Neuking, N.:* Die Besteuerung von Leasingtransaktionen im internationalen Vergleich, o.J. (1987); *Wassermann, H.:* Leasing 1987: 923 Gesellschaften – Leasing im Jubiläumsjahr –, in: Finanzierung, Leasing, Factoring 1987, S. 186–201; *IASC:* IAS 17: Accounting for Leases, reform. 1994.

Professor Dr. Jochen Sigloch, Bayreuth.

Le Coutre, Walter

1885–1965; Professor in Königsberg, Heidelberg und Mannheim; *Hauptarbeitsgebiet:* Rechnungswesen, Betriebsorganisation. Hauptvertreter der → *Statischen Bilanztheorie. Hauptwerke:* Grundzüge der Bilanzkunde, 3 Bde. 1924; Die Sanierung, 1924; Praxis der Bilanzkritik, 2 Bde. 1926; Betriebsorganisation, 1930; Zeitgemäße Bilanzierung, 1934; Einrichtung und Umstellung der Buchhaltung nach dem Kontenrahmen, 1940; Erfordernisse ordentlicher Buchführung, 1958.

Lit.: Weilbach, E. A. (Hrsg.): Internal Control durch Bewegungsbilanzen, FS für Walter Le Coutre, 1960.

Lebenszykluskonzept

= → *Produktlebenszyklus.*
= Lebenszyklushypothese.

Lebenszykluskostenrechnung

Instrument zur Planung, Steuerung und Kontrolle der Kosten eines Produktes über den gesamten Lebenszyklus, wobei die i.d.R. im Rechnungswesen dominierende strenge Orientierung an Kalenderperioden aufgehoben wird. Ausgangspunkt ist die Hypothese, daß höhere Vorlaufkosten in der Entstehungsphase durch entsprechende Kostenreduktionen in der Marktphase und der Nachlaufkosten überkompensiert werden.

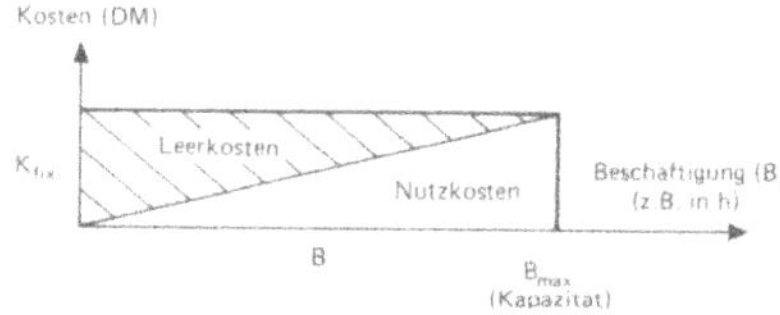

$$K_{fix} = K_{Nutz} + K_{leer}$$

$$K_{Nutz} = \frac{K_{fix}}{B_{max}} \cdot B$$

$$K_{leer} = K_{fix} \cdot \left(1 - \frac{B}{B_{max}}\right).$$

Leerkapazität
Für die Produktion nicht genutzte Leistungskapazität.

Leerkosten
Differenz zwischen *fixen* → *Kosten* und → *Nutzkosten*; Teil der Fixkosten, der auf nicht genutzte Kapazität entfällt.

Leffson, Ulrich
1911–1989; Professor in Münster; arbeitete überwiegend auf den Gebieten des Rechnungswesens und der Prüfung; *Hauptwerke:* Die Grundsätze ordnungsmäßiger Buchführung, 7. Aufl., 1987; Mitherausgeber des Handwörterbuches unbestimmter Rechtsbegriffe im Bilanzrecht des HGB, 1986; Bilanzanalyse, 3. Aufl., 1984.

Lit.: Baetge, J./Moxter, A./Schneider D. (Hrsg.): Bilanzfragen, FS für Ulrich Leffson, 1976.

Lehmann, Max Rudolf
1886–1965; Professor in Dresden und Nürnberg. *Hauptarbeitsgebiete:* Industrie- und Bankbetriebslehre, Rechnungswesen. *Hauptwerke:* Das Rechnungswesen auf Bleihütten, 1921; Die industrielle Kalkulation, 1925; Allgemeine Betriebswirtschaftslehre, 1928; Industrielle Betriebsstatistik 3 Bde. 1953, 1954, 1960; Industrielle Betriebsvergleiche, 1958.

Lit.: Schulz, C. E. (Hrsg.): Der Industriebetrieb und sein Rechnungswesen, FS für Max Rudolf Lehmann, 1956; *Recktenwald, C./Hax, K.* (Hrsg.): Max Rudolf Lehmann zum Gedächtnis, 1966.

Leistung
→ *Kosten und Leistung.*

Leistungsabweichung
= Ausbeuteabweichung.

Abweichung zwischen → *Plan-* und → *Istkosten* (Teil der → *Kostenabweichung*), die zurückzuführen ist auf eine Differenz zwischen geplanter und tatsächlicher Ausbringung (→ *Plankostenrechnung*).

Leistungsbezogenheit
→ *Kosten und Leistung.*

Leistungsentsprechungsprinzip
Prinzip der → *Kostenverteilung*, wonach jeder Leistungseinheit der relative Anteil an den Gesamtkosten zugeordnet wird, der ihrem Anteil an der Gesamtleistung entspricht.

Leistungserfolgssatz
→ *Leistungsertragssatz.*

Leistungsertragssatz
Summe aus *Leistungskostensatz* und *Leistungserfolgssatz* einer → *Kostenstelle* in der → *Standard-Grenzpreisrechnung.* Der Leistungskostensatz gibt die → *Grenzkosten* je Beschäftigungseinheit, der Leistungserfolgssatz den Grenzdeckungsbeitrag je Beschäftigungseinheit einer Kostenstelle an.

Leistungskosten
= variable Kosten.
→ *Kosten, fixe und variable.*

Im Gegensatz zu den → *Bereitschaftskosten* mit kleinsten Änderungen von Art, Menge oder Wert der erzeugten bzw. abgesetzten Leistung sowie mit Verfahrensbedingungen sich ändernde → *Kosten.*

Leistungskostensatz
→ *Leistungsertragssatz.*

Leitsätze für die Preisermittlung aufgrund von Selbstkosten
→ *LSP.*

Lenkungspreis
Preis für Einsatzgüter, durch die im System der → *Pretialen Lenkung* i. S. von → *Schmalenbach* eine optimale Verwendung der Einsatzgüter und eine Steuerung des Unternehmungsprozesses (bei dezentraler Planung) erreicht werden soll.

Lernkurve
= → *Erfahrungskurve.*

Lernrate
→ *Erfahrungskurve.*

Leverage-Effekt
→ *Rentabilität.*

Leveraged-Management Buy-Out
→ *Management Buy-Out.*

Liability method
→ *Latente Steuern.*

Life-Cycle-Costing
= → *Lebenszykluskostenrechnung.*

Lifo

= Last in – first out.

1. Einordnung

Die L.-Methode stellt ein Verfahren zur Bewertung einer Teilmenge der → *Vermögensgegenstände* des → *Umlaufvermögens*, der Vorräte (Roh-, Hilfs- und Betriebsstoffe, Halbfabrikate, Waren), im Rahmen der externen Rechnungslegung von Unternehmungen dar. Zur Ermittlung der → *Anschaffungskosten* bzw. → *Herstellungskosten* von Wirtschaftsgütern des Vorratsvermögens sind neben (1) der → *Einzelbewertung* (§252, Abs. 1, Nr. 3 HGB), der individuellen Ermittlung der Zu- und Abgänge von Wirtschaftsgütern und damit auch der individuellen Bewertung der einzelnen Güter des Vorratsvermögens, für *gleichartige Güter* auch die Wertermittlung nach → *Bewertungsvereinfachungsverfahren* zulässig, wie (2) die → *Gruppen-* bzw. → *Festbewertung* (§ 240, Abs. 3 u. 4 i.V.m. §256 HGB) und vor allem die (3) → *Sammelbewertung* auf der Grundlage eines Durchschnittspreises bzw. einer → *Verbrauchsfolgefiktion* (§256 HGB). Eine solche Verbrauchsfolgefiktion liegt auch der L.-Methode zugrunde: Unterstellt wird, daß die jeweils zuletzt beschafften bzw. erstellten Wirtschaftsgüter zuerst verbraucht bzw. veräußert wurden; der Endbestand an Vorräten wird so mit den Anschaffungs-/Herstellungskosten der zuerst beschafften/erstellten Wirtschaftsgüter bewertet. Alternative Verbrauchsfolgeverfahren gehen von der Fiktion aus, daß zuerst die als erste beschafften Wirtschaftsgüter (first in – first out = → *Fifo*-Methode) oder die Wirtschaftsgüter mit den höchsten Anschaffungs-/Herstellungskosten bzw. niedrigsten Anschaffungs-/Herstellungskosten (highest in – first out = → *Hifo*-Methode bzw. lowest in – first out = → *Lofo*-Methode) verbraucht bzw. veräußert wurden. Neben Beschaffungszeitpunkt und Beschaffungspreis werden auch noch weitere Kriterien zur Ableitung der Verbrauchsfolge herangezogen.

2. Bedeutung

Die handels- wie auch steuerrechtliche Zulässigkeit von Verbrauchsfolgefiktionen wie der L.-Methode soll zu einer Vereinfachung der Rechnungslegung beitragen. Werden im Laufe der Rechnungslegungsperiode gleichartige Güter zu unterschiedlichen Preisen erworben, entlasten sie die Unternehmung von einer Einzelerfassung dieser Wirtschaftsgüter im Rahmen der → *Inventur* und einer Einzelbewertung im Rahmen des → *Jahresabschlusses*. Neben dieser vom Gesetzgeber primär verfolgten Zwecksetzung kommt den Verbrauchsfolgefiktionen aber auch eine Bedeutung als Instrument der → *Bilanzpolitik* zu. Die Anwendung der L.-Methode führt zu einer gegenwartsnahen, an den Wiederbeschaffungskosten orientierten Erfassung des Gütereinsatzes. Bei steigenden Preisen kann dadurch der Ausweis eines auf Preissteigerungen zurückzuführenden Gewinnes (eines sog. → *Scheingewinnes*) und dessen Ausschüttung bzw. Besteuerung verhindert werden. Eine an der Zielsetzung der → *Substanz- und Kapitalerhaltung* ausgerichtete Darstellung der Ertragslage wird hiermit erleichtert. Dies geht jedoch zu Lasten des Informationsgehaltes des Vermögensausweises: Die Zugrundelegung historischer Anschaffungs-/Herstellungskosten führt zu einer Unterbewertung der Vorratsbestände und zur Bildung → *stiller Rücklagen*.

3. Handelsrechtliche Zulässigkeit

a) Bewertungsobjekte. Die Verbrauchsfolgeverfahren sind nach §256 HGB bei gleichartigen Gegenständen des Vorratsvermögens anwendbar. Obwohl der Gesetzgeber damit die Regelung des §155 AktG und nicht die nach Art. 40, Abs. 1 der 4. EG-Richtlinie zulässige erweiterte Anwendbarkeit der Verbrauchsfolgeverfahren auf alle beweglichen Vermögensgegenstände in das neue Bilanzrecht übernommen hat, wird nach h. M. davon ausgegangen, daß die Verbrauchsfolgeverfahren auch für andere gleiche Vermögensgegenstände des Umlaufvermögens anwendbar sind. Von Bedeutung ist dies vor allem für die Bewertung von Wertpapieren des Umlaufvermögens (abweichende Regelung in der Steuerbilanz: L.-Methode ist dort unzulässig).

Die Gleichartigkeit der Wirtschaftsgüter des Vorratsvermögens ist anhand der Kri-

Anfangsbestand	500 ME × 15 DM/ME	= 7500
1. Zugang	350 ME × 18 DM/ME	= 6300
Bestand	850 ME	= 13800
1. Abgang	350 ME × 18 DM/ME = 6300	
	+ 50 ME × 15 DM/ME = 750	= 7050
Bestand	450 ME	= 6750
2. Zugang	500 ME × 12 DM/ME	= 6000
Bestand	950 ME	= 12750
2. Abgang	300 ME × 12 DM/ME	= 3600
Bestand	650 ME	= 9150
3. Zugang	450 ME × 16 DM/ME	= 7200
Bestand	1100 ME	= 16350
3. Abgang	450 ME × 16 DM/ME = 7200	
	+ 150 ME × 12 DM/ME = 1800	
	= 600 ME	= 9000
Endbestand	500 ME	= 7350

Tab. 1: Permanente Lifo-Methode

Anfangsbestand	500 ME × 15 DM/ME	= 7500
1. Zugang	350 ME × 18 DM/ME	= 6300
2. Zugang	500 ME × 12 DM/ME	= 6000
3. Zugang	450 ME × 16 DM/ME	= 7200
Summe	1800 ME	= 27000
./. Verbrauch	1300 ME	= 19500
Endbestand	500 ME × 15 DM/ME (≙ Anfangsbestand)	= 7500

Tab. 2: Perioden-Lifo-Verfahren

terien Warengattung oder Verwendungszweck (Funktion) zu ermitteln. Subsidiär ist auch die Qualitäts- bzw. Preisklasse heranziehbar; in der Weinwirtschaft ist aufgrund des BMF-Schreibens vom 28.3.90 so zwischen Stillweinen und Schaumweinen (Gattung) sowie bei ersteren zwischen Tafel-, Qualitäts-, Kabinett-, Spätlese- und Auslese-Weinen (Preis- bzw. Qualitätsklasse) zu unterscheiden.

b) Bewertungsmethoden. Technisch läßt sich das L.-Verfahren auf zwei unterschiedliche Arten umsetzen: als *permanentes* L.-Verfahren und als *Perioden*-L.-Verfahren. Im ersteren Fall (vgl. Tab. 1) wird der Bestand an Vorräten bei jedem Zu- bzw. Abgang nach dem L.-Prinzip fortgeschrieben. Beim Perioden-L.-Verfahren (vgl. Tab. 2) erfolgt demgegenüber eine Bestandsbewertung nur zum Bilanzstichtag. Wie Tab. 1 und 2 zeigen, können die beiden Methoden zu unterschiedlichen Bewertungsergebnissen führen.

Weitere Gestaltungsmöglichkeiten ergeben sich für den Fall, daß der (mit dem Perioden-L.-Verfahren ermittelte) Endbestand der Vorräte einen höheren Wert aufweist als der Anfangsbestand. In diesem Fall ist der Wert des Endbestandes folgendermaßen zu ermitteln (zu anderen Gestaltungsmöglichkeiten vgl. *ADS*, Anm. 39 zu §256 HGB): Der dem Anfangsbestand entsprechende Teil des Endbestandes (Basisbestand) wird mit dem Wertansatz des Anfangsbestandes, der den Anfangsbestand übersteigende Teil des Endbestandes (Mehrbestand) mit den Anschaffungs-/Herstellungskosten der zuerst beschafften Wirtschaftsgüter bewertet. Die der Bewertung des Endbestandes zugrunde liegenden Wertansätze können im Anfangsbestandswert des Folgejahres gesondert fortgeführt oder zu einem neuen Durchschnittswert zusammengefaßt werden. Im ersteren Fall (*Layer-Verfahren*) können die gesondert ausgewiesenen Bestandserhöhungen (Layers) gemäß dem L.-Verfahren wieder abgebaut werden, wenn in einem der Folgejahre der Endbestand den Anfangsbestand unterschreitet.

c) Vereinbarkeit mit den Grundsätzen ordnungsgemäßer Buchführung als Zulässigkeitsvoraussetzung. Die Anwendung der Verbrauchsfolgefiktionen und damit auch der L.-Methode ist gem. §256 HGB nur dann zulässig, wenn sie sich mit den → *GoB* vereinbaren läßt, d. h. insbesondere mit den Zielen handelsrechtlicher Rechnungslegung nicht in Widerspruch steht. Hieraus darf jedoch nicht gefolgert werden, daß nach dem Grundsatz der Bilanzwahrheit die Verbrauchsfolgefiktion der tatsächlichen Verbrauchs- bzw. Veräußerungsfolge möglichst zu entsprechen habe. Der Vorbehalt der GoB schließt eine Bewertung nach den Verbrauchsfolgefiktionen vielmehr nur dann aus, wenn eine Übereinstimmung von Realität und Fiktion undenkbar erscheint – bei Saisonbetrieben etwa, bei denen die Läger nach Saisonende regelmäßig vollständig geleert sind bzw. bei der Ermittlung des Bestandswertes verderblicher Waren.

Eine größere Bedeutung kommt demgegenüber konkurrierenden Bewertungsnormen des HGB für die Anwendbarkeit der mit Hilfe des L.-Verfahrens ermittelten Wertansätze zu. Insbesondere das → *Niederstwertprinzip* läßt den Ansatz der auf der Grundlage des L.-Verfahrens ermittelten Anschaffungs-/Herstellungskosten nicht zu, wenn diese bei steigenden Preisen im Verlauf des Rechnungsjahres über den Wiederbeschaffungskosten (Marktpreisen) oder bei fehlenden Verwendungsmöglichkeiten über dem beizulegenden Wert liegen (vgl. §253 Abs. 3 HGB).

d) Wechsel zu anderen Bewertungsverfahren. Ein Wechsel vom L.-Verfahren zu einem anderen Bewertungsverfahren – etwa einer anderen Verbrauchsfolgefiktion – bzw. ein Wechsel der im Rahmen des L.-Verfahrens zulässigen Methoden ist nach §252, Abs. 1, Ziff. 6 i. V. m. §252, Abs. 2 HGB nur in begründeten Ausnahmefällen gestattet – etwa, wenn dieser zu einem den tatsächlichen Verhältnissen besser entsprechenden → *Bild der Vermögens-, Finanz- und Ertragslage* beiträgt. Kapitalgesellschaften müssen einen solchen Methodenwechsel zudem nach §284, Abs. 2 Nr. 3 HGB im → *Anhang* angeben und begründen.

4. Steuerrechtliche Zulässigkeit

Verbrauchsfolgeverfahren waren für die Ermittlung ertragsteuerlicher Wertansätze nach alter Rechtslage (d. h. für Wirtschaftsjahre, die vor dem 31. 12. 89 endeten) im Grundsatz nicht anzuerkennen. Hiervon ausgenommen war das L.-Verfahren, sofern die tatsächliche Verbrauchs- bzw. Veräußerungsfolge der Verbrauchsfolgefiktion entsprach (Abschn. 36 EStR[1987]) sowie für die in §74a EStDV aufgeführten Wirtschaftsgüter des Vorratsvermögens (Edelmetalle, Kupfer). Abgesehen von diesen Ausnahmetatbeständen führte die Bewertung von Vorräten mit Hilfe zulässiger Durchschnittswertansätze bei Preissteigerungen deshalb zur Besteuerung von Scheingewinnen. Zur Abmilderung dieses Effektes diente die Zulässigkeit von Importwarenabschlägen (§ 80 EStDV) und Preissteigerungsrücklagen (§ 74 EStDV). Durch den neu kodifizierten § 6, Abs. 1 Nr. 2a EStG hat sich die Rechtslage geändert: Die L.-Methode ist nunmehr (d.h. für Wirtschaftsjahre, die nach dem 31.12.89 enden) auch steuerrechtlich zulässig; für die anderen Verbrauchsfolgefiktionen gilt dies allerdings nicht. Die Anwendungsvoraussetzungen und -modalitäten entsprechen weitgehend denen des Handelsrechts (vgl. im einzelnen Abschn. 36a EStR[1990]). Abweichungen bestehen zum einen in der Einschränkung des Anwendungsbereiches auf Steuerpflichtige, die ihren Gewinn nach § 5 EStG ermitteln, sowie in einem erschwerten Methodenwechsel: Von der L.-Methode kann in Folgejahren nur mit Zustimmung des Finanzamtes wieder abgewichen werden.

Durch die generelle Einräumung einer Bewertung gleichartiger Wirtschaftsgüter des Vorratsvermögens nach der L.-Methode werden – mit Übergangsfristen – die spezielle Regelung für Edelmetalle/Kupfer nach § 74a EStDV und die Preissteigerungsrücklage nach § 74 EStDV ersetzt. Eine Kumulation von L.-Verfahren und (eingeschränkt) weiterhin gültigem Importwarenabschlag nach § 80 EStDV ist nicht zulässig.

Lit.: ADS: 5. Aufl., ab 1987, Anm. 1–73 zu § 256 HGB; *Horlemann, H.-G.:* Ausgewählte Änderungen durch das Steuerreformgesetz 1990 für den Unternehmensbereich, in: BB 1989, Beilage 13, S. 10–11; *Wagner, J.:* Das Steuerreformgesetz 1990, 2. Aufl., 1989, S. 25–27; *Wöhe, G.:* Bilanzierung und Bilanzpolitik, 8. Aufl., 1992, S. 502–524; *Eisele, W.:* Technik des betrieblichen Rechnungswesens, 5. Aufl., 1993, S. 257–271; *Bareis, P.* u.a.: Lifo, Jahresabschlußziele und Grundsätze ordnungsmäßiger Buchführung, in: DB 1993, S. 1249–1254.

Professor Dr. Franz Xaver Bea, Tübingen.

Lineare Abschreibung

Abschreibungsverfahren, nach dem die → *Anschaffungskosten* bzw. → *Herstellungskosten* in gleichen Jahresbeträgen auf die Nutzungsdauer als Aufwand verteilt werden. Der Abschreibungsbetrag pro Jahr ergibt sich aus:

$$\frac{\text{Anschaffungs- bzw. Herstellungskosten}}{\text{Nutzungsdauer}}$$

Das Verfahren der L. wird im handelsrechtlichen → *Jahresabschluß* und in der → *Steuerbilanz* anerkannt. International ist die L. das gebräuchlichste Abschreibungsverfahren (→ *Abschreibungen*).

Lit.: Busse von Colbe, W.: Bilanzen, 5. Aufl., 1988 (Nachdruck 1989), S. 38–49; *Coenenberg, A.G.:* Jahresabschluß und Jahresabschlußanalyse, 16. Aufl., 1997, S. 136.

Lineare Optimierung

= → *Lineare Programmierung.*
→ *Planungsrechnung.*

Lineare Programmierung

= Lineare Optimierung.

Maximierung (Minimierung) einer linearen Zielfunktion unter linearen Nebenbedingungen in Gleichungs- oder Ungleichungsform.

Formaler Aufbau:

- Zielfunktion (z.B. Deckungsbeitragsmaximierung):
  $Z = c_1 \cdot x_1 + \ldots + c_n x_n = \text{Max! (Min!)}$
- Nebenbedingungen (Restriktionen, z.B. Absatz-, Produktionsbeschränkungen):
  $a_{11} x_1 + \ldots + a_{1n} x_n \leq b_1$
  $a_{m1} x_1 + \ldots + a_{mn} x_n \leq b_m$
  $a_{11}, \ldots, a_{1n}$: gegebene Parameter (z.B. Produktionskoeffizienten)
  $b_1, \ldots, b_m$: Kapazitätsgrenzen
  $x_1, \ldots, x_n$: Variablen (z.B. Absatzzahlen eines Produktes)
  $c_1, \ldots, c_n$: → *Deckungsbeiträge* eines Produktes.

Anwendungsmöglichkeiten sind u.a. Produktions-, Absatz- und Transportplanung.

Lit.: Müller-Merbach, H.: Operations Research, 3. Aufl., 1973, S. 88–178.

Linear-variable Kosten

= proportionale Kosten.
→ *Kosten, fixe und variable.*

Liquidationsbilanz

Eine bei der geplanten Auflösung eines Unternehmens aufzustellende → *Sonderbilanz*, in der die → *Vermögensgegenstände* und Schulden mit den voraussichtlichen Einzelveräußerungspreisen zu bewerten sind. Nach Abschluß der Liquidation enthält die L. auf der Aktivseite lediglich noch flüssige Mittel und eventuell von den Anteilseignern zu übernehmende Sachwerte. Die Passivseite enthält das Auseinandersetzungsguthaben der Anteilseigner.

Lit.: Scherrer, G./Heni, B.: Liquidations-Rechnungslegung, 2. Aufl., 1996.

Liquidationserlös

= → *Restwert.*

Liquidationswert

Der Betrag, der sich bei Auflösung des Unternehmens im Bewertungszeitpunkt durch den Verkauf der einzelnen Vermögensteile, die Einziehung der Forderungen und Begleichung der Verbindlichkeiten abzüglich der Auflösungskosten ergeben würde.

Liquide Mittel

Zahlungsmittel, d.h. Bestand an Kasse, Schecks, Bundesbank- und Postgiroguthaben, Guthaben bei Kreditinstituten (§ 266 Abs. 2 HGB Position B.IV. der Bilanz), häufig unter Einschluß von Wertpapieren des Umlaufvermögens.

Liquidität

(1) In qualitativem Sinn die Fähigkeit, jederzeit alle unabweisbaren Zahlungsverpflichtungen fristgemäß erfüllen zu können, damit zu jedem Zeitpunkt gilt: Anfangsbestand an Zahlungsmitteln + Einzahlungen ./. Auszahlungen > 0.

(2) In quantitativem Sinne: Verhältnis zwischen → *liquiden Mitteln* und kurzfristig zu verflüssigenden Vermögensgegenständen einerseits und kurzfristig fälligen Verbindlichkeiten andererseits (→ *Liquiditätsgrad*).

Lit.: Wurl, H.-J.: Betriebliche Liquiditätskontrolle als Informationssystem, 1990.

Liquiditätsanalyse

Teil der → *Bilanzanalyse*, der sich mit der finanziellen Lage eines Unternehmens auseinandersetzt (→ *Bilanzanalyse*; → *Kapital- und Finanzflußrechnung*).

Liquiditätsgrad

Zur Messung der → *Liquidität* eines Unternehmens im Rahmen einer Unternehmensanalyse (→ *Bilanzanalyse*) lassen sich unterschiedliche Kennzahlen zur Kennzeichnung des L. bilden, z.B.:

Liquidität 1. Grades

$$= \frac{\text{Liquide Mittel}}{\text{kurzfr. Verbindlichkeiten}}$$

Liquidität 2. Grades

$$= \frac{\text{Liquide Mittel + innerh. von 3 Monaten fällige Forderungen}}{\text{fällige + innerh. von 3 Monaten fällig werdende Schulden}}$$

Liquidität 3. Grades

$$= \frac{\text{Liquide Mittel + kurzfr. Forderungen + Fertigfabrikate}}{\text{innerhalb eines Jahres fällige Verbindlichkeiten}}$$

Die Kennzahlen der einzelnen L. sind nicht einheitlich definiert. Problematisch ist ihr statischer Charakter, da sie aus einer zeitpunktbezogenen Vermögensaufstellung gebildet werden und die innerhalb der ihnen zugrundeliegenden Fristen nichtbilanzierten Beträge nicht erfassen.

Lit.: Wöhe, G.: Bilanzierung und Bilanzpolitik, 8. Aufl., 1992, S. 857, 875–877; *Coenenberg, A.G.:* Jahresabschluß und Jahresabschlußanalyse, 16. Aufl., 1997, S. 598–605.

Liquiditätsplanung

→ *Finanzplanung.*

Lofo-Verfahren

= Lowest in – first out.

Sammelbewertungsverfahren für gleichartige Gegenstände des Vorratsvermögens gem. § 256 HGB, wobei zur Vereinfachung davon ausgegangen wird, daß die zu den *niedrigsten* Preisen erworbenen oder hergestellten Vorräte im Produktionsprozeß *zuerst* verbraucht werden. Der Endbestand besteht aus den zu den höchsten Preisen zugegangenen Lieferungen. Für die → *Steuerbilanz* wird das L.-Verfahren nicht anerkannt (→ *Umlaufvermögen*).

Lohmann-Ruchti-Effekt
= Kapazitätserweiterungseffekt.

Kapazitätseffekt, der durch die bei Produktverkäufen im Absatzpreis vergüteten anteiligen → *Abschreibungen* entsteht. Die mit den Abschreibungsgegenwerten angeschafften Anlagen verursachen einen Erweiterungseffekt der Periodenkapazität, nicht jedoch der Totalkapazität.

Bsp.: 4 Maschinen zum → *Anschaffungswert* von je 120000 DM und einer → *Nutzungsdauer* von 3 Jahren werden linear abgeschrieben. Die Abschreibungen werden laufend reinvestiert. Dabei ergibt sich eine Kapazitätserweiterung von 4 auf 6 Maschinen ohne Zuführung neuen Kapitals, wie folgende Tabelle zeigt.
Die Bezeichnung L. geht auf Veröffentlichungen von Martin Lohmann (1949) und Hans Ruchti (1942) zurück.

Lit.: Ruchti, H.: Die Bedeutung der Abschreibung für den Betrieb, 1942; *Lohmann, M.:* Abschreibungen, was sie sind und was sie nicht sind, in: Der Wirtschaftsprüfer, 1949, S. 353–357; *Wöhe, G./Bilstein, J.:* Grundzüge der Unternehmensfinanzierung, 7. Aufl., 1994, S. 290–305.

Lohnabweichung
Differenz zwischen → *Plan-* und → *Istkosten*, die auf Unterschiede zwischen geplantem und realisiertem Einsatz an Arbeitsleistung oder zwischen geplanter und tatsächlicher Höhe des Lohnsatzes zurückzuführen ist (→ *Plankostenrechnung*).

Lohnsteuer
→ *Einkommensteuer*.
→ *Ertragsteuern*.

Lohnstückkosten
Personalkosten oder -aufwand je Leistungseinheit, ermittelt durch Division der durch die Erstellung einer Menge von erzeugten Sachgütern oder Diensten angefallenen Lohnkosten, i. d. R. einschließlich der Gehälter (plus evtl. der Personalnebenkosten), durch die Ausbringung.

Long-form-report
In den USA übliche Form der internen Berichterstattung über eine → *Prüfung des Jahres- oder Konzernabschlusses* analog dem deutschen → *Prüfungsbericht*. Der L. enthält Hinweise auf einzelne vorgenommene → *Prüfungshandlungen*, Empfehlungen zur Verbesserung des → *Internen Kontrollsystems* und eine allgemeine Beurteilung der Unternehmung (Gegensatz → *short-form-report*).

Lorie-Savage-Ansatz
Nach James H. Lorie und Leonard J. Savage benannter Ansatz zur Bestimmung des optimalen → *Investitionsprogrammes*. Danach werden die Anschaffungsausga-

Jahr	Anzahl d. Maschine	Summe d. Abschr. (in TDM)	Flüssige Mittel vor Reinvestit. (in TDM)	Reinvestition zu Beginn des Folgejahres (in TDM)	Flüssige Mittel nach Reinvestit. (in TDM)
1	4	160	160	120	40
2	5	200	240	240	–
3	7	280	280	240	40
4	5	200	240	240	–
5	6	240	240	240	–
6	6	240	240	240	–

ben eines Projektes mit einem parametrischen Faktor λ gewichtet und vom Kapitalwert abgezogen.

$\tilde{C}_{0j} = C_{0j} - \lambda a_{0j}$.

λ wird schrittweise erhöht und alle Projekte mit negativem Kapitalwert $\tilde{C}_{0j}$ aus dem Investitionsprogramm gestrichen, bis das Budget ausreicht, die verbleibenden Objekte zu finanzieren. Das Verfahren führt zum gleichen Ergebnis wie die Auswahl der Investitionsobjekte nach ihrer → *Kapitalwertrate* und ist der gleichen Kritik zu unterwerfen.

Lit.: Lorie, J.H./Savage, L.J.: Three Problems in Rational Capital, in: Journal of Business 1955, S. 229–239, abgedruckt in: Lüder, K.: Investitionsplanung, 1977, S. 217–226.

Losgrößenabweichung

Unterschiede zwischen geplanten und tatsächlichen Losgrößen, die ursächlich sind für Differenzen zwischen → *Plan-* und → *Istkosten* (→ *Plankostenrechnung*).

Lower cost or market principle

= → *Niederstwertprinzip*.

LSP

= Leitsätze für die Preisermittlung auf Grund von Selbstkosten als Anlage zur Verordnung über die Preise bei öffentlichen Aufträgen vom 21.11.1953 in der Fassung vom 12.12.1967 (VPöA). Die VPöA regelt für die Vergabe öffentlicher Aufträge, wann anstatt von Marktpreisen Preise auf der Basis von Selbstkosten vereinbart werden dürfen. Die LSP, zuletzt geändert durch PR 1/89 vom 13.6.1989, legt dann fest, welche Kosten in die Selbstkostenpreise einzubeziehen sind.

Lit.: Beißel, H.: Preisprüfung, in: HWRev., 2. Aufl., 1992, Sp. 1420–1428; *Coenenberg, A.G.:* Kostenrechnung und Kostenanalyse, 2. Aufl., 1993, S. 129–171; *Ebisch, H./Gottschalk, J.:* Preise und Preisprüfung bei öffentlichen Aufträgen, 6. Aufl., 1994; *Michaelis, H. (Hrsg.):* Preisbildung bei öffentlichen Aufträgen einschließlich Beschaffungswesen, Komm., Losebls., ab 1968, Stand 1994.

Lücken-Analyse

= → *GAP-Analyse*.

Make or buy
= → *Eigenfertigung oder Fremdbezug.*

Management Accounting
= *Internes* → *Rechnungswesen.*

Management Auditing
→ *Revision, interne.*

Management Buy-Out (MBO)
Unter MBO versteht man die Übernahme eines Unternehmens oder eines Unternehmensteils durch eine Gruppe von bei diesem Unternehmen (Altunternehmen) beschäftigten Personen. Diese haben das Ziel, die nach der Herausnahme neugebildete Wirtschaftseinheit (Neuunternehmen) in Selbständigkeit und unter Beendigung des bisherigen Beschäftigungsverhältnisses weiterzuführen.

Eine Differenzierung von M. kann vorgenommen werden nach sog. *Top-Management Buy-Outs* (Käufer ist ein einzelner oder mehrere Angehörige des Top-Managements), *Belegschafts-Buy Outs* (die Übernahme des Unternehmens erfolgt durch die gesamte Belegschaft) und *Institutional Buy-Outs* (am Übernahmevorgang sind Käufer beteiligt, die zum Zeitpunkt des Kaufes nicht im Unternehmen tätig sind und auch keinerlei anderweitige Beziehungen zum Unternehmen besitzen), wobei letztere mit MBOs im eigentlichen Sinne nichts gemein haben, da es sich um normale Unternehmensakquisitionen handelt.

Abzugrenzen vom M. sind sog. *spin-offs* oder *split-offs*, wobei ein oder mehrere Manager das Unternehmen verlassen, um eigenständig ein Neuunternehmen zu gründen, sowie sämtliche Formen der Mitarbeiterbeteiligung und der Unternehmensnachfolge.

Sonderformen des M. sind die vor allem im englisch-sprachigen Raum verwandten Begriffe *Leveraged M.* (der Unternehmenskauf wird hauptsächlich mit Fremdkapital finanziert), *Mixed M.* (gemeinsame Käufer sind Manager des Altunternehmens und externe Dritte) und *Sponsored M.* (die Finanzierung des Kaufes erfolgt mit Hilfe einer Bürgschaft oder Garantie des Altunternehmens).

Lit.: Lerbinger, P.: Unternehmensakquisition durch Leveraged Buy Out, in: Die Bank 1986, S. 133–142; *Hauschka, C.E.:* Wirtschaftliche, arbeits- und gesellschaftsrechtliche Aspekte des Management Buy-Out, in: BB 1987, S. 2169–2178; *Ballwieser, W./Schmid, H.:* Charakteristika und Problembereiche von Management Buy-Outs, in: WISU 1990, S. 299–305, 358–364.

Management-Holding
→ *Holding.*

Managementletter
→ *Prüfung des Jahresabschlusses.*

MAPI-Methode
1. Begriff und Entwicklung. Die M. wurde von *Terborgh* seit 1949 am *Machinery and Allied Products Institute (MAPI)* als ein Verfahren der → *Investitionsrechnung* zur Bestimmung der Rentabilität von Investitionen, vorwiegend → *Ersatzinvestitionen* entwickelt. Die M. ist eine Sonderform der → *internen Zinsfuß*-Methode. Mit ihr wird versucht, theoretische Exaktheit und leichte Anwendbarkeit zu verknüpfen. Die Fragestellung lautet: Ist es rentabler, eine alte Anlage im gegenwärtigen Zeitpunkt oder erst nach Ablauf eines Jahres zu ersetzen (→ *Nutzungsdauer*)?

Die M. wurde von *Terborgh* weiterentwickelt und liegt mittlerweile in drei Versionen vor. Durch die M. III sind nach Meinung von Terborgh die alten Versionen keinesfalls überholt, sondern nur ergänzt und erweitert worden. Terborgh empfiehlt, bei Neueinführung der M. in einem Unternehmen die dritte Version anzuwenden; Unternehmen, die bereits die erste oder zweite Version verwenden, können dies auch weiterhin.

2. Der Grundgedanke (MAPI-Methode I). Der Unterschied der M. I gegenüber den bis dahin üblichen Verfahren zur Entscheidung bei Ersatzbeschaffungen liegt in der Einbeziehung des *technischen Fortschritts* in den Investitionskalkül. Durch die Veralterung und den mit zunehmender Nutzungsdauer wachsenden Verschleiß nimmt der Leistungsnachteil eines vorhandenen Aggregats (*defender*) gegenüber der jeweils verfügbaren besten Ersatzmaschine (*challenger*) zu. Terborgh legt bei der M. I zwei Standardannahmen zugrunde, die den Kalkül wesentlich vereinfachen:

(1) Alle zukünftigen besten Ersatzmaschinen weisen den gleichen minimalen durchschnittlichen Verfahrensnachteil auf. Dadurch müssen künftige challenger nicht explizit in den Ersatzkalkül einbezogen werden, da eine identische Wiederholung der Ersatzinvestitionen unterstellt wird.

(2) Der Leistungsnachteil des defenders wächst während der Nutzungsdauer mit konstanter Rate g (Leistungsabnahmerate). Der Investor braucht unter dieser Annahme nur noch die konstante Leistungsabnahmerate zu schätzen. Diese Prämisse ist jedoch mit der Realität nur schwer vereinbar. Aufgrund der zweiten Prämisse ergibt sich der durchschnittliche über die Nutzungsdauer auftretende Leistungsnachteil LN_ϕ nach Terborgh als → *Annuität* aus dem Barwert des Gesamtleistungsnachteils LN_n mit i als → *Kalkulationszinssatz:*

$$LN_\phi = \left[\frac{0\,g}{(1+i)^1} + \frac{1\,g}{(1+i)^2} + \dots + \frac{(n-1)g}{(1+i)^n}\right] \cdot \frac{(1+i)^n i}{(1+i)^n - 1} = \frac{(1+i)^n i}{(1+i)^n - 1} \sum_{t=1}^{n} \frac{(t-1)g}{(1+i)^t}.$$

Analog dazu ergeben sich die durchschnittlichen → *Kapitalkosten* KD_ϕ als Annuität auf die Anschaffungsausgabe a_o:

$$KD_\phi = a_o \frac{(1+i)^n i}{(1+i)^n - 1}$$

Die Summe aus den durchschnittlichen Kapitalkosten und dem durchschnittlichen Leistungsnachteil ergibt den *durchschnittlichen Verfahrensnachteil* V_ϕ:

$$V_\phi = LN_\phi + KD_\phi = \left(\sum_{t=1}^{n} \frac{(t-1)g}{(1+i)^t} + a_o\right) \frac{(1+i)^n i}{(1+i)^n - 1}$$

Der Ersatz des defenders im Betrachtungszeitpunkt durch den challenger ist dann vorzunehmen, wenn der minimale durchschnittliche Verfahrensnachteil des defenders ($V_{\phi D}$) über dem für den challenger ($V_{\phi CH}$) liegt:

$$V_{\phi D} > V_{\phi CH}\,.$$

Die M. I. läßt sich auch bei Neuinvestitionen anwenden, wobei der Kalkül auf die Bestimmung der zum Kalkulationszeitpunkt wirtschaftlichsten Alternative beschränkt ist. Als solche ist diejenige Maschine anzusehen, die den geringsten minimalen durchschnittlichen Verfahrensnachteil aufweist.

3. Die Weiterentwicklung (MAPI-Methode II und III). Aufgrund der Kritik insbesondere an der Praktikabilität des Verfahrens veröffentlichte Terborgh 1958 eine Fassung der M., in der anstelle des minimalen durchschnittlichen Verfahrensnachteils ein *Dringlichkeitsmaßstab* d in Form einer relativen Rentabilität

$$d = \frac{(2) + (3) - (4) - (5)}{(1)} 100(\%)$$

tritt. Dabei bedeuten

(1): Nettoinvestitionsausgabe (Anschaffungsausgaben des challengers abzüglich der Beträge, die durch den Abgang des defenders freigesetzt bzw. vermieden wurden, wie Liquidationserlös, vermiedene Großreparaturen).

(2): Laufender Betriebsgewinn (der Anlage) des nächsten Jahres (Ertragssteigerungen und Betriebskostensenkungen, die beim Ersatz anfallen).

(3): Vermiedener Kapitalverzehr des nächsten Jahres (Minderung des Liquidationserlöses der alten Anlage in der nächsten Periode und anteilige Ausgaben für vermiedene Großreparaturen).

(4): Entstehender Kapitalverzehr des auf den Betrachtungszeitpunkt folgenden Jahres.

(5): Durch Realisierung der Investition im nächsten Jahr zusätzlich anfallende

Ertragsteuern auf den zusätzlich anfallenden Gewinn ((2) + (3)).

Die Berechnung des Dringlichkeitsmaßes und dessen Eingangsgrößen wird in einem standardisierten MAPI-Formular durchgeführt (Terborgh, 1962, S. 182f.). Aus MAPI-Diagrammen kann unter Ansatz von Normverläufen für die Rückflüsse der im nächsten Jahr entstehende Kapitalverzehr als Prozentsatz der Anschaffungsausgaben abgelesen werden. Den Diagrammen liegen Annahmen über Verschuldungsgrad, Eigen- und Fremdkapitalzinsen und Ertragsteuersatz zugrunde, die an US-amerikanischen Verhältnissen orientiert sind. Daneben sind die Annahmen über den Ersatz verschleißender Anlagen eingefügt (Terborgh, 1962, S. 173–178).

Nach der M. II ist ein Ersatz einer Anlage dann vorzunehmen, wenn sich ein positiver Dringlichkeitsmaßstab ergibt. Falls mehrere Projekte zur Auswahl stehen, bilden die relativen Rentabilitäten eine Dringlichkeitsskala. Bei der M. III wird anstelle von Größen des nächsten Jahres mit Durchschnittsgrößen gerechnet.

4. Kritik. Terborgh wollte ein optimales Verfahren für die Praxis entwickeln. Die Berechnung der MAPI-Rentabilität ist aufgrund der Standardisierungen relativ einfach. Jedoch bringen die Standardisierungen der M. mehr Nachteile als Vorteile mit sich, da insbesondere bei den MAPI-Diagrammen von Annahmen ausgegangen wird, die in der Praxis nicht immer hinreichend gegeben sind. Zudem sind die MAPI-Diagramme stark auf US-amerikanische Verhältnisse ausgerichtet. Für deutsche Verhältnisse müßte eine Übertragung vorgenommen werden. Weiterhin ist die M. nur auf Einzelobjekte anzuwenden. Interdependenzen zu anderen Entscheidungen sind nur bei der Finanzierung aufgrund standardisierter Prämissen berücksichtigt. Außerdem wird bei der M. eine relative Zielgröße betrachtet, die wie bei der Methode des internen Zinsfußes dem Ziel der Maximierung des absoluten Gewinns nicht entsprechen muß.

Lit.: Terborgh, G.: Dynamic Equipment Policy, 1949; *ders.:* Business Investment Policy, 1958; deutsche Übersetzung von *Albach, H.:* Leitfaden der betrieblichen Investitionspolitik, 1962; *Terborgh, G.:* Business Investment Management, 1967; *Kern, W.:* Investitionsrechnung, 1974, S. 243–260; *Blohm, H./Lüder, K.:* Investition, 8. Aufl., 1995, S. 101–111.

Dr. Jürgen Brüggerhoff, Frankfurt

Marginalkostenrechnung

→ *Grenzkostenrechnung.*

Marginalprinzip

→ *Kostenzurechnungsprinzip*, wonach einzelnen → *Leistungen* jene → *Kosten* zugerechnet werden, die durch Herstellung und Absatz dieser Leistung ausgelöst wurden, also bei Wegfall dieser Leistung nicht angefallen wären; deckt sich weitgehend mit dem → *Identitätsprinzip.*

Marktorientiertes Zielkostenmanagement

→ *Target Costing.*

Marktpreis

Der für Waren einer bestimmten Gattung von durchschnittlicher Qualität zu einem bestimmten Zeitpunkt und an einem bestimmten Handelsplatz geforderte Betrag. Der M. ist über das → *Niederstwertprinzip* für die Bewertung im → *Jahresabschluß* und → *Konzernabschluß* von Bedeutung.

Marperger, Paul Jacob

1656–1730; Kaufmann, später Hofrat in Dresden, verfaßte eines der ersten Lehrbücher zur Bilanzierung und Unternehmensbewertung.

Mark to Market-Bilanzierung

Bewertung insbesondere von Finanzinstrumenten (z. B. Optionen, Termingeschäften), börsengängigen Wertpapieren und Rohstoffen zu Marktpreisen unter Ausweis nicht nur unrealisierter Verluste, sondern auch unrealisierter Gewinne bzw. Kompensation zwischen ihnen (Abweichung vom → *Niederstwert* – und → *Imparitätsprinzip*). Eine M. wird in den → *USA* gefordert, in → *Großbritannien* z. T. praktiziert und ist vom IASC im IAS E 40 als Wahlrecht vorgesehen.

Lit.: Breker, N.: Optionsrechte und Stillhalterverpflichtungen im handelsrechtlichen Jahresabschluß, 1993, S. 237–245.

Marktportefeuille
→ *Kapitalmarkttheorie.*

Marktpreisverhältnisrechnung
Verfahren zur → *Kalkulation* von → *Kuppelprodukten.* Dabei werden die → *Kosten* des Produktionsprozesses anteilig im Verhältnis der mit deren Marktpreisen gewichteten Mengenanteile aufgeschlüsselt (→ *Kalkulationsverfahren*).

Marktwert einer Unternehmung
Der M. kann als Schätzgröße über den Barwert des Erwartungswertes des Zahlungsstromes zwischen der Unternehmung und den Kapitalgebern ermittelt werden. Bei börsengehandelten Unternehmen entspricht der M. dem Börsenkurs, multipliziert mit der Anzahl der ausgegebenen Aktien (→ *Gesamtwert der Unternehmung*).

Marktzinsmethode
1. Ziel. Die M. wurde zu Beginn der achtziger Jahre als ein Instrument zur Kalkulation der Vorteilhaftigkeit von Bankgeschäften entwickelt. Kürzlich wurde vorgeschlagen (und kontrovers diskutiert), die M. auch als Weiterentwicklung der herkömmlichen → *dynamischen Investitionsrechnung bei Sicherheit* anzusehen und einzusetzen.

2. Wichtige Annahmen. Die M. ist ein Partialmodell, in dem Investitions- und Finanzierungsentscheidungen unabhängig voneinander getroffen werden. Damit diese Vorgehensweise, die auf dem → *Separationstheorem* von Fisher beruht, zulässig ist, muß angenommen werden, daß der → *Kapitalmarkt* vollkommen ist. Damit wird unter anderem unterstellt, daß Anlage und Aufnahme von Finanzmitteln zum gleichen → *Zins* möglich ist, keine Volumensbeschränkungen vorliegen und keine Transaktionskosten existieren. Bislang wird die M. vornehmlich zur Bewertung *sicherer* Zahlungsströme (→ *Cash-Flow*) eingesetzt.

Um die *Arbitragetheorie* anwenden zu können, wird weiterhin angenommen, daß eine zu beurteilende → *Investition* mit Kapitalmarkttiteln dupliziert werden kann („Spanning"; Vollständigkeit, falls die Duplizierbarkeit *jeder* denkbaren Investition verlangt wird) und daß die zu bewertende Investition die Zinssätze am Markt nicht beeinflußt („Competitivity").

Im Unterschied zu eher traditionellen Verfahren der Investitionsrechnung wird nicht ein für alle Laufzeiten einheitlicher → *Kalkulationszinsfuß* angenommen, sondern es wird eine *Zinsstrukturkurve*, die meist nicht flach ist, zur Bewertung herangezogen.

3. Vorgehen. Die M. für Banken spaltet den Zinsüberschuß lt. GuV in zwei Komponenten auf: den Mehrertrag oder Minderaufwand aus dem Kundengeschäft gegenüber äquivalenten Geschäften am Geld- und Kapitalmarkt (*Konditionsbeitrag*) sowie den Finanzierungserfolg aus Fristentransformation (*Strukturbeitrag*). Wir konzentrieren uns hier auf die Berechnung der ersten Komponente:

Die Zahlungsreihe der zu beurteilenden Investition ($c_0, c_1, \ldots, c_n$) liege vor. Dann werden aus den Zinssätzen der aktuellen Zinsstrukturkurve ($t = 0$) → *Diskontierungsfaktoren* q_t berechnet. Diese entsprechen den Preisen reiner Wertpapiere und werden in der M. *Zerobond-Abzinsfaktoren* genannt. Die Multiplikation der einzelnen Zahlungen mit den jeweils zugehörigen Diskontierungsfaktoren und anschließende Summation (analog der → *Kapitalwertmethode*) ergeben den → *Kapitalwert* (Net Present Value) der Investition, der in der M. *Konditionsbeitrags-Barwert* heißt:

$$C_0 = \Sigma_{t=0}^{n} q_t \cdot c_t.$$

Ist er positiv (negativ), so ist die Investition vorteilhaft (nachteilig).

Alternativ kann man den Konditionsbeitrags-Barwert über eine *zahlungsstrukturkongruente Finanzierung* ermitteln, mit der alle Zahlungssalden – außer dem im Kalkulationszeitpunkt – auf Null gestellt werden.

Umrechnungen in *periodische Entnahmemöglichkeiten* befriedigen den Wunsch der Bankpraxis nach Berechnung einer *Marge.* Für die Entscheidung über die (Nicht-) Durchführung einer einzelnen Investition sind sie aber unerheblich.

4. Zukünftige Zinssätze. In den Diskontierungsfaktoren sind *implizite Terminzinssätze* enthalten: Eine Abzinsung von T nach 0 mit q_T und Aufzinsung von 0 nach T + 1 mit $1/q_{T+1}$ bedeutet, daß man implizit von T nach T + 1 mit q_T/q_{T+1} aufzinst. Damit ergibt sich als impliziter Zinssatz für die Periode (T, T + 1)

$$r_T = \frac{q_T}{q_{T+1}} - 1.$$

An den Geld- und Kapitalmärkten werden außer Kassa- auch Termingeschäfte durchgeführt. Arbitragefrei sind die angebotenen *Forward Rates* nur, wenn sie gleich den impliziten Terminzinssätzen sind.

Bei der klassischen Kapitalwertmethode unterstellt man einen laufzeitunabhängigen Kalkulationszinsfuß i p.a., also eine flache Zinsstrukturkurve mit $q_t = (1 + i)^t$. Damit sind alle Kupon-Zinssätze, Zerobond-Renditen (Spot Rates) und vor allem auch alle impliziten Terminzinssätze r_t p.a. identisch eben diesem i. Bei einer gekrümmten Zinsstrukturkurve gilt das offensichtlich nicht mehr.

Theoretisch können implizite Terminzinssätze sogar negative oder „unendliche" Werte annehmen. Sie weichen außerdem oft von den tatsächlichen zukünftigen Zinssätzen ab. Beides hat die Frage provoziert, ob die Abzinsung mit impliziten Terminzinssätzen dennoch sinnvoll sei. Zunächst ist festzustellen, daß synthetische Forward-Geschäfte zu den impliziten Terminzinssätzen tatsächlich durchgeführt werden können, selbst wenn am Markt keine entsprechenden Forward Rates angeboten werden. Das führt letztlich dazu, daß auch bei unsicheren zukünftigen Zinssätzen die Rechenweise der M. korrekt ist, sofern zusätzlich zu unseren Annahmen die Kenntnis der prinzipiell möglichen zukünftigen Zinssätze unterstellt wird.

Aus diesem Ergebnis wird einmal mehr deutlich, daß der Strukturbeitrag keine Aussagekraft für die Beurteilung der Vorteilhaftigkeit einer Einzelinvestition hat; denn bei konsequenter Zugrundelegung der impliziten Terminzinssätze ist der Barwert des Strukturbeitrages gleich Null.

5. Beziehung zur GuV. Die M. ist auch mit Blick auf die Beziehung zur externen Rechnungslegung untersucht worden. Unterstellen wir hierzu einmal, daß der Konditionsbeitrags-Barwert sofort entnommen wird und das auch handelsrechtlich zulässig ist. Bei Durchführung einer Investition und zahlungsstrukturkongruenter Finanzierung ergibt sich der Konditionsbeitrags-Barwert dann als Summe der Periodenerfolge über die Laufzeit der Investition. Bei Eintreten der impliziten Terminzinssätze würde sich diese Summe sogar bei jeder beliebigen Finanzierung ergeben. Fristentransformation ist somit zum einen Spekulation auf das Nichteintreten der impliziten Terminzinssätze, zum anderen Gewinnverschiebung auf der Zeitachse.

6. Ausblick. Die Annahmen, die der M. zugrundeliegen, sind in der Realität typischerweise nicht erfüllt. Für Unternehmen des Finanzsektors gelten sie näherungsweise. Die Realitätsferne der Annahmen ist allerdings nicht allein ein Merkmal der M., sondern ist beispielsweise auch für die klassische Kapitalwertmethode zu konstatieren.

Theoretisch richtig wäre allein ein Totalmodell. Daraus folgt aber nicht automatisch, daß die Anwendung des Partialmodells M. unsinnig ist. Zukünftige Forschungen müßten sich zum Beispiel mit der „Approximationsgüte" der M. als Heuristik sowie der Berücksichtigung von unsicheren Zahlungsströmen und diversen Marktunvollkommenheiten beschäftigen. Für den Bankbereich liegen erste Ansätze zur Einbeziehung aufsichtsrechtlicher Restriktionen bereits vor.

Lit.: Adam, D./Schlüchtermann, J./Hering, T.: Zur Eignung der Marktzinsmethode für Investitionsentscheidungen, in: ZfbF 1993, S. 3–17; *Rolfes, B.:* Marktzinsorientierte Investitionsrechnung, in: ZfB 1993, S. 691–713; *Hartmann-Wendels, T./Gumm-Heußen, M.:* Zur Diskussion um die Marktzinsmethode: Viel Lärm um Nichts?, in: ZfB 1994, S. 1285–1301; *Kruschwitz, L./Röhrs, M.:* Debreu,

Arrow und die marktzinsorientierte Investitionsrechnung, in: ZfB 1994, S. 655–665; *Gaida, S./Pfingsten, A./Thom, S.*: Das Marktzinsmodell in der Bankkalkulation, Diskussionsbeitrag 95-04 des Instituts für Kreditwesen der Univ. Münster, 1995; *Gründl, H.*: Marktzinsmethode und das Konzept effizienter Konsumpläne, in: ZfB 1995, S. 905–917; *Pfingsten, A./Thom, S.*: Der Konditionsbeitrags-Barwert in der Gewinn- und Verlustrechnung, in: Die Bank 1995, S. 242–245; *Schierenbeck, H.*: Ertragsorientiertes Bankmanagement, 5. Aufl., 1997.

Prof. Dr. Andreas Pfingsten, Münster.

Maschinenbuchhaltung

Eine im Gegensatz zur manuellen (Hand-) Buchführung betriebene → *Buchhaltung*, bei der die täglich anfallenden Buchungen mit mechanischen Buchungsmaschinen oder elektronischen Rechnern ausgeführt werden. Zu differenzieren sind die halbautomatische M. (Rechenmaschinen, rechnende Schreibmaschine) von der vollautomatischen M. über EDV-Anlagen. In der betrieblichen Praxis wird, zumindest in Mittel- und Großbetrieben, die vollautomatische M. verwendet. Kleinere Unternehmen gehen zunehmend dazu über, die Buchhaltung an externe Dienstleistungsunternehmen, die ebenfalls mit EDV-Anlagen arbeiten, zu übergeben.

Maschinen-Layout

→ *Anlagenplanung und Anlagenrechnung.*

Maschinenstundensatzrechnung

(1) Verfahren der → *Zuschlagskalkulation.*

(2) Variante der → *Kostenvergleichsrechnung* zur Beurteilung der kostenmäßigen Auswirkungen von unterschiedlichen Maschinen. Dabei werden die → *Kosten* pro Maschinenstunde bei Unterstellung von Planauslastungsgraden aufgrund der erwarteten Beschäftigungssituation errechnet.

Massenfertigung

Produktionsprogramm, bestehend aus einer Produktart, die in großen Stückzahlen hergestellt wird.

Maßgeblichkeitsprinzip

1. Geschichtliche Entwicklung

In *Preußen* wurde das M. durch § 14 EStG vom 24. Juni 1891 eingeführt; in dessen Absatz 2 hieß es u. a.: „Das Einkommen ... besteht ... in dem in Gemäßheit der allgemeinen Grundsätze ... ermittelten Geschäftsgewinne. Mit dieser Maßgabe ist der Reingewinn ... nach den Grundsätzen zu berechnen, wie solche für die Inventur und die Bilanz durch das Handelsgesetzbuch vorgeschrieben sind und sonst dem Gebrauche eines ordentlichen Kaufmanns entsprechen". Dabei ist es im Grundsatz in Deutschland und ähnlich in anderen kontinentaleuropäischen Staaten geblieben.

Unter dem Eindruck betrügerischer Bankrotte und nach dem Vorbild des → *Ordonnance de Commerce* (1673) wurde in vielen kontinentaleuropäischen Ländern das Vorsichtsprinzip im Interesse des Gläubigerschutzes in den handelsrechtlichen Bilanzierungsvorschriften betont. In Staaten, in denen die Entwicklung der Rechnungslegung überwiegend der Praxis überlassen blieb, wie im anglo-amerikanischen Bereich, wurde hingegen die Ermittlung des periodenrichtigen Gewinns in den Vordergrund gestellt und die Steuerbilanz verselbständigt. In Kontinentaleuropa hat der Gesetzgeber die steuerliche Gewinnermittlung dagegen an das Handelsrecht gebunden und die Inanspruchnahme steuerlicher Vergünstigungen häufig davon abhängig gemacht, daß diese auch den Handelsbilanzgewinn mindern (kritisch z. B. Knobbe-Keuk, Bilanz und Unternehmenssteuerrecht, 9. Aufl., S. 28 ff. mit weiteren Nachweisen).

2. Inhalt

Der Grundsatz der Maßgeblichkeit der Handelsbilanz für die steuerliche Gewinnermittlung ist im Steuerrecht geregelt. § 140 AO bestimmt, daß derjenige, der nach anderen Gesetzen als den Steuergesetzen Bücher und Aufzeichnungen zu führen hat, die für die Besteuerung von Bedeutung sind, diese Verpflichtungen auch für die Besteuerung zu erfüllen hat. Das Steuerrecht kennt deshalb auch keine Verpflichtung, eine selbständige → *Steuerbilanz* aufzustellen. Es genügt vielmehr die Vorlage der Handelsbilanz, die zwingende steuerrechtliche Vorschriften zumindest im Wege der Korrektur berücksichtigen muß. Die verbindliche Festlegung auf die handelsrechtliche Gewinnermittlung ist in § 5 Abs. 1 EStG enthalten. Danach ist bei Gewerbetreibenden, die auf Grund gesetzlicher Vorschriften Bücher zu führen und regelmäßig Abschlüsse zu machen haben oder dies freiwillig tun, für den Schluß des Wirtschaftsjahrs das Betriebsvermögen anzusetzen, das nach den handelsrechtlichen → *Grundsätzen ordnungsmäßiger Buchführung* auszuweisen ist. Die Bundesregierung hat den Grundsatz der Maßgeblichkeit in der Begründung zu dem Entwurf eines Gesetzes zur Änderung des EStG vom 26. Juli 1968 (BT Drs. V/3187) wie folgt interpretiert. „Was zu bewerten ist, d.h., ob ein bilanzierungsfähiges Wirtschaftsgut vorhanden ist, bestimmen die handelsrechtlichen Grundsätze ordnungsmäßiger Buchführung, wie ein bilanzierungsfähiges Wirtschaftsgut zu bewerten ist, entscheidet sich nach Steuerrecht. Dementsprechend haben Bilanzierungsvorschriften des Handelsrechts, die Ausdruck der – allgemein geltenden – handelsrechtlichen Grundsätze ordnungsmäßiger Buchführung sind, unmittelbar steuerrechtliche Wirkung, während handelsrechtliche Bewertungsvorschriften wegen des steuerrechtlichen Bewertungsvorbehalts nur insoweit gelten, als das Steuerrecht keine andere Bewertung vorschreibt." Bestehen steuerrechtliche Bilanzierungs- oder Bewertungswahlrechte, so folgt aus der Maßgeblichkeit, daß die in der Handelsbilanz getroffene Entscheidung auch für die Besteuerung maßgeblich ist, soweit sie sich im Rahmen des steuerrechtlichen Wahlrechts hält. In den meisten Fällen ist deshalb die handelsrechtliche Bilanzierung und deren handelsrechtlicher Wertansatz auch für die steuerliche Gewinnermittlung verbindlich. Der Steuerpflichtige kann steuerrechtlich eingeräumte Wahlrechte nicht abweichend ausüben, so daß ihm meist nur handelsrechtlich ein Wahlrecht zur Verfügung steht.

Der Grundatz der Maßgeblichkeit wird nicht unerheblich dadurch eingeschränkt, daß gemäß § 5 Abs. 6 EStG abweichende Vorschriften des Steuerrechts, u.a. über die Zulässigkeit der → *Bilanzänderung*, über die *Betriebsausgaben*, über die *Bewertung* und über die → *Absetzung für Abnutzung* oder Substanzverringerung, zu befolgen sind. Eine weitere wesentliche Einschränkung wird aus der Rechtsprechung des *Bundesfinanzhofs* abgeleitet, dessen Großer Senat mit Beschluß vom 3.2.1969 entschieden hat (BFHE 95, 31, BStBl. II 69, 291), daß aus § 5 EStG allenfalls eine Bindung des Steuerrechts an handelsrechtliche Aktivierungsverbote und Passivierungsgebote herzuleiten ist. Handelsrechtliche *Wahlrechte* gelten seither bei der steuerlichen Gewinnermittlung auf der Aktivseite als Bilanzierungsgebote und auf der Passivseite als Bilanzierungsverbote. Der Bundesfinanzhof hat seine Entscheidung zum einen damit begründet, daß Bilanzierungswahlrechte mit dem *Grundsatz der Gleichmäßigkeit der Besteuerung* nicht zu vereinbaren sind, und daß es zum anderen dem Sinn und Zweck der steuerlichen Gewinnermittlung entspricht, den vollen Gewinn zu erfassen. Der letztere Grund beruht auf einer Fehlinterpretation des Gesetzgebers, der gerade mit der Einführung der Maßgeblichkeit und deren Bestätigung mehrfach, insbesondere im Rahmen des → *Bilanzrichtlinien-Gesetzes*, deutlich machte, daß er der steuerlichen Gewinnermittlung keinen von der handelsrechtlichen abweichenden Sinn und Zweck beimißt. Nachdem nunmehr der *Grundsatz der Stetigkeit* (→ *Bewertungsprinzipien*) handelsrechtlich in § 252 Abs. 1 Nr. 6 HGB verankert und eine willkürliche Gewinnermittlung damit unmöglich gemacht worden ist, ist auch der zweite Teil der Begründung entfallen. Eine Änderung der Rechtsprechung des Bundesfinanzhofs dürfte daher möglich geworden sein.

Dabei bliebe es dem Bundesfinanzhof überlassen, die Bedingungen der Stetigkeit im einzelnen festzulegen.

3. Umgekehrte Maßgeblichkeit

Das Steuerrecht kennt Bilanzierungs- und Bewertungsvorschriften, die überwiegend aus wirtschaftspolitischen Gründen eingeräumt wurden. Die Folge ist, daß die Vermögenslage meist zu ungünstig und die Ertragslage periodenverschoben dargestellt werden. Aus der Maßgeblichkeit wurde abgeleitet, daß steuerrechtlich eingeräumte Wahlrechte bei der steuerlichen Gewinnermittlung nur anzuerkennen sind, wenn sie in gleicher Weise auch in der Handelsbilanz ausgeübt wurden. Diese Auslegung wurde dadurch begünstigt, daß es dem Kaufmann grundsätzlich erlaubt war, sich ärmer darzustellen. Als mit dem AktG 1965 die Höchstbewertungsvorschriften um Mindestbewertungsvorschriften ergänzt wurden, wurde wegen der so verstandenen Maßgeblichkeit in § 154 Abs. 2 Nr. 2 und § 155 Abs. 3 Nr. 2 AktG aufgenommen, daß niedrigere Wertansätze zulässig sind, wenn sie „für Zwecke der Steuern vom Einkommen und vom Ertrag für zulässig gehalten werden". Es war befürchtet worden, daß die Unternehmen sonst steuerliche Vergünstigungen nicht mehr hätten in Anspruch nehmen können. Mit dieser Begründung konnte die Anwendung ausschließlich steuerrechtlicher Vorschrifen in der Handelsbilanz auch in der Vierten EG-Richtlinie durchgesetzt werden, allerdings mit der Einschränkung, daß der Steuervorteil nur unter dieser Voraussetzung in Anspruch genommen werden kann. Kapitalgesellschaften dürfen daher steuerrechtliche Sonderabschreibungen nur noch insoweit in Anspruch nehmen und den → *Sonderposten mit Rücklageanteil* nur noch insoweit bilden, als das Steuerrecht die Anerkennung von deren Vornahme in der Handelsbilanz abhängig macht (§§ 273, 279 Abs. 2 HGB). Der Grundsatz der umgekehrten Maßgeblichkeit wurde zunächst in § 6 Abs. 3 EStG geregelt, der während des Gesetzgebungsverfahrens in das Bilanzrichtlinien-Gesetz aufgenommen worden ist, nachdem der Bundesfinanzhof mit Urteil vom 24.4.1985 (BFHE 144, 14, BStBl. II 1986, 324) entschieden hatte, daß die umgekehrte Maßgeblichkeit nur bei ausdrücklicher gesetzlicher Regelung anzuerkennen ist. Die Regelung erfaßte jedoch die Sonderposten der Passivseite nicht vollständig. Im Rahmen des Steuerreformgesetzes 1990 wurde deshalb § 6 Abs. 3 EStG aufgehoben und dafür § 5 Abs. 1 EStG folgender Satz 2 angefügt: „Steuerrechtliche Wahlrechte bei der Gewinnermittlung sind in Übereinstimmung mit der handelsrechtlichen Jahresbilanz auszuüben".

4. Maßgebliche Vorschriften des Handelsrechts

a) Bilanzansatzvorschriften. Verbindlich sind aufgrund des in § 5 Abs. 1 EStG festgelegten Grundsatzes die folgenden Ansatzvorschriften:

- § 246 HGB über das Vollständigkeits- und das Verrechnungsverbot; Wirtschaftsgüter können danach nur → *Vermögensgegenstände* und Schulden im Sinne des Handelsrechts sein.
- § 247 Abs. 2 HGB über die Zuordnung zum → *Anlagevermögen.*
- § 248 HGB über das Aktivierungsverbot für Gründungs- und Eigenkapitalbeschaffungskosten sowie das Verbot, → *immaterielle Vermögensgegenstände* des Anlagevermögens, die nicht entgeltlich erworben worden sind, zu aktivieren; das letztere Verbot ergibt sich auch aus § 5 Abs. 2 EStG.
- § 249 HGB über den Ansatz von → *Rückstellungen*; steuerrechtliche Sonderregelungen bestehen nach § 6a EStG bezüglich der → *Pensionsrückstellungen* und nach § 5 Abs. 3 EStG bezüglich der Bildung von Rückstellungen bei Verletzung von Schutzrechten. Im Rahmen des Steuerreformgesetzes wurde außerdem eine Sonderregelung betreffend die Bildung von Rückstellungen für Jubiläumsanwartschaften in § 5 Abs. 4 EStG aufgenommen. Die → *Aufwandsrückstellungen* nach § 249 Abs. 2 HGB werden wegen des oben zitierten Beschlusses des Großen Senats des Bundesfinanzhofs steuerlich nicht anerkannt.

Maßgeblichkeitsprinzip

- §250 HGB über die *Rechnungsabgrenzung*; §5 Abs. 5 EStG enthält eine entsprechende Regelung, jedoch ohne die handelsrechtlichen Wahlrechte einzuräumen.

Bezüglich der nur für *Kapitalgesellschaften* geltenden §§271 bis 274 HGB kommt es darauf an, ob diese Vorschriften rechtsformunabhängige GoB enthalten. Diese Voraussetzung dürfte §271 Abs. 1 HGB bezüglich der Umschreibung der *Beteiligung* erfüllen. Auch §272 HGB über den Ansatz des → *Eigenkapitals* dürfte dieser Anforderung entsprechen. §274 Abs. 1 HGB enthält einen Sonderfall der Rückstellung nach §249 Abs. 1 Satz 1 HGB (→ *latente Steuern*) und gilt deshalb als GoB für alle Kaufleute, soweit Periodenverschiebungen zwischen Handels- und Steuerbilanz vorkommen. Die in §269 HGB über die → *Aufwendungen für Ingangsetzung und Erweiterung des Geschäftsbetriebs* und in §274 Abs. 2 HGB über die *Steuerabgrenzung* Kapitalgesellschaften eingeräumten → *Bilanzierungshilfen* sind für die steuerliche Gewinnermittlung nicht maßgeblich, weil sie sich nicht als Vermögensgegenstände einordnen lassen.

Der → *Geschäftswert* dürfte handelsrechtlich nicht mehr als Bilanzierungshilfe eingeordnet werden können, nachdem §255 Abs. 4 HGB auch die planmäßige Abschreibung gestattet und die Aktivierung auch nicht mit einer Ausschüttungssperre verbunden worden ist. Steuerlich ist er innerhalb von 15 Jahren linear abzuschreiben (§7 Abs. 1 Satz 3 EStG). Die §§266, 268 HGB über die Gliederung der Bilanz sind hingegen für die steuerliche Gewinnermittlung ohne Bedeutung, weil sie nur bestimmen, wie bilanzierungsfähige Vermögensgegenstände und Schulden auszuweisen sind.

b) Bewertungsvorschriften. Im Grundsatz sind die für alle Kaufleute geltenden Bewertungsvorschriften in den §§252 bis 256 HGB maßgeblich. Dies gilt uneingeschränkt für die allgemeinen Bewertungsvorschriften des §252 Abs. 1 HGB, weil das Steuerrecht keine abweichenden Regelungen enthält. §253 HGB über den Wertansatz der Vermögensgegenstände und Schulden gehen die weitgehend übereinstimmenden steuerrechtlichen Vorschriften, insbesondere die §§6 und 7 EStG, vor. Soweit das Steuerrecht jedoch Wahlrechte enthält, ist der handelsrechtliche Wertansatz maßgeblich. §253 Abs. 4 HGB über *zusätzliche* → *Abschreibungen* zur Bildung → *stiller Rücklagen* ist wegen Unvereinbarkeit mit §7 EStG nicht anwendbar. Das Beibehaltungswahlrecht (§253 Abs. 5 HGB) anstelle der → *Wertaufholung* ist jedoch maßgeblich, soweit es bei abnutzbaren Wirtschaftsgütern nicht ohnehin zwingend vorgeschrieben ist (§6 Abs. 1 Nr. 1, 2 EStG). Die die Praxis der Finanzverwaltung wiedergebenden EStR über die → *Anschaffungs-* und → *Herstellungskosten* in den Abschnitten 32a, 33 haben keine Gesetzeskraft, so daß §255 Abs. 1 bis 3 HGB maßgeblich ist. Das Wahlrecht des §255 Abs. 2 Satz 3 HGB bezüglich der anteiligen → *Gemeinkosten* wird jedoch wegen des oben zitierten Beschlusses des Bundesfinanzhofs steuerlich nicht anerkannt. Grundsätzlich gelten auch die Bewertungsvereinfachungsverfahren des → *Umlaufvermögens* nach §256 HGB, insoweit, als das → *Lifo-*Verfahren mit dem Steuerreformgesetz 1990 (§6 Abs. 2a EStG) zugelassen wurde. Die Maßgeblichkeit gilt wegen des Bestehens von Wahlrechten im Steuerrecht auch für §279 Abs. 1 HGB, der den niedrigeren Wertansatz bei nicht endgültiger Wertminderung auf das Finanzanlagevermögen beschränkt, und das Wertaufholungsgebot des §280 HGB, obwohl diese Vorschriften nur für Kapitalgesellschaften verbindlich sind. Steuerliche Nachteile können aber dadurch vermieden werden, daß bei Bestehen der umgekehrten Maßgeblichkeit die steuerrechtlichen Regelungen an Stelle der handelsrechtlichen Vorschriften angewendet werden.

Lit.: Döllerer, G.: Die Maßgeblichkeit der Handelsbilanz für die Steuerbilanz, in: BB 1969, S. 501ff.; *Krieger, A.:* Der Grundsatz der Maßgeblichkeit der Handelsbilanz für die steuerrechtliche Gewinnermittlung, in: Handelsrecht und Steuerrecht, FS für Döllerer, 1988, S. 327–348; *Raupach, A.:* Maßgeblichkeit und umgekehrte Maßgeblichkeit, in: Mellwig, W. u. a. (Hrsg.): Handelsbilanz und Steuerbilanz, 1989, S. 105–117; *Haeger, B.*: Der Grundsatz der umgekehrten Maßgeblichkeit in der Praxis, 1989; *Ballwieser, W.*: Ist das Maßgeblichkeitsprinzip überholt? in: BFuP 1990, S. 477–498; *Stobbe, T.*: Die Verknüpfung handels- und steuerrechtlicher Rechnungslegung, 1991; *Bordewin, S.*: Umgekehrte Maßgeblichkeit bei ausschließlich steuerlichem Bilanzierungswahlrecht?, in: DB 1992, S. 291; *Herzig, N.*, in: Küting/Weber: HdR, 4. Aufl., Bd. I a, 1995, S. 109–134.

MR Dr. h. c. Herbert Biener, Bonn.

Maßkosten
= → *Sollkosten.*

Matching Principle
Anglo-amerikanische Bezeichnung für die Methode, nach der die Angaben einer Periode im Rahmen der periodengerechten Erfolgsabgrenzung (→ *accrual accounting*) als Aufwand zugeordnet werden (→ *Periodisierung*). Nach dem M. sind Ausgaben, die bestimmten Einnahmen direkt zugeordnet werden können, in der Periode als Aufwand zu erfassen, in der die Erträge realisiert sind. Sonst sind die Ausgaben einer Periode basierend auf systematischen und rationalen Überlegungen zuzuordnen. Ist eine Zuordnung aufgrund fehlender oder nicht eindeutiger Beziehung zu Erträgen nicht möglich, sind die Ausgaben in der Periode als Aufwand zu erfassen, in der sie entstanden sind. Sofern Ausgaben direkt Einnahmen zuzuordnen sind (z. B. Einzelkosten der Herstellung) oder periodisch wiederkehren (z. B. Miete, Versicherungen), ist eine eindeutige Zuordnung in der Regel unproblematisch. An der Vorschrift, die Zuordnung einmalig anfallender Auszahlungen auf der Grundlage systematischer und rationaler Überlegungen vorzunehmen, wurde jedoch die Kritik geübt, daß diese zu große Gestaltungsspielräume und somit die Möglichkeit einer vorgezogenen Gewinnrealisierung oder eines Aufschubs einer Kostenverrechnung eröffnet.

Lit.: *ASC*: SSAP No. 2: Disclosure of accounting policies, 1971, Ziff. 14 b; *FASB*: SFAC No. 6: Elements of Financial Statements, 1985, Ziff. 134–152; *Companies Act*, 1989, Schedule 4, Ziff. 13; *IASC*: Framework for the Preparation and Presentation of Financial Statements, 1989, Ziff. 35.

Materialabweichung
Differenz zwischen geplanten und tatsächlich entstandenen Materialeinzelkosten, die ihre Ursache in Unterschieden im Materialverbrauch oder in den Materialpreisen hat.

Materiality
Grundsatz der → *Wesentlichkeit* oder der Wirtschaftlichkeit im Rechnungswesen (→ *Grundsätze ordnungsmäßiger Buchführung*).

Materialkostenstellen
→ *Betriebsabrechnungsbogen.*

Matrixbuchhaltung
Alternativ zur Erfassung auf Konten werden in der M. die Geschäftsvorfälle systematisch mit Hilfe von Matrizen abgebildet. Innerhalb der M. werden verschiedene Darstellungsformen verwendet, die sich jedoch weitgehend auf folgendes Grundschema zurückführen lassen:

Jeder Geschäftsvorfall wird durch nur eine Eintragung einer Zahl in eines der vier Felder der Matrix abgebildet, z. B. eine Lohnzahlung durch die mit einem Kreuz gekennzeichnete Eintragung, die zugleich eine Soll-Buchung auf einem Erfolgskonto und eine Haben-Buchung auf einem Bestandskonto darstellt. Die M. hat bisher wohl eher didaktischen als praktischen Wert, obgleich sie mit Hilfe der EDV leichter realisierbar ist als zur Zeit ihrer ersten Darstellung in der Literatur.

Lit.: *Kosiol, E.*: Buchhaltung und Bilanz, 1964, S. 69–81; *Corcoran, A. W.*: Buchführung mit Hilfe der Matrizenrechnung, in: WPg 1965, S. 85–92.

Maximumprinzip
→ *Wirtschaftlichkeit.*

MBO
= → *Management Buy-Out.*

	Haben-Konten	Bilanz-Konten	GuV-Konten
Soll-Konten		1 . 2 . 3.............	.... n
Bilanz-Konten	1 . 2 . 3		
GuV-Konten	. . . . n	x	

Abb. 1: Matrixbuchhaltung

Mehrfachziele in der Investitionsrechnung

1. Erfassung nichtmonetärer Ziele

Zur Beurteilung von Investitionsalternativen wird üblicherweise der → *Kapitalwert* herangezogen. Nach der zugehörigen Entscheidungsregel ist diejenige Alternative optimal, die den größten Kapitalwert besitzt.

Diese auf nur ein Ziel ausgerichtete, monetäre Sichtweise ist oft nicht ausreichend für eine umfassende Bewertung der Alternativen. Häufig sind mehrere Aspekte bei der Beurteilung von Investitionsalternativen zu berücksichtigen: Die Auswahlentscheidung basiert dann auf einem *Zielsystem*, das neben weiteren monetären Zielen, wie Liquidität oder Umsatz, auch *nicht-monetäre Zielgrößen* beinhalten kann, z. B. die Erhöhung des Marktanteils, die Verbesserung des Kundendienstes oder auch soziale Ziele, wie die Verbesserung des Arbeitsschutzes (→ *Kosten-/Nutzen-Analyse*).

Traditionellerweise gehen nicht-monetäre Ziele in den → *Investitionskalkül* nicht explizit ein. Es wird davon ausgegangen, daß diese Ziele in der Zahlungsreihe der betrachteten → *Investition* implizit berücksichtigt werden und somit in die → *Investitionsrechnung* einfließen. So führt eine Verbesserung des *Arbeitsschutzes* langfristig zu geringeren Auszahlungen aufgrund geringerer Ausfallzeiten der Mitarbeiter. Gegen diese Vorgehensweise läßt sich folgendes einwenden:

(1) Die Verfolgung eines zweiten Zieles kann einen zusätzlichen positiven oder negativen Nutzen haben, der sich nicht in monetären Größen widerspiegelt. Der Entscheider ist z. B. bei der Verbesserung des Arbeitsschutzes nicht primär an geringeren Ausfallzeiten, sondern am Wohl seiner Mitarbeiter interessiert. Dieses soziale Ziel hat für ihn einen positiven Nutzen, der im Kapitalwertkriterium nicht abgebildet werden kann, obwohl er einen Beitrag zur Bewertung einer Investitionsalternative liefert.

(2) Häufig ist es schwierig, die monetären Konsequenzen von Zielen zu quantifizieren. So vermag ein Entscheider bei der Verfolgung des Ziels „*Verbesserung des Images*" die langfristigen Auswirkungen auf die Zahlungsströme des Investitionsprojektes nicht abzuschätzen. Dann ist eine Bewertung durch Nutzen, die dem Entscheider leichter fällt, sinnvoll. Der Nutzen kann in diesem Fall als Proxi-Variable für zukünftige Zahlungsströme aufgefaßt werden.

Eine Möglichkeit, den zusätzlichen Nutzen monetär nicht erfaßbarer Ziele bei der Beurteilung von Investitionsalternativen zu berücksichtigen, ist die Darstellung in

Mehrfachziele in der Investitionsrechnung

einem zweidimensionalen Nutzen-Kapitalwert-Diagramm. Auf der Abszisse wird der Nutzen u der nicht-monetären Ziele abgetragen, auf der Ordinate der Kapitalwert C_0 (siehe Abb.):

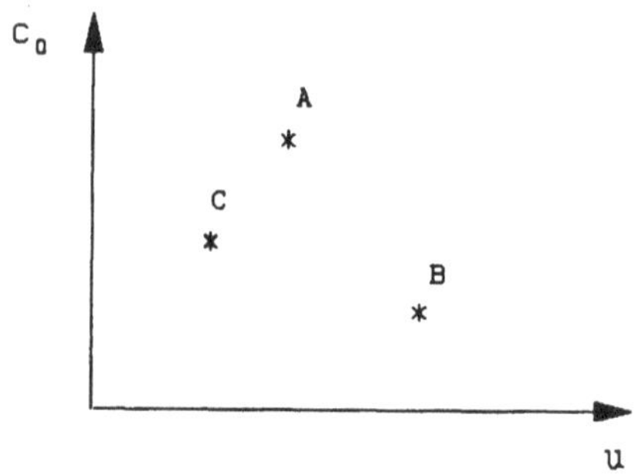

Abb.: Nutzen-Kapitalwert-Diagramm

In einem Entscheidungskalkül, das auf Kapitalwert- und Nutzenmaximierung basiert, sind von den in der Abbildung dargestellten Investitionsalternativen lediglich die Alternativen A und B interessant. Alternative A besitzt einen höheren Kapitalwert und auch einen höheren Nutzen als Alternative C, so daß Alternative C ineffizient ist. Die Darstellung im zweidimensionalen Diagramm ermöglicht es dem Entscheider, ineffiziente Alternativen zu eliminieren und dadurch das Entscheidungsproblem zu vereinfachen. Dies ist insbesondere beim Vergleich einer Vielzahl von Alternativen hilfreich. Eine eindeutige Wahl zwischen den effizienten Alternativen A und B ist dem Entscheider so jedoch noch nicht möglich. Dazu bedarf es zusätzlicher Informationen über die Wichtigkeit bzw. den Trade-off der beiden Ziele „Kapitalwert“ und „Nutzen“.

2. Multiattributive Nutzentheorie

Die *multiattributive Nutzentheorie* bietet einerseits die Grundlage zur Berechnung des Nutzens der nicht-monetären Alternativen und andererseits die Grundlage zur Bestimmung des Trade-offs zwischen Kapitalwert und Nutzen. In der multiattributiven Nutzentheorie werden die Zielerreichungsgrade bzw. Teilnutzen der einzelnen Alternativen miteinander verglichen. Die Theorie dient dabei zur Auswahl einer – im Sinne der Nutzenmaximierung – optimalen Alternative. Der Gesamtnutzen einer Alternative ergibt sich aus einer (i. d. R. einfachen) Funktion der Teilnutzen, die die Alternative bzgl. der Ziele des Zielsystems stiftet. Die unterschiedliche Wichtigkeit einzelner Ziele kann bei der Aggregation der Teilnutzen berücksichtigt werden. Die Teilnutzen der jeweiligen Alternativen, die Gewichte der Ziele sowie die geeignete Aggregationsfunktion können aus Präferenzaussagen des Entscheiders abgeleitet werden.

Die Anwendung der multiattributiven Nutzentheorie zur Ermittlung der optimalen Investitionsalternative erfordert folgende vier Schritte:

- Bestimmung des Zielsystems,
- Bestimmung der Zielerreichungsgrade der Alternativen,
- Abbildung der Präferenz des Entscheiders in Form einer Aggregationsfunktion,
- Berechnung des Nutzens der Alternativen mittels der Aggregationsfunktion und Auswahl der besten Alternative.

a) Bestimmung des Zielsystems. Unter einem Zielsystem $Z = (Z_1, \ldots, Z_n)$ wird die Menge aller für das Entscheidungsproblem relevanten Ziele verstanden. Unter Berücksichtigung von Eigenschaften der Ziele (Vollständigkeit, Operationalisierbarkeit, Dekomponierbarkeit, Redundanzfreiheit und Minimalität) werden umfassende Ziele in Unterziele aufgespalten und Ziele, die Teilaspekte eines gemeinsamen Oberzieles darstellen, unter diesem zusammengefaßt.

b) Bestimmung der Zielerreichungsgrade der Alternativen. Der Entscheider bewertet jede Alternative bzgl. des Zielsystems Z, d. h. er ordnet jeder Alternative $a \in A$ einen Vektor der Zielerreichungsgrade $(a_1, \ldots, a_n)$ zu. Dabei gibt die Größe a_i an, welchen Beitrag die Alternative a zur Erreichung des Zieles Z_i leistet.

c) Abbildung der Präferenz des Entscheiders in Form einer Aggregationsfunktion. In diesem Schritt wird eine Nutzenfunktion u ermittelt, die es ermöglicht, eine Bewertung der Alternativen vorzunehmen und damit die für den Entscheider optimale Alternative zu bestimmen. Diese Funktion soll möglichst einfach sein.

Unter der Annahme, daß der Entscheider die Elemente seines Zielsystems als wechselseitig präferenzunabhängig erachtet, ergibt sich die Nutzenfunktion aus der Addition der Teilnutzen:

$$u(a) = \sum_{i=1}^{n} k_i u_i(a_i)$$

Dabei geben die $u_i(a_i)$ die auf das Intervall [0,1] normierten Teilnutzen der Alternative a bzgl. des Zieles Z_i an, die k_i sind die zugehörigen Zielgewichte. Die Summe der Gewichte ist gleich eins. Wechselseitige Präferenzunabhängigkeit ist dann gegeben, wenn die Präferenz für ein Ziel nicht von den Zielausprägungen der anderen Ziele abhängig ist.

Zur Ermittlung der Teilnutzenfunktionen $u_i(a_i)$ wird zunächst für jedes Ziel Z_i die schlechteste (z_i^-) und die beste (z_i^+) Zielausprägung bestimmt. Normiert man die Teilnutzenfunktion auf das Intervall [0,1], so gilt $u_i(z_i^-) = 0$ und $u_i(z_i^+) = 1$. Eine Methode zur Bestimmung der Teilnutzenfunktion stellt z. B. die *Midvalue Splitting Technique* dar. Hierbei bestimmt der Entscheider zunächst den Zielerreichungsgrad, bei dem ihm der Übergang von z_i^- zu diesem Zielerreichungsgrad genauso viel wert ist, wie der Übergang von diesem Zielerreichungsgrad zu z_i^+. Dieser subjektive Mittelwert des Intervall $[z_i^-, z_i^+]$ besitzt den Nutzen 0,5 und wird mit $z_i^{0,5}$ bezeichnet. Analog werden die Werte $z_i^{0,25}$ und $z_i^{0,75}$ ermittelt. Aus den Stützstellen kann die Teilnutzenfunktion für das Ziel Z_i durch Interpolation abgeleitet werden.

Die Zielgewichte können z. B. mit Hilfe der *Trade-off-Methode* bestimmt werden, die die Kenntnis der Teilnutzenfunktionen voraussetzt. Nachdem die Reihenfolge der Wichtigkeit der Ziele ermittelt wurde, muß der Entscheider angeben, welchem Intervall möglicher Zielerreichungsgrade eines wichtigeren Ziels die Bandbreite eines unwichtigen Ziels entspricht. Werden die beiden Ziele „Kapitalwert" von 500000 bis 1000000 DM und „Nutzen" im Bereich 0 bis 1 betrachtet und sei angenommen, daß der Entscheider das Ziel „Kapitalwert" wichtiger als das Ziel „Nutzen" erachtet, so wird er zur Ermittlung des Zielgewichtes gefragt, für welche Erhöhung des Kapitalwertes (z. B. von 500000 DM auf x DM) er eine Verringerung des Nutzens von 1 auf 0 in Kauf nehmen würde. Bei n Zielen können aus n-1 solcher Indifferenzaussagen die Gewichte mittels eines Gleichungssystems berechnet werden.

d) Berechnung des Nutzens der Alternativen. Sind die einzelnen Teilnutzenfunktionen und die zugehörigen Zielgewichte ermittelt, kann jede Alternative mit Hilfe der aggregierten Gesamtnutzenfunktion bewertet werden. Dem Entscheider wird empfohlen, diejenige Alternative auszuwählen, welche den höchsten Gesamtnutzen besitzt.

3. Sensitivitätsanalyse

Wenn der Entscheider wissen will, wie stark die Entscheidung von der gegebenen Datenkonstellation des Entscheidungsproblems oder seinen geäußerten Präferenzen abhängt, kann er durch eine → *Sensibilitätsanalyse* untersuchen, bei welchen kritischen Werten die ausgewählte Alternative nicht mehr optimal ist. Kritische Werte können z. B. für die Zielgewichte oder die Zielerreichungsgrade berechnet werden.

Lit.: Keeny, R. L./Raiffa, H.: Decisions with Multiple Objectives, 1976; *Weber, M.:* Entscheidungen bei Mehrfachzielen, 1983; *Weber, M.:* Nutzwertanalyse, in: HWO, 3. Aufl., 1992, Sp. 1435–1448; *Eisenführ, F./Weber, M.:* Rationales Entscheiden, 2. Aufl., 1994; *Franke, G./Hax, H.:* Finanzwirtschaft des Unternehmens und Kapitalmarkt, 3. Aufl., 1994; *Kruschwitz, L.:* Investitionsrechnung, 6. Aufl., 1995.

Professor Dr. Martin Weber, Mannheim.

Mehrheitsbeteiligung

Bezeichnung aus dem Konzernrecht für den Tatbestand, daß ein Unternehmen an einem anderen Unternehmen mit mehr als 50 % der Anteile oder des stimmberechtigten Kapitals beteiligt ist (§ 16 AktG). Gem. § 17 Abs. 2 AktG wird bei einer M. von einer Abhängigkeitsvermutung ausgegangen. M. sind grundsätzlich in den → *Konzernabschluß* gem. §§ 290 ff. HGB einzubeziehen (→ *Konsolidierungskreis*, → *Konzernabschluß*).

Mehrstufiger Konzern
Im Gegensatz zum → *einstufigen Konzern* ist das → *Mutterunternehmen* nicht unmittelbar an allen → *Tochterunternehmen* selbst beteiligt, sondern wenigstens ein Tochterunternehmen hält als → *Zwischenholding* Anteile an weiteren Konzerngesellschaften.

Mehrwert
= → *Geschäftswert.*
= Ertragsmehrwert.

Mehrwertsteuer
= Umsatzsteuer.

→ *Verbrauchsteuer* mit dem Ziel der steuerlichen Belastung der Endverbraucherstufe. Steuergegenstand sind gem. UStG die Tatbestände der Lieferung und der sonstigen Leistung, die ein Unternehmer im Rahmen seines Unternehmens im Inland gegen Entgelt ausführt, des Eigenverbrauchs und der Einfuhr sowie des innergemeinschaftlichen Erwerbs. Dabei wird auf jeder Umsatzstufe der volle Umsatzwert besteuert, für bezogene Inputleistungen wird jedoch ein Abzug der vom Unternehmen der *Vorstufe* in Rechnung gestellten *Umsatzsteuer* als Vorsteuer eingeräumt.

Die M. stellt im externen Rechnungswesen der Unternehmung einen durchlaufenden Posten ohne Aufwandscharakter dar, da die M. direkt an das Finanzamt abgeführt werden muß. Im internen Rechnungswesen, insbesondere in der Preiskalkulation, sind die Absatzwirkungen zu beachten, die sich durch die Verteuerung infolge der M. für den Endverbraucher ergeben.

Mellerowicz, Konrad
1891–1984; Professor in Berlin; *Hauptarbeitsgebiete:* Allgemeine Betriebswirtschaftslehre, Kostentheorie und Kostenrechnung, Unternehmensbewertung, Industrie- und Bankbetriebslehre. *Hauptwerke:* Allgemeine Betriebswirtschaftslehre, 1926; Kosten und Kostenrechnung, 3 Bde. 1933/1936; Der Wert der Unternehmung als Ganzes, 1952; Betriebswirtschaftslehre der Industrie, 1957.

Lit.: Zimmermann, H.-J.: Zum 90. Geburtstag von Konrad Mellerowicz, in: ZfbF 1981, S. 1047–1049.

Mengenabweichung
Unterschiede zwischen geplanten und tatsächlichen Verbrauchsmengen, die ursächlich sind für die Differenz zwischen → *Ist-* und → *Plankosten.*

Mengenschlüssel
→ *Kostenschlüssel* für die → *Kostenverteilung* bzw. → *-zurechnung* in Form einer Mengengröße.

Minderheitenanteile
→ *Anteile anderer Gesellschafter.*

Mindestausschüttung
Gilt für → *Kapitalgesellschaften* und begrenzt den Betrag, der jährlich mindestens als → *Gewinnverwendung* den Anteilseignern angeboten werden muß. Die M. ist in § 58 AktG und in § 29 Abs. 1 GmbHG auf den Bilanzgewinn bzw. Jahresüberschuß festgelegt. Sie dient gemeinsam mit den → *Bewertungsprinzipien* des HGB, wie z. B. dem → *Fixwertprinzip*, dem → → *Anlegerschutz* bei Kapitalgesellschaften (→ *Gewinnverwendung*, → *Jahresabschluß*).

Minimumprinzip
→ *Wirtschaftlichkeit.*

Mischkalkulation
= → *Ausgleichskalkulation.*
= Kompensationskalkulation.

Mittelwertverfahren
Verfahren zur Bewertung von Unternehmen. Danach ergibt sich der Unternehmenswert als einfaches oder gewichtetes arithmetisches Mittel aus → *Substanz-* und → *Ertragswert.*

Mixed-Management Buy-Out
→ *Management Buy-Out.*

Modifizierte angloamerikanische Methode
→ *Kapitalkonsolidierung.*

Modifizierter interner Zinsfuß
= Baldwin-Zins.
= Kapitalwertzins.

Verfahren der → *dynamischen Investitionsrechnung*, bei dem ein Investitionsobjekt nach dem Zinsfuß $\hat{r}$ beurteilt wird, bei dessen Verwendung für die Abzinsung des → *Endwertes* (E_n) der Einnahmeüberschüsse (c_t) der → *Kapitalwert* (C_0) Null ist. Die Einzahlungsüberschüsse werden dabei zur durchschnittlichen Unternehmensrentabilität r (oder dem → *Kalkulationszinssatz* i) bis zum Ende der Nutzungszeit n aufgezinst:

$$C_o = -a_o + \sum_{t=1}^{n} c_t (1+i)^{n-t} \cdot (1+\hat{r})^{-n} \doteq 0$$

$$= E_n$$

$$\hat{r}_j = \sqrt[n]{\frac{E_n}{a_0}} - 1$$

Der M. dient der Auswahl der zulässigen Investitionsobjekte nach dem *Akzeptanzkriterium* $\hat{r}_j \geq i$ und im Falle der Entscheidung zwischen mehreren sich gegenseitig ausschließenden Investitionsobjekten der Bestimmung des Optimums nach der *Entscheidungsregel* max $\{\hat{r}_j | \hat{r}_j \geq i\}$. Bei der Auswahl von Objekten mit unterschiedlichen Nutzungsdauern n_j und/oder unterschiedlichen Anfangsauszahlungen a_{0j} muß für alle Objekte eine einheitliche Anschaffungsauszahlung und Nutzungsdauer über entsprechende Ergänzungsinvestitionen gebildet werden.

Lit.: Busse von Colbe, W./Laßmann, G.: Betriebswirtschaftstheorie, Bd. 3, 3. Aufl., 1990, S. 118–121.

Monte-Carlo-Simulation.
= → *Risikosimulation.*

Münstermann, Hans
1899–1986; Professor in Rostock, Greifswald, Mainz und Köln; arbeitete hauptsächlich auf den Gebieten des Rechnungswesens und der Unternehmensbewertung. *Hauptwerke:* Von Bilanz zu Bilanz, 1931; Einführung in die Dynamische Bilanz, 1941; Konzernbilanzen, 1958; Wert und Bewertung der Unternehmung, 1966.

Lit.: Busse von Colbe, W./Sieben, G. (Hrsg.): Betriebswirtschaftliche Information, Entscheidung und Kontrolle, FS für Hans Münstermann, 1969; *Busse von Colbe, W.:* Hans Münstermann zum Gedenken, in: ZfbF 1986, S. 812f.

μ-Prinzip
= Erwartungswertprinzip.
= → *Bayes-Regel.*

Entscheidungsprinzip bei → *Risiko*, bei dem als einzige Zielvariable der → *Erwartungswert* die optimale Alternative bestimmt.

μ-σ-Prinzip
Entscheidungsprinzip bei → *Risiko*, bei dem als Zielvariable der → *Erwartungswert* und als Risikomaß die → *Standardabweichung* (oder die → *Varianz*) verwendet werden.

Multinationaler Konzern
Bezeichnung für einen → *Konzern*, der in mehreren Ländern rechtlich selbständige, wirtschaftlich aber unter der → *einheitlichen Leitung* des → *Mutterunternehmens* stehende Tochtergesellschaften hält und damit wirtschaftlich international tätig wird.

Lit.: Bayer, W./Busse von Colbe, W./Lutter, M. (Hrsg.): Aktuelle Fragen multinationaler Unternehmen, Sonderh. 4 der ZfbF 1975; *Busse von Colbe, W./Müller, E.* (Hrsg.): Planungs- und Kontrollrechnungen im internationalen Konzern, Sonderh. 17 der ZfbF 1984.

Mutterunternehmen
Bezeichnung in § 290 HGB für ein Unternehmen, daß die → *einheitliche Leitung* über ein anderes Unternehmen *tatsächlich ausübt* und damit, sofern es sich um eine → *Aktiengesellschaft* bzw. → *Kommanditgesellschaft auf Aktien* handelt, auch nach § 18 AktG zusammen mit dem → *Tochterunternehmen* einen → *Konzern* begründet. Außerdem gilt eine Kapitalgesellschaft gemäß § 290 Abs. 2 u. 3 HGB auch bereits dann als M., wenn es

- unmittelbar oder mittelbar die *Mehrheit der Stimmrechte* hält oder

- das Recht besitzt, die *Mehrheit der Mitglieder des Verwaltungs-, Leitungs- oder Aufsichtsorgans zu bestellen* oder abzuberufen, und gleichzeitig eine Kapitalbeteiligung vorliegt oder
- aufgrund eines Beherrschungsvertrages oder einer Satzungsbestimmung einen beherrschenden Einfluß ausüben kann.

Die Abgrenzung des M. in §290 HGB geht folglich über die Definition in §18 AktG hinaus, ist aber für die Aufstellung eines → *Konzernabschlusses* entscheidend.

N

Naamloze Vennootschap
Eine → *Kapitalgesellschaft* niederländischen Rechts, entspricht weitgehend der → *Aktiengesellschaft* in der BRD. Das Recht der N. ist im Burgerlijk Wetboek (Bürgerliches Gesetzbuch) in den Art. 306–343 geregelt (→ *Niederlande*).

Nachgründungsprüfung
→ *Sonderprüfungen.*

Nachrechnung
= Ex-post Rechnung z. B. der angefallenen Istkosten für ein Erzeugnis.

Nachträgliche Anschaffungskosten
→ *Anschaffungskosten.*

Nebenkostenstellen
Ähnlich wie → *Hauptkostenstellen* Endkostenstellen, die direkt an der Erstellung absatzbestimmter sachzielbezogener Güter beteiligt sind, es handelt sich bei diesen Gütern jedoch um Nebenprodukte.

Nennwertlose Aktie
Eine auch als Anteils- bzw. Quotenaktie bezeichnete → *Aktie*, die nicht über einen bestimmten Nennwert ausgestellt ist, sondern einen prozentualen Anteil an einem Unternehmen verbrieft. Für den Ansatz des Gesellschaftskapitals im → *Jahresabschluß* muß allerdings ein Nennbetrag der Aktien festgelegt werden. In der BRD müssen Aktien derzeit noch gem. § 8 AktG auf einen Nennbetrag von mindestens 5 DM lauten.

Net-of tax method
→ *Latente Steuern.*

Netto-Cash Flow
→ *Cash Flow* nach Steuern abzüglich der vorgesehenen Gewinnausschüttung; stellt den Betrag dar, der in Unternehmen für Investitionen und Schuldentilgung zurückbehalten werden kann.

Nettoeinnahme
= → *Cash Flow.*

Nettoerlös
Der Abzug von → *Erlösschmälerungen* und → *Erlösberichtigungen* vom Bruttoerlös ergibt den N. (→ *Erlösrechnung*).

Nettosubstanzerhaltung
→ *Substanz- und Kapitalerhaltung.*

Nettosubstanzwert
→ *Substanzwert.*

Net-Working Capital
→ *Working Capital.*

Netzplantechnik
→ *Planungsrechnung.*

Neubewertungsmethode
→ *Kapitalkonsolidierung.*

Neubewertungsrücklage
→ *Bilanztheorien.*

Neutraler Aufwand
→ *Neutrales Ergebnis.*

Neutraler Ertrag
→ *Neutrales Ergebnis.*

Neutrales Ergebnis
Das n. E. ergibt sich aus der Gegenüberstellung von neutralen Erträgen und neutralen Aufwendungen einer Periode. Neutrale Erträge und Aufwendungen sind jene Erfolgsvariablen, die *betriebsfremd* (nicht aus der Verfolgung der eigentlichen Betriebsaufgabe resultierend), *periodenfremd* (nicht von unternehmerischen Aktivitäten der laufenden Periode verursacht) oder in *außerordentlicher* Höhe anfallen und demzufolge nicht in die → *Kostenrechnung* eingehen. Soweit Aufwendungen und Erträge für die Kostenrechnung durch → *kalkulatorische Kosten* ersetzt werden, z. B. handelsrechtliche → *Abschreibungen* durch kalkulatorische oder effektive Zinsen durch kalkulatorische, sind sie i. w. S. als neutral anzusehen.

Lit.: Hilke, W./Rümmele, J.: Neutrale Aufwendungen und Erträge, in: HWR, 3. Aufl., 1993, Sp. 1415–1419.

Nichtlineare Optimierung
→ *Planungsrechnung.*

Nichtrendite-Investitionen
→ *Investitionen*, bei denen die Erzielung einer angemessenen Verzinsung auf das eingesetzte Kapital für die Investitionsbeurteilung eine nachgeordnete oder kei-

ne Rolle spielt, z. B. für den Umweltschutz und Sozialeinrichtungen.

Nicklisch, Heinrich

1876–1946; Professor an den Handelshochschulen Leipzig, Mannheim und Berlin, Mitbegründer der Betriebswirtschaftslehre. *Hauptwerk:* Die Betriebswirtschaft, 7. Aufl., 1932, Begründer der Zeitschrift „Handelswissenschaft und Handelspraxis" (1908–1943), fortgesetzt seit 1977 unter dem Titel → *„Die Betriebswirtschaft"* (DBW).

Lit.: Seischab, H.: Heinrich Nicklisch 1876–1945, in: ZfB 1951, S. 424–426; *Sandig, C.:* Nicklisch, Heinrich, in: HWB, 3. Aufl., 1960, Sp. 4102–4104.

Niederlande

1. Rechtsgrundlagen

Die wichtigsten gesetzlichen Bestimmungen über die Rechnungslegung für die N. sind in Band 2, Titel 9 des Bürgerlichen Gesetzbuches (Burgerlijk Wetboek [BW]) enthalten. Sie entsprechen der 4. und 7. EG-Richtlinie. Die 4. Richtlinie hat zu einer erheblichen Ausweitung der Vorschriften geführt. Da der Gesetzgeber schon 1984 die Bestimmungen für den Konzernabschluß erlassen hatte, hat die Einführung der 7. Richtlinie nur geringfügige Änderungen verursacht.

Die Vorschriften des Bürgerlichen Gesetzbuches gelten sowohl für Aktiengesellschaften (*Naamloze Vennootschap* [NV]) und Gesellschaften mit beschränkter Haftung (*Besloten Vennootschap* [BV]) als auch für Genossenschaften und Versicherungsgesellschaften auf Gegenseitigkeit, nicht aber für Personengesellschaften. Die Aufstellungs-, Offenlegungs- und Prüfungsvorschriften sind nach Unternehmensgröße, Art der Geschäftstätigkeit und den Beteiligungsverhältnissen differenziert.

Der zu publizierende Geschäftsbericht besteht aus dem → *Jahresabschluß*, dem Lagebericht und sonstigen Angaben. Der Jahresabschluß besteht aus Bilanz, Gewinn- und Verlustrechnung sowie dem Anhang. Ein → *Konzernabschluß* ist als Teil des Anhangs zu veröffentlichen. Eine → *Kapitalflußrechnung* wird nicht verlangt. Der Jahresabschluß muß von einem anerkannnten Wirtschaftsprüfer geprüft werden und wird durch Einreichung beim Handelsregister offengelegt.

Die Vorschriften beziehen sich hauptsächlich auf die in den Richtlinien erwähnten Bereiche. Zusätzliche Bestimmungen werden erlassen von:

- der speziellen Kammer (*Ondernemingskamer*) des Gerichtshofes von Amsterdam, deren Entscheidungen einige wichtige Rechnungslegungsfragen betreffen,
- dem Rat zur Jahresberichterstattung (*Raad voor de Jaarverslaggeving;* RJ), einem Gremium, in dem Unternehmer, Wirtschaftsprüfer und Benutzer von Geschäftsberichten vertreten sind und dessen Richtlinien (Richtlijnen) zwar nicht bindend sind, aber im allgemeinen als maßgebend angesehen werden, und
- der *Börsenaufsichtsbehörde*, die die Veröffentlichung von Halbjahreszahlen von Unternehmen verlangt, die an der Börse in Amsterdam notiert werden.

In den N. gibt es keine dem deutschen Maßgeblichkeitsprinzip vergleichbare Bindung zwischen der steuerlichen und der handelsrechtlichen Rechnungslegung (→ *Maßgeblichkeitsprinzip*).

2. Einzelabschluß

a) Ansatzregelungen. Die gesetzlichen Regelungen werden vom Grundprinzip beherrscht, daß der Jahresabschluß „unter Beachtung allgemein anerkannter Grundsätze einen Einblick zu vermitteln hat, der ein begründetes Urteil über das Vermögen und das Ergebnis" ermöglicht (Art. 362 Abs. 1 BW). Der Jahresabschluß soll gem. Art. 362 Abs. 2 und 3 BW „ein getreues, klares und übersichtliches Bild" des Vermögens und seiner Zusammensetzung in Aktiv- und Passivposten bzw. des Ergebnisses des Geschäftsjahres und seiner Ableitung aus den Ertrags- und Aufwandsposten geben (→ *Bild der Vermögens-, Finanz- und Ertragslage*).

Aktivierungspflichtig sind jene Aktiva, für die die rechnungslegungspflichtige

Gesellschaft das Risiko von Wertänderungen trägt. Die Ertrags- und Aufwandsposten sollen nicht durch die Einnahmen und Ausgaben des Geschäftsjahres bestimmt werden (Art. 362 Abs. 5 BW).

b) Gliederungssystematik. Die der 4. EG-Richtlinie entsprechenden Gliederungsvorschriften sind in Formblättern aufgenommen (Besluit Modellen Jaarrekening 1983). Mit Ausnahme der Hauptpositionen und den Posten des Eigenkapitals steht es einem frei, die erforderlichen Einzelheiten entweder in die Bilanz und die Gewinn- und Verlustrechnung oder in den Anhang aufzunehmen (Art. 362 BW). Außerdem besteht die Möglichkeit, Posten von geringer Bedeutung mit anderen Posten zusammenzufassen, und die Verpflichtung, weitere, über die Mindestvorschriften hinausgehende, aber für den verlangten Einblick notwendige Tatsachen auszuweisen. Das Grundprinzip des Einblicks soll ein bloßes formelles Befolgen der Vorschriften verhindern (Art. 363 BW).

Die Bilanzformblätter erlauben sowohl die Konto- als auch die Staffelform. In der Gewinn- und Verlustrechnung kann das Ergebnis aus gewöhnlicher Geschäftstätigkeit entweder nach dem → *Gesamtkosten-* oder nach dem → *Umsatzkostenverfahren* entwickelt werden.

Wesentliche außerordentliche Ergebnisse sind im Anhang zu erläutern.

c) Bewertungsgrundsätze. Neben dem Grundprinzip des zu vermittelnden Einblicks (Art. 362 BW) sind das → *Realisationsprinzip*, das → *Vorsichtsprinzip* und das → *Going-concern-Prinzip* zu beachten (Art. 384 BW). Die Bewertungsgrundsätze dürfen nur in begründeten Fällen und mit geeigneter Erläuterung im Anhang geändert werden. Neben den → *Anschaffungs-* oder → *Herstellungskosten* kommt für Sachanlagen, Finanzanlagen und Vorräte auch der Zeitwert in Betracht. Unter Zeitwert ist zu verstehen:

- der Wiederbeschaffungswert, wenn anzunehmen ist, daß die zu bewertenden Vermögensgegenstände wiederersetzt werden;
- der Betriebs- oder indirekte Ertragswert, wenn die Wiederbeschaffung unwahrscheinlich ist, die Gegenstände jedoch weiterhin im Betrieb verwendet werden;
- in den übrigen Fällen der Ertragswert.

Der Zeitwert kann durch Schätzung bestimmt werden. Wenn Vermögensgegenstände zum Zeitwert angesetzt wurden, muß eine nicht ausschüttungsfähige *Neubewertungsrücklage* in Höhe der Wertdifferenz zwischen Zeitwert und historischem Wert gebildet werden. Vorschriften betreffend die Bewertung hinsichtlich des Zeitwerts sind in einer Verwaltungsordnung (Besluit Waardering Activa 1983) festgelegt.

Für → *Beteiligungen* gilt die → *Equity-Bewertung*. Eine Differenz zwischen Anschaffungskosten und Nettovermögenswert soll als → *Geschäftswert* (Goodwill) aktiviert und innerhalb von fünf Jahren oder während einer längeren Nutzungsdauer abgeschrieben werden. Der Geschäftswert darf stattdessen gleich erfolgswirksam oder aber erfolgsneutral mit der freien Rücklage verrechnet werden (Art. 389, 386 Abs. 3 BW).

→ *Immaterielle Vermögensgegenstände* des Anlagevermögens dürfen höchstens zu den → *Anschaffungskosten* abzüglich Abschreibungen angesetzt werden. Werden Aufwendungen für die Ausgabe von Anteilen oder Forschungs- und Entwicklungskosten aktiviert, muß eine gesetzliche, nicht ausschüttungsfähige Rücklage (→ *Bilanzierungshilfe*) gebildet werden (Art. 365, 386 Abs. 3 BW).

→ *Rückstellungen* dürfen nur für konkrete, zum Bilanzstichtag bestehende Risiken von zumindest schätzenderweise zu bestimmenden Verpflichtungen oder Verlusten gebildet werden. Es muß sich hierbei um Risiken handeln, die ihre Ursache im Geschäftsjahr, auf die sich der Geschäftsbericht bezieht, oder einem früheren Geschäftsjahr haben (Art. 374 BW).

d) Anhang. Im → *Anhang* sind anzugeben (Art. 378–383 BW):

Niederlande

- Entwicklung des Eigenkapitals,
- Beteiligungsverhältnisse,
- langfristige, aber nicht bilanzierungspflichtige finanzielle Verpflichtungen,
- die Aufschlüsselung des Nettoumsatzes nach Geschäftszweigen und geographischen Gebieten,
- durchschnittliche Zahl der Arbeitnehmer,
- Summe der Bezüge der Geschäftsleitung und der Mitglieder des Aufsichtsrates.

Für Posten, die ursprünglich auf Fremdwährungen lauteten, sind die Umrechnungsgrundsätze und die Behandlung der Kursdifferenzen zu erläutern (Art. 384 Abs. 5 BW).

3. Konzernabschluß

a) Aufstellungspflicht und Einbeziehungskreis. Ein → *Konzern* (Groep) ist als eine wirtschaftliche Einheit definiert, in der Gesellschaften organisatorisch verbunden sind (Art. 24b BW). Gesellschaften an der Spitze eines Konzerns sind verpflichtet, einen → *Konzernabschluß* zu veröffentlichen, in dem der eigene Einzelabschluß und die Einzelabschlüsse aller weiteren Konzerngesellschaften konsolidiert sind (Art. 406 Abs. 1 BW).

→ *Tochterunternehmen* sind Gesellschaften, bei denen das Gesellschafterunternehmen die Mehrheit der Stimmen in der Generalversammlung ausüben oder die Mehrheit des Vorstands oder des Aufsichtsrats ernennen oder entlassen kann (Art. 24 Abs. 1 BW). In der Regel ist aufgrund dieser zwei Definitionen der Einbeziehungskreis identisch. Die ungenaue Umschreibung des Konzernbegriffes eröffnet jedoch die Möglichkeit, daß Tochtergesellschaften nicht oder andere verbundene Gesellschaften doch konsolidiert werden müssen. Sollte der abweichenden Art der Geschäftstätigkeit zufolge die Aufnahme einer Konzerngesellschaft in den Konzernabschluß den erforderlichen Einblick trüben, so ist anstelle der Konsolidierung der entsprechende Einzelabschluß im Anhang beizufügen (Art. 406 Abs. 3 BW).

→ *Konsolidierungswahlrechte* bestehen in folgenden Fällen:

- *Konsolidierung von Teilkonzernen:* Tochtergesellschaften brauchen keinen Konzernabschluß aufzustellen, wenn sie im Konzernabschluß eines größeren Verbandes aufgenommen sind und Minderheitsgesellschafter keine Bedenken äußern (Art. 408 BW).
- *Kleine Konzerngesellschaften:* Konzerngesellschaften, die zusammen nur von geringer Bedeutung sind, brauchen nicht in die Konsolidierung einbezogen zu werden (Art. 407 Abs. 1 BW).
- *Kleine Konzerne:* Wenn ein Konzern eine gewisse Größe nicht übersteigt, die Aktien nicht an der Börse notiert sind und die Gesellschafter keine Bedenken äußern, braucht ein Konzernabschluß nicht aufgestellt zu werden (Art. 407 Abs. 2 BW).

Mutterunternehmen können eine vereinfachte Einzelgewinn- und Verlustrechnung veröffentlichen (Art. 402 BW). Tochtergesellschaften, deren Schulden durch die Muttergesellschaft garantiert sind, brauchen keinen Jahresabschluß zu veröffentlichen, wenn alle Gesellschafter damit einverstanden sind (Art. 403 BW).

b) Konsolidierungsmaßnahmen. Es gibt nur wenige spezifische gesetzliche Vorschriften zum Inhalt des Konzernabschlusses. Im allgemeinen hat auch der Konzernabschluß den in Art. 362 BW geforderten Einblick „unter Beachtung allgemein anerkannter Grundsätze" zu vermitteln. Hinweise zu diesen Grundsätzen findet man besonders in den Richtlinien des RJ.

Die gesetzlichen Bestimmungen zur Gliederung des Einzelabschlusses gelten mit nur wenigen Ausnahmen auch für den Konzernabschluß (Art. 410 Abs. 1 BW). Die im Konzernabschluß verwendeten Ansatz- und Bewertungsmethoden dürfen nur aufgrund von wichtigen und im Anhang zu erwähnenden Gründen von den im Einzelabschluß verwendeten Grundsätzen abweichen (Art. 410 Abs. 3 BW). Die Umrechnung der Abschlüsse ausländischer Konzerngesellschaften muß ihrer

Bewertung im Einzelabschluß entsprechen. Wegen der → *Equity-Bewertung* der Beteiligungen im Einzelabschluß muß das Eigenkapital im Konzernabschluß in der Regel dem Eigenkapital im Einzelabschluß gleich sein (Art. 411 Abs. 3 BW). Eine Einteilung des Eigenkapitals im Konzernabschluß wird deshalb nicht gefordert (Art. 411 Abs. 1 BW). Minderheitenanteile sind in Konzernbilanz und -gewinn- und Verlustrechnung auszuweisen (Art. 411 Abs. 2 BW).

Alle Konzerngesellschaften sind voll zu konsolidieren (Art. 405 Abs. 1 BW). Wenn jedoch der beherrschende Einfluß in einer Gesellschaft durch Vereinbarungen mit konzernfremden Gesellschaftern gemeinschaftlich ausgeübt wird, ist die → *Quotenkonsolidierung* erlaubt (Art. 409 BW).

Der Anteil an den Gewinnen der im Laufe des Jahres erworbenen Beteiligungen wird nach den Richtlinien des RJ gewöhnlich im Verhältnis zur Beteiligungsperiode in das Konzernergebnis übernommen (RJ 2.03.310). Zwischenerfolge aus konzerninternen Lieferungen und Schuldverhältnisse zwischen Konzernunternehmen sind zu eliminieren (RJ 2.03.318-9).

4. Vereinbarkeit mit internationalen und amerikanischen Vorschriften

Das niederländische Wirtschaftsprüferinstitut gehört zu den Mitbegründern des → *International Accounting Standards Committee*. Deshalb hat das Institut immer versucht, Übereinstimmungen zwischen den IAS und den Richtlinien des nationalen Rates zur Jahresberichterstattung herbeizuführen. Der seit 1989 unternommene Versuch, die in den IAS enthaltenen Wahlrechte einzuschränken, hat dabei zum ersten Mal für beträchtliche Unterschiede zwischen den ziemlich toleranten niederländischen Richtlinien und den neuen IAS gesorgt. Im Gegensatz zu den niederländischen Vorschriften verhindern die seit 1993 veröffentlichten neuen IAS die folgenden Bewertungsgrundsätze: Ansatz von Vorräten mit → *Festwerten*, Gesamtgewinnrealisierung im Falle von → *Langfristfertigung*, Verrechnung von derivativem → *Geschäftswert* mit den freien Rücklagen, die → *Umrechnung* der GuV von Konzernunternehmen mit Stichtagskursen. Des weiteren enthalten die IAS eine erheblich striktere Definition von außerordentlichen Ergebnissen.

Die Verrechnung des Geschäftswertes und weiterer → *Immaterieller Vermögensgegenstände* verursacht den zahlenmäßig wichtigsten Unterschied zwischen Abschlüssen nach US-GAAP und niederländischen Rechnungslegungsvorschriften. Weil die US-GAAP die erfolgsneutrale Verrechnung des derivativen Geschäftswertes mit den freien Rücklagen nicht erlauben, sind das Eigenkapital bzw. der Jahresüberschuß niederländischer Unternehmen manchmal beträchtlich niedriger bzw. höher als sie infolge US-GAAP gewesen wären. Eine zahlenmäßig niedrige, aber wachsende Gruppe größerer niederländischer Unternehmungen unterläßt die Abschreibungen auf immaterielle Vermögensgegenstände, wie Verlagsrechte. Weitere wichtige Unterschiede der Bewertungsgrundsätze gibt es in bezug auf Pensionsrückstellungen und den Ansatz materieller Vermögensgegenstände zum Zeitwert.

Lit.: Beckmann, H.: Die neuen niederländischen Gesetzesvorschriften zur Rechnungslegung, 1985; *Scholtissek, W.:* Überblick über die Rechnungslegung der Aktiengesellschaft und der Gesellschaft mbH in den Niederlanden, in: DB 1987, S. 1372–1378; *Joosten, H.F.J.:* De geconsolideerde jaarrekening, in: de naamlooze vennootschap, Sept. 1989, S. 173–181; *Albach, H./Klein, G. (Hrsg.):* Harmonisierung der Konzernrechnungslegung in Europa, 1990; *Klaassen, J./Zevenboom, G.H.:* De nieuwe jaarverslaggeving, 5. Aufl., 1990; *Dijksma, J./Hoogendoorn, M.:* The Netherlands, in: ICAEW (Hrsg.): European Financial Reporting, 1992; *Slagter, W.J.:* Der heutige Stand des Konzernrechts in den Niederlanden, in: ZGR 1992, S. 1–21; *Klaassen, J./Zevenboom, G.H.:* De nieuwe jaarverslaggeving, 6. Aufl., 1993; *Bosman, R.G. u.a.:* Jaarboek externe verslaggeving '95/'96, hrsg. von KPMG, 1994; *Arnold, C.A.:* De tien herziene standaars van het IASC, in:

Maandblad voor Accountancy en Bedrijfseconomie 1995, S. 104–115; *Burgert, R./van Hoepen, M. A./Joosten, H. F. J.*: De jaarrekening nieuwe stijl, 9. Aufl., 1995; *Hoogendoorn, M.*: The Netherlands, in: Alexander, D./Archer, S. (Hrsg.): The European Accounting Guide, 2. Aufl., 1995, S. 555–659; *Kreens, F.*: Internationale invloeden up de Nederlandse externe verslaggevingsregeln, in: De Naamlooze Vennootschap, 1995, S. 42–47; *Vergoossen, R. G. A./Polman, A. A. R.*: US GAAP en de jaarverslaggeving van Nederlandse ondernemingen, in: Maandblad voor Accountancy en Bedrijfseconomie 1995, S. 534–544.

Kees Camfferman, Amsterdam.

Niederstwertprinzip

Ein aus dem → *Imparitätsprinzip* abgeleiteter → *Grundsatz ordnungsmäßiger Buchführung* für die Bewertung von Gegenständen des Anlage- und Umlaufvermögens im → *Jahresabschluß* und → *Konzernabschluß*. Nach dem N. sind Vermögensgegenstände mit dem niedrigeren Wert aus Börsen- oder → *Marktpreis* bzw. dem beizulegenden Wert am Abschlußstichtag und den fortgeführten → *Anschaffungskosten* oder → *Herstellungskosten* zu bewerten. Für → *Kapitalgesellschaften* gilt das *fixierende* N. oder *Grenzwertprinzip*, wonach über die Abschreibung auf den niedrigen Börsen- oder Marktpreis hinaus keine weiteren Abwertungen zulässig sind, womit der Bewertungsspielraum nach unten begrenzt ist (§ 253 HGB i. V. m. § 279 Abs. 1 HGB). Für → *Personengesellschaften* gilt das *begrenzende N.*, wonach eine Abschreibungspflicht auf den niedrigen Wert am Abschlußstichtag besteht (§ 253 Abs. 2 und 3 HGB), darüber hinaus aber noch Abwertungen im Rahmen vernünftiger kaufmännischer Beurteilung zulässig sind (§ 253 Abs. 4 HGB).

Für Vermögensgegenstände des → *Umlaufvermögens* ist das N. zwingend in § 253 Abs. 3 HGB vorgeschrieben (*strenges N.*). Für Vermögensgegenstände des → *Anlagevermögens* gilt das *gemilderte N.* wonach nur bei voraussichtlich dauerhafter Wertminderung eine Abschreibungspflicht besteht. Bei nicht dauerhafter Wertminderung liegt für Personengesellschaften ein Abwertungswahlrecht vor, das für Kapitalgesellschaften lediglich beim Finanzanlagevermögen existiert. Das N. gilt auch für die → *Steuerbilanz*. Das steuerliche Wahlrecht, auf den niedrigeren → *Teilwert* abzuschreiben (§ 6 Abs. 1 EStG), ist über die → *Maßgeblichkeit der Handelsbilanz für die Steuerbilanz* (§ 5 Abs. 1 EStG) dann zwingend, wenn im → *Jahresabschluß* das strenge N. anzuwenden ist (→ *Anlagevermögen*, → *Umlaufvermögen*, → *Bewertungsprinzipien*).

Lit.: *Ellrott, H./Schulz, F./Bail, U.*, in: Beck Bil.-Komm., 3. Aufl., 1995, § 253 HGB, Anm. 507–615.

Nominalinvestition

Investition in Nominalgüter (z. B. Geld, Kundenforderungen, Wertpapiere).

Nominalkapitalerhaltung

→ *Substanz- und Kapitalerhaltung*.

Nominalzinssatz

Im Gegensatz zum → *Effektivzins* in vorher festgelegten Zeitabständen fest zu zahlender bzw. zu erhaltender → *Zins*.

Normalbeschäftigung

Durchschnittlich erzielbare Beschäftigung.

Normalinvestition

→ *Investitionen*, deren *Zahlungsreihen* folgende vier Merkmale aufweisen, werden als N. bezeichnet:

(1) Die Zahlungsreihe beginnt mit einer Nettoauszahlung in der ersten Periode oder den ersten Perioden.
(2) Nach den → *Auszahlungen* folgen nur noch *Einzahlungsüberschüsse*. Das Vorzeichen der Zahlungen wechselt nur einmal.
(3) Das → *Zeitzentrum* der Auszahlungen liegt vor dem *Zeitzentrum* der Einzahlungsüberschüsse.
(4) Die Summe der Einzahlungen b_t ist größer als die der Auszahlungen a_t (→ *Deckungskriterium*):

$$\sum_{t=0}^{n} a_t < \sum_{t=0}^{n} b_t .$$

N. haben stets *nur einen positiven* → *internen Zinsfuß*.

Lit.: Normalinvestition, in: *Lücke, W.* (Hrsg.): Investitionslexikon, 2. Aufl., 1991, S. 291.

Normalkalkulation
→ *Kalkulation* zukünftiger Kosten auf der Basis durchschnittlicher oder bereinigter → *Istkosten* vergangener Perioden.

Normalkostenrechnung
→ *Kostenrechnungssysteme*.

Notwendiges Betriebsvermögen
→ *Steuerbilanz*.
→ *Betriebsvermögensermittlung*.

Notwendiges Privatvermögen
→ *Steuerbilanz*.

Nutzen
→ *Kosten-/Nutzen-Analyse*.
→ *Mehrfachziele in der Investitionsrechnung*.

Nutzen-/Kosten-Analyse
= → *Kosten-/Nutzen-Analyse*.
= Cost-Benefit-Analysis.

Nutzkosten
Differenz zwischen *fixen* → *Kosten* und → *Leerkosten*; Teil der Fixkosten, der der tatsächlich genutzten Kapazität zuzurechnen ist.

Nutzschwelle
= Break-Even-Punkt.
→ *Break-Even-Analyse*.

Nutzschwellenanalyse
= → *Break-Even-Analyse*.
= Gewinnschwellenanalyse.

Nutzungsdauer

1. Begriff

Die betriebliche N. eines → *Investitionsobjektes* ist kein Datum für den → *Investor*, sondern ein Entscheidungsproblem. Im allgemeinen sinken die geplanten Einzahlungsüberschüsse im Zeitablauf durch steigende Auszahlungen z. B. für Instandhaltung und Reparatur und sinkende Einnahmen aufgrund sinkender Absatzpreise oder -mengen. Die wirtschaftliche N. n_{opt} ist dann kürzer als die technisch mögliche N. n_{max}. Vor Durchführung der Investition hat der Investor eine Entscheidung über die wirtschaftliche N. zu treffen. Diese beruht aber auf ungewissen Informationen über die Zukunftsentwicklung und ist daher laufend zu überprüfen. Für ein vorhandenes Investitionsgut muß daher ein optimaler → *Ersatzzeitpunkt* dann bestimmt werden, wenn neue Informationen dazu Anlaß geben.

Bei Bestimmung der N. ist zudem die Frage zu stellen, ob das Investitionsgut durch ein gleichartiges oder technisch verändertes Objekt ersetzt werden soll (→ *Investitionskette*) oder nicht (*einmalige Investition*). Zur Bestimmung der optimalen N. lassen sich Verfahren der → *Dynamischen Investitionsrechnung* verwenden.

2. Nutzungsdauer bei einmaliger Investition

a) Kapitalwertmethode. Die optimale N. eines Investitionsgutes ist dann erreicht, wenn der → *Kapitalwert* des Objektes als Funktion der Nutzungszeit ein Maximum erreicht:

$$C_0(n) = -a_0 + \sum_{t=1}^{n} (b_t - a_t)(1+i)^{-t} + R_n (1+i)^{-n}$$

a_0 : Anschaffungsauszahlung
a_t : Betriebs- und Instandhaltungsauszahlungen
b_t : Einzahlungen
R_n: Restwerterlös
i : Kalkulationszinsfuß

Fällt kein Restwerterlös an ($R_n = 0$ für $n = 1, 2, \ldots, n_{max}$) ist die Anlage solange zu nutzen wie $c_t > 0$ ist, wenn alle späteren Einzahlungsüberschüsse $c_{t+1}, \ldots \leq 0$ sind.

b) Grenzwertkalkül. Die optimale N. läßt sich auch durch eine *Grenzbetrachtung* in bezug auf die N. ermitteln. Dieses Verfahren läßt sich aus der Kapitalwertmethode ableiten und führt bei monoton sinkenden Grenzeinzahlungsüberschüssen zu gleichen Ergebnissen. Bei einmaliger Investition lohnt sich der Weiterbetrieb einer Anlage so lange, wie die Grenzeinzahlungsüberschüsse positiv sind. Dies sind diejenigen Ein- und Auszahlungen einer Periode, die sich bei Verlängerung der N. um eine Periode zusätzlich ergeben und definiert sind als

$$c'_n = (b_n - a_n) + (R_n - R_{n-1}) - R_{n-1} \cdot i.$$

Eine Verlängerung der N. um eine weitere Periode ist sinnvoll, solange gilt

$$c'_n \geq 0.$$

Die optimale N. ist demnach in der Periode erreicht, in der die auf die Zeit bezogenen Grenzauszahlungen a_n zum letzten Male niedriger sind als die Grenzeinzahlungen b_n in der Periode. Der Investitionskalkül ist zu ändern, wenn gewinnabhängige Steuern berücksichtigt werden müssen (→ *Steuern*).

3. Nutzungsdauer bei Investitionsketten

a) Einmalige Wiederholung. Die erste Investition (A) wird nach Ablauf ihrer betrieblichen Nutzungszeit durch eine Investition (B) ersetzt. Das Ende der Nutzung des ersten Investitionsobjektes fällt daher mit dem Beginn der N. des Ersatzobjektes zusammen. Für das Ersatzobjekt wird unterstellt, daß es die gleiche Anschaffungsausgabe und den gleichen Kapitalwert wie das erste Glied der Kette („identische Wiederholung") habe. Physische Identität oder gleichartige Zahlungsströme sind nicht erforderlich.

Bei jährlichen Ersatzzeitpunkten ist die zu ersetzende Anlage so lange zu nutzen, wie ihre Grenzeinzahlungsüberschüsse die Verzinsung des Kapitalwertes der Nachfolgeanlage B nicht unterschreiten:

$$C_{n_A} + (R_{n_A} - R_{n_A-1}) - R_{n_A-1} \cdot i \geq C_B \cdot i.$$

Die N. der beiden Projekte ist dabei i. d. R. nicht gleich lang, da sich die optimale N. des zweiten Projektes nach dem Kalkül der optimalen N. bei einmaliger Investition richtet.

Bei Weiterbetrieb der Anlage A um ein Jahr verzichtet der Investor auf die Nutzung der Anlage B. Dies äußert sich in den Zinsen auf den Kapitalwert C_{oB} der Nachfolgeanlage B.

Ein isolierter Vergleich der Grenzeinzahlungsüberschüsse mit der Verzinsung des Kapitalwertes der Ersatzanlage zu Beginn jeder Periode gemäß obiger Formel reicht dann nicht aus, wenn die Grenzeinzahlungsüberschüsse nicht monoton sinken. In diesem Fall müssen auch die Grenzeinzahlungsüberschüsse folgender Perioden in die Analyse einbezogen werden. Es ist dann praktischer, durch explizite Ermittlung der Kapitalwerte der Investitionskette für unterschiedliche Ersatzzeitpunkte der ersten Anlage direkt das Kapitalwertmaximum zu bestimmen.

b) Unendliche Wiederholung. Bei unendlicher Wiederholung sind sämtliche Kapitalwerte der Ersatzanlagen in dem Kalkül zu beachten. Die optimale N. läßt sich über die → *Annuität* ermitteln. Die Annuität in Abhängigkeit von der N. c*(n) ist definiert als

$$c^*(n) = \left[-a_o + \sum_{t=1}^{n} c_t q^{-t} + R_n q^{-n}\right] \cdot \frac{i\ (1+i)^n}{(1+i)^n - 1}.$$

Im Maximum der Annuität ist die optimale N. erreicht.

Lit.: Busse von Colbe, W./Laßmann, G.: Betriebswirtschaftstheorie, Bd. 3, 3. Aufl., 1990, S. 131–143; *Drexel, A.:* Nutzungsdauerentscheidungen bei Sicherheit und Risiko, in: ZfbF 1990, S. 50–66; *Kruschwitz, L.:* Investitionsrechnung, 6. Aufl., 1995, S. 152–166; *Blohm, H./Lüder, K.:* Investition, 8. Aufl., 1995, S. 65–75.

Dr. Jürgen Brüggerhoff, Frankfurt.

Nutzungszahlungen

→ *Grundgrößen des Rechnungswesens.*

Nutzwertanalyse

→ *Kosten-/Nutzen-Analyse.*

O

Obergesellschaft
Ältere Bezeichnung für ein → *Mutterunternehmen.*

Offene Handelsgesellschaft
Eine auf den Betrieb eines Handelsgewerbes gerichtete → *Personengesellschaft*, bei der alle Gesellschafter ohne Beschränkung, also auch mit ihrem Privatvermögen, gesamtschuldnerisch haften (§§ 105–160 HGB). Die O. entsteht durch Abschluß des Gesellschaftervertrages, Eintragung in das Handelsregister und Aufnahme der Geschäfte. Geschäftsführung und Vertretung obliegen den Gesellschaftern, soweit im Gesellschaftsvertrag nicht etwas anderes bestimmt wird (§§ 114–116, 125, 126 HGB); jeder Gesellschafter hat Anspruch auf eine Gewinnbeteiligung in Höhe von vier Prozent seines Kapitalanteils, der restliche Gewinn (oder ein auftretender Verlust) wird nach Köpfen verteilt (§§ 120, 121 HGB), soweit der Gesellschaftsvertrag nicht etwas anderes bestimmt (§ 109 HGB). Bezüglich der Rechnungslegung haben Personengesellschaften die §§ 238–263 HGB zu beachten, es sei denn, die O. erfülle die Größenkriterien des § 1 PublG.

Offene Rücklagen
→ *Rücklagen, offene.*

Öffentliche Investition
= → *Staatliche Investition.*

OHG
→ *Offene Handelsgesellschaft.*

Ökologie
→ *Sozialbilanz.*
→ *Volkswirtschaftliche Kosten.*
→ *Umweltbilanzen.*
→ *Umweltschutz.*

Ökonomische Ergiebigkeit
= → *Wirtschaftlichkeit* (i. e. S.).

Ökonomischer Gewinn
Eine nach dem Konzept der *Erfolgskapitalerhaltung* ermittelte Gewinngröße, die teilweise als Alternative zum handelsrechtlichen Gewinn für die Bemessung der Ausschüttungen an die Anteilseigner vorgeschlagen wird (→ *Bilanztheorien*). Als Ö. wird der Betrag bezeichnet, der dem Unternehmen in einer Periode entnommen werden kann, ohne daß sich das Erfolgskapital als Barwert aller künftigen Einzahlungen abzüglich dem Barwert aller künftigen Auszahlungen vermindert (→ *Substanz- und Kapitalerhaltung*, → *Bilanztheorien*).

Lit.: Busse von Colbe, W.: Bilanzen, 5. Aufl., 1988 (Nachdruck 1989), S. 177–184; *Schneider, D.:* Investition, Finanzierung und Besteuerung, 7. Aufl., 1992, S. 218–238.

Ökonomisches Prinzip
= Wirtschaftlichkeitsprinzip.
→ *Wirtschaftlichkeit.*

Ökonomität
= → *Wirtschaftlichkeit* (i. e. S.).

Operational Auditing
→ *Revision, interne.*

Operate-Leasing
Kurzfristig unter Einhaltung vereinbarter Fristen kündbare Nutzungsüberlassungsverträge, bei denen der Leasinggeber das volle Investitionsrisiko (= Amortisationsrisiko) trägt. Diese Verträge werden als normale Mietverträge im Sinne des BGB angesehen. Das Leasingobjekt wird steuer- und handelsrechtlich dem Leasinggeber zugerechnet und nach den Grundsätzen der Behandlung schwebender Geschäfte bilanziert. Entsprechendes gilt gemäß SFAS No. 13 bzw. SSAP 21 für die *USA* und *Großbritannien*. Handelt es sich jedoch in diesen beiden Ländern um in der Bundesrepublik Deutschland nicht übliche Verträge mit unkündbarer Grundmietzeit, bei denen der Leasingnehmer einen Teil des Investitionsrisikos trägt, ist nach der jeweiligen Vertragsgestaltung beim Leasinggeber und -nehmer getrennt zu entscheiden, ob das Leasingobjekt nach den für schwebende Geschäfte oder den für Ratenkäufe geltenden Grundsätzen zu bilanzieren ist; somit ist

es möglich, daß weder der Leasinggeber noch der Leasingnehmer das Leasingobjekt bilanziert (→ *Leasing*).

Lit.: FASB: SFAS No. 13: Accounting for Leases, 1976; *IASC:* IAS 17: Accounting for Leases, 1982; *ASC:* SSAP 21; Accounting for Leases and Hire Purchase Contracts, 1984; *Köhlertz, K.:* Die Bilanzierung von Leasing, 1989.

Operative Planung
= Taktische Planung.
Ausgestaltung der Ergebnisse der → *strategischen Planung* durch Vorgabe von relativ präzisen und detaillierten Maßnahmen für die nähere Zukunft.

Operatives Controlling
→ *Controlling.*
→ *Konzern-Controlling.*

Opportunitätskosten
Begriff der entscheidungsorientierten Güterbewertung. Bei der Zielsetzung der Gewinnmaximierung bezeichnet man als O. den Erfolg, den die für einen bestimmten Zweck eingesetzten Faktormengen in ihrer besten anderweitigen Verwendung gehabt hätten. In der → *Investitionsrechnung* versteht man häufig den → *Kalkulationszinsfuß* als die vom → *Investor* geforderte Mindestverzinsung, die sich nach seinen günstigsten inner- und außerbetrieblichen *alternativen Anlagemöglichkeiten* richtet. In diesem Sinne ist der Kalkulationszinsfuß ein O.satz. In der → *Kostenrechnung* stellen die → *kalkulatorischen Zinsen* auf das → *Eigenkapital* O. bzgl. alternativer Anlagemöglichkeiten des gebundenen Kapitals dar; der → *kalkulatorische Unternehmerlohn* ist ein O.-satz für den Einsatz der Arbeitskraft des Unternehmers in der Unternehmung.

Das Verfahren der → *linearen Programmierung* beruht auf einem Vergleich alternativer Verwendungen bei beschränkten Kapazitäten mit Hilfe von (relativen) O., die sich aus den → *Deckungsbeiträgen* der Produkte, den Produktionskoeffizienten und den Kapazitäten berechnen lassen.

Optimalbeschäftigung
Wirtschaftlich günstigster Beschäftigungsgrad.

Optimierungsmodell
→ *Planungsrechnung.*

Optimumprinzip
→ *Wirtschaftlichkeit.*

Optionen
1. Begriff und Arten von Optionen
Unter einer Option wird zumeist ein an der Börse gehandeltes Wertpapier verstanden. Ein Optionskontrakt weist dem Erwerber zukünftige Rechte und dem Verkäufer (*Stillhalter*) zukünftige Pflichten zu. Der Stillhalter ist dazu nur gegen Bezahlung des Optionspreises bereit, die bei Vertragsabschluß zu leisten ist. Kaufoptionen (*Calls*) verkörpern das Recht auf den Erwerb eines Gutes und Verkaufsoptionen (*Puts*) das Recht auf die Veräußerung eines Gutes zu einem vereinbarten Basispreis. Bezüglich des Basisgutes lassen sich Devisen-, Zins-, Wertpapier- sowie Edelmetall- und Warenoptionen unterscheiden.

An den meisten Börsen werden „amerikanische Optionen“ gehandelt, die dem Käufer die Ausübung der Option während der Gesamtlaufzeit der Option ermöglichen. Bei einer „europäischen Option“ wird das Ausübungsrecht nur für den Verfallstag der Option zugestanden. Bei der Ausübung der Option verlangt der Optionskäufer vom Stillhalter die Abnahme (Call) bzw. die Lieferung (Put) des vereinbarten Basisgutes zum vereinbarten Basispreis.

Der Stillhalter ist verpflichtet, eine Sicherungseinlage (margin) beim Clearing-Haus der Terminbörse zu leisten, da er bei einer Optionsausübung eine Vermögensminderung hinnehmen muß. Sie wird durch den Einschuß des Stillhalters abgesichert, soweit sie ihm nicht z. B. durch die Hinterlegung des Grundgutes in entsprechendem Umfang vom Clearing-Haus erlassen wird. Die als Sicherheit bei der Clearing-Stelle eingezahlten Beträge werden börsentäglich neu berechnet. Der Optionskäufer leistet keine Sicherheit, da er die Option nur ausübt, wenn sich sein Vermögen dadurch vergrößert.

2. Grundfragen der Bilanzierung von Optionen
Für die Bilanzierungsfähigkeit der Optionen ist die Unterscheidung in schwebende und nicht schwebende Geschäfte von Bedeutung. Beim Optionsgeschäft wird ein Leistungsaustausch tatsächlich durchgeführt. Das Optionsrecht ist demnach bilanzierungspflichtig. Wesentlich ist hier das → *Vorsichtsprinzip*, da Optionen über eine bedeutende Hebelwirkung verfügen. Das → *Imparitätsprinzip* verpflichtet zu entsprechenden Abschreibungen des Optionswertes oder Bildung von Rückstellungen am Bilanzstichtag, läßt es aber nicht zu, Aufwertungen eines Optionspreises sofort gewinnwirksam zu bilanzieren.

Ebenfalls grundlegend ist die Frage nach der Möglichkeit der → *Sammelbewertung* von Optionsgeschäften. Eine Sammelbewertung ist ausschließlich dann erlaubt, wenn es sich – im Gegensatz zum Spekulationsgeschäft – um ein (nachzuweisendes) Sicherungsgeschäft handelt. Dies setzt entsprechende Übereinstimmung in Betrag, Währung, Laufzeit und Fälligkeit voraus. Der Charakter des Sicherungsgeschäftes ist zwingend nachzuweisen. Demnach führte eine Absicherung der Gesamtposition (macro-hedging) nicht zu einer Sammelbewertung, eine Absicherung einzelner Positionen (micro-hedging) i.d.R. zur Bildung von *Bewertungseinheiten*. Die Fachdiskussion ist diesbezüglich noch nicht abgeschlossen.

3. Bilanzierung der Optionsbasisgeschäfte
a) Kauf einer Kaufoption. Der Anschaffungsbetrag der gekauften Option ist als immaterieller → *Vermögensgegenstand* zu aktivieren. Im Falle unrealisierter Gewinne (Börsenpreis der Option > Anschaffungspreis) am Bilanzstichtag ist die Bilanzierung der Differenz zwischen Börsen- und Anschaffungspreis untersagt. Bei unrealisiertem Verlust (Börsenpreis < Anschaffungspreis) ist um die entsprechende Differenz abzuwerten. Bei Fälligkeit der Option gibt es drei Fälle der möglichen Bilanzierung. Bei Verfall der Option ist der Buchwert der Option über sonstige Aufwendungen abzuschreiben. Bei Ausübung der Option erwirbt der Investor z.B. die Aktien zum vereinbarten Basispreis. Die Aktien sind mit den Anschaffungskosten zzgl. der gezahlten Optionsprämie als Anschaffungskosten zu verbuchen. Wird die Option zu einem höheren Preis als den Anschaffungskosten verkauft, so ist im Ergebnis der Überschuß erfolgswirksam zu verbuchen.

b) Kauf einer Verkaufsoption. Auch die Verkaufsoption ist als ein immaterielles Gut zu Anschaffungskosten bzw. zum niedrigeren Marktwert zu aktivieren. Während der Laufzeit ist im Fall unrealisierter Gewinne (Börsenpreis der Option > Anschaffungspreis) wiederum keine Bilanzierung der Differenz zwischen Börsen- und Anschaffungspreis als Gewinn erlaubt. Bei unrealisierten Verlusten (Börsenpreis der Option < Anschaffungspreis) ist die Differenz zwischen Börsen- und Anschaffungspreis abzuschreiben. Bei Fälligkeit der Option wird bei Verfall derselben der Buchwert der Option über sonstige Aufwendungen abgeschrieben. Bei Ausübung zum Stichtag wird als Verkaufspreis des Basisgutes der Basispreis abzüglich des Optionspreises verbucht. Im Falle des Verkaufs der Option wird der entstehende Erlös erfolgswirksam mit dem Buchwert der Option verrechnet. Der Kauf von Verkaufsoptionen eignet sich sehr für die Absicherung von Aktienbeständen. Dabei wird eine bilanzielle *Bewertungseinheit* von Option und Grundgeschäft anerkannt. In diesem Fall bleibt das Optionsgeschäft mit den Anschaffungskosten bilanziert, die Aktien sind hierbei nicht unter den um die Optionsprämie reduzierten Betrag abzuschreiben. Die Bewertungseinheit wird erst mit dem Verkauf der Aktien oder der Beendigung des Optionsgeschäftes aufgelöst.

c) Verkauf einer Kaufoption. Für den Stillhalter handelt es sich hierbei um ein schwebendes Geschäft, denn er muß abwarten, ob die Option ausgeübt wird. Es existiert keine allgemeingültige Regel für die Bilanzierung der Optionsprämie. Die Leistung des Stillhalters ist laufzeitbezogen und wäre demnach zeitanteilig zu bilanzieren. Also wäre ein passiver RAP zu bilden, der bis zum Ende der Optionslaufzeit aufzulösen wäre. Die *Deutsche Terminbörse* (DTB) fordert für solche Geschäfte einen Margin-Einschuß. Verfügt der Stillhalter über einen entsprechenden Bestand am Basisgut, so wird von einer Margin-Verpflichtung abgesehen (gedecktes Stillhaltergeschäft).

Nach Ansicht des *IdW* könnte der Stillhalter erst bei Verfall der Option oder bei einer Glattstellung durch ein Gegengeschäft einen Gewinn verbuchen. Im ersten Fall käme es zu einer Gewinnvereinnahmung der erhaltenen Optionsprämie. Bei Glattstellung könnte aber auch ein Verlust entstehen. Wenn bei einem gedeckten Stillhaltergeschäft die Option bei einem niedrigeren Basispreis als dem Marktpreis der Aktie ausgeübt würde, gäbe es bilanziell keinen Verlust für den Stillhalter. Die erhaltene Optionsprämie wäre mit dem Verkaufspreis der Aktien zu verrechnen. Bei Glattstellung durch ein Gegengeschäft würde die margin-Einlage verrechnet werden. Die vorgeschriebenen Einschüsse sind als Forderungen zu aktivieren. Ungeklärt ist, ob im Falle eines drohenden Verlustes die Bildung einer zusätzlichen → *Rückstellung* oder die Abwertung einer Einschußforderung die angemessene Reaktion ist. Die erste Alternative erscheint plausibel, vor allem wenn durch die Verpfändung von Wertpapieren Sicherheit geleistet wird. In beiden Fällen wäre die Ergebniswirkung gleich. Die Höhe der zu bildenden Rückstellung hängt noch davon ab, ob man diese nach der Höhe des drohenden Verlustes aus einer Ausübung der Option oder aus einer Glattstellung berechnet.

d) Verkauf einer Verkaufsoption. Der Verkäufer einer Verkaufsoption könnte sein Geschäft durch eine Barreserve oder ein Gegengeschäft decken. In praxi ist dies selten anzutreffen. I. d. R. sind diese Optionsgeschäfte ungedeckt. Deshalb entspricht dieser Verkauf bilanziell dem Verkauf einer Kaufoption. Allerdings ist am Bilanzstichtag eine Rückstellung zu bilden, falls der Börsenkurs der betrachteten Aktien unterhalb des vereinbarten Basispreises liegt.

4. Standardisierte Optionskombinationen
Eine zentrale Neuerung durch die DTB ist die Zulassung standardisierter Kombinationen von Optionskontrakten. Diese setzen sich zusammen aus den o.g. Optionsbasisgeschäften. Bilanzbezogen ergeben sich somit keine zusätzlichen Schwierigkeiten, denn man kann die Kombinationen – in ihre Einzelteile zerlegt – nach o.g. Prozedere bilanzieren. Durch unterschiedliche Einschußforderungen für verschiedene Kombinationen ergeben sich Unterschiede in der Höhe der als Forderungen zu bilanzierenden Einschüsse. Bei diesen Kombinationen wird i. d. R. eine Bewertungseinheit unterstellt, da meist nicht nur die Geschäfte und Gegengeschäfte gleichen Charakter haben, sondern auch als Produkt zusammen gekauft werden.

Lit.: Häuselmann, H.: Die Bilanzierung von Optionen aus handelsrechtlicher Sicht, in: DB 1987, S. 1745–1748; *Jung, J.:* Aktienoptionsgeschäfte aus rechtlicher, bilanzieller und steuerlicher Sicht, in: Franke, J./Hidding, B./Padberg, E. (Hrsg.): Per Termin in die Kasse, 1989, S. 121–131; *Häuselmann, H./Wiesenbart, T.:* Steuerliche Behandlung von Geschäften an der Deutschen Terminbörse (DTB), in: NWB, Fach 3, Einkommensteuer, 1990, S. 7267–7278; *Puckler, G.:* Steuerliche und bilanzielle Aspekte von Options- und Futures-Geschäften, in: Göppl, H./Bühler, W./v. Rosen, R. (Hrsg.): Optionen und Futures, 1990, S. 141–156; *Niemeyer, M.:* Ausweisfragen beim Optionsgeschäft, in: BB 1990, S. 1022–1028.

Christoph Hoppenheit/
Professor Dr. Jürgen Weber, Koblenz.

Optionspreistheorie
Optionen gehören neben den Forwards, Futures und Swaps zu den wichtigsten derivativen Finanzinstrumenten. Hierunter versteht man Finanztitel, deren Wert vom Marktpreis eines anderen Finanztitels oder börsenmäßig gehandelten Gutes (eines sogenannten „underlying assets“) abhängt. Der Käufer einer Option erwirbt

das Recht, den zugrunde liegenden Gegenstand innerhalb einer bestimmten Frist (Optionsfrist) zu einem bestimmten Preis (Basispreis, Ausübungspreis) zu kaufen (Kaufoption oder Call) oder zu verkaufen (Verkaufsoption oder Put). Dabei muß der Käufer der Option an den Verkäufer (auch Stillhalter genannt) im Zeitpunkt des Erwerbs des Optionsrechts eine Prämie, den sog. Optionspreis, zahlen. Die O. versucht die Frage zu beantworten, welche Prämie ein rational handelnder Marktteilnehmer für eine Option zahlen sollte. Das ist unter bestimmten Voraussetzungen möglich, ohne die Zeit- und Risikopräferenzen der Entscheidungsträger zu kennen. Daher spricht man auch von präferenzfreier Bewertung.

Optionspreistheoretische Bewertungsmethoden folgen entweder dem Paradigma der mikroökonomischen Gleichgewichtstheorie oder dem Paradigma der Arbitragetheorie, wobei letztere voraussetzungsärmer ist und eindeutig dominiert. Die Grundidee arbitrage-orientierter Berwertung beruht auf der Erkenntnis, daß sich aus unterlying assets und Derivativen immer Portfolios herstellen lassen, die risikolos sind (Hedgingprinzip). Umgekehrt muß es dann möglich sein, aus underlying assets und risikolosen Geldanlagen (Kreditaufnahmen) Portfolios zu konstruieren, die sich hinsichtlich ihrer zustandsabhängigen Cash-Flows nicht von den zu bewertenden Optionen unterscheiden lassen.

Entscheidend für die Qualität eines optionspreistheoretischen Bewertungsmodells ist es, wie gut das stochastische Kursverhalten des underlying asset abgebildet werden kann. In bezug auf Optionen auf Aktien findet man in der Literatur neben dem sog. Zwei-Zeitpunkt-Zwei-Zustandsmodell das Binomialmodell und das Black/Scholes-Modell. Während es sich bei den beiden ersten Varianten um zeitdiskrete Modelle handelt, liegt dem dritten Konzept ein zeitkontinuierlicher Ansatz zugrunde, bei dem die Aktienrenditen einer sog. Brown'schen Bewegung folgen. Aber unabhängig davon, wie die Stochastik des underlying asset, modelliert wird, besteht das entscheidende Prinzip präferenzfreier Bewertung immer darin, das underlying asset und den derivativen Finanztitel dergestalt miteinander zu kombinieren, daß das entstehende Portfolio risikolos wird.

Diese Grundidee läßt sich im Rahmen des (realitätsfremden) Zwei-Zeitpunkt-Zwei-Zustandsmodells am leichtesten veranschaulichen. In Tab. 1 sind die Daten zweier Marktwertpapiere gezeigt, die als Aktie bzw. Anleihe (Bond) anzusehen sind. Die beiden Titel werden heute zum Preis S_0 bzw. B_0 gehandelt. Während die Aktie aber innerhalb eines Jahres entweder auf den Kurs $S_0 u$ steigt oder auf $S_0 d$ fällt, wirft die Anleihe den sicheren Zins r_f ab. Eine Kaufoption, die es ihrem Inhaber erlaubt, die Aktie am Ende des Jahres zum Basispreis K zu erwerben, verspricht infolgedessen zustandsabhängige Cash-Flows in Höhe von $C_u = \max(S_0 u - K, 0)$ oder $C_d = \max(S_0 d - K, 0)$. Um den Call präferenzfrei zu bewerten, muß man sich hier nur klarmachen, daß die Cash-Flows des Calls als Linearkombination der Cash-Flows von Aktie und Anleihe aufgefaßt werden können. Mit den Strukturvariablen n_S und n_B muß

$$S_0 u \cdot n_S + B_0(1 + r_f) \cdot n_B = C_u$$

Titel	Preis in $t = 0$	zustandsabhängige Cash-Flows in $t = 1$ „up“	„down“
Aktie Anleihe	S_0 B_0	$S_0 u$ $B_0(1 + r_f)$	$S_0 d$ $B_0(1 + r_f)$
Kaufoption	$C_0 = ?$	$C_u = \max(S_0 u - K, 0)$	$C_d = \max(S_0 d - K, 0)$

Tab. 1: Zwei-Zeitpunkt-Zwei-Zustandsmodell

$$S_0 d \cdot n_S + B_0(1 + r_f) \cdot n_B = C_d$$

gelten. Wenn es gelingt, die Cash-Flows perfekt zu duplizieren, so darf sich der Preis des äquivalenten Portfolios nicht vom Preis der Kaufoption unterscheiden, also $C_0 = n_S S_0 + n_B B_0$ („law of one price"). Lösen des vorstehenden Gleichungssystems und Einsetzen führt auf

$$C_0 = \frac{1}{1+r_f} \cdot \left(\frac{1+r_f-d}{u-d} \cdot C_u + \frac{u-1-r_f}{u-d} \cdot C_d\right),$$

die präferenzfreie Bewertunsgleichung für den Call, die interessanterweise von den Eintrittswahrscheinlichkeiten der beiden Zustände vollkommen unabhängig ist.

Die Bezeichnung O. ist insofern irreführend, als sie glauben macht, daß sie sich nur für die Bewertung von Optionen eignete. Ihr Anwendungsbereich ist wesentlich größer, weil sie im Grunde auf die Bewertung aller künftigen Cash-Flows abzielt, deren Höhe vom Eintritt bestimmter Zustände abhängig ist. Optionen sind bloß besonders prominente Vertreter solcher zustandsabhängigen Finanztitel (contingent claims). Man kann die grundlegenden Prinzipien der O. daher nicht nur auf andere Derivate übertragen, sondern letztlich auf alle riskanten Finanztitel. Darauf haben Black und Scholes bereits 1973 hingewiesen.

Inzwischen ist vorgeschlagen worden, die O. auch für die Ermittlung des → *Gesamtwertes der Unternehmung* nutzbar zu machen. Wenn ein Investor eine Minderheitsbeteiligung erwirbt, mit der das Recht zur späteren Aufstockung auf eine Mehrheitsbeteiligung verbunden ist, so liegt es nahe, den Wert dieses Rechtes (Realoption) mit optionspreistheoretischen Methoden abzuschätzen. Ein solcher Ansatz kann und soll die Ermittlung des Ertragswerts einer Unternehmung nicht ersetzen, sondern bestenfalls ergänzen.

Lit.: Black, F./Scholes, M.: The pricing of options and corporate liabilities, in: Journal of Political Economy 1973, S. 637–654; *Cox, J.C./Rubinstein, M.E.:* Options Markets, 1985; *Dirrigl, H.:* Konzepte, Anwendungsbereiche und Grenzen einer strategischen Unternehmensbewertung, in: BFuP 1995, S. 409–432; *Kruschwitz, L.:* Finanzierung und Investition, 1995.

Prof. Dr. Lutz Kruschwitz, Berlin.

Optionsschuldverschreibungen

1. Begriff. O. (= *Bezugsschuldverschreibungen*) sind eine Art der → *Wandelschuldverschreibungen* i. w. S., die mit dem Recht ausgestattet sind, pro Teilschuldverschreibung von bestimmtem Nennwert eine bestimmte Anzahl von Aktien (*Bezugsaktien*) des Emittenten oder einer anderen Gesellschaft (meist der Konzernobergesellschaft) innerhalb eines bestimmten Zeitraumes (Optionsfrist) zu beziehen (*Optionsrecht*), wobei die Optionsrechte gewöhnlich verbrieft (*Optionsschein, warrant*) sind und von der Anleihe getrennt (detachable warrants) und dann gesondert gehandelt werden können; nach der Trennung spricht man von leerer Optionsanleihe, reiner Anleihe oder Optionsanleihe ohne Optionsrecht. Die Regelungen des AktG für Wandelschuldverschreibungen gelten auch für O.

Das Optionsrecht hat insoweit einen Wert, als damit gerechnet wird, daß im Zeitpunkt der Ausübung des Optionsrechtes, Aktien zu günstigeren Bedingungen erworben werden können als zum dann geltenden Börsenkurs. Deshalb werden O. gewöhnlich mit einem *Aufgeld* begeben oder mit einem unter dem geltenden effektiven Kapitalmarktzins liegenden Nominalzins ausgestattet (*niedrigverzinsliche O.*); auch eine *Kombination* dieser Emissionsbedingungen sind anzutreffen.

Der Käufer der Anleihe entrichtet bei der Emission von O. einerseits einen Preis für die Zins- und Tilgungsansprüche als Gläubiger und andererseits einen Preis für die Anwartschaft auf Dividendenansprüche und sonstigen Rechte als Aktionär. Bei Ausgabe der Anleihe werden beide Preise in einem Betrag gezahlt. Die beiden Komponenten des Emissionsbetrages sind bei der Wandelanleihe i. e. S. nicht ohne weiteres erkennbar, da sie in diesem Falle durch ein einziges Papier repräsentiert werden. Bei der O. werden die Komponenten mit der Abtrennung der Optionsrechte und einer Börsenpreisbildung für die Optionsscheine dagegen klar ersichtlich, weil zwei verschiedene Papiere, der Optionsschein und die reine Schuldverschreibung existieren. Mitunter wird in dem Recht, niedrigverzinsliches Kapital zu nutzen, ein → *immaterieller Vermögensgegenstand* gesehen, der als Kapitaleinlage zu behandeln sei (*Döllerer*).

2. Bilanzierung. Werden O. bei gleicher Bonität des Emittenten mit dem zum Emissionszeitpunkt geltenden effektiven Kapitalmarktzins verzinst und für das Optionsrecht ein Aufgeld erhoben, so ist dieses gem. §272 Abs. 2 HGB in die *Kapitalrücklagen* (→ *Rücklagen*) einzustellen; entsprechendes gilt für eine *Zuzahlung* bei der Ausübung des Optionsrechtes.

Bei niedrigverzinslichen O. ist als der in §272 Abs. 2 HGB genannte Betrag, der bei der Ausgabe von O. für Optionsrechte erzielt wird, die für die Laufzeit der Optionsanleihe *kapitalisierte* Zinsdifferenz zwischen dem Anleihezins und dem marktüblichen Zins für Anleihen gleicher Bonität anzusehen. Dieser Betrag stellt den Wert der begebenen Optionsrechte dar und entspricht dem Aufgeld im Falle von O., die zu pari und zum Marktzins emittiert wurden. Er hat den Charakter einer *Kapitaleinlage*, unabhängig davon, inwieweit die Optionsrechte später ausgeübt werden. Damit sind niedrigverzinsliche O. im Jahresabschluß des Emittenten wie folgt zu behandeln:

1. der Emissionsbetrag der O. muß in
   - den *rechnerischen Ausgabebetrag* der niedrig verzinslichen reinen Anleihe und
   - den erzielten *Gegenwert der Optionsrechte* aufgeteilt werden;
2. der erzielte Gegenwert der Optionsrechte ist gem. §272 Abs. 2 Nr. 2 HGB der *Kapitalrücklage* zuzuführen, da es sich um eine Maßnahme der Außenfinanzierung durch → *Eigenkapital* handelt;
3. die Optionsanleihe wird mit ihrem *Rückzahlungsbetrag* passiviert;
4. das *Disagio* wird in Höhe der Differenz zwischen dem Ausgabebetrag für die reine Anleihe und dem Rückzahlungsbetrag ermittelt und
5. die Tilgung eines aktivierten Diagios wird als Zinsaufwand verrechnet.

Für die Aufspaltung des Emissionsbetrages von O. mit abtrennbaren Optionsscheinen sind unterschiedliche Ansätze möglich. Sie unterscheiden sich zum einen nach dem *Zeitpunkt*, auf den die Aufspaltung bezogen wird, wie dem der Entscheidung über Konditionen der O., der Veröffentlichung des Angebots der O., oder der ersten Notierung der O. und der Optionsscheine, und zum anderen nach der *Bewertungsbasis*. In letzterer Hinsicht sind insbesondere kalkulatorische Größen, die dem Kapitalmarkt entnommen sind, wie der Kapitalmarktzins, und tatsächliche Marktpreise der O. selbst zu nennen.

Steuerrechtlich ist die Frage, ob das Entgelt für Optionsrechte, insbesondere bei niedrigverzinslichen O. in Höhe der kapitalisierten Zinsdifferenz, beim Emittenten als Kapitaleinlage oder steuerpflichtiges Einkommen zu behandeln ist, noch strittig. So wird vom BFH (BStBl II 1988, S. 348) die Einlagefähigkeit eines Nutzungsrechtes für niedrigverzinsliches Kapital verneint.

Lit.: Döllerer, G.: Die Kapitalrücklage der Aktiengesellschaft bei Ausgabe von Optionsanleihen nach Handelsrecht und Steuerrecht, in: AG 1986, S. 237–243; *Lutter, M.:* Die rechtliche Behandlung von Erlösen aus Bezugsrechten bei der Ausgabe von Optionsanleihen, in: DB 1986, S. 1607–1614; *Busse von Colbe, W. et al.:* Bilanzierung von Optionsanleihen im Handelsrecht, 1987; *Knobbe-Keuk, B.:* Steuerrechtliche Fragen von Optionsanleihen, in: ZGR 1987, S. 312–323; *Kropff, B.:* Handelsrechtliche Bilanzierung von Optionsanleihen, in: ZGR 1987, S. 285–311; *Gebhardt, G.:* Finanzwirtschaftliche Betrachtungen zur Emission von Optionsanleihen, in: ZfbF 1988, S. 896–914; *Muhler, M.:* Optionsanleihen im Ertragsteuerrecht, Diss. Mannheim, 1988; *Arndt, H./Muhler, M.:* Optionsanleihen im Ertragsteuerrecht, in:

DB 1988, S. 2167–2173; *Gebhardt, G./Entrup, U.*: Kapitalmarktreaktionen auf die Ausgabe von Optionsanleihen, in: ZfbF-Sonderh. 31, 1993, S. 1—33.

Professor Dr. Dr. h. c. mult. Walther Busse von Colbe, Bochum.

Ordentliches Betriebsergebnis

Differenz der in der → *Gewinn- und Verlustrechnung* regelmäßig ausgewiesenen → *Erträge* und → *Aufwendungen*, die durch den eigentlichen Betriebszweck verursacht sind. Das O. wird im Rahmen der → *Bilanzanalyse* für den → *Unternehmensvergleich* und → *Zeitvergleich* herangezogen (→ *Bilanzanalyse*).

Lit.: *Coenenberg, A. G.*: Jahresabschluß und Jahresabschlußanalyse, 16. Aufl., 1997, S. 687–693.

Ordentliches betriebsfremdes Ergebnis

Differenz der in der → *Gewinn- und Verlustrechnung* ausgewiesenen → *Erträge* und → *Aufwendungen*, die *nicht* unmittelbar durch den eigentlichen Betriebszweck verursacht sind. Das O. wird im Rahmen der → *Bilanzanalyse* zur Beurteilung der Erfolgsstruktur eines Unternehmens herangezogen (→ *Bilanzanalyse*).

Lit.: *Coenenberg, A. G.*: Jahresabschluß und Jahresabschlußanalyse, 16. Aufl., 1997, S. 687–693.

Ordnungsmäßigkeitsgrundsätze

→ *Inventur und Inventar.*

Ordnungsmäßigkeitsprüfung

→ *Prüfung des Jahresabschlusses.*

Ordonnance de Commerce

Bedeutendstes Handelsgesetzbuch des 17. Jahrhunderts; verpflichtet die Kaufleute, ein Journal zu führen und alle zwei Jahre ein Inventar aufzustellen.

Lit.: *Schneider, D.*: Allgemeine Betriebswirtschaftslehre, 3. Aufl., 1987, S. 96.

Ordnungsmäßigkeit der Buchführung

→ *Grundsätze ordnungsmäßiger Buchführung.*

→ *Grundsätze ordnungsmäßiger Konsolidierung.*

Organisation des Rechnungswesens

1. Rechnungswesen als Informations- und Führungsinstrument

Unter Rechnungswesen kann die geordnete Erfassung, Verarbeitung, Speicherung und Weitergabe von wirtschaftlichen Daten mit der unternehmensindividuellen Ausrichtung als *Dokumentations-, Informations-* und *Führungsinstrument* verstanden werden. Diese weite Auslegung des Rechnungswesenbegriffs umfaßt das → *Controlling* (Überwachung und Steuerung der Vermögens- und Ertragslage) und das *Treasuring* (Sicherung der Liquidität, Überwachung der Finanzlage). Die sach- und zeitgerechte Ausgestaltung des Rechnungswesens hängt dabei von der Rechtsform, Branche, Unternehmensgröße und -organisation und den daraus gestellten *internen* Aufgaben sowie den *externen* Anforderungen ab. Wesentliches Informationsinstrument für die Öffentlichkeit ist der → *Jahresabschluß* (→ *Bilanz*, → *Gewinn- und Verlustrechnung*, → *Anhang*), der zumindest bei Kapitalgesellschaften u. a. den Anteilseignern, Kreditgebern, Mitarbeitern, Kunden, Lieferanten und Behörden ein den tatsächlichen Verhältnissen entsprechendes → *Bild der Vermögens, Finanz- und Ertragslage* des Unternehmens vermitteln muß. Für den Fiskus ist die → *Steuerbilanz* zu erstellen. Der Unternehmensführung dient das Rechnungswesen als Dokumentations-, Informations- und Führungsinstrument, wobei letzterem in Form des *Controlling*, also der Planung, Steuerung und Kontrolle des Unternehmens, überragende Bedeutung zukommt. Die O. muß an der Organisation des Unternehmens ausgerichtet sein.

2. Aufbauorganisation des Rechnungswesens

Die Gestaltung der Aufbauorganisation des Rechnungswesens wird bestimmt durch nachfolgende Kriterien, die sich auch gegenseitig beeinflussen können.

a) Unternehmensgröße. Die organisatorische Einbindung der in der Praxis überwiegend vorzufindenden Gliederung des Rechnungswesens in die Teilbereiche Finanzbuchhaltung (= Sachkonten-, Lieferanten- und Kunden- → *Buchhaltung*, → *Jahresabschluß*, Planung) und → *Betriebsbuchhaltung* (Kostenarten, Kostenstellen- und Kostenträgerrechnung, Anlagen- und Materialbuchhaltung, Kalkulation, Leistungsrechnung, Planung) hängt i.w. von der Größe des Unternehmens ab. Dabei erfolgt die Verknüpfung der Finanz- und Betriebsbuchhaltung organisatorisch als Gesamtbuchhaltung (*Einkreissystem*) oder auch als (kontenmäßig) getrennte Buchhaltung beider Bereiche (*Zweikreissystem*); Zwischenlösungen sind denkbar. Bei organisatorischer Trennung sind allerdings Abstimmungskreise zu bilden, um die zeitliche und sachliche Identität des verarbeiteten Buchungsmaterials sicherzustellen.

Bei kleinen und mittelgroßen Unternehmen werden die genannten Teilbereiche häufig zusammengefaßt, ggfs. erfolgt aus Wirtschaftlichkeitsüberlegungen die Durchführung von Rechnungswesenaufgaben bei fremden Unternehmen (z.B. durch einen Steuerberater) oder in einem Konzern durch ein verbundenes Unternehmen mit entsprechender personeller und technischer Ausstattung. Aufgrund der Informationsmenge und der -anforderungen erfolgt in großen Unternehmen für diese Teilbereiche die Informationserfassung und -verarbeitung tendenziell organisatorisch getrennt.

b) Informationsanforderungen. Die Festlegung des Informationsbedarfs für die Unternehmensführung und nachgelagerte Führungsebenen (nach gleichen Definitionen) sowie für externe Adressaten bestimmt die Anforderungen an die Aufbauorganisation. Für die Unternehmensführung stehen dabei die *gesamtunternehmensbezogenen Ist- und Planungsrechnungen* (i.d.R. *Jahres-* und *Monatsabschluß*, Jahresabschlußpläne, Liquiditätsrechnung, Investitions- und Finanzierungsplan, → *Kosten- und* → *Erlösrechnung*, Abweichungsanalysen) im Vordergrund. Zusätzlich sind *Kontrollmechanismen* im Berichterstattungssystem erforderlich, die zu rechtzeitigen Informationen an die Unternehmensführung bei bedeutenden Einzelereignissen führen (z.B. hoher Auftragsverlust, unvorhergesehener Wertberichtigungsbedarf bei Vorräten, Forderungen). Für die nachgelagerten Führungsebenen sind *fachabteilungs- bzw. produktspezifische Informationen* (z.B. Produktergebnisrechnung, Kostenstellenrechnung) zu erstellen. Die effektive organisatorische Gestaltung des Rechnungswesens setzt die Regelung der Informationsanforderungen über einheitliche Ordnungskriterien voraus (Richtlinien, Kontenplan, Vordrucke).

c) Aufgabenzuordnung. Die Finanz- und Controlling-Aufgaben werden in zentralen Abteilungen (im Konzern bei der Muttergesellschaft), bei dezentraler Organisation zusätzlich oder alternativ in eigenen Rechnungswesenabteilungen der Divisions, Zweigniederlassungen, Werken oder Tochtergesellschaften erfüllt. *Ein zentral geleitetes Rechnungswesen* führt zu Rationalisierungs- und Kommunikationsvorteilen u.a. durch Abwicklung von gleichartigen Massenvorgängen an einer Stelle (z.B. Zusammenfassung von Lieferanten- und Kundenbuchhaltung), Vereinheitlichung des internen Berichterstattungssystems (Erfassung, Verarbeitung und Weitergabe von Informationen nach gleichen Methoden und einheitlichen Vordrucken), koordinierte Erstellung und Analyse der externen Rechnungslegung, Bündelung von Fachkompetenz für Bilanz- bzw. Konzernbilanzpolitik durch Spezialisten in Stabsstellen und Nutzung möglicher Wirtschaftlichkeitsvorteile durch die Informationstechnologie (Vermeidung von Mehrfachspeicherung durch zentrale Speicherung und Verwaltung von Daten, zentrale Eigenentwicklung bzw. Kauf von Programmen, einheitliches Konsolidierungsprogramm für Mutter- und Tochtergesellschaften).

In der Praxis zeigt sich eine Tendenz zum zentralen Rechnungswesen, wobei es zweckmäßig sein kann, die Daten möglichst zeitnah am Ort des Anfalls zu erfassen, zu speichern und zu verarbeiten. In einem datenbankgestützten Rechnungswesen kann die Auswertung dann zentral erfolgen. Eine *Dezentralisierung* bestimmter Aufgaben auf mittlere und untere Führungsebenen – insbesondere bei großen Unternehmen – ist erforderlich, wenn die Informationsanforderungen (z.B. in der

Kostenrechnung) derart komplex sind, daß eine zentrale Auswertung zu Nachteilen führen würde. Wenn die Führungsorganisation eines Unternehmens eine dezentrale Ergebnisverantwortung bei einzelnen Unternehmensbereichen (z. B. Divisions, Zweigniederlassungen, Tochtergesellschaften) als *Profit Center* vorsieht, ist die Einrichtung eines zumindest zum Teil dezentralen Rechnungswesens geboten. Die Zusammenfassung der Zahlenangaben erfolgt bei der Unternehmens-/Konzernspitze. Es ist darauf zu achten, daß die Entscheidungsmöglichkeiten der einzelnen Profit Center nur innerhalb der zentral vorgegebenen Richtlinien ausgeübt werden können; andernfalls könnten durch die Entscheidungen der Profit Center die bilanz- bzw. konzernbilanzpolitischen Möglichkeiten und Aussagen zum betrieblichen Rechnungswesen des Gesamtunternehmens/-konzerns eingeschränkt werden.

d) Stellung in der Unternehmensorganisation. Zur Vermeidung von Zeit- und Reibungsverlusten ist ein in sich geschlossenes Rechnungswesen unter einheitlicher Leitung geboten. Korrespondierend zu den Anforderungen der Unternehmensleitung an das Instrumentarium des Rechnungswesens erfolgt auch die Einordnung in der Unternehmenshierarchie. Je intensiver die Nutzung als Führungsinstrument erfolgt, desto eher wird das Rechnungswesen der Unternehmensleitung zugeordnet.

e) Komplexität der Produktionsabläufe. Unterschiede in der Organisation des Rechnungswesens ergeben sich bei Unternehmen mit Serienfertigung (z. B. heterogene Produktionsstruktur führt zur tiefgegliederten Kostenerfassung) gegenüber der Einzelfertigung (z. B. Einrichtung einer mitlaufenden Kalkulation für Großaufträge des Anlagenbaus). In Unternehmen mit hoher Kapitalbindung im → *Anlagevermögen* (z. B. Stahlindustrie) wird der → *Anlagenrechnung* besondere Bedeutung zukommen, während in stark vertriebsorientierten Bereichen (z. B. Datenverarbeitungsbranche) die Organisation auf die Erfassung und Verarbeitung der vertrieblichen Steuerungsmerkmale (Vertriebseinzel-, Vertriebsgemeinkosten) ausgerichtet wird.

f) Besonderheiten beim Konzern. Bei den zur Aufstellung eines → *Konzernabschlusses* verpflichteten (Teil-)Konzernen ist die Einrichtung einer Konzernbuchhaltung (EDV-technisch Hinzunahme sogenannter „Konsolidierungsgesellschaften“) notwendig, in der die im Konzernabschluß ausgeübten Wahlrechte (= Handelsbilanz II) und die Konsolidierungsvorgänge ablesbar sind.

3. Ablauforganisation des Rechnungswesens

Korrespondierend zu der unternehmensindividuell vorhandenen Aufbauorganisation (vgl. Absatz 2) erfolgt die ablauforganisatorische Gestaltung durch Festlegungen der Arbeitsabläufe bei der Erfassung, Verarbeitung, Speicherung und Weitergabe der Informationen.

a) Richtlinien, Kontenplan, Vordrucke. Der Ablauf im Rechnungswesen wird in der Regel in mehr oder weniger detaillierten → *Kontenplänen*, Richtlinien (z. B. Bilanzierungs-, Finanzierungs-, Kostenrechnungs- und ggf. sonstigen Planungs- und Controllingrichtlinien) und Vordrukken (Monats-, Jahresabschlußvordrucke; Eckdatenvordrucke, z. B. Auftragsbewegung, Mitarbeiter; Planvordrucke, z. B. Investitions-, Finanzierungs- und Bilanzstrukturplan) von der Unternehmensführung festgelegt. Damit wird die Durchführung der externen (Handels- und Steuerrecht) und internen (Controlling) Aufgaben des Rechnungswesens geregelt. Bei der *Führung der Handelsbücher* ist sorgfältig auf die Einhaltung der gesetzlichen Vorschriften zu achten. Es sind sämtliche Geschäftsvorfälle systematisch zu erfassen und zu ordnen. Die Verbuchung hat zeitnah zu erfolgen. Die Aufzeichnungen müssen dauerhaft und so beschaffen sein, daß der Inhalt eindeutig erkennbar ist. Die zur Verbuchung verwandten internen (z. B. Reisekostenabrechnung) bzw. externen (z. B. Ausgangsrechnung) Belege müssen eine sachgerechte Verbuchung ermöglichen. Die Belege müssen numeriert, datiert und mit

Organisation des Rechnungswesens

Hinweisen auf die vorgenommene Verbuchung (nach den Grundsätzen der doppelten Buchführung) versehen sein. Geschäfte in Fremdwährung sollten in einer Währungsbuchhaltung nachgehalten werden. Die gesetzlichen Aufbewahrungsfristen sind zu beachten. Die Richtlinien sollten auch die *Anwendung des Internal Control* enthalten, d.h. der Grundsatz der personellen Trennung zwischen Anordnen, Durchführen und Kontrollieren ist einzuhalten.

b) EDV-gestütztes Rechnungswesen. Die Verarbeitung des im Rechnungswesen zu verarbeitenden umfangreichen Datenvolumens erfolgt grundsätzlich EDV-gestützt (Stapel- oder Bildschirmdialog-Verarbeitung, Datenbank-Systeme). Typische EDV-gestützte Teilgebiete des Rechnungswesens sind die Debitoren- und Kreditorenbuchhaltung (Erfassung und Buchung von Ein-/Ausgangsrechnungen und Gutschriften/Belastungen, Zahlungsein-/Zahlungsausgänge, Konten- und Stammdatenpflege), Sachkontenbuchhaltung (Erstellung von periodischen Auswertungen, Abschlußarbeiten, Planbilanzen) und Betriebsbuchhaltung (Kostenstellen-, Kostenträgerrechnung, Nachkalkulation, mitlaufende Auftragskalkulation, Kosten- und Erlösrechnung). Die Nutzung der Datenbank-Technologie führt zur Integration der Daten vom gebuchten Beleg bis zu einer aussagefähigen Entscheidungsunterlage. Auf Basis des Kontenplans und durch Datenerfassung und Verarbeitung auf Belegen mit möglichst vielen Steuerungsmerkmalen ist nach Einmalerfassung des Belegs eine universelle Verwendung der Daten in den Teilbereichen Finanz- und Betriebsbuchhaltung sowie Planung und Steuerung möglich. Der Output des Rechnungswesens sollte auf „Knopfdruck" bzw. mit möglichst geringem Programmierungsaufwand erfolgen (z.B. Kontoauszüge, Summenbilanzen, Querschnittsinformationen wie Umsatz, Ergebnis, Vermögen je Division). Aufgrund mangelnder fachlicher personeller Ausstattung bzw. zu langer und aufwendiger Entwicklungszeit können *Standardprogramme* fremd zugekauft werden, wobei die Anpassung dieser Systeme unternehmensindividuell erfolgen muß. Bei Kauf von Software ist in Betracht zu ziehen, daß für Anwendungen der Berichterstattung (auch graphische Darstellungsformen) und der Konsolidierung PC-Lösungen gegenüber Großrechnerlösungen praktikabler und kostengünstiger sein können. Durch *Zugriffsberechtigung* ist der Anwenderkreis festzulegen. Die Anwendung der Datenverarbeitung setzt die Erstellung einer ausreichenden *Dokumentation* voraus. Dies ist nicht nur für die handels- und steuerrechtlichen Prüfungen erforderlich, auch die Pflege und Weiterentwicklung der Systeme kann nur aufgrund einer brauchbaren Dokumentation erfolgen. Die Grundsätze ordnungsmäßiger Datenverarbeitung und die → *Grundsätze ordnungsmäßiger Buchführung* sind zu beachten (→ *EDV-gestütztes Rechnungswesen*).

c) Termine. Die Erfüllung der Rechnungswesenaufgaben erfolgt im Rahmen eines festgelegten *Terminplans*, der sich für externe Informationsanforderungen i.w. aus den gesetzlichen Vorschriften ableitet, während für interne Zwecke die Termine an einen festzulegenden Informations-, Planungs- und Kontrollrhythmus anzupassen sind. Die Ablauforganisation hat sicherzustellen, daß die Stellen des Rechnungswesens koordiniert und terminlich abgestimmt zusammenwirken, so daß die benötigten Informationen jeweils rechtzeitig den auswertenden Abteilungen vorliegen (z.B. zeitliche Abfolge der Jahresabschlußarbeiten: → *Inventuren*, Kontenabstimmungen, Abgrenzung Ein- und Ausgangsrechnungen, Vorrätebewertung, Bewertung der Forderungen/Verbindlichkeiten, insb. Währungspositionen, Rückstellungen, Ergebnis, Fertigstellung von Bilanz, Gewinn- und Verlustrechnung, Anhang).

Lit.: Boysen, W.: Anforderungen an ein EDV-gestütztes Rechnungswesen, in: Kilger, W./Scheer, A. (Hrsg.): Rechnungswesen und EDV, 1983, S. 11 f.; *Pohlig, R.:* Probleme der Aufbauorganisation des Finanz- und Rechnungswesens, 1984; *Gans, C.:* Strukturen der Informationsverarbeitung im Rechnungswesen, in: WISU 1986, S. 121–127; *Bleicher, K.*: Organisation: Strategien, Struktur, Kultur, 2. Aufl., 1991, S. 304–318; *Eilenberger, G.*: Betriebliches Rechnungswesen, 6. Aufl., 1991, S. 45–49; *Dey, G.*: Einführung in das betriebliche Rechnungswesen, 4. Aufl., 1993.

Dipl.-Kfm. Hermann Sigle, Schweinfurt.

Organisationsprüfung
→ *Sonderprüfungen.*

Organische Bilanztheorie
→ *Bilanztheorien.*

Österreich

1. Allgemeines

Zentrale Rechtsgrundlage für die Rechnungslegung in Ö. ist das Rechnungslegungsgesetz v. 28.6.1990 (RLG 1990). Durch das RLG erfolgte eine weitgehende Transformation der 4., 7. und 8. EG-Richtlinie in österreichisches Recht. Das RLG lehnt sich in weiten Teilen stark an das *BiRiLiG* 1985 an. Durch das EU-Gesellschaftsrechtsänderungsgesetz erfolgte 1996 die vollständige Anpassung an die Vorgaben durch die EG-Richtlinien.

2. Einzelabschluß

a) Vorschriften für alle Vollkaufleute. Die §§ 189–191 öHGB enthalten die Vorschriften über → *Buchhaltung* und *Inventar*. Die Bestimmungen über Inventurverfahren (§ 192 öHGB), u.a. zur Stichprobeninventur, sind praktisch identisch mit den Vorschriften des HGB.

§ 195 öHGB enthält die Generalnorm für die Aufstellung des → *Jahresabschlusses:* Der Jahresabschluß hat den → *Grundsätzen ordnungsmäßiger Buchführung* zu entsprechen. Er ist klar und übersichtlich aufzustellen. Er hat dem Kaufmann ein möglichst getreues → *Bild der Vermögens- und Ertragslage* des Unternehmens zu vermitteln, eine Verpflichtung, die in Deutschland nur für Kapitalgesellschaften gilt. Das *Vollständigkeitsgebot* und das *Verrechnungsverbot* für den Jahresabschluß werden ausdrücklich geregelt (entspricht § 246 HGB).

Aufwendungen für die *Gründung des Unternehmens* und für die Beschaffung von Eigenkapital dürfen *nicht aktiviert* werden. Selbsterstellte → *immaterielle Vermögensgegenstände* dürfen gleichfalls *nicht aktiviert* werden (entspricht § 248 HGB). → *Aufwendungen für Ingangsetzung und Erweiterung des Geschäftsbetriebes* dürfen aktiviert werden. Der aktivierte Aufwand ist jährlich mit mindestens 20 % (HGB mindestens 25 % ab der Folgeperiode) zu tilgen (§ 210 öHGB). Das Disagio kann wie in § 250 Abs. 3 HGB aktiviert werden.

Die Bildung von → *Rückstellungen* ist verpflichtend. *Aufwandsrückstellungen* dürfen unter denselben Voraussetzungen wie nach § 249 Abs. 2 HGB gebildet werden. Passivierungspflicht besteht dann, wenn es den GoB entspricht. Rückstellungen für passive latente Steuern müssen wie nach § 274 Abs. 1 HGB gebildet werden. Für die Aktivierung von latenten Steuern besteht wie nach § 274 Abs. 2 HGB ein Wahlrecht.

Die allgemeinen *Bewertungsgrundsätze* (§ 201 öHGB) orientieren sich an § 252 HGB.

Der Begriff der → *Anschaffungskosten* (§ 203 Abs. 2 öHGB) entspricht § 255 Abs. 1 HGB. Bei den → *Herstellungskosten* sind nach § 203 Abs. 3 öHGB → *Einzelkosten* sowie angemessene Teile der Material- und Fertigungsgemeinkosten zu aktivieren, während nach § 255 Abs. 2 HGB ein Aktivierungswahlrecht für Material- und Fertigungsgemeinkosten besteht. Sind die Gemeinkosten durch offenbare Unterbeschäftigung überhöht, dürfen nur die einer durchschnittlichen Beschäftigung entsprechenden Kosten eingerechnet werden. Ein Aktivierungswahlrecht ist für Aufwendungen für Sozialeinrichtungen, für betriebliche Altersversorgung und Abfertigungen vorgesehen (entspricht § 255 Abs. 2 HGB). Kosten der allgemeinen Verwaltung gehören jedoch im Gegensatz zur Regelung des HGB grundsätzlich nicht zu den Herstellungskosten. Vertriebskosten dürfen wie nach HGB nicht in die Herstellungskosten einbezogen werden. Bei → *Langfristfertigung* dürfen jedoch unter gewissen Voraussetzungen angemessene Teile der Verwaltungs- und Vertriebskosten angesetzt wer-

Österreich

den (§ 206 Abs. 3 öHGB). Im HGB ist dazu keine ausdrückliche Regelung enthalten. Für die Fremdkapitalzinsen besteht unter bestimmten Voraussetzungen ein Aktivierungswahlrecht (§ 203 Abs. 4 öHGB entspricht § 255 Abs. 3 HGB).

Für den derivativen → *Geschäfts- oder Firmenwert* besteht ein Aktivierungswahlrecht. Die Abschreibung des Firmenwertes muß planmäßig über die voraussichtliche Nutzungsdauer erfolgen (§ 203 Abs. 5 öHGB). Eine dem § 255 Abs. 4 HGB ähnliche Bestimmung – mindestens zu 25% jährlich zu tilgen – existiert im öHGB nicht.

Das öHGB (§§ 204 und 207) sieht wie das HGB (§ 253) → *Abschreibungs- und Zuschreibungswahlrechte* vor, eine Unterbewertung wie nach § 253 Abs. 4 HGB ist im öHGB nicht vorgesehen. *Sonderabschreibungen* von Vermögensgegenständen des Anlagevermögens aufgrund steuerlicher Vorschriften sind als „Bewertungsreserven" unter den „Unversteuerten Rücklagen" auszuweisen (§ 205 öHGB).

b) Ergänzende Vorschriften für Kapitalgesellschaften. Die Rechnungslegungseinschließlich der Prüfungs- und Publizitätspflichten gelten für AG und GmbH sowie für Kapitalgesellschaften & Co, d.h. OHG oder KG, deren einziger persönlich haftender Gesellschafter eine AG oder GmbH ist. § 221 öHGB regelt die → *Größenklassen* von → *Kapitalgesellschaften*. Kleine Kapitalgesellschaften sind solche, die mindestens zwei der drei nachstehenden Merkmale nicht überschreiten: 37 Mio. öS Bilanzsumme, 74 Mio. öS Umsatzerlöse, 50 Arbeitnehmer im Jahresdurchschnitt. Für mittelgroße Kapitalgesellschaften gelten die folgenden Grenzwerte: 150 Mio. öS Bilanzsumme, 300 Mio. öS Umsatzerlöse, 250 Arbeitnehmer im Jahresdurchschnitt. Eine große Kapitalgesellschaft liegt vor, wenn zwei dieser Merkmale überschritten werden.

Kapitalgesellschaften haben einen um den → *Anhang* erweiterten Jahresabschluß sowie, mit Ausnahme der kleinen GmbH, einen → *Lagebericht* aufzustellen. Der Jahresabschluß hat ein möglichst getreues Bild der Vermögens-, Finanz- und Ertragslage des Unternehmens zu vermitteln (§ 222 Abs. 2 öHGB). Im Anhang sind zusätzliche Angaben zu machen, wenn dies aus besonderen Umständen nicht gelingt.

Die allgemeinen Grundsätze der → *Gliederung* des Jahresabschlusses im § 223 öHGB, wie etwa der Grundsatz der formellen Bilanzkontinuität, sind jenen des § 265 HGB nachgebildet.

Die *Gliederung der Bilanz* nach § 224 öHGB entspricht weitgehend § 266 HGB. Abweichend davon wurden z.B. unter den Vorräten die zusätzliche Position „noch nicht abrechenbare Leistungen" und außerhalb des Eigenkapitals die Position „unversteuerte Rücklagen", die auf steuerliche Vorschriften zurückgeht (ähnlich § 273 HGB), aufgenommen.

Die Vorschriften zu einzelnen Posten der Bilanz (§ 225 öHGB) verlangen u.a. bei buchmäßiger *Überschuldung* eine Erläuterung im Anhang, ob eine Überschuldung i.S.d. Insolvenzrechtes vorliegt, und Fristigkeitsangaben für Forderungen und Verbindlichkeiten (analog § 268 Abs. 4 und 5 HGB).

Die Entwicklung des Anlagevermögens ist ebenso wie nach HGB in der Bilanz oder im Anhang detailliert darzustellen. Für den dabei aufzustellenden → *Anlagespiegel* gelten dieselben Anforderungen wie nach § 268 Abs. 2 HGB.

§ 226 Abs. 2 öHGB normiert eine *Ausschüttungssperre* im Falle der Aktivierung von Ingangsetzungs- und Erweiterungsaufwendungen (analog § 269 HGB). Auch im Falle der Aktivierung von latenten Steuern sowie bei durchgeführten Zuschreibungen und vorzeitigen Auflösungen von Bewertungsreserven besteht eine Ausschüttungssperre.

Anteile, die 20% des Nennkapitals einer Kapitalgesellschaft oder einer Genossenschaft erreichen, gelten als *Beteiligung* (§ 228 Abs. 1 öHGB), während nach § 271 Abs. 1 HGB die Mitgliedschaft bei eingetragenen Genossenschaften nicht als Beteiligung gilt. Das Eigenkapital ist nach § 229 öHGB aufzugliedern in das Nenn-

Österreich

kapital abzüglich ausstehender Einlagen, in Kapital- und Gewinnrücklagen. Rücklagen für eigene Anteile, Anteile an herrschenden oder mit Mehrheit beteiligten Unternehmen sind wie nach § 272 Abs. 4 HGB zu bilden.

Die unter der Position „unversteuerte Rücklagen“ auszuweisende „Bewertungsreserve aufgrund von Sonderabschreibungen“ ist entsprechend den Posten des Anlagevermögens aufzugliedern (§ 230 öHGB).

Die → *Gewinn- und Verlustrechnung* (§ 231 öHGB) ist in Staffelform nach dem → *Gesamtkostenverfahren* oder dem → *Umsatzkostenverfahren* aufzustellen und entspricht weitgehend § 275 HGB. Die GuV nach öHGB ist allerdings tiefer gegliedert (z. B. die „sonstigen betrieblichen Erträge“ sind in 3 Posten unterteilt) und sieht eine Trennung in Betriebs-, Finanz- und außerordentlichen Erfolg vor. Die Vorschriften zu den einzelnen Posten der GuV (§ 232–234 öHGB) sind dem HGB nachgebildet.

Für den Anhang sind neben den in den §§ 236–240 öHGB angeführten Angaben, die jenen der §§ 284–288 HGB vergleichbar sind, in weiteren Vorschriften zusätzliche Angaben vorgeschrieben. Dabei besteht wie im HGB teilweise die Wahl zwischen einer Angabe im Anhang oder in der Bilanz bzw. GuV. Für die Aufstellung des Anhangs bestehen größenabhängige Erleichterungen für kleine AGs sowie kleine und mittelgroße GmbHs (§ 242 öHGB).

Der → *Lagebericht* gemäß § 243 öHGB entspricht § 289 HGB. Kleine GmbHs brauchen keinen Lagebericht zu erstellen.

3. Konzernabschluß
Durch das RLG wird für Kapitalgesellschaften und Kapitalgesellschaften & Co erstmals die Aufstellung von Konzernabschlüssen verlangt. Die §§ 244–267 öHGB lehnen sich hinsichtlich → *Konsolidierungskreis*, Befreiungstatbestände, Inhalt und Form des Konzernabschlusses, insb. → *Kapitalkonsolidierung*, sehr eng an die Vorschriften der §§ 290–315 HGB an. Die Größenklassen, ab denen Konzernrechnungslegungspflicht eintritt, entsprechen § 293 HGB.

4. Jahresabschlußprüfung
Die Pflicht zur Prüfung besteht für große und mittelgroße Kapitalgesellschaften (§ 268 öHGB). Im Gegensatz zu § 316 HGB gilt die Prüfungspflicht auch für kleine AGs sowie für GmbHs, die aufgrund gesetzlicher Vorschriften einen Aufsichtsrat haben müssen. Die Prüfungsvorschriften gelten auch für die Kapitalgesellschaft & Co.

Gegenstand und Umfang der Prüfung (§ 269 öHGB) sowie Bestellung und Abberufung des Abschlußprüfers (§ 270 öHGB) entsprechen § 317 bzw. § 318 HGB.

AGs sind vom → *Wirtschaftsprüfer*, prüfungspflichtige GmbHs und Konzernabschlüsse, in denen keine AGs einbezogen sind, wahlweise auch vom Buchprüfer zu prüfen (§ 271 Abs. 1 öHGB). Die Ausschlußtatbestände von der Prüfung (§ 271 Abs. 2–5 öHGB) sind wie in § 319 HGB geregelt. Abweichend davon stellen u. a. ein Anteilsbesitz von bis zu 5 % bzw. 1 Mio. öS an der zu prüfenden Gesellschaft keinen Ausschlußgrund dar, und die Honorarabhängigkeit tritt bereits bei 30 % der bezogenen Honorare ein.

Die weiteren Prüfungsvorschriften (u. a. Bestätigungsvermerk, Haftung mit einer Haftungssumme von 5 Mio. öS) entsprechen im wesentlichen dem HGB.

5. Publizität
AGs haben zusätzlich zu Bilanz, GuV und → *Bestätigungsvermerk*, Teile des Anhangs, die vor allem der Erläuterung von Bilanz und GuV dienen, im Amtsblatt zur Wiener Zeitung zu veröffentlichen (§ 277 bzw. 10 öHGB). Für alle anderen Kapitalgesellschaften genügt die Einreichung entsprechender Unterlagen beim Firmenbuchgericht. Dabei bestehen verschiedene rechtsform- und größenabhängige Erleichterungen. Der Hinweis auf die Einreichung ist im Amtsblatt zur Wiener Zeitung zu veröffentlichen. Für Konzerne gelten grundsätzlich dieselben Offenlegungspflichten wie für die große AG. Die Registerpublizität ist dann ausreichend,

Bereich	öHGB	US-GAAP	IAS
1. Bilanzansatz			
a) Selbsterstellte imm. Vermögensgegenstände	Aktivierungsverbot	Aktivierungswahlrecht	Aktivierungspflicht
b) Forschungs- und Entwicklungsaufwand	Aktivierungsverbot	Aktivierungsverbot (Ausnahme: Software)	Aktivierungsverbot für Forschungsaufwand; Aktivierungspflicht für Entwicklungsaufwand
c) Firmenwert (derivativ)	Aktivierungswahlrecht (Abschreibung: max. 15 Jahre)	Aktivierungspflicht (Abschreibung: max. 40 Jahre)	Aktivierungspflicht (Abschreibung: max. 20 Jahre)
d) Latente Steuern	Ansatzpflicht passiver latenter Steuern; für aktive latente Steuern Wahlrecht im Einzelabschluß; Ansatzpflicht im Konzern für aktive latente Steuern aus der Konsolidierung	Ansatzpflicht für aktive und passive latente Steuern	Ansatzpflicht für aktive und passive latente Steuern
e) Aufwandsrückstellungen	Passivierungswahlrecht; Pflicht, wenn dies aus den GoB folgt	Grundsätzlich nicht zulässig (Ausnahme: Restructuring Costs)	Ansatzverbot
2. Bewertung			
a) Herstellungskosten	Teilkostenwahlrecht (umstritten); nicht Verwaltungs- und Vertriebskosten; Wahlrecht für zurechenbare Fremdkapitalzinsen	Vollkosten; Wahlrecht für direkt zurechenbare Verwaltungskosten; nicht Vertriebskosten; Wahlrecht für zurechenbare Fremdkapitalzinsen	Vollkosten; nicht Verwaltungs- und Vertriebskosten; Wahlrecht für zurechenbare Fremdkapitalzinsen
b) langfristige Aufträge	Completed contract Methode	Percentage of completion Methode; bei großer Unsicherheit auch Completed contract Methode	Percentage of completion Methode
c) Neubewertung	Neubewertungsverbot	Neubewertungsverbot; Ausnahme: Wertpapiere der Kategorien „Trading" und „Available for sale"	Neubewertung bei Sachanlagen und Wertpapieren des Anlage- und Umlaufvermögens alternativ zulässig
d) Equity-Bewertung für Beteiligungen	Nur im Konzernabschluß	Einzel- und Konzernabschluß	Einzel- und Konzernabschluß
e) Fremdwährungsumrechnung	Imparitätsprinzip	Stichtagskurs	Stichtagskurs
f) Pensionsrückstellungen	Anwartschaftsdeckungsverfahren (Zinssatz: 3–6%)	Anwartschaftsbarwertverfahren (Kapitalmarktzins)	Anwartschaftsbarwertverfahren oder Anwartschaftsdeckungsverfahren (Kapitalmarktzins)

Tab.: Wesentliche Unterschiede zwischen öHGB, US-GAAP und IAS wenn die Muttergesellschaft keine große AG ist und weiterhin kein Tochterunternehmen eine große AG im Sitz im Inland ist (§ 280 öHGB).

Lit.: Mohr, F.: Rechnungslegungsgesetz mit Erläuterungen, 1990; *Bertl, R./Mandl, D. (Hrsg.)*: Handbuch zum Rechnungslegungsgesetz, 1991; *Busse von Colbe, W.:* Der Konzernabschluß als Berichts- und Controllinginstrument – Zur neuen Regelung in Österreich, in: Jb. für Controlling und Rechnungswesen, 1992, S. 89–115; *Straube, M.* (Hrsg.): Komm. zum Handelsgesetzbuch, Bd. 2: Rechnungslegung, 1992; *Altenburger, O.:* Komm. zum Rechnungslegungsgesetz, 2. Aufl., 1996; *Egger, A./Samer, H.:* Der Jahresabschluß nach dem Handelsgesetzbuch, Bd. 1: Der Einzelabschluß, 5. Aufl., 1996; *Egger, A./Samer, H.:* Der Jahresabschluß nach dem Handelsgesetzbuch, Bd. 2: Der Konzernabschluß, 2. Aufl., 1996.

Professor Dr. Gerwald Mandl, Graz.

Overriding Principle

Rechnungslegungsnorm, die in begründeten Fällen Vorrang vor allen anderen Vorschriften der Rechnungslegung hat. Ein O. stellt die Generalnorm aus Art. 2 Nr. 2 der 4. und Art. 16 der 7. EG-Richtlinie dar, die auf dem → *True and fair view Prinzip* der britischen Rechnungslegung basiert. Danach hat der Jahresabschluß ein den tatsächlichen Verhältnissen entsprechendes → *Bild der Vermögens-, Finanz- und Ertragslage* zu vermitteln. Ist in Ausnahmefällen die Anwendung einer Richtlinienvorschrift mit dem Ziel der Vermittlung eines den tatsächlichen Verhältnissen der Vermögens-, Finanz- und Ertragslage entsprechenden Bildes nicht vereinbar, *muß* von der betreffenden Vorschrift *abgewichen werden.* Die Generalnorm der EG-Richtlinien ist in deutsches Recht transformiert worden (§§ 264 Abs. 2, 297 Abs. 2 HGB), allerdings nicht als O.; die deutsche Generalnorm schreibt nicht ein Abweichen von den Vorschriften des HGB in Ausnahmefällen vor.

Lit.: Scholtissek, W.: True and fair view im Vereinigten Königreich und in der Bundesrepublik Deutschland, in: RIW 1986, S. 966–970; *ADS*, 6. Aufl., Bd. 5, 1997, § 264.

P

Pacioli, Fra Luca
1445– ca. 1515; italienischer Franziskanermönch, Professor der Theologie und Mathematik. Sein Hauptwerk „Summa di Arithmetica, Geometrica, Proportioni et Propotionalita" (1494) enthält die erste systematische Darstellung der *doppelten* → *Buchhaltung*.

Pagatorik
Prinzip der Gestaltung des → *Rechnungswesens* auf Basis von Zahlungen (→ *Pagatorische Rechnung*).

Pagatorische Bilanz
Von *Erich* → *Kosiol* entwickelte → *Bilanztheorie* des *Formalinhalts* des → *Jahresabschlusses*, nach der die Posten der Bilanz und GuV allein aus Zahlungen erklärt werden.

Lit.: Kosiol, E.: Pagatorische Bilanz, 1976.

Pagatorische Kosten
→ *Kosten und Leistung*.

P. sind bewertete sachzielbezogene Güterverbräuche (einer Periode), wobei der Wertansatz auf Preisen des Beschaffungsmarktes basiert.

Lit.: Koch, H.: Zur Diskussion über den Kostenbegriff, in: ZfbF 1958, S. 355–399.

Pagatorische Rechnung
Auf Zahlungsvorgängen aufbauende Rechnung, z. B. die kaufmännische → *Buchhaltung* oder die → *pagatorische Bilanz* nach → *Kosiol*; Gegensatz zur kalkulatorischen Rechnung.

Pagatorischer Gewinn
→ *Gewinn*.

Partialkalkulation
Verfahren der → *Preiskalkulation*, wobei zur Preisfestlegung nur die → *proportionalen Kosten* den Produktarten zugerechnet werden, um den Absatz zu steigern.

Passiva
Die auf der Haben-Seite der → *Bilanz* ausgewiesenen, dem Unternehmen zur Verfügung gestellten Mittel (Mittelherkunft). Die als P. ausgewiesenen Positionen werden nach → *Eigenkapital* und → *Fremdkapital* untergliedert (→ *Jahresabschluß*, → *Konzernabschluß*).

Passivierung
In bilanziellem Sinne Ansatz von → *Eigenkapital*, → *Rückstellungen*, → *Verbindlichkeiten* und → *Rechnungsabgrenzungsposten* auf der Habenseite der → *Bilanz*. Die Beträge, die als Eigenkapital unter → *gezeichnetem Kapital* und → *Rücklagen* zu passivieren sind, werden in § 272 HGB genannt. Gem. § 253 HGB sind Verbindlichkeiten grundsätzlich zum Rückzahlungsbetrag und Rückstellungen in Höhe des Betrages anzusetzen, der nach vernünftiger kaufmännischer Beurteilung notwendig ist.

Patronatserklärung
Eine der Bürgschaft bzw. Garantie ähnliche Form der Kreditsicherung, die innerhalb eines → *Konzerns* z. B. von dem → *Mutterunternehmen* zugunsten eines → *Tochterunternehmens* zur Erhaltung bzw. Förderung von dessen Kreditfähigkeit gewährt wird. Die P. kann unmittelbar gegenüber dem Kreditgeber, aber auch gegenüber dem Konzernunternehmen abgegeben werden. Je nach drohender Inanspruchnahme ist die P. im → *Jahresabschluß* als → *Rückstellung* gem. § 249 HGB unter den Haftungsverhältnissen gem. § 251 HGB oder, wenn mit einer Inanspruchnahme nicht gerechnet wird, überhaupt nicht anzugeben.

Lit.: HFA des IdW: Stellungnahme 2/76, in: WPg 1976, S. 528–532; *Mosch, W.*: Patronatserklärungen deutscher Konzernmuttergesellschaften und ihre Bedeutung für die Rechnungslegung, 1978; *Schneider, U. H.*: Patronatserklärungen gegenüber der Allgemeinheit, in: ZIP 1989, S. 619–625.

Pattern-Analyse
→ *Mehrfachziele in der Investitionsrechnung*.

Pauschalwertberichtigung auf Forderungen

Für Forderungen, für die eine Einzelbewertung z.B. wegen der Menge kaum möglich ist, muß das durchschnittliche Ausfallrisiko über eine pauschale Korrektur berücksichtigt werden. Die P. werden aufgrund der Erfahrungen des Unternehmens bzw. des Wirtschaftszweiges gebildet und vom Forderungsbestand direkt abgezogen. P. sind im → *Jahresabschluß* und in der → *Steuerbilanz* zu bilden.

Lit.: Sarx, M., in: Beck Bil.-Komm., 3. Aufl., 1995, § 253; *Coenenberg, A.G.:* Jahresabschluß und Jahresabschlußanalyse, 16. Aufl., 1997, S. 171–172.

Pay back-Periode

= → *Amortisationsdauer*.
= Kapitalrückflußzeit.

Pay off-Kriterium

= → *Amortisationsdauer*.

Pearsonscher Korrelationskoeffizient

→ *Korrelationskoeffizient*.

Pensionsgeschäft

Übertragung von → *Vermögensgegenständen*, insb. von Wertpapieren, gegen Barzahlungen vor allem unter → *Kreditinstituten*, mit der Verpflichtung des Lieferers (Pensionsgebers) zur Rücknahme zu einem im voraus bestimmten Preis innerhalb einer vereinbarten Frist oder zu einem bestimmten Termin. Beim *echten* P. ist der Empfänger des Gegenstandes (Pensionsnehmer) zur Rückübertragung verpflichtet, beim *unechten* P. nur berechtigt (§ 340b HGB). Wirtschaftlich betrachtet ist zumindest das echte P. eher eine Kreditaufnahme mit Sicherungsübereignung als ein Verkauf. Unter diesem Aspekt bilanziert beim echten P. der Pensionsgeber die in Pension gegebenen Vermögensgegenstände weiterhin und weist als Gegenposten zur erhaltenen Liquidität eine Verbindlichkeit aus, während das unechte P. als Verkauf bilanziert wird. Die Abgrenzung zwischen echten und unechten P. ist jedoch mitunter schwierig und damit ihre Bilanzierung nicht eindeutig.

Lit.: Birck, H./Meyer, H.: Die Bankbilanz, 3. Aufl., 1989.

Pensionsrückstellungen

1. Begriff

P. sind weder im Handelsrecht noch im Steuerrecht definiert. Sie gelten als Sonderfall der → *Rückstellungen* für ungewisse Verbindlichkeiten, die für Zwecke künftig wahrscheinlicher Pensionszahlungen oder ähnlicher Verpflichtungen gebildet werden. Die Ungewißheit kann in der Leistungspflicht als solcher, in der Höhe der Leistung, im Zeitpunkt des Beginns oder in der Dauer der Leistungspflicht bestehen.

2. Ansatz

a) Voraussetzungen für die Bildung von P. Handelsrechtlich bedingt die Bildung einer P. die Existenz einer Pensionsverpflichtung, wobei der Rechtsgrund der Übernahme der Pensionsverpflichtung unerheblich ist. Im Steuerrecht dagegen kommt es auf die betriebliche Veranlassung der Verpflichtung an sowie auf die weiteren in § 6a Abs. 1 EStG normierten Voraussetzungen (Rechtsanspruch, Verpflichtung ohne Vorbehalt – Erläuterung: R 41 Abs. 3 bis 6 EStR –, Schriftform). Die Bildung von P. wird steuerlich außerdem eingeschränkt durch

- die Mindestalterklausel (§ 6a Abs. 2 Nr. 1 EStG),
- das Nachholverbot (§ 6a Abs. 4 EStG),
- die steuerliche Unwirksamkeit von Pensionszusagen an Gesellschafter von Personengesellschaften (R 41 Abs. 8 und 9 EStR),
- Restriktionen bei der steuerlichen Anerkennung von Pensionszusagen an Ehegatten als Arbeitnehmer (R 41 Abs. 11 EStR),
- Restriktionen bei der steuerlichen Anerkennung von Pensionszusagen an beherrschende Gesellschafter-Geschäftsführer von Kapitalgesellschaften (R 41 Abs. 10 EStR).

b) Passivierungspflichten und Passivierungswahlrechte für P. Vom betriebswirtschaftlichen Standpunkt aus wird seit jeher eine *Passivierungspflicht* für P. gefordert, da Pensionszahlungen wirtschaftlich als Lohn- und Gehaltsaufwendungen (nicht aber als Fürsorgeaufwendungen) angesehen werden, die – solange der Arbeitnehmer im Unternehmen tätig ist – einbehalten und angesammelt werden. Für das Unternehmen sind Pensionen also Aufwand der Perioden, in denen der Arbeitnehmer tätig ist, während die Auszahlungen erst nach dem Ausscheiden des Arbeitnehmers aus dem Unternehmen anfallen.

Dennoch bestand bis zum 31.12.1986 sowohl handelsrechtlich als auch steuerrechtlich ein *Passivierungswahlrecht*. Erst mit der Neuregelung der Bilanzierungsvorschriften durch das BiRiLiG wurde für *Neuzusagen* ab dem 1.1.1987 eine *Passivierungspflicht* eingeführt. Für *Altzusagen, Erhöhungen von Altzusagen, mittelbare Verpflichtungen* sowie unmittelbare und mittelbare ähnliche Verpflichtungen besteht auch weiterhin ein *Passivierungswahlrecht* (Art. 28 EGHGB). Die Einführung der Passivierungspflicht nur für Neuzusagen wird einerseits mit dem Schutz des Vertrauens auf den Fortbestand der Rechtslage bei Gewährung der Pensionsrückstellung, andererseits mit fiskalischen Überlegungen begründet. Die nicht passivierten Pensionszusagen müssen jedoch, soweit Unternehmen zur Aufstellung eines → *Anhangs* verpflichtet sind, im Anhang angegeben werden.

c) Maßgeblichkeitsprinzip. Gemäß dem → *Maßgeblichkeitsprinzip* (§ 5 Abs. 1 EStG) ist eine in der Handelsbilanz gebildete Pensionsrückstellung dem Grunde nach grundsätzlich auch in der Steuerbilanz anzusetzen, soweit dem steuerliche Bilanzierungsvoraussetzungen (s.o.) nicht widersprechen. Die handelsrechtliche Passivierungspflicht für *Neuzusagen* führt daher auch zu einer Ansatzpflicht in der Steuerbilanz.

Für *Altzusagen* gilt der Ausnahmetatbestand, daß aufgrund des explizit in § 6a Abs. 1 EStG normierten Passivierungswahlrechts handelsrechtliche Zuführungsbeträge für Zwecke der steuerrechtlichen Gewinnermittlung nach h. M. nicht übernommen zu werden brauchen, solange der Gesamtrückstellungsbetrag in der Steuerbilanz den in der Handelsbilanz nicht übersteigt (s. Bewertung).

Steuerrechtlich unterlassene Zuführungen dürfen grundsätzlich erst in dem Wirtschaftsjahr nachgeholt werden, in dem das Dienstverhältnis unter Aufrechterhaltung der Pensionsanwartschaft endet oder in dem der Versorgungsfall eintritt.

3. Bewertung

a) Bildung von P. In der Handelsbilanz sind laufende Renten, d.h. Rentenverpflichtungen, für die eine Gegenleistung nicht mehr zu erwarten ist, zu ihrem *Barwert* anzusetzen. Für den Fall, daß eine Gegenleistung des Pensionsberechtigten noch zu erwarten ist, nämlich durch seine zukünftige Arbeitsleistung, fehlt es an einer eindeutigen, damit verbindlichen Bewertungsvorschrift; es ist auf die allgemeine, für alle Rückstellungen maßgebliche Bewertungsvorschrift zurückzugreifen, derzufolge der nach vernünftiger kaufmännischer Beurteilung notwendige Wert anzusetzen ist (§ 253 Abs. 1 Satz 2 HGB). Der Hauptfachausschuß *(HFA) des IDW* konkretisiert die Bewertung der P. dahingehend, daß unter Beachtung der GoB sowie des Grundsatzes der Einzelbewertung die Rentenansammlung mittels der anerkannten Regeln der Versicherungsmathematik grundsätzlich über die Aktivitätsperiode des einzelnen Versorgungsanwärters zu erfolgen hat. Zur Verteilung der Mittelansammlung sollte dem Verfahren der Vorzug gegeben werden, bei dem die Belastung des Unternehmens betriebswirtschaftlich angemessen berücksichtigt und ausgewiesen wird. Dieser Anforderung wird nach Auffassung des HFA insbesondere das steuerrechtliche *Teilwertverfahren* (§ 6a Abs. 3 EStG) gerecht.

Bei allen Berechnungsverfahren sind die biometrischen Grundlagen (Sterbe- und Invaliditätswahrscheinlichkeiten) sowie das Rentenalter der Versorgungsanwärter (Vertrag oder Pensionierungsgewohnheiten) zugrunde zu legen. Als *Rechnungszins* kommt unter den derzeitigen wirtschaftlichen Bedingungen ein → *Kalkulationszinssatz* von 3–6% p.a. in Betracht. Ein einmal gewähltes Bewertungsverfahren ist unverändert beizubehalten, soweit

Pensionsrückstellungen

nicht eine zulässige Ausnahme i. S. v. § 252 Abs. 2 HGB vorliegt.

In der Steuerbilanz sind P. höchstens mit dem Teilwert zu bewerten. Als Teilwert einer Pensionsverpflichtung gilt nach Beendigung des Dienstverhältnisses bzw. nach Eintritt des Versorgungsfalls entsprechend der handelsrechtlichen Bewertung der Barwert einer Pensionsverpflichtung am Schluß des Wirtschaftsjahrs (§ 6 a Abs. 3 Nr. 2 EStG). Steht der Versorgungsanwärter noch im Arbeitsverhältnis, so ist die P. nach dem Teilwertverfahren, das mit Änderung des § 6a EStG durch das Gesetz zur Verbesserung der betrieblichen Altersversorgung (BAVG) am 19.12.1974 das Gegenwartsverfahren ersetzt hat, zu ermitteln (§ 6a Abs. 3 Nr. 1 EStG). Bei der steuerlichen Teilwertermittlung ist in jedem Fall ein Rechnungszinsfuß von 6 % zugrunde zu legen.

b) Auflösung von P. Nach Eintritt des Versorgungsfalles ergibt sich eine laufende Verminderung des Barwerts, derzufolge die P., die während des Bestehens des Beschäftigungsverhältnisses gebildet wurden, in Höhe der Barwertveränderung herabgesetzt werden müssen. Das ergibt sich aus § 253 Abs. 1 Satz 2 HGB, wonach Rentenverpflichtungen, für die eine Gegenleistung nicht mehr zu erwarten ist, zu ihrem Barwert anzusetzen sind.

Die P. ist im Versorgungsfall bei gleichzeitigem Ansatz der laufenden Pensionszahlungen als Aufwand/Betriebsausgabe erfolgswirksam herabzusetzen (versicherungsmathematische Methode); eine Verrechnung der Pensionszahlung mit den P. (buchhalterische Methode) ist nicht zulässig.

Bei Wegfall der Pensionsverpflichtung (z. B. durch Ausscheiden oder Tod des Berechtigten) ist die P. aufzulösen (§ 249 Abs. 3 HGB).

c) Maßgeblichkeitsprinzip. Nach dem *Maßgeblichkeitsprinzip* ist grundsätzlich eine in der Handelsbilanz gebildete Pensionsrückstellung nicht nur dem Grunde nach, sondern auch in der Höhe entsprechend in der Steuerbilanz anzusetzen, sofern nicht § 6a EStG etwas anderes bestimmt. Dabei kommt es auf den Gesamt-

	Pensionsrückstellungen	
Passivierungspflicht	– für Neuzusagen ab dem 1.1.1987 (§ 249 Abs. 1 Satz 1 HGB i. V. m. Art. 28 EGHGB), – für spätere Erhöhungen von ab dem 1.1.1987 gegebene Zusagen.	
Passivierungswahlrecht	– für vor dem 1.1.1987 gegebene Zusagen (Art. 28 Abs. 1 Satz 1 EGHGB), – für Erhöhungen dieser Zusagen auch nach dem 1.1.1987 (Art. 28 Abs. 1 Satz 1 EGHGB).	*Übergangsregelung*
	– für mittelbare Verpflichtungen (d. h. Zwischenschaltung einer Unterstützungs- oder Pensionskasse bzw. eines Versicherungsunternehmens) aus Zusagen für eine laufende Pension oder eine Pensionsanwartschaft (Art. 28 Abs. 1 Satz 2 EGHGB), – für unmittelbare und mittelbare ähnliche Verpflichtungen (gesetzlich nicht definiert, der Pension inhaltlich ähnliche Posten, bei denen der Verpflichtungscharakter erfüllt ist) (Art. 28 Abs. 1 Satz 2 EGHGB).	*Dauerregelung*

Abb. 1: Handelsrechtliche Vorschriften

betrag der Rückstellungen an, der den Handelsbilanzansatz für die Steuerbilanz maßgeblich macht, nicht aber auf die jährlichen Zuführungsbeträge (R 41 Abs. 21 EStR). Folgerichtig ist in der Steuerbilanz eine Zuführung möglich, selbst wenn in der Handelsbilanz eine Zuführung unterbleibt oder gar eine Herabsetzung des Rückstellungsbetrages stattfindet, jedoch nur solange der Gesamtbetrag der P. in der Steuerbilanz den Ansatz in der Handelsbilanz nicht übersteigt. Steuerrechtliche Vereinfachungen im Zusammenhang mit dem Teilwertverfahren (Drittelung nach § 6a Abs. 4 EStG) führen zu handelsrechtlich nicht vertretbaren Werten. Die Maßgeblichkeit steuerrechtlicher Werte für den Ansatz in der Handelsbilanz (umgekehrte Maßgeblichkeit) ist daher nicht ableitbar.

4. Ausweis

a) Bilanzausweis. Mittelgroße und große Kapitalgesellschaften i. S. v. § 267 Abs. 2 u. 3 HGB haben den Gesamtbetrag der P. gesondert unter der Bezeichnung „Rückstellungen für Pensionen und ähnliche Verpflichtungen“ auszuweisen (§ 266 Abs. 1 HGB i. V. m. § 266 Abs. 3 HGB). Kleine Kapitalgesellschaften (§ 267 Abs. 1 HGB) dürfen dagegen die P. zusammen mit den Steuerrückstellungen und den sonstigen Rückstellungen in einem Betrag als „Rückstellungen“ ausweisen (§ 266 Abs. 1 Satz 3 HGB i. V. m. § 266 Abs. 3 HGB). Für alle anderen Kaufleute gelten die Gliederungsvorschriften des § 266 HGB nicht (Ausnahme: PublG). Die GoB verlangen jedoch wie bei den kleinen Kapitalgesellschaften zumindest den gesonderten Ausweis aller Rückstellungen in einem Betrag.

b) Angaben im Anhang. Unternehmen, die einen Anhang aufzustellen haben, sind nach § 284 Abs. 2 Nr. 1 HGB verpflichtet, die auf die P. angewandten Bilanzierungs- und Bewertungsmethoden, insbesondere die versicherungsmathematischen Grundlagen, den Rechnungszins, die zugrundegelegte Ausscheideordnung sowie ggf. die Anwendung steuerlicher Vorschriften, anzugeben. Ändern sich diese Berechnungsgrundlagen gegenüber dem Vorjahr, und sind diese Änderungen nach § 252 Abs. 2 HGB überhaupt zulässig, dann müssen diese Abweichungen im Anhang angegeben und begründet werden; ihr Einfluß auf die Vermögens-, Finanz- und Ertragslage ist gesondert darzustellen (§ 284 Abs. 2 Nr. 3 HGB).

Kapitalgesellschaften, die gemäß den in Art. 28 Abs. 1 EGHGB aufgeführten Passivierungswahlrechten keine P. bzw. nur einen Teil der P. gebildet haben, müssen nach Art. 28 Abs. 2 EGHGB die in der Bilanz nicht ausgewiesenen Rückstellungen für laufende Pensionen, Anwartschaften auf Pensionen und ähnliche Verpflichtungen jeweils im Anhang und im Konzernanhang in einem Betrag angeben (Angabe sog. Fehlbeträge).

5. Bilanzierung nach IASC-Normen

Für die Bilanzierung von Pensionsverpflichtungen nach den Normen des *International Accounting Standards Committee (IASC)* gelten die IAS 19 „Accounting for Retirement Benefit in the Financial Statements of Employers“ und IAS 26 „Accounting and Reporting by Retirement Benefit Plans“. Diese IAS zu den P. entsprechen im wesentlichen den US-GAAP (SFAS No. 87).

Für Pensionsverpflichtungen besteht nach IAS Passivierungspflicht. P. werden nach dem Barwertverfahren (Benchmark-Methode) bewertet. Alternativ dazu ist auch das Gleichverteilungsverfahren (Teilwertverfahren) zulässig.

Beim Barwertverfahren wird unter Berücksichtigung der bisher erbrachten Leistungen der versicherungsmathematische Barwert errechnet. Dabei wird auch die künftige Lohn- und Gehaltsentwicklung berücksichtigt. Der Abzinsungssatz orientiert sich am langfristigen Kapitalmarktzins. Änderungen der Berechnungsgrundlagen (Pensionsplan oder versicherungsmathematische Annahmen) werden entweder sofort als Aufwand verrechnet oder auf die durchschnittliche Restlebensarbeitszeit der Mitarbeiter (i. d. R. 15 Jahre) verteilt.

Die P. werden unter den Rückstellungen gesondert ausgewiesen, soweit ihr Betrag wesentlich ist. Ist die Bilanz in kurz- und langfristig fällige Posten gegliedert, werden auch die P. entsprechend aufgeteilt. In den Notes (Anhang) sind

- die Bilanzierungs- und Bewertungsmethoden,
- die bestehenden Pensionsverpflichtungen, die Pensionsaufwendungen und der Pensionsplan,
- die Häufigkeit der Einholung von versicherungsmathematischen Gutachten und das Datum des letzten Gutachtens sowie
- die wesentlichen versicherungsmathematischen Annahmen

anzugeben.

Bei einem Übergang von der deutschen handelsrechtlichen Rechnungslegung auf die Rechnungslegung nach IAS kann es bei den P. zu Umbewertungen kommen. Diese Differenzen können entweder erfolgsneutral verrechnet oder im außerordentlichen Ergebnis ausgewiesen werden. Sie sind im Anhang zu erläutern.

Lit.: Luik, H.: Aktuelle Fragen zur Behandlung von Pensionsrückstellungen im Jahres- und Konzernabschluß, in: Wpg 1987, S. 733–744; *Förschle, W./Klein, H.-G.:* Zur handelsrechtlichen Bilanzierung und Bewertung der betrieblichen Altersversorgungsverpflichtungen, in: DB 1987, S. 341– 348; *Deutsche Treuhandgesellschaft* (Hrsg.): Betriebliche Altersversorgung und Jahresabschluß, 1987; *HFA des IdW:* Stellungnahme 2/1988: Pensionsverpflichtungen im Jahresabschluß, in: Die Fachgutachten und Stellungnahmen des IdW; *Lück, W.:* Einführung in die Rechnungslegung, 9. Aufl., 1993; *Wollmert, P.:* IASC-Rechnungslegung, 1995; *Lück, W.:* Rechnungslegung nach Handels- und Steuerrecht, 7. Aufl., 1996; *Schülen, W.:* Die Pensionsrückstellungen, in: HdJ, Losebls., ab 1984, Abt. III/7, 3. Bearb., 1997.

Professor Dr. Wolfgang Lück, München.

Pensionsrückstellungen, Internationale Bewertungsverfahren

1. Das Teilwertverfahren

a) Handelsrecht. Der Barwert einer laufenden Verpflichtung bzw. einer Versorgungsverpflichtung gegenüber ausgeschiedenen Anwärtern hängt außer von der *Rentenhöhe* vor allem von den *biometrischen Grundlagen* des Berechtigten (Sterbe-, Invaliditäts- und Verheiratungswahrscheinlichkeiten), für deren Ermittlung entweder zeitnahe Beobachtungswerte heranzuziehen sind oder zur Vereinfachung auch auf anerkannte Tabellenwerke, wie z. B. die Richttafeln von Dr. Klaus Heubeck, zurückgegriffen werden kann, sowie von dem *Zinssatz* ab, mit dem die einzelnen Versorgungszahlungen auf den Bewertungsstichtag abgezinst werden; laut HFA ist ein Rechnungszins von 3% bis 6% vertretbar. Darüber hinaus sind bei der Bewertung von Pensionsanwartschaften im Zusammenhang mit der Festlegung der Altersgrenzen *Pensionierungswahrscheinlichkeiten* und – sofern die in § 1 Abs. 1 BetrAVG vorgesehenen Fristen zur Erreichung der Unverfallbarkeit der Anwartschaft noch nicht erfüllt sind – *Fluktuationswahrscheinlichkeiten* der zukünftigen Anwärter einzubeziehen. Im Falle einer laufenden Verpflichtung hat der Arbeitgeber gemäß § 16 BetrAVG alle drei Jahre eine Anpassung der laufenden Leistungen der betrieblichen Altersversorgung zu prüfen und ggf. zum nächsten Anpassungszeitpunkt (mindestens) den noch nicht ausgeglichenen Kaufkraftverlust seit Rentenbeginn zu berücksichtigen; im Falle der Pensionsanwartschaft ist eine *Rentendynamik* i. d. R. nur zu berücksichtigen, sofern eine konkrete Zusage des Inflationsausgleichs vorliegt. Sie kann aber auch, wie andere trendbedingte Wertänderungen (*Lohn- und Gehaltssteigerungen*), bei der Wahl des Zinssatzes berücksichtigt werden; bereits (tarifvertraglich) vereinbarte Lohn- und Gehaltssteigerungen müssen bei der Wertermittlung zum ersten Bilanzstichtag einbezogen werden.

Trotz der grundsätzlichen Passivierungspflicht bei Neuzusagen ist es bei erstmaliger Bildung von Pensionsrückstellungen und bei außerordentlicher Erhöhung der Pensionsleistungen i. d. R. zulässig, statt der *sofortigen Verrechnung* des auf die vergangene Dienstzeit entfallenden Aufwands in Anlehnung an die steuerrechtlichen Regelungen eine *gleichmäßige Verteilung* auf das Geschäftsjahr und die beiden folgenden Wirtschaftsjahre vorzunehmen, wodurch der Zuführungsbetrag zu den Rückstellungen im Zeitablauf geglättet wird.

Grundsätzlich sind für die handelsrechtliche Bewertung von Anwartschaften sowohl für den Einzel- als auch den Konzernabschluß alle anerkannten versicherungsmathematischen Verfahren zulässig, wobei dem zu den *Gleichverteilungsverfahren* gehörenden *Teilwertverfahren* aufgrund seiner Eigenschaften – wohl aber auch aufgrund seiner gegenwärtigen steuerrechtlichen Relevanz – der Vorzug vor den vom → *International Accounting Standards Committee (IASC) empfohlenen Verfahren* gegeben wird. Dennoch beachten immer mehr deutsche (Konzern-) Unternehmen – mit dem Ziel einer stärkeren *internationalen Ausrichtung* insb. ihrer *Konzernabschlüsse* – die vom IASC veröffentlichten Rechnungslegungsgrundsätze und greifen zur Bewertung auf die im IAS 19 empfohlenen Verfahren zurück. Wird eines dieser Bewertungsverfahren bei der Erstellung des *handelsrechtlichen Einzelabschlusses* herangezogen, darf aufgrund des den steuerbilanziellen i.d.R. übersteigenden Wertansatzes ein Aktivposten für → *latente Steuern* angesetzt bzw. erhöht werden, da sich die Ergebnisunterschiede – wenn auch erst in ferner Zukunft – wieder ausgleichen (§ 274 Abs. 2 HGB); erfolgt die Bewertungsänderung erst im Rahmen der Erstellung des *Konzernabschlusses*, besteht für die aufgrund dieser konzernspezifischen Anpassungsmaßnahme entstandenen *sekundären latenten Steuern* eine Bilanzierungspflicht (§ 306 HGB). Allerdings unterliegt der Gesamtunterschied aus der Zusammenfassung aller Einzelzusagen im Zeitablauf – außer im Falle der Veränderung einzelner Rechnungsgrundlagen oder des Wechsels des Bewertungsverfahrens – nur geringen Schwankungen, weshalb solche Abweichungen wie auch allgemein langfristige Ergebnisunterschiede als *quasipermanente Differenzen* i.d.R. zu keiner Abgrenzung führen.

Pensionsrückstellungen

b) Steuerrecht. In der Steuerbilanz darf nach *§ 6a EStG* die Pensionsrückstellung höchstens mit dem → *Teilwert* angesetzt werden; bei dessen Berechnung ist auf die Verhältnisse am Bilanzstichtag abzustellen (*Stichtagsprinzip*). Im Vergleich zur handelsrechtlichen Bewertung bestehen insb. Unterschiede hinsichtlich des Rechnungszinssatzes (anzuwendender *Zinssatz 6%*), der Berücksichtigung des Fluktuations- und Pensionierungsverhaltens der Berechtigten sowie der Einbeziehung zukünftiger Lohn-, Gehalts- und Rentenentwicklungen, deren Einbeziehung – aufgrund des festen Zinssatzes – nur möglich ist, sofern es sich dabei um *feststehende Erhöhungen* des Pensionsanspruchs handelt. Dem allgemeinen Fluktuationsverhalten wird durch das *Verbot der Rückstellungsbildung* vor dem Wirtschaftsjahr, bis zu dessen Mitte der Berechtigte das *30. Lebensjahr* vollendet hat, Rechnung getragen; entsprechend bleiben Dienstzeiten vor dem 30. Lebensjahr bei der Teilwertberechnung grundsätzlich unberücksichtigt. Als Pensionierungsalter wird generell das *vertraglich vereinbarte Alter* angesetzt; alternativ können – bei entsprechender schriftlicher Fixierung – in Anlehnung an die Regelungen der gesetzlichen Rentenversicherung auch *flexible Altersgrenzen* angesetzt werden.

Aufgrund des steuerrechtlichen Berechnungsmodus für den Teilwert im Falle einer Pensionsverpflichtung *vor Beendigung des Dienstverhältnisses* wird der Barwert der im Eintrittsalter des Anwärters in Aussicht gestellten Pensionsleistungen gleichmäßig *über die gesamte Dienstzeit des Pensionsanwärters* verteilt, sofern dieser sein 30. Lebensjahr vollendet hat und die Zusage nicht (nachträglich) erhöht wird; der Teilwert in der Anwartschaftsphase setzt sich dann regelmäßig aus den inzwischen angesammelten, gleichbleibenden Jahresbeträgen einschließlich der Verzinsung auf das mittlerweile angesparte Kapital zusammen. Dagegen ist der Teilwert *bei Eintritt des Versorgungsfalls* als Barwert der künftigen Leistungen zu ermitteln. Scheidet ein Arbeitnehmer unter *Aufrechterhaltung der unverfallbaren*

Pensionsanwartschaft aus, ergibt sich der Teilwert (Anwartschaftsbarwert) aus dem Barwert der künftigen Pensionsleistungen im Zeitpunkt des Eintritts des Versorgungsfalls durch Abzinsung auf den Bewertungsstichtag und Gewichtung mit biometrischen Wahrscheinlichkeiten; die künftigen Pensionsleistungen werden nach den Regelungen des §2 Abs. 1 BetrAVG bestimmt, indem die ohne das vorherige Ausscheiden zustehenden Leistungen entsprechend dem Verhältnis der erdienten Dienstzeit (*m*) zur erdienbaren Dienstzeit (*n*) quotiert werden (*statischer m/n-tel Anspruch*).

2. Das Verfahren nach IAS 19

a) Grundlagen. Der seit 1.1.1995 gültige *IAS 19* („Retirement Benefit Costs") regelt die Verteilung der Lasten aus einer Versorgungszusage, die einem Unternehmen mit der Einbringung der Dienstleistungen durch den Zusageempfänger entstehen, indem die Versorgungskosten grundsätzlich den Perioden zuzurechnen sind, in denen diese Dienstleistungen erbracht werden.

Als Regelverfahren zur Bewertung von auf *leistungsorientierten Versorgungsplänen (Defined Benefit Plans)* beruhenden Versorgungszusagen, in denen sich der Arbeitgeber – im Gegensatz zu *beitragsorientierten Versorgungsplänen (Defined Contribution Plans)* – nicht zur Zahlung eines vereinbarten Fondsbeitrags, sondern zur Erfüllung einer bestimmten Versorgungsleistung verpflichtet, empfiehlt das IASC die Anwendung von *Accrued Benefit Valuation Methods (Ansammlungsverfahren; Benchmark-Treatment)*, nach denen die Versorgungsverpflichtungen und -aufwendungen auf Grundlage der erbrachten Dienstleistungen bzw. -zeiten bestimmt werden. Neben *Current Service Cost* (Barwert der in der Periode erdienten Ansprüche) werden *Past Service Cost* (durch Einführung oder Verbesserung eines Plans entstandene Kosten), *Kosten und Erträge* aufgrund der Anpassung von Schätzungen an die tatsächliche Entwicklung sowie *Kosten* infolge von *Änderungen der Rechnungsgrundlagen* oder anderer *Rahmenbedingungen* berücksichtigt; mit Ausnahme der Current Service Cost sind dabei alle Kosten über die *zukünftige Dienstzeit zu verteilen* (sofern der Versorgungsberechtigte noch nicht aus dem Unternehmen ausgeschieden ist), wodurch der Versorgungsaufwand im Zeitablauf – im Vergleich zum Teilwertverfahren, das zu den vom IASC als lediglich zulässig bezeichneten *Projected Benefit Valuation Methods (Gleichverteilungsverfahren)* zählt – geringeren Schwankungen unterworfen ist. Als im allgemeinen meist angewandter Vertreter der Accrued Benefit Valuation Methods gilt die *Projected Unit Credit Method*, für deren Zulässigkeit i. S. des IASC die Einhaltung der allgemeinen Bedingungen über Trendannahmen (Berücksichtigung zukünftiger Gehaltsentwicklungen i. w. S., Inflationsraten und Kapitalrenditen), Rechnungszins (längerfristiger, an der Fristigkeit der Verpflichtung orientierter Kapitalmarktzins) und Offenlegungspflichten genügen; ausführlich erläutert wird diese in den USA einzig zulässige Methode in dem in seinem Gültigkeitsbereich allerdings auf US-amerikanische Rechnungslegungszwecke beschränkten SFAS No. 87 des → *Financial Accounting Standards Board (FASB)*.

b) Die Projected Unit Credit Method. Nach SFAS No. 87 wird der *Altersversorgungsaufwand* (Net Periodic Pension Cost) auf die *gesamte Aktivitätszeit* des Pensionsberechtigten nach Maßgabe der *wirtschaftlichen Verursachung* verteilt; entsprechend sind die *jährlich erdienten Anwartschaftserhöhungen* mit dem *versicherungsmathematischen Barwert* zu bewerten, bei dessen Ermittlung etwaige *dynamische Rechnungsgrundlagen* (z. B. Lohn-, Gehalts- und Preisentwicklungen sowie Rentenanpassungen und Kapitalrenditen) mit *wirtschaftlich vertretbaren Trendannahmen* einzubeziehen sind.

Die *Net Periodic Pension Cost* setzen sich zum einen aus dem Versorgungsaufwand des Berichtsjahres (*Service Cost*), aus der Verzinsung (*Interest Cost*) des Barwerts der erreichten Anwartschaft (Projected Benefit Obligation, PBO) sowie u. U. aus der Veränderung des gemeinen Vermögenswertes der im Pensionsfond angeleg-

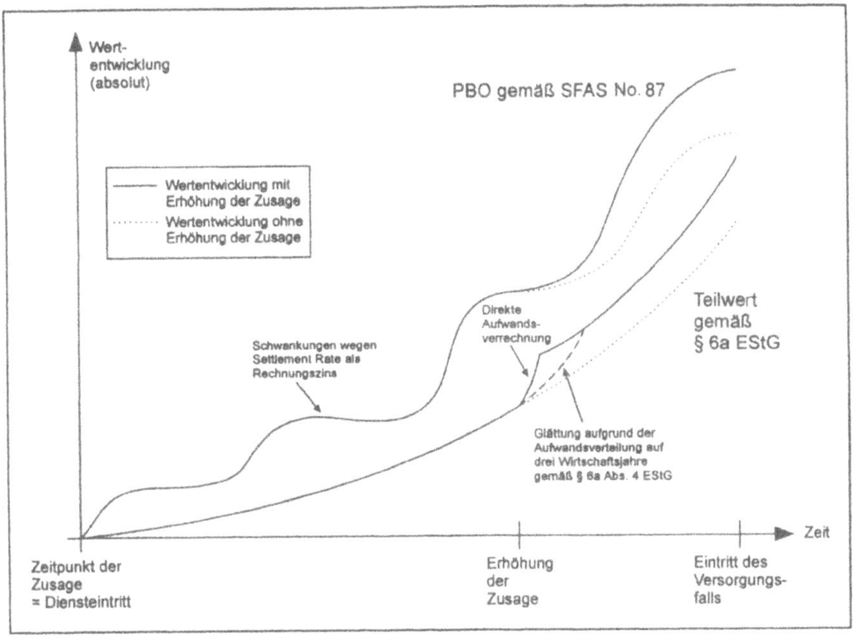

Abb. 1: Entwicklung von Teilwert und PBO in der Anwartschaftsphase

ten Mittel (*Expected Return on Plan Assets*) und zum anderen aus durch Veränderung des Versorgungsplanes entstandenen Versorgungskosten (*Prior Service Cost*) sowie aus Kosten und Erträgen aufgrund der Anpassung der Berechnungsgrundlagen an die tatsächliche Entwicklung (*Gains and Losses*) zusammen; die beiden letztgenannten Kostenbestandteile sind dabei auf die durchschnittliche Restdienstzeit zu verteilen.

Zur Berechnung der erreichten Anwartschaft (PBO) sind die Ansprüche der Pensionsberechtigten den bis zum möglichen Fälligkeitstermin der Leistungen zurückgelegten Dienstzeiten zuzuordnen. Ist aus den Pensionsplänen keine direkte Zuordnung der Versorgungsleistungen ableitbar, erfolgt diese im Verhältnis der bereits zurückgelegten (*m*) zu der bis zum jeweiligen Eintritt des Versorgungsfalls möglichen Dienstzeit (*n; dynamischer m/n-tel Anspruch*). Im Falle der Barwertermittlung von *unverfallbaren Anwartschaften nach Beendigung des Dienstverhältnisses und Rentenansprüchen (Vested Benefit Obligation = VBO)* werden die einzelnen Ansprüche – wie nach deutscher Rechnungslegung – jeweils mit dem dann konstanten Faktor *m/n* quotiert (*statischer m/n-tel Anspruch*).

SFAS No. 87 schreibt als *Rechnungszins* denjenigen Zinssatz vor, zu dem am Stichtag die Versorgungsverpflichtungen abgelöst werden können; dieser richtet sich nach dem Kapitalmarktzins (Settlement Rate) und unterliegt erfahrungsgemäß im Zeitablauf starken Schwankungen, die sich auch direkt auf die Entwicklung der PBO auswirken; der an der Fristigkeit der Verpflichtung orientierte Kapitalmarktzins nach IAS 19 schließt dagegen zinsbedingte Schwankungen des Barwerts der erreichten Anwartschaft nahezu aus. Hinsichtlich der Wahl der *biometrischen Grundlagen* (Sterbe-, Invaliditäts- und

	Teilwertverfahren		Projected Unit Credit Method	
Vorschrift	§ 6a EStG	§ 253 Abs. 1 HGB, Anlehnung an § 6a EStG	IAS 19	SFAS No. 87
Anwendungs- bzw. Geltungsbereich	Steuerbilanz in Deutschland	Handelsbilanz in Deutschland	Handelsbilanz in Trägerländern des IASC	Handelsbilanz in den USA
Bewertungs-methode	Gleichverteilungsverfahren		Allgemein Ansammlungsverfahren	(Dynamischer) m/n-Barwert
Biometrische Rechnungsgrundlagen	Zeitnahe Beobachtungswerte, z.B. Richttafeln von Dr. Klaus Heubeck		Bestmögliche Rechnungsgrundlagen	
Fluktuation	Eintrittsalter 30	Erfahrungswerte	Erfahrungswerte	
Pensionierungsalter	Vertragsdaten bzw. flexible Altersgrenzen	Erfahrungswerte	Erfahrungswerte	
Rechnungszins	6 %	3 % bis 6 %	Längerfristiger Kapitalmarktzins	Aktueller Kapitalmarktzins
Rentenanpassung	Nur wenn Höhe und Zeitpunkt feststehen (Stichtagsprinzip)	Lebenshaltungskosten (strittig), soweit nicht in Realzins	Erwartungswert	
Lohn- und Gehaltssteigerungen	Nur wenn Höhe und Zeitpunkt feststehen (Stichtagsprinzip)	Erwartungswert (strittig), soweit nicht in Realzins	Erwartungswert	
Trendannahmen	Keine (Stichtagsprinzip)	Erwartungswert (strittig), soweit nicht in Realzins	Erwartungswert (inklusive Karrieretrend)	
Vergangenheitsbezogene Zusagenerhöhung bzw. erstmalige Bildung	Sofortige Aufwandsnachholung gemäß zurückliegender Dienstzeit bzw. gleichmäßige Verteilung auf das Geschäftsjahr und die beiden folgenden Wirtschaftsjahre möglich		Aufwandsverteilung über zukünftige Dienstzeit	
Zukunftsbezogene Zusagenerhöhung	Aufwandsverteilung auf gesamte Dienstzeit		Aufwandsverrechnung gemäß Zusage	

Abb. 2: Vergleich von Teilwertverfahren und Projected Unit Credit Method

Verheiratungswahrscheinlichkeiten) ist auf die bestmöglichen Rechnungsgrundlagen abzustellen (für auf Deutschland bezogene Rechnungslegung beispielsweise die Richttafeln von Dr. Klaus Heubeck). Bezüglich der *Fluktuation* müssen entsprechende Wahrscheinlichkeiten für jeden Versorgungsplan in Abhängigkeit von Alter und Dienstzeit gesondert festgestellt und kalkulatorisch berücksichtigt werden. Weiterhin gilt es, zur Berücksichtigung der *Gehaltsdynamik* realistische Erfahrungswerte anzusetzen; darin sollen allerdings keine allgemeinen Trends, sondern altersmäßig abgestufte Karrieretrends einfließen. Schließlich wird der *Rentendynamik* durch Einbeziehung künftiger Rentenanpassungen Rechnung getragen.

3. Vergleich von Teilwertverfahren und Projected Unit Credit Method

Insgesamt kommt es bei Anwendung der Projected Unit Credit Method – vor allem durch die Berücksichtigung zukünftiger, auch noch nicht feststehender Lohn-, Gehalts- und Rentensteigerungen sowie Karrieretrends – zu einem (wesentlich) *höheren Wertansatz* als nach dem (steuerrechtlichen) Teilwertverfahren, der meist auch nicht durch den i.d.R. höheren Rechnungszins kompensiert wird; sofern bei der Ermittlung der PBO nicht nur in ihrer Höhe und hinsichtlich des Erhöhungszeitpunktes feststehende, sondern auch ungewisse Rentenanpassungen einbezogen werden, übersteigt die PBO – sofern der Einfluß der gewöhnlich über 6% liegenden Settlement Rate nicht überwiegt – den Teilwert gemäß §6a EStG auch zum Zeitpunkt des Eintritts des Versorgungsfalls, in dem beide Werte dem jeweiligen Barwert der (zukünftigen) Rentenzahlungen entsprechen. Abb. 1 stellt den qualitativen Verlauf von Teilwert und PBO in der Anwartschaftsphase unter der vereinfachenden Annahme dar, daß Diensteintritt und Zusagezeitpunkt zusammenfallen und der Pensionsanwärter bei Diensteintritt das 30. Lebensjahr vollendet hat. In Abb. 2 sind die Einflußparameter der verschiedenen Bewertungsverfahren zusammenfassend einander gegenübergestellt.

Lit.: FASB: SFAS No. 87: Employers' Accounting for Pensions, 1985; *KPMG Deutsche Treuhand-Gruppe (Hrsg.):* Betriebliche Altersversorgung und Jahresabschluß, 2. Aufl., 1991, S. 237–267; *IASC:* IAS 19: Retirement Benefit Cost, 1993; *Ahrend, P.:* Bewertung von Versorgungsverpflichtungen im internationalen Vergleich – Rechnungslegungsvorschriften als Standortnachteil für die betriebliche Altersversorgung?, in: Förschle, G./Kaiser, K./Kaiser, K./Moxter, A. (Hrsg.): Rechenschaftslegung im Wandel, FS Budde, 1995, S. 1–17; *Ahrend, P. et al.:* Steuerrecht der betrieblichen Altersversorgung, 4. Aufl., Losebls., ab 1995, 2. Teil; *Kußmaul, H.:* Betriebliche Altersversorgung von Geschäftsführern, 1995; *Thoms-Meyer, D.:* Grundsätze ordnungsmäßiger Bilanzierung von Pensionsrückstellungen unter Berücksichtigung von SFAS 87 und SFAS 106, 1997.

Professor Dr. Heinz Kußmaul/Dipl.-Wirtsch.-Ing. Axel Kihm, Saarbrücken.

Percentage-of-completion-Methode
→ *Langfristfertigung.*

Periodeneinzelerlöse/-kosten
Den (Abrechnungs-)Perioden auf der Basis des → *Verursachungsprinzips* direkt zurechenbare Erlöse/Kosten.

Periodenfremde Aufwendungen und Erträge
= → *Aperiodische A. und E.*

Periodengemeinerlöse/-kosten
Den Perioden auf der Basis des → *Verursachungsprinzips* nicht direkt zurechenbare Erlöse/Kosten, weil sie nicht allein durch die Erzeugung oder den Absatz von Produkten dieser Periode verursacht sind (z.B. → *Abschreibungen*).

Periodenkosten
= Kosten eines Abrechnungszeitraums.

Periodenrechnung
Rechnung, bezogen auf einen Abrechnungszeitraum (z.B. ein Jahr, ein Monat).

Periodisierung
Nach dem Prinzip der P. sind → *Aufwendungen* und → *Erträge* des Geschäftsjahres unabhängig von den Zeitpunkten der entsprechenden Zahlungen im Jahresabschluß zu berücksichtigen (§252 Abs. 1 Nr. 5 HGB) (→ *Grundgrößen des Rechnungswesens*). Der Grundsatz der P. zielt auf eine von finanziellen Vorgängen losgelöste periodengerechte Erfolgsermittlung ab. Die zeitliche Zurechnung von Aufwendungen und Erträgen erfolgt grundsätzlich nach dem Kriterium der wirtschaftlichen Verursachung. Zeitbezogene Aufwendungen sind dann zu berücksichtigen, wenn ihre Ursache innerhalb des Geschäftsjahres, auf das sich der Jahresabschluß bezieht, oder in früheren Geschäftsjahren liegt. Leistungsbezogene Aufwendungen werden der Periode zugerechnet, in der die zugehörigen leistungsbezogenen Erträge nach dem → *Realisationsprinzip* (§252 Abs. 4 Nr. 4 2. Halbsatz

HGB) berücksichtigt werden. Der Zeitpunkt der Zurechnung von Erträgen zu einem Geschäftsjahr wird praktisch durch das Realisationsprinzip bestimmt (→ *Matching Principle*).

Lit.: Ballwieser, W., in: Beck HdR, 1987 ff., B 105, Tz. 58 f.; *ADS*, 6. Aufl., Bd. 1, 1995, § 252, Tz. 97–102; *Selchert, F. W.*, in: Küting/Weber: HdR, 4. Aufl., Bd. Ia, 1995, § 252, Tz. 91–98.

Permanente Inventur
→ *Inventur und Inventar.*

Personengesellschaft
Im Gegensatz zur → *Kapitalgesellschaft* eine ohne eigenständige Rechtsfähigkeit ausgestattete Gesellschaft. Zu den P. (= *Personenhandelsgesellschaften*) gehören die → *Gesellschaft bürgerlichen Rechts* (GbR), → *Kommanditgesellschaft* (KG), → *Offene Handelsgesellschaft* (OHG) und die → *Stille Gesellschaft.* Mindestens ein Gesellschafter der P. haftet mit seinem gesamten Vermögen für die Verbindlichkeiten der Gesellschaft. Für P. gelten, sofern nicht die Größenkriterien des § 1 PublG überschritten werden, die erleichterten Rechnungslegungsvorschriften der §§ 238–261 HGB (→ *Personenunternehmen*).

Personenunternehmen
1. Gesetzliche Grundlagen

Die das Rechnungswesen der P. betreffenden Rechnungslegungsvorschriften der §§ 238–261 HGB gelten für alle Kaufleute einschließlich der → *Personengesellschaften* (§ 6 Abs. 1 HGB) und beziehen sich u. a. auf Buchführung, Inventar und Jahresabschluß. P., die Bank- oder Versicherungsgeschäfte betreiben oder wegen Überschreiten der Größenmerkmale gem. § 1 PublG für das einzelne Unternehmen oder für einen Konzern mit einem P. an der Spitze unter das PublG fallen, haben zusätzliche Bilanzierungs-, Bewertungs- und Gliederungsvorschriften zu beachten, die sich – zum Teil mit Verweis auf die §§ 264 ff. HGB – aus den jeweiligen Spezialgesetzen ergeben.

2. Buchführung

Jeder Kaufmann und mithin jedes Personenunternehmen hat Bücher zu führen und in diesen seine Handelsgeschäfte und die Lage seines Vermögens nach den → *Grundsätzen ordnungsmäßiger Buchführung (GoB)* ersichtlich zu machen, und zwar so, daß sich auch ein sachverständiger Dritter in angemessener Zeit einen Überblick über die Entstehung und Abwicklung der Geschäftsvorfälle sowie über die Lage des Unternehmens verschaffen kann (→ *Buchhaltung*). Gegenstand der Verbuchung sind mithin das *Handelsgeschäft* und der *Geschäftsvorfall,* wobei diese Begriffe sich nicht so sehr an zivilrechtlichen Tatbeständen orientieren, sondern unter wirtschaftlichen Aspekten und nach Maßgabe der GoB auf den Zu- und Abgang von Vermögensgegenständen und Schulden beziehen (→ *Realisationsprinzip*).

Hauptzweck der *Dokumentationspflicht* ist unmittelbar die *Selbstinformation des Kaufmanns* und mittelbar der *Schutz seiner Gläubiger*. Diesem Zweck dienen auch die weiteren gesetzlichen Buchführungsvorschriften, die u. a. fordern, daß die Bucheintragungen und Aufzeichnungen in einer lebenden – nicht unbedingt der deutschen – Sprache, mit eindeutig festgelegten Abkürzungen oder Symbolen, vollständig, richtig, zeitgerecht und geordnet vorgenommen werden müssen.

Ein bestimmtes Buchführungssystem schreibt das Gesetz nicht vor. Die „einfache" Buchführung wird jedoch nur bei besonderen Verhältnissen ausreichen, so daß im Regelfall die „doppelte" Buchführung anzuwenden ist.

Ebensowenig bestimmt das Gesetz die Buchführungsform. Dem Wirtschaftlichkeitspostulat trägt es insofern Rechnung, als der Einsatz von Datenträgern sowie Loseblatt-, Offene-Posten-Buchführung und ähnliche Formen zugelassen werden.

3. Inventar

Jeder Kaufmann und mithin jedes Personenunternehmen hat u. a. für den Schluß eines jeden Geschäftsjahres ein → *Inventar* aufzustellen und in diesem seine Vermögensgegenstände und Schulden grundsätzlich einzeln und genau zu verzeichnen und zu bewerten. Hauptzweck des Inventars ist die Dokumentation des am Stichtag vorhandenen Vermögens und der Schulden nach Art, Menge und Wert zur Selbstinformation des Kaufmanns und aus Gläubigerschutzgründen.

Von der Verpflichtung zur Einzelerfassung oder Einzelbewertung sieht das Gesetz zwei Ausnahmen vor: Zum einen das *Festwertverfahren* (§ 240 Abs. 3) und zum anderen die *Gruppenbewertung* (§ 240 Abs. 4).

Anstelle der Inventarisierung aufgrund einer körperlichen Bestandsaufnahme am Stichtag läßt das Gesetz drei Inventurvereinfachungsverfahren zu, nämlich die *Bestandsermittlung aufgrund von Stichproben* mit Hilfe anerkannter mathematisch-statistischer-Methoden (§ 241 Abs. 1), aufgrund *permanenter Inventur* (§ 241 Abs. 2) und aufgrund eines *besonderen Inventars*, das für einen Tag innerhalb der letzten drei Monate vor oder der ersten beiden Monate nach dem Schluß des Geschäftsjahres aufgestellt und wertmäßig auf den Stichtag fortgeschrieben bzw. zurückgerechnet wird (§ 241 Abs. 3).

4. Jahresabschluß

Jeder Kaufmann und mithin jedes Personenunternehmen hat für den Schluß eines jeden Geschäftsjahres einen → *Jahresabschluß* aufzustellen, und zwar innerhalb der einem ordnungsgemäßen Geschäftsgang entsprechenden Zeit. Der Jahresabschluß besteht aus der → *Bilanz* und der → *Gewinn- und Verlustrechnung*; er ist nach den GoB und – anders als die Buchführung – zwingend in deutscher Sprache und in DM aufzustellen.

Der Jahresabschluß bezweckt eine periodische *Selbstinformation* des Kaufmanns über das Verhältnis seines Vermögens und seiner Schulden, seiner Aufwendungen und Erträge sowie über den im abgelaufenen Geschäftsjahr erzielten Reinvermögenszuwachs (→ *Gewinn*), der als Richtgröße für Entnahmen dienen kann; damit hat der Jahresabschluß zugleich Gläubigerschutzfunktion und rechtliche Bedeutung für die Ansprüche der Gesellschafter untereinander sowie für die Ansprüche des Fiskus (Unterzeichnungspflicht des Kaufmanns gem. § 245). Die Vermittlung eines den tatsächlichen Verhältnissen entsprechenden → *Bildes der Vermögens-, Finanz- und Ertragslage* gehört – anders als bei Kapitalgesellschaften – nicht zu den Aufstellungserfordernissen.

a) Bilanzierungsgrundsätze. Zur Aktivierung und Passivierung („Erfassung dem Grunde nach“) enthält das Gesetz in §§ 246–251 folgende Ansatzvorschriften: In den Jahresabschluß sind (abgesehen von gesetzlichen Ausnahmen) sämtliche Vermögensgegenstände, Schulden, Rechnungsabgrenzungsposten, Aufwendungen und Erträge aufzunehmen (Vollständigkeitsprinzip). Für die Aktivierung von Vermögensgegenständen ist grundsätzlich nicht das rechtliche Eigentum, sondern die wirtschaftliche Zugehörigkeit maßgebend. Bilanzierungsverbote bestehen für nicht entgeltlich erworbene → *immaterielle Vermögensgegenstände* des Anlagevermögens sowie für Gründungsaufwendungen und Eigenkapitalbeschaffungskosten.

Außer den Schulden sind → *Rückstellungen* zu passivieren, und zwar für ungewisse Verbindlichkeiten und für drohende Verluste aus schwebenden Geschäften sowie für im Geschäftsjahr unterlassene und innerhalb der ersten drei Monate des Folgejahres nachgeholte Instandhaltungen, für die im Folgejahr nachgeholte Abraumbeseitigung und für freiwillig erbrachte Gewährleistungen. Darüber hinaus dürfen – steuerlich nicht anerkannte – Rückstellungen für im Geschäftsjahr unterlassene Instandhaltungen, die nach Ablauf der Dreimonatsfrist im Folgejahr nachgeholt werden, sowie → *Aufwandsrückstellungen* gebildet werden (Wahlrecht). Eine Auflösung von zuvor gebildeten Rückstellungen ist nur statthaft, soweit der Grund für diese Rückstellung entfallen ist.

Als *Rechnungsabgrenzungsposten* sind auf der Aktivseite Ausgaben vor dem Abschlußstichtag auszuweisen, soweit sie Aufwand für eine bestimmte Zeit nach diesem Tag darstellen. Außerdem dürfen als aktive Rechnungsabgrenzungsposten *Disagien* sowie bestimmte *Zölle und Steuern* ausgewiesen werden (Wahlrecht). Zu passivieren sind als Rechnungsabgrenzungsposten Einnahmen vor dem Abschlußstichtag, soweit sie Ertrag für eine bestimmte Zeit nach diesem Tag darstellen.

Das Vollständigkeitsprinzip wird ergänzt durch das Saldierungsverbot: Posten der Aktivseite dürfen nicht mit Posten der Passivseite, Aufwendungen nicht mit Erträgen, Grundstücksrechte nicht mit Grundstückslasten verrechnet werden.

b) Bewertungsgrundsätze. Zur Frage, mit welchem Wert ein Posten anzusetzen ist, enthält das Gesetz in §§252–256 folgende Bewertungsvorschriften: Als allgemeine → *Bewertungsprinzipien* werden vorangestellt das Prinzip der formellen *Bilanzkontinuität* (Identität von Jahreseröffnungsbilanz mit Vorjahresschlußbilanz), das *Going-Concern-Prinzip* (Bewertung unter der Annahme einer Fortführung der Unternehmenstätigkeit), das *Stichtags- und Einzelbewertungsprinzip*, das *Vorsichtsprinzip* (konkretisiert durch das *Imparitätsprinzip* und das *Realisationsprinzip*), das *Periodisierungsprinzip* (zahlungsunabhängige Zuordnung der Aufwendungen und Erträge nach der wirtschaftlichen Verursachung) und das *Methodenstetigkeitsprinzip* (Beibehaltung der auf den Vorjahresabschluß angewandten Bewertungsmethoden). Von diesen Grundsätzen darf nur in begründeten Ausnahmefällen abgewichen werden.

Für die Vermögensgegenstände bilden deren → *Anschaffungs-* oder → *Herstellungskosten* die absolute Wertobergrenze und zugleich die Bewertungsbasis; sie sind um die gesetzlich festgelegten → *Abschreibungen* zu vermindern. Beim → *Anlagevermögen* ist die planmäßige Abschreibung nach der voraussichtlichen Nutzungsdauer, eine zusätzliche außerplanmäßige Abschreibung bei zu erwartender dauernder Wertminderung vorzunehmen. Beim → *Umlaufvermögen* hat eine Abschreibung zu erfolgen, soweit der Zeitwert unter den Anschaffungs- oder Herstellungskosten liegt. Daneben räumt das Gesetz für Anlage- und Umlaufvermögen verschiedene Abschreibungswahlrechte (→ *stille Rücklagen*) ein. Anschaffungskosten sind die für den Erwerb und die Betriebsbereitschaft eines Vermögensgegenstandes geleisteten Aufwendungen. Als Herstellungskosten sind mindestens die dem Vermögensgegenstand zurechenbaren Materialkosten, Fertigungskosten und Sonderkosten der Fertigung anzusetzen (Untergrenze); weitere → *Kosten* dürfen im gesetzlich fixierten Rahmen einbezogen werden (Wahlrecht). In Abweichung vom Grundsatz der Einzelbewertung läßt das Gesetz verschiedene Vereinfachungsverfahren zu (§ 256).

→ *Verbindlichkeiten* sind mit dem Rückzahlungsbetrag (Erfüllungsbetrag), Rentenverpflichtungen ohne zukünftig zu erwartende Gegenleistung mit ihrem Barwert und Rückstellungen mit dem Betrag zu bewerten, der nach vernünftiger kaufmännischer Beurteilung notwendig ist (→ *Pensionsrückstellungen*).

c) Gliederungsvorschriften. Für Personenunternehmen schreibt das HGB kein bestimmtes Gliederungsschema vor; es besagt ausdrücklich (§ 247) nur, daß in der Bilanz das Anlage- und das Umlaufvermögen, das → *Eigenkapital*, die Schulden, die Rechnungsabgrenzungsposten und → *Sonderposten mit Rücklageanteil* gesondert auszuweisen und hinreichend aufzugliedern sind und daß beim Anlagevermögen nur die Gegenstände zu erfassen sind, die dauernd dem Geschäftsbetrieb dienen sollen. Daneben gelten die GoB, das Postulat der Klarheit und Übersichtlichkeit und das Saldierungsverbot.

Dafür, was das Gesetz unter einer hinreichenden Aufgliederung der Bilanz versteht, bieten die Gliederungsvorschriften für die *kleine Kapitalgesellschaft* einen ersten Anhalt. Personengesellschaften haben das haftende Eigenkapital getrennt von den Forderungen und Verbindlichkeiten gegenüber ihren Gesellschaftern auszuweisen. Das Jahresergebnis muß aus der Gewinn- und Verlustrechnung hervorgehen; es kann in der Bilanz unverteilt gesondert ausgewiesen oder den Gesellschafterkonten gutgeschrieben (bzw. belastet) werden.

Die Bilanz wird üblicherweise in Kontenform aufgestellt. Für die *Gewinn- und Verlustrechnung* kommen zum einen die Konten- oder die Staffelform und zum anderen das *Gesamtkosten-* oder das *Umsatzkostenverfahren* in Betracht.

Unter der Bilanz, also außerhalb ihrer Hauptspalten, sind *Eventualverbindlichkeiten* und *Haftungsverhältnisse* gem. §251 HGB zu vermerken.

d) Handelsbilanz und Steuerbilanz. Nach dem → *Maßgeblichkeitsprinzip* gilt trotz erheblicher Einschränkungen der Grundsatz, daß steuerliche Bilanzierungs- und Bewertungswahlrechte durch einen entsprechenden Ansatz in der Handelsbilanz ausgeübt werden (→ *Steuerbilanz*). Bei Personenunternehmen ist überwiegend eine Übereinstimmung beider Bilanzen („Einheitsbilanz") festzustellen.

Lit.: Moxter, A.: Bilanzlehre Bd. II, 3. Aufl., 1986, S. 5–62; *HFA des IdW:* Entwurf einer Stellungnahme: Zur Bilanzierung bei Personenhandelsgesellschaften, in: Wpg 1992, S. 659–661; *WP-Handb.* 1996, Bd. 1, 11. Aufl., 1996, S. 150–297.

WP Dr. Dietrich Schulze zur Wiesch, Mönchengladbach.

Phasenmethode

= Phasenrechnung.
= Stufenrechnung.
→ *Ertragswert.*

Methode zur Kapitalisierung der Ertragsüberschüsse bei der Bewertung ganzer Unternehmen nach dem → *Ertragswert.* Danach wird die Zukunft in *drei Phasen* eingeteilt:

(1) Für die 1. Phase (1–3 Jahre) werden genauere, detaillierte Ertragsvorschaurechnungen aufgestellt;
(2) für die darauffolgende 2. Phase (bis zu 5 Jahren) werden allgemeine Trenderwartungen, beruhend auf den vorangehenden Planungen, ermittelt;
(3) für die letzte 3. Phase wird i. d. R. ein gleichbleibender Erfolg auf einem bestimmten Niveau angenommen.

Lit.: HFA des IdW: Stellungnahme 2/1983: Grundsätze zur Durchführung von Unternehmungsbewertungen, in: Wpg 1983, S. 468–476.

Planbeschäftigung

In der → *Plankostenrechnung* für die Planperiode vorgegebene Beschäftigung. Dabei kann es sich um die erwartete Beschäftigung (*Prognosekostenrechnung*), die → *Normal-* oder die → *Optimalbeschäftigung* (*Standardkostenrechnung*) handeln (→ *Kostenrechnungssysteme*).

Plankalkulation

In der → *Plankostenrechnung* Vorkalkulation für künftig zu erstellende → *Kostenträger.*

Plankosten

→ *Kosten*, bei denen die Faktormengen und die Faktorpreise auf der Basis einer *geplanten* Ausbringung und einer *geplanten* Wirtschaftlichkeit für einen Planungszeitraum festgelegt werden.

Plankostenrechnung

1. Aufgaben und Grundbegriffe

Von den drei Aufgaben der Kostenrechnung ist die Frage nach der Höhe der tatsächlichen Stückkosten zunächst von dem Bestreben nach der Kontrolle der → *Wirtschaftlichkeit* in den Hintergrund gedrängt worden, und zur Zeit liegt ein weiteres Hauptgewicht der plankostenrechnerischen Bemühungen auf der Ermittlung von Kostendaten für die Planung und Entscheidungsvorbereitung (*standard cost accounting*).

Diese Schwerpunktverlagerung läßt sich verfolgen an der Entwicklung der → *Kostenrechnungssysteme* von der Istkostenrechnung über die Normal- zur Plankostenrechnung (sowie von der Voll- zur Teilkostenrechnung).

Man versteht unter *Plankosten* solche Kosten, bei denen die Mengen und Preise der für eine geplante Ausbringung (Beschäftigung) benötigten Produktionsfaktoren ebenfalls geplante Größen sind. Die Festlegung der Plankosten erfolgt also im voraus unter weitgehender Loslösung von Vergangenheitswerten aufgrund betriebswirtschaftlicher Überlegungen, technischer Berechnungen und Verbrauchsmessungen. Plankosten haben *Vorgabecharakter*, da sie auf der Basis eines angestrebten optimalen Betriebsablaufes für den Planungszeitraum festgelegt werden.

Soll-, Standard- und Budgetkosten sind Unterbegriffe der Plankosten:

Als *Sollkosten* bezeichnet man die planmäßigen Kostenvorgaben für die jeweilige *Istbeschäftigung* (in einer Kostenstelle). Rechnerisch ergeben sie sich durch Umrechnung der Plankosten auf die Istbeschäftigung. Die Sollkosten stimmen mit den Plankosten nur dann überein, wenn die (nachträglich festgestellte) Istbeschäftigung gleich ist der (im voraus festgelegten) Planbeschäftigung. Hierauf wird später noch ausführlicher eingegangen. Unter *Standardkosten* (standard costs) versteht man i. d. R. die auf eine Kostenträgereinheit bezogenen Plankosten, insbesondere die geplanten Herstellkosten pro Leistungseinheit. Der Begriff *Budgetkosten* wird für die Plankosten solcher Kostenstellen verwandt, für die sich keine verursachungsgerechten leistungsbezogenen Bezugsgrößen finden lassen, so insbes. in vielen Stellen im Verwaltungs- und auch Vertriebsbereich; hier wird dann „budgetiert" (= mehr oder weniger genaue Schätzung der Plankosten).

2. Grundriß der Plankostenrechnung

a) Kostenplanung. Die *Kostenplanung* erfolgt für die Planungsperiode, die i. d. R. ein Jahr beträgt. Hierzu ist zunächst für alle Kostenstellen die Planbeschäftigung (geplante Ausbringung, Leistung) festzulegen, die durch Bezugsgrößen ausgedrückt wird. Unter einer *Bezugsgröße* versteht man einen Maßstab der Kostenverursachung, wie z. B. produzierte Stückzahlen, gefahrene Maschinenstunden oder geleistete Arbeitsverrichtungen, zu dem die verursachten Kosten einer Kostenstelle ganz oder teilweise in einer proportionalen (oder wenigstens bekannten) Abhängigkeit stehen.

Entsprechend der obigen Definition der Plankosten müssen für die benötigten Produktionsfaktoren die Planpreise und Planmengen festgelegt werden. Man plant dabei die *Einzelkosten*(arten) pro Kostenträger und die *Gemeinkosten*(arten) pro Kostenstelle (→ *Einzel- und Gemeinkosten*, → *Betriebsabrechnungsbogen*).

Gerade bei den Gemeinkosten liegen die Hauptprobleme der Kostenplanung, denn für manche Kostenstellen lassen sich keine oder nur sehr schwer verursachungsgerechte Bezugsgrößen finden. Als Ergebnis erhält man für jede Kostenstelle einen oder mehrere *Gemeinkostenpläne*, aus denen zum einen die Sollkosten (für den späteren Soll-Ist-Vergleich in der flexiblen P.) und zum anderen die Plankalkulationssätze (für die Plankalkulation) entnommen werden können (→ *Kalkulationsverfahren*, → *Zuschlagskalkulation*).

Mit den geplanten Einzelkosten, den Plankalkulationssätzen für die Gemeinkosten und den entsprechenden Bezugsgrößen pro Leistungseinheit lassen sich die Plankalkulationen erstellen, die i. d. R. für die gesamte Planungsperiode gelten.

b) Kostenkontrolle. Die *Kostenkontrolle* erfolgt in jeder Abrechnungsperiode, die i. d. R. einen Monat beträgt. Die Istkosten werden erfaßt und stets kostenstellenweise kontrolliert, weil man die Kosten am Orte ihrer Verursachung beeinflussen will; das gilt in Abweichung von der Planung auch für die Einzelkosten. Man vergleicht für jede Kostenart die Sollkosten mit „Istkosten", bei denen die Einflüsse veränderter Preise bereits durch die Ermittlung von *Preisabweichungen* ausgeschaltet sind. Das Ergebnis sind die *Verbrauchsabweichungen* als Maßstab der Wirtschaftlichkeit.

Daneben werden je nach Plan-Kostenrechnungssystem, Branche und angestrebter Aussagefähigkeit der Kostenkontrolle noch *weitere Abweichungen* ermittelt. Es kann sich z. B. um Beschäftigungsabweichungen handeln, die allerdings nur in Vollkostensystemen errechnet werden, oder um spezielle Abweichungen, die (ebenfalls) darauf zurückzuführen sind, daß bestimmte Kostenbestimmungsfaktoren in ihren Istwerten von den als optimal erachteten Plan- bzw. Sollwerten abgewichen sind. So gibt die *Intensi-*

tätsabweichung beispielsweise an, wieviel Mehrkosten ein Abweichen von der Optimalintensität verursacht hat; die *Arbeitsablaufabweichung* zeigt an, was eine Änderung der optimalen Maschinenbelegung, etwa aufgrund eines Zusatzauftrages oder eines Maschinenausfalles, gekostet hat.

Die Ergebnisse der Kostenkontrolle werden in Kostenberichten festgehalten und mit den jeweils Verantwortlichen unter Beachtung des Grundsatzes des „management by exception" analysiert.

Während die Kostenkontrolle laufend und routinemäßig durchgeführt wird, erfüllt eine P. – wenn man einmal von der laufenden Verwendung der *Plankalkulationen* für Zwecke der Absatzsteuerung (mit Hilfe der *kurzfristigen* → *Erfolgsrechnung*) absieht – ihre Aufgaben als Dispositionshilfe nur von Fall zu Fall. Das Zahlenmaterial für besondere Planungsprobleme wird aus den verschiedenen Teilbereichen der P. (Kostenarten-, Kostenstellen- und Kostenträger-Rechnung) immer dann von der → *Planungsrechnung* abgerufen, wenn es bestimmte unternehmerische Entscheidungen vorzubereiten gilt.

3. Systeme der Plankostenrechnung

a) Starre P. Hier werden die erwarteten (optimalen) Kosten, nämlich die Plankosten, für die Planausbringung (-beschäftigung) festgelegt und – obwohl für Zwecke der Kostenkontrolle und Kalkulation eigentlich erforderlich – *nicht* auf die Istbeschäftigung umgerechnet. Diese fehlende Anpassung der Kostenwerte an Beschäftigungsschwankungen gestattet zwar eine schnelle und einfache Abrechnung, beeinträchtigt aber ganz erheblich die Aussagefähigkeit der Rechnungen, insbesondere die Möglichkeiten der Wirtschaftlichkeitskontrolle. Starre P. sind deshalb in der Praxis kaum noch zu finden, wenn man einmal davon absieht, daß es sich bei jenen Kostenstellen, in denen auch in der flexiblen P. „budgetiert" werden muß (s.o.), im Prinzip um starre P. handelt.

b) Flexible P. Hier ermittelt man – nach Kostenarten differenziert – für jede Kostenstelle nicht nur die *Plankosten* für einen *Planbeschäftigungsgrad*, sondern auch die *Sollkosten* für *alle anderen Beschäftigungsgrade*. Damit wird eine flexible Anpassung der Kostenvorgaben an die jeweilige Istbeschäftigung einer Abrechnungsperiode ermöglicht. Eine Aufteilung der Kosten in fixe und variable Bestandteile ist grundsätzlich in beiden Formen der flexiblen P., sowohl auf Voll- als auch auf Grenzkostenbasis, erforderlich, denn andernfalls läßt sich die *Kostenfunktion* (der Sollkostenverlauf) nicht ermitteln (→ *Kosten, fixe und variable*).

Bei genauer Betrachtung handelt es sich bei der bisher skizzierten flexiblen P. lediglich um eine *einfach-flexible* P., denn die Sollkosten sind nur als Funktion *eines* Kostenbestimmungsfaktors, der Beschäftigung, dargestellt. M.a.W.: Die Sollkosten geben jene Kosten an, die man unter der Voraussetzung wirtschaftlichen Verhaltens vorgeben kann (einhalten soll), wenn die Beschäftigung (Ausbringung) nicht ihren Planwert, sondern einen beliebigen Istwert annimmt.

Alle anderen Kostenbestimmungsfaktoren, die ja bei der Ermittlung der Plankosten mit ihren (planmäßigen, d.h. anstrebenswerten, d.h. optimalen) Auswirkungen berücksichtigt wurden, werden bei der Ermittlung obiger Sollkosten so behandelt, als seien sie unverändert (konstant, starr) geblieben.

Will man für die Kostenkontrolle noch genauere und aussagefähigere Vergleichsmaßstäbe ermitteln, so muß man die Sollkosten weiter differenzieren, um auch die kostenmäßigen Konsequenzen von Planabweichungen bei anderen Kostenbestimmungsfaktoren zu erkennen. Die Sollkosten sollen dann nicht nur anzeigen, wie sich die Plankosten verändern, wenn – bei Konstanz aller anderen Kosteneinflußgrößen – die Istbeschäftigung von der Planbeschäftigung abweicht, sondern auch wie sich die Plankosten verändern, wenn *weitere* oder *alle* Kostenbestimmungsfaktoren im Ist vom Plan abweichende, d.h. nicht-optimale, Werte annehmen. Man spricht in diesen Fällen von einer *teil-flexiblen* bzw. *voll-flexiblen* P. Die *Kostenfunktion* zeigt die Beziehungen zwischen den Sollkosten als abhängiger Größe und mehreren Kostenbestimmungsfaktoren als unabhängigen Variablen (→ *Einflußgrößenrechnung*).

Eine wirklich *voll-flexible* P. ist beim gegenwärtigen Stand der betriebswirtschaftlichen Forschung noch nicht möglich, da die funktionalen Beziehungen zwischen allen Kostenbestimmungsfaktoren und den Kosten bei weitem noch nicht bekannt bzw. quantifizierbar sind. Eine *einfach-flexible* P. dürfte dagegen nur in Ausnahmefällen für eine wirkungsvolle Kostenkontrolle ausreichen.

Wenn üblicherweise von einer flexiblen P. gesprochen wird, so ist damit eine *teil-flexible* P. gemeint. Welche Kostenbestimmungsfaktoren man ausdrücklich in das System einbezieht, hängt einmal von den jeweiligen Betriebsverhältnissen und zum anderen von der angestrebten Kontrollgenauigkeit unter Abwägung der dafür wiederum entstehenden Abrechnungskosten ab.

Eine flexible P., in der nur die variablen Kostenteile auf die Leistungen (= Kostenträger) verrechnet werden, bezeichnet man als Grenzplankostenrechnung (→ *Grenzkostenrechnung*). Sie unterscheidet sich von einer flexiblen P. auf Vollkostenbasis vor allem in der Kostenträgerrechnung, weniger in der Kostenkontrolle.

Die Unterschiede und Gemeinsamkeiten der verschiedenen P.-Systeme einschließlich ihrer Vor- und Nachteile, finden sich in der folgenden Übersicht. Es wird daraus deutlich, daß nur eine Grenz-P. alle drei Aufgaben der Kostenrechnung zufriedenstellend erfüllen kann.

Lit.: Käfer, K.: Standardkostenrechnung, 2. Aufl., 1964; *Haberstock, L.:* Kostenrechnung, Bd. 2, 7. Aufl., 1986 (Nachdruck 1995); *Kilger, W./Vikas, K.:* Flexible Plankostenrechnung und Deckungsbeitragsrechnung, 10. Aufl., 1993.

Professor Dr. Lothar Haberstock, Hamburg.

Planung

Zukunftsbezogene, zielgerichtete Tätigkeit verschiedener Planungsträger in Or-

Kriterium	starre P.	flexible P. auf VK-Basis	flexible P. auf GK-Basis
– Ermittlung echter Planwerte für die Planbezugsgröße (-beschäftigung)	ja	ja	ja
– Jährliche Anpassung dieser Werte an veränderte Datenkonstellationen	ja	ja	ja
– Laufende (monatliche) Anpassung der Planwerte an Veränderungen des Kostenbestimmungsfaktors Beschäftigung; d. h. Ermittlung der Kostenfunktion; d. h. Kenntnis der Sollkosten	nein	ja	ja
– Laufende Anpassung an andere Kostenbestimmungsfaktoren	nein	fallweise	fallweise
– Trennung in fixe und variable Kostenbestandteile in der Kostenstellenrechnung; d. h. für die Kostenkontrolle	nein	ja	ja
– Ermittlung von Verbrauchsabweichungen	nein	ja	ja
– Ermittlung von Beschäftigungsabweichungen	nein	ja	nein
– Für Zwecke der Kostenkontrolle geeignet	grundsätzlich nicht	gut	sehr gut
– Trennung in fixe und variable Kostenbestandteile in der Kostenträgerrechnung; d. h. für die Kalkulation	nein	nein	ja
– Kalkulation der Fixkosten auf die Kostenträger	ja	ja	nein
– Kenntnis der Grenzkosten (variablen Kosten) der betrieblichen Leistungen	nein	nein	ja
– Kalkulationsergebnisse als Dispositionshilfe (relevante Kosten) für a) kurzfristige und	nein	nein	ja
b) langfristige Entscheidungen verwendbar	nein	nein	ja

Abb. 1: Unterschiede und Gemeinsamkeiten der verschiedenen P.-Systeme

ganisationen zur Entscheidungsvorbereitung und Auswahl einer Alternative aus verschiedenen Handlungsalternativen (→ *Operative Planung*, → *Strategische Planung*).

Lit.: *Szyperski, N.* (Hrsg.): HWPlan., 1989; *Hanssmann, F.:* Quantitative Betriebswirtschaftslehre, 4. Aufl., 1995, S. 3–7; *Hahn, D.:* PuK – Planung und Kontrolle, Planungs- und Kontrollsysteme, Planungs- und Kontrollrechnung, 5. Aufl., 1996.

Planungsmethode
→ *Planungsrechnung.*

Planungsrechnung
1. Grundbegriffe

a) Definition. Planung (Pl.) kann definiert werden als systematisch-methodischer, *rationaler Prozeß* der Erkennung und der Entscheidungsvorbereitung zur *Lösung von Zukunftsproblemen.* Ob auch die Entscheidung für eine Alternative (= eine Lösung, ein Plan) zur Pl. zählt, ist in der Literatur umstritten. Zumindest sind Pl. und Entscheidung eng miteinander verbunden; denn während der Ausführung der einzelnen Teilprozesse der Pl. (s. 1 b) sind zahlreiche (Vor-)Entscheidungen zu treffen.

Der Gegensatz zur Pl. ist die Improvisation.

b) Elemente des Pl.-Prozesses.

(1) Erkennen und Analyse von (Entscheidungs-) Problemen,
(2) Setzen von *Zielen* (= Zielbildung; Pl.- oder Entscheidungsziele, Sach- oder Formalziele).
(3) Suche von (Handlungs-) *Alternativen* (= Pl.-strategien = alternativen Maßnahmen zur Zielerreichung),
(4) *Prognose* zukünftiger Entwicklungen sowie (eng damit verbunden)
(5) *Bewertung* (und Auswahl) von Alternativen.

c) Pl.-Methoden und -Hilfsmittel. Pl. bedient sich verschiedener Methoden (= Vorgehensweisen), die man in quantitative und qualitative unterteilen kann. Die Planungsrechnung umfaßt alle *quantitativen Methoden. Qualitative Methoden* der Pl. dienen v. a. dem Erkennen und der Analye von Pl.-problemen sowie der Erarbeitung von Handlungsalternativen. Genannt seien z. B. *Szenariotechnik* (Experten beschreiben mögliche Zukunftsbilder), *Portfolio-Analyse, Delphi-Methode* sowie *Brainstorming* (s. Hartmann, 1980, S. 30ff.).

Zu den *Hilfsmitteln* der Pl. zählen z. B. Organigramme und Checklisten oder Datenbanken und Planungssprachen.

d) Planungsrechnung. Die *P.* dient durch Verarbeitung quantifizierbarer Daten (Informationen) unter Einbeziehung eines oder mehrerer operational formulierbarer Ziele zur Vorbereitung einer Entscheidung im Rahmen eines Planungsprozesses. Die Methoden der *mathematischen P.* (s. 3.) stellen ein wichtiges Teilgebiet der P. dar.

Die P. ist ein Teil der umfassenderen *Unternehmensrechnung*, die außerdem die Finanzbuchhaltung, Kosten- und Leistungs- (oder Erfolgs-) rechnung, Statistik und die Prognoserechnung enthält. Die P. ist *zukunftsorientiert.* Alle übrigen Rechnungen sind im wesentlichen vergangenheitsorientiert. Die Prognoserechnung fußt auf Vergangenheitsdaten, bezieht aber subjektive Schätzungen über zukünftige Entwicklungen ins Kalkül ein.

2. Modelle

a) Definitionen. Ein *Modell* ist ein vereinfachtes Abbild (eine isomorphe oder homomorphe Abbildung) eines realen Systems oder Problems. P. benützen im wesentlichen Entscheidungs- oder Optimierungs- und Simulationsmodelle. Ein *Entscheidungs- oder Optimierungsmodell* (abgekürzt: *O.-modell*) ist eine formale Darstellung eines Entscheidungs- oder Pl-problems, das in seiner einfachsten Form mindestens eine Alternativenmenge und mindestens eine auf dieser definierte Zielfunktion enthält (s. 2b). Es wird aufgestellt, um mit geeigneten Verfahren (s. auch 3.) optimale oder suboptimale Lösungsvorschläge ermitteln zu können. *Simulationsmodelle* sind häufig sehr komplexe O.-modelle, für die analytische Lösungsverfahren nicht existieren oder zu aufwendig sind. Sie dienen dem Zweck, die Konsequenzen einzelner Alternativen zu bestimmen.

Während die P. unmittelbar von O.- oder Simulationsmodellen ausgeht, dienen ihr Beschreibungs- (oder Ermittlungs-), Erklärungs- sowie Prognosemodelle zur Informations-(= Daten-)gewinnung. *Beschreibungsmodelle* beschreiben Elemente und deren Beziehungen in realen Systemen. Sie enthalten jedoch keine Hypothesen über z.B. reale Wirkungszusammenhänge und erlauben daher keine Erklärung oder Prognose realer Vorgänge. Die → *Buchhaltung* z.B. ist ein Beschreibungsmodell. *Erklärungsmodelle* werten empirische Gesetzmäßigkeiten oder Hypothesen zur Erklärung von Sachverhalten aus; Produktionsfunktionen sind Beispiele für Erklärungsmodelle. *Prognosemodelle* werden zumeist zur Gruppe der Erklärungsmodelle gezählt; sie dienen der Vorhersage von zukünftigen Entwicklungen, z.B. des zukünftigen Verbrauchs eines Produktionsfaktors.

b) O.-modelle. Ein O.-modell (mit nur einer Zielsetzung) läßt sich allgemein wie folgt aufschreiben:

Optimiere $z = f(x)$ (1)

unter den Nebenbedingungen

$$g_i(x) \left\{\begin{matrix} \geq \\ = \\ \leq \end{matrix}\right\} 0 \text{ für } i = 1, \ldots, m \qquad (2)$$

$$x \in \mathbb{R}^n_+ \text{ oder } x \in \mathbb{Z}^n_+ \text{ oder } x \in B^n \qquad (3)$$

Dabei sind:

x ein Variablenvektor (eine Alternative) mit n Komponenten,

$f(x)$ eine zu maximierende oder zu minimierende Zielfunktion,

(2) ist ein System von m Gleichungen oder Ungleichungen.

$x \in \mathbb{R}^n_+$ Nichtnegativitätsbedingungen,

$x \in \mathbb{Z}^n_+$ Ganzzahligkeitsbedingungen,

$x \in B^n$ Binärbedingungen; Kombinationen sind möglich.

Beispiel (ein Modell der Produktionsprogrammpl.): Gegeben seien die Deckungsbeiträge $d_j = (p_j - k_j)$ von n Produkten ($j = 1, \ldots, n$) sowie die technischen Produktionskoeffizienten a_{ij}, die den Verbrauch an Kapazität von Maschine i für die Herstellung einer Einheit von Produkt j angeben. Maschine i (= 1, …, m) möge eine Kapazität von b_i ME besitzen. Gesucht sei das Produktionsprogramm mit maximalem Deckungsbeitrag. Bezeichnen wir die von Produkt j zu fertigenden ME mit x_j, so ist das folgende mathematische Modell zu lösen:

Maximiere $D(x_1, \ldots, x_n) =$

$$\sum_{j=1}^{n} (p_j - k_j)x_j \qquad (4)$$

unter den Nebenbedingungen

$$\sum_{j=1}^{n} a_{ij}x_j \leq b_i \text{ für alle } i = 1, \ldots, m \qquad (5)$$

$$x_j \geq 0 \text{ für alle } j = 1, \ldots, n \qquad (6)$$

Das Nebenbedingungssystem eines O.-modells stellt i.a. ein Erklärungsmodell dar; in (5) und (6) wird z.B. unterstellt, daß der Produktionsprozeß des betrachteten Unternehmens durch eine linear-limitationale Produktionsfunktion (Leontief) beschrieben und der Faktorverbrauch durch diese Funktion erklärt werden kann.

c) Klassifikation von O.-modellen. Sie sind v.a. unterteilbar:

(1) Hinsichtlich des unterstellten *Informationsgrades* in deterministische und stochastische Modelle. Bei *deterministischen* Modellen werden die Parameter der Zielfunktion(en) wie der Nebenbedingungen (im obigen Beispiel alle p_j, k_j, a_{ij} und b_i) als bekannt vorausgesetzt; ist jedoch mindestens ein Parameter als Zufallszahl (-variable) zu interpretieren, so liegt ein *stochastisches* Modell vor.

(2) In Modelle mit *einer* und solche mit *mehreren Zielfunktionen*: Bei letzteren Modellen kann i.a. erst dann „optimiert" werden, wenn zusätzlich zu den Zielfunktionen und zum Nebenbedingungssystem *Effizienzkriterien* (Beurteilungsmaßstäbe für den Grad der Erreichung der einzelnen Ziele) angegeben werden können.

(3) Hinsichtlich des *Typs der Zielfunktion(en) und Nebenbedingungen* in lineare Modelle mit reellen Variablen,

Planungsrechnung

lineare Modelle mit ganzzahligen oder Binärvariablen, nichtlineare Modelle usw. (s. 3.).

3. *Mathematische Planungsrechnung = mathematische Optimierung = Operations Research (OR)*

OR wird nach dem Typ des jeweils zugrundeliegenden Modells v.a. in die Gebiete lineare O., ganzzahlige (lineare) und kombinatorische O., nichtlineare O., dynamische O., Graphentheorie und Netzplantechnik sowie Simulation unterteilt.

a) Lineare O. (lineare P., lineare Programmierung). Die Modelle bestehen aus einer (oder mehreren) linearen Zielfunktion(en) und (zumeist einer Vielzahl von) linearen Nebenbedingungen; die Variablen dürfen (zumeist nur nicht-negative) reelle Werte annehmen. Die lineare O. wurde bereits in den verschiedensten Funktionsbereichen von Unternehmen angewendet und besitzt ihre größte Bedeutung im Bereich der Fertigungsplanung (Produktionsprogramm-, Mischungs-, Verschnittoptimierung; s. 2b).

Als Lösungsverfahren findet v.a. der *Simplex-Algorithmus* Anwendung. Für lineare O.-modelle mit spezieller Struktur (z.B. Transport-, Umlade- oder Netzwerkflußprobleme) wurden effiziente Verfahren entwickelt, die diese spezielle Struktur ausnutzen. Auf modernen Rechnern sind mit diesen Verfahren auch große lineare O.-modelle (mit Tausenden von Variablen und/oder Nebenbedingungen) in vertretbarer Rechenzeit lösbar.

Nach Bestimmung einer optimalen Lösung kann durch → *Sensibilitätsanalyse* z.B. untersucht werden, in welchem Ausmaß Parameter des Modells ihren Wert ändern dürfen, ohne daß dadurch die gefundene Lösung ihre Optimalität verliert.

b) Ganzzahlige (lineare) O. Im Gegensatz zur linearen O. dürfen die (oder einige der) Variablen nur ganze Zahlen oder Binärzahlen (0 bzw. 1) annehmen. Modelle dieser Art spielen z.B. bei der Investitionsprogrammplanung eine Rolle. Sie sind wesentlich schwieriger lösbar als lineare O.-modelle. Optimale Lösungen erzielt man v.a. mit Verfahren der beschränkten Enumeration (*Branch-and-Bound-Algorithmen*) und *Schnittebenenverfahren*; bei vielen Problemen muß man sich jedoch mit Näherungslösungen (v.a. ermittelt mit *heuristischen Verfahren*) begnügen.

c) Kombinatorische O. Betrachtet werden *Zuordnungsprobleme* (z.B. Zuordung von Maschinen zu Plätzen, so daß bei Werkstattfertigung minimale Kosten für Transporte zwischen den Maschinen entstehen), *Reihenfolgeprobleme* (z.B. Bearbeitungsreihenfolge von Aufträgen auf einer Maschine), *Gruppierungsprobleme* (z.B. Bildung von hinsichtlich eines Maßes möglichst ähnlichen Kundengruppen), *Auswahlprobleme* (etwa Set Partitioning – Probleme, z.B. Auswahl einer kostenminimalen Menge von Auslieferungstouren unter einer großen Anzahl möglicher Touren). Hinsichtlich der Lösung der Probleme gelten dieselben Aussagen wie zu b); viele kombinatorische O.-probleme lassen sich mathematisch als ganzzahlige oder binäre (lineare) O.-modelle formulieren.

d) Nichtlineare O. Die betrachteten Modelle besitzen eine nichtlineare Zielfunktion und/oder mindestens eine nichtlineare Nebenbedingung. In der Realität sind viele Zusammenhänge nichtlinear (z.B. Transportkosten in Abhängigkeit von der zu transportierenden Menge und der zurückzulegenden Entfernung). Versucht man, derartige Zusammenhänge exakt in Form nicht-linearer (anstatt linearer) Modelle abzubilden, so erkauft man dies i.a. durch wesentlich höheren Rechenaufwand.

Optimalitätsbedingungen (Lagrange'sche Dualität, Kuhn-Tucker- und Sattelpunktoptimalität) lassen sich relativ leicht angeben; Lösungsverfahren (z.B. Gradienten- und Straffunktionsverfahren) sind jedoch nur für wenige Modelltypen effizient. Quadratische und konvexe O.-modelle wurden bisher am intensivsten untersucht.

e) Dynamische O. Hier werden Modelle betrachtet, die in einzelne „Stufen" (z.B. Zeitabschnitte) zerlegt werden können, so daß die Gesamtoptimierung durch eine stufenweise, rekursive Optimierung ersetzbar ist. Anwendungsbeispiele sind Lagerhaltungs-, Wartungs- und Erneuerungsprobleme. Lösungsverfahren für dynamische O.-modelle basieren auf dem *Bellman'schen Optimalitätsprinzip.*

f) Graphentheorie und Netzplantechnik. Mit Hilfsmitteln der Graphentheorie lassen sich z. B. Organisationsstrukturen oder Projektabläufe graphisch anschaulich darstellen. Zu nennen sind ferner Modelle und Verfahren zur Bestimmung kürzester Wege sowie maximaler und kostenminimaler Flüsse in Graphen (mit Anwendungen in der Logistik). Die Netzplantechnik (Struktur- und Terminpl., aber auch Kosten- und Kapazitätspl.) ist eine der in der Praxis am häufigsten eingesetzten Methoden der Pl., aber auch zur Überwachung und Kontrolle von betrieblichen Abläufen und Projekten.

g) Simulation. Sie dient v. a. der Untersuchung (dem Durchspielen) einzelner Alternativen im Rahmen komplexer stochastischer (O.-)Modelle. Zur benutzerfreundlichen Handhabung wurden spezielle Simulationssprachen entwickelt. Anwendungsbeispiele: Losgrößen und Bestellmengenpl., Ablaufpl. in der Produktion, Auswertung stochastischer Netzpläne.

4. Arten der Planung und Anwendungsmöglichkeiten von Planungsrechnungen

Für eine Differenzierung einzelner Arten von Pl. bieten sich mehrere Gliederungsgesichtspunkte an. Hinsichtlich der Anwendungsmöglichkeiten der P. bedeutsame Unterscheidungen sind:

(1) Nach den *betrieblichen Funktionsbereichen*: Beschaffungs-, Lager-, Investitions- und Finanzierungs-, Produktions-, Absatzpl.
(2) Nach dem *Pl.-inhalt*: Zielpl., Maßnahmenpl., Durchführungs- oder Ablaufpl.
(3) Nach der *Fristigkeit* (zeitlichen Reichweite): Lang-, mittel- oder kurzfristige (strategische, taktische oder operative) Pl.
(4) Nach dem *Umfang*: Teil- oder Gesamtpl., wobei die Gesamtpl. wiederum in Form sukzessiver Teilpl. oder als simultane Gesamtpl. erfolgen kann.

P. können grundsätzlich in jedem betrieblichen Funktionsbereich Anwendung finden (→ *Investitionsrechnung*, → *Plankostenrechnung*). Sie dienen eher der Durchführungs- und Ablaufpl. als der Ziel- und Maßnahmenpl. Es überwiegt ihr Einsatz bei der taktischen und v. a. der operativen Pl. Optimierungsrechnungen betreffen vorwiegend Teilpl., bei Gesamtpl. kann die Simulation nützlich sein.

Lit.: Hartmann, R.: Planung mit Unternehmensmodellen, 1980; *Wild, J.:* Grundlagen der Unternehmensplanung, 3. Aufl., 1981; *Gal, T. (Hrsg.):* Grundlagen des Operations Research, 3 Bände, 1987; *Hillier, F. S./Liebermann, G. J.:* Operations Research, 4. Aufl., 1988; *Domschke, W./Drexl, A.:* Einführung in Operations Research, 2. Aufl., 1991; *Gal, T. (Hrsg.):* Grundlagen des Operations Research, 3. Aufl., Bd. 1, 1991, Bd. 2 und 3, 1992; *Neumann, K./Morlock, M.:* Operations Research, 1993; *Hahn, D.:* PuK – Planung und Kontrolle, Planungs- und Kontrollsysteme, Planungs- und Kontrollrechnung, 5. Aufl., 1996.

Professor Dr. Wolfgang Domschke, Darmstadt.

Planmäßige Abschreibung
→ *Abschreibungen.*

Platzkostenrechnung
Verfeinerung und Detaillierung der → *Kostenstellenrechnung.* Dabei werden einzelne → *Kostenstellen* untergliedert in Kostenplätze, z. B. einzelne Maschinen (-gruppen).

Plausibilitätsprüfungen
→ *Prüfung des Jahresabschlusses.*

Pooling-of-Interest-Method
→ *Kapitalkonsolidierung.*

Portefeuille
Bezeichnung für den Bestand von Wechseln (Wechsel-P.) oder Wertpapieren (Effekten-P.) eines Anlegers, eines Unternehmens oder einer Bank.

Portefeuille-Theorie
= → *Portfolio Selection.*
= Portfolio-Theorie.

Portfolio-Bewertung
Als Ausnahme vom Grundsatz der → *Einzelbewertung* ist in den → *USA* bei Anwendung des → *Niederstwertprinzips* auf den Bestand an Wertpapieren (*marketable securities*) gem. FASB Statement No. 12, §§ 7 und 8 (1975), bei Aktien einschließlich von Verkaufsoptionen, eine Abwertung auf den niedrigen Marktwert erst dann vorzunehmen, wenn der Wert des Gesamtbestandes unter den Anschaffungswert gesunken ist, also Verluste an einzelnen Wertpapieren nicht mehr durch unrealisierte Gewinne an anderen ausgeglichen werden.

Lit.: Breker, N.: Optionsrechte und Stillhalterverpflichtungen im handelsrechtlichen Jahresabschluß, 1993, S. 228f.

Portfolio Selection
= Portfeuille-Theorie.
= Portfolio-Theorie.

Theorie über die optimale Mischung von Risikopapieren (Wertpapiere), 1952 von *Markowitz* erstmalig quantifiziert. Ausgangspunkt ist ein bestimmter zu Investitionszwecken zur Verfügung stehender Betrag. Durch eine breite Streuung auf mehrere verschiedene Titel (Diversifikation) läßt sich das Risiko der Anlage (gemessen an der Varianz der Rendite) vermindern gegenüber der Anlage des Betrages in ein einziges Risikopapier. Voraussetzung dafür ist, daß die Renditen der Wertpapiere nicht perfekt positiv miteinander korrelieren.

Die P. bildet die Grundlage für die → *Kapitalmarkttheorie* (→ *Capital Asset Pricing Model*). Die praktische Bedeutung liegt im Gedanken der Risikovernichtung durch Diversifikation, der zur Bildung und Verbreitung von Aktienfonds führte, die ein breites Portefeuille an Risikopapieren halten. Die Grundidee der Risikodiversifikation wird auch auf die internationale Unternehmenspolitik übertragen.

In der Realität ist eher eine mangelnde Wirksamkeit des P.-Mechanismus zu beobachten, da insbesondere begrenzte Substitutionsmöglichkeiten zwischen den Aktiva und deren mangelnde Teilbarkeit sowie ein zunehmender Gleichschritt der nationalen und internationalen Konjunkturbewegungen die Wirkung dieser Risikodiversifizierung beeinträchtigen.

Portfolio-Theorie
= → *Portfolio Selection.*
= Portefeuille-Theorie.

Preisabweichung
Differenz zwischen → *Plan-* und → *Istkosten*, die auf Unterschiede zwischen den geplanten und den tatsächlichen Preisen der Verbrauchsgüter zurückzuführen ist; ermittelt aus der Differenz zwischen Plan- und Istpreis multipliziert mit der tatsächlichen Verbrauchsmenge (→ *Plankostenrechnung*).

Preisänderungen, Berücksichtigung in der Investitionsrechnung
1. Gleichmäßige Preisänderungen aller in das Modell eingehenden Größen. Unter der (vereinfachenden) Prämisse, daß eine einheitliche Inflations- oder Deflationsrate p sowohl für die Güter der Beschaffungs- als auch für die der Absatzseite gilt, und diese sich auch im → *Kalkulationszinsfuß* niederschlägt ergibt sich für den → *Kapitalwert*kalkül:

$$C_0 = -a_0 + \sum_{t=1}^{n} \frac{b_t(1+p)^t - a_t(1+p)^t}{(1+i)^t \cdot (1+p)^t}$$

bzw.

$$C_0 = -a_0 + \sum_{t=1}^{n} (b_t - a_t) \cdot (1+i)^{-t}$$

Eine explizite Berücksichtigung der Inflation im Kapitalwertkalkül ist bei einer allgemeingültigen Rate der Preisänderung *nicht* erforderlich.

2. Unterschiedliche Preisänderungen der in das Modell eingehenden Größen. Im allgemeinen liegen unterschiedliche Preisänderungsraten der Einzahlungen (p_{bt}), der Auszahlungen (p_{at}) sowie der allgemeinen jährlichen Inflationsrate (p_t) vor, die zudem im Zeitablauf variieren oder zu unterschiedlichen Zeitpunkten einsetzen.

Der *reale* Kapitalwert (C^r_0) errechnet sich unter Berücksichtigung des realen Zinssatzes (i_r) dann wie folgt:

$$C^r_0 = -a_0 + \sum_{t=1}^{n} \frac{b_t \prod_{\tau=1}^{t} (1 + p_{b_\tau}) - a_t \prod_{\tau=1}^{t} (1 + p_{a_\tau})}{\prod_{\tau=1}^{t} (1 + p_\tau)\ (1 + i_r)^t}$$

Bei differenzierten Preisänderungen ist eine explizite Berücksichtigung der Inflation im Kalkül notwendig. Nimmt man die einzelnen Preisänderungsraten und die allgemeine Inflationsrate im Zeitablauf als konstant an, so vereinfacht sich obige Beziehung zu

$$C^r_0 = -a_0 + \sum_{t=1}^{n} \frac{(1 + p_b)^t \cdot b_t - (1 + p_a)^t \cdot a_t}{(1 + p)^t \cdot (1 + i_r)^t}.$$

Es wird ersichtlich, daß bei der Berechnung des realen Kapitalwertes grundsätzlich zwei Vorgehensweisen möglich sind:

- Entweder deflationiert man zunächst die nominellen Zahlungsreihen mit $(1 + p)^t$ und diskontiert die sich dann ergebenden *realen* Zahlungsreihen mit dem *realen* Diskontierungsfaktor $(1 + i_r)^t$,
- oder man geht von nominellen Zahlungsreihen aus und verwendet einen inflationsadjustierten Zinssatz (nomineller Zinssatz) i_n:

$$i_n = (1 + p) \cdot (1 + i_r) - 1.$$

Aus dieser Formel erkennt man, daß zwischen Nominal- und Realzins aufgrund der Zinseszinseffekte kein additiver, sondern ein multiplikativer Zusammenhang besteht (Fisher-Effekt). In der Praxis wird dies aber aus Vereinfachungsgründen häufig vernachlässigt und der reale Zins additiv um die Inflationsrate erhöht.

Durch die Berücksichtigung von Preis- und Geldwertänderungen kann ein ursprünglich vorteilhaftes Projekt, gemessen am realen Kapitalwert, weniger vorteilhaft oder unvorteilhaft werden.

Lit.: Busse von Colbe, W./Laßmann, G.: Betriebswirtschaftstheorie, Bd. 3, 3. Aufl., 1990, S. 82–92.

Preiskalkulation
Kalkulatorische Bestimmung des kurzfristig gültigen Angebotspreises. Die P. läßt sich auf Basis der Kostenrechnung (*progressive* Kalkulation) oder unter Heranziehung von marktbezogenen Aspekten (*retrograde* Kalkulation) durchführen.

Bei der progressiven Kalkulation wird der Preis durch einen prozentualen Gewinnaufschlag auf die → *Stückkosten* oder → *Selbstkosten* ermittelt (*Kosten-plus-Regel, cost-plus-pricing*). Entscheidener Nachteil dabei ist, daß die indirekte Abhängigkeit der → *Kosten* (über die Absatzmenge) von den Preisen nicht berücksichtigt wird.

Bei der retrograden Kalkulation wird der optimale Angebotspreis im Wege einer Schätzung über den jeweiligen Erfolgsbeitrag bestimmt. Für einzelne am Markt durchsetzbare Preise werden dabei jeweils die Gewinne geschätzt und aus diesen Werten das Maximum bestimmt. Dieses Verfahren gibt jedoch keine Garantie, daß das absolute Optimum bestimmt wurde.

Lit.: Diller, H.: Preispolitik, 2. Aufl., 1991.

Preisobergrenze
Entgelt, das für ein Gut auf dem Beschaffungsmarkt höchstens gezahlt werden kann, ohne daß eine Alternative, z. B. Selbsterstellung, günstiger ist (→ *Gesamtwert der Unternehmung*, → *Preisuntergrenze*).

Preisprüfung
→ *Sonderprüfungen*.

Preissteigerungsrücklage
Gem. § 74 EStDV zulässige Rücklage mit dem Zweck, Preissteigerungsgewinne (wenigstens teilweise und vorübergehend) erfolgsunwirksam zu machen. Die P. kann für Roh-, Hilfs- und Betriebsstoffe, Waren, Halb- und Fertigfabrikate in Anspruch genommen werden. Dabei muß der Börsen- oder Marktpreis (Wiederbeschaffungspreis) am Schluß des Wirtschaftsjahres gegenüber dem Schluß des vorangegangenen Wirtschaftsjahres um mehr als 10 % gestiegen sein. Die P. ist spätestens im sechsten Wirtschaftsjahr nach ihrer Bildung gewinnerhöhend aufzulösen. Nach dem Steuerreformgesetz von 1990 sind P. nicht mehr zulässig.

Die P. braucht im → *Jahresabschluß* einer Personengesellschaft nicht berücksichtigt zu werden; Kapitalgesellschaften dürfen einen der P. entsprechenden Betrag nicht in den → *Sonderposten mit Rücklageanteil* einstellen gem. § 273 HGB i.V.m. § 247 Abs. 3 HGB. In Höhe des voraussichtlichen Steueranteils ist gem. § 274 Abs. 1 HGB eine Steuerrückstellung zu bilden. Der Eigenkapitalanteil kann von AG gem. § 58 Abs. 2a AktG unbeschadet sonstiger Regelungen für die → *Gewinnverwendung* in andere Gewinnrücklagen eingestellt werden.

Preisuntergrenze
Preis für Absatzprodukte, der mindestens gefordert werden muß, damit der Verkauf kurz- oder langfristig kostendeckend ist (*kostenmäßige* P.) oder die Fortsetzung der Produktion vorteilhafter ist als ihre Aufgabe; die variablen → *Stückkosten* bilden die *absolute* (kurzfristige) P.

Lit.: Reichmann, T.: Kosten und Preisgrenzen, 1973; *Männel, W.:* Preisobergrenzen im Einkauf, 2. Aufl., 1990; *Coenenberg, A.G.:* Kostenrechnung und Kostenanalyse, 2. Aufl., 1993, S. 306–340; *Meffert, H./Benkenstein, M.:* Preispolitik, in: HWR, 3. Aufl., 1993, Sp. 1583–1591.

Present value
= → *Kapitalwert.*

Pretiale Lenkung
Von → *Schmalenbach* entwickeltes System der optimalen Unternehmenssteuerung bei dezentraler Planung mit Hilfe von → *Lenkungspreisen* für Einsatzgüter und Zwischenprodukte.

Lit.: Schmalenbach, E.: Pretiale Wirtschaftslenkung, 2 Bde., 1947, 1948.

Price-Earnings-Ratio
→ *Kurs-Gewinn-Verhältnis.*

Primäre Kosten
Bezeichnung der → *Kostenart* für originäre Einsatzgüter, die von außerhalb des jeweiligen Abrechnungsbezirkes (z. B. von anderen Unternehmen) bezogen werden, im Unterschied zu → *sekundärer Kosten.*

Primärkostenrechnung
Zerlegung der → *Kosten* herkunftsorientiert in ihre primären Bestandteile.

Lit.: Schweitzer, M./Küpper, H.-U.: Systeme der Kosten- und Erlösrechnung, 6. Aufl., 1995, S. 413.

Principal-Agent
1. Agency-Theorie

Auftragsbeziehungen prägen das Wirtschaftsleben. Die Beziehung zwischen Gesellschaftern oder Gläubigern einer Unternehmung und deren Management bzw. zwischen Vorgesetzten und Untergebenen innerhalb dieser Unternehmung läßt sich als eine Auftragsbeziehung betrachten. Die Analyse von Auftragsbeziehungen ist Gegenstand der Agency-Theorie. Aus deren Sicht nehmen die Gesellschafter oder Gläubiger bzw. die Vorgesetzten die Rolle der Auftraggeber oder Principals (P.) ein, Management bzw. Untergebene sind deren Auftragnehmer oder Agents (A.). In den Untersuchungen der Agency-Theorie geht man davon aus, daß die A. über die von ihnen im Auftrag und Interesse der P. durchzuführenden Tätigkeiten besser informiert sind als ihre P. Aus der Sicht der P. sollen die A. gerade diesen Informationsvorsprung zum Vorteil der P. nutzen. Ein Vorschreiben bestimmter Handlungen des A. durch den P. ist daher nicht sinnvoll.

Durch die Handlungen des A. werden jedoch auch seine Eigeninteressen berührt. Daher entstehen Probleme, wenn die Interessen von P. und A. konfligieren. Dann kann der A. seinen Informationsvorsprung nutzen, um persönliche Ziele zum Nachteil des P. zu verfolgen. Dies ist selbst dann möglich, wenn der P. die Handlungen des A. beobachten kann. Denn der A. kann Informationen über den Umfang seiner Handlungsmöglichkeiten und deren Risiken vor dem P. verbergen (hidden information). Darüber hinaus kann der A. Handlungsalternativen wählen, die für den P. nicht beobachtbar sind (hidden action).

Vor diesem Hintergrund untersucht die Agency-Theorie die institutionelle Gestaltung der Beziehung zwischen P. und A.:

- aus einer normativen oder entscheidungslogischen Sicht (principal-agent literature)

- aus einer explikativen, auf Beschreibung und Erklärung ausgerichteten Sicht (positive agency literature).

2. Rolle des Rechnungswesens

Das → *Rechnungswesen* kann als ein Instrument für die institutionelle Gestaltung der Beziehungen von P. und A. angesehen werden: Das interne Rechnungswesen z. B. für die Beziehung zwischen Vorgesetzten und Untergebenen, das externe Rechnungswesen entsprechend für die Beziehung zwischen Gesellschafter oder Gläubiger und Management. In diesem Sinne läßt sich etwa die externe Rechnungslegung als gesetzlich geregelter Teil der Allgemeinen Geschäftsbedingungen von Finanzierungsverträgen ansehen.

Dabei hat das Rechnungswesen drei Funktionen (→ *Jahresabschluß, Funktionen*):

- Es dient als Informations-, Überwachungs- und Kontrollinstrument für den P.
- Es ist Grundlage für die Abgrenzung der Kompetenzen von A. und P. im Hinblick auf die künftige Verfügung über finanzielle Ressourcen.
- Es stellt die Bemessungsgrundlagen für ein Anreizsystem bereit, mit dem die P. die Handlungen der A. auf ihre Interessen ausrichten können.

Auch Fragen der Kontrolle des Rechnungswesens, etwa die nach der Unabhängigkeit des → *Wirtschaftsprüfers*, können unter dem Aspekt von P.-A. Beziehungen untersucht werden, wobei ebenfalls Information und Kontrolle, Kompetenzabgrenzung und Anreizwirkung die Agency-Überlegungen prägen.

3. Einzelfunktionen des Rechnungswesens

a) Information und Kontrolle. Als Informationsinstrument verringert das Rechnungswesen den Informationsvorsprung des A. Es verhindert zumindest teilweise die unentdeckte Nutzung oder Nichtnutzung für den P. zunächst verborgener Informationen zu seinem Nachteil und macht verborgende Handlungen des A. in ihren Folgen für den P. offenbar. Das Rechnungswesen zwingt den A. aber nicht, alle ihm verfügbaren Informationen vor seinen Entscheidungen an den P. zu übertragen und damit eine vollständige Kontrolle des P. sicherzustellen. Nicht nur wegen der hohen Kosten für Informationsübertragung und -auswertung wäre eine solche Regelung ineffizient. Sie würde auch verhindern, daß P.-A. Beziehungen zustande kämen. Dies wiederum hätte negative Folgen für die gesamte volkswirtschaftliche Arbeits- und Wissensteilung. Denn der A. tritt in eine solche P.-A. Beziehung nicht ein, wenn er seinen Informationsvorsprung vor jeder Entscheidung ohne persönlichen Vorteil preisgeben müßte. Verbunden mit den dazugehörigen Informationspflichten ist das Rechnungswesen aus dieser Sicht ein „idealer" Kompromiß zwischen dem Informations- und Kontrollbedürfnis des P. und dem Bedürfnis nach Handlungsfreiheit und wirtschaftlicher Verwertung der Informationsvorsprünge beim A. Für P. und A. ist es daher sinnvoll, sich freiwillig auf Rechnungslegungspflichten zu einigen, solange die Befolgungskosten für A. unter dem Nutzenzuwachs für P. liegen und eine Nutzenarbitrage möglich ist. Gesetzliche Publizitätsvorschriften sind dann nicht erforderlich. Solche Vorschriften können sogar schädlich sein, wenn die Befolgungskosten den Nutzenzuwachs übersteigen.

Eine großzügiges Offenlegungspolitik des A. senkt die Informationunsicherheit des P. Bei risikoabgeneigten P. erhöhen sich dadurch die Anteilswerte, für die Unternehmung vermindern sich die Kapitalkosten um die Senkung des Riskiozuschlags. Knüpft das Vergütungssystem für A. an den → *Shareholder Value* an, so ergibt sich daraus ein verstärkter Anreiz zu offener Informationspolitik. Die Art der Informationspolitik kann sogar die internationale Wettbewerbsfähigkeit beeinflussen. Denn: Länder mit offener Informationspolitik (USA, Japan) arbeiten allgemein mit geringeren Kapitalkosten als Länder mit eher restriktiver Informationspolitik (BRD).

b) Kompetenzabgrenzung. Mit Meßergebnissen des Rechnungswesens lassen sich allgemeine gesetzliche oder vereinbarungsabhängige Verhaltensbedingungen für den A. verknüpfen. Dies gilt besonders für die mit dem handelsrechtlichen → *Jahresabschluß (Funktionen)* verknüpfte Ausschüttungsbemessungsfunktion. Sie grenzt nicht nur die Mittelverwendungskompetenzen des Managements als A. und der Gesellschafter als deren P. gegeneinander ab. Sie schränkt auch die Kompetenzen von Managern und Gesellschaftern gegenüber den Gläubigern ein, die aufgrund der Fremdfinanzierungsverträge ebenfalls als P. der Manager gelten können. In diesem Sinne besteht eine mehrfache P.-A. Beziehung für die Manager.

Die konkrete Kompetenzverteilung ist freilich davon abhängig, welche speziellen Anforderungen an die Ermittlung der Ergebnisse vom A. zu beachten sind (→ *Grundsätze ordnungsmäßiger Buchführung*).

c) Bemessungsgrundlage für Anreizsysteme. Anreizsystemen für den A. und ihrer Verträglichkeit mit den vom P. angestrebten Zielen gilt das Hauptaugenmerk vieler Agency-Theoretiker.

Insbesondere eine prozentuale Beteiligung am handelsrechtlichen Jahresüberschuß wird dabei als fehllenkendes Anreizsystem dargestellt. Die wichtigsten Gesichtspunkte sind:

- Eine für ein Anreizsystem im Sinne des P. für notwendig gehaltene Abbildung des → *Gesamtwertes der Unternehmung* bietet das handelsrechtliche Rechnungswesen nicht. Die Koppelung der Anreize an das handelsrechtliche → *Realisationsprinzip* führt insbesondere zur Belohnung kurzfristig realisierbarer Ergebnisse auf Kosten der Schaffung langfristiger Erfolgspotentiale, z. B. wegen der Nichtaktivierbarkeit von Forschungs- und Entwicklungsaufwand. Bei Management Accounting Systemen und beim Strategic Funds Approach hat man versucht, diesen Mangel durch Einrechnung strategischer Aufwendungen in die Bemessungsgrundlage zu beheben.
- Die Koppelung der Anreize an den Unternehmungserfolg oder den Erfolg großer Teilbereiche (z. B. *Profit Center*) statt an den individuellen Leistungsbeitrag reizt zum Trittbrettfahrerverhalten an. Um diese Wirkung einzuschränken, müßte das Rechnungswesen Indikatoren für den Leistungsbeitrag des einzelnen A. zum Gesamtergebnis der Unternehmung bereitstellen.

  Das dabei zu lösende Zurechnungsproblem im Rechnungswesen setzen viele Befürworter strategisch-orientierter Anreizsysteme als gelöst voraus. Sie empfehlen die Berücksichtigung der Schaffung strategischer Erfolgspotentiale und individuelle Sollvorgaben. An der positiven Abweichung des individuellen Ist-Ergebnisses vom Soll-Ergebnis soll der A. dann prozentual beteiligt werden. Eine entsprechende Beteiligung an Kollektivergebnissen tritt nur noch ergänzend hinzu.
- P.-A. Modellergebnisse deuten sogar auf eine 100prozentige Beteiligung von A. an der Überschreitung einer hoch angesetzten Sollvorgabe als optimales Anreizsystem hin. Bei der Festlegung einer „realisierten" Sollvorgabe gibt es allerdings wenig beachtete Informationsprobleme. Sind dabei Angaben des A. erforderlich, so stellt sich nämlich zusätzlich die Frage nach einem Anreizsystem für eine unverfälschte Informationsübertragung an den P.

4. Anwendungsbereich

Die Agency-Theorie bietet im Hinblick auf das Rechnungswesen einen Bezugsrahmen für die Einordnung und die systematische Diskussion der Funktion des Rechnungswesens, insbesondere soweit sich das Rechnungswesen als (impliziter) Bestandteil von vertraglich festgelegten P.-A. Beziehungen und nicht allein als eine öffentlich-rechtliche Verpflichtung verstehen läßt. Sie untersucht Fragen der P.-A. Beziehungen allerdings nur in einem allgemeinen Rahmen. Spezielle Aussagen, z. B. zum Inhalt von GoB, werden damit bislang nicht verbunden. In der Regel bezieht sich die Analyse auch auf eine einzige P.-A. Beziehung. Die Analyse mehrfacher P.-A. Beziehungen steht noch in den Anfängen.

Lit.: Barnea, A./Haugen, R.A./Senbet, L.W.: Agency Problems and Financial Contracting, 1985; *Ewert, R.:* Rechnungslegung, Gläubigerschutz und Agency Probleme, 1986; *Watts, R.L./Zimmermann, J.L.:* Positive Accounting Theory, 1986; *Bamberg, G./Spremann, K.* (Hrsg.): Agency Theory, Information, and Incentives, 1987, S. 281–346; *Elschen, R.:* Shareholder Value und Agency-Theorie, in: BFuP 1991, S. 209–220; *Hartmann-Wendels, Th.:* Agency-Theorie und Publizitätspflicht nicht börsennotierter Kapitalgesellschaften, in: BFuP 1992, S. 412–425.

Professor Dr. Rainer Elschen, Essen.

Private Company

Eine → *Kapitalgesellschaft* englischen Rechts; entspricht weitgehend der → *Gesellschaft mit beschränkter Haftung*. Das Recht der P. ist in den sections 28–36 des Companies Act geregelt.

Private Kosten

Im Unterschied zu → *volkswirtschaftlichen (sozialen) Kosten* alle → *Kosten*, die in die private Wirtschaftsrechnung eingehen und vom Verursacher selbst getragen werden müssen.

Produkthaftung

1. Einführung. „P." meint das Einstehen müssen des Herstellers und ggfs. auch des Händlers für Folgeschäden, die dem Konsumenten als Produktverwender durch Produktfehler entstehen. Solche Fehler liegen vor, wenn die tatsächlichen Produkteigenschaften nicht den berechtigten Sicherheitserwartungen der Verwender entsprechen (§ 3 P.-Gesetz v. 1.1.1990).

Das Recht der P. zählt zum Datenkranz, innerhalb dessen unternehmerische Entscheidungen getroffen sowie im → *Rechnungswesen* abgebildet und vorbereitet werden. Die aus der P. begründeten Entscheidungen betreffen zum einen die *Prävention* von Haftungsfällen etwa durch Qualitätskontrollen, Sicherheitskommunikationen sowie durch den Einbau von Sicherheitseigenschaften. Sie betreffen zum anderen antizipierte oder bereits angefallene Ausgaben, die aus der *Haftung* folgen. Die Präventivmaßnahmen begründen Ausgaben, die als Qualitätskosten in der → *Kostenrechnung* und als Aufwand im → *Jahresabschluß* behandelt werden. Die Haftungsausgaben als zweite Gruppe werfen, soweit bereits angefallen, keine besonderen Probleme auf. Solche Probleme entstehen jedoch im Hinblick auf *antizipierte Haftungsausgaben*. Ggf. sind → *Rückstellungen* gem. § 249 HGB wegen P. zu erwägen.

Für die Rückstellung kommen im Grundsatz direkte und indirekte Haftungsausgaben in Betracht. *Direkte* Haftungsausgaben sind die Zahlungen, die zum Ausgleich bereits eingetretener Schäden an die berechtigten Konsumenten zu leisten sind. *Indirekte* Haftungsausgaben sind jene, die nach Auftreten von Produktfehlern, zum Beispiel durch Produktrückrufe, Folgeschäden begrenzen, reduzieren oder ganz verhindern sollen.

2. Rückstellungen für direkte Haftungsausgaben. Die Erwartung zukünftiger Ausgaben zum Zweck der Kompensation geschädigter Konsumenten stellt eine ungewisse → *Verbindlichkeit* dar. Die Rückstellungsfähigkeit ungewisser Verbindlichkeiten wird von Rechtsprechung und Literatur davon abhängig gemacht, ob der Eintritt der Verbindlichkeit hinreichend wahrscheinlich sei und dem Erfordernis einer gewissen „Mindestkonkretisierung" (Moxter) genüge. Offensichtlich soll so einer willkürlichen Interpretation ungewisser Verbindlichkeiten, nach der jedes noch so geringe und diffus auszumachende Risiko abzudecken sei, entgegengewirkt werden. Diese Intention entspricht dem Gedanken der Objektivierung, der neben dem Grundsatz der Kapitalerhaltung die handels- und steuerrechtliche Bilanzierung prägt.

Die P.-Risiken bestehen typischerweise aus beträchtlichen Schäden bei geringen Eintrittswahrscheinlichkeiten. Die geforderte Mindestwahrscheinlichkeit hoch anzusetzen, hieße, Rückstellungen wegen P. auf die Fälle zu beschränken, in denen Schäden bereits eingetreten und nur noch nicht reguliert worden sind. Als Begründung dieser restriktiven Handhabung mag man auf die vage und unzuverlässige

Evidenz verweisen, die zur Fundierung von Wahrscheinlichkeitsurteilen in Haftungsfragen herangezogen wird. Andererseits sind im Zuge der Fehlererkennung und Qualitätssicherung sind Verfahren der Risikoanalyse entwickelt worden, die auf die Prognose von Haftungsschäden angewandt im Einzelfall eine validierte Beurteilung bis hin zur Bildung von Wahrscheinlichkeitsverteilungen für den Schadenseintritt erlauben. Hierzu dienen z. B. Fehlerbaumanalysen und Simulationsverfahren.

Bei validierter Datenbasis besteht indessen kein Grund, von der Forderung einer hinreichenden Wahrscheinlichkeit in derselben Höhe wie bei anderen Rückstellungsgründen abzuweichen. Man wird die BFH-Ansicht, nach der eine Wahrscheinlichkeit hinreichend sei, wenn „mehr Gründe für als gegen" die Verbindlichkeit sprechen, auch auf den Fall der P. übertragen und damit zumindest eine Wahrscheinlichkeit von 50% als ausreichend betrachten dürfen. Ob auch geringere Wahrscheinlichkeiten als hinreichend erachtet werden, hängt von der Gewichtung der grundsätzlichen Zielsetzungen der Bilanz ab. Wer den Schwerpunkt auf die objektivierte Darstellung legt, wird die Grenzwerte höher setzen als derjenige, der dem Kapitalerhaltungsgrundsatz größeres Gewicht gibt. In beiden Fällen kann bei hinreichender Validierung durch Risikoanalysen die Qualität der Datenbasis nicht mehr zur Bemessung der Grenzwahrscheinlichkeit herangezogen werden. Ohne validierte Datenbasis würde die Bildung der P.-Rückstellung sowohl gegen den einen wie den anderen Grundsatz verstoßen.

3. Rückstellungen für indirekte Haftungsausgaben. Die Erwartung zukünftiger Ausgaben zur Schadenskompensation läßt sich zuweilen durch Präventivmaßnahmen in Form von Warnungen bis hin zu Produktrückrufen reduzieren.

Die mit zukünftigen Rückrufen verbundenen Ausgaben für Kommunikation, Rücknahme des Produkts, ggfs. Reparatur oder Aushändigung neuer Exemplare, sind regelmäßig beträchtlich und lassen sich als → *Aufwandsrückstellungen* verstehen, die im Sinne des §249 Abs. 2 HGB zulässig sind. Gegen die exzessive Bildung von Aufwandsrückstellungen sind in der deutschen Literatur (ohne Bezug auf die Besonderheiten der P.) einleuchtende Argumente ins Feld geführt worden. Inwieweit diese Argumente die Rückstellung zukünftiger Rückrufausgaben verhindern können, bleibt abzuwarten. Wenn zukünftige Rückrufausgaben sich durch objektive Indikatoren belegen lassen, liegen validierte Erwartungen vor. Die Aufwandsrückstellung tritt ganz oder teilweise an die Stelle der Verbindlichkeitsrückstellung. Ohne die Rückstellung der zukünftigen Rückrufausgaben wäre allein die Rückstellung des größeren Haftungsschadens plausibel, dessen Eintritt allerdings gerade wegen des antizipierten Rückrufs in hohem Maß unwahrscheinlich geworden ist.

Lit.: Vollmer, L./Nick, Th.: Die Zulässigkeit von Pauschalrückstellungen für Produkthaftpflichtrisiken, in: DB 1985, S. 53–59; *Bundschuh, G.:* Rückstellungen für Produzentenhaftung in der Steuerbilanz, 1987; *Institut „Finanzen und Steuern":* Bildung von Rückstellungen für Produkthaftung, 1988; *Standop, D.:* Accounting for Product Liability in German Commercial Law: When must Contingencies be accrued?, 1989; *Busch, R.:* Rückstellungen wegen Produkthaftung, 1992.

Professor Dr. Dirk Standop, Osnabrück.

Produktionsfaktor

Wirtschaftliches Gut, das zur Erstellung anderer Güter eingesetzt wird (Beispiel: Arbeitskraft, Betriebsmittel, Werkstoffe).

Lit.: Busse von Colbe, W./Laßmann, G.: Betriebswirtschaftstheorie, Bd. 1, 5. Aufl., 1991, S. 76–83.

Produktivität

→ *Wirtschaftlichkeit.*

Produktlebenszyklus

= Lebenszykluskonzept.

Instrument des langfristigen Absatz-Controllings; Abfolge der Phasen eines Produktes von seiner Entwicklung bis zum Ausscheiden aus dem Markt. Der P.

wird gewöhnlich in die 5 Phasen Entwicklung, Markteinführung, Wachstum, Reife (Sättigung) und Degeneration eingeteilt und in den von dem Produkt verursachten Einnahmen und Ausgaben dargestellt.

Aus dem P. lassen sich Normstrategien im Hinblick auf die Notwendigkeit, neue Produkte zu erstellen oder alte aus dem Markt zurückzuziehen, ableiten.

Lit.: Brockhoff, K.: Produktlebenszyklus, in: HWA, 1974, Sp. 1763–1770.

Profit-Center
Organisatorische Einheit eines Unternehmens, für dessen Gewinn oder Verlust der Leiter verantwortlich ist (häufig bei gegebener Kapazität).

Prognosebericht
→ *Prognosepublizität.*

Prognosekosten
Für die Zukunft erwartete bzw. prognostizierte Sollgrößen als Plankosten.

Prognosekostenrechnung
→ *Kostenrechnungssysteme.*

Prognoseleistungen
Für die Zukunft erwartete bzw. prognostizierte Sollgrößen als Planleistungen.

Prognosemodell
→ *Planungsrechnung.*

Prognosepublizität
Öffentliche, zukunftsorientierte Berichterstattung eines Unternehmens über seine erwartete wirtschaftliche Entwicklung an externe Adressaten. Die P. kann verbal (qualitativ) und/oder zahlenmäßig (quantitativ), periodisch (z. B. → *Lagebericht*, prospektive → *Kapital- und Finanzflußrechnung*) und/oder fallweise (z. B. → *Börsenzulassungsprospekt*) erfolgen.

Lit.: Busse von Colbe, W.: Prognosepublizität von Aktiengesellschaften, in: Beiträge zur Lehre von der Unternehmung, 1968, FS für K. Käfer, S. 91–118; *Mennenöh, H.:* Prognosepublizität, 1984.

Progressive Kosten
Mit der → *Kosteneinflußgröße* je Leistungseinheit zunehmende Kosten (→ *Kosten, fixe und variable*).

Progressive Prüfung
→ *Prüfungsmethoden.*

Projektspezifische Kostenstelle
= → *Ausgliederungsstelle.*

Projektstandsrechnung
Eine mehrperiodige, zahlungsorientierte Beurteilungskonzeption für Beteiligungsgesellschaften (→ *Beteiligung*), die sich an den Interessen der Kapitalgeber des → *Mutterunternehmens* orientiert (→ *Share Holder Value-Konzept*). Bei der P. werden die Beteiligungsgesellschaften als Investitionsprojekte des Mutterunternehmens betrachtet, so daß eine Verknüpfung von Akquisitionsentscheidung (Basisentscheidung) und späterer Erfolgskontrolle durch Vergleich von geplanten und realisierten Projektständen möglich wird. Die bei der Akquisitionsentscheidung zur Ermittlung des → *Ertragswerts* bzw. → *Discounted Cash-Flows* lokal, zentral bzw. konsolidiert geplanten operativen Einzahlungsüberschüsse (operating cash flow to parent) (→ *Cash-Flows*) des Beteiligungsunternehmens bilden nach dem Konzept der P. die Grundlage für die spätere Steuerung und Kontrolle. Die seit der Akquisition bis zum jeweiligen Beurteilungszeitpunkt realisierten Cash-Flows werden mit Soll-Kontenständen verglichen, die unter Berücksichtigung einer alternativen Verwendung des im Beteiligungsunternehmen eingesetzten Kapitals abgeleitet werden. Bei der alternativen Anlage wird eine Kapitalmarktanlage mit *vergleichbarem Risiko* gewählt. Für jeden Beurteilungszeitpunkt ist ein Projektstand der Alternativanlage ableitbar, der sich aus der Aufzinsung mit der Renditeforderung ergibt. Aus dem Vergleich des stichtagsbezogenen Projekt-Wertes mit dem Stichtagswert der Alternativanlage läßt sich die Wertentwicklung der Akquisition im Zeitablauf und damit die Bedeutung der Struktur der geplanten Zahlungen für die Wertentwicklung erkennen.

Im Gegensatz zu den aus Bilanzen und Erfolgsrechnungen abgeleiteten periodischen → *Rentabilitäten* liefert die P. den Beitrag einer Beteiligungsgesellschaft zum Marktwert des Gesamtunternehmens. Für eine P. sind nach Währungen sowie nach konzerninternen Zahlungen und Zahlungen mit Dritten segmentierte Finanzierungsrechnungen erforderlich. Derartige zahlungsorientierte Rechnungen gehören in der (deutschen) Unternehmenspraxis bisher jedoch nur selten zum Standardumfang des internen → *Rechnungswesens.*

Lit.: Busse von Colbe, W.: Finanzielle Steuerung und Kontrolle im internationalen Konzern unter besonderer Berücksichtigung von Diskontinuitäten, in: Macharzina, K. (Hrsg.): Diskontinuitätsmanagement, 1984, S. 141–170; *Gebhardt, G.:* Marktwertorientiertes Beteiligungscontrolling im internationalen Konzern, in: DB 1995, S. 2225–2231; *Bergmann, J.:* Beurteilung von ausländischen Teileinheiten, 1996, S. 201–305.

Dipl.-Ök. Arndt Kempen, Frankfurt/Main.

Proportionale Kosten
= linear-variable Kosten.
→ *Kosten, fixe und variable.*

Proportionalitätsprinzip
→ *Kostenzurechnungsprinzip,* nach dem die → *Kosten,* insbesondere → *Gemeinkosten* proportional zu bestimmten Bezugs- oder Maßgrößen auf die → *Kostenstellen* zu verteilen sind (→ *Betriebsabrechnungsbogen,* → *Kalkulationsverfahren*).

Proportionalkosten
= Direct Costing.
→ *Grenzkostenrechnung.*
→ *Kostenrechnungssysteme.*

Prospektprüfung
→ *Sonderprüfungen.*

Prozentualkostenkalkulation
Verfahren der → *Preiskalkulation.* Dabei werden die → *Kostenträger* mit den gedeckten Kosten belastet, die sich ergeben aus der Multiplikation der Gesamtkosten der Optimalbeschäftigung oder den Gesamtkosten der realisierten Beschäftigung mit dem Verhältnis aus realisierter und optimaler Beschäftigung.

Prozeßcontrolling
1. Zwecke

Bei kurzzyklischer Sorten- und Serienfertigung, wie sie oft bei automatisierten Anlagen vorliegt, ist häufig durch die für den Produktionsprozeß verantwortliche Führungskraft für kürzeste Fristen (z. B. eine Schicht oder ein Tag) eine Reihe von Entscheidungen über alternativ durchführbare Maßnahmen zu treffen. Diese betreffen z. B. In- bzw. Außerbetriebnahme von Arbeitsstationen, Personalumsetzungen, Variation der Losgröße und Serienreihenfolgen, Durchführung von Kurz- oder Mehrarbeit, Veränderung der Produktionsgeschwindigkeit, der Prüfschärfe im Produktionsprozeß. Hinzu kommen die Auswirkungen von Maßnahmen, die keiner Disposition des Prozeßverantwortlichen unterliegen, sondern das Ergebnis von Unwägbarkeiten und Störeinflüssen sind.

Die *Zwecke* des P. bestehen einerseits in der *Planungs- und Vorgabenermittlung* zur betriebswirtschaftlichen Prozeßsteuerung, indem übergeordnet festgelegte Vorgaben als Führungsgrößen übernommen und innerhalb dieses Rahmens die Festlegung von Freiheitsgraden durch den Prozeßverantwortlichen betriebswirtschaftlich unterstützt werden. Andererseits dient das P. der *Kontrolle* zur betriebswirtschaftlichen Prozeßregelung, indem nach Realisation der Maßnahmen Rückkopplungsinformationen über die Einhaltung der Vorgaben bereitgestellt werden. In beiden Fällen macht das P. beeinflußbare Maßnahmen des laufenden Produktionsgeschehens im Hinblick auf ihre wirtschaftlichen Auswirkungen aktuell und prozeßbezogen beurteilbar.

2. Instrumente

a) Periodische Kosten- und Leistungsrechnung. Das übliche Instrument zur Bereitstellung von Informationen zur betriebswirtschaftlichen Beurteilung des gesamten Betriebsgeschehens und damit auch bezüglich automatisierter Produktionsprozesse ist die traditionelle, periodische, i. d. R. mit Monatsbezug durchgeführte Kosten- und Leistungsrechnung (→ *Kostenrechnungssysteme*). Diese Rechnung stößt mit zunehmender Automatisierung der Produktionsprozesse für die Zwecke des P. an Aussagegrenzen aufgrund:

- von Schlüsselungsproblemen übergeordneter Kosten (→ *Gemeinkosten*) auf → *Kostenstellen*;
- funktionaler Kostenstellengliederung bei Funktionsintegration im Produktionsprozeß;
- undifferenzierter Darstellung des → *Fixkostenblocks*;
- Periodisierung nur langfristig beeinflußbarer Kosten;
- verspäteten und kumulierten Ausweises kurzfristig beeinflußbarer Kosten;
- Fehlen operationaler Mengen- und Zeitkennzahlen „nah" am Produktionsgeschehen sowie prozeßbezogener → *Kostenarten*.

b) Operative Kennzahlenrechnung. Neue Möglichkeiten zur betriebswirtschaftlichen Informationsbereitstellung bietet die mit der Automatisierung einhergehende Informationstechnik. So läßt sich der *Differenzierungsgrad* der Informationen durch weitere mengen- und zeitbezogene Daten aus BDE-Systemen ohne Zusatzerfassungen erhöhen. Darüber hinaus kann die *Aktualität* der Informationen aufgrund Echtzeit-Erfassung und Online-Übertragung erheblich gesteigert werden, sodaß durch betriebswirtschaftliche Regelkreise eine frühzeitige Reaktion auf Abweichungen ermöglicht wird. Durch dezentralisierte Verarbeitungs-, Speicher- und Zugriffsmöglichkeiten lassen sich Auswertungen mit individuellem Inhalt, Umfang und Zeitraum erstellen und somit eine stärkere *Bedarfsorientierung der Informationsbereitstellung* erreichen.

Auf dieser informationstechnischen Basis setzt das Konzept der operativen Kennzahlenrechnung auf. In dieser Rechnung werden nur kurzfristige Maßnahmen der laufenden Produktion abgebildet. Damit handelt es sich um eine selektive Maßnahmenabbildung, da Maßnahmen wie z. B. die Bereitstellung von Anlagenpotentialen nicht berücksichtigt werden. Hier äußert sich, daß die Kostenarten der traditionellen Kosten- und Leistungsrechnung für die Zwecke des P. nicht alle gleich zu behandeln sind. Es werden nur die Teile der Kosten- und Leistungsarten dargestellt, die durch operative Maßnahmen in kurzer Frist *dispositions- oder ausführungs- bzw. störungsbedingt beeinflußt* werden können. Die operative Kennzahlenrechnung erfolgt entsprechend der kurzen Wirkungsdauern dieser Maßnahmen in Form einer zeitlich differenzierten schicht-, tages- oder wochenweise durchzuführenden Rechnung. Gegenüber der traditionellen Kosten- und Leistungsrechnung wird eine inhaltliche Detaillierung der Informationen erreicht, indem die relevanten Elemente der traditionellen Kosten- und Leistungsrechnung um wesentliche weitere betriebswirtschaftlich-technische Kennzahlen ergänzt, systematisch strukturiert und aktuell am Bildschirm verfügbar gemacht werden.

3. Aufbau der operativen Kennzahlenrechnung

a) Prozeßbezogene Informationsstrukturierung. Die Kennzahlen sollen Transparenz in den Produktionsprozeß bringen, indem sie Einzelinformationen über den Produktionsprozeß in einen betriebswirtschaftlichen Gesamtzusammenhang stellen. Dazu werden sie inhaltlich zunächst nach dem prinzipiellen Prozeßablauf in die Bereiche Input, Transformation und Output differenziert. Die auf den *Produktionsfaktorinput* ausgerichteten Kennzahlen werden weiter nach den eingesetzten Faktorarten Material inklusiv Dienstleistungen, Personal, Anlagen und Kapitalbindung unterschieden. Innerhalb der einzelnen Blöcke können die Kennzahlen aggregiert über alle Positionen, differenziert nach Positionsgruppen oder für Einzelpositionen (je Material-, Personal-, Anlagennummer) gebildet werden; dabei handelt es sich um die sog. Primärgliederung der Kennzahlen.

Da für eine operative Prozeßführung die betriebswirtschaftliche Abbildung des Transformationsprozesses als Ganzes zu grob ist, wird eine Differenzierung der inputorientierten Kennzahlen nach den ablaufenden *Teilprozessen* vorgenommen. Neben der eigentlichen Fertigungsdurchführung lassen sich z. B. die Teilprozesse Qualitätssicherung (mit Prüfung und Fehlerbeseitigung) und Logistik (mit Transport und Lagerung) unterscheiden. Die als Summe für den Gesamtprozeß ausgewiesenen inputorientierten Kennzahlen werden in ihrer Struktur soweit wie möglich auf die Teilprozesse übertragen; es handelt sich dabei um die Sekundärgliederung der Kennzahlen. Dann lassen sich wichtige *„sekundäre", operativ beeinflußbare Prozeßkostenkomponenten* wie Montagekosten, Transportkosten, Lagerkosten, Prüf- und Reparaturkosten mit ihren beeinflußbaren primären Bestandteilen und vor allem mit den sie bestimmenden mengen- und zeitbezogenen Einflußgrößen (→ *Einflußgrößenrechnung*) deutlich machen. Die den *Prozeßoutput* betreffenden Kennzahlen sollen die Produktionsprozeßleistung quantitativ abbilden und werden zu diesem Zweck nach den Dimensionen der Leistung unterschieden in mengen-, qualitäts- und terminbezogene Kennzahlen der einzelnen Leistungsarten.

Innerhalb der drei Teilbereiche werden die Kennzahlen jeweils zu Kennzahlenblöken zusammengefaßt. Innerhalb dieser erfolgt eine weitere Untergliederung der obersten Kennzahl – i.d.R. eine → *Kosten- oder Leistungsart* – bis hin zu den wesentlichen Mengen- und Zeiteinflußgrößen. Diese inhaltliche Struktur führt zu einer geordneten Gesamtheit von Kennzahlen, die derart in sachlich sinnvoller Beziehung zueinander stehen, daß das Zustandekommen des übergeordneten Kennzahlenbetrags durch die untergeordneten Kennzahlen so gut wie möglich erklärt wird.

Die *Flexibilität des Kennzahlensystems* besteht darin, daß die Kennzahlen ausgehend vom höchsten Aggregationsgrad über die Prozeßelemente Input, Transformation und Output weiter in einzelne Blöcke (Subsysteme) strukturiert werden. Dieser Ansatz ist für einen Großteil der Produktionsprozesse hinreichend durchführbar, da diese Gliederung bei genügender Abstraktion für jeden Prozeß möglich ist. Die darunter angesiedelte, eher sachlogische Differenzierung der Kennzahlen sowie insbsd. die Unterscheidung der wesentlichen Teilprozesse im Transformationsbereich können fallspezifisch ergänzt oder verändert werden.

b) Online-Anwendung. Um die einzelnen Kennzahlen in ihrer Differenzierung zeitnah ermitteln zu können, ist eine entsprechend differenzierte *Datenübermittlung* aus vorgelagerten EDV-Systemen in eine einheitliche Datenbasis erforderlich. Benötigt werden Daten über einzeln identifizierbare Ereignisse des Faktoreinsatzes und des Produktionsergebnisses, die sich je Material-, Personal-, Anlagen- und Fertigungsauftragsnummer erfassen lassen. Neben den Mengen- und Zeitbewegungsdaten sind insbsd. Primär- (Aggregationskriterien) und Sekundärgliederungskennzeichnungen (Teilprozeßzuordnung), Verbrauchs-, Fehler-, Einsatz-, Zeit- und Qualitätsarten sowie Zeitpunkte des Verbrauchs bzw. der Leistung zu erfassen. Die erforderlichen Bewegungsdaten lassen sich aus den Prozeßsteuerungs-, PPS- und BDE-Systemen ableiten; die zugehörigen Stammdaten sind insbsd. in den CAD-, Auftrags-, Lager-, Personal- und Anlagenverwaltungssystemen enthalten.

Durch einen Online-Zugriff des Kennzahlenauswertungssystems auf die Daten und mit einer interaktiven *Berichtsparameterfestlegung am Bildschirm* sowie deren sukzessiven Veränderung steht für das P. ein äußerst flexibles Instrument zur detaillierten und einzelfallbezogenen Ursachenanalyse bei Abweichungen und unerwarteten zeitlichen Entwicklungen einzelner Kennzahlen zur Verfügung. Daraus können Hinweise zur Berücksichtigung bestimmter Umstände in zukünftigen Planungen abgeleitet werden, wenn die Abweichungsursachen nicht zu vermeiden sind, oder es werden besondere Kontrollen anhand spezieller Kennzahlen festgelegt, um die Behebung der Abweichungsursache überwachen zu können. Sind die wesentlichen Ursache-Wirkungs-Beziehungen zwischen inhaltlich unter- und übergeordneten Kennzahlen in funktionaler Form (→ *Einflußgrößenrechnung*) bekannt, kann der Prozeßverantwortliche – im Rahmen der Vorgaben – Auswirkungen seiner Dispositionsmöglichkeiten auf die übergeordneten *Plankennzahlen am Bildschirm simulieren*. Damit ermöglicht die operative Kennzahlenrechnung ein P. persönlich durch den Prozeßverantwortlichen direkt am Ort des Produktionsgeschehens.

4. Integration mit periodischer Kosten- und Leistungsrechnung

Die zusammenhängende, integrierte Informationsbereitstellung durch die operative Kennzahlenrechnung und traditionelle Kosten- und Leistungsrechnung erfordert eine Gestaltung der *Schnittstelle zwischen diesen beiden Informationssystemen*. Für die Schnittstelle muß definiert werden, welche Datenobjekte, die in der operativen Kennzahlenrechnung ausgewertet werden, auch in die monatlichen Kosten- und Leistungsrechnungsauswertungen einfließen. Dazu wird in die Datenbasis als Attribut zu jedem Datenobjekt die *Auswertungskennzeichnung* eingeführt. Die Auswertungskennzeichnung „Schicht" bedeutet, daß diese Datenobjekte in jede Auswertung einfließen, die für einen Berichtszeitraum einer Schicht oder für einen größeren Zeitraum erstellt werden.

Dementsprechend gehen alle Datenobjekte mit der Auswertungskennzeichnung Schicht, Tag oder Woche in die operative Kennzahlenrechnung und auch in die monatliche Kosten- und Leistungsrechnung ein. Eine monatsweise Aggregation über diese Datenobjekte führt zu den Kosten- und Leistungsartenbeträgen, die sich aus der operativen Kennzahlenrechnung für den Berichtsmonat ergeben. Die Auswertungskennzeichnung Monat gibt Datenobjekte an, die nur in die monatliche Kosten- und Leistungsrechnung eingehen (z. B. → *Abschreibungen* und → *kalkulatorische Zinsen* für die eingesetzten Anlagen). Die Summe aller Datenobjekte mit den Auswertungskennzeichnungen Schicht bis Monat ergibt die Basis für die monatliche Kosten- und Leistungsrechnung. Über die Primärkennzeichnung werden Datenobjekte einzelner Material-, Personal- und Anlagennummern letztendlich bis zu den zugehörigen Kostenartennummern verdichtet; über die Sekundärkennzeichnung wird eine Zuordnung zu den verursachenden Kostenstellen erreicht. Datenobjekte einzelner Auftragsnummern lassen sich über die Primärkennzeichnung den entsprechenden Fabrikategruppen der monatlichen → *Erfolgsrechnung* zuordnen.

Lit.: Hackstein, R./Maluche, C.: Kennzahlen aus fertigungsbezogenen Daten, in: Arbeitsvorbereitung, 1980, S. 123–129; *Mertens, P.:* Einflüsse der EDV auf die Weiterentwicklung des betrieblichen Rechnungswesens, in: krp 1984, S. 87–93; *Siegwart, H./Raas, F.:* CIM-orientiertes Rechnungswesen, 1991; *Kaiser, K.:* Kosten- und Leistungsrechnung bei automatisierter Produktion, 2. Aufl., 1993; *Hahn, D./Laßmann, G.:* Produktionswirtschaft, Bd. 3.2 Informationssystem, 1993.

Dr. Klaus Kaiser, Essen.

Prozeßkostenrechnung

1. Entstehung

In vielen Unternehmen hat sich der Prozeß der betrieblichen Leistungserstellung und Wertschöpfung stark verändert. Die Fertigung ist vielfach durch einen hohen Automatisierungsgrad (CIM-Konzepte) gekennzeichnet. Dadurch hat vor allem die Bedeutung von Aufgaben und Tätigkeiten zugenommen, die der Fertigungsdurchführung vor- und nachgelagert sind, z. B. in der Beschaffung, Produktionsplanung und -steuerung, Qualitätsprüfung und Auftragsabwicklung. Gleichzeitig werden von vielen Unternehmen stark differenzierte und komplexe Produktvarianten angeboten. Diese Entwicklungen haben dazu geführt, daß die betrieblichen Gemeinkosten innerhalb der Gesamtkosten absolut und relativ angestiegen sind. Seitens der Unternehmen ergibt sich damit die Notwendigkeit, sowohl die Kostentransparenz in den sog. indirekten Leistungsbereichen zu erhöhen als auch eine verursachungsgerechtere Verteilung der Gemeinkosten auf die Kostenträger zu erreichen. Bisher wurden die Gemeinkosten häufig mit wertabhängigen Bezugsgrößen den einzelnen Produkten zugerechnet. Diese Proportionalitätsannahme zwischen wertmäßiger Höhe einer Zuschlagsbasis (z.B. Materialeinzelkosten) und den darauf verrechneten Gemeinkosten wird den neuen Zusammenhängen und Abhängigkeiten der betrieblichen Tätigkeiten bzw. Prozesse nicht mehr im erforderlichen Ausmaß gerecht. Das System der P. (Activity-Based Costing) versucht daher, die Kosten der betrieblichen Aktivitäten zu ermitteln und für die Produktkalkulation sowie für Aufgaben des Prozeßmanagements nutzbar zu machen.

2. *Aufbau*

a) Bestimmung der Prozesse und Prozeßkosten. Prozesse sind repetitive Tätigkeiten, die in den Kostenstellen eines Unternehmens bei der Ausführung der übertragenen Aufgaben anfallen (z.B. Material einkaufen, Angebote bearbeiten). Die in den einzelnen Kostenstellen ablaufenden Prozesse werden anhand von Interviews mit den betreffenden Kostenstellenleitern erhoben, die auch den erforderlichen Einsatz an Personal- und Sachmitteln angeben müssen, der die Höhe der jeweiligen Prozeßkosten bestimmt. Durch eine Zusammenfassung von mehreren sachlich zusammenhängenden (Teil-) Prozessen entstehen kostenstellenübergreifend sog. Hauptprozesse, die als Grundlage der prozeßorientierten Kalkulation dienen (z.B. Zusammenfassung der Teilprozesse „Material einkaufen", „Material prüfen" und „Material lagern" zum Hauptprozeß „Material beschaffen").

b) Identifikation von Prozeßgrößen. Um die bei der Ausführung der Prozesse anfallenden Gemeinkosten verrechnen zu können, müssen geeignete Bezugs- bzw. Prozeßgrößen bestimmt werden. So ist z.B. die Höhe der zu verrechnenden Materialgemeinkosten im allg. nicht vom Wert des beschafften Materials, sondern vom Umfang der erforderlichen Bestellungen, Lagerbewegungen etc. abhängig.

c) Festlegung von Prozeßmengen. Wenn sich die betrachteten Prozesse in gleicher oder ähnlicher Weise wiederholen, können die Arbeitsergebnisse gezählt und sog. „standards of performance" festgelegt werden (z.B. die Anzahl der Bestellungen, die Anzahl der Kundenaufträge usw.). Damit sind Schlüsselgrößen verfügbar, die eine verbesserte Zurechnung der Gemeinkosten auf die Produkte entsprechend zur Inanspruchnahme betrieblicher Ressourcen ermöglichen.

d) Ermittlung der Prozeßkostensätze und Prozeßkostenkalkulation. Durch Gegenüberstellung von Prozeßkosten (Input) und -mengen (Output) werden sog. Prozeßkostensätze als Bewertungsmaßstab für die Kalkulation gebildet:

$$\text{Prozeßkostensatz} = \frac{\text{Prozeßkosten}}{\text{Prozeßmenge}} = \text{Kosten je Prozeßgröße (z.B. Teilebestellung)}$$

Auf ein Produkt, für dessen Herstellung z.B. drei (acht) Materialbestellungen erforderlich sind, wird entsprechend dreimal (achtmal) der für eine Bestellung ermittelte Prozeßkostensatz verrechnet.

3. *Prozeßorientierte Kosteninformationen*

Die durch das System der P. zusätzlich generierten Kosteninformationen lassen sich im wesentlichen in drei Kategorien gliedern: Allokationseffekt, Komplexitätseffekt und Degressionseffekt.

a) Allokationseffekt. Bei der P. erfolgt die Verrechnung (Allokation) der Gemeinkosten auf die Produkte unabhängig von der wertmäßigen Höhe der Zuschlagsbasen. Stattdessen wird angestrebt, die Gemeinkosten mit Hilfe der Prozeßmengen gemäß der beanspruchten betrieblichen Ressourcen auf die einzelnen Produkte zu verteilen. Hohe bzw. niedrige Werte der Zuschlagsbasen (z.B. Materialeinzelkosten) führen bei Anwendung der P. folglich nicht zu proportionalen Verrechnungen von Gemeinkosten.

b) Komplexitätseffekt. Die P. versucht insbesondere, die Komplexität der Produkte als kostenbestimmenden Faktor in der Kalkulation genauer nachzubilden. Bei der Herstellung von komplexen Produktvarianten entsteht gegenüber einfacheren Varianten ein deutlich höherer Bedarf an gemeinkostenverursachenden Aktivitäten, z.B. für Materialdisposition, Fertigungssteuerung und Qualitätsprüfung. Die Anwendung der P. trägt dazu bei, daß Produkte mit niedriger Komplexität und geringer Wertschöpfung (Standardprodukte) im Vergleich zur Zuschlagskalkulation billiger angeboten werden können. Umgekehrt verteuern sich Produkte mit hoher Komplexität und umfangreicher Wertschöpfung (Spezialprodukte) gegenüber der Zuschlagskalkulation, da die P. die stärkere Inanspruchnahme der betrieblichen Ressourcen in Form höherer verrechneter Gemeinkosten zeigt. Diese zusätzlichen Informationen sollen dazu beitragen, strategische Entscheidungen im Unternehmen besser zu fundieren.

c) Degressionseffekt. Für betriebliche Tätigkeiten, die vorgangs- bzw. auflagenfixe Kosten verursachen, zeigt die P. in Abhängigkeit von der jeweiligen Prozeßmenge unterschiedliche Prozeßkosten pro Stück. Damit werden Fehlsteuerungen vermieden, die sich bei der Zuschlagskalkulation aufgrund der proportionalen Schlüsselung der Gemeinkosten ergeben würden. Dort wird für die Ausführung einer bestimmten Tätigkeit jeweils ein konstanter Gemeinkostensatz pro Stück verrechnet. Dies bewirkt, daß auf Bestellungen oder Kundenaufträge mit kleinen Stückzahlen nur wenig Gemeinkosten verrechnet werden, obwohl die Abwicklung von kleinen Losgrößen die betrieblichen Ressourcen stärker beanspruchen kann. In gleicher Weise würden die Gemeinkosten von großvolumigen Bestellungen oder Aufträgen zu hoch ausgewiesen. Die Prozeßkosten pro Stück für die interne Abwicklung von Materialbestellungen, Fertigungslosen, Kundenaufträgen etc. variieren dagegen mit dem bearbeiteten Stückzahlvolumen: Produkte, die in geringen (großen) Mengen nachgefragt werden, müssen entsprechend höhere (niedrigere) Prozeßkosten pro Stück tragen. Dadurch steigen die Kosten von Produkten mit selten beschafften oder hergestellten Einzelteilen im Vergleich zu solchen mit Norm- oder Mehrfachverwendungsteilen. Zusätzlich wird die größere (geringere) Wirtschaftlichkeit bei der internen Bearbeitung von großvolumigen (kleinvolumigen) Bestellungen oder Aufträgen verdeutlicht. Aus den ermittelten Prozeßkosten können Informationen über Mindestbestellmengen oder -auftragsgrößen abgeleitet werden.

4. Weiterentwicklungen

Weiterentwicklungen der P. erfassen die betrieblichen Prozesse in verschiedenen Stufen (hierarchisches Prozeßkostenmodell). Für den Produktionsbereich lassen sich stückzahl-, losgrößen-, varianten- und fabrikabhängige Prozeßkosten erfassen und mit spezifischen Prozeßgrößen für Kalkulationszwecke nutzen. Im Marketing- und Vertriebsbereich wären analog kunden-, marken-, segment- und regionenabhängige Prozeßkosten auszuweisen. Durch Saldierung mit den erzielten Verkaufserlösen könnten aus den identifizierten hierarchischen Prozeßkostenkategorien entsprechend stufenweise Deckungsbeiträge abgeleitet werden.

Eine andere Vorgehensweise zur Weiterentwicklung vorhandener Ansätze der P. wird darin gesehen, die Grenzplankostenrechnung, erweitert um zeitelastische Plannungsansätze, zu einer flexiblen Prozeßplankostenrechnung auszubauen.

5. Beurteilung

a) Aufbau und Methodik. Die P. ist ein Vollkostenrechnungssystem, das die Möglichkeiten für eine genauere kostenrechnerische Durchdringung der Gemeinkosten erweitern will. Der Gebrauch von Bezugsgrößen in den fertigungsunterstützenden Bereichen ist gleichwohl bereits in der Grenzplankosten- und Deckungsbeitragsrechnung für Zwecke der Kostenkontrolle enthalten. An der P. wird vor allem kritisiert, daß im Rahmen der Prozeßkostenkalkulation eine Proportionalisierung prozeß- und produktfixer Kosten vorgenommen wird. Dadurch werden Kosten auf Produkte verrechnet, die nur bei Wegfall einer bestimmten Anzahl von Prozeß- bzw. Produkteinheiten und zusätzlichen Dispositionen im Unternehmen abgebaut werden können. Die beeinflußbare Höhe der Kosten und das zeitliche Eintreten der Kostenveränderung sind im allgemeinen aus der P. nicht zu ermitteln, sondern allenfalls in Nebenrechnungen, z. B. entsprechend ausgestalteten Fixkostendeckungsrechnungen. Häufig sind Fixkosten im Unternehmen kurzfristig nicht beeinflußbar. Deshalb kann die P. auch keine Grundlage für kurzfristige Entscheidungen sein, sondern allenfalls für mittel- und langfristig orientierte Programmentscheidungen im Produktions- und Absatzbereich. Hier bietet die P. wichtige Signal- und Anregungsfunktionen für die Untersuchung der betrieblichen Wertschöpfungsstruktur.

b) Informationsgehalt. Die traditionellen Kostenrechnungssysteme sind durch eine starke Ausrichtung auf Produkte als Kostenträger gekennzeichnet. Demgegenüber orientiert sich die P. verstärkt an betrieblichen Aktivitäten. Die Prozeßorientierung ist ein zweckmäßiger Ansatz, um die betrieblichen Gemeinkosten und Dienstleistungen genauer zu durchdringen, planen und kontrollieren zu können. Weitere Einsatzmöglichkeiten der P. sind im Erkennen und Beeinflussen betrieblicher Kostenschwerpunkte zu sehen. Prozeßkostenanalysen tragen dazu bei, markt- und wettbewerbsorientierte Zielkosten für Produkte zu bestimmen. Die kostenmäßigen Auswirkungen unterschiedlicher Konstruktions-, Design-, Beschaffungs-, Produktions- und Vertriebsalternativen können damit bereits in frühen Produktphasen abgeschätzt und bewertet werden. Zusätzlich ergeben sich Anregungen zur Kostenbeeinflussung bei alternativer Produktgestaltung (Target Costing). Im Zusammenhang mit betrieblichen Rationalisierungsmaßnahmen besteht gelegentlich auch Bedarf an Kosteninformationen über betriebliche Aktivitäten, die aus Kundensicht zu einer höheren Wertschöpfung beitragen, z.B. zusätzliche Qualitätsprüfungen („value-added activities"), bzw. vermeidbar sind, z.B. Reklamationen, Reparaturen und Nacharbeiten („non value-added activities"). Die P. zeigt den Anteil der betrieblichen Ressourcen, die durch die Ausführung der Tätigkeiten jeweils gebunden werden, und liefert damit Anregungen für eine verbesserte Gestaltung der internen Abläufe (kontinuierliche Prozeßverbesserung). Auf diese Weise kann die P. auch als Instrument zur Motivation der Mitarbeiter wirken.

Lit.: Horváth, P./Mayer, R.: Prozeßkostenrechnung – Der neue Weg zu mehr Kostentransparenz und wirkungsvolleren Unternehmensstrategien, in: Controlling 1989, S. 214–219; *Schulte, C.:* Produzieren Sie zuviele Varianten?, in: Harvard-Manager 2/1989, S. 60–66; *Coenenberg, A.G./Fischer, Th. M.:* Prozeßkostenrechnung – Strategische Neuorientierung in der Kostenrechnung, in: DBW 1991, S. 21–38.; *Cooper, R./Kaplan, R.:* Profit Priorities from Activity-Based Costing, in: Harv. Bus. R. 3/1991, S. 130–135; *IFUA Horváth & Partner GmbH:* Prozeßkostenmanagement, 1991; *Küting, K./Lorson, P.:* Grenzplankostenrechnung versus Prozeßkostenrechnung, in: BB 1991, S. 1421–1433; *Pfohl, H.-C./Stölzle, W.:* Anwendungsbedingungen, Verfahren und Beurteilung der Prozeßkostenrechnung in industriellen Unternehmen, in: ZfB 1991, S. 1281–1305; *Glaser, H.:* Prozeßkostenrechnung – Darstellung und Kritik, in: ZfbF 1992, S. 275–288; *Kloock, J.:* Prozeßkostenrechnung als Rückschritt und Fortschritt der Kostenrechnung, in: krp 1992, S. 183–193, 237–245; *Franz, K.-P.:* Prozeßkostenrechnung – Entstehungsgründe, Aufbau und Abgrenzung von anderen Kostenrechnungssystemen, in: WiSt 1992, S. 605–619; *Coenenberg, A.G.:* Kostenrechnung und Kostenanalyse, 2. Aufl., 1993, S. 193–222; *Fischer, Th.M.:* Kostenmanagement strategischer Erfolgsfaktoren, 1993, S. 190–268; *Küting, K.:* Stand und offene Probleme der Prozeßkostenrechnung, in: DStR 1993, S. 335–339.

StB Professor Dr. Adolf G. Coenenberg, Augsburg/Professor Dr. Thomas M. Fischer, Leipzig.

Prudence

Anglo-amerikanisches Synonym für das → *Vorsichtsprinzip* (→ *Grundsätze ordnungsmäßiger Buchführung*), insb. das hieraus abgeleitete → *Imparitätsprinzip*. Da der Grundsatz der P. zu einer tendenziell pessimistischen Darstellung der gegenwärtigen Lage eines Unternehmens, in der Zukunft bei Umkehrung der Erfolgswirkung aber zur Beschönigung der Erfolgslage führt, wird er in den → *USA* und GB unter dem Begriff „*Conservatism*" kritisch diskutiert. Weil das Hauptinteresse der Jahresabschlußadressaten auf die Beurteilung der Ertragslage der Unternehmung gerichtet sei, müsse ein Mißbrauch der P. zur Bildung unangemessener → *stiller Rücklagen* vermieden werden. Ein stark ausgeprägter Grundsatz der P. wäre ein Widerspruch zur Forderung nach *Relevanz* und *Neutralität* der Jahresabschlußinformationen.

Lit.: ASC: SSAP No. 2: Disclosure of accounting policies, 1971, Ziff. 14; *FASB:* SFAC No. 2: Qualitative Characteristics of Accounting Information, 1980, Ziff. 91–97.

Prüfung des Abhängigkeitsberichts
→ *Abhängigkeitsbericht.*

Prüfung des Jahresabschlusses

1. Prüfungspflicht

Die Pflicht, den vom Unternehmen aufgestellten → *Jahresabschluß* und ggfs. auch den → *Konzernabschluß* durch einen sog. *Abschlußprüfer* prüfen zu lassen (*Pflichtprüfung*), knüpft teils an der Rechtsform, teils an der Größe oder am Geschäftszweig an, in dem ein Unternehmen tätig ist (*Abschlußprüfung*). Künftig sollen auch GmbH & Co.KG unter bestimmten Voraussetzungen in die Prüfungspflicht einbezogen werden.

a) Rechtsform. Prüfungspflicht besteht für AG, KGaA, GmbH (§ 316 Abs. 1 HGB) sowie für → *Genossenschaften* (§ 53 Abs. 2 GenG). Sog. kleine Kapitalgesellschaften sind befreit, § 267 HGB.

b) Größe. Alle Unternehmen, die unter das PublG fallen, § 6 Abs. 1 PublG.

c) Geschäftszweig. → *Kreditinstitute*, § 340k HGB; → *Versicherungsunternehmen*, § 55 VAG; Gemeinnützige Wohnungsunternehmen, § 26 WGG; Bausparkassen, § 1 Abs. 1, § 13 BauSpKG i. V. m. § 340k HGB; Kapitalanlagegesellschaften, § 2 Abs. 1, § 24a Abs. 4 KAGG i. V. m. § 340k HGB.

d) Öffentliche Unternehmen. Auch *Wirtschaftsbetriebe der öffentlichen Hand* sowie bestimmte Spezialinstitute wie die Deutsche Bundesbank, die Kreditanstalt für Wiederaufbau, die Deutsche Ausgleichsbank unterliegen einer P.

e) Feststellung. Grundsätzlich gilt für die Fälle einer gesetzlich vorgeschriebenen P., daß der Jahresabschluß erst nach Durchführung der P. *festgestellt* werden kann (§ 316 Abs. 1 Satz 2 HGB).

f) Freiwillige Prüfung. Unternehmen, die keiner Pflichtprüfung unterliegen, können ihren Jahresabschluß *freiwillig* prüfen lassen. Eine freiwillige P. kann auch im Gesellschaftsvertrag vorgesehen sein (sog. *statutarische* Prüfung).

2. Gegenstand und Zielsetzung

Gegenstand einer P. sind der Jahresabschluß (Bilanz, → *GuV*, soweit dazugehörig auch der → *Anhang*), die zugrundeliegende Buchführung (→ *Buchhaltung, kaufmännische*) sowie in beschränktem Umfang auch der sog. → *Lagebericht.* Durch die P. soll festgestellt werden, ob die auf die Rechnungslegung sich beziehenden gesetzlichen Vorschriften und sie ergänzende Bestimmungen der Satzung oder des Gesellschaftsvertrages beachtet sind (*Kontrollfunktion*, § 317 Abs. 1 HGB). Die P. wird deshalb auch als *Gesetz- und Ordnungsmäßigkeitsprüfung* bezeichnet. Die im → *Prüfungsbericht* (§ 321 HGB) zusammengefaßten Feststellungen des Prüfers sollen die den Jahresabschluß feststellenden Organe des Unternehmens in die Lage versetzen, sich vor Feststellung ein hinreichendes Urteil über den Jahresabschluß zu bilden (*Informationsfunktion*, §§ 170 ff. AktG, § 42a Abs. 1 GmbHG). Dritten gegenüber erfüllt der das Ergebnis der Prüfung zusammenfassende → *Bestätigungsvermerk* (Testat) eine ähnliche Funktion (*Beglaubigungsfunktion*, § 322 HGB).

3. Auswahl des Abschlußprüfers

Als Abschlußprüfer kommen bei Pflichtprüfungen nur → *Wirtschaftsprüfer* (WP) und *Wirtschaftsprüfungsgesellschaften* (WPG) in Betracht (§ 319 Abs. 1 Satz 1 HGB). Eine mittelgroße GmbH darf auch von einem → *vereidigten Buchprüfer* (vBP) oder einer *Buchprüfungsgesellschaft* (BPG) geprüft werden. Der Prüfer ist für jede P. neu zu wählen, i.d.R. durch die Haupt-/Gesellschafterversammlung (§318 Abs. 1 HGB); bei Versicherungsunternehmen wird er durch den AR bestimmt (§58 Abs. 1 VAG). Bei bestimmten Konstellationen, die die Unabhängigkeit gegenüber dem geprüften Unternehmen in Frage stellen können, kann ein Prüfer von der P. ausgeschlossen sein (§319 Abs. 2 und 3 HGB); bei Besorgnis der Befangenheit darf er ein Mandat nicht annehmen (§49 WPO). Regelmäßige Wiederwahl ist zulässig und üblich. Ein erteilter Prüfungsauftrag kann nur in Ausnahmefällen widerrufen oder gekündigt werden (§318 Abs. 1 Satz 5, Abs. 6 HGB). Bei der Durchführung der P. bedient sich der Abschlußprüfer i. d. R. der Hilfe von Mitarbeitern (sog. Gehilfen). Sie unterliegen seiner Aufsicht und Überwachung und sind ebenso wie er selbst zur Verschwiegenheit verpflichtet (§323 Abs. 1 HGB, §43 Abs. 1, §50 WPO).

4. Durchführung

Die Art der Durchführung einer P. wird insbesondere durch die Größe des zu prüfenden Unternehmens, den Geschäftszweig, die → *Organisation des Rechnungswesens* u. ä. bestimmt. Grundsätze, die bei der Prüfung zu beachten sind (*Grundsätze ordnungsmäßiger Abschlußprüfung*), sind im Fachgutachten (FG) 1/1988 sowie in verschiedenen Stellungnahmen und Verlautbarungen des IDW niedergelegt.

a) Prüfungsplan. Bei Beginn ist ein *Prüfungsplan* aufzustellen und ggfs. im Verlauf der P. zu aktualisieren. Er soll sicherstellen, daß die P. sach- und zeitgerecht durchgeführt wird. In ihm sind daher je nach den Verhältnissen des Einzelfalles *Prüfungsfelder, Prüfungsschwerpunkte*, anzuwendende *Prüfungstechniken*, Zeitvorgaben, zuständige Mitarbeiter u. ä. festzulegen.

b) Zwischenprüfung. In wichtigen Teilen stützt sich der Prüfungsplan auf die Ergebnisse einer vorangegangenen Prüfung des internen Kontrollsystems (*IKS-Prüfung*). Sie wird i.d.R. im Rahmen einer sog. *Zwischenprüfung* (§320 Abs. 2 HGB) durchgeführt und dient dazu, die Organisation des Unternehmens, soweit sie für die Sicherung der Vermögenswerte sowie die vollständige und zutreffende Erfassung aller buchungspflichtigen Vorgänge von Bedeutung ist, festzustellen und ggf. auch auf ihre Wirksamkeit zu überprüfen. Diese Feststellungen sind vor allem für die Bestimmung von Prüfungsschwerpunkten und der Prüfungsintensität von Bedeutung.

c) Prüfungstechniken. In Abhängigkeit vom jeweiligen Prüfungsgegenstand unterscheidet man *formelle Prüfungen* (*Abstimmungsprüfungen, Übertragungsprüfungen, rechnerische Prüfungen, Belegprüfungen*) und *materielle Prüfungen*, die der Feststellung der inhaltlichen Richtigkeit und wirtschaftlichen Berechtigung dienen, ferner nach der *Art der Prüfungsrichtung* progressive und retrograde Prüfungshandlungen, nach dem *Umfang* lükkenlose und *Stichprobenprüfungen* (bewußte Auswahl, Zufallsauswahl, ggfs. unter Zuhilfenahme mathematisch-statistischer Auswahlverfahren) sowie schließlich direkte und indirekte Prüfungen. Die zuletzt genannten Prüfungen verwenden Vergleichs- und Kennzahlen (*Plausibilitätsprüfungen*).

d) Prüfungshilfsmittel. Häufig werden Fragebogen (Checklisten) und spezielle Prüfungsanweisungen benutzt. In zunehmendem Maße finden auch computergestützte Prüfungsprogramme Verwendung.

e) Prüfung des Mengengerüsts. Vermögenswerte (→ *Vermögensgegenstand/Wirtschaftsgut*) und Schulden sind jährlich durch → *Inventur* zu erfassen (§240 HGB) und in den Jahresabschluß aufzunehmen (§246 Abs. 1 HGB). Der Abschlußprüfer muß sich u. a. durch Beobachtung der Inventur davon überzeugen, daß die Aufnahme vollständig und ordnungsgemäß erfolgt (FG 1/1988 Abschn. D.II.4b). Für Forderungen und Verbindlichkeiten hat er zumindest in Stichproben *Saldenbestätigungen* einzuholen (FG 1/1988 Abschn. D.II.4c2). Von Dritten verwahrte Vermögensgegenstände sind in geeigneter Form nachzuweisen. Die Beachtung der Ansatzgebote, Ansatzverbote und Ansatzwahlrechte (§§ 246 bis 251 HGB) ist zu prüfen.

f) Prüfung der Bewertung. Im Mittelpunkt dieser Prüfung steht die Beachtung der → *Bewertungsprinzipien* der §§ 252 bis 256, bei Kapitalgesellschaften auch der §§ 279 bis 283 HGB: Angemessenheit von → *Abschreibungen*; Angemessenheit von → *Rückstellungen* und → *Pensionsrückstellungen;* → *Anschaffungskosten;* → *Einheitlichkeit der Bewertung; Einzelbewertung;* → *Herstellungskosten; Imparitätsprinzip; Niederstwertprinzip; Prinzip der Fortsetzung der Unternehmenstätigkeit* (going concern); → *Realisationsprinzip; Stetigkeitsprinzip* (→ *Bewertungsstetigkeit*); *Vorsichtsprinzip* (→ *Anlagevermögen;* → *Umlaufvermögen;* → *Verbindlichkeiten*). Für → *Kreditinstitute* gelten zusätzliche Bewertungsvorschriften (§§ 340e bis g HGB).

g) Prüfung der Gliederungsvorschriften. Hier ist insbesondere die Beachtung der → *Gliederungs*vorschriften für die Bilanz und die GuV (§§ 265 bis 278 HGB) zu prüfen. Soweit spezielle Formblätter bestehen (§§ 330 HGB, insb. für Kreditinstitute, Versicherungsunternehmen), sind diese zu beachten.

h) Prüfung des Anhangs. Der → *Anhang* als Teil des Jahresabschlusses von Kapitalgesellschaften und Genossenschaften (§ 264 Abs. 1 HGB) unterliegt in gleicher Weise wie Bilanz und GuV der P. Der Anhang muß alle in den §§ 284, 285 HGB geforderten Angaben enthalten, soweit nicht Angaben zu unterlassen sind (§ 286 HGB) oder größenabhängige Erleichterungen (§ 288 HGB) in Betracht kommen.

i) Prüfung des Lageberichts. Der → *Lagebericht* (§ 289 HGB) ist nur in eingeschränktem Umfang zu prüfen (Übereinstimmung mit dem Jahresabschluß; keine falsche Vorstellung von der Lage des Unternehmens; § 317 Abs. 1 HGB).

j) Prüfung der Buchführung. Feststellungen über die Ordnungsmäßigkeit der Buchführung (u.a. formelle Ordnungsmäßigkeit; zeitgerechte und fortlaufende Verbuchung; ordnungsmäßige Kontierung, Belegablage und -aufbewahrung; EDV-Dokumentation; Anweisungsrechte; → *Kontenrahmen und Kontenplan*) ergeben sich i. d. R. im Rahmen der übrigen Prüfungshandlungen, insbesondere auch des IKS.

k) Prüfung des den tatsächlichen Verhältnissen entsprechenden Einblicks. Der Jahresabschluß muß nicht nur klar und übersichtlich sein (§ 243 Abs. 2 HGB), sondern er muß in fast allen Fällen einer Pflichtprüfung auch unter Beachtung der → *Grundsätze ordnungsmäßiger Buchführung* ein den tatsächlichen Verhältnissen entsprechendes Bild der Vermögens-, Finanz- und Ertragslage vermitteln (§ 264 Abs. 2 HGB). Der Prüfer hat daher unabhängig von der Beachtung der Einzelvorschriften auch zu prüfen, ob dieser Forderung entsprochen ist, und dies im → *Bestätigungsvermerk* ausdrücklich zum Ausdruck zu bringen (true and fair view-Aspekt).

l) Arbeitspapiere. Sie dienen dem Nachweis einer ordnungsgemäßen Durchführung der P. In ihnen sind daher alle wichtigen Prüfungshandlungen und -feststellungen zu dokumentieren.

5. Auskunfts- und Einsichtsrechte

Im Rahmen der P. stehen dem Abschlußprüfer umfangreiche Prüfungs-, Einsichts- und Auskunftsrechte zu, die zum Teil auch gegenüber Mutter- und Tochterunternehmen bestehen (§ 320 HGB).

6. Meinungsverschiedenheiten

Bestehen bei der P. Meinungsverschiedenheiten zwischen Prüfer und geprüftem Unternehmen über die Auslegung und Anwendung von gesetzlichen Vorschriften, so kann sie jede Seite in einem besonderen, der schnellen Abwicklung dienenden Verfahren gerichtlich klären lassen (§ 324 HGB). In der Praxis sind Fälle dieser Art äußerst selten.

7. Prüfungsbericht

Über das Ergebnis der P. ist ein schriftlicher Bericht vorzulegen (§ 321 HGB). Im einzelnen hierzu → *Prüfungsbericht* und FG/IDW 2/1988.

8. Schlußbesprechung

Es ist üblich, die Ergebnisse der P. mit dem geprüften Unternehmen zu erörtern und dabei auch auf Sachverhalte einzugehen, die keinen Niederschlag im Prüfungsbericht gefunden haben, aber für die Geschäftsführung gleichwohl von Bedeutung sein können; je nach Bedeutung werden solche Hinweise auch in einem sog. *Managementletter* schriftlich festzuhalten sein.

9. Bestätigungsvermerk

In dem Bestätigungsvermerk wird das Ergebnis der P. formelhaft zusammengefaßt (§ 322 HGB). Sind wesentliche Einwendungen zu erheben, so ist das Testat einzuschränken oder zu versagen; eine Versagung ist durch einen Vermerk zu erklären, in dem auch die Gründe der Versagung anzugeben sind. Zu weiteren Einzelheiten → *Bestätigungsvermerk* und FG/IDW 3/1988.

10. Haftung

Die Haftung des Abschlußprüfers ist auf DM 500 000 je Prüfung begrenzt. Sie besteht nur gegenüber dem Unternehmen, nicht dagegen gegenüber Gesellschaftern und Dritten (§ 323 HGB). Der Prüfer muß eine angemessene Haftpflichtversicherung abschließen (§ 54 WPO).

11. Gebühren

Eine amtliche Gebührenordnung besteht bisher nicht (§ 55 WPO). Üblich ist neben dem Ersatz angemessener Auslagen ein Honorar auf Basis von Stundensätzen und einer an die Bilanzsumme anknüpfenden Wertgebühr.

12. Ausland

Nach Art. 41 der 4. EG-Richtlinie sind alle EG-Staaten verpflichtet, Kapitalgesellschaften einer P. zu unterwerfen, soweit es sich nicht um sog. kleine Gesellschaften handelt. In anderen Ländern bestehen unterschiedliche Regelungen. Zum Teil knüpft die Prüfungspflicht an die Inanspruchnahme des Kapitalmarktes an (z. B. *USA*). Bei der Durchführung der P. in den USA sind die sog. GAAP (*General Accepted Auditing Principles*) zu beachten; sie entsprechen materiell im wesentlichen den Grundsätzen ordnungsmäßiger Abschlußprüfung. Ein Prüfungsbericht ist nicht allgemein üblich. Im übrigen haben sowohl die Prüferinstitute in Großbritannien als auch das AICPA (American Institute of Certified Public Accountants) in zahlreichen Gutachten zu Einzelfragen Stellung genommen.

Lit.: IdW: Die Fachgutachten und Stellungnahmen, Losebls., ab 1982; *ADS*, 5. Aufl., Losebls., ab 1987, §§ 316–324 HGB; *Minz, R.:* Computergestützte Jahresabschlußprüfung, 1987; *Leffson, U.:* Wirtschaftsprüfung, 4. Aufl., 1988; *v. Wysocki, K.:* Grundlagen des betriebswirtschaftlichen Prüfungswesens, 3. Aufl., 1988; *Buchner, R.:* Wirtschaftliches Prüfungswesen, 1991; *Lück, W.:* Wirtschaftsprüfung und Treuhandwesen, 2. Aufl., 1991; *Moxter, A. u.a.* (Hrsg.): Rechnungslegung, FS Forster, 1992; *Förschle, G. u.a.,* in: Beck Bil.-Komm., 3. Aufl., 1995, §§ 316–324 HGB; *Selchert, F. W.:* Jahresabschlußprüfung der Kapitalgesellschaften, 2. Aufl., 1996; WP-Handb. 1996, Bd. 1, 11. Aufl., 1996, S. 1301–1443.

Z.: → *Die Wirtschaftsprüfung*, hrsg. v. → *Institut der Wirtschaftsprüfer*, seit 1948.

WP StB Professor Dr. Dr. h.c. Karl-Heinz Forster, Frankfurt.

Prüfung des Konzernabschlusses

1. Rechtsgrundlagen

a) Pflichtprüfung. Nach § 316 Abs. 2 HGB sind die nach § 290 HGB durch Mutterunternehmen in der Rechtsform der Kapitalgesellschaft aufzustellenden → *Konzernabschlüsse* und Konzernlageberichte durch Abschlußprüfer zu prüfen. Gleiches gilt für die nach dem PublG durch Unternehmen anderer Rechtsform aufzustellenden Konzernabschlüsse und Konzernlageberichte (§ 11 i.V.m. § 14 PublG).

b) Freiwillige Prüfung. Die Konzernabschlüsse und Konzernlageberichte von Mutterunternehmen, die nicht nach § 290 HGB bzw. § 11 PublG einen Konzernabschluß aufstellen müssen, sind, falls sie für die in der Konzernhierarchie nachgeordneten Mutterunternehmen „befreiende" Wirkung haben sollen, nach den für die

Prüfung des Konzernabschlusses

Pflichtprüfung maßgebenden Grundsätzen zu prüfen (§§ 291, 292 HGB; § 11 Abs. 6 PublG).

2. Auswahl und Bestellung der Prüfer

a) Konzern-Abschlußprüfer. Der Abschlußprüfer des Konzernabschlusses wird von den Gesellschaftern des Konzern-Mutterunternehmens gewählt (§ 318 Abs. 1 HGB). Wählbar sind nur → *Wirtschaftsprüfer* und Wirtschaftsprüfungsgesellschaften, sofern nicht Ausschlußgründe nach § 319 HGB vorliegen. Ist kein anderer Prüfer bestellt, so gilt der Abschlußprüfer des in den Konzernabschluß einbezogenen → *Jahresabschlusses* des Mutterunternehmens als bestellt (§ 318 Abs. 2 HGB).

b) Abschlußprüfer der einbezogenen Unternehmen. Der Konzernabschlußprüfer muß nicht zugleich Abschlußprüfer der in den Konzernabschluß einbezogenen Unternehmen sein. Dies gilt nicht nur für die Abschlußprüfer des Jahresabschlusses und des Konzernabschlusses des Mutterunternehmens, sondern vor allem auch für die Prüfer der Jahresabschlüsse der einbezogenen Tochterunternehmen: Falls diese Unternehmen wegen ihrer Größe, wegen ihrer Rechtsform oder wegen ihres Tätigkeitsbereichs prüfungspflichtig (→ *Prüfung des Jahresabschlusses*) sind oder sich freiwillig einer Prüfung unterzogen haben, kann der Konzernabschlußprüfer bei entsprechender Qualität der Prüfung und entsprechender Qualifikation des örtlichen Prüfers (vgl. § 317 Abs. 2 Satz 2 HGB) grundsätzlich auf eigene Prüfungshandlungen auf der Ebene der einbezogenen (Tochter-) Unternehmen verzichten.

3. Objektbereiche der Prüfung des Konzernabschlusses

Der Abschlußprüfer des Konzernabschlusses hat zu prüfen, ob der Konzernabschluß den für diesen geltenden Normen entspricht. Hierzu gehören insbesondere die Prüfung des Konsolidierungskreises, der Ordnungsmäßigkeit der Jahresabschlüsse der in den Konzernabschluß einbezogenen Unternehmen, der Überleitung der einbezogenen Einzelabschlüsse auf die konzerneinheitlichen Bilanzierungs- und Bewertungsgrundsätze, die Prüfung der Konsolidierungsvorgänge und die Prüfung der Übereinstimmung des Konzernabschlusses und des Konzernlageberichts (→ *Lagebericht*) mit der Generalnorm (§ 297 HGB), true and fair view (→ *Bild der Vermögens-, Finanz- und Ertragslage*).

a) Prüfung des Konsolidierungskreises. Bei der Prüfung des Konsolidierungskreises ist insbesondere zu prüfen, ob sämtliche Unternehmen, zu denen ein Mutter-Tochter-Verhältnis nach § 290 HGB bzw. nach § 11 PublG besteht, in den Konzernabschluß einbezogen wurden oder ob die Voraussetzungen für die Nichteinbeziehung nach §§ 295 und 296 HGB vorgelegen haben. Hierher gehören ferner die Prüfung der Einbeziehung von Gemeinschaftsunternehmen nach § 310 HGB und die Prüfung der Berücksichtigung der Beteiligungen an assoziierten Unternehmen (§§ 311 und 312 HGB) im Konzernabschluß.

b) Prüfung der Jahresabschlüsse der einbezogenen Unternehmen. Weil der Konzernabschluß auf den handelsrechtlichen Einzelabschlüssen der einbezogenen Unternehmen (sog. Handelsbilanz I, HB I) aufbaut, müssen die Prüfungshandlungen bereits auf der Ebene der HB I ansetzen. Folgerichtig wird durch § 317 Abs. 2 Satz 1 HGB bestimmt, daß der Konzernabschlußprüfer auch die in dem Konzernabschluß zusammengefaßten Jahresabschlüsse zu prüfen hat. Diese Prüfung erstreckt sich nach dem Gesetzeswortlaut allerdings nur auf die Einhaltung der → *Grundsätze ordnungsmäßiger Buchführung.* Auf diese Prüfung der HB I kann nur dann verzichtet werden, wenn entweder die Jahresabschlüsse einbezogener Unternehmen mit Sitz im Inland nach den Vorschriften der §§ 316–324 HGB geprüft sind oder die Jahresabschlüsse einbezogener Unternehmen mit Sitz in der EG von einem nach der achten (Prüfer-)Richtlinie zugelassenen Prüfer geprüft worden sind. Bei Jahresabschlüssen von Unternehmen mit Sitz außerhalb der EG kann auf die Prüfung durch den Konzernabschlußprüfer nur dann verzichtet werden, wenn diese Abschlüsse von Prüfern geprüft worden sind, die sowohl eine der achten Richtline gleichwertige Qualifikation besitzen als auch die Prüfung entsprechend den Vorschriften der §§316-324 HGB durchgeführt haben (§317 Abs.2 Satz 2 u. 3 HGB).

Unabhängig von dem Verzicht auf eigene Prüfungshandlungen bei den einbezogenen Unternehmen stehen dem Konzernabschlußprüfer nach §320 Abs. 3 HGB jedoch weitgehende Auskunfts- und Einblicksrechte (Jahresabschlüsse, Bücher, Vermögensgegenstände, Schulden) nicht nur gegenüber dem Mutterunternehmen, sondern auch gegenüber den Tochterunternehmen und deren Abschlußprüfern zu. Auf der Grundlage dieser Informationen ist vom Konzernabschlußprüfer zu entscheiden, ob er die Jahresabschlüsse der einbezogenen Unternehmen übernehmen kann und inwieweit er die Prüfung anderer Prüfer bei der Bemessung seiner Prüfungshandlungen berücksichtigen kann (IdW, FG 1/88, Abschn. E., Anm. 3).

c) Prüfung der Ergänzungsrechnungen (HB II). Nach den §§300 Abs. 2 u. 308 HGB sind die in den Konzernabschluß aus den Einzelabschlüssen zu übernehmenden Posten nach einheitlichen Grundsätzen zu bilanzieren und zu bewerten (→ *Einheitlichkeit der Bewertung*). Gegenstand der P. sind deshalb auch die Überleitungen von den ggf. nach abweichenden, meist landesrechtlichen Vorschriften aufgestellten HB I auf die konzerneinheitlichen Bilanzierungs- und Bewertungsmethoden (sog. Ergänzungsrechnungen oder HB II).

Sofern es sich um die HB I einzubeziehender Tochterunternehmen mit Sitz im Ausland handelt, ist im Rahmen der Überleitung auf die HB II ferner die Umrechnung der in Einheiten fremder Währung aufgestellten Jahresabschlüsse in die Berichtswährung des Konzerns Teil der P. nach §317 Abs. 2 HGB (→ *Umrechnung von Jahresabschlüssen*).

d) Prüfung der Konsolidierungsvorgänge. Kerngebiet der Konzernabschlußprüfung sind die Konsolidierungsvorgänge, namentlich die → *Kapitalkonsolidierung* (§§301, 302, 307, 309 HGB), die Schuldenkonsolidierung (§303 HGB), die Zwischenerfolgseliminierung (§304 HGB), die Konsolidierung der → *Gewinn- und Verlustrechnungen* (§305 HGB) und die Steuerabgrenzung (→ *Latente Steuern*) aufgrund der Konsolidierungsvorgänge (§306 HGB). In allen genannten Bereichen sind nicht nur die (formalen) Konsolidierungsbuchungen, sondern insb. auch die Funktionsfähigkeit des konzerninternen Kontrollsystems im Hinblick auf die Verläßlichkeit der von den Konzernunternehmen übernommenen Konsolidierungsinformationen zu prüfen.

e) Prüfung des Konzernabschlusses und des Konzern-Lageberichts. Um das nach §322 Abs. 1 HGB verlangte lagebezogene Gesamturteil abgeben zu können, ist schließlich zu prüfen, ob der vorgelegte Konzernabschluß unter Beachtung der GoB ein den tatsächlichen Verhältnissen entsprechendes Bild von der Lage des Konzerns vermittelt und ob der → *Lagebericht* im Einklang mit dem Konzernabschluß steht.

4. Organisation der Konzernabschlußprüfung

Da der Konzernabschlußprüfer sich vor allem bei der P. großer international tätiger Konzerne auf die Prüfungsurteile fremder Prüfer stützen muß, treten bei der P. im Vergleich zur Prüfung von Jahresabschlüssen zusätzliche organisatorische Probleme auf. Es wird deshalb notwendig sein, die Prüfung der Überführung der (ggf. nach Landesrecht aufgestellten) Einzelabschlüsse in die HB II, die Prüfung der Umrechnung dieser Einzelabschlüsse in die Konzernberichtswährung sowie die Prüfung der einzelnen Konsolidierungsmaßnahmen unter die zentrale Kontrolle des Konzernabschlußprüfers zu stellen.

Anknüpfungspunkt hierfür können insb. die sog. Konzernrichtlinien (Accounting Manuals) sein, durch die die Konzernleitung die Grundsätze der einheitlichen Bewertung und der einheitlichen Bilanzie-

Prüfung des Konzernabschlusses

rung bis auf die Ebene der einzelnen einbezogenen Unternehmen festlegt, sowie das konzerninterne Berichtswesen, das erst die Voraussetzung für die im Zuge der Konsolidierung notwendigen Umgliederungen, Abstimmungen und Verrechnungen schafft. Der Konzernabschlußprüfer wird, wenn er sich von der Richtigkeit und Gesetzmäßigkeit der Konzernrichtlinien und des Berichtswesens überzeugt hat, sein Hauptaugenmerk auf die Funktionsfähigkeit des internen Kontrollsystems im Bereich der Konzernrichtlinien und auf die Verläßlichkeit der von fremden Prüfern zu übernehmenden Prüferurteile zu richten haben.

5. Konzern-Prüfungsbericht

Die Vorschriften über den → *Prüfungsbericht* sind nach §321 HGB auch auf die P. des Konzernabschlusses anzuwenden. Nach dem Wortlaut des Gesetzes ist allerdings eine Aufgliederung und Erläuterung der einzelnen Posten des Konzernabschlusses nicht verlangt. Gleichwohl sind diese Erläuterungen dann erforderlich, wenn im Hinblick auf die Darstellung der Vermögens-, Finanz- und Ertragslage zusätzliche Erkenntnisse gegenüber der Erläuterung des Jahresabschlusses des Mutterunternehmens gewonnen werden können (vgl. IdW, FG 2/88, Abschn. D II). Ferner sind Erläuterungsangaben über die Regelung der einheitlichen Bilanzierung, der einheitlichen Bewertung, der Währungsumrechnung und zu den Konsolidierungsvorgängen erforderlich, soweit der Konzernanhang keine ausreichenden Erläuterungen enthält. Nach §298 Abs. 3 Satz 3 HGB kann der Prüfungsbericht über den Jahresabschluß des Mutterunternehmens mit dem Prüfungsbericht über den Konzernabschluß zusammengefaßt werden, sofern der Konzernanhang und der Anhang des Jahresabschlusses des Mutterunternehmens zusammengefaßt sind. Der zusammengefaßte Bericht muß aber allen Anforderungen genügen, die an die getrennte Berichterstattung gestellt werden.

6. Bestätigungsvermerk

Auch die Vorschriften und Grundsätze für die Erteilung, Einschränkung und Verweigerung des → *Bestätigungsvermerks* sowie für die Ergänzungen zum Bestätigungsvermerk zu einem Jahresabschluß sind sinngemäß auf den Bestätigungsvermerk zum Konzernabschluß anzuwenden. Werden der Anhang zum Jahresabschluß des Mutterunternehmens und der Anhang zum Konzernabschluß sowie die Lageberichte zusammengefaßt und gemeinsam offengelegt, so können auch der Bestätigungsvermerk zum Konzernabschluß und zum Jahresabschluß des Mutterunternehmens zusammengefaßt werden. In diesem Fall hat die (Kern-) Fassung den folgenden Wortlaut: „Die Buchführung, der Jahresabschluß und der Konzernabschluß entsprechen nach meiner/unserer pflichtgemäßen Prüfung den gesetzlichen Vorschriften. Der Jahresabschluß und der Konzernabschluß vermitteln unter Beachtung der Grundsätze ordnungsmäßiger Buchführung ein den tatsächlichen Verhältnissen entsprechendes Bild der Vermögens-, Finanz- und Ertragslage der Kapitalgesellschaft und des Konzerns. Der Bericht über die Lage der Kapitalgesellschaft und des Konzerns steht im Einklang mit dem Jahresabschluß und dem Konzernabschluß."

Lit.: Biener, H./Berneke, W.: Bilanzrichtlinien-Gesetz, 1986, S. 397–431; *ADS*, 5. Aufl., Losebls., ab 1987, §§316, 321 HGB; *Grewe, W.*, in: Bonner HR, ab 1987, §§316–324; *Gross, G./Schruff, L./Wysokki, K. v.:* Der Konzernabschluß nach neuem Recht, 2. Aufl., 1987, S. 325–364; *Meyer-Landrut, J.*, in: Meyer-Landrut, J. et al. (Hrsg.): GmbH-Gesetz, Komm., 1987, S. 1208–1229; *Weirich, S.:* Der Konzernprüfungsbericht nach dem Bilanzrichtlinien-Gesetz, in: Havermann, H. (Hrsg.): Bilanz- und Konzernrecht, FS Goerdeler, 1987, S. 649–675; *Bertschinger, P.:* Konzernabschlußprüfung zur Überwachung und Beratung im internationalen Unternehmen, in: Helbling, C. (Hrsg.): Revision und Rechnungslegung im Wandel, FS Zünd, 1988, S. 27–33; *Busse von Colbe, W./Müller, E./Reinhard, H.* (Hrsg.): Aufstellung von Konzernabschlüssen, Sonderh. 21 der ZfbF, 2. Aufl., 1989, S. 178–181; *Baetge, J./Hense,*

H. H.: Prüfung des Konzernabschlusses, in: Küting/Weber HdK, 1989, S. 585–665; *Baumann, K.-H./Seeberg, T.*: Konzernabschluß, Prüfung der einbezogenen Einzelabschlüsse, in: HWRev., 2. Aufl., 1992, Sp. 1021–1029; *Busse von Colbe, W.*: Kapitalkonsolidierung, Erwerbsmethode, Prüfung der, in: HWRev., 2. Aufl., 1992, Sp. 970–982; *Gelhausen, W. D.*: Konsolidierungskreis, Prüfung, in: HWRev., 2. Aufl., 1992, Sp 1002–1012; *Gross, G.*: Teilkonzernabschlüsse, Prüfung der, in: HWRev., 2. Aufl., 1992, Sp. 1931–1938; *Heine, K.-H./Schacht, W.*: Gewinn- und Verlustrechnung, Konzern-GuV, Prüfung der, in: HWRev., 2. Aufl., 1992, Sp. 681–694; IDW (Hrsg.): WP-Handb. 1992, Bd. 2, 10. Aufl., 1992, S. 659–898, 950–964, 1014–1021; *Ordelheide, D.*: Zwischenerfolgseliminierung, Prüfung der, in: HWRev., 2. Aufl., 1992, Sp. 2379–2389; *Schnicke, Ch.*: Konzernabschlußprüfung, Organisation der, in: HWRev., 2. Aufl., 1992, Sp. 1029–1039; *Weber, C.-P.*: Kapitalkonsolidierung, Interessenzusammenführung, Prüfung der, in: HWRev., 2. Aufl., 1992, Sp. 983–988; *Wohlgemuth, M.*: Schuldenkonsolidierung, Prüfung der, in: HWRev., 2. Aufl., 1992, Sp. 1747–1757; *IdW*: Die Fachgutachten und Stellungnahmen, Losebls., 1992; *Busse von Colbe, W./Ordelheide, D.*: Konzernabschlüsse, 6. Aufl., 1993, S. 541–550.

Professor Dr. Klaus v. Wysocki, München.

Prüfung wegen unzulässiger Unterbewertung

→ *Sonderprüfungen.*

Prüfungsarten

Die wirtschaftlichen Prüfungen lassen sich u. a. klassifizieren nach:

(1) Standort des Prüfers: interne und externe Prüfung (→ *Revision*);
(2) Prüfungsrhythmus: periodische und aperiodische Prüfung;
(3) rechtliche Grundlage: durch Gesetz oder Satzung vorgeschriebene, vertraglich vereinbarte und freiwillige Prüfung;
(4) formale Qualifikation des Prüfers: bestimmten → *Prüfungsträgern* vorbehaltene Prüfungen (z. B. → *Prüfung des Jahresabschlusses* großer Kapitalgesellschaften gem. § 319 Abs. 1 Satz 1 HGB) und Prüfungen, die jeder durchführen kann;
(5) Gegenstand der Prüfung: → *Prüfung des Jahresabschlusses*, → *Prüfung des Konzernabschlusses*, → *Sonderprüfung*, → *Geschäftsführungsprüfung*.

Prüfungsbericht

1. Grundlagen

Für Pflichtprüfungen von Kapitalgesellschaften sieht § 321 HGB vor, daß der → *Abschlußprüfer* über das Ergebnis seiner Prüfung schriftlich zu berichten hat (*auditors long form report*). Diese Vorschrift gilt entsprechend für andere Pflichtprüfungen (§ 58 Abs. 1 GenG, § 27 Abs. 2 KWG, § 57 Abs. 2 VAG, ferner sinngemäße Anwendung nach § 6 PublG). Bei freiwilligen Prüfungen, die nach Art und Umfang der gesetzlichen Pflichtprüfung entsprechen sollen, gelten die Grundsätze über die Berichterstattung analog.

2. Allgemeine Grundsätze für die Berichterstattung

Ziel des P. ist es, die Adressaten vollständig und zutreffend über das Ergebnis der Prüfung durch einen unabhängigen Abschlußprüfer zu unterrichten. Dementsprechend muß die Berichterstattung den Kriterien der *Unparteilichkeit, der Vollständigkeit, der Wahrheit und der Klarheit* genügen. Das verlangt zunächst eine *objektive* Berichterstattung, die sich allein auf sachliche Feststellungen beschränkt und sich jeder *einseitigen Beurteilung* enthält. Abweichende Auffassungen der gesetzlichen Vertreter der Gesellschaft und die hierfür gegebenen Begründungen sind mitzuberücksichtigen. *Vollständige und zutreffende* Berichterstattung bedeutet, daß der Abschlußprüfer die von ihm getroffenen Feststellungen richtig wiedergibt und alle vom Gesetz geforderten und/oder für die Beurteilung durch die Berichtsadressaten notwendigen Informationen in seinen Bericht aufnimmt. Das Gebot der Klarheit verlangt eine Berichterstattung, aus der die Adressaten alle wesentlichen Prüfungsfeststellungen eindeutig erkennen und werten können. Dazu gehören insbesondere eine nach sachlichen Kriterien vorgenommene Gliederung des Berichtes und eine zusammenhängende Darstellung aller für eine zutreffende Beurteilung wesentlichen Tatsachen. Alle Ausführungen, die eine subjektive Beurteilung des Abschlußprüfers enthalten, müssen als solche erkennbar sein. Darüber hinaus sind Prüfungsfeststellungen, die sich auf Ergebnisse oder Auskünfte von Dritten stützen, eindeutig zu kennzeichnen. Das Gebot der Vollständigkeit schließt auch ein, daß die Berichterstattung als Einheit anzusehen ist. Soweit aus zeitlichen oder sachlichen Gründen Teilberichte erstellt werden, ist auf ihre Existenz und ihren Gegenstand im P. ausdrücklich hinzuweisen.

3. Der Prüfungsbericht zum Jahresabschluß der Kapitalgesellschaft

a) Gesetzlich geforderte Angaben. Neben dem Gebot, schriftlich über die Abschlußprüfung zu berichten, verlangt § 321 Abs. 1 HGB, im P. besonders festzustellen, ob die → *Buchführung*, der → *Jahresabschluß* und der → *Lagebericht* den gesetzlichen Vorschriften entsprechen und ob die gesetzlichen Vertreter die verlangten Aufklärungen und Nachweise erbracht haben. Als weitere *Pflichtangaben* sind die Posten des Jahresabschlusses aufzugliedern und ausreichend zu erläutern. Nachteilige Veränderungen der Vermögens-, Finanz- und Ertragslage gegenüber dem Vorjahr und Verluste, die das Jahresergebnis nicht unwesentlich beeinflußt haben, sind aufzuführen und ausreichend zu erläutern. Die namentlich im Gesetz genannten Pflichtangaben stellen keine abschließende Umschreibung für Art und Umfang der Berichterstattung dar. Sowohl nach den Vorstellungen des Gesetzgebers wie auch des Berufsstandes der → *Wirtschaftsprüfer* wird sich die Berichterstattung über die namentlich genannten Pflichtangaben hinaus erstrecken. Im allgemeinen bestehen deutsche P. aus 3 Teilen, nämlich einem *Hauptteil*, der alle wesentlichen Feststellungen des Abschlußprüfers enthält, einem *Erläuterungsteil*, in dem die einzelnen Posten des Jahresabschlusses aufgegliedert und erläutert werden, sowie gesondert beigefügten *Anlagen*, die regelmäßig die Bilanz, die → GuV, den → Anhang, den → Lagebericht und die Auftragsbedingungen des Abschlußprüfers enthalten.

Der *Hauptteil* des P. gliedert sich üblicherweise in folgende Abschnitte:

A. Prüfungsauftrag und Auftragsdurchführung
B. Veränderungen in den rechtlichen Verhältnissen
C. Entwicklung der wirtschaftlichen Grundlagen
D. Der Jahresabschluß zum...
   I. Bestandsnachweise, Gliederung und Bewertung
   II. Bilanzanalyse (Vermögens- und Finanzlage)
   III. Wesentlicher Bilanzinhalt
   IV. Ergebnisrechnung im Vergleich zum Vorjahr (Ertragslage)
   V. Feststellungen zu nachteiligen Veränderungen und nicht unwesentlichen Verlusten
E. Die Buchführung
F. Der Lagebericht
G. Schlußbemerkung und Bestätigungsvermerk

Im *Erläuterungsteil* beschränken sich die Aufgliederungs- und Erläuterungspflichten grundsätzlich auf die Bilanz und die GuV. Da der Anhang selbst weitgehend Aufgliederungen und Erläuterungen zur Bilanz und GuV enthält, besteht eine Verpflichtung zur Aufgliederung und Erläuterung von Anhangangaben allenfalls hinsichtlich der „sonstigen finanziellen Verpflichtungen". Die Erläuterungen zu den Posten von Bilanz und GuV folgen im allgemeinen der Reihenfolge des Ausweises, d.h., sie beginnen mit den Posten der Aktivseite der Bilanz und enden mit den Erläuterungen zur GuV.

b) Darstellungen zur Vermögens-, Finanz- und Ertragslage. Der Berufsstand der Wirtschaftsprüfer sieht es auch nach neuem Recht als erforderlich an, daß der Abschlußprüfer sich mit der Vermögens-, Finanz- und Ertragslage auseinandersetzt und hierzu Darstellungen in den P. aufnimmt. Auch wenn der Gesetzeswortlaut sich auf die Verpflichtung zur Darstellung von nachhaltigen Veränderungen sowie nicht unwesentlichen Verlusten beschränkt, spricht die Zielsetzung der Jahresabschlußprüfung für eine weitergehende, allgemeine Darstellung zur wirtschaftlichen Lage. Der Abschlußprüfer hat zum einen im → *Bestätigungsvermerk* ausdrücklich festzustellen, daß der Jahresabschluß unter Beachtung der → *Grundsätze* ordnungsmäßiger *Buchführung* ein den tatsächlichen Verhältnissen entsprechendes → *Bild der Vermögens-, Finanz- und Ertragslage* vermittelt; zum anderen, hat er bei der Frage, ob berichtspflichtige Tatsachen im Sinne von § 321 Abs. 1 Satz 4 oder Abs. 2 HGB vorliegen, sich mit der Entwicklung der wirtschaftlichen Verhältnisse auseinanderzusetzen.

Die Darstellung der wirtschaftlichen Lage erstreckt sich im allgemeinen auf eine Analyse und Kommentierung des Jahresabschlusses mit Hilfe des bilanzanalytischen Instrumentariums, gegebenenfalls ergänzt durch → *Kapitalflußrechnungen* und Angaben zur → *Substanzerhaltung*. Die in der Praxis anzutreffenden Darstellungen weichen in Art und Umfang voneinander ab, weil der Abschlußprüfer seine Darstellung an dem Informationswert für die jeweiligen Berichtsadressaten ausrichten wird.

c) Berichtspflicht über nachteilige Veränderungen der Vermögens-, Finanz- und Ertragslage und über nicht unwesentliche Verluste. Eine gesetzliche Verpflichtung, Ausführungen zur wirtschaftlichen Lage in den P. aufzunehmen, besteht nach neuem Recht dann, wenn bestimmte negative Entwicklungen eingetreten sind. Danach hat der Abschlußprüfer nachteilige Veränderungen der Vermögens-, Finanz- und Ertragslage gegenüber dem Vorjahr und Verluste, die das Jahresergebnis nicht unwesentlich beeinflußt haben, aufzuführen und ausreichend zu erläutern. Nach den Vorstellungen des Gesetzgebers soll hiermit erreicht werden, daß die Berichtsadressaten zusammenhängend und in der notwendigen Deutlichkeit über nachteilige Veränderungen unterrichtet werden. Verbunden ist hiermit allein eine erweiterte Berichterstattungspflicht, nicht jedoch eine Erweiterung von Prüfungsgegenstand und -umfang. Dementsprechend bezieht sich die Berichtspflicht auf solche negativen Tatsachen, die sich in Jahresabschluß, Lagebericht und Buchführung sowie in den Unterlagen niedergeschlagen haben, die vom Abschlußprüfer üblicherweise zur Prüfung herangezogen werden. Das Gesetz unterscheidet zwischen nachteiligen Veränderungen einerseits und nicht unwesentlichen Verlusten andererseits, wobei Überschneidungen zwischen beiden Bereichen gegeben sein können.

Maßstab für die Berichtspflicht von *nachteiligen Veränderungen* sind Verschlechterungen gegenüber dem Vorjahr; darüber hinaus ist gegebenenfalls auf eine mehrjährige Trendentwicklung einzugehen. Nachteilige Veränderungen der *Vermögenslage* erstrecken sich zunächst auf Verschlechterungen des bilanziellen Vermögens; ferner können hierunter auch solche Vermögensverluste fallen, die sich nicht in der Bilanz ausgewirkt haben, wie etwa signifikante Wertverluste bei stillen Reserven. Nachteilige Veränderungen der *Ertragslage* werden sich regelmäßig aus der Gegenüberstellung der gegebenenfalls nach betriebswirtschaftlichen Kriterien umgegliederten Gewinn- und Verlustrechnungen für das laufende und das vorangegangene Jahr ergeben, gegebenenfalls kann eine weitere Aufgliederung der GuV erforderlich sein. Der Begriff der *Finanzlage* entzieht sich weitgehend einer einheitlichen, unmittelbar meßbaren Definition. Der Abschlußprüfer wird hier auf Veränderungen der Finanzstruktur, der Deckungsverhältnisse, Fristigkeiten, Finanzierungsspielräume, Investitionsvorhaben, Kreditlinien etc. zurückgreifen, mit denen sich die Finanzlage eines Unternehmens umschreiben läßt.

Art und Umfang der Berichterstattung über *nicht unwesentliche Verluste* werden weitgehend von den Gegebenheiten des Einzelfalls abhängen. Bezugsgröße für nicht unwesentliche Verluste können z. B. einzelne Unternehmensbereiche und -sparten, regionale oder nach anderen Gesichtspunkten abgegrenzte Teilmärkte, ferner einzelne Aufträge oder Vermögensgegenstände sein. Die Abgrenzung der jeweiligen Bezugsgröße wird von der Unternehmensgröße und -struktur, von Tätigkeitsgebiet und Branche und nicht zuletzt von der relativen und absoluten Höhe des eingetretenen Verlustes abhängen.

Die Vorstellungen des Gesetzgebers, mit der neuen Berichtspflicht eine zusammengefaßte, konzentrierte Information der Adressaten über bestimmte, nachteilige Entwicklungen zu erreichen, macht es in aller Regel notwendig, diese Ausführungen in einen gesonderten Abschnitt des Prüfungsberichtes aufzunehmen. Alternativ hierzu besteht die Möglichkeit, die Ausführungen in eine geschlossene Darstellung innerhalb der allgemeinen Darlegungen zur Vermögens-, Finanz- und Ertragslage aufzunehmen. Ob gegebenenfalls eine Negativfeststellung zur Berichtspflicht nach §321 Abs. 1 Satz 4 HGB erforderlich ist, wird unterschiedlich beurteilt.

d) Berichtspflicht über unternehmensgefährdende Tatsachen und schwerwiegende Verstöße der gesetzlichen Vertreter. §321 Abs. 2 HGB bestimmt, daß der Abschlußprüfer im P. zu berichten hat, wenn er bei Wahrnehmung seiner Aufgaben Tatsachen feststellt, die den Bestand des geprüften Unternehmens gefährden oder seine Entwicklung wesentlich beeinträchtigen können oder die schwerwiegende Verstöße der gesetzlichen Vertreter gegen Gesetz, Gesellschaftsvertrag oder Satzung erkennen lassen (*Redepflicht des Abschlußprüfers*). Wie bisher beschränkt das HGB die Berichtspflicht auf solche Tatsachen, die dem Abschlußprüfer bei ordnungsmäßiger Durchführung seiner Prüfung bekannt werden. Gleichwohl ist zu beachten, daß im Einzelfall, insbesondere bei angespannten wirtschaftlichen Verhältnissen, Prüfungsschwerpunkte und -intensität anzupassen sind. Für die Erfüllung der Berichtspflicht sind die betreffenden Sachverhalte zu schildern und sich hieraus ergebende Konsequenzen aufzuzeigen. Dabei muß die Warnfunktion, die der Gesetzgeber mit der Berichtspflicht verbunden hat, deutlich werden. Aus diesem Grunde ist es auch für die Berichterstattung nicht entscheidend, ob dem Aufsichtsorgan die betreffenden Sachverhalte bereits bekannt sind oder nicht. In bestimmten Fällen kann es zweckmäßig oder notwendig sein, über berichtspflichtige Sachverhalte bereits vorab in einem Sonderbericht oder in Briefform zu berichten. Auch in diesen Fällen ist es erforderlich, im Prüfungsbericht selbst auf die betreffenden Sachverhalte einzugehen.

e) Zusammenfassung des Prüfungsergebnisses. Der Hauptteil des P. endet im allgemeinen mit einer Zusammenfassung des Prüfungsergebnisses. In diesen Abschnitt sind ferner entsprechend §322 Abs. 4 Satz 2 HGB der Bestätigungsvermerk bzw. der Vermerk über seine Versagung sowie die wesentlichen Prüfungsfeststellungen des Abschlußprüfers aufzunehmen. Ist der Bestätigungsvermerk eingeschränkt oder versagt worden, ist dies in der Zusammenfassung zu begründen. Gem. §321 Abs. 3 HGB hat der Abschlußprüfer den Bericht zu unterzeichnen; dies wird auch die Angabe von Ort und Tag miteinschließen.

4. Der Prüfungsbericht zum Konzernabschluß

Das HGB regelt den P. zum Jahresabschluß und zum → *Konzernabschluß* in einer gemeinsamen Vorschrift. Die Regelungen für den Einzel- und Konzernprüfungsbericht sind aber nicht völlig deckungsgleich. Unverändert gelten auch für den Konzern-P. die allgemeinen Grundsätze für eine ordnungsmäßige Berichterstattung. Bei den Pflichtfeststellungen bestehen, abgesehen von den Besonderheiten, die sich aus der Anpassung an das Prüfungsobjekt Konzernabschluß ergeben, folgende Unterschiede: Zum einen wird im Konzern-P. keine Aufgliederung und Erläuterung der Posten des Konzernabschlusses verlangt, zum anderen ist nach dem Gesetzeswortlaut unklar, ob im Konzern-P. auch die Gesetzmäßigkeit der Buchführung, gemeint sein könnte hier das Rechenwerk zur Ableitung des Konzernabschlusses aus den Einzelabschlüssen, zu bestätigen ist. Die Berichtspflichten nach §321 Abs. 1 Satz 4 HGB über nachteilige Veränderungen und nicht unwesentliche Verluste und nach § 321 Abs. 2 HGB über unternehmensgefährdende Tatbestände gelten in gleicher Weise auch für den Konzern-P. Zu beachten ist, daß der Abschlußprüfer Erfordernis und ggfs. Umfang einer solchen Berichterstattung aus der Sicht des Konzerns zu beurteilen hat.

Die spezifischen Besonderheiten des Prüfungsobjektes Konzernabschluß bedingen in der Regel zusätzliche Angaben im Konzern-P. Danach hat der Konzernabschlußprüfer insbesondere einzugehen auf Umfang, Abgrenzung und Veränderungen des Kreises der vollkonsolidierten, quotenkonsolidierten und nach der → *Equity-Methode* einbezogenen Unternehmen, auf die Stichtage von Konzernabschluß und einbezogenen Einzelabschlüssen, auf die Feststellung der Ordnungsmäßigkeit oder Hinweise auf die Prüfung der einbezogenen Einzelabschlüsse, auf die Ableitung aus den Einzelabschlüssen einschließlich der konzerneinheitlichen Bilanzierung und Bewertung, auf die angewandte Methode und Durchführung der einzelnen Konsolidierungsmaßnahmen und schließlich auf die → *Zwischengewinneliminierung*, → *Steuerabgrenzung* und, soweit erforderlich, auf die → *Währungsumrechnung*. Eine Neuerung für den Konzern-P. gegenüber dem bisherigen Recht besteht in der Möglichkeit, den P. über den Jahresabschluß des Mutterunternehmens und den P. über den Konzernabschluß zusammenzufassen. Voraussetzung hierfür ist nach § 298 Abs. 3 HGB, daß der Konzernanhang und der Anhang des Jahresabschlusses des Mutterunternehmens zusammengefaßt werden und daß der Konzernabschluß und der Jahresabschluß des Mutterunternehmens gemeinsam offengelegt werden. Ein einheitlicher P. zum Einzel- und Konzernabschluß muß alle Angaben enthalten, wie sie bei getrennter Berichterstattung zu machen wären.

5. Berichterstattung bei freiwilligen Abschlußprüfungen

Art und Umfang der Berichterstattung bei freiwilligen Prüfungen hängen davon ab, in welcher Form der Prüfungsauftrag erteilt wird. Sofern als Ergebnis der freiwilligen Prüfung ein § 322 HGB nachgebildeter Bestätigungsvermerk erteilt werden soll, ist es notwendig, daß der P. über eine freiwillige Prüfung den gleichen Grundsätzen genügt, wie sie für die handelsrechtliche Pflichtprüfung gelten.

Lit.: Gross, G.: Der Bericht über die Jahresabschlußprüfung nach neuem Recht, in: Bilanzrichtlinien-Gesetz, ZfB-Ergh. 1/1987, S. 341–353; *AICPA, Auditing Standards Board:* Statement on Auditing Standards (SAS) No. 58: Reports on Audited Financial Statements, 1988; *Gmelin, H. J./Weber, E.:* Neue Prüfungsaufgaben des Abschlußprüfers aufgrund der Erweiterung seiner Berichterstattungs- und Testatspflichten durch das HGB?, in: BFuP 1988, S. 301–312; *HFA des IDW:* Fachgutachten 2/1988: Grundsätze ordnungsmäßiger Berichterstattung bei Abschlußprüfungen, in: Wpg 1989, S. 20–27; *Plendl, M.:* Die Berichterstattung des Abschlußprüfers über nachteilige Lageveränderungen und wesentliche Verluste nach § 321 Abs. 1 Satz 4 HGB, 1990; *WP-Handb.* 1996, Bd. 1, 11. Aufl., 1996, S. 1076–1143.

WP Dr. Hans Jörg Gmelin, Essen.

Prüfungsergebnis

→ *Bestätigungsvermerk.*
→ *Prüfungsbericht.*

Prüfungsgrundsätze

= → *Grundsätze ordnungsmäßiger Abschlußprüfung.*
= Grundsätze ordnungsmäßiger Prüfung.
= Grundsätze ordnungsmäßiger Wirtschaftsprüfung.

Prüfungshandlungen

Teil der → *Prüfungsmethoden*; Summe sämtlicher Handlungen zum Vergleich zwischen Soll- und Ist-Zustand, um eine sachgerechte Urteilsbildung zu ermöglichen. Man unterscheidet nach Art der Tätigkeit:

(1) *Übertragungsprüfung:* Prüfung der Übereinstimmung von Zahlen, die von Dokument zu Dokument bzw. von Seite zu Seite übertragen werden.

(2) *Belegprüfung:* Kontrolle der richtigen Erfassung von Daten.
(3) *Abstimmungsprüfung:* Vergleich der Daten, die an verschiedenen Stellen im Unternehmen vorhanden sind, aber aufgrund systematischer Zusammenhänge übereinstimmen müssen.
(4) *Rechnerische Prüfung:* Prüfung der zutreffenden Durchführung der Rechenoperationen.

Prüfungshilfsmittel
→ *Prüfung des Jahresabschlusses.*

Prüfungskette
Aneinanderreihung von Soll-Ist-Vergleichen, die dadurch verkettet sind, daß das Soll-Objekt des nachfolgenden Soll-Ist-Vergleichs aus dem Ist-Objekt des vorhergehenden Soll-Ist-Vergleichs abgeleitet wird; das Ergebnis des letzten Soll-Ist-Vergleichs einer solchen P. bestimmt jeweils das Gesamturteil über die zur P. verbundenen Einzelurteile.

Prüfungskontrolle
= → *Quality Control.*

Prüfungsmethoden
= Prüfungstechniken.

Methoden, nach denen ein zu prüfender Bereich aus dem gesamten Prüfungsstoff ausgewählt wird. Man unterscheidet zwischen

(1) *formeller*, auf äußere Ordnungsmäßigkeit und rechnerischer Richtigkeit der Rechnungslegung ausgerichteter Prüfung, und *materieller* Prüfung der inhaltlichen Richtigkeit des Zahlenmaterials;
(2) *direkter*, auf richtiger Verbuchung, Bewertung und Ausweis im Jahresabschluß einzelner Geschäftsvorfälle abgestellten Prüfung, und *indirekter* Prüfung; bei der die Prüfung über Ersatzgegenstände erfolgt, bei denen ein Zusammenhang mit dem eigentlichen Prüfobjekt vermutet wird;
(3) *progressiver* Prüfung, die ausgeht vom wirtschaftlichen Tatbestand (Geschäftsvorfall) und diesen bis zum vorgelegten Jahresabschluß verfolgt, und *retrograder* Prüfung, die umgekehrt von der Position im Jahresabschluß ausgeht und diese bis zum zugrundeliegenden Geschäftsvorfall nachprüft;
(4) *lückenloser* und → *Stichproben- oder Auswahlprüfung*;
(5) *Einzelfallprüfung*, wobei die tatsächlich anfallenden Geschäftsvorfälle geprüft werden und → *System-* oder *Verfahrensprüfung*, bei der der Ablauf eines betrieblichen Prozesses geprüft wird;
(6) *standardisierten* (z. B. standardisierte Fragebögen zur einheitlichen Prüfungsdurchführung und -qualität) und *automatisierten* (mit Hilfe der EDV durchgeführten) Prüfverfahren;
(7) → *Ex-ante* und → *Ex-post*-Prüfungen nach dem zeitlichen Ablauf.

Lit.: Selchert, F.: Jahresabschlußprüfung der Kapitalgesellschaften, 1988, S. 86–97.

Prüfungsnormen, Internationale
1. Grundlagen. Prüfungsnormen sollen das Verhalten des Prüfers steuern (präskriptive Funktion) und den Empfänger des Prüfungsurteils über Art und Umfang der durchgeführten Prüfung informieren (deskriptive Funktion). Für die → *Prüfung des Jahresabschlusses* und die → *Prüfung des Konzernabschlusses* kommen als nationale Normen neben dem → *HGB* vor allem die vom → *Institut der Wirtschaftsprüfer in Deutschland e. V. (IdW)* herausgegebenen Verlautbarungen in Betracht. Dagegen erhebt die → *International Federation of Accountants (IFAC)* den Anspruch, internationale Prüfungsnormen zu setzen.

2. Internationale Facharbeit. Die internationale Facharbeit erfolgt in Ausschüssen. Herausragende Bedeutung haben die vom International Accounting Practices Committee (IAPC) erlassenen sowie die unter Beteiligung des Education Committee und des Forum on Ethics entwickelten Normen. Dem folgend teilt sich das IFAC-Handbook in die Bereiche Prüfung, Ausbildung und Ethik. Die Bedeutung der Normen kommt durch ihre Stellung innerhalb eines Bezugsrahmens (framework) zum Ausdruck. Dieser unterscheidet zwischen audits, reviews, agreed-upon procedures sowie compilations und beschreibt diese Dienstleistungen anhand der Kriterien gegebene Prüfungssicherheit (level of assurance) sowie Berichtsinhalte. Den höchsten Anspruch erheben audits; hier muß mit hoher Sicherheit ein Abschluß vorliegen, der frei von wesentlichen Fehlern ist.

3. Bindungswirkung der Normen. Die IFAC verpflichtet ihre Mitgliedsorganisationen nach besten Kräften auf die Beachtung der internationalen Prüfungsnormen hinzuwirken. Diese sukzessive Transformation in nationale Verlautbarungen bewirkt eine Art ‚sanfte Harmonisierung'. Der Vorbehalt der Transformation betrifft insb. die ethischen sowie auf die Ausbildung bezogene Normen, da hier nationale Umfeldfaktoren die Normenanwendung u. U. erheblich beeinflussen. Die Beachtung internationaler Normen ist unproblematisch, sofern diese sachgerecht in nationale Normen umgesetzt wurden und den Prüfer verpflichten; in diesem Fall dominieren die nationalen Normenäquivalente die IFAC-Normen.

Eine besondere Bedeutung besitzen die internationalen Normen, sofern ein nach den International Accounting Standards (IAS) erstellter Konzernabschluß zu prüfen ist (→ *IASC*). Da eine IFAC-konforme Prüfung im Vergleich zu den deutschen Prüfungsnormen eher Ergebnisse hervorbringt, die den Informationsbedürfnissen der Verwender des IAS-Abschlusses entsprechen, besitzen die IFAC-Normen eine Vorrangstellung als Quelle für die Ableitung internationaler → *Grundsätze ordnungsmäßiger Abschlußprüfung*. Die Bestätigungsberichte deutscher Konzernabschlüsse, die den Anspruch auf IAS-Konformität erheben, verweisen ausnahmslos auf die IFAC-Normen.

Darüber hinaus kann die International Organization of Securities Commissions (IOSCO) eine direkte Durchsetzungskraft internationaler Prüfungsnormen für multinational börsennotierte Unternehmen begründen. Dies gilt jedoch nur unter dem Vorbehalt, daß die jeweiligen nationalen Börsenaufsichtsbehörden der Empfehlung der IOSCO folgen, die internationalen Normen für die Börsenzulassung anzuerkennen.

4. Normen des IAPC. Das IAPC unterscheidet International Standards on Auditing (ISAs) und International Auditing Practice Statements (IAPSs). ISAs beinhalten durch Fettdruck hervorgehobene grundsätzliche Prinzipien und wesentliche Prüfungshandlungen sowie normalgedruckte Interpretationshilfen in Form erklärender und anderer Materialien. Für das Verstehen und die Anwendung der ISAs ist es notwendig, die normal- und die fettgedruckten Passagen heranzuziehen (ISA 100.11). Dagegen erheben IAPSs nicht den Anspruch eines Standards, sondern sollen den Prüfer lediglich durch praktische Hinweise bei der Anwendung der ISAs oder der Förderung einer guten Berufspraxis unterstützen.

Inhaltlich besteht zwischen den deutschen und den internationalen Normen in grundlegenden Fragen eine weitgehende Kompatibilität. Dies gilt auch für den Bereich der Aufdeckung absichtlicher Handlungen, die zu Falschdarstellungen im Jahresabschluß führen (fraud). Hier paßt der Entwurf einer Verlautbarung des IdW durch die Begründung einer positiven Suchverantwortung sowie die Aufnahme eines Kataloges von Bedingungen und Ereignissen, die das fraud-Risiko erhöhen, künftig die nationale Regelung an ISA 240 an. Gleichwohl zeigt ein Vergleich der Normensysteme im Detail einige beachtliche Unterschiede.

In einer Vielzahl von Bereichen geben die IFAC-Normen deutlich detailliertere Vorgaben als ihr deutsches Pendant. Zu nennen sind beispielsweise die Prüfungsplanung (ISA 300), der risikoorientierte Prüfungsansatz und die Prüfung des internen Kontrollsystems (ISA 400), die Anwendung analytischer Prüfungshandlungen (ISA 520) sowie die Prüfung des Grundsatzes der Unternehmensfortführung (ISA 570). Bei der Auswahl einer Zufallsstichprobe geht die deutsche Verlautbarung HFA 1/1988 ausnahmsweise über ISA 530 hinaus; dagegen behandelt die zuletzt genannte Norm wiederum die Bewertung der Stichprobenergebnisse ausführlicher.

Die folgenden Ausführungen geben Beispiele für Bereiche, in denen die deutschen im Unterschied zu den internationalen Normen den Prüfer nicht verpflichten bzw. einen Sachverhalt gar nicht ansprechen. ISA 700 sieht die externe Berichterstattung in Form eines Bestätigungsberichtes vor; dagegen bezieht sich § 322 HGB auf den → *Bestätigungsvermerk*. Konnte die Frage der Unternehmensfortführung nicht zufriedenstellend gelöst werden und bringt dies der Jahresabschluß adäquat zum Ausdruck, ist nach ISA 570.16 normalerweise ein uneingeschränkter Vermerk zu erteilen und der Bericht um einen hinweisenden Zusatz zu ergänzen. ISA 520.2 verpflichtet den Prüfer zu analytischen Prüfungshandlungen. Die Prüfung von Schätzungen ist Gegenstand von ISA 540. ISA 720 behandelt die Prüfung von Widersprüchen zwischen dem geprüften Jahresabschluß und dem freien Teil im → *Geschäftsbericht* und IAPS 1005 geht auf die Besonderheiten bei der Prüfung kleiner Unternehmen ein.

Die IFAC-Normen beinhalten sowohl auslegungsbedürftige als auch spezielle Textpassagen. Insgesamt erfüllen diese erheblich detaillierter ausgestalteten Normen ihre präskriptive und deskriptive Funktion deutlich besser als die Verlautbarungen des IdW. Gleichwohl sind die internationalen Normen nicht grundsätzlich überlegen; da ein Mehr an Detaillierung auch dysfunktional auf die Funktionserfüllung von Normen wirken kann. Darüber hinaus unterscheiden sich die internationalen Normen hinsichtlich ihres Aufbaus und der Anpassung an aktuelle Entwicklungen.

Lit.: IFAC (Hrsg.): IFAC Handbook 1996, Technical Pronouncements, 1996; *Ruhnke, K.:* Internationale Normen der Abschlußprüfung, in: Richter, M. (Hrsg.), Symposium ‚Theorie und Praxis der Wirtschaftsprüfung', 1996.

Dr. Klaus Ruhnke, Duisburg.

Prüfungspflicht

→ *Prüfung des Jahresabschlusses.*

Prüfungsplan

→ *Prüfung des Jahresabschlusses.*

Prüfungstechnik

1. Begriff

Der Begriff der P. ist nicht eindeutig, doch finden sich im Schrifttum zumeist folgende Inhalte: (1) P. als Gesamtheit der berufsüblichen Vorgehensweisen des Prüfers bei Planung und Durchführung eines Prüfungsauftrags, (2) P. im engeren Sinne: als Menge (nur) besonderer Vorgehensweisen (insbesondere prüferischer Alternativen) und besonderer Prüfungshandlungen, (3) P. in noch engerem Sinne: als Menge besonderer prüferischer Hilfsmittel und deren Anwendung. Die Abgrenzungen zwischen (1), (2) und (3) sind fließend; z. B. lassen sich komplexe Tätigkeiten, wie Verprobungen, den Inhaltsgruppen (2) oder (3) zuordnen.

P. sind insbesondere für periodisch wiederkehrende Pflichtprüfungen des Jahresabschlusses (→ *Prüfung des Jahresabschlusses*) entwickelt worden; P. sind dessen ungeachtet i. d. R. auch auf andere Prüfungsarten (→ *Sonderprüfungen*, Außenprüfung (steuerliche Betriebsprüfung), → *Revision, interne*) übertragbar und auch für diese weiterentwickelbar.

2. P. als Gesamtheit berufsüblicher Vorgehensweisen

a) Ausgangsplanung, Programmentwicklung, Programmausführung. Der Prüfer erkundet und analysiert für einen Prüfungsauftrag zunächst die allgemeinen Bedingungen des Unternehmensvollzugs und die speziell für das Rechnungswesen relevanten Bedingungen. Er achtet dabei insbesondere bereits auf denkbare Quellen von möglichen Verstößen des Unternehmens gegen Rechnungslegungsvorschriften. Im Anschluß an diese Phase der *Ausgangsplanung* folgt die Entwicklung eines detaillierten Prüfprogramms, welches Überlegungen zu Inhalt, Umfang, Reihenfolge und zeitlichem Ablauf des Vorgehens sowie Personaleinsatz umfaßt. Ein wesentliches Kennzeichen der *Programmentwicklung* ist die Definition von für die Urteilsbildung relevanten *Prüffeldern* und von *Fehlerkategorien.*

Der Prüfungsstoff wird somit aufgeteilt, z. B. aufgrund der Gliederung des Jahresabschlusses oder aufgrund von Abrechnungskreisen der Buchhaltung. Die Felder werden grundsätzlich im Hinblick auf genau definierte Fehlerkategorien hin beurteilt, also nicht orientierend auf alle denkbaren Fehler oder auf pauschale Fehlergruppen hin. Die Phase der Programmentwicklung mündet in die Phase der *Programmausführung (-durchführung)* ein.

b) System- und Ergebnisprüfungen. Die Prüfung vollzieht sich in den Phasen der Programmentwicklung und -ausführung üblicherweise sowohl durch die *interne Kontrollsystemprüfung* (*Verfahrens-, Systemprüfung*), in der die betrieblichen Arbeitsabläufe und die für diese Abläufe unternehmensintern vorgeschriebenen Kontrollregeln beurteilt werden, als auch durch die Prüfung von Bearbeitungsergebnissen (*Ergebnisprüfung*).

Die *Systemprüfung* besteht typischerweise aus einer *Erfassungsprüfung* der Arbeitsabläufe und der vorgeschriebenen Kontrollregeln, einer *Konzeptionsprüfung* (Beurteilung der erfaßten internen Kontrollregeln im Hinblick auf ihre grundsätzliche Eignung zur Fehlerverhütung und Fehlerbeseitigung) und einer *Funktionsprüfung*, ob die internen Kontrollen in praxi so angewandt oder befolgt werden wie konzipiert.

Eine wichtige Unterscheidung insbesondere für die Ergebnisprüfung von Konten (*Kontenprüfung*) ist diejenige der Prüfung von *Kontenbewegungen* oder *Transaktionen* („test of transactions") und von *Salden* („test of balances").

Die Erfassungs- und Konzeptionsprüfung ist der Phase der Programmentwicklung, die Funktions- und Ergebnisprüfung i.d.R. der Programmausführungsphase zuzurechnen. Funktions- und Ergebnisprüfungen können jedoch auch zur (weiteren) Programmentwicklung dienen. Ein gut konzipiertes und entsprechend angewandtes Kontrollsystem erlaubt in der Regel verkürzte Ergebnisprüfungen im Vergleich zu einem nicht vorhandenen, schlecht konzipierten oder unzureichend befolgten Kontrollsystem.

c) Definition von Materiality-Grenzen/Vornahme von Risikoanalysen. Wichtiger Bestandteil der Programmentwicklungsphase ist die Festlegung von Bedingungen, unter denen Prüffeld-Fehler als wesentlich (materiell) für die Urteilsbildung eingeschätzt werden, d. h. unter denen der Prüfer zum uneingeschränkten oder zum eingeschränkten → *Bestätigungsvermerk* oder zur Versagung des Vermerks kommt. Die Prüfung wird ferner geleitet von Schätzungen des – vom Prüfer in der Höhe zu begrenzenden – Risikos, wesentliche (materielle) Fehler zu übersehen. Dabei werden mehrere Risikoeinflüsse unterschieden und gegeneinander abgewogen, typischerweise das *dem Prüffeld innewohnende Risiko* (die Fehleranfälligkeit), ermittelt unter der Annahme, interne Kontrollen würden im Rechnungswesen nicht bestehen, das *Kontrollrisiko*, daß bestehende wesentliche Fehler durch vorhandene interne Kontrollen nicht verhütet oder nicht entdeckt werden, und das *Entdeckungsrisiko*. Letzteres ist das Risiko, daß (trotz ggf. vorhandener interner Kontrollen entstandene) Fehler durch die Ergebnisprüfung nicht entdeckt werden. Die Entwicklung von Materiality-Grenzen und die Risikoanalyse sind wesentliche Leitgrößen für die Programmausführung.

3. P. als Menge besonderer Vorgehensweisen und Handlungen

Charakteristische Vorgehensweisen/Prüfungsalternativen sind insbesondere:

Eine *Einzelpostenprüfung* (*Einzelfallprüfung*) widmet sich jeweils Einzelsachverhalten und untersucht diese unmittelbar oder direkt (*direkte Prüfung*). Eine *Gruppenprüfung* (*Aggregateprüfung, globale Prüfung*) wertet gemeinsame Angaben über Gruppen von Einzelposten aus und zwar anstelle dieser Einzelposten; sie ist als mittelbare oder *indirekte Prüfung* der letztlich interessierenden Einzelposten zu interpretieren.

Formelle Prüfungen wollen äußere (einschließlich rechnerischer) Fehler finden und verhüten, *materielle Prüfungen* richten sich gegen inhaltliche, rechtliche und wirtschaftliche Normen berührende Fehler.

Bei einer *Vollprüfung* (*lückenlosen Prüfung*) werden alle definierten Einzelobjekte eines Prüffeldes untersucht, bei einer *Auswahlprüfung* nur ein Teil. Eine *statistische Prüfung* ist typischerweise durch die Zufallsauswahl der Prüfobjekte und deren Auswertung mit Hilfe mathematisch-statistischer Methoden gekennzeichnet.

Eine *progressive Prüfung* findet ganz oder teilweise in der dem zeitlichen Ablauf der Bearbeitung entsprechenden Richtung (Geschäftsvorfall → Beleg → Konto → Jahresabschluß) statt, während ein entgegengesetztes Vorgehen eine *retrograde Prüfung* darstellt.

Eine Prüfung wird durch konkrete – als mehr oder weniger umfangreich zu betrachtende – *Prüfungshandlungen* (Prüfungstätigkeiten) vollzogen. Solche sind z.B. die *Abstimmung* (Vergleich solcher Zahlen auf Identität, die nach der Logik der doppelten Buchführung gleich sein müssen) oder die *rechnerische Prüfung* (Nachvollzug von Rechenoperationen).

4. P. im Sinne von besonderen Hilfsmitteln

Im Sinne des dritten Begriffsinhalts bildet ein Kreis durchaus verschiedener Hilfsmittel/Verfahren und deren Anwendung die P. Die wichtigsten sind:

a) Belegflußpläne. Durch vom Prüfer oder vom Unternehmen erstellte und im Rahmen der Kontrollsystem-Erfassungs- und Konzeptionsprüfung benutzte Belegflußpläne werden die wichtigsten Arbeits- und Kontrollschritte im Rechnungswesen dargestellt. Der „Fluß" von Belegen und damit von Informationen wird erkennbar. Die mit Hilfe einfacher Symbole, z.B. Rechtecken zur Darstellung von Belegen, erstellten Pläne werden im Hinblick auf die Fehlerwirkung (einschl. Fortpflanzungswirkung) unrichtig oder unvollständig oder nicht ausgeführter Arbeits- und Kontrollschritte analysiert.

b) Kontrollmatrizen. Die ebenfalls im Rahmen der Systemprüfung aufgestellten und analysierten Kontrollmatrizen nehmen in einer ihrer Matrixdimensionen zur Fehlerverhütung oder -entdeckung notwendige konkrete *Kontrollziele* (-anforderungen) und in der anderen Dimension im Unternehmen konkret vorgeschriebene interne Kontrollen auf. In den Matrixzellen wird vermerkt, welche Kontrollen zu welcher Zielerreichung beitragen. Aufgrund dieser Information urteilt der Prüfer, ob die jeweilig angestrebten Kontrollziele durch die verfügbaren Kontrollen erfüllt werden.

c) Bestätigungsschreiben. Das Einholen von schriftlichen Bestätigungen bei (Geschäfts-)Partnern des Unternehmens (z.B. Gläubigern, Schuldnern, externen Lagerhaltern, Rechtsanwälten, Sachverständigen) über bestimmte Sachverhalte stellt eine zunehmend übliche Ergebnisprüfung dar, insbesondere das Einholen von Saldenbestätigungen, durch welche Schuldner bzw. Gläubiger des Unternehmens zur Bestätigung ihres Verbindlichkeits- bzw. Forderungssaldos aufgefordert werden.

d) Entdeckungsstichproben. Für statistische Prüfungen ist eine große Zahl an allgemeinen Verfahren und speziellen Stichprobenplänen zum Schätzen und Testen von Fehlern (Fehleranteilen, -zahlen, -werten) für die System- und Ergebnisprüfung entwickelt worden, z.B. Entdeckungsstichproben, deren spezielles Ziel es nach vorherrschendem Verständnis ist, Prüffelder mit materiell beurteilten Fehleranteilen/-zahlen zu entdecken. Entdeckungsstichproben führen zu geringen Stichprobenumfängen und sind insbesondere anwendbar, wenn Prüffelder der Erwartung nach keine Fehler oder nur sehr wenige Fehler enthalten. Bei der Prüfplanermittlung wird jedoch der Irrtumswahrscheinlichkeit, ordnungsmäßige Prüffelder unrichtigerweise als fehlerhaft einzuschätzen, keine besondere Beachtung geschenkt.

e) Dollar-Unit-Methoden. Dollar-Unit-Methoden sind Vorschläge zur Schätzung von Fehlerwerten, bei denen die Auswahlwahrscheinlichkeit der Prüfobjekte zu ihren Buchwerten proportional ist. Bei diesen Verfahren werden somit größere (Buch-)Beträge intensiver als kleine Beträge geprüft. Dollar-Unit-Methoden und ähnliche Verfahren besitzen heute von allen prüfungsrelevanten statistischen Methoden die größte praktische Bedeutung.

f) Verprobungen. Durch Verprobungen werden zu prüfende Unternehmensdaten mit – aufgrund von Plausibilitätsüberlegungen gewonnenen – Normvorstellungen (Sollwerten) verglichen. Sind die zu prüfenden Daten korrekt, stehen sie erwartungsgemäß in einem nachvollziehbaren Zusammenhang zu den Sollwerten. Verprobungsverfahren sind in der Ausgangsplanungs-, der Programmentwicklungs- und der -ausführungsphase umfangreich einsetzbar. Für Verprobungen sind zahlreiche einfache und höhere rechnerische und/oder graphische Verfahren entwickelt worden, z. B. die → *Diskriminanzanalyse.*

g) Prüfsoftware. Zur Prüfung computergestützter Buchführungssystem sind viele Hilfsmittel vorgeschlagen worden und im Einsatz, von denen leicht erlernbare Prüfsoftware (*Prüfprogrammsysteme, Prüfsprachen*) zum möglichst unbeschränkten und interaktiven Zugriff auf Mandantendaten, zur Verdichtung und zur entscheidungsorientierten Analyse dieser Daten sowie zur Berichterstattung eine besondere Bedeutung erlangt haben.

Lit.: HFA des IDW: Fachgutachten 1/1988: Grundsätze ordnungsmäßiger Durchführung von Abschlußprüfungen, in: Wpg 1989, S. 9–19; *Buchner, R.:* Wirtschaftliches Prüfungswesen, 1991; *Hömberg, R.:* Prüfung, externe, in: HWB, 5. Aufl., 1993, Sp. 3570–3583; *WP-Handb. 1996,* Bd. 1, 11. Aufl., 1996, S. 1301–1443; *American Institute of Certified Public Accountants [AICPA]* (Hrsg.): Professional Standards (lfd. aktualisiert).

Professor Dr. Reinhold Hömberg, Aachen.

Prüfungsträger

P. von → *Sonderprüfungen* können alle in der Buchführung ausreichend vorgebildeten und erfahrenen Personen sein (§ 143 AktG). P. für die gesetzliche → *Prüfung des Jahresabschlusses* und des → *Konzernabschlusses* von großen und mittelgroßen Kapitalgesellschaften und von dem PublG unterliegenden Unternehmen können dagegen nur → *Wirtschaftsprüfer* und → *Wirtschaftsprüfungsgesellschaften* bzw. von mittelgroßen GmbH nach § 267 Abs. 2 HGB auch → *vereidigte Buchprüfer* und Buchprüfungsgesellschaften sein (§ 319 Abs. 1 HGB). Die Pflichtprüfung von → *Genossenschaften* obliegt dem Prüfungsverband (§ 55 GenG).

Prüfungsumfang

→ *Prüfung des Jahresabschlusses.*

Prüfungswesen

= Revisionswesen.
= → *Wirtschaftsprüfung.*

Public Company

Eine → *Kapitalgesellschaft* englischen Rechts, entspricht weitgehend der → *Aktiengesellschaft.* Das Recht der P. ist in den sections 1–28 des Companies Act geregelt.

Publikumsgesellschaft

Ein Unternehmen, meist in der Rechtsform der → *Aktiengesellschaft,* seltener der → *Gesellschaft mit beschränkter Haftung,* → *Kommanditgesellschaft auf Aktien* oder Kommanditgesellschaft, dessen Kapitalanteile sich in den Händen sehr vieler Gesellschafter befinden; i. e. S. eine AG, deren Aktien an der Börse gehandelt werden und weit gestreut sind.

Publizität

1. Begriff und Arten

P. (disclosure) i. w. S. bedeutet Unterrichtung der Öffentlichkeit über betriebliche Tatbestände; i. e. S. ist unter P. die *Offenlegung der* – in diesem Beitrag im Vordergrund stehenden – *handelsrechtlichen Rechnungslegung* zu verstehen.

a) Regelmäßige und unregelmäßige P. Die *P. der Rechnungslegung* erfolgt jährlich nach Abschluß des Geschäftsjahres innerhalb bestimmter Fristen (große und mittelgroße Kapitalgesellschaft: 9 Monate (§ 325 Abs. 1 HGB); kleine Kapitalgesellschaft: 12 Monate (§ 326 Abs. 1 HGB). Die unregelmäßige P. betrifft rechtlich bedeutsame Ereignisse in der Entwicklung einer Unternehmung wie Gründung, Erhöhung/Herabsetzung des Kapitals, Liquidation. Die rechtlichen Grundlagen für diese P., die hauptsächlich im Handelsregister und Bundesanzeiger erfolgt, finden sich außer im HGB auch in anderen einschlägigen Gesetzen (AktG, DMBilG, GmbHG). Publizitätspflichtig sind ebenfalls Zusammenschlüsse von Unternehmen und der Abschluß von kartellrechtlichen Vereinbarungen. Unternehmen, deren Wertpapiere an einer inländischen Börse zugelassen sind, unterliegen der Pflicht zur → *Ad-hoc-Publizität* (§ 15 Abs. 1 WpHG), wenn in ihrem Tätigkeitsbereich bisher nicht öffentlich bekannte Tatsachen eintreffen, die den Börsenpreis ihrer Wertpapiere erheblich beeinflussen können.

b) Gesetzliche und freiwillige P. Im Regelfall wird die Unternehmenspublizität durch gesetzliche Vorschriften ausgelöst. Viele Unternehmen verstehen P. aber als Teil ihrer Öffentlichkeitsarbeit. Dies führt dann dazu, daß sie im Falle der Pflichtpublizität über den gesetzlichen Mindestrahmen hinaus berichten (→ *Kapital- und Finanzflußrechnung,* → *Segmentrechnung,* → *Substanz- und Kapitalerhaltung,* → *Sozialbilanz*) oder aber ohne gesetzliche Verpflichtung wirtschaftliche Daten des Unternehmens bekanntgeben (Bilanzpressekonferenzen, Rechenschaftsberichte auf der HV, Finanzanzeigen in Zeitungen).

2. Publizität der Rechnungslegung

a) Gründe. Gläubigerschutz: Unterrichtung der Gläubiger über die Lage ihres Schuldners und über das ihnen haftende Vermögen (P. = *Preis für Haftungsbegrenzung*). Wie weit die P. als Mittel des Gläubigerschutzes zur Insolvenzwarnung geeignet ist, ist umstritten wegen der primär vergangenheitsorientierten Ausrichtung der Rechnungslegung.

Gesellschafterschutz: Im Falle des anonym bleibenden Eigenkapitalgebers (z. B. eine AG emittiert Inhaberaktien) ist P. notwendig. Ist der Gesellschafterkreis jedoch überschaubar (wie z. B. i. d. R. bei der GmbH), kann die Rechenschaftslegung gegenüber den Gesellschaftern auch ohne P. erfolgen.

Informationsinteresse der Öffentlichkeit: Während das Informationsinteresse der Öffentlichkeit als Grund für die öffentliche Rechnungslegung von Großunternehmen allgemein anerkannt wird, ist die Begründung für die P. im Falle von kleinen und mittelgroßen Unternehmen unter Hinweis auf die neuere Rechtsprechung des Bundesverfassungsgerichts zur informationellen Selbstbestimmung infrage gestellt worden (*Friauf*). P. führt in Verbindung mit der → *Prüfung des Jahresabschlusses* zur externen Kontrolle der Unternehmen (= „liberale Alternative" zur staatlichen Kontrolle der Rechnungslegung).

b) Kreis der Verpflichteten. Aufgrund der Rechtsform sind *Kapitalgesellschaften* (AG/KGaA/GmbH) nach § 325 HGB, *Genossenschaften* nach § 339 HGB, zukünftig auch die GmbH & Co. KG (Personengesellschaft mit beschränkter Haftung), sobald die Bilanzrichtlinien-Ergänzungsrichtlinie 90/605 v. 08.11.1990 in deutsches Recht umgesetzt sein wird, und kommunale *Eigenbetriebe* nach EigBG oder EigVO publizitätspflichtig. P.-pflicht kann sich aus der *Größe der Unternehmung* aufgrund von § 9 PublG ergeben. Groß i. S. d. PublG sind Unternehmen oder Konzerne, wenn an drei aufeinanderfolgenden Abschlußstichtagen jeweils mindestens zwei der drei nachstehenden Merkmale zutreffen: Bilanzsumme mehr als DM 125 Mio., Umsatzerlöse mehr als DM 250 Mio., durchschnittlicher Beschäftigtenstand mehr als 5000 Arbeitnehmer (§ 1 PublG). Wegen besonderer *Branchenrisiken* und der großen gesamtwirtschaftlichen Bedeutung besteht eine P. für → *Kreditinstitute* (§ 340 l HGB) und → *Versicherungsunternehmen* (§ 341 l HGB). Auch Unternehmen, die den Zugang zum Kapitalmarkt suchen, unterliegen besonderen P.-pflichten aufgrund BörsG und BörsZulV.

c) Gegenstand. Grundsätzlich sind handelsrechtlich folgende Instrumente der Rechnungslegung (§ 325 HGB) offenzulegen: → *Jahresabschluß,* → *Lagebericht,* → *Bestätigungsvermerk* (*nicht* jedoch der → *Prüfungsbericht* der Ab-

Publizität

schlußprüfer), Bericht des AR (sofern ein solcher besteht), Vorschlag für und Beschluß über die Verwendung des Ergebnisses, bzw. → *Konzernabschluß*, Konzernlagebericht sowie der Bestätigungsvermerk hierzu.

d) Erleichterungen. Kapitalgesellschaften unterliegen einer abgestuften P. (Erleichterungen für kleine und mittelgroße Gesellschaften). Größenmerkmale: kleine Gesellschaft: Bilanzsumme nicht größer als DM 5,31 Mio., Umsatzerlöse nicht mehr als DM 10,62 Mio. und Zahl der Arbeitnehmer bis zu 50; mittelgroße Gesellschaft: Bilanzsumme nicht größer als DM 21,24 Mio., Umsatzerlöse nicht mehr als DM 42,48 Mio. und Zahl der Arbeitnehmer bis zu 250 (§ 267 HGB). Eine Kapitalgesellschaft ist klein oder mittelgroß, wenn mindestens zwei der drei vorgenannten Größenmerkmale nicht überschritten werden. Eine Umqualifizierung findet erst dann statt, wenn an zwei aufeinanderfolgenden Abschlußstichtagen die maßgeblichen Größenmerkmale über- oder unterschritten werden. Die wichtigsten *Erleichterungen* sind für die *kleine* Kapitalgesellschaft (§ 326 HGB): keine Offenlegung der → *Gewinn- und Verlustrechnung*, kein Lagebericht und keine Abschlußprüfung, stark verkürzte Bilanz und Anhang; es entfallen (§ 274a HGB): Anlagengitter, Erläuterung bestimmter Forderungen und Verbindlichkeiten im Anhang (§ 268 Abs. 4 und 5 HGB), gesonderter Ausweis eines Disagios, gesonderte Erläuterung der Aufwendungen für die Ingangsetzung und Erweiterung des Geschäftsbetriebs, und für die *mittelgroße* Kapitalgesellschaft (§ 327 HGB): keine Offenlegung der Umsatzerlöse (nur verkürzte Gewinn- und Verlustrechnung beginnend mit dem sog. Rohergebnis), etwas verkürzter Anhang und etwas verkürzte Bilanz. Vorgenannte Erleichterungen werden der Kapitalgesellschaft nur gewährt, wenn ihre Anteile nicht an einer Börse notiert sind (§ 267 Abs. 3 HGB).

Aus datenschutzrechtlichen Überlegungen sind für den Mittelstand aufgrund der Mittelstandsrichtlinie (90/604 v. 08.11.1990) weitere Erleichterungen eingeführt worden: Die Angaben über die Gesamtbezüge der Mitglieder der Geschäftsführung oder eines Beirats einer Kapitalgesellschaft sind nicht offenzulegen, wenn sich anhand dieser Angaben die Bezüge eines Mitglieds dieser Organe feststellen lassen (§ 286 Abs. 4 HGB). Auch können Angaben über die Ergebnisverwendung der *GmbH* entfallen, wenn sich anhand dieser Angaben die Gewinnanteile von natürlichen Personen feststellen lassen, die Gesellschafter sind (§ 325 Abs. 1 Satz 1 HGB). Der angestrebte Datenschutz rechtfertigt es auch, daß die vorgenannten Ausnahmen zur Regel werden (BJM).

Auch nach dem *PublG* werden Erleichterungen bei der Offenlegung gewährt (bei Personengesellschaften und Einzelkaufleuten: keine Offenlegung der GuV und Ergebnisverwendung, wenn bestimmte Angaben in einer Anlage zur Bilanz enthalten sind, § 9 Abs. 2 i. V. m. § 5 Abs. 5 PublG); Lagebericht und Anhang müssen die vorgenannten Kaufleute erst gar nicht aufstellen (§ 5 Abs. 2 PublG). Von → *Kreditinstituten* in der Rechtsform der Kapitalgesellschaft und der eingetragenen Genossenschaft dürfen Erleichterungen nicht beansprucht werden (§ 340 l HGB). Ähnliches gilt für → *Versicherungsunternehmen* (§ 341 l HGB).

e) Verfahren. Zu unterscheiden ist die Register- von der Bundesanzeigerpublizität. Die Hauspublizität wird wegen ihres Ausnahmecharakters nach der Ergänzungsrichtlinie (90/605) in Deutschland nicht zur Anwendung kommen (Mitgliedstaatenwahlrecht nach Art. 1 Ziff. 3). Für kleine und mittelgroße Kapitalgesellschaften ist nur die *Registerpublizität* vorgeschrieben, d. h. Einreichung der offenzulegenden Unterlagen zum zuständigen Handelsregister und Hinweisbekanntmachung im Bundesanzeiger. Jedermann darf diese Unterlagen *ohne* Begründung einsehen oder Abschriften (Fotokopien) anfordern (§ 9 HGB). Die große Kapitalgesellschaft hat die offenzulegenden Unterlagen sowohl im Bundesanzeiger (*Bundesanzeigerpublizität*) bekannt zu machen und diese Bekanntmachung zusammen mit den offenzulegenden Unterlagen zum zuständigen Handelsregister einzureichen. Im Falle von → *Genossenschaften* ist statt des Handelsregisters das Genossenschaftsregister zuständig.

f) Sanktionen. Als Ordnungswidrigkeit werden Zuwiderhandlungen gegen die Vorschriften über *Form oder Inhalt* der P. angesehen (§ 334 HGB). Die Ordnungswidrigkeit kann mit einer Geldbuße bis zu TDM 50 geahndet werden. Werden die handelsrechtlichen *Publizitätspflichten* nicht befolgt, so kann ein Zwangsgeld festgesetzt werden (§ 335 HGB). Das Registergericht schreitet jedoch nur ein, wenn ein Gesellschafter, Gläubiger oder der Betriebsrat dies beantragt; das Offizialprinzip nach § 14 HGB gilt *nicht.* Das einzelne Zwangsgeld darf den Betrag von TDM 10 nicht übersteigen.

3. Mittelstandsaspekte

Während bei Großunternehmen und börsennotierten Gesellschaften die P. (→ *Zwischenberichte*; → *Ad-hoc-Publizität*; → *Börsenzulassungsprospekt*) als Mittel der Selbstdarstellung nach außen begriffen wird, stößt die P. im mittelständischen Bereich z. T. auf Widerstand. Demgemäß ist die P.-rate in Deutschland außerordentlich niedrig. Als Reaktion auf diesen Tatbestand wurde die Bundesrepublik Deutschland vor dem Gerichtshof der Europäischen Gemeinschaften durch die Kommission der EG verklagt. Die Bundesrepublik Deutschland soll gezwungen werden, Sanktionen einzuführen, die eine Durchsetzung der P. gewährleisten. Demgegenüber ist die Bundesrepublik Deutschland der Auffassung, daß die in § 335 HGB vorgesehenen Sanktionen ausreichend seien, auch wenn sie nur auf Antrag eines Gesellschafters, eines Gläubigers oder eines Betriebsrates erfolgen. Damit werde den Interessen des schutzwürdigen Kreises der Bilanzadressaten entsprochen. Darüber hinaus hat die Bundesregierung die Bilanzrichtlinie und die GmbH & Co. KG-Richtlinie auf die deutsche Liste derjenigen Vorhaben gesetzt, die unter dem Gesichtspunkt der Subsidiarität geprüft werden sollen (nach dem Subsidiaritätsprinzip darf die Europäische Gemeinschaft nur insoweit tätig werden, soweit das Ziel der Maßnahme auf nationaler Ebene nicht erreichbar ist).

4. Publizität nach SEC/FASB und IASC

Im Hinblick darauf, daß deutsche Großunternehmen verstärkt den Zugang zu internationalen Kapitalmärkten suchen, stellt sich für diese Unternehmen auch die Frage der P. unter internationalen Aspekten. Bedeutsam sind insoweit vor allem die auf dem bedeutendsten nationalen Kapitalmarkt geltenden US-amerikanischen Vorschriften.

Während in Deutschland (Europa) die P. gesellschaftsrechtlich ausgestaltet ist (für Kapitalgesellschaften), ist sie in den USA kapitalmarktrechtlich verankert. So unterliegen alle börsennotierten Gesellschaften oder solche, die öffentlich Wertpapiere emittieren, den sehr umfangreichen Registrierungs- und Offenlegungspflichten der → *SEC* (amerikanische Börsenaufsicht). Der regelmäßigen Offenlegungspflicht unterliegt in den USA der Jahresabschluß (annual report/financial statements), der neben der Bilanz, GuV, Anhang (notes) und dem Prüfungsbericht (short form report) zwingend auch eine Kapitalflußrechnung, eine Segmentberichterstattung und einen Eigenkapital- und Anlagespiegel umfaßt. Hinzu kommen vierteljährliche Zwischenberichte sowie unregelmäßige Berichtspflichten im Falle von Börsenregistrierungen (registration statement) und die Ad-hoc-P. (current reporting). Damit ist der Kreis der offenlegungspflichtigen Gesellschaften in den USA bedeutend enger gezogen als in Europa.

Rechtsgrundlage für die börsenrechtlich begründete P. ist der Securities Act (SA) und der Securities Exchange Act (SEA). Die formelle und inhaltliche Ausgestaltung der P. sowie deren Überwachung liegt in den Händen der SEC. Die Einsichtnahme in die offenzulegenden Dokumente kann bei der SEC direkt oder in Kopie, auf Microfiche oder auf elektronischem Datenträger (Projekt EDGAR) vorgenommen werden.

Aus den Statements des → *IASC* (IAS) lassen sich keine originären Publizitätspflichten ableiten. Die IAS-Vorschriften richten sich vielmehr an Unternehmen, die bereits nach anderen (nationalen) Normen rechnungs- und publizitätspflichtig sind. Der materielle Inhalt der Rechnungslegung und Berichterstattung weicht jedoch in vielen Punkten von dem materiellen europäischen Bilanzrecht ab.

Lit.: Strobel, W.: Publizitätspflicht und Haftungsbeschränkung, in: BB 1981, S. 1742–1752; *Reuter, E.:* Die Publizität der Kapitalgesellschaft nach neuem Bilanzrecht, in: FS Goerdeler, 1987, S. 427–443; *Friauf, K. H.:* Registerpublizität für GmbH und Verfassungsrecht, in: GmbHR 1991, S. 397–407; *Biener, H.:* Neue Entwicklungen im Gesellschaftsrecht/Handlungsbedarf für die mittelständischen Unternehmen?, in: Steuerberaterkongress-Report 1994, S. 35–51; *Busse von Colbe, W.:* Zur Anpassung der Rechnungslegung von Kapitalgesellschaften an internationale Normen, in: BFuP 1995, S. 373–391.

WP Dr. Paul J. Heuser, Düsseldorf.

Publizitätsgesetz (PublG)

Gesetz über die Rechnungslegung von bestimmten Unternehmen und Konzernen vom 15. 8. 1969 (BGBl I 1189 ber. BGBl 1970 I 1113). Nach dem P. sind Unternehmen verschiedener Rechtsformen (§ 3 PublG), insbesondere → *Personengesellschaften*, zur Aufstellung, Prüfung und Publizität eines → *Jahresabschlusses* (§§ 6–9) und eventuell eines → *Konzernabschlusses* (§§ 11–15) verpflichtet, wenn sie am Abschlußstichtag und an zwei darauf folgenden Abschlußstichtagen jeweils mindestens zwei der folgenden Größenkriterien erreichen (→ *Größenklassen*):

Bilanzsumme > 125 Mio. DM
Umsatzerlöse > 250 Mio. DM

Durchschnittliche
Arbeitnehmerzahl > 5000.

Die Rechnungslegungsvorschriften der §§ 242 ff. HGB gelten auch für den Einzel- und Konzernabschluß nach dem P.

Purchase-Method

= Erwerbsmethode für die → *Kapitalkonsolidierung.*

Quality Control

Sämtliche Maßnahmen und Gestaltungen im Bereich von Prüfungsorganen, die der Sicherung bzw. Gewährleistung von Qualitätsstandards im Prüfungswesen dienen.

Quartalsbericht

→ *Zwischenbericht.*

Quotenkonsolidierung

1. Wahlrecht. Als Alternative zur → *Equity-Bewertung* besteht für *Gemeinschaftsunternehmen* das Wahlrecht der quotalen (entsprechend den Anteilen am Kapital = anteilsmäßige) Einbeziehung in den → *Konzernabschluß.* Gemeinschaftsunternehmen gibt es in vielfältiger Form mit differenzierten Begriffen (z. B. *Joint Venture, Partnerschaftsunternehmen, Partnership investment* und *Arbeitsgemeinschaften*). Die Ausübung des Wahlrechts der Q. und die Pflicht zur Vollkonsolidierung (→ *Kapitalkonsolidierung*) schließen sich aus.

2. Voraussetzungen. §310 HGB (§262 öHGB) regelt, daß Unternehmen, die von dem Konzern (= in den Konzernabschluß einbezogene Mutter- oder Tochterunternehmen) und von einem oder mehreren konzernfremden Unternehmen gemeinschaftlich geführt werden (= *Gesellschafterunternehmen*), quotal in den Konzernabschluß einbezogen werden können. Für das Gemeinschaftsunternehmen muß der Tatbestand der *Unternehmenseigenschaft* erfüllt sein (i. d. R. Personen- und Kapitalgesellschaften, aber auch Personenvereinigungen, z. B. BGB-Gesellschaften). Das Gesellschafterunternehmen stellt als Mutterunternehmen gem. §290 HGB selbst einen Konzernabschluß auf oder wird als Tochterunternehmen in einen Konzernabschluß einbezogen. Zu diesem Gesellschafterunternehmen müssen ein oder mehrere andere Gesellschafterunternehmen als Beteiligte am Gemeinschaftsunternehmen hinzukommen, die nicht in denselben Konzernabschluß einbezogen worden sind. Die *gemeinsame Führung* des Gemeinschaftsunternehmens durch die Gesellschafterunternehmen muß tatsächlich ausgeübt werden. Art und Weise der gemeinsamen Führung hängen von den Beteiligungsverhältnissen und den gesellschaftsrechtlichen Voraussetzungen ab. Nachgewiesen wird sie durch die einheitliche Willensbildung der Gesellschafterunternehmen (u. a. auch durch Kompromisse und Interessenausgleich) zumindest in wesentlichen, das wirtschaftliche Schicksal des Gemeinschaftsunternehmens betreffenden Fragen.

3. Anzuwendende Konsolidierungsvorschriften. Die Q. ist entsprechend den Vorschriften zu Inhalt und Form des Konzernabschlusses (§§297–299 HGB) und zur Vollkonsolidierung (§§300, 301, 303–306, 308, 309 HGB) vorzunehmen. Die Jahresabschlußposten sind entsprechend den Anteilen des Konzerns am Gemeinschaftsunternehmen zu übernehmen; damit entfällt ein *Ausgleichsposten für andere Gesellschafter.* Folgende Konsolidierungsvorschriften sind anzuwenden:

(1) Sofern das Gemeinschaftsunternehmen einen Konzernabschluß aufstellt, ist dieser der Q. zugrundezulegen.

(2) Die Vermögensgegenstände und Schulden sind an die *Bilanzierungs- und Bewertungsgrundsätze* des Konzerns (§§300, 308 HGB) *anzupassen.* Es ist also für das in- oder ausländische Gemeinschaftsunternehmen – vergleichbar der Vorgehensweise bei voll zu konsolidierenden Unternehmen – ein zusätzlicher Abschluß für Konsolidierungszwecke zu erstellen (*Handelsbilanz II*). Wird das Gemeinschaftsunternehmen von mehreren Konzernen quotal konsolidiert, kann sich u. U. die Notwendigkeit der Erstellung von mehreren Jahresabschlüssen nach unterschiedlichen Bilanzierungs- und Bewertungsgrundsätzen ergeben. Sofern die Aussagefähigkeit des Konzernabschlusses nicht beeinträchtigt wird, sind Abweichungen von den Bewertungsgrundsätzen zulässig.

(3) Bei der Neubewertungsmethode sind die in den Konzernabschluß quotal zu übernehmenden Vermögensgegenstände

und Schulden mit ihrem Zeit- bzw. Verkehrswert anzusetzen; auf dieser Basis wird das anteilige Eigenkapital ermittelt.

(4) Das anteilige Eigenkapital des Gemeinschaftsunternehmens wird entsprechend der vom Konzern vorgesehenen Konsolidierungsmethode (Buchwert- oder Neubewertungsmethode) mit dem Beteiligungsbuchwert aufgerechnet; ein Unterschiedsbetrag wird wie bei der Vollkonsolidierung behandelt.

(5) Durch die *Aufrechnung* des Beteiligungsbuchwerts mit dem anteiligen Eigenkapital des Gemeinschaftsunternehmens ergibt sich – unter Berücksichtigung anteiliger stiller Reserven – der → *Geschäftswert* (= *Goodwill*) aus der Q. bzw. ein entsprechender Passivposten. Die Höhe des Goodwill stimmt mit dem bei der Anwendung der Equity-Bewertung auf ein Gemeinschaftsunternehmen sich ergebenden Posten überein (sofern bei beiden Methoden konzerneinheitliche Bewertungsgrundsätze angewandt wurden).

(6) Die *Schuldenkonsolidierung* erfolgt derart, daß Forderungen und Verbindlichkeiten des Konzerns gegenüber dem Gemeinschaftsunternehmen mit den quotal in die Konsolidierung einbezogenen Bilanzposten des Gemeinschaftsunternehmens aufgerechnet werden. Die verbleibenden Forderungen/Verbindlichkeiten werden im Konzernabschluß im Fremdbereich ausgewiesen. Ist z. B. der Konzern mit 40% an einem Gemeinschaftsunternehmen beteiligt, bleiben 60% der Forderungen/Verbindlichkeiten unkonsolidiert. Dieser Grundsatz gilt für Haftungsverhältnisse gleichermaßen.

(7) *Zwischenergebnisse* sind zu eliminieren (wahlweise voll oder quotal); latente Steuern sind zu berücksichtigen.

(8) Die *Aufwands- und Ertragskonsolidierung* erfolgt – vergleichbar der Schuldenkonsolidierung – mit den quotalen Beträgen. Dies gilt nicht für vom Konzern vereinnahmte Beteiligungserträge von Gemeinschaftsunternehmen. Diese Erträge werden in voller Höhe gegen den quotalen Anteil am Bilanzgewinn des Gemeinschaftsunternehmens aufgerechnet.

(9) Für das Wahlrecht der Q. gilt, daß es wie die übrigen Konsolidierungswahlrechte nach dem Prinzip der *Stetigkeit* auszuüben ist (§297 Abs. 3 HGB). Ein nach der Methode der Q. in den Konzernabschluß einbezogenes Gemeinschaftsunternehmen soll deshalb – bei Vorliegen gleicher Voraussetzungen – auch im Folgejahr in derselben Weise in den Konzernabschluß einbezogen werden. Es ergeben sich sonst zusätzliche Angabepflichten (§§297 Abs. 3, 313 Abs. 1 Nr. 3 HGB).

(10) Die *Angabepflichten* im Anhang betreffen die Angabe von Name, Sitz und Beteiligungsquote der quotal in den Konzernabschluß einbezogenen Unternehmen und den Tatbestand, der zur Anwendung der Q. führte. Bei der Angabe der *durchschnittlichen Zahl der Arbeitnehmer* der in den Konzernabschluß einbezogenen Unternehmen gemäß §314 Abs. 1 Nr. 4 HGB ist die durchschnittliche Zahl der Arbeitnehmer von den nach §310 quotal einbezogenen Unternehmen gesondert anzugeben.

4. Praktische Anwendung. Seit der erstmaligen Anwendung des → *Bilanzrichtlinien-Gesetzes* wird von dem Wahlrecht der Q. für Gemeinschaftsunternehmen Gebrauch gemacht (z. B. BASF, Bayer, Mannesmann, PWA, VW). Im Ausland ist die Q. ebenfalls verbreitet, insbesondere in Frankreich, wo eine zwingende Gesetzesvorschrift besteht. In USA wird dagegen die Q. bisher nur selten angewendet (*internationaler* → *Bilanzvergleich*).

Lit.: Schindler, J.: Konsolidierung von Gemeinschaftsunternehmen: Ein Beitrag zu §310 HGB, in: BB 1987, S. 158–166; *Sigle, H.*: Betriebswirtschaftliche Aspekte der Quotenkonsolidierung, in: Bilanzrichtlinien-Gesetz, ZfB-Ergh. 1/1987, S. 321–337; *Zündorf, H.*: Quotenkonsolidierung versus Equity-Methode, 1987; *Sigle, H.*: in: Küting/Weber HdK, 1989, S. 1427–1474; *Busse von Colbe, W./Müller, E./Reinhard, H.* (Hrsg.): Aufstellung von Konzernabschlüssen, in: ZfbF, Sonderh. 21, 2. Aufl., 1989, S. 124–129; *Busse von Colbe, W./Ordelheide, D.:* Konzernabschlüsse, 6. Aufl., 1993, S. 453–467; *IASC:* IAS 31: Financial Reporting of Interests in Joint Ventures, in: FN 1993, S. 413 ff.

Dipl.-Kfm. Hermann Sigle, Schweinfurt.

R

RAP
→ *Rechnungsabgrenzungsposten.*

Rationalisierungsinvestition
R. dienen der wirtschaftlichen Gestaltung von Vorgängen durch Nutzung des technischen Fortschritts.

Reagibilitätsgrad
Verhältnis der prozentualen Änderung einer abhängigen Größe von einer Einflußgröße, z. B. einer Kostenart von der Änderung des Beschäftigungsgrades; Maß für den variablen Kostenanteil an den Gesamtkosten.

Reale Eigenkapitalerhaltung
→ *Substanz- und Kapitalerhaltung.*

Realinvestition
= Sachinvestition.
Im Gegensatz zur → *Finanzinvestition* → *Investition* in das Sachvermögen einer Unternehmung.

Realisationsprinzip
1. Das Realisationsprinzip als Fundamentalgrundsatz im Rahmen der → Grundsätze ordnungsmäßiger Buchführung

Das → *Vorsichtsprinzip* und das → *Going-Concern-Prinzip* gelten als grundlegende → *Bewertungsprinzipien* einer an wirtschaftlicher Betrachtungsweise orientierten Vermögens- und Gewinnermittlung und sind in §252 Abs. 1 HGB ausdrücklich genannt. Diese beiden allgemeinen Bilanzierungsgrundsätze werden durch das R. und das → *Imparitätsprinzip* konkretisiert.

Die grundlegende Funktion des R. besteht darin, ein Abgrenzungskriterium für die erfolgsmäßige Zuordnung der aus dem betrieblichen Leistungsprozeß resultierenden → *Einzahlungen* und → *Auszahlungen* auf die Abrechnungsperioden zu liefern, denen sie nach dem *Verursachungsprinzip* zuzurechnen sind. Die Notwendigkeit einer solchen zahlungsunabhängigen *Periodenzuordnung* als → *Aufwendungen* und → *Erträge* ergibt sich auch aus §252 Abs. 1 Nr. 5 HGB. Danach sind im Geschäftsjahr geleistete → *Ausgaben*, die Umsätze künftiger Geschäftsjahre alimentieren (z. B. Anschaffungskosten für Maschinen) und → *Einnahmen* künftiger Geschäftsjahre, die aus Umsätzen des Geschäftsjahres herrühren (z. B. Forderungen aus Warenlieferungen), zu aktivieren. Andererseits müssen künftige Ausgaben, die durch Umsätze im Geschäftsjahr verursacht sind (z. B. Garantierückstellungen) und Einnahmen im Geschäftsjahr, die künftige Umsätze betreffen (z. B. Kundenanzahlungen), grundsätzlich passiviert werden. Der konkrete Inhalt des R. wird maßgeblich durch die zugrunde liegende → *Bilanztheorie* geprägt. Während innerhalb der *dynamischen Bilanztheorie* das R. ursprünglich sicherstellen sollte, daß ein *vergleichbarer Gewinn* im betriebswirtschaftlichen Sinn ermittelt wird, hat es im Rahmen eines *statisch geprägten Bilanzrechts* allein die Aufgabe, einen *vorsichtig ermittelten verteilungsfähigen Gewinn* zu bestimmen. Eine derartige Betrachtungsweise erfordert mithin ein in das Vorsichtsprinzip eingebettetes R. als grundlegendes Aktivierungs- und Passivierungsprinzip im Sinne einer umsatzbezogenen Gewinnermittlung.

a) Umsatzbezogene Ertragsrealisierung. Als zentrale Norm des R. bestimmt §252 Abs. 1 Nr. 4 Satz 2 HGB, daß Gewinne „nur zu berücksichtigen (sind), wenn sie realisiert sind". Das bedeutet, daß der Erfolg aus betrieblichen Leistungs- und Absatzprozessen erst dann (durch die Aktivierung einer Forderung aus Warenlieferungen oder anderen Leistungen) berücksichtigt werden darf, wenn die Leistung vollständig erbracht *und* der Anspruch auf die Gegenleistung wirtschaftlich entstanden (also realisiert) ist. Erfolgswirksame Vermögenszuwächse (Aktivenzugänge) entstehen mithin erst nach Maßgabe ausgeführter Umsätze; der damit verbundene *Wertsprung* von den aufgewandten Anschaffungs- oder Herstellungskosten zum erzielten Absatzerlös bestimmt den Gewinnrealisierungszeitpunkt.

b) Umsatzbezogene Ausgabenaktivierung. Da das R. der (umsatzbezogenen) *Gewinn*ermittlung dient, bestimmt es neben der Periodisierung von Erträgen auch die Aufwandsperiodisierung. Aufwand entsteht danach erst dann, wenn eine vorgeleistete Ausgabe keinen künftigen Umsätzen (mehr) zugeordnet werden kann. Das bedeutet umgekehrt, daß alle Ausgaben, die Umsätze künftiger Jahre alimentieren, erfolgsneutral zu behandeln und deshalb zu aktivieren sind. In dieser Hinsicht wird das R. häufig auch als *Grundsatz der Erfolgsneutralität* von Anschaffungs- oder Herstellungsprozessen bezeichnet, ohne daß damit etwas anderes als die Erfolgsabgrenzung gemeint ist.

Anders als bei der umsatzbezogenen Ertragsabgrenzung fehlt es jedoch in einigen Bereichen an präzisen Kriterien zur umsatzbezogenen Aufwandsverrechnung. Dazu müßten die einzelnen Ausgaben den zugehörigen künftigen Betriebsleistungen eindeutig zugerechnet werden, was jedoch vielfach, z. B. bei der Festlegung der Nutzungsdauer von Anlagen, nur schätzungsweise möglich ist. Aus Objektivierungserfordernissen wird die umsatzbezogene Ausgabenperiodisierung eingeschränkt: Grundsätzlich müssen sich Ausgaben zu einem Vermögensgegenstand i. S. e. objektiven Ausgabengegenwertes konkretisiert haben. Diese Voraussetzung ist z. B. bei erworbenen, nicht aber bei selbsterstellten immateriellen Vermögensgegenständen des Anlagevermögens erfüllt (§248 Abs. 2 HGB). So sind z. B. Werbefeldzüge nicht aktivierungsfähig. Sie alimentieren zwar künftige Umsätze; es fehlt aber an einer im Bilanzrecht erforderlichen Objektivierung des Ausgabengegenwertes (→ *immaterielle Vermögensgegenstände*). Im Konflikt „Gewinnermittlungsprinzipien“ versus „Objektivierung“ herrscht die Maxime „soviel wirtschaftliche Betrachtungsweise wie möglich, soviel Objektivierung (formalrechtliche Betrachtungsweise) wie nötig“ (Moxter, 1983). Man spricht im Hinblick auf das *Objektivierungs- und Vereinfachungserfordernis* bezüglich der Erfolgsabgrenzung auch von einer „Verrechtlichung“ der Bilanz.

c) Aufwandsantizipation. Neben Ausgabenübertragungen (Aktivierungen) erfordert das *Prinzip periodengerechter Gewinnermittlung* auch die Antizipation (Passivierung) künftiger Ausgaben, soweit sie den Umsätzen der abgelaufenen (oder einer früheren) Rechnungsperiode zuzurechnen (anzulasten) sind, z. B. zu erwartende Garantieleistungen. Als Ausfluß des Vorsichtsprinzips fordert das R. die Antizipation künftiger Aufwandsüberschüsse, d. h. solcher Aufwendungen, die vergangenen Umsätzen wirtschaftlich zuzurechnen sind und insofern nicht durch ihnen zuzuordnende künftige Umsätze kompensiert werden. Die Frage, ob bestimmte (künftige) Aufwendungen durch vergangene oder künftige Umsätze wirtschaftlich verursacht sind, kann im Einzelfall schwierig zu beantworten sein (Problematik der „Doppelverursachung“); so macht bspsw. eine bestimmte Anzahl von Flugstunden in der Vergangenheit eine Inspektion des Fluggerätes erforderlich, die Aufwendungen für diese Inspektion ermöglichen aber künftige Umsätze und sind folglich diesen greifbar zuzuordnen (vgl. BFH-Urteil v. 19.5.1987, BStBl II 1987, 848).

2. Bedeutung der formalrechtlichen Betrachtungsweise

Die formalrechtliche Betrachtungsweise hat als Objektivierungskriterium für den Gewinnrealisierungszeitpunkt eine maßgebende Bedeutung. Eine Ertragsrealisierung darf grundsätzlich erst erfolgen, wenn bei einem *Kaufvertrag* die verkaufte Sache übergeben und damit die Gefahr des zufälligen Untergangs und einer zufälligen Verschlechterung (Preisgefahr) auf den Käufer übergegangen ist (§ 446 BGB). Bei einem *Versendungskauf* ist die Preisgefahr bereits mit der Übergabe an die zur Ausführung der Versendung bestimmte Person übergegangen und damit die Ertragsrealisation gerechtfertigt. Bei objektiver Leistungsfähigkeit und -bereitschaft des Verkäufers gilt dies auch bei einem *Annahmeverzug* des Käufers, da der Verkäufer mit Eintritt des Verzugs den Anspruch auf die Gegenleistung erhält (§ 324 Abs. 2 BGB). Bei einem *Werkvertrag*

Realisationsprinzip

bleibt die Preisgefahr bis zur Abnahme des Werks durch den Auftraggeber beim Leistungsverpflichteten, wenn der Besteller eine Pflicht zur Abnahme hat (§ 640 Abs. 1 BGB). Bis zu diesem Zeitpunkt ist eine Ertragsrealisation nicht zulässig. Ist hingegen eine Abnahme nach der Beschaffenheit des Werks ausgeschlossen, geht die Preisgefahr bereits mit der Vollendung des Werks auf den Besteller über. Bei einem *Dienstvertrag* ist der Ertrag realisiert, wenn die Leistung bewirkt und damit der Anspruch auf die Gegenleistung entstanden ist.

3. Wirtschaftliche Betrachtungsweise

Die Bedeutung der wirtschaftlichen Betrachtungsweise liegt darin, die Bilanzierung nicht (allein) an der Rechtsstruktur eines Sachverhaltes, sondern an dem tatsächlichen Normzweck zu orientieren. Denn die zugrunde liegende Zivilrechtsstruktur kann, muß aber nicht den handelsrechtlichen GoB entsprechen, deren Zielsetzung die vorsichtige Ermittlung eines verteilungsfähigen Gewinns ist. Im Sinne einer wirtschaftlichen Betrachtungsweise gilt die *„Quasi-Sicherheit" eines Anspruchs* als relevantes Gewinnrealisierungskriterium. In diesem Sinne muß ein auf dem Gewinn lastendes Risiko so weit abgebaut sein, daß nach vernünftigem Ermessen der entsprechende Gewinn – unabhängig von formalrechtlichen Gegebenheiten – sicher ist. Bei einem Kaufvertrag beispielsweise rechtfertigt der Übergang der Preisgefahr danach grundsätzlich eine Ertragsrealisierung. Bestehen aber Anhaltspunkte dafür, daß beim Versand nicht die erforderliche Sorgfalt aufgewandt wurde (positive Vertragsverletzung), könnte eine Aktivierung zu verneinen sein. Prinzipiell kann der Erfolg bereits vor Eintritt der formalrechtlichen Voraussetzungen so gut wie sicher und damit realisierbar sein. Dies gilt bspw. bei Dividendenansprüchen, die bereits dann als „quasi-sicher" gelten, wenn sie sich gegen ein in Mehrheitsbesitz stehendes Unternehmen richten, dessen Jahresabschluß auf einen nicht nach dem Abschlußstichtag des Mutterunternehmens liegenden Stichtag aufgestellt und vor Abschluß der Prüfung des Mutterunternehmens festgestellt wird und ein entsprechender Gewinnverwendungsvorschlag vorliegt. Bei streng formalrechtlicher Betrachtungsweise wäre hingegen die Gewinnrealisierung an den Ausschüttungsbeschluß gebunden.

Wirtschaftliche Betrachtungsweise bedeutet aber nicht eine grundsätzliche Irrelevanz des Zivilrechtes; vielmehr ist in vielen Fällen die rechtliche Entstehung eines Anspruchs die entscheidende Voraussetzung für die Annahme eines hinreichend sicheren Vermögenszuwachses. So könnte z. B. eine beabsichtigte *Teilgewinnrealisierung bei → Langfristfertigung* nicht auf die wirtschaftliche Betrachtungsweise gestützt werden. Sofern aber Teilabrechnungen vereinbart sind und damit ein sicherer rechtlicher Anspruch gegeben ist, kann eine Teilgewinnrealisierung erfolgen. Insofern „objektivieren" die formalrechtlichen Vereinbarungen den Zeitpunkt der Gewinnrealisierung. Steigt dagegen unabhängig von einer betrieblichen Leistungserbringung nur der Wert eines Vermögensgegenstandes, ist der werterhöhende Unterschiedsbetrag weder hinreichend genau bestimmbar (objektiviert), noch mit der notwendigen Sicherheit als künftig realisierbar anzusehen. Die wirtschaftliche Betrachtungsweise bei der Ertragsrealisation findet daher auch im *Anschaffungskostenprinzip* ihre gesetzliche Schranke: *Zuschreibungen* sind nur im Rahmen der Anschaffungs- oder Herstellungskosten nach vorangegangenen außerplanmäßigen *→ Abschreibungen* (*→ Wertaufholung*) zulässig.

4. Gewinnrealisierung im Rahmen internationaler Rechnungslegung

Nach Financial Accounting Standards (FAS) sind das *→ matching principle* und nach *→ International Accounting Standards (IAS)* das Prinzip der „Accrual Basis" die dominierenden Rechnungslegungsgrundsätze, die die Periodisierung von Aufwendungen und Erträgen zum Ziel haben. Im IAS 18, das die Gewinnrealisierung beim Verkauf von Waren, dem Erbringen von Dienstleistungen und anderen betrieblichen Tätigkeiten zum

Gegenstand hat, erfährt das Prinzip der „Accrual Basis" ein gewisses Maß an Konkretisierung. Trotz der grundsätzlich mit dem HGB übereinstimmenden Periodisierungskonzepte für *Umsatzgeschäfte* bestehen Abweichungen zwischen der Gewinnermittlung nach HGB und der nach IAS bzw. FAS, die im wesentlichen auf unterschiedlichen Objektivierungsanforderungen und einer unterschiedlichen Gewichtung des Vorsichtsgedankens beruhen. Dies wird insb. am Beispiel der → *Langfristfertigung* deutlich: Während nach deutschem Recht der Gewinn erst mit Fertigstellung des Projektes erfolgen darf, gilt nach IAS und FAS die „percentage of completion method", bei der ggf. eine Teilgewinnrealisierung vorgeschrieben ist.

Ferner wird der Begriff des *„assets"* sowohl im Rahmen der IAS als auch im Rahmen der FAS weiter gefaßt als der des Vermögensgegenstandes, was eine weitergehende Verteilung von Ausgaben auf künftige Geschäftsjahre erlaubt. Deutlich wird dies z. B. bei selbsterstellten immateriellen Vermögensgegenständen, deren Ansatz nach deutschem Recht nicht in Frage kommt. Dagegen ist nach IAS und FAS eine Aktivierung bestimmten Voraussetzungen geboten bzw. möglich.

Des weiteren wird im Vergleich zum deutschen Recht das *Anschaffungskosten*prinzip sowohl nach IAS als auch nach FAS weniger restriktiv verstanden, so daß in bestimmten Fällen eine Realisation von nach deutschem Recht unrealisierten Gewinnen erfolgen kann. So ist es bspw. nach IAS und FAS für Wertpapiere des Umlaufvermögens erlaubt, bei höheren Marktpreisen am Bilanzstichtag über die historischen Anschaffungskosten hinauszugehen.

Ähnlich wie nach dem R. des HGB werden nach IAS und FAS aber nicht nur Ausgaben durch Aktivierung auf künftige Perioden übertragen, sondern es erfolgt auch eine *Aufwandsantizipation* durch Passivierung. Sie hat nach IAS zu erfolgen, wenn eine (rechtliche oder aber auch nur eine faktische) Verpflichtung erwartet wird, die der Kaufmann zu Gunsten eines Dritten erfüllen muß. Nach FAS ist eine Passivierung streng an das Außenverpflichtungsprinzip geknüpft. Trotz weitgehend übereinstimmender Passivierungsgrundsätze bestehen in Detailfragen, bspw. bei der Bewertung von Pensionsrückstellungen, Unterschiede.

Lit.: AICPA: Accounting Research Bulletin No. 43, 1953, Chapter 8; *Beisse, H.:* Gewinnrealisierung – Ein systematischer Überblick über die Rechtsgrundlagen, Grundtatbestände und grundsätzliche Streitfragen, in: Gewinnrealisierung im Steuerrecht, hrsg. von H. G. Ruppe, 1981, S. 13–43; *Moxter, A.:* Wirtschaftliche Gewinnermittlung und Bilanzsteuerrecht, in: StuW 1983, S. 300–307; *Moxter, A.:* Das Realisationsprinzip – 1884 und heute, in: BB 1984, S. 1780–1786; *FASB:* SFAC No. 6: Elements of Financial Statements, 1985; *Gelhausen, H.:* Das Realisationsprinzip im Handels- und Steuerbilanzrecht, 1985; *Lüders, J.:* Der Zeitpunkt der Gewinnrealisierung im Handels- und Steuerbilanzrecht, 1987; *IASC:* IAS 11: Construction Contracts, 1993; *IASC:* IAS 18: Revenue, 1993; *Strobl, E.:* Matching Principle und deutsches Bilanzrecht, in: Ballwieser, J. (Hrsg.): Bilanzrecht und Kapitalmarkt, FS f. A. Moxter, 1994, S. 407–432; *Wiedmann, H.:* Vergleich der deutschen Rechnungslegungsvorschriften mit den internationalen Rechnungslegungsgrundsätzen unter besonderer Berücksichtigung des Vorsichtsprinzips sowie des Matching Principle, in: Baetge, J. (Hrsg.): Die deutsche Rechnungslegung vor dem Hintergrund internationaler Entwicklungen, 1994, S. 99–121; *Siegel, T.:* Das Realisierungsprinzip als allgemeines Periodisierungsprinzip, in: BFuP 1994, S. 1–24; *Moxter, A.:* Das „matching principle" – Zur Integration eines internationalen Rechnungslegungs-Grundsatzes in das deutsche Recht, in: Lanfermann, J. (Hrsg.): Internationale Wirtschaftsprüfung, FS f. H. Havermann, 1995, S. 487–504; *IASC:* Framework for the Preparation and Presentation of Financial Statements, 1997.

WP RA StB Dr. Wolfgang Dieter Budde/ WP StB Dr. Gerhart Förschle, Frankfurt.

Rechnerische Prüfung
→ *Prüfungshandlungen.*

Rechnungsabgrenzungsposten
Eine im → *Jahresabschluß* bzw. → *Konzernabschluß* auszuweisende Position, die wie → *Rückstellungen* und → *Abschreibungen* der Periodisierung von Vermögensänderungen dient. Bei *transitorischen R.* handelt es sich auf der Aktivseite um Ausgaben vor dem Abschlußstichtag, soweit sie Aufwand für eine *bestimmte Zeit* nach dem Bilanzstichtag darstellen (z.B. im voraus gezahlte Miete), auf der Passivseite um Einnahmen vor dem Abschlußstichtag, soweit sie Ertrag für eine *bestimmte Zeit* nach diesem Tag darstellen (z.B. im voraus erhaltene Miete). Sowohl im handelsrechtlichen Einzel- und Konzernabschluß (§250 Abs. 1 und 2 HGB) als auch in der → *Steuerbilanz* (§5 Abs. 5 EStG) besteht für *transitorische R.* eine Bilanzierungspflicht. Bei *antizipativen R.* handelt es sich um Ertrag bzw. Aufwand der Abrechnungsperiode, die aber erst nach dem Abschlußstichtag zu Einnahmen bzw. Ausgaben führen. Sie sind im Jahresabschluß nicht als R., sondern als *Forderungen* bzw. *Verbindlichkeiten* zu bilanzieren.

Lit.: Fuchs, M.: Die transitorischen Rechnungsabgrenzungsposten, 1987; *Hüttemann, U.:* Posten der aktiven und passiven Rechnungsabgrenzung, in: HdJ, Losebls., ab 1984, Abt. II/8, 2. Aufl., 1988; *Herzig, N./Söffing, A.:* Rechnungsabgrenzungsposten und die Lehre vom Mindestzeitraum, in: BB 1993, S. 465–470; *Coenenberg, A.G.:* Jahresabschluß und Jahresabschlußanalyse, 16. Aufl., 1997, S. 260–263.

Rechnungslegung
Der Teil der → *Rechnungswesens*, der der Rechenschaft über abgewickelte und laufende Geschäfte durch Übermittlung nachprüfbarer Informationen durch den Rechenschaftspflichtigen an den Rechenschaftsberechtigten dient. In Unternehmen ist die Geschäftsführung gegenüber den Eigentümern zur R. verpflichtet. Über die → *EG-Richtlinie* ist aus dem angelsächsischen → *True and fair view Prinzip* zumindest für Kapitalgesellschaften die Pflicht in §264 Abs. 2 HGB, für Muttergesellschaften von Konzernen in §297 Abs. 2 HGB übernommen worden, mit dem → *Jahres- bzw.* → *Konzernabschluß* ein den tatsächlichen Verhältnissen entsprechendes → *Bild der Vermögens-, Finanz- und Ertragslage* zu vermitteln. R. ist eine wichtige Funktion der Abschlüsse. Damit ist R. ein Bestandteil der → *Principal Agent*-Beziehung zwischen Unternehmensleitung und Kapitalgebern.

Lit.: Busse von Colbe, W.: Rechnungslegungsziele und Ansätze zur internationalen Harmonisierung der Rechnungslegung deutscher Unternehmen, in: Ballwieser, W. (Hrsg.): US-amerikanische Rechnungslegung, 2. Aufl., 1996, S. 301–318; *Schneider, D.:* Betriebswirtschaftslehre, Bd. 2: Rechnungswesen, 2. Aufl., 1997.

Rechnungswesen
1. Begriff und Zweck. Unter R. (Accounting) wird die Abbildung (= Ermittlung, Aufbereitung und Darstellung) von wirtschaftlichen Zuständen in einem *Zeitpunkt* und von *Prozessen* (= Vorgänge) während eines Zeitraumes von gesamten Volkswirtschaften (= volks- oder gesamtwirtschaftliches R.) und von einzelnen Betrieben und deren Zusammenschlüssen z.B. zu Konzernen (= betriebliches, betriebswirtschaftliches (bwl.) oder einzelwirtschaftliches R., *Unternehmungsrechnung*) vornehmlich in *Geldeinheiten* einschließlich von Erläuterungen verstanden. Die folgenden Ausführungen betreffen nur das bwl. R.

Die Abbildungen können mehr die Form von *Beschreibungsmodellen*, wie z.B. die kaufmännische → *Buchhaltung* oder mehr die Form von *Entscheidungsmodellen*, wie z.B. die → *Investitionsrechnung* oder → *Finanzplanung* haben. Im ersten Fall werden vornehmlich als *Istgrößen* vergangene, im zweiten vornehmlich als *Sollgrößen* zukünftige Zustände und Prozesse abgebildet. Doch dienen die Darstellungen des Ist, gewissermaßen als *Teil eines Regelkreises*, weitgehend auch der Unterstützung von unternehmerischen Entscheidungen.

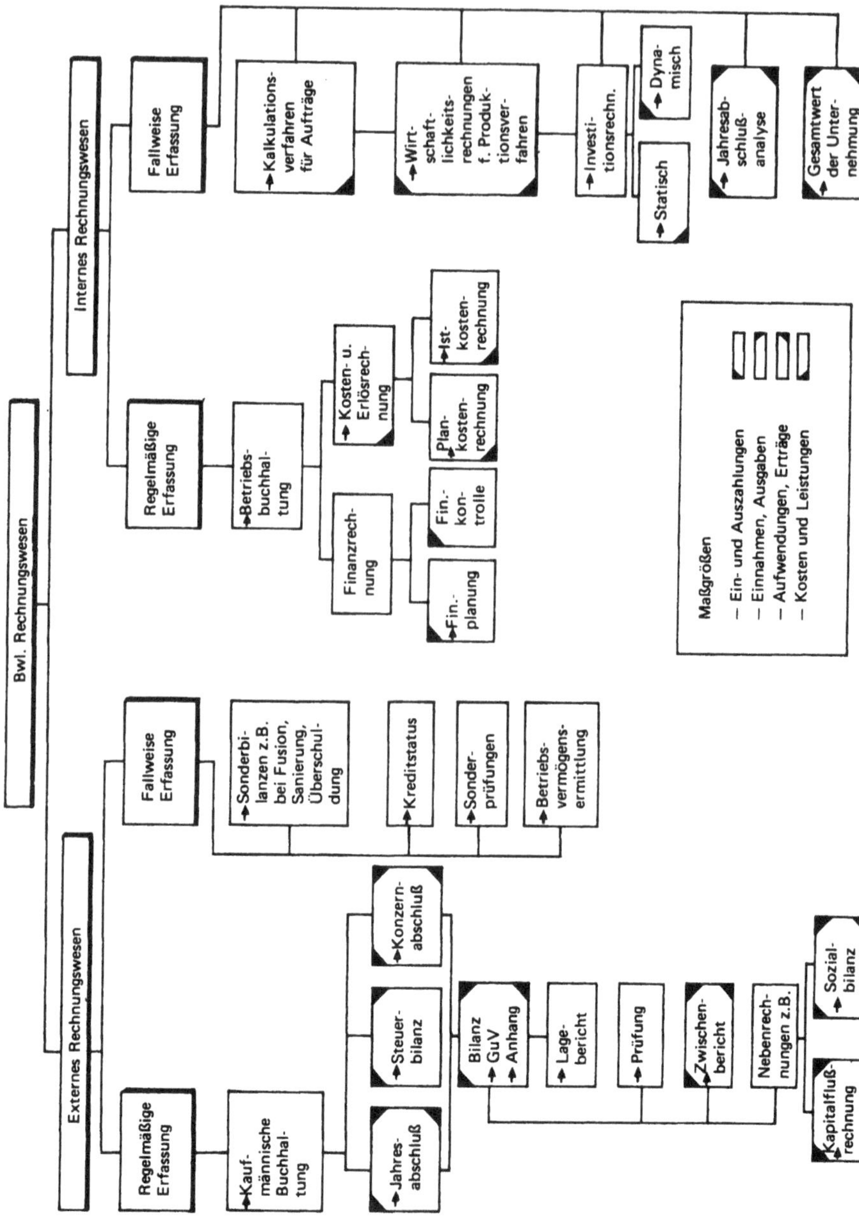
Bwl. Rechnungswesen
Externes Rechnungswesen
Internes Rechnungswesen
Regelmäßige Erfassung
Fallweise Erfassung
Kaufmännische Buchhaltung
Jahresabschluß
Steuerbilanz
Konzernabschluß
Bilanz GuV Anhang
Lagebericht
Prüfung
Zwischenbericht
Nebenrechnungen z.B.
Kapitalflußrechnung
Sozialbilanz
Sonderbilanzen z.B. bei Fusion, Sanierung, Überschuldung
Kreditstatus
Sonderprüfungen
Betriebsvermögensermittlung
Regelmäßige Erfassung
Betriebsbuchhaltung
Finanzrechnung
Fin.-planung
Fin.-kontrolle
Kosten- u. Erlösrechnung
Plankostenrechnung
Istkostenrechnung
Fallweise Erfassung
Kalkulationsverfahren für Aufträge
Wirtschaftlichkeitsrechnungen f. Produktionsverfahren
Investitionsrechn.
Statisch
Dynamisch
Jahresabschlußanalyse
Gesamtwert der Unternehmung
Maßgrößen
– Ein- und Auszahlungen
– Einnahmen, Ausgaben
– Aufwendungen, Erträge
– Kosten und Leistungen

Die wichtigsten *Zwecke* des R. bestehen insgesamt darin, der Unternehmungsleitung einerseits auf den einzelnen Hierarchieebenen als Instrument der *Steuerung* von → *Liquidität* und → *Rentabilität* (*internes R.*; Management Accounting) und andererseits gegenüber Außenstehenden, insbesondere Kapitalgebern, als Mittel der *Rechenschaftslegung* (*externes R.*; Financial Accounting) zu dienen; außerdem bildet das R. die Basis für die Ermittlung von *Besteuerungsgrundlagen* (→ *Steuerbilanz*) und einen Teil der Dokumentation des Unternehmens (→ *Jahresabschluß, Funktionen*). Das *externe R.* erstreckt sich auf die Abbildung von *Austauschvorgängen* zwischen einer rechtlichen Einheit (Unternehmen) und Dritten und auf die daraus resultierenden Zustände (Bestände). Es ist weitgehend durch das Handelsrecht (insbesondere HGB) und ergänzend durch das Steuerrecht (EStG, KStG) geregelt. Die Gestaltung des *internen R.* ist den Unternehmen überlassen, unterliegt aber bei Lieferung zu administrierten Preisen behördlichen Regelungen (→ *LSP*).

Als → *Grundgrößen des R. werden* je nach den Funktionen der einzelnen Teile des R.

- *Ein- und Auszahlungen,*
- *Einnahmen und Ausgaben* i. S. von aus Zahlungen abgeleiteten monetären Gegenwerten an Güterausgängen und Gütereingängen,
- *Aufwendungen und Erträge* i. S. von periodisierten Ausgaben und Einnahmen sowie
- *Kosten* i.S. von Güterverzehr zum Zwecke der Leistungserstellung und die ihnen entsprechenden *Leistungen*

als Maßgrößen für die Abbildung verwendet.

2. *Bestandteile.* Das R. läßt sich außer nach *internen* und *externen* Aufgaben auch danach gliedern, ob die Erfassung der Zustände, wie Bestände an → *Vermögensgegenständen* und → *Verbindlichkeiten*, und Prozessen, wie die Geschäftsvorfälle in der Buchhaltung, laufend oder zumindest in regelmäßigen Abständen oder nur fallweise bei Auftreten bestimmter Anlässe, wie z. B. die Ermittlung des → *Gesamtwertes der Unternehmung* bei Planung eines Unternehmenskaufs, vorgenommen wird. Außerdem ist eine Einteilung des R. danach üblich, ob das Schwergewicht auf der Erfassung von Istgrößen zu Kontrollzwecken oder von Sollgrößen zu Planungszwecken liegt. Verwendet man die drei Gliederungskriterien, so läßt sich eine Übersicht über das R. mit folgender Abb. geben. In ihr sind auch die unterschiedlichen Maßgrößen gekennzeichnet, die in den einzelnen Teilen des R. hauptsächlich verwendet werden. Dabei darf jedoch nicht verkannt werden, daß zwischen den Teilen des R. vielfältige Verbindungen bestehen. Manche Teile des R. sind auf Informationen aus anderen Teilen des R. angewiesen. Zum Beispiel beruht die → *Steuerbilanz* nach dem → *Maßgeblichkeitsprinzip* auf den Bilanzansätzen des → *Jahresabschlusses.*

Die einzelnen Teile des R. werden unter den entsprechenden Stichworten in Übersichtsaufsätzen oder vertieft in Einzelbeiträgen behandelt. Hier soll anhand der Abb. lediglich ein kurzer Überblick gegeben werden.

Das externe R. beruht auf der kaufmännischen Buchhaltung in Form der Doppik. Aus ihr werden der handelsrechtliche → *Jahresabschluß* mit seinen Bestandteilen, der Bilanz, der Gewinn- und Verlustrechnung und – bei Kapitalgesellschaften – dem → *Anhang*, sowie die Steuerbilanz nach EStG und KStG abgeleitet. Der → *Konzernabschluß* wird durch Anpassung und Konsolidierung der Jahresabschlüsse der einbezogenen Unternehmen entwikkelt. Die Aufstellung von Jahres- und Konzernabschlüssen wirft eine Fülle von Einzelfragen auf, insbesondere bei der Wahrnehmung von Ansatz- und Bewertungswahlrechten, z. B. Ansatz → *latenter Steuern* oder die Bewertung des → *Anlage-* und → *Umlaufvermögens*, zur Gestaltung der → *Bilanzpolitik*. Jahres- und Konzernabschluß unterliegen bei Kapitalgesellschaften gemäß HGB und bei Großunternehmen anderer Rechtsform gemäß PublG der → *Prüfung* und → *Publizität* und werden durch den → *Lagebe-*

richt sowie bei börsennotierten AG durch den zumindest halbjährlichen → *Zwischenbericht* ergänzt. Insbesondere publizitätspflichtige Großunternehmen veröffentlichen freiwillig Nebenrechnungen, wie → *Kapitalflußrechnungen* und → *Sozialbilanzen*, die weitgehend auch auf Jahres- und Konzernabschlüssen beruhen.

Bei Auftreten außerordentlicher Finanzierungsfälle, wie Fusionen oder Sanierungen, sind *fallweise* → *Sonderbilanzen* oder ein → *Kreditstatus* aufzustellen und zu prüfen. → *Sonderprüfungen* werden auch aus anderen Anlässen, wie z.B. bei vermuteten Verstößen gegen Bewertungsvorschriften, Unterschlagungen oder Börseneinführung durchgeführt. Auch für steuerliche Zwecke werden Sonderrechnungen, wie die → *Betriebsvermögensermittlung* für die Berechnung der Vermögensteuer erforderlich.

Das *interne* R. fußt zu wesentlichen Teilen auf der → *Betriebsbuchhaltung*, die vielfach in statistischer Form geführt wird. Es umfaßt im Bereich der regelmäßigen Datenerfassung und -verarbeitung die *Finanzrechnung* zum Zweck der kurzfristigen Steuerung und Kontrolle der Liquidität und zur mittel- und langfristigen Planung der Finanzierung sowie die *Kosten- und Erlösrechnung* zur kurzfristigen Steuerung und Kontrolle der Rentabilität. Beide Bereiche bilden einen bedeutenden Teil des → *Controlling*. Insbesondere für die Kostenrechnung (Cost Accounting) haben sich unterschiedliche → *Kostenrechnungssysteme* herausgebildet, während die → *Erlösrechnung* in der Praxis nicht gleichweit entwickelt ist.

Als *Periodenrechnung* wird aus beiden Elementen die *kurzfristige* → *Erfolgsrechnung* entwickelt. Die periodische Kostenrechnung bildet die Basis für die → *Kalkulationsverfahren*, insbesondere die → *Zuschlagskalkulation* zur Ermittlung der Kosten je Leistungseinheit (Stückkosten). Diese sind Instrumente zur Unterstützung von fallweisen Entscheidungen, z.B. über Annahme von Aufträgen bei gegebenen Marktpreisen, Abgabe von Angebotspreisen, Wahl zwischen alternativen Produktionsverfahren oder Einsatzstoffen, Feststellung von → *Verrechnungspreisen* und über andere Fragen der kurzfristigen Beschaffungs-, Produktions- und Absatzplanung. Die Kalkulation dient darüberhinaus der Ermittlung der → *Herstellungskosten* für den Ansatz von Erzeugnissen in der Bilanz.

Die → *Investitionsrechnung* (Capital Budgeting), ein weiteres wichtiges Gebiet des internen R., unterstützt die Beurteilung von Investitionsobjekten, in einfacher Form als → *statische*, in entwickelter Form, besonders unter expliziter Berücksichtigung der Unsicherheit als → *dynamische Investitionsrechnung*. Beurteilungskriterien sind der → *Kapitalwert* und der → *interne Zinsfuß* einer Investition. Der Beurteilung ganzer Unternehmen im Rahmen der Kreditgewährung dient die → *Jahresabschluß-* bzw. *Bilanzanalyse* und im Hinblick auf Erwerb eines Unternehmens die Ermittlung seines → *Gesamtwertes*, insbesondere in Form des → *Ertragswertes*.

Lit.: Vormbaum, H.: Grundlagen des betrieblichen Rechnungswesens, 1977; *Weber, H.K.*: Betriebswirtschaftliches Rechnungswesen, Bd. 1, 4. Aufl., 1993, Bd. 2, 3. Aufl., 1991; *Macharzina, K.*: Rechnungswesen und Planung, in: HWPlan., 1989, Sp. 1713–1730; *Bea, F.X.*: Rechnungswesen, Grundbegriffe, in: HWB, 5. Aufl., 1993, Sp. 3697–3715; *Coenenberg, A.G.*: Rechnungswesen und Unternehmensrechnung, in: HWB, 5. Aufl., 1993, Sp. 3677–3696; *Dellmann, K.*: Rechnungswesen, Systematik des, in: HWR, 3. Aufl., 1993, Sp. 1692–1696; *Eisele, W.*: Technik des betrieblichen Rechnungswesens, 5. Aufl., 1993; *Lücke, W.*: Rechnungswesen, in: HWR, 3. Aufl., 1993, Sp. 1686–1703; *Ordelheide, D.*: Externes Rechnungswesen, in: Vahlens Kompendium der Betriebswirtschaftslehre, 3. Aufl., 1993, S. 219–314; *Ewert, R./Wagenhofer, A.*: Interne Unternehmensrechnung, 2. Aufl., 1995; *Horváth, P.*: Controlling, 6. Aufl., 1996.

Professor Dr. Dr. h.c. mult. Walther Busse von Colbe, Bochum.

Recognition
= Ausweis in der Bilanz oder GuV.

Redepflicht des Abschlußprüfers
Pflicht des Abschlußprüfers in seinem → *Prüfungsbericht* über die → *Prüfung des Jahresabschlusses* gem. § 321 Abs. 2 HGB über die bei Wahrnehmung seiner Aufgaben festgestellten Tatsachen zu berichten, die den Bestand des Unternehmens gefährden oder seine Entwicklung wesentlich beeinträchtigen können oder die schwerwiegende Verstöße der gesetzlichen Vertreter gegen Gesetz, Gesellschaftsvertrag oder Satzung erkennen lassen.

Reinvermögen
Auch als → *Eigenkapital* bezeichnete Differenz zwischen der Summe aller → *Vermögensgegenstände* (Aktiva) abzüglich des → *Fremdkapitals.*

Registerpublizität
→ *Publizität.*

Regressive Kosten
→ *Kosten, fixe und variable.*

Relativer Deckungsbeitrag
→ *Deckungsbeitrag* je Engpaßeinheit, z. B. je Maschinenstunde.

Relativkostenkatalog
Kostentabellen, in denen die Kosten alternativer Konstruktionsvarianten gegenübergestellt sind. Relativkosten werden als Prozentzahl oder Äquivalenzziffern dargestellt: Die Kosten alternativer Lösungen werden im Verhältnis zu denen einer Basislösung, deren Kosten gleich 1 gesetzt werden, ausgedrückt. R. unterstützen das kostengünstige Konstruieren.

Lit.: Männel, W.: Einsatz von Relativkostenkatalogen zur Kostensteuerung in der Konstruktion, in: Männel, W.: Frühzeitiges Kostenmanagement, krp-Sonderh. 1/1996, S. 77–80.

Relevante Kosten
→ *Kosten,* die durch die jeweilige Entscheidung hervorgerufen werden (→ *Kosten, fixe und variable*).

Lit.: Hummel, S.: Relevante Kosten, in: HWR, 3. Aufl., 1993, Sp. 1713–1717.

Rendite-Investitionen
→ *Investitionen,* die zum Zwecke der Erzielung einer angemessenen Verzinsung auf das eingesetzte Kapital getätigt werden.

Rentabilität
1. Die Rentabilität als Ausdruck der Ertragsfähigkeit des Unternehmens. Die R. (*profitability*) ist eine Kennzahl, welche die Ertragsfähigkeit eines Unternehmens bzw. jenes Ausmaß ausdrückt, in dem sich das Unternehmen seiner Umwelt gegenüber durchsetzen kann. Sie wird als Relativzahl, die sich aus der Inbeziehungsetzung einer Erfolgsgröße zu einer diesen

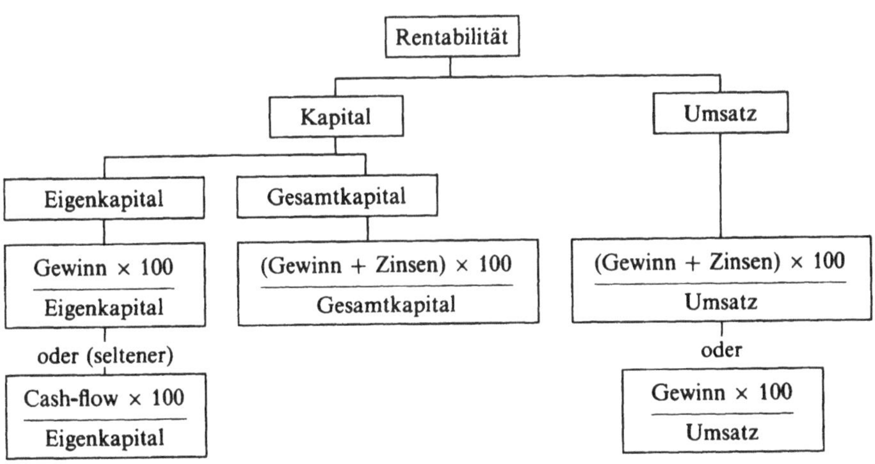

Erfolg (wesentlich) mitbestimmenden Einflußgröße ergibt, ausgedrückt. Hierfür kommen im wesentlichen das eingesetzte Kapital (*Kapitalrentabilität*) oder der leistungsbedingte Erlös (Umsatz) in Frage (*Umsatzrentabilität; Umsatzgewinnrate*).

Je nachdem, ob das Gesamtkapital oder das Eigenkapital als Bezugsgrundlage herangezogen wird, spricht man von *Gesamtkapitalrentabilität* oder von *Eigenkapitalrentabilität*. Wird das Gesamtkapital der Rentabilitätsberechnung zugrunde gelegt, ist auch der Ertrag des Fremdkapitals (aus der Sicht des Unternehmens die Kosten des Fremdkapitals) in die Rechnung einzubeziehen.
Zieht man das Gesamtkapital als Bezugsgröße heran, erscheint es grundsätzlich besser, von *Vermögensrentabilität* zu sprechen, da der Unternehmensertrag durch den Vermögenseinsatz erzielt wird. Aus diesem Grund wird im anglo-amerikanischen Bereich auch von *ROI* (*Return on Investment*) bzw. von *ROA* (*Return on Assets*) gesprochen.

Die *Eigenkapitalrentabilität* ist eine Restgröße, die sich nach Abzug des Anteiles der (des) Fremdkapitalgeber(s) am Gesamtertrag ergibt. Bei gegebener *Gesamtkapitalrentabilität* ist die *Eigenkapitalrentabilität* von zwei Variablen abhängig:

1. Anteil des Fremdkapitals am Gesamtkapital
2. Höhe der Fremdkapitalzinsen (Fremdkapitalkosten)

Die Tatsache der Beeinflussung der *Eigenkapitalrentabilität* durch die Höhe und die Kosten des eingesetzten Fremdkapitals wird auch als *Leverageeffekt* bezeichnet. Sind die Kosten des Fremdkapitaleinsatzes geringer als die erzielte *Gesamtkapitalrentabilität*, wächst mit zunehmendem Fremdkapitalanteil die *Eigenkapitalrentabilität*. Liegt die *Gesamtkapitalrentabilität* unter den Kosten des Fremdkapitals, sinkt mit zunehmendem Fremdkapitalanteil die *Eigenkapitalrentabilität*, bis sie schließlich negativ wird, und das Unternehmen Verluste macht.

$$\text{EKR} = \text{GKR} + (\text{GKR} - \text{FKZ}) \times \frac{\text{FK}}{\text{EK}}$$

$$\text{EKR} = \frac{\text{G} \times 100}{\text{EK}} = \text{Rentabilität des Eigenkapitals}$$

$$\text{GKR} = \frac{(\text{G} + \text{Z}) \times 100}{\text{GK}} = \text{Rentabilität des Gesamtkapitals}$$

FKZ = Kosten des Fremdkapitals

GK = V = Gesamtkapital bzw. Vermögen

Ein für die Ergebnisanalyse wesentlicher Zusammenhang besteht zwischen der *Gesamtkapitalrentabilität* einerseits und der *Umsatzrentabilität* sowie der *Umschlagshäufigkeit des Vermögens* andererseits. Aus der Multiplikation der *Umschlagshäufigkeit des Vermögens* (U/V) mit der *Umsatzrentabilität* ergibt sich die *Gesamtkapital-(Vermögens-)Rentabilität*.

$$\frac{\text{U}}{\text{V}} \times \frac{(\text{G} + \text{Z}) \times 100}{\text{U}} = \frac{(\text{G} + \text{Z}) \times 100}{\text{V}}$$

Aus dieser Darstellung wird erkennbar, daß die *Gesamtkapitalrentabilität* bei Abnahme der *Umsatzrentabilität* unverändert bleibt, wenn letztere von einer entsprechenden Steigerung der *Umschlagshäufigkeit des Vermögens* begleitet ist. Diese Erkenntnis bildet häufig die Grundlage einer Unternehmenspolitik, die auf geringeren Gewinnspannen aber auf hohem Warenumschlag beruht (Supermärkte).

Wegen der Bedeutung der *Gesamtkapitalrentabilität* für die Beurteilung der Ertragskraft eines Unternehmens sind externe Analytiker, vor allem potentielle Kreditgeber, in der Regel eher an der *Gesamtkapitalrentabilität* als an der *Eigenkapitalrentabilität* eines Unternehmens interessiert. In der amerikanischen Literatur und Praxis wird die *Gesamtkapitalrentabilität (ROI)* häufig als Maßstab der Fähigkeit und Effizienz des Managements, mit dem ihm zur Verfügung stehenden Vermögen Gewinne zu erzielen, angesehen.

Der *ROI* findet sich in den meisten in der Praxis gebräuchlichen *Kennzahlensystemen* (Zielsysteme) als Spitzenkennzahl. Als das wohl älteste und gebräuchlichste *Kennzahlensystem* gilt das im Jahre 1919 von der Firma Du Pont entwickelte *Zielsystem*, mit Hilfe dessen aus dem *ROI* über die *Umschlagshäufigkeit des Vermögens* und die *Umsatzrentabilität* Zwischen- und Unterziele bis zur Ebene der operablen Teilziele abgeleitet werden. Mit derartigen *Kennzahlensystemen* sollen einerseits die Wirkung getroffener oder zu treffender Maßnahmen auf den *ROI*, andererseits aber auch die Verflechtung der gesamten *Zielstruktur* innerhalb eines Unternehmens dargestellt werden.

2. Inhalt der Rentabilitätskomponenten. Zur Feststellung der Kapitalrentabilität können unterschiedliche Erfolgs- und Kapitalgrößen verwendet werden.

In der internen *Rentabilitätsanalyse* wird häufig der auf kalkulatorischer Basis ermittelte *Betriebsgewinn* (vor Abzug der kalkulatorischen Zinsen) auf das *Betriebsnotwendige Vermögen* bezogen.

Geht man bei der Ermittlung der Rentabilität von der pagatorischen Rechnung des Jahresabschlusses aus, können für die Ermittlung der *Gesamtkapitalrentabilität* der *Jahresgewinn vor Steuern* zuzüglich *Fremdkapitalkosten* und für die Ermittlung der *Eigenkapitalrentabilität* der *Jahresgewinn vor Steuern* oder der *Jahresgewinn nach Steuern* herangezogen werden, wobei jedoch in allen Fällen insoweit Berichtigungen vorzunehmen sind, als a. o. Komponenten, die den Gewinn beeinflußt haben, auszuscheiden und Ergebnisveränderungen infolge der Dotierung und Auflösung von Rücklagen zu korrigieren sind.

Anläßlich der Feststellung des Kapitals aufgelöste → *Stille Rücklagen* sind mit ihren Folgewirkungen (z. B. erhöhte Abschreibungen) im Gewinn zu berücksichtigen. Bei der Ermittlung des Periodengewinnes eines Einzelunternehmens bzw. einer Personengesellschaft ist darauf zu achten, daß der Unternehmerlohn (Entgelt des mitarbeitenden Eigentümers bzw. Gesellschafters) nicht im Gewinn enthalten ist.

Wird der → *Cash-Flow* anstelle des Periodenerfolges als Ergebnis angesetzt, ist der Gewinn um alle zahlungsunwirksamen Aufwendungen und Erträge zu bereinigen. Da die den ausgeschiedenen Abschreibungen korrespondierenden Investitionsausgaben nicht Bestandteil des *Cash-Flow* sind, sind dieser und damit auch die daraus abgeleitete Rentabilität höher als bei Ansatz der Periodenerfolges.

Grundlage zur Ermittlung der Eigenkapitalrentabilität ist das um die Stillen Rücklagen korrigierte buchmäßige Eigenkapital, wobei bei Kapitalgesellschaften in der Regel nicht vom *nominellen*, sondern vom *bilanzmäßigen Eigenkapital* ausgegangen wird. Bei der Ermittlung des Gesamtkapitals sind Vermögensgegenstände mit eigenen nicht in die Rentabilitätsrechnung einbezogenen Erträgen auszuscheiden.

Der Kapitaleinsatz erfolgt in der Regel zu Durchschnittswerten, die vom externen Analytiker aus dem Anfangs- und Endbestand des veröffentlichten Jahresabschlusses ermittelt werden. Der in der Periode erzielte Gewinn wird bei dieser Rechnung regelmäßig nicht in das Endkapital einbezogen.

3. Abgrenzung zur Wirtschaftlichkeit. Im Gegensatz zur → *Wirtschaftlichkeit*, die lediglich die Sparsamkeit des Mitteleinsatzes zur Leistungserstellung zum Ausdruck bringt, zeigt die *Rentabilität*, wie weit das Unternehmen in der Lage ist, für seine Leistungen auch Einnahmen zu erzielen. Es ist somit durchaus möglich, daß ein Unternehmen trotz wirtschaftlicher Leistungserstellung *unrentabel* arbeitet, während ein anderes Unternehmen trotz unwirtschaftlicher Leistungserstellung auf Grund seiner Marktstellung hoch *rentabel* arbeitet. Daraus läßt sich auch ableiten, daß die Einhaltung des *Wirtschaftlichkeitsprinzips* wohl mithilft, die R. zu verbessern, daß für *erwerbswirtschaftliche Unternehmen* letztlich aber die Erzielung einer ausreichenden *Rentabilität* existenzentscheidend ist.

Lit.: Chmielewicz, K.: Unternehmensanalyse mit Hilfe von Kennziffern: Rentabilität, in: WISU 1982, S. 271–275, 323–325; *Küting, K.*: Die Rentabilitätsrechnung als Instrument der Bilanzanalyse, in: WIST 1984, S. 125– 130; *Schult, E.*: Bilanzanalyse, 8. Aufl., 1991, S. 101–108; *Bea, F. X.*: Rentabilität, in: HWR, 3. Aufl., 1993, Sp. 1717–1728; *Coenenberg, A. G.*: Jahresabschluß und Jahresabschlußanalyse, 16. Aufl., 1997, S. 700–709; *Egger, A./Samer, H.*: Der Jahresabschluß nach dem Handelsgesetzbuch, Bd. 1: Der Einzelabschluß, 5. Aufl., 1996, S. 619–630.

Professor Dr. Anton Egger, Wien.

Rentabilitätsrechnung
= Return on Investment.
→ *Statische Investitionsrechnung.*

Rente
= → *Annuität.*
In gleichen Zeitabständen (von gewöhnlich einem Jahr) regelmäßig wiederkehrende gleichhohe Zahlung (*Annuität*). Man spricht von einer ewigen R., wenn die R. über eine unendliche Zeitdauer gezahlt wird.

Rentenbarwertfaktor
= Diskontierungssummenfaktor.
Handelt es sich bei einer Zahlungsreihe um eine → *Rente*, läßt sich zur Ermittlung des → *Barwertes* die Summe aller → *Abzinsungsfaktoren* q^{-n} bis zum Jahre n ableiten als R.

$$\frac{q^n - 1}{i \cdot q^n}.$$

Rentenendwertfaktor
Faktor zur Ermittlung des → *Endwertes* einer → *Rente* im Zeitpunkt n als Summe aller Aufzinsungsfaktoren q^n

$$\frac{(1 + i)^n - 1}{i}.$$

Reproduktionswert
= → *Substanzwert.*

Residualkosten
Differenz zwischen effektiven Gesamtkosten und den mit der → *Beschäftigung* multiplizierten → *Grenzkosten.*

Restbuchwert
Der im → *Jahresabschluß* ausgewiesene Buchwert eines Vermögensgegenstandes, der sich am Bilanzstichtag durch Abzug aller bis dahin angefallenen planmäßigen und außerplanmäßigen → *Abschreibungen* von den → *Anschaffungskosten* bzw. → *Herstellungskosten* sowie durch Addition eventueller → *Zuschreibungen* ergibt (→ *Abschreibungen*).

Restwert
= Liquidationserlös.
Der R. einer Anlage entspricht dem Verkaufserlös einer Anlage nach Ablauf ihrer Nutzungszeit vermindert um ihre Abbruchkosten und evtl. Steuerzahlungen.

Restwertrechnung
= Subtraktionsmethode.
Verfahren zur → *Kalkulation* von → *Kuppelprodukten.* Dabei werden die → *Dekkungsbeiträge* der Nebenprodukte von den *Gesamtkosten* subtrahiert und die restlichen Kosten dem Hauptprodukt angelastet.

Retrograde Prüfung
→ *Prüfungsmethoden.*

Return
= → *Gewinn*, Überschuß.

Return on Assets
= ROA.
→ *Rentabilität.*

Return on Equity
= → *Rentabilität* des Eigenkapitals.

Return on Investment
= ROI.
→ *Rentabilität* des Gesamtkapitals.

Revision, interne
1. Begriff und Aufgaben. Nach den „Grundsätzen der Internen Revision" des Deutschen Instituts für Interne Revision e. V. (IIR) von 1983 wird die *Funktion* der R. (*internal audit*) wie folgt umschrieben: „Die R. übt eine unabhängige Überwachungsfunktion im Auftrag der Unternehmensleitung aus. Zur Erfüllung dieser Funktion führt die R. Prüfungen aller Bereiche und Aktivitäten des Unternehmens durch. Da die R. eine Stabs- und keine Linienfunktion zu erfüllen hat, übt sie im allgemeinen kein unmittelbares Weisungsrecht aus. Ihre Tätigkeit setzt ein uneingeschränktes aktives und passives Informationsrecht voraus. Grundlegende Pflichten der R.: Objektivität, Sachlichkeit, Verschwiegenheit." Die *Geschichte*

der R. geht im deutschsprachigen Europa auf das ausgehende Mittelalter zurück. Bis um die letzte Jahrhundertwende wurde die Hauptaufgabe der R. in der Aufdeckung doloser Handlungen gesehen; die lückenlose Prüfung war die Regel. In der ersten Hälfte dieses Jahrhunderts verlagerte sich der Schwerpunkt der R. auf die Prüfung der Grundsätze ordnungsmäßiger Buchführung und Bilanzierung; die lückenlose Prüfung wurde durch die Stichprobenprüfung abgelöst. In den fünfziger Jahren standen noch ergebnisorientierte Prüfungen im Vordergrund; doch nahm die Bedeutung der Prüfungen des Internen Kontrollsystems immer mehr zu. Von den sechziger Jahren an ist eine Akzentverschiebung zur Systemprüfung und zu mathematisch-statistischen Stichprobenprüfungen hin zu beobachten. Der starke Einfluß der amerikanischen Prüfungspraxis ist unverkennbar.

Die R. nimmt heute folgende *Aufgaben* wahr: Prüfen, Beraten, Begutachten, Ausbilden und „Einspringen“.

Die *Prüfung* stellt die Haupttätigkeit der R. dar. In Anlehnung an die amerikanische Praxis unterscheiden wir zwischen Financial, Operational und Management Auditing. Diese Unterscheidung ist historisch zu erklären. Sie bezeichnet verschiedene Stufen der Ausweitung der Prüfungstätigkeit.

Financial Auditing: Es ist weitgehend identisch mit der ergebnisorientierten Prüfung, deren Hauptgegenstand das Finanz- und Rechnungswesen bildet. Die Ergebnisprüfung steht noch immer im Zentrum der Konzernrevision (vgl. Abschnitt 4). Um Doppelspurigkeiten mit dem → *Controlling* und der Prüfung durch externe → *Wirtschaftsprüfer* zu vermeiden, sind gegenseitige Abgrenzungen und Absprachen notwendig (vgl. Abschnitte 5 und 6). Die R. sollte sich auf jene Gebiete des Rechnungswesens konzentrieren, die nicht oder nicht gründlich genug vom Controlling betreut und von der Wirtschaftsprüfung geprüft werden. Sie spielt diese komplementäre Rolle vor allem bei der Prüfung von Budgetsystemen (→ *Finanzplanung*) und Kennzahlensystemen, des betrieblichen Rechnungswesens (→ *Organisation des Rechnungswesens*), der → *Investitionsrechnungen*, des Berichtswesens usw. Zum Prüfungsgebiet der R. gehören auch Jahresabschlußprüfungen bei nicht prüfungspflichtigen Beteiligungsgesellschaften im In- und Ausland. Die R. wird auch mit allen Arten von → *Sonderprüfungen* betraut.

Operational Auditing: Darunter wird eine zukunftsorientierte, unabhängige und systematische Beurteilung der organisatorischen Aktivitäten der verschiedenen Stufen des Managements durch die R. verstanden. Ziel ist die *Systemverbesserung*. Nicht das Handlungsresultat – wie beim Financial Auditing –, sondern der Handlungsvollzug ist Gegenstand des Operational Auditing. Im Mittelpunkt steht die Überprüfung des Aufbau- und Ablaufsystems von Funktionsbereichen. Einen hohen Stellenwert nehmen die Prüfungen der Internen Kontrolle ein.

Management Auditing: Es kann als das durch die Leistungsbewertung ergänzte Operational Auditing verstanden werden. Hier geht es in erster Linie um die nicht ganz unbestrittene Mitarbeiterbeurteilung durch die R.

Neben *Beraten* und *Begutachten* ist als weitere Tätigkeit der R. die *Ausbildung* zu nennen. Immer mehr dient die R. als Ausbildungsstätte für Führungsnachwuchskräfte. Gegen das „*Einspringen*“, die dringliche, aber zeitlich beschränkte Übernahme von Notstandsaufgaben, ist nichts einzuwenden.

2. *Aufbau- und Ablauforganisation*. Die R. ist eine *Stabsstelle*. Grundsätzlich besitzt sie kein Entscheidungs- und Weisungsrecht außerhalb ihres eigenen Bereiches. Es gibt aber Ausnahmen, wenn gewichtige Unternehmensinteressen auf dem Spiele stehen. Das Informationsrecht der R. ist das Gegenstück zum fehlenden Weisungsrecht. Aus Wirtschaftlichkeitsgründen und zur Vermeidung von Mißverständnissen kommt dem aktiven Infor-

Revision, interne

mationsrecht in der Praxis größere Bedeutung zu als dem passiven.

Die Einsatzweise der Prüfer hängt davon ab, ob das *Spezialisten-* oder das *Generalisten-*(„All-round"-) *Prinzip* vorherrscht. Das „All-round"-Prinzip mit (wechselnden) Schwerpunkten versucht die Vorteile beider Konzepte zu vereinen. Dazu dient die „job rotation" (= Arbeitsplatzwechsel).

3. Einordnung in die Unternehmensorganisation. Damit die R. wirksam ist, muß sie maßgeblich von der Unternehmensleitung unterstützt werden. Die Unabhängigkeit der R., die für ihre Aufgabe unerläßlich ist, kommt in der organisatorischen und hierarchischen Einordnung im Unternehmen zum Ausdruck. Die Unabhängigkeit der R. ist aber relativ. Verlangt wird die *Prozessunabhängigkeit.* Das Postulat der direkten Unterstellung der R. unter die Unternehmensleitung ist in der Praxis noch nicht voll verwirklicht, obwohl der Trend eindeutig in diese Richtung geht. Hierbei können sich bei der disziplinarischen und funktionellen Einordnung Unterschiede ergeben. Die direkte Unterstellung unter die Gesamtleitung bzw. ihren Vorsitzenden kann wegen der großen Arbeitsbelastung dieser Führungskräfte zu einer Vernachlässigung der Prüfungsfunktion führen. Diese Gefahr ist besonders ausgeprägt, wenn die R. unmittelbar dem Vorsitzenden zugeordnet ist. Bei einer Unterstellung unter ein Kollegialsystem kann überdies die Mehrfachunterstellung die Revisionstätigkeit hemmen. Eine organisatorische Lösung zur Vermeidung dieser Nachteile ist die funktionelle Unterstellung der R. unter die kollegiale Gesamtleitung und die disziplinarische Zuordnung zu einem einzelnen Mitglied dieses Gremiums. Die Tendenz der Unterstellung der R. unter eine höhere hierarchische Stufe ist empirisch bestätigt worden.

4. Konzernrevision. In der *Distanz* zwischen Konzernleitung und Führungskräften der mittleren und unteren Ebenen der Konzern- und Beteiligungsgesellschaften liegen die Besonderheiten der Konzernrevision im Vergleich zur R. einer Einheitsunternehmung. Je größer die Distanz, desto schwieriger die Führung, desto wichtiger die Überwachung. Die Überwachungsfunktion der Konzernleitung ist sowohl bei Zentralisation wie bei Dezentralisation der Entscheidungsbefugnisse im Konzern von Bedeutung, nur ist der Charakter der Überwachung verschieden. Während im Falle der Dezentralisation der Schwerpunkt der Überwachung auf der Wahrung des Autonomiebereiches liegt, geht es bei der Zentralisation in erster Linie um die Überwachung der Einhaltung der zentralen Direktiven. Eine auf die Unternehmungsziele ausgerichtete und auf Systemverbesserungen abzielende R. darf als Überwachungsinstanz der Konzernleitung aber nicht beim eingeräumten Autonomiebereich oder bei den Konzernrichtlinien Halt machen. Es empfiehlt sich das zweistufige Vorgehen von *Ordnungsmäßigkeits- und Zweckmäßigkeitsprüfungen.* In einem ersten Schritt sind die zentralen Richtlinien bzw. der Handlungsspielraum der Subsysteme als *Daten* hinzunehmen und die tatsächlichen Verhältnisse in diesem Rahmen zu beurteilen. In einem zweiten Schritt aber sind Direktiven und Autonomiebereich als *Probleme* zu betrachten. Die R. hat eine *Ausgleichsfunktion* zu erfüllen: So wie sie Kompetenzanmassungen der Subsysteme, die zu unerwünschten Suboptimierungen führen können, aufzudecken hat, so hat sie Übergriffe der Zentrale aufzuzeigen. Sie hat einerseits das Auseinanderstreben der Teilbereiche zu verhindern, andererseits aber den eingeräumten Autonomiebereich der Subsysteme zu sichern. Die Wahrnehmung dieser Ausgleichsfunktion wird erschwert, wenn der Konzern sich aus einer Vielzahl verschiedener Führungseinheiten zusammensetzt, die zudem in unterschiedlichen Umwelten lokalisiert sind, wie dies bei multinationalen Unternehmungen der Fall ist.

Prüfungsgegenstand der R. im Konzern sind Ober- und Untergesellschaften. Ausgenommen bleibt allein die Konzernleitung (Vorstand der Obergesellschaft), die Überwachungsfunktionen an die R. delegiert hat.

Die alternierende Durchführung von Prüfungen in Filialen und Hauptsitz vermag Doppelspurigkeiten und Lücken in der Prozessabwicklung zwischen Haupt und Gliedern des Konzerns offenzulegen. Sie begünstigt außerdem eine ausgewogene Sichtweise, die für die Objektivität der R. unerläßlich ist. Je größer, räumlich dekonzentrierter und diversifizierter der Konzern, desto dringender wird die Frage, ob die R. am Hauptsitz alle Prüfungsaufgaben noch selber ausführen soll. Die institutionelle Dezentralisation der Revisionsfunktion stellt eine konzerntypische Frage dar. In größeren internationalen Konzernen findet man eine dreistufige Gliederung der R.: Zentralrevision, Regionalrevision und Hausrevision. Es macht den Anschein, als ob sich in der Praxis eine Mehrlinienunterstellung der Regional- und Hausrevision unter Bereichsleiter und Leiter der Zentralrevision durchzusetzen vermag. Eine Möglichkeit ist die Aufspaltung in eine disziplinarische und funktionelle Unterstellung, wobei der Bereichsrevisor disziplinarisch dem Bereichsleiter und fachlich dem Leiter der Zentralrevision untersteht.

5. *Verhältnis zum Controller-Bereich und zur Organisationsabteilung*. So wie sich der Controller mit der Zeit aus der Unterstellung unter den Treasurer löste, so emanzipierte sich auch die R. vom *Controller-Bereich*. Solange die R. lediglich ergebnisorientierte Funktionen ausübte, lag einer Unterstellung unter den Controller nahe. Mit dem Übergang zur Systemprüfung und der Ausdehnung des Prüfungsobjektes der R. auf sämtliche Bereiche der Unternehmung (mit Ausnahme der obersten Unternehmensleitung), wurde auch der Controller-Bereich selber zum Prüfungsfeld der R. Formen der Zusammenarbeit von R. und Controlling sind der gegenseitige Informationsaustausch, die Bildung controller-orientierter Problemlösungsteams sowie die Schaffung gemischter Prüfungsteams bei Filialrevisionen.
In der Praxis haben sich vorwiegend drei Modelle des Verhältnisses von R. und *Organisationsabteilung* entwickelt: Trennung von R. und Organisationsabteilung, Zusammenfassung von Revision und Organisation unter einheitlicher Leitung sowie personelle Vereinigung von Revisions- und Organisationsaufgaben. Gemeinsame projektorientierte Organisatoren- und Revisorenteams sind interdisziplinäre Arbeitsgruppen, deren Federführung je nach Schwerpunkt bei einem Revisor oder einem Organisator liegt.

6. *Verhältnis zur Abschlußprüfung*. Die Entwicklung der R. in den letzten Jahren hat dazu geführt, daß die R. heute praktisch als ebenbürtige Partnerin der Wirtschaftsprüfung angesehen wird. Autonomie, partielle Heteronomie, Koordination und Integration sind die wichtigsten Intensitätsstufen der Zusammenarbeit zwischen R. und Wirtschaftsprüfung. Die Koordination ist die effizienteste Form der Zusammenarbeit. Sie erfolgt durch Aufgabenteilung und Aufgabendelegation.

Lit.: Zünd, A.: Revisionslehre, 1982, S. 377–593; *Schmid, R.*: Die Prüfungsplanung der Internen Revision, 1988; *Zünd, A.*: Konzernrevision, in: HWRev., 2. Aufl., 1992, Sp. 1048–1056; *Hofmann, R.*: Interne Revision, Aufgaben, in: HWRev., 2. Aufl., 1992, Sp. 855–882.

Z.: Zeitschrift Interne Revision (ZIR), hrsg. v. Deutsches Institut für Interne Revision e. V., Frankfurt, seit 1965.

Professor Dr. André Zünd, St. Gallen.

Revisionswesen
= Prüfungswesen.
→ *Wirtschaftsprüfung*.
→ *Revision, interne*.

Richtlinien der EG
→ *EG-Richtlinien*.
→ *Harmonisierung der Rechnungslegung*.

Rieger, Wilhelm
1878–1971; Professor in Nürnberg und Tübingen; *Hauptarbeitsgebiete*: Gewinn- bzw. Rentabilitätsstreben der Unternehmung, Rechnungswesen. *Hauptwerke*: Einführung in die Privatwirtschaftslehre, 1928; Schmalenbachs Dynamische Bilanz. Eine kritische Untersuchung, 1936; Über Geldwertschwankungen, 1938.

Lit.: Fettel, J./Linhardt, H. (Hrsg.): Der Betrieb in der Unternehmung, FS für Wilhelm Rieger, 1963.

Risiko
→ *Ungewißheit.*

Risikoanalyse
→ *Dynamische Investitionsrechnung bei Unsicherheit.*

Risikoaversion
= Risikoscheu.
= Risk averter.
Ausprägung der → *Risikoeinstellung* eines Entscheiders; dabei wird niedrigen Ausprägungen der Zielvariable ein relativ höherer → *Risikonutzen* zugeordnet als höheren Ergebniswerten. Das → *Sicherheitsäquivalent* ist kleiner als der → *Erwartungswert* der → *Wahrscheinlichkeitsverteilung.*

Risikoeinstellung
Ein mit den drei Ausprägungen → *Risikoscheu*, → *Risikofreude* und → *Risikoneutralität* besetztes Merkmal zur Beschreibung des Entscheidungsverhaltens eines Entscheiders bei mehrdeutigen Erwartungen über künftige Datenkonstellationen.

Risikofreude
= Risk lover.
Ausprägung der → *Risikoeinstellung* eines Entscheiders; dabei wird hohen Ausprägungen der Zielvariable ein relativ höherer → *Risikonutzen* zugeordnet als niedrigen Ergebniswerten. Das→ *Sicherheitsäquivalent* ist größer als der → *Erwartungswert* der → *Wahrscheinlichkeitsverteilung.*

Risikoneutralität
Ausprägung der → *Risikoeinstellung* eines Entscheiders. R. liegt vor, wenn der Entscheider sich ausschließlich nach dem → *Erwartungswert* einer → *Wahrscheinlichkeitsverteilung* richtet; Abweichungen der Zielvariablen vom Erwartungswert werden nicht beachtet. Das → *Sicherheitsäquivalent* des Entscheiders ist gleich dem Erwartungswert der Wahrscheinlichkeitsverteilung.

Risikonutzen
Ein durch Befragung ermittelter Nutzenwert, durch den die *individuelle Wertschätzung* unsicherer Ergebnisse ausgedrückt wird, auch → *Bernoulli*-Nutzen oder *Neumann-Morgenstern*-Nutzen genannt.

Risikoprofil
→ *Dynamische Investitionsrechnung bei Unsicherheit.*

Methode der → *Risikoanalyse*. Ein R. gibt die kumulierte Wahrscheinlichkeit dafür an, daß die Zielgröße (z. B. → *Kapitalwert*) einen gegebenen Wert *mindestens* erreicht. Die Entscheidung kann bei einem R. mit Hilfe der stochastischen Dominanz ersten oder zweiten Grades getroffen werden (→ *stochastische Dominanz*).

Risikoscheu
= → *Risikoaversion.*

Risikosimulation
Verfahren zur Berücksichtigung der Unsicherheit bei (Investitions-)Entscheidungen.

Die R. erzeugt aufgrund geschätzter Wahrscheinlichkeitsverteilungen der einzelnen Einflußgrößen unter Benutzung von Zufallszahlen eine Wahrscheinlichkeitsverteilung der Zielgröße einer Strategie. Das Verfahren läuft in folgenden Schritten ab:

(1) Ermittlung der relevanten unsicheren Einflußgrößen (Verkaufspreise, Anschaffungsausgabe, Nutzungsdauer usw.).
(2) Schätzung der Wahrscheinlichkeitsverteilung der einzelnen Inputgrößen.
(3) Ermittlung von Werten der Einflußgrößen entsprechend der Chance ihres zukünftigen Auftretens mit Hilfe eines Zufallszahlengenerators.
(4) Berechnung der Zielgröße für jede Wertekombination.
(5) Wiederholung des Simulationsprozesses bis genügend Werte zur Bestimmung der Häufigkeitsverteilung der Zielgröße vorliegen.
(6) Ableitung der Wahrscheinlichkeitsfunktion der Zielgröße.

Die Vorteile der R. liegen vor allem in der Berücksichtigung einer Vielzahl von Einflußgrößen und der Anwendung auf alle

Typen von Wahrscheinlichkeitsverteilungen. Hinreichend viele Simulationsläufe sind mit EDV-Programmen mit vertretbarem Rechenaufwand möglich.

Lit.: Busse von Colbe, W./Laßmann, G.: Betriebswirtschaftstheorie, Bd. 3, 3. Aufl., 1990, S. 178–184.

Risk averter
= → *Risikoaversion.*

Risk lover
= → *Risikofreude.*

ROA
= *Return on Assets.*
→ *Rentabilität.*

ROE
= Return on Equity.
→ *Rentabilität.*

Rohaufwand
→ *Rohertrag.*

Rohbetriebsvermögen
→ *Betriebsvermögensermittlung.*

Rohergebnis
Nach § 276 HGB dürfen → *kleine und mittelgroße Kapitalgesellschaften* die Posten Nr. 1 bis 5 (Umsatzerlöse, Bestandsveränderung, aktivierte Eigenleistungen, sonstige betriebliche Erträge, Materialaufwand) bei Anwendung des → *Gesamtkostenverfahrens* (→ *Gliederung der Gewinn- und Verlustrechnung*) bzw. Nr. 1 bis 3 und 6 (Umsatzerlöse, Herstellungskosten der zur Erzielung der Umsatzerlöse erbrachten Leistungen, Bruttoergebnis vom Umsatz, sonstige betriebliche Erträge) bei Anwendung des → *Umsatzkostenverfahrens* zu einem Posten „R." in der → *Gewinn- und Verlustrechnung* zusammenfassen.

Rohertrag
Positiver Saldo aus den in der → *Gewinn- und Verlustrechnung* nach dem → *Gesamtkostenverfahren* ausgewiesenen Positionen:

Umsatzerlöse
\+ Bestandsveränderung an fertigen und unfertigen Erzeugnissen
\+ andere aktivierte Eigenleistungen
– Materialaufwand

Sofern der Saldo einen negativen Wert annimmt, wird die Größe aus *Rohaufwand* bezeichnet. Obwohl der R. z. B. in Relation zu den Umsatzerlösen im Rahmen der → *Bilanzanalyse* vor allem bei Handelsunternehmen wichtige Anhaltspunkte über die Entwicklung der Gewinnspanne liefert, ist er nach dem Gliederungsschema des § 275 Abs. 2 HGB nicht als eigenständige Größe auszuweisen.

Dem R. entspricht in der Gewinn- und Verlustrechnung nach dem → *Umsatzkostenverfahren* das *„Bruttoergebnis vom Umsatz"* (= Überschuß der Umsatzerlöse über die Herstellungskosten der zur Erzielung der Umsatzerlöse erbrachten Leistungen), das allerdings außer um den Materialaufwand auch um weitere Aufwendungen der Fertigung, insbesondere die dort angefallenen Personalaufwendungen und Abschreibungen, gemindert ist (§ 275 Abs. 3 HGB).

ROI
= Return on Investment.
→ *Rentabilität* des eingesetzten Kapitals: Durchschnittlicher Gewinn pro Periode zu durchschnittlich eingesetztem Kapital.

Rückflußzeit
= Kapitalrückflußzeit.
= Pay-off-Periode.
→ *Amortisationsdauer.*

Rücklage für eigene Aktien
→ *Rücklagen.*

Rücklage für eigene Anteile
→ *Rücklagen.*

Rücklagen
1. Begriff

Mit offenen R. (surplus, reserves) bezeichnet man die in den Einzel- und Konzernbilanzen von Kapitalgesellschaften offen ausgewiesenen *Kapital- und Gewinn-R.* Sie sind Teile des → *Eigenkapitals* und stammen aus dem *Aufgeld* bei der Ausgabe von Aktien und Anleihen mit Wandlungs- und

Rücklagen

Optionsrechten, aus *Zuzahlungen* (§272 HGB) sowie aus *einbehaltenen* (= *nicht ausgeschütteten*) → *Gewinnen*, im → *Konzernabschluß* zusätzlich aus konzerneinheitlicher Bewertung, Konsolidierungsvorgängen und der → *Umrechnung* der Jahresabschlüsse einbezogener Tochtergesellschaften mit Sitz im Ausland.

R. als eigenständig ausgewiesene Bilanzposition existieren nur im Einzel- und Konzernabschluß von *Kapitalgesellschaften* mit einem konstanten Ausweis des Nominalkapitals. Rechtsformen der KG, OHG sowie der einzelkaufmännischen Unternehmung führen nicht ausgeschüttete Gewinne den Eigenkapitalkonten (Beteiligungs- oder gesonderten sog. Darlehenskonten), nicht jedoch formellen R.-Konten zu.

2. Ausweis im Einzelabschluß

Im → *Jahresabschluß* einer Kapitalgesellschaft sind die R. wie folgt zu gliedern (§266 Abs. 3 HGB):

Kapital-R.
Gewinn-R.
- gesetzliche R.
- R. für eigene Anteile
- satzungsmäßige R.
- andere Gewinn-R.

Von den offenen R. zu unterscheiden sind die → *stillen Rücklagen*. Diese sind im Gegensatz zu den offenen R. nicht aus der Bilanz ersichtlich.

Neben den R. gehören zum Eigenkapital das gezeichnete Kapital und – je nachdem, ob der Jahresabschluß vor oder nach teilweiser bzw. vollständiger → *Gewinnverwendung* aufgestellt wird – der *Gewinn-/Verlustvortrag*, der *Jahresüberschuß/-fehlbetrag* oder der *Bilanzgewinn/-verlust*.

Nicht zu den R. rechnet man die teilweise Eigenkapitalcharakter besitzenden → *Sonderposten mit R.-Anteil*, die entweder aufgrund steuerlicher Vorschriften den steuerpflichtigen Gewinn mindern und erst bei ihrer Auflösung zu versteuern sind oder steuerliche Sonderabschreibungen (→ *Abschreibungen*) enthalten.

Außer der R. für eigene Anteile verfügen die R. – wie alle übrigen Kapitalpositionen auf der Passivseite – über keinen gesonderten Gegenposten auf der Aktivseite der Bilanz und werden deshalb durch sämtliche Vermögenswerte gedeckt.

3. Ausweis im Konzernabschluß

Im *Konzernabschluß einer Kapitalgesellschaft* sind als R. im Prinzip die gleichen Positionen auszuweisen wie im Einzelabschluß. Das folgt aus §298 Abs. 1 HGB. Besonderheiten ergeben sich jedoch aus der Eigenart des Konzernabschlusses, insb. durch gesetzliche Anforderungen und Auswirkungen des unternehmensindividuellen Vorgehens. Aufgrund der Eigenart sind im Konzernabschluß zusätzliche Positionen auszuweisen. Das kann ein *passiver Unterschiedsbetrag* aus der → *Kapitalkonsolidierung* sein. Er ist den R. zuzuordnen, wenn er Eigenkapitalcharakter besitzt.

Außerdem sind innerhalb des Eigenkapitals *Anteile anderer Gesellschafter* gesondert zu zeigen, wenn andere Gesellschafter an Tochtergesellschaften beteiligt sind, die in den Konzernabschluß einbezogen werden. Diese Position enthält die Anteile dieser Gesellschafter am Eigenkapital und am Jahresüberschuß/-fehlbetrag. Sie hat teilweise R.-Charakter, rechnet jedoch – wenn sie in einer Position zusammengefaßt ist – nicht zu den R. Wird die Position jedoch – was zulässig ist – weiter untergliedert und werden die Anteile der anderen Gesellschafter an den R. der Tochtergesellschaften in einer gesonderten Position gezeigt, so ist diese analytisch den R. des Konzerns zuzuordnen (→ *Konzernabschlußanalyse*).

Ein klarer Ausweis der R. ergibt sich, wenn man – wie weitgehend üblich – in der Konzernbilanz den Bilanzgewinn des Mutterunternehmens ausweist. Es werden dann alle Auswirkungen aus der Aufstellung des Konzernabschlusses mit den anderen Gewinn-R. oder ggf. auch mit den Kapital-R. verrechnet. Diese Vorgehensweise hat den Vorteil, daß der an die Aktionäre der Muttergesellschaft auszuschüttende Betrag als Bilanzgewinn auch in der Konzernbilanz erscheint. Was anderen Gesellschaftern der Tochtergesellschaften zusteht und ggf. an diese ausgeschüttet wird, wird in den Anteilen anderer Gesellschafter erfaßt. Die Kapital- und Gewinn-R. zeigen dann offen alle tatsächlich im Konzern verbleibenden R.

4. Kapital-Rücklage

Die Kapital-R. einer Kapitalgesellschaft umfaßt die ihr von ihren Eignern neben dem Nominalkapital von außen zugeführten Eigenkapitalanteile. Das können gemäß § 272 Abs. 2 HGB sein:

- der Betrag, der bei der *Ausgabe von Anteilen* einschl. von Bezugsanteilen über den Nennbetrag hinaus erzielt wird (= *Agio* oder *Aufgeld*);
- der Betrag, der bei der *Ausgabe von Schuldverschreibungen* für Wandlungs- oder Optionsrechte zum Erwerb von Anteilen erzielt wird (nur bei einer AG und KGaA möglich);
- die *Zuzahlungen*, die Gesellschafter gegen Gewährung eines Vorzugs für ihre Anteile leisten;
- *andere Zuzahlungen*, die Gesellschafter in das Eigenkapital leisten.

Im Konzernabschluß dürfen mit der Kapital-R. des Mutterunternehmens ein nach § 309 Abs. 1 Satz 3 HGB beim Kauf einer Tochtergesellschaft erworbener → *Geschäfts- oder Firmenwert* und – bei erfolgsneutraler Behandlung – Differenzen aus der → *Umrechnung von Jahresabschlüssen ausländischer Konzernunternehmen* verrechnet werden, soweit dies nicht mit den Gewinn-R. erfolgt.

5. Gewinn-Rücklage

Im *Einzelabschluß* enthalten die Gewinn-R. nur Beträge, die im Unternehmen durch Einbehalten von Teilen des Ergebnisses gebildet werden.

Im *Konzernabschluß* schlagen sich in den Gewinn-R. einbehaltene Gewinne aller Konzerngesellschaften sowie die Auswirkungen der konzerneinheitlichen Bewertung, der Konsolidierungsvorgänge und der Währungsumrechnung – soweit diese nicht mit der Kapital-R. verrechnet werden – nieder.

a) Gesetzliche R. Als gesetzliche R. bezeichnet man bei AG und KGaA den Teil der Gewinn-R., der aufgrund gesetzlicher Vorschriften (§ 150 Abs. 1 AktG) gebildet wird. Bei diesen Rechtsformen sind in die gesetzliche R. so lange 5 % des Jahresüberschusses einzustellen (§ 150 Abs. 2 AktG), bis diese zusammen mit den Beträgen, die nach § 272 Abs. 2 Nr. 1–3 HGB in die Kapital-R. eingestellt wurden, 10 % des Grundkapitals oder einen von der Satzung bestimmten höheren Prozentsatz erreicht haben. Besteht ein Verlustvortrag aus dem Vorjahr, so ist der Jahresüberschuß vorher entsprechend zu kürzen. Die Auflösung der gesetzlichen R. ist – wie auch die der Kapital-R. – nur unter gewissen Bedingungen möglich (§ 150 Abs. 3 und 4 AktG). Die Vorschriften über die Bildung und Auflösung der gesetzlichen R. (§ 150 AktG) sind zwingend. Ihre Nichtbeachtung führt zur Nichtigkeit des Jahresabschlusses (§ 256 Abs. 1 Nr. 4 AktG). Im *Konzernabschluß* wird unter gesetzlicher R. nur die entsprechende Position des Mutterunternehmens ausgewiesen.

b) R. für eigene Anteile. Besitzt eine Kapitalgesellschaft eigene Anteile, so hat sie für diese in ihrem *Einzelabschluß* eine R. für eigene Anteile zu bilden. Die Höhe dieser R. muß dem auf der Aktivseite der Bilanz für eigene Anteile auszuweisenden Betrag entsprechen (§ 272 Abs. 4 HGB). Diese R. ist auch für Aktien eines herrschenden oder eines mit Mehrheit beteiligten Unternehmens zu bilden (§ 272 Abs. 4 Satz 4 HGB). Die Zuführung zu dieser R. kann aus dem Jahresüberschuß oder aus vorhandenen, frei verfügbaren Gewinn-R. erfolgen. Die R. für eigene Anteile hat eine *Ausschüttungssperrfunktion.* Sie dient somit dem Gläubigerschutz. Durch ihre Bildung soll verhindert werden, daß durch die Aktivierung eigener Anteile, die einen Korrekturposten zum gezeichneten Kapital darstellen, der entsprechende Gegenwert an die Anteilseigner ausgeschüttet wird. Die R. für eigene Anteile darf nur aufgelöst werden, wenn die Aktien ausgegeben, veräußert oder eingezogen werden. Eine Teilauflösung ist erforderlich, wenn die eigenen Aktien auf der Aktivseite mit einem niedrigeren Betrag angesetzt werden (vgl. § 272 Abs. 4 Satz 2 HGB).

Im *Konzernabschluß* sind die jeweils auf der Aktiv- und Passivseite (als R.) von Mutter- und Tochterunternehmen bilanzierten Anteile am Mutterunternehmen zu einem Gesamtwert zusammenzufassen und insgesamt als eigene Anteile auf der Aktivseite und als R. für eigene Anteile auf der Passivseite auszuweisen (§ 301 Abs. 4 HGB). Besitzt ein Tochterunternehmen eigene Anteile, so gehören diese dem Mutterunternehmen und sind nach § 301 Abs. 1 Satz 1 HGB in die Kapitalkonsolidierung einzubeziehen und nicht gesondert auszuweisen.

c) Satzungsmäßige R. Satzungsmäßige R. (= *statutarische R.*) im *Einzelabschluß* umfassen alle diejenigen Gewinn-R., zu deren Bildung eine Kapitalgesellschaft aufgrund des Gesellschaftsvertrages bzw. ihrer Satzung verpflichtet oder berechtigt ist. Bezieht sich die Satzungsbestimmung jedoch auf die gesetzliche R., so sind Beträge, die 10 % des Grundkapitals übersteigen, Bestandteil der gesetzlichen R. und zählen somit nicht zu den satzungsmäßigen R. Die satzungsmäßigen R. können zweckgebunden (z. B. Substanzerhaltungs-R., Werkerneuerungs-R.) oder zweckfrei sein. Die Auflösung der satzungsmäßigen R. richtet sich nach den jeweiligen Vorschriften der Satzung. Im *Konzernabschluß* sind unter satzungsmäßigen R. stets nur die Posten des Mutterunternehmens auszuweisen, denn die satzungsmäßigen R. eines Tochterunternehmens gehören zum konsolidierungspflichtigen Kapital.

d) Andere Gewinn-R. Im *Einzelabschluß* umfassen die anderen Gewinn-R. (= *freie R.*) alle diejenigen R., die aus dem Jahresüberschuß eingestellt werden, jedoch nicht gesondert auszuweisen sind. Sie stellen eine Sammelposition dar. Wie bei den satzungsmäßigen, so unterscheidet man auch bei den anderen Gewinn-R. solche mit (z. B. Dividendenergänzungs-R.) und ohne Zweckbindung.
Nach § 58 AktG können andere Gewinn-R. sowohl durch die HV als auch durch Vorstand und AR gebildet werden. Der Jahresüberschuß ist vorab um einen bestehenden Verlustvortrag und um die Beträge zu kürzen, die der gesetzlichen R. zuzuführen sind. Stellt die HV den Jahresabschluß fest, so kann die Satzung vorsehen, daß bis zu 50 % des Jahresüberschusses in andere Gewinn-R. einzustellen sind (§ 58 Abs. 1 Satz 1 und 2 AktG). Wird der Jahresabschluß von Vorstand und AR festgestellt, können sie einen Teil des Jahresüberschusses, höchstens jedoch dessen Hälfte, den anderen Gewinn-R. zuführen (§ 58 Abs. 2 Satz 1 AktG). Die Satzung kann Vorstand und AR allerdings ermächtigen, mehr als die Hälfte des Jahresüberschusses in die anderen Gewinn-R. einzustellen (§ 58 Abs. 2 Satz 2 AktG). Von dieser Ermächtigung können sie jedoch nur insoweit Gebrauch machen, wie die anderen Gewinn-R. weder vor noch nach Einstellung die Hälfte des Grundkapitals übersteigen.

Unabhängig davon, ob die HV oder Vorstand und AR den Gewinn feststellen, können Vorstand und AR den Eigenkapitalanteil von → *Wertaufholungen* im Bereich des Anlage- und Umlaufvermögens im Rahmen der Gewinnverwendung in die anderen Gewinn-R. einstellen und damit von der Ausschüttung aussperren. Zum anderen können Vorstand und AR auch den Eigenkapitalanteil von steuerlich abzugsfähigen R., für die die umgekehrte → *Maßgeblichkeit* nicht gilt und die daher in der Handelsbilanz nicht als Sonderposten mit R.-Anteil ausgewiesen werden dürfen (§ 273 HGB), bei der Gewinnverwendung in die anderen Gewinn-R. einstellen. Das relevanteste Beispiel dafür ist die Preissteigerungs-R. Zusätzlich zu den nach § 58 Abs. 1 bis 2a AktG aus dem Jahresüberschuß gebildeten anderen Gewinn-R. kann die HV mit einfacher Stimmenmehrheit beim Beschluß über die Verwendung des Bilanzgewinns weiterer Beträge, ggfs. auch den gesamten Bilanzgewinn, in die anderen Gewinn-R. einstellen (§ 58 Abs. 3 AktG). Andere Gewinn-R. können von dem jeweils zuständigen Organ (§ 172 AktG) bzw. der HV (§ 173 AktG) aufgelöst werden.

Die Gesellschafter einer *GmbH* unterliegen bezüglich der Höhe der Zuführung und der Auflösung anderer Gewinn-R.

keiner gesetzlichen Regelung. Sie können folglich den Jahresüberschuß ganz, nur teilweise oder gar nicht in die anderen Gewinn-R. einstellen. § 29 Abs. 4 GmbHG übernimmt die Bestimmungen des § 58 Abs. 2a AktG analog für die GmbH.

Die Gewinn-R. können im *Konzernabschluß* aus mehreren Komponenten bestehen. Hierunter ist zunächst die Position andere Gewinn-R. des Mutterunternehmens zu nennen. Wird eine Konzerngesellschaft neu erworben und ergibt sich bei der erfolgswirksamen Erstkonsolidierung (→ *Kapitalkonsolidierung*), die nach der Buchwert- oder Neubewertungsmethode erfolgen kann, ein nicht zuordenbarer aktiver Restbetrag, so stellt dieser einen erworbenen → *Geschäfts- oder Firmenwert* dar. Er kann direkt mit den anderen Gewinn-R. verrechnet werden (§ 309 Abs. 1 Satz 3 HGB). In diesem Fall vermindern sich die anderen Gewinn-R. im Konzern um den erworbenen Geschäfts- oder Firmenwert. Statt von den anderen Gewinn-R. kann er aber auch von den Kapital-R. abgesetzt werden. Bildet man bei Konzerngesellschaften nach der Erstkonsolidierung Kapital- oder Gewinn-R., so übernimmt man diese ebenfalls in die anderen Gewinn-R. des Konzerns.

Werden in den Konzernabschluß eigene – sich von den publizierten Einzelabschlüssen unterscheidende –, nach konzerneinheitlichen Ansatz- und Bewertungsvorschriften aufgestellte Abschlüsse (= *HB II* oder *Ergänzungsrechnung*) einbezogen (→ *Einheitlichkeit der Bewertung*), so schlagen sich die Auswirkungen der abweichenden Ansatz- und Bewertungsvorschriften in den anderen Gewinn-R. nieder. Dabei fließt der Vorjahre betreffende Betrag direkt in die anderen Gewinn-R. ein, während die Differenz des laufenden Jahres das Jahresergebnis des Konzerns beeinflußt.

Die in den Konzernabschluß einbezogenen Bilanzen *ausländischer* Konzerngesellschaften sind in DM umzurechnen (→ *Umrechnung von Jahresabschlüssen*). Dabei entstehen Währungsumrechnungsdifferenzen. Diese können erfolgswirksam oder erfolgsneutral behandelt werden. Bei erfolgswirksamer Behandlung schlagen sich die Umrechnungsdifferenzen in Höhe des Vorjahresbetrages in den anderen Gewinn-R. nieder. Der Anteil des laufenden Jahres beeinflußt das Jahresergebnis des Konzerns. Werden die Umrechnungsdifferenzen erfolgsneutral behandelt, gehen sie direkt – ohne die GuV zu berühren – in die anderen Gewinn-R. ein. Sie können jedoch bei erfolgsneutraler Behandlung auch mit der Kapital-R. verrechnet werden.

Bei der Konsolidierung sind konzerninterne Forderungen und Verbindlichkeiten aufzurechnen (*Forderungs- und Schuldenkonsolidierung*), Gewinne und Verluste aus konzerninternen Lieferungen und Leistungen zu eliminieren (*Zwischenergebniseliminierung*) und konzerninterne Aufwendungen und Erträge auszusondern (*Aufwands- und Ertragskonsolidierung*). Dabei wird der zu konsolidierende Differenzbetrag in Höhe des Vorjahreswertes direkt mit den anderen Gewinn-R. verrechnet, während der Veränderungsbetrag des laufenden Jahres das Jahresergebnis des Konzerns beeinflußt.

Schütten Konzerngesellschaften konzernintern Beteiligungserträge aus, so haben diese das Ergebnis des Konzerns im Vorjahr oder im laufenden Jahr bereits beeinflußt. Diese Beteiligungserträge sind daher im Ergebnis des Konzerns zu korrigieren. Ebenso dürfen Erträge und Verluste aus Gewinnabführungsverträgen nicht doppelt erfaßt werden.

Ist eine in den Konzern einbezogene Gesellschaft – i. d. R. das Mutterunternehmen – an einer anderen Konzerngesellschaft beteiligt und wird im Einzelabschluß der Beteiligungsbuchwert abgeschrieben, so ist die Abschreibung im Konzern rückgängig zu machen. Dabei wird wieder ein evtl. vorhandener Vorjahresbetrag direkt mit den anderen Gewinn-R. verrechnet, während die Abschreibung des laufenden Jahres ergebniswirksam storniert wird.

Assoziierte Unternehmen (→ *Equity-Bewertung*) sind im Konzernabschluß mit dem anteiligen Eigenkapital auszuweisen.

Auch hier fließt die Differenz zwischen anteiligem Eigenkapital und Anschaffungswert der Beteiligung, soweit sie nach der erstmaligen Anwendung der Equity-Methode entstanden ist, in Höhe des Vorjahresbetrages direkt in die anderen Gewinn-R. ein, während der Betrag des laufenden Jahres das Jahresergebnis des Konzerns beeinflußt.

Weist man in der Konzernbilanz den Bilanzgewinn des Mutterunternehmens aus, so ist darüber hinaus die Differenz zwischen Jahresergebnis des Konzerns, korrigiert um anderen Gesellschaftern zustehende Anteile, und Bilanzgewinn des Mutterunternehmens in die Gewinn-R. einzustellen. Bei dieser Vorgehensweise schlagen sich damit zusätzlich die Ergebnisse der Töchter und alle eben aufgeführten Korrekturen des Jahresergebnisses des Konzerns in den Gewinn-R. nieder. Diese nehmen damit zusätzlich alle im Konzern verbleibenden Anteile des Ergebnisses auf; die Kapital- und Gewinn-R. enthalten somit alle offenen R. des Konzerns.

Wird in der Konzernbilanz ein Konzerngewinn ausgewiesen, der nach Abzug der Anteile anderer Gesellschaften vom Jahresergebnis verbleibt, so enthält dann der in der Bilanz ausgewiesene Konzerngewinn Anteile, die im Konzern verbleiben und den offenen R. zuzuordnen wären. Wird der Bilanzgewinn des Mutterunternehmens zusätzlich in die Gewinn-R. eingestellt, so enthalten die Gewinn-R. auch Anteile, die an die Aktionäre auszuschütten sind.

6. Passiver Unterschiedsbetrag aus der Kapitalkonsolidierung

Übersteigt beim Erwerb einer Konzerngesellschaft das Eigenkapital den Anschaffungspreis, so entsteht ein passiver Ausgleichsposten aus der Kapitalkonsolidierung. Besitzt dieser Eigenkapitalcharakter (lucky buy), ist er den offenen R. zuzuordnen. Handelt es sich dagegen um einen Kompensationsposten für künftig zu erwartende Aufwendungen oder Verluste, so besitzt er Rückstellungscharakter.

Lit.: Bruns, H.-G.: Eigenkapitalausweis, in: Beck HdR, ab 1987, C450, S.1–15; *Heymann, G.*: Eigenkapital, in: Beck HdR, ab 1987, B231, S.18–35; *ADS*, 5. Aufl., Losebls., ab 1987, §272 HGB, Tz. 54–163; *Busse von Colbe, W./Ordelheide, D.*: Konzernabschlüsse, 6. Aufl., 1993, S. 432–452; *Müller, H.P.*: Rücklagen, in: HWR, 3. Auf., 1993, Sp. 1737–1747; *Küting, K.*, in: Küting/Weber: HdR, 4. Aufl., Bd. Ia, 1995, S. 1527–1561; *Coenenberg, A.G.*: Jahresabschluß und Jahresabschlußanalyse, 16. Aufl., 1997, S. 194–213.

Dr. Herbert Lederle, Wolfsburg.

Rückrechnung

→ *Werkstoffkosten.*

Rückstellungen

1. Begriff und Arten

Grundsätzlich lassen sich zwei Beweggründe für die Bilanzierung von R. (*provisions, accruals*) und damit zusammenhängend auch zwei verschiedene Rückstellungsarten unterscheiden. Zum einen läßt sich die Rechtfertigung der Rückstellungsbildung aus dem Bilanzzweck der korrekten Darstellung des Reinvermögens eines Unternehmens ableiten (*Statische Interpretation*: R.aufgrund einer Verpflichtung gegenüber Dritten), zum anderen ergibt sich die Notwendigkeit der Rückstellungsbildung aber auch aus dem Zweck, den Unternehmenserfolg in der Bilanz periodengerecht auszuweisen (*Dynamische Interpretation*: Aufwandsrückstellungen bzw. R. ohne Pflichten gegenüber Dritten). Trotz dieser Unterschiede haben beide Rückstellungsarten zwei wesentliche Gemeinsamkeiten. Beide Rückstellungsarten leiten sich aus dem Vorsichtsprinzip ab; ferner beziehen sich beide auf zukünftige Aktivitäten des Bilanzierenden. Entsprechend läßt sich für den Begriff der R. auch eine umfassende Definition formulieren:

R. sind Passivposten, die solche Wertminderungen der Berichtsperiode als Aufwand zurechnen, die durch künftige Handlungen (Zahlungen, Dienstleistungen, Eigentumsübertragungen an Sachen und Rechten) bedingt werden und deshalb bezüglich ihres Eintretens und ihrer Höhe nach nicht völlig,

Rückstellungen

aber dennoch ausreichend sicher sind. Sie dienen dabei nicht zur Korrektur des Bilanzansatzes bestimmter Vermögensgegenstände, obwohl sie, wie etwa bei den → *Altlasten*, in Konkurrenz zur Abschreibung treten können.

2. Bilanzierung

a) Jahresabschluß. Im HGB wird der Passivposten R. nicht definiert. §249 HGB zählt lediglich den Kreis der handelsrechtlich zulässigen R. abschließend auf. Hierbei ist zu erkennen, daß sich der Gesetzgeber nicht auf einen engen Rückstellungsbegriff festlegt, sondern sowohl die statische als auch die dynamische Rückstellungsbegründung als berechtigt anerkennt.

Gemäß §249 Abs. 1 HGB hat jeder Kaufmann für *ungewisse Verbindlichkeiten* und *drohende Verluste aus schwebenden Geschäften* R. zu bilden. Neben den auf rechtlichen Verpflichtungen beruhenden ungewissen Verbindlichkeiten sind auch all jene künftigen Verbindlichkeiten aus *Gewährleistungen (Kulanzleistungen)* vom Kaufmann in die Bilanz aufzunehmen, zu denen der Kaufmann zwar rechtlich nicht verpflichtet ist, die er aber gleichwohl übernimmt. In der Handelsbilanz unterliegen somit sämtliche R., die

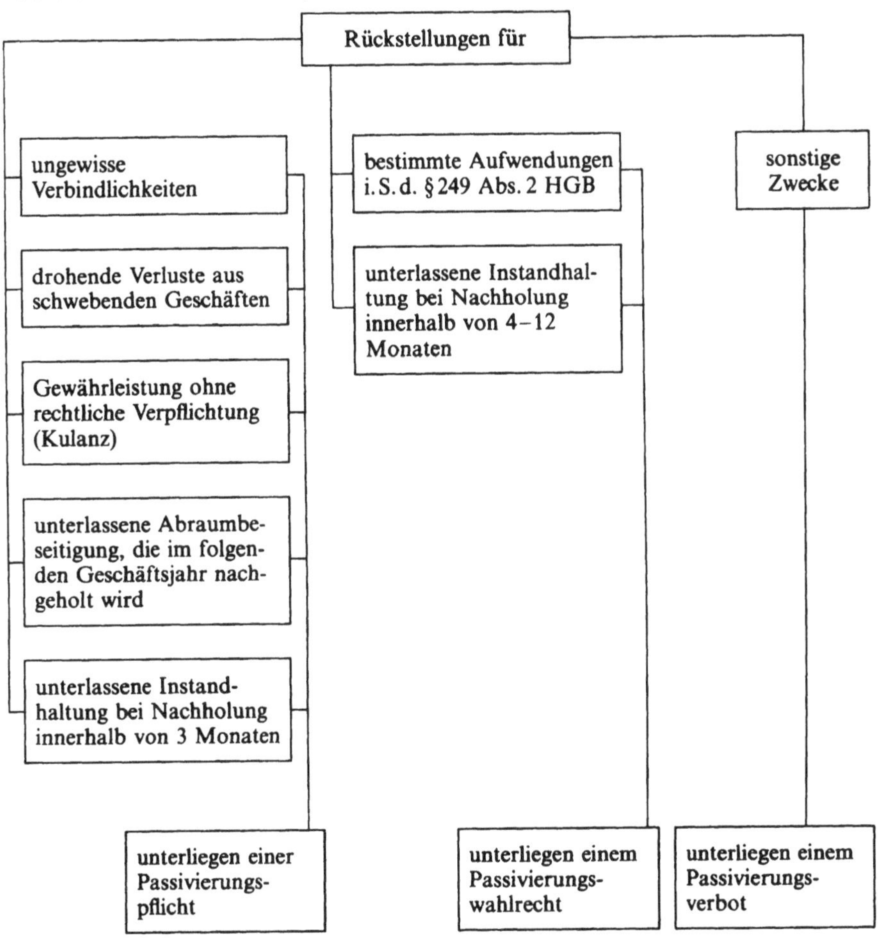

Rückstellungen

aufgrund einer Verpflichtung einem Dritten gegenüber bestehen, einer Passivierungspflicht. Dabei sind allerdings nach ausdrücklichem Wortlaut des Gesetzestextes (§ 249 Abs. 1 Satz 2 Nr. 2 HGB) die ungewissen Verbindlichkeiten ohne rechtliche Verpflichtungen auf die Gewährleistungen beschränkt. Die R. für drohende Verluste aus schwebenden Geschäften wird im Gesetzestext explizit erwähnt, obwohl sie nach herrschender Meinung durch den Terminus ungewisse Verbindlichkeiten bereits abgedeckt ist.

Neben diesen am Imparitätsprinzip orientierten statischen R. enthält § 249 HGB aber auch dynamisch ausgeprägte R. Die zulässigen Aufwandsrückstellungen werden durch den Gesetzgeber jedoch eingeschränkt. So werden in § 249 HGB drei Arten von → *Aufwandsrückstellungen* unterschieden:

(1) R. für im abgelaufenen Geschäftsjahr *unterlassene Aufwendungen für Instandhaltung*, müssen, soweit diese innerhalb der *ersten drei Monate* im folgenden Geschäftsjahr, und dürfen, wenn diese im 4. bis 12. Monat des folgenden Geschäftsjahres nachgeholt werden, gebildet werden (§ 249 Abs. 1 Satz 2 Nr. 1 und Satz 3 HGB).

(2) Aufwendungen für im Geschäftsjahr unterlassene *Abraumbeseitigungen*, die im folgenden Geschäftsjahr nachgeholt werden, unterliegen ebenfalls der Rückstellungspflicht (§ 249 Abs. 1 Satz 2 Nr. 1 HGB).

(3) R. für *ihrer Eigenart nach genau umschriebenen Aufwendungen*, die dem Geschäftsjahr oder früheren Geschäftsjahren zuzurechnen sind, dürfen in die Bilanz eingestellt werden (§ 249 Abs. 2 HGB).

Die folgende Übersicht faßt die handelsrechtlichen Bilanzierungspflichten und Bilanzierungswahlrechte für R. gem. § 249 HGB zusammen:
Außerdem begründet § 274 Abs. 1 HGB eine Verpflichtung zur Bildung einer R. für → *latente Steuern*, falls das handelsrechtliche Ergebnis aufgrund zeitbedingter Unterschiede in der Verrechnung von Aufwendungen und Erträgen höher ausfällt als in der Steuerbilanz.

Der bilanzielle *Ausweis* der R. ist lediglich für Kapitalgesellschaften geregelt. Diese haben gemäß § 266 Abs. 3 HGB die R. in die drei folgenden Gruppen unterteilt auszuweisen: R. für Pensionen und ähnliche Verpflichtungen, Steuerrückstellungen, sonstige R.

R. für latente Steuern sind in Bilanz oder Anhang getrennt auszuweisen. Die Sammelposition „Sonstige Rückstellungen" ist ggf. zu erläutern (§ 285 Nr. 12 HGB). Kleine Kapitalgesellschaften können sämtliche R. unter einer Position ausweisen (→ *Produkthaftung*, → *Umweltschutz*).

b) Steuerbilanz. Über das → *Maßgeblichkeitsprinzip* (§ 5 Abs. 1 EStG) gelten die handelsrechtlichen Vorschriften grundsätzlich auch für die Steuerbilanz. Einschränkungen ergeben sich lediglich durch die von der Finanzrechtsprechung entwickelten Grundsätze. Grundsätzlich kann man davon ausgehen, daß R. steuerlich nicht anerkannt werden, die handelsrechtlich einem Bilanzierungswahlrecht unterliegen. Besonders bei den neu im HGB verankerten R. für ihrer Eigenart nach genau umschriebenen Aufwendungen (§ 249 Abs. 2 HGB) wird eine Passivierungsmöglichkeit in der Steuerbilanz nicht anerkannt. Außerdem werden in die Steuerbilanz keine R. übernommen, die sich auf steuerlich nicht abzugsfähige Aufwendungen (§ 10 KStG) beziehen.

3. Bewertung

Nach § 253 Abs. 1 Satz 2 HGB sind R. in Höhe des Betrages anzusetzen, der nach vernünftiger kaufmännischer Beurteilung notwendig ist. Dies macht deutlich, daß je nach Ungewißheit der Daten bei der Bewertung von R. mehr oder weniger große Schätz- und Ermessensspielräume gegeben sind. Wenn annähernd sichere Werte (*vertrauenswürdige Daten*) ermittelt werden können, sind diese anzusetzen. Dies ist bei Steuerrückstellungen der Fall, die aufgrund der steuerlichen Vorschriften eindeutig berechnet werden können. Die Unsicherheit besteht hier in dem Risiko,

Rückstellungen

daß das Finanzamt oder die Betriebsprüfung Zweifelsfälle anders behandeln als der Bilanzierende.

Können aufgrund bestehender Erfahrungen und Daten *statistische Wahrscheinlichkeiten* ermittelt werden, so sind die daraus resultierenden Erwartungswerte anzusetzen. Dies tritt u.a. bei den Pensionsrückstellungen und den Rückstellungen für Garantie- und Kulanzleistungen auf.

Soweit weder vertrauenswürdige noch statistische Werte bestimmt werden können, muß nach den individuellen Gegebenheiten des Einzelfalls die zukünftige Wertminderung möglichst genau geschätzt werden (*glaubwürdige Daten*). So ist die Unternehmung hinsichtlich der R. für Garantieverpflichtungen und Kulanzleistungen bei neu eingeführten Produkten lediglich auf Vermutungen angewiesen, die sich insbesondere am konstruktiven und fertigungstechnischen Ausreifungsgrad des betreffenden Produktes orientieren können. Demzufolge sind solche R. im allgemeinen höher zu bemessen als entsprechende R. für bereits jahrelang verkaufte Produkte.

Kann bei den zuletzt genannten Fällen die erwartete zukünftige Wertminderung nicht mit einem einzigen Wert, sondern nur mit einem *Schätzintervall* bestimmt werden, so ist nach dem Grundsatz der Vorsicht normalerweise der höchste Wertansatz anzusetzen. Werden aber mehrere Risiken gleicher Beschaffenheit durch derartige R. abgedeckt, so würde die bloße Addition der Höchstbeträge zu einer überhöhten R. führen, da im allgemeinen nicht angenommen werden kann, daß bei jedem Risiko der betrachteten Art die ungünstigste Alternative eintritt.

R. können sowohl zur Abdeckung einzelner Risiken wie auch zur pauschalen Deckung einer Gruppe gleichartiger Risiken gebildet werden. Insoweit besteht also eine Ausnahme von dem allgemeinen Grundsatz der Einzelbewertung. Dies ist beispielsweise bei gleichen R. der Fall, die mit Hilfe statistischer Methoden gebildet werden. Diese Methoden erlauben nämlich eine weitgehend sichere Aussage nur bei Gruppen gleichartiger Fälle (z. B. Garantie- und Kulanzrückstellungen).

Besondere Bewertungsprobleme ergeben sich außer für R. für latente Steuern und → *Pensionsrückstellungen* insbesondere auch für die R. für *drohende Verluste aus schwebenden Geschäften*. Ihre Höhe entspricht dem Unterschiedsbetrag zwischen dem Wert der eigenen Leistung und dem Wert der Gegenleistung. Bei Beschaffungsverträgen ergibt sich der Rückstellungsbetrag aus der Differenz des vertraglich fixierten Preises und der gesunkenen Wiederbeschaffungskosten.

Bei drohenden Verlusten aus Absatzgeschäften (z. B. wegen Faktorpreissteigerungen oder Mehrverbrauch von Faktoren) hingegen errechnet sich die R. grundsätzlich aus der zu Vollkosten (Selbstkosten) bewerteten Leistung und dem vereinbarten Verkaufspreis. Aus betriebswirtschaftlicher Sicht kann der Vollkostenansatz zur Bemessung des Verlustes unbefriedigend sein, wenn zur Erreichung einer besseren Kapazitätsauslastung bewußt Aufträge abgeschlossen werden, die zwar keine Vollkostendeckung, aber doch positive Deckungsbeiträge erbringen.

4. Rückstellungen nach internationalen Rechnungslegungsstandards

Im Gegensatz zum HGB sind nach den Bilanzierungsregeln des → *International Accounting Standards Committee (IASC)* nur Verpflichtungen gegenüber Dritten, denen sich das Unternehmen aus rechtlichen oder wirtschaftlichen Gründen nicht entziehen kann, rückstellungsfähig und rückstellungspflichtig. Die nach HGB zulässigen Aufwandsrückstellungen einschließlich der Rückstellungen für unterlassene Instandhaltung und unterlassene Abraumbeseitigung, können demzufolge grundsätzlich nicht passiviert werden.

Eine ungewisse Verbindlichkeit ist nach IASC dann als Aufwand und Rückstellung im Jahresabschluß zu erfassen, wenn

a) es wahrscheinlich (probable) ist, daß durch künftige Ereignisse bestätigt wird, daß am Abschlußstichtag – mit Berücksichtigung etwaiger Rückgriffs- bzw. Erstattungsansprüche – ein *Asset* in seinem

Wert gemindert ist bzw. eine *Liability* besteht, und

b) eine verläßliche Schätzung der Höhe des entsprechenden Aufwandes möglich ist.

Besondere Regeln bestehen für Pensionsrückstellungen (IAS 19) und für Steuerrückstellungen (IAS 12).

Die IAS stellen tendenziell für die Bildung von Rückstellungen höhere Anforderungen an die Wahrscheinlichkeit der relevanten Ereignisse (probability) und die Bestimmbarkeit des rückstellungsfähigen Betrages als das HGB.

Den IAS liegt im Vergleich zum HGB ein anderes Verständnis des Vorsichtsprinzips zugrunde. Für den Fall zuzuordnender Einzelwahrscheinlichkeiten für die einzelnen Werte innerhalb eines für möglich gehaltenen Intervalls verlangen die IAS die Auswahl des wahrscheinlichsten Wertes. Bei gleicher Wahrscheinlichkeit kommt der Ansatz des niedrigsten Intervallwertes in Betracht. Ein darüber hinausgehendes Verlustrisiko ist lediglich anzugeben. Damit ist nach dem IAS ein gegenüber dem HGB tendenziell niedrigerer Wertansatz der Rückstellungen geboten.

Die Bilanzierung von Rückstellungen in → *USA* nach den US-GAAP entspricht im wesentlichen der Vorgehensweise gemäß IAS. Für ungewisse Verbindlichkeiten und Steuerrückstellungen gilt SFAS No. 5, für Pensionsrückstellungen gelten die besonderen Vorschriften von SFAS No. 87, 88 sowie 106.

Lit.: *Eifler, G.*: Grundsätze ordnungsmäßiger Bilanzierung für Rückstellungen, 1976; *Eibelshäuser, M.*: Rückstellungsbildung nach neuem Handelsrecht, in: BB 1987, S. 860–866; *Siegel, T.*: Rückstellungen für ihrer Eigenart nach genau umschriebene Aufwendungen, in: BFuP 1987, S. 301–321; *Eifler, G.*: Die Aufwands- und Kulanzrückstellungen, in: HdJ, Losebls., ab 1984, Abt. III/6, 1988; *Naumann, K.P.*: Die Bewertung von Rückstellungen, 1989; *Müller, W./Tries, H.J.*: Rückstellungen, in: HWR, 3. Aufl., 1993, Sp. 1747–1756; *C & L Deutsche Revision*: Internationale Rechnungslegung: US-GAAP, HGB und IAS, 1994; *Clemm, H./Nonnenmacher, R.*, in: Beck Bil.-Komm., 3. Aufl., 1995, § 249 HGB; *Höfer, R./Kessler, H./Mayer-Wegelin, E.*, in: Küting/Weber: HdR, 4. Aufl., Bd. Ia, 1995, S. 599–797; *Coenenberg, A.G.*: Jahresabschluß und Jahresabschlußanalyse, 16. Aufl., 1997, S. 235–260; *Schülen, W.*: Die Pensionsrückstellungen, in: HdJ, Losebls., ab 1984, Abt. III/7, 3. Bearb., 1997.

Professor Dr. Adolf Gerhard Coenenberg, Augsburg.

Rückstellungen für ungewisse Verbindlichkeiten

Gem. § 249 Abs. 1 HGB im → *Jahresabschluß* zu bildende → *Rückstellung* für Verbindlichkeiten, deren Höhe, Auszahlungszeitpunkt oder tatsächlicher Anfall noch ungewiß ist. R. sind auch bei der steuerlichen Gewinnermittlung zu berücksichtigen (→ *Rückstellungen*).

Rückwärtsverteilungsfaktor

Der reziproke Wert des → *Rentenendwertfaktors* heißt R. Mit diesem läßt sich die Höhe der Rentenzahlungen in jeder Periode bei gegebenem → *Endwert* ermitteln:

$$\frac{i}{(1+i)^n - 1}.$$

Rüstkosten

→ *Kosten* für die zur Durchführung der Leistungserstellung notwendigen vorbereitenden und nachbereitenden Maßnahmen, z. B. Kosten für Umstellung einer Maschine von einem auf ein anderes Produkt.

Rumpf-Geschäftsjahr

Ein → *Wirtschaftsjahr* mit weniger als 12 Monaten, für das ein → *Jahresabschluß* bzw. → *Konzernabschluß* aufzustellen ist, wenn ein Unternehmen z. B. gegründet, aufgelöst oder veräußert wird.

S

Sachanlagevermögen

Nach dem Gliederungsschema in § 266 HGB auf der Aktivseite der Bilanz unter dem → *Anlagevermögen* gesondert auszuweisende → *Vermögensgegenstände.* Das S. ist in

1. Grundstücke, grundstücksgleiche Rechte und Bauten einschließlich der Bauten auf fremden Grundstücken;
2. technische Anlagen und Maschinen;
3. andere Anlagen, Betriebs- und Geschäftsausstattung;
4. geleistete Anzahlungen und Anlagen im Bau

zu untergliedern (→ *Anlagevermögen*).

Sachinvestitionen

= → *Realinvestitionen.*

Sachkapitalerhaltung

→ *Substanz- und Kapitalerhaltung.*

Sachkonten

Auch als → *Hauptbuchkonten* bezeichnete → *Bestandskonten* und → *Erfolgskonten,* aus denen die Bilanz und Gewinn- und Verlustrechnung abgeleitet werden (→ *Buchhaltung*).

Sachverhaltsgestaltung

1. S. als Mittel der Bilanzpolitik. Die Zwecke der → *Bilanzpolitik* lassen sich einerseits durch Maßnahmen erreichen, die an gegebene ökonomische Sachverhalte anknüpfen und deren *Darstellung* im → *Jahresabschluß* beeinflussen (vor allem durch Ausnutzung von → *Bilanzierungs-, Bewertungs- und Ausweiswahlrechten*), zum andern durch Maßnahmen, die an den *abzubildenden Sachverhalten* selbst ansetzen und sie zieladäquat *gestalten.* Solche S. haben vor dem Bilanzstichtag zu erfolgen. Ihnen kommt umso mehr Gewicht zu, je weniger die Darstellungswahlrechte nutzbar sind.

Nach dem bilanzpolitischen *Zweck,* der mit S. erreicht werden soll, lassen sich unterscheiden:

(1) Die *materielle* S. ist auf die *Beeinflussung* des ausgewiesenen *Ergebnisse* in der Handels- und/oder Steuerbilanz gerichtet;

(2) die *formale* S. soll die *Einschätzung* der *Unternehmenssituation* durch die externen Bilanzadressaten beeinflussen. Dies kann geschehen durch
   - die Gestaltung der Strukturen von Bilanz und GuV;
   - die Gestaltung der auszuweisenden und zu veröffentlichenden Sachverhalte (Publizitätspolitik).

Bei den *Mitteln* der S. ist zu trennen in Maßnahmen,

- die ausschließlich zum Zweck der S. ergriffen werden (z. B. Aufnahme von Darlehen zur Verbesserung des Liquiditätsausweises);
- die aus anderen (wirtschaftlichen) Erwägungen ohnehin durchgeführt worden wären, aber zusätzlich auf die bilanzpolitischen Zwecke sachlich oder zeitlich abgestimmt werden (z. B. Vorverlagerung von Investitionen zur Erhöhung der Periodenabschreibung).

Besondere Möglichkeiten der S. bieten sich → *verbundenen Unternehmen.*

2. Materielle S. Die Beeinflussung des im Jahresabschluß auszuweisenden Ergebnisses – bei guter Erfolgslage zur Verringerung der Steuerbelastung und des ausschüttungsfähigen Gewinns, in schlechten Situationen zur Verbesserung des Erfolgsausweises – kann durch eine Vielzahl von S. erfolgen, die nicht überwiegend bilanzpolitisch, sondern unternehmenspolitisch motiviert sind, wie z. B. die Wahl der Rechtsform, die gesellschaftsrechtliche Gestaltung, die Wahl steuergünstiger Finanzierungsformen oder des Bilanzstichtags. Zur Beeinflussung einzelner Jahreserfolge eignen sich als originäre, *nur aus bilanzpolitischen Gründen* ergriffene S. z. B. *die rechtliche Ausgliederung von Forschungsaktivitäten,* um bedarfsweise das Aktivierungsverbot für selbst erstellte → *immaterielle Gegenstände des Anlagevermögens* umgehen zu können, oder Sale and Lease Back-Konstruktionen (→ *Leasing*). Wirksam sind

Sachverhaltsgestaltung

auch zeitliche *Vor- und Nachverlagerungen von erfolgswirksamen Geschäftsvorfällen*, wie z.B. das Vorziehen oder Verschieben von Investitionen zur Beeinflussung der Abschreibungen oder zur Sicherung steuerlicher Fristen (z.B. Übertragung → *stiller Rücklagen* nach §6b EStG oder Abschnitt 35 EStR), das Vorziehen oder Verzögern von Geschäftsabschlüssen, das Verschieben von Reparaturen zur Aufwandsentlastung bzw. zur Vermeidung von anschaffungsnahem Aufwand (bei Gebäuden).

3. Formale S. Die formale S. ist an den klassischen Beurteilungskriterien der Bonität von Unternehmen, also vor allem an *Kennzahlen* zur *Kapitalstruktur* und zur *Liquiditätslage* orientiert. Zur Gestaltung positiver Kapitalstrukturrelationen bieten sich vorwiegend Maßnahmen der *Bilanzverkürzung* an. Dazu kommt z.B. der Einsatz von Finanzsubstituten, d.h. Leasing, Factoring und Forfaitierung in Frage. Auch kurzfristige Schuldentilgungen, der Ausgleich von Salden auf Bankkonten und die Finanzinnovation Asset Backed Securities wirken bilanzverkürzend.

Der Liquiditätsausweis zum Bilanzstichtag kann durch die Aufnahme kurzfristiger Kredite, durch Zahlungsverzögerungen oder den Abschluß von → *Pensionsgeschäften* günstig gestaltet werden. Die geschickte Wahl des Bilanzstichtags (z.B. in Monaten mit geringen Vorräten und kurzfristigen Krediten) ist ebenfalls geeignet, Bilanzstrukturen positiv zu beeinflussen.

4. S. zur Publizitätspolitik. Ziel der Publizitätspolitik ist, dem Unternehmen möglichst viel Gestaltungsfreiheit zu Umfang und Inhalt der zu veröffentlichenden Jahresabschlußinformationen zu schaffen (→ *Publizität*). Da die Publizitätsvorschriften vorrangig größen- und rechtsformabhängig sind, setzen S. an der Wahl der *Rechtsform* und – insbes. bei Kapitalgesellschaften – an der Beeinflussung der *Größenmerkmale* an. Eine Reduktion von Bilanzsumme, Umsatzerlösen oder Arbeitnehmerzahlen (→ *Größenklassen*) läßt sich z.B. erreichen durch Betriebsaufspaltungen, durch eine Verringerung der Wertschöpfung und Fertigungstiefe oder auch durch vermehrten Einsatz nicht bilanzwirksamer Geschäfte (Leasing). Die Wahl des *Zeitpunkts der Bilanzerstellung* schafft Spielräume der Erfassung werterhellender Tatbestände.

5. S. im Konzern. Im Konzern steht nicht die Beeinflussung des → *Konzernabschlusses* im Vordergrund, sondern die Gestaltung der Einzelbilanzen. Der Erfolgsausweis einzelner Konzerngesellschaften läßt sich vor allem über die Festlegung von *Verrechnungspreisen* für Lieferungen und Leistungen sowie über *Konzernumlagen* steuern. In Verbindung mit einer geeigneten Wahl internationaler Standorte sind darüber erhebliche Möglichkeiten der *Steuerreduzierung* gegeben. Zur Gestaltung des *Kapitalstruktur- und Liquditätsausweises* sind innerkonzernliche Veräußerungs- oder Kreditgeschäfte nützlich. Gesellschaftsrechtliche Gestaltungen, wie z.B. Ergebnisübernahmeverträge, erlauben Gewinn- und Verlustverrechnungen.

Analog zur Einzelbilanz kann S. im Konzern darauf gerichtet sein, die Aufstellung eines Konzernabschlusses durch Wahl der *Rechtsform* und Beeinflussung der maßgebenden *Größenmerkmale* zu vermeiden. Durch geeignete Vertragsgestaltungen (z.B. Vermeidung der „einheitlichen Leitung“) läßt sich auch der → *Konsolidierungskreis* beeinflussen, was sich auch auf die → *Zwischenergebniseliminierung* auswirken kann.

6. Kriterien der Wahl der Maßnahmen der S. Bei der Entscheidung über die Auswahl von Maßnahmen der S. müssen die damit verbundenen Vor- und Nachteile, auch im Vergleich zum Einsatz von sachverhaltsabbildenden Maßnahmen abgewogen werden. Dabei sind folgende Kriterien zu beachten:

(1) *Wirkungssicherheit*; ist gesichert, daß die Maßnahme die angestrebte Wirkung zeigt, vor allem, daß sie rechtlich anerkannt wird? Grenzen der S. sind gezogen, wo nach §42AO Gestaltungsmißbrauch anzunehmen ist. S. müssen also ernsthaft gemeint, angemessen gestaltet und nicht nur aus Steuerzwecken vorgenommen sein.

(2) *Wirkungsbreite*; wirkt die S. in der Handels- und der Steuerbilanz?
(3) *Wirkungsdauer*; wie lange wirkt die Maßnahme in Folgebilanzen nach? Während z. B. das Vorziehen von Investitionen nur einen Periodenerfolg beeinflußt, wirkt Sale and Lease Back über die gesamte Vertragslaufzeit auf das Ergebnis.
(4) *Flexibilität*; besonders bei unsicherer Erfolgsentwicklung und wechselnden bilanzpolitischen Zielen zeigen S. Vorteile, die kurzfristig realisierbar sind, geringe Bindungswirkung haben, aufschiebbar sind und im Bedarfsfall rückgängig gemacht werden können (kein → *Stetigkeitsprinzip* für S.).
(5) *Kosten*, S. können einmalige oder laufende Kosten oder Mindererträge verursachen, die den Gesamtnutzen der Maßnahmen schmälern. Dies gilt besonders für originäre und auf Steuerspareffekte gerichtete S. (z. B. Beratungs- und Verwaltungskosten bei der Rechtsform der GmbH & Co KG, Zinsen bei Krediten zur Verbesserung der Bilanzstruktur).
(6) *Erkennbarkeit*; für bilanzpolitische Ziele sind Maßnahmen besonders attraktiv, deren Einsatz und Wirkung für den externen Bilanzanalytiker nicht erkennbar sind. Dies spricht für S., da sie überwiegend nicht berichtspflichtig sind (Ausnahmen z. B. Angaben nach den §§ 264, 2.2 und 285 Nr. 3 HGB) und daher den Bilanzlesern verborgen bleiben.

Lit.: *Pfleger, G.*: Bilanzpolitik im Unternehmensverbund, in: Handbuch der Bilanzierung, 1960ff., Beitrag Nr. 27d (1988), S. 1–58; *Pfleger, G.*: Die neue Praxis der Bilanzpolitik, 4. Aufl., 1991; *Kropff, B.*: Zur Wirksamkeit bilanzpolitisch motivierter Rechtsgeschäfte, in: ZGR 1993, S. 41–62; *Hilke, W.*: Bilanzpolitik, 4. Aufl., 1995, S. 75–80.
Professor Dr. Heinz Rehkugler, Bamberg.

Sachwertverfahren
→ *Betriebsvermögensermittlung.*

Sachzeitwert
Insbesondere im Konzessionsabgabenrecht verwendeter Begriff für den → *Substanzwert* von → *Vermögensgegenständen* auf der Grundlage ihres aktuellen → *Tageswertes* unter Berücksichtigung ihrer unter Wirtschaftlichkeitserwägungen geschätzten restlichen → *Nutzungsdauer*. Der S. kann von den → *Wiederbeschaffungskosten* her oder nach neuerer Auffassung als → *Barwert* der Ersparnis bei weiterer Verwendung der Gegenstände gegenüber dem Barwert der Ausgaben für die Beschaffung von neuen Gegenständen mit gleichem Zweck, aber nach aktueller Technik ermittelt werden. Bei Beendigung von Konzessionsverträgen über die Stromversorgung ist der S. zu vergüten.

Lit.: *Braun, D.*: Rechtsfragen beim Wechsel der Versorgungszuständigkeit, in: Energiewirtschaftliche Tagesfragen, 1988, S. 472–493; *Hüffer, W.*/*Tettinger, P.*: Rechtsfragen beim Versorgerwechsel nach Ablauf von Konsortiumsverträgen, 1992; *Schmidt, R.*: Der Sachzeitwert als Übernahmepreis bei der Beendigung von Konsortiumsverträgen, 1991; *Busse von Colbe, W.*: Bewertung von örtlichen Stromversorgungsanlagen bei Wechsel der Versorgungszuständigkeit, 1994.

Sachzielbezogenheit
→ *Kosten und Leistung.*

Sachzielnotwendiges Kapital
= → *Betriebsnotwendiges Kapital.*

Sale-and-lease-back-Verfahren
→ *Leasing.*

Sammelbewertung
Vereinfachungsverfahren zur Bewertung gleichartiger Gegenstände des Vorratsvermögens im → *Jahresabschluß* gem. §§ 240 Abs. 4, 256 HGB. Zu den S.-verfahren zählen das → *Fifo-*, → *Lifo-*, → *Hifo-* und → *Kifo*-Verfahren sowie die → *Durchschnittsmethode*. Auch der Ermittlung der → *Pauschalwertberichtigungen auf Forderungen* liegt die S. zugrunde (→ *Umlaufvermögen*).

Sanierung
I. e. S. alle finanzwirtschaftlichen Maßnahmen, die zur Gesundung eines Unternehmens dienen, i. w. S. alle Regelungen und Maßnahmen organisatorischer, finanztechnischer und rechtlicher Art, die zur Beseitigung einer Zahlungsunfähigkeit bzw. zur Wiedererlangung der Er-

tragsfähigkeit einer Unternehmung ergriffen werden.

Lit.: Flessner, A.: Sanierung und Reorganisation, 1982; *Groß, P.:* Sanierung durch Fortführungsgesellschaften, 2. Aufl., 1988.

Sanierungsprüfung

→ *Sonderprüfung* als Bestandteil des insolvenzrechtlichen Reorganisationsverfahrens. Ziel der S. ist es, mittels Methoden der Unternehmensbewertung zu untersuchen, inwieweit eine insolvente Unternehmung als fortführungswürdig anzusehen ist oder liquidiert werden soll. Der Ablauf der Prüfungsdurchführung gliedert sich in drei Prüfungskomplexe: Sanierungsbedürftigkeits-, Sanierungswürdigkeits- und Sanierungsfähigkeitsprüfung.

Lit.: Wegmann, J.: Die Unternehmensbewertung als Grundlage der Sanierungsprüfung, in: BB 1988, S. 801–810.

Sanierungsrechnungen

1. Grundlagen. Sanierungsrechnungen dienen der Erfassung und Beurteilung von Sanierungsmaßnahmen und bilden somit eine wesentliche Grundlage zur Prüfung der Sanierungsfähigkeit eines notleidenden Unternehmens. Sie haben einerseits das Ziel, die finanzwirtschaftliche Vorteilhaftigkeit eines Sanierungskonzeptes zu ermitteln, andererseits aber auch die bilanziellen Auswirkungen finanzieller Sanierungsmaßnahmen zu dokumentieren.

2. Sanierungsrechnungen zum Zwecke der Sanierungsprüfung. Obwohl sich Unternehmenskrisen in aller Regel im finanzwirtschaftlichen Bereich durch eine Beeinträchtigung der → *Rentabilität* und → *Liquidität* niederschlagen, sind die Ursachen dafür überwiegend in den anderen betrieblichen Teilbereichen zu suchen. Neben *finanziellen Sanierungsmaßnahmen*, die eine Neuordnung der Kapitalverhältnisse zum Ziel haben, sind deshalb vor allem auf den speziellen Einzelfall zugeschnittene *leistungswirtschaftliche Sanierungsmaßnahmen* im

- *absatzwirtschaftlichen* (z. B. Sortimentsbereinigung)
- *produktionstechnischen* (z. B. Rationalisierung durch Fertigungsausgliederung)
- *kaufmännischen* (z. B. Abbau überhöhter Außenstände durch effizientes Mahnwesen),
- *personenllen* (z. B. Einstellungsstop, Umbesetzung von Führungspositionen,) und
- *organisatorischen* (z. B. Abbau von Führungshierarchien)

Bereich notwendig, damit die eigentlichen Ursachen der Sanierungsbedürftigkeit behoben werden können.

Zur Prüfung der wirtschaftlichen Vorteilhaftigkeit derartiger Sanierungsmaßnahmen ist auf die investitionstheoretisch fundierten Methoden der → *Unternehmungsbewertung* zurückzugreifen. Grundlage dieser Unternehmensbewertung bildet dabei das *Sanierungskonzept.* Dieses enthält auf der Basis einer systematischen Lagebeurteilung des notleidenden Unternehmens eine Beschreibung der im Hinblick auf das Leitbild des sanierten Unternehmens zu ergreifenden Maßnahmen. Zur Ermittlung der daraus resultierenden finanziellen Konsequenzen, anhand derer die Sanierungsfähigkeit überprüft werden kann, sollte ein detaillierter *zahlenmäßiger Sanierungsplan* erarbeitet werden, der, ausgehend von den betrieblichen Teilplanungen (Absatzplanung, Investitionsplanung, Personalkostenplanung, usw.), eine Plan-Gewinn- und Verlustrechnung, eine Plan-Bilanz und einen Finanzplan enthält. Dem Finanzplan können die für die Unternehmensbewertung erforderlichen Daten entnommen werden. Außerdem ergibt sich daraus unmitttelbar, zu welchem Zeitpunkt und in welcher Höhe Finanzmittel benötigt oder zur Befriedigung der Gläubiger genutzt werden können.

3. Sanierungsbilanzen. Während sich die leistungswirtschaftlichen Sanierungsmaßnahmen nur mittelbar und in der Regel erst über einen längeren Zeitraum im betrieblichen Rechnungswesen niederschlagen, haben die Maßnahmen der *finanziellen Sanierung* einen direkten bilanziellen Bezug. Sie führen zu einer unmittelbaren Änderung der Vermögens- und Kapitalverhältnisse und haben darüber hinaus Auswirkungen auf den Unternehmenserfolg. Zur Abgrenzung dieser bilanziellen Konsequenzen von der laufenden Geschäftstätigkeit des Unternehmens, erscheint daher eine gesonderte Darstellung der finanziellen Sanierungsmaßnahmen in speziellen Sanierungsbilanzen sinnvoll.

Wenngleich gesetzliche Vorschriften zur Aufstellung derartiger Sanierungsbilanzen nicht existieren und die Sanierung somit – teilweise sogar rückwirkend (§§ 234 Abs. 1 und 2, 253 Abs. 1 AktG) – auch in den ordentlichen → *Jahresabschluß* einbezogen werden kann, ist es zweckmäßig, zu Beginn der Sanierung eine *Sanierungseröffnungsbilanz* zu erstellen, welche die Kapitalverhältnisse vor der Sanierung und einen bereits bestehenden Bilanzverlust ausweist. In der *Sanierungszwischenbilanz*, die erforderlich sein kann, wenn die Sanierung einen längeren Zeitraum benötigt oder in mehreren Stufen erfolgt, wird ersichtlich, in welchem Umfang die vorgenommenen Sanierungsmaßnahmen bereits zu einer Änderung der Unternehmenssituation geführt haben. Schließlich zeigt die *Sanierungsbilanz* die Neuordnung der Kapitalverhältnisse nach Durchführung der finanziellen Sanierungsmaßnahmen und stellt den Anschluß an die ordentlichen Jahresbilanzen wieder her. Gleichzeitig wird durch den Vergleich von Sanierungsschlußbilanz und Sanierungseröffnungsbilanz der *Erfolg der Sanierungsmaßnahmen* ersichtlich.

Zu erfassen sind dabei einerseits rein formelle Maßnahmen, die lediglich der buchungstechnischen Bilanzbereinigung dienen und andererseits Maßnahmen, die mit einer Zuführung neuer Finanzmittel verbunden sind. So erstrecken sich die finanziellen Sanierungsbestrebungen bei Kapitalgesellschaften zunächst auf die formelle Beseitigung eines ausgewiesenen Bilanzverlustes. Neben der gezielten *Auflösung* → *stiller Rücklagen*, die allerdings nur im handelsrechtlich höchstzulässigen Rahmen (fortgeschriebene Anschaffungs- oder Herstellungskosten) zulässig ist, sowie der – ebenfalls nur begrenzt möglichen – *Auflösung von Kapital- und Gewinnrücklagen* (§ 150 Abs. 3 und 4 AktG), bietet sich hierzu insbesondere das Instrument der *Kapitalherabsetzung* (§§ 222–239 AktG, 58 GmbHG) an, wobei das typische Instrument zur buchmäßigen Sanierung notleidender Aktiengesellschaften die vereinfachte Kapitalherabsetzung (§§ 229–236 AktG) darstellt.

Darüber hinaus sind auch freiwillige Sanierungsmaßnahmen der Gläubiger denkbar. So kommt neben dem *Zahlungsaufschub* (Moratorium), der zur Behebung einer vorübergehenden Liquiditätskrise geeignet ist, insbesondere dem *Schuldenerlaß* eine große Bedeutung zu, da das notleidende Unternehmen in diesem Fall endgültig von der Leistung befreit ist. Dabei kann der aus dem Gläubigerverzicht entstehende Buchgewinn zur Tilgung eines bestehenden Bilanzverlustes herangezogen werden.

Die Zuführung der im Sanierungsfall dringend benötigten neuen Finanzmittel kann von Anteilseignern sowohl durch *freiwillige Zuzahlungen* als auch im Rahmen einer → *Kapitalerhöhung* erfolgen. Während die GmbH-Gesellschafter kraft Satzung zur Leistung von Zuzahlungen gezwungen werden können (§ 26 GmbH), besteht für Aktionäre allerdings keine Zuzahlungsverpflichtung (§ 54 Abs. 1 AktG). Aus diesem Grund bietet das Instrument der *doppelstufigen Sanierung* die Möglichkeit, eine vereinfachte Kapitalherabsetzung mit einer anschließenden Kapitalerhöhung zu verbinden. Dabei hat die Kapitalherabsetzung den Zweck, eine Unterbilanz die sich im Ausweis eines Bilanzverlustes zeigt, dem keine entsprechenden Rücklagen gegenüberstehen, zu beseitigen und den Aktienkurs, der bei notleidenden Unternehmen gewöhnlich, unter dem Nennwert liegt, wieder auf pari zu heben. Mit der anschließenden Kapitalerhöhung werden dem Unternehmen die erforderlichen Finanzmittel zugeführt. Damit erschließen sich zugleich die einem ertragsfähigen Unternehmen prinzipiell zur Verfügung stehenden vielfältigen Möglichkeiten der Aufnahme ergänzenden Fremdkapitals.

Soll	Sanierungskonto Haben
Sanierungsaufwendungen Verwendung des Sanierungsgewinns – zur Beseitigung der Unterbilanz – zur Wertberichtigung des Anlage- und Umlaufvermögens *Saldo* (Gewinn) zur Bildung von Rücklagen	*Sanierungserträge* – aus der Auflösung von Rücklagen – aus Kapitalherabsetzung bzw. Kapitalzusammenlegung – aus Zuzahlungen der Gesellschafter – aus Gläubigernachlässen oder -verzichten – aus Wertberichtigungen des Anlage und Umlaufvermögens *Saldo* (Verlust) nach Gewinn- und Verlustkonto

Abb.1: Sanierungskonto

Die buchungstechnische Behandlung der finanziellen Sanierungsvorgänge ist in der Regel durch die Führung eines Neubewertungs- und eines Sanierungskontos gekennzeichnet. Das *Neubewertungskonto*, welches über das Sanierungskonto abgeschlossen wird, erfaßt alle Buchungen, die im Rahmen der Umbewertung der Vermögensgegenstände und Schulden anfallen. Das *Sanierungskonto* dient dagegen der Erfassung aller erfolgswirksamen Sanierungsvorgänge. Es bringt auf der Sollseite die Sanierungsaufwendungen sowie die Verwendung des Sanierungsgewinns und auf der Habenseite die Struktur der Sanierungserträge zum Ausdruck (s. Abb. 1).

Werden Sanierungsmaßnahmen dagegen in den ordentlichen Jahresabschluß einbezogen, müssen die Sanierungsgewinne aufgrund von Kapitalherabsetzungen gesondert ausgewiesen werden (§ 240 Satz 1 AktG). Forderungserlasse und Sanierungszuschüsse sind als außerordentliche Erträge auszuweisen.

Der im Rahmen fianzieller Sanierungsmaßnahmen erzielte Sanierungsgewinn ist *steuerfrei*, sofern er durch eine Kapitalherabsetzung herbeigeführt wurde, da die entsprechenden Buchgewinne nicht unter den Begriff der steuerpflichtigen Einkünfte fallen. Dagegen sind Gewinne, die sich durch Maßnahmen der Gläubiger ergeben an sich steuerbar, aber unter den Bedingungen des § 3 Nr. 66 EStG steuerfrei. Vorraussetzung dafür ist, daß das Schuldnerunternehmen objektiv sanierungsbedürftig ist, die Gläubiger in Sanierungsabsicht handeln, die Schulden rechtsverbindlich ganz oder teilweise erlassen wurden und der Schuldenerlaß geeignet ist, das Unternehmen vor dem Zusammenbruch zu bewahren und wieder ertragsfähig zu machen.

Lit.: Groß, P.: Sanierung durch Fortführungsgesellschaften, 2. Aufl., 1988; *Hess, H./Fechner, D.:* Sanierungshandbuch, 2. Aufl., 1991; *Eisele, W.:* Technik des betrieblichen Rechnungswesens, 5. Aufl., 1993, S. 865–908.

Professor Dr. Wolfgang Eisele, Stuttgart-Hohenheim.

Satisfizierungsprinzip

Modifikation des absoluten Rationalitätsprinzips. Statt eines Maximierungs- bzw. Minimierungsstrebens werden befriedigende Lösungen eines Entscheidungsproblems im Hinblick auf ein gesetztes Anspruchsniveau gefordert. Danach sind alle Aktionen rational, die das gesetzte Anspruchsniveau erreichen.

Satzungsmäßige Rücklagen

→ *Rücklagen.*

Savary, Jacques

1622–1690; Textilkaufmann, beschäftigte sich als erster mit dem Bilanzzweck. Danach liegt der Bilanzzweck darin, daß der Kaufmann Kenntnis über den Erfolg der vergangenen Periode erlangt und darüber, ob seine Angestellten ihm nichts gestohlen haben.

Lit.: Schneider, D.: Betriebswirtschaftslehre, Bd. 1: Grundlagen, 2. Aufl., 1995, S. 219.

Schachtelprivileg

Prinzip zur Vermeidung von Doppel- und Mehrfacherfassungen bei unbeschränkt steuerpflichtigen verschachtelten Gesellschaften. Das nationale S. gilt für die Gewerbe- und die Vermögensteuer (→ *Betriebsvermögensermittlung*) sowie seit 1993 zum Teil auch für die → *Körperschaftsteuer* (§ 8b KStG); das internationale S. ist im Rahmen von Doppelbesteuerungsabkommen und im Außensteuergesetz geregelt (zu Einzelheiten vgl. § 102 BewG).

Schär, Johann Friedrich
1846–1924; Professor in Zürich (erster betriebswirtschaftlicher Lehrstuhl an einer deutschsprachigen Universität) und Berlin; *Hauptarbeitsgebiete*: Betriebswirtschaftslehre des Handels, der Banken, der Genossenschaften und der Industrie, Rechnungswesen. *Hauptwerke*: Lehrbuch der Buchhaltung, 1888; Allgemeine Handelsbetriebslehre, 1911; Buchhaltung und Bilanz auf wirtschaftlicher, rechtlicher und mathematischer Grundlage, 1914.

Schätzverfahren
→ *Werkstoffkosten*.

Scheingewinn
Überschuß des zu Tagespreisen über den zu *Anschaffungspreisen* bewerteten Güterverzehr (→ *Substanz- und Kapitalerhaltung*).

Schiedswert
= Arbitriumwert.
= Einigungswert.
→ *Gesamtwert der Unternehmung*.

Schlüsselungsverfahren
Verfahren zur Kalkulation von Kuppelprodukten analog der *Äquivalenzziffernrechnung* (→ *Kalkulationsverfahren*).

Schlußbesprechung (bei der Abschlußprüfung)
→ *Prüfung des Jahresabschlusses*.

Schlußbilanz
Gegenüberstellung von → *Aktiva* und → *Passiva* zum Ende einer Rechnungsperiode. Kaufleute haben gem. 242 Abs. 1 HGB für den Schluß jedes Geschäftsjahres eine S., kurz als → *Bilanz* bezeichnet, aufzustellen. Die S. ist obligatorischer Teil des → *Jahresabschlusses*.

Schmalenbach, Eugen
1873–1955; Professor in Köln; Begründer der Kölner Schule innerhalb der Betriebswirtschaftslehre und einer der profiliertesten Fachvertreter. *Hauptarbeitsgebiete*: Kostenlehre (Analyse der Abhängigkeit des Kostenverlaufs vom Beschäftigungsgrad; Unterscheidung von *fixen und variablen* → *Kosten*) → *Bilanztheorie*, (Entwicklung der dynamischen *Bilanzauffassung*, nach der der Hauptzweck der Bilanz die Feststellung des Jahreserfolges ist), Finanzierung. *Hauptwerke*: Finanzierungen, 1915; Grundlagen dynamischer Bilanzlehre, 1919; Grundlagen der Selbstkostenrechnung und Preispolitik, 1919; Der Kontenrahmen, 1927; Die Aufstellung von Finanzplänen, 1931; Kapital, Kredit und Zins in betriebswirtschaftlicher Beleuchtung, 1933; Pretiale Wirtschaftslenkung, 2 Bd., 1947/48; Die doppelte Buchführung, 1950; Begründer der Zeitschrift für handelswissenschaftliche (ab 1964 betriebswirtschaftliche) Forschung (1906).

Lit.: *Beste, T.*: Eugen Schmalenbach, in: ZfhF 1955, S. 201–217; *Forrester, D.*: Schmalenbach and After, 1977; *Kruk, M./Potthoff, E./Sieben, G.*: Eugen Schmalenbach, 1984.

Schmalenbach Gesellschaft – Deutsche Gesellschaft für Betriebswirtschaft e. V.
Wissenschaftliche Gesellschaft mit Sitz in Köln und Berlin, die 1978 aus dem Zusammenschluß der Schmalenbach-Gesellschaft zur Förderung der betriebswirtschaftlichen Forschung und Praxis e. V., Köln, und der Deutschen Gesellschaft für Betriebswirtschaft e. V., Berlin, entstanden ist. Sie hat die Aufgabe, den Erfahrungsaustausch zwischen Wissenschaft und Praxis zu fördern, Stellungnahmen zu aktuellen betriebswirtschaftlichen Fragen zu erarbeiten, betriebswirtschaftliche Forschungen zu fördern und deren Erkenntnisse zu verbreiten. Die Gesellschaft hat ca. 1500 Mitglieder. Sie unterhält zahlreiche Arbeitskreise und veranstaltet Kongresse (Deutscher Betriebswirtschafter-Tag) und Tagungen (Schmalenbachtagung). Sie ist Herausgeber der → *Zeitschrift für betriebswirtschaftliche Forschung* (ZfbF).

Schmidt, Fritz
1882–1950; Professor in Frankfurt; *Hauptarbeitsgebiete*: → *Bilanztheorie* (Entwicklung der organischen Bilanztheorie mit dem Tageswert als Bewertungsprinzip und dem Ziel der Substanzerhaltung) und Kostenlehre; *Hauptwerke*: Die organische Tageswertbilanz, 1921; Allgemeine Betriebswirtschaftslehre, 3. Aufl. 1949; Betriebswirtschaftliche

Konjunkturlehre, 1927; Der Wiederbeschaffungspreis des Umsatztages in Kalkulation und Volkswirtschaft, 1923; Kalkulation und Preispolitik, 1930; Begründer der Zeitschrift für Betriebswirtschaft (1924).

Lit.: Henzel, F. (Hrsg.): Leistungswirtschaft, FS zum 60. Geburtstag für F. Schmidt, 1942.

Schneider, Erich

1900–1970; Professor in Aarhus (Dänemark) (1936–1946) und Kiel; einer der bedeutendsten deutschen Volks- und Betriebswirtschaftler. *Hauptarbeitsgebiete*: Volkswirtschaftstheorie, Rechnungswesen; *Hauptwerke*: Industrielles Rechnungswesen, 1939; Wirtschaftlichkeitsrechnung, 1944; Einführung in die Wirtschaftstheorie, 4 Bde., 1946/62.

Lit.: Bombach, G. (Hrsg.): Stabile Preise in wachsender Wirtschaft, FS zum 60. Geburtstag von E. Schneider, 1960.

Schnittebenenverfahren

→ *Planungsrechnung.*

Schuldenkonsolidierung

Aufrechnung der konzerninternen Kreditgeschäfte (z. B. Ausleihungen, Rückstellungen, geleistete und erhaltene Anzahlungen, Forderungen und Verbindlichkeiten, Rechnungsabgrenzungsposten) nach § 303 HGB zur Erstellung des → *Konzernabschlusses*. Auf die S. kann verzichtet werden, wenn sie für die Vermittlung eines den tatsächlichen Verhältnisses entsprechenden → *Bildes der Vermögens-, Finanz- und Ertragslage* des Konzerns von untergeordneter Bedeutung ist. Sind die aufzurechnenden konzerninternen Verbindlichkeiten größer (selten kleiner) als die konzerninternen Forderungen, so wird entweder ein passivischer (aktivischer) Ausgleichsposten aus der S. in der Konzernbilanz ausgewiesen oder der Unterschiedsbetrag mit den → *Gewinnrücklagen* im Konzernabschluß verrechnet. Die Veränderung des Unterschiedsbetrages aus der S. gegenüber dem Vorjahr führt in der → *Konzern-Gewinn- und Verlustrechnung* zu einer entsprechenden Aufwands- bzw. Ertragskorrektur und damit zu einer Jahresergebnisveränderung, für die gemäß § 306 HGB → *latente Steuern* zu berücksichtigen sind.

Lit.: Fischer, H.: Schuldenkonsolidierung, in: Beck HdR, ab 1987, C 420; *Busse von Colbe W./Ordelheide, D.*: Konzernabschlüsse, 6. Aufl., 1993, S. 323–348.

Schweiz

1. Rechtsgrundlagen

Die Rechnungslegung in der Schweiz basiert auf dem *Obligationenrecht* (OR). Mit der Teilrevision des Aktienrechts vom 4. Oktober 1991 erfolgt eine Anpassung der Rechnungslegungsvorschriften. Das revidierte Aktienrecht wurde auf den 1. Juli 1992 in Kraft gesetzt.

Die Vorschriften zur kaufmännischen Buchführung und zur Jahresrechnung, die für *alle* Kaufleute gelten, sind in der vierten Abteilung („Handelsregister, Geschäftsfirmen und kaufmännische Buchführung") im 32. Titel des OR in nur 8 Artikeln (Art. 957 bis 964 OR) geregelt.

Für Aktiengesellschaften ergeben sich zusätzliche Vorschriften aus den Art. 662 bis 670 OR. Die Bestimmungen über die Bildung und Auflösung von Reserven (Art. 671–674 OR) sowie über die Festsetzung von Dividenden und Tantiemen (Art. 675–677 OR) sind ergänzend von Wichtigkeit.

Die Gesetzesrevision enthält folgende wesentliche Neuerungen:

- *Grundsätze ordnungsmäßiger Rechnungslegung* werden erstmals explizit erwähnt. Die Jahresrechnung muß nach diesen Grundsätzen so erstellt werden, daß „die Vermögens- und Ertragslage der Gesellschaft möglichst zuverlässig" beurteilt werden kann.
- Die *Jahresrechnung* setzt sich aus drei Bestandteilen zusammen: wie bisher aus der *Bilanz* und der *Erfolgsrechnung* sowie neu aus dem *Anhang*.
- Für die drei Bestandteile ist eine *Mindestgliederung* vorgesehen. Ferner sind (neu) die Vorjahreszahlen anzugeben.
- Die bisher geübte Praxis, Aufwertungen von Grundstücken oder Beteiligungen in bestimmten Ausnahmefällen zuzulassen, wird nun gesetzlich geregelt.
- Die Bildung und Auflösung von stillen

Schweiz

Reserven ist nach wie vor zulässig. Allerdings ist die Auflösung stiller Reserven offenlegungspflichtig, falls diese wesentlich ist.

- Für Konzerne wird unter bestimmten Voraussetzungen neu eine *Konzernrechnung* vorgeschrieben. Kleinkonzerne oder Subholdings, die von der Konsolidierung einer Obergesellschaft erfaßt werden, sind von der Konsolidierungspflicht befreit.
- Die Bestimmungen zur Rechnungslegung werden durch *Vorschriften* zur *Offenlegung* ergänzt. Jahresrechnung und Konzernrechnung von *börsenkotierten* Gesellschaften sind nach der Abnahme durch die Generalversammlung mit dem Revisionsbericht im schweizerischen Handelsamtsblatt zu veröffentlichen oder jedem, der es innerhalb eines Jahres seit der Abnahme verlangt, auf dessen Kosten zuzustellen. Die übrigen Aktiengesellschaften müssen den Gläubigern, die ein schutzwürdiges Interesse nachweisen, Einsicht in die Jahresrechnung, in die Konzernrechnung und die entsprechenden Revisionsberichte gewähren.

2. *Einzelabschluß*

a) *Ansatzregelungen.* Explizite Ansatzregelungen für Aktiva und Passiva enthalten weder die allgemeinen Vorschriften des Obligationenrechts (Art. 957ff. OR) noch die für Aktiengesellschaften geltenden Vorschriften (Art. 662ff. OR). Es wird lediglich auf die allgemein anerkannten kaufmännischen Grundsätze verwiesen. Die Vorschriften zur Mindestgliederung der Bilanz zeigen jedoch Minimalinhalte auf.

b) *Gliederungssystematik.* Die Mindestgliederungsvorschrift der *Bilanz* (Art. 663a OR) nennt auf der Aktivseite Umlauf- und Anlagevermögen, auf der Passivseite Fremd- und Eigenkapital. Das → *Umlaufvermögen* wird in flüssige Mittel, Forderungen aus Lieferungen und Leistungen, andere Forderungen sowie Vorräte unterteilt. Das → *Anlagevermögen* umfaßt Finanzanlagen, Sachanlagen und immaterielle Anlagen. Das → *Fremdkapital* wird in Schulden aus Lieferungen und Leistungen, andere kurzfristige Verbindlichkeiten, langfristige Verbindlichkeiten und Rückstellungen unterteilt. Das → *Eigenkapital* umfaßt die Posten Aktienkapital, gesetzliche und andere Reserven sowie den Bilanzgewinn. Gesondert auszuweisen sind das nicht einbezahlte Aktienkapital, die Rechnungsabgrenzungsposten, ein Bilanzverlust sowie die Gesamtbeträge der Beteiligungen, der Forderungen und der Verbindlichkeiten gegenüber anderen Gesellschaften des Konzerns oder Aktionären, die eine Beteiligung an der Gesellschaft halten.

Die Grundeinteilung der *Erfolgsrechnung* (Art. 663 OR) hat betriebliche, betriebsfremde und außerordentliche Erträge und Aufwendungen zu berücksichtigen. Unter → *Ertrag* werden der Erlös aus Lieferungen und Leistungen, der Finanzertrag sowie die Gewinne aus Veräußerungen von Anlagevermögen gesondert ausgewiesen. Unter → *Aufwand* werden Material- und Warenaufwand, Personalaufwand, Finanzaufwand sowie Aufwand für Abschreibungen gesondert ausgewiesen. Die Erfolgsrechnung zeigt den Jahresgewinn oder den Jahresverlust.

Eine weitergehende Gliederung von Bilanz und Erfolgsrechnung ist nur dann angezeigt, wenn dies für die zuverlässige Beurteilung der Vermögens- und Ertragslage notwendig ist.

Die Erstellung eines → *Anhangs* ist obligatorisch und enthält gem. Art. 663b OR 14 Mindestangaben.

c) *Bewertungsgrundsätze.* Vom Grundsatz her wird die (Einzel)Jahresrechnung zu Fortführungswerten erstellt (Art. 662a (2) OR). Das *Anlagevermögen* darf höchstens zu den → *Anschaffungs-* oder den → *Herstellungskosten* bewertet werden, unter Abzug der notwendigen Abschreibungen (Art. 665 OR). Art. 666 OR regelt die Bewertung der *Vorräte* (Rohmaterialien, unfertige und fertige Erzeugnisse, Waren); sie dürfen höchstens zu den Anschaffungs- oder Herstellungskosten bewertet werden. Gegebenenfalls ist der tiefere Marktpreis anzusetzen.

Wertpapiere des Umlaufvermögens mit Kurswert dürfen höchstens zum Durchschnittskurs des letzten Monats vor dem

Bilanzstichtag bewertet werden (Art. 667 (1) OR). Die Vorschrift verstößt damit gegebenenfalls gegen das → *Realisationsprinzip*, immer gegen das Stichtagsprinzip. Für Wertpapiere ohne Kurswert gelten die Anschaffungskosten nach Abzug notwendiger Wertberichtigungen als Höchstwert.

Als → *Bilanzierungshilfe* ist die Aktivierung von Gründungs-, Kapitalerhöhungs- und Organisationskosten gestattet. Sie sind gesondert auszuweisen und längstens in 5 Jahren abzuschreiben.

→ *Rückstellungen* sind zu bilden, um ungewisse Verpflichtungen und drohende Verluste aus schwebenden Geschäften zu decken.

Das Aktienrecht läßt die Bildung und Auflösung von *stillen (Ermessens-) Reserven* gem. Art. 669 (2) (3) OR durch den Verwaltungsrat zu (sog. Verwaltungsreserven). Für Wiederbeschaffungszwecke dürfen voraussetzungslos zusätzliche Abschreibungen, Wertberichtungen und Rückstellungen vorgenommen werden oder davon abgesehen werden, überflüssig gewordene Rückstellungen aufzulösen. Stille Reserven, die darüber hinausgehen, also solche, die nicht der Substanzerhaltung dienen, sind grundsätzlich für Zwecke der Unternehmensfortführung („dauerndes Gedeihen des Unternehmens") und der Dividendenstabilität zulässig. Die Bildung dieser stillen Reserven darf allerdings nur unter Berücksichtigung der Interessen aller Aktionäre vorgenommen werden. Übersteigen die aufgelösten stillen Reserven (stille Wiederbeschaffungs- und andere stille Reserven) die in der gleichen Periode gebildeten (Netto-Auflösung) und wird dadurch das erwirtschaftete Ergebnis wesentlich günstiger dargestellt, so muß der Nettobetrag im Anhang offengelegt werden.

Eine Besonderheit des schweizerischen Aktienrechts ist die Zulässigkeit der *Aufwertung* von Grundstücken und Beteiligungen über die historischen Kosten bis zum „wirklichen Wert" bei Vorliegen einer Unterbilanz, d.h. wenn der Bilanzverlust größer ist als die Hälfte des Aktienkapitals und der gesetzlichen Reserven (Art. 670 OR). Der Aufwertungsbetrag ist (erfolgsneutral) gesondert als *Aufwertungsreserve* auszuweisen. Gegenstand und Betrag der Aufwertung ist im Anhang offenzulegen. Diese Reserve kann nur durch Umwandlung in Aktienkapital, Wiederabschreibung oder Veräußerung der aufgewerteten Grundstücke oder Beteiligungen aufgelöst werden.

Für die Bewertung allgemein gilt neben dem Grundsatz der „Fortführung der Unternehmenstätigkeit" der Grundsatz der → „*Stetigkeit* in Darstellung und Bewertung". Die Posten der Jahresrechnung sind also nach den gleichen Grundsätzen wie im Vorjahr zu bewerten. Abweichungen sind zulässig, sofern sie begründet sind und im Anhang offengelegt werden (Art. 662a (3) OR).

3. Konzernabschluß

Die Rechnungslegung des Konzerns ist erstmals in der Schweiz im revidierten Aktienrecht in nur drei Artikeln (Art. 663e, f, g OR) geregelt (→ *Konzernabschluß*).

a) Aufstellungspflicht und Einbeziehungskreis. Ein → *Konzern* liegt vor, wenn eine Aktiengesellschaft „durch Stimmenmehrheit oder auf andere Weise eine oder mehrere Gesellschaften unter einheitlicher Leitung" zusammenfaßt. Zusätzlich zum Einzelabschluß besteht dann die grundsätzliche Pflicht zur Erstellung einer Konzernrechnung (konsolidierte (Einzel-) Jahresrechnung).

In den → *Konsolidierungskreis* werden alle in- und ausländischen Gesellschaften einbezogen; die Rechtsform einer Tochtergesellschaft spielt dabei keine Rolle.

Ist eine Gesellschaft in die Konzernrechnung einer Muttergesellschaft einbezogen, die nach schweizerischen oder auswärtigen Vorschriften erstellt und geprüft worden ist, so muß sie keinen besonderen Konzernabschluß erstellen (Zwischengesellschaft). Eine *Befreiung* von der Konzernrechnungslegungspflicht besteht, wenn die Gesellschaft bestimmte Größenkriterien (Bilanzsumme 10 Mio SFr.; Umsatzerlös 20 Mio SFr.; 200 Arbeitnehmer im Durchschnitt) in zwei aufeinanderfolgenden Geschäftsjahren nicht überschreitet. Eine Konzernrechnung ist in jedem Fall zu erstellen, wenn a) Anleihensobligationen ausstehend sind, wenn b) die Aktien der Gesellschaft an der Börse kotiert sind, wenn c) 10% der Aktionäre eine Konzernrechnung verlangen oder wenn d) eine Konzernrechnung für eine möglichst zuverlässige Beurteilung notwendig ist.

b) Konsolidierungsmaßnahmen. Der Gesetzgeber schreibt den Gesellschaften keine bestimmten Konsolidierungs- und Bewertungsregeln vor, allerdings sind die Grundsätze ordnungsmäßiger Rechnungslegung einzuhalten. Damit sind alle gängigen Konsolidierungsregeln anzuwenden (z. B. Vollkonsolidierung, → *Kapitalkonsolidierung* nach anerkannten Methoden, Elimination konzerninterner Vorgänge).

Die in den Konzernabschluß einbezogenen Jahresrechnungen von Konzerngesellschaften müssen konzernintern für die Konsolidierung nach einheitlichen Grundsätzen (Bewertung, Gliederung, Abschlußstichtag) erstellt werden.

In der schweizerischen Literatur und Praxis wird aufgrund des Fehlens gesetzlicher Vorschriften zur Bewertung in der Konzernrechnung die Meinung vertreten, daß die für den Einzelabschluß geltenden Höchstbewertungsvorschriften nicht angewendet werden müssten, sondern die *Anwendung alternativer Bewertungsstandards* (z. B. Tageswerte) möglich sei. Dies gelte in gleicher Weise für Konsolidierungsregeln, so daß ein schweizerischer Konzern z. B. die Grundsätze der 7. EG-Richtlinie oder die Standards des IASC anwenden könne. Dieser Meinung wird in der Praxis der Konzernrechnungslegung gefolgt. Die überwiegende Zahl der schweizerischen Konzerne bilanziert entweder nach den Regeln der 7. EG-Richtlinie oder den Standards des IASC. Die Konsolidierungs- und Bewertungsregeln sind im Anhang zu nennen.

Im *Anhang* der Konzernrechnung sind in jedem Falle die Konsolidierungs- und Bewertungsregeln zu nennen. Abweichungen davon sind im Anhang offenzulegen. Die Gesellschaft ist dann verpflichtet, „in anderer Weise die für den Einblick in die Vermögens- und Ertragslage des Konzerns nötigen Angaben" zu vermitteln.

Lit.: Dellmann, K.: Bilanzierung nach neuem Aktienrecht, 2. Aufl., 1992; *Dellmann, K.:* Konzernrechnung, 1995.

Professor Dr. Klaus Dellmann, Bern.

Scoring-Analyse

→ *Mehrfachziele in der Investitionsrechnung.*

SEC

→ *Securities and Exchange Commission.*

Securities and Exchange Commission (SEC)

1. Grundlagen

Als Reaktion auf die massiven Kursverluste an den Börsen zwischen 1929 und 1932 erließ der US-amerikanische Kongreß 1933 den Securities Act (SA) und 1934 den Securities Exchange Act (SEA), die der Wiederherstellung der Funktionsfähigkeit der Kapitalmärkte dienen sollten. Zentrales Anliegen der Wertpapiergesetze ist der Anlegerschutz, der durch eine Kombination von Registrierungs- und Publizitätspflichten der kapitalsuchenden Unternehmen, aber auch der Wertpapierhändler und der Nationalen Wertpapierbörsen gewährleistet werden soll. Section 4 SEA enthält die Rechtsgrundlage und nähere Vorschriften für die personelle Besetzung der 1934 gegründeten SEC, einer nur dem Kongreß verantwortlichen unabhängigen Verwaltungsbehörde mit einem Budget von über 300 Mio. $ und mehr als 2000 Mitarbeitern.

2. Aufgaben und Kompetenzen

Die SEC hat die Einhaltung der Registrierungs- und Offenlegungspflichten zu überwachen und durchzusetzen. Dazu ist sie mit weitreichenden exekutiven, judikativen und legislativen Kompetenzen ausgestattet worden. Sie entscheidet über die Registrierung von Wertpapieren, die die Voraussetzung für deren Börsennotierung bzw. öffentliche Emission ist, nach Prüfung des bei ihr einzureichenden Regi-

Securities and Exchange Commission (SEC)

strierungsberichts und kann die Registrierung bei Verletzung der laufenden Publizitätspflichten wieder aussetzen. Bei Verdacht auf Verstoß gegen gesetzliche Vorschriften darf sie in eigenem Ermessen Nachweise verlangen, Unterlassungsverfügungen einklagen und die Staatsanwaltschaft einschalten. Sec. 7 SA ermächtigt die SEC zur genaueren Bestimmung des Mindestinformationsgehaltes von Registrierungsberichten. Sec. 13 (a) SEA verleiht der SEC die Befugnis zur Regelung der laufenden Berichtspflichten. Sec. 13 (b) SEA berechtigt die SEC zur Festlegung nicht nur von Formvorschriften für die einzelnen Berichte, sondern auch der anzuwendenden Bilanzierungs- und Bewertungsmethoden in Bilanz und GuV.

Die SEC hat von ihrer Regelungskompetenz Gebrauch gemacht, um die gesetzlichen Offenlegungspflichten näher zu definieren und die Form der unternehmerischen Berichterstattung festzulegen. Detaillierte Regeln materieller Art hat sie auch zur nicht-finanziellen Berichterstattung erlassen. Dazu hat sich die SEC unterschiedlicher Regelungsinstrumente bedient.

3. Verlautbarungen

a) Rules and regulations beziehen sich jeweils entweder auf den SA oder den SEA. Die Regeln zum SA sind dreistellig numeriert und werden zu größeren Gruppen mit gleichem Regelungsgegenstand zusammengefaßt, die wiederum als regulation bezeichnet werden. Die regulations erhalten jeweils einen Großbuchstaben (von A bis F) zur Kennzeichnung des Regelungsbereichs. Zum Beispiel behandelt Regulation *A* (Rules 251–264) die Ausnahme von Emissionen bis 1,5 Mio. $ Emissionsvolumen von der Registrierungspflicht. Die Bezeichnung der rules und regulations zum SEA folgt der Numerierung der sections des SEA. Zum Beispiel betrifft Regulation 14A das in Sec. 14 (a) SEA geregelte Verbot der Einholung von Stimmrechtsvollmachten (proxies) unter Umgehung der SEC-Regeln. Rule 14a-3 konkretisiert die in den Geschäftsbericht an die Aktionäre aufzunehmenden Informationen, Rule 14a-101 die Informationen des proxy statement. Darüber hinaus hat die SEC zwei Verordnungen erlassen, die auf alle Berichte sowohl nach SA als auch nach SEA anzuwenden und dementsprechend wichtig sind. *Regulation S-X* enthält ausführliche Vorschriften über Form und Inhalt der Jahres- und Konzernabschlüsse (financial statements). *Regulation S-K* definiert Mindestanforderungen an die nicht-finanzielle Berichterstattung. Sog. „small business issuers" müssen seit 1992 anstelle von Regulation S-K nur die reduzierten Angabepflichten Regulation S-B erfüllen.

b) Für die unterschiedlichen Registrierungsberichte nach SA und SEA sowie die Jahres-, Zwischen- und Ad-hoc-Berichte hat die SEC Formblätter (*forms*) erlassen. Diese Formblätter sind nicht als Formulare zu verstehen, die nur noch vom berichtspflichtigen Unternehmen auszufüllen wären, sondern geben lediglich Reihenfolge und Inhalt der einzelnen Positionen verbindlich vor, um eine einheitliche und vergleichbare Berichterstattung zu gewährleisten. Der Jahresbericht an die SEC wird in der Regel gemäß Form 10-K angefertigt und kann einen Teil der Informationen durch Verweis auf den annual report to security holders enthalten. Für ausländische Gesellschaften dient Form 20-F gleichzeitig als Registrierungs- und Jahresbericht. Für den vierteljährlichen Zwischenbericht ist regelmäßig Form 10-Q zu befolgen, Ad-hoc-Berichte sind nach Form 8-K anzufertigen.

c) Als Mittel zur Kommunikation bzw. Ankündigung neuer oder geänderter rules oder forms oder zur Interpretation bestehender Regeln veröffentlicht die SEC sog. *releases* (Verlautbarungen). Speziell im Hinblick auf die Finanzberichterstattung hat die SEC zwischen 1937 und 1982 307 sog. Accounting Series Releases (ASR) erlassen, die seit 1982 durch Financial Reporting Releases (FRR) ersetzt wurden. Sie ändern und ergänzen vor allem die Vorschriften der Regulation S-X oder enthalten die Auffassung der SEC über die korrekte Auslegung von FASB-Verlautbarungen. FRR 1 faßt alle über 1982 hinaus gültigen ASR zusammen.

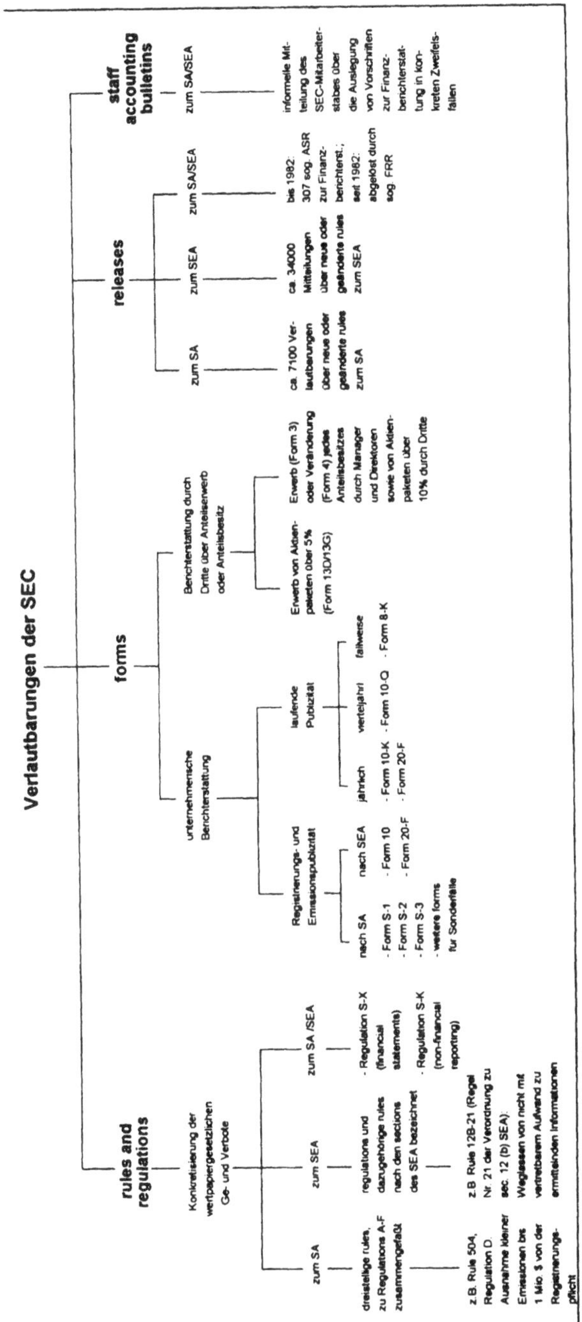

Überblick über die SEC-Verlautbarungen

d) Staff accounting bulletins (SAB) sind Mitteilungen informeller Art durch den Mitarbeiterstab der SEC über offene Fragen bei der Auslegung der offiziellen Verlautbarungen. Sie sind das Ergebnis der konkreten Prüfungsarbeit der SEC bzw. resultieren aus Anfragen der berichtspflichtigen Unternehmen.

4. Verhältnis zum → Financial Accounting Standards Board (FASB)

Die SEC hat sich seit ihrer Gründung um eine Einbindung des Berufsstandes der Wirtschaftsprüfer in die materielle Regelung der Finanzberichterstattungspflichten öffentlich gehandelter Gesellschaften bemüht, um die Sachkompetenz der Wirtschaftsprüfer zu nutzen und die Akzeptanz der Bilanzierungs- und Publizitätspflichten zu erhöhen. Schon 1938 hat die SEC erklärt, sie werde im Falle von Meinungsverschiedenheiten mit einem Emittenten eine von ihr nicht geteilte Auffassung nur dann akzeptieren, wenn diese Auffassung von maßgeblicher Seite wesentlich unterstützt werde („substantial authoritative support"). In ASR No. 150 wurde ausdrücklich festgestellt, daß die Verlautbarungen des FASB maßgebliche Unterstützung besäßen und gegenteilige Auffassungen als nicht maßgeblich betrachtet würden.

Die SEC hat mit dieser Delegierung von Regelungskompetenzen jedoch ihre legislativen Befugnisse nicht endgültig abgetreten. Vielmehr erläßt sie gelegentlich selbst Regeln zur finanziellen Berichterstattung, indem sie zusätzliche Informationen verlangt, insb. wenn das FASB zu schwerfällig auf wachsende Informationsbedürfnisse reagiert (z. B. ASR No. 190 zur Angabepflicht von Wiederbeschaffungskosten; nach späterem Erlaß von SFAS No. 33 zurückgenommen), oder indem sie Bilanzierungsverfahren verbietet, die nach Ansicht der SEC ausschließlich bilanzpolitischen Zwecken dienen (z. B. Aktivierung von Software-Entwicklungskosten, FRR No. 12; nach Erlaß von SFAS No. 86 zurückgezogen). In einem Fall wurde eine bestehende Verlautbarung des FASB (SFAS No. 19: Bilanzierung öl- und gasproduzierender Unternehmen) durch eigene Regeln ersetzt. Dies führte zur Neufassung der FASB-Stellungnahme in SFAS No. 69. Darüber hinaus überwacht die SEC die Tätigkeit des FASB aktiv durch personelle Zusammenarbeit von SEC- und FASB-Mitarbeitern, z. B. in Arbeitsgruppen über aktuelle Bilanzierungsprobleme sowie bei der Erarbeitung neuer FASB-Standards.

Lit.: Rappaport, L.: SEC Accounting Practice and Procedure, 3. Aufl., 1972; *Loss, L./Seligman, J.:* Securities Regulation, Vol. I, 1989, S. 226–230, 285–314; *Hazen, T.:* The Law of Securities Regulation, 1990, S. 11–22, 85–102, 346–358; *Skousen, F.:* An Introduction to the SEC, 5. Aufl., 1991; *Bloomenthal, H.:* United States, in: Bloomenthal, H./Wolff, S. (Hrsg.): International Capital Markets and Securities Regulation, Stand 10/1992, S. 91–100; *Eisolt, D.:* US-amerikanische und deutsche Konzernrechnungslegung, 1992, S. 49–57; *Fischer, P./Taylor, W./Leer, J.:* Advanced Accounting, 5. Aufl., 1993, S. 764–786; *Pahler, A./Mori, J.:* Advanced Accounting, 5. Aufl., 1994, S. 791–816; *Altendorfer, C.:* Die US-amerikanische Kapitalmarktaufsicht (SEC), 1995, S. 19–33; *Larkin, S. P./Bebout, E. W.:* SEC Reporting Requirements, in: Carmichael, D. R. et al. (Hrsg.): Accountants' Handbook, 1991/1995, Chapter 3; *SEC:* Guidelines. Rules and Regulations, 1996; *Brotte, J.:* US-amerikanische und deutsche Geschäftsberichte, 1997, 3. und 4. Kapitel; *Pellens, B.:* Internationale Rechnungslegung, 1997, S. 76–87.

Dr. Jörg Brotte, Düsseldorf.

Security Characteristic Line

= Charakteristische Wertpapierlinie. Graphische Darstellung des (angenäherten) Zusammenhangs zwischen den Renditeausprägungen eines einzelnen Wertpapieres und der zustandsabhängigen Marktrendite.

Security Market Line

Graphische Darstellung des Zusammenhangs zwischen der Rendite eines Wertpapier A(μ_A) und seinem → *Beta-Faktor* (β_A). Nach dem → *Capital Asset Pricing*

Model ist die erwartete Rendite eines Investitionsobjektes A von seinem systematischen Risiko, ausgedrückt durch den Faktor β_A und dem risikolosen Zins (i_r) abhängig; der Zusammenhang ist linear.

$$\mu_A = i_r + \beta_A(\mu_M - i_r)$$

$$\text{mit } \beta_A = \frac{\text{cov}(A, M)}{\sigma^2}$$

Für die → *Investitionsrechnung* kann die aus der S. erwartete Rendite μ_i einer Aktie als → *Kalkulationszinsfuß* (Mindestrenditeanforderung) für die Bewertung von → *Sachinvestitionen* angesetzt werden. Eine Sachinvestition sollte nur dann durchgeführt werden, wenn ihr erwarteter interner Zins einem dem Risiko angemessenen Kalkulationszinsfuß überschreitet. Dieser wird aus der S. eines Wertpapiers gewonnen, das ein analoges systematisches Risiko wie die Sachinvestition aufweist.

Segment-Rechnung

1. Begriff

Als *Segment* (S.) wird jede isolierbare Untereinheit (Produktgruppe, Geschäftszweig etc.) innerhalb einer *diversifizierten* Wirtschaftseinheit (= „Mehrbereichs"-Unternehmung, -Konzern) bezeichnet. Zur Unterstützung der *internen* Planung und Kontrolle, aber auch zur Information *Externer* sind die wenig aussagefähigen Daten der umfassenden Unternehmensrechnung auf die S. aufzuschlüsseln, segmentweise zu gesonderten Rechnungssystemen (*segment accounting*, → *Kosten-*, Kontroll*rechnungen*, *Bilanzen*) zusammenzufassen und so zu ergänzen, daß vollständige S.-abrechnungen entstehen.

2. Ziele

Diversifizierte Unternehmen setzen sich aus heterogenen Geschäftsbereichen mit meist erheblichen Risiko- und Erfolgsunterschieden zusammen. Werden im Jahresabschluß die gegenläufigen Geschäftsentwicklungen der einzelnen Unternehmensbereiche undifferenziert zusammengefaßt, gehen substantielle Informationen über die Unternehmung verloren. Die größere Informationsbreite einer segmentierten Rechnungslegung hingegen befähigt die Unternehmensleitung zu einer effektiveren Gesamtunternehmenssteuerung (→ *Controlling*). Zudem lassen sich über die Vorgabe entsprechender → *Verrechnungspreise* dezentrale Planungen verwirklichen. Unternehmungsexternen bieten die S.-daten die Möglichkeit zu verbesserten Analysen, wie z. B. Branchenvergleichen und Zeitreihenanalysen.

3. Abgrenzung

S. sind eindeutig voneinander abzugrenzen (S.-identifikation), und zwar so, daß intersegmentäre Verflechtungen minimiert werden. Dies erfordert für interne Zwecke eine einzelfallbezogene, an den Besonderheiten der Unternehmung orientierte Lösung, extern hingegen zur Verbesserung der zwischenbetrieblichen Vergleichbarkeit eine Reduzierung der individuellen S.-abrechnungen auf allgemeine, anerkannte Segmentierungsgrundsätze. Horizontal strukturierte Unternehmen sind geeigneter für Segmentierungen als vertikale Unternehmensstrukturen mit umfangreichen intersegmentären Leistungsbeziehungen.

Als Segmentierungskriterien eignen sich insbes. *Produktgruppen* und *Branchen*, die sich noch weiter verfeinern oder ergänzen lassen um Segmentierungen nach *geographisch getrennten Märkten* (insbes. Inlands- und Auslandsmärkten), nach *Kundengruppen* (öffentlichen und sonstigen Auftraggebern) oder nach *organisatorischen Verantwortungsbereichen*. Die Segmentierungskriterien sollten im Einzelfall zu eindeutig abgrenzbaren Ergebnissen führen (daher eher Branchen- statt Produktgruppenlösungen) und zu nicht mehr als etwa 10 S.; zudem ist die Wirtschaftlichkeit der S.-abrechnung zu beachten (Vorzüge z. B. einer partiell nach juristischen Einheit segmentierten Abrechnung i. V. zur Produktgruppenlösung, wenn sich diese S.-abgrenzung quer durch die juristischen Einheiten zieht). Neuerdings wird auch eine Abgrenzung von Segmenten nach Risiko-/Chancen-Gesichtspunkten diskutiert (vgl. *IASC:* Draft Statement of Principles, Sept. 1994 und *Risse*, 1995).

Quantitativ weniger wichtige oder nicht segmentierfähige, segmentübergreifende

Aktivitäten, wie z. B. die Unternehmensverwaltung, werden zum sog. „*Allgemeinen Bereich*" zusammengefaßt.

4. Konzeption

Die Ausgestaltung der S.-rechnung hängt von den jeweiligen Anforderungen (Planungs-, Kontroll- und Informationsaufgaben) ab. Zusätzlich beeinflußt der Autonomiegrad der S.-typen die Formen der adäquaten S.-rechnung.

So gehen in die S.-rechnung von *Profit-Centers*, die alle Einsatz- und Ausstoßentscheidungen ihrer Produktarten bei gegebenen Anlagekapazitäten verantworten, nur Grenzkosten und -erlöse (→ *Grenzkostenrechnung*, → *Plankostenrechnung*) oder entsprechende Verrechnungspreise ein, wenn die S.-rechnung der dezentralen, impliziten Steuerung mit dem Ziel der Maximierung des Deckungsbeitrages (→ *Deckungsbeitragsrechnung*) der jeweiligen Produktarten dient. Hingegen müssen auf *Investment-Centers*, die auch das im S. eingesetzte Vermögen bewirtschaften, zusätzlich alle Fixkosten (Kapitalkosten, Wertminderung etc.) auf der Basis der Anlagekapazitäten je S. umgelegt werden; eine konsequente Weiterentwicklung i. S. einer vollständigen S.-bilanzierung erfordert die Erfassung des betriebsnotwendigen Umlaufvermögens und der Kapitalien je S.

a) S.-bilanzierung. Die Konzeption der S.-bilanzierung basiert auf einer Umkehrung der Konsolidierungstheorie (→ *Konzernabschluß*).

In einem ersten erfolgsneutralen Schritt (I) ist jeder Posten des – im Fall des Konzerns konsolidierten – Unternehmensabschlusses auf die entsprechenden Posten der S.-abschlüsse und des Allgemeinen Bereichs aufzuteilen; im Interesse einer möglichst exakten Erfassung der je S. erzielten Erfolge und gebundenen Kapitalien lassen sich hierbei Schlüsselungen meist nicht vermeiden. Der zweite Schritt (II) dient der Erfolgssegmentierung und ergänzt die aufgegliederten Unternehmensdaten um Aufwendungen und Erträge aus dem intersegmentären Lieferungs- und Leistungsverkehr, die zu den für die Lenkungsfunktion maßgeblichen Verrechnungspreisen (z. B. zu Marktpreisen) abgerechnet werden. Zudem sind Spitzenbeträge der bis zum Periodenende zwischen den S. aufgelaufenen Forderungen und Schulden als solche in die S.-abschlüsse einzubeziehen (III). Schließlich ist es zum Ausgleich der S.-abschlüsse notwendig, ein Konzernverhältnis zwischen dem Allgemeinen Bereich als Quasi-Holding im Verhältnis zu den S. (= „Untergesellschaften") zu fingieren (IV): der Wert der bei einer Einzelunternehmung jeweils 100%igen Beteiligung des Allgemeinen Bereichs an den S. sowie des Eigenkapitals der S. errechnet sich aus der Differenz zwischen dem S.-vermögen und -fremdkapital, die sich nach oben erläuterten Segmentierungsschritten (I) bis (III) ergeben (Spiegelbildmethode). Die S.-erfolge, -schulden und -kapitalien übersteigen somit in ihrer jeweiligen Summe den Erfolg, das Kapital und die Schulden des (konsolidierten) Unternehmensabschlusses.

b) Technik der S.-bilanzierung. Im Zuge einer erfolgsneutralen Erstsegmentierung (I und IV) werden unmittelbar nach der ersten Diversifikation einer Unternehmung Eröffnungs-S.-abschlüsse erstellt. Ab der ersten Folgesegmentierung sind regelmäßig auch Erfolgs- und Schuldensegmentierungen (II und III) durchzuführen. So lauten z. B. die Buchungen zur Erfolgssegmentierung für intersegmentäre Zwischengewinnlieferungen ins Vorratsvermögen des empfangenen S., die die Unternehmung noch nicht verlassen haben:

per Aufwendungen des *liefernden S.* für Roh-, Hilfs- und Betriebsstoffe sowie für bezogene Waren oder Bestandsänderungen an fertigen und unfertigen Erzeugnissen (in Höhe der Anschaffungs- oder Herstellungskosten des liefernden S.) *und*
Vorräte des *empfangenden S.* (in Höhe des Zwischengewinns)
an Umsatzerlöse des *liefernden S.* (in Höhe des Verrechnungspreises).

Bei Zwischenverlustgeschäften werden die Vorräte des empfangenden S. in Höhe des Zwischenerfolgs erkannt statt belastet.

Zur Erfassung des unternehmensinternen Lieferungs- und Leistungsverkehrs sind ebenso wie zur Erstellung der Konzernbilanz systematische Aufzeichnungen über Mengen und Verrechnungspreise notwendig. Die Komplexität der S.-buchhaltung nimmt schnell zu, wenn sich die S.-grenzen quer durch die Konzernunternehmen ziehen. Nach erfolgter Erstsegmentierung empfiehlt sich daher eine parallele Buchführung nach juristischen Personen und nach S.

c) Einzelfragen zur S.-bilanzierung. Die Zuordnung von Jahresabschluß-Posten auf den Allgemeinen Bereich oder die S. richtet sich nach der Kompetenzverteilung, die möglichst klar geregelt sein muß. Soweit z.B. die Entscheidungsbefugnis zur Kreditierung von Außenumsätzen bei den S. liegt, sind die entsprechenden Forderungen den S. zuzurechnen, ebenso wie etwaige Niederstwertabschreibungen. Die übrigen Lieferforderungen bilanziert der Allgemeine Bereich; die S. müssen dann Barzahlungspreise kalkulieren und erhalten diese als Umsatzerlöse zugerechnet. Etwaige Differenzen zwischen Barzahlungs- und effektiven Rechnungspreisen rechnet der Allgemeine Bereich ab. Wegen der grundsätzlichen Verantwortlichkeit der Zentralinstanz für die Unternehmensfinanzierung gehen die Passiva des Unternehmensabschlusses i.d.R. in den Abschluß des Allgemeinen Bereichs ein; ausgenommen sind einzelne Passivposten, die eine wirtschaftliche Einheit mit bestimmten S.-Aktiva bilden (Hypothekenverbindlichkeiten, Maschinenfinanzierung, formal unverzinsliche Lieferverbindlichkeiten) und einer von den Kapitalkosten abweichenden internen Verzinsung unterliegen.

5. Publizität

Unter S.-publizität wird die Veröffentlichung spezifischer Informationen über die S. verstanden. Art und Umfang der → *Publizität* von S.-daten stehen in einem Spannungsfeld der Interessen von Bilanzadressaten und -adressanten. Für eine ausführliche S.-berichterstattung spricht neben den Informationsbedürfnissen Externer nach aussagefähigeren, disaggregierten Daten auch eine Verringerung des Publizitätsgefälles, das ansonsten zugunsten diversifizierter Unternehmen bestehen würde. Die diversifikationsbedingten, publizitätsspezifischen Einschränkungen der Markttransparenz ließen sich dann korrigieren. Auf der Gegenseite verweisen Unternehmensinterne (Management, Unternehmenseigner mit weitergehenden Informationsmöglichkeiten) auf Wettbewerbsnachteile, Kostensteigerungen und die infolge vielfältiger S.-abgrenzungsmöglichkeiten eingeschränkte Vergleichbarkeit der S.-daten. Dagegen wiederum spricht, daß Wettbewerbsnachteile undiversifizierter Unternehmen ausgeglichen werden müssen, publizitätsbedingte Kostensteigerungen in diversifizierten Unternehmen mit detailliertem, internem Rechnungswesen gering sein werden und wegen nichteinheitlicher Abgrenzungskonzepte nicht die S.-publizität als solche unterbleiben sollte.

Die weitestgehenden Pflichten zur S.-berichterstattung enthalten in USA die Vorschriften der *SEC* und des *FASB*. Gemäß *SFAS No. 14* (Dez. 1976, später erweitert durch SFAS No. 18, 21, 24, 30 und – speziell für Öl- und Gasproduzenten – 69; derzeit in Überarbeitung, vgl. *Risse*, 1995) müssen Publikumsgesellschaften für jedes S., das überwiegend Außenumsätze tätigt („*industry segment*"), u.a. Einzelangaben über *Umsatz*, *Ergebnis* und *Vermögen* machen, soweit mindestens 10% des Umsatzes, des Ergebnisses oder des Vermögens auf ein S. entfallen („reportable segment"). Zudem sind solange industry segments als reportable segments zu identifizieren, bis entweder mindestens 75% der Außenumsätze durch reportable segments erklärt werden oder die Zahl der reportable segments die Praktikabilitätsgrenze von 10 erreicht. Die gleichen Einzelangaben sind für jede *geographische Region* zu machen, auf die mindestens 10% des Umsatzes entfallen (Technical Bulletins 79-4, 79-5 und 79-8 des FASB). Ähnliche Vorschriften verabschiedete 1977 die SEC, nachdem die 1969 und 1970 erlassenen Vorschriften zur Veröffentlichung sog. line-of-business-Informationen an die FASB-Regelungen angepaßt wurden. SFAS No. 14 diente auch als Vorbild für die Empfehlung des *IASC (IAS 14)*; jüngst hat sich auch die *OECD* mit „Segmentation of Information" beschäftigt.

In der Bundesrepublik existieren für die Jahresabschlüsse *einzelner Wirtschaftszweige* schon seit langem Vorschriften über eine differenzierte S.-berichterstattung (vgl. §§25a KWG, 55a VAG, 28 HypBG und die verschiedenen Eigenbetriebsverordnungen der Länder). *Allgemeine Vorschriften* zur S.-berichterstattung von Kapitalgesellschaften und Konzernen enthalten bisher nur die §§285 Nr. 4 und 314 Abs. 1 Nr. 3 i.V.m. 286 Abs. 2, 288 und 314 Abs. 2 HGB, wonach die *Umsatzerlöse* grundsätzlich nach *Tätigkeitsbereichen* und *geographisch bestimmten Märkten* aufzugliedern sind, soweit sich diese Bereiche und Märkte untereinander erheblich unterscheiden; Erleichterungen bestehen für kleine und mittlere Kapitalgesellschaften sowie für Fälle, in denen nach vernünftiger kaufmännischer Beurteilung mit Nachteilen durch die S.-berichterstattung gerechnet werden muß.

Im Vergleich zu SFAS No. 14 (insb. in der 1994 herausgegebenen Draft-Fassung) sind die deutschen und europäischen Segmentberichtanforderungen sehr gering: die Termini „Tätigkeitsbereiche" und „geographisch bestimmte Märkte" gelten als unscharf, eine Ergebnis- und Bestandsaufgliederung, aber auch Angaben zu der Transferpreisfestlegung sind nicht gefordert, die Schutzklausel führt vor allem für sensible Segmente zu Informationsdefiziten; in der Praxis fehlen vor allem länder- oder ländergruppenspezifische Angaben.

Lit.: Haase, K.D.: Segmentplanung und -bilanzierung, in: Grünewald, H.-G. et al. (Hrsg.): Agplan-Handbuch zur Unternehmensplanung, Losebls., ab 1970, Bd. 3, Nr. 4652; *Haase, K.D.*: Segmentbilanzen, 1974; *FASB*: SFAS No. 14, Financial Reporting for Segments of a Business Enterprise, 1976, überarbeitete Draft-Fassung 1994; *IASC*: IAS 14: Berichterstattung über finanzwirtschaftliche Informationen nach Segmenten, in: FN 1981, S. 226; *Gray, S.J.*: Information Disclosure and the Multinationals Corporation, 1984; *OECD*: The OECD Guidelines for Multinational Enterprises, 1986; *Baumann, K.H.*: Die Segmentberichterstattung im Rahmen der externen Finanzpublizität, in: Havermann, H. (Hrsg.): FS für Goerdeler 1987, S. 1–23; *OECD Working Group on Accounting Standards*: Segmentation of Information, 1988, written by Rutherford, B.; *Balakrishnan, R./Harris, T.S./Sen, P.K.*: The Predictive Ability of Geographic Segment Disclosures, in: JAcc.Res., 1990, S. 305–325; *Rennie, D.R./Emmanuel, C.R.*: Segmental disclosure Practice: Thirteen Years On, in: Accounting and Business Research, Vol. 22, 1992, S. 151–159; *Haase, K.D.*: Segmentbilanz, in: HWR, 3. Aufl., 1993, Sp. 1782–1789; *Chmielewicz, K.*: Segmentierte Erfolgsrechnung, in: HWR, 3. Aufl., 1993, Sp. 1790–1801; *Gebhardt, G.*: Segmentierte Finanzierungsrechnung, in: HWR, 3. Aufl., 1993, Sp. 1801–1808; *Boatsman, J.R./Behn, B.K./Patz, D.H.*: A Test of the Use of Geographical Segment Disclosures, in: JAcc.Res. Supplement 1993, S. 46–63; *Saudagaran, S.M.*: Discussion of a Test of the Use of Geographical Segment Disclosures, in: JAcc.Res. Supplement 1993, S. 65–74; *Haller, A./Park, P.*: Grundsätze ordnungsmäßiger Segmentberichterstattung, in: ZfbF 1994, S. 499–524; *Bernards, O.*: Segmentberichterstattung diversifizierter Unternehmen, 1994; *Deppe, L.A.*: Disaggregated Information: Time to reconsider, in: JAcc. December 1994, S. 65–70; *Risse, A.*: Segmentberichterstattung: Neue Entwicklungen beim IASC und mögliche Auswirkungen auf Deutschland, in: DB 1995, S. 737–742; *Bernards, O.*: Segmentberichterstattung in den Geschäftsberichten deutscher Unternehmen – theoretische und empirische Ergebnisse, in: DStR 1995, S. 1363–1368.

Professor Dr. Klaus Dittmar Haase, Passau.

Sekundäre Aufwendungen
Aus primären (= ursprünglichen) Aufwandsarten zusammengesetzte Aufwendungen einzelner Unternehmensbereiche, wie sie z. B. in der GuV nach dem → *Umsatzkostenverfahren* ausgewiesen werden (→ *Gliederung der* → *Gewinn- und Verlustrechnung*).

Sekundäre Kosten
Bezeichnung der → *Kostenart* für derivative Einsatzgüter, die innerhalb des Abrechnungsbezirkes erstellt und wiedereingesetzt werden, z. B. für im eigenen Kraftwerk erzeugten Strom.

Selbstkosten
Gesamtheit der Kosten, die bei Erstellung und Verkauf eines Produktes oder einer Dienstleistung anfallen (Summe aus Herstell-, Vertriebs- und Verwaltungskosten). Die S. dienen insbesondere zur Ermittlung von → *Preisuntergrenzen* und zur → *Preiskalkulation*.

Selbstkostenstückrechnung
= → *Kostenträgerstückrechnung*.

Sensibilitätsanalyse
1. Begriff. Sensibilitätsanalyse (= Sensitivitätsanalyse; englisch: sensitivity analysis) = Berechnung der Auswirkungen von quantitativen Wertänderungen der Einflußgrößen auf die Werte der Ergebnisgrößen einer Planungsrechnung, häufig im Zusammenhang mit einer → *Break-Even-Analyse*, → *dynamischen Investitionsrechnung unter Unsicherheit* oder *Optimierungsrechnungen des Operations Research*. Zumeist wird die S. unter ceteris-paribus-Bedingungen durchgeführt, also jeweils nur der Wert einer einzigen Einflußgröße variiert. S. im Sinne von „Wie empfindlich reagiert ein Plan auf Einflußgrößenänderung?" ist auch stets Stabilitätsanalyse im Sinne von „Wie robust ist ein Plan gegenüber Einflußgrößenänderungen?". Bei der *input-autonomen* S. ändert man die Werte der Einflußgrößen (Input) und berechnet die Auswirkungen auf die davon abhängigen Werte der Ergebnisgrößen (Output). Bei der *output-autonomen* S. variiert man die Werte der Ergebnisgrößen und berechnet rückwärts die dazu erforderlichen Wertänderungen der Einflußgrößen. Bei der input-autonomen S. hält man gewisse Wertebereiche der Einflußgrößen für realistisch und tastet das Feld der zu erwartenden Ergebnisgrößenwerte ab. Bei der output-autonomen S. geht man dagegen von Wertefeldern der Ergebnisgrößen aus und fragt, wie stark sich die Einflußgrößenwerte ändern müßten, um die Ränder des vorgegebenen Feldes zu erreichen. Dabei kann man das Feld durch die wünschenswert erscheinenden Werte begrenzen oder auch durch die bedrohlich erscheinenden Werte.

2. Input-autonome Sensibilitätsanalyse. Zahlenbeispiel: Der *return on investment* (*ROI*; → *Rentabilität*) für eine geplante Anlage, mit der ein bestimmtes Produkt hergestellt werden soll, sei nach der Formel

$$\mathrm{ROI} = \frac{(p - k_V) \cdot m - K_f}{a_O}$$

zu berechnen mit *Standardwerten* (*Grundrechnung*) von

p als Verkaufspreis des Produktes, hier 150,– DM/Stück,
k_V als proportionale Kosten des Produktes, hier 80,– DM/Stück,
m als Absatzmenge des Produktes, hier 120000 Stück p.a.,
K_f als periodische Fixkosten der Anlage, hier 4,3 Mio. DM p.a.
und
a_O als Investitionssumme für die Anlage, hier 19 Mio DM.
Man erhält den ROI = 21,6 %.

Bei einer input-autonomen S. würden die Werte der fünf Einflußgrößen autonom geändert und die Auswirkungen auf den ROI berechnet werden. Hier sei zunächst jede Einflußgröße ceteris paribus um 10 % verschlechtert (Tab. 1). Die Auswirkungen sind unterschiedlich stark. Die Verringerung von p auf 135,– DM/Stück reduziert den ROI um 43,9 %, die Erhöhung von k_V von 80,– auf 88,– DM/Stück den ROI jedoch nur um 23,4 %.
Gewöhnlich wird bei der input-autonomen S. nicht wie in Tab. 1 mit gleichen prozentualen Veränderungen der Einflußgrößenwerte gerechnet. Vielmehr wird oft für jede Einflußgröße der ungün-

Einflußgröße	Einflußgrößenwert	ROI	Relative ROI-Reduktion
p	135,–	12,1%	43,9%
k_v	88,–	16,5%	23,4%
m	108.000	17,2%	20,5%
K_f	4,73 Mio.	19,3%	10,5%
a_0	20,9 Mio.	19,6%	9,1%

Tab. 1: Reduktion des ROI durch Verschlechterung der Einflußgrößenwerte ceteris paribus um 10%.

stigste Fall (*worst case*) geschätzt; man kann dann entweder die worst-case-Werte einsetzen oder gewichtete Mittelwerte aus dem Standardwert der Grundrechnung und dem worst-case-Wert. Im Beispiel seien die Standardwerte mit 80% und die worst-case-Werte mit 20% gewichtet. Mit diesen „80:20-Mittelwerten" sei ceteris paribus die S. durchgeführt (Tab. 2).

Die input-autonome S. ist nicht an die ceteris-paribus-Klausel gebunden. So lassen sich auch gleichzeitig für alle fünf Einflußgrößen die „80:20-Mittelwerte" einsetzen. Man erhält einen ROI von 15,1%und damit eine relative ROI-Reduktion um 30,1% gegenüber dem ROI der Grundrechnung.

Einflußgröße	Geschätzter worst-case-Wert	80 : 20-Mittelwert	ROI	Relative ROI-Reduktion
p	125,–	145,–	18,4%	14,6%
k_v	85,–	81,–	20,9%	2,9%
m	90.000	114.000	19,4%	10,2%
K_f	4,8 Mio.	4,4 Mio	21,1%	2,4%
a_0	20,0 Mio.	19,2 Mio	21,4%	1,0%

Tab. 2: Reduktion des ROI durch Verschlechterung der Einflußgrößenwerte ceteris paribus auf 80 : 20-Mittelwerte des jeweiligen Standardwertes und des worst-case-Wertes.

Einflußgröße	Einflußgrößenwert bei ROI = 19,4%	Relative Veränderung des Einflußgrößenwertes
p	146,58	– 2,3%
k_v	83,42	+ 4,3%
m	114.143	– 4,9%
K_f	4,71 Mio.	+ 9,5%
a_0	21,11 Mio.	+ 11,1%

Tab. 3: Veränderung der Einflußgrößenwerte bei autonomer Reduktion des ROI um relativ 10% auf ROI = 19,4%.

Sensibilitätsanalyse

3. Output-autonome Sensibilitätsanalyse. Bei der output-autonomen S. legt man eine Veränderung der Ergebnisgrößenwerte fest und fragt, welche Veränderungen der Einflußgrößenwerte dazu erforderlich sind. Beispielsweise sei hier der ROI von 21,6% relativ um 10% auf 19,4% reduziert (Tab. 3). Dieser Ergebnisgrößenwert wird ceteris paribus erzielt bei einem gegenüber dem Standardwert um 2,3% niedrigerem p = 146,58 DM/Stück, bei einem um 4,3% höherem k_V = 83,42 DM/Stück, bei einem um 4,9% kleinerem m = 114143 Stück etc.

Während bei der input-autonomen S. die ceteris-paribus-Klausel ohne Schwierigkeiten aufgehoben und die Auswirkungen von gleichzeitigen Veränderungen der Einflußgrößenwerte berechnet werden können, ist die output-autonome S. gewöhnlich eine ceteris-paribus-Betrachtung.

Die input- und auch die output-autonome S. lassen sich in gleicher Weise in *pessimistischer Richtung* als auch in *optimistischer Richtung* durchführen. Dabei lassen sich einerseits die Risiken, andererseits die Chancen bei Abweichung von den Standardwerten der Grundrechnung in ihren Wirkungen auf die Ergebnisgrößen ausloten.

4. Deterministische und stochastische Sensibilitätsanalyse. Bei der *deterministischen Planung* stellt man einen Plan unter der anfänglichen Arbeitshypothese auf, daß die Werte aller Einflußgrößen bekannt seien, und betrachtet mit der (deterministischen) S. anschließend Alternativen wie im Beispiel des Abschnitts 2.

Bei der *stochastischen Planung* nimmt man für die Werte der Einflußgrößen bereits Wahrscheinlichkeitsverteilungen an. Mit der (stochastischen) S. betrachtet man dann verteilungsbezogene Abweichungen von den Mittelwerten. Oft orientiert man sich an der Standardabweichung σ und setzt die Werte von $0{,}5\sigma$, σ oder 2σ etc. ein.

5. Direkte und verflochtene Sensibilitätsanalyse. Eine weitere Differenzierung der S. betrifft die Modellkomplexität. Bei einfachen Modellen zwischen den Einflußgrößen und den Ergebnisgrößen läßt sich eine direkte, formelmäßige S. durchführen wie im Beispiel des Abschnitts 2. Bei komplexeren Modellen erfordert die S. eine Rechnung im Verflechtungsverbund.

Als direkte S. sei die formelmäßige Herleitung der Wirkung einer Einflußgrößenwertänderung auf die Ergebnisgrößenwertänderung verstanden. Wenn sich etwa im obigen Beispiel der Verkaufspreis absolut um Δp ändert, dann wird sich der ROI um absolut ΔROI ändern nach der Beziehung

$$\Delta ROI = \frac{\Delta p \cdot m}{a_0}$$

bzw. nach Einsetzen der Zahlen des Beispiels

$$\Delta ROI = 0{,}0063\ \Delta p.$$

Wenn also der Verkaufspreis um 1,– DM/Stück sinkt, dann wird der ROI um absolut 0,63% sinken. Bei einem Preisverfall von 5,– DM/Stück (vgl. Tab. 2) sinkt der ROI um absolut 3,15%, d.h. von ursprünglich 21,6% auf 18,4%. Entsprechende Beziehungen lassen sich für die Wirkungen von relativen Wertänderungen der Einflußgrößen (etwa $\Delta p/p$) auf die relativen Wertänderungen der Ergebnisgrößen (etwa $\Delta ROI/ROI$) herleiten.

Bei *verflochtener* S. sind gegenüber der direkten S. die Änderungszusammenhänge komplexer. Das gilt beispielsweise für große *lineare Gleichungssysteme* und Modelle der *linearen Optimierung*, wie sie etwa in der Mineralölindustrie zur Optimierung des Raffineriebetriebes eingesetzt werden. Typische Fragestellungen der verflochtenen S. wären: Wie würde sich das optimale Produktionsprogramm einer Raffinerie ändern, wenn sich das Rohöl aus Libyen um x cent/barrel verteuerte, wenn sich das verfügbare Nordseeöl mengenmäßig auf 70% reduzierte, wenn der Marktpreis für Benzin um 3 Pf/l sänke etc. Solche Fragestellungen erfordern gewöhnlich mehrere Simplex-Iterationen im Modell der *linearen Optimierung*. Wegen der vielfältig verflochtenen

Interdependenz zwischen den Einflußgrößen und den Ergebnisgrößen ist in solchen Modellen eine allgemeine formelmäßige Auflösung im Sinne der direkten S. nicht möglich.

Lit.: *Müller-Merbach, H.*: Operations Research, 3. Aufl., 1973, S. 149–157; *Eiselt, H.A./Pederzoli, G./Sandblom, C.-L.*: Continuous Optimization Models, 1987, S. 131–170 und 247–256; *Gal, T. (Hrsg.)*: Grundlagen des Operations Research, Band 1, 3. Aufl., 1991, S. 186–249.

Professor Dr. Heiner Müller-Merbach, Kaiserslautern.

Separationstheorem

(1) Als *Tobin-S.* bezeichnet man in der → *Kapitalmarkttheorie* nach dem amerikanischen Ökonom *James Tobin* den Satz von der bei Gültigkeit gewisser Voraussetzungen gegebenen Möglichkeit eines zweistufigen Verfahrens der Planung eines optimalen Wertpapierportefeuilles. Bietet sich einem Anleger neben den riskanten Wertpapieranlagemöglichkeiten noch die Gelegenheit einer risikofreien Geldanlage bzw. Geldaufnahme, so hat seine individuelle Risikoneigung zwar Einfluß auf den Anteil an riskanten Wertpapieren am Gesamtbudget, nicht aber auf die Struktur des optimalen Portefeuilles an risikobehafteten Wertpapieren, dem *Marktportfolio* (→ *Capital Asset Pricing Model*). Der Anleger kann so seine Entscheidung über die Zusammensetzung des riskanten Wertpapierportefeuilles unabhängig von der Entscheidung über den Umfang dieses Portefeuilles treffen. Mithin kann er sie einem Dritten überlassen, der bei gleichen Wahrscheinlichkeitsvorstellungen über die zukünftige Entwicklung der Wertpapierkurse die Struktur des für den Anleger optimalen Portefeuilles festlegt, ohne die Risikoeinstellung des Anlegers zu kennen.

(2) Das *Fisher-S.* beinhaltet die bei vollkommenem → *Kapitalmarkt* mögliche Trennbarkeit der Investitions- von der Konsumentnahmeentscheidung rational handelnder Wirtschaftssubjekte. Danach kann ein Investor eine Investitionsentscheidung unabhängig von seiner Konsum-Spar-Entscheidung treffen, die festlegt, welcher Betrag konsumiert und welcher zur Schaffung zukünftiger Konsummöglichkeiten gespart werden soll.

Lit.: *Schneider, D.*: Investition, Finanzierung und Besteuerung, 7. Aufl., 1992, S. 496, 525.

Serienfertigung

Fertigungstyp, bei dem unterschiedliche Produktarten simultan oder sukzessive wiederholt hergestellt werden. Man unterscheidet Großserienfertigung und Kleinserienfertigung.

Service-Center

→ *Cost-Center*.

Share Holder Value-Konzept

1. Ziel. Das S. ist ein Instrument des strategischen Managements. Sein Ziel ist die Bewertung von gesamten Unternehmen und Unternehmensbereichen wie auch von einzelnen Strategien. Dadurch soll die Entscheidung über die Auswahl bestimmter Strategien erleichtert werden. Die Bewertung erfolgt aus der Sicht des Investors, der dem Unternehmen Eigenkapital zur Verfügung stellt (Aktionär, Gesellschafter). Methodisch handelt es sich beim S. um eine Spielart der → *dynamischen Investitionsrechnung bei Unsicherheit*, bei der Erkenntnisse der modernen Finanzierungstheorie (Portefeuille- und → *Kapitalmarkttheorie*) berücksichtigt werden.

2. Ursprung. Zur Beurteilung des Erfolges des strategischen Managements wurden früher meist *Kennzahlen* auf Basis des externen Rechnungswesens verwendet. Neben dem → *Gewinn pro Aktie* waren dies z. B. die → *Rentabilität* des Eigenkapitals und der Return On Investment (*ROI*). Eine Strategie wurde als erfolgreich beurteilt, wenn sie diese Kennzahlen erhöht. Empirische Studien wiesen aber nach, daß der Zusammenhang zwischen einer Änderung der jeweiligen Kennzahl und dem Marktwert des Unternehmens relativ schwach ist. Eine Verbesserung brachten sog. Rentabilitätsspannen (z. B. Eigenkapitalrentabilitätsspanne = Eigenkapitalrentabilität abzüglich Eigenkapitalkosten). Gründe für die schlechte Eignung von Kennzahlen liegen vor allem darin, daß sie zumeist auf Basis des → *Jahresabschlusses* ermittelt werden. Sie sind stark vergangenheitsorientiert und infolge gesetzlicher Vorschriften z.T. verzerrt (z.B. Anschaffungswertprinzip, Imparitätsprinzip, Aktivierungsverbote); sie geben des weiteren das Risiko von Investitionen ungenügend wieder. Die Beurteilung des Erfolges anhand solcher Kennzahlen verleitet das Management zu einer kurzfristigen (Einjahres-)Perspektive und beinhaltet Anreize, die aus langfristiger Sicht dysfunktional wirken (z.B. kann das Durchführen einer Ersatzinvestition kurzfristig den ROI verringern, weil das investierte Kapital stark ansteigt, während der Bruttogewinn davon kaum betroffen sein wird). Fehlentscheidungen aufgrund der Orientierung an solchen Kennzahlen sind ein Grund dafür, daß der tatsächliche Wert eines Unternehmens gegenüber dem Börsenkurs gesteigert werden kann. Dies wurde in den 80er Jahren durch eine Welle von Unternehmensübernahmen und Umstrukturierungen ausgenutzt. Die Neuorientierung der Bewertung von Strategien aufgrund des S. ist eine Antwort darauf.

3. Ermittlung des Share Holder Value (SV.). Der SV. ist der → *Ertragswert* des → *Eigenkapitals.* Dieser entspricht bei vollkommenem Kapitalmarkt dem Marktwert; andernfalls kann er vom Börsenwert abweichen. Für die Errechnung des SV. gibt es zwei Spielarten: Entweder wird der Wert des Eigenkapitals direkt ermittelt (Ertragswertmethode), oder es wird zunächst der Wert des gesamten Unternehmens ermittelt, woraus sich der Wert des Eigenkapitals durch Abzug des Fremdkapitals ergibt (Discounted Cash-Flow-Methode).

Die grundsätzliche Vorgangsweise besteht in der Schätzung zukünftiger Cash-Flows (stellvertretend für Gewinnausschüttungen, Unternehmenswertsteigerungen und ggfs. Fremdkapitalzinsen) und in der Abzinsung auf den Entscheidungszeitpunkt. Nicht betriebsnotwendiges Vermögen wird mit seinem Veräußerungswert berücksichtigt. Als Cash-Flow wird der übliche → *Cash-Flow* (= Einzahlungsüberschuß aus dem Umsatzprozeß) vermindert um Auszahlungen für Ersatzinvestitionen angesetzt (sog. *Free Cash-Flow* oder *Operating Cash-Flow*). Damit soll die Erhaltung des Unternehmensbestandes gewährleistet werden. Der verbleibende Einzahlungsüberschuß steht für Erweiterungsinvestitionen, Kapitalrückzahlungen und Gewinnausschüttung an die Eigenkapitalgeber zur Verfügung. Soll der Unternehmenswert insgesamt ermittelt werden, müssen die Zinszahlungen zum Cash-Flow hinzugerechnet werden.

Die *Schätzung* der künftigen Cash-Flows erfolgt ähnlich wie bei der Unternehmensbewertung: Für einen bestimmten Zeitraum (Planungszeitraum) werden sie detailliert geplant und abgezinst; für den Zeitraum danach wird ein Restwert unter Setzen bestimmter vereinfachender Annahmen über die Cash-Flow-Entwicklung (z.B. konstante Cash-Flows, die einze Verzinsung des Vermögens in Höhe der Kapitalkosten sichern) geschätzt. Erscheint es einfacher, andere Größen (Wertgeneratoren) anstelle des Cash-Flow zu schätzen, kann der Cash-Flow über den (konstant angenommenen) Zusammenhang (z.B. Schätzung des Umsatzes, des Umsatzwachstums und der Umsatzüberschußrate = Cash-Flow/Umsatz) indirekt ermittelt werden. Dann werden auch durch das Umsatzwachstum notwendige Erweiterungsinvestitionen und Erhöhungen des Nettoumlaufvermögens über Kennzahlen berücksichtigt.

Als → *Kalkulationszinsfuß* dienen die → *Kapitalkosten.* Wird der Cash-Flow ohne Fremdkapitalzinsen ermittelt, so sind die Eigenkapitalkosten anzusetzen; werden Fremdkapitalzinsen zum Cash-Flow gezählt, sind die Kapitalkosten des Unternehmens der Durchschnitt der Eigenkapital- und Fremdkapitalkosten, gewichtet mit der geplanten langfristigen Kapitalstruktur. Eine ertragsteuerlich unterschiedliche Behandlung von Eigenkapital- und Fremdkapitalkosten ist entsprechend zu berücksichtigen. Das Risiko der Investition wird meist auf der Basis des → *Capital Asset Pricing Model* (CAPM) bestimmt, wonach die von den Investoren geforderte Mindestrendite dem risikolosen Zinssatz und einer Risikoprämie entspricht. Die Risikoprämie setzt sich aus der Differenz zwischen erwarteter Rendite des Marktportefeuilles r_m und dem risikolosen Zinssatz i (nicht diversifizierbares bzw. systematisches Risiko) und der Volatilität $\beta = \text{cov}(r, r_m)/\text{var}(r_m)$ zusammen,

$$r = i + \beta \cdot (r_m - i).$$

Die Kapitalkosten werden damit vor allem durch die Kovarianz der Überschüsse der spezifischen Investition und der Marktrendite r_m bestimmt. Für die Bestimmung *künftiger* β-Werte müssen all diese Einflußfaktoren geschätzt werden. Es gibt zwar empirische Untersuchungen, die vergangene bereinigte β-Werte für Unternehmen ermitteln; diese sind aber für spezifische Investitionen nur selten direkt verwendbar.

4. Beurteilung. Das S. rückt den Wert und die Veränderung des Wertes des Unternehmens (ausgehend von einer Projektion des status quo) in den Mittelpunkt der Beurteilung von Strategien. Dies ist im Hinblick auf Investoren am Kapitalmarkt wichtig. Strategisches Management muß jedoch auch noch viele andere quantitative und qualitative Kriterien (z.B. Flexibilität, Vereinbarkeit mit der strategischen Grundhaltung des Unternehmens) wie auch Interessengruppen (sog. Stakeholders) berücksichtigen.

Das S. beruht auf sehr vielen problematischen *Annahmen*, sowohl was das verwendete Ermittlungsmodell als auch was die benötigten Daten anlangt. Als Instrument des strategischen Managements gilt es jedoch zu bedenken, daß es praktisch keine quantitativen Methoden gibt, denen ein solcher Vorwurf nicht entgegengehalten werden kann; dies liegt in der Natur der zu treffenden Entscheidungen. Als Unternehmensbewertungsverfahren ist aber kein wesentlicher Vorteil gegenüber der das Risiko berücksichtigenden Ertragswertmethode ersichtlich.

Insbesondere in der amerikanischen Literatur wird der SV. auch als geeigneter Maßstab für die Entlohnung des Managements hingestellt. Davon sollen Anreize für das Management ausgehen, das Ziel der Unternehmenswertmaximierung nicht aus den Augen zu verlieren. Ein wesentliches Problem dabei ist allerdings die schlechte Nachprüfbarkeit der Größen.

Lit.: Reimann, B.C.: Managing for Value, 1989, S. 16–35; *Ballwieser, W.:* Unternehmensbewertung und Komplexitätsreduktion, 3. Aufl., 1990; *Bühner, R./Weinberger, H.-J.:* Cash-Flow und Shareholder Value, in: BFuP 1991, S. 187–208; *Hax, A.C./Mailuf, N.S.:* Strategisches Management, neubearb. Studienausg., 1991, S. 226–279; *Schmidt, R.:* Das Shareholder Value-Konzept, in: Fritsch, U. u.a. (Hrsg.): Die deutsche Aktie, FS für Deutsches Aktieninstitut, 1993, S. 277–296; *Rappaport, A.:* Shareholder Value, 1995, S. 19–80; *Siegert, T.:* Shareholder-Value als Lenkungsinstrument, in: ZbfF 1995, S. 580–607.

Professor Dr. Alfred Wagenhofer, Graz.

Short-form-report

Bezeichnung in Großbritannien und den USA für den deutschen → *Bestätigungsvermerk*. Der S. ist jedoch eher ein (kurzgefaßter) *Bestätigungsbericht*, da er wesentlich ausführlicher gefaßt und nicht gesetzlich vorformuliert ist.

Sicherheitsäquivalent

Mit Sicherheit eintretender Ergebniswert, der einer (unsicheren) Verteilung alternativ möglicher Ergebnisse äquivalent ist (→ *Ertragswert*, → *Risikoeinstellung*).

Sicherungsinvestition

→ *Investition* zur Sicherung der Beschaffungs- und Absatzmärkte sowie des Fertigungsprozesses.

Signalling-Ansätze

1. Grundlagen. Das Zustandekommen und die Abwicklung von ökonomischen Austauschprozessen wird in vielen Fällen durch eine ungleiche Informationsverteilung zwischen den Vertragspartnern erschwert. So ist meist der Verkäufer eines Gutes besser über die Qualität des von ihm angebotenen Gutes informiert als die potentiellen Käufer, der Kreditnehmer kann im allgemeinen die Wahrscheinlichkeit des Insolvenzeintritts besser progno-

Signalling-Ansätze

stizieren als der Gläubiger, und eine Unternehmensleitung kann die Ertragslage der von ihr geführten Unternehmung besser beurteilen als außenstehende Unternehmensbeteiligte. In allen geschilderten Fällen muß der schlechter Informierte damit rechnen, daß der besser informierte Vertragspartner seinen überlegenen Informationsstand zu dessen eigenem Vorteil auf Kosten des anderen nutzt. Vertragsbeziehungen kommen daher bei Vorliegen einer *asymmetrischen Informationsverteilung* nicht oder nur unter erschwerten Bedingungen zustande, sofern der schlechter Informierte seinen Informationsnachteil und die damit verbundenen Gefahren erkennt.

Scheidet eine Übermittlung objektiv nachprüfbarer Informationen zur Überwindung der Informationsasymmetrie aus, so ist eine Informationsübermittlung mit dem Problem behaftet, daß der schlechter Informierte befürchten muß, bewußt irreführend informiert zu werden. Die Glaubwürdigkeit von Informationen ist nur dann gewährleistet, wenn der besser Informierte einen Anreiz hat, korrekt zu informieren. Die Bedingungen, unter denen eine anreizkompatible Informationsübermittlung möglich ist, werden im Rahmen der Signalling-Theorie herausgearbeitet.

Geht man davon aus, daß es für den besser Informierten stets vorteilhaft ist, eine hohe Qualität – d.h gute Eigenschaften des Produkts, geringe Insolvenzwahrscheinlichkeit, günstige Ertragsaussichten – zu behaupten, so kommt es vor allem darauf an, diejenigen mit schlechter Qualität davon abzuhalten, die Signalling-Entscheidungen derjenigen mit besserer Qualität nachzuahmen. Daher reicht eine bloße Mitteilung über die Qualität, ohne daß daran finanzielle Konsequenzen geknüpft sind, nicht aus, um *Anreizkompatibilität* zu gewährleisten. Statt dessen müssen mit dem Signalisierten Erträge und Kosten verbunden sein, wobei die Kosten des Signalisierens einer hohen Qualität um so höher sein müssen, je niedriger die tatsächliche Qualität ist. Damit ist sichergestellt, daß kein Anreiz besteht, die Signalling-Entscheidungen derjenigen mit besserer Qualität nachzuahmen. Eine anreizkompatible Informationsübertragung ist dann gegeben, wenn der besser Informierte das für ihn optimale Signal wählt und wenn die schlechter Informierten aufgrund der Beobachtung des Signals korrekt auf die private Information des besser Informierten schließen können.

2. *Anwendung auf die Rechnungslegung*. Für die *Theorie der externen Rechnungslegung* können Signalling-Ansätze im Rahmen der Diskussion um eine *Entobjektivierung der Bilanz* nutzbar gemacht werden. Da die externe Rechnungslegung unter anderem auch zur Erfolgskontrolle der Unternehmensleitung dient, liegt es nahe, nur objektiv überprüfbare Bilanzansätze zuzulassen. Verblieben der Unternehmensleitung dagegen große Bewertungsspielräume, so ist zu befürchten, daß die Unternehmensleitung diese Spielräume dazu nutzt, sich der Kontrolle zu entziehen, indem sie stets ein günstiges Bild ihrer Tätigkeit vortäuscht. Objektiv nachprüfbare Bilanzwerte sind allerdings nur bedingt für eine Erfolgskontrolle geeignet. So wird der Gesamterfolg einer Maßnahme, die auch in künftigen Perioden Überschüsse erbringt, im Jahresabschluß nicht bereits schon im Jahr der Durchführung dieser Maßnahme ausgewiesen, sondern erst nach Realisation der Überschüsse. Durch dieses zeitliche Auseinanderfallen von Erfolgsverursachung und Erfolgsausweis wird die Möglichkeit, die Tätigkeit der Unternehmensleitung zu kontrollieren, erheblich eingeschränkt. Der Zusammenhang zwischen Erfolgsverursachung und Erfolgsausweis bliebe dagegen gewahrt, wenn durch eine am Prinzip des → *ökonomischen Gewinns* orientierte Rechnungslegung der Barwert aller künftigen Überschüsse im Jahr der Durchführung einer Maßnahme ausgewiesen werden würde. Dies allerdings impliziert die Verwendung von Prognosewerten, d.h. eine Zulassung extremer Bewertungsfreiheiten.

Dies kann in Kauf genommen werden, wenn der Unternehmensleitung finanzielle Anreize gesetzt werden, die in der Weise vom zunächst ausgewiesenen und später dann realisierten Erfolg abhängen, daß es für die Unternehmensleitung stets optimal ist, entsprechend ihren Erwartungen korrekt zu informieren. Daneben muß ein solches Anreizsystem auch sicherstellen, daß die Unternehmensleitung sich um die Durchführung erfolgreicher Projekte bemüht. Die Anreizkompatibilität wird dadurch sichergestellt, daß die Entlohnung der Unternehmensleitung teilweise erfolgsabhängig gestaltet wird, wobei der erfolgsabhängige Anteil an der Entlohnung zunimmt, wenn hohe Erträge ausgewiesen werden. In der Erfolgsabhängigkeit der Entlohnung liegen zugleich auch die Kosten des Signalisierens, denn eine erfolgsabhängige Entlohnung bedeutet für die Unternehmensleitung zugleich auch die Übernahme von Risiken. Dazu wird die Unternehmensleitung um so eher bereit sein, je höher ihre Ertragserwartungen sind. Somit kann durch eine in Abhängigkeit vom ausgewiesenen Erfolg steigende Erfolgsabhängigkeit der Entlohnung sichergestellt werden, daß die Unternehmensleitung ihre Einschätzungen über künftige Überschüsse korrekt anzeigt.

Die Vorteilhaftigkeit eines entobjektivierten Jahresabschlusses ist bislang nur unter restriktiven Voraussetzungen nachgewiesen worden, inwieweit diese Vorteilhaftigkeit auch unter realen Bedingungen Bestand hat, ist zum gegenwärtigen Zeitpunkt eine offene Frage.

Lit.: Spence, A.M.: Market Signaling: Informational Transfer in Hiring and Related Processes, 1974; *Dye, R.A.*: Communication and Post-Decision Information, in: JAcc.Res. 1981, vol. 21, S. 524–533; *Riley, J.G.*: Informational Equilibrium, in: Econometrica 1979, vol. 47, S. 331–360; *Hartle, J.*: Möglichkeiten der Entobjektivierung der Bilanz – eine ökonomische Analyse, 1984; *Hartmann-Wendels, T.*: Rechnungslegung der Unternehmen und Kapitalmarkt aus informationsökonomischer Sicht, 1991.

Professor Dr. Thomas Hartmann-Wendels, Aachen.

Simplex-Algorithmus
→ *Planungsrechnung.*

Simulationsmodell
→ *Planungsrechnung.*

Simultane Investitions- und Finanzierungsplanung
Ansätze zur S. bei sicheren Erwartungen bestehen u.a. als Einperiodenmodell von H. Albach (Albach, 1962) und als Mehrperiodenmodell von H. Hax und H. M. Weingartner (Hax, 1964; Weingartner, 1963). Diese optimieren simultan Investitions- und Finanzierungsprogramme. Allgemein bestehen diese Modelle aus einer Zielfunktion und (mehreren) Nebenbedingungen. Die Lösung erfolgt dann mit Hilfe der → *linearen Programmierung.*

Lit.: Albach, H.: Investition und Liquidität, 1962; *Weingartner, H.M.*: Mathematical Programming and the Analysis of Capital Budgeting Problems, 1963; *Hax, H.*: Investitions- und Finanzplanung mit Hilfe der linearen Programmierung, in: ZfbF 1964, S. 430–446.

Simultane Investitions- und Produktionsplanung
Modelle zur S. bei sicheren Erwartungen liegen z.B. von Jacob vor (Jacob, 1964). Diese enthalten neben Investitions- auch Produktionsvariablen. Die typische Struktur von Investitions-Produktions-Modellen sieht so aus, daß der → *Vermögensendwert* über mehrere Perioden optimiert wird. Dabei sind Nebenbedingungen hinsichtlich der verfügbaren Finanzmittel, der verfügbaren Produktionskapazitäten und des Nachfragepotentials einzuhalten. Die Lösung erfolgt zumeist mit Hilfe der → *linearen Programmierung*, seltener mit der dynamischen Programmierung.

Lit.: Jacob, H.: Neuere Entwicklungen in der Investitionsrechnung, 1964, nachgedruckt in: *ders.*: Investitionsplanung und Investitionsentscheidung mit Hilfe der Linearprogrammierung, 3. Aufl., 1976; *Seelbach, H.*: Planungsmodelle in der Investitionsrechnung, 1976.

Simultankonsolidierung

Verfahren für die → *Kapitalkonsolidierung*, bei dem im Gegensatz zur → *Kettenkonsolidierung* alle Konzernunternehmen gleichzeitig mit Hilfe eines simultanen Gleichungssystems konsolidiert werden. Die S. hat gegenüber der Kettenkonsolidierung den Vorteil, daß

- alle denkbaren Verflechtungsformen konsolidiert werden können,
- auch gegenseitige Beteiligungen berücksichtigt werden und
- die Rechenverfahren schematisierbar und so für EDV-Anlagen programmierbar sind.

Anders als bei der Kettenkonsolidierung entsteht bei der S. aber nicht mehr auf jeder Zwischenstufe ein → *Teilkonzernabschluß*, der zur internen Steuerung herangezogen werden kann (→ *Kapitalkonsolidierung*.

Lit.: Busse von Colbe, W./Ordelheide, D.: Konzernabschlüsse, 6. Aufl., 1993, S. 284f.

Skontraktionsrechnung

→ *Werkstoffkosten*.

Software

1. Grundlagen. Datenverarbeitungssysteme bestehen aus den Komponenten Hardware und S. Unter Hardware wird die Gesamtheit der technischen Anlagen des Systems verstanden, S. ist dagegen Sammelbegriff für alle Programme, die den Arbeitsprozess der Hardware initiieren, steuern, kontrollieren und den Anwendungsnutzen erzeugen. Zur S. zählen die *Systemsoftware* und die *Anwendungsoftware*. Systemsoftware (= Betriebssystem = Basissoftware) subsumiert die unmittelbar maschinenorientierte Regelungskonzeption, die durch Steuer- und Arbeitsprogramme den technischen Leistungsumfang der Hardware mitbestimmt und ihre Leistungsbereitschaft sicherstellt. Die Anwendungssoftware erschließt dem Benutzer – problemorientiert – das technische Funktionsspektrum der Hardware für einen bestimmten, wahlfrei festzulegenden Aufgabenbereich. Sie kann als maßgeschneidertes Programm die Anforderungen eines einzelnen Anwenders erfüllen (*Individual- S.*) oder als Standardprogramm einer Vielzahl von potentiellen Anwendern zur Lösung gleich oder ähnlich strukturierter Probleme dienen (*Standard-S.*). Die Standard-S. ist zu differenzieren in Programme, die sich einer weiteren anwenderindividuellen Anpassung entziehen („fixe" Standard-S.) und Programme, die im Sinne einer optimalen anwenderspezifischen Nutzung entweder durch Modularisierung, durch Parametrierung und/oder Generierung variiert werden können („variable" Standard-S.).

Für die Hardware und die Systemsoftware, die bis in die 70er Jahre hinein vom Hersteller regelmäßig als ein Ganzes angeboten wurden, bestehen heute gesonderte Märkte („unbundling"). Beide Bestandteile haben sich in ihrer technologischen Entwicklung verselbständigt, verschiedene Hardwaretypen können heute – auch herstellerübergreifend – mit austauschbaren Betriebssystemen ausgerüstet werden. Für die Anwendungssoftware besteht dagegen seit jeher ein von den Herstellern unabhängiger Markt. S. ist somit – neben der Hardware – selbständiger Gegenstand des wirtschaftlichen Verkehrs.

2. Rechtliche Gestaltung. Die *Vertragsgestaltungen* der Praxis – für die Systemsoftware und die Standard-S. regelmäßig die zeitlich begrenzte Nutzungsüberlassung („*Lizenzvertrag*") oder die Überlassung auf Dauer gegen Einmalvergütung („*Pauschalvertrag*") – erlauben allerdings keine schlüssige Subsumtion unter die im BGB geregelten schuldrechtlichen Vertragsverhältnisse. Lediglich Verträge über Individual-S. („*Entwicklungsverträge*"), die grundsätzlich die Übertragung der vollen Verfügungsmacht vorsehen, werden einheitlich nach *Werkvertragsrecht* beurteilt.

Das Schrifttum ordnet die Pauschal- bzw. Lizenzverträge mehrheitlich dem *Kaufrecht* bzw. dem *Pachtrecht* zu. Dabei wird, wenn nicht von vornherein die S. als „Sache" qualifiziert wird und infolgedessen Sachmängelhaftung (§§ 459 ff., 581 Abs. 2, 537 ff. BGB) und kurze Verjährung

(§§ 477, 581 Abs. 2, 558 BGB) gelten sollen, die Anwendung dieser Vorschriften im Wege der Analogie für zulässig erachtet: auch für das immaterielle Gut S. müsse im Interesse einer schnellen und endgültigen Abwicklung des Geschäftsverkehrs die Sachmängelhaftung und kurze Verjährung Bestand haben. Die Zivilrechtsprechung zu dieser Frage ist unentschieden (vgl. zuletzt BGH v. 25.3.1987, BB 1987, S. 1277 ff.).

Aus bilanzrechtlicher Sicht ist die S. infolge ihrer eigenständigen Verkehrsfähigkeit und selbständigen Bewertbarkeit als → *Vermögensgegenstand* in den → *Jahresabschluß* anzusetzen (Vollständigkeitsgebot, § 246 Abs. 1 HGB). Gleiches gilt aufgrund des → *Maßgeblichkeitsprinzips* für die → *Steuerbilanz*. Dieser Grundsatz wird allerdings durch § 248 Abs. 2 HGB (steuerlich § 5 Abs. 2 EStG) eingeschränkt: Für immaterielle Vermögensgegenstände des Anlagevermögens, die nicht entgeltlich erworben wurden, darf ein Aktivposten nicht angesetzt werden. Die (zivilrechtliche) Streitfrage, ob Software ein materieller oder ein *immaterieller* Gegenstand ist, wurde für das Bilanzrecht durch BFH-Urteil vom 3.7.1987 entschieden: *Standard-S.* ist danach als → *immaterieller Vermögensgegenstand* zu qualifizieren (BStBl 1987 II, S. 731). Diese Beurteilung gilt nach nahezu einhelliger Auffassung seit jeher für die *Individual-S.* und ist (m.E.) auch auf die *System-S.* auszudehnen (umstritten).

3. Bilanzierung beim Hersteller. Neben dieser Qualifizierung der S. als immaterieller Vermögensgegenstand sind, i.S.d. Ausnahmeregelung des § 248 Abs. 2 HGB zwei weitere bilanzrechtliche Alternativen zu beachten: (A) Zuordnung zum Anlage- und Umlaufvermögen und (B) entgeltlicher Erwerb (Anschaffung) oder Eigenentwicklung (Herstellung).

Zum → *Anlagevermögen*, d. h. zur zweckbestimmten, dauernden betrieblichen Nutzung (Alternative A), ist die Software beim Hersteller nach überwiegender Meinung stets dann bestimmt, wenn ihre wirtschaftliche Verwertung unter Beibehaltung des Stammrechts am Programm erfolgt. Dies gilt regelmäßig für die (duplizierbare) System- und Standard-S., die einer Vielzahl von Anwendern angeboten wird. Ihre Entwicklung ist jedoch nicht „entgeltlicher Erwerb" i.S.d. § 248 Abs. 2 HGB (Alternative B), eine Aktivierung ist daher nicht zulässig: die Herstellungskosten sind als Aufwand zu verrechnen. Grund dieser gesetzlichen Ausnahmeregelung ist, daß ohne entgeltlichen Erwerb immaterielle („unsichere") Vermögensgegenstände keine hinreichende Wertobjektivierung erfahren, die Voraussetzung für den Bilanzansatz ist (allgemeines Vorsichtsprinzip). Diese Praxis ist konservativ und kann zu einer falschen Einschätzung der Vermögensverhältnisse des Herstellers von S. führen.

Dagegen führt die – grundsätzlich auftragsbezogene – Erstellung von Individualprogrammen (Entwicklungsverträge) beim Hersteller zu einer Klassifizierung im → *Umlaufvermögen*: die Einmaligkeit der Verwertung schließt eine dauernde betriebliche Nutzung aus. Entwicklungskosten für Individualprogramme fallen daher nicht unter die Ausnahmeregelung des § 248 Abs. 2 HGB, sie sind ansatzpflichtig. Ihre Wertkonkretisierung ist regelmäßig nach Fertigstellung durch die vereinbarte Vergütung sichergestellt. Während der Erstellung erfolgt eine Bewertung zum Niederstwert, der sich ergibt aus dem Niederstwert entweder der aufgelaufenen Herstellungskosten oder der vereinbarten Vergütung abzüglich Resterstellungskosten. Die Gewinnrealisierung nach deutschem Recht ist auch hier konservativ.

4. Bilanzierung beim Anwender. Auf der Seite des *Anwenders* liegt bei *entgeltlichem Erwerb* die Pflicht zur Aktivierung der S. vor (Vollständigkeitsgebot). Davon auszunehmen sind jedoch die Fälle der Nutzungsüberlassung von S. auf Dauer gegen *Sukzessivzahlung* (Lizenzverträge). Diese sind nicht Anschaffungsgeschäfte, sondern schwebende Geschäfte, die die laufende Verrechnung der Lizenzgebühren als Aufwand zur Folge haben.

Zweifel eröffnen sich in den Fällen, in denen (z.B.) variable Standard-S. teilweise vom Anwender in *Eigenentwicklung va-*

riiert wird. Die Abgrenzung zwischen Anschaffungs- und Herstellungskosten muß im Einzelfall untersucht werden, wobei der Umfang der Eigenentwicklung im Verhältnis zum Anschaffungspreis i. d. R. ausschlaggebend ist. Soweit Herstellungskosten beim Anwender anzunehmen sind, gilt in gleicher Weise w.o. das Ansatzverbot des § 248 Abs. 2 HGB, das auch in dem Falle der Eigenprogrammierung von Individual-S. durch den Anwender selbst zu beachten ist.

5. *Abschreibung*. Mit Aktivierung der entgeltlich erworbenen S. unter den immateriellen Anlagegegenständen erhebt sich die Frage nach ihrer *Abnutzbarkeit* und ihrer betriebsgewöhnlichen Nutzungsdauer. Die Abnutzbarkeit ist sowohl in technologischer als auch in wirtschaftlicher Hinsicht eindeutig zu bejahen. Infolgedessen sind die Anschaffungskosten gemäß § 253 Abs. 2 HGB um planmäßige, über die voraussichtliche Nutzungsdauer zu verteilende → *Abschreibungen* zu vermindern.

Bezüglich der *Abschreibungsmethode* gewährt das *Handelsrecht* einen weitgehenden Ermessensspielraum: Auch immaterielle Anlagegegenstände können linear, degressiv oder nach einer anderen Methode abgeschrieben werden. Gleichwohl verfährt die Praxis überwiegend nach der *linearen* Methode, da diese einerseits (für immaterielle Wirtschaftsgüter) die einzige, *steuerrechtlich* zulässige Methode ist, und andererseits handelsrechtlich im Sinne des Gebots der periodengerechten Aufwandsverteilung einen pragmatischen Lösungsansatz bietet. Als *Abschreibungsdauer* dürfte für die Standard-S. ein Zeitraum von 3 bis 5 Jahren üblich sein. Für erworbene Individual-S. ist die Nutzungsdauer nach Maßgabe der voraussichtlichen betrieblichen Verwendung dieser maßgeschneiderten Systeme zu bestimmen. Systemsoftware wird regelmäßig einheitlich mit der Hardware abgeschrieben.

6. *Kostenrechnung*. Die → *Herstellungskosten* der S. sind – wie im herkömmlichen Produktionsbetrieb – aus der Kostenrechnung herzuleiten. Typischerweise ist die Kostenrechnung in Softwarehäusern als *Kostenträgerrechnung* organisiert, wobei der einzelne Auftrag (Individual-S.) oder das einzelne Produkt (Standard- oder System-S.) als Kostenträger definiert sind. Diesen Kostenträgern wird die anhand von Tätigkeitsberichten nachgewiesene, zumeist in Stunden gemessene Personalleistung zugerechnet. Regelmäßig ist der Personalaufwand neben den für die Herstellung der S. erforderlichen Kosten der Computernutzung der weit überwiegende Bestandteil des Gesamtaufwands von Softwareherstellern, so daß zeitnahe und vollständige Tätigkeitsberichte von primärer Bedeutung sind.

Grundlage der Bewertung der zuzurechnenden Personalleistung ist eine *Stundensatzkalkulation*, die das tatsächliche Gehalt des einzelnen Mitarbeiters oder – vereinfachend – das Durchschnittsgehalt bestimmter Mitarbeitergruppen berücksichtigt. Je nach dem Zweck der Rechnung sind die Stundensätze auf Teilkosten- oder auf Vollkostenbasis zu kalkulieren. Teilkosten sind relevant zur Bemessung der aktivierungspflichtigen, auftragsbezogenen Aufwendungen für Individual-S. Vollkosten erlangen Bedeutung für das Auftrags- und Produkt-Controlling, gegebenenfalls mit Rückwirkung auf die Bilanzierung, soweit sich aus der Vollkostenrechnung negative Auftragsmargen ergeben, die zu einer Niederstwertabschreibung aktivierter Beträge führen (*verlustfreie Bewertung*).

7. *Internationales Bilanzrecht*. Während im deutschen Bilanzrecht die Aktivierbarkeit nicht auftragsbezogener Softwareentwicklung stets an der Immaterialqualifikation dieses Vermögensgegenstandes scheitert, verfährt das Bilanzrecht anderenorts flexibler. Richtungsweisend im internationalen Umfeld war zuletzt das im August 1985 ergangene *Statement No. 86* des U.S.-amerikanischen Financial Accounting Standards Board (*FASB*). Danach ist die Aktivierung von originären Softwareaufwendungen, die ohne auftragsbezogene Leistung, grundsätzlich – aber in eingeschränktem Umfang – dann möglich, wenn eine Vermarktungsabsicht besteht. Diese Vermarktungsabsicht muß

jedoch eine technologische Bestätigung („Technological Feasibility") erfahren haben, deren Qualität recht hoch angesetzt ist: Die Produktentwicklung muß die Phase der Problemanalyse und des Softwareentwurfs durchlaufen haben („Detail-Program-Design"-Phase) oder aber – soweit Analyse und Entwurf nicht dokumentiert sind (wohl nur bei einfacheren Programmen) – muß ein ablauffähiger, logik- und syntaxfehlerfreier Prototyp vorliegen („Tested-Working-Model"-Phase).

Ab diesen Entwicklungsphasen entstehende Kosten sind gemäß FASB Statement No. 86 aktivierungsfähig, zuvor angefallene Kosten dagegen zu Lasten Aufwand zu verrechnen. Bezüglich der *Abschreibung* der aktivierungsfähigen Entwicklungskosten gilt eine Höchstaufwandsmethode: Es ist der jeweils höhere Abschreibungsbetrag zu verrechnen, der entweder auf der Grundlage eines sich jährlich verändernden Abschreibungssatzes, der dem aktuellen Verhältnis des Produktumsatzes des jeweiligen Jahres zum insgesamt erwarteten Produktumsatz entspricht, ermittelt wird oder über der sich bei linearer Verteilung des Restbuchwertes der aktivierten Aufwendungen über die voraussichtlich verbleibende Vermarktungsdauer des Produktes ergibt. Diese Vergleichsrechnung ist Jahr für Jahr neu durchzuführen.

Lit.: Walter, N.: Ertragsteuerliche Behandlung von Software, in: DB 1980, S. 1766–1769, 1815–1819; *FASB*: SFAS No. 86: Accounting for the Costs of Computer Software to be Sold, Leased or Otherwise Marketed, 1985; *Moritz, H. W./Tybusseck, B.*: Computersoftware, 1986; *Knepper, K.H.*: Software in der Handels- und Steuerbilanz, in: FS Döllerer, 1987, S. 299–313; *Spieler, J.*: Aktivierungsfähigkeit von selbsterstellter Standardsoftware zur anonymen Vermarktung gemäß Handels- und Steuerrecht, 1987; *Sauer, K.P.*: Bilanzierung von Software, 1988; *Bormann, M.*: Software-Bilanzierung, 1990.

Dr. Joachim Schweim, Hamburg.

Solidaritätszuschlag
7,5%ige Ergänzungsabgabe zur → *Lohnsteuer*, → *Einkommensteuer*, → *Kapitalertragsteuer* und → *Körperschaftsteuer* aller Steuerpflichtigen, die ab dem 01.01.1995 erhoben wird. Jedoch sind bestimmte „soziale Komponenten" für Kleinverdiener (vgl. §3 Abs. 3 und 4 SolZG) im Rahmen der Einkommensteuer/Lohnsteuer eingeführt worden.

Solldeckungsbeitrag
Dient der → *Preiskalkulation*; Zuschlag für anteilige *Fix-* oder *Gemeinkosten* sowie anteiligem Gewinn (→ *Kosten, fixe und variable*, → *Einzel- und Gemeinkosten*).

Soll-Ist-Vergleich
Instrument der → *Finanz-*, Bilanz- und Investitionsplanung sowie im → *Kostenrechnungssystem*, bei dem Plan-Kennzahlen oder -kosten (= Soll) mit den tatsächlich realisierten Kennzahlen oder Kosten (= Ist) verglichen werden, um zu überprüfen, inwieweit Zielwerte erreicht wurden bzw. inwieweit bestimmte Maßnahmen zum gewünschten Erfolg geführt haben (→ *Plankostenrechnung*). Aus dem S. können Konsequenzen für die weitere Unternehmensplanung abgeleitet werden. Bei Untererfüllung einer Plangröße muß die Zielvorstellung entsprechend korrigiert oder der Maßnahmeneinsatz intensiviert bzw. variiert werden.

Soll-Ist-Kostenvergleich
Gegenüberstellung der → *Istkosten* und der → *Sollkosten* (getrennt nach → *Kostenarten* und → *Kostenstellen*) zur Bestimmung der innerbetrieblichen Wirtschaftlichkeit durch → *Abweichungsanalyse* (→ *Plankostenrechnung*).

Sollkosten
→ *Kosten*, die in Abhängigkeit vom Beschäftigungsgrad bei wirtschaftlicher Betriebsgebarung und bei Eintritt der Plandaten erzielbar sind (→ *Plankostenrechnung*).

Sollzinssatz
= Aufnahmezinssatz.
→ *Zins*.

Sollzinssatzmethode
Verfahren zur Beurteilung von Investitionen. Der kritische Sollzinssatz ist definiert als derjenige Zinssatz, bei dem sich ein Vermögensendwert von Null ergibt. Nach der S. ist eine Investition dann vorteilhaft, wenn der kritische Sollzinssatz größer oder gleich dem von der Unternehmung geforderten Sollzinssatz ist.

In der Literatur sind Spezialfälle des S. mit spezifischen Annahmen über die Finanzierung von Ausgabenüberschüssen und die Verwendung von Einnahmenüberschüssen behandelt worden (TRM-Methode, VR-Methode, → *Baldwin-Zins*).

Lit.: Blohm, H./Lüder, K.: Investition, 8. Aufl., 1995, S. 111–120.

Sonderabschreibungen
→ Abschreibungen. → Maßgeblichkeit. → *Investitionshilfen.*

Sonderbetriebsvermögen
→ *Steuerbilanz.*

Sonderbilanzen
Bezeichnung für → *Bilanzen*, die von Unternehmen unterschiedlicher Rechtsformen im Gegensatz zum regelmäßig aufzustellenden → *Jahresabschluß* nur zu besonderen Anlässen zu ermitteln sind. Zu den S. gehören die → *Gründungsbilanz, Umwandlungsbilanz, Fusionsbilanz, Sanierungsbilanz*, → *Liquidationsbilanz*, → *Überschuldungsbilanz*, → *Auseinandersetzungsbilanz*, → *Konkursbilanz* und *Vergleichsbilanz*. Teilweise gelten für die S. von den handelsrechtlichen Rechnungslegungsvorschriften abweichende Bilanzierungs- und Bewertungsregeln.

Lit.: Peemöller, V.: Sonderbilanzen, 1986; *Heinen, E.*: Handelsbilanzen, 12. Aufl., 1986, S. 481–521.

Sondereinzelkosten
→ *Sonderkosten.*

Sondergemeinkosten
→ *Sonderkosten.*

Sonderkosten
→ *Kostenarten*, die aus verfahrenstechnischen Gründen ausgesondert werden; z. B. Kosten für auftragsspezifische Werkzeuge, Konstruktionsmodelle, Lizenzen, Versandverpackung, Ausgangsfracht. S. können für eine einzelne Produktart (*Sondereinzelkosten*) oder für mehrere Produkte (*Sondergemeinkosten*) entstehen.

Sonderposten mit Rücklageanteil
1. Begriff. S. sind nach § 247 Abs. 3 HGB passive Bilanzposten, die für Zwecke der Steuern vom Einkommen und vom Ertrag in der → *Steuerbilanz* und in der Handelsbilanz grundsätzlich übereinstimmend gebildet werden dürfen und dort jeweils nach Maßgabe des Steuerrechts wieder aufzulösen sind. Bilanzierung und Bewertung im handelsrechtlichen → *Jahresabschluß* beruhen – für Unternehmungen aller Rechtsformen – insoweit ausschließlich auf steuerrechtlichen Vorschriften. Als S. werden erfaßt:

(1) *unversteuerte Rücklagen*, die in Bildung, Bilanzierungsdauer und Auflösung unterschiedlichen Bedingungen des Steuerrechts unterliegen,

(2) *Differenzbeträge zwischen handelsrechtlichen und lediglich steuerrechtlich zulässigen Wertansätzen* (→ *Abschreibungen*), die gemäß § 281 Abs. 1 HGB passiviert werden dürfen.

Aufgrund ihrer in der Regel *steueraufschiebenden Wirkung* verkörpern S. wichtige Instrumente zur Erreichung vor allem wirtschaftspolitischer Ziele. Hieraus erklärt sich auch ihr Charakter als Mischposten aus → *Eigenkapital* und Fremdkapital, letzteres in Höhe der zu erwartenden Steuerzahlung bei Auflösung. *Kapitalgesellschaften* können S. nur insoweit bilanzieren, als das Steuerrecht die Anerkennung des Wertansatzes bei der *steuerrechtlichen Gewinnermittlung* davon abhängig macht, daß ein entsprechender Ansatz in der Handelsbilanz erfolgt ist (§§ 273, 279 Abs. 2 HGB). Publizitätspflichtige Nicht-Kapitalgesellschaften werden Kapitalgesellschaften bei den als S. ausgewiesenen unversteuerten Rücklagen gleichgestellt. Dagegen können sie die ausschließlich nach Steuerrecht passivierten Abschreibungsmehrbeträge nach § 281 HGB unabhängig von der steuerlichen Anerkennung in ihrer Handelsbilanz

Sonderposten mit Rücklageanteil

passivieren. Denn in § 5 Abs. 1 PublG fehlt der Verweis auf § 279 Abs. 2 HGB.

2. Arten. Die unter S. ausgewiesenen unversteuerten Rücklagen dienen entweder der späteren Übertragung von → *stillen Rücklagen* auf andere → *Vermögensgegenstände* oder sie sind – nach den Regeln des Steuerrechts – erst zu einem späteren Zeitpunkt erfolgswirksam aufzulösen. Zur Übertragung bestimmt sind vor allem die Rücklagen nach § 6 b EStG, § 82 Städtebauförderungsgesetz, den Abschnitten 34 Abs. 5 und 35 EStR sowie § 3 ZRFG. Zur späteren Auflösung bestimmt sind insbesondere die unversteuerten Rücklagen gemäß § 74 EStDV (Preissteigerung), §§ 1 oder 3 Auslandsinvestitionsgesetz, § 6 d EStG, § 52 Abs. 8 EStG (Zinssatz für → *Pensionsrückstellungen*), § 8 Abs. 1 Umwandlungssteuergesetz sowie § 3 Zonenrandförderungsgesetz. Zur zweiten Kategorie, den ausschließlich steuerrechtlich begründeten Wertberichtigungen i. S. des § 281 HGB, gehören Sonderabschreibungen, erhöhte Absetzungen für Abnutzung sowie Bewertungsabschläge.

3. Umkehrmaßgeblichkeit. Mit der Einfügung des § 5 Abs. 1 Satz 2 EStG durch das Steuerreformgesetz 1990 wurde klargestellt, daß der Ansatz unversteuerter Rücklagen und steuerrechtlicher Abschreibungen an den gleichzeitigen Ansatz in der Handelsbilanz gebunden ist. Unversteuerte Rücklagen, die in vor dem 1. 1. 1990 endenden Wirtschaftsjahren gebildet wurden, dürfen allerdings weitergeführt werden, ohne daß nachträglich ein handelsrechtlicher Sonderposten passiviert werden muß. → *Preissteigerungsrücklagen*, die in Vorjahren gebildet wurden, dürfen ebenfalls in der Steuerbilanz beibehalten werden. Die Bildung neuer Preissteigerungsrücklagen ist nicht mehr zulässig.

4. Rechnungslegung im Einzelabschluß. Im Gegensatz zum Bilanzgliederungsschema des AktG 1965 enthält § 266 HGB für S. keine Gliederungsposition. Ein Ausweis zwischen Eigenkapital und → *Rückstellungen* wie bisher steht aber in ausdrücklichem Einklang mit § 273 HGB. Gelten die einschränkenden Vorschriften des Rechts für Kapitalgesellschaften, so ist für eine Bildung von S. in der Handelsbilanz stets zu prüfen, ob die steuerrechtlichen Voraussetzungen für einen Ansatz vorliegen und ob der Bilanzierende überhaupt die Absicht hat, von dem steuerrechtlichen Passivierungswahlrecht positiv Gebrauch zu machen. Anzusetzen ist dann jeweils der Wert, der steuerrechtlich für zulässig gehalten wird. Dieser kann vom tatsächlich zulässigen Wert abweichen, der sich erst bei einer späteren Steuerveranlagung ergibt. Für die Auflösung der S. gelten wiederum die Einzelregelungen des Steuerrechts. Wird ein S. steuerlich nicht geltend gemacht oder vorzeitig aufgelöst, ist auch handelsrechtlich entsprechend zu verfahren. Umgekehrt hat die Auflösung des S. im handelsrechtlichen Abschluß eine analoge Behandlung in der Steuerbilanz zur Folge.

S. können in der Handelsbilanz insgesamt in einem Betrag ausgewiesen werden; eine quantifizierte Zuordnung zu den einzelnen Arten ist nicht vorgeschrieben. In Bilanz oder → *Anhang* sind jedoch gemäß § 273 HGB die Vorschriften zu nennen, nach denen die S. gebildet worden sind. Gemäß § 281 HGB ist die Angabe der im Geschäftsjahr allein aufgrund steuerrechtlicher Vorschriften vorgenommenen Abschreibungen – getrennt nach Anlage- und Umlaufvermögen – erforderlich und im Anhang hinreichend zu begründen. Einstellungen in den S. und Erträge aus seiner Auflösung sind innerhalb der sonstigen betrieblichen Aufwendungen/Erträge gesondert auszuweisen oder im Anhang anzugeben. In der → *Gewinn- und Verlustrechnung* ist jeder S. einzeln abzuwickeln; es gilt das Saldierungsverbot.

Unversteuerte Rücklagen, die keiner Maßgeblichkeit unterliegen, sind handelsrechtlich stets in Höhe der zu erwartenden Steuerzahlung in die Rückstellungsermittlung für → *latente Steuern* einzubeziehen und analog der steuerlichen Inanspruchnahme aufzulösen. Der Eigenkapitalanteil kann nach freiem Ermessen (vollständig, teilweise oder gar nicht) den Gewinnrücklagen zugewiesen werden (§ 58 Abs. 2a AktG, § 29 Abs. 4 GmbHG) und dort unbeschadet seiner steuerrechtlichen Auflösung auf Dauer thesauriert bleiben. Der Betrag ist in der Bilanz gesondert auszuweisen oder im Anhang anzugeben. Für *interne Zwecke* und als Nachweis gegenüber dem Abschlußprüfer empfiehlt sich eine tabellarische Darstellung über Zusammensetzung und Entwicklung des S.

5. Rechnungslegung im Konzernabschluß. Im → *Konzernabschluß* dürfen mit Bezug auf die umgekehrte Maßgeblichkeit steuerliche Wertansätze einbezogener Unternehmen generell und insbesondere die dort passivierten S. beibehalten werden (§ 308 Abs. 3 HGB). Der Gesamtbetrag der jährlich vorgenommenen steuerrechtlichen Maßnahmen ist zusammen mit einer Begründung im Konzernanhang anzugeben. Die *Praxis der Konzernrechnungslegung* hat von diesem Beibehaltungsrecht kaum Gebrauch gemacht. Der Grund ist wohl darin zu sehen, daß nicht nur die → *Einheitlichkeit der Bewertung* gestört, sondern auch das tatsächliche → *Bild der Vermögens-, Finanz- und Ertragslage* des Konzerns verzerrt wiedergegeben würde. Bei Zugrundelegung ausschließlich handelsrechtlichter Vorschriften resultiert hieraus allerdings die Notwendigkeit der Ermittlung und der eventuelle Ausweis latenter Steuern nach § 274 HGB.

6. Analyse. Im Rahmen der → *Bilanzanalyse* sind S. von besonderem Interesse, weil ihr Eigenkapitalanteil bei der Ermittlung einiger Kennziffern berücksichtigt wird. Unter diesem Aspekt ist es aufschlußreich, wenn vom passivischen Ausweis der Abschreibungen i. S. des § 281 HGB Gebrauch gemacht worden ist. Fehlt eine Angabe des Bilanzierenden zum Eigenkapitalanteil der S., so stößt die externe Analyse allerdings an Grenzen, da Einzelumfänge, Zeiträume und Auflösungsbeträge der S. nicht ausreichend ersichtlich sind. Eine Hilfestellung für die Approximation leistet aber die größere Transparenz über die Inanspruchnahme steuerlicher Vergünstigungen. In der Analysepraxis wird häufig ein Eigenkapitalanteil von 50 % unterstellt.

Lit.: ADS, 5. Aufl. Losebls., ab 1987, § 247 HGB, Tz. 130–155, § 273 HGB, Tz. 1–29, *Mundt, H.-D.*, in: Beck HdR, 1987/90, B 232, S. 1–28; *Haeger, B.:* Der Grundsatz der umgekehrten Maßgeblichkeit in der Praxis, 1989; *Pohle, K.*, in: Küting/Weber HdK, 1989, S. 1402; *Weilbach, E. A.:* Der Sonderposten mit Rücklageanteil – Scharnier der Maßgeblichkeit der Handelsbilanz, in: BB 1989, S. 1788–1791; *Seitz, H.:* Gestaltung des Jahresabschlusses: Sonderposten mit Rücklageanteil, in: DSWR 1992, S. 252–268; *ADS,* 6. Aufl., Bd. 1, 1995, § 254 HGB, Tz. 1–43; *Clemm, H./Bail, U.*, in: Beck Bil.-Komm., 3. Aufl., 1995, § 254 HGB; *Ellrott, H./Gutike, H.-J.*, in: Beck Bil.-Komm., 3. Aufl., 1995, § 281 HGB; *Tietze, H.*, in: Küting/Weber: HdR, 4. Aufl., Bd. Ia, 1995, S. 1595–1628; *ADS,* 6. Aufl., Bd. 3, 1996, § 308 HGB, Tz. 53–69; *WP-Handb.* 1996, Bd. 1, 11. Aufl., 1996, S. 173–176, 256, 363–364, 463; *ADS,* 6. Aufl., Bd. 5, 1997, § 281 HGB, Tz. 1–76.

Dr. Hans-Georg Bruns, Stuttgart.

Sonderprüfungen

1. Grundlagen. S. sind nach geltendem Recht und Sprachgebrauch Revisionen durch externe Prüfungsträger, die aus besonderem Anlaß ohne zwangsläufige Periodizität angeordnet werden. Sie stehen damit in Polarität zu allen Arten von laufend, zumeist periodisch wiederkehrenden Prüfungen, wie sie aufgrund gesetzlicher Vorschriften oder vertraglicher Vereinbarungen durchgeführt werden.

In der Praxis versteht man unter S. nur die von externen privaten Prüfungsträgern durchzuführenden Revisionen; es bleiben somit unberücksichtigt z. B. die Prüfungspflicht von Vorstand und Aufsichtsrat anläßlich der Gründung einer AG, aber auch die Prüfungspflichten behördlicher Instanzen, wie etwa die von Registergerichten. Trotz bestehender jährlicher Abschlußprüfungspflichten, die sich als Gesetzmäßigkeits-, Satzungsmäßigkeits- und Ordnungsmäßigkeitsprüfungen darstellen, besteht sowohl ein betriebswirtschaftliches als auch ein volkswirtschaftliches Interesse, weitere Prüfungen durchzuführen, insbesondere *Ge-*

schäftsführungs-, *Kreditwürdigkeits-*, *Unterschlagungs-* und *Prospektprüfungen* sowie Prüfungen im Zusammenhang mit *Unternehmenstransformationen*. *Prüfungsträger* können – gerade bei den wichtigen S. – trotz des heute fest umrissenen qualifizierten Prüferberufs (→ *Wirtschaftsprüfer*, → *vereidigte Buchprüfer*) alle Personen sein, die in der Buchführung ausreichend vorgebildet und erfahren sind. Das gilt insbesondere auch für die aktienrechtlich vorgeschriebenen oder vorgesehenen S. In der Praxis werden jedoch regelmäßig nur Angehörige des Prüferberufs zu S. bestellt.

Das Recht der S. ist *international* sehr uneinheitlich entwickelt. Einige Länder ordnen S. nur bei bestimmten Anlässen im Bereich von großen Kapitalgesellschaften an. Andererseits sind in zahlreichen Ländern aber Geschäftsführungsprüfungen Bestandteil von Jahresabschlußprüfungen, während derartige Prüfungen in der BRD – außer bei Genossenschaften – nur als S. angeordnet werden können.

2. Gesetzlich vorgeschriebene Sonderprüfungen. Die *Gründungsprüfung* ist die älteste aktienrechtliche S. Sie wurde durch die Aktienrechtsnovelle von 1884 als Konsequenz zahlreicher dubioser Gesellschaftsgründungen kodifiziert. Das AktG enthält die seit 1884 im wesentlichen unverändert gebliebenen Bestimmungen über die externe Gründungsprüfung in den §§ 33, 34, 35 und 38 und über die *Nachgründungsprüfung* in § 52. Fehlte diese letztgenannte Prüfung, so ließen sich durch eine Bargründung mit nachfolgender und somit prüfungsfreier Sacheinlage oder Sachübernahme die für bestimmte Sachgründungen vorgesehenen Erschwernisse umgehen. Aufgabe der externen Gründungsprüfung ist, den Wert von *Sacheinbringungen* (Sacheinlagen oder Sachübernahmen) zu verifizieren und in Fällen, die die Rechtsvermutung der Parteilichkeit oder Befangenheit am Gründungsvorgang beteiligter Personen in sich tragen (sog. *Inkompatibilitätsfälle*), die Angemessenheit von Leistung und Gegenleistung gegenüber Gesellschaftern und Gläubigern nachzuweisen. Der Prüfer hat deshalb den gesamten Gründungshergang in seine Revision einzubeziehen. Gründungs- und Nachgründungsprüfungen sind zur Zeit nur bei AG gesetzlich angeordnet.

S. bei *Kapitalerhöhungen* sind gesetzlich bei Kapitalerhöhungen mit Sacheinlagen bei AG und bei Kapitalerhöhungen aus Gesellschaftsmitteln bei allen Kapitalgesellschaften angeordnet (§§ 183 III, 194 IV u. 205 III AktG). Bei Kapitalerhöhungen durch Sacheinlagen ist im Rahmen der Prüfung festzustellen, ob der Wert der Sacheinlage dem Nennbetrag der dafür zu gewährenden jungen Aktien entspricht. Bei der Kapitalerhöhung aus Gesellschaftsmitteln steht die Prüfungsdurchführung sowohl bei der AG als auch bei der GmbH unter dem Aspekt der Verifikation der für die Kapitalerhöhung vorgesehenen „umwandlungsfähigen Rücklagen".

Bei *Unternehmensumwandlungen* ergeben sich S. grundsätzlich immer dann, wenn in ein gründungsprüfungspflichtiges Unternehmen umgewandelt wird. Der Gesetzgeber wollte damit vermeiden, daß die Gründungsprüfungspflicht durch nachfolgende Umwandlungen in gründungsprüfungspflichtige Untenehmen unterlaufen wird. Prüfungsgegenstand ist in Anlehnung an die Gründungsprüfung der Umwandlungshergang (Formalien, zugrundegelegte Bilanzen und Umtauschverhältnisse).

S. im Zusammenhang mit Verschmelzungen sind zur Zeit im AktG und im KapErhG geregelt. Zu prüfen ist die Schlußbilanz einer übertragenden Gesellschaft nach § 345 Abs. 3 AktG bzw. § 24 Abs. 3 KapErhG, wenn sie nicht schon Gegenstand einer Jahresabschlußprüfung war. Die Schlußbilanzprüfung bildet den Ersatz für eine an sich zu fordernde Sacheinlageprüfung zum Schutz von Gesellschaftern und Gläubigern. Neben dieser obligatorischen Prüfung der Schlußbilanz fällt auch die Anwendung der Vorschriften des § 342 AktG (Beachtung der Vorschriften über die Nachgründung) in den Kreis der S. im Zusammenhang mit Verschmelzungen. Schließlich ist die Verschmelzungsprüfung nach § 340 b AktG zu erwähnen, die seit 1982 einen a-priori-Schutz der Aktionäre durch eine Prüfung der beabsichtigten Verschmelzung darstellt.

3. *Gesetzlich vorgesehene S.* Das AktG enthält in den §§ 142–146 Vorschriften über die *S. von Vorgängen bei der Gründung oder der Geschäftsführung*, namentlich auch bei Maßnahmen der Kapitalbeschaffung und *Kapitalherabsetzung*. Derartige Prüfungen genau zu umreißender Vorgänge werden entweder von der Hauptversammlung angeordnet oder im Falle der Ablehnung durch die Hauptversammlung auf Antrag einer Minderheit, deren Anteile zusammen mindestens 10 % des Grundkapitals oder den Nennbetrag von 2 Mio. DM erreicht, durch das Registergericht veranlaßt. Derartige Prüfungen können sich immer dann ergeben, wenn Tatsachen vorliegen, die den Verdacht rechtfertigen, daß bei dem zu prüfenden Vorgang Unredlichkeiten oder grobe Verletzungen des Gesetzes oder der Satzung vorgekommen sind.

Als weitere gesetzlich vorgesehene S. sind die *S. wegen unzulässiger Unterbewertung* oder wegen fehlender oder nicht vollständiger Angaben im Anhang (§ 258 ff. AktG) und die S. der geschäftlichen Beziehungen einer Gesellschaft zu dem herrschenden Unternehmen nach *§ 315 AktG* zu sehen. *Sonstige gesetzlich initiierte S.* können sich in Form der Prüfung der Rechenschaftslegung aufgrund zivilrechtlicher Vorschriften zugunsten von Gesellschaftern und sonstigen Anspruchsberechtigten ergeben. Auch *Preisprüfungen* sind hier in den Bereich aperiodischer Pflichtprüfungen einzuordnen.

4. *Fakultative Prüfungen.* Gegenstand von *fakultativen S.* können alle ökonomisch relevanten Vorgänge sein. Als wichtigste freiwillige S. haben sich in der Praxis herausgebildet die *Prospektprüfungen* mit dem Ziel, das anlagesuchende Publikum vor unseriösen Kapitalbedarfsträgern zu schützen. Zur Zeit ist in der BRD nur eine freiwillige Prospektprüfung als Ersatz für eine noch fehlende gesetzliche Regelung möglich. Externe *Investitionen und Investitionsfinanzierungsprüfungen* ergeben sich sowohl als vorbereitende als auch als nachgeordnete Maßnahmen der Investitionstätigkeit eines Unternehmens. Gegenstand der Prüfung ist regelmäßig die Zweckmäßigkeitsbeurteilung von Investitionen und die Ordnungsmäßigkeit deren Abwicklung.

Kreditfähigkeits- und Kreditsicherungsprüfungen werden als Angemessenheitsprüfung durch Vergleich der Unternehmenssubstanz (statische Kreditprüfung) oder des Unternehmensertrags (dynamische Kreditprüfung) mit dem angeforderten Kreditbedarf verstanden. *Organisationsprüfungen* sind in der Praxis als Prüfung der Auftragsabwicklung und der betrieblichen Ablauforganisation oder als *S. des internen Kontrollsystems* üblich. Die Schwierigkeit dieser Prüfungen als Vergleich von bestehenden Ist-Zuständen mit den angestrebten Soll-Vorstellungen besteht darin, die betriebsspezifischen Optimallösungen zu definieren. Regelmäßig werden als Konsequenz derartiger Prüfungen Optimierungsvorschläge erwartet, so daß die Prüfungen regelmäßig in einer *Unternehmensberatung* münden.

Unterschlagungsprüfungen sind nicht nur Prüfungen zur Aufdeckung von Unterschlagungsdelikten, sondern auch Prüfungen, die die Aufdeckung von Diebstahl, Betrug, Untreue, Urkundenfälschungen, überhaupt Veruntreuungen aller Art zum Gegenstand haben. Sie werden als vorsorgliche Prüfungen durchgeführt und haben dann insbesondere das interne Kontrollsystem zum Gegenstand oder als gezielte S. aus Verdachtsgründen oder wegen bereits erfolgter Delikte praktiziert.

Die *Prüfung der Geschäftsführung* als Ordnungsmäßigkeitsprüfung ist bei → *Genossenschaften* sowie bei Unternehmen, an denen die öffentliche Hand Mehrheitsbeteiligungen hält, und bei *gemeinnützigen Wohnungsunternehmen* obligatorisch. Darüber hinaus bedienen sich zahlreiche Konzern- und Großunternehmensleitungen externer Geschäftsführungsprüfer, um ihrer Überwachungspflicht insbesondere bei abhängigen Unternehmen zu genügen.

Insolvenzprüfung: Gerade die rechtzeitige Feststellung der Konkursreife (Zahlungsunfähigkeit bzw. Überschuldung) sowie des Verlustes der Hälfte des Grund- oder Stammkapitals ist nicht immer einfach. Zur zutreffenden Ermittlung von fälligen und nicht fälligen Schulden sowie der „Erheblichkeit" der fälligen Verbindlichkeiten im Verhältnis zum Gesamtschuldenstand und zur Erstellung des Überschuldungsstatus, der im wesentlichen ein Bewertungsproblem darstellt, werden deshalb von den betroffenen Geschäftsleitern regelmäßig externe Prüfer als Sachverständige und Gutachter zur Hilfeleistung im Rahmen von freiwilligen Prüfungen herangezogen. Das gilt auch für die *Sanierungsfähigkeitsprüfung*, einer Unternehmensanalyse nach Risiko- und Existenzfähigkeitsgesichtspunkten, die bei gegebenem Anlaß durch externe Prüfer durchgeführt wird.

5. Organisation. Soweit die *Auskunftsrechte* und die *Auskunftspersonen* zur Durchführung von S. nicht gesetzlich benannt sind, ist es zweckmäßig, bei Beginn der S. hierüber Anordnungen zu erbitten. Auch die *Auftragsdurchführung* und der *Auftragsumfang* sind bei der Durchführung von S. möglichst genau zu umreißen, weil der Prüfungsumfang nicht wie bei Abschlußprüfungen festliegt.

Eine ordnungsmäßige Prüfungsplanung als wichtiger Bestandteil der Prüfungsabwicklung wird durch eine Reihe von sachlichen und zeitlichen Determinanten bestimmt. Die Grundsätze zu Abschlußprüfungen des IDW (FG I/1988) müssen auch für S. herangezogen werden. Das gilt auch für die Stellungnahme zur Gewährleistung der Prüfungsqualität (VO I/1982). Der Auftraggeber von S. hat Anspruch auf schriftliche Mitteilung des *Prüfungsergebnisses* in einem → *Prüfungsbericht*. Eine kurze Ergebniszusammenfassung in einem *Testat* (= → *Bestätigungsvermerk*) kann bei einer größeren Anzahl von Prüfungsadressaten zweckmäßig sein.

6. Folgen. Prüfungskonsequenzen sind teilweise durch gesetzliche Vorschriften angeordnet; sie können sich aber auch aus dem Prüfungsergebnis in Form von Inanspruchnahmen über Schadensersatzklagen oder über Berichtigungen von Rechnungslegungs- oder Geschäftsführungsaktionen ergeben.

7. Kosten und Haftung des Prüfers. Prüfungskosten ergeben sich als Auslagenersatz und Anspruch auf angemessene Honorierung. Die Höhe der Honorarforderung bestimmt sich mangels einschlägiger Gebührenordnungen nach der Schwierigkeit der Prüfungsaufgabe und des Prüfungsstoffes. Sie wird regelmäßig in eine Wertgebühr und eine Zeitgebühr zu unterteilen sein.

Die *zivilrechtliche Haftung* und gegebenenfalls Ersatzpflicht bei S. werden von der Eigenart des Prüfungsgeschehens und den dadurch gegebenen Unterscheidungsmerkmalen zur laufenden Abschlußprüfung bestimmt. Für aktienrechtliche S. gilt die gesetzliche Haftungsbeschränkung für Personen, die fahrlässig gehandelt haben. In anderen Fällen wird auf die Möglichkeit der vertraglichen Haftungsbegrenzung hingewiesen. Eine wirksame Haftungsbeschränkung für sogenanntes grobes Verschulden nach dem AGB-Gesetz vom 9.12.1976 kann jedoch nicht durch allgemeine Auftragsbedingungen, sondern nur durch Individualvereinbarungen erreicht werden.

Eine nicht gewissenhaft durchgeführte Prüfung kann neben zivilrechtlichen Haftungsfolgen auch eine *Haftung aus unerlaubter Handlung* sowohl gegenüber dem Auftraggeber als auch gegenüber Dritten auslösen. Eine in diesem Sinn nicht gewissenhaft ausgeführte Prüfung liegt bereits vor, wenn der Prüfer die Folgen seiner Handlungsweise billigend in Kauf nimmt. Die *strafrechtliche Verantwortlichkeit* des aktienrechtlichen Sonderprüfers ergibt sich darüber hinaus aus den §§ 403 und 404 AktG, und zwar aus der Verletzung der Berichts- und der Geheimhaltungspflicht. Neben die zivilrechtliche und strafrechtliche Haftung tritt bei Wirtschaftsprüfern und vereidigten Buchprüfern auch noch die *berufsrechtliche Verantwortlichkeit* des Prüfers.

Lit.: Schedlbauer, H.: Sonderprüfungen, 1984; *v. Wysocki, K.:* Grundlagen des betriebswirtschaftlichen Prüfungswesens, 3. Aufl., 1988, S. 42–54; *Schedlbauer, H.:* Prüfungen, freiwillige und vertragliche, in: HWRev., 2. Aufl., 1992, Sp. 1484–1489; *Schedlbauer, H.:* Sonderprüfungen, aktienrechtliche, in: HWRev., 2. Aufl., 1992, Sp. 1782–1791; *Schedlbauer, H.:* Sanierungsfähigkeitsprüfung, in: DStR 1993, S. 218–222.

WP Professor Dr. Hans Schedlbauer, Augsburg.

Sonstige betriebliche Aufwendungen und Erträge

In der → *Gewinn- und Verlustrechnung* nach dem → *Umsatzkostenverfahren* und dem → *Gesamtkostenverfahren* jeweils gesondert auszuweisende Position, die alle diejenigen Erträge bzw. Aufwendungen der gewöhnlichen Geschäftstätigkeit aufnimmt, die nicht bereits in anderen Aufwands- und Ertragspositionen enthalten sind. Zu den S. zählen z. B. Beratungsaufwendungen, Provisionen, Steuererstattungen, Gewinne bzw. Verluste aus dem Verkauf von Gegenständen des Anlagevermögens, Währungsgewinne und -verluste (→ *Gewinn- und Verlustrechnung*).

Sonstige finanzielle Verpflichtungen

Finanzielle Verpflichtungen wie z. B. mehrjährige Zahlungsverpflichtungen aus → *Leasing-* oder Mietverträgen, die zum Abschlußstichtag weder in der Bilanz noch gem. §251 HGB als Eventualverbindlichkeiten auszuweisen sind. S. sind von mittelgroßen und großen Kapitalgesellschaften gem. §285 HGB im → *Anhang* anzugeben (→ *Verbindlichkeiten*).

Lit.: Hauschildt, J./Kortmann, H. W.: „Sonstige finanzielle Verpflichtungen" (§285 Nr. 3 HGB) als Gegenstand der Berichterstattung – eine empirische Analyse, in: Wpg 1990, S. 420–425.

Sortenfertigung

→ *Massenfertigung* von verschiedenen Produktarten innerhalb einer einheitlichen Erzeugnisgattung, wobei sich die Produkte nur nach Dimension und/oder Qualität unterscheiden. Die einzelnen Produkte können simultan oder sukzessive hergestellt werden.

Sozialbilanz

1. Begriff und Entwicklung. Bei der S. (= gesellschaftsbezogene Rechnungslegung = Sozialreport) handelt es sich um eine systematische, mehr oder minder regelmäßige Darstellung monetärer und nicht-monetärer betrieblicher Leistungen und Aktivitäten, die die inhaltliche Begrenztheit der traditionellen, vornehmlich an den Informationsinteressen der Kapitalgeber orientierten → *Jahresabschlüsse* überwinden will. Zwar berichtete bereits 1938 die deutsche AEG-Telefunken-AG in ihrem Geschäftsbericht über Sozialdaten, die neuere S-Entwicklung kommt jedoch aus den USA. Dort sahen sich die Unternehmen in den sechziger Jahren gezwungen, auf einen deutlichen Wertewandel in der Gesellschaft zu reagieren, der ein Abgehen von rein materiellen, quantitativen Wachstumszielen signalisierte. Von den Unternehmen wurde erwartet, daß sie Rechenschaft legen über die gesellschaftlichen Auswirkungen ihrer Entscheidungen, über den Gebrauch und Mißbrauch natürlicher Ressourcen, über ihre Leistungen und Fehlleistungen in Politik, Kultur und Gesellschaft. Die erste deutsche S. wurde im Jahre 1971 von der STEAG vorgelegt, der in den siebziger Jahren eine große Zahl anderer Unternehmen (auch öffentliche Verwaltungen) folgte. Seit etwa 1980 allerdings stagniert die Entwicklung.

2. Ziele. Die Ziele der S. hängen entscheidend vom jeweiligen Publizitätsverständnis und vom Adressatenkreis, an den sie gerichtet ist, ab. Zum einen ist sie ein Instrument der unternehmerischen → *Publizität* und als solches mit derselben Zielambivalenz behaftet wie andere Publizitätsinstrumente auch. Aus dem Bereich der politischen Theorie kommend meint Publizität Offenlegung von Sachverhalten, Entscheidungen und Entscheidungskonsequenzen zum Zweck der Ermöglichung *öffentlicher Diskussion und öffentlicher Kontrolle*. In diese Richtung gehen daher auch nahezu alle Forderungen aus dem Nicht-Unternehmensbereich (Wissenschaft, Politik, Gewerkschaften, Bürgerverbände etc.). Die modernen Unternehmen seien in vielfältiger Weise mit einer Handlungsmacht ausgestattet, die weit über das rein ökonomische hinausgehe und die sie zu „politisch-sozialen Institutionen" habe werden lassen; als solche hätten sie der Öffentlichkeit gegenüber *Rechenschaft* über ihr Tun abzulegen und sich der öffentlichen Kritik zu stellen (analog zu den Zielen der Jahresabschlußpublizität gegenüber den Kapitalgebern). Ein S.-Verständnis, das den Sender der Information, das Unternehmen, zum passiven und den Empfänger zum aktiven Part in einem Beeinflussungssystem macht, entspricht dem Begriff der kritischen Publizität. Demgegenüber steht das natürliche Betreben der Unternehmen, das Instrument S. im Rahmen ihrer Öffentlichkeitsarbeit, als Instrument der Werbung um Vertrauen und der Abwehr unliebsamer Ansprüche einzusetzen. Übernimmt aber der Sender der Information den aktiven, Einfluß suchenden Part, so haben wir es mit manipulativer Publizität zu tun. Diese unterschiedlichen Zielvorstellungen haben nicht nur erheblichen Einfluß auf die inhaltliche Gestaltung der S., sondern waren auch ausschlaggebend für eine Reihe von Auseinandersetzungen um die S., die in der Forderung nach gesetzlicher Normierung gipfelten.

Ursprünglich war die S. ihrer Idee nach sehr breit angelegt: sie sollte umfassendes Informationsinstrument über alle Bereiche unternehmerischen Handelns, über die Beziehungen zur Arbeitnehmerschaft (*inneres Beziehungsfeld*) oder zur natürlichen Umwelt, zu Staat und Gesellschaft (*äußeres Beziehungsfeld*) sein. Schon bald aber wurde in vielen S. der Adressatenkreis eingeschränkt auf die Arbeitnehmer des Unternehmens: die S. erhielt den Charakter eines Instruments, das, je nach vorherrschendem Publizitätsverständnis, die Arbeitnehmer zur besseren Wahrnehmung ihrer Rechte befähigen oder aber zur Abschwächung latenter und manifester Konflikte dienen sollte; in diesen Fällen war es i.d.R. auch die Personaldirektion, die die S. verantwortete.

3. Erscheinungsformen. Die theoretische Literatur über S., aber auch die S.-Praxis bietet eine nahezu unübersehbare Fülle verschiedener Gestaltungsprinzipien und Systemkonzeptionen (*v. Wysokki, S. 67ff.*), von denen hier nur die wichtigsten dargestellt werden können. In der *eindimensionalen Vollrechnung*, dem wohl ambitioniertesten S.-Konzept, wird versucht, sämtliche Berichtsgrößen auf einer *einheitlichen Maßskala* abzubilden, um so einen die positiven und negativen gesellschaftlichen Auswirkungen des unternehmerischen Handelns darstellenden „*Sozialsaldo*" ermitteln zu können. Diese Form der S. entspricht auch am ehesten dem üblichen Bild einer „Bilanz" als einer Gegenüberstellung von Größen mit entgegengesetzter Wertigkeit. Diesem Typus können das „Socio-Economic-Operating-System" von *Linowes* oder auch die „gesellschaftsbezogene Erfolgsrechnung" von *Eichhorn* zugerechnet werden. In letzterem Modell werden sämtliche marktbedingten (*Renten*) und marktunabhängigen (*externe Effekte*) Beziehungen des Unternehmens zu seiner Umwelt, sofern sie nicht schon in der GuV verrechnet sind, einander gegenübergestellt: *soziale Nutzen* sind dabei als Minderausgaben/Mehreinnahmen Dritter und soziale Kosten als Mindereinnahmen/Mehrausgaben Dritter definiert und nach dem *Opportunitätskostenprinzip* bewertet. Die eindimensionalen Vollrechnungen haben sich aber in der Praxis nicht durchsetzen können, da für die Auswahl der Berichtsgegenstände, für ihre Interpretation und Bewertung verlässliche oder allgemein akzeptierte Maßstäbe fehlen.

Recht verbreitet sind allerdings eindimensionale S., die sich auf solche Segmente der Unternehmensaktivitäten beschränken, die für besonders interessant und/oder besonders öffentlichkeitswirksam gehalten werden. Die bekannteste Rechnung dieses Typs ist die → *Wertschöp-*

*fungs*rechnung, die ähnlich der volkswirtschaftlichen Gesamtrechnung die Gesamtleistung des Unternehmens zunächst nach der *Entstehungsseite* aufgliedert (Rohstoffaufwand, Abschreibungen) und dann die verbleibende Nettowertschöpfung auf die Empfängergruppen zurechnet (Mitarbeiter, Kapitalgeber, Staat, Unternehmen). Ob aber eine S., die sich darauf beschränkt, die Daten der GuV in anderer Gruppierung darzustellen, die Bezeichnung S. verdient, wird vielfach bestritten.

Die Schwierigkeit, heterogene Berichtstatbestände in einer einheitlichen Maßgröße ausdrücken zu müssen, umgeht die *mehrdimensionale S.* Hierunter fallen vor allem die verbalen Erläuterungsberichte und die S. auf der Basis von Indikatorenkatalogen, in denen nach mehr oder minder klaren Abgrenzungskriterien die verschiedensten Informationen, die von Interesse sind oder sein könnten, gegeben werden. Die Indikatoren können quantitativer (z. B. Zahl der Auszubildenden) oder qualitativer (z. B. Betriebspolitische Grundsätze) Art sein, sie können *outputorientiert* (z. B. Ausstoß an SO_2/Tag) oder *inputorientiert* (z. B. Aufwendungen für Gewässerreinhaltung) sein und sie können *objektiver* (z. B. Zahl der Werksärzte) oder *subjektiver* (z. B. Ergebnis einer Arbeitnehmerumfrage zum Betriebsklima) Natur sein. In diesen mehrdimensionalen S. verzichtet man zwar auf das Ziel der Gesamt-„Bilanzierung", gewinnt aber ein höheres Maß an Verläßlichkeit, da die Daten nicht in zweifelhafte und kaum nachvollziehbare Nutzengrößen umgerechnet werden müssen.

4. Normierung. Die verwirrende Vielfalt an Konzepten und die Ambivalenz der S. im Spannungsfeld zwischen seriöser Informationsvermittlung und fragwürdiger Öffentlichkeitsarbeit hat zu vielfältigen Versuchen der Normierung und Standardisierung geführt. Mehrere Wirtschaftsverbände haben ihren Mitgliedern Muster-S. empfohlen (Verband der Chemischen Industrie, Verband öffentlicher Banken); die größte Wirkung hatte die 1977 veröffentlichte *Rahmenempfehlung des Arbeitskreises „Sozialbilanz-Praxis"*, dem fast alle größeren, S. erstellenden Unternehmen angehörten (abgedruckt bei v. Wysocki S. 153– 165). Anliegen dieser Empfehlung war es, die *Vergleichbarkeit* und *Nachprüfbarkeit* der S. zu erhöhen und andere Unternehmen zu ermuntern, ebenfalls S. vorzulegen. Nach den Vorschlägen des Arbeitskreises sollte eine Sozialbilanz drei Elemente umfassen: (1) Einen *Sozialbericht* als die „mit statistischem Material angereicherte verbale Darstellung der Ziele, Maßnahmen, Leistungen und – soweit darstellbar – der durch die Leistungen erzielte Wirkungen ... gesellschaftsbezogener Aktivitäten des Unternehmens." (2) Eine *Wertschöpfungsrechnung*, die den Beitrag des Unternehmens zum Sozialprodukt verdeutlichen und aus einer Entstehungsrechnung und einer Verwendungsrechnung bestehen soll. (3) Eine *Sozialrechnung* als die „zahlenmäßige Darstellung aller quantifizierbaren gesellschaftsbezogener Aufwendungen eines Unternehmens .. sowie der betriebsindividuellen, direkt erfaßbaren gesellschaftsbezogenen Erträge." Für jedes dieser drei Elemente wurden detaillierte Empfehlungen gegeben: für den Sozialbericht eine Aufstellung wünschenswerter Berichtstatbestände, für die Wertschöpfungsrechnung ein Berechnungsschema, orientiert an den Positionen der aktienrechtlichen GuV, und für die Sozialrechnung ein Katalog quantitativer Inputindikatoren. Die Unternehmen wurden aufgefordert, nach Möglichkeit auch die S. mit einem → *Bestätigungsvermerk* des Wirtschaftsprüfers versehen zu lassen.

Trotz der von der Arbeitskreis-Empfehlung ausgehenden normierenden Wirkung ist eine einheitliche S.-Praxis nicht entstanden, die aussagefähige Vergleiche verschiedener Firmen anhand ihrer S.-Daten ermöglicht hätte. Auch der im Jahre 1979 vom Deutschen Gewerkschaftsbund, der von Anfang an die S.-Entwicklung sehr kritisch verfolgt hatte, vorgelegte Indikatorenkatalog konnte kaum zu einer Vereinheitlichung der S.-Praxis beitragen. Die Unternehmensrechtskommission widmete in ihrem 1980 vorgelegten

Bericht der Unternehmenspublizität zwar einen weiten Raum, nur eine Minderheit forderte aber eine gesetzliche Pflicht zur Erstellung von S.; die Mehrheit entschied sich, um durch eine vorzeitige Festschreibung die Dynamik nicht zu behindern, dafür, die Entwicklung abzuwarten und nach etwa zehn Jahren die bis dahin gemachten Erfahrungen zu bewerten. Demgegenüber hat man bereits 1977 in Frankreich eine gesetzliche S.-Pflicht eingeführt, die von allen Unternehmen und Betrieben mit mehr als 300 Beschäftigten jährlich die Aufstellung eines bis zu 500 Einzelindikatoren umfassenden Indikatorenkatalogs (nur inneres Beziehungsfeld) verlangt (*Schredelseker/Kopetsch/Maybüchen*); der Betriebsrat ist gesetzlich verpflichtet, zu diesem „Bilan social" Stellung zu beziehen; die Lebhaftigkeit der Auseinandersetzungen und die Resonanz, die die S.-Daten teilweise auch in der Presse finden, hat die S. zu einem wichtigen Element in der französischen Unternehmensverfassung werden lassen. Das Europäische Parlament hat 1987 die EG-Kommission aufgefordert, bis 1988 eine Bestandsaufnahme der in den EG-Ländern praktizierten S.-Systeme durchzuführen und eine Muster-S. für alle Unternehmen in der EG vorzulegen. Ob es seitens der Kommission für erforderlich gehalten wird, im Wege des Erlasses einer Richtlinie eine europäische Harmonisierung und damit auch gesetzliche Verankerung der S. zu erwirken, kann bislang noch nicht abgesehen werden.

Lit.: Dierkes, M.: Die Sozialbilanz, 1974; *Bundesminister der Justiz* (Hrsg.): Bericht über die Verhandlungen der Unternehmensrechtskommission, 1980; *Fischer-Winkelmann, W.F.*: Gesellschaftsorientierte Unternehmensrechnung, 1980; *v. Wysocki, K.*: Sozialbilanzen, 1981; *Schredelseker, K./Kopetsch, G./Maybüchen, B.*: Publizität und Unternehmensverfassung – Das Beispiel der französischen Sozialbilanz, 1986.

Professor Dr. Klaus Schredelseker, Innsbruck.

Soziale Kosten

= → *Volkswirtschaftliche Kosten.*
= Gesamtwirtschaftliche Kosten.

Sozialinvestitionen

Für sozialpolitische Zwecke aufgrund gesetzlicher Vorschriften oder bedingt durch die öffentliche Meinung durchgeführte Investitionen.

Sozialkosten

→ *Arbeitskosten.*

Spanien

1. Grundlagen

Zwischen 1988 und 1990 wurden die 4., 7. und 8. EG-Richtlinie über den Einzel- und den Konzernabschluß sowie die Prüfung in spanisches Recht umgesetzt. Hierzu waren das spanische HGB (Código de Comercio [CC]), das sp. AktG (Régimen Jurídico de las Sociedades Anónimas) und das sp. GmbHG (Régimen Jurídico de las Sociedades de Responsabilidad Limitada) zu ändern. Außerdem war der vom Finanzministerium erlassene *Allgemeine Kontenplan* (Plan General de la Contabilidad = PGC) entsprechend anzupassen.

Mit der neuen Gesetzgebung wurden in S. erstmals für alle Kaufleute eine Buchführungspflicht und einheitliche Rechnungslegungsgrundsätze festgeschrieben. Gesetzlich vorgeschrieben sind das *Inventar (Inventario), der Jahresabschluß* und das *Grundbuch*. Alle Bücher sind durch das Registergericht zu legalisieren. Das Inventar dient als Ausgangsbasis für den (Jahres-)Abschluß. Es ist zumindest vierteljährlich aufzustellen; allerdings fehlt eine Legaldefinition für das Inventar im CC.

Das Fehlen einer einheitlichen Buchführungspflicht in der Vergangenheit und dadurch bedingt die mangelnde Kontinuität in der Entwicklung der Rechnungslegung hatte zu einem Übergewicht des Steuerrechts geführt. Handels- und Steuerbilanzen waren im allgemeinen identisch. Die Aufgabe des Rechnungswesens als Informationsinstrument wurde dadurch weitgehend vernachlässigt. Durch das neue Recht der Rechnungslegung ist der Infor-

Spanien

mationswert insbesondere für die Anteilseigner gestärkt worden. Auch nach der neuen Gesetzgebung ist das Verhältnis zwischen Handels- und Steuerbilanz nicht geregelt. Eine Integration von Handels- und Steuerbilanz z. B. durch ein → *Maßgeblichkeitsprinzip* ist unbekannt. In Zukunft werden sich wohl beide Rechte getrennt entwickeln, zumal für die steuerliche Bewertung ein hohes Maß an Flexibilität, z. B. bei den Abschreibungsverfahren gegeben ist. Die Anpassung der spanischen Rechnungslegung an die EG-Vorschriften, verbunden mit der Einführung der Prüfungspflicht, bedeutet einen erheblichen qualitativen Fortschritt. Man sollte jedoch an die Umsetzung nicht zu hohe Anforderungen stellen, zumal steuerliche Regelungen einen erheblichen Einfluß haben können. Es wird noch eine längere Zeit vergehen, ehe der Informationscharakter der Rechnungslegung im Bewußtsein der Unternehmen in S. verankert sein wird. Bis dahin werden infolge der vielen zulässigen Bilanzierungshilfen und der großen Flexibilität – auch in steuerlicher Hinsicht – Abschlüsse in S. noch kein einheitliches Bild ergeben.

2. *Handelsrechtliche Vorschriften für den Einzelabschluß*

a) Ansatzregelungen. Die Rechnungslegungsvorschriften des CC sind unvollkommen. Soweit Vorschriften fehlen, ist der PGC maßgeblich. Nach dem PGC gelten folgende allgemeine Grundsätze: Going Concern-, Vorsichts-, Verursachungs-, Anschaffungswert- und Herstellkostenprinzip sowie Bewertungsstetigkeit (→ *Bewertungsprinzipien*). Im Vergleich zum deutschen Recht besteht eine größere Zahl von → *Bilanzierungshilfen*. Das gilt z. B. für die Aktivierungsfähigkeit eigener → *Forschungs- und Entwicklungs*kosten und selbstgeschaffener → *immaterieller Vermögensgegenstände*. Ferner dürfen Restrukturierungskosten und ungewöhnlich hohe Werbungskosten, z. B. für die Einführungswerbung eines neuen Produktes, aktiviert werden. Diese Beträge können über einen Zeitraum von insgesamt fünf Jahren verteilt werden.

b) Gliederungssystematik. Für Nicht-Kapitalgesellschaften sieht das Gesetz keine Gliederungsvorschriften vor. Art. 35 CC enthält als Mindestvorschrift lediglich ein Saldierungsverbot. Im PGC sind dagegen Gliederungsschemata für Bilanz und GuV-Rechnung zu finden. Die Gliederung des Abschlusses kann bei Kapitalgesellschaften in Abhängigkeit von Größenkriterien vereinfacht werden. Das Gesetz kennt entsprechend Art. 11 und 27 der 4. EG-Richtlinie drei → *Größenklassen*.

c) Bewertungsgrundsätze. Soweit das CC überhaupt Vorschriften zur Bewertung enthält, entsprechen diese im wesentlichen den deutschen Grundsätzen. Es verbleibt jedoch ein erheblicher Spielraum. Auch die → *Festwertmethode* im Anlage- und Umlaufvermögen ist grundsätzlich zulässig. Im Vergleich zu den deutschen Bilanzierungsgepflogenheiten tritt das → *Vorsichtsprinzip* zugunsten einer dynamischen Bilanzauffassung zurück (→ *Bilanztheorien*). Zur Bewertung von Verbindlichkeiten fehlen Vorschriften. Beispielsweise werden unverzinsliche Verbindlichkeiten als abzinsungsfähig angesehen. Ihr Ansatz zum Barwert führt zu einer Kollision mit dem Vorsichtsprinzip.

Aus der Verstärkung des Vorsichtsprinzips ergab sich die Notwendiglkeit, im größeren Umfang → *Rückstellungen* für ungewisse Verbindlichkeiten vorzunehmen. Das war bisher für spanische Unternehmen weitgehend unüblich. Klare Grundsätze haben sich jedoch noch nicht herausbilden können, zumal hierzu auch Fragen ihrer steuerlichen Berücksichtigungsfähigkeit offen sind. Das gilt beispielsweise für Garantierückstellungen, Pensionsrückstellungen, Rückstellungen für Prozeßrisiken, Steuerrisiken aus Betriebsprüfungen oder Verluste aus schwebenden Geschäften. Außerdem wurden → *Aufwandsrückstellungen* in erheblichem Umfang eingeräumt. Rückstellungen sind steuerlich nur abzugsfähig, wenn der zukünftigen Zahlung ein hohes Maß an Wahrscheinlichkeit zukommt, z. B. Gewährleistungsrückstellungen in der Automobilindustrie. Rückstellungen dagegen, die insbesondere unter Vorsichtsgesichtspunkten gebildet wurden, wie z.B. für Prozeßrisiken, sind steuerlich kaum geltend zu machen. Die Regelungen bedeuten eine Abkehr von der Zahlungsrechnung, die bisher die spanische Rechnungslegung dominierte. Aufwendungen und Erträge sind nunmehr verursachungsgerecht den Perioden zuzuordnen.

d) Anhang. Weitergehend als im deutschen Recht sind die Vorschriften zum Anhang, der für alle Unternehmen integrierter Bestandteil des Jahresabschlusses ist, und zwar unabhängig von Größenkriterien. Der Inhalt des → *Anhangs* ist im CC allerdings nicht spezifiziert. Zusammen mit dem Anhang muß der Jahresabschluß einen → *true and fair view* gewährleisten (Art. 34 Abs. 2 CC). Die Aufstellung eines → *Lageberichts* ist nicht vorgeschrieben.

3. Handelsrechtliche Vorschriften für den Konzernabschluß

a) Aufstellungspflicht und Konsolidierungskreis. Nach Art. 42ff. CC sind alle Gesellschaften, nicht jedoch Einzelkaufleute, zur Aufstellung eines → *Konzernabschlusses* verpflichtet. Bei der Definition des → *Konsolidierungskreises* wird das angelsächsische Control-Prinzip zugrundegelegt (Art. 42 CC). Der Begriff der einheitlichen Leitung ist dem spanischen Recht fremd. Eine Ausnahme von der Pflicht zur Aufstellung eines Konzernabschlusses besteht dann, wenn die Summe der konsolidierten Zahlen die Größenkriterien, die zur Aufstellung des Jahresabschlusses nach einer verkürzten GuV berechtigen, nicht überschreiten, und keine Börsenzulassung vorliegt. Die Ausnahmen von der Pflicht zur Einbeziehung in den Konsolidierungskreis entsprechen den Regeln des Art. 13 der 7. EG-Richtlinie. Tochtergesellschaften deutscher Mutterunternehmen brauchen einen Teilkonzernabschluß für den spanischen Teilkonzern nicht aufzustellen, wenn die Voraussetzungen des Art. 43 Abs. 1 Nr. 2 CC erfüllt sind.

Bilanz, GuV und Anhang bilden eine Einheit. Das Prinzip des true and fair view gilt auch für den Konzernabschluß. Als Abschlußstichtag gilt der Stichtag des Abschlusses der Obergesellschaft (Art. 45 CC). Grundsätzlich sind die Gliederungsschemata für Aktiengesellschaften anzuwenden (Art. 45 CC).

b) Konsolidierungsmaßnahmen. Die für den Konzernabshluß anzuwendende einheitliche Bewertung richtet sich nach den im Einzelabschluß des spanischen Mutterunternehmens angewandten Bewertungsgrundsätzen (Art. 46 Abs. 6 CC). Für Tochterunternehmen gilt das Prinzip der Vollkonsolidierung. Die → *Kapitalkonsolidierung* ist nach der purchase method vorzunehmen (Art. 46 Abs. 6 CC). Eine Verrechnung aktiver Unterschiedsbeträge gegen Rücklagen ist nicht vorgesehen. Die wesentliche Abweichung gegenüber dem deutschen Recht besteht darin, daß die Neubewertungsmethode nicht zulässig ist. Konzerninterne Aufwendungen und Erträge sowie Zwischenergebnisse sind zu eliminieren (Art. 46 Abs. 8 CC). Für Gemeinschaftsunternehmen sind die → *Quotenkonsolidierung* (Art. 47 CC) und für assoziierte Unternehmen die → *Equity-Methode* zugelassen.

Eine Beteiligung an einer Gesellschaft wird vermutet, wenn 20 % vom Nennkapital gehalten werden. Bei börsennotierten Gesellschaften vermindert sich der Prozentsatz auf 3 % des Nennkapitals (Art. 47 Abs. 3 CC, Art. 105 sp. AktG).

c) Konzernanhang und -lagebericht. Gesellschaften, die einen Konzernabschluß aufzustellen haben, müssen mindestens einen gekürzten Anhang aufstellen (Art. 48 CC). Die in den Anhang aufzunehmenden Angaben entsprechen weitgehend den in der Bundesrepublik üblichen. Beteiligungsgesellschaften sind in das Verzeichnis der Beteiligungsgesellschaften schon aufzunehmen, wenn die Beteiligung mindestens 5 % des Nennkapitals erreicht. Die Erläuterungspflichten zur Ertragsteuerposition sind wesentlich umfangreicher als in Deutschland. Hier ist eine genaue Darstellung der Abweichungen zwischen Handels- und Steuerbilanz einschließlich der zeitlichen Verwerfungen zu geben.

Die in den Konzernlagebericht aufzunehmenden Angaben entsprechen denen in Deutschland. Zusätzlich sind in den Lagebericht Angaben zu direkt oder indirekt gehaltenen eigenen Anteilen der Muttergesellschaft aufzunehmen.

4. Erweiterte Vorschriften für Kapitalgesellschaften

Jahresabschluß und Geschäftsbericht sind innerhalb von drei Monaten nach Beendigung des Geschäftsjahres aufzustellen. Für Bilanz und GuV sind Gliederungen vorgeschrieben, die sich nur unwesentlich von den deutschen Gliederungsvorschriften unterscheiden (Art. 175 sp. AktG). Jedoch sind nach spanischem Recht Beträge aktivierungsfähig, die das Bilanzbild gegenüber den in Deutschland üblichen Methoden erheblich beeinflussen können. So sind neben den bereits erwähnten Bilanzierungshilfen z. B. Gründungs- und Kapitalerhöhungskosten aktivierungsfähig. Die GuV ist nach dem → *Gesamtkostenverfahren* in Kontoform aufzustellen. Ein Wahlrecht exisitert nicht. Gegenüber den deutschen Ausweisgepflogenheiten ergeben sich sonst nur unwesentliche Abweichungen. Aperiodische und a. o. Aufwendungen und Erträge sind im Anhang nach Art und Höhe aufzugliedern. Die in den Anhang aufzunehmenden Angaben entsprechen den EG-Richtlinien und sind damit deckungsgleich mit den in Deutschland üblichen Angabepflichten. Jedoch muß eine → *Kapitalflußrechnung* aufgestellt werden. Wesentlich weiter gehen auch die Angabepflichten zu den steuerlichen Positionen. Der gesamte Einfluß, der von der Steuerbilanz ausgeht, ist offenzulegen. Mit der neuen Gesetzgebung wurden für spanische Kapitalgesellschaften die Prüfungs- und Offenlegungspflicht geregelt. Ausnahmen von der Prüfungspflicht gelten für kleinere Gesellschaften.

5. Kontenplan (PGC)

Der PGC ist ein Kontenplan im weiteren Sinne. In ihm werden die Bilanzierungs- und Bewertungsvorschriften ausgelegt und erläutert. Strittig ist, wie weit diesem noch eine Rechtsverbindlichkeit zukommt. Er hat heute eher den Charakter eines Kommentars zu den Grundsätzen der Rechnungslegung. Der Kontenplan umfaßt in seinen fünf Teilen:

- Grundsätze der Buchführung,
- Kontenklassengliederung,
- Definitionen und Abgrenzungen,
- Jahresabschluß (Gliederung),
- Bewertungsnomen.

Früher diente der PGC – ähnlich wie in → *Frankreich* – dazu, einheitliche Rechnungslegungsgrundsätze vorzugeben. Das lag vor allem im Interesse des Fiskus an einer einheitlichen Besteuerung. Nachdem im CC Vorschriften zur Rechnungslegung für alle Kaufleute erlassen worden sind, dürfte die in der spanischen Literatur vertretene Auffassung zu rechtfertigen sein, daß der Kontenplan keine Rechtsverbindlichkeit mehr hat. Billigt man dem Kontenplan den Charakter eines Kommentars zu, dürfte dies der Fortentwicklung der Rechnungslegung in Spanien nicht sehr förderlich sein, da er per Rechtsverordnung erlassen wird und somit dem schwerfälligen Gesetzgebungsverfahren unterliegt.

Lit.: Coopers & Lybrand (Hrsg.): Contabilidad y Auditoria en la Nueva Legislación Mercantil Espanola, 1989; *Garcia Echevarria, S./Gonzalo Angulo, J. A.*: EC Accounting Harmonization in Spain, 12th Congress of the European Accounting Association (EAA), 1989; *Sellin, J.-J.*: Die Umsetzung der EG-Bilanz- und Konzernabschlußrichtlinie in Spanien, in: RIW 1989, S. 965–983; *Ilundain, S.*: Reforma de la Legislación Mercantil, Bd. 1, Aspectos Contables y Fiscales, 1990; *Price Waterhouse* (Hrsg.): Nueva Normativa Mercantil y Contable, 1990; *Arthur Andersen* (Hrsg.): Análisis práctico de la Contabilidad en Espana, 1992; *Martinez, F. J.*: Spain, in: Alexander, A./Archer, S.: The European Accounting Guide, 2. Aufl., 1995, S. 821–911; *Coopers & Lybrand* (Hrsg.): Neue spanische Rechnungslegungsvorschriften, o. Jahr.

Dr. Eberhard Müller, Barcelona.

Sperrminorität

Minderheitenanteil am Kapital einer Gesellschaft, mit dem Beschlüsse, die eine qualifizierte Stimmenmehrheit verlangen, verhindert werden können. Nach dem AktG gewährt ein Stimmenanteil von mehr als 25 % des in der → *Hauptversammlung* vertretenen Grundkapitals eine S. Die S. kann z. B. Beschlüsse über Änderungen der Satzung (§ 179 AktG) und damit auch gem. § 182 AktG eine Erhöhung des Grundkapitals verhindern.

Spin-offs
= Split-offs.
→ *Management Buy-Out.*

Split-offs
= Spin-offs.
→ *Management Buy-Out.*

Sponsored-Management Buy-Out
→ *Management Buy-Out.*

Sprungfixe Kosten
= Intervallfixe Kosten.

Aufgrund der nicht beliebigen Teilbarkeit von Produktionsfaktoren bleiben S. innerhalb geplanter Beschäftigungsintervalle konstant, steigen bzw. fallen jedoch, wenn die Beschäftigung die vorherige Kapazitätsgrenze über- bzw. unterschreiten (→ *Kosten, fixe und variable*).

Lit.: Coenenberg, A. G.: Kostenrechnung und Kostenanalyse, 2. Aufl., 1993, S. 52ff.; *Haberstock, L.:* Kostenrechnung, Bd. 1: Einführung, 8. Aufl., 1987 (Nachdruck 1995), S. 38ff.

Sprungkonsolidierung
Vorgehensweise bei der → *Kapitalkonsolidierung*, wenn eine → *Zwischenholding* nicht in den → *Konsolidierungskreis* einbezogen wird, deren → *Tochterunternehmen* aber nach § 301 HGB im → *Konzernabschluß* konsolidiert werden. Bei der S. wird der Beteiligungsbuchwert an der Zwischenholding gegen das anteilige Eigenkapital ihrer Tochterunternehmen aufgerechnet.

Lit.: Busse von Colbe, W./Ordelheide, D.: Konzernabschlüsse, 6. Aufl., 1993, S. 291–294.

Staatliche Investition
= öffentliche Investition.

S. werden von der öffentlichen Hand vorgenommen. Man kann ihnen häufig weder Einzahlungen noch Auszahlungsersparnisse zuordnen. Ihr Nutzen kann dann nur durch Größen, die aus dem Investitionsziel abzuleiten sind (wie z. B. Benutzungsfrequenzen von Straßen, Brükken, Krankenhäusern usw.), ausgedrückt werden. → *Investitionskalküle* werden hierbei mit der Zielsetzung „Minimierung der Ausgaben" bei vorgegebener Zwecksetzung oder durch Durchführung von → *Kosten-/Nutzen-Analysen* verwendet.

Stakeholder Value-Konzept
Im Unterschied zum → *Share Holder Value-Konzept* werden nach dem S. neben den Interessen der Anteilseigner die Zielvorstellungen anderer Interessengruppen an einer Unternehmung (stakeholder) berücksichtigt. Dazu zählen Fremdkapitalgeber, Mitarbeiter, Kunden, Zulieferer und der Staat. Deren Interessen werden anders als beim Share Holder Value-Konzept nicht als Nebenbedingung bei der Erfüllung der Anteilseignerinteressen berücksichtigt, sondern sollen in einer Mehrfachzielsetzung münden. Eine solche Unternehmenspolitik ist in Deutschland bereits von → *Schmalenbach* und → *Nicklisch* in der ersten Hälfte des Jahrhunderts unter der Bezeichnung *Gemeinwirtschaftlichkeit* gefordert worden und entspricht auch heute noch dem Selbstverständnis vieler Unternehmer.

Lit.: Busse von Colbe, W./Perlitz, M.: Unternehmenspolitik, in: HdWW, Bd. 8, 1980, S. 145–154; *Janisch, M.:* Das strategische Anspruchsgruppenmanagement: Vom Shareholder Value zum Stakeholder Value, 1993, S. 211–426; *Bischoff, J.:* Das Shareholder Value-Konzept: Darstellung – Probleme – Handhabungsmöglichkeiten, 1994, S. 168–193.

Standard Cost Accounting
= → *Plankostenrechnung.*

Standard Sales Accounting
= *Planleistungsrechnung.*

Standardabweichung
Wurzel aus der Summe der quadratischen Abweichungen der Ergebniswerte x_i vom → *Erwartungswert* μ, gewichtet mit ihren Eintrittswahrscheinlichkeiten w_i (= Wur-

zel aus der → *Varianz*); allgemein durch σ symbolisiert.

$$\sigma = \sqrt{\sum_{i=1}^{n} (x_i - \mu)^2 \cdot w_i}$$

Lit.: Bortz, J.: Lehrbuch der Statistik, 2. Aufl., 1985, S. 55–61.

Standard-Grenzpreisrechnung
System der → *Grenzkostenrechnung* mit Ansatz von → *Leistungsertragssätzen* (→ *Grenzkostenrechnung*).

Standardisierte Prüfung
→ *Prüfungsmethoden*.

Standardisierter Bestätigungsvermerk
→ *Bestätigungsvermerk*.

Standardkostenrechnung
→ *Kostenrechnungssysteme*.

Standards
Im Bereich des Rechnungs- und Prüfungswesens anglo-amerikanischer Länder von den jeweiligen Berufsständen der → *Wirtschaftsprüfer* oder unter deren maßgeblicher Beteiligung erarbeitete Grundsätze für die Aufstellung des → *Jahresabschlusses* (→ *Accounting S.*) und dessen → *Prüfung* (Auditing S.), die z. T. gesetzesähnliche Kraft haben und deren Einhaltung von Börsenaufsichtsbehörden von börsennotierten Gesellschaften verlangt wird.

Lit.: Davidson, S./Anderson, G.D.: The Development of Accounting and Auditing Standards, in: JAcc. May 1987, S. 110–127.

Starre Plankostenrechnung
→ *Plankostenrechnung*.

Statische Bilanztheorie
→ *Bilanztheorien*.

Statische Investitionsrechnung
1. Begriff und Wesen

Mit Hilfe der S. beurteilen Leitungsinstanzen auf der Basis quantifizierbarer Größen die Vorteilhaftigkeit meist längerfristiger Kapitalbindungen im Hinblick auf überwiegend monetäre Ziele der Unternehmung (→ *Planungsrechnung*). Die Ergebnisse dienen zusammen mit nicht quantifizierbaren Faktoren zur Fundierung der Entscheidung über die *Durchführung von Investitionen* unter Auswahl eines Objektes aus mehreren sich ausschließenden Alternativen sowie der Festlegung der *optimalen Nutzungsdauer* oder des *optimalen Ersatzzeitpunktes*. Voraussetzung für die Anwendung dieser partiellen Rechenverfahren ist die hinreichend begründete Prognose der zukünftigen Zielbeiträge der betrachteten Investitionsalternativen in Form von Zahlungsströmen oder daraus abgeleiteter Größen und eine ausreichende Abgrenzung eines Objektes zu zeitgleichen sowie vor- oder nachgelagerten Investitionen.

Die Besonderheit der S. liegt in der *Vernachlässigung der zeitlichen Verteilung der Zahlungsströme* bzw. der umgerechneten Zielbeiträge des Investitionsobjektes. Abgesehen von der Amortisationsrechnung beziehen sich daher die einzelnen Verfahren nur auf *eine Periode*, wobei dieser Vereinfachung entweder die Annahme *weitgehend gleicher Verhältnisse* im Zeitablauf (konstante Zahlungsströme bzw. Repräsentativität der einzelnen Periode) oder eine sehr pauschale *Durchschnittsbetrachtung* zugrundeliegt. Ferner soll hiermit die Vorteilhaftigkeit einzelner Objekte und weniger diejenige umfassender Investitionsprogramme beurteilt werden. Insbesondere wegen dieser Vereinfachungen zählt die S. zu den sogenannten *Hilfsverfahren der Praxis*, die sich von theoretisch anspruchsvolleren Verfahren oder komplexeren Modellen abheben.

2. Verfahren

Die S. umfaßt i. a. vier Verfahren, wobei man je nach Betrachtungsstandpunkt die sog. → *MAPI-Methode* einbeziehen kann. Auf letzteres wird hier verzichtet.

a) Kostenvergleichsrechnung. Grundlegende Form der S. stellt die Kostenvergleichsrechnung dar, mit deren Hilfe die kostengünstigste Alternative bestimmt werden soll. Dazu ermittelt man entweder die Kosten einer Periode (Kalender- oder Abrechnungsjahr) oder die Kosten pro ausgebrachter Leistungseinheit (Stückkosten). Einzubeziehen sind die Abschreibungen (zur Wiedergewinnung der Anschaffungs- oder Herstellungskosten), die

Zinsen sowie alle relevanten laufenden Betriebskosten der jeweiligen Anlage. Ausgehend von der betrieblichen Kosten- und Leistungsrechnung werden häufig nicht nur aufwandsgleiche, sondern auch *kalkulatorische* → *Kosten* zugerechnet, so daß insbesondere auch die Verzinsung des eingesetzten Eigenkapitals berücksichtigt wird.

Im allgemeinen setzen sich die zugerechneten Kosten aus fixen und variablen Teilen in bezug auf die Beschäftigung der Anlagen zusammen, wobei vielfach kapitalintensivere Anlagen niedrigere Betriebskosten verursachen als Anlagen mit geringeren Anschaffungs- oder Herstellungskosten. Deshalb bildet die Kostenvergleichsrechnung in solchen Fällen die Grundlage für die Ermittlung einer *kritischen Menge*, bei der die Vorteilhaftigkeit der Anlagen in Abhängigkeit von der Höhe der (prognostizierten) Produktionsmenge wechselt.

Da man nicht ausschließlich von einer Kostenminimierung als Zielsetzung der Unternehmung ausgehen kann, müssen bestimmte Annahmen erfüllt sein, damit die Auswahl der kostenminimalen Alternative einer übergeordneten Gewinn- oder Vermögens- bzw. Einkommensmaximierung entspricht. Eine Auswahl kann nach den *geringsten Periodenkosten* erfolgen, wenn eine *bestimmte Absatzmenge* produziert werden soll, für die die Kapazität aller verglichenen Objekte ausreicht. Können sich dagegen Kapazitätsdifferenzen in *unterschiedlichen Absatzmengen* niederschlagen, so kann bei *gleichen Stückerlösen* eine Objektauswahl nach den günstigsten *Stückkosten* erfolgen.

Die Kostenvergleichsrechnung läßt sich nicht nur zur Auswahlentscheidung zwischen neuen Objekten einsetzen, sondern u. U. auch für den Ersatz einer alten durch eine neue Anlage verwenden. Das Verfahren verlangt dann aber eine Erweiterung um die „Verluste" durch die Aufgabe der alten Anlage.

b) Gewinnvergleichsrechnung. Variieren die Erlöse nicht ausschließlich mit der Produktionsmenge der alternativen Anlagen, z.B. weil auch qualitative Unterschiede bestehen, so muß der Entscheidungsträger einen Vergleich auf der Basis erwarteter Gewinne (i. d. R. pro Periode) durchführen. Den einzelnen Objekten sind in diesem Fall jeweils die erwarteten Erlöse und Kosten zuzurechnen, wobei die Anlage mit der höchsten Differenz, dem *größten Gewinn*, vorzuziehen ist.

Wie bei der ersten Form gehen zwar die Zinsen für das eingesetzte Kapital über die Kosten in die Gewinnvergleichsrechnung ein, nicht aber die Erfolgsbeiträge der möglichen Differenzen des Kapitaleinsatzes der einzelnen Investitionsobjekte. Ferner bestehen u. U. *Mängel* bezüglich der Aussage, ob nicht eine alternative Verwendung des eingesetzten Kapitals einen höheren Gewinn in der Totalperiode liefert.

c) Rentabilitätsvergleichsrechnung. Diese zuletzt beschriebenen Nachteile versucht die Rentabilitätsvergleichsrechnung zu beheben, indem sie den prognostizierten Gewinn ins Verhältnis zum Kapitaleinsatz setzt:

$$\text{Rentabilität} = \frac{\text{Gewinn (Periode)} \cdot 100}{\text{Kapitaleinsatz}} \%.$$

Im Falle abnutzbarer Anlagegüter muß wegen der abnehmenden Kapitalbindung der Gewinn nicht auf das ursprünglich eingesetzte Kapital, sondern auf das *durchschnittlich gebundene Kapital* bezogen werden.

Die Rentabilitätsrechnung gestattet einen besseren Vergleich von Anlagen mit unterschiedlichen Funktionen. Außerdem kann der Investor bei ihrer Anwendung die berechnete Rentabilität der betrieblichen Investitionsobjekte auch mit durchschnittlichen Verzinsungen auf dem Kapitalmarkt vergleichen.

d) Amortisationsrechnung. Mit diesem Verfahren, auch *Kapitalrückflußrechnung* oder *Pay-off-* bzw. *Pay-back-Methode* genannt, wird keine monetäre Größe, sondern ausgehend von Zahlungen der *Zeitraum* berechnet, in dem das eingesetzte Kapital zurückgeflossen ist. In der statischen Version ermittelt man die *Amortisationsdauer*, auch als *Pay-off-Periode* bezeichnet, ohne Berücksichtigung einer

Diskontierung durch Division des Kapitaleinsatzes durch den (durchschnittlichen) Kapitalrückfluß. Als *Kapitalrückfluß* kann der *Überschuß der Einzahlungen über die laufenden Auszahlungen* der Periode oder aufbauend auf der Gewinnvergleichsrechnung die *Differenz zwischen Erlös und Kosten zuzüglich der verrechneten Abschreibungen* dienen. Die Berechnung durch *Kumulation differenzierter periodischer Kapitalrückflüsse* ausgehend vom Investitionszeitpunkt bis zur rechnerischen Erreichung der „Anschaffungsanzahlung" enthält bereits *dynamische Elemente*.

Die Bedeutung der Amortisationsrechnung liegt in der *pauschalen Berücksichtigung des Risikos* unter der Annahme, daß die Gefahr einer Fehlprognose und damit einer Nicht-Amortisation des eingesetzten Kapitals mit zunehmender Amortisationsdauer wächst. Deswegen besteht die Tendenz zur Auswahl des Objektes mit kürzerer bzw. kürzester Amortisationsdauer, oder es wird die Entscheidungsregel „Einhaltung einer vorgegebenen Soll-Amortisationsdauer" angewandt. Eine ausschließliche Entscheidung nach der Amortisationsdauer würde jedoch eine zu einseitige und enge Betrachtung des Risikos darstellen und die Gewinn- oder Rentabilitätserwartung der Investition nicht hinreichend berücksichtigen.

3. Beurteilung

Die S. weist eine vergleichsweise einfache Struktur auf, die die praktische Anwendung sehr erleichtert. Wegen der verwandten Vorteilhaftigkeitsmaßstäbe besteht eine enge Beziehung zur laufenden Kosten- und Leistungsrechnung insbesondere in Form der → *Plankosten- und Planleistungsrechnung*. Hauptnachteil stellt die methodische Vernachlässigung von Zeitunterschieden der Zielbeiträge nach Lage und Dauer dar, die prinzipiell die Gefahr der Fehlentscheidung beinhaltet. Wenn Entscheidungsträger überhaupt künftige Zielbeiträge für die betachteten Investitionsalternativen schätzen können, so werden sie in aller Regel auch eine gewisse zeitliche Verteilung prognostizieren können. Dann bedarf es aus ökonomischer Sicht auch einer Bewertung des zeitlichen Anfalls der Zielbeiträge mit Hilfe der → *dynamischen Investitionsrechnung*.

Lit.: Blohm, H./Lüder, K.: Investition, 8. Aufl., 1995, S. 157–175; *Kruschwitz, L.:* Investitionsrechnung, 6. Aufl., 1995, S. 31–43; *Schierenbeck, H.:* Betriebswirtschaftslehre, 12. Aufl., 1995, S. 324–335; *Wöhe, G.:* Einführung in die Allgemeine Betriebswirtschaftslehre, 19. Aufl., 1996, S. 748–754; *Perridon, L./Steiner, M.:* Finanzwirtschaft der Unternehmung, 9. Aufl., 1997, S. 39–57.

Professor Dr. Norbert Krawitz, Siegen.

Statutarische Prüfung
→ *Prüfung des Jahresabschlusses.*

Stelleneinzelerlöse
Den in einer Erlösstelle zusammengefaßten Produkten (auf der Basis des → *Verursachungsprinzip*) direkt zurechenbare Erlöse (→ *Erlösrechnung*).

Stellengemeinerlöse
Den in einer Erlösstelle zusammengefaßten Produkten (nur auf der Basis des → *Verursachungsprinzips*) nicht direkt zurechenbare Erlöse, z. B. im Falle einer räumlich-geographischen Erlösstelle Erlöse aus Gesamtaufträgen verschiedener Unternehmen eines Konzerns, der mit seinen Aktivitäten die Grenzen der räumlich-geographischen Marktsegmente überschreitet (→ *Erlösrechnung*).

Stetigkeitsprinzip
Die → *Grundsätze ordnungsmäßiger Buchführung* und die Vermittlung eines den tatsächlichen Verhältnissen entsprechenden → *Bildes der Vermögens-, Finanz- und Ertragslage* der Unternehmung erfordern grundsätzlich eine *gleichartige* (konsistente) *Abbildung gleichartiger Bilanzierungssachverhalte* zu einem *Zeitpunkt* und im *Zeitverlauf* (Consistency). Abweichungen vom S. sind nur in Ausnahmefällen zulässig und bedürfen dann der Erläuterung. Das S. bezieht sich auf den *Ausweis* im → *Jahresabschluß* (*formale* S.), auf die Bewertungsmethoden (*materielle* S., → *Bewertungsstetigkeit*), auf die Methoden der → *Umrechnung von Jahresabschlüssen* und der → *Konsolidierung*. Das S. ist für

Ausweis-, Bewertungs- und Konsolidierungsmethoden in den §§265 Abs. 1, 252 Abs. 1 Nr. 6 und §297 Abs. 3 HGB kodifiziert; für den → *Bilanzansatz* besteht nach HGB ein S. nicht.

Lit.: *Müller, J.*: Das Stetigkeitsprinzip im neuen Bilanzrecht, 1989.

Steuerabgrenzung

→ *Latente Steuern.*

Steuerbilanz

1. Steuerlicher Gewinnbegriff. Für die Besteuerung des Erfolgs von gewerblichen Unternehmen stellt der → *Gewinn* die zentrale Größe dar. Bei der → *Einkommensteuer* wird er zur Ermittlung der Einkünfte aus Gewerbebetrieb von Einzelunternehmern und Gesellschaftern einer Personengesellschaft herangezogen, bei der → *Körperschaftsteuer* wird hieraus das zu versteuernde Einkommen einer Kapitalgesellschaft abgeleitet. Der einkommen- oder körperschaftsteuerliche Gewinn bildet gleichzeitig die Ausgangsgröße zur Ermittlung der *Gewerbesteuer* vom Ertrag (→ *Ertragsteuern*). Bei Gewerbetreibenden ist der Gewinn regelmäßig durch einen → *Betriebsvermögensvergleich* zu ermitteln, dem folgende Gewinndefinition zugrundeliegt:

- Betriebsvermögen zum Schluß des Wirtschaftsjahrs
- Betriebsvermögen am Anfang des Wirtschaftsjahrs

= Unterschiedsbetrag
+ Entnahmen
− Einlagen

= Gewinn des Wirtschaftsjahrs (§4 Abs. 1 EStG)
− steuerfreie Einnahmen
+ nichtabzugsfähige Betriebsausgaben

= steuerpflichtiger Gewinn

2. Maßgeblichkeitsprinzip. Das Steuerrecht kennt keine eigenständige Gewinnermittlung, sondern knüpft über das → *Maßgeblichkeitsprinzip* (§5 Abs. 1 EStG) an die handelsrechtliche Rechnungslegung an. Inhalt des Maßgeblichkeitsprinzips ist, daß die den → *Grundsätzen ordnungsmäßiger Buchführung* (GOB) entsprechenden handelsrechtlichen Wertansätze zu übernehmen sind, sofern nicht zwingende steuerliche Vorschriften entgegenstehen. Bei einer *S.* handelt es sich also um eine nach steuerlichen Grundsätzen korrigierte Handelsbilanz. Da die GoB die Grundlage der steuerlichen Gewinnermittlung bilden, wird der Gewinn im Handelsrecht und Steuerrecht weitgehend nach den gleichen Prinzipien ermittelt.

Bei der *Bilanzierung dem Grunde nach* gilt das Maßgeblichkeitsprinzip in dem Sinne, daß nach handelsrechtlichen GoB bestimmt wird, welche → *Wirtschaftsgüter* in der S. angesetzt werden können. Für die *Bewertung* ist das Maßgeblichkeitsprinzip insoweit eingeschränkt, daß die handelsrechtlichen Wertansätze nur übernommen werden, wenn sie den steuerlichen Bewertungsvorschriften der §§6, 7 EStG entsprechen (*Bewertungsvorbehalt*, §5 Abs. 6 EStG).

Steuerliche Bilanzierungs- und Bewertungswahlrechte können nur in Übereinstimmung mit der handelsrechtlichen Jahresbilanz ausgeübt werden (§ 5 Abs. 1 Satz 2 EStG). Obwohl das Maßgeblichkeitsprinzip formal aufrechterhalten wird, ist damit de facto eine *Umkehrung des Maßgeblichkeitsprinzips* verbunden, denn die in der Handelsbilanz gewählten Wertansätze orientieren sich an steuerlichen Regelungen und nicht an den GoB.

Aufgrund des Maßgeblichkeitsprinzips ergeben sich zahlreiche Zielkonflikte zwischen dem Grundsatz der Rechtssicherheit der Besteuerung, dem Gleichmäßigkeitsprinzip, den GoB und dem Einsatz von Steuervergünstigungen als wirtschafts- und sozialpolitisches Lenkungsinstrument. Aus Sicht der Steuerpflichtigen wird eine eigenständige *Steuerbilanzpolitik* erschwert, da zusätzlich zum Ziel der Steuerminimierung die Auswirkungen auf die Gewinnausschüttungen sowie die Darstellung der Ertrags- und Finanzlage im handelsrechtlichen → *Jahresabschluß* zu beachten sind. Die steuerlichen Bilanzierungs- und Bewertungsgrundsätze erhalten ab dem 1.1.1993 auch für die Vermögensaufstellung und damit insb. für die *Vermögensteuer* und *Gewerbesteuer vom*

Kapital Relevanz (§ 109 BewG), was zu weiteren Konflikten mit der Zielsetzung einer periodengerechten Erfolgsermittlung führt.

3. Ansatz dem Grunde nach. Im Steuerrecht hängt die Bilanzierungsfähigkeit davon ab, ob ein *Wirtschaftsgut* vorliegt. Der gesetzlich nicht definierte Begriff wird durch die Rechtsprechung des Reichsfinanzhofs und des Bundesfinanzhofs konkretisiert: (Positive) Wirtschaftsgüter sind Sachen und Rechte im bürgerlich-rechtlichen Sinne sowie sonstige wirtschaftliche Vorteile, die durch Aufwendungen erlangt werden, nach der Verkehrsauffassung selbständig bewertungsfähig sind und dem Betrieb einen über das Ende des Wirtschaftsjahrs hinausgehenden Nutzen zu bringen versprechen. Analog handelt es sich bei negativen Wirtschaftsgütern um selbständig bewertbare wirtschaftliche Lasten, die in einem zukünftigen Wirtschaftsjahr zu Aufwendungen führen. Aus der Maßgeblichkeit der Handelsbilanz für die S. folgt nach herrschender – jedoch nicht unbestrittener – Meinung, daß sich die Begriffe → *Vermögensgegenstand* und positives Wirtschaftsgut sowie Schulden und negatives Wirtschaftsgut decken. Ob ein bilanzierungsfähiges Wirtschaftsgut in den steuerlichen Betriebsvermögensvergleich einbezogen wird, hängt gleichfalls von der handelsrechtlichen Rechtslage ab: Was handelsrechtlich aktiviert oder passiviert werden muß, ist in der S. anzusetzen. Ausnahmen von diesem Grundsatz enthalten § 5 Abs. 3 und Abs. 4 EStG. Handelsrechtliche Aktivierungs- und Passivierungsverbote sind steuerlich zu beachten. Handelsrechtliche Ansatzwahlrechte führen nach der Auslegung des Maßgeblichkeitsprinzips durch die Finanzrechtsprechung und die Finanzverwaltung zu folgenden Ergebnissen: Besteht für die Handelsbilanz ein Aktivierungswahlrecht, ist das Wirtschaftsgut im Steuerrecht ansatzpflichtig, während aus handelsrechtlichen Passivierungswahlrechten ein steuerliches Ansatzverbot resultiert.

Zur Abgrenzung der in den Betriebsvermögensvergleich einbezogenen Wirtschaftsgüter wird unterschieden in: notwendiges Betriebsvermögen, notwendiges Privatvermögen und gewillkürtes Betriebsvermögen. Dem *notwendigen Betriebsvermögen* werden Wirtschaftsgüter zugerechnet, die objektiv erkennbar zum Einsatz im Betrieb selbst bestimmt sind. Wirtschaftsgüter, die ausschließlich privaten Zwecken dienen und die in keinem unmittelbaren oder mittelbaren Zusammenhang mit dem Betriebszweck stehen, sind als *notwendiges Privatvermögen* in der Steuerbilanz nicht enthalten. Wirtschaftsgüter, die weder zum notwendigen Betriebsvermögen noch zum notwendigen Privatvermögen zählen, können *gewillkürtes Betriebsvermögen* sein, sofern sie objektiv geeignet und dazu bestimmt sind, die betriebliche Tätigkeit zu fördern, und in einem gewissen objektiven Zusammenhang mit der betrieblichen Tätigkeit stehen (→ *Personenunternehmen*). Übt der Unternehmer das Wahlrecht für die Zuordnung zum Betriebsvermögen aus, so hat er den Vorteil, daß Wertminderungen an den Wirtschaftsgütern des gewillkürten Betriebsvermögens seine einkommen- und gewerbesteuerliche Belastung senken, allerdings auch den Nachteil, daß Veräußerungsgewinne bei solchen Wirtschaftsgütern die ESt und GewSt erhöhen.

Die Unterscheidung zwischen Betriebs- und Privatvermögen gilt in erster Linie für *Einzelunternehmer*. Bei *Personengesellschaften* stellt das Gesellschaftsvermögen grundsätzlich notwendiges Betriebsvermögen dar. Darüber hinaus umfaßt ihr Betriebsvermögen sämtliche Wirtschaftsgüter, die im Eigentum eines Gesellschafters stehen und die den gemeinsamen Gesellschaftszweck fördern (*Sonderbetriebsvermögen I*), sowie Wirtschaftsgüter, die der Beteiligung des Gesellschafters an der Personengesellschaft dienen (*Sonderbetriebsvermögen II*). Konsequenz ist, daß Vergütungen aus schuldrechtlichen Verträgen zwischen der Personengesellschaft und ihren Gesellschaftern den Einkünften aus Gewerbebetrieb zugerechnet werden. Die im Gesellschaftsvermögen einer *Kapitalgesellschaft* enthaltenen Wirtschaftsgüter zählen zum notwendigen Betriebsvermögen. Die einem Gesellschafter gehörenden Wirtschaftsgüter bleiben außer Ansatz, auch wenn sie den Betrieb der Kapitalgesellschaft fördern. Gesellschaft-Gesellschafter-Verträge werden grundsätzlich wie Vertragsbeziehungen mit Außenstehenden behandelt. Insoweit besteht im Umfang des Betriebsvermögens zwischen Einzelunternehmen, Personen- und Kapitalgesellschaften ein grundsätzlicher und wesentlicher Unterschied.

Eine *Entnahme* liegt vor, wenn ein Wirtschaftsgut das Betriebsvermögen für betriebsfremde Zwecke verläßt. Dabei lassen sich Bar-, Sach-, Nutzungs- und Leistungsentnahmen unterscheiden. *Einlagen* sind als Zuführung von Wirtschaftsgütern (Bareinzahlung, sonstige Wirtschaftsgüter) in das Betriebsvermögen definiert.

Bei *steuerfreien Einnahmen* handelt es sich beispielsweise um Einkünfte, die nach einem Doppelbesteuerungsabkommen von der Besteuerung freigestellt sind, Investitionszulagen oder Sanierungsgewinne. *Nichtabzugsfähige Betriebsausgaben* sind beispielsweise Geldbußen, Einkommen-, Körperschaft-, Vermögensteuer und teilweise Werbegeschenke sowie Bewirtungskosten und bei Kapitalgesellschaften die Hälfte der Aufsichtsratsvergütungen.

4. Ansatz der Höhe nach. Für die steuerliche Gewinnermittlung werden drei Bewertungsmaßstäbe verwendet: → *Anschaffungs-*, → *Herstellungskosten* und → *Teilwert*, wobei der Teilwert i.d.R. nur dann zum Ansatz kommt, wenn er unterhalb der Anschaffungs- oder Herstellungskosten liegt. Anschaffungskosten sind Aufwendungen, die geleistet werden, um ein Wirtschaftsgut zu erwerben und in einen betriebsbereiten Zustand zu versetzen. Herstellungskosten sind definiert als Aufwendungen, die durch den Verbrauch von Gütern und die Inanspruchnahme von Diensten für die Herstellung eines Wirtschaftsguts, seine Erweiterung oder für eine über seinen ursprünglichen Zustand hinausgehende wesentliche Verbesserung entstehen. Beide Bewertungsmaßstäbe stimmen weitgehend mit den entsprechenden handelsrechtlichen Begriffen überein. Die wichtigste Abweichung besteht darin, daß im Steuerrecht in die Herstellungskosten auch die Fertigungs- und Materialgemeinkosten einzubeziehen sind, während für diese in der Handelsbilanz ein Wahlrecht gewährt wird. Der Teilwert ist ein ausschließlich im Steuerrecht verwendeter Bewertungsmaßstab. Er ist definiert als der Betrag, den ein Erwerber des ganzen Betriebs im Rahmen des Gesamtkaufpreises für das einzelne Wirtschaftsgut ansetzen würde; dabei ist davon auszugehen, daß der Erwerber den Betrieb fortführt (§6 Abs. 1 Nr. 1 EStG). Aufgrund der praktischen Probleme bei der Umsetzung dieser theoretischen Konzeption wurden von der Rechtsprechung Teilwertvermutungen aufgestellt. Als Teilwert gelten bei Wirtschaftsgütern des Anlagevermögens die (fortgeführten) Anschaffungs- oder Herstellungskosten und bei Wirtschaftsgütern des Umlaufvermögens die Wiederbeschaffungskosten. Der Steuerpflichtige kann die Teilwertvermutungen nur bei Unrentierlichkeit des Betriebs oder des Gegenstands oder gesunkenen Wiederbeschaffungskosten widerlegen.

Für die Bewertung der einzelnen Wirtschaftsgüter ergeben sich aus dem Nebeneinander von steuerlichen Bewertungsvorschriften und Maßgeblichkeitsprinzip folgende Konsequenzen: *Wirtschaftsgüter des abnutzbaren* → *Anlagevermögens* sind mit den Anschaffungs- oder Herstellungskosten vermindert um planmäßige Abschreibungen zu bewerten (§6 Abs. 1 Nr. 1 EStG). Die handelsrechtlich verwendeten Abschreibungspläne (Abschreibungsmethode, Nutzungsdauer) sind zu übernehmen, sofern die in §7 EStG genannten Grenzen nicht überschritten werden. Bei dauernden Wertminderungen besteht entgegen dem Wortlaut auch im Steuerrecht Abschreibungspflicht. Bei vorübergehenden Wertminderungen ist das Abschreibungswahlrecht in der Handelsbilanz und Steuerbilanz in gleicher Weise auszuüben. Die bei Personenunternehmen zulässigen Abschreibungen nach vernünftiger kaufmännischer Beurteilung (§253 Abs. 4

HGB) entfalten steuerlich keine Wirkung. Der Teilwert kann nur aufgrund von steuerlichen Sondervorschriften – z.B. Sonderabschreibungen – unterschritten werden. Voraussetzung ist, daß in der Handelsbilanz entsprechend verfahren wird (§5 Abs. 1 Satz 2 EStG). Fallen die Gründe für eine Teilwertabschreibung weg, so ist eine Zuschreibung bis zu den fortgeführten Anschaffungs- oder Herstellungskosten zulässig (§253 Abs. 5 HGB, §6 Abs. 1 Nr. 1 Satz 4 EStG).

Nicht abnutzbare Wirtschaftsgüter des Anlagevermögens sind mit den Anschaffungs- oder Herstellungskosten anzusetzen (§6 Abs. 1 Nr. 2 EStG). Bei dauernden Wertminderungen ist eine Abschreibung auf den niedrigeren Teilwert vorzunehmen. Bei vorübergehenden Wertminderungen ist das handelsrechtliche Wahlrecht in der Steuerbilanz zu übernehmen. Da für diese Wirtschaftsgüter gleichfalls ein eingeschränkter Wertzusammenhang gilt, ist das Zuschreibungs- bzw. Beibehaltungswahlrecht handels- und steuerrechtlich in übereinstimmender Weise auszuüben.

Bei *Wirtschaftsgütern des → Umlaufvermögens* gelten weitgehend die gleichen Grundsätze wie bei Wirtschaftsgütern des nicht abnutzbaren Anlagevermögens (§6 Abs. 1 Nr. 2 EStG). Da beim Umlaufvermögen jedoch das strenge Niederstwertprinzip gilt, sind bei Wertminderungen Teilwertabschreibungen zwingend, unabhängig davon, ob diese vorübergehend oder dauernd sind.

→ Verbindlichkeiten sind mit ihrem Rückzahlungsbetrag zu bewerten. Bei *→ Rückstellungen* wird der Betrag angesetzt, der nach vernünftiger kaufmännischer Beurteilung notwendig ist, um die Verpflichtung nach den Verhältnissen am Bilanzstichtag zu erfüllen (§253 Abs. 1 HGB, §6 Abs. 1 Nr. 3 EStG). Für *Entnahmen* und *Einlagen* ist grundsätzlich der Teilwert heranzuziehen (§6 Abs. 1 Nr. 4, 5 EStG).

Lit.: Brönner, H./Bareis, P.: Die Bilanz nach Handels- und Steuerrecht, 9. Aufl., 1991, S. 419–613; *Biergans, E.:* Einkommensteuer, 6. Aufl., 1992, S. 195–556; *Wöhe, G.:* Betriebswirtschaftliche Steuerlehre, Bd. I, 2. Halbbd., 7. Aufl., 1992, S. 1–455; *Knobbe-Keuk, B.:* Bilanz- und Unternehmenssteuerrecht, 9. Aufl., 1993, S. 11–267; *Falterbaum, H./Beckmann, H.:* Buchführung und Bilanz, 16. Aufl., 1996, S. 353–819.

Professor Dr. Otto H. Jacobs, Mannheim/ Professor Dr. Wolfram Scheffler, Osnabrück.

Steuerfreie Rücklagen

S. sind offene Rücklagen, die zu Lasten des *steuerpflichtigen Gewinns* gebildet werden (*→ Steuerbilanz*). Da sie i.d.R. jedoch innerhalb bestimmter Fristen gewinnerhöhend aufgelöst werden, entsteht keine endgültige Steuerersparnis, sondern lediglich eine zinslose Steuerstundung. Der Steuergesetzgeber läßt zahlreiche S. zu. Die Zulässigkeit zur Bildung S. ist mit Ausnahme der *→ Preissteigerungsrücklage* von der gleichzeitigen Bildung in der *→ Handelsbilanz* abhängig (sog. *umgekehrte → Maßgeblichkeit*).

Lit.: Wöhe, G.: Betriebswirtschaftliche Steuerlehre, Bd. I, 2. Halbbd., 7. Aufl., 1992, S. 370–401.

Steuerlicher Gewinn

→ Steuerbilanz.

Steuern

1. Begriff und Erscheinungsformen

Unter S. (taxes) werden Zahlungen an den Staat aufgrund gesetzlicher Verpflichtungen ohne Anspruch auf besondere Gegenleistungen verstanden. S. unterteilt man generell in *→ Ertragsteuern*, *→ Substanzsteuern* und *→ Verbrauchsteuern.*

Zu den *Ertragsteuern* gehören die veranlagte *→ Einkommensteuer* (ESt) und in Form des Quellenabzugsverfahrens („Quellensteuer") die *Lohnsteuer* für Einkünfte aus nichtselbständiger Tätigkeit und für Einkünfte aus Kapitalvermögen als *Kapitalertragsteuer* (KapESt), die *Kirchensteuer* (KiSt), die *→ Körperschaftsteuer* (KSt) und die *→ Gewerbeertragsteuer* (GewESt). Ertragsteuern knüpfen bei Unternehmen jeweils an eine Bemessungsgrundlage an, die abhängig ist vom erzielten Jahresergebnis. Die S. wird nach Gewinnermittlungsvorschriften des EStG

(→ *Steuerbilanz*, → *Gewinnermittlungsverfahren des EStG*) und des GewStG berechnet.

Substanzsteuern knüpfen an den Wert eines Vermögensbestandes an. Zu ihnen gehören die → *Vermögensteuer* (VSt), die → *Gewerbekapitalsteuer* (GewKSt), die *Grundsteuer* (GrSt) und die *Erbschaftsteuer* (ErbSt). Ihre Bemessungsgrundlagen finden sich im *Bewertungsgesetz* in Form des → *Gemeinen Wertes*, des → *Teilwertes* und des → *Einheitswertes* (→ *Betriebsvermögensermittlung*).

Verbrauchsteuern sind S. auf die Einkommensverwendung, die den Verbrauch oder Gebrauch von Waren belasten. Die wichtigste *allgemeine* Verbrauchsteuer ist die *Umsatzsteuer* (USt) in Form der → *Mehrwertsteuer*, die rechtlich jedoch als → *Verkehrsteuer* klassifiziert ist. Daneben gibt es *spezielle* Verbrauchsteuern wie z. B. die *Mineralölsteuer* und die *Tabaksteuer*.

2. Berücksichtigung im internen Rechnungswesen

a) Investitionsrechnung. Die Investitionsrechnung ist bei Berücksichtigung von gewinnabhängigen S. (Ertragsteuern) dahingehend zu modifizieren, daß die steuerliche Einkommens- und Gewinnermittlung nicht auf Einnahmeüberschüssen, sondern auf dem Gewinn lt. Steuerbilanz beruht (→ *Dynamische Investitionsrechnung unter Sicherheit*). Daher können S.-zahlungen nur für solche Investitionsobjekte in den Kalkül einbezogen werden, denen sich Erträge und Aufwendungen zurechnen lassen. Zudem muß die zeitliche Differenz zwischen → *Ein-* und → *Auszahlungen* bzw. → *Erträgen* und → *Aufwendungen* beachtet werden.

Eine Vernachlässigung von Gewinn-S. im Investitionskalkül kann zu einer falschen Beurteilung der Vorteilhaftigkeit führen. Daher sei im folgenden beispielhaft die Berücksichtigung einer proportionalen Gewinn-S. wie der KSt und die steuerrechtliche → *Absetzung für Abnutzung* von Sachanlagen (AfA) im Investitionskalkül betrachtet. Unter der vereinfachenden Annahme, daß alle übrigen Aufwendungen zugleich Auszahlungen und alle Erträge zugleich Einzahlungen sind und diese auch steuerlich anerkannt werden, ergibt sich der Einnahmeüberschuß (→ *Cash-Flow*) eines Investitionsobjektes nach S. wie folgt:

Einnahmeüberschuß vor S.	c_t
– AfA	$-d_t$
= steuerpflichtiger Gewinn	$c_t - d_t$
– Steuerschuld	$-s(c_t - d_t)$
= Gewinn nach S.	$c_t - d_t - s(c_t - d_t)$
+ AfA	$+d_t$
= Einnahmeüberschuß n. S.	$c_t - s(c_t - d_t)$

Die sofort zu zahlende S.-schuld $s(c_t - d_t)$ senkt so die periodischen Nettoeinzahlungen vor S., wenn das Investitionsobjekt Gewinn abwirft bzw. sofortiger Verlustausgleich mit Gewinnen aus anderen Unternehmensbereichen möglich ist.

Da der → *Kalkulationszinsfuß* i die Verzinsung einer Vergleichsinvestition repräsentiert und die Nettoeinzahlungen dieser Vergleichsinvestition i. d. R. auch der Gewinn-S. unterliegen, ist von den Nettoeinzahlungen aus der Alternativanlage zum Zinssatz i ein Anteil von $s \cdot i$ an Gewinn-S. zu entrichten. Somit verbleibt ein *Nettozinssatz* von

$$i_s = i - s \cdot i = (1 - s)i.$$

Der → *Kapitalwert* (C_{0s}) einer Investition bei Beachtung von Gewinn-S. läßt sich dann definieren als

$$C_{0s} = -a_0 + \sum_{t=1}^{n} [c_t - s(c_t - d_t)] \cdot (1 + i_s)^{-t}.$$

Im allgemeinen steigt der Kapitalwert bei Vorverlegung der AfA in frühere Perioden; eine Ausnahme liegt z. B. vor, wenn zu Beginn der Periode schon steuerliche Verluste auftreten und ein Verlustausgleich nicht (in ausreichendem Maße) möglich ist. Entsteht beim Verkauf des Investitionsobjektes ein den steuerlichen Buchwert übersteigender Restwerterlös, so ist dieser zur Ermittlung des Netto-Restwerterlöses um anfallende Gewinn-S. zu vermindern. S. sind dabei auf die Differenz zwischen Brutto-Restwerterlös R_t

und den Buchwert BW_t zu zahlen. Der Netto-Restwerterlös R^N_t ergibt sich dann als

$$R^N_t = R_t - s(R_t - BW_t).$$

Substanz-S. lassen sich den Betriebsausgaben zurechnen oder als Kürzungen der Einzahlungen auffassen und können so im *Investitionskalkül* berücksichtigt werden.

Verbrauch-S. mindern den Nettoerlös aus dem Absatz von Produkten. Im Rahmen der Investitionsrechnung ist daher zu berücksichtigen, daß der Absatzpreis für ein Produkt nicht in voller Höhe zu endgültigen, in der Unternehmung verbleibenden Einzahlungen führt, sondern die Verbrauch-S. abzuführen sind. Weiterhin ist bei der Absatzplanung zu beachten, daß die Nachfrage aufgrund des durch die Verbrauch-S. gestiegenen Preises i.d.R. geringer ausfällt.

b) Kostenrechnung. S. haben Kostencharakter, wenn sie die Entscheidung zwischen Handlungsmöglichkeiten verändern können, sie also entscheidungsrelevant werden. Bei Ertrag- und Substanz-S. ist dies generell dann der Fall, wenn eine unterschiedliche S.-belastung auf den Handlungsalternativen liegt. Dies gilt bei Entscheidungen unter Unsicherheit auch dann, wenn sie beide Handlungsalternativen gleich betreffen. Der Kostencharakter der USt ist insoweit gegeben, als sie für das Unternehmen keinen durchlaufenden Posten darstellt, weil die volle Überwälzung der USt wohl vom Gesetzgeber beabsichtigt ist, aber nicht immer gelingt.

Demnach sind S. als Kosten anzusehen und im Rahmen der → *Kostenrechnungssysteme* zu berücksichtigen. Dies gilt insbesondere für die → *Preiskalkulation*.

3. Berücksichtigung im externen Rechnungswesen

a) Jahresabschluß. In der handelsrechtlichen *Gewinn- und Verlustrechnung* wird ein getrennter Ausweis von „S. von Einnahmen und Ertrag" (§ 275 Abs. 2 Nr. 18 bzw. Abs. 3 Nr. 17 HGB) und „sonstigen S." (§ 275 Abs. 2 Nr. 19 bzw. Abs. 3 Nr. 18 HGB) verlangt. Unter der ersten Position sind bei Kapitalgesellschaften die GewESt und die KSt einschließlich → *latenter Steuern* auszuweisen. Die KSt ist auf Basis des Gewinnverwendungsbeschlusses (bzw. -vorschlages) zu berechnen (§ 278 HGB). Eine Abweichung des Beschlusses vom Vorschlag schlägt sich in der S.-rückstellung bzw. im Gewinnvortrag nieder. Bei Einzelkaufleuten und Personengesellschaften werden ESt und KiSt als S. des Privatbereichs im Jahresabschluß nicht erfaßt (außer im Falle von § 5 Abs. 5 PublG).

Substanz-S. sind unter Position Nr. 19 (bzw. 18 beim → *Umsatzkostenverfahren*) auszuweisen. Die USt ist ein durchlaufender Posten und stellt keinen Aufwand dar, der in der Gewinn- und Verlustrechnung zu berücksichtigen wäre.

b) Steuerbilanz. In der Steuerbilanz sind nur die effektiven, nicht aber die latenten S. zu berücksichtigen. Die GewSt ist bei Ermittlung der Besteuerungsgrundlage für sie selbst und für die ESt und KSt abzugsfähig.

Lit.: Döring, K.: Kostensteuern, 1984; *Schneider, D.*: Investition, Finanzierung und Besteuerung, 7. Aufl., 1992, insb. S. 665–780; *Kloock, J./Sieben, G./Schildbach, T.*: Kosten- und Leistungsrechnung, 7. Aufl., 1993, S. 106–109; *Schneider, D.*: Grundzüge der Unternehmensbesteuerung, 6. Aufl., 1994, S. 267–286.

Dr. Jürgen Brüggerhoff, Stuttgart.

Steuerparadoxon

In der → *Investitionstheorie* Bezeichnung für die Umkehrung von Vorteilhaftigkeitsverhältnissen durch Einführung oder Veränderung von Gewinnsteuern. Die Gründe liegen in der unterschiedlichen zeitlichen Struktur von Sach- und/oder Finanzinvestitionen und in der Möglichkeit von Abschreibungen auf Sachinvestitionen.

Lit.: Schneider, D.: Investition, Finanzierung und Besteuerung, 7. Aufl., 1992, S. 246–250.

Steuerpflichtiger Gewinn

→ *Steuerbilanz.*

Stichprobeninventur

→ *Inventur und Inventar.*

Stichprobenprüfung
Form der → *Auswahlprüfung*; aus dem gesamten Prüfungsfeld wird nur eine Stichprobe geprüft; man unterscheidet nach dem Einfluß des Prüfers auf die Auswahl der Elemente zwischen einer bewußten (bewußtgesteuerten) Auswahl und einer Zufalls- (zufallsgesteuerten) Auswahl (→ *Prüfung des Jahresabschlusses*).

Stichtagsinventur
→ *Inventur und Inventar*.

Stichtagsmethode
→ *Umrechnung von Jahresabschlüssen*.

Stille Rücklagen
1. Definition und Klassifizierung

Im Gegensatz zu *offenen* → *Rücklagen* sind S. (= *stille Reserven, hidden reserves*) aus dem → *Jahresabschluß* nicht ersichtlich. Sie entstehen, indem Vermögensgegenstände zu einem unter dem betriebswirtschaftlich vertretbaren oder rechtlich zulässigen Höchstwert oder Verbindlichkeiten und → *Aufwandsrückstellungen* zu einem über dem betriebswirtschaftlich vertretbaren oder rechtlich zulässigen niedrigsten Wert angesetzt werden. Der Betrag der S. ergibt sich somit erst aus dem Vergleich des Bilanzansatzes mit einem anderen Wert, der durch S. auf der Aktivseite unter-, auf der Passivseite überschritten wird. Letztlich zeigt sich die tatsächliche Höhe der gebildeten S. erst bei Liquidation des Vermögensgegenstandes bzw. bei Rückzahlung der betroffenen Verbindlichkeit oder bei Auszahlung aufgrund einer Rückstellung. Die Höhe der in den Bilanzposten enthaltenen S. wird von zwei Komponenten beeinflußt, der Entwicklung des tatsächlichen Werts (*Wiederbeschaffungswertrücklagen*) einerseits, sowie vom Ausmaß der Abwertungs- bzw. Aufwertungsmaßnahmen andererseits (*Anschaffungswertrücklagen*). Man kann grundsätzlich folgende Arten von S. unterscheiden:

a) Stille Zwangsrücklagen. Sie entstehen zwangsläufig aufgrund der Bilanzierungs- und Bewertungsvorschriften des Handels- und des Steuerrechts. Hauptgrund für das Entstehen solcher Zwangsrücklagen ist das Anschaffungswertprinzip des §253 HGB (→ *Bewertungsprinzipien*). Steigt der Tageswert über die → *Anschaffungs-* oder die → *Herstellungskosten* eines Vermögensgegenstandes, so darf die Bilanz dieser Wertsteigerung nicht folgen. In Höhe des Steigerungsbetrages entstehen stille Zwangsreserven.

b) Stille Ermessens- und Schätzungsrücklagen. Ermessensrücklagen entstehen, wenn dem Bilanzierenden durch gesetzliche Ansatz- und Bewertungswahlrechte ein genau definierter Bilanzierungsfreiraum offensteht. Er kann hier zwischen Aktivierung und Nichtaktivierung bzw. zwischen zwei oder mehreren erlaubten Wertansätzen nach freiem Ermessen wählen (→ *Bilanzpolitik*). Häufig sind die Grundlagen der Bewertung im Wege einer Schätzung zu ermitteln. Solche S. werden überlicherweise den Ermessensrücklagen zugerechnet. Sie entstehen z.B. bei einer Unterschätzung der betriebsgewöhnlichen Nutzungsdauer von Gegenständen des abnutzbaren Anlagevermögens. Besonderes Gewicht kommt ihnen bei den → *Rückstellungen* zu.

c) Stille Willkürrücklagen. Sie werden durch einen willkürlichen Bewertungsakt gebildet, der nicht mehr in dem durch → *die Grundsätze ordnungsmäßiger Buchführung* vorgegebenen Rahmen liegt. Die Grenze zwischen Willkürrücklagen und Schätzungsrücklagen ist unscharf, da das Vorsichtsprinzip als unbestimmter Rechtsbegriff nicht in der Lage ist, genau definierte Wertgrenzen vorzugeben.

2. Zur Problematik Stiller Rücklagen

a) Vermeintliche Vorteile. Vielfach wird den S. im Schrifttum und vor allem in der Praxis eine Reihe von positiven Wirkungen zugeschrieben. Durch die Aufwandsbuchung bei Bildung der Rücklage wird der Erfolg stärker vermindert, als dies dem tatsächlichen Wertverlauf bei Aktiva und Passiva entspricht. Folglich werden Mittel an das Unternehmen gebunden, die sonst im Wege der Besteuerung und Ausschüttung abfließen könnten. Die S. führen deshalb zu einem zumindest temporären *Finanzierungseffekt*. Weiterhin wird den S. eine *Substanzerhaltungsfunktion* zugewiesen, da sie in Zeiten

Stille Rücklagen

steigender Preise den Ausweis von Scheingewinnen verhindern bzw. reduzieren und folglich die Gefahr der Ausschüttung und Besteuerung solcher Scheingewinne (zumindest temporär) bannen können (→ *Substanz- und Kapitalerhaltung*). Auch im Dienste des Gläubigerschutzes sollen S. stehen, da sie nicht nur den Gewinnabfluß an Gesellschafter und Finanzverwaltung reduzieren, sondern zusätzlich eine sichernde Pufferfunktion haben, weil sie Verluste auffangen können, ohne daß die offenen Rücklagen und das Gezeichnete Kapital (→ *Eigenkapital*) in Mitleidenschaft gezogen werden. Da sich S. später in der Regel entweder von selbst wieder gewinnerhöhend auflösen (z.B. wegen entfallender Abschreibung) bzw. aufgelöst werden müssen (z.B. Wegfall eines Rückstellungsgrundes), sind die obigen positiven Wirkungen in der Regel zeitlich begrenzt und werden durch zwei gravierende betriebswirtschaftliche Nachteile erkauft:

b) Verfälschung des Aussagewertes der Bilanz. Buchungstechnisch kann sich die Bildung S. auf zwei verschiedene Arten in der Bilanz niederschlagen. Die Unterbewertung von Vermögensgegenständen führt zu einer *Bilanzverkürzung*, die Überbewertung einer Rückstellung führt zu einem *Passivtausch*. Jeweils im Vergleich mit der nicht durch S. verfälschten Bilanz, ergeben sich *abweichende Bilanzrelationen*. Der Jahreserfolg wird kleiner, der Vermögens-, Eigenkapital- und Schuldenausweis stimmt nicht mehr mit den tatsächlichen Verhältnissen überein. Die Folge ist, daß nahezu alle horizontalen und vertikalen *bilanzanalytischen Kennzahlen* in unterschiedlichem Ausmaß verfälscht werden (→ *Bilanzanalyse*). Beispielsweise wird die Höhe des *Verschuldungsgrades* (Fremdkapital/Eigenkapital) nicht nur beeinflußt von der Tatsache, daß S. gebildet wurden, sie hängt entscheidend auch von der Art ab, wie die S. gebildet wurden (durch Bilanzverkürzung oder Passivtausch). Lediglich der → *Cash-Flow* vor Steuern kann als von der S.-Bildung weitest unbeeinflußte Kennzahl gelten. Da die Aktiva und Passiva einer Bilanz eine Vielzahl von S. in unterschiedlichster Art und Höhe enthalten, ist es i.d.R. weder dem internen noch dem externen Bilanzleser möglich, aus einem nach HGB erstellten Jahresabschluß die tatsächliche Ertrags- und Vermögenslage des Unternehmens abzuschätzen. Allenfalls bezüglich der stillen Ermessensrücklagen kann der Anhang wegen der §§280 Abs. 3, 281 Abs. 2 sowie insbes. 284 Abs. 2 und 285 Nr. 5 HGB gewisse Informationen liefern.

c) Die Auflösung stiller Rücklagen. Die S. können offen oder still zugunsten des Jahresüberschusses aufgelöst werden. Im Falle der *offenen Auflösung* wird der aufgelöste Betrag im Jahresabschluß insbesondere als Zuschreibungen im Anlagevermögen (→ *Anlagenspiegel*) ausgewiesen. Hingegen lassen sich Erträge aus Abgängen im Anlagevermögen und aus der Auflösung von Rückstellungen nicht direkt aus Bilanz und GuV ablesen, da sie im Sammelposten *sonstige betriebliche Erträge* des §275 Abs. 2 Nr. 4 bzw. Abs. 3 Nr. 6 HGB verschwinden. Sofern es sich allerdings um außerordentliche Beträge handelt, die für die Ertragslage nicht von untergeordneter Bedeutung sind, gibt der Anhang gem. §277 Abs. 4 letzter Satz HGB Auskunft. Letzteres gilt allerdings nur für große Kapitalgesellschaften (§ 267 HGB).

Eine *versteckte Auflösung* S. erfolgt ferner dann, wenn Abschreibungspotential durch die Abwertung von Vermögensgegenständen vorweggenommen wurde. Die Abschreibungsbeträge späterer Jahre sind zwangsläufig niedriger. Eine so gebildete S. führt zu einem zeitlich verschobenen Erfolgsausweis, ohne daß die spätere gewinnerhöhende Wirkung aus dem Jahresabschluß erkennbar wird (S. als *Verlustverschleierungspotential*). Der Anhang muß das Ausmaß der Ergebnisverfälschung nur dann sichtbar machen, wenn die Abwertung aus steuerlichen Gründen erfolgt ist (§285 Nr. 5 HGB). Sofern die gewinnerhöhende Auflösung S. nicht in Bilanz, GuV oder Anhang ersichtlich gemacht werden muß, stellt die Bildung solcher S. ein ganz erhebliches Gefahrenpo-

Stille Rücklagen

tential dar, da der Jahresabschluß bessere Ergebnisse vortäuscht, als de facto erzielt wurden, und somit das rechtzeitige Erkennen und Abwehren von Krisensituationen anhand von Jahresabschlußinformationen unmöglich gemacht wird.

3. Die rechtliche Zulässigkeit der Bildung stiller Rücklagen im einzelnen

a) Das Willkürverbot. Die Bildung jeglicher Art von stillen Willkürrücklagen ist unzulässig. Zwar ist das Willkürverbot expressis verbis im Gesetz nicht kodifiziert, jedoch schließen die GoB willkürliche Ansatz- und Bewertungsmaßnahmen aus. Insbesondere ist deshalb die Bildung S. aufgrund folgender Vorgänge verboten: Willkürliche, d.h. nicht durch die GoB begründbare Unter- bzw. Überbewertungen von Aktiva bzw. Passiva, Weglassen von Aktiva, Ansetzen fiktiver Verbindlichkeiten und Rückstellungen, Behandlung von Anlagenzugängen als Aufwand (Ausnahme: Festwertverfahren des §240 Abs. 3 HGB und Gegenstände bis zu 100 DM). Die Folgen willkürlicher Unterbewertungen sind gravierend: §258 Abs. 1 Nr. 1 AktG sieht für AG bei nicht unwesentlichen Unterbewertungen eine → *Sonderprüfung* vor. Gem. §256 Abs. 5 AktG ist der Jahresabschluß von AG bei *vorsätzlicher Unterbewertung nichtig*. Die §§331 und 334 HGB sehen – unabhängig von der Rechtsform – Straf- und Bußgeldvorschriften für Geschäftsleitung und Aufsichtsrat in bestimmten Fällen vor.

b) Gesetzliche Zwangsrücklagen. Hauptsächlich entstehen sie durch die Wertobergrenze des §253 Abs. 1 HGB, der ein Überschreiten der Anschaffungs- bzw. Herstellungskosten grundsätzlich nicht zuläßt. Der Umfang solcher preissteigerungsbedingter Zwangsreserven ist aus dem Jahresabschluß nicht einmal näherungsweise abschätzbar, da die Erläuterungspflicht des Anhangs gem. §264 Abs. 2 HGB solche *Wiederbeschaffungswertrücklagen* nicht erfaßt. Stille Zwangsrücklagen entstehen ferner wegen des *Aktivierungsverbotes für selbsterstellte → immaterielle Vermögensgegenstände* des Anlagevermögens (§248 Abs. 2 HGB).

c) Stille Ermessensrücklagen. Die am meisten kommentierte Vorschrift ist hier §253 Abs. 4 HGB: *„Abschreibungen sind außerdem im Rahmen vernünftiger kaufmännischer Beurteilung zulässig"*. Diese für Kapitalgesellschaften nicht anwendbare (§279 Abs. 1 HGB) Bestimmung erlaubt die *bewußte Unterbewertung des Vermögens* und somit die Bildung einer S. zusätzlich zu den planmäßigen und außerplanmäßigen Abschreibungen gem. §253 Abs. 2 und 3 HGB. Teilweise sieht das Schrifttum hierin eine Legalisierung von abschreibungsbedingten stillen Willkürrücklagen. Der Gesetzgeber ist jedoch der Ansicht, daß die geforderte Voraussetzung der vernünftigen kaufmännischen Beurteilung die Willkürfreiheit gewährleistet. Die Zulässigkeit dieser Abschreibung wird mit dem allgemeinen Unternehmerrisiko begründet. Als möglich wird im Schrifttum die *gezielte Abschreibung einzelner Vermögensgegenstände* (z. B. durch Ansatz von verkürzten Nutzungsdauern oder im Sinne einer pessimistischen Übertreibung außerplanmäßiger Abschreibungen) angesehen, mitunter auch die prozentuale Kürzung der Buchwerte sämtlicher Vermögensgegenstände, soweit diese nicht Nominalwerte wie Kassenbestand, Bankguthaben und dergl. sind. Da diese Abschreibungen in Bilanz und Gewinn- und Verlustrechnung nicht gesondert ausgewiesen werden müssen und da die Einzelunternehmungen und Personengesellschaften keinen Anhang zu erstellen brauchen (§242 HGB, §5 Abs. 2 PublG), bleibt dem Bilanzleser die Tatsache der Bildung und die Höhe solcher stillen Rücklagen verborgen. Lediglich Genossenschaften, die wegen §336 Abs. 2 HGB solche S. bilden dürfen, müssen gem. §284 Abs. 2 HGB entsprechende Angaben im Anhang machen. Sofern die Abschreibung im abnutzbaren Anlagevermögen erfolgt ist, ergibt sich eine stille spätere Auflösung wegen geringerer bzw. entfallender planmäßiger Abschreibung.

Eine weitere wichtige Möglichkeit für die Bildung stiller Ermessungsrücklagen ist die pessimistische Überzeichnung des Vorsichtsprinzips bei → *Rückstellungen.*

§ 253 Abs. 1 HGB sieht als Begrenzung die vernünftige kaufmännische Beurteilung vor. Der Bilanzierende hat hier einen erheblichen und nur schwer nachprüfbaren Ermessensspielraum bei der Bildung der Rückstellung. Die gewinnerhöhende Auflösung der Rückstellung ist bei Wesentlichkeit wegen § 277 Abs. 4 Satz 3 HGB aus dem Anhang ersichtlich. Stille Ermessensrücklagen können ferner durch Ausnutzung folgender Vorschriften gebildet werden:

- § 253 Abs. 3 Satz 3 HGB: *Abschreibungen im Umlaufvermögen auf den nächsten Zukunftswert* führen zu einer vorübergehenden (2 Jahre) Bildung S.; Anhangangabe ist erforderlich (§ 277 Abs. 3 Satz 1 HGB).
- § 253 Abs. 5 HGB: *Beibehaltungswahlrecht*; jedoch ist bei Kapitalsgesellschaften der unterlassene Zuschreibungsbetrag aus dem Anhang ersichtlich (§ 280 Abs. 3 HGB).
- § 254 HGB: S. aufgrund *steuerlicher Sonderabschreibungen*; jedoch Anhangangaben bei Kapitalgesellschaften (§ 281 Abs. 2 Satz 1 HGB). Ertragsverfälschung aus Anhang gem. § 285 Nr. 5 HGB ersichtlich.
- § 240 und § 256 HGB: Unterbewertungen durch *Bewertungsvereinfachungs- bzw. Verbrauchsfolgeverfahren*; jedoch Anhangangaben des Unterschiedsbetrags bei Wesentlichkeit gem. § 284 Abs. 2 Nr. 4 HGB.
- § 255 Abs. 2 HGB: *Unterlassung der Aktivierung anteiliger Gemeinkosten* bei Bemessung der *Herstellungskosten*; Berichtspflicht im Anhang gem. § 284 Abs. 2 Nr. 1 HGB. Stille spätere Auflösung bei abnutzbaren Anlagen durch geringere Abschreibungsbasis.
- § 255 Abs. 4 HGB: Aktivierungswahlrecht für *derivativen Firmenwert*. Durch Unterlassung der Aktivierung entsteht eine stille Reserve. Berichtspflicht im Anhang gem. § 284 Abs. 2 Nr. 1 HGB. Stille spätere Auflösung durch entfallende Abschreibung.

Lit.: Seicht, G.: Stille Rücklagen I, in: HuRB, 1986, S. 281-286; *Walz, R.*: Stille Rücklagen II, in: HuRB, 1986, S. 287-297; *Großfeld, B.*: Rücklagen und Minderheitenschutz bei Personenhandelsgesellschaften, in: Wpg 1987, S. 698-707; *Busse von Colbe, W.*: Möglichkeiten und Grenzen der Bildung und Auflösung von stillen Rücklagen nach den neuen Rechnungslegungsvorschriften, in: Albers, S. u.a. (Hrsg.): Elemente erfolgreicher Unternehmenspolitik in mittelständischen Unternehmen, 1989, S. 231-247; *Wöhe, G.*: Bilanzierung und Bilanzpolitik, 8. Aufl., 1992, S. 623-633, 741-780; *Heinhold, M.*: Grundfragen der Bilanzierung, 3. Aufl., 1993, S. 160-216; *Heinhold, M.*: Der Jahresabschluß, 4. Aufl., 1996, S. 194-198, 236-240.

Professor Dr. Michael Heinhold, Marburg.

Stillsetzungskosten

→ *Kosten*, die durch den auftretenden Wechsel des Betriebszustandes eines Aggregates bedingt sind.

Stillstandskosten

→ *Kosten*, die direkt oder indirekt von der Dauer der Betriebsunterbrechung abhängig sind. S. können einmalig oder laufend während der Betriebsunterbrechungszeit anfallen.

Stochastische Dominanz

Methode zum Vergleich zweier → *Risikoprofile*. Eine Investition I_1 dominiert eine Investition I_2 hinsichtlich einer Zielgröße, z. B. des → *Kapitalwertes* (C_{0ji}), stochastisch (vom Grade 1), wenn für jeden Wert der kumulierten Wahrscheinlichkeit für den Vergleich der Risikoprofile gilt: $C_{01i} \geqq C_{02i}$ und für mindestens einen Wert $\bar{i}$ gilt: $C_{01\bar{i}} > C_{02\bar{i}}$. Die S. kann als *Vorauswahlregel* betrachtet werden. S. 1. Grades von I_1 über I_2 liegt z. B. im folgenden Fall vor:

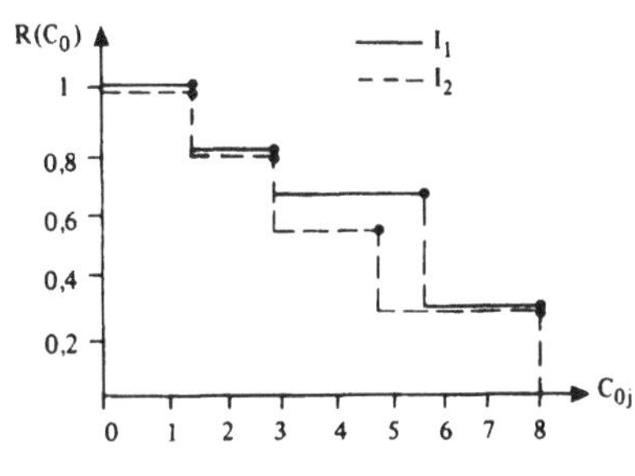

Bei → *Risikoaversion* läßt sich die S. 2. Grades als weitere Vorauswahlregel verwenden. Diese liegt dann von I_1 über I_2 vor, wenn für alle Zielwerte der Handlungsalternative 1 (z. B. C_{01i}) die von links kumulierte Differenzfläche zwischen den Risikoprofilen stets größer oder gleich Null ist. Da von einem risikoscheuen → *Investor* ausgegangen wird, kann die S. 2. Grades nur für die Investition geprüft werden, die bei einem hohen Sicherheitsniveau den Alternativinvestitionen vorzuziehen ist. Das folgende Risikoprofil zeigt einen Fall S. 2. Grades:

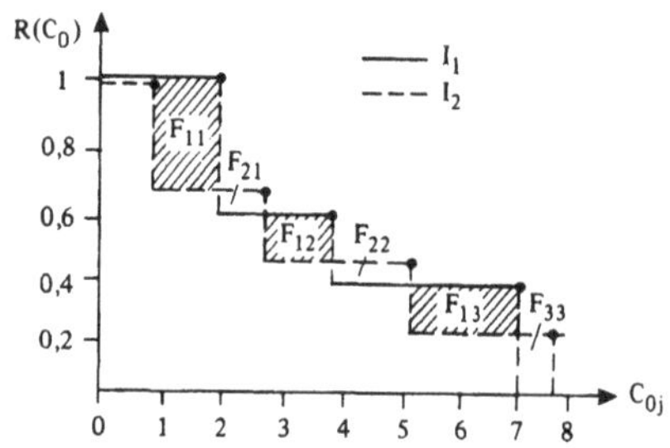

S. 2. Grades kann hier nur für I_1 geprüft werden. Da die Summe der schraffierten Flächen $F_{11} + F_{12}$ größer ist als die Summe der Flächen $F_{21} + F_{22}$, liegt S. 2. Grades von I_1 über I_2 vor.

Lit.: Busse von Colbe, W./Laßmann, G.: Betriebswirtschaftstheorie, Bd. 3, 3. Aufl., 1990, S. 174–178.

Strategische Kalkulation
Oberbegriff von Produktkalkulationen im Rahmen der → *Prozeßkostenrechnung*. Die Produkte werden bei der S. idealtypisch auf der Grundlage der jeweils in Kostentreibermengen gemessenen Prozeßinanspruchnahme kalkuliert (reine prozeßorientierte Kalkulation).

Strategische Planung
= Strategische Unternehmensplanung.
Im Gegensatz zur → *operativen Planung* globale Analyse der Erfolgsquellen einer Unternehmung sowie Entwicklung langfristig angelegter Konzepte der Zukunftssicherung zur Schaffung und Sicherung der Erfolgspotentiale einer Unternehmung. Aus der S. resultiert die → *Investitionsplanung*.

Lit.: Kreikebaum, H.: Strategische Unternehmensplanung, 5. Aufl., 1993.

Strategisches Controlling
→ *Controlling*.
→ *Konzern-Controlling*.

Strenges Niederstwertprinzip
→ *Niederstwertprinzip*.

Streuungsmaß
Verteilungskennzahl zur Charakterisierung der Schwankungsbreite möglicher Ergebniswerte, z. B. → *Standardabweichung*, → *Varianz*.

Stromgrößendifferenzenrechnung
→ *Bewegungs- und Veränderungsbilanz*.

Stückdeckungsbeitrag
→ *Deckungsbeitrag*.

Stückkosten
Kosten pro Produkteinheit (bzw. pro Produkt).

Stufenkonsolidierung
= → *Kettenkonsolidierung*.

Stufenleiterverfahren
= → *Treppenverfahren*.

Stufenverfahren
→ *Betriebsabrechnungsbogen*.

Stufenweise Deckungsbeitragsrechnung
= → *Fixkostendeckungsrechnung*.

Stuttgarter Verfahren
Von der Finanzverwaltung angewendetes Verfahren zur Ermittlung des → *Gemeinen Wertes* von nicht notierten Aktien und Anteilen. Danach errechnet sich der Unternehmenswert gemäß Abschnitt 4ff. der Vermögensteuer-Richtlinien (VStR 1995) aus der Addition eines → *Substanzwertes* und → *Ertragswertes* (G = 0,68/ Substanzwert + 5 · Ertragswert). Für die Ermittlung von Ertrags- und Substanzwert sehen die VStR bestimmte Regeln vor (vgl. im einzelnen Abschnitt 5–8 VStR, → *Betriebsvermögensermittlung, steuerliche*).

Lit.: Bellinger, B./Vahl, G.: Unternehmensbewertung in Theorie und Praxis, 2. Aufl., 1992, S. 200–202; *Helbling, C.:* Unternehmensbewertung und Steuern, 7. Aufl., 1993, S. 101–103.

Substance over form

Anglo-amerikanischer Bilanzierungsgrundsatz, der sowohl für die materielle als auch für die inhaltliche und formale Gestaltung des Jahresabschlusses von Bedeutung ist. Hinsichtlich der materiellen Ausgestaltung bestimmt der Grundsatz des S., daß für die Abbildung eines Sachverhalts in der Rechnungslegung nicht die rechtliche Gestaltung (form) ausschlaggebend ist. Vielmehr ist auf den wirtschaftlichen Zusammenhang abzustellen (economic substance over legal form). Beispielsweise erfolgt die Bilanzierung von Leasinggeschäften nicht beim rechtlichen, sondern wirtschaftlichen Eigentümer. Anhand dieses Grundsatzes der wirtschaftlichen Betrachtungsweise werden u.a. auch die Voraussetzungen zur Aufstellung eines Konzernabschlusses sowie die Kriterien zur Abgrenzung des Konsolidierungskreises festgelegt. Bezüglich der inhaltlichen und formellen Gestaltung des Jahresabschlusses und seiner Instrumente besagt der Grundsatz des S., daß die Informationsgewährung an sich entscheidend ist, nicht die Form der Informationsdarstellung. Der Grundsatz S. ergibt sich direkt aus den Generalnormen → *True and fair view* (Großbritannien) bzw. → *Fair presentation* (USA) und kann als Teilaspekt der Forderung nach Zuverlässigkeit von Rechnungslegungsinformationen interpretiert werden (Reliability).

Lit.: AICPA: APB Opinion No. 4: Basic Concepts and Accounting Principles Underlying Financial Statements of Business Enterprises, 1970; *IASC:* IAS No. 1: Disclosure of Accounting Policies, 1975, Ziff. 17; *ASB:* FRS No. 5: Reporting the substance of transactions, 1994; *Haller, A.:* Die Grundlagen der externen Rechnungslegung in den USA, 4. Aufl., 1994, S. 260–261; *IASC:* IAS 1 (revised): Presentation of Financial Statements, 1997; *Pellens, B.:* Internationale Rechnungslegung, 1997, S. 164–166.

Substanzerhaltung

→ *Substanz- und Kapitalerhaltung.*

Substanzerhaltungsrücklage

→ *Rücklagen.*

Substanzsteuer

= Bestandssteuer.

Steuern, die an das Vorhandensein eines Vermögensbestandes anknüpfen und nicht am erzielten Erfolg einer Periode (Gegensatz zu → *Ertragsteuern*). Dies sind die → *Vermögensteuer*, die → *Gewerbekapitalsteuer*, die Grundsteuer und die Erbschaftsteuer. Für die Unternehmen bilden die S. Fixkosten, da sie losgelöst vom Output und betrieblichen Erfolg zu zahlen sind.

Substanz- und Kapitalerhaltung

1. Begriffe. Die Frage nach der S. (*current cost and inflation accounting*) stellt ein Kernproblem des betrieblichen Rechnungswesens dar. Sie ist das Spiegelbild zur Definition des → *Gewinns*: Ein zu einem Bilanzierungszeitpunkt vorhandenes Reinvermögen oder → *Eigenkapital* (Saldo aus Vermögensgegenständen und Schulden) wird aufgeteilt in einen Anfangsbestand, der zu erhalten ist (Definition der S.) und einen Überschuß/Fehlbetrag der Abrechnungsperiode (Definition des Gewinns). Jeder (Perioden-) Gewinnbegriff ist zwangsläufig mit einer bestimmten Unternehmenserhaltungskonzeption verbunden: Gewinn ist nur der Betrag, der über den nach der Substanz- oder Kapitalerhaltungsregel bestimmten Anfangsbestand des Eigenkapitals hinausgeht. Die Diskussion um die der Bilanzierung zugrunde zu legende Unternehmenserhaltungskonzeption hat speziell in Deutschland eine lange, schon in die Zeit nach dem ersten Weltkrieg (*Schmalenbach, F. Schmidt*) zurückreichende Tradition (→ *Bilanztheorien*). Von den vielen Vorschlägen, die in der Literatur vorgebracht wurden, haben – soweit sie auf der Einzelbewertung beruhen –, größere Bedeutung erhalten:

- Die *Nominalkapitalerhaltung*: Erhaltungsziel ist der Geldbetrag, der dem Eigenkapital des vorangehenden Bilanzierungszeitpunkts entspricht;

- die *Reale Eigenkapitalerhaltung*: Erhaltungsziel ist die Kaufkraft (inflationsbereinigt) des Geldbetrages, der dem Eigenkapital des vorangehenden Bilanzierungszeitpunkts entspricht;
- die *Substanzerhaltung*: Erhaltungsziel ist der Geldbetrag, der ausreicht, um die physische Kapazität des gesamten (*Brutto*-Substanzerhaltung) oder des mit Eigenkapital finanzierten Vermögens (*Netto*-Substanzerhaltung) aufrechtzuerhalten. Bei der Definition der physischen Kapazität soll prinzipiell der technische Fortschritt einbezogen werden.

Die Einhaltung jeder dieser Erhaltungskonzeptionen kann kontrolliert werden, indem in der → *Gewinn- und Verlustrechnung* der Güterverbrauch (→ *Aufwand*) nach bestimmten Regeln bewertet wird. Vorausgesetzt wird dabei jeweils, daß die so definierten Aufwendungen durch Erträge gedeckt werden. Es gilt:

- Die *Nominalkapitalerhaltung* ist gewährleistet, wenn der Güterverbrauch zu *Anschaffungskosten* bewertet wird;
- die *Reale Eigenkapitalerhaltung* ist gewährleistet, wenn der Güterverbrauch zu Preisen bewertet wird, die *inflationsbereinigt* (gemessen an einem allgemeinen Warenkorb) den Anschaffungskosten entsprechen und zugleich der reale Wertverlust/-zuwachs monetärer Vermögensgegenstände und Schulden bei Inflation ergebniswirksam berücksichtigt wird;
- die *Substanzerhaltung* ist gewährleistet, wenn der gesamte (Brutto-Methode) bzw. der eigenfinanzierte Güterverbrauch (Netto-Methode) zu *Wiederbeschaffungskosten* bewertet wird; in der Praxis werden anstelle individueller Wiederbeschaffungskosten i.d.R. Preisindexreihen für spezielle Gütergruppen verwendet.

Die Differenz zwischen dem Gewinn bei Nominalkapitalerhaltung und demjenigen bei realer Eigenkapital- bzw. Substanzerhaltung wird in der Literatur als *Scheingewinn* bezeichnet (bzw. *Scheinverlust*, falls der Gewinn bei Nominalkapitalerhaltung geringer ist).

2. Die inflatorische Finanzierungslücke. In der Bundesrepublik Deutschland beruhen – wie in den meisten Industriestaaten – sowohl der → *Jahresabschluß* als auch die → *Steuerbilanz* auf dem Prinzip der Nominalkapitalerhaltung. In die Diskussion gerät diese Regelung regelmäßig in Zeiten stärkerer Preisänderungen (Geldentwertung und/oder erhebliche relative Preisverschiebungen). Ansatzpunkt der Kritik ist die *inflatorische Finanzierungslücke*: In Zeiten steigender Preise liegt der zu Anschaffungskosten bewertete Aufwand – insbesondere die Abschreibungen – unter dem Aufwand auf Wiederbeschaffungskostenbasis, d.h. es entsteht ein Scheingewinn. Dieser Scheingewinn unterliegt der Besteuerung und steht auch grundsätzlich zur → *Gewinnverwendung* zur Verfügung (Ausschüttungs- und Steuerbemessungsfunktion der Bilanz). Dadurch kommt es zwangsläufig (Steuern) bzw. tendenziell (Ausschüttungen) zu einem Mittelabfluß aus dem Unternehmen, so daß ihm zuwenig eigene Finanzmittel zur Verfügung stehen, um die mittlerweile im Preis gestiegenen verbrauchten Wirtschaftsgüter wiederzubeschaffen. Die Folge der identischen Wiederbeschaffung der verbrauchten Güter ist eine c.p. sinkende Eigenkapitalquote. Dieser Effekt würde vermieden, wenn in Zeiten steigender Preise Ertragsteuern und Ausschüttungen nur auf Basis des Gewinns bei (Netto-) Substanzerhaltung bemessen würden.

3. Einwände gegen Substanz- bzw. Reale Eigenkapitalerhaltung. In der Bundesrepublik Deutschland wird eine Abkehr von der Nominalkapitalerhaltung insbesondere aus *rechtssystematischen* und *politischen* Bedenken abgelehnt. Deshalb ist die nach Art. 33 der 4. EG-Richtlinie mögliche Bilanzierung auf Basis der Substanzerhaltung von der Bundesregierung prinzipiell ausgeschlossen worden. Steuerrechtlich könnte in der Substanzerhaltung ein Verstoß gegen das Postulat der Gleichmäßigkeit der Besteuerung vorliegen, solange alle anderen Einkunftsarten außer dem Unternehmensgewinn auf der Basis der nominellen Wertentwicklung

Substanz- und Kapitalerhaltung

besteuert werden. Politiker befürchten eine generelle Aufgabe des Grundsatzes „Mark gleich Mark“ im Wirtschaftsleben, wenn sie bei der Gewinnermittlung von der Nominalkapitalerhaltung abgehen. Diese Bedenken werden durch die Erfahrung in (Hoch-) Inflationsländern gestützt: Die Indexierung bleibt nicht auf die Ermittlung der Unternehmensgewinne beschränkt, sondern wird auch auf Löhne, etc. übertragen und führt damit zu einer volks- und betriebswirtschaftlich unerwünschten Anheizung der Inflation.

Auch aus *betriebswirtschaftlicher* Sicht werden Substanz- und reale Eigenkapitalerhaltung kritisiert. Ein vollständiger Ersatz des Anschaffungswertprinzips in der Buchhaltung vermindert deren Objektivität und Nachprüfbarkeit (*Dokumentationsfunktion*). Außerdem wird bestritten, daß die vorgeschlagenen Methoden zu sinnvollen Ergebnissen führen:

Die *reale Eigenkapitalerhaltung* berücksichtigt nur allgemeine Preisentwicklungen, nimmt keine Rücksicht auf spezifische Preisänderungen der Einsatzstoffe eines einzelnen Unternehmens und führt daher nicht mit Sicherheit zur Vermeidung einer inflatorischen Finanzierungslücke. Die *Substanzerhaltung* steht vor dem Problem, daß einerseits der *technische Fortschritt* in Preisindizes nur in relativ geringem Maße einbezogen werden kann, andererseits das Ziel einer rein physischen Substanzerhaltung für ein ertragsorientiertes Unternehmen logisch weder hinreichend noch notwendig ist (z.B. wenn die verbrauchten Wirtschaftsgüter wegen technischer Entwicklungssprünge oder Umstrukturierung des Unternehmens nicht in gleicher oder ähnlicher Form wiederbeschafft werden). Auch bestimmt die aus Wiederbeschaffungspreissteigerungen errechnete inflatorische Finanzierungslücke die finanzielle Situation eines Unternehmens nur zu einem relativ geringen Teil. Ob der finanzielle Spielraum eines Unternehmens tatsächlich gesichert ist, kann nur anhand eines vollständigen Finanzplans entschieden werden.

Gegen die generelle Bemessung der Ausschüttung von Kapitalgesellschaften auf der Basis von Substanz- bzw. realer Eigenkapitalerhaltung spricht zudem, daß damit der finanzielle *Kompetenzspielraum* des Unternehmensmanagements weiter ausgeweitet wird zulasten der Anteilseigner. Besonders deutlich wird dies beim Vorschlag des „doppelten Minimums“, d.h. in Zeiten steigender Preise ist der Substanzerhaltungsgewinn, in Zeiten sinkender Preise der – dann niedrigere – Nominalkapitalerhaltungsgewinn die Ausschüttungsbasis. Ob eine solche zusätzliche Stärkung der Unternehmensleitungen dem volkswirtschaftlichen Ziel einer effizienten Steuerung des vorhandenen Kapitals dienlich ist, muß bezweifelt werden.

4. Ersatzmaßnahmen zur Vermeidung von Besteuerung und Ausschüttung von Scheingewinnen. Bei den heutigen langfristig anhaltenden, aber relativ niedrigen Preissteigerungsraten erscheint in der Bundesrepublik eine grundsätzliche Abkehr von der Gewinnermittlung auf Basis der Nominalkapitalerhaltung weder durchsetzbar noch sinnvoll. Für die Unternehmen ist dabei bedeutsam, daß sowohl das Handels- als auch das Steuerrecht Ersatzmöglichkeiten bieten, die zumindest partiell über einen gewissen Zeitraum ähnliche besteuerungs- und ausschüttungsvermeidende Wirkungen wie die Substanzerhaltung zeigen, indem – bei grundsätzlicher Beibehaltung des Anschaffungswertprinzips – diejenigen Teile des Aufwandes, bei denen sich Preisänderungen besonders stark auswirken, zu möglichst tagesnahen Preisen bewertet werden. Insbesondere gehören hierzu steuerlich über das betriebswirtschaftlich notwendige Maß hinausgehende zulässige → *Abschreibungen* im (Sach-) Anlagevermögen sowie *Bewertungserleichterungen im Vorratsvermögen* (*Preissteigerungsrücklage*, *Importwarenabschlag*, demnächst generelle Zulässigkeit der *LIFO-Bewertung*). Über die sog. umgekehrte → *Maßgeblichkeit* der Steuer- für die Handelsbilanz mindern diese steuerlichen Erleichterungen i.d.R. auch den handelsrechtlichen Gewinn. Zusätzlich ist für die Ausschüttung von Aktiengesellschaften der § 58 AktG relevant, nach dem Vorstand und Aufsichtsrat bis zur Hälfte des handelsrechtlichen Jahresüberschusses durch Thesaurierung der Ausschüttung entziehen können. Dadurch ergeben sich Substanzerhaltungsmöglichkeiten zwar nicht bei der Gewinnermittlung, aber bei der Gewinnverwendung.

5. *Aktueller Diskussionsstand.* Substanzerhaltungsrechnungen werden in Deutschland heute durchgängig nicht als Ersatz für den herkömmlichen Jahresabschluß gesehen, sondern allenfalls als Ergänzung in Form von *Nebenrechnungen*. Dazu genügen vereinfachte Formen (z. B. *HFA*, differenzierter *Busse von Colbe/Greeß und Mertens*), die auch die Kosten der Erstellung dieser Rechnungen in Grenzen halten. In den jüngeren Vorschlägen wird die Konzeption der *Netto-Substanzerhaltung* bevorzugt. Das dabei auftretende Problem der Zuordnung des Eigenkapitals zu bestimmten Vermögensgegenständen kann nur auf pragmatische Weise gelöst werden. Primäre Aufgabe solcher Nebenrechnungen ist die Information des Managements, soweit sich dieses dem Ziel der Substanzerhaltung verpflichtet fühlt. Außerdem können sie (z. B. als Teil des Lageberichts) als Argumentationshilfe gegenüber den Eigentümern dienen, wenn Thesaurierungen mit Substanzerhaltungsüberlegungen begründet werden.

Die *internationale* Entwicklung ist uneinheitlich: Auf Nebenrechnungen zur Substanzerhaltung bei Beibehaltung der Nominalkapitalerhaltung im offiziellen Abschluß läuft auch die *anglo-amerikanische Diskussion* (SFAS No. 33; SSAP No. 16) heraus, nachdem dort in den 70er Jahren weitgehend die radikale Umgestaltung des Rechnungswesens gefordert worden war. Andere Länder wie *Italien* und *Frankreich* bleiben zwar prinzipiell bei der herkömmlichen Bilanzierung, gestatten aber von Zeit zu Zeit ihren Unternehmen eine Aufwertung des Anlagevermögens und damit eine höhere – auch steuerlich anerkannte – Abschreibung. In den *Niederlanden* dagegen sind seit langem offiziell Jahresabschlüsse auf der Basis von Wiederbeschaffungskosten bekannt. In *Hochinflationsländern* wie *Brasilien* schließlich folgt grundsätzlich das gesamte Rechnungswesen der Realen Kapitalerhaltung.

6. *Tages- und Wiederbeschaffungspreise in der Kostenrechnung.* Im Gegensatz zum externen Rechnungswesen ist in der → *Kostenrechnung* die Verwendung von Tages- und Wiederbeschaffungspreisen in Deutschland weiter verbreitet. So werden oft in der *internen Periodenerfolgsrechnung* (Ist-Rechnung und Planungsrechnung) die Abschreibungen zu Wiederbeschaffungspreisen angesetzt, allerdings i. d. R. bei gleichzeitigem Übergang zur linearen Abschreibung. Teilweise wird auch die Abschreibungsdauer verlängert. Dies zeigt einerseits, daß in der Praxis ein Interesse nach Information über die Substanzerhaltung besteht, andererseits die vorhandenen, über die lineare Abschreibung hinausgehenden Abschreibungsmöglichkeiten weitgehend als Ersatzkonstruktionen zur Vermeidung von Ausschüttung und Besteuerung von Scheingewinnen angesehen werden. Tages- und Wiederbeschaffungspreise spielen auch eine Rolle bei den *entscheidungsorientierten Kostenrechnungen*, z. B. in Preiskalkulationen, die als Entscheidungshilfe bei der Preisfestsetzung dienen. Hierdurch werden die Erfordernisse der Substanz- und Kapitalerhaltung in die unternehmenspolitischen Entscheidungsprozesse eingebracht.

Lit.: HFA des IdW: Stellungnahme 2/1975: Zur Berücksichtigung der Substanzerhaltung bei der Ermittlung des Jahresergebnisses, in: WPg 1975, S. 614–616; *Mertens, P.*: Substanzerhaltung bei Scheingewinnbesteuerung, 1977; *FASB*: SFAS No. 33: Financial Reporting and Changing Prices, 1979; *Jacobs, O./Schreiber, U.*: Betriebliche Kapital- und Substanzerhaltung in Zeiten steigender Preise, 1979; *Pohlmann, P.*: Die Wahl von Bewertungskonzeptionen im externen Jahresabschluß unter besonderer Berücksichtigung von Preisänderungen, 1981; *Busse v. Colbe, W./Greeß, W.*: Substanzerhaltungsrechnung, in: ZfbF-Sonderh. 17, 1984, S. 48–62.

Dr. Peter Pohlmann, München.

Substanzwert

Verfahren zur Ermittlung des → *Gesamtwertes der Unternehmung*: Summe der einzelnen Marktwerte, die die Vermögensgegenstände bei Wiederbeschaffung haben (*Reproduktionsneuwert*); setzt man entsprechend dem Lebensalter der tatsächlich vorhandenen Wirtschaftsgüter die bisher eingetretene Wertminderung ab, so entsteht der *Reproduktionsaltwert*. Bei Hinzufügung der geschätzten Wiederbeschaffungskosten aller nicht bilanzierungsfähigen Werte, wie z. B. geschätzte Ausgaben für den Neuaufbau der Organisation, erhält man den *Gesamtreproduktionswert*, andernfalls einen Teilreproduktionswert.

Der *Bruttosubstanzwert* entspricht der Summe der Wiederbeschaffungswerte des betriebsnotwendigen Vermögens, zuzüglich des Liquidationswertes des nicht betriebsnotwendigen Vermögens. Beim → *Nettosubstanzwert* wird die Summe aller Schulden subtrahiert. Der S. wird häufig in Verbindung mit dem → *Ertragswert* zur Bewertung von Unternehmen benutzt (→ *Mittelwertverfahren*, → *Stuttgarter Verfahren*, → *UEC-Verfahren*).

Dem S. als Reproduktionswert mangelt es am Bezug zu künftigen Zahlungsströmen und damit zum Gesamtwert der Unternehmung. Daher wird der S. auch als → *Barwert* der durch die Substanz ersparten oder in die Zukunft verschobenen Investitions- oder Betriebsausgaben ermittelt. Damit wird der S. zu einem Element des Ertragswertes.

Lit.: Sieben, G.: Der Substanzwert der Unternehmung, 1963; *Sieben, G.*: Wesen, Ermittlung und Funktion des Substanzwertes als „vorgeleistete Ausgaben", in: Busse von Colbe, W./Coenenberg, A. G. (Hrsg.): Unternehmensakquisition und Unternehmensbewertung, 1992, S. 67–88; *WP-Handb.* 1992, Bd. II, 10. Aufl., 1992, S. 123–136.

Subtraktionsmethode

= → *Restwertrechnung*.

Subventionen

Zahlungen (*Zuwendungen*) oder Verzicht auf Abgaben durch die öffentliche Hand zugunsten bestimmter Wirtschaftssubjekte ohne spezielle Gegenleistungen bei Vorliegen bestimmter Voraussetzungen, z. T. nur bei Einhaltung von Auflagen, und ohne Rückerstattung. S. können zur Alimentierung von → *Investitionen* (→ *Investitionshilfen*) oder von laufenden Aufwendungen (*Betriebszuschüsse*) geleistet werden. Zuwendungen in Form verlorener *Zuschüsse* wirken sich als Erträge oder als Minderungen von Aufwendungen erfolgserhöhend aus.

Lit.: Uhlig, A.: Grundsätze ordnungsmäßiger Bilanzierung für Zuschüsse, 1989; *Kupsch, P.*: Subventionen, in: HWR, 3. Aufl., 1993, Sp. 1902–1911.

Summenabschluß

Additive Zusammenfassung der jeweils gleichartigen Positionen der → *Handelsbilanzen II* aller gem. §§ 294–296 HGB zu konsolidierenden Unternehmen zur Vorbereitung des → *Konzernabschlusses*.

Sunk costs

→ *Kosten*, die durch Entscheidungen in der Vergangenheit festgelegt wurden und durch künftige Entscheidungen nicht mehr zu verändern sind (→ *Kosten, fixe und variable*).

Lit.: Krahnen, J. P.: Sunk Costs und Unternehmensfinanzierung, 1991.

Swap

In finanzwirtschaftlichem Sinne Vereinbarungen zwischen zwei Parteien, Zahlungsströme auszutauschen, die aus Zins- und Kapitalzahlungen bestehen, insbesondere Zins- und Währungs-S., i. w. S. auch Austausch zwischen Schulden und Eigenkapital. Mit S. wird die Absicherung eines Grundgeschäftes, z. B. eines Kredites, gegen Zins- und Währungsrisiken bezweckt. Die Behandlung von S. im Jahresabschluß ist gesetzlich nicht geregelt, sie muß daher nach → *GoB* vorgenommen werden. S. und Grundgeschäft können unter bestimmten Bedingungen, z.B. gleiche Laufzeit, als *Bewertungseinheit* unter Durchbrechung des Grundsatzes der Einzelbewertung bilanziert werden. S. können als schwebende Geschäfte → *Rückstellungen* erfordern.

Lit.: *Lerbinger, P.:* Zins-Swap, in: WIST 1986, S. 461–462; *Lerbinger, P.:* Währungs-Swaps, in: WIST 1986, S. 575–577; *Franke, G.:* Debt-Equity-Swaps aus finanztheoretischer Perspektive, in: ZfB 1988, S. 187–197; *Jutz, M.*, in: Küting/Weber: HdR, 4. Aufl., Bd. Ia, 1995, S. 358-367.

Synergieeffekte
= Verbundeffekte.
= Economies of scope.

S. können aus der Zusammenführung von Unternehmen entstehen. Dadurch erhöht (positive S.) oder ermäßigt (negative S.) sich der nachhaltig erzielbare Ertrag und damit der → *Ertragswert* und die Preisgrenzen von Käufer und Verkäufer (→ *Gesamtwert der Unternehmung*, → *Wurzeltheorie*).

S. können u.a. entstehen
- in der Produktion z.B. aufgrund der Vorteile der Massenproduktion;
- im Marketing z.B. durch verstärkte Nutzung des Vertriebs- und Servicenetzes eines Partners;
- in der Forschung und Entwicklung z.B. durch gemeinsame Forschungsinvestitionen;
- im Finanzbereich durch gegenseitige Finanzierung der Unternehmen;
- in der Verwaltung durch eine bessere Auslastung.

Lit.: *Coenenberg, A.G./Sautter, M.T.:* Strategische und finanzielle Bewertung von Unternehmensakquisitionen, in: DBW 1988, S. 691–710.

Systematisches Risiko
→ *Capital Asset Pricing Model.*

Systemprüfung
Prüfung von betrieblichen Prozessen nach Maßgabe des Verfahrensablaufes. Alternative zur → *Einzelfallprüfung*.

T

Tageswert

Als T. wird der Geldbetrag bezeichnet, der einem → *Vermögensgegenstand* durch Übertragung des ihm entsprechenden aktuellen Preises zum Bewertungsstichtag aus dem *Absatz-* oder *Beschaffungsmarkt* zugeordnet wird. Bei abnutzbaren Gegenständen unterscheidet man zwischen Tages*neu*wert und Tages*alt*wert unter Ansatz von → *Abschreibungen* gem. der abgelaufenen Nutzungsdauer. Der T. wird für die → *Kostenbewertung*, zur Beachtung des → *Niederstwertprinzips* und in manchen → *Bilanztheorien* für die → *Substanzerhaltung* als Ansatz verwendet.

Tageswertprinzip

Alternative zum → *Anschaffungswertprinzip* für den → *Jahresabschluß*, wonach die Bilanzposten grundsätzlich zu den Preisen des Bilanzstichtages angesetzt werden (→ *Substanz- und Kapitalerhaltung*).

Take over

Übernahme eines Unternehmens durch ein anderes oder durch einzelne Personen, mitunter aufgrund eines öffentlichen Angebots (bit) zum Kauf oder Tausch der Anteile mit Einwilligung oder gegen den Willen (hostile take over) des Managements der zu übernehmenden Gesellschaft.

Target Costing

= marktorientiertes Zielkostenmanagement.

1. Grundlagen

Mit T. wird ein umfassendes Kostenplanungs-, -steuerungs- und -kontrollinstrument bezeichnet. Ausgangspunkt dieser Methode zur Kostengestaltung ist der subjektive Kundenwunsch. Durchgängig von der Entwicklung, der Konstruktion, der Fertigung und Auslieferung eines Erzeugnisses orientieren sich die Aktivitäten eines Unternehmens an den Kundenpräferenzen. Von der verstärkten Markt- und Kundenorientierung gehen direkte Anstöße zur Konstruktionsverbesserung und Geschäftsplanung aus. Die Produktentwicklung richtet sich nicht am technologisch Machbaren aus, sondern an den vom Markt erlaubten Produktionskosten. Die zentrale Frage des T. lautet „Wieviel darf ein Produkt kosten?". Neben der Konsequenz bezüglich der Marktorientierung unterscheidet sich T. durch die Betonung der frühen Phasen der Produktentwicklung von anderen Kostenmanagementansätzen. T. zielt vorwiegend auf die Entwicklungs- und Designphase ab. Dabei läßt man sich von der Vorstellung leiten, daß ein Großteil der Herstellkosten eines Produkts zu Beginn des Konstruktionsprozesses determiniert wird. Die größten Einspareffekte sind daher in den frühen Phasen des Produktlebenszyklus zu erzielen.

Im wesentlichen sind es folgende Merkmale, die das marktorientierte Zielkostenmanagement charakterisieren:

a) Marktorientierung. Ausgangspunkt für das Kostenmanagement sind die Anforderungen des Marktes an die Eigenschaften und den Preis des Produktes.

b) Frühzeitigkeit. Bereits in den frühen Produktentstehungsphasen werden die Kosten des Produktes beeinflußt. Kostensteuerung vollzieht sich auf der Ebene der Produkt- und Prozeßgestaltung.

c) Dynamisierung. Zielkosten sind lebensphasenbezogen. Erreichte Kostenstandards werden permanent hinterfragt. In Abhängigkeit von der Phase des Lebenszyklus und den Marktverhältnissen verändern sich die Kostenziele.

d) Strategieunterstützung. T. sorgt für die Umsetzung strategischer Ziele im Unternehmen. T. wirkt im Sinne einer marktorientierten Steuerung als Bindeglied zwischen den Markterfordernissen und den betriebsinternen Prozessen. Das Kostenmanagement gibt verschiedene strategische Entwicklungsrichtungen vor.

e) Integrativer Ansatz. T. ist ein übergreifendes Konzept, das alle Unternehmensbereiche und -aktivitäten einbezieht. In den Kostensteuerungsprozeß wird selbst die Ebene der Lieferanten einge-

Target Costing

bunden. Für die von ihnen hergestellten Baugruppen werden Zielkosten vorgegeben.

f) Teamorientierung. Alle Mitarbeiter vom Vertrieb, der Entwicklung, dem Einkauf, der Produktion und der Kostenrechnung müssen vom ersten Stadium der Produktentwicklung an intensiv im Team zusammenarbeiten. Ziel ist es, eine Lösung zu finden, die von allen Beteiligten mitgetragen werden kann.

2. Bestimmung von Zielpreisen und Zielkosten

Der Einsatz von T. erstreckt sich über den gesamten Lebenszyklus eines Produktes. Grob lassen sich dabei zwei Phasen unterscheiden: die Kostenplanungsphase und die Phase der „Kostenpflege" (Cost Maintenance). Die erste Phase umfaßt den Zeitraum der Produktentwicklung sowie der Auslegung des Produktionsprozesses für neue Produkte. Mit der Fertigung in Serie beginnt die zweite Phase. Bestehende Produkte werden ständig auf Kostensenkungsmaßnahmen überprüft. Neu formulierte Standards sind im Produktionsprozeß umzusetzen.

Ausgangspunkt der Zielkostenbestimmung ist der am Markt erzielbare Preis. Die Zielkosten ermitteln sich aus dem Marktpreis abzüglich der Gewinnmarge. Das T. setzt sich aus drei Elementen zusammen:

a) Festlegung des Target Price. Ausgangspunkt sind die Kundenpräferenzen. Die Zahlungsbereitschaft für unterschiedliche Produkteigenschaften wird untersucht. Der Zielpreis ergibt sich aus der Summe der Wertrelationen der einzelnen Produktmerkmale. Es handelt sich dabei um den Preis, den die Kunden für ein bestimmtes Produkt mit gegebenen Funktionen in einem ausgewählten Marktsegment zu zahlen bereit sind.

b) Festlegung der Target Margin. Die Target Margin entspricht der Gewinnmarge, die mit dem neuen Erzeugnis nach strategischen Überlegungen erzielt werden muß. Diese Ertragsspanne kann sich an eine gewünschte Mindestverzinsung des eingesetzten Kapitals anlehnen.

c) Festlegung der Target Costs. Die Target-Cost-Findung erfolgt üblicherweise zweistufig. Nach Abzug des angestrebten Plangewinns vom Zielpreis erhält man für ein Erzeugnis die „Allowable Costs", also diejenigen Kosten, die der Markt erlaubt. Ihnen werden die bei gegebener Fertigungstechnologie anfallenden Standardkosten i.S. von → *Plankosten* auf Vollkostenbasis gegenübergestellt. Die Produktentwicklung wird auf die angestrebten Zielkosten ausgerichtet; falls erforderlich, sind Änderungen des Produktkonzepts zur Erreichung der Target Costs vorzunehmen. Erst dann werden die verbindlichen Target Costs vereinbart. Die letztendliche Festlegung der Target Costs erfolgt in Abhängigkeit der verfolgten Strategie und der erwarteten Wettbewerbsintensität.

3. Zerlegung der Zielkosten

Ein wirksames Zielkostenmanagement erfordert die Zerlegung der Gesamtzielkosten. Aus Gründen der Operationalisierung sind sie in kleinere Einheiten aufzuteilen. Die Zielkostenspaltung kann nach einzelnen Funktionen (Funktionskosten), bestimmten Komponenten (Komponentenkosten) oder auch verschiedenen Teilen (Teilekosten) vorgenommen werden. Funktionskosten beziehen sich auf das Produkt an sich (Objektfunktionen) oder auf Service- und Zusatzleistungen (Verrichtungsfunktionen).

Der konkrete Ablauf der Zielkostenzerlegung wird in mehrere Schritte aufgeteilt:

a) Produktfunktionen definieren. Aus dem Anforderungsprofil der Kunden werden die Eigenschaften des Produktes abgeleitet. Die Produktfunktionen sind detailliert zu beschreiben und zu strukturieren. Es wird zwischen harten und weichen Funktionen unterschieden. Harte Funktionen erklären die technische Leistung eines Produktes, weiche Funktionen beschreiben den subjektiven Wert des Produktes für den Kunden.

b) Produktfunktionen gewichten. Die Eigenschaften der Produkte sind hinsichtlich ihrer Wertigkeit zu beurteilen. Zunächst erfolgt eine generelle Gewichtung

Target Costing

der harten und weichen Faktoren. Im Anschluß daran werden die Gewichte der einzelnen Teilfunktionen innerhalb der beiden Hauptfunktionen ermittelt. Entsprechend der Gewichtung der Teilfunktionen werden die Zielkosten verteilt.

c) Grobentwurf entwickeln. Unter Berücksichtigung der geforderten Produktfunktionen und deren Gewichtung wird für das neue Produkt ein erster Entwurf erstellt. Der Grobentwurf setzt sich aus Produktkomponenten zusammen, mit denen spezielle Produkteigenschaften realisiert werden sollen.

d) Komponentenkosten schätzen. Die erwarteten Kosten der Produktkomponenten sind zu prognostizieren.

e) Produktkomponenten gewichten. Die Produkteigenschaften und die Produktkomponenten werden miteinander verglichen. Dabei wird festgehalten, welchen Beitrag die einzelnen Bauteile zur Erfüllung der Funktionen leisten.

f) Zielkostenindizes ermitteln. Der Zielkostenindex entspricht dem Verhältnis zwischen der Bedeutung einer Komponente für die Produktfunktionen und dem Kostenanteil der Komponente. Die durch eine Komponente verursachten Kosten sollten das gleiche Gewicht haben, wie die durch sie realisierten Produktfunktionen.

g) Zielkostenindizes verbessern. Um den optimalen Zielkostenindex 1 wird eine Zielkostenzone definiert, innerhalb der sich die einzelnen Zielkostenindizes befinden sollen. Nimmt beispielsweise der Zielkostenindex einen Wert kleiner eins an, ist dies ein Signal für eine zu teure Ausgestaltung einer Komponente. Nicht mehr tolerierte Abweichungen definieren Schwerpunkte für Verbesserungsmaßnahmen.

4. Instrumentelle Unterstützung

Zur Unterstützung des T. können verschiedene Methoden und Techniken eingesetzt werden:

a) Zielkostenkontrolldiagramm. Im Zielkostenkontrolldiagramm wird dem Kostenanteil einer Komponente dessen Teilgewicht gegenübergestellt. Aus der Darstellung lassen sich Anhaltspunkte für Kostensenkungen und Verbesserungen der Komponenten gewinnen.

b) Cost Tables. Cost Tables enthalten detaillierte unternehmensindividuelle Kostendaten. Die Kostengrößen werden für unterschiedliche Material-, Produktions- und Konstruktionsvarianten eines Teiles bestimmt.

c) Value Engineering.

d) → Prozeßkostenrechnung.

e) Ergänzende Instrumente. Darüber hinaus finden im Rahmen des Target-Costing-Prozeß das Benchmarking, das Erfahrungskurvenkonzept, das Qualitätsmanagement, die Break-even-Analyse und das Simultaneous Engineering Anwendung.

5. Beurteilung

T. ist die marktorientierte Ergänzung bestehender Kostenmanagementsysteme. Marktliche Veränderungen können direkt in das Unternehmen hineinwirken und entsprechende Reaktionen auslösen. T. sichert bereits in der Entwicklungsphase die Ausrichtung der Aktivitäten an den vom Kunden gewünschten Produktmerkmalen und -eigenschaften. Damit trägt T. dazu bei, die Produktrentabilitäten auch bei steigender Wettbewerbsintensität langfristig zu erhalten bzw. zu steigern. Insbes. vermag das Konzept des T. durch die marktgerechte und produktfunktionale Betrachtung Anstöße zur Struktur- und Technologieveränderung zu geben. T. eignet sich insbesondere für wettbewerbsintensive Branchen mit geringen Gewinnmargen und kurzen Produktlebenszyklen.

Lit.: Sakurai, M.: Target Costing and how to use it, in: Journal of Cost Management, Summer 1989, S. 39–50; *Horváth, P./Seidenschwarz, W.:* Zielkostenmanagement, in: Controlling 1992, S. 142–150; *Hahn, D.:* Target Costing – ein überlebenswichtiges Konzept, in: Controlling 1993, S. 110–111; *Seidenschwarz, W.:* Target Costing – Marktorientiertes Zielkostenmanagement, 1993.

Prof. Dr. Wolfgang Berens/Dipl.-Kfm. Andreas Hoffjan, Düsseldorf.

Technische Ergiebigkeit
→ *Wirtschaftlichkeit.*

Technizität
→ *Wirtschaftlichkeit.*

Teilgewinnabführungsvertrag
→ *Gewinnabführungsvertrag.*

Teilkonzernabschluß
Ein → *Konzernabschluß*, den ein → *Mutterunternehmen*, das gleichzeitig auch → *Tochterunternehmen* (→ *Zwischenholding*) ist, gem. § 290 HGB für den Teil des Konzerns aufstellen und publizieren muß, den es als Mutterunternehmen beherrscht. Für die Aufstellung, Prüfung und Publizität des T. gelten die Vorschriften der §§ 290–330 HGB analog. Von der Aufstellungspflicht eines T. kann die Zwischenholding befreit werden, wenn das übergeordnete Mutterunternehmen einen → *befreienden Konzernabschluß* gem. §§ 291, 292 HGB erstellt und publiziert.

Teilkostenrechnung
→ *Kostenrechnungssysteme.*
→ *Kostenrechnung*, die nur Teile der Gesamtkosten, z. B. nur → *Grenzkosten*, auf die Produkte verrechnet (Gegensatz zu → *Vollkostenrechnung*).

Teilreproduktionswert
→ *Substanzwert.*

Teilwert
1. Begriff
Der T. ist ein speziell steuerlicher Wertbegriff, der erstmals im EStG und BewG von 1934 gesetzlich fixiert wurde. Die Definition in den §§ 6 Abs. 1 Nr. 1 EStG und 10 BewG hat sich seitdem nicht verändert. Der Wortlaut ist in beiden Vorschriften identisch, wenn man von den unterschiedlichen Bezeichnungen „Betrieb" und „Unternehmen" absieht. Nach herrschender Meinung bestehen auch inhaltlich keine Abweichungen zwischen dem T. im EStG und im BewG. Demnach ist der T. der Betrag, den ein Erwerber des ganzen Betriebes im Rahmen des Gesamtkaufpreises für das einzelne → *Wirtschaftsgut* ansetzen würde: es ist dabei von der Fortführung des Betriebes auszugehen. Der T. wird somit durch drei Annahmen geprägt: (1) fiktiver Verkauf des ganzen Betriebes, (2) Betriebsfortführung, (3) Verteilung des Gesamtkaufpreises auf die einzelnen Wirtschaftsgüter. Durch den T. soll eine Verbindung zwischen Einzelbewertung und Gesamtbewertung hergestellt werden, wobei der T. den Wert eines einzelnen Wirtschaftsguts darstellt. Dabei ist der Zusammenhang zwischen dem → *Gesamtwert des Unternehmens* und dem T. der einzelnen Wirtschaftsgüter ungeklärt, worauf auch im wesentlichen die am T.begriff geäußerte Kritik beruht. Den Gegensatz zum T. bildet der → *gemeine Wert* (§ 9 BewG), der für Wirtschaftsgüter – losgelöst vom ganzen Betrieb – im normalen Geschäftsverkehr erzielt werden würde.

2. Zweck
Durch den Ansatz des T. soll berücksichtigt werden, daß der Wert eines Wirtschaftsguts als Teil einer wirtschaftlichen Einheit ein anderer ist als der Einzelveräußerungspreis oder auch der Wert eines derartigen Wirtschaftsguts, wenn es nicht zu einem Betriebsvermögen gehört. Es ist also der Wert anzusetzen, der sich gerade wegen der Betriebszugehörigkeit ergibt, um auf diese Weise den wertbestimmenden Einfluß der Betriebszugehörigkeit eines Wirtschaftsguts zu berücksichtigen.

3. Anwendung
Der T. findet insbesondere im Ertrag- und Substanzsteuerrecht Anwendung. In der Ertragsteuerbilanz dient seine Verwendung der Gewinnermittlung, im Substanzsteuerrecht der Ermittlung des steuerpflichtigen Vermögens.

a) Steuerbilanz. In der → *Steuerbilanz* bildet der T. i. d. R. einen Korrekturwert zu den → *Anschaffungs-* und → *Herstellungskosten.* Die Wirtschaftsgüter des nichtabnutzbaren → *Anlagevermögens* und des → *Umlaufvermögens* sind mit ihren Anschaffungs- bzw. Herstellungskosten und die des abnutzbaren Anlagevermögens mit den um die AfA nach § 7 EStG verminderten Anschaffungsbzw. Herstellungskosten anzusetzen (§ 6 Abs. 1 Nr. 1 und 2 EStG). Ist jedoch der T. niedriger als diese Werte, so kann dieser beim Anlagevermögen angesetzt werden; bei einer voraussichtlich dauernden Wertminderung wird dieser Ansatz über das *Maßgeblichkeitsprinzip* sogar zwingend (gemildertes Niederstwertprinzip gem. §§ 6 Abs. 1 Nr. 1 S. 2 und Nr. 2 S. 2, 5 Abs. 1 EStG, 253 Abs. 2 HGB). Beim Umlaufvermögen ist ein niedrigerer T. wiederum über das *Maßgeblichkeitsprinzip* stets anzusetzen (strenges Niederstwertprinzip gem. §§ 6 Abs. 1 Nr. 2 S. 2, 5 Abs. 1 EStG, 253 Abs. 3 HGB). Als spezielle steuerrechtliche Bewertungsnorm geht die T.definition dabei dem handelsrechtlichen niedrigeren beizulegenden Wert vor (s. 4d)). Dem niedrigen T. von Aktivposten entspricht der höhere T. für die Positionen auf der Passivseite der Bilanz (§ 6 Abs. 1 Nr. 3 EStG). In der Rechtsprechung und Literatur wird für den Ansatz des niedrigeren T. der Begriff der T. → *Abschreibung* benutzt. Den alleinigen Wertmaßstab bildet der T. bei der Bewertung von Einlagen und Entnahmen (§ 6 Abs. 1 Nr. 4 u. 5 EStG).

b) Vermögensaufstellung. Für die Bewertung des gewerblichen bzw. freiberuflichen Betriebsvermögens im Rahmen der Vermögensaufstellung kommt dem T. ab dem 1. Januar 1993 nicht mehr eine eigenständige Bedeutung als theoretisch zentraler Bewertungsmaßstab zu. Mit der nunmehr weitgehend vorgeschriebenen Übernahme der Steuerbilanzwerte in die Vermögensaufstellung (§§ 95 Abs. 1, 109 Abs. 1 BewG; sog. verlängerte Maßgeblichkeit) bildet der T., ebenso wie bisher bereits im Ertragssteuerrecht, künftig auch im Bewertungsrecht grundsätzlich nur noch eine Hilfsgröße zur Erfassung von Wertminderungen. Der Ansatz eines die Anschaffungs- bzw. Herstellungskosten übersteigenden höheren T.s kommt damit in der Vermögensaufstellung nunmehr ebensowenig in Betracht, wie in der Steuerbilanz; die Anschaffungs- bzw. Herstellungskosten stellen eine Wertobergrenze dar (→ *Betriebsvermögensermittlung*)

4. Ermittlung

Probleme einer Operationalisierung der T.definition ergeben sich insbesondere bei der Verteilung des Gesamtkaufpreises auf die einzelnen Wirtschaftsgüter und der Fixierung des Gesamtkaufpreises im Rahmen der fiktiven Veräußerung. Zunächst versuchte der Reichsfinanzhof den T. der einzelnen Wirtschaftsgüter mit Hilfe einer *Differenzmethode* zu bestimmen. Der T. wäre demnach der Betrag, den ein Erwerber des Betriebes weniger zahlen würde, wenn das zu bewertende Wirtschaftsgut nicht zum Betrieb gehören würde. Diese Methode ist ebenso gescheitert wie die *Zurechnungsmethode*, bei der der fiktive Gesamtkaufpreis so auf die einzelnen Wirtschaftsgüter aufzuteilen wäre, wie es ihrer Bedeutung für den Gesamtwert entspricht. Trotz der offenbar unüberwindbaren theoretischen Probleme bei der Operationalisierung des T.begriffs halten Gesetzgeber und Rechtsprechung an diesem Konzept fest.

Zur Praktizierung des T.begriffs hat die Rechtsprechung ein System von *T.vermutungen* geschaffen, die innerhalb der T.grenzen liegen. Die T.vermutungen haben sich jedoch erheblich von der T.definition entfernt.

a) T.grenzen. Die *Untergrenze* für die Bemessung des T. ist der *Einzelveräußerungspreis*, der i. d. R. mit dem Verkehrswert oder dem gemeinen Wert identisch ist. Der Einzelveräußerungspreis kommt als T. insbesondere derjenigen Wirtschaftsgüter in Betracht, die für den Betrieb entbehrlich oder jederzeit ersetzbar sind. Mindestens deckt sich der Einzelveräußerungspreis mit dem Material- oder Schrottwert abzüglich der Veräußerungskosten. Als *Obergrenze* des T. werden regelmäßig die *Wiederbeschaffungskosten* angesehen. Das sind diejenigen Aufwendungen, die anfallen würden, um ein Wirtschaftsgut gleicher Art und Güte am Bewertungsstichtag wiederzubeschaffen oder wiederherzustellen. Bei der Ermittlung des T. sind die Wiederbeschaffungskosten maßgebend, die sich in dem betreffenden Betrieb ergeben, da der T.begriff von einer Fortführung des Betriebes durch den Erwerber ausgeht. Bei diesen Grenzen handelt es sich um Eckwerte, so daß auch ein Zwischenwert als T. denkbar ist.

b) T.vermutungen. Von der Rechtsprechung sind folgende Vermutungen bzgl. des T. eines Wirtschaftsguts entwickelt worden: (1) Der T. z. Z. der Anschaffung bzw. Herstellung ist gleich den Anschaffungs- bzw. Herstellungskosten; an späteren Bilanzstichtagen entspricht der T. (2) bei nicht abnutzbaren Wirtschaftsgütern des Anlagevermögens den historischen Anschaffungs- oder Herstellungskosten, (3) bei abnutzbaren Wirtschaftsgütern des Anlagevermögens den um die AfA geminderten Anschaffungs- bzw. Herstellungskosten und (4) bei Wirtschaftsgütern des Umlaufvermögens den Wiederbeschaffungs- oder Wiederherstellungskosten zum Bilanzstichtag.

c) Widerlegung der T.vermutungen. Diese Vermutungen können sowohl vom Steuerpflichtigen als auch vom Finanzamt entkräftet werden, wenn Tatsachen und Umstände dafür dargelegt werden können. Als ausreichende Gründe gelten i.a.: (1) gesunkene Wiederbeschaffungs- oder Wiederherstellungskosten, (2) Anschaffung bzw. Herstellung war Fehlmaßnahme, (3) Wertminderung durch Mängel, Unbrauchbarkeit, technisches Veralten etc., (4) Verkaufserlöse sind zu gering zur Deckung der Selbstkosten und des Gewinnaufschlags, (5) mangelnde Rentabilität des gesamten Betriebs.

d) Aktuellere Ansätze zur T.ermittlung. Der in Rechtssprechung und Literatur h. M. zufolge ist der niedrigere steuerliche T. überwiegend aus den aktuellen individuellen Wiederbeschaffungskosten abzuleiten (vgl. insbes. die Vermutung über den niedrigeren T. beim Umlaufvermögen und die Widerlegungen der T.vermutung). Der niedrigere T. entspricht dabei i. d. R. zugleich dem niedrigeren beizulegenden Wert des Handelsrechts. Neueren Ansätzen zur T.ermittlung liegt demgegenüber ein eher funktionales, d. h. auf den Sinn und Zweck der gesetzlichen T.konzeption gerichtetes T.verständnis zugrunde. Daraus wird dann etwa die Forderung abgeleitet, den T. nach Maßgabe einer an künftigen Aufwandsüberschüssen orientierten Verlustantizipation bzw. unter Einbeziehung anderer, klar zuzuordnender Bewertungsfaktoren oder besonderer Vorteile zu ermitteln (Moxter). Dieser Auffassung folgt auch der BFH in seinem Urteil zur Bewertung unverzinslicher Arbeitnehmerdarlehen (BFH v. 30.11.1988, BStBl. 1990 II, S. 117), in dem er eine T.abschreibung mit Hinweis darauf ablehnt, daß auch ein gedachter Erwerber für aus sozialen Gründen gewährte unverzinsliche Darlehen an Arbeitnehmer sehr wohl den Nennwert vergüten würde. Dessen ungeachtet wäre handelsrechtlich allerdings tatsächlich von einem niedrigeren beizulegenden Wert auszugehen.

Lit.: Euler, W.: Gemeiner Wert und Teilwert, in: Raupach, A. (Hrsg.): Werte und Wertermittlung im Steuerrecht, 1984, S. 155, 168; *Moxter, A.:* Funktionales Teilwertverständnis, in: Rückle, D. (Hrsg.): Aktuelle Fragen der Finanzwirtschaft und der Unternehmensbesteuerung, FS Loitlsberger, 1991, S. 473–481; *Biergans, E.:* Einkommensteuer, 6. Aufl., 1992, S. 421ff., 479ff.; *Herzig, N.:* Verlängerte Maßgeblichkeit und Bilanzpolitik, in: BB 1992, S. 1053f.; *Wöhe, G.:* Bilanzierung und Bilanzpolitik, 8. Aufl., 1992, S. 419ff., 431ff.; *Knobbe-Keuk, B.:* Bilanz- und Unternehmenssteuerrecht, 9. Aufl., 1993, S. 174ff., S. 201f.; *Coenenberg, A.G.:* Jahresabschluß und Jahresabschlußanalyse, 16. Aufl., 1997, S. 92f., S. 97.

Professor Dr. Norbert Herzig, Köln.

Teilwertvermutungen
→ *Teilwert.*

Testat
= → *Bestätigungsvermerk.*

Timing differences
→ *Latente Steuern.*

Tobin-Separationstheorem
Nach dem amerikanischen Ökonomen James Tobin benanntes → *Separationstheorem.*

Lit.: Tobin, J.: Liquidity Preference as Behaviour towards Risk, in: The Review of Economic Studies 1957–58, S. 65–86.

Tochterunternehmen
Bezeichnung für ein Unternehmen, das unter → *einheitlicher Leitung* einer anderen Gesellschaft steht (§ 290 Abs. 1 HGB). Zusammen mit dem → *Mutterunternehmen* bildet das T. einen → *Konzern* nach § 18 AktG. Nach dem *Control-Konzept* wird von einem T. gemäß § 290 Abs. 2 und 3 HGB auch dann ausgegangen, wenn einem anderen Unternehmen

- unmittelbar oder mittelbar die Mehrheit der Stimmrechte oder
- das Recht zusteht, die Mehrheit der Mitglieder des Verwaltungs-, Leitungs- oder Aufsichtsorgans zu bestellen oder abzurufen, und dieses gleichzeitig eine Kapitalbeteiligung an der betrachteten Gesellschaft hält oder
- das Recht zusteht, einen beherrschenden Einfluß aufgrund eines Beherrschungsvertrages oder der Satzung des T. auszuüben.

Grundsätzlich sind alle T. in den → *Konzernabschluß* einzubeziehen (→ *Konsolidierungskreis;* → *Konzernabschluß*).

Lit.: Busse von Colbe, W./Ordelheide, D.: Konzernabschlüsse, 6. Aufl., 1993, S. 79–94.

Top-Management Buy-Out
→ *Management Buy-Out.*

Toter Punkt
= Break-Even-Punkt.
→ *Break-Even-Analyse.*

Tragfähigkeitsprinzip
= Kostentragfähigkeitsprinzip.
→ *Kostenzurechnungsprinzip*, nach dem die → *Gemeinkosten* entsprechend den Erlösen bzw. → *Deckungsbeiträgen* nach Anlastung der direkt zurechenbaren → *Kosten* auf die → *Kostenträger* verteilt werden.

Transaktionskosten
→ *Kapitalkosten.*
→ *Kosten* für die Abwicklung von Transaktionen, z. B. für Vertragsabschlüsse, für Transport von Gütern.

Mit Hilfe von T. wird innerhalb des T.ansatzes u. a. versucht, die Frage der Produktionstiefe zu beantworten. Der T.ansatz führt einen Wirtschaftlichkeitsvergleich durch zwischen den Organisationskosten einer Unternehmung und den T. Die optimale Betriebsgröße ist dann erreicht, wenn der Zuwachs an Organisationskosten für die zusätzliche Produktion in einer Unternehmung gerade der Einsparung an T. entspricht.

Lit.: Schneider, D.: Betriebswirtschaftslehre, Bd. 1: Grundlagen, 2. Aufl., 1995, S. 263–276.

Transitorische Rechnungsabgrenzungsposten
→ *Rechnungsabgrenzungsposten.*

Treasurership
= Treasuring.

Amerikanischer Begriff für die Gesamtheit der finanzwirtschaftlichen Aufgaben: Aufgabenträger ist der *Treasurer.*

Treppenverfahren
= Stufenleiterverfahren.

Verfahren zur mehrstufigen → *Kostenstellenumlage.* Wenn der innerbetriebliche Leistungsstrom über mehrere Stufen in eine Richtung fließt, lassen sich die Kosten abrechnungstechnisch sukzessive von einer Kostenstelle in die folgende transferieren.

Treuhandwesen
Teil der Betriebswirtschaftslehre, der i. e. S. Treuhandschaften analysiert. Die *Treuhandschaft* besteht in der Verwaltung oder Verfügung über fremde Vermögenswerte im Interesse der Eigentümer oder anderer Personen wie z. B. Gläubiger. I. w. S. schließt das T. auch die → *Wirtschaftsprüfung* mit ein.

True and fair view Prinzip
Generalnorm aus Art. 2 Nr. 2 der 4. und Art. 16 der 7. *EG-Richtlinie;* das T. beruht auf der britischen Rechnungslegungstradition. Sie ist im Companies Act 1995, Section 226, Subsection 2 wie folgt kodifiziert: „The balance sheet shall give a true and fair view of the state of affairs of the company at the end of the financial year;

and the profit and loss account shall give a true and fair view of the profit and loss of the company for the financial year". Die Generalnorm des T. gilt für Großbritannien als → *Overriding Principle*, da sie Vorrang vor den einzelnen Rechnungslegungsvorschriften des Companies Act hat und auch im Vergleich zu den daneben existierenden Accounting Standards des → *ASB* auf einer höheren Rangebene steht. Wird bei Kollision mit anderen Regelungen dem T. Vorrang eingeräumt, sind derartige Abweichungen im Anhang anzugeben und zu begründen. Die sich auf den Einzelabschluß beziehenden Vorschriften zum T. gelten für den Konzernabschluß entsprechend (Companies Act 1985, Section 227). Über das → *Bilanzrichtlinien-Gesetz* hat das T. in abgeänderter Form Eingang in die deutsche Rechnungslegung gefunden. §264 Abs. 2 HGB schreibt für den Einzelabschluß und §297 Abs. 2 HGB entsprechend für den Konzernabschluß von Kapitalgesellschaften vor, daß der Jahresabschluß unter Beachtung der → *Grundsätze ordnungsmäßiger Buchführung* ein den tatsächlichen Verhältnissen entsprechendes → *Bild der Vermögens-, Finanz- und Ertragslage* zu vermitteln hat. Sollten besondere Umstände dazu führen, daß der Jahresabschluß dieses Bild nicht vermitteln kann, sind zusätzliche Angaben zu machen. Der deutschen Generalnorm wird jedoch keine Vorrangstellung eingeräumt.

Lit.: Scholtissek, W.: True and fair view im Vereinigten Königreich und in der Bundesrepublik Deutschland, in: RIW 1986, S. 966–970; *Hoffmann, K.-J.:* „True and fair view" aus englischer Sicht, 1989; *A European true and fair view? Special section*, in: European Accounting Review, May 1993, S. 47–104; *Nobes, C. W.:* The True and Fair View Requirement: Impact on and of the Fourth Directive, in: Acc. and Business Res. 1993, S. 35–48; *Parker, R. H./Nobes, C. W.:* An International View of True and Fair Accounting, 1994; *ADS*, 6. Aufl., Bd. 5, 1997, §264 HGB, Tz. 36–51.

Überbewertung

In bilanziellem Sinne Ansatz von → *Aktiva* zu einem *höheren* oder von → *Passiva* zu einem *niedrigeren* Wert als es gesetzlich (§§ 253-256 und §§ 279-283 HGB) zulässig ist (§ 256 Abs. 5 Satz 2 AktG). Die → *Prüfung des Jahresabschlusses* soll Ü. verhindern. Für Mitglieder eines Vertretungsorgans oder Aufsichtsrates einer → *Kapitalgesellschaft* gelten Ü. als *Ordnungswidrigkeit*, die mit einem Bußgeld bedroht ist (§ 334 HGB). Der → *Jahresabschluß* einer AG ist bei Ü. von Bilanzposten *nichtig* (§ 256 Abs. 3 Satz 1 AktG).

Übergangskonsolidierung

→ *Entkonsolidierung*.

Übergangskosten

Zusammenfassender Begriff für → *Stillsetzungskosten* und → *Wiederanlaufkosten*.

Übergewinn

→ *Übergewinnverrentung*.

Übergewinnverrentung

Verfahren zur Ermittlung des → *Gesamtwertes einer Unternehmung*. Danach wird davon ausgegangen, daß ein Gewinn, der über der Normal-Verzinsung des → *Substanzwertes* liegt (Übergewinn), auf Dauer nicht erzielt werden kann, da dies zusätzliche Wettbewerber auf den Plan ruft, die einen Gewinnrückgang bewirken. Bei dem u.a. von der → *UEC* empfohlenen Verfahren der Ü. wird deshalb ein Abschlag dadurch vorgenommen, daß der Zinsfuß für den Übergewinn erhöht oder die Wirkungsdauer des Übergewinns verkürzt wird. In der anglo-amerikanischen Praxis ist es üblich, den Übergewinn bei einem Unternehmenskauf nur für eine beschränkte Zahl von Jahren zu vergüten und auf eine Abzinsung zu verzichten. Bei dieser sog. *„Jahrkaufmethode" (year's purchase)* wird der Übergewinn zwischen etwa 3 und 5 Jahren im Kaufpreis vergütet. Der Unternehmenswert W ergibt sich bei Anwendung des Verfahrens der Ü. als

$$W = S + a_n (e - iS)$$

mit

S: → *Substanzwert*.
e: nachhaltig erzielbarer Nettoertrag
a_n: Zahl der Übergewinnjahre
i: → *Kalkulationszinsfuß*

Lit.: Viel, J./Bredt, O./Renard, M.: Die Bewertung von Unternehmungen und Unternehmungsanteilen, 5. Aufl., 1975, S. 36.

Übertragungsprüfung

→ *Prüfungshandlungen*.

Überschuldung

Liegt vor, wenn das Vermögen nicht mehr ausreicht, um die Schulden zu begleichen. Die Ü. ist durch eine → *Überschuldungsbilanz* (Statusbilanz) festzustellen und führt zur zwangsweisen Auflösung eines Unternehmens. Bei → *Kapitalgesellschaften* und bei → *Personengesellschaften*, bei denen keine natürliche Person uneingeschränkt haftet (z. B. GmbH & Co KG), ist die Geschäftsführung im Fall der Ü. verpflichtet, unverzüglich einen Vergleichs- oder Konkursantrag zu stellen (§§ 207 ff. KO).

Überschuldungsbilanz

Eine → *Sonderbilanz* zur Feststellung, ob eine → *Überschuldung* vorliegt. Für die Ü. gelten nicht die → *Bilanzierungsprinzipien* und → *Bewertungsprinzipien* der §§ 246 ff. HGB. Je nach Annahme, ob das Unternehmen weitergeführt wird oder zwangsweise zu liquidieren ist, hat die Bilanzierung in der Ü. nach dem → *Going-concern-Prinzip* oder unter Zerschlagungsgesichtspunkten zu erfolgen. Wird von einer Liquidation ausgegangen, sind alle veräußerbaren → *Vermögensgegenstände* mit den erwarteten Verkaufserlösen und alle Verbindlichkeiten (zuzüglich der Eventualverbindlichkeiten aus dem Sozialplan) mit den erwarteten Auszahlungsbeträgen zu bewerten.

Lit.: Heinen, E.: Handelsbilanzen, 12. Aufl., 1986, S. 501-504; *Drukarczyk, J.:* Insolvenzbilanz, in: HWR, 3. Aufl., 1993, Sp. 920-927; *Eisele, W.:* Sanierungsbilanz, in: HWR, 3. Aufl., 1993, Sp. 1762-1768.

UEC
→ *Union Européene des Experts Comptables Economiques et Financiers.*

UEC-Verfahren der Übergewinnverrentung
Von der Union Européen des Experts Comptables Economiques et Financiers (UEC) seit 1961 entwickelte Methode zur Ermittlung des → *Gesamtwertes der Unternehmung* nach dem Prinzip der → *Übergewinnverrentung.*

Lit.: UEC: Empfehlungen zur Vorgehensweise von Wirtschaftsprüfern bei der Bewertung ganzer Unternehmen TRC 1 Kommission für Fachfragen und Forschung, 1980, abgedruckt bei *Bellinger, B./Vahl, G.:* Unternehmensbewertung in Theorie und Praxis, 2. Aufl., 1992, S. 202–204.

Umkehrmaßgeblichkeit
→ *Maßgeblichkeitsprinzip.*

Umlaufvermögen
1. Bewertungsobjekte

Die Bewertung des U. (*current assets*) muß im Rahmen der Erstellung des → *Jahresabschlusses* von Unternehmen erfolgen. Eine Legaldefinition des U. enthalten die einschlägigen Gesetzesvorschriften nicht. Im Umkehrschluß zu § 247 Abs. 2 HGB sind sämtliche Vermögensgegenstände dem U. zuzurechnen, die am Bilanzstichtag nicht bestimmt sind, dauernd dem Geschäftsbetrieb zu dienen. Rechnungsabgrenzungsposten gehören nicht dazu (vgl. § 247 Abs. 1 HGB). Soweit sich die Zuordnung von Vermögensgegenständen zum U. nicht aus der objektiven Zweckbestimmung ergibt, ist die Zweckbestimmung seitens der Unternehmensleitung maßgebend. Auf die Art der Vermögensgegenstände kommt es bei der Zuordnung nicht primär an. Aus § 266 Abs. 2 B HGB läßt sich entnehmen, daß *Vorräte, Forderungen* und *sonstige Vermögensgegenstände, Wertpapiere* sowie *Schecks, Kassenbestand, Bundesbank- und Postgiroguthaben bei* Kreditinstituten (= *Finanzmittel*) mit den noch weiter unterschiedenen Bilanzposten zum U. gehören können.

2. Bewertungsmaßstäbe

Als Maßstäbe, nach denen die Bewertung des U. erfolgen kann, kommen in Betracht:

a) Anschaffungs- bzw. Herstellungskosten. Die → *Anschaffungskosten* können nur bei den Vermögensgegenständen zum Ansatz kommen, die das Unternehmen (von außen) erworben hat (→ *Anlagevermögen*). Dies ist innerhalb der Vorräte bei den Waren und geleisteten Anzahlungen sowie i. d. R. bei den Roh-, Hilfs- und Betriebsstoffen, ferner bei den Forderungen, den Wertpapieren und den Finanzmitteln der Fall. Bei sonstigen Vermögensgegenständen kommen sie nur in Betracht, soweit diese Forderungscharakter haben oder in sonstiger Weise erworben wurden. Die Anschaffungskosten weisen bei geleisteten Anzahlungen und Forderungen sowie bei den Finanzmitteln die Form von Nennbeträgen und bei den übrigen Gegenständen des U. die Form von Anschaffungspreisen einschließlich Anschaffungsnebenkosten und abzüglich Anschaffungspreisminderungen auf (→ *Realisierungsprinzip*). Bei Beträgen in fremder Währung ist eine Umrechnung erforderlich (→ *Umrechnung von Valutaposten*). → *Herstellungskosten* finden für die Bewertung selbst erstellter Güter und Leistungen Anwendung. Dazu gehören die unfertigen Erzeugnisse und Leistungen, die fertigen Erzeugnisse und ausnahmsweise selbst erstellte sonstige Vermögensgegenstände.

b) Aus dem Börsen- oder Marktpreis sich ergebender Wert. Börsenpreis ist der an einer amtlich anerkannten Börse oder im Freiverkehr ermittelte, ggf. amtlich festgestellte Preis für die zu bewertenden Wertpapiere, Devisen und Waren. *Marktpreis* ist der Preis, der an dem für das Unternehmen maßgeblichen Marktplatz (= Handelsplatz) für Waren einer bestimmten Gattung von durchschnittlicher Art und Güte zum Bewertungszeitpunkt im Durchschnitt gewährt wird. Eine Ableitung des Bilanzwerts aus dem Börsen- oder Marktpreis kommt in Frage, wenn das Unternehmen zur Beschaffung oder zum Absatz der zu bewertenden Gegen-

Umlaufvermögen

stände an der Börse oder an dem Handelsplatz Zu- oder Abschläge, z. B. aufgrund von Gattungsabweichungen, akzeptieren müßte bzw. erzielen könnte oder wenn Nebenkosten bzw. weitere Aufwendungen anfallen. Ein sich aus dem Börsen- oder Marktpreis ergebender Wert kommt nur bei solchen Gegenständen des Umlaufvermögens zur Anwendung, die an einer Börse oder an einem Handelsplatz gehandelt werden, z. B. bei Roh-, Hilfs- und Betriebsstoffen, Waren, Wertpapieren und Devisen, selten bei unfertigen und fertigen Erzeugnissen.

c) Beizulegender Wert. Der den Gegenständen des U. beizulegende Wert kommt nur zur Anwendung, soweit dafür kein Börsen- oder Marktpreis festzustellen ist (§ 253 Abs. 3 Satz 2 HGB). Die Ermittlung des beizulegenden Werts erfolgt unterschiedlich für die verschiedenen Bewertungsgegenstände. Für *Roh-, Hilfs- und Betriebsstoffe,* die noch nicht in den Leistungsprozeß des Unternehmens eingegangen sind, orientiert sich die Wertermittlung an den Verhältnissen des *Beschaffungsmarktes.* Die hier ermittelten *Wiederbeschaffungskosten* können nur zum Ansatz kommen, wenn die Vorräte in ihrer Einsetzbarkeit und Verwertbarkeit nicht eingeschränkt sind. Andernfalls ergibt sich ein niedrigerer beizulegender Wert. Eine Verminderung des beizulegenden Werts tritt auch ein bei *Überbeständen* bzw. relativ großen zeitlichen Reichweiten. *Gängigkeits- oder Reichweitenabwertungen* sind in solchen Fällen geboten. Bei unfertigen und fertigen *Erzeugnissen* oder *nicht abgerechneten Leistungen* richtet sich der beizulegende Wert grundsätzlich nach den Bedingungen auf dem *Absatzmarkt* bzw. den betreffenden Absatzmärkten. Ausgehend von den vorsichtig geschätzten, tatsächlich zu erwartenden Veräußerungspreisen werden erwartete Erlösschmälerungen und bis zur Erzielung der Verkaufspreise noch entstehende Kosten abgezogen. Durch diese retrograde Bewertung soll eine *verlustfreie Bewertung* gewährleistet werden. Eine hilfsweise Orientierung des beizulegenden Werts an den Verhältnissen der Reproduktion (= Reproduktionskosten) kann hinzukommen. In gleicher Weise wird der beizulegende Wert für Waren ermittelt, nur daß hier die Verhältnisse auf dem Beschaffungsmarkt (= Wiederbeschaffungspreis) mit heranzuziehen sind.

Bei *Forderungen* richtet sich der beizulegende Wert nach deren *Verzinslichkeit* und nach der *Bonität* der Schuldner. Unverzinsliche und niedrig verzinsliche Forderungen sind auf den Bilanzstichtag zu diskontieren. Zweifelhafte Forderungen haben einen beizulegenden Wert nur in Höhe des erwarteten Forderungseingangs.

Für *Anzahlungen* ist der geleistete Nominalbetrag anzusetzen, es sei denn, daß mit einer Gegenleistung in dieser Höhe nicht mehr gerechnet werden kann.

Bei *Wertpapieren des U.* bemißt sich der beizulegende Wert in gleicher Weise wie bei den Vorräten nach den Bedingungen des Absatzmarkts.

d) Zukunftswert. Über die bis zum Bilanzstichtag eingetretene und in den vorstehend genannten Bewertungsmaßstäben zum Ausdruck kommende Wertentwicklung hinaus darf nach § 253 Abs. 3 Satz 3 HGB ein niedrigerer Wertmaßstab angesetzt werden, soweit er „nach vernünftiger kaufmännischer Beurteilung notwendig" ist, „um zu verhindern, daß in der nächsten Zukunft der Wertansatz dieser Vermögensgegenstände aufgrund von Wertschwankungen geändert werden muß". Die Antizipation der Wertentwicklung darf über einen Zeitraum von zwei Jahren erfolgen.

e) Nur steuerrechtlich zulässiger Wert. Um die Voraussetzung dafür zu schaffen, daß die Handelsbilanz maßgeblich für die Besteuerung sein kann, gestattet § 254 Abs. 1 HGB, Gegenstände des U. „mit dem nierigeren Wert anzusetzen, der auf einer nur steuerrechtlich zulässigen Abschreibung beruht." In Betracht kommt z. B. ein Importwarenabschlag oder der → *Teilwert.*

f) Wert nach kaufmännisch vernünftiger Beurteilung. Für Kaufleute, die nicht Kapitalgesellschaften sind (vgl. § 279 Abs. 1 Satz 1 HGB), besteht die Möglichkeit, nach §253 Abs. 4 HGB einen niedrigeren Wert anzusetzen, soweit sich dieser „im Rahmen vernünftiger kaufmännischer Beurteilung“ ergibt. Die Gründe für den niedrigeren Wert liegen in diesem Fall nicht mehr im Bewertungsobjekt selbst, sondern in der Gesamtsituation des Unternehmens. Eine ökonomisch nicht begründbare und deshalb willkürliche Abwertung ist nicht zulässig.

g) Wert nach Wertaufholung. Sind die Gründe für eine Abwertung weggefallen, so kommt der Ansatz eines wieder erhöhten Werts in Betracht (§§253 Abs. 5, 280 HGB).

3. Bewertungsprinzipien

Die Anschaffungs- bzw. Herstellungskosten stellen die absolute Obergrenze der Bewertung des U. dar. Liegt der Börsen- oder Marktpreis bzw. bei dessen Fehlen der den Gegenständen beizulegende Wert unter den Anschaffungs- bzw. Herstellungskosten bzw. unter dem Buchwert der vorangegangenen Jahresbilanz, so muß der beizulegende Wert zur Anwendung kommen (= *strenges Niederstwertprinzip*).

Für den Ansatz des niedrigeren Zukunftswerts, des niedrigeren nur steuerrechtlich zulässigen Werts und bei Nicht-Kapitalgesellschaften des niedrigeren kaufmännisch vernünftigen Werts besteht ein Wahlrecht. Nicht-Kapitalgesellschaften haben auch das Wahlrecht, ggf. einen nach Wertaufholung wieder erhöhten Wert anzusetzen (vgl. §253 Abs. 5 HGB). Kapitalgesellschaften unterliegen grundsätzlich dem Wertaufholungsgebot, es sei denn, daß die Wertaufholung andernfalls vermeidbare Steuerwirkungen hat. In diesem Fall bleibt es beim Wertaufholungswahlrecht (§280 HGB → *Bewertungsprinzipien*).

4. Bewertungsmethoden

Grundsätzlich gilt für die Gegenstände des U. das Prinzip der *Einzelbewertung* (§252 Abs. 1 Nr. 3 HGB). Bei den Vermögensgegenständen eintretende Wertänderungen dürfen nicht gegeneinander aufgerechnet werden. Zur Vereinfachung der Bewertung gestatten §§240 Abs. 3 und 4, 256 HGB Verfahren der *Sammelbewertung*:

a) Gruppenbewertung. Nach §240 Abs. 4 HGB darf bei gleichartigen Vermögensgegenständen des Vorratsvermögens und anderen gleichartigen oder annähernd gleichwertigen beweglichen Vermögensgegenständen eine Gruppenbewertung durchgeführt werden. Bewertet werden diese Vermögensgegenstände mit dem *gewogenen Durchschnittswert*, sei es bezogen auf das Geschäftsjahr oder gleitend nach jedem Zugang (*Skontration*).

b) Verbrauchsfolgeannahmen. Alternativ darf nach §256 HGB bei der Ermittlung der Anschaffungs- und Herstellungskosten gleichartiger Vermögensgegenstände des Vorratsvermögens mit Verbrauchsfolgeannahmen gearbeitet werden, wenn diese den Grundsätzen ordnungsgemäßer Buchführung entsprechen. Angewandt werden:

Das *Fifo-Verfahren* (first in-first out) basiert auf der Annahme, daß die zuerst zugegangenen Gegenstände auch zuerst entnommen werden. Der Endbestand wird deshalb mit den Anschaffungs- oder Herstellungskosten der letzten Zugänge bewertet.

Die *Lifo-Methode* (last in-first out) geht von der Unterstellung aus, daß zuerst die aus den letzten Zugängen stammenden Gegenstände entnommen werden. Der Endbestand ist folglich mit den Anschaffungskosten bzw. Herstellungskosten der zuerst zugegangenen Bestände zu bewerten.

Das *Hifo-Verfahren* (highest in-first out) unterstellt, daß die Gegenstände nach der Reihenfolge der Zugangspreise entnommen werden, beginnend mit den höchsten Preisen. Entsprechend erfolgt die Bewertung des Endbestands zu den verbleibenden Preisen.

Das *Kifo-Verfahren* (Konzern in-first out), das lediglich bei Konzernunternehmen zur Anwendung kommt, basiert auf der Annahme, daß aus dem Konzernbereich stammende Vermögensgegenstände vor Gegenständen aus Fremdlieferungen entnommen und entsprechend bewertet werden.

Sämtliche Bewertungen mit Verbrauchsfolgeannahmen können am Ende des Geschäftsjahrs (Perioden-Fifo usw.) oder nach jedem Zugang (gleitendes oder permanentes Fifo usw.) erfolgen und damit zu abweichenden Bewertungsergebnissen führen.

Weder die Durchschnittswertermittlung noch die Anwendung der Verbrauchsfolgeannahmen entbinden das Unternehmen von der Beachtung des strengen Niederstwertprinzips.

c) Festwert. Für Roh-, Hilfs- und Betriebsstoffe darf unter den in § 240 Abs. 3 HGB aufgeführten Bedingungen ein Festwert angesetzt werden. Dem Unternehmen ist es gestattet, den Wert ohne Durchführung einer Bestandsaufnahme für die einbezogenen Vermögensgegenstände drei Jahre beizubehalten, soweit nicht das Niederstwertprinzip eine Abwertung erfordert.

d) Gruppenbewertungen finden letztlich bei all den Gegenständen des U. statt, bei denen pauschal ermittelte Wertkorrekturen vorgenommen werden. Das gilt z. B. für die pauschal ermittelte Wertberichtigung zu Forderungen aufgrund des allgemeinen Kreditrisikos, die pauschal durchgeführte verlustfreie Bewertung durch Anwendung eines allgemeingültigen Abwertungssatzes und die pauschale Anwendung von Gängigkeitsabschlägen bei Vorräten. Auch bei der Bewertung von *Kuppelprodukten* bietet sich eine Gruppenbildung für Bewertungszwecke an.

5. Steuerliche Zulässigkeit der Wertansätze

Die in der Handelsbilanz dem Umlaufvermögen zuzuordnenden Bewertungsobjekte gehen grundsätzlich auch in die Steuerbilanz ein (§ 5 Abs. 1 EStG).

Von den Bewertungsmaßstäben kommen die Anschaffungs- bzw. Herstellungskosten auch steuerlich zur Anwendung (§ 6 Abs. 1 Nr. 2 Satz 1 EStG). In der Zusammensetzung der steuerlich anzusetzenden Beträge treten jedoch Abweichungen auf (Abschn. 32a, 33 EStR, § 255 HGB → *Anschaffungskosten,* → *Herstellungskosten*). Der aus dem Börsen- oder Marktpreis sich ergebende Wert sowie der beizulegende Wert kann als → *Teilwert* zum Ansatz kommen (§ 6 Abs. 1 Nr. 2 Satz 2 EStG). Auch ein niedrigerer Zukunftswert ist im Rahmen des Teilwerts ansetzbar, allerdings nur in einem Zeitraum bis zu sechs Wochen nach dem Bilanzstichtag. Der bei Kaufleuten, die nicht Kapitalgesellschaften sind, wählbare Wert nach § 253 Abs. 4 HGB findet keine steuerliche Anerkennung. Dagegen sind Wertaufholungen, die handelsrechtlich vorgenommen werden, auch steuerlich zu berücksichtigen.

Soweit die Bewertungsmaßstäbe steuerlich anerkannt sind, wirkt die Beachtung der handelsrechtlichen Bewertungsprinzipien auch auf die Steuerbilanz.

Das Prinzip der *Einzelbewertung* gilt bei Gegenständen des Umlaufvermögens grundsätzlich auch für die Besteuerung. Findet in der Handelsbilanz eine *Gruppenbewertung* nach einer der Durchschnittsmethoden statt, so ist diese Bewertung auch steuerlich zulässig. Das gilt für Bewertungen nach einer der Verbrauchsfolgeannahmen jedoch nur, wenn eine entsprechende Verbrauchsfolge vor allem durch die Art der Lagerung nachgewiesen werden kann. An die → *Lifo-Methode* wird das Erfordernis des Nachweises seit dem Steuerreformgesetz 1990 nicht mehr gestellt. Unternehmen, die ihren Gewinn nach § 5 EStG ermitteln, dürfen diese Methoden anwenden, wenn sie den Grundsätzen ordnungsmäßiger Buchführung entspricht (§ 6 Abs. 1 Nr. 2a EStG). Der Ansatz eines *Festwerts* für Roh-, Hilfs- und Betriebsstoffe findet auch steuerliche Anerkennung.

Lit.: Heinen, E.: Handelsbilanzen, 12. Aufl., 1986, S. 235–244; *Biergans, E.:* Einkommensteuer, 6. Aufl., 1992, S. 500–506; *ADS,* 6. Aufl., Bd. 1, 1995, § 253 HGB; *Döring, U.,* in: Küting/Weber: HdR, 4. Aufl., Bd. I a, 1995, Sp. 949–970; *Ellrott, H. u. a.,* in: Beck Bil.-Komm., 3. Aufl., 1995, § 253 HGB, Anm. 501–661; *Coenenberg, A. G.:* Jahresabschluß und Jahresabschlußanalyse, 16. Aufl., 1997, S. 151–179.

Professor Dr. F. W. Selchert, Gießen.

Umrechnung von Jahresabschlüssen

1. Problemstellung. Aufgrund des Weltabschlußprinzips des §294 Abs. 1 HGB ergibt sich für ausländische Tochterunternehmen bei Aufstellung des → *Konzernabschlusses* neben der *Vereinheitlichung von Bilanzansatz und Bewertung* (§§ 300, 308 HGB) zusätzlich das Problem der Umrechnung der auf Landeswährung (LW) lautenden Abschlußpositionen in die Konzernwährung (DM), um diese mit den Abschlußzahlen der anderen Konzernunternehmen zusammenfassen zu können (*translation of financial statements*). Das Umrechnungsproblem besteht in der Auswahl der „richtigen" Umrechnungskurse aus den unterschiedlichen Wechselkursen, die in einem Zeitpunkt oder im Zeitablauf beobachtet werden können.

Mögliche Wechselkurse in einem Zeitpunkt sind Sortenkurse, Devisenkassa- und Devisenterminkurse im amtlichen Handel oder im Freiverkehr auch auf „grauen" Märkten. Für die Umrechnung von stichtagsbezogenen Bilanzbeständen verwendet man Devisenkassakurse, wobei auf eine Differenzierung von Geldkursen (z. B. für LW-Verbindlichkeiten) und Briefkursen (z. B. für LW-Forderungen der ausländischen Tochterunternehmen) zugunsten einer einheitlichen Umrechnung zum (arithmet.) Mittelkurs verzichtet wird.

Wechselkurse ändern sich im Zeitablauf, so daß sich bei Bestandspositionen aus Vorperioden die Frage stellt, ob diese mit historischen Kursen bei Zugang oder mit dem Kurs des aktuellen Bewertungsstichtages umgerechnet werden sollen. In der Verwendung aktueller Stichtagkurse oder historischer (Transaktions-)Kurse unterscheiden sich im Prinzip die verschiedenen kontrovers diskutierten Umrechnungsmethoden. Dabei unterscheidet man (1) Verfahren der einheitlichen Umrechnung aller → *Vermögensgegenstände* und Schulden zum Stichtagskurs und (2) Verfahren der differenzierenden Umrechnung von Vermögensgegenständen und Schulden mit Stichtags- oder historischen Kursen.

Die Umrechnung der Erträge und Aufwendungen (Stromgrößen) erfolgt bei beiden Gruppen im Grundsatz mit den (Transaktions-)Kursen, mit denen die Bestandsgrößen im Zeitpunkt der Bestandsänderung umgerechnet werden. Als vereinfachende Näherungslösung wird regelmäßig die Umrechnung mit – gewichteten – Periodendurchschnittskursen zugelassen und praktiziert.

2. *Einheitliche Umrechnung (Stichtagskursmethoden).* Unter dem Sammelbegriff „Stichtagskursmethoden" werden hier alle Verfahren zusammengefaßt, bei denen sämtliche Vermögensgegenstände und Schulden zum Kurs des Abschlußstichtages umgerechnet werden.

Bei der „all current method" werden zusätzlich sämtliche Eigenkapitalpositionen sowie die Erträge und Aufwendungen zum Stichtagskurs umgerechnet. Diese *lineare Transformation* sämtlicher Abschlußposten ist angewandt auf einen einzelnen Abschluß rechnerisch sehr einfach. Sie führt aber zu Problemen bei der Darstellung des Bilanzzusammenhangs, da bei Wechselkursänderungen die DM-Wertansätze der Eröffnungsbilanz nicht aus der DM-Schlußbilanz des Vorjahres übernommen werden können, sondern die LW-Anfangsbestände mit dem Stichtagskurs zum Periodenende umzurechnen sind. Die so entstehenden DM-Wertänderungen von Vermögensgegenständen und Schulden (*bilanzielle Umrechnungsdifferenzen*) werden implizit mit dem DM-Eigenkapital saldiert und somit in der umgerechneten Erfolgsrechnung nicht ausgewiesen (*erfolgsneutrale Umrechnung*).

In der vom US-amerikanischen *FASB* geforderten Variante der Stichtagskursmethode (SFAS No. 52) gelangen solche Umrechnungsdifferenzen in einer Sonderposition (*translation adjustment*) dadurch zum Ausweis, daß die Eigenkapitalpositionen mit den historischen Kursen bei Einzahlung bzw. Rücklagendotierung umgerechnet werden. Bei der Umrechnung der Erträge und Aufwendungen for-

Umrechnung von Jahresabschlüssen

dert SFAS No. 52 im Prinzip die Anwendung von Transaktionskursen, läßt aber zur Vereinfachung die Verwendung angemessen gewichteter Durchschnittskurse zu. Das Periodenergebnis als Saldo der umgerechneten DM-Erträge und Aufwendungen wird in die Bilanz übernommen.

Die Stichtagskursmethoden unterstellen, daß sich der DM-Wertansatz sämtlicher Vermögensgegenstände und Schulden der ausländischen Tochterunternehmen mit dem Wechselkurs ändert. Zwischenzeitliche Änderungen des LW-Wertes der Vermögensgegenstände und Schulden, die auf identische Ursachen (z. B. Preissteigerungen, Zinssatzänderungen) zurückgeführt werden können, bleiben unberücksichtigt.

Beispiel:
Umrechnung von Vorräten

Anschaffungswert in Landeswährung (AWLW)	100 LW
(Historischer) Wechselkurs bei Anschaffung (HK)	2,00 DM/LW
Anschaffungswert in Konzernwährung (AWDM)	200,00 DM
Tageswert in Landeswährung (TWLW)	115 LW
Bilanzwert in Landeswährung (Niederstwertprinzip)	100 LW
Wechselkurs des Abschlußstichtages (TK)	1,70 DM/LW
Tageswert in Konzernwährung (TWDM)	195,50 DM
DM-Bilanzwert nach Stichtagskursumrechnung	170,00 DM

Zum Abschlußstichtag führt die Anwendung einer Stichtagskursmethode zur → *Abschreibung* der Vorräte von 200,00 DM auf 170,00 DM. Dieser DM-Wertansatz liegt unter dem DM-Tageswert, der die Untergrenze für eine Bilanzierung dieser Vorräte bei einem inländischen Unternehmen bildet. Insofern liegt hier ein Verstoß gegen den *Einheitsgrundsatz* (§ 297 Abs. 3 HGB) vor.

Die Stichtagskursmethoden führen nicht nur hier zu einem ökonomisch nicht sinnvoll interpretierbaren Wertansatz, der sich als Produkt eines auf den Anschaffungszeitpunkt bezogenen Preises mit einem auf den Abschlußstichtag bezogenen Wechselkurs ergibt. Ökonomisch als Marktwerte interpretierbar sind dagegen die → *Anschaffungskosten* und die Tageswerte in DM.

Solche DM-Wertänderungen werden bei den Stichtagskursmethoden durchweg nicht als zusätzliche DM-Abschreibungen in der umgerechneten Erfolgsrechnung ausgewiesen, sondern (erfolgsneutral) direkt mit dem Eigenkapital (z. B. nach SFAS No. 52 im translation adjustment) verrechnet. Im Einzelabschluß eines inländischen Unternehmens wären solche Wertänderungen dagegen erfolgswirksam auszuweisen.

3. Differenzierende Umrechnung. Die differenzierenden Umrechnungsmethoden berücksichtigen auch die Änderungen des LW-Tageswertes und wenden den Stichtagskurs nur auf Positionen an, die – tatsächlich oder fiktiv – zu LW-Tageswerten ausgewiesen werden.

Bei der *Fristigkeitsmethode (current-noncurrent-method)* wird dabei pauschal unterstellt, daß dies für das Umlaufvermögen und die kurzfristigen Verbindlichkeiten gilt, die zum Stichtagskurs umgerechnet werden. Hinsichtlich der historisch umzurechnenden Positionen des Anlagevermögens und des langfristigen Fremdkapitals wird angenommen, daß die LW-Tageswerte sich z. B. im Fall einer Abwertung der Landeswährung mindestens umgekehrt proportional zur Änderung des Wechselkurses erhöhen. An diesen Positionen werden dann keine wechselkursbedingten Abschreibungen erforderlich, so daß die DM-Anschaffungswerte – durch Umrechnung der LW-Anschaffungswerte mit dem historischen Kurs – beibehalten werden können. Langfristige (non cur-

Umrechnung von Jahresabschlüssen

rent) Abschlußpositionen unterliegen so annahmegemäß keinem Währungsumrechnungsrisiko (*translation exposure*).

Im Anlagevermögen werden jedoch z. B. langfristige Forderungen ausgewiesen, deren LW-Wertansatz ebenso wie der der LW-Verbindlichkeiten nominell fixiert ist. Deren DM-Wert ändert sich damit direkt mit dem Wechselkurs. Umgekehrt enthält das Umlaufvermögen z. B. mit den Vorräten Positionen, deren LW-Preise nicht fixiert sind. Die der current-non-current-method zugrunde liegende pauschale Annahme geht in diesen Fällen fehl.

Aus der Kritik an der Fristigkeitsmethode ist die *Umrechnung nach dem Geldcharakter (monetary-non-monetary-method)* entwickelt worden. Dieser liegt die pauschale Prämisse zugrunde, daß der LW-Wert nur bei den Positionen des Geldvermögens und den Geldverbindlichkeiten fixiert ist, auf die sich dann Wechselkursänderungen durch Anwendung des Stichtagskurses unmittelbar auswirken. Für alle anderen Abschlußpositionen wird eine zum Wechselkurs umgekehrt proportionale Entwicklung ihrer LW-Werte angenommen. Damit wird unterstellt, daß Sachvermögen und Sachverbindlichkeiten keinem Währungsumrechnungsrisiko unterliegen. Wie das unter 2. gebildete Beispiel zeigt, werden bei dieser pauschalen Annahme im umgerechneten Abschluß auch Wertansätze ausgewiesen (200,00 DM), die über dem vom Niederstwertprinzip geforderten DM-Bilanzansatz im Abschluß eines inländischen Unternehmens (195,50 DM) liegen.

Aus dieser Kritik heraus ist die *Zeitbezugsmethode* entwickelt worden, die im Prinzip für alle Vermögensgegenstände einen sogenannten *Niederstwerttest* [min. {AWLW · HK; TWLW · TK} = min. {100 · 2,00; 115 · 1,70} = 195,50 DM] und einen analogen *Höchstwerttest* (max. {AWLW · HK; TWLW · TK}] für alle Verbindlichkeiten vorschreibt. Dieses Vorgehen entspricht einer systematischen Anwendung der allgemeinen Bewertungsprinzipien (§§ 252–255 HGB) auf den umgerechneten Abschluß. Bei konsequenter Durchführung dieses Grundprinzips gelangt man zu Wertansätzen, die mit denen eines inländischen Unternehmens übereinstimmen, das statt eines ausländischen Tochterunternehmens eine Betriebsstätte im Ausland unterhält. Damit entspricht die Zeitbezugsmethode dem *Einheitsgrundsatz* des § 297 Abs. 3 HGB.

In dieser reinen Form ist die Zeitbezugsmethode in den Verlautbarungen des *FASB* [SFAS No. 8 (1975); SFAS No. 52 (1981)], des *ASC* [SSAP No. 20 (1983)] und des *IASC* [IAS 21 (1983)] nicht gefordert worden, sondern in Form einer vereinfachten Näherungslösung, bei der eine Umrechnung von Bilanzpositionen entweder zum Stichtags- oder zum historischen Kurs vorgeschrieben wird. Zum Stichtagskurs umgerechnet werden alle Geldvermögens- und Geldverbindlichkeitspositionen sowie die Positionen des Sachvermögens und der Sachverbindlichkeiten, die zu Tageswerten bilanziert werden. Alle anderen Positionen einschließlich des Eigenkapitals sind zu historischen Kursen umzurechnen. Ein expliziter Niederstwerttest wird in IAS 21 überhaupt nicht und in SFAS No. 52 nur für das Vorratsvermögen gefordert.

Bei konsequenter Durchführung sind die wechselkursbedingten DM-Wertänderungen der Vermögensgegenstände und Schulden in der Erfolgsrechnung ergebniswirksam auszuweisen (erfolgswirksame Umrechnung). Aufgrund der damit verbundenen zum Teil erheblichen Ergebnisauswirkungen ist diese Methode insbesondere aus der Unternehmenspraxis heraus heftig kritisiert worden. Diese Kritik führte in den USA dazu, daß SFAS No. 8 (1975), das die Zeitbezugsmethode mit erfolgswirksamer Verrechnung von Umrechnungsdifferenzen als einzige Methode zuließ, durch SFAS No. 52 (1981) ersetzt wurde. Varianten der Zeitbezugsmethode, die auch von deutschen Konzernen verwendet werden, verzichten auf eine erfolgswirksame Verrechnung der bilanziellen Umrechnungsdifferenzen, indem diese direkt mit den Rücklagen verrechnet werden. Dies widerspricht freilich dem Einheitsgrundsatz, da wechselkursbedingte Wertänderungen im Abschluß eines inländischen Unternehmens erfolgswirksam auszuweisen sind.

4. Institutionelle Regelungen zur Wahl der Umrechnungsmethode. Welche Umrechnungsmethode anzuwenden ist, wird weltweit anhaltend kontrovers diskutiert. Derzeit fordern die institutionellen Regelungen in den USA (SFAS No. 52) und in Großbritannien (SSAP No. 20) eine Wahl in Abhängigkeit von der Konzernstruktur (*funktionale Umrechnung*): Auf relativ *selbständig* im Ausland operierende Tochterunternehmen ist eine – in Einzelheiten unterschiedliche – Stichtagskursmethode anzuwenden. Differenzen aus der Umrechnung der Bilanzbestände und der Erträge und Aufwendungen werden dabei erfolgsneutral in einem *translation adjustment* ausgewiesen. Die Jahresabschlüsse von Tochterunternehmen, die in die Tätigkeit des Mutterunternehmens voll *integriert* sind, müssen dagegen nach der Zeitbezugsmethode – mit erfolgswirksamer Behandlung von Umrechnungsdifferenzen – umgerechnet werden. Für die Abgrenzung von selbständigen und integrierten Tochterunternehmen sind Kriterien formuliert worden, die jedoch einen weiten Ermessensspielraum lassen.

Das HGB 1985 enthält keine besonderen Vorschriften zur Wahl der Umrechnungsmethode, sondern verlangt nur eine Erläuterung der Grundlagen für die Umrechnung in Deutsche Mark im Anhang (§ 313 Abs. 1 Nr. 2 HGB). Die konsequente Anwendung des Einheitsgrundsatzes in Verbindung mit den Bewertungsvorschriften des HGB läßt nur die Zeitbezugsmethode zu. Dennoch wird auch vom *HFA* ein Methodenwahlrecht eingeräumt, das zwar nicht auf die Zeitbezugsmethode und die Stichtagskursmethode beschränkt ist, ihnen aber Vorrang einräumt; diese Methodenwahl unterliegt jedoch dem *Stetigkeitsgebot*.

Von den internationalen Konzernen mit Sitz in Deutschland wird dieses Methodenwahlrecht unterschiedlich ausgeübt. Im Detail unterschiedliche Varianten der Stichtagskursmethode praktizieren z. B. die RWE AG, VEBA AG, Continental AG, während von der Bayer AG, der Mannesmann AG und der Siemens AG Varianten einer an der Zeitbezugsmethode orientierten differenzierenden Umrechnung verwendet werden.

Lit.: FASB: SFAS No. 52: Foreign Currency Translation, 1981; *ASC des ICAEW:* SSAP No. 20: Foreign Currency Translation, in: Acc., May 1983, S. 120–126; *IASC:* IAS 21: Accounting for the Effects of Changes in Foreign Exchange Rates, 1983; *HFA des IdW:* Geänderter Entwurf einer Verlautbarung zur Währungsumrechnung im Jahres- und Konzernabschluß, in: Wpg 1986, S. 664–667; *Gebhardt, G.:* Vereinheitlichung der Recheneinheit durch Währungsumrechnung, in: Beck HdR, 1987, C 310, S. 1–45; *Busse von Colbe, W.:* Internationaler Konzernabschluß, in: HWInt, 1989, Sp. 1157–1174; *Busse von Colbe, W./Müller, E./Reinhard, H.* (Hrsg.): Aufstellung von Konzernabschlüssen, Sonderh. 21 der ZfbF, 2. Aufl., 1989, S. 51–65; *Busse von Colbe, W./Ordelheide, D.:* Konzernabschlüsse, 6. Aufl., 1993, S. 123–190; *Uphues, P.:* Währungsumrechnung im Konzernabschluß, in: HWR, 3. Aufl., 1993, Sp. 2143–2151; *Ruppert, B.:* Währungsumrechnung im Konzernabschluß, 1993; *Wysocki, K. v./Wohlgemuth, M.:* Konzernrechungslegung, 4. Aufl., 1995, S. 232–249.

Professor Dr. Günther Gebhardt, Frankfurt.

Umrechnung von Valutaposten

1. Bedeutung des Währungsrisikos

Die Notwendigkeit zur Währungsumrechnung ist immer dann gegeben, wenn Geschäftsvorfälle auf eine ausländische Währung lauten oder zu irgendeinem Zeitpunkt in einer ausländischen Währung abzuwickeln sind. Für Kaufleute ergibt sich die Verpflichtung zur Umrechnung von Fremdwährungs- oder Valutaposten bzw. -transaktionen aus § 244 HGB, der die Aufstellung des Jahresabschlusses in deutscher Sprache und in Deutscher Mark fordert.

Der DM-Kaufpreis eines in ausländischer Währung zu bezahlenden Vermögensgegenstands ergibt sich durch Umrechnung des Fremdwährungsbetrags mit dem maßgeblichen Wechselkurs. Da Wechselkurse Preise sind und wie diese Schwankungen unterliegen, haben sie unmittelbaren Einfluß auf die Bewertung von Vermögensgegenständen und Verbindlichkeiten. Die Umrechnung von Valutaposten ist kein wertneutraler Rechen- oder Transformationsvorgang, sondern Teil der Bewertung. Die deutschen Rechnungslegungsvorschriften enthalten lediglich für → *Kreditinstitute* (§ 340h HGB) eigenständige Grundsätze für die Umrechnung von Fremdwährungsgeschäften (für die DM-Eröffnungsbilanz ehemaliger DDR-Unternehmen enthält außerdem § 18 DMBilG Regelungen für die Währungsumrechnung). Bei allen anderen Unternehmen unterliegt der Umrechnungsvorgang somit den allgemeinen → *Bewertungsprinzipien* (Anschaffungswert-, Realisations-, Imparitätsprinzip), die den Ausweis von nicht realisierten Kursverlusten verlangen, aber den Ausweis von nicht realisierten Kursgewinnen und die Verrechnung von nicht realisierten Kursgewinnen und Kursverlusten verbieten.

2. Bedeutung und Anwendung unterschiedlicher Wechselkurse

Der Umrechnungs- oder Wechselkurs bezeichnet allgemein das Austauschverhältnis zweier Währungen, der Devisenkurs speziell den Preis unbarer, auf eine ausländische Währung lautender Forderungen (Bankguthaben, Wechsel oder Schecks), der Sortenkurs das Austauschverhältnis von ausländischem Bargeld.

a) Historischer bzw. Stichtagskurs. Der historische Kurs ist der im Zeitpunkt des Erwerbs, der Herstellung oder der Entstehung eines Vermögensgegenstandes bzw. der Eingehung einer Verbindlichkeit geltende und entsprechend dem Anschaffungswertprinzip anzusetzende Kurs. Der Stichtagskurs ist der Kurs, der in einem späteren, zeitlich nach der Anschaffung oder Herstellung liegenden Bewertungszeitpunkt, insbesondere am Bilanzstichtag, gilt.

b) Kassa- bzw. Terminkurs. Der Kassakurs ist der Kurs, der in dem Zeitpunkt gilt, in dem ein Devisenkassageschäft abgeschlossen wird. Banktechnisch gelten als Kassageschäfte alle Transaktionen, deren Erfüllung zwei Werktage nach Abschluß liegt. Der Hauptteil der Kassageschäfte wird zu den Kursen abgewickelt, die an der Devisenbörse als Ergebnis von Angebot und Nachfrage an jedem Arbeitstag um die Mittagszeit amtlich festgestellt werden („Fixing"). Der Terminkurs ist maßgebend, wenn das Devisen-Verpflichtungsgeschäft in der Gegenwart, das Erfüllungsgeschäft jedoch in der Zukunft liegt. Bei Devisen-Termingeschäften, bei denen es keine amtliche Kursfeststellung gibt, liegen Abschluß und Erfüllung mindestens drei Tage auseinander. Für die Bildung des Terminkurses spielt das Zinsgefälle zwischen den beiden betroffenen Währungen die entscheidende Rolle. Der Unterschied zwischen Kassa- und Terminkurs („Swapsatz") wird daher in erster Linie durch die Zinssatzdifferenzen auf den jeweiligen Geldmärkten bestimmt.

c) Geld-, Brief- bzw. Mittelkurs. Der Geldkurs ist der Kurs, zu dem die Kreditinstitute Devisen oder Sorten ankaufen, der höhere Briefkurs ist der Kurs, zu dem sie Devisen oder Sorten verkaufen. Der Mittelkurs ist das arithmetische Mittel zwischen Geld- und Briefkurs. Maßgebend für die Frage, ob Valutaposten mit dem Geld- oder Briefkurs umzurechnen sind, ist zum einen, ob es sich um Geld- oder Sachgüter handelt und zum anderen, ob es um die Ermittlung von Anschaffungskosten oder um die Bestimmung von Wiederbeschaffungskosten oder Zeitwerten geht. Weiter ist zu unterscheiden, ob Vermögensgegenstände oder Verbindlichkeiten umzurechnen sind.

3. Wertermittlung bei Valutaposten – Grundsätze

Die folgenden Ausführungen decken sich im wesentlichen mit dem geänderten Entwurf einer Verlautbarung des *HFA des IdW* zur Währungsumrechnung von 1986. Abweichungen hiervon sind Valutaposten nach den angelsächsischen Rechnungslegungsvorschriften (*USA*: SFAS No. 52, *Großbritannien:* SSAP No. 20) am Bilanzstichtag grundsätzlich mit dem Stichtagskurs umzurechnen. Damit werden sowohl unrealisierte Verluste wie auch unrealisierte Gewinne ausgewiesen. Das *International Accounting Standards Committee* läßt in *IAS 21* sowohl die generelle Umrechnung mit dem Stichtagskurs zu wie auch die Umrechnung nach den hier erläuterten Grundsätzen.

a) Anschaffungswert. Bei Bargeschäften ist der tatsächliche Zufluß bzw. Abfluß in inländischer Währung als → *Anschaffungskosten* maßgebend. Bei Zielgeschäften ist für die Umrechnung der Brief- bzw. Geldkurs am Tag der Lieferung maßgebend. Aus praktischen Erwägungen wird statt mit dem Kurs am Tag der Lieferung häufig mit dem Kurs am Tag der Verbuchung umgerechnet.

b) Niederstwert. Liegt der Währungskurs am Abschlußstichtag unter dem Anschaffungskurs oder dem am vorhergehenden Bilanzstichtag angesetzten Kurs, dann hat bei Gegenständen des Umlaufvermögens (→ *Umlaufvermögen*) nach dem strengen *Niederstwertprinzip* ein Vergleich zwischen den mit historischen Kursen umgerechneten Anschaffungskosten und dem mit dem Stichtagskurs umgerechneten Zeitwert (Wiederbeschaffungskosten, Erlöswert) und ggfs. eine Abwertung auf den so ermittelten niedrigeren Zeitwert zu erfolgen. Liegt der Währungskurs am Bilanzstichtag hingegen über dem Anschaffungskurs, muß der höhere Kurs unberücksichtigt bleiben, da es andernfalls zu einem unzulässigen Ausweis nicht realisierter Gewinne käme. Bei Verbindlichkeiten gilt dies, unabhängig von ihrer Laufzeit, entsprechend (→ *Verbindlichkeiten*). Nach dem analog anzuwendenden strengen Höchstwertprinzip hat am Abschlußstichtag eine Umrechnung mit dem ggfs. höheren Stichtagskurs zu erfolgen. Eine Umrechnung mit dem niedrigeren Stichtagskurs ist nicht zulässig, da es dann zum Ausweis nicht realisierter Gewinne käme.

Bei Vermögensgegenständen des → *Anlagevermögens* kann bei nur vorübergehendem Kursrückgang eine Abwertung fakultativ vorgenommen werden (*gemildertes Niederstwertprinzip*), während bei dauerhaftem Kursrückgang eine Abwertung zwingend ist. Von einem dauerhaften Kursrückgang ist in einem System fester Wechselkurse, wie z.B. dem EWS, nach einer offiziellen Neufestsetzung der Paritäten (Abwertung) auszugehen. Bei flexiblen Wechselkursen müssen mittel- bis langfristige Kursprognosen mit herangezogen werden. Bei Währungen in Hochinflationsländern kann grundsätzlich von dauerhaften Kursrückgängen ausgegangen werden.

Kursveränderungen nach dem Bilanzstichtag sind bei der Bewertung grundsätzlich nur im Rahmen der → *Wertaufhellung* (→ *Bewertungsprinzipien*) zu berücksichtigen. Dies ist z.B. dann gegeben, wenn bereits vor dem Bilanzstichtag Verhandlungen auf Regierungsebene zur Abwertung einer Währung geführt wurden. Daneben besteht gem. § 253 Abs. 3 HGB bei Gegenständen des Umlaufvermögens (und analog auch bei Verbindlichkeiten) die Möglichkeit, erwartete künftige Kursrückgänge zu antizipieren. Handelsrechtlich wird hierbei i.d.R. von einem Zeitraum von bis zu zwei Jahren ausgegangen. Steuerlich hingegen werden lediglich vier bis sechs Wochen nach dem Bilanzstichtag akzeptiert. Eine weitere Möglichkeit, Kursveränderungen nach dem Bilanzstichtag generell zu antizipieren und dadurch → *stille Rücklagen* zu bilden, gestattet – allerdings nur handelsrechtlich und beschränkt auf Nicht-Kapitalgesellschaften – § 253 Abs. 4 HGB.

c) Wertaufholung. Wurden aufgrund von Kursrückgängen Abschreibungen vorgenommen, dann haben Kapitalgesellschaften bei einem späteren Kursanstieg gem. § 280 Abs. 1 HGB grundsätzlich Zuschreibungen bis maximal zur Höhe des ursprünglichen Anschaffungskurses vorzunehmen (→ *Wertaufholung*).

Demgegenüber haben Nicht-Kapitalgesellschaften ein uneingeschränktes Wahlrecht, den auf der Basis des niedrigeren Währungskurses ermittelten Wert beizubehalten (*Beibehaltungswahlrecht*). Auf-

Umrechnung von Valutaposten

grund des in § 5 Abs. 1 EStG kodifizierten Maßgeblichkeitsprinzips können allerdings auch Kapitalgesellschaften gem. § 280 Abs. 2 HGB von einer Zuschreibung absehen, so daß Kapitalgesellschaften faktisch ebenfalls ein uneingeschränktes Beibehaltungswahlrecht haben. Dies gilt nicht für → *Rückstellungen*, deren Höhe gem. § 253 Abs. 1 HGB an jedem Bilanzstichtag mit dem Stichtagskurs neu zu ermitteln und ggf. anzupassen ist.

4. Wertermittlung bei Valutaposten – Einzelfragen

a) Forderungen. Valutaforderungen sind mit dem Geldkurs im Zeitpunkt ihrer Entstehung umzurechnen. Zur Ermittlung des Werts am Bilanzstichtag kann statt einer exakten Einzelposten-Fortschreibung auch mit einfachen oder gewichteten Durchschnittskursen oder unter analoger Anwendung der gem. § 256 HGB zulässigen Vereinfachungsverfahren (Fifo, Lifo, etc.) umgerechnet werden. Die z. T. aus Vereinfachungsgründen praktizierte generelle Umrechnung mit dem Stichtagskurs ist nur zulässig, wenn dadurch das Niederstwertprinzip nicht verletzt wird. Die generelle Umrechnung mit dem Stichtagskurs wird auch damit begründet, daß gem. § 244 HGB eine Fremdwährungsbuchführung zulässig ist und nur für den Jahresabschluß (und dann mit dem Stichtagskurs) eine Umrechnung in DM zu erfolgen hat.

b) Verbindlichkeiten. Valutaverbindlichkeiten sind mit dem Briefkurs im Zeitpunkt ihrer Entstehung umzurechnen. Liegt am Bilanzstichtag der Stichtagskurs über dem historischen Anschaffungskurs, so hat eine Umwertung auf den höheren Stichtagskurs zu erfolgen. Da das Gesetz bei der Bewertung von Verbindlichkeiten keine Unterscheidung nach ihrer Laufzeit trifft, gilt die Notwendigkeit zur Umwertung auf den höheren Stichtagskurs gleichermaßen für lang- und kurzfristige Valutaverbindlichkeiten. Bezüglich der z. T. vertretenen generellen Umrechnung mit dem Stichtagskurs vgl. a). Vereinzelt wird die Umrechnung mit dem Stichtags-, mit dem Erfüllungs- oder mit dem Terminkurs auch mit dem Wort „Rückzahlungsbetrag" in § 253 Abs. 1 Satz 2 HGB begründet. Nach h. M. widerspricht diese Ansicht jedoch dem Imparitäts- und Stichtagsprinzip.

c) Rückstellungen. Aus schwebenden Lieferungsgeschäften können, wenn die Bezahlung in Fremdwährung vereinbart wurde, bei Kursrückgängen Währungsverluste drohen. Für die Bildung einer entsprechenden Rückstellung für drohende Verluste ist grundsätzlich der Stichtagskurs maßgebend: analog § 253 Abs. 3 Satz 3 HGB erscheint es vertretbar, auch die erwartete Kursentwicklung der nächsten zwei Jahre mit zu berücksichtigen. Bestehen am Bilanzstichtag schwebende Einkaufs- oder Abnahmeverpflichtungen in Fremdwährung, dann ist bei steigenden Kursen, falls eine billigere Beschaffung im Inland möglich ist, unter dem Gesichtspunkt niedrigerer Wiederbeschaffungskosten eine Rückstellung für drohende Verluste in Höhe der Preisdifferenz zu bilden. Dies gilt entsprechend, falls die erwarteten Veräußerungserlöse die nunmehr erhöhten Anschaffungskosten nicht mehr decken. Bestehen ungewisse Verbindlichkeiten in Fremdwährung (z. B. aus Produkthaftpflicht), sind die zu bildenden Rückstellungen mit dem Briefkurs am jeweiligen Bilanzstichtag umzurechnen. Für Verbindlichkeitsrückstellungen wird in der Literatur vereinzelt auch gefordert, diese mindestens mit dem historischen Briefkurs oder aber einem höheren Stichtags(brief)kurs umzurechnen, einen gesunkenen Stichtags(brief)kurs jedoch unberücksichtigt zu lassen.

d) Anzahlungen. Geleistete Anzahlungen sind mit dem Briefkurs, erhaltene Anzahlungen mit dem Geldkurs des Zahlungstags umzurechnen. Eine Veränderung des Währungskurses nach Beendigung des Zahlungsvorgangs ist grundsätzlich unbeachtlich, da sich hierdurch der aufgewandte bzw. erhaltene Geldbetrag nicht mehr verändern kann. Daneben wird auch die Meinung vertreten, in Fremdwährung geleistete Anzahlungen seien wie Valutaforderungen mit dem gegebenenfalls niedrigeren Stichtagskurs anzusetzen, da andernfalls im Zeitpunkt

Umrechnung von Valutaposten

der Verrechnung der zu beschaffende Vermögensgegenstand mit einem über den Anschaffungskosten liegenden Wert angesetzt würde. Sind Anzahlungen aufgrund von Leistungsstörungen ganz oder teilweise zurückzugewähren, verwandeln sie sich in Geldforderungen bzw. Geldverbindlichkeiten und sind dann wie diese umzurechnen.

e) Rechnungsabgrenzungsposten. Bei Rechnungsabgrenzungsposten gelten die Grundsätze für Anzahlungen entsprechend.

f) Sachanlagen. Für die Einbuchung der Anschaffungskosten ist grundsätzlich der Briefkurs im Zeitpunkt der Lieferung bzw. im Zeitpunkt der Leistung von Anzahlungen maßgebend. Ist im Zeitpunkt des effektiven Anlagezugangs der Währungskurs gegenüber dem Zeitpunkt der Leistung der einzelnen Anzahlungen gesunken, dann ist die Einbuchung mit dem höheren, für die Anzahlungen maßgeblichen Kurs grundsätzlich zulässig. Die Umrechnung und Aktivierung mit dem gesunkenen Kurs entspricht jedoch eher dem allgemeinen Vorsichtsprinzip.

Für einen währungskursbedingt niedrigeren Zeitwert mit der Folge der gem. § 253 Abs. 2 HGB fakultativen oder zwingenden außerplanmäßigen Abschreibung können zum einen niedrigere Wiederbeschaffungskosten und zum anderen niedrigere Verkaufserlöse auslösender Faktor sein.

g) Vorräte. Bezüglich der Ermittlung der Anschaffungskosten vgl. f). Mit der Anwendung oder Unterstellung bestimmter Verbrauchsfolgen entsprechend § 256 HGB (Fifo, Lifo) bzw. der Festlegung von Fest- oder Gruppenwerten gem. § 240 Abs. 3 und 4 HGB ist auch entschieden, welche historischen Wechselkurse für die Umrechnung heranzuziehen sind. Die generelle Umrechnung mit dem Stichtagskurs oder mit dem Kurs des letzten Zugangs ist mit den allgemeinen Bewertungsgrundsätzen grundsätzlich nicht vereinbar, vgl. hierzu auch a).

Ein niedrigerer Zeitwert kann sich dann ergeben, wenn aufgrund eines Kursrückgangs die mit dem Stichtagskurs umgerechneten Wiederbeschaffungskosten unter den mit historischen Kursen ermittelten Anschaffungskosten liegen. Ein niedrigerer Erlöswert ergibt sich, wenn bestimmte Vorräte nur gegen Fremdwährung veräußert werden können, da der DM-Verkaufserlös dann direkt durch den jeweiligen Währungskurs beeinflußt wird.

h) Wertpapier und Beteiligungen. Bezüglich ausländischer Wertpapiere vgl. a).

Wird ein ausländisches Tochterunternehmen gegründet oder ist eine Kapitalerhöhung in Fremdwährung zu erbringen, dann hat die Umrechnung grundsätzlich mit dem Briefkurs am Tag des jeweiligen Beschlusses zu erfolgen. Bei Darlehensumwandlung ist, falls das Darlehen mit der festen Absicht einer späteren Umwandlung in Eigenkapital gewährt wurde, mit dem historischen Kurs, sonst mit dem Geldkurs im Umwandlungszeitpunkt umzurechnen. Wird eine Kapitalerhöhung aus Gesellschaftsmitteln vorgenommen, so hat dies auf den Beteiligungsbuchwert keine Auswirkung. Beim „Schütt-aus-Hol-zurück-Verfahren" ergibt sich ein Dividendenertrag sowie ein Zugang auf dem Beteiligungskonto, für dessen Umrechnung wiederum der Kurs am Tag des Beschlusses maßgebend ist.

Ein Kursrückgang ist für sich betrachtet kein Grund für eine außerplanmäßige Abschreibung auf die Beteiligung. Die Notwendigkeit hierzu ist nur dann gegeben, wenn die Summe der verschiedenen Komponenten, die den Wert einer Beteiligung ausmachen und zu denen bei Auslandsbeteiligungen auch der Währungskurs gehört, eine nachhaltige Wertminderung erfahren haben. Letztlich kann dies nur durch die Ermittlung des aktuellen Unternehmenswerts bestimmt werden (→ Gesamtwert der Unternehmung).

i) Bankguthaben und Barmittel. Ausländische Zahlungsmittel bzw. Währungsguthaben sind mit dem Geldkurs im Zeitpunkt des Zahlungseingangs umzurechnen, wobei für Bargeld der Sortenkurs maßgebend ist. Da die Bestände an ausländischen Zahlungsmitteln meist nur eine untergeordnete Rolle spielen, erfolgt in der Praxis die Umrechnung i. d. R. mit dem Sorten-Geldkurs am Bilanzstichtag.

j) Eventualverbindlichkeiten. Eventualverbindlichkeiten und sonstige finanzielle Verpflichtungen in Fremdwährung sind mit dem am jeweiligen Bilanzstichtag geltenden Briefkurs in DM umzurechnen.

5. Bewertung bei geschlossenen Positionen

a) Grundsätze. Verfügt ein Unternehmen über aktive und passive Valutaposten in der gleichen Währung oder werden zur Ausschaltung des Währungsrisikos *Devisentermin- oder ähnliche Sicherungsgeschäfte* abgeschlossen, dann kann nach h.M. bei diesen sog. *geschlossenen Positionen* von den allgemeinen Bewertungsvorschriften abgewichen werden (Stellungnahme HFA 1/62: Stellungnahme BFA 1/75 für den Bereich der Kreditinstitute).

Nach dem Entwurf einer Stellungnahme zur Währungsumrechnung des HFA ist sowohl die strikte Einzelbewertung des Lieferungs- oder Leistungsgeschäfts einerseits und des entsprechenden Dekkungsgeschäfts andererseits wie auch deren Betrachtung als Einheit zulässig. Entsprechendes gilt bezüglich der Verrechenbarkeit von Währungsforderungen und -verbindlichkeiten.

Ein Abweichen vom Grundsatz der Einzelbewertung ist gem. §252 Abs. 2 HGB in „begründeten Ausnahmefällen" möglich. Dies wird man in Anlehnung an die US-amerikanischen Vorschriften (SFAS No. 52) dann annehmen können, wenn im wesentlichen folgende Kriterien erfüllt sind:

- Die als Bewertungseinheit zu betrachtenden Fremdwährungsgeschäfte müssen eindeutig identifizierbar und wirtschaftlich eng verknüpft sein, die Verrechenbarkeit gegenläufiger positiver und negativer Erfolgskomponenten muß unzweifelhaft möglich sein.
- Die als Bewertungseinheit zu betrachtenden Fremdwährungsgeschäfte müssen tatsächlich bestehen oder mit Sicherheit entstehen, also fest abgeschlossen sein. Die bloße Möglichkeit ihres Entstehens ist nicht ausreichend.
- Die Absicht, unterschiedliche Fremdwährungsgeschäfte als Bewertungseinheit zu behandeln, muß eindeutig gegeben sein.

Eine kompensatorische Behandlung geschlossener Positionen setzt *Währungsidentität* voraus. Eine Ausnahme ist allenfalls bei sog. „Satellitenwährungen" denkbar. Liegt Laufzeit- bzw. Fälligkeitskongruenz nicht vor, ist der nicht gesicherte Zeitraum nach den allgemeinen Bewertungsgrundsätzen zu behandeln, falls zur Überbrückung kein zusätzliches Sicherungsgeschäft (Zwischenanlage, Swapgeschäft) abgeschlossen wird. Dies gilt bei fehlender Betragsidentität entsprechend: eine Kompensation ist nur für den kleineren der beiden Beträge möglich, für den überschießenden Restbetrag gelten die allgemeinen Bewertungsgrundsätze für offene Positionen.

b) Kompensation von Fremdwährungsaktiva und -passiva. Bei Sachgütern, einschließlich Auslandsbeteiligungen, kommt die Möglichkeit zur Kompensation grundsätzlich nicht in Betracht, solange diese Gegenstände nicht zur Veräußerung bestimmt sind. Dies gilt entsprechend bei Vorräten. Soweit in Fremdwährung beschaffte Vorräte jedoch einem Auftrag in der gleichen Währung zuzuordnen sind, ist eine Kompensation grundsätzlich möglich, da die in Fremdwährung hereinkommenden Erlöse für die Bezahlung der Vorräte Verwendung finden können.

Sofern im Ausland belegene Vermögensgegenstände zu Zahlungsvorgängen führende Erträge abwerfen, wie z. B. Mieten, Zinsen oder Dividenden, ist eine Kompensation dieser Posten mit Währungsverbindlichkeiten, von Ausnahmefällen (feste Vereinbarungen und Zahlungstermine) abgesehen, grundsätzlich nicht mit den allgemeinen Grundsätzen, insbesondere dem Vorsichtsprinzip, vereinbar.

Nominalgüter, also liquide Mittel, Forderungen oder Verbindlichkeiten, sind grundsätzlich für Kompensationen geeignet.

c) Kompensation durch Deckungsgeschäfte. Werden Grundgeschäft und das seiner Sicherung dienende Devisenter-

Umrechnung von Valutaposten

mingeschäft im gleichen Zeitpunkt abgeschlossen oder wird das Devisentermingeschäft früher abgeschlossen, dann kann das Grundgeschäft wahlweise entweder mit dem Kassakurs im Entstehungszeitpunkt oder mit dem höheren oder niedrigeren Terminkurs eingebucht werden. Bei Einbuchung mit dem Terminkurs wird der Terminauf- bzw. -abschlag unmittelbar ergebniswirksam behandelt. In Anlehnung an die angelsächsischen Bewertungsvorschriften erscheint es auch zulässig, den Terminauf- bzw. -abschlag abzugrenzen und über die Laufzeit des Termingeschäfts zu verteilen.

Liegt zwischen dem Abschluß eines Devisentermingeschäfts und dem Grundgeschäft ein Bilanzstichtag und liegt der Stichtagskurs unter dem kontrahierten Terminkurs, dann sind → *Rückstellungen für drohende Verluste* zu bilden, da dann die Wiederbeschaffungskosten der zu erwerbenden Vermögensgegenstände gefallen sind.

Wird ein Devisentermingeschäft zu einem Zeitpunkt abgeschlossen, in dem die zu sichernden Valutaposten schon bestanden, dann kommt eine nachträgliche Korrektur der früher unter Verwendung des Kassakurses ermittelten Anschaffungskosten nur in Betracht, falls der Terminkurs darunter- bzw. bei Verbindlichkeiten darüber liegt, da es andernfalls zum Ausweis unrealisierter Gewinne kommen würde.

Ist ein Devisenterminkauf am Bilanzstichtag keinem Warengeschäft zuzuordnen, dann ist bei sinkenden Kursen am Bilanzstichtag in Höhe der Differenz zwischen Kassa- und Terminkurs eine Rückstellung für drohende Verluste zu bilden, da zu unterstellen ist, daß die im Erfüllungszeitpunkt gelieferten Devisen nur zu dem niedrigeren Kassakurs veräußert werden können. Entsprechendes gilt bei steigenden Kursen, wenn Devisen „leer" auf Termin verkauft wurden.

Die vorstehenden Grundsätze gelten für *Devisen-Optionen* und *Devisen-Futures* entsprechend. Gezahlte Optionsprämien sind bei Erwerb einer Verkaufsoption unter den sonstigen Vermögensgegenständen, bei Erwerb einer Kaufoption als Anschaffungsnebenkosten bei den betreffenden Vermögensgegenständen zu aktivieren. Daneben kommt auch eine sofortige ergebniswirksame Verbuchung in Betracht.

Bei Absicherung von Valutaforderungen durch eine Wechselkursversicherung (z. B. über die HERMES Kreditversicherungs-AG) gelten, soweit kein Selbstbehalt besteht, die vorstehenden Grundsätze ebenfalls entsprechend.

6. Umrechnung der Abschlüsse von ausländischen Niederlassungen

Die Vermögensgegenstände und Verbindlichkeiten einer *ausländischen Betriebsstätte* sind Teil des Vermögens der inländischen Hauptniederlassung und damit für Zwecke des Jahresabschlusses gem. § 244 HGB in Deutsche Mark umzurechnen. Nach § 239 Abs. 1 HGB ist es jedoch zulässig, die einzelnen Geschäftsvorfälle während des Jahres in der Fremdwährung zu führen. In der Praxis wird das Anlagevermögen gewöhnlich direkt in DM geführt, und für das Umlaufvermögen werden aus Vereinfachungsgründen meist die Verfahren angewandt, die für die Umrechnung der Einzelabschlüsse ausländischer Tochtergesellschaften im Rahmen der Erstellung des Konzernabschlusses entwickelt wurden (→ *Umrechnung von Jahresabschlüssen*).

7. Besonderheiten für Kreditinstitute

Mit der Umsetzung der EG-Bankbilanz-Richtlinie in deutsches Recht wurde mit § 340h eine spezielle Regelung für die Währungsumrechnung im Jahresabschluß von → *Kreditinstituten* in das HGB eingefügt. Demnach sind auf ausländische Währung lautende Vermögensgegenstände, die wie Anlagevermögen behandelt werden und weder durch Verbindlichkeiten noch durch Termingeschäfte in derselben Währung besonders gedeckt sind, mit ihrem Anschaffungskurs umzurechnen. § 253 Abs. 2 Satz 3 HGB bleibt jedoch unberührt. Besonders gedeckte Vermögensgegenstände des Anlagevermögens sowie Vermögensgegenstände des Umlaufvermögens, Schulden, noch nicht abgewickelte Kassageschäfte sowie noch nicht abgewickelte Termingeschäfte sind mit dem Stichtagskassa- bzw. Stichtagsterminkurs in Deutsche Mark umzurechnen. An den Begriff der besonderen Deckung sind strenge Maßstäbe zu setzen. Die besonders gedeckten Posten müssen nachprüfbar und zweifelsfrei einander zuordenbar sein. Dies erfordert eine betragsmäßige und zeitliche Kongruenz.

Aufwendungen aus der Währungsumrechnung sind grundsätzlich erfolgswirksam in der GuV zu erfassen. Gleiches gilt für Erträge, soweit sie aus besonders gedeckten Positionen entstehen. Für Währungsumrechnungserträge aus lediglich gedeckten (also nicht „besonders" gedeckten) Positionen besteht ein Wahlrecht, sie bis zur Höhe des Aufwandes aus der gedeckten Position zu vereinnahmen oder aber unberücksichtigt zu lassen. Erträge aus der Währungsumrechnung offener Positionen dürfen weder erfolgswirksam vereinnahmt noch mit Aufwendungen aus der Währungsumrechnung verrechnet werden.

Für die Berücksichtigung von Erträgen aus der Währungsumrechnung, die nicht erfolgswirksam in der Gewinn- und Verlustrechnung vereinnahmt werden dürfen, weil sie aus der Umrechnung offener Positionen stammen, bzw. nicht vereinnahmt zu werden brauchen (Erträge aus der Umrechnung gedeckter, aber nicht „besonders" gedeckter Positionen), sehen weder das Gesetz noch die Formblätter für Kreditinstitute besondere Positionen vor. Erfolgsneutral zu behandelnde Differenzen aus der Umrechnung von Vermögensgegenständen und Schulden sollten in einen besonderen Ausgleichsposten auf der Passivseite, ertragswirksam zu vereinnahmende Erträge aus Termingeschäften unter den sonstigen Vermögensgegenständen ausgewiesen werden.

Lit.: BFA des IdW: Stellungnahme 1/75: Bilanzierung und Prüfung der Devisengeschäfte der Kreditinstitute, in Wpg 1975, S. 664–667; *Bscher, T.:* Bewertung und Ausweis von Devisengeschäften in der Handelsbilanz einer Aktienbank, 1980; *Hölzel, W.:* Die Bilanzierung von Devisengeschäften, 1980; *Tubbesing, G.:* Bilanzierungsprobleme bei Fremdwährungsposten im Einzelabschluß, in: ZfbF 1981, S. 804–826; *FASB*: SFAS No. 52: Foreign Currency Translation, 1981; *ASC*: SSAP No. 20: Accounting for foreign currency translation, 1983; *IASC*: IAS 21: Accounting for the Effects of Changes in Foreign Exchange Rates, 1983; *Groh, M.:* Zur Bilanzierung von Fremdwährungsgeschäften, in: DB 1986, S. 869–877; *HFA des IdW*: Entwurf einer Verlautbarung: Zur Währungsumrechnung im Jahres- und Konzernabschluß, in: Wpg 1986, S. 664–667; *Burkhardt, D.:* Grundsätze ordnungsmäßiger Bilanzierung für Fremdwährungsgeschäfte, 1988; *Naumann, T.:* Fremdwährungsumrechnung in Bankbilanzen nach neuem Recht, 1992; *Gebhardt, G.:* Währungsumrechnung, in: HWR, 3. Aufl., 1993, Sp. 2134–2143; *Langenbucher, G.*, in: Küting/Weber: HdR, 4. Aufl., Bd. Ia, 1995, S. 287–339.

WP Dr. Günther Langenbucher, Stuttgart.

Umrüstungskosten

→ *Kosten*, die bei jeder zusätzlichen Bestellung aufgrund der notwendigen Ausrichtung der Kapazitäten auf diese Bestellung unabhängig von der Auftragsgröße anfallen (→ *Kosten, fixe und variable*).

Umsatz

Summe der mit den Netto-Verkaufspreisen multiplizierten Absatzmengen und -leistungen (→ *Erlös*) der gewöhnlichen Geschäftsfähigkeit, handelsrechtlich = *Umsatzerlös* gem. § 277 Abs. 1 HGB.

Umsatzgewinnrate

= → *Umsatzrentabilität.*
→ *Rentabilität.*

Umsatzkostenverfahren

Form der → *Gewinn- und Verlustrechnung* nach § 275 Abs. 3 HGB, bei der den Umsatzerlösen diejenigen Aufwendungen gegenübergestellt werden, die von den verkauften Produkten verursacht sind. In einer GuV nach dem U. werden die Änderungen der Bestände an Halb- und Fertigerzeugnissen nicht ausgewiesen und Aufwendungen nach Funktionen des Unternehmens (z. B. Herstellungs- und Verwaltungskosten) gegliedert. Das U. ist in der

Bundesrepublik ebenso wie das → *Gesamtkostenverfahren* für den handelsrechtlichen → *Jahresabschluß* bzw. → *Konzernabschluß* zulässig und in den anglo-amerikanischen Ländern üblich (→ *Erfolgsrechnung, kurzfristige:* → *Gewinn- und Verlustrechnung*).

Umsatzrentabilität
Eine im Rahmen der → *Bilanzanalyse* ermittelte Kennzahl aus → *ordentlichem Betriebsergebnis* zu → *Umsatz*, die den je DM Umsatz erzielten Gewinnbeitrag angibt. Die den Umsatzerlösen nicht zuzurechnenden Aufwendungen und Erträge (z. B. Abschreibungen auf und Erträge aus Beteiligungen) sind dabei auszuklammern. Für den → *Unternehmensvergleich* wird die U. auch häufig vereinfachend über Jahresergebnis/Umsatz ermittelt (→ *Bilanzanalyse* → *Rentabilität*).

Umsatzsteuer
= → *Mehrwertsteuer*.

Umschlagshäufigkeit des Vermögens
= Umsatz zu Vermögen
→ *Rentabilität*.

Umschlagsteuer
= → *Verkehrsteuer*.

Umwandlung
Wechsel der Rechtsform eines Unternehmens unter Aufrechterhaltung seiner Identität (*formwechselnde U.*) oder unter Übertragung seines Vermögens und seiner Schulden auf einen neuen Rechtsträger (*übertragende U.*) mit Errichtung eines neuen oder Verschmelzung mit einem bestehenden Rechtsträger (§§ 362–393 AktG, UmwG). Bei übertragender U. sind in Abhängigkeit von der Rechtsform die Buchwerte des übertragenden Unternehmens fortzuführen oder sein Vermögen neu zu bewerten.

Lit.: Bareis, P.: Umwandlungsbilanz, in: HWR, 3. Aufl., 1993, Sp. 1952–1960.

Umwandlungsprüfung
→ *Sonderprüfungen*.

Umweltbilanzen

1. Begriff und Anwendung

In Erweiterung der *Definition des Umweltbundesamtes* (UBA) soll hier eine *Umweltbilanz* = *Ökobilanz* (U.) als eine *systematisch erarbeitete und methodisch nachvollziehbare Dokumentation verstanden* werden, die alle mit *Produkten und Verfahren in Verbindung stehenden Auswirkungen auf die Umwelt* im Rahmen von objektivierbaren Daten erfaßt, transparent aufbereitet sowie bewertet. *Anwendungsbereiche* können Einzelfallanalysen oder Branchendurchschnittsrechnungen für relevante Produkte oder Produktgruppen, Verfahren, Systeme oder alternative Verhaltensweisen sein.

2. Entwicklung

Ähnlich wie die → *Sozialbilanz* entwickelte sich die U. als *Reaktion auf gesellschaftliche Anforderungen*. Mit dem steigenden Stellenwert des → *Umweltschutzes* wuchs der Bedarf an Informationen über die Umweltauswirkungen von Verfahren und Produkten. 1978 legte R. Müller-Wenk in einem ersten umfassenden Versuch eine „*ökologische Buchhaltung*" vor, in der alle Umwelteinwirkungen eines Unternehmens – gegliedert nach Kontenklassen wie Abfall, Energieverbrauch usw. – zunächst in physikalischen Meßeinheiten erfaßt werden. Über einen *Äquivalenzkoeffizienten*, der auf der ökologischen Knappheit eines Umweltmediums oder einer Ressource beruht, werden sie vergleichbar gemacht. Allerdings erfordert dieser ambitiöse Ansatz die Verarbeitung sehr großer Datenmengen in einem separaten Rechenwerk, und die Äquivalenzziffern können nicht ohne ergebnisbeeinflussende normative Setzungen und nur unter sehr unsicheren Annahmen gewonnen werden. Daraufhin wurden praktisch handhabbare Ansätze mit reduzierten Ansprüchen entwickelt.

3. Ziele, Kriterien und Methodik

Die Hauptzielsetzung einer U. ist die Reduzierung der ökologischen *Risikoexponierung* eines Produktes (→ *Produkthaftung*) oder der gesamten Unternehmenstätigkeit. Dabei kommt es nicht nur auf naturwissenschaftlich gesicherte Fakten an, sondern auch darauf, wie die Öffentlichkeit oder Politik ein Thema wahrnimmt und bewertet. Eine U. gibt i.S. einer *Schwachstellenanalyse* und im Vergleich zu anderen Verfahren oder Produkten Hinweise für die wichtigsten negativen Umweltauswirkungen und ermöglicht damit genauere Maßnahmen zu einer umweltfreundlichen Prozeß- oder Produktgestaltung. Ein Problem ist dabei, daß zwar oft Daten für etablierte Prozesse und Produkte bekannt sind, nicht aber für Innovationen, für die die größten Umweltentlastungen zu erwarten sind.

Eine U. muß folgende übliche Kriterien eines *betrieblichen Informationsinstrumentes* erfüllen: Relevanz des behandelten Problems, Kontinuität, Aussagefähigkeit der Ergebnisse und Entscheidungsbezug der Maßnahmen im Unternehmen.

Hinsichtlich der *Methodik* sind aus den bisherigen Erfahrungen mit U. *fünf Schlüsselbereiche* zu beachten: Erstens ist eine genaue Beschreibung des *Untersuchungsrahmens* erforderlich, insbesondere müssen die Untersuchungskriterien definiert und begründet werden. Zweitens muß eine genaue *Systembeschreibung und -abgrenzung* erfolgen. Hierbei geht es nicht nur um die Frage, wieweit Umwelteffekte über den Produktions-, Konsum- und Entsorgungsprozeß betrachtet werden, sondern auch welcher *Stand der Technik* zugrunde liegt. Drittens soll eine *funktionelle Äquivalenz* der verglichenen Produkte oder Verfahren gewährleistet sein. Die Dokumentation der *Aktualität und Qualität der Daten*, Auswahl und Erhebungstechnik als vierter Bereich ist oft problematisch, da meistens nur lückenhafte, veraltete oder interessengebundene Daten und kontroverse Forschungsergebnisse über ökologische Wirkungen vorliegen. Das schwierigste Problem ist fünftens die *Bewertung*. Um zu einem Ergebnis zu gelangen, beruht die U. auf einer Reihe von expliziten und impliziten Wertungen, für die sich bisher weder objektive Methoden, noch konsensfähige Konventionen herausgebildet haben. Daher empfiehlt das UBA, zwischen einer *Sach- und Bewertungsbilanz* zu trennen. Im Rahmen der ersteren soll eine hinreichende vollständige Erfassung der medienübergreifenden Umweltauswirkungen über den gesamten Produktlebenszyklus nach anerkannten Methoden auf der Grundlage reproduzierbarer Daten und valider Indikatoren angestrebt werden. In der Bewertungsbilanz wird versucht, diese auf der Basis bestimmter gesellschaftlicher Werte und des politischen Problemverständnisses zu bewerten und Ergebnisse über die unterschiedliche Umweltqualität zu formulieren. Verbreitet sind ebenfalls die *Stoff- und Energiebilanzierung* sowie die vom Schweizer Umweltamt entwickelte *Methodik der „kritischen Volumen"* als quantitatives stoffliches Beurteilungsverfahren.

Angesichts dieser unterschiedlichen Ansätze zeigt sich, daß die U. noch *weit von einem methodischen wie inhaltlichen Konsens* entfernt ist, der wohl erst nach jahrzehntelanger Entwicklung erreicht werden kann. Die i.d.R. nicht allgemein akzeptierten Ergebnisse von U. können somit lediglich dazu beitragen, Kontroversen transparent und die Streitpunkte nachollziehbar zu machen, insbesondere wenn es sich um normativ-politisch bestimmte Auseinandersetzungen um Lebensstile und Wohlstandsmodelle handelt.

Forschungsprogramme der EG und OECD beschäftigen sich auf *internationaler* Ebene sehr intensiv mit U., und Institutionen wie ISO/DIN bemühen sich um eine *Standardisierung und Formalisierung* der Methodik.

4. Einbeziehung ins Rechnungswesen

Es bestehen kaum Berührungspunkte der U. zum monetär ausgerichteten Rechnungswesen. Die Informationen der U. können lediglich z.T. in *Mengen- und Stofffflußrechnungen*, die als Grundlage des Rechnungswesens genutzt werden können, verwendet werden.

Lit.: Bundesamt für Umweltschutz, Wasser und Landwirtschaft der Schweiz (Hrsg.): Ökobilanzen von Packstoffen, 1991; *Hallay, H./Pfriem, R.:* Öko-Controlling,

1992, S. 57–91; *Stölbing, P./Rubik, F.*: Ökobilanzen für Produkte, in: UBA-Texte 38/92, 1992; *Steger, U.*: Umweltmanagement, 2. erw. Aufl., 1993, S. 257–285.

Professor Dr. Ulrich Steger, Oestrich-Winkel.

Umweltschutz

1. Begriff und gesetzliche Regelung

U. ist der alles umfassende Begriff für Maßnahmen zur Verhinderung, Beseitigung oder Verringerung von Belastungen der Umwelt durch Schadstoffe oder andersartige Belästigungen wie z. B. Lärm oder Erschütterungen.

U.-Maßnahmen finden in zahlreichen Gesetzen ihren Niederschlag, z. B. im Einkommensteuerrecht (§ 7d EStG), in der Verordnung über Großfeuerungsanlagen (13. Verordnung zum Bundes-Immissionsschutzgesetz vom 22.06.1983, BGBl I S. 719), im Wasserhaushaltsgesetz (WHG i. D. Fass. vom 23.09.1986, BGBl I S. 1529, 1654), im Abfallgesetz (AbfG vom 27.08.1986, BGBl I S. 1410), im Bundesnaturschutzgesetz (BNatSchG vom 12.03.1987, BGBl I S. 889), im Gesetz über die Umweltverträglichkeitsprüfung (UVPG vom 12.02.1990, BGBl I S. 205), im Chemikaliengesetz (ChemiG i. d. Fass. vom 14.03. 990, BGBl I s. 521), im Bundes-Immisionsschutzgesetz (BImSchG i. d. Fass. vom 14.05.1990, BGBl I S. 880) und im Umwelthaftungsgesetz (UmweltHG vom 10.12.1990, BGBl, S. 2634); in Vorbereitung: Bundes-Bodenschutzgesetz und Kreislaufwirtschafts- und Abfallgesetz.

2. Umweltschutzinvestitionen

Hierzu zählen insbesondere Investitionen in den Bereichen: Gewässerschutz (Abwasserleitungen, Entwässerungsleitungen, Klärgruben, Kühlwasseranlagen, Ölabscheider, Wasseraufbereitungsanlagen); Luftreinhaltung (Elektrofilter-Anlagen. Entstickungsanlagen [Denox-Anlagen]. Rauchgasentschwefelungsanlagen); Lärmbekämpfung (Schalldämmgehäuse, Schalldämmwände); Abfallbeseitigung (Deponien, Mülltransportanlagen, Müllverbrennungsanlagen): Rohstoff-(Reststoff-)Vermarktung (Anlagen zur Umwandlung von Gips aus Rauchgasentschwefelungsanlagen, Anlagen zur Verwertung von Flugaschen aus Elektrofiltern, Rohstoffrückgewinnungsanlagen für Papier, Haus- und Gewerbemüll); Altlastensanierung (Bodenluftabsaugungsanlagen, chemisch-physikalische Bodenreinigungsanlagen, Anlagen zur Immobilisierung von Schadstoffen).

U.-Investitionen können auf freiwilliger Basis oder durch gesetzliche Vorschriften veranlaßt sein. Im letzteren Fall sind sie in der Regel mit Subventionen verschiedener Art verbunden, z. B. *Sonderabschreibungen* für dem Umweltschutz dienende → *Wirtschaftsgüter* auf den Gebieten Abwasser, Gewässerschutz, Luft, Lärm und Erschütterung sowie Abfall; öffentliche rückzahlbare oder nicht rückzahlbare *Zuschüsse*, für deren handelsrechtliche und steuerliche Behandlung gesetzliche Regelungen bestehen (z. B. bzgl. Zeitpunkt der Ertragsrealisierung, Ausweisfragen, Umfang und Zeitpunkt der Steuerpflicht etc.).

Zur Zeit werden U.-Investitionen nicht durch steuerrechtliche Sonder-, bzw. erhöhte Absetzungen gefördert; die Förderung nach § 7d EStG konnte letztmalig für Anschaffungen oder Herstellungen bis zum 31.12.1990 in Anspruch genommen werden.

3. Rückstellungen bei Umweltrisiken

Bei langfristigen, insbesondere aufgrund von öffentlich-rechtlichen Verpflichtungen gebotenen Entsorgungsprozessen (z. B. aufgrund des Atomgesetzes, des Bergrechts etc.), sind zu den Bilanzstichtagen → *Rückstellungen* (i. d. R. Rückstellungen für ungewisse Verbindlichkeiten) erforderlich, wenn ein Entsorgungsrückstand besteht.

Die zahlungswirksamen Folgen wirtschaftlichen Handelns verlagern sich zunehmend in die Zukunft. Aufwandsverursachung und Ausgaben fallen zeitlich mehr und mehr auseinander. Die Abgrenzung wird damit zu einem besonders wichtigen Bestandteil der Aufwandsrechnung. Die Konsequenzen aus dem Verursachungs- und Vorsichtsprinzip konkurrieren sowohl hinsichtlich des Bilanzan-

Umweltschutz

satzes als auch der Bewertung mit dem → *Realisationsprinzip*. Bei der Bilanzierung stehen der Zeitpunkt der erstmaligen Erfassung und eine evtl. Verteilung auf die verursachenden Perioden und damit insbesondere das Kriterium der „wirtschaftlichen Verursachung" im Vordergrund. Bei der Bewertung können neben den üblichen Prognoseunsicherheiten insbesondere die Erfassung und Messung von Folgekosten problematisch werden, wenn diese – wie etwa bei der Umwelthaftung oder Gefährdungshaftung – unabhängig vom Kriterium des Verschuldens anfallen würden.

a) Bergschäden, Verlegung von Übertragungsprojekten. Bei Umsiedlungsmaßnahmen wird auf der Basis von durchschnittlichen Erfahrungswerten der Umsiedlungsaufwand einschließlich der Nebenkosten je Ort pauschal kalkuliert. Für Straßen-, Bahn-, Fluß- und Leitungsverlegungen werden für jedes Objekt differenzierte Einzelkalkulationen mit Erfahrungswerten erstellt.

Ersatzwassermaßnahmen und Wasserableitungsschäden: Die Schadenersatzleistungen umfassen u. a. Aufwendungen für Ersatzanlagen, Abfindungen und Ersatzwasserlieferungen. Sie werden auf der Grundlage von Erfahrungswerten unter Berücksichtigung der voraussichtlichen Ersatzleistungsdauer kalkuliert.

Senkungsschäden: Bei Bodenrissen und -senkungen wird ein Hektarsatz ermittelt, der die voraussichtlich anfallenden Ausgaben für die Schadensbeseitigung abdeckt. Bei übrigen Senkungsschäden (z. B. Schäden an Gebäuden) werden die Schadensfälle mit einem Betrag bewertet, der sich aus den in der Vergangenheit angefallenen durchschnittlichen Ausgaben pro Schadensfall ergibt. Daneben erfolgen auch Einzelkalkulationen. Bei verursachten, aber noch nicht gemeldeten Senkungsschäden wird bei der Bewertung der Bergschadensrückstellungen die Durchschnittsausgabe eines Jahres mit dem unterstellten Verursachungszeitraum multipliziert.

b) Rekultivierung. Die Kapitalbedarfsermittlung für die Rekultivierung devastierter Flächen basiert auf an der Vergangenheit orientierten Hektarsätzen, die nach land- und forstwirtschaftlich zu rekultivierenden Flächen differenziert sind. Dabei werden auch die qualitativen Änderungen der Rekultivierung und ggf. zusätzliche Transportkosten berücksichtigt.

c) Entsorgung im Kernkraftwerksbereich nach § 9a Atomgesetz. Bei Brennelementen: Der Ausweis des Aufwands erfolgt unter Stoffaufwand, da der betriebliche Aufwand in direktem Zusammenhang mit der Stromerzeugung steht. Die Bewertung wird nach Entsorgungsvertragspreisen unter Berücksichtigung der Werte für rückführbares Restmaterial vorgenommen.

Bei Stillegung: Die Stillegungsaufwendungen werden als sonstiger betrieblicher Aufwand ausgewiesen. Die Bewertung erfolgt auf der Basis eines ingenieurwissenschaftlichen Gutachtens mittels DV-gestützter Rechenmodelle. Hiernach wird die Verteilung der Gesamtentsorgungskosten über die Nutzungsdauer vorgenommen. Während der Nutzungsdauer eines Kernkraftwerks ist jeweils eine Anpassung an die Wertverhältnisse am Bilanzstichtag erforderlich. Eine Abzinsung erfolgt nicht.

d) Altlastensanierung. Die Pflicht zur Altlastenbeseitigung kann öffentlich-rechtlicher oder privater Natur sein; sie kann bereits rechtlich entstanden oder vorerst nur wirtschaftlich verursacht sein. Für die Rückstellungsbildung gelten im Grundsatz die nachfolgenden Ausführungen zur Rückstellung für Abfallbeseitigung entsprechend. Die Rückstellungsvoraussetzungen sind spätestens dann erfüllt, wenn → *Altlasten* objektiv festgestellt wurden und sich die Verpflichtung zur Sanierung aus einem entsprechenden Verwaltungsakt, aus einem öffentlich-rechtlichen Vertrag, einem hinreichend konkreten öffentlich-rechtlichen Gesetzestatbestand ergibt oder zivilrechtliche Ansprüche geltend gemacht worden sind.

In den neuen Bundesländern sind Altlasten nach § 9 und § 17 DMBilG zum 01.07.1990 in der D-Markeröffnungsbilanz zu berücksichtigen gewesen. Die hier-

Umweltschutz

nach gebildeten Rückstellungen für Altlasten müssen die o.g. allgemeinen Voraussetzungen erfüllen. Zu beachten ist jedoch, daß zur Feststellung einer Sanierungsverpflichtung der Erlaß eines Verwaltungsaktes i.d.R. noch nicht vorliegt, da der Aufbau der zuständigen Behörden immer noch aussteht; aufgrund dieser besonderen Situation in den neuen Bundesländern kann eine Rückstellungsbildung in der D-Markeröffnungsbilanz nicht von der Erfüllung dieser Bedingung abhängig gemacht werden.

Für die Rückstellungshöhe ist der voraussichtliche Aufwand zur Beseitigung der Altlast und für ggf. durchzuführende Sicherungsmaßnahmen maßgebend. Hierzu gehören weiterhin alle Maßnahmen wie Gutachterkosten, Ermittlungsaufwendungen, zivil- und öffentlich-rechtliche Ansprüche usw. Eigenschäden des Unternehmens sind dagegen nicht in die Rückstellungsbildung einzubeziehen, sondern ggfs. durch eine → *Teilwert*abschreibung zu berücksichtigen. Nach der – allerdings umstrittenen – Rechtsprechung sind bestehende Regreßansprüche, z.B. an Versicherungen, zu saldieren.

e) Abfallbeseitigung. Die Bestimmungen des *Abfallgesetzes* bergen eine besondere betriebswirtschaftliche Problematik:

Abfälle: Nach dem Abfallgesetz besteht für Abfallbeseitigung eine öffentlich-rechtliche Verpflichtung, die in Handels- und Steuerbilanz eine Rückstellung erfordert, soweit am Bilanzstichtag ein Entsorgungsrückstand besteht.

Reststoffe: Abzugrenzen von Abfällen sind Reststoffe; sie unterliegen dann noch nicht dem Abfallgesetz, wenn sie erst nach dem Bilanzstichtag zu Abfall werden. Die Entsorgungspflicht ist somit rechtlich noch nicht entstanden. Rückstellungspflicht besteht dennoch für eine künftig entstehende Verpflichtung, wenn sie im abgelaufenen Geschäftsjahr wirtschaftlich verursacht und ihr Entstehen wahrscheinlich ist. Das ist stets bei Reststoffen der Fall, die keiner Wiederverwendung zugeführt werden: Mit der Außerbetriebnahme von Wirtschaftsgütern ist der gesetzliche Verpflichtungstatbestand vor dem Bilanzstichtag im wesentlichen verwirklicht.

Noch in Gebrauch befindliche Wirtschaftsgüter: Von Abfällen und Reststoffen sind die noch in Gebrauch befindlichen Wirtschaftsgüter zu unterscheiden, die erst nach ihrer Außerbetriebnahme zu Abfällen und/oder Reststoffen werden (z.B. das Kfz, das später ein Autowrack wird; das Gebäude, das später zu Bauschutt wird; der Transformator, der später zu Metallschrott und Altöl wird etc.). Obwohl die Entstehung entsprechender Entsorgungslasten betriebswirtschaftlich der Gebrauchsphase dieser Wirtschaftsgüter zuzuordnen ist, d.h. der Phase, in der sie Umsatzbeiträge liefern, ist eine Rückstellungsbildung während dieser Zeit noch nicht möglich. Grund: eine Rechtsverpflichtung zur Entsorgung liegt nach dem Abfallgesetz noch nicht vor; auch für die wirtschafliche Verursachung der Last fehlt es an der ausreichenden Konkretisierung im Sinne der BFH-Rechtsprechung, da die Verbindung zum Abfall noch zu vage, u.U. noch von einigen Zwischenentscheidungen abhängig und demzufolge die Verpflichtungsentstehung objektiv noch nicht so verdichtet ist, daß das Entstehen der zunächst nur wirtschaftlichen Lasten nach dem Bilanzstichtag nicht mehr aufgehalten werden kann.

Bewertung: Die Bewertung der Rückstellung erfolgt zu Vollkosten. Soweit in Fällen der Reststoffverwertung (Recycling) jedoch Verwertungserlöse aus dem gleichen Rechtsgrunde (Entsorgungsverpflichtung) entstehen, mindern diese den Rückstellungsaufwand. Gleichzeitig entsteht in der Regel ein neuer Vermögensgegenstand, der zu Anschaffungs- bzw. → *Herstellungskosten* in das Vorratsvermögen aufgenommen wird.

4. Laufende Aufwendungen für Umweltschutzmaßnahmen

Aus der Unterhaltung und dem Betrieb von Umweltschutzinvestitionen sowie der Erfüllung von Entsorgungsverpflichtungen in der Verursachungsperiode resultieren neben den Rückstellungsaufwendungen laufende Aufwendungen, die an Bedeutung (absolut und relativ) gewinnen und zum mitbestimmenden Produktions- und Kostenfaktor werden. Solche Aufwendungen fallen entweder als Primär- oder Sekundäraufwand unmittelbar an (z.B. Fremdlieferungen und -leistungen, Abschreibungen, Löhne, Material, innerbetriebliche Leistungen etc.), oder sie ergeben sich indirekt (z.B. Wirkungsgradverschlechterung der betrieblichen Anlagen, erhöhte Ausschußquote etc.).

Unter Beachtung des Verursachungsprinzips werden die entsprechenden Kosten den Kostenstellen und Kostenträgern zugeordnet. Es ist auch möglich, die aus Umweltschutzmaßnahmen resultierenden Kosten einer besonderen Kostenstelle „Umweltschutzmaßnahmen“ zuzuordnen und sie anschließend als Gemeinkosten auf die übrigen in Frage kommenden Kostenstellen und Kostenträger umzulegen.

Lit.: Maul, K.-H.: Die bilanzielle Behandlung von Dekontaminationskosten für Kernkraftwerke, in: Atomwirtschaft, 1975, S. 43 ff.; *Reinhard, H./Schmidt, D.:* Betriebswirtschaftliche Aspekte der Entsorgung von Kernkraftwerken, in: BFuP 1984, S. 120 ff; *Reinhard, H.:* Rückstellungen für die Entsorgung von Kernkraftwerken, in: Baetge, J. (Hrsg.): Rechnungslegung und Prüfung nach neuem Recht, 1987, S. 11–37; *Herzig, N.:* Rückstellungen wegen öffentlich-rechtlicher Verpflichtungen, insbesondere Umweltschutz, in: DB 1990, S. 1341–1354; *Crezelius, G.:* Zur Bildung von Rückstellungen für Umweltschutzmaßnahmen, in: DB 1992, S. 1353–1363; *Kupsch, P.:* Bilanzierung von Umweltlasten in der Handelsbilanz, in: BB 1992, S. 2320–2329; *Siegel, T.:* Umweltschutz im Jahresabschluß, in: BB 1993, S. 326–336; *Crezelius, G.:* Rückstellungen bei Umweltschutzmaßnahmen, 1993; *Heigl, A.:* Umweltschutz, in: HWR, 3. Aufl., 1993, Sp. 1960–1969; *Elschen, R.:* Rückstellungen bei Umweltschutzmaßnahmen als Maßnahmen gegen den Umweltschutz?, in: DB 1993, S. 1097–1100; *Ballwieser, W.:* Die Berücksichtigung von Umweltlasten und Umweltrisiken im Rechnungswesen, in: Schmalenbach-Gesellschaft (Hrsg.): Unternehmensbedingungen und externe Rahmenbedingungen, 1994, S. 143–160.

Herbert Reinhard, Essen.

Umweltzustand

Bestimmte Konstellation ergebnisbeeinflussender Faktoren (= Datenkonstellation), die außerhalb der Kontrolle des Entscheidenden liegen.

Unbeschränkter Kapitalmarkt

→ *Kapitalmarkt.*

Uneingeschränkter Bestätigungsvermerk

→ *Bestätigungsvermerk.*

Ungewißheit

= Unsicherheit

Kann der → *Investor* die künftigen Daten nicht mit Sicherheit bestimmen, handelt es sich um eine Entscheidungssituation unter U. Der → *Zahlungsreihe einer Investition* läßt sich nicht genau ein Zahlungsbetrag je Periode zuordnen, sondern es existieren mehrere mögliche (mehrwertige) Realisationen. Man unterscheidet bei Ungewißheitssituationen zwischen einer *Risiko-* und einer *Unsicherheitssituation* (im engeren Sinne). Bei Unsicherheit i. e. S. hat der Investor keinerlei Kenntnisse über die → *Eintrittswahrscheinlichkeiten* der verschiedenen Datenkonstellationen. Bei Entscheidungen unter Risiko lassen sich dagegen den verschiedenen Datenkonstellationen explizit Eintrittswahrscheinlichkeiten zuordnen (→ *Dynamische Investitionsrechnung bei Unsicherheit*).

Union Européene des Experts Comptables Economiques et Financiers (UEC)

Vorläufer der → *Fédération des Experts Comptables Européens.* 1986 aufgelöst.

Unsicherheit

→ *Ungewißheit.*

Unsystematisches Risiko

→ *Capital Asset Pricing Model.*

Unterbewertung

In bilanziellem Sinne Ansatz von → *Aktiva* zu einem niedrigeren oder von → *Pas-*

siva zu einem höheren Wert als es gesetzlich (§§ 253–256 und 279–283 HGB) zulässig ist (§ 256 Abs. 5 Satz 3 AktG). Die → *Prüfung des Jahresabschlusses* soll U. verhindern. U. gelten für Mitglieder eines Vertretungsorgans oder Aufsichtsrates einer → *Kapitalgesellschaft* als *Ordnungswidrigkeit*, die mit einem *Bußgeld* bedroht ist (§ 334 HGB). U. von Bilanzposten einer AG führt zur *Nichtigkeit* des → *Jahresabschlusses*, wenn dadurch die Vermögens- und Ertragslage der Gesellschaft vorsätzlich unrichtig wiedergegeben oder verschleiert wird (§ 256 Abs. 5 Satz 1 AktG). Besteht Anlaß zu der Annahme einer nicht unwesentlichen U. in einem festgestellten Jahresabschluß einer AG, so hat das Gericht auf Antrag eine → *Sonderprüfung* zu veranlassen.

Unterbilanz
Oberbegriff für eine nach handelsrechtlichen Rechnungslegungsvorschriften aufgestellte Bilanz, in der der ausgewiesene Verlust den eventuell vorhandenen Gewinnvortrag und die offenen → *Rücklagen* übersteigt. Eine U. hat für die Geschäftsleitung teilweise rechtliche Konsequenzen.

Untergesellschaft
Ältere Bezeichnung für ein → *Tochterunternehmen*.

Unternehmensakquisition
Übernahme von Unternehmen und Unternehmensteilen (Sparten, Werke) durch Erwerb aller oder der Mehrheit der Anteile (Aktien, GmbH-Anteile) oder durch Erwerb der einzelnen → *Vermögensgegenstände*, möglicherweise auch der → *Verbindlichkeiten*, z. B. mit dem Ziel schnellen Wachstums, Gewinnung von Marktanteilen oder der Diversifikation. Zur Vorbereitung einer U. wird meist der → *Gesamtwert der Unternehmung*, insbesondere ihr → *Ertragswert* ermittelt.

Lit.: Coenenberg, A. G./Sauter, M. T.: Bewertung von Unernehmensakquisition, in: DBW 1988, S. 691–710; *Sieben, G./Sielaff, M.* (Hrsg.): Unternehmensakquisition, 1989.

Unternehmensbewertung
Verfahren zur Bestimmung des → *Gesamtwertes der Unternehmung* (z. B. bei Veräußerung ganzer oder Teile von Unternehmen (→ *Ertragswert*, → *Substanzwert*).

Unternehmenserhaltung
→ *Substanz- und Kapitalerhaltung*

Unternehmensmehrwert
→ *Geschäftswert (Firmenwert)*.

Unternehmensrechnung
= betriebliches → *Rechnungswesen*.

Unternehmensvergleich
Auswertungsmethode im Rahmen der → *Bilanzanalyse*, bei der die wirtschaftliche Entwicklung des untersuchten Unternehmens an der eines vergleichbaren Unternehmens beurteilt wird (→ *Bilanzvergleich, internationaler*, → *Konzernabschlußanalyse*).

Unternehmensvertrag
Oberbegriff für einen → *Beherrschungsvertrag*, → *Gewinnabführungsvertrag*, Teilgewinnabführungsvertrag; eine Gewinngemeinschaft und einen Betriebspacht- oder -überlassungsvertrag. Für → *Aktiengesellschaften* sind U. in den §§ 291–307 AktG eingehend geregelt. Der Abschluß eines U. bzw. dessen Änderung bedürfen der Zustimmung einer $^{3}/_{4}$ Mehrheit der → *Hauptversammlung* und der Eintragung ins → *Handelsregister*. Besondere Schutzvorschriften gelten beim Abschluß eines U. für Minderheitsaktionäre.

Unternehmerlohn
→ *Arbeitskosten*.
→ *Kosten, kalkulatorische*.

Unterordnungskonzern
Konzernverhältnis, bei dem das → *Mutterunternehmen* als *herrschendes Unternehmen* die *einheitliche Leitung* über ein → *Tochterunternehmen* ausübt (§ 18 Abs. 1 AktG; → *Konzern*).

Unterschlagungsprüfung
→ *Sonderprüfungen*.

Unvollkommener Kapitalmarkt
→ *Kapitalmarkt*.

USA

1. Grundlagen

Bedingt durch das in den USA vorherrschende Rechtsverständnis des Common Law (Case Law) gibt es dort sehr wenig gesetzliche Regelungen zur externen Rechnungslegung. Die Autorität zur Verabschiedung von Rechnungslegungsnormen wurde vom Staat auf die → *Securities and Exchange Commission* (SEC), der amerikanischen Börsenaufsichtsbehörde, übertragen. Diese wiederum überläßt – abgesehen von konkreten Vorschriften zur formellen Gestaltung von Abschlüssen, die bei ihr aufgrund von Börsenaufsichtsbestimmungen einzureichen sind – diese Aufgabe insbesondere dem zu diesem Zwecke 1973 gegründeten → *Financial Accounting Standards Board* (FASB), das sich als private Institution professionell mit der Entwicklung von Rechnungslegungsnormen beschäftigt. Die vom FASB verabschiedeten SFAS entfalten jedoch aus sich heraus keine Verpflichtungswirkung. Sie stellen einen wesentlichen Bestandteil des gesamten als → *Generally Accepted Accounting Principles* (GAAP) bezeichneten Systems von Grundsätzen und Prinzipien zur materiellen und formellen Gestaltung von Unternehmensabschlüssen dar. Neben den Verlautbarungen des FASB und der Berufsorganisation der Wirtschaftsprüfer (AICPA) leiten sich die GAAP im wesentlichen aus dem durch Einzelfallentscheidungen der → *Wirtschaftsprüfer* traditionell gewachsenem Gewohnheitsrecht ab. Die GAAP entfalten ihre Verpflichtungswirkung grundsätzlich lediglich durch die Berufsgrundsätze der amerikanischen Wirtschaftsprüfervereinigung (AICPA) und einzelstaatlicher Wirtschaftsprüfungsverbände, nach denen ein Unternehmensabschluß nur dann einen uneingeschränkten → *Bestätigungsvermerk* erhalten darf, wenn dieser GAAP-konform erstellt wurde. Somit besitzen die GAAP lediglich für solche Unternehmen verpflichtenden Charakter, die aufgrund staatlicher Vorschriften (z.B. Börsen- und Kapitalmarktbestimmungen) oder vertraglicher Vereinbarungen (Gesellschafter- oder Gläubigervereinbarungen) das Testat eines Wirtschaftsprüfers vorweisen müssen.

Der Einzelabschluß (→ *Jahresabschluß (Funktion)*) spielt in den USA eine sehr geringe Rolle, da ein Unternehmen, sobald es die Funktion eines Mutterunternehmens innerhalb eines Konzernverbundes ausübt, durch den aufzustellenden → *Konzernabschluß* von der Einzelabschlußpublizität befreit ist. Der Konzernabschluß steht im Mittelpunkt des Interesses. Er dient im Gegensatz zu Deutschland nicht als Ergänzung, sondern als Ersatz des Einzelabschlusses des Mutterunternehmens. Eine Ermittlung des Zahlungsanspruches der Eigentümer aufgrund des Jahresabschlusses entfällt. Der (Konzern-)Abschluß dient primär der Gewährung entscheidungsrelevanter Informationen für die Kapitalgeber. Dabei stehen die momentanen und potentiellen Eigenkapitalgeber als Adressaten gegenüber den Fremdkapitalgebern deutlich im Vordergrund. Die Rechnungslegungsinformationen sollen im wesentlichen eine Abschätzung zukünftiger Auszahlungen (→ *Cash-Flow*) an die Anteilseigner ermöglichen. Somit liegt die zentrale Funktion der externen Rechnungslegung in der „*fair presentation*", d.h. der realistischen Darstellung insb. der Ertrags-, aber auch der Finanz- und Vermögenslage des Unternehmens (→ *Bild der Vermögens-, Finanz- und Ertragslage*).

Zentrale Prinzipien, die die amerikanische Rechnungslegung prägen, sind (→ *Accounting Standards*, → *Bewertungsprinzipien*): *comparability* (Vergleichbarkeit der Daten), *consistency* (Stetigkeit der Rechnungslegungsmethoden), *reliability* (Verläßlichkeit der Daten), *accrual principle* (Prinzip der periodengerechten Erfolgsermittlung), *realization principle* (→ *Realisationsprinzip*), *matching principle* (Prinzip der sachlichen Abgrenzung), *going concern principle* (Unterstellung einer Unternehmensfortführung), *substance over form* (Bedeutung der wirtschaftlichen Wirkung eines Sachverhaltes), *materiality* (Wesentlichkeit). Eine dem → *Maßgeblichkeitsprinzip* entsprechende Beeinflussung der Unternehmensbesteuerung durch die GAAP existiert in den USA nicht.

Die Bestandteile eines *annual report* (→ *Jahresabschluß* (*Inhalt*)) sind: *income statement* (→ *Gewinn- und Verlustrechnung*), *balance sheet* (Bilanz), *statement of cash flows* (→ *Kapital- und Finanzflußrechnung*), *statement of retained earnings* (Entwicklung der → *Rücklagen*), *notes to financial statements* → *Anhang*), *auditors' report* (→ *Bestätigungsvermerk*). Das *income statement* sowie das *statement of cash flows* besitzen die größte Bedeutung.

2. Einzelabschluß

a) Ansatzregelungen. Die US-Rechnungslegung kennt praktisch keine Ansatzwahlrechte. Auch das Instrument der Bilanzierungshilfen ist ihr fremd. Eine Ausnahme stellen selbsterstellte → *immaterielle Vermögensgegenstände* mit bestimmter Identität dar, d.h. solche, die losgelöst vom Unternehmen einen Wert besitzen (z. B. selbsterstellte Patente). Für diese gilt ein Aktivierungswahlrecht. Der originäre Firmenwert (→ *Geschäftswert*) unterliegt einem Aktivierungsverbot. Sämtliche Aktiva werden als *assets* bezeichnet. Charakteristikum für ein *asset* ist die zukünftige Nutzenstiftung (Erfolgspotential) eines in der Vergangenheit liegenden Sachverhalts, der Kosten verursachte (pagatorisches Prinzip). Für die Aktivierung gilt das wirtschaftliche Eigentum, d.h. dem bilanzierenden Unternehmen muß das Verfügungsrecht über diesen zukünftigen Nutzen zustehen. Unter die *asset*-Definition fallen auch Abgrenzungspositionen, die sog. *deferred charges.* Hierzu zählen insbesondere Gründungs- und Ingangsetzungsaufwendungen (*organizational (start-up) costs*) sowie die aktiven → *latenten Steuern* (*deferred tax assets*).

Die Definition der *liabilities* umfaßt sowohl die rechtlich bereits entstandenen, in ihrer Höhe feststehenden und einklagbaren Verpflichtungen, als auch → die *Rückstellungen* (*accrued liabilities*; *contingent liabilities*). Es gibt keine Passivierungswahlrechte. Alle Verbindlichkeiten und Rückstellungen sind passivierungspflichtig. Analog zu den *deferred charges* auf der Aktivseite gehören zu den *liabilities* auch die *deferred credits.* Unter diese passiven Abgrenzungsposten fallen z. B. die passiven → *latenten Steuern* (*deferred tax liabilities*) und die Unterdeckungen von bestehenden Pensionsverpflichtungen (*deferred pension cost*).

b) Gliederungssystematik. Üblicherweise werden sowohl Bilanz als auch GuV in Staffelform ausgewiesen. Die GuV wird gemäß des Umsatzkostenverfahrens und zumeist unter Berücksichtigung einer Erfolgsspaltung in Betriebsergebnis, Ergebnis aus gewöhnlicher Geschäftstätigkeit und außerordentliches Ergebnis aufgestellt. Für die Bilanz gilt die strenge Anwendung des Liquiditätsgliederungsprinzips, demgemäß die Aktiva nach ihrer Umwandelbarkeit in liquide Mittel und die Passiva nach Restlaufzeiten angeordnet werden; d. h. das → *Umlaufvermögen* (*current assets*) wird vor dem → *Anlagevermögen* (*noncurrent assets*) und die kurzfristigen Verbindlichkeiten (*current liabilities*) werden vor den langfristigen Schulden (*long term debts*) und vor dem → *Eigenkapital* (*owners' equity*) ausgewiesen. Die Gliederungstiefe variiert in Bilanz und GuV sowohl materiell als auch in der Darstellungsform. Für börsennotierte Unternehmen ist sie durch Rule 5-02 (Bilanz) und Rule 5-03 (GuV) der Regulation S-X der SEC festgelegt. Die Differenzierung zwischen Umlauf- und Anlagevermögen ergibt sich aus der Zweckbestimmung der Vermögensgegenstände. Alles, was dem Unternehmen kürzer als ein Jahr oder einem längeren *normal operating cycle* (dieser ist im → *Anhang* anzugeben) zur Verfügung stehen soll, ist grundsätzlich im Umlaufvermögen auszuweisen. Die Trennung von kurz- und langfristigen Verbindlichkeiten erfolgt analog.

c) Bewertungsgrundsätze. Die Bewertung erfolgt nicht einheitlich, sondern in Abhängigkeit von den Spezifika der jeweiligen Bilanzposition kasuistisch und zweckorientiert. Für die Aktiva stellen die historischen → *Anschaffungskosten* bzw. → *Herstellungskosten* die Grundlage der

USA

Bewertung dar (*historical cost principle*). Daneben kommen auf der Aktiv- und der Passivseite als Korrekturwerte, teilweise aber auch als Ausgangswerte noch folgende Wertmaßstäbe zum Ansatz: *replacement-/reproduction cost* (Wiederbeschaffungs-/Reproduktionskosten), *current market value/current selling price* (Marktwert), *net realizable value/net settlement value* (Nettoverkaufserlös/Rückzahlungsbetrag), *present value of future cash-flows* (Barwert zukünftiger Zahlungsströme).

Die *Herstellungskosten* werden auf Vollkostenbasis ermittelt. Verwaltungskosten können nur einbezogen werden, wenn sie eindeutig im Zusammenhang mit dem Herstellungsprozeß entstehen. Eigentümer-Wertpapiere (*marketable securities*) des Anlage- und des Umlaufvermögens sowie Vorräte können nach → *Lifo*-, Fifo- und Durchschnittsmethode bewertet werden. Grundsätzlich gilt in den USA das Niederstwertprinzip (*principle of lower cost or market*) (→ *Bewertungsprinzipien*), wobei dieses hinsichtlich der *marketable securities* nicht auf die einzelnen Wertpapiere, sondern auf das jeweilige *gesamte Wertpapierportfolio* des Unternehmens anzuwenden ist. Die → *Wertaufholung* findet in den USA nur bei den Forderungen und dem Gesamtportfolio an *marketable securities* Anwendung. Ein Höchstwertprinzip auf der Passivseite fehlt. Abnutzbare Vermögensgegenstände des Anlagevermögens sind planmäßig abzuschreiben, wobei fast ausschließlich von den Unternehmen die lineare Methode gewählt wird (→ *Abschreibungen*). Für Beteiligungen zwischen 20 % u. 50 % gilt generell die → *Equity-Bewertung*.

3. Konzernabschluß

a) Aufstellungspflicht und Einbeziehungskreis. Zentrale Konzernrechnungslegungsfiktion in den USA ist das *parent company concept*, wonach der Konzernabschluß als Abschluß des Mutterunternehmens und nicht als jener der Einheit „Konzern“ (→ *Fiktion der rechtlichen Einheit*) betrachtet wird. Besteht ein sog. „Control“-Verhältnis zwischen Unternehmen, d.h. besitzt ein Unternehmen von mindestens einem anderen Unternehmen direkt oder indirekt die Mehrheit der Stimmrechte, so hat dieses unabhängig von seiner Rechtsform einen → *Konzernabschluß* aufzustellen. Grundsätzlich sind alle in Mehrheitsbesitz eines Mutterunternehmens stehenden Tochterunternehmen im In- und Ausland in den Konzernabschluß einzubeziehen (*Weltabschlußprinzip*), es sei denn, die Kontrolle über das einzubeziehende Unternehmen besteht voraussichtlich nur vorübergehend (→ *Konsolidierungskreis*). Zum Zwecke der *fair presentation* kann es im Einzelfall auch notwendig sein, Beteiligungsunternehmen in den Konzernabschluß mit einzubeziehen, bei denen aufgrund eines anderen Sachverhaltes als einer Stimmrechtsmehrheit (z. B. vertragliche Vereinbarungen) ein „Control“-Verhältnis vorliegt, d. h. die Möglichkeit besteht, deren Geschäftspolitik zu bestimmen.

b) Konsolidierungsmaßnahmen. Für die → *Kapitalkonsolidierung* ist i. d. R. die *purchase method* und in Ausnahmefällen die *pooling of interests method* anzuwenden. Ganz selten (bei speziellen Joint Ventures) findet auch die *Quotenkonsolidierung* Anwendung. Der bei der *purchase method* entstehende Goodwill ist zu aktivieren und planmäßig über seine Nutzungsdauer, die 40 Jahre nicht überschreiten darf, abzuschreiben (i.d.R. linear). Besitzt ein Unternehmen nicht die Stimmrechtsmehrheit, kann es aber dennoch einen *„significant influence over operating and financial policies“* (maßgeblichen Einfluß) auf ein anderes Unternehmen ausüben, so ist für das Beteiligungsunternehmen die → *Equity-Bewertung* anzuwenden. Die neben der Kapitalkonsolidierung durchzuführenden anderen Konsolidierungsmaßnahmen entsprechen weitestgehend den Vorschriften des HGB (→ *Konzernabschluß*). Die Einheitlichkeit der Bilanzierungsmethoden zwischen Tochter- und Mutterunternehmen ist im Gegensatz zum HGB nicht gefordert, wird aber zumeist von den Unternehmen praktiziert.

c) Währungsumrechnung. Die → *Umrechnung von Jahresabschlüssen* ausländischer Tochterunternehmen erfolgt anhand der *functional currency* nach SFAS 52.

Lit.: Wesner, P.: Bilanzierungsgrundsätze im Wertpapierrecht der USA, 1984; *Haller, A.*: Das Verhältnis von steuerrechtlicher und „handelsrechtlicher" Rechnungslegung in den USA, in: DBW 1988, S. 723–733; *Gingele, R.*: Der konsolidierte Abschluß in den USA, 1989; *Sonnemann, E.*: Rechnunglegung, Prüfung, Wirtschaftsrecht und Steuern in den USA, 1989; *Prachner, D./Prachner, G./Schmatzer, H.*: Rechnungslegung und Prüfung in den USA und Österreich, 1991; *Gräfer, H.*: Annual Report – der US-amerikanische Jahresabschluß, 1992; *Eisolt, D.*: US-amerikanische und deutsche Konzernrechnungslegung, 1992; *Frankenberg, P.*: Jahresabschlüsse im internationalen Vergleich – Analyse US-amerikanischer und deutscher Unternehmen, 1993; *Haller, A.*: Die Grundlagen der externen Rechnungslegung in den USA, 4. Aufl., 1994.

Dr. Dr. habil. Axel Haller, Augsburg.

Value Analysis
= Value Engineering.
= Wertanalyse.

Verfahren zur Planung und Kontrolle des Produktprogramms, um bisher produzierte Güter zu verbessern bzw. bei gleichen Eigenschaften zu verbilligen sowie neue Produkte zu entwickeln. Die Anwendung von V. kann auch bei Verwaltungstätigkeiten erfolgen, um diese kosten- und funktionsorientiert zu optimieren.

Value Engineering
= → *Value Analysis*
= Wertanalyse.

Valutapapiere
Wertpapiere, die in ausländischer Währung notiert sind und deren Zinsen bzw. Dividenden in ausländischer Währung gezahlt werden. V. sind für die Aufnahme in den → *Jahresabschluß* in DM umzurechnen (→ *Umrechnung von Valutaposten*).

Variable Costing
→ *Grenzkostenrechnung*.

Variable Kosten
→ *Kosten, fixe und variable*.

Varianz
→ *Streuungsmaß* als Summe der quadratischen Abweichungen der Ergebniswerte vom → *Erwartungswert*, multipliziert mit den → *Eintrittswahrscheinlichkeiten*; allgemein durch σ^2 symbolsiert mit σ = → *Standardabweichung*.

Variationsform
= → *Anpassungsform*.

Variator
Maßzahl für jede → *Kostenart* einer → *Kostenstelle*, die angibt, um wieviel Prozent die vorgegebene Kostenhöhe variiert, wenn die effektive → *Beschäftigung* von der Planbeschäftigung um 10 % abweicht; z. B. bedeutet ein V. von 0, daß es sich um *fixe* → *Kosten* handelt; ein V. von 4 sagt aus, daß bei Änderung des Beschäftigungsgrades um 10 % eine Änderung der Kostenart um 4 % eintritt (→ *Plankostenrechnung*).

Veränderungsbilanz
→ *Bewegungs- und Veränderungsbilanz*.

Verbesserungsverfahren
→ *Anlagenplanung und Anlagenrechnung*.

Verbindlichkeiten
1. Begriff

Der Umfang der in → *Handels-* und → *Steuerbilanzen* (→ *Jahresabschluß*) auszuweisenden V. stimmt nicht völlig mit dem V.-Begriff des § 241 BGB überein, wonach eine V. vorliegt, wenn der Gläubiger kraft eines Schuldverhältnisses berechtigt ist, vom Schuldner die Erfüllung einer Leistung im Sinne eines bestimmten Tuns oder Unterlassens zu verlangen. So sind einerseits Verpflichtungen aus schwebenden, d. h. beiderseits noch nicht erfüllten gegenseitigen Verträgen, nach derzeitiger Bilanzierungskonvention nicht in die Bilanz aufzunehmen; andererseits sind – unter Vernachlässigung der formalrechtlichen Situation – rechtlich noch nicht entstandene Schuldverhältnisse teilweise schon Bestandteil von Bilanzen.

Die im Bilanzgliederungsschema des § 266 Abs. 3 HGB unter Position C auf der Passivseite auszuweisenden V. sind durch drei Merkmale gekennzeichnet: (1) Aufgrund einer bürgerlich-rechtlichen, öffentlich-rechtlichen oder lediglich wirtschaftlich unumgänglichen (faktischen) Verpflichtung ist die *Leistung erzwingbar*. (2) Die Erfüllung der V. stellt für den Schuldner eine *wirtschaftliche Belastung* dar. (3) Die V. ist *eindeutig quantifizierbar*.

Im Gegensatz zu den V.

- lassen sich → *Rückstellungen* nicht eindeutig quantifizieren (aus § 253 Abs. 1 HGB ergibt sich, daß unter den Schulden des Bilanzierenden seine V. und Rückstellungen verstanden werden);
- sind *passive Rechnungsabgrenzungsposten* zeitraumbezogene, aus Gründen der periodenrichtigen Erfolgsermittlung angesetzte Bilanzposten, die nicht

in jedem Fall mit einer Leistung und damit mit einer wirtschaftlichen Belastung des Bilanzierenden verbunden sein müssen (z. B. zeitabhängig erhaltene Subventionen);
- handelt es sich bei den unter dem Bilanzstrich (§ 251 HGB), bei Kapitalgesellschaften alternativ im Anhang (§ 268 Abs. 7 HGB) auszuweisenden *Eventualverbindlichkeiten* um bedingte Verpflichtungen.

2. Vollständigkeit des Ausweises und Saldierungsverbot

Der Jahresabschluß hat sämtliche zum Bilanzstichtag bestehenden Schulden zu enthalten (§ 246 Abs. 1 HGB). Somit müssen alle Verpflichtungen, die dem Grund und der Höhe nach feststehen, das Stadium eines schwebenden Geschäfts verlassen haben und keine transitorischen Rechnungsabgrenzungsposten darstellen, als V. ausgewiesen werden. Die Saldierung von V. mit Forderungen ist wegen des Vollständigkeitsgebots in Verbindung mit dem *Einzelbewertungsprinzip* und dem Grundsatz der Klarheit grundsätzlich nicht erlaubt; klarstellend § 246 Abs. 2 HGB.

Die Saldierung einer V. mit einer Forderung ist in der Bilanz des Schuldners nur möglich, wenn der Gläubiger der V. des Bilanzierenden gleichzeitig Schuldner einer Forderung des Bilanzierenden ist. *Saldierungspflicht* besteht, wenn die Partner vor dem Bilanzstichtag eine auflösende Verrechnung vereinbart haben bzw. wenn die Forderung die Voraussetzung des § 387 BGB erfüllt und zwischen Bilanzstichtag und Bilanzerstellung tatsächlich eine Aufrechnung erfolgte. Ist mit der Aufrechnung für die nahe Zukunft ernsthaft zu rechnen (beide Posten besitzen annähernd gleiche Laufzeit und sind zum Bilanzerstellungstermin aufrechenbar), so besteht ein *Saldierungswahlrecht*.

3. Gliederung nach § 266 Abs. 3 HGB

a) Grundsätzliches. Große und mittelgroße Kapitalgesellschaften haben die in § 266 Abs. 3 C. HGB genannten und im folgenden – b) bis i) – behandelten Posten vollständig und in der angegebenen Reihenfolge aufzuführen. Eine Zusammenfassung ist nur unter den in § 265 Abs. 7 HGB genannten Voraussetzungen möglich. Kleine Kapitalgesellschaften können die V. in einer Summe ausweisen; dies gilt grundsätzlich auch für Einzelkaufleute und Personengesellschaften (Ausnahme: §§ 1, 5 Abs. 1 PublG). Der Betrag der V. mit einer *Restlaufzeit bis zu einem Jahr* ist bei jedem gesondert ausgewiesenen Posten in der Bilanz zu vermerken (§ 268 Abs. 5 Satz 1 HGB). Der Gesamtbetrag der V. mit einer *Restlaufzeit von mehr als fünf Jahren* ist im Anhang anzugeben (§ 285 Abs. 1 a HGB). Über V., die *durch Pfandrechte oder ähnliche Rechte gesichert* sind, ist unter Angabe von Art und Höhe der Besicherung zu berichten (§ 285 Abs. 1 b und 2 HGB). Sowohl die Angabe der V. mit einer Restlaufzeit von mehr als fünf Jahren als auch der Vermerk der durch Pfandrechte oder ähnliche Rechte gesicherten V. kann auch in der Bilanz unter dem jeweils gesondert auszuweisenden Posten erfolgen. Eine systematische, klare und übersichtliche Darstellung dieser Pflichtinformationen kann in einem sogenannten *Verbindlichkeitenspiegel* erfolgen.

b) Anleihen, davon konvertibel (Posten C. 1.). Diese Fremdkapitalbeträge wurden von emissionsfähigen Unternehmungen an organisierten Kapitalmärkten des In- oder Auslands gegen Ausgabe von *Teilschuldverschreibungen, Gewinn-, Options- und Wandelschuldverschreibungen* aufgenommen. Da für *Genußrechte* ein eigener Bilanzposten nicht vorgesehen ist, kann für sie entweder freiwillig eine Zusatzposition eingerichtet werden oder sie können in dem dann zu untergliedernden bzw. mit einem „davon-Vermerk" zu versehenden Anleiheposten ausgewiesen werden, sofern sie Fremdkapitalcharakter besitzen, verbrieft und auf den organisierten Kapitalmärkten plaziert sind. Auszugliedern sind Gläubigerpapiere, die mit einem Umtauschrecht in Anteilspapiere (Wandelanleihen) oder mit einem zusätzlichen Recht auf Bezug von Aktien der Schuldnerunternehmung (Optionsanleihen) ausgestattet sind.

Verbindlichkeiten

c) Verbindlichkeiten gegenüber Kreditinstituten (Posten C.2.). Unabhängig von Laufzeit und Art des Kredits sind *sämtliche V.* gegenüber Kreditinstituten (und Bausparkassen) hier auszuweisen.

d) Erhaltene Anzahlungen auf Bestellungen (Posten C.3.). Wurde aufgrund eines Vertrages an den Bilanzierenden eine *Vorauszahlung* geleistet, hat dieser aber seine Leistung noch nicht bzw. noch nicht vollständig erbracht, so ist die durch Sach- bzw. Dienstleistungen im Rahmen der eigentlichen Betriebsleistung zu tilgende V. hier auszuweisen. Wurden aufgrund des Vertrags bereits Vorräte beschafft oder hergestellt, so ist auch eine offene Absetzung der Anzahlung vom Vorratsvermögen zulässig (§268 Abs. 5 Satz 2 HGB).

e) Verbindlichkeiten aus Lieferungen und Leistungen (Posten C.4.). Sämtliche Verpflichtungen aus Kauf-, Miet-, Werk-, Dienst- und anderen Verträgen, bei denen die Unternehmung bereits die Leistung des Vertragspartners empfangen hat, ohne die eigene Gegenleistung, meist in Form eines bestimmten Geldbetrags, erbracht zu haben, sind in dieser Position auszuweisen. Eine Beschränkung auf V. aus dem betrieblichen Produktions- und Leistungsprozeß besteht hier – anders als bei Forderungen aus Lieferungen und Leistungen – nicht.

f) Verbindlichkeiten aus der Annahme gezogener und der Ausstellung eigener Wechsel (Posten C.5.). Hier sind alle akzeptierten Tratten und alle Solawechsel auszuweisen. Vom Gläubiger (noch) nicht eingeforderte Depotwechsel sind vom Schuldner nicht zu passivieren.

g) Verbindlichkeiten gegenüber verbundenen Unternehmen (Posten C.6.). Um den Bilanzleser über die Struktur der finanziellen Verflechtungen mit anderen Unternehmungen zu informieren, sind alle V. gegenüber verbundenen Unternehmen (i.S. des 3. Buches des HGB, also entsprechend der Definition des §271 Abs. 2 HGB) in einer gesonderten Position zu zeigen. Da dieser Ausweis der Zuordnung unter anderen Posten (auch dem unter Posten C.7.) vorgeht, kann bei sachlichen Überschneidungen ein *Vermerk der Mitzugehörigkeit* zu anderen Posten (unter Angabe des Betrags) erforderlich sein.

h) Verbindlichkeiten gegenüber Unternehmen, mit denen ein Beteiligungsverhältnis besteht (Posten C.7.). Hier sind alle V. gegenüber Unternehmungen, mit denen die bilanzierende Unternehmung in einem Beteiligungsverhältnis im Sinne des §271 Abs. 1 HGB steht, auszuweisen, soweit nicht ein Ausweis unter Posten C.6. erforderlich ist. Auch hier sollte bei nicht unerheblichen Beträgen die Mitzugehörigkeit zu anderen Posten vermerkt werden.

i) Sonstige Verbindlichkeiten (Posten C.8.). V., die keinem der Posten C.1. bis C.7. zuzuordnen sind und nicht in einer freiwilligen Zusatzposition ausgewiesen werden, sind in dieser Sammelposition aufzunehmen. Grundsätzlich sind Steuer-V. und V. im Rahmen der sozialen Sicherheit in *Davon-Vermerken* gesondert auszuweisen.

4. Bewertung

a) Wertmaßstab: Rückzahlungsbetrag. V. sind mit ihrem Rückzahlungsbetrag anzugeben (§253 Abs. 1 Satz 2 HGB). Damit ist der *Erfüllungsbetrag* gemeint, also der in Geldeinheiten ausgedrückte Wert der Leistung, die bei normaler Abwicklung aufgebracht werden muß, um die V. zum Erlöschen zu bringen.

Ist der dem Schuldner bei Kreditauszahlung zufließende Betrag (Verfügungsbetrag) geringer als der Rückzahlungsbetrag, so darf der Unterschiedsbetrag (*Disagio, Damnum*) als Rechnungsabgrenzungsposten aktiviert und über die Jahre der Laufzeit als Aufwand verteilt werden (§250 Abs. 3 HGB). Für die Steuerbilanz ist dies zwingend vorgeschrieben. *Anschaffungsnebenkosten* von V. sind im Jahre der Kreditaufnahme als Aufwand zu verrechnen.

Eine Besonderheit ergibt sich bei *Zero-Bonds* (Null-Kupon-Anleihen). Hier erfolgen keine laufenden Zinszahlungen. Vielmehr wird das gesamte Entgelt für die Kapitalüberlassung (Zins und Zinseszins) zusammen mit dem Tilgungsbetrag in einem Betrag bezahlt. Dabei ist nach h. M. nicht die hinsichtlich des Schuldenausweises aussagefähigere Bruttomethode (Passivierung des gesamten Rückzahlungsbetrages; Einstellung der gesamten Differenz zwischen Verfügungs- und Rückzahlungsbetrag in den aktiven Rechnungsabgrenzungsposten, um diesen während der Laufzeit des Zero-Bonds periodengerecht durch Verrechnung der jeweils aufgelaufenen Zinsen als Aufwand, also erfolgsmindernd, aufzulösen), sondern die *Nettomethode* anzuwenden, bei der zunächst nur der Verfügungsbetrag passiviert wird, der in den Folgeperioden jeweils um die aufgelaufenen Zinsen (erfolgsmindernd) erhöht wird.

b) Bewertungsprinzipien. → *Realisations-* und → *Imparitätsprinzip* gelten nach den *Grundsätzen ordnungsmäßiger Buchführung* auch für V., obwohl ein – dem für Vermögensgegenstände (in § 253 Abs. 1 Satz 1 und Abs. 2 und 3 HGB) kodifizierten Niederstwertprinzip analoges – *Höchstwertprinzip* nicht kodifiziert ist. Umstände, die zu einer Verminderung des Rückzahlungsbetrags führen, z. B. Kurssenkungen bei Fremdwährungs-V., sind deshalb erst im Realisationszeitpunkt zu berücksichtigen, während Erhöhungen des Rückzahlungsbetrags bereits (erfolgsmindernd) zu antizipieren sind, wenn nach vernünftiger kaufmännischer Beurteilung mit dem Eintritt des ursächlichen Ereignisses zu rechnen ist. Da bei den V. – anders als bei den Aktiva – eine Differenzierung entsprechend der Bindungs- bzw. Verfügungsdauer nicht vorgenommen wird, ist nach herrschender Meinung unabhängig von der Verfügungsdauer der höhere Wert anzusetzen (strenges Höchstwertprinzip). Allerdings wäre es konsequent und würde auch der Zielsetzung der handelsrechtlichen Bewertungsvorschriften eher gerecht werden, bei langfristigen V. – entsprechend der Regelung für Aktiva – eine Verpflichtung zum Ansatz des höheren Wertes nur anzunehmen, wenn die Erhöhung des Rückzahlungsbetrages voraussichtlich von Dauer ist.

Grundsätzlich wird der Rückzahlungsbetrag einer V. nicht durch ihre Verzinslichkeit bestimmt. Nur bei besonders krassen Fällen der Überverzinslichkeit langlaufender V. kann der drohende Verlust aufwandswirksam entweder in eine Rückstellung eingestellt oder mit einem aktivisch abgegrenzten Disagio/Damnum verrechnet werden.

c) Bewertung von Fremdwährungsverbindlichkeiten. Die strikte Anwendung des Prinzips der Einzelbewertung sowie des Höchstwertprinzips führen bei Fremdwährungs-V. dann nicht zu wirtschaftlich rationalen und bilanziell sachgerechten Ergebnissen, wenn den V. entsprechende Fremdwährungsforderungen gegenüberstehen. Deswegen können *Bewertungseinheiten* aus währungsidentischen V., Forderungen, schwebenden Valutaansprüchen und -verpflichtungen gebildet werden. Solange eine *Währungsposition geschlossen* ist, also Aktiva und Passiva in dieser Valuta sich betragsmäßig entsprechen, gleichen sich negative und positive Erfolge einer Wechselkursänderung stets genau aus; der negative Erfolgsbestandteil ist deshalb bilanziell nicht zu antizipieren. Fristeninkongruenzen können allenfalls dann relevant werden, wenn sie nicht durch geeignete Anschlußmaßnahmen zur Vermeidung des Währungstransfers (z. B. Neuverschuldung bzw. Wiederanlage in fremder Währung, Abschluß von Devisentermingeschäften) überbrückt werden können.

Kurzfristige V. und Forderungen in fremder Währung werden allerdings üblicherweise – ohne daß sich dies sachlich begründen ließe – generell aus den Währungspositionen herausgenommen und als eigene Gruppe unabhängig von ihren Entstehungskursen bewertet. Dadurch werden alle schwebenden Währungsgewinne und -verluste in diesen Positionen antizipiert. Dieser Verstoß gegen das Realisations- und das Imparitätsprinzip kann nach h. M. – allerdings nicht stichhaltig begründet mit der international üblichen Praxis und den ansonsten bestehenden praktischen Schwierigkeiten bei massenhaft auftretenden entsprechenden Positionen – hingenommen werden, solange nicht einseitig erhebliche unrealisierte

Kursgewinne vorliegen und die Restlaufzeit der Posten kurz ist.

Alle Valuta-V., die nicht einer geschlossenen Währungsposition angehören und die nicht kurzfristig sind, werden in der Regel einzeln und grundsätzlich mit dem Briefkurs zum Zeitpunkt ihrer Erstverbuchung bewertet (→ *Umrechnung von Valutaposten*).

Lit.: Hüttemann, U.: Grundsätze ordnungsmäßiger Bilanzierung für Verbindlichkeiten, 2. Aufl., 1976, S. 8–18; *Kußmaul, H.:* Nutzungsrechte an Grundstükken in Handels- und Steuerbilanz, 1987; *Hüttemann, U.:* Die Verbindlichkeiten, in: HdJ, Losebls., ab 1984, Abt. II/8, 2. Aufl., 1988; *Ballwieser, W.:* Das Anschaffungs- und Höchstwertprinzip für Schulden, in: Moxter, A. u. a. (Hrsg.): FS Forster, 1992, S. 45–62; *Bieg, H./Kußmaul, H.:* Grundlagen der Bilanzierung, 1993; *ADS,* 6. Aufl., Bd. 1, 1995, §253 HGB, Tz. 62, 74–76, 78, 86, 90–95, 105; *Clemm, H./Nonnenmacher, R.,* in: Beck Bil.-Komm., 3. Aufl., 1995, §253 HGB, Anm. 60, 65; *Knop, W. et al.,* in: Küting/Weber: HdR, 4. Aufl., Bd. Ia, 1995, S. 1412–1423; *Baetge, J.:* Bilanzen, 4. Aufl., 1996, S. 323–348; *ADS,* 6. Aufl., Bd. 5, 1997, §265 HGB, Tz. 82, §266 HGB, Tz. 190, 218, 223, §271 HGB, Tz. 34.

Professor Dr. Hartmut Bieg, Saarbrücken.

Verbindlichkeitenspiegel
Eine meist im → *Anhang* aufgeführte systematische Darstellung der → *Verbindlichkeiten*, untergliedert nach Art der Verbindlichkeit, Restlaufzeit und Form der Sicherung (→ *Verbindlichkeiten*).

Verbrauchsabweichung
Differenz zwischen Ist- und → *Sollkosten* eines Beschäftigungsgrades; Maß für die Kostenabweichung, die auf das Verhalten der in einer → *Kostenstelle* tätigen Personen zurückzuführen ist (→ *Plankostenrechnung*).

Verbrauchsfolgefiktionen
→ *Fifo.*
→ *Hifo.*
→ *Kifo.*
→ *Lifo.*
Bewertungsvereinfachungsverfahren gem. §256 HGB für gleichartige Gegenstände des → *Umlaufvermögens.*

Verbrauchsteuer
Alle Steuern auf die Einkommensverwendung, die den Verbrauch oder Gebrauch von Waren belasten. Die → *Mehrwertsteuer* ist ihrer ökonomischen Wirkung nach eine allgemeine V., rechtlich aber als → *Verkehrsteuer* klassifiziert. Für Unternehmen stellen V. → *Kosten* dar, deren Überwälzung auf den Abnehmer vom Gesetzgeber beabsichtigt, aber nicht immer gelingt.

Verbundeffekte
= → *Synergieeffekte.*
= Economies of scope.

Verbundene Unternehmen
1. Bezeichnung aus dem Konzernrecht für Unternehmen, die in einem in §15 AktG genannten Beteiligungsverhältnis zueinander stehen, rechtlich jedoch selbständig sind. Hiernach gehören zu den V. Gesellschaften, an denen eine → *Mehrheitsbeteiligung* besteht, herrschende und abhängige, wechselseitig beteiligte und → *Konzern*-Unternehmen sowie Partner eines → *Unternehmensvertrages.*

2. Bezeichnung aus dem Handelsrecht für Unternehmen, die gem. §271 Abs. 2 HGB in einem in §290 HGB bezeichneten Verhältnis zueinander stehen. Hiernach werden unter den V. alle Gesellschaften zusammengefaßt, welche als → *Mutterunternehmen* oder → *Tochterunternehmen* grundsätzlich nach der → *Vollkonsolidierung* gem.§§ 300–307 HGB in den → *Konzernabschluß* einzubeziehen sind. Damit zählen zu den V. auch Gesellschaften, für die ein Konsolidierungsverbot bzw. -wahlrecht besteht (→ *Beteiligung*).

Lit.: Rübel, M.: Verbundene Unternehmen im Sinne des Dritten Buches des HGB, in: DBW 1989, S. 751–760.

Verbundvorteile
= (positive) → *Synergieeffekte.*
= (positive) Verbundeffekte.

Vereidigter Buchprüfer
Berufsstand ähnlich dem der → *Wirtschaftsprüfer.* V. und Buchprüfungsgesell-

schaften sind der → *Wirtschaftsprüferkammer* angeschlossen. Der Zugang zum Berufsstand des V. ist durch das → *Bilanzrichtliniengesetz* (Art. 6) insbesondere für Steuerberater, Steuerbevollmächtigte und Rechtsanwälte (§ 131 WPO) geregelt. Für V. besteht die Möglichkeit, eine Übergangsprüfung zum Wirtschaftsprüfer abzulegen. Es gelten die Bestimmungen der → *Wirtschaftsprüferordnung* (WPO) analog, die Sonderbestimmungen für V. sind der Wirtschaftsprüferordnung angegliedert (§§ 128 - 131f WPO). V. können als → *Abschlußprüfer* für mittelgroße GmbH bestellt werden.

Verfahren kritischer Werte
= → *Sensibilitätsanalyse.*

Verfahrensabweichung
Abweichung zwischen → *Plan-* und → *Istkosten*, die auf ein gegenüber der Planung unterschiedliches Produktionsverfahren zurückzuführen ist (→ *Plankostenrechnung*).

Verfahrensprüfung
= → *Systemprüfung.*

Verflechtungstabelle
Tabellarische Darstellung der innerbetrieblichen Lieferbeziehungen zwischen einzelnen Kostenstellen.

Vergleichbarkeit
Eine aus der *Informationsfunktion* des → *Jahres-* und → *Konzernabschlusses* abgeleitete Anforderung an die Rechnungslegung, um einen → *Zeitvergleich* bzw. → *Unternehmensvergleich* vornehmen zu können. V. erfordert die formelle und materielle Gleichartigkeit der Rechenwerke hinsichtlich der Ausübung von → *Bilanzierungs-*, → Bewertungs- und → *Konsolidierungswahlrechten* (→ *Stetigkeitsprinzip*).

Verkehrsteuer
= Umschlagsteuer.
V. sind Objektsteuern und belasten den Vermögensverkehr (Kapitalverkehrsteuer, Grunderwerbsteuer), den Verkehr auf öffentlichen Straßen (Kraftfahrzeugsteuer), den Umsatz (Mehrwertsteuer) und weitere Verkehrsvorgänge (Wechselsteuer, Versicherungsteuer). Zudem gibt es V. der Gemeinden wie Vergnügungssteuer und Hundesteuer.

Verlust
Überschuß der Aufwendungen über die Erträge, in der → *Gewinn- und Verlustrechnung* gem. § 275 HGB als *Jahresfehlbetrag* bezeichnet, in → *Kostenrechnungssystemen* der Überschuß der → *Kosten* über die Leistungen.

Verlustantizipation
→ *Imparitätsprinzip.*

Verlustübernahme
Eine mit dem → *Gewinnabführungsvertrag* korrespondierende Verpflichtung der herrschenden Unternehmung gem. § 302 AktG, einen während der Vertragsdauer entstehenden Jahresfehlbetrag der beherrschten Unternehmung auszugleichen.

Vermittlungsfunktion (der Unternehmensbewertung)
→ *Gesamtwert der Unternehmung.*

Vermögensendwert
→ *Dynamische Investitionsrechnung bei Sicherheit.*

Vermögenserhaltung
→ *Substanz- und Kapitalerhaltung.*

Vermögensgegenstand/Wirtschaftsgut
1. „Wirtschaftsgut" als wirtschaftswissenschaftlicher Begriff

a) Begriff und Arten von Wirtschaftsgütern. Allgemein versteht man unter einem „Gut" ein Mittel, das zur Erfüllung menschlicher Bedürfnisse (= Ziele) geeignet ist. Die Einschränkung auf *wirtschaftliche* Ziele führt zur Abgrenzung des W. vom Gut schlechthin. Das W. ist u.a. durch folgende Merkmale gekennzeichnet: (1) Zugehörigkeit zur Außenwelt des Menschen (damit Ausschluß rein ideeller Güter, wie z.B. Freiheit); (2) qualitative Eignung zur Zielerreichung; (3) Verfügungsmacht eines Wirtschaftssubjekts; (4) Übertragbarkeit auf andere Wirtschaftssubjekte; (5) relative Knappheit. Der Wirtschaftende schätzt aufgrund seines Informationsstandes subjektiv ein, ob die Merkmale des W. gegeben sind. Erweiterungen des Begriffs W. zielen u.a. auf *geistige Güter*, *Beeinflußbarkeit* an Stelle von Verfügungsmacht, *potentielle* statt aktueller Knappheit. Letztlich kann der Begriff des W. nur je nach speziellem Entscheidungsproblem abgegrenzt werden.

Als *Aktivgüter* können W. als *Realgüter* oder als *Nominal-(Geld-)Güter* auftreten. Realgüter können *materiell* oder *immateriell* sein; Nominalgüter sind stets immateriell. Auf ursprüngliche (originäre) Güter bestehen Ansprüche (= abgeleitete Güter, Forderungen); die diesen entsprechenden Verpflichtungen werden auch als *Passivgüter* bezeichnet.

b) Wirtschaftsgüter im System des Rechnungswesens. W. werden in Bestands- und Bewegungsgrößenrechnungen (→ *Bewegungs- und Veränderungsbilanz*, → *Kapital- und Finanzflußrechnung*) abgebildet. Begriffsextension und Bewertung hängen vom Zweck der speziellen Rechnung ab. Kalkulatorische Bilanzen bilden u.a. die Grundlage für die Ermittlung von → *Kapitalkosten* des Gesamtbetriebs. Die Erfassung der W. für die → *Betriebsbuchhaltung* orientiert sich am → *Kostenrechnungssystem* und folgt damit weitgehend subjektiv festgelegten Planungs- und Kontrollerfordernissen. Hingegen sind für pagatorische Rechnungen (insbsd. für → *Jahresabschluß* und → *Steuerbilanz*) *Rechtsvorschriften* (bzw. deren Auslegung) dominierend für die Begriffsabgrenzung der V./W. (assets).

2. Vermögensgegenstand/Wirtschaftsgut als Kategorien des Bilanzrechts

a) Der Inhalt der Bilanz. I.S. von § 240 HGB (§ 191 öHGB) sind die *V.* (und Schulden) im Inventar – einschließlich Wertangabe – zu erfassen. Gemäß § 242 Abs. 1 HGB enthält die Bilanz Vermögen und Schulden (§ 193 Abs. 1 öHGB nicht explizit, sondern Verweis auf die GoB). Neben diesen zentralen Arten von Bilanzpositionen kennt das HGB → *Rechnungsabgrenzungsposten*, → *Eigenkapital*, → *Bilanzierungshilfen* und Sonderposten (speziell → *Sonderposten mit Rücklageanteil*). Der Bilanzansatz dem Grunde nach (Bilanzierung i.e.S.) erfordert die Einordnung eines Sachverhalts in eine der genannten Kategorien. Gemäß § 246 Abs. 1 HGB (§ 196 Abs. 1 öHGB) besteht für sämtliche V., Schulden und Rechnungsabgrenzungsposten *Ansatzpflicht*, „soweit gesetzlich nichts anderes bestimmt ist.“ Diese gesetzlichen Ausnahmenormen umfassen *Ansatzverbote* und *Ansatzwahlrechte*. Insbsd. bestimmt § 248 Abs. 2 HGB (§ 197 Abs. 2 öHGB) ein Aktivierungsverbot für nicht entgeltlich erworbene immaterielle V. des Anlagevermögens, ein Ansatzwahlrecht besteht z.B. nach § 255 Abs. 4 HGB (§ 203 Abs. 5 öHGB) für den *derivativen* (= erworbenen) → *Geschäftswert* (*Firmenwert*).

b) Begriffsmerkmale des V. Trotz der eminenten Bedeutung des Begriffs V. für den Inhalt der Bilanz gibt das HGB nur Beispiele für V., aber *keine Legaldefinition*. Das neue Recht hat lediglich klargestellt, daß mit V. ausschließlich Positionen der *Aktivseite* bezeichnet werden, während § 39 HGB alter Fassung die Auffassung nahelegte, daß auch Passiva zu den V. gehören.

Nach allgemeiner Ansicht umfaßt der Begriff des V. (1) die *Gegenstände* i.S. des *bürgerlichen Rechts* (*Sachen* und *Rechte*), darüber hinaus aber auch (2) *Güter*, die mit *keinem Recht* verbunden sind (z.B. geheime Rezepte, ungeschützte Erfindungen, know how). Die Güter i.S.v. (2) müssen gegen vage Hoffnungswerte, die nicht bilanzierungsfähig sind, abgegrenzt werden; das Problem stellt sich insbes. für → *Immaterielles Vermögen*.

V. müssen *selbständig bewertbar* sein. Der Grundsatz der Einzelbewertung (→ *Grundsätze ordnungsmäßiger Buchführung*) ist schon beim Bilanzansatz dem Grunde nach heranzuziehen. Bloße Verbundeffekte, die nicht einzelnen Objekten zurechenbar sind, scheiden als V. aus. Allerdings rechnet nun § 266 Abs. 2 HGB (§ 224 Abs. 2 öHGB) den derivativen Geschäfts- od. Firmenwert, der sich als Restgröße aller konkretisierten, einzeln bewertbaren Bilanzpositionen ergibt, zu den V.; trotz dieser Ausnahmeregelung wird er handelsrechtlich überwiegend weiterhin als → *Bilanzierungshilfe* aufgefaßt. Zur Bestimmung von V., inbsd. auch zur Festlegung des Entstehungszeitpunktes von V., sind die Verkehrsauffassung und allgemeine GoB zu beachten. So regelt das → *Realisationsprinzip*, wann eine Forderung aus Lieferungen und Leistungen als entstanden zu betrachten ist. Nach der Verkehrsauffassung ist z. B. zu beurteilen, ob Gegenstände je für sich als mehrere V. oder in einer Gesamtheit als ein einziger V. zu bilanzieren sind.

V. müssen *selbständig verkehrsfähig* sein. Das bedeutet nicht notwendigerweise *Einzelveräußerungsfähigkeit*, die häufig gefordert wird. Vielmehr genügt eine *Einzelverwertbarkeit*, z. B. entgeltliche Überlassung der Nutzung. Damit gehören auch Werte, die nicht oder nur eingeschränkt übertragbar sind (z. B. Warenzeichen, Konzessionen), zu den V. Wenn allerdings von der Prämisse der Fortführung des Unternehmens abgegangen werden muß, ist Einzelveräußerbarkeit für ein V. erforderlich.

c) Begriffsmerkmale des W. Im Bilanzrecht ist der Terminus W. dem Bereich des Steuerrechts zugeordnet. Der Begriff W. wird speziell in den §§4 und 6 EStG benutzt. (§§-Angaben dieses Abschnitts sind trotz inhaltlicher Abweichungen auch für das öEStG gültig.) Außer Rechnungsabgrenzungsposten, steuerlichen Sonderposten (steuerfreien Rücklagen) und dem Betriebsvermögen (= steuerlichen Eigenkapital) kennt die Steuerbilanz nur W. Es sind *positive (aktive)* und *negative (passive)* W. zu unterscheiden.

Wegen des → *Maßgeblichkeitsprinzips* (§ 5 Abs. 1 EStG) sind auch im Bereich des Steuerrechts die handelsrechtlichen Kriterien für den Bilanzansatz dem Grunde nach heranzuziehen. Die Begriffe W. und V. sind damit grundsätzlich gleichzusetzen, soweit es die Aktivseite der Bilanz betrifft, ebenso müssen negative W. grundsätzlich mit Schulden der Handelsbilanz übereinstimmen.

Der BFH legt laufend die handelsrechtlichen GoB aus und postuliert dabei, daß uno actu die Begriffe W. und V. (bzw. Schulden) inhaltlich bestimmt werden. In der Literatur wird überwiegend festgestellt, daß in der tatsächlichen Handhabung die BFH-Rechtsprechung positive W. *weiter* faßt, als es der (übrigen) handelsrechtlichen Interpretation von V. entspricht, hingegen negative W. enger definiert als die Schulden in der (übrigen) handelsrechtlichen Interpretation.

Nach ständiger BFH-Rechtsprechung umfassen *positive* W. nicht nur „Sachen und Rechte, sondern auch *tatsächliche Zustände*, *konkrete Möglichkeiten* und *Vorteile* für den Betrieb, deren Erlangung *sich der Kaufmann etwas kosten läßt* und die nach der Verkehrsauffassung einer *besonderen Bewertung* zugänglich sind" (z. B. BFH v. 29. 4. 1965). Die Übertragbarkeit muß einzeln oder im Zusammenhang mit dem Betrieb gegeben sein (vgl. → *Teilwert*).

Für die bilanzielle Behandlung (Bewertung, → *Abschreibungen* usw.) sind vor allem die Unterscheidung in *abnutzbare/nicht abnutzbare* W. (bzw. V.) sowie in W. (bzw. V.) des *Anlage-* oder des *Umlaufvermögens* wichtig.

Negative W. sind die *selbständig bewertungsfähigen Lasten*. Es ist auf die Verkehrsauffassung abzustellen. Die Verpflichtung muß nicht unbedingt einklagbar sein. Auch → *Rückstellungen* gehören grundsätzlich zu den negativen W., es sei denn, es besteht handelsrechtlich ein Passivierungswahlrecht, das nicht durch ein explizites steuerliches Passivierungswahlrecht ergänzt wird.

Im neuen HGB sollte ursprünglich der Begriff V. zwecks terminologischer Vereinheitlichung von Handels- und Steuerbilanz wegfallen und durch den Begriff W. ersetzt werden. Der Rechtsausschuß behielt aber schließlich den Begriff V. bei, um die Beibehaltung des Begriffsinhaltes zu dokumentieren.

3. Assets nach FASB- und IASC-Regeln

Sowohl das FASB als auch das IASC bestimmen „assets" als im Grundsatz aktivierungsfähige und -pflichtige Posten der Aktivseite der Bilanz sehr weit. Das Grundsätzliche ist in den Konzept- bzw. Framework-Verlautbarungen niedergelegt (*FASB*: SFAC No. 6, 1985; *IASC*: Framework for the Preparation and Presentation of Financial Statements, July 1989); zu den einzelnen Arten der assets (u. a. current assets; property, plant and equipment; intangible assets) sowie zu speziellen Gestaltungen (z.B. Leasing) werden in Spezialstandards die Voraussetzungen für die Aktivierung spezifiziert.

Ein asset ist nach SFAC No. 6 gekennzeichnet durch „probable future economic benefits obtained or controlled by a particular entity as a result of past transactions or events" (vgl. *Kieso/Weygandt*); auch die Begriffsbestimmung in IASC-Framework, Abschn. 49 (a), stimmt hiermit überein (vgl. auch Abschn. 53–59, 82–90). Der wahrscheinliche künftige Nutzen umfaßt alle Möglichkeiten, daß die Ressource direkt oder indirekt, allein oder gemeinsam mit anderen zu Einzahlungsüberschüssen oder Überschüssen von Geldäquivalenten (so auch durch Verminderung von Auszahlungen) beiträgt. Einzelveräußerbarkeit oder Einzelverwertbarkeit ist demnach nicht erforderlich. Assets können materiell oder immateriell sein. Für sie ist weder Eigentum noch ein gesetzliches Schutzrecht erforderlich, so daß z. B. tatsächlich geheimgehaltenes Know-how aus eigener Entwicklung ein asset darstellen kann. Unter Transaktionen und Ereignissen der Vergangenheit, die Voraussetzung für ein asset sind, fallen nicht nur Anschaffungs- oder Herstellungsvorgänge, sondern beispielsweise auch die unentgeltliche Erlangung eines Grundstücks im Rahmen eines staatlichen Entwicklungsprogramms, der Empfang einer Schenkung oder die Entdeckung von Bodenschätzen. Wird zukünftiger Nutzen nicht erwartet, erfolgt von vornherein kein Ausweis eines asset. Kann der Wert eines asset nicht verläßlich bestimmt werden, so ist es zwar nicht in die Bilanz aufzunehmen, dennoch ist die Existenz des asset in notes oder in ergänzenden Erläuterungen anzuführen.

Lit.: Freericks, W.: Bilanzierungsfähigkeit und Bilanzierungspflicht in Handels- und Steuerbilanz, 1976; *FASB:* SFAC No. 6: Elements of Financial Statements, 1985; *Ley, U.:* Der Begriff „Wirtschaftsgut" und seine Bedeutung für die Aktivierung, 2. Aufl., 1987; *Brezing, K.:* Der Gegenstand der Bilanzierung und seine Zurechnung im Handels- und Steuerrecht, in: HdJ, Abt. I/4, 2. Aufl., 1991; *Jacobs, O.H./Scheffler, W.:* Wirtschaftsgut, in: HWR, 3. Aufl., 1993, Sp. 2188–2197; *Federmann, R.:* Bilanzierung nach Handelsrecht und Steuerrecht, 10. Aufl., 1994, S. 177–269; *Kieso, D.E./Weygandt, J.J.:* Intermediate Accounting, 8. Aufl., 1995; *IASC:* International Accounting Standards 1997, 1997.

Professor Dr. Dieter Rückle, Trier.

Vermögensrentabilität
→ *Rentabilität.*

Vermögensstrukturanalyse
Bestandteil der → *Bilanzanalyse*, mit dem Aussagen über die Art und Zusammensetzung des Vermögens im → *Jahres-* bzw. → *Konzernabschluß* und die Dauer der Vermögensbindung getroffen werden (→ *Bilanzanalyse*).

Vermögensteuer
Die V. ist eine → *Substanzsteuer*. Bemessungsgrundlage ist das nach den Vorschriften des Bewertungsgesetzes ermittelte Gesamtvermögen (→ *Betriebsvermögensermittlung*) nach Abzug von → *Freibeträgen* gem. VStG. Der Steuersatz ist seit 1995 für natürliche Personen gespalten. Er beträgt weiterhin 0,5% für sog. „Produktivvermögen". Hierzu gehören insb. das land- und forstwirtschaftliche Vermögen, das Betriebsvermögen und die Aktien, Kuxe, GmbH-Anteile (vgl. § 10 Nr. 1 Satz 2 VStG). Für das übrige Vermögen beträgt der Steuersatz 1 %. Für juristische Personen gilt nach wie vor der Prozentsatz von 0,6%. Seit dem 01.01.1997 ist die Vermögensteuer ausgesetzt.

Vermögensübertragung
→ *Fusion.*

Verrechnete Plankosten
Mit dem Verhältnis zwischen Ist- und → *Planbeschäftigung* multiplizierte → *Plankosten*, benötigt zur Ermittlung der → *Beschäftigungsabweichung* (→ *Plankostenrechnung*).

Verrechnungspreise
1. Begriffliche Grundlagen (Definition)

V. (*transfer prices*) sind nicht Preise i.S.

Verrechnungspreise

der sprachgebräuchlichen Begriffsverwendung, sondern Wertfaktoren, welche bei einer internen betriebswirtschaftlichen Erfassung von güter- bzw. leistungswirtschaftlichen Wertbestandsgrößen oder Wertbewegungen zum Ansatz kommen, um Verrechnungsfunktionen auszuüben, welche bei marktorientierten Bestands- oder Transaktionsbewertungen regelmäßig durch etablierte oder sich ergebende *Markt-(Gleichgewichts-)preise* wahrgenommen werden. Die Begriffsverwendung steht in engem Zusammenhang mit dem von → *Schmalenbach* geprägten Konzept der „pretialen" Wirtschafts- oder Betriebslenkung (pretium = der Wert, Preis). Güter- bzw. leistungswirtschaftliche Wertobjekte, auf welche sich V. beziehen können, sind im jeweils gegebenen betriebswirtschaftlichen Kontext grundsätzlich frei definierbar; es können sowohl für Faktoreinsätze kostenbestimmende als auch für Faktorkombinationsergebnisse leistungs- oder erfolgsbestimmende Wertermittlungen vorgenommen werden. Hierbei sind vielfältige, etwa funktionale (z. B. produktions- oder absatzprogrammbedingte), organisatorische (abteilungs-, kostenstellenbezogene) oder rechnungszielbedingte Abgrenzungen möglich und von jeweils spezifischem Interesse.

2. *Funktionen und betriebswirtschaftliche Anwendungsbereiche*

Die Funktionen (Zwecke, Rechnungsziele) betrieblicher V. werden im Schrifttum in unterschiedlicher Weise gegliedert und beschrieben. So werden an Funktionen im weitesten Sinne genannt:

- Lenkung betrieblicher Prozesse (Hax), Ermittlung des → *Erfolges* von Unternehmungsteilen, Ermittlung von Preisgrenzen,
- Ermittlung von *Inventur*-Werten, Preiskalkulation,
- Abrechnung, Kontrolle von Teilen eines Betriebes,
- organisatorische Lenkung zur Koordination dezentraler Entscheidungen.

Albach hebt für die Anwendung innerbetrieblicher Lenkpreise als Instrument dezentraler Unternehmensführung die Hauptaufgaben Motivation, Information (insbsd. für Steuerungs- und Entscheidungszwecke) sowie Kontrolle hervor.

Die Funktionen und betriebswirtschaftlichen Anwendungsbereiche von V. können einerseits nach einem zweckbestimmten und andererseits nach einem strukturbestimmten Gliederungsprinzip dargestellt werden.

a) Zweckbestimmte Funktionengliederung. Orientiert an einem allgemeinen System betriebswirtschaftlicher Managementfunktionen kann man Informations-, Allokations- und Distributionsfunktionen betrieblicher V. unterscheiden. Die *Informationsfunktion* dient einer konstatierenden bzw. registrierenden Wertermittlung betrieblicher Vorgänge, welche sich als „Abrechnungen" insb. im in- und externen → *Rechnungswesen* einschl. des → *Jahresabschlusses* niederschlagen (Kalkulations- bzw. Erfolgsermittlungsfunktion). Unter der *Allokationsfunktion* können wir im weitesten Sinne alle Lenkungs-, Steuerungs- und ggfs. auch Kontrollfunktionen von V. zusammenfassen, welche sowohl den Einsatz wirtschaftlicher Mittel durch grundlegende Investitions-, Beschaffungs- oder Selbstherstellungs-, Produktionsprogramm-, Personal- oder Organisationsentscheidungen bestimmen als auch den operativen (dispositiven) Vollzug betrieblicher Maßnahmen und ihre Auswirkungskontrolle betreffen. Zur ersten Gruppe gehören u.a. Entscheidungen über die Art und Dimension betrieblicher Produktionskapazitäten, über Kauf oder Selbstherstellung betrieblicher Vorleistungen oder auch die vertikale und horizontale Integration von Unternehmen (Konzernbildung); in die zweite Gruppe fallen operative Lenkungs- und Steuerungsmaßnahmen für inner-, zwischen- und überbetriebliche Leistungstransfers, sofern deren Angebot und Nachfrage von entsprechenden V. abhängen können. Dies ist regelmäßig dann der Fall, wenn für die Koordination bzw. Optimierung dezentral zu treffender Entscheidungen bei der Verfolgung globaler Unternehmensziele V. als Steuerungselemente fungieren. Die *Distributionsfunktion* betrieblicher V. besteht schließlich in der intra- bzw. interbetrieblichen Verteilung bzw. Umverteilung von Vermögenspositionen oder → *Wertschöpfungs*ergebnissen (Aufwands- und/oder Ertragstransfers mit der unmittelbaren Folge von Verlust- oder Gewinnverlagerungen), etwa zwischen „profit centers" oder in- und ausländischen Konzernmitgliedern in verbundenen Unternehmen. Diese Thematik ist zumindest sowohl aus der Sicht von Kapitalgebern als auch aus fiskalischer Sicht von hohem Interesse, da hierdurch unmittelbar wirtschaftliche Anspruchsgrundlagen bzw. effektive Ansprüche auf Wertschöpfungsanteile tangiert werden.

b) Strukturbedingte Funktionengliederung. Nach diesem Ansatzpunkt kann man die Anwendungsbereiche betrieblicher V. vor allem zur Erfassung bzw. Steuerung und Verteilung von innerbetrieblichen, zwischen- und überbetrieblichen Werteströmen unterscheiden. Zum Gegenstand von *innerbetrieblichen Verrechnungen* gehören insbsd. die zwischen Vor- oder Hilfs- und Hauptkostenstellen der Fertigung bewegten Leistungen unter Einschluß des wichtigen Sonderfalls der gegenseitigen → *Kosten-* und Leistungsverrechnung zwischen Kostenstellen. *Zwischenbetriebliche Kosten- und Leistungsverrechnungen* betreffen in erster Linie Transaktionen zwischen organisatorisch bzw. abrechnungstechnisch selbständigen Entscheidungseinheiten wie Sparten (divisions), Funktionsbereichen (Forschung und Entwicklung, Logistik, Produktion, Vertrieb, Führungsorganisationseinheiten) oder anderen als „cost" oder „profit center" definierbaren Bereichen. Auf dieser Ebene kommt den V. eine Hauptbedeutung als Verrechnungs-, Steuerungs- und Kontrollelementen zu. *Überbetrieblich vorzunehmende bzw. wirkende V.-stellungen* sind dort erforderlich, wo ein Leistungsaustausch zwischen Mitgliedern verbundener Unternehmen (in- oder ausländische Konzernmitglieder) ohne diesbezügliche Entscheidungsautonomie stattfindet, dessen Erfolgswirkungen durch die Festlegung von (arbiträren) V. ebenfalls unmittelbar mitbestimmt werden. Auf dieser Ebene zeigen sich die dis- und redistributiven Effekte von Konzern-V. am deutlichsten, und hier sind häufig auch die Interessen unterschiedlicher Kreise von Kapitalgebern, Arbeitnehmern, Lieferanten und Kunden oder von Finanzbehörden (Steuer-, Zoll- und Einfuhr-/Ausfuhrabgabeerhebung) unmittelbar und in der Regel gegensätzlich berührt.

3. Bestimmung

a) Allgemeine Grundlagen. Nach Hax können V. das Ergebnis von *Verhandlungsprozessen* zwischen leistungsabgebenden und -beziehenden Entscheidungsträgern (Anbietern und Nachfragern innerbetrieblicher Leistungen) sein oder durch zentrale Planungs- und Entscheidungsinstanzen *verbindlich vorgegeben* werden. Einigungspreise sind da, wo ne extern bestimmten Referenzpreise gegeben sind (etwa als Marktnotierungen), einerseits abhängig von den innerorganisatorischen Angebots- und Nachfragestrukturen (sie sind den Marktformen und -bedingungen der klassischen Preistheorie vergleichbar) und andererseits von den Verhaltensweisen der Verhandlungspartner. Bei häufig vorliegenden unvollkommenen „Marktbedingungen" auf den „Binnenmärkten" können die Ergebnisse von V.-Findungsprozessen nicht immer problemlos abgeleitet bzw. begründet werden; in letzter Zeit hat dafür allenfalls die Spiel- und Konflikttheorie Ansatzpunkte für als rational zu bezeichnende Verhaltensweisen und stabile Gleichgewichts- oder gleichgewichtsnahe Lösungen zu liefern vermocht. Müssen (auch aus den vorgenannten Gründen) V. zentral bestimmt und den dezentral agierenden Entscheidungsträgern im inner-, zwischen- oder überbetrieblichen Allokations- und Distributionsprozeß vorgegeben werden, bieten sich hierfür gundsätzlich drei Wertorientierungen an: Kosten-, nutzen- und marktpreisorientierte V. (Hax). Bei der *(grenz-)kostenorientierten* Festlegung wird in aller Regel versucht, mindestens von Normal-, besser

Verrechnungspreise

noch von → *Plankosten* auszugehen, um unregelmäßige Kosteneinflüsse möglichst zu neutralisieren; zu diesen zählen vor allem nichtnachhaltige Preis-, (Verbrauchs-) Mengen- und Beschäftigungsänderungen. Vollkosten bzw. Grenzkosten werden argumentativ in Analogie zu ihren bekannten Funktionen in der betrieblichen Kostenrechnung als V.-Determinanten empfohlen, insbsd. im Hinblick auf die jeweils im Vordergrund stehende Entscheidungsrelevanz der einzelnen Kostenelemente. *(Grenz-)Nutzenorientierte* V. leiten sich prinzipiell aus den → *Opportunitätskosten* des alternativen Einsatzes betrieblicher Ressourcen ab, deren praktische Meßbarkeit jedoch in vielen Fällen bezweifelt werden muß. Als am wenigsten problematisch erscheint die Orientierung an beobachtbaren bzw. vergleichbaren *Marktpreisen*, welche zu- bzw. abzüglich entsprechender Beschaffungs- oder Vertriebsnebenkosten der vergleichbaren Güter oder Leistungen als Kostenober- bzw. Preisuntergrenzen fungieren können. Die Festlegung von V. nach Grenzkosten bzw. -nutzen ist im übrigen aus theoretischer Sicht dann nicht einwandfrei begründbar, wenn sie in nicht trivialer Abhängigkeit zu den Transaktionsmengen stehen und damit erst durch ein bereits realisiertes Leistungs- bzw. Transaktionsprogramm bestimmt sind. Theoretisch begründbare Lösungsmöglichkeiten derartiger Probleme bietet unter gewissen Voraussetzungen die lineare Planungsrechnung.

b) Inner-, zwischen- und überbetriebliche Kosten- und Leistungsverrechnung. Die Ermittlung von V. im *innerbetrieblichen Leistungsverkehr*, etwa von Hilfs- zu Hauptfertigungsstellen, ist ein eher konventionelles Problem der Kostenermittlung und -verteilung, welches i.d.R. den jeweiligen Rechnungszielen gemäß durch eine hinreichend genaue Kostenartenerfassung und -umlage gelöst werden kann. So werden bei betrieblicher (gegenseitiger) Leistungsverflechtung Kostenumlagen nach dem sukzessiven Anbau- bzw. Stufenleiter- oder dem Simultangleichungsverfahren vorgenommen, wodurch auch den Anforderungen der Praxis nach Operationalität und Rechnungsgenauigkeit weitgehend entsprochen werden kann. Für die Bestimmung von Lenkungspreisen für die *Koordination dezentraler Entscheidungen*, insb. im Sinne optimaler Allokationsentscheidungen, kann man keine allgemeingültigen Aussagen formulieren. Sie richtet sich weitgehend danach, welche Bedingungen auf der „Anbieter-“ und auf der „Nachfragerseite“ innerbetrieblicher Leistungen, insbes. hinsichtlich Kapazitätsauslastung und Verwertungsmöglichkeiten, bestehen. Die Möglichkeiten, *(internationale) Konzernverrechnungspreise* zu bestimmen, werden vor allem institutionell beschränkt durch die → *Grundsätze ordnungsmäßiger Buchführung* sowie durch gesetzliche Vorschriften, etwa im Außenwirtschaftsgesetz, das konkret die Anlegung vergleichbarer Marktpreise an die Verrechnungspreise als Grundsatz postuliert. Auf der Basis von OECD-Grundsätzen sind ferner entsprechende Verwaltungsrichtlinien erlassen worden, welche die Anwendung einer Preisvergleichs-, Wiederverkaufspreis- oder Kostenaufschlagsmethode vorsehen. Verbleibende Ermessensspielräume werden dabei in erster Linie von den Finanzbehörden der beteiligten Länder definiert; ihre unternehmerische Wahrnehmung ist häufig auch Verhandlungssache im Rahmen der einschlägigen handels- und steuerrechtlichen Regelungen.

Lit.: Danert, G./Drumm, H.-J./Hax, K. (Hrsg.): Verrechnungspreise, ZfbF-Sonderh. 2, 1973; *Albach, H.*: Innerbetriebliche Lenkpreise als Instrument dezentraler Unternehmensführung, in: ZfbF 1974, S. 216–242; *Merville, L.J./Petty, J.W.*: Transfer Pricing for the Multinational Firm, in: The Accounting Review, Oct. 1978, S. 935–951; *Hellwig, K.*: Verrechnungspreise, in: HWR, 3. Aufl., 1993, Sp. 2055–2063; *Wagenhofer, A.*: Transfer Pricing under Asymetric Information, in: European Accounting Review 1994, S. 73–103; *Schweitzer, M./Küpper, H.-U.*: Systeme der Kosten- und Erlösrechnung, 6. Aufl., 1995, S. 469–476.

Prof. Dr. Otto L. Adelberger, München.

Verrechnungspreise, Internationale

1. Begriff

V. sind Wertansätze, zu denen interne Lieferungen und Leistungen zwischen organisatorisch selbständigen Geschäftsbereichen oder rechtlich selbständigen Konzerngesellschaften mit Sitz in unterschiedlichen Staaten abgerechnet werden (→ *Verrechnungspreise*).

2. Funktionen

Neben den generellen Funktionen von → *Verrechnungspreisen* im inner- und zwischenbetrieblichen Güter- und Leistungsverkehr können bei grenzüberschreitendem Transfer zwischen Konzernunternehmen durch Festlegung von V.

- Gewinne in Staaten mit niedrigen Steuerbelastungen verlagert werden, um das Steueraufkommen im Konzern zu minimieren (Steuerminimierungsfunktion).
- Kapitalanteile gebietlich verlagert werden, um Kapitaltransferrestriktionen zu umgehen (Kapitalverlagerungsfunktion).
- Bemessungsgrundlagen für Zölle beeinflußt werden, um Zollabgaben zu senken (Funktion der Vermeidung von Zollabgaben).
- Verantwortung und Risiken auf Teilbereiche durch Wahl der Fakturierungswährung aufgeteilt werden.

3. OECD-Richtlinien zur Bildung von steuerrechtlich anerkannten V.

a) Fremdvergleichsgrundsatz (dealing at arm's-length). Lieferungen und Leistungen zwischen verbundenen Unternehmen müssen zu Preisen abgerechnet werden, die unabhängige Unternehmen in *ähnlichen* Geschäften unter *ähnlichen* Umständen vereinbaren bzw. vereinbaren würden. Innerhalb der *Vergleichbarkeitsanalyse* wird die Ähnlichkeit von Geschäftsvorfällen überprüft. Die verglichenen Merkmale beziehen sich auf die Eigenschaften der transferierten Produkte bzw. Dienstleistungen, die mit dem Geschäft ausgeübten Funktionen (z. B. Forschung und Entwicklung, Verarbeitung, Marketing, Finanzierung, Transport) und die dazugehörigen Risiken sowie Vertragsbedingungen, wirtschaftliche Rahmenbedingungen und Geschäftsstrategien. Bestehen Unterschiede zwischen den betrachteten Geschäftsvorfällen, schließt dies die Vergleichbarkeit nicht aus, sofern die Auswirkungen dieser Unterschiede hinreichend genau zu quantifizieren sind.

b) Standardmethoden. Die *Preisvergleichsmethode* leitet den V. aus Preisen ab, die bei vergleichbaren Geschäften zwischen Fremden im Markt vereinbart werden. Beim äußeren Preisvergleich (Markt- oder Börsenpreis) wird vorausgesetzt, daß konzerninterne Lieferungen und Leistungen auf einem Markt zwischen fremden Dritten gehandelt werden. Beim inneren Preisvergleich (betriebsindividueller Preis) wird ein Preis angesetzt, den das steuerpflichtige bzw. ein verbundenes Unternehmen selbst bei Geschäften mit unabhängigen Dritten vereinbart. Die *Wiederverkaufspreismethode* geht vom Wiederverkaufspreis aus, zu dem eine bei einem verbundenen Unternehmen gekaufte Lieferung oder Leistung an einen unabhängigen Abnehmer weiterveräußert wird. Dieser Wiederverkaufspreis wird dann um eine marktübliche Gewinnmarge gemindert. Bei der *Kosten-Plus-Methode* werden die Selbstkosten des liefernden bzw. leistenden Unternehmens um einen angemessenen betriebs- bzw. branchenüblichen Gewinnaufschlag erhöht. Zur Bestimmung der Selbstkosten sollten jene Kalkulationsmethoden angewendet werden, die das liefernde bzw. leistende Unternehmen bei seiner Preispolitik gegenüber Fremden benutzt bzw. betriebswirtschaftlichen Grundsätzen entsprechen.

c) Geschäftsvorfallbezogene Gewinnmethoden. Die *Gewinnaufteilungsmethode* ermittelt zuerst einen Gesamtgewinn aus dem Geschäftsvorfall zwischen den verbundenen Unternehmen. Danach wird dieser Gesamtgewinn zwischen den beteiligten Unternehmen gemäß einer wirtschaftlich anerkannten Grundlage (z. B. in der relevanten Geschäftstätigkeit investiertes Kapital bzw. entsprechend der

Gewinnaufteilung zwischen unabhängigen Unternehmen) aufgeteilt. Die *geschäftsvorfallbezogene Nettomargen-Methode* überprüft, ob die aus verbundenen Transaktionen stammenden Netto-Renditen (Betriebsergebnis zu Umsatzerlösen; Gesamtkapitalrendite, usw.) denen aus Transaktionen zwischen unabhängigen Unternehmen entsprechen.

d) Anwendbarkeit der Methoden. Grundsätzlich ist jede Methode, die dem Fremdvergleichsgrundsatz entspricht, erlaubt. Die Standardmethoden sind den geschäftsvorfallbezogenen Methoden vorzuziehen. Letztgenannte sollen nur in Ausnahmefällen (cases of last resort) angewendet werden. Innerhalb der Standardmethoden genießt die Preisvergleichsmethode einen gewissen Vorrang, da sie den tatsächlichen Verhältnissen am Markt am nächsten kommt. Im konkreten Fall hängt die Akzeptanz der einzelnen Methoden von den Ansichten der *nationalen* Steuerbehörden ab. So wird z.B. die in den USA angewandte *Gewinnvergleichsmethode* in Deutschland abgelehnt. Die Gewinnvergleichsmethode überprüft auf Basis von Renditekennzahlen, ob der Gesamtgewinn eines unabhängigen Unternehmens im Rahmen einer statistisch ermittelten Gewinnbandbreite vergleichbarer Unternehmen liegt.

Lit.: Sieker, K./Stevenson, S.: Die Verrechnungspreismethoden der neuen US-Richtlinien im Überblick, in: IWB, Fach 8, Amerika, Gruppe 2, 1993, S. 711–718; *Streit, J.:* OECD-Diskussionsentwurf zur Überarbeitung des Verrechnungspreisberichts 1979, in: IWB, Fach 10, International, Gruppe 2, 1994, S. 973–1032; *OECD:* Transfer pricing guidelines for multinational enterprises and tax administrations, Paris 1995; *Becker, H.:* Der neue OECD-Bericht zu den Verrechnungspreisen, in: IWB, Fach 10, International, Gruppe 2, 1995, S. 1067–1072.

Dipl.-Kfm. Claude Tomaszewski, Bochum.

Verrechnungssatzkalkulation
→ *Kalkulationsverfahren.*

Versagter Bestätigungsvermerk
→ *Bestätigungsvermerk.*

Verschmelzung
→ *Fusion.*

Verschmelzungsmehrwert
Der Betrag, um den die Gegenleistung der übernehmenden Gesellschaft den Buchwert des übernommenen Reinvermögens aus der Schlußbilanz übersteigt. Wird die Verschmelzung durch eine Kapitalerhöhung finanziert, so kann der V. als → *Geschäftswert* nach § 348 Abs. 2 AktG im → *Jahresabschluß* aktiviert werden. Für die Abschreibung des V. gilt § 255 Abs. 4 HGB analog. Erfolgt die Finanzierung der Verschmelzung durch Hingabe eigener Anteile, ist der V. als laufender Aufwand zu behandeln.

Verschmelzungsprüfung
→ *Sonderprüfungen.*

Verschuldungsgrad
Eine im Rahmen der → *Bilanzanalyse* zu prüfende Bilanzkennzahl zur Analyse der Kapitalstruktur einer Unternehmung. Der V. ist der Quotient aus → *Fremd-* und → *Eigenkapital* und wird u.a. vom Bundesaufsichtsamt für das Versicherungswesen für die Prüfung der Deckungsstockfähigkeit verwendet (→ *Dynamischer Verschuldungsgrad*).

Versicherungsunternehmen
1. Rechtliche Grundlagen

Für V. gelten in Ergänzung der allgemeinen Rechnungslegungsvorschriften des HGB und des AktG die Vorschriften des VAG; dort finden sich auch die für die Rechtsform des VVaG von HGB und AktG abweichenden Rechtsvorschriften (§§ 15–53b VAG). Für die Rechnungslegung haben insbesondere die Bestimmungen der §§ 55ff. VAG Bedeutung: § 55 Abs. 1 und 2 (abweichende Fristen für den → *Jahresabschluß*), § 55 Abs. 4 und 5 (Änderung von Formblättern und Vorschriften des HGB), § 55a (Verordnungsermächtigung betreffend internen Bericht und Buchführung), § 56 (Bewertung), § 56b (Fristen für die Konzernrechnungslegung). Aufgrund der Ermächtigung des § 330 HGB wurden durch den Bundesminister der Justiz die Externe Verordnung über die Rechnungslegung von V. (VUReV) und aufgrund des § 55a VAG durch den Bundesminister der Finanzen die Interne VURev erlassen. „Zur Gewährleistung einer einheitlichen Bilanzierung" wurden vom BAV zur Externen VUReV die Bilanzierungsrichtlinien für V. (VUBR) veröffentlicht. Diese Richtlinien stellen eine Selbstbindung des BAV dar, da die Einhaltung der Externen VUReV durch die V. anhand dieser Richtlinien vom BAV beurteilt wird. Weitere Erläuterungen des BAV zur Rechnungslegung finden sich in den Veröffentlichungen und Geschäftsberichten des BAV, in BAV-Anordnungen und sonstigen Regelungen des BAV. Die 1991 verabschiedete EG-Versicherungsbilanzrichtlinie wird z.Z. in nationales Recht umgesetzt (s. 6.).

2. Handelsrechtliche Rechnungslegung

a) Bilanzgliederung und Bewertungsprinzipien. Unabhängig von der betriebenen Sparte haben alle V. ihre *Bilanz* nach *Formblatt I* zur Externen VUReV aufzustellen. Die auf der Aktivseite der Bilanz nach HGB vorzunehmende Aufgliederung in → *Anlagevermögen* und → *Umlaufvermögen* ist bei V. nicht zweckmäßig und deshalb nicht vorgeschrieben. Bei V. entstehen die Vermögenswerte aus Prämienzahlungen, die vor Inanspruchnahme des V. durch Zahlung von Vers.-Leistungen anfallen, und durch die für Kranken- und Lebensversicherer typischen Ansparvorgänge. Die Vermögenswerte des V. sichern langfristig die Verpflichtungen gegenüber den Versicherungsnehmern. Die Gesamtheit der *Vermögensgegenstände*, die der Absicherung der vers.-techn. Verpflichtungen dienen, werden unter der Position „Kapitalanlagen" ausgewiesen.

Die Terminologie, die in der Vers.-Wirtschaft üblich und v.a. durch den Verkehr mit dem Bundesminister der Finanzen und dem BAV geprägt ist, entspricht nicht immer der herrschenden bwl. Theorie. Es sei z.B. auf den Gebrauch des Begriffs „Kapitalanlagen" anstelle von „Vermögensanlagen" und auf die „Einmalbeiträge aus der Rückstellung für Beitragsrückerstattung", die einen erfolgsneutralen Passivtausch (Entnahme aus der Rückstellung für Beitragsrückerstattung und Zuführung zur Deckungsrückstellung) über die GuV abwickeln, hingewiesen. Ebenso sind die → *Aufwendungen* für erfolgsabhängige Beitragsrückerstattung bwl. als Überschußverwendung anzusehen. In der GuV der V. ist diese Position aber bei den vers.-techn. Aufwendungen angesiedelt.

Teile der Vermögensanlagen, die der Bedeckung bestimmter vers.-techn. Passiva dienen, sind den besonderen Anlagevorschriften der §§ 54–54d VAG unterworfen. Diese Vorschriften dienen dazu, auf der Aktivseite der Bilanz das Risiko zu begrenzen, welches sich auf der Passivseite in den vers.-techn. → *Rückstellungen* inkorporiert. Diese werden aufgrund von Verpflichtungen aus dem einzelnen Vers.-Vertrag oder dem ganzen Vers.-Bestand gebildet. Sie sind i.d.R. (vor allem bei Personenversicherern) der größte Posten der Passivseite. Der Ausweis erfolgt für eigene Rechnung (Ausnahme: Deckungsrückstellung), d.h. nach Abzug des in Rückdeckung gegebenen Geschäfts (passive Rückversicherung). In der Vorspalte sind das selbst abgeschlossene Geschäft, (mit Ausnahme der Krankenversicherer) das in Rückdeckung übernommene Geschäft (aktive Rückversicherung) und der Anteil der passiven Rückversicherung auszuweisen.

Bei VVaG tritt an die Stelle der Bilanzposition Gezeichnetes Kapital der „Gründungsstock". Falls die Gründungsfinanzierung über einen Gründungsstock vorgenommen wird, ist unter dieser Position der noch nicht getilgte Teil auszuweisen.

Besonderheiten beim Ausweis des → *Eigenkapitals* ergeben sich durch den Organisationsfonds, der bei Gründung oder starkem Ausbau eines V. zur erfolgsneutralen Finanzierung von Investitionen gebildet wird (nachrichtlicher Vermerk unter Bilanzposition „Kapitalrücklage"; Auflösung über GuV-Posten „Entnahmen aus der Kapitalrücklage"). Die → *Bewertungsprinzipien* der §§ 252ff. HGB werden für V. durch den § 56 VAG ergänzt

(Anwendung des strengen Niederstwertprinzips für Wertpapiere, Verbot der Aktivierung von Aufwendungen für den Abschluß von Vers.-Verträgen, Zulässigkeit der Bildung vers.-techn. Rückstellungen zur Sicherstellung der dauernden Erfüllbarkeit von Verpflichtungen aus Vers.-Verträgen).

b) Gliederung der GuV. Die Vorschriften ergeben sich aus der Externen VU-ReV. § 1 schreibt *Formblatt II* für Lebens- und Krankenversicherer sowie Pensions- und Sterbekassen und *Formblatt III* für Schadens-, Unfall- und Rückversicherer vor. Übersteigen bei Lebens- und Krankenversicherern die Brutto-Beitragseinnahmen aus der aktiven Rückversicherung 3 % der Brutto-Beitragseinnahmen des selbst abgeschlossenen Geschäfts, so ist eine gesonderte Rechnung für die aktive Rückversicherung aufzustellen (§ 3). Bei Schaden- und Unfall-V. ist für jeden Vers.-Zweig des selbst abgeschlossenen Geschäfts und der aktiven Rückversicherung eine gesonderte Rechnung bis einschließlich Zwischensumme 3 GuV (die eine Art vers.-techn. Ergebnis darstellt) aufzustellen, sofern die Brutto-Beitragseinnahme des betreffenden Vers.-Zweiges einen bestimmten Anteil an den gesamten Brutto-Beitragseinnahmen des V. hat (§ 4). Ähnliche Bestimmungen gelten für Rück-V. (§ 5). Getrennte Formblätter sind v. a. wegen des unterschiedlichen Ausweises der → *Erträge* und Aufwendungen aus Kapitalanlagen in Formblatt II (vor der Zwischensume 2 im vers.-techn. Teil der GuV) und in Formblatt III (nach der Zwischensumme 3 unter den Erträgen und Aufwendungen des allgemeinen Geschäfts) erforderlich. In Formblatt III (Schaden- und Unfall-V.) wird allerdings der sog. technische Zinsertrag (die bei verschiedenen vers.-techn. Rückstellungen eingerechneten rechnungsmäßigen Zinsen) von den Erträgen abgesetzt und im vers.-techn. Teil der GuV ausgewiesen. Ihr Ausweis im vers.-techn. Teil der GuV dient der Ermittlung eines zutreffenden vers.-techn. Ergebnisses. Formblatt II sieht im vers.-techn. Teil der GuV den Bruttoausweis, Formblatt III hingegen den Ausweis für eigene Rechnung vor. Ursache ist die unterschiedliche Behandlung der Erträge und Aufwendungen aus der passiven Rückversicherung. Bei Lebens- und Kranken-V. (Formblatt II) werden die Erträge (vom Rückversicherer gezahlte Provisionen, Anteil des Rückversicherers an den Aufwendungen für Vers.-Fälle) und Aufwendungen (an den Rückversicherer abgegebene Beiträge) in gesonderten Posten der GuV erfaßt, während bei Schaden- und Unfall-V. (Formblatt III) bei den einzelnen Posten der GuV die Anteile des Rückversicherers abgesetzt werden und somit ein Ausweis für eigene Rechnung erfolgt.

c) Abwicklungsergebnisse vers.-techn. Rückstellungen. Erträge aus der *Auflösung von Rückstellungen* sind nach dem HGB als sonstiger betrieblicher Ertrag auszuweisen. Bei den vers.-techn. Rückstellungen der V. wird diesem Prinzip mit dem Ausweis als „Erträge aus der Verminderung vers.-techn. Brutto-Rückstellungen" (Schaden- und Unfall-V.: „Netto-Rückstellungen") entsprochen (Dekkungsrückstellung, Stornorückstellung), soweit nicht nach § 7 Abs. 6 Externe VU-ReV eine Abwicklung der Rückstellung erfolgt. Unter Abwicklung wird hier die Auflösung und Neubildung der Rückstellung im Gegensatz zur Abschreibung bzw. Zuschreibung verstanden. Bei V. sind die Rückstellung für noch nicht abgewickelte Vers.-Fälle bzw. Rückkäufe des Vorjahres innerhalb der GuV-Posten „Aufwendungen für Vers.-Fälle" bzw. „Aufwendungen für Rückkäufe" abzuwickeln. Erträge oder Aufwendungen aus der Veränderung der Brutto-Beitragsüberträge (passiver Abgrenzungsposten für Beiträge, die schon fällig, aber nicht der betreffenden Periode zuzurechnen sind) sind unter den Beitragseinnahmen (GuV-Posten 1) auszuweisen.

d) Betriebsaufwendungen. Von den nach § 275 HGB möglichen Gliederungsalternativen folgt die GuV der V. mit einer Funktionsbereichsgliederung überwiegend dem → *Umsatzkostenverfahren.* Hiervon ausgenommen sind im wesentlichen die Aufwendungen für Altersversorgung, bestimmte Abschreibungen sowie Kostensteuern. Alle übrigen in den Betriebsbereichen anfallenden „persönlichen" und sonstigen Aufwendungen sind vollständig den Funktionsbereichen zuzuordnen (Regulierung, Vers.-Betrieb, Verwaltung von Kapitalanlagen, Dienstleistungen etc.). Die Zuordnung erfolgt entweder unmittelbar oder mittelbar durch Schlüsselung. Bei durch mehrere V. gemeinsam genutzten Betriebsbereichen oder -stellen oder bei im Miteigentum stehenden Anlagen und Einrichtungen sind die hierfür entstandenen Aufwendungen den infrage kommenden V. „nach Rechtslage" zuzurechnen. Von den „persönlichen" und sonstigen Aufwendungen werden bei den V. somit einzelne Aufwandsarten unter verschiedenen GuV-Posten ausgewiesen, während für andere Aufwandsarten besondere Posten (z. B. Aufwendungen für Altersversorgung) vorgesehen sind. Die Gesamtaufwendungen sind zudem nicht zu erkennen, da die Schadenregulierungsaufwendungen in den „Aufwendungen für Vers.-Fälle" nicht getrennt ausgewiesen werden.

e) Anhang. Ergänzend zu Anforderungen von HGB und AktG sind im → *Anhang* v.a. vers.-techn. Positionen der Bilanz und GuV zu erläutern (§§ 8–16 Externe VUReV, Abschnitt IV VUBR). Anzugeben ist bei Lebens- und Kranken-V. die Verwendung der Mittel aus der Rückstellung für Beitragsrückerstattung für die einzelnen Abrechnungs-/Gewinnverbände bzw. Tarife, bei Schaden- und Unfall-V. die Rückerstattungssätze für die einzelnen Vers.-Zweige. Deckungsrückstellung und Brutto-Beitragsüberträge sind bei Lebens- und Kranken-V. nach Vers.-Arten aufgegliedert auszuweisen. Weitere Anforderungen werden zur Aufgliederung der Beiträge, zum Ausweis der Brutto- und Nettoschadenquoten bei den Schaden- und Unfall-V. und zu den nicht in einer gesonderten Spartenrechnung ausgewiesen Vers.-Zweigen bei Schaden- und Unfall-V. gestellt. Die Entwicklung der Kapitalanlagen ist nach Muster 8 der externen VUReV darzustellen. Die „persönlichen Aufwendungen" sind nach Muster 9 aufgegliedert nach Funktionsbereichen und summiert über alle Funktionsbereiche für die Aufwandsarten Provisionen, Löhne und Gehälter und soziale Abgaben darzustellen.

f) Lagebericht. Zu erläutern sind die betriebenen Vers.-Zweige und -arten, das selbst abgeschlossene Auslandsgeschäft und der Einfluß der wesentlichen Gewinn- und Verlustquellen auf das Bilanzergebnis (§§ 16a–18 Externe VUReV, Abschnitt V VUBR). Lebens- und Kranken-V. haben zusätzlich die Gegenüberstellung der „tatsächlichen" und „kalkulierten" Größen (Schaden- und Kostenverlauf des vers.-techn. Geschäfts, Reinertrag aus Kapitalanlagen, Ergebnis der übrigen Erträge und Aufwendungen des allgemeinen Teils der GuV) zu erläutern. Funktionsausgliederungen sind im → *Lagebericht* anzugeben, wobei die übertragenen Funktionen oder Tätigkeitsbereiche einzeln aufzuführen und die Unternehmen, auf die Funktionen übertragen oder mit denen gemeinsame Einrichtungen betrieben worden sind, namentlich zu benennen sind. Alle V. haben nach vorgeschriebenen Mustern eine Aufgliederung der Vers.-Bestände vorzunehmen. Hierbei werden bei Lebens- und Kranken-V. Zu- und Abgangsgründe ausgewiesen.

3. Rechnungslegung gegenüber dem BAV

Im Rahmen dieser Berichterstattung sind aufgrund Interner VUReV und anderer Vorschriften zu folgenden Bereichen besondere Informationen zu liefern:

– *Bilanz und GuV:* Stärkere Untergliederung der einzelnen Positionen und zusätzliche Angaben gegenüber der externen Rechnungslegung.

– *Formgebundene Erläuterungen:* Spartenbezogen gegliederte oder über den Umfang der vorhergehenden Angaben zu einzelnen Bilanz- und GuV-Posten hinausgehende Erläuterungen (u.a. Darstellung von gebundenem und restlichem Vermögen i.S.d. § 54a VAG). Bei Lebens- und Kranken-V. u.a. zusätzliche Angaben zu den einzelnen Quellen des Rohergebnisses; bei Schaden- und Unfall-V. nä-

Versicherungsunternehmen

here Angaben zu der vers.-techn. GuV einzelner Vers.-Zweige.

– *Formlose Erläuterungen:* Nähere Angaben zu Funktionsausgliederungen und eingehende Darstellung der Ermittlungsmethoden der Beitragsüberträge und der Rückstellung für noch nicht abgewickelte Vers.-Fälle und Rückkäufe für jeden einzelnen Vers.-Zweig. Darstellung der Grundsätze für die Zurechnung der „persönlichen“ und sonstigen Betriebsaufwendungen auf die einzelnen Funktionsbereiche. Erläuterung der Methoden der Verrechnung auf die Gewinnverbände in der Lebens- und die Vers.-Zweige in der Schaden- und Unfallversicherung.

– *Solvabilitätsbestimmungen:* Festlegung der Mindesteigenkapitalausstattung (§ 53c VAG) der V. (Solvabilitäts-Soll) im Vergleich zum vorhandenen Eigenkapital i.S. dieser Vorschrift (Solvabilitäts-Ist). Das Soll verändert sich in Abhängigkeit vom Umfang des Vers.-Geschäfts; das Ist entspricht bei Kranken- und Schaden-/Unfall-V. mit Modifikationen dem Eigenkapital, bei Lebens-V. können der nicht gebundene Teil der Rückstellung für Beitragsrückerstattung sowie auf Antrag nicht gezillmerte Abschlußaufwendungen und nach einer vorgeschriebenen Berechnungsmethode ermittelte zukünftige Gewinne angerechnet werden.

Zillmern ist das Verfahren, bei dem die Jahresbeiträge für einen im Geschäftsplan definierten Zeitraum teilweise zur Deckung eines Teils der Abschlußkosten verwendet werden. Dies führt zu einer verzögerten Bildung der Deckungsrückstellung, da ihr zu wenig zugeführt wird und dafür in den Folgejahren ein entsprechender Ausgleich erfolgt. Hierdurch werden die rechnungsmäßigen Abschlußkosten auf die Laufzeit des Vertrages verteilt.

Für die *Einreichung der Druckberichte* (Jahresabschluß, Lagebericht, Erklärung über Beziehungen zu verbundenen Unternehmen, Gewinnverwendungsvorschlag) als Entwurf vor der Hauptversammlung bzw. Mitgliedervertreterversammlung, für nach der Feststellung des Jahresabschlusses einzureichende Unterlagen sowie für weitere BAV-Nachweise gelten besondere Fristen.

4. Steuerrechtliche Rechnungslegung

Für V. gilt neben den Bewertungsvorschriften des EStG zusätzlich für vers.-techn. Rückstellungen der § 20 KStG. § 21 KStG regelt die Anforderungen an die Abzugsfähigkeit der Aufwendungen für Beitragsrückerstattung (Festlegung der Zweckbestimmung der Rückstellung für Beitragsrückerstattung in der Satzung oder durch geschäftsplanmäßige Erklärung, Abzugsfähigkeit der Zuführung insoweit, als dadurch der Nettoertrag des Betriebsvermögens nicht gemindert (Kranken und Lebens-V.) bzw. das vers.-techn. Ergebnis nicht negativ wird (Schaden- und Unfall-V.), Auflösung bei Überschreiten bestimmter Grenzen). Zur Vermeidung der Hinzurechnung der Rückstellung für Beitragsrückerstattung bei der Ermittlung des Einheitswertes des Betriebes (Ansatz als Dauerschuld) müssen die die Rückstellung für Beitragsrückerstattung bedeckenden Vermögenswerte aus dem Betriebsvermögen ausgesondert und Verfügungsbeschränkungen unterworfen werden.

5. Internes Rechnungswesen

Die in der Theorie konzipierten und in der Praxis bewährten → *Kostenrechnungssysteme*, v.a. Vollkostenrechnung und → *Deckungsbeitragsrechnung*, haben auch in die Vers.-Wirtschaft Eingang gefunden. V.a. die Deckungsbeitragsrechnung wurde durch die vers.-mathematisch bzw. risikotheoretisch geprägte Betrachtung von statistischen Grundgesamtheiten den Anforderungen der Vers.-Wirtschaft angepaßt, wobei insb. in der Personenversicherung durch die Langfristigkeit der Versicherungsverträge und der Zahlungsströme eine Barwertbetrachtung und damit die Anwendung des Instrumentariums der → *dynamischen Investitionsrechnung* bei Unsicherheit notwendig ist. Auch die in den letzten Jahren in der Industrie viel diskutierte → *Prozeßkostenrechnung* wird auf versicherungswirtschaftliche Problemstellungen übertragen. Hierbei kommt der Analyse kostenstellenübergreifender Geschäftsprozesse (z.B. Ablauf einer Schadenbearbeitung) und ihrer Kostenbezugsgrößen (cost driver) besondere Bedeutung zu.

6. EG-Bilanzrichtlinie
Zur Umsetzung der Bilanzrichtlinie in das deutsche Recht werden die wesentlichen Vorschriften in das HGB aufgenommen. Sie sind erstmals auf das am 1.1.95 beginnende Geschäftsjahr anzuwenden. Änderungen ergeben sich u.a. durch eine geänderte Gliederung von Bilanz und GuV, den Fortfall der Spartenrechnung in der GuV (stattdessen Spartenangaben im Anhang) und die Angabe der Zeitwerte für Kapitalanlagen im Anhang.

Lit.: IdW (Hrsg.): Rechnungslegung und Prüfung von Versicherungsunternehmen, 1989; *Beck-Kommentar zum Versicherungsaufsichtsgesetz*, 1989 mit Nachtrag 1991; *Schmidt, R.*: Versicherungsalphabet, 8. Aufl., 1991; *Welzel, H.J. u.a.* (Hrsg.): Kommentar zu den Rechnungslegungsvorschriften von Versicherungen, 1991; *Albrecht, P.*: Gestaltung der Dekkungsbeitragsrechnung in der Personen- und Sachversicherung, in: Männel, W. (Hrsg.): Handbuch Kostenrechnung, 1992, S. 1101–1124; *Farny, D.*: Buchführung und Periodenrechnung im Versicherungsunternehmen, 4. Aufl., 1992; *Versicherungsfachausschuß des IDW*: Stellungnahme 1/1983 i.d.F. 1992 zur Bewertung und zum Ausweis von Wertpapieren und Namensschuldverschreibungen im Jahresabschluß der Versicherungsunternehmen, in: Wpg 1992, S. 699–702; *Richter, H.*: Versicherungsbilanzen in Europa, 1993.

Klaus Biermann, Dortmund.

Vertragskonzern
Im Gegensatz zum → *faktischen Konzern* ein Konzernverhältnis zwischen einem herrschenden und einem abhängigen Unternehmen, das aufgrund eines → *Unternehmensvertrages* gem. §§ 291 ff. AktG besteht. Die zum V. gehörenden → *Tochterunternehmen* sind in den → *Konzernabschluß* nach §§ 290ff. HGB einzubeziehen (→ *Konzern*).

Lit.: Busse von Colbe, W./Ordelheide, D.: Konzernabschlüsse, 6. Aufl., 1993, S. 21.

Vertriebskosten

1. Inhalt und Bedeutung der Vertriebskosten
Vertrieb als entgeltliche Verwertung von Sachgütern und Dienstleistungen durch ein Unternehmen am Markt stellt eine Grundfunktion unternehmerischer Tätigkeit dar. Die hierbei in den Vertriebsabteilungen und im Zusammenhang mit dem Vertrieb entstehenden → *Kosten* können in → *Einzel- und Gemeinkosten* untergliedert werden. Durch Verschärfung des Wettbewerbs auf nationalen und internationalen Märkten wachsen die Anforderungen an den Vertrieb. Entsprechend steigen die dafür erforderlichen Personal- und Sachkosten.

Die Kosten- und → *Erlösrechnung* als internes Instrument der Unternehmung dient dem Zweck, die Kosten (in Gegenüberstellung zu den Erlösen) und ihre Einflußfaktoren zu erkennen, ihre Höhe zu quantifizieren, um auf dieser Grundlage Einfluß auf ihre Reduzierung (Minimierung) – und damit Maximierung des Betriebsergebnisses – auszuüben (→ *Kostenrechnungssysteme*). Hierfür werden → *Kostenarten-* und → *Kostenstellenrechnungen* im Vertrieb und die vielfach globale Behandlung als Vertriebsgemeinkosten in der → *Kostenträgerrechnung* neu gestaltet. Dies betrifft in Analogie zu den Funktionen der Kostenrechnung entscheidungsorientierte, dispositive sowie kontrollierende Aufgabe.

2. V. in der Kosten- und Erlösrechnung

a) Kostenarten und Kostenstellen des Vertriebs. Kostenarten des Vertriebs entstehen als Vertriebseinzelkosten (bzw. Sondereinzelkosten des Vertriebs) bei der Realisierung der Vertriebsfunktionen, vor allem für Verkaufsprovisionen, Verkaufslizenzen, Versandverpackung, Transporte und ihre Versicherung, Frachten, Kundendienst, produkt- bzw. auftragsgebundene Marktforschung, Kundenberatung, Angebotserarbeitung, Werbung, Vertriebsfinanzierung i.w.S. (u.a. Kurs-, Kreditsicherung, Skontierung).

Überwiegend als *Vertriebsgemeinkosten* fallen Kosten für Marktforschung, Werbung einschließlich des Besuchs von Ausstellungen und Messen, Kundenberatung i.a., Fertigerzeugnislager, Verkaufsbüro, Anfragen- und Auftragsbearbeitung, Angebotskalkulation, Statistik, Kreditbearbeitung, Rechnungserteilung, Mahnwesen sowie die Leitung des Gesamtprozesses an.

Kostenstellen des Vertriebs ergeben sich aus der Strukturierung des Unternehmens und der Besonderheiten des Vertriebs bei der Realisierung o.g. Funktionen.

Zur besseren → *Kontrolle* der → *Wirtschaftlichkeit* und damit gezielteren Einflußnahme auf Kosten und folglich Ergebnis ist eine detaillierte Gliederung nach Kostenstellen (Vertriebsleitung, Verkauf, Kundendienst, Werbung, Fertigwarenlager, Versand, Fakturierung) anzustreben.

b) Vertriebskosten in der Kostenträgerrechnung. Die Aufgaben der Kostenträgerrechnung – Bestimmung und Kontrolle des Perioden- und Stückerfolgs, Grundlage der Preispolitik, Preisbeurteilung und Programmpolitik sowie Bewertung von Erzeugnisbeständen – erfordern eine qualifizierte Einbeziehung der Vertriebskosten.

In der *Kostenträgerzeitrechnung* (kurzfristige → *Erfolgsrechnung*) erfolgt entsprechend handelsrechtlichen Bestimmungen für den → *Jahresabschluß* (§ 255 Abs. 2 HGB) keine Aktivierung, sondern die volle Einbeziehung in die Erfolgsrechnung der jeweiligen Periode. Probleme können bei → *Langfristfertigung* auftreten.

In der *Kostenträgerstückrechnung* (Kalkulation) ist nach Voll- und Teilkostenrechnung zu unterscheiden. In der Vollkostenrechnung (→ *Kostenrechnungssysteme*), insbesondere zur Angebotskalkulation und bei der Kalkulation öffentlicher Aufträge, existiert das Problem einer verursachungsgerechten Zurechnung aller Gemeinkosten, auch der des Vertriebs. Im Rahmen der → *Zuschlagskalkulation* werden die Vertriebsgemeinkosten (ebenso wie die Verwaltungs(gemein)kosten) den → *Herstellkosten* hinzugerechnet, um die Selbstkosten zu ermitteln. Häufig erfolgt eine Zurechnung der Vertriebsgemeinkosten (der Periode) auf der Basis der *Herstellkosten* der hergestellten oder abgesetzten Leistungen derselben Periode. Eine solche Handhabung widerspricht einer verursachungsgerechten Kostenzurechnung, da i.a. keine Proportionalität zwischen Vertriebsgemeinkosten und Herstellkosten besteht und damit die produktbezogene Kalkulation verzerrt werden kann. Um solchen Verzerrungen entgegenzuwirken, könnte versucht werden, immer mehr Kosten als Einzelkosten direkt zuzurechnen, durch eine funktionsbezogene Kostenanalyse im Rahmen der → *Prozeßkostenrechnung* eine verursachungsgerechtere Kostenzurechnung zu erreichen, ebenso auch durch Anwendung differenzierterer (variabler) Bezugsgrößen innerhalb einer zu gestaltenden *Vertriebskostenstellenhierarchie*. Hierzu sind erzeugnis-, kunden- und absatzwegspezifische Vertriebskostenanalysen erforderlich.

Besondere Bedeutung erlangt die Kalkulation der V. bei Exportgeschäften. Auf der Grundlage von der Internationalen Handelskammer festgelegten „International Commercial-Terms" (INCOTERMS) haben sich spezifische Formen der Exportkalkulation unter besonderer Berücksichtigung der V. herausgebildet (*Hummel/Männel* 1986/1990).

Zur Produktbeurteilung und Programmpolitik wird vielfach auf die fehlerhafte Gemeinkostenschlüsselung verzichtet und auf Teilkostenbasis entschieden. Angewendet werden gemäß Aussageziel die verschiedenen Teilkostenrechnungssysteme.

Wichtiges Instrument des Erfolgskontrolling in der Praxis ist eine als stück- bzw. periodenbezogene *Managementerfolgsrechnung*, deren Hauptbestandteil – Verkaufserfolgsrechnung – wie folgt gegliedert ist:

Vertriebskosten

Verkaufserfolgsrechnung	Sparte 1	Sparte 2	Σ
Verkaufte Einheiten	x	x	x
Erlöse zu Rechnungspreisen	x	x	x
./. Standard-Erlös-Schmälerungen	x	x	x
= Netto-Erlöse	x	x	x
./. Standard-Grenzkosten-des Umsatzes/nachkalk. Grenzkosten d. Ums.	x	x	x
= Deckungsbeiträge I	x	x	x
./. Artikel(gruppen-) direkte Fixkosten für Promotion	x	x	x
= Deckungsbeiträge II	x	x	x
./. Sparten-/Profit-Center-Fixkosten	x	x	x
= Deckungsbeiträge III	x	x	x
./. Allgemeine Fixkosten			x
./. ROI-Ziel (Gewinnziel)			x
= Standard-Ergebnis			x

Als Maßstab der Vertriebsfunktionserfüllung sagen die einzelnen Deckungsbeiträge folgendes aus:

DB I = Produktbeurteilung,
DB II = Beurteilung des Erfolgs der Vertriebsmaßnahmen,
DB III = Beurteilung der Profit-Center-Leistung.

Vorausgesetzt wird bei Anwendung der o.g. Rechnung o.ä. Instrumente eine *mehrdimensionale* Kostengliederung nach den Merkmalen Beschäftigung (→ *Fixe und variable K.*), Zurechenbarkeit (→ *Einzel- und Gemeinkosten*) sowie Beeinflußbarkeit. Neben einer solchen sparten- bzw. produktbezogenen Gliederung ist weiterhin eine Detaillierung nach Absatzregionen, Vertriebswegen, Leistungsempfängern u.a. (= Absatzsegmentrechnung) erforderlich.

Mit zunehmendem Umfang der V. und komplexer werdenden Vertriebsprozessen wird eine mehrdimensionale Analyse immer zwingender, um daraufhin Interdependenzen erkennen und beeinflussen zu können.

3. Vertriebskosten im Einzelabschluß

Gemäß §255 Abs. 2 Satz 6 HGB dürfen V. nicht in die → *Herstellungskosten* (beachte: Unterschied zu *Herstellkosten*) einbezogen und damit aktiviert werden. Ihr Umsatzbezug entfällt. Das betrifft sowohl Vertriebseinzel- als auch Vertriebsgemeinkosten. Die Regelung gilt in diesem Umfang erst seit dem HGB 1985. Hiernach wird ein Wertzuwachs bei hergestellten Erzeugnissen allein durch Erhöhung der Gebrauchseigenschaften aus dem Vorbereitungs- und Fertigungsprozeß, nicht aber durch den Vertriebsprozeß, bewirkt. Dagegen wird eingewandt, daß durch den Vertrieb entscheidende Wirkungen auf Stückzahlen, realisierbare Preise, Gebrauchseigenschaften und Kosten, auch im Fertigungsprozeß, ausgeübt werden und damit ein Werteinfluß vorliegt. Insofern ist zu erwägen, bestimmte V. bei bereits verkauften Erzeugnissen und Leistungen im Vorratsvermögen zu aktivieren. Dies gilt insbesondere für das Aktivierungsverbot der V. bei Auftrags- und langfristiger Einzelfertigung.

In der → *Gewinn- und Verlustrechnung* nach dem → *Umsatzkostenverfahren* werden V. nach §275 Abs. 3 HGB gesondert ausgewiesen. Sie umfassen alle Material-, Personal- und Abschreibungsaufwendungen sowie sonstige Aufwendungen des *Vertriebsbereichs*. Innerhalb des → *Gesamtkostenverfahrens* werden die V. unter den einzelnen Aufwandsarten ausgewiesen.

4. Vertriebskosten im Konzernabschluß

Auch im → *Konzernabschluß* sind V. gem. §298 Abs. 1 i.V.m. §255 Abs. 2 HGB nicht aktivierungsfähig. Allerdings resultiert aus dem Konsolidierungsgrundsatz der Fiktion der rechtlichen Einheit, daß V. im Einzel- und Konzernabschluß nicht zwangsläufig übereinstimmen.

Nicht aktivierungsfähig bleiben die V. des liefernden Konzernunternehmens dann, wenn sie auch zu den V. des Konzerns zu rechnen sind (z.B. anteilige Werbeaufwendungen). Zu den *aktivierungsfähigen* Kosten sind solche V. der einzelnen konzerninternen Lieferer zu zählen, die den Wertminderungen oder den Fertigungs- und Verwaltungskosten des Konzerns zuzurechnen sind (z.B. Abschreibungen auf innerbetrieblich genutzte Transportanlagen). *Aktivierungspflichtig* sind V. eines Konzernunternehmens im Konzernabschluß dann, wenn sie zu den Material- bzw. Fertigungskosten des Konzerns gehören (z.B. Verpackungsmaterial, Bahnfracht und Versicherung).

Lit.: Deyhle, A.: Controller Handbuch, 14. Bd., 3. Aufl., 1990, S. 22-56; *Hummel, S./Männel, W.:* Kostenrechnung, 1. Bd., 4. Aufl., 1986 (Nachdruck 1990), S. 291-299; 2. Bd., 3. Aufl., 1983 (Nachdruck 1993), S. 73-81; *Höffgen, E.:* Vertriebskosten, in: HWR, 3. Aufl., 1993, Sp. 2076-2084; *Busse von Colbe, W./Ordelheide, D.:* Konzernabschlüsse, 6. Aufl., 1993, S. 357-358; *Kilger, W./Vikas, K.:* Flexible Plankostenrechnung und Deckungsbeitragsrechnung, 10. Aufl., 1993, S. 542-557; Riebel, P.: Einzelkosten- und Dekkungsbeitragsrechnung, 7. Aufl., 1994; *Coenenberg, A.G.:* Jahresabschluß und Jahresabschlußanalyse, 16. Aufl., 1997, S. 352.

Professor Dr. Jürgen Graßhoff, Rostock.

Vertriebskostenstellen
→ *Betriebsabrechnungsbogen.*

Verursachungsprinzip
= Kostenverursachungsprinzip.
→ *Kostenzurechnungsprinzip*, nach dem jedes Kalkulationsobjekt jene → *Kosten* tragen muß, die es verursacht hat und von dessen Ausprägung ihre Höhe abhängig ist.

Verwaltungskosten
Eine in der → *Gewinn- und Verlustrechnung* nach dem → *Umsatzkostenverfahren* gesondert auszuweisende Position, die alle nicht den einzelnen Produkten zugerechneten Aufwendungen, z.B. Löhne und Gehälter der Rechnungswesenabteilung, Abschreibung auf Verwaltungsgebäude, enthalten. Die V. sind bei Anwendung des → *Gesamtkostenverfahrens* in den jeweiligen primären Aufwandsarten enthalten (→ *Gewinn- und Verlustrechnung*).

Verwaltungskostenstellen
→ *Betriebsabrechnungsbogen.*

Volkswirtschaftliche Kosten
= Soziale Kosten.
= Gesamtwirtschaftliche Kosten.

Der Volkswirtschaft insgesamt entstehende Kosten, die nicht von einzelnen Unternehmen oder Haushalten getragen werden (*externe Effekte*), z.B. aufgrund produktionsbedingter Umweltschädigung, für deren Beseitigung die Gesellschaft als Ganzes aufkommen muß.

Vollkommener Kapitalmarkt
→ *Kapitalmarkt.*

Vollkonsolidierung
Bezeichnung für die Konsolidierungsmaßnahmen nach §§ 300 bis 307 HGB bei Aufstellung des → *Konzernabschlusses.*

Vollkostenrechnung
→ *Kostenrechnungssystem*, das die → *Gesamtkosten* auf die Produkte und Dienstleistungen verteilt. Sie verstößt damit gegen das → *Verursachungsprinzip* (Gegensatz zur → *Teilkostenrechnung*; → *Kostenrechnungssysteme*).

Vollprüfung
Bei einer V. prüft der → *Prüfungsträger* alle Elemente des Prüfungsfeldes. Der Prüfungsträger kann das zu prüfende Prüfungsfeld dann mit einer sehr hohen Sicherheit und Genauigkeit beurteilen. Jedoch zwingen Zeit- und Kostenrestriktionen den Prüfer i.d.R. dazu, nur → *Auswahlprüfungen* vorzunehmen.

Vollständiger Finanzplan
Methode der → *dynamischen Investitionsrechnung* zur Bestimmung der Vorteilhaftigkeit eines Investitionsobjektes, bei der einem Investitionsobjekt zurechenbaren Zahlungen einschließlich der zur Finanzierung und zur Sicherung des finanziellen Gleichgewichts notwendigen Zahlungen, in *tabellarischer Form* abgebildet werden. Das Tabellenwerk erleichtert eine explizite Berücksichtigung der Finanzierungsseite und der Steuerzahlungen. Vergleichbar dem → *Kapitalwert* ist eine Investition vorteilhaft, wenn der → *Endwert* der Investition i.S. der am Ende der Nutzungsdauer verfügbaren liquiden Mittel größer ist als der Endwert der Opportunität i.S. der Rendite der Geldanlage der im Inve-

stitionszeitpunkt verfügbaren Finanzmittel.

Lit.: Grob, H. L.: Investitionsrechnung auf der Grundlage vollständiger Finanzpläne – Vorteilhaftigkeitsanalyse für ein einzelnes Investitionsobjekt, in: WISU 1984, S. 16–23; *Kruschwitz, L.:* Investitionsrechnung, 6. Aufl., 1995, S. 46–51; *Schierenbeck, H.:* Grundzüge der Betriebswirtschaftslehre, 12. Aufl., 1995, S. 315–323.

Vollständigkeitserklärung

Erklärung der Geschäftsführung eines zu prüfenden Unternehmens, daß nach ihrer persönlichen Überzeugung alle Geschäftsvorfälle in den Büchern erfaßt, alle Risiken berücksichtigt und alle Vorgänge von besonderer Bedeutung, die sich nach Ende des zu prüfenden Geschäftsjahres ereignet haben, innerhalb der Unterlagen, die dem → *Prüfungsträger* zur Verfügung gestellt werden, erwähnt sind.

Vorgangskostenrechnung

Variante der → *Prozeßkostenrechnung,* bei der die Idee der Prozeßkostenrechnung mit der Idee einer in eine stufenweisen → *Deckungsbeitragsrechnung* mündenden flexiblen Plankostenrechnung verbunden wird. Im Rahmen der V. wird eine doppelte Kostenspaltung, nach der Dispositionsabhängigkeit (variabel, fix) und der Prozeßabhängigkeit (leistungsmengeninduziert, leistungsmengenneutral, prozeßunabhängig) vorgenommen.

Vorkostenstellen

= → *Hilfskostenstellen.*

Vorleistungskosten

Kosten bei der Schaffung von immateriellen, schwer abschätzbaren Potentialen, deren Wirkung sich über mehrere Abrechnungsperioden erstreckt (z. B. Forschungs- und Entwicklungskosten, Kosten für die Aus- und Weiterbildung der Mitarbeiter). Den V. ist der Potentialcharakter und die mangelnde produktbezogene verursachungsgerechte Zurechnungsmöglichkeit mit den Fixkosten gemeinsam (→ *Kosten, fixe und variable*). Die kalkulatorische Deckungskontrolle kann im Zuge einer mehrperiodigen stufenweisen → *Fixkostendeckungsrechnung* durchgeführt werden.

Vorräte

Bestandteil des → *Umlaufvermögens* im → *Jahresabschluß* bzw. → *Konzernabschluß.* Zu den V. zählen gem. § 266 Abs. 2 HGB Roh-, Hilfs- und Betriebsstoffe, unfertige Erzeugnisse, unfertige Leistungen, fertige Erzeugnisse, Waren und geleistete Anzahlungen für sie. Zur Ermittlung der → *Anschaffungskosten* bzw. → *Herstellungskosten* darf abweichend vom Grundsatz der → *Einzelbewertung* auf → *Sammelbewertungsverfahren* [Verbrauchsfolgen (§ 256 HGB), Durchschnittsbewertung (§ 240 Abs. 4 HGB)] zurückgegriffen werden. Für die Bewertung der V. gilt das strenge → *Niederstwertprinzip* (→ *Umlaufvermögen*).

Vorratsinvestitionen

V. umfassen zu Verbrauchsgütern zusammengefaßte originäre Produktivleistungen.

Vorrechnung

= Ex-ante Rechnung.

Vorsichtsprinzip

Ein in § 252 Abs. 1 Ziff. 4 kodifizierter → *GoB,* nach dem im → *Jahresabschluß* und → *Konzernabschluß* vorsichtig und unter Berücksichtigung aller vorhersehbaren Risiken und Verluste zu bewerten ist. Das V. konkretisiert sich auch im → *Realisations-* und → *Imparitätsprinzip* (→ *Grundsätze ordnungsmäßiger Buchführung*).

Vorstand

Der V. einer → *Aktiengesellschaft* (§§ 76–94 AktG) hat die Gesellschaft unter *eigener Verantwortung zu leiten* (§ 76 Abs. 1 AktG) und *vertritt* sie nach außen (§ 78 Abs. 1 AktG). Er kann aus einer oder mehreren natürlichen Personen bestehen. Der V. wird durch den → *Aufsichtsrat* auf höchstens fünf Jahre mit der Möglichkeit der Wiederholung bestellt (§ 84 Abs. 1 AktG). Er hat an den Aufsichtsrat gem. § 90 AktG regelmäßig über seine Geschäftsführung zu berichten. Der V. hat den → *Jahresabschluß* und → *Lagebericht* aufzustellen und nach der → *Prüfung* durch den Abschlußprüfer dem Aufsichtsrat zur *Billigung* und i. d. R. zur *Feststellung* vorzulegen (§ 170 AktG). Der festgestellte Jahresabschluß und der Lagebericht und gegebenenfalls der geprüfte → *Konzernabschluß* werden von der Hauptversammlung der AG entgegengenommen. Mit ihrer Einberufung hat der V. einen Vorschlag zur Verwendung des Bilanzgewinns (→ *Gewinnverwendung*) zu machen (§ 175 AktG).

Vorsteuer
→ *Mehrwertsteuer.*

VPöA
→ *LSP.*

WACC
= → *Weighted Average Cost of Capital.*

Wagniskosten
→ *Kosten, kalkulatorische.*

Wahlrechte
→ *Bilanzierungswahlrechte.*
→ *Konsolidierungswahlrechte.*

Wahrscheinlichkeit
= → *Eintrittswahrscheinlichkeit.*

Wahrscheinlichkeitsdominanz
W. herrscht, wenn in einer Entscheidungssituation unter Unsicherheit eine Alternative a_i; jedes beliebige Ergebnis der Alternative a_n mit mindestens derselben → *Wahrscheinlichkeit*, mindestens ein Vergleichsergebnis jedoch mit größerer Wahrscheinlichkeit erreicht oder überschreitet. *Lit.: Bitz, M.:* Entscheidungstheorie, 1981, S. 22–24.

Währungsumrechnung
→ *Umrechnung von Jahresabschlüssen.*
→ *Umrechnung von Valutaposten.*

Walb, Ernst
1880–1946; Professor in Stockholm, Köln und Freiburg i. Br.; Hauptarbeitsgebiete: Allgemeine Betriebswirtschaftslehre, Bankbetriebslehre und Rechnungswesen (insbsd. Kameralistik), entwickelte vor allem die Lehre → *Schmalenbachs* weiter. *Hauptwerke:* Der Streit um die Berechnung der Gewinnanteile bei der AG, 1915; Kaufmännische Betriebswirtschaftslehre, 1922; Die Erfolgsrechnung privater und öffentlicher Betriebe, 1926; Abschreibung und Steuer, 1930.

Wandelschuldverschreibungen
Schuldverschreibungen, bei denen der Gläubiger pro Stück der W. das Recht auf Umtausch im (W. i. e. S.) oder Bezug von (→ *Optionsschuldverschreibungen*) Aktien des Emittenten oder einer anderen Gesellschaft innerhalb einer bestimmten Frist hat; die Ausgabe von W. bedarf eines Beschlusses der Hauptversammlung mit einer Mehrheit von drei Vierteln des vertretenen Grundkapitals; die Aktionäre haben ein *Bezugsrecht* (§ 186 AktG) auf die W. (§ 221 AktG). Zur Sicherung des *Wandlungsrechtes* in Aktien kann die Hauptversammlung gem. §§ 192–201 AktG eine *bedingte* → *Kapitalerhöhung* beschließen.

Das Wandlungsrecht hat insoweit einen Wert, als damit gerechnet wird, daß im Zeitpunkt seiner Ausübung der Nennwert der im Tausch hinzugebenden W. zuzüglich einer etwaigen Zuzahlung geringer ist als der Börsenkurswert der zu erhaltenen Aktien. Deshalb werden W. gewöhnlich mit einem *Aufgeld* (→ *Agio*) begeben oder sind mit einem geringeren als dem Marktzins ausgestattet.

Gemäß § 272 Abs. 2 HGB sind das Agio bei der Ausgabe von W. sowie der Überschuß des Nennwertes der eingetauschten W. über den Nennwert der Bezugsaktien und eine etwaige Zuzahlung bei Ausübung des Wandlungsrechtes der → *Kapitalrücklage* zuzuführen.

Wechselkursänderungen
1. Berücksichtigung in der Investitionsrechnung

Werden → *Investitionen* im Ausland getätigt, so tritt neben anderen Problemen (z. B. ausländische Steuerbestimmungen, politische Risiken, Gewinntransferbeschränkungen) auch das Problem der Wechselkursänderung auf. Wird eine Auslandsinvestition vom Standpunkt der investierenden inländischen Gesellschaft beurteilt, so müssen die in ausländischen Währungseinheiten gemessenen erwarteten Einzahlungsüberschüsse in heimische Währung umgerechnet werden. Wird eine *Änderung des Wechselkurses* im Zeitablauf erwartet, z. B. aufgrund voraussichtlich divergierender Inflationsraten, so sollte dies im → *Investitionskalkül* bei der Kapitalwertrechnung erfaßt werden. In der einfachsten Form lautet der unter expliziter Berücksichtigung des Wechselkurses (WK) modifizierte → *Kapitalwert*

$$C_0 = -a_0 \cdot WK_0 + \sum_{t=1}^{n} c_t \cdot WK_t \cdot (1+i)^{-t},$$

wobei a_0 und c_t in ausländischen Währungseinheiten ausgedrückt sind.

Eine Nichtberücksichtigung von Preis- und Wechselkursänderungen könnte den Investitionskalkül verfälschen. Eine in Auslandswährung vorteilhafte Investition kann in heimischer Währung z. B. aufgrund einer Abwertung der Auslandswährung in ihrer Vorteilhaftigkeit umgekehrt werden.

2. Berücksichtigung im Jahres- und Konzernabschluß

→ *Umrechnung von Valutaposten.*
→ *Umrechnung von Jahresabschlüssen.*

Lit.: Busse von Colbe, W./Laßmann, G.: Betriebswirtschaftstheorie, 3. Bd., 3. Aufl., 1990, S. 86–92.

Weighted Average Cost of Capital

Ansatz zur Bestimmung des → *Kalkulationszinsfußes* unter Berücksichtigung der Kapitalstruktur. Der Kalkulationszinsfuß $\bar{i}_s$ ergibt sich dabei als Summe der mit den jeweiligen Anteilen gewichteten Eigen- bzw. Fremdkapitalkostensätze:

$$i_s = i_{FK}(1 - s)\frac{V_{FK}}{V_{FK} + V_{EK}} + i_{EK}\frac{V_{EK}}{V_{FK} + V_{EK}}.$$

(→ *Kapitalkosten*).

Lit.: Süchting, J.: Finanzmanagement, 6. Aufl., 1995, S. 535–540.

Weltabschluß

→ *Konzernabschuß* unter Einbeziehung von Tochterunternehmen mit Sitz im Ausland.

Weltbilanz

→ *Konzernabschluß.*

Werbungskosten

Gem. §9 Abs. 1 Satz 1 EStG „Aufwendungen zur Erwerbung, Sicherung und Erhaltung der Einnahmen" gem. §8 EStG. Zur Ermittlung der steuerpflichtigen nichtbetrieblichen *Überschußeinkünfte* gem. §2 Abs. 1 EStG (z. B. aus Kapitalvermögen oder Vermietung und Verpachtung) sind die W. von den Einnahmen der betreffenden Einkunftsart abzuziehen.

Wertstoffkosten

W. geben den bewerteten sachzielbezogenen Verbrauch von Werkstoffen oder Materialien wieder. Für die Erfassung der Mengenkomponente der primären W. stehen folgende Verfahren zur Verfügung:

1. Skontrationsrechnung:
Lagerzugänge und -abgänge werden laufend aufgeschrieben. Das Verfahren besitzt einen hohen Exaktheitsgrad mit dem Nachteil hoher Verwaltungskosten.

2. Befundrechnung:
Es wird periodisch eine Inventur durchgeführt. Bei Erfassung der Zugänge ergibt sich der Verbrauch aus der Lagerformel:

Verbrauch einer Periode = Anfangsbestand + Zugang einer Periode ... Endbestand.

3. Rückrechnung:
Der Verbrauch einer Periode ergibt sich aus der Multiplikation von Verbrauch pro Stück gemäß Stückliste mit der Anzahl der erstellten Produkteinheiten.

4. Schätzverfahren:
Der Verbrauch für geringwertige Werkstoffe kann aus Wirtschaftlichkeitsgründen geschätzt werden.

Wertanalyse

= → *Value Analysis.*
= Value Engineering.

Wertaufhellung

Berücksichtigung von Faktoren für die Bewertung im → *Jahresabschluß*, deren Entstehung im Abrechnungsjahr liegen, deren Wirkung aber erst nach dem Abschlußstichtag sichtbar wird.

Wertaufholung

1. Gesetzliche Regelungen. Erstmals wurde mit §280 HGB in das deutsche Handelsrecht ein Wertaufholungsgebot für Kapitalgesellschaften eingeführt. Für die anderen zur Bilanzierung verpflichteten Unternehmen, also für Personenhandelsunternehmen und auch für Genossenschaften, bleibt es bei dem bisher geltenden *Beibehaltungswahlrecht*.

Die Anwendungsvoraussetzungen für eine handelsbilanzielle Wertzuschreibung sind in §280 Abs. 1 HGB abschließend geregelt. Danach besteht eine Pflicht zur Zuschreibung nur bei Wegfall ganz bestimmter Gründe für ein Vorjahr oder in einem früheren Jahr vorgenommene → *Abschreibungen*, nämlich:

a) außerplanmäßige Abschreibungen auf den am Abschlußstichtag beizulegenden niedrigeren Wert von Vermögensgegenständen des → *Anlagevermögens* nach §253 Abs. 2 Satz 3 HGB.

b) Abschreibungen auf den niedrigeren Wert am Abschlußstichtag von Vermögensgegenständen des → *Umlaufvermögens* nach §253 Abs. 3 Satz 1 und 2 HGB.

c) Abschreibungen auf den zukünftigen niedrigeren Wert von Vermögensgegenständen des Umlaufvermögens nach §253 Abs. 3 Satz 3 HGB.

d) steuerrechtlich zulässige Abschreibungen nach §254 Abs. 1 HGB. – Aus steuerlicher Sicht bedeutet diese Zuschreibung eine Bilanzberichtigung.

Notwendig für die Vornahme der W. ist es, daß die betreffenden Vermögensgegenstände bereits in einem vorhergehenden Jahresabschluß ausgewiesen waren; es muß also Nämlichkeit vorliegen. Die W. nach §280 Abs. 1 HGB ist zwingend in dem Jahr vorzunehmen, in dem der Wegfall der o. g. Gründe festgestellt wird. Das für Nichtkapitalgesellschaften nach §253 Abs. 5 HGB eingeräumte zeitliche Anpassungswahlrecht existiert für Kapitalgesellschaften also nicht.

Der W. kann maximal bis zur Höhe der vorher vorgenommenen außerordentlichen Abschreibung erfolgen. Da der (fortgeführte und durch das Anschaffungskostenprinzip begrenzte) Tageswert in der Bilanz zum Ausdruck kommen soll, bedeutet dies für abnutzbare Vermögensgegenstände des *Anlagevermögens*, daß in der Zwischenzeit notwendige planmäßige Abschreibungen entsprechend zu beachten sind. In diesem Fall kommt es zu einer Änderung des Abschreibungsplanes, d. h. die jährlichen Abschreibungsbeträge sind anzupassen, wobei die W. gleichmäßig über die Restnutzungsdauer zu verteilen ist.

2. Begründung. Das W.-Gebot ist Ausfluß der nicht dispositiven Forderung der 4. EGR und des Wortlautes des §264 Abs. 2 HGB, wonach ein den tatsächlichen Verhältnissen entsprechendes → *Bild der Vermögenslage* darzustellen ist.

§280 Abs. 1 HGB verlangt die W. in offenbarer Übereinstimmung mit der generellen Forderung des *true and fair view* des §264 Abs. 2 HGB. Diese Übereinstimmung im Prinzipiellen ist jedoch nur dann gegeben, wenn man von den drei Bildern der tatsächlichen Lage, die hiernach zu geben sind, dasjenige der Vermögenslage gegenüber denen der Ertrags- und Finanzlage für dominant hält. Eine W. muß streng genommen notwendigerweise gegen das Realisationsprinzip und damit gegen die Abbildung der tatsächlichen (periodischen) Verhältnisse der Ertragslage verstoßen. Nur wenn man, wie es der Gesetzgeber offenbar tut, dominant der statischen Bilanztheorie für die Handelsbilanz folgt, ist die Forderung nach einer W. vertretbar und berechtigt.

3. Behandlung des Ertrages aus der Wertaufholung. Buchmäßig erfolgt die W. in der Bilanz durch Zuschreibung zum Buchwert des jeweiligen Vermögensgegenstandes und gleichzeitigem Ausweis in der → Gewinn- und Verlustrechnung als sonstige betriebliche Erträge; handelt es sich um eine W. von Erzeugnissen. Leistungen und Waren, ist bei Anwendung des Gesamtkostenverfahrens die erfolgsrechnerische Behandlung über die Position Bestandserhöhungen vorzunehmen.

Nach §58 Abs. 2a AktG darf die AG, nach §29 Abs. 4 GmbHG darf die GmbH einen Betrag bis zur Höhe des Eigenkapitalanteils der Zuschreibung einer Rücklage für W. zuführen; d. h. auch eine nur teilweise Dotierung ist zulässig. Maximaler Rücklagebetrag ist also die Differenz aus dem Betrag der Zuschreibung und der aus ihr resultierenden Steuerbelastung. Zwei Methoden stehen zur Wahl: a) die individuelle Methode unter Beachtung der effektiven Steuerbelastung des übrigen Jahresergebnisses und der konkreten Thesaurierungs/Ausschüttungsentscheidung sowie b) die pauschale Methode unter der Annahme der Thesaurierung eines voll steuerpflichtigen Ergebnisses. Für a) spricht die in Einzelfällen größere Genauigkeit und in Verlustzeiten höhere Rücklagenzuführung, für b) die einfachere Handhabbarkeit. In der Regel wird b) der Vorzug zu geben sein, dies auch gerade, weil eine Plicht zur Dotierung der Rücklage ja nicht besteht. Wird eine Wertaufholungsrücklage (nur in der Handelsbilanz) gebildet, sind → *latente Steuern* (§ 274 HGB) entsprechend zu berücksichtigen.

4. Einschränkungen. Eine starke Relativierung erhält das W.-Gebot durch § 280 Abs. 2 HGB in den Fällen der sog. umgekehrten → *Maßgeblichkeit.* Ein Wahlrecht zur (handelsrechtlichen) Beibehaltung des niedrigeren Wertes nach außerordentlicher Abschreibung besteht danach, wenn steuerlich die Wahl zwischen Wertbeibehaltung und W. zulässig ist und die steuerliche Beibehaltung zugleich verlangt, daß auch handelsrechtlich keine Zuschreibung erfolgte. § 280 Abs. 2 HGB sicherte damit die deutsche steuerneutrale Umsetzung des europäischen Bilanzrechts.

Art des Bilanzpostens	in früheren Geschäftsjahren vorgenommene Abschreibung		Wertaufholung bei Wegfall der Gründe für die frühere Abschreibung	
Nicht abnutzbares Anlagevermögen	HB (HGB) § 253 (2) S. 3, § 254, § 279 (2)	StB (EStG) § 6 (1) Nr. 2 S. 2	StB (EStG) – zulässig, § 6 (1) Nr. 2 S. 3 – geboten, wenn Wahlrecht in HB ausgeübt; § 5 (1) i. V. m. § 6 (1) Nr. 2 S. 3	HB (HGB) – geboten, wenn Wahlrecht in StB ausgeübt, § 280 (2)
Abnutzbares Anlagevermögen	§ 253 (2), S. 3, § 254, § 279 (2)	§ 6 (1) Nr. 1, S. 2, § 7 (1), S. 5	zulässig, § 6 (1) Nr. 1, S. 4	HB (HGB) – geboten, wenn Wahlrecht in StB ausgeübt, § 280 (2)
Umlaufvermögen	§ 253 (3), S. 1, 2, § 254, § 279 (2)	§ 6 (1) Nr. 2 S. 2	– zulässig, § 6 (1) Nr. 2 S. 3 – geboten, wenn Wahlrecht in HB ausgeübt; § 5 (1) i. V. m. § 6 (1) Nr. 2	– geboten, wenn Wahlrecht in StB ausgeübt, § 280 (2)
	§ 253 (3) S. 3	nicht zulässig	nicht anwendbar	geboten, § 280 (1)

Abb. 1: Übersicht zur Wertaufholung (Zuschreibung) für Kapitalgesellschaften

Für das deutsche Handelsrecht hat sich für Geschäftsjahre, die nach dem 31.12.1989 enden, das Wertaufholungsgebot faktisch zur Wertbeibehaltung verkehrt. Durch das sog. „Restantengesetz" vom 22.12.1989 hat der steuerliche Gesetzgeber (neu eingefügt: §5 Abs.1 S.2 EStG; geändert: §6 Abs.1 Nr.1 S.4 EStG; ersatzlos gestrichen: §6 Abs.3 EStG) die umgekehrte Maßgeblichkeit festgeschrieben. Auch für das abnutzbare Anlagevermögen, als dem bisher wesentlichsten Anwendungsbereich, ist das Wertaufholungsgebot damit entfallen und hat sich zum Beibehaltungswahlrecht verkehrt.

Abb. 1 zeigt die verschiedenen Fälle der W. für Kapitalgesellschaften.

Lit.: Hofbauer, M.A., §280, in: BonnerHR, Losebls., ab 1986; *Budde, W.D./Karig, K.P.*, in: Beck Bil.-Komm., 3. Aufl., 1995, §280, Anm. 1–48; *Küting, K./Zündorf, H.*, in: Küting/Weber: HdR, 4. Aufl., Bd. Ia, 1995, Sp. 1805–1843; *Baetge, J.*: Bilanzen, 4. Aufl., 1996, S. 279–282.

Professor Dr. Anton Heigl, Nürnberg.

Wertberichtigung

Passivischer Korrekturposten zu dem unveränderten Ansatz der Anschaffungs- bzw. Herstellungskosten des Vermögensgegenstandes, auch als indirekte → *Abschreibung* bezeichnet. Passivische W. sind nach HGB 1985 mit Ausnahme der → *Pauschalwertberichtigung auf Forderungen* nicht mehr zulässig. I.w.S. auch aktivische W. zu Passiva, z.B. Verlustvortrag als W. zu passivisch ausgewiesenen → *Eigenkapital*-Posten.

Wertschlüssel

→ *Kostenschlüssel* für die → *Kostenverteilung* bzw. → *-zurechnung* in Form einer Wertgröße.

Wertschöpfung

1. Begriff

Als betriebliche W. (value added) wird der in einer Periode durch die Unternehmenstätigkeit erzeugte Wertzuwachs bezeichnet. Er entspricht der volkswirtschaftlichen Leistung des Unternehmens und stellt seinen Beitrag zum Sozialprodukt dar. Informationen über die W. sind als Ergänzung des → *Jahresabschlusses* Instrumente der *gesellschaftsbezogenen Rechnungslegung* und sollen der Öffentlichkeit *seine volkswirtschaftliche Bedeutung zeigen.*

Von ihrer *Entstehung* her gesehen, stellt die W. die Differenz dar zwischen der Summe aller vom Unternehmen erbrachten Leistungen (*Gesamtleistung*) und dem wertmäßigen Verbrauch der von außen bezogenen Vorprodukte und Dienstleistungen (*Vorleistungen*). Die W. hat jedoch nicht nur Leistungs- sondern auch Einkommenscharakter; die *Verteilungs- oder Verwendungsrechnung* zeigt, in welchem Umfang die W. den am Leistungsprozeß Beteiligten, nämlich Mitarbeitern (als *Arbeitserträge*), Darlehensgebern (*Fremdkapitalerträge*) und Gesellschaftern (*Eigenkapitalerträge*) sowie der öffentlichen Hand (*Gemeinerträge*), zufließt bzw. als Rücklage dem Unternehmen selbst verbleibt.

2. Aufbau und Ableitung aus dem handelsrechtlichen Jahresabschluß

In den folgenden Übersichten (*Coenenberg*, 1997) ist der Aufbau der W.-Rechnung in ihren beiden Formen – Entstehungsrechnung und Verteilungsrechnung – dargestellt. Die Ermittlung der einzelnen Bestandteile aus der → *Gewinn- und Verlustrechnung* und dem → *Anhang* ist nur mit Ungenauigkeiten möglich, da deren Positionen nicht nach den Merkmalen einer W.-Rechnung abgegrenzt sind. Das gilt insbesondere für das Umsatzkostenverfahren, denn dort erfolgt die Gliederung primär nach betrieblichen Bereichen. Da für eine externe Analyse der W. jedoch zusätzliche Angaben i.d.R. nicht zur Verfügung stehen, wird im folgenden auf die Ableitung aus der GuV und den Angaben im Anhang abgestellt.

a) *Entstehung der W.* Zur *Gesamtleistung* als Ausgangswert für die Entstehungsrechnung gehören insbesondere die Umsatzerlöse, die Erhöhung des Bestands an fertigen und unfertigen Erzeugnissen sowie andere aktivierte Eigenleistungen. Eine Bestandsminderung ist entsprechend

	GuV- Position bzw. andere Quelle	
	Gesamtkostenverf.	Umsatzkostenverf.
Umsatzerlöse	1	1
+ Erhöhung/-Verminderung des Bestands an fertigen und unfertigen Erzeugn.	2 2	Bestandsänderungen lt. Bilanz
Andere aktivierte Eigenleistungen	3	–
Sonstige betriebliche Erträge (ohne Auflösung von Sonderposten mit Rücklageanteil)	4 gesonderte Angabe § 281 Abs. 2 HGB	6
Gesamtleistung		
Materialaufwand	5	Anhang § 285 Nr. 8a
Abschreibungen auf immaterielles Anlagevermögen und Sachanlagen (ohne ausschließlich steuerliche Abschreibungen)	7a gesonderte Angabe § 281 Abs. 2 HGB	Bilanz oder Anhang (§ 268 Abs. 2 HGB)
Sonstige betriebliche Aufwendungen (ohne Einstellungen in Sonderposten mit Rücklageanteil und ohne AR-Vergütungen)	8 gesonderte Angabe § 281 Abs. 2 HGB ges. Angabe im Anh. § 285 Nr. 9a u. b HGB	7
./. *Vorleistungen*		
= *Wertschöpfung*		

Abb. 1: Entstehungsrechnung

abzuziehen. Bei Anwendung des Gesamtkostenverfahrens sind diese Beträge direkt aus der GuV zu entnehmen. Beim Umsatzkostenverfahren werden dort nur die Umsatzerlöse ausgewiesen, während sich die Bestandsänderungen näherungsweise aus der Bilanz als Veränderung der Position fertige und unfertige Erzeugnisse ermitteln lassen. Die anderen aktivierten Eigenleistungen können beim Umsatzkostenverfahren nicht aus dem Jahresabschluß entnommen werden.

Die *sonstigen betrieblichen Erträge* stellen insoweit W. dar, als sie Leistungscharakter haben, wie z. B. die sog. Hilfsumsätze Lizenz-, Miet- und Pachterträge, Provisionen und Erträge aus anderen Dienstleistungen. Nicht dazu gehören im allgemeinen Erträge aus der Auflösung von → *Rückstellungen* sowie Erträge aus der Auflösung von → *Sonderposten mit Rücklageanteil.* Da eine genaue Aufteilung extern nicht möglich ist, wird i. d. R. die gesamte Position mit Ausnahme der gesondert anzugebenden Erträge aus der Auflösung von Sonderposten mit Rücklageanteil zur Gesamtleistung gerechnet.

Zu den *Vorleistungen* gehört zunächst der *Materialaufwand* lt. GuV bzw. Angabe im Anhang. → *Abschreibungen* auf → *immaterielle Vermögensgegenstände* des → *Anlagevermögens* und Sachanlagen haben

	GuV-Position bzw. andere Quelle	
	Gesamtkostenverf.	Umsatzkostenverf.
Empfänger der W.:		
Personalaufwand	6	Anhang § 285 Nr. 8b
AR-Vergütungen	ges. Ang. im Anh. § 285 Nr. 9a u. b	
Mitarbeiter		
Steuern v. Einkommen u. v. Ertrag	18	17
Sonstige Steuern	19	18
abzügl. Subventionen	–	–
+ *Öffentliche Hand*		
Zinsen und ähnliche Aufwendungen	13	12
+ *Darlehensgeber*		
Gewinnausschüttung	lt. Beschluß	
Aufwendungen aufgrund eines Gewinnabführungsvertrages abzügl. Erträge aus Verlustübernahme	ges. Ausweis in der GuV § 277 Abs. 3 HGB	
+ *Gesellschafter/Aktionäre*		
Gewinnthesaurierung/Rücklagenzuf.	lt. GuV bzw. Beschluß	
Rest der GuV-Positionen	lt. GuV	
+ *Unternehmen*		
= *Wertschöpfung*		

Abb. 2: Verteilungsrechnung

nur insoweit Vorleistungscharakter, als sie verbrauchsbedingt sind. I.d.R. werden ausschließlich steuerlich bedingte Abschreibungen, soweit sie nicht bereits als Zuführungen zu Sonderposten mit Rücklageanteil ausgewiesen sind, gekürzt. Die *sonstigen betrieblichen Aufwendungen* stellen nur insoweit Vorleistungen dar, als sie mit der Leistungserstellung verbunden sind. Da eine Aufteilung extern nicht möglich ist, wird die GuV-Position mit Ausnahme der gesondert anzugebenden Einstellungen in Sonderposten mit Rücklageanteil i.d.R. vollständig berücksichtigt. Die darin enthaltenen Vergütungen an Mitglieder eines Aufsichtsrats, Beirats oder einer ähnlichen Einrichtung gehören nicht hierher, sondern sind als Arbeitserträge Bestandteil der W. Wohl auch wegen ihrer relativen Geringfügigkeit findet eine Kürzung bei den Vorleistungen jedoch i.d.R. nicht statt. *Kostensteuern* werden oft ebenfalls als Vorleistungen behandelt mit der Begründung, daß damit eine Leistung der öffentlichen Hand verbunden sei. Da es sich dabei aber auch um Einkommen der öffentlichen Hand handelt, das von dem Unternehmen erwirtschaftet wird, ist es sachgerechter, diesen Posten als Bestandteil der W. in der Verteilungsrechnung zu berücksichtigen.

b) *Verteilung der W.* Zu den den *Mitarbeitern* als Teil der W. zufließenden Arbeitserträgen zählen insbesondere *Löhne und Gehälter, soziale Abgaben* und *Aufwendungen für Altersversorgung* und Unterstützung sowie *Vergütungen an Mitglieder eines Aufsichts- oder Beirats.* In den sonstigen betrieblichen Aufwendungen enthaltene Zuführungen zu *Personalrückstellungen* gehören sachlich auch hierher, können jedoch extern nicht ermittelt werden. Da sie bei Inanspruchnahme der Rückstellungen als Personalaufwand ausgewiesen werden müssen, gehen sie in diesem Jahr in die W. ein, so daß es sich insgesamt gesehen nur um eine Frage des zeitlichen Ausweises handelt.
Der *öffentlichen Hand* fließen aus der W. die *Steuern vom Einkommen und vom Ertrag* und die *sonstigen Steuern* zu. Diese Beträge sind um dem Unternehmen zugeflossene *Subventionen*, wie z.B. Investitionszulagen und Zuschüsse, zu kürzen, die jedoch aus dem Jahresabschluß nicht zu entnehmen sind. Daneben erhält die öffentliche Hand aus der W. auch die auf Arbeitserträge, Fremdkapital- und Eigenkapitalerträge bei den Empfängern noch anfallende Lohnsteuer und sonstige Einkommen- und Körperschaftsteuer. Diese Beträge sind jedoch nicht zu ermitteln und werden i.d.R. nicht als Gemeinerträge behandelt.

Der auf die *Darlehensgeber* entfallende Anteil an der W. entspricht den *Zinsaufwendungen* der GuV. Bei den den *Aktionären* oder anderen Gesellschaftern zufließenden Eigenkapitalerträgen handelt es sich um die *Gewinnausschüttung* des Unternehmens, eventuelle, extern jedoch nicht ersichtliche verdeckte Gewinnausschüttungen sowie Aufwendungen aus Gewinnabführungsverträgen. Erträge aus Verlustübernahme sind zu kürzen. Dem *Unternehmen* verbleibt schließlich als Anteil an der W. der thesaurierte Teil des Jahresergebnisses. Damit der Betrag der W. in der Verteilungsrechnung dem in der Entstehungsrechnung entspricht, ist der Saldo der restlichen GuV-Position ebenfalls hier auszuweisen; er gilt als Anteil des Unternehmens.

3. Wertschöpfungsinformationen als Publizitätsinstrument

Für die Veröffentlichung von Informationen über die W. besteht keine rechtliche Verpflichtung, sie erfolgt jedoch zunehmend auf freiwilliger Basis. Obwohl auch eine Aufnahme in den → *Lagebericht* zulässig wäre, werden W. nicht dort, sondern in den übrigen Teilen der Geschäftsberichte veröffentlicht und unterliegen damit auch nicht der → *Prüfung* durch den Abschlußprüfer und der Bekanntmachung im Bundesanzeiger. Umfang der Informationen und Art der Darstellung sind sehr unterschiedlich. Entweder werden Entstehungsrechnung und Verteilungsrechnung oder nur die Verteilungsrechnung veröffentlicht, reine Zahlenangaben stehen neben graphischen Darstellungen. Zum Teil werden auch *Zeitvergleiche* und *Kennziffern* veröffentlicht. In Konzerngeschäftsberichten wird i.d.R. nur über die W. der Muttergesellschaft berichtet und nicht auch über die des Konzerns.

Lit.: Arbeitskreis ‚Das Unternehmen in der Gesellschaft', in: DB 1975, S. 161–173; *Weber, H.K.*: Die Wertschöpfungsrechnung auf der Grundlage des Jahresabschlusses, in: HdJ, Losebls., ab 1984, Abt. IV/7, 2. Neubearb., 1994; *Coenenberg, A.G.*: Jahresabschluß und Jahresabschlußanalyse, 16. Aufl., 1997, S. 710–717; *Haller, A.*: Wertschöpfungsrechnung, 1997.

Dr. Hans Weber, Fürth.

Wertsteigerungsanalyse
= → *Share Holder Value-Konzept.*

Wertzusammenhang
Ein mit der → *Bilanzidentität* verbundener → *GoB*, nach dem der Wertansatz ei-

nes → *Vermögensgegenstandes* zum Abschlußstichtag auch für die Bewertung der Folgeperiode maßgeblich ist. Im handelsrechtlichen → *Jahresabschluß* bzw. → *Konzernabschluß* und in der → *Steuerbilanz* konkretisiert sich der W. z. B. darin, daß die ursprünglichen → *Anschaffungskosten* bzw. → *Herstellungskosten* oder der letzte Bilanzansatz (strenger W.) nicht überschritten werden dürfen.

Wesentlichkeit

Ein → *Grundsatz ordnungsmäßiger Buchführung*, nach dem die mit dem → *Jahresabschluß* bzw. → *Konzernabschluß* vermittelten Informationen für den Adressaten nützlich sein müssen. Sofern eine Information für ein den tatsächlichen Verhältnissen entsprechendes → *Bild der Vermögens-, Finanz- und Ertragslage* von untergeordneter Bedeutung ist, darf auf die Anwendung der die Information auslösenden Rechnungslegungsvorschrift verzichtet werden (z. B. §§ 265 Abs. 7, 284, Abs. 1, 296 Abs. 2 HGB).

Lit.: Leffson, U.: Die Grundsätze ordnungsmäßiger Buchführung, 7. Aufl., 1987, S. 180–186.

Widerrufener Bestätigungsvermerk

→ *Bestätigungsvermerk.*

Wiederanlageprämisse

Die W. liegt der → *Kapitalwertmethode* und der Methode des → *internen Zinsfußes* zugrunde. Danach wird unterstellt, daß zwischenzeitlich anfallende Einzahlungsüberschüsse zum → *Kalkulationszins* bzw. internen Zinsfuß wiederangelegt werden.

Wiederanlaufkosten

→ *Kosten*, die durch die Wiederinbetriebnahme eines Aggregates anfallen.

Wiederbeschaffungswert

→ *Substanzwert.*

Wiederbeschaffungskosten

Bezeichnung für die zum jeweiligen Betrachtungszeitpunkt geltenden → *Anschaffungskosten* bzw. → *Herstellungskosten* von vergleichbaren Vermögensgegenständen. Bei der Ermittlung der W. ist von einer gleichen Altersstruktur bzw. technischen Stand auszugehen. Die W. sind für die verschiedenen Verfahren der → *Kapital- und Substanzerhaltung*, aber auch für die Bewertung im handelsrechtlichen → *Jahresabschluß* bzw. → *Konzernabschluß* und die → *Steuerbilanz* relevant.

Wiedergewinnungszeit

= → *Amortisationsdauer.*

Wirtschaftliches Eigentum

Ein unbestimmter Rechtsbegriff, der als notwendige Bedingung für die Aufnahme eines → *Vermögensgegenstandes* in den → *Jahresabschluß* bzw. → *Konzernabschluß* zutreffen muß. W. an Vermögensgegenständen kann auch ohne juristisches Eigentum vorliegen, wenn z. B. bereits absolute Verfügbarkeit und Verwertbarkeit gegenüber Dritten besteht und das Unternehmen für den Verlust haftet.

Wirtschaftlichkeit

1. Wirtschaftlichkeitsprinzip

Wirtschaften (= ökonomisches Handeln) bedeutet Disposition über knappe Ressourcen. Als generelle Norm für das ökonomische Handeln wird das Wirtschaftlichkeitsprinzip (= *ökonomisches Prinzip*) als spezifische Ausprägung des *Rationalprinzips* üblicherweise in zwei Varianten definiert. Beide Varianten beziehen sich auf Prozesse, bei denen Mittel (= *Input*) eingesetzt und ein Ergebnis (= *Output*) erzielt wird. Im ersten Fall soll mit einem gegebenen Input ein maximaler Output erzielt werden (= Maximumprinzip). Im zweiten Fall wird ein vorgegebener Output mit einem minimalen Input angestrebt (= *Minimumprinzip*). In der Realität sind im allgemeinen sowohl der Input als auch der Output in Grenzen variierbar. Deshalb wird vorgeschlagen (*Müller-Merbach*), bei der Formulierung des Wirtschaftlichkeitsprinzips nicht auf das Minimum- bzw. auf das Maximumprinzip sondern auf das *Optimumprinzip* abzustellen. Das Wirtschaftlichkeitsprinzip liefert als formales Prinzip keine Aussagen über Motive und inhaltliche Ziele des wirtschaftlichen Handelns.

Das Wirtschaftlichkeitsprinzip ist als formales Prinzip systemindifferent, d. h. von der Wirtschaftsordnung unabhängig (*Gu-*

tenberg). Normativistisch wird das Wirtschaftlichkeitsprinzip nicht unter betriebswirtschaftlichen, sondern unter gesamtwirtschaftlichen Aspekten gesehen: Die *privatwirtschaftliche* W. wird der *„gemeinwirtschaftlichen"* W. untergeordnet (*Schmalenbach*). In der Betriebswirtschaftslehre besteht weitgehend Einigkeit darüber, daß das Wirtschaftlichkeitsprinzip das Auswahlkriterium (= *Identitätsprinzip*) des Faches sei.

2. Wirtschaftlichkeitskennzahlen

Die Konkretisierung der W. erfolgt über *Kennzahlenbildung*: Aus Output und Input des betrachteten Prozesses wird eine Verhältniszahl gebildet. Da man zahllose Input- und Outputgrößen in Beziehung setzen kann, gibt es entsprechend viele Wirtschaftlichkeitskennzahlen. Auch durch die unterschiedlichen Dimensionen von Output- und Inputgrößen gibt es differierende Wirtschaftlichkeitsaussagen über den betrachteten Prozeß. Input- und Outputgrößen lassen sich zunächst durch mengenmäßige Größen erfassen.

a) *Produktivität*. Die Relation der Outputmenge und der für ihre Erzeugung verbrauchten Produktionsfaktormenge wird üblicherweise Produktivität genannt. Je nachdem, ob der Nenner aus einer Produktionsfaktorart oder aus allen Produktionsfaktorarten gebildet wird, unterscheidet man Partial- und Globalproduktivitäten. Man spricht in diesem Zusammenhang auch von *technischer Ergiebigkeit (Mellerowicz)* oder von *Technizität (Kosiol)*,

$$\text{Produktivität} = \frac{\text{Outputmenge}}{\text{Inputmenge}}.$$

Bei der Ermittlung der *Globalproduktivität* ergeben sich unüberwindbare Probleme, wenn Inputgrößen unterschiedlicher Art eingesetzt werden. Der Produktionsfaktoreinsatz läßt sich in diesem Fall nicht zu einer einzigen Größe zusammenfassen. Das gleiche Problem entsteht, wenn verschiedene Produkte hergestellt werden. In dieser Situation wird man sich mit der Ermittlung von *Teilproduktivitäten* für einzelne Produktionsfaktorarten begnügen. Sind die Produktionsfaktoren substituierbar, so läßt sich aus der Verbesserung einer Teilproduktivität nicht auf die Veränderung der Gesamtproduktivität schließen. Die Produktivitätsverbesserung eines Faktors kann auf den verstärkten Einsatz der anderen Faktoren zurückzuführen sein.

Um unterschiedliche Produktionsprozesse beurteilen zu können, ist es notwendig, die heterogenen Faktoreinsatzmengen durch Bewertung mit Geldeinheiten vergleichbar zu machen.

b) *W. im engeren Sinne*. Mit Hilfe der Bewertung lassen sich unterschiedliche Input- und Outputmengen gleichnamig machen und vergleichen. Die W. im engeren Sinne (*Ökonomität* bzw. *ökonomische Ergiebigkeit* nach *Mellerowicz*) ist das Verhältnis von Ertrag und Aufwand oder von Leistung und Kosten.

$$\text{Wirtschaftlichkeit i.e.S.} = \frac{\text{Ertrag}}{\text{Aufwand}}$$

Der Quotient aus Input und Output kann sich auch aus einer Wert- und einer Mengengröße zusammensetzen. Zum Beispiel kann der Outputwert auf die Inputmenge eines Produktionsfaktors bezogen werden. Auch kann die Relation von Outputmenge und Inputwert gebildet werden. Das Problem bei der Ermittlung der W. im engeren Sinne besteht in der Wahl der Wertansätze für die Input- und Outputmengen.

c) *Rentabilität*. Die Einbeziehung von Absatzvorgängen in den W.-Begriff führt zum Begriff der Rentabilität. Absatzvorgänge führen zu *Umsatzerlösen* bzw. zum → *Gewinn*. Die bekannteste Kennzahl ist die *Eigenkapitalrentabilität*.

$$\text{Eigenkapitalrentabilität} = \frac{\text{Gewinn}}{\text{Eigenkapital}}$$

Die → *Rentabilität* des Gesamtkapitals wird unter Einbeziehung der Fremdkapitalzinsen in den Zähler und des Fremdkapitals in den Nenner des Quotienten ermittelt.

3. Messung der Wirtschaftlichkeit

Es können drei Formen von Wirtschaftlichkeitsmessungen unterschieden werden (*Bohr*):

- Einem *Kalkulationsobjekt* (Unternehmung, Projekt, Produkt) ist das Prädikat „wirtschaftlich“ zu verleihen, wenn seine Kennzahl wertmäßige Wirtschaftlichkeit größer als 1 ist.
- *Entscheidungsalternativen* sind nach der Höhe ihrer W. zuzuordnen. Dies setzt die Anwendung desselben Meßverfahrens bei allen Alternativen voraus.
- Es ist zu kontrollieren, ob vorgesehene Plangrößen realisiert werden konnten. Hier besteht die Wirtschaftlichkeitsmessung aus dem *Vergleich von Plan- und Istgrößen.*

In vielen Fällen der Realität sind die Informationen zu zukünftigen Entscheidungen unvollkommen: Die Input- und Outputmengen sind nicht exakt zu quantifizieren. Das Problem ist die *Unsicherheit der Erwartungen.*

In solchen Fällen verliert das Wirtschaftlichkeitsprinzip zwar nicht seine Gültigkeit; es läßt sich jedoch nicht mehr exakt realisieren. Man wird hier im Sinne vorsichtiger Entscheidungen das Wirtschaftlichkeitsprinzip durch das *Sicherheitsprinzip* ergänzen.

Die verschiedenen Verfahren des Rechnungswesens sind Meßverfahren, die mit der Erfassung und Bewertung des Inputs (→ *Kostenrechnungssyteme*), des Outputs (→ Erlösrechnung) sowie von Input-Outputbeziehungen (z.B. → *Erfolgsrechnung, kurzfristige* → *Kosten/Nutzen-Analyse*) befassen. Die institutionalisierte Auseinandersetzung mit allen Fragen der Wirtschaftlichkeitsmessung erfolgt durch das → *Controlling.*

4. Entscheidungsprozeß und Wirtschaftlichkeit

Bei der Wirtschaftlichkeitsbeurteilung spielt der Freiheitsgrad der Entscheidung eine wichtige Rolle. Sind sowohl der Input als auch der Output fest vorgegeben, so hat das Wirtschaftlichkeitsprinzip für die Entscheidung keine Bedeutung. Wenn der Input fest vorgegeben ist und Wahlfreiheit bezüglich des Outputs besteht, so erfolgt die Entscheidung nach dem Maximumprinzip. Ist dagegen der Output fest vorgegeben, so wird man nach dem Minimumprinzip entscheiden. Sind weder der Input noch der Output fest vorgegeben, dann wird man sich auf das *Optimumprinzip* beziehen. Dieses muß für den konkreten Fall problembezogen spezifiziert werden. Neben dem Extremum-bzw. Optimumprinzip ist das *Zufriedenheitsprinzip* von großer Bedeutung.

Die W. ist das *Formalziel (Kosiol)* betrieblicher Entscheidungen. Sie wird durch die jeweilige konkrete Zielsetzung des Entscheiders mit Inhalt gefüllt. *Effektivität* bezeichnet man die auf eine konkrete Zielsetzung als Output bezogene W. („Doing the right things“). *Effizienz* ist die von einer konkreten Zielsetzung losgelöste Input-Output-Relation („Doing the things right“). In der Praxis bilden die verschiedenen Ausprägungsformen des Wirtschaftlichkeitsprinzips ein komplexes Gefüge von Zielsetzungen (*Mehrfachzielsetzungen*). Hier wird eine Analyse der Zielbeziehungen der Entscheidung vorangehen müssen.

Wirtschaftliches Handeln bedeutet Alternativenwahl bei unterschiedlichen Informationsständen. *Vollkommene Information (= Sicherheit)* ist hierbei der Ausnahmefall. In der Regel ist bei unvollkommener Information (= *Risiko bzw. Unsicherheit*) zu entscheiden. Informationsstand und Zeitablauf sind wesentlich für die Beachtung des Wirtschaftlichkeitsprinzips im Rahmen der Planung. Bei der *operativen* Planung sind Prämissen, Ziele, Alternativen etc. weitgehend vorgegeben. Im Rahmen der *strategischen Planung* ist die Basis für wirtschaftliches Handeln bei hochgradig unvollkommener Information zu schaffen.

Lit.: Mellerowicz, K.: Allgemeine Betriebswirtschaftslehre, Bd. IV, 11. Aufl. 1963, S. 117–141; *Kosiol, E.:* Einführung in die Betriebswirtschaftslehre, 1968, S. 20–22; *Müller-Merbach, H.:* Einführung in die Betriebswirtschaftslehre für Erstsemester, 2. Aufl. 1976, S. 3–18; *Zimmermann, G.:* Ergiebigkeitsmaße für die Produktion, in: HWProd., 1979, Sp. 520–528; *Gutenberg, E.:* Grundlagen der Betriebswirtschaft, 1. Bd.: Die Produktion, 24. Aufl. 1983, S. 464–486; *Schweitzer, M.:* Gegenstand der Betriebswirtschaftslehre, in: Bea, F.X. et al. (Hrsg.): Allgemeine Betriebswirtschaftslehre, Bd. 1: Grundlagen, 6. Aufl., 1992, S. 17–56; *Bohr, K.*: Wirtschaftlichkeit, in: HWR, 3. Aufl., 1993, S. 2181–2188.

Professor Dr. Péter Horváth, Stuttgart.

Wirtschaftflichkeit der Rechnungslegung
Ein nicht kodifizierter → *GoB*, nach dem zwischen den Kosten einer Informationsrechnung und den durch sie vermittelten Informationen ein angemessenes Verhältnis bestehen soll. Der Grundsatz der W. schlägt sich in den verschiedenen Bilanzierungs-, Bewertungs- und Konsolidierungsregeln nieder (→ *Grundsätze ordnungsgemäßer Buchführung*, → *Grundsätze ordnungsgemäßer Konsolidierung*). Insbesondere in der US-amerikanischen Rechnungslegung hat dieser Grundsatz große Bedeutung (SFAC No. 2).

Wirtschaftlichkeitskontrolle
Eine Hauptaufgabe der Kosten- und Leistungsrechnung; Überwachung des Betriebsgeschehens daraufhin, ob der Kostenanfall auf das zur Leistungserstellung unabdingbare Maß reduziert wurde.

Wirtschaftlichkeitsprinzip
= Ökonomisches Prinzip.
→ *Wirtschaftlichkeit.*

Wirtschaftlichkeitsrechnung
I. e. S. = → *Investitionsrechnung.*

I. w. S.. Rechnungen, bei denen an Hand von Kriterien (→ *Wirtschaftlichkeit*) einzelne Bereiche der Unternehmung im Zeitablauf, im Vergleich zu Vorgabewerten oder zu anderen Bereichen untersucht und miteinander verglichen werden.

Wirtschaftsgut
→ *Vermögensgegenstand.*

Wirtschaftsjahr
Ein mindestens 12 Monate umfassender Zeitraum (§ 240 Abs. 2 HGB), für den ein → *Jahresabschluß* bzw. → *Konzernabschluß* und eine → *Steuerbilanz* aufzustellen ist. Das W. muß nicht mit dem Kalenderjahr übereinstimmen und kann nach bilanzpolitischen oder saisonalen Gesichtspunkten festgelegt werden.

Wirtschaftsprüfer
1. Berufliche Tätigkeit. W. gehören einem *freien* Beruf an, den sie unabhängig, gewissenhaft, verschwiegen und eigenverantwortlich auszuüben haben und wobei sie sich insbesondere bei der Erstattung von → *Prüfungsberichten* und Gutachten unparteiisch zu verhalten haben (§ 43 Abs. 1 WPO). Wirtschaftsprüfungsgesellschaften bedürfen der Anerkennung durch die für Wirtschaft zuständigen obersten Landesbehörden.

Der W. hat die berufliche *Aufgabe*, betriebswirtschaftliche Prüfungen, insbesondere solche von Jahresabschlüssen wirtschaftlicher Unternehmen, durchzuführen und → *Bestätigungsvermerke* über die Vornahme und das Ergebnis solcher Prüfungen zu erteilen (§ 2 Abs. 1 WPO). W. leisten einen Berufseid (§ 17 WPO) und führen in ihrer Berufseigenschaft als Prüfer und Sachverständige ein Siegel (§ 48 WPO). Im Rahmen der Prüfungstätigkeit sind an erster Stelle die Pflichtprüfungen zu nennen, die W. und Wirtschaftsprüfungsgesellschaften weitestgehend vorbehalten sind. Hierzu gehören die → *Prüfung* von → *Jahres-* und → *Konzernabschlüssen* bei Kapitalgesellschaften (§§ 316 i. V. m. § 319 Abs. 1 HGB). Daneben bestehen weitere Prüfungspflichten, die an die Rechtsform, Größe oder Branche der Unternehmen oder an bestimmte Sachverhalte (→ *Sonderprüfungen*) gebunden und W. vorbehalten sind. Auch hierzu nicht gesetzlich verpflichtete Unternehmen lassen ihre Jahresabschlüsse überwiegend durch W. und Wirtschaftsprüfungsgesellschaften prüfen sowie sonstige Prüfungen von ihnen durchführen. Eine weitere Aufgabe, die dem W. neben anderen steuerberatenden Berufen gesetzlich vorbehalten ist, besteht in der Beratung und Vertretung in steuerlichen Angelegenheiten einschließlich der Vertretung vor Finanzgerichten bis hin zum Bundesfinanzhof. Als betriebswirtschaftlicher Sachverständiger obliegt dem W. nicht nur die Erstellung von Gutachten (z. B. zur → *Unternehmensbewertung*), sondern er wird auch als Unternehmensberater zu vielfältigen Aufgaben herangezogen (wirtschaftliche Betriebsführung, Finanzierung, Kostenrechnung, Gestaltung des Rechnungswesens einschließlich EDV, Organisation, Unternehmensanalyse). Schließlich runden die Wahrung fremder Interessen in wirtschaftlichen Angelegenheiten und die Übernahme treuhänderischer Belange das Berufsbild des W. ab. Zur Rechtsbesorgung ist er in solchen Angelegenheiten berechtigt, die mit seinen Aufgaben in unmittelbaren Zusammenhang stehen.

2. Zugang zum Beruf. Der W. wird nach strenger Beurteilung seiner fachlichen und persönlichen Eignung in einem staatlichen Zulassungs- und Prüfungsverfahren durch die obersten Landesbehörden für Wirtschaft bestellt und vereidigt. Überwiegend weisen die Bewerber den Abschluß eines geeigneten Universitätsstudiums und eine mindestens fünfjährige praktische Tätigkeit nach, von der mindestens vier Jahre als Prüfungstätigkeit abgeleistet sein müssen. Für Nicht-Akademiker verlängert sich die Vorbereitungszeit. Das Berufsexamen wird von einem Prüfungsausschuß abgenommen, der bei den Wirtschaftsministerien der Länder gebildet ist. Es umfaßt eine schriftliche (7 Klausuren) und eine mündliche (bis zu 2 Stunden je Bewerber) Prüfung in den Fächern Wirtschaftliches Prüfungswesen, Betriebs- und Volkswirtschaft, Wirtschaftsrecht sowie Steuerrecht. Für *vereidigte Buchprüfer* und Steuerberater bestehen Erleichterungen.

3. Institutionen. Der W.beruf war im Zuge der Einführung der aktienrechtlichen Pflichtprüfung im Jahre 1931 durch Reichsverordnung geschaffen worden. Das damals bestehende Institut für das Revisions- und Treuhandwesen e.V. wurde gleichzeitig in das → *Institut der Wirtschaftsprüfer in Deutschland e.V. (IDW)* umgebildet. Heute vereinigt das nur W. und Wirtschaftsprüfungsgesellschaften umfassende IDW, das in Düsseldorf seinen Sitz hat, etwa 90 % der in Deutschland bestellten W. auf der Grundlage einer freiwilligen Mitgliedschaft.

Das IDW hat die Fachgebiete des W. zu fördern und für die Interessen des W.-berufes einzutreten. Die für das Ansehen der einzelnen Mitglieder und des gesamten Berufes wichtige einheitliche Facharbeit wird vornehmlich in Fachausschüssen und Arbeitskreisen geleistet, die durch erfahrene Berufsangehörige besetzt sind. Sie ist generellen Fragen der Rechnungslegung und Prüfung gewidmet, befaßt sich aber auch mit den diesbezüglichen Besonderheiten bei Banken, Versicherungen, Krankenhäusern, Wirtschaftsbetrieben der öffentlichen Hand sowie der Wohnungsunternehmen und hat einen weiteren Schwerpunkt in der steuerlichen Facharbeit und in den den Beruf betreffenden Rechtsfragen. Die Ergebnisse dieser Facharbeit werden in Form von *Fachgutachten* und *Stellungnahmen* veröffentlicht, die von den W. im Rahmen ihrer Eigenverantwortlichkeit zu beachten sind. Fachfragen aus der Berufsarbeit des einzelnen W. erhalten die im IDW zusammengeschlossenen W. durch die Mitgliederberatung des IDW beantwortet. Darüber hinaus wirkt das IDW an der wirtschaftlichen und steuerlichen Gesetzgebung mit und stellt hierdurch und durch andere Maßnahmen der Wirtschaft, den Behörden und den gesetzgebenden Körperschaften wichtige Erfahrungen sowie die fachlichen Kenntnisse des Berufsstandes zur Verfügung. Schließlich ist die Förderung des Berufsnachwuchses und die berufliche Fortbildung der W. eine wesentliche, satzungsmäßige Aufgabe des IDW.

An der *internationalen* Berufsarbeit ist das IDW sowohl weltweit – so durch die → *International Federation of Accountants (IFAC)* und das → *International Accounting Standards Committee (IASC)* – als auch auf europäischer Ebene – durch die → *Féderation des Experts Comptables Européens (FEE)* – beteiligt. Sie hat das Ziel, international zu einer Angleichung der Rechnungslegungs- und Prüfungsgrundsätze sowie der Berufsethik zu gelangen und eine Mindestqualifikation des Prüferberufs hinsichtlich seiner sachlichen Kompetenz und beruflichen Qualifikation festzulegen. Die von IFAC und IASC herausgegebenen *Verlautbarungen* verpflichten die Mitgliedsorganisationen, diese Grundsätze in nationale Vorschriften oder Grundsätze zu transformieren, wenn und soweit dies unter nationalen Gegebenheiten zulässig und durchführbar ist. Die europäische Zusammenarbeit des Prüfberufs erhält ihre hervorragende Bedeutung auch dadurch, daß die FEE eine enge Zusammenarbeit mit der *EG-Kommission* unterhält und damit die Erarbeitung von *EG-Richtlinien* nachhaltig unterstützt (Harmonisierung).

Nachdem zunächst 1945 berufsrechtliche Ordnungen auf Landesebene erlassen worden waren, wurde 1961 das Gesetz über die Berufsordnung der W. (*WPO*, neugefaßt 1975) erlassen und damit auch ein bundeseinheitliches Selbstverwaltungsorgan in Form der *Wirtschaftsprüferkammer (WPK)* mit Sitz in Düsseldorf geschaffen. Die WPK ist eine Körperschaft öffentlichen Rechts. Ihr gehören alle gesetzlichen Abschlußprüfer, insbesondere also alle W., Wirtschaftsprüfungsgesellschaften, vereidigte Buchprüfer und Buchprüfungsgesellschaften an. Sie hat die Aufgabe, die beruflichen Belange der Gesamtheit der Mitglieder zu wahren und zu überwachen, daß diese ihre beruflichen Pflichten erfüllen. Zu den weiteren Aufgaben der WPK gehört die Führung des Berufsregisters, auf Antrag die Vermittlung in Streitigkeiten zwischen Mitgliedern oder zwischen diesen und ihren Auftraggebern und die Erstellung von Gutachten für bestimmte Auftraggeber.

Lit.: Hunger, J.R.: Die deutschen Wirtschaftsprüfer. Image und Selbstverständnis einer Profession, 1981; *Buchner, R.:* Der Wirtschaftsprüfer. Beruf und Berufsorganisation, 1985; *Mathews, K.:* Der berufliche Wirkungskreis des Wirtschaftsprüfers nach dem Inkrafttreten des Bilanzrichtlinien-Gesetzes, in: BB 1987, S. 2265–2274; *IdW:* Die Fachgutachten und Stellungnahmen, Losebls.; *International Federation of Accountants:* IFAC Handbook, Losebls.; *Clemm, H.:* Gedanken zur Ethik und Verantwortung im Prüferberuf, in: WPK-Mitt. 1992, S. 100–108; *Kaminski, H.:* Wirtschaftsprüfung in Deutschland, in: HWRev., 2. Aufl., 1992, Sp. 2180–2199; *Meisel, B.S.:* Geschichte der deutschen Wirtschaftsprüfer, 1992.

Dr. Gerhard Gross, Düsseldorf

Wirtschaftsprüferordnung (WPO)
Gesetz vom 24.7.1961 i.d.Fass. vom 5.11.1975, zuletzt geändert durch das → *Bilanzrichtlinien-Gesetz*, zur Regelung der Berufsstellung, Bestellung, Rechte und Pflichten sowie beruflicher Organisationen des → *Wirtschaftsprüfers*. Sie schließt die Regelungen für → vereidigte Buchprüfer ein (§§ 128ff. WPO).

Wirtschaftsprüfung
= Revisionswesen.
= Prüfungswesen.
Teilgebiet der Betriebswirtschaftslehre, das sich mit der Struktur und der Überwachung betriebswirtschaftlicher Überwachungsvorgänge beschäftigt (→ *Revision, interne;* → *Prüfung des Jahresabschlusses;* → *Wirtschaftsprüfer*).

Wirtschaftsprüfungsgesellschaft
Gesellschaft, die die Aufgabe eines *Wirtschaftsprüfers* erfüllt und nach der Wirtschaftsprüferordnung anerkannt ist. Die dem Wirtschaftsprüfer auferlegten Berufspflichten gelten sinngemäß für W. sowie deren Vorstandsmitglieder, Geschäftsführer und persönlich haftende Gesellschafter, die nicht Wirtschaftsprüfer sind. Der Wirtschaftsprüfer ist in einer W. eigenverantwortlich tätig. Ihm dürfen keinerlei Weisungen erteilt werden, die die Unterzeichnung von → *Prüfungsberichten* und Gutachten entgegen der eigenen Überzeugung zum Inhalt haben (§ 44 Abs. 2 WPO).

Lit.: WP-Handb. 1996, Bd. I, 11. Aufl., 1996, S. 25–40.

Working Capital
Anglo-amerikanische Bezeichnung für das gesamte → *Umlaufvermögen*. Durch Saldierung mit dem kurz- und mittelfristigen → *Fremdkapital* erhält man das net W., dessen Veränderung zur → *Liquiditätsanalyse* ganzer Unternehmen oder Teile davon verwendet wird (→ *Kapital- und Finanzflußrechnung*).

WPO
= → *Wirtschaftsprüferordnung.*

Wurzeltheorie
Bei der Ermittlung des → *Gesamtwertes der Unternehmung* insbesondere von Gerichten vertretene Theorie, nach der bei der Ermittlung des → *Ertragswertes* „Entwicklungen, deren Wurzel in der Zeit nach dem Bewertungsstichtag liegen, außer Betracht bleiben" (*BGH* IV, ZR 142/70 v. 17.1.73, NJW 1973, S. 511). Danach werden i.d.R. → *Synergieeffekte* bei einer Abfindungsbemessung des Abzufindenden nicht vergütet.

Lit.: Busse von Colbe, W.: Die Resonanz betriebswirtschaftlicher Erkenntnisse zur Unternehmensbewertung in der zivilrechtlichen und steuerlichen Rechtsprechung, in: Busse von Colbe, W./Coenenberg, A.G. (Hrsg.): Unternehmensakquisition und Unternehmensbewertung, 1992, S. 173–186; *Großfeld, B.:* Unternehmens- und Anteilsbewertung im Gesellschaftsrecht, 3. Aufl., 1994, S. 115–119.

Z

Zahlungsreihe einer Investition
Die mit einem Investitionsobjekt verbundenen Zahlungen für mehrere Perioden oder Zeitpunkte lassen sich in Form einer *diskreten Zahlungsreihe* oder eines *kontinuierlichen Zahlungsstromes* darstellen. Dabei wird gewöhnlich mit einer Zahlungsreihe gerechnet, die auf einer Zeitskala mit gleichlangen Abschnitten (von meistens einem Jahr) abgebildet wird. Alle Zahlungen, die innerhalb einer Periode anfallen, werden aus Vereinfachungsgründen dem Periodenende zugerechnet.

Zeitbezugsmethode
→ *Umrechnung von Jahresabschlüssen.*

Zeitlohn
→ *Arbeitskosten.*

Zeitpräferenz
→ *Zins.*

Zeitschriften des Rechnungswesens
→ *Betriebs-Berater (BB).*
→ *Betriebswirtschaftliche Forschung und Praxis (BFuP).*
→ *Der Betrieb (DB).*
→ *Die Betriebswirtschaft (DBW).*
→ *Die Wirtschaftsprüfung (Wpg).*
→ *IdW-Fachnachrichten (FN).*
→ *Zeitschrift für Betriebswirtschaft (ZfB).*
→ *Zeitschrift für betriebswirtschaftliche Forschung (ZfbF).*

Zeitschrift für Betriebswirtschaft (ZfB)
1924 von → *Fritz Schmidt* gegründetes betriebswirtschaftliches Fachorgan, das heute von H. Albach, H. Büschgen, K.-H. Forster, E. Heinen, H. Henzler, H. Jacob, A. Peisl, H. Sabel und H. Sihler monatlich herausgegeben wird, Auflage 3200.

Zeitschrift für betriebswirtschaftliche Forschung (ZfbF)
1906 von → *Eugen Schmalenbach* unter dem Titel „Zeitschrift für handelswissenschaftliche Forschung" gegründetes ältestes betriebswirtschaftliches Fachorgan zur Verbindung von Theorie und Praxis in der Betriebswirtschaft, heute im Auftrag der → *Schmalenbach Gesellschaft – Deutsche Gesellschaft für Betriebswirtschaft e. V.* von W. Ballwieser, M, Bierich, W. Bühler, W. Busse von Colbe, E. Frese, R. Gümbel, H. Hax, G. Laßmann, A. Picot, D. Schneider, H. G. Stein und K. von Wysocki monatlich herausgegebene Zeitschrift, Auflage 4000.

Zeitvergleich
Auswertungsmethode im Rahmen der → *Bilanzanalyse*, bei der die wirtschaftliche Entwicklung des untersuchten Unternehmens an der eigenen Vergangenheit beurteilt wird (→ *Bilanzanalyse*).

Zeitwert
= → *Tageswert.*

Zeitzentrum
Als Z. einer → *Zahlungsreihe* wird der Zeitpunkt bezeichnet, auf den bezogen der → *Gegenwartswert* gleich der einfachen Summe aller Zahlungen ist.

Zero-Base-Budgeting (ZBB)
Instrument der Gemeinkostenplanung und -kontrolle mit dem Ziel der Gemeinkostensenkung bzw. -umverteilung i. S. operativer und strategischer Ziele. Dabei hat jeder Bereichsleiter sein Budget detailliert von Grund auf (auf der Basis Null) zu begründen. Dazu ist eine detaillierte Aktionsplanung notwendig. Zwischen diesen Einzelplänen legt die Unternehmensleitung dann die Rangordnung fest und bestimmt das Budget für die einzelnen Bereiche neu (→ *Gemeinkostenmanagement*).

Lit.: Dreyfack, R./Seibel, J.: Zero-Base-Budgeting, 2. Aufl., 1978; *Meyer-Piening, A.:* Zero Base Planning, 1990.

Zerschlagungsbilanz
Eine → *Sonderbilanz*, die dann aufzustellen ist, wenn das Unternehmen aufgrund eines Konkurses oder wegen einer freiwilligen Liquidation aufgelöst wird. In der Z. werden sämtliche → *Vermögensgegenstände* mit ihrem erwarteten Verkaufspreis bewertet. Das nach Abzug der Verbindlichkeiten verbleibende Vermögen steht anteilig dem Eigenkapitalgeber zu.

Zerschlagungsstatik
→ *Bilanztheorien.*

Zielkostenrechnung
= → *Target Costing.*

Zins
Der Z. ist der Preis für die Überlassung einer Geldeinheit für eine bestimmte Zeit. Er drückt insofern eine *Zeitpräferenz* aus, als ein heute verfügbarer Betrag höher geschätzt wird als ein gleichhoher Betrag, der erst später zur Verfügung steht. Analog weist eine später zu leistende → *Auszahlung* einen geringeren Wert auf als eine sofortige Zahlung in gleicher Höhe.

Der Z. kann außer als *Preis für die entgangenen anderweitigen Nutzungsmöglichkeiten des Geldes* auch als *Entgelt für Konsumverzicht* und als *Ausdruck der Liquiditätspräferenz* interpretiert werden.

Für die Aufnahme von Finanzmitteln hat der Investor einen bestimmten Zinssatz zu zahlen (*Soll- oder Aufnahmezinssatz*), für die Vergabe erhält er einen Zinssatz (*Haben- oder Anlagezinssatz*). Der Zinssatz wird meistens in Prozent per annum (% p.a.) angegeben. Der *Zinsbetrag* richtet sich nach Zinssatz, Verzinsungsdauer und Höhe des zu verzinsenden Betrages sowie nach der Form der Verzinsung. Weiterhin unterscheidet man zwischen → *Nominal-* und → *Effektivzinsen.*

In der → *Gewinn- und Verlustrechnung* gem. § 275 HGB sind Zinsaufwendungen und -erträge gesondert auszuweisen.

Zinseszinsen
Von Z. spricht man dann, wenn bei der Berechnung der → Zinsen über mehrere Zinsperioden (gewöhnlich Jahre) hinweg schon anfallende Zinsen mitverzinst werden.

Zufallsauswahl
→ *Stichprobenprüfung.*

Zukunftserfolg
→ *Ertragswert.*

Zulagen
→ *Subventionen.*

Zurechnungsmethode
→ *Teilwert.*

Zusatzkosten
→ *Kosten* für Güterverbräuche, die nicht als → *Aufwand* anfallen, z.B. kalkulatorische Eigenkapitalzinsen, kalkulatorische Mieten für betrieblich genutzte private Räume (→ *Kosten, kalkulatorische*).

Zusatzleistung
→ *Leistung*, der kein Ertrag gegenübersteht, z.B. für selbstgeschaffene, nicht abgesetzte Patente; bildet zusammen mit der → *Andersleistung* die kalkulatorische Leistung.

Zuschlagskalkulation
1. Kennzeichen

Bei der Z. werden die → *Einzelkosten* den Kostenträgereinheiten direkt zugerechnet, und für die Verrechnung der → *Gemeinkosten* wird nicht die Zahl der Produkteinheiten (wie z.B. bei der → *Divisions-* und auch der → *Äquivalenzziffernkalkulation*), sondern eine andere Bezugsbasis herangezogen.

Bei der Produktion von heterogenen Erzeugnisarten sind die Mengen der einzelnen Produkte nicht addierbar; somit kann keine einheitliche Bezugsbasis „Produktions- bzw. Absatzmenge" gebildet werden. Um die funktionalen Beziehungen zwischen Leistungen und Kosten abzubilden, sind daher ein oder mehrere Merkmale zu bestimmen, die allen Erzeugnissen gemeinsam sind. Je nach Detaillierung der Gemeinkostenerfassung und -zurechnung lassen sich verschiedene Verfahren der Z. unterscheiden, wobei jeweils Zahl und Art der Bezugsbasen differieren (vgl. Abb. 1).

2. Verfahren

a) Kumulative Z. Das charakteristische Merkmal der kumulativen Z. oder Betriebszuschlagskalkulation besteht darin, daß der Betrieb abrechnungstechnisch nicht in einzelne Kostenstellen gegliedert wird. Bei der *summarischen Betriebszuschlagskalkulation* werden die Gemeinkosten als Gesamtheit mit Hilfe einer einzigen Zuschlagsbasis, der Summe der Einzelkosten, auf die Kostenträger verteilt. Bezeichnet man die Einzelkosten einer Produktart j mit k_{Ej}, so werden die Selbstkosten je Produkteinheit k_j folgendermaßen ermittelt:

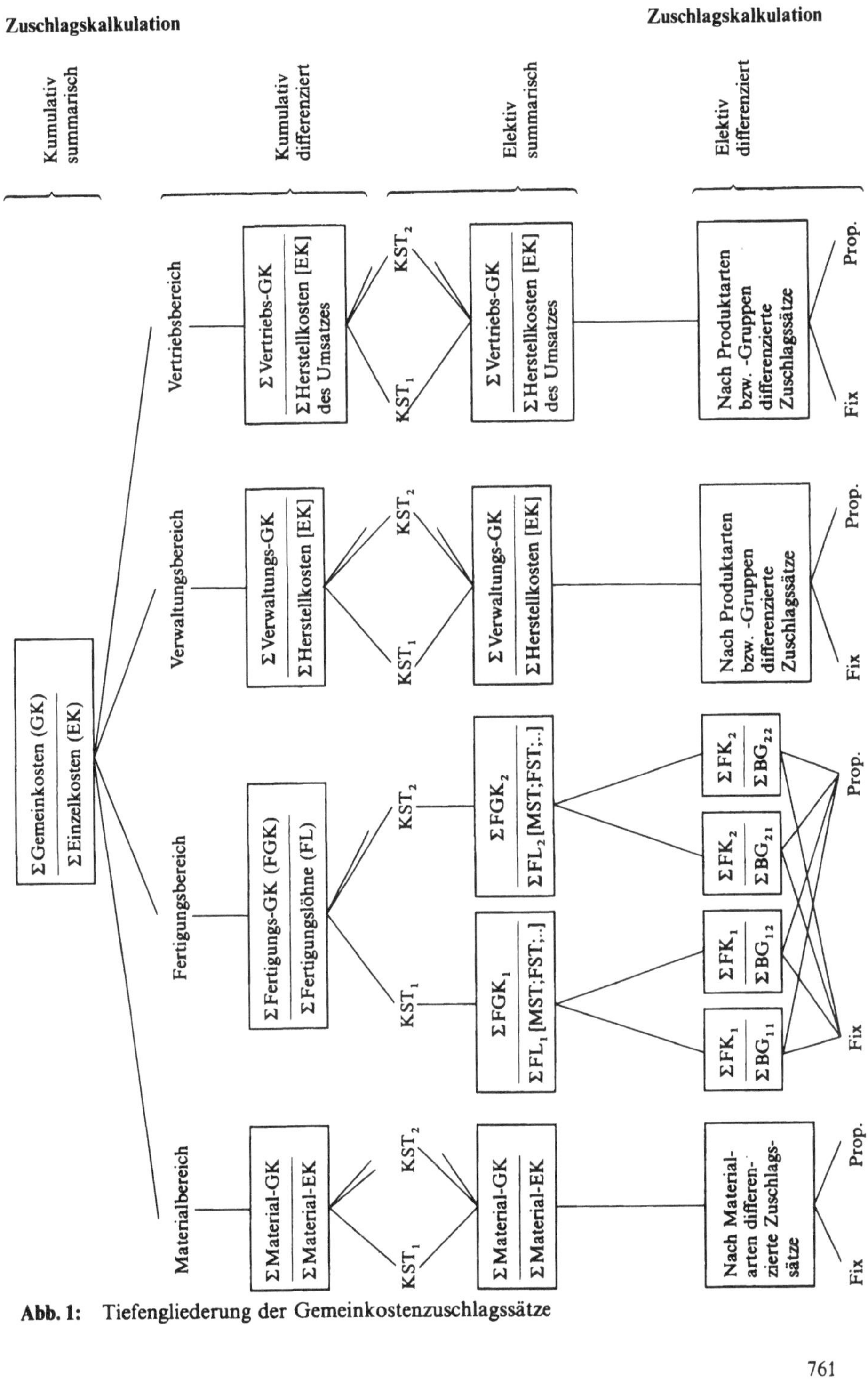

Abb. 1: Tiefengliederung der Gemeinkostenzuschlagssätze

Zuschlagskalkulation

$$k_j = k_{Ej}\left(1 + \frac{\Sigma\,GK}{\Sigma\,EK}\right).$$

Unterteilt man die Gemeinkosten nach Kostengruppen und verrechnet man sie kostengruppenweise, spricht man von einer *differenzierten Betriebszuschlagskalkulation*. Hierbei werden die *Materialgemeinkosten* auf die Materialeinzelkosten, die *Fertigungsgemeinkosten* auf die Fertigungslöhne und die *Verwaltungsgemeinkosten* auf die Herstellkosten (= Summe der vorausgenannten Kosten) oder auf die Einzelkosten (= Materialeinzelkosten + Fertigungslöhne) bezogen. Als Basis zur Verrechnung der Vertriebsgemeinkosten werden die Herstellkosten oder die Einzelkosten der abgesetzten Produkte herangezogen. Die funktionsbereichsbezogene Gemeinkostengliederung erfolgt jedoch nicht über eine ausgebaute Kostenstellenrechnung, sondern wird weitgehend pauschal aus der Kostenartenrechnung abgeleitet. Die Selbstkosten pro Einheit lassen sich wie folgt errechnen:

$$k_j = \left[k_{EMj}\left(1 + \frac{d_M}{100}\right) + k_{FLj}\left(1 + \frac{d_L}{100}\right)\right]\left(1 + \frac{d_{Vw}}{100} + \frac{d_{Vt}}{100}\right)$$

mit

k_{EMj} = Einzelmaterialkosten je Einheit der Produktart j

d_M = prozentualer Materialgemeinkostenzuschlag

k_{FLj} = Fertigungslohnkosten pro Einheit der Produktart j

d_L = prozentualer Fertigungsgemeinkostenzuschlag

d_{Vw} = prozentualer Verwaltungsgemeinkostenzuschlag

d_{V_t} = prozentualer Vertriebsgemeinkostenzuschlag

j = Index zur Kennzeichnung der Produktarten (j = 1, ... n)

b) Elektive Z. Sofern die bereichsbezogene Darstellung weiterhin nach Kostenstellen untergliedert wird, handelt es sich um die elektive Z., die auch als *summarische Kostenstellenzuschlagskalkulation* bezeichnet wird. Gleichwohl wird nicht für jede Kostenstelle ein gesonderter Zuschlagssatz gebildet, sondern die abrechnungstechnische Verfeinerung schlägt sich vornehmlich im Fertigungsbereich nieder. Werden die *Fertigungslöhne als Bezugsbasis* gewählt, so gilt:

$$k_j = \left[k_{EMj}\left(1 + \frac{d_M}{100}\right) + \sum_{i=1}^{m} k_{FLji}\left(1 + \frac{d_{Li}}{100}\right)\right]\left(1 + \frac{d_{Vw}}{100} + \frac{d_{Vt}}{100}\right)$$

mit

k_{FLji} = Fertigungslohnkosten der Stelle i für das Produkt j

d_{Li} = prozentualer Fertigungsgemeinkostenzuschlag der Stelle i

i = Index zur Kennzeichnung der Kostenstellen (i = 1, ..., m)

Die Anwendung des Fertigungslohnes als übliche Verteilungsgrundlage der Gemeinkosten des Fertigungsbereichs erweist sich jedoch als problematisch, da sich die Fertigungsgemeinkosten nicht immer proportional zu den Einzellöhnen verhalten. Darüber hinaus beeinflußt das Lohnniveau die Gemeinkostenzurechnung, indem die Fertigungsgemeinkosten pro Produkteinheit von der Lohnhöhe des ausführenden Arbeiters abhängen. Problematisch erweist sich diese Lohnzuschlagskalkulation insbesondere bei stark mechanisierten bzw. automatisierten Produktionsprozessen, da hier die Fertigungslöhne nur einen relativ geringen Teil der Fertigungskosten ausmachen. Die hieraus resultierenden hohen Zuschlagssätze bewirken zudem, daß sich Kontierungsfehler bei den Einzelkosten in der Kalkulation über den prozentualen Zuschlag vervielfältigen.

Diese Nachteile lassen sich dadurch vermeiden, daß statt der wertbezogenen Bezugsbasis Fertigungslohn bei stark mechanisierten Produktionsprozessen *Maschinenstunden* (MST) bzw. bei lohnintensiver Fertigung (z.B. Montage) *Fertigungsstunden* (FST) als Bezugsbasis Verwendung finden. Bei der *Maschinenstundensatzrechnung* stellen sich bei direkter Zurechnung der Fertigungslöhne die

Zuschlagskalkulation

Selbstkosten einer Produktart j wie folgt dar:

$$k_j = \left[k_{EMj}\left(1 + \frac{d_M}{100}\right) + k_{FLj} + \sum_{i=1}^{m} t_{ij} d_i \right]\left(1 + \frac{d_{Vw}}{100} + \frac{d_{Vt}}{100}\right)$$

mit

t_{ij} = Maschinenzeit pro Einheit der Produktart j in der Stelle i.

Beansprucht z. B. ein Produkt eine Maschine in einer Fertigungsstelle 10 Min. (= t_{ij}) und wurde für diese ein Maschinensatz von 0,60 DM/Min. (= d_i) ermittelt, so werden diesem Produkt 6 DM Fertigungsgemeinkosten zugerechnet.

c) Bezugsgrößenkalkulation. Wenn auch die bisherigen Verfahren durch eine schrittweise Verfeinerung der Abrechnung, insbesondere durch den *Ausbau der Kostenstellenrechnung*, gekennzeichnet sind, so sind sie insofern unzureichend, als Verursachungsgesichtspunkte bei der produktbezogenen Zurechnung nicht berücksichtigt werden. Dies liegt darin begründet, daß Proportionalität zwischen den jeweiligen gesamten Gemeinkosten und den entsprechenden Bezugsbasen unterstellt wird. Die damit verbundene rechnerische Proportionalisierung der fixen Gemeinkosten, deren Höhe kurzfristig nicht mit der Beschäftigung variiert, führt zu Fehlentscheidungen bei der Bestimmung des Produktions- bzw. Absatzprogramms, sowie bei Entscheidungen der Produktionsvollzugsplanung. Diesem wird bei der *Bezugsgrößenkalkulation* Rechnung getragen, bei der ausschließlich *proportionale Kosten* bei der Selbstkostenermittlung berücksichtigt werden. Bezugsgrößen stellen Maßgrößen der *Kostenverursachung* dar, indem sie einerseits zu den variablen Kosten in einem i. d. R. proportionalen Verhältnis stehen und andererseits Maßstab der Kostenstellenleistung sind. Während bei den Fertigungshauptstellen durch den unmittelbaren Produktbezug die Ausbringungsmaßgrößen gleichzeitig auch als Kalkulationsmaßstab verwendet werden können (= direkte Bezugsgrößen), ist dies in den anderen Funktionsbereichen i. d. R. nicht möglich. Hier lassen sich zwar ebenfalls Maßgrößen der Kostenstellenleistung finden, jedoch weisen diese meist keine direkten Beziehungen zu den Kostenträgereinheiten auf. Deshalb werden hier indirekte Bezugsgrößen als Verrechnungsgrößen herangezogen, um die Kalkulationsfunktion zu erfüllen (→ *Prozeßkostenrechnung*). Des weiteren werden die Fertigungslöhne aus abrechnungstechnischen Gründen mit in die Kalkulationssätze einbezogen. Diese enthalten dementsprechend die Fertigungskosten (FK) einer Kostenstelle. Nach der Bezugsgrößenkalkulation, bei der in die Kalkulationssätze nur proportionale Kosten eingehen, werden die Selbstkosten wie folgt errechnet:

$$k_j = \left[k_{EMj}\left(1 + \frac{d_M}{100}\right) + \sum_{i=1}^{m} b_{ij} d_i \right]\left(1 + \frac{d_{Vw}}{100} + \frac{d_{Vt}}{100}\right)$$

mit

b_{ij} = Bezugsgrößeneinheiten der Stelle i für Produkt j

d_i = proportionaler Kostensatz pro Bezugsgrößeneinheit.

Kann jedoch für eine Fertigungskostenstelle keine für alle Produkte gemeinsame Maßgröße ermittelt werden (z. B. ist ein Teil der Fertigungskosten gewichtsabhängig, ein anderer hingegen fertigungszeitabhängig), müssen mehrere Bezugsgrößen pro Kostenstelle verwendet werden. Dies ist auch dann erforderlich, um die aus Wahlmöglichkeiten des Produktionsvollzuges resultierenden Kosteneinflüsse zu erfassen. Diese Form der Bezugsgrößenkalkulation wird auch als *differenzierte Kostenstellenzuschlagskalkulation* bezeichnet. Die Kalkulationsgenauigkeit läßt sich auch noch dadurch erhöhen, indem für die prop. Materialgemeinkosten nach Materialarten oder -gruppen und für die prop. Verwaltungs- und Vertriebsgemeinkosten nach Produktarten bzw. -gruppen differenzierte Zuschlagssätze gebildet werden. Hierbei ergibt sich folgende Kalkulationsformel:

$$k_j = \left[\sum_{l=1}^{z} k_{EMlj} \left(1 + \frac{d_{Ml}}{100} \right) + \sum_{i=1}^{m} \sum_{\beta=1}^{s} b_{i\beta j} d_{i\beta} \right] \left(1 + \frac{d_{Vwj}}{100} + \frac{d_{Vtj}}{100} \right)$$

l = Index zur Kennzeichnung der Materialarten (l = 1, ..., z)

β = Index zur Kennzeichnung der Bezugsgrößenart (β = 1, ..., s).

3. Beurteilung

Die Z. ist generell immer dann anzuwenden, wenn es sich in einem Mehrproduktbetrieb weder um gleichartige noch um vergleichbare, sondern um heterogene Leistungen handelt und diese nicht im Wege der Komplementär- oder Kuppelproduktion gewonnen werden. Die Z. ist somit vor allem bei der *simultanen Einzelfertigung* und der *simultanen Alternativproduktion* als der in der Praxis weit verbreiteten Fertigungsweise von Bedeutung. Sie findet in gleichen funktional orientierten Zusammenhängen Anwendung sowohl in Industrie- als auch in Dienstleistungsbetrieben.

Lit.: Vormbaum, H.: Kalkulationsarten und Kalkulationsverfahren, 4. Aufl., 1977; *Vormbaum, H./Rautenberg, H.G.:* Kostenrechnung III für Studium und Praxis – Plankostenrechnung, 1985.

Professor Dr. Dr. h.c. Herbert Vormbaum, Aachen.

Zuschlagsrechnung

= → *Zuschlagskalkulation.*

Zuschlagssatz

Prozentuales Verhältnis zwischen den → *Gemeinkosten* einer → *Kostenstelle* (oder Unternehmung) und den während einer Periode angefallenen Mengen- oder Werteinheiten einer Bezugsgröße.

Zuschreibung

Erhöhung des Bilanzwertes eines Vermögensgegenstandes ohne Realisierung durch einen Umsatz, nach den GoB infolge des → *Anschaffungswertprinzips* nur im Rahmen der → *Wertaufholung* gem. § 280 HGB bis zum fortgeschriebenen Anschaffungswert zulässig, wenn der Grund für eine außerplanmäßige → *Abschreibung* entfallen ist.

Zuschüsse

Zuwendungen, die zur Alimentierung von Investitionen (z. B. Baukostenzuschüsse) oder laufende Betriebsausgaben von privater oder öffentlicher Hand geleistet werden. Von Unternehmen werden Z. als Erträge oder Minderungen von Aufwendungen behandelt (→ *Investitionshilfen*, → *Subventionen*).

Zustandsdominanz

Z. herrscht, wenn in einer Entscheidungssituation unter Unsicherheit bei keinem der alternativ möglichen Umweltzustände das Ergebnis einer Alternative a_i schlechter, bei mindestens einem Umweltzustand jedoch besser ist als das Ergebnis einer Alternative a_n (= absolute Dominanz im Gegensatz zur → *stochastischen Dominanz*).

ZVEI-Kennzahlensystem

Vom Zentralverband der Elektrotechnischen Industrie (ZVEI) entwickeltes, auf dem *DuPont-Schemata* (→ *Rentabilität*) aufbauendes Kennzahlensystem mit dem Ziel, ein Instrument zur Unternehmenssteuerung zu liefern. Dazu soll die Effizienz eines Unternehmens mit Hilfe von Wachstums- und Strukturkomponenten ermittelt werden. Die Wachstumsanalyse soll Veränderungen der Zeitreihe mit Hilfe bestimmter Indexkennzahlen feststellen. Die Strukturanalyse dient der Untersuchung der Risikobelastungen der Ertragsfähigkeit der Unternehmung. Dazu werden aus den Daten des betrieblichen Rechnungswesens Ertragskraft-Kennzahlen (z. B. Umsatzrentabilität, Return on Investment), die die Ergebnisbildung und Rentabilitätssituation der Unternehmung abbilden sollen, und Risiko-Kennzahlen (z. B. Anlagendeckung, Kapitalbindung) ermittelt. Das Z. stellt einen ersten Schritt für ein Informationssystem zum Zwecke der Unternehmenssteuerung dar (→ *Controlling*).

Lit.: Betriebswirtschaftlicher Ausschuß des Zentralverbandes der Elektrotechnischen Industrie e. V. (Hrsg.): ZVEI-Kennzahlensystem, 3. Aufl. 1976.

Zwangsrücklagen
→ *Stille Rücklagen.*

Zweckaufwand
Jene Aufwendungen einer Periode, die innerhalb dieses Zeitraumes für die Leistungserstellung und -verwertung angefallen sind und deshalb Kostencharakter haben. Der Z. entspricht den → *Grundkosten* und kann deshalb von der Aufwandsrechnung direkt in die Kostenrechnung übernommen werden.

Zweckertrag
Jener Teil der Gesamterträge, der gleichzeitig → *Leistung* darstellt. Der Z. entspricht der → *Grundleistung* und kann daher von der Ertragsrechnung direkt in die Leistungsrechnung übernommen werden.

Zwischenabschluß
Ein gem. § 299 Abs. 2 HGB vom → *Mutterunternehmen* bzw. den → *Tochterunternehmen* dann aufzustellender → *Jahresabschluß*, wenn deren → *Geschäftsjahr* vom Konzerngeschäftsjahr um mehr als 3 Monate abweicht. Der Z. ist auf den → *Abschlußstichtag* des → *Konzernabschlusses* aufzustellen; für ihn gelten die Bilanzierungs- und Prüfungsvorschriften der §§ 242ff. HGB analog.

Zwischenbericht
1. Begriff und Zweck. Z. (*interim report*) werden von Unternehmen (v. a. Publikumsgesellschaften) mit der Zielsetzung herausgegeben, Öffentlichkeit und Anleger frühzeitig und kontinuierlich über den Geschäftsverlauf und die künftige Entwicklung des Unternehmens zu informieren. Sie erscheinen in der Regel als sog. Quartals- oder Halbjahresberichte. In der Praxis hat sich eine Gestaltungsvielfalt entwickelt. Erst durch das *Börsengesetz 1987* unterliegen Z. gesetzlichen Regelungen (§§ 44 b BG, 53, 54 Abs. 1 und 55 BörsZulV, 1987). Alle Emittenten börsennotierter Wertpapiere müssen seitdem zusätzlich zur → *Ad-hoc-Publizität* für die ersten sechs Monate des Geschäftsjahres Lage und Geschäftsgang ihres Unternehmens so darstellen, daß eine Beurteilung der geschäftlichen Entwicklung sowie ein Vergleich mit den Vorjahresangaben möglich sind. Ferner sind die Aussichten für das gesamte laufende Geschäftsjahr zu zeigen.

Damit soll der Investor in die Lage versetzt werden, Entwicklungstrends des Unternehmens zu erkennen, um eine Beurteilung im Hinblick auf Börsenkurs und Dividendenaussichten vornehmen zu können.

Der Z. kann von den verpflichteten Unternehmen entweder auf der Basis des → *Jahresabschlusses* der einzelnen Gesellschaft oder auf der Basis des → *Konzernabschlusses* aufgestellt werden (§ 56 BörsZulV). Da die Entwicklung des Gesamtkonzerns für den Investor vorrangige Bedeutung hat, empfiehlt sich die Aufstellung des Z. für den Konzern.

Der Umfang des Z. beschränkt sich nach §§ 54 und 55 BörsZulV auf einige *wesentliche Zahlenangaben und Erläuterungen.* Als Zahlenangaben werden mindestens die Umsatzerlöse und das Ergebnis vor oder nach Steuern verlangt. In den Erläuterungen sind – allerdings nur in dem Umfang, der für die Beurteilung der Entwicklung der Geschäftstätigkeit und der Ergebnisse erforderlich ist –, die Umsatzerlöse aufzugliedern und Ausführungen über Auftragslage, Kosten- und Preisentwicklung, Zahl der Arbeitnehmer, Investitionen sowie über Vorgänge von besonderer Bedeutung zu machen.

Gegenstand der geforderten Zahlenangaben sowie der Erläuterungen ist die erste Hälfte der Abrechnungsperiode; eine freiwillige Berichterstattung beispielsweise nach Quartalen steht dem allerdings nicht entgegen. Der Z. ist grundsätzlich eine *eigenständige* Form der Rechenschaftslegung. Da ihm jedoch zugleich eine Indikatorfunktion für den Jahresabschluß zukommt, sind auch Abgrenzungen und Schätzungen im Hinblick auf die Gesamtperiodenbetrachtung vorzunehmen (*integrativer Ansatz*). Damit ist der in § 54

Abs. 1 Börs-ZulV für den Ausweis der Zahlenangaben formulierte sinngemäße Bezug auf die für die Rechnungslegung geltenden handelsrechtlichen Vorschriften nicht eng zu interpretieren. Wesen und spezifische Funktion des Zwischenberichts bedingen vielmehr einen Kompromiß, der einerseits das → *Realisationsprinzip* als handelsrechtliches Grundprinzip berücksichtigt und den eigenständigen Charakter des Z. wahrt, andererseits jedoch den Bezug zu den entsprechenden *Jahresabschlußinformationen* ermöglicht. Dies schließt eine schematische Anwendung der → *Grundsätze ordnungsmäßiger Buchführung* aus und verlangt die Entwicklung spezieller Grundsätze für den Z.

Da das Gesetz explizit einen Vergleich mit Vorjahresangaben fordert, sind die Ansprüche an den Grundsatz der *Stetigkeit* als hoch anzusehen. Auch gelten die Grundsätze der *Wesentlichkeit* und der *Wirtschaftlichkeit* für den Z. angesichts der nur zweimonatigen Offenlegungsfrist in besonderer Weise.

2. Allgemeine Grundregeln für die Ergebnisermittlung:

- Die Erfassung von Umsatzerlösen und unmittelbar umsatzbezogenen → *Aufwendungen* erfolgt grundsätzlich zum *Realisationszeitpunkt.*
- Eine Berücksichtigung im *Realisationszeitraum* sollte darüber hinaus für Aufwendungen und → *Erträge*, die *kontinuierlich* fällig werden bzw. *nicht vorhersehbar* waren, vorgenommen werden.
- Dagegen empfiehlt sich eine *Verteilung* (gleichmäßig bzw. zeitanteilig oder nach anderen spezifischen Planungsgesichtspunkten) bei *zeitraumbezogenen Aufwands- und Ertragspositionen*, die für das Unternehmen größere Bedeutung haben und sicher bzw. voraussehbar sind. Bei der innerjährlichen Abgrenzung von Aufwendungen und Erträgen treten ähnliche Probleme auf wie bei der *kurzfristigen* → *Erfolgsrechnung.*

Bei den umsatzbezogenen Aufwendungen ergeben sich zwischen *Gesamtkostenverfahren* und *Umsatzkostenverfahren* keine prinzipiellen Unterschiede. Auch im übrigen betreffen die Unterschiede lediglich die Zuordnung bzw. den Ausweis; inhaltlich ist analog zu verfahren.

3. Besonderheiten einzelner GuV-Positionen – nach dem Gesamtkostenverfahren. Umsatzerlöse: Starke Schwankungen, etwa durch Abrechnung von Großaufträgen, sind zu erläutern; auf Saisoneinflüsse ist ggf. hinzuweisen.

Sonstige betriebliche Erträge: Auflösungen von → *Sonderposten* werden planmäßig bzw. zeitanteilig zugeordnet (z. B. Sonderabschreibungen). Erträge aus der Auflösung nicht beanspruchter → *Rückstellungen* werden zum Auflösungszeitpunkt erfaßt bzw., wenn frühzeitig erkennbar, periodisiert. Mieten und ähnliche Erträge werden bei Anfall berücksichtigt, Jahresmieten werden anteilig abgegrenzt. Zulagen und sonstige Subventionen, für die ein Rechtsanspruch besteht, werden zeitanteilig abgegrenzt.

Materialaufwand: Soweit es sich nicht um unmittelbar umsatzbezogene Aufwendungen handelt (z. B. Dienstleistungsverträge, Großreparaturen), werden diese anteilig abgegrenzt.

Personalaufwand: Zahlungswirksame Personalaufwendungen werden grundsätzlich zum Realisationszeitpunkt erfaßt. Ausnahme: Einmalzahlungen wie Zusatzgehälter, Gratifikationen etc. werden verteilt. Nicht ausgabenwirksame Personalaufwendungen (→ *Pensionsrückstellungen* etc.) werden nach Plan anteilig abgegrenzt.

Abschreibungen auf → *immaterielle Vermögensgegenstände* und Sachanlagen werden nach Plan zeitanteilig erfaßt.

Sonstige betriebliche Aufwendungen: Unmittelbar umsatzbezogene betriebliche Aufwendungen (z. B. Gewährleistungen, Lizenzgebühren, Produkthaftpflichtkosten, Transporteinzelkosten etc.) werden wie die dazugehörigen Umsatzerlöse erfaßt bzw. abgegrenzt. Die übrigen sonstigen betrieblichen Aufwendungen, die unabhängig vom Umsatz und nicht zeitraumbezogen sind und unregelmäßig bzw. zufällig im Jahr anfallen, werden, soweit möglich, zeitanteilig verteilt (z. B. Beratungskosten, Fremdleistungen, Spenden, Werbekosten etc.).

Pachten werden, soweit möglich, nach Plan verteilt.

Beteiligungserträge werden zum Zeitpunkt des Gewinnausschüttungsbeschlusses berücksichtigt. Beteiligungserträge von assoziierten Unternehmen, die nach der → *Equity-Methode* bewertet werden, sind zeitanteilig zu verteilen. Soweit das assoziierte Unternehmen zum Berichtszeitpunkt des Mutterunternehmens einen Zwischenbericht aufstellt, ist das Ergebnis dieses Zwischenberichts als Grundlage für die Ermittlung des Equity-Ergebnisses heranzuziehen.

Monatliche bzw. quartalsbezogene *Zinsen* werden zum Zeitpunkt ihrer Realisation erfaßt. Jahreszinsen werden zeitanteilig verteilt.

Ergebnisunabhängige *Steuern* werden entsprechend der Planung zeitanteilig berücksichtigt.

Ertragsteuern sollten soweit möglich auf das Zwischenergebnis bezogen sein.

Lit.: AICPA: APB Opinion No. 28: Interim Financial Reporting, 1973; *Scheffler, E.:* Der Zwischenbericht der börsennotierten AG/KGaA, in: Beck HdR, 1987, B 750; *Busse von Colbe, W./Reinhard, H.* (Hrsg.): Zwischenberichterstattung nach neuem Recht für börsennotierte Unternehmen, 1989; *Bridts, C.:* Zwischenberichtspublizität, 1990; *Coenenberg, A.G./ Bridts, C.:* Zwischenberichtspublizität in der Bundesrepublik Deutschland – Konzeption und Umsetzung, in: Moxter, A. u.a. (Hrsg.): Rechnungslegung, FS Forster, 1992, S. 173–197; *Köster, H.:* Grundsätze ordnungsgemäßer Zwischenberichterstattung börsennotierter Aktiengesellschaften, 1992.

Herbert Reinhard, Essen.

Zwischenerfolgseliminierung

= → *Zwischenergebniseliminierung.*

Zwischenergebniseliminierung

Eliminierung der → *Zwischengewinne* und → *Zwischenverluste* nach § 304 HGB aus Wertansätzen der konzernintern gelieferten Gegenstände des Anlage- und Umlaufvermögens, die am Bilanzstichtag verarbeitet oder unverarbeitet im Bestand eines Konzernunternehmens sind, zur Aufstellung des → *Konzernabschlusses.* Die Z. führt im Konzernabschluß zu Wertansätzen, die gemäß der → *Fiktion der rechtlichen Einheit* des Konzerns analog zu den → *Anschaffungs-* bzw. → *Herstellungskosten* im → *Jahresabschluß* zu ermitteln sind. Auf die Z. kann verzichtet werden, wenn die konzerninternen Lieferungen und Leistungen zu üblichen Marktbedingungen vorgenommen wurden und die Ermittlung der → *Konzernanschaffungskosten* bzw. → *Konzernherstellungskosten* einen unverhältnismäßig hohen Aufwand erfordern würde. Nach dem Grundsatz der → *Wesentlichkeit* kann weiterhin auf die Z. verzichtet werden, wenn die Zwischenergebnisse für die Vermittlung eines den tatsächlichen Verhältnisses entsprechenden → *Bildes der Vermögens-, Finanz- und Ertragslage* des Konzerns von untergeordneter Bedeutung sind (→ *Konzernabschluß*).

Lit.: Weber, H., in: HdK, S. 1238–1318; *Busse von Colbe/W. Ordelheide, D.:* Konzernabschlüsse, 6. Aufl., 1993, S. 383–400.

Zwischenholding

Konzernunternehmen (→ *Tochterunternehmen*), das jedoch selbst → *Mutterunternehmen* für von ihr abhängige Unternehmen ist.

Zwischenprüfung

→ *Prüfung des Jahresabschlusses.*

Zwischengewinn

Überschuß des Einzelbilanzansatzes eines konzernintern gelieferten → *Vermögensgegenstandes* über den nach der → *Fiktion der rechtlichen Einheit* des Konzerns zulässigen Wert der Konzernanschaffungs- oder Konzernherstellungskosten (§ 304 Abs. 1 HGB). Für die Erstellung des → *Konzernabschlusses* sind grundsätzlich alle Z. im Rahmen der → *Zwischenergebniseliminierung* zu eliminieren (→ *Konzernabschluß*).

Zwischenverlust
Überschuß des nach der → *Fiktion der rechtlichen Einheit* des Konzerns zulässigen Wertes der Konzernanschaffungs- oder Konzernherstellungskosten (§ 304 Abs. 1 HGB) über den Einzelbilanzansatz oder den niedrigeren Tageswert eines konzernintern gelieferten → Vermögensgegenstandes. Für die Erstellung des → *Konzernabschlusses* sind grundsätzlich alle Z. im Rahmen der → *Zwischenergebniseliminierung* zu eliminieren (→ *Konzernabschluß*).